Marx   Kommentar zum Asylverfahrensgesetz

Kommentar zum Asylverfahrensgesetz

erläutert von
Dr. Reinhard Marx
Rechtsanwalt

6., vollständig neu bearbeitete Auflage

Luchterhand

Bibliografische Information Der Deutschen Bibliothek
Die Deutsche Bibliothek verzeichnet diese Publikation in der Deutschen Nationalbibliografie; detaillierte bibliografische Daten sind im Internet über http://dnb.ddb.de abrufbar.

Alle Rechte vorbehalten.
© 2005 Wolters Kluwer Deutschland GmbH, München.
Luchterhand – eine Marke von Wolters Kluwer Deutschland.
Das Werk einschließlich aller seiner Teile ist urheberrechtlich geschützt. Jede Verwertung außerhalb der engen Grenzen des Urheberrechtsgesetzes ist ohne Zustimmung des Verlages unzulässig und strafbar. Das gilt insbesondere für Vervielfältigungen, Übersetzungen, Mikroverfilmungen und die Einspeicherung und Verarbeitung in elektronischen Systemen.
Umschlag: arttecgrafik, St. Goar
Satz: Stahringer Satz GmbH, Grünberg
Druck und Bindung: betz-druck, Darmstadt
Printed in Germany

»*Indes bedürfen Grundrechte allgemein, sollen sie ihre Funktion in der sozialen Wirklichkeit erfüllen, geeigneter Organisationsformen und Verfahrensregelungen sowie einer grundrechtskonformen Anwendung des Verfahrensrechts, soweit dieses für einen effektiven Grundrechtsschutz von Bedeutung ist ...*
Dies gilt auch für das Asylrecht, weil anders die materielle Asylrechtsverbürgung nicht wirksam in Anspruch genommen und durchgesetzt werden kann ...
Deren Reichweite ist nach der Aufgabe der Asylrechtsgarantie zu bestimmen, die politisch Verfolgten Schutz vor der Zugriffsmöglichkeit des Verfolgerstaates sichern soll. Dieser Gewährleistung genügt eine Verfahrensregelung, die geeignet ist, dem Grundrecht des asylsuchenden Verfolgten zur Geltung zu verhelfen.«

BVerfGE 56, 216 (236)

Vorwort zur sechsten Auflage

Aufgrund des Inkrafttretens des *Zuwanderungsgesetzes* am 1. Januar 2005 sowie des Umstands, dass die Richtlinie EG Nr. 83/2004 (*Qualifikationsrichtlinie*) vom 29. April 2004 am 20. Oktober 2004 in Kraft getreten ist, war eine vollständige Neubearbeitung des Kommentars erforderlich geworden. Mit dem Zuwanderungsgesetz sind eine Reihe von Änderungen des Asylverfahrensgesetzes – Antragsfiktion, Folgeantragsfiktion, Familienabschiebungsschutz, Regelanordnung der Unbeachtlichkeit im Asylfolgeantragsverfahren vorgebrachter exilpolitischer Aktivitäten, Aufhebung der Zweijahresfrist beim Asylfolgeantrag, obligatorische Widerrufs(an)prüfung – eingeführt worden. Bereits mit Wirkung zum 1. September 2004 ist die Weisungsunabhängigkeit der Einzelentscheider sowie die Institution des Bundesbeauftragten für Asylangelegenheiten abgeschafft worden. Allerdings kann der Bundesbeauftragte sich auch weiterhin an allen Verfahren beteiligen, in denen der Bescheid vor dem 1. September 2004 zugestellt wurde. Die Erläuterungen zu § 6 AsylVfG a. F. werden nunmehr in überarbeiteter Form bei der Übergangsvorschrift des § 87 b AsylVfG abgedruckt.

Aufgrund der engen Verzahnung des Asylverfahrensrechts mit dem Aufenthaltsrecht (vgl. insbesondere § 34 Abs. 1 Satz 1 AsylVfG) mussten sämtliche Erläuterungen des Kommentars den neuen aufenthaltsrechtlichen Vorschriften angepasst werden. Allerdings sind in § 59 Abs. 2 und 3 AufenthG die bereits in § 50 Abs. 2 und 3 AuslG 1990 enthaltenen Vorgaben nahezu vollständig übernommen worden, freilich mit einer bedeutsamen Modifikation: Nunmehr darf auch das Abschiebungshindernis nach § 60 Abs. 7 Satz 1 AufenthG bei der Zielstaatsbestimmung in der Abschiebungsandrohung nicht mehr außer Betracht gelassen werden (vgl. § 59 Abs. 3 Satz 2 AufenthG, s. aber § 50 Abs. 3 Satz 2 AuslG 1990). Damit dürfte der Rechtsprechung des Bundesverwaltungsgerichtes, die in diesem rechtlichen Abschiebungshindernis ein lediglich »zeitweiliges Vollzugshemmnis« erkennen will und damit dieses Hindernis mit faktischen Abschiebungshindernissen gleichsetzt, schon nach deutschem Recht der Grund entzogen worden sein.

Das Asylverfahrensrecht wird bis zur vollständigen Umsetzung der Qualifikationsrichtlinie am 10. Oktober 2006 von einer *rechtlichen Schieflage* geprägt sein. In Kenntnis der Unverträglichkeit einer Reihe von asylverfahrensrechtlichen Konzeptionen mit den neuen Instrumenten des Gemeinschaftsrechts hat der Gesetzgeber mit dem Aufenthaltsgesetz gleichwohl diese Konzeptionen unverändert übernommen. Das betrifft etwa die Anordnung nach § 34 Abs. 1 Satz 1 AsylVfG, auch bei Feststellungen nach § 60 Abs. 1 AufenthG grundsätzlich die Abschiebungsandrohung zu erlassen. Dem stehen Art. 13 und 24 Abs. 1 der Richtlinie, aber auch § 25 Abs. 2 Satz 1 AufenthG entgegen. Ebensowenig ist die Sollensanordnung des § 60 Abs. 7 Satz 1 in Verb. mit § 25 Abs. 3 Satz 1 AufenthG mit Gemeinschaftsrecht vereinbar (vgl. Art. 18 und 24 Abs. 3 der Richtlinie EG Nr. 83/2004). Die unverändert übernommene verfahrensrechtliche Sperrwirkung des § 60 Abs. 7 Satz 2 AufenthG (früher § 53

Vorwort zur sechsten Auflage

Abs. 6 Satz 2 AuslG 1990) verletzt ebenfalls gemeinschaftsrechtliche Normen (vgl. Art. 15 Buchst. c), 18 und 24 Abs. 3 Richtlinie EG Nr. 83/2004). Auch vor der Umsetzungsfrist besteht nach der Rechtsprechung des Bundesgerichtshofes wie des Bundesverwaltungsgerichtes eine *Verpflichtung zur gemeinschaftsrechtskonformen Anwendung des innerstaatlichen Rechts*. Deshalb wurde bei der Neubearbeitung des Kommentars besonderer Bedacht darauf gelegt, in allen Fragen, bei denen dies bedeutsam ist, dem Grundsatz der gemeinschaftsrechtskonformen Auslegung des Asylverfahrensrechts zur Wirksamkeit zu verhelfen. Bei der Erläuterung zu § 1 AsylVfG werden die materiellrechtlichen Auswirkungen der Neukonzeptionen des Gemeinschaftsrechts zum Flüchtlingsbegriff und zum ergänzenden Schutz zusammenfassend dargestellt. Ein ausführliche Erläuterung des Flüchtlingsbegriffs der Richtlinie Nr. 83/2004 wird in der nächsten Ergänzungslieferung des Handbuchs zur Asyl- und Flüchtlingsanerkennung vorgestellt.

Die bereits im Vorwort zur fünften Auflage vorgestellten besonderen Schwerpunktsetzungen, etwa die asylverfahrensrechtliche Behandlung traumatisierter Antragsteller, das Beweisantragsrecht und der Asylfolgeantrag, bestimmen weiterhin auch die Erläuterungen der sechsten Auflage. Aufgrund der Aktualität der asylrechtlichen Widerrufspraxis wird darüber hinaus dieser Verfahrensfrage in dieser Auflage ein besonderes Gewicht beigemessen. Beibehalten werden die bislang verfolgten Ziele der Erläuterungen, erstens, Auslegung und Anwendung der asylverfahrensrechtlichen Vorschriften nach Maßgabe der Grundsätze der *verfahrensorientierten Grundrechtsinterpretation* sowie, zweitens, anhand der *völkerrechtlichen und gemeinschaftsrechtlichen Grundsätze des Flüchtlingsrechts*, drittens, eine an rechtsstaatlichen Grundsätzen orientierte Handhabung der Verschränkungen des Asylverfahrensrechts mit dem Aufenthaltsrecht sowie viertens, bessere Gestaltung der asylgerichtlichen Verfahren.

Frankfurt am Main, den 10. März 2005   Reinhard Marx

Vorwort zur fünften Auflage

Mit der fünften Auflage wird erneut eine vollständig neue Überarbeitung der Erläuterungen zum Asylverfahrensgesetz vorgelegt. Zunächst war der für diese Auflage vorbereitete Datensatz am Zuwanderungsgesetz ausgerichtet. Dieses enthielt zwar nur einige wenige asylverfahrensrechtliche Neuerungen. Insbesondere die vielfältigen Verschränkungen des Asylverfahrensrechts mit dem Ausländerrecht prägen jedoch die Erläuterungen zum Asylverfahrensgesetz. Die Entscheidung des Bundesverfassungsgerichtes vom 18. Dezember 2002 – 2 BvF 1/02 –, durch die das Zustandekommen des Zuwanderungsgesetzes vom 20. Juni 2002 für verfassungswidrig erklärt wurde, machte jedoch eine erneute, am geltenden Recht orientierte Überarbeitung des für diese Auflage bestimmten Datensatzes erforderlich.

Derzeit ist nicht absehbar, ob die eingeleitete zweite Runde des Zuwanderungsdiskurses zu einer Änderung des geltenden Rechts führen wird, sodass ein weiteres Abwarten auf diese ungewisse politische Entwicklung bis zur Herausgabe der fünften Auflage nicht sinnvoll erscheint. Im Übrigen wird das Asylverfahrensgesetz nur in einigen wenigen Regelungskomplexen (Antragsfiktion für Kinder, verfahrensrechtliche Verschärfung der Folgen der Verletzung der Meldepflichten nach §§ 20 bis 22 des Asylverfahrensgesetzes, Familienabschiebungsschutz, Nachfluchtgründe im Asylfolgeantragsverfahren, obligatorische Widerrufs(-an)prüfung, Aufhebung der Zwei-Jahres-Frist in § 71 Absatz 5 Satz 1 des Asylverfahrensgesetzes, Abschaffung der Weisungsunabhägigkeit der Einzelentscheider bei gleichzeitiger Abschaffung des Bundesbeauftragten für Asylangelegenheiten, ausnahmslose Einführung des obligatorischen Einzelrichters) durch das Zuwanderungsgesetz berührt. Andererseits hat sich seit dem Abschluss der Manuskripts der vierten Auflage im August 1998 die Rechtsprechung zu zahlreichen wesentlichen Regelungskomplexen des Asylverfahrensrecht weiter fortentwickelt und sind auch für das asylrechtliche Verfahren durch das *Terrorismusbekämpfungsgesetz* vom 9. Januar 2002 eine Reihe von Neuregelungen eingeführt worden, sodass die Überarbeitung des Kommentars und die Vorlage einer neuen Auflage als dringend erscheint.

Die bislang verfolgten Ziele der Erläuterungen, erstens, Auslegung und Anwendung der asylverfahrensrechtlichen Vorschriften nach Maßgabe der Grundsätze der *verfahrensorientierten Grundrechtsinterpretation* sowie, zweitens, anhand der *völkerrechtlichen Grundsätze des Flüchtlingsrechts,* drittens, eine an rechtstaatlichen Grundsätzen orientierte Handhabung der Verschränkungen des Asylverfahrensrechts mit dem Ausländerrecht sowie viertens, bessere Gestaltung der asylgerichtlichen Verfahren bestimmen auch die Erläuterungen in der fünften Auflage.

Die verfahrensorientierte Grundrechtsinterpretation erfordert zuallererst eine effektive Gewährleistung von Verfahrensrechten, weil die Verwirklichung des Grundrechtsanspruchs im Asylrecht einen Antragsteller voraussetzt, der über seine Darlegungslasten inhaltlich und dem Umfang nach vollständig ins

Vorwort zur fünften Auflage

Bild gesetzt worden ist. Der Gesetzgeber hat sich jedoch bislang in der Frage einer besseren Gewährleistung von verfahrensrechtlichen Schutzgarantien zwecks Förderung der Darlegungskompetenzen der Asylantragsteller weitgehend zurückgehalten. Schwerpunkt der gesetzgeberischen Aktivitäten war und ist insoweit eher eine am Kontroll- und Beschleunigungszweck orientierte Schaffung verfahrensrechtlicher Obliegenheiten und Mitwirkungspflichten mit teilweise einschneidenden Sanktionscharakter. Dabei geriet aus dem Blick, dass verfahrensrechtliche Schutzvorkehrungen nicht nur im Interesse der Asylsuchenden, sondern insbesondere auch im öffentlichen Interesse sind: Dadurch dass die subjektiven Möglichkeiten der Asylsuchenden zur Darlegung ihrer Verfolgungsgründe verfahrensrechtlich besser gefördert werden, nimmt die Wahrscheinlichkeit zu, dass asylrechtliche Verwaltungsbescheide ein besseres Maß an Plausibilität und Richtigkeitsgewähr als bislang aufweisen. Ein solcherart beschriebenes öffentliches Interesse bestimmt in besonderer Weise die Erläuterungen in dieser Auflage.

Fehlen im Asylverfahrensgesetz die gebotenen Vorschriften, die vor der Anhörung des Asylsuchenden eine rechtskundige und unabhängige Belehrung über die Darlegungslasten vorschreiben, bestimmt die Verwaltungs- wie auch die gerichtliche Praxis ungeachtet dessen das Idealbild eines über seine verfahrensrechtlichen Mitwirkungs- und Darlegungslasten vollständig ins Bild gesetzten Asylantragstellers. Belehrungen im Asylverfahren haben indes eher standardisierten Charakter und werden regelmäßig schematisierend, nicht jedoch – ausgerichtet an den intellektuellen und sozio-kulturellen Voraussetzungen der einzelnen Asylsuchenden – einzelfallbezogen und während der Anhörung im Verwaltungsverfahren jeweils situationsbezogen gehandhabt. Gleichwohl reicht den Gerichten zumeist die Unterzeichnung des Protokolls und damit die formale Kenntnisnahme der vorangestellten schematisierten Belehrung, um als subjektiven Bezugspunkt für die Tatsachenfeststellung und Glaubhaftigkeitsprüfung an einen vollständig mit den komplizierten materiell- und verfahrensrechtlichen Besonderheiten des Asylrechts vertrauten Asylsuchenden anzuknüpfen, der zudem für alle Formulierungen des Protokolls einzustehen hat, obwohl für ihn der Prozess der Zusammenfassung seiner Äußerungen sowie die Wahl der juristisch so inhaltsgeladenen Formulierungen weder durchschaubar noch kontrollierbar ist. Das zum Mythos erstarrte Idealbild des mit den entsprechenden – auf die verfahrensrechtlichen Mitwirkungspflichten eines westlichen Industriestaates bezogenen – intellektuellen Kompetenzen ausgestatteten Verfahrensbeteiligten erleichtert so die Klageabweisung. Es ist hiergegen daran zu erinnern, dass der freiheitliche Rechtsstaat vom Diskurs lebt und deshalb zum Diskurs fähige Verfahrensbeteiligte schaffen muss, soll der Einzelne nicht zum bloßen Objekt des Verfahrens herabgewürdigt werden. Weil es an einer realitätsgerechten Belehrung der Asylsuchenden und damit an ihrer Fähigkeit zur Teilnahme am Rechtserkenntnisprozess fehlt, bei der Bewertung der vorgetragenen Tatsachen jedoch gerade diese Fähigkeit vorausgesetzt wird, erscheinen verwaltungsgerichtliche Urteile im Asylrecht für die Betroffenen wie auch für die interessierte Fachöffentlichkeit häufig so abstrakt, praxisfremd und nicht mehr nachvollziehbar: Der Mythos reproduziert aus sich heraus pseudorationale Klagebegründungen.

Vorwort zur fünften Auflage

Die Gewährleistung der gebotenen Mitwirkung am Prozess der Tatsachenfeststellung erfordert deshalb, dass ein effektiver Zugang zu einem asylrechtskundigen unabhängigen Beratungssystem vor der persönlichen Anhörung im Asylverfahren sichergestellt wird. In meiner Stellungnahme an den Innenausschuss des Deutschen Bundestages zur öffentlichen Anhörung zum Zuwanderungsgesetz vom 1. Januar 2002 hatte ich insoweit folgende, vom Gesetzgeber und auch im erneut eingebrachten Gesetzentwurf eines Zuwanderungsgesetzes allerdings nicht aufgegriffene Anregungen vorgestellt:
Den Asylsuchenden sollte vor der persönlichen Anhörung ausreichend Gelegenheit gegeben werden, sich über ihre Mitwirkungsrechte und -pflichten durch unabhängige und rechtskundige Personen und Organisationen bzw. durch einen Bevollmächtigten ihrer Wahl beraten zu lassen.
Rechtzeitig vor der Durchführung der persönlichen Anhörung sollte den Antragstellern zu deren Durchführung und Vorbereitung ein Fragebogen ausgehändigt werden, der in einer ihnen verständlichen Sprache die wesentlichen Fragen der Darlegungslast behandelt und die Asylantragsteller in die Lage versetzt, die aus Sicht des Bundesamtes entscheidungserheblichen Fragen vor der Durchführung der Anhörung schriftlich detailliert und erschöpfend zu behandeln.
Das Bundesamt sollte bedeutend stärker als bisher von Amts wegen oder auf Antrag die erforderlichen Beweise erheben.
Werden während der persönlichen Anhörung oder im weiteren Verlauf des Verfahrens Anzeichen bekannt, die auf eine *Traumatisierung* oder erhebliche psychische Belastung des oder der Asylsuchenden wegen erlittener Folterbehandlung oder sexueller Gewalt hinweisen, so sollte auf Antrag oder von Amts wegen das Verfahren ausgesetzt und Gelegenheit gegeben werden, zur therapeutischen Behandlung und zu Beweiszwecken fachärztliche Hilfe in Anspruch zu nehmen. Ergeben sich derartige Anzeichen während des anhängigen Verwaltungsstreitverfahrens, so sollte das Bundesamt von Amts wegen das Verfahren mit dem Ziel der Klaglosstellung erneut aufgreifen. In allen Fällen sollte den betroffenen Personen bereits während des Asylverfahrens eine Aufenthaltsgenehmigung mit der Möglichkeit des erleichterten Zugangs zum Arbeitsmarkt erteilt werden.
Im *Flughafenverfahren* sollten diese Vorschläge entsprechend umgesetzt werden. Insbesondere erscheint es dringend geboten, dass die asylrechtskundige unabhängige Beratung nicht erst wie derzeit nach der Bekanntgabe des ablehnenden Verwaltungsbescheids, sondern vor der persönlichen Anhörung durch das Bundesamt erfolgt sowie dem Asylsuchenden von Amts wegen während der Anhörung ein kostenloser Rechtsbeistand beigeordnet wird. Durch geeignete gesetzgeberische Maßnahmen sollte Vorsorge getroffen werden, dass Asylsuchenden, die schlüssig auf erlittene Folterungen oder sexuelle Gewalt hinweisen, unverzüglich die Einreise zur Durchführung des Asylverfahrens gestattet wird. Darüber hinaus sollte gesetzlich geregelt werden, dass protokollierte Angaben des Asylsuchenden beim Bundesgrenzschutz vom Bundesamt nicht zu seinen Lasten gewertet werden sowie das Verwaltungsgericht im Eilrechtsschutzverfahren den Asylsuchenden persönlich anhören muss, wenn es den begehrten Eilrechtsschutz versagen will.

Vorwort zur fünften Auflage

In der fünften Auflage werden insbesondere die *asyl- und ausländerrechtlichen Verflechtungen des geltenden Verfahrensrechts* noch schärfer herausgearbeitet. Dies ist insbesondere den strukturellen Besonderheiten des Asylverfahrensrechts geschuldet. Es erlegt der mit dem Ausländerrecht an sich nicht vertrauten Bundesbehörde eine erschöpfende und ausschließliche Zuständigkeit für ausländerrechtliche Entscheidungen in Asylverfahren auf und betraut die für die Bearbeitung ausländerrechtlicher Sachverhalte originär zuständige Ausländerbehörde lediglich mit dem bloßen Vollzug ausländerrechtlicher Entscheidungen. Dadurch werden im Asylverfahrensrecht Zuständigkeitsüberschneidungen programmiert. Ein rechtsstaatlich einwandfreier Vollzug von Asylbescheiden durch die Ausländerbehörde setzt deshalb voraus, dass die asylverfahrensrechtlich vorgegebene *Trennung zwischen anordnender und vollziehender Behörde* stets sehr präzis beachtet wird. Dies hat insbesondere Auswirkungen auf die Festsetzung, Ergänzung, Erweiterung oder Auswechselung der Zielstaatsbestimmung in der asylverfahrensrechtlichen Abschiebungsandrohung, aber auch auf andere ausländerrechtlichen Fragen.

Hintergrund dieser systemfremden Zuständigkeitsanordnung ist die seit 1992 vorgegebene Monopolisierung der Anordnung aufenthaltsbeendender Maßnahmen bei einer einzigen Bundesbehörde. Diese wurde insbesondere deshalb eingeführt, um der bis dahin möglichen gesellschaftlichen Einflussnahme auf die lokal verortete Vollzugspraxis zugunsten eines Bleiberechtes erfolglos gebliebener Flüchtlinge jeglichen strategischen Erfolgsansatz zu entziehen. Nicht ohne Grund wird deshalb seit 1990 heftig um eine *humanitäre Härtefallklausel* gestritten und prägt dieser Streit auch die Diskussion der ersten Runde des Zuwanderungsgesetzes (vgl. § 25 Abs. 4 a des Aufenthaltsgesetzes). Konnte damit vor 1991 aufgrund der Besonderheiten des lokalen Diskurses das ausländerrechtliche Abwehrdenken in Einzelfällen aufgelockert werden, hat die monopolisierte Zuständigkeitsverlagerung auf eine Bundesbehörde bereits aus konzeptionellen Gründen zu einer von jeglichen Besonderheiten des Einzelfalles losgelösten standardisierten Anordnungs- und Vollzugspraxis geführt. Es ist einzuräumen, dass die Integrität des Asylsystems auch davon abhängig ist, dass die Trennung zwischen schutzbedürftigen und nicht schutzbedürftigen Antragstellern durchgehalten wird und erfolglos gebliebene Asylsuchende ihrer Ausreisepflicht nachkommen. Andererseits vollzieht sich der demokratische Rechtsstaat nicht durch mechanische Rechtsanwendung, sondern hat er humanitär gelagerten individuellen Notlagen Rechnung zu tragen. Es macht ja gerade die Würde des Rechts aus, dass Gesetze zwar allgemein gültig sind, aber vor der individuellen Not des Einzelnen die Augen nicht verschließen.

Die Furcht des Gesetzgebers vor der Entstehung von »Vollzugsdefiziten« nach erfolglosem Abschluss des Asylverfahrens brachte diese systemfremde Monopolisierung der ausländerrechtlichen Zuständigkeit im Asylverfahrensrecht hervor. Diese hat jedoch nicht nur zur Befreiung der Vollzugspraxis vom Druck lokal ansetzender humanitärer Einzelfallstrategien geführt. Vielmehr hat sie insbesondere dazu beigetragen, dass die Tatsachenfeststellung und Glaubhaftigkeitsprüfung im Asylrecht seitdem häufig, wenn nicht sogar überwiegend **von vornherein von einem erstarrten ausländerrechtlichen** Ab-

schottungsgeist geprägt wird und dieser Geist überwiegend auch die asylgerichtlichen Überprüfungsverfahren beherrscht. Illustrativ für diese genuine Methode der Tatsachenfeststellung sind die zahlreichen auf die Durchführung der Abschiebung zielenden und auf Wunsch der Bundesländer mithilfe eines umfangreichen Fragenkataloges zu Beginn der Anhörung erhobenen Daten.
Aber nicht nur solcherart gesetzlich freigelassene Rechtsanwendungspraxis belegt, dass Tatsachenfeststellungen im Asylrecht heute zumeist nicht mehr in offener Atmosphäre getroffen werden können. Dieser Abschottungsgeist schlägt auch konzeptionell auf die innerstaatliche Umsetzung internationaler Verpflichtungen durch. Innerstaatliche Ausgangsposition der Genfer Flüchtlingskonvention ist nicht der eingangs im Asylverfahrensgesetz vorangestellte Abschnitt über die materiellen Entscheidungsgrundlagen des Asylrechts, sondern der Abschnitt im Ausländergesetz, der die Beendigung des Aufenthaltes regelt. Dieser Geist erfüllte im Übrigen auch unverändert das Aufenthaltsgesetz, in dem die Konvention ebenfalls im Abschnitt über aufenthaltsbeendende Maßnahmen erwähnt wird. Aber jedenfalls hatte hier der Gesetzgeber sein neurotisches Verhältnis zum Flüchtlingsvölkerrecht überwunden und die Konvention zum ersten Mal seit 1965 wieder ausdrücklich zum Bezugspunkt der materiellen Entscheidungsgrundlagen gemacht.
Dogmatische Folge dieser gesetzessystematischen Verankerung der Genfer Flüchtlingskonvention ist, dass sie zunächst als bloßes Hindernis gegen eine an sich legitime Vollzugsabsicht erscheint. Folglich beherrschen das Ausländerrecht auch nur die aus dem Refoulementverbot des Artikel 33 der Konvention folgenden Pflichten. Dies wird auch an der Abschiebungsandrohung deutlich, die grundsätzlich selbst dann zu erlassen ist, wenn die tatbestandlichen Voraussetzungen des Flüchtlingsschutzes festgestellt worden sind. Solcherart Umgang mit Flüchtlingen ist allerdings mit dem von der Konvention nach ihrer Präambel geforderten menschenrechtlichen Verständnis, wonach Flüchtlingen »*in möglichst großem Umfang die Ausübung der Menschenrechte und Grundfreiheiten zu sichern*« ist (Absatz 2 der Präambel der GFK), unvereinbar. Dieser erstarrte Geist wurde allerdings durch das die Regelungen des Aufenthaltsgesetzes prägende Prinzip der rechtlichen Gleichstellung der Flüchtlinge mit den Asylberechtigten aufgebrochen.
Die ausländerrechtliche Relativierung des Flüchtlingsschutzes ist Folge der seit den achtziger Jahren des letzten Jahrhunderts regional ansetzenden Flüchtlingspolitik. Die Bandbreite der seitdem ergriffenen Maßnahmen zur Unterbindung des Zugangs zu den westlichen Industriestaaten hat das Bewusstsein für die Bedeutung des Flüchtlingsschutzes geschwächt. Flüchtlinge reisen wegen dieser Maßnahmen heute in aller Regel ohne Identitätsdokumente ein und begeben sich in die Hände skrupelloser Menschenhändler. Dies wiederum erzeugt für den Prozess der Tatsachenfeststellungen ein extrem ungünstiges prozesspsychologisches Klima. Die souveränen Nationalstaaten haben sich bislang nicht darauf verständigen können, den Flüchtlingen alternative Optionen zur illegalen Einreise anzubieten. Nunmehr prescht die britische Regierung mit einem dualistischen Konzept vor, das auf riesige Aufnahmelager außerhalb Europas und die ausnahmslose Zurückweisung

Vorwort zur fünften Auflage

spontan einreisender Flüchtlinge zielt. Erforderlich sind jedoch flexible Antworten auf die weltweiten Flucht- und Wanderungsbewegungen, die einerseits die hochrangige Bedeutung der Genfer Flüchtlingskonvention stärken, andererseits die auf die europäischen Staaten gerichteten Wanderungsbewegungen durch differenzierende Konzeptionen zu regulieren versuchen. Diese sind nicht dualistisch, sondern in Form alternativer Handlungsoptionen zu entwickeln, die darauf gerichtet sind, illegale Wanderungen durch die Option regulärer Einreisen bei unveränderter Anerkennung des Rechts auf spontane Asylsuche zu minimieren.

Ein weiterer Schwerpunkt dieser Auflage ist das *asylrechtliche Verwaltungsstreitverfahren*. Die entsprechenden Erläuterungen sind vom nachfolgend beschriebenen *Erkenntnisinteresse* geleitet: Der gute Glaube an die Legitimität vorgebrachter Verfolgungsgründe ist heute in der Gerichtspraxis eher der seltene Ausnahmefall. Dazu haben sicherlich im Blick auf bestimmte Herkunftsländer übliche schematisierte Begründungsmuster beigetragen, die es insbesondere Einzelrichtern und Spruchkörpern, die schwerpunktmäßig mit derartigen Herkunftsländern befasst sind, erschweren, den für den Rechtserkenntnisprozess gebotenen offenen Geist aufzubringen. Doch nicht alles was auf den ersten Blick als schematisiert erscheint, muss deshalb notwendigerweise nicht der Wahrheit entsprechen. Darüber hinaus muss ein auf falscher Beratung durch andere Flüchtlinge beruhender teilweise unzutreffender Sachvortrag nicht zwingend den Schluss auf die Unglaubhaftigkeit des Sachvorbringens zum Kerngehalt der Verfolgungsgründe gebieten. Das Bundesverwaltungsgericht hat den Tatrichter darauf hingewiesen, dass Asylsuchende von verschiedensten Stellen Hinweise erhalten, deren Bedeutung sie nicht verstehen und deren mögliche Auswirkungen sie nicht übersehen, von denen sie sich aber gleichwohl beeinflussen lassen (BVerwG, NVwZ 1990, 171). Es fehlt jedoch häufig an der gebotenen Sensibilität für die besondere Situation der Asylsuchenden, die aufgrund der Flucht- und Verfolgungserlebnisse ohnehin in ihrem Selbstwertgefühl deutlich erschüttert und zumeist nicht in der Lage sind, die vielfältigen auf sie in der Exilsituation einströmenden äußeren Einflüsse kritisch zu hinterfragen.

Aus diesem Grund wird insbesondere das im Asylprozess eher eine untergeordnete Schattenexistenz fristende *Beweisantragsrecht* sehr ausführlich und praxisbezogen behandelt. Es geht zunächst darum, einer sich in Ansehung der unüberschaubaren Vielzahl von Erkenntnismitteln in Sicherheit wiegenden Spruchpraxis deutlich zu machen, dass nicht jeder Einzelfall aus den Erkenntnissen heraus beantwortet werden kann. Wenn ein individueller Sachvortrag von den in bestimmten Erkenntnismitteln enthaltenen Aussagen abweicht, so muss das nicht zwingend den Schluss auf die Unglaubhaftigkeit der dargelegten Tatsachen aufdrängen, sondern kann die Glaubwürdigkeitslücke auch auf einer Überhöhung des Gewichts der eingeholten oder beigezogenen Erkenntnismitteln beruhen. Es ist eine Tendenz zu beobachten, insbesondere amtliche Auskünfte wie eine abstrakt-generelle Norm zu handhaben, welche Antworten auf alle denkbaren Einzelfälle enthält. Hiervon abweichendes Sachvorbringen muss bei einem derartigen Verständnis notwendigerweise als unglaubhaft erscheinen. Da bei einem derartigen Konflikt die Verwaltungsgerichte überwiegend zur Klageabweisung tendieren, müssen Verfahrensbevollmächtigte, die von ihren Mandanten überzeugt sind, dessen Interessen mit dem Beweisantragsrecht fördern. Darüber hinaus besteht eine sehr starke Neigung bei den Verwaltungsgerichten, sich unter Hinweis auf aus ihrer Sicht unglaubhaftes Sachvorbringen der gebotenen Beweisaufnahme zu entziehen. Auch hier ist zunächst genauer hinzuschauen und zu prüfen, ob und wie mit Hilfe des Beweisantragsrechts Tatsachenkomplexe, denen von vornherein der Makel der Unglaubhaftigkeit anhaftet, zum Gegenstand einer Beweisaufnahme gemacht werden können.

Tatsachenfeststellung und Beweiswürdigung im Asylrecht haben eine kaum zu unterschätzende politische Funktion, wie insbesondere der seit Mitte der achtziger Jahre des letzten Jahrhunderts zunehmende und gebetsmühlenartig erhobene Vorwurf des »*Missbrauchs des Asylrechts*« verdeutlicht. Verfestigt sich das allgemeine Vorverständnis, dass legitime Fluchtgründe in der Verwaltungspraxis eher der seltene Ausnahmefall sind, haben das Asylrecht und der Flüchtlingsschutz kaum noch eine Chance, können weiterhin ungehindert durch gesellschaftlichen Widerstand flüchtlingsfeindliche Maßnahmen als erforderliche Abwehrmaßnahmen zur Bekämpfung der illegalen Einwanderung legitimiert werden. In den neunziger Jahren des letzten Jahrhunderts hat die mit negativen Stimmungsbildern so aufgeladene politische und gesellschaftliche Diskussion und Berichterstattung über das Asylrecht einen tiefreichend Werteverfall eingeleitet. Wenn Asylrecht und Flüchtlingsschutz nur noch als Hindernis gegen die legitime Abwehr illegaler Einwanderungen öffentlich wahrgenommen werden, so muss dies zu einer schwerwiegenden Erschütterung des gesellschaftlichen Bewusstseins führen. Asylrecht und Flüchtlingsschutz leben vom gesellschaftlichen Konsens, der wiederum abhängig ist von anerkannten Fluchtgründen. Je stärker das allgemeine Urteil der zunehmenden Unglaubwürdigkeit der Asylsuchenden zunimmt, umso stärker wird der gesellschaftliche Konsens für das Flüchtlingsrecht erschüttert. Deshalb ist der anwaltliche Einsatz für die prozessual gebotene Aufklärung der Legitimität von Fluchtgründen auch Teil eines gesellschaftlich notwendigen und politisch wichtigen Kampfes.

Das wie wohl kein anderes Rechtsgebiet verfahrens- und prozessrechtlich von *subjektiven Voraussetzungen* so abhängige Asylrecht stellt hohe Anforderungen an die Verwaltungsrichter. Sie haben das subjektive Asylvorbringen einer *Glaubhaftigkeitsprüfung* zu unterziehen. In der Gemengelage von standardisierten Vorträgen, offensichtlich in vollem Umfang unwahren Behauptungen, lediglich teilweise nicht zutreffenden Darlegungen, intellektuell völlig überforderten Asylsuchenden und psychisch blockierten Rechtsuchenden fällt es schwer, den Kern des Sachvorbringens zu überprüfen. Die Versuchung liegt nahe, den eigenen negativen Vorerfahrungen und zumeist nicht reflektierten verallgemeinerten Überzeugungsgewissheiten zu folgen, zumal diese scheinbar durch die öffentliche Berichterstattung über den Asylmissbrauch bekräftigt werden. Da die Beweiswürdigung nicht überprüfbar ist, verfestigt sich so das allgemeine Vorurteil, dass das Asylverfahren nahezu ausschließlich durch Antragsteller ohne legitime Fluchtgründe missbraucht wird. Bislang fehlt ein kritischer Diskurs über die *Legitimität von Fluchtgrün-*

Vorwort zur fünften Auflage

den in einer aus den Fugen geratenen Welt. Ein derartiger Diskurs ist jedoch zwingend geboten, um in der Praxis der Verwaltungsgerichte festgefahrene Denk- und Bewertungsmuster in Frage zu stellen. In vielen Herkunftsländern sind rechtsschützende Strukturen zerbrochen, wenn sie sich denn überhaupt jemals haben herausbilden können. Dem damit einhergehenden Legitimitätsverlust des Staates korrespondiert das Auftreten neuer Gruppierungen, die »Schutzgelder« fordern und das »Gewaltmonopol« privatisieren und parzellieren. Lokale Kriegsherren, paramilitärische, sich im Allgemeinen um eine Führungsfigur scharende Gruppierungen ohne territorialen Herrschaftsbereich, lokale Stammesführer mit territorial abgegrenzten Machtbereich konkurrieren mit regulären Streitkräften, die ihren Charakter als einzig legitime Waffenträger einbüßen. Darüber hinaus betreiben auf vertraglicher Basis für einen oder auch mehrere Konfliktbeteiligte gedungene ausländische Söldner, die durch Söldnerfirmen, wie etwa die britische Sandline International oder die US-amerikanischen Söldnerfirmen MPRI und DynCorp, zur Verfügung gestellt werden, das Kriegsgeschäft. In dieser begrifflich entgrenzten Gemengelage aus abtrünnigen Einheiten der regulären Streitkräfte, örtlichen Milizen oder Selbstverteidigungseinheiten, kriminellen Banden, Gruppen von Fanatikern und dem üblichen Gefolge verliert auch das Recht seine Geltungskraft. Legt man diesem Szenario als Folie die Situation des »Dreißigjährigen Krieges« zugrunde, wird erst der kulturelle Zerfallsprozess so richtig bewusst, nur dass heute weitaus zerstörerische Waffen als im 17. Jahrhundert verfügbar sind und in vielen Gesellschaften (Kolumbien, Afghanistan, Angola) der Krieg die Dauer von dreißig Jahren bereits weit überschritten hat. Der »Dreißigjährige Krieg«, der als Versuch des habsburgischen Kaisers begann, gegen den Aufstand der böhmischen Stände seine Autorität im Kaiserreich zu stärken, entartete sehr bald zu einem allgemeinen Handgemenge, in dem sich der Kaiser, die Könige und die Territorialfürsten verschiedenen Ranges, religiöse Bündnisse, freie Städte und beauftragte oder nicht beauftragte Söldnerunternehmer gegenseitig mit allen ihnen zu Gebote stehenden Mitteln bekämpften und dabei auf Kosten der Bauern plünderten, Brandstiftung und Vergewaltigungen verübten. Wie vor 1648 können auch heute in den betroffenen außereuropäischen Gesellschaften an den Staat oder diesen vergleichbare Konfliktbeteiligte anknüpfende rechtliche Normen ihre schützende Wirkung zugunsten der unbeteiligten Zivilbevölkerung nicht mehr entfalten. Der Krieg ist permanent, total. Der aus dem zwischenstaatlichen Krieg hervorgegangene Typus des totalen Krieges des europäischen 20. Jahrhunderts hat sich zum totalen Krieg in den Gesellschaften des globalen 21. Jahrhunderts entwickelt. Im nationalen Kontext gibt es keine zentralen Schutzinstitutionen mehr, an die sich die Einzelnen hilfesuchend wenden könnten. Die Schutzmechanismen des menschenrechtlichen Gewohnheits- und Vertragsrechts sowie des humanitären Rechts können keine Geltungskraft mehr entfalten.

Die Tendenz, eine regelrechte Schlacht zu vermeiden und in erster Linie gewaltsam gegen die Zivilbevölkerung vorzugehen, manifestiert sich im dramatischen Anstieg ziviler im Verhältnis zu militärischen Opfern: Zu Beginn des 20. Jahrhunderts waren 85 bis 90 Prozent der Kriegsopfer Armeeangehörige. Seit den späten neunziger Jahren hat sich das statistische Verhältnis umgekehrt. Heute gehören nahezu 80 Prozent der Kriegsopfer der Zivilbevölkerung an. Dieser totale und zugleich globale Bürgerkrieg differenziert nicht mehr zwischen Kombattanten und Nichtkombattanten, einem klassischen Paradigma des überkommenen Rechts. Jeder kann jederzeit und überall in den Krieg einbezogen werden. Jeder Einzelne ist sowohl »Krieger« wie auch »legitimes Kriegsziel«. Gewalt ist innerhalb dieses Krieges nicht ein bloßes Mittel zur Überwältigung des Feindes. Sie ist vielmehr stets auch eine Form der Politisierung und Mobilisierung der eigenen Gruppe, nicht selten expressive Erscheinungsform von Politik überhaupt.

Der damit offensichtlich werdenden Tatsache, dass seit 1989 die Zahl der Herkunftsstaaten zugenommen hat, in denen die Menschen dem Treiben von Warlords und Banden schutzlos ausgeliefert sind, dass in internen Konflikten Schutzverpflichtungen des humanitären Völkerrechts nicht eingehalten werden, weil sie weder bekannt sind noch der Wille, sie zu beachten, noch die entsprechenden Durchsetzungsstrukturen bestehen, dass zunehmend mehr Staaten nicht in der Lage sind, ihren Bürgern den ihnen zustehenden Schutz gegen marodisierende, das Grauen verbreitende Banden zu gewähren, steht das weit verbreitete und verfestigte Vorurteil gegenüber, dass in der Verwaltungspraxis in den westlichen Industriestaaten keine Flüchtlinge mit anerkannten Verfolgungsgründen Schutz suchen. Eher dürfte es daran liegen, dass das materielle Asylrecht, die Methoden der Beweiserhebung sowie der Beweiswürdigung den 1989 eingeleiteten Paradigmenwechsel nicht zur Kenntnis genommen haben. Die Verwaltungs- und Gerichtspraxis ist auf staatliche Verfolgungsmuster fixiert. Die völlig anders gearteten, durch Warlords, selbst ernannte Kriegsgötter und umherziehende und mordende Banden angerichteten Verbrechen bleiben daher außerhalb der verfahrensrechtlichen Befragungsmuster. Weder ist das die Anhörung leitende Erkenntnisinteresse auf dieses Grauen gerichtet noch verfügen die Asylsuchenden über die intellektuellen Kompetenzen, ihr konkretes Leiden einer sich abwehrend verhaltenden Praxis der Tatsachenfeststellung verständlich zu machen.

Ein weitere Herausforderung für die Praxis stellen durch Folter und andere Formen der Gewalt *traumatisierte Flüchtlinge* dar. Hier ist in den letzten Jahren insbesondere beim Bundesamt und zunehmend auch bei den Verwaltungsgerichten eine deutliche Sensibilität für die besonderen Leiden dieser verwundbaren Gruppe festzustellen. Deshalb wird den hiermit zusammenhängenden Problemen in dieser Auflage besondere Beachtung gewidmet. Bislang prozessual nicht zureichend bearbeitet sind in der Rechtsanwendungspraxis insbesondere Fragen, welche die Beweisführung im Verwaltungsprozess, insbesondere aber im Asylfolgeantragsverfahren aufwerfen. Darüber hinaus wird dieses Problem auch bei der Behandlung des ausländerrechtlichen Abschiebungsschutzes relevant.

Schließlich wurde besonderer Wert auf die Erläuterungen der Vorschriften zum *Asylfolgeantrag* gelegt. Auch wenn der Unmut vieler Verwaltungsrichter gegen die Zunahme der Folgeanträge verständlich erscheint, so stößt die in der Praxis beobachtete zunehmende eher schematisierende Behandlung von

Vorwort zur fünften Auflage

Eilrechtsschutzanträgen dennoch auf Bedenken. Die Unabhängige Kommission »Zuwanderung« hat in ihrem Abschlussbericht darauf hingewiesen, dass im Jahre 2000 etwa 72 Prozent aller Asylfolgeanträge von erfolglosen Asylsuchenden aus der Türkei, Afghanistan und der Bundesrepublik Jugoslawien (Kosovo) gestellt wurden. Daran hat sich nichts Wesentliches geändert. Bereits die Situation in diesen Herkunftsländern weist darauf hin, dass es durchaus legitime Gründe für ein erneutes Asylgesuch geben kann. Solange die verfahrensrechtlichen Schutzvorkehrungen zur qualitativen Verbesserung der Darlegungskompetenzen nicht verbessert werden, fehlt Verwaltungsbescheiden häufig die Plausibilität und die Vermutung der Richtigkeitsgewähr. Erst recht wird dann die im freiheitlichen Rechtsstaat vorausgesetzte Einsicht der Rechtsunterworfenen in die Richtigkeit der Bescheide nicht erwartet werden können. Die Ursachen für die Zunahme von Asylfolgeanträgen sind mithin sehr vielschichtig.

Abschließend eine Bemerkung in eigener Sache: Vorherrschend ist das Verständnis, der seit 1982 herausgegebene Kommentar zum Asylverfahrensgesetz sei ein Praktikerkommentar für Rechtsanwälte. Sicherlich wird die publizistische Tätigkeit eines Richters durch andere Schwerpunkte als durch jene, die sich einem Rechtsanwalt stellen, geprägt. Viele Rechtsprobleme der anwaltlichen Praxis werden andererseits niemals Gegenstand eines gerichtlichen Verfahrens, bestimmen aber dennoch die Anwendung des Asylverfahrensgesetzes. Umgekehrt erschließen sich einem Rechtsanwalt die einer gerichtlichen Entscheidung vorangehenden rechtstheoretischen und praktischen Überlegungen, die nicht stets ihren Niederschlag in den Entscheidungsgründen finden müssen, nicht ohne weiteres. Es ist deshalb nachvollziehbar, dass die Gesetzeserläuterung eines Richters nicht stets, aber doch in Einzelfragen sicherlich anders ausfallen muss als die eines Rechtsanwaltes.

Der hier in der fünften Auflage vorgelegte Kommentar hat sich jedoch niemals als reiner Anwaltskommentar verstanden. Im referierenden Teil geht es stets um die möglichst objektive Darstellung des herrschenden Meinungsstreits, dessen Kenntnis für Praktiker in den unterschiedlichen Funktionen gleichermaßen wichtig ist. Sofern die herrschende Rechtsprechung alternative Lösungsvorschläge zulässt, bestimmt sicherlich das aus der anwaltlichen Sicht geprägte Interesse die Erläuterungen. Dieses ist jedoch stets auch auf die für den gesellschaftlichen Konsens so wichtige Integrität des Asylsystems bedacht. Dieses gewinnt seine Stärke aus einer plausiblen und verfahrensrechtlich einwandfreien Trennung zwischen schutzbedürftigen Personen und jenen Asylsuchenden, die diese Voraussetzungen nicht erfüllen. Deshalb ist der Kommentar nicht nur auf die Interessen der Anwaltschaft angelegt, sondern richtet sich an alle im Asylverfahrensrecht tätigen Rechtsanwender.

Frankfurt am Main, den 2. Januar 2003   Reinhard Marx

Inhalt

Abkürzungsverzeichnis		XXIII
Literaturverzeichnis		XXXI

Erster Abschnitt Allgemeine Bestimmungen

§ 1	Geltungsbereich	1
§ 2	Rechtsstellung Asylberechtigter	77
§ 3	Rechtsstellung sonstiger politisch Verfolgter	93
§ 4	Verbindlichkeit asylrechtlicher Entscheidungen	97
§ 5	Bundesamt	104
§ 6	*aufgehoben*	115
§ 7	Erhebung personenbezogener Daten	115
§ 8	Übermittlung personenbezogener Daten	121
§ 9	Hoher Flüchtlingskommissar der Vereinten Nationen	129
§ 10	Zustellungsvorschriften	137
§ 11	Ausschluss des Widerspruchs	180
§ 11 a	Vorübergehende Aussetzung von Entscheidungen	182

Zweiter Abschnitt Asylverfahren

§ 12	Handlungsfähigkeit Minderjähriger	186
§ 13	Asylantrag	197
§ 14	Antragstellung	210
§ 14 a	Familieneinheit	240
§ 15	Allgemeine Mitwirkungspflichten	248
§ 16	Sicherung der Identität	262
§ 17	Sprachmittler	270
§ 18	Aufgaben der Grenzbehörde	277
§ 18 a	Verfahren bei Einreise auf dem Luftwege	300
§ 19	Aufgaben der Ausländerbehörde und der Polizei	371
§ 20	Weiterleitung an eine Aufnahmeeinrichtung	376
§ 21	Verwahrung und Weitergabe von Unterlagen	390
§ 22	Meldepflicht	392
§ 22 a	Übernahme zur Durchführung eines Asylverfahrens	398
§ 23	Antragstellung bei der Außenstelle	402
§ 24	Pflichten des Bundesamtes	410
§ 25	Anhörung	435
§ 26	Familienasyl und Familienabschiebungsschutz	450
§ 26 a	Sichere Drittstaaten	490
§ 27	Anderweitige Sicherheit vor Verfolgung	542

Inhalt

§ 28	Nachfluchttatbestände	560
§ 29	Unbeachtliche Asylanträge	593
§ 29 a	Sicherer Herkunftsstaat	619
§ 30	Offensichtlich unbegründete Asylanträge	657
§ 31	Entscheidung des Bundesamtes über Asylanträge	715
§ 32	Entscheidung bei Antragsrücknahme	725
§ 32 a	Ruhen des Verfahrens	730
§ 33	Nichtbetreiben des Verfahrens	732
§ 34	Abschiebungsandrohung	745
§ 34 a	Abschiebungsanordnung	790
§ 35	Abschiebungsandrohung bei Unbeachtlichkeit des Asylantrages	806
§ 36	Verfahren bei Unbeachtlichkeit und offensichtlicher Unbegründetheit	811
§ 37	Weiteres Verfahren bei stattgebender gerichtlicher Entscheidung	869
§ 38	Ausreisefrist bei sonstiger Ablehnung und bei Rücknahme des Asylantrags	874
§ 39	Abschiebungsandrohung nach Aufhebung der Anerkennung	878
§ 40	Unterrichtung der Ausländerbehörde	884
§ 41	*aufgehoben*	889
§ 42	Bindungswirkung ausländerrechtlicher Entscheidungen	889
§ 43	Vollziehbarkeit und Aussetzung der Abschiebung	896
§ 43 a	*aufgehoben*	905
§ 43 b	*aufgehoben*	905

Dritter Abschnitt Unterbringung und Verteilung

§ 44	Schaffung und Unterhaltung von Aufnahmeeinrichtungen	905
§ 45	Aufnahmequoten	910
§ 46	Bestimmung der zuständigen Aufnahmeeinrichtungen	912
§ 47	Aufenthalt in Aufnahmeeinrichtungen	923
§ 48	Beendigung der Verpflichtung, in einer Aufnahmeeinrichtung zu wohnen	930
§ 49	Entlassung aus der Aufnahmeeinrichtung	935
§ 50	Landesinterne Verteilung	939
§ 51	Länderübergreifende Verteilung	964
§ 52	Quotenanrechnung	967
§ 53	Unterbringung in Gemeinschaftsunterkünften	969
§ 54	Unterrichtung des Bundesamtes	980

Vierter Abschnitt Recht des Aufenthalts während des Asylverfahrens

§ 55	Aufenthaltsgestattung	981
§ 56	Räumliche Beschränkung	991
§ 57	Verlassen des Aufenthaltsbereichs einer Aufnahmeeinrichtung	1000
§ 58	Verlassen eines zugewiesenen Aufenthaltsbereichs	1004

§ 59	Durchsetzung der räumlichen Beschränkung	1019
§ 60	Auflagen	1024
§ 61	Erwerbstätigkeit	1042
§ 62	Gesundheitsuntersuchung	1048
§ 63	Bescheinigung über die Aufenthaltsgestattung	1051
§ 64	Ausweispflicht	1057
§ 65	Herausgabe des Passes	1061
§ 66	Ausschreibung zur Aufenthaltsermittlung	1065
§ 67	Erlöschen der Aufenthaltsgestattung	1068
§ 68	*aufgehoben*	1077
§ 69	*aufgehoben*	1077
§ 70	*aufgehoben*	1077

Fünfter Abschnitt Folgeantrag, Zweitantrag

| § 71 | Folgeantrag | 1077 |
| § 71 a | Zweitantrag | 1178 |

Sechster Abschnitt Erlöschen der Rechtsstellung

§ 72	Erlöschen	1188
§ 73	Widerruf und Rücknahme	1202
§ 73 a	Ausländische Anerkennung als Flüchtling	1276

Siebenter Abschnitt Gerichtsverfahren

§ 74	Klagefrist; Zurückweisung verspäteten Vorbringens	1282
§ 75	Aufschiebende Wirkung der Klage	1362
§ 76	Einzelrichter	1366
§ 77	Entscheidung des Gerichts	1381
§ 78	Rechtsmittel	1389
§ 79	Besondere Vorschriften für das Berufungsverfahren	1678
§ 80	Ausschluss der Beschwerde	1689
§ 80 a	Ruhen des Verfahrens	1695
§ 81	Nichtbetreiben des Verfahrens	1698
§ 82	Akteneinsicht in Verfahren des vorläufigen Rechtsschutzes	1718
§ 83	Besondere Spruchkörper	1721
§ 83 a	Unterrichtung der Ausländerbehörde	1725
§ 83 b	Gerichtskosten, Gegenstandswert	1726

Inhalt

Achter Abschnitt Straf- und Bußgeldvorschriften

§ 84	Verleitung zur missbräuchlichen Antragstellung	1742
§ 84 a	Gewerbs- und bandenmäßige Verleitung zur missbräuchlichen Asylantragstellung	1753
§ 85	Sonstige Straftaten	1755
§ 86	Bußgeldvorschriften	1767

Neunter Abschnitt Übergangs- und Schlussvorschriften

§ 87	Übergangsvorschriften	1769
§ 87 a	Übergangsvorschriften aus Anlass der am 1. Juli 1993 in Kraft getretenen Änderungen	1770
§ 87 b	Übergangsvorschrift aus Anlass der am 1. September 2004 in Kraft getretenen Änderungen	1781
§ 88	Verordnungsermächtigungen	1794
§ 89	Einschränkung von Grundrechten	1797
§ 90	*aufgehoben*	1799

Anhang 1 Gesetzestexte   1801

Anhang 2 Prozessformulare   1877

Stichwortverzeichnis   1905

Abkürzungsverzeichnis

a. A.	anderer Ansicht
AA	Auswärtiges Amt
a. a. O.	am angegebenen Ort
Abs.	Absatz
AE	Aufenthaltserlaubnis
ähnl.	ähnlich
AEMR	Allgemeine Erklärung der Menschenrechte
AEVO	Arbeitserlaubnisverordnung
a. F.	alte Fassung
AFG	Arbeitsförderungsgesetz
AG	Amtsgericht
Ag.	Antragsgegner(in)
AG/VwGO	Ausführungsgesetz zur Verwaltungsgerichtsordnung
ai	amnesty international
AJIL	American Journal of International Law
Alt.	Alternative
a. M.	anderer Meinung
Anl.	Anlage
Anm.	Anmerkung
AnwBl	Anwaltsblatt (Zeitschrift)
AöR	Archiv für öffentliches Recht (Zeitschrift)
ArchVR	Archiv des Völkerrechts (Zeitschrift)
Art.	Artikel
AS	Amtliche Sammlung der Oberverwaltungsgerichte Rheinland-Pfalz und Saarland
Ast.	Antragsteller(in)
AsylbLG	Asylbewerberleistungsgesetz
AsylR	Asylrecht
AsylVfG	Asylverfahrensgesetz
AsylVfNG	Asylverfahrensneuordnungsgesetz (Gesetz zur Neuregelung des Asylverfahrens vom 26. Juni 1992)
AuAS	Ausländer- und asylrechtlicher Rechtsprechungsdienst (Rechtsprechungsdienst)
AufenthG	Aufenthaltsgesetz
AuslVwV	Allgemeine Verwaltungsvorschrift zur Ausführung des Ausländergesetzes von 1965
AZR	Ausländerzentralregister
B.	Beschluss
BaföG	Bundesausbildungsförderungsgesetz
BAG	Bundesarbeitsgericht
BayObLG	Bayerisches Oberstes Landesgericht
BayObLGZ	Entscheidungen des Bayerischen Obersten Landesgerichtes in Zivilsachen

Abkürzungsverzeichnis

BayVBl.	Bayerische Verwaltungsblätter (Zeitschrift)
BayVGH	Bayerischer Verwaltungsgerichtshof
BB	Bundesbeauftragter für Asylangelegenheiten
Bd.	Band
BDSG	Bundesdatenschutzgesetz
Bekl.	Beklagte(r)
BerG	Berufungsgericht
BerHG	Beratungshilfegesetz
Beschl.	Beschluss
Bf.	Beschwerdeführer(in)
BfA	Bundesanstalt für Arbeit
Bg.	Beschwerdegegner(in)
BGB	Bürgerliches Gesetzbuch
BGBl.	Bundesgesetzblatt
BGH	Bundesgerichtshof
BGHSt	Entscheidungen des Bundesgerichtshofes in Strafsachen
BGHZ	Entscheidungen des Bundesgerichtshofes in Zivilsachen
BGS	Bundesgrenzschutz
BGSG	Bundesgrenzschutzgesetz
BK	Bonner Kommentar zum Grundgesetz
BKA	Bundeskriminalamt
BMI	Bundesinnenministerium
BR	Bundesrat
BRAGO	Bundesgebührenordnung für Rechtsanwälte
BRAK-Mitteilungen	Bundesrechtsanwaltskammer-Mitteilungen (Zeitschrift)
BRD	Bundesrepublik Deutschland
BR-Drs.	Bundesratsdrucksache
BSeuchG	Bundesseuchengesetz
BSG	Bundessozialgericht
BSGE	Entscheidungen des Bundessozialgerichtes
BSHG	Bundessozialhilfegesetz
BT	Bundestag
BT-Drs.	Bundestagsdrucksache
Buchst.	Buchstabe
BVerfG	Bundesverfassungsgericht
BVerfGE	Entscheidungen des Bundesverfassungsgerichtes
BVerfGG	Bundesverfassungsgerichtsgesetz
BVerfG-K	Bundesverfassungsgericht (Kammerentscheidung)
BVerfSchG	Bundesverfassungsschutzgesetz
BVerwG	Bundesverwaltungsgericht
BVerwGE	Entscheidungen des Bundesverwaltungsgerichtes
BVFG	Bundesvertriebenengesetz
BW	Baden-Württemberg
BWVPr.	Baden-Württembergische Verwaltungspraxis (Zeitschrift)
BYIL	British Yearbook of International Law

Abkürzungsverzeichnis

BZRG	Bundeszentralregistergesetz
bzw.	Beziehungsweise
CDU	Christlich-Demokratische Union
CSU	Christlich-Soziale Union
CYIL	Canadian Yearbook of International Law
DDR	Deutsche Demokratische Republik
d. h.	das heißt
DÖV	Die Öffentliche Verwaltung (Zeitschrift)
DriG	Deutsches Richtergesetz
DriZ	Deutsche Richterzeitung (Zeitschrift)
DRK	Deutsches Rotes Kreuz
Drs.	Drucksache
DVAuslG	Durchführungsverordnung zum Ausländergesetz
DVBl.	Deutsches Verwaltungsblatt (Zeitschrift)
e. A.	einstweilige Anordnung
ECRE	European Council an Refugees and Exiles
EE-Brief	Der Einzelentscheider-Brief (Informations-Schnelldienst für Einzelentscheider des Bundesamtes für die Anerkennung ausländischer Flüchtlinge)
EG	Europäische Gemeinschaften
EGBGB	Einführungsgesetz zum Bürgerlichen Gesetzbuch
EGGVG	Einführungsgesetz zum Gerichtsverfassungsgesetz
EGH	Ehrengerichtshof
EGMR	Europäischer Gerichtshof für Menschenrechte
EJIL	European Journal of International Law (Zeitschrift)
EKMR	Europäische Kommission für Menschenrechte
EMRK	Europäische Konvention zum Schutze der Menschenrechte und Grundfreiheiten
Erl.	Erläuterungen
ESVGH	Entscheidungen des Hessischen Verwaltungsgerichtshofes und des Verwaltungsgerichtshofes Baden-Württemberg
EU	Europäische Union
EuAuslÜb	Europäisches Auslieferungsübereinkommen
EuGRZ	Europäische Grundrechtszeitung (Zeitschrift)
EZAR	Entscheidungssammlung zum Ausländer- und Asylrecht
f.	folgende
FamRZ	Ehe und Familie im privaten und öffentlichen Recht. Zeitschrift für das gesamte Familienrecht
F. D. P.	Freie Demokratische Partei
FEVG	Freiheitsentziehungsgesetz
ff.	fortfolgende
FGG	Reichsgesetz über die freiwillige Gerichtsbarkeit
FK	(Genfer) Flüchtlingskonvention

Abkürzungsverzeichnis

FN	Fußnote
FR	Frankfurter Rundschau
GA	Goltdammer's Archiv für Strafrecht
gem.	gemäß
GFK	Genfer Flüchtlingskonvention
GG	Grundgesetz für die Bundesrepublik Deutschland
ggf.	gegebenenfalls
GK-Asyl	Gemeinschaftskommentar zum AsylVfG
GK-Asyl a. F.	Gemeinschaftskommentar zum AsylVfG alte Fassung
GK-AuslR	Gemeinschaftskommentar zum Ausländerrecht
GKG	Gerichtskostengesetz
GMBl.	Gemeinsames Ministerialblatt
GmSOGB	Gemeinsamer Senat der obersten Gerichtshöfe des Bundes
h. A.	herrschende Ansicht
Hb	Handbuch
Hess.VGH	Hessischer Verwaltungsgerichtshof
Hess.VGRspr.	Rechtsprechungssammlung der hessischen Verwaltungsgerichte
h. L.	herrschende Lehre
h. M.	herrschende Meinung
HRLJ	Human Rights Law Journal (Zeitschrift)
Hrsg.	Herausgeber(in)
HS	Halbsatz
HumHAG	Gesetz über Maßnahmen für im Rahmen humanitärer Hilfsaktionen aufgenommene Flüchtlinge
Hw	Hinweis
ICJ	International Court of Justice
i. d. F.	in der Fassung
i. d. R.	in der Regel
IJRL	International Journal of Refugee Law (Zeitschrift)
IKRK	Internationales Komitee des Roten Kreuzes
IMK	Ständige Konferenz der Innenminister und -senatoren der Länder und des Bundes
InfAuslR	Informationsbrief Ausländerrecht (Zeitschrift)
insb.	insbesondere
ILO	International Labour Organization
IPR	Internationales Privatrecht
IPrax	Praxis des Internationalen Privatrechts (Zeitschrift)
IRG	Gesetz über die internationale Rechtshilfe in Strafsachen
IRO	International Refugee Organization
i. V. m.	in Verbindung mit
JA	Juristische Arbeitsblätter
JGG	Jugendgerichtsgesetz

Abkürzungsverzeichnis

JIR	Jahrbuch für internationales Recht (Zeitschrift)
JMBl.	JustizMinisterialblatt (Zeitschrift)
JR	Juristische Rundschau (Zeitschrift)
JuS	Juristische Schulung (Zeitschrift)
JVA	Justizvollzugsanstalt
JZ	Juristenzeitung (Zeitschrift)
Kap.	Kapitel
KDV	Kriegsdienstverweigerung
KG	Kammergericht
KJ	Kritische Justiz (Zeitschrift)
Kl.	Kläger(in)
krit.	kritisch
LAG	Landesarbeitsgericht
LG	Landgericht
LS	Leitsatz
LVwGSchlH	Landesverwaltungsgesetz Schleswig-Holstein
MBl.	Ministerialblatt
MDR	Monatsschrift für Deutsches Recht (Zeitschrift)
m.w.Hw.	mit weiteren Hinweisen
n.F.	neue Folge
Nieders.OVG	Niedersächsisches Oberverwaltungsgericht (auch: Oberverwaltungsgericht Lüneburg)
NJW	Neue Juristische Wochenschrift (Zeitschrift)
Nr.	Nummer
NStZ	Neue Zeitschrift für Strafrecht
NVwZ	Neue Zeitschrift für Verwaltungsrecht
NVwZ-RR	Neue Zeitschrift für Verwaltungsrecht-Rechtsprechungsreport
NW	Nordrhein-Westfalen
NWVBL	Nordrhein-Westfälische Verwaltungsblätter
NZA	Neue Zeitschrift für Arbeitsrecht
NZZ	Neue Zürcher Zeitung
o.a.	oben angegeben
OLG	Oberlandesgericht
OLGZ	Entscheidungen der Oberlandesgerichte in Zivilsachen
OVG	Oberverwaltungsgericht
OVGBln.	Entscheidungen des Oberverwaltungsgerichtes Berlin
OVGE	Entscheidungen der Oberverwaltungsgerichte für das Land Nordrhein-Westfalen sowie für die Länder Niedersachsen und Schleswig-Holstein
OVG MV	Oberverwaltungsgericht des Landes Mecklenburg-Vorpommern

Abkürzungsverzeichnis

OVG NW	Oberverwaltungsgericht Nordrhein-Westfalen
PKH	Prozesskostenhilfe
PStG	Personenstandsgesetz
RA	Rechtsanwalt
RdC	Recueil des Cours (Zeitschrift)
RdErl.	Runderlass
Rdn.	Randnummer
Rh-Pf	Rheinland-Pfalz
RL	Richtlinie
RpflGAnpG	Rechtspflegeranpassungsgesetz
Rspr.	Rechtsprechung
RuStAG	Reichs- und Staatsangehörigkeitsgesetz
RzW	Rechtsprechung zum Wiedergutmachungsrecht (Zeitschrift)
S.	Satz
s.	siehe
Sächs.OVG	Sächsisches Oberverwaltungsgericht
SchlH	Schleswig-Holstein
SG	Sozialgericht
SGB	Die Sozialgerichtsbarkeit
SGB I	Sozialgesetzbuch – Allgemeiner Teil
SGB X	Sozialgesetzbuch – Verwaltungsverfahren
SGG	Sozialgerichtsgesetz
s. o.	siehe oben
sog.	sogenannt
SPD	Sozialdemokratische Partei Deutschlands
SS	Schriftsatz
StA	Staatsanwalt
StAnz.	Staatsanzeiger
StGB	Strafgesetzbuch
StPO	Strafprozessordnung
StV	Strafverteidiger (Zeitschrift)
SV	Sichtvermerk
Thür.OVG	Thüringisches Oberverwaltungsgericht
U.	Urteil
u. a.	und andere
UdSSR	Union der Sozialistischen Sowjet-Republiken
UN	United Nations
UN-AMR	Menschenrechtsausschuss der Vereinten Nationen
UNHCR	United Nations High Commissioner for Refugees
UNHCR ExCom	Executive Committee of the Programme of the United Nations High Commissioner for Refugees

Abkürzungsverzeichnis

UNHCR-Handbuch	Handbuch des Amtes des Hohen Kommissars der Vereinten Nationen für Flüchtlinge über Verfahren und Kriterien zur Feststellung der Flüchtlingseigenschaft, Genf 1979
UNRWA	United Nations Work and Relief Agency for the Palestine Refugees
USA	United States of America
u. U.	unter Umständen
VA	Verwaltungsakt
VBlBW	Verwaltungsblätter für Baden-Württemberg
VereinsG	Vereinsgesetz
VersG	Versammlungsgesetz
VerwArch	Verwaltungsarchiv (Zeitschrift)
VerwRdsch	Verwaltungsrundschau (Zeitschrift)
VerwRspr.	Verwaltungsrechtsprechung
VG	Verwaltungsgericht
VGH	Verwaltungsgerichtshof
VGH BW	Verwaltungsgerichtshof Baden-Württemberg
vgl.	vergleiche
VO	Verordnung
Vorbem.	Vorbemerkung
VVDStRL	Veröffentlichungen der Vereinigung der Deutschen Staatsrechtslehrer
VwGO	Verwaltungsgerichtsordnung
VwV	Verwaltungsvorschrift
VwVfG	Verwaltungsverfahrensgesetz
VwVG	Verwaltungsvollstreckungsgesetz
VwZG	Verwaltungszustellungsgesetz
ZaöRV	Zeitschrift für ausländisches öffentliches Recht und Völkerrecht
ZAR	Zeitschrift für Ausländerrecht und Ausländerpolitik
z. B.	zum Beispiel
ZDWF	Zentrale Dokumentationsstelle der Freien Wohlfahrtspflege für Flüchtlinge
ZfHS/SGB	Zeitschrift für Sozialhilfe und Sozialgesetzbuch
ZfVR	Zeitschrift für Völkerrecht
ZPO	Zivilprozessordnung
ZRP	Zeitschrift für Rechtspolitik
zust.	zustimmend
ZuwG	Zuwanderungsgesetz
ZZP	Zeitschrift für Zivilprozess
z. Zt.	zur Zeit

Literatur[1]

Achermann, Alberto, Schengen und Asyl: Das Schengener Übereinkommen als Ausgangspunkt der Harmonisierung europäischer Asylpolitik, in: Schengen und die Folgen, Achermann, Albert u. a. (Hrsg.), Bern u. a., 1995, S. 79

Albracht, Wolfgang/Naujoks, Helga, Abschiebung, Abschiebungsandrohung und Abschiebungsanordnung im Ausländerrecht, in: NVwZ 1986, 26

Aleinikof, T. Alexander, The Meaning of »Persecution« in United States Asykumj BLaw, in: IJRL 1991, 5

Allain, Jean, *The* jus cogens *Nature* of non-refoulement, in: International Journal of Refugee Law 2001, 533

Alleweldt, Ralf, Protection against Expulsion under Article 3 ECHR, in: European Journal of International Law 1993, 360

ders., Schutz vor Abschiebung bei drohender Folter oder unmenschlicher oder erniedrigender Behandlung oder Strafe, Berlin u. a. 1996

ders., Die Menschenrechtsbeschwerde gegen Asylentscheidungen im Flughafen- oder Schnellverfahren, in: NVwZ 1996, 1074

Alsberg, Max/Nüse, Karl-Heinz/Meyer, Karlheinz, Der Beweisantrag im Strafprozeß, 5. Auflage, Köln u. a. 1983 (bearbeitet von Karlheinz Meyer)

Aman, Christine, Die Rechte des Flüchtlings. Die materiellen Rechte im Lichte der travaux préparatoires zur Genfer Flüchtlingskonvention und die Asylgewährung, Baden-Baden 1994

Amnesty International, Stellungnahme zum Zuwanderungsgesetz vom 11. Januar 2002, in: DB, 14. WP, Innenausschuss, Protokoll Nr. 83, 14/674 D, S. 233

Atzler, Bernhard, Anmerkung zu OVG Lüneburg, DVBl. 1986, 1213, in: DVBl. 1986, 1214

ders., Zulassung der Berufung, in: NVwZ 2001, 410

Bäumler, Helmut, Datenschutz für Ausländer, in: NVwZ 1995, 239

ders., Redebeitrag, in: Datenschutz – auch für Ausländer? –, Winfried Hassemer/Karl Starzacher (Hrsg.), Baden-Baden 1995

ders., Erläuterungen zu § 7 und § 8, in: GK-AsylVfG

Baer, Ingrid, Die Neuregelungen des Ausländerrechts für Minderjährige, in: ZAR 1991, 135

Balzer, Christian, Beweisaufnahme und Beweiswürdigung im Zivilprozess. Eine systematische Darstellung und Anleitung für die gerichtliche und anwaltliche Praxis, Berlin 1991

ders., Beweisaufnahme und Beweiswürdigung im Zivilprozess, 2001

Basdorf, Clemens, Änderungen des Beweisantragsrechtes und Revision, in: StV 1995, 310

---

1 (Das Verzeichnis enthält lediglich die verwendete Literatur)

Literatur

Becker, Antje/Bruns, Marco, Diplomatie und Wahrheit. Einige Beispiele zur Verwertbarkeit von Auskünften und Lageberichten des Auswärtigen Amtes, in: InfAuslR 1997, 119

Bell, Roland/Henning, Matthias, Anmerkung zu VG Schleswig, in: ZAR 1993, 37

Bell, Roland/Huzel, Erhard, Anmerkung zu VG Düsseldorf, in: ZAR 1994, 184

Bell, Roland/Nieding, Norbert von, Das Asylfolgeantragsverfahren nach neuem Recht, in: ZAR 1995, 11

dies., Praktische Aspekte des Asylfolgeverfahrens – mit Exkurs über den Bundesbeauftragten für Asylangelegenheiten, in: ZAR 1995, 181

Bell, Roland, Zur »Beachtlichkeit« von Folgeanträgen, in: NVwZ 1995, 24

ders., Asylrecht im Spiegel höchstrichterlicher Rechtsprechung, in: InfAuslR 1996, 348

ders., Asylrecht im Wandel, in: Asylpraxis, Schriftenreihe des Bundesamtes für die Anerkennung ausländischer Flüchtlinge, Band 1, Nürnberg 1997, S. 13

ders., VG Sigmaringen zu Sachverständigengutachten im Folgeverfahren, in: E/E-Brief 6/2000, S. 3

ders./de Haan, Jürgen, Zur neuen Lageberichterstattung des Auswärtigen Amtes, in: InfAuslR 200, 455

Berlit, Uwe, Erläuterungen zu § 78, in: GK-AsylVfG

Bertrams, Michael, Zur Überprüfung gerichtlicher Asyl-Entscheidungen durch das Bundesverfassungsgericht, in: DVBl. 1991, 1226

Bethäuser, Franz, Die neueste Rechtsprechung des BVerwG zur anderweitigen Verfolgungssicherheit – insbesondere zur Frage des sog. Fluchtzusammenhangs, in: ZAR 1989, 728

ders., Anmerkung zu BVerfG, EZAR 205 Nr. 16, in: ZAR 1992, 127

Bierwirth, Christoph, Die Familienasylregelung des § 7 a Abs. 3 AsylVfG unter besonderer Berücksichtigung der Altfälle, in: Das neue Ausländerrecht, Barwig u. a. (Hrsg.), Baden-Baden 1991, S. 229

ders., Die Erteilung von Reiseausweisen nach Art. 28 der Genfer Flüchtlingskonvention an nicht originär Asylberechtigte nach Artikel 16 Abs. 2 Satz 2 des Grundgesetzes der Bundesrepublik Deutschland, in: ArchVR 1991, 295

Birck, Traumatisierte Flüchtlinge. Wie glaubhaft sind ihre Aussagen, Heidelberg u. a., 2002

Bleckmann, Albert, Verfassungsrechtliche Probleme einer Beschränkung des Asylrechts, Köln u. a. 1992

Bliss, Michael, »Serious reasons for Considering«: Mimimum Standards of procedural Fairness in the Application of the Article 1 F Exculsion Clause, in: International Journal of Refugee Journal, Vol. 12 Special Supplementary Issue 2000, S. 92

Böckenförde, Ernst-Wolfgang, Grundrechtstheorie und Grundrechtsinterpretation, in: Staat, Verfassung, Demokratie. Studien zur Verfassungstheorie und zum Verfassungsrecht, E.-W. Böckenförde (Hrsg.), Frankfurt am Main 1991

Böhm, Karl, Die Verwertung mittelbarer Beweismittel im Verwaltungsgerichtsprozeß, in: NVwZ 1996, 427

Bönker, Johannes E. C., Keine rückwirkende Bewilligung von Prozeßkostenhilfe bei rechtskräftigem Verfahrensabschluß, in: NJW 1983, 2430

Bolten, J. J., From Schengen to Dublin: The new frontiers of refugee law, in: Schengen. Internationalisation of central chapters of the law on aliens, refugees, security and the police, H. Meijers u. a. (Hrsg.), Utrecht 1991, S. 8

Brandis, Peter, Zur Strafbarkeit von Asylbewerbern bei Ausreise, in: InfAuslR 1988, 18

Brandt, Kersten, Präklusion im Verwaltungsverfahren, in: NVwZ 1997, 233

Brenner, Michael, Möglichkeit und Grenzen grundrechtsbezogener Verfassungsänderungen. Dargestellt anhand der Neuregelung des Asylrechts, in: Der Staat Bd. 32 (1993), S. 493

Brownlie, Ian, System of the Law of Nations. State Responsibility, Part I, Oxford 1983

Büchner, Bernward, Zur Grundsatzberufung im Verwaltungsprozeß, insbesondere im Asylprozeß, in: DÖV 1984, 578

Bundesweite Arbeitsgemeinschaft der Psychosozialen Zentren für Flüchtlinge und Folteropfer, Richtlinien für die psychologische und medizinische Untersuchung von traumatisierten Flüchtlingen und Folteropfern, 2. Aufl., 2000

Buschbeck, Konrad, Verschleierte Auslieferung durch Ausweisung. Ein Beitrag zur Abgrenzung von Auslieferungsrecht und Fremdenpolizeirecht, Berlin 1973

Clark, Tom, Human Rights and Expulsion: Giving Content to the Concept of Asylum, in: IJRL 1992, 189

Classen, Claus Dieter, Asylrecht in Frankreich: Zur Bedeutung der verfassungs- und völkerrechtlichen Vorgaben, in: DÖV 1993, 227

Crawford, James/Hyndman, Patricia, Three Heresis in the Application of the Refugee Convention, in: IJRL 1989, 157

Creutzfeldt, Malte, Anhörung von Asylbewerbern vor Verwaltungsbehörden und Verwaltungsgerichten, in: NVwZ 1982, 88

Dahm, Diethart, Beweisanträge im Asylprozess, in: ZAR 2002, 227

ders., Ablehnung von Beweisanträgen, in: ZAR 2002, 348

Dawin, Michael, Anforderungen an die richterliche Überzeugungsbildung im Asylprozeß, in: NVwZ 1992, 729

Deibel, Klaus, Beweisanträge im verwaltungsgerichtlichen Asylverfahren, in: InfAuslR 1984, 114

Delbrück, Jost, Menschenrechte im Schnittpunkt zwischen universalem Schutzanspruch und staatlicher Souveränität, in: Menschenrechte und Demokratie, Johannes Schwartländer (Hrsg.), Kehl am Rhein 1981, S. 11

Denninger, Erhard, Staatsrecht. Einführung in die Grundprobleme des Verfassungsrechts der Bundesrepublik Deutschland, Band 1, Reinbek 1973

Dienelt, Klaus, Erläuterungen zu § 30, in: Gemeinschaftskommentar zum Asylverfahrensgesetz 1992 (GK-AsylVfG)

Literatur

Dörr, Oliver, Das Schengener Durchführungsübereinkommen – ein Fall des Art. 24 Abs. 1 GG, in: DÖV 1993, 696

Duchrow, Julia, Die flüchtlingsrechtlichen Profile des Zuwanderungsgesetzes, in ZAR 2002, 269

Ebner, Hans-Chrs., Ist für Ausländer die Verwaltungssprache deutsch?, in: DVBl. 1971, 341

Eide, Asbjörn, Gewissen und Gewalt, in: Vereinte Nationen 1986

Eisenberg, Ulrich, Beweisrecht der StPO. Spezialkommentar, 4. Auflage München 2002

Feddersen, Christoph, Beschwerdeausschuß versus Menschenwürde und Rechtsstaatsprinzip: ein unvereinbarer Gegensatz?, in: ZRP 1993, 479

Feller, Erika, Carrier Sanction and International Law, in: IJRL 1989, 48

Feuchthofen, Jörg, Der Verfassungsgrundsatz des rechtlichen Gehörs und seine Ausgestaltung im Verwaltungsverfahren, in: DVBl. 1994, 170

Fischer, Gottfried/Riedesser, Peter, Lehrbuch der Psychotraumatologie, 2. Aufl., 1999

Fliegauf, Harald, Anmerkungen zum Asylkompromiß, in: DÖV 1993, 984

Franke, Dietmar, Politisches Delikt und Asylrecht, 1979

Franßen, Everhardt, Der neue Art. 16 a GG als »Grundrechtsverhinderungsvorschrift«, in: DVBl. 1993, 300

Friedl, Josef, Der Einzelrichter in Asylverfahren, in: BayVBl. 1984, 555

Fritz, Roland, Der beschränkte Instanzenzug im Urteilsverfahren nach dem Asylverfahrensgesetz, in: ZAR 1984, 23

ders., Das Grundrecht auf rechtliches Gehör, in: ZAR 1984, 189

Frowein, Jochen Abr./Peukert, Wolfgang, Europäische Menschenrechtskonvention. EMRK-Kommentar, 2. Aufl., Kehl u. a. 1996

Frowein, Jochen Abr./Zimmermann, Andreas, Die Asylrechtsreform des Jahres 1993 und das Bundesverfassungsgericht, in: JZ 1996, 753

Funke-Kaiser, Michael, Verfassungsrechtliche Beurteilung von Art. 16 a E-GG und völkerrechtliche Standards, in: epd-Dokumentation Nr. 24–25/93, Heft 1, S. 28

ders., Erläuterungen zu §§ 29, 35, 37, 38, 43 a, 71 und 71 a, §§ 84–86 in: GK-AsylVfG sowie Erläuterungen zu § 50, in: GK-AuslR

Gau, Christian, Die General-Beteiligungserklärung des Bundesbeauftragten für Asylangenheiten, in: DÖV 1995, 325

Geck, Wilhelm Karl, Internationaler Schutz von Freiheitsrechten und nationale Souveränität, in: JZ 1980, 73

Genrich, Lutz, Gilt für die Annahme, daß einem Asylbewerber aus einem »sicheren Herkunftsstaat« abweichend von der allgemeinen Lage politische Verfolgung droht, der gleiche Maßstab wie für die politische Verfolgung in anderen Ländern, ist insbesondere die Berufung auf Gruppenverfolgung möglich?, in: VBlBW 1994, 182

Gerlach, Axel, Dubliner Asylrechtskonvention und Schengener Abkommen: Lohnt sich die Ratifikation?, in: ZRP 1993, 164

Gerson, Harry, Drittstaatenklausel und Familienasyl, in: InfAuslR 1997, 253

Giesler, Volkmar/Wasser, Detlef, Das neue Asylrecht. Die neuen Gesetzestexte und internationalen Abkommen mit Erläuterungen, Bundesanzeiger, Köln 1993

Glahn, Wiltrud von, Der Kompetenzwandel internationaler Flüchtlingsorganisationen – vom Völkerbund bis zu den Vereinten Nationen, Baden-Baden 1992

Goebel-Zimmermann, Ralf, Die Rechtsstellung unbegleiteter minderjähriger Flüchtlinge unter besonderer Berücksichtigung des Flughafenverfahrens nach § 18 a AsylVfG, in: InfAuslR 1995, 166

ders., Kommentierung zu IV SystDarst, in: Handbuch des Ausländer- und Asylrechts, Huber (Hrsg.), Loseblattwerk

Göbel-Zimmermann, Ralf/Masuch, Thorsten, Das Asylrecht im Spiegel der Entscheidungen des Bundesverfassungsgerichts, in: InfAuslR 1996, 404

dies., Das Flughafenverfahren nach § 18 a AsylVfG und das Grundrecht auf Freiheit der Person, in: InfAuslR 1997, 171

Goodwin-Gill, Guy S., The Principle of Access to National Procedures for the Determination of Refugee Status, in: The International Yearbook of Humanitarian Law 1985, 57

ders., The Refugee in International Law, Oxford 1983

ders., Non-Refoulement and the New Asylum-Seekers, in: Virginia Journal of International Law 1986, 897

ders., The Refugee in International Law, 2. Auflage, Oxford 1997

Grahl-Madsen, Atle, The Status of Refugees in International Law, Volume I, Refugee Character, Leyden 1966

ders., Identifying the World's Refugees, in: AAPSS 1983, 14

ders., Protection of Refugees by their Country of Origin, in: Yale Journal of International Law 1986, 376

Grimm, Dieter, Verfahrensfehler als Grundrechtsverstöße, in: NVwZ 1985, 865

Groß, Thomas/Kainer, Friedemann, Die Verteilung der Verantwortung für die Tatsachenermittlung im Asylrecht, in: DVBl. 1997, 1315

Grün, Carsten, Erläuterungen zu §§ 18 a, 63–65, in: GK-AsylVfG

Guber, Tilo, Zum rechtlichen Gehör in Asylverfahren, in: BayVBl. 1985, 43

Günther, Hellmuth, Rechtsbehelfe gegen Einzelrichterübertragung, in: NVwZ 1998, 37

Gusy, Christoph, Neuregelung des Asylrechts, in: Jura 1993, 505

Häberle, Peter, Öffentliches Interesse als juristisches Problem. Eine Analyse von Gesetzgebung und Rechtsprechung, Bad Homburg 1970

Hänel, Ferdinand, Zur Begutachtung psychisch reaktiver Traumafolgen, in: ZAR 2003, 18

Hänlein, Andreas, Prozessuale Probleme der Verfassungsbeschwerde in Asylsachen, in: AnwBl 1995, 57 und 116

Häußer, Otto, Zur europäischen Dimension des deutschen Ausländerrechts, in: VerwArch 1996, 241

Hailbronner, Kay, Ausländerrecht. Kommentar (Loseblattsammlung)

Literatur

ders., Das Refoulement-Verbot und die humanitären Flüchtlinge im Völkerrecht, in: ZAR 1987, 1

ders., Möglichkeiten und Grenzen einer europäischen Koordinierung des Einreise- und Asylrechts, Baden-Baden 1989

ders., Die Asylrechtsreform im Grundgesetz, in: ZAR 1993, 107

ders., Reform des Asylrechts. Steuerung und Kontrolle des Zuzugs von Ausländern, Konstanz 1994

ders., Das Asylrecht nach den Entscheidungen des Bundesverfassungsgerichts, in: NVwZ 1996, 625

ders., Rückübernahme eigener und fremder Staatsangehöriger. Völkerrechtliche Verpflichtungen der Staaten, Heidelberg 1996

ders./Thiery, Claus, Schengen II und Dublin – Der zuständige Asylstaat in Europa, in: ZAR 1997, 55

Hanisch, Werner, Grenzfragen des Asylrechts und des allgemeinen Ausländerrechts, in: DVBl. 1983, 415

Harms, Karsten, Entsprechende Anwendung des § 37 Abs. 1 AsylVfG beim Folgeantrag?, in: VBlBW 1995, 264

Hathaway, James C., A Reconsideration of the Underlying Premise of Refugee Law, in: Harvard International Law Journal 1990, 131

ders., The Law of Refugee Status, Toronto u. a. 1991

ders., The Michigan Guidelines on the Internal Protection Alternative, in: The Changing Nature of Persecution, International Association of Refugee Law Judges (Hrsg.), 2001, S. 193.

Hehl, Susanne, Die Neuregelung des Asylrechts, in: ZRP 1993, 301

Heinhold, Hubert, Pflichtenkollision bei der Vormundschaft in ausländerrechtlichen Angelegenheiten?, in: InfAuslR 1997, 287

ders., Abschiebungshindernisse nach § 53 Ausländergesetz in der Praxis des Bundesamtes und der Gerichte, in: InfAuslR 1994, 411

ders., Sprachanalysen beim Bundesamt für die Anerkennung ausländischer Flüchtlinge, in: InfAuslR 1998, 299

Helton, Arthur C., What is Refugee Protection?, in: IJRL (Special Issue 1990), S. 119

Henkel, Joachim, Zum Entwurf eines Gesetzes über das Asylverfahren, in: ZAR 1981, 85

ders., Das neue Asylrecht, in: NJW 1993, 2705

ders., Erläuterungen zu § 27, in: GK-AsylVfG

Henning, Matthias/Wenzl, Angelika, Unanfechtbare Anerkennung des Stammberechtigten als notwendige Voraussetzung für Familienasyl?, in: EE-Brief 2/97, S. 2

Höllein, Hans-Joachim, Die Zulassungsberufung im Asylrecht, in: ZAR 1989, 109

Hoffmann, Rainer, Refugee Law in Africa, in: Law and the State 1989 (Bd. 39), S. 79

Huber, Bertold, Anwendbarkeit des Art. 6 I MRK auf Asylstreitverfahren, in: NVwZ 1992, 856

ders., Das Asylrecht nach der Grundgesetzänderung, in: NVwZ 1993, 736

ders., Das Schengener Durchführungsübereinkommen und seine Auswirkungen auf das Ausländer- und Asylrecht, in: NVwZ 1996, 1069

ders., Auswirkungen der Urteile des BVerfG vom 14. 5. 1996 auf die Rechtsweggarantie des Art. 19 IV GG, in: NVwZ 1997, 1080
ders., Das Dubliner Übereinkommen, in: NVwZ 1998, 150
ders., Die Änderungen des Ausländer- und Asylrechts durch das Terrorismusbekämpfungsgesetz, in: NVwZ 2002, 787
Hutschenreuther – v. Emden, Axel, Anwaltliche Tätigkeit im Ausländerrecht: Volle Gebühren oder nur drei Zehntel gem. § 114 VII 1 BRAGO?, in: NVwZ 1998, 714
Huzel, Erhard, Der Bundesbeauftragte für Asylangelegenheiten, in: ASYLMAGAZIN 4/1996, 5
ders., Feststellung von Abschiebungshindernissen bei Krankheit – durch Bundesamt (BAFl) oder durch Ausländerbehörde?, in: NVwZ 1996, 1089
Hyltenstam, Kenneth/Janson, Tore, Über die Verwendung von Sprachanalysen bei Ermittlungen bzgl. Personen aus afrikanischen Ländern, in: Sprachanalysen, Pro Asyl (Hrsg.), 1998
Hyndman, Patricia, Refugees under International Law with a Reference to the Concept of Asylum, in: AustralianLJ 1986, 148

Jackson, Ivor, Territoriales Asylrecht, in: Menschenrechte und Flüchtlingsbetreuung, Otto-Benecke-Stiftung (Hrsg.), Bonn 1978, S. 71
Jacob, Peter, Fremdsprachige Erkenntnisse und Quellen im Asylprozeß, oder: ist die Gerichtssprache deutsch?, in: VBlBW 1991, 205
ders., Über Beweisanträge, in: VBlBW 1997, 41
Jaeger, Gilbert, Status and International Protection of Refugees, International Institute of Human Rights, Genf 1979
ders., Study of irregular Movements of Asylum Seekers and Refugees, Consultant to the High Commissioner for Refugees, Working Group on Irregular Movements of Asylum Seekers and Refugees, WG/M/3, August 1985
Jobst, Thorsten, Zur Verwertung von Sprachanalysen, in: ZAR 2001, 173
ders., Verfassungsrechtliche Anforderungen an verwaltungsgerichtliche Asylentscheidungen, in: ZAR 2002, 219
Jockenhövel-Schiecke, Helga, Asyl gesucht – Zuflucht gefunden? Unbegleitete minderjährige Flüchtlinge in der Bundesrepublik Deutschland, in: ZAR 1987, 171
dies., Schutz für unbegleitete Flüchtlingskinder: Rechtsgrundlagen und gegenwärtige Praxis, in: EAR 1998, 165
dies., Unbegleitete minderjährige Flüchtlinge – aufenthaltsrechtlicher Schutz in der Bundesrepublik oder Rückführungen in die Herkunftsländer?, in: InfAuslR 1999, 516

Kälin, Walter, Das Prinzip des Non-Refoulement, Bern u. a. 1982
ders., Grundriss des Asylverfahrens, Basel u. a. 1990
ders., Towards a Concept of Temporary Protection. A study commissioned by UNHCR (Division of International Protection), November 1996
Kannenberg, Werner, Kritische Anmerkungen zu den Lageberichten und der Auskunftspraxis des Auswärtigen Amtes, in: 66. Rundbrief der Neuen Richtervereinigung, S. 37 (2000)

Literatur

Kastenholz, Raimund, Eine afrikanistische Stellungnahme zur Sprachanalyse zum Zwecke der Herkunftsbestimmung von Asylantragstellern, in: Sprachanalysen, Pro Asyl (Hrsg.), 1998

Keith, Kenneth, The Difficulties of »Internal Flight« and »Internal Relocation« as Framework of Analysis, in: 15 Georgetown Immigration Laws Journal 2001 433

Kemper, Gerd-Heinrich, Rechtsfragen zum Anwendungsbereich des § 51 VwVfG, unter besonderer Berücksichtigung des Asylverfahrens, in: NVwZ 1985, 872

ders., Die Erteilung von Reiseausweisen nach der Genfer Konvention und dem Staatenlosen-Übereinkommen, in: ZAR 1992, 112

Kimminich, Otto, Der internationale Rechtsstatus der Flüchtlinge, Köln u. a. 1962

ders., Die Entwicklung des Asylrechts in der Bundesrepublik Deutschland, in: JZ 1972, 257

ders., Die Entwicklung des internationalen Flüchtlingsrechts – faktischer und rechtsdogmatischer Rahmen, in: ArchVR 1982, 369

ders., Anmerkung, in: JZ 1993, 92

Kjaerum, Morten, Temporary Protection in Europe in the 1990 s, in: IJRL 1994, 444

v. d. Klaauw, Johannes, The Right to Asylum and the Schengen Implementation Agreement, in: The Netherlands Quarterly of Human Rights 1996, 466

Klein, Eckart, Konzentration durch Entlastung?, in: NJW 1993, 2073

Kluth, Winfried, Rechtsfragen der verwaltungsrechtlichen Willenserklärung, in: NVwZ 1990, 608

Knorr, Peter, Verbietet es § 76 Abs. 4 Satz 1 und Abs. 5 AsylVfG, Richtern auf Probe in den ersten sechs Monaten nach ihrer Ernennung die Berichterstattung in Asyl-Eilverfahren zu übertragen?, in: VBlBW 1994, 184

Kohl, Hannelore, Erläuterungen zu § 43 b, in: GK-AsylVfG

Köhler, Gerd Michael, Asylverfahren in der anwaltlichen und gerichtlichen Praxis, Neuwied 1998

Kohnert, Dirk, Zur Gutachtertätigkeit unabhängiger Sachverständiger in Asylverfahren am Beispiel afrikanischer Flüchtlinge, in: NVwZ 1998, 136

Kokott, Juliane, Zur Rechtsstellung von Asylbewerbern in Transitzonen, in: EuGRZ 1996, 569

Kopp, Ferdinand, Die Ablehnung von Beweisanträgen und Beweisermittlungsanträgen als Verletzung des Rechts auf Gehör gem. Art. 103 I GG?, in: NJW 1988, 1708

ders., Zur Entscheidung des Vorsitzenden oder des Berichtserstatters nach § 87 a VwGO i. d. F. des 4. VwGO-Änderungsgesetzes, in: NJW 1991, 1264

ders./Schenke, Wolf-Rüdiger, Verwaltungsgerichtsordnung, 11. Aufl., München 1998

Korber, Hans, Die vorläufige und formlose (vor allem telefonische) Mitteilung besonders eilbedürftiger verwaltungsgerichtlicher Beschlüsse nach §§ 80 V, 123 VwGO, in: NVwZ 1983, 85

Kosminder, Rainer, Verfassungswidrigkeit vorgezogener Hauptsachenentscheidungen bei laufendem Eilverfahren?, in: InfAuslR 1985, 140

Kränz, Joachim, Prozessuale Probleme des Abschiebungshaftverfahrens, in: NVwZ 1986, 22

Kümpel, Christian, Teilbarkeit der Abschiebungsandrohung bei Vorliegen von Abschiebungshindernissen gem. § 51 Abs. 1 und § 53 Abs. 1–4 AuslG für einen bestimmten Staat?, in: VBlBW 1994, 187

Kugelmann, Dieter, Verfassungsmäßigkeit der Flughafenregelung des § 18 a AsylVfG, in: ZAR 1994, 158

Kummer, Peter, Die Nichtzulassungsbeschwerde. Das Beschwerdeverfahren nach der FGO, der VwGO und dem SGG, Köln u. a., 1990

Kutscheidt, E., Stellungnahme an den Bundestag-Innenausschuß vom 17. 3. 1993

Kuzas, Asylum for Unrecognized Conscientious Objectors to Military Service: Is There a Right Not to Fight?, in: Virginia Journal of International Law 1991

Laitenberger, Birgit, Paßrecht, in: Handbuch des Asylrechts, Wolfgang G. Beitz/Michael Wollenschläger (Hrsg.), Baden-Baden 1981, S. 602

Lang, Arno, Untersuchungs- und Verhandlungsgrundsatz im Verwaltungsprozeß, in: Verwaltungsarchiv 1961, 60

Lehnguth, Gerold/Maaßen, Hans-Georg, Der Ausschluß vom Asylrecht nach Art. 16 a Abs. 2 GG, in: ZfSH/SGB 1995, 281

dies., Freiheitsentziehung durch die Unterbringung von nicht einreiseberechtigten Ausländern im Transitbereich von Flughäfen, in: DÖV 1997, 316

Leipold, Dieter, Erläuterungen zu § 284 und §§ 402 ff. ZPO, in: Stein-Jonas, Kommentar zur Zivilprozeßordnung, 20. Aufl., Tübingen 1989 (zit.: Stein-Jonas, ZPO)

Leiner, Wolfgang, Rechtsschutz binnen Wochenfrist: Die Eilentscheidung nach § 36 AsylVfG, in: NVwZ 1994, 239

Lieber, Viktor, Die neuere Entwicklung des Asylrechts im Völkerrecht und Staatsrecht, 1973

Liebetanz, Stephan, Erläuterungen zu § 18 a, in: Gemeinschaftskommentar zum Asylverfahrensgesetz 1992 (GK-AsylVfG)

Lindstedt, Lothar, Qualitätsanforderungen an medizinische Gutachten mit Beispielen aus dem Problemkreis traumatisierter Flüchtlinge, in: Asylpraxis. Schriftenreihe des Bundesamtes für die Anerkennung ausländischer Flüchtlinge, Bd. 7, 2001, S. 97

Löper, Friedrich, Das Dubliner Übereinkommen über die Zuständigkeit für Asylverfahren, in: ZAR 2000, 16

Lösel, Friedrich/Bender, Doris, Anforderungen an psychologische Gutachten, in: Asylpraxis. Schriftenreihe des Bundesamtes für die Anerkennung ausländischer Flüchtlinge, Band 7, 2001, S. 175

Lübbe-Wolff, Gertrude, Das Asylgrundrecht nach den Entscheidungen des Bundesverfassungsgerichts vom 14. Mai 1996, in: DVBl. 1996, 825

Maaßen, Hans-Georg, Die Rechtsstellung des Asylbewerbers im Völkerrecht. Überlegungen zu den völkerrechtlichen Rahmenbedingungen einer europäischen Asylrechtsharmonisierung, Frankfurt am Main u. a. 1997

Literatur

ders./de Wyl, Marion, Folgerungen aus dem Asylurteil des Bundesverfassungsgerichts vom 14. Mai 1996 zur Drittstaatenregelung, in: ZAR 1996, 158, ZAR 1997, 9

MacLean, Percy, Anordnung und Vollzug der Abschiebungshaft – Aktuelle Rechtsfragen und Perspektiven –, in: InfAuslR 1987, 69

Mampel, Dietmar, Beschwerde-Zulassung nach dem 6. VwGO-Änderungsgesetz oder: Die Macht der Gewohnheit, in: NVwZ 1998, 261

Marx, Reinhard, Aids und Ausländerrecht, in: Aids, Recht und Gesundheitspolitik, Cornelius Priwitts (Hrsg.), Berlin 1990, S. 211

ders., Konventionsflüchtlinge ohne Rechtsschutz – Untersuchungen zu einem vergessenen Begriff –, in: ZAR 1992, 3

ders., Anmerkung zu BVerwG, InfAuslR 1993, 237, in: InfAuslR 1993, 237

ders., Die Drittstaatenregelung nach Art. 16 a Abs. 2 GG, in: ZAP 1994, 683

ders., Handbuch zur Asyl- und Flüchtlingsanerkennung, Loseblattausgabe, Neuwied u. a. (zit.: Handbuch)

ders., Temporary Protection. Refugees from Former Yugoslavia: International protection or solution orientated approach?, European Council on Refugees and Exiles, London, June 1994

ders., Non-Refoulement, Access to Procedures, and Responsibility for Determination of Refugee Claims, in: International Journal of Refugee Law 1995, 383

ders., Völkervertragsrechtliche Abschiebungshindernisse für Flüchtlinge, in: Ausweisung im demokratischen Rechtsstaat, Barwig u. a. (Hrsg.), Baden-Baden 1996, S. 273

ders., Die Drittstaatenregelung des Artikels 16 a II GG nach dem Urteil des Bundesverfassungsgerichtes vom 14. Mai 1996, in: InfAuslR 1997, 208

ders., Anmerkung zu BVerwG, InfAuslR 1997, 341, in: InfAuslR 1997, 447

ders., Kommentar zum Staatsangehörigkeitsrecht, Neuwied 1997

ders., Abschiebungsschutz bei fehlendem staatlichen Schutz: Die neuere Rechtsprechung des EGMR, in: NVwZ 1998, 153

ders./Lumpp, Katharina, The German Constitutional Court's Decision of 14 May 1996 on the Concept of ›Safe Third Countries‹ – A Basis for Burden-Sharing in Europe?, in: International Journal of Refugee Law 1996, 419

ders., Humanitäres Bleiberecht für posttraumatisierte Bürgerkriegsflüchtlinge aus Bosnien und für Herzegowina, in: InfAuslR 2000, 357

ders., Ausländer- und Asylrecht in der anwaltlichen Praxis, 2000

ders., Erläuterungen zum StAG, in: GK-StAR

ders., Menschenrechtlicher Abschiebungsschutz, in: InfAuslR 2000, 313

ders., Adjusting the Dublin Convention: New Approaches to Member State Responsibility for Asylum Application, in: European Journal of Migration and Law 2001, 7

ders., The Notion of Persecution by Non-State Agents in German Jurisprudence, in: The Changing Nature of Persecution, International Association of Law Judges (Hrsg.), 2001, S. 60.

ders., Stellungnahme zu dem Gesetzentwurf der Fraktionen der SPD und Bündnis/Grünen Entwurf eines Gesetzes zur Bekämpfung des Internationalen Terrorismus, vom 27. November 2001, in: DB, 14. WP, Innenausschuss, Protokoll Nr. 78, 14/644 A, S. 118

ders., Stellungnahme zum Zuwanderungsgesetz vom 1. Januar 2002, in: DB, 14. WP, Innenausschuss, Protokoll Nr. 83, 14/674, S. 138
ders., Zu den ausländer- und asylrechtlichen Bestimmungen des Terrorismusbekämpfungsgesetzes, in: ZAR 2002, 127
ders., Gehörsrüge wegen nicht ordnungsgemäß eingeführter Erkenntnismittel im Asylprozess, in: ZAR 2002, 400
ders., Gutachten zur Glaubhaftigkeit im Asylprozess, in: InfAuslR 2003, 21
ders., The Criteria of Applying the »Internal Flight Alternative« Test in National Refuge Status Determination Procedures, in: I.J.R.L. 2002, 179
ders., Probleme des Asyl- und Flüchtlingsrechts in der Verwaltungspraxis der Tatsachenfeststellung aus der Sicht des Anwalts, in: 50 Jahre Behörde im Wandel, Bundesamt für die Anerkennung ausländischer Flüchtlinge (Hrsg.), Band 11 der Schriftenreihe, 2003, S. 68
Masuch, Thorsten, Zur fallübergreifenden Bindungswirkung von Urteilen des EGMR, in: NVwZ 2000, 1266
Mathew, Penelope/Hathaway, James C./Forster, Michelle, The Role of State Protection in Refugee Analysis, in: IJRL 2003, 444
Mayer, Albert, Nochmals: Urteil bei Fehlen der nach § 269 Abs. 1 ZPO erforderlichen Einwilligung, in: MDR 1985, 373
Meissner, Claus, Das neue Asylverfahrensrecht, in: VBlBW 1992, 385 und VBlBW 1993, 9
Meiyers, H., Refugees in Western Europe. Schengen affects the entire Refugee Law, in: IJRL 1990, 429
Menke, Matthias, Bedingungen einer Asylgesetzgebung der Europäischen Gemeinschaften, Baden-Baden 1993
Menzel, Hans-Joachim, Minderjährige Flüchtlinge zwischen völkerrechtlichem Kinderschutz und nationaler Ausländerabwehr, in: ZAR 1996, 22
Mezger, Jürgen, Stellt die Veränderung der politischen Verhältnisse im Herkunftsland eine neue Sachlage dar; wie wird in diesem Fall die Drei-Monats-Frist gemäß § 51 Abs. 3 Satz 1 VwVfG berechnet?, in: VBlBW 1995, 308
Möller, Winfried/Schütz, Carsten, Anmerkung zu VGH BW, DVBl. 1994, 1414, in: DVBl. 1995, 864
Molitor, Wolfram, Kommentierung zu § 74, 76, 81, 83 b, in: GK-AsylVfG
Mosler, Hermann, Völkerrecht als Rechtsordnung, in: ZaöRV 1976, 6
Müller, H. Joachim, Zum Streitgegenstand von Asylklagen, in: NVwZ 1995, 762
Müller, Markus H., Asylklagen bei einer Weiterflucht in einen Schengenstaat, in: NVwZ 1997, 1084
Münder, Johannes, Ausländische Minderjährige und Minderjährigenschutz, in: Recht der Jugend und des Bildungswesens 1985, S. 210

Nack, Armin, Indizienbeweis und Denkgesetze, in: NJW 1983, 1035
Nicolaus, Helmut, Schengen und Europol – ein europäisches Laboratorium?, in: NVwZ 1996, 40
Nicolaus, Peter, Die Zuerkennung des Konventionsflüchtlingsstatus nach dem Gesetz zur Neuregelung des Ausländerrechts an nicht originär Asylbe-

rechtigte, in: Das neue Ausländerrecht, Klaus Barwig u. a. (Hrsg.), Baden-Baden 1991, S. 169

Nierhaus, Michael, Beweismaß und Beweislast. Untersuchungsgrundsatz und Beteiligtenmitwirkung im Verwaltungsprozeß, München 1989

Niewerth, Johannes, Der Anwendungsbereich von § 53 IV, VI AuslG unter Berücksichtigung der völkerrechtlichen Verpflichtungen der Bundesrepublik Deutschland, in: NVwZ 1997, 228

Nonnenmacher, Carol, Der Rechtsstatur von Bürgerkriegsflüchtlingen, in: VBlBW 1994, 46

Nowak, Manfred, UNO-Pakt über bürgerliche und politische Rechte und Fakultativprotokoll. CCPR-Kommentar, Kehl am Rhein u. a. 1989

Oberloskamp, Helga, Das Haager Minderjährigenschutzabkommen (MSA) in der gerichtlichen Praxis, in: Mitt., LJA Nr. 84, S. 30

Oske, Ernst-Jürgen, Bescheidung von Beweisanträgen vor der Hauptverhandlung (§ 219 StPO), in: MDR 1971, 797

Papier, Hans-Jürgen, Asyl – Rechtsfragen im Spannungsfeld von Verfassungsrecht, Verwaltungsrecht und Politik, Köln 1992, S. 7

Patrnogic, J., Inter-Relationship between general Principles of International Law and Fundamental Principles to the Protection of Refugees, Annales De Droit International Medical 1977

Perluss, Deborah/Hartman, Joan F., Temporary Refuge, in: VirginiaJIL 1986, 551

Pfohl, Gerhard, Sozialhilfe für Flüchtlinge, in: NVwZ 1998, 1048

Pieroth, Bodo/Schlink, Bernhard, Menschenwürde und Rechtsschutz bei der verfassungsrechtlichen Gewährleistung von Asyl, in: Festschrift für E. G. Mahrenholz, H. Däubler-Gmelin u. a. (Hrsg.), Baden-Baden 1994, S. 669

Piotrowicz, Ryszard, Dublin II und zukünftige Perspektiven eines gemeinsamen europäischen Asylsystems, in: ZAR 2003, 383

Redeker, Konrad, Grundgesetzliche Rechte auf Verfahrensteilhabe, in: NJW 1980, 1593

ders., Die Neugestaltung des vorläufigen Rechtsschutzes in der Verwaltungsgerichtsordnung, in: NVwZ 1991, 526

ders./v. Oertzen, Hans-Joachim, Verwaltungsgerichtsordnung. Kommentar, 12. Aufl., Stuttgart u. a. 1997

Reermann, Olaf, Das Asylverfahrensgesetz vom 16. Juli 1982, in: ZAR 1982, 127

Reichel, Ernst, Exilpolitische Betätigung und Aufenthaltsbeschränkung für Asylbewerber, in: ZAR 1986, 121

ders., Das staatliche Asylrecht »im Rahmen des Völkerrechts«, Berlin 1987

Reichler, Hans, Stellung und Aufgaben des Bundesbeauftragten für Asylangelegenheiten, in: Verwaltungsrundschau 1979, 232

Reimann, Dietmar, Voraussetzungen für eine Verfahrenseinstellung nach § 33 AsylVfG, in: VBlBW 1995, 178

Remmel, Johannes, Erläuterungen zu § 57 AuslG, in: GK-AuslR

ders., Erläuterungen zu §§ 55–58, in: GK-AsylVfG
Renner, Günther, Rechtsschutz im Asylverfahren, in: ZAR 1985, 62
ders., Anmerkung zu BVerwG, EZAR 215 Nr. 2, in: ZAR 1992, 37
ders., Asyl- und Ausländerrechtsreform 1993, in: ZAR 1993, 118
ders., Stellungnahme an den Bundestag-Innenausschuß vom 18. 3. 1993
ders., Der »Asylkompromiß« und seine Folgen, in: NVwZ 1994, 452
ders., Ausländerrecht, 7. Aufl., München 1999
ders., Was ist vom deutschen Asylrecht geblieben?, in: ZAR 1996, 103
Rennert, Klaus, Die Beendigung des Aufenthalts abgelehnter Asylbewerber nach neuem Recht – ausgewählte Fragen, in: VBlBW 1993, 90
ders., Rechtskraftprobleme im Verhältnis von Art. 16 Abs. 2 Satz 2 GG und § 51 Abs. 1 AuslG, in: VBlBW 1993, 281
ders., Fragen zur Verfassungsmäßigkeit des neuen Asylverfahrensrechts, in: DVBl. 1994, 717
Ritter, Manfred, Die Zulässigkeitsprüfung nach dem Asylverfahrensgesetz, in: NVwZ 1983, 202
ders., Beweiskraft von Briefen aus der Heimat im Asylverfahren, in: NVwZ 1996, 29
Ritter, Markus, Das Flughafenverfahren am Flughafen Frankfurt am Main, in ZAR 1999, 176
Rittstieg, Helmut, Ausländerrechtliche Maßnahmen aus Anlaß von Aids, in: Aids, Recht und Gesundheitspolitik, Cornelius Priwitts (Hrsg.), Berlin 1990, S. 193
Robinson, Nehemiah, Convention relating to the Status of Refugees. Its History, Contents and Interpretation. A Commentary, Institute of Jewish Affairs, New York 1953
Roeser, Thomas, Stattgebende Kammerentscheidungen des Bundesverfassungsgerichtes zum Grundrecht auf Asyl, in: EuGRZ 1994, 85
ders., Stattgebende Kammerentscheidungen des Bundesverfassungsgerichts zum Grundrecht auf Asyl im Jahre 1994, in: EuGRZ 1995, 101
ders./Hänlein, Andreas, Das Abänderungsverfahren nach § 80 VII VwGO und der Grundsatz der Subsidiarität der Verfassungsbeschwerde, in: NVwZ 1995, 1082
Roth, Andreas, Das Grundrecht auf Asyl – ein (fast) abgeschafftes Grundrecht?, in: ZAR 1998, 54
Roth, Wolfgang, Zur Unvereinbarkeit des Gerichtsbescheides (§ 84 VwGO) mit Art. 6 I EMRK, in: NVwZ 1997, 656
Rothfuß, Till Oliver, Kann das Verwaltungsgericht die Klage eines Asylbewerbers aus einem sicheren Herkunftsstaat als (einfach) unbegründet abweisen, weil z. B. erst die Beweisaufnahme ergeben hat, daß die von ihm geltend gemachten Tatsachen nicht geeignet sind, die Vermutung des Art. 16 a Abs. 3 GG zu widerlegen?, in: VBlBW 1994, 183
Rothkegel, Ralf, Verfassungsrechtliche Anforderungen an die Tatsachenfeststellungen im Asylbereich außerhalb des Art. 16 II 2 GG, in: NVwZ 1992, 313
Rossen, Helge, Duldung und rechtmäßiger Aufenthalt – Zur Ausgestaltung vertragsvölkerrechtlicher Regelungen, in: ZAR 1988, 20

Literatur

Rozek, Jochen, Abschied von der Verfassungsbeschwerde auf Raten?, in: DVBl. 1997, 519

Rudisile, Richard, § 125 II VwGO und 6. VwGO-Änderungsgesetz, in: NVwZ 1998, 148

Ruge, Ulrich, Asylverfahrensgesetz 1993 – Bewährung in der verwaltungsgerichtlichen Praxis?, in: NVwZ 1995, 733

Ruidisch, Peter, Einreise, Aufenthalt und Ausweisung im Recht der Bundesrepublik Deutschland, Dissertation München 1975

Ruthig, Josef, Zustellung statt Verkündung verwaltungsgerichtlicher Entscheidungen – Eine Praxis mit Tücken zwischen VwGO und EMRK, in: NVwZ 1997, 1188

Salomon, Machiel/Hruschka, Constantin, Zu Auslegung und Inhalt des Art. 1 C (5) 1 der Genfer Flüchtlingskonvention, in: ZAR 2004, 386

Sauer, Jürgen, Sozialhilferechtliche Inländergleichbehandlung und Artikel 23 Genfer Flüchtlingskonvention, in: InfAuslR 1993, 134

Schade, Jens, Der beschränkte Antrag auf mündliche Verhandlung in Asylverfahren, in: InfAuslR 1995, 339

Scheder, Johannes, Einreise aus einem sicheren Drittstaat, in: NVwZ 1996, 557

Schelter, Kurt/Maaßen, Hans-Georg, Das deutsche Asylrecht nach der Entscheidung von Karlsruhe, in: ZRP 1996, 408

Schenk, Karlheinz, Asylrecht und Asylverfahrensrecht. Systematische Darstellung für die Praxis, Baden-Baden 1993

ders., Kommentierung zu §§ 74–83 b, in: Hailbronner, AuslR

Schenke, Wolf-Rüdiger, Die Bekämpfung von Aids als verfassungsrechtliches und polizeirechtliches Problem, in: Rechtsprobleme von Aids, Schünemann, Bernd/Pfeiffer, Gerd (Hrsg.), Baden-Baden 1988, S. 113

Scherer, Frank, Streitgegenstand und richtige Klageart im Klageverfahren bei einem Folgeantrag, in: VBlBW 1995, 175

Schieber, Andreas, Reicht die Feststellung der »Einreise auf dem Landweg« aus, um den Asylantrag gem. Art. 16 a Abs. 2 GG, § 26 a AsylVfG abzulehnen, oder muß der genaue Einreiseweg bekannt sein?, in: VBlBW 1995, 344

Schifferdecker, Stefan, Einwilligungsfiktion zur Klagerücknahme im Verwaltungsprozess, in: NVwZ 2003, 925

Schliesky, Utz, Die Vorwirkung von gemeinschaftsrechtlichen Richtlinien, in: DVBl. 2003, 631

Schlink, Bernhard/Wieland, Joachim, Klagebegehren und Spruchreife im Asylverfahren, in: DÖV 1982, 426

Schlothauer, Reinhold, Hilfsbeweisantrag – Eventualbeweisantrag – bedingter Beweisantrag, in: StV 1988, 542

Schmidt-Aßmann, Eberhard, Erläuterungen zu Art. 19 IV und 103, in: Grundgesetz. Kommentar, Maunz-Dürig

Schmieszek, Hans-Peter, Die Novelle zur Verwaltungsgerichtsordnung – Ein Versuch, mit den Mitteln des Verfahrensrechts die Ressource Mensch besser zu nutzen, in: NVwZ 1991, 522

Schmitt, Lothar, Die Ablehnung von Beweisanträgen im Verwaltungsprozeß, in: DVBl. 1964, 465

Schmitt-Glaeser, Walter, Verwaltungsprozeßrecht. Kurzlehrbuch mit Systematik zur Fallbearbeitung, 14. Auflage, Stuttgart u. a. 1997

Schnellenbach, Helmut, Zur Problematik einer Einführung des alleinentscheidenden Einzelrichters und der Zulassungsberufung in Asylsachen, in: DVBl. 1981, 161

ders., Stellungnahme an den Bundestag-Innenausschuß vom 18. 3. 1993

ders., Die Änderung der Verwaltungsgerichtsordnung durch das Gesetz zur Entlastung der Rechtspflege, in: DVBl. 1993, 230

Schoch, Friedrich, Der vorläufige Rechtsschutz im 4. VwGO-Änderungsgesetz, in: NVwZ 1991, 1121

ders., Das neue Asylrecht gemäß Art. 16 a GG, in: DVBl. 1993, 1161

Schoenemann, Peter, Das deutsche Asylrecht im Lichte der europäischen Asylrechtsharmonisierung und des nationalen Asylrechts in Westeuropa, in: NVwZ 1997, 1049

Schröder, Birgit, Die EU-Verordnung zur Bestimmung des zuständigen Asylstaats, in: ZAR 2003, 126

Schütze, Bernd, Vorläufiger Rechtsschutz im Folgeantragsverfahren, insbesondere wenn keine neue Abschiebungsandrohung erlassen wird (§ 71 Abs. 5 AsylVfG), in: VBlBW 1995, 346

ders., Erläuterungen zu § 10, in: GK-AsylVfG

Schuhmann, Ekkehard, Erläuterungen zu §§ 373ff., in: Stein-Jonas, Kommentar zur Zivilprozeßordnung, Tübingen 1988

Schwachheim, Jürgen, Zugangsfiktion (§ 10 II AsylVfG) und behördliche Belehrung: Eine kritische Betrachtung der jüngsten Rechtsprechung des BVerfG, in: NVwZ 1994, 970

Seibert, Max-Jürgen, Die Zulassung der Berufung, in: DVBl. 1997, 932

Seiler, Monika, Das Bundesamt als Prozeßvertreter der Bundesrepublik Deutschland vor den Obergerichten, in: Schriftenreihe des Bundesamtes für die Anerkennung ausländischer Flüchtlinge, Band 2, Nürnberg 1997, S. 147

Selk, Michael, Asylrecht und Wertordnung des Grundgesetzes, in: NVwZ 1993, 144

Sexton, Robert C., »Political Refugees, Non-Refoulement and State Practice: A Comparative Study«, in: Vanderbuilt Journal of Transnational Law 1985, S. 731

Sinha, Prakash S., Asylum and International Law, The Hague 1971

Spiecker genannt Döhmann, Indra, Verletzung rechtlichen Gehörs in der Rechtsmittelinstanz, in: NVwZ 2003, 1464

Stegemeyer, Karoline, Streitgegenstand und richtige Klageart bei rechtswidriger Verfahrenseinstellung nach §§ 32, 33 AsylVfG, in: VBlBW 1995, 180

Steiner, Jürgen/Steiner, Bernd, Beweisprobleme durch das neue Zustellungsreformgesetz, insbesondere aus verwaltungsverfahrens- und prozessrechtlicher Sicht, in: NVwZ 2002, 437

Stelkens, Paul, Die Änderung höchstrichterlicher Rechtsprechung als nachträgliche Änderung der Rechtslage i. S. des § 51 I Nr. 1 VwVfG, in: NVwZ 1982, 492

Literatur

ders., Grundsätze des Verwaltungsverfahrens im Asylverfahren, in: ZAR 1985, 15

ders., Das Gesetz zur Neuregelung des verwaltungsgerichtlichen Verfahrens (4. VwGOÄndG) – das Ende einer Reform?, in: NVwZ 1991, 209

ders., Aktuelle Probleme und Reformen in der Verwaltungsgerichtsbarkeit, in: NVwZ 2000, 155

Sternberg, Gunnel, Non-Expulsion and Non-Refoulement, Uppsala 1989

Stöcker, Hans A., Der Ausländervorbehalt der UNO-Kinderkonvention, in: ZAR 1992, 80

Storey, Hugo The Internal Flight Alternative Test: The Jurisprudence Reexamined, in: IJRL 1998, 499

Stumpe, Klaus-Jürgen, Behandlung des Antrags auf Einholung von weiteren Sachverständigengutachten und amtlichen Auskünften, wenn bereits Erkenntnisquellen zum Beweisthema beigezogen sind, in: VBlBW 1995, 172

Tomuschat, Christian, Asylrecht in der Schieflage, in: EuGRZ 1996, 381

Treiber, Wilhelm, Erläuterungen zu §§ 13, 39, 40, 41 und 42, in: GK-AsylVfG

ders., Erläuterungen zu § 50, in: GK-AuslR

ders., Die Zukunft der Asyl-Verfassungsbeschwerde im Lichte der jüngsten Asylurteile des BVerfG und der Überlegungen zur Reform des Verfassungsbeschwerderechts, in: Asylmagazin 1/97, S. 4

ders., Fallgruppen traumatisierter Flüchtlinge im Asylverfahren, in: Asylpraxis. Schriftenreihe des Bundesamtes für die Anerkennung ausländischer Flüchtlinge, Band 7, 2001, S. 15

ders., Flüchtlingstraumatisierung im Schnittfeld zwischen Justiz und Medien, in: ZAR 2002, 28

Türk, Volker, Forced Migration and Security, in: IJRL 2003, 113 (120)

Ulmer, Mathias, Asylrecht und Menschenwürde, Frankfurt am Main u. a. 1996

UNHCR Bonn, Zum Begriff des »rechtmäßigen Aufenthalts« im Staatenlosenübereinkommen, in: InfAuslR 1988, 161

UNHCR London, The »Safe Third Country« Policy in the light of international obligations of countries vis-a-vis Refugees and Asylum Seekers, London, Juli 1993

UNHCR, An Overview of Protection Issues in Western Europe: Legislative Trends and Positions Taken by UNHCR, September 1995,

UNHCR, The Exclusion Clauses: Guidelines on their Application, 1 December 1996

UNHCR, Background Paper on the Article 1 F Exclusion Clauses, 1997

UNHCR, Determination of refugee status of persons connected with organizations or groups which advocate and/or practice violence, 1 June 1998

UNHCR, Position on Relocating Internally as a Reasonable Alternative to Seeking or Receiving Asylum, UNHCR/IOM/24/99, 9 Februar 1999

UNHCR, Stellungnahme des UNHCR zum Flughafenverfahren, März 1999

UNHCR, Addressing Security Concerns without Undermining Refugee Protection UNHCR's Perspective, November 2001

UNHCR, Vertretung in Deutschland, Stellungnahme zum Zuwanderungsgesetz vom 14. Januar 2002, in: DB, 14. WP, Innenausschuss, Protokoll Nr. 83, 14/674 I, S. 278

UNHCR, Richtlinien zum Internationalen Schutz: Zugehörigkeit zu einer bestimmten sozialen Gruppe im Zusammenhang mit Art. 1 A (2) GFK, Mai 2002, (zit. Soziale Gruppe).

UNHCR, Richtlinien zum Internationalen Schutz: Geschlechtsspezifische Verfolgung, Mai 2002

UNHCR, Background Note on the Application of the Exclusion Clauses: Article 1 F of the 1951 Convention relating to the Status of Refugees, 2003, S. 6

UNHCR, UNHCR-Richtlinien zum internationalen Schutz: Beendigung der Flüchtlingseigenschaft i. S. des Art. 1 C (5) und (6) des Abkommens von 1951 über die Rechtsstellung der Flüchtlinge (»Wegfall der Umstände«-Klauseln), in: NVwZ-Beil. 2003, 57

UNHCR, Richtlinien zum Internationalen Schutz. Anträge auf Anerkennung der Flüchtlingseigenschaft aufgrund religiöser Verfolgung, April 2004, (zit.: Religiöse Verfolgung)

UNHCR, Stellungnahme zu Art. 28 GFK, in: NVwZ-Beil. 2004, 1

Urban, Richard, Besondere Spruchkörper für Asylverfahren?, in: NVwZ 1993, 1169

Ventzke, Klaus-Ulrich, Anmerkung zu Hess.VGH, InfAuslR 1987, 130, in: InfAuslR 1987, 132

Vermeulen, Ben/Spijherboer, Thomas/Zwaan, Karin/Fernhout, Roel, Persecution by Third Parties, University of Nijmegen, Commissioned by the Ministry of Justice of the Netherlands, May 1998

Vogler, Theo, Deutsch als Amtshilfesprache für ein Rechtshilfeersuchen?, in: NJW 1985, 1764

Vormeier, Jürgen, Erläuterungen zu §§ 68−70, in: GK-AsylVfG

Voßkuhle, Andreas, »Grundrechtspolitik« und Asylkompromiß, in: DÖV 1994, 53

Weingärtner, K. H., Stellungnahme an den Bundestag-Innenausschuß vom 19. 3. 1993

Weirich, Kurt, Ist Streitgegenstand des Antrags nach § 80 Abs. 5 VwGO und der Klage in den Fällen des § 33 Abs. 1 S. 1 AsylVfG (Rücknahmefiktion) und des § 71 Abs. 1 u. Abs. 4 Halbs. 1 AsylVfG (»unbeachtlicher« Folgeantrag) nur die Abschiebungsandrohung oder auch die Entscheidung über den Asylantrag bzw. Folgeantrag?, in: VBlBW 1995, 185

Weis, Paul, Legal Aspects of the Convention relating to the Status of Refugees, in: British Yearbook of International Law 1953, 478

ders., The International Protection of Refugees, in: The American Journal of International Law 1954, 193

ders., Nationality and Statelessness in International Law, London 1956

ders., The concept of the refugee in international law, in: Du droit international 1960, 928

Literatur

ders., The United Nations Declaration on Territorial Asylum, in: Canadian Yearbook of International Law 1969, 92

ders., The Refugee Convention, 1951. The Travaux Prèparatoires analysed, with a Commentary, Cambridge 1995

Weichert, Thilo, Asylverfahrensregelungen verletzen Recht auf informationelle Selbstbestimmung, in: InfAuslR 1993, 385

ders., Die Beschaffung von Reisedokumenten für Flüchtlinge, in: NVwZ 1996, 16

Weyreuther, Felix, Bundesverfassungsgericht und Verfassungsbeschwerde; Kompetenz und Kompetenzüberschreitung, in: DVBl. 1997, 925

Wolf, Joachim, Ratifizierung unter Vorbehalten: Einstieg oder Ausstieg der Bundesrepublik aus der UNO-Konvention über die Rechte des Kindes, in: ZRP 1991, 374

Wolf, Rainer, Materielle Voraussetzungen der Abschiebungshaft, in: »Unschuldig im Gefängnis?« (Klaus Barwig/Manfred Kohler (Hrsg.), ZDWF-Schriftenreihe Nr. 67, Bonn 1997, S. 59

Wolff, Heinrich Amadeus, Überschneidungen der Wiedereinsetzung in den vorigen Stand (§ 60 I VwGO) mit dem Wiederaufgreifen des Verfahrens (§ 51 VwVfG), in: NVwZ 1996, 559

ders., Die Asylrechtsänderung in der verfassungsgerichtlichen Prüfung, in: DÖV 1996, 819

Wollenschläger, Michael/Schraml, Alexander, Art. 16 a GG, das neue »Grundrecht« aus Asyl?, in: JZ 1994, 61

de Wyl, Marion, Stellt die Unterbringung im Flughafenverfahren abgelehnter Asylbewerber im Transitbereich Freiheitsentziehung dar?, in: ZAR 1997, 82

dies., Stellt die Unterbringung abgelehnter Asylbewerber im Transitbereich Freiheitsentziehung dar?, in: ZAR 1998, 82

Zambelli, Pia, Procedural Aspects of the Cessation and Exclusion, in: IJRL 1996, 144

Zimmer, Michael, Entwicklung des Streitrechts in der Verwaltungsgerichtsbarkeit seit 1991, in: NVwZ 1995, 138

Zimmermann, Andreas, Das neue Grundrecht auf Asyl. Verfassungs- und völkerrechtliche Grenzen und Voraussetzungen, Berlin u. a. 1994

Zwerger, Dietmar, Prozessuale Probleme der Klage des Bundesbeauftragten für Asylangelegenheiten, in: InfAuslR 2001, 457

Erster Abschnitt
Allgemeine Bestimmungen

§ 1 Geltungsbereich

(1) Dieses Gesetz gilt für Ausländer, die Schutz als politisch Verfolgte nach Artikel 16 a Abs. 1 des Grundgesetzes oder Schutz vor Abschiebung oder einer sonstigen Rückführung in einen Staat beantragen, in dem ihnen die in § 60 Abs. 1 des Aufenthaltsgesetzes bezeichneten Gefahren drohen.

(2) Dieses Gesetz gilt nicht für heimatlose Ausländer im Sinne des Gesetzes über die Rechtsstellung heimatloser Ausländer im Bundesgebiet in der im Bundesgesetzblatt Teil III, Gliederungsnummer 243-1, veröffentlichten bereinigten Fassung, zuletzt geändert durch Artikel 4 des Gesetzes vom 9. Juli 1990 (BGBl. I S. 1354).

Übersicht

		Rdn.
1.	Funktion der Vorschrift	1
2.	Voraussetzungen der Asylanerkennung nach Art. 16 a Abs. 1 Grundgesetz	11
2.1.	Vorbemerkung	11
2.2.	Politische Verfolgung	12
2.3.	Staatliche Verfolgung	21
2.3.1.	Unmittelbare staatliche Verfolgung	21
2.3.2.	Mittelbare staatliche Verfolgung	24
2.3.3.	Quasi-staatliche Verfolgung	30
2.4.	Politische Strafverfolgung	39
2.5.	Religiöse Verfolgung	48
2.6.	Gruppenverfolgung	52
2.7.	Inländische Fluchtalternative	60
2.8.	Prognosegrundsätze	67
3.	Voraussetzungen des internationalen Schutzes nach § 60 Abs. 1 AufenthG	77
3.1.	Vorbemerkung	77
3.2.	Unverzügliche Pflicht zur Umsetzung der Qualifikationsrichtlinie	82
3.3.	Konzept des internationalen Schutzes nach § 60 Abs. 1 AufenthG	86
3.4.	Begriff des Flüchtlings nach Art. 2 Buchst. c) der Qualifikationsrichtlinie	88
3.4.1.	Allgemeines	88
3.4.2.	Begriff der Verfolgungshandlung (Art. 9 der Qualifikationsrichtlinie)	93
3.4.2.1.	Vorbemerkung	93
3.4.2.2.	Begriff der Verfolgungshandlung (Art. 9 Abs. 1 der Qualifikationsrichtlinie)	99
3.4.2.3.	Funktion der in Art. 9 Abs. 2 der Qualifikationsrichtlinie bezeichneten Beispielsfälle	111
3.4.3.	Wegfall des nationalen Schutzes (Art. 7 und 8 der Qualifikationsrichtlinie)	119
3.4.3.1.	Vorbemerkung	119

3.4.3.2.	Zumutbarkeit der Beantragung nationalen Schutzes (Art. 7 der Qualifikationsrichtlinie)	124
3.4.3.2.1.	Maßgebliche Dogmatik für die Prüfung	124
3.4.3.2.2.	Kriterien des Zumutbarkeitsbegriffs (Art. 6 Buchst. c) der Qualifikationsrichtlinie)	129
3.4.3.2.3.	Anforderungen an die Schutzsuche bei Verfolgungen durch nichtstaatliche Akteure nach Art. 6 Buchst. c) der Qualifikationsrichtlinie	133
3.4.3.2.3.1.	Allgemeines	133
3.4.3.2.3.2.	Darlegungslast	135
3.4.3.2.3.3.	Zumutbarkeit der Schutzbeantragung	144
3.4.3.2.3.4.	Anforderungen an den nationalen Schutz	147
3.4.3.2.3.5.	Internationale Organisationen	152
3.4.3.3.	Gewährleistung effektiven Schutzes im Falle der Rückkehr (Art. 7 der Qualifikationsrichtlinie)	155
3.4.3.3.1.	Allgemeines	155
3.4.3.3.2.	Anforderungen an den effektiven Schutz (Art. 7 Abs. 2 der Qualifikationsrichtlinie)	158
3.4.3.3.2.1.	Keine Anwendung bei staatlichen oder vergleichbaren Akteuren	159
3.4.3.3.2.2.	Anwendung auf Verfolgungen durch nichtstaatliche Akteure	160
3.4.3.3.2.3.	Funktion der Kriterien in Art. 7 Abs. 2 der Qualifikationsrichtlinie	162
3.4.3.4.	Einwand des internen Schutzes (Art. 8 der Qualifikationsrichtlinie)	170
3.4.3.4.1.	Begriff der internen Schutzalternative	170
3.4.3.4.2.	Voraussetzungen des internen Schutzes	174
3.4.3.4.2.1.	Prüfungsschema	174
3.4.3.4.2.2.	Ungefährdeter Zugang zum Ort der internen Schutzalternative	175
3.4.3.4.2.3.	Sicherheit vor dem Zugriff des Verfolgers	178
3.4.3.4.2.4.	Zumutbarkeit der Lebensverhältnisse am Ort der internen Schutzalternative	184
3.4.4.	Verfolgungsgründe (Art. 10 der Qualifikationsrichtlinie)	195
3.4.4.1.	Allgemeine Grundsätze	195
3.4.4.2.	Die einzelnen Verfolgungsgründe (Art. 10 der Qualifikationsrichtlinie)	201
3.4.4.2.1.	Verfolgung wegen der Rasse (Art. 10 Abs. 1 Buchst. a) der Qualifikationsrichtlinie)	201
3.4.4.2.2.	Verfolgung wegen der Religion (Art. 10 Abs. 1 Buchst. b) der Qualifikationsrichtlinie)	203
3.4.4.2.2.1.	Begriff der Religion	203
3.4.4.2.2.2.	Erstreckung auf öffentliche Glaubenspraxis	206
3.4.4.2.2.3.	Verfolgungsformen	208
3.4.4.2.2.4.	Diskriminierung	212
3.4.4.2.2.5.	Ermittlungspflichten	215
3.4.4.2.2.6.	Glaubenswechsel	218
3.4.4.2.3.	Verfolgung wegen der Nationalität (Art. 10 Abs. 1 Buchst. c) der Qualifikationsrichtlinie)	220
3.4.4.2.4.	Verfolgung wegen der Zugehörigkeit zu einer »bestimmten sozialen Gruppe« (Art. 10 Abs. 1 Buchst. d) der Qualifikationsrichtlinie)	223
3.4.4.2.4.1.	Begriff der »bestimmten sozialen Gruppe« (Art. 1 A Nr. 2 GFK)	223

Geltungsbereich §1

3.4.4.2.4.2.	Dogmatische Funktion der Verfolgung bei der Begriffsbestimmung	230
3.4.4.2.4.3.	Nichtstaatliche Verfolgungsakteure	234
3.4.4.2.4.4.	Prüfungsschema	235
3.4.4.2.5.	Verfolgung wegen der politischen Überzeugung (Art. 10 Abs. 1 Buchst. e) der Qualifikationsrichtlinie)	236
3.4.5.	Besondere Verfolgungsgründe	239
3.4.5.1.	Geschlechtsspezifische Verfolgung	239
3.4.5.1.1.	Besondere Charakteristika zur Bestimmung der »bestimmten sozialen Gruppe«	239
3.4.5.1.2.	Verfolgung	248
3.4.5.1.3.	Kausalzusammenhang zwischen Verfolgung und Verfolgungsgrund	250
3.4.5.2.	Wehrdienstverweigerung (Art. 9 Abs. 2 Buchst. e) der Qualifikationsrichtlinie)	251
3.4.6.	Verfolgungsfurcht	264
3.4.7.	Verfolgungsprognose	273
3.4.7.1.	Allgemeines	273
3.4.7.2.	Maßgeblicher Prognoseansatz	276
3.4.7.3.	Herabgestufter Prognoseansatz bei Vorverfolgung (Art. 4 Abs. 4 der Qualifikationsrichtlinie)	284
3.5.	Ausschluss des internationalen Schutzes (Art. 12 der Qualifikationsrichtlinie)	290
3.5.1.	Allgemeines	290
3.5.2.	Prüfung der Flüchtlingseigenschaft vor der Anwendung der Ausschlussklauseln	295
3.5.3.	Beweislast und -standard	297
3.5.4.	Verbrechen gegen den Frieden, Kriegsverbrechen oder Verbrechen gegen die Menschlichkeit (Art. 12 Abs. 2 Buchst. a) der Qualifikationsrichtlinie)	300
3.5.5.	Schweres nichtpolitisches Verbrechen (Art. 12 Abs. 2 Buchst. b) der Qualifikationsrichtlinie)	301
3.5.6.	Zuwiderhandlung gegen Ziele und Grundsätze der Vereinten Nationen (Art. 12 Abs. 2 Buchst. c) der Qualifikationsrichtlinie)	313
4.	Vom Anwendungsbereich des AsylVfG ausgeschlossene Personen (Abs. 2)	315

1. Funktion der Vorschrift

Wie § 1 AsylVfG 1982 legt die Vorschrift des § 1 den Personenkreis, für den das AsylVfG gilt, fest. Abs. 1 bestimmt *positiv* und Abs. 2 *negativ* den persönlichen Anwendungsbereich des Gesetzes. Da das HumHAG mit Wirkung zum 31. Dezember 2004 aufgehoben wurde (Art. 15 III Nr. 3 ZuwG), musste Abs. 2 sprachlich angepasst werden und schließt nunmehr nur noch Berechtigte nach dem HAG vom Anwendungsbereich des AsylVfG aus.

Der materiell-rechtliche Zentralbegriff für die Asylanerkennung ist der des *politisch Verfolgten* (Abs. 1 1. HS). Dieser bezieht sich nach geltendem Recht auf Art. 16 a I GG. Für die Auslegung und Anwendung des § 60 I AufenthG ist der *Flüchtlingsbegriff* nach Art. 4–12 der EU-Qualifiaktionsrichtlinie (EG Nr. 83/

3

§ 1 Allgemeine Bestimmungen

2004) vom 29. April 2004 (Abl. L. 304/12) in Verb. mit Art. 1 GFK maßgebend. Aufgrund der Qualifikationsrichtlinie ist die vom BVerwG aufgestellte Identitätsthese zwischen beiden Begriffen nicht mehr haltbar. Dementsprechend werden die Voraussetzungen beider Begriffe getrennt voneinander dargestellt.

3 Daneben regelt das AsylVfG den Abschiebungsschutz nach § 60 II–VII AufenthG, früher § 53 AuslG 1990 (vgl. §§ 24 II, 31 III, 41, 42, 73 III). Die Qualifikationsrichtlinie regelt die entsprechenden Voraussetzungen in Art. 15 unter dem Begriff des »ergänzenden Schutzes«. Da das Gesetz nur für politisch Verfolgte und Verfolgte aus Gründen der GFK gilt, ist der Abschiebungsschutz nach § 60 II–VII AuslG an sich bloßes Annex zum Verfolgungsschutz. Die tatbestandlichen Voraussetzungen der politischen Verfolgung können jedoch erst in einem behördlichen Verfahren festgestellt werden, sodass nicht von vornherein offen zutage liegt, ob Verfolgungsschutz nach Art. 16 a I GG oder internationaler Schutz nach § 60 I AufenthG oder aber Schutz nach § 60 II–VII AufenthG bzw. ergänzender Schutz nach Art. 15 der Qualifikationsrichtlinie begehrt wird.

4 Im Allgemeinen wurde bislang in den asylrechtlichen Verfolgungsschutz einerseits und in den ausländerrechtlichen Abschiebungsschutz nach § 51 I AuslG 1990 sowie in die Abschiebungshindernisse nach § 53 AuslG 1990 andererseits unterschieden (so auch BVerfGE 94, 49 (99) = EZAR 208 Nr. 7 = NVwZ 1996, 700). Diese Begriffssprache berief sich auf das bis zum 31. Dezember 2004 geltende allgemeine Ausländerrecht, das unterschiedslos im Hinblick auf § 51 I AuslG 1990 wie auch auf § 53 AuslG 1990 den Begriff Abschiebungshindernisse verwendete (vgl. auch § 50 III 1 AuslG 1990).

5 Diese rein ausländerrechtliche Betrachtungsweise ist jedoch bei der Auslegung und Anwendung des AsylVfG nicht gerechtfertigt. Denn nach Abs. 1 1. HS gilt dieses Gesetz für Ausländer die *als* politisch Verfolgte Schutz nach Art. 16a I GG oder Schutz vor Abschiebung oder sonstiger Rückführung (vgl. § 60 I AufenthG) beantragen. Es geht damit stets um politisch Verfolgte bzw. Verfolgte aus Gründen der GFK und damit zuallererst um die Gewährung von Verfolgungsschutz.

6 Die Verwendung des Begriffs Abschiebungsschutz für § 60 I AufenthG, wie etwa die Gesetzesüberschrift nahe legt, ist nach geltendem Recht indes nicht mehr gerechtfertigt. Denn § 60 I AufenthG setzt die Qualifikationsrichtlinie um. Diese verspricht nicht lediglich Abschiebungsschutz, sondern internationalen Schutz (Überschrift von Kap. II), der im Wesentlichen mit der Rechtsstellung nach Art. 2–34 GFK identisch ist (vgl. Art. 20–34). Das Konzept des internationalen Schutzes ist damit wesentlich weitreichender als das des bloß negatorischen Abschiebungsschutzes nach § 60 I AufenthG, der zunächst das Abschiebungsverbot des Art. 33 I GFK umsetzt, jedoch mit seinem Hinweis auf die GFK in § 60 I 1 1. HS AufenthG klarstellt, dass er zum ersten Mal seit 1965 wieder die gesamte GFK auch für die Anerkennungsentscheidung zum Gegenstand des Asylverfahrens macht. § 60 I AufenthG trägt Nr. 16 der Präambel und Art. 2 Buchst. c) der Richtlinie Rechnung. Beide Regelungen stellen klar, dass der Begriff des Flüchtlings nach der Richtlinie auf Art. 1 GFK beruht.

Geltungsbereich **§ 1**

Der verfassungsrechtlich verbürgte Kernbereich des Verfolgungsschutzes, d. h. der Schutz vor Abschiebung in den Verfolgerstaat sowie in einen Staat, in dem die Gefahr der weiteren Abschiebung in den Verfolgerstaat besteht (vgl. BVerwGE 49, 202 (205 f.) = EZAR 134 Nr. 1 = NJW 1976, 490; BVerwGE 62, 206 (210) = EZAR 221 Nr. 7 = InfAuslR 1981, 214; BVerwGE 69, 323 (325) = EZAR 200 Nr. 10 = NJW 1984, 2782) gilt für politisch Verfolgte. Er gilt darüber hinaus nach Art. 33 I GFK, § 60 I AufenthG für Verfolgte aus Gründen der GFK. 7

Lediglich bei der Ausgestaltung der Rechtspositionen unterschieden sich früher der Schutz für Asylberechtigte von dem in § 51 I AuslG 1990 bereit gehaltenen Abschiebungsschutz: Während Art. 16 a I GG ein »*absolutes Bleiberecht*« gewährt, verlieh § 51 I AuslG 1990 hingegen nur eine »*relative Schutzposition«*, die den politisch Verfolgten davor bewahrt, in einen Staat abgeschoben zu werden, in dem sein Leben oder seine Freiheit wegen seiner Rasse, Religion, Staatsangehörigkeit, seiner Zugehörigkeit zu einer bestimmten sozialen Gruppe oder wegen seiner politischen Überzeugung bedroht ist (BVerfGE 94, 49 (97) = EZAR 208 Nr. 7 = NVwZ 1996, 700). Das ZuwG ist jedoch von dem Grundsatz getragen die Rechtsstellung der politisch Verfolgten mit der der Flüchtling zu vereinheitlichen. 8

Wenn das BVerfG insoweit hervorhebt, dass die Bundesrepublik mit § 51 I AuslG 1990 dem in Art. 33 GFK bereitgehaltenen Refoulementschutz Rechnung trägt (BVerfGE 94, 49 (97) = EZAR 208 Nr. 7 = NVwZ 1996, 700), so gilt dies ebenso für Asylberechtigte. Stets geht es darum, dass Art. 16 a I GG und Art. 33 I GFK den politisch Verfolgten *effektiv* vor den *Zugriffsmöglichkeiten des Verfolgerstaates* schützen (BVerfGE 56, 216 (236)). 9

Aufgabe eines Kommentars zum Asylverfahrensrecht kann nicht die detaillierte Erörterung materiell-rechtlicher Fragen zum Begriff der politischen Verfolgung sowie zum Begriff der Verfolgung aus Gründen der GFK sein. Zur Vertiefung wird auf die Spezialliteratur verwiesen. Nachfolgend erfolgt lediglich ein summarischer Überblick über die entsprechenden Rechtsprobleme unter vorrangiger Berücksichtigung der Rechtsprechung des BVerfG sowie des BVerwG. 10

2. Voraussetzungen der Asylanerkennung nach Art. 16 a Abs. 1 Grundgesetz

2.1. Vorbemerkung

Aufgrund der gemeinschaftsrechtlichen Vorgaben zu den tatbestandlichen Voraussetzungen für den internationalen Schutz nach Art. 4 ff. der Qualifikationsrichtlinie werden die materiellen Anerkennungsvoraussetzungen eine vom Begriff des politisch Verfolgten vollständig losgelöste Bedeutung erfahren. Der asylrechtliche Harmonisierungsprozess in der Europäischen Union wird ausschließlich auf der Grundlage des völkerrechtlichen Flüchtlingsbegriffs durchgeführt. Deshalb ist derzeit unklar, ob und inwieweit dem verfassungsrechtlichen Begriff der politischen Verfolgung daneben noch eine eigenständige Bedeutung zukommen kann. Unverändert gilt jedoch Art. 16 a I GG, 11

5

§ 1   *Allgemeine Bestimmungen*

so dass nachfolgend die Rechtsprechung des BVerfG und des BVerwG zum Begriff der politiischen Verfolgung dargestellt werden.

2.2. Politische Verfolgung

12 Nach Abs. 1 gilt dieses Gesetz für Antragsteller, die Schutz als politisch Verfolgte nach Art. 16 a I GG beantragen. Nach der Rechtsprechung des BVerfG kann der Begriff der politischen Verfolgung nicht allein nach dem lapidaren Wortlaut der Verfassungsbestimmung näher abgegrenzt werden. Vielmehr müsse festgestellt werden, was insgesamt als Sinn und Zweck der normativen Festlegung, die mit der gegebenen Formulierung zum Ausdruck gebracht werde, gemeint gewesen wäre und sei, wobei insbesondere die Regelungstradition und die Entstehungsgeschichte des Grundrechts auf Asyl in die Betrachtung einzubeziehen sei (BVerfGE 80, 315 (334) = EZAR 201 Nr. 20 = NVwZ 1990, 151 = InfAuslR 1990, 21).

13 Demgemäß sei eine Verfolgung dann eine politische, wenn sie dem Einzelnen *in Anknüpfung* an *asylerhebliche Merkmale gezielt Rechtsgutverletzungen* zufüge, die ihn ihrer Intensität nach aus der übergreifenden Friedensordnung der staatlichen Einheit ausgrenzten (BVerfGE 80, 315 (334f.) = EZAR 201 Nr. 20 = NVwZ 1990, 151 = InfAuslR 1990, 21). Ob eine in dieser Weise spezifische Zielrichtung vorliege, die Verfolgung mithin »wegen« eines Asylmerkmals erfolge, sei *anhand ihres inhaltlichen Charakters nach der erkennbaren Gerichtetheit der Maßnahme* zu beurteilen, nicht nach den subjektiven Gründen oder Motiven, die den Verfolgenden dabei leiten würden (BVerfGE 80, 315 (335) = EZAR 201 Nr. 20 = NVwZ 1990, 151 = InfAuslR 1990, 21; BVerfGE 81, 142 (149) = EZAR 200 Nr. 26 = NVwZ 1990, 453 = InfAuslR 1990, 122).

14 Darüber hinaus müsse die in diesem Sinne gezielte Rechtsgutverletzung von einer *Intensität* sein, die sich nicht nur als Beeinträchtigung, sondern als *ausgrenzende* Verfolgung darstelle (BVerfGE 80, 315 (335) = EZAR 201 Nr. 20 = NVwZ 1990, 151 = InfAuslR 1990, 21). Hieraus folgt, dass der »Ausgrenzungscharakter« einer Maßnahme Bedeutung für die Bestimmung der asylerheblichen Schwere eines Eingriffs hat. Demgegenüber ergeben sich für die Bestimmung des asylspezifischen Charakters der Maßnahme die maßgeblichen Kriterien aus dem Gebot der Menschenwürdegarantie.

15 Kein Staat hat das Recht Leib, Leben oder die persönliche Freiheit des Einzelnen aus Gründen zu gefährden oder zu verletzen, die allein in seiner *politischen Überzeugung,* seiner *religiösen Grundentscheidung* oder in für ihn *unverfügbaren Merkmalen* liegen, die sein Anderssein prägen (BVerfGE 80, 315 (333) = EZAR 201 Nr. 20 = NVwZ 1990, 151 = InfAuslR 1990, 21). Mit dem Auffangtatbestand der »unverfügbaren Merkmale« verweist das BVerfG auf das zentrale Kriterium der *Menschenwürde,* die ja auf die Unveräußerlichkeit bzw. Unverfügbarkeit der Menschenrechte (Art. 1 II GG) zielt.

16 Ähnliche Abgrenzungskriterien hatte zuvor das BVerwG, jedoch auf der Grundlage eines anderen dogmatischen und vom BVerfG verworfenen Ansatzes, entwickelt (vgl. BVerwGE 67, 184 (185f.) = NVwZ 1983, 674 = InfAuslR 1983, 228). Ob die Maßnahme an asylerhebliche Merkmale anknüpft,

Geltungsbereich **§ 1**

ist abhängig davon, ob sie in dieser spezifischen Weise den Verfolgern *zugerechnet* werden kann. Das ist nicht nur dann der Fall, wenn der politisch Verfolgte tatsächlich oder doch zumindest nach der Überzeugung des verfolgenden Staates Träger eines verfolgungsverursachenden Merkmals ist, sondern auch bei einem vom Verfolger gehegten *Verdacht der Trägerschaft asylerheblicher Merkmale* (BVerfG (Kammer), InfAuslR 1991, 25 (28); BVerfG (Kammer), InfAuslR 1993, 105 (107); BVerfG (Kammer), InfAuslR 1993, 142 (144)).

Das asylspezifische Kriterium der Verfolgungsmaßnahme ist demnach anhand ihres *inhaltlichen Charakters* nach der erkennbaren Gerichtetheit dieser Maßnahme zu beurteilen. Maßgebend sind damit die objektiven Auswirkungen einer Maßnahme auf den Einzelnen: Ist die Maßnahme objektiv geeignet, den Einzelnen in seinen unverfügbaren Merkmalen zu treffen, ist sie politischer Natur. Andererseits muss die Maßnahme von einer *Intensität* sein, die sich nicht nur als Beeinträchtigung, sondern als *ausgrenzende Verfolgung* darstellt. Das Maß dieser Intensität ist jedoch nicht abstrakt vorgegeben. Vielmehr muss es der humanitären Intention entnommen werden, die das Asylrecht trägt, demjenigen Aufnahme und Schutz zu gewähren, der sich in einer für ihn »*ausweglosen Lage*« befindet (BVerfGE 80, 315 (335) = EZAR 201 Nr. 20 = NVwZ 1990, 151 = InfAuslR 1990, 21). 17

Die materiellen Kriterien der ausgrenzenden Maßnahme sowie der ausweglosen Lage geben demnach Auskunft darüber, wann eine an sich asylspezifische Maßnahme die erforderliche Eingriffsschwelle erreicht. Bei deren Bestimmung ist zwischen der ausgrenzenden Rechtsgutverletzung einerseits sowie der unbeachtlichen Rechtsgutbeeinträchtigung andererseits zu differenzieren. Maßstab für diese Differenzierung ist die humanitäre Asylkonzeption, also das Menschenwürdegebot (vgl. auch BVerfGE 54, 341 (357) = EZAR 200 Nr. 1 = InfAuslR 1980, 338; BVerfGE 56, 216 (257) = EZAR 221 Nr. 4 = InfAuslR 1981, 152; BVerwGE 67, 184 (186) = NVwZ 1983, 674 = InfAuslR 1983, 228) sowie die Feststellung der ausweglosen Lage. 18

Damit schließt sich der durch die Menschenwürdegarantie gezogene Kreis: Der asylspezifische Charakter der Maßnahme bestimmt sich danach, ob diese objektiv und zielgerichtet in ein unverfügbares Merkmal, also in die menschliche Würde, eingreift. Die erforderliche Eingriffsschwelle einer derartigen Maßnahme wird aus der humanitären Intention des Asylrechts, also ebenfalls aus der Garantie der Menschenwürde, abgeleitet. In der Rechtsanwendungspraxis wird die Abgrenzung zwar aufgrund einer Bewertung der Gesamtumstände des Einzelfalls vorgenommen. Dies setzt jedoch voraus, dass vorher die entscheidungserheblichen materiellen Abgrenzungskriterien bestimmt worden sind. Eingriffe in die Rechtsgüter Leben und körperliche Unversehrtheit – sofern politischer Natur – erfüllen regelmäßig die erforderlichen Eingriffskriterien. Dies trifft auch für nicht lediglich kurzfristige Inhaftierungen zu. 19

Ob sicherheitsrechtliche Überwachungen (BVerwG, B. v. 10. 8. 1979 – BVerwG 1 B 761.79), Umziehungsmaßnahmen (BVerwGE 87, 187 (188 f.) = NVwZ 1991, 790 = InfAuslR 1991, 209; BVerwG, EZAR 201 Nr. 25; BVerwG, EZAR 202 Nr. 17; Hess.VGH, U. v. 3. 6. 1986 – 10 OE 40/83), Zwangsbeschneidungen (BVerwG, EZAR 202 Nr. 22), Heiratsverbote (BVerwGE 90, 127 (129 f.) = 20

EZAR 206 Nr. 7 = InfAuslR 1992, 258), Disziplinierungsmaßnahmen wegen unerlaubter Niederlegung des Dorfschützeramtes (BVerfG (Kammer), InfAuslR 1991, 81 (84)), Überprüfungen, Vernehmungen, kurzfristige Inhaftierungen (BVerfG, B. v. 18. 4. 1986 – 2 BvR 398/83; BVerwG, EZAR 201 Nr. 22; BVerwG, EZAR 200 Nr. 27), Parteiverbote (BVerwG, Buchholz 402.24 § 28 AuslG Nr. 19), Zwangsarbeit (BVerwG, Buchholz 402.25 § 1 AsylVfG Nr. 1; BVerwG, Buchholz 402.24 § 28 AuslG Nr. 17), Zwangsumsiedlungen (Marx, Handbuch, § 68 Rdn. 19 ff.), Bannstrafen (Marx, Handbuch, § 68 Rdn. 14 ff.) oder Hausarreste die erforderliche Eingriffsschwelle erreichen, ist danach zu entscheiden, in welchen Repressionskontext sich derartige Maßnahmen einfügen. Sind sie Ausdruck einer den Einzelnen treffenden gezielten Ausgrenzungspolitik, sind sie beachtlich.

2.3. Staatliche Verfolgung

2.3.1. Unmittelbare staatliche Verfolgung

21 Politische Verfolgung ist grundsätzlich *staatliche Verfolgung* (BVerfGE 9, 174 (180) = DVBl. 1959, 433= NJW 1959, 763; BVerfGE 54, 341 (356f.) = EZAR 200 Nr. 1 = NJW 1980, 2641 = InfAuslR 1980, 338; BVerfGE 76, 143 (157f., 169) = EZAR 200 Nr. 20 = NVwZ 1988, 237 = InfAuslR 1988, 87; 80, 315 (334) = EZAR 201 Nr. 20 = NVwZ 1990, 151 = InfAuslR 1990, 21). Staaten stellen in sich befriedete Einheiten dar, die nach innen alle Gegensätze, Konflikte und Auseinandersetzungen durch eine übergreifende Ordnung in der Weise relativieren, dass diese unterhalb der Stufe der Gewaltsamkeit verbleiben und die Existenzmöglichkeit des Einzelnen nicht in Frage stellen, insgesamt also die Friedensordnung nicht aufheben. Dazu dient staatliche Macht. Die Macht zu *schützen,* schließt indes die Macht, zu *verfolgen,* mit ein. Daher hebt die Ratio der verfassungsrechtlichen Asylgewährleistung ganz auf die Gefahren ab, die aus einem bestimmt gearteten Einsatz verfolgender Staatsgewalt erwachsen (BVerfGE 80, 315 (334) = EZAR 201 Nr. 20 = NVwZ 1990, 151 = InfAuslR 1990, 21).

22 Eine wesentliche Differenzierung betrifft die zwischen *unmittelbaren* und *mittelbaren* Verfolgungen: Die rechtliche Zurechnung von Handlungen unmittelbarer staatlicher Organe ist grundsätzlich unstreitig. Derartige Handlungen müssen nach der Rechtsprechung dem Willen des Staates entsprechen, in dessen Namen sie vorgenommen werden. Das ist nicht der Fall, wenn die maßgeblichen staatlichen Führungsorgane Übergriffe einzelner Funktionsträger missbilligen und geeignete Vorkehrungen treffen, um diese zu überwinden (Hess.VGH, InfAuslR 1982, 98; VGH BW, InfAuslR 1982, 255; OVG Saarland, AS 1982, 361; OVG Lüneburg, DVBl. 1983, 181; OVG NW, InfAuslR 1982, 163).

23 Daher stellen singuläre *Amtswalterexzesse* keine politische Verfolgung dar. Nur *ausnahmsweise* kann jedoch »vereinzelten Exzesstaten« von Amtswaltern die staatliche Zurechenbarkeit abgesprochen werden (BVerfGE 80, 315 (352) = EZAR 201 Nr. 20 = NVwZ 1990, 151 = InfAuslR 1990, 21; BVerfG (Kammer), NVwZ 1992, 1081 (1083); BVerfG (Kammer), NVwZ-RR 1993, 510 (512);

Geltungsbereich § 1

BVerfG (Kammer), InfAuslR 1993, 310 (312); BVerfG (Kammer); NVwZ-Beil. 2003, 84 (85) = AuAS 2003, 261; Marx, Handbuch, § 6 Rdn. 3 ff.). Demgegenüber beschränkt das BVerwG bei Übergriffen einzelner Amtswalter die Zurechenbarkeit danach, ob der Staat »im großen und ganzen« erfolgreich pflichtwidriges Handeln bekämpft (BVerwGE 74, 160 (163 f.) = EZAR 202 Nr. 8 = NVwZ 1986, 928). Daher sind derartige Handlungen unmittelbarer Organe dem Staat grundsätzlich nicht zuzurechnen, wenn er zwar schutzwillig, zur Verhinderung von Verfolgungsmaßnahmen aber prinzipiell und auf gewisse Dauer außerstande ist, weil er das Gesetz des Handelns verloren hat und seine Sicherheits- und Ordnungvorstellungen nicht mehr durchsetzen kann (BVerwG, EZAR 202 Nr. 8).

2.3.2. Mittelbare staatliche Verfolgung

Nach der Rechtsprechung des BVerfG können auch Verfolgungsmaßnahmen *privater Dritter* als mittelbare staatliche, also politische Verfolgung in Betracht kommen. Voraussetzung hierfür ist, dass sie dem jeweiligen Staat zurechenbar sind. Dies ist der Fall, wenn der Staat Einzelne oder Gruppen zu Verfolgungsmaßnahmen anregt oder derartige Handlungen unterstützt, billigt oder tatenlos hinnimmt und den davon Betroffenen den erforderlichen Schutz versagt (BVerfGE 54, 341 (358) = EZAR 200 Nr. 1 = NJW 1980, 2641 = InfAuslR 1980, 338; BVerfGE 80, 315 (326) = EZAR 201 Nr. 20 = NVwZ 1990, 151 = InfAuslR 1990, 21; BVerfGE 83, 216 (235) = EZAR 202 Nr. 20 = NVwZ 1991, 768 = InfAuslR 1991, 200; BVerwGE 67, 317 (318) = EZAR 202 Nr. 1; BVerwG, InfAuslR 1986, 82; ähnl. BGHSt. 3, 392 (395); BGH, RzW 1965, 238; BGH, RzW 1966, 367; BGH, RzW 1967, 325; BGH, RzW 1968, 571). 24

Es begründet die staatliche Zurechnung, wenn der Staat zur Schutzgewährung entweder nicht bereit ist oder wenn er sich nicht in der Lage sieht, die ihm an sich verfügbaren Mittel im konkreten Fall gegenüber Verfolgungsmaßnahmen bestimmter Dritter, insbesondere etwa solchen des staatlichen Klerus sowie der staatstragenden Partei hinreichend einzusetzen (BVerfGE 54, 341 (358) = EZAR 200 Nr. 1 = NJW 1980, 2641 = InfAuslR 1980, 338; BVerfGE 80, 315 (336) = EZAR 201 Nr. 20 = NVwZ 1990, 151 = InfAuslR 1990, 21). 25

Anders liegt es, wenn die Schutzgewährung die Kräfte eines konkreten Staates übersteigt. Jenseits der ihm an sich zur Verfügung stehenden Mittel endet seine asylrechtliche Verantwortlichkeit. Ihre Grundlage findet die asylrechtliche Zurechnung von Drittverfolgungsmaßnahmen nicht schon im bloßen Anspruch eines Staates auf das legitime Gewaltmonopol, sondern erst in dessen – prinzipieller – Verwirklichung. Soll die Asylgewährleistung Schutz vor einem bestimmt gearteten Einsatz verfolgender Staatsgewalt bieten, liegt darin als Kehrseite beschlossen, dass *Schutz vor den Folgen anarchischer Zustände* oder der *Auflösung der Staatsgewalt* durch die verfassungsrechtliche Asylrechtsgewährleistung nicht versprochen ist (BVerfGE 80, 315 (336) = EZAR 201 Nr. 20 = NVwZ 1990, 151 = InfAuslR 1990, 21). 26

Es liegt auf der Linie dieser Rechtsprechung, dass aus unkontrollierbaren Emotionen heraus eruptionsartig ausbrechende *Pogrome* nach der Rechtsprechung des BVerwG auch bei entsprechenden Vorkehrungen nicht immer ver- 27

§ 1 Allgemeine Bestimmungen

hindert oder bereits im Keim erstickt werden können (BVerwGE 74, 41 (43) = InfAuslR 1986, 189). Übergriffe Dritter während eines Pogroms, gegen das der Staat einschreitet, sind daher unbeachtlich (BVerwGE 74, 41 (43)).

28 Das BVerwG hat insoweit den Leitsatz entwickelt, dass sich die Zurechnung von Übergriffen Privater als staatliche Verfolgung erst dann rechtfertigt, wenn der Staat zur Verhinderung solcher Übergriffe *prinzipiell* und *auf gewisse Dauer* außerstande ist, weil er das Gesetz des Handelns an andere Kräfte verloren hat und seine staatlichen Sicherheits- und Ordnungsvorstellungen insoweit nicht mehr durchzusetzen vermag (BVerwGE 67, 317 (320 f.) = EZAR 202 Nr. 1; BVerwG, DÖV 1985, 409). Die *Schutzunfähigkeit* des Staates gegen Übergriffe Dritter begründet danach keine Zurechenbarkeit der Verfolgung.

29 Andererseits kann es auf eine staatliche *Schutzunwilligkeit* hindeuten, wenn der Staat landesweit oder in der betreffenden Region zum Schutz anderer Gruppen oder zur Wahrung seiner eigenen Interessen mit deutlich effektiveren Mitteln und im Ergebnis deutlich erfolgreicher einschreitet. Freilich ist auch hier zu bedenken, dass es keiner staatlichen Ordnungsmacht möglich ist, einen lückenlosen Schutz vor Unrecht und Gewalt zu garantieren (BVerfGE 83, 216 (235f.) = EZAR 202 Nr. 20 = NVwZ 1991, 768 = InfAuslR 1991, 200; Marx, Handbuch, § 9 Rdn. 33ff.).

2.3.3. Quasi-staatliche Verfolgung

30 Entwicklungsprozesse anarchischer Gewalt verbunden mit der Auflösung der Staatsgewalt geben Anlass, besonders sorgfältig die Frage der Zurechnung zu klären: Ist politische Verfolgung grundsätzlich staatliche Verfolgung, steht dem nicht entgegen, dem Staat solche *staatsähnlichen Organisationen* gleichzustellen, die den jeweiligen Staat verdrängt haben oder denen dieser das Feld überlassen hat und die ihn daher insoweit *ersetzen* (BVerfGE 80, 315 (334) = EZAR 201 Nr. 20 = NVwZ 1990, 151 = InfAuslR 1990, 21).

31 Es entspricht ständiger Rechtsprechung des BVerwG, dass auch von nichtstaatlichen Stellen politische Verfolgung ausgehen kann (BVerwGE 62, 123 = EZAR 200 Nr. 6 = InfAuslR 1981, 218; BVerwGE 95, 42 (45) = EZAR 230 Nr. 3 = NVwZ 1994, 497 = InfAuslR 1994, 196; BVerwGE 101, 328 (332) = EZAR 200 Nr. 32 = NVwZ 1997, 194 = InfAuslR 1997, 37; BVerwGE 105, 306 (307ff.) = InfAuslR 1998, 145 = NVwZ 1998, 750 = EZAR 202 Nr. 28). Zur Ausübung einer derartigen »staatsähnlichen Gewalt« gehört auch die Verhängung von Sanktionen, die reinen Kriminalstrafen gleichzusetzen und nach allgemein anerkannten Grundsätzen zu bewerten sind (BVerwG, Buchholz 402.24 § 28 AuslG Nr. 16 und 17). In diesen Fällen ist es unerheblich, ob die Zentralregierung die Verfolgungsmaßnahmen dieser Organisationen duldet oder fördert (BVerwG, B. v. 21. 8. 1979 – BVerwG 1 B 4885.79).

32 Vielmehr wechselt das *Verfolgungssubjekt*. An die Stelle des durch den Machtverlust unfähig gewordenen Staates tritt die staatsähnliche Gewalt ausübende Organisation. Deren asylerhebliche Maßnahmen gegenüber den ihrer Gewalt unterworfenen Personen stellen eine unmittelbare quasistaatliche Verfolgung durch die Organisation selbst dar (BVerwG, InfAuslR 1986, 82 (83)).

33 Der Rechtsprechung des BVerwG in den neunziger Jahren des letzten Jahrhunderts konnte jedoch eine zunehmende Tendenz entnommen werden, die

Geltungsbereich § 1

Figur der staatsähnlichen Gewalt wieder zu beseitigen: Nach Ansicht des BVerwG ist eine Gebietsgewalt nur dann quasistaatlich, wenn sie auf einer »*organisierten, effektiven* und *stabilisierten* Herrschaftsmacht« beruht. *Effektivität* und *Stabilität* erfordern eine »*gewisse Stetigkeit*« und »*Dauerhaftigkeit der Herrschaft*«, verkörpert vorrangig in der *Durchsetzungsfähigkeit des geschaffenen Machtapparates* (BVerwGE 101, 328 (323) = InfAuslR 1996, 418 = BayVBl. 1997, 180 = AuAS 1997, 27, zu den bosnischen Serben; BVerwGE 105, 306 (310) = InfAuslR 1998, 145 (146); BVerwG, InfAuslR 1998, 242 (244), beide zu den Taliban).

Eine nur kurze Zeit etwa zur Erreichung eines bestimmten Erfolges ausgeübte Herrschaftsmacht ist danach keine Staatsgewalt und auch keine staatsähnliche Gewalt im asylrechtlichen Sinne (BVerwGE 101, 328 (323) = InfAuslR 1996, 418). Dabei sind die Effektivität und die Stabilität *regionaler Herrschaftsorganisationen in einem »noch andauernden Bürgerkrieg«* besonders vorsichtig zu bewerten. Solange *jederzeit* und *überall* mit dem Ausbruch die Herrschaftsgewalt regionaler Machthaber grundlegend in Frage stellender bewaffneter Auseinandersetzungen gerechnet werden muss, kann sich eine dauerhafte territoriale Herrschaftsgewalt nicht etablieren (BVerwGE 105, 306 (310) = InfAuslR 1998, 145 (146); BVerwG, InfAuslR 1998, 242 (244)). 34

Die zwischenzeitlich entstandenen Machtgebilde müssen also voraussichtlich von Dauer und Vorläufer neuer oder erneuerter staatlicher Strukturen sein. Damit ist nur zu rechnen, wenn die Bürgerkriegsparteien nicht mehr unter Einsatz militärischer Mittel mit der *Absicht*, den Gegner zu vernichten, und mit Aussicht auf Erfolg »*um die Macht im ganzen Bürgerkriegsgebiet kämpfen*«, die Fronten also über längere Zeit stabil sind und *allenfalls in Randbereichen* noch gekämpft wird, im Übrigen aber eine dauerhafte nichtmilitärische Lösung zu erwarten ist (BVerwGE 105, 306 (310) = InfAuslR 1998, 145 (147)). 35

Unabhängig davon, ob anhand der objektiv feststellbaren Organisationsstrukturen eine dauerhafte territoriale Herrschaftsgewalt besteht, versagte ihr danach das BVerwG in einem »noch andauernden Bürgerkrieg« solange die asylrechtliche Zurechnungsqualität, wie ihr auf das gesamte Bürgerkriegsgebiet gerichteter Machtanspruch von gegnerischen Kräften in Frage gestellt wird. Erst wenn die Bürgerkriegsgegner sich mit dem jeweils eroberten Territorium zufrieden geben (vgl. BVerwGE 101, 328 (333f.)) oder einer sich gegen die anderen durchsetzt, kann danach von einer staatsähnlichen Gewalt ausgegangen werden. 36

Mit der Anknüpfung an die Absichten und Zielvorstellungen der Bürgerkriegsparteien aktualisierte das BVerwG im Grunde genommen seine frühere subjektive Motivationslehre (BVerwGE 62, 123 (125) = EZAR 200 Nr. 6 = InfAuslR 1981, 218; BVerwGE 67, 195 (200) = EZAR 201 Nr. 5 = NVwZ 1983, 678) im anderen dogmatischen Gewande, für die es seinerzeit sogar einen verfassungsrechtlichen Ausschließlichkeitsanspruch beansprucht hatte (BVerwG, EZAR 201 Nr. 7). Diese vorrangig auf subjektive Absichten und Intentionen der Verfolger beruhende Dogmatik hatte das BVerfG jedoch mit klaren Worten zurückgewiesen (BVerfGE 76, 143 (157, 166f.) = EZAR 200 Nr. 20 = InfAuslR 1988, 87; BVerfGE 80, 315 (335) = EZAR 201 Nr. 20 = 37

NVwZ 1990, 151 = InfAuslR 1990, 21; BVerfGE 81, 142 (151f.) = EZAR 200 Nr. 26 = NVwZ 1990, 453 = InfAuslR 1990, 122; Marx, Handbuch, § 2 Rdn. 3f.).

38 Das BVerfG hat die Rechtsprechung des BVerwG wegen einer »zu eng gefassten Begrifflichkeit für die Erscheinungsformen der quasi-staatlichen Verfolgung« zurückgewiesen. Das Element der »Staatlichkeit« oder »Quasi-Staatlichkeit« dürfe nicht losgelöst vom verfassungsrechtlichen Tatbestandsmerkmal des »politisch Verfolgten« betrachtet und nach »abstrakten staatstheoretischen Begriffsmerkmalen geprüft werden«. Die Frage, ob in einer Bürgerkriegssituation nach dem Fortfall der bisherigen Staatsgewalt von einer Bürgerkriegspartei politische Verfolgung ausgehen könne, beurteile sich folglich maßgeblich danach, ob diese zumindest in einem »Kernterritorium« ein Herrschaftsgefüge von gewisser Stabilität im Sinne einer »übergreifenden Friedensordnung tatsächlich errichtet habe (BVerfG (Kammer), EZAR 202 Nr. 30 = InfAuslR 2000, 521 = NVwZ 2000, 1165). Das BVerwG hat inzwischen seine Rechtsprechung im Sinne der verfassungsgerichtlichen Kritik geändert (vgl. BVerwGE 114, 16 (20ff.) = InfAuslR 2001, 353 = NVwZ 2001, 815 = EZAR 202 Nr. 5; BVerwG, InfAuslR 2001, 306 = NVwZ 2001, 818).

2.4. Politische Strafverfolgung

39 Auch Maßnahmen der *staatlichen Selbstverteidigung* können asylrechtsbegründend sein. Liegt die betätigte politische Überzeugung im Schutzbereich des Asylrechts, kann eine staatliche Verfolgung von Taten, die aus sich heraus eine Umsetzung politischer Überzeugung darstellen – insbesondere separatistische und politisch-revolutionäre Aktivitäten – grundsätzlich politische Verfolgung sein. Es bedarf einer *besonderen Begründung,* die sich an bestimmten Abgrenzungskriterien orientiert, um sie gleichwohl aus dem Bereich politischer Verfolgung herausfallen zu lassen (BVerfGE 80, 315 (336f.) = EZAR 201 Nr. 20 = NVwZ 1990, 151 = InfAuslR 1990, 21; Marx, Handbuch, Kapitel 10). Inzwischen hat der Gesetzgeber mit Hereinnahme des § 51 III 1 und 2 AuslG 1990 (jetzt § 60 VIII 1 und 2 AufenthG) durch § 30 IV den hier anklingenden *»Terrorismusvorbehalt«* zum negativen Tatbestandsmerkmal der politischen Verfolgung überhöht.

40 Ein solches Kriterium ist zunächst der *Rechtsgüterschutz.* Politische Verfolgung liegt demnach grundsätzlich nicht vor, wenn der Staat Straftaten – seien sie auch politisch motiviert – verfolgt, die sich gegen Rechtsgüter seiner Bürger richten: Die Verfolgung kriminellen Unrechts in diesem Sinne ist keine politische Verfolgung (BVerfGE 80, 315 (337f.) = EZAR 201 Nr. 20 = NVwZ 1990, 151 = InfAuslR 1990, 21, BVerfGE 81, 142 (145) = EZAR 200 Nr. 26 = NVwZ 1990, 453 = InfAuslR 1990, 122).

41 Darüber hinaus stellt sich die Verfolgung von Taten, die sich gegen politische Rechtsgüter richten, gleichwohl nicht als politische Verfolgung dar, wenn objektive Umstände darauf schließen lassen, dass sie nicht der mit dem Delikt begangenen politischen Überzeugung als solcher gilt, sondern einer in sol-

Geltungsbereich § 1

chen Taten zum Ausdruck gelangenden *zusätzlichen kriminellen Komponente* (BVerfGE 80, 315 (337 f.) = EZAR 201 Nr. 20 = NVwZ 1990, 151 = InfAuslR 1990, 21, BVerfGE 81, 142 (145) = EZAR 200 Nr. 26 = NVwZ 1990, 453 = InfAuslR 1990, 122).

Eine weitere Grenze hat die Asylverheißung für politische Straftäter dort, wo unbeschadet der Neutralität des Asylrechts gegenüber politischen Überzeugungen das Verhalten des Asylsuchenden wegen der *von ihm eingesetzten Mittel* nach anerkannten Rechtsgrundsätzen *grundsätzlich missbilligt* wird. Die genannte Grenze ist daher überschritten, wenn der Asylsuchende seine politische Überzeugung unter Einsatz *terroristischer Mittel* betätigt hat, also insbesondere unter Einsatz gemeingefährlicher Waffen oder durch Angriffe auf das Leben Unbeteiligter. Asylbegründend ist die Verfolgung des politischen Feindes, nicht die Abwehr des Terrors (BVerfGE 80, 315 (337 f.) = EZAR 201 Nr. 20 = NVwZ 1990, 151 = InfAuslR 1990, 21; s. auch § 60 VIII 2 AufenthG).   42

In allen Ausnahmefällen kann die an sich asylneutrale Strafverfolgung in politische Verfolgung umschlagen, wenn nämlich objektive Umstände darauf schließen lassen, dass der Betroffene gleichwohl wegen eines asylerheblichen Merkmals verfolgt wird *(Politmalus)*. Das ist insbesondere dann zu vermuten, wenn er eine Behandlung erleidet, die härter ist als die sonst zur Verfolgung ähnlicher – nicht politischer – Straftaten von vergleichbarer Gefährlichkeit im Verfolgerstaat übliche (BVerfGE 80, 315 (337, 339 f.) = EZAR 201 Nr. 20 = NVwZ 1990, 151 = InfAuslR 1990, 21).   43

Politische Verfolgung stellen insbesondere auch Aktionen eines *bloßen Gegenterrors* dar, die zwar der Bekämpfung des Terrorismus und seines ihn aktiv unterstützenden Umfeldes gelten mögen, aber darauf gerichtet sind, die an dem bestehenden Konflikt nicht unmittelbar beteiligte Zivilbevölkerung im Gegenzug zu den Aktionen des Terrorismus unter den Druck brutaler Gewalt zu setzen (BVerfGE 80, 315 (339 f.)).   44

Allein die *Mitgliedschaft* in einer Organisation, die zur Durchsetzung ihrer politischen Ziele Gewalt einsetzt, führt nicht zum Ausschluss vom Asylrecht (BVerfG (Kammer), InfAuslR 1991, 97; BVerfG (Kammer), InfAuslR 1991, 257; BVerfG (Kammer), InfAuslR 1992, 69; BVerfG (Kammer), NVwZ 1992, 261; a. A. BVerwG, NVwZ 1991, 385; s. hierzu auch § 30 Rdn. 203 ff.). Tritt der Asylsuchende allein für die politischen Ziele einer derartigen Organisation ein und ergibt sich, dass das ihm drohende Strafverfahren keine Unterstützungshandlungen zugunsten konkreter terroristischer Aktivitäten zum Gegenstand hat, ist die Asylversagung nicht gerechtfertigt (BVerfG (Kammer), InfAuslR 1991, 97 (99)).   45

Vielmehr sind Feststellungen gefordert, die hinreichend deutlich eine Teilnahme im strafrechtlichen Sinne an Terrorhandlungen oder Unterstützungshandlungen zugunsten terroristischer Aktivitäten ergeben (BVerfG (Kammer), InfAuslR 1991, 257 (260)). Die Feststellung, der Asylsuchende sei bereits im Heimatstaat zu der Überzeugung gelangt, seine Heimatregion müsse unter Gewaltanwendung aus dem zentralen Staatsverband herausgelöst werden, reicht – abgesehen davon, dass Terrorismus und Gewaltanwendung nicht gleichzusetzen sind – schon mangels festgestellter Aktivitäten zur   46

§ 1 *Allgemeine Bestimmungen*

Umsetzung dieser Einsicht oder deren Unterstützung im Vorfeld nicht aus (BVerfG (Kammer), InfAuslR 1991, 257 (260)).

47 Während mithin das BVerfG konkrete Feststellungen zur Beteiligung an konkreten terroristischen Aktionen oder doch zumindest mit Blick auf konkrete Unterstützungshandlungen in deren Vorfeld fordert, will das BVerwG bereits die bloße Mitgliedschaft in einer gewaltbejahenden Gruppierung oder die sonstige Förderung deren Ziele, ohne sich an diesen Aktivitäten zu beteiligen, für die Asylversagung ausreichen lassen (BVerwG, NVwZ 1991, 385; so auch Dawin, NVwZ 1991, 349; ders., NVwZ 1992, 335).

2.5. Religiöse Verfolgung

48 Das BVerfG hat wiederholt festgestellt, dass auch religiöse oder religiös motivierte Verfolgung politische Verfolgung ist (BVerfGE 54, 341 (357) = EZAR 200 Nr. 1 = NJW 1980, 2641 = InfAuslR 1980, 338; BVerfGE 76, 143 (158) = EZAR 200 Nr. 20 = NVwZ 1988, 237 = InfAuslR 1988, 87). Derartige Eingriffe und Beeinträchtigungen müssen eine Schwere und Intensität aufweisen, die die Menschenwürde verletzt. Sie müssen also ein derartiges Gewicht haben, dass sie in den *elementaren Bereich der sittlichen Person* eingreifen, in dem für ein menschenwürdiges Dasein die Selbstbestimmung möglich bleiben muss, sollen nicht die *metaphysischen Grundlagen* menschlicher Existenz zerstört werden (BVerfGE 76, 143 (158)).

49 Von einem derart entwickelten metaphysischen Menschenbild aus differenziert das BVerfG in Abweichung vom Völkerrecht in den *privaten* und *öffentlichen Bereich* der Religionsausübung (s. hierzu aber Rdn. 206–207). Die Religionsausübung im *häuslich-privaten Bereich*, wie etwa der häusliche Gottesdienst, aber auch die Möglichkeit zum Reden über den eigenen Glauben und zum religiösen Bekenntnis im *nachbarschaftlich-kommunikativen Bereich*, ferner das Gebet und der Gottesdienst *abseits* der Öffentlichkeit in persönlicher Gemeinschaft mit anderen Gläubigen dort, wo man sich nach Treu und Glauben unter sich wissen darf, gehören zu dem elementaren Bereich, den der Mensch als »*religiöses Existenzminimum*« zu seinem Leben und Bestehenkönnen als sittliche Person benötigt (BVerfGE 76, 143 (159) = EZAR 200 Nr. 20 = NVwZ 1988, 237 = InfAuslR 1988, 87).

50 Greift der Staat durch administrative Verbote, Strafgesetze oder andere Maßnahmen in dieses religiöse Existenzminimum ein, liegt politische Verfolgung vor. Hingegen kann von einer politischen Verfolgung keine Rede sein, wenn die staatlichen Maßnahmen, die in die Religionsfreiheit eingreifen, der Durchsetzung des öffentlichen Friedens unter verschiedenen, in ihrem Verhältnis zueinander möglicherweise aggressiv-intoleranten Glaubensrichtungen dienen und zu diesem Zweck etwa einer religiösen Minderheit untersagt wird, Bezeichnungen, Merkmale, Symbole oder Bekenntnisformen *in der Öffentlichkeit* zu verwenden, obschon sie für die Minderheit *identitätsbestimmend* sind (BVerfGE 76, 143 (160) = EZAR 200 Nr. 20 = NVwZ 1988, 237 = InfAuslR 1988, 87).

51 Insbesondere wenn ein Staat seine Existenz auf eine bestimmte Religion gründet *(Staatsreligion),* sind Maßnahmen, die er zur näheren Definition und

Geltungsbereich § 1

Abgrenzung der Zugehörigkeit zu dieser Staatsreligion sowie zu deren Schutz – auch gegenüber internen Glaubensabspaltungen – ergreift, *ungeachtet ihres Eingriffs in die Religionsfreiheit* nach Ansicht des BVerfG solange nicht als politische Verfolgung anzusehen, als sie den zuvor beschriebenen Grad der Intensität des Eingriffs nicht erreichen (BVerfGE 76, 143 (160) = EZAR 200 Nr. 20 = NVwZ 1988, 237 = InfAuslR 1988, 87; BVerwG, InfAuslR 2004, 319 = NVwZ 2004, 1000 = AuAS 2004, 125; kritisch hierzu: Marx, Handbuch, §§ 52 ff.).

2.6. Gruppenverfolgung

Das verfassungsrechtliche Asylrecht ist ein *Individualgrundrecht*. Nur derjenige kann es in Anspruch nehmen, der selbst – in seiner Person – politische Verfolgung erlitten hat (BVerfGE 83, 216 (230) = EZAR 202 Nr. 20 = InfAuslR 1991, 200). Eigene politische Verfolgung kann jedoch auch dann zu bejahen sein, wenn asylbeachtliche Maßnahmen den Betroffenen zwar noch nicht ereilt haben, ihn aber – weil der Verfolger ihn bereits im Blick hat – demnächst zu ereilen drohen (BVerfGE 83, 216 (231)). Damit hat es jedoch nicht sein Bewenden. Die Gefahr *eigener* politischer Verfolgung eines Asylsuchenden kann sich auch *aus gegen Dritte gerichteten Maßnahmen* ergeben, wenn diese Dritten wegen eines asylerheblichen Merkmals verfolgt werden, das er mit ihnen teilt, und wenn er sich mit ihnen in einer nach Ort, Zeit und Wiederholungsträchtigkeit vergleichbaren Lage befindet und deshalb seine eigene bisherige Verschonung von ausgrenzenden Rechtsgutbeeinträchtigungen als eher zufällig anzusehen ist (BVerfGE 83, 216 (231)).

52

Das BVerfG weist ausdrücklich auf die historische und zeitgeschichtliche Erfahrung hin, die lehre, dass für den Einzelnen die Gefahr, selbst verfolgt zu werden, um so größer und unkalkulierbarer sei, je weniger sie von individuellen Umständen abhänge oder geprägt sei und je mehr sie unter Absehung hiervon überwiegend oder ausschließlich an *kollektive*, dem Einzelnen unverfügbare Merkmale anknüpfe (BVerfGE 83, 216 (231) = EZAR 202 Nr. 20 = InfAuslR 1991, 200). Sähe der Verfolger von individuellen Verfolgungen gänzlich ab, weil seine Verfolgung der durch das asylerhebliche Merkmal gekennzeichneten Gruppe also solcher und damit grundsätzlich allen Gruppenmitgliedern gelte, könne eine solche *Gruppengerichtetheit* der Verfolgung dazu führen, dass jedes Mitglied der Gruppe im Verfolgerstaat jederzeit eigener Verfolgung gegenwärtig sein müsse (BVerfGE 83, 216 (231 f.)).

53

Die Annahme einer derartigen gruppengerichteten Verfolgung setzt allerdings voraus, dass Gruppenmitglieder Rechtsgutbeeinträchtigungen erfahren, aus deren Intensität und Häufigkeit *jedes einzelne* Gruppenmitglied die begründete Furcht herleiten kann, selbst alsbald Opfer solcher Verfolgungsmaßnahmen zu werden (BVerfGE 83, 216 (232) = EZAR 202 Nr. 20 = InfAuslR 1991, 200). Die hierfür erforderliche Verfolgungsdichte setzt nicht unbedingt Pogrome oder diesen vergleichbare Massenausschreitungen voraus. Sie erfordert jedoch in quantitativer Beziehung die Gefahr einer derartigen *Vielzahl von Eingriffshandlungen* im Verfolgungsgebiet, dass es sich hierbei

54

§ 1 *Allgemeine Bestimmungen*

nicht um *vereinzelt bleibende individuelle Übergriffe* oder um eine *Vielzahl einzelner Übergriffe* handelt, sondern dass die Verfolgungshandlungen im Verfolgungszeitraum und Verfolgungsgebiet auf alle sich dort aufhaltenden Gruppenmitglieder zielen und sich in quantitativer wie qualitativer Hinsicht so ausweiten, wiederholen und um sich greifen, dass daraus für jeden Gruppenangehörigen nicht nur die Möglichkeit, sondern ohne weiteres die aktuelle Gefahr eigener Betroffenheit entsteht, weil auch keine verfolgungsfreien oder deutlich weniger gefährdeten Zonen oder Bereiche vorhanden sind (BVerwG, NVwZ-RR 1989, 502; BVerwGE 85, 139 (143 f.) = EZAR 202 Nr. 18 = InfAuslR 1990, 312; BVerwGE 89, 162 (169) = EZAR 202 Nr. 22 = NVwZ 1992, 582; BVerwG, EZAR 202 Nr. 23).

55 Die Anknüpfung an die Gruppenzugehörigkeit bei Verfolgungshandlungen ist nicht immer eindeutig erkennbar. Oft werden nur bestimmte Gruppenmitglieder in vergleichbarer Lage betroffen. Mit Blick auf derartige Fälle im Übergangsbereich zwischen *anlassgeprägter Einzelverfolgung* und *gruppengerichteter Kollektivverfolgung* greift das BVerfG auf den vom BVerwG entwickelten Begriff der *»Einzelverfolgung wegen Gruppenzugehörigkeit«* (BVerwGE 70, 232 (233 f.) = EZAR 202 Nr. 3 = NVwZ 1985, 281 = InfAuslR 1985, 48; BVerwGE 74, 31 (34) = EZAR 202 Nr. 7 = NVwZ 1986, 569) zurück, den es in einer Weise heuristisch angewendet wissen will, die der vielgestaltigen Realität politischer Verfolgung Rechnung trage (BVerfGE 83, 216 (233 f.)).

56 Die Fachgerichte haben darüber zu befinden, ob Verfolgungsmaßnahmen gegenüber Gruppenangehörigen bereits eine solche *Dichte* aufweisen, dass schon aus diesem Grund die Annahme einer jedes Gruppenmitglied einschließenden Gruppenverfolgung gerechtfertigt ist, oder ob eine Verfolgungsgefahr nicht für alle, wohl aber für den überwiegenden Teil oder nur für einige Gruppenangehörige begründet ist oder ob den Maßnahmen insoweit jeder Indizcharakter mangelt (BVerfGE 83, 216 (234) = EZAR 202 Nr. 20 = InfAuslR 1991, 200).

57 Das BVerwG hat klarstellend hervorgehoben, damit sollte neben die bisherigen Formen der Einzel- und Gruppenverfolgung keine dritte Kategorie asylerheblicher Verfolgungsbetroffenheit treten (BVerwG, EZAR 202 Nr. 21 = InfAuslR 1991, 363). Vielmehr seien die vom BVerfG hervorgehobenen Gesichtspunkte lediglich als *gewichtige Indizien* für eine gegenwärtige Verfolgungsgefahr von Bedeutung. Allein mit Blick auf die vom BVerfG genannten Kriterien »Referenzfälle« und »Klima« lasse sich jedoch ein Asylanspruch nicht begründen (BVerwG, EZAR 202 Nr. 21).

58 Insbesondere bei Gruppenverfolgungen ist sorgfältig die *staatliche Zurechenbarkeit* zu prüfen (BVerfG (Kammer), InfAuslR 1991, 280 (282)). Verfolgungen durch Dritte – seien sie nun gruppengerichtet oder im heuristischen Sinne als Einzelverfolgungen wegen Gruppenzugehörigkeit anzusehen – sind dem Staat zuzurechnen, wenn er nicht mit den ihm an sich verfügbaren Kräften Schutz gewährt. Die Intensität dieses Schutzes muß dem Grad der Bedrängnis entsprechen, in der die Gruppe sich befindet (BVerfGE 83, 216 (235) = EZAR 202 Nr. 20 = InfAuslR 1991, 200).

59 Demgegenüber soll es nach dem BVerwG ausreichen, wenn der Staat mit den ihm an sich verfügbaren Mitteln im großen und ganzen Schutz gewährt

Geltungsbereich § 1

(BVerwG, EZAR 202 Nr. 21). Auf eine staatliche Schutzunwilligkeit kann es jedoch hindeuten, wenn der Staat landesweit oder in der betreffenden Region zum Schutze anderer Gruppen oder zur Wahrung seiner eigenen Interessen mit deutlich effektiveren Mitteln und im Ergebnis deutlich erfolgreicher einschreitet. Freilich ist insoweit zu bedenken, dass kein Staat lückenlosen Schutz vor Unrecht und Gewalt garantieren kann (BVerfGE 83, 216 (233 f.) = EZAR 202 Nr. 20 = InfAuslR 1991, 200).

2.7. Inländische Fluchtalternative

Insbesondere in Fällen mittelbarer Gruppenverfolgung ist sorgfältig zu prüfen, ob in anderen Regionen des Herkunftsstaates zumutbare Fluchtalternativen bestehen. Wer nur von regionaler Verfolgung betroffen ist, ist erst dann politisch Verfolgter, wenn er dadurch landesweit in eine ausweglose Lage versetzt wird (BVerfGE 80, 315 (342) = EZAR 201 Nr. 20 = NVwZ 1990, 151 = InfAuslR 1990, 21; zur internationalen Staatenpraxis s. Marx, IJRL 2002, 179). Das ist dann der Fall, wenn dem Verfolgten in Teilen seines Heimatstaates politische Verfolgung erstmalig oder wiederholt droht (BVerfGE 74, 160; BVerwG, EZAR 203 Nr. 4) und er in anderen Teilen seines Heimatstaates eine *zumutbare* Zuflucht nicht finden kann (BVerfGE 80, 315 (342)).   60

Eine inländische Fluchtalternative besteht in anderen Landesteilen, wenn der Betroffene dort nicht in eine ausweglose Lage gerät. Das setzt voraus, dass er in den in Betracht kommenden Gebieten vor politischer Verfolgung hinreichend sicher ist und ihm jedenfalls dort auch keine anderen Nachteile und Gefahren drohen, die nach ihrer Intensität und Schwere einer asylerheblichen Rechtsgutbeeinträchtigung aus politischen Gründen gleichkommen (BVerfGE 80, 315 (343 f.) = EZAR 201 Nr. 20 = NVwZ 1990, 151 = InfAuslR 1990, 21).   61

Zwar hat das BVerfG aus dem *Phänomen des mehrgesichtigen Staates* gefolgert, dass nicht jeder, der in einem Landesteil unmittelbarer oder mittelbarer staatlicher Verfolgung ausgesetzt ist, notwendig des Asylschutzes bedarf (BVerfGE 80, 315 (342) = EZAR 201 Nr. 20 = NVwZ 1990, 151 = InfAuslR 1990, 21). Es ist jedoch zu berücksichtigen, dass auch dieser mehrgesichtige Staat immer ein und derselbe Staat ist (BVerfGE 80, 315 (343)). Deshalb ist insbesondere mit Blick auf *unmittelbare Verfolgungen* besondere Zurückhaltung bei der Ermittlung inländischer Fluchtalternativen geboten.   62

Haben staatliche Ordnungskräfte bereits in einem Teil des Staates den Betroffenen politisch verfolgt, kann in aller Regel davon ausgegangen werden, dass der Staat in anderen Teilen des Landes den gebotenen Schutz nicht gewähren wird. Vielmehr ist von einem fortwährenden staatlichen Verfolgungswillen auszugehen, dessen Aktualisierung jederzeit erfolgen kann. Damit fehlt es an der erforderlichen hinreichenden Verfolgungssicherheit in anderen Landesteilen. Nur wenn ausnahmsweise konkrete Indizien für eine staatliche Schutzbereitschaft sprechen, kann deshalb im Falle unmittelbarer regionaler Verfolgung die Betrachtung einer inländischen Fluchtalternative in Betracht kommen (BVerwG, InfAuslR 1994, 375 (377) = NVwZ 1994, 1123).   63

64 Mit Blick auf die »anderen Nachteile« reicht es nach Ansicht des BVerwG aus, wenn bei Anwendung einer *generalisierenden Betrachtungsweise* auf Dauer ein Leben möglich ist, das nicht zu Hunger, Elend und schließlich zum Tode führt (BVerwG, Buchholz 402.25 § 1 AsylVfG Nr. 72; BVerwG, EZAR 203 Nr. 4; BVerwG, InfAuslR 1989, 197) und das zum Leben unerlässlich Notwendige sicherstellt (BVerwG, InfAuslR 1989, 354). Der Staat darf den Zufluchtsuchenden in den Zufluchtgebieten jedoch nicht daran hindern, sein religiöses Existenzminimum zu wahren (BVerfG, B. v. 10. 11. 1989 – 2 BvR 403/84 u. 1501/84). Dieses Erfordernis wird man dahin verallgemeinern können, dass der Aufenthalt einer regional verfolgten Minderheit in anderen Landesteilen nicht zumutbar ist, wenn der Staat Ausdrucksformen der ethnischen, religiösen oder anderen Identität dieser Minderheit aktiv behindert oder gegen Behinderungen durch die dort ansässige Bevölkerung keinen effektiven Schutz gewährt.

65 Im Hinblick auf die wirtschaftlichen Schwierigkeiten können in der Person des Verfolgungsbedrohten liegende persönliche Merkmale wie etwa eine Behinderung oder ein hohes Alter eine Fluchtalternative ausschließen (BVerwG, U. v. 30. 4. 1991 – BVerwG 9 C 105.90; BVerwG, InfAuslR 1994, 201 (203)). Bei erwerbstätigen Personen kann hingegen für den Regelfall erwartet werden, dass sie sich entsprechend dem Durchschnitt der Bevölkerung nach Maßgabe der vorhandenen Möglichkeiten ein Auskommen sicherstellen können (BVerwG, Buchholz 402.25 § 1 AsylVfG Nr. 145; Marx, Handbuch, § 10 Rdn. 28 ff.).

66 Droht in diesem Sinne landesweit keine politische Verfolgung, so ist die Fluchtalternative dann unzumutbar, wenn dort mit beachtlicher Wahrscheinlichkeit andere Nachteile und Gefahren drohen (BVerwG, InfAuslR 1992, 53 (55)). Wer nach diesen Grundsätzen landesweit verfolgt gewesen war, kann sich im Rahmen der in die Zukunft gerichteten *Verfolgungsprognose* auf den herabgestuften Wahrscheinlichkeitsmaßstab berufen.

2.8. Prognosegrundsätze

67 Asylrechtlichen Schutz genießt nur, wem im maßgeblichen Zeitpunkt der Entscheidung (§ 77 I) politische Verfolgung droht. Die befürchtete Verfolgung ist dann wahrscheinlich, wenn dem Asylsuchenden bei verständiger Würdigung der gesamten Umstände seines Falles mit *beachtlicher Wahrscheinlichkeit* politische Verfolgung droht (BVerwGE 55, 82 (83) = EZAR 201 Nr. 3 = NJW 1978, 2463; BVerwGE 68, 106 (107 f.)). Das Erfordernis der gegenwärtigen Verfolgungsbetroffenheit (BVerfGE 54, 341 (360) = EZAR 221 Nr. 4 = InfAuslR 1981, 152) darf nicht zu eng, allein auf den Zeitpunkt der Rückkehr ausgerichtet werden (BVerwG, EZAR 200 Nr. 3). Dies wäre ein zu enger rechtlicher Maßstab (BVerwGE 68, 106 (109)).

68 Bei der Bewertung der mit beachtlicher Wahrscheinlichkeit für den Zeitpunkt der Rückkehr drohenden Verfolgung darf nicht allein die Situation im maßgeblichen Zeitpunkt wie in einer Momentaufnahme festgehalten und allein auf das abgestellt werden, was gegenwärtig geschieht oder als unmittelbar

Geltungsbereich § 1

bevorstehend erkennbar ist (BVerwG, EZAR 200 Nr. 3). Vielmehr muss zur Überzeugung des Gerichts feststehen, dass aufgrund der im Zeitpunkt der Entscheidung im Herkunftsstaat des Asylsuchenden herrschenden politischen Verhältnisse *in absehbarer Zeit* mit Verfolgungsmaßnahmen *ernsthaft* zu rechnen ist (BVerwGE 68, 106 (109)).

Zwar hat das BVerwG gefordert, es müsse eine *überwiegende Wahrscheinlichkeit* für das Vorliegen einer Verfolgungsgefahr sprechen (BVerwG, Buchholz 402.25 § 1 AsylVfG Nr. 10) und hat das BVerfG diesen Prognosemaßstab bestätigt (BVerfGE 76, 143 (167) = EZAR 200 Nr. 20 = NVwZ 1988, 237 = InfAuslR 1988, 87; BVerfG, EZAR 200 Nr. 20). Das BVerwG hat jedoch eine *qualifizierende Betrachtungsweise* im Sinne einer Gewichtung und Abwägung aller festgestellten Umstände und ihrer Bedeutung entwickelt. Maßgebend ist danach, ob in Anbetracht dieser objektiven Umstände bei einem vernünftig denkenden besonnenen Menschen in der Lage des Asylsuchenden Verfolgungsfurcht hervorgerufen werden kann. 69

Eine in diesem Sinne begründete Verfolgungsfurcht vor einem Ereignis kann deshalb auch dann vorliegen, wenn aufgrund einer »quantitativen« oder statistischen Betrachtungsweise weniger als 50% Wahrscheinlichkeit für dessen Eintritt sprechen (BVerwGE 79, 143 (150 f.) = EZAR 201 Nr. 13 = NVwZ 1988, 838 = InfAuslR 1988, 230, unter Bezugnahme auf U.S.-Supreme Court, INS v. Cardoza-Fonseca, 1078Ct 1207 (1217) (1987); s. hierzu Marx, Handbuch, § 14 Rdn. 15 ff.; bekräftigt BVerwG 88, 367 (377 f.) = EZAR 202 Nr. 21 = NVwZ 1992, 578; 89, 162 (168 f.); BVerwG, InfAuslR 1989, 163). Beachtliche Wahrscheinlichkeit einer Verfolgung ist daher dann anzunehmen, wenn die für eine Verfolgung sprechenden Umstände ein größeres Gewicht besitzen und deswegen gegenüber den dagegen sprechenden Tatsachen überwiegen (BVerwGE 79, 143 (151)). 70

Hat der Asylsuchende bereits einmal politische Verfolgung erlitten bzw. drohte sie ihm unmittelbar, muss eine Wiederholung der Verfolgung mit *hinreichender Wahrscheinlichkeit* ausgeschlossen werden können (BVerfGE 54, 341 (360) = EZAR 200 Nr. 1 = NJW 1980, 2641 = InfAuslR 1980, 338; BVerwGE 65, 250 (251) = EZAR 200 Nr. 7 = NVwZ 1983, 160). Das bedeutet, dass in Fällen mit *Vorverfolgung* die prognoserechtlichen Anforderungen herabzustufen sind (BVerwG, EZAR 200 Nr. 3). An die Wahrscheinlichkeit eines Ausschlusses erneuter Verfolgung sind wegen der meist schweren und dauerhaften Folgen der schon einmal erlittenen Verfolgung *hohe Anforderungen* zu stellen. Es muss *mehr als überwiegend wahrscheinlich* sein, dass keine erneute Verfolgung droht (BVerwG, EZAR 200 Nr. 3). 71

Andererseits muss eine Wiederholung der Verfolgung nicht mit an Sicherheit grenzender Wahrscheinlichkeit ausgeschlossen werden. Es genügt jedoch, wenn Anhaltspunkte vorliegen, welche die Möglichkeit abermals einsetzender Verfolgung als nicht ganz entfernt erscheinen lassen (BVerwGE 70, 169 (171) = EZAR 200 Nr. 12 = InfAuslR 1985, 51). Lassen sich ernsthafte Bedenken an der Sicherheit des Asylsuchenden nicht ausräumen, ist der Antragsteller anzuerkennen. Es ist dann eine Wiederholung der Verfolgungsgefahr nicht mit hinreichender Wahrscheinlichkeit ausgeschlossen (BVerwGE 65, 250 (251) = EZAR 200 Nr. 7 = NVwZ 1983, 160). 72

§ 1 *Allgemeine Bestimmungen*

73 Ergibt die *rückschauende Betrachtung*, dass der Asylsuchende vor *landesweiter Verfolgung* geflohen ist, ist der herabgestufte Beweismaßstab anzuwenden. An sich ist der Prognosebegriff für diese Prüfung ungeeignet. Denn es geht zunächst um eine rückschauende Prüfung, die auf den *Zeitpunkt der Flucht* aus dem Landesteil, in dem politische Verfolgung drohte, abzielt. Zu prüfen ist, ob der Asylsuchende nach der Flucht aus dem Gebiet, in dem er verfolgt war, in anderen Landesteilen *hinreichend sicher vor Verfolgung* war.

74 Das BVerfG verwendet für diese rückschauende Betrachtung ausdrücklich den herabgestuften Wahrscheinlichkeitsmaßstab (BVerfGE 80, 315 (344f.) = EZAR 201 Nr. 20 = NVwZ 1990, 151 = InfAuslR 1990, 21). War der Asylsuchende regional verfolgt, war ihm nach diesen Grundsätzen jedoch der Aufenthalt in anderen Landesteilen zumutbar, ist er *unverfolgt* ausgereist (BVerfGE 80, 315 (345)). Die Statusentscheidung setzt in diesem Fall voraus, dass für den Fall der Rückkehr politische Verfolgung mit überwiegender Wahrscheinlichkeit droht.

75 Steht hingegen fest, dass der Asylsuchende regional verfolgt war und war ihm auch ein Ausweichen innerhalb seines Herkunftsstaates wegen fehlender Verfolgungssicherheit oder aufgrund bestehender anderer Nachteile nicht zumutbar, besteht der Asylanspruch; es sei denn, er kann in seinem eigenen Staat wieder Schutz finden. Daher muss sein Antrag Erfolg haben, wenn die fluchtbegründenden Umstände im Zeitpunkt der Entscheidung ohne wesentliche Änderung fortbestehen. Ist die Verfolgungsgefahr zwischenzeitlich beendet, kommt es darauf an, ob mit ihrem Wiederaufleben zu rechnen ist.

76 Gleiches gilt, wenn sich nach der Einreise in das Bundesgebiet eine zumutbare inländische Fluchtalternative eröffnet. Dies setzt voraus, dass der vor Verfolgung Geflohene in diesen Landesteilen nicht nur vor politischer Verfolgung, sondern auch vor denjenigen Nachteilen und Gefahren hinreichend sicher ist, die ihm im Zeitpunkt seiner Flucht ein Ausweichen unzumutbar machten, und dass ihm auch keine sonstigen Nachteile und Gefahren drohen, durch die er in eine ausweglose Lage geriete (BVerfGE 80, 315 (345) = EZAR 201 Nr. 20 = NVwZ 1990, 151 = InfAuslR 1990, 21).

3. Voraussetzungen des internationalen Schutzes nach § 60 Abs. 1 AufenthG

3.1. Vorbemerkung

77 Nach Abs. 1 2. HS gilt das AsylVfG auch für Antragsteller, die Schutz vor Abschiebung oder einer sonstigen Rückführung in einen Staat begehren, in dem ihnen die in § 60 I AufenthG bezeichneten Gefahren drohen. In Konsequenz dieser materiell-rechtlichen Bestimmung legt § 13 I 2. HS verfahrensrechtlich fest, dass auch dann von einem Asylantrag auszugehen ist, wenn der Asylsuchende Schutz vor Abschiebung oder einer sonstigen Rückführung in einen Staat sucht, in dem ihm Gefahren im Sinne des § 60 I AufenthG drohen.

Geltungsbereich §1

Nach Ansicht des früheren neunten Senates des BVerwG waren die tatbestandlichen Voraussetzungen des § 51 I AuslG 1990, der Vorläufernorm von § 60 I AufenthG, *deckungsgleich* mit denen nach Art. 16 a I GG, soweit es die Verfolgungshandlung, das geschützte Rechtsgut sowie den politischen Charakter der Verfolgung betrifft. Hingegen greife der Abschiebungsschutz nach § 51 I AuslG 1990 auch dann ein, wenn etwa politische Verfolgung wegen eines unbeachtlichen Nachfluchtgrundes drohe oder ein Asylanspruch an einer früher erlangten anderweitigen Verfolgungssicherheit scheitere (BVerwG, EZAR 231 Nr. 4; BVerwG, EZAR 613 Nr. 25; BVerwG, InfAuslR 1993, 119 (123f.); BVerwGE 95, 42 (45) = EZAR 230 Nr. 3 = NVwZ 1994, 497 = InfAuslR 1994, 196).

Das BVerfG vermochte demgegenüber lediglich eine *teilweise Identität* (BVerfG (Kammer), NVwZ 1993, 465; offengelassen BVerfG (Kammer), NVwZ 1994, 60; zum Ganzen Marx, Handbuch, § 31 Rdn. 1 ff.) erkennen. Demgegenüber ging der frühere erste Senat des BVerwG davon aus, dass § 51 I AuslG 1990 so auszulegen und anzuwenden war, dass er auch mit dem Flüchtlingsbegriff nach Art. 1 A Nr. 2 GFK übereinstimmt (BVerwGE 89, 296 (301) = EZAR 232 Nr. 2). Es blieb jedoch offen, welche Auswirkungen dies auf die Anwendung von § 51 I AuslG 1990 hatte, ob etwa der nach allgemeiner Ansicht für Art. 1 A Nr. 2 GFK maßgebliche subjektive Flüchtlingsbegriff (vgl. auch BVerfGE 54, 341 (359)) Anwendung fand und daher z. B. die Berufung auf Verfolgung wegen einer Kriegsdienstverweigerung im Rahmen des § 51 I AuslG 1990 beachtlich war.

Der frühere neunte Senat interpretierte diese Rechtsprechung des früheren ersten Senats des BVerwG jedenfalls entgegen der allgemeinen Ansicht im internationalen Schrifttum dahin, dass Art. 1 A Nr. 2 GFK wie Art. 16 a I GG von einem objektiven Verfolgungsbegriff ausgehe (BVerwG, InfAuslR 1993, 119 (123)). Die nicht offen eingeräumte Divergenz zwischen der Rechtsprechung beider Senate des BVerwG betraf jedoch weniger den historisch überholten Streit, ob der Flüchtlingsbegriff *primär* subjektiv oder objektiv ausgerichtet ist, sondern vor allem die heftig umstrittene *Zurechnungslehre* und die hierauf beruhende, gegen die internationale Staatenpraxis verteidigte Nichtanerkennung nichtstaatlicher Verfolgung durch den früheren neunten Senat des BVerwG. In Ansehung materiellrechtlicher Probleme kann insoweit auf die Ausführungen zum Begriff der politischen Verfolgung, wie er im Abschnitt 2 dargestellt worden ist, verwiesen werden.

Dieser Streit ist überholt, da § 60 I 1 1. HS auf die GFK und damit auf den Flüchtlingsbegriff der GFK verweist. Für die Auslegung dieses Begriffs ist nicht die bisherige deutsche Rechtsprechung zum Begriff der politischen Verfolgung, sondern sind die gemeinschaftsrechtlichen Vorgaben der Qualifikationsrichtlinie maßgebend. Weder § 60 Abs. 1 AufenthG noch die Qualifikationsrichtlinie verwenden den Begriff der politischen Verfolgung, sondern den Begriff der Verfolgung nach der GFK. Der Gesetzgeber hat offensichtlich mit § 60 Abs. 1 AufenthG ein Instrument schaffen wollen, um die Qualifikationsrichtlinie in innerstaatliches Recht umzusetzen.

3.2. Unverzügliche Pflicht zur Umsetzung der Qualifikationsrichtlinie

82 Art. 38 Abs. 1 der RL EG Nr. 83/2004 (Qualifikationsrichtlinie) verpflichtet die Mitgliedstaaten, ihr innerstaatliches Recht und ihre Verwaltungspraxis mit der RL spätestens bis zum 10. Oktober 2006 in Übereinstimmung zu bringen. Der deutsche Gesetzgeber hat insoweit mit § 60 I AufenthG bereits eine wichtige Vorentscheidung getroffen. Die Verwaltungspraxis und Rechtsprechung ist deshalb gehalten, § 60 I AufenthG nach Maßgabe der Kriterien der Qualifikationsrichtlinie auszulegen und anzuwenden.

83 Diese Verpflichtung ergibt sich darüber hinaus unmittelbar aus dem Ratifikationsgesetz, mit dem der deutsche Gesetzgeber die GFK in das innerstaatliche Recht übernommen hat. Die Qualifikationsrichtlinie beruht auf dem Flüchtlingsbegriff der GFK (Art. 2 Buchst. c), Nr. 17 der Präambel der Richtlinie), zeichnet danach die entsprechende Staatsnpraxis lediglich nach und bekräftigt diese für den Bereich der Gemeinschaft. Deshalb ist § 60 I AufenthG nach Maßgabe von Art. 1 GFK in Übereinstimmung mit der Qualifikationsrichtlinie auszulegen und anzuwenden.

84 Im Übrigen sind Richtlinien zwar *nicht unmittelbar anwendbar* und trifft dies erst auf den nationalen Umsetzungsakt, also auf § 60 I AufenthG, zu. Gegenüber dem Einzelnen kann die Richtlinie selbst vor dem Ablauf der Umsetzungsfrist keine unmittelbare Wirkung erzeugen (EuGH, Slg. 1979 Bd. II, S. 1646 – Ratti). Richtlinien kommt jedoch bereits vor Ablauf der Umsetzungsfrist eine *Vorwirkung* zu. Auch das BVerwG hat bekräftigt, dass es der Bundesrepublik bereits vor Ablauf der Umsetzungsfrist verwehrt ist, die Ziele der Richtlinie zu unterlaufen (BVerwGE 107, 1 (22); 112. 140 (156f.)) und aus ihrem gemeinschaftswidrigen Verhalten Vorteile zu ziehen (BVerwGE 110, 302 (308); s. hierzu auch Schliesky, DVBl. 2003, 631 (636f.)). Nach dem BGH trifft die Mitgliedstaaten bereits vor Ablauf der Umsetzungsfrist das Gebot einer »*richtlinienkonformen Auslegung*« nationaler Vorschriften (BGH, NJW 1998, 2208 (2210)). Dem nationalen Gesetzgeber steht es darüber hinaus frei, innerhalb der Umsetzungsfrist vorläufige Vorschriften zu erlassen und die Richtlinie schrittweise umzusetzen. Auch wenn § 60 I AufenthG die Richtlinie nicht vollständig umsetzt, darf diese Vorschrift deshalb nicht so ausgelegt werden, dass ihre Anwendung die Ziele der Qualifikationsrichtlinie unterläuft.

85 Wesentliches Ziel der Richtlinie ist die Schaffung einer gemeinsamen Asylpolitik einschließlich eines »Gemeinsamen Europäischen Asylsystems« (Nr. 1 der Präambel der Richtlinie). Sie soll auf »*kurze Sicht* zur Annäherung der Bestimmungen über die Zuerkennung und Merkmale der Flüchtlingseigenschaft führen« (Nr. 4 der Präambel der Richtlinie). Durch die Angleichung der entsprechenden nationalen Rechtsvorschriften soll die Sekundärmigration, soweit sie ausschließlich auf unterschiedlichen Rechtsvorschriften über den Inhalt der Flüchtlingseigenschaft beruht, eingedämmt werden (Nr. 7 der Präambel der Richtlinie). Dementsprechend ist bereits jetzt bei der Auslegung und Anwendung von § 60 I AufenthG darauf zu achten, dass zur Verwirklichung der Ziele der Qualifikationsrichtlinie die materiellen Kriterien des Flüchtlingsbegriffs des Art. 1 A Nr. 2 GFK nach Möglichkeit in Übereinstimmung mit der Quakifikationrichtlinie ausgelegt werden.

3.3. Konzept des »internationalen Schutzes« nach § 60 Abs. 1 AufenthG

Die Rechtsanwendung hat daher zuallererst die Richtlinie zu beachten. Da Kapitel 2 der Richtlinie mit dem Begriff »*internationaler Schutz*« in Abgrenzung zum »*ergänzenden Schutz*« nach dem 5. Kapitel übertitelt ist und § 60 Abs. 1 AufenthG als Umsetzungsnorm von Kapitel 2 gedacht ist, ist nicht mehr der Begriff Abschiebungsschutz, sondern internationaler Schutz nach § 60 Abs. 1 AufenthG zu verwenden. Insbesondere § 60 Abs. 1 Satz 3 und 4 AufenthG enthalten gesetzliche Klarstellungen für den Fall, dass es in der deutschen Rechtsanwendung zum Auslegungsstreit über den Inhalt von Art. 6, 7 und 10 der Richtlinie kommen sollte.

Bei der Auslegung und Anwendung von § 60 Abs. 1 AufenthG ist in der Zukunft ein vollständig anderes konzeptionelles und dogmatisches System zu beachten, was auch für die Tatsachenfeststellung in der Verwaltungspraxis und in der Rechtsprechung weitreichende Bedeutung hat. Inwieweit daneben dem Begriff der politischen Verfolgung nach Abs. 1 1. HS noch eine eigenständige Bedeutung zukommen kann, ist derzeit eine offene Frage. Wegen der vollständigen rechtlichen Gleichstellung der Rechtsstellung der Flüchtlinge mit der der Asylberechtigten durch das ZuwG dürfte indes dem Begriff der politischen Verfolgung in der Zukunft für die Rechtsanwendung kaum noch eine signifikante Funktion zukommen.

3.4. Begriff des Flüchtlings nach Art. 2 Buchst. c) der Qualifikationsrichtlinie

3.4.1. Allgemeines

Art. 2 Buchst. b) der RL verweist für die Auslegung und Anwendung der RL auf die GFK und das New Yorker Protokoll und bezeichnet in Art. 2 Buchst. c) den in Art. 1 A Nr. 2 GFK enthaltenen Flüchtlingsbegriff. Für die nachfolgenden Bestimmungen der Art. 4–14 der RL ist daher der Flüchtlingsbegriff der GFK zugrunde zu legen. Entsprechend der insbesondere in der angelsächsischen Staatenpraxis entwickelten Dogmatik, die bei der Prüfung der Flüchtlingseigenschaft zunächst den »ernsthaften Schaden« (»*serious harm*«) bzw. »*Verfolgungshandlung*«, den »*Wegfall des nationalen Schutzes*« (»*failure of protection*«) und anschließend den *Konnex* zwischen dem ernsthaften Schaden und den Verfolgungsgründen der GFK, also die bei uns als »*asylerhebliche Merkmale*« bekannte Prüfungsstufe, behandelt, ist auch der Flüchtlingsbegriff nach der RL auszulegen.

Zu bedenken ist insoweit auch, dass aufgrund der Qualifikationsrichtlinie nicht nur eine völlig neue Dogmatik in Asylverfahren Anwendung finden wird, sondern diese auch weitreichende Folgen für die *Praxis der Tatsachenfeststellungen* haben wird. Die Prüfung erfolgt auf der Grundlage der vom Antragsteller vorgebrachten Tatsachen und nach Maßgabe des auf diesen bezogenen Begriffs der Furcht vor Verfolgung (Art. 2 Buchst. c) der RL). Ob aus Sicht des Antragstellers – und nicht aus Sicht eines Dritten für den Antragsteller – die Furcht begründet ist, richtet sich nach den in Art. 5–10 der RL vorgegebenen objektiven Umständen.

§ 1 *Allgemeine Bestimmungen*

90 Zunächst sind die Ermittlungen auf die Verfolgungshandlung zu konzentrieren. Dabei bleibt der Verursacher der Verfolgung zu Beginn unberücksichtigt, weil die durch die Richtlinie vorgegebene Dogmatik dies nicht zulässt und andernfalls wichtige Tatsachen und Umstände, die bei der Ermittlung der Verfolgungshandlung zu berücksichtigen sind, aus der Betrachtung herausfallen könnten.

91 Weil in der deutschen Praxis Einzelentscheider und Verwaltungsrichter den durch staatliche Instanzen geprägten Verfolgungstypus im Blick haben, geraten häufig die völlig anders gearteten, durch nichtstaatliche Verfolger angewendeten Verfolgungsmuster aus dem Blickfeld und werden sie von den in aller Regel durch die Darlegungslasten intellektuell überforderten und darüber hinaus in fremder Umgebung zumeist eingeschüchterten Antragstellern nicht mit der gebotenen Überzeugungsstärke und Präzision geltend gemacht. Die Vermutung liegt nahe, dass deshalb in der Vergangenheit vielen Schutzbedürftigen der gebotene Schutz versagt wurde, weil die zugrundeliegenden durch private Täter geprägten Verfolgungsmuster wegen der Fixierung auf staatliche Repressionsmethoden aus strukturellen Gründen nicht ermittelt wurden.

92 Nach Feststellung der Verfolgungshandlung ist zu untersuchen, ob im Herkunftsland Schutz gewährt werden konnte. Geht die Verfolgung von staatlichen oder diesen vergleichbaren Instanzen aus (Art. 6 Buchst. b) der RL), ist davon auszugehen, dass kein Schutz gewährt worden ist. Nur wenn die Verfolgung von nichtstaatlichen Akteuren ausgeht, ist eine besondere Prüfung nach Maßgabe der in Art. 6 Buchst. c) und Art. 7 Abs. 2 der RL enthaltenen Kriterien erforderlich. Es geht auf dieser Prüfungsstufe also nicht um die Ausgrenzung nichtstaatlicher Verfolgung aus dem Schutzbereich. Vielmehr ergeben sich für die Ermittlungstiefe unterschiedliche Vorgaben, je nachdem, ob die Verfolgung von staatlichen oder diesen vergleichbaren Akteuren oder von nichtstaatlichen Akteuren ausgeht. Schließlich ist die Kausalität zwischen der Verfolgungshandlung und dem Verfolgungsgrund zu ermitteln und ist abschließend die Verfolgungsprognose anzustellen.

3.4.2. Begriff der Verfolgungshandlung (Art. 9 der Qualifikationsrichtlinie)

3.4.2.1. Vorbemerkung

93 Art. 9 der RL verwendet in der Überschrift wie auch in den einzelnen Absätzen den Begriff der Verfolgungshandlung, während etwa in Art. 4 III Buchst. c) und Art. 6 der RL der Begriff »ernsthafter Schaden« erwähnt wird. Dies hat seinen Grund darin, dass der ursprüngliche Entwurf der RL im damaligen Art. 11 I Buchst. a) und im Übrigen durchgängig den Begriff »*Zufügung eines ernsthaften nicht gerechtfertigten Schadens*« verwendet hatte und dieser nunmehr durch den Begriff der Verfolgungshandlung ersetzt wird, sodass die Erwähnung des Begriffs des »ernsthaften Schadens« in einigen Bestimmungen der Richtlinie als redaktionelles Versehen erscheint. Er dient jedoch zur Bestimmung der Voraussetzungen des ergänzenden Schutzes (vgl. Art. 15 RL).

94 Ein Unterschied zwischen diesem Begriff und dem Begriff der Verfolgungshandlung ist jedoch nicht zu erkennen. Der Begriff des »*ernsthaften Schadens*«

Geltungsbereich § 1

entspricht dem in angelsächsischen Recht entwickelten Begriff des »*serious harm*« (*James C. Hathaway, The Law of Refugee Status*, 1991, S. 101 ff.) und kann grundsätzlich mit dem in der deutschen Rechtsprechung verwendeten Begriff der »*ausgrenzenden Verfolgung*«(BVerfGE 80, 315 (335) = EZAR 201 Nr. 20 = InfAuslR 1990, 21 = NVwZ 1990, 151) in Übereinstimmung gebracht werden.

Während hingegen der deutsche Ansatz mit seinem Fokus auf der »gezielten Rechtsgutverletzung« einen Trend zur Kasuistik hervorbringt (s. hierzu *Marx*, Handbuch zu Asyl- und Flüchtlingsanerkennung, Kapitel 11 »Asylerhebliche Diskriminierungen«), richtet sich beim Begriff des ernsthaften Schadens das Erkenntnisinteresse nicht auf die Finalität der Verfolgungshandlung und damit letztendlich auf die (subjektiven) Absichten und Motivationen der Verfolger, sondern – entsprechend den durch die Einbindung des Flüchtlingsrechts in den Menschenrechtsschutz vorgegebenen Anforderungen – auf die objektiven Auswirkungen der Handlung auf den Einzelnen. 95

Dementsprechend sind beim Begriff der Verfolgungshandlung vorrangig die objektiven Auswirkungen der vom Verfolger ergriffenen Maßnahmen auf den Einzelnen in den Blick zu nehmen. Dies entspricht dem menschenrechtlich gebotenen Ansatz des Flüchtlingsrechts 96

Die Richtlinie verfolgt mit ihrer begrifflichen Festlegung des Begriffs der Verfolgungshandlung einen ehrgeizigen Ansatz. Demgegenüber wollten die Verfasser der Konvention den Begriff der Verfolgung bewusst nicht definieren (Weis, Du droit international 1960, 928 (970); Grahl-Madsen, The Status of Refugees in International Law, Bd. 1, 1966, S. 193). UNHCR sieht in diesem entwicklungsgeschichtlichen Aspekt der Konvention einen starken Hinweis darauf, dass die Verfasser der Konvention auf der Grundlage der Erfahrungen aus der Vergangenheit mit dem Begriff der Verfolgung möglichst alle zukünftigen Arten von Verfolgungen erfassen wollten (UNHCR, Auslegung von Artikel 1 des Abkommens von 1951 über die Rechtsstellung der Flüchtlinge, April 2001, S. 5). 97

Jeder Definitionsversuch des Verfolgungsbegriffs muss deshalb dessen *prinzipielle Offenheit* bedenken und darf sich nicht als abschließende Konzeption verstehen. Vielmehr geht es darum, für die in der Praxis üblichen Verfolgungen wesentliche Interpretationsmaximen zur Verfügung zu stellen. Deshalb stößt der Definitionsversuch der Verfolgungshandlung in Art. 9 der RL auf Bedenken. Er wird jedoch durch die Interpretationsvorgaben in Art. 9 II RL relativiert. 98

**3.4.2.2. Begriff der Verfolgungshandlung
(Art. 9 Abs. 1 der Qualifikationsrichtlinie)**

Nach Art. 9 I der Richtlinie gelten als Verfolgung im Sinne von Art. 1 A Nr. 2 GFK Handlungen, »*die aufgrund ihrer Art oder Wiederholung so gravierend sind, dass sie eine schwerwiegende Verletzung der grundlegenden Menschenrechte darstellen, insbesondere die Rechte, von denen gemäß Art. 15 Abs. 2 EMRK keine Abweichung zulässig ist (Buchstabe a), oder in einer Kumulierung, einschließlich einer Verletzung der Menschenrechte, bestehen, die so gravierend ist, dass eine Person davon in ähnlicher wie der unter Buchstabe a) beschriebenen Weise betroffen ist (Buchstabe b)).*« 99

25

§ 1   *Allgemeine Bestimmungen*

100 Die RL versucht den Verfolgungsbegriff für die Rechtsanwendung in den Mitgliedstaaten möglichst eng zu fassen. Dies verdeutlicht der Hinweis auf »*schwerwiegende*« Menschenrechtsverletzungen und den »*notstandsfesten Kern*« nach Art. 15 II EMRK, zu dem insbesondere das Folterverbot gehört. Demgegenüber weist UNHCR auf die Bestätigung des im Handbuch entwickelten Ansatzes durch die Rechtsprechung in den Vertragsstaaten hin, wonach unter Verfolgung »Menschenrechtsverletzungen oder andere schwere Nachteile« zu verstehen sind (UNHCR, a. a. O.).

101 Art. 9 I RL gibt eine Interpretationsmaxime vor. Was im konkreten Einzelfall »schwerwiegend« ist, ergibt sich insbesondere auch aus den in Art. 9 II RL bezeichneten Interpretationsvorgaben und bedarf einer wertenden, alle vorgebrachten und sonstwie ersichtlichen Umstände und Tatsachen einschließenden Gesamtbetrachtung. Der Hinweis auf den notstandsfesten Kern hat keine begrenzende Funktion, sondern will sicherstellen, dass Verletzungen des Folterverbotes und vergleichbare schwerwiegende Menschenrechtsverletzungen durch die Mitgliedstaaten auf jeden Fall berücksichtigt werden.

102 Der Begriff der Verfolgung kann damit im Grundsatz nach den in der deutschen Rechtsprechung entwickelten entsprechenden Kriterien ausgelegt und angewendet werden. Verfolgung ist danach die dem Einzelnen gezielt zugefügte schwerwiegende Menschenrechtsverletzung (BVerfGE 80, 315 (334 f.) = EZAR 201 Nr. 20 = InfAuslR 1990, 21 = NVwZ 1990, 151). Freilich kann der Richtlinie nicht das Erfordernis entnommen werden, dass die Verfolgung den Einzelnen ihrer Intensität nach aus der übergreifenden Friedensordnung ausgrenzen muss. Die Begriffe der »*Ausgrenzung*« wie auch der »*übergreifenden Friedensordnung*« sind dem Völkerrecht und damit auch der Richtlinie fremd und dürfen nicht zur Auslegung des Gemeinschaftsrechts heran gezogen werden.

103 Vielmehr kommt es auf die »*schwerwiegende* Verletzung der *grundlegenden* Menschenrechte« an. Insoweit geben die Hinweise in Art. 9 II RL wichtige Interpretationsvorgaben. Werden durch eine Handlung die Rechtsgüter Leib, Leben oder persönliche Freiheit beeinträchtigt, ist regelmäßig von einer schwerwiegenden Menschenrechtsverletzung auszugehen (vgl. BVerfGE 54, 341 (357) = EZAR 200 Nr. 1 = NJW 1980, 2641). Geht es dabei um Beeinträchtigungen der *körperlichen Unversehrtheit*, also um Misshandlungen und *Folter*, so stellt generell jede derartige nicht ganz unerhebliche Maßnahme Verfolgung dar, ohne dass es insoweit noch auf eine besondere Intensität oder Schwere des Eingriffs ankommt (vgl. BVerfG (Kammer), InfAuslR 1999, 273 (276) = NVwZ-Bei. 1999, 81; s. auch BVerfG (Kammer), InfAuslR 2000, 254 (258 f.)). Allerdings kann Folter niemals eine »nicht ganz unerhebliche Maßnahme« darstellen.

104 Das Erfordernis, dass die Handlungen »aufgrund ihrer *Art* oder *Wiederholung*« schwerwiegend sein müssen, verdeutlicht, dass auch eine *einmalige* Verfolgungshandlung ausreichen kann, wenn sich daraus ergibt, dass der weitere Aufenthalt im Herkunftsland für den Antragsteller unzumutbar war. Einerseits kann eine Wiederholung schwerwiegender Handlungen, andererseits eine *Kumulierung unterschiedlicher Maßnahmen* Anlass zur Flucht geben. Zielt der Wiederholungsbegriff auf gleichartige Handlungen, werden

Geltungsbereich § 1

mit dem Kumulationsansatz unterschiedliche Handlungen angesprochen. Diese können gleichzeitig angewendet worden sein, können aber auch über einen längeren Zeitraum vorgeherrscht haben.

Darüber hinaus müssen die unterschiedlichen Handlungen in ihrer *Gesamtwirkung* das Gewicht und die Schwere einer schwerwiegenden Menschenrechtsverletzung aufweisen. Deshalb können auch Handlungen, den Begriff der Verfolgung erfüllen, die nicht »schwerwiegend« im Sinne von Buchstabe a) sind, aber im Zusammenhang mit anderen, ähnlichen Handlungen insgesamt als »schwerwiegende« Menschenrechtsverletzung erscheinen. Andernfalls hätte es des Kumulationsansatzes nicht bedurft, sondern hätte die RL es beim Begriff der schwerwiegenden Menschenrechtsverletzung im Sinne von Buchstabe a) belassen können. 105

Damit ist die Rechtsprechung des BVerwG überholt, in der Verfolgungshandlungen, die nicht schwerwiegend sind, auch in ihrer Kumulation von vornherein unberücksichtigt bleiben (BVerwG, InfAuslR 1983, 257; BVerwGE 82, 171 (173)). Demgegenüber wird die Häufung derartiger Maßnahmen im internationalen Diskurs als Verfolgung im Sinne der Konvention angesehen (UNHCR, Interpreting Article 1 of the 1951 Convention Relating to the Status of Refugees; April 2001, Par. 17). 106

Diese im Handbuch des UNHCR (Nr. 53) aus dem Schrifttum übernommene Position (Weis, Du droit international 1960, 928 (970)) ist von der internationalen Staatenpraxis überwiegend bekräftigt worden, wird in der Rechtsprechung des BVerwG indes entschieden abgelehnt (BVerwG, InfAuslR 1983, 257; BVerwGE 82, 171 (173) = EZAR 200 Nr. 25 = NVwZ 1990, 276. Auch nach der Zumutbarkeitslehre des BVerwG (BVerwGE 79, 143 (150) = EZAR 201 Nr. 13 = NVwZ 1988, 838 = InfAuslR 1988, 230; BVerwGE 89, 162 (169) = EZAR 202 Nr. 22 = NVwZ 1992, 582) wird indes der »vernünftige besonnene Dritte« umso eher eine begründete Verfolgung befürchten, je mehr er in der Vergangenheit bereits eine Reihe von diskriminierenden Verfolgungsakten erlebt hat. 107

Die Verfolgungshandlung muss im Zeitpunkt der Entscheidung noch *andauern*. Nicht eine in der Vergangenheit abgeschlossene Verfolgungshandlung, sondern alle im Entscheidungszeitpunkt erheblichen und die Annahme einer Verfolgungshandlung rechtfertigenden Tatsachen (vgl. Art. 4 III Buchst. a) RL) begründen die Flüchtlingseigenschaft. Derartige Tatsachen können auch nach dem Zeitpunkt der Einreise eingetreten sein und begründen für den Fall ihrer Entscheidungserheblichkeit unter dem rechtlichen Gesichtspunkt eines *Nachfluchtgrundes* (vgl. Art. 5 RL) die Flüchtlingseigenschaft. 108

Die die Verfolgungshandlung begründenden Umstände und Tatsachen werden nach Maßgabe eines *individuellen Ansatzes* festgestellt (Art. 4 III RL). Deshalb sind die individuelle Position und die persönlichen Umstände des Antragstellers einschließlich seines Hintergrunds, Geschlechts und Alters zu berücksichtigen, um beurteilen zu können, ob auf Grundlage der persönlichen Umstände des Antragstellers die Maßnahmen, die ihm zugefügt wurden oder werden, eine Verfolgungshandlung ausmachen (vgl. Art. 4 III Buchst. c) RL). 109

Ebenso wie dem Asylrecht (BVerfGE 80, 315 (335) = EZAR 201 Nr. 20 = InfAuslR 1990, 21 = NVwZ 1990, 151; BVerwG, DÖV 1979, 296; BVerwG, Inf- 110

27

AuslR 1986, 82). liegt damit dem Begriff der Verfolgungshandlung nach Art. 9 der RL ein Individualansatz zugrunde. Nicht individuell ist die Beeinträchtigung, wenn der Antragsteller beispielsweise Nachteile geltend macht, die ihm allein aufgrund der *allgemeinen Zustände* in seinem Heimatstaat drohen, wie *Hunger, Naturkatastrophen,* aber auch allgemeine Auswirkungen von *Unruhen, Revolutionen* und *Kriegen* (BVerfGE 80, 315 (335) = EZAR 201 Nr. 20 = InfAuslR 1990, 21 = NVwZ 1990, 151). Wie Nr. 26 der Präambel sowie Art. 8 Abs. 2 der RL belegen, können erhebliche Verfolgungen aber auch im Kontext eines Bürgerkrieges erfolgen.

3.4.2.3. Funktion der in Art. 9 Abs. 2 der Qualifikationsrichtlinie bezeichneten Beispielsfälle

111 Aus Art. 9 II 1 der RL folgt der nicht abschließende Charakter der nachfolgenden Beispiele für Verfolgungshandlungen. Zugleich weist Art. 9 III RL darauf hin, dass der in Art. 2 Buchst. c) der RL in Bezug genommene Flüchtlingsbegriff nach Art. 1 A Nr. 2 GFK erfordert, dass eine Verknüpfung zwischen den Verfolgungsgründen der GFK und dem in Art. 9 I der RL vorgenommenen Begriff der Verfolgung hergestellt werden muss.

112 Bereits im ursprünglichen Entwurf der QualifikationsRL wurde nicht präzis zwischen dem Verfolgungsbegriff und den Verfolgungsgründen differenziert. Die in Art. 9 II der RL bezeichneten Beispiele haben danach eine *zweifache Funktion*: Sie erleichtern den Mitgliedstaaten einerseits die Feststellung einer »schwerwiegenden Verletzung grundlegender Menschenrechtsverletzungen« oder die Feststellung, ob kumulative Maßnahmen in ihrer Gesamtwirkung vorliegen. Andererseits erleichtern sie die Feststellung, ob den festgestellten Verfolgungshandlungen Verfolgungsgründe zugrundeliegen.

113 Die in Art. 9 II der RL bezeichneten sechs Beispiele zeichnen sich bis auf die in Buchstabe a) bezeichnete »sexuelle Gewalt« durch ihren *neutralen* Charakter aus. Vorrangig besteht die Funktion der in Art. 9 II der RL genannten Beispiele darin, bei der Feststellung der Verfolgungsgründe wichtige Hinweise zu geben. Die deutsche Rechtsprechung hat versucht, eine Lösung dieser Fragen über die Lehre von der *Verfolgungstendenz* (BVerwGE 62, 123 (125) = EZAR 200 Nr. 6 = InfAuslR 1981, 218; BVerwGE 81, 42 (42) = EZAR 201 Nr. 17 = InfAuslR 1989, 169 = NVwZ 1989, 774) zu erreichen. Beide Lösungsversuche sind nicht überzeugend, weil sie zu dogmatischer Verwirrung und damit zu Schutzlücken führen können.

114 Bei der Ermittlung der erforderlichen Schwere der Verfolgungshandlung geht es um die objektiven Auswirkungen bestimmter Handlungen auf den Einzelnen. Die in Art. 9 II der RL genannten Beispielsfälle können sowohl die Flüchtlingseigenschaft begründen wie auch als allgemein zulässige Maßnahmen verstanden werden. Ob eine an sich neutrale Maßnahme eine schutzbedürftige Situation hervorruft, ist vorrangig im Rahmen der Verfolgungsgründe zu prüfen. Allerdings verwendet auch der EGMR bei der Abgrenzung zwischen unmenschlichen und hinzunehmenden Maßnahmen einen Relativitätstest, der auch den diskriminierenden Charakter bestimmter, an sich neutraler Maßnahmen (z. B. Haftbedingungen, Erziehungs- und Vernehmungsmethoden) mit einbezieht (*V v UK,* 20 HRLJ 459, 468 (1999); *Kalashnikov v*

Russia, 23 HRLJ 378, 384 (2002); s. auch *Soering v UK*, 11 HRLJ 335, 362 (1990).
Insoweit ist der Ansatz von Art. 9 II der RL richtig, bereits bei der Feststellung, ob bestimmte Maßnahmen als Verfolgungshandlung zu bewerten sind, auf deren diskriminierenden oder unverhältnismäßigen Charakter abzustellen. Kann dieser nicht festgestellt werden, kann eine Maßnahme nicht als schwerwiegende Verletzung grundlegender Menschenrechte bewertet werden und fehlt ihr deshalb der Verfolgungscharakter.
Ist eine Maßnahme oder ein Bündel von unterschiedlichen Maßnahmen in seiner Gesamtwirkung indes wegen des diskriminierenden oder unverhältnismäßigen Charakters als Verfolgung anzusehen, kann die Maßnahme bzw. das Maßnahmenbündel zunächst als unmenschliche oder erniedrigende Maßnahme nach Art. 15 Buchst. b) der RL bewertet werden und kommen beide darüber hinausgehend als Basis für die Anknüpfung von Verfolgungsgründen in Betracht. In diesem Fall muss aber mehr hinzukommen als der in Art. 9 II der RL bezeichnete diskriminierende Charakter, nämlich eine Verbindung mit einem oder mehreren der Verfolgungsründe in Art. 10 der RL.
Der in Art. 9 II der RL mehrfach bezeichnete Begriff der »Diskriminierung« ist nicht an den enumerativen Charakter der Verfolgungsgründe in Art. 10 der RL gebunden. Vielmehr können alle Umstände und Tatsachen berücksichtigt werden, die den Schluss rechtfertigen, dass die gegen den Antragsteller angewendeten Maßnahmen auf diskriminierenden Gründen beruhen. Alle Diskriminierungsgründe können insoweit in Betracht kommen, nicht nur die in Art. 10 der RL genannten. Denn in diesem Zusammenhang liefert die Verletzung des Diskrminierungsverbotes wichtige Hinweise, ob eine an sich neutrale Maßnahme als Verfolgung im Sinne von Art. 9 I der RL oder als ernsthafter Schaden im Sinne von Art. 15 der RL gewertet werden kann.
Es wäre methodisch fehlerhaft, bei dieser der Feststellung der Verfolgungsgründe vorgelagerten Prüfung des Verfolgungsbegriffs den Prüfungsrahmen auf die in Art. 10 der RL bezeichneten Diskriminierungsverbote zu begrenzen. Steht die Verletzung des Diskriminierungsverbotes fest und ergibt die Gesamtbetrachtung der Tatsachen und Umstände, dass eine Verfolgungshandlung vorliegt, folgt die Prüfung der weiteren Voraussetzungen des Flüchtlingsbegriffs, nämlich der Wegfall des nationalen Schutzes sowie das Vorliegen eines oder mehrerer der Verfolgungsgründe. Aus der Unverhältnismäßigkeit einer Maßnahme (vgl. Art. 9 II Buchst. b)–c) der RL ergeben sich wichtige Aufschlüsse über deren diskriminierenden schwerwiegenden Charakter.

3.4.3. Wegfall des nationalen Schutzes (Art. 7 und 8 der Qualifikationsrichtlinie)

3.4.3.1. Vorbemerkung

Art. 7 und 8 der RL sind Ausdruck des auf der *Subsidiarität des Flüchtlingsschutzes* aufbauenden Prinzips, das in der GFK in vielfacher Weise seinen Niederschlag findet. Danach ist nur schutzbedürftig, wer von einer auf Verfolgungsgründen beruhenden Verfolgungshandlung bedroht ist, vor der im Gebiet des Herkunftsstaates kein Schutz gewährt wird. Dementsprechend

§ 1   *Allgemeine Bestimmungen*

bezeichnet Art. 7 I der RL die Akteure, die als Schutzgaranten in Betracht kommen, und Art. 7 II der RL die Voraussetzungen, die an den Umfang und die Effektivität des nationalen Schutzes zu stellen sind.

120 Art. 8 der RL beschreibt das Sonderproblem des internen Schutzes, das in der Praxis der Vertragsstaaten und auch der Bundesrepublik bislang als »*inländische Fluchtalternative*« behandelt wurde. Nach dem Willen des deutschen Gesetzgebers darf dieser Einwand regelmäßig nur bei Verfolgungen durch nichtstaatliche Akteure geltend gemacht werden (vgl. § 60 I 4 Buchst. c) letzter HS AufenthG). Der Einwand des *internen Schutzes* ist nicht anders wie der Einwand der nationalen Schutzgewährung nach Art. 7 I und II der RL Ausdruck der Subsidiarität des Flüchtlingsschutzes. Sind die für die nationale Schutzgewährung maßgebenden Voraussetzungen entfallen, begründet die auf Verfolgungsgründen beruhende Verfolgungshandlung die Flüchtlingseigenschaft. Ob der nationale Schutz entfallen ist, wird im Rahmen der in die Zukunft gerichteten Entscheidung über den Asylantrag relevant (vgl. Art. 4 III Buchst. a)).

121 Die durch Art. 7 und 8 der RL bezeichnete Dogmatik beseitigt das im deutschen Diskurs in den letzten zwei Jahrzehnten so heftig umstrittene Problem der »*Staatlichkeit der Verfolgung*«. Die das deutsche Asylrecht vorrangig beherrschende Frage der Staatlichkeit der Verfolgung (BVerfGE 9, 174 (180) = NJW 1959, 763 = JZ 1959, 284; BVerfGE 54, 341 (356f.) = EZAR 200 Nr. 1 = NJW 1980, 2641; BVerfGE 76, 143 (157f., 169) = EZAR 200 Nr. 20 = NVwZ 1988, 237 = InfAuslR 1988, 87; BVerfGE 80, 315 (334) = EZAR 201 Nr. 20 = InfAuslR 1990, 21 = NVwZ 1990, 151; BVerwGE 74, 160 (163f.) = EZAR 202 Nr. 8) wird in der Richtlinie wie auch in der Staatenpraxis der Vertragsstaaten der GFK nicht in der ausschließenden Weise wie in der deutschen Rechtsprechung behandelt.

122 Die Dogmatik der Richtlinie ist eine andere: Zunächst sind die Voraussetzungen der Verfolgung nach Art. 9 der RL zu prüfen. Ob die Verfolgung vom Staat oder von Privaten ausgeht, ist bei dieser Prüfungsstufe ohne Bedeutung. Anschließend wird geprüft, ob der Antragsteller in seinem Herkunftsstaat Schutz vor der Verfolgung erlangen konnte. Erst in diesem Zusammenhang, also bei der Frage des Wegfalls des nationalen Schutzes, gewinnt die Frage der Verfolgungsakteure Bedeutung. Denn nach Art. 6 Buchst. c) der RL treffen den vor Verfolgungen durch nichtstaatliche Akteure fliehenden Antragsteller höhere Darlegungslasten bei der Glaubhaftmachung der Voraussetzung; dass er sich im Herkunftsstaat in zumutbarer Weise um die Erlangung nationalen Schutzes bemüht hat.

123 Es erschien dem deutschen Gesetzgeber angesichts der vom BVerwG entwickelten Zumutbarkeitslehre erforderlich, klarzustellen, dass Verfolgungen durch nichtstaatliche Akteure auch dann erheblich sind, wenn im Herkunftsland des Antragstellers keine staatliche Herrschaftsmacht vorhanden ist (vgl. § 60 I 4 Buchst. c) AufenthG). Nach dem Willen des deutschen Gesetzgebers darf deshalb bei der Auslegung und Anwendung der Richtlinie nicht der Begriff der übergreifenden Friedensordnung angewendet werden. Vielmehr ist allein entscheidend, ob die Voraussetzungen nach Art. 6 Buchst. c) der RL (§ 60 I 4 Buchst. c) 1. HS AufenthG) erfüllt sind und von den in Art. 7 Abs. 1

Geltungsbereich § 1

der RL bezeichneten Schutzakteuren kein Schutz nach Maßgabe von Art. 7 II der RL erlangt werden kann. Liegen diese Voraussetzungen vor, ist dem Asylantrag stattzugeben, sofern auch die weiteren Voraussetzungen der Qualifikationsrichtlinie vorliegen.

3.4.3.2. Zumutbarkeit der Beantragung nationalen Schutzes (Art. 7 der Qualifikationsrichtlinie)

3.4.3.2.1. Maßgebliche Dogmatik für die Prüfung

Schutz gewähren können nur der Staat, Parteien oder Organisationen einschließlich internationaler Organisationen, die den Staat oder einen wesentlichen Teil des Staatsgebietes beherrschen (Art. 7 I RL). Diese Schutzgaranten sind mit Ausnahme internationaler Organisationen zugleich Verfolgungsakteure (vgl. Art. 6 Buchst. a) und b) der RL). Bestätigt wird damit die bereits vom BVerfG im Blick auf den modernen nationalen Territorialstaat hervorgehobene schlichte Erkenntnis, dass die Macht zu schützen, die Macht zu verfolgen, einschließt (BVerfGE 80, 315 (334) = EZAR 201 Nr. 20 = InfAuslR 1990, 21 = NVwZ 1990, 151).

Allerdings verkennt die Richtlinie die moderne Entwicklung, die sich in internationalen Friedenseinsätzen manifestiert. Danach können Angehörige internationaler Friedenstruppen Verfolgungsakteure sein. Das belegen zahlreiche Prozesse in den Entsendestaaten der Truppen gegen Soldaten, die in Ausführung der Friedensoperationen an Folterhandlungen beteiligt waren.

Ausschließlich die in Art. 7 I der RL genannten Akteure kommen als Bezugspunkt für die Schutzgewährung in Betracht. Wird durch diese nach Maßgabe von Art. 9 II der RL kein Schutz gewährt, ist der nationale Schutz unabhängig davon entfallen, wer die Verfolgungshandlung verübt hat oder ausüben wird und auch unabhängig davon, ob in dem betreffenden Herkunftsland eine staatliche Macht vorhanden ist oder nicht (vgl. § 60 I 4 Buchst. c) 2. HS AufenthG).

Nach der in der Richtlinie vorgezeichneten Dogmatik der nationalen Schutzgewährung ist damit zunächst die Verfolgungshandlung und anschließend die Schutzgewährung nach Maßgabe von Art. 7 II der RL zu prüfen. Erst bei der Prüfung der Frage, ob der Antragsteller in zumutbarer Weise im Herkunftsland um Schutz vor Verfolgung nachgesucht hat oder hätte nachsuchen können, kommt es auf die Art der Verfolgungsakteure an.

Denn es macht einen Unterschied, ob die Verfolgung von staatlichen Behörden oder nichtstaatlichen Akteuren ausgeht. Im ersten Fall kann dem Antragsteller zumeist nicht zugemutet werden, bei den staatlichen Behörden um Schutz nachzusuchen. Denn von diesen geht ja die Verfolgung aus. Für den zweiten Fall bezeichnet Art. 6 Buchst. c) der RL die Anforderungen an die Darlegungslast im Blick auf das interne Schutzsuchen.

3.4.3.2.2. Kriterien des Zumutbarkeitsbegriffs (Art. 6 Buchst. c) der Qualifikationsrichtlinie)

Nach Art. 6 Buchst. c) der RL muss der Antragsteller, der Verfolgung durch *nichtstaatliche Akteure* geltend macht, darlegen, dass der Staat, Parteien oder den Staat oder einen wesentlichen Teil des Staatsgebietes beherrschende Or-

§ 1 *Allgemeine Bestimmungen*

ganisationen erwiesenermaßen nicht in der Lage oder nicht willens sind, Schutz vor Verfolgung zu bieten. Da internationale Organisationen nicht bezeichnet werden, erstreckt sich die Darlegungslast nicht auf diese Organisationen. Der Antragsteller muss daher lediglich darlegen, dass er gegenüber staatlichen Behörden oder vergleichbaren Organisationen um Schutz gegen Verfolgungen durch nichtstaatliche Akteure gebeten hat und diesen nicht erlangen konnte. Dass er auch bei internationalen Organisationen um Schutz ersucht hat, ist nicht Gegenstand der Darlegungslast.

130 Aus dieser Vorschrift folgt darüber hinaus, dass Antragsteller, die Verfolgungen durch staatliche oder durch dem Staat im Sinne von Art. 6 Buchst. b) der RL vergleichbare Organisationen geltend machen, keine auf die Erlangung nationalen Schutzes bezogene Darlegungslast trifft. Vielmehr ergibt sich aus dem Gesamtzusammenhang von Art. 6 der RL, dass insoweit unterstellt wird, dass der Antragsteller im Herkunftsland keinen Schutz erlangen konnte. Die deutsche Asylrechtsprechung wird umdenken müssen. Der »Amtswalterexzess« (BVerfGE 80, 315 (352) = EZAR 201 Nr. 20 = NVwZ 1990, 151 = InfAuslR 1990, 21; BVerfG (Kammer), NVwZ 1992, 1081 (1083); BVerfG (Kammer), NVwZ-RR 1993, 510 (512); BVerfG (Kammer), InfAuslR 1993, 310 (312); BVerfG (Kammer); NVwZ-Beil. 2003, 84 (85) = AuAS 2003, 261; s. hierzu Rdn. 23) ist dem Gemeinschaftsrecht fremd. Den Antragsteller, der Verfolgung durch staatliche Behörden geltend macht, trifft keine Nachweispflicht, dass er im Herkunftsstaat gegen diese Verfolgungen Schutz bei staatlichen Behörden gesucht hat, es sei denn, die Voraussetzungen des internen Schutzes sind erfüllt. Davon ist indes für den Regelfall auszugehen.

131 Die in der Richtlinie aufgezeigte Dogmatik zeichnet die Grundsätze nach, die zu dieser Frage in der überwiegenden Staatenpraxis zur Behandlung von Verfolgungen durch nichtstaatliche Personen und Gruppen herausgebildet wurden: Ist der Staat im konkreten Einzelfall schutzunfähig, wird der Flüchtlingsstatus gewährt, wenn der Antragsteller eine begründete Furcht vor Verfolgung durch nichtstaatliche Verfolger aus den Gründen der Konvention geltend machen kann. Die Schutzunfähigkeit gegenüber Verfolgungen durch nichtstaatliche Gruppierungen kann verschiedene Gründe haben. Sie kann darauf beruhen, dass staatliche Strukturen nicht mehr existieren oder der noch existierende Staat in seiner Funktionsfähigkeit einschneidend beeinträchtigt ist. In beiden Fällen gewährt der Staat gegen Übergriffe durch private Dritte keinen effektiven Schutz und wird deshalb der Flüchtlingsstatus gewährt.

132 Es ist nicht erforderlich, dass der Antragsteller nach jedem einzelnen Vorfall um polizeilichen Schutz nachsucht. Werden die Verfolgungen fortgesetzt, nachdem die Polizei um Schutz ersucht wurde, kann vom Antragsteller vernünftigerweise nicht erwartet werden, dass er erneut um Schutz nachsucht, der sich als ineffektiv erwiesen hat (Federal Court of Canada, 85 TTR 13 (1994) – *Bobrik*). Zwar wird in der Staatenpraxis grundsätzlich von der Schutzfähigkeit des Staates in Ansehung von Verfolgungen durch nichtstaatliche Akteure ausgegangen, dem Flüchtling indes im konkreten Einzelfall die Widerlegungsmöglichkeit eingeräumt, für die er klare und überzeugende Gründe angeben muss. Bestehen keine staatlichen Strukturen mehr, bedarf

Geltungsbereich § 1

es eines derartigen Nachweises nicht (Canadian Immigration and Refugee Board, Guidelines issued by the Chairperson on »Civilian Non-Combatants fearing Persecution in Civil War Situations«, 1996, S. 12, mit Verweis auf Supreme Court of Canada, Entscheidung vom 30. Juni 1993 – Nr. 21937 – *Ward*). Diese entspricht der Praxis etwa in Australien, Belgien, Neu-Seeland, in den Niederlanden, in Österreich und im Vereinigten Königreich.

3.4.3.2.3. Anforderungen an die Schutzsuche bei Verfolgungen durch nichtstaatliche Akteure nach Art. 6 Buchst. c) der Qualifikationsrichtlinie

3.4.3.2.3.1. Allgemeines

Wie ausgeführt, trifft den Antragsteller, der sich auf Verfolgungen durch nichtstaatliche Akteure beruft, eine besondere Nachweispflicht, dass er vor seiner Ausreise gegenüber staatlichen Behörden oder vergleichbaren den Staat oder einen Teil des Staatsgebietes beherrschenden Organisationen oder internationalen Organisationen um Schutz nachgesucht hat und diesen erwiesenermaßen nicht erlangen konnte (Art. 6 Buchst. c) der RL, § 60 Abs. 1 Satz 4 Buchst. c) 2. HS AufenthG). 133

Wird Verfolgungen durch den Staat oder diesen vergleichbare Organisationen geltend gemacht, besteht diese Nachweispflicht nicht. Dies entspricht der Rechtsprechung etwa im Vereinigten Königreich und Kanada, die davon ausgeht, dass im Falle staatlicher Verfolgung unmittelbar die internationale Schutzbedürftigkeit entsteht (House of Lords, IJRL 2001, 174 (179) – *Horvath*; Canadian Federal Court, Lexis 318, F.C.T.D. – *Zhuravleva*). 134

3.4.3.2.3.2. Darlegungslast

Nach dem Wortlaut von Art. 6 Buchst. c) der RL muss feststehen, dass kein Schutz gewährt wird. Damit wird für den konkreten Einzelfall vorausgesetzt, dass sich der Antragsteller vor seiner Ausreise um diesen Schutz bemüht haben muss. Verfolgungen durch nichtstaatliche Akteure sind dann erheblich, wenn diese »*erwiesenermaßen*« nicht in der Lage oder willens sind, Schutz vor Verfolgung zu gewähren. Vom Antragsteller ist zu erwarten, dass er konkrete Tatsachen und Umstände bezeichnet, aus denen sich ergibt, dass er sich um Schutz bemüht hat. 135

Danach hat der Asylsuchende zunächst die persönlichen Umstände, Verhältnisse und Erlebnisse im Blick auf das Schutzersuchen schlüssig sowie mit Blick auf zeitliche, örtliche und sonstige Umstände detailliert und vollständig darzulegen. Da es um persönliche Umstände geht, ist insoweit die Amtsermittlungspflicht begrenzt (BVerwG, Buchholz 402.24 Art. 1 GK Nr. 11; BVerwG, DVBl. 1963, 145; BVerwG, InfAuslR 1982, 156; BVerwG, InfAuslR 1983, 76; BVerwG, DÖV 1983, 207; BVerwG, BayVBl. 1983, 507; BVerwG, InfAuslR 1984, 129; BVerwG, InfAuslR 1989, 350; s. hierzu § 24 Rdn. 8–16). 136

Um einer Überspannung dieser Grundsätze zu Lasten der Asylsuchenden vorzubeugen, hatte das BVerwG bereits zu Beginn der achtziger Jahre zwischen *persönlichen Erlebnissen und Erfahrungen* des Antragstellers einerseits sowie den *allgemeinen Verhältnissen* in dessen Herkunftsland andererseits dif- 137

§ 1 Allgemeine Bestimmungen

ferenziert (BVerwG, InfAuslR 1982, 156; BVerwG, InfAuslR 1983, 76; BVerwG, InfAuslR 1984, 129; BVerwG, DÖV 1983, 207; BVerwG, BayVBl. 1983, 507; BVerwG, InfAuslR 1989, 350). Das Bundesamt braucht in keine Ermittlungen einzutreten, die durch das Sachvorbringen nicht veranlasst sind.

138 Mit Blick auf die *allgemeinen Verhältnisse im Herkunftsland* ist der Asylsuchende dagegen in einer schwierigen Situation. Seine eigenen Kenntnisse und Erfahrungen sind häufig auf einen engeren Lebenskreis begrenzt und liegen stets einige Zeit zurück. Seine Mitwirkungspflicht würde überdehnt, wollte man auch insofern einen lückenlosen Tatsachenvortrag verlangen, der im Sinne der zivilprozessualen Verhandlungsmaxime schlüssig zu sein hätte. Insoweit muss es genügen, um dem Bundesamt zu weiteren Ermittlungen Anlass zu geben, wenn der Tatsachenvortrag des Antragstellers die *nicht entfernt liegende Möglichkeit* ergibt, dass er im Herkunftsland keinen Schutz erlangen konnte.

139 Treffender als der deutsche Wortlaut, bringt der englische Text diese Rechtslage zum Ausdruck. Danach sind Verfolgungen durch nichtstaatliche Akteure erheblich, »*if it can be demonstrated*«, dass der Antragsteller im Herkunftsland wegen Schutzunfähigkeit oder – unwilligkeit keinen Schutz erlangen konnte. Danach muss der Antragsteller lediglich *darlegen*, dass er sich um Schutz bemüht hat, diesen aber nicht hat erlangen können. Anschließend obliegt es der Feststellungsbehörde anhand der verfügbaren Erkenntnismittel festzustellen, ob die in Art. 6 Buchst. c) der RL bezeichneten Schutzakteure »*erwiesenermaßen*« nicht in der Lage oder nicht willens sind, Schutz zu gewähren.

140 Es kommt insoweit wie bei allen anderen asylbegründenden Tatsachen und Umständen auf den Maßstab der »*Überzeugungsgewissheit*« an. Der englische Text besagt eher allgemeiner »if it can be demonstrated,« d. h. dass der Nachweis geführt werden muss, dass kein Schutz gewährt wurde. Damit bleibt die Verteilung der Beweisrisiken offen. Entsprechend den das Flüchtlingsrecht beherrschenden Grundsätzen, trifft den Antragsteller insoweit zunächst die Darlegungspflicht, anschließend die Behörde die Ermittlungspflicht und trägt der Antragsteller die Beweislast, wenn der Nachweis nicht gelingt.

141 Diese Auslegung von Art. 6 Buchst. c) der RL steht in Übereinstimmung mit der Staatenpraxis. Zwar wird in dieser grundsätzlich von der Schutzfähigkeit des Staates in Ansehung von Verfolgungen durch nichtstaatliche Akteure ausgegangen, dem Flüchtling indes im konkreten Einzelfall die Widerlegungsmöglichkeit eingeräumt, für die er klare und überzeugende Gründe angeben muss. Bestehen keine staatlichen Strukturen mehr, bedarf es eines derartigen Nachweises nicht (Canadian Immigration and Refugee Board, Guidelines issued by the Chairperson on »Civilian Non-Combatants fearing Persecution in Civil War Situations«, 1996, S. 12, mit Verweis auf Supreme Court of Canada, Entscheidung vom 30. Juni 1993 – Nr. 21937 – *Ward*). Diese entspricht der Praxis etwa in Australien, Belgien, Neu-Seeland, in den Niederlanden, in Österreich und im Vereinigten Königreich.

142 Mit diesen Grundsätzen steht die bisherige deutsche Asylrechtsprechung nicht in Übereinstimmung. Danach besteht die »die *Zurechenbarkeit* begrün-

Geltungsbereich §1

dende *Schutzunfähigkeit* oder Schutzunwilligkeit *nicht bereits* dann«, »*wenn in dem zu beurteilenden Einzelfall effektiver staatlicher Schutz nicht gewährleistet worden ist, obwohl dies möglich gewesen wäre*«. Vielmehr seien private Übergriffe erst dann dem Staat zuzurechnen, wenn er hiergegen *grundsätzlich keinen effektiven Schutz* leiste (BVerwG, NVwZ 1996, 85; BVerwG, NVwZ 1995, 391 (392).

Entgegen dem internationalen Standard darf die Behörde danach nicht berücksichtigen, ob der Antragsteller im konkreten Einzelfall Zugang zum staatlichen Schutzsystem gehabt und Schutz beantragt hatte und dieser versagt wurde. Maßgebend ist ausschließlich ein generell-abstrakter Maßstab. Hat der Staat generell zureichende Vorkehrungen zur Eindämmung privater Gewalt getroffen, dürfen die konkreten Umstände für die Schutzversagung im Einzelfall nicht berücksichtigt werden. Erst die *Komplizenschaft* des Staates mit dem verfolgenden Dritten in einem konkreten Einzelfall begründet damit nach der Rechtsprechung des BVerwG die Zurechnung staatlicher Schutzversagung gegenüber privaten Verfolgungen (BVerwGE 95, 42 (49) = EZAR 230 Nr. 3 = NVwZ 1994, 497 = InfAuslR 1994, 196 = AuAS 1994, 140). 143

3.4.3.2.3.3. Zumutbarkeit der Schutzbeantragung
Dem Antragsteller muss die Möglichkeit der Schutzsuche zumutbar gewesen sein. Das ist nicht der Fall, wenn er vernünftige und plausible Gründe dafür angeben kann, dass ihm das Schutzersuchen nicht zumutbar gewesen war, weil er in diesem Fall durch staatliche Behörden oder maßgebliche Stellen vergleichbarer Organisationen verfolgt oder diskriminiert worden wäre. Da der Antragsteller in diesem Fall die Schutzbeantragung von vornherein unterlassen hat, trifft ihn eine erhöhte Darlegungslast. Letztlich hat indes die Feststellungsbehörde die Untersuchungspflicht. 144

Der Antragsteller muss schlüssig darlegen, dass er aufgrund allgemein bekannter Umstände davon ausgehen musste, dass er bei den relevanten Behörden misshandelt oder im erheblichen Umfang diskriminiert (vgl. auch Art. 9 II Buchst. b) und d) der RL) werden würde. Insbesondere bei sexueller Gewalt kann häufig davon ausgegangen werden, dass die Polizei die Anzeigenerstatterin misshandeln, sexuell belästigen oder sogar verfolgen wird. Die Inanspruchnahme nationalen Schutzes ist unzumutbar, wenn dem Antragsteller Verfolgungen aus Gründen der Konvention (Art. 1 A Nr. 2 GFK) droht. Dies ist auch bei der Frage relevant, ob dem durch nichtstaatliche Akteure Verfolgten vor der Ausreise die Inanspruchnahme des nationalen Schutzes zugemutet werden konnte. 145

Darüber hinaus kann im konkreten Einzelfall das Schutzersuchen deshalb von vornherein unzumutbar gewesen sein, weil konkret und schlüssig dargelegt wird, dass in diesem Fall ernsthafte Bedrohungen durch die Familie oder erhebliche Diskriminierungen durch Teile der Bevölkerung gedroht hätten. So wird bei familiärer Gewalt die Familie häufig unterbinden wollen, dass diese nach außen bekannt wird. Besteht die Gefahr, dass die Polizei nach Erstattung der Anzeige die Familienangehörigen informieren und diese deshalb ihre Verfolgungen gegen die Antragstellerin mit erhöhter Schärfe fortsetzen werden und gibt es darüber hinaus keine effektiven gesellschaft- 146 lichen oder staatlichen Schutzeinrichtungen gegen familiäre Gewalt, ist die Inanspruchnahme polizeilichen Schutzes in derartigen Fällen für die Antragstellerin unzumutbar.

3.4.3.2.3.4. Anforderungen an den nationalen Schutz

147 Der verfügbare Schutz im Herkunftsstaat gegen Verfolgungen durch nichtstaatliche Akteure muss effektiv sein. Ist der Staat nicht in der Lage, einen derartig effektiven Schutz zu gewährleisten, kann dem Antragsteller die Möglichkeit der Inanspruchnahme des Schutzes nicht zugemutet werden. Da es sich hierbei nicht um dem persönlichen Erfahrungsbereich des Antragstellers zuzuordnende Umstände handelt, trifft ihn eine eingeschränkte Darlegungslast und die Behörde eine erhöhte Ermittlungspflicht.

148 Als Maßstab für den effektiven Schutz kann zwar Art. 7 II der RL herangezogen werden. Doch rechtfertigt der generelle Standard in dieser Norm nicht die Anwendung eines abstrakten Maßstabes bei der Beurteilung des Erfordernisses des Schutzersuchens vor der Ausreise im Blick auf Verfolgungen durch nichtstaatliche Akteure. Während Art. 7 II der RL allgemeine Prognosekriterien bezeichnet, die im Rahmen der Verfolgungsprognose anzuwenden und mit den individuellen Verfolgungsrisiken zu verknüpfen und gegeneinander abzuwägen sind, ist bei Art. 6 Buchst. c) der RL eine konkrete Bewertung angezeigt. Mag der Staat auch generell die Bürger vor Verfolgungen schützen, so kann daraus kein Einwand gegen den Antragsteller hergeleitet werden, der sich um diesen Schutz bemüht, ihn aber nicht erhalten hat.

149 Sind die staatlichen Strukturen wegen eines *Bürgerkrieges* oder vergleichbaren internen Konfliktes zusammengebrochen und auch keine vergleichbaren Strukturen an deren Stelle getreten, entfällt die Nachweispflicht. Sind keine schützenden Instanzen verfügbar, kann ein Schutzersuchen vor der Flucht im Herkunftsland nicht gefordert werden (Canadian Immigration and Refugee Board, Guidelines issued by the Chairperson on »Civilian Non-Combatants fearing Persecution in Civil War Situations«, 1996, S. 12, mit Verweis auf Supreme Court of Canada, Entscheidung vom 30. Juni 1993 – Nr. 21937 – *Ward*).

150 Der Gesetzgeber hat wegen der bislang insoweit entgegenstehenden Rechtsprechung des BVerwG für die deutsche Rechtsanwendungspraxis in § 60 I 4 Buchst. c) AufenthG ausdrücklich klargestellt, dass der Nachweislast nicht entgegen gehalten werden kann, dass eine staatliche Herrschaftsmacht nicht vorhanden ist. Sind die in Art. 7 I der RL bezeichneten Schutzakteure nicht vorhanden, so entsteht erst recht eine internationale schutzbedürftige Situation. Kann danach bei bestehenden zentralstaatlichen oder vergleichbaren Schutzstrukturen in Ansehung von Verfolgungen durch nichtstaatliche Akteure grundsätzlich die Inanspruchnahme nationalen Schutzes gefordert werden, so entfällt bei *zerfallenen Schutzstrukturen* diese Möglichkeit und wird dem Antragsteller dementsprechend auch keine Nachweispflicht aufgebürdet.

151 Bei der Frage, ob eine den Staat oder wesentliche Teile des Staatsgebietes beherrschende Organisation effektiven Schutz gewähren kann, ist zu prüfen,

Geltungsbereich § 1

ob diese lediglich reine militärische oder auch effektive zivile Verwaltungsstrukturen aufgebaut hat. Insbesondere in diesen Fällen kann die Forderung nach Schutzbeantragung jedoch häufig wegen Verfolgungsgefahren oder erheblichen Diskriminierungen für den Einzelnen unzumutbar sein. Allerdings ist in einem derartigen Fall wie auch sonst der Einwand des internen Schutzes zu prüfen (Art. 8 der RL).

3.4.3.2.3.5. Internationale Organisationen

Nach Art. 6 Buchst. c) der RL wird vom Antragsteller auch gefordert, dass er gegebenenfalls bei internationalen Organisationen Schutz suchen muss. Diese sind jedoch regelmäßig zur Schutzgewährung nicht in der Lage oder willens. Sie verfügen auch nicht über die erforderlichen administrativen Strukturen zur Schutzgewährung und sind deshalb nicht in der Lage, Herrschaftsgewalt durchzusetzen. Hinzu kommt, dass internationale Organisationen anders als Staaten nicht die Qualifikationsmerkmale eines Staates aufweisen und auch nicht wie diese Vertragsparteien internationaler Verträge zum Schutze der Menschenrechte sind. 152

So haben die Erfahrungen in der Vergangenheit gezeigt, dass internationale Friedenstruppen vorrangig auf die Herstellung einer stabilen innerstaatlichen Ordnung bedacht, jedoch nicht in der Lage sind, dem Einzelnen einen effektiven Schutz gegen Verfolgungen und Bedrohungen durch innerstaatliche Behörden, ehemalige Bürgerkriegsparteien und andere mühsam in den Friedensprozess eingebundene interne Kräfte zu gewährleisten. Dies ist in aller Regel auch nicht Teil ihres Mandates. 153

Internationale Friedensbemühungen zielen vorrangig auf die Herstellung der äußeren Rahmenbedingungen für den nationalen Versöhnungsprozess. Der interne Machtbereich der einzelnen Konfliktbeteiligten entzieht sich daher in aller Regel der effektiven internationalen Kontrolle. So wird etwa in der schweizerischen Rechtsprechung darauf hingewiesen, dass verfolgte Minderheiten im Kosovo wie die Ashkali und Roma außerhalb der von der KFOR geschützten Zonen vor Verfolgung nicht sicher sind (Schweizerische Asylrekurskommission, EMARK 2001 Nr. 13). Der österreichische Verwaltungsgerichtshof erachtet aus diesem Grund den von der KFOR bereit gehaltenen Schutz ausdrücklich für unzureichend (Verwaltungsgerichtshof, Entscheidung vom 6. März 2001 – Nr. Zl. 2000/01/0056). 154

3.4.3.3. Gewährleistung effektiven Schutzes im Falle der Rückkehr (Art. 7 der Qualifikationsrichtlinie)

3.4.3.3.1. Allgemeines

Art. 7 der RL bezeichnet die *Schutzakteure*. Auch in diesem Zusammenhang ist Kritik gegen die Einbeziehung internationaler Organisationen angezeigt. Ob und in welchem Umfang die Schutzakteure Schutz gegen Verfolgungen gewähren, ist im Rahmen der in die Zukunft gerichteten Entscheidung (*Verfolgungsprognose*) zu bewerten. Während die in Art. 6 Buchst. c) der RL genannten Schutzakteure bei der Prüfung der Zumutbarkeit der Schutzbeantragung vor der Ausreise von Bedeutung sind, bezeichnet Art. 7 der RL die 155

§1 Allgemeine Bestimmungen

Kriterien für die Schutzgewährung im Falle der Rückkehr. Der Flüchtlingsschutz ist subsidiär. Solange nationaler Schutz im Herkunftsland des Antragstellers verfügbar und effektiv ist, entsteht keine internationale Schutzbedürftigkeit.

156 Dementsprechend gelten für die Bewertung der Schutzbedürftigkeit vor der Ausreise andere Maßstäbe wie für die Verfolgungsprognose. Wie ausgeführt, kommt es vor der Ausreise allein auf das Erfordernis der Schutzgewährung im konkreten Einzelfall an. Mag generell gegen Übergriffe durch Private Schutz gewährt werden, so kann dies dem Vorbringen eines Antragstellers nicht entgegen gehalten werden, der konkret um Schutz gegen ihn ausgeübte oder unmittelbar drohende Verfolgungen durch nichtstaatliche Akteure nachgesucht, diesen in seinem Fall indes nicht erhalten hat.

157 Demgegenüber ist die Verfolgungsprognose zwar auch anhand der konkreten Umstände des zur Beurteilung gestellten Falles zu treffen, d. h. eine Rückkehr ist unzumutbar, wenn der Antragsteller im Herkunftsland gegen Verfolgungen für seine Person keinen effektiven Schutz erlangen kann. Da die Verfolgungsprognose auf der Grundlage einer wertenden, die individuellen und generellen Prognosetatsachen erfassenden und gegeneinander abwägenden Bewertung getroffen wird, sind die in Art. 7 II der RL bezeichneten Kriterien als Hinweis für die Prognoseprüfung zu verstehen.

3.4.3.3.2. Anforderungen an den effektiven Schutz (Art. 7 Abs. 2 der Qualifikationsrichtlinie)

3.4.3.3.2.1. Keine Anwendung bei staatlicher oder vergleichbarer Verfolgung

158 Macht der Antragsteller geltend, dass ihm vor seiner Ausreise Verfolgung durch staatliche Behörden widerfahren ist oder ihm diese unmittelbar gedroht hatte und ist bis zur Entscheidung über seinen Antrag keine wesentliche Veränderung in den allgemeinen Verhältnissen in seinem Herkunftsland eingetreten, so bedarf es keiner spezifischen Prüfung nach Maßgabe von Art. 7 II der RL. In diesem Fall ist mit der Entscheidung, dass dem Antragsteller Verfolgung durch staatliche Behörden widerfahren ist oder gedroht hatte, zugleich auch eine Entscheidung über den Wegfall des nationalen Schutzes für die Verfolgungsprognose getroffen worden. Denn in diesem Fall hat der Antragsteller keinen Zugang zum nationalem Schutzsystem (vgl. Art. 7 II letzter HS RL).

159 Haben sich nach der Ausreise die allgemeinen Verhältnisse geändert, muss die Behörde ernsthafte Anhaltspunkte darlegen können, dass eine Wiederholungsgefahr entfallen ist (vgl. Art. 4 IV RL).Geht die Verfolgung von Organisationen aus, die den gesamten Staat beherrschen, finden dieselben Grundsätze Anwendung. Beherrschen sie nur einen Teil des Staatsgebietes, gelten bezogen auf diesen Teil des Staatsgebietes dieselben Grundsätze. Im Blick auf andere Teile des Staatsgebietes ist indes eine spezifische Prüfung nach Maßgabe der Grundsätze zum internen Schutz (Art. 8 RL) angezeigt.

Geltungsbereich §1

3.4.3.3.2.2. Anwendung auf Verfolgungen durch nichtstaatliche Akteure
Aus diesen Grundsätzen erhellt, dass die in Art. 7 II der RL bezeichneten Kriterien vorrangig auf Verfolgungen durch nichtstaatliche Akteure gemünzt sind. Auch insoweit ist indes zu differenzieren: Hat der Antragsteller glaubhaft gemacht, dass ihm vor der Ausreise derartige Verfolgungen widerfahren sind oder gedroht hatten und ist er seiner Nachweispflicht nach Art. 6 Buchst. c) der RL gerecht geworden, muss die Behörde ernsthafte Anhaltspunkte darlegen können, dass eine Wiederholungsgefahr entfallen ist (vgl. Art. 4 IV RL). Den geforderten Nachweis, dass ernsthafte sowie gewichtige und auf die Person des Antragstellers bezogene Tatsachen den Schluss rechtfertigen, dass nach der Ausreise staatlicher Schutz wieder verfügbar ist und in zumutbarer Weise erlangt werden kann, kann die Behörde nicht unter Hinweis auf den generellen Standard nach Art. 7 II der RL führen.

160

Damit ist der Anwendungsbereich von Art. 7 II der RL auf Antragsteller gemünzt, die Verfolgungen durch nichtstaatliche Akteure für den Fall der Rückkehr geltend machen, ihrer auf Verfolgungen vor der Ausreise gemünzten Nachweispflicht nach Art. 6 Buchst. c) der RL indes nicht gerecht werden konnten oder erstmals für den Fall der Rückkehr derartige Verfolgungen befürchten.

161

3.4.3.3.2.3. Funktion der Kriterien in Art. 7 Abs. 2 der Qualifikationsrichtlinie
Nach Art. 7 Abs. 2 der RL ist generell Schutz gewährleistet, wenn die maßgeblichen Schutzakteure geeignete Schritte einleiten, um die Verfolgung zu verhindern, beispielsweise durch wirksame Rechtsvorschriften zur Ermittlung, Strafverfolgung und Ahndung von Handlungen, die eine Verfolgung darstellen, und wenn der Antragsteller Zugang zu diesen nationalen Schutzsystem hat.

162

Der hier entwickelte Standard beruht auf dem Subsidiaritätsprinzip und dementsprechend auf der Überlegung, dass im Flüchtlingsrecht vollständiger Schutz gegen isolierte und lediglich entfernt liegende Möglichkeiten der Verfolgungen durch nichtstaatliche Akteure nicht geschuldet ist. Der anzuwendende Maßstab muss deshalb nicht die Leistung erbringen, dass sämtliche Risiken auszuschalten sind. Vielmehr ist er pragmatisch anzuwenden und sind die Schutzpflichten zu berücksichtigen, die der Herkunftsstaat den seiner Obhut unterstellten Personen schuldet (Lordrichter *Hope of Craighead*, in: House of Lords, IJRL 2001, 174 (182) – *Horvath*; so auch BVerfGE 81, 58 (66) = EZAR 203 Nr. 5 = NVwZ 1990, 514 = InfAuslR 1990, 74; BVerwGE 67, 317 (320) = EZAR 202 Nr. 1).

163

Im Hinblick auf Verfolgungen durch nichtstaatliche Akteure lehnt die Richtlinie sich damit offensichtlich an die Rechtsprechung des britischen Oberhauses an. Diese Rechtsprechung, die sich auf den ersten Blick an der deutschen Zurechnungslehre zu orientieren scheint, hat in der britischen Rechtsprechung eine Klarstellung erfahren. So hält das Berufungsgericht weiterhin an der Schutzlehre fest und kritisiert die unteren Instanzen, sie würden den in *Horvath* entwickelten Maßstab des Oberhauses unzutreffend anwenden. Die Frage sei nicht, ob die staatlichen Behörden im konkreten Einzelfall alles

164

§ 1 *Allgemeine Bestimmungen*

ihnen Mögliche unternehmen würden, um generell Schutz zu gewähren. Vielmehr ziele die nach der Schutztheorie zentrale Fragestellung darin, ob eine ernsthafte Möglichkeit dafür besteht, dass der Antragsteller aus Gründen der Konvention verfolgt werde. Der eigentliche Zweck des in *Horvath* entwickelten Standards bestehe mithin darin, isolierte und bei Anlegung eines Wahrscheinlichkeitsmaßstabes weit entfernt liegende Möglichkeiten ausschließen (Berufungsgericht , Entscheidung v. 25. 5. 2001, C/2000/3674 – *Banomova,* zitiert nach *Wilsher,* IJRL 2003, 68 (92)).

165 Das britische Immigration Berufungsgericht hat in diesem Zusammenhang ausdrücklich klargestellt, dass *Horvath* nicht so verstanden werden könne, dass ausreichender Schutz gewährleistet sei, wenn die zuständigen Behörden ihr Bestes täten. Könne der Antragsteller darlegen, dass das Beste ineffektiv sei, habe er glaubhaft gemacht, dass der Staat zur erforderlichen Schutzgewährung nicht fähig sei (Berufungsgericht , Entscheidung v. 25. 5. 2001, C/ 2000/3674 – Banomova, zitiert nach Wilsher, IJRL 2003, 68 (92)).

166 Der in Art. 7 II der RL entwickelte Standard ist danach kein materieller, sondern ein prognoserechtlicher. Er stellt für die Prognoseprüfung Kriterien zur Verfügung, um isolierte und weit entfernt liegende Möglichkeiten der Realisierung der Verfolgungsgefahr aus der Betrachtung auszuschließen. Dies steht in Übereinstimmung mit den Intentionen der Verfasser der Konvention. Der Schutz der Konvention beruht nicht auf abstrakten Formalitäten, sondern richtet sich gegen reale Risiken. Der einzig relevante Schutz der Konvention ist der Schutz, der Verfolgungsrisiken konkret ausschaltet, die andernfalls den Betroffenen zwingen würden, (subsidiären) internationalen Schutz zu suchen (Mathew/ Hathaway/ Forster, IJRL 2003, 444 (448)).

167 Der in Art. 7 II der RL entwickelte Standard beruht damit nicht auf der Zurechnungslehre. Deren eigentlicher Zweck besteht darin, die internationale Verantwortlichkeit der Staaten für ein völkerrechtliches Delikt festzulegen. Hingegen geht es im Flüchtlingsrecht darum, festzustellen, wer unter welchen Voraussetzungen internationalen Schutzes bedarf. Der Standard nach Art. 7 II der RL ist kein abstrakter. Schutz ist nur verfügbar, wenn er im konkreten indiviuellen Fall effektiv, zugänglich und angemessen ist. Abstrakte Kriterien wie in Art. 7 II der RL können in die Betrachtung eingestellt werden. Im Einzelfall ist jedoch stets zu entscheiden, ob der Antragsteller für seine Person eine andauernde Furcht vor Verfolgung ungeachtet der im Herkunftsland getroffenen generellen Schutzvorkehrungen geltend machen kann.

168 Der Streit entzündet sich stets an den Fällen, in denen die Antragsteller den Nachweis einer ihnen vor der Ausreise geltenden individuellen Verfolgungshandlung durch nichtstaatliche Akteure nicht führen konnten oder insoweit nur eher allgemeine, noch nicht auf ihre Person konkretisierte Gefahren vorgebracht hatten. Insoweit ist der Antragsteller gehalten, für den Fall seiner Rückkehr ihm unmittelbar drohende Verfolgungen durch nichtstaatliche Akteure geltend zu machen. Kann er nur isolierte und entfernt liegende Möglichkeiten der Gefahrenrealisierung aufzeigen, kann er auf den nationalen Schutz des Herkunftslandes verwiesen werden.

169 Die Richtlinie erlaubt darüber hinaus nicht eine Anwendung von Art. 7 II auf Verfolgungen durch unmittelbare staatliche oder vergleichbare Behörden.

Geltungsbereich § 1

Hat der Antragsteller derartige Verfolgungen geltend gemacht, muss die Behörde konkrete Tatsachen und gewichtige Anhaltspunkte darlegen, aus denen zu folgern ist, dass eine Wiederholung der Verfolgung ausgeschlossen werden kann (vgl. Art. 4 IV RL). Dieser Beweisführungspflicht kann die Behörde sich nicht durch Hinweis auf den generellen Prognosmaßstab des Art. 7 II der RL entziehen. Insoweit ist die Rechtsprechung des BVerwG, die auch im Falle von erheblichen Verfolgungen durch Soldaten und Vorgesetzte gegenüber christlichen Wehrpflichtigen in der türkischen Armee den generellen Maßstab anwendet BVerwGE 74, 160 (163) = EZAR 202 Nr. 8) mit Gemeinschaftsrecht unvereinbar.

3.4.3.4. Einwand des internen Schutzes (Art. 8 der Qualifikationsrichtlinie)

3.4.3.4.1. Begriff der internen Schutzalternative

Nach Artikel 8 der RL wird die in den Mitgliedstaaten seit den siebziger Jahren entwickelte Praxis der *inländischen Fluchtalternative* als Grund für die Schutzversagung übernommen. Entsprechend der internationalen Staatenpraxis, die in Kanada (s. hierzu Zambelli, IJRL 1996, 144; Überblick über die Staatenpraxis bei Marx, IJRL 2002, 179) und in der Bundesrepublik Deutschland (vgl. § 77 I) sogar gesetzlich verankert ist, ist nach Artikel 8 I der RL die Frage einer in einem »Teil des Hoheitsgebietes des Herkunftslandes« bestehenden Schutzalternative im Rahmen der abschließenden *Verfolgungsprognose* zu prüfen. 170

Damit hat der Einwand der internen Schutzalternative gegenüber ursprünglichen Ansätzen seine Funktion vollständig verändert. Es geht nicht mehr in erster Linie um die Prüfung, ob im Zeitpunkt der Flucht innerhalb des Herkunftsstaates interne Schutzzonen als Alternative zur Flucht bestanden (*interne Fluchtalternative*), sondern darum, ob im Zeitpunkt der Entscheidung derartige Zonen (*interne Schutzalternativen*) ausgemacht werden können. Dadurch erscheinen interne Schutzzonen nicht mehr als Alternative zur Flucht, sondern als Alternative zum internationalen Schutz. Dementsprechend ist die Begriffsverwirrung erheblich. Die Michigan Guidelines (*James C. Hathaway*, The Michigan Guidelines on the Internal Protection Alternative, S. 193) verwenden folgerichtig nicht mehr den Begriff der internen Fluchtalternative, sondern den der internen Schutzalternative. Wohl inspiriert durch diese neuere Entwicklung verwendet Art. 8 der RL nicht den Begriff der internen Fluchtalternative, sondern die neue Begriffsschöpfung »*interner Schutz*«. 171

Beim Einwand der internen Schutzalternative handelt es sich nicht um einen »*Rechtsbegriff*«, sondern nach dem international erreichten Konsens lediglich um ein »*tatsächliches Moment*« im Rahmen der *Prognoseprüfung* (Nr. 1 der Summary Conclusions – Internal Protection/Relocation/Flight Alternative, San Remo Expert Roundtable, Global Consultations on International Protection, 6–8 September 2001). Die Richtlinie stellt den Mitgliedstaaten die Anwendung der internen Schutzalternative frei und enthält darüber hinaus auch keine materiellen Kriterien, anhand deren dieser Einwand geprüft werden kann. 172

Es besteht deshalb die Gefahr, dass in den Mitgliedstaaten auch weiterhin eine höchst unterschiedliche Rechtsanwendungspraxis in dieser Frage die 173

§ 1   *Allgemeine Bestimmungen*

Folge sein wird. Auch die Staatenpraxis ist in dieser Frage sehr uneinheitlich, enthält jedoch einige Grundsätze, die auch bei der Anwendung von Art. 8 der RL zu berücksichtigen sind. Es besteht eine sachliche Nähe zu den Regelungen in Art. 6 Buchst. c) und Art. 7 II der RL, die ebenfalls auf dem Gedanken der Subsidiarität des Flüchtlingsschutzes beruhen und vorrangig bei geltend gemachter Verfolgung durch nichtstaatliche Akteure Anwendung findet.

3.4.3.4.2. Voraussetzungen des internen Schutzes

3.4.3.4.2.1. Prüfungsschema

174 Entsprechend der internationalen Staatenpraxis gewinnt der Einwand der Verfügbarkeit internen Schutzes im Rahmen der Verfolgungsprognose Bedeutung. Zu prüfen ist in diesem Rahmen, ob der Antragsteller ungefährdeten Zugang zum Ort des internen Schutzes hat. Insoweit weicht Art. 8 III RL bedenklich von der Staatenpraxis ab. Anschließend ist zu untersuchen, ob er dort vor dem Zugriff der Verfolger sicher ist. Das ist bei Verfolgungen durch staatliche oder vergleichbare Behörden regelmäßig nicht der Fall. Schließlich ist zu prüfen, ob aufgrund der am Ort der internen Schutzalternative vorherrschenden allgemeinen Verhältnisse vom Antragsteller vernünftigerweise erwartet werden kann, dass er sich dort aufhält (vgl. Art. 8 I RL).

3.4.3.4.2.2. Ungefährdeter Zugang zum Ort der internen Schutzalternative

175 Die zentrale Frage bei der Anwendung der internen Schutzalternative zielt auf die Voraussetzungen, unter denen angenommen werden kann, dass der Antragsteller tatsächlich Zugang zu der Schutzzone erlangen kann. Falls innerhalb des Herkunftslandes eine alternative Schutzzone besteht, diese aber nicht erreicht werden kann, ist der Verweis auf den internen Schutz rein spekulativer Natur und bleibt er eine lediglich theoretische Option (*Storey*, IJRL 1998, 499 (523)).

176 Die Entscheidung wird maßgeblich von dem Grundsatz geleitet, dass der Antragsteller tatsächlich in der Lage sein muss, die Schutzzone sicher und auf legalem Wege zu erreichen. Das erfordert die Berücksichtigung körperlicher und anderer Zugangsbarrieren, Transportunterbrechungen, Visa- und Transitvisaerfordernisse von Durchreisestaaten (Global Consultations on International Protection, San Remo Expert Roundtable, 6–8 September 2001, Summary Conclusions – Internal Protection/Relocation/Flight Alternative, Par. 3). Mit diesen internationalen Grundsätzen steht Art. 8 III der RL nicht in Übereinstimmung, weil danach tatsächliche Hindernisse dem Einwand des internen Schutzes nicht entgegenstehen.

177 Die Entscheidung muss jedoch sowohl *rein tatsächliche* wie auch *rechtliche* Hindernisse gegen den ungehinderten Zugang zum Ort des internen Schutzes berücksichtigen. Soweit tatsächliche Hindernisse zu prüfen sind, kann vom Antragsteller nicht erwartet warden, dass er erhebliche körperliche Gefahren oder Erschwernisse in Kauf nehmen muss, um die Schutzzone zu erreichen. Deshalb stehen natürliche Hindernisse wie auch bewaffnete oder andere Konflikte, Landminen, militärische oder andere Kontrollpunkte dem

Geltungsbereich § 1

Verweis auf die interne Schutzzone entgegen (BVerwG, NVwZ 1993, 1210 (1212); UK Court of Appeal, *Ex p Robinson* (1997) Imm AR 94; VwGH (Österreich), Entsch. v. 28. April 2000, 96/21/1036-7; UNHCR Position on Relocating Internally as a Reasonabe Alternative to Seeking or Receiving Asylum, UNHCR/IOM/24/99, 9 February 1999, Nr. 9).

3.4.3.4.2.3. Sicherheit vor dem Zugriff des Verfolgers

Vom Antragsteller kann vernünftigerweise nur dann erwartet werden, dass er den Ort des internen Schutzes aufsucht, wenn er dort sicher vor dem Zugriff der Verfolger ist. Staaten sind regelmäßig in der Lage, ihr Gewaltmonopol landesweit auszuüben. Dies gilt auch für Organisationen, die das gesamte Staatsgebiet berrschen (vgl. Art. 6 Buchst. b) RL). Allein mit dem Hinweis darauf, dass die Verfolger nicht am Ort der Schutzzone aktiv sind, kann die Verfolgungssicherheit nicht unterstellt werden. Vielmehr müssen vernünftige Anhaltspunkte dafür bestehen, dass die Reichweite der Verfolgungshandlungen örtlich begrenzt ist. 178

Sofern die Verfolgung von staatlichen Behörden ausgeht, spricht eine Regelvermutung dafür, dass die Reichweite der Verfolgungshandlungen das gesamte Staatsgebiet erfasst. Deshalb wird in der Staatenpraxis der Einwand der internen Schutzalternative regelmäßig nicht angewendet, wenn der Antragsteller Verfolgung durch staatliche Behörden geltend macht (UNHCR, An Overview of Protection Issues in Western Europe: Legislative Trends and Positions Taken by UNHCR, September 1995, p. 31; Hinweise auf die Staatenpraxis bei Vermeulen/Spijherboer/Zwaan/Fernhout, Persecution by Third Parties, University of Nijmegen, Commissioned by the Ministry of Justice of the Netherlands, May 1998, p. 22–23; Global Consultations on International Protection, San Remo Expert Roundtable, 6–8 September 2001, Summary Conclusions – Internal Protection/Relocation/Flight Alternative, Par. 2; ebenso BVerfGE 81, 58 (61) = EZAR 203 Nr. 5 = NVwZ 1990, 514 = InfAuslR 1990, 74; BVerwG, InfAuslR 1994, 375 /377) = NVwZ 1994, 1123; § 60 I 4 Buchst. c, letzter HS AufenthG). 179

Es kann deshalb von einem Antragsteller, der Folter durch staatliche Behörden erlitten hat, vernünftigerweise nicht erwartet, dass er bei staatlichen Behörden Schutz sucht (US Court of Appeals, Ninth Circuit, *Singh v. Ilchert*, 63 F.3 d 1501; New Zealand Refugee Status Appeals Authority, Decision of 18 June 1993 – No. 135/92 Re RS). In *Chahal* hat der EGMR festgestellt, dass dem Beschwerdeführer polizeiliche Verfolgung nicht nur in der Heimatprovinz Punjab, sondern überall in Indien drohte (EGMR, EZAR 933 Nr. 4 = NVwZ 1997, 1093 = InfAuslR 1997, 97 – *Chahal*). In *Hilal* berücksichtigte der Gerichtshof den Umstand, dass die Polizei in Sansibar eng mit den Polizeibehörden des Festlandes von Tansania verbunden war und verneinte deshalb, dass der Antragsteller dort effektiven Schutz gegen Verfolgungen erlangen könnte (EGMR, InfAuslR 2001, 417 – *Hilal*). 180

Geht die Verfolgung von lokalen oder regionalen Behörden aus, kann nur unter besonderen Umständen eine interne Schutzalternmative bejaht werden (Global Consultations on International Protection, San Remo Expert Roundtable, 6–8 September 2001, Summary Conclusions – Internal Protection/Relo- 181 cation/Flight Alternative, Nr. 2). Grundsätzlich ist es höchst unwahrscheinlich, dass eine zentrale Regierung, die keine effektiven Schutzvorkehrungen gegen Verfolgungen durch derartige Behörden trifft, effektiven Schutz im Falle der Rückkehr gegen deren Verfolgungen gewähren wird (vgl. EGMR, InfAuslR 2001, 417 – *Hilal*).

182 Dies gilt auch für Verfolgungen durch die Staatspartei oder die den Staat und die Gesellschaft beherrschenden religiösen Gruppen. In den meisten Fällen sind die Staatspartei oder die vorherrschenden religiösen Gruppen landesweit organisiert und deshalb auch fähig, im gesamten Staatsgebiet Verfolgungen auszuüben (Global Consultations on International Protection, San Remo Expert Roundtable, 6–8 September 2001, Summary Conclusions – Internal Protection/Relocation/Flight Alternative, Nr. 2).

183 Sofern die Verfolgung von nichtstaatlichen Akteuren ausgeht (vgl. Art. 6 Buchst. c) der RL) kann grundsätzlich vernünftigerweise vom Antragsteller erwartet werden, internen Schutz in Anspruch zu nehmen (vgl. auch § 60 I 4 Buchst. c) AufenthG). Sofern die Verfolger nicht mit den staatlichen Behörden zusammen arbeiten oder sonstwie mit diesen verbunden sind, die Verfolgung durch nichtstaatliche Akteure örtlich begrenzt bleibt und die staatlichen Behörden willens und in der Lage sind, den Antragsteller in anderen Landesteilen zu schützen (vgl. Art. 7 II RL), kann nach der Staatenpraxis vom Antragsteller vernünftigerweise erwartet werden (vgl. auch Art. 8 I RL), internen Schutz in Anspruch zu nehmen (New Zealand Refugee Status Appeals Authority, Decision of 5 August 1992 – No. 18/92 Re JS). Im Falle eines prominenten politischen Dissidenten ist die Regierung jedoch nicht in der Lage, diesen vor Verfolgungen durch seine frühere Organisation zu schützen Staatsrat (Niederlande), Entsch. v. 8. November 1994 – RO2. 92. 3389; Bezirksgericht von Den Haag, Entsch. v. 15. Juli 1997 – AWB 97/1525; UK Court of Appeals, *Ex p Robinson v SSHD* (1997) Imm AR 94; Court of Appeals, *Sotelo-Aquiije v Slattery*, (1994) 17 F.3d 33.

3.4.3.4.2.4. Zumutbarkeit der Lebensverhältnisse am Ort der internen Schutzalternative

184 Nach Art. 8 I der RL muss vom Antragsteller vernünftigerweise erwartet werden können, dass er den Ort des internen Schutzes aufsucht. Die interne Schutzgewährung muss danach für ihn zumutbar sein. Der Zumutbarkeitsbegriff umfasst sowohl die Voraussetzungen der Erreichbarkeit wie auch der Verfolgungssicherheit, hat aber darüber hinaus insbesondere Bedeutung für die Beurteilung der Lebensverhältnisse am Ort des internen Schutzes. Insbesondere für diese Prüfung erlegt Art. 8 II der RL den Mitgliedstaaten eine konkrete, die persönlichen Umstände des Antragstellers im Entscheidungszeitpunkt ins Auge fassende Bewertung auf. Die generalisierende Betrachtungsweise des BVerwG (BVerwGE 87, 141 (149) = NVwZ 1992, 384 = EZAR 200 Nr. 27; BVerwG, InfAuslR 1994, 201 (203); BVerwG, EZAR 200 Nr. 30; BVerwG, EZAR 203 Nr. 10) ist insoweit mit der RL nicht vereinbar und überholt.

185 Die für die Auslegung der Qualifikationsrichtlinie maßgebliche GFK (vgl. Präambel Nr. 3, Art. 2 Buchst. b) RL, § 60 I 1 AufenthG) handelt vom Wegfall des Schutzes, der durch den Herkunftsstaat zu gewähren ist. Dies ist der Schutz,

Geltungsbereich §1

welcher innerhalb des Herkunftslandes und grundsätzlich überall in diesem Land verfügbar sein muss. Zwar enthalten die Bestimmungen der Konvention keine ausdrückliche Antwort auf die Frage, unter welchen Voraussetzungen es von einem Antragsteller vernünftigerweise nicht erwartet werden kann, innerhalb seiner Herkunftslandes internen Schutz zu suchen (vgl. Art. 8 I RL). Eine sachgerechte und faire Auslegung ihrer Vorschriften legt jedoch nahe, dass gefährliche oder unzumutbare Existenzbedingungen der Konvention nicht gerecht werden (Keith, Georgetown Immigration Laws Journal 2001, 433, (439)).

Sowohl das Völkerrecht wie auch das Konzept des nationalen Schutzes haben eine gemeinsame Rechtsquelle, das ist das moderne System der internationalen Menschenrechte. Solange Menschenrechtsverletzungen nicht im gesamten Staatsgebiet des Herkunftlandes ausgeschlossen werden können, besteht deshalb die internationale Schutzbedürftigkeit fort. Falls die Verfolgung nicht landesweit droht und das Herkunftsland fähig und willens ist, Schutz zu gewähren (vgl. Art. 7 Abs. 2 der RL), besteht keine internationale Schutzbedürftigkeit (Canadian Federal Court of Appeal, *Randhawa v MEI* (1994) 124 ALR 265). 186

Die gebotene Entscheidung zielt auf die Erkenntnis, wie hoch die Schwelle der Zumutbarkeit gesetzt werden kann. Um den Einwand des internen Schutzes gegen den Antragsteller erheben zu können, müssen deshalb die Verhältnisse am Ort des internen Schutzes so gestaltet sein, dass er dort ein relativ normales Leben unter Berücksichtigung der allgemeinen Gegebenheiten im Herkunftsland (vgl. Art. 8 Abs. 2 der RL) führen kann. Eine Option in der Mitte der Wüste, ohne Zugang zu Nahrung und Wasser, ist keine zumutbare Alternative (UK Court of Appeal, *Karankaran v. SSHD,* (2000) 3 All ER 449, mit Hinweis auf UK Court of Appeal, *Ex p Robinson v SSHD*, (1997) (1997) Imm AR 94; s. auch Office of the UNHCR, UNHCR Position on Relocating Internally as a Reasonable Alternative to Seeking or Receiving Asylum, UNHCR/IOM/24/99, 9 February 1999, Nr. 10). Soweit es um die Bewertung weniger extremer Situationen geht, besteht allerdings in der Staatenpraxis kein Konsens in dieser Frage. Einigung konnte insoweit lediglich über einige eher allgemeine Prinzipien erzielt werden. 187

So werden die Menschenrechtssituation sowie die persönlichen Umstände des Antragstellers am Ort des internen Schutzes in den Blick genommen (Global Consultations on International Protection, San Remo Expert Roundtable, 6−8 September 2001, Summary Conclusions − Internal Protection/Relocation/Flight Alternative, Nr. 5). Die zentrale Frage ist, ob bei Berücksichtigung sämtlicher konkreter Umstände des Einzelfalles vom Antragsteller erwartet werden kann, einen anderen Ort innerhalb seines Herkunftslandes aufzusuchen (UNHCR, Handbuch, Nr. 91). 188

Der dort zur Verfügung stehende Schutz muss angemessen und erreichbar sein. Zusätzlich zu konkreten Sicherheitsfragen erfordert dies eine Berücksichtigung grundlegender ziviler, politischer und sozio-ökonomischer Rechte (Britisches Berufungsgericht, Ex parte *Robinson v Secretary of State* (1997) IMM AR 94; UNHCR, An Overview of Protection Issues in Western Europe: Legislative Trends and Positions taken by UNHCR, June 1994, S. 22). Kontrover- 189

§ 1 *Allgemeine Bestimmungen*

sen kommen indes auf, wenn es um konkrete Fragen, wie etwa den Zugang zu angemessenen Arbeitsmöglichkeiten und soziale Unterstützung, geht. Insoweit besteht lediglich Übereinstimmung, dass die soziale und wirtschaftliche Existenz am Ort der internen Schutzalternative sichergestellt sein muss (Goodwin-Gill, The Refugee in International Law, 2. Aufl., 1996, S. 74f.).

190 Das Konzept der grundlegenden Menschenrechte muss im spezifischen Kontext der besonderen politischen, ethnischen, religiösen und anderen menschenrechtlichen Bedingungen des Herkunftslandes interpretiert werden (vgl. Auch Art. 8 II RL). Obwohl Fragen wirtschaftlicher Natur, wie z. B. der Zugang zu angemessenen Arbeitsbedingungen, nicht unmittelbar relevant sind, ist die Unmöglichkeit, unter Berücksichtigung der besonderen persönlichen Verhältnisse (vgl. Art. 8 II RL) innerhalb des Herkunftslandes zu überleben, ein weiterer Grund für die Annahme der internationalen Schutzbedürftigkeit (UNHCR, An Overview of Protection Issues in Western Europe: Legislative Trends and Positions taken by UNHCR, June 1994, S. 22).

191 Jedenfalls muss dem Antragsteller ein Mindestmaß an wirtschaftlicher Unterstützung am Ort des internen Schutzes zuteil werden (BVerwGE 88, 367 (379) = EZAR 202 Nr. 21 =NVwZ 1992, 578 = InfAuslR 1991, 363; BVerwG, NVwZ-RR 1991, 442). Der gebotene interne Schutz ist deshalb nicht gewährleistet, wenn der Antragsteller unter Berücksichtigung seiner persönlichen Verhältnisse keine realen Möglichkeiten zum wirtschaftlichen Überleben hat (*Storey*, IJRL 1998, 499 (516); Britisches Berufungsgericht, *Karankaran v SSHD*, (2000) 3 All ER 449).

192 Dieser Standard ist bedeutend offener und weit oberhalb des extrem restriktiven Maßstabes der deutschen Rechtsprechung, die lediglich berücksichtigt, ob der Antragsteller am Ort der internen Schutzzone nichts anderes zu erwarten hat, als ein Dahinvegitieren am Rande des Existenzminimums (BVerwG, NVwZ-RR 1991, 442). Dem in Art. 8 II der RL in Bezug genommenen in der Staatenpraxis entwickelten internationalen Standard liegt kein negatives Erkenntnisinteresse, nämlich die Reduktion der Lebensbedingungen auf den Ausschluss des Dahinvegetierens, zugrunde, sondern ein positives Erkenntnisinteresse, d. h. die menschenrechtlichen Voraussetzungen zu beschreiben, die dem Antragsteller ein Überleben unter für ihn zumutbaren Bedingungen am Ort des internen Schutzes ermöglicht.

193 Schutzgewährung am Ort der internen Schutzalternative setzt normalerweise voraus, dass der Staat diese Region beherrscht und sein Schutzmonopol ausüben kann (ARK, EMARK 2000 No. 15). Mit dem Zweck des Flüchtlingsschutzes unvereinbar ist es, dass der gebotene Schutz durch rechtlich und politisch nicht kontrollierbare und nach dem Völkerrecht nicht verantwortliche Organisationen gewährt werden kann. Dieser kann grundsätzlich nur durch eine Regierung, die nach dem Völkerrecht verantwortlich für ihre Maßnahmen ist, sichergestellt werden.

194 Praktisch kann danach der Schutz nur durch eine Organisation sichergestellt werden, die u. a. ein formales System hervorgebracht hat, dass landesweit den Respekt vor den Menschenrechten garantieren und deren Inanspruchnahme gewährleisten kann (Mathew/Hathaway/Forster, IJRL 2003, 444 (457). Wenn daher für die Auslegung und Anwendung des in Art. 8 II der RL

Geltungsbereich §1

bezeichneten Standards auf die in Art. 6 Buchst. b) und Art. 7 I Buchst. b) der RL erwähnten Organisationen zurückgegriffen wird, müssen diese zumindest diesen Schutz in geregelter Weise sicherstellen können. Darüber hinaus ist Stabilität der Situation am Ort des internen Schutzes ein zwingendes Erfordernis (BVerwG, InfAuslR 1992, 222).

3.4.4. Verfolgungsgründe (Art. 10 der Qualifikationsrichtlinie)

3.4.4.1. Allgemeine Grundsätze

Die in Art. 10 Abs. 1 der RL bezeichneten Verfolgungsgründe sind identisch mit den Verfolgungsgründen von Art. 1 A Nr. 2 GFK. Das hat seinen Grund darin, dass der Flüchtlingsbegriff der Qualifikationsrichtlinie auf dem Flüchtlingsbegriff nach Art. 1 A Nr. 2 GFK beruht (vgl. Präambel Nr. 3, Art. 2 Buchst. b) der RL, vgl. auch § 60 I 1 AufenthG). Ebenso wie Art. 1 A Nr. 2 GFK beschreibt deshalb Art. 10 I der RL *abschließend* die maßgeblichen Verfolgungsgründe. Zur Auslegung und Anwendung der Verfolgungsgründe sind allerdings die in Art. 9 Abs. 2 der RL beschriebenen Verletzungen des Diskriminierungsverbotes sowie des Verhältnismäßigkeitsgrundsatzes heranzuziehen. 195

Häufig gibt die Unverhältnismäßigkeit einer Maßnahme auch Aufschluss über eine ihr zugrundeliegende Diskriminierungsabsicht. Wer eine ihm geltende Verfolgungshandlung sowie den Wegfall des nationalen Schutzes darlegen kann, wird als Flüchtling anerkannt, wenn die Verfolgung auf einen oder mehreren der in Art. 10 I der RL bezeichneten Verfolgungsgründen beruht (vgl. Art. 13 der RL). Kann die Anknüpfung der Verfolgung an einen Verfolgungsgrund nicht dargelegt werden, besteht Anspruch auf ergänzenden Schutz (Art. 15, 18 der RL). 196

Unerheblich ist, ob die Verfolgung auf einem einzigen Verfolgungsgrund oder auf dem Zusammenwirken von zwei oder auch mehreren Gründen beruht (UNHCR, Handbuch, Rdn. 66). Es liegt auf der Hand, dass sich die einzelnen Verfolgungsgründe oft überschneiden können. Normalerweise ist bei einer Person mehr als ein Grund der Anlass ihrer Verfolgung, etwa wenn sie sich nicht nur als ein politischer Gegner erwiesen hat, sondern auch Angehöriger einer bestimmten religiösen oder nationalen Gruppe ist (UNHCR, Handbuch, Rdn. 679). Andererseits muss der Verfolgungsgrund ein wesentlicher ursächlicher Faktor sein, jedoch nicht als einziger oder beherrschender Grund nachgewiesen werden (UNHCR, Auslegung von Artikel 1 der Genfer Flüchtlingskonvention, April 2001, S. 7). 197

Bei der Bewertung der Frage, ob die Furcht des Antragstellers begründet ist, ist es unerheblich, ob er tatsächlich die in den Verfolgungsgründen beschriebenen Merkmale aufweist, sofern ihm diese von seinem Verfolger zugeschrieben werden (Art. 10 II RL). Diese Auslegung steht in Übereinstimmung mit der internationalen Staatenpraxis und auch der deutschen Rechtsprechung. Danach ist auch der nur *vermeintliche Träger* eines asylerheblichen Merkmals (Verdacht der Trägerschaft asylerheblicher Merkmale) politisch Verfolgter (BVerfG (Kammer), NVwZ 1991, 772 (773); BVerfG (Kammer), InfAuslR 1992, 66 (69); BVerfG (Kammer), InfAuslR 1993, 105 (107); BVerfG (Kammer), InfAuslR 1993, 142 (144); BVerfG (Kam-mer), NVwZ-Beil. 1997, 11 198

§ 1   *Allgemeine Bestimmungen*

(13) = AuAS 1996, 245). Art. 10 II der RL stellt auf die Verfolger ab. Maßgebend ist danach etwa bei Verfolgungen durch nichtstaatliche Akteure, ob diese dem Antragsteller eines der in Art. 10 I der RL bezeichneten Merkmale zuschreiben. Auch das BVerwG knüpft insoweit an die Verfolgungsgründe auf Seiten der nichtstaatlichen Akteure an (BVerwG, NVwZ 1984, 521; BVerwG, InfAuslR 1990, 211; BVerwG, NVwZ 1995, 391 (392)).

199   Allerdings können bei der Frage, ob der Staat oder diesem vergleichbare Organisationen geeignete Schritte einleiten, um die Verfolgung abzuwenden (vgl. Art. 7 II RL), für die Schutzversagung ebenfalls Verfolgungsgründe maßgebend sein. Komplizenschaft des Staates mit den nichtstaatlichen Verfolgungsakteuren ist indes nach der für die Auslegung der Qualifikationsrichtlinie maßgebenden *Schutzlehre* im Gegensatz zur deutschen Rechtsprechung (BVerwGE 95, 42 (49) = EZAR 230 Nr. 3 = NVwZ 1994, 497 = InfAuslR 1994, 196; BVerwG, EZAR 202 Nr. 26) keine zwingende Voraussetzung für die Feststellung der fehlenden staatlichen Schutzbereitschaft und -fähigkeit (Lordrichter *Hope of Craighead,* House of Lords, IJRL 2001, 174 (181) – *Horvath,* unter Bezugnahme auf den kanadischen Obersten Gerichtshof, (1993) 103 D.L.R. (4 th) 1 – *Ward,* und UNHCR Handbuch). Diese kann vielmehr auch auf anderen Gründen beruhen, etwa auf der in Art. 9 II der RL beschriebenen Verletzung von Diskriminierungsverboten oder auf genereller Unfähigkeit.

200   Dass es maßgeblich auf die Zuschreibung der Verfolgungsmerkmale durch die Verfolger ankommt (Art. 10 II RL), hat erhebliche Auswirkungen auf die *Praxis der Tatsachenfeststellung.* Oft hat der Antragsteller keine Informationen darüber, welche Gründe die von ihm befürchtete Verfolgung hat. Man kann von ihm auch nicht erwarten, dass er seinen Fall insoweit selbst analysiert, dass er eine detaillierte Darstellung der Verfolgungsgründe geben kann. Vielmehr ist es Aufgabe der Feststellungsbehörden, den Grund oder die Gründe für die befürchtete Verfolgung festzustellen (UNHCR, Handbuch, Rdn. 66 f.). Dies ist auch Inhalt der eingeschränkten Darlegungslast im Hinblick auf die *allgemeinen Verhältnissen* im Herkunftsland (BVerwG, InfAuslR 1982, 156; BVerwG, InfAuslR 1983, 76; BVerwG, InfAuslR 1984, 129; BVerwG, DÖV 1983, 207; BVerwG, BayVBl. 1983, 507; BVerwG, InfAuslR 1989, 350).

3.4.4.2. Die einzelnen Verfolgungsgründe (Art. 10 Abs. 1 der Qualifikationsrichtlinie)

3.4.4.2.1. Verfolgung wegen der Rasse (Art. 10 Abs. 1 Buchst. a) der Qualifikationsrichtlinie)

201   Nach Art. 10 I der RL umfasst der Begriff der Rasse insbesondere die Aspekte Hautfarbe, Herkunft und Zugehörigkeit zu einer bestimmten ethnischen Gruppe. Damit übernimmt die Richtlinie den weiten Ansatz des UNHCR-Handbuchs. Danach ist der Begriff Rasse im *weitesten Sinne* zu verstehen. Er umfasst »*alle ethnischen Gruppen*«, die gewöhnlich als »Rassen« bezeichnet werden. Häufig bezieht er sich auch auf die *Zugehörigkeit zu einer spezifischen sozialen Gruppe gemeinsamer Herkunft*«, die eine Minderheit innerhalb der Bevölkerung darstellt (UNHCR, Handbuch, Rdn. 68). Insoweit überschneidet

Geltungsbereich § 1

dieser Verfolgungsgrund sich deshalb auch mit dem Verfolgungsgrund »Zugehörigkeit zu einer bestimmten sozialen Gruppe«.

Diskriminierung aufgrund der Rasse wird weltweit als eine der gröbsten Verletzungen der Menschenrechte verurteilt. Daher ist Diskriminierung aufgrund der Rasse ein wichtiger Faktor bei der Feststellung des Verfolgungsgrundes. Die Diskriminierung muss jedoch die Form einer Verfolgungshandlung angenommen haben. Die bloße Zugehörigkeit zu einer bestimmten rassischen Gruppe wird deshalb regelmäßig nicht für die Flüchtlingsanerkennung ausreichen. Es gibt jedoch Fälle, in denen aufgrund besonderer, für die ganze Gruppe nachteiliger Umstände, die Zugehörigkeit zu dieser Gruppe schon in sich ein ausreichender Grund darstellt, Verfolgung zu befürchten (UNHCR, Handbuch, Rdn. 70). Die Richtlinie vermeidet indes eine Behandlung des Phänomens von Gruppenverfolgungen. 202

3.4.4.2.1. Verfolgung wegen der Religion (Art. 10 Abs. 1 Buchst. b) der Qualifikationsrichtlinie)

3.4.4.2.1.1. Begriff der Religion

Der Begriff der Religion umfasst insbesondere theistische, nichttheistische und atheistische Glaubensüberzeugungen, die Teilnahme bzw. Nichtteilnahme an religiösen Riten im privaten oder öffentlichen Bereich, allein oder in Gemeinschaft mit anderen, sonstige religiöse Betätigungen oder Meinungsäußerungen und Verhaltensweisen Einzelner oder der Gemeinschaft, die sich auf eine religiöse Überzeugung stützen oder nach dieser vorgeschrieben sind (Art. 10 I Buchst. b) RL). Der geschützte Bereich umfasst die Religion als Glaube, als Identität und als Lebensform (s. hierzu im Einzelnen UNHCR, Richtlinien zum Internationalen Schutz: Anträge auf Anerkennung der Flüchtlingseigenschaft aufgrund religiöser Verfolgung, S. 3). 203

Religion als *Glaube* bedeutet, dass theistische, nichttheistische und atheistische Glaubensformen erfasst sind. Dabei können Glaubensformen Überzeugungen oder Weltanschauungen über die göttliche oder letzte Wahrheit oder die spirituelle Bestimmung der Menschheit sein. Die Antragsteller können ferner als Ketzer, Abtrünnige, Spalter, Heiden oder Abergläubige angesehen werden. 204

Religion als *Identität* ist weniger im theologischen Sinne als Glaube zu verstehen. Gemeint ist vielmehr die Zugehörigkeit zu einer Gemeinschaft, die aufgrund von gemeinsamem Glauben, gemeinsamer Tradition, ethnischer Abstammung, Staatsangehörigkeit oder gemeinsamen Vorfahren basiert. Religion als »Lebensform« bedeutet, dass für den Antragsteller die Religion einen zentralen Aspekt seiner Lebensform und einen umfassenden oder teilweisen Zugang zur Welt darstellt. Generell darf niemand gezwungen werden, seine Religion zu verstecken, zu ändern oder aufzugeben, um der Verfolgung zu entgehen (UNHCR, Religiöse Verfolgung, S. 5). 205

3.4.4.2.2.2. Erstreckung auf öffentliche Glaubenspraxis

Nach Art. 10 I Buchst. b) der RL wird auch die Glaubenspraxis im *öffentlichen Bereich* geschützt, sodass Sanktionen, die an die öffentliche Glaubenspraxis 206

§ 1   *Allgemeine Bestimmungen*

anknüpfen, erheblich sind. Damit ist die entgegenstehende Rechtsprechung des BVerfG überholt. Nach *dieser schützt das Asylrecht lediglich das »religiöse Existenzminimum«. Dies setzt zwar ein kommunikatives Element, voraus, nämlich die religiöse Kommunikation (gemeinsames Gebet, Gottesdienst). Diese muss indes abseits der Öffentlichkeit stattfinden* (BVerfGE 76, 143 (159) = EZAR 200 Nr. 20 = NVwZ 1988, 237 = InfAuslR 1988, 87; BVerwGE 120, 16 (20) = InfAuslR 2004, 319 = NVwZ 2004, 1000 = AuAS 2004, 125).

207 Politische Verfolgung liegt daher nach der Rechtsprechung des BVerfG nicht vor, wenn die die Religionsfreiheit unterdrückenden Maßnahmen der Durchsetzung des *öffentlichen Friedens* unter verschiedenen, in ihrem Verhältnis zueinander möglicherweise *aggressiv-intoleranten Glaubensrichtungen* dienen und zu diesem Zweck etwa einer religiösen Minderheit untersagt wird, gewisse Merkmale, Symbole oder Bekenntnisformen in der Öffentlichkeit zu verwenden, obwohl sie für die Minderheit identitätsbestimmend sind (BVerfGE 76, 143 (160) = EZAR 200 Nr. 20 = NVwZ 1988, 237 = InfAuslR 1988, 87; zur Unbeachtlichkeit von Sektion 298-B, 298-C PPC; s. auch BVerwGE 92, 278 (280) = NVwZ 1993, 788 = EZAR 201 Nr. 24; BVerwG, NVwZ 1993, 788 (789); BVerwG, NVwZ 1994, 500; BVerwG, InfAuslR 2004, 319 = NVwZ 2004, 1000 = AuAS 2004, 125; s. aber BVerfG (Kammer), InfAuslR 1992, 145 (148), zur Ermittlungstiefe).

3.4.4.2.2.3. Verfolgungsformen

208 Religiöse Verfolgung kann verschiedene Formen annehmen. Je nach den besonderen Umständen des Einzelfalls einschließlich der Auswirkungen auf den Betroffenen, zählt dazu das *Verbot,* Mitglied einer Glaubensgemeinschaft zu sein, das Verbot der Unterweisung in dieser Religion, das Verbot, die Riten dieser Religion in Gemeinschaft mit anderen privat oder öffentlich auszuüben, oder schwere Diskriminierung von Personen wegen ihrer Religionsausübung, ihrer Zugehörigkeit zu einer bestimmten Religionsgemeinschaft oder ihres Wechsels der Glaubensrichtung (UNHCR, Handbuch, Rdn. 72). Sanktionen, die an den *Glaubenswechsel* anknüpfen, werden auch in der deutschen Rechtsprechung als erheblich angesehen (BVerfG (Kammer), NVwZ-Beil. 1995, 33 = InfAuslR 1995, 210).

209 Die Verfolgung kann *interreligiös,* also gegenüber Angehörigen anderer Glaubensrichtungen oder -gemeinschaften, *innerreligiös,* d. h. innerhalb derselben Religion, aber zwischen verschiedenen Gruppierungen oder zwischen Angehörigen derselben Gruppierung, oder eine Kombination aus beidem sein (UNHCR, Relgiöse Verfolgung, S. 5). In diesen Fällen sind die Verfolger zumeist nichtstaatliche Akteure.

210 Dagegen geht bei einem *Heiratsverbot* wegen der bloßen Tatsache der Eheschließung die Verfolgung vom Staat aus und ist dieses erheblich, wenn der Verpflichtete sich diesem entzieht und deshalb als »Abtrünniger« verfolgt wird (BVerwGE 90, 127 (134f.) = EZAR 206 Nr. 7 = NVwZ 1992, 893 = InfAuslR 1992, 258). Die *Zwangsbeschneidung* christlicher Wehrpflichtiger in der türkischen Armee erniedrigt den Betroffenen unter Missachtung seines religiösen und personalen Selbstbestimmungsrechts zum bloßen Objekt (BVerwGE 89, 162 (166) = EZAR 202 Nr. 22; VGH BW, InfAuslR 1988, 199).

Geltungsbereich §1

Nicht jede Einschränkung der Religionsfreiheit stellt Verfolgung dar (vgl. Art. 18 III IPbpR). Zulässige Einschränkungen oder Begrenzungen können Maßnahmen zur Verhinderung strafbarer Handlungen (z. b. rituelle Tötungen) oder gesundheitsschädlicher traditioneller Bräuche und/oder Einschränkungen religiöser Praktiken, die nach völkerrechtlichen Maßstäben dem Kindeswohl abträglich sind, umfassen. Ebensowenig stellt die strafrechtliche Ahndung von gewaltverherrlichenden oder rassistischen Hasspredigten und Äußerungen, selbst wenn diese im Namen der Religion getätigt werden, Verfolgung aus Gründen der Religion dar. Bei der Bewertung, ob die Einschränkungen bzw. Begrenzungen den erforderlichen Grad der Verfolgung erreicht haben, müssen nicht nur internationale Menschenrechtsstandards und rechtmäßige Begrenzungen der Ausübung der Religionsfreiheit berücksichtigt werden. Vielmehr sind der Umfang der Einschränkung und die Schwere der Bestrafung von Verstößen zu berücksichtigen (vgl. auch Art. 9 II Buchst. b) und c) RL). 211

3.4.4.2.2.4. Diskriminierung

Nicht jede religiöse Diskriminierung stellt notwendigerweise religiöse Verfolgung dar. Zu unterscheiden ist insoweit zwischen Diskriminierungen, die lediglich zu einer bevorzugten Behandlung anderer führen, und Diskriminierungen, die Verfolgungen gleichzusetzen sind, weil sie zusammen genommen (vgl. auch Art. 9 I Buchst. b) RL) oder für sich allein eine ernstliche Einschränkung der Religionsfreiheit bewirken. Das ist etwa der Fall, wenn Diskriminierungen dazu führen, dass damit eine ernstliche Einschränkung des Rechts, den Lebensunterhalt zu verdienen, oder des Zugangs zu den normalerweise verfügbaren Bildungs- und Gesundheitseinrichtungen, verbunden ist (UNHCR, Religiöse Verfolgung, S. 7). 212

Diskriminierungen können auch in Form von Einschränkungen oder Begrenzungen der religiösen Glaubensrichtung oder Bräuche erfolgen, z. B. durch Bestrafung von Konvertierungen, Missionierungen oder Begehungen bestimmter, für die betroffene Religion typischer religiöser Feste und Gebräuche. Nicht in Übereinstimmung hiermit steht die Rechtsprechung des BVerwG, derzufolge die disziplinarische Ahndung eines aus religiöser Überzeugung den *Flaggengruß* verweigernden Zeugen Jehovas nicht die Menschenwürde beeinträchtige (BVerwGE 80, 321 (326 f.) = EZAR 201 Nr. 16 = InfAuslR 1989, 167 = NVwZ 1989, 477 – Zaire). Allerdings hat das BVerwG anerkannt, dass das Verbot der Glaubensgemeinschaft dem Gläubigen die asylrechtlich geschützte Möglichkeit der Glaubenspraxis entziehe (BVerwGE 80, 321 (326 f.)) 213

Eine bestehende diskriminierende Gesetzgebung stellt für sich genommen keine Verfolgung dar. Sie kann jedoch ein gewichtiges Indiz für religiöse Verfolgung sein (vgl. auch Art. 9 II Buchst. b) und c) RL). Das Verbot im Iran, sich gemeinsam mit seiner Freundin in der Öffentlichkeit zu zeigen, hat zwar seine Ursache in strengen islamischen Moralvorstellungen, trifft die Glaubenspraxis indes nicht in ihrem Kern (BVerwG, InfAuslR 1989, 216). Es trifft darüber hinaus alle Staatsbürger gleichermaßen, richtet sich also nicht in diskriminierender Weise gegen bestimmte Glaubensgemeinschaften. Darüber hinaus müssen diskriminierende Gesetze den Einzelnen als Gläubigen tref- 214 fen. Daran können bei religiös indifferenten Personen Zweifel bestehen (BVerwG, EZAR 204 Nr. 5).

3.4.4.2.2.5. Ermittlungspflichten

215 Jeder Antrag bedarf einer sorgfältigen Prüfung des individuellen Profils und der persönlichen Erfahrungen des Antragstellers, seiner religiösen Glaubensrichtung, Identität oder Lebensform, deren Bedeutung für den Antragsteller, der Auswirkungen der Einschränkungen auf diesen, des Wesens seiner Rolle und Aktivitäten innerhalb der Religionsgemeinschaft, der Frage, ob der Verfolger hiervon Kenntnis erlangt hatte oder erlangen könnte und ob dies zu einer Behandlung führen könnte, die die Grenze zur Verfolgung überschreitet (UNHCR, Religiöse Verfolgung, S. 5). Der Einzelentscheider muss die entsprechenden Ermittlungen umsichtig führen und sich bewusst machen, dass Handlungen, die einem Außenstehenden trivial erscheinen mögen, innerhalb des Glaubens des Antragstellers eine zentrale Bedeutung haben können (UNHCR, Religiöse Verfolgung, S. 6).

216 Die Überprüfung der Glaubhaftmachung der vorgebrachten Tatsachen ist bei Anträgen aufgrund religiöser Verfolgung von zentraler Bedeutung. Allerdings ist eine umfassende Feststellung oder Überprüfung der Grundlagen oder Kenntnisse der Religion des Antragstellers nicht stets erforderlich oder angemessen. In jedem Fall sind bei Überprüfungen des Kenntnisstandes einer Religion die Umstände des Einzelfalles zu berücksichtigen, insbesondere weil die entsprechenden Kenntnisse je nach sozialem und wirtschaftlichem Hintergrund, Bildungsstand, Alter und Geschlecht der betroffenen Person sehr unterschiedlich gestaltet sein können.

217 Geringe Kenntnisse können durch Nachforschungen hinsichtlich der besonderen Praktiken der jeweiligen Religion in der betroffenen Region oder durch Untersuchung der subjektiven und persönlichen Umstände des Antragstellers aufgeklärt werden. So kann der in einer Gesellschaft vorherrschende Grad der Verfolgung einer Religionsgemeinschaft das Erlernen oder Ausüben der jeweiligen Religion für den Antragsteller ernsthaft erschweren. Selbst wenn dieser in einem repressiven Umfeld eine religiöse Erziehung erhalten hat, ist diese häufig nicht durch qualifizierte religiöse Führer vermittelt worden. Frauen wird häufig der Zugang zur religiösen Erziehung verwehrt. Hingegen können detaillierte Kenntnisse von Antragstellern erwartet werden, die sich als religiöse Führer darstellen oder eine umfassende religiöse Erziehung erhalten haben (UNHCR, Religiöse Verfolgung, S. 11 f.).

3.4.4.2.2.6. Glaubenswechsel

218 Wird eine *Konvertierung* als *Nachfluchtgrund* geltend gemacht, ist eine sorgfältige und umfassende Überprüfung der Umstände und Ernsthaftigkeit der Konvertierung geboten. Da auch die öffentliche Glaubenspraxis geschützt ist, kann eine Verfolgung wegen des Übertritts vom muslimischen zum christlichen Glauben nicht deshalb verneint werden, weil der Antragsteller angesonnen werden könnte, nach Rückkehr in sein Herkunftsland Beschränkungen der öffentlichen Glaubenspraxis hinzunehmen (so aber BVerwG, InfAuslR 2004, 319 (322) = NVwZ 2004, 1000 = AuAS 2004, 125).

Geltungsbereich § 1

Zu ermitteln sind Wesen und Zusammenhang der im Herkunftsland ausgeübten und der im Asylstaat angenommenen religiösen Überzeugung, eine etwaige Unzufriedenheit mit der im Herkunftsland ausgeübten Religion, die Umstände der Entdeckung der jetzt angenommenen Religion, die Erfahrungen des Antragstellers mit Blick auf die neue Religion, seine seelische Verfassung und erhärtende Nachweise bezüglich der Einbindung des Antragstellers in die neue Religion.

Dabei können die besonderen Umstände des Aufnahmestaates zusätzliche Nachforschungen nahelegen. Wenn beispielsweise von örtlichen Religionsgemeinschaften im Aufnahmeland systematische und organisierte Konvertierungen durchgeführt werden, ist eine Überprüfung des Kenntnisstandes wenig hilfreich. Vielmehr muss der Einzelentscheider offene Fragen stellen und versuchen die Motivation für die Konvertierung sowie die Auswirkungen der Konvertierung auf das Leben des Antragstellers zu beleuchten. Schließlich ist zu ermitteln, ob die Behörden des Herkunftslandes Kenntnis von der Konvertierung erlangen können und wie sie diese wahrscheinlich beurteilen werden (UNHCR, Religiöse Verfolgung, S. 12f.). 219

3.4.4.2.3. Verfolgung wegen der Nationalität (Art. 10 Abs. 1 Buchst. c) der Qualifikationsrichtlinie)

Der Begriff der Nationalität beschränkt sich nicht auf die Staatsangehörigkeit oder das Fehlen einer solchen, sondern bezeichnet insbesondere auch die Zugehörigkeit zu einer Gruppe, die durch ihre kulturelle, ethnische oder sprachliche Identität, gemeinsame geografische oder politische Ursprünge oder ihre Verwandtschaft mit der Bevölkerung eines anderen Staates bestimmt ist (Art. 10 I Buchst. c) der RL). Der Verfolgungsgrund »Nationalität« kann sich insbesondere mit dem Verfolgungsgrund »Rasse« oder »Zugehörigkeit zu einer bestimmten sozialen Gruppe« überschneiden. Mit dieser Begriffserläuterung unvereinbar ist die traditionelle deutsche Übersetzung des Verfolgungsgrundes »Nationalität« nach Art. 1 A Nr. 2 GFK mit »Staatsangehörigkeit« (vgl. § 14 I 1 AuslG 1965, § 51 I AuslG 1990, § 60 I 1 AufenthG), obwohl die deutsche Übersetzung der Normen Art. 1 A Nr. 2, Art. 33 Abs. 1 GFK zutreffend den Begriff »Nationalität« verwendet. 220

UNHCR weist darauf hin, dass auch *Staatenlose* aus denselben Gründen wie andere Personen Flüchtlinge im Sinne der GFK sein können, etwa wenn sie aufgrund des Fehlens einer Staatsangehörigkeit schwerer Diskriminierung ausgesetzt sind, die einer Verfolgung gleichkommt (UNHCR, Auslegung von Artikel 1 der Genfer Flüchtlingskonvention, April 2001, S. 8). Zwar ist die zwangsweise Aussperrung von Staatenlosen durch das Land des letzten gewöhnlichen Aufenthaltes nach der Rechtsprechung des BVerwG asylrechtlich unerheblich (BVerwG, Buchholz 402.25 § 1 AsylvfG Nr. 39 = InfAuslR 1986, 76). Die zwangsweise Vertreibung einer Minderheit zur ökonomischen Entlastung ist jedoch stets erheblich, mag die Minderheit die Staatsangehörigkeit des verfolgenden Staates besitzen oder nicht (*Marx*, Handbuch zur Asyl- und Flüchtlingsanerkennung, § 73 Rdn. 5). Nach allen geschichtlichen Erfahrungen ist evident, dass derartige zwangsweise Vertreibungen zu den wichtigsten Ursachen von Verfolgung gehören (BVerfGE 76, 143 (156f.) = 221

§ 1 Allgemeine Bestimmungen

EZAR 200 Nr. 10 = NVwZ 1988, 237 = InfAuslR 1988, 87; BVerwGE 67, 184 (186) = NVwZ 1983, 674 = InfAuslR 1983, 228) und deshalb an einen Verfolgungsgrund, sei es die Rasse, Religion, Nationalität oder Staatenlosigkeit, anknüpfen.

222 Verfolgung aus Gründen der Nationalität kann in feindlicher Haltung und Maßnahmen gegenüber einer ethnischen und sprachlichen Minderheit bestehen. Ebenso wie bei der rassischen Verfolgung kann bereits die bloße Zugehörigkeit zu einer bestimmten nationalen Gruppe bereits in sich ein ausreichender Grund darstellen, Verfolgung zu befürchten (UNHCR, Handbuch, Rdn. 70). Das Nebeneinander von zwei oder mehr ethnischen oder sprachlichen Gruppen innerhalb der Grenzen eines Staates schafft häufig Konfliktsituationen, welche die Gefahr der Verfolgung in sich bergen. Dabei ist es nicht stets einfach, zwischen der Verfolgung aufgrund der Rasse, der Nationalität oder wegen der politischen Überzeugung zu unterscheiden, wenn der Konflikt zwischen den nationalen Gruppen mit politischen Strömungen einhergeht, insbesondere nicht in dem Fall, in dem sich eine politische Bewegung mit einer bestimmten Nationalität verbindet (UNHCR, Handbuch, Rdn. 75). Wegen des kumulativen Effektes der Verfolgungsgründe ist eine derartige Unterscheidung auch nicht geboten.

3.4.4.2.4. Verfolgung wegen der Zugehörigkeit zu einer »bestimmten sozialen Gruppe« (Art. 10 Abs. 1 Buchst. d) der Qualifikationsrichtlinie)

3.4.4.2.4.1 Begriff der »bestimmten sozialen Gruppe« (Art. 1 A Nr. 2 GFK)

223 Art. 10 I Buchst. d) der RL definiert den Begriff der »*Zugehörigkeit zu einer bestimmten sozialen Gruppe*« (Art. 1 A Nr. 2 GFK), in dem er auf *angeborene Merkmale* der Gruppenmitglieder, auf einen *unveränderbaren Hintergrund*, den die Mitglieder der Gruppe gemeinsam haben (z. B. Geschlecht, sexuelle Orientierung, etnische Abstammung, Erbgut), oder auf *Merkmale* oder *Glaubensüberzeugungen* verweist, die so bedeutsam für die Identität oder das Gewissen der Mitglieder sind, dass die Mitglieder der Gruppe nicht gezwungen werden sollten, auf diese zu verzichten (z. B. Mitglieder einer Gewerkschaft oder Partei, Journalist, Kritiker). Zusätzlich zu diesen drei alternativen Identitätsmerkmalen einer sozialen Gruppe ist erforderlich, dass die Gruppe im Herkunftsland des Antragstellers eine *deutlich abgegrenzte Identität* hat, weil sie von der sie umgebenden Gesellschaft als andersartig betrachtet wird.

224 Das Kriterium der unveränderlichen geschützten Merkmale und der Begriff der fundamentalen Rechte, deren Verzicht nicht erzwungen werden kann, sind oft deckungsgleich, weil Gruppen, deren Mitglieder eine gemeinsame unveräußerliche oder grundlegende Charakteristik aufweisen, von der Gesellschaft oft auch als soziale Gruppe wahrgenommen werden. Beruft sich ein Antragsteller auf eine soziale Gruppe, deren Charakteristik weder als unabänderlich noch als fundamental beurteilt wird, kann die Gruppe, der der Antragsteller zugehört, dennoch als erkennbare Gruppe in der Gesellschaft wahrgenommen werden, wenn etwa Besitzer eines Ladens oder bestimmte Berufsgruppen in der Gesellschaft als bestimmte soziale Gruppe gelten, die

Geltungsbereich **§ 1**

sich deutlich von der restlichen Gesellschaft unterscheidet (UNHCR, Richtlinien zum Internationalen Schutz:»Zugehörigkeit zu einer bestimmten sozialen Gruppe« im Zusammenhang mit Art. 1 A (2) GFK, Mai 2002, S. 4).
Art. 10) I Buchst. d) der RL knüpft insbesondere an die in der angelsächsischen Rechtsprechung entwickelte Begriffsbestimmung der sozialen Gruppe an. Demgegenüber ist eine Anwendung des Begriffs in kontinentalen Rechtssystemen bislang vermieden worden, sodass die Umsetzung der Richtlinie insoweit besonderer dogmatischer Anstrengungen bedarf. Zwar hat das BVerfG stillschweigend die Kriterien der sozialen Gruppe in Bezug genommen, in dem es auf unverfügbare Merkmale und politische und religiöse Grundentscheidungen des Einzelnen verweist (BVerfGE 80, 315 (333) = EZAR 201 Nr. 20 = NVwZ 1990, 151 = InfAuslR1990, 21). Dies ist der Sache nach identisch mit der inhaltlichen Begriffsbestimmung der bestimmten sozialen Gruppe durch die angelsächsische Rechtsprechung. 225

Ebenso wie in der US-amerikanischen, australischen, britischen, kanadischen und neuseeländischen Rechtsprechung prägt den Begriff der sozialen Gruppe ein doppelter Ansatz, einerseits unveränderbare Merkmale oder fundamentale Menschenrechte, deren Verzicht nicht verlangt werden kann, und andererseits eine damit verbundene ausgrenzende Wirkung. Inzwischen ist geklärt, dass der zunächst in der US-amerikanischen Rechtsprechung entwickelte Ansatz, demzufolge die Mitglieder der sozialen Gruppe ein »gemeinsames unveränderbares Merkmal« teilen müssen (Board of Immigration Appeals, 19 I&N Dec. 211 (B.I.A. 1985) – *Matter of Acosta*) zu eng ist. Vielmehr haben die US-Berufungsgerichte die weitergehende Interpretation entwickelt, die für die Gruppe kein gemeinsames inneres Band fordert. 226

Es besteht deshalb inzwischen Einigkeit, dass eine »bestimmte soziale Gruppe« eine Gruppe von Personen darstellt, die ein gemeinsames Merkmal kennzeichnet, das sie aus der Gesellschaft ausgrenzt, das aber nicht die Personen miteinander verbinden muss. Darüber hinaus muss das Merkmal unveränderbar oder auf andere Weise fundamentale und damit unverzichtbare Bedeutung für die menschliche Würde haben (Summary Conclusions on Membership of a Particular Social Group, San Remo Expert Roundtable, Global Consultation on International Protection, 6. bis 8. September 2001). 227

Der Begriff der sozialen Gruppe ist der am wenigsten klare Begriff im Flüchtlingsrecht. Er wurde kurz vor der Abstimmung auf Vorschlag des schwedischen Delegierten auf der Bevollmächtigtenkonferenz ohne Diskussion eingeführt. Es handelt sich um ein Diskriminierungsverbot, das in keinem nach Verabschiedung der Konvention entwickelten menschenrechtlichen Instrument je wieder verwendet worden ist. Gleichwohl haben die Staaten Frauen, Familien, Stämme, Berufsgruppen und Homosexuelle als bestimmte soziale Gruppe anerkannt. 228

Die Konvention enthält keine konkrete Liste sozialer Gruppen noch kann aus der Entstehungsgeschichte hergeleitet werden, dass es eine Reihe identifizierbarer Gruppen gibt. Vielmehr ist der Begriff »*entwicklungsoffen*« für die vielfältigen und sich wandelnden Erscheinungsformen von Gruppen in verschiedenen Gesellschaften und abhängig von den Entwicklungen im Bereich der internationalen Menschenrechtsnormen. Der Verfolgungsgrund bedarf 229 der Abgrenzung. Er ist kein »Sammelbecken« für alle Personen, die Verfolgung befürchten und darf deshalb nicht so ausgelegt werden, dass die anderen Verfolgungsgründe überflüssig werden (UNHCR, Soziale Gruppe, S. 2). Andererseits ist die Größe der Gruppe kein maßgebendes Kriterium für die Begriffsbestimmung.

3.4.4.2.4.2 Dogmatische Funktion der Verfolgung bei der Begriffsbestimmung

230 Der Begriff der »bestimmten sozialen Gruppe« ist nicht identisch mit dem Begriff der »Gruppenverfolgung« noch reicht allein der Hinweis auf die Zugehörigkeit zu einer bestimmten sozialen Gruppe für die Anerkennung der Flüchtlingseigenschaft aus. Vielmehr muss der Antragsteller zunächst darlegen, dass ihm gezielt Verfolgung droht (Art. 9 RL) und anschließend, dass diese an seine Zugehörigkeit zu einer bestimmten sozialen Gruppe anknüpft.

231 Ist evident, dass die Verfolgung der abweichenden politischen Überzeugung, der Rasse, Nationalität oder der Religion gilt, kann die Prüfung abgebrochen werden. Häufig verbleiben jedoch Zweifel, ob einer dieser Verfolgungsgründe vorliegt. Kann in diesem Fall die Zugehörigkeit des Antragstellers zu einer bestimmten sozialen Gruppe dargelegt werden, ist die Flüchtlingseigenschaft anzuerkennen.

232 Umgekehrt ist für die Bestimmung der sozialen Gruppe nicht Voraussetzung, dass ihre Mitglieder verfolgt werden oder gemeinsam Verfolgung befürchten. Vielmehr reicht es für die Anknüpfung der bereits festgestellten individuellen Verfolgungshandlung an den Verfolgungsgrund der Zugehörigkeit zu einer bestimmten sozialen Gruppe im konkreten Einzelfall aus, dass die Gruppe von der übrigen Gesellschaft als deutlich abgrenzbare Gruppe wahrgenommen wird. Diese gesellschaftliche Wahrnehmung muss nicht in Form der Verfolgung erfolgen. Es muss deshalb nicht der Nachweis geführt werden, dass allen Mitgliedern einer bestimmten sozialen Gruppe Verfolgung droht.

233 Dennoch können Verfolgungshandlungen gegen eine Gruppe maßgeblicher Faktor bei der Bestimmung der sozialen Gruppe sein. So sind Linkshänder keine bestimmte soziale Gruppe. Wenn sie allerdings verfolgt werden, weil sie Linkshänder sind, würden sie in der Gesellschaft in kürzester Zeit als bestimmte soziale Gruppe erkennbar werden. Ihre Verfolgung, weil sie Linkshänder sind, würde sie in der öffentlichen Wahrnehmung als bestimmte soziale Gruppe erscheinen lassen. Es ware jedoch die Eigenschaft der Linkshändigkeit, nicht die Verfolgungshandlung, die sie zur bestimmten sozialen Gruppe macht (UNHCR, Soziale Gruppe, S. 5, unter Verweis auf ein Urteil des australischen Berufungsgerichtes). An die Stelle der Linkshänder können auch Behinderte, Einarmige, Insassen von Altersheimen etc. gesetzt werden.

3.4.4.2.4.3. Nichtstaatliche Verfolgungsakteure

234 Häufig erfolgt der Zugriff wegen des Verfolgungsgrundes »bestimmte soziale Gruppe« durch nichtstaatliche Akteure. In diesem Fall ist der *kausale Zusam-*

Geltungsbereich § 1

menhang zu prüfen. Wenn diese aus einem Konventionsgrund Verfolgungen ausüben und der Staat zur Schutzgewährung nicht bereit oder außerstande ist (vgl. Art. 6 Buchst. c) RL), ist der kausale Zusammenhang zwischen Verfolgungshandlung und Verfolgungsgrund nachgewiesen. Es kann jedoch Situationen geben, in denen dieser Nachweis nicht geführt werden kann, weil etwa eine Frau nicht darlegen kann, dass sie von ihrem Ehemann wegen eines Verfolgungsgrundes misshandelt wird. Gleichwohl kann sie Anspruch auf Anerkennung der Flüchtlingseigenschaft haben, wenn der Staat aus einem der fünf Verfolgungsgründe nicht schutzbereit ist. In diesem Fall wurde die Misshandlung durch den Ehemann durch die Weigerung des Staates ermöglicht, sie aus einem Konventionsgrund zu schützen (UNHCR, Soziale Gruppe, S. 6 f). Grund für die staatliche Schutzversagung wird in derartigen Fällen häufig das geringe gesellschaftliche Ansehen von Frauen in Verbindung mit einer dominanten Rolle des männlichen Geschlechts darstellen.

3.4.4.2.4.4. Prüfungsschema
Wegen der geringen bisherigen Erfahrungen mit der Anwendung des Verfolgungsgrundes der »Zugehörigkeit zu einer bestimmten sozialen Gruppe« und der Komplexität dieses Begriffs wird empfohlen, den Sachverhalt nach Maßgabe folgender Prüfungsschritte zu prüfen: 235
1. Hat der Antragsteller eine ihm geltende individuelle Verfolgungshandlung dargelegt?
2. Hat er dargelegt, dass ihm gegen diese im Herkunftsland kein Schutz gewährt werden konnte und auch nicht gewährt werden wird (vgl. aber Art. 4 IV RL)?
3. Gehört der Antragsteller einer Gruppe an, die geprägt wird durch
   – *angeborene* Merkmale
   – einen *unveränderbaren Hintergrund* oder
   – *identitätsprägende* und *nicht verzichtbare Merkmale* oder *Glaubensüberzeugungen*?
4. Wird das Gruppenmerkmal allein durch die Verfolgung bestimmt oder wird die Gruppe durch ein verfolgungsunabhängiges Merkmal geprägt?
5. Unterscheidet das Merkmale die Gruppe deutlich von der Gesellschaft?
6. Besteht ein Zusammenhang zwischen der Verfolgung und der Zugehörigkeit zur bestimmten sozialen Gruppe (Erfordernis der Zuschreibung)?

3.4.4.2.5. Verfolgung wegen der politischen Überzeugung (Art. 10 Abs. 1 Buchst. e) der Qualifikationsrichtlinie)
Nach Art. 10 I Buchst. e) der RL ist unter dem Begriff der politischen Überzeugung insbesondere zu verstehen, dass der Antragsteller in einer Angelegenheit, die die in Art. 6 der RL bezeichneten potenziellen Verfolger sowie deren Politik oder Verfahren betrifft, eine Meinung, Grundhaltung oder Überzeugung vertritt. Dabei ist es unerheblich, ob der Antragsteller aufgrund dieser Meinung, Grundhaltung oder Überzeugung tätig geworden ist. 236

Das Vertreten einer der Politik der Verfolger entgegenstehenden politischen Überzeugung allein ist nicht ausreichend. Der Antragsteller muss vielmehr glaubhaft machen, dass die Verfolger von seiner politischen Überzeugung 237

Kenntnis erlangt haben oder wahrscheinlich erlangen werden oder ihm eine politische Überzeugung zuschreiben, dass diese Überzeugung von den Verfolgern nicht toleriert wird und dass er deshalb Gefahr läuft, wegen seiner politischen Überzeugung verfolgt zu werden. Auch eine Handlung kann Ausdruck einer politischen Überzeugung sein. Objektiv unbedeutende politische Ansichten oder Handlungen und auch Handlungen, die der Antragsteller selbst nicht als politisch einstuft oder einstufen will, sind erheblich, wenn diese zum Anlass von Verfolgungen genommen werden (Kommission der EG, Vorschlag für eine QualifikationsRL vom 12. 9. 2001, KOM(2001)510, S. 25; in: BR-Drs. 1017/01).

238 Es wird nicht immer möglich sein, einen kausalen Zusammenhang zwischen der zum Ausdruck gebrachten Meinung und der Verfolgung herzustellen. Häufig werden Verfolgungshandlungen als Bestrafung angeblich krimineller Handlungen gegen die herrschende Regierung deklariert. Deshalb sind in derartigen Fällen Ermittlungen anzustellen über die politische Überzeugung des Antragstellers, die seinem Verhalten zugrunde liegt, sowie darüber, dass seine politische Überzeugung Ursache für die von ihm befürchtete Verfolgung ist (UNHCR, Handbuch, Rdn. 81). Hilfreiche Hinweise können insoweit etwa eine unverhältnismäßige oder diskriminierende Strafverfolgung oder Bestrafung (Art. 9 II Buchst. c) RL) oder die Verweigerung gerichtlichen Rechtsschutzes mit der Folge unverhältnismäßiger oder diskriminierender Bestrafung (Art. 9 II Buchst. d) RL) geben.

3.4.5. Besondere Verfolgungsgründe

3.4.5.1. Geschlechtsspezifische Verfolgung

3.4.5.1.1. Besondere Charakteristika zur Bestimmung der »bestimmten sozialen Gruppe«

239 Nach Art. 10 I Buchst. d) Abs. 2 der RL können je nach Gegebenheiten im Herkunftsland bei der Bestimmung einer sozialen Gruppe auch *geschlechtsbezogene Aspekte* berücksichtigt werden. Inzwischen ist im internationalen Diskurs weithin anerkannt, dass die Definition des Flüchtlingsbegriffs geschlechtsspezifische Verfolgungen umfasst. Text, Ziel und Zweck der Konvention erfordern danach eine geschlechtsspezifische Fragen einschließende Interpretation des Verfolgungsgrundes der »Zugehörigkeit zu einer bestimmten sozialen Gruppe« (Summary Conclusions on Gender-Related Persecution, San Remo Expert Roundtable, Global Consultation on International Protection, 6. bis 8. September 2001).

240 Wegweisend für diese Interpretation des Begriffs der »bestimmten sozialen Gruppe« ist die Entscheidung *Islam and Shah* des House of Lords des Vereinigten Königreichs, in der die Lordrichter den Fall pakistanischer Frauen zu beurteilen hatten, die von ihren Ehemännern verstoßen und des Ehebruchs beschuldigt worden waren, sodass diese für den Fall der Rückkehr die Auspeitschung oder Steinigung zu befürchten hatten. Lordrichter *Steyn* identifizierte die betroffene Gruppe von Frauen in Pakistan durch das Zusammentreffen von drei Charakteristika, welche sie von der unbestimmten Gruppe von Frauen in Pakistan abgrenzten: das Geschlecht der Antragstellerinnen,

Geltungsbereich **§ 1**

der gegen sie erhobene Verdacht des Ehebruchs sowie ihre ungeschützte Position in Pakistan. Diese Merkmale würden keinen Aspekt von Verfolgung beinhalten. Die betroffenen Frauen könnten vielmehr mit praktizierenden Homosexuellen verglichen werden, die durch den Staat nicht geschützt würden. In konzeptioneller Hinsicht existiere eine solche Gruppe unabhängig von der Verfolgung (Lordrichter *Steyn*, House of Lords, IJRL 1999, 496 (504f.) – *Islam and Shah gegen Vereinigtes Königreich*).

Lordrichter *Hoffmann* pflichtete dem bei und ergänzte, dass zunächst die Gesellschaft, zu welcher eine bestimmte soziale Gruppe gehöre, identifiziert werden müsse. Diskriminierung sei ein wesentliches Element, um eine bestimmte soziale Gruppe zu bestimmen. Eine Gesellschaft, die Frauen aufgrund ihres Geschlechts diskriminiere, grenze diese aus der Gesellschaft aus. Allein der Umstand, dass die Antragstellerinnen Frauen seien, habe aber nicht notwendigerweise Verfolgung zur Folge. Man könne keine allgemeinen Regeln entwickeln zur Bestimmung der Charakteristika, die eine bestimmte soziale Gruppe von Frauen von den übrigen Frauen in einer Gesellschaft abgrenzten. Vielmehr müsste die Zugehörigkeit zu einer bestimmten sozialen Gruppe von Fall zu Fall bestimmt werden. Der entscheidende Faktor, welche die betroffene Gruppe von Frauen von den Frauen innerhalb einer Gesellschaft insgesamt abgrenze, sei die evidente Tatsache institutionalisierter Diskriminierung von Frauen durch die Polizei, die Gerichte und das gesamte Rechtssystem eines Staates (Lordrichter *Hoffmann*, House of Lords, IJRL 1999, 496 (50507–515) – *Islam and Shah gegen Vereinigtes Königreich*). 241

Dies erklärt, warum Art. 10 I Buchst. d) S. 2 der RL feststellt, dass geschlechtsspezifische Aspekte berücksichtigt werden *können* und nach § 60 I 3 AufenthG eine Verfolgung wegen der Zugehörigkeit zu einer bestimmten sozialen Gruppe auch an das Geschlecht anknüpfen *kann*. Damit wird die Anerkennung geschlechtsspezifischer Verfolgung nicht in das Ermessen der Behörde gestellt. Die Feststellung von Verfolgung aus Gründen der Konvention ist vielmehr eine Rechtsentscheidung (BVerwGE 49, 211 (212) = EZAR 210 Nr. 1 = DÖV 1976, 94). Die Richtlinie und auch der deutsche Gesetzgeber weisen die Feststellungsbehörden lediglich darauf hin, dass bei der Bestimmung einer bestimmten sozialen Gruppe auf den geschlechtsspezifischen Aspekt besonderer Bedacht zu nehmen ist. 242

Allein das Geschlecht begründet indes keine bestimmte soziale Gruppe. Es müssen vielmehr besondere Charakteristika der betroffenen Frauengruppe hinzukommen, die sie von den übrigen Frauen in einer Gesellschaft deutlich unterscheidet. Verfolgung kann insofern geschlechtsspezifisch sein, als sie aufgrund des Geschlechts, der sexuellen Orientierunng oder des geschlechtsabhängigen Rollenbildes einer Person erlebt wird (UNHCR, Auslegung von Art. 1 GFK, April 2001, S. 9). 243

Als soziale Gruppe kann auch eine Gruppe gelten, die sich auf das gemeinsame Merkmal der *sexuellen Orientierung* gründet. Als sexuelle Orientierung dürfen indes keine Handlungen verstanden werden, die nach dem nationalen Recht der Mitgliedstaaten als strafbar gelten (Art. 10 I Buchst. d) RL). Die sexuelle Orientierung oder sexuelle Praktiken können dann von Bedeutung sein, wenn der Antragsteller deshalb Verfolgungshandlungen einschließlich 244

Diskriminierungen ausgesetzt ist. In derartigen Fällen hat sich der Antragsteller zumeist geweigert, gesellschaftlich oder kulturell definierten Rollenbildern oder Erwartungen zu entsprechen, die man mit seinem bzw. ihrem Geschlecht verbindet. Das betrifft gewöhnlich Anträge von *Homosexuellen, Transsexuellen* oder *Transvestiten*, die öffentlichen Anfeindungen, Gewalt, Misshandlungen oder schwerer oder vielfältiger Diskriminierung ausgesetzt sind.

245 Das BVerwG hatte in der die Verfolgung eines *iranischen Homosexuellen* betreffenden Entscheidung die Berufung der Tatsacheninstanzen auf den Verfolgungsgrund der Zugehörigkeit zu einer bestimmten sozialen Gruppe nicht übernommen, sondern die Lösung des Falles über eine Anlehnung an die Verfolgungsgründe der Konvention gesucht (BVerwGE 79, 143 (145) = EZAR 201 Nr. 13 = NVwZ 1988, 838 = InfAuslR 1988, 230). Deshalb ist die deutsche Rechtsprechung bei der Behandlung geschlechtsspezifischer und Verfolgungen wegen der sexuellen Orientierung angesichts dieser diffusen dogmatischen Ausgangslage von großer Unsicherheit geprägt.

246 So werden zwar *Genitalverstümmelungen* vereinzelt als Fluchtgrund anerkannt, jedoch mit der dogmatischen Begründung eines ausgrenzenden Charakters derartiger Maßnahmen (VG München, InfAuslR 1999, 306 (307); a. A. VG Frankfurt am Main, InfAuslR 1999, 300). Dies verweist jedoch auf den Verfolgungscharakter der Maßnahme. Die Gegenmeinung verneint zwar den ausgrenzenden Charakter der Zwangsverstümmelung und versagt deshalb das Asylrecht, kommt aber zu der überraschenden Schlussfolgerung, dass diese einen erheblichen Eingriff in konventionsrechtlich geschützte Rechtsgüter darstellt (VG Frankfurt am Main, InfAuslR 1999, 300 (304)) und stellt dabei allein auf die in Art. 1 A Nr. 2 GFK bezeichneten Rechtsgüter ab, ohne den kausalen Zusammenhang zu den Verfolgungsgründen herzustellen.

247 Allgemein üblich in der deutschen Rechtsprechung war bislang allerdings die Einordnung von Genitalverstümmelungen unter den subsidiären Schutz nach § 53 VI AuslG 1990 (OVG Hamburg, InfAuslR 1999, 439; VG Oldenburg, InfAuslR 1998, 412; VG Gelsenkirchen, InfAuslR 2000, 51; offengelassen BVerwG, NVwZ-Beil. 2000, 98), weil in der Rechtsprechung die dogmatische Auseinandersetzung mit den Verfolgungsgründen der Konvention erst gar nicht versucht wurde (s. aber VG Frankfurt am Main, InfAuslR 2004, 458 (459), Verfolgung einer alleinstehenden Frau knüpft an Geschlecht an).

3.4.5.1.2. Verfolgung

248 Mit der Bestimmung der bestimmten sozialen Gruppe, der die Antragstellerin angehört, ist das Vorliegen einer individuellen Verfolgung nicht bereits entschieden. Vielmehr dürfen Verfolgungshandlungen nicht zur Bestimmung der sozialen Gruppe herangezogen werden (Rdn. 230ff.). Die Entscheidung, dass die Antragstellerin wegen des Vorliegens bestimmter Charakteristika, die ihre Gruppe von den übrigen Frauen in der Gesellschaft deutlich unterscheidet, von individualbezogener Verfolgung betroffen ist, wird vielmehr unabhängig von der Feststellung des Verfolgunsggrundes getroffen.

249 So ist etwa die Anwerbung von Frauen oder Minderjährigen durch Nötigung oder Täuschung für die Zwecke der Zwangsprostitution oder der sexuellen Ausbeutung eine Form geschlechtsspezifischer Gewalt. Sie ist als eine Form

Geltungsbereich § 1

der Folter und der grausamen, unmenschlichen oder erniedrigenden Behandlung und deshalb als Verfolgung anzusehen. Ob die betroffenen Frauen oder Minderjährigen als eine bestimmte soziale Gruppe anzusehen sind, ist indes nicht von der Form der Verfolgung abhängig, sondern davon, dass sie durch die sexuelle Ausbeutung deutlich vom Rest der Gesellschaft unterschieden sind und ihre ungeschützte Position im Herkunftsland.

3.4.5.1.3. Kausalzusammenhang zwischen Verfolgung und Verfolgungsgrund

Der Verfolgungsgrund muss ein maßgeblicher Faktor für die Verfolgung sein, aber nicht als einziger oder überwiegender Grund dargelegt werden. In vielen Rechtsordnungen, z. B. in einigen angelsächsischen Staaten, muss der kausale Zusammenhang eindeutig feststehen, während in anderen Staaten die Kausalität nicht als eine für sich abzuklärende Frage behandelt, sondern im Zuge der Gesamtanalyse der Flüchtlingsdefinition geprüft wird. Bei vielen geschlechtsspezifischen Anträgen liegt die schwierige Frage nicht in dem Problem, welcher Verfolgungsgrund vorliegt, sondern vielmehr in der Herstellung des kausalen Zusammenhangs, dass die Verfolgung auf einem Verfolgungsgrund beruht (UNHCR, Richtlinien zum Internationalen Schutz: Geschlechtsspezifische Verfolgung, Mai 2002, S. 7). Es genügt, wenn der Verfolger der Antragstellerin oder dem Antragsteller den Konventionsgrund zuschreibt (Art. 10 II RL), um den erforderlichen Kausalzusammenhang herzustellen. 250

3.4.5.2. Wehrdienstverweigerung (Art. 9 Abs. 2 Buchst. e) der Qualifikationsrichtlinie)

Nach Art. 9 II Buchst. e) der RL kann Strafverfolgung oder Bestrafung wegen Verweigerung des Militärdienstes in einem Konflikt Verfolgung darstellen, wenn der Militärdienst Verbrechen oder Handlungen umfassen würde, die unter die Ausschlussklauseln nach Art. 12 II der RL (Art. 1 F GFK) fallen. Kann in der Bestrafung keine Sanktion wegen abweichenden politischen Verhaltens oder eine gegen die religiöse Überzeugung zielende Maßnahme gesehen werden, kann der kausale Zusammenhang zwischen Verfolgung und Verfolgungsgrund in der Zugehörigkeit des Wehr- oder Kriegsdienstverweigerers zu einer bestimmten sozialen Gruppe gesehen werden. 251

Die Wehrpflicht und die Weigerung, dieser Folge zu leisten, sowie die besondere Schutzlosigkeit unterscheidet die Gruppe der Wehrdienstverweigerer deutlich von den anderen Wehrpflichtigen in einer Gesellschaft. Darüber hinaus kann die Wehrdienstverweigerung in einer ernsthaften religiösen oder moralischen Gewissensentscheidung ihren Grund haben und sich deshalb die hiergegen gerichtete Bestrafung oder der zwangsweise durchgesetzte Wehrdienst als Verfolgung darstellen (UNHCR, Handbuch, Rdn. 172f.; so schon BVerwG, DVBl. 1963, 146; Franke, Politisches Delikt und Asylrecht, S. 63; Aleinikof, IJRL 1991, 5 (19f.); Marx, Handbuch zur Asyl- und Flüchtlingsanerkennung, § 64 Rdn. 31 ff.). 252

Strafrechtliche Verfolgung von Wehrdienstverweigerern kann danach nicht von vornherein aus dem Flüchtlingsschutz ausgeklammert werden. Anders als der ursprüngliche Entwurf der Kommission, nach dem die Verfolgung 253 von Wehrdienstverweigerern *in der Regel* keine Verfolgung darstellen sollte, vermeidet Art. 9 II Buchst. e) der RL derart starre Beweisregeln, wie sie bislang etwa in der deutschen Rechtsprechung üblich waren (BVerwGE 4, 238 (242) = NJW 1957, 962 = Buchholz 402.22 Art. 1 GK Nr. 1; BVerwGE 4, 235 (236) = NJW 1957, 761; BVerwGE 81, 41 (42) = EZAR 201 Nr. 17 = NVwZ 1989, 774 = InfAuslR 1989, 169).

254 Derartige Regeln werden den heutigen Erscheinungsformen kriegerischer Auseinandersetzungen und in diesem Zusammenhang angewendeter Mittel nicht gerecht. Hinzu kommt, dass die überwiegende Mehrzahl der Flüchtlinge nicht aus demokratischen Staaten, sondern aus solchen kommt, in denen das Militär zur Unterdrückung der Opposition benutzt wird. Die Annahme, die Verfolgung von Kriegsdienstverweigerern berühre in der Regel keine schutzwürdigen Belange der internationalen Gemeinschaft, ist deshalb nicht gerechtfertigt.

255 Da sich bislang ein allgemein anerkanntes Menschenrecht auf Kriegsdienstverweigerung aus Gewissensgründen nicht durchgesetzt hat (zur Staatenpraxis siehe »The Question of Conscientious Objection to Military Service«, Report of the UN General Secretary vom 16. Januar 1997, UN Doc.E/CN.4/1997/99), verhält die Richtlinie sich insoweit zurückhaltend. Der sich seit Mitte der achtziger Jahre durchsetzende Trend, einer im Blick auf völkerrechtswidrige Handlungen motivierten Kriegsdienstverweigerung die Anerkennung nicht zu versagen (s. hierzu Eide, Vereinte Nationen 1986, S 60; Marx, Handbuch zur Asyl- und Flüchtlingsanerkennung, § 79 Rdn. 119 ff.) und dementsprechend auch den Flüchtlingsschutz zu gewähren (House of Lords, IJRL 2003, 276 (281, 295)– *Sepet et. al*) wird indes inzwischen auch in der Staatenpraxis als Verfolgungsgrund anerkannt (Kuzas, Virginia Journal of International Law 1991, 447).

256 Abweichend vom Handbuch des UNHCR fordert Art. 9 II Buchst. e) der RL keine ausdrückliche Verurteilung der entsprechenden Handlungen als völkerrechtswidrig durch die Völkergemeinschaft. Vielmehr kommt es allein auf das objektive Vorliegen eines der in Art. 1 F GFK bezeichneten Ausschlussgründe an. Eine Beteiligung an völkerrechtswidrigen Maßnahmen oder militärischen Einsätzen, die mit Art. 1 F GFK nicht in Übereinstimmung stehen, ist unabhängig von entsprechenden Feststellungen des Sicherheitsrates stets unzulässig.

257 Anders als nach der Rechtsprechung des BVerwG, die in der Bestrafung wegen Wehrdienstverweigerung regelmäßig eine Maßnahme mit unerheblicher genereller Tendenz sieht (BVerwGE 62, 123 (124 f.) = EZAR 200 Nr. 6 = iNFaUSLr 1981, 218 = dvbL. 1981, 774), trägt die Richtlinie einer neueren völkerrechtlichen Entwicklung Rechnung. So hatte etwa die Europäische Kommission für Menschenrechte die Beschwerde eines Antragstellers, der sich geweigert hatte, an militärischen Einsätzen gegen Flüchtlinge teilzunehmen, im Blick auf Art. 3 EMRK für zulässig erklärt (EKMR, Entscheidung vom 7. März 1994 – Nr. 22408/93 – *H. gegen Schweden*). Die Beratende Versammlung des Europarates hatte bereits mit der Empfehlung 816(1977) das Recht auf Kriegsdienstverweigerung aus Gewissensgründen als Menschenrecht bezeichnet und in der Entschließung 102(1994) über »Fahnenflüchtlinge und

Geltungsbereich §1

Wehrdienstverweigerer aus den Republiken des ehemaligen Jugoslawien« auf dieses Recht hingewiesen. Das Ministerkomitee empfiehlt den Mitgliedstaaten des Europarates in der Empfehlung Nr. R(87)8, Wehrpflichtigen, die aus ernsthaften Gewissensgründen den Wehrdienst verweigern, von ihrer Verpflichtung zu befreien. Auch das Europäische Parlament hat das Recht auf Wehrdienstverweigerung aus Gewissensgründen wiederholt anerkannt.

Die Generalversammlung der Vereinten Nationen hatte bereits 1978 mit Resolution 33/165(1978) das Recht aller Personen anerkannt, den Dienst in Polizei- und Militäreinheiten zu verweigern, die zur Durchsetzung der Apartheid eingesetzt werden, und die Staaten aufgefordert, Betroffenen Asylrecht zu gewähren. Mit Resolution 1989/59 hat sie darüber hinaus das Recht eines jeden Menschen anerkannt, im Rahmen der in Art. 18 IPbpR garantierten legitimen Ausübung des Rechtes auf Gedanken-, Gewissens- und Religionsfreiheit aus Gewissengründen den Wehrdienst zu verweigern. Die Menschenrechtskommission der Vereinten Nationen hat mit den Resolutionen 1995/83 vom 8. März 1995 und 1998/77 vom 22. April 1998 ebenfalls das Recht auf Verweigerung des Kriegsdienstes aus Gewissensgründen anerkannt. Der Ausschuss für Menschenrechte hat in seinem Allgemeinen Kommentar Nr. 22 zu Art. 18 IPbpR vom 30. Juli 1993 festgestellt, dass aus dieser Norm ein Recht auf Wehrdienstverweigerung abgeleitet werden kann. 258

Zwar knüpft Art. 9 II Buchst. e) der RL nicht vorbehaltlos an diese völkerrechtliche Entwicklung an. Andererseits kann durch diese Vorschrift verhindert werden, dass der seit Beginn der neunziger Jahre des letzten Jahrhunderts rapiden Fortentwicklung des Völkerstrafrechts nicht durch gegenläufige Tendenzen in der asylrechtlichen Staatenpraxis zuwidergehandelt wird. 259

Die *Beweisführungspflicht* darf *nicht überspannt* werden. Es genügt im Grundsatz, dass der Einsatz in einer Armee gefordert wird, die völkerrechtswidrige Handlungen begeht. Verbale Verurteilungen von völkerrechtswidrigen Handlungen der Armee durch die Regierung, der keine effektive Gegenvorkehrungen folgen, beseitigen nicht die Gewissensnot des Verweigerers, mit der Befolgung der Einberufung derartige Handlungen konkret zu fördern. Nach der Staatenpraxis ist die Darlegung ausreichend, dass Übergriffe gegen die unbeteiligte Zivilbevölkerung weitverbreitet sind und häufig vorkommen. 260

Es braucht nicht dargelegt werden, dass diesen eine systematische Regierungspolitik zugrundeliegt. Vielmehr ist ausreichend, wenn der Antragsteller vorträgt, dass die Regierung unfähig oder unwillig ist, gegen derartige Übergriffe vorzugehen (US Court of Appeals, Forth Circuit, No. 88–3304, 899 F.Zd 304, abgedruckt in IJRL 1990, 457, 458). Sind völkerrechtswidrige Handlungen auf ein bestimmtes Einsatzgebiet begrenzt, wie etwa in der Türkei auf den Südosten oder in der Russischen Förderation auf Tschetschenien, kann nach diesen Grundsätzen vom Antragsteller nicht der Nachweis erwartet werden, dass er nach seiner Einberufung dort auch eingesetzt wird. 261

In diesem Zusammenhang wird indes in der deutschen Rechtsprechung eingewendet, dass Kurden bevorzugt im Westen der Türkei eingesetzt würden (OVG NW, Urt. v. 28. Oktober 1998 – 25 A 1284/96.A, S. 109; OVG NW, Urt. 262

§ 1 *Allgemeine Bestimmungen*

v. 25. Januar 2000 – 8 A 1292/96.A, Nr. 345). Angesichts der jederzeitigen und unbeschränkten Verfügbarkeit von Wehrdienstleistenden ist dies kein überzeugendes Gegenargument gegen die ernsthafte Gewissensnot des Verweigerers. Es muss vielmehr ausreichen, dass aufgrund der bekannten Einberufungspraxis die nicht entfernt liegende Möglichkeit besteht, dass Wehrpflichtige zu Einsätzen in der betroffenen Region herangezogen werden (Kuzas, Virginia Journal of International Law 1991,447 (466).

263 Ob dies der Fall ist, haben die Behörden von Amts wegen zu ermitteln, da der Antragsteller nur verpflichtet ist, die seinem Erfahrungs- und Erlebnishorizont zuzurechnenden Tatsachen und Umstände darzulegen. In diesem Zusammenhang ist darauf hinzuweisen, dass wegen der extrem restriktiven deutschen Rechtsprechung das Berufungsgericht Zwolle einem aus Deutschland in die Niederlande geflohenen kurdischen Kriegsdienstverweigerer aus der Türkei einstweiligen Rechtsschutz gewährt und damit die niederländische Regierung verpflichtet hat, von ihrem Selbsteintrittsrecht nach der Dublin II-VO Gebrauch zu machen (Berufungsgericht Zwolle, Entscheidung vom 10. August 1999 – Nr. Awb 99/6236 VRWET Z VS).

3.4.6. Verfolgungsfurcht

264 Die Qualifikationsrichtlinie enthält keine ausdrückliche Vorschrift zur Behandlung des Begriffs der Verfolgungsfurcht, verweist indes in Art. 2 Buchst. c) auf den Begriff des Flüchtlings nach Art. 1 A Nr. 2 GFK, für dessen Auslegung und Anwendung der Begriff der Verfolgungsfurcht eine besondere Funktion hat. Darüber hinaus verweist die Richtlinie in einzelnen Bestimmungen auf diesen Begriff (z.B. Art. 5 I, II, Art. 8 I, Art. 11 I Buchst. d), II). Die heutige Staatenpraxis und in Übereinstimmung hiermit die Qualifikationsrichtlinie ist nahezu ausschließlich objektiv geprägt und dem subjektiven Begriff der Verfolgung gegenüber zurückhaltend eingestellt. Dementsprechend definiert die Richtlinie den Begriff der Verfolgungsfurcht nicht. Daraus kann jedoch nicht geschlossen werden, dass dieser Begriff für die Auslegung und Anwendung der Richtlinie ohne Bedeutung wäre. Vielmehr bezieht diese sich in Art. 2 Buchst. c) ausdrücklich auf den Flüchtlingsbegriff nach Art. 1 A Nr. 2 GFK und übernimmt damit auch dessen nach Art. 31 WVK zu ermittelnde Bedeutung.

265 Der Schlüssel zum Verständnis des Flüchtlingsbegriffs nach Art. 1 A Nr. 2 GFK ist der Begriff der Verfolgungsfurcht (s. hierzu UNHCR Handbuch 37– 65; *Marx*, Handbuch zur Asyl- und Flüchtlingsanerkennung, § 34 Rdn. 5–11; § 2 Rdn. 28–43). Dieser Begriff enthält objektive wie subjektive Momente. Die Entscheidung, ob eine Person eine *begründete* Verfolgungs*furcht* darlegen kann, beruht auf beiden Elementen. Die Verfolgung muss *objektivierbar* in dem Sinne sein, dass sie *begründet* ist (Hyndman, The Australian Law Journal 1986, 148 (149); Kälin, Das Prinzip des Non-Refoulement, S. 142; Lieber, Die neuere Entwicklung des Asylrechts im Völkerrecht, S. 105).

266 Furcht ist ein subjektives Gefühl. Ein objektives Element ist freilich durch den Zusatz »begründet« (»well-founded«) angefügt worden. Der Antragsteller muss Anhaltspunkte darlegen, um der Behörde die Entscheidung zu ermöglichen, ob er »gute Gründe« hat, eine Verfolgung zu befürchten, die an

Geltungsbereich §1

Verfolgungsmerkmale anknüpft und vor der ihm im Herkunftsland kein Schutz gewährt wird.

Die Richtlinie konzentriert sich nur auf die »Begründetheit« der Verfolgungsfurcht, zerreißt damit in bedenklicher Weise das produktive Spannungsverhältnis zwischen »Furcht« und »Verfolgung«. Es ist indes stets zu entscheiden, ob im Lichte der festgestellten Umstände des Einzelfalles der Antragsteller für seine Person – und nicht ein Dritter für den Antragsteller – mit »guten Gründen« Verfolgung (Art. 5–10 RL)»befürchten« muss (Art. 2 Buchst. c) RL). Daher gewinnen die individuellen Verhältnisse, der Hintergrund des Antragstellers, seine psychologische Verfassung und Sensibilität gegenüber seiner Umgebung (vgl. Art. 4 III RL) ebenso Bedeutung wie objektive Faktoren. Beim völkerrechtlichen Flüchtlingsbegriff und damit auch beim gemeinschaftsrechtlichen Flüchtlingsbegriff ist deshalb über den Begriff der Verfolgungsfurcht Zugang zum Verfolgungsbegriff zu suchen.

267

Demgegenüber hatte das BVerwG bereits in seiner früheren Rechtsprechung für die Feststellung der begründetetn Verfolgungsfurcht den Maßstab des *»verständigen Dritten«* entwickelt. Danach sei es unerheblich, ob der Antragsteller eine sensible Person sei. Maßgebend sei vielmehr, ob »andere verständige Personen« unter denselben Umständen eine solche Furcht empfinden würden, dass ihnen im Heimatland ein weiterer Verbleib zuzumuten sei (BVerwG, Buchholz 402.22 Art. 1 GK Nr. 9; *Helton,* IJRL 1990, 642 (644)). Ein »vernünftiger und besonnen denkender Dritter« werde bei Abwägung aller Umstände auch die besondere Schwere des befürchteten Eingriffs in seine Überlegung mit einbeziehen (BVerwGE 89, 162 (170) = EZAR 202 Nr. 22 = NVwZ 1992, 582; BVerwG, Buchholz 402.25 § 1 AsylVfG Nr. 147).

268

Insgesamt gesehen, müssten die für eine Verfolgung sprechenden Umstände nach ihrer Intensität und Häufigkeit von einem solchen Gewicht sein, dass sich hieraus bei objektiver Betrachtung für den Antragsteller die begründete Furcht herleiten ließe, selbst Opfer von Verfolgung zu werden (BVerwGE 88, 367 (378) = EZAR 202 Nr. 21 = InfAuslR 1991, 363 = NVwZ 1992, 578). Das BVerwG wendet einen starren, verobjektivierten Begriff der Verfolgungsfurcht an und verfehlt damit die den Flüchtlingsbegriff prägende produktive Spannung zwischen seinem objektiven und subjektiven Element.

269

Objektiv festzustellen sind die für eine Verfolgung sprechenden tatsächlichen Gründe (Art. 5–10 der RL). Eine exakte Objektivität im Sinne eines allgemeinen Furcht-Niveaus ist nicht realisierbar (Lieber, Die neuere Entwicklung des Asylrechts im Völkerrecht, S. 105). Ein »vernünftig denkender besonnener Dritter« in der Lage des Asylsuchenden (BVerwGE 79, 143 (150f.) = EZAR 201 Nr. 13 = InfAuslR 1988, 230; BVerwGE 88, 367 (377f.) = EZAR 202 Nr. 21 = NVwZ 1992, 578 = InfAuslR 1991, 363; BVerwGE 89, 162 (168f.) = EZAR 202 Nr. 22 = NVwZ 1992, 582; BVerwG, InfAuslR 1989, 163) ist eine aus positivistischem Denken hervorgegangene Fiktion, die letztlich an die Stelle der Verfolgungsfurcht des Antragstellers die Vorstellungen des Tatrichters über ein allgemeines Furcht-Niveau setzt und bei der ausgeblendet wird, dass in einer Verfolgungs- und Fluchtsituation die Tugend der Besonnenheit gefährliche Konsequenzen haben kann.

270

§ 1 *Allgemeine Bestimmungen*

271 Diese Methode der Tatsachenfeststellung wird dem Flüchtlingsrecht nicht gerecht. Deshalb ist jeder Einzelfall individuell hinsichtlich der objektiven Umstände, der psychologischen Veranlagung und Überempfindlichkeit sowie der Umgebung des Antragstellers zu würdigen (Weis, Du droit international 1960, 928 (970); Sinha, Asylum and International Law, S. 102). Verfolgungsfurcht empfindet danach ein Antragsteller, der in einer konkreten Situation, so wie er sie sehen durfte, Anlass hatte, Furcht vor Verfolgung zu hegen. Maßgebend kann danach nicht sein, was der normalempfindliche Durchschnittsbürger angesichts der erlittenen oder drohenden Verfolgung zu Recht an Furcht empfunden hätte.

272 Diese objektive Betrachtungsweise muss vielmehr erweitert werden durch das vom Antragsteller konkret bereits Erlebte und um das Wissen um Konsequenzen in vergleichbaren Fällen. So ist die subjektive Furcht ausreichend, obwohl gegenüber derjenigen des Normalbürgers übersteigert, wenn sie nachvollziehbar ist (Asylrekurskommission (Schweiz), Asyl 1992/4, S. 71 (73)). Auch nach Auffassung von UNHCR kann es sein, dass die objektiven Umstände an sich nicht unbedingt gravierend sind, diese dennoch angesichts der persönlichen Umstände, der Überzeugung und der Aktivitäten des Antragstellers Anlass zu begründeter Furcht geben könnten, auch wenn dies für eine andere Person unter denselben objektiven Verhältnissen nicht der Fall sei (UNHCR, Auslegung von Art. 1 GFK, April 2001, S. 4). So kann etwa jemand, der vor Jahren bereits einmal eine Verfolgung erlitten hatte, objektiver begründeten Anlass für eine ausgeprägtere subjektive Furcht haben als jemand, der erstmals in Kontakt mit Verfolgern kommt (Asylrekurskommission (Schweiz), EMARK 1993 Nr. 11).

3.4.7. Verfolgungsprognose

3.4.7.1. Allgemeines

273 Nach Art. 4 III Buchst. a) S. 1 der RL sind zunächst alle mit dem Herkunftsland verbundenen Tatsachen, die im Zeitpunkt der Entscheidung über den Antrag relevant sind, zu berücksichtigen. Anschließend ist die Frage zu beantworten, ob die Furcht des Antragstellers vor Verfolgung insofern objektiv begründet ist, also hierfür eine bestimmte *Wahrscheinlichkeit*« bestehen muss. Der zu gewährende Status soll vor künftiger Verfolgung schützen, die der Antragsteller bei Rückkehr in seinen Heimatstaat, also *gegenwärtig* und in *absehbarer Zukunft* zu befürchten hat. Der Einzelentscheider hat damit auf der Grundlage der im Verwaltungsverfahren, insbesondere in der Anhörung ermittelten *tatsächlichen Entscheidungsgrundlagen* eine Verfolgungsprognose zu treffen.

274 Schenkt er den Angaben des Asylsuchenden zum Kern des Sachvorbringens keinen Glauben, so ist regelmäßig die Verfolgungsprognose nicht mehr entscheidungserheblich. Ist der Einzelentscheider von den Angaben des Antragstellers überzeugt, wird die Prognose auf der Grundlage der als glaubhaft gemacht angesehenen Angaben des Antragstellers zu seinen persönlichen Verhältnissen getroffen.

275 Im Hinblick auf die für die prognoserechtliche Einordnung des individuellen Sachvortrags in die im Herkunftsland vorherrschenden allgemeinen Verhält-

Geltungsbereich §1

nisse verlangt die Bewertung wegen der Vielzahl von Ungewissheiten über die rechtserhebliche Situation eine sachgerechte, der jeweiligen Materie angemessene und *methodisch einwandfreie Erarbeitung ihrer tatsächlichen Grundlagen* (BVerwGE 87, 141 (150) = EZAR 201 Nr. 27; *Marx*, Handbuch, § 12 Rdnr. 1). Dies setzt voraus, dass das Bundesamt die in der Prognose zu berücksichtigenden tatsächlichen Verhältnisse über Vorgänge aus *Vergangenheit und Gegenwart* bezeichnet und in nachprüfbarer Weise die Umstände offen legt, aus denen eine Verfolgungsgefahr für die Zukunft geschlossen wird (BVerwGE 87, 141 (150) = EZAR 201 Nr. 27).

3.4.7.2. Maßgeblicher Prognosansatz

Im ursprünglichen Entwurf der Qualifikationsrichtlinie wurde in Art. 7 Buchst. b) eine Regelung vorgeschlagen, wonach die Furcht des Antragstellers vor Verfolgung »insofern objektiv begründet« sein müsse, dass »eine *objektive Möglichkeit*« bestehe, dass der Antragsteller im Falle der Rückkehr tatsächlich verfolgt werde. Dieser Vorschlag ist in der verabschiedeten Richtlinie nicht enthalten. Grund hierfür dürfte die Kontroverse über den anzuwendenden Beweismaßstab gewesen sein. 276

In der Begründung des Entwurfs wurde der ursprüngliche Vorschlag damit begründet, dass eine »*hohe Wahrscheinlichkeit*« für die in Zukunft drohende Verfolgung dargelegt werden müsse (Kommission der EG, Vorschlag für eine Qualifikationsrichtlinie v. 12. 9. 2001 – KOM(2001)510, 16, in: BR-Drs. 1017/01). Die deutsche Fassung des Entwurfs stimmte jedoch insoweit mit der englischen nicht überein. Bemerkenswert ist indes, dass sich die amtliche Übersetzung offensichtlich dem in der deutschen Rechtsprechung verwendeten Maßstab der überwiegenden Wahrscheinlichkeit (BVerwGE 55, 82 (83) = NJW 1978, 2463 = EZAR 201 Nr. 3 = DÖV 1978, 447; BVerwGE 70, 169 (171) = EZAR 200 Nr. 12 = InfAuslR 1985, 51; BVerwGE 88, 367 (377) = EZAR 202 Nr. 21 = NVwZ 1992, 578; BVerfGE 76, 143 (167) = EZAR 200 Nr. 20 = NVwZ 1988, 237 = InfAuslR 1988, 87; BVerfG (Kammer), InfAuslR 1988, 87 = EZAR 200 Nr. 20; Marx, Handbuch, § 14.) stark annäherte. 277

Nach einer vom BVerwG entwickelten gängigen Formel bedeutet überwiegende Wahrscheinlichkeit der Verfolgung, dass dem Asylsuchenden *für seine Person* bei *verständiger Würdigung der Gesamtumstände* Verfolgung mit beachtlicher Wahrscheinlichkeit drohen muss. Erforderlich ist dabei eine »*qualifizierende Betrachtung*« im Sinne einer *Gewichtung* und *Abwägung* aller festgestellten Umstände und ihrer Bedeutung. Maßgebend ist, ob in Anbetracht dieser Umstände bei einem »*vernünftig denkenden besonnenen Menschen*« in der Lage des Antragstellers Verfolgungsfurcht hervorgerufen werden kann. Furcht vor einem Ereignis kann deshalb auch dann vorliegen, wenn aufgrund einer »quantitativen« oder »statistischen« Betrachtung weniger als 50 % Eintrittswahrscheinlichkeit besteht (BVerwGE 79, 143 (150f.) = EZAR 201 Nr. 13 = InfAuslR 1988, 230, Bezug auf Cardoza-Fonseca v. INS, U.S.-Supreme Court, 107 8 Ct. 1207 (1217)(1987); BVerwGE 88, 367 (377f.) = EZAR 202 Nr. 21 = NVwZ 1992, 578; BVerwGE 89, 162 (168f.) = EZAR 202 Nr. 22 = NVwZ 1992, 582; krit. zum Wahrscheinlichkeitsmaßstab Nierhaus, Beweismaß und Beweislast, 1990, S. 92). Danach wird ein vernünftig denkender Mensch die 278

»*bloße theoretische Möglichkeit*« einer Verfolgung außer Betracht lassen. Ergibt jedoch das Gewicht der Gesamtumstände (qualifizierender Maßstab) die »*reale Möglichkeit*«, wird er das Risiko einer Rückkehr vermeiden (BVerwGE 89, 162 (169 f.) = EZAR 202 Nr. 22 = NVwZ 1992, 582)

279 In der englischen Fassung des ursprünglichen Entwurfs der Qualifikationsrichtlinie wurde demgegenüber in diesem Zusammenhang der Begriff »*reasonable likelihood*« verwendet. Der Maßstab der »hohen Wahrscheinlichkeit«, der allgemein als »überwiegende Wahrscheinlichkeit« verstanden wird (BVerfGE 76, 143 (167) = EZAR 200 Nr. 10 = NVwZ 1988, 237 = InfAuslR 1988, 87; BVerwGE 68, 106 (108)), entspricht jedoch dem angelsächsischen Maßstab des »*clear probability*« (Oberster Gerichtshof der Vereinigten Staaten, *INS v Stevic*, 467 US 407 (429 f.), 104 S.Ct (1984)), der im allgemeinen Ausländerrecht verwendet wird. Im Asyl- und Flüchtlingsrecht hat sich seit der erwähnten Entscheidung *Cárdoza-Fonseca* des Obersten Gerichtshofes der Vereinigten Staaten indes die Tendenz durchgesetzt, nicht den Begriff der hohen Wahrscheinlichkeit (»*clear probability*«) zu verwenden.

280 Dies erfordert nämlich, dass die drohende Verfolgung wahrscheinlicher sein muss als das Gegenteil. Der flüchtlingsrechtliche Ansatz verlangt indes eine Bezugnahme auf die subjektive Situation des Asylsuchenden. Danach kann nicht verlangt werden, dass die Verfolgung wahrscheinlicher als das Gegenteil sein muss (Oberster Gerichtshof der Vereinigten Staaten, *INS v. Cardoza-Fonseca*, 107 8 Ct. 1207 (1212 f.) (1987); zum Ganzen Marx, Handbuch zur Asyl- und Flüchtlingsanerkennung, § 14 Rdn. 14–34, § 34 Rdn. 5–27). Allgemein wird dieser Maßstab als »*serious possibility*« bezeichnet (Federal Court of Appeal (Kanada), *Rasaratnam v MEI*, (1992) 1 FC 706; ähnlich House of Lords, *ex p Sivakumaran*, (1988) 1 All ER 193, (1988)).

281 UNHCR weist darauf hin, dass sich in der Staatenpraxis allgemein der Beweisstandard des common law durchgesetzt habe. Daher bestehe heute Einigkeit, dass der erforderliche Standard geringer sei als die in Zivilprozessen erforderliche Abwägung der Wahrscheinlichkeit, sondern dass »*vernünftigerweise mögliche*« (»*reasonably possible*«) Verfolgung dargelegt werden müsse, damit die Furcht als begründet erscheine (UNHCR, Auslegung von Artikel 1 GFK, April 2001, S. 3).

282 Starre vorgegebene Prognosemaßstäbe sind im Flüchtlingsrecht nicht sachgerecht (so auch BVerwGE 79, 143 (150 f.) = EZAR 201 Nr. 13 = NVwZ 1988, 838 = InfAuslR 1988, 230). Zunächst kommt es auf die Ermittlung der individuellen tatsächlichen Gründe (»*well-founded*«) für die Verfolgungsfurcht (»*fear*«) an. Die entsprechende Prüfung ist letztlich ein *Glauhaftigkeitstest*, welcher der Prognoseprüfung vorgeschaltet ist. Bei verbleibenden Zweifeln an der Glaubhaftigkeit der vorgebrachten entscheidungserheblichen Tatsachen können diese im Rahmen der Prognoseprüfung zugunsten des Antragstellers als wahr unterstellt werden (UNHCR, Handbuch, Rdn. 196 f., 203).

283 Die anschließende Prognoseprüfung zielt auf die Frage, ob aufgrund der vorgetragenen Umstände und Tatsachen eine Verfolgung droht. Hierbei handelt es sich um eine wertende Entscheidung, bei der die *reale Möglichkeit* der Verfolgung von der *bloß entfernten Möglichkeit* abzugrenzen ist (so erstaunlicherweise auch der Ansatz in BVerwGE 89, 162 (169 f.) = EZAR 202 Nr. 22 =

Geltungsbereich § 1

NVwZ 1992, 582, unter Bezugnahme auf die Entscheidung *Cardoza-Fonseca*). Vorzuziehen ist für die Rechtsanwendung der Begriff der »*ernsthaften Möglichkeit*« (»*reasonable chance*«) der Verfolgung, wie er in der Staatenpraxis allgemein verwendet wird (so z. B. House of Lords, IJRL 1989, 250 – *ex parte Sivakumaran*). Auch das BVerwG verwendet diesen Beweismaßstab (BVerwGE 89, 162 (169 f.) = EZAR 202 Nr. 22 = NVwZ 1992, 582, unter Hinweis auf *Cardoza-Fonseca*). Danach muss die Verfolgung nicht mit Gewissheit feststehen. Andererseits reicht eine entfernte Möglichkeit nicht aus.

3.4.7.3. Herabgestufter Prognoseansatz bei Vorverfolgung (Art. 4 Abs. 4 der Qualifikationsrichtlinie)

Macht der Antragsteller geltend, dass ihm vor seiner Ausreise Verfolgung durch staatliche Behörden widerfahren ist oder ihm diese unmittelbar gedroht hatte und ist bis zur Entscheidung über seinen Antrag keine wesentliche Veränderung in den allgemeinen Verhältnissen in seinem Herkunftsland eingetreten, so ist mit der Entscheidung, dass dem Antragsteller Verfolgung durch staatliche Behörden widerfahren ist oder gedroht hatte, zugleich auch eine Entscheidung über den Wegfall des nationalen Schutzes für die Verfolgungsprognose getroffen worden. Denn in diesem Fall hat der Antragsteller keinen Zugang zum nationalem Schutzsystem (vgl. Art. 7 II letzter HS RL). 284

Haben sich nach der Ausreise die allgemeinen Verhältnisse geändert, muss die Behörde ernsthafte Anhaltspunkte darlegen können, dass eine Wiederholungsgefahr entfallen ist (vgl. Art. 4 IV RL). Geht die Verfolgung von Organisationen aus, die den gesamten Staat beherrschen, finden dieselben Grundsätze Anwendung. Beherrschen sie nur einen Teil des Staatsgebietes, gelten bezogen auf diesen Teil des Staatsgebietes ebenfalls dieselben Grundsätze. Im Blick auf andere Teile des Staatsgebietes ist indes eine spezifische Prüfung nach Maßgabe der Grundsätze zum internen Schutz (Art. 8 RL) angezeigt. 285

Diesem Prognoseansatz der Richtlinie entspricht grundsätzlich die deutsche Rechtsprechung. Danach ist dem erhöhten Risiko eines Asylsuchenden, der bereits einmal politische Verfolgung erlitten hat, mit einer *Herabstufung der Nachweislast* zu begegnen (BVerwGE 65, 250 (252) = EZAR 200 Nr. 7 = NVwZ 1983, 160). Die Herabstufung kommt indes nicht nur jenen zugute, die in der Vergangenheit bereits einmal Verfolgung erlitten haben, sondern auch jenen, die vor ihrer Ausreise einer ihnen *unmittelbar drohenden Verfolgungsgefahr* ausgesetzt waren (BVerfGE 80, 315 (345) = EZAR 201 Nr. 20 = NVwZ 1990, 151 = InfAuslR 1990, 21; BVerwGE 71, 175 (179) = EZAR 200 Nr. 13 = InfAuslR 1985, 241.). 286

Dies entspricht dem Begriff der »unmittelbaren Bedrohung« in Art. 4 IV der Richtlinie. Das Bundesamt muss in einem derartigen Fall darlegen, dass der Antragsteller im Herkunftsstaat vor erneuter Verfolgung hinreichend sicher ist. Können ernsthafte Bedenken hiergegen nicht ausgeräumt werden, so wirkt sich dies zugunsten des Antragstellers aus. Umgekehrt ist eine hinreichende Verfolgungssicherheit anzunehmen, wenn sich eine *Wiederholungsgefahr* ohne ernsthafte Zweifel an der Sicherheit des Vorverfolgten für den Fall seiner Rückkehr in das Herkunftsland ausschließen lässt. Anderseits 287 ist dem Antrag zu entsprechen, wenn Anhaltspunkte vorliegen, welche die Möglichkeit erneut einsetzender Verfolgung als nicht ganz entfernt erscheinen lassen (BVerwGE 70, 169 (171) = EZAR 200 Nr. 12 = InfAuslR 1985, 51).

288 Die Anwendung der herabgestuften Nachweislast setzt darüber hinaus voraus, dass der Antragsteller vor einer ihm *landesweit* drohenden Verfolgungsgefahr geflohen ist. Das ist dann der Fall, wenn der *regional Vorverfolgte* in den anderen Landesteilen seines Herkunftsstaates nicht hinreichend sicher vor Verfolgung war oder mit dem Ausweichen dorthin aus anderen als asylerheblichen Gründen in eine ausweglose Lage zu geraten drohte. Eine hinreichende Verfolgungssicherheit in den anderen Landesteilen besteht nicht, wenn dort eine Verfolgungsgefahr nicht auszuschließen ist (BVerfGE 80, 315 (345) = EZAR 201 Nr. 20 = NVwZ 1990, 151 = InfAuslR 1990, 21). Die Behörde muss also mit hinreichender Sicherheit ausschließen können, dass an anderen als interne Schutzalternativen in den Blick genommenen Orten des Landes Verfolgung droht, d. h. es muss mehr als *überwiegend wahrscheinlich* sein, dass keine weitere Verfolgung im gesamten Staatsgebiet droht (BVerwG, EZAR 200 Nr. 3; zur inländischen Fluchtalternative s. auch BVerwGE 108, 84 = InfAuslR 1999, 145 = NVwZ 1999, 544 – Irak; Nieders. OVG, AuAS 2000, 9 – Kosovo).

289 Dementsprechend kann diese Rechtsprechung regelmäßig nur bei Verfolgungen durch nichtstaatliche Akteure Anwendung finden. Hinsichtlich der verfolgungsunabhängigen Nachteile und Gefahren an Orten einer internen Schutzalternative wird allerdings der Maßstab der überwiegenden Wahrscheinlichkeit angewendet (BVerfGE 80, 315 (345) = EZAR 201 Nr. 20 = NVwZ 1990, 151 = InfAuslR 1990, 21).

3.5. Ausschluss des internationalen Schutzes (Art. 12 der Qualifikationsrichtlinie)

3.5.1. Allgemeines

290 In Anknüpfung an die Ausschlussklauseln von Art. 1 D bis F GFK regelt Art. 12 der Qualifikationsrichtlinie den Ausschluss von Personen, die an sich die Voraussetzungen der Flüchtlingseigenschaft nach Art. 1 A GFK erfüllen. Art. 1 D GFK (Art. 12 I Buchst. a) der RL) schließt Personen vom internationalen Schutz aus, die bereits den Schutz oder den Beistand einer Organisation oder Institution der Vereinten Nationen für Flüchtlinge genießen. Derzeit wird diese Bestimmung auf Personen angewendet, die vom Büro der Vereinten Nationen zur Unterstützung der Palästinaflüchtlinge im Nahen Osten (*UNRWA*) Hilfe erhalten oder erhalten könnten (s. hierzu Marx, Handbuch zur Asyl- und Flüchtlingsanerkennung, § 35). Keine andere Organisation oder Institutuon der Vereinten Nation hat derzeit ein konkretes Flüchtlingsschutz- oder Flüchtlingshilfemandat, sodass der Anwendungsbereich von Art. 1 D GFK und damit auch der von Art. 12 I Buchst. a) der RL auf die bezeichneten Palästinaflüchtlinge begrenzt ist (UNHCR, Auslegung von Artikel 1 GFK, April 2001, S. 12.).

291 Der Ausschlussklausel des Art. 12 I Buchst. b) der Richtlinie liegt Art. 1 E GFK

zugrunde. Danach findet die GFK keine Anwendung auf Personen, die von den zuständigen Behörden des Aufnahmestaates als eine Person anerkannt wird, welche die Rechte und Pflichten hat, die mit dem Besitz der Staatsangehörigkeit dieses Staates verknüpft sind. Voraussetzung für die Anwendung dieser Klausel ist danach, dass die betreffende Person diese Rechte und Pflichten in der Praxis auch tatsächlich ausüben kann. Insbesondere muss sie den Refoulementschutz nach Art. 33 GFK genießen (UNHCR, Handbuch, Rdn. 145). Insoweit ist auch auf den Beendigungsgrund Art. 1 C Nr. 3 GFK bzw. Erlöschensgrund nach § 72 I Nr. 3 (s. hierzu § 72 Rdn. 32 ff.) hinzuweisen.

Die wichtigsten Ausschlussklauseln enthält Art. 1 F GFK. Diese sind in Art. 12 II der Richtlinie für den internationalen Schutz (s. auch § 60 VIII 2 AufenthG; § 30 IV) und in Art. 17 der RL für den ergänzenden Schutz (s. auch § 25 III 2 3. Alt. AufenthG) wieder gegeben. Aufgrund der seit dem 11. September 2001 zu beobachtenden vielfältigen internationalen und staatlichen Bemühungen, »*terroristischen Straftätern*« den Flüchtlingsschutz zu versagen, kommt insbesondere dem Ausschlussgrund nach Art. 1 F Buchst. b) GFK, zentrale Bedeutung zu.

292

Nach Art. 12 III der Richtlinie setzt der Ausschluss voraus, dass der Antragsteller zu Handlungen im Sinne von Art. 12 II der Richtlinie angestiftet hat oder an deren Begehung in anderer Weise beteiligt war. Dies steht in Übereinstimmung mit Resolution 1373 (2001) vom 28. September 2001 des Sicherheitsrates der Vereinten Nationen. Danach wird für die Gewährung des Flüchtlingsstatus gefordert, dass »*der Asylsuchende keine terroristischen Handlungen geplant oder erleichtert oder sich daran beteiligt hat*«. Der Sicherheitsrat hat damit kein neues Recht geschaffen. Vielmehr insistiert er darauf, dass die Mitgliedstaaten der Vereinten Nationen die Ausschlussgründe nach Art. 1 F GFK im Kontext terroristischer Straftaten konsequent anwenden.

293

Auch wenn wegen eines Ausschlussgrundes kein Flüchtlingsschutz gewährt wird, haben die Mitgliedstaaten das Refoulementverbot nach Art. 3 EMRK zu beachten (vgl. auch Art. 15 Buchst. b) der RL). Dies steht in Übereinstimmung mit der Rechtsprechung des EGMR, der in *Chahal* am Beispiel eines Verfahrens mit terroristischem Hintergrund aus dem absoluten Charakter von Art. 3 EMRK abgeleitet hat, dass der dort vorgesehene Schutz weitergehend als der flüchtlingsrechtliche Schutz ist (EGMR, – InfAuslR 1997, 97 = EZAR 933 Nr. 4 = NVwZ 1997, 1093 – *Chahal*).

294

3.5.2. Prüfung der Flüchtlingseigenschaft vor der Anwendung der Ausschlussklauseln

Auch wenn die Voraussetzungen eines der Ausschlussgründe vorliegen, haben die Mitgliedstaaten zunächst zu prüfen, ob die Voraussetzungen für die Gewährung internationalen Schutzes nach Kap. II der Richtlinie vorliegen. Der Grundsatz, dass die Prüfung der Flüchtlingseigenschaft der Entscheidung über die Anwendung der Ausschlussgründe vorauszugehen hat (»*inclusion before exclusion*«) kann mittlerweile als anerkannter internationaler Grundsatz angesehen werden (Nr. 15 der Summary Conclusions – Exclusion from Refugee Status, Lisbon Expert Roundtable, Global Consultations on

295

§ 1 Allgemeine Bestimmungen

International protection, 3–4 May 2001; UNHCR, The Exclusion Clauses: Guidelines on their Application, 1 Dec. 1996, Nr. 84; UNHCR, Background Paper on the Article 1 F Exclusion Clauses, 1997; UNHCR, Determination of refugee status of persons connected with organizations or groups which advocate and/or practice violence, 1 June 1998, Nr. 4 und 5; Bliss, ›Serious reasons for Considerung‹: Minimum Standards of Procedural Fairness in the Application of the Article 1 F Exclusion Clauses, in: International Journal of Refugee Law, Vol. 12 Special Supplemtary Issue 2000. Exclusion from Protection, S. 92 (106 ff.).

296 Die Statusentscheidung nach Art. 1 A GFK und die Ausschlussentscheidung nach Art. 1 D bis F GFK sind integrale und miteinander eng zusammenhängende Aspekte des Feststellungsverfahrens. Beide Fragen müssen im Rahmen einer umfassenden Prüfung aller relevanten Umstände des Einzelfalls behandelt werden. Eine Entscheidung über den Ausschluss ohne vorhergehende Prüfung der Flüchtlingseigenschaft ist darüber hinaus unvereinbar mit dem Ziel und Zweck der GFK (vgl. auch Art. 31 I WVK). Weil der Ausschluss der *extreme Ausnahmefall* ist, muss zunächst über die Flüchtlingseigenschaft entschieden werden. Erst die hierbei zu prüfenden Umstände erlauben eine Bewertung ihres Gewichtes und ihrer Bedeutung insbesondere auch im Blick auf Artikel 1 F GFK.

3.5.3. Beweislast und -standard

297 Nach Art. 1 F GFK finden die Bestimmungen der GFK keine Anwendung auf Personen, »in bezug auf die *aus schwerwiegenden Gründen die Annahme gerechtfertigt* ist«, dass sie sich Handlungen zuschulden kommen lassen haben, die nach dieser Norm zum Ausschluss vom Flüchtlingsschutz führen. Art. 12 II 1. HS der Richtlinie wiederholt diesen Beweisstandard. Eine Einschränkung des Abschiebungsschutzes nach Art. 1 F GFK setzt danach zwar keine rechtskräftige Verurteilung, sondern lediglich die Annahme voraus, dass entsprechende Taten begangen worden sind. Nach dem internationalen Standard wird über die Anwendung von Art. 1 F GFK nicht nach den Regeln eines Strafprozesses entschieden. Die Feststellung »schwerwiegender Gründe« nach dieser Norm erfordert allerdings als ein Minimum eine klare Beweislage, welche nach international üblichen Regeln für die Zulassung einer Anklage vorausgesetzt wird (UNHCR, Determination of refugee status of persons connected with organizations or groups which advocate and/or practice violence, 1 June 1998, Nr. 17), also einen *hinreichenden Tatverdacht*.

298 Wegen des besonderen Ausnahmecharakters der Ausschlussgründe sind die diesem Beweismaßstab zugrundeliegenden Umstände und Tatsachen besonders sorgfältig und erschöpfend festzustellen. Die danach erforderliche *strenge Prüfung der Ausschlussgründe* darf deshalb nicht in Zulässigkeits- oder beschleunigten Verfahren durchgeführt werden. Erst eine endgültige Entscheidung über den Ausschluss nach einer sorgfältigen Prüfung aller relevanten Umstände und Tatsachen entzieht dem Flüchtling den Abschiebungsschutz nach Art. 33 GFK (UNHCR, The Exclusion Clauses: Guidelines on their Application, 1 Dec. 1996, Nr. 84). Daher darf über den Ausschluss nach Art. 1 GFK nicht in Verfahren zur Behandlung offensichtlich unbegründeter

Geltungsbereich §1

Asylanträge entschieden werden (Bliss, a. a. O.). Unvereinbar hiermit ist die Regelung des § 30 Abs. 4 AsylVfG.

Ausschlussgründe nach Art. 1 F GFK dürfen ausschließlich anhand des *individuellen und bekannten Verhaltens des Asylsuchenden* angewendet werden. Dementsprechend stellt Art. 12 III der Richtlinie klar, dass die Ausschlussgründe nur auf Personen angewendet werden dürfen, die zur Begehung von in Art. 12 II beschriebenen Handlungen anstiften oder auf andere Weise an deren Ausführung beteiligt sind. Dies gilt in Besonderheit für den Begriff des *»schweren nichtpolitischen Verbrechens«* nach Art. 1 F Buchst. b) GFK. Mit für die Mitgliedstaaten nach Art. 25 der UN-Charta verbindlicher Wirkung hat der Sicherheitsrat in Resolution 1373 (2001) vom 28. September 2001 unter Nr. 3 Buchst. f) den Ausschluss vom Flüchtlingsstatus ausdrücklich auf die *»Planung, Erleichterung oder Beteiligung an terroristischen Handlungen«* bezogen. Eine Zugehörigkeit zu einer nicht näher bestimmten »terroristischen Vereinigung« oder gar nur deren »Unterstützung« erfüllt diese strengen Voraussetzungen nicht.

299

3.5.4. Verbrechen gegen den Frieden, Kriegsverbrechen oder Verbrechen gegen die Menschlichkeit (Art. 12 Abs. 2 Buchst. a) der Qualifikationsrichtlinie)

Nach Art. 12 II Buchst. a) der Richtlinie wird in Übereinstimmung mit Art. 1 F Buchst. a) GFK (s. auch § 60 VIII 2. 1. Alt. AufenthG; § 30 Rdn. 207) der Flüchtlingsschutz jenen Personen nicht zuteil, in bezug auf die aus schwerwiegenden Gründen die Annahme gerechtfertigt ist, dass sie ein Verbrechen gegen den Frieden, ein Kriegsverbrechen oder ein Verbrechen gegen die Menschlichkeit im Sinne der internationalen Vertragswerke begangen haben. Danach können völkerrechtliche Entwicklungen im Völkerstrafrecht, insbesondere das Rom-Statut des Internationalen Strafgerichtshofes, bei der Auslegung und Anwendung dieser Norm heran gezogen werden.

300

3.5.5. Schweres nichtpolitisches Verbrechen (Art. 12 Abs. 2 Buchst. b) der Qualifikationsrichtlinie)

Nach Art. 12 II Buchst. b) der Richtlinie wird in Übereinstimmung mit Art. 1 F Buchst. b) GFK (s. auch § 60 VIII 2 2. Alt. AufenthG; § 30 Rdn. 208 ff.) der Flüchtlingsschutz jenen Personen nicht zuteil, in bezug auf die aus schwerwiegenden Gründen die Annahme gerechtfertigt ist, dass sie ein schweres nichtpolitisches Verbrechen außerhalb des Aufnahmelandes begangen haben, bevor sie dort als Flüchtling aufgenommen wurden. Der Wortlaut der Norm lässt eine Aufweichung des Begriffs des »schweren nichtpolitischen Verbrechens« in den bloßen Vorfeldbereich der Unterstützung als terroristisch angesehener Vereinigungen nicht zu.

301

Das Gewicht des Begriffs des »schweren nichtpolitischen Verbrechens« ist aus einer systematischen Anwendung des Art. 1 F GFK und damit insbesondere in Anlehnung an den Begriff des »Verbrechens gegen den Frieden«, an das »Kriegsverbrechen« oder an das »Verbrechen gegen die Menschlichkeit« nach Art. 1 F Buchst. a) GFK zu erschließen. Dementsprechend fordern die Richtlinien des UNHCR zu Art. 1 F GFK von 1996 eine restriktive Auslegung

302

73

§ 1 *Allgemeine Bestimmungen*

der Ausschlussgründe. Unter dem Begriff »*schwer*« ist eindeutig eine schwerwiegende Straftat und nicht ein leichteres Vergehen zu verstehen, selbst wenn letzteres nach innerstaatlichen Rechtsvorschriften als »Verbrechen« bezeichnet wird.

303 Für die Beurteilung heranzuziehen sind unter anderem die Art des strafrechtlichen Verfahrens, die vorgeschriebene Strafe einschließlich der Dauer und der Bedingungen einer Freiheitsstrafe. Ein »schwerwiegendes« Verbrechen kann nur angenommen werden, wenn die zugrundeliegende Handlung eine langjährige Freiheitsstrafe nach sich zieht und diese durch eine »*unmittelbare und persönliche Beteiligung des Asylsuchenden*« geprägt ist (Nr. 11 der Summary Conclusions – Exclusion from Refugee Status, Lisbon Expert Roundtable, Global Consultations on International protection, 3–4 May 2000; s. auch Art. 12 III RL). Darüber ist zu prüfen, ob es einen internationalen Konsens gibt, dass die in Rede stehende Straftat zu einer der schwersten Verbrechen zählt. Schließlich ist auch der durch das Verbrechen verübte Schaden in Betracht zu ziehen.

304 Das Verbrechen muss »*nichtpolitisch*« sein, d. h. es muss sich um eine Straftat nach gemeinem Recht handeln, die nicht zur Erreichung politischer Ziele, sondern aus anderen Motiven, etwa zur persönlichen Bereicherung oder aus Rache verübt wurde. Durch dieses Erfordernis wird sichergestellt, dass Personen, die verfolgt werden, weil sie ihrer politischen Gesinnung in einer Weise Ausdruck verleihen, die in einem Staat zulässig wäre, in dem der Einzelne seine Anschauungen frei zum Ausdruck bringen und andere Menschenrechte in einer Weise ausüben kann, die niemandem zum Schaden gereichen, nicht dadurch vom Flüchtlingsschutz ausgeschlossen werden können, indem Gesetze erlassen werden, welche diese grundlegenden Menschenrechte missachten (vgl. auch Art. 10 I Buchst. e) der RL).

305 Andererseits können sich Urheber »politischer« Verbrechen, wie etwa Flugzeugentführungen oder Geiselnahmen, nicht ohne weiteres auf den politischen Charakter ihrer Taten berufen. Vielmehr ist sorgfältig abzuwägen, ob der zugefügte Schaden schwerer wiegt als das angestrebte politische Ziel. Ist jedoch das politische Verbrechen die einzige Möglichkeit, um der Verfolgung durch ein repressives System zu entkommen, kann dies nach einer Abwägung aller Umstände des konkreten Einzelfalles die Nichtanwendung der Ausschlussklausel rechtfertigen (UNHCR, Auslegung von Artikel 1 GFK, April 2001, S. 13 f.).

306 Bei der *Mitgliedschaft in gewaltbefürwortenden oder –anwendenden Organisationen* setzt die Anwendung von Art. 12 II Buchst. b) der Richtlinie voraus, dass *zusätzlich* zur Mitgliedschaft schwerwiegende Gründe die Annahme begründen, dass der Asylsuchende eine »*unmittelbare Verantwortung*« für die Tat hat oder an der von anderen begangenen Handlung selbst »*aktiv beteiligt*« war (UNHCR, Determination of refugee status of persons connected with organizations or groups which advocate and/or practice violence, 1 June 1998, Nr. 16). Im Blick auf die Förderung oder Unterstützung terroristischer Handlungen sind also konkrete Anzeichen für eine unmittelbare Beteiligung des Asylsuchenden erforderlich. Allein die Teilnahme an Veranstaltungen einer

Geltungsbereich §1

verbotenen Organisation kann deshalb unter keinen denkbaren Umständen ausreichen (BayVGH, AuAS 2003, 195 (197).
Vielmehr ist ein Ausschluss unter keinen Umständen erlaubt, wenn der Betreffende sich in einer konkreten Situation an einer derartigen Handlung beteiligt haben könnte, sein Beitrag aber in keinem unmittelbaren Zusammenhang zu dieser steht (UNHCR, Determination of refugee status of persons connected with organizations or groups which advocate and/or practice violence, 1 June 1998, Nr. 15: The exclusion provisions »*do not in any way refer to a situation in which a person may have contributed towards the commission of the act in a less direct or more remote manner.*«). 307

Zwar hat das BVerwG festgestellt, dass die Bestrafung wegen Zugehörigkeit zu einer gewaltbejahenden Organisation vorrangig der »Unterstützung von Gewalt durch die Mitgliedschaft« gelte und deshalb asylunerheblich sei (BVerwGE 67, 195 (201) = EZAR 201 Nr. 5 = NVwZ 1983, 678). Dem hält jedoch das BVerfG einschränkend entgegen, dass die Gleichsetzung von Terrorismus und Gewalt unzulässig sei, wenn konkrete Aktivitäten zur Umsetzung der Einsicht, dass ein bestimmtes Gebiet mit Gewalt vom Zentralstaat losgelöst werden müsse, nicht festgestellt werden könnten (BVerfG (Kammer), InfAuslR 1991, 257 (260) = EZAR 201 Nr. 23 = NVwZ 1992, 261; s. auch Nieders. OVG, InfAuslR 1998, 196 (199), Mitgliedschaft in der Ennahda (Tunesien) ist asylrelevant). Die in der Anhörung des Bundesamtes übliche allgemeine Frage nach der Einstellung des Antragstellers zur Frage der Gewalt ist deshalb unzulässig. Darüber hinaus spricht die hohe Bestrafung für propagandistische Dev-Yol-Aktivitäten gegen privaten Rechtsgüterschutz (BVerfG (Kammer), InfAuslR 1991, 97 (99); s. auch BVerfG (Kammer), InfAuslR 1999, 37; BVerfG (Kammer), InfAuslR 2000, 254 (258 f.). 308

Aber auch nach der Rechtsprechung des BVerwG rechtfertigt die bloße Mitgliedschaft in einer gewaltbejahenden Organisation als solche nicht die Anwendung des Terrorismusvorbehaltes. Vielmehr müsse sich die von dieser ausgehende Gefährdung in der Person des Asylsuchenden konkretisieren. *Schwerwiegende Gründe* in diesem Sinne würden regelmäßig nicht schon dann vorliegen, wenn dieser sich für die Organisation etwa durch *Teilnahme an deren Aktivitäten* oder durch *finanzielle Zuwendungen* einsetze. Im Allgemeinen reiche es jedoch aus, wenn der Asylsuchende eine die Sicherheit des Staates gefährdende Organisation in *qualifizierter Weise,* insbesondere durch *eigene Gewaltbeiträge* oder als *Funktionär* unterstütze. Durch eigene erhebliche Gewalttätigkeit oder -bereitschaft trete er für die Ziele der Organisation ebenso ein wie durch die strukturelle Einbindung in die Organisation, etwa durch Ausübung einer aktiven Funktionärstätigkeit (BVerwGE 109, 1 (7 f.) = EZAR 200 Nr. 35 = InfAuslR 1999, 470 = NVwZ 1999, 1346 = AuAS 1999, 187). 309

Der »Terrorismusvorbehalt« findet in der deutschen Rechtsprechung namentlich schon dann Anwendung, wenn der Asylsuchende durch eine *geradezu typische Vorfeldtätigkeit* als Funktionär in der Exilorganisation den von dieser ausgeübten Terrorismus maßgeblich unterstützt. Erst recht gilt dies nach der Rechtsprechung, wenn die Exilorganisation ihrerseits ihre Ziele als im strafrechtlichen Sinne kriminelle oder terroristische Vereinigung verfolgt 310

§ 1   *Allgemeine Bestimmungen*

und der Asylsuchende hierfür Mitverantwortung trägt (BVerwGE 109, 12 (19) = EZAR 200 Nr. 34 = InfAuslR 1999, 366 = NVwZ 1999, 1349 = AuAS 1999, 184).

311 Diese weite Vorverlegung des Terrorismusvorbehaltes in den gewaltlosen gesellschaftlichen Prozess ist jedoch mit den internationalen Grundsätzen, die sich zur Auslegung und Anwendung von Art. 1 F Buchst. b) der GFK herausgebildet haben, nicht vereinbar. Die Rechtsprechung des BVerwG überzieht darüber hinaus bei weitem die vom BVerfG entwickelten Kriterien, denen zufolge Aktivitäten in einer Exilorganisation außerhalb der Asylverheißung fallen. Danach liegt es außerhalb des Asylrechts, wenn für *terroristische Aktivitäten* im Ausland nur ein neuer Kampfplatz gesucht werde, um sie dort fortzusetzen oder zu unterstützen (BVerfGE 81, 142 (152) = EZAR 200 Nr. 26 = NVwZ 1990, 453 = InfAuslR 1990, 122). Lagen dem vom BVerfG entschiedenen Fall strafgerichtliche Verurteilungen wegen einer Reihe von besonders aggressiven Delikten zugrunde, wendet das BVerwG den Terrorismusvorbehalt auch auf Sachverhalte an, in denen keine strafrechtlichen Verurteilungen festgestellt wurden.

312 Art. 12 II Buchst. b) der Richtlinie findet jedoch keine Anwendung, wenn sich der Flüchtling von seinen früheren Aktivitäten gelöst, insbesondere von der als gefährlich eingeschätzten Organisation glaubhaft abgewendet hat (OVG Rh-Pf, NVwZ-RR 2003, 595 (600)). Die als gefährlich eingeschätzten früheren Aktivitäten müssen im Zeitpunkt der Entscheidung noch andauern. Ist dies nicht der Fall, weil die Organisation sich aufgelöst hat oder ihre politischen Ziele nicht mehr mit gewaltförmigen Mitteln durchsetzt oder der Antragsteller sich glaubhaft von der Organisation abgewendet hat, ist dies nicht der Fall und findet der Ausschlussgrund keine Anwendung.

3.5.7. Zuwiderhandlung gegen Ziele und Grundsätze der Vereinten Nationen (Art. 12 Abs. 2 Buchst. c) der Qualifikationsrichtlinie)

313 Nach Art. 12 Abs. 2 Buchst. c) der RL wird in Übereinstimmung mit Art. 1 F Buchst. c) GFK der Flüchtlingsschutz jenen Personen nicht zuteil, in bezug auf die aus schwerwiegenden Gründen die Annahme gerechtfertigt ist, dass sie sich Handlungen zuschulden kommen ließen, die den Zielen und Grundsätzen der Vereinten Nationen zuwiderlaufen (s. auch § 30 Rdn. 215). Die Ziele und Grundsätze der Vereinten Nationen sind in der Präambel und in Art. 1 und 2 der UN-Charta definiert. Diese Bestimmungen enthalten eine Aufzählung von fundamentalen Grundsätzen, von denen sich die Mitgliedstaaten der Vereinten Nationen im Verhältnis zueinander und im Verhältnis zur Völkergemeinschaft insgesamt leiten lassen sollten. Auf eine Einzelperson können deshalb diese Bestimmungen keine Anwendung finden (UNHCR, Handbuch, Rdn. 163; UNHCR, Auslegung von Artikel 1 GFK, April 2001, S. 14).

314 Demgegenüber wird in der Rechtsprechung festgestellt, dass die Mitgliedschaft in »terroristischen Organisation« ebenso wie deren finanzielle Unterstützung im Widerspruch zu den Zielen und Grundsätzen der Vereinten Nationen stehen würden, sodass dieser Ausschlussgrund auch auf Privatpersonen Anwendung finde, wenn sie in den Terrorismus verstrickt seien

(VG Koblenz, U. v. 11. 8. 2004 – 5 K 2125/03.KO): Der Entstehungsgeschichte der Konvention ist jedoch zu entnehmen, dass nach Auffassung der Delegierten der Bevollmächtigtenkonferenz Art. 1 F Buchst. c) GFK nur selten und nur auf Personen angewendet werden sollte, die in einem Staat eine Machtposition innehaben oder Einfluss ausüben und maßgeblich für Verstöße dieses Staates gegen die Ziele und Grundsätze der Vereinten Nationen verantwortlich zu machen sind. Hier kann es darüber hinaus zu Überschneidungen mit Art. 1 F Buchst. a) GFK kommen (UNHCR, Handbuch, Rdn. 163; UNHCR, Auslegung von Artikel 1 GFK, April 2001, S. 14).

4. Vom Anwendungsbereich des AsylVfG ausgeschlossene Personen (Abs. 2)

Die Herausnahme der heimatlosen Ausländer aus dem Anwendungsbereich des AsylVfG hat ihren Grund darin, dass diese Personen bereits eine bestimmte Rechtsstellung genießen, die erheblich stärker als die Rechtsstellung der Asylberechtigten nach § 2 ist. Darüber hinaus waren früher auch die nach dem Gesetz über Maßnahmen für im Rahmen humanitärer Hilfsaktionen aufgenommene Flüchtlinge Begünstigten (*Kontingentflüchtlinge*) aus dem Anwendungsbereich des AsylVfG ausgeschlossen worden. Da das entsprechende Gesetz mit Wirkung zum 31. Dezember 2004 aufgehoben worden ist (Art. 15 III Nr. 4 ZuwG) ist eine entsprechende Ausschlussklausel in Abs. 2 nicht mehr erforderlich.

315

§ 2 Rechtsstellung Asylberechtigter

(1) Asylberechtigte genießen im Bundesgebiet die Rechtsstellung nach dem Abkommen über die Rechtsstellung der Flüchtlinge vom 28. Juli 1951 (BGBl. 1953 II S. 559).
(2) Unberührt bleiben die Vorschriften, die den Asylberechtigten eine günstigere Rechtsstellung einräumen.
(3) Ausländer, denen bis zum Wirksamwerden des Beitritts in dem in Artikel 3 des Einigungsvertrages genannten Gebiet Asyl gewährt worden ist, gelten als Asylberechtigte.

Übersicht

		Rdn.
1.	Vorbemerkung	1
2.	Umfang der Rechtsstellung (Abs. 1 und 2)	5
2.1.	Asylrechtlicher Abschiebungs- und Zurückweisungsschutz	5
2.2.	Einschränkung des Kernbereichs des Asylrechts (§ 60 Abs. 8 Satz 1 AufenthG)	10
2.3.	Rechtsstellung nach der GFK (Abs. 1)	18
2.4.	Anderweitige Begünstigung (Abs. 2)	29

§ 2   *Allgemeine Bestimmungen*

2.5.	Wiederkehroption nach § 51 Abs. 7 AufenthG	46
2.5.1.	Allgemeines	46
2.5.2.	Wiedereinreiseanspruch nach § 51 Abs. 7 AufenthG	47
2.5.3.	Wiedereinreiseanspruch nach der GFK	57
2.5.3.1.	Rückkehrberechtigung nach § 13 Abs. 1 GFKAnhang	57
2.5.3.2.	Reichweite und Inhalt des internationalen Rechtsstuats	61
2.5.3.3.	Rückkehrberechtigung aus § 6 Abs. 1 GFKAnhang	69

1. Vorbemerkung

1   Diese Vorschrift entspricht § 3 AsylVfG 1982 (BT-Drs. 12/2062, S. 28). Eine Rechtsänderung hat der Gesetzgeber mithin nicht beabsichtigt. § 2 wie § 3 verweisen auf die Rechtsstellung nach der GFK. Art. 5 GFK erlaubt die Besserstellung von Flüchtlingen durch die Vertragsstaaten. Dementsprechend bleiben nach Abs. 2 günstigere nationale Regelungen für Asylberechtigte unberührt. Zwar fehlt in § 3 eine vergleichbare Regelung. Mit dem ZuwG wurde jedoch mit Wirkung zum 1. Januar 2005 der Grundsatz der rechtlichen Gleichstellung von Asylberechtigten und Flüchtlingen verwirklicht.

2   Die durch den Einigungsvertrag in § 3 III AsylVfG 1990 eingeführte Regelung wird in Abs. 3 übernommen und bezweckt eine rechtliche Gleichbehandlung der nach dem Recht der *Deutschen Demokratischen Republik* anerkannten Asylberechtigten mit den Asylberechtigten nach Art. 16 a I GG ohne Berücksichtigung der jeweils zugrundeliegenden unterschiedlichen tatbestandlichen Voraussetzungen.

3   Der Genuss der Rechtsstellung nach Abs. 1 in Verb. mit Art. 2 bis 34 GFK setzt die *Unanfechtbarkeit der Statusentscheidung* über die Asylberechtigung voraus. Denn erst die verbindliche asylrechtliche Statusentscheidung entfaltet mit Blick auf den Genuss der Rechtsstellung im konkreten Einzelfall *gleichsam konstitutive Wirkung* (BVerfGE 60, 253 (259) = DVBl. 1982, 888 = EuGRZ 1982, 394 = EZAR 610 Nr. 14 = InfAuslR 1982, 245 (LS) = BayVBl. 1982, 653 (LS) = NVwZ 1982, 614 (LS) = DÖV 1982, 87 (LS)).

4   Dagegen greift der asylrechtliche *Abschiebungsschutz* als unantastbarer *Kernbereich des Asylrechts* unabhängig von der Statusentscheidung ein (BVerwGE 49, 202 (205 f.) = EZAR 134 Nr. 1 = NJW 1976, 490; BVerwGE 62, 206 (210) = EZAR 221 Nr. 7 = InfAuslR 1981, 214; BVerwGE 69, 323 (325) = EZAR 200 Nr. 10 = NJW 1984, 2782). Nach Abs. 1 setzt der Genuss der Rechtsstellung den gewöhnlichen Aufenthalt des Asylberechtigten im Bundesgebiet voraus. Diese Regelung entspricht der völkerrechtlichen Logik. Die Bundesrepublik kann ihre aus der GFK folgenden Verpflichtungen nur auf ihrem Hoheitsgebiet erfüllen. Jedoch vermittelt die GFK einen Anspruch auf internationale Freizügigkeit (BVerfGE 52, 391 (403) = EZAR 150 Nr. 1 = NJW 1980, 516). Mit Widerruf (§ 73 I), Rücknahme (§ 73 II) oder kraft Erlöschens (§ 72) geht der Asylberechtigte seiner Rechtsstellung nach § 2 verlustig.

Rechtsstellung Asylberechtigter § 2

2. Umfang der Rechtsstellung (Abs. 1 und 2)

2.1. Asylrechtlicher Abschiebungs- und Zurückweisungsschutz

Abs. 1 verweist auf die GFK und setzt damit wie diese den bereits vorangegangenen Statusbescheid voraus. Unabhängig davon wird Asylberechtigten der verfassungsrechtliche Abschiebungs- und Zurückweisungsschutz zuteil. Dieser Schutz wird jedoch allen politisch Verfolgten unabhängig von einem formellen Asylantrag im Sinne von § 13 oder einer unanfechtbaren Statusentscheidung gewährleistet. Auch der völkerrechtliche Grundsatz des Non-Refoulement (Art. 33 I GFK) gilt unabhängig von einer innerstaatlichen Statusentscheidung, ist mithin nach allgemeiner Ansicht *deklaratorischer Natur* (Gilbert Jaeger, Status and International Protection of Refugees, Rdn. 52; Robert C. Sexton, Vanderbuilt JTL 1985, 739; Guy S. Goodwin-Gill, The Refugee in International Law, 2. Aufl., S. 141).

5

In Übereinstimmung hiermit geht das BVerwG davon aus, dass das verfassungsrechtliche Asylrecht einen klar umrissenen und unverzichtbaren Kerngehalt hat. Es verbürgt demjenigen, der vor politischer Verfolgung Zuflucht sucht, dass er an der Grenze nicht zurückgewiesen sowie nicht in einen *möglichen* Verfolgerstaat abgeschoben wird (BVerwGE 49, 202 (205 f.) = EZAR 134 Nr. 1 = NJW 1976, 490; BVerwGE 62, 206 (210) = EZAR 221 Nr. 7 = InfAuslR 1981, 214; BVerwGE 69, 323 (325) = EZAR 200 Nr. 10 = NJW 1984, 2782). Auch das BVerfG bestimmt die *Reichweite* der verfassungsrechtlichen Asylgarantie nach deren Aufgabe, politisch Verfolgten *Schutz vor den Zugriffsmöglichkeiten des Verfolgerstaates* zu sichern (BVerfGE 56, 216 (236) = DVBl. 1981, 623 = DÖV 1981, 453 = NJW 1981, 1436 = BayVBl. 1981, 366 = JZ 1981, 339 = EuGRZ 1981, 306 = MDR 1981, 637 = VerwRspr. 1981, 769 = EZAR 221 Nr. 4). Der Schutzanspruch für politisch Verfolgte gilt damit unabhängig von einem formellen Asylantrag (§ 13) oder einer Statusentscheidung nach § 31.

6

In seinem *Kerngehalt* hat das Asylrecht damit als *status negativus* einen klar umrissenen Inhalt: Es verbürgt politisch Verfolgten *Schutz vor Auslieferung* (BVerfGE 9, 174 (184) = NJW 1959, 763 = JZ 1959, 284; BVerfGE 60, 348 (359) = EZAR 150 Nr. 2 = NVwZ 1982, 269 = InfAuslR 1982, 271; BVerfGE 63, 196 (215) = EZAR 150 Nr. 3 = NJW 1983, 1723 = InfAuslR 1983, 148), *Zurückweisung* und *Abschiebung* (BVerwGE 49, 202 (205 f.) = EZAR 134 Nr. 1 = NJW 1976, 490; BVerwGE 62, 206 (210) = EZAR 221 Nr. 7 = InfAuslR 1981, 214; BVerwGE 69, 323 (325) = EZAR 200 Nr. 10 = NJW 1984, 2782). Insoweit wirkt die Asylanerkennung lediglich *deklaratorisch.*

7

Darüber hinaus sind die Worte »genießen Asylrecht« in Art. 16 a I GG dahin weit zu verstehen, dass den im Bundesgebiet aufgenommenen politisch Verfolgten grundsätzlich die Voraussetzungen eines *menschenwürdigen Daseins* geschaffen werden sollen, wozu in erster Linie ein *gesicherter Aufenthalt* sowie die Möglichkeit zu beruflicher und persönlicher Entfaltung gehören (BVerwGE 49, 202 (206) = NJW 1976, 490 = DVBl. 1976, 490 = JZ 1976, 58 = MDR 1976, 252 = JR 1976, 212 = EZAR 134 Nr. 1, zu Art. 16 II 2 GG 1949). Inwieweit allerdings und unter welchen Voraussetzungen und Vorbehalten die im Bundesgebiet aufgenommenen politisch Verfolgten über den Kernbereich

8

79

des Verfolgungsschutzes hinaus Rechte (*status positivus*) besitzen sollen, lässt sich dem Asylrechtsbegriff nicht entnehmen. Insoweit ist die verfassungsrechtliche Asylgarantie eine *offene Norm*, die zwar eine Grundregel gibt, im Übrigen aber einen ergänzenden Regelungsauftrag an den Gesetzgeber enthält (BVerwGE 49, 202 (206)).

9 Insoweit ist es gerechtfertigt, von einer *gleichsam konstitutiv wirkenden* asylrechtlichen Statusentscheidung (BVerfGE 60, 253 (259) = EZAR 610 Nr. 14 = NJW 1982, 2425) zu sprechen. Mit dem Verweis auf die Rechtsstellung nach der GFK in Abs. 1 und dem Vorbehalt der anderweitigen Begünstigung nach Abs. 2 hat der Gesetzgeber diesen Regelungsauftrag erfüllt.

2.2. Einschränkung des Kernbereichs des Asylrechts (§ 60 Abs. 8 Satz 1 AufenthG)

10 Wie früher nach § 14 I 2 AuslG 1965 und nach § 51 III 1 AuslG 1990 entfällt nach § 60 VIII 1 AufenthG der Refoulementschutz für politisch Verfolgte – in Anlehnung an Art. 33 II GFK, aber unter weitaus strengeren Voraussetzungen –, wenn diese aus schwerwiegenden Gründen als eine Gefahr für die Sicherheit der Bundesrepublik anzusehen sind oder eine Gefahr für die Allgemeinheit bedeuten, weil sie wegen eines Verbrechens oder besonders schweren Vergehens *rechtskräftig* zu einer Freiheitsstrafe von *mindestens drei* Jahren verurteilt worden sind.

11 Das BVerwG hat gegen diese erhebliche Einschränkung des verfassungsrechtlich verbürgten Asylrechts keine Bedenken (BVerwGE 49, 202 (209 f.) = NJW 1976, 490 = DVBl. 1976, 500 = EZAR 134 Nr. 1). Die in den fünfziger und sechziger Jahren vehement geäußerte Kritik ist seit dieser Entscheidung verstummt. Nach der früheren Rechtsprechung des BVerwG muss ein die Abschiebung eines politisch Verfolgten rechtfertigender Grund bei der Statusentscheidung selbst unberücksichtigt bleiben (BVerwGE 49, 211 (212 f.) = EZAR 210 Nr. 1 = DÖV 1976, 94 = MDR 1976, 254 = BayVBl. 1976, 410). Der Gesetzgeber hat jedoch mit § 30 IV entschieden, dass sowohl die Durchbrechung des Refoulementschutzes nach § 60 VIII 1 AufenthG (Art. 33 II GFK) wie auch die Einschränkung des Flüchtlingsschutzes nach § 60 VIII 2 AuslG (Art. 1 F GFK) bereits im Asylverfahren zu berücksichtigen sind (§ 30 Rdn. 181 ff.).

12 Der EGMR hat in diesem Zusammenhang festgestellt, dass der in Art. 3 EMRK gewährleistete Schutz vor Folter oder unmenschlicher oder erniedrigender Strafe oder Behandlung *ausnahmslos* gilt, sodass der in Art. 3 EMRK gewährte Refoulementschutz umfassender als jener in Art. 33 GFK ist (EGMR, EZAR 933 Nr. 4 = InfAuslR 1997, 97 = NVwZ 1997, 1093 – *Chahal*; EGMR, InfAuslR 1997, 279 (281) = NVwZ 1997, 1100 = EZAR 933 Nr. 5 – *Ahmed*).

13 Dagegen schließt § 60 VIII 1 AufenthG den Verfolgungsschutz *schlechthin* aus. Seine Anwendung führt »zur *Vernichtung des Asylrechts auch in seinem Kern*« (BVerwGE 49, 202 (208) = NJW 1976, 490 = DVBl. 1976, 500 = EZAR 134 Nr. 1, zu § 14 I 2 AuslG 1965). Daher darf die Abschiebung eines politisch

Verfolgten immer nur als »*ultima ratio*« in Betracht kommen. Dementsprechend sind schon die tatbestandlichen Voraussetzungen des § 60 VIII 1 AufenthG *eng auszulegen*. Sie erfordern, dass mit Blick auf die erste Alternative nicht lediglich die *Annahme* gerechtfertigt ist, der politisch Verfolgte sei als eine Gefahr für die Sicherheit der Bundesrepublik anzusehen. Dies muss vielmehr *feststehen*. (BVerwGE 49 202 (209 f.)).

Bei der zweiten Alternative kann nicht schon allein deswegen angenommen werden, der politisch Verfolgte bedeute eine schwerwiegende Gefahr für die Allgemeinheit, weil er wegen eines besonders schweren Verbrechens rechtskräftig verurteilt worden ist. Vielmehr muss eine *Wiederholungsgefahr* hinzukommen (BVerwGE 49 202 (209 f.) = NJW 1976, 490 = DVBl. 1976, 500 = EZAR 134 Nr. 1). Dabei muss die Wiederholung eines besonders schweren Verbrechens zu besorgen sein (OVG Hamburg, EZAR 132 Nr. 2 = NVwZ-RR 1990, 374 = InfAuslR 1990, 188; OVG NW, EZAR 227 Nr. 3; s. auch OVG Hamburg, EZAR 035 Nr. 6). Auch wenn der Gesetzgeber die Grenze von drei Jahren Freiheitsstrafe in § 60 VIII 1 AufenthG festgesetzt hat und bereits ein besonders schweres Vergehen für die Durchbrechung des Abschiebungsschutzes ausreichen lässt, müssen von der Behörde nach wie vor die Voraussetzungen der Wiederholungsgefahr dargelegt werden. **14**

Es reicht also nicht aus, wenn lediglich neue Verfehlungen nicht ausgeschlossen werden können. Vielmehr muss *aufgrund konkret festgestellter Umstände* die Annahme einer Wiederholungsgefahr mit Blick auf die qualifizierte Straftat im Sinne des § 60 VIII 1 2. Alt. AufenthG gerechtfertigt sein (OVG NW, EZAR 227 Nr. 3). **15**

Das Bundesamt hat im Rahmen des § 30 IV und die Ausländerbehörde bei der ausländerrechtlichen Entscheidung zu berücksichtigen, dass eine strafgerichtlich festgestellte *günstige Sozialprognose* regelmäßig gegen die Annahme einer Wiederholungsgefahr spricht (OVG NW, EZAR 227 Nr. 3; OVG Hamburg, EZAR 132 Nr. 2 = NVwZ-RR 1990, 374 = InfAuslR 1990, 188; OVG Hamburg, NVwZ-RR, 1996, 358; VGH BW, ESVGH 37, 226; VGH BW, InfAuslR 1996, 328 (330) = EZAR 234 Nr. 1 = AuAS 1996, 125). Auch persönliche Bindungen, die zu einer charakterlichen Festigung des politisch Verfolgten führen können, sind zu berücksichtigen (OVG Hamburg, EZAR 132 Nr. 2). **16**

Aber auch für den Fall, dass die tatbestandlichen Voraussetzungen von § 60 VIII 1 AufenthG vorliegen, hat die Behörde vor Erlass der Abschiebungsandrohung zu prüfen, ob die Abschiebung in einen *Drittstaat* möglich ist (BVerwG, InfAuslR 1988, 168; OVG Hamburg, EZAR 132 Nr. 2; VGH BW, ESVGH 37, 226). Sie hat zwar nicht ohne Anlass sämtliche Staaten dieser Welt in Betracht zu ziehen. Ergeben sich jedoch konkrete Anhaltspunkte dafür, dass der politisch Verfolgte sich in einem Drittstaat aufhalten kann, hat die Behörde diese Abschiebungsmöglichkeit zu prüfen (BVerwG, InfAuslR 1988, 168) und gegebenenfalls die Abschiebungsandrohung insoweit einzuschränken. Unterlässt die Behörde eine derartige Prüfung, ist die Verfügung allein deshalb rechtswidrig (VGH BW, ESVGH 37, 226). Eine Abschiebungsalternative kann sich z. B. etwa dann ergeben, wenn der Drittstaat den politisch Verfolgten strafrechtlich zur Verantwortung ziehen will und der Behörde dies bekannt ist (VGH BW, ESVGH 37, 226). **17**

§ 2 Allgemeine Bestimmungen

2.3. Rechtsstellung nach der GFK (Abs. 1)

18 Nach Abs. 1 genießen Asylberechtigte die Rechtsstellung nach der GFK. Damit wird die Bundesrepublik ihrer aus der Ratifizierung der GFK folgenden Verpflichtung, den nach innerstaatlichem Recht anerkannten Flüchtlingen nach Art. 1 GFK die Rechtsstellung nach Art. 2 bis 34 GFK zu gewährleisten, gerecht. Es macht für die innerstaatliche Anwendung der GFK aus völkerrechtlicher Sicht keinen Unterschied, ob die Bundesrepublik die Berechtigten nach der GFK als Asylberechtigte oder als Flüchtlinge bezeichnet. Sicherzustellen hat die Bundesrepublik allein, dass jene Personen, welche die tatbestandlichen Voraussetzungen nach Art. 1 GFK erfüllen, in den Genuss der Rechtsstellung nach Art. 2 bis 34 GFK kommen.

19 Abs. 1 jedenfalls ist die Rechtsgrundlage für die Asylberechtigten nach Art. 16 a I GG zuteil werdende Rechtsstellung. Die GFK enthält in Art. 2 bis 34 und in den Vorschriften ihres Anhangs einen detailliert ausgestalteten Katalog von Rechten. Asylberechtigte haben daher einen *Rechtsanspruch* auf Ausstellung eines *internationalen Reiseausweises* nach Art. 28 GFK (BVerwGE 4, 309 (311); BayVGH, VGH n. F. 26, 17; BayVGH, InfAuslR 2004, 109 = NVwZ-Beil. 2004, 5). Zweck der entsprechenden Regelungen der GFK ist es, den Flüchtlingen nach dem Vorbild des zu Zeiten des Völkerbundes eingeführten *Nansenpasses* einen einheitlichen, allgemein anerkannten Reiseausweis zur Verfügung zu stellen (BVerwGE 4, 309 (311)). Legt der Antragsteller zum Nachweis seiner Identität gefälschte Dokumente vor, kann der Reiseausweis nach Art 28 I 1 2. HS GFK aus »zwingenden Gründen« versagt werden (BayVGH, AuAS 2004, 250 (251); s. hierzu generell UNHCR, NVwZ-Beil. 2004, 1 (3)).

20 Die GFK will den von ihr erfassten Flüchtlingen einen gesicherten internationalen Rechtsstatus verschaffen und ihnen im Einzelnen aufgeführte Rechte in ihrem gewöhnlichen Aufnahmeland, aber auch auf Reisen in andere Länder gewährleisten (BVerfGE 52, 391 (403) = JZ 1980, 24 = NJW 1980, 516 = DVBl. 1980, 191 = DÖV 1980, 447 = BayVBl. 1980, 79 = EZAR 150 Nr. 1). Diese *grenzüberschreitende Freizügigkeit* ist jedoch von der Einreiseerlaubnis anderer Staaten abhängig. Zahlreiche europäische Staaten haben jedoch das Europäische Übereinkommen über die Aufhebung des Sichtvermerkszwangs für Flüchtlinge vom 20. April 1959 (BGBl. II 1961, S. 1097) ratifiziert (*Belgien, Bundesrepublik, Dänemark, Finnland, Frankreich, Irland, Island, Italien, Liechtenstein, Luxemburg, Malta, Niederlande, Norwegen, Portugal, Schweden, Schweiz, Spanien* und *Vereinigtes Königreich*).

21 Danach sind im Bundesgebiet anerkannte Asylberechtigte und Flüchtlinge, die ihre Anerkennung durch den Besitz eines Reiseausweises nach Art. 28 GFK und damit ihren rechtmäßigen Aufenthalt im Bundesgebiet nachweisen können, bei der Einreise in einen anderen Vertragsstaat vom Sichtvermerkszwang befreit. Im Übrigen erkennen die Vertragsstaaten der GFK die Gültigkeit der nach Art. 28 GFK ausgestellten Reiseausweise an (§ 7 GFKAnhang).

22 Diese Norm stellt damit sicher, dass die einem Flüchtling durch den Aufnahmestaat ausgestellten Reisedokumente in den anderen Staaten ohne erneute Prüfung anerkannt werden. Den Flüchtlingen wird dadurch grundsätzlich grenzüberschreitender Reiseverkehr ermöglicht (BVerfGE 52, 391 (403) =

NJW 1980, 516 = DVBl. 1980, 191 = DÖV 1980, 447 = BayVBl. 1980, 79 = EZAR 150 Nr. 1). Nähere Bestimmungen zur Ausgestaltung des Rechtsanspruchs auf Erteilung des Reiseausweises enthalten die Vorschriften des Anhangs zur GFK.

Nach § 5 GFK Anhang beträgt die *Geltungsdauer* des Reiseausweises *je nach Wahl* der ausstellenden Behörde ein oder *zwei Jahre*. Nach der obergerichtlichen Rechtsprechung ist diese Bestimmung zwingend, sodass die Behörde nicht befugt ist, nach pflichtgemäßen Ermessen zu prüfen, ob eine über zwei Jahre hinausgehende Geltungsdauer festgesetzt werden kann (OVG NW, InfAuslR 1981, 110). Dementsprechend wird bundesweit verfahren. 23

Für die Erneuerung der Geltungsdauer ist die ausstellende Behörde zuständig, solange der Flüchtling sich nicht rechtmäßig in einem anderen Gebiet niedergelassen hat und rechtmäßig im Gebiet der genannten Behörde wohnhaft ist (§ 6 Nr. 1 GFK Anhang). Der ausstellende Staat ist verpflichtet, dem Flüchtling während der Geltungsdauer des Reiseausweises die Rückkehr in sein Hoheitsgebiet zu einem beliebigen Zeitpunkt zu gestatten (§ 13 Nr. 1 GFK Anhang). Diese Vorschrift ist für jene Flüchtlinge bedeutsam, die sich aus beruflichen oder anderen Gründen für längere Zeit im Ausland aufhalten wollen (s. Rdn. 46 ff.). 24

Nach Art. 12 I GFK bestimmt sich das *Personalstatut* der Asylberechtigten nach dem Recht des Landes ihres Wohnsitzes oder, in Ermangelung eines Wohnsitzes nach dem Recht ihres Aufenthaltslandes. Mit Personalstatut ist die persönliche Rechtsstellung des Asylberechtigten gemeint, also sein *privatrechtlicher Status*. Im deutschen Internationalen Privatrecht ist der wichtigste Anknüpfungspunkt für die Ermittlung der maßgeblichen Rechtsordnung die Staatsangehörigkeit. Von diesem Grundsatz macht Art. 12 I GFK eine Ausnahme. Fragen des Personalstatus haben Bedeutung für das Personen- und Familienrecht, das eheliche Güter- und Scheidungsrecht, das Vormundschafts- und Pflegschaftsrecht, das Recht der Volljährigkeit und das Erbrecht. 25

Nach Art. 34 GFK sollen die Vertragsstaaten soweit wie möglich die Eingliederung und *Einbürgerung von Flüchtlingen* erleichtern. Daraus folgt ein *Wohlwollensgebot* zugunsten von Asylberechtigten und Flüchtlingen, das Behörden und Gerichte bindet und auf dessen Beachtung die Flüchtlinge Anspruch haben (BVerwGE 49, 44 (47) = NJW 1975, 2156 = EZAR 271 Nr. 1; BVerwG, InfAuslR 1982, 295; BVerwG, InfAuslR 1984, 312; BVerwG, InfAuslR 1989, 48). Durch das *gruppentypische* Schicksal dieser Personen ist aus der Wertordnung des Grundgesetzes heraus ein *besonderes Interesse* an deren Einbürgerung präjudiziert. Das führt dazu, dass die Behörde den Einbürgerungsantrag des Asylberechtigten, dessen volle Eingliederung in die hiesigen Lebensverhältnisse erfolgt ist oder doch gewährleistet erscheint, im Rahmen sachgerechter Ermessensausübung nur ablehnen darf, wenn andere staatliche Interessen entgegenstehen und überwiegen (BVerwGE 49, 44 (47) = NJW 1975, 2156 = EZAR 271 Nr. 1; BVerwG, InfAuslR 1982, 295; BVerwG, InfAuslR 1984, 312; BVerwG, InfAuslR 1989, 48). 26

Nr. 8.1.3.1. StAR-VwV setzt für die Ermessenseinbürgerung nach § 8 StAG für Asylberechtigte und Flüchtlinge einen Mindestaufenthalt der Asylberech- 27

§ 2 Allgemeine Bestimmungen

tigten von *sechs* Jahren voraus (s. hierzu Marx, in: GK-StAR, IV – § 8 Rdn. 147ff.). Asylberechtigte und Flüchtlinge werden unter *Hinnahme von Mehrstaatigkeit* eingebürgert (§ 12 I 2 Nr. 6 StAG). Die frühere Rechtsprechung, die auch in Fällen von Asylberechtigten die Kontaktaufnahme mit den Heimatbehörden zum Zwecke des Entlassungsantrags grundsätzlich für zumutbar erachtete (vgl. BVerfG, NJW 1991, 633; BVerwG, InfAuslR 1984, 312; BVerwG, InfAuslR 1989, 54; BVerwG, InfAuslR 1989, 48; OVG Rh-Pf, B. v. 16. 12. 1986 – 7 A 55/86), ist daher nicht mehr anwendbar.

28 Damit sind auch die extremen Folgen, die das frühere Verfahren für *iranischer Asylberechtigte* mit sich brachte (vgl. hierzu: BVerwG, InfAuslR 1984, 312; BVerwGE 80, 233 (240) = InfAuslR 1989, 98 = EZAR 271 Nr. 19 = NJW 1989, 1441; BVerwGE 80, 249 (251); BVerwG, InfAuslR 1989, 54; BVerwG, InfAuslR 1989, 48; BVerwG, InfAuslR 1989, 91; Hess.VGH, InfAuslR 1987, 295; Hess. VGH, U. v. 15. 1. 1988 – 7 UE 2623/84; OVG Koblenz, U. v. 17. 2. 1987 – 7 A 92/86), beseitigt worden.

2.4. Anderweitige Begünstigung (Abs. 2)

29 Gemäß Abs. 2 bleiben Vorschriften, die den Asylberechtigten eine günstigere Rechtsstellung einräumen, unberührt. Diese Vorschrift entspricht Art. 5 GFK, der bestimmt, dass Rechte und Vergünstigungen, die die Vertragsstaaten den Flüchtlingen unabhängig von der GFK gewähren, unberührt bleiben. Art. 42 I GFK enthält den *völkerrechtlichen Mindeststandard*, der durch die Vertragsstaaten der GFK nicht unterschritten werden darf. Demzufolge haben die Vertragsstaaten bei der Behandlung von Flüchtlingen das *Diskriminierungsverbot* (Art. 3 GFK), die *Religionsfreiheit* (Art. 4 GFK), den freien und ungehinderten Zugang zu den Gerichten nach Art. 16 I GFK *(Rechtsschutz)* sowie das *Refoulementverbot* (Art. 33 GFK) zu beachten.

30 Aus völkerrechtlicher Sicht kann die Bundesrepublik die Rechtsstellung nach der GFK, auf die in Abs. 1 Bezug genommen wird, auf den genannten Mindeststandard beschränken, vorausgesetzt, sie hat bei der Unterzeichnung, der Ratifikation oder beim Beitritt ausdrücklich entsprechende Vorbehalte erklärt (Art. 42 I GFK). Die Bundesrepublik hat jedoch keine derart weitgehenden Vorbehalte gemacht. Ein nachträglicher Vorbehalt kann nicht mehr erklärt werden.

31 Daher genießen Asylberechtigte grundsätzlich im vollen Umfang die Rechtsstellung nach Art. 2 bis 34 GFK. Abs. 2 gewährt den Asylberechtigten eine über die Regelungen in Art. 2 bis 34 GFK weit hinausgehende Rechtsstellung. Wie § 29 I AsylVfG 1982 und § 68 I AsylVfG a. F. bestimmt § 25 I 1 AufenthG, dass dem Asylberechtigten eine *Aufenthaltserlaubnis* zu erteilen ist. Demgegenüber können Flüchtlinge nicht unmittelbar aus der GFK einen Anspruch auf ein Aufenthaltsrecht ableiten. Vielmehr setzt die Konvention ein bereits gewährtes Aufenthaltsrecht voraus, will und kann dieses jedoch nicht selbst gewähren (s. aber Art. 24 I der Qualifikationsrichtlinie).

32 Die einzelnen Bestimmungen differenzieren demzufolge zwischen Flüchtlingen mit rechtmäßigem und jenen ohne rechtmäßigen Aufenthalt. Zwar ge-

Rechtsstellung Asylberechtigter §2

hört das Recht zum Aufenthalt nicht zum unantastbaren Kerngehalt des Asylrechts (BVerwGE 49, 202 (206f.) = NJW 1976, 490 = DVBl. 1976, 500 = EZAR 134 Nr. 1). Das verfassungsrechtlich verbürgte Asylrecht hat jedoch auch aufenthaltsrechtliche Bedeutung. Solange der Asylberechtigte nicht Aufnahme in einem Staat gefunden hat, in dem er vor Verfolgung und Abschiebung sicher ist, hat er einen Aufenthaltsanspruch im Bundesgebiet (BVerwGE 62, 206 (210f.) = EZAR 221 Nr. 7 = DVBl. 1981, 1097 = NJW 1981, 712 = MDR 1981, 1045).

Zwar nötigen weder Wortlaut noch humanitärer Zweck des Asylrechts noch die Entstehungsgeschichte von Art. 16 II 2 GG 1949 zu der Annahme, jeder politisch Verfolgte habe über den Verfolgungsschutz hinaus unter allen Umständen ein Recht auf ständigen Aufenthalt im Bundesgebiet. Andererseits ist es mit der humanitären Konzeption des Asylrechts unvereinbar, wenn die Bundesrepublik politisch Verfolgte in erster Linie darauf verwiese, Aufnahme in anderen Ländern zu suchen, und ihnen nur ausnahmsweise die Niederlassung im Inland erlaubte (BVerwGE 62, 206 (210f.) = EZAR 221 Nr. 7 = DVBl. 1981, 1097 = NJW 1981, 712). 33

Das verfassungsrechtlich verbürgte Asylrecht liegt zwischen beiden Extremen: Politisch Verfolgte haben im Regelfall einen Rechtsanspruch auf rechtlich gesicherten Aufenthalt, der nur aus wichtigen Gründen und unter Wahrung des Verfolgungsschutzes vorenthalten werden kann (BVerwGE 62, 206 (210f.) = EZAR 221 Nr. 7 = DVBl. 1981, 1097 = NJW 1981, 712). Der Rechtsprechung des BVerwG kann damit entnommen werden, dass im Regelfall der Asylanspruch des politisch Verfolgten das Recht zum Aufenthalt umfasst. Dem trägt § 25 I 1 AufenthG Rechnung. Es ist darüber hinaus nach § 52 I 1 Nr. 4 AufenthG grundsätzlich unzulässig, die Aufenthaltserlaubnis des Asylberechtigten unter der aufschiebenden Bedingung des Eintritts der Bestandskraft des mit der Klage angefochtenen Widerrufs der Asylberechtigung zu widerrufen (VGH BW, EZAR 227 Nr. 7 = AuAS 2001, 134). 34

Ausländerrechtliche Steuerungsmöglichkeiten des Zugangs von Asylberechtigten und Flüchtlingen zum Arbeitsmarkt sind mit den Regelungen in Art. 17ff. GFK unvereinbar. So bestimmt Art. 17 I GFK, dass Flüchtlingen bei der Ausübung *nichtselbständiger Erwerbstätigkeit* die günstigste Behandlung zu gewähren ist, die den Staatsangehörigen eines fremden Landes unter den gleichen Umständen gewährt wird. Die Vertragsstaaten haben insoweit sogar ein *Wohlwollensgebot* zu beachten. Eine ähnliche Regelung enthält Art. 18 GFK für die Ausübung *selbständiger Erwerbstätigkeit* und Art. 19 GFK für die freiberufliche Tätigkeit. Damit dürften die denkbaren Möglichkeiten, den Aufenthalt politisch Verfolgter mittels Auflagen und Bedingungen einzuschränken, nahezu gegen Null gehen. § 25 I 4 AufenthG eröffnet kraft Gesetzes den Zugang zum selbständigen wie nichtselbständigen Arbeitsmarkt. Allerdings dürfen auch gegenüber Asylberechtigten und Flüchtlingen Auflagen mit dem Zweck erlassen werden, die politische Betätigung einzuschränken (§ 47 AufenthG). 35

Asylberechtigte genießen besonderen, über die Gründe des Art. 32 I GFK hinausgehenden *Ausweisungsschutz* (§ 56 I 1 Nr. 5 AufenthG). Kann ein Vertragsstaat nach Art. 32 I GFK den Flüchtling aus »Gründen der öffentlichen 36

85

§ 2 Allgemeine Bestimmungen

Sicherheit oder Ordnung« ausweisen, darf der Asylberechtigte nach § 56 I 1 Nr. 5 AuslG nur aus »schwerwiegenden Gründen der öffentlichen Sicherheit und Ordnung« ausgewiesen werden (s. hierzu BVerfG (Kammer), NVwZ-Beil. 2001, 57; BVerfG (Kammer), NVwZ-Beil. 2001, 58).

37 Schwerwiegende Gründe sind nicht die »mehr lästigen als gefährlichen oder schädlichen Unkorrektheiten des Alltags, Ordnungswidrigkeiten und Übertretungen, Bagatellkriminalität oder ganz allgemein die minder bedeutsamen Verstöße gegen Strafgesetze«. Andererseits gehören im Regelfall die Fälle *mittlerer* und *schwerer Kriminalität* in den Bereich der schwerwiegenden Gründe« (BVerwG, Buchholz 402.24 § 11 AuslG Nr. 6 = InfAuslR 1984, 309; BVerwG, EZAR 223 Nr. 10 = InfAuslR 1985, 103; BVerwGE 81, 155 (159) = EZAR 227 Nr. 4 = InfAuslR 1988, 152; ebenso: BayObLG, InfAuslR 1988, 284; Hess.VGH, NVwZ 1993, 204; BayVGH, InfAuslR 1994, 253 = NVwZ-Beil. 1994, 43 zur Autobahnblockade; zur Autobahnblockade s. ebenfalls; BayObLG, EZAR 355 Nr. 16).

38 Es ist jedoch weniger auf abstrakte Merkmale, als auf die besonderen Umstände der jeweils in Frage stehenden Verstöße abzustellen, insbesondere auf *Art, Schwere* und *Häufigkeiten der Straftaten* des Asylberechtigten (BVerwG, InfAuslR 1984, 309; BayObLG, InfAuslR 1988, 284).

39 Für den Ausweisungszweck, *präventiv* Störungen der öffentlichen Sicherheit oder Ordnung durch den Asylberechtigten entgegenzuwirken, sind *gesteigerte Anforderungen* an die *in Zukunft* von diesem ausgehenden Gefahren zu stellen (BVerwGE 81, 155 (159) = EZAR 227 Nr. 4 = NVwZ 1989, 770 = InfAuslR 1989, 152). Es müssen Anhaltspunkte dafür bestehen, dass in Zukunft eine schwere Gefährdung der öffentlichen Sicherheit oder Ordnung durch *neue schwerwiegende Verfehlungen* des Asylberechtigten *ernsthaft* droht und damit von ihm eine bedeutsame Gefahr für ein wichtiges Schutzgut ausgeht (BVerwGE 81, 155 (160 f.); ähnl. BVerwG, InfAuslR 1984, 309; a. A. OVG Hamburg, EZAR 035 Nr. 6: Ausweisung auch aus generalpräventiven Gründen zulässig).

40 Der besondere Ausweisungsschutz entfällt mithin nicht schon dann, wenn lediglich eine entfernte Möglichkeit weiterer Störungen besteht, weil nicht ausgeschlossen werden kann, dass der Asylberechtigte seine bisherigen Straftaten wiederholt (BVerwGE 81, 155 (160 f.) = EZAR 227 Nr. 4 = NVwZ 1989, (770 = InfAuslR 1989, 152; Hess.VGH, NVwZ 1983, 204). Im Übrigen muss sich die Prognose auf eine künftig zu befürchtende Straftat des Asylberechtigten beziehen, die ein ähnliches Gewicht wie die der Ausweisung zugrundeliegende Straftat hat (BayVGH, U. v. 12. 12. 1989 – Nr. 10 B 89.690; Hess.VGH, NVwZ 1983, 204). Entsprechend dem Gebot, dass wegen des gesteigerten Ausweisungsschutzes die Ausweisung eines politisch Verfolgten nur *ausnahmsweise* in Betracht kommen kann (BVerwG, InfAuslR 1984, 309), unterliegt diese mithin dem Gebot der *Spezialprävention*.

41 Das Recht auf *politische Betätigung* kann unter den in § 47 AufenthG genannten Vorrausetzungen eingeschränkt werden (s. hierzu auch OVG NW, DVBl. 1966, 118 = DÖV 1966, 206; OVG NW, NJW 1980, 2039; OVG NW, EZAR 109 Nr. 1 = InfAuslR 1987, 111; s. hierzu im Einzelnen § 60 Rdn. 17 ff.). Dabei ist jedoch zu bedenken, dass der Flüchtling seine politische Überzeugung in der

Rechtsstellung Asylberechtigter § 2

Bundesrepublik bekunden und sich auch im Rahmen der durch die Rechtsordnung gezogenen Grenzen betätigen darf (BVerfGE 81, 142 (153) = EZAR 200 Nr. 26 = NVwZ 1990, 453 = InfAuslR 1990, 122).

Die bloße Bekundung von Sympathie, die einseitige Parteinahme, das Werben um Verständnis für die von politisch Gleichgesinnten im Heimatland verfolgten politischen Ziele oder vergleichbare, auf die Beeinflussung des Meinungsklimas im Bundesgebiet ausgerichtete Verhaltensweisen sind nicht geeignet, einen Asylanspruch auszuschließen (BVerfGE 81, 142 (153) = EZAR 200 Nr. 26 = NVwZ 1990, 453 = InfAuslR 1990, 122) oder gar das bereits gewährte Asylrecht nachträglich zu beenden. 42

Im Übrigen genießen Asylberechtigte eine Reihe von weiteren Vergünstigungen, die weit über den in Art. 2 bis 34 GFK geregelten Standard hinausgehen. Ihnen stehen unter den in den entsprechenden Gesetzen geregelten Voraussetzungen Ansprüche auf *Kindergeld, Erziehungsgeld, Ausbildungsförderung* (s. hierzu BVerwG, NVwZ-Beil. 1998, 89), *Maßnahmen der beruflichen Fortbildung und Umschulung* sowie eine Reihe von *Eingliederungsbeihilfen* zu. 43

Asylberechtigte haben unter den allgemeinen Voraussetzungen Anspruch auf *Familienzusammenführung* (§ 30 I Nr. 2, § 32 I Nr. 1 AufenthG). Liegen die erforderlichen Nachzugsvoraussetzungen nicht vor, hat die Behörde nach pflichtgemäßem Ermessen (§ 29 II AufenthG) und unter Beachtung eines *Wohlwollensgebotes* über den Antrag auf Familienzusammenführung zu entscheiden. 44

Der Familiennachzug ist allerdings auf die *Kernfamilie* beschränkt, sodass etwa die Mutter des volljährigen Asylberechtigten grundsätzlich keinen Anspruch auf Familienzusammenführung hat (OVG NW, EZAR 011 Nr. 5). Asylberechtigte haben einen uneingeschränkten (Art. 24 I Nr. b GFK) Anspruch auf *Sozialhilfe*. Die Heranziehung zu gemeinnütziger und zusätzlicher Arbeit ist nur unter den allgemein auch für deutsche Sozialhilfeempfänger geltenden Voraussetzungen zulässig (OVG NW, EZAR 462 Nr. 1). 45

2.5. Wiederkehroption nach § 51 Abs. 7 AufenthG

2.5.1. Allgemeines

Der Gesetzgeber hat mit Wirkung zum 1. Januar 2005 durch das ZuwG § 69 AsylVfG a. F. aufgehoben und die dort für den Wiederkehranspruch von Asylberechtigten maßgebenden Regelungen in § 51 VII AufenthG geregelt und zugleich auf Flüchtlinge nach § 60 I AufenthG erweitert. § 51 VII 2 AufenthG erkennt ausdrücklich an, dass Asylberechtigte und Flüchtlinge unter bestimmten Voraussetzungen einen Anspruch auf Wiedereinreise und Neuerteilung der Aufenthaltserlaubnis haben. Für Konventionsflüchtlinge kann sich unmittelbar aus den Regelungen der GFK in Verbindung mit ihrem Anhang ein derartiges Recht ergeben. 46

2.5.2. Wiedereinreiseanspruch nach § 51 Abs. 7 AufenthG

Nach § 51 VII 1 AufenthG erlischt die Aufenthaltserlaubnis abweichend von § 51 Abs. 1 Nr. 6 und 7 AufenthG im Falle der Ausreise *nicht, solange* der Sta- 47

§ 2   *Allgemeine Bestimmungen*

tusberechtigte im Besitz eines gültigen Reiseausweises nach § 2 AsylVfG in Verb. mit Art. 28 GFK ist. Nach der früheren Rechtsprechung des BVerwG konnte der Aufenthaltstatus des Asylberechtigten nur zusammen mit dem Asylstatus erlöschen (BVerwG, InfAuslR 1989, 166). Demgegenüber wurde in der obergerichtlichen Rechtsprechung der Aufenthaltsstatus des Asylberechtigten im vollen Umfang den ausländerrechtlichen Regelungen über die Beendigungsgründe unterworfen (OVG Hamburg, EZAR 211 Nr. 1; vgl. jedoch OVG Hamburg, EZAR 227 Nr. 5 = NVwZ 1990, 591, Anpassung an BVerwG, InfAuslR 1989, 166).

48 Der Gesetzgeber hatte zunächst mit § 69 I AsylVfG a. F. und jetzt mit § 51 VII 1 AufenthG zwischen beiden Positionen einen Mittelweg gewählt. Die Regelungen in § 51 I Nr. 6 und 7 AufenthG finden gegenüber Asylberechtigten und Flüchtlingen keine Anwendung. Vielmehr ist § 51 VII 1 AufenthG *lex specialis* gegenüber diesen allgemeinen ausländerrechtlichen Vorschriften (so auch *Vormeier*, in: GK-AsylVfG, § 69 Rdn. 13, für § 69 I AsylVfG a. F.). Andererseits ist für das Erlöschen der Aufenthaltserlaubnis nach § 25 I 1, II 1 AufenthG nicht das Erlöschen, der Widerruf oder die Rücknahme der Asylberechtigung (§§ 72 f.) Voraussetzung. Vielmehr ist die Aufenthaltserlaubnis in ihrem Bestand von der Geltungsdauer des nach § 2, § 3 in Verb. mit Art. 28 GFK erteilten Reiseausweises abhängig. Damit sind zur Auslegung von § 51 VII AufenthG die Vorschriften des Anhangs zur GFK heranzuziehen.

49 Die GFK will verhindern, dass kein Staat mehr für einen Flüchtling völkerrechtlich zuständig ist. Im Falle der *rechtmäßigen Niederlassung* in einem anderen Vertragsstaat geht deshalb die völkerrechtliche Verantwortung für den Flüchtling auf den Aufenthaltsstaat über (§ 11 GFK Anhang). Dieser hat nunmehr die Verpflichtung, dem Flüchtling einen Reiseausweis nach Art. 28 GFK auszustellen. Diese Rechtsfolge tritt selbstredend nur dann ein, wenn der Aufenthaltsstaat Vertragsstaat der GFK ist (*Hailbronner*, AuslR, B 2, § 69 AsylVfG Rdn. 11). Der Statusberechtigte, der sich rechtmäßig und für unbestimmte Zeit in einem Staat aufhält, der nicht Vertragsstaat der GFK ist, kann danach seinen Anspruch auf die Erteilung der Aufenthaltserlaubnis nicht nach Maßgabe des § 51 VII 1 AufenthG verlieren. Damit ist aber noch nicht die Frage beantwortet, ob er in diesem Fall einen Wiedereinreiseanspruch trotz Ablaufs der Geltungsdauer des Reiseausweises hat.

50 Der Rechtsanspruch nach § 51 VII 1 AufenthG bleibt solange bestehen wie kein Verlusttatbestand nach § 51 VII 2 AufenthG eingetreten ist. Letztere Vorschrift geht davon aus, dass mit dem völkerrechtlichen Zuständigkeitswechsel für die Erteilung des Reiseausweises eine vergleichsweise sichere aufenthaltsrechtliche Rechtsstellung in dem anderen Vertragsstaat der GFK einhergeht und deshalb dort Verfolgungsschutz besteht. Nur deshalb bedarf es nicht mehr eines verfestigten Aufenthaltsrechts im Bundesgebiet (*Vormeier*, in: GK-AsylVfG, § 69 Rdn. 4). Das Verlassen der Bundesrepublik und der Wegfall der Aufenthaltserlaubnis allein genügen nicht für die Anwendung von § 51 VII 2 AufenthG. Vielmehr muss ein völkerrechtlicher Wechsel der Zuständigkeit für die Erteilung des Reiseausweises hinzukommen.

51 Dies ist der Fall, wenn die Zuständigkeit für die Ausstellung eines Reiseausweises nach den Regelungen des Anhangs zur GFK auf den Aufenthaltsstaat

88

Rechtsstellung Asylberechtigter § 2

übergegangen ist. Die Aufenthaltserlaubnis nach § 25 I 1, II 1 AufenthG ist zwar in diesem Fall gemäß § 51 VII 1 AufenthG erloschen. Der Statusberechtigte hat aber einen Anspruch auf erneute Erteilung der Aufenthaltserlaubnis und auf Wiedereinreise in das Bundesgebiet, weil ein völkerrechtlicher Zuständigkeitswechsel deswegen nicht eintreten konnte, weil der Aufenthaltsstaat kein Vertragsstaat der GFK ist (Hailbronner, AuslR, B 2, § 69 AsylVfG Rdn. 8).

Diese Rechtsfolge ergibt sich mithin aus einem Umkehrschluss aus § 51 VII 2 AufenthG. Diese Vorschrift besagt, dass eine einmal in der Bundesrepublik Deutschland unanfechtbar als asylberechtigt anerkannte Person (nur dann) keinen Anspruch auf erneute Erteilung einer Aufenthaltserlaubnis hat, wenn sie das Bundesgebiet verlassen hat und die Zuständigkeit für die Ausstellung eines Reiseausweises auf einen anderen Vertragsstaat übergegangen ist. Kann der völkerrechtliche Zuständigkeitswechsel nicht eintreten, weil der Aufenthaltsstaat kein Vertragsstaat der GFK ist, kann nach § 51 VII 2 AufenthG der Anspruch auf die erneute Erteilung der Aufenthaltserlaubnis nicht untergehen. 52

Damit ist festzuhalten, dass nach § 51 VII 1 AufenthG der Rechtsanspruch auf die Erteilung der Aufenthaltserlaubnis ungeachtet der Länge des Aufenthaltes im Ausland solange bestehen bleibt, wie die Geltungsdauer des Reiseausweises nicht abgelaufen ist. Die Regelungen in § 51 I Nr. 6 und 7 AufenthG finden keine Anwendung. Nach § 5 GFK Anhang beträgt die Geltungsdauer des Reiseausweises je nach Wahl der ausstellenden Behörde ein oder zwei Jahre. Die Auslandsvertretungen dürfen die Geltungsdauer des Reiseausweises höchstens für die Dauer von sechs Monaten verlängern (§ 6 Abs. 2 GFK Anhang). Damit kann sich auf einen unmittelbaren Rechtsanspruch auf Wiedereinreise wegen Fortbestands der Aufenthaltserlaubnis nur berufen, wer noch im Besitz eines gültigen Reiseausweises ist. 53

Ist dies nicht der Fall, weil der Aufenthalt im Ausland nach Ablauf der Geltungsdauer des Reiseausweises fortbesteht und vorher auch keine Verlängerung für sechs Monate bei der zuständigen deutschen Auslandsvertretung beantragt worden ist, besteht aufgrund der Statusberechtigung nach § 51 VII 2 AufenthG ein gesetzlicher Anspruch auf erneute Erteilung der Aufenthaltserlaubnis nach § 25 I 1, II 1 AufenthG und damit auch auf Wiedereinreise. Aufgrund des eindeutigen Wortlautes von § 51 VII 2 AufenthG können die einschränkenden Regelungen des § 13 GFK Anhangs keine Anwendung finden. 54

Aus § 51 VII 2 AufenthG folgt darüber hinaus, dass die Rückkehrberechtigung des Asylberechtigten *nicht nur solange* besteht, wie dieser im Besitz eines gültigen von einer deutschen Behörde ausgestellten Reiseausweises ist (§ 51 VII 1 AufenthG). Vielmehr bleibt für den Statusberechtigten nach § 51 VII 2 AufenthG die Rückkehrberechtigung *solange* wirksam, wie nicht ein anderer Staat die völkerrechtliche Zuständigkeit für die Ausstellung des Reiseausweises nach Art. 28 GFK übernommen hat (so auch Vormeier, in: GK-AsylVfG, § 69 Rdn. 15). 55

Während § 51 VII 1 AufenthG die Wiedereinreise erleichtert, weil die fortdauernde Geltung des Reiseausweises von der Grenzbehörde zu beachten 56

§ 2 Allgemeine Bestimmungen

und die Wiedereinreise deshalb problemlos möglich ist, sollte der Statusberechtigte im Falle des § 51 VII 2 AufenthG vorher gegenüber der deutschen Auslandsvertretung die Neuerteilung des Reiseausweises sowie der Aufenthaltserlaubnis beantragen. Zwingend vorgeschrieben ist dies jedoch nicht. Da die Grenzbehörde den nach § 51 VII 2 AufenthG bestehenden Anspruch nicht ohne weiteres erkennen kann, kann es jedoch zu Einreiseproblemen kommen.

2.5.3. Wiedereinreiseanspuch von Genfer Konventionsflüchtlingen

2.5.3.1. Rückkehrberechtigung aus § 13 Abs. 1 GFK Anhang

57 Das BVerwG hat die von den allgemeinen ausländerrechtlichen Regelungen abweichende asylrechtliche Besonderheit des Wiederkehranspruchs ausdrücklich aus der verfassungsrechtlichen Asylrechtsgarantie abgeleitet (BVerwG, InfAuslR 1989, 166). Jedoch folgt auch aus flüchtlingsrechtlichen Vorschriften ein Rückkehranspruch. Die *Schlüsselnormen* für den Rückkehranspruch der Statusberechtigten § 13 GFK Anhang und Art. 2 Abs. 1 des Europäischen Übereinkommens über den Übergang der Verantwortlichkeit für Flüchtlinge, finden indes auch auf Flüchtlinge nach § 60 Abs. 1 AufenthG Anwendung. Aus völkerrechtlicher Sicht sind sie ausschließlich auf diesen Personenkreis gemünzt.

58 Die Feststellung nach § 60 Abs. 1 AufenthG hat die Gewährung der Rechtsstellung eines Konventionsflüchtlings zur Folge (vgl. § 3). Flüchtlinge haben einen Rechtsanspruch auf Erteilung des Reiseausweises nach Art. 28 GFK (BVerwGE 4, 309 (311); BVerwG, EZAR 232 Nr. 1, S. 4; BayVGH, VGH n. F. 26, 17; BVerwGE 87, 11 (14), für Art. 28 StlÜb). Solange deshalb im Aufenthaltsstaat nach diesen Grundsätzen kein völkerrechtlicher Zuständigkeitswechsel eingetreten ist, besteht während der Geltungsdauer des Reiseausweises ein Rückkehranspruch des Flüchtlings.

59 § 13 Abs. 1 GFK Anhang bestimmt ausdrücklich, dass die vertragsschließenden Staaten sich verpflichten, dem Inhaber eines Reiseausweises, der ihm von dem betreffenden Vertragsstaat ausgestellt wurde, die Rückkehr in sein Gebiet zu einem beliebigen Zeitpunkt *während der Geltungsdauer des Reiseausweises* zu ermöglichen. Welchem Zweck der Auslandsaufenthalt diente, ist insoweit unerheblich (*Rossen*, ZAR 1988, 20 (22)). Zwar enthält diese völkerrechtliche Norm nur eine Staatenverpflichtung. Sie ist jedoch nach ihrem Wortlaut, Zweck und Inhalt hinreichend bestimmt, wie eine innerstaatliche Vorschrift rechtliche Wirkung zu entfalten und begründet deshalb durch ihre Transformation in innerstaatliches Recht subjektive Rechtswirkungen (BVerwGE 80, 233 (235) = EZAR 271 Nr. 19 = InfAuslR 1989, 98; BVerwGE 87, 11 (13) = EZAR 252 Nr. 5 = NVwZ 1991, 787 = InfAuslR 1991, 72; BVerwG, EZAR 232 Nr. 2; BGHZ 18 Nr. 22 (25 f.)).

60 Das BVerwG hat diese besondere Ausprägung der Transformationslehre gerade am Beispiel des Anspruchs auf Ausstellung eines Reiseausweises nach Art. 28 StlÜb und Art. 28 GFK entwickelt, sodass damit insbesondere auch die hiermit im Zusammenhang stehenden völkerrechtlichen Regelungen über den Reiseausweis umfasst sind.

2.5.3.2. Reichweite und Inhalt des internationalen Rechtsstatus

Ist hingegen die Geltungsdauer des Reiseausweises während des Auslandsaufenthaltes abgelaufen, werden die Beziehungen zwischen Aufnahmestaat und Flüchtling weiterhin durch den *internationalen Status* gestaltet, der durch die vorangegangene flüchtlingsrechtliche Statusgewährung begründet wurde. Dieser Status bleibt solange rechtswirksam, bis die zugrunde liegende innerstaatliche Statusentscheidung durch Widerruf oder Rücknahme aufgehoben worden ist oder ein anderer Staat die völkerrechtliche Verantwortung für den Flüchtling übernommen hat.

Art. 28 GFK erweitert den grundsätzlich nationalen Status, der mit der Flüchtlingsanerkennung verbunden ist. Bei dieser Erweiterung handelt es sich nicht mehr lediglich darum, dass wesentlich in der nationalen Rechtsordnung fundierte, konkretisierte und gesicherte Rechtspositionen einen gewissen extraterritorialen Überschuss freisetzen. Im Falle des Art. 28 GFK ist es vielmehr der Kerngehalt der Norm selbst, der eine Rechtsstellung begründet, die von vornherein durch ihre nationalen Bezüge geprägt wird und erst in diesen Bezügen dann auch Handlungsmöglichkeiten absichert. Der nationale Status des Flüchtlings erlangt mit Art. 28 GFK eine echte internationale Komponente (*Rossen*, ZAR 1988, 20 (23)).

Für die Lösung der Frage, ob nach Ablauf der Geltungsdauer des Reiseausweises während eines Auslandsaufenthaltes der Flüchtling seinen Rückkehranspruch gegenüber dem den Status gewährenden Vertragsstaat beibehält, ist die Reichweite des internationalen Rechtsstatus maßgebend. Zwar enthält der Anhang zur GFK Regelungen zur näheren Ausgestaltung der internationalen Komponente des Flüchtlingsstatus. Maßgeblich für die Reichweite des internationalen Status ist jedoch zunächst dieser Status selbst. Die GFK will den von ihr erfassten Flüchtlingen einen internationalen Rechtsstatus verschaffen und ihnen neben Rechten in ihrem Vertragsstaat auch Rechte auf Reisen in andere Länder gewährleisten (BVerfGE 52, 391 (403) = JZ 1980, 24 = NJW 1980, 516 = DVBl. 1980, 191 = DÖV 1980, 79 = EZAR 150 Nr. 1). Zur optimalen Gewährleistung der internationalen Freizügigkeit stellen die Regelungen des GFK Anhangs sicher, dass der Flüchtling *während der Geltungsdauer* des Reiseausweises einen *unmittelbaren* Rückkehranspruch gegenüber dem den Reiseausweis ausstellenden Vertragsstaat hat (vgl. § 13 Abs. 1 GFK Anhang).

Lediglich Fristversäumnisse des Flüchtlings als solche können jedoch nicht zum Erlöschen des internationalen Rechtsstatus führen. Vielmehr hat er gegenüber dem den Status gewährenden Vertragsstaat einen Anspruch auf Erneuerung der Geltungsdauer des Reiseausweises (vgl. § 6 Abs. 1 GFK Anhang). Da § 6 Abs. 1 GFK Anhang einen rechtmäßigen Aufenthalt im Hoheitsgebiet des Vertragsstaates voraussetzt, ergibt sich aus dieser Norm zugleich auch ein *mittelbarer* Rückkehranspruch. Der Vertragsstaat muss mithin im Falle des Ablaufs der Geltungsdauer des Reiseausweises durch geeignete rechtliche und administrative Maßnahmen sicherstellen, dass der Flüchtling in die Lage versetzt wird, den Anspruch auf Erneuerung der Geltungsdauer des Reiseausweises im Hoheitsgebiet des Vertragsstaates geltend machen zu können. Daraus ergibt sich ein Einreiseanspruch des Flüchtlings. Dementsprechend wird allgemein in der Verwaltungspraxis der Vertragsstaaten verfahren.

§ 2   *Allgemeine Bestimmungen*

65   Die Regelungen des Anhangs zur GFK entfalten – wie ausgeführt – in der Bundesrepublik unmittelbare subjektive Rechtswirkungen zugunsten des einzelnen Flüchtlings. Wie sich aus der Ratio des GFK Anhangs ergibt, sollen dessen Regelungen die sich aus dem gewährten internationalen Rechtsstatus im Einzelnen ergebenden Rechte effektiv sichern. Ein völkerrechtlicher Vertrag einschließlich seiner ergänzenden Anlagen (Art. 31 II WVK) ist nach Treu und Glauben in Übereinstimmung mit der gewöhnlichen, seinen Bestimmungen in ihrem Zusammenhang zukommenden Bedeutung und im Lichte seines Zieles und Zweckes auszulegen (Art. 31 I WVK). Mit diesem völkerrechtlichen Auslegungsgrundsatz wäre eine Auslegung der Vorschrift des Art. 28 GFK unvereinbar, die entgegen dem Zweck der effektiven Sicherstellung eines internationalen Rechtsstatus davon ausginge, mit den Regelungen des § 6 I und II GFK Anhang würden lediglich die den Behörden zugewiesenen Kompetenzen geregelt. Vielmehr sichern diese Regelungen im Interesse des Flüchtlings dessen Rechtsstatus und begründen deshalb durch ihre Transformation in innerstaatliches Recht subjektive Rechtswirkungen (vgl. BVerwGE 80, 233 (235) = EZAR 271 Nr. 19 = InfAuslR 1989, 98; BVerwGE 87, 11 (13) = EZAR 252 Nr. 5 = NVwZ 1991, 787 = InfAuslR 1991, 72; BVerwG, EZAR 232 Nr. 2; BGHZ 18 Nr. 22 (25 f.)).

66   Insoweit ist auch zu bedenken, dass die GFK nach modernem menschenrechtlichen Verständnis nicht vorrangig so verstanden werden kann, als regele sie ausschließlich die Beziehungen zwischen den Staaten sowie die Verpflichtungen der Vertragsstaaten als solche. Vielmehr wurden die Staatenverpflichtungen bei Vertragsabschluss zum Schutze des Einzelnen entwickelt und sind deshalb die Bestimmungen der Konvention und ihres Anhangs auch in diesem Sinne auszulegen und anzuwenden. Das Exekutivkomitee des Programms von UNHCR hat darauf hingewiesen, dass die Konvention »*dynamisch*« und »*handlungsorientiert*« auszulegen ist (Empfehlung Nr. 89 (LI) von 2000) und ihr damit stillschweigend in Anknüpfung an die europäische Rechtsprechung den Charakter eines »*living instrument*« zugewiesen.

67   Deshalb ist bei ihrer Auslegung und Anwendung dem seit dem Vertragabschluss gewandelten Rechtsverständnis Rechnung zu tragen. Nach Verabschiedung der Konvention wurden universell und regional eine Vielzahl von menschenrechtlichen Instrumenten verabschiedet, die insgesamt den Charakter des Völkerrechts grundlegend dahin verändert haben, dass nicht Staaten als solche bestimmten Verpflichtungen unterworfen werden, sondern diese dem Zweck dienen, die dem Schutze des Einzelnen dienenden Vertragsbestimmungen in möglichst effektiver Weise zu materialisieren. Weil die Regelungen in § 6 Abs. 1 und 2 GFK Anhang mit voller Klarheit die Annahme zulassen, dass sie nach ihrem im Zusammenhang mit Art. 28 GFK zu ermittelnden Inhalt, Zweck und Wortlaut die aus dem internationalen Rechtsstatus abgeleiteten Rechte des Flüchtlings sichern sollen, begründen sie subjektive Rechtswirkungen (vgl. BVerwGE 80, 233 (235) = EZAR 271 Nr. 19 = InfAuslR 1989, 98; BVerwGE 87, 11 (13) = EZAR 252 Nr. 5 = NVwZ 1991, 787 = InfAuslR 1991, 72; BVerwG, EZAR 232 Nr. 2; BGHZ 18 Nr. 22 (25 f.)).

68   Deshalb können die Regelungen in § 6 GFK Anhang nicht als lediglich die Zuständigkeit der Behörden regelnde Vorschriften verstanden werden. Viel-

mehr verfolgen die Regelungen im Anhang zur GFK insgesamt den Zweck, die mit der Ausstellung eines internationalen Reiseausweises verbundenen Rechte in effektiver Weise sicherzustellen. Ratio des GFK Anhangs ist es, den dem Inhaber eines Reiseausweises nach Art. 28 GFK gewährten internationalen Rechtsstatus im Einzelnen völkerrechtlich verbindlich für die Vertragsstaaten zu regeln. Dabei erlöschen die Beziehungen zwischen dem Vertragsstaat, der den Reiseausweis ausgestellt hat, und dem Flüchtling nur dann, wenn nach den Regelungen des GFK Anhangs ein völkerrechtlicher Zuständigkeitswechsel (vgl. § 11 GFK Anhang) eingetreten ist. Ist dies nicht der Fall, knüpft der internationale Rechtsstatus weiterhin an den den Reiseausweis ausstellenden Vertragsstaat an und bleibt deshalb die Rechtsbeziehung zwischen diesem Vertragsstaat und dem Flüchtling bestehen. Insbesondere diese Auswirkungen des internationalen Rechtsstatus werden durch § 6 Abs. 1 und 2 GFK Anhang geregelt.

2.5.3.3. Rückkehrberechtigung aus § 6 Abs. 1 GFK Anhang
Solange daher aufgrund des Aufenthaltes im Aufenthaltsstaat kein völkerrechtlicher Zuständigkeitswechsel eingetreten ist, haben die zuständigen Behörden des Vertragsstaates, der den Reiseausweis ausgestellt hat, die Geltungsdauer des Reiseausweises zu erneuern oder zu verlängern (§ 6 I 1 GFK Anhang) und dem Flüchtling zu diesem Zweck die Einreise zu gestatten. Während der Geltungsdauer des Reiseausweises sind hierzu die Auslandsvertretungen verpflichtet (§ 6 II GFK Anhang). Die Regelungen in § 6 I GFK Anhang enthalten keine einschränkende Voraussetzung dahin, dass die Zuständigkeit der bezeichneten Behörden nur solange besteht, wie die Geltungsdauer des Reiseausweises nicht abgelaufen ist.

69

Bereits der Wortlaut weist darauf hin, dass die Zuständigkeit auch für den Fall der Erneuerung der Geltungsdauer (vgl. § 6 I 1. HS 1. Alt. GFK Anhang), mithin für die Situation einer bereits abgelaufenen Geltungsdauer, besteht. Vorausgesetzt wird lediglich, dass der Flüchtling rechtmäßig im Gebiet des Vertragsstaates wohnhaft ist (vgl. § 6 I 2. HS GFK Anhang). Nach deren Ablauf hat die Auslandsvertretung deshalb zur Ermöglichung der Erneuerung der Geltungsdauer des Reiseausweises im Gebiet des Vertragsstaates nach § 6 I 1 GFK Anhang dem Flüchtling durch Ausstellung eines nationalen Reisedokumentes und Erteilung eines Sichtvermerks die Einreise rechtlich zu ermöglichen.

70

§ 3 Rechtsstellung sonstiger politisch Verfolgter

Ein Ausländer ist Flüchtling im Sinne des Abkommens über die Rechtsstellung der Flüchtlinge, wenn das Bundesamt für Migration und Flüchtlinge oder ein Gericht unanfechtbar festgestellt hat, daß ihm in dem Staat, dessen Staatsangehörigkeit er besitzt oder in dem er als Staatenloser seinen gewöhnlichen Aufenthalt hatte, die in § 60 Abs. 1 des Aufenthaltsgesetzes bezeichneten Gefahren drohen.

§ 3 Allgemeine Bestimmungen

Übersicht

	Rdn.
1. Zweck der Vorschrift	1
2. Flüchtlingsanerkennung (§ 3 in Verb. mit § 60 Abs. 1 AufenthG)	3
3. Umfang der Rechtstellung	11

1. Zweck der Vorschrift

1   Diese Vorschrift übernimmt die Regelung des § 51 III AuslG 1990 mit redaktioneller Anpassung an die Bestimmungen der GFK (BT-Drs. 12/2062, S. 28). Während § 2 unmittelbar die Rechtsstellung der Asylberechtigten regelt, enthält die Vorschrift des § 3 lediglich mittelbar die Rechtsgrundlage für die Gewährung der Rechtsstellung an sonstige Verfolgte. Mit dem Verweis auf § 60 I AufenthG wird klargestellt, dass die Konventionsflüchtlinge gemeint sind.

2   § 13 I stellt klar, dass die begünstigte Personengruppe nur nach Durchführung eines Asylverfahrens in den Genuss der Rechtsstellung nach § 3 gelangen kann (so schon BVerwGE 89, 296 (300) = EZAR 232 Nr. 2 = NVwZ 1992, 676 = InfAuslR 1992, 205; s. hierzu auch Marx, Handbuch, § 37 Rdn. 2). Der Antrag kann jedoch auf die Feststellung nach § 60 I AufenthG begrenzt werden (§§ 13 II, 31 II 2).

2. Flüchtlingsanerkennung (§ 3 in Verb. mit § 60 Abs. 1 AufenthG)

3   Hat das Bundesamt unanfechtbar festgestellt, dass dem Asylantragsteller in dem Staat, dessen Staatsangehörigkeit er besitzt oder in dem er als Staatenloser seinen gewöhnlichen Aufenthalt hatte, die in § 60 I AufenthG bezeichneten Gefahren drohen, ist er nach der klaren Anordnung des § 3 Flüchtling im Sinne der GFK. § 3 stellt klar, dass die Feststellung des Bundesamtes nach § 60 I AufenhG – bereits unmittelbar im Asylverfahren oder aufgrund gerichtlicher Verpflichtung – zur *Folge* hat, dass der Asylantragsteller Flüchtling im Sinne der GFK ist. Damit umgeht das Gesetz die dogmatischen Probleme der ursprünglichen Regelung des AuslG 1990.

4   Bedenken gegen die Regelung in § 3 können daher nicht mehr gegen die Feststellung geltend gemacht werden, dass Personen, welche die Voraussetzungen nach § 60 I AufenthG erfüllen, Flüchtlinge im Sinne der Konvention sind. Dies ist unstreitig. Denn Art. 33 I GFK – als völkerrechtliches Leitbild der innerstaatlichen Regelung des § 60 I AufenthG – verweist auf Konventionsflüchtlinge (s. auch § 1 Rdn. 77 ff.). Darüber hinaus ist vom Gesetzgeber § 60 I AufenthG als innerstaatliche Umsetzungsnorm der Qualifikationsrichtlinie gedacht, sodass bei der Anwendung dieser Vorschrift die materiellen Kriterien für die Flüchtlingsanerkennung nach dieser Richtlinie (Art. 13) zu berücksichtigen sind (s. hierzu § 1 Rdn. 88 ff.). Im Übrigen sind Personen, die die Voraussetzungen des Flüchtlingsbegriffs nach Art. 1 A Nr. 2 GFK erfüllen, bereits aufgrund des Ratifizierungsgesetzes vom 1. September 1953 (BGBl. II 559) Flüchtlinge im Geltungsbereich des Grundgesetzes und als solche zu behandeln.

§ 3

Die Vorschrift des § 3 enthält anders als § 2 keine unmittelbare Rechtsgrundlage für den Genuss der Rechtstellung eines Flüchtlings, sondern eine *Rechtsfolgenanordnung*, an die erst *mittelbar der Genuss der Rechtsstellung* nach Art. 2 bis 34 GFK anknüpft. Es sind jedoch Art. 20–33 der Qualifikationsrichtlinie zu beachten, die gemeinschaftsrechtlich den in Art. 2–34 GFK enthaltenen internationalen Schutz umsetzen. Während § 2 unmittelbar an die unanfechtbare Statusentscheidung über die Asylberechtigung den *Genuss* der Rechtsstellung nach Art. 2 bis 34 GFK anschließt, fehlt eine derartige unmittelbare Verweisung auf die zu gewährende Rechtstellung in § 3. Vielmehr wird festgestellt, dass mit der Entscheidung nach § 60 I AufenthG automatisch die Feststellung verbunden ist, dass der Begünstigte Flüchtling im Sinne der GFK ist.

Flüchtlinge genießen aufgrund der Feststellung gemäß § 60 I AufenthG auf jeden Fall den Mindeststandard nach Art. 42 I GFK, werden also durch das *Diskriminierungsverbot* (Art. 3 GFK) geschützt, genießen *Religionsfreiheit* (Art. 4 GFK), freien und ungehinderten Zugang zu den Gerichten nach Art. 16 I GFK (*Rechtsschutz*) und werden durch das *Refoulementverbot* nach Art. 33 I GFK geschützt. Diese Rechte haben jedoch auch schon während des Asylverfahrens Bedeutung. Denn das Refoulementverbot ist *deklaratorischer Natur* (§ 2 Rdn. 5).

Der Mindeststandard nach Art. 42 I GFK bringt die Rechtsüberzeugung der Vertragsstaaten zum Ausdruck, dass die Beachtung der in Art. 42 I GFK genannten Rechte als unerlässlich für die wirksame Anwendung des Refoulementverbotes erachtet wird. Der Sinn des § 3 kann also nicht darin liegen, die Beachtung des völkerrechtlichen Mindeststandards für die begünstigte Personengruppe sicherzustellen. Denn Voraussetzung für die Anwendung dieser Vorschrift ist nach ihrem eindeutigen Wortlaut die *Unanfechtbarkeit* der Feststellung nach § 60 I AufenthG. Der Genuss des Mindeststandard hat jedoch – wie ausgeführt – wegen der deklaratorischen Natur des Refoulementverbotes keine unanfechtbare Flüchtlingsanerkennung zur Voraussetzung.

Da die Entscheidung über die Asylberechtigung stets auch eine ausdrückliche Feststellung über die Voraussetzungen des § 60 I AufenthG enthält (§ 31 II), ist der Sinn der Regelung in § 3 zunächst auch in der Klarstellung zu sehen, dass Asylberechtigte stets auch Flüchtlinge nach der GFK sind. Aus dem Regelungszusammenhang von § 31 II und § 3 ergibt sich damit als eine der Bedeutungen der Vorschrift des § 3, dass die Bundesrepublik mit der Entscheidung über die Asylberechtigung nach Art. 16 a I GG zugleich festgestellt hat, dass sie die Asylberechtigten völkerrechtlich auch als Flüchtlinge im Sinne der GFK betrachtet und damit auf sie auch die Regelung zum internationalen Schutz nach Art. 20–33 der Qualifikationsrichtlinie Anwendung finden.

Die weitere und eigentliche Bedeutung der Vorschrift ist jedoch darin zu sehen, dass die unanfechtbare Feststellung nach § 60 I AufenthG eine *Statusentscheidung* ist, unabhängig davon, welche Folgen im Einzelfall eintreten. Wegen der fehlenden internationalen Rechtsverbindlichkeit der nationalen Flüchtlingsentscheidung (BVerfGE 52, 391 (399 f.) = JZ 1980, 24 = NJW 1980,

§ 3   *Allgemeine Bestimmungen*

516 = DVBl. 1980, 191 = DÖV 1980, 447 = BayVBl. 1980, 79 = EZAR 150 Nr. 1) ist der Flüchtling im Drittstaat jedoch durch die getroffene Feststellung nach § 60 I AufenthG nicht vor Abschiebung in den Herkunftsstaat durch die Behörden des Drittstaates geschützt. Dieses völkerrechtliche Defizit wiederum zwingt die Bundesrepublik, zur effektiven Sicherstellung des Refoulementschutzes *vor* der Abschiebung des Flüchtlings in den Drittstaat die Zustimmung der Organe dieses Staates dahin einzuholen, dass der Flüchtling nach der Einreise wirksam und dauerhaft vor einer Abschiebung in den Herkunftsstaat geschützt ist. Kann diese Erklärung nicht nachgewiesen werden, ist die Abschiebung rechtlich unmöglich.

10   Damit ist klargestellt, dass § 3 in *mittelbarer* Weise die unanfechtbare Feststellung nach § 60 I AufenthG mit dem Genuss der Rechtsstellung nach Art. 2 bis 34 GFK verknüpft. Ist demgegenüber der Flüchtling im Zeitpunkt der Sachentscheidung nach § 31 II im Besitz eines Aufenthaltstitels, darf eine Abschiebungsandrohung von vornherein nicht ergehen (§ 34 I 1). Der Aufenthalt des Flüchtlings ist rechtmäßig. Er genießt nach Eintritt der Unanfechtbarkeit der getroffenen Feststellung sämtliche Rechte aus Art. 2 bis 34 GFK im Bundesgebiet.

3. Umfang der Rechtsstellung

11   Der Flüchtling kann sich auf den *Refoulementschutz* nach Art. 33 I GFK, d. h. nach innerstaalichem Recht auf den Abschiebungsschutz aufgrund von § 60 I AufenthG berufen. *Ausweisungsschutz* wird ebenso wie für Asylberechtigte nach § 56 I 1 Nr. 5 AufenthG gewährt (§ 2 Rdn. 41 ff.). Im Übrigen genießt er im Falle seines rechtmäßigen Aufenthaltes im vollen Umfang die sich aus Art. 2 bis 34 GFK ergebenden Recht. Es besteht insoweit zu der dem Asylberechtigten nach § 2 I gewährten Rechtsstellung kein Unterschied (§ 2 Rdn. 18 ff.).

12   Der Flüchtling hat insbesondere Anspruch auf Erteilung des *Reiseausweises* (Art. 28 I GFK) und auf Rückkehr unter den Voraussetzungen des § 51 VII AufenthG (s. § 2 Rdn. 46 ff.). Für die Entziehung des Reiseausweises bietet die GFK keine Rechtsgrundlage. Die Rechtsprechung wendet insoweit aber das Passgesetz analog an, erachtet indes die Anordnung der sofortigen Vollziehung der Entziehungsanordnung für rechtswidrig (VG Augsburg, InfAuslR 2000, 156 (157)). Das *Personalstatut* des Flüchtlings richtet sich nach deutschem Recht (Art. 12 I GFK). Der Flüchtling genießt das Wohlwollensgebot nach Art. 34 GFK im *Einbürgerungsverfahren*.

13   Die Vorschrift in § 3 beschränkt den Genuss der Rechtsstellung der Flüchtlinge auf die Regelungen in Art. 2 bis 34 GFK. Aus dem Fehlen einer § 2 II vergleichbaren Regelung in dieser Bestimmung wird deutlich, dass *Eingliederungsbeihilfen* nach der gesetzgeberischen Intention weitgehend unterbleiben sollen (so ausdr. BVerwG, EZAR 434 Nr. 1 = NVwZ-Beil. 2000, 14). Alle Leistungsansprüche, welche ausdrücklich an die Asylberechtigung anknüpfen und keinen Verweis auf § 60 I AufenthG enthalten, stehen deshalb den Flüchtlingen nach § 3 grundsätzlich nicht zu. Das ZuwG hat jedoch mit Wir-

kung zum 1. Januar 2005 die Rechtsstellung der Flüchtlinge an die der Asylberechtigten angeglichen.

Flüchtlinge haben kraft Gesetzes Anspruch auf Erteilung einer *Aufenthaltserlaubnis* (§ 25 II 1 AufenthG). Die Ausländerbehörde darf bei Zweifeln an der Identität des Antragstellers nicht die Erteilung der Aufenthaltserlaubnis versagen (BVerwGE 117, 276 (280) = EZAR 015 Nr. 32 = NVwZ 2003, 992; BVerwGE 120, 206 (212 f.)). Diese Frage hat das Bundesamt bereits im Asylverfahren geprüft und nach Klärung die Feststellung nach § 60 I AufenthG getroffen. Darüber hinaus konnte sich dieses Problem nach früherem Recht nur deshalb stellen, weil nach § 70 I AsylVfG a. F. die Aufenthaltsbefugnis versagt werden konnte, wenn die Abschiebung in einen Drittstaat möglich war (vgl. BVerwGE 117, 276 (289) = EZAR 015 Nr. 32 = NVwZ 2003, 992). § 25 II 1 AufenthG enthält anders als § 25 III 2 1. Alt. AufenthG keinen derartigen Vorbehalt. 14

Flüchtlinge haben Anspruch auf Ausübung einer selbständigen und nichtselbständigen Erwerbstätigkeit (§ 25 I 2 in Verb. mit § 25 I 4 AufenthG). Da aus § 25 II 1 AufenthG ein Anspruch auf Verlängerung der Aufenthaltserlaubnis besteht, ist unerheblich, dass sie ihrer Natur nach stets nur befristet erteilt werden kann (BVerwG, EZAR 522 Nr. 1). Nach der Rechtsprechung des BVerwG haben Konventionsflüchtlinge nach § 3 darüber hinaus auch Anspruch nach § 8 I Nr. 5 BAföG auf *Ausbildungsförderung*. 15

Flüchtlinge haben darüber hinaus Anspruch auf *Sprachförderung* (so auch LSG NW, InfAuslR 1999, 248; SG Aachen, InfAuslR 1997, 411 (412); SG Münster, u. v. 6. 11. 1997 – S 2 Ar 20/96; a. A. SG Dortmund, Gerichtsbescheid v. 30. 1. 1997 – S 6 Ar 246/96) und auf *Kindergeld* (§ 1 III Nr. 3 BKGG (zur früheren Rechtslage BSG, EZAR 450 Nr. 8; a. A. LSG BW, EZAR 452 Nr. 2 = NVwZ-Beil. 1997, 8). Der Anspruch auf *Erziehungsgeld* folgt aus § 1 VI 2 Nr. 3 BErzG (zur früheren Rechtslage LSG NW, U. v. 22. 8. 1997 – L 13 Kg 39/96, unter Hinweis auf die Rechtsprechung des EuGH, U. v. 10. 10. 1996 – C 245/94 und 312/94; ebenso SG Aachen, U. v. 16. 4. 1998 – § 15 Kg 43/95; SG Aachen, U. v. 31. 10. 1997 – S 10 Kg 22/96; SG Detmold, U. v. 6. 5. 1998 – S 12 Kg 11/97; SG Augsburg, U. v. 9. 3. 1998 – S 10 EG 19/97; s. hierzu auch: BSG, SozR 3 – 7833 § 1 Nr. 16). 16

§ 4 Verbindlichkeit asylrechtlicher Entscheidungen

Die Entscheidung über den Asylantrag ist in allen Angelegenheiten verbindlich, in denen die Anerkennung oder das Vorliegen der Voraussetzungen des § 60 Abs. 1 des Aufenthaltsgesetzes rechtserheblich ist. Dies gilt nicht für das Auslieferungsverfahren sowie das Verfahren nach § 58 a des Aufenthaltsgesetzes.

Übersicht	Rdn.
1. Vorbemerkung	1
2. Bindungswirkung (Satz 1)	3
2.1 Umfang der Bindungswirkung	3

§ 4 Allgemeine Bestimmungen

2.2. Rechtserheblichkeit der Bindungswirkung	7
3. Auslieferungsrechtliche Durchbrechung der Bindungswirkung (Satz 2 erste Alternative)	11
3.1. Vorbemerkung	11
3.2. Indizwirkung der Statusentscheidung	12
3.3. Völkerrechtliche Bedenken	18
4. Durchbrechung der Bindungswirkung bei Erlass der Abschiebungsanordnung nach § 58 a AufenthG (Satz 2 zweite Alternative)	24

1. Vorbemerkung

1   Die Regelung des § 4 hat ihr Vorbild in § 18 AsylVfG 1982 und in § 45 AuslG 1965. Wie früher § 18 S. 1 AsylVfG 1982 begründet S. 1 die *Bindungswirkung* der asylrechtlichen Entscheidung des Bundesamtes nach § 31 II 1. Während vor Inkrafttreten des AsylVfG 1992 die Bindungswirkung der Feststellung nach § 51 I AuslG 1990 in § 51 II 3 AuslG 1990 geregelt war, wird nunmehr – insoweit gesetzessystematisch sinnvoll – auch diese Bindungswirkung in S. 1 geregelt. Beschränkt der Antragsteller sein Begehren von vornherein allein auf die Feststellung nach § 60 I AufenthG (vgl. § 13 II), umfasst die Bindungswirkung nach S. 1 auch die hierauf ergehende Entscheidung des Bundesamtes nach § 31 II 2.

2   Die Asylrechtsgewährung im Rahmen des *Familienasyls* entfaltet ebenso wie die Feststellung nach § 60 I AufenthG im Rahmen des *Familienabschiebungsschutzes* nach § 26 IV ebenfalls Bindungswirkung aufgrund der Regelungf in S. 1, da es sich um eine Asylanerkennung (§ 26 I 1. HS) bzw. die Gewährung des internationalen Schutzes handelt. Demgegenüber wird die Bindungswirkung der ausländerrechtlichen Entscheidung des Bundesamtes in § 42 geregelt (s. dort). Nach wie vor Probleme bereitet die für das *Auslieferungsverfahren* geltende Ausnahmevorschrift von S. 2. Neu eingefügt wurde durch das ZuwG mit Wirkung zum 1. Januar 2005 die Durchbrechung der Bindungswirkung in Fällen der Abschiebungsanordnung nach § 58 a AufenthG.

2. Bindungswirkung (Satz 1)

2.1. Umfang der Bindungswirkung

3   Statusentscheidungen des Bundesamtes kommt eine umfassende, nicht auf bestimmte Behörden oder den Antragsteller beschränkte Verbindlichkeit zu (VGH BW, AuAS 2000, 228). S. 1 knüpft an die Sachentscheidung nach § 31 II an. Bindungswirkung entfalten nur *bestandskräftige* Verwaltungsakte. Ein derartig bestandskräftiger Verwaltungsakt liegt vor, wenn gegen die Sachentscheidung kein Rechtsmittel eingelegt wird und diese damit in Bestandskraft erwächst. Klagt der Asylsuchende gegen eine negative Statusentscheidung und obsiegt er im Verwaltungsstreitverfahren, hat das Bundesamt nach Eintritt der Rechtskraft des verwaltungsgerichtlichen Verpflichtungsurteils die Sachentscheidung zu erlassen. In diesem Fall tritt die Bindungswirkung je-

doch erst mit Zustellung der Sachentscheidung ein. Denn nach der gesetzlichen Regelung ist nicht etwa die gerichtliche Entscheidung, sondern der Bescheid des Bundesamtes der für die Statusgewährung zentrale Akt (BVerfGE 60, 253 (290) = EZAR 610 Nr. 14 = EuGRZ 1982, 394 = DVBl. 1982, 888 = JZ 1982, 596). Entstehen durch Verzögerungen rechtliche Nachteile, können Amtshaftungsansprüche geltend gemacht werden.

Nach dem Gesetzeswortlaut entfalten nur *positive* Statusentscheidungen Bindungswirkung. Der Streit darüber, ob auch *negative* Statusentscheidungen von der Bindungswirkung erfasst werden, kann letztlich dahinstehen. Denn stellt der Asylsuchende nach bestandskräftiger Ablehnung seines Asylantrags ein erneutes Asylgesuch, ist dieses nur unter den Voraussetzungen des § 71 *rechtserheblich*. In diesem Verfahren stellt sich das Problem der Bindungswirkung negativer bestandskräftiger Feststellungen sowie deren Durchbrechung. Insoweit wird auf die Erläuterungen zu § 71 verwiesen. Eine Vertiefung des Streits erscheint angesichts dessen nicht sinnvoll. Regelungsgehalt von S. 1 ist die Bindungswirkung positiver Statusentscheidungen. Ob und inwieweit negative bestandskräftige Feststellungen des Bundesamtes eine Bindungswirkung entfalten, hat der Gesetzgeber im Rahmen der Regelungen über den Folgeantrag geregelt. 4

Die Bindungswirkung der Statusentscheidung entfällt, wenn das Bundesamt diese unter den Voraussetzungen des § 73 *widerrufen* oder *zurückgenommen* hat. Aus der *konstitutiven Wirkung der Statusentscheidung* (BVerfGE 60, 253 (295) = EZAR 610 Nr. 14 = EuGRZ 1982, 394 = DVBl. 1982, 888) ergibt sich im Umkehrschluss, dass deren Bindungswirkung erst mit Eintritt der *Bestandskraft* der Sachentscheidung nach § 73 I oder § 73 II entfällt. Bis zu diesem Zeitpunkt darf die Ausländerbehörde dem Verlängerungsantrag oder dem Antrag auf Erteilung der Niederlassungserlaubnis nach § 9 I 1 in Verb. mit § 26 IV AufenthG nicht den Einwand des § 26 II AufenthG entgegen halten. Die Verbindlichkeit der Statusfeststellung schließt eine eigenständige, von der Befugnis zum Widerruf losgelöste Beurteilung der voraussichtlichen Dauer der Verfolgungsgefahr ein, die andere Behörden bindet (VGH BW, InfAuslR 2001, 98 (100) = AuAS 2000, 228 (LS); Rdn. 8). 5

Im Falle des *Erlöschens* wird ebenfalls die Bindungswirkung nach S. 1 beseitigt. Da die Erlöschenswirkung kraft Gesetzes eintritt (§ 72 I), entfällt die Bindungswirkung mit dem Zeitpunkt des Eintritts eines der Erlöschenstatbestände nach § 72 I. Es handelt sich in diesen Fällen – nicht vergleichbar mit der Regelung in S. 2 – nicht um eine Durchbrechung, sondern um eine Aufhebung der Bindungswirkung. Während nach S. 1 die bestandskräftige Statusfeststellung wirksam und auch weiterhin in allen Angelegenheiten, in denen das Gesetz hieran Folgen knüpft, rechtserheblich bleibt, die Bindungswirkung jedoch im Auslieferungsverfahren nach S. 2 keine Wirkung entfaltet, verliert die Statusentscheidung nach § 31 II im Fall des Widerrufs, der Rücknahme und des Erlöschens ihre Rechtswirksamkeit. Sie kann folglich auch keine Bindungswirkung mehr entfalten. 6

§ 4   *Allgemeine Bestimmungen*

2.2. Rechtserheblichkeit der Bindungswirkung

7   Mit dem Eintritt der Unanfechtbarkeit ist die Sachentscheidung nach § 31 II in allen Fällen *rechtserheblich,* in denen nach den gesetzlichen Vorschriften die Asylanerkennung sowie die Statusgewährung nach § 60 I AufenthG *Anspruchsvoraussetzung* ist. Die zentrale Bedeutung dieser Regelung liegt darin, dass der Antragsteller mit Bestandskraft der Statusentscheidung die Rechtsstellung nach der GFK genießt (§§ 2 f.), also insbesondere Anspruch auf die Erteilung des Reiseausweises nach Art. 28 GFK hat. Er hat ebenfalls Anspruch auf Erteilung der Aufenthaltserlaubnis (§ 25 I 1 und II 1 AufenthG). Im Einzelnen wird insoweit auf die Erläuterungen zu §§ 2 f. verwiesen.

8   Die Rechtserheblichkeit der Sachentscheidung bezieht sich vorrangig auf die *positiven Leistungsrechte,* aber auch z. B. auf den Ausweisungsschutz nach § 56 I 1 Nr. 5 AufenthG. Die Verbindlichkeit der Statusentscheidung schließt auch eine *eigenständige Beurteilung der voraussichtlichen Dauer der Verfolgungsgefahr* durch andere Behörden aus (VGH BW, InfAuslR 2001, 98 (100) = AuAS 2000, 228 (LS); Rdn. 5).

9   Dass asylrechtliche Abschiebungs- und Zurückweisungsverbot wird durch die Bindungswirkung nach S. 1 nicht tangiert. Denn sein Eingreifen ist nicht abhängig von dem Erlass der Statusentscheidung. Vielmehr gilt der Abschiebungs- und Zurückweisungsschutz unabhängig von der Asylrechtsgewährung oder der Gewährung des internationalen Schutzes nach § 60 I AufenthG.

10   Hat das Bundesamt den Asylantrag allerdings bestandskräftig abgelehnt und ist damit zugleich, wie im Regelfall, über die Vollziehbarkeit der Abschiebungsandrohung rechtskräftig entschieden worden, kann in rechtlich effektiver Weise weiterer Abschiebungsschutz nur noch unter den Voraussetzungen des § 71 erlangt werden. Ob auch ohne Antrag asylrechtlicher Verfolgungsschutz begehrt werden kann, ist umstritten. Insoweit wird auf die Erläuterungen zu § 13 verwiesen.

3. Auslieferungsrechtliche Durchbrechung der Bindungswirkung (Satz 2 erste Alternative)

3.1. Vorbemerkung

11   Wie § 18 S. 2 AsylVfG 1982 – und davor § 45 S. 2 AuslG 1965 – ordnet S. 2 an, dass die schützende Bindungswirkung nach S. 1 dann nicht gilt, wenn die Auslieferung des politisch Verfolgten begehrt wird. Verfassungs- und völkerrechtlich ist diese Regelung nicht bedenkenfrei. Unmittelbar nach dem Militärputsch in der Türkei am 12. September 1980 war diese Durchbrechung der asylrechtlichen Schutzwirkung Gegenstand heftiger politischer Diskussionen. Reformüberlegungen, die Mitte der achtziger Jahre angestrengt wurden (BT-Drs. 10/423; 10/1025; 10/6151), sind nicht weiter verfolgt worden. Das Bundesministerium des Justiz lehnt jedoch traditionell die Bewilligung der Auslieferung in Fällen unanfechtbar anerkannter Asylberechtigter ab (vgl. hierzu auch OLG München, B. v. 23. 7. 1985 – OLG Ausl. 39/84).

3.2. Indizwirkung der Statusentscheidung

Nach Ansicht des BVerfG ist die Durchbrechung der Indizwirkung unanfechtbarer Asylanerkennungen verfassungsrechtlich unbedenklich (BVerfGE 60, 348 (358) = DVBl. 1982, 834 = NVwZ 1983, 29 = NJW 1983, 2728 = InfAuslR 1982, 834 = EZAR 150 Nr. 2; BVerfGE 64, 46 (65) = EZAR 150 Nr. 5 = NJW 1983, 1721 = EuGRZ 1983, 354 = DÖV 1983, 678; NVwZ 1983, 734). Für eine Überprüfung des Auslieferungsbegehrens stehe mit dem Oberlandesgericht eine unabhängige, richterliche Instanz zur Verfügung, die in einem justizförmigen Verfahren Einwände des Auszuliefernden prüfe (BVerfGE 63, 215 (227 ff.) = EZAR 150 Nr. 4). Durch die Durchbrechung der Bindungswirkung würden Auslieferungsbehörde und Gericht nicht von ihrer Verpflichtung entbunden, zu prüfen, ob dem Verfolgten Asylschutz zustehe. Auch wenn der Verfolgte bisher im Asylverfahren nicht als asylberechtigt anerkannt worden sei, müsse andererseits im Auslieferungsverfahren geprüft werden, ob er nach seiner Auslieferung politische Verfolgung zu gewärtigen habe (BVerfGE 63, 348 (358); BVerwG (Kammer), EuGRZ 1996, 324 (326)).

Wer nach seiner Auslieferung Schutz vor politischer Verfolgung durch den *Grundsatz der Spezialität* (Verfolgung nur der Taten, für die die Auslieferung bewilligt worden ist) genießt, kann jedoch keinen Asylschutz erhalten (BVerfGE 15, 249 (251) = BayVBl. 1963, 113; BVerfGE 38, 398 (402) = NJW 1975, 1076 = EuGRZ 1975, 168; BVerfGE 60, 348 (358 f.) = EZAR 150 Nr. 2 = NVwZ 1983, 29 = InfAuslR 1982, 271; BVerfGE 64, 125 = EZAR 150 Nr. 5 = NJW 1983, 1721; BVerfG, EuGRZ 1983, 354; BGH, ArchVR 1962, 477; BGHSt 27, 191, OLG Düsseldorf, NJW 1984, 2052; OLG Hamm, GA 1978, 18; OLG Hamburg, GA 1980, 31; OLG Oldenburg, NJW 1978, 1120; OLG Stuttgart, GA 1976, 313).

Ein für den Auszuliefernden positives verwaltungsgerichtliches Urteil im Asylrechtsstreit ist nicht ohne Rechtserheblichkeit im Auslieferungsverfahren. Das nach Erlass des gerichtlichen Auslieferungsbeschlusses ergangene unanfechtbare verwaltungsgerichtliche Urteil im Asylverfahren stellt einen Umstand im Sinne des § 33 I IRG dar, der eine andere Entscheidung über die Zulässigkeit der Auslieferung zu begründen geeignet ist (BVerfGE 64, 46 (65 f.) = EZAR 150 Nr. 5 = NJW 1983, 1721).

Dies ergibt sich aus der verfassungsrechtlichen Pflicht, auf einen bestmöglichen Schutz des Asylrechts des Auszuliefernden hinzuwirken (BVerfGE 52, 391 (407 f.) = EZAR 150 Nr. 1 = NJW 1980, 516; BVerfGE 64, 46 (61) = EZAR 150 Nr. 5 = NJW 1983, 1721). Angesichts dessen bietet das Auslieferungsverfahren nach der Rechtsprechung des BVerfG ungeachtet der Durchbrechung der asylrechtlichen Bindungswirkung auch im Hinblick auf das verfassungsrechtlich verbürgte Asylrecht hinreichend Möglichkeiten gerichtlichen Rechtsschutzes (BVerfG, NVwZ 1983, 734).

Die obergerichtliche Rechtsprechung ist im Hinblick auf die Bedeutung einer asylrechtlichen Statusentscheidung uneinheitlich: Einerseits wird kategorisch festgestellt, auch im Falle der unanfechtbaren Asylanerkennung sei die Auslieferung zulässig (OLG Koblenz, NJW 1984, 1314). Andererseits wird hervorgehoben, die unanfechtbare Asylanerkennung sei ein *gewichtiges Indiz* für die Gefahr politischer Verfolgung. Daher liege die Annahme nahe, dass

§ 4 *Allgemeine Bestimmungen*

die Unverbindlichkeit der Asylanerkennung für das Auslieferungsverfahren nach Eintritt deren Rechtskraft ende. Die Auslieferung trotz unanfechtbarer Asylanerkennung könne angesichts dessen daher einer Aushöhlung des Asylrechts gleichkommen (OLG Celle, NJW 1984, 1312).

17   Das BVerfG hat einer im Ausland erfolgten Anerkennung der Flüchtlingseigenschaft des Auszuliefernden für das Auslieferungsverfahren eine gewichtige Indizwirkung für die Gefahr politischer Verfolgung beigemessen (BVerfGE 52, 391 (405) = EZAR 150 Nr. 1 = NJW 1980, 516; ebenso OLG München, GA 1976, 311; OLG München, B. v. 28. 10. 1983 – 1 Ausl. 21/83; OLG Köln, B. v. 11. 8. 1980 – Ausl. 11/80). Dies ist erst recht bei einer Statusentscheidung nach § 31 II anzunehmen. Die prozessuale Ausgestaltung dieses Grundsatzes geht dahin, dass eine *Regelvermutung* für eine nach sorgfältiger Prüfung (im Ausland) festgestellte Asylberechtigung eingreift (OLG Köln, B. v. 11. 8. 1980 – Ausl. 11/80).

3.3. Völkerrechtliche Bedenken

18   Nach Auffassung des UNHCR umfasst der Grundsatz des Non-Refoulement auch das Auslieferungsverbot. Ist im Asylverfahren nach innerstaatlichem Recht unanfechtbar die Asylanerkennung (Flüchtlingseigenschaft) festgestellt worden, ist damit nach den innerstaatlichen Verfahrensregelungen verbindlich entschieden worden, dass der völkerrechtliche Schutz des Grundsatzes des Non-Refoulement Anwendung findet. Es ist jedenfalls aus völkerrechtlicher Sicht kein Raum mehr für eine Durchbrechung der Schutzwirkung dieses Grundsatzes.

19   Dementsprechend hat das Schweizerische Bundesgericht unter Hinweis auf die Empfehlung des Exekutivkomitees des Programms von UNHCR Nr. 17 (XXXI) Buchst. g) hervorgehoben, dass anerkannte Flüchtlinge gegen Auslieferung geschützt seien. Art. 33 GFK habe Vorrang gegenüber bilateralen Auslieferungsabkommen. Auch könne der Spezialitätsgrundsatz *nicht als Alternative* zum Schutz vor Auslieferung betrachtet werden (Schweizerisches Bundesgericht, IJRL 1993, 271 f.).

20   Es trifft zwar zu, dass im Auslieferungsverfahren umfassend die Gefahr politischer Verfolgung und die Gefahr der Verfolgung aus Gründen der GFK in Verb. mit Art. 4 ff. der Qualifikationsrichtlinie unter Berücksichtigung der tatsächlichen und rechtlichen Verhältnisse im (ersuchenden) Verfolgerstaat genau zu prüfen ist (BVerfGE 63, 215 (227) = EZAR 150 Nr. 4 = NJW 1983, 1725 = InfAuslR 1983, 154; BVerfGE 63, 197 (207) = EZAR 150 Nr. 3 = NJW 1983, 1823 = InfAuslR 1983, 148; BVerfG, NJW 1984, 559). Insbesondere ist zu prüfen, ob dem Auslieferungsersuchen ein *manipulierter Strafvorwurf* und damit in Wahrheit eine politische Verfolgungsabsicht zugrunde liegt (BVerfGE 63, 197 (206)) oder ob es zu rechtsstaats- oder völkerrechtswidrigen Zwecken missbraucht wird (BGHSt. 27, 191; BGH, NJW 2046). Gleichwohl wird im Auslieferungsverfahren nicht im gleichen Umfang wie im Asylverfahren umfassend die Gefahr politischer Verfolgung und im Zusammenhang hiermit die Flüchtlingseigenschaft nach Art. 1 Nr. 2 GFK überprüft.

Erklärt das Oberlandesgericht die Auslieferung für zulässig und wird diese von der Bundesregierung bewilligt, erfolgt die Auslieferung an die Organe des behaupteten Verfolgerstaates, ohne dass zuvor in erschöpfender Weise die behauptete Gefahr politischer Verfolgung geprüft worden ist. Dies ist völkerrechtlich nicht zulässig. Aus zwei Gründen bestehen damit gegen S. 2 1. Alt. völkerrechtliche Bedenken: Im Auslieferungsverfahren wird nicht im erforderlichen Umfang die Gefahr politischer Verfolgung geprüft. Liegt bereits eine unanfechtbare Asylanerkennung vor, steht fest, dass der Grundsatz des Non-Refoulement Anwendung findet. Völkerrechtliche Rechtfertigungsgründe für eine Durchbrechung der Schutzwirkung sind nicht ersichtlich. Insbesondere ist Art. 33 II GFK nicht einschlägig, es sei denn, die Auslieferung erfolgt mit ausdrücklicher Berufung auf diese Norm. Dies ist jedoch nach den Erfahrungen der vergangenen Jahre in aller Regel nicht der Fall. 21

Darüber hinaus liegt der Regelung in S. 2 1. Alt. eine verfehlte Sichtweise des Zusammenhangs zwischen der zwischenstaatlich begründeten Auslieferungspflicht einerseits sowie dem verfassungsrechtlich verankerten Asylrecht andererseits zugrunde. Die innerstaatliche Wirkung des Grundsatzes der Nichtauslieferung politischer Flüchtlinge wird durch die verfassungsrechtliche Asylrechtsgarantie geprägt. Das Völkerrecht *erlaubt* der Bundesrepublik, die Auslieferung in diesen Fällen trotz an sich bestehender vertraglicher Auslieferungsverpflichtung abzulehnen. 22

Nach Völkerrecht ist die Bundesrepublik weder zur Auslieferung verpflichtet noch würde die Auslieferung an sich das Völkerrecht verletzen, abgesehen von der Schutzwirkung des Art. 33 GFK. Dies ist die *ratio legis* des herrschenden völkerrechtlichen Neutralitätsgrundsatzes: Der ersuchte Staat kann die Auslieferung verweigern, wenn er politische Verfolgung befürchtet. Er ist dazu zwar nicht nach dem zwischenstaatlichen Auslieferungsrecht, wohl aber nach Art. 33 GFK verpflichtet. Im Übrigen ist stets der Refoulementschutz aus Art. 3 EMRK zwingend zu beachten. 23

4. Durchbrechung der Bindungswirkung bei Erlass der Abschiebungsanordnung nach § 58 a AufenthG (Satz 2 zweite Alternative)

Nach § 58a I AufenthG kann zur Abwehr einer *besonderen Gefahr für die Sicherheit der Bundesrepublik Deutschland* oder *einer terroristischen Gefahr* eine Abschiebungsanordnung erlassen werden (Marx, ZAR 2004, 275 (278 ff.)). Die Abschiebungsanordnung ist sofort vollziehbar. Einer Abschiebungsandrohung bedarf es nicht. Verfahrensrechtlich ist die Abschiebungsanordnung nach § 58a I 1 AufenthG ein Verwaltungsakt. Wie sich insbesondere aus § 58a IV AufenthG ergibt, sind Rechtsmittel in der Hauptsache und Eilrechtsschutzmaßnahmen gegen die Abschiebungsanordnung zulässig. Materiell-rechtlich stellt sie eine neue Form der Aufenthaltsbeendigung dar, da sie ohne vorhergehende Ausweisung ergehen kann und zur Beendigung der Rechtmäßigkeit des Aufenthaltes führt (vgl. § 51 I Nr. 5a AufenthG). 24

Der Erlass der Abschiebungsanordnung setzt nach § 58a I 1 AufenthG das Vorliegen einer *Gefahr für die Sicherheit der Bundesrepublik Deutsch-* 25

§ 5   *Allgemeine Bestimmungen*

land oder eine *terroristische Gefahr* voraus. Die Entscheidung setzt eine auf *Tatsachen beruhende Prognose* voraus. Für die Prognoseprüfung gelten dieselben Grundsätze wie für die Auslegung und Anwendung des Ausweisungsgrundes nach § 54 Nr. 5 AufenthG. Materiellrechtlich muss der Betroffene eine Gefahr für die Sicherheit der Bundesrepublik Deutschland oder eine terroristische Gefahr darstellen.

26 Für die gerichtliche Zuständigkeit kommt es nicht darauf an, ob eine oberste Landesbehörde oder das Bundesinnenministerium die Abschiebungsanordnung erlässt. In beiden Fällen ist nach § 50 Nr. 3 VwGO das BVerwG erste und letzte Instanz für die Überprüfung der Rechtmäßigkeit der Abschiebungsanordnung und deren Vollziehung (vgl. Art. 11 Nr. 23 ZuwG). Auch für den Eilrechtsschutz ist damit das BVerwG zuständiges Gericht. Sowohl die anordnende Behörde wie auch das BVerwG sind bei der Entscheidung über die Abschiebungsanordnung nicht an die hierzu getroffenen Feststellungen aus anderen Verfahren gebunden (§ 58 a III 3 2. HS AufenthG. Dementsprechend ordnet S. 2 2. Alt. die Durchbrechung der Sperrwirkung an. Die für den Erlass der Abschiebungsanordnung zuständige Behörde und das BVerwG prüfen deshalb unabhängig von entsprechenden Feststellungen des Bundesamtes eigenständig das Vorliegen der Voraussetzungen nach § 60 I–VIII AufenthG. Das BVerwG wird damit in diesen Fällen zur umfassenden Tatsacheninstanz bei der Prüfung von Abschiebungshindernissen.

§ 5 Bundesamt

(1) Über Asylanträge einschließlich der Feststellungen, ob die Voraussetzungen des § 60 Abs. 1 des Aufenthaltsgesetzes vorliegen, entscheidet das Bundesamt für Migration und Flüchtlinge. Es ist nach Maßgabe dieses Gesetzes auch für ausländerrechtliche Maßnahmen und Entscheidungen zuständig.
(2) Das Bundesministerium des Innern bestellt den Leiter des Bundesamtes. Dieser sorgt für die ordnungsgemäße Organisation der Asylverfahren.
(3) Der Leiter des Bundesamtes soll bei jeder Zentralen Aufnahmeeinrichtung für Asylbewerber (Aufnahmeeinrichtung) mit mindestens 500 Unterbringungsplätzen eine Außenstelle einrichten. Er kann in Abstimmung mit den Ländern weitere Außenstellen einrichten.
(4) Der Leiter des Bundesamtes kann mit den Ländern vereinbaren, ihm sachliche und personelle Mittel zur notwendigen Erfüllung seiner Aufgaben in den Außenstellen zur Verfügung zu stellen. Die ihm zur Verfügung gestellten Bediensteten unterliegen im gleichen Umfang seinen fachlichen Weisungen wie die Bediensteten des Bundesamtes. Die näheren Einzelheiten sind in einer Verwaltungsvereinbarung zwischen dem Bund und dem Land zu regeln.

Bundesamt § 5

Übersicht Rdn.
1. Vorbemerkung 1
2. Zuständigkeit des Bundesamtes (Abs. 1 und § 31) 4
2.1. Monopolzuständigkeit des Bundesamtes im Asylverfahren 4
2.2. Grundrechtsverwirklichung durch Verwaltungsverfahren 8
2.3. Erweiterung des Aufgabenkataloges des Bundesamtes 14
2.3.1. Neuorganisation des Bundesamtes 14
2.3.2. Verantwortlichkeit des Bundesamtes für Statusentscheidungen (Abs. 1 Satz 1) 22
2.3.3. Gewährleistung einer einheitlichen Entscheidungspraxis 25
2.3.4. Fortgeltung des Prinzips der weisungsfreien Einzelfallwürdigung 29
3. Außenstellen des Bundesamtes (Abs. 3 und 4) 36
4. Organisation des Bundesamtes (Abs. 2) 42
5. Befugnis des Prozessbevollmächtigten zur Klaglosstellung im Asylprozess 45

1. Vorbemerkung

Die Vorschrift des § 5 lehnt sich an § 4 AsylVfG 1982 an (BT-Drs. 12/2062, S. 29). Sie steht in engem Zusammenhang mit der Kompetenzregelung der § 24 II und § 31. Die nunmehr in Abs. 4 enthaltene Regelung war im AsylVfG 1992 nicht vorgesehen und ist Folge der Neukonzeption des Asylverfahrensrechts, derzufolge die Lagerunterbringung mit der unverzüglichen Entscheidungspflicht des Bundesamtes verbunden wird. Die Vorschrift übernimmt nicht die Verordnungsermächtigung des alten Rechts (§ 4 IV AsylVfG 1982). Von dieser war im Übrigen in den zehn Jahren Geltungsdauer des früheren AsylVfG kein Gebrauch gemacht worden. 1

Durch Art. 3 Nr. 4 ZuwG ist mit Wirkung zum 1. August 2004 (vgl. Art. 15 II ZuwG) die bis dahin nach § 5 II 1 AsylVfG a.F. bestehende *Weisungsunabhängigkeit der Einzelentscheider* im Blick auf die Statusentscheidungen nach Art. 16 a I GG und § 51 I AuslG 1990 zusammen mit der Institution des Bundesbeauftragten (vgl. § 6 AsylVfG a.F.; s. auch § 87 b) beseitigt und die frühere Bezeichnung »*Bundesamt für die Anerkennung ausländischer Flüchtlinge*« durch den Begriff »*Bundesamt für Migration und Flüchtlinge*« ersetzt worden. 2

Diese Neukonzeption der Entscheidungspraxis steht im engen Zusammenhang mit der Neustrukturierung des Bundesamtes, dem mit der Namensänderung ein umfassender Aufgabenkatalog (vgl. § 75 AufenthG) zugewiesen worden ist. Dem Gesetzgeber erschien mit dieser Neustrukturierung die Weisungsunabhängigkeit des alten Rechtes (vgl. § 5 II 1 AsylVfG a.F.) nicht mehr vereinbar. 3

2. Zuständigkeit des Bundesamtes (Abs. 1 und § 31)

2.1. Monopolzuständigkeit des Bundesamtes im Asylverfahren

Abs. 1 S. 1 legt die Verantwortlichkeit des Bundesamtes für Migration und Flüchtlinge (Bundesamt) für die Behandlung von Asylanträgen (§ 13) fest. 4

§ 5   Allgemeine Bestimmungen

Wie das frühere Recht, enthält Abs. 1 lediglich eine *Aufgabenzuweisung*. Die Zuweisung der einzelnen Kompetenzen wird an anderer Stelle des Gesetzes geregelt. So wird die Sachkompetenz des Bundesamtes für die Entscheidung über die Asylanerkennung in § 31 II 1 geregelt. Eingeschlossen in diese Kompetenz ist die Entscheidung über den Antrag auf Gewährung von Asylrecht im Rahmen des *Familienasyls* (§ 26 I) und die Feststellung nach § 60 I AufenthG im Rahmen des Familienabschiebungsschutzes (vgl. § 26 IV 2).

5   In diese Sachkompetenz einbezogen ist des Weiteren die Prüfung und Entscheidung über den *internationalen Schutz* (Art. 4–14 Qualifikationsrichtlinie), der durch § 60 I *AufenthG* (§ 31 II) innerstaatlich umgesetzt wird. Anders als nach dem vor 1992 geltendem Recht ist das Bundesamt auch für *ausländerrechtliche Maßnahmen* zuständig (Abs. 1 S. 2). Das Bundesamt ist demzufolge insbesondere für den Erlass der Abschiebungsandrohung nach §§ 34 und 35 bzw. der Abschiebungsanordnung nach § 34 a sowie für die Prüfung und Feststellung der Abschiebungshindernisse des § 60 II–VII AufenthG zuständig (§ 24 II und § 31 III).

6   Nach der gesetzlichen Begründung folgt die Aufgabenzuweisung nach Abs. 1 S. 2 aus der Zielvorstellung des AsylVfG, demzufolge der Bund die Voraussetzungen dafür zu schaffen hat, dass über Asylanträge unter Berücksichtigung der Zuständigkeitsverlagerung aus den bisher den Ausländerbehörden zukommenden Aufgaben einheitlich bis hin zur Ausreiseaufforderung und Abschiebungsandrohung entschieden wird (BT-Drs. 12/2062 S. 29 u. 26). Demstprechend durchzieht die Regelungen des AsylVfG durchgehend das *Prinzip der Trennung von anordnender Asylbehörde und vollziehender Ausländerbehörde*.

7   Im Gesetzgebungsverfahren zum AsylVfG 1982 war die bereits vorher bestehende Alleinzuständigkeit des Bundesamtes nach § 29 I AuslG 1965 für asylrechtliche Entscheidungen unumstritten. Unter Bezugnahme auf die Rechtsprechung des BVerfG sprach sich die Gesetzesbegründung dafür aus, die Sachkompetenz beim Bundesamt zu belassen, das aufgrund seiner Sachkenntnis am ehesten geeignet erscheine, Maßstäbe für eine schnelle und doch zuverlässige Trennung (auch offensichtlich) unbegründeter Anträge von den übrigen zu setzen. Durch die Konzentration der Verfahren bei einer Bundesbehörde könne eine einheitliche Anwendung asylrechtlicher Grundsätze und damit eine gleiche Behandlung aller Asylsuchenden am ehesten erreicht werden (BT-Drs. 9/875, S. 13).

2.2. Grundrechtsverwirklichung durch Verwaltungsverfahren

8   Das BVerfG hatte in seinem dem Erlass des AsylVfG 1982 vorausgegangenen Beschluss vom 25. Februar 1981 hervorgehoben, dass die Statusentscheidung *unmittelbar der Grundrechtsverwirklichung* diene (BVerfGE 56, 216 (236 ff.) = DVBl. 1981, 623 = DÖV 1981, 453 = NJW 1981, 1436 = JZ 1981, 339 = EuGRZ 1981, 306 = MDR 1981, 637 = BayVBl. 1981, 366; so auch BVerfGE 60, 253 (296) = EZAR 610 Nr. 14 = EuGRZ 1982, 394 = DVBl. 1982, 888 = JZ 1982, 596). Die verfassungsrechtliche Asylrechtsgewährung sichere nicht nur ma-

Bundesamt § 5

teriell das Asylrecht des politischen Verfolgten. Der Bestimmung komme auch *verfahrensrechtliche Bedeutung* zu. Allgemein fordere die verfassungsrechtliche Gewährleistung der Grundrechte auch im jeweiligen Verfahrensrecht Geltung.

Diesem Grundsatz entsprechend müsse auch das Asylgrundrecht dort auf die *Verfahrensgestaltung* Einfluss haben, *wo* es um das grundgesetzlich garantierte Recht des Betroffenen auf Asyl gehe (BVerfGE 52, 391 (407) = EZAR 150 Nr. 1 = NJW 1980, 516). Das Grundgesetz treffe aber keine Bestimmung darüber, *wie* die tatbestandsmäßigen Voraussetzungen des Asylanspruchs festzustellen seien. Es enthalte insoweit auch *keinen ausdrücklichen Regelungsauftrag an den Gesetzgeber*: »Indes bedürfen Grundrechte allgemein, sollen sie ihre *Funktion* in der sozialen Wirklichkeit erfüllen, *geeigneter Organisationsformen* und *Verfahrensregelungen* sowie einer grundrechtskonformen Anwendung des Verfahrensrechts, soweit dies für einen effektiven Grundrechtsschutz von Bedeutung ist«. Dies gelte auch für das Asylrecht, »weil anders die materielle Asylrechtsverbürgung nicht wirksam in Anspruch genommen werden kann« (BVerfGE 56, 216 (235f.) = DVBl. 1981, 623 = NJW 1981, 1436). 9

Die Forderung nach geeigneten Organisationsformen leitet das BVerfG also unmittelbar aus der jeweiligen Grundrechtsnorm ab. Nach seiner Rechtsprechung dient das *Verwaltungsverfahren* der Herbeiführung gesetzmäßiger und unter diesem Blickwinkel richtiger, aber darüber hinaus auch im Rahmen dieser Richtigkeit gerechter Entscheidungen (BVerfGE 42, 64 (73); 46, 325 (333)). Die Organisation des Verwaltungsverfahrens und die Gestaltung des Verfahrens haben damit *Komplementärfunktion* für die Durchsetzung des materiellen Rechts (BVerfGE 73, 289 (296)). 10

Ausdrücklich hat das BVerfG klargestellt, dass die *gesetzliche Gestaltungsfreiheit* zur Regelung des Verfahrens in der asylrechtlichen Grundrechtsnorm selbst ihre Grenze finde. Zwar sei für die Ordnung des Asylverfahrensrechts in erster Linie der Gesetzgeber verantwortlich. Er dürfe jede Regelung treffen, die der Bedeutung des Asylrechts gerecht werde und eine *zuverlässige und sachgerechte Prüfung* ermögliche. So sei es grundsätzlich seiner Entscheidung überlassen, welche Verfahrensart er dafür vorsehe und welche Behörden er damit beauftrage. Die auch für das Verfahren maßgebliche Reichweite der Grundrechtsnorm sei jedoch nach der Aufgabe der Asylrechtsgarantie zu bestimmen, politisch Verfolgten Schutz vor den Zugriffsmöglichkeiten des Verfolgerstaates zu gewähren (BVerfGE 56, 216 (236) = DVBl. 1981, 623 = NJW 1981, 1436). 11

Ebenso hatte das BVerwG bereits zuvor unmittelbar aus der Grundrechtsnorm einen *ergänzenden Regelungsauftrag* an den Gesetzgeber zur *Verfahrensgestaltung* abgeleitet (BVerwGE 49, 202 (206) = NJW 1976, 490 = DVBl. 1976, 500 = JZ 1976, 58 = MDR 1976, 252 = JR 1976, 212 = EZAR 134 Nr. 1), den es von dem Kerngehalt des Grundrechts, nämlich die effektive Sicherstellung des Abschiebungs- und Zurückweisungsschutzes, abgrenzt. 12

Wie schon der Gesetzgeber des § 29 AuslG 1965 und der des AsylVfG 1982 hat sich auch der Gesetzgeber des § 5 dafür entschieden, dass den Forderungen des Verfassungsrechts nach grundsätzlich richtigen und auch gerechten 13

§ 5 Allgemeine Bestimmungen

Verwaltungsentscheidungen im Asylverfahrensrecht am besten dadurch Genüge getan werden kann, dass die Sachkompetenz für die statusrechtlichen Entscheidungen bei einer Bundesbehörde konzentriert wird. Zudem hat der Gesetzgeber dem Bundesamt auch die Sachkompetenz für die ausländerrechtlichen Maßnahmen nach dem AsylVfG zugewiesen (Abs. 1 S. 2). Der *Vollzug* der ausländerrechtlichen Entscheidungen des Bundesamtes nach diesem Gesetz obliegt jedoch regelmäßig den Ländern, es sei denn, der Bund ist nach dem Gesetz selbst für die Vollziehung ausländerrechtlicher Verfügungen zuständig (§§ 18 II, III, 18a III 1, 34a I).

2.3. Erweiterung des Aufgabenkatalogs des Bundesamtes

2.3.1. Neuorganisation des Bundesamtes

14 Seit dem Inkrafttreten der *Asylverordnung* vom 6. Januar 1953 wurde die Feststellungsbehörde im Asylverfahren ausschließlich mit asylrechtlichen Aufgaben betraut. Diese 1953 eingeleitete Tradition setzten das Ausländergesetz von 1965, das Asylverfahrensgesetz von 1982 und das Asylverfahrensgesetz von 1992 fort. Zwar sind seit 1992 neue ausländerrechtliche Kompetenzen hinzugekommen. Diese stehen jedoch im engen Sachzusammenhang mit der asylverfahrensrechtlichen Aufgabenstellung.

15 Mit Inkrafttreten der Vorschrift des § 5 am 1. August 2004 (Art. 15 II ZuwG) hat der Gesetzgeber nunmehr das bis dahin als »*Bundesamt für die Anerkennung ausländischer Flüchtlinge*« bekannte Amt (vgl. § 29 AuslG 1965, § 4 AsylVfG 1982, § 5 AsylVfG 1992) in »*Bundesamt für Migration und Flüchtlinge*« umgetauft und mit umfassenden integrationsrechtlichen Aufgaben beauftragt (vgl. § 75 AufenthG). Er hat damit den Charakter der Asylbehörde grundlegend verändert.

16 Entscheidungen über Asylanträge sind unbeeinflusst von innen- und außenpolitischen Einflüssen, allein anhand verfassungs- und völkerrechtlicher Verpflichtungen zu treffen. Zu prüfen ist, ob im Einzelfall Verfolgung oder menschenrechtswidrige Gefahren (§ 60 Abs. 2, 3, 5 und 7 AufenthG, Art. 15 Qualifikationsrichtlinie) drohen. Ein Bundesamt, das neben den Aufgaben nach dem AsylVfG insbesondere auch zentrale Steuerungs- und Koordinationsfunktionen in der Migrationspolitik wahrnimmt (§ 75 Abs. 1 AufenthG) läuft Gefahr, zwischen den divergierenden Ziel- und Aufgabenkonflikten eines derartig heterogenen Aufgabenpanoramas zerrieben zu werden oder in die Erfüllung strikt rechtlich zu handhabender humanitärer Pflichtaufgaben (§ 5) migrationspolitische Erwägungen und Motivationen einfließen zu lassen.

17 Die seit der Migrationsdebatte eingeleiteten Veränderungen innerhalb des Bundesamtes haben zu einer weitgehenden Vernachlässigung des asylrechtlichen Kernaufgaben des Amtes zugunsten der Wahrnehmung der integrationsrechtlichen Aufgaben geführt. So werden im asylrechtlichen Bereich seit Jahren nahezu keine Fortbildungsveranstaltungen mehr angeboten. Obwohl seit April 2004 feststeht, dass die EU-Qualifikationsrichtlinie bei der Auslegung und Anwendung von § 60 I AufenthG erhebliche Änderungen in der

Bundesamt § 5

dogmatischen Prüfungsstruktur und bei den materiellen Entscheidungsgrundlagen (§ 1 Rdn. 82 ff.) mit sich bringen werden, sind die Zentrale und die Außenstellen hierauf nicht einmal ansatzweise vorbereitet worden. Die Einzelentscheider hatten am Tag des Inkrafttretens von § 60 I AufenthG überwiegend keine Kenntnis von der Qualifikationsrichtlinie und vom Inhalt des § 60 I AufenthG.

Darüber hinaus fehlt es wegen der Konzentration auf die integrationsrechtlichen Aufgaben an einer effektiven Steuerung und Koordinierung der Außenstellen bei der Ausführung der asylrechtlichen Kernaufgaben. Wer im Amt fortkommen will, scheint sich in den integrationsrechtlichen Bereich zu bewerben, weil die Kernaufgaben in der Wahrnehmung des Amtes insgesamt zu einer lästigen Pflicht herabgestuft worden sind. 18

Die aufgezeigte Entwicklung hat dazu geführt, dass die Erfüllung strikt rechtlich zu handhabender humanitärer Pflichtaufgaben (§ 5) einseitig den integrationsrechtlichen Aufgabenbereich untergeordnet worden sind. Für das öffentliche Ansehen des Asyl- und Flüchtlingsrechtes wiegen die nachteiligen Folgen dieser einseitigen Interessenverschiebung innerhalb des Amtes schwer. 19

Die Gesetzesbegründung verhält sich zu den aufgezeigten Zielkonflikten nicht (vgl. BT-Drs. 14/7387, S. 88 f.). Hingegen werden diese im Bericht der Unabhängigen Kommission »Zuwanderung« nicht verschwiegen. Dieser weist darauf hin, dass Zuwanderungspolitik auch von *Antagonismen* geprägt sei. Das Bewusstsein wachse, dass »*unsere Gesellschaft bestimmte Zuwanderer braucht*«, andere hingegen »*brauchen weiterhin uns*«. Eine positive Einstellung zur Zuwanderung aus arbeitsmarktpolitischen und demographischen Gründen habe nur Bestand, wenn zugleich die Überzeugung wachse, dass nicht nur der migrationspolitisch erwünschte »*Aufbruch*«, sondern auch eine »*humanitär motivierte Zuwanderungspolitik notwendig und gestaltbar*« sei (Bericht, S. 123). 20

Der Problemaufriss ist richtig. Wenn Zuwanderungspolitik von Antagonismen geprägt ist, muss diesen wirksam begegnet werden. Strikte verfahrensrechtliche, institutionelle und administrative Vorkehrungen haben sicherzustellen, dass über den einzelnen Asylantrag nur nach Maßgabe rechtlich bindender Vorgaben entschieden wird. 21

2.3.2. Verantwortlichkeit des Bundesamtes für Statusentscheidungen (Abs. 1 Satz 1)

Mit Wirkung zum 1. August 2004 ist die bis dahin bestehende Weisungsunabhängigkeit nach § 5 II 1 AsylVfG a. F. aufgehoben worden (Art. 15 II ZuwG). Statt dessen ist nunmehr das Bundesamt als solches für alle Sachentscheidungen im Asylverfahren zuständig (Abs. 1 S. 1). Im Referentenentwurf vom 3. August 2001 wurde diese strukturelle Änderung damit begründet, dass die überkommene Unabhängigkeit von Weisungen sich »heute zunehmend als unpraktikabel und verfahrensverzögernd« erweise. Eine fehlerhafte Entscheidung könne weder vom Bundesamt selbst noch im Wege der Fachaufsicht korrigiert werden. Das deshalb erforderliche Korrekturinstrument des Bundesbeauftragten (vgl. § 6 AsylVfG a. F.) bewirke Verfahrensver- 22

§ 5   Allgemeine Bestimmungen

zögerungen und belaste zusätzlich die ohnehin begrenzten Ressourcen der Verwaltungsgerichtsbarkeit.

23 Im Bericht der Unabhängigen Kommission »Zuwanderung« wurde ebenfalls die Beseitigung der Weisungsunabhängigkeit der Einzelentscheider gefordert, da diese zu einer »*uneinheitlichen Entscheidungspraxis* des Bundesamtes führe, weil vergleichbare Sachverhalte von verschiedenen Einzelentscheidern unterschiedlich« beurteilt würden. Mit der Weisungsfreiheit habe die Exekutive sich die Möglichkeit genommen, von ihr als solche eingeschätzte Fehlentwicklungen selbst zu korrigieren. Das Gegengewicht zur Weisungsunabhängigkeit, der Bundesbeauftragte, werde mit deren Wegfall entbehrlich (Bericht, S. 144).

24 In der Gesetzesbegründung wird hervorgehoben, dass die Tätigkeit des Einzelentscheiders nunmehr der *unmittelbaren Regierungs- und Ressortverantwortlichkeit* unterliege. Mit der Aufhebung der Weisungsunabhängigkeit der Einzelentscheider könne eine einheitliche Entscheidungspraxis des Bundesamtes, wie in jeder anderen monokratischen Behördenstruktur auch, hierarchisch sichergestellt werden. Damit entfalle die Notwendigkeit für die Beibehaltung der Institution des Bundesbeauftragten (BT-Drs. 15/420, S. 107, BT-Drs. 14/7387, S. 99).

2.3.3. Gewährleistung einer einheitlicher Entscheidungspraxis

25 Die Gewährleistung der Einheitlichkeit der Entscheidungspraxis des Bundesamtes bei vergleichbaren Sachgestaltungen ist ein legitimes Anliegen und dient nicht zuletzt der Akzeptanz asylrechtlicher Statusentscheidungen durch die Betroffenen selbst. Im Blick auf *einzelfallunabhängige* rechtliche und tatsächliche Grundfragen (z. B. interner Schutz, gruppengerichtete Verfolgungen, staatliche Verfolgungsprogramme, asylerhebliche Anwendung von Strafvorschriften, Politmalus, Terrorismusvorbehalt etc.) sind Einflussnahmen von außen unbedenklich. Sie sind zur Sicherstellung einer einheitlichen Entscheidungspraxis des Bundesamtes wegen der Beseitigung der Institution des Bundesbeauftragten auch notwendig. Allerdings gehört die Tatsachensubsumtion unter diese generelle Vorgaben dem Bereich freier Beweiswürdigung an.

26 Die in der Gesetzesbegründung unterstellte Akzessorietät zwischen der Abschaffung der Institution des Bundesbeauftragten und der Aufhebung der Weisungsunabhängigkeit der Einzelentscheider ist aus diesen Gründen nicht zwingend. Das Bundesamt kann danach für seinen Bereich auf eine einheitliche Anwendung gleichgelagerter Sach- und Rechtsfragen in angemessener Weise hinwirken, ohne dabei notwendigerweise auf die einzelfallbezogene Feststellung und Würdigung von Tatsachen Einfluss nehmen zu müssen.

27 Dies war bislang auch die Aufgabe des Bundesbeauftragten. Seine gelegentlich geübte Praxis, Rechtsmittel im Blick auf die Einzelfallwürdigung des individuellen Sachvorbringens einzulegen, war jedenfalls nicht unumstritten. Auf diese Weise können auch ohne die Institution des Bundesbeauftragten unter Beibehaltung der Weisungsunabhängigkeit sowohl das Beschleunigungsziel des Gesetzes wie auch das Ziel der einheitlichen Entscheidungspraxis verwirklicht werden. Auch bislang war das Bundesamt jedenfalls pro-

Bundesamt § 5

zessual in der Lage, über seine Prozessbevollmächtigten auf die Gestaltung der Rechtsmittelverfahren Einfluss zu nehmen.

Asylverfahren, die aus der unmittelbaren Einflusssphäre des Bundesamtes hinausgelangt sind, können mithin durch das Amt auch ohne den Bundesbeauftragten mit eigenen Prozessbevollmächtigten beeinflusst werden. Es spricht auch nichts dagegen, deren prozessuale Rechtsstellung dadurch zu verbessern, dass die Prozessbevollmächtigten im Verwaltungsprozess selbständig auftreten und etwa den Asylkläger klaglos stellen können (vgl. BT-Drs. 14/7387, S. 99; s. Rdn. 45 ff.). 28

2.3.4. Fortgeltung des Prinzips der weisungsfreien Einzelfallwürdigung

Die Entscheidung über den einzelnen Asylantrag ist eine höchst subjektiv geprägte Aufgabe. Eine Überzeugungsbildung im Sinne des § 24 VwVfG kann nur im Rahmen der freien Beweiswürdigung getroffen werden. Letztlich muss sich der Einzelentscheider schlüssig werden, ob er den Angaben des Antragstellers über sein individuelles Verfolgungsgeschehen *Glauben schenken* will oder nicht. Die Gefahr der Uneinheitlichkeit der Entscheidungspraxis liegt damit – bezogen auf den individuellen Tatsachenvortrag – in der Natur der Sache und kann nicht durch die Aufhebung der Weisungsunabhängigkeit eingeschränkt werden. 29

Es besteht allerdings die Gefahr, dass entgegen der im Einzelfall gewonnenen Überzeugungsbildung des Einzelentscheiders durch die jeweils zuständige Referatsleitung des Amtes eine abweichende Sachentscheidung angeordnet wird. Gerade wegen der nunmehr eingeführten antagonistischen Aufgabenstellung des Amtes sollte effektiv sichergestellt werden, dass humanitär ausgerichtete Rechtsentscheidungen, die von der Natur der Sache her auf einer subjektiven Einschätzung der vorgebrachten Tatsachen und Umstände beruhen, ohne Einflussnahme von außen getroffen werden. Unvereinbar hiermit ist auch die weitverbreitete Praxis, die Akte nach Abschluss der persönlichen Anhörung an eine andere Außenstelle zur Entscheidung abzugeben. Die Einführung der elektronischen Akte im Bundesamt hat in den letzten Jahren zu einer entsprechenden exzessiven Verwaltungspraxis geführt. 30

Insoweit vermag der in diesem Zusammenhang häufig gegebene Hinweis auf andere Verwaltungsbereiche, etwa die Bau- oder Ausländerverwaltung, nicht zu überzeugen. Im allgemeinen Verwaltungsrecht wird der Antrag in der Regel vorrangig nach objektiven Kriterien unabhängig von der Qualität der individuellen Darlegungskompetenzen des Antragstellers geprüft und die Entscheidung getroffen. Ob der Bauherr einen glaubwürdigen Eindruck vermittelt, ist für die Frage der Genehmigung seines Bauantrags regelmäßig ohne Bedeutung. Für die Zuverlässigkeitsprüfung etwa im Gaststättenrecht ist zwar die Persönlichkeit des Betreibers maßgebend. Die hierfür erforderliche Bewertung erfolgt jedoch primär nach objektiven Kriterien und ist in aller Regel von den Darlegungskompetenzen des Antragstellers unabhängig. 31

Auch im Ausländerrecht stehen primär objektive Fragen im Zentrum der Entscheidung. Im Einzelfall mag es etwa bei der Einschätzung, ob tatsächlich eine familiäre Lebensgemeinschaft geführt wird, ein Härtefall vorliegt oder 32 atypische Faktoren die Herabstufung des Ausweisung rechtfertigen, auch zu einer Berücksichtigung individueller Lebensumstände kommen. Gleichwohl beruht der Fokus der Prüfung und Entscheidung im Einzelfall auf Umständen, deren Ermittlung, Sichtung und Gewichtung nicht vorrangig wie bei der asylrechtlichen Tatsachenfeststellung von der Darlegungsfähigkeit des Rechtssuchenden abhängig ist.

33 Im Asylverfahren können indes die Tatsachenfeststellungen nahezu ausschließlich nur aufgrund der Darlegungskompetenzen des Asylsuchenden getroffen werden. Es besteht in keinem Verwaltungszweig eine derartige *Verdichtung und Häufung subjektiver Komponenten* wie im Asylrecht: Ob dem Antragsteller Glauben geschenkt wird, ist vorrangig abhängig von der Art der Ermittlung der Tatsachen in quantitativer und qualitativer Hinsicht und der hierzu erforderlichen Anstoßfunktion des Asylsuchenden, der Bewertung der Darlegungsfähigkeit durch den ermittelnden Entscheider und der Einschätzung der Glaubwürdigkeit der Person des Antragstellers als wesentliches Kriterium für die Annahme, dass die anspruchsbegründenden Tatsachen als glaubhaft gemacht angesehen werden.

34 Die Feststellung individualbezogener Tatsachen und deren behördliche Würdigung stehen damit im Asylrecht in einem unmittelbaren verfahrensrechtlichen Sachzusammenhang, dessen Beeinträchtigung durch Einschränkung der verfahrensrechtlich gesicherten eigenständigen Beweiswürdigung des die Tatsachen ermittelnden Einzelentscheiders zu Fehlentscheidungen führen wird. Aus der Sicht des Verfassungsrechts sind insoweit der Grundsatz der Gesetzmäßigkeit der Verwaltung (vgl. Art. 20 Abs. 3 GG) und die Rechtsprechung beider Senate des BVerfG zu bedenken, derzufolge der Grundrechtsschutz nicht erst über Art. 19 Abs. 4 GG im gerichtlichen Kontrollverfahren, sondern weitgehend durch die Gestaltung des Verwaltungsverfahrens zu bewirken ist (BVerfGE 53, 20 (65); 56, 216 (236); 65, 76 (94)).

35 Insbesondere für das Asylrecht hat das BVerfG auf diesen Grundsatz (BVerfGE 56, 216 (236)) und auf die Tatsache hingewiesen, dass die Statusentscheidung vom Gesetz ausdrücklich als umfassende, abschließende und auf erschöpfender Sachaufklärung beruhende Sachentscheidung gewollt sei (BVerfGE 60, 257 (289 f.)).

3. Außenstellen des Bundesamtes (Abs. 3 und 4)

36 Abs. 1 S. 1 begründet zwar die Monopolzuständigkeit *einer* Bundesbehörde. Diese Bundesbehörde hatte jedoch auch schon nach früherem Verfahrensrecht (§ 12 III AsylVfG 1982) verstärkt durch die Außenstellen den Sachverhalt aufgeklärt sowie die Entscheidung getroffen. Nach geltendem Verfahrensrecht ist diese Praxis der Regelfall: So ordnet Abs. 3 S. 1 an, dass der Leiter des Bundesamtes unter den dort genannten Voraussetzungen eine Außenstelle einrichten *soll*. Im Übrigen kann er in Abstimmung mit den Ländern Außenstellen einrichten (Abs. 4 S. 2). Bei diesen Außenstellen ist der Asylantrag zu stellen (§ 14 I). Wird er beim Bundesamt selbst gestellt, verwei-

Bundesamt §5

gert dieses die Annahme des Antrags nach derzeit geübter Praxis wegen funktioneller Unzuständigkeit.

Der Präsident des Bundesamtes kann des Weiteren mit den Ländern vereinbaren, ihm sachliche und personelle Mittel zur notwendigen Erfüllung seiner Aufgaben in den Außenstellen zur Verfügung zu stellen (Abs. 4 S. 1). Bund und Länder haben die näheren Einzelheiten in einer *Verwaltungsvereinbarung* zu regeln (Abs. 4 S. 3). 37

Bereits in der Eingangsbegründung wird im Gesetzentwurf zum AsylVfG 1992 auf die Bedeutung der Außenstellen hingewiesen. Ein *Schlüsselelement* des Asylverfahrens ist es, dass die Asylsuchenden in zentralen Aufnahmeeinrichtungen der Länder untergebracht werden und *dort* ihr Asylverfahren bei den *Außenstellen* des Bundesamtes einleiten (BT-Drs. 12/2062, S. 1 und S. 27). Im Bereich einer bestimmten Region werden danach Asylanträge durch die zuständige Außenstelle des Bundesamtes entgegengenommen und bearbeitet. 38

Dort findet die Anhörung statt. Die Sachentscheidung nach § 31 wird durch die Außenstelle getroffen. Die Außenstelle vertritt auch durch einen Prozessbevollmächtigten das Bundesamt im Asylprozess. Dies verdeutlicht, dass die eigentliche Verfahrensherrschaft nach geltendem Recht durch dezentralisierte Abteilungen der zentralen Bundesbehörde getroffen werden und die Aufgabe der Zentrale darin besteht, den organisatorischen, personellen, sachlichen und verfahrensrechtlichen Zusammenhang der weitgefächerten und verstreuten Teilgliederungen dieser Behörde zu gewährleisten. 39

Gegen die Praxis der Prüfung und Entscheidung durch Außenstellen wurden früher unter Bezugnahme auf Art. 87 III 2 GG erhebliche verfassungsrechtliche Bedenken geltend gemacht. Eine derartige Handhabung ohne eine entsprechende Änderung des Grundgesetzes stehe nicht mit der Verfassung im Einklang. Die *faktische Dekonzentration* der Aufgaben des Bundesamtes stelle daher eine Umgehung des Art. 87 III 2 GG dar (VG Düsseldorf, NVwZ 1993, 503 = InfAuslR 1993, 111; bekräftigt VG Düsseldorf, NVwZ-Beil. 3/1993, 24; a. A. OVG Bremen, AuAS 1993, 214; OVG NW, EZAR 210 Nr. 6; VG Frankfurt, NVwZ 1993, 810; VG Gießen, AuAS 1993, 215). 40

Die Gegenmeinung sieht in den Außenstellen *unselbständige organisatorische Teileinheiten* des Bundesamtes, sodass schon deshalb Art. 87 III 2 GG nicht einschlägig sei. Im Übrigen bestehe der Schutzzweck dieser Norm darin, die Länder vor einer Verdrängung ihnen zugewiesener Verwaltungszuständigkeiten zu schützen (VG Frankfurt, NVwZ 1993, 810). Das BVerfG hat offen gelassen, ob die auf Art. 87 III 2 GG beruhenden Bedenken gegen die Einrichtung der Außenstellen durchgreifen (BVerfG (Kammer), NVwZ-Beil. 1993, 12; BVerfG (Kammer), AuAS 1994, 45). Die dezentralisierte Verfahrensbearbeitung seit über einem Jahrzehnt ist eines der Kernelemente der geltenden Asylkonzeption. Durchgreifende verfassungsrechtliche Bedenken sind nicht ersichtlich. 41

4. Organisation des Bundesamtes (Abs. 2)

42 Nach Abs. 2 S. 1 bestellt das Bundesinnenministerium den Leiter des Bundesamtes. Seine Bezeichnung lautet nunmehr *Präsident des Bundesamtes*. Er hat für die ordnungsgemäße Durchführung der Asylverfahren zu sorgen (Abs. 2 S. 2). Die Pluralform verdeutlicht, dass der Präsident nicht die Verfahrensherrschaft in den einzelnen Asylverfahren hat. Vielmehr hat er insgesamt dafür zu sorgen, dass die organisatorischen, sachlichen und personellen Voraussetzungen dafür geschaffen werden, dass das Bundesamt seiner Aufgabe nach Abs. 1 nachkommen kann.

43 So hat er u. a. für den ordnungsgemäßen Betrieb der Außenstellen (Abs. 3 und 4), deren Koordinierung, die sachgerechte Einarbeitung sowie fortlaufende Schulung der Entscheider, die Bereitstellung der notwendigen Länderdokumentationen, die Information über die Entwicklung der relevanten Rechtsprechung, die ordnungsgemäße Prozessvertretung des Bundesamtes usf. Sorge zu tragen.

44 Der Präsident kann auch fachliche Weisungen an die Bediensteten des Bundesamtes erlassen (vgl. auch Abs. 4 S. 2). Der Präsident vertritt die Behörde nach *außen*. Das Bundesamt hat ein eigenes Prozessreferat eingerichtet. Klagen richten sich gegen die Bundesrepublik Deutschland, vertreten durch das Bundesministerium des Innern. Endvertreten wird diese durch den Präsidenten des Bundesamtes oder die Leiter der jeweils zuständigen Außenstelle. Der Präsident ist bei der Wahrnehmung seiner Aufgaben weisungsgebunden.

5. Befugnis des Prozessbevollmächtigten zur Klaglosstellung im Asylprozess

45 Das früher bestehende besondere prozessuale Problem, dass das Bundesamt im laufenden Prozess keine *Abhilfeentscheidung* erließ, hat sich durch die Aufhebung der Weisungsunabhängigkeit der Einzelentscheider erledigt. So weist die Gesetzesbegründung ausdrücklich darauf hin, dass als Folge des Wegfalls der Weisungsunabhängigkeit dem Prozessbevollmächtigten des Bundesamtes die Möglichkeit der Klaglosstellung während des Prozesses zustehe (BT-Drs. 14/7387, S. 99).

46 Das Bundesamt handelt im Prozess in *Prozessstandschaft* für die Bundesrepublik. Die organschaftliche Vertretungsmacht nach § 62 III VwGO kann anders als die Prozessvollmacht nicht in Bezug auf die Beendigung des Rechtsstreits z. B. durch Vergleich nach außen beschränkt werden (GK-AsylVfG a. F., § 4 Rdn. 21). Gesetzliche Vorschriften stehen andererseits einer Beendigung des Rechtsstreits durch Erlass der Statusentscheidung nicht entgegen.

§ 6 aufgehoben

§ 7 Erhebung personenbezogener Daten

(1) Die mit der Ausführung dieses Gesetzes betrauten Behörden dürfen zum Zwecke der Ausführung dieses Gesetzes personenbezogene Daten erheben, soweit dies zur Erfüllung ihrer Aufgaben erforderlich ist. Daten im Sinne des § 3 Abs. 9 des Bundesdatenschutzgesetzes sowie entsprechender Vorschriften der Datenschutzgesetze der Länder dürfen erhoben werden, soweit dies im Einzelfall zur Aufgabenerfüllung erforderlich ist.
(2) Die Daten sind beim Betroffenen zu erheben. Sie dürfen auch ohne Mitwirkung des Betroffenen bei anderen öffentlichen Stellen, ausländischen Behörden und nichtöffentlichen Stellen erhoben werden, wenn
1. dieses Gesetz oder eine andere Rechtsvorschrift es vorsieht oder zwingend voraussetzt,
2. es offensichtlich ist, daß es im Interesse des Betroffenen liegt und kein Grund zu der Annahme besteht, daß er in Kenntnis der Erhebung seine Einwilligung verweigern würde,
3. die Mitwirkung des Betroffenen nicht ausreicht oder einen unverhältnismäßigen Aufwand erfordern würde,
4. die zu erfüllende Aufgabe ihrer Art nach eine Erhebung bei anderen Personen oder Stellen erforderlich macht oder
5. es zur Überprüfung der Angaben des Betroffenen erforderlich ist.
Nach Satz 2 Nr. 3 und 4 sowie bei ausländischen Behörden und nichtöffentlichen Stellen dürfen Daten nur erhoben werden, wenn keine Anhaltspunkte dafür bestehen, daß überwiegende schutzwürdige Interessen des Betroffenen beeinträchtigt werden.

Übersicht	Rdn.
1. Vorbemerkung	1
2. Grundrecht auf informationelle Selbstbestimmung	4
3. Erhebung personenbezogener Daten nach Abs. 1	12
4. Zwangsweise Datenerhebung nach Abs. 2	19

1. Vorbemerkung

Diese Vorschrift ist ebenso wie die Regelungen in § 8 ohne Vorbild im AsylVfG 1982. Die gesetzliche Begründung bezieht sich auf die Rechtsprechung des BVerfG, derzufolge die *zwangsweise* Erhebung personenbezogener Daten einer *bereichsspezifischen Ermächtigung* bedarf (BVerfGE 65, 1). Dieser Forderung soll mit dieser Vorschrift entsprochen werden (BT-Drs. 12/2062, S. 29).

1

§ 7   *Allgemeine Bestimmungen*

2   Die Vorschriften über die Erhebung und Übermittlung personenbezogener Daten sind auch im Zusammenhang mit den Regelungen über erkennungsdienstliche Maßnahmen (§ 16), Mitwirkungspflichten nach § 15 sowie Weitergabe- und gegenseitige behördliche Benachrichtigungspflichten (§§ 21 und 40) zu sehen.

3   Unklar ist das Verhältnis der asylverfahrensrechtlichen Sondervorschriften über die Erhebung und Übermittlung personenbezogener Daten zu den entsprechenden Vorschriften des AufenthG (§§ 86–91 b). Soweit der Schutz gegen unbegrenzte Datenerhebung in Rede steht, werden die Einschränkungen in § 7 geregelt. Für den Schutz gegen unbegrenzte Datenübermittlungen hat der Gesetzgeber in § 8 Regelungen getroffen.

2. Grundrecht auf informationelle Selbstbestimmung

4   Bekanntlich hat das BVerfG im *Volkszählungsurteil* aus Art. 2 I in Verb. mit Art. 1 I GG das Grundrecht auf informationelle Selbstbestimmung abgeleitet (BVerfGE 65, 1 (43); BVerfG, NVwZ 1992, 1162; so auch OLG Hamburg, NJW 1985, 2541; OLG Düsseldorf, NJW 1985, 2537). Dieses Grundrecht gilt auch für Ausländer und Asylsuchende, wovon mit dem Hinweis auf die Rechtsprechung des BVerfG in der gesetzlichen Begründung auch der Gesetzgeber ausgeht. Individuelle Selbstbestimmung setzt unter den Bedingungen moderner Informationsverarbeitungstechnologien voraus, dass dem Einzelnen *Entscheidungsfreiheit* über vorzunehmende oder zu unterlassende Handlungen einschließlich der Möglichkeit gegeben ist, sich auch entsprechend dieser Entscheidung zu verhalten.

5   Wer nicht mit hinreichender Sicherheit überschauen kann, welche ihn betreffenden Informationen in bestimmten Bereichen seiner sozialen Umwelt bekannt sind, und wer das Wissen möglicher Kommunikationspartner nicht einigermaßen abzuschätzen vermag, kann in seiner Freiheit wesentlich gehemmt sein (BVerfGE 65, 1 (42 f.)). Hieraus folgt: Freie Entfaltung der Persönlichkeit setzt unter den modernen Bedingungen der Datenverarbeitung den Schutz des Einzelnen gegen unbegrenzte *Erhebung, Speicherung, Verwendung* und *Weitergabe* seiner *persönlichen Daten* voraus.

6   Das *Grundrecht auf informationelle Selbstbestimmung* gewährleistet insoweit die Befugnis des Einzelnen, *grundsätzlich* selbst über die Preisgabe und Verwendung seiner persönlichen Daten zu bestimmen (BVerfGE 65, 1 (43)). Aus dem Regelungszusammenhang von Abs. 2 ist zu entnehmen, dass der Gesetzgeber grundsätzlich diese verfassungsrechtlichen Forderungen berücksichtigt hat.

7   Die persönlichen Daten sind grundsätzlich beim *Betroffenen* selbst zu erheben (Abs. 2 S. 1). Ist dies der Asylantragsteller, ist er entsprechend seinen allgemeinen Mitwirkungspflichten (§ 15), insbesondere aber aufgrund zahlreicher besonderer Mitwirkungspflichten (vgl. z. B. §§ 25, 33, 71 a II, 74 II) gehalten, Angaben zu seinen individuellen Verhältnissen und Eigenschaften zu machen. Unterlässt er dies oder kommt er diesen Verpflichtungen nur unzulänglich nach, kann das auf den Ausgang seines Verfahrens nachteilige Auswirkungen haben. Die Freiheit der Persönlichkeit ist insoweit nicht berührt.

Erhebung personenbezogener Daten §7

Nach Abs. 2 S. 2 können unter den dort genannten Voraussetzungen jedoch auch gegen den Willen des Betroffenen persönliche Daten erhoben werden. Das Grundrecht auf informationelle Selbstbestimmung wird durch diese Regelungen mithin eingeschränkt. Dieses Recht wird nach der Rechtsprechung des BVerfG jedoch *nicht schrankenlos* gewährleistet. Der Einzelne hat nicht ein Recht im Sinne einer absoluten, uneinschränkbaren Herrschaft über »seine« Daten (BVerfGE 65, 1 (43 f.)). Grundsätzlich muss deshalb der Einzelne Einschränkungen seines Rechtes auf informationelle Selbstbestimmung im *überwiegenden Allgemeininteresse* hinnehmen. 8

Derartige Beschränkungen bedürfen aber nach Art. 2 I GG einer (verfassungsmäßigen) *gesetzlichen Grundlage*, aus der sich die *Voraussetzungen* und der *Umfang* der Beschränkungen *klar* und für den Bürger *erkennbar* ergeben und die damit dem rechtsstaatlichen Gebot der *Normenklarheit* entspricht. Bei seinen Regelungen hat der Gesetzgeber ferner den Grundsatz der *Verhältnismäßigkeit* zu beachten (BVerfGE 65, 1 (44); BVerfG, NVwZ 1990, 1162). 9

Vor diesem Hintergrund setzt ein *Zwang* zur Abgabe personenbezogener Daten voraus, dass der Gesetzgeber den *Verwendungszweck* der Daten *bereichsspezifisch* und *präzis* bestimmt und dass die Angaben für diesen Zweck geeignet und erforderlich sind (BVerfGE 65, 1 (46)). Damit wäre die Sammlung nicht anonymisierter Daten auf Vorrat zu unbestimmten oder noch zu bestimmenden Zwecken nicht zu vereinbaren (BVerfGE 65, 1 (46)). 10

Eine unmittelbare Verfassungsbeschwerde gegen ein Gesetz, das die Speicherung personenbezogener Daten anordnet, ist unzulässig. Vielmehr bedürfen die angegriffenen Regelungen eines derartigen Gesetzes einer Umsetzung durch Einzelakte der vollziehenden Gewalt. Denn diese entfalten ihre Wirkung nicht von selbst. Zu ihrer Wirksamkeit bedarf es vielmehr behördlicher Maßnahmen unter Anwendung der gesetzlichen Regelungen im konkreten Einzelfall (BVerfG (Kammer), NVwZ 2002, 464 (465) = InfAuslR 2002, 91). 11

3. Erhebung personenbezogener Daten nach Abs. 1

Nach Abs. 1 S. 1 dürfen die mit der Ausführung des AsylVfG betrauten Behörden zum Zwecke der Ausführung des Gesetzes personenbezogene Daten erheben, soweit dies zur Erfüllung ihrer Aufgaben erforderlich ist. Abs. 1 S. 2 wurde mit Wirkung zum 1. Januar 2005 durch das ZuwG eingeführt. Mit dieser Bestimmung soll sicherstellt werden, dass wie bisher sensitive Daten, wie z. B. Angaben zur Ethnie, Rasse oder Religion, als asylrelevante Daten erhoben werden können und vom allgemeinen Erhebungsverbot der EU-Datenschutzrichtlinie ausgeschlossen bleiben (BT-Drs. 15/420, S. 107). 12

Der Gesetzgeber will mit der Vorschrift des § 7 den erwähnten verfassungsrechtlichen Vorgaben gerecht werden (BT-Drs. 12/2062, S. 29). Das Grundrecht auf informationelle Selbstbestimmung umfasst nicht nur die Erhebung (Abs. 1) und Übermittlung (§ 8), sondern auch den Schutz gegen die unbegrenzte *Speicherung* personenbezogener Daten (BVerfGE 65, 1 (43)). 13

Die in Abs. 1 angesprochenen Behörden sind das Bundesamt, die Ausländerbehörden, die Aufnahmeeinrichtungen, die allgemeinen Polizeibehörden 14

§ 7 Allgemeine Bestimmungen

und der Bundesgrenzschutz. Zutreffend wird darauf hingewiesen, dass die von Asylsuchenden vorgebrachten Asylgründe in die Kategorie der »*besonders sensiblen Daten*« einzustufen seien. Dies werde jedoch von den zuständigen Behörden nicht hinreichend berücksichtigt (Bäumler, Redebeitrag, in: Datenschutz – auch für Ausländer ? –, S. 71). Sowohl bei der Erhebung nach Abs. 1, insbesondere aber auch bei der Übermittlung dieser personenbezogenen Angaben nach § 8 trifft die zuständigen Behörden deshalb eine besondere Sorgfaltspflicht.

15 Den Regelungen des AsylVfG lassen sich keine Ermächtigungsgrundlagen für die Speicherung personenbezogener Daten im Asylverfahren entnehmen. Das Bundesamt speichert eine Vielzahl von personenbezogenen Daten ebenso wie die Ausländer-, Grenzbehörden und Aufnahmeeinrichtungen. Soweit die Ausländerbehörden betroffen sind und § 86 AufenthG unmittelbar Anwendung findet, besteht zwar eine gesetzliche Grundlage für die Speicherung personenbezogener Daten. Mit Blick auf die anderen Behörden und hinsichtlich der asylspezifischen personenbezogenen Daten fehlt es jedoch an einer Eingriffsgrundlage.

16 Ob die *analoge Anwendung* von § 86 AufenthG (so Renner, Ausländerrecht, AsylVfG Rdn. 4 zu 7, zur Vorläufernorm des § 75 AuslG 1990) hier weiterhilft, ist fraglich. Die gesetzliche Begründung beruft sich zwar ausdrücklich auf die Rechtsprechung des BVerfG, derzufolge die Speicherung nicht anonymisierter Daten auf Vorrat unzulässig ist (BVerfGE 65, 1 (46)). Aus welchen Gründen die gesetzliche Regelung der Speicherung asylspezifischer Daten nicht für erforderlich erachtet wird, kann der gesetzlichen Begründung jedoch nicht entnommen werden. Eine derartige Rechtsansicht wäre auch schwerlich zu begründen. Deshalb bestehen unter dem Gesichtspunkt des auch für Asylsuchende und Flüchtlinge geltenden Grundrechtes auf informationelle Selbstbestimmung Bedenken gegen die gesetzlich nicht geregelte Speicherung asylspezifischer personenbezogener Daten. Jedenfalls sind zugunsten von Asylsuchenden die Schutzbestimmungen des § 14 I BDSG in Verb. mit § 91 AufenthG anzuwenden (vgl. hierzu Bäumler, NVwZ 1995, 239 (241)).

17 Abs. 1 bestimmt, dass die Erhebung personenbezogener Daten zulässig ist, soweit dies zur Erfüllung der Aufgaben der mit der Ausführung des AsylVfG betrauten Behörden *erforderlich* ist. Mit einer derart ausufernden und unbestimmten Ermächtigungsgrundlage genügt Abs. 1 nicht den verfassungsrechtlichen Anforderungen, denen zufolge der Verwendungszweck bereichsspezifisch *und* präzis zu bestimmen ist und die Ermächtigungsgrundlage insbesondere dem rechtsstaatlichen Gebot der Normenklarheit genügen muss (BVerfGE 65, 1 (44, 46)).

18 Die gesetzliche Begründung, derzufolge die mit der Ausführung des Gesetzes betrauten Behörden auch das Recht haben müssen, zum Zwecke der Ausführung die erforderlichen personenbezogenen Daten zu erheben (BT-Drs. 12/2062, S. 29), läuft im Ergebnis auf die Rechtslage vor Erlass des Volkszählungsurteils hinaus. Mit derart vordemokratischen und obrigkeitsstaatlichen Scheinbegründungen wird die Befugnis zur Wahl der Mittel aus der gesetzlichen Aufgabenzuweisung nach dem Motto abgeleitet, wenn ihr Ge-

118

setzgeber eine Aufgabe gibt, dem erteilt er damit unausgesprochen auch die Befugnis zur unbegrenzten Mittelauswahl. Damit wird jedoch der den Grundrechtsstaat kennzeichnende Ziel-Mittel-Zusammenhang aufgehoben. Wenn bereits mit der Aufgabenzuweisung hinreichend zuverlässig über die Wahl der zulässigen Mittel und Maßnahmen entschieden wäre, hätte es der Regelungen in § 7 und in vielen anderen Bestimmungen des AsylVfG nicht bedurft.

4. Zwangsweise Datenerhebung nach Abs. 2

Nach Abs. 2 S. 1 erheben die mit der Ausführung des AsylVfG betrauten Behörden die personenbezogenen Daten beim Betroffenen. Auch ohne dessen Mitwirkung – also zwangsweise – dürfen diese bei anderen öffentlichen und nichtöffentlichen Stellen sowie ausländischen Behörden aus den *enumerativ* wirkenden fünf Gründen des Abs. 2 S. 2 erhoben werden. Auffallend ist, dass das Gesetz an zwei Stellen (Abs. 2 S. 1 und S. 2 1. HS) den Begriff des *Betroffenen* wählt, während in allen anderen gesetzlichen Bestimmungen der Begriff des Ausländers – und damit der des *Asylantragstellers* – genannt wird. 19

Damit werden die auskunftspflichtigen Personen nicht näher umschrieben. Vielmehr wird für eine unbestimmte Vielzahl von denkbaren Fallgestaltungen, die sich in irgendeiner Weise bei der Ausführung des Gesetzes ergeben können, eine gesetzliche Ermächtigung zur Bestimmung des Personenkreises der Auskunftspflichtigen geschaffen. Da die Ermächtigungsgrundlage hinsichtlich der Voraussetzungen und des Umfangs der Einschränkung des Grundrechts auf informationelle Selbstbestimmung klar und *für den Bürger erkennbar* sein muss (BVerfGE 65, 1 (44)), wird der Gesetzgeber mit der Formulierung des Betroffenen kaum den verfassungsrechtlichen Anforderungen gerecht. 20

Abs. 2 S. 2 nennt als auskunftsgeeignete Stellen *öffentliche* und *nichtöffentliche* (deutsche) *Stellen* und *ausländische Behörden*. Ob und unter welchen Voraussetzungen von diesen Stellen auch gegen den Willen des Betroffenen personenbezogene Daten erhoben werden können, regeln die enumerativ aufgezählten gesetzlichen Gründe nach Abs. 2 S. 2 2. HS. Die Regelung des Abs. 2 S. 2 1. HS nennt nur mögliche Auskunftsquellen, begründet aber nicht deren Auskunftspflicht. Diese wird mit Blick auf öffentliche deutsche Stellen in § 8 I und II festgelegt. 21

Der Begriff öffentliche Stellen zielt nicht auf den Behördenbegriff nach § 1 IV VwVfG, sondern auf den weitergehenden Begriff nach § 2 BDSG. Eine Auskunftspflicht der in Abs. 2 S. 2 1. HS genannten nichtöffentlichen Stellen begründet das AsylVfG nicht. Es ist auch fraglich, ob der Gesetzgeber überhaupt mit Blick auf nichtöffentliche Personenvereinigungen eine Auskunftspflicht regeln kann. Eine Auskunftspflicht *ausländischer Behörden* besteht nur bei vertraglicher Grundlage. 22

Eine derartige gegenseitige behördliche Auskunftspflicht regelt das im *Schengener Zusatzabkommen* verankerte *Schengener Informationssystem*. Auch in ge- 23

§ 7 *Allgemeine Bestimmungen*

genseitigen auslieferungsrechtlichen sowie in Rechtshilfeabkommen sind im bestimmten Umfang Auskunftspflichten geregelt. Fehlt es an einer die Auskunftspflicht begründenden vertraglichen Grundlage, mögen die mit der Ausführung des Gesetzes betrauten Behörden zwar Auskunftsersuchen an ausländische Behörden richten. Ob sie eine Antwort erhalten, ist jedoch eine andere Frage.

24 Auf schwerwiegende Bedenken stoßen an die *Behörden des Herkunftsstaates* des Asylsuchenden gerichtete Auskunftsersuchen. Da das Gesetz derartige Ersuchen ausdrücklich nicht ausschließt und auch die gesetzliche Begründung keine Ausführungen zu dieser Frage enthält, kann wohl davon ausgegangen werden, dass Abs. 2 S. 2 1. HS die zwangsweise Datenerhebung auch bei Behörden des Herkunftsstaates des Asylsuchenden nicht ausschließen will. Verfahrensrechtliche Bestimmungen sind jedoch grundrechtskonform auszulegen und anzuwenden (BVerfGE 53, 30 (65); 56, 216 (235f.); 73, 289 (296)).

25 Die Erhebung *personenbezogener* Daten bei den Behörden des Heimatstaates würde zu einer persönlichen Gefährdung des Asylsuchenden führen. Dort wo das Grundrecht auf dem Spiel steht, wo es mithin um seine Schutzwirkung schlechthin geht, erfordert die zur Gewährleistung des Grundrechts geforderte bestimmte Verfahrensgestaltung (BVerfGE 52, 391 (407)) in diesem Zusammenhang, dass derartige Auskunftsersuchen unterbleiben.

26 Derartige Aufklärungsmittel sind zudem zur Wahrheitsfindung *schlechthin untauglich,* weil einer in dieser Weise gewonnenen Aussage zwangsläufig ein hohes Maß nicht klärbarer Zweifel an ihrer Glaubhaftigkeit innewohnen (BVerwG, DVBl. 1983, 1001; BVerwG, DVBl. 1984, 571). Daher hat das BVerwG z. b. entschieden, dass Anfragen bei einem Gericht des Herkunftsstaates des Asylsuchenden regelmäßig schlechthin ungeeignet zur Wahrheitsfindung sind (BVerwG, Buchholz 402.25 § 1 AsylVfG Nr. 9).

27 Abs. 2 S. 2 1. HS ist daher in verfassungskonformer Weise dahin auszulegen, dass *überwiegende schutzwürdige Interessen* des Asylsuchenden es stets verbieten, bei den Behörden seines Herkunftsstaates personenbezogene Daten zu erheben (Renner, AuslR, Rdn. 8 zu § 7 AsylVfG; s. auch § 26 I 3 AZR-Gesetz). Derartige Erhebungen sind darüber hinaus auch mit der Übermittlungssperre nach § 18 1a BVerfSchG unvereinbar (s. hierzu Marx, ZAR 2002, 127 (135); s. auch § 5 Rdn. 38ff.). Dürfen nach § 18 1a BVerfSchG keine personenbezogenen Daten an die Behörden des Herkunftslandes übermittelt werden, dürfen sie nach Abs. 2 S. 1 dort auch nicht erhoben werden.

28 Die in Abs. 2 S. 2 2. HS genannten Gründe sind *enumerativer Natur.* Nach Nr. 1 ist die Datenerhebung nur zulässig, wenn das AsylVfG oder eine andere Rechtsvorschrift es vorsieht oder zwingend voraussetzt. Das AsylVfG enthält eine Reihe von Vorschriften, welche die Erhebung von Daten bei anderen Behörden vorsehen (z. B. §§ 21, 24 I 1). Die Regelung in Nr. 2 unterläuft die verfassungsgerichtliche Rechtsprechung. Ein Einschränkungsgrund der *vermuteten Einwilligung* oder der *Geschäftsführung ohne Auftrag* höhlt im Übrigen den Grundrechtsschutz aus. Auch die Einschränkungsgründe in Nr. 3 und 4 lassen es an der von der Verfassung geforderten Präzision und inhaltlichen Bestimmtheit sowie Rechtsklarheit fehlen.

Übermittlung personenbezogener Daten §8

Generell ist anzumerken, dass Abs. 2 S. 2 der Behörde einen Freibrief zur Datenerhebung gibt und das *überwiegende Allgemeininteresse* (BVerfGE 65, 1 (44)), das allein den Eingriff in das Grundrecht auf informationelle Selbstbestimmung rechtfertigen kann, jedenfalls in den Einschränkungsgründen nach Nr. 3 und 4 nicht zu erkennen ist.

29

§ 8 Übermittlung personenbezogener Daten

(1) Öffentliche Stellen haben auf Ersuchen (§ 7 Abs. 1) den mit der Ausführung dieses Gesetzes betrauten Behörden ihnen bekannt gewordene Umstände mitzuteilen, soweit besondere gesetzliche Verwendungsregelungen oder überwiegende schutzwürdige Interessen des Betroffenen nicht entgegenstehen.

(2) Die zuständigen Behörden unterrichten das Bundesamt unverzüglich über ein förmliches Auslieferungsersuchen und ein mit der Ankündigung des Auslieferungsersuchens verbundenes Festnahmeersuchen eines anderen Staates sowie über den Abschluß des Auslieferungsverfahrens, wenn der Ausländer einen Asylantrag gestellt hat.

(2 a) Die mit der Ausführung dieses Gesetzes betrauten Behörden teilen Umstände und Maßnahmen nach diesem Gesetz, deren Kenntnis für die Leistung an Leistungsberechtigte des Asylbewerberleistungsgesetzes erforderlich ist, sowie die ihnen mitgeteilten Erteilungen von Arbeitserlaubnissen an diese Personen und Angaben über das Erlöschen, den Widerruf oder die Rücknahme der Arbeitserlaubnisse den nach § 10 des Asylbewerberleistungsgesetzes zuständigen Behörden mit.

(3) Die nach diesem Gesetz erhobenen Daten dürfen auch zum Zwecke der Ausführung des Aufenthaltsgesetzes und der gesundheitlichen Betreuung und Versorgung von Asylbewerbern sowie für Maßnahmen der Strafverfolgung und auf Ersuchen zur Verfolgung von Ordnungswidrigkeiten den damit betrauten öffentlichen Stellen, soweit es zur Erfüllung der in ihrer Zuständigkeit liegenden Aufgaben erforderlich ist, übermittelt und von diesen dafür verarbeitet und genutzt werden. Sie dürfen an eine in § 35 Abs. 1 des Ersten Buches Sozialgesetzbuch genannte Stelle übermittelt und von dieser verarbeitet und genutzt werden, soweit dies für die Aufdeckung und Verfolgung von unberechtigtem Bezug von Leistungen nach dem Bundessozialhilfegesetz, von Leistungen der Kranken- und Unfallversicherungsträger oder von Arbeitslosengeld oder Arbeitslosenhilfe erforderlich ist und wenn tatsächliche Anhaltspunkte für einen unberechtigten Bezug vorliegen. § 88 Abs. 1 bis 3 des Aufenthaltsgesetzes findet entsprechende Anwendung.

(4) Eine Datenübermittlung auf Grund anderer gesetzlicher Vorschriften bleibt unberührt.

(5) Die Regelung des § 20 Abs. 5 des Bundesdatenschutzgesetzes sowie entsprechende Vorschriften der Datenschutzgesetze der Länder finden keine Anwendung.

§ 8 Allgemeine Bestimmungen

Übersicht
Rdn.
1. Vorbemerkung 1
2. Mitteilungspflichten nach Abs. 1 3
3. Unterrichtungspflichten in Auslieferungsverfahren (Abs. 2) 5
4. Übermittlung von sozialhilferechtlich erheblichen Daten nach Abs. 2 a 8
5. Übermittlungsgeneralklausel (Abs. 3) 14
6. Datenübermittlung aufgrund anderer gesetzlicher Vorschriften (Abs. 4) 22
7. Nichtanwendbarkeit von § 20 Abs. 5 Bundesdatenschutzgesetz (Abs. 5) 24
8. Zusammenarbeit des Bundesamtes mit Nachrichtendiensten 25
9. Übermittlungssperre für asylspezifische Daten nach § 18 Abs. 1 a BVerfSchG 28

1. Vorbemerkung

1 Wie die Regelungen in § 7 sind die Bestimmungen dieser Vorschrift erstmals mit dem AsylVfG 1992 in das Asylverfahrensrecht eingeführt worden. Nach der gesetzlichen Begründung soll diese Vorschrift die *datenschutzrechtlichen Erfordernisse* bei der Übermittlung personenbezogener Daten gewährleisten (BT-Drs. 12/2062, S. 29). Es fehlen in dieser Vorschrift jedoch wie in § 7 durch die verfassungsgerichtliche Rechtsprechung geforderte Bestimmungen über die *Speicherung* personenbezogener Daten (BVerfGE 65, 1 (43)). Insoweit ist § 2 II Nr. 1 AZR-Gesetz zu beachten (vgl. Bäumler, NVwZ 1995, 239 (242)).

2 Abs. 1 regelt die Übermittlungsplicht auf Ersuchen. Demgegenüber legt Abs. 2 freilich ausschließlich für den beschränkten Zweck des Auslieferungsverfahrens eine spontane Übermittlungspflicht fest. Abs. 4 verweist auf andere Datenübermittlungsbestimmungen (s. hierzu AZR-Gesetz v. 2. 9. 1994, BGBl. I S. 2265). Die Vorschrift des Abs. 2 a ist durch das 1. AsylbLGÄndG vom 26. Mai 1997 neu in das Gesetz eingefügt worden. Die Übermittlungsgeneralklausel nach Abs. 3 ist durch ÄnderungsG 1993 neu eingeführt worden.

2. Mitteilungspflichten nach Abs. 1

3 Nach Abs. 1 haben öffentliche Stellen (§ 2 BDSG) *auf Ersuchen* der mit der Ausführung des AsylVfG betrauten Behörden, das sind insbesondere Bundesamt, Ausländer- und Grenzbehörde, allgemeine Polizeibehörde sowie Aufnahmeeinrichtung, ihnen bekannt gewordene Umstände mitzuteilen, soweit besondere gesetzliche Verwendungsregelungen oder überwiegende schützwürdige Interessen des Betroffenen nicht entgegenstehen. Anders als Abs. 2 ordnet Abs. 1 keine spontane Mitteilungspflicht an. Vielmehr bedarf es eines ausdrücklichen Ersuchens. Das Ersuchen selbst darf nur ergehen, wenn die Voraussetzungen für die zwangsweise Erhebung personenbezogener Daten nach § 7 II 2–3 vorliegen. Die Auskunft erteilende öffentliche Stelle handelt damit im Rahmen der Amtshilfe nach §§ 4ff. VwVfG. Die dem SGB X unterliegenden öffentlichen Stellen haben § 71 II SGB X zu beachten.

Übermittlung personenbezogener Daten § 8

Ebenso wie bei § 7 I ist der Zweck der Mitteilung nicht präzis bestimmt. Auch 4
hier gelten die im Zusammenhang mit § 7 erhobenen Bedenken gegen die
fehlende Normenklarheit (BVerfGE 65, 1 (44)). Es muss sich bei den mitzuteilenden Daten um die den ersuchten Stellen bei ihrer gesetzlichen Aufgabenerfüllung bekannt gewordene Umstände handeln, sodass bei Gelegenheit
der Aufgabenerfüllung oder einem Bediensteten privat bekannt gewordene
Umstände nicht mitzuteilen sind. Unklar ist, wie weit die Verpflichtung der
ersuchten Behörde zur Prüfung der Erforderlichkeit der Datenübermittlung
reicht. Jedenfalls muss beim Streit über die Pflicht, personenbezogene Daten
zu übermitteln, auf die Sach- und Rechtskunde des angerufenen Gerichts abgestellt werden (Nieders.OVG, InfAuslR 1993, 13). Der Begriff Umstände ist
im Übrigen ungeeignet, um festzulegen, welche Daten den ersuchenden Behörden mitzuteilen sind.

3. Unterrichtungspflichten in Auslieferungsverfahren (Abs. 2)

Die Unterrichtungsverpflichtung in *Auslieferungsverfahren* soll die sachgerech- 5
te Anwendung des § 60 IV AufenthG gewährleisten (BT-Drs. 12/2062, S. 29).
Die mitteilungspflichtigen Behörden nach Abs. 2 haben das Bundesamt *spontan* über ein anhängiges Auslieferungsverfahren bzw. über ein mit der Ankündigung eines Auslieferungsverfahrens verbundenes Festnahmeersuchen
sowie über den Abschluss des Auslieferungsverfahrens zu unterrichten. Anders als nach Abs. 1 wird die Mitteilungsverpflichtung also nicht erst auf Ersuchen begründet. Vielmehr soll das Bundesamt unverzüglich über alle mit
einem Auslieferungsbegehren zusammenhängenden Fragen umfassend informiert werden, um diese Tatsachen bei seiner Entscheidung nach § 60 IV
AufenthG berücksichtigen zu können.

Ob diese Daten darüber hinaus auch im Asylverfahren verwendet wer- 6
den dürfen, erscheint fraglich. Nach der gesetzlichen Begründung ist der
Zweck auf § 60 IV AufenthG eingeschränkt. Dies spricht eher gegen eine weitere Verwendungsmöglichkeit (so wohl auch Bäumler, in: GK-AsylVfG, § 8
Rdn. 24).

Zuständige Behörden des Auslieferungsverfahrens sind insbesondere die 7
Generalstaatsanwaltschaften. Die nach § 42 S. 2 zuständige Ausländerbehörde ist nach dem klaren Wortlaut von Abs. 2 *nicht* Adressat der Mitteilungsverpflichtung. Das Bundesamt hat jedoch in entsprechender Anwendung von
§ 40 I 1 die Ausländerbehörde unverzüglich über ihm nach Abs. 2 zugehende
Mitteilungen zu unterrichten, damit diese z.B. den Eintritt des gesetzlichen
Abschiebungshindernisses nach § 60 IV AufenthG berücksichtigen kann.

4. Übermittlung von sozialhilferechtlich erheblichen Daten nach Abs. 2 a

Nach Abs. 2 a 1. HS haben die mit der Ausführung des Gesetzes betrauten 8
Behörden von sich aus Umstände und Maßnahmen nach diesem Gesetz, deren Kenntnis für die Leistung an Leistungsberechtigte nach dem AsylbLG er-

123

§ 8 Allgemeine Bestimmungen

forderlich ist, den zuständigen Behörden mitzuteilen. Ebenso haben sie gemäß Abs. 2 a 2. HS erhebliche personenbezogene Daten aus dem Arbeitserlaubnisrecht, von denen sie aus dienstlichem Anlass Kenntnis erlangen, an die zuständigen Behörden weiterzuleiten.

9 Diese Vorschrift ist durch Art. 3 Nr. 1 des Ersten Gesetzes zur Änderung des AsylbLG vom 26. Mai 1997 (BGBl. I S. 1130) in § 8 eingefügt worden. Ihr lag der Gesetzentwurf der Bundesregierung, der insoweit den nicht weiter verfolgten Gesetzentwurf der Regierungskoalition aufgegriffen hatte (vgl. BT-Drs. 13/2746, S. 7 und 19; BT-Drs. 13/3475, S. 6) zugrunde (BR-Drs. 724/95, S. 11 und 47). Dadurch soll eine Rechtsgrundlage für eine zur ordnungsgemäßen Durchführung des AsylbLG notwendige Weitergabe personenbezogener Daten an die leistungsgewährende Stelle geschaffen werden.

10 Da die Leistungsberechtigung nach dem AsylbLG sowie Art und Umfang der Leistung im Einzelnen an das Vorliegen bestimmter Voraussetzungen nach dem AsylVfG anknüpften, sei es für die das AsylbLG durchführende Behörde unerlässlich, den *jeweils aktuellen Status* des einzelnen Leistungsberechtigten zu kennen und zu berücksichtigen (BR-Drs. 724/95, S. 46 f.).

11 Die Vorschrift begründet nach dem klaren Wortlaut von Abs. 2 a 1. HS eine spontane Übermittlungspflicht gegenüber den nach § 10 AsylbLG zuständigen Behörden. Die Erheblichkeit der zu übermittelnden Daten ergibt sich aus § 1 AsylbLG, sodass etwa Ausländerbehörde und Bundesamt diesen Behörden Mitteilung machen müssen, wenn die Aufenthaltsgestattung erlischt (vgl. § 1 Nr. 1 AsylbLG in Verb. mit § 67). Nach dem Gesetz besteht die Übermittlungspflicht nur, soweit es für die Durchführung des AsylbLG *erforderlich* ist. Fraglich ist, ob damit wie nach der früheren Rechtslage Anhaltspunkte für einen Leistungsmissbrauch bestehen müssen (Bäumler, in: GK-AsylVfG, § 8 Rdn. 40).

12 Nach der gesetzlichen Begründung soll der jeweils aktuelle Status des Leistungsberechtigten übermittelt werden (BR-Drs. 724/95, S. 46), was wohl eher dafür spricht, dass ohne weitere Voraussetzungen die jeweils aufenthalts- und verfahrensrechtlichen erheblichen Daten zu übermitteln sind. Die arbeitserlaubnisrechtlichen personenbezogenen Daten (Abs. 2 a 2. HS) werden den mit der Durchführung des AsylVfG betrauten Behörden von den Arbeitsämtern mitgeteilt (BR-Drs. 724/95, S. 47).

13 Diese Daten haben die genannten Behörden an die Behörden nach § 10 AsylbLG weiterzuleiten. Der Gesetzgeber hätte sicherlich auch den unmittelbaren Übermittlungsweg von der Bundesagentur für Arbeit zu den Behörden nach § 10 AsylbLG wählen können. Offensichtlich ging er aber wohl davon aus, dass zumindest den örtlichen Ausländerbehörden die lokalen Behördenstrukturen besser vertraut sind als den jeweiligen Arbeitsagenturen.

5. Übermittlungsgeneralklausel (Abs. 3)

14 Abs. 3 ist durch das ÄnderungsG 1993 neu gefasst und gegenüber der durch das AsylVfNG 1992 eingeführten Regelung erheblich erweitert worden. Diese Generalklausel enthält ein ganzes Bündel von Datenübermittlungsrege-

lungen und von Zweckänderungen. Nach Abs. 3 S. 1 dürfen die nach dem AsylVfG erhobenen personenbezogenen Daten spontan auch zum Zwecke der Ausführung des AufenthG und der gesundheitlichen Betreuung und Versorgung von Asylbewerbern und auf Ersuchen für Maßnahmen der Strafverfolgung übermittelt werden.

Besondere Bedeutung hat die Regelung in Abs. 3 S. 2, die der Verhinderung unberechtigten Leistungsbezugs bei Asylantragstellung unter verschiedenen Identitätsangaben dient (BT-Drs. 12/4450, S. 16). Mit dieser Regelung soll der erforderliche Informationsaustausch zwischen den beteiligten Stellen sichergestellt werden, damit zum frühestmöglichen Zeitpunkt ein unberechtigter Leistungsbezug erkannt, verhindert und geahndet werden kann (BT-Drs. 12/4450, S. 16). Diesem Zweck dient auch die Neuregelung von Abs. 2 a. 15

Diese inhaltlich neue Regelung ist zu *unbestimmt*. Unklar ist, wer die Übermittlung vornehmen darf und inwieweit eine listenmäßige oder gar eine automatisierte Übermittlung erfolgen soll. Daher wird eine verfassungskonforme Einschränkung dahin empfohlen, derzufolge nur die Stelle übermittlungsberechtigt sein soll, welche die Daten jeweils direkt erhoben hat. Eine Übermittlung ohne Einzelfallprüfung ist daher unzulässig. 16

Gegen die spontane Übermittlung identifizierter Daten, bei denen kein Übermittlungsersuchen vorangegangen ist, werden jedoch keine Bedenken erhoben (Weichert, InfAuslR 1993, 385 (386)). Da bei spontanen Übermittlungen die Erforderlichkeit nicht durch die empfangende, sondern die übermittelnde Stelle geprüft wird und erstere nur schwer beurteilen kann, was letztere braucht, wird jedoch befürchtet, dass ein *Übermaß* an Daten weitergegeben wird (Weichert, InfAuslR 1993, 385 (386)). Auch besteht die Gefahr, dass die Regelung in Abs. 3 S. 2 der Sammlung personenbezogener Daten zu unbestimmten oder noch zu bestimmenden Zwecken Vorschub leistet. 17

Gegen die Übermittlung von Grund- und Leistungsdaten an die Sozialleistungsträger sowie an die Arbeitsverwaltung nach Abs. 3 S. 2 bestehen unter dem Gesichtspunkt Bedenken, dass damit entgegen der abschließenden Regelung in § 35 II SGB I neue Offenbarungspflichten für Sozialleistungsträger geschaffen werden. Über die Regelungen in §§ 67 bis 77 SGB X (vgl. § 35 II SGB I) hinausgehende Offenbarungsbefugnisse können aber nicht außerhalb des Sozialgesetzbuches begründet werden. Daher ist fraglich, ob Abs. 3 S. 2 derartige Verpflichtungen von Sozialleistungsträgern begründen kann. Der Verweis in Abs. 3 S. 3 auf § 88 I—III AufenthG ändert hieran nichts. Denn es bleibt auch im Rahmen des § 88 AufenthG unklar, ob die Offenbarung nur im Rahmen der §§ 67 bis 77 SGB X zulässig sein soll. 18

Abs. 3 S. 1 begründet zudem spontane Übermittlungspflichten zu Zwecken der Strafverfolgung. Diese Regelung lässt es zu, in Asylverfahren gewonnene Erkenntnisse über strafbare Einreisetatbestände an die Strafverfolgungsbehörden weiterzuleiten. In der obergerichtlichen Rechtsprechung wird die Weitergabe von Angaben des Asylantragstellers an die Strafverfolgungsbehörden, die er im Rahmen der asylbehördlichen Anhörung gemacht hat, nur mit seiner Zustimmung für zulässig erachtet (OLG Hamburg, NJW 1985, 2541). 19

Dem hält der BGH entgegen, der beweisrisikobelastete Betroffene habe das Wahlrecht zwischen Schutz vor Selbstbezichtigung oder Rechtsverwirklichung 20

§ 8   Allgemeine Bestimmungen

(BGH, EZAR 355 Nr. 9 = NJW 1990, 1926 = NVwZ 1990, 598 (nur LS)). Daher wird ein strafrechtliches Beweisverwertungsverbot abgelehnt. Der BGH hat aber angedeutet, dass bei sanktionsbewehrten Folgen der Verletzung von Darlegungspflichten eine andere Betrachtungsweise geboten sein könnte (BGH, EZAR 355 Nr. 9).

21   Bei Offenbarung des Reiseweges des Asylantragstellers durch einen sicheren Drittstaat wird ihm der Zugang zum Asylverfahren (§ 26 a I 1 und 2) und mithin gänzlich der asylrechtliche Schutz versagt. Damit schafft der Antragsteller mit der Offenbarung des Reiseweges nicht nur einen Grund zur Ablehnung seines Asylantrages, was ein Beweisverwertungsverbot begründen kann (vgl. BGH, EZAR 355 Nr. 9). Vielmehr ist die Folge seiner Offenbarung die unverzügliche Abschiebung in den sicheren Drittstaat (§ 34 a I). Daher spricht vieles dafür, dass im Asylverfahren gewonnene Erkenntnisse über den Reiseweg des Antragstellers nicht ohne dessen Zustimmung an die Strafverfolgungsbehörde weitergegeben werden dürfen.

6. Datenübermittlung aufgrund anderer gesetzlicher Vorschriften (Abs. 4)

22   Nach Abs. 4 bleibt eine Datenübermittlung der mit der Ausführung des AsylVfG betrauten Behörden aufgrund anderer gesetzlicher Vorschriften unberührt. Unklar ist, auf welche andere Rechtsvorschriften im Einzelnen die Behörden sich insoweit stützen können. Jedenfalls ist die Übermittlung von Angaben des Asylsuchenden zu seinen Verfolgungsgründen sowie die Übersendung von Asylunterlagen an die Behörden des Herkunftsstaates nicht zulässig. Denn bei der Datenübermittlung ist der *Schutzzweck* des Art. 16 a I GG zu beachten (Bäumler, in: GK-AsylVfG, § 8 Rdn. 48). Mit diesem wäre jedoch die Berufung etwa auf die Generalklausel des § 18 BVerfSchG unvereinbar.

23   Das hieraus folgende Übermittlungsverbot ist jedoch nicht lediglich auf die Geheimdienstbehörden des Herkunftsstaates eingeschränkt (so aber Bäumler, in: GK-AsylVfG, § 8 Rdn. 48). Vielmehr dürfen auch an andere Behörden dieses Staates keine Daten, die im Zusammenhang mit dem Asylverfahren erhoben worden sind, übermittelt werden. Denn es kann nicht ausgeschlossen werden, dass andere Behörden derartige Daten an Geheimdienst- und andere Verfolgungsbehörden weiterleiten.

7. Nichtanwendbarkeit von § 20 Abs. 5 Bundestaenschutzgesetz (Abs. 5)

24   Abs. 5 wurde mit Wirkung zum 1. Januar 2005 in die Vorschrift eingefügt. Diese Regelung bezweckt den Ausschluss des allgemeinen Widerspruchsrechtes des Betroffenen gegen rechtmäßige Datenvererbeitung, um eine beschleunigte Durchführung des AsylVfG zu gewährleisten (BT-Drs. 15/420, S. 108f.).

8. Zusammenarbeit des Bundesamtes mit Nachrichtendiensten

Die frühere Befragungspraxis durch *Nachrichtendienste* am früheren Sitz des Bundesamtes in Zirndorf hat durch die dezentralisierte Verfahrensbearbeitung erheblich an Bedeutung verloren. Nach wie vor werden jedoch von einem eigens zu diesem Zweck abgestellten Beamten beim Präsidenten des Bundesamtes alle Anhörungsprotokolle unter sicherheitsrelevanten Gesichtspunkten überprüft und gegebenenfalls der Bundesnachrichtendienst im Einzelfall benachrichtigt.

Zu Beginn der achtziger Jahre wurde in der Rechtsprechung ein reger und systematischer Informationsaustausch auch mit Sicherheitsdiensten befreundeter Staaten festgestellt (VG Berlin, U. v. 28. 2. 1982 – VG 19 A 329.82; VG Stuttgart, U. v. 5. 5. 1983 – A 1 K 188/82; s. aber VG Berlin, InfAuslR 1985, 247; vgl. auch BT-Drs. 10/20; DB, 10.WP S. 300). Üblich war auch, dass bundesdeutsche Polizeibehörden türkische Behörden anregten, Auslieferungsersuchen zu stellen (vgl. BT-Drs. 10/2202, S. 6).

Die Bundesregierung musste einräumen, dass deutsche Dienststellen im Einzelfall Informationen an ausländische Dienststellen übermittelt hatten, wobei es sich im jeweiligen Fall auch um Asylsuchende habe handeln können (BT-Drs. 12/1351). Als Rechtsgrundlage einer derartigen Übermittlungspraxis wurden die Regelungen der §§ 3 I, 8 I und 19 II und III BVerfSchG a. F. und § 9 II BNDG a. F. bemüht. Durch das Terrorismusbekämpfungsgesetz ist diese Praxis auf eine gesetzliche Grundlage gestellt worden, freilich mit einer gesetzlichen Übermittlungssperre (vgl. Rdn. 28 ff.) in Ansehung der Herkunftsstaaten der Asylsuchenden.

9. Übermittlungssperre für asylspezifische Daten nach § 18 Abs. 1 a BVerfSchG

Nach § 18 Abs. 1a BVerfSchG haben das Bundesamt sowie die Ausländerbehörden von Amts wegen den Verfassungsschutzbehörden von Bund und Ländern »ihnen bekannt gewordene Informationen einschließlich personenbezogener Daten über Bestrebungen oder Tätigkeiten« nach § 3 Abs. 1 BVerfSchG zu übermitteln, »wenn tatsächliche Anhaltspunkte dafür bestehen, dass die Übermittlung für die Erfüllung der Aufgaben der Verfassungsschutzbehörde erforderlich ist«.

Zwar zielt die Informationspflicht nach der Begründung vorrangig auf »gewaltgeneigte Bestrebungen in Deutschland« (BT-Drs. 14/7386, S. 41). Es wird indes zugleich eine regelmäßige Informationspflicht behauptet, wenn »*eine Person in ihrer Heimat einer islamistischen gewaltbereiten Organisation angehört*«. Die Informationsweitergabe des Bundesamtes sei erforderlich, um die in der Resolution des Sicherheitsrates 1373 (2001) vom 28. September 2001 angeordnete Verpflichtung zu erfüllen, um geeignete Maßnahmen gegen die Planung, Erleichterung oder Beteiligung an terroristischen Handlungen zu ergreifen.

Die Neuregelung ist zu unbestimmt und genügt nicht dem Grundsatz der Verhältnismäßigkeit (Marx, ZAR 2002, 127 (135); s. auch § 7 Rdn. 19 ff.). Das

§8 Allgemeine Bestimmungen

Bundesamt und die Ausländerbehörde werden nach der Gesetzesbegründung zu einer extensiven Übermittlung angehalten, da diese Behörden häufig nicht erkennen könnten, ob sich der Antragsteller an gewaltgeneigten Bestrebungen beteilige. Das Bundesamt wird deshalb eher zu viel als zu wenig Informationen weiterleiten.

31 Da es insbesondere bei »islamistischen gewaltbereiten Organisationen« die Frage der Gewaltbereitschaft häufig nicht zu entscheiden vermag, besteht die Gefahr, dass über alle Asylsuchende, die in ihren Herkunftsländern islamistischen Organisationen angehören, personenbezogene Daten an die Verfassungsschutzbehörden weitergeleitet werden, damit diese die Frage der Gewaltbereitschaft feststellen können. Die überwiegende Mehrzahl der Asylsuchenden kommt heute aus islamischen Staaten, sodass ein allumfassender Austausch personenbezogener Daten der Asylbehörde an die Verfassungsschutzbehörden die Verwaltungspraxis bestimmen wird.

32 Die Resolutionen des Sicherheitsrates der Vereinten Nationen in den letzten Jahren setzen einen der Schwerpunkte insbesondere auf den *Informationsaustausch zwischen den Staaten*. So fordert etwa Resolution 1373 (2001) vom 28. September 2001 die Staaten zu einer »frühzeitigen Warnung anderer Staaten im Wege des Informationsaustauschs« (Nr. 2 Buchstabe b)) auf. Eine vergleichbare Regelung enthält die Resolution 1269 (1999) vom 19. Oktober 1999 unter Nr. 4 5. Spiegelstrich. Es besteht daher die begründete Besorgnis, dass die Verfassungsschutzbehörden im Rahmen ihrer internationalen Zusammenarbeit mit den Geheimdienstbehörden anderer Staaten die hier erhobenen asylspezifischen personenbezogenen Daten an diese weiterleiten und deshalb derartige Informationen auch an die Behörden des behaupteten Verfolgerstaates gelangen werden.

33 Es ist sicherlich legitim, im Wege der polizeilichen Zusammenarbeit effektive Vorkehrungen gegen terroristische Gefährdungen zu treffen. Dadurch darf indes nicht die *Integrität des asylrechtlichen Feststellungsverfahrens* berührt werden. Diese wird insbesondere durch das Vertrauen der Schutzsuchenden in die vertrauliche Behandlung ihrer den Behörden übermittelten personenbezogenen Informationen gewährleistet. Es sind deshalb effektive Vorkehrungen dagegen zu treffen, dass die Verfassungsschutzbehörden im Asylverfahren erhobene personenbezogene und andere Daten an die Behörden des Herkunftslandes des Asylsuchenden weiterleitet. Andernfalls kann es im Einzelfall nicht nur zur Gefährdung von Verwandten und politischen Gesinnungsfreunden des Asylsuchenden kommen, sondern auch dazu, dass die überwiegende Mehrzahl der politisch bewussten Asylsuchenden relevante Informationen im Asylverfahren nicht preisgeben und damit ihrer Darlegungspflicht nicht genügen. Obwohl verfolgt, wird ihr Asylgesuch mangels Konkretisierung der Verfolgungsgefahr abgelehnt werden.

34 Nach dem Militärputsch in der Türkei von 1980 wurde der personenbezogene *Informationsaustausch zwischen deutschen und türkischen Sicherheitsbehörden* einer eingehenden Überprüfung unterzogen. Das VG Berlin stellte zunächst fest, dass »die Voraussetzungen für einen kontinuierlichen Informationsfluss aus dem Bundesamt zu türkischen Stellen mit der routinemäßigen Beteiligung und dem umfassenden Zugang des BND zu den Asylakten einschließ-

lich der Prozessakten, dessen Kontakte zu ›befreundeten Diensten‹ der Türkei und dessen Aufgabenstellung vorliegen« (VG Berlin, U. v. 28. 2. 1982 – VG 19 A 329.82). Wenig später schränkte es jedoch diese Feststellungen dahingehend ein, dass seit dem Frühjahr 1983 weder vom BND noch vom BVerfSch Informationen aus den Asylverfahren an türkische Stellen weitergegeben worden seien (VG Berlin, InfAuslR 1985, 247).

Grund für die Änderung der Auffassung war die Aussage eines im Verwaltungsprozess vernommenen Mitarbeiters des Bundesamtes für den Verfassungsschutz, personenbezogene Daten würden nur selten an die türkischen Behörden weitergeleitet. Seine Behörde verstehe unter »Terrorismus« nur politische Bestrebungen, die »durch Anwendung von Schwerkriminalität ihre politischen Ziele zu erreichen versuchten« (vgl. VG Berlin, InfAuslR 1985, 247 (250)). 35

Auf die vielfältige und vehemente Kritik hat der Gesetzgeber reagiert und in § 18 Ia BVerfSchG eine Übermittlungssperre für asylspezifische personenbezogene Daten an ausländische öffentliche Stellen sowie an zwischenstaatliche Stellen nach § 19 III BVerfSchG festgelegt. Diese Übermittlungssperre gilt auch für den MAD (§ 11 I 3 MAD-Gesetz) sowie den BND (§ 9 II 2 BND-Gesetz). 36

Eine Ausnahme hiervon ist nur zulässig, wenn die »*Übermittlung völkerrechtlich geboten* ist«. Allein die polizeiliche Zusammenarbeit im Rahmen der internationalen Regierungszusammenarbeit begründet als solche keine zwingenden völkerrechtlichen Verpflichtungen. Vielmehr muss es sich um ausdrückliche, auf die Übermittlung personenbezogener Daten gerichtete zwingende völkerrechtliche Normen handeln. So enthält etwa Art. 4 des Nordatlantikvertrages lediglich eine allgemeine Konsultationspflicht. Dieser Norm kann daher keine spezifische Informationspflicht im Blick auf personenbezogene Daten an die Türkei entnommen werden. 37

Auch bei Berufung auf eine spezifisch sachbezogene völkerrechtliche Übermittlungspflicht ist der Grundsatz der Verhältnismäßigkeit zu beachten, sodass als milderes Mittel zunächst die Übermittlung der Daten in anonymisierter Form in Betracht zu ziehen ist und wegen der drohenden Gefährdung von Familienangehörigen und anderen Personen das Übermaßverbot der Übermittlungspflicht entgegen stehen kann. 38

§ 9 Hoher Flüchtlingskommissar der Vereinten Nationen

(1) Der Ausländer kann sich an den Hohen Flüchtlingskommissar der Vereinten Nationen wenden.
(2) Das Bundesamt übermittelt dem Hohen Flüchtlingskommissar der Vereinten Nationen auf dessen Ersuchen zur Erfüllung seiner Aufgaben nach Artikel 35 des Abkommens über die Rechtsstellung der Flüchtlinge seine Entscheidungen und deren Begründungen.
(3) Sonstige Angaben, insbesondere die vorgetragenen Verfolgungsgründe dürfen, außer in anonymisierter Form, nur übermittelt werden, wenn sich

§ 9 *Allgemeine Bestimmungen*

der Ausländer selbst an den Hohen Flüchtlingskommissar der Vereinten Nationen gewandt hat oder die Einwilligung des Ausländers anderweitig nachgewiesen ist.

Der Einwilligung des Ausländers bedarf es nicht, wenn dieser sich nicht mehr im Bundesgebiet aufhält und kein Grund zu der Annahme besteht, daß schutzwürdige Interessen des Ausländers entgegenstehen.

(4) Die Daten dürfen nur zu dem Zweck verwendet werden, zu dem sie übermittelt wurden.

Übersicht   Rdn.

1. Vorbemerkung   1
2. Verbindungsaufnahme mit UNHCR (Abs. 1)   4
3. Aufgabenbereich von UNHCR   10
4. Verpflichtung des Bundesrepublik Deutschland zur Zusammenarbeit mit
   UNHCR (Abs. 2 bis 4 in Verb. mit Art. 35 GFK)   14
5. Datenübermittlung an UNHCR (Abs. 2 bis 4)   17
5.1. Funktion der Datenübermittlung   17
5.2. Verpflichtung zur Datenübermittlung (Abs. 2)   22
5.3. Form der Datenübermittlung nach Abs. 2 und 3   24
5.4. Ersuchen des UNHCR   27
5.5. Abgrenzung zu behördlichen Datenschutzbeauftragten   33

1. Vorbemerkung

1   Wie § 24 AsylVfG 1982 sowie § 41 AuslG 1965 regelt diese Vorschrift die Ermöglichung der Kontaktaufnahme der Asylsuchenden und Flüchtlinge zu dem Organ der Vereinten Nationen, dessen Mandat in der Sicherstellung des Rechtsschutzes für Flüchtlinge besteht, des Hohen Kommissars der Vereinten Nationen für Flüchtlinge (United Nations High Commissioner for Refugees – *UNHCR*). Während § 24 AsylVfG 1982 lediglich eine im Wesentlichen mit der Regelung in Abs. 1 identische Vorschrift enthielt, versucht diese Vorschrift die langjährig geübte Praxis in Gesetzesform festzuhalten.

2   Die einzelnen Regelungen von § 9 regeln einerseits das *Recht* der Asylsuchenden und Flüchtlinge, sich an die Vertretung des UNHCR zu wenden (Abs. 1), sowie andererseits Umfang und Grenzen der Datenübermittlung an den UNHCR (Abs. 2–4). Zwar verwendet die Vorschrift in Übereinstimmung mit dem Völkerrecht den Begriff *des* Flüchtlingskommissars. Gemeint ist jedoch das Recht auf Verbindungsaufnahme sowie die Datenübermittlung an das *Amt* des UNHCR sowie dessen *Vertretung* und Büros in der Bundesrepublik in Berlin und Nürnberg.

3   Diese Vorschrift kann als innerstaatliche Umsetzung der vertraglichen Verpflichtung der Bundesrepublik bezeichnet werden, eine bestmögliche Zusammenarbeit mit UNHCR sicherzustellen sowie den Dienststellen des UNHCR die Überwachung der Bestimmungen der GFK zu ermöglichen (Art. 35 I GFK). Daruber hinaus hat die Bundesrepublik die Verpflichtung, Auskünfte

und statistische Angaben über die Lage der Flüchtlinge, die Durchführung der GFK sowie über die innerstaatlichen Gesetze im Bereich des Asyl- und Flüchtlingsrechts an den UNHCR zu erteilen (Art. 35 II GFK). Auf diese Vertragspflicht verweist Abs. 2.

2. Verbindungsaufnahme mit UNHCR (Abs. 1)

Abs. 1 bestimmt, dass sich der Ausländer an UNHCR wenden kann. Angesprochen sind damit nicht nur Asylantragsteller, sondern auch Flüchtlinge und Asylberechtigte. Da nach völkerrechtlicher Ansicht das Prinzip des Non-Refoulement deklaratorischer Natur ist (Jaeger, Status and International Protection of Refugees, International Institute of Human Rights, Genf 1978, Rdn. 52; Goodwin-Gill, The Refugee in International Law, Oxford 1983, S. 73; Sexton, Vanderbuilt Journal of Transnational Law 1985, 739; § 2 Rdn. 3), haben auch Ausländer, die nicht formell Asylrecht beantragen, das Recht auf Verbindungsaufnahme zum UNHCR.

Im Übrigen beschränkt sich das Mandat des UNHCR nicht lediglich auf die Phase des Feststellungsverfahrens, sondern umfasst insbesondere auch die Betreuung anerkannter Flüchtlinge. Erst nach Rückführung der Flüchtlinge in ihr Herkunftsland (*voluntary repatriation*), der Weiterwanderung in ein drittes Aufnahmeland (*resettlement*) oder der Integration im Aufnahmeland (*local integration*) endet grundsätzlich das Mandat des UNHCR.

Während nach § 24 AsylVfG 1982 dem Ausländer Gelegenheit zu geben war, die Verbindung zum UNHCR herzustellen, und diese Vorschrift damit einen Rechtsanspruch auf Verbindungsaufnahme zum UNHCR begründete, kann sich der Ausländer nach Abs. 1 lediglich an UNHCR wenden. Damit bleibt offen, ob dem Asylantragsteller oder anderen Flüchtlingen ein Anspruch darauf eingeräumt wird, den Kontakt zum UNHCR herzustellen.

Nach der gesetzlichen Begründung ist keine inhaltliche Änderung gegenüber dem früheren Recht beabsichtigt (BT-Drs. 12/2062, S. 29). Dies spricht dafür, dass nach Abs. 1 ein Rechtsanspruch auf Verbindungsaufnahme zum UNHCR begründet wird. Eine Lösung dieser Frage kann sich letztlich nur aus der GFK sowie dem Statut des UNHCR ergeben. Denn das innerstaatliche Recht der Bundesrepublik muss in Übereinstimmung mit Völkerrecht ausgelegt werden.

Insbesondere für das Flughafenverfahren nach § 18 a dürfte dies von nicht zu unterschätzender Bedeutung sein. Eine Praxis, welche dem Asylantragsteller im Verfahren nach § 18 a nicht den Zugang zum UNHCR ermöglicht, wäre daher weder mit Völkerrecht noch mit Abs. 1 vereinbar. Eine ganz andere Frage ist es aber, ob UNHCR seinerseits in Anbetracht seiner fehlenden Ressourcen in der Lage ist, auf sämtliche Schutzsuchen in der gebotenen Weise zu reagieren.

Will sich der Asylsuchende oder Flüchtling an UNHCR wenden, dürfen die Behörden die Verbindungsaufnahme nicht behindern (vgl. auch § 57 II, § 58 II). In Situationen, in denen der Staat die Verbindungsaufnahme aus eigener

§ 9 *Allgemeine Bestimmungen*

Initiative – wie im Verfahren nach § 18 a – unmöglich macht, trifft die Behörden eine *aktive Pflicht*, die Verbindungsaufnahme zu ermöglichen.

3. Aufgabenbereich von UNHCR

10 Nach Art. 1 des Statuts des UNHCR gehört es zu den Aufgaben des UNHCR – neben der Förderung der Beitrittswilligkeit der Staaten zu internationalen Flüchtlingsabkommen –, den internationalen Rechtschutz (*international protection*) für Flüchtlinge sicherzustellen. In Art. 8 des Statuts werden die sich hieraus ergebenden Mandatsaufgaben im Einzelnen beschrieben (Glahn, Der Kompetenzwandel internationaler Flüchtlingshilfeorganisationen, S. 114 ff.).

11 Während die einzelnen Aufgabenbereiche die Beziehungen des UNHCR zu staatlichen und nichtstaatlichen Organisationen beschreiben, ist es seit Beginn der Tätigkeit des UNHCR anerkannte Praxis, dass dieser *einzelnen* Flüchtlingen (*Mandatsflüchtlingen*) Rechtsschutz gegenüber Regierungen gewährt. Nach dem Verständnis des Amtes des UNHCR folgt aus Art. 1 des Statuts u. a. die Aufgabe, darauf hinzuwirken, dass Flüchtlinge nach anerkannten internationalen Rechtsnormen behandelt werden und ihnen ein angemessener Rechtsschutz zuteil sowie der Schutz vor Abschiebung in den Herkunftsstaat beachtet wird.

12 Die Entscheidung, eine hilfesuchende Person als Mandatsflüchtling anzusehen, bindet zwar die Regierung nicht in ihrer Feststellungspraxis. Sie hat jedoch zur Folge, dass diese Person internationalen Rechtsschutz genießt und UNHCR gegenüber Regierungen und nichtstaatlichen Organisationen sich dafür einsetzt, dass dem Mandatsflüchtling wirksamer Rechtsschutz gewährt wird. Aus der Logik des Statuts folgt mithin, dass die Staaten den Asylsuchenden und Flüchtlingen den Zugang zum UNHCR ermöglichen müssen, damit dieser entscheiden kann, ob der Hilfesuchende ein Mandatsflüchtling ist und internationalen Rechtsschutz genießt.

13 UNHCR ist weder Rechtsbeistand noch Bevollmächtigter des Flüchtlings. Vielmehr überwacht UNHCR im Auftrag der internationalen Gemeinschaft die Anwendung der GFK, damit Flüchtlingen wirksamer Rechtsschutz zuteil wird. Mit dieser im Verhältnis zum Flüchtling unabhängigen Position wäre eine Beistandsfunktion im verfahrensrechtlichen Sinne kaum zu vereinbaren. Sie würde auch das Gewicht dieser internationalen Institution schwächen. Jedoch kann UNHCR an den Anhörungen im Asylverfahren teilnehmen (§ 25 VI 2), um im Einzelfall die wirksame und korrekte Anwendung der GFK sowie die Beachtung internationaler Verfahrensgarantien zu beobachten. Man kann das Teilnahmerecht des UNHCR nach § 25 VI 2 im gewissen Sinne auch als Ausfluss der vertraglichen Verpflichtung des Bundesrepublik nach Art. 35 II GFK verstehen.

4. Verpflichtung der Bundesrepublik Deutschland zur Zusammenarbeit mit UNHCR (Abs. 2 bis 4 in Verb. mit Art. 35 GFK)

Nach Art. 35 I GFK ist die Bundesrepublik zur Zusammenarbeit mit UNHCR bei der Ausübung seiner Befugnisse verpflichtet. Sie arbeitet insbesondere mit dem Amt zur Erleichterung seiner Aufgabe, die Durchfrührung der Bestimmungen der GFK zu überwachen, zusammen. Dementsprechend gewährt Abs. 1 Asylsuchenden und Flüchtlingen das Recht zur Verbindungsaufnahme mit UNHCR und erlegt Abs. 2 den zuständigen Behörden bestimmte Informationspflichten auf. Art. 35 II GFK präzisiert im Einzelnen den Inhalt der Informationspflichten. Um der Berichtspflicht von UNHCR gegenüber den zuständigen Organen der Vereinten Nationen gerecht werden zu können, liefern die zuständigen Behörden dem Amt in geeigneter Weise die erbetenen Auskünfte und statistischen Angaben über die Lage der Flüchtlinge, die Durchführung der GFK und die Gesetze, Verordnungen und Verwaltungsvorschriften, die im Blick auf Flüchtlinge in Kraft sind.

14

Der Umsetzungsakt, also die Umsetzung der Zusammenarbeitsverpflichtung nach Art. 35 GFK in die innerstaatliche Rechtsordnung der BRD, ist ein Transformations- und kein Vollzugsakt. Dies verdeutlichen auch die Vorschriften des Art. 36 GFK und Art. III Protokoll. Beide Vorschriften bestimmen, dass die Vertragsstaaten den Wortlaut von Gesetzen und sonstigen Rechtsvorschriften, mit denen die Durchführung der GFK sichergestellt wird, dem Hohen Flüchtlingskommissar mitteilen. Aus beiden völkerrechtlichen Normen folgt eine staatliche Umsetzungsverpflichtung, die inhaltlich aber weder durch die GFK noch durch das Protokoll detailliert vorgegeben ist. Vielmehr ist zur konkreten Umsetzung der hieraus folgenden Staatenverpflichtung ein innerstaatlicher Rechtsakt erforderlich, dessen Mindestvoraussetzung durch Art. 35 und 36 GFK bestimmt werden.

15

Eine hiervon abweichende Interpretation könnte dem Rechtscharakter der GFK als Instrument des Flüchtlingsschutzes nicht gerecht werden. Durch § 9 AsylVfG wie zuvor auch durch § 24 AsylVfG 1982 und § 41 AuslG 1965 ist mithin eine echte Transformation der völkerrechtlichen Verpflichtung aus Art. 35 GFK in die Rechtsordnung der Bundesrepublik erfolgt. Die Vorschrift ist – mit anderen Worten – die innerstaatliche Umsetzung der vertraglichen Verpflichtung der BRD, eine bestmögliche Zusammenarbeit mit UNHCR sicherzustellen sowie den Dienststellen von UNHCR die Überwachung der Bestimmungen der GFK zu ermöglichen.

16

5. Datenübermittlung (Abs. 2 bis 4)

5.1. Funktion der Datenübermittlung

Das Datenschutzrecht erhält ein generelles Verbot der Datenverarbeitung, zu der auch die Weitergabe der Daten gehört. Dieses Verbot steht unter einem Erlaubnisvorbehalt. Für jede Datenverarbeitung ist daher eine gesetzliche Regelung erforderlich, die diese erlaubt. Für den Bereich des Asylrechts re-

17

§ 9 *Allgemeine Bestimmungen*

geln Abs. 2—4 die entsprechenden Voraussetzungen für die Ausnahme vom Verbot der Weitergabe personenbezogener Daten, die im Asylverfahren erhoben wurden.

18 Nach Abs. 2 übermittelt das Bundesamt dem UNHCR auf dessen Ersuchen seine Entscheidungen und deren Begründung. Daraus ergibt sich ein »Anspruch« des UNHCR, dass dem Amt im Einzelfall auf Ersuchen die Entscheidung des Bundesamtes nach § 31 mit Begründung übermittelt wird. Die Durchsetzbarkeit dieses »Anspruchs« richtet sich nach Völkerrecht und ist damit angesichts des fehlenden Durchsetzungsmechanismus der GFK vom guten Willen der Bundesregierung abhängig. In der Praxis ergeben sich jedoch traditionell keine erheblichen Probleme. In der Zentrale des Bundesamtes in Nürnberg wie auch zuvor in Zirndorf ist eine Zweigstelle der UNHCR-Vertretung in der Bundesrepublik Deutschland eingerichtet, deren Aufgabe die Sicherstellung der erforderlichen engen Zusammenarbeit zwischen UNHCR und der asylrechtlichen Feststellungsbehörde vor Ort ist.

19 Abs. 2 kann als innerstaatliche Umsetzung von Art. 35 II GFK angesehen werden. Die Übermittlung sonstiger Daten an UNHCR richtet sich nach Abs. 3. Dementsprechend ist bei Übermittlung nicht anonymisierter Daten, welche insbesondere die politische Verfolgung eines Asylantragstellers betreffen, dessen Zustimmung zur Übermittlung notwendig. Hat sich der Antragsteller bereits vorher an UNHCR gewandt, fingiert das Gesetz, dass sein Schutzersuchen an UNHCR zugleich auch die Einwilligung zur Übermittlung der notwendigen Daten durch die für die Behandlung seines Asylbegehrens zuständigen Behörden an UNHCR enthält. Datenschutzerwägungen wird Rechnung getragen, weil in der Tat ein Schutzersuchen an UNHCR nicht sinnvoll behandelt werden kann, wenn das Amt nicht die notwendigen Informationen enthält. Das Statut des UNHCR wie Art. 35 GFK gewährleisten hinreichend eine zwecksprechende Verwendung der übermittelten Daten.

20 Die Datennutzung ist auf die Verwendung der Daten gemäß dem Übermittlungszweck beschränkt (Abs. 4). Die Übermittlungsvorschriften sind notwendig, da sich die Bundesrepublik durch Ratifizierung der GFK und des Protokolls verpflichtet hat, mit UNHCR zusammenzuarbeiten und dem Amt die Überwachung der Durchführung der Bestimmungen der GFK zu erleichtern (Art. 35 1 GFK, Art. II 1 Protokoll). In Art. 35 II GFK und Art. II 2 Protokoll ist die Verpflichtung der Vertragsstaaten enthalten, statistische Angaben und erbetene Auskünfte in geeigneter Form zu übermitteln. Diese Verpflichtungen hat die Bundesrepublik durch Abs. 2—4 in das innerstaatliche Recht umgesetzt.

21 Das hat zur Folge, dass für die Frage, welche Daten zu übermitteln sind, nicht mehr Art. 35 GFK, sondern Abs. 2 und 3 maßgebend sind, solange eine völkerrechtskonforme Auslegung dieser Normen möglich ist. Es ist nicht ersichtlich, dass diese Bestimmungen der GFK widersprechen, so dass diese ausschließlicher Prüfungsmaßstab für die Datenübermittlung ist.

5.2. Verpflichtung zur Datenübermittlung an UNHCR (Abs. 2)

Während des Gesetzgebungsverfahrens zum AsylVfG 1992 hatte das Bundesministerium des Innern mit Schreiben an UNHCR vom 8. Juli 1991 ausdrücklich betont, dass die Entscheidungen des Bundesamtes, an denen UNHCR interessiert ist, an diesen übersandt werden. Danach sollten im Hinblick auf den großen Verwaltungsaufwand nur Entscheidungen zu den Herkunftsländern übermittelt werden, an denen UNHCR zur Wahrnehmung seiner Aufgaben interessiert war. Zu diesem Zweck wurde UNHCR gebeten, dem Bundesamt eine »Positivliste« zu übermitteln. Diese sollte gegebenenfalls von Zeit zu Zeit im Hinblick auf die sich verändernden Flüchtlingsbewegungen aktualisiert werden.

22

Dieses Schreiben erfolgte zu einem Zeitpunkt, zu dem nach dem Gesetzentwurf die Datenübermittlung noch als reine Erlaubnis zur Datenweitergabe ausgestaltet werden sollte (vgl. BT-Dr. 12/2062). Die ursprüngliche Fassung ist nicht Gesetz geworden. Vielmehr legt der Wortlaut von Abs. 2 eine Pflicht zur Datenübermittlung fest.

23

5.3. Form der Datenübermittlung nach Abs. 2 und 3

Fraglich ist, wie die Entscheidungen des Bundesamtes an UNHCR weiterzuleiten sind. Hierbei ist zwischen der *Form* der Übermittlung und dem *Umfang* der Übermittlung zu unterscheiden. Es muss also die Frage, ob die Daten anonymisiert weitergegeben werden müssen, und die Frage, welchen Umfang ein Ersuchen haben kann bzw. wann ein solches Ersuchen seitens UNHCR vorliegt, voneinander getrennt betrachtet werden.

24

Bezüglich der Form der Übermittlung ist Abs. 2 eindeutig. Danach ist das Bundesamt verpflichtet, die Entscheidungen und ihre Begründungen zu übermitteln. Dies bedeutet, dass die Entscheidungen in der getroffenen Form zu übermitteln sind und eine Veränderung nicht vorgenommen werden darf, da es sich sonst nicht mehr um personenbezogene Daten in der erhobenen Form handelt. Denn die Erhebung der Daten hat beim Betroffenen zu erfolgen (vgl. § 4 II 1 BDSG).

25

Die von Abs. 2 erfassten Daten sind also nichtanonymisierte, personenbezogene Daten (vgl. Hailbronner, AuslR, § 9 AsylVfG Rdn. 12). Auch ein Vergleich mit Abs. 3 verdeutlicht, dass insbesondere eine Anonymisierung der Entscheidungen nicht in Betracht kommt. Nach Abs. 3 S. 1 dürfen »sonstige Angaben« nur in anonymisierter Form übermittelt werden, wenn der Antragsteller der Übermittlung nicht zugestimmt hat. Damit wird also eine Ausnahme von der Nichtanonymisierung der Daten für den Fall der Übermittlung »sonstiger Angaben« geregelt, dass keine Zustimmung des Asylantragstellers vorliegt. Danach sind die Daten grundsätzlich in ihrer vorhandenen Form, also nichtanonymisiert, zu übermitteln. Gerade die Übermittlung nichtanonymisierter, personenbezogener Informationen ist Zweck der gesetzlichen Regelung von Abs. 2 (vgl. GK-AsylVfG, § 9 Rdn. 5).

26

§ 9 *Allgemeine Bestimmungen*

5.4. Ersuchen des UNHCR nach Abs. 2

27 Die Übermittlung der Daten erfolgt auf Ersuchen des UNHCR. Hierbei handelt es sich nicht um ein Ersuchen im technischen Sinne, da dieses voraussetzt, dass eine selbst Daten erhebende Behörde eine andere Behörde um die Übermittlung von Daten bittet (z. B. Verfassungsschutz). Bei der Anwendung von Abs. 2 und 3 ist das Ersuchen auf die Aufgabenerfüllung nach Art 35 GFK zu beziehen. Die Datenübermittlung erfolgt zur Ermöglichung des Überwachungsauftrages. Daher ist die Übermittlung von Daten nach Abs. 2 nicht auf den Einzelfall beschränkt.

28 Auch wenn wie hier die rechtliche Regelung in Abs. 2 als Umsetzung von Art 35 II GFK betrachtet wird, ist damit keine Beschränkung auf den Einzelfall gemeint. Die Datenübermittlung nach Abs. 2 soll UNHCR nämlich gerade in die Lage versetzen die Überwachungsfunktion auszuüben. Demgegenüber ermöglichen Abs. 1 und 3 UNHCR die Wahrnehmung der übertragenen Aufgabe der Sicherung des Rechtsschutzes einzelner Flüchtlinge.

29 Der Überwachungsauftrag bezieht sich notwendigerweise auf die Entscheidungspraxis des Bundesamtes, da die Einhaltung der Vorschriften der GFK nur aufgrund einer ganzheitlichen und ungefilterten Überprüfung der repräsentativen Daten effektiv eingeschätzt werden kann. Dies ist nur möglich, wenn eine repräsentative Vielzahl von Entscheidungen überprüft werden kann. Andernfalls wäre das Risiko einer Fehlannahme aufgrund zufällig eingehender Einzelfallanfragen sehr hoch.

30 Die effektive Aufgabenerfüllung durch UNHCR wäre gefährdet, wenn eine Datenübermittlung lediglich im Einzelfall erfolgen würde. Zu dieser Schlussfolgerung kommt auch Walter Kälin, der die Diskussionsgrundlage für den Global Consultation Prozess zu Art. 35 GFK verfasst hat (vgl. Refugee Protection in International Law 2003, S. 615 ff.). In seiner Zusammenfassung weist er darauf hin, dass insbesondere für die Feststellung, ein Staat habe seine Verpflichtung aus der GFK verletzt, ein objektiver und transparenter Entscheidungsprozess notwendig ist (S. 652). Eine objektive Beurteilung der Entscheidungspraxis ist aber nur auf einer möglichst breiten und im Einzelfall vollständigen Datenbasis möglich.

31 Es muss daher zwischen der Schutz- und der Überwachungsaufgabe von UNHCR getrennt werden. Damit wird auch eine Vermischung der staatlichen Verpflichtung zur Datenübermittlung nach Art. 35 II GFK, die innerstaatlich in Abs. 2 geregelt ist, mit der internationalen Aufgabe von UNHCR, Einzelpersonen auf deren Ersuchen Schutz oder zumindest Unterstützung zur Erreichung von Schutz zu gewähren, die innerstaatlich durch Abs. 1 in Verb. mit Abs. 3 umgesetzt wird, verhindert.

32 Zusammenfassend ist daher festzustellen, dass ein Ersuchen im Sinne von Abs. 2 sich stets auf die Überwachungsfunktion von UNHCR bezieht und daher notwendigerweise eine Vielzahl von Entscheidungen beinhaltet. Diese Trennung wird in der Praxis durch die Unterscheidung zwischen der Anforderung von Entscheidungen zu bestimmten Themengebieten oder Herkunftsländern einerseits und der Anforderung von Verfahrensakten (zur Prüfung der Schutzgewährung im Einzelfall) andererseits vollzogen. Die An-

forderung im ersten Fall dient der Sicherstellung der Überwachungsfunktion und wird in Abs. 2 normiert. Hingegen wird die Anforderung von Verfahrensakten in Abs. 3 geregelt und erfolgt daher nur mit Zustimmung des Asylsuchenden. In aller Regel beruht die Anforderung in diesem Fall auf einer Anfrage des Asylsuchenden.

5.5. Abgrenzung zu behördlichen Datenschutzbeauftragten

Aufgabe eines behördlichen Datenschutzbeauftragten ist das Hinwirken auf die Einhaltung des Gesetzes (vgl. § 4 g BDSG). Er hat keinen weiter gehenden Schutzauftrag, d. h. er kann auch keine zusätzliche Anonymisierung verlangen. Der behördliche Datenschutzbeauftragte hat vielmehr lediglich die Rechtmäßigkeit der Datenverarbeitung und -übermittlung zu überprüfen. Diese ist aber in der bisherigen Form, also nicht anonymisiert, rechtmäßig. Eine restriktive Auslegung vorhandener Normen durch den behördliche Datenschutzbeauftragten ist gesetzlich nicht vorgesehen. Seine Funktion ist vielmehr beratender Natur. Sein Auftrag ist es, den Einzelnen vor Eingriffen in sein Persönlichkeitsrecht durch den Umgang mit personenbezogenen Daten zu schützen. Er soll Vertauensperson der betroffenen Bürger sein und hat zu diesem Zweck in der Behörde auf die Einhaltung der Datenschutzvorschriften hinzuwirken (vgl. BfD-Info 4 – Die Datenschutzbeauftragten in Behörde und Betrieb, S. 15 ff.).

33

Die bei der Anwendung von Abs. 2–4 betroffenen Antragsteller sind hingegen schon aufgrund des Schutzauftrages von UNHCR nicht gefährdet, so dass auch bei der Übermittlung personenbezogener Daten bis zu einer bestimmten Grenze (vgl. Abs. 3) die Voraussetzungen für die Übermittlung an UNHCR vorliegen (vgl. § 13 ff. BDSG). Im Übrigen ist bisher noch nicht geklärt, ob eine vereinfachte Datenübermittlung nicht ohnehin aufgrund der Sonderstellung von UNHCR im Interesse des Betroffenen liegt. In diesem Fall wäre eine Übermittlung sogar unter erleichterten Voraussetzungen möglich (vgl. BfD-Info 1 – Bundesdatenschutzgesetz – Text und Erläuterung, S. 27).

34

§ 10 Zustellungsvorschriften

(1) Der Ausländer hat während der Dauer des Asylverfahrens vorzusorgen, daß ihn Mitteilungen des Bundesamtes, der zuständigen Ausländerbehörde und der angerufenen Gerichte stets erreichen können; insbesondere hat er jeden Wechsel seiner Anschrift den genannten Stellen unverzüglich anzuzeigen.
(2) Der Ausländer muß Zustellungen und formlose Mitteilungen unter der letzten Anschrift, die der jeweiligen Stelle auf Grund seines Asylantrages oder seiner Mitteilung bekannt ist, gegen sich gelten lassen, wenn er für das Verfahren weder einen Bevollmächtigten bestellt noch einen Empfangs-

§ 10 *Allgemeine Bestimmungen*

berechtigten benannt hat oder diesen nicht zugestellt werden kann. Das gleiche gilt, wenn die letzte bekannte Anschrift, unter der der Ausländer wohnt oder zu wohnen verpflichtet ist, durch eine öffentliche Stelle mitgeteilt worden ist. Der Ausländer muß Zustellungen und formlose Mitteilungen anderer als der in Absatz 1 bezeichneten öffentlichen Stellen unter der Anschrift gegen sich gelten lassen, unter der er nach den Sätzen 1 und 2 Zustellungen und formlose Mitteilungen des Bundesamtes gegen sich gelten lassen muß. Kann die Sendung dem Ausländer nicht zugestellt werden, so gilt die Zustellung mit der Aufgabe zur Post als bewirkt, selbst wenn die Sendung als unzustellbar zurückkommt.

(3) Betreiben Eltern oder Elternteile mit ihren minderjährigen ledigen Kindern oder Ehegatten jeweils ein gemeinsames Asylverfahren und ist nach Absatz 2 für alle Familienangehörigen dieselbe Anschrift maßgebend, können für sie bestimmte Entscheidungen und Mitteilungen in einem Bescheid oder einer Mitteilung zusammengefaßt und einem Ehegatten oder Elternteil zugestellt werden. In der Anschrift sind alle Familienangehörigen zu nennen, die das 16. Lebensjahr vollendet haben und für die die Entscheidung oder Mitteilung bestimmt ist. In der Entscheidung oder Mitteilung ist ausdrücklich darauf hinzuweisen, gegenüber welchen Familienangehörigen sie gilt.

(4) In einer Aufnahmeeinrichtung hat diese Zustellungen und formlose Mitteilungen an die Ausländer, die nach Maßgabe des Absatzes 2 Zustellungen und formlose Mitteilungen unter der Anschrift der Aufnahmeeinrichtung gegen sich gelten lassen müssen, vorzunehmen. Postausgabe- und Postverteilungszeiten sind für jeden Werktag durch Aushang bekanntzumachen. Der Ausländer hat sicherzustellen, daß ihm Posteingänge während der Postausgabe- und Postverteilungszeiten in der Aufnahmeeinrichtung ausgehändigt werden können. Zustellungen und formlose Mitteilungen sind mit der Aushändigung an den Ausländer bewirkt; im übrigen gelten sie am dritten Tag nach Übergabe an die Aufnahmeeinrichtung als bewirkt.

(5) Die Vorschriften über die Ersatzzustellung bleiben unberührt.

(6) Müßte eine Zustellung außerhalb des Bundesgebietes erfolgen, so ist durch öffentliche Bekanntmachung zuzustellen. Die Vorschriften des § 15 Abs. 2 und 3, Abs. 5 Satz 2 und 3 und Abs. 6 des Verwaltungszustellungsgesetzes finden Anwendung.

(7) Der Ausländer ist bei der Antragstellung schriftlich und gegen Empfangsbestätigung auf diese Zustellungsvorschriften hinzuweisen.

Übersicht

		Rdn.
1.	Funktion der Vorschrift des § 10	1
2.	Zustellung im öffentlichen Recht	6
2.1.	Geltung der Vorschriften des VwZG	6
2.2.	Zustellungsarten und -nachweis (§§ 2 ff. VwZG)	8
2.2.1.	Wahlrecht des Bundesamtes (§ 2 II VwZG)	8
2.2.2.	Zustellung durch die Post (§ 3 und § 4 VwZG)	11

Zustellungsvorschriften § 10

2.2.2.1.	Allgemeines	11
2.2.2.2.	Zustellung mit Zustellungsurkunde (§ 3 VwZG)	12
2.2.2.3.	Zustellung mittels eingeschriebenen Briefes (§ 4 VwZG)	19
2.2.2.4.	Abgrenzung zwischen Zustellung durch Einwurf-Einschreiben und durch Übergabe-Einschreiben	23
2.2.3.	Zustellung durch die Behörde gegen Empfangsbekenntnis (§ 5 VwZG)	25
2.2.3.1.	Zustellung durch die Behörde nach § 5 Abs. 1 VwZG	25
2.2.3.2.	Erfordernis des Zustellungsvermerks (§ 5 Abs. 1 Satz 3 VwZG)	28
2.2.3.3.	Vereinfachte Zustellung nach § 5 Abs. 2 VwZG	30
2.2.4.	Ersatzzustellung (Abs. 5)	35
2.2.4.1.	Voraussetzungen der Ersatzzustellung	35
2.2.4.2.	Erfolgloser Zustellungsversuch in Gemeinschaftsunterkünften nach § 53	42
2.2.4.3.	Keine Anwendung von § 180 ZPO	46
2.2.4.4.	Rechtsfolgen der Niederlegung	48
2.2.5.	Zustellung durch öffentliche Bekanntmachung (Abs. 6)	52
2.2.6.	Zustellung an den Verfahrensbevollmächtigten (§ 8 VwZG)	56
2.2.6.1.	Allgemeines	56
2.2.6.2.	Formerfordernisse der Zustellung	58
2.2.6.3.	Vertretung durch mehrere Rechtsanwälte	62
2.2.6.4.	Rechtsfolgen fehlerhafter Zustellung	63
2.2.6.5.	Verwirkung des Klagerechtes	67
2.2.7.	Zustellung an den Empfangsbevollmächtigten (Abs. 2 Satz 1)	69
2.2.8.	Zustellung an das Jugendamt	71
2.2.9.	Persönliche Zustellung an den Antragsteller	72
2.2.10.	Gemeinsame Zustellung an Familienangehörige (Abs. 3)	74
2.2.11.	Heilung von Zustellungsmängeln	86
3.	Fingierte Zustellung nach Abs. 2	91
3.1.	Funktion der Zustellungsfiktion nach Abs. 2	91
3.2.	Durch Abs. 2 Satz 1 begünstigte Behörden (Abs. 1 und Abs. 2 Satz 3)	93
3.3.	Voraussetzungen der fingierten Zustellung nach Abs. 2	95
3.3.1.	Mitwirkungspflichten des Asylsuchenden nach Abs. 1	95
3.3.2.	Ordnungsgemäße Belehrung über die Mitwirkungspflichten (Abs. 7)	107
3.3.2.1.	Funktion der Belehrungspflicht nach Abs. 7	107
3.3.2.2.	Behördliche Zuständigkeit für die Belehrung nach Abs. 7	113
3.3.2.3.	Anforderungen an die behördliche Belehrungspflicht nach Abs. 7	114
3.3.2.4.	Nachweis der behördlichen Belehrung nach Abs. 7	119
3.3.3.	Anwendungsbereich des Abs. 2	121
3.3.4.	Tatsächlicher Zustellungsversuch (Abs. 2 Satz 1)	123
3.3.5.	Adressenmitteilungen durch öffentliche Stellen (Abs. 2 Satz 2)	132
3.4.	Rechtsfolge der fingierten Zustellung (Abs. 2 Satz 4)	137
4.	Zustellung in der Aufnahmeeinrichtung (Abs. 4)	139
4.1.	Funktion der Zustellungserleichterung nach Abs. 4	139
4.2.	Anwendungsbereich des Abs. 4	143
4.3.	Anforderungen an die Vorkehrungspflichten nach Abs. 4 Satz 2	147
4.4.	Anforderungen an die Mitwirkungspflichten nach Abs. 4 Satz 3	155
4.5.	Bewirkung der Zustellung durch Übergabe (Abs. 4 Satz 4 erster Halbsatz)	157
4.6.	Zustellungsfiktion nach Abs. 4 Satz 4 zweiter Halbsatz	161
4.7.	Fehler bei der Zustellung nach Abs. 4	164

§ 10 *Allgemeine Bestimmungen*

1. Funktion der Vorschrift des § 10

1 Diese Vorschrift ist im Wesentlichen den Regelungen in § 17 AsylVfG 1982 nachgebildet. Sie enthält daher wie das frühere Recht verschärfte, von den allgemeinen Vorschriften abweichende Regelungen darüber, wie förmliche Entscheidungen und sonstige Mitteilungen im Asylverfahren bekannt gegeben werden oder wann sie als bekannt gegeben gelten können. Durch ÄnderungsG 1993 wurden Abs. 2 S. 2 ff. und Abs. 3 und 4 neu eingefügt. Insbesondere die Regelungen in Abs. 4 sollen das Unterbringungskonzept durch Verschärfung der bereits seit 1982 bestehenden fiktiven Zustellungsvorschriften auch verfahrensrechtlich absichern. *Kernstück* der Vorschrift ist die teilweise Abkehr von dem das sonstige Verwaltungsverfahren beherrschenden Grundsatz der *Bekanntgabe* durch *Kenntnisverschaffung* entweder durch *tatsächliche Übergabe* einer Entscheidung oder durch deren Überlassung am Ort des gewöhnlichen Aufenthaltes (Schütze, in: GK-AsylVfG, § 10 Rdn. 1).

2 Diese das Zustellungsrecht beherrschenden Grundsätze werden im Asylverfahren weitgehend durch *fiktive Zustellungsvorschriften* außer Kraft gesetzt. Die Sonderregelungen dieser Vorschrift *verdrängen* die allgemeinen Zustellungsregelungen. Sie erleichtern die Zustellung mit Blick auf das asylrechtliche Verwaltungs- und Gerichtsverfahren und gelten im Übrigen für alle anderen Verfahren nach dem AsylVfG. Die Einzelheiten der Zustellung selbst richten sich jedoch nach allgemeinen Vorschriften, also insbesondere nach den *Zustellungsgesetzen von Bund und Ländern* und nach §§ 166 ff. ZPO (BayVGH, U. v. 10. 4. 1987 – Nr. 24 B 85 C 592; Hess.VGH, ESVGH 34, 99 = NVwZ 1984, 262; OVG Hamburg, InfAuslR 1990, 252). Insoweit ist zu bedenken, dass mit Wirkung zum 1. Juli 2002 durch das *Zustellungsreformgesetz* vom 25. Juni 2001 das gesamte Zustellungsrecht grundlegend geändert worden ist (s. hierzu Steiner/Steiner, NVwZ 2002, 437).

3 Bereits die Änderung der Gesetzesüberschrift verdeutlicht, wie sehr im Asylverfahrensrecht inzwischen die Ausnahmeregelung zum Normalfall geworden ist. Bei der Einführung der bis dahin unbekannten Zustellungsregelungen des § 17 AsylVfG 1982 erachtete es der Gesetzgeber noch für erforderlich, auf den Ausnahmecharakter der asylrechtlichen Zustellungsregelungen bereits in der Gesetzesüberschrift durch die Bezeichnung »Besondere Vorschriften für die Zustellung« hinzuweisen. Seit 1992 werden die besonderen Zustellungsregelungen des AsylVfG nur noch lapidar mit »Zustellungsvorschriften« übertitelt. Damit soll offensichtlich suggeriert werden, dass die *weitgehenden fiktiven Zustellungsvorschriften des AsylVfG*, die in dieser Weise in keinem anderen Rechtsgebiet so geregelt sind, ein ganz normales, für alle anderen Rechtsgebiete ebenfalls geltendes Prinzip zum Ausdruck bringen würden.

4 Die gesetzliche Begründung zu § 10 enthält keine besondere Begründung für die Sonderregelungen, sondern weist lediglich darauf hin, dass die früheren Regelungen mit einigen Modifizierungen beibehalten worden sind (BT-Drs. 12/2062, S. 30). Damit haben die gesetzgeberischen Motive, die zum Erlass des § 17 AsylVfG 1982 geführt hatten, nach wie vor Bedeutung. Danach waren die *erheblichen Verfahrensverzögerungen*, die sich durch die häufigen, teil-

Zustellungsvorschriften § 10

weise auch *durch das Verteilungsverfahren bedingten Wohnungsveränderungen* ergaben, maßgebend für die Einführung fiktiver Zustellungsregelungen. Da infolge dessen häufig die Anschrift unbekannt sei, komme es zu Verzögerungen des Asyl- und Gerichtsverfahrens bei Zustellungen durch Behörden und Gerichte. Nachforschungen nach dem Aufenthaltsort seien zeitaufwendig. Erst nach deren nachgewiesenem erfolglosen Versuch könne eine öffentliche Zustellung erfolgen. Daher sei die Einführung besonderer, diesen Umstand berücksichtigende Vorschriften erforderlich (BT-Drs. 9/875, S. 18).

Die bestehenden administrativen Probleme werden hier einseitig zu Lasten einer Minderheit geregelt, die ohnehin erhebliche Probleme hat, die komplizierten Verfahrensabläufe und Behördenzuständigkeiten zu durchschauen. Häufig haben die Asylsuchenden aus ihrer Sicht die unumstößliche *Gewissheit* gewonnen, dass sie mit der Mitteilung ihrer geänderten Wohnanschrift an die Hotelleitung, den Sozialarbeiter oder die zuständige Aufsichtsperson ihrer Mitwirkungspflicht genügt haben. Der anschließende behördliche Hinweis – nach unanfechtbarem Verfahrensabschluss wegen Zustellung an die frühere Adresse – auf ihre Ausreisepflicht trifft sie daher nicht nur völlig überraschend, sondern auch im Zustand des Unrechtsbewusstseins, den keine noch so ausdifferenzierte Regelung beseitigen kann. Verschärfend kommen die seit 1992 neu eingeführten fiktiven Rücknahmevorschriften der §§ 33 und 81 hinzu.

5

2. Zustellung im öffentlichen Recht

2.1. Geltung der Vorschriften des VwZG

Auch die Zustellung im Asylverfahren richtet sich grundsätzlich nach den allgemeinen Zustellungsvorschriften für das öffentliche Recht. Die Sondervorschriften des § 10 enthalten zwar teilweise hiervon abweichende oder diese ergänzende Zustellungsvorschriften. Viele Fragen auch der Zustellung im Asylverfahren sind jedoch nach den allgemeinen Grundsätzen zu beurteilen. So gelten insbesondere für die Einhaltung der Formvorschriften die Regelungen des allgemeinen Zustellungsrechts. Das betrifft unter anderem die Art der Zustellung sowie die hiermit im Zusammenhang stehenden Anforderungen an den von der Behörde zu erbringenden Zustellungsnachweis. Für die Einhaltung der Formvorschriften trägt die Behörde die Beweislast. Bevor daher die Sondervorschriften des § 10 zu Lasten des Antragstellers berücksichtigt werden können, ist zunächst stets zu prüfen, ob die Zustellung nach Maßgabe der öffentlich-rechtlichen Zustellungsvorschriften wirksam ist.

6

Allein der Vordruck der Zustellungsverfügung in der Akte ist kein Nachweis der wirksamen Zustellung. Vielmehr müssen in der Behördenakte hinreichend bestimmte Zustellungsnachweise enthalten sein (VG Bayreuth, B. v. 21. 4. 1994 – B 4 S 94.30137). Ist dies nicht der Fall, genügt der glaubhafte, substanziierte Vortrag des Adressaten, dass er den ihm zugedachten Bescheid nicht erhalten hat. Unaufklärbarkeit des Zugangs des Bescheids geht in einem solchen Fall zu Lasten der Behörde (VG Bremen, NVwZ 1994, 1236).

7

141

§ 10   *Allgemeine Bestimmungen*

Die fehlende Zustellung des Bescheids führt jedoch nicht zur Unzulässigkeit der Klage, wenn der Antragsteller bei fehlerhafter Zustellung Klage erhebt. Denn eine Klage kann schon dann wirksam erhoben werden, wenn der Bescheid im Zeitpunkt der Klageerhebung ergangen und damit tatsächlich, wenn auch nicht rechtlich existent war (VG Berlin, U. v. 10. 3. 1995 – VG 32 X 166.94). Häufig lässt sich innerhalb der Klagefrist gar nicht feststellen, ob die Zustellung rechtsfehlerhaft war. Darüber hinaus kann den Antragsteller, der tatsächlich in den Besitz des Bescheides gelangt, unter besonderen Voraussetzungen der Einwand einer Verwirkung seines Klagerechts infolge Zeitablaufs treffen (VG Koblenz, U. v. 25. 7. 1994 – 3 K 3052/93.KO: Verwirkung des Klagerechts des Bundesbeauftragten, weil er erst 29 Monate nach Kenntnis des Bescheids Klage erhoben hat).

2.2. Zustellungsarten und -nachweis (§§ 2 ff. VwZG)

2.2.1. Wahlrecht des Bundesamtes (§ 2 II VwZG)

8   Früher wurde der Asylbescheid wegen des bestehenden Zustellungsverbundes nach landesrechtlichen Vorschriften zugestellt (BVerwG, InfAuslR 1990, 102). Nach geltendem Recht werden auch die ausländerrechtlichen Entscheidungen vom Bundesamt getroffen (§§ 31 III, 34 ff.) und damit auch durch das Bundesamt nach den Regelungen des VwZG des Bundes zugestellt. Für sämtliche Sachentscheidungen gilt daher das Erfordernis der Schriftlichkeit (vgl. Hess.VGH, Hess.VGRspr. 1989, 59). Die Zustellung erfolgt in der Übergabe eines Schriftstückes in Urschrift, Ausfertigung oder beglaubigter Abschrift oder in dem Vorlegen der Urschrift (§ 2 I 1 VwZG). Fehlt der Beglaubigungsvermerk auf dem Asylbescheid, greift die Rüge mangelnder Schriftlichkeit und damit fehlerhafter Zustellung durch (Hess.VGH, Hess.VGRspr. 1989, 59).

9   Das Bundesamt genügt diesem Erfordernis dadurch, dass sämtliche nach § 31 erforderlichen Regelungen in einem Bescheid zusammengefasst werden und damit in einer Urkunde enthalten sind, die in beglaubigter Abschrift zugestellt wird. Das Bundesamt kann nach § 2 II VwZG grundsätzlich nach pflichtgemäßem Ermessen zwischen den einzelnen Zustellungsarten wählen. Wegen des gebotenen Nachweises der Zustellung erfolgt die Zustellung in der Praxis des Bundesamtes jedoch entweder durch Beauftragung der *Post* mit Zustellungsurkunde (§ 3 VwZG) oder mittels eingeschriebenen Briefes (§ 4 VwZG) oder durch *behördliche Zustellung durch Empfangsbekenntnis* (§ 5 VwZG).

10 Fraglich ist, ob es sich angesichts der der Rechtssicherheit dienenden Formenstrenge des Zustellungsrechts (Hess.VGH, NJW 1990, 467 (468)) nicht auf den ersten Blick ergeben muss, ob der Bescheid durch die Post nach §§ 3 f. VwZG oder durch die Behörde nach § 5 VwZG zugestellt worden ist. In der obergerichtlichen Rechtsprechung wird hierzu die Ansicht vertreten, dass es hierauf nicht ankomme. Trotz der Verwendung einer Postzustellungsurkunde könnten die Umstände, nämlich Streichung der Worte »in meiner Eigenschaft als Postbediensteter« in einer Zustellungsurkunde letztlich keinen Zweifel daran lassen, dass die Zustellung des Bescheids durch

Zustellungsvorschriften § 10

die Behörde selbst bewirkt worden sei. Das genüge. Eine Eindeutigkeit in dem Sinne, dass auf den ersten Blick zu erkennen sein müsse, nach welchen Vorschriften zugestellt werden sollte, werde nämlich durch den Zweck der Zustellungsvorschriften nicht gefordert (VGH BW, NVwZ-RR 1995, 620). Dem kann nicht gefolgt werden. Ziel der gesetzlichen Regelungen des Zustellungsrechts ist es, zu gewährleisten, dass durch eine genaue Beachtung der für die jeweils gewählte Art der Zustellung geltenden Form- und Verfahrensvorschriften jeglicher Streit über das Ob und Wie der Zustellung vermieden wird (Hess.VGH, NJW 1990, 467 (468)).

2.2.2. Zustellung durch die Post (§ 3 und § 4 VwZG)

2.2.2.1. Allgemeines
Bei der Zustellung durch die *Post* werden zwei Zustellungsarten unterschieden: § 3 VwZG regelt die Zustellung durch die Post mit *Zustellungsurkunde*, § 4 die Zustellung durch die Post *mittels eingeschriebenen Briefes*. Je nach Zustellungsart sind unterschiedliche Voraussetzungen zu beachten und können unterschiedliche Rechtsfolgen eintreten. 11

2.2.2.2. Zustellung durch die Post mit Zustellungsurkunde (§ 3 VwZG)
Bei der Zustellung durch die Post mit Zustellungsurkunde übergibt die Behörde das zuzustellende Schriftstück verschlossen der Post mit dem Ersuchen, die Zustellung einem Postbediensteten des Bestimmungsortes aufzutragen (§ 3 I 1 VwZG). Die Sendung ist mit der Anschrift des Empfängers und mit der Bezeichnung der absendenden Dienststelle, einer Geschäftsnummer und einem Vordruck für die Zustellung zu versehen (§ 3 I 2 VwZG). Der Postbedienstete beurkundet die Zustellung. Die Zustellungsurkunde wird an die Behörde zurückgeleitet (§ 3 II VwZG). 12
Während nach § 182 II Nr. 6 ZPO n.F. die Zustellungsurkunde nur die Bemerkung enthalten muss, dass der Tag der Zustellung auf dem Umschlag, der das zuzustellende Schriftstück enthält, vermerkt ist und hieraus abgeleitet wird, dass nach neuem Zustellungsrecht nicht das Aktenzeichen des zuzustellenden Schriftstücks auf der Postzustellungsurkunde vermerkt sein müsse (Steiner/Steiner, NVwZ 2002, 437 (438)), erfordert § 3 I 2 VwZG unverändert die Angabe des Geschäftszeichens. 13
Danach erfordert die gebotene Gewähr für Nämlichkeit und den unveränderten Inhalt der Postsendung die Angabe der Geschäftsnummer auf der Sendung sowie auf der Postzustellungsurkunde (BFH, NVwZ 1992, 815; BFH, NVwZ 1998, 324; VG Stuttgart, InfAuslR 1991, 103). Ungenügend ist es deshalb, wenn die Zustellungsurkunde lediglich eine Geschäftsnummer aufweist, die durchgängig für einen Aktenvorgang verwendet wird und lediglich das Sachgebiet für die absendende Behörde bezeichnet, ohne dadurch eine eindeutige Bestimmung des konkret zugestellten Bescheides zu ermöglichen (VG Karlsruhe, InfAuslR 1999, 354). 14
Allein die Angabe des Aktenzeichens des Bundesamtes sowie des Geburtsdatums des Antragstellers reicht daher nicht aus. Aus diesen Angaben allein kann kein sicherer Schluss auf den konkreten Inhalt der zugestellten Sen- 15

143

§ 10   *Allgemeine Bestimmungen*

dung gezogen werden. Daher muss das in der Sendung enthaltene Schriftstück schriftlich gekennzeichnet sein (VG Frankfurt/Oder, AuAS 1994, 129; VG Berlin, U. v. 10. 3. 1995 – VG 32 X 166.94). Werden in einer Sendung mehrere zuzustellende Schriftstücke versandt, mussten früher sämtliche Aktenzeichen angegeben werden, um die Beurkundungsfunktion auszulösen (VG Stuttgart, InfAuslR 1991, 103; s. aber Rdn. 17).

16 Die Postzustellungsurkunde muss vom Zusteller bei der beabsichtigten Zustellung unterschrieben werden. Sie muss darüber hinaus eindeutige und zweifelsfreie Eintragungen über den Tag der Zustellung enthalten. Die Urkunde erbringt als *öffentliche Urkunde* im Sinne von § 415 ZPO vollen Beweis der darin bezeugten Tatsachen (§ 418 ZPO). Die Beweiskraft der Urkunde gemäß § 418 ZPO (s. hierzu BVerfG, NJW 1992, 224 = NVwZ 1992, 159 (nur LS); s. aber VG Frankfurt am Main, NJW 1997, 3329: Postzustellungsurkunden der Post AG sind Privaturkunden) kann jedoch je nach Eigenart der festgestellten Mängel gemindert oder ganz aufgehoben sein (§ 419 ZPO). Aus diesem Grunde bewirken nach der Rechtsprechung äußere Veränderungen der Zustellungsurkunde und die auf ihrer Rückseite aufgebrachten unterschiedlichen Eintragungen und Stempelaufdrucke, dass die Vermutung für die Richtigkeit der in der Postzustellungsurkunde beurkundeten Vorgänge zerstört wird (Hess.VGH, NJW 1990, 467; Hess.VGH, NVwZ 1996, 605).

17 Die Behörde muss den Bescheid nicht isoliert zustellen. Sie kann vielmehr mehrere Sendungen in einer Einschreibsendung bündeln. Vom Empfänger einer Einschreibsendung kann nach der Rechtsprechung erwartet werden, dass er deren Inhalt einer genauen Überprüfung unterzieht (Nieders.OVG, NVwZ-RR 2003, 806 (807)). Zweifel an einer ordnungsgemäßen Zustellung können sich aber ergeben, wenn der gebündelt zugestellte Bescheid als solcher nicht zweifelsfrei zu erkennen ist, etwa weil er in den mit übersandten Aktenkopien untergegangen ist. Bei einer entsprechend substanziiert vorgebrachten Behauptung trägt die Behörde nach § 4 I letzter HS VwZG die Beweislast für die ordnungsgemäße Zustellung (Nieders.OVG, NVwZ-RR 2003, 806 (807)).

18 Zwar ist mängelbehafteten Urkunden nicht von vornherein jegliche Beweiskraft abzusprechen. Die Beweiskraft kann jedoch je nach Eigenart der festgestellten Mängel gemindert oder ganz aufgehoben sein. Hierüber hat das Gericht nach seiner freien Überzeugung (§ 108 I 1 VwGO) zu entscheiden (Hess.VGH, NJW 1990, 467). Enthält die Postzustellungsurkunde verschiedene Eintragungen zu (mehreren) ergebnislosen Zustellungsversuchen als Voraussetzung einer Niederlegung des zuzustellenden Schriftstückes und Veränderungen des Adressenfeldes, ist sie als Zustellungsnachweis ungeeignet und es entfällt jegliche Beweiskraft (Hess.VGH, NJW 1990, 467; Hess.VGH, NVwZ 1996, 605).

2.2.2.3. Zustellung mittels eingeschriebenen Briefes (§ 4 VwZG)

19 Mit eingeschriebenem Brief zugesandte Sendungen (§ 4 VwZG) erfahren anders als Zustellungen mit Posturkunde keine Protokollierung der Übergabe, sondern nur ihrer Absendung bei der Behörde und gegebenenfalls – bei Einschreiben mit Rückschein   eine vom Empfänger ausgestellte Empfangsbe-

stätigung. Bei der Zustellung mittels eingeschriebenen Briefes gilt dieser mit dem dritten Tag nach der Aufgabe zur Post als zugestellt, es sei denn, dass das zugestellte Schriftstück nicht oder zu einem späteren Zeitpunkt zugegangen ist (§ 4 I 1. HS VwZG).

Im Zweifel hat die Behörde den Zugang des Schriftstücks und den Zeitpunkt des Zugangs nachzuweisen (§ 4 I 2. HS VwZG). Bestreitet der Empfänger jedoch nicht den Zugang des Schriftstücks als solchen, sondern behauptet er, den Bescheid später als innerhalb von drei Tagen nach Aufgabe zur Post erhalten zu haben, so hat er sein Vorbringen im Rahmen des Möglichen zu substanziieren, um Zweifel gegen die Dreitagesvermutung zu begründen (Thür.OVG, NVwZ-RR 2003, 3).

Nach § 4 II VwZG ist der Tag der Aufgabe zur Post und unter welcher Adresse zugestellt wurde, in den Akten zu vermerken. Das von der Behörde geführte allgemeine Einschreibebuch vermag den Postaufgabevermerk nicht zu ersetzen, da es nicht Teil der Akten im Sinne von § 4 II VwZG ist (VG Aachen, U. v. 25. 4. 1996 – 4 K 182/93.A). Eine nachträgliche Anfertigung eines derartigen Vermerks ist nach der Rechtsprechung des BGH jedoch zulässig (BGH, NJW 1987, 1707).

Diese erheblichen Nachweisprobleme verdeutlichen, dass insbesondere in den auf schnelle und unverzügliche Abwicklung der Verfahren angelegten Vorschriften des AsylVfG jedenfalls die für das Asylverfahren maßgebenden Bescheide nicht mittels eingeschriebenen Briefes zugestellt werden sollten. Wird allerdings an einen Strafgefangenen mittels eingeschriebenen Briefes zugestellt, wird die Zustellung in der Weise bewirkt, dass die Post die an ihn gerichtete Sendung an den hierzu von der Vollzugseinrichtung benannten Postempfangsbeauftragten ausliefert. Mit der Übergabe an diesen gilt die an den Empfänger gerichtete Sendung als ordnungsgemäß ausgeliefert (OVG Rh-Pf, AuAS 1997, 103 (104)).

2.2.2.4. Abgrenzung zwischen Zustellung durch Einwurf-Einschreiben und durch Übergabe-Einschreiben

Die Zustellung durch *Einwurf-Einschreiben* genügt nicht den Anforderungen nach § 2 VwZG (BVerwG, InfAuslR 2001, 190 (191) = AuAS 2001, 21 = NVwZ 2001, 319 (LS); OVG Rh-Pf, NVwZ-Beil. 2001, 9 (10) = AuAS 2000, 138 (139); VG Koblenz, U. v. 26. 10. 1999 – 2 K 739/99.KO). Das Einwurf-Einschreiben wird anders als das frühere Einschreiben, dem das seit 1997 von der Deutschen Post AG angebotene *Übergabe-Einschreiben* entspricht, dem Empfangsberechtigten nicht übergeben, sondern wie normale Briefpost in den Hausbriefkasten des Empfängers eingeworfen oder in sein Postfach gelegt. Der Postbedienstete vermerkt lediglich intern den Einwurf des Einschreibens. Damit bleibt das Einwurf-Einschreiben in seinen Formerfordernissen entscheidend hinter denen des früheren Einschreibens – dem heutigen Übergabe-Einschreiben – zurück, von dem die gesetzliche Einordnung als anerkannte Zustellungsart in § 2 I VwZG und die daran anknüpfende Zustellungsfiktion nach § 4 I VwZG ausgehen.

Zum einen sieht das Einwurf-Einschreiben, anders als das Übergabe-Einschreiben, nicht die schriftliche Empfangsbestätigung des Empfangsbe-

rechtigten vor und entspricht damit nicht den in § 1 Abs. 2 Nr. 1 der Post
– UniversaldienstleistungsVO vom 15. Dezember 1999 (BGBl. I S. 2418)
umschriebenen Voraussetzungen. Andererseits verzichtet das Einwurf-Einschreiben auf die in § 2 I VwZG grundsätzlich für die Zustellung eines Schriftstücks geforderte Übergabe an den Empfangsberechtigten, wie sie das Übergabe-Einschreiben sicherstellt. Das Einwurf-Einschreiben führt damit auch nicht zur Zustellungsfiktion des § 4 I VwZG und setzt damit infolge unwirksamer Zustellung auch keine Rechtsmittelfrist in Gang (BVerwG, InfAuslR 2001, 190 (191); OVG Rh-Pf, NVwZ-Beil. 2001, 9 (10) = AuAS 2000, 138 (139); VG Koblenz, U. v. 26. 10. 1999 – 2 K 739/99.KO).

2.2.3. Zustellung durch die Behörde gegen Empfangsbekenntnis (§ 5 VwZG)

2.2.3.1. Zustellung durch die Behörde nach § 5 Abs. 1 VwZG

25 Bei der Zustellung durch die *Behörde* händigt der zustellende Bedienstete das Schriftstück dem Empfänger gegen Empfangsbekenntnis aus (§ 5 I 1 VwZG). Der Empfänger hat ein mit dem Datum der Aushändigung versehenes Empfangsbekenntnis zu unterschreiben (§ 5 I 2 VwZG). Die Zustellung im *Verwaltungstreitverfahren* erfolgt *von Amts wegen* nach den Vorschriften des VwZG des Bundes (§ 56 II VwGO). Die Zustellung gegen Empfangsbekenntnis entspricht im Wesentlichen der Zustellung mit Zustellungsurkunde. Der Unterschied besteht darin, dass statt des Postbediensteten ein Bediensteter der Behörde tätig wird und statt der Beurkundung durch die Post der Adressat der Sendung den Empfang bestätigt. Diese Form der Zustellung ist wegen des von der Behörde geforderten Aufwandes heute eher die Ausnahme.

26 Zwar gelten bei der Zustellung in der Aufnahmeeinrichtung (Abs. 4) von § 5 VwZG abweichende Regelungen. Dies bedeutet jedoch nicht, dass das Bundesamt nicht auch in diesen Fällen nach § 5 VwZG zustellen könnte. Die gegenteilige Ansicht (Schütze, in: GK-AsylVfG, § 10 Rdn. 48) übersieht, dass Abs. 4 dem Bundesamt die Zustellung erleichtern, ihm jedoch nicht die Wahl der in § 5 VwZG vorgesehenen Zustellungsart verwehren will. Im Übrigen gilt, dass eine Behörde einer anderen Behörde eine Entscheidung bekannt geben kann.

27 Die Unterrichtung der Ausländerbehörde durch das Bundesamt durch Zusendung des Bescheides kann jedoch nicht ohne weiteres als eine Beauftragung angesehen werden, für das Bundesamt die Zustellung vorzunehmen. Hierzu bedarf es vielmehr einer ausdrücklichen Zustimmung des Bundesamtes. Denn die Bekanntgabe muss mit »Wissen und Wollen« des Bundesamtes erfolgen. Die Übergabe des Bescheides durch die Ausländerbehörde kann deshalb nicht ohne weiteres als Zustellung angesehen werden und setzt die Klagefrist nicht in Gang (VG Aachen, B. v. 15. 12. 1993 – 7 L 1315/93.A; VG Wiesbaden, Gerichtsbescheid v. 23. 8. 1995 – 5/332629/94). Ebenso wenig stellt die Übersendung einer bloßen Kopie des Behördenbescheides eine förmliche Zustellung dar (VG Meiningen, NVwZ 1999, 213).

Zustellungsvorschriften § 10

2.2.3.2. Erfordernis des Zustellungsvermerks (§ 5 Abs. 1 Satz 3 VwZG)
Der Bedienstete vermerkt das Datum der Zustellung auf dem auszuhändigenden Schriftstück (§ 5 I 3 VwZG). Unterlässt der Behördenbedienstete den vorgeschriebenen Vermerk über das Zustellungsdatum auf dem Schriftstück, so beginnen die in § 9 II VwZG bezeichneten Fristen nicht zu laufen (Hess.VGH, NJW 1984, 445). Die obergerichtliche Rechtsprechung beruft sich für ihre Ansicht auf die Rechtsprechung des Gemeinsamen Senates der obersten Gerichtshöfe des Bundes, der festgestellt hat, dass beim Fehlen des nach § 195 II 2 ZPO vorgeschriebenen Vermerks über den Tag der Zustellung diese zwar nicht unwirksam ist, jedoch die in § 9 II VwZG bezeichneten Fristen nicht zu laufen beginnen (GmSOGB, BVerwGE 51, 378 (379) = NJW 1977, 621; ebenso: BVerwG, NJW 1980, 1482; OVG NW, NVwZ-RR 2004, 72 (73)). Diese für die Zustellung mit Zustellungsurkunde nach § 3 III VwZG in Verb. mit § 195 II 2 ZPO dem Postzusteller auferlegte Pflicht gilt im Rahmen des § 5 VwZG auch für den Behördenbediensteten (Hess.VGH, NJW 1984, 445 (446)). Das ausgefüllte Empfangsbekenntnis erbringt vollen Beweis dafür, dass an dem vom Empfänger angegebenen Tag tatsächlich zugestellt wurde. Der Gegenbeweis wird nicht dadurch geführt, dass nur die Möglichkeit eines vielleicht sogar naheliegenden anderen Geschehensablaufs dargetan wird. Vielmehr ist der volle Nachweis eines anderen Geschehensablaufes erforderlich (BVerwG, NJW 1994, 535 (536) = NVwZ 1994, 368; BFH, NVwZ-RR 1995, 239 (240)).

28

29

2.2.3.3. Vereinfachte Zustellung nach § 5 Abs. 2 VwZG
An Behörden, Körperschaften und Anstalten des öffentlichen Rechts, Mitglieder einer Rechtsanwaltskammer, Patentanwälte, Notare, Steuerberater, Steuerbevollmächtigte, Wirtschaftsprüfer, vereidigte Buchprüfer, Steuerberatungsgesellschaften, Wirtschaftsprüfungsgesellschaften und Buchprüfungsgesellschaften kann das Schriftstück auch anders als durch Zustellung durch die Behörde gegen Empfangsbekenntnis übermittelt werden. An Stelle des in § 5 I 3 VwZG geforderten Vermerks über das Datum der Zustellung tritt das mit Datum und Unterschrift versehende Empfangsbekenntnis des Empfängers, das an die Behörde zurückzusenden ist (§ 5 II VwZG). Nach § 174 II ZPO kann an den Rechtsanwalt das Schriftstück auch durch Telekopie zugestellt werden. Das Empfangsbekenntnis kann schriftlich, durch Telekopie oder als elektronisches Dokument zurück gesandt werden (§ 174 IV 2 ZPO). Wird es als elektronisches Dokument (§ 130 a ZPO) erteilt, soll es mit einer qualifizierten elektronischen Signatur nach dem Signaturgesetz versehen werden (§ 174 IV 3 ZPO).
Nicht der Posteingangsstempel der Kanzlei, sondern der vom Rechtsanwalt mit Datum bestätigte Empfang ist daher für den Fristbeginn maßgebend. Der Rechtsanwalt muss zunächst von dem Zugang des zuzustellenden Schriftstückes Kenntnis erlangen, bevor er konkret entscheidet, ob er es als zugestellt ansieht. Die Entgegennahme des Schriftstückes und seine allgemeinen Anweisungen entsprechende Bearbeitung durch das Kanzleipersonal haben in diesem Zusammenhang nicht mehr als vorbereitenden Charakter. Damit wird nur der anwaltliche Gewahrsam begründet, aber nicht die weitergehen-

30

31

§ 10 Allgemeine Bestimmungen

de einzelfallabhängige Willensentscheidung des Rechtsanwaltes vorweggenommen, das in seinem Gewahrsam gelangte Schriftstück auch tatsächlich als zugestellt zu behandeln. Es ist hiernach also unerheblich, wann das zuzustellende Schriftstück in die Kanzlei des Rechtsanwaltes gelangt ist (BGH, NJW 1991, 42). Wird ein Beschluss durch Faxschreiben zugestellt, ist erforderlich, dass der Rechtsanwalt objektiv die Möglichkeit hat, es entgegenzunehmen und die entsprechende Bereitschaft hierzu hat (OVG Hamburg, NVwZ 2000, 235 (236)).

32 Bei der Zustellung muss das *Empfangsbekenntnis* durch den Rechtsanwalt oder die anderen in § 5 II VwZG bezeichneten Personen *eigenhändig unterschrieben* sein. Eine wirksame vereinfachte Zustellung setzt eine *persönliche Bescheinigung der Entgegennahme* des zuzustellenden Schriftsücks durch den bevollmächtigten Rechtsanwalt voraus. Ein von einem Mitarbeiter des Rechtsanwaltes in dessen Auftrag unterzeichnetes Empfangsbekenntnis genügt diesem Formerfordernis nicht (Hess.VGH, AuAS 2004, 174 (175)). Ebenso wenig erfüllt eine durch *Faksimile-Stempel* hergestellte Unterschrift das Formerfordernis (BGH, NJW 1989, 838; s. auch BVerwG, NJW 1994, 535 = NVwZ 1994, 368 (LS)).

33 Weist das Empfangsbekenntnis ein unrichtiges Datum auf, ist zwar die Zustellung nicht fehlerhaft. Für den Fristbeginn ist jedoch das berichtigte Datum maßgebend (BGH, EBE/BGH 1990, 346). Denn das Empfangsbekenntnis stellt kein Wirksamkeitserfordernis der Zustellung dar. Vielmehr dient das zurückgesandte Empfangsbekenntnis lediglich dem Nachweis, dass und wann der Empfänger das Schriftstück erhalten hat (OVG NW, NVwZ 2003, 632).

34 Das vom Rechtsanwalt ausgefüllte Empfangsbekenntnis nach § 198 und § 212 a ZPO hat nach gefestigter Rechtsprechung dieselbe Bedeutung wie die Zustellungsurkunde nach § 190 ZPO, d.h. es erbringt vollen Beweis dafür, dass an dem vom Empfänger angegebenen Tag tatsächlich zugestellt wurde (BGH, NJW 1990, 2125; BVerwG, NJW 1994, 535 = NVwZ 1994, 368). Allerdings ist der Gegenbeweis der Unrichtigkeit der in dem Empfangsbekenntnis enthaltenen Angaben zulässig (BGH, NJW 1990, 2125).

2.2.4. Ersatzzustellung (Abs. 5)

2.2.4.1. Voraussetzungen der Ersatzzustellung

35 Abs. 5 weist ausdrücklich darauf hin, dass die Vorschriften über die Ersatzzustellung unberührt bleiben. Dies hat zwar für die Unterbringung in Aufnahmeeinrichtungen (Abs. 4) keine Bedeutung, wohl aber für die Unterbringung in Gemeinschaftsunterkünften (§ 53) und anderen Einrichtungen. Die Vorschriften über die Ersatzzustellung nach § 11 VwZG haben Vorrang vor der Zustellungsfiktion nach Abs. 2 S. 2, weil beide Formen der Zustellung *einander ausschließende Bereiche* haben. Ein Nachsendeantrag wegen vorübergehender Abwesenheit des Empfängers schließt die Ersatzzustellung nicht aus (VGH BW, NJW 1997, 3330 (3331)).

36 Die Vorschriften über die Ersatzzustellung lassen ersatzweise Zustellungen immer dann zu, wenn der gewöhnliche *Aufenthaltsort* des Empfängers *bekannt* ist, auch wenn er im Zeitpunkt der Zustellung dort nicht angetroffen

werden kann. Demgegenüber finden die Regelungen über die Zustellungsfiktion nur in den Fällen Anwendung, in denen jedenfalls der Behörde der Aufenthalt des Asylsuchenden *unbekannt* ist und deshalb die Sendung nicht an den Empfänger zugestellt werden kann (Schütze, in: GK-AsylVfG, § 10 Rdn. 87). Die Voraussetzungen der Ersatzzustellung sind in § 11 VwZG geregelt:
Wird der Empfänger in seiner Wohnung nicht angetroffen, kann das Schriftstück in der Wohnung einem zur Familie gehörenden erwachsenen Hausgenossen oder einem in der Familie beschäftigten Erwachsenen übergeben werden (§ 11 I 1 VwZG). Wird ein derartiger Erwachsener nicht angetroffen, kann das Schriftstück auch dem in demselben Hause wohnenden Hauswirt oder Vermieter übergeben werden, wenn diese Personen zur Annahme bereit sind (§ 11 I 2 VwZG). Eine Ersatzzustellung an deren Angestellte ist jedoch unzulässig (BVerwG, BayVBl. 1986, 503). 37

Die Ersatzzustellung ist auch gegenüber dem *Lebensgefährten* des Empfängers zulässig, sofern er als solcher nach außen erkennbar ist (BVerwG, NVwZ 2002, 80 (81)). Der Zusteller muss aber wegen des Vorrangs nach § 11 I 2 VwZG zunächst versuchen, an den Hauswirt oder Vermieter zuzustellen (BVerwG, NVwZ 2002, 80 (81)). 38

Die frühere Ansicht, dass als Hauswirt im Sinne des § 181 II ZPO a. F. bei einem *Gefangenen* auch der *Leiter einer Justizvollzugsanstalt* oder dessen Vertreter (OVG Rh-Pf, AuAS 1997, 103 (104); VGH BW, InfAuslR 2002, 70 (71) = AuAS 2001, 209; BayVGH, NVwZ-RR 1997, 741) und bei einem *Kranken* die Leitung des Krankenhauses anzusehen waren (BayVGH, NVwZ-RR 1997, 741), hat nunmehr durch § 178 I Nr. 3 ZPO eine gesetzliche Klarstellung erfahren. Danach kann in Gemeinschaftsunterkünften dem Leiter der Einrichtung oder einem dazu ermächtigten Vertreter zugestellt werden. 39

Eine Ersatzzustellung an den Verwalter einer Gemeinschaftsunterkunft oder seinen Stellvertreter ist nach der Rechtsprechung selbst dann zulässig, wenn diese nicht in der Unterkunft wohnen (BayVGH, NVwZ-RR 1997, 745 = AuAS 1997, 179; VG Freiburg, NVwZ 1993, 808). Hierbei handele es sich um eine dem in dem Haus wohnenden Hauswirt im Sinne von § 181 II ZPO gleichzustellende Person (BayVGH, NVwZ-RR 1997, 745). Anders als im Falle der Zustellung in der Aufnahmeeinrichtung nach Abs. 4, welche die Vorschriften über die Ersatzzustellung verdrängt, kann aber bei der Zustellung in der Gemeinschaftsunterkunft nicht von vornherein auf den Versuch der persönlichen Übergabe des Schriftstückes verzichtet werden (BayVGH, NVwZ-RR 1997, 741; VG Freiburg, NVwZ 1993, 808; VG Dresden, AuAS 2003, 275 (276); LG München, B. v. 3. 5. 2004 – 25 Qs 15/04). 40

Maßgebend auch für die Ersatzzustellung ist der *Begriff des tatsächlichen Wohnens*, d. h. entscheidend ist, dass der Zustellungsempfänger in den angegebenen Räumen tatsächlich lebt und dort auch schläft (BVerwG, InfAuslR 1984, 90; OVG Rh-Pf, InfAuslR 1988, 170; BayObLG, EZAR 135 Nr. 11). Wohnt der Zustellungsempfänger deshalb unter der angegebenen Adresse tatsächlich nicht mehr, kann an diese Adresse auch nicht wirksam zugestellt werden (BVerwG, InfAuslR 1984, 90; OVG Rh-Pf, InfAuslR 1988, 170). Bei Asylsuchenden ist jedoch die Fiktionsvorschrift nach Abs. 2 S. 4 zu beachten. 41

§ 10 *Allgemeine Bestimmungen*

An den Rechtsanwalt darf nicht durch Niederlegung des zuzustellenden Schriftstückes zugestellt werden (OVG Lüneburg, InfAuslR 1984, 259).

2.2.4.2. Erfolgloser Zustellungsversuch in Gemeinschaftsunterkünften nach § 53

42 Die Ersatzzustellung setzt voraus, dass der mit der Zustellung beauftragte Postbedienstete wenigstens *versucht hat, dem Zustellungsempfänger das für ihn bestimmte Schriftstück in seiner Wohnung zu übergeben,* dort aber weder diesen noch eine andere in § 181 ZPO (§ 11 I VwZG) aufgeführte Person angetroffen hat (BVerwG, InfAuslR 1984, 90). Die Rechtsprechung sieht deshalb die Zustellung in dem Fall als unwirksam an, in dem der Zusteller in einer Gemeinschaftsunterkunft nicht den Versuch der persönlichen Aushändigung des Schriftstücks an den Zustellungsempfänger unternimmt und das Schriftstück statt dessen an die Aufsichtsperson übergibt (Hess.VGH, EZAR 604 Nr. 1 = Hess.StAnz. 1987, S. 42 = Hess.VGRspr. 1987, 52; BayVGH, NVwZ-RR 1997, 745; BayVGH, NVwZ-Beil. 2000, 56 (57) = InfAuslR 1999, 291 = EZAR 604 Nr. 3 = AuAS 2000, 17; VGH BW, NVwZ-Beil. 1999, 42 = AuAS 1999, 102; VG Freiburg, NVwZ 1993, 808; VG Magdeburg, AuAS 1994, 128; VG Gelsenkirchen, AuAS 2001, 237 (238) = InfAuslR 2002, 217, VG Dresden, AuAS 2003, 275 (276); LG München I, B. v. 3. 5. 2004 – 25 Qs 15/04; Wolff, Asylmagazin 11/2002, 10 (11)) oder in den Hausbriefkasten der Gemeinschaftsunterkunft einwirft (VG Frankfurt am Main, NVwZ-Beil. 1999, 31).

43 Der Zusteller muss sich deshalb bei der Verwaltung der Gemeinschaftsunterkunft nach dem Zimmer des Empfängers erkundigen, diesen dort aufsuchen und das Schriftstück übergeben (BayVGH, NVwZ-Beil. 2000, 56 (57)= InfAuslR 1999, 291 = EZAR 604 Nr. 3 = AuAS 2000, 17; VGH BW,NVwZ-Beil. 1999, 42 = AuAS 1999, 102). Der Gegenbeweis im Sinne von § 418 ZPO in Verb. mit § 98 VwGO ist in dem Fall geführt, in dem der Zusteller vermerkt, er habe den Adressaten nicht angetroffen und deshalb den Benachrichtigungshinweis in den Hausbriefkasten der Gemeinschaftsunterkunft gelegt, nach der eidesstattlichen Versicherung des Empfängers ein Hausbriefkasten nicht vorhanden ist und diese Erklärung durch die zuständige Behörde bestätigt wird (VG Gelsenkirchen, AuAS 2001, 237 (238) = InfAuslR 2002, 217).

44 Bei einem Asylsuchenden, der in einer Gemeinschaftsunterkunft lebt, ist wegen seiner Verpflichtung zum Wohnen in der Unterkunft nach der Rechtsprechung hingegen nicht allgemein anzunehmen, dass der Postzusteller ihn nicht erreichen und ihm die Sendung nicht aushändigen kann (Hess.VGH, EZAR 604 Nr. 1). Händigt der Postzusteller die Sendung an den Verwalter aus, so muss der Adressat der Sendung schlüssig darlegen, dass der Zusteller nicht den Versuch der persönlichen Übergabe unternommen hat. Das bloße Bestreiten, dass ein derartiger Versuch unternommen worden sei, genügt nicht.

45 Es ist vielmehr zeitlich und räumlich konkret darzulegen, dass der Betreffende etwa die Unterkunft von morgens bis abends nicht verlassen oder der Zusteller von vornherein keinen Zustellungsversuch in der Gemeinschaftsunterkunft unternommen hat (BayVGH, NVwZ-RR 1997, 745 (746)). Behauptet daher der Empfänger der Sendung, sich am Tage die Zustellung in der Unterkunft aufgehalten zu haben, so wird damit die Beweiskraft der Zustel-

Zustellungsvorschriften § 10

lungsurkunde (§ 418 I ZPO) widerlegt (BayVGH, NVwZ-Beil. 2000, 56 (57) = InfAuslR 1999, 291 = EZAR 604 Nr. 3).

2.2.4.3. Keine Anwendung von § 180 ZPO

Zwar hat § 180 I 1 ZPO Vorrang vor der Niederlegung nach § 181 ZPO, sodass der Zusteller, der den Empfänger nicht antrifft, vor der Niederlegung prüfen muss, ob er das Schriftstück in einen zu der Wohnung oder dem Geschäftsraum gehörenden Briefkasten oder in eine ähnliche Vorrichtung einlegen kann. Mit der Einlegung gilt das Schriftstück als zugestellt (§ 180 I 2 ZPO). Der Zusteller vermerkt auf dem Umschlag des zuzustellenden Schriftstücks das Datum der Zustellung (§ 180 I 3 ZPO). Die Rechtsprechung wendet im öffentlichen Recht jedoch die neue Vorschrift des § 180 ZPO nicht an (VG Dresden, AuAS 2003, 275 (276); LG München, B. v. 3. 5. 2004 – 25 Qs 15/04). Vieles spricht dafür, dass § 11 II VwZG gegenüber den allgemeinen Zustellungsvorschriften der §§ 166 ff. ZPO lex spezialis ist und deshalb § 180 ZPO bei der Zustellung im öffentlichen Recht keine Anwendung findet.

46

Auch wenn der Empfänger nicht über einen eigenen Briefkasten verfügt, befreit dies den Zusteller nicht vom Versuch der persönlichen Aushändigung. Der Zusteller kann die Unterkunft (Haus und Zimmer) des Empfängers im Übrigen ohne weiteres bei der Verwaltung der Gemeinschaftsunterkunft erfragen und sich gegebenenfalls dorthin begleiten lassen (VG Freiburg, NVwZ 1993, 808).

47

2.2.4.4. Rechtsfolgen der Niederlegung

Erst wenn unter Beachtung der vorgeschriebenen Voraussetzungen eine Ersatzzustellung misslingt, insbesondere der Versuch der persönlichen Übergabe des Schriftstücks fehlgeschlagen ist, kann die Ersatzzustellung durch *Niederlegung* des zuzustellenden Schriftstücks bei der Gemeinde oder Polizeibehörde (§ 11 II 1 VwZG) erfolgen (BVerwG, InfAuslR 1984, 90; s. zur Art der Niederlegung BVerwG, NJW 1985, 578; OLG Hamm, NVwZ-Beil. 1997, 47 (48); VG Frankfurt am Main, NVwZ-Beil. 1999, 31). Das Schriftstück kann auch bei dem örtlich zuständigen Amtsgericht oder Postamt niedergelegt werden (§ 181 I ZPO).

48

Nach der Rechtsprechung sind auch privat-rechtlich organisierte *Postagenturen* geeignete Niederlegungsstellen im Sinne des § 181 I ZPO (OLG Frankfurt am Main, NJW 1996, 3159; BFH, NJW 1997, 3264; VG Hannover, AuAS 1997, 10; VG Frankfurt am Main, U. v. 10. 8. 2001 – 10 E 31801/97.A(3); s. hierzu auch: VG Frankfurt am Main, NJW 1997, 3329). Bei der Postagentur handelt es sich um eine Organisationsform, bei der ein Agenturunternehmer von der Deutschen Post AG die Vertretung bei der Wahrnehmung von Aufgaben und Leistungen in selbständiger Tätigkeit und Verantwortung übernimmt. Er hat die Rechtsstellung eines Handelsvertreters im Nebenberuf und vertritt die Deutsche Post AG im Rahmen des Vertriebs von Dienstleistungen rechtsgeschäftlich. Obwohl nicht öffentlich-rechtlich organisiert, wird die Postagentur als »Postanstalt« angesehen (VG Hannover, AuAS 1997, 10).

49

Über die Niederlegung ist eine *schriftliche Mitteilung* unter der Anschrift des Empfängers zu hinterlassen (§ 11 II 2 VwZG). Probleme treten insbeson-

50

§ 10   *Allgemeine Bestimmungen*

re in Gemeinschaftsunterkünften bei der Benutzung eines *gemeinschaftlichen Briefkastens* (s. hierzu § 74 Rdn. 237 ff.) auf. Geht die schriftliche Mitteilung über die Niederlegung nach ihrem Einwurf in den Türeinwurfschlitz einer Wohnung verloren, so indiziert die Unkenntnis des Empfängers allein noch nicht dessen mangelnde Sorgfalt bei der Postannahme. Vorwerfbar ist diese Unkenntnis erst beim Hinzutreten weiterer Umstände, die zu erhöhter Sorgfalt Anlass geben.

51 Das Nichtvorliegen derartiger Umstände wird durch den Hinweis der regelmäßigen Kontrolle des Einwurfschlitzes substanziiert dargetan (BGH, NJW 1994, 2898). Nach der Rechtsprechung wird die Wirksamkeit der Ersatzzustellung durch Niederlegung durch das Fehlen eines Vermerks über die nach Möglichkeit vorgeschriebene Unterrichtung eines Nachbarn (§ 11 II 2 2. HS VwZG) nicht berührt (VGH BW, NVwZ-RR 1995, 620). Vielmehr erbringt die Postzustellungsurkunde volle Beweiskraft dafür, dass ein Benachrichtigungszettel in den Briefkasten des Empfängers geworfen wurde (Hess. StGH, Hess.Stanz. 1996, 2188 (2190)).

2.2.5. Zustellung durch öffentliche Bekanntmachung (Abs. 6)

52 In Übereinstimmung mit § 17 III AsylVfG 1982 (vgl. BT-Drs. 12/2062, S. 30) enthält Abs. 6 besondere Vorschriften für die Zustellung *außerhalb des Bundesgebietes*. An sich gelten für diesen Fall die Vorschriften des § 14 VwZG. Die Sonderregelungen für das Asylverfahren sollen sicherstellen, dass durch Zustellung ins Ausland keine Verfolgung verursacht wird (BT-Drs. 9/875, S. 19). Durch den Verweis auf § 15 II, III, V 2 und 3 und VI VwZG wird sichergestellt, dass der im Ausland weilende Asylsuchende, dessen Anschrift bekannt ist, über die öffentliche Zustellung und den Inhalt des Schriftstückes formlos auf dem Postweg unterrichtet wird (BT-Drs. 9/875, S. 19). Ist ein Verfahrensbevollmächtigter benannt, ist an diesen zuzustellen (§ 8 I 2 VwZG).

53 Die öffentliche Zustellung ist in § 15 VwZG geregelt. Sie findet insbesondere Anwendung, wenn der Aufenthaltsort des Zustellungsempfängers unbekannt ist (vgl. § 15 I Nr. 1 VwZG). Sie ist darüber hinaus an besonders strenge Voraussetzungen gebunden (vgl. OVG Hamburg, NVwZ-RR 2001, 271 (272) = InfAuslR 2001, 136; Hess.VGH, AuAS 2001, 162 (163); VGH BW, AuAS 2003, 185; VG Stuttgart, InfAuslR 1998, 182). So zählen in ausländerrechtlichen Verfahren zu den zumutbaren Anforderungen an die Nachforschungs- und Ermittlungspflicht vor einer öffentlichen Zustellung Anfragen an die Meldebehörden und frühere Prozessbevollmächtigte sowie Anfragen bei den in der Bundesrepublik lebenden Eltern und anderen Verwandten (VGH BW, AuAS 2002, 185 (186 f.)).

54 In Asylverfahren ist aber die Zustellungsfiktion nach Abs. 2 S. 4 zu beachten, sodass insoweit behördliche Nachforschungs- und Ermittlungspflichten entfallen. Konnte der Antragsteller indes nicht entsprechend Abs. 7 belehrt werden, kann jedoch auch in Asylverfahren die öffentliche Zustellung in Betracht kommen (OVG Rh-Pf, InfAuslR 1988, 170).

55 Hält sich der Asylsuchende im Ausland auf, ist stets öffentlich zuzustellen, ohne dass es des sonst für öffentliche Zustellungen vorgeschriebenen Nachweises ergebnisloser Zustellungsbemühungen (vgl. § 14 IV VwZG) bedarf

Zustellungsvorschriften § 10

(Abs. 6 S. 1). Hat der Asylsuchende jedoch eine inländische Adresse angegeben, darf nicht öffentlich zugestellt werden (VG Meiningen, NVwZ-RR 1994, 59). Kann der Aufenthaltsort des Asylbewerbers ohne weiteres über die zuständige Ausländerbehörde ermittelt werden, darf ebenfalls nicht öffentlich zugestellt werden (VG Köln, InfAuslR 1994, 296). Die Regelungen in § 15 VwZG enthalten im Einzelnen strenge Formvorschriften. So kann statt des Schriftstückes eine Benachrichtigung ausgehängt werden. In beiden Fällen ist aber der Tag der Aushängung sowie der Abnahme auf dem Schriftstück zu vermerken. Dieser Vermerk ist seinem Wesen nach eine Zustellungsurkunde und deshalb von dem Bediensteten mit vollem Namenszug zu unterzeichnen (VG Berlin, B. v. 12. 11. 1985 – VG 22 A 379. 85; unter Bezugnahme auf BGHZ 80, 320).

2.2.6. Zustellung an den Verfahrensbevollmächtigten (§ 8 VwZG)

2.2.6.1. Allgemeines

Die Sonderregelungen des § 10 schließen die Zustellung an den Verfahrensbevollmächtigten nicht aus. Die einzigen Ausnahmen regeln § 31 I 2 in Verb. mit § 34 a I und § 50 V 1. Zustellungen *können* an den allgemein oder für bestimmte Angelegenheiten bestellten Vertreter gerichtet werden (§ 8 I 1 VwZG). Sie *sind* an ihn zu richten, wenn er schriftliche Vollmacht vorgelegt hat (§ 8 I 2 VwZG). Im Verwaltungsverfahren kann die Vollmacht nach außen gegenständlich beschränkt werden (§ 14 I 2 VwVfG). Im gerichtlichen Verfahren ist eine Beschränkung der Vollmacht nur im Umfang des § 83 ZPO zulässig (s. auch § 74 Rdn. 192 ff.). Regelmäßig wird in der Praxis jedoch die Vollmacht auch im Verwaltungsverfahren nicht gegenständlich beschränkt.

56

Aus Abs. 2 S. 1 und S. 2 sowie aus Abs. 3 und 4 – durch Verweis auf Abs. 2 – ergibt sich im Umkehrschluss in Verbindung mit § 8 I 2 VwZG, dass an den benannten Bevollmächtigten oder Empfangsberechtigten zuzustellen ist. Nach allgemeinem Zustellungsrecht ist ebenfalls zwingend vorgeschrieben, dass an den bestellten Vertreter zuzustellen ist, wenn er eine *schriftliche Vollmacht* vorgelegt hat. Daher ist auch in Asylverfahren stets und nur an den *Verfahrensbevollmächtigten* zuzustellen, wenn er schriftliche Vollmacht vorgelegt hat (BVerwG, InfAuslR 1984, 90 = EZAR 610 Nr. 21; BVerwG, NVwZ 1985, 337; OVG Hamburg, InfAuslR 1990, 252; Hess.VGH, Hess.VGRspr. 1989, 59; Hess.VGH, Hess.VGRspr. 1991, 30; BayObLG, EZAR 135 Nr. 11 = InfAuslR 1988, 282). Der Vertretene kann auch gegenüber der Behörde selbst zu Protokoll etwa im Rahmen der Anhörung die Bevollmächtigung eines von ihm beauftragten Verfahrensbevollmächtigten erklären (OVG NW, B. v. 27. 11. 2001 – 8 A 4539/01.A). In diesem Fall ist ebenfalls an den Verfahrensbevollmächtigten zuzustellen.

57

2.2.6.2. Formerfordernisse der Zustellung

Wird an den Rechtsanwalt durch Niederlegung des zuzustellenden Schriftstückes auf dem Postamt zugestellt, ist die Zustellung fehlerhaft. Denn diese Form der Zustellung an den Prozessbevollmächtigten ist unzulässig (OVG Lüneburg, InfAuslR 1984, 259; a. A. OVG NW, NVwZ-RR 2004, 72 (73)). Die Zustellung *per Telefax* ist wirksam, wenn zugleich ein Empfangsbekenntnis mit übersandt wird (§ 174 II 1 ZPO; so schon VG Stuttgart, AuAS 2002, 7). Der

58

§ 10   Allgemeine Bestimmungen

Behörde werden in diesem Fall aber Störungen bei der Faxübermittlung (s. hierzu § 74 Rdn. 178 ff.) zugerechnet.

59 Zustellungsbevollmächtigt ist allein der Rechtsanwalt, solange der Vollmachtsvertrag im *Innenverhältnis* noch wirksam ist. Auch wenn der Kontakt des Rechtsanwalts zum Auftraggeber mit der Folge abgerissen ist, dass der Auftrag nicht wirksam gekündigt werden kann, ist weiterhin an den Rechtsanwalt zuzustellen (BVerwG, InfAuslR 1984, 90 (91) = EZAR 610 Nr. 21; BVerwG, NVwZ 1985, 337). Dies hat in der Gerichtspraxis namentlich erhebliche Bedeutung für die Betreibensaufforderung nach § 81. Wenn hingegen das Vollmachtsverhältnis wirksam erloschen ist, darf nicht mehr an den *Prozessbevollmächtigten*, sondern nur noch an den Auftraggeber selbst zugestellt werden (BVerwG, InfAuslR 1984, 90 (91) = EZAR 610 Nr. 21; BVerwG, NVwZ 1985, 337). Denn mit wirksamer Kündigung des Vollmachtsvertrages erlischt auch die in der Vollmacht enthaltene Empfangsbefugnis des Rechtsanwaltes. Legt der Bevollmächtigte sein Mandat gegenüber dem Mandanten wirksam nieder, wird ein Widerruf der Vollmacht gegenüber der Behörde und dem Verwaltungsgericht aber erst wirksam, wenn er diesen Stellen zugeht (VG Karlsruhe, AuAS 1996, 17).

60 Kann an den Rechtsanwalt, der sich durch schriftliche Vollmacht gegenüber dem Gericht bevollmächtigt hat, deshalb nicht zugestellt werden, weil eine *ladungsfähige Adresse des Verfahrensbevollmächtigten nicht zu ermitteln* ist, so soll nach der Rechtsprechung das Gericht nach § 10 II 1 wirksam an den Asylsuchenden zustellen können (VG Neustadt a. d. W., NVwZ-Beil. 2000, 110 (111)). Es sei ausreichend, dass das Verwaltungsgericht zwei Zustellungsversuche unternommen habe und anschließend ohne weitere Ermittlungen unmittelbar nach § 10 II 1 vorgehe (VG Neustadt a. d. W., NVwZ-Beil. 2000, 110 (111)). Diese Auffassung dürfte mit der aus Art. 19 IV GG her zu leitenden gerichtlichen Verpflichtung zur effektiven Gewährleistung der Rechtsschutzfürsorge insbesondere in Fällen rechts- und verfahrensunkundiger Asylsuchender kaum vereinbar sein. Sie ist darüber hinaus auch mit den zustellungsrechtlichen Vorschriften unvereinbar.

61 Das Gericht hat vielmehr den Weg der öffentlichen Zustellung an den Verfahrensbevollmächtigten zu gehen ((VG Neustadt a. d. W., NVwZ-Beil. 2000, 110 (111)) und zu diesem Zweck zunächst von Amts wegen eigene Ermittlungen anstellen, insbesondere über die Rechtsanwaltskammer zu versuchen, die aktuelle ladungsfähige Adresse des Verfahrensbevollmächtigten zu ermitteln. Ist danach die Kanzleiadresse nicht zu ermitteln, ist nach § 15 VwZG öffentlich an den Verfahrensbevollmächtigten zuzustellen. Eine Zustellung nach § 10 II 1 ist daher nicht zulässig. Soweit die Rechtsprechung sich auf § 10 VI beruft, wird übersehen, dass diese Vorschrift auf den Asylsuchenden gemünzt ist, der im Ausland weilt und dessen Adresse bekannt ist (Rdn. 53). Damit ist der Fall des pflichtvergessenen Rechtsanwaltes nicht vergleichbar (VG Neustadt a. d. W., NVwZ-Beil. 2000, 110 (111)).

2.2.6.3 Vertretung durch mehrere Rechtsanwälte

62 Wird der Asylsuchende wirksam durch *mehrere Rechtsanwälte* nach außen vertreten, besteht für die Behörde nur gegenüber einem der verschiedenen Be-

vollmächtigten eine Zustellungspflicht (vgl. auch § 172 I 1 ZPO). Ein weiterer Bevollmächtigter kann sich, wenn eine wirksame Zustellung an einen der Bevollmächtigten stattgefunden hat, nicht auf die Vorschrift des § 8 I 2 VwZG berufen, sodass mangels einer Verletzung dieser Vorschrift die Vorschrift des § 9 II VwZG keine Anwendung findet (BayVGH, NVwZ-RR 2002, 696).

2.2.6.4. Rechtsfolgen fehlerhafter Zustellung

Stellt die Behörde an den Antragsteller persönlich zu, obwohl der Verfahrensbevollmächtigte eine schriftliche Vollmacht vorgelegt hat, ist die Zustellung fehlerhaft. Die Rechtsmittelfrist wird nicht in Gang gesetzt (Hess.VGH, Hess.VGRspr. 1991, 30; OVG Hamburg, InfAuslR 1990, 252; OVG Hamburg, NVwZ-RR 1993, 110; VG Kassel, InfAuslR 1984, 260). Eine Heilung über § 9 II VwZG ist nicht möglich (OVG Hamburg, InfAuslR 1990, 252; s. aber Rdn. 75ff.). Ist die Zustellung an eine bestimmte Person vorgeschrieben, so wird die an die Zustellung anknüpfende Frist nur dann in Gang gesetzt, wenn die Zustellung an diese Person in der gesetzlich vorgeschriebenen Weise (§§ 56 I und 57 I VwGO) durchgeführt worden ist (VG Kassel, InfAuslR 1984, 260). Diese Vorschriften gelten auch für die Zustellung von Verwaltungsentscheidungen, wenn von dieser Zustellung eine für das gerichtliche Verfahren maßgebliche Frist abhängt (VG Kassel, InfAuslR 1984, 260).

Die Rechtsprechung macht jedoch von dieser zwingenden Zustellungsregelung für den Fall eine Ausnahme, in dem der Verfahrensbevollmächtigte rügelos nach Zustellung an den Auftraggeber den Rechtsbehelf eingelegt hat. Der Schutzzweck des § 9 II VwZG greife hier nicht ein, weil ungeachtet der fehlerhaften Zustellung fristgemäß Klage erhoben worden sei. Die Folgen einer fehlerhaften Zustellung entfielen nämlich schon dann, wenn ein gegen den Verwaltungsbescheid in Betracht kommender Rechtsbehelf eingelegt werde, ohne dass der Mangel gerügt werde (Hess.VGH, Hess.VGRspr. 1989, 59).

Hieraus ist zu folgern, dass in dem Fall, in dem bei fehlerhafter Zustellung an den Auftraggeber ein Rechtsmittel nicht eingelegt wird, die Rechtsmittelfrist nicht in Gang gesetzt wird. Erst wenn die Behörde den Irrtum entdeckt und anschließend erneut, dann jedoch an den Verfahrensbevollmächtigten wirksam zustellt, beginnt die Rechtsmittelfrist zu laufen.

Die Behörde muss in diesem Fall aber den Willen haben, eine Zustellung an den Verfahrensbevollmächtigten vorzunehmen. Wird der Bescheid lediglich mit einem Begleitschreiben an den Bevollmächtigten übersandt, ist der Bescheid jedoch allein an den Auftraggeber adressiert und der Bevollmächtigte im Adressfeld überhaupt nicht erwähnt, fehlt es an dem erforderlichen Willen zur Zustellung an den Bevollmächtigten (vgl. Hess.VGH, Hess.VG Rspr. 1991, 30). Bei der Zustellung an den Verfahrensbevollmächtigten ist daher stets der Name des Antragstellers, der Name und die Adresse des Verfahrensbevollmächtigten und das Aktenzeichen des Asylverfahrens auf der Postzustellungsurkunde zu vermerken (Hess.VGH, Hess.VG Rspr. 1991, 30; VG Stuttgart, InfAuslR 1991, 103). Dasselbe gilt wegen des Gebotes der Nämlichkeit sowie des unveränderten Inhalts der Postsendung (BFH, NVwZ 1992, 815) für das zuzustellende Schriftstück selbst. Andernfalls wäre es ausgeschlossen festzustellen, was für ein Schriftstück zu welchem Verwaltungs-

§ 10 *Allgemeine Bestimmungen*

verfahren an den Verfahrensbevollmächtigten zugestellt worden ist (VG Stuttgart, InfAuslR 1991, 103).

2.2.6.5. Verwirkung des Klagerechtes

67 In der obergerichtlichen Rechtsprechung wird im Falle der fehlerhaften Zustellung an den Auftraggeber unter Umständen eine Verwirkung des Klagerechts angenommen: Auch wenn die von der Behörde vorgenommene Zustellung unter Verletzung von Zustellungsvorschriften erfolgt sei, sei der Bescheid doch mit ihrem Willen in den Einflussbereich des Adressaten gelangt. Damit habe sie diesem erkennbar ihren Willen zum Erlass des Bescheides kundgetan, sodass von einem nicht existenten Bescheid oder einer fehlerhaften Bekanntgabe nicht die Rede sein könne (OVG Hamburg, NVwZ-RR 1993, 110). Der Grundsatz von Treu und Glauben erfordere, dass jemand nicht unter Verhältnissen untätig bleibe, unter denen vernünftigerweise etwas zur Wahrung des Rechts unternommen zu werden pflege. Dabei sei im öffentlichen Recht auch zu bedenken, dass ein öffentliches Interesse an der Erhaltung des Rechtsfriedens es rechtfertigen könne, die Anrufung eines Gerichtes nach *langer Zeit als unzulässig* anzusehen (OVG Hamburg, NVwZ-RR 1993, 110).

68 Wann die Verwirkung des Klage- bzw. Antragsrechts eintritt, wird nicht im Einzelnen festgelegt. Jedenfalls führen vier Jahre Untätigkeit zur Verwirkung des Klagerechts (vgl. OVG Hamburg, NVwZ-RR 1993, 110)). Zur Vermeidung einer Verwirkung des Klagerechts sind daher auch im Falle der fehlerhaften Zustellung alsbald die erforderlichen Rechtsbehelfe einzulegen. Dies wird sich auch wegen der behördlichen Annahme einer bestandskräftig festgestellten Ausreisepflicht ohnehin dringend empfehlen. Da die Zustellung fehlerhaft ist und mithin die Klagefrist nicht in Gang gesetzt hat, sind keine festen Fristen für die Einlegung von Rechtsbehelfen weder mit Blick auf den Eilrechtsschutzantrag nach § 36 III 1 noch hinsichtlich der Klage zu beachten. Zur Verhinderung einer Abschiebung sind jedoch alsbald die notwendigen gerichtlichen Anträge zu stellen.

2.2.7. Zustellung an den Empfangsbevollmächtigten (Abs. 2 Satz 1)

69 Der Antragsteller kann der Behörde auch einen Empfangsbevollmächtigten benennen, der für ihn bestimmte Entscheidungen, Ladungen und formlose Mitteilungen entgegennehmen soll (Abs. 2 S. 1). Die Behörde kann dann wirksam an diesen zustellen. Wegen der einschneidenden Rechtsfolgen muss dies eine Person des Vertrauens sein. Die Vorschrift des § 15 VwZG findet im Asylverfahren keine Anwendung (Schütze, in: GK-AsylVfG, § 10 Rdn. 78), da für den dort vorgesehenen Fall, dass der Antragsteller im Bundesgebiet keinen Wohnsitz oder gewöhnlichen Aufenthalt hat, die Vorschrift des Abs. 6 über die öffentliche Zustellung Anwendung findet. Deshalb kann die Behörde nicht nach § 15 VwVfG anordnen, dass der Asylsuchende einen Empfangsbevollmächtigten benennt.

70 Dies ergibt sich auch aus der Entstehungsgeschichte der identischen Vorläufervorschrift des § 17 II 1 AsylVfG 1982. Der Gesetzentwurf hatte nämlich ursprünglich eine Verpflichtung vorgesehen, dass der Asylsuchende, der keinen Verfahrensbevollmächtigten bestellt hat, der Behörde einen Emp-

fangsbevollmächtigten benennt (BT-Drs. 9/875, S. 5, 18). Aufgrund kritischer Äußerungen im Schrifttum (Henkel, ZAR 1981, 85 (90)) hat der Gesetzgeber deshalb lediglich eine entsprechende Möglichkeit geregelt. An diese Regelung knüpft Abs. 2 S. 1 an. Der Empfangsbevollmächtigte ist lediglich zur Entgegennahme der Sendung berechtigt. An ihn kann wirksam zugestellt werden. Zustellungen an den Empfangsbevollmächtigten unterliegen indes denselben Voraussetzungen wie Zustellungen an den Verfahrensbevollmächtigten. Der Empfangsbevollmächtigte ist aber nicht Vertreter des Antragstellers und daher auch nicht befugt, für den Antragsteller Rechtsmittel einzulegen (Schütze, in: GK-AsylVfG, § 10 Rdn. 78).

2.2.8. Zustellung an das Jugendamt
Bei der Zustellung an das Jugendamt als Amtsvormund des minderjährigen Asylsuchenden kann an das Jugendamt als Behörde auch dann wirksam zugestellt werden, wenn es in der betreffenden Sache die Ausübung seiner Aufgaben als Vormund gemäß § 55 II 1 SGB VIII einzelnen seiner Beamten oder Angestellten übertragen hat (Hess.VGH, AuAS 2001, 142). Nach dem eindeutigen Wortlaut dieser Bestimmung stellt die Übertragung der Ausübung der Aufgaben des Vormundes durch das Jugendamt auf einzelne seiner Bediensteten keine Delegation der Aufgaben des Jugendamtes dar. Nicht der einzelne Bedienstete des Jugendamtes werde dadurch Amtsvormund. Amtsvormund bleibe vielmehr das Jugendamt. Rechtssicherheit und Rechtsklarheit erforderten es daher, das Jugendamt als solches als richtigen Zustellungsadressaten anzusehen (Hess.VGH, AuAS 2001, 142). Erst wenn durch vormundschaftsgerichtlichen Beschluss die Amtsvormundschaft aufgehoben und ein anderer Vormund bestallt worden ist, ist an diesen zuzustellen. 71

2.2.9. Persönliche Zustellung an den Antragsteller
Hat der Asylsuchende weder einen Verfahrensbevollmächtigten noch einen Empfangsbevollmächtigten benannt, ist an ihn persönlich zuzustellen. Auch wenn der Asylsuchende einen Verfahrens- oder Empfangsbevollmächtigten benannt hat, ist die Abschiebungsanordnung nach § 34 a I an ihn persönlich zuzustellen (§ 31 I 3). Gleiches gilt für die Zuweisungsverfügung (§ 50 V 1). Hat die Behörde an den Antragsteller persönlich zuzustellen, findet das VwZG grundsätzlich im vollen Umfang Anwendung, wenn nicht Sondervorschriften wie etwa Abs. 6 die allgemeinen Regelungen (vgl. § 14 VwZG) verdrängen. 72
Ungeachtet der durch die Zustellungsfiktion nach Abs. 2 S. 4 bewirkten Erleichterungen hat deshalb die Behörde stets zunächst den Versuch zu unternehmen, an den Asylsuchenden persönlich zuzustellen. Dies folgt einerseits daraus, dass auch im Asylverfahren grundsätzlich das allgemeine Zustellungsrecht Anwendung findet, andererseits ist Abs. 2 S. 4 nur anwendbar, wenn die Sendung an den Antragsteller nicht zugestellt werden kann (Schütze, in: GK-AsylVfG, § 10 Rdn. 81). 73

2.2.10. Gemeinsame Zustellung an Familienangehörige (Abs. 3)
Nach Abs. 3 S. 1 ist die Zustellung an einen Ehegatten bzw. Elternteil mit Wirkung für den anderen Ehegatten sowie die minderjährigen ledigen 74

Kinder möglich, wenn die Familienangehörigen *jeweils ein gemeinsames Asylverfahren* betreiben und für alle Familienangehörigen *dieselbe Anschrift* maßgebend ist. Die Vorschrift des Abs. 3 S. 1 durchbricht den von der Rechtsprechung entwickelten Grundsatz, dass die Zustellung eines an mehrere Personen gerichteten (zusammengefassten) Bescheides die Zustellung *je* einer *gesonderten Ausfertigung* für *jeden der Empfänger* zu dessen *Alleinbesitz* erfordert (VGH BW, NVwZ-RR 1992, 396; s. aber auch: BFH, NVwZ 1998, 322; OVG NW, NVwZ-RR 1995, 623).

75 Hiervon macht Abs. 3 unter den dort genannten Voraussetzungen eine Ausnahme. Ebenso wie die Regelungen in Abs. 2 und Abs. 4 verfolgt die gemeinsame Zustellung an Familienangehörige das Ziel der Erleichterung der Zustellung. Voraussetzung für die Anwendung des Abs. 3 ist jedoch, dass alle Familienangehörige Zustellungen nach Maßgabe des Abs. 2 unter derselben Adresse gegen sich gelten lassen müssen. Die Zustellungserleichterung gilt darüber hinaus nur für das behördliche Asylverfahren, nicht aber zugleich auch für das gerichtliche Verfahren (Renner, AuslR, § 10 AsylVfG Rdn. 22; Schütze, in: GK-AsylVfG, § 10 Rdn. 105).

76 Von der Zustellungserleichterung des Abs. 3 kann nur das *Bundesamt* Gebrauch machen. Zwar nennt der Gesetzeswortlaut keine bestimmte Behörde. Aus dem Hinweis auf das gemeinsame Asylverfahren geht jedoch ersichtlich hervor, dass diese Zustellungserleichterung nur auf Zustellungen im Asylverfahren Anwendung finden soll (so auch Schütze, in: GK-AsylVfG, § 10 Rdn. 105). Auch die Gesetzesbegründung nennt allein das Bundesamt (BT-Drs. 12/4450, S. 17). Die gemeinsame Zustellung gilt für Ehegatten untereinander sowie für Eltern bzw. Elternteile und deren gemeinsame minderjährige ledige Kinder.

77 Die Vorschrift ist damit auf *nichteheliche Lebensgemeinschaften* nicht anwendbar. Insoweit ist jeweils gesondert zuzustellen. Es kommt aber die Ersatzzustellung an den nichtehelichen Lebensgefährten in Betracht (BGH, DB 1990, 1511; s. auch § 178 I Nr. 1 ZPO). Gemeinsam zugestellt werden darf auch an kinderlose Ehegatten sowie an den alleinstehenden Elternteil und seine Kinder. Befindet sich unter den Kindern ein nichteheliches oder ein Kind aus einer anderen Ehe, sollte über den gesetzlichen Vertreter gesondert an dieses Kind zugestellt werden. Jedenfalls ist eine Zusammenfassung mit den anderen Familienmitgliedern mangels Vorliegens der gesetzlichen Voraussetzungen nach Abs. 3 S. 1 nicht zulässig. Andererseits kann wohl an den alleinstehenden Elternteil und sein nichteheliches Kind gemeinsam zugestellt werden.

78 Aus der Altergrenze wird deutlich, dass die gemeinsame Zustellung unabhängig von der Handlungsfähigkeit (§ 12) Anwendung findet. Auch wenn die minderjährigen Kinder wegen Vollendung des 16. Lebensjahres selbständig ein Asylverfahren betreiben, können sie in die Regelung über die gemeinsame Zustellung einbezogen werden, es sei denn, sie haben inzwischen geheiratet. Des weiteren setzt die gemeinsame Zustellung voraus, dass die Familienangehörigen ein gemeinsames Asylverfahren betreiben. Wann dies der Fall ist, kann weder dem Gesetzeswortlaut noch der Begründung entnommen werden.

79 Wie beim Familienasyl und Familienabschiebungsschutz nach § 26 dürfte wohl vorauszusetzen sein, dass die anderen Familienangehörigen zusam-

Zustellungsvorschriften § 10

men nach der Einreise oder jedenfalls die später einreisenden Angehörigen jeweils unverzüglich nach der Einreise Asyl beantragt haben. Demgegenüber wird in der Kommentarliteratur für ausreichend erachtet, dass die jeweiligen Verfahren zeitgleich geführt und zusammen abgeschlossen werden. Der Zeitpunkt der Antragstellung ist danach unerheblich (Schütze, in: GK-AsylVfG, § 10 Rdn. 103). In Zweifelsfällen sollte das Bundesamt zur Vermeidung des Zustellungsrisikos getrennt zustellen.

Schließlich ist Voraussetzung der gemeinsamen Zustellung, dass alle Familienangehörige ein gemeinsames Asylverfahren unter *derselben Anschrift* betreiben. Abs. 3 S. 1 verweist insoweit auf Abs. 2. Maßgebend ist damit nicht der Fortbestand der familiären Lebensgemeinschaft, sondern die Erfüllung der Mitwirkungspflicht nach Abs. 1 und die an deren Verletzung geknüpften Folgen nach Abs. 2. Leben die Ehegatten nicht mehr zusammen und teilen sie die nach der Trennung jeweils maßgebende neue Anschrift unverzüglich dem Bundesamt mit, darf es mangels Vorliegens der Voraussetzungen des Abs. 3 S. 1 nicht gemeinsam zustellen. Vielmehr hat es unter Beachtung des Abs. 2 jeweils gesondert die Zustellung vorzunehmen. 80

Eine gemeinsame Zustellung kommt in derartigen Fällen auch nicht mit Blick auf die gemeinsamen Kinder in Betracht. Häufig wird noch keine endgültige gerichtliche Entscheidung über das Sorgerecht bestehen bzw. müsste das Bundesamt insoweit umfangreiche Ermittlungen durchführen. Das seit dem 1. Juli 1998 geltende gemeinschaftliche Sorgerecht dürfte regelmäßig keine Anwendung finden. Da das Risiko der fehlerhaften Zustellung beim Bundesamt liegt, wenn es nach Abs. 3 vorgeht, ist es gut beraten, in ihm bekannt werdenden Trennungsfällen an die Ehegatten jeweils getrennt sowie mit Blick auf die Kinder jeweils an beide Elternteile zuzustellen. 81

Abs. 3 S. 2 schreibt vor, dass das Bundesamt auf der Zustellungsurkunde alle Familienangehörige aufführt, die das 16. Lebensjahr vollendet haben, mithin für das Asylverfahren handlungsfähig (§ 12) sind. Das zuzustellende mit Beglaubigungsvermerk zu versehende Schriftstück selbst – also der Sachbescheid nach § 31 –, hat die Namen aller Familienangehörigen zu enthalten, für die der Bescheid eine Rechtsmittelfrist in Gang setzt. Dort sind also auch die Familienangehörigen aufzuführen, die noch nicht das 16. Lebensjahr vollendet haben. Dies folgt schon aus öffentlich-rechtlichen Grundsätzen und wird in Abs. 3 S. 3 ausdrücklich bekräftigt. 82

Hat das Bundesamt den Weg der gemeinsamen Zustellung gewählt und an einen Ehegatten oder Elternteil zugestellt, so gilt die Zustellung für alle Familienangehörige, die in der Entscheidung ausdrücklich genannt sind (Abs. 3 S. 3). Fehlt der Hinweis auf den Ehegatten oder ein Kind, das das 16. Lebensjahr vollendet hat, auf der Postzustellungsurkunde, ist fehlerhaft zugestellt. In einem derartigen Fall ist mithin nicht nur gegenüber demjenigen, der auf der Zustellungsurkunde und dem zuzustellenden Schriftstück nicht genannt ist, nicht wirksam zugestellt, sondern die Zustellung ist insgesamt, also auch gegenüber den anderen Zustellungsempfängern unwirksam (a. A. Schütze, in: GK-AsylVfG, § 10 Rdn. 108). 83

Hat der Familienangehörige, an den das Bundesamt für alle Angehörigen zustellt, einen Bevollmächtigten benannt, hat es an diesen zuzustellen (BT-Drs. 84

§ 10 Allgemeine Bestimmungen

12/4450, S. 17). Haben die Ehegatten jeweils für ihr Verfahren verschiedene Rechtsanwälte benannt, muss das Bundesamt zunächst die Vertretungsbefugnis für die gemeinsamen Kinder aufklären. Werden alle Kinder zusammen mit einem Elternteil durch einen Rechtsanwalt vertreten, kann das Bundesamt mit Wirkung für diese an den entsprechenden Rechtsanwalt zustellen. Mit Blick auf den anderen Ehegatten hat es getrennt an den durch diesen benannten Rechtsanwalt zuzustellen.

85 Wegen der häufig unterschiedlichen Einreisezeitpunkte kann es auch vorkommen, dass die gemeinsamen Kinder durch verschiedene Rechtsanwälte vertreten werden. Um das Risiko fehlerhafter Zustellungen zu vermeiden, ist auch in derartigen Fällen die getrennte Zustellung anzuempfehlen. Eine *Zurechnung des Verschuldens* wird man entsprechend den allgemeinen Grundsätzen für Versäumnisse der gesetzlichen Vertreter zu Lasten der nicht handlungsfähigen Kinder anzunehmen haben. Für eine gegenseitige Zurechnung des Verschuldens zwischen den Ehegatten oder den Eltern bzw. Elternteilen im Verhältnis zu den handlungsfähigen Kindern bildet Abs. 3 jedoch keine Rechtsgrundlage.

2.2.11. Heilung von Zustellungsmängeln

86 Umstritten ist, ob Zustellungsmängel heilbar sind. Eine Meinung geht dahin, dass eine Heilung von Zustellungsmängeln nach § 9 VwZG in den Fällen ausgeschlossen ist, in denen mit der Zustellung eine Frist für die *Erhebung der Klage*, eine *Berufungs-, Revisions-* oder *Rechtsmittelbegründungsfrist* in Gang gesetzt wird. (BVerwG, InfAuslR 1990, 102; BFH, NVwZ 1998, 324 (325); BayVGH, U. v. 10. 4. 1987 – Nr. 24 B 85 C 592; Hess. VGH, NJW 1990, 467; OVG Hamburg, InfAuslR 1990, 252; OVG Lüneburg, InfAuslR 1984, 259; OVG Rh-Pf, AuAS 2000, 138 (139);) BayObLG, EZAR 135 Nr. 11 = InfAuslR 1988, 282; VG Koblenz, U. v. 26. 10. 1999 – 2 K 739/99.KO; zur Heilung von Zustellungsmägeln s. auch Bitter, NVwZ 1999, 144). Für die bedeutsamen Fälle der Zustellung insbesondere der Sachentscheidung nach § 31 führt damit die fehlerhafte Zustellung stets zu nicht heilbaren Zustellungsmängeln und setzt die Rechtsmittelfrist nach § 74 I nicht in Gang. Es bedarf deshalb auch keines Wiedereinsetzungsantrags.

87 Demgegenüber geht die Gegenmeinung davon aus, dass Zustellungsmängel heilbar seien. Begründet wird dies damit, dass Zustellungsfehler jeder Art geheilt werden könnten. Die Regelung des § 9 VwZG hindere lediglich den Ablauf der Rechtsmittel- und Begründungsfrist, belasse es aber im Übrigen bei den sich aus § 9 VwZG ergebenden Grundsätzen. Die Möglichkeit der Heilung einer mängelbehafteten Zustellung in Ansehung anderer Rechtsfolgen werde durch § 9 I VwZG indes nicht ausgeschlossen (BVerwG, NVwZ 1999, 183 (184); OVG MV, NVwZ 1998, 119 (120); OVG NW, AuAS 2000, 213 (214); OVG NW, NVwZ-RR 2004, 72 (73); VG Leipzig, InfAuslR 2003, 350).

88 Das BVerwG beruft sich für seine Auffassung auf den GmSOGB. Dieser hat entschieden, dass nach § 9 I VwZG a. F. ein Schriftstück, dessen Zustellung nicht nachgewiesen werden könne oder das unter Verletzung zwingender Zustellungsvorschriften zugegangen sei, als in dem Zeitpunkt zugestellt gelte, in dem es der Empfangsberechtigte erhalten habe. § 9 II VwZG a. F. schlie-

Zustellungsvorschriften **§ 10**

ße *zum Schutze des Zustellungsempfängers* in den dort genannten Fällen die durch § 9 I VwZG a. F. angeordnete Heilung aus. Die Frage, ob die Zustellung als solche wirksam oder unwirksam sei, sei in diesem Zusammenhang unerheblich. § 9 II VwZG verhindere lediglich den Eintritt des Fristlaufs für die in ihr bezeichneten Fristen (BVerwGE 51, 378 (380)).

Unter Bezugnahme auf diese Entscheidung hält das BVerwG Zustellungsfehler jeder Art für heilbar. Eine Unterscheidung zwischen Fehlern des Zustellungsvorgangs und Mängeln des Zustellungsgegenstandes, also des Schriftstücks selbst, sei vom Wortlaut der Vorschrift her nicht zwingend geboten und auch sinnwidrig (BVerwG, NVwZ 1999. 183 (184)). Die obergerichtliche Rechtsprechung geht hierüber hinaus und setzt nach § 9 VwZG für die Heilung eines Zustellungsmangels zwar voraus, dass der Empfangsberechtigte das Schriftstück nachweislich erhalten habe. Es reiche insoweit aber aus, dass dieser die Möglichkeit erhalte, von seinem Inhalt Kenntnis zu nehmen, ohne zugleich in den Besitz des Schriftstücks zu gelangen. Die bloße Unterrichtung über dessen Inhalt reiche allerdings nicht aus (OVG MV, NVwZ 1998, 119 (120)). Lasse sich der Nachweis des tatsächlichen Zugangs und dessen Zeitpunkt auch ohne Einhaltung der Förmlichkeiten des VwZG erreichen, so blieben Verstöße hiergegen ohne Rechtsfolge (OVG MV, NVwZ 1998, 119 (120)). Diese Ansicht ist weder mit dem Gesetzeswortlaut von § 9 II VwZG noch mit der Formenstrenge des Zustellungsrechts vereinbar.

89

Die Vorschrift des § 9 VwZG ist über ihren Wortlaut hinaus auch dann anzuwenden, wenn die Versäumung einer prozessualen Frist Rechtsfolgen hat, die ihrer Schwere nach dem Verlust eines Anspruchs oder eines Rechtsmittels gleichstehen (OVG Hamburg, InfAuslR 1990, 252). Daher ist auch bei fehlerhafter Zustellung der Betreibensaufforderung im Verwaltungsverfahren nach § 33 und im Gerichtsverfahren nach § 81 sowie bei dem die Wochenfrist des § 36 III 1 in Gang setzenden Bescheid § 9 VwZG anwendbar (vgl. OVG Hamburg, InfAuslR 1990, 252). Für die Eilrechtsschutzverfahren ist allerdings die Klagefrist der Eilantragsfrist angeglichen worden (§ 74 I), sodass bei fehlerhafter Zustellung § 9 II VwZG bereits unmittelbar Anwendung findet.

90

3. Fingierte Zustellung nach Abs. 2

3.1. Funktion der Zustellungsfiktion nach Abs. 2

Hat der Asylsuchende für das Verfahren weder einen Bevollmächtigten noch einen Empfangsberechtigten benannt oder kann an diesen nicht zugestellt werden, muss er Zustellungen und formlose Mitteilungen unter der *letzten Anschrift*, die der jeweiligen Stelle auf Grund seines Asylantrags oder seiner Mitteilung bekannt ist, gegen sich gelten lassen (Abs. 2 S. 1). Das gleiche gilt nach Abs. 2 S. 2, wenn die letzte bekannte Anschrift, unter der der Asylsuchende wohnt oder zu wohnen verpflichtet ist, durch eine *öffentliche Stelle* mitgeteilt worden ist. Kann die Sendung dem Asylsuchenden danach nicht

91

zugestellt werden, *gilt* die *Zustellung* mit der Aufgabe zur Post *als bewirkt,* selbst wenn die Post als unzustellbar zurückkommt (Abs. 2 S. 4).

92 Dies ist der bereits in § 17 II AsylVfG 1982 enthaltene Regelfall der Zustellungsfiktion in Fällen, in denen das Bundesamt an die ihm zuletzt genannte Adresse zustellt, die Sendung infolge Umzugs des Asylantragstellers aber unzustellbar ist. Die Funktion der fingierten Zustellung besteht also darin, umständliche Ermittlungen zur Anschrift des Asylsuchenden und dadurch bedingte zeitliche Verzögerungen nach Möglichkeit auszuschalten. Allerdings beruht die Zustellungsfiktion auf der Belehrung über die Mitwirkungspflichten nach Abs. 1 und die darauf aufbauenden Zustellungsvorschriften (Abs. 7). Zwar gilt Abs. 1 nach seiner systematischen Stellung für sämtliche Regelungen des § 10. Die eigentliche Bedeutung der Mitwirkungspflichten nach Abs. 1 besteht jedoch in der Anknüpfung der fingierten Zustellung nach Abs. 2 an diese.

3.2. Durch Abs. 2 Satz 1 begünstigte Behörden (Abs. 1 und Abs. 2 Satz 3)

93 Zunächst gelten die Zustellungserleichterungen nach Abs. 2 für die in Abs. 1 genannten Behörden, also das Bundesamt sowie die Ausländerbehörde, und für das Verwaltungsgericht. Andere Gerichte, etwa im Abschiebungshaftverfahren, werden in Abs. 1 nicht angesprochen. Aus dem Gesamtzusammenhang des Abs. 1 folgt vielmehr, dass nur das gegen Maßnahmen der dort genannten Behörden angerufene Gericht, also das Verwaltungsgericht, von den Vorschriften über die fingierte Zustellung Gebrauch machen kann. Der Gesetzgeber hat 1993 die Regelung in Abs. 2 S. 3 neu eingeführt, der zu folge auch andere als die in Abs. 1 bezeichneten öffentlichen Stellen durch die Zustellungserleichterungen nach Abs. 2 begünstigt werden.

94 Gesetzessystematische Gründe sprechen dafür, eine Einschränkung des Wortlautes von Abs. 2 S. 3 vorzunehmen und nur den Behörden die Möglichkeit der fingierten Zustellung nach Abs. 2 einzuräumen, die mit der Ausführung des AsylVfG betraut sind, also Erstaufnahmeeinrichtung und Zuweisungsbehörde (so auch Schütze, in: GK-AsylVfG, § 10 Rdn. 161). Daher ist ein allgemeines auf Asylsuchende gemünztes Zustellungssonderrecht abzulehnen. Dies wäre auch kaum mit dem verfassungsrechtlichen Diskriminierungsverbot nach Art. 3 III GG vereinbar. Denn allein der Status des Asylsuchenden führte bei einer derartigen Interpretation dazu, dass die Sonderregelungen nach Abs. 2 unabhängig von der jeweils betroffenen Rechtsmaterie Anwendung fänden. Gesetzessystematisch ist deshalb eine Eingrenzung der Vorschrift des Abs. 2 S. 3 auf das Asylverfahren geboten, sodass nur die mit dessen Anwendung befassten Behörden insoweit in Betracht kommen.

Zustellungsvorschriften **§ 10**

3.3. Voraussetzungen der fingierten Zustellung nach Abs. 2

3.3.1. Mitwirkungspflichten des Asylsuchenden nach Abs. 1

Wie § 17 I AsylVfG 1982 verpflichtet Abs. 1 1. HS den Asylsuchenden, während der Dauer des Asylverfahrens dafür Sorge zu tragen, dass ihn Mitteilungen des Bundesamtes, der zuständigen Ausländerbehörde sowie der angerufenen Gerichte *stets erreichen können*. Insbesondere hat der Asylsuchende *jeden* Wechsel seiner Anschrift den genannten Stellen unverzüglich anzuzeigen (Abs. 1 2. HS). Kern der Mitwirkungspflicht ist also die unverzügliche Mitteilung von *Anschriftenänderungen*. Dem Asylsuchenden ist eine angemessene Frist nach dem Wohnungswechsel einzuräumen. Dafür dürfte die Frist von einem Monat ausreichend sein (Schütze, in: GK-AsylVfG, § 10 Rdn. 16). 95

Zu den durch Abs. 1 1. HS dem Asylsuchenden allgemein auferlegten *Vorsorgemaßnahmen* zählen alle Vorkehrungen, die erforderlich sind, damit für ihn unter zutreffender Anschrift bezeichnete Postsendungen in seinen Machtbereich gelangen können. Dazu wird man die ordnungsgemäße Beschriftung des Hausbriefkastens, hinreichende Vorsorge gegen fremden Zugriff auf den Briefkasten (VG Frankfurt am Main, AuAS 1996, 238 (239)), die Stellung eines Nachsendeantrags sowie generell alle geeigneten und zumutbaren Vorkehrungen rechnen können, die erforderlich sind, damit Postsendungen den Asylsuchenden erreichen. 96

Gegen die in Abs. 1 normierte Obliegenheit des Asylsuchenden und deren Sanktionierung durch eine Zustellungsfiktion bestehen nach der Rechtsprechung des BVerfG *keine verfassungsrechtlichen Bedenken* (BVerfG (Kammer), EZAR 210 Nr. 7 = NVwZ-Beil. 1994, 25 = InfAuslR 1994, 324; BVerfG (Kammer), EZAR 210 Nr. 11 = NVwZ-Beil. 1996, 81 = AuAS 1996, 196). 97

Der Gesetzgeber legt zunächst eine besondere Mitwirkungspflicht fest, an die er das Eingreifen der in Abs. 2 geregelten Zustellungsfiktion knüpft. Zwar bezieht sich die Mitwirkungpflicht nach Abs. 1 systematisch auf alle Regelungen in der Vorschrift des § 10. Der zentrale Kern ihrer Bedeutung liegt jedoch in der Anknüpfung der fingierten Zustellung nach Abs. 2 an die Mitwirkungsobliegenheiten nach Abs. 1. Deshalb ist der Asylsuchende bei der Antragstellung *schriftlich und gegen Empfangsbekenntnis* auf diese Zustellungsvorschriften hinzuweisen (Abs. 7). 98

Die besonderen Mitwirkungspflichten nach Abs. 1 und damit die Vorschrift über die fingierte Zustellung finden jedoch nur »während der Dauer des Asylverfahrens« (Abs. 1 1. HS) Anwendung. Dies ergibt sich daraus, dass die Zustellungsfiktion nach Abs. 2 auf der in Abs. 1 geregelten Mitwirkungspflicht des Asylsuchenden beruht. Nach unanfechtbarem Abschluss des Asylverfahrens findet deshalb die fingierte Zustellung keine Anwendung mehr (VG Koblenz, B. v. 4. 5. 1996 – 3 L 1299/95.KO; a. A. Schütze, in: GK-AsylVfG, § 10 Rdn. 10f.). Daher ist § 10 etwa auf das Widerrufsverfahren ebenso wenig anwendbar wie auf das ausländerrechtliche Verfahren der Vollziehung. 99

Die Mitwirkungspflicht nach Abs. 1 gilt für *alle* Asylantragsteller, auch für die, die einen Bevollmächtigten oder Empfangsberechtigten benannt haben. Daher haben die Asylantragsteller stets jeden Wechsel der ladungsfähigen 100

Anschrift den in Abs. 1 genannten Stellen unverzüglich mitzuteilen. Haben sie jedoch einen Verfahrensbevollmächtigten oder Empfangsberechtigten benannt, findet die Zustellungsfiktion des Abs. 2 keine Anwendung. In diesen Fällen hat die Behörde dem benannten Bevollmächtigten oder Empfangsberechtigten zuzustellen.

101 Die obergerichtliche Rechtsprechung verlangt die Erfüllung der gesetzlichen Mitwirkungspflichten jedoch auch dann, wenn der Asylsuchende einen Bevollmächtigten benannt hat. Seiner Verpflichtung genüge der Asylsuchende nicht, wenn er seinem Bevollmächtigten lediglich eine Anschrift mitgeteilt habe (Hess.VGH, EZAR 226 Nr. 7). Selbst wenn er bei seinem Bevollmächtigten regelmäßig nach Post nachgefragt habe, sei er seiner Verpflichtung nicht nachgekommen. Er müsse vielmehr dafür sorgen, dass ihn Behörden und Gerichte »stets« erreichen könnten. Dazu sei erforderlich, dass er an jedem Werktag feststellen müsse, ob behördliche oder gerichtliche Schreiben beim Bevollmächtigten eingegangen seien (Hess.VGH, EZAR 226 Nr. 7).

102 Diese Rechtsprechung überzeugt nicht. Die gesetzliche Mitwirkungspflicht nach Abs. 1 ist allgemeiner Art. Erst die folgenden Absätze der Vorschrift regeln die Sanktionen, die sich an deren Verletzung anknüpfen. Die Zustellungserleichterung nach Abs. 2 findet jedoch keine Anwendung, wenn der Asylsuchende einen Bevollmächtigten oder Empfangsberechtigten benannt hat (Abs. 2 S. 1 in Verb. mit § 8 I 2 VwZG). In welchem Umfang der Asylsuchende den Kontakt zu seinem Rechtsanwalt zu halten verpflichtet ist, ihn also besondere Sorgfaltspflichten treffen, betrifft die Frage des Verschuldens im Wiedereinsetzungsrecht (BVerfGE 60, 253 (266); BSG, EZAR 612 Nr. 2; im Einzelnen hierzu § 74 Rdn. 280 ff.).

103 Hat der Asylsuchende daher einen Bevollmächtigten oder Empfangsberechtigten benannt, hat er zwar seiner Mitwirkungspflicht nach Abs. 1 unter Umständen über den Bevollmächtigten zu genügen. Die Sanktionen des Abs. 2 finden in diesem Fall jedoch nach dem klaren Gesetzeswortlaut des Abs. 2 S. 1 2. HS keine Anwendung. Der Asylsuchende ist nach Abs. 1 lediglich verpflichtet, vorzusorgen, dass ihn Mitteilungen der genannten Stellen stets erreichen können. Wie er diese Verpflichtung erfüllt, ist ihm grundsätzlich selbst überlassen.

104 Regelmäßig benachrichtigen die Asylsuchenden den zuständigen Sozialarbeiter oder die Aufsichtsperson in der Unterkunft mit dem Willen und in dem Bewusstsein, damit ihrer Benachrichtigungspflicht Genüge zu tun. Abs. 1 2. HS erlegt den Asylantragstellern zwar die Verpflichtung auf, den in Abs. 1 1. HS genannten Stellen unverzüglich jede Adressenänderung mitzuteilen. Diese Vorschrift untersagt jedoch nicht, dass der Asylsuchende zur Erfüllung dieser Aufgabe Dritte einschaltet. In aller Regel ist davon auszugehen, dass der Asylantragsteller mit der Benachrichtigung des Sozialamtes oder der Ausländerbehörde die Vorstellung verbindet, damit den für die Bearbeitung seines Asylverfahrens zuständigen Behörden seine ladungsfähige Adresse mitgeteilt zu haben. Damit hat er seiner Pflicht nach Abs. 1 nach der Rechtsprechung des BVerfG jedoch nicht Genüge getan.

105 Zwar geht die Rechtsprechung davon aus, dass Verfahrensvorschriften nicht Selbstzweck sind, sondern letztlich der Wahrung der materiellen Rechte der

Zustellungsvorschriften **§ 10**

Rechtssuchenden dienen. In Zweifelsfällen sind sie daher – wenn irgend vertretbar – so auszulegen, dass sie eine Entscheidung über die materielle Rechtslage ermöglichen und nicht verhindern (BSG, EZAR 612 Nr. 2). Nachsicht ist jedenfalls in Anlehnung an die Rechtsprechung des BSG (BSG, EZAR 612 Nr. 2) bei besonders schutzbedürftigen Personen am Platz. Auch wenn danach der Asylsuchende, der regelmäßig keine präzisen Vorstellungen über die Zuständigkeiten der verschiedenen, seinen Fall bearbeitenden Behörden hat, als besonders schutzbedürftig erscheint, erlegt das BVerfG ihm jedoch – allerdings unter der Voraussetzung der qualifizierten Belehrung – die Verpflichtung auf, *immer und unbedingt von sich aus dem Bundesamt gegenüber Mitteilung über die Adressenänderung zu machen* (BVerfG (Kammer), NVwZ-Beil. 1996, 81 (82) = EZAR 211 Nr. 11 = AuAS 1996, 196).

Auch wenn der Asylsuchende mit der Benachrichtigung der Sozialbehörde oder in deren Auftrag handelnder Personen, wie etwa der Sozialarbeiter vor Ort oder die Aufsichtsperson in der Unterkunft, die Vorstellung verbinden sollte, dass damit seine Information an die letztlich zuständige Behörde weitergereicht wird, trägt er nach qualifizierter Belehrung das Risiko von Kommunikationsstörungen. Er ist deshalb gehalten, von sich aus stets und unbedingt die in Abs. 1 genannten Stellen über den Adressenwechsel unverzüglich zu informieren. **106**

3.3.2. Ordnungsgemäße Belehrung über die Mitwirkungspflichten (Abs. 7)

3.3.2.1. Funktion der Belehrungspflicht nach Abs. 7

Nach Abs. 7 ist der Antragsteller bei der Antragstellung schriftlich und gegen Empfangsbekenntnis auf die Zustellungsvorschriften des § 10 hinzuweisen. Diese eher an versteckter Stelle stehende Vorschrift ist für die verfassungsrechtliche Handhabung der Zustellungsfiktion nach Abs. 2 von zentraler Bedeutung. Denn nach der Rechtsprechung des BVerfG ist die Anwendung der Zustellungsfiktion verfassungsrechtlich nur dann unbedenklich, wenn der Asylsuchende zu Beginn des Verfahrens umfassend, verständlich und sachgerecht über seine Mitwirkungsobliegenheiten nach Abs. 1 belehrt worden ist (BVerfG (Kammer), EZAR 210 Nr. 7 = NVwZ-Beil. 1994, 25 = InfAuslR 1994, 324; BVerfG (Kammer), NVwZ-Beil. 1994, 27; BVerfG (Kammer), AuAS 1994, 126; BVerfG (Kammer), EZAR 210 Nr. 11 = NVwZ-Beil. 1996, 81 = AuAS 1996, 196). **107**

Das BVerfG knüpft damit stillschweigend an die fachgerichtliche Rechtsprechung an, der zu folge die in Abs. 7 normierte Belehrungspflicht *nicht* etwa nur eine *bloße Ordnungsvorschrift* darstellt, von deren Einhaltung auch abgesehen werden könnte (OVG Rh-Pf, InfAuslR 1988, 170). Vielmehr hat danach die Belehrung aufgrund zwingenden Rechtes zu erfolgen, dessen Verletzung sich auf die Wirksamkeit der Zustellung auswirkt (OVG Rh-Pf, InfAuslR 1988, 170; VG Gießen, AuAS 1994, 189; VG Neustadt a. d. W., NVwZ-Beil. 1994, 53). **108**

Das BVerfG begründet seine Ansicht damit, dass die wirksame Funktion des Asylgrundrechts im besonderem Maße auf eine *geeignete verfahrensrechtliche Ausgestaltung* angewiesen sei. Es bedürfe eines geordneten Verfahrens, in dem das Vorliegen einer behaupteten politischen Verfolgung als tatbestand- **109**

§ 10   *Allgemeine Bestimmungen*

liche Voraussetzung für die Asylanerkennung festgestellt werden könne. Das Verfahrensrecht gewinne demnach verfassungsrechtliche Relevanz für den Schutz des Grundrechts (BVerfG (Kammer), NVwZ-Beil. 1994, 25 (26), unter Hinweis auf BVerfGE 87, 48 (61 f.); 60, 253 (294 ff.); BVerfG (Kammer), AuAS 1994, 126; s. hierzu auch BVerfGE 56, 216 (236)). Zur Feststellung der Asylberechtigung müsse dem Asylsuchenden insbesondere Gelegenheit gegeben werden, seine Gründe, die für eine drohende Gefahr asylerheblicher Maßnahmen sprächen, darzulegen. Dies setze voraus, dass er für das Bundesamt erreichbar sei.

110 Wegen der in aller Regel ungesicherten Wohnverhältnisse, die in vielen Fällen einen mehrmaligen – nicht zuletzt behördlich veranlassten – Wohnungswechsel mit sich brächten, könne es sich aber als schwierig erweisen, mit dem Asylsuchenden in Verbindung zu treten. Zur Gewährleistung des Äußerungsrechts kämen wegen dieser Schwierigkeiten zunächst *verwaltungsinterne Vorkehrungen* in Betracht. Seien – auch angesichts des föderativen Staatsaufbaus – verschiedene Behörden mit der inhaltlichen Prüfung des Asylbegehrens einerseits, der Unterbringung des Asylsuchenden andererseits betraut, so sei ein *effektiver Informationsaustausch* zwischen diesen Behörden vordringlich (BVerfG (Kammer), NVwZ-Beil. 1994, 25 (26); BVerfG (Kammer), AuAS 1994, 126 (127)).

111 Ungeachtet dieser von den Behörden nur unzureichend ausgeschöpften Möglichkeiten sei es dem Gesetzgeber im Rahmen der ihm im Blick auf Organisation und Verfahren eingeräumten weiten Möglichkeiten unbenommen, dem Asylsuchenden Pflichten aufzuerlegen, die der Sicherung seiner Mitwirkung im Asylverfahren zu dienen bestimmt sei. Die in Abs. 1 getroffene Regelung erweise sich daher wie auch die Vorläufervorschrift des § 17 I AsylVfG 1982 auch und gerade angesichts des eigenen Interesses des Asylsuchenden an einem zügigen Abschluss des Verfahrens als sachgerecht, geeignet und zumutbar (BVerfG (Kammer), NVwZ-Beil. 1994, 25 (26), mit Hinweis auf BVerfGE 60, 253 (295)).

112 Auch die empfindlichen Nachteile, die der Asylsuchende für den Fall der Vernachlässigung dieser Obliegenheiten zu gewärtigen habe, seien durch das gesetzgeberische Anliegen gerechtfertigt und geeignet, ihm Nachdruck zu verleihen (BVerfG (Kammer), NVwZ-Beil. 1994, 25 (26), mit Hinweis auf BVerfGE 60, 253 (295)). Der Nachteil, den der Asylsuchende infolge der Zustellungsfiktion erleide, sei allerdings nur dann verfassungsrechtlich unbedenklich, wenn der Betroffene auf die gesetzliche Regelung hingewiesen werde. Dieser letztlich in dem alle staatlichen Organe verpflichtenden *Gebot eines fairen Verfahrens* wurzelnden rechtsstaatlichen Anforderung habe der Gesetzgeber mit der Vorschrift des Abs. 7 entsprochen (BVerfG (Kammer), NVwZ-Beil. 1994, 25 (26); BVerfG (Kammer), NVwZ-Beil. 1996, 81).

3.3.2.2. Behördliche Zuständigkeit für die Belehrung nach Abs. 7

113 Nach Abs. 7 ist der Asylsuchende bei der Antragstellung zu belehren. Mit Antragstellung kann allein die Antragstellung bei der Außenstelle des Bundesamtes nach § 14 I gemeint sein. Dementsprechend trifft die zuständige Außenstelle die in Abs. 7 genannte Belehrungspflicht. Erfolgt die Antragstel-

lung nach § 14 II, ist spätestens bei der persönlichen Anhörung (§ 24 I 2) die Belehrung vorzunehmen. Da die Ausländerbehörde am Asylverfahren nicht mehr beteiligt ist, trifft sie auch anders als nach früherem Recht nicht mehr die Belehrungspflicht. Sie hat lediglich die in § 14 II 2 geregelte Weiterleitungspflicht. Zwar dürfte eine spätere Belehrung zulässig sein. Die Anknüpfung der Sanktion der fingierten Zustellung setzt aber eine sachgerechte und umfassende sowie verständliche Belehrung voraus, sodass erst ab dem Zeitpunkt der nachträglich erfolgten Belehrung die Zustellungsfiktion Anwendung findet (Schütze, in: GK-AsylVfG, § 10 Rdn. 23).

3.3.2.3. Anforderungen an die behördliche Belehrungspflicht nach Abs. 7
Nach der Rechtsprechung des BVerfG müssen Form und Inhalt der behördlichen Belehrung dem *Verständnishorizont* des Asylsuchenden und dem Umstand Rechnung tragen, dass die Mitwirkungsobliegenheiten nach Abs. 1 über das hinausgehen, was sich einem Asylsuchenden als selbstverständlich aufdrängen kann: Es ist erforderlich, dass dem Asylsuchenden durch eine *erläuternde Belehrung* mit der *gebotenen Dringlichkeit* vor Augen geführt wird, welche Obliegenheiten ihn im Einzelnen treffen und welche Folgen bei deren Nichtbeachtung eintreten können. Die Belehrung kann sich deshalb nicht auf die Vorschrift des § 10 beschränken, sondern muss sich auf die hieraus folgenden Konsequenzen sowohl im behördlichen Verfahren wie auch für die fristgerechte Erlangung gerichtlichen Rechtsschutzes erstrecken (BVerfG (Kammer), NVwZ-Beil. 1994, 25 (26)). **114**

Darüber hinaus reicht eine *bloße Wiedergabe des Gesetzeswortlautes* vor dem Hintergrund des Verständnishorizontes des Asylsuchenden *nicht aus*. Vielmehr bedarf es einer *verständlichen Umschreibung des Inhalts der gesetzlichen Bestimmungen*. Diesem Gebot wird in der ganz überwiegenden Zahl der Fälle schon durch die erforderliche *Übersetzung* der Vorschriften in eine dem Asylsuchenden verständliche Sprache genügt werden, weil sich dabei allein aus Gründen der Praktikabilität eine sinngemäße, nicht strikt an juristischen Begrifflichkeiten orientierte Übertragung anbietet. Insoweit reicht es allerdings aus, wenn dem des Lesens kundigen Asylbewerber die erforderlichen Hinweise *in schriftlicher Form* zugänglich gemacht werden (BVerfG (Kammer), NVwZ-Beil. 1994, 25 (26); Hess.VGH, EZAR 210 Nr. 10 = AuAS 1995, 70). Bei nicht des Lesens und Schreibens kundigen Asylsuchenden hat die Belehrung hingegen mit Hilfe eines Dolmetschers zu erfolgen (BVerfG (Kammer), NVwZ-Beil. 1996, 81 (82) = EZAR 210 Nr. 11 = AuAS 1996, 196; Hess.VGH, EZAR 210 Nr. 10 = AuAS 1995, 70). **115**

Des Weiteren darf bei der Bestimmung der gebotenen inhaltlichen Ausgestaltung der Belehrung nicht ohne weiteres vorausgesetzt werden, dass der Asylsuchende mit dem Behördenaufbau in Asylsachen vertraut ist. Für ihn stellen sich die behördlichen Einrichtungen, denen er sich als Asylsuchender gegenübersieht, zunächst als Einheit dar. Insbesondere zu Beginn des Verfahrens wird es sich dem Asylsuchenden nicht aufdrängen, dass er es in Gestalt der Ausländerbehörde und des Bundesamtes mit zwei getrennten Behörden zu tun hat. Bei einem nur allgemein gehaltenen Hinweis wird ihm demnach der Gedanke an eine Pflicht zur Mitteilung der Adressenänderung **116** gegenüber dem Bundesamt eher fern liegen, wenn er gerade von der Ausländerbehörde, die ihm als Herrin des Asylverfahrens erscheinen musste, im Wege der *Umverteilung* von der Erstaufnahmeeinrichtung einer anderen Unterkunft zugewiesen wird. Soll dem Asylsuchenden hier die Zustellungsfiktion zum Nachteil gereichen, bedarf es folglich eines Hinweises, dass die in Abs. 1 normierte Mitwirkungspflicht auch in dieser Situation Beachtung fordert. Es bedarf daher einer *qualifizierten Belehrung*, welche den Behördenaufbau und im Einzelnen die gegenüber den verschiedenen Behörden obliegenden Pflichten erläutert (BVerfG (Kammer), NVwZ-Beil. 1994, 25 (26); BVerfG (Kammer), NVwZ-Beil. 1994, 27; BVerfG (Kammer), AuAS 1994, 126 (127f.); BVerfG (Kammer), AuAS 1994, 212 (213); BVerfG (Kammer), NVwZ-Beil. 1996, 81 (82)).

117 Ausdrücklich hat das BVerfG in einer späteren Entscheidung nochmals bekräftigt, dass in dieser Situation die Annahme des Asylsuchenden nachvollziehbar ist, dass sich die verschiedenen Behörden bei einer behördlich verfügten Adressenänderung untereinander darüber verständigen. Daher bedarf es nach seiner Ansicht eines ausdrücklichen Hinweises, dass die Mitwirkungspflicht auch in dieser speziellen Situation Beachtung fordert, d. h. dass in jedem Fall und unabhängig davon, ob eine der beteiligten Behörden schon von der Adressenänderung unterrichtet ist bzw. diese selbst verfügt hat, der Asylsuchende *immer* und *unbedingt von sich aus dem Bundesamt* gegenüber Mitteilung machen muss (BVerfG (Kammer), NVwZ-Beil. 1996, 81 (82) = EZAR 211 Nr. 11 = AuAS 1996, 196).

118 Die qualifizierende Belehrung hat dem Asylsuchenden also verständlich zu erläutern, dass es im Asylverfahren verschiedene Behörden – Ausländerbehörde, Bundesamt und gegebenenfalls Verwaltungsgericht – gibt, die *jeweils unabhängig voneinander* von der Adressenänderung in Kenntnis zu setzen sind. In der Belehrung ist darüber hinaus ausdrücklich auch darauf hinzuweisen, dass diese den verschiedenen Behörden gegenüber bestehende jeweilige Verpflichtung auch dann unbedingte Beachtung erfordert, wenn für den Asylsuchenden Anlass zu der Annahme bestehen kann, eine solche Mitteilung sei deshalb überflüssig, weil sich die Behörden untereinander in Kenntnis setzen würden (BVerfG (Kammer), NVwZ-Beil. 1996, 81 (82); so auch: Hess.VGH, EZAR 210 Nr. 10 = AuAS 1995, 70); VG Wiesbaden, InfAuslR 1995, 87 (88)). Einer in dieser Weise qualifizierten Belehrung bedarf es freilich dann nicht, wenn der Asylsuchende *auf eigene Initiative* die Unterkunft wechselt und sich unabhängig von behördlichen Zuweisungen eine Wohnung verschafft (BVerfG (Kammer), NVwZ-Beil. 1994, 27; kritisch hierzu: Schwachheim, NVwZ 1994, 970).

3.3.2.4. Nachweis der behördlichen Belehrung nach Abs. 7

119 Die Behörde hat gegebenenfalls die ordnungsgemäße Belehrung nachzuweisen. Fehlt das Empfangsbekenntnis in der Akte, findet die Zustellungsfiktion nach Abs. 2 keine Anwendung. Denn das Eingreifen der besonderen Fiktionsvorschrift setzt voraus, dass der Antragsteller über diese besondere Zustellungserleichterung schriftlich und gegen Empfangsbekenntnis belehrt worden ist. Auch wenn der Antragsteller nach seiner Antragstellung, aber

vor der Belehrung nach Abs. 7, die Aufnahmeeinrichtung verlässt und untertaucht, darf deshalb von der Zustellungserleichterung kein Gebrauch gemacht werden. Etwas anderes gilt allenfalls dann, wenn der Antragsteller sich *gezielt* und mithin *treuwidrig* der gebotenen Belehrung entzogen hat (OVG Rh-Pf, InfAuslR 1988, 170).

Bei dieser Sach- und Rechtslage bleibt der Behörde also regelmäßig nur der Weg der öffentlichen Zustellung nach § 15 I Ziff. 1 a VwZG oder der Aushändigung nach § 5 I VwZG im Falle der Ergreifung des Asylsuchenden (OVG Rh-Pf, InfAuslR 1988, 170). Der Nachweis der erfolgten Belehrung nach Abs. 7 kann nicht durch den Verweis auf das Protokoll der persönlichen Anhörung erbracht werden. Abs. 7 erfordert für die ordnungsgemäße Belehrung eine schriftliche Empfangsbestätigung. Auch die Tatsache, dass der Asylsuchende das Protokoll eigenhändig unterschrieben hat, ändert daran nichts. Denn dieses Protokoll einschließlich der Unterschrift des Antragstellers bestätigt von seinem Wortlaut her keinen Empfang (VG Meiningen, Gerichtsbescheid v. 19. 7. 1994 – 5 K 20105/94.Me; a. A. VG Wiesbaden, InfAuslR 1995, 87 (88)).

3.3.3. Anwendungsbereich des Abs. 2

Die Vorschriften über die Fiktion nach Abs. 2 finden nur Anwendung, wenn der Asylsuchende weder einen Bevollmächtigten noch einen Empfangsberechtigten benannt hat. Erforderlichenfalls hat die Behörde oder das Gericht diesen Umstand *von Amts wegen* aufzuklären (BayObLG, EZAR 135 Nr. 11 = InfAuslR 1988, 282). Hat der Asylsuchende etwa gegenüber der Behörde oder dem Gericht darauf hingewiesen, dass er von einem Anwalt vertreten werde, darf dieser Umstand nicht unaufgeklärt bleiben. Stellt die Behörde ungeachtet dessen an den Asylsuchenden persönlich zu, ist nicht rechtswirksam zugestellt (BayObLG, EZAR 135 Nr. 11).

Ergeben sich mithin aus persönlichen Äußerungen, den Akten oder sonstigen Umständen Hinweise auf eine mögliche Vertretung des Asylsuchenden durch einen Rechtsanwalt, Beistand oder eine empfangsberechtigte Person, haben Behörde oder Gericht diesen Tatbestand aufzuklären. Stellen sie ungeachtet derartiger Anhaltspunkte persönlich an den Antragsteller zu, ist nicht wirksam zugestellt. Abs. 2 findet keine Anwendung. Etwas anderes gilt lediglich für die Fälle der persönlichen Zustellung nach § 31 I 3 in Verb. mit 34a I und § 50 V 1.

3.3.4. Tatsächlicher Zustellungsversuch (Abs. 2 Satz 1)

Nach Abs. 2 S. 1 muss der Antragsteller Zustellungen *unter der zuletzt mitgeteilten Adresse* gegen sich gelten lassen, wenn er für das Verfahren weder einen Verfahrens- noch einen Empfangsbevollmächtigten benannt hat oder ihm die Sendung nicht zugestellt werden kann. Damit wird für den Eintritt der Zustellungsfiktion vorausgesetzt, dass das Bundesamt tatsächlich an die maßgebliche, zuletzt vom Asylsuchenden mitgeteilte Adresse einen Zustellungsversuch unternommen hat. Ob die Sendung nicht zugestellt werden kann, beurteilt sich nach den allgemeinen Vorschriften des VwZG. Es muss also unter Berücksichtigung der Regelungen des VwZG, insbesondere unter

Einbeziehung der Vorschriften über die Ersatzzustellung, der Versuch der Zustellung unternommen werden (Schütze, in: GK-AsylVfG, § 10 Rdn. 138).

124 Dieser Versuch muss nach Abs. 2 S. 1 unter der der Behörde zuletzt vom Asylsuchenden mitgeteilten Adresse unternommen worden sein. Weitere Aufenthaltsermittlungen sind nicht erforderlich. Denn der Sinn der Zustellungserleichterungen nach Abs. 2 besteht ja gerade darin, die Behörde von umständlichen und zeitintensiven Aufenthaltsermittlungen zu befreien. Der Asylsuchende muss daher nach einer strikt formal ausgerichteten Betrachtungsweise Zustellungen an die Adresse gegen sich gelten lassen, die er der Behörde zuletzt mitgeteilt hat.

125 Die Rechtsprechung ging früher davon aus, dass die Behörde, der die *tatsächliche Adresse* des Asylsuchenden *auf andere Weise* bekannt geworden sei, von der Zustellungserleichterung keinen Gebrauch machen dürfe, sondern an die ihr nunmehr bekannte Adresse zuzustellen habe (OVG Berlin, B. v. 24. 1. 1989 – OVG 8 L 9.88; OVG Hamburg, InfAuslR 1984, 259; BayVGH, U. v. 10. 4. 1987 – Nr. 24 B 85 C 592). Der Sinn der Zustellungserleichterung liege darin, die Behörde von Nachforschungspflichten über den gegenwärtigen Aufenthaltsort des Asylsuchenden freizustellen, wenn dieser bei Anschriftenänderungen seiner gesetzlichen Mitwirkungspflicht nicht nachgekommen sei. Die Fiktion setzt daher voraus, dass der Behörde der *gegenwärtige Aufenthaltsort* des Asylsuchenden nicht bekannt sei. Sei dies jedoch der Fall, müsse die Zustellung an die der Behörde bekannte Adresse erfolgen. Stelle sie ungeachtet dessen an die zuletzt mitgeteilte Adresse zu, sei die Zustellung nicht wirksam (OVG Berlin, B. v. 24. 1. 1989 – OVG 8 L 9.88; OVG Hamburg, InfAuslR 1984, 259; BayVGH, U. v. 10. 4. 1987 – Nr. 24 B 85 C 592). An diese Rechtsprechung knüpfte die Rechtsprechung zunächst noch vereinzelt an (VG Koblenz, B. v. 2. 3. 1994 – 7 L 4986/93.KO; so auch Schütze, in: GK-AsylVfG, § 10 Rdn. 155).

126 Nach den vom BVerfG entwickelten Grundsätzen zur qualifizierten Belehrung dürfte dies aber wohl kaum noch zulässig sein. Danach kommt es für die Wirksamkeit der fingierten Zustellung allein auf die sachgerechte Belehrung an. Ist diese ordnungsgemäß erfolgt, kann das Bundesamt an die vom Asylsuchenden zuletzt mitgeteilte Adresse zustellen, unabhängig davon, ob es aus anderen Quellen positive Kenntnis von einem davon abweichenden, tatsächlichen Aufenthalt des Asylsuchenden hat. Das Bundesamt soll das Risiko der fehlerhaften Zustellung nicht tragen, wenn die Informationen über den tatsächlichen Aufenthaltsort nicht zutreffen.

127 Hat das Bundesamt allerdings positive Kenntnis von der *Umverteilung* des Asylsuchenden, wäre eine dennoch vorgenommene Zustellung an die bisherige Adresse nicht ohne weiteres zulässig. Vielmehr hat das Bundesamt eine angemessene Frist zuzuwarten, bis ihm die neue Adresse vom Asylsuchenden mitgeteilt wird. Hierfür dürfte der Zeitraum von einem Monat ausreichen (Schütze, in: GK-AsylVfG, § 10 Rdn. 140; s. auch BayObLG, InfAuslR 1994, 295).

128 Ist der Behörde der tatsächliche *Aufenthaltsort* des Asylsuchenden *unbekannt*, darf sie zwar an die von diesem zuletzt mitgeteilte Adresse zustellen. Sie kann jedoch nicht auf den Zustellungsversuch nach Abs. 2 S. 1 verzichten,

Zustellungsvorschriften **§ 10**

wenn sie den Eintritt der fingierten Zustellung erreichen will. Will die Behörde in einem derartigen Fall keinen Zustellungsversuch unternehmen, kann sie im Wege der öffentlichen Zustellung nach § 15 I Ziff. 1 a VwZG vorgehen, wobei sie allerdings Anstrengungen unternehmen muss, den tatsächlichen Aufenthaltsort etwa über eine Meldeamtsnachfrage zu ermitteln (VG Berlin, B. v. 25. 4. 1995 – VG 15 A 162.94; VG Düsseldorf, B. v. 26. 4. 1994 – 7 L 4516/93).

Stellt das Bundesamt an die zuletzt mitgeteilte Adresse zu, obwohl ihm der tatsächliche Aufenthaltsort unbekannt ist, wird der fehlgeschlagene Zustellungsversuch durch die Ersatzzustellung nachgewiesen (Schütze, in: GK-AsylVfG, § 10 Rdn. 145). Unternimmt die Behörde, etwa weil ihr von der Ausländerbehörde ein entsprechender Hinweis gegeben wurde, einen Zustellungsversuch an eine Adresse, unter der der Asylsuchende nie gewohnt hat und die er der Behörde auch nicht mitgeteilt hat, so ist die Zustellung unwirksam. Allein der Umstand, dass der Antragsteller seiner Verpflichtung, unverzüglich jede Adressenänderung mitzuteilen, nicht erfüllt hat, vermag in einem derartigen Fall die Zustellungsfiktion nicht auszulösen (VG Hamburg, B. v. 16. 3. 1994 – 16 VG A 2727/94; VG Schleswig, Gerichtsbescheid v. 9. 12. 1993 – 16 A 728/93). Ist aufgrund der Angaben des Antragstellers keine postalisch verwertbare Anschrift bezeichnet worden, darf das Bundesamt nicht nach Abs. 2 S. 1 vorgehen, sondern muss es die Anschrift ermitteln (VG Düsseldorf, B. v. 26. 4. 1994 – 7 L 4516/93). Eine Zustellung an die angegebene Krankenhausadresse ist im Übrigen unwirksam, da der in Abs. 2 S. 2 vorausgesetzte Begriff der Wohnung nicht gegeben ist (VG Köln, B. v. 3. 2. 1994 – 16 L 1698/93. A). **129**

Die Behörde hat nach Abs. 2 S. 1 stets an die vom Asylsuchenden ihr *zuletzt mitgeteilte Adresse* zuzustellen. Zwar kann das Bundesamt nach dieser Vorschrift grundsätzlich auch an die Adresse zustellen, die ihm aufgrund des Asylantrags bekannt ist. Auf diese Möglichkeit kann es sich jedoch nicht mehr berufen, wenn der Asylsuchende nach wiederholten Adressenänderungen jeweils seine aktuelle Adresse mitgeteilt hat. Die Vorschrift des Abs. 2 S. 1 ist deshalb so zu interpretieren, dass bei *nachträglichen Veränderungsanzeigen* auf die damit überholten Angaben in den Akten für die Zustellung nicht mehr zurückgegriffen werden darf (so auch Schwachheim, NVwZ 1994, 970 (972)). **130**

Nur dann, wenn der Asylsuchende von sich aus überhaupt keine Adresse mitteilt, darf die Behörde die Akte auswerten und von der dort festgehaltenen letzten Adressenangabe ausgehen. Kommt es beim Zustellungsversuch zu Fehlern, die an sich die Zustellung als fehlerhaft erscheinen lassen, etwa wenn auf der Zustellungsurkunde und dem zuzustellenden Schriftstück nicht die vorgeschriebenen Angaben enthalten sind, so ist auch im Falle des Abs. 2 S. 1 von einer unwirksamen Zustellung auszugehen. Denn die Regelungen des VwZG werden durch die Sondervorschriften nach Abs. 2 nicht verdrängt. **131**

3.3.5. Adressenmitteilungen durch öffentliche Stellen (Abs. 2 Satz 2)

Eine bedeutsame Neuerung ist 1993 in Abs. 2 S. 2 eingeführt worden. Danach wird die Zustellungserleichterung auch auf jene Fälle angewandt, in denen **132** dem Bundesamt von einer *öffentlichen Stelle* die Adresse des Asylsuchenden mitgeteilt wird, unter der er wohnt oder zu wohnen verpflichtet ist. Wenn das Bundesamt in diesen Fällen an die Anschrift, die ihm mitgeteilt worden ist, zustellt, muss der Antragsteller die Zustellung gegen sich gelten lassen, sofern es sich um die letzte dem Bundesamt bekannte Adresse handelt (BT-Drs. 12/4450, S. 16). Vorauszusetzen ist jedoch, dass die zutreffende Anschrift mitgeteilt wurde (BT-Drs. 12/4450, S. 16). Ausreichend ist jedoch die Mitteilung der Adresse, die sich aus der rechtlichen Wohnverpflichtung aufgrund des Behördenbescheides ergibt.

133 Auch wenn der Asylsuchende zu keinem Zeitpunkt dort gewohnt hat, darf das Bundesamt nach Abs. 2 S. 2 an diese ihr von öffentlichen Stellen zutreffend mitgeteilte Adresse zustellen (Schütze, in: GK-AsylVfG, § 10 Rdn. 152). Unberührt von der dem Bundesamt nach Abs. 2 S. 2 eingeräumten Möglichkeit bleibt die Verpflichtung des Asylsuchenden nach Abs. 1. Hat er entsprechend seiner Mitwirkungspflicht dem Bundesamt oder einer anderen Behörde unverzüglich seine neue Adresse mitgeteilt, stellt die Behörde aber an die von der öffentlichen Stelle zuletzt mitgeteilte Adresse zu, ist die Zustellung unwirksam. Denn erfüllt der Antragsteller seine gesetzliche Mitwirkungspflicht nach Abs. 1, kann er für Fehler anderer öffentlicher Stellen nicht zur Verantwortung gezogen werden. Mit öffentlicher Stelle dürfte der Behördenbegriff nach § 1 IV VwVfG gemeint sein.

134 Damit dürfte auch das Konkurrenzproblem gelöst werden können. Erreichen das Bundesamt von verschiedenen öffentlichen Stellen und vom Asylsuchenden selbst unterschiedliche Adressenangaben, kommt es grundsätzlich auf den Zeitpunkt des Zugangs der verschiedenen Anzeigen an. Insbesondere in Fällen, in denen derartige Änderungsanzeigen im zeitlich relativ engen Zusammenhang erfolgen, hat das Bundesamt Ermittlungen zur zustellungsfähigen Adresse vorzunehmen. Denn rechtswirksam zustellen kann das Bundesamt nur, wenn die Angaben über die mitgeteilte Adresse im Zeitpunkt der Zustellung noch zutreffen (Schütze, in: GK-AsylVfG, § 10 Rdn. 158).

135 Die Zustellung an die von einer öffentlichen Stelle angegebene Adresse hat andererseits auch dann zu erfolgen, wenn der Antragsteller die neue Adresse nicht mitgeteilt hat. Stellt das Bundesamt gleichwohl an die ihm zuletzt vom Antragsteller mitgeteilte Adresse zu, ist die Zustellung unwirksam. Insoweit trägt die Neuerung in Abs. 2 S. 2 der früheren Rechtsprechung Rechnung. Die Regelung in Abs. 2 S. 2 hat wohl für die Fälle Bedeutung, in denen dem Bundesamt etwa von der Ausländerbehörde oder dem Sozialamt eine ladungsfähige Adresse mitgeteilt wird, die im Zeitpunkt der Meldung auch die zutreffende Anschrift des Asylsuchenden war.

136 Erreicht den Asylsuchenden die behördliche Mitteilung nicht, weil er nach der Meldung umgezogen ist und seine neue Adresse nicht mitgeteilt hat, so muss er die Zustellung unter der von der öffentlichen Stelle mitgeteilten Adresse ebenso gegen sich gelten lassen, wie die Zustellung unter der von ihm zuletzt mitgeteilten Anschrift. Auch hier ist dem Asylsuchenden jedoch eine angemessene Frist, etwa von einem Monat, für die Mitteilung der neuen Adresse einzuräumen. Hier wie dort sanktioniert die Vorschrift das Unterlassen der Mitteilung der neuen Anschrift. Ebenso wie nach Abs. 1 S. 1 findet

Zustellungsvorschriften **§ 10**

Abs. 2 S. 2 keine Anwendung, wenn der Asylsuchende einen Bevollmächtigten oder Empfangsberechtigten benannt hat. In diesen Fällen ist stets an diesen zuzustellen (BT-Drs. 12/4450, S. 16).

3.4. Rechtsfolge der fingierten Zustellung (Abs. 2 Satz 4)

Kann an den Asylsuchenden, der für das Verfahren weder einen Bevollmächtigten noch einen Empfangsberechtigten benannt hat, nicht zugestellt werden, muss er Zustellungen und formlose Mitteilungen unter der *letzten Anschrift,* die der jeweiligen Stelle auf Grund seines Asylantrags oder seiner letzten Mitteilung bekannt ist, gegen sich gelten lassen (Abs. 2 S. 1). Kann danach die für ihn bestimmte Sendung nicht zugestellt werden, *gilt* die *Zustellung* mit der Aufgabe zur Post *als bewirkt,* selbst wenn die Post als unzustellbar zurückkommt (Abs. 2 S. 4). 137

Fehler bei der Zustellung führen allerdings zur Unwirksamkeit der Zustellung. Unternimmt etwa der Postzusteller keinen Versuch der persönlichen Übergabe, ist die Ersatzzustellung ebenso fehlerhaft wie in dem Fall, in dem er wahrheitswidrig vermerkt, dass der Asylsuchende unter der angegebenen Adresse nicht erreichbar ist (VG Köln, B. v. 3. 4. 2003 – 2 L 749/03). Zwar kann der Empfänger, der durch die fingierte Zustellung nach Abs. 2 S. 4 belastet ist, einen *Wiedereinsetzungsantrag* stellen (§ 32 VwVfG, § 60 VwGO). Bei der Beurteilung des Verschuldens gewinnt die Einhaltung der Mitwirkungspflichten nach Abs. 1 jedoch eine besonders hervorgehobene Bedeutung. Ist allerdings nicht wirksam zugestellt worden, bedarf es keines Wiedereinsetzungsantrags. Vielmehr ist nach Kenntnisnahme des dem Empfänger zugedachten Schriftstückes das erforderliche Rechtsmittel einzulegen, um dem Verlust des Rechtes unter dem Gesichtspunkt der Klageverwirkung entgegenzutreten. Auch für den Fall, dass der Asylsuchende nicht qualifiziert belehrt worden ist, ist nicht wirksam zugestellt. Auch hier ist das Rechtsmittel alsbald einzulegen. 138

4. Zustellung in der Aufnahmeeinrichtung (Abs. 4)

4.1. Funktion der Zustellungserleichterung nach Abs. 4

Nach Abs. 4 S. 1 hat die Aufnahmeeinrichtung Zustellungen und formlose Mitteilungen vorzunehmen. Es handelt sich um eine Sonderregelung für Asylsuchende, die in einer Aufnahmeeinrichtung untergebracht sind und keinen Bevollmächtigten oder Empfangsberechtigten benannt haben (BT-Drs. 12/4450, S. 17). Die erleichterte Zustellung greift also nur in der Anfangsphase Platz, während deren der Asylsuchende bis längstens drei Monate (§ 47 I 1) der Verpflichtung unterliegt, in einer Aufnahmeeinrichtung zu wohnen. Die Funktion der Zustellungserleichterung nach Abs. 4 ist darin zu sehen, die strengen Formvorschriften der Ersatzzustellung für Asylsuchende in Aufnahmeeinrichtungen aufzuheben. 139

140 Der Postzusteller muss deshalb nicht mehr bei jedem Zustellungsvorgang gesondert nach dem Raum fragen, in dem der Empfänger untergebracht ist und anschließend jeweils den Versuch der persönlichen Übergabe der für diesen bestimmten Sendung vornehmen, sondern kann alle Postsendungen, die für Empfänger bestimmt sind, die in der Aufnahmeeinrichtung wohnen, an die hierfür bestimmte Stelle in der Aufnahmeeinrichtung abgeben. Abs. 4 verdrängt damit die Vorschriften über die Ersatzzustellung nach § 11 VwZG. Im übrigen finden die Regelungen des VwZG jedoch Anwendung.

141 Die Aufnahmeeinrichtung ist nur in die Zustellung als *Übermittlerin* eingeschaltet. Sie wird durch Abs. 4 weder zum Absender noch zum Empfänger der Postsendung. Vielmehr verbleibt die Zuständigkeit für Zustellungen bei der originär zustellenden Behörde, sodass diese auch an die strengen Formvorschriften der §§ 2 ff. VwZG gebunden bleibt. Abs. 4 verdrängt damit nicht diese Zustellungsvorschriften (Renner, AuslR, § 10 AsylVfG Rdn. 19; a. A. Schütze, in: GK-AsylVfG, § 10 Rdn. 111). Nur die Vorschrift über die Ersatzzustellung wird durch Abs. 4 in Form einer besonderen Zugangsfiktion ersetzt.

142 Die Zugangsfiktion nach Abs. 4 setzt die Zustellung an diesem Ort nach Maßgabe des Abs. 2 voraus. Die Aufnahmeeinrichtung muss demnach eine zustellungsfähige Adresse darstellen. Andererseits hat dies zur Folge, dass an den Asylsuchenden, der aus der Aufnahmeeinrichtung entlassen ist, solange unter der Adresse der Aufnahmeeinrichtung zugestellt werden kann, wie er den Stellen nach Abs. 1 nicht seine neue Adresse mitgeteilt hat (Renner, AuslR, § 10 AsylVfG Rdn. 19). Das Gesetz bestimmt, dass der Antragsteller unter den Voraussetzungen des Abs. 4 Zustellungen gegen sich gelten lassen muss. Angesichts der Größe der Aufnahmeeinrichtungen und der dadurch bedingten Vielzahl von Posteingängen ist diese Vorschrift höchst problematisch. Kann bei Abs. 2 noch ein subjektives Verschulden als Voraussetzung für das Eingreifen der Zustellungsfiktion unterstellt werden, kann dies bei der Zustellung nach Abs. 4 kaum noch angenommen werden.

4.2. Anwendungsbereich des Abs. 4

143 Die Zustellungserleichterung nach Abs. 4 gilt für solche Zustellungen und formlose Mitteilungen, deren Bewirkung der Asylsuchende nach Maßgabe des Abs. 2 unter der Anschrift der Aufnahmeeinrichtung gegen sich gelten lassen muss (Renner, AuslR, § 10 AsylVfG Rdn. 19; Schütze, in: GK-AsylVfG, § 10 Rdn. 112). Es ist danach unerheblich, ob der Asylsuchende sich in der Aufnahmeeinrichtung noch tatsächlich aufhält oder jemals dort aufgehalten hat. Solange die Aufnahmeeinrichtung die Adresse ist, die der zustellenden Behörde aufgrund seines Asylantrags (vgl. Abs. 2 S. 1) bekannt ist, kann diese an die Aufnahmeeinrichtung mit der Folge der Zugangsfiktion nach Abs. 4 S. 4 zustellen.

144 Der Asylsuchende, der aus der Aufnahmeeinrichtung entlassen ist, muss daher zur Abwendung des Eintritts der Fiktionswirkung nach Abs. 4 S. 4 den in Abs. 1 genannten Stellen unverzüglich seine neue Adresse mitteilen. In die-

sem Fall darf die Behörde nicht mehr nach Abs. 2 S. 1 an die Aufnahmeeinrichtung zustellen, da diese nicht mehr mit der *zuletzt* vom Asylsuchenden mitgeteilten Adresse identisch ist.

Die Zustellungserleichterung nach Abs. 4 S. 4 gilt nur für die Aufnahmeeinrichtung (VGH BW, NVwZ-Beil. 1999, 42 (43); BayVGH, NVwZ-Beil. 2000, 56 = InfAuslR 1999, 291 = EZAR 604 Nr. 3 = AuAS 2000, 17; VG Frankfurt am Main, NVwZ-Beil. 1999, 31). Der Begriff Aufnahmeeinrichtung ist vom Gesetz präzis definiert (§§ 46 ff.). Für jene Asylsuchende, die nicht der Wohnverpflichtung nach § 47 I 1 unterliegen (vgl. § 14 II), hat Abs. 4 damit keine Bedeutung. Nach Entlassung aus der Aufnahmeeinrichtung und Durchführung der landesinternen oder länderübergreifenden Verteilung findet Abs. 4 keine Anwendung mehr. Die Unterbringung in einer *Gemeinschaftsunterkunft* (§ 53) ist keine Unterbringung in einer Aufnahmeeinrichtung. Insoweit gelten die formstrengen Vorschriften der Ersatzzustellung. 145

Da Abs. 4 S. 1 auf Abs. 2 verweist, Abs. 2 keine Anwendung findet, wenn der Asylsuchende einen Verfahrensbevollmächtigten oder Empfangsberechtigten benannt hat (Abs. 2 S. 1), ist eindeutig geregelt, dass die Zustellung an den Bevollmächtigten oder Empfangsberechtigten vorzunehmen ist, wenn ein solcher bestellt ist (Schütze, in: GK-AsylVfG, § 10 Rdn. 115; s. auch Rdn. 22 ff., 30). Stellt das Bundesamt ungeachtet dessen persönlich an den Antragsteller zu, ist fehlerhaft zugestellt. Die Rechtsmittelfrist wird nicht in Gang gesetzt. Nur in den Fällen des § 31 I 2 in Verb. mit § 34 a I und § 50 V 1 ist die persönliche Zustellung an den Antragsteller erlaubt. 146

4.3. Anforderungen an die Vorkehrungspflichten nach Abs. 4 Satz 2

Die Bewirkung der Zustellung nach Abs. 4 S. 4 setzt voraus, dass der Asylsuchende in geeigneter Weise über die Abgabe der für ihn bestimmten Postsendung in der Aufnahmeeinrichtung informiert wird. Zu diesem Zweck hat die Verwaltung der Aufnahmeeinrichtung Postausgabe- und Postverteilungszeiten für jeden Werktag durch Aushang bekannt zu machen (Abs. 4 S. 3). Die Aufnahmeeinrichtung trifft keine Verpflichtung, den Asylsuchenden über Postausgabe- und Postverteilungszeiten in der Sprache des Asylsuchenden zu informieren (BVerfG (Kammer), NVwZ-Beil. 2002, 59). 147

Der Gesetzgeber stellt sich das Verfahren derart vor, dass die Behörde an den Leiter der Aufnahmeeinrichtung oder an einen von diesem benannten Empfangsberechtigten, etwa einen dort tätigen Bediensteten der Ausländerbehörde, das zuzustellende Schriftstück gegen Empfangsbekenntnis übergibt (BT-Drs. 12/4450, S. 17). Damit ist die Zustellung aber noch nicht bewirkt (vgl. Abs. 4 S. 4). Vielmehr hat der Empfangsberechtigte die Zustellungen und formlosen Mitteilungen *in geeigneter Weise bekannt zu machen* (BT-Drs. 12/4450, S. 17). 148

Zur Vermeidung von Nachteilen ist der Asylsuchende andererseits verpflichtet, sich regelmäßig nach Posteingängen zu erkundigen. Die Zustellung ist hingegen erst mit der Aushändigung an den Antragsteller bewirkt (Abs. 4 S. 4 1. HS). Im Übrigen gilt sie am dritten Tag nach der Übergabe (durch die 149

Post) an die Aufnahmeeinrichtung als bewirkt. Daraus ergibt sich, dass die Aufnahmeeinrichtung die Postsendungen zumindest bis zum Ablauf der Rechtsmittelfrist vorzuhalten hat. Zur effektiven Gewährleistung eines Wiedereinsetzungsantrags wird man darüber hinaus fordern können, dass die Postsendung auch eine gewisse Zeit über den Ablauf der Rechtsmittelfrist hinaus gelagert werden sollte (dagegen Hess. VGH, AuAS 1998, 44 (46)).

150 Die Anforderungen an die Bekanntgabeverpflichtung sind im Gesetz nur unzulänglich geregelt. Da Abs. 4 S. 4 allein von der *Möglichkeit der Kenntnisnahme* ausgeht, sind *besonders strenge Anforderungen an die Vorsorgepflichten der Aufnahmeeinrichtung* zu stellen. Denn eine Rechtfertigung für die fingierte Zustellung nach Abs. 4 S. 4 besteht nur dann, wenn die Möglichkeit der Kenntnisnahme dem Asylsuchenden *tatsächlich* eingeräumt worden ist (a. A. Hess. VGH, AuAS 1998, 44 (46), bei Nichteinräumung der Möglichkeit der Kenntniserlangung ist Wiedereinsetzung zu gewähren).

151 Daher muss der Aushang an *allgemein erreichbarer Stelle* angebracht und *sprachlich* so abgefasst sein, dass auch ein der deutschen Sprache nicht kundiger Asylsuchender Kenntnis von der für ihn bestimmten Mitteilung erlangen kann (Renner, AuslR, § 10 AsylVfG Rdn. 20; Schütze, in: GK-AsylVfG, § 10 Rdn. 123 f.). Demgegenüber verlangt das Gesetz lediglich, dass die allgemeinen Öffnungszeiten durch Aushang bekannt gemacht werden müssen (Abs. 4 S. 2). Eine zusammenfassende Betrachtung von Wortlaut und Begründung ergibt jedoch, dass das Gesetz erkennbar auf eine Praxis abzielt, der zu folge vom Asylsuchenden verlangt wird, dass er jeden Werktag bei der Postausgabestelle der Aufnahmeeinrichtung nach ihn betreffenden Zustellungen nachfragt.

152 Aufnahmeeinrichtungen mit hoher Belegungszahl können jedoch eine derartige Verfahrensweise kaum handhaben. Daher reicht es aus, wenn der Asylsuchende sich jederzeit am Aushang danach erkundigen kann, ob für ihn bestimmte Postsendungen eingetroffen sind. Dies erfordert andererseits bestimmte Vorkehrungen der Aufnahmeeinrichtung, dass dem Asylsuchenden auch tatsächlich und effektiv die Möglichkeit verschafft wird, zu erkennen, ob Postsendungen für ihn bereit liegen.

153 Daraus ergibt sich eine *Belehrungspflicht* der Aufnahmeeinrichtung über die Funktion des Aushangs und die Mitwirkungspflichten nach Abs. 4 S. 3 (vgl. Abs. 7). Ist die Belehrung hierüber nicht bereits mit der Belehrung nach Abs. 7 in Verb. mit Abs. 1 erfolgt, hat die Aufnahmeeinrichtung eine gesonderte Belehrung vorzunehmen. Regelmäßig erstreckt sich die Belehrung nämlich nur auf die Mitwirkungspflichten nach Abs. 1, nicht jedoch auf die nach Abs. 4 S. 3. Die Vorschrift des Abs. 7 erfordert jedoch eine Belehrung über alle Zustellungsvorschriften nach § 10, also auch über die nach Abs. 4 S. 3. Dies ist auch sachgerecht. Denn die tatsächliche Möglichkeit der Verschaffung der Kenntnis hat ein Asylsuchender nur, wenn er über die entsprechenden Vorkehrungen der Aufnahmeeinrichtung und seine hierauf bezogenen Verpflichtungen informiert ist.

154 Man wird also auch insoweit eine Belehrung gegen Empfangsbekenntnis nach Abs. 7 in Verb. mit Abs. 4 S. 3 zu verlangen haben. Erkennt die Behörde oder hätte sie erkennen müssen, dass der Asylsuchende Analphabet ist, darf

Zustellungsvorschriften **§ 10**

sie es nicht bei der bloßen Belehrung über die Möglichkeit des Aushangs nach Abs. 4 S. 2 und die Mitwirkungspflichten nach Abs. 4 S. 3 belassen. Hier wird man nach Maßgabe einer grundrechtsorientierten Interpretation von Verfahrensvorschriften eine persönliche Zustellung an den Asylsuchenden fordern müssen. Der Hinweis auf die Zustellungserleichterung nach Abs. 4 ist in einem derartigen Fall wegen der Unmöglichkeit, sich tatsächlich Kenntnis zu verschaffen, nicht gerechtfertigt.

4.4. Anforderungen an die Mitwirkungspflichten nach Abs. 4 Satz 3

Der Asylsuchende hat nach Abs. 4 S. 3 sicherzustellen, dass ihm Posteingänge während der Postausgabe- und Postverteilungszeiten in der Aufnahmeeinrichtung ausgehändigt werden können. Das bedeutet, dass der Asylsuchende sich in regelmäßigen Abständen am Aushang (Abs. 4 S. 2) über für ihn geltende Bekanntmachungen informiert. Eine derartige Mitwirkungspflicht setzt jedoch eine darauf bezogene Belehrung nach Maßgabe des Abs. 7 voraus. Zur Vermeidung von Nachteilen ist der Asylsuchende deshalb unter diesen Umständen verpflichtet, sich regelmäßig nach für ihn bestimmten Posteingängen zu erkundigen. 155

Werden Zustellungen durch Aushang bekannt gegeben, kann dies andererseits erhebliche Risiken für den Asylsuchenden mit sich bringen. Denn es besteht mit Bezug auf viele Herkunftsländer im Bundesgebiet ein weitverzweigtes Spitzeldienst- und Informationsnetz, im Rahmen dessen insbesondere in derartigen Einrichtungen Informationen gesammelt und weitergegeben werden, sodass der öffentliche Hinweis auf den zugestellten Bescheid unter Bezeichnung der betreffenden persönlichen Daten die Verfolgungsgefahr erst begründen oder erhöhen kann. Der Gesetzgeber hat in seinem Bemühen, möglichst reibungslose und effektive Verfahrensabläufe zu gewährleisten, derartige Risiken wohl stillschweigend hingenommen und insoweit eine inakzeptable Güterabwägung vorgenommen. 156

4.5. Bewirkung der Zustellung durch Übergabe (Abs. 4 Satz 4 erster Halbsatz)

Die Zustellung wird mit Aushändigung der Postsendung durch die Postausgabestelle der Aufnahmeeinrichtung bewirkt (Abs. 4 S. 4 1. HS), im Übrigen gilt sie am dritten Tag nach Übergabe an die Aufnahmeeinrichtung als bewirkt. Bereits der Gesetzeswortlaut legt nahe, dass der Zustellung durch Aushändigung Vorrang einzuräumen ist und deshalb die Aufnahmeeinrichtung die Pflicht trifft, zunächst einen Versuch zu unternehmen, das zuzustellende Schriftstück tatsächlich an den Empfänger auszuhändigen. Aus der Vermittlungsfunktion der Aufnahmeeinrichtung folgt, dass hierfür weder eine unmittelbare noch analoge Anwendung der Bestimmungen des VwZG in Betracht kommt (so aber Schütze, in: GK-AsylVfG, § 10 Rdn. 117 ff.). 157

158 Vielmehr ergibt sich aus der verfassungsrechtlich gebotenen Auslegung und Anwendung von Verfahrensvorschriften, auf die das BVerfG im Zusammenhang mit Abs. 7 ausdrücklich hinweist (BVerfG (Kammer), NVwZ-Beil. 1994, 25 (26), unter Hinweis auf BVerfGE 87, 48 (61 f.); 60, 253 (294 ff.); BVerfG (Kammer), AuAS 1994, 126; s. hierzu auch BVerfGE 56, 216 (236)), dass die Härten der Gesetzesanwendung nach Möglichkeit abgemildert werden müssen. Deshalb wird man von der Aufnahmeeinrichtung erwarten können, dass sie zunächst einen Aushändigungsversuch unternimmt, bevor sie zum Mittel der Bekanntgabe nach Abs. 4 S. 2 greift. Diese Verpflichtung ergibt sich auch daraus, dass das Risiko der Erhöhung der Verfolgungsgefahr nach Möglichkeit reduziert werden muss.

159 Wie die Aufnahmeeinrichtung die Aushändigung an den Empfänger organisiert, steht in ihrem Ermessen. Sie kann ihn durch Bedienstete benachrichtigen lassen, dass er das für ihn bestimmte Schriftstück auf der Postausgabestelle abholen möge. Sie kann aber auch durch Bedienstete die zuzustellende Sendung an den Empfänger persönlich in seiner Unterkunft aushändigen lassen. Die Abholzeiten sind für jeden Werktag (Abs. 4 S. 2), also auch für den Samstag, zu organisieren. Nach der obergerichtlichen Rechtsprechung muss der Bescheid *nicht* während der *gesamten Rechtsmittelfrist bereit gehalten* werden, sondern nur während der Frist von drei Tagen (BVerfG (Kammer), NVwZ-Beil. 2002, 57; OVG SA, NVwZ-Beil. 2002, 59).

160 Die Zustellung ist nach Abs. 4 S. 4 1. HS mit der tatsächlichen Aushändigung bewirkt, das heißt, ab diesem Zeitpunkt beginnt die Rechtsmittelfrist zu laufen. Die Aushändigung hat der Empfänger persönlich zu bestätigen. Die Empfangsbestätigung ist in der Akte aufzubewahren und dient dem Nachweis der Zustellung. Wird die Sendung nach Ablauf der Frist von drei Tagen nach Abs. 4 S. 4 2. HS persönlich ausgehändigt, handelt es sich nicht um eine Aushändigung nach Abs. 4 S. 4 1. HS, vielmehr findet die Vorschrift über die Zustellungsfiktion nach Abs. 4 S. 4 2. HS Anwendung.

4.6. Zustellungsfiktion nach Abs. 4 Satz 4 zweiter Halbsatz

161 Ist die persönliche Aushändigung der Postsendung an den Empfänger nicht möglich, weil dieser tatsächlich nicht in der Aufnahmeeinrichtung wohnt oder dort nicht erreichbar ist, ist der Posteingang am Aushang bekannt zu machen. Am dritten Tag nach Übergabe der Postsendung durch den Postzusteller an die Aufnahmeeinrichtung gilt in diesem Fall die Zustellung als bewirkt. Der dritte Tag wird jedoch bei der Berechnung der Rechtsmittelfrist nicht mitgerechnet (§ 187 I BGB). Würde es sich um eine tatsächliche Zustellung handeln, ergäben sich gegen die Anwendung von § 187 I BGB keinerlei Bedenken. Zwar bestimmt Abs. 4 S. 4 2. HS, dass die Zustellung am dritten Tag als bewirkt gilt. Ob dies auch der für den Beginn der Frist maßgebende Tag sein soll, kann der Vorschrift jedoch nicht entnommen werden (vgl. auch § 187 II BGB). Wegen dieser Unklarheit des Gesetzeswortlautes ist es nicht gerechtfertigt, die Rechtsmittelfrist gegenüber dem auf § 187 I BGB beruhenden Berechnungsmodus zu verkürzen. Auch spricht die enge Verbindung

zwischen Zustellungsfiktion und Zustellung dafür, die für Zustellungen maßgebliche Vorschrift des § 187 I BGB anzuwenden.

Wird dem Empfänger die Sendung nach Ablauf der Drei-Tages-Frist persönlich ausgehändigt, beginnt die Frist nicht erneut zu laufen (Renner, AuslR, § 10 AsylVfG, Rdn. 21). Die Vorschrift des Abs. 4 S. 4 2. HS ist darüber hinaus dahin zu korrigieren, dass für die Berechnung der Drei-Tages-Frist die gesetzlichen Vorschriften des § 193 BGB und § 31 III VwVfG maßgebend ist, sodass gesetzliche Feiertage, Sonntage und Samstage außer Betracht bleiben (Schütze, in: GK, in: AsylVfG, § 10 Rdn. 133 f.; a. A. OVG SA, NVwZ-Beil. 2002, 59 (60); VG Würzburg, AuAS 2000, 128 (129); offen gelassen Hess. VGH, AuAS 1998, 44). **162**

Stellt das Bundesamt nach wirksamen Eintritt der Zustellungsfiktion erneut an den Asylsuchenden mit entsprechender Rechtsmittelbelehrung zu, beginnt die Klagefrist nicht erneut zu laufen (OVG Rh-Pf, AuAS 2002, 250). Aufgrund des Eintritts der Zustellungsfiktion ist der zuerst zugestellte Bescheid nach Ablauf der Klagefrist bestandskräftig geworden. Eine erneute Zustellung kann die Rechtswirkungen der ordnungsgemäßen und wirksamen ersten Zustellung des Behördenbescheids nicht beseitigen (OVG Rh-Pf, AuAS 2002, 250). **163**

4.7. Fehler bei der Zustellung nach Abs. 4

Die Zustellung nach Abs. 4 ist aus einer Reihe von Gründen im höchsten Maße problematisch. Häufig ist das für die Entgegennahme der Zustellungen eingesetzte Personal nicht zuverlässig. Fehler bei der Zustellung sind zunächst nach den allgemeinen Zustellungsvorschriften zu beurteilen. Haften bereits dem zuzustellenden Schriftstück erhebliche Mängel an, ist die Zustellung auch nach Abs. 4 S. 4 unwirksam. Wird das Zustellungsdatum entgegen § 5 I 3 VwZG nicht auf dem Bescheid vermerkt, ist die Zustellung zwar wirksam, setzt die Rechtsbehelfsfrist indes nicht in Gang (VG Frankfurt am Main, AuAS 1998, 240; a. A. VG Gießen, NVwZ-Beil. 2001, 45). **164**

Zwar kann die Aufnahmeeinrichtung weder als zustellende Behörde noch als Postzusteller bewertet werden, sie ist jedoch als Gehilfe der zustellenden Behörde beim Vorgang der Zustellung anzusehen. Fehler der Aufnahmeeinrichtung bei der Aushändigung und Bekanntgabe werden daher der zustellenden Behörde zugerechnet. Ist nicht ordnungsgemäß über die Bekanntgabevorkehrungen belehrt worden oder entsprechen Form und Umfang der Bekanntgabe nicht den an eine ordnungsgemäße Bekanntgabe zu stellenden Anforderungen, ist nicht wirksam zugestellt worden. **165**

Findet sich in den Akten kein Empfangsbekenntnis über die persönliche Aushändigung (Abs. 4 S. 4 1. HS) oder kein Empfangsbekenntnis über die Belehrung nach Abs. 7 in Verb. mit Abs. 4 S. 2 und S. 3, ist ebenfalls von einer unwirksamen Zustellung auszugehen. Da die Zustellung nach Abs. 4 S. 4 2. HS nicht in Form des Urkundenbeweises erfolgt, ist ein schlüssiger und konkret belegter entgegenstehender Geschehensablauf darzulegen, um das Verwaltungsgericht zu weiterer Aufklärung über die Zustellungspraxis **166** in der Aufnahmeeinrichtung zu veranlassen (Schütze, in: GK-AsylVfG, § 10 Rdn. 130).

167 Im Übrigen ist angesichts der erheblichen Risiken, die das Zustellungsverfahren nach Abs. 4 S. 4 mit sich bringt, eine *großzügige Anwendung des Wiedereinsetzungsrechts* geboten (so wohl auch Hess. VGH, AuAS 1998, 44 (46)). Behauptet der Antragsteller schlüssig, er habe etwa zwei Mal in der Woche bei der Postausgabestelle nach ihn betreffenden Zustellungen gefragt, ist regelmäßig ein Organisationsmangel der Aufnahmeeinrichtung nicht von der Hand zu weisen. In Anbetracht der Frist von drei Tagen nach Abs. 4 S. 4 letzter HS hat der Antragsteller auch unter Berücksichtigung der Wochenfrist des § 36 III 1 seiner Sorgfaltspflicht vollends Genüge getan, wenn er zwei Mal in der Woche bei der Postausgabestelle vorspricht bzw. den Aushang nach ihn betreffenden Zustellungen und Mitteilungen kontrolliert. Kann ihm ein dementsprechender schlüssiger Sachvortrag nicht widerlegt werden, ist die Wiedereinsetzung zu gewähren.

§ 11 Ausschluss des Widerspruchs

Gegen Maßnahmen und Entscheidungen nach diesem Gesetz findet kein Widerspruch statt.

Übersicht

	Rdn.
1. Vorbemerkung	1
2. Verfahrensrechtliche Bedeutung	3

1. Vorbemerkung

1 Bereits im früheren Asylverfahrensrecht war mit Blick auf das gegen die Vollziehung der Abschiebungsandrohung gerichtete *Eilrechtsschutzverfahren* der Widerspruch im Hauptsacheverfahren ausgeschlossen (§§ 10 III 1, 11 II AsylVfG 1982). Auch im Übrigen fand im Hauptsacheverfahren kein Widerspruch statt (§ 12 VIII AsylVfG 1982). Vielmehr war im Wege des Klageverbundes gegen den Asylbescheid und die ausländerrechtliche Verfügung unmittelbar Klage beim Verwaltungsgericht zu erheben. Auch in Widerrufs- und Rücknahmeverfahren fand kein Widerspruch statt (§§ 16 III 2, 12 VIII AsylVfG 1982).

2 Demgegenüber war gegen ausländerrechtliche Auflagen nach §§ 20 II, 26 AsylVfG 1982 ebenso der Widerspruch einzulegen (§§ 20 VI, 26 IV AsylVfG 1982) wie gegen zuweisungsrechtliche Verwaltungsentscheidungen (§ 22 X AsylVfG 1982). Aus Gründen der Verfahrensbeschleunigung wird nach geltendem Recht durch § 11 in allen Verwaltungsverfahren nach diesem Gesetz der Widerspruch ausgeschlossen. Die Vorschrift ist im Zusammenhang mit

Ausschluss des Widerspruchs § 11

der Regelung in § 80 zu sehen, die in Rechtsstreitigkeiten nach dem AsylVfG die Beschwerde ausschließt.

2. Verfahrensrechtliche Bedeutung

Im allgemeinen Verwaltungsrecht sind vor Erhebung der Anfechtungsklage Rechtmäßigkeit sowie Zweckmäßigkeit in einem Vorverfahren nachzuprüfen (§ 68 I VwGO). Dasselbe gilt entsprechend für die Verpflichtungsklage (§ 68 II VwGO). Das Vorverfahren beginnt mit der Erhebung des Widerspruchs (§ 69 VwGO), der binnen eines Monats nach Bekanntgabe des Verwaltungsaktes zu erheben ist (§ 70 VwGO). Die Durchführung des Vorverfahrens ist im allgemeinen Verfahrensrecht zwingende Prozessvoraussetzung der Klage.

3

Das Gesetz sieht jedoch ausdrücklich vor, dass von einem Vorverfahren abzusehen ist, wenn dies durch Gesetz für besondere Fälle bestimmt wird (§ 68 I 2 VwGO). § 11 ist ein derartiges besonderes Gesetz mit der Folge, dass nach Zustellung der Sachentscheidung gemäß § 31 und der zugleich im Zustellungsverbund zugestellten Abschiebungsandrohung (§ 34 II) kein Vorverfahren stattfindet und deshalb kein Widerspruch einzulegen, sondern innerhalb zweiwöchigen der Klagefrist des § 74 I Verpflichtungs- und Anfechtungsklage zu erheben ist.

4

Wird gleichwohl statt der Klage Widerspruch eingelegt, ist dieser unzulässig. Da nach der Entscheidung über den eingelegten Widerspruch die Klagefrist abgelaufen sein wird, ist die Klagefrist versäumt worden. Insoweit führt die Vorschrift keine Neuerung gegenüber dem seit 1978 geltenden Asylverfahrensrecht ein.

5

Da Asylentscheidungen *Rechtsentscheidungen* sind (BVerwGE 49, 211 (212) = EZAR 210 Nr. 1 = DÖV 1976, 94 = MDR 1976, 254 = BayVBl. 1976, 410; BVerwG, DVBl. 1983, 33), könnte im Widerspruchsverfahren jedenfalls keine Überprüfung auf deren Zweckmäßigkeit erfolgen. Der Wegfall des Widerspruchs hat erhebliche verfahrensbeschleunigende Wirkung. Der Gesetzgeber hat daher vernünftige und nachvollziehbare Gründe für die Regelung, dass im Asylverfahren der Widerspruch ausgeschlossen ist.

6

Dies kann für den generellen Ausschluss des Widerspruchs allerdings nicht behauptet werden. Zumindest im Aufenthaltsrecht des AsylVfG gibt es nach wie vor Ermessenstatbestände (vgl. z. B. §§ 57 II, III, 58 I–III, 60, 65 II) und im Zuweisungsrecht wäre es durchaus zweckmäßig in einem Vorverfahren das Vorliegen besonderer humanitärer Härtegründe (vgl. hierzu: Hess.VGH, EZAR 228 Nr. 5; Hess.VGH, EZAR Nr. 8; Hess.VGH, EZAR Nr. 9; Hess.VGH, ESVGH 39, 231; Hess.VGH, ESVGH 39, 225; Hess.VGH, Hess.VGRspr. 1989, 23; Hess.VGH, InfAuslR 1987, 98; OVG Hamburg, EZAR 228 Nr. 1; OVG Hamburg, InfAuslR 1986, 97; VGH BW, EZAR 228 Nr. 9; VGH BW, EZAR 228 Nr. 10) nachprüfen zu lassen.

7

Nach geltendem Recht ist bei Verteilungsentscheidungen ebenfalls innerhalb der Klagefrist des § 74 I unmittelbar Klage zu erheben. Da die Zuweisungsentscheidung keiner Begründung bedarf (§ 50 I 3), ist die zweckentsprechende Rechtsverteidigung, aber auch die gerichtliche Überprüfung erheblich er-

8

§ 11 a	*Allgemeine Bestimmungen*

schwert. Auch dies verdeutlicht, dass der Wegfall des Widerspruchs insoweit unerwünschte Auswirkungen haben kann. Im Vordergrund der gesetzgeberischen Vorstellungen steht aber wohl der alles überragende Beschleunigungszweck. Nach den Erfahrungen der Vergangenheit sind Bemühungen um die gerichtliche Korrektur einer Zuweisungsentscheidung in Anbetracht der schematisierenden Zuweisungskriterien ohnehin kaum zu erreichen. Nach wie vor sind daher Gespräche mit der Behörde der letztlich einzig erfolgversprechende Weg.

§ 11 a Vorübergehende Aussetzung von Entscheidungen

Das Bundesinnenministerium des Innern kann Entscheidungen des Bundesamtes nach diesem Gesetz zu bestimmten Herkunftsländern für die Dauer von sechs Monaten vorübergehend aussetzen, wenn die Beurteilung der asyl- und abschiebungsrelevanten Lage besonderer Aufklärung bedarf. Die Aussetzung nach Satz 1 kann verlängert werden.

Übersicht

		Rdn.
1.	Vorbemerkung	1
2.	Voraussetzungen der Aussetzungsanordnung nach Satz 1	3
3.	Anordnende Behörde (Satz 1)	8
4.	Rechtscharakter der Aussetzungsanordnung	9
5.	Dauer der Aussetzungsanordnung	11
5.1.	Erstmaliger Erlass der Aussetzungsanordnung (Satz 1)	11
5.2.	Verlängerung der Aussetzungsanordnung (Satz 2)	14

1. Vorbemerkung

1 Die Vorschrift des § 11 a ist erstmals durch das ZuwG vom 30. Juli 2004 in das AsylVfG eingeführt worden und am 1. Januar 2005 in Kraft getreten. Nach der gesetzlichen Begründung soll sie eine klarstellende Rechtsgrundlage schaffen für die bis zum Inkrafttreten der Vorschrift seit längerem praktizierte Aussetzung von Asylverfahren zu bestimmten Herkunftsländern, in denen die Beurteilung der asyl- und abschiebungsrelevanten Lage beispielsweise aufgrund temporärer Bürgerkriegssituationen (z. B. Jugoslawien, Afghanistan, Demokratische Republik Kongo, Ruanda, Sierra Leone) besondere Schwierigkeiten bereitet (BT-Drs. 15/420, S. 108; so schon BT-Drs. 14/7387, S. 100). Damit soll also die bislang durch interne Weisungen geregelte Praxis des Entscheidungsstopps gesetzlich geregelt werden.

2 Umbruchsituationen in den Herkunftsländern der Asylsuchenden können es nahe legen, für eine bestimmte Zeitdauer die Entscheidung über Asylanträge auszusetzen. In der Vergangenheit hat das Bundesamt dieses Instrument indes auch häufig angewendet, obwohl die tatsächliche Lage zurei-

Vorübergehende Aussetzung von Entscheidungen **§ 11 a**

chend geklärt war oder die Umbruchsituation zur dauerhaften wurde oder eine anerkennungsträchtige Situation evident war (z. B. Ruanda, verfolgte Minderheiten im Kosovo). Um einen derartig extensiven Gebrauch der Aussetzungsmöglichkeit zu unterbinden, darf das Bundesamt nur aufgrund einer durch eine Umbruchsituation hervorgerufenen unklaren Sachlage angewiesen werden, die Entscheidung auszusetzen.

2. Voraussetzungen der Aussetzungsanordnung nach Satz 1

Voraussetzung der Aussetzungsanordnung nach dem Gesetz ist, dass die Beurteilung der asyl- und abschiebungsrelevanten Lage *besonderer Aufklärung* bedarf. Damit eröffnet das Gesetz der anordnenden Behörde einen extrem weiten Beurteilungs- und Entscheidungsspielraum. Jedes Herkunftsland ist von einer Situation geprägt, die vor der Entscheidung im konkreten Einzelfall einer besonderen Aufklärung bedarf. Um die gesetzlichen Voraussetzungen einer inhaltlich bestimmten Konkretisierung zuzuführen, sind daher die bisherige Verwaltungspraxis sowie die gesetzliche Begründung heranzuziehen. 3

In der Verwaltungspraxis wurden in der Vergangenheit sog. Entscheidungsstopps regelmäßig dann angeordnet, wenn eine plötzliche Umbruchsituation im betreffenden Herkunftsland des Asylsuchenden wegen eines Regimewechsels verbunden mit fortdauernden bürgerkriegsartigen Kämpfen eine hinreichend zuverlässige Beurteilung individueller Verfolgungstatbestände erheblich erschwere. Es waren also regelmäßig *generelle* Entwicklungen mit das gesamte Staatsgebiet ergreifenden Auswirkungen oder wie im Beispielsfall Kosovo eine abgrenzbare Region innerhalb des Staatsgebiets betreffende Entwicklungen, die Anlass zum Erlass des sog. Entscheidungsstopps gaben. 4

Dementsprechend schränkt die gesetzliche Begründung die Aussetzungsmöglichkeit auf »temporäre Bürgerkriegssituationen« ein (BT-Drs. 14/420, S. 108; BT-Drs. 14/7387, S. 100). Ein bereits länger andauernder Bürgerkrieg berechtigt daher nicht zum Erlass der Aussetzungsanordnung, es sei denn, im Verlaufe eines anhaltenden Bürgerkrieges verändern sich bis dahin bestehende Machtverhältnisse in einer Weise, dass zur zuverlässigen Beurteilung individueller Verfolgungstatbestände die veränderten Verfolgungsstrukturen zunächst der weiteren Aufklärung bedürfen. Das Kosovo ist wegen der dortigen geschichtlichen und politischen Entwicklung eine Ausnahme von dem Grundsatz, dass regelmäßig das gesamte Staatsgebiet von einer Umbruchsituation betroffen sein muss. 5

Zweck der Vorschrift ist es, in den Fällen, in denen sich die bislang relativ zuverlässige Einschätzung der generellen Entwicklung im Herkunftsland nicht mehr aufrecht erhalten lässt, vor einer Entscheidung im Einzelfall die tatsächliche Situation im Herkunftsland näher aufzuklären. Es handelt sich damit um Fallgestaltungen, in denen sich das gesamte Staatsgebiet des Herkunftslandes ergreifende eruptionsartige Änderungsprozesse entwickeln, welche den bisherigen tatsächlichen Feststellungen und Prognosen vollstän- 6 dig die Grundlage entziehen, Für eine vorübergehende Zeitphase soll also zunächst die Tatsachenlage untersucht werden, bevor im Einzelfall eine Sachentscheidung getroffen werden kann.

7 Bleibt die Situation instabil und wechselhaft, rechtfertigt dies als solches nicht die Aufrechterhaltung der Aussetzungsanordnung. Vielmehr ist im Einzelfall eine Entscheidung zu treffen. Das BVerwG hat ausdrücklich festgestellt, dass eine Sachentscheidung stets möglich und deshalb auch zu treffen ist, wenn die Sache entscheidungsreif ist, mögen sich auch die tatsächlichen Verhältnisse im Übrigen noch nicht stabilisiert haben (BVerwG, EZAR 202 Nr. 6; BVerwG, EZAR 631 Nr. 5).

3. Anordnende Behörde (Satz 1)

8 Anordnende Behörde ist das Bundesinnenministerium, das durch Weisungen an das Bundesamt bestimmt, dass im Blick auf ein bestimmtes Herkunftsland vorübergehend keine Sachentscheidungen getroffen werden dürfen. In der Vergangenheit hat regelmäßig das Bundesinnenministerium den Entscheidungsstopp angeordnet. Eine Delegationsmöglichkeit an das Bundesamt oder eine andere geeignete Stelle sieht das Gesetz nicht vor. Daher hat stets das Bundesinnenministerium die Aussetzung anzuordnen. Es wird hierzu in aller Regel vorher mit dem Bundesamt sowie dem Auswärtigen Amt die Situation aufklären und erörtern, bevor es die Entscheidung trifft.

4. Rechtscharakter der Aussetzungsanordnung

9 Die Aussetzungsanordnung nach S. 1 hat verwaltungsinternen Charakter, kann also als solche vom Antragsteller mit Rechtsmitteln nicht angegriffen werden. Er kann jedoch beim zuständigen Verwaltungsgericht (§ 74 Rdn. 135 ff.) Verpflichtungsklage in Form der Untätigkeitsklage (vgl. § 75 VwGO) erheben. In der Vergangenheit hat die überwiegende Mehrzahl der Verwaltungsgerichte in einer konkreten länderspezifischen Situation indes ebenso wie das Bundesamt die weitere Entwicklung abgewartet, sodass die erhobene Klage wenig erfolgversprechend war. Da nunmehr das Gesetz mit der Einschränkung »vorübergehend« eine klare gesetzliche Grundlage geschaffen hat, wird das Bundesamt im Klageverfahren nach Ablauf der Frist von sechs Monaten ohne das Hinzutreten besonderer Umstände kaum noch »einen zureichenden Grund« (vgl. § 75 S. 1 VwGO) für die Verfahrensverzögerung bezeichnen können.

10 Der Erlass der Aussetzungsanordnung hat zur Folge, dass »*Entscheidungen des Bundesamtes*« nach § 31 bis zu deren Aufhebung ausgesetzt werden. In der bisherigen Verwaltungspraxis hinderte ein Entscheidungsstopp nicht die Aufklärung der individuellen Verfolgungssituation durch persönliche Anhörung des Antragstellers (vgl. § 24 I 2, § 25 I). Dementsprechend wird auch die Rechtsanwendungspraxis zu § 11 a dahin gehen, dass bei der Aufklärung des Sachverhalts keine gegenüber der normalen Praxis abweichende Übung

praktiziert werden wird. Vielmehr sind zur Aufklärung des für die spätere Sachentscheidung erforderlichen Sachverhalts auch in den Fällen, in denen eine Aussetzungsanordnung nach S. 1 getroffen worden ist, ungeachtet dessen die maßgeblichen tatsächlichen Entscheidungsgrundlagen erschöpfend aufzuklären und insbesondere der Antragsteller anzuhören. Sobald die Anordnung aufgehoben worden ist, wird unverzüglich die Sachentscheidung getroffen.

5. Dauer der Aussetzungsanordnung

5.1. Erstmaliger Erlass der Aussetzungsanordnung (Satz 1)

Die Aussetzungsanordnung hat lediglich »*vorübergehenden Charakter*«. Sie gilt kraft Gesetzes zunächst für sechs Monate. Aus der gesetzlichen Frist kann entnommen werden, dass nach Ablauf von sechs Monaten grundsätzlich nicht mehr von einem vorübergehenden Charakter der instabilen Situation ausgegangen werden kann. Nicht die destabilisierten und wechselhaften Verhältnisse im Herkunftsland als solche rechtfertigen nach dem Gesetz die Aussetzungsanordnung, sondern deren Aufklärungsbedürftigkeit (Satz 1). Hat das Bundesamt die Situation aufgeklärt und festgestellt, dass diese auf absehbare Zeit von Unsicherheiten, plötzlichen Änderungen und Wechseln in den Machtverhältnissen geprägt ist, so ist diese zwar instabil, aber keiner weiteren Aufklärung bedürftig. Die Sachentscheidung ist in diesem Fall möglich und deshalb auch zu treffen, mögen sich auch die tatsächlichen Verhältnisse im Übrigen noch nicht stabilisiert haben (BVerwG, EZAR 202 Nr. 6; BVerwG, EZAR 631 Nr. 5; Marx, Stellungnahme an den BT-Innenausschuss, BT, 14. WP, Prot. Nr. 83, 83, Sitzung des Innenausschusses am 16. 1. 2002, Anl. 14/674, S. 65).

Da nach § 60 I 5 AufenthG in Verb. mit Art. 6 Buchst. c) wie Art. 15 Buchst. c) der Qualifikationsrichtlinie die fehlende Staatlichkeit der Gewährung des internationalen oder ergänzenden Schutzes nicht entgegensteht, führt der fortbestehende Bürgerkrieg nicht zwingend dazu, dass der Asylantrag abgelehnt werden müsste. Vielmehr kommt es auf die objektiven Tatsachen und Gründe an, die ausreisebestimmend waren und im Falle der Rückkehr andauern müssen. Ergibt sich aus ihnen, dass der Antragsteller gute Gründe für eine individuelle Verfolgung aus asylrechtserheblichen oder aus Gründen der Konvention hat, ist ihm ungeachtet der destabilisierten Situation in seinem Herkunftsland der Status zu gewähren.

5.2. Verlängerung der Aussetzungsanordnung (Satz 2)

Satz 2 erlaubt die Verlängerung der Aussetzungsanordnung nach Satz 1. Das Gesetz enthält zwar keine einschränkenden Regelungen für die Geltungsdauer der Aussetzungsanordnung, sodass theoretisch die Anordnung unbefristet verlängert werden könnte (vgl. hierzu die Kritik der EKD in ihrer Stellungnahme an den BT-Innenausschuss, BT, 14. WP, Prot. Nr. 83, 83, Sitzung des Innenausschusses am 16. 1. 2002, Anl. 14/674 I, S. 21). Satz 1 enthält je-

15 Nur in ganz besonders gelagerten Ausnahmefällen mag auch nach Ablauf von sechs Monaten noch weiterer Aufklärungsbedarf bestehen. Maßgebend ist jedoch nicht die über sechs Monate hinausreichende instabile und wechselhafte Situation in dem betreffenden Herkunftsland, sondern die Tatsache, dass innerhalb von sechs Monaten deren zureichende Sachaufklärung nicht möglich war. Dieser Einwand bedarf jedoch einer nach strengen Kriterien zu beurteilenden Darlegung.

doch für die Verlängerungsmöglichkeit nach Satz 2 ein materielles Korrektiv. Da die Aussetzung der Entscheidungspraxis nur vorübergehend möglich ist, hat die Verlängerungsentscheidung auf den hierin zum Ausdruck kommenden gesetzgeberischen Willen Rücksicht zu nehmen.

Zweiter Abschnitt
Asylverfahren

Erster Unterabschnitt
Allgemeine Verfahrensvorschriften

§ 12 Handlungsfähigkeit Minderjähriger

(1) Fähig zur Vornahme von Verfahrenshandlungen nach diesem Gesetz ist auch ein Ausländer, der das 16. Lebensjahr vollendet hat, sofern er nicht nach Maßgabe des Bürgerlichen Gesetzbuches geschäftsunfähig oder im Falle seiner Volljährigkeit in dieser Angelegenheit zu betreuen und einem Einwilligungsvorbehalt zu unterstellen wäre.

(2) Bei der Anwendung dieses Gesetzes sind die Vorschriften des Bürgerlichen Gesetzbuches dafür maßgebend, ob ein Ausländer als minderjährig oder volljährig anzusehen ist. Die Geschäftsfähigkeit und die sonstige rechtliche Handlungsfähigkeit eines nach dem Recht seines Heimatstaates volljährigen Ausländers bleiben davon unberührt.

(3) Im Asylverfahren ist vorbehaltlich einer abweichenden Entscheidung des Vormundschaftsgerichts jeder Elternteil zur Vertretung eines Kindes unter 16 Jahren befugt, wenn sich der andere Elternteil nicht im Bundesgebiet aufhält oder sein Aufenthaltsort im Bundesgebiet unbekannt ist.

Übersicht

	Rdn.
1. Vorbemerkung	1
2. Begriff der Handlungsfähigkeit (Abs. 1 und 2)	4
3. Probleme der Altersbestimmung	8
4. Vertretung des Handlungsunfähigen (Abs. 3)	12
5. Eingeschränkte asylrechtliche Darlegungslast	19
6. Unbegleitete Minderjährige	21
7. Ergänzungspflegschaft (§ 1909 BGB)	28
8. Prüfung der Handlungsfähigkeit von Amts wegen	30

Handlungsfähigkeit Minderjähriger § 12

9. Unzulässigkeit der Unterbringung minderjähriger Asylsuchender in einer Aufnahmeeinrichtung oder Gemeinschaftsunterkunft ... 37
10. Unzulässigkeit der Abschiebung des Minderjährigen ... 40
11. Rechtsschutz ... 46

1. Vorbemerkung

Diese Vorschrift regelt die Handlungsfähigkeit im Verwaltungs- und Verwaltungsstreitverfahren. Die Handlungsfähigkeit im Verfahren knüpft allgemein an die Geschäftsfähigkeit nach bürgerlichem Recht an. Die Geschäftsfähigkeit von Ausländern richtet sich nach deren Heimatrecht (Art. 7 I 1 EGBGB). Für das Verfahren im Inland gilt nach allgemeinen Grundsätzen und nunmehr klarstellend auch nach Abs. 2 das deutsche Recht (*lex fori*). Vorschriften des Heimatrechtes bleiben davon unberührt (Abs. 2 S. 2). 1

Die Vorschrift des § 12 I hat auch Bedeutung für andere Verwaltungsverfahren. Denn nach § 12 I Nr. 2 VwVfG sind Ausländer im Verwaltungsverfahren handlungsfähig, soweit sie nach deutschem Recht für den Gegenstand des Verfahrens durch Vorschriften des bürgerlichen Gesetzes als geschäftsfähig oder nach Vorschriften des öffentlichen Rechts als handlungsfähig anerkannt sind oder bei Anwendung ihres Heimatrechtes prozessfähig wären. 2

Soweit also das VwVfG unmittelbar Anwendung findet und insoweit nicht durch spezielle Vorschriften verdrängt wird, beginnt in den entsprechenden Verfahren die Handlungsfähigkeit nach Vollendung des 16. Lebensjahres. Eine mit § 12 I Nr. 2 VwVfG identische Regelung enthält § 11 I Nr. 2 SGB X, sodass auch in sozialhilferechtlichen Verfahren die Handlungsfähigkeit gemäß § 11 I Nr. 2 SGB X in Verb. mit § 12 I nach Vollendung des 16. Lebensjahres beginnt. 3

2. Begriff der Handlungsfähigkeit (Abs. 1 und 2)

Der Begriff der Handlungsfähigkeit bezeichnet die rechtliche Fähigkeit eines Verfahrensbeteiligten, am asylrechtlichen Verwaltungs- und Verwaltungsstreitverfahren selbst oder durch einen Bevollmächtigten teilnehmen zu können. Umfasst wird damit z. B. die Fähigkeit, rechtswirksam einen Asylantrag stellen und die dazu notwendigen Erklärungen abgeben, einen Bevollmächtigten bestellen oder einen Dolmetscher beauftragen, Klage erheben sowie Rechtsbehelfe durch Beauftragung eines Prozessbevollmächtigten (vgl. § 67 I 1 VwGO) einlegen zu können. 4

Die nach § 62 I Nr. 2 VwGO notwendige Prozessfähigkeit wird somit durch § 12 begründet. Neben der *aktiven* wird auch die *passive* Handlungsfähigkeit umfasst. Dies betrifft insbesondere die Empfangsbefugnis, also die Fähigkeit zur Entgegennahme behördlicher oder gerichtlicher Schreiben. Damit wirken dem handlungsfähigen minderjährigen Asylsuchenden gegenüber auch die verschärften Zustellungsvorschriften des § 10. Aus der passiven Handlungsfähigkeit folgt die behördliche Pflicht, dem minderjährigen Asylsuchenden 5 persönlich zuzustellen, wenn nicht ein Verfahrensbevollmächtigter bestellt worden ist.

6 Der Begriff der Handlungsfähigkeit nach Abs. 1 ist ein *partieller*. Die Sondervorschriften für Minderjährige gelten danach nur für Verfahrenshandlungen nach dem AsylVfG. Für Verfahrenshandlungen nach dem AuslG gilt z. B. eine eigenständige Vorschrift (§ 80 III AufenthG). Angesichts der formalen Strenge des Prozessrechts sowie der einschränkenden Auslegung des Begriffs der Handlungsfähigkeit durch das BVerwG (DÖV 1982, 452) ist § 12 keiner erweiternden Auslegung zugänglich. Jedoch hat die Vorschrift des § 12 für das allgemeine Verwaltungsverfahren sowie für das sozialhilferechtliche Verfahren Bedeutung mit der Folge, dass auch für diese Verfahren die Handlungsfähigkeit nach Vollendung des 16. Lebensjahres beginnt.

7 Nach Abs. 1 beginnt die Handlungsfähigkeit für das Asylverfahren mit Vollendung des 16. Lebensjahres. Abs. 2 S. 1 stellt klar, dass sich die Geschäftsunfähigkeit sowie die altersunabhängige Beschränkung der Geschäftsfähigkeit nach §§ 104 ff. BGB richten. Die Altersgrenze nach Abs. 1 regelt nur die Handlungsfähigkeit, enthält aber keine asylausschließende materielle Wirkung. Denn asylberechtigt kann jeder Asylsuchende ohne Rücksicht auf sein Alter sein. Im Übrigen findet die abstrakte Regelung des Abs. 1 unabhängig von der Einsichtsfähigkeit im individuellen Einzelfall Anwendung.

3. Probleme der Altersbestimmung

8 Probleme treten in der Praxis in den Fällen auf, in denen mangels amtlicher Dokumente das Geburtsdatum nicht feststeht. Die Eintragung eines von der Behörde frei festgelegten Alters ist ein unzulässiger Eingriff in das Persönlichkeitsrecht (VG Freiburg, InfAuslR 2004, 462 (463)). Gegen die durch die Frankfurter Grenzschutzbehörde früher zeitweise durchgeführten röntgenologischen Untersuchungen zur Altersbestimmung des Minderjährigen werden erhebliche verfassungsrechtliche Bedenken geltend gemacht (Göbel-Zimmermann, InfAuslR 1995, 166 (171 f.); Menzel, ZAR 1996, 22 (24); OVG Berlin, NVwZ-Beil. 1998, 91, bloße behördliche Alterseinschätzung rechtfertigt Leistungsversagung).

9 In der schweizerischen Spruchpraxis der Asylrekurskommission wird die Altersbestimmung aufgrund einer radiographischen Untersuchung des Handknochens nur eingeschränkt zugelassen. Weil sich danach das Alter nur »innerhalb einer bestimmten Brandbreite« bestimmen lasse, könne die Knochenalteranalyse nur innerhalb der normalen Abweichungen anerkannt werden (ARK, EMARK 2001 Nr. 23).

10 Ist daher das behauptete Alter innerhalb der Bandbreite von drei Jahren, kann die Knochenalteranalyse als Beweismittel zugelassen werden (ARK, EMARK 2001 Nr. 23). Lässt sich danach das Alter nicht feststellen, ist das Alter des Antragstellers aufgrund einer Gesamtwürdigung seiner entsprechenden Angaben zu bestimmen und diesem dabei die Beweislast aufzulegen (ARK, EMARK 2001 Nr. 22). Die Rechtsprechung stellt aber regelmäßig das

Handlungsfähigkeit Minderjähriger § 12

Alter aufgrund eigener Beweiswürdigung aufgrund der Befragung des Asylsuchenden fest (vgl. VG Hamburg, NVwZ-Beil. 2002, 13 (14))."
Gemäß § 26 PStG kann beim zuständigen Standesamt beantragt werden, Geburtsort und -tag festzulegen sowie in ein Geburtenbuch einzutragen. Häufig tragen die Heimatbehörden lediglich das Geburtsjahr in den Pass ein. In derartigen Fällen gebietet es das in § 12 VwVfG zum Ausdruck kommende gesetzliche Prinzip eines umfassenden Minderjährigenschutzes, von dem innerhalb des bekannten Geburtsjahres spätest möglichen Geburtsdatum auszugehen, also vom 31. Dezember dieses Jahres (BVerwG, DÖV 1985, 407). 11

4. Vertretung des Handlungsunfähigen (Abs. 3)

Handlungsunfähig nach dem Gesetz sind alle unter 16 Jahre alten Ausländer und außerdem altersunabhängig solche Personen, die im Falle ihrer Volljährigkeit in der asylverfahrensrechtlichen Angelegenheit zu betreuen und einem Einwilligungsvorbehalt zu unterstellen wären. Sie bedürfen der Vertretung durch ihren gesetzlichen Vertreter, d. h. durch die Eltern, Betreuer oder Pfleger. Da diese Personen verfolgt sein können und deshalb des asylrechtlichen Schutzes bedürfen, ist zur Vornahme wirksamer Verfahrenshandlungen der gesetzliche Vertreter berufen. 12

Nach Abs. 3 ist vorbehaltlich einer abweichenden gerichtlichen Entscheidung jeder Elternteil zur Vertretung eines Kindes unter 16 Jahren befugt, wenn sich der andere Elternteil nicht im Bundesgebiet aufhält oder sein Aufenthaltsort im Bundesgebiet unbekannt ist. Damit wird die gesetzliche Regel der gemeinschaftlichen Vertretung der Eltern (vgl. § 1629 I BGB) im Hinblick auf die Besonderheiten des Asylverfahrens modifiziert. Das Gesetz verlangt nicht, dass die Eltern miteinander verheiratet sind oder dass dem allein im Bundesgebiet lebenden Elternteil die Personensorge übertragen wurde. Allerdings darf das Vormundschaftsgericht keine abweichende Entscheidung getroffen haben. 13

Nach der Gesetzesbegründung soll Abs. 3 die Behörde vorbehaltlich anderweitiger vormundschaftsgerichtlicher Entscheidungen der Prüfung der familienrechtlichen Vertretungsregelungen des Herkunftsstaates sowie der Prüfung der Vertretungsbefugnis im Einzelfall entheben (BT-Drs. 12/4450, S. 17). 14

Der Sinn dieser Vorschrift ist aber eher darin zu sehen, dass im Falle der Anwesenheit eines Elternteiles im Bundesgebiet die wirksame Asylantragstellung nicht von einer langwierigen und komplizierten Prüfung der möglicherweise schwierigen Vertretungsregelungen des Heimatrechtes abhängig gemacht werden soll. Auch reichen nach dieser Vorschrift die äußeren Umstände aus, um die Vertretungsbefugnis des anwesenden Elternteiles unterstellen zu können (BT-Drs. 12/4450, S. 17). Die Vorlage von Dokumenten, die eine derartige Befugnis belegen, ist daher im Sinne eines effektiven Minderjährigenschutzes nicht gefordert. 15

Im Verwaltungsstreitverfahren ist der Verfahrensbevollmächtigte jedenfalls dann zur Einlegung von Rechtsmitteln befugt, wenn ihm von dem hier le- 16 benden Elternteil Vollmacht erteilt wurde (Abs. 3). Bevollmächtigt der Minderjährige einen Rechtsanwalt, kommt ein Dienstvertrag unabhängig von den Rechtswirkungen des § 12 nicht zustande (AG Münster, NVwZ 1994, 728).

17 Haben beide Elternteile ihren gewöhnlichen Aufenthaltsort nicht im Bundesgebiet, ist durch das Bundesamt in entsprechender Anwendung des § 16 VwVfG eine *Pflegerbestellung* zu veranlassen (Funke-Kaiser, in: GK-AsylVfG, II – § 12 Rdn. 3). Es handelt sich dabei um eine *Ergänzungspflegschaft* nach § 1909 BGB mit dem Wirkungskreis einer Vertretung in allen ausländerrechtlichen und Angelegenheiten nach dem AsylVfG (s. hierzu Rdn. 26ff.). Die derart eingeschränkte Pflegerbestellung endet mit der Vollendung des 16. Lebensjahres, weil es wegen der kraft Gesetzes eintretenden Handlungsfähigkeit nach Abs. 1 in diesen Angelegenheiten der Ergänzungspflegschaft nicht mehr bedarf (vgl. § 1918 BGB).

18 Wird für die vom Handlungsunfähigen angesprochene Behörde deutlich, dass dieser Schutz vor Verfolgung sucht, hat diese die notwendigen Maßnahmen zu veranlassen und insbesondere das Jugendamt zwecks Bestellung der Ergänzungspflegschaft einzuschalten. Die Handlungsfähigkeit nach Abs. 1 betrifft nur *verfahrensbezogene* Handlungen. Ein Realakt wie das Asylersuchen kann daher auch von einem Handlungsunfähigen vorgenommen werden (Hailbronner, AuslR, B 2, § 12 AsylVfG, Rdn. 28) und ist aus verfassungs- und völkerrechtlichen Gründen von den zuständigen Behörden zu beachten. Regelmäßig wird nach den Erfahrungen in der Verwaltungspraxis der Handlungsunfähige durch Dritte begleitet, die deutliche Hinweise auf dessen Schutzbedürftigkeit geben. In diesem Falle sind die notwendigen Maßnahmen von Amts wegen einzuleiten, insbesondere ist der Zugang zum Asylverfahren zu eröffnen. Dies gilt in Besonderheiten für die allgemeine Polizeibehörde, die Grenzbehörde und die allgemeine Ausländerbehörde.

5. Eingeschränkte asylrechtliche Darlegungslast

19 Die Angaben minderjähriger Asylsuchender im Asylverfahren sind nur eingeschränkt verwertbar, sodass das Bundesamt eine besonders strenge Amtsermittlungspflicht trifft. Häufig hat der Minderjährige keine präzisen Informationen über die für seine Ausreise maßgebenden tatsächlichen Umstände, da regelmäßig die Eltern oder die Betreuungspersonen die Ausreiseentscheidung für diesen getroffen haben. Um den Minderjährigen nicht mehr als erforderlich zu verunsichern, werden diesem in aller Regel keine Informationen darüber mitgeteilt, warum er nach Meinung seiner Betreuungspersonen ausreisen musste. In der schweizerischen Spruchpraxis wird deshalb in gefestigter Rechtsprechung dem jungen Minderjährigen, der die Gründe für sein Asylbegehren nicht genügend klar und vollständig darlegen kann, grundsätzlich keine Verletzung der Mitwirkungspflichten vorgehalten (ARK, EMARK 1999 Nr. 2; ARK, EMARK 1999 Nr. 3; s. auch § 18 a Rdn. 62).

20 Das Bundesamt hat aus diesen Gründen den Sachverhalt nach Möglichkeit von Amts wegen aufzuklären. Dazu gehört, dass es hier lebende Kontaktper-

sonen oder Verwandte, die möglicherweise über mehr Informationen als der junge Antragsteller im Blick auf die Ausreisegründe selbst verfügen, zur persönlichen Anhörung einlädt und zu diesen befragt. Darüber hinaus sind insbesondere auch die allgemeinen Verhältnisse im Herkunftsland des Antragstellers mit zu berücksichtigen. Diese können häufig eine den individuellen Sachvortrag bestätigende Funktion erlangen.

6. Unbegleitete Minderjährige

In der Praxis ist es nicht selten, dass Jugendliche unter 16 Jahren *unbegleitet* – ohne Eltern – einreisen und Asylantrag stellen wollen (s. hierzu ausführlich: § 18 a Rdn. 58 ff.). Ist in diesen Fällen ein Vormund nicht bestellt, hat die angesprochene Behörde das zuständige Jugendamt einzuschalten, welches in analoger Anwendung von § 57 ZPO für die Bestellung eines besonderen Vertreters durch das Vormundschaftsgericht Sorge zu tragen hat. Diese behördliche Verpflichtung ergibt sich aus Art. 19 I der *Asylbewerberaufnahmerichtlinie*. Diese verpflichtet die Mitgliedstaaten, so bald wie möglich, für die erforderliche Vertretung von unbegleiteten Minderjährigen Sorge zu tragen. Diese Verpflichtung folgt auch aus dem *Haager Minderjährigenschutzabkommen (MSA)* vom 5. Oktober 1961, in der Bundesrepublik in Kraft getreten am 17. September 1971. Das MSA gilt nach seinem Art. 1 in der Bundesrepublik unabhängig vom Gegenseitigkeitsprinzip für alle Minderjährigen, die hier ihren gewöhnlichen Aufenthaltsort haben (zu diesem Begriff BVerwG, EZAR 465 Nr. 1, S. 8). Während früher in Berlin bei minderjährigen Asylsuchenden der gewöhnliche Aufenthaltsort verneint wurde (s. hierzu Jockenhövel-Schiecke, ZAR 1987, 171 (173)), ist wohl heute allgemein anerkannt, dass von einem gewöhnlichen Aufenthalt des Minderjährigen auszugehen ist, wenn dieser eine gewisse Dauer im Bundesgebiet verweilt oder ein längeres Verweilen beabsichtigt ist (Oberloskamp, Mitt. LJA Nr. 84, S. 33; VG Hannover, U. v. 11. 4. 1997 – 5 A 7174/96; s. auch BVerwG, EZAR 465 Nr. 1). Dies ist bei Asyl begehrenden Minderjährigen evident. Auch die eher zurückhaltende Literaturmeinung geht jedenfalls dann von einem gewöhnlichen Aufenthalt aus, wenn ein längerer Aufenthalt nicht nur angestrebt wird, sondern auch objektiv möglich erscheint. Dies sei beim Vorliegen objektiver Abschiebungshindernisse anzunehmen (Funke-Kaiser, in: GK-AsylVfG, II – § 12 Rdn. 5). Stellt der minderjährige Asylsuchende im Bundesgebiet den Asylantrag oder nimmt er den Realakt des Asylersuchend vor, ist regelmäßig von einem gewöhnlichen Aufenthalt auszugehen. Auch wenn das Asylbegehren erfolglos bleiben sollte, bedarf es doch unter dem rechtlichen Gesichtspunkt von § 60 VII 1 AufenthG stets einer sorgfältigen Aufklärung der Betreuungsmöglichkeiten im Herkunftsland, sodass auf zunächst nicht absehbare Zeit die Möglichkeit eines Abschiebungshindernisses nicht von der Hand zu weisen ist. Allerdings kann unter diesen rechtlichen Voraussetzungen von einem gewöhnlichen Aufenthalt im Falle der beabsichtigten Einreise noch keine Rede sein, sodass das MSA im Flughafenverfahren keine Anwendung findet (§ 18 a Rdn. 66). Dementsprechend vertritt das Bundesinnenministerium die Ansicht, für Minderjährige, denen die Einreise verweigert werde, gelte das MSA nicht (BMI, Bericht über die Problematik der illegalen Einreise auf dem Luftweg von unbegleiteten Ausländern unter 16 Jahren, P I 4 – M 125312 – 2/ 6, S. 12; s. hierzu § 18 a Rdn. 66f.).

25 Der Bericht enthält andererseits keinen besonderen Hinweis auf die Schutzbedürftigkeit von Flüchtlingskindern. Besondere Bedeutung gewinnen insoweit auch die Nrn. 13–17 und 130–153 der UNHCR-Richtlinien vom August 1988 über Flüchtlingskinder (vgl. auch UNHCR, Report on Refugee Children, A/AC.96/731, 31. 7. 1989, Rdn. 35 – 40). Im Übrigen dürfen die Behörden, auch wenn kein gewöhnlicher Aufenthaltsort anzunehmen ist, die notwendigen Schutzmaßnahmen zugunsten des Minderjährigen treffen (Art. 9 I MSA).

26 Nach Art. 2 MSA haben die Behörden *von Amts wegen* die Maßnahmen zum Schutze minderjähriger Asylsuchender einzuleiten, die nach deutschem Recht für Kinder und Jugendliche vorgesehen sind. Die wichtigsten Schutzmaßnahmen sind die Einrichtung einer Vormundschaft durch das Vormundschaftsgericht (§ 1773 BGB), nachdem das Ruhen der elterlichen Sorge festgestellt worden ist (§ 1674 BGB), sowie die volle Einbeziehung des minderjährigen Asylsuchenden in die Jugendhilfe. Deren wichtigste Schutzmaßnahme ist die Unterbringung in einer Einrichtung der Jugendhilfe (Jockenhövel-Schiecke, ZAR 1987, 171 (173)).

27 Entsprechend dem Normzweck von § 16 VwVfG darf die Bestellung von Amts wegen nur zum Schutze des Minderjährigen erfolgen. Wird die Bestellung beantragt, um das Asylverfahren zu umgehen und aufenthaltsbeendende Maßnahmen durchführen zu können (vgl. Sachverhalt in VG Stade, InfAuslR 1982, 57; s. hierzu auch: BVerfG (Kammer), InfAuslR 1995, 100 (101)), ist dies vom Schutzzweck der entsprechenden Norm nicht mehr gedeckt. Dies folgt auch aus § 80 IV AufenthG. Danach hat der Vertreter zwar die für die ausländerrechtlichen Erlaubnisse sowie für Reisedokumente und Ausweise erforderlichen Handlungen für den Minderjährigen vorzunehmen. Selbstredend enthält diese Vorschrift aber keine gesetzliche Verpflichtung des Vertreters die für die Abschiebung notwendigen Handlungen vorzunehmen.

7. Ergänzungspflegschaft (§ 1909 BGB)

28 In allen Fällen der Handlungsunfähigkeit, in denen der Antragsteller ohne gesetzlichen Vertreter einreist und Schutz vor Verfolgung begehrt, ist die *Ergänzungspflegschaft* (§ 1909 BGB) mit dem Wirkungskreis zu beantragen, den Asylsuchenden in asylrechtlichen und damit zusammenhängenden ausländerrechtlichen und anderen Verfahren zu vertreten (KG, OLGZ 1978, 159). Ein hierfür notwendiges Fürsorgebedürfnis kann im Falle eines Asylsuchenden stets unterstellt werden. Eine entsprechende Verpflichtung legt Art. 20 I der Asylbewerberaufnahmerichtlinie für die Mitgliedstaaten fest. Bei offensichtlichen Interessenkonflikten auf Seiten des Vormundes hat das Vormundschaftsgericht einen Pfleger zu bestellen (BVerfG (Kammer), InfAuslR 1995, 100 (101)).

Der Antrag auf Anordnung einer Vormundschaft oder Pflegschaft über einen 29
Asylsuchenden ist grundsätzlich davon abhängig, dass der Heimatstaat die
Fürsorge nicht übernimmt (Art. 23 EGBGB), sodass das Vormundschaftsgericht im Allgemeinen die zuständigen Behörden dieses Staates benachrichtigen muss. Eine derartige Benachrichtigung widerspricht jedoch dem Zweck
des Asylverfahrens. Denn in diesem Verfahren soll ja gerade der Behauptung, der Heimatstaat missbrauche seine Fürsorgepflicht gegenüber dem
Asylsuchenden zu politischen Zwecken bzw. habe sie deshalb entzogen,
nachgegangen werden. Mit diesem Zweck des Asylverfahrens wäre es nicht
vereinbar, die verfahrensrechtliche Voraussetzung für die Einleitung dieses
Verfahrens, nämlich die für die wirksame Vertretung erforderliche Vormundschaft oder Pflegschaft, von der Zustimmung des Staates abhängig zu machen, gegen den sich die Behauptungen richten. Art. 23 EGBGB ist in diesen
Fällen daher nicht anwendbar und wird in der Praxis auch nicht angewandt.

8. Prüfung der Handlungsfähigkeit von Amts wegen

Behörden (Bundesamt, Grenz- und Ausländerbehörde etc.) und Gerichte ha- 30
ben die Handlungsfähigkeit in allen Verfahrensstadien von Amts wegen zu
prüfen. Eine Ablehnung des Antrags als unzulässig ist daher und auch wegen des Schutzzwecks des Asylrechts sowie des gebotenen Minderjährigenschutzes nicht möglich. Gegenüber einem Minderjährigen darf die Behörde
nämlich ohne Einschaltung eines gesetzlichen Vertreters kein Verwaltungsverfahren durchführen. Insbesondere darf ihm gegenüber kein belastender Verwaltungsakt erlassen werden (BVerwG, DÖV 1985, 407; BVerwG, InfAuslR 1990, 316 (317); s. aber § 8O II 2 AuslG). Vielmehr ist der Antrag zunächst rechtlich unwirksam (BVerwG, DÖV 1985, 407; s. auch BayObLG,
EZAR 048 Nr. 50) und die Behörde hat von Amts wegen eine Vormundschaft
oder Pflegschaft einzuleiten.
Diese Maßnahmen erfordert auch die staatliche Fürsorgepflicht, die in der- 31
artigen Verfahren eine besondere verfahrensrechtliche Ausprägung entfaltet. Während der Dauer des vormundschaftsgerichtlichen Verfahrens ist der
Minderjährige deshalb gegen aufenthaltsbeendende Maßnahmen geschützt.
Dies folgt auch aus Art. 19 I der *Asylbewerberaufnahmerichtlinie*. Danach sind
die Mitgliedstaaten verpflichtet, so bald wie möglich für die erforderliche
Vertretung von unbegleiteten Minderjährigen Sorge zu tragen.
Probleme treten in der Praxis in den Fällen auf, in denen mangels amtlicher 32
Dokumente das Geburtsdatum nicht feststeht. Herrscht Streit darüber, ob
ein Minderjähriger das 16. Lebensjahr vollendet hat und handlungsfähig ist,
sind mit Blick auf diesen Prozess auch Handlungsunfähige als handlungsfähig anzusehen (GK-AsylVfG a. F., § 6 Rdn. 21).
Die Zustellung an einen Handlungsunfähigen wird auch nicht dadurch wirk- 33
sam, dass der Minderjährige wie im Regelfall mit seinen gesetzlichen Vertretern zusammenlebt und diese daher erfahrungsgemäß von dem Bescheid
Kenntnis erhalten. Die Formenstrenge des Zustellungsrechtes verbietet eine

derartige Betrachtungsweise (OVG Hamburg, InfAuslR 1982, 178; VG Frankfurt am Main, NVwZ-Beil. 1995, 60). Vielmehr ist in diesem Fall die Zustellung unwirksam. Diese muss wiederholt und an den gesetzlichen Vertreter gerichtet werden.

34 Die zustellende Behörde ist nicht befugt, den vormundschaftsgerichtlichen Beschluss über die Bestellung des gesetzlichen Vertreters auf seine inhaltliche Richtigkeit zu überprüfen oder die sich aus deren Existenz ergebenden Folgen zu ignorieren (VG Frankfurt am Main, NVwZ-Beil. 1995, 60). Der gerichtliche Beschluss ist auch dann zu beachten, wenn der Asylsuchende inzwischen volljährig geworden ist. Zu der Feststellung, dass dem Beschluss keine Wirksamkeit mehr zukommt, ist deshalb die zustellende Behörde nicht befugt (VG Frankfurt am Main, NVwZ-Beil. 1995, 60). Auch in diesem Fall kann die Behörde deshalb wirksam nur an den gerichtlich bestellten Vertreter zustellen.

35 Der vom Gericht bestellte Vormund oder Pfleger kann durch Genehmigung der bisherigen Verfahrenshandlungen die zunächst unwirksame Antragstellung mit heilender Wirkung ausdrücklich oder konkludent nachholen (BVerwG, DÖV 1985, 407; Liebetanz, in: GK-AsylVfG, II – § 18 a Rdn. 42; Funke-Kaiser, in: GK-AsylVfG, II – § 12 Rdn. 24). Die Genehmigung ist für Verfahrenshandlungen nach dem AsylVfG auch unmittelbar durch den Antragsteller selbst nach Vollendung des 16. Lebensjahres möglich.

36 Die Genehmigung wirkt nach § 108 I in Verb. mit § 184 I BGB auf den Zeitpunkt der Antragstellung zurück (BVerwG, DÖV 1985, 40). Sie kann auch konkludent (BVerwG, DÖV 1985, 4O) etwa dadurch vorgenommen werden, dass von dem Vertreter keine Einwendungen erhoben werden, obwohl ihm die Antragstellung hätte bekannt sein können (OVG Hamburg, DVBl. 1982, 218). Die Genehmigung kann auch noch nach Einlegung von Rechtsbehelfen erfolgen. Der Vertreter bringt damit konkludent die nachträgliche Genehmigung des bisherigen Verfahrens zum Ausdruck (so wohl auch BVerwG, DÖV 1985, 407).

9. Unzulässigkeit der Unterbringung minderjähriger Asylsuchender in einer Aufnahmeeinrichtung oder Gemeinschaftsunterkunft

37 Der unbegleitete minderjährige Asylsuchende darf weder in einer Aufnahmeeinrichtung (§ 47 I) noch in einer Gemeinschaftsunterkunft (§ 53) untergebracht werden. Vielmehr ist er in besonderen kinder- und jugendgerechten Einrichtungen aufzunehmen. Auch in der Rechtsprechung wird aus dem Gedanken des Minderjährigenschutzes und unter Bezugnahme auf die Regelungen der §§ 47 I und 14 II Nr. 3 die Unzulässigkeit der Unterbringung minderjähriger Asylsuchender in einer Aufnahmeeinrichtung abgeleitet. Nach Sinn und Zweck dieser Vorschriften beruhe die Herausnahme Minderjähriger, die im Sinne des § 12 handlungsunfähig seien, aus der Wohnverpflichtung in einer Aufnahmeeinrichtung darauf, dass dem Flüchtlingskind das Leben in einer derartigen Einrichtung oder Unterkunft erspart bleiben solle, weil davon regelmäßig negative psychische Folgen ausgehen dürften (VG Leipzig, NVwZ-RR 1955, 422).

Etwas anderes gelte nur, wenn beide Elternteile in einer Aufnahmeeinrichtung untergebracht seien und die Familieneinheit nach § 47 II gewahrt bleiben solle. Halte sich dagegen der minderjährige und handlungsunfähige Asylsuchende elternlos im Bundesgebiet auf, gebiete es der Grundsatz des Minderjährigenschutzes, dass er an dem Ort seinen Aufenthalt nehmen könne, der dem Kindeswohl entspreche (VG Leipzig, NVwZ-Beil. 1995, 422; zur Unterbringung minderjähriger Asylsuchender s. auch Jockenhövel-Schiecke, ZAR 1987, 171 (173 ff.); Goebel-Zimmermann, InfAuslR 1995, 166 (170)). Diese Begründung rechtfertigt jedoch keine Beschränkung des Minderjährigenschutzes auf handlungsunfähige Minderjährige. Der Minderjährigenschutz ist vielmehr unabhängig von prozessualen Grundsätzen sicherzustellen, sodass grundsätzlich alle minderjährige Asylsuchende nicht in einer Aufnahmeeinrichtung oder in einer Gemeinschaftsunterkunft untergebracht werden dürfen. 38

Nach Gemeinschaftsrecht dürfen die Mitgliedstaaten unbegleitete Minderjährige unter 16 Jahren nicht in Aufnahmezentren für Asylbewerber unterbringen. Nach Vollendung des 16. Lebensjahres besteht zwar kein derartiges gemeinschaftsrechtliches Verbot mehr. Es wird den Mitgliedstaaten insoweit lediglich freigestellt, Asylbewerber über 16 Jahre in Aufnahmezentren für erwachsene Asylbewerber unterzubringen (Art. 19 II 2 Asylbewerberaufnahmerichtlinie). Günstigere Bestimmungen in den Mitgliedstaaten bleiben unberührt (Art. 4 der Richtlinie). Für die Bundesrepublik Deutschland bleibt es damit bei der geschilderten Rechtslage, dass unbegleitete Minderjährige generell nicht in Aufnahmeeinrichtungen untergebracht werden dürfen. 39

10. Unzulässigkeit der Abschiebung des Minderjährigen

Nach der Rechtsprechung darf die Behörde keinen Verwaltungsakt gegenüber einem handlungsunfähigen Minderjährigen erlassen (BVerwG, DÖV 1985, 407; Nieders.OVG, NVwZ-Beil. 2002, 65 (66); s. aber § 80 II 1 AufenthG). Dies hat seinen Grund nicht lediglich in der nach dem früheren bis 1990 geltenden Ausländerrecht geregelten Privilegierung der unter 16 Jahre alten Ausländer (BVerwG, EZAR 631 Nr. 14). Vielmehr hat das BVerwG ausdrücklich neben diesen Erwägungen aus dem Grund fehlender Vertretung eines Minderjährigen die Unwirksamkeit des Verwaltungsaktes abgeleitet (BVerwG, DÖV 1985, 407). § 80 II 1 AufenthG bestimmt demgegenüber wie bereits § 68 II 1 AuslG 1990, dass auch ein handlungsunfähiger Minderjähriger zurückgewiesen und zurückgeschoben werden kann. Dies gilt auch für die Abschiebungsandrohung und deren Durchführung (§ 80 II 2 AufenthG). 40

Die Rechtsprechung geht in diesem Zusammenhang davon aus, dass die aus Art. 1, 2 II, 6 und 20 II GG sowie aus dem MSA folgenden besonderen staatlichen Schutz- und Fürsorgepflichten einer Abschiebung Minderjähriger entgegenstehen (Nieders.OVG, NVwZ-Beil. 2002, 65 (66);VG Frankfurt/M., B. v. 25. 8. 1993 – 3 G 30181/93 A (3); VG Hannover, U. v. 11. 4. 1997 – A 7174/96; ähnl. AG Hamburg-Harburg InfAuslR 1994, 236 (237 f.); wohl auch Hess. VGH, AuAS 1997, 71; VG Gelsenkirchen, InfAuslR 1998, 22; zur Unzulässig- 41 keit der Sicherungshaft: OLG Frankfurt am Main, NVwZ-Beil. 1994, 24; keine Bedenken Jockenhövel-Schieke, InfAuslR 1999, 516 (520)). Ob das MSA auch im Flughafenverfahren Anwendung findet, ist umstritten (s. hierzu § 18 a Rdn. 67).

42 Die Rechtsprechung begründet ihre Ansicht im Hinblick auf die Anwendung des MSA im Inland damit, dass das Kindeswohl bei allen ausländerrechtlichen Entscheidungen zu berücksichtigen sei (BVerfG (Kammer), InfAuslR 1995, 55 (56); BVerfG (Kammer), InfAuslR 1995, 100 (101); s. auch Art. 18 I Asylbewerberaufnahmerichtlinie). Allerdings geht die obergerichtliche Rechtsprechung davon aus, dass dieses Interesse auch noch im Vollstreckungsverfahren gebührend berücksichtigt werden könnte, sodass dem Erlass der Abschiebungsandrohung rechtliche Bedenken nicht entgegenstünden (Hess. VGH, AuAS 1997, 71 (72); a. A. AG Hamburg-Harburg, InfAuslR 1994, 236 (237 f.)).

43 Stellt die Ausländerbehörde den die Abschiebungsmaßnahme begründenden Bescheid unmittelbar an den nicht handlungsfähigen Minderjährigen zu, ist die Zustellung unwirksam (Nieders.OVG, NVwZ-Beil. 2002, 65). Der Zustellungsmangel wird nicht dadurch geheilt, dass die Behörde nachträglich die Bestellung einer besonderen Vertreterin betreibt (Nieders.OVG, NVwZ-Beil. 2002, 65 (66)).

44 Leben die Eltern oder ein Elternteil im Bundesgebiet und haben sie aus welchen Gründen auch immer noch ein gültiges Verbleibsrecht, darf gegen das handlungsunfähige Kind keine isolierte Abschiebungsanordnung ergehen. Vielmehr ist die Ausreisepflicht des Minderjährigen in Abhängigkeit von der der Eltern und dementsprechend durch Verfügung für Eltern und minderjähriges Kind die Ausreisefrist einheitlich zu gestalten (vgl. BVerwG, EZAR 631 Nr. 14).

45 Solange daher gegen die Eltern aufenthaltsbeendende Maßnahmen nicht zulässig sind, dürfen sie auch gegen den minderjährigen Asylsuchenden nicht durchgeführt werden. Jede andere Verfahrensweise wäre weder mit Art. 6 I GG noch mit Art. 8 EMRK vereinbar. Diese Grundsätze finden nicht nur auf handlungsunfähige, sondern auf alle noch nicht 18 Jahre alten Asylsuchenden Anwendung. Dies gilt unabhängig davon, ob sie unbegleitet oder mit einem oder beiden Elternteilen in das Bundesgebiet einreisen wollen oder sich bereits hier aufhalten. Selbstverständlich wird dieser Personenkreis auch gegen Zurückweisung und Zurückschiebung geschützt.

11. Rechtsschutz

46 Im Verwaltungsstreitverfahren ist der Handlungsunfähige prozessunfähig (§ 62 VwGO). Wer im Verwaltungsverfahren handlungsfähig ist, ist jedoch auch prozessfähig, sodass der Asylsuchende, der das 16. Lebensjahr vollendet hat, wirksam Rechtsmittel einlegen kann. Eine Prüfung erfolgt, wenn vernünftige Zweifel an der Handlungsfähigkeit aufkommen (BVerwG, EZAR 600 Nr. 4). Der handlungsfähige Minderjährige kann auch grundsätzlich wirksame Prozessvollmacht erteilen (zum früheren Recht BVerwG, EZAR

Asylantrag §13

600 Nr. 4 = BayVBl. 1984, 57). Gegen den Prozessunfähigen dürfen keine Prozesshandlungen vorgenommen werden. Es darf insbesondere seine Klage nicht ohne weiteres als unzulässig abgewiesen werden. Vielmehr hat das Gericht zunächst zu veranlassen, dass ein Prozesspfleger bestellt wird (§ 62 III VwGO in Verb. mit § 57 ZPO). Von diesen Fragen der Prozessfähigkeit zu unterscheiden sind die Probleme des Rechtsschutzes gegenüber Verwaltungsakten in Fällen von Minderjährigen.

Hat die Behörde den Asylantrag als unzulässig abgelehnt, fehlt einer hiergegen gerichteten Klage auf Feststellung der Nichtigkeit das allgemeine Rechtsschutzinteresse (BVerwG, Buchholz 402.25 § 6 AsylVfG Nr. 2 und 3; BVerwG, DÖV 1985, 407). Vielmehr ist auch in derartigen Fällen die Verpflichtungsklage auf Asylanerkennung und/oder Feststellung der Voraussetzungen nach § 60 I AufenthG die richtige Klageart (BVerwG, Buchholz 402.25 § 6 AsylVfG; BVerwG, DÖV 1985, 407). Der geeignete verfahrensrechtliche Weg ist die erneute Asylantragstellung mit Genehmigung des gesetzlichen Vertreters oder des inzwischen handlungsfähig gewordenen Asylsuchenden. 47

Wird die Genehmigung der bisherigen Verfahrenshandlungen verweigert, bleiben diese rechtlich unwirksam. Schutz vor Verfolgung sichert dann ein erneuter Asylantrag, der mangels wirksamer Antragstellung im ersten Verfahren rechtlich *kein* Asylfolgeantrag im Sinne von § 71 ist. Verweigert das Bundesamt die Entgegennahme dieses Antrags ist vorläufiger Rechtsschutz gemäß § 123 VwGO mit dem Ziel der Einleitung des Asylverfahrens (§ 13 Rdn. 46) geboten. Wegen der Rechtsprechung des BVerwG ist aber in diesen Fällen die Verpflichtungsklage anzuempfehlen. 48

§ 13 Asylantrag

(1) Ein Asylantrag liegt vor, wenn sich dem schriftlich, mündlich oder auf andere Weise geäußerten Willen des Ausländers entnehmen läßt, daß er im Bundesgebiet Schutz vor politischer Verfolgung sucht oder daß er Schutz vor Abschiebung oder einer sonstigen Rückführung in einen Staat begehrt, in dem ihm die in § 60 Abs. 1 des Aufenthaltsgesetzes bezeichneten Gefahren drohen.

(2) Mit jedem Asylantrag wird sowohl die Feststellung, daß die Voraussetzungen des § 60 Abs. 1 des Aufenthaltsgesetzes vorliegen, als auch, wenn der Ausländer dies nicht ausdrücklich ablehnt, die Anerkennung als Asylberechtigter beantragt.

(3) Ein Ausländer, der nicht im Besitz der erforderlichen Einreisepapiere ist, hat an der Grenze um Asyl nachzusuchen (§ 18). Im Falle der unerlaubten Einreise hat er sich unverzüglich bei einer Aufnahmeeinrichtung zu melden (§ 22) oder bei der Ausländerbehörde oder der Polizei um Asyl nachzusuchen (§ 19).

§ 13 *Asylverfahren*

Übersicht

	Rdn.
1. Vorbemerkung	1
2. Antragsbegriff (Abs. 1)	2
2.1. Erforderlicher Antragsinhalt	2
2.2. Unterscheidung zwischen Asylantrag und Asylersuchen	9
2.3. Verbot der Schlüssigkeitsprüfung	13
2.4. Antragsabhängigkeit des Asylverfahrens (§ 1 Abs. 1 in Verb. mit § 13 Abs. 1)	18
3. Internationaler Schutz nach § 60 Abs. 1 AufenthG (Abs. 1 2. Alt. und Abs. 2)	23
3.1. Verfahrensrechtliche Verknüpfung von Verfolgungs- und internationalem Schutz	23
3.2. Wahlmöglichkeit nach Abs. 2	28
4. Antrag auf Familienasyl und Familienabschiebungsschutz (§ 26)	30
5. Antrag vom Ausland aus	32
6. Geltendmachung von Abschiebungshindernissen (§ 60 Abs. 2 bis 7 AufenthG)	34
7. Mitwirkungspflichten nach Abs. 3	39
8. Rechtsschutz gegen die Verweigerung der Entgegennahme des Antrags	47

1. Vorbemerkung

1   Diese Vorschrift regelt den Begriff des Asylantrags. Sie ist insoweit identisch mit den Regelungen in § 7 I AsylVfG 1982, schließt also sowohl das asylrechtliche Schutzbegehren als auch den in § 60 I AufenthG geregelten internationalen Schutz in den Antragsbegriff ein. Der Gesetzgeber hat jedoch anders als im alten Recht den Begriff des unbeachtlichen Asylantrags (vgl. § 7 II und III AsylVfG 1982) nunmehr an anderer Stelle geregelt (§ 29). § 13 hat zentrale Bedeutung für die behördlichen Zuständigkeiten. Denn ein an eine Behörde gerichtetes Schutzbegehren, das sachlich als Asylantrag im Sinne von § 13 I zu werten ist, verpflichtet Grenz-, Ausländer- und Polizeibehörden grundsätzlich (s. aber §§ 18 II, 19 III) zur Weiterleitung des Asylsuchenden an die nächstgelegene Aufnahmeeinrichtung (§§ 18 f.). Abs. 2 ist identisch mit § 7 I 2 AsylVfG 1982. Abs. 3 ist durch ÄnderungsG 1993 in die Vorschrift aufgenommen worden.

2. Antragsbegriff (Abs. 1)

2.1. Erforderlicher Antragsinhalt

2   Nach Abs. 1 liegt ein Asylantrag vor, wenn sich dem schriftlich, mündlich oder auf andere Weise geäußerten Willen des Ausländers entnehmen lässt, dass er im Bundesgebiet Verfolgungsschutz nach Art. 16 a I GG oder internationalen Schutz im Sinne von § 60 I AufenthG sucht. Zwar bezeichnen § 60 I AufenthG wie auch Abs. 1 den in § 60 I AufenthG bereit gehaltenen Schutz unverändert als »Abschiebungsschutz«. Es handelt sich bei diesem Schutz indes um den »internationalen Schutz« nach Kapitel II der Qualifikations-

Asylantrag § 13

richtlinie. § 60 I AufenthG ist innerstaatliche Umsetzungsnorm für diese Richtlinie. Der auf die Gewährung der GFK-Rechtsstellung zielende internationale Schutz (vgl. Kap. VII der Richtlinie) enthält bedeutend mehr Rechte als nur der negatorisch wirkende »Abschiebungsschutz« des Art. 33 I GFK.

Grenz- und andere Behörden haben nach Abs. 1 jede schriftlich, mündlich oder sonstwie geäußerte Erklärung, der sich ein Wille des Antragstellers auf Schutzsuche entnehmen lässt, als Asylantrag zu behandeln. Nach der Legaldefinition des Asylantrags kommt es also darauf an, ob sich dem in welcher Weise auch immer geäußerten Willen des Ausländers entnehmen lässt, dass er Verfolgungsschutz sucht. 3

Das anzuwendende VwVfG des Landes oder des Bundes schreibt weder einen bestimmten Mindestinhalt noch eine Begründung vor. Der Antragsteller muss weder den Begriff »Asyl« verwenden noch reicht es aus, wenn allein dieses Wort benutzt wird (OVG NW, NVwZ-RR 1989, 390; Hess. VGH, NVwZ-Beil. 1998, 72). Im Zweifel ist jedoch davon auszugehen, dass Asyl begehrt wird, wenn dieser Begriff in den Erklärungen des Antragstellers enthalten ist (OVG Lüneburg, NVwZ 1987, 1110). Denn für die Auslegung von Willenserklärungen gilt im Verwaltungsrecht § 133 BGB entsprechend. Danach ist bei der Auslegung von Willenserklärungen der wirkliche Wille zu erforschen und nicht am buchstäblichen Sinn des Ausdrucks zu haften (VG Düsseldorf, InfAuslR 1988, 273; VG Wiesbaden, B. v. 20. 12. 1991 – II/1 G 21435/91). Allein schon die Verwendung des Begriffs »Asyl« lässt im Regelfall darauf schließen, dass der Betroffene sich auf Verfolgungsgründe berufen will (OLG Köln, NVwZ-Beil. 2003, 7 (8)). Eines Rückgriffs auf den Antragsbegriff bedarf es ohnehin nur in Zweifelsfällen (VG Düsseldorf, InfAuslR 1988, 273). Es versteht sich von selbst, dass ein wirksamer Antrag auch durch die Abgabe fremdsprachiger Erklärungen begründet werden kann 4

Ergeben sich Zweifel, haben die angesprochenen Behörden durch eine sorgfältige Anhörung zu überprüfen, ob der Antragsteller inhaltlich um Asyl nachsucht. Dies kann nur dann verneint werden, wenn außer Zweifel steht, dass das Vorbringen bei verständiger Würdigung und unter Berücksichtigung der gesamten Umstände des Falles inhaltlich kein Asylbegehren darstellt (OVG Lüneburg, NVwZ 1987, 1110). Genaue Kenntnis der rechtlichen Voraussetzungen für die Gewährung von Asylrecht oder Abschiebungsschutz ist nicht erforderlich. Es reicht vielmehr aus, wenn sich aus den erkennbaren Umständen ergibt, dass der Antragsteller Furcht vor Verfolgung hat. 5

Für Ausländer- und Grenzbehörden ist es regelmäßig unschwer erkennbar, mit welchem Ziel ein Ausländer um Schutz nachsucht. Insbesondere bei unmittelbar einreisenden Ausländern verengt sich schon aufgrund der äußeren Umstände die Bandbreite der möglichen in Betracht kommenden Anträge auf das Antragsziel der Schutzsuche vor Verfolgung. Die Situation im Herkunftsland des Einreisenden qualifiziert sein Begehren in aller Regel als Asylantrag (OVG Lüneburg, NVwZ 1987, 1110). Daher ist zur Qualifizierung des Schutzbegehrens als Antrag im Sinne von Abs. 1 in aller Regel ein Mindestmaß an Begründung nicht erforderlich. 6

Zwar befreit Abs. 1 vom Formerfordernis des Antrags. Dies bedeutet andererseits jedoch nicht, dass auf das Vorhandensein eines hinreichend erkenn- 7

199

baren und bestimmten Willens des Antragstellers verzichtet werden könnte. Nach der früheren Rechtsprechung erstreckte sich der Asylantrag der Eltern nicht regelmäßig auch auf mit eingereiste Kinder (vgl. VG Stuttgart, InfAusR 1990, 178). Durch die Antragsfiktion nach § 14 a I 1 hat der Gesetzgeber mit Wirkung zum 1. Januar 2005 diese Rechtsfolge jedoch ausdrücklich festgelegt. Regelmäßig dürften minderjährige Kinder kein asylunabhängiges Aufenthaltsrecht haben, sodass deshalb und auch zur Sicherstellung des familienrechtlichen Asylanspruchs bzw. Anspruchs auf Familienabschiebungsschutz (vgl. § 26 II, IV) die unverzügliche Asylantragstellung dringend anzuempfehlen ist.

8   Die Behörden haben insbesondere im Hinblick auf bestehende Sprachprobleme sowie der beim ersten Kontakt mit Behörden häufig auftretenden psychischen Hindernisse bei der Erforschung des wirklichen Willens keine zu hohen Anforderungen an den Inhalt des Antragsbegehrens zu stellen (VG Wiesbaden, B. v. 20. 12. 1991 – II/1 G 21435/91). Nur dann, wenn ausnahmsweise aufgrund der Erklärungen Zweifel am Antragsziel entstehen, sind von Amts wegen Nachforschungen nach dem wirklichen Willen des Antragstellers geboten. Erklärt er etwa, arbeiten oder studieren zu wollen, darf die Behörde jedoch nicht ohne weiteres von einem Nicht-Antrag (vgl. auch § 30 V) ausgehen, wenn die zur Begründung des Antrags darüber hinaus vorgetragenen Behauptungen auf Furcht vor politischer Verfolgung schließen lassen.

2.2. Unterscheidung zwischen Asylantrag und Asylersuchen

9   Den Regelungen des AsylVfG kann im Blick auf Antragsteller nach § 14 I eine begriffliche Unterscheidung zwischen *Asylantrag* und *Asylersuchen* entnommen werden. So verwendet das Gesetz etwa in § 18 I 1. HS, § 18 a I 1 1. HS und § 19 I 1. HS den Begriff »um Asyl nachsucht«, während etwa § 18 a I 3 davon ausgeht, dass dem »Asylsuchenden«, nachdem er bei der Grenzbehörde um Asyl nachgesucht hat, »Gelegenheit zur Stellung des Asylantrags bei der Außenstelle des Bundesamtes« zu geben ist. Ebenso sieht § 23 I vor, dass der »Asylsuchende« zur Stellung des Asylantrags bei der zuständigen Außenstelle persönlich zu erscheinen hat.

10 Diesem Regelungsmechanismus ist zu entnehmen, dass bis zum persönlichen Erscheinen des »Asylsuchenden« bei der für ihn zuständigen Außenstelle des Bundesamtes seine Erklärungen rechtlich nicht als Asylantrag behandelt werden. Zusätzlich zu den inhaltlichen Anforderungen an den Asylantrag ist also vom Antragsteller eine Mitwirkungshandlung geboten, nämlich das persönliche Erscheinen bei der Außenstelle zur »förmlichen Asylantragstellung« (BVerwG, InfAuslR 1998, 191 (192)), damit rechtlich wirksam von einem Asylantrag ausgegangen werden kann (§ 23 Rdn. 5 ff.).

11 Vor diesem Zeitpunkt liegt zwar noch kein Asylantrag vor, die Behörden haben jedoch zwingend den Abschiebungsschutz nach Art. 33 I GFK, § 60 I AufenthG zu beachten und dürfen deshalb gegenüber dem »Asylsuchenden« keine aufenthaltsbeendenden oder -verhindernden Maßnahmen ergrei-

Asylantrag §13

fen, sondern haben diesen an die zuständigen Behörden weiterzuleiten. Darüber hinaus entsteht das gesetzliche Aufenthaltsrecht nach § 55 I 1 nicht erst mit der wirksamen Asylantragstellung, sondern bereits mit dem Nachsuchen um Asyl bei einer amtlichen Stelle (BayObLG, NVwZ 1993, 811; OLG Köln, NVwZ-Beil. 2003, 7(8); s. auch BVerwG, InfAuslR 1998, 191 (192) = AuAS 1998, 91 = NVwZ-RR 1998, 264 = EZAR 221 Nr. 39). Eine Ausnahme hiervon gilt nach der Rechtsprechung in den Fällen, in denen der Asylsuchende aus einem sicheren Drittstaat einreist. In diesem Fall begründet das geltend gemachte Asylersuchen keine Aufenthaltsgestattung nach § 55 I 1 (BGH, InfAuslR 2003, 202 (203) = NVwZ 2003, 893).

Auch wenn der Asylsuchende seiner dementsprechenden Verpflichtung aus § 22 I 1 nicht Folge leistet, dürfen derartige Maßnahmen nicht durchgeführt werden. Vielmehr sieht das Gesetz hierfür das Verfahren nach § 66 vor (vgl. auch § 67 II) bzw. können die verfahrensrechtlichen Sanktionen nach §§ 20 II 1, § 22 III 2, § 23 II 1) angeordnet werden . Damit kann die frühere Rechtsprechung, der zu folge auch fernmündlich oder per Telefax gestellte Anträge als wirksamer Antrag zu behandeln waren (VG Wiesbaden, InfAuslR 1990, 177; VG Karlsruhe, NJW 1988, 664), nicht mehr uneingeschränkt Anwendung finden. Auf diesem Weg übermittelte Erklärungen sind zwar nach wie vor von allen in Betracht kommenden Behörden (Grenz-, allgemeine Polizei- und Ausländerbehörden) zu beachten. Ein Asylantrag setzt jedoch im Falle des § 14 I die persönliche Antragstellung bei der zuständigen Außenstelle des Bundesamtes voraus. 12

2.3. Verbot der Schlüssigkeitsprüfung

Der *Antragsbegriff* hat für das Asylverfahren *Weichenfunktion*. Denn hiermit wird die Weiche gestellt, ob Asylverfahrens- oder allgemeines Ausländerrecht anzuwenden ist (OVG NW, NVwZ-RR 1989, 390). Der Handlungsspielraum der Ausländer- oder anderer nicht für die Behandlung des Asylantrags zuständiger Behörden ist daher allein auf die Prüfung ihrer Sachkompetenz begrenzt (OVG Rh-Pf, NJW 1977, 510). Schon nach dem vor Erlass des AsylVfG 1982 geltenden Verfahrensrecht war den Grenz- und Ausländerbehörden damit keine Befugnis zur Schlüssigkeitsprüfung zugewiesen worden (OVG Hamburg, MDR 1979, 433; OVG Hamburg, DVBl. 1980, 99; BayVGH, B. v. 28. 2. 1979 – Nr. 10 Cs-241/79). 13

Nach geltendem Recht hat der Gesetzgeber die Frage der Schlüssigkeit ausdrücklich als Fall des offensichtlich unbegründeten Antrags (§ 30 V) geregelt. Damit ist eindeutig klargestellt, dass ein unschlüssiges Asylbegehren ein Begehren im Sinne von Abs. 1 ist und deshalb die Grenz- und Ausländerbehörden mangels Sachkompetenz zur Prüfung offensichtlich unbegründeter Anträge keine Befugnis zur Schlüssigkeitsprüfung im Rahmen von Abs. 1 haben. 14

Das BVerfG hatte es für den Fall *eindeutig aussichtsloser Anträge* für unbedenklich angesehen, die Zuständigkeit zur Prüfung und Entscheidung den Ausländerbehörden zuzuweisen (BVerfGE 56, 216 (236) = DVBl. 1981, 623 = 15

DÖV 1981, 453 = NJW 1981, 1436 = BayVBl. 1981, 366 = JZ 1981, 339 = EuGRZ 1981, 306 = MDR 1981, 637 = EZAR 221 Nr. 4). Dem war der Gesetzgeber mit dem in § 10 I, II AsylVfG 1982 geregelten Verfahren gefolgt. Nunmehr ist auch diese Sachkompetenz dem Bundesamt übertragen worden (§ 35). Es wird damit aber auch zugleich deutlich, dass auch eindeutig aussichtslose Asylanträge Anträge im Sinne von Abs. 1 sind.

16 Zwar ist nach § 133 BGB der wirkliche Wille des Antragstellers maßgebend. Dies bedeutet jedoch nicht, dass im Rahmen von Abs. 1 zu prüfen wäre, ob der Antragsteller wirklich Furcht vor Verfolgung hegt oder dies nur vortäuscht. Eine derartige Prüfung setzt eine eingehende inhaltliche Überprüfung des Asylbegehrens voraus. Diese wurde vor Erlass des AsylVfG 1982 im beschränkten Umfang zur Ausfilterung angeblich rechtsmissbräuchlicher Absichten zugelassen (OVG Berlin, OVGE Bln. 13, 34; OVG Rh-Pf, NJW 1977, 510; BayVGH, DVBl. 1978, 891; OVG Hamburg, MDR 1979, 433; OVG Hamburg, DVBl. 1980, 99; VGH BW, ESVGH 29, 13; OVG NW, DÖV 1979, 288; OVG Lüneburg, JZ 1980, 26).

17 Das BVerfG hat diese Rechtsprechung jedoch als für unvereinbar mit der Verfassung bezeichnet (BVerfGE 56, 216 (236) = DVBl. 1981, 623 = DÖV 1981, 453 = NJW 1981, 1436 = BayVBl. 1981, 366 = JZ 1981, 339 = EuGRZ 1981, 306 = MDR 1981, 637 = EZAR 221 Nr. 4). Deshalb ist weder im AsylVfG 1982 noch im geltenden Asylverfahrensrecht eine derartige Verfahrensweise zugelassen worden. Derartige rechtsmissbräuchliche Anträge mag man als offensichtlich unbegründete Anträge bewerten. Sie sind damit aber Anträge im Sinne von Abs. 1. Festzuhalten ist damit, dass es der Antragsbegriff nach Abs. 1 verbietet, das Vorliegen eines Asylantrags von der vorherigen Prüfung abhängig zu machen, ob das vorgebrachte Begehren unschlüssig, offensichtlich unbegründet oder rechtsmissbräuchlich ist.

2.4. Antragsabhängigkeit des Asylverfahrens
(§ 1 Abs. 1 in Verb. mit § 13 Abs. 1)

18 Aus dem Regelungszusammenhang von §§ 1 I und 13 I folgt die Antragsabhängigkeit des Asylrechts. § 1 I enthält nämlich das Antragserfordernis und Abs. 1 regelt den Antragsbegriff. Damit ist das Asylverfahren ein Antragsverfahren im Sinne von § 22 S. 2 Nr. 2 VwVfG, das nur auf Antrag eingeleitet werden darf. Die Behörde darf also nicht von Amts wegen ein Asylverfahren einleiten. Demnach wird die Einleitung des Asylverfahrens durch die Dispositionsmaxime bestimmt. Ob dieser der Dispositionsmaxime unterliegende Antrag als Asylantrag im Sinne von Abs. 1 zu werten ist, ist allerdings von Amts wegen (Offizialmaxime) aufzuklären. Für den weiteren Verlauf des Verfahrens ist ohnehin die Offizialmaxime maßgebend.

19 Aus der Verfügungsbefugnis des Antragstellers ergibt sich, dass er den Antrag jederzeit, auch noch nach seiner Bescheidung im Verwaltungsstreitverfahren vor Eintritt der Rechtskraft des verwaltungsgerichtlichen Urteils, zurücknehmen kann. Hierzu bedarf er keiner behördlichen Genehmigung. Demgegenüber ist die Klagerücknahme nach Stellung der Klageanträge nur

Asylantrag § 13

mit Einwilligung der anderen Verfahrensbeteiligten zulässig (§ 92 I 2 VwGO). Die Dispositionsmaxime gilt nach Abs. 1 nur für den Antrag auf Gewährung von Verfolgungs- sowie internationalen Schutz nach § 60 I AufenthG. Hierauf beziehen sich auch die verfahrensrechtlichen Mitwirkungspflichten nach § 25 I.

Aus der Antragsabhängigkeit des Asylverfahrens folgt andererseits nicht, 20
dass die Gewährung von Verfolgungs- und Abschiebungsschutz antragsabhängig wäre. Vielmehr ist die Bundesrepublik bereits aus völkerrechtlichen Gründen (Art. 33 I GFK) zur Gewährung von Verfolgungsschutz verpflichtet. Das Eingreifen völkerrechtlicher Pflichten kann daher rechtslogisch nicht von einem Antrag abhängig gemacht werden. Gleiches trifft für den asylrechtlichen Abschiebungsschutz zu. Denn das verfassungsrechtliche Asylrecht verbürgt demjenigen, der vor politischer Verfolgung Zuflucht sucht, in seinem Kerngehalt Abschiebungsschutz (BVerwGE 49, 202 (205 f.) = EZAR 134 Nr. 1 = NJW 1976, 490; BVerwGE 62, 206 (210) = EZAR 221 Nr. 7 = NJW 1981, 2653 = InfAuslR 1981, 214; BVerwGE 69, 323 (325) = EZAR 222 Nr. 2 = NVwZ 1984, 799 = InfAuslR 1984, 239).

Die Behörden haben deshalb von Amts wegen den völker- und verfassungs- 21
rechtlichen Abschiebungsschutz für politisch Verfolgte und Konventionsflüchtlinge zu beachten und dürfen diesen nicht mit Hinweis auf die Antragsabhängigkeit des Asylverfahrens verneinen. Lediglich die Gewährung der Rechtsstellung nach § 2 und § 3 setzt einen Antrag im Sinne von Abs. 1 voraus. Weigert sich der Verfolgte jedoch, diesen Antrag zu stellen, kann ihm nach der obergerichtlichen Rechtsprechung keine anderweitige Verbleibsmöglichkeit gewährt werden (so schon OVG Rh-Pf, InfAuslR 1985, 56; OVG Hamburg, EZAR 461 Nr. 13). Jedoch hat die Ausländerbehörde zwingend Abschiebungshindernisse nach § 60 II–VII AufenthG zu beachten (vgl. auch § 72 II AufenthG).

Derartige Abschiebungshindernisse setzen keinen Antrag voraus, sondern 22
sind aufgrund verfassungs- und völkerrechtlicher Normen von Amts wegen zu beachten. Der Antragsbegriff in Abs. 1 ist umfassend zu verstehen. Wer nicht aus anderen Gründen ein Aufenthaltsrecht besitzt, kann seinen ein Aufenthaltsrecht auslösenden Anspruch auf Schutz vor Verfolgung oder auf Gewährung von internationalen Schutz nach § 60 I AufenthG nur in der Form des Asylantrags durchsetzen. Die effektive Gewährleistung dieses Schutzes setzt also ausnahmslos einen Antrag nach Abs. 1 voraus. Dem Betreffenden ist Gelegenheit zur Asylantragstellung zu geben.

3. Internationaler Schutz nach § 60 Abs. 1 AufenthG (Abs. 1 2. Alt. und Abs. 2)

3.1. Verfahrensrechtliche Verknüpfung von Verfolgungs- und internationalem Schutz (Abs. 1)

Wie § 7 I 1 AsylVfG 1982 legt Abs. 1 kraft Gesetzes fest, dass der Asylantrag 23
zugleich das Begehren auf Feststellung der Voraussetzungen nach § 60 I Auf-

enthG enthält. Abs. 2 gibt dem Antragsteller wie früher § 7 I 2 AsylVfG 1982 eine Wahlmöglichkeit: Er kann sein Begehren von Anfang an auf die Feststellung nach § 60 I AufenthG und damit auf die Rechtsstellung nach § 3 beschränken. Der umgekehrte Weg ist nicht möglich, aber auch nicht erforderlich. Denn die Gewährung des Asylrechtes umfasst stets auch den internationalen Schutz nach § 60 I AufenthG (§ 31 II 1). Beschränkt der Antragsteller sein Begehren auf die Feststellung nach § 60 I AufenthG, ist das Bundesamt hieran gebunden. Es hat seine Feststellung lediglich auf diesen Verfahrensgegenstand zu beschränken (§ 31 II 2).

24 Der Asylsuchende kann auch nachträglich, obwohl er zunächst von seiner in Abs. 2 eröffneten Wahlmöglichkeit keinen Gebrauch gemacht hat, seinen Antrag und später seine Klage auf die Rechtsstellung nach § 3 beschränken. Macht er hiervon während des Verwaltungsverfahrens Gebrauch, so hat er den Antrag auf Gewährung von Asylrecht zurückzunehmen. Dies folgt aus der Dispositionsbefugnis des Antragsverfahrens. Nach Zustellung der Sachentscheidung des Bundesamtes kann er seine Klage auf den internationalen Schutz nach § 60 I AufenthG begrenzen oder im Verlaufe des Verwaltungsstreitverfahrens entsprechende Dispositionen treffen.

25 Beide Verfahrensgegenstände des Abs. 1 stehen also hinsichtlich der Eröffnung des Verfahrens in einem kumulativen Verhältnis. Über beide wird gesondert entschieden. Beide Begehren stellen nach ihrer gesetzlichen Ausgestaltung zwei begrifflich voneinander zu trennende Rechtsschutzziele dar, bilden jedoch zwei Bestandteile eines einheitlichen Asylverfahrens dergestalt, dass der Feststellungsanspruch nach § 60 I AufenthG stets mit dem Asylbegehren anhängig wird und, wenn der Antragsteller dies nicht ausdrücklich ablehnt, mit diesem zusammen beschieden werden muss (BVerwG, EZAR 231 Nr. 3).

26 Hat der Antragsteller jedoch zu Beginn seines Verfahrens den Antrag auf den Feststellungsanspruch nach § 60 I AufenthG begrenzt, kann er nicht nachträglich im Klageverfahren seinen Antrag um die Asylanerkennung erweitern. Da das ZuwG mit Wirkung zum 1. Januar 2005 den Grundsatz der rechtlichen Gleichstellung von Asylberechtigten und Flüchtlingen eingeführt hat, andererseits wegen der auf die Einreise auf dem Luftwege zielenden Beweislast in aller Regel auf die Asylanerkennung gerichtete Anträge scheitern (§ 26 a Rdn. 175 ff.), dürften in Zukunft häufiger isolierte, allein auf die Gewährung des internationalen Schutzes nach § 60 I AufenthG abstellende Anträge gestellt werden.

27 Abs. 1 differenziert präzis zwischen dem Begriff der Schutzsuche im Bundesgebiet einerseits und dem Schutz vor Abschiebung bzw. »sonstiger Rückführung« in einen bestimmten Staat andererseits. Anders als § 7 I 1 AsylVfG 1982, der den Begriff der »Überstellung« enthielt, verwendet Abs. 1 den der »sonstigen Rückführung«. Diese Änderung ist jedoch lediglich redaktioneller Natur. Die Vorschrift des § 60 I AufenthG, die als innerstaatliche Umsetzungsnorm des in Art. 33 I GFK geregelten Prinzips des Non-Refoulement anzusehen ist, knüpft mit dieser Formulierung an den Wortlaut von Art. 33 I GFK an. Während nämlich § 60 I AufenthG lediglich die Formulierung »darf nicht in einen Staat abgeschoben werden« gebraucht, ist Art. 33 I GFK weiter-

Asylantrag § 13

gehend und verbietet, dass ein Staat »einen Flüchtling auf irgendeine Weise« (»in any manner whatsoever«) abschiebt oder zurückweist. Jegliche Zwangsmaßnahme, die letztlich dazu führt, dass ein Flüchtling in den Herrschaftsbereich des Verfolgerstaates gelangt, ist damit untersagt. Dem entspricht der Begriff der »sonstigen Überstellung« in Abs. 1.

3.2. Wahlmöglichkeit nach Abs. 2

Mit der Wahlmöglichkeit nach Abs. 2 wird der Verfahrensgegenstand für das weitere Verfahren festgelegt. Hat der Antragsteller mithin sein Begehren auf den Feststellungsanspruch gemäß § 60 I AufenthG begrenzt, so kann er diesen nicht ohne weiteres nachträglich um die Asylanerkennung erweitern, da dies gegen den Grundsatz der Verfahrensbeschleunigung verstoßen würde. Der Antragsteller begrenzt zu Beginn des Verfahrens seinen Antrag auf den Feststellungsanspruch. Dementsprechend ermittelt das Bundesamt den Sachverhalt unter Anhörung des Asylsuchenden nach Maßgabe dieser Wahl. Mit Zustellung der Sachentscheidung ist das Verwaltungsverfahren beendet. 28

Eine Erweiterung des Verfahrensgegenstandes wird man jedoch bis zur Anhörung gemäß § 25 I zulassen können. Eine derartige Verfahrensweise ist jedenfalls mit dem Grundsatz der Verfahrensbeschleunigung und -konzentration vereinbar. Sie wirft jedoch schwierige verfahrensrechtliche Fragen auf. Es ist deshalb dringend zu empfehlen, von der Wahlmöglichkeit überhaupt keinen Gebrauch zu machen und die Sachentscheidung abzuwarten. In der Regel machen die Asylantragsteller von ihrer Wahlmöglichkeit aus guten Gründen keinen Gebrauch. Wie bereits erwähnt (Rdn. 26), hat das ZuwG mit Wirkung zum 1. Januar 2005 den Grundsatz der rechtlichen Gleichstellung von Asylberechtigten und Flüchtlingen eingeführt, sodass isolierte, allein auf die Gewährung des internationalen Schutzes nach § 60 I AufenthG abstellende Anträge zu keinem Rechtsnachteil führen. 29

4. Antrag auf Familienasyl und Familienabschiebungsschutz (§ 26)

§ 26 I Nr. 3 macht die Gewährung der Asylberechtigung an die engen Familienangehörigen eines Asylberechtigten davon abhängig, dass diese ebenfalls einen Asylantrag im Sinne von Abs. 1 stellen (s. hierzu § 26 Rdn. 44ff., 121ff.). Gleiches gilt nach § 26 IV 1 für die Angehörigen eines nach § 60 I AufenthG international Schutzberechtigten. Im Zeitpunkt der Antragstellung braucht der Antrag noch nicht auf das Ziel des § 26 ausgerichtet werden. Vielmehr kann auch zunächst ein originärer Asylanspruch geltend gemacht werden. Erst im Laufe des Verfahrens kann eine Konkretisierung auf das Familienasyl bzw. auf den Familienabschiebungsschutz erfolgen, wenn deutlich wird, dass ein originärer Anspruch kaum durchsetzbar sein dürfte. 30

Solange jedoch das Verfahren nicht rechtskräftig beendet ist, kann die Anspruchsgrundlage offen bleiben bzw. hat die Entscheidung für den An- 31 spruch aus § 26 keine den Anspruch aus § 1 I ausschließende Wirkung. Nach der Rechtsprechung wird für den Fall der Gewährung des Familienasyls jedoch unabhängig vom Willen des Antragstellers keine individuelle Prüfung seiner geltend gemachten Verfolgungsgründe vorgenommen (BVerwG, EZAR 215 Nr. 4 = NVwZ 1992, 987; OVG NW, InfAuslR 1991, 316; VGH BW, InfAuslR 1993, 200; s. hierzu § 26 Rdn. 4, 50). Maßgebend ist für den abgeleiteten Anspruch des Ehegatten aber, dass überhaupt, und zwar unverzüglich, ein Asylantrag gestellt wird, da andernfalls der Anspruch auf Familienasyl bzw. Familienabschiebungsschutz versagt werden wird.

5. Asylantrag vom Ausland aus

32 Abs. 1 liegt die Vorstellung zugrunde, dass der Asylantrag regelmäßig vom Inland aus gestellt werden muss. Gleichwohl handelt es sich bei dem vom Ausland aus gestellten Asylbegehren um einen Antrag im Sinne von Abs. 1. Umgekehrt erlischt im Falle der Abschiebung aufgrund der Abschiebungsandrohung bzw. -anordnung gemäß §§ 34 ff. bei fortbestehendem Willen zur Rechtsverfolgung nicht die Eigenschaft des zugrunde liegenden Begehrens als Antrag im Sinne von Abs. 1. Wäre dies der Fall, träte Erledigung des Hauptsacheverfahrens ein.

33 Dies verdeutlicht, dass der Asylantrag auch gegenüber einer deutschen Auslandsvertretung gestellt werden kann (s. im Einzelnen hierzu Treiber, in: GK-AsylVfG, II – § 13 Rdn. 81 ff.). In der Praxis hat dieses Problem jedoch keine Bedeutung. Denn die deutschen Auslandsvertretungen nehmen Schutzbegehren, die als Asylantrag bezeichnet werden, nicht entgegen.

6. Geltendmachung von Abschiebungshindernissen (§ 60 Abs. 2 bis 7 AufenthG)

34 Der asylrechtliche Antragsbegriff von Abs. 1 bezieht sich nicht auf die Abschiebungshindernisse nach § 60 II–VII AufenthG. Deren Wirkung ist demnach auch nicht antragsabhängig. Dem Bundesamt obliegt andererseits die Prüfung dieser Abschiebungshindernisse nach Stellung eines Antrags im Sinne von Abs. 1 (§ 24 II). Es hat darüber hinaus festzustellen, ob im Einzelfall derartige Hindernisse vorliegen (§ 31 III 1). Überdies ist der Antragsteller gehalten, im Zusammenhang mit seiner asylrechtlichen Darlegungspflicht (§ 25 I) auch die Abschiebungshindernisse nach § 60 II–VII AufenthG darzulegen (§ 25 II). Ein späteres Vorbringen kann unberücksichtigt bleiben (§ 25 III).

35 Die asyl- und ausländerrechtlichen Verfahrensgegenstände sind allerdings in tatsächlicher und rechtlicher Hinsicht sachlich eng miteinander verknüpft (BVerwGE 99, 38 (44 f.) = EZAR 631 Nr. 41 = NVwZ 1996, BVerwGE 79; 101, 323 (325); BVerwG, EZAR 631 Nr. 40), sodass mit der Darlegung der Verfolgungsgründe regelmäßig auch die Abschiebungshindernisse nach § 60 II–VII AufenthG in tatsächlicher Hinsicht dargelegt sind. Daraus folgt, dass Abschiebungshindernisse nach § 60 II–VII AufenthG sind zwar nicht antragsab-

hängig sind. Will der Antragsteller jedoch effektiv vor Gefahren der in § 60 II–VII AufenthG bezeichneten Art geschützt werden, hat er ebenso wie im Hinblick auf die Verfolgungstatbestände von Abs. 1 eine umfassende und detaillierte Darlegungslast von Beginn des Asylverfahrens an.

Abschiebungshindernisse können aber auch unabhängig von einem Asylantrag geltend gemacht werden. Bei einem Schutzbegehren ist jedoch im Regelfall von einem Asylantrag im Sinne von Abs. 1 auszugehen. Denn aus tatsächlichen und rechtlichen Gründen setzt die genaue Abgrenzung zwischen politischen Verfolgungsgefahren und ausschließlich menschenrechtswidrigen Gefahren eine eingehende Überprüfung voraus, welche nicht Bestandteil der oben beschriebenen Prüfung der Sachkompetenz sein darf. Begrenzt der Antragsteller jedoch ausdrücklich sein Schutzbegehren auf die Abschiebungshindernisse des § 60 II–VII AufenthG und enthalten seine Behauptungen keinen Hinweis auf Verfolgungsgründe im Sinne von Abs. 1, ist nicht von einem Asylantrag auszugehen (OVG Rh-Pf, AuAS 1995, 118 (119); a. A. VGH BW, AuAS 1994, 104: ausländerbehördliche Zuständigkeit auch dann, wenn mit dem auf § 53 AuslG 1990 zielenden Antrag in der Sache politische Verfolgung geltend gemacht wird). 36

Die Sachkompetenz für den Antrag nach § 60 VII AufenthG liegt bei der zuständigen Ausländerbehörde (§ 72 II AufenthG). Da das Bundesamt wegen § 24 II unabhängig von einem Asylverfahren keine Zuständigkeit für die Prüfung von Abschiebungshindernissen nach § 60 II–V AufenthG hat, gebietet der Grundsatz der effektiven Umsetzung völker- und gemeinschaftsrechtlicher Verpflichtungen (vgl. § 60 II, V AufenthG, Art. 15 Qualifikationsrichtlinie) eindeutige Zuständigkeitsregelungen. § 72 II AufenthG und damit die ausländerbehördliche Zuständigkeit ist deshalb auf alle Abschiebungshindernisse des § 60 II–VII AufenthG zu erweitern. 37

Wegen der weitreichenden Folgen ist in Zweifelsfällen durch die Ausländerbehörde näher aufzuklären, ob der Antragsteller tatsächlich um Asyl nachsucht, d. h. sich gegenüber einer drohenden Abschiebung nicht lediglich auf humanitäre und andere verfolgungsunabhängige Gründe beruft, sondern die Gefahr einer ihm drohenden Verfolgung geltend macht (OVG Rh-Pf, AuAS 1995, 118 (119)). Es hat bei dieser Prüfung das Bundesamt zu beteiligen. 38

7. Mitwirkungspflichten nach Abs. 3

Abs. 3 S. 1 legt dem Antragsteller die Verpflichtung auf, an der Grenze um Asyl nachzusuchen, sofern er nicht im Besitz der erforderlichen Einreisedokumente ist. Aus dieser Vorschrift wird andererseits deutlich, dass das Gesetz anders als andere Rechtsordnungen *keine Antragsfristen* (s. hierzu BayVGH, EZAR 632 Nr. 18, S. 2 = NVwZ-Beil. 1994, 4 = InfAuslR 1994, 72) kennt (Treiber, in: GK-AsylVfG, § 13 Rdn. 149). Derartige Ausschlussfristen wären mit Art. 3 EMRK nicht vereinbar (EGMR, InfAuslR 2001, 57 (58) = NVwZ-Beil. 2001, 97 – *Jabari*). Allerdings kann eine nicht ausreichend begründete verzögerte Antragstellung nach der Einreise im Rahmen der Beweiswürdigung zu Lasten des Antragstellers bewertet werden. Das BVerfG hat jedoch 39 ausdrücklich darauf hingewiesen, dass der historische Gesetzgeber mit der Regelung des Abs. 3 deutlich gemacht habe, dass ein Verfolgungsbegehren nicht allein deshalb als unglaubhaft eingestuft werden könne, weil es nicht unmittelbar bei der Einreise an der Grenze gestellt werde. Es sei daher nicht nachvollziehbar, wenn ein Gericht das Vorbringen zur Vorverfolgung einzig mit dem Verweis darauf als insgesamt unglaubhaft einstuft, weil es der Antragsteller nicht bereits bei seiner Einreise gegenüber der Grenzbehörde offenbart hat (BVerfG (Kammer), InfAuslR 2004, 406 (407) = NVwZ-RR 2004, 612).

40 Bemerkenswert ist die Verwendung des umgangssprachlichen Begriffs »Einreisepapiere« in Abs. 3 S. 1. Gemeint sind damit die für eine Einreise in das Bundesgebiet notwendigen Reisedokumente. Die Regelungen in Abs. 3 sind gesetzessystematisch verunglückt. Abs. 3 S. 1 enthält eine im Zusammenhang mit § 18 zu regelnde Mitwirkungspflicht, während es andererseits angebracht gewesen wäre, die Verpflichtung nach Abs. 3 S. 2 im Rahmen von § 22 zu regeln.

41 Nach der Gesetzesbegründung entspricht Abs. 3 S. 1 dem Anliegen, »die Zuwanderung steuern und begrenzen zu können. Mit der Verpflichtung des Ausländers, der keine Einreisepapiere besitzt, den Asylantrag bereits an der Grenze zu stellen, soll einem illegalen Aufenthalt des Ausländers entgegengewirkt und das Asylverfahren möglichst frühzeitig eingeleitet werden. Zugleich wird klargestellt, dass die Anwendung der für die Einreise aus sicheren Drittstaaten geltenden Regelungen nicht durch illegale Einreisen umgangen werden darf« (BT-Drs. 12/4450, S. 17).

42 Obwohl nach der gesetzgeberischen Absicht Abs. 3 S. 1 wohl auch die effektive Anwendung des Flughafenverfahrens sicherstellen will, begründet die Vorschrift keine Verpflichtung der im Inland um Asylgewährung angesprochenen Behörden, den Asylsuchenden an die Grenzbehörden zu verweisen. Eine derartige Verpflichtung würde dem Beschleunigungszweck des Gesetzes zuwiderlaufen. Im Konflikt zwischen Steuerungs- und Beschleunigungsziel hat der Gesetzgeber daher dem letzteren den Vorzug gegeben. Aus der Verletzung der Mitwirkungspflicht nach Abs. 3 S. 1 folgt also nicht die behördliche Verpflichtung, den Asylsuchenden an die Grenzbehörde zu verweisen. Vielmehr treten nunmehr die Mitwirkungspflicht nach Abs. 3 S. 2 und damit korrespondierend die behördlichen Pflichten nach § 19 I und § 22 I 2 ein.

43 Missglückt ist die unterschiedliche Terminologie des Gesetzes: Während Abs. 3 S. 1 den Begriff »erforderliche Einreisepapiere« verwendet, verweist Abs. 3 S. 2 auf den Begriff der »unerlaubten Einreise«. Die unerlaubte Einreise wird in § 15 I, § 57 I 1 AufenthG geregelt. Danach reist unerlaubt ein, wer nicht den erforderlichen Pass und den nach § 4 AufenthG erforderlichen Aufenthaltstitel besitzt. Da Abs. 3 S. 1 nur auf die erforderlichen Reisedokumente, nicht aber auf den erforderlichen Aufenthaltstitel verweist, besteht für Asylsuchende, die zwar mit einem gültigen Pass, jedoch ohne erforderliches Visum einreisen, nicht die Verpflichtung nach Abs. 3 S. 1 (a. A. Treiber, in: GK-AsylVfG, § 13 Rdn. 159).

44 Andererseits soll nach der Gesetzesbegründung dem illegalen Aufenthalt entgegen gesteuert werden. Der illegale Aufenthalt wird jedoch entschei

dend durch die fehlende behördliche Erlaubnis zur Einreise, also die Einreise ohne den erforderlichen Aufenthaltstitel, gekennzeichnet. Dies verdeutlicht, dass Abs. 3 nicht nur sprachlich und gesetzessystematisch verunglückt, sondern auch in vielerlei Hinsicht auslegungsfähig ist. Letztlich kann die genaue Abgrenzung zwischen beiden Begriffen jedoch dahinstehen, da an die Verletzung der Mitwirkungspflicht nach Abs. 3 S. 1 weder Verweisungssanktionen geknüpft sind noch diese ohne Weiteres zum Anlass einer qualifizierten Asylablehnung (vgl. § 30 III Nr. 5) genommen werden darf (vgl. auch BVerfG (Kammer), InfAuslR 2004, 406 (407) = NVwZ-RR 2004, 612; Rdn. 39).

Nach der hier vorgenommenen Auslegung besteht nur für die ohne gültigen Reiseausweis einreisenden Asylsuchenden die Pflicht nach Abs. 3 S. 1. Diese Auffassung wird durch die Regelung in § 18 a I 2 bestätigt. Danach werden Antragsteller, die nicht mit einem gültigen Pass oder Passersatz einreisen, einem besonderen Verfahren unterzogen. Die Verletzung dieser Pflicht bleibt sanktionslos: Sie darf weder zum Anlass einer Verweisung an die Grenzbehörde noch zur qualifizierten Asylablehnung noch zur Einleitung eines Strafverfahrens genommen werden. **45**

Allerdings besteht das verfahrensrechtliche Risiko, dass dem Antragsteller bei einer Verletzung der Obliegenheit der Nachweis der Einreise auf dem Luftweg nicht gelingt, sodass er sich nicht auf das Asylrecht berufen kann (§ 26 a Rdn. 178 ff.). Die Verletzung der unverzüglichen Befolgungspflicht nach Abs. 3 S. 2 kann in krassen Fällen zur qualifizierten Asylablehnung (§§ 30 III Nr. 5 in Verb. mit 13 III 2) sowie zu strafrechtlichen Folgen (BayObLG. EZAR 355 Nr. 17 = AuAS 1998, 268 = NVwZ-Beil. 1999, 16 (LS); vgl. § 92 IV AuslG in Verb. mit Art. 31 I GFK) führen. Die Nichtbefolgung der Pflicht nach Abs. 3 S. 1 hat nicht automatisch zur Folge, dass die Meldung bei den Behörden nach Abs. 3 S. 2 stets verspätet wäre. Unverzüglich heißt ohne schuldhaftes Verzögern (§ 121 BGB). Wer also bei der Grenzbehörde keinen Asylschutz begehrt, nach Einreise und Beratung durch Freunde und durch einen Rechtsanwalt aber um Asyl nachsucht, meldet sich unverzüglich bei den zuständigen Behörden. **46**

8. Rechtsschutz gegen die Verweigerung der Entgegennahme des Antrags

Weigert sich die Ausländerbehörde oder das Bundesamt, einen Antrag im Sinne von Abs. 1 entgegenzunehmen und zu bearbeiten, ist vorläufiger Rechtsschutz über § 123 VwGO zu gewähren. Während früher § 10 V AsylVfG 1982 ausdrücklich für den Fall der Verweigerung der Entgegennahme des Asylantrags auf den Rechtsschutz nach § 123 VwGO verwies, fehlt im geltenden Recht eine derartige Regelung. Offensichtlich geht der Gesetzgeber davon aus, dass derartige Probleme nicht auftreten können. Kommt es im Einzelfall dennoch zur Verweigerung der Entgegennahme des Antrags, kann einstweiliger Rechtsschutz nach § 123 VwGO beantragt werden. **47**

§ 14 Antragstellung

(1) Der Asylantrag ist bei der Außenstelle des Bundesamtes zu stellen, die der für die Aufnahme des Ausländers zuständigen Aufnahmeeinrichtung zugeordnet ist. Der Ausländer ist vor der Antragstellung schriftlich und gegen Empfangsbestätigung darauf hinzuweisen, dass nach Rücknahme oder unanfechtbarer Ablehnung seines Asylantrags die Erteilung eines Aufenthaltstitels gemäß § 10 Abs. 3 des Aufenthaltsgesetzes Beschränkungen unterliegt. In Fällen des Absatz 2 Satz 1 ist der Hinweis unverzüglich nachzuholen.

(2) Der Asylantrag ist beim Bundesamt zu stellen, wenn der Ausländer
1. einen Aufenthaltstitel mit einer Gesamtgeltungsdauer von mehr als sechs Monaten besitzt,
2. sich in Haft oder sonstigem öffentlichen Gewahrsam, in einem Krankenhaus, einer Heil- oder Pflegeanstalt oder in einer Jugendhilfeeinrichtung befindet, oder
3. noch nicht das 16. Lebensjahr vollendet hat und sein gesetzlicher Vertreter nicht verpflichtet ist, in einer Aufnahmeeinrichtung zu wohnen.

Die Ausländerbehörde leitet einen bei ihr eingereichten schriftlichen Antrag unverzüglich dem Bundesamt zu.

(3) Befindet sich der Ausländer in den Fällen des Absatzes 2 Satz 1 Nr. 2 in
1. Untersuchungshaft,
2. Strafhaft,
3. Vorbereitungshaft nach § 62 Abs. 1 des Aufenthaltsgesetzes,
4. Sicherungshaft nach § 62 Abs. 2 Satz 1 Nr. 1 des Aufenthaltsgesetzes, weil er sich nach der unerlaubten Einreise länger als einen Monat ohne Aufenthaltstitel im Bundesgebiet aufgehalten hat,
5. Sicherungshaft nach § 62 Abs. 2 Satz 1 Nr. 2 bis 5 des Aufenthaltsgesetzes,

steht die Asylantragstellung der Anordnung oder Aufrechterhaltung von Abschiebungshaft nicht entgegen. Dem Ausländer ist unverzüglich Gelegenheit zu geben, mit einem Rechtsbeistand seiner Wahl Verbindung aufzunehmen, es sei denn, er hat sich selbst vorher anwaltlichen Beistands versichert. Die Abschiebungshaft endet mit der Zustellung der Entscheidung des Bundesamtes, spätestens jedoch vier Wochen nach Eingang des Asylantrags beim Bundesamt, es sei denn, der Asylantrag wurde als unbeachtlich oder offensichtlich unbegründet abgelehnt.

Übersicht

		Rdn.
1.	Zweck der Vorschrift	1
2.	Persönliche Antragstellung bei der zuständigen Außenstelle des Bundesamtes (Abs. 1 Satz 1)	4
3.	Probleme der Praxis bei Antragstellung nach Abs. 1 Satz 1	9
4.	Schriftliche Antragstellung bei der Zentrale des Bundesamtes (Abs. 2)	13
4.1.	Zuständigkeit der Zentrale des Bundesamtes (Abs. 2 Satz 1 erster Halbsatz)	13

4.2.	Betroffener Personenkreis (Abs. 2 Satz 1 zweiter Halbsatz)	20
4.2.1.	Besitz eines Aufenthaltstitels von mindestens sechs Monaten (Abs. 2 Satz 1 Nr. 1)	20
4.2.2.	Antragstellung während des amtlichen Gewahrsams oder Aufenthaltes in einer Heileinrichtung (Abs. 2 Satz 1 Nr. 2)	24
4.2.3.	Gesetzlicher Vertreter des unter 16 Jahre alten Antragstellers unterliegt nicht der Wohnverpflichtung nach § 47 Abs. 1 Satz 1 (Abs. 2 Satz 1 Nr. 3)	26
4.3.	Weiterleitungspflicht der Ausländerbehörde (Abs. 2 Satz 2)	30
5.	Belehrungspflicht nach Abs. 1 Satz 2	32
6.	Zulässigkeit der Abschiebungshaft nach § 62 AufenthG (Abs. 3)	35
6.1.	Zweck der Vorschrift des Abs. 3	35
6.2.	Völkerrechtliche Grenzen für die Anordnung der Abschiebungshaft	38
6.3.	Verfassungsrechtliche Grenzen für die Anordnung der Abschiebungshaft	41
6.4.	Voraussetzungen für die Zulässigkeit der Abschiebungshaft (Abs. 3 Satz 1)	44
6.4.1.	Funktion der Vorschrift des Abs. 3 Satz 1	44
6.4.2.	Zulässigkeit der Überhaft (Abs. 3 Satz 1 Nr. 1 und 2)	50
6.4.3.	Zulässigkeit der Vorbereitungshaft nach § 62 Abs. 1 AufenthG (Abs. 3 Satz 1 Nr. 3)	60
6.4.4.	Zulässigkeit der Sicherungshaft nach § 62 Abs. 2 AufenthG (Abs. 3 Satz 1 Nr. 4 und 5)	64
6.4.4.1.	Funktion der Vorschrift des § 62 Abs. 2 AufenthG	64
6.4.4.2.	Sicherungshaft nach § 62 Abs. 2 Satz 1 Nr. 1 AufenthG (Abs. 3 Satz 1 Nr. 4)	69
6.4.4.3.	Sicherungshaft nach § 62 Abs. 2 Satz 1 Nr. 2 bis 5 AufenthG (Abs. 3 Satz 1 Nr. 5)	75
6.5.	Beendigungsgründe der Abschiebungshaft (Abs. 3 Satz 3)	90
6.6.	Beachtung des Beschleunigungsgrundsatzes	98
6.7.	Undurchführbarkeit der Abschiebung innerhalb der Dreimonatsfrist des § 62 Abs. 2 Satz 4 AufenthG	104
6.8.	Rechtsschutz	111

1. Zweck der Vorschrift

Diese Vorschrift regelt die Zuständigkeit innerhalb des Bundesamtes für die Bearbeitung des Asylantrages. An sich betrifft diese Zuständigkeitsregelung die *funktionelle* Aufteilung der Zuständigkeiten des Bundesamtes zwischen dem Hauptsitz und den Außenstellen. Für die Asylsuchenden hat die jeweilige Zuständigkeit jedoch erhebliche Auswirkungen, da sie in den Fällen des Abs. 1 in das Verteilungsverfahren nach §§ 46 ff. aufgenommen werden, im Falle des Abs. 2 sich jedoch an ihrer bisherigen aufenthaltsrechtlichen Situation nichts ändert. Die Vorschrift ist im Zusammenhang mit §§ 23 und 47 I zu sehen. 1

Abs. 1 begründet den Regelfall der Zuständigkeit. Die Regelung verfolgt den Zweck, bei *unmittelbar in das Bundesgebiet einreisenden Asylsuchenden* bereits zu Beginn des Verfahrens die für die Behandlung des Asylbegehrens zuständige 2

Außenstelle des Bundesamtes und damit zugleich auch unverzüglich das Bundesland zu bestimmen, in dem sich der Antragsteller während der Dauer des Asylverfahrens aufzuhalten hat. Die Regelung in Abs. 1 ist die Folgerung aus der 1992 erfolgten Neukonzeption des Asylverfahrens, der zu folge das Bundesamt für sämtliche asyl- und ausländerrechtlichen Fragen bei der Behandlung von Asylbegehren zuständig ist und die Vorfilterfunktion mit Blick auf unbeachtliche und offensichtlich unbegründete Asylanträge sowie auf Abschiebungsanordnungen nach § 34 a auszuüben hat.

3 Die Zuständigkeitsregelung in Abs. 1 bringt eine erhebliche Rechtsschutzverkürzung mit sich. Abs. 2 regelt die Ausnahmefälle von der Zuständigkeitsbestimmung nach Abs. 1. In diesem Zusammenhang ist zur näheren Präzisierung der Ausnahmeregelung nach Abs. 2 S. 1 Nr. 2 und der damit zusammenhängenden Frage der Zulässigkeit der Anordnung oder Aufrechterhaltung von Abschiebungshaft durch ÄnderungsG 1997 die Regelung in Abs. 3 seinerzeit als Abs. 4 neu in die Vorschrift eingefügt worden.

2. Persönliche Antragstellung bei der zuständigen Außenstelle des Bundesamtes (Abs. 1 Satz 1)

4 Während nach § 8 I 2 AsylVfG 1982 für die Asylantragstellung der tatsächliche Aufenthaltsort des Asylsuchenden die für die Entgegennahme des Asylantrags zuständige Ausländerbehörde bestimmte, führen die Regelungen in Abs. 1 in Verb. mit §§ 22, 23 und 47 I eine völlig andersgeartete Konzeption ein: Wer keine der Ausnahmevorschriften von Abs. 2 geltend machen kann, hat den Antrag bei der Außenstelle des Bundesamtes zu stellen, die der für die Aufnahme des Antragstellers zuständigen Aufnahmeeinrichtung zugeordnet ist (Abs. 1). Dies kann, muss aber keinesfalls die Außenstelle sein, die der nächstgelegenen Aufnahmeeinrichtung zugeordnet ist.

5 Nach § 23 I ist der Antragsteller verpflichtet, *zur förmlichen Stellung des Asylantrags* persönlich bei der zuständigen Außenstelle zu erscheinen. Der Wortlaut von § 23 I stellt damit unmissverständlich klar, dass mit der Erfüllung der Meldepflicht nach § 22 I noch kein Asylantrag gestellt worden ist (s. auch § 13 Rdn. 9ff.). Erst nach Ermittlung der zuständigen Aufnahmeeinrichtung und damit zugleich der zuständigen Außenstelle erscheint der Antragsteller bei dieser zur Stellung des Asylantrags und wird das Asylverfahren eingeleitet. Zum weiteren Verfahren sowie insbesondere zur Ermittlung der zuständigen Aufnahmeeinrichtung s. § 23 Rdn. 5ff. und § 46 Rdn. 1ff., 7ff.

6 Damit wird deutlich, dass der tatsächliche Aufenthaltsort des Antragstellers nicht für die Bestimmung der zuständigen Außenstelle maßgebend ist. Es besteht nicht einmal die Verpflichtung, bei der nächstgelegenen Aufnahmeeinrichtung um Asyl nachzusuchen. Vielmehr schreibt § 13 III lediglich die Meldepflicht bei *einer* Aufnahmeeinrichtung vor (vgl. aber § 19 I). Daraus kann entnommen werden, dass es dem Gesetzgeber nicht darauf ankommt, welche Aufnahmeeinrichtung der Antragsteller aufsucht. Denn das nach Maßgabe von § 46 I eingerichtete Verteilungssystem arbeitet nach den abstrakten Kriterien der Aufnahmekapazitäten des Landes und den Bearbei-

Antragstellung §14

tungskapazitäten des Bundesamtes. Allerdings ist die unverzügliche Meldung des Antragstellers vorgeschrieben (§ 13 III).

Der verfassungsrechtliche Abschiebungsschutz greift bereits mit der Meldung bei den Behörden nach §§ 18 ff. ein. Zwar besteht eine Verpflichtung des ohne erforderliche Einreisedokumente einreisenden Asylsuchenden zur Geltendmachung des Asylbegehrens an der Grenze (§ 13 III 1). Beachtet er diese Verpflichtung nicht, muss er unverzüglich bei einer Aufnahmeeinrichtung (§ 22 I) bzw. der Ausländer- oder Polizeibehörde um Asyl nachsuchen (§ 13 III 2). 7

Aus § 13 III 2 wird damit deutlich, dass die dort genannten Behörden den Antragsteller nicht zur Grenzbehörde zurückverweisen dürfen. Dies würde dem Beschleunigungszweck des Gesetzes sowie seinem Wortlaut zuwiderlaufen (s. auch § 13 Rdn. 41). Unabhängig von der Obliegenheit des Asylsuchenden, an der Grenze um Asyl nachzusuchen, besteht daher die Verpflichtung der Polizei- und Ausländerbehörden, den Antragsteller an die zuständige bzw. nächstgelegene Aufnahmeeinrichtung weiterzuleiten (§ 19 I), sowie die Verpflichtung der Aufnahmeeinrichtung, das Verteilungsverfahren in Gang zu setzen (§ 22 I 2). 8

3. Probleme der Praxis bei Antragstellung nach Abs. 1 Satz 1

Aus dieser Rechtslage ergeben sich Rechtsschutzdefizite insbesondere für anwaltlich vertretene Asylsuchende. In dem Zeitpunkt, in dem der Bevollmächtigte den Asylsuchenden an die nächstgelegene Aufnahmeeinrichtung verweist, hat er noch keine Kenntnis über die zuständige Außenstelle des Bundesamtes. Er kann daher auch keinen den Asylantrag begründenden Schriftsatz an die Außenstelle übersenden. Es empfiehlt sich daher, dem Antragsteller den Schriftsatz zwecks Abgabe bei der förmlichen Antragstellung (§ 23 I) mitzugeben. In der Sache und in den Notwendigkeiten des Anwaltsbetriebes begründete geringfügige Verzögerungen sind unvermeidlich. Keinesfalls darf das Bundesamt diese zum Anlass nehmen, den Antrag in der qualifizierten Form abzulehnen (vgl. § 30 III Nr. 5 in Verb. mit § 13 III) bzw. nach § 23 II 2 vorzugehen. 9

Ein Zuwarten mit der Übersendung der schriftlichen Antragsbegründung, bis der Antragsteller dem Rechtsanwalt die zuständige Außenstelle des Bundesamtes mitteilt, ist nicht ratsam, da bis zu diesem Zeitpunkt regelmäßig bereits die Anhörung durchgeführt, oftmals sogar schon die Sachentscheidung getroffen worden ist. Da dem Bundesamt in diesem Fall die Tatsache der Bevollmächtigten regelmäßig nicht bekannt sein dürfte, stellt es in diesem Fall zudem persönlich an den Antragsteller zu. Die Außenstellen haben bei der Terminierung der persönlichen Anhörung (§ 24 I 2) dem Rechtsanwalt auf dessen Wunsch die Teilnahme zu ermöglichen. Kann der Rechtsanwalt den angeordneten Termin nicht wahrnehmen, so ist dieser innerhalb eines kurzfristigen Zeitraumes nach dem Tag des ursprünglich vorgesehenen Termins nach Rücksprache mit dem Rechtsanwalt erneut festzusetzen. Gegebenenfalls sollte im Konfliktfall mit der Referatsleitung oder der Zentrale in Nürnberg Kontakt aufgenommen werden. 10

11 Es empfiehlt sich, in dem Antragsschriftsatz gegebenenfalls auf die erwünschte anwaltliche Teilnahme an der Anhörung hinzuweisen. Auch wenn derzeit zwar eine gewisse Auflockerung der früheren rigiden Praxis festzustellen ist, dürfte die Teilnahme des Rechtsanwaltes an der persönlichen Anhörung gleichwohl an den nach wie vor bestehenden extrem kurzen Benachrichtigungsfristen nach § 25 IV 4 scheitern. Verschärfend kommt hinzu, dass die Anhörung häufig weit entfernt vom Kanzleiort stattfindet und die anwaltliche Teilnahme an den fehlenden finanziellen Möglichkeiten des Auftraggebers scheitert.

12 Bevor der Antragsteller an die Aufnahmeeinrichtung verwiesen wird, sollte deshalb ein sorgfältiges und umfassendes Beratungsgespräch durchgeführt und dabei in Anwesenheit des Mandanten der Antragsschriftsatz fertig gestellt werden. Dieser sollte dem Antragsteller mit dem Hinweis übergeben werden, diesen bei der zuständigen Außenstelle des Bundesamtes im Rahmen der förmlichen Antragstellung nach § 23 I abzugeben, damit er bei der regelmäßig im Anschluss an die Meldung durchgeführten Direktanhörung Berücksichtigung finden kann.

4. Schriftliche Antragstellung bei der Zentrale des Bundesamtes (Abs. 2)

4.1. Zuständigkeit der Zentrale des Bundesamtes (Abs. 2 Satz 1 erster Halbsatz)

13 Nach Abs. 2 S. 1 haben die dort enumerativ aufgeführten Personengruppen den Asylantrag beim Bundesamt zu stellen, d. h. für diese Antragsteller gelten nicht die Zuständigkeitsregelungen nach Abs. 1 mit den sich hieran anknüpfenden Verpflichtungen nach §§ 22 f. und 47 I 1. Aus der Regelung des Abs. 2 S. 1 ergeben sich zwingende Konsequenzen für die Festlegung der Wohnpflicht nach § 47 I 1: Wer den Antrag nach Abs. 1 zu stellen hat, unterliegt der Aufenthaltspflicht nach § 47 I 1. Der Kreis der nach Abs. 1 verpflichteten Antragsteller bestimmt sich andererseits negativ durch Abgrenzung gegenüber Abs. 2.

14 Wer nicht in Abs. 2 genannt ist, hat den Antrag nach Abs. 1 mit der hieran anknüpfenden Wohnpflicht nach § 47 I 1 zu stellen. Aus Abs. 2 wird ersichtlich, dass Abs. 1 in erster Linie auf die unmittelbar einreisenden Asylsuchenden abzielt. Allerdings können Angehörige dieses Personenkreises im Einzelfall auch einen der Tatbestände nach Abs. 2 erfüllen.

15 Wer dem Personenkreis nach Abs. 2 S. 1 zuzuordnen ist, hat den Antrag nicht persönlich bei der in Abs. 1 erwähnten Außenstelle des Bundesamtes, sondern schriftlich bei der Zentrale des Bundesamtes zu stellen. Das Gesetz unterscheidet damit einerseits zwischen den Außenstellen des Bundesamtes (Abs. 1 S. 1) sowie andererseits dem Bundesamt (Abs. 2). Im letzteren Fall ist der Hauptsitz des Bundesamtes in Nürnberg gemeint.

16 Die Vorschrift des Abs. 2 S. 1 geht von der ausschließlichen Möglichkeit der *schriftlichen Antragstellung* aus (Renner, AuslR, § 14 AsylVfG, Rdn. 14). Weder das VwVfG des Bundes noch das AsylVfG sehen die Aufnahme eines mund-

Antragstellung **§ 14**

lich gestellten Antrags zur Niederschrift vor. Abs. 2 enthält lediglich eine Regelung für die Antragstellung.

Ob der Antrag auch am Hauptsitz des Bundesamtes bearbeitet, insbesondere dort die Anhörung durchgeführt werden muss, kann dieser Vorschrift nicht entnommen werden. Am Hauptsitz werden seit Jahren anders als früher keine Anhörungen mehr durchgeführt. Ein Verbot der Übersendung der Akte an eine Außenstelle zur weiteren Bearbeitung kann den Regelungen des Gesetzes nicht entnommen werden und dürfte sich auch im Übrigen kaum begründen lassen. Dementsprechend wird in der Verwaltungspraxis auch regelmäßig nach Entgegennahme des schriftlichen Asylantrags nach Abs. 2 S. 1 die Akte an eine ortsnahe Außenstelle des Bundesamtes zur Bearbeitung abgegeben. 17

Nach Abs. 2 besteht für die Angehörigen des dort genannten Personenkreises die Verpflichtung, den Antrag schriftlich beim Hauptsitz des Bundesamtes zu stellen. Wird dieser bei einer Außenstelle des Bundesamtes gestellt, kann diese wegen funktioneller Unzuständigkeit die *Entgegennahme verweigern*. Rechtsmittel zur Durchsetzung der Antragsannahme scheitern an der klaren Zuständigkeitsregelung nach Abs. 2. 18

Mit Blick auf den Gesamtzusammenhang der Behörde Bundesamt, insbesondere auch in Ansehung von Art. 87 GG, erscheint es merkwürdig, dass unselbständige Untergliederungen einer an sich zur Bearbeitung eines Antrages zuständigen Behörde (§ 5 I 1) dessen Entgegennahme verweigern dürfen. Die Leitung des Bundesamtes wäre daher gut beraten, eine Weiterleitungsverpflichtung für Außenstellen anzuordnen, wenn dort der Antrag eines nach Abs. 2 privilegierten Asylsuchenden eingeht. 19

4.2. Betroffener Personenkreis (Abs. 2 Satz 1 zweiter Halbsatz)

4.2.1. Besitz eines Aufenthaltstitels von mindestens sechs Monaten (Abs. 2 Satz 1 Nr. 2)

Nach Abs. 2 S. 1 Nr. 1 wird die Zuständigkeit des Bundesamtes begründet, wenn der Antragsteller einen Aufenthaltstitel mit einer Gesamtgeltungsdauer von mehr als sechs Monaten besitzt. Zum Personenkreis nach Abs. 2 S. 1 Nr. 1 gehören alle Antragsteller, die *im Zeitpunkt ihrer Antragstellung* einen Aufenthaltstitel mit einer *Gesamtgeltungsdauer von mindestens sechs Monaten* besitzen. Nach dem Wortlaut dieser Vorschrift muss der Aufenthaltstitel im Zeitpunkt der Antragstellung *nicht* noch eine Gesamtgeltungsdauer von sechs Monaten haben. Vielmehr ist ausreichend, dass der Antragsteller im Besitz eines noch gültigen Aufenthaltstitels ist, der insgesamt für eine Geltungsdauer von mindestens sechs Monaten ausgestellt worden ist. 20

Der Geltungszeitraum des Aufenthaltstitels kann im Zeitpunkt der Antragstellung also auch schon nahezu abgelaufen sein. Maßgeblich ist, dass der Antragsteller vor dem Zeitpunkt des Ablaufs der Geltungsdauer den Aufenthaltstitels besitzt. Auch darf dieser nicht nach § 51 I AufenthG im Zeitpunkt der Antragstellung erloschen sein. Die *Fortgeltungsfiktion* nach § 81 IV AufenthG erhält den rechtmäßigen Aufenthalt und ist deshalb nach Abs. 2 S. 1 21

Nr. 1 zu berücksichtigen. Erst mit der Bekanntgabe der behördlichen Versagungsverfügung hinsichtlich des Verlängerungs- oder Zweckänderungsantrags erlischt der rechtmäßige Aufenthalt. Für die Erlaubnisfiktion nach § 81 III 1 AufenthG gelten zwar dieselben Grundsätze. Es ist aber kaum vorstellbar, dass ein nach dieser Vorschrift berechtigter Ausländer einen Asylantrag stellt.

22 Die Zuständigkeitsnorm des Abs. 2 S. 1 Nr. 1 unterscheidet nicht nach der rechtlichen Natur des Aufenthaltstitels, sodass alle in § 4 AufenthG genannten Aufenthaltstitel bei der Anwendung von Abs. 2 S. 1 Nr. 1 zu berücksichtigen sind. Der Hauptfall der Einreise mit Besuchersichtvermerk unterfällt allerdings in aller Regel nicht der Fallgruppe nach Abs. 2 S. 1 Nr. 1, da derartige Sichtvermerke in der Regel nicht über drei Monate Gesamtgeltungsdauer hinaus verlängert werden (§ 6 I und III AufenthG; Art 21 I und II SDÜ). Nur ausnahmsweise verlängern die Behörden über diesen Zeitraum hinaus die Genehmigung aus dringenden Gründen, wobei sie sich regelmäßig an der vorgesehenen Frist von sechs Monaten orientieren.

23 Auch ein längerfristiges *Visum* aus beruflichen oder familiären Gründen (§ 6 II Aufenth) erfüllt nicht die Voraussetzungen nach Abs. 2 S. 1 Nr. 1, da es stets nur für insgesamt drei Monate innerhalb einer Frist von sechs Monaten erteilt werden darf. Erst recht erfüllt die Aufenthaltsgestattung nach § 55 I 1 nicht die Voraussetzungen der Nr. 1. Wiederholte Verlängerungen der Fortgeltungsfiktion nach § 81 IV AufenthG begründen demgegenüber nach Ablauf von sechs Monaten die Zuständigkeit des Bundesamtes nach Abs. 2 S. 1 Nr. 1. Denn die Fortgeltungsfiktion gilt als Aufenthaltstitel im Sinne dieser Vorschrift.

4.2.2. Antragstellung während des amtlichen Gewahrsams oder Aufenthaltes in einer Heileinrichtung (Abs. 2 Satz 1 Nr. 2)

24 Nach Abs. 2 S. 1 Nr. 2 haben die Personen, die sich in Haft oder sonstigem öffentlichen Gewahrsam, in einem Krankenhaus, einer Heil- oder Pflegeanstalt oder in einer Jugendhilfeeinrichtung im Sinne dieser Vorschrift befinden, ebenfalls ihren Antrag direkt und schriftlich beim Bundesamt zu stellen. Der Antrag wird in der Verwaltungspraxis durch die ortsnahe Außenstelle bearbeitet. Durch die 1997 eingeführte und nunmehr in Abs. 3 enthaltene Vorschrift hat der Gesetzgeber in diesem Zusammenhang die Frage der Zulässigkeit der Anordnung oder Aufrechterhaltung von Abschiebungshaft geregelt (Rdn. 35 ff.). § 47 I 2 ändert an der zuständigen Stelle für die Antragstellung nichts, sondern ordnet nur die Wohnpflicht nach § 47 I 1 für die an sich nach Abs. 2 S. 1 Nr. 2 hiervon befreiten Personen an, wenn nach der Antragstellung, aber vor der Sachentscheidung die Entlassung aus der Haft bzw. Anstalt erfolgt.

25 Da *minderjährige unbegleitete Asylsuchende* in Einrichtungen der Jugendhilfe unterzubringen sind (§ 12 Rdn. 37 ff., s. auch § 18 a Rdn. 58 ff.), besteht für diese auch keine Wohnpflicht nach § 47 I 1, sodass der Antrag nach Abs. 2 S. 1 Nr. 2 direkt schriftlich beim Bundesamt zu stellen ist. Im Zeitpunkt der Antragstellung muss sich der Asylsuchende noch in der Haft bzw. Einrichtung nach Abs. 2 S. 1 Nr. 2 befinden. Das ergibt sich sowohl aus dem Wort-

Antragstellung §14

laut der Vorschrift als auch im Umkehrschluss aus § 47 I 2. Die kurzfristige polizeiliche Festnahme ist zwar öffentlicher Gewahrsam. Wird der Asylsuchende aber nach Abklärung des Falles entlassen und gemäß § 19 I behandelt, liegt ein klarer Fall nach Abs. 1 vor und fehlt es auch an dem nach Abs. 2 S. 1 Nr. 2 notwendigen Gewahrsam im Zeitpunkt der Antragstellung.

4.2.3. Gesetzlicher Vertreter des unter 16 Jahre alten Antragstellers unterliegt nicht der Wohnverpflichtung nach § 47 Abs. 1 Satz 1 (Abs. 2 Satz 1 Nr. 3)

Nach Abs. 2 S. 1 Nr. 3 haben Asylsuchende, die noch nicht das 16. Lebensjahr vollendet haben, den Antrag schriftlich beim Bundesamt zu stellen, vorausgesetzt, der Vertreter unterliegt nicht oder nicht mehr der Wohnpflicht nach § 47 I 1. Diese Vorschrift knüpft nach ihrem Wortlaut an die fehlende Wohnpflicht des Vertreters nach § 47 I 1 an. Es reicht aus, wenn ein Elternteil nicht dieser Wohnpflicht unterliegt (vgl. auch § 12 III). Dies kann der Fall sein, weil der Elternteil nach Nr. 1 privilegiert oder seine Wohnpflicht nach § 47 I 1, 48 oder 49 beendet ist. 26

Es kommt allein auf die gesetzliche Vertretung an. Das Gesetz verlangt nicht, dass der Minderjährige mit dem gesetzlichen Vertreter in familiärer Gemeinschaft lebt, obwohl dies regelmäßig der Fall ist. Abs. 2 S. 1 Nr. 3 soll dem gesetzlichen Vertreter die Ausübung seines Aufenthaltsbestimmungsrechtes ermöglichen. Es kann durchaus im Interesse des Minderjährigen sein, wenn er mit Dritten in häuslicher Gemeinschaft zusammenlebt. 27

Ist der Minderjährige unbegleitet, sind die Voraussetzungen nach Abs. 2 S. 1 Nr. 3 nicht erfüllt. In diesem Fall richtet sich die Zuständigkeit nach Abs. 2 S. 1 Nr. 2. 28

Dies gilt für *alle* Minderjährigen. Aus Abs. 2 S. 1 Nr. 3 kann nicht geschlossen werden, der über 16 Jahre alte Minderjährige habe nach Abs. 1 den Antrag zu stellen und unterliege daher der Wohnpflicht nach § 47 I 1. Vielmehr ergibt sich in diesem Fall die Privilegierung aus Abs. 2 S. 1 Nr. 2 und damit die Behördenzuständigkeit nach Abs. 2. Unterliegen beide Elternteile der Wohnpflicht nach § 47 I 1, ergibt sich im Umkehrschluss ebenfalls eine Wohnpflicht des minderjährigen Kindes und damit die Behördenzuständigkeit nach Abs. 1. 29

4.3. Weiterleitungspflicht der Ausländerbehörde (Abs. 2 Satz 2)

Abs. 2 verpflichtet die Ausländerbehörden, einen bei ihnen eingereichten schriftlichen Asylantrag unverzüglich dem Bundesamt zuzuleiten. Mit dem Begriff »Bundesamt« ist nach dem Regelungszusammenhang des § 14 der Hauptsitz des Bundesamtes in Nürnberg gemeint. Gegebenenfalls hat die Außenstelle, an die die Ausländerbehörde den bei ihr gestellten Antrag weiterleitet, diesen der Zentrale des Bundesamtes zuzuleiten. Der Vorschrift des Abs. 2 S. 2 kann entnommen werden, dass die Ausländerbehörde nicht die Entgegennahme eines bei ihr gestellten Antrags im Sinne von Abs. 2 S. 1 verweigern darf. Vielmehr hat sie den schriftlichen Antrag an das Bundesamt (nicht die Außenstelle) weiterzuleiten. 30

31 Notfalls kann in den Fällen des Abs. 2 S. 1 einstweiliger Rechtsschutz mit dem Ziel der Entgegennahme des Asylantrags gemäß § 123 VwGO gegenüber dem Rechtsträger des Bundesamtes beantragt werden (§ 13 Rdn. 47). Stellt dagegen ein nach Abs. 1 verpflichteter Antragsteller bei der Ausländerbehörde den Antrag, hat diese diesen an die zuständige bzw. nächstgelegene Aufnahmeeinrichtung weiterzuleiten (§ 19 I). Das Gesetz unterscheidet also sehr genau: In Fällen des Abs. 2 leitet die Ausländerbehörde den schriftlichen Antrag an den Hauptsitz des Bundesamtes weiter. In Fällen des Abs. 1 verweist sie den Asylsuchenden selbst an die zuständige Behörde.

5. Belehrungspflicht nach Abs. 1 Satz 2

32 Mit Wirkung zum 1. Januar 2005 hat der Gesetzgeber Abs. 1 Satz 2 neu geregelt. Danach hat das Bundesamt den Asylantragsteller vor der Antragstellung schriftlich und gegen Empfangsbekenntnis über die Sperrwirkung des § 10 III 3 AufenthG zu belehren. Nach § 10 III 3 AufenthG darf vor der Ausreise kein Aufenthaltstitel erteilt werden, wenn der Asylantrag in der qualifizierten Form nach § 30 III abgelehnt worden ist. Die Sperrwirkung hindert auch die Erteilung einer Aufenthaltserlaubnis nach §§ 22–26 AufenthG. Dies ist im Hinblick auf § 25 V AufenthG ungereimt. Gegebenenfalls ist das Visumverfahren bei einer grenznahen Auslandsvertretung nachzuholen.

33 Zuständige Behörde für die Belehrung ist das Bundesamt. Die Belehrung hat vor der förmlichen Antragstellung nach § 23 I zu erfolgen (Abs. 1 S. 2). Abs. 1 S. 3 ist so zu verstehen, dass unmittelbar nach der Entlassung aus dem Gewahrsam oder der Heilanstalt die Belehrung nachzuholen ist. Praktische Gründe sprechen indes dafür, die Belehrung in allen Fällen im Rahmen der persönlichen Anhörung durchzuführen. Eine wortgetreue Anwendung von Abs. 1 S. 2 hätte zur Folge, dass das Bundesamt im Zusammenhang mit der förmlichen Antragstellung umfangreiche rechtliche Belehrungen vorzunehmen hätte, obwohl dies auch während der persönlichen Anhörung erfolgen kann. Der Sinn dieser gesetzlichen Anordnung bleibt unklar. So ist die Belehrung über die Zustellungsvorschriften »bei der Antragstellung« (§ 10 VII) vorzunehmen und erfolgt diese in der Verwaltungspraxis regelmäßig zu Beginn der persönlichen Anhörung. Gründe der Praktikabilität sprechen dafür, die Belehrungspflicht nach Abs. 1 S. 2–3 ebenso zu handhaben.

34 Kann der Nachweis der Belehrung durch die Ausländerbehörde nicht geführt werden, findet die Sperrwirkung nach § 10 III 3 AufenthG keine Anwendung. Darüber hinaus findet diese keine Anwendung, wenn ein gesetzlicher Anspruch auf Erteilung eines Aufenthaltstitels durchgreift (vgl. § 10 III 3 AufenthG). Wird die aufschiebende Wirkung der Anfechtungsklage gegen die Abschiebungsandrohung im Eilrechtsschutzverfahren nach § 36 III angeordnet, weil das Verwaltungsgericht das Vorliegen der Voraussetzungen des § 30 III verneint, entfällt die Sperrwirkung. Der Bescheid des Bundesamtes muss ausdrücklich auf die Norm des § 30 Abs. 3 AsylVfG verweisen. Lässt dieser die maßgebliche Rechtsgrundlage offen, kann die Ausländerbehörde

dem Antrag nicht die Sperrwirkung des § 10 Abs. 3 Satz 2 AufenthG entgegenhalten.

6. Zulässigkeit der Abschiebungshaft nach § 62 AufenthG (Abs. 3)

6.1. Zweck der Vorschrift des Abs. 3

Nach Abs. 3 S. 1 führt die Asylantragstellung nicht automatisch zur Aufhebung der Abschiebungshaft (§ 62 AufenthG) bzw. steht dieser ihrer Anordnung nicht ausnahmslos entgegen. Die Vorschrift wurde durch das Gesetz zur Änderung ausländer- und asylverfahrensrechtlicher Vorschriften vom 29. Oktober 1997 (BGBl. I S. 2584) in die Vorschrift des § 14 eingefügt. Abschiebungshaft in der Form der Vorbereitungshaft nach § 62 I AufenthG setzt voraus, dass der Ausländer ausreisepflichtig ist und die Gefahr der Vereitelung der Abschiebung besteht. 35

Nach der früheren Rechtsprechung entfiel jedoch die Ausreisepflicht bei einer Asylantragstellung, da mit einem Asylantrag ein vorläufiges Bleiberecht in Form der Aufenthaltsgestattung nach § 55 I 1 entsteht (BayObLG, MDR 1992, 1008; OLG Hamm, NVwZ-Beil. 1997, 48). Daher war ein Ausländer, der aus der Abschiebungshaft heraus einen Asylantrag gestellt hatte, stets freizulassen (BT-Drs. 13/4948, S. 10). Deshalb konnte bis dahin nur in den Fällen, in denen aus der Abschiebungshaft heraus ein *Asylfolgeantrag* (§ 71) gestellt wurde, die Abschiebungshaft aufrechterhalten bzw. angeordnet werden. Denn der Asylfolgeantrag beseitigt nicht die Ausreisepflicht. Die gesetzliche Aussetzung der Vollziehung nach § 71 V 2 wird nämlich nicht als Hafthindernis angesehen (OLG Karlsruhe, NVwZ 1993, 811; § 71 Rdn. 164). 36

Abs. 3 verfolgt den Zweck, insbesondere »bei Straftätern der missbräuchlichen Stellung offenkundig aussichtsloser Asylanträge aus der Sicherungshaft heraus begegnen zu können, die allein aus taktischen Gründen in der Absicht gestellt werden, die Abschiebung zu verhindern« (BT-Drs. 13/4948, S. 10 f.). Nach Abs. 3 wird daher die Möglichkeit eröffnet, unter den in dieser Norm genannten Voraussetzungen im Falle der *erstmaligen Asylantragstellung* die Abschiebungshaft anzuordnen oder aufrechtzuerhalten. 37

6.2. Völkerrechtliche Grenzen für die Anordnung der Abschiebungshaft

Nach der Rechtsprechung steht Art. 31 I GFK der Haftanordnung nicht entgegen (BayObLG, NVwZ-Beil. 1998, 54). Allerdings ist nach internationalem Standard die Inhaftierung von Flüchtlingen und Asylsuchenden nur unter engen, an administrativen verfahrensrechtlichen Kriterien ausgerichteten Voraussetzungen zulässig (UNHCR, Exekutivkomitee, Empfehlung Nr. 44 (XXX VII) (1986)). Danach sollen »*im Hinblick auf die Härten, die diese mit sich bringen, Inhaftierungen normalerweise vermieden werden.*« »*Soweit überhaupt notwendig, sollten Inhaftierungen nur aus Gründen erfolgen, die gesetzlich vorgesehen sind, und zwar zur Klärung der Identität, zur Feststellung der Tatsachen, auf denen* 38 der Antrag auf Gewährung der Flüchtlingseigenschaft oder auf Asyl beruht, zur Handhabung von Fällen, in denen Flüchtlinge oder Asylsuchende ihre Reise- oder Identitätsdokumente vernichtet bzw. gefälschte Dokumente benutzt haben, um die Behörden des Zufluchtstaates irre zu führen, oder aber zum Schutz nationaler Sicherheit oder öffentlicher Ordnung.«*

39 Zugleich wird in der Empfehlung die Wichtigkeit fairer und schneller Feststellungsverfahren für den Schutz der Flüchtlinge und Asylsuchenden vor »ungerechtfertigter oder unangemessener Haft« hervorgehoben. Das Exekutivkomitee hat erst jüngst mit der Empfehlung Nr. 85 (XLIX) von 1998 die unveränderte Weitergeltung der Empfehlung Nr. 44 (XXXVII) hervorgehoben und festgestellt, dass die »*routinemäßig, willkürlich, für unangemessene lange Zeiträume*« angewendete Inhaftierungspraxis gegenüber Asylsuchenden im Widerspruch zu geltenden Menschenrechtsstandards stehe.

40 Darüber hinaus ist die Rechtsprechung des EGMR zu berücksichtigen, die dieser für die Unterbringung während des Flughafenverfahrens entwickelt (§ 18 a Rdn. 268 ff.). Danach bringt das Festhalten von Ausländern in der internationalen Zone eine Beschränkung der Freiheit mit sich, die aber nicht in allen Punkten mit derjenigen gleichgestellt werden kann, der sich Ausländer, die auf Ausweisung oder Rückverbringung an die Grenze warten, in den Haftanstalten fügen müssen. Verbunden mit angemessenen Garantien für die Asylsuchenden ist eine solche Maßnahme nur zulässig, um den Staaten die Bekämpfung der heimlichen Einwanderung unter Beachtung ihrer internationalen Verpflichtungen, insbesondere derer aus der GFK und der EMRK zu ermöglichen. Ein derartiges Festhalten darf nicht übermäßig verlängert werden, weil sonst die Gefahr besteht, dass einfache Freiheitsbeschränkung in eine nach Art. 5 EMRK unzulässige Freiheitsentziehung verwandelt wird.

6.3. Verfassungsrechtliche Grenzen für die Anordnung der Abschiebungshaft

41 Nach der Rechtsprechung des BVerfG stellt die Abschiebungshaft einen *tiefgreifenden Grundrechtseingriff* dar. Das Recht auf Freiheit der Person habe unter den grundrechtlich verbürgten Rechten einen *besonders hohen Rang*. Jede Inhaftierung greife in schwerwiegender Weise in dieses Recht ein. Die *Abschiebungshaftanordnung* sei geeignet, das Ansehen des Betroffenen in der Öffentlichkeit herabzusetzen. Das BVerfG weist im Zusammenhang mit der Abschiebungshaft ausdrücklich darauf hin, dass aus dem *diskriminierenden Charakter* einer Maßnahme ein *Rehabilitierungsinteresse* folgen könne (BVerfG, InfAuslR 2002, 132 (136 f.)). Diese Grundsätze haben deshalb die Auslegung und Anwendung der Vorschriften über die Abschiebungshaft im Rahmen von Abs. 3 zu leiten.

42 Der in Art. 20 III GG verankerte Grundsatz der Rechtsstaatlichkeit gewährleistet in Verbindung mit Art. 2 II 2 GG eine *umfassende Prüfung* der Voraussetzungen für eine Anordnung der Abschiebungshaft in *rechtlicher* und *tatsächlicher Hinsicht*. Insbesondere ist das Gericht im Rahmen zulässiger

Rechtsbehelfe verpflichtet, zu prüfen, ob die Voraussetzungen für die Aufrechterhaltung der Haft noch vorliegen oder aufgrund nachträglich eingetretener Umstände entfallen sind. Zu derartigen Umständen gehört insbesondere eine verwaltungsgerichtliche Entscheidung, durch die der Inhaftierte der Ausreisepflicht ledig oder die Durchführbarkeit seiner Abschiebung für längere Zeit oder auf Dauer gehindert wird (BVerfG (Kammer), NVwZ-Beil. 2001, 26 (26 f.) = InfAuslR 2001, 54 = AuAS 2001, 116). Auch nach dem Vollzug der Abschiebung sind die Gerichte von Verfassungs wegen gehalten, über die Rechtmäßigkeit der Haftanordnung zu befinden (BVerfG (Kammer), AuAS 2002, 200 (201)).

Aus Art. 104 II GG folgt für den Staat die Verpflichtung, die Erreichbarkeit eines zuständigen Haftrichters – jedenfalls zur Tageszeit – zu gewährleisten und ihm auch insoweit eine sachangemessene Wahrnehmung seiner richterlichen Aufgaben zu ermöglichen (BVerfGE 105, 239 (250) = InfAuslR 2002, 406). Art. 104 II 3 GG setzt der Ingewahrsamnahme einer Person ohne richterliche Entscheidung mit dem Ende des auf das Ergreifen folgenden Tages eine äußerste Grenze, befreit indes nicht von der Verpflichtung, eine solche Entscheidung unverzüglich herbeizuführen (BVerfGE 105, 239 (250) = InfAuslR 2002, 406). Eine vorläufige Festnahme durch die Ausländerbehörde oder Polizei vor der richterlichen Haftanordnung über die Abschiebungshaft ist deshalb jedenfalls dann unzulässig, wenn die rechtzeitige Einholung einer richterlichen Haftanordnung möglich ist (OLG Celle, InfAuslR 2004, 210). 43

6.4. Voraussetzungen für die Zulässigkeit der Abschiebungshaft (Abs. 3 Satz 1)

6.4.1. Funktion der Vorschrift des Abs. 3 Satz 1

Die Vorschrift des Abs. 3 S. 1 setzt zunächst voraus, dass der Asylsuchende im Zeitpunkt der Antragstellung im amtlichen Gewahrsam nach Abs. 2 S. 1 Nr. 2 ist. Stellt der Asylsuchende aus Anlass seiner Festnahme bei der Polizei den Asylantrag, fehlt es an dieser Voraussetzung (OLG Frankfurt/M., AuAS 1998, 99 (100)). Die Vorschrift ändert damit nicht die behördliche Zuständigkeit für die Bearbeitung des Asylantrags. Vielmehr ist die Zentrale des Bundesamtes nach Abs. 2 S. 1 Nr. 2 zuständig, welche die Akte aber regelmäßig an die dem Haftort nächstgelegene Außenstelle abgeben wird. Die Abschiebungshaft in Form der Vorbereitungshaft (§ 62 I AufenthG) oder der Sicherungshaft (§ 62 II AufenthG) kann nur unter den gesetzlichen Voraussetzungen angeordnet oder aufrechterhalten werden. 44

Die Regelung in Abs. 3 S. 1 nennt darüber hinaus *zusätzliche* zwingende Voraussetzungen, unter denen bei einem Asylsuchenden die Abschiebungshaft zulässig bleibt. Liegen daher bereits die tatbestandlichen Voraussetzungen des § 62 AufenthG nicht vor, darf schon deshalb die Abschiebungshaft nicht angeordnet oder verlängert werden. Liegen hingegen diese Voraussetzungen vor, so darf im Falle der Asylantragstellung die Abschiebungshaft nur angeordnet werden, wenn zusätzlich die Voraussetzungen des Abs. 3 S. 1 erfüllt 45 sind. Die Aufzählung der Haftformen in Abs. 3 S. 1 ist abschließend (KG, InfAuslR 2004, 308 (309)).

46 Der Betroffene muss danach rechtswirksam einen Asylantrag, d. h. er muss in schriftlicher Form bei der Zentrale des Bundesamtes einen Antrag stellten, der den inhaltlichen Anforderungen an den Antragsbegriff nach § 13 I genügt (§ 13 Rdn. 2 ff.). Abs. 3 S. 1 nennt fünf unterschiedliche Haftformen. Dementsprechend sind die tatbestandlichen Voraussetzungen der Abschiebungshaft nicht in allen Fällen gleich, sondern ergibt sich die Zulässigkeit der Anordnung oder Verlängerung der Abschiebungshaft aus der Art der vorhergehenden Haft.

47 Die in Abs. 3 S. 1 Nr. 1 und 2 genannten Haftformen werfen das Rechtsproblem auf, unter welchen Voraussetzungen unmittelbar an die Untersuchungs- oder Strafhaft die Abschiebungshaft in Form der *Überhaft* angeschlossen werden darf (s. hierzu Rdn. 48 ff.). Die in Abs. 3 S. 1 Nr. 3 genannte *Vorbereitungshaft* dient der Vorbereitung der Ausweisung (§ 62 I AufenthG). Im Blick auf die Sicherungshaft nach § 62 II AufenthG differenziert der Gesetzgeber wohl in Anknüpfung an prognoserechtliche Kriterien zwischen der Sicherungshaft nach § 62 II 1 Nr. 1 AufenthG und der nach § 62 II 1 Nr. 2 bis 5 AufenthG.

48 Die Anordnung der Abschiebungshaft setzt voraus, dass mit einer gewissen Wahrscheinlichkeit zu erwarten ist, dass die Abschiebung ohne Inhaftnahme wesentlich erschwert oder vereitelt wird. Aus den zusätzlichen Erfordernissen in Abs. 3 S. 1 Nr. 4 wird ersichtlich, dass der Gesetzgeber in diesem Fall das bezeichnete Risiko für weniger gewichtig erachtet als in den übrigen Fällen der Sicherungshaft nach § 62 II 1 Nr. 2 bis 5 AufenthG. Darüber hinaus ist nach § 62 II 4 AufenthG bei den zwingenden Haftgründen des § 62 II 1 Nr. 1 bis 5 AufenthG wie bei dem fakultativen Haftgrund nach § 62 II 2 AufenthG zu berücksichtigen, ob die Abschiebung innerhalb der nächsten drei Monate aus Gründen undurchführbar ist, die der Betroffene nicht zu vertreten hat (KG, NVwZ-Beil. 1995, 47 (48); LG Tübingen, AuAS 1998, 41).

49 Die Anordnung von Haft zur Sicherung der Abschiebung von *Minderjährigen* entspricht nur dann dem Verfassungsgebot der Verhältnismäßigkeit, wenn weniger einschneidende Mittel, wie etwa die Unterbringung in einer Jugendeinrichtung, Meldeauflagen, räumliche Beschränkungen des Aufenthaltsortes, nicht gleichwertig zur Verfügung stehen. Die Ausländerbehörde hat diese Möglichkeiten vor Stellung ihres Haftantrages zu prüfen und im Antrag ausführlich darzulegen, warum derartige Mittel nicht vorhanden sind oder ungeeignet erscheinen. Fehlt es an dieser Darlegung, ist davon auszugehen, dass die Behörde diese Prüfung unterlassen hat und dass daher die Haftvoraussetzungen nicht vorliegen (OLG Köln, NVwZ-Beil. 2003, 64; bekr. OLG Köln, NVwZ-Beil. 2003, 48).

6.4.2. Zulässigkeit der Überhaft (Abs. 3 Satz 1 Nr. 1 und 2)

50 Nach Abs. 3 S. 1 steht die Asylantragstellung der Anordnung oder Aufrechterhaltung der Haft nicht entgegen, wenn der Antragsteller sich in *Strafhaft* (Nr. 1) oder in *Untersuchungshaft* (Nr. 2) befindet. Nach der Rechtsprechung

des BGH begegnet es keinen Bedenken, wenn die Abschiebungshaft nicht ab Erlass der richterlichen Entscheidung, sondern erst im Anschluss an eine bestehende Untersuchungshaft angeordnet wird (BGH, NJW 1995, 1898; BGH, NJW 1995, 2226). Maßgeblich kann insoweit aber nicht sein, ob die Anordnung der Abschiebungshaft im Anschluss an eine bestehende Untersuchungshaft einem unabweisbaren Bedürfnis der Praxis entspricht und erforderlich ist, um die Abschiebung für den Fall der Entlassung des Betroffenen aus der Untersuchungshaft zu sichern. Entscheidend ist vielmehr, ob damit eine im Hinblick auf den grundgesetzlich garantierten Schutz der persönlichen Freiheit (Art. 2 I und 104 GG) *ausreichend klare* und *eindeutige Grundlage* für *Anordnung, Dauer* und *Vollzug der Abschiebungshaft* vorliegen (BGH, NJW 1995, 1898; BGH, NJW 1995, 2226).

Daraus folgt, dass die Anordnung der Abschiebungshaft erst im Anschluss an eine bestehende Untersuchungshaft hinreichend bestimmt sein muss. Zwar ergeben sich Haftbeginn und Haftende nicht unmittelbar aus der Haftanordnung selbst, weil der Beginn der Abschiebungshaft vom Ende der Untersuchungshaft abhängig gemacht worden ist. Mit Beendigung der in der Haftanordnung bezeichneten Untersuchungshaft steht jedoch der Haftbeginn in einer Weise fest, dass für den Vollzug insoweit Zweifel nicht bestehen können. Mit der Anordnung der anschließenden Abschiebungshaft bis zur möglichen Abschiebung, längstens jedoch auf die Dauer von drei Monaten, ist auch das Haftende zweifelsfrei bestimmt (BGH, NJW 1995, 1898). Ein erst nach Erlass der Abschiebungshaftanordnung möglicherweise erlassener Haftbefehl und die auf ihm beruhende Untersuchungshaft können im Hinblick auf das Erfordernis der Bestimmtheit der Haftanordnung hingegen nicht berücksichtigt werden (BGH, NJW 1995, 1898).

Auch § 62 II 4 AufenthG steht der Möglichkeit des Vollzugs der Abschiebungshaft im Anschluss an eine bestehende Untersuchungshaft nicht entgegen (BGH, NJW 1995, 2226; KG, NVwZ-Beil. 1995, 47 (48)). Dieses Abschiebungshafthindernis ist nämlich auch zu prüfen, wenn sich der Betroffene in Untersuchungshaft befindet. Ob es im Einzelfall vorliegt, weil vorausschauend bereits die Unmöglichkeit der Abschiebung feststeht, ist eine andere Frage (BGH, NJW 1995, 2226). Der BGH hat jedoch ausdrücklich festgestellt, dass die Anordnung der Abschiebungshaft im Anschluss an eine möglicherweise zu erwartende, aber noch nicht verhängte Strafhaft unzulässig ist (BGH, NJW 1995, 2226 (2227)).

Hier ist eine bestimmte Straftat, an die sich die Abschiebungshaft anschließen könnte, noch nicht verhängt. Die Abschiebungshaft darf jedoch nur im Anschluss an eine solche Haft angeordnet werden, die der Haftrichter in seine Beurteilung, ob die Abschiebungshaft erforderlich ist, einbezogen hat. Einbeziehen kann der Haftrichter aber nur im Zeitpunkt der Entscheidung bekannte Tatsachen. Eine *möglicherweise verhängte Strafhaft* kann jedoch im Hinblick auf das Erfordernis der Bestimmtheit der Haftanordnung nicht berücksichtigt werden (BGH, NJW 1995, 2226 (2227); s. auch: AG Schwäbisch Gmünd, NVwZ-Beil. 1998, 58, zur Unzulässigkeit der Haftanordnung bei fehlendem Einverständnis der Staatsanwaltschaft nach § 64 III AuslG 1990).

54 Demgegenüber wird in der obergerichtlichen Rechtsprechung die Anordnung von Abschiebungshaft vor rechtskräftiger Verurteilung grundsätzlich für zulässig erachtet. Der Haftrichter müsse sich in diesem Fall selbst die erforderliche Überzeugung auf der Grundlage des Ergebnisses der Ermittlungen der Strafverfolgungsbehörde bilden und prüfen, ob sich aus der in einer Straftat zum Ausdruck kommenden rechtsfeindlichen Gesinnung ein Verdacht ergibt, dass der Betroffene sich der Abschiebung entziehen wolle (BayObLG, NVwZ-Beil. 2001, 56).

55 Die im Grundsatz zulässige Anordnung der Sicherungshaft zum Zwecke der Abschiebung des Betroffenen nach Verbüßung der Strafhaft hängt von anderen Voraussetzungen ab, als wenn die Sicherungshaft im Anschluss an eine Untersuchungshaft angeordnet wird. Befindet der Betroffene sich in Strafhaft, muss der Richter aufklären und darlegen, ob dieser nicht aus der Strafhaft abgeschoben werden kann und, wenn dies nicht möglich sein sollte, welche Zeit die Ausländerbehörde trotz der ihr während der Strafhaft zur Verfügung stehenden Zeit noch benötigt, um die Abschiebung vorzubereiten und durchzuführen. Erst nach dieser Aufklärung und Darlegung kann beurteilt werden, ob überhaupt oder, wenn ja, für welche Dauer im Anschluss an eine Strafhaft Abschiebungshaft angeordnet werden muss (KG, NVwZ-Beil. 1995, 47 (48); OLG Frankfurt am Main, NVwZ-Beil. 1996, 38; s. auch BayObLG, NVwZ-Beil. 2001, 56). Dabei beginnt die Dreimonatsfrist des § 62 II 4 AufenthG im Falle der Anordnung von Sicherungshaft als Überhaft im Anschluss an eine Untersuchungs- oder Strafhaft nicht erst mit deren Vollzug, sondern bereits mit der Anordnung selbst. Denn die Sicherungshaft darf nicht dazu dienen, es der Ausländerbehörde zu ermöglichen, den Ausgang eines längeren Ermittlungs- oder Strafverfahrens zunächst untätig abzuwarten (OLG Köln, NVwZ-Beil. 2003, 8).

56 Die Ausländerbehörde ist verpflichtet, alles zu tun, um Abschiebungshaft zu vermeiden bzw. so kurz wie möglich zu halten. Spätestens dann, wenn vorhersehbar ist, dass der Betroffene abgeschoben werden soll, muss die Ausländerbehörde deshalb ohne Aufschub alle Anstrengungen unternehmen, um Rückreisedokumente zu beschaffen (OLG Frankfurt am Main, NVwZ-Beil. 1996, 39). Daher muss die Ausländerbehörde darlegen, weshalb die Beschaffung dieser Dokumente trotz der in solchen Fällen gebotenen Beschleunigung bisher noch nicht möglich war und weshalb die Ausländerbehörde überhaupt noch weitere Zeit benötigt, um die Abschiebung vorzubereiten und durchzuführen (OLG Düsseldorf, NVwZ-Beil. 1995, 64; BayObLG, NVwZ-Beil. 2001, 56).

57 Wird der Asylantrag aus der *Untersuchungshaft* heraus gestellt, so darf der Richter zwar grundsätzlich die Abschiebungshaft anordnen. Er muss jedoch vorausschauend bereits eine etwaige Unmöglichkeit der Abschiebung berücksichtigen (BGH, NJW 1995, 2226). Insoweit hat der Gesetzgeber in Abs. 4 geregelt, dass der aus der Untersuchungshaft heraus gestellte Asylantrag nicht automatisch ein Abschiebungshafthindernis deshalb darstellt, weil die voraussichtliche Dauer für die Bearbeitung des Asylantrags eine Prognose darüber, wann abgeschoben werden kann, unmöglich machen würde.

58 Die Regelung in Abs. 3 S. 3 ist vielmehr dahin zu verstehen, dass in *besonders gelagerten Ausnahmefällen*, in denen die *eindeutige Aussichtslosigkeit des Asylbe-*

Antragstellung **§ 14**

gehrens (vgl. BVerfGE 67, 43 (59) = DVBl. 1984, 673 = InfAuslR 1984, 215 = NJW 1984, 2028 = JZ 1984, 735) von Beginn an offen zutage liegt, auch eine Prognose über den voraussichtlichen Abschluss des Asylverfahrens möglich sein wird. Nur in derartigen Verfahren darf daher ungeachtet eines Asylbegehrens die Abschiebungshaft angeordnet oder aufrechterhalten werden.

Verzögert sich jedoch das Eilrechtsschutzverfahren im Falle der qualifizierten Asylablehnung (Abs. 3 S. 3 letzter HS), kann dies einer Haftanordnung entgegenstehen. Stellt darüber hinaus der Betroffene aus der Strafhaft heraus den Asylantrag, so steht jedenfalls dann der Asylantrag einer Haftanordnung entgegen, wenn die Ausländerbehörde bislang keine Anstrengungen unternommen hat, um die erforderlichen Rückreisedokumente zu beschaffen (OLG Düsseldorf, NVwZ-Beil. 1995, 64; BayObLG, NVwZ-Beil. 2001, 56). **59**

6.4.3. Zulässigkeit der Vorbereitungshaft nach § 62 Abs. 1 AufenthG (Abs. 3 Satz 1 Nr. 3)

Nach Abs. 3 S. 1 Nr. 3 steht der Anordnung oder Aufrechterhaltung der Vorbereitungshaft nach § 62 I AufenthG nicht entgegen, dass der Betroffene einen Asylantrag gestellt hat. Die Abschiebungshaft dient in ihren beiden Formen der Vorbereitungs- und Sicherungshaft letztlich der »Sicherung der Abschiebung«. In beiden Fällen bereitet die Ausländerbehörde während der Dauer der Abschiebungshaft die Abschiebung vor (BayObLG, NJW 1973, 1979 (1982)). Der Asylsuchende, der nach seiner polizeilichen Festnahme im polizeilichen Gewahrsam vor der richterlichen Haftanordnung erstmals um Asyl nachsucht, darf jedoch nicht in Abschiebungshaft genommen werden, weil er sich weder im »sonstigen öffentlichen Gewahrsam« noch in Untersuchungs-, Straf- oder Abschiebungshaft befindet (OLG Frankfurt a. M., NVwZ-Beil. 1998, 80; KG, InfAuslR 2004, 308 (309); OLG Düsseldorf, InfAuslR 2004, 305 (306)). **60**

Voraussetzung für die Vorbereitungshaft ist, dass eine Ausweisungsverfügung nach §§ 53 bis 55 AufenthG zu erwarten ist, über diese aber nicht sofort entschieden werden kann, weil etwa die erforderlichen Nachweise zur Begründung der Ausweisung noch erbracht werden müssen. Steht jedoch bereits im Zeitpunkt der Entscheidung fest, dass die Ausweisung innerhalb der im Regelfall zu beachtenden Frist von sechs Wochen (§ 62 I 2 AufenthG) nicht verfügt werden kann, ist die Haftanordnung regelmäßig unverhältnismäßig (OlG Frankfurt am Main, InfAuslR 1994, 144 (145)). In diesem Fall rechtfertigt erst recht der Asylantrag nicht die Anordnung der Vorbereitungshaft. **61**

Mit der Fristbestimmung nach § 62 I 2 AufenthG trägt das Gesetz dem Problem Rechnung, dass die Ausreisepflicht im Zeitpunkt der Entscheidung noch nicht feststeht. Wenn der Betroffene ohne die Sicherheit der Abschiebungsmöglichkeit Abschiebungshaft erdulden muss, dann soll sie wenigstens erheblich kürzer bemessen sein, als in den Standardfällen der Sicherungshaft. Daraus wird deutlich, dass die Sechswochenfrist nur in *außergewöhnlichen Ausnahmefällen* überschritten werden darf (Remmel, in: GK-AuslR, § 57 AuslG Rdn. 95). **62**

63 Diese Rechtslage ist bei der Auslegung und Anwendung der Vorschrift des Abs. 3 S. 1 Nr. 3 zu berücksichtigen. Ist etwa aufgrund des gestellten Asylantrags fraglich, ob die von der Behörde geplante Ausweisungsverfügung ohne weiteres getroffen werden kann, so ist von vornherein die Anordnung der Vorbereitungshaft unzulässig. Wird in den Fällen der qualifizierten Asylablehnung (Abs. 3 S. 3 letzter HS) nicht unverzüglich über den Eilrechtsschutzantrag entschieden, so ist die Aufrechterhaltung der Vorbereitungshaft unverhältnismäßig. Hat andererseits die Behörde unverzüglich nach Haftanordnung die Ausweisung verfügt, so bedarf es bis zum Ablauf der angeordneten Haftdauer keiner erneuten richterlichen Anordnung (§ 62 I 3 AufenthG). Wegen der Beendigungsgründe in Abs. 3 S. 3 ist aber vor diesem Zeitpunkt die Haftanordnung aufzuheben, wenn deren Voraussetzungen vorliegen.

6.4.4. Zulässigkeit der Sicherungshaft nach § 62 Abs. 2 AufenthG (Abs. 3 Satz 1 Nr. 4 und 5)

6.4.4.1. Funktion der Vorschrift des § 62 Abs. 2 AufenthG

64 Bei der Neuregelung des Ausländerrechts im Jahre 1990 wurde die zuvor geltende Regelung des § 16 II AuslG 1965 durch die Regelung in § 57 II AuslG 1990 (jetzt § 62 II AufenthG) weitgehend übernommen. Der Gesetzgeber ging davon aus, dass auch künftig Abschiebungen nur durchgeführt werden sollten, wenn die *freiwillige Ausreise nicht gesichert* ist oder aus Gründen der öffentlichen Sicherheit und Ordnung eine Überwachung der Ausreise erforderlich erscheint. Der Haftgrund wurde lediglich auf das Bestehen eines begründeten Verdachts näher präzisiert, dass sich der Betroffene der Ausreise entziehen will (BGH, NJW 1993, 3069 (3070)).

65 Danach war wie bisher für die Haftanordnung eine auf konkrete Umstände des Einzelfalls gestützte Prognose erforderlich, der Betroffene werde sich wahrscheinlich ohne die Festnahme der Abschiebung entziehen oder diese anderweitig erheblich behindern (s. hierzu MacLean, InfAuslR 1987, 69 (70). Bei einem untergetauchten Ausländer wurden diese Voraussetzungen regelmäßig bejaht.

66 Um eine Erleichterung der Anordnung der Sicherungshaft zu erreichen, wurde 1993 im Rahmen der Änderung des AsylVfG auch die Regelung der Sicherungshaft geändert und § 57 II AuslG 1990 (jetzt § 62 II AufenthG) um *konkrete Haftgründe* erweitert, die den Richter zwingend zur Anordnung von Sicherungshaft verpflichten, soweit diese nicht nach § 57 II 4 AuslG 1990 (jetzt § 62 II 4 AufenthG) unzulässig ist (BVerfG (Kammer), InfAuslR 1994, 342 (344); BGH, NJW 1993, 3069 (3070); BayObLG, MDR 1992, 1008; OLG Frankfurt am Main, InfAuslR 1994, 241). Allein die Erfüllung der tatbestandlichen Merkmale der Haftgründe des § 62 II 1 AufenthG ist nach dem verfassungsrechtlichen Grundsatz der Verhältnismäßigkeit jedoch nicht für die Haftanordnung ausreichend, wenn sich der Betroffene nicht der Ausreise entziehen will (OLG Frankfurt am Main, B. v. 15. 3. 2004 – 20 W 426/03). Dabei ist auch der Gesundheitszustand des Betroffenen zu berücksichtigen. Auch wenn aufgrund des Krankheitsbildes die Reisefähigkeit nicht aufgehoben ist, kann die Unzulässigkeit der Haftanordnung aus der regelmäßigen

ärztlichen Behandlungsbedürftigkeit folgen (OLG Frankfurt am Main, B. v. 15. 3. 2004 – 20 W 426/03, für insulinpflichtige Diabetes verbunden weiteren Krankheiten)

Dementsprechend entfällt nach der obergerichtlichen Rechtsprechung bei den Haftgründen nach § 62 II 1 AufenthG grundsätzlich die nach dem bis 1990 geltenden Recht verlangte Prüfung der Ausreisepflicht und der Abschiebungserfordernisse (BayObLG, NVwZ 1993, 102). Dagegen wird zutreffend eingewandt, dass die Ausreisepflicht in der Regelung über den Haftgrund nach § 62 II 1 Nr. 1 AufenthG ausdrücklich erwähnt wird, aber auch den übrigen Haftgründen konkludent zugrunde liege (Renner, AuslR, § 57 AuslG Rdn. 11). Bei den zwingenden Haftgründen des § 62 II 1 Nr. 2 bis 5 AufenthG ist anstelle der früher erforderlichen Prognose der Erschwerung oder Vereitelung der Abschiebung ohne die Inhaftnahme eine *unwiderlegbare Vermutung* getreten (BGH, NJW 1993, 3069 (3070); OLG Frankfurt am Main, InfAuslR 1994, 241; a. A. BayObLG, EZAR 048 Nr. 36; OLG Karlsruhe, NVwZ 1993, 813: Vermutung ist widerlegbar).

Dementsprechend unterscheidet der Gesetzgeber des Abs. 3 S. 1 zwischen den Formen der Sicherungshaft nach Nr. 4 und denen nach Nr. 5. Zutreffend wird aber eingewendet, dass der Haftrichter bei allen Haftgründen die Erforderlichkeit der Abschiebungshaft zu prüfen hat (Wolff, Materielle Voraussetzungen der Abschiebungshaft, S. 59 (60)).

6.4.4.2. Sicherungshaft nach § 62 Abs. 2 Satz 1 Nr. 1 AufenthG (Abs. 3 Satz 1 Nr. 4)

Nach Abs. 3 S. 1 Nr. 4 steht die Asylantragstellung aus der Haft heraus der Anordnung oder Aufrechterhaltung von Abschiebungshaft nicht entgegen, wenn der Asylsuchende sich im Zeitpunkt der Antragstellung in Sicherungshaft nach § 62 II 1 Nr. 1 AufenthG befindet, weil er sich nach der unerlaubten Einreise länger als einen Monat ohne Aufenthaltstitel im Bundesgebiet aufgehalten hat. Die Vorschrift des Abs. 3 S. 1 Nr. 4 schränkt die weitergehenden Haftanordnungsvoraussetzungen nach § 62 II 1 Nr. 1 AufenthG ein. Hat der Asylsuchende sich vor seiner Antragstellung nach der unerlaubten Einreise noch nicht länger als einen Monat im Bundesgebiet aufgehalten, ist er unmittelbar nach Stellung des Asylantrags aus der Haft zu entlassen. Der Zeitpunkt der Einreise ist vom Antragsteller glaubhaft zu machen (OLG Frankfurt a. M., NVwZ-Beil. 1998, 80; KG, InfAuslR 2004, 308 (309); OLG Düsseldorf, InfAuslR 2004, 305 (306)).

Abs. 3 Nr. 4 wird in der Rechtsprechung generell für unanwendbar gehalten, weil der Tatbestand ihre Anwendung unter eine Bedingung stelle, deren Eintritt unmöglich sei. Die Dauer des unerlaubten Aufenthalts zwischen der unerlaubten Einreise und der Entscheidung im Freiheitsentziehungsverfahren könne nicht tragender Teil der Begründung einer Haftanordnung nach § 62 II Nr. 1 AufenthG sein, weil der Tatbestand dieser Norm darauf nicht abhebe. Ebenso gehe sie auf der Rechtsfolgenseite ins Leere. Auch wenn der Asylantrag der Haftanordnung nicht entgegenstehe, so doch die Tatsache, dass der Tatbestand des Haftgrundes, zu dem die fortbestehende, vollziehbare Ausreisepflicht aufgrund unerlaubter Einreise gehöre, nach einem Asylantrag wegen der durch diesen begründeten Aufenthaltsgestattung nicht mehr vorliege (LG Berlin, NVwZ-Beil. 1998, 127 (128); so auch LG Berlin, InfAuslR 2000, 238; LG Berlin, InfAuslR 1999, 465 (466); s. aber LG Berlin, NVwZ-Beil. 1999, 39).

71 Der Umstand der unerlaubten Einreise allein reicht für die Anwendung von § 62 II 1 Nr. 1 AufenthG nicht aus. Vielmehr muss der Betreffende aufgrund einer unerlaubten Einreise vollziehbar ausreisepflichtig sein. Kann der erstmalig im Bundesgebiet um Asyl nachsuchende Antragsteller keine Nachweise über die Einreise vorlegen, weil der Fluchthelfer – wie im typischen Regelfall – diese nach der Einreise an sich genommen hat, so hat er den Zeitpunkt, die Umstände und Modalitäten der Einreise schlüssig darzulegen. Die Vorschrift des Abs. 3 S. 1 Nr. 4 bietet keine Handhabe, die Asylantragstellung durch Haftanordnung zu »sanktionieren«. Auf ein derartiges Ergebnis liefe jedoch eine Anwendungspraxis hinaus, die von jedem Asylsuchenden unter Hinweis auf die Mitwirkungspflicht nach § 15 II Nr. 5 in Verb. mit § 15 III Nr. 3 und 4 zum Nachweis der Einreise und des Einreisezeitpunktes die Vorlage von Beweismitteln fordern würde. Nur wenn sich der Asylsuchende nach seinen schlüssigen Erklärungen vor der Haftanordnung länger als einen Monat nach der unerlaubten Einreise ohne Aufenthaltstitel im Bundesgebiet aufgehalten hat, ist diese zulässig (OVG Saarland, InfAuslR 2001, 172; OLG Düsseldorf, NVwZ-Beil. 2000, 47 (48) = InfAuslR 2000, 236). Unvereinbar mit dem Gesetzeswortlaut ist die hiervon abweichende Meinung, derzufolge die Haftanordnung zulässig sei, wenn der Asylsuchende nicht schlüssig darlege, dass er nicht »*unverzüglich*« nach seiner Einreise um Asyl nachgesucht habe (BayObLG, InfAuslR 1999, 464 = NVwZ-Beil. 1999, 102; so auch OLG Karlsruhe, NVwZ-Beil. 2000, 111 (112); so schon BayObLG, NVwZ-Beil. 1998, 124; dagegen OLG Düsseldorf, NVwZ-Beil. 2000, 47 (48); offen gelassen BGH, NVwZ 2000, 965).

72 Der Asylsuchende ist auch nicht gehalten, den Reiseweg durch einen bestimmten sicheren Drittstaat zu offenbaren (vgl. § 26 a), um die Aufrechterhaltung der Sicherungshaft abzuwenden. Auch eine derartige Praxis liefe im Ergebnis auf eine gesetzeswidrige »Sanktion« für die Verletzung von asylverfahrensrechtlichen Darlegungspflichten hinaus. Zwar steht nach der Rechtsprechung Art. 31 GFK der Haftanordnung zur Sicherung der Abschiebung eines aufgrund einer unerlaubten Einreise vollziehbar ausreisepflichtigen Ausländers nicht entgegen, weil die Sicherungshaft keine »Strafe« ist (BayObLG, NVwZ 1997, 516). Eine Praxis, nach der für den Einreisezeitpunkt nicht der schlüssige Sachvortrag genügen, sondern insoweit stets der volle Nachweis verlangt würde, wäre jedoch mit Art. 31 GFK und auch der humanitären Intention, die das verfassungsrechtliche Asylrecht trägt, nicht vereinbar (so wohl auch: OLG Köln, B. v. 24. 9. 1997 – 16 Wx 257/97).

73 Stellt der mit einem Sichtvermerk über einen sicheren Drittstaat eingereiste Ausländer im Bundesgebiet einen Asylantrag, setzt die Haftanordnung zusätzliche Anhaltspunkte für die Absicht voraus, sich der Zurückschiebung zu entziehen (LG Augsburg, InfAuslR 2002, 440). Ein Asylsuchender, der aus einem sicheren Drittstaat einreist und vor seiner Inhaftnahme Asyl begehrt und daraufhin von der Ausländerbehörde nicht abgeschoben wird,

darf nicht in Abschiebungshaft genommen werden (BayObLG, EZAR 048 Nr. 45 = AuAS 1998, 257).

Nach der Rechtsprechung hat ein Ausländer, der behauptet, nach Rechtskraft seiner Ausreiseverfügung freiwillig ausgereist und erst zwei Jahre später wieder eingereist zu sein, konkrete und nachvollziehbare Angaben über die Modalitäten der Ausreise zu machen, da andernfalls eine Vermutung dafür spricht, dass er gar nicht ausgereist ist (OLG Köln, NVwZ 1997, 517). Zu weitgehend ist daher die Ansicht, allein die Tatsache der erneuten Einreise und Asylantragstellung rechtfertige die Haftanordnung (so BayObLG, InfAuslR 1994, 145 (146); a. A. OLG Köln, B. v. 24. 9. 1997 – 16 Wx 257/97).

6.4.4.3. Sicherungshaft nach § 62 Abs. 2 Satz 1 Nr. 2 bis 5 AufenthG (Abs. 3 Satz 1 Nr. 5)

Nach Abs. 3 S. 1 Nr. 5 steht der aus der Haft heraus gestellte Asylantrag der Anordnung oder Aufrechterhaltung von Abschiebungshaft nicht entgegen, wenn der Antragsteller sich im Zeitpunkt der Antragstellung in Sicherungshaft nach § 62 II 1 Nr. 2 bis 5 AufenthG befindet. Anders als nach Abs. 3 S. 1 Nr. 4 enthält diese Vorschrift keine einschränkenden Voraussetzungen, sondern verweist lediglich auf die Haftgründe nach § 62 II 1 Nr. 2 bis 5 AufenthG.

Der Haftgrund nach § 62 II 1 Nr. 2 AufenthG dürfte für den Fall der erstmaligen Asylantragstellung kaum praktische Relevanz haben. Denn ein Fall, in dem die Ausreisepflicht abgelaufen ist und der Ausländer seinen Aufenthaltsort gewechselt hat, ohne der Ausländerbehörde seine Anschrift anzugeben, unter der er erreichbar ist (§ 62 II 1 Nr. 2 AufenthG), betrifft den typischen Fall des »illegalen Untertauchens« nach erfolgloser Asylantragstellung. Diesen Fall regelt jedoch nicht Abs. 3 S. 1 Nr. 5, sondern § 71 VIII. Erscheint der Betroffene freiwillig bei der Ausländerbehörde, steht dies der Anordnung der Sicherungshaft regelmäßig entgegen (OLG Celle, InfAuslR 2002, 320).

Die Haftanordnung nach § 62 II 1 Nr. 2 AufenthG verlangt einen unmittelbaren zeitlichen Zusammenhang zwischen der Inhaftnahme und der Abschiebung. Die Inhaftnahme muss zur Beschleunigung der Abschiebung erforderlich sein. Dies setzt voraus, dass die Ausländerbehörde eine mit der Abschiebung im Zusammenhang stehende konkrete Maßnahme durchführen will und der Betroffene für sie nicht erreichbar ist. Er muss also im Zeitpunkt der Antragstellung und Haftanordnung tatsächlich untergetaucht sein (OLG Frankfurt am Main, InfAuslR 1994, 241; OLG Frankfurt am Main, NVwZ-Beil. 1995, 39 (49)).

Der Haftgrund des § 62 II 1 Nr. 2 AufenthG liegt nicht vor, wenn der Betroffene zwar der zuständigen Meldebehörde, nicht aber der Ausländerbehörde seinen Aufenthaltswechsel angezeigt oder jedenfalls seine ordnungsbehördliche Anmeldung veranlasst hat (BVerfG (Kammer), EZAR 048 Nr. 13 = InfAuslR 1994, 342 (344)). Darüber hinaus bewirkt die fehlende Anzeige allein noch nicht den begründeten Verdacht, dass der Betreffende sich der Abschiebung entziehen will (OLG Karlsruhe, AuAS 1998, 101 = NVwZ-Beil. 1998, 40; s. auch OLG Frankfurt am Main, AuAS 1998, 173 (174)). Jedenfalls erfordert dieser Haftgrund bei verfassungskonformer Auslegung des § 62 II 1 Nr. 2 AufenthG, dass der Asylsuchende die Verständigung der Ausländerbehörde von dem Aufenthaltswechsel unterlässt, obwohl er den Umständen nach damit rechnet oder rechnen musste, dass die Ausländerbehörde gegen ihn ein Abschiebungsverfahren eingeleitet hat oder einleiten wird (BayObLG, EZAR 048 Nr. 36). Ist er über seine Anzeigepflicht nicht belehrt worden, darf die Haftanordnung nicht ergehen (OLG Celle, InfAuslR 2004, 118).

79 Eine Auslegung des Haftgrundes nach § 62 II 1 Nr. 2 AufenthG allein nach objektiven Kriterien wäre darüber hinaus innerhalb des Kriterienkatalogs nach § 62 II 1 Nr. 2–5 AufenthG systemfremd (OLG Dresden, InfAuslR 1995, 162 (163)). So genügt etwa der Umstand, dass der Betreffende der Ausländerbehörde den Wohnungswechsel nicht angezeigt hat, dann nicht für die Annahme eines beabsichtigten Untertauchens, wenn er nach Kenntnis der Behörde einen Rechtsanwalt bestellt hat, diesem die Anschrift bekannt ist und er über diesen ohne Umstände sogleich erreichbar ist (OLG Köln, B. v. 1. 9. 1997 – 16 Wx 237/97).

80 Allerdings ist die sofortige Haftanordnung ohne persönliche Anhörung zulässig, wenn der Asylsuchende im Zeitpunkt des Haftantrags untergetaucht ist, die Voraussetzungen des § 62 II 1 Nr. 2 AufenthG also vorliegen (OLG Frankfurt am Main, NVwZ-Beil. 1996, 38 (39)). Es kommt in derartigen Fällen jedoch nur eine einstweilige Haftanordnung (§ 11 FEVG) in Betracht, da eine Anordnung von endgültiger Sicherungshaft eine vorherige mündliche Anhörung des Betroffenen voraussetzt (BVerfG (Kammer), NVwZ-Beil. 1996, 49 (50); KG, NVwZ 1997, 516; OLG Frankfurt am Main, NVwZ-Beil. 1996, 38 (39); zur Anhörung im sofortigen Beschwerdeverfahren s. OLG Oldenburg, InfAuslR 2002, 307; BayObLG, InfAuslR 2002, 314).

81 Besondere Bedeutung kommt der Generalklausel des § 62 II 1 Nr. 5 AufenthG zu, derzufolge die Abschiebungshaft anzuordnen ist, wenn der begründete Verdacht besteht, dass der Betreffende sich der Abschiebung entziehen will. Der Verdacht muss sich aus konkreten Umständen des Einzelfalls ergeben. Der Haftrichter muss anders als bei den Haftgründen des § 62 II 1 Nr. 2 bis 4 AufenthG eine *Prognose* über das im Falle der Freilassung des Betroffenen zu erwartende künftige Verhalten erstellen. Dabei ist auch das bisherige Verhalten im Bundesgebiet zu berücksichtigen (OLG Frankfurt am Main, InfAuslR 1994, 241 (242)). Allein die im Rahmen einer Vorladung geäußerte Weigerung des Betroffenen, aus dem Bundesgebiet nicht freiwillig auszureisen, begründet für sich genommen noch keinen Haftgrund (LG Bonn, InfAuslR 2002, 321)

82 Bereits diese Voraussetzungen verdeutlichen, dass der Haftgrund des § 62 II 1 Nr. 5 AufenthG in Fällen erstmalig einreisender Asylsuchender kaum Anwendung finden kann, es sei denn, der Asylantrag wird nach einem längeren illegalen Aufenthalt im Bundesgebiet gestellt, sodass gewisse Verhaltensweisen des Asylsuchenden in der Vergangenheit die geforderte Prognose stützen.

83 Soweit die Asylantragstellung eines bereits erfolglos gebliebenen Asylsuchenden aus der Abschiebungshaft heraus zu bewerten ist, ist nicht Abs. 3 S. 1 Nr. 5, sondern § 71 VIII die spezielle Rechtsgrundlage. Dass der Haft-

grund nach § 62 II 1 Nr. 5 AufenthG kaum auf Erstantragsteller – jedenfalls soweit der Asylantrag alsbald nach der Einreise gestellt wird – gemünzt sein kann, verdeutlichen insbesondere die typischen Anwendungsfälle dieser Norm: So ist in der obergerichtlichen Rechtsprechung umstritten, ob die *Weigerung* des Ausländers, bei der *Passbeschaffung* mitzuwirken, die Haftanordnung rechtfertigt.

Soweit dies bejaht wird, wird dies damit begründet, dass der Betreffende zur Mitwirkung bei der Passbeschaffung verpflichtet sei. Zwar könne die Sicherungshaft nicht als Beugemittel angesehen und angewendet werden, um den Betreffenden zur Mitwirkung bei der Passbeschaffung zu bewegen. Eine entsprechende beharrliche Weigerung könne jedoch Rückschlüsse darauf zulassen, ob die Abschiebung durchgeführt werden könne, wenn es der Behörde gelingen sollte, einen Pass ohne Mitwirkung des Betreffenden zu erlangen. Unter diesen Umständen könne die beharrliche Weigerung, an der Passbeschaffung mitzuwirken, die konkrete Befürchtung rechtfertigen, dass der Asylsuchende nach Wegen suchen werde, die Abschiebung auf andere Weise – etwa durch Untertauchen – zu verhindern, wenn das tatsächliche Abschiebungshindernis der Passlosigkeit behoben sei (KG, NVwZ-Beil. 1995, 61 (62); a. A. OLG Köln, NVwZ-Beil. 1995, 63; OLG Düsseldorf, NVwZ-Beil. 1997, 56; OLG Frankfurt am Main, NVwZ-Beil. 1998, 32; s. aber: OLG Düsseldorf, NVwZ-Beil. 1998, 77 (78); OLG Saarbrücken, NVwZ-Beil. 1998, 80)).

Nach der Gegenmeinung reicht dies allein nicht aus. Vielmehr liege insoweit lediglich ein Umstand vor, der den Verdacht begründe, dass der Betroffene seiner Ausreisepflicht freiwillig nicht nachkommen werde. Damit werde aber lediglich eine Abschiebung des Betreffenden zur Durchsetzung der Ausreisepflicht gerechtfertigt. Die beharrliche Weigerung allein, freiwillig auszureisen, begründe noch nicht die Erforderlichkeit der Haft zur Sicherung des Abschiebung (OLG Köln, NVwZ-Beil. 1995, 63 (64); so wohl auch BayObLG, NVwZ-Beil. 1995, 16).

Ebenso wenig rechtfertigt allein die *Weggabe des Passes an den Fluchthelfer* die Abschiebungshaft (OLG Saarbrücken, NVwZ-Beil. 1998, 80). Bei Asylsuchenden kann dieser Haftgrund deshalb regelmäßig nicht angewendet werden, weil die Ausländerbehörde erst nach Bestandskraft der negativen Statusentscheidung die Passbeschaffungsanordnung zwangsweise durchsetzen kann (VG Sigmaringen, AuAS 1996, 59 (60); wohl auch VGH BW, AuAS 1995, 116 (117); § 15 Rdn. 11 ff.).

Der ebenfalls unter § 62 II 1 Nr. 5 AufenthG subsumierte Fall der *Täuschung* über die *Indentität* ist nach der Rechtsprechung ebenso zu bewerten wie der Umstand, dass der Betreffende sich verborgen hält und rechtfertigt danach die Haftanordnung nach § 62 II 1 Nr. 5 AufenthG (OLG Celle, InfAuslR 1994, 149; BayObLG, NVwZ 1993, 811; BayObLG, NVwZ-Beil. 1996, 96; BayObLG, EZAR 048 Nr. 43; BayObLG, NVwZ-Beil. 1998, 104; BayObLG, NVwZ-Beil. 2000, 112;). Die obergerichtliche Rechtsprechung wendet vereinzelt diesen Haftgrund aber auch bereits dann an, wenn ein Asylsuchender mit gefälschten Identitätsnachweisen einreist und deshalb seine Herkunft nicht nachgewiesen werden kann (OLG Celle, InfAuslR 1994, 149).

88 Dem kann nicht zugestimmt werden. Vielmehr wird man den Rechtsgedanken des § 30 III Nr. 1 und 2 zugrundelegen und deshalb bei der Haftanordnung nach Abs. 3 S. 1 Nr. 5 in Verb. mit § 62 II 1 Nr. 5 AufenthG verlangen müssen, dass der Asylsuchende *bewusst* und *gewollt* durch Vorlage falscher Identitätsdokumente über seine Identität oder Staatsangehörigkeit täuscht. Hieran fehlt es, wenn der Asylsuchende von vornherein seine wahre Identität offenbart und die Umstände, welche die Verwendung gefälschter Identitäts- und Reisedokumente aus seiner Sicht erforderlich machten, schlüssig erklärt.

89 Diese Auslegung erfordert im Hinblick auf Abs. 3 S. 3 letzter HS auch eine gesetzessystematische Interpretation. Da heute der mit gefälschten oder ohne Identitätsnachweise einreisende Asylsuchende den typischen Regelfall darstellt (so bereits für die 80er Jahre: Jaeger, Study on Irregular Movements, Rdn. 16, 27–31), muss man deshalb zur Vermeidung völkerrechtlich bedenklicher Auslegungsergebnisse (vgl. Art. 31 GFK) eine bewusste und gewollte Täuschung über die Identität fordern, um die Abschiebungshaft nach § 62 II 1 Nr. 5 AufenthG aufrechtzuerhalten oder anzuordnen. Nach der Rechtsprechung kann darüber hinaus der Umstand, dass der Ausländer zum Zwecke der Verhinderung der Abschiebung in den *Hungerstreik* tritt, ungeachtet dessen Abbruchs die Annahme des begründeten Verdachts rechtfertigen, der Betroffene wolle sich der Abschiebung entziehen (BayObLG, NVwZ-Beil. 1997, 39). Gerade bei Asylsuchenden kann ein derartiges Verhalten jedoch häufig auch ein gewichtiges Indiz für eine begründete Verfolgungsfurcht sein, sodass der nach § 62 II 1 Nr. 5 AufenthG gebotenen Prognose die Grundlage entzogen ist.

6.5. Beendigungsgründe der Abschiebungshaft (Abs. 3 Satz 3)

90 Eine nach § 62 I und II AufenthG in Verb. mit Abs. 3 S. 3 zulässige Abschiebungshaft ist kraft Gesetzes zu beenden, wenn der Bescheid des Bundesamtes nach § 31 zugestellt wird, spätestens *jedoch* vier Wochen nach Eingang des Asylantrags beim Bundesamt. Kann das Bundesamt den Asylsuchenden nicht innerhalb von vier Wochen nach § 25 anhören und die Sachentscheidung treffen, hat der Haftrichter spätestens vier Wochen nach Antragseingang die Abschiebungshaft aufzuheben (OLG Karlsruhe, NVwZ-Beil. 2000, 14). Dem gesetzlich geregelten Fall rechtlich gleichzustellen ist der Fall, dass die Frist abgelaufen ist, weil die Ausländerbehörde den Asylantrag als solches verkannt und daher rechtsirrtümlich zunächst nicht an das Bundesamt weitergeleitet hat (OLG Köln, NVwZ-Beil. 2001, 120).

91 Für die Fristberechnung ist der Tag des Eingangs des Antrags bei der Zentrale des Bundesamtes (vgl. Abs. 2 Nr. 2) maßgebend (BayObLG, EZAR 048 Nr. 42). Beim minderjährigen Asylsuchenden beginnt die Frist des Abs. 3 S. 3 erst mit der Antragsgenehmigung durch den gesetzlichen Vertreter (BayObLG, EZAR 048 Nr. 50 = NVwZ-Beil. 2000, 151). Auch wenn die Frist auf einem Samstag, Sonntag oder Feiertag endet, gebietet die verfassungskonforme Auslegung und Anwendung der Fristbestimmung nach Abs. 3 S. 3 die

Aufhebung der Haftanordnung spätestens mit Wirkung für diesen Tag. Der Haftrichter kann die Haftanordnung jedoch auch von vornherein kalendermäßig auf diesen Tag begrenzen (vgl. OLG Frankfurt am Main, NVwZ-Beil. 1996, 38 (39)).

Da der Haftrichter die Asylgründe nicht inhaltlich prüfen darf (BGHZ 78, 145 (150); BVerwG, Buchholz 402.24 § 16 AuslG Nr. 1; BayObLGZ 1974, 177; 1982, 271; KG, OLGZ 1975, 257; 1980, 179; KG, InfAuslR 1982, 25; OLG Frankfurt am Main, OLGZ 1977, 165; OLG Hamm, OLGZ 1977, 157), er also ohne Berücksichtigung der Verfolgungsbehauptungen die Voraussetzungen des § 62 I oder II AufenthG in Verb. mit Abs. 3 S. 1 überprüft, kann er auch die Ausnahmevorschrift des Abs. 3 S. 3 2. HS nicht berücksichtigen. Dies spricht dafür, den Tag des Ablaufs der Vierwochenfrist bereits in der Haftanordnung zu bestimmen. **92**

Erfolgt die Sachentscheidung des Bundesamtes vor diesem Termin, so ist die Abschiebungshaft sofort aufzuheben oder kann sie gegebenenfalls für den Fall der qualifizierten Antragsablehnung verlängert werden. Die telefonische Mitteilung des Bundesamtes ist nicht ausreichend. Vielmehr muss die Entscheidung dem Asylsuchenden innerhalb der Frist bekannt gegeben werden (LG Berlin, NVwZ-Beil. 1998, 32 = NVwZ-Beil. 1998, 80 (LS)). Wird die qualifizierte Asylablehnung zwar vor Fristablauf getroffen, indes erst danach zugestellt, ist die Haftanordnung aufzuheben (OLG Brandenburg, InfAuslR 2002, 481). **93**

Aus dem Beschleunigungsgebot des Abs. 3 S. 3 folgt für das Bundesamt, dass es Haftsachen besonders kenntlich zu machen und unmittelbar nach Antragseingang eine erste summarische Überprüfung der Asylgründe vorzunehmen hat. Ergibt schon der erste Blick, dass eine qualifizierte Asylablehnung wegen der Art der Verfolgungsbehauptungen nicht in Betracht kommt, hat das Bundesamt die Ausländerbehörde unverzüglich zu informieren, damit diese die Haftentlassung beantragen kann. Es wäre mit verfassungsrechtlichen Grundsätzen kaum vereinbar, wenn das Bundesamt die gesetzlichen Fristen nach Abs. 3 S. 3 ausschöpfen würde. Insoweit wird man in Angleichung an § 18 a VI Nr. 2 fordern müssen, dass binnen Tagesfrist die erste Erfolgskontrolle und entweder unverzüglich die Anhörung durchzuführen oder die Ausländerbehörde zu unterrichten ist, dass die Bearbeitung des Antrags innerhalb von vier Wochen nicht möglich ist. **94**

Nach Abs. 3 S. 3 letzter HS kann die Abschiebungshaft verlängert werden, wenn der Asylantrag als unbeachtlich oder offensichtlich unbegründet abgelehnt wird. Da heute der unbeachtliche Asylantrag in der Verwaltungspraxis kaum noch Bedeutung hat, jedenfalls in aller Regel eine Rückführung in den sonstigen Drittstaat an dessen Übernahmebereitschaft scheitert, ist die Haftverlängerung regelmäßig nicht gerechtfertigt. Keinesfalls ist die Ausländerbehörde berechtigt, die Drei-Monats-Frist nach § 27 II 1 auszuschöpfen. Regelmäßig ist die fehlende Übernahmebereitschaft des sonstigen Drittstaates in den Fällen, in denen außer einem kurzfristigen Aufenthalt in diesem Staat keine Beziehungen zwischen dem Asylsuchenden und diesem bestehen, bereits aufgrund der konkreten Umstände des Einzelfalles offenkundig. Erfolgt innerhalb der Frist von vier Wochen nicht die Zustimmung des zuständigen **95**

EG-Staates und kann deshalb keine Sachentscheidung ergehen, ist die Haftanordnung aufzuheben (BayObLG, EZAR 048 Nr. 52).

96 Jedenfalls wird man das Bundesamt wegen der Regelung in Abs. 3 S. 3 letzter HS 1. Alt. für verpflichtet ansehen müssen, Feststellungen zur Übernahmebereitschaft auch des sonstigen Drittstaates zu treffen. Ist diese wie nach den Erfahrungen in der Vergangenheit in der überwiegenden Mehrzahl der Verfahren zweifelhaft, darf auch im Falle der Ablehnung des Asylantrags wegen Unbeachtlichkeit die Abschiebungshaft nicht verlängert werden.

97 Erkennt im Falle der qualifizierten Asylablehnung das Verwaltungsgericht im Eilrechtsschutzverfahren, dass der angefochtene Bescheid an schwerwiegenden Verfahrensfehlern leidet oder liegen »ernstliche Zweifel« an dessen Rechtmäßigkeit (§ 36 Rdn. 157 ff.) offen zutage, hat es dem Eilrechtsschutzantrag unverzüglich (vgl. auch § 36 III 5) stattzugeben. In diesem Fall hat es entsprechend § 80 a unverzüglich die Ausländerbehörde über die Entscheidung zu unterrichten, damit diese die Haftentlassung beantragen kann.

6.6. Beachtung des Beschleunigungsgrundsatzes

98 Die Anordnung oder Aufrechterhaltung der Haft kann wegen Verletzung des Beschleunigungsgrundsatzes unzulässig sein. Da Abs. 3 lediglich das bisherige Abschiebungshafthindernis des Asylantrags für bestimmte Ausnahmefälle einschränken will, sind die allgemeinen Abschiebungshaftvoraussetzungen unabhängig von den Beendigungsgründen nach Abs. 3 S. 3 zu beachten. Danach hat die Ausländerbehörde alles zu tun, um Abschiebungshaft zu vermeiden bzw. so kurz wie möglich zu halten (OLG Frankfurt am Main, NVwZ-Beil. 1996, 39; OLG Dresden, NVwZ-Beil. 2001, 120; OLG Karlsruhe, InfAuslR 2000, 234; OLG Celle, InfAuslR 2003, 351 (352); OLG Celle, InfAuslR 2004, 118; OLG Celle, InfAuslR 2003, 444). Zwar begründet die lediglich vorübergehende, nicht auf Dauer angelegte Undurchführbarkeit der Abschiebung kein Abschiebungshafthindernis (BVerfG (Kammer), NJW 1987, 3076).

99 Die Ausländerbehörde hat mithin die Abschiebung ernstlich zu betreiben und konkrete Maßnahmen zu ihrer Vorbereitung zu treffen (OLG Dresden, NVwZ-Beil. 2001, 120). Sind Passersatzdokumente zu beschaffen, muss sie mit der gebotenen Beschleunigung alle ihr nach dem Stand der Ermittlungen eröffneten Möglichkeiten nutzen, die wahre Identität des ausreisepflichtigen Ausländers zu ermitteln (OLG Dresden, NVwZ-Beil. 2001, 120; s. aber OLG Dresden, NVwZ-Beil. 2001, 119, zum Übergang von Untersuchungs- in Abschiebungshaft bei fehlenden Passersatzdokumenten).

100 Daher ist es unzulässig, erst nach mehreren Monaten Haftdauer die Ausstellung von derartigen Dokumenten zu beantragen (OLG Frankfurt am Main, NVwZ-Beil. 1996, 39 (40); OLG Frankfurt am Main, AuAS 1998, 198 (199); OLG Celle, InfAuslR 2003, 351 (352)). Es bedarf deshalb der behördlichen Darlegung, weshalb die Beschaffung der Passersatzdokumente trotz der in solchen Fällen gebotenen Beschleunigung noch nicht möglich war und weshalb die Behörde überhaupt noch weitere Zeit benötigt, um die Abschiebung

Antragstellung **§ 14**

vorzubereiten und durchzuführen (OLG Düsseldorf, NVwZ-Beil. 1995, 64; s. hierzu auch: OLG Düsseldorf, NVwZ-Beil. 1998, 23; OLG Düsseldorf, NVwZ-Beil. 1998, 77 (78)).

Verweigert in einem derartigen Fall der Betroffene nicht seine Mitwirkung an der Beschaffung von Rückreisedokumenten, kann die Behörde aber gleichwohl nicht darlegen, dass innerhalb der angeordneten Haftdauer die Abschiebung vollzogen werden kann, ist diese nicht mehr verhältnismäßig (vgl. OLG Frankfurt am Main, NVwZ 1994, 827; OLG Frankfurt am Main, InfAuslR 1994, 241 (242); BayObLG, NVwZ-Beil. 1995, 16). Die Haftanordnung setzt jedoch nicht den Nachweis voraus, dass die Abschiebung des Betroffenen innerhalb der Dreimonatsfrist nicht durchführbar ist. Lediglich wenn feststeht, dass aus Gründen, die der Betroffene nicht zu vertreten hat, die Abschiebung nicht innerhalb dieser Frist durchgeführt werden kann, ist die Haftanordnung unzulässig (BayObLG, B. v. 13. 1. 2004 – 4Z BR 1/04). **101**

Die weitere Vollstreckung von Sicherungshaft ist andererseits insbesondere dann unzulässig, wenn die Botschaft des Zielstaates jede weitere Befassung mit dem Passbeschaffungsantrag bis auf weiteres ablehnt (OLG Celle, InfAuslR 2004, 306 (309)). Andererseits ist bei Verweigerung der Mitwirkung des Betroffenen dann eine Verlängerung der Abschiebungshaft über sechs Monate hinaus unzulässig, wenn dadurch dessen weitere Mitwirkung an Passbeschaffungsmaßnahmen erzwungen werden soll (OLG Schleswig, AuAS 1999, 16; s. auch BayObLG, NVwZ-Beil. 2001, 56). **102**

Aus diesen Grundsätzen folgt auch, dass die Ausländerbehörde einen Ausländer nicht in Haft nehmen lassen darf, wenn sie bereits absehen kann, dass sie die Abschiebung – etwa aus *Personalmangel* – nicht innerhalb von drei Monaten durchführen kann. Die Ausländerbehörde darf daher auch nicht mehr Abschiebungshaftanträge stellen, als sie sachgerecht bearbeiten kann (OLG Frankfurt am Main, NVwZ 1994, 827; s. hierzu auch OLG Celle, InfAuslR 2002, 305 (306)). Die Ausländerbehörde hat insbesondere im Falle der bereits angeordneten Haft genaue Angaben über den Zeitpunkt der Abschiebung und darüber, dass dieser innerhalb der angeordneten Haftdauer liegt, zu machen (OLG Frankfurt am Main, InfAuslR 1994, 241 (242)). **103**

6.7. Undurchführbarkeit der Abschiebung innerhalb der Dreimonatsfrist des § 62 Abs. 2 Satz 4 AufenthG

Nach § 62 II 4 AufenthG ist die Anordnung der Sicherungshaft unzulässig, wenn bereits im Zeitpunkt der Haftbeantragung oder richterlichen Entscheidung feststeht, dass aus nicht von dem Asylsuchenden zu vertretenden Gründen die Abschiebung nicht innerhalb der nächsten drei Monate durchgeführt werden kann. Die in § 62 II 4 AufenthG genannten Abschiebungshinderungsgründe, welche der Ausländer nicht zu vertreten hat, können tatsächlicher wie rechtlicher Art sein (BVerfG (Kammer), NVwZ-Beil. 1996, 17 (18)). **104**

Steht etwa bereits bei der Antragstellung aufgrund einer bundesweit oder auch nur im betreffenden Bundesland (vgl. § 60 a I 1 AufenthG) geübten Ver- **105** waltungspraxis von vornherein fest, dass die Abschiebung des Antragstellers in seinen Herkunftsstaat aus tatsächlichen Gründen unmöglich ist (§ 60 a II AufenthG) und ist ein aufnahmebreiter Drittstaat nicht festzustellen, ist die Anordnung oder Aufrechterhaltung der Abschiebungshaft unzulässig. Insoweit ist auch auf die Rechtsprechung zu bestimmten Herkunftsstaaten, in denen Bürgerkrieg herrscht, Bedacht zu nehmen. Wird etwa überwiegend wegen eines im Herkunftsstaat des Betreffenden herrschenden Bürgerkrieges Abschiebungsschutz nach § 60 VII 1 AufenthG gewährt oder wegen fehlender Transportverbindung die Abschiebung aus tatsächlichen Gründen nicht vollzogen (vgl. § 60 a II AufenthG), so darf die Abschiebungshaft nicht angeordnet werden. In diesem Fall kommt es auf die Frage der möglichen Unbeachtlichkeit oder offensichtlichen Unbegründetheit des Asylantrags (Abs. 3 S. 3 letzter HS) nicht an. Ebenso können schwerwiegende gesundheitliche Gründe der Abschiebung von vornherein entgegenstehen.

106 Auch wenn die Haftanordnungsvoraussetzungen an sich vorliegen, ist die Anordnung unverhältnismäßig und damit unzulässig, wenn die mit dem Betroffenen und seinen sechs zwischen einem und acht Jahre alten Kindern zusammen eingereiste Ehefrau im Zeitpunkt des Haftantrags bereits im siebten Monat schwanger ist. In einem solchen Fall kann von vornherein nicht unterstellt werden, die Abschiebung des Betroffenen wäre innerhalb der Dreimonatsfrist noch tatsächlich möglich (OLG Köln, NVwZ-Beil. 2003, 30).

107 Verweigert die ermittelnde Staatsanwaltschaft die Zustimmung zur Abschiebung des Asylsuchenden, darf deshalb keine Haft angeordnet werden (LG Bremen, InfAuslR 2002, 441). Dem Beschleunigungsgebot entsprechend hat die Ausländerbehörde unverzüglich die Zustimmung der Staatsanwaltschaft zur Abschiebung nach § 72 IV AufenthG einzuholen. Die mangelhafte Zusammenarbeit zwischen Ausländerbehörden, Staatsanwaltschaften und Gerichten darf nicht dem Betroffenen angelastet werden (OLG Frankfurt am Main, NVwZ-Beil. 1996, 37; OLG Frankfurt am Main, NVwZ-Beil. 1996, 39 (40)). Ebenso hat die Ausländerbehörde spätestens dann, wenn absehbar ist, dass der Ausländer abgeschoben werden soll, ohne Aufschub alle Anstrengungen zu unternehmen, um *Rückreisepapiere* zu beschaffen.

108 Der Ausländer hat ein Abschiebungshindernis nur zu vertreten, wenn dessen Beseitigung von seinem Willen abhängt (OLG Frankfurt am Main, NVwZ 1994, 827). Der Umstand allein, dass er sich weigert, seiner Ausreisepflicht freiwillig nachzukommen, begründet nicht die Erforderlichkeit von Abschiebungshaft (OLG Hamburg, AuAS 2002, 160 (161)). Der Ausländer hat daher seine Abschiebung insbesondere nicht deshalb zu vertreten, weil er sich weigert, freiwillig eine Rückkehrerklärung zu unterschreiben (OLG Frankfurt am Main, NVwZ-Beil. 1999, 96 = InfAuslR 1999, 465). Ebenso wenig stellt der in der Sicherungshaft gestellte Asylantrag ein vom Asylsuchenden zu vertretendes »Blockieren« der Passbeschaffungsmaßnahmen dar und bleibt hiervon das abschiebungshaftrechtliche Beschleunigungsgebot unberührt (OLG Karlsruhe, InfAuslR 2000, 235).

109 Darüber hinaus ist die Haftanordnung trotz Vorliegens eines Haftgrundes nach § 62 II Nr. 2 AufenthG unzulässig, wenn die Haft zur Sicherung der Abschiebung nichts beitragen kann (BVerfG, NVwZ-Beil. 1994, 57; krit. dazu

Antragstellung **§ 14**

OLG Karlsruhe, NVwZ-Beil. 1999, 15). Hat das Verwaltungsgericht im Ausweisungsverfahren die aufschiebende Wirkung des Rechtsmittels angeordnet, weil es vorläufig von einem Abschiebungshindernis wegen drohender Folter im Herkunftsland Türkei ausgeht und sind bis zur endgültigen Entscheidung noch weitere Ermittlungen erforderlich, so ist die Aufrechterhaltung der Abschiebungshaft nicht mehr gerechtfertigt (BVerfG (Kammer), InfAuslR 2000, 221 (222) = DVBl. 2000, 695 = NVwZ-Beil. 2000, 74 = EZAR 048 Nr. 48). Vielmehr bedarf es im Haftprüfungsverfahren in einem derartigen Fall der Feststellung konkreter Anhaltspunkte dafür, dass die Abschiebung des Betroffenen, die aufgrund der Gewährung vorläufigen Rechtsschutzes im Zeitpunkt der Entscheidung des Haftrichters ausgeschlossen ist, gerade innerhalb der Drei-Monats-Frist des § 62 II 4 AufenthG möglich werden könnte (BVerfG (Kammer), InfAuslR 2000, 221 (222)).

Auch dann, wenn der Betroffene seine Abschiebung verhindert, ist eine Verlängerung von Sicherungshaft über die regelmäßige Höchstdauer von sechs Monaten hinaus wegen des verfassungsrechtlichen Gebotes der Verhältnismäßigkeit nur zulässig, wenn die Haft dadurch nicht länger andauert, als es zur Sicherung ihres Zwecks, die Abschiebung zu ermöglichen, erforderlich ist (OLG Dresden, NVwZ-Beil. 2001, 120; s. aber BayObLG, NVwZ-Beil. 2002, 96). Mit dieser zeitlichen Beschränkung der Haftdauer wird der schon im Hinblick auf die Schwere des Eingriffs in die persönliche Freiheit des Betroffenen (BVerfG, InfAuslR 2002, 132 (136 f.)) bestehenden Verpflichtung der Ausländerbehörde, das Abschiebungsverfahren mit der *größtmöglichen Beschleunigung* zu betreiben, Nachdruck verliehen. Scheitert die Abschiebung allerdings wiederholt am aktiven Widerstand des Betroffenen, darf nach der Rechtsprechung Abschiebungshaft bis zu 18 Monaten angeordnet werden (OLG Karlsruhe, NVwZ-Beil. 1999, 120). **110**

6.8. Rechtsschutz

Zuständig für die Entscheidung über den ausländerbehördlichen Haftantrag sind die Gerichte der freiwilligen Gerichtsbarkeit (§ 3 S. 2 FEVG), d. h. das nach § 4 FEVG zuständige Amtsgericht. Gegen die Anordnung der Haft durch das Amtsgericht ist die sofortige Beschwerde beim Landgericht zulässig (§ 7 I FEVG). Gegen dessen Entscheidung ist die weitere Beschwerde beim OLG gegeben (§ 27 FGG). **111**

Das Amtsgericht darf zwar im Falle des untergetauchten Ausländers die Abschiebungshaft ohne persönliche Anhörung anordnen. Es kommt in derartigen Fällen jedoch nur eine einstweilige Haftanordnung (§ 11 FEVG) in Betracht, da eine Anordnung von Sicherungshaft die vorherige mündliche Anhörung des Betroffenen voraussetzt (BVerfG (Kammer), NVwZ-Beil. 1996, 49; KG, NVwZ 1997, 516; OLG Frankfurt am Main, NVwZ-Beil. 1996, 38 (39); s. auch OLG Zweibrücken, NVwZ-Beil. 2002, 15, zur Erledigung im einstweiligen Anordnungsverfahren). Auch im Beschwerdeverfahren ist grundsätzlich eine persönliche Anhörung durchzuführen (OLG Hamburg, AuAS 2002, 160 (161); BayObLG, InfAuslR 1999, 239; a. A. OLG Stuttgart, NJW 1980, **112**

2029; s. aber: OLG Karlsruhe, AuAS 1998, 101 (102) = NVwZ-Beil. 1998, 40; BayObLG, InfAuslR 2002, 314; OLG Oldenburg, InfAuslR 2002, 307). Ebenso ist die Ehefrau des Betroffenen anzuhören (OLG Celle, InfAuslR 1999, 463).

113   Die einmal begründete örtliche Zuständigkeit des Amtsgerichtes und des darauf aufbauenden Instanzenzugs bleibt auch dann bestehen, wenn der Beschwerdeführer aufgrund einer richterlichen Anordnung in einer Anstalt im Bezirk eines anderen Gerichtes untergebracht wird (OLG Celle, NVwZ-Beil. 2003, 8). Das Amtsgericht wie auch das Beschwerdegericht sind von Amts wegen verpflichtet, die zur Feststellung der Tatsachen erforderlichen Ermittlungen selbst insbesondere durch Befragung des Beschwerdeführers durchzuführen (OLG Celle, InfAuslR 2003, 443).

114   Nach Abs. 3 S. 2 ist dem Asylsuchenden, gegen den Abschiebungshaft beantragt wird, vor einer richterlichen Entscheidung unverzüglich Gelegenheit zu geben, mit einem Rechtsbeistand seiner Wahl Verbindung aufzunehmen (s. auch BayObLG, NVwZ-Beil. 1998, 20 (21)), es sei denn, er hat sich selbst vorher anwaltlichen Beistands versichert. Diese Verfahrensvorschrift ist identisch mit der Regelung des § 18 a I 5 für das Flughafenverfahren (§ 18 a Rdn. 101 ff.).

115   Der in Art. 20 III GG verankerte Grundsatz der Rechtsstaatlichkeit gewährleistet in Verbindung mit dem Grundrecht aus Art. 2 II 2 GG eine *umfassende Prüfung der Voraussetzungen* für eine Anordnung der Abschiebungshaft. Insbesondere verpflichtet er die Haftgerichte, zu überprüfen, ob die Voraussetzungen für die Aufrechterhaltung der Haft vorliegen oder auf Grund nachträglich eingetretener und auch im Verfahren der sofortigen weiteren Beschwerde berücksichtigungsfähigen Umstände entfallen sind, zu denen namentlich das Ergehen einer verwaltungsgerichtlichen Entscheidung zählt, durch die der Inhaftierte der Ausreisepflicht ledig oder die Durchführbarkeit seiner Abschiebung für längere Zeit oder auf Dauer gehindert wird (BVerfG (Kammer), InfAuslR 2000, 221 (222)). Der rechtsstaatliche Grundsatz der Verhältnismäßigkeit gebietet es, von der Sicherungshaft abzusehen, wenn die Abschiebung nicht durchführbar und die Freiheitsentziehung deshalb nicht erforderlich ist (BVerfG (Kammer), InfAuslR 2000, 221 (222)).

116   Dieses Verfassungsgebot zwingt ferner dazu, das öffentliche Interesse an der Sicherung der Abschiebung und den Freiheitsanspruch des Betroffenen als *wechselseitige Korrektive* zu sehen und gegeneinander abzuwägen. Dabei ist immer auch zu bedenken, dass sich das Gewicht des Freiheitsanspruchs gegenüber dem öffentlichen Interesse an einer wirksamen Durchsetzung ausländerrechtlicher Vorschriften mit zunehmender Dauer der Haft regelmäßig vergrößern wird. Insoweit erweist sich § 62 II 4 AufenthG als *gesetzliche Ausprägung* des in diesem Sinne verstandenen Verhältnismäßigkeitsgrundsatzes für den Fall der Ungewissheit darüber, ob die Haft tatsächlich erforderlich ist (BVerfG (Kammer), InfAuslR 2000, 221 (222)).

117   Grundsätzlich ist jedoch im Rechtsmittelverfahren die Rechtmäßigkeit der Haftanordnung streng bezogen auf die jeweils angeordnete Dauer der Haft zu überprüfen. Daher kann das Rechtsmittelgericht auch nicht über die Rechtmäßigkeit der vor oder im Laufe des Rechtsmittelverfahrens ergangenen neuen Haftanordnung entscheiden. Vielmehr ist dies nur im Rechtsmit-

Antragstellung §14

telzug gegen die neue Anordnung möglich. Eine etwaige Äußerung des Rechtsmittelgerichtes in der Entscheidung über die Rechtmäßigkeit der ersten Haftanordnung über die Zulässigkeit einer Verlängerung der Abschiebungshaft nach Ablauf des ersten Haftzeitraums ist deshalb für das Rechtsmittelverfahren gegen die weitere Haftanordnung unverbindlich (BGH, NJW 1990, 1418 (1419)). Eine sachliche Überprüfung der Hauptsache kann mithin nach Erledigung, etwa infolge der Abschiebung des Betroffenen, nicht mehr erfolgen (OLG Köln, B. v. 21. 7. 1997 – 16 Wx 199/97; s. hierzu auch BayOblG, NVwZ-Beil. 2002, 15; OLG Schleswig, AuAS 1999, 42; s. aber (BVerfG (Kammer), AuAS 2002, 200 (201))).

In Fällen *tiefgreifender Grundrechtseingriffe,* in denen die direkte Belastung durch den angegriffenen Hoheitsakt sich nach dem typischen Verfahrensablauf auf eine Zeitspanne beschränkt, in welcher der Betroffene die gerichtliche Entscheidung in der von der Prozessordnung gegebenen Instanz kaum erlangen kann, gebietet indes der Grundsatz des effektiven Rechtsschutzes, dass der Betroffene Gelegenheit erhält, die Berechtigung des schwerwiegenden – wenn auch tatsächlich nicht mehr fortwirkenden – Grundrechtseingriffs klären zu lassen. Deshalb darf bei tiefgreifenden Grundrechtseingriffen das Rechtsmittel nicht einfach deswegen als unzulässig verworfen werden, weil die Freiheitsentziehung beendet ist (OLG Köln, B. v. 21. 7. 1997 – 16 Wx 199/97, mit Hinweis auf BVerfG, B. v. 19. 6. 1997 – 2 BvR 941/91; BVerfG, B. v. 26. 6. 1997 – 2 BvR 126/81). Diese Rechtsprechung ist vom BVerfG nunmehr mit klaren Worten ausdrücklich bestätigt worden (BVerfG, InfAuslR 2002, 132 (136 ff.)).   118

Da der Haftrichter die Asylgründe nicht inhaltlich prüfen darf (BGHZ 78, 145 (150); BVerwG, Buchholz 402.24 § 16 AuslG Nr. 1; BayOblGZ 1974, 177; 1982, 271; KG, OLGZ 1975, 257; 1980, 179; KG, InfAuslR 1982, 25; OLG Frankfurt am Main, OLGZ 1977, 165; OLG Hamm, OLGZ 1977, 157; VG Berlin, InfAuslR 1999, 80), kann der Asylsuchende im Haftprüfungsverfahren keine asylerheblichen Gründe oder Abschiebungshindernisse nach § 60 II– VII AufenthG geltend machen. Will er gegen die Abschiebungshaft derartige Einwände vorbringen, so muss er nach der herrschenden Meinung über § 123 VwGO beim zuständigen Verwaltungsgericht *einstweiligen Rechtsschutz* mit dem Ziel beantragen, die Ausländerbehörde einstweilig zu verpflichten, beim zuständigen Amtsgericht die Aufhebung der Sicherungshaft zu veranlassen (Hess.VGH, InfAuslR 1989, 74; Hess.VGH, 1983, 330; OVG Rh-Pf, InfAuslR 1985, 162; OVG Saarland, InfAuslR 1986, 211; VG Wiesbaden, InfAuslR 1984, 65; a. A. VG Berlin, InfAuslR 1985, 110; Kränz, NVwZ 1986, 22 (23); offengelassen: KG, InfAuslR 1985, 107).   119

§ 14a Familieneinheit

(1) Mit der Asylantragstellung nach § 14 gilt ein Asylantrag auch für jedes Kind des Ausländers als gestellt, das ledig ist, das 16. Lebensjahr noch nicht vollendet hat und sich zu diesem Zeitpunkt im Bundesgebiet aufhält, ohne im Besitz eines Aufenthaltstitels zu sein, wenn es zuvor noch keinen Asylantrag gestellt hatte.

(2) Reist ein lediges, unter 16 Jahre altes Kind des Ausländers nach dessen Asylantragstellung ins Bundesgebiet ein oder wird es hier geboren, so ist dies dem Bundesamt unverzüglich anzuzeigen, wenn ein Elternteil eine Aufenthaltsgestattung besitzt oder sich nach Abschluss seines Asylverfahrens ohne Aufenthaltstitel oder mit einer Aufenthaltserlaubnis nach § 25 Abs. 5 Satz 1 des Aufenthaltsgesetzes im Bundesgebiet aufhält. Die Anzeigepflicht obliegt neben dem Vertreter des Kindes im Sinne von § 12 Abs. 3 auch der Ausländerbehörde. Mit Zugang der Anzeige beim Bundesamt gilt ein Asylantrag für das Kind als gestellt.

(3) Der Vertreter des Kindes im Sinne von § 12 Abs. 3 kann jederzeit auf die Durchführung eines Asylverfahrens für das Kind verzichten, indem er erklärt, dass dem Kind keine politische Verfolgung droht.

Übersicht

		Rdn.
1.	Funktion der Vorschrift	1
2.	»Fingierte Asylantragstellung« (Abs. 1)	3
2.1.	Begriff der »fingierten Antragstellung« (Abs. 1 erster Halbsatz)	3
2.2.	Voraussetzungen der »fingierten Asylantragstellung« nach Abs. 1	6
2.2.1.	Asylantrag der Eltern bzw. des maßgeblichen Elternteils nach § 14	6
2.2.2.	Betroffener Personenkreis nach Abs. 1	10
2.2.3.	Aufenthalt des Kindes im Bundesgebiet	13
2.2.4.	Fehlender Aufenthaltstitel nach § 4 AufenthG	14
2.2.5.	Fehlendes vorangegangenes Asylverfahren des Kindes	16
3.	Nachträglich »fingierte Asylantragstellung« nach Abs. 2	20
3.1.	Begriff der nachträglich »fingierten Asylantragstellung« nach Abs. 2 Satz 2	20
3.2.	Voraussetzungen der nachträglich »fingierten Asylantragstellung« nach Abs. 2	22
3.2.1.	Betroffener Personenkreis (Abs. 2 Satz 1)	22
3.2.2.	Registrierungspflicht des zuständigen Standesamtes	23
3.2.3.	Anzeigepflicht nach Abs. 2 Satz 1	24
3.2.4.	Rechtsfolgen der Verletzung der Anzeigepflicht	28
4.	Verzicht auf Durchführung des Asylverfahrens (Abs. 3)	30

1. Funktion der Vorschrift

1   Die Vorschrift des § 14 a ist mit Wirkung zum 1. Januar 2005 durch Art. 3 Nr. 10 des ZuwG neu in das AsylVfG eingeführt worden. Sie geht zurück auf den Gesetzentwurf des Landes Niedersachsen vom 31. August 2000 (BR-

Familieneinheit **§ 14 a**

Drs. 522/60). Die Vorschrift *fingiert* für jedes ledige Kind, das noch nicht das 16. Lebensjahr vollendet hat, die wirksame Stellung des Asylantrags, wenn beide Eltern oder ein Elternteil den Asylantrag nach § 14 gestellt haben. Damit will die Vorschrift verhindern, dass »durch *sukzessive Asylantragstellung überlange Aufenthaltsdauern in Deutschland ohne aufenthaltsrechtliche Perspektive* für die Betroffenen entstehen« (BT-Drs. 15/420, S. 108; so schon BT-Drs. 14/7387, S. 100). Die Vorschrift wird durch § 30 III Nr. 7 ergänzt. Danach gilt ein Asylantrag eines handlungsunfähigen Antragstellers als offensichtlich unbegründet, wenn er nach Ablehnung des Asylantrags der Eltern oder allein personensorgeberechtigten Elternteils gestellt wird (§ 30 Rdn. 181 ff.).

Der Gesetzentwurf ist unverändert Gesetz geworden. Vorschläge des Bundesrates in der ersten Runde des ZuwG, z. B. den Angehörigenbegriff in Abs. 1 zu erweitern (BT-Drs. 14/7987, S. 24 f.) wurden nicht aufgegriffen. Die Vorschrift muss im Zusammenhang mit der Einführung des Familienabschiebungsschutzes nach § 26 IV gesehen werden. Anders als der bezeichnete niedersächsische Gesetzentwurf wollte der Gesetzentwurf zum ersten ZuwG ursprünglich lediglich die fingierte Asylantragstellung ohne gleichzeitige Einführung des Familienabschiebungsschutzes regeln. Erst vor der zweiten und dritten Lesung des ersten ZuwG wurde § 26 IV in das Gesetz eingeführt. Der Gesetzentwurf zum zweiten ZuwG sah von vornherein den Konnex zwischen der fingierten Antragstellung und dem Familienabschiebungsschutz vor. Die fingierte Asylantragstellung machte auch eine Neuregelung des Kinderasyls erforderlich. 2

2. »Fingierte Asylantragstellung« (Abs. 1)

2.1. Begriff der »fingierten Asylantragstellung« (Abs. 1 erster Halbsatz)

Nach Abs. 1 1. HS »*gilt*« unter den Voraussetzungen dieser Vorschrift ein Asylantrag »*als*« rechtlich wirksam gestellt. Das Gesetz führt damit erstmals den Begriff der »fingierten Asylantragstellung« in das Asylverfahren ein. Bislang war die wirksame Antragstellung von der persönlichen Antragstellung abhängig und setzt diese den entsprechenden Erklärungswillen des Antragstellers oder seines gesetzlichen Vertreters voraus. Nach Abs. 1 ist nunmehr automatische Folge der Asylantragstellung der Eltern bzw. eines Elternteils, dass sich die Antragstellung auch auf die minderjährigen Kinder erstreckt. Ebenso fingiert die Anzeige nach Abs. 2 S. 3 mit dem Zugang beim Bundesamt den Asylantrag. 3

Der Erklärungswille der Eltern oder des maßgeblichen Elternteils muss sich nur auf den eigenen Asylantrag beziehen. Die Fiktion nach Abs. 1 und Abs. 2 S. 3 setzt nicht voraus, dass sie in den Erklärungswillen auch die Kinder mit einbeziehen. Denn es ist ja gerade die Funktion der fingierten Asylantragstellung, überlangen Aufenthaltszeiten durch die bewusste und gewollte »sukzessive Asylantragstellung« vorzubeugen. Deshalb soll von vornherein das Asylverfahren für alle ledigen und nicht selbst handlungsfähigen Kinder des Asylantragstellers eingeleitet werden. 4

5   Der fingierte Asylantrag des Kindes wird zwar zusammen mit dem Asylantrag der Eltern bzw. des maßgebenden Elternteils bearbeitet und wird in der Regel keine eigenständige, auf die Kinder bezogene Prüfung der Asylgründe notwendig machen. Gleichwohl führt der fingierte Asylantrag ein rechtlich selbständiges Eigenleben. Er kann nach Abs. 3 beendet werden. Reisen die Eltern nach erfolglosem Abschluss ihres Asylverfahrens aus und stellt das möglicherweise inzwischen volljährig gewordene Kind einen neuen Asylantrag, so gilt dieser als Asylfolgeantrag nach § 71 I 1. Denn Abs. 1 fingiert die Asylantragstellung im Sinne von § 14, sodass nach erneuter Asylantragstellung der nach Abs. 1 und Abs. 2 S. 3 fingierte Asylantrag ein »früherer Asylantrag« im Sinne des § 71 I 1 ist.

2.3. Voraussetzungen der »fingierten Asylantragstellung« nach Abs. 1

2.2.1. Asylantrag der Eltern bzw. des maßgeblichen Elternteils nach § 14

6   Die fingierte Asylantragstellung nach Abs. 1 1. HS setzt voraus, dass die Eltern bzw. der maßgebende Elternteil einen Asylantrag nach § 14 stellen. Es ist unerheblich, ob die Antragstellung nach § 14 I oder nach § 14 II erfolgt. Stellen die Eltern nach § 14 I den Asylantrag, so ist es für die zuständige Außenstelle relativ einfach, die Kinder zu ermitteln, auf die sich die fingierte Asylantragstellung nach Abs. 1 1. HS bezieht. Wird der Asylantrag nach § 14 II schriftlich gestellt und gibt der Antragsteller die Kinder nicht vollständig an, so »erstreckt« sich gleichwohl der Asylantrag der Eltern nach Abs. 1 1. HS auf alle Kinder, welche die Voraussetzungen nach Abs. 1 erfüllen. Der Wortlaut von Abs. 1 ist objektiv zu verstehen und erfasst unabhängig vom Erklärungswillen der Eltern jedes Kind, dass die Voraussetzungen der Vorschrift erfüllt. Das Bundesamt hat die Eltern bzw. den Elternteil aufzufordern, alle Kinder anzugeben und die hierzu erforderlichen Angaben zu machen.

7   Wird nachträglich bekannt, dass die Eltern ein Kind nicht angegeben haben und werden diese deshalb vom ablehnenden Bescheid des Bundesamtes nicht erfasst, so fingiert Abs. 1 1. HS ungeachtet dessen die Asylantragstellung des Kindes von Anfang an. Es ist deshalb ein weiterer, auf das nicht angegebene Kind bezogener Bescheid zu erlassen. Da dieses Kind in der persönlichen Anhörung nicht erwähnt wurde, fehlt es insoweit an der gesetzlich vorgeschriebenen persönlichen Anhörung nach § 24 I 2.

8   Regelmäßig dürften aber für die noch nicht sechs Jahre alten Kinder die Voraussetzungen nach § 24 I 4 vorliegen. Für die älter als sechs Jahre alten Kinder könnte eine analoge Anwendung des § 25 V 1 in Betracht kommen. Denn die bewusste und gewollte Nichtangabe des Kindes zu verfahrensverzögernden Zwecken dürfte dem Fall gleich zu achten sein, in dem der Antragsteller ohne genügende Entschuldigung nicht zur Anhörung erscheint. Das Bundesamt ist aber verpflichtet, bezogen auf das nicht angegebene Kind die schriftliche Anhörung durchzuführen (vgl. § 25 V 2).

9   Beim Asylantrag eines Elternteils wird die Antragsfiktion nur ausgelöst, wenn dieser das alleinige Sorgerecht wirksam ausüben kann (vgl. auch § 30 III Nr. 7). Das Gesetz kann rechtliche Wirkungen nur anordnen, wenn die

Familieneinheit § 14 a

Beziehungen zwischen Elternteil und Kind rechtlich wirksam sind. Übt der im Bundesgebiet allein lebende Elternteil nicht das Sorgerecht aus, kann er für das Kind keinen rechtlich wirksamen Antrag stellen. Die gesetzliche Fiktion setzt damit die Vertretungsberechtigung des Elternteils voraus.

2.2.2. Betroffener Personenkreis nach Abs. 1

Die fingierte Asylantragstellung umfasst die Kinder des Asylantragstellers, die im Zeitpunkt seiner Antragstellung ledig sind, noch nicht das 16. Lebensjahr vollendet haben und sich in diesem Zeitpunkt im Bundesgebiet aufhalten, noch nicht zuvor einen Asylantrag gestellt haben und über keinen Aufenthaltstitel nach § 4 AufenthG verfügen. Die Vorschrift orientiert sich erkennbar an der Handlungsfähigkeit nach § 12. Die handlungsfähigen Kinder des Asylsuchenden können selbst entscheiden, ob sie wie ihre Eltern einen Asylantrag nach § 14 stellen wollen. 10

Unterlassen sie dies, dürften aufenthaltsbeendende Maßnahmen aber an Art. 6 II GG scheitern. Stellen sie später, nach Abschluss des erfolglosen Asylverfahrens ihrer Eltern den Asylantrag nach § 14, dürfte diese Kinder regelmäßig im Zeitpunkt ihrer Asylantragstellung volljährig geworden sein, sodass Art. 6 II GG wohl nur ausnahmsweise der Ausreise der Eltern entgegen stehen dürfte. 11

Ist das noch nicht 16. Jahre alte Kind des Antragstellers bereits verheiratet, so dürfte es zusammen mit dem Ehegatten den Asylantrag stellen. Befindet dieser sich nicht im Bundesgebiet, so erstreckt die fingierte Antragstellung sich nicht auf dieses Kind. Aber auch insoweit dürften die Möglichkeiten, durch sukzessive Antragstellung aufenthaltsverzögernde Wirkungen zu erzielen, regelmäßig daran scheitern, dass das Kind nach Abschluss des Verfahrens der Eltern wohl volljährig sein dürfte. 12

2.2.3. Aufenthalt des Kindes im Bundesgebiet

Das ledige, noch nicht 16 Jahre alte Kind muss im Zeitpunkt der Asylantragstellung der Eltern seinen Aufenthalt im Bundesgebiet haben. Reist es nachträglich ein, so findet Abs. 2 Anwendung. Das Gesetz stellt allein auf die faktischen Verhältnisse ab, sodass zur Feststellung der Erstreckungswirkung der Fiktion keine weiteren, verfahrensverzögernden Ermittlungen erforderlich sind. Es muss deshalb z. B. nicht geprüft werden, ob das Kind seinen gewöhnlichen Aufenthalt im Bundesgebiet hat. Auch wenn das Kind anders als seine Eltern nur auf der Durchreise im Bundesgebiet ist und nach dem Willen der Eltern in ein drittes Land weiterreisen soll, wird es von der Erstreckungswirkung der Fiktion erfasst, es sei denn, es besitzt einen Aufenthaltstitel. Dies dürfte in der Praxis aber die extreme Ausnahme sein. 13

2.2.4. Fehlender Aufenthaltstitel nach § 4 AufenthG

Die Fiktion nach Abs. 1 1. HS setzt darüber hinaus voraus, dass das Kind im Zeitpunkt der Antragstellung der Eltern nicht über einen Aufenthaltstitel nach § 4 AufenthG verfügt. Als Aufenthaltstitel kommen die Aufenthaltserlaubnis, die Niederlassungserlaubnis und das Visum (§ 4 AufenthG) in Betracht. Darüber hinaus ist die Erlaubnisfiktion (§ 81 III 1 AufenthG) wie auch die Fortgel- 14 tungsfiktion (§ 81 IV AufenthG) dem Aufenthaltstitel rechtlich gleichgestellt. Der Gesetzgeber mag an die Fälle gedacht haben, in denen ein Kind bereits im Bundesgebiet einen rechtmäßigen Aufenthalt bei Verwandten begründet hat.

15 Möglich ist aber auch, dass das Kind zusammen mit einem Elternteil mit einem Besuchervisum und der andere Elternteil unerlaubt eingereist ist. Ist in einem derartigen Fall im Zeitpunkt der Asylantragstellung des unerlaubt eingereisten Elternteils die Geltungsdauer des Besuchervisums noch nicht abgelaufen, findet weder Abs. 1 noch Abs. 2 Anwendung.

2.2.5. Fehlendes vorangegangenes Asylverfahren des Kindes

16 Schließlich setzt der Eintritt der Fiktion nach Abs. 1 1. HS voraus, dass das Kind zuvor noch keinen Asylantrag gestellt hat. Ist das Asylverfahren des Kindes noch anhängig, so kann das Gesetz aus verfahrensrechtlichen Gründen keinen »doppelten« Antrag fingieren. Solange der Antrag nicht entschieden ist, kommt einem weiteren, auf denselben Verfahrensgegenstand bezogenen Antrag, keine Rechtswirkung zu. Dem entspricht die negative Voraussetzung nach Abs. 1 letzter HS.

17 Ist der frühere Asylantrag des Kindes bereits negativ abgeschlossen worden, so bedarf es keiner Antragsfiktion. Durch eine spätere erneute Antragstellung des Kindes können regelmäßig keine aufenthaltsverlängernden Wirkungen erzielt werden, es sei denn, die Zulässigkeitsvoraussetzungen nach § 51 I–III VwVfG liegen vor. In diesem Fall sind die verfahrensverzögernden Wirkungen immanente Folge der Einleitung des weiteren Asylverfahrens und deshalb hinzunehmen.

18 Stellen die Eltern oder ein Elternteil nach erfolglosem Abschluss ihres Asylverfahrens erneut einen Asylantrag, so findet Abs. 1 auf das Kind keine Anwendung, wenn es im ersten Verfahren nach Abs. 1 einbezogen war. Denn in diesem Fall hat das Kind vor der Folgeantragstellung der Eltern bereits einen – nach Abs. 1 fingierten – Asylantrag gestellt. Die Antragsfiktion nach Abs. 1 1. HS setzt einen Asylantrag nach § 14 voraus, bezieht damit nicht den Asylfolgeantrag nach § 71 I 1 ein.

19 Wird der Folgeantrag für das Kind später, nach Ablehnung der Einleitung eines weiteren Asylverfahrens bezogen auf die Eltern gestellt, kann eine Aufenthaltsverzögerung dadurch nicht erreicht werden. Bei einer derartigen Verfahrenskonstellation dürften regelmäßig die Voraussetzungen nach § 71 V 2 letzter HS 1. Alt. vorliegen mit der Folge, dass das gesetzliche Abschiebungshindernis nach § 71 V 2 1. HS nicht wirksam wird und die Ausländerbehörde Vollzugsmaßnahmen durchführen kann.

3. Nachträglich »fingierte Asylantragstellung« nach Abs. 2

3.1. Begriff der nachträglich »fingierten Asylantragstellung« nach Abs. 2 Satz 3

20 Nach Abs. 2 S. 1 trifft die Eltern die verfahrensrechtliche Mitwirkungspflicht, die nachträgliche Einreise bzw. die nachträgliche Geburt eines Kindes im

Familieneinheit §14a

Bundesgebiet unverzüglich dem Bundesamt anzuzeigen mit der Folge der nachträglich eintretenden fingierten Asylantragstellung nach Abs. 2 S. 3. Während Abs. 1 1. HS darauf abstellt, dass die ledigen und noch nicht 16 Jahre alten Kinder, die zusammen mit den Eltern oder dem maßgeblichen Elternteil eingereist sind, als Folge der Asylantragstellung der Eltern automatisch in deren Asylverfahren einbezogen werden, regelt Abs. 2 die verfahrensrechtlichen Konsequenzen, die sich aus der Tatsache ergeben, dass das Kind nach der Asylantragstellung einreist bzw. im Bundesgebiet geboren wird.

Unabhängig vom Erklärungsbewusstsein der Eltern knüpft Abs. 2 S. 3 an die Anzeige nach Abs. 2 S. 1 die fingierte Asylantragstellung bezogen auf das nachträglich einreisende oder im Bundesgebiet geborene Kind. Auch die nachträglich fingierte Asylantragstellung verfolgt den Zweck, überlange Aufenthaltsdauern durch sukzessive Asylantragstellung zu unterbinden. Reist ein Kind nachträglich ein oder wird es im Bundesgebiet geboren, so trifft die Eltern gemäß Abs. 2 S. 1 eine Anzeigepflicht gegenüber dem Bundesamt. Automatische Folge und unabhängig von einem hierauf gerichteten Erklärungswillen der Eltern knüpft das Gesetz nach Abs. 2 S. 3 an den Zugang der Anzeige beim Bundesamt die fingierte Asylantragstellung des Kindes.

21

3.2. Voraussetzungen der nachträglich »fingierten Asylantragstellung« nach Abs. 2

3.2.1. Betroffener Personenkreis (Abs. 2 Satz 1)

Betroffen von der nachträglich fingierten Asylantragstellung sind die ledigen und noch nicht 16 Jahre alten Kinder des Asylantragstellers, die nach dem Zeitpunkt der Asylantragstellung der Eltern einreisen oder im Bundesgebiet geboren werden. Insoweit gelten dieselben Kriterien wie bei Abs. 1 (s. hierzu Rdn. 3 ff.). Auch insoweit werden die verheirateten, noch nicht 16 Jahre alten Kinder aus dem Anwendungsbereich der Fiktion herausgenommen. Im Blick auf die nachreisenden Kinder, die das 16. Lebensjahr vollendet haben, stellt der Gesetzgeber auf die selbständige Handlungsfähigkeit dieser Kinder nach § 12 ab.

22

3.2.2. Registrierungspflicht des zuständigen Standesamtes

Unabhängig vom Aufenthalts- oder sonstigem Rechtsstatus des Kindes besteht für die zuständigen Behörden nach Art. 7 I der Kinderschutzkonvention sowie Art. 24 IPbpR die Verpflichtung, das Kind unverzüglich nach seiner Geburt in ein Register einzutragen. Dieses Recht folgt nach der Rechtsprechung des EGMR darüber hinaus auch aus Art. 8 I EMRK. Erst mit der Registrierung existiert das Kind offiziell und kann es seine Rechte wahrnehmen. Um eine ausreichende Sicherung der Kindesrechte zu gewährleisten, muss der Eintrag im Geburtsregister neben Geburtsort und -zeit den Namen des Kindes enthalten, welcher aus dem Familien- und dem von den Eltern frei gewählten Vornamen besteht. Darüber müssen die Namen der Eltern angegeben werden (s. ausführlich hierzu UNHCR, NVwZ-Beil. 2004, 9 (10)).

23

3.2.3. Anzeigepflicht nach Abs. 2 Satz 1

24 Der Gesetzgeber verpflichtet die Eltern bzw. den allein personensorgeberechtigten Elternteil (s. hierzu Rdn. 9) nach Abs. 2 S. 1, ihrer Anzeigepflicht im Blick auf nachträglich einreisende oder im Bundesgebiet geborene Kinder unverzüglich nachzukommen. Unverzüglich heißt »ohne schuldhaftes Verzögern« (vgl. § 121 I 1 BGB). Insoweit kommt es auf die Würdigung aller Umstände des jeweiligen Einzelfalls an. Die Anzeigepflicht erstreckt sich auf die nach der Einreise der Eltern einreisenden ledigen, noch nicht 16 Jahre alten Kinder sowie auf die im Bundesgebiet nach der Einreise geborenen Kinder.

25 Der Anzeigepflicht unterliegen zunächst die Eltern, die lediglich eine Bescheinigung über die Aufenthaltsgestattung nach § 63 besitzen. Darüber hinaus unterliegen die Eltern der Anzeigepflicht, die nach Abschluss des Asylverfahrens ohne Aufenthaltstitel im Bundesgebiet leben. Das sind die Eltern, deren Abschiebung aus rechtlichen oder tatsächlichen Gründen unmöglich ist (§ 60 a II AufenthG). Diese sind im Besitz der Duldungsbescheinigung nach § 60 a IV AufenthG. Schließlich unterliegen die Eltern, die eine Aufenthaltserlaubnis nach § 25 V 1 AufenthG besitzen, der Anzeigepflicht. Hintergrund dieser Regelung ist wohl, dass im Blick auf diesen Personenkreis der Familien- und damit auch der Kindernachzug ausgeschlossen ist (vgl. § 29 III 2 AufenthG).

26 Anzeigepflichtig sind zunächst die Eltern oder der maßgebende Elternteil (vgl. Abs. 2 S. 2 in Verb. mit § 12 III). Daneben ist zusätzlich die Ausländerbehörde kraft Gesetzes verpflichtet, sofern ihr die nachträgliche Einreise oder Geburt des Kindes bekannt wird, hierüber das Bundesamt zu informieren (Abs. 2 S. 2). Zuständige Behörde für die Entgegennahme der Anzeige ist das Bundesamt. Das Gesetz differenziert nicht zwischen der Außenstelle und der Zentrale des Bundesamtes. Daher kann die Anzeige an eine der beiden Stellen gerichtet werden. Da den Eltern die bearbeitende Außenstelle zu Beginn ihres Verfahrens schriftlich mitgeteilt wurde, empfiehlt es sich wegen der verfahrensrechtlichen Zusammenhangs gegenüber dieser Behörde die Anzeige zu machen.

27 Anders als § 10 VII und § 14 I 2 enthält Abs. 2 keine Belehrungspflicht. Daher können an die Verletzung der Anzeigepflicht nach Abs. 2 S. 1 keine zu hohe Anforderungen gestellt werden, da mangels Belehrung hierüber nicht auszuschließen ist, dass der Verpflichtete seine verfahrensrechtlichen Pflichten nicht kannte. Da im Regelfall die Ausländerbehörde über das neu eingereiste oder hier geborene Kind informiert wird, hat diese daher nach Abs. 2 S. 2 das Bundesamt zu informieren.

3.3. Rechtsfolgen der Verletzung der Anzeigepflicht

28 § 14 a Gesetz enthält keine verfahrensrechtlichen Sanktionen für die Verletzung der Anzeigepflicht nach Abs. 2 S. 3. Hat die Ausländerbehörde dem Bundesamt den Nachzug oder die Geburt des Kindes angezeigt, wird die gesetzliche Fiktion ausgelöst. Unterbleibt die Anzeige, kann das Bundesamt bezogen auf die nicht gemeldeten Kinder keine Sachentscheidung treffen. Die Ausländerbehörde wird in die aufenthaltsbeendenden Maßnahmen gegen

Familieneinheit § 14a

die Eltern auch die nicht gemeldeten Kinder einbeziehen. Wird nunmehr für diese Kinder der Asylantrag gestellt, gilt dieser regelmäßig als offensichtlich unbegründet (§ 30 III Nr. 7), sodass das nachträgliche Asylverfahren des Kindes relativ zügig abgeschlossen werden kann.

Allerdings kann in Ansehung des im Bundesgebiet geborenen Kindes nach unanfechtbarer Asylanerkennung des Stammberechtigten innerhalb der Jahresfrist der Antrag auf Gewährung des Familienasyls bzw. Familienabschiebungsschutzes gestellt werden. Für nachgereiste Kinder, die dem Bundesamt nicht gemeldet werden, kann unter den Voraussetzungen des § 26 zu jedem beliebigen Zeitpunkt der entsprechende Antrag gestellt werden. 29

4. Verzicht auf Durchführung des Asylverfahrens (Abs. 3)

Nach Abs. 3 kann der Vertreter des Kindes nach § 12 III jederzeit auf die Durchführung eines Asylverfahrens für das Kind verzichten. Im verfahrensrechtlichen Sinne handelt es sich um eine Antragsrücknahme. Da die Einleitung des Verfahrens kraft Gesetzes fingiert, den Eltern mithin insoweit ihre Dispositionsbefugnis genommen wurde, hat der Gesetzgeber den Begriff des Verzichts gewählt. Verzicht auf die »weitere« Durchführung eines Verfahrens heißt jedoch nichts anderes als die verfahrensrechtliche Rücknahme des kraft Gesetzes fingierten Asylantrags. 30

Durch den Hinweis auf § 12 III wird klargestellt, dass der Verzicht nur durch beide Eltern oder den allein personensorgeberechtigten Elternteil erklärt werden kann. Andere Vertreter kommen nicht in Betracht. Denn leben die Eltern oder jedenfalls ein Elternteil nicht im Bundesgebiet, kommt die gesamte Vorschrift des § 14 a nicht zur Anwendung. 31

Selbstverständlich liegt es im Rahmen der Dispositionsbefugnis der Eltern, den Verzicht zu erklären. Wegen des damit verbundenen Wegfalls der Option des Familienasyls (§ 26 II) oder des Familienabschiebungsschutzes (§ 26 IV) ist der Verzicht auf die Durchführung eines Asylverfahrens indes nicht ratsam. Irreführend ist der Hinweis des Gesetzes auf das mögliche Motiv für die Verzichtserklärung, nämlich die fehlende eigene politische Verfolgung des Kindes. Darauf kommt es beim Familienasyl sowie beim Familienabschiebungsschutz nicht an. Selbst wenn diese vorliegt, darf sie nicht geprüft werden (BVerwG, EZAR 215 Nr. 4 = NVwZ 1992, 987; OVG NW, InfAuslR 1991, 316; OVG NW, NVwZ-Beil. 1998, 70; VGH BW, InfAuslR 1993, 200; s. § 26 Rdn. 124 ff.). 32

Nach der unanfechtbaren Statusgewährung an die Eltern oder an den allein personensorgeberechtigten Elternteil kann das Kinderasyl oder der Familienabschiebungsschutz im Wege des Asylfolgeantrags gelten gemacht werden (vgl. BVerwGE 101, 341 = NVwZ 1997, 688 = InfAuslR 1996, 420 = EZAR 215 Nr. 12; Nieders.OVG, NVwZ-Beil. 1996, 59; Schnäbele, in: GK-AsylVfG, § 26 Rdn. 51 und 89; s. hierzu § 26 Rdn. 148 ff.). Insoweit muss indes die Dreimonatsfrist des § 51 III VwVfG beachtet werden. 33

§ 15 Allgemeine Mitwirkungspflichten

(1) Der Ausländer ist persönlich verpflichtet, bei der Aufklärung des Sachverhalts mitzuwirken. Dies gilt auch, wenn er sich durch einen Bevollmächtigten vertreten läßt.
(2) Er ist insbesondere verpflichtet,
1. den mit der Ausführung dieses Gesetzes betrauten Behörden die erforderlichen Angaben mündlich und nach Aufforderung auch schriftlich zu machen;
2. das Bundesamt unverzüglich zu unterrichten, wenn ihm ein Aufenthaltstitel erteilt worden ist;
3. den gesetzlichen und behördlichen Anordnungen, sich bei bestimmten Behörden oder Einrichtungen zu melden oder dort persönlich zu erscheinen, Folge zu leisten;
4. seinen Paß oder Paßersatz den mit der Ausführung dieses Gesetzes betrauten Behörden vorzulegen, auszuhändigen und zu überlassen;
5. alle erforderlichen Urkunden und sonstigen Unterlagen, die in seinem Besitz sind, den mit der Ausführung dieses Gesetzes betrauten Behörden vorzulegen, auszuhändigen und zu überlassen;
6. im Falle des Nichtbesitzes eines gültigen Passes oder Paßersatzes an der Beschaffung eines Identitätspapiers mitzuwirken;
7. die vorgeschriebenen erkennungsdienstlichen Maßnahmen zu dulden.
(3) Erforderliche Urkunden und sonstige Unterlagen nach Absatz 2 Nr. 5 sind insbesondere
1. alle Urkunden und Unterlagen, die neben dem Paß oder Paßersatz für die Feststellung der Identität und Staatsangehörigkeit von Bedeutung sein können,
2. von anderen Staaten erteilte Visa, Aufenthaltsgenehmigungen und sonstige Grenzübertrittspapiere,
3. Flugscheine und sonstige Fahrausweise,
4. Unterlagen über den Reiseweg vom Herkunftsland in das Bundesgebiet, die benutzten Beförderungsmittel und über den Aufenthalt in anderen Staaten nach der Ausreise aus dem Herkunftsland und vor der Einreise in das Bundesgebiet sowie
5. alle sonstigen Urkunden und Unterlagen, auf die der Ausländer sich beruft oder die für die zu treffenden asyl- und ausländerrechtlichen Entscheidungen und Maßnahmen einschließlich der Feststellung und Geltendmachung einer Rückführungsmöglichkeit in einen anderen Staat von Bedeutung sind.
(4) Die mit der Ausführung dieses Gesetzes betrauten Behörden können den Ausländer und Sachen, die von ihm mitgeführt werden, durchsuchen, wenn der Ausländer seinen Verpflichtungen nach Absatz 2 Nr. 4 und 5 nicht nachkommt und Anhaltspunkte bestehen, daß er im Besitz solcher Unterlagen ist. Der Ausländer darf nur von einer Person gleichen Geschlechts durchsucht werden.
(5) Durch die Rücknahme des Asylantrags werden die Mitwirkungspflichten des Ausländers nicht beendet.

Allgemeine Mitwirkungspflichten **§ 15**

Übersicht

		Rdn.
1.	Funktion der Vorschrift	1
2.	Persönliche Erklärungspflicht des Antragstellers (Abs. 1)	3
3.	Besondere Mitteilungspflichten (Abs. 2)	7
3.1.	Funktion der besonderen Mitwirkungspflichten nach Abs. 2	7
3.2.	Mitwirkungspflicht nach Abs. 2 Nr. 1	9
3.3.	Unterrichtungspflicht nach Abs. 2 Nr. 2	11
3.4.	Mitwirkungspflicht nach Abs. 2 Nr. 3	14
3.5.	Passübergabepflicht nach Abs. 2 Nr. 4	16
3.6.	Übergabe von Urkunden und sonstigen Unterlagen nach Abs. 2 Nr. 5	20
3.7.	Mitwirkungspflicht nach Abs. 2 Nr. 6	24
3.7.1.	Inhalt der Mitwirkungspflicht	24
3.7.2.	Behördliche Zuständigkeit	27
3.7.3.	Frühestmöglicher Zeitpunkt für den Erlass der Anordnung	32
3.7.4.	Zwangsweise Durchsetzung der Verpflichtung (Passbeschaffungsanordnung)	39
3.8.	Duldung von erkennungsdienstlichen Maßnahmen nach Abs. 2 Nr. 7	51
4.	Begriff der Urkunden und sonstigen Unterlagen nach Abs. 3	52
5.	Durchsuchung des Antragstellers (Abs. 4)	54
6.	Mitwirkungspflichten nach Rücknahme des Antrags (Abs. 5)	60

1. Funktion der Vorschrift

Diese Vorschrift hat die Funktion einer Art »Supervorschrift« zur Regelung der Mitwirkungspflichten des Asylsuchenden. Daneben gibt es jedoch in den einzelnen Vorschriften des Gesetzes noch weitere, besondere Mitwirkungspflichten (vgl. z. B. § 13 III; 20, 22 I 1; 23 I; 25 I, II, 47 III; 50 VI). Die Behauptung in der gesetzlichen Begründung, die nach altem Recht in den einzelnen Vorschriften geregelten Mitwirkungspflichten würden aus Gründen der Übersichtlichkeit und Klarheit nunmehr in einer Vorschrift zusammengefasst (BT-Drs. 12/2062, S. 30), trifft also nicht zu. 1

Vielmehr bestehen in den einzelnen Regelungen des Gesetzes noch weitere, jeweils besonders zu beachtende Mitwirkungspflichten und soll § 15 offensichtlich die Funktion einer doppelten Sicherung des Kontroll- und Beschleunigungszweckes des Gesetzes erfüllen. Durch ÄnderungsG 1993 wurde geregelt, dass die Verletzung bestimmter Mitwirkungspflichten (Abs. 2 Nr. 3–5) in gröblicher Weise mit der qualifizierten Asylablehnung sanktioniert wird (§ 30 III Nr. 5). Als verfahrensrechtliche Mitwirkungspflichten lassen sich auch die im Zusammenhang mit den Zustellungsvorschriften auferlegten Mitwirkungspflichten bezeichnen, die jedoch eigenständige Sanktionsregelungen enthalten (§ 10 II). 2

2. Persönliche Erklärungspflicht des Antragstellers (Abs. 1)

Nach Abs. 1 S. 1 ist der Antragsteller *persönlich* verpflichtet, bei der Aufklärung des Sachverhaltes mitzuwirken. Ihn trifft diese als *Darlegungsverpflich-* 3 *tung* ausgestaltete Mitwirkungspflicht jedoch bereits nach § 25 I 1 und II gegenüber dem Bundesamt. Deshalb bleibt unklar, welche weitergehenden Verpflichtungen mit Abs. 1 S. 1 begründet werden sollen. Wenn behauptet wird, mit dieser Vorschrift solle eine persönliche Mitwirkungspflicht festgelegt werden, auf die immer dann zurückgegriffen werden könne, wenn für einzelne Handlungen keine konkreten Normen in Abs. 2 oder an anderer Stelle festgelegt seien (Renner, AuslR, Rdn. 5 zu § 15 AsylVfG), so bleibt diese Ansicht eine Erläuterung des näheren Inhalts dieser über die bereits geregelte Darlegungspflicht *hinausschießenden* Verpflichtung schuldig. Auch die Gesetzesbegründung vermittelt hierüber keinen Aufschluss (BT-Drs. 12/2062, S. 30).

4   Möglicherweise will der Gesetzgeber dem Asylsuchenden gegenüber den anderen mit der Ausführung des Gesetzes betrauten Behörden (Grenz-, Ausländer- und allgemeine Polizeibehörden) eine umfassende Darlegungspflicht auferlegen, um diesen Stellen die mit der Ausführung des Gesetzes anfallenden Aufgaben zu erleichtern. Dies mag etwa im Zusammenhang mit der Aufklärung von aufenthaltsrechtlichen Fragen bedeutsam werden. Soweit es jedoch um die Aufklärung aufenthaltsrechtlicher Verstöße geht, beseitigt Abs. 1 S. 1 nicht die strafverfahrensrechtlichen Garantien, denen zufolge der Asylsuchende sich nicht selbst belasten muss. Die Grenzbehörde kann sich zur Rechtfertigung der grenzbehördlichen Anhörung nicht auf Abs. 1 S. 1 berufen, soweit sie in diesem Rahmen eine nach § 18 und § 18 a nicht vorgesehene inhaltliche Aufklärung der Asylgründe durchführt.

5   Verpflichtungen, deren Inhalt und Bedeutung nicht inhaltlich bestimmt sind, sind mit rechtsstaatlichen Grundsätzen kaum vereinbar und können zudem wegen ihrer Unbestimmtheit auch kaum vom Verpflichteten befolgt werden. Daher kann in der Verpflichtung nach Abs. 1 S. 1 grundsätzlich lediglich eine Verstärkung der Darlegungslast nach § 24 I 1 und II gesehen werden. Darauf weist auch Abs. 1 S. 2 hin. Denn bei der Darlegung der Tatsachen, welche die Verfolgung oder humanitäre Abschiebungshindernisse konkretisieren, handelt es sich um einen *unvertretbaren* Sachvortrag. Diesen kann der Bevollmächtigte nicht übernehmen. In allen anderen Fällen steht es dem Asylsuchenden aber jederzeit frei, sich vor einer Äußerung zur Sache stets zuvor durch seinen Rechtsanwalt beraten und diesen gegebenenfalls entsprechende Ausführungen machen zu lassen.

6   Die Sachverhaltsaufklärung nach Abs. 1 S. 1 kann sich daher im Rahmen des AsylVfG regelmäßig nur auf den der Verfolgung oder den humanitären Abschiebungshindernissen zugrundeliegenden Sachverhalt beziehen. Sofern es um die behördliche Verpflichtung zur Aufklärung behaupteter Verletzungen der Mitwirkungspflichten des Asylsuchenden gehen sollte, braucht dieser sich wegen möglicher Strafsanktionen oder der Drohung der qualifizierten Asylablehnung nicht selbst zu belasten. Damit ist klargestellt, dass die Pflicht nach Abs. 1 S. 1 grundsätzlich identisch mit der Darlegungspflicht nach § 25 I 1 und II ist. Die dort geregelte Darlegungslast ist im Übrigen bereits durch die Rechtsprechung hinreichend inhaltlich konkretisiert worden.

3. Besondere Mitwirkungspflichten (Abs. 2)

3.1. Funktion der besonderen Mitwirkungspflichten nach Abs. 2

Obwohl die Vorschrift des § 15 vom Gesetzgeber mit *allgemeine Mitwirkungspflichten* übertitelt worden ist, enthält Abs. 2 ungeachtet dessen eine Reihe von *besonderen Verfahrenspflichten* (vgl. BT-Drs. 12/2062, S. 30). Vielfach enthalten diese besonderen Pflichten lediglich eine Wiederholung der bereits an anderer Stelle geregelten Verpflichtungen. So ist etwa die Verpflichtung nach Abs. 2 Nr. 1 bereits in Abs. 1 S. 1 und in § 25 I und II enthalten. Eine dem Abs. 2 Nr. 3 entsprechende Obliegenheit ist etwa in § 20 I und § 23 geregelt. Insoweit geht es dem Gesetzgeber jedoch wohl um die Festlegung einer umfassenden, über diese Vorschriften hinausgehende Mitwirkungspflicht für alle denkbaren Fallgestaltungen. Die in Abs. 2 Nr. 2, 4, 5, 6 und 7 geregelten Obliegenheiten sind demgegenüber nicht an anderer Stelle des Gesetzes geregelt, sodass insoweit Abs. 2 für diese Mitwirkungspflichten die originäre Rechtsgrundlage bildet. Die Verpflichtung nach Abs. 2 Nr. 6 ist durch das ÄnderungsG 1993 eingeführt worden.

3.2. Mitwirkungspflicht nach Abs. 2 Nr. 1

Nach Abs. 2 Nr. 1 ist der Asylsuchende verpflichtet, den mit der Ausführung des Gesetzes betrauten Behörden die erforderlichen Angaben mündlich und nach Aufforderung schriftlich zu machen. Diese Vorschrift wiederholt die Darlegungspflicht nach Abs. 1 S. 1 sowie nach § 25 I 1 und II. Daher ist hier auf die Bedenken und Einschränkungen zu verweisen, die bereits im Zusammenhang mit Abs. 1 gemacht wurden. Zur Klarstellung bezieht Abs. 2 Nr. 1 die Mitwirkungspflicht nach Abs. 1 S. 1 auch auf die anderen mit der Ausführung des Gesetzes betrauten Behörden.

Nachdruck zur Erfüllung dieser Mitwirkungspflichten kann das Bundesamt mit einer Aufforderung nach § 33 verleihen. Während Abs. 1 S. 1 die Mitwirkungspflicht als solche regelt, wird in Abs. 2 Nr. 1 die Form festgelegt, in der diese zu erfüllen ist, nämlich regelmäßig mündlich und nach behördlicher Aufforderung darüber hinaus auch schriftlich.

3.3. Unterrichtungspflicht nach Abs. 2 Nr. 2

Der Asylsuchende ist nach Abs. 2 Nr. 2 verpflichtet, das Bundesamt unverzüglich zu unterrichten, wenn ihm ein Aufenthaltstitel (§ 4 AufenthG) erteilt worden ist. Die Aufenthaltsgestattung ist in dieser Vorschrift nicht genannt, da das Bundesamt selbst anhand seiner Akten überprüfen kann, ob dem Asylsuchenden noch das gesetzliche Aufenthaltsrecht nach § 55 I 1 zusteht (vgl. § 67). Ebenso wenig ist der Asylsuchende verpflichtet, das Bundesamt über die Erteilung einer Duldungsbescheinigung (§ 60 a IV AufenthG) zu informieren.

12 Der Sinn der Obliegenheit nach Abs. 2 Nr. 2 ist darin zu sehen, dass das Bundesamt vor der Entscheidung über die Abschiebungsandrohung regelmäßig keine Anhörung durchführt (§ 34 I 2), andererseits der Besitz eines Aufenthaltstitels dem Erlass einer Abschiebungsandrohung zwingend entgegensteht (§ 34 I 1). Auch enthält das Gesetz keine dementsprechende Unterrichtungspflicht der Ausländerbehörde gegenüber dem Bundesamt (vgl. § 40 und § 54).

13 Um das Bundesamt vor rechtswidrigen Verfügungen zu bewahren, trifft deshalb den Asylsuchenden eine dementsprechende Unterrichtungspflicht. Andererseits beseitigt die Verletzung der Mitwirkungspflicht nach Abs. 2 Nr. 2 nicht die Rechtswidrigkeit der Abschiebungsandrohung, wenn der Asylsuchende im Zeitpunkt der Entscheidung im Besitz eines Aufenthaltstitels ist.

3.4. Mitwirkungspflicht nach Abs. 2 Nr. 3

14 Nach Abs. 2 Nr. 3 ist der Asylsuchende verpflichtet, den gesetzlichen und behördlichen Anordnungen, sich bei bestimmten Behörden oder Einrichtungen zu melden oder dort persönlich zu erscheinen, Folge zu leisten. Die Vorschrift wiederholt die bereits etwa in § 20 I und § 23 I geregelte Befolgungspflicht, begründet aber darüber hinaus eine generelle Pflicht des Asylsuchenden, gesetzlichen und behördlichen Anordnungen Folge zu leisten. Diese Pflicht ergibt sich an sich schon aus Natur und Zweck der gesetzlichen und behördlichen Anordnung.

15 Unter Einrichtungen sind einerseits die Aufnahmeeinrichtungen nach § 47, andererseits jedoch alle anderen Einrichtungen (z. B. Gemeinschaftsunterkünfte nach § 53 I) zu verstehen, die öffentlich-rechtlich oder privat betrieben werden. Private Unternehmen können aber keine Anordnungen nach Abs. 2 Nr. 3 verfügen. Zulässig sind aber behördliche Anordnungen mit dem Ziel, sich bei einer privat betriebenen Einrichtung zu melden. Anders als bei Nr. 1 und 2 kann das Bundesamt die gröbliche Verletzung der Pflicht nach Nr. 3 zum Anlass einer qualifizierten Asylablehnung nehmen (§ 30 III Nr. 5). Es dürfte jedoch kaum gerechtfertigt erscheinen, aus einer – wenn auch gravierenden Verletzung einer *Verhaltensnorm* – ohne weiteres auf die *inhaltliche Qualifizierung der vorgebrachten Asylgründe* zu schließen.

3.5. Passübergabepflicht nach Abs. 2 Nr. 4

16 Nach Abs. 2 Nr. 4 ist der Asylsuchende verpflichtet, seinen Pass oder Passersatz den zuständigen Behörden vorzulegen, auszuhändigen und zu überlassen. Der Inhalt der Verpflichtung wird in der Rechtsprechung über den Wortlaut hinausgehend dahin verstanden, dass der Asylsuchende auch verpflichtet ist, dem behördlichen Verlangen nach Abgabe der erforderlichen Erklärungen nachzukommen, damit die Heimatbehörden unmittelbar an die zuständige Behörde den Pass oder Passersatz übersenden (VGH BW, InfAuslR 1999, 287 (289)).

Allgemeine Mitwirkungspflichten § 15

Wegen der damit verbundenen Gefahr der Weitergabe asylspezifischer Informationen an die Behörden des Herkunftsstaates und dem asylrechtlich geschützten Vertrauen auf Geheimhaltung derartiger Daten (Weichert, NVwZ 1996, 16 (17)) ist ein derartiges Verlangen jedoch erst nach Abschluss des Asylverfahrens zulässig (s. hierzu Rdn. 31 ff.). Zuständige Behörde für die Anordnung nach Abs. 2 Nr. 4 ist bis zum Erlöschen der Aufenthaltsgestattung das Bundesamt, danach die Ausländerbehörde (VGH BW, InfAuslR 1999, 287 (288)). 17

Abs. 2 Nr. 4 entspricht in etwa der Hinterlegungspflicht nach § 26 AsylVfG 1982. An Stelle seines Passes erhält der Asylsuchende für die Dauer des Asylverfahrens die Bescheinigung nach § 63 I. Mit dem Hinweis auf »seinen« Pass und Passersatz ist klargestellt, dass nur ausländische Reisedokumente nach § 3 AufenthG gemeint sein können. Das behördliche Interesse an dem Reisedokument ist insbesondere wegen der Anwendung der Drittstaatenregelung nach Art. 16 a II GG und § 26 evident. Die Nichtbefolgung dieser Pflicht hat die behördliche Durchsuchung des Antragstellers (vgl. Abs. 4) und möglicherweise die qualifizierte Asylablehnung (vgl. § 30 III Nr. 5) zur Folge. 18

Im Übrigen hat diese Vorschrift insbesondere Bedeutung für das spezielle Verfahren nach § 18 a (vgl. § 18 a I 2). Die behördliche Rückgabe bzw. vorübergehende Herausgabepflicht ist in § 65 geregelt. Da der Asylbewerber sich mit seinem Asylersuchen dem Schutz des Aufnahmestaates unterstellt, kann in der Abnahme seines Reiseausweises ein völkerrechtswidriger Eingriff in die Personalhoheit des Herkunftsstaates wohl nicht gesehen werden (vgl. OVG NW, OVGE 28, 80 = NJW 1972, 2199; OLG Saarbrücken, NJW 1978, 2460). 19

3.6. Übergabe von Urkunden und sonstigen Unterlagen nach Abs. 2 Nr. 5

Nach Abs. 2 Nr. 5 hat der Asylsuchende alle erforderlichen Urkunden und sonstigen Unterlagen, die in seinem Besitz sind, den zuständigen Behörden vorzulegen, auszuhändigen und zu überlassen. Die Norm regelt also eine besondere Vorlagepflicht des Asylsuchenden. Diese war früher in §§ 8 II 3, 12 I 2 AsylVfG 1982 enthalten, wird jetzt aber nicht mehr in den das eigentliche Anhörungsverfahren gestaltenden Vorschriften von § 25 erwähnt. Während nach geltendem Recht die Darlegungspflicht wie früher besonders geregelt wird (§ 25 I 1 und II), ist die Vorlagepflicht aus diesen Bestimmungen herausgelöst und als allgemeine, das gesamte Verfahren betreffende und nicht nur vom Bundesamt und der Ausländerbehörde, sondern von allen mit der Gesetzesanwendung betrauten Behörden einzufordernde Verpflichtung ausgestaltet worden. 20

Die Vorschrift des Abs. 3 enthält lediglich eine beispielhafte Auflistung der in Abs. 2 Nr. 5 erwähnten erforderlichen Urkunden und Unterlagen. In § 21 V ist die behördliche Rückgabepflicht geregelt. Auch die Mitwirkungspflicht nach Abs. 2 Nr. 5 kann im Verletzungsfall eine qualifizierte Asylablehnung zur Folge haben (§ 30 III Nr. 5). 21

Kann der Antragsteller weder seinen Pass noch einen Flugschein oder sonstigen Fahrausweis noch andere Unterlagen vorlegen, sodass er seine Vorlage- 22 und Mitwirkungspflicht nach Abs. 2 Nr. 4 und 5 in Verb. mit Abs. 3 Nr. 4 und 5 nicht erfüllen kann, führt dies nicht zum Verlust des Asylrechts, sondern eröffnet die Möglichkeit, eine Durchsuchung nach Abs. 4 anzuordnen, und begründet die Verpflichtung, den aus anderen Gründen unbegründeten Asylantrag gemäß § 30 III Nr. 5 als offensichtlich unbegründet abzulehnen (OVG SA, NVwZ-Beil. 1996, 85 (86) = EZAR 208 Nr. 9).

23 Die Rechtsansicht, eigene Bekundungen des Asylsuchenden sowie mögliche Zeugen seien angesichts der besonderen Vorlagepflichten nach Abs. 2 Nr. 4 und 5 von vornherein nicht als geeignet anzusehen, den Nachweis der Einreise auf dem Luftweg zu erbringen, hält daher einer rechtlichen Überprüfung nicht stand. Aus der Nichtvorlage von Flugunterlagen kann nicht gleichzeitig zwangsläufig eine Einreise auf dem Landweg gefolgert werden (OVG SA, NVwZ-Beil. 1996, 85 (86); s. hierzu: § 26 a Rdn. 182 ff.).

3.7. Mitwirkungspflicht nach Abs. 2 Nr. 6

3.7.1. Inhalt der Mitwirkungspflicht

24 Nach Abs. 2 Nr. 6 ist der Asylsuchende gesetzlich verpflichtet, im Falle des Nichtbesitzes eines gültigen Passes oder Passersatzes an der Beschaffung eines Identitätsdokumentes mitzuwirken. Die Vorschrift wurde durch das ÄnderungsG 1993 eingefügt und muss im Zusammenhang mit der erweiterten Durchsuchungsbefugnis nach Abs. 4 gesehen werden. Damit wird z. B. dem Asylsuchenden die Verpflichtung auferlegt, die erforderlichen Anträge bei seiner heimatlichen Auslandsvertretung zu stellen. Durch diese Mitwirkungspflicht soll erreicht werden, dass nach negativem Abschluss des Verfahrens die Rückführung des Antragstellers nicht wegen seiner fehlenden, vorbereitenden Mitwirkung verzögert oder gar behindert wird (BT-Drs. 12/4450, S. 18).

25 Durch Art. 3 Nr. 30 ZuwG wurde mit Wirkung zum 1. Januar 2005 § 43 b AsylVfG a. F. aufgehoben. Danach war mit Blick auf Asylsuchende, die in einer Aufnahmeeinrichtung zu wohnen verpflichtet waren, eine behördliche Verpflichtung geregelt worden, die erforderlichen Maßnahmen zur Passbeschaffung zum frühestmöglichen Zeitpunkt einzuleiten. Die für die Aufhebung gegebene Begründung (BT-Drs. 15/420, S. 111) ist unverständlich. Jedenfalls trifft den Asylsuchenden nach unanfechtbarem Abschluss des Verfahrens bzw. nach Eintritt der Vollziehbarkeit der Abschiebungsandrohung nach Abs. 2 Nr. 6 die Verpflichtung, an der Passbeschaffung mitzuwirken.

26 Gegenstand der Mitwirkungspflicht nach Abs. 2 Nr. 6 sind alle Tat- oder Rechtshandlungen, die zur Beschaffung eines fehlenden Identitätsdokumentes oder zur Verlängerung seiner Gültigkeit erforderlich sind und nur von dem Asylsuchenden persönlich vorgenommen werden können. Die Verpflichtung des Asylsuchenden, an der Beschaffung eines Identitätsdokumentes mitzuwirken, beinhaltet auch, sich hierzu der Mithilfe Dritter, insbesondere Angehöriger, zu bedienen (BayObLG, NVwZ-Beil. 2001, 56). Zur Mitwirkungspflicht gehören nach der Rechtsprechung nicht nur die Fertigung von Lichtbildern und das Ausfüllen und eigenhändige Unterzeichnen eines An-

tragsformulars, sondern auch die *persönliche Vorsprache bei der diplomatischen oder konsularischen Auslandsvertretung* des Heimatstaates (VGH BW, InfAuslR 1999, 287 (288); VG Chemnitz, NVwZ-Beil. 2000, 44 (45); s. aber hierzu Hess.VGH, EZAR 060 Nr. 6 = Hess.VGRspr. 2002, 1). Hinzu tritt die Verpflichtung nach Abs. 2 Nr. 4, dem behördlichen Verlangen nach Abgabe der erforderlichen Erklärungen nachzukommen, damit die Heimatbehörden unmittelbar an die zuständige Behörde den Pass oder Passersatz übersenden können (Rdn. 38).

3.7.2. Behördliche Zuständigkeit

Unklar ist die behördliche Zuständigkeit für die Anordnung nach Abs. 2 Nr. 6. Ein Nebeneinander von Zuständigkeiten der Ausländerbehörde und des Bundesamtes für die Anwendung von Abs. 2 Nr. 6 erscheint problematisch. Dies ergibt sich daraus, dass die Rechtsprechung die Ausländerbehörden nicht für befugt erachtet, während der Geltungsdauer der Aufenthaltsgestattung Maßnahmen nach Abs. 2 Nr. 6 anzuordnen und durchzusetzen (VGH BW, InfAuslR 1999, 287 (288)). Demgegenüber habe das Bundesamt die Kompetenz, bereits während des Asylverfahrens einem Asylsuchenden aufzugeben, sich zum Zwecke der Passbeschaffung an Behörden und Stellen seines Heimatstaates zu wenden.

27

Damit keine unzulässige Kompetenzverwischungen und damit einhergehende Gefährdungen des Asylsuchenden eintreten, ist rechtlich strikt zwischen der asylrechtlichen und der ausländerrechtlichen Mitwirkungspflicht zu trennen (unklar VGH BW, InfAuslR 1999, 287 (288, 290); s. auch VG Meiningen, InfAuslR 2000, 151).

28

Die Ausländerbehörde kann sich in Fällen ehemaliger Asylbewerber für die Passbeschaffungsanordnung auf § 82 IV AufenthG stützen (VG Neustadt InfAuslR 2003, 116 (117 f.); VG Wiesbaden, AuAS 2004, 273 (274); VG Weimar, B. v. 4. 10. 2004 – 2 E 5889/04). Die Berufung auf Abs. 2 Nr. 6 erscheint deshalb entbehrlich. Demgegenüber hält die Rechtsprechung die Ausländerbehörde auch für befugt, sich für die Passbeschaffungsanordnung auf Abs. 2 Nr. 6 zu berufen (VGH BW, InfAuslR 1999, 287 (288); VG Chemnitz, NVwZ 2000, 44; a. A. VG Neustadt InfAuslR 2003, 116 (117 f.); VG Wiesbaden, AuAS 2004, 273 (274); VG Weimar, B. v. 4. 10. 2004 – 2 E 5889/04). Sie bezieht sich insoweit auf die Rechtsprechung des BVerwG. Dieses hat jedoch lediglich festgestellt, die Zuständigkeit des Bundesamtes ende mit dem Erlass der Abschiebungsandrohung nach § 34. Die Abschiebung obliege den nach den allgemeinen ausländerrechtlichen Vorschriften zuständigen Ausländerbehörden (BVerwG, InfAuslR 1998, 15 (16)).

29

Diese Rechtsprechung kann deshalb nicht als Beleg für die Annahme einer Zuständigkeit der Ausländerbehörden nach Abs. 2 Nr. 6 herangezogen werden. Ratio der weiten Auslegung des Abs. 2 Nr. 6 dürfte wohl die Absicht sein, auf die Passbeschaffungsanordnung durch die Ausländerbehörde im Zusammenhang mit dem Asylverfahren die rechtsverkürzenden Vorschriften des AsylVfG anwenden zu können (s. etwa Hess.VGH, InfAuslR 2004, 259).

30

Ist die Aufenthaltsgestattung erloschen, wird die Ausländerbehörde für Maßnahmen zur Durchsetzung der Ausreisepflicht zuständig. Diese kann

31

ihre Kompetenzen einschließlich der hierzu erforderlichen Zwangsanwendung aus § 82 IV und § 48 III AufenthG herleiten. Für die Durchsetzung gelten mangels ausdrücklicher anderweitiger gesetzlicher Regelungen die allgemeinen länderrechtlichen Bestimmungen des Verwaltungsvollstreckungsrechts (BayObLG, EZAR 605 Nr. 1). Die obergerichtliche Rechtsprechung hält die Behörde in diesem Zusammenhang ausdrücklich zur Beachtung des *Grundsatzes der Verhältnismäßigkeit* an. Dieser sei verletzt, wenn der Betroffene bislang Botschaften verschiedener Staaten persönlich aufgesucht und seine Mitwirkung bei der auf einen vierten Staat bezogenen Passbeschaffungsanordnung verweigert (BayObLG, EZAR 605 Nr. 1; s. auch zur Bedeutung der Mitwirkung bei der Passbeschaffung im Abschiebungshaftrecht § 14 Rdn. 83 ff.).

3.7.3. Frühestmöglicher Zeitpunkt für den Erlass der Anordnung

32 Der Erlass der Anordnung nach Abs. 2 Nr. 6 ist während der Dauer der Aufenthaltsgestattung grundsätzlich unzulässig. Daher kann nach allgemeiner Ansicht erst nach dem Erlöschen der Aufenthaltsgestattung die Anordnung ergehen (VGH BW, AuAS 1995, 116 (117); VGH BW, InfAuslR 1999, 287 (290); VG Chemnitz, NVwZ-Beil. 2000, 44). Die Rechtsprechung lässt von diesem Grundsatz nur bei ausschließlicher Berufung auf nichtstaatliche Verfolgung eine Ausnahme zu. Freilich komme eine derartige Ausnahme nur in Betracht, wenn der Antragsteller keine Furcht vor unmittelbarer staatlicher, sondern vor nichtstaatlicher Verfolgung geltend mache (VGH BW, InfAuslR 1999, 287 (289 f.) = AuAS 1999, 8 = NVwZ-Beil. 1999, 46 (nur LS)).

33 Unvereinbar hiermit ist die Dienstanweisung »Passersatzbeschaffung«, Stand 3/2002, des Bundesamtes, mit der angeordnet wird, dass bereits mit der Aufnahme der persönlichen Daten zu Beginn des Asylverfahrens die für die Passbeschaffungsanordnung erforderlichen Angaben abgefragt werden und auf diese Befragung der Rechtsbeistand nicht vorher hinzuweisen ist.

34 Damit weist die Dienstanweisung auf die »*Reisewegbefragung*« hin, die im Blick auf bestimmte Herkunftsländer unabhängig von der persönlichen Anhörung nach § 24 I 2 durch eigens hierfür eingesetzte und nur auf diesen Gegenstandsbereich beschränkte Bedienstete des Bundesamtes durchgeführt wird. Da die Angaben zum Reiseweg regelmäßig zur Beurteilung der Glaubhaftigkeit der Sachangaben im Übrigen und der Glaubwürdigkeit des Asylsuchenden heran gezogen werden, ist diese Praxis mit rechtsstaatlichen Grundsätzen, insbesondere mit § 14 III 3 2. HS VwVfG unvereinbar.

35 Die Rechtsprechung macht bei dargelegter mittelbarer Verfolgung eine Ausnahme und hält eine Anordnung nach Abs. 2 Nr. 6 auch schon während der Geltungsdauer der Aufenthaltsgestattung für zulässig (VGH BW, InfAuslR 1999, 287 (90) = AuAS 1999, 8 = NVwZ-Beil. 1999, 46 (nur LS)). Diese Rechtsprechung ist abzulehnen. Häufig sind unmittelbare und mittelbare staatliche Verfolgungstatbestände miteinander verschränkt, sodass vor der Anordnung zunächst eine präzise Feststellung zu treffen wäre, dass keine unmittelbare staatliche Verfolgung droht. Darüber hinaus lässt Art. 6 Buchst. c) der Qualifikationsrichtlinie eine unterschiedliche Behandlung der Verfolgung durch nichtstaatliche Akteure nicht zu.

Die Rechtsprechung hält zwar vereinzelt auch in Ansehung des laufenden Asylverfahrens an der rechtlichen Verpflichtung des Asylantragstellers, an der Passbeschaffung mitzuwirken, fest. Lediglich die zwangsweise Durchsetzung der Passbeschaffungsanordnung ist danach bis zum Eintritt der Bestandskraft der ablehnenden Asylentscheidung nicht zulässig (VG Sigmaringen, AuAS 1996, 59 (60)). Eine Mitwirkung an der Passbeschaffung durch den Asylsuchenden während der Geltungsdauer der Aufenthaltsgestattung hat jedoch zur Folge, dass personenbezogene asylspezifische Daten an die Behörden der Herkunftsstaates weitergegeben werden.

Der Gesetzgeber hat dies durch die Schaffung von § 18 I a BVerfSchG mit Wirkung zum 1. Januar 2002 ausdrücklich untersagt (s. hierzu Marx, ZAR, 2002, 127 (135)). Bis zu dem Zeitpunkt, in dem das Asylverfahren ein Stadium erreicht hat, welches auch die Aufenthaltsbeendigung selbst erlaubt, darf daher keine Anordnung nach Abs. 2 Nr. 6 ergehen (vgl. VGH BW, InfAuslR 1999, 287 (90)). Dies ist im Zeitpunkt des Eintritts der Unanfechtbarkeit der Abschiebungsandrohung (vgl. § 67 Abs. 2 Nr. 6) bzw. im Eilrechtsschutzverfahren im Zeitpunkt des Eintritts deren Vollziehbarkeit (vgl. § 67 Abs. 1 Nr. 4) der Fall.

Der gestellte *Asylfolgeantrag* hindert demgegenüber grundsätzlich nicht den Erlass der Passbeschaffungsanordnung (VGH BW, InfAuslR 1999, 287 (288, 290); VG Chemnitz, NVwZ-Beil. 2000, 44 (45); VG Meiningen, InfAuslR 2000, 151). Da die Ausländerbehörde nunmehr für die Passbeschaffungsanordnung zur Durchsetzung der Ausreisepflicht zuständig ist, kann diese ihre Maßnahmen auf § 82 IV 1 AufenthG stützen. Eine Berufung der Ausländerbehörde auf Abs. 2 Nr. 6 ist daher weder erforderlich noch sachgerecht (a. A. VG Chemnitz, NVwZ-Beil. 2000, 44 (45); unklar VGH BW, InfAuslR 1999, 287 (288, 290); s. auch VG Meiningen, InfAuslR 2000, 151; s. auch Rdn. 24 ff.).

3.7.4. Zwangsweise Durchsetzung der Verpflichtung (Passbeschaffungsanordnung)

Nach der Rechtsprechung begründet Abs. 2 Nr. 6 nicht nur eine bloße Obliegenheit des Asylsuchenden, an der Passbeschaffung mitzuwirken, sondern gibt der Behörde auch die Möglichkeit, die erforderlichen Maßnahmen zur Passbeschaffung durch *Passbeschaffungsanordnung* in die Wege zu leiten. Dies wird aus dem Gesetzeszweck und der Natur der Sache abgeleitet (VGH BW, InfAuslR 1999, 287 (288); VG Chemnitz, NVwZ-Beil. 2000, 44; VG Sigmaringen, AuAS 1996, 59 (60); wohl auch VGH BW, AuAS 1995, 116 (117); a. A. Hess.VGH, InfAuslR 2004, 259 (261 f.)). Daneben tritt die allgemeine ausländerrechtliche Verpflichtung nach § 82 IV und § 48 III AufenthG, bei der zuständigen diplomatischen oder konsularischen Vertretung des Heimatstaates einen Pass zu beantragen. Demgegenüber kann nach der Gegenmeinung das persönliche Erscheinen des Asylsuchenden bei der Auslandsvertretung nicht nach Abs. 2 Nr. 6, sondern nur aufgrund von § 82 IV 2 AufenthG angeordnet werden.

Zu den entsprechenden Mitwirkungspflichten, insbesondere zur Klärung der Identität beizutragen, gehört nach der allgemein geübten Verwaltungspraxis auch, dass der Betroffene zwecks Durchführung eines Interviews bei der heimatlichen Auslandsvertretung vorspricht (zur Verwaltungspraxis s. auch Antwort der Bundesregierung, in: BT-Drs. 14/6792; Antwort der Bundesregierung, in: BT-Drs. 14/6746). Umgekehrt hat der Betroffene einen Herausgabeanspruch gegen die zuständige Ausländerbehörde, dass ihm das Original seines Reiseausweis zwecks Vorsprache bei der Auslandsvertretung zur Verlängerung der Geltungsdauer herausgegeben wird (VGH BW, EZAR 060 Nr. 8).

41 Die ausländerrechtliche Verpflichtung kann nach der Rechtsprechung mit der Anwendung *unmittelbaren Zwangs* durchgesetzt werden (BayVGH, NVwZ-Beil. 2001, 4 (5); BayObLG, EZAR 605 Nr. 1; VG München, NVwZ-Beil. 1999, 37 (38); so wohl auch BayObLG, InfAuslR 2000, 454; zur Gestaltung der mit der Passbeschaffungsanordnung zusammen hängenden Duldungs- und Auflagenpraxis, s. VGH BW, EZAR 045 Nr. 6; VGH BW, AuAS 2001, 146; VG Schleswig, InfAuslR 2001, 19; VG Stuttgart, AuAS 2001, 2). Gestützt wird die Anwendung unmittelbaren Zwangs auf § 82 IV 2 AufenthG.

42 Für die Mitwirkungspflicht nach Abs. 2 Nr. 6 ist dies aus verfassungsrechtlichen Gründen abzulehnen. Denn Abs. 2 Nr. 6 erfasst die Mitwirkungspflichten während eines anhängigen Asylverfahrens, während § 82 IV 2 AufenthG eine rein ausländerrechtliche Betrachtungsweise zugrunde liegt und auf Asylsuchende erst angewendet werden kann, wenn das Asylverfahren beendet bzw. die in diesem Zusammenhang erlassene Abschiebungsandrohung vollziehbar geworden ist (s. hierzu Rdn. 36).

43 Rechtsmittel gegen die Passbeschaffungsanordnung entfalten aufschiebende Wirkung. Die auf § 82 IV 2 AufenthG gestützte Anordnung begründet, auch wenn sie sich gegen einen ehemaligen Asylsuchenden richtet, keine asylverfahrensrechtliche Streitigkeit nach § 75 (VG Stuttgart, AuAS 2002, 82 (83)). Die Behörde muss deshalb die sofortige Vollziehung der Passbeschaffungsanordnung im Einzelfall nach Maßgabe des § 80 II Nr. 4 VwGO schriftlich anordnen, wenn sie die unverzügliche Vollziehung durchsetzen will.

44 Erforderlich ist eine auf § 82 IV 2 AufenthG gestützte Passbeschaffungsanordnung nur bei *Wahrung des Verhältnismäßigkeitsgrundsatzes.* Dieser Grundsatz gebietet, dass die ausländerbehördliche Anordnung *zumutbar* sein muss. Dieser Forderung ist etwa dann nicht genügt, wenn der Betroffene durch die persönliche Vorsprache bei der Auslandsvertretung seines Heimatstaates im Falle der Rückkehr der *Gefahr einer Verfolgung oder der Gefahr sonstiger Repressalien* ausgesetzt sein würde (Hess.VGH, EZAR 060 Nr. 6 = Hess.VGRspr. 2002, 1). Darüber hinaus folgt aus dem Verhältnismäßigkeitsgrundsatz das Erfordernis der *Geeignetheit der Maßnahme.* Als geeignet stellt sie sich nur dann dar, wenn hierdurch die Unmöglichkeit der Abschiebung *unmittelbar* beseitigt werden kann oder wenn die Anordnung zumindest einen Schritt in Richtung auf die Ausräumung des Hindernisses darstellt (Hess.VGH, EZAR 060 Nr. 6 = Hess.VGRspr. 2002, 1; Hess.VGH, InfAuslR 2004, 259 (261 f.)).

45 Mit der Anordnung des persönlichen Erscheinens bei der Auslandsvertretung lässt sich das angestrebte Ziel der Ausstellung eines Passdokumentes während des anhängigen Asylverfahrens bzw. vor dem Zeitpunkt des Eintritts der Vollziehbarkeit der Abschiebungsandrohung nicht erreichen. Entsprechende Zwangsmittel sind deshalb ungeeignet, weil untauglich. Auch

wenn der Zeitpunkt erreicht ist, ab dem während des Asylverfahrens grundsätzlich die Passbeschaffungsanordnung erlassen werden darf, hat die zuständige Behörde zunächst die für die Erteilung des Passdokumentes notwendigen Erklärungen durch den Antragsteller anzuordnen und durchzusetzen (Hess.VGH, EZAR 060 Nr. 6 = Hess.VGRspr. 2002, 1; Hess.VGH, InfAuslR 2004, 259 (261 f.)), darf sie mithin nicht unmittelbar die Passbeschaffungsanordnung verfügen und zugleich zwangsweise durchsetzen. Im Regelfall reicht allein die Anwesenheit des Betroffenen bei der Auslandsvertretung für die Ausstellung der erforderlichen Ausweisdokumente nicht aus. Vielmehr sind hierfür eine Antragstellung und gegebenenfalls nähere Erläuterungen durch diesen erforderlich, sodass bei einem festgestellten *Blockadeverhalten* des Betroffenen die auf § 82 IV 2 AufenthG gestützte Passbeschaffungsanordnung untauglich ist (Hess.VGH, EZAR 060 Nr. 6 = Hess.VGRspr. 2002, 1).

In einem derartigen Fall hat die Ausländerbehörde die für die Beantragung des Passes erforderliche Mitwirkung des Betroffenen (Antragstellung, Abgabe erforderlicher Erklärungen) zunächst mit Verwaltungszwang durchsetzen, bevor sie – zusätzlich – gemäß § 82 IV 2 AufenthG das persönliche Erscheinen des Betroffenen bei der Auslandsvertretung durchsetzen kann. Die erforderliche Rechtsgrundlage hierfür ist jedoch nicht diese Vorschrift (Hess.VGH, EZAR 060 Nr. 6 = Hess.VGRspr. 2002, 1; OVG Sachsen, InfAuslR 2002, 298 (300), beide unter Verweis auf § 25 Nr. 1 bis 3 DVAuslG). 46

Die Passbeschaffungsanordnung muss inhaltlich hinreichend bestimmt sein (vgl. § 37 I VwVfG). Soweit in der Rechtsprechung die anordnende Behörde für befugt gehalten wird, dem Betreffenden durch Passbeschaffungsanordnung aufzugeben, er solle bei der für ihn aufgrund seiner tatsächlichen Staatsangehörigkeit zuständigen Botschaft vorsprechen (VG München, NVwZ-Beil. 1999, 37 (38)), entspricht eine derartig allgemein gehaltene Verfügung nicht dem Bestimmtheitsgrundsatz. Die Begründung, es genüge, wenn die Anordnung etwas für den Belasteten Bestimmbares anordne und dieser selbst wissen müsse, welche Staatsangehörigkeit er besitze (VG München, NVwZ-Beil. 1999, 37 (38); s. auch VG Schleswig, AuAS 1999, 164 (165), zur Unzulässigkeit eines vorgeschalteten selbständigen Beweissicherungsverfahrens nach § 485 II 1 Nr. 1 ZPO zur Feststellung der Staatsangehörigkeit), vermag nicht zu überzeugen. 47

Ebenso wenig wie die Androhung der Abschiebung in den »Herkunftsstaat« eine ordnungsgemäße Zielstaatsbestimmung im Sinne des § 59 II AufenthG ist (BVerwG, InfAuslR 2001, 46 (47) = EZAR 044 Nr. 17 = AuAS 2001, 3 = NVwZ 2001, 98 (LS); VG Gelsenkirchen, U. v. 23. 4. 1998 – 5 a K 7021/92.A; VG Karlsruhe, B. v. 16. 1. 1996 – A 3 K 10021/96; VG Magdeburg, B. v. 15. 5. 1997 – B 2 K 424/97; Funke-Kaiser, in: GK-AuslR, § 50 Rdn. 32 a. A. OVG Hamburg, B. v. 2. 10. 1996 – OVG Bs VI 212/96; OVG SA, AuAS 2000, 15; VG Schleswig, AuAS 1995, 105 (106); VG Karlsruhe, InfAuslR 1998, 91 (92); VG Leipzig, InfAuslR 1998, 92 (93) = NVwZ-Beil. 1998, 14; s. hierzu § 34 Rdn. 55 ff.), genügt eine Passbeschaffungsanordnung, welche die Frage des bestimmten Staates offen lässt, dem Bestimmtheitsgrundsatz. 48

Die Verpflichtung des Asylsuchenden nach Abs. 2 Nr. 6 ist wohl im Zusammenhang mit der Rechtsprechung zur *Abschiebungshaft* zu sehen. Denn allein 49 das Erfordernis organisatorischer Vorbereitungen begründet nicht die Erforderlichkeit der Abschiebungshaft (KG, InfAuslR 1986, 213; s. im Einzelnen § 14 Rdn. 108 ff.). Insbesondere hinsichtlich der Notwendigkeit, zunächst einen Reiseausweis zu beschaffen, ist von Bedeutung, ob dieser voraussichtlich nur mit enger zeitlicher Begrenzung erteilt wird oder ob noch eine Mitwirkung des Betroffenen erforderlich ist. Fehlt es an beiden Voraussetzungen, ist die Abschiebungshaft nicht erforderlich (KG, B. v. 11. 11. 1986 – 1 WXX 5663/86; a. A. wohl BayObLG, EZAR 135 Nr. 13; BayObLG, InfAuslR 2000, 453 = NVwZ-Beil. 2001, 110; BayObLG, InfAuslR 2000, 454).

50 Allerdings kann ein illegales Verhalten im Zusammenhang mit der Neubeschaffung des Passes bei der Bewertung der Erforderlichkeit der Haft ebenso berücksichtigt werden (KG, B. v. 11. 11. 1986 – 1 WXX 5663/86) wie die bewusste und gewollte Täuschung über die Nationalität (BayObLG, InfAuslR 2000, 454). Ebenso ist die Möglichkeit Dritter, insbesondere Angehöriger, an der Passbeschaffung mitzuwirken, zu berücksichtigen (BayObLG, NVwZ-Beil. 2001, 56). Erfüllt der Asylsuchende seine Pflicht nach Abs. 2 Nr. 6 nicht, kann sich dies u. U. später bei der Prüfung der Haftvoraussetzungen zu seinem Nachteil auswirken (BayObLG, InfAuslR 2000, 453; s. auch § 14 Rdn. 99 f.).

3.8. Duldung von erkennungsdienstlichen Maßnahmen nach Abs. 2 Nr. 7

51 Der Asylsuchende ist nach Abs. 2 Nr. 7 verpflichtet, die nach § 16 und aufgrund anderer Rechtsvorschriften durchgeführten erkennungsdienstlichen Maßnahmen zu dulden. Diese Vorschrift erscheint bedenklich. Nach der Kommentarliteratur soll sich allerdings die Duldungspflicht bereits aus deren gesetzlichen Regelung in § 16 ergeben. Die Zulässigkeit der Maßnahmen nach § 16 setze daher nicht die Einwilligung des Betroffenen voraus (Renner, AuslR, Rdn. 12 f. zu § 15 AsylVfG). Dem ist entgegenzuhalten, dass die erkennungsdienstliche Behandlung nicht gegen den Willen des Betroffenen durchgesetzt werden darf (§ 16 Rdn. 16 ff.). Im Übrigen wäre es aus gesetzessystematischen Gründen sinnvoller gewesen, diese Mitwirkungspflicht im Gesamtzusammenhang der Regelungen von § 16 zu gestalten.

4. Begriff der Urkunden und sonstigen Unterlagen nach Abs. 3

52 Zur näheren Konkretisierung der Mitwirkungspflicht nach Abs. 2 Nr. 5 hat der Gesetzgeber in Abs. 3 eine umfassende Aufzählung der in Betracht kommenden Urkunden und sonstigen Unterlagen vorgenommen. Wie sich aus der Verwendung des Wortes »insbesondere« ergibt, ist die Auflistung nicht abschließend (so auch Renner, AuslR, § 15 AsylVfG Rdn. 10). Zweck der Vorschrift ist es, die effektive Anwendung der Drittstaatenregelung nach Art. 16 a II GG und § 26 a sicherzustellen sowie die Identifizierung möglicher sonstiger Drittstaaten (§ 27 I) zu ermöglichen (vgl. Abs. 3 Nr. 2, 3 und 4) und auch im Übrigen die Aufklärung des Sachverhalts der Verfolgung (vgl. Abs. 3 Nr. 5) und der anderen damit zusammenhängenden Fragen zu gewährleisten.

Allgemeine Mitwirkungspflichten § 15

Für den Nachweis der behaupteten Einreise auf dem Luftwege haben Flugscheine und sonstige Fahrausweise eine besondere Funktion (§ 26 a Rdn. 182 ff.). Nach der Rechtsprechung des BVerwG stellt die Frage der Staatsangehörigkeit einen wesentlichen Bestandteil der persönlichen Verhältnisse des Asylsuchenden dar und darf als solche nicht dahingestellt bleiben (BVerwG, Buchholz 402.25 § 1 AsylVfG Nr. 125 = InfAuslR 1990, 238; s. hierzu Marx, Handbuch, § 71 Rdn. 18 ff.). Der Asylsuchende ist nicht verpflichtet, Urkunden, deren Echtheit fraglich ist (vgl. Abs. 3 Nr. 5), vorzulegen, da die Vorlage gefälschter Urkunden in aller Regel die Glaubwürdigkeit erschüttert (s. hierzu auch § 78 Rdn. 1025 ff.). Die behördlichen Rückgabepflichten sind in §§ 21 V und 65 geregelt. 53

5. Durchsuchung des Antragstellers (Abs. 4)

Nach Abs. 4 dürfen die zuständigen Behörden den Asylsuchenden nach Sachen, die von ihm mitgeführt werden, durchsuchen. Diese Regelung war zunächst in § 16 II 2 AsylVfG 1992 enthalten und ist durch das ÄnderungG 1993 als Abs. 4 in § 15 eingefügt worden. Die Durchsuchungsbefugnis ist streng auf die Mitwirkungspflichten nach Abs. 2 Nr. 4 und 5 begrenzt und kann deshalb nicht als Rechtsgrundlage für die Durchsuchung zur Durchsetzung anderer Mitwirkungspflichten dienen. 54

Die zwangsweise Durchsuchung ist nach Abs. 4 nur zulässig, um den Asylsuchendem nach Dokumenten im Sinne von Abs. 2 Nr. 5 sowie nach Passdokumenten (Abs. 2 Nr. 4) zu durchsuchen. Voraussetzung für die Maßnahme ist, dass *konkrete Anhaltspunkte* dafür vorliegen, dass der Asylsuchende entgegen seinen Einlassungen derartige Dokumente bei sich führt (Abs. 4 S. 1 letzter HS). 55

Dementsprechend ist eine generelle Durchsuchung aller passlosen Asylsuchenden unzulässig. Vielmehr muss sich aus den Äußerungen des Antragstellers oder aus sonstigen Umständen der konkrete Verdacht begründen lassen, er führe entgegen seinen Behauptungen Urkunden im Sinne von Abs. 2 Nr. 4 und 5 mit sich. Allein die Nichtabgabe eines Passes oder Passersatzes reicht dafür nicht aus. Andererseits erfüllt der Antragsteller seine Verpflichtung nicht durch Übergabe eines unechten Passdokumentes. Auch in diesem Fall ist die Durchsuchung zwar zulässig, freilich nur bei Vorliegen konkreter Verdachtsmomente. 56

Die Einführung der Durchsuchungsbefugnis in das AsylVfG 1992 wurde damit begründet, dass Asylsuchende zunehmend ihrer Pflicht, den Pass oder Passersatz in Verwahrung zu geben, nicht nachkämen. Vielmehr versteckten sie diesen oder behaupteten wahrheitswidrig, nicht im Besitz von Passdokumenten zu sein, um dadurch eine spätere Abschiebung zu erschweren (BT-Drs. 12/2718, S. 60). Tatsächlich sind jedoch viele Asylsuchende deshalb nicht im Besitz ihres Passes, weil sie ihn aus Angst vor Zurückweisung bereits im Flugzeug vernichtet haben oder aber der Fluchthelfer behält den Pass oder fordert diesen nach der Einreise wieder heraus. 57

Durch ÄnderungsG 1993 ist eine auf passlose Asylsuchende gemünzte besondere Mitwirkungspflicht (Abs. 2 Nr. 6) eingeführt worden. Die zunächst 58

§ 16　　　　　　　　　　　　　　　　　　　　　　　　　　　　　*Asylverfahren*

im AsylVfG 1992 nicht vorgesehene Erweiterung der Durchsuchungsbefugnis auf Dokumente im Sinne von Abs. 2 Nr. 5 in Verb. mit Abs. 3 wird mit der Notwendigkeit der Zurückschiebung und Abschiebung in Drittstaaten begründet, da diese regelmäßig die Rücknahme von Asylsuchenden von dem Nachweis oder der Glaubhaftmachung der Einreise auf ihr Hoheitsgebiet abhängig machten (BT-Drs. 12/4450, S. 18).

59　Die für die Durchsuchung zuständigen Behörden sind alle mit der Ausführung des AsylVfG betrauten Behörden, also auch die Aufnahmeeinrichtungen. Die körperliche Durchsuchung darf nur von gleichgeschlechtlichen Personen durchgeführt werden (Abs. 4 S. 2). Demgegenüber darf die Durchsuchung von Sachen auch von verschiedengeschlechtlichen Personen vorgenommen werden. Denn Abs. 4 S. 2 bezieht sich nur auf Personen, also auf die körperliche Durchsuchung. Führt der Betroffene die Sachen jedoch bei sich, sodass die Durchsuchung von Sachen nicht ohne körperliche Untersuchung durchführbar ist, muss Abs. 4 S. 2 beachtet werden. Denn diese Vorschrift soll im besonderen Maße die Intimsphäre schützen.

6. Mitwirkungspflichten nach Rücknahme des Antrags (Abs. 5)

60　Abs. 5 ordnet die Fortdauer der in § 15 geregelten Mitwirkungspflichten auch über den Zeitpunkt der Rücknahme des Asylantrags an. Die Regelung zielt wohl auf den gewillkürten Fall der Rücknahme (§ 32), nicht jedoch auf den der Rücknahme*fiktion* (§ 33). In beiden Fällen wird das Verfahren eingestellt. Dem Betroffenen kann eine Ausreisefrist von drei Monaten eingeräumt werden, wenn er sich freiwillig zur Ausreise bereit erklärt (§ 38 III). Viele der in § 15 geregelten Pflichten passen auf den Fall der Rücknahme nicht, sondern setzen ein anhängiges Verfahren voraus. Zutreffend wird daher die Regelung in Abs. 5 als sachwidrig und unverhältnismäßig kritisiert (Renner, AuslR, Rdn. 14 zu § 15 AsylVfG).

§ 16 Sicherung der Identität

(1) Die Identität eines Ausländers, der um Asyl nachsucht, ist durch erkennungsdienstliche Maßnahmen zu sichern, es sei denn, daß er noch nicht das 14. Lebensjahr vollendet hat. Nach Satz 1 dürfen nur Lichtbilder und Abdrucke aller zehn Finger aufgenommen werden. Zur Bestimmung des Herkunftsstaates oder der Herkunftsregion des Ausländers kann das gesprochene Wort außerhalb der förmlichen Anhörung des Ausländers auf Ton- oder Datenträger aufgezeichnet werden. Diese Erhebung darf nur erfolgen, wenn der Ausländer vorher darüber in Kenntnis gesetzt wurde. Die Sprachaufzeichnungen werden beim Bundesamt aufbewahrt.
(2) Zuständig für Maßnahmen nach Abs. 1 sind das Bundesamt und, sofern der Ausländer dort um Asyl nachsucht, auch die in den §§ 18 und 19 bezeichneten Behörden sowie die Aufnahmeeinrichtung, bei der sich der Ausländer meldet.

(3) Das Bundeskriminalamt leistet Amtshilfe bei der Auswertung der nach Absatz 1 gewonnenen Fingerabdruckblätter zum Zwecke der Identitätssicherung. Es darf hierfür auch von ihm zur Erfüllung seiner Aufgaben aufbewahrte erkennungsdienstliche Unterlagen verwenden. Das Bundeskriminalamt darf den in Absatz 2 bezeichneten Behörden den Grund der Aufbewahrung dieser Unterlagen nicht mitteilen, soweit dies nicht nach anderen Rechtsvorschriften zulässig ist.
(4) Die nach Absatz 1 Satz 1 und 2 gewonnenen Unterlagen werden vom Bundeskriminalamt getrennt von anderen erkennungsdienstlichen Unterlagen aufbewahrt und gesondert gekennzeichnet. Entsprechendes gilt für die Verarbeitung in Dateien.
(5) Die Verarbeitung und Nutzung der nach Absatz 1 gewonnenen Unterlagen ist auch zulässig zur Feststellung der Identität oder der Zuordnung von Beweismitteln für Zwecke des Strafverfahrens oder zur Gefahrenabwehr. Die Unterlagen dürfen ferner für die Identifizierung unbekannter oder vermißter Personen verwendet werden.
(6) Die nach Absatz 1 gewonnene Unterlagen sind zehn Jahre nach unanfechtbarem Abschluss des Asylverfahrens zu vernichten. Die entsprechenden Daten sind zu löschen.

Übersicht

	Rdn.
1. Vorbemerkung	1
2. Voraussetzungen des Eingriffs nach Abs. 1 Satz 1	6
3. Zulässigkeit von Sprachanalysen (Abs. 1 Satz 3 und 4)	9
4. Umfang der identitätssichernden Maßnahmen (Abs. 1 Satz 2)	13
5. Zuständige Behörden (Abs. 2)	14
6. Rechtscharakter der Anordnung nach Abs. 1 Satz 1	19
7. Amtshilfe durch das Bundeskriminalamt (Abs. 3 und 4)	23
8. Nutzungsbefugnis (Abs. 5)	25
9. Vernichtungsanspruch nach Abs. 6	29

1. Vorbemerkung

Während nach § 13 AsylVfG 1982 die Zulässigkeit der Durchführung erkennungsdienstlicher Maßnahmen konkrete Umstände voraussetzte, aus denen sich Zweifel an der Identität des Asylsuchenden ergaben, ordnet Abs. 1 *ausnahmslos* im Blick auf jeden Asylantragsteller die Durchführung derartiger Maßnahmen an. Zutreffend werden mit Blick auf das Grundrecht auf informationelle Selbstbestimmung (BVerfGE 65, 1; BVerfG, NVwZ 1992, 1162) verfassungsrechtliche Bedenken gegen eine derartige Regelpraxis erhoben (Renner, AuslR, Rdn. 4 zu § 16 AsylVfG). Jede erkennungsdienstliche Behandlung ist ein Eingriff in das Persönlichkeitsrecht des Betroffenen. Er bedarf daher einer besonderen Legitimation durch überwiegende präventivpolizeiliche Gemeinschaftsinteressen (Hess.VGH, ESVGH 33, 83). Es ist Aufgabe einer verfassungskonformen Interpretation des Polizeirechts, Ge-

§ 16
Asylverfahren

fährdungen der Privatsphäre entgegenzuwirken und sie auf das für die Sicherheitsinteressen zwingend notwendige Maß zu beschränken (Hess.VGH, ESVGH 33, 83).

2 Ebenso wie die frühere Regelung des § 13 AsylVfG 1982, welche von der gesetzgeberischen Intention geprägt war, erneute Asylantragstellung unter anderen Namen aufzudecken (BT-Drs. 9/875, S. 19), soll mit § 16 die Mehrfachantragstellung unter unterschiedlichen Personalien, die in der Regel aus aufenthaltsrechtlichen Gründen oder in der betrügerischen Absicht der mehrfachen Erschleichung von Sozialhilfeleistungen erfolge (BT-Drs. 12/2062, S. 30), aufgedeckt werden (s. auch § 8 II a). Auch Personen, die bei der Antragstellung einen echten Pass vorlegen, stehen unter diesem institutionalisierten Verdacht und sollen daher erkennungsdienstlichen Maßnahmen unterzogen werden. Die sehr pauschalen Ausführungen der Gesetzesbegründung vermögen jedoch die Anforderungen an die Eingriffsvoraussetzungen nicht im Ansatz zu erfüllen. Es bestehen daher gegen die durch Abs. 1 angeordnete Regelpraxis erhebliche verfassungsrechtliche Bedenken.

3 § 16 ist lex spezialis gegenüber § 49 AufenthG sowie § 24 BGSG. Demgegenüber können auch gegenüber Asylsuchenden bei Vorliegen der entsprechenden Voraussetzungen erkennungsdienstliche Maßnahmen aufgrund anderer gesetzlicher Vorschriften (§§ 81 b, 163 I StPO) durchgeführt werden. Dabei sind jedoch der jeweilige Gesetzeszweck sowie die Erfordernisse der Einzelfallbezogenheit zu beachten. Die strafprozessualen Ermächtigungsgrundlagen setzen ein konkretes Ermittlungsverfahren (§ 81 b 1. Alt. StPO) bzw. den Verdacht einer Straftat (§ 163 b I StPO) oder konkrete Umstände voraus, welche die potenzielle Straftätereigenschaft des Betroffenen begründen können (§ 81 b 2. Alt StPO).

4 Auch die Landespolizeigesetze erfordern konkrete Umstände, welche die Identitätsfeststellung zur vorbeugenden Kriminalitätsbekämpfung rechtfertigen können. Da anders als nach altem Recht nach Abs. 2 auch der BGS zuständige Behörde ist, kann daneben die Vorschrift des § 24 BGSG keine zusätzliche Anwendung finden. Dasselbe gilt mit Blick auf die Ausländerbehörden für die Regelung des § 49 AufenthG, welche wie § 24 BGSG durch § 16 verdrängt wird.

5 Die Vorschrift ist durch das Terrorismusbekämpfungsgesetz vom 9. Januar 2002 (vgl. Art. 12 Nr. 1) teilweise neu gefasst und verschärft worden. Dabei ist insbesondere für die in der Verwaltungspraxis bereits angewendeten *Sprachanalysen* in Abs. 1 S. 3–5 eine Rechtsgrundlage geschaffen worden. Zu den Verschärfungen wird auf die entsprechenden nachfolgenden Erläuterungen verwiesen.

2. Voraussetzungen des Eingriffs nach Abs. 1 Satz 1

6 Für die Anordnung erkennungsdienstlicher Maßnahmen wird nach Abs. 1 S. 1 allein der Tatbestand des Asylersuchens vorausgesetzt. Es muss deshalb noch kein wirksamer Asylantrag gestellt worden sein. Vielmehr reicht es aus,

dass der Betroffene um Asyl nachsucht (zur begrifflichen Unterscheidung zwischen Asylersuchen und Asylantrag s. § 13 Rdn. 9f.). Es sollen mithin bereits vor der eigentlichen Asylantragstellung durch die Anordnung nach Abs. 1 S. 1 die notwendigen Erkenntnisse für die Behandlung des Asylgesuchs gewonnen werden. Es reicht danach aus, dass ein Ausländer gegenüber den in Abs. 2 bezeichneten Behörden ein Schutzbegehren vorträgt, das als Asylantrag im Sinne von § 13 qualifiziert werden kann.

Darüber hinaus muss der Schutzsuchende das 14. Lebensjahr vollendet haben. Gegenüber Asylsuchenden, die noch nicht das 14. Lebensjahr vollendet haben, dürfen aufgrund von Abs. 1 S. 1 keine erkennungsdienstlichen Maßnahmen angeordnet werden. Durch Art. 12 Nr. 1 des Terrorismusbekämpfungsgesetzes wurde mit Wirkung zum 1. Januar 2002 das bis dahin bestehende Hindernis, dass erkennungsdienstliche Maßnahmen gegenüber Asylsuchenden, die im Zeitpunkt des Asylersuchens im Besitz einer unbefristeten Aufenthaltserlaubnis waren, unzulässig sind, aufgehoben. Die Neuregelung ist praxisfremd. Es ist kaum denkbar, dass jemand, der im Besitz der Niederlassungserlaubnis ist, um Asyl nachsucht. Gegenüber Asylantragstellern, die im Besitz eines befristeten Aufenthaltstitels sind, konnten auch bereits nach früherem Recht erkennungsdienstliche Maßnahmen durchgeführt werden.

Die Altersgrenze weicht von der Regelung der Handlungsfähigkeit nach § 12 ab, derzufolge Asylsuchende erst nach Vollendung des 16. Lebensjahres handlungsfähig sind. Offensichtlich erblickt der Gesetzgeber in der Altersgruppe der zwischen 14 und 16 Jahre alten Schutzsuchenden ein erhebliches Risikopotenzial. Ein Begründung für diese willkürliche Grenzziehung enthält die Gesetzesbegründung nicht.

3. Zulässigkeit von Sprachanalysen (Abs. 1 Satz 3 und 4)

Nach Abs. 1 S. 1 kann das gesprochene Wort des Asylsuchenden außerhalb der förmlichen Anhörung auf Ton- oder Datenträger aufgezeichnet werden. Mit dem Hinweis auf die förmliche Anhörung ist die persönliche Anhörung nach § 24 I 2 gemeint. Die Neuregelung hat ihren Grund insbesondere in der häufig schwierigen Aufklärung der für die Rückführung erforderlichen Staatsangehörigkeit (BT-Drs. 14/7386, S. 59). Damit werden die in der Verwaltungspraxis bis dahin auf der Grundlage von § 26 VwVfG verwendeten »Sprachanalysen« (s. hierzu VG Potsdam, EZAR 210 Nr. 16, S. 4, mit weiteren Hinweisen auf Rechtsprechung; Heinhold, InfAuslR 1998, 299; Jobs, ZAR 2001, 173; s. auch VG Freiburg, NVwZ-RR 2004, 537, allein die Stützung der Ablehnung eines Asylantrags als offensichtlich unbegründet auf das Ergebnis der Sprachanalyse ist unzulässig) auf eine gesetzliche Grundlage gestellt. Ihre Beiziehung als Sachverständigengutachten wird in Asylverfahren teilweise durch Verfahrensbevollmächtigte von Asylsuchenden durch Beweisanträge zur Klärung der entscheidungserheblichen Frage der Staatsangehörigkeit (BVerwG, InfAuslR 1985, 145; BVerwG, InfAuslR 1990, 238) beantragt.

10 Die wissenschaftliche Überprüfbarkeit staatsangehörigkeitsrechtlicher Tatbestände anhand von Sprachanalysen ist sehr umstritten. Insbesondere die Herkunftsländer in Afrika, aber auch in Asien, deren Staatsgrenzen unabhängig von traditionellen ethnischen, kulturellen und gewachsenen Strukturen durch die Kolonialmächte bestimmt worden sind, dürften auf diese Weise kaum zuverlässig bestimmt werden können. Spachanalysen haben darüber hinaus lediglich indizielle Wirkung im Blick auf die Staatsangehörigkeit (VG Potsdam, EZAR 210 Nr. 16, S. 4; Jobs, ZAR 2001, 173, 175). Für die erforderliche Glaubhaftmachung der völkerrechtlichen Zuständigkeit des als Staat der Staatsangehörigkeit angesehenen Staates ist daher ihre praktische Bedeutung eher als gering einzuschätzen (Marx, Stellungnahme zum Terrorismusbekämpfungsgesetz vom 27. November 2001, S. 39).

11 Die Verwendung des Begriffs »Herkunftsregion« begegnet Bedenken. Auch wenn die Herkunftsregion mit einer gewissen Wahrscheinlichkeit bestimmt werden kann, bringt dies der vollziehenden Behörde keinen signifikanten Erkenntnisgewinn (krit. auch Huber, NVwZ 2002, 787 (788)). Die Abschiebungsandrohung muss einen bestimmten Zielstaat bezeichnen (s. hierzu im Einzelnen § 34 Rdn. 42–145). Der Hinweis auf eine Herkunftsregion reicht insoweit nicht aus.

12 Nach Abs. 1 S. 3 wird die für die Sprachanalyse maßgebliche Sprachprobe außerhalb der persönlichen Anhörung aufgenommen. Es ist deshalb nicht zulässig, die während der persönlichen Anhörung nach § 24 I 2 auf Tonoder Datenträger aufgenommenen Erklärungen des Asylsuchenden zur Grundlage der Sprachanalyse zu machen. Dadurch wird sichergestellt, dass die Anhörung unvoreingenommen und ohne sachfremden Interesseneinfluss durchgeführt wird. Da dem Asylsuchenden gegenüber eine *vorherige* Informationspflicht besteht (Abs. 1 S. 4), sollte dieser einer Verwaltungspraxis widersprechen, die das während der Anhörung aufgezeichnete Wort zur Grundlage der Sprachanalyse machen will. Eine ausdrückliche Zustimmung verlangt Abs. 1 S. 4 allerdings nicht. Auch die Rechtsprechung setzt dies nicht voraus (VG Potsdam, EZAR 210 Nr. 16, S. 5; dagegen Heinhold, InfAuslR 1998, 299 (303 f.)).

4. Umfang der identitätssichernden Maßnahmen (Abs. 1 Satz 2)

13 Nach Abs. 1 S. 2 dürfen im Rahmen der erkennungsdienstlichen Behandlung nur Lichtbilder und Abdrücke aller zehn Finger aufgenommen werden. Der zulässige Umfang der erkennungsdienstlichen Behandlung ist damit gegenüber anderen Rechtsvorschriften, welche die erkennungsdienstliche Behandlungen regeln, auf asylverfahrensrechtliche Zwecke eingeschränkt worden. Die in der Kommentarliteratur zu § 13 AsylVfG 1982 vertretene Ansicht, es gebe keinen numerus clausus erkennungsdienstlicher Maßnahmen (GK-AsylVfG a. F., Rdn. 30 zu § 13), kann damit unter der Geltung von Abs. 1 S. 2 keinen Bestand mehr haben.

5. Zuständige Behörden (Abs. 2)

Während § 13 AsylVfG 1982 keine Regelung über die Zuständigkeit der anordnenden Behörde enthielt, regelt Abs. 2 eine weitreichende Behördenzuständigkeit. Durch ÄnderungsG 1993 wurde in Abs. 2 die Aufnahmeeinrichtung eingefügt. Ergänzt wird Abs. 2 durch die Regelungen in §§ 18 I, 19 II, 21 I 2 und 22 I 2 2. HS. Geprägt wird Abs. 2 von dem Grundsatz, dass die zuerst angesprochene Behörde die Maßnahmen durchführt. Die zu treffenden Maßnahmen umfassen alle in Abs. 1 bezeichneten Maßnahmen (vgl. Abs. 2 S. 1).

Zwar ist das Bundesamt die originär zuständige Behörde. Meldet sich der Asylbegehrende jedoch vor seiner Antragstellung bei der Grenz-, Polizei- oder Ausländerbehörde, sollen diese zur möglichst frühzeitigen Sicherstellung der erforderlichen Erkenntnisse die Maßnahmen durchführen (vgl. auch BT-Drs. 12/4450, S. 19). Deshalb soll die zuerst vom Asylsuchenden aufgesuchte Aufnahmeeinrichtung, sofern sie hierfür die erforderlichen Kapazitäten hat, bereits vor der Weiterleitung die erkennungsdienstlichen Maßnahmen nach Abs. 1 S. 1 durchführen (BT-Drs. 12/4450, S. 19).

Abs. 2 enthält eine *zwingende Rangordnung*. Ausländer- und Polizeibehörde haben die zwingende Verpflichtung, den Asylsuchenden erkennungsdienstlich zu behandeln (§ 19 II). Die zunächst geregelte Verweisung an das Bundesamt in den Fällen, in denen sich der Asylsuchende mit einem amtlichen Lichtbildausweis ausweisen konnte (§ 19 II 2 AsylVfG 1992), ist durch ÄnderungsG 1993 gestrichen worden. Demnach trifft Polizei- und Ausländerbehörden eine gesetzliche Verpflichtung, ausnahmslos die Behandlung durchzuführen sowie die Unterlagen der Aufnahmeeinrichtung zuzuleiten (§ 21 I 2).

Eine Verweisung an das Bundesamt ist untersagt. Die gleiche zwingende Verpflichtung trifft die Grenzbehörde (§ 18 V). Während die Grenzbehörde früher nur im Fall der Einlassgewährung die Behandlung durchführte (§ 18 IV in Verb. mit 18 I AsylVfG 1992), ist durch ÄnderungsG 1993 die Bezugnahme auf § 18 I entfallen. Daraus wird man schließen können, dass die Grenzbehörde *ausnahmslos* alle Asylbegehrenden, auch denen die Einreise nach § 18 II verweigert wird oder die nach § 18 III zurückgeschoben werden, erkennungsdienstlich zu behandeln hat.

Aus dem Gesamtzusammenhang dieser Regelung ergibt sich eine klare Rangordnung der behördlichen Zuständigkeiten: Die Behörde, bei der sich der Asylsuchende zuerst meldet, führt die erkennungsdienstliche Behandlung durch. Grenz-, Ausländer- und Polizeibehörde trifft damit eine zwingende Verpflichtung, die Maßnahmen durchzuführen. Die zuerst aufgesuchte Aufnahmeeinrichtung soll den Asylsuchenden nach Möglichkeit erkennungsdienstlich behandeln. Ist er bis zur Antragstellung nicht erkennungsdienstlich behandelt worden, ist das Bundesamt hierzu verpflichtet. Keinesfalls darf es die gesetzlichen Verpflichtungen nach §§ 18 V und 19 II zum Anlass der Rückverweisung des Asylsuchenden an diese Behörden zwecks Nachholung der Behandlung nehmen. Das Bundeskriminalamt ist keine zuständige Behörde, sondern leistet lediglich *Amtshilfe* (Abs. 3 S. 1).

6. Rechtscharakter der Anordnung nach Abs. 1 Satz 1

19 Die behördliche Anordnung der Sicherung der Identität durch erkennungsdienstliche Behandlung nach Abs. 1 S. 1 ist eine *präventive Polizeiverfügung* im Sinne von § 35 VwVfG. Da es sich bei dieser weder um eine unaufschiebbare Anordnung von Polizeivollzugsbeamten im Sinne von § 80 II Nr. 2 VwGO handelt noch durch § 16 die sofortige Vollziehung angeordnet ist (§ 80 II Nr. 4 VwGO), entfaltet der Rechtsbehelf Suspensiveffekt. Die Anordnung stellt jedoch eine Maßnahme nach dem AsylVfG dar, sodass der Widerspruch ausgeschlossen ist (§ 11).

20 Daher ist – was in der Praxis selten vorkommt – gegen die behördliche Anordnung nach Abs. 1 S. 1 Anfechtungsklage zu erheben. Maßgeblich für die Beurteilung der Sach- und Rechtslage ist der Zeitpunkt der mündlichen Verhandlung (§ 77 I; s. auch BVerwG, NJW 1983, 772). Die zuständige Behörde kann durch schriftliche Anordnung unter Beachtung der besonderen Begründungspflicht nach § 80 III 1 VwGO die sofortige Vollziehung anordnen. Hiergegen ist Rechtsschutz nach § 80 V VwGO gegeben.

21 Erst mit unanfechtbarer gerichtlicher Entscheidung über die Zulässigkeit der Anordnung darf das Vollstreckungsverfahren eingeleitet werden. Anders als nach altem Recht (§ 34 I Nr. 2 AsylVfG 1982) ist die Nichtbefolgung der Anordnung *nicht* mehr *strafbar* (§§ 84ff.). Die *zwangsweise Durchsetzung der Anordnung* ist allenfalls im Wege des landesrechtlichen Verwaltungsvollstreckungsrechtes zulässig, also durch Androhung und Festsetzung von *Zwangsgeld*.

22 Die Anordnung darf somit nicht etwa gegen den Willen des Asylsuchenden durch unmittelbaren Zwang durchgesetzt werden. Demzufolge sind freiheitsbeschränkende Eingriffe bei der Durchführung erkennungsdienstlicher Maßnahmen rechtlich untersagt (vgl. BayObLG, BayVBl. 1984, 27; s. aber § 15 II Nr. 7 und die dortigen Erl.).

7. Amtshilfe durch das Bundeskriminalamt (Abs. 3 und 4)

23 Wie schon § 13 III AsylVfG 1982 enthalten Abs. 3 und 4 Regelungen über die Amtshilfe durch das BKA. Neu ist das Abgleichungsverfahren nach Abs. 3 S. 2 und einige andere Regelungen. Jedoch war die Einordnung der Unterlagen nach Abs. 1 in den daktyloskopischen Vergleichsbestand auch ohne ausdrückliche gesetzliche Regelung bereits in der Regelung über die Amtshilfe an sich enthalten. Ausdrücklich regelt Abs. 3 S. 3 nunmehr auch das Verbot, den in Abs. 2 bezeichneten Behörden den Grund der Aufbewahrung der Unterlagen nach Abs. 3 S. 2 mitzuteilen, wenn dies nicht ausdrücklich nach anderen Rechtsvorschriften zulässig ist.

24 Während § 13 III 2 AsylVfG 1982 die Aufbewahrungsfristen ausdrücklich auch mit verbindlicher Wirkung für das BKA regelte, enthält Abs. 4 S. 1 lediglich eine Aufbewahrungsregelung ohne Bezugnahme auf Abs. 6. Da Abs. 6 sich auf die Unterlagen nach Abs. 1 bezieht, diese wiederum in Abs. 3 S. 1 in Bezug genommen werden, ist evident, dass auch das BKA die nach Abs. 1 gewonnenen und ihm gemäß Abs. 3 S. 1 übermittelten Unterlagen aufgrund

und nach Maßgabe der Regelungen in Abs. 6 zu vernichten hat. Gegen die Weite der das BKA betreffenden Amtshilferegelungen wurden bereits zum alten Recht verfassungsrechtliche Bedenken geltend gemacht (GK-AsylVfG a. F., Rdn. 51 zu § 13).

8. Nutzungsbefugnis (Abs. 5)

Nach Abs. 5 ist die Verarbeitung und Nutzung der nach Abs. 1 gewonnenen Unterlagen nicht lediglich zur Sachaufklärung im Asylverfahren, sondern insbesondere auch zu strafverfahrens- sowie polizeirechtlichen Zwecken zulässig. Der Verwendungszweck ist durch das Terrorismusbekämpfungsgesetz erweitert worden und bei der Beweissicherung nicht mehr davon abhängig, dass auf eine bestimmte Straftat bezogene konkrete Anhaltspunkte dargelegt werden können. Die Verwendungsregelung in Abs. 5 zielt auf Unterlagen nach Abs. 1, d.h. auf die dort gewonnenen Erkenntnisse bei der Identitätssicherung (Fingerabdrücke).   25

Nicht zulässig ist daher die Verwendung der Unterlagen nach § 15 II Nr. 4—5 in Verb. mit § 15 III im Verfahren nach Abs. 5. Daraus folgt, dass Passdokumente (§ 15 II Nr. 4) und sonstige für das Asylverfahren wichtige Unterlagen nach § 15 II Nr. 5 nicht zu strafverfahrens- und polizeirechtlichen Zwecken nach Abs. 5 behandelt werden dürfen. Auch ist insoweit das Amtshilfeverfahren nach Abs. 3 nicht zulässig.   26

Demgegenüber dürfen nach dem BGH Angaben des Asylsuchenden im Rahmen seiner ausländerbehördlichen Anhörung auch ohne seine Zustimmung im strafrechtlichen Verfahren wegen Verletzung von aufenthaltsrechtlichen Vorschriften verwertet werden. Sie unterliegen keinem *Verwertungsverbot* (BGH, EZAR 335 Nr. 9 = NJW 1990, 1926; a. A. OLG Hamburg, NJW 1985, 2541). Eine analoge Anwendung dieser Rechtsprechung in Ansehung der Unterlagen nach § 15 Nr. 4 und 5 stößt jedoch schon deshalb auf Bedenken, weil der BGH das Verwertungsverbot lediglich bei Verletzung aufenthaltsrechtlicher Vorschriften verneint hat, dagegen Abs. 5 keinerlei Einschränkungen enthält. Außerdem verletzt eine Analogie den Wortlaut des Gesetzes, da Abs. 5 sich ausschließlich auf Unterlagen nach Abs. 1 bezieht.   27

Gegen die Verwendung von Unterlagen nach § 15 II Nr. 4 und 5 zu strafrechtlichen Zwecken ist *Rechtsschutz* in Form der allgemeinen Feststellungsklage nach § 43 VwGO (vgl. BayVGH, EZAR 600 Nr. 7), gegebenenfalls verstärkt durch einen Antrag nach § 123 VwGO, gegeben. Gegen die Weitergabe von Erklärungen an allgemeine Polizeibehörden hat die Rechtsprechung jedoch dann keine Bedenken, wenn Asylsuchende zu asylfremden Zwecken einreisen (BayVGH, EZAR 600 Nr. 7). Eine derartige Feststellung ist aber erst nach Abschluss des Asylverfahrens möglich.   28

9. Vernichtungsanspruch nach Abs. 6

29 Abs. 6 hatte in seiner Ursprungsfassung bereits die Vernichtungsregelungen gegenüber dem alten Recht erheblich erweitert. Nunmehr ist durch das Terrorismusbekämpfungsgesetz eine weitere Auflockerung eingeführt worden. Die Vorschrift gewährt einen gerichtlich durchsetzbaren Vernichtungsanspruch. Dieser ist bereits *von Amts wegen* zu beachten. Die Regelungen über die Dauer der behördlichen Aufbewahrungspflicht stehen unter dem Verhältnismäßigkeitsprinzip und bedürfen der Begründung durch ein öffentliches Interesse an der Aufbewahrung (BVerwGE 26, 169 (171)). Insoweit gilt, dass wegen der Gefährdung der Privatsphäre die Aufbewahrung auf das für die Sicherheitsinteressen der Allgemeinheit zwingend notwendige Maß zu beschränken ist (Hess.VGH, ESVGH 33, 83).

30 Denn die Gefährdung der Privatsphäre hat durch die amtliche Sammlung privater Daten, Erkenntnisse und sonstiger zur Ausforschung geeigneter Unterlagen durch die technischen Erfassungs- und Speichermöglichkeit der heutigen Zeit stark zugenommen (Hess.VGH, ESVGH 33, 83). Vor diesem Hintergrund hat das BVerfG das *Grundrecht auf informationelle Selbstbestimmung* entwickelt (BVerfGE 65, 1 (44 ff.)), das insbesondere auch bei der Auslegung von Abs. 6 zu berücksichtigen ist.

31 Der Vernichtungsanspruch entsteht nicht mehr automatisch u.a. bei unanfechtbarer Asylanerkennung, Erteilung der Niederlassungserlaubnis oder nach Ausstellung eines Reiseausweises nach Art. 28 GFK (vgl. § 16 VI AsylVfG a. F.), sondern in allen Fällen erst nach zehn Jahren. Diese Verschärfung dürfte kaum mit dem Grundsatz der Verhältnismäßigkeit in Einklang zu bringen sein.

32 Zuständige Behörden sind die in Abs. 2 bezeichneten Stellen. Gegen diese richten sich Rechtsschutzanträge. Der Anspruch kann sich aber auch gegen das BKA oder die Landeskriminalämter richten. Er ist mit Hilfe der *Verpflichtungsklage* durchzusetzen und gegen die Körperschaft der für die Vernichtung jeweils zuständigen Behörden geltend zu machen. Schließlich steht hinsichtlich der Überlassung erkennungsdienstlicher Unterlagen an Dritte dem Betroffenen ein *Auskunftsanspruch* gegenüber der jeweils handelnden Behörde zu. Da die erstrebte Auskunftserteilung in Form der Verfügung erfolgt, ist der hierauf gerichtete Antrag mit der Verpflichtungsklage durchzusetzen.

§ 17 Sprachmittler

(1) Ist der Ausländer der deutschen Sprache nicht hinreichend kundig, so ist von Amts wegen bei der Anhörung ein Dolmetscher, Übersetzer oder sonstiger Sprachmittler hinzuzuziehen, der in die Muttersprache des Ausländers oder in eine andere Sprache zu übersetzen hat, in der der Ausländer sich mündlich verständigen kann.
(2) Der Ausländer ist berechtigt, auf seine Kosten auch einen geeigneten Sprachmittler seiner Wahl hinzuzuziehen.

Sprachmittler **§ 17**

Übersicht Rdn.

1. Vorbemerkung 1
2. Verfahrensrechtliche Bedeutung der Sprachmittlung 2
3. Begriff des Sprachmittlers (Abs. 1) 6
4. Voraussetzung der Zuziehung nach Abs. 1 10
5. Ablehnungsrecht des Antragstellers 15
6. Sprachmittler eigener Wahl (Abs. 2) 19

1. Vorbemerkung

Anders als das alte Recht, welches jeweils bei den einzelnen Verfahrensabschnitten Vorschriften über die Sprachmittlung regelte (§§ 8 IV und 12 II AsylVfG 1982), hebt § 17 die besondere Bedeutung dieses Verfahrensrechts durch eine eigenständige Regelung hervor. Die Vorschrift betrifft ausschließlich das *Verwaltungsverfahren* bei den mit der Ausführung des Gesetzes betrauten Behörden. Das sind Grenzbehörde (§ 18 und § 18 a), Polizei- und Ausländerbehörde (§ 19), Aufnahmeeinrichtung (§ 22) und Bundesamt (§§ 5 und 25). Diese Behörden werden durch § 17 verpflichtet, von Amts wegen einen Sprachmittler zuzuziehen. Schon aus dem Wortlaut, aber auch aus § 55 in Verb. mit § 185 I 1 GVG folgt, dass § 17 auf das Gerichtsverfahren keine Anwendung findet (s. hierzu: § 78 Rdn. 1162 ff.). 1

2. Verfahrensrechtliche Bedeutung der Sprachmittlung

Für das Gerichtsverfahren hat das BVerfG festgestellt, dass Art. 103 I GG den Beteiligten ein Recht darauf gebe, im Verfahren zu Wort zu kommen, namentlich sich zu dem einer gerichtlichen Entscheidung zugrundeliegenden Sachverhalt und zur Rechtslage zu äußern. In dem Zusammenspiel von Äußern und Gehörtwerden verwirkliche sich die *für ein rechtsstaatliches Verfahren zentrale prozessuale Befugnis,* die Art. 103 I GG gewährleiste (BVerfGE 64, 135 (143 f.) = EZAR 612 Nr. 1). Dies *verbiete es,* den der deutschen Sprache nicht hinreichend mächtigen Beteiligten zu einem *unverstandenen Objekt des Verfahrens herabzuwürdigen*. Vielmehr müsse er in die Lage versetzt werden, die ihn betreffenden Verfahrensvorgänge verstehen und sich im Verfahren verständlich machen zu können (BVerfGE 64, 135 (145)). Diese für das Strafverfahren entwickelten Grundsätze gelten selbstredend auch für das Verwaltungs- und Verwaltungsstreitverfahren. Die Rechtsprechung verneint jedoch einen Anspruch auf Übernahme der Dolmetscherkosten für das anwaltliche Beratungsgespräch (VG Gießen, AuAS 2005, 10). 2

Für das Strafverfahren ergibt sich aus Art. 6 III e EMRK ein Anspruch auf *unentgeltliche Beiziehung eines Dolmetschers* (s. hierzu im Einzelnen Frowein/Peukert, EMRK-Kommentar, Rdn. 204–207 zu Art. 6). Ebenso gewährleistet Art. 14 III f IPbpR das Recht auf unentgeltliche Beiziehung eines Dolmetschers (Nowak, CCPR-Kommentar, Rdn. 54 zu Art. 14). Der UN-MRA hat diesen Anspruch lediglich in Fällen verneint, in denen der Beteiligte in der 3

Lage war, sich zureichend in der Gerichtssprache auszudrücken (Guesdon v. France, Comm. No. 219/1986, 25. 7. 1990, HRLJ 1993, 16). Dementsprechend wird die Vorschrift des Art. 6 III e EMRK auf das Verwaltungsstreit- sowie das Verwaltungsverfahren angewandt. In der Rechtsprechung wird im Blick auf das Asylstreitverfahren indes vereinzelt die Ansicht vertreten, dass für die mündliche Verhandlung im Hauptsacheverfahren dann kein Dolmetscher zugezogen werden braucht, wenn der Asylkläger bereits aufgrund der Zurückweisung seines gegen die qualifizierte Asylablehnung gerichteten Eilrechtsschutzantrags vollziehbar ausreisepflichtig sei (VG Frankfurt am Main, AuAS 2004, 238 (239)). Diese Ansicht ist mit der internationalen Rechtsprechunng unvereinbar. Sie verkennt, dass die vom Prinzip der Mündlichkeit geprägte mündliche Verhandlung dem Recht auf Gehör in unvergleichlich besserer Weise gerecht werden kann als das lediglich summarische Eilrechtsschutzverfahren.

4   Die amtliche Zuziehung eines Dolmetschers ist nicht erst bei gänzlich unzureichenden Deutschkenntnissen geboten, sondern immer schon dann, wenn ein Beteiligter die deutsche Sprache nicht soweit beherrscht, dass er der Verhandlung folgen sowie seine zur Rechtsverfolgung erforderlichen Erklärungen abgeben und Angaben in deutscher Sprache machen kann. Sie ist daher auch notwendig, wenn ein Beteiligter deutsch zwar ausreichend versteht, sich in dieser Sprache aber nur unzulänglich ausdrücken kann (BVerfGE 64, 135 (146 f.)). Daher stellt es einen *absoluten Revisionsgrund* dar, wenn das Gericht entgegen § 185 GVG für die mündliche Verhandlung keinen Dolmetscher zugezogen hat (BVerfGE 64, 135 (149); s. aber: BVerwG, InfAuslR 1998, 219; s. auch § 78 Rdn. 1086 ff.).

5   Gleiche Grundsätze gelten entsprechend für das Verwaltungsverfahren. Jedoch gelten im Gerichtsverfahren besonders strenge Formvorschriften. So hat z. B. das Protokoll über die mündliche Verhandlung nicht nur den Namen des zugezogenen Dolmetschers zu enthalten (§ 105 VwGO in Verb. mit § 160 Nr. 2 ZPO). Vielmehr ist dieser vor der Übertragung zu beeidigen. Ist er im Allgemeinen beeidigt, so braucht er den *Dolmetschereid* nicht jeweils vor der Übertragung erneut zu wiederholen. Es genügt vielmehr die Berufung auf den geleisteten Eid (Hess.VGH, EZAR 633 Nr. 13). Andererseits handelt ein der deutschen Sprache nicht mächtiger Rechtsuchender schuldhaft, wenn er bewusst entgegen der von ihm verstandenen Rechtsmittelbelehrung bei Gericht eine Klageschrift in fremder Sprache einreicht (BVerwG, NVwZ 1991, 61; BSG, EZAR 612 Nr. 2).

3. Begriff des Sprachmittlers (Abs. 1)

6   Während für das *Gerichtsverfahren* die Regelungen in §§ 55, 185 I 1 GVG die Hinzuziehung eines beeidigten Dolmetschers vorschreiben, gibt Abs. 1 den Behörden eine flexible Handhabung zur Regelung der Verfahrens. In der Überschrift sowie im Auffangtatbestand in Abs. 1, aber auch in Abs. 2 verwendet das Gesetz den im allgemeinen Verfahrensrecht nicht üblichen Begriff des Sprachmittlers. Letzterer dürfte vom Dolmetscher oder Übersetzer

wohl dadurch zu unterscheiden sein, dass er keine anerkannte Berufsausbildung einschließlich eines formellen Ausbildungsabschlusses mit der Befähigung zur Übersetzung nachweisen muss. Vielmehr reicht es aus, wenn er in der Sprache des Asylsuchenden *sprachkundig* ist. Die Behörde ist jedoch aus rechtsstaatlichen Gründen zur *Vertagung* verpflichtet, wenn sich Probleme mit der Sprachmittlung ergeben. Dies gilt selbstredend auch für das Verfahren nach § 18 a.

Insbesondere das Bundesamt ist deshalb gut beraten, auch in Zukunft vorrangig auf *Berufsdolmetscher* oder auf Personen zurückzugreifen, über deren hinreichende Erfahrung und Eignung es sich zuvor im ausreichenden Umfang überzeugt hat. Dies gilt im besonderen Maße auch für die Grenzbehörde. Zwingend ist die Fähigkeit zur *Simultanübersetzung* vorauszusetzen. Außerdem sind zureichende Kenntnisse der Kultur, Gesellschaft und Staatsorganisation des Herkunftsstaates sowie insbesondere die Beherrschung der Befragungs- und Übersetzungstätigkeit erforderlich (Renner, AuslR, Rdn. 5 zu § 17 AsylVfG; s. auch BVerfGE 94, 116 (202) = EZAR 632 Nr. 25 = NVwZ 1996, 678, zur Bedeutung der Sprachmittlung im Flughafenverfahren). In Asylverfahren hat die Tätigkeit des Sprachmittler *herausragende Funktion.* Nach den allgemeinen Erfahrungen steht und fällt häufig der Asylanspruch mit der Art und Weise der Übersetzungstätigkeit. 7

Im Übrigen ist der *Grundsatz des rechtlichen Gehörs* verletzt, wenn die Behörde einen nicht geeigneten Dolmetscher zugezogen hat. Insbesondere im aus vielfachen Gründen hochsensiblen Bereich der Verfolgungstatbestände ist ein strenger Maßstab angebracht. So ist die *Kommunikationsebene der herrschenden Landessprache des Herkunftslandes* des Antragstellers für die Übersetzung oft ungeeignet. Insbesondere in den Fällen, in denen im Verfolgerstaat zwischen verschiedenen ethnischen oder religiösen Gruppen Konflikte herrschen, sind diese zwingend bei der Auswahl der Sprachmittler zu berücksichtigen. So wäre es z. B. verfehlt, im Asylverfahren eines christlichen Asylsuchenden aus der Türkei einen muslimischen Übersetzer, in dem eines tamilischen Antragstellers einen singhalesischen Dolmetscher oder im Verfahren eines Kurden einen arabisch sprechenden Übersetzer heranzuziehen. Werden derartige ethnisch bedingte Verständigungsschwierigkeiten von der Behörde bei der Zuziehung eines Sprachmittlers nicht berücksichtigt, verletzt sie das Recht des Asylsuchenden auf Gehör (OVG NW, InfAuslR 1984, 22; VG Braunschweig, B. v. 7. 5. 1992 – 1 A 1281/91 u. a.). 8

Da das Gericht ungeachtet von Verfahrensverstößen im Verwaltungsverfahren die Sache grundsätzlich spruchreif zu machen hat (BVerwG, NVwZ 1982, 630; BVerwG, DVBl. 1983, 33; BVerwGE 106, 171 (172 f.) = NVwZ 1998, 861 = EZAR 631 Nr. 45 = AuAS 1998, 149), bleiben Fehler bei der Zuziehung des Sprachmittlers für das Bundesamt allerdings sanktionslos. Demgegenüber können im Gerichtsverfahren Fehler bei der Auswahl des Dolmetschers mit der *Gehörsrüge* angegriffen werden (BVerwG, InfAuslR 1983, 256; BVerwG, InfAuslR 1998, 219; § 78 Rdn. 1086 ff.). Derartige Verfahrensfehler müssen zur Wahrung des Rügerechts aber während der mündlichen Verhandlung geltend gemacht werden (BVerwG, NVwZ 1982, 630; BVerwG, DVBl. 1983, 33). Dies gilt jedoch nicht, wenn ein anwaltlich nicht vertretener Asylkläger we- 9 gen Verständnisschwierigkeiten sein Rügerecht in der Verhandlung nicht hat geltend machen können (OVG NW, InfAuslR 1983, 22).

4. Voraussetzung der Zuziehung nach Abs. 1

10 Das Gesetz macht die mangelnde Beherrschung der deutschen Sprache zur Voraussetzung für die amtliche Zuziehung eines Sprachmittlers nach Abs. 1. In aller Regel beherrschen einreisende Asylsuchende die deutsche Sprache nicht. Aber auch bei längerem Aufenthalt ist regelmäßig von einer fehlenden Beherrschung der deutschen Sprache auszugehen. Demgegenüber reicht es nach dem BVerwG aus, dass ein fremdsprachiger Antragsteller die ihn betreffenden Verfahrensvorgänge verstehen und sich in der Anhörung verständlich machen kann (für das Gerichtsverfahren im allgemeinen Ausländerrecht: BVerwG, NJW 1990, 3102 = NVwZ 1990, 61 (nur LS); s. auch: BVerwG, InfAuslR 1998, 219). Gerade im Hinblick auf die strengen Grundsätze zur Glaubhaftmachung der Asylgründe sowie die regelmäßig komplizierten Tatsachen- und Rechtsfragen im Asylrecht kann jedoch nur bei einem die Differenzierungen der deutschen Sprache vollständig in Bedeutung und Ausdrucksform beherrschenden Asylsuchenden von dieser Voraussetzung ausgegangen werden.

11 Daher reicht es nicht aus, dass der die deutsche Sprache nicht beherrschende Asylsuchende diese in einer die Verständigung ermöglichenden Weise spricht und versteht (so aber BVerwG, NJW 1990, 3102). Vielmehr ist die Zuziehung des Dolmetschers bereits dann geboten, wenn der Beteiligte die deutsche Sprache nicht soweit beherrscht, dass er der Anhörung folgen und seine zur zweckentsprechenden Rechtsverfolgung erforderlichen Erklärungen abgeben und Angaben in deutscher Sprache machen kann (BVerfGE 64, 135 (146)). Nur in seltenen Ausnahmefällen, etwa bei langjährig im Bundesgebiet studierenden Antragstellern kann das Bundesamt deshalb auf die Zuziehung eines Dolmetschers verzichten.

12 Im Zweifel ist daher stets die Zuziehung von Amts wegen geboten. Bei anderen Behörden kommt es auf den Zweck der Kommunikation an: Werden Erklärungen aufgenommen, welche die asylrechtliche Darlegungspflicht betreffen, haben auch die anderen Behörden die aufgeführten strengen Anforderungen zu beachten. Handelt es sich dagegen lediglich um Abklärungen alltäglicher Art (z. B. Verlängerung der Bescheinigung über die Aufenthaltsgestattung und anderer Erlaubnisse), die von ihrer Natur her keine Bedeutung für die Darlegungspflicht haben können, dürfen weniger strenge Anforderungen gestellt werden. In diesem Zusammenhang ist es gerechtfertigt, auf die Rechtsprechung des BVerwG (vgl. BVerwG, NJW 1990, 3102) zurückzugreifen.

13 Reicht der Asylsuchende *fremdsprachige Anträge,* Eingaben, Belege, Urkunden oder sonstige Schriftstücke ein, soll die Behörde unverzüglich die Vorlage einer Übersetzung verlangen. Die Behörde kann von sich aus auf Kosten des Antragstellers eine Übersetzung anfertigen lassen, wenn dieser seiner Pflicht aus § 23 II 1 VwVfG nicht nachkommt (§ 23 II 3 VwVfG). Das Bundesamt

macht von dieser Kostenregelung jedoch regelmäßig keinen Gebrauch. Diese Regelung des Gesetzes lässt erkennen, dass Grundlage für die weitere Bearbeitung und Bescheidung der gestellten Anträge die vom Antragsteller vorgelegte Übersetzung ins Deutsche zu sein hat (BVerwG, NVwZ-RR 1991, 109 (110)).

Demgemäß verkörpert die vom Antragsteller vorgelegte deutsche Übersetzung von Antrag und Antragsbegründung auch für das überprüfende Gericht das Sachvorbringen im Verwaltungsverfahren (BVerwG, NVwZ-RR 1991, 109 (110)). Diesen vom Antragsteller seinerzeit vorgelegten deutschen Text hat das Gericht grundsätzlich seiner Überzeugungsbildung zugrunde zu legen, es sei denn, der Anragsteller weist darauf hin, die vorgelegte Übersetzung gebe seine damaligen fremdsprachigen Angaben nicht zuverlässig und unverfälscht wieder, oder solche Bedenken lassen sich anhand *objektiver Anhaltspunkte* erkennen (BVerwG, NVwZ-RR 1991, 109 (110)). 14

5. Ablehnungsrecht des Antragstellers

Das Gesetz enthält keine Regelungen über die Ablehnung des Sprachmittlers. Jedoch ist für das Verwaltungsverfahren analog auf §§ 55 und 191 ZPO zurückzugreifen. Daher steht dem Antragsteller im Asylverfahren eine *Ablehnungsrecht* gegenüber dem amtlich zugezogenen Sprachmittler zu (BVerwG, InfAuslR 1985, 54; BVerwG, JZ 1984, 681). Ein mit Erfolg abgelehnter Sprachmittler darf nicht zugezogen bzw. – bei nachträglicher Ablehnung – nicht weiter tätig werden. Die vor der Ablehnung vorgenommene Übertragung hat bei der Entscheidung außer Betracht zu bleiben (BVerwG, InfAuslR 1985, 54). 15

Das Verwaltungsverfahrensrecht gibt dem Antragsteller jedoch *kein formelles Ablehnungsrecht*. Hierauf abzielende Rechtsschutzanträge dürften in aller Regel an § 44 a VwGO scheitern. Es empfiehlt sich aber gleichwohl, den Ablehnungsantrag gut begründet zu stellen und auf dessen Protokollierung zu bestehen, um sich im späteren gerichtlichen Kontrollverfahren auf diesen Verfahrensfehler berufen zu können. 16

Die Behörde kann grundsätzlich jede Person für die Aufgabe der Sprachmittlung heranziehen. Ausgenommen sind auch nicht Verwandte (BVerwG, NJW 1984, 2055). Eine *Ausschließung* kraft Gesetzes ist nicht möglich. Vielmehr können lediglich die Gründe, welche eine Richterablehnung rechtfertigen können, zur Ablehnung des Sprachmittlers herangezogen werden (BVerwG, NJW 1984, 2055). 17

Wichtigster Ablehnungsgrund ist die *Besorgnis der Befangenheit*. Danach muss dargelegt werden, dass aufgrund *objektiv feststellbarer Tatsachen die subjektiv vernünftigerweise mögliche Besorgnis* nicht auszuschließen ist, der Sprachmittler versehe seinen Dienst nicht unvoreingenommen. Insbesondere *mangelndes Vertrauen des Asylsuchenden* aufgrund von Spannungen, Freundschaften oder dem Vorliegen religiöser oder ethnischer Gründe können im Einzelfall diese Besorgnis begründen (OVG Hamburg, InfAuslR 1983, 188). Auch dürfen an die aus Sicht des Asylsuchenden zu bewertende Besorgnis der Befangen- 18

6. Sprachmittler eigener Wahl (Abs. 2)

19 Wie schon § 8 IV und § 12 II AsylVfG 1982 regelt Abs. 2 das Recht des Asylsuchenden, einen Sprachmittler seiner eigenen Wahl zuziehen. Zwar war die Kostentragungspflicht im alten Recht nicht geregelt. Dass der Antragsteller hierfür einzustehen hat, ist jedoch selbstredend. Neu ist das Erfordernis der *Geeignetheit*. Da zumindest das Bundesamt ohnehin nicht auf die Dienste des amtlich zugezogenen Sprachmittlers verzichten wird, erscheint diese Voraussetzung nicht sachgerecht und im Übrigen kaum praktikabel. Abs. 2 soll offensichtlich die Verfahrensrechte des Schutzsuchenden verstärken. Daher fällt es in seinen Verantwortungsbereich, wenn der von ihm selbst zuzogene Sprachmittler die von ihm erwartete Kontrollfunktion nicht erfüllen kann.

20 In der Kommentarliteratur zum alten Recht wurde deshalb unter Bezugnahme auf die Rechtsprechung des BVerwG, wonach selbst Verwandte vom Gericht als Dolmetscher zugezogen werden können (BVerwG, NJW 1984, 2055), der Behörde das Recht abgesprochen, die Qualität des vom Asylsuchenden zugezogenen Sprachmittlers zu überprüfen. Auch ein Ablehnungsrecht wurde ihr daher insoweit nicht zugestanden (GK-AsylVfG a. F., Rdn. 107 zu § 8; Kanein/Renner, AuslR, 5. Aufl. Rdn. 16 zu § 8 AsylVfG). Hervorgehoben wurde zugleich, dass die Behörde ihrerseits auf den amtlich zugezogenen Dolmetscher nicht zu verzichten brauche (GK-AsylVfG a. F., Rdn. 107 zu § 8; Renner, AuslR, 5. Aufl., Rdn. 16 zu § 8 AsylVfG). Da nach der Gesetzesbegründung Abs. 2 inhaltlich dem alten Recht entspricht (BT-Drs. 12/2062, S. 31), kann dem Merkmal der Geeignetheit in Abs. 2 keine eigenständige Bedeutung beigemessen werden. Eine Zurückweisung des vom Antragsteller mitgebrachten Sprachmittlers ist deshalb auch nach neuem Recht regelmäßig nicht zulässig.

21 Aus Abs. 2 kann andererseits nicht hergeleitet werden, dass die Behörde auf den amtlich zugezogenen Dolmetscher verzichten muss, wenn der Antragsteller einen Sprachmittler seiner Wahl hinzuzieht. Jedoch bleibt sein Anspruch nach Abs. 2 auch in diesen Fällen bestehen. Besteht die Behörde auf die Dienste des amtlich zugezogenen Dolmetschers – dies ist regelmäßige Praxis des Bundesamtes –, kann der Sprachmittler eigener Wahl eine für den Antragsteller wichtige *Kontrollfunktion* ausüben. Der Behörde ist es verwehrt, die sich zur Ausübung dieser Kontrollfunktion erforderliche Kommunikation des Sprachmittlers eigener Wahl mit dem Antragsteller zu unterbinden. Vielmehr hat sie dem Asylsuchenden Gelegenheit zu geben, bei Zweifeln an der Richtigkeit der amtlichen Sprachmittlung hierauf erforderliche Kommunikationen mit dem Sprachmittler eigener Wahl zu ermöglichen.

Zweiter Unterabschnitt
Einleitung des Asylverfahrens

§ 18 Aufgaben der Grenzbehörde

(1) Ein Ausländer, der bei einer mit der polizeilichen Kontrolle des grenzüberschreitenden Verkehrs beauftragten Behörde (Grenzbehörde) um Asyl nachsucht, ist unverzüglich an die zuständige oder, sofern diese nicht bekannt ist, an die nächstgelegene Aufnahmeeinrichtung zur Meldung weiterzuleiten.

(2) Dem Ausländer ist die Einreise zu verweigern, wenn
1. er aus einem sicheren Drittstaat (§ 26 a) einreist,
2. die Voraussetzungen des § 27 Abs. 1 oder 2 offensichtlich vorliegen oder
3. er eine Gefahr für die Allgemeinheit bedeutet, weil er in der Bundesrepublik Deutschland wegen einer besonders schweren Straftat zu einer Freiheitsstrafe von mindestens drei Jahren rechtskräftig verurteilt worden ist, und seine Ausreise nicht länger als drei Jahre zurückliegt.

(3) Der Ausländer ist zurückzuschieben, wenn er von der Grenzbehörde im grenznahen Raum in unmittelbarem zeitlichem Zusammenhang mit einer unerlaubten Einreise angetroffen wird und die Voraussetzungen des Absatzes 2 vorliegen.

(4) Von der Einreiseverweigerung oder Zurückschiebung ist im Falle der Einreise aus einem sicheren Drittstaat (§ 26 a) abzusehen, soweit
1. die Bundesrepublik Deutschland auf Grund eines völkerrechtlichen Vertrages mit dem sicheren Drittstaat für die Durchführung eines Asylverfahrens zuständig ist oder
2. das Bundesministerium des Innern es aus völkerrechtlichen oder humanitären Gründen oder zur Wahrung politischer Interessen der Bundesrepublik Deutschland angeordnet hat.

(5) Die Grenzbehörde hat den Ausländer erkennungsdienstlich zu behandeln.

Übersicht

		Rdn.
1.	Vorbemerkung	1
2.	Einreiseanspruch (Abs. 1)	5
2.1.	Das völkerrechtliche Verbot des Refoulement	5
2.2.	Rechtscharakter des Refoulementverbotes	22
2.3.	Innerstaatliche Anwendbarkeit von Art. 33 Abs. 1 GFK	29
2.4.	Das verfassungsrechtliche Zurückweisungsverbot (Art. 16 a Abs. 1 GG, § 15 Abs. 4 Satz 1 in Verb. mit § 60 Abs. 1 AufenthG)	33
2.5.	Unbeachtlichkeit bestehender Visumsvorschriften	35
3.	Verwaltungsverfahren	49
3.1.	Vorbemerkung	49
3.2.	Anhörung durch die Grenzbehörde (Abs. 1)	53
3.3.	Einreiseverweigerungsgründe (Abs. 2)	56
3.3.1.	Einreise aus einem sicheren Drittstaat (Abs. 2 Nr. 1 in Verb. mit § 26 a)	56

§ 18 *Asylverfahren*

3.3.2.	Offensichtliche Verfolgungssicherheit in einem »sonstigen Drittstaat« (Abs. 2 Nr. 2 in Verb. mit § 27 Abs. 1 oder Abs. 2)	58
3.3.3.	Gefahr für die Allgemeinheit (Abs. 2 Nr. 3)	64
3.4.	Ausnahmetatbestände nach Abs. 4	66
3.5.	Verfahrensrechte	68
3.6.	Weiterleitungsverpflichtung (Abs. 1 zweiter Halbsatz)	74
3.7.	Erkennungsdienstliche Behandlung (Abs. 5)	76
3.8.	Zurückschiebung (Abs. 3)	78
4.	Vorläufiger Rechtsschutz	85
5.	Folgenbeseitigungsanspruch	100

1. Vorbemerkung

1   Die Vorschrift des § 18 entspricht im Wesentlichen den Regelungen in § 9 AsylVfG 1982. Zusätzlich geregelt werden die Zurückschiebungsbefugnisse nach Abs. 3 sowie die Pflicht zur erkennungsdienstlichen Behandlung nach Abs. 5. Nicht mehr ausdrücklich erwähnt werden die in § 9 II, 8 II und IV AsylVfG 1982 geregelten Verfahrensrechte. Im Grundsatz ist es jedoch bei der früheren Rechtslage geblieben: Der Asylsuchende hat einen *Einreiseanspruch*, sofern nicht einer der enumerativ aufgezählten Einreiseverweigerungsgründe nach Abs. 2 festgestellt wird und kein Zurückweisungsgrund nach § 33 III vorliegt.

2   Liegen allerdings die Voraussetzungen nach § 18 a I 1 oder 2 vor, ist vor der Einreise das Flughafenverfahren durchzuführen. Voraussetzung für den Einreiseanspruch nach Abs. 1 ist, dass aus den Erklärungen des Antragstellers ein Antragsbegehren im Sinne von § 13 I (s. hierzu: § 13 Rdn. 2 ff.) erkenntlich wird. Eine bestehende *Visumspflicht* steht dem Einreiseanspruch nicht entgegen. Mit dem Einreiseanspruch verbunden ist die zwingende behördliche Weiterleitungspflicht nach Abs. 1 2. HS und damit korrespondierend die Befolgungspflicht des Antragstellers nach § 20 I. In den Fällen des § 18 a I hat die Grenzbehörde den Antragsteller an die der Grenzbehörde zugeordnete Außenstelle des Bundesamtes weiterzuleiten (§ 18 a I 3).

3   Zur Beachtung der Befolgungspflicht des Antragstellers hat die Grenzbehörde die in § 20 geregelte Unterrichtungspflicht. Nach Ablauf der Wochenfrist kann der Antragsteller zur Fahndung ausgeschrieben werden (§ 66 I Nr. 1). Die Strafandrohung nach altem Recht zur Durchsetzung der Befolgungspflicht (§ 34 I Nr. 1 AsylVfG 1982) besteht nicht mehr (vgl. §§ 84 ff.).

4   Mit ÄnderungsG 1993 ist für bestimmte Gruppen von Asylantragstellern ein besonderes *Flughafenverfahren* eingeführt worden (§ 18 a). Durch ÄnderungsG 1997 hat der Gesetzgeber in den Fällen, in denen ein Asylsuchender während des Asylverfahrens in seinen Herkunftsstaat zurückgereist ist und erneut einreisen will, einen weiteren Zurückweisungsgrund eingeführt (s. hierzu im Einzelnen: § 33 Rdn. 43 ff.).

Aufgaben der Grenzbehörde **§ 18**

2. Einreiseanspruch (Abs. 1)

2.1. Das völkerrechtliche Verbot des Refoulement

Der in Abs. 1 geregelte Einreiseanspruch des Asylsuchenden kann als innerstaatliche Umsetzung des in Art. 33 I GFK geregelten Verbotes des Refoulement betrachtet werden. Nach Art. 33 I GFK wird kein Vertragsstaat einen Flüchtling auf irgendeine Weise über die Grenzen von Gebieten ausweisen oder zurückweisen, in denen sein Leben aus den in der GFK genannten Gründen bedroht sein würde. Der Gesetzgeber hat dieses durch Ratifizierung bereits unmittelbar geltende innerstaatlich Verbot des Art. 33 I GFK in § 60 I AufenthG (früher § 14 I 1 AuslG 1965, § 51 I AuslG 1990) erneut in Form des Abschiebungsverbotes geregelt.   5

Aus Abs. 2 kann jedoch der Schluss gezogen werden, dass der Gesetzgeber im Gegensatz zur Rechtsprechung des BVerwG (BVerwGE 49, 202 (205 f.) = EZAR 134 Nr. 1 = NJW 1976, 490; BVerwGE 62, 206 (210) = EZAR 221 Nr. 7 = InfAuslR 1981, 214; BVerwGE 69, 323 (325) = EZAR 201 Nr. 8 = NJW 1984, 2782) davon ausgeht, dass der verfassungsrechtlich gebotene Schutz an der Grenze keine Wirkung entfaltet. Möglicherweise macht sich der Gesetzgeber damit eine einschränkende völkerrechtliche Ansicht zu eigen und überträgt diese auf das Verfassungsrecht.   6

Aus der Entstehungsgeschichte von Art. 33 GFK wurde früher der Schluss gezogen, dass das dort geregelte Verbot nach dem Willen der Staaten nicht für Flüchtlinge an der Grenze gelten sollte. So vertrat z. B. der schweizerische Delegierte während der Diskussion die Ansicht, das Wort »return« (»refouler«) solle nur auf jene Flüchtlinge Anwendung finden, die bereits in das Land eingereist seien. Demzufolge seien die Staaten nicht verpflichtet, größeren Gruppen von Flüchtlingen zu erlauben, ihre Grenze zu überqueren. Zahlreiche Delegierte bekundeten hierzu ihre Zustimmung (s. hierzu Weis, BYIL 1953, 478 (482 f.).   7

Bei einer weiteren Sitzung wiederholte der niederländische Delegierte die Auffassung, dass der Begriff »*expulsion*« (Ausweisung) sich auf Personen beziehe, denen bereits im Staatsgebiet des Vertragsstaates rechtmäßiger Aufenthalt gewährt worden sei, während der Begriff »*return*« oder »*Refoulement*« (Zurückweisung) Personen erfasse, die bereits eingereist seien, denen aber noch kein rechtmäßiger Aufenthalt gewährt worden sei. Nach dieser Interpretation begründe Art. 33 GFK im Falle von größeren Flüchtlingsgruppen keinerlei Verpflichtung der Staaten zu deren Aufnahme. Ohne formelle Abstimmung wurde diese Ansicht durch den Präsidenten der Konferenz zu Protokoll genommen (Weis, BYIL 1953, 478 (482 f.).   8

Nemiah Robinson zog 1953 aus dieser Entstehungsgeschichte den scharfen Schluss, Art. 33 GFK finde Anwendung nur auf jene Flüchtlinge, die bereits legal oder illegal das Staatsgebiet betreten hätten, aber nicht auf jene Asylsuchenden, die an der Grenze Einlass begehrten. Kein Staat könne daher davon abgehalten werden, Flüchtlingen an seiner Grenze die Einreise zu verweigern. Habe es ein Flüchtling geschafft, unter Umgehung der Grenzkontrollen in das Land zu kommen, sei er sicher. Misslinge ihm dies, habe   9 er Pech gehabt (Robinson, Convention relating to the Status of Refugees, S. 163). Zugleich wandte er aber auch kritisch ein, dass dies keine befriedigende Lösung des Flüchtlingsproblems sei.

10 Noch 1962 stimmte *Otto Kimminich* dieser Ansicht von Nemiah Robinson freilich mit Bedauern zu (Kimminich, Der internationale Rechtsstatus des Flüchtlings, S. 327). Auch *Atle Grahl-Madsen* wies noch 1972 darauf hin, dass Art. 33 GFK Flüchtlingen kein Recht auf Einlass gewähre (Grahl-Madsen, The Status of Refugees in International Law, Bd. 2, S. 94). Und auch noch 1976 vermochte der damalige Hohe Flüchtlingskommissar *Sadruddin Aga Khan* keinen anderen Befund festzustellen. Er wies aber zugleich auch auf den weitergehenden *regionalen Standard* hin (Aga Khan, Recueil des Cours 1976, 287 (318); ähnl. Hoffmann, Refugee Law in Africa 1989, 79 (85)).

11 Gegen die zurückhaltenden Stimmen ist einzuwenden, dass nach Art. 32 VRK die Entstehungsgeschichte eines Vertrages nur ergänzend zur Auslegung seiner Bestimmung herangezogen werden kann. Vorrangig ist demgegenüber die Auslegung eines Vertrages im Lichte seines Zieles und Zweckes (Art. 31 I VRK). Schon die Entstehungsgeschichte der Konvention ist jedoch nicht derart eindeutig, dass aus ihr mit hinreichender Bestimmtheit abgeleitet werden kann, dass die Delegierten den nicht im Rahmen einer großen Gruppe um Asyl nachsuchenden Flüchtling an der Grenze nicht geschützt wissen wollten.

12 Negativ ausgedrückt ist es gewiss nicht das Ziel der GFK, Flüchtlingen Aufnahme und Asyl zu gewähren. Aus der Entstehungsgeschichte wird aber andererseits lediglich deutlich, dass man sich gegen ein Recht auf Asyl bei Massenfluchtbewegungen wandte. Deshalb wird auch zutreffend eingewandt, aus der Entstehungsgeschichte lasse sich allenfalls herleiten, dass die Staatenvertreter ein Aufnahmerecht bei Massenfluchtbewegungen abgelehnt hätten (Kälin, Grundriss des Asylverfahrens, S. 219). Die Entstehungsgeschichte ist damit nicht derart eindeutig, dass aus ihr hergeleitet werden könnte, ein Recht des einzelnen Asylsuchenden vor Zurückweisung an der Grenze sei übereinstimmend abgelehnt worden.

13 Die Entstehungsgeschichte der Konvention bleibt damit unergiebig. Was den vorrangig zu betrachtenden Zweck der Konvention betrifft, ist es sicherlich zutreffend, dass ein breiter Staatenkonsens über die Gewährung eines Asylrechts für Flüchtlinge nicht festgestellt werden kann (Aga Khan, a.a.O.; Kimminich, a.A.O.). Eine derartige Zweckrichtung kann daher in die Konvention nicht hineingelesen werden. So wurde auch bei den Beratungen über die Asylrechtsdeklaration von 1967 von den Staatenvertretern hervorgehoben, dass das in Art. 33 GFK enthaltene Prinzip den Staaten bei Massenfluchtbewegungen (»*mass migration*«) keine rechtlichen Verpflichtungen auferlege (Weis, CanadianYIL 1969, 92 (124)). Eine an der Zweckrichtung der Konvention orientierte Auslegung kommt damit zu dem Ergebnis, dass keine ihrer Regelungen dahin interpretiert werden kann, es solle durch sie ein Recht auf Aufnahme und Asylgewährung begründet werden. Art. 33 GFK darf also nicht in einer Weise ausgelegt werden, dass hierdurch Flüchtlingen ein dauerhafter Aufenthalt gewährt werden soll.

14 Darin allein erschöpft sich der Zweck von Art. 33 GFK jedoch nicht. Vielmehr

zielt diese Norm zuallererst auf die Vermeidung des Eintritts eines *extraterritorialen Effekts*: Die Staaten verpflichten sich, alles zu unterlassen, was letztendlich (»*in any manner whatsoever*«, »auf irgendeine Weise«) dazu führen könnte, dass ein Flüchtling »über die Grenzen« von Gebieten, in denen er verfolgt wird, gelangt. Schon die Wortlautauslegung (so auch Kälin, Das Prinzip des Non-Refoulement, S. 105 ff.) legt damit ein Verständnis von Art. 33 GFK nahe, demzufolge der Staat den Flüchtling *nicht* an der Grenze zurückweisen darf, wenn dieser als Folge der Zurückweisung in den Zugriffsbereich des Verfolgerstaates geriete.

Bereits 1954 stellte daher der als geistiger Vater des modernen Flüchtlingsrechts bezeichnete ehemalige Rechtsberater beim UNHCR, *Paul Weis*, fest, dass Art. 33 GFK den Staaten eine zwingende Verpflichtung auferlege, sich jeglicher Maßnahmen zu enthalten, die dazu führen könnten, dass ein Flüchtling in den behaupteten Verfolgerstaat verbracht werde. Zwar hätten die Staaten ein uneingeschränktes Recht, den Zugang zu ihrem Gebiet zu regeln. Es entwickle sich jedoch eine gewohnheitsrechtliche Regel, der zu folge die Staaten bona fide Flüchtlingen den Zugang nicht verweigern dürften, wenn dies im Ergebnis dazu führen würde, dass der Flüchtling der Verfolgung ausgesetzt werde. Hieraus folge zwar nicht die Anerkennung eines dauernden Aufenthaltsrechtes. Der den Zugang gewährende Staat könne jedoch nur auf der Grundlage seiner völkerrechtlichen Verpflichtungen den Flüchtlingen an einen dritten Staat verweisen (Weis, AYIL 1954, 193 (198 f.)).

Der rechtlich maßgebliche Inhalt von Art. 33 GFK zielt damit auf eine *staatliche Unterlassungspflicht*. Er *verbietet* alle staatlichen Maßnahmen, welche im Ergebnis dazu führen, dass der Asylsuchende dem Zugriff seines Verfolgerstaates ausgesetzt wird (Goodwin-Gill, VirginiaJIL 1986, 897 (902 f.)). Mit dieser Bedeutung wird Art. 33 GFK heute in der *Staatenpraxis* allgemein angewandt (Sexton, Vanderbuilt JTL 1985, 731 (739 f.); Jackson, Territoriales Asylrecht, S. 79). Aus diesem Grund wird auch hervorgehoben, dass eine grammatikalische, teleologische und an der nachfolgenden Praxis (Art. 31 III Nr. b VRK) orientierte Interpretation von Art. 33 GFK in den Schutzbereich dieser Norm auch das Verbot der Zurückweisung an der Grenze einbeziehen müsse (Kälin, Grundriss des Asylverfahrens, S. 219; ders., Das Prinzip des Non-Refoulement, S. 105 ff.; Menke, Bedingungen einer Asylgesetzgebung der Europäischen Gemeinschaften, S. 172 ff.).

Über den damit ermittelten Inhalt des völkerrechtlichen Prinzips des Non-Refoulements kann im völkerrechtlichen Schrifttum heute nahezu Übereinstimmung festgestellt werden (Sinha, Asylum and International Law, S. 110 f.; Goodwin-Gill, The Refugee in International Law, 2. Aufl., 1996, S. 121 ff.; Perluss/Hartman, VirginiaJIL 1986, 551 (599 f.); Sexton, Vanderbuilt JTL 1985, 731 (739 f.); Hailbronner, ZAR 1987, 1 ff. (5); Crawford/Hyndman, IJRL 1989, 157; Helton, IJRL 1990 (Special Issue), S. 119 (123); Hatheway, The Law of Refugee Status, S. 26 f.; Sternberg, Non-Expulsion and Non-Refoument, S. 253, 257, 261; a. A. Reichel, Das staatliche Asylrecht »im Rahmen des Völkerrechts«, S. 41). Zahlreiche internationale und regionale Erklärungen und Verträge beziehen ausdrücklich das Zurückweisungsverbot an der Grenze in den Schutzbereich des Refoulementverbots ein.

18 Auch wenn man einer eher zurückhaltenden Auslegung zuneigt, darf die *europäische Staatenpraxis*, also regionales Gewohnheitsrecht, nicht unberücksichtigt bleiben. Unter den europäischen Staaten aber ist allgemein anerkannt, dass das Refoulementverbot von Art. 33 GFK die Zurückweisung an der Grenze mitumfasst (Hailbronner, Möglichkeiten und Grenzen einer europäischen Koordinierung des Einreise- und Asylrechts, S. 39; ebenso: Menke, a. a. O., S. 174 f.).

19 Dem stehen auch nicht die Rechtsprechung des US-amerikanischen Obersten Gerichtshofes entgegen: In der *Haiti-Entscheidung* vom 21. Juni 1993 (Nr. 92–344, The United States Law Week 1993, 4684) hatte der Gerichtshof über Beschwerden haitianischer Bootsflüchtlinge, die auf offener See von Zwangsmaßnahmen bedroht waren, zu entscheiden. Obwohl der Gerichtshof wiederholt die Situation des Flüchtlings *an* der Grenze erwähnt, kann der Entscheidung keine eindeutige rechtliche Aussage zu dieser Frage entnommen werden. Vielmehr stellt der Gerichtshof lediglich fest, dass Art. 33 GFK nicht beabsichtige, das Staatenverhalten *außerhalb* der nationalen Grenzen zu regeln (S. 4691). Daher könne es den Einwanderungsbehörden nicht untersagt werden, Asylsuchende über die nationalen Seegrenzen hinweg zu bringen (S. 4693).

20 Mit Blick auf den internationalen Standard, demzufolge auch Asylsuchenden auf hoher See Refoulementschutz zuteil wird (UNHCR ExCom, *Empfehlung Nr. 53 (XXXIX))*, ist diese nationale Gerichtsentscheidung sicherlich bedenklich. Sie lässt jedoch die Frage, ob Art. 33 I GFK auch auf Flüchtlinge an der Grenze Anwendung findet, offen. Offensichtlich mit Bezug auf diese Gerichtsentscheidung wurde während der Diskussion des Unterausschusses über Rechtsschutz des UNHCR betont, dass Art. 33 I GFK die Staaten nicht *außerhalb* ihrer eigenen Grenzen binde. Er finde jedoch Anwendung auf Flüchtlinge, die an der Grenze des Aufnahmestaates Einlass begehrten (UNHCR, Report of the Sub-Committee of the Whole of International Protection v. 5. 10. 1993, UN Doc. A/AC.96/819, Rdn. 12).

21 Es bleibt freilich eine schmale Gratwanderung zwischen der Ablehnung des Aufnahmeanspruchs im Rahmen von Massenfluchtbewegungen einerseits sowie dem zugunsten des Einzelnen wirkenden völkerrechtlichen Schutzgebot auf Unterlassung von Zwangsmaßnahmen an der Grenze andererseits. Dieser schmale Grat entscheidet über die Effektivität des völkerrechtlichen Rechtsschutzes: Wer das Zurückweisungsverbot an der Grenze nicht als rechtliche Verpflichtung bewerten will, verweist auf den Widerstand der Staaten, eine Verpflichtung zur Asylgewährung eingehen zu wollen (Reichler, Das staatliche Asylrecht »im Rahmen des Völkerrechts« S. 40 f.). Wer demgegenüber insbesondere diesen Aspekt zum Kernbestand des Völkerrechts zählt, verweist auf die extraterritoriale Dimension des Refoulementverbots, welches zur Folge hat, dass jedenfalls zur Identifizierung der völkerrechtlichen Pflicht aus Art. 33 GFK ein gewisser Verfahrens- und vorläufig wirkender Aufenthaltsschutz unerlässlich ist. Nach diesen Grundsätzen sind daher auch die Einreiseverweigerungsgründe nach Abs. 2 auszulegen.

Aufgaben der Grenzbehörde **§ 18**

2.2. Rechtscharakter des Refoulementverbotes

Das im Auftrag des Bundesjustizministeriums erstellte Rechtsgutachten von *Jochen Abr. Frowein* und *Andreas Zimmermann* (Rechtsgutachten zu der Frage: Welche Mindeststandards ergeben sich aus der GFK und der EMRK für die Behandlung eines Asylsuchenden ?) gibt Anlass, die Frage der *Rechtsbeständigkeit* des Refoulementverbots näher zu erörtern. Das Gutachten stellt einerseits fest, in der *Praxis* der meisten Staaten würde zwar auch das Zurückweisungsverbot an der Grenze respektiert (S. 40). Bezweifelt wird lediglich, ob hieraus auf eine dahinterstehende Rechtsüberzeugung geschlossen werden könne (S. 41). Diese Frage ist jedenfalls unter Berücksichtigung der heutigen Staatenpraxis zu bejahen. 22

Die Staatenlosenkonferenz stellte 1954 in Abschnitt IV der Schlussakte den Grundsatz auf, Art. 33 GFK sei Ausdruck eines allgemein anerkannten Grundsatzes. Sie bestätigte damit jedoch lediglich den bereits damals herrschenden Grundsatz, demzufolge das Refoulementverbot bereits Bestandteil des allgemeinen Völkerrechts geworden war (Kimminich, AVR 1982, 369; Hyndman, The Australian LJ 1986, 153 f.; Goodwin-Gill, The Refugee in International Law, 1. Aufl., 1983, S. 97 ff.; Weis, AYIL 1954, 199; Sexton, Vanderbuilt JTL 1985, 731 (737); Sinha, Asylum and International Law, S. 160). *Atle Grahl-Madsen* hebt hervor, dass dieses Verbot Ausdruck eines fundamentalen Prinzips zivilisierter Nationen und als solches eines der Grundpfeiler des Völkerrechts sei (AAPSS 1983, 14). 23

Andererseits wird zurückhaltend argumentiert, verschiedene Faktoren wiesen daraufhin, dass das Refoulementverbot ein in der Entwicklung begriffenes Gewohnheitsrecht sei, jedoch dieses Stadium noch nicht erreicht habe (Kälin, Das Prinzip des Non-Refoulement, S. 72). Hiergegen wird eingewandt, Art. 33 GFK habe generellen Charakter und seine Anwendung in der Staatenpraxis rechtfertige das vom Internationalen Gerichtshof für das Aufspüren einer gewohnheitsrechtlichen Regel geforderte Urteil einer einheitlichen und konsistenten Praxis. Vollständige Einheitlichkeit und Konsistenz könne aber nicht verlangt werden. Vielmehr reiche es aus, wenn in der Praxis einzelner Staaten oder generell in der Staatenpraxis dieselbe gewohnheitsrechtliche Regel angewandt werde (Stenberg, Non-Expulsion and Non-Refoulement, S. 275 f.). 24

Im Hinblick auf das Refoulementverbot im Allgemeinen und auf Art. 33 GFK im Besonderen könne festgestellt werden, dass gewichtige Gründe das Urteil einer einheitlichen Staatenpraxis rechtfertigten, auch wenn einzelne Staaten gelegentlich Flüchtlinge in den Verfolgerstaat verbringen würden. Auch die geforderte Rechtsüberzeugung (*opinion iuris*) könne in der Staatenpraxis nachgewiesen werden (Stenberg, Non-Expulsion and Non-Refoulement, S. 278). 25

Aus diesen Gründen kann dem erwähnten Rechtsgutachten nicht gefolgt werden. Während die Verfasser einerseits eine einheitliche und konsistente Praxis der Beachtung des Refoulementverbots feststellen, hegen sie andererseits Zweifel, ob hieraus Rückschlüsse auf eine dahinterstehende Rechtsüberzeugung gezogen werden könnten oder diese Praxis lediglich humani- 26 tären Überlegungen entspreche (S. 41). Die Tatsache, dass selbst Staaten, welche nicht die Konvention ratifiziert haben, kein Recht für sich behaupten, politische Flüchtlinge zurückzuweisen, ist jedoch ebenso überzeugender Beleg für eine entsprechende gemeinschaftliche Rechtsüberzeugung (*communis opinio iuris*) wie der Umstand, dass bei Diskussionen und Beschlussfassungen der Generalversammlung über das Refoulementverbot kein Staatenvertreter formalen Protest hiergegen erhebt.

27 Weiterhin behauptet kein Staat das Recht auf Zurückweisung, wenn UNHCR im Einzelfall interveniert (Stenberg, a. A. O., S. 279). Im Gegenteil, Verletzungen des Refoulementverbots einschließlich von Zurückweisungen von Flüchtlingen an der Grenze sind in der Vergangenheit durch andere Staaten und UNHCR deutlich kritisiert worden (Goodwin-Gill, The Refugee in International Law, 1. Aufl., 1983, S. 77). Hier wird nicht nur eine lediglich unverbindliche moralische Intention, sondern die *nachweisbare Rechtsüberzeugung der Staaten* des Inhalts evident, dass sie *kein Recht* haben, einen Flüchtling dem Zugriff seines Verfolgerstaates auszusetzen.

28 Die Berichte des UNHCR gehen sogar noch einen Schritt weiter und sprechen dem Prinzip des Non-Refoulement sogar den Charakter von *jus cogens* zu (UNHCR-Report, UN Doc. E/1985/62 (1985), Rdn. 22f.; UNHCR-Report, UN Doc. E/18989/64 (1989), Rdn. 24; so auch Allain, IJRL 2001, 533 (534)), sodass dieser Grundsatz nur durch eine spätere Norm des allgemeinen Völkerrechts derselben Rechtsnatur geändert werden könnte (Art. 53 VRK). Festzuhalten bleibt, dass das Refoulementverbot nach Art. 33 GFK Flüchtlinge auch vor Zurückweisung an der Grenze in dem Sinne schützt, dass die Staaten sich aller Zwangsmaßnahmen zu enthalten haben, welche zur Verbringung des Flüchtlings in den Verfolgerstaat führen. Ob man dieses Verbot für schlechthin unveränderbar ansieht oder nicht, kann dahinstehen. Jedenfalls ist es mit diesem Inhalt Teil des derzeit geltenden allgemeinen Völkerrechts und damit über Art. 25 S. 1 GG Bestandteil des Bundesrechts. Dies ist bei der Inhaltsbestimmung des verfassungsrechtlichen Asylrechts und der Festlegung seiner einschränkenden Grenzen und damit auch bei der Auslegung von Abs. 2 zu beachten.

2.3. Innerstaatliche Anwendbarkeit von Art. 33 Abs. 1 GFK

29 Zwar verpflichtet das Völkerrecht nur Staaten. Auch wenn sich inzwischen im Völkerrecht zahlreiche individualschützende Normen herausgebildet haben, bleibt allein der Staat Völkerrechtssubjekt (Delbrück, Die Rassenfrage als Problem des Völkerrechts, Frankfurt a. M. 1971, S. 94; Mosler, ZaöRV 1976, 36f.). Freilich werden heute die Menschenrechte als materiell-rechtliche Verfassungselemente einer Völkerrechtsordnung angesehen (Mosler, ZaöRV 1976, 36f.; Geck, JuS 1980, 73).

30 Entsprechend der herrschenden *Mediatisierungslehre*, der zu folge der Einzelne nur vermittelt durch den Staat in den Genuss völkerrechtlicher Schutznormen gelangen kann, begründet die GFK aus völkerrechtlicher Sicht zunächst Rechte und Pflichten nur zwischen den Vertragsstaaten, nicht jedoch

zugunsten des einzelnen (BVerfGE 52, 391 (496) = EZAR 150 Nr. 1 = NJW 1980, 516). Durch völkerrechtlich wirksame Handlungen des Staates können jedoch innerstaatlich wirksame Vertrauenstatbestände begründet werden (BVerfGE 50, 244 (245)). Allein aus dem Völkerrecht können Asylsuchende angesichts dieser Rechtslage daher für sich keine unmittelbaren Rechte gegen Zurückweisungen ableiten.

Jedoch wird durch die Transformation eines völkerrechtlichen Vertrages innerstaatlich ein unmittelbares subjektives Recht vermittelt, wenn die betreffende Vertragsnorm nach Wortlaut, Zweck und Inhalt hinreichend bestimmt ist, wie eine innerstaatliche Vorschrift rechtliche Wirkung zu entfalten, sodass sie keiner weiteren normativen Ausfüllung bedarf (BVerwGE 80, 233 (235) = EZAR 271 Nr. 19 = InfAuslR 1989, 98; BVerwGE 87, 11 (13) = EZAR 252 Nr. 5 = NVwZ 1991, 787 = InfAuslR 1991, 72; BVerwG, EZAR 232 Nr. 1; BGHZ 18 Nr. 22 (25 f.)). Aus völkerrechtlicher Sicht vermitteln derartige Normen zwar keine subjektiven Rechte. Durch ihre Transformation begründen sie jedoch aufgrund der für die Umsetzung in das innerstaatliche Recht maßgeblichen Transformationslehre in der Bundesrepublik subjektive Rechtswirkungen, wenn Inhalt, Zweck und Fassung der Vorschrift des Vertrages mit voller Klarheit die Annahme zulassen, dass eine solche Wirkung gewollt ist (BGHZ 18, 22 (26); VGH BW, EZAR 250 Nr. 1; s. hierzu Marx, ZAR 1992, 3 (12)). **31**

Eine derartige Wirkung hat das BVerwG für die Vorschriften der GFK unterstellt (BVerwG, EZAR 232 Nr. 1). Art. 33 I GFK will Flüchtlinge im Sinne von Art. 1 GFK vor Zurückweisung, Ausweisung, Abschiebung und jeglichen Zwangsmaßnahmen schützen. Es handelt sich damit ganz offensichtlich um eine völkerrechtliche Norm mit subjektiver Schutzwirkung, die unabhängig von Art. 16 a I GG über Art. 19 IV GG gerichtlich geltend gemacht werden kann. Asylsuchende können sich daher an der Grenze unmittelbar auf Art. 33 I GFK berufen und haben aus dieser Norm einen einklagbaren Anspruch auf Zulassung zum Asylverfahren in dem entweder ihre Flüchtlingseigenschaft (Abs. 1) oder die Möglichkeit der Rückführung in einen Drittstaat (Abs. 2) geprüft wird (so auch: BVerfGE 94, 49 (97) = EZAR 208 Nr. 7 = NVwZ 1996, 700). **32**

2.4. Das verfassungsrechtliche Zurückweisungsverbot (Art. 16 a Abs. 1 GG; § 15 Abs. 4 Satz 1 in Verb. mit § 60 Abs. 1 AufenthG)

Verfassungsrechtlich ist § 18 im Lichte von Art. 16 a I in Verb. mit Art. 19 IV GG auszulegen. Demzufolge können Asylsuchende ein subjektiv-öffentliches Recht gegen die Verwaltung (BVerfGE 54, 341 (357) = EZAR 200 Nr. 1 = NJW 1980, 2641 = InfAuslR 1980, 338; BVerwG, Buchholz 402.23 § 7 AsylVO Nr. 1) und damit auch gegen die Grenzbehörden geltend machen. Art. 16 a I GG verbürgt demjenigen, der vor politischer Verfolgung Zuflucht sucht, dass er an der Grenze des zur Asylgewährung verpflichteten Staates nicht zurückgewiesen und nicht in einen *möglichen* Verfolgerstaat abgeschoben wird, was einschließt, dass er auch in keinen Staat abgeschoben werden darf, in dem **33** die Gefahr weiterer Abschiebung besteht ((BVerwGE 49, 202 (205 f.) = EZAR 134 Nr. 1 = NJW 1976, 490; BVerwGE 62, 206 (210) = EZAR 221 Nr. 7 = InfAuslR 1981, 214; BVerwGE 69, 323 (325) = EZAR 201 Nr. 8 = NJW 1984, 2782)).

34 Dieser als *Verbot der Kettenabschiebung* sowohl verfassungsrechtlich wie völkerrechtlich anerkannte Grundsatz enthält klare Anweisungen an die innerstaatlichen Behörden, die im besonderem Maße von den Grenzbehörden zu beachten sind. Dem trägt die Verweisung in § 15 IV 1 AufenthG auf § 60 I AufenthG Rechnung. Mit dem Hinweis auf »mögliche« Verfolgerstaaten ist den Grenzbehörden zugleich eine eingehende Prüfung des Asylgesuchs untersagt worden. Die bloße Möglichkeit der Verfolgungsbetroffenheit aufgrund der Behauptungen des Antragstellers, nicht deren für die Gewährung des Asylrechts geforderte überwiegende Wahrscheinlichkeit, reicht für den Einreiseanspruch nach Abs. 1 aus.

2.5. Unbeachtlichkeit bestehender Visumsvorschriften

35 Grundsätzlich bedürfen Ausländer aus Staaten, die nicht in Anhang II der EUVisaVO aufgeführt sind, zur Einreise eines Visums (§ 4 I 1 AufenthG, vgl. auch § 31 AufenthV). Nach gefestigter Rechtsprechung des BVerwG dürfen die Grenzbehörden einem Flüchtling, der unmittelbar aus dem Verfolgerstaat kommt, den illegalen Grenzübertritt nicht zum Vorwurf machen (BVerwGE 7, 333; BVerwG, DÖV 1978, 180; BVerwG, DVBl. 1981, 775; BVerwG, NVwZ 1984, 591; BVerwG, U. v. 3. 6. 1997 – BVerwG 1 C 1.97). Dementsprechend kann diesen Personen auch nicht vorgehalten werden, sie hätten sich vor der Einreise einen Aufenthaltstitel in Form des Visums besorgen müssen (BVerwG, DÖV 1978, 180; BVerwG, DVBl. 1981, 775; BVerwG, NVwZ 1984, 591).

36 Die *Effektivität des Asylrechts* erfordert vielmehr, dass eine derartige Einreisevoraussetzung die Asylgewährung und damit auch eine dafür erforderliche Einreise in das Bundesgebiet unmittelbar aus dem Verfolgerstaat nicht hindert (BVerwG, DÖV 1978, 180). Art. 16 a I GG gebietet daher, unmittelbar aus dem Verfolgerstaat einreisenden Asylsuchenden Einreise und Aufenthalt zum Zwecke der Klärung ihrer Asylberechtigung nicht zu verwehren (BVerwG, NVwZ 1985, 591: zu Art. 16 II 2 GG 1949) mit der Folge, dass der Einreiseanspruch nicht vom Besitz eines Visums abhängig ist (BVerwG, DÖV 1978, 180; BVerwG, NVwZ 1985, 591). Das BVerwG hebt ausdrücklich hervor, dass derartige Asylsuchende *unter Inanspruchnahme eines ihnen verbürgten Grundrechts einreisen* (BVerwG, DVBl. 1981, 775). Nur die Personen, die nicht unmittelbar aus dem Verfolgerstaat einreisen, bedürfen eines Visums zur Einreise. Das Erfordernis der unmittelbaren Einreise ist dabei nach den Grundsätzen zur Fluchtbeendigung auszulegen (so ausdr.: BVerwG, NVwZ 1992, 682 (684); s. hierzu § 27 Rdn. 34 ff.).

37 Zur effektiven Durchsetzung der Visumbestimmungen hat die Bundesrepublik wie andere westliche Staaten und in vertraglicher Abstimmung mit den Schengener und EG-Staaten zahlreiche Regelungen mit Blick auf Beförde-

rungsunternehmen, insbesondere Fluggesellschaften, getroffen, von denen die wichtigste § 64 AufenthG (früher § 18 V 1 AuslG 1965, § 74 II 2 AuslG) ist. Danach können Fluggesellschaften nach Erlass der Verfügung des Bundesinnenministeriums gemäß § 63 II 1 AufenthG für die Beförderung von Asylsuchenden ohne Visum mit einem Zwangsgeld zwischen 1000,— und 5000,— Euro belegt werden (vgl. § 63 III AufenthG).

Die Verfassungskonformität dieses Zwangsgeldes ist heftig umstritten. Verfassungsrechtlich darf das Verfahrensrecht keine die materielle Grundrechtsausübung hindernde unüberwindbare Schranken errichten (BVerfGE 63, 131 (143)). Insbesondere mit Blick auf das Asylgrundrecht ist eine grundrechtskonforme Anwendung des Verfahrensrechts geboten (BVerfGE 56, 216 (236) = EZAR 221 Nr. 4 = InfAuslR 1981, 152). Die Vorschrift des § 64 AufenthG wird jedoch unterschiedslos auf alle Ausländer angewandt. Es sind keine Verfahrensvorschriften erlassen worden, die den Zugang zum Bundesgebiet für Verfolgte erleichtern. **38**

Eine derartig differenzierende Handhabung dieser Vorschrift wäre indes nicht verfassungskonform, da die asylrechtlichen Verfahrens- und Zuständigkeitsvorschriften ja gerade die effektive Gewährleistung des Asylrechts sichern sollen. Der Überbürdung des Risikos der Fehleinschätzung behaupteter Verfolgungsgefahren auf Luftfahrtgesellschaften steht deshalb die Verfassung entgegen. Im Übrigen ist einem Asylsuchenden die Einholung eines Visums vor der Einreise in aller Regel weder möglich noch zumutbar (BVerwG, NVwZ 1992, 682 (684) = EZAR 220 Nr. 3). **39**

Aus verfassungsrechtlicher Sicht wird allerdings ein Anspruch auf Asyl*gewährung* erst mit Erreichen des Staatsgebietes erworben (BVerwG, NVwZ 1992, 682 (684)). Diese *Territorialgebundenheit des Asylrechts* (BVerfGE 69, 323 (324) = EZAR 200 Nr. 10 = NJW 1984, 2782) erlaubt nicht, dass der Gesetzgeber durch gezielte Maßnahmen Asylsuchenden den Zugang zum Bundesgebiet erschwert oder gar vereitelt (BVerwG, NVwZ 1992, 682 (685); offengelassen BVerfGE 97, 49 (65) = NVwZ 1998, 606 (607) = EZAR 220 Nr. 5; s. hierzu auch Selk, NVwZ 1993, 144). Eine Hilfeleistung an Asylsuchende außerhalb der Bundesrepublik etwa durch Bereitstellung von Transportmöglichkeiten oder durch Übernahme der Flugkosten kann aus Art. 16 a I GG nicht abgeleitet werden. **40**

Das Beförderungsverbot hat die Wirkung, dass das Zurückweisungsverbot dadurch ins Leere läuft, dass *auf Veranlassung* deutscher Behörden Asylsuchende *vor* der Grenze an der Einreise gehindert werden. Derartige Barrieren dürfen jedoch nach Erreichen des Bundesgebietes nicht mehr errichtet werden. Aus diesem Grunde hat das BVerwG den in der obergerichtlichen Rechtsprechung entstandenen Streit (für Verfassungswidrigkeit des Beförderungsverbotes: Hess.VGH, EZAR 220 Nr. 2; a. A. OVG NW, InfAuslR 1989, 286) dahin entschieden, dass es das Beförderungsverbot (des alten Rechts) für unvereinbar mit dem objektiven Wertgehalt des Asylgrundrechts erachtet. Es hatte diese Frage deshalb dem BVerfG zur Entscheidung vorgelegt (BVerwG, NVwZ 1992, 682 (684)). **41**

Das BVerfG hat die Vorlage des BVerwG als unzulässig zurückgewiesen, weil seiner Ansicht nach Fluggesellschaften aus einer möglichen Unvereinbarkeit **42** der Visumspflicht mit dem Asylgrundrecht für sich nichts herleiten können (BVerfGE 97, 49 (66) = NVwZ 1998, 606 (607) = EZAR 220 Nr. 5). Zwar hat das Gericht im Zusammenhang mit der verfassungsrechtlichen Drittstaatenkonzeption eine verfahrensrechtliche Vorwirkung des Asylgrundrechts verneint (BVerfGE 94, 49 (87) = EZAR 208 Nr. 7 = NVwZ 1996, 700). In Ansehung von nicht sicheren Drittstaaten steht jedoch insoweit eine verfassungsrechtliche Klärung dieser Frage noch aus.

43 Nichtstaatliche Organisationen und UNHCR haben erhebliche völkerrechtliche Bedenken gegen diese Praxis angemeldet. Seit Mitte der achtziger Jahre haben schrittweise Belgien, die Bundesrepublik, das Vereinigte Königreich, Dänemark, Frankreich und eine Reihe weiterer Staaten finanzielle und strafrechtliche Sanktionen eingeführt, die sämtlich das Ziel verfolgen, Flüchtlingen den Zugang zum Staatsgebiet zu erschweren. Diese einzelstaatlichen Maßnahmen werden innerhalb der EG kooordiniert. Deshalb wird diese Praxis zu Recht als *Politik der Fluchtverhinderung* kritisiert.

44 Gerade deshalb ist die lediglich kurze völkerrechtliche Auseinandersetzung unter Bezugnahme auf lediglich eine einschränkende Literaturmeinung im Vorlagebeschluss des BVerwG bedauerlich: Maßgebend dafür, dass das Beförderungsverbot nicht gegen Art. 33 I GFK verstoße, sei, dass dieser Vorschrift keine Aufnahmeverpflichtung entnommen werden könne (BVerwG, NVwZ 1992, 682 (683, 685)). Im Übrigen ergebe die zur Auslegung einer Vertragsnorm zu berücksichtigende Staatenpraxis, dass das Beförderungsverbot in zahlreichen Staaten praktiziert werde (BVerwG, NVwZ 1992, 682 (683)). Andererseits begründet das Gericht seine verfassungsrechtliche Ansicht damit, dass das Beförderungsverbot das Zurückweisungsverbot leer laufen lasse, welches ein vorläufiges Aufenthaltsrecht beinhalte (BVerwG, NVwZ 1992, 682 (684f.)).

45 Die Ansicht des BVerwG greift zu kurz und verkennt auch den im Völkerrecht anerkannten Unterschied zwischen Anspruch auf Asyl und Aufnahme einerseits und der Verpflichtung, Zugang zum Asylverfahren zu gewähren, andererseits. Weil Art. 33 I GFK das Zurückweisungsverbot umfasst, enthält diese Vorschrift auch eine *verfahrensrechtliche Vorwirkung* und damit verbunden ein *vorläufiges* Aufenthaltsrecht (Hyndman, The Australian LJ 1986, 153; Perluss/Hartman, Virginia JIL 1986, 599; Sexton, Vanderbuilt JTL 1985, 730; Godwin-Gill, The Refugee in International Law, 1. Aufl., 1983, S. 160) zur Prüfung der Flüchtlingseigenschaft oder des sicheren Drittstaats. Die Fixierung auf die Territorialität des Asylrechts wird nicht nur im Verfassungsrecht, sondern auch im Völkerrecht zugunsten der Sicherstellung eines effektiven Rechtsschutzes behutsam gelockert.

46 So untersagt Art. 33 I GFK die Ausweisung und Zurückweisung »auf irgendeine Weise« in den Verfolgerstaat. Die Vertragsstaaten haben daher jegliche Maßnahmen zu unterlassen, die zur Rückführung in den Verfolgerstaat führen können. Dementsprechend werden nach der *Empfehlung Nr. 53 (XXXIX)* des Programms des Exekutivkomitees von UNHCR Asylsuchende, die als blinde Passagiere auf hoher See angetroffen werden, und Flüchtlinge in Booten gegen Zurückschiebung auf See geschützt.

47 Art. 33 I GFK verlangt effektive Verfahren und damit verfahrensrecht-

liche Vorkehrungen gegen die Verletzung des Verbotes des Refoulement (Goodwin-Gill, The International Yearbook of Humanitarian Law 1985, 57). Beförderungsverbote verhindern jedoch den Zugang zum Verfahren und verstoßen deshalb gegen Art. 33 I GFK (Meijers, IJRL 1990, 434). Auch widerspricht es dem Grundsatz von Treu und Glauben (Art. 31 I VRK), die Bestimmungen der GFK in einer deren Inanspruchnahme erschwerenden oder verhindernden Weise anzuwenden (Feller, IJRL 1989, 59).

Hieraus wird deutlich, dass sämtliche vom BVerwG bemühten verfassungsrechtlichen Argumente uneingeschränkt auch im Völkerrecht von Bedeutung sind. Der verfassungsrechtliche Vorsprung des Asylrechts zielt auf die grundsätzlich gegebene Aufnahmegarantie (BVerwGE 62, 206 (210) = EZAR 221 Nr. 7 = DÖV 1981, 712 = DVBl. 1981, 1097 = NJW 1981, 712 = MDR 1981, 1045) sowie auf die durch Art. 19 IV GG gewährleistete effektivere Rechtsschutzgarantie. Was schließlich die entgegenstehende Staatenpraxis betrifft, ist festzuhalten, dass der Inhalt von Art. 33 I GFK mit seiner verfahrensrechtlichen Vorwirkung vom UNHCR als ius cogens angesehen wird, sodass ein Abweichen von dieser Regel rechtlich untersagt ist. Auch wenn man lediglich von einer gewohnheitsrechtlichen Regel ausgehen will, sind doch strenge Anforderungen an die Änderung des Inhalts einer allgemeinen Regel zu stellen. Lediglich die Praxis einer zwar gewichtigen, aber zahlenmäßig eher kleinen Staatengruppe vermag diese Inhaltsänderung jedenfalls nicht zu bewirken. 48

3. Verwaltungsverfahren

3.1. Vorbemerkung

Aus den dargestellten völker- und verfassungsrechtlichen Vorgaben ergeben sich klare Anweisungen für das Verhalten der Grenzbehörden. Der Behördenbegriff in Abs. 1 ist dem in § 63 IV AuslG 1990 (jetzt § 71 III AufenthG) angepasst worden (BT-Drs. 12/2062, S. 31). Zuständig für die Kontrolle des grenzüberschreitenden Verkehrs (Abs. 1) sind der Bundesgrenzschutz (BGS) und die Zollbehörden. In Bremen und Hamburg nehmen in den Seehäfen landeseigene Polizeikräfte diese Aufgabe wahr. 49

Während es früher keine gesetzliche Verpflichtung gab, demzufolge der Asylantrag nur bei der Grenzbehörde gestellt werden konnte (BVerfG (Kammer), EZAR 224 Nr. 22 = InfAuslR 1992, 226), legt das geltende Recht in § 13 III 1 eine derartige, freilich sanktionslose Verpflichtung fest (s. hierzu § 13 Rdn. 38 ff.). 50

Mit der Meldung nach Abs. 1 als solcher wird freilich das Asylverfahren noch nicht eingeleitet. Das Gesetz ist insoweit präzis: Ein Ausländer, der bei der Grenzbehörde *um Asyl nachsucht* (Abs. 1), ist *zur Meldung* (zwecks Asylantragstellung) weiterzuleiten. Erst mit der Meldung nach § 23 I oder nach § 18 a I 3 beginnt das Asylverfahren (§ 13 Rdn. 10 ff.). 51

Abs. 2 und § 33 III legen die Einreiseverweigerungsgründe *enumerativ* fest, d. h. die Grenzbehörde darf z. B. die Einreise nicht mit der Begründung ver- 52 weigern, beachtliche Wiederaufnahmegründe (§ 71 I) seien nicht gegeben. Wie schon nach altem Recht regelt das geltende Recht anders als § 36 mit Blick auf die Abschiebungsandrohung nicht das Rechtsschutzverfahren und lassen sich § 18 keine näheren Hinweise zur Gestaltung des Verwaltungsverfahrens entnehmen.

3.2. Anhörung durch die Grenzbehörde (Abs. 1)

53 Die Grenzbehörden haben zunächst ihre *Sachkompetenz* zu prüfen, d. h. zu untersuchen, ob mit dem vorgebrachten Schutzbegehren ein Asylantrag im Sinne von § 13 I geltend gemacht wird. Damit ist jedoch keine Schlüssigkeits- oder inhaltliche Prüfung des Antrags verbunden (§ 13 Rdn. 13 ff.). Eine inhaltliche Prüfungskompetenz steht diesen Behörden lediglich mit Blick auf die Einreiseverweigerungsgründe nach Abs. 2 zu. Mit diesen Grundsätzen unvereinbar war die vor 1993 traditionell geübte Praxis der Grenzbehörden, insbesondere am Flughafen Frankfurt am Main, Asylsuchende nach Maßgabe eines detaillierten Fragenkataloges umfassend zu ihren Asylgründen zu befragen. Auch im Flughafenverfahren nach § 18 a nehmen die Grenzbehörden nach wie vor eine inhaltliche Anhörung zu den Asylgründen vor (s. im Einzelnen hierzu: § 18 a Rdn. 77 ff.).

54 Festzuhalten bleibt, dass die Grenzbehörde umfassend den Reiseweg, Aufenthalte in Drittstaaten und andere für die Einreiseverweigerungsgründe nach Abs. 2 und § 33 III maßgeblichen Tatsachen zu ermitteln hat. Inhaltliche Feststellungen zum Asylbegehren selbst sind ihr verwehrt (OVG Lüneburg, NVwZ 1987, 1110). Die Anhörung verfolgt lediglich den *eingeschränkten Zweck* der Feststellung der Sachzuständigkeit nach Abs. 1 (vgl. Hess.VGH, EZAR 210 Nr. 4) sowie der Prüfung der Einreisverweigerungsgründe nach Abs. 2 und § 33 III.

55 Die Behörde kann auch den Antragsteller und von ihm mitgeführte Sachen nach seinem Reisedokument durchsuchen, wenn Anhaltspunkte dafür vorliegen, dass er im Besitz dieser Dokumente ist (§ 15 II Nr. 4, IV 1). Aus der eindeutigen Verweisung auf die Mitwirkungspflicht nach § 15 II Nr. 4 in § 15 IV 1 folgt unmissverständlich, dass die Grenzbehörde den Antragsteller nicht nach anderen Dokumenten und Urkunden durchsuchen darf. Jedoch trifft diesen eine dementsprechende Mitwirkungspflicht gegenüber dem Bundesamt (§ 15 II Nr. 5 in Verb. mit § 15 III Nr. 5).

3.3. Einreiseverweigerungsgründe (Abs. 2)

3.3.1. Einreise aus einem sicheren Drittstaat (Abs. 2 Nr. 1 in Verb. mit § 26 a)

56 Durch ÄnderungsG 1993 sind die Einreiseverweigerungsgründe nach Abs. 2 wesentlich umgestaltet worden. Das ÄnderungsG von 1997 hat den zusätzlichen Einreiseverweigerungsgrund nach § 33 III hinzugefügt. Mit Abs. 2 Nr. 1 wird die Drittstaatenkonzeption verfahrensrechtlicher Bestandteil des grenzbehördlichen Verfahrens. Die grenzbehördliche Praxis wendet Abs. 2

Nr. 1 unmittelbar mit der Folge an, dass Zurückweisungen unverzüglich vollzogen werden. Das BVerfG hat in diesem Zusammenhang entschieden, dass Art. 16 a II 3 GG auch auf aufenthaltsverhindernde Maßnahmen und damit auch auf Zurückweisungen Anwendung findet (BVerfGE 94, 49 (101) = EZAR 208 Nr. 7 = NVwZ 1996, 700; BVerfGE 94, 166 (192) = EZAR 632 Nr. 25 = NVwZ 1996, 678).

Ausdrücklich stellt das Gericht fest, dass Abs. 2 Nr. 1 sich im Rahmen der Verfassung hält (BVerfGE 94, 49 (105) = EZAR 208 Nr. 7 = NVwZ 1996, 700). Es hat zwar lediglich im Blick auf die Abschiebungsanordnung nach § 34 a I die verfassungsrechtliche Zulässigkeit des Ausschlusses des vorläufigen Rechtsschutzes bejaht (BVerfGE 94, 49 (113) = EZAR 208 Nr. 7 = NVwZ 1996, 700). Aus dem Gesamtzusammenhang der Entscheidungsgründe kann aber wohl entnommen werden, dass auch im Falle der Zurückweisung nach Abs. 2 Nr. 1 durch § 34 a II der vorläufige Rechtsschutz grundsätzlich versagt wird.

3.3.2. Offensichtliche Verfolgungssicherheit im »sonstigen Drittstaat« (Abs. 2 Nr. 2 in Verb. mit § 27 Abs. 1 oder Abs. 2)

Ebenso wie § 9 I 2 Nr. 1 AsylVfG 1982 ordnet Abs. 2 Nr. 2 an, dass die Einreise zu verweigern ist, wenn die Voraussetzungen des § 27 *offensichtlich* vorliegen. Für das geforderte Evidenzerlebnis genügen lediglich Mutmaßungen nicht. Vielmehr sind eindeutige Feststellungen erforderlich, welche das Offensichtlichkeitsurteil tragen (Hess.VGH, B. v. 21. 2. 1987 – 10 TG 463/87). Mit Blick auf den geforderten *Prognosemaßstab* reicht deshalb die überwiegende Wahrscheinlichkeit, dass der Asylsuchende im Drittstaat Verfolgungssicherheit erlangt hatte (Hess.VGH, NVwZ 1988, 274) und wieder erlangen wird, nicht aus.

Vielmehr ist die Erkenntnis zu verlangen, dass an der Richtigkeit der tatsächlichen grenzbehördlichen Feststellungen über die Verfolgungssicherheit im Drittstaat vernünftigerweise kein Zweifel bestehen kann und sich bei einem derartigen Sachverhalt die Einreiseverweigerung nach allgemein anerkannter Rechtsauffassung geradezu aufdrängt (Hess.VGH, B. v. 21. 2. 1987 – 10 TG 463/87; BayVGH, EZAR 225 Nr. 4).

Während zunächst früheres Verhalten des Asylsuchenden im Drittstaat Grundlage des Offensichtlichkeitsurteils ist, bedarf es darüber hinaus *zusätzlich* einer in die Zukunft gerichteten Prognose über die Wiederaufnahme und effektive Schutzgewährung im Drittstaat. Anders als §§ 34 und 35, die einen Verweis auf § 59 III 2, § 60 X 2 AufenthG und damit auf die dort geregelten Bezeichnungspflichten enthalten, ergeht die Einreiseverweigerung nicht in Form eines schriftlichen Verwaltungsaktes. Vielmehr wird die Zurückweisung nach § 15 I AufenthG regelmäßig mündlich verfügt (vgl. § 77 II letzter HS AufenthG).

Gleichwohl darf die Zurückweisung nur in den Staat erfolgen, hinsichtlich dessen die Voraussetzungen der Verfolgungssicherheit sich geradezu aufdrängen. Das Evidenzerlebnis ist daher auch in die Zukunft gerichtet. Kann die Grenzbehörde nicht mit der erforderlichen Gewissheit darlegen, dass der Staat, in den die Zurückweisung erfolgen soll, den Asylsuchenden übernehmen und ihm effektiven Schutz vor Abschiebung in den Verfolgerstaat gewähren wird, bestehen ernsthafte Zweifel an der Verfolgungssicherheit. Die Behörde hat also darzulegen, welche Gründe im Einzelnen dafür sprechen, dass die Organe des Drittstaates den Asylsuchenden übernehmen und ihm effektiven Schutz gegen Abschiebung in den Verfolgerstaat gewähren werden.

62 Anders als § 9 I 2 Nr. 3 AsylVfG 1982 und auch noch § 18 I 2 Nr. 3 AsylVfG 1992 verlangt Abs. 2 Nr. 2 auch mit Bezug auf den Fall des § 27 II ein Offensichtlichkeitsurteil. Jedoch begründet der Besitz des Reisedokumentes nach Art. 28 GFK wohl eine *Regelvermutung* der erlangten Verfolgungssicherheit. Diese kann aber im Einzelfall zerstört werden. Dies kann etwa der Fall sein, wenn der Asylsuchende schlüssig Verfolgung durch Dritte behauptet oder glaubhaft macht, dass der Reiseausweis lediglich zwecks Weiterreise (vgl. Art. 28 I 2 GFK) ausgestellt worden war. Gegebenenfalls sind von Amts wegen Ermittlungen durchzuführen.

63 Ausschließlich der Besitz eines Reisedokumentes nach Art. 28 GFK (§ 27 II) rechtfertigt also nicht ohne weiteres die Einreiseverweigerung. Das Reisedokument muss im Übrigen einen ausdrücklichen Hinweis auf Art. 28 GFK enthalten und das übliche Muster verwenden (§ 1 GFK Anhang). Der Besitz eines Reiseausweises nach Art. 28 StlÜb, eines Fremdenpasses oder eines anderen Reiseausweises (Travel Document) rechtfertigt dagegen nicht die Einreiseverweigerung nach Abs. 2 Nr. 2 in Verb. mit § 27 II, kann aber gewichtiges Indiz im Rahmen der Prüfung nach Abs. 2 Nr. 2 in Verb. mit § 27 I sein.

3.3.3. Gefahr für die Allgemeinheit (Abs. 2 Nr. 3)

64 Neu geregelt hat der Gesetzgeber den Einreiseverweigerungsgrund des Abs. 2 Nr. 3. Die Gesetzesbegründung behauptet zwar, diese Regelung stimme mit Art. 33 II GFK überein (BT-Drs. 12/4450, S. 19). Die »besonders schwere Straftat« wird hier aber anders als in § 60 VIII 1 AufenthG, auf den die Grenzbehörde sich im Übrigen zusätzlich berufen kann (§ 15 IV 1 AufenthG), in ihren Anforderungen aufgeweicht. Diese Vorschrift entspricht nicht den strengen Anforderungen, welche die Rechtsprechung für die Anwendung des § 14 I 2 AuslG 1965 bzw. § 51 III AuslG oder § 60 VIII 1 AufenthG fordert (BVerwGE 49, 202 (208) = EZAR 134 Nr. 1 = DVBl. 1976, 500 = NJW 1976, 490 = JZ 1976, 58 = MDR 1976, 252 = JR 1976, 212; s. auch § 2 Rdn. 10–17).

65 Weder verlangt Abs. 2 Nr. 3, dass die Zurückweisung nur als *ultima ratio* in Betracht kommt (so BVerwGE 49, 202 (208), für die Abschiebung nach § 14 I 2 AuslG 1965) noch dass die besonderen Anforderungen der qualifizierten Spezialprävention erfüllt sind (§ 2 Rdn. 14 ff.). Die Vorschrift des Abs. 2 Nr. 3 dürfte daher kaum mit verfassungsrechtlichen Grundsätzen übereinstimmen.

3.4. Ausnahmetatbestände nach Abs. 4

Abs. 4 enthält *zwingende Durchbrechungen* von der Zurückweisungspflicht. Obwohl an sich die tatbestandlichen Voraussetzungen des Einreiseverweigerungsgrundes des Abs. 2 Nr. 1 vorliegen, darf die Grenzbehörde die Einreise nicht verweigern. Vielmehr hat sie diese zu gestatten. Eine Behandlung der Asylantragsteller, die gemäß Abs. 4 Nr. 2 Einreise begehren, nach § 18 a, ist unzulässig. Vielmehr hat die Grenzbehörde diese an die vom Bundesinnenministerium bestimmte Stelle weiterzuleiten (§ 22 a S. 2). Zu den tatbestandlichen Voraussetzungen der Ausnahmetatbestände des Abs. 4 wird auf die Erläuterungen zu § 26 a verwiesen.

Bemerkenswert ist, dass der Ausnahmetatbestand des § 26 a I 2 Nr. 1 in Abs. 4 nicht aufgeführt ist. Daraus kann jedoch nicht geschlossen werden, dass der Besitz eines Aufenthaltstitels bei Einreise aus einem sicheren Drittstaat der Zurückweisung nicht entgegenstehe. Zwar herrscht in der obergerichtlichen Rechtsprechung Streit darüber, ob bei Einreise mit einem Sichtvermerk, der zu einem anderen als zu dem beabsichtigten Aufenthaltszweck ausgestellt ist, eine unerlaubte Einreise im Sinne des § 15 I AufenthG vorliegt. Die Grenzbehörde wird jedoch regelmäßig keine näheren Ermittlungen über den Grund des erteilten Sichtvermerks durchführen. Auch wird ein Antragsteller mit gültigem Sichtvermerk kaum den Asylantrag bei der Grenzbehörde, sondern nach der Einreise stellen, sodass er dann den Schutz des § 26 a I 2 Nr. 1 genießt. Aus diesem Grunde dürfte der Gesetzgeber eine ausdrückliche Regelung dieses Tatbestandes in Abs. 4 wohl für entbehrlich erachtet haben.

3.5. Verfahrensrechte

Während für das Sonderverfahren nach § 18 a das Gesetz einzelne Verfahrensrechte regelt, enthält § 18 keine Verweisung auf Verfahrensrechte. Generell finden die Vorschriften des VwVfG Anwendung. Daher ist festzuhalten, dass die Grenzbehörden insbesondere die in §§ 14, 24, 25 und 28 VwVfG geregelten Vorschriften über Rechtsbeistand, Amtsermittlung, Beratung, Auskunft und Anhörung zu beachten haben. Sie haben den Verkehr zwischen Rechtsanwalt und Mandanten zu ermöglichen und das anwaltliche Anwesenheitsrecht während der Anhörung zu beachten.

Ergänzend ist auch auf die *Empfehlungen Nr. 8 (XXVIII)* und *30 (XXXIV)* des Exekutivkomitees des Programms von UNHCR hinzuweisen, die eine umfassende Informationspflicht der Grenzbehörden gegenüber dem Asylsuchenden empfehlen. Der Berichterstatter der Beratenden Versammlung des Europarates, Lord Mackie of Benshie, der u. a. die Praxis der Frankfurter Grenzbehörde untersucht hatte, hatte in seinem Bericht an den Europarat auf die offizielle Politik der Bundesregierung hingewiesen, Asylsuchende vor der grenzbehördlichen Anhörung nicht über ihre Rechte zu informieren (Council of Europe, Doc. 5490, 12. 9. 1991, Nr. 54). Diese Feststellung entspricht der allgemein bekannten grenzbehördlichen Praxis und wird durch die Neuregelung in § 18 a kaum abgeschwächt.

70 Daher ist festzuhalten: Die Grenzbehörde hat den Asylsuchenden über seine Mitwirkungs- und Verfahrensrechte zu informieren. Die Behörde hat auf Wunsch des Antragstellers den Kontakt zum Rechtsanwalt zu ermöglichen und dessen Anwesenheit während der Anhörung zu gestatten. Es ist jedoch kritisch anzumerken, dass die vernehmenden Beamten – wie auch das BVerfG kritisch angemerkt hat (BVerfGE 94, 166 (205) = EZAR 632 Nr. 25 = NVwZ 1996, 678) – nicht besonders für ihre Aufgabe geschult werden und daher die von der Rechtsprechung entwickelten strengen Darlegungspflichten des Asylsuchenden unzulänglich vermitteln.

71 Angesichts des eingeschränkten Anhörungszwecks wäre dies an sich unschädlich. Viele Einzelentscheider des Bundesamtes und auch Gerichte wenden jedoch mit Blick auf die grenzbehördliche Anhörung die beweisrechtliche Figur des *gesteigerten Vorbringens* an und gehen im Regelfall von der Unglaubhaftigkeit der Angaben des Asylsuchenden aus, wenn er nicht sämtliche wesentlichen Tatsachen und Umstände bereits während seiner grenzbehördlichen Befragung vorgebracht hat. Dieses Problem mag durch das Flughafenverfahren nach § 18 a wesentlich an Bedeutung verloren haben. Jedoch findet auch im Rahmen dieses Sonderverfahrens eine kurze grenzbehördliche Anhörung statt, welche in der Anhörung des Bundesamtes einen ihr nicht gebührenden Stellenwert erhält.

72 Dem ist jedoch entgegenzuhalten, dass mangels der durch den Berichterstatter des Europarates festgestellten Belehrung der Asylsuchenden das Nichtvorbringen einer wesentlichen Tatsache diesen nicht zum Vorwurf gemacht werden kann. Angesichts der in vielen materiellen Fragen sehr ausdifferenzierten Asylrechtsprechung kann auch häufig das Urteil über die Wesentlichkeit einer Tatsache kaum getroffen werden. Darüber hinaus ist die Befragung regelmäßig sehr kurz (Hess.VGH, EZAR 210 Nr. 4). Dies verdeutlicht, dass die Anwendung der Figur des gesteigerten Vorbringens unter Bezugnahme auf die grenzbehördliche Anhörung nicht mit rechtsstaatlichen Grundsätzen vereinbar ist. Eine derartige Praxis berücksichtigt weder die unzulängliche Anhörungspraxis bei der Grenzbehörde noch die extreme psychologische Situation des Antragstellers.

73 Es ist der erste Kontakt des Flüchtlings mit den Behörden des Asylstaates und deshalb ohne weiteres verständlich, dass die andauernde Verfolgungsfurcht psychische Barrieren dagegen errichtet, nicht sämtliche und selbst die wesentlichen Tatsachen bereits jetzt darzulegen (VG Saarland, Urt. v. 7. 7. 1991 – 4 K 8/90; vgl. hierzu auch BVerfGE 94, 166 (201) = EZAR 632 Nr. 25 = NVwZ 1996, 678).

3.6. Weiterleitungsverpflichtung (Abs. 1 zweiter Halbsatz)

74 Liegt kein Einreiseverweigerungsgrund (Abs. 2 und § 33 III) vor, ist der Asylsuchende an die nächstgelegene Aufnahmeeinrichtung (§ 22) zur Asylantragstellung (§ 14 I und § 23 I) weiterzuleiten, es sei denn, es liegen die tatbestandlichen Voraussetzungen des § 18 a I 1 oder 2 vor, sodass vor der Einreise das Flughafenverfahren durchzuführen ist. Erst mit der Meldung nach § 23 I

beginnt das Asylverfahren. Der Asylsuchende ist verpflichtet, der Weiterleitung unverzüglich Folge zu leisten (§ 20 I).
Die Befolgungspflicht kann nicht durch Anwendung unmittelbaren Zwangs durchgesetzt werden. Der Antragsteller kann jedoch zur Aufenthaltsermittlung im AZR sowie in den Fahndungshilfsmitteln der Polizei ausgeschrieben werden, wenn er innerhalb einer Woche nicht in der nächstgelegenen Aufnahmeeinrichtung erscheint (§ 66 I Nr. 1). Anders als nach altem Recht (§ 34 I Nr. 1 AsylVfG 1982) ist die Verletzung der Befolgungspflicht nach § 20 I nicht strafbar (vgl. §§ 84–86), wohl aber kann diese die Folgeantragsfiktion nach § 20 II 1 zur Folge haben.

3.7. Erkennungsdienstliche Behandlung (Abs. 5)

Abs. 5 ordnet eine zwingende erkennungsdienstliche Behandlung des Asylsuchenden vor der Weiterleitung an. Diese Vorschrift entspricht § 16. Die Behörde hat kein Ermessen. Vielmehr muss sie ausnahmslos bei allen Antragstellern, auch bei denen, deren Identität aufgrund mitgeführter Reisedokumente einwandfrei feststeht, derartige Maßnahmen durchführen. Bedenken gegen diese Vorschrift ergeben sich deshalb aus Art. 1 I GG.
Aus dem klaren Wortlaut von Abs. 1 ergibt sich, dass vor Zurückweisungen aufgrund von Abs. 2 die zwingende Verpflichtung zur Durchführung erkennungsdienstlicher Maßnahme vorgesehen ist. Im Einzelfall können unter den entsprechenden gesetzlichen Voraussetzungen derartige Maßnahmen im Übrigen aufgrund von § 24 BGSG, § 81 b, § 163 b I StPO oder aufgrund länderrechtlicher Polizeigesetze getroffen werden (s. hierzu § 16 Rdn. 3).

3.8. Zurückschiebung (Abs. 3)

Erstmals wurde 1992 in das AsylVfG 1992 die Vorschrift des Abs. 3 eingeführt, der zu folge der Ausländer, der im grenznahen Raum in unmittelbarem zeitlichem Zusammenhang mit einer unerlaubten Einreise angetroffen wird und bei dem Einreiseverweigerungsgründe nach Abs. 2 festgestellt werden, zurückzuschieben ist. Zweck dieser Vorschrift ist es, Ausländer, welche die Grenze außerhalb des Grenzüberganges illegal überqueren, nicht besser zu stellen als jene, die sich ordnungsgemäß der Grenzkontrolle unterziehen (BT-Drs. 12/2062, S. 31).
Daraus ergibt sich, dass beide Personengruppen nach einheitlichen materiell- und verfahrensrechtlichen Grundsätzen zu behandeln sind. Nur mit Blick auf die Asylsuchenden, bei denen Einreiseverweigerungsgründe festgestellt werden, ist die Zurückschiebung zulässig. In allen anderen Fällen, sind sie nach Abs. 1 an die nächstgelegene Aufnahmeeinrichtung weiterzuleiten. Die Vorschrift des § 33 III enthält keine Verweisung auf § 18 III, sodass bei der Auslegung und Anwendung dieser Norm eine Zurückschiebung beim Aufgreifen im grenznahen Raum nicht zulässig ist.

80 Der Begriff »*grenznaher Raum*« wird in Abs. 3 nicht näher definiert. Dieser ergibt sich zwar aus allgemeinem Ausländerrecht, bedarf aber einer einschränkenden Interpretation im Sinne von Abs. 3. Asylsuchende dürfen das Bundesgebiet nur an den zugelassenen Grenzkontrollstellen und nur innerhalb der festgelegten Verkehrsstunden überqueren (§ 14 I 1 AufenthG). Abs. 3 zielt also auf Asylsuchende, die nicht an diesen zugelassenen Kontrollstellen einreisen und in unmittelbarem zeitlichem Zusammenhang mit dem Überqueren der Grenze durch die Grenzbehörde gestellt werden.

81 Hat der Asylsuchende bereits die Grenze überquert und wird er danach durch allgemeine Polizeibehörden gestellt, entfällt die Zuständigkeit nach Abs. 3. Mit grenznaher Raum ist ausschließlich der enge räumliche Bereich gemeint, in dem die mit der polizeilichen Kontrolle des grenzüberschreitenden Verkehrs beauftragte Behörde (§ 71 IV AufenthG) Kontrollgänge durchführt. Für das allgemeine Ausländerrecht wird demgegenüber kein enger räumlicher und zeitlicher Bezug zum Grenzübertritt gefordert (vgl. OVG Hamburg, AuAS 1997, 147 (148)).

82 Dagegen verlangt Abs. 3 ausdrücklich einen »*unmittelbaren zeitlichen Zusammenhang mit einer unerlaubten Einreise*«. Es ist daher nicht zulässig, dass die allgemeine Polizeibehörde, welche den Asylsuchenden kurz nach dem Grenzübertritt kontrolliert, diesen nachträglich der Grenzbehörde zwecks Prüfung ihrer Zuständigkeit nach Abs. 3 übergibt. In diesem Fall wird vielmehr die unmittelbare Zuständigkeit der allgemeinen Polizeibehörde nach § 19 I mit der aus dieser Vorschrift folgenden zwingenden Weiterleitungspflicht begründet.

83 Dem Abs. 3 kann nicht entnommen werden, dass das AsylVfG ausnahmslos eine Asylantragstellung an der Grenze eingeführt hat. Auch aus § 13 III 1 folgt nichts anderes (§ 13 Rdn. 39 ff.). Vielmehr ergibt sich aus den Zuständigkeitsvorschriften in §§ 19 und 14, dass der Antragsteller auch bei anderen Behörden um Asyl nachsuchen kann. Gerade die Weiterleitungpflichten nach §§ 18 ff. verdeutlichen den Beschleunigungszweck des Gesetzes. Denn erst mit der Antragstellung bei der Außenstelle (§ 23 I) beginnt das Asylverfahren. Die Übergabe des Asylsuchenden, der nach dem Grenzübertritt durch die allgemeine Polizeibehörde gestellt wird, an die Grenzbehörde, verstößt daher nicht nur gegen den Wortlaut von Abs. 3, sondern insbesondere auch gegen den Zweck des Gesetzes.

84 Abs. 3 verweist auf den Begriff der *Zurückschiebung* nach § 57 AufenthG. Rechtsgrundlage für die Zurückschiebung ist jedoch Abs. 3. Ergänzend sind die Regelungen nach § 57 AufenthG heranzuziehen. Daraus folgt, dass die Sechs-Monats-Frist nach § 57 I 1 AufenthG wegen des Beschleunigungszwecks von § 18 nicht Anwendung findet. Denn liegen die Voraussetzungen nach Abs. 2 nicht vor, untersagt Abs. 3 die Zurückschiebung und ist die Grenzbehörde zur *unverzüglichen Weiterleitung* nach Abs. 1 verpflichtet.

4. Vorläufiger Rechtsschutz

Die Einreiseverweigerung nach Abs. 2 in Form der Zurückweisung (§ 60 AuslG) oder der Zurückschiebung (§ 61 AuslG) ist ein *Verwaltungsakt*. Sie erfolgt in der Regel *mündlich* (OVG Hamburg, NVwZ 1983, 434; s. auch § 77 II 2. HS AufenthG). Auf unverzügliches Verlangen ist sie wegen eines hieran bestehenden berechtigten Interesses *schriftlich* zu bestätigen (§ 37 II 2 VwVfG). Als unaufschiebbare Maßnahmen von Polizeivollzugsbeamten sind Zurückweisung und -schiebung *sofort vollziehbar* (§ 80 II Nr. 2 VwGO).

Der Vollzug wird daher – anders als bei Abschiebungsandrohungen nach §§ 34 und 35 – nicht ausgesetzt (§ 36 III 8). Wie schon § 9 AsylVfG 1982 unterlässt auch § 18 eine Regelung der Aussetzung des Vollzugs. Dieses Defizit im Rechtsschutz ist zwar gewollt, aber weder mit Art. 16 a I GG noch mit Art. 33 I GFK sowie mit internationalen Rechtsstandards (Empfehlungen Nr. 8 (XXVIII) und 30 (XXXIV) des Exekutivkomitees des Programms von UNHCR) vereinbar. Rechtsanwälte sollten die Gerichte auf diesen Gesichtspunkt hinweisen.

Keinesfalls darf der Rechtsanwalt darauf vertrauen, sein schriftsätzlich gestellter Antrag allein werde zur vorübergehenden Aussetzung des Vollzugs führen. Vielmehr muss er sich telefonisch beim zuständigen Beamten der Grenzbehörde und im Weigerungsfall beim Vorsitzenden bzw. Berichterstatter der zuständigen Kammer des Verwaltungsgerichtes versichern, dass bis zur Entscheidung des Gerichts der Vollzug ausgesetzt wird. Notfalls ist auf eine Vorsitzendenentscheidung (§ 80 VIII VwGO) zu drängen. Diese ist auch in Zurückweisungsfällen möglich (VG Wiesbaden, B. v. 5. 5. 1987 – IV G 20601/87).

Der Rechtsanwalt hat eine *Vollmacht* vorzulegen. Sie kann jedoch *nachgereicht* werden (§ 67 III 2 VwGO). Solange der Antragsteller noch im Gewahrsam der Grenzbehörde ist, kann daher die Vollmacht nachgereicht werden. Notfalls ist durch gerichtliche Auflage die Kontaktanbahnung zwischen Mandant und Rechtsanwalt zwecks Vollmachtserteilung sicherzustellen. Legt der Rechtsanwalt eine Vollmacht des hier lebenden Ehepartners vor, ist regelmäßig von einer wirksamen Vollmachtserteilung auszugehen. Denn nach der Lebenserfahrung kann unterstellt werden, dass der Ehegatte in Vertretungsmacht für den anderen handelt (VG Ansbach, InfAuslR 1991, 55). Dieser Grundsatz trifft auch für andere Verwandte und Vertrauenspersonen zu.

Zweifeln an den Verfolgungsbehauptungen kann dadurch vorgebeugt werden, dass der schriftsätzlich gestellte Asylantrag gegenüber dem Verwaltungsgericht glaubhaft gemacht wird (VG Ansbach, InfAuslR 1991, 55). Dazu reicht regelmäßig die Einreichung einer Ausfertigung des Antrags aus. Zwar ist der Asylantrag bei der Außenstelle des Bundesamtes zu stellen (§ 14 I). Doch bedarf es zur Begründung der Weiterleitungsverpflichtung nach Abs. 1 2. HS eines Sachvorbringens, dem sich Verfolgungsbehauptungen entnehmen lassen. Damit kein Zweifel am gestellten Asylantrag aufkommt, ist der Rechtsanwalt daher gut beraten, schriftsätzlich summarische Ausführungen mit Blick auf die Verfolgungsbehauptungen gegenüber der Behörde nach

Abs. 1 vorzutragen und eine Ausfertigung hiervon dem Rechtsschutzantrag beizufügen. Behauptet die Grenzbehörde, ein Asylantrag sei überhaupt nicht geltend gemacht worden, trägt sie in Zweifelsfällen die Beweislast. Kann der Rechtsanwalt Ausführungen zu den Verfolgungsbehauptungen machen, kann regelmäßig nicht davon ausgegangen werden, es seien gegenüber der Behörde keine Verfolgungsbehauptungen vorgetragen worden.

90 Nach wie vor umstritten ist die Frage des richtigen Rechtsmittels. Die obergerichtliche Rechtsprechung will Rechtsschutz gegen Zurückweisungen ausschließlich über § 123 VwGO gewähren (OVG Hamburg, NVwZ 1983, 434; OVG Lüneburg, NVwZ 1987, 1110; Hess.VGH, EZAR 220 Nr. 1). Denn der Asylsuchende erstrebe den Zugang zum Bundesgebiet zum Zwecke der Inanspruchnahme des vorläufigen Bleiberechtes und damit eine Vergünstigung (OVG Hamburg, NVwZ 1983, 434, Hess.VGH, EZAR 220 Nr. 1). Diese Ansicht verkennt den rechtlichen Charakter des Verfolgungsschutzes und vermag daher nicht zu überzeugen.

91 An der bislang vertretenen Auffassung, dass vorläufiger Rechtsschutz über § 80 V VwGO zu erlangen ist, wird weiterhin festgehalten: Der Asylsuchende wird durch die Einreiseverweigerung nach Abs. 2 nicht in erster Linie in seinem Recht auf Einleitung eines Asylverfahrens verletzt. Vielmehr wird er durch die drohende Zurückweisung oder -schiebung in seinem verfassungsrechtlich verbürgten Recht auf Schutz vor Abschiebung und Zurückweisung beeinträchtigt (so ausdr. auch Hess.VGH, B. v. 21. 2. 1987 – 10 TG 463/87, nur LS in ESVGH 38, 76; s. auch Rdn. 5 ff.).

92 Dass die *dauerhafte* Gewährung dieses Abschiebungsschutzes nur durch das Asylverfahren realisiert werden kann (§ 13 I), steht dem nicht entgegen. An die Zulassung knüpft das Gesetz zwingend das Recht auf Zugang zum Asylverfahren (§§ 18 I, 14 I, 23). Der Durchführung des Asylverfahrens voraus geht jedoch die Prüfung der Einreiseverweigerungsgründe nach Abs. 2 und § 33 III. Liegen diese nicht vor, ist der Asylsuchende *zwecks* Antragstellung weiterzuleiten. Regelmäßig kann daher nicht unmittelbar die Einreise, sondern die Weiterleitung des Asylsuchenden, der die Voraussetzungen des § 18 a I 1 und 2 erfüllt, an die Außenstelle des Bundesamtes am Flughafen zwecks Asylantragstellung nach § 18 a I 3 beantragt werden (vgl. auch den in BVerfG (Kammer), NVwZ-Beil. 1993, 11, wiedergegebenen Sachverhalt).

93 Im Übrigen geht es aber bei der Prüfung, ob Einreiseverweigerungsgründe vorliegen oder nicht, gar nicht um die Frage der Durchführung eines Asylverfahrens, sondern um die Gewährung ausländerrechtlichen Schutzes gegen die Zurückweisung. Das Schutzbegehren aktualisiert zunächst den *gegen* die Behörde gerichteten Anspruch, nicht in den Verfolgerstaat oder in einen anderen Staat, in dem die Gefahr der Abschiebung in den Verfolgerstaat droht, zurückgewiesen zu werden (BVerwGE 49, 202 (205 f.) = EZAR 134 Nr. 1 = NJW 1976, 490; BVerwGE 62, 206 (210) = EZAR 221 Nr. 7 = InfAuslR 1981, 214; BVerwGE 69, 323 (325) = EZAR 201 Nr. 8 = NJW 1984, 2782)). Der sich damit an der Grenze aktualisierende aus dem *Kernbereich* des Asylrechts fließende Schutz (BVerwGE 49, 202 (204 f.)) hat den Charakter eines *status negativus*.

Aufgaben der Grenzbehörde § 18

Auch der Gesetzgeber geht von einem Eingriffscharakter der Zurückweisung 94
gegenüber Flüchtlingen aus. Denn § 15 IV 1 AufenthG verweist u. a. auf § 60
I AufenthG, welcher den aus dem Kernbereich des Asylrechts fließenden
Abschiebungs- und Zurückweisungsschutz enthält. Verfahrensrechtliche Aspekte sind damit zunächst überhaupt nicht tangiert. Vielmehr ist die Grenzbehörde bei Zurückweisungen nach § 15 I AufenthG gehalten, den Verfolgungsschutz gemäß § 60 I AufenthG zu beachten (§ 15 IV 1 AufenthG).

Eine drohende Zurückweisung greift daher in den grundrechtlich geschützten 95
Bereich nach § 60 I AufenthG ein. Gleiches ergibt sich aus dem individuellen Schutznormcharakter von Art. 33 I GFK.

Gegen den drohenden Eingriff der Zurückweisung ist vorläufiger Rechts- 96
schutz über § 80 V VwGO zu erlangen. In der Hauptsache ist Anfechtungsklage zu erheben. Denn der Asylsuchende erstrebt an der Grenze nichts anderes anderes als die *Aufhebung* der Zugangsbarriere (Abs. 2). Mit der gerichtlichen Aufhebung dieser *Beschwer* entsteht kraft Gesetzes der Einreiseanspruch nach Abs. 1. Eines besonderen gerichtlichen Ausspruchs bedarf es insoweit überhaupt nicht.

Der Rechtsanwalt ist gleichwohl gut beraten, den Antrag in der Form des 97
§ 123 VwGO zumindest hilfsweise zu stellen, da bei einem anwaltlich vertretenen Antragsteller möglicherweise eine Umdeutung des Antrags verweigert werden kann. *Anordnungsanspruch* ist allein der Einreiseanspruch nach Abs. 1. Ergeben sich daher ernstliche Zweifel an der Rechtmäßigkeit der behördlichen Entscheidung nach Abs. 2, ist dem Antrag stattzugeben. Da der *Anordnungsgrund* offensichtlich vorliegt, sind Ausführungen hierzu entbehrlich. In der Hauptsache ist Verpflichtungsklage zu erheben. Einstweiliges Rechtsschutzbegehren und Antrag in der Hauptsache sind derart zu formulieren, dass Verpflichtung auf Weiterleitung gemäß Abs. 1 erstrebt wird.

Örtlich zuständig ist das Verwaltungsgericht, in dessen Bezirk der Verwaltungsakt 98
verfügt wurde (§ 52 Nr. 3 S. 1 VwGO). Er wird nicht am Sitz der zuständigen Grenzschutzdirektion erlassen (OVG Hamburg, NVwZ 1983, 434; Hess.VGH, NVwZ 1988, 274). Verfügt wird ein mündlich erlassener Verwaltungsakt dort, wo er ausgesprochen wird, nämlich am Ort der Behörde. Zurückweisungen werden regelmäßig mündlich verfügt. An dieser Zuständigkeit ändert sich auch nichts, wenn der Verwaltungsakt aufgrund einer internen Anweisung der Aufsichtsbehörde (Bundesgrenzschutzdirektion, Bundesinnenministerium) erlassen wird.

Auch wenn der Verwaltungsakt ausnahmsweise schriftlich erlassen wird, ist 99
aus Gründen der effektiven Rechtsschutzgewährung der Gerichtsstand nach § 52 Nr. 3 S. 1 VwG0 maßgebend. Die *Beschwerde* ist kraft Gesetzes ausgeschlossen (§ 80). Anders als § 10 III 8 AsylVfG 1982, der den Beschwerdeausschluss auf Anträge nach § 10 III 3 AsylVfG 1982 beschränkte, schließt § 80 die Beschwerde in allen Rechtsstreitigkeiten nach dem AsylVfG aus. Damit sind auch Rechtsstreitigkeiten nach Abs. 1 vom Beschwerdeausschluss erfasst. Ein *vorläufiges Bleiberecht* kann dem § 18 nicht entnommen werden. Der Rechtsanwalt hat daher von sich aus Bemühungen zur Sicherstellung der Aussetzung des Vollzugs während des anhängigen Eilrechtsschutzverfahrens zu unternehmen.

5. Folgenbeseitigungsanspruch

100 Hat die Behörde den Verwaltungsakt bereits vollzogen und liegen die Voraussetzungen nach Abs. 1 vor, trifft diese eine Kostentragungspflicht für die durch die rechtswidrige Zurückweisung entstandenen Kosten, also insbesondere die Ausgaben für das Flugticket (LG Frankfurt, InfAuslR 1986, 3). Daneben hat der Antragsteller einen *Wiedereinreiseanspruch* entsprechend den Grundsätzen zum Folgenbeseitigungsanspruch (vgl. § 113 I 2 VwGO). Die Behörde hat daher die rechtlichen Voraussetzungen für die Wiedereinreise, gegebenenfalls durch Erteilung eines Visums und Ausstellung eines Reisedokumentes, zu schaffen.

§ 18 a Verfahren bei Einreise auf dem Luftwege

(1) Bei Ausländern aus einem sicheren Herkunftsstaat (§ 29 a), die über einen Flughafen einreisen wollen und bei der Grenzbehörde um Asyl nachsuchen, ist das Asylverfahren vor der Entscheidung über die Einreise durchzuführen, soweit die Unterbringung auf dem Flughafengelände während des Verfahrens möglich oder lediglich wegen einer erforderlichen stationären Krankenhausbehandlung nicht möglich ist. Das gleiche gilt für Ausländer, die bei der Grenzbehörde auf einem Flughafen um Asyl nachsuchen und sich dabei nicht mit einem gültigen Paß oder Paßersatz ausweisen. Dem Ausländer ist unverzüglich Gelegenheit zur Stellung des Asylantrags bei der Außenstelle des Bundesamtes zu geben, die der Grenzkontrollstelle zugeordnet ist. Die persönliche Anhörung des Ausländers durch das Bundesamt soll unverzüglich stattfinden. Dem Ausländer ist danach unverzüglich Gelegenheit zu geben, mit einem Rechtsbeistand seiner Wahl Verbindung aufzunehmen, es sei denn, er hat sich selbst vorher anwaltlichen Beistands versichert. § 18 Abs. 2 bleibt unberührt.

(2) Lehnt das Bundesamt den Asylantrag als offensichtlich unbegründet ab, droht es dem Ausländer nach Maßgabe der §§ 34 und 36 Abs. 1 vorsorglich für den Fall der Einreise die Abschiebung an.

(3) Wird der Asylantrag als offensichtlich unbegründet abgelehnt, ist dem Ausländer die Einreise zu verweigern. Die Entscheidungen des Bundesamtes sind zusammen mit der Einreiseverweigerung von der Grenzbehörde zuzustellen. Diese übermittelt unverzüglich dem zuständigen Verwaltungsgericht eine Kopie ihrer Entscheidung und den Verwaltungsvorgang des Bundesamtes.

(4) Ein Antrag auf Gewährung vorläufigen Rechtsschutzes nach der Verwaltungsgerichtsordnung ist innerhalb von drei Tagen nach Zustellung der Entscheidungen des Bundesamtes und der Grenzbehörde zu stellen. Der Antrag kann bei der Grenzbehörde gestellt werden. Der Ausländer ist hierauf hinzuweisen. § 58 der Verwaltungsgerichtsordnung ist entsprechend anzuwenden. Die Entscheidung soll im schriftlichen Verfahren ergehen. § 36 Abs. 4 ist anzuwenden. Im Falle der rechtzeitigen Antragstellung darf die

Verfahren bei Einreise auf dem Luftwege § 18 a

Einreiseverweigerung nicht vor der gerichtlichen Entscheidung (§ 36 Abs. 3 Satz 9) vollzogen werden.
(5) Jeder Antrag nach Absatz 4 richtet sich auf Gewährung der Einreise und für den Fall der Einreise gegen die Abschiebungsandrohung. Die Anordnung des Gerichts, dem Ausländer die Einreise zu gestatten, gilt zugleich als Aussetzung der Abschiebung.
(6) Dem Ausländer ist die Einreise zu gestatten, wenn
1. das Bundesamt der Grenzbehörde mitteilt, daß es nicht kurzfristig entscheiden kann,
2. das Bundesamt nicht innerhalb von zwei Tagen nach Stellung des Asylantrags über diesen entschieden hat oder
3. das Gericht nicht innerhalb von vierzehn Tagen über einen Antrag nach Absatz 4 entschieden hat.

Übersicht

		Rdn.
1.	Vorbemerkung	1
2.	Zweck des Flughafenverfahrens	6
3.	Verfahren vor der Einreise	10
3.1.	Begriff der Einreise	10
3.2.	Geltung des innerstaatlichen Rechts	16
3.3.	Einreise in polizeilicher Begleitung zum vorübergehenden Zweck (Abs. 1 Satz 1 letzter HS)	20
4.	Voraussetzungen des Flughafenverfahrens	25
4.1.	Anforderungen an die Unterbringung auf dem Flughafengelände nach Abs. 1 Satz 1	25
4.2.	Betroffene Personengruppen	28
4.2.1.	Asylsuchende aus »sicheren Herkunftsstaaten« (Abs. 1 Satz 1 in Verb. mit § 29 a)	30
4.2.2.	Asylsuchende ohne oder mit nicht gültigem Reiseausweis (Abs. 1 Satz 2)	33
4.2.3.	Folgeantragsteller	45
4.3.	Unbeachtliche Asylanträge (§ 29)	53
4.4.	Unbegleitete minderjährige Asylsuchende	58
5.	Verwaltungsverfahren	71
5.1.	Vorbemerkung	71
5.2.	Persönliche Meldepflicht bei der Grenzbehörde (Abs. 1 Satz 3)	73
5.3.	Grenzbehördliche Anhörung des Asylsuchenden	77
5.4.	Besondere Verfahrensgarantien bei der Anhörung (Abs. 1 Satz 4)	81
5.5.	Besondere behördliche Belehrungs- und Aufklärungspflichten	88
5.6.	Besondere organisatorische Verpflichtungen des Bundesamtes	96
5.7.	Behandlung von Opfern von Folter und sexueller Gewalt	99
5.8.	Vertretung durch Rechtsbeistand (Abs. 1 Satz 5)	101
5.9.	Sachentscheidung des Bundesamtes (Abs. 2)	111
5.9.1.	Prüfungsumfang nach §§ 29 a, 30 und 31	111
5.9.2.	Abschiebungshindernisse nach § 60 Abs. 2 bis 7 AufenthG	116
5.10.	Abschiebungsandrohung nach Abs. 2	128
5.11.	Einreiseverweigerung nach Abs. 3	135
6.	Eilrechtsschutzverfahren (Abs. 4 und 5)	140

§ 18 a *Asylverfahren*

6.1.	Besonderheiten des Eilrechtsschutzverfahrens	140
6.2.	Asylrechtskundige und unabhängige Beratung des Asylsuchenden	147
6.3.	Klagen in der Hauptsache	155
6.4.	Eilrechtsschutzantrag nach Abs. 4 Satz 1 und 2	161
6.5.	Antragsfrist nach Abs. 4 Satz 1	168
6.6.	Begründungsfrist	181
6.7.	Aussetzung der Vollziehung (Abs. 4 Satz 7)	185
6.8.	Schriftliches Verfahren (Abs. 4 Satz 5)	189
6.9.	Prüfungsgegenstand im Eilrechtsschutzverfahren (Abs. 4 Satz 6 in Verb. mit § 36 Abs. 4 Satz 1)	198
6.10.	Reichweite der gerichtlichen Ermittlungspflicht (Abs. 4 Satz 6 in Verb. mit § 36 Abs. 4 Satz 2)	202
6.11.	Präklusion verspäteten Sachvorbringens (Abs. 4 Satz 6 in Verb. mit § 36 Abs. 4 Satz 3)	206
6.12.	Prüfungsmaßstab »ernstliche Zweifel« (Abs. 4 Satz 6 in Verb. mit § 36 Abs. 4 Satz 1)	210
6.13.	Prüfung von Abschiebungshindernissen nach § 60 Abs. 2 bis 7 AufenthG	219
6.14.	Anordnung der Einreise durch das Verwaltungsgericht (Abs. 5 Satz 2)	223
6.15.	Vollzug der Einreiseverweigerung (Abs. 4 Satz 7 in Verb. mit § 36 Abs. 3 Satz 9)	229
7.	Einreiseanspruch nach Abs. 6	242
7.1.	Unmöglichkeit kurzfristiger Entscheidung (Abs. 6 Nr. 1)	244
7.2.	Fristüberschreitung nach Abs. 6 Nr. 2	247
7.3.	Fristüberschreitung nach Abs. 6 Nr. 3	253
8.	Zur Grundrechtsrelevanz der Unterbringung im Transitbereich	256
8.1.	Unterbringung während des Flughafenverfahrens	256
8.2.	Unterbringung nach Abschluss des Flughafenverfahrens	268

1. Vorbemerkung

1 Im Gesetzentwurf zum ÄnderungsG 1993 war das besondere Verfahren nach § 18 a nicht vorgesehen. Jedoch brachte die CDU/CSU-Fraktion im allgemeinen Teil der Begründung ihre Ansicht zum Ausdruck, dass für Asylsuchende aus sicheren Herkunftsstaaten bei der Einreise auf dem Luftwege die Notwendigkeit bestehe, das Asylverfahren *vor der Einreise* durchzuführen, da im Falle der Ablehnung zumindest die Rückführung in den Staat des Abflughafens problemlos möglich sei (BT-Drs. 12/4450, S. 16). Bereits in der Begründung wurde sodann ein detaillierter Formulierungsvorschlag vorgestellt (BT-Drs. 12/4450, S. 16).

2 In den Gesetzesberatungen wurde insbesondere auch über dieses Verfahren kontrovers diskutiert. Schließlich wurde ein im Wesentlichen dem CDU/CSU-Vorschlag nachgebildetes Konzept nach Abschluss der Beratungen verabschiedet (BT-Drs. 12/4984). Es ist in dieser Form Gesetz geworden. Der Hinweis in Abs. 1 S. 1 auf eine »erforderliche stationäre Krankenhausbehandlung« ist durch das ÄnderungsG 1997 eingefügt worden.

3 Begründet wird das besondere Verfahren damit, es kämen häufig Personen ohne Sichtvermerk mit Flugzeugen nach Deutschland. Auch würden viele

Personen von »Schlepperbanden« nach Deutschland »geschleust«: Derartige Personen erhielten ein rechtsstaatliches Verfahren und könnten gegebenenfalls schnell in die Abflugländer zurückgeführt werden (BT-Drs. 12/4984, S. 48). Schon die Wortwahl offenbart einen gewissen emotionalen Überschuss, der den Gesetzgeber offensichtlich bewegt haben muss, und lässt Aufschluss über die Vorstellungen zu, die generell die Neuentwicklung des Asylkonzeptes von CDU, CSU, F.D.P. und SPD geleitet haben. Neben dem Konzept der sicheren Drittstaaten (Art. 16 a II GG, §§ 26 a, 34 a) ist es nämlich die *Flughafenregelung* nach § 18 a, welche die Funktion der Abschließung der »Festung Deutschland« gewährleisten soll.

Während die Drittstaatenregelung die Einreise *auf dem Landweg* unterbinden soll, hat die Flughafenregelung die Aufgabe, die Einreise *auf dem Luftwege* zu kontrollieren. Es verwundert daher nicht, dass über dieses Sonderverfahren gleich zu Beginn des Inkrafttretens der asylrechtlichen Neuregelungen ein heftiger politischer Streit entbrannte und das BVerfG anfangs wiederholt mit der Bitte um Gewährung einstweiligen Rechtsschutzes angerufen wurde (vgl. BVerfGE 89, 101; 89, 106; BVerfGE 98, 98 = NVwZ 1993, 766 = InfAuslR 1994, 109 = NVwZ-Beil. 1994, 11; BVerfG (Kammer), NVwZ-Beil. 1993, 2; NVwZ-Beil. 1994, 51; BVerfG (Kammer), AuAS 1994, 20; s. auch VG Frankfurt am Main, NVwZ-RR 1993; 581; VG Frankfurt/M, NVwZ-RR 1994, 293; Frankfurt am Main, NVwZ-RR 1994, 468). 4

Das BVerfG hat mit seinem Urteil vom 14. Mai 1996 unter Bezugnahme auf Art. 16 a IV GG keine Bedenken gegen das Flughafenverfahren und seine Ausgestaltung im Einzelnen erhoben (BVerfGE 94, 166 (195) = EZAR 632 Nr. 25 = NVwZ 1996, 678)) und insbesondere Versuchen, im Flughafenverfahren vorläufigen verfassungsgerichtlichen Rechtsschutz zu erlangen, eine entschiedene Absage erteilt (BVerfGE 94, 166 ((208ff.); s. hierzu auch § 36 Rdn. 199ff.). Insbesondere über diese Frage war das Gericht jedoch zerstritten. 5

2. Zweck des Flughafenverfahrens

Abs. 1 S. 1 bestimmt, dass das Verwaltungsverfahren *vor der Einreise* durchzuführen ist. Aus dem Gesamtzusammenhang der Regelungen von § 18 a (vgl. Abs. 3 S. 1, Abs. 4, 5 und 6) folgt, dass auch das gerichtliche Kontrollverfahren vor der Einreise durchzuführen ist. Der Gesetzgeber hatte sich bei der Einführung dieses Sonderverfahrens an den entsprechenden Verfahren in Frankreich, den Niederlanden sowie in Dänemark orientiert (BT-Drs. 12/4948, S. 48). Grundgedanke der Vorschrift ist, dass Asylsuchenden, deren Anträge sich von vornherein als aussichtslos erweisen, bereits die Einreise verweigert wird mit der Folge, dass sie unverzüglich unter Ausnutzung der Rücküberahmeverpflichtung des Abflug- oder Herkunftsstaates in diesen Staat zurückgebracht werden können (Giesler/Wasser, Das neue Asylrecht, S. 30). 6

In seinem Urteil vom 14. Mai 1996 hat das BVerfG hervorgehoben, dass das Flughafenverfahren nach § 18 a ebenso wie das reguläre Asylverfahren der 7

Feststellung dient, ob dem Asylbewerber das in Art. 16 a I GG gewährleistete Grundrecht zusteht. Art. 16 a GG verheiße politisch Verfolgten Asyl und bestimme Voraussetzungen und Verfahrensweisen, unter denen das Grundrecht in Anspruch genommen werden könne. Der Gesetzgeber könne damit darauf reagieren, dass Asylrecht nicht nur massenhaft beantragt, sondern weithin auch ungerechtfertigt zum asylfremden Zweck der Einwanderung begehrt werde. Er dürfe deshalb verfahrenswirksame Vorkehrungen dafür treffen, dass der Staat mit dem ihm – zwangsläufig nicht unbeschränkt – zu Gebote stehenden Kräften die starke Inanspruchnahme des Asylrechts zeitgerecht bewältigen könne (BVerfGE 94, 166 (199f.) = EZAR 632 Nr. 25 = NVwZ 1996, 678).

8 Der Regelungsgehalt des § 18 a ist von der *Beschleunigungsmaxime* des Art. 16 a IV 1 GG geprägt: Den in Abs. 1 S. 1 und 2 bezeichneten Asylsuchenden wird zunächst die Einreise in das Bundesgebiet verweigert, ihr Asylbegehren wird unverzüglich geprüft und beschieden, wenn der dem Bundesamt unterbreitete Sachverhalt dies binnen zwei Tagen nach Asylantragstellung zulässt. Andernfalls wird dem Asylsuchenden die Einreise zur Durchführung seines Asylverfahrens gestattet (Abs. 6 Nr. 1, 2).

9 Damit wird es – entsprechend dem Zweck der Beschleunigungsmaxime – der Verwaltungspraxis ermöglicht, die Asylanträge, deren offensichtliche Unbegründetheit sich aufdrängt, von denjenigen zu trennen, bei denen eine Aussage über die Asylberechtigung eingehender Tatsachenfeststellungen und -würdigung bedarf (BVerfGE 94, 166 (209)). Es liegt auf der Hand, dass es sich bei diesen Verfahren um *eindeutige Sachverhaltskonstellationen* handeln muss. In derartigen Fällen wird die Einreiseverweigerung sofort vollzogen, es sei denn, der Asylsuchende macht fristgerecht von den ihm zustehenden Rechtsbehelfen Gebrauch (BVerfGE 94, 166 (209)). Das Flughafenverfahren ist damit nach Ansicht des BVerfG unter der Voraussetzung, dass bestimmte besondere verfahrensrechtliche Schutzvorkehrungen beachtet werden, mit der Verfassung vereinbar (BVerfGE 94, 166 (195)).

3. Verfahren vor der Einreise

3.1. Begriff der Einreise

10 Von zentraler Bedeutung für das Flughafenverfahren ist der *Begriff der Einreise*. Denn der Anwendungsbereich des Verfahrens nach § 18 a ist nur dann hinreichend bestimmt, wenn dieser Begriff klar definiert ist (Liebetanz, in: GK-AsylVfG § 18 a Rdn. 12). Schon nach dem Wortlaut kann nur jemand eingereist sein, dem der *Zugang zu einem Gebiet* gewährt worden ist. Schutzbegehrende auf dem Flughafen befinden sich zwar rein tatsächlich auf dem Hoheitsgebiet der Bundesrepublik. Fraglich ist aber, ob mit der bloßen Aufenthaltnahme *aus rechtlicher Sicht* bereits der Zugang zu diesem Gebiet gewährt worden ist. Dies beurteilt sich nach allgemeinem Ausländerrecht.

11 § 13 II 1 AufenthG geht davon aus, dass eine Person erst eingereist ist, wenn sie die Grenze *überschritten* und die Grenzübergangsstelle (§ 13 I AufenthG)

passiert hat. Wer sich *an der Grenze* aufhält, *will einreisen* (§ 15 I AufenthG). Demzufolge verwendet Abs. 1 S. 1 auch den Begriff »*einreisen wollen*«. Schutzbegehrende, die »über einen Flughafen einreisen wollen« und bei der Grenzbehörde um Asyl nachsuchen (Abs. 1 S. 1), sind damit noch nicht eingereist. Sie befinden sich im Transitbereich des Flughafens und damit zwar auf dem Hoheitsgebiet des Asylstaates. Im rechtlichen Sinne sind sie jedoch erst in dieses Hoheitsgebiet eingereist, wenn sie die Grenzübergangsstelle passiert haben (§ 13 I AufenthG), ihnen also die Einreise nach Abs. 6 oder deshalb zu gestatten ist, weil ihr Schutzbegehren gar nicht dem Anwendungsbereich von Abs. 1 unterfällt.

Damit ist eindeutig klargestellt, dass ein auf dem Flughafen um Asyl nachsuchender Antragsteller nicht eingereist ist. Das Sonderverfahren nach § 18 a ist damit der rechtlichen Gewährung der Einreiseerlaubnis vorgeschaltet. Dementsprechend legt auch das BVerfG besonderes Gewicht auf die Feststellung, dass es sich beim Flughafenverfahren um ein Verfahren *vor der Einreise* handelt (BVerfGE 94, 166 (193, 199) = EZAR 632 Nr. 25 = NVwZ 1996, 678). Der im Transitbereich befindliche Asylsuchende ist noch nicht *im Rechtssinne* eingereist. Der Raum der Bundesrepublik ist Ausländern, die ihn ohne entsprechende Reisedokumente erreichen, vor der Feststellung ihrer Asylberechtigung nicht zugänglich. Die Tatsache, dass sie sich bei ihrer Ankunft auf einem Flughafen schon auf deutschem Staatsgebiet befinden, ändert nichts daran, dass über die Einreisegewährung erst noch zu entscheiden ist (BVerfGE 94, 166 (199)).

Damit weist das BVerfG das Konzept der »internationalen Zonen« – wie bereits andere ausländische Gerichte (Rdn. 256 ff.) – zurück. Vielmehr gilt auch im Transitbereich des Flughafens innerstaatliches Recht. Bedenklich ist freilich die Feststellung, dass erst die Feststellung der Asylberechtigung den Zugang zum Bundesgebiet eröffnet (BVerfGE 94, 166 (199)). Der zugleich gegebene Hinweis darauf, dass das Völkerrecht keinen Einreiseanspruch gewährt, trifft nicht den Kern der Frage (s. hierzu § 18 Rdn. 5 ff.). Offensichtlich wollte das BVerfG diese Frage nicht klären. Jedenfalls ergibt sich für das innerstaatliche Recht der Bundesrepublik, dass auch vor Feststellung der Asylberechtigung in den Fällen des Abs. 4 die Einreise zu gestatten ist. Das Refoulementverbot verbietet die Zurückweisung an der Grenze (§ 18 Rdn. 5 ff.), es sei denn, der Staat verneint in einem internationalen Mindeststandards entsprechenden Verfahren die Flüchtlingseigenschaft des Schutzsuchenden.

Es obliegt der Grenzschutzbehörde im Einzelnen, innerhalb der »Grenzübergangsstelle« Flughafen den *Transitbereich* festzulegen (Liebetanz, in: GK-AsylVfG, § 18 a Rdn. 10). Wer sich im Transitbereich des Flughafens befindet, hat die Grenzübergangsstelle noch nicht passiert und ist damit noch nicht eingereist. Dementsprechend darf das Flughafenverfahren nur im Transitbereich des Flughafenverfahrens durchgeführt werden. Andernfalls wären die Asylsuchenden eingereist und die gesetzlichen Voraussetzungen für die Durchführung des Sonderverfahrens nach § 18 a entfallen.

Nicht zum Transitbereich des Flughafens gehören die Bereiche, die jedermann ungehindert und ohne Erlaubnis betreten und wieder verlassen kann

(Liebetanz, in: GK-AsylVfG, § 18 a Rdn. 10). Es muss sich damit bei den Unterbringungsmöglichkeiten nach Abs. 1 S. 1 um bestimmte, eingrenzbare Bereiche handeln, die als Transitzonen ausgewiesen werden und nicht für jedermann zugänglich sind (Göbel-Zimmermann, in: Huber, Handbuch des Ausländer- und Asylrechts, IV SystDarst. Rdn. 157).

3.2. Geltung des innerstaatlichen Rechts

16 Eine ganz andere Frage ist es jedoch, ob zugunsten der um Einreise an der Grenze nachsuchenden Asylsuchenden *deutsches Recht* gilt oder ob diese im *rechtlosen Raum* schweben. Dieses Rechtsproblem war früher insbesondere in *Frankreich* und den *Niederlanden* sehr umstritten. Es wurde mit der Berufung auf das *Konzept der internationalen Zonen* (Rdn. 256 ff.) zu rechtfertigen versucht. Durch das in § 18 a geregelte Verwaltungs- und Gerichtsverfahren ist diese Frage für die Bundesrepublik verfahrensrechtlich eindeutig geregelt. Denn mit der Einführung eines Feststellungs- und Rechtsschutzverfahrens zugunsten der an der Grenze um Schutz suchenden Antragsteller bringt der Gesetzgeber unmissverständlich zum Ausdruck, dass er die Geltung des deutschen Rechts auch für Schutzbegehrende an seinen Grenzen anerkannt wissen will. Soweit das Verfahren allerdings *freiheitsentziehende Folgen* hat, hat die umstrittene Konzeption der internationalen Zonen aber auch für die Bundesrepublik Bedeutung (Rdn. 256 ff.).

17 Der Gesetzgeber erkennt mit dem Verfahren nach § 18 a den im *Völkerrecht* entwickelten Rechtsstandard an, demzufolge das *Prinzip des Non-Refoulement* insbesondere auch an der Grenze Beachtung durch die Behörden des um Schutz ersuchten Staates verlangt (s. hierzu im Einzelnen § 18 Rdn. 5 ff.). Aus der Sicht des *Verfassungsrechts* folgt die Geltung deutschen Rechts aus dem *Individualschutzcharakter der Asylgarantie*, die wiederholt ja gerade deswegen angegriffen wird und durch eine *Institutsgarantie* ersetzt werden soll. Ob damit allerdings der erhoffte Effekt eintreten kann, ist mehr als fraglich. Denn Art. 33 I GFK ist innerstaatlicher unmittelbarer Anwendung fähig (§ 18 Rdn. 29 f.) und dürfte damit subjektiv-öffentlichen Rechtscharakter über Art. 19 IV GG (Schmidt-Aßmann, in: Maunz-Dürig, Komm. z. GG, Rdn. 7 zu Art. 19 IV) gewinnen.

18 Das Sonderverfahren nach § 18 a ist damit *Ausdruck* der gesetzgeberischen *Entscheidung für den Rechtsschutz auch an der Grenze*. Zwar ist vieles an den Regelungen zum Flughafenverfahren kritikwürdig. Es darf jedoch nicht übersehen werden, dass der Gesetzgeber mit dem Sonderverfahren zum überhaupt ein förmliches Rechtsschutzverfahren gegen Einreiseverweigerungen geregelt und damit den früher üblichen rechtsschutzlosen Raum insbesondere im Flughafenbereich für bestimmte Gruppen von Asylsuchenden beseitigt hat.

19 Für die nicht durch Abs. 1 erfassten Tatbestände bleibt es allerdings bei der früheren unklaren Rechtslage. Festzuhalten bleibt damit: Der *Sondercharakter* des Verfahrens nach 18a ergibt sich aus der Einreisesituation. Diese erzeugt einen erheblichen Zeitdruck für alle Beteiligten und birgt damit zugleich das

Verfahren bei Einreise auf dem Luftwege § 18 a

Risiko gravierender Rechtsschutzverkürzungen in sich. Diese gilt es durch eine an den Erfordernissen der verfassungsrechtlichen Rechtsschutzgarantie ausgerichtete Verfahrensgestaltung auszuschließen oder doch auf ein Mindestmaß zu reduzieren.

3.3. Einreise in polizeilicher Begleitung zum vorübergehendem Zweck (Abs. 1 Satz 1 letzter HS)

Nach Abs. 1 S. 1 ist das Flughafenverfahren auch dann durchzuführen, soweit die Unterbringung auf dem Flughafen lediglich wegen einer erforderlichen stationären Krankenhausbehandlung nicht möglich ist. Diese Gesetzesänderung ist mit dem ÄnderungsG vom 29. Oktober 1997 (BGBl. I S. 2584) eingeführt worden. Sie war im ursprünglichen Gesetzentwurf nicht vorgesehen (vgl. BT-Drs. 13/4948, S. 5) und wurde aufgrund der Empfehlung des Innenausschusses in das Gesetz eingeführt (BT-Drs. 13/5986, S. 7). Begründet wurde diese Ergänzung nicht. 20

Sie hat ihren Grund indes wohl in der bis dahin umstrittenen Rechtsprechung, der zu folge es unklar war, ob die Einreise lediglich zur ärztlichen Behandlung oder zum stationären Aufenthalt der weiteren Durchführung des Flughafenverfahrens die Grundlage entzieht, weil der Asylsuchende eingereist ist. Es ist danach unerheblich, ob aufgrund der stationären Krankenhausbehandlung des Asylsuchenden eine Einreise anzunehmen ist oder nicht. Jedenfalls ist das Verfahren vor der »Entscheidung über die Einreise« durchzuführen, soweit die Unterbringung lediglich wegen einer erforderlichen stationären Krankenhausbehandlung nicht möglich ist. Ungeachtet einer derartigen Einreise zu einem vorübergehenden Zweck ist daher das Flughafenverfahren durchzuführen. 21

Die Fristbestimmungen der Vorschrift des § 18 a sind in diesem Zusammenhang nicht geändert worden. Es ist aber wohl davon auszugehen, dass die Bearbeitungsfristen nach Abs. 1 S. 3 und Abs. 6 Nr. 2 und 3 während des Krankenhausaufenthaltes gehemmt werden, da andernfalls die gesetzliche Änderung ihren Zweck verfehlen würde. Ob aufgrund der Krankenhausbehandlung auch die Antrags- und Begründungsfristen gehemmt werden, ist unklar. Nach den bisherigen Erfahrungen wird die Einreise zur stationären Behandlung entweder unmittelbar nach der Meldung bei der Grenzbehörde, jedenfalls vor der Weiterleitung zur Außenstelle des Bundesamtes notwendig, sodass sich das Problem der Auslegung und Anwendung von Fristvorschriften nicht stellt (vgl. Abs. 1 S. 3). Tritt der Einreisefall in der Zwei-Tages-Frist nach Abs. 6 Nr. 2 auf, wird das Bundesamt entweder nach Abs. 6 Nr. 1 vorgehen oder die Bearbeitungsfrist wird gehemmt. 22

Sofern die Einreise während der Antragsfrist nach Abs. 4 S. 1 erfolgt und dem Antragsteller aus gesundheitlichen Gründen weder die Antragstellung noch die Antragsbegründung möglich ist, ist Wiedereinsetzung zu gewähren. Hat der Antragsteller den Eilrechtsschutzantrag gestellt und ist er wegen der stationären Behandlung an der Begründung gehindert, so wird man entweder von einer Hemmung der Frist nach Abs. 6 Nr. 3 auszugehen haben oder das 23

Verwaltungsgericht ordnet im Wege der einstweiligen Anordnung die Einreise an.

24 Die Einreiseanordnung ist insbesondere bei nicht nur kurzfristigem Krankenhausaufenthalt angezeigt. Man wird Abs. 1 S. 1 letzter HS nämlich dahin einschränkend zu interpretieren haben, dass nur bei lediglich vorübergehender Einreise zur stationären Krankenhausbehandlung das Flughafenverfahren fortzusetzen ist. Es widerspricht dem auf extreme Beschleunigung abzielenden Flughafenverfahren, die Bearbeitung des Antrags nach nicht nur kurzfristiger Abwesenheit infolge Krankenhausbehandlung fortzusetzen. Auf eine nicht lediglich nach wenigen Tagen bemessene stationäre Behandlung ist daher Abs. 1 S. 1 letzter HS nicht anwendbar.

4. Voraussetzungen des Flughafenverfahrens

4.1. Anforderungen an die Unterbringung auf dem Flughafengelände nach Abs. 1 Satz 1

25 Nach Abs. 1 S. 1 ist unter den dort genannten Voraussetzungen ein Asylverfahren vor der Entscheidung über die Einreise durchzuführen, soweit die Unterbringung auf dem Flughafengelände während des Verfahrens möglich ist. Die Anwendung des Sonderverfahrens steht damit unter dem Vorbehalt ausreichender *Kapazitäten*. Abs. 1 S. 1 2. HS verlangt lediglich, dass die Unterbringung auf dem Flughafengelände während des Verfahrens möglich sein muss. Die Unterbringung muss darüber hinaus auch menschenwürdigen und den Erfordernissen des Sozialstaats genügen (vgl. auch BVerfG (Kammer), AuAS 1994, 20). Zur Unterbringung im Sinne des Abs. 1 S. 1 gehört, dass dem Asylsuchenden elementare Leistungen wie Schlafstätte und Verpflegung sowie die medizinische Versorgung und soziale Betreuung zur Verfügung gestellt werden (VG Frankfurt am Main, AuAS 1995, 215 (216)).

26 Das BVerfG hat überdies ausdrücklich hervorgehoben, dass nachteiligen Auswirkungen der Unterbringungssituation auf das Asylverfahren und sein Ergebnis entgegengewirkt werden muss (BVerfGE 94, 166 (202) = EZAR 632 Nr. 25 = NVwZ 1996, 678)). In Extremfällen menschenunwürdiger Unterbringung ist daher die Voraussetzung für die Anwendung des Sonderverfahrens nicht mehr gegeben und besteht deshalb bereits unmittelbar aus Abs. 1 S. 1 ein Einreiseanspruch (Liebetanz, in: GK-AsylVfG, § 18 a Rdn. 17). Inzwischen ist am Flughafen Frankfurt am Main die Unterbringung in vollständig neuen Räumen geregelt, sodass sich jedenfalls im Blick auf diese Einrichtung die Frage der unzureichenden Unterbringung kaum noch stellen dürfte.

27 Zwar sind besondere Anforderungen an die Unterbringung und Betreuung von *Kindern und Jugendlichen* während des Aufenthalts im Transitbereich zu stellen. Das Kinder- und Jugendhilfegesetz findet jedoch keine Anwendung, weil es an einem »rechtmäßigen« Aufenthalt im Sinne des § 6 II KHJG fehlt (Liebetanz, in: GK-AsylVfG, § 18 a Rdn. 16). Zuständig für die Versorgung

und Betreuung der Asylsuchenden ist entsprechend der gesetzlichen Aufgabenzuweisung der Bundgrenzschutz (Liebetanz, in: GK-AsylVfG, § 18 a Rdn. 13).

4.2. Betroffene Personengruppen

Die Entscheidung des Gesetzgebers, ein besonderes Verfahren für bestimmte Gruppen von Asylsuchenden zu schaffen, die auf dem Luftweg einreisen, hält nach Ansicht des BVerfG einer verfassungsrechtlichen Prüfung am Maßstab des Art. 3 I GG stand (BVerfGE 94, 166 (197) = EZAR 632 Nr. 25 = NVwZ 1996, 678)). Das Flughafenverfahren hat nach Ansicht des BVerfG seinen verfassungsrechtlichen Ort wohl in der Beschleunigungsmaxime des Art. 16 a IV GG: Den in Abs. 1 S. 1 und 2 bezeichneten Asylsuchenden wird zunächst die Einreise in das Bundesgebiet verweigert, ihr Asylbegehren wird unverzüglich geprüft und beschieden, wenn der dem Bundesamt unterbreitete Sachverhalt dies binnen zwei Tagen nach Stellung des Asylantrags zulässt (BVerfGE 94, 166 (209)). 28

Die Beschleunigungsmaxime des Art. 16 a IV GG als solche ist jedoch keine tragfähige verfassungsrechtliche Grundlage für eine Erweiterung des persönlichen Anwendungsbereichs des Flughafenverfahrens über das geltende Recht hinaus. Insoweit hat das BVerfG lediglich geprüft, ob die gesetzlichen Bestimmungen des Abs. 1 S. 1 und 2 verfassungsrechtlich unbedenklich sind (BVerfGE 94, 166 (197 f.) = EZAR 632 Nr. 25 = NVwZ 1996, 678). Die in Betracht kommenden Personengruppen sind in Abs. 1 und 2 abschließend geregelt. Eine Erstreckung des Flughafenverfahrens auf weitere Personengruppen dürfte mit dem vom BVerfG hierfür entwickelten Voraussetzungen kaum vereinbar sein. 29

4.2.1. Asylsuchende aus »sicheren Herkunftsstaaten« (Abs. 1 Satz 1 in Verb. mit § 29 a)

Das Flughafenverfahren erfasst nach Abs. 1 S. 1 Asylsuchende aus »sicheren Herkunftsstaaten« (§ 29 a). Mit dieser Fallgruppe wird eines der Schlüsselelemente der verfassungsrechtlichen Asylkonzeption (vgl. Art. 16 a III GG, § 29 a) im besonderen Maße verfahrensrechtlich umgesetzt. Maßgeblich ist, dass der Asylsuchende aus einem sicheren Herkunftsstaat (vgl. Anlage II zu § 29 a) kommt. Er muss nicht notwendigerweise Staatsangehöriger dieses Staates sein. Es reicht daher auch aus, dass ein Staatenloser seinen gewöhnlichen Aufenthalt in einem sicheren Herkunftsstaat gehabt hat (s. im Einzelnen § 29 a Rdn. 121). 30

Hat der staatenlose Asylsuchende seinen gewöhnlichen Aufenthalt in einem Staat gehabt, der nicht in der Anlage II zu § 29 a bezeichnet ist, reist er jedoch auf dem Weg in das Bundesgebiet durch einen sicheren Herkunftsstaat, handelt es sich nicht um einen Ausländer aus einem sicheren Herkunftsstaat im Sinne von Abs. 1 S. 1 in Verb. mit § 29 a. Hat demgegenüber der Asylsuchende mehrere Staatsangehörigkeiten und ist ein Staat der Staatsangehörigkeit sicherer Herkunftsstaat, liegen die Voraussetzungen nach Abs. 1 S. 1 vor. 31

32 Bei der Anwendung des Verfahrens auf die Personengruppe nach Abs. 1 S. 1 erfordert die *Regelvermutung* nach § 29 a I eine besonders effektive Verfahrensgestaltung. Denn das Konzept der *sicheren Herkunftsländer* ist verfassungsrechtlich nur hinnehmbar, wenn geeignete Verfahrensvorkehrungen getroffen werden, um dem Betroffenen die wirksame und durchsetzbare Darlegungsmöglichkeit zu geben, die Regelvermutung im Einzelfall zerstören zu können. Zwar hat das BVerfG darauf hingewiesen, dass in Ansehung eines Asylsuchenden aus einem sicheren Herkunftsstaat der Asylantrag regelmäßig ohne größeren Prüfungsaufwand in einem abgekürzten Verfahren bearbeitet werden könne (BVerfGE 94, 166 (196) = EZAR 632 Nr. 25 = NVwZ 1996, 678). Dies bedeutet jedoch nicht, dass damit die Anforderungen an die Gestaltung des Verfahrens herabgesetzt werden dürfen. Sowohl für das Verwaltungs- wie für das Gerichtsverfahren ergeben sich gerade für diese Personengruppe besondere Anforderungen an die Verfahrensgestaltung.

4.2.2. Asylsuchende ohne oder mit nicht gültigem Reiseausweis (Abs. 1 Satz 2)

33 Nach Abs. 1 S. 2 findet das Flughafenverfahren auch auf Asylsuchende Anwendung, die bei der Grenzbehörde auf einem Flughafen um Asyl nachsuchen und sich dabei nicht mit einem gültigen Pass oder Passersatz ausweisen. Die zweite Fallgruppe zielt auf die Bewältigung eines seit Mitte der achtziger Jahre insbesondere in Europa zu beobachtenden Problems, nämlich die *irreguläre Wanderung von Flüchtlingen und Asylsuchenden* (s. hierzu: Jaeger, Study on Irregular Movements of Asylum Seekers and Refugees, Rdn. 16, 27–31). Ursprünglich sollte das Flughafenverfahren nur auf Asylsuchende aus sicheren Herkunftsstaaten Anwendung finden (BT-Drs. 12/4450, S. 16).

34 Erst im Verlaufe der Gesetzesberatungen wurde das Flughafenverfahren eingeführt und dabei um die Personengruppe nach Abs. 1 S. 2 erweitert (BT-Drs. 12/4984, S. 12 f.). Durch diese Erweiterung soll verhindert werden, dass Asylsuchende aus sicheren Herkunftsstaaten die Vorschrift des § 18 a dadurch umgehen können, dass sie ohne oder mit gefälschten Reisedokumenten ankommen und behaupten, Angehörige eines anderen Staates zu sein (Giesler/Wasser, Das neue Asylrecht, S. 30). Nach Ansicht des BVerfG konnte der Gesetzgeber im Hinblick darauf, dass Möglichkeiten einer unverzögerten Rückführung von Asylsuchenden nach Ablehnung ihrer Asylanträge nur effektiv genutzt werden können, wenn das Asylverfahren vor der Einreisegewährung beschleunigt abgewickelt wird, das Flughafenverfahren auch auf solche Personen erstrecken, die zwar nicht aus einem sicheren Herkunftsstaat kommen, aber ohne Reisedokument oder mit gefälschten Reisedokumenten um Asyl nachsuchen.

35 Diese Regelung verstößt nicht gegen den Gleichheitssatz (BVerfGE 94, 166 (197) = EZAR 632 Nr. 25 = NVwZ 1996, 678). Da nach Ansicht des BVerfG die Prüfung eines Asylbegehrens nach den Regeln des Flughafenverfahrens den sich aus Art. 16 a I GG und Art. 19 IV GG ergebenden *Mindestanforderungen* genügt, darf der Gesetzgeber das Flughafenverfahren auch für Asylsu-

Verfahren bei Einreise auf dem Luftwege § 18 a

chende ohne Reisedokumente oder ohne gültige Reisedokumente vorsehen Diese Personen können nach einer Asylablehnung nur dann unverzögert – unter Ausnutzung von Rücktransportverpflichtungen der Fluggesellschaften und völkerrechtlichen Rücknahmeverpflichtungen der Abflug- oder Herkunftsstaaten – in den Staat des Abflughafens zurückgeführt werden, wenn das Asylverfahren vor ihrer Einreise durchgeführt wird (BVerfGE 94, 166 (197 f.)).

Eine völkerrechtliche Rücküberahmeverpflichtung des Abflugstaates, der nicht zugleich Herkunftsstaat des Asylsuchenden ist, besteht jedoch nicht. Denn nur der Staat der Staatsangehörigkeit ist völkerrechtlich zur Übernahme seiner Staatsangehörigen verpflichtet (Grahl-Madsen, Yale Journal of International Law 1986, 376 (393)). Ohne ausdrückliche Zustimmung der zuständigen Behörden des Staates, der nicht zugleich Staat der Staatsangehörigkeit ist, darf daher aus völkerrechtlicher Sicht die Rückführung nicht vorgenommen werden (Weis, The Canadian Yearbook of International Law 1969, 92 (141)), es sei denn, dem bilateralen Rechtsverkehr zwischen den beteiligten Staaten liegt ein entsprechendes Rückübernahmeabkommen zugrunde (s. hierzu: Hailbronner, Rückübernahme eigener und fremder Staatsangehöriger, S. 52 ff.). Gleichwohl versuchen die Grenzbehörden in der Praxis auch in Fällen, in denen kein entsprechendes Abkommen Anwendung findet, häufig auch ohne die Einholung einer vorherigen Zustimmung im konkreten Einzelfall die Zurückweisung durchzuführen. 36

Der Reiseausweis muss als Identitätsnachweis zumindest Angaben über Name, Vorname, Geburtsdatum und -ort sowie – bei Personen mit einer Staatsangehörigkeit – Angaben über die Staatsangehörigkeit enthalten. Bei Staatenlosen wird sich ein Hinweis auf die Staatenlosigkeit häufig aus dem Reisedokument ergeben, das die zuständigen Behörden des gewöhnlichen Aufenthaltsstaates ausgestellt haben. Ein Pass ist nicht gültig, wenn an diesem Manipulationen vorgenommen worden sind, sodass die genannten Angaben nicht mehr eindeutig festgestellt werden können. Beschädigungen und Zerstörungen des Passes führen dann zu dessen Ungültigkeit, wenn dadurch die erforderlichen Angaben nicht mehr zweifelsfrei festzustellen sind (Liebetanz, in: GK-AsylVfG, § 18 a Rdn. 28). 37

Ein Pass wird nicht dadurch ungültig, dass er mit einem *gefälschten Visum* versehen ist (vgl. VG Frankfurt am Main, B. v. 4.12.1995. – 12 G 50577/95.A (3); vgl. hierzu auch § 11 PaßG). Wenn bereits der fehlende Besitz eines Visums nicht zur Anwendung des Sonderverfahrens führt, kann auch ein gefälschtes Visum diese Anwendung nicht bewirken. Allein der fehlende oder nicht gültige Pass ist maßgeblich für Abs. 1 S. 2. Das gefälschte Visum bewirkt jedoch nicht die Ungültigkeit des Passes. Ein ungültiger Pass ist entweder ein *gefälschter* oder ein Reiseausweis, dessen Geltungsdauer im Zeitpunkt der Schutzsuche abgelaufen ist. 38

Ebenso wenig findet das Flughafenverfahren auf Asylbegehrende Anwendung, die sich durch einen gültigen Reiseausweis oder Passersatz ausweisen, aber nicht im Besitz des erforderlichen *Visums* sind. Der Wortlaut von Abs. 1 S. 2 ist eindeutig. Zudem wird diese Ansicht auch durch § 13 III 1 bestätigt, da auch dort nur auf die »Einreisepapiere«, nicht aber zugleich auch auf das 39

Visum abgestellt wird. Wer daher mit gültigem Pass, jedoch ohne oder ohne das erforderliche Visum einreist, erfüllt nicht den Tatbestand nach Abs. 1 S. 2 und ist weiterzuleiten.

40 Das BVerfG erlegt den Grenzbehörden die Verpflichtung auf, bei der Beurteilung der *Echtheit* der ihnen vorgelegten *Dokumente* besondere Sorgfalt walten zu lassen (BVerfGE 94, 166 (198)) = EZAR 632 Nr. 25 = NVwZ 1996, 678). Nach dem Willen des Gesetzgebers soll das Flughafenverfahren auf Asylsuchende beschränkt bleiben, die nicht über ausreichende Reisedokumente verfügen oder deren Pässe tatsächlich – und nicht nur vermeintlich – gefälscht sind. Lässt sich die Unechtheit des Passes nicht kurzfristig feststellen, *ist* deshalb dem Asylsuchenden die Einreise zu gestatten (BVerfGE 94, 166 (198)).

41 Im Eilrechtsschutzverfahren hat das Verwaltungsgericht daher ohne weitere Prüfung der aufenthaltsverhindernden Maßnahme dem Antrag stattzugeben, wenn die Grenzschutzbehörde nicht hinreichend tragfähig darlegen kann, aus welchen Gründen sie das vorgelegte Reisedokument für gefälscht erachtet. In einem derartigen Fall überprüft das Verwaltungsgericht also nicht die inhaltliche Richtigkeit des asylrechtlichen Offensichtlichkeitsurteils, sondern lässt die Einreise allein deshalb zu, weil die tatbestandlichen Voraussetzungen nach Abs. 1 S. 2 für die Durchführung des Flughafenverfahrens nicht vorliegen.

42 Nach Abs. 1 S. 2 ist Voraussetzung für die Anwendung des Flughafenverfahrens, dass der Schutzbegehrende sich nicht mit einem gültigen Reiseausweis oder Passersatz »*ausweist*«. Da der Gesetzeswortlaut nach Abs. 1 S. 2 eindeutig ist, wird an der früheren gegenteiligen Auffassung nicht mehr festgehalten. Maßgebend für die Erfüllung des gesetzlichen Tatbestandes ist nicht, dass Asylsuchende sich bei der Grenzkontrolle nicht mit einem gültigen Reisedokument ausweisen »können« (so aber: Giesler/Wasser, Das neue Asylrecht, S. 30), sondern dass sie sich mit einem derartigen Dokument nicht »ausweisen«. Der Umstand, dass ein Asylsuchender neben seinem verfälschten Reiseausweis einen echten nationalen Reiseausweis bei sich führt, diesen aber bei der Grenzkontrolle nicht vorzeigt, ist unerheblich (VG Frankfurt am Main, B. v. 9. 10. 1996 – 8 G 50593/96.A (3); so auch Liebetanz, in: GK-AsylVfG, § 18 a Rdn. 29).

43 Ist der Asylsuchende mithin im Besitz eines gültigen Reiseausweises, versucht er dies jedoch zunächst zu verschweigen, um etwa den Reiseweg oder das (sichere) Herkunftsland nicht offenbaren zu müssen, weist er sich nicht mit einem gültigen Pass aus, sodass das Flughafenverfahren durchzuführen ist (vgl. auch § 15 II Nr. 4, 30 III Nr. 2 und 5).

44 Wird das Asylverfahren nach § 18 a durchgeführt, obwohl der Asylsuchende im Besitz eines gültigen Passes ist, so sieht die Rechtsprechung in diesem Umstand einen Verfahrensfehler nach § 46 VwVfG, der unerheblich ist, wenn in der Sache selbst keine andere Entscheidung hätte getroffen werden können (VG Frankfurt am Main, B. v. 4. 12. 1995 – 12 G 50577/95.A (3); VG Frankfurt am Main, B. v. 21. 8. 1995 – 2 G 50390/95.A (3)). Es handelt sich in einem derartigen Fall jedoch nicht um einen bloßen Verfahrensfehler. Vielmehr liegen die tatbestandlichen Voraussetzungen für die Durchführung des

Flughafenverfahrens nicht vor, sodass für die Durchführung des Asylverfahrens die Rechtsgrundlage fehlt.

4.2.3. Folgeantragsteller

Das Flughafenverfahren findet unter den Voraussetzungen des Abs. 1 S. 1 und 2 auch auf Folgeantragsteller Anwendung (VG München, EZAR 220 Nr. 4; VG Ansbach, InfAuslR 1995, 426; VG Frankfurt am Main, NVwZ-RR 1994, 293 (294); VG Frankfurt am Main, B. v. 24. 10. 1996 – 2 G 50620/96. A (3); Liebetanz, in: GK-AsylVfG, § 18 a Rdn. 30). Kommt der Folgeantragsteller aus einem sicheren Herkunftsstaat (§ 29 a) oder weist er sich bei der Grenzkontrolle nicht mit einem gültigen Pass oder Passersatz aus, ist er deshalb im Sonderverfahren nach § 18 a zu behandeln. In allen anderen Fällen ist Folgeantragstellern die Einreise zwecks Durchführung des Asylverfahrens zu gestatten. 45

Der entgegenstehende Erlass des Bundesinnenministeriums vom 6. Juli 1994, dem zu folge Folgeantragsteller ohne Prüfung, ob die Voraussetzungen nach § 71 für die Durchführung eines weiteren Asylverfahrens vorliegen, von der Grenzbehörde nach § 60 AuslG 1990 zurückzuweisen sind, ist rechtswidrig (VG München, EZAR 220 Nr. 4; VG Ansbach, InfAuslR 1995, 426 (427); Liebetanz, in: GK-AsylVfG, § 18 a Rdn. 32). Vielmehr hat die Grenzbehörde, sofern die Voraussetzungen nach Abs. 1 S. 1 oder S. 2 vorliegen, den Asylbegehrenden nach Abs. 1 S. 3 an das Bundesamt weiterzuleiten. In allen anderen Fällen ist die Einreise zur Durchführung des Asylverfahrens zu gestatten. 46

Die Vorschrift des § 18 a enthält insoweit eine *Regelungslücke* (VG Frankfurt am Main, NVwZ-RR 1994, 293 (294); VG Frankfurt am Main, B. v. 24. 10. 1996 – 2 G 50620/96. A (3); Liebetanz, in: GK-AsylVfG, § 18 a Rdn. 31). Wie sich aus § 71 II 5 ergibt, gehen die Vorschriften über den Folgeantrag grundsätzlich von der Anwendbarkeit der Verfahrensvorschriften des Zweiten Abschnitts über das Asylverfahren auf den Folgeantrag aus. Daher ist Abs. 3 S. 1, demzufolge dem Asylsuchenden die Einreise zu verweigern ist, wenn das Bundesamt den Asylantrag als offensichtlich unbegründet abgelehnt hat, auch auf den Folgeantragsteller anwendbar (VG Frankfurt am Main, B. v. 24. 10. 1996 – 2 G 50620/96. A (3); Liebetanz, in: GK-AsylVfG, § 18 a Rdn. 31). 47

Daraus folgt aber zugleich auch, dass die Grenzbehörde den Asylbegehrenden zur Prüfung, ob Wiederaufnahmegründe nach § 51 I–III VwVfG vorliegen, weiterzuleiten hat. Die Zurückweisung des Folgeantragstellers ohne Durchführung einer derartigen Prüfung verletzt das Asylgrundrecht des Art. 16 a I GG und seine verfahrensrechtliche Ausgestaltung durch §§ 18, 18a (VG München, EZAR 220 Nr. 4). Zwar enthalten die Vorschriften des AsylVfG in aufenthaltsrechtlicher Hinsicht Einschränkungen zu Lasten des Folgeantragstellers. 48

Dies ändert jedoch nichts an dem durch Art. 16 a I GG garantierten grundsätzlichen Anspruch auch des Folgeantragstellers auf Gewährleistung von Zurückweisungsschutz und Prüfung der geltend gemachten Wiederaufnahmegründe (VG München, EZAR 220 Nr. 4). Die aufenthaltsrechtliche Schlechterstellung der Folgeantragsteller spricht vielmehr gerade dafür, dass 49 der Gesetzgeber diese Personengruppe nicht aus den Sondervorschriften des § 18 a ausklammern wollte (VG Frankfurt, NVwZ-RR 1994, 293 (294); VG Frankfurt am Main, B. v. 24. 10. 1996 – 2 G 50620/96.A (3)).

50 Erachtet das Bundesamt die dargelegten Wiederaufnahmegründe nicht für ausreichend, muss es ein weiteres Asylverfahren durchführen und den Asylantrag als offensichtlich unbegründet ablehnen. Denn nur in diesem Fall ist dem Folgeantragsteller kraft Gesetzes die Einreise zu verweigern (Abs. 3 S. 1). Die Feststellung, ein weiteres Asylverfahren werde nicht durchgeführt, begründet nicht diese gesetzliche Folge.

51 Ist der erste Asylantrag noch anhängig, hat der Folgeantragsteller lediglich die Möglichkeit, bei dem für das Erstverfahren zuständigen Verwaltungsgericht nach § 123 VwGO in Verb. mit § 927 ZPO, § 80 VII 2 VwGO wegen Änderung der Sach- und Rechtslage einen *Abänderungsantrag* zu stellen (so auch Liebetanz, in: GK-AsylVfG, § 18 a Rdn. 34f.). Der Antrag ist gegen den Rechtsträger der Grenzschutzbehörde zu richten, da diese die Zurückweisung nach § 15 AufenthG durchführt.

52 Anders als beim ersten Asylverfahren oder beim Verwaltungsverfahren im Zusammenhang mit einem Folgeantrag besteht keine gesetzliche Verpflichtung der Grenzbehörde, die gerichtliche Entscheidung abzuwarten. Daher bedarf es eines entsprechenden gerichtlichen Hinweises an die Grenzbehörde. Andererseits wird nach erfolgter Zurückweisung im Rahmen des Flughafenverfahrens auf gerichtliche Veranlassung hin regelmäßig die Klage zurückgenommen oder das Verwaltungsgericht beendet das Verfahren nach § 81. In diesem Fall ist neues Sachvorbringen nicht im Wege des Abänderungsantrags, sondern in Form des Asylfolgeantragsverfahrens geltend zu machen. § 71 V 2 ist analog anzuwenden, d. h. die Grenzbehörde hat die Sachentscheidung des Bundesamtes und gegebenenfalls den Ausgang des anschließenden Eilrechtsschutzverfahrens abzuwarten (VG München, EZAR 220 Nr. 4; VG Frankfurt am Main, B. v. 24. 10. 1996 – 2 G 50620/96.A (3); Liebetanz, in: GK-AsylVfG, § 18 a Rdn. 32).

4.3. Unbeachtliche Asylanträge (§ 29)

53 Erfüllt der Asylsuchende eine der Voraussetzungen nach § 18 II Nr. 2 in Verb. mit § 27 I oder II, gibt die Grenzbehörde nach traditioneller und auch derzeit geübter Praxis diesem nicht Gelegenheit, den Asylantrag beim Bundesamt zu stellen. Vielmehr wird der Asylsuchende unmittelbar – ohne Einschaltung des Bundesamtes – zurückgewiesen. Zutreffend ist, dass die Einreiseverweigerungsgründe nach § 18 II weder identisch mit den tatbestandlichen Voraussetzungen des Flughafenverfahrens nach Abs. 1 S. 1 und S. 2 sind noch der Gesetzgeber die Grenzbehörde in den Fällen des § 18 II dazu zwingen will, das Bundesamt zu beteiligen.

54 Diese Praxis entspricht jedoch nicht dem internationalen Rechtsstandard. Nach *Empfehlung Nr. 8 (XXVIII)* des Exekutivkommittees des Programms von UNHCR soll die Grenzbehörde in allen Fällen von Asylbegehren diese an die für die Asylentscheidung zuständige Behörde weiterleiten. Im Übrigen ist

auch mit Blick auf § 18 II vorläufiger Rechtsschutz zu gewährleisten (§ 18 Rdn. 85 ff.).

Macht die Grenzbehörde von ihrer Kompetenz nach § 18 II Nr. 2 keinen Gebrauch und wird erst im Rahmen der Anhörung beim Bundesamt erkennbar, dass der Asylantrag unbeachtlich ist (§§ 27 I, 29 I), darf das Bundesamt den Asylantrag nicht aus diesem Grund als »offensichtlich unbegründet« ablehnen (Liebetanz, in: GK-AsylVfG, § 18 a Rdn. 38; VG Frankfurt, B. v. 13. 9. 2002 – 6 G 3410/02.AF(2); a. A. VG Frankfurt am Main, B. v. 24. 8. 2000 – 4 G 4118/ 00.AF(2); offengelassen BVerfG (Kammer), NVwZ-Beil. 1994, 51 (53)). Eine Verweisung an den Grenzschutz zwecks Zurückweisung nach § 18 II Nr. 2 ist in einem derartigen Fall wegen des bereits eingeleiteten Asylverfahrens nicht mehr zulässig (VG Frankfurt, B. v. 13. 9. 2002 – 6 G 3410/02.AF(2)).

Ein unbeachtlicher Asylantrag ist kein offensichtlich unbegründetes Asylbegehren, weil in diesem Fall ja keine Prüfung der tatbestandlichen Voraussetzungen der politischen Verfolgung erfolgt (VG Frankfurt, B. v. 13. 9. 2002 – 6 G 3410/02.AF(2)). Da danach die Voraussetzungen für eine Zurückweisung nach Abs. 3 S. 1 nicht erfüllt sind und der Bundesgrenzschutz durch Weiterleitung an das Bundesamt zu erkennen gegeben hat, dass er von seiner in § 18 II geregelten Befugnis keinen Gebrauch gemacht hat, verbleibt es bei dem Zurückweisungsverbot nach § 18 I. Ein Wiederaufleben der grenzbehördlichen Kompetenz nach § 18 II ist nach Übergang des Verfahrens auf das Bundesamt nicht zulässig (VG Frankfurt, B. v. 13. 9. 2002 – 6 G 3410/ 02.AF(2)). Lehnt daher das Bundesamt den Asylantrag als unbeachtlich ab, so darf die Grenzbehörde weder nach Abs. 3 S. 1 noch nach § 18 II vorgehen. Dies gilt auch, wenn das Bundesamt zwar die Form der qualifizierten Asylablehnung wählt, in der Sache aber den Asylantrag als unbeachtlich ablehnt.

Die Gegenmeinung wird nicht begründet, sondern stellt allein auf die Einreiseverweigerung ab. Auch wenn der Grenzschutz die Einreiseverweigerung verfüge, obwohl das Bundesamt den Asylantrag als unbeachtlich abgelehnt habe und damit die Voraussetzungen des Abs. 3 S. 1 nicht gegeben seien, ändere die falsche Begründung des Asylbescheids nichts an der Bindung des Grenzschutzes nach Abs. 3 S. 1 (VG Frankfurt am Main, B. v. 24. 8. 2000 – 4 G 4118/00.AF(2)). Die Gegenmeinung lässt jegliche dogmatische Klarheit und konzeptionelle Schlüssigkeit vermissen. Sie ist Beleg für eine bestimmte Tendenz innerhalb einer Reihe von Spruchkörpern des VG Frankfurt am Main, behördliche Entscheidungen im Flughafenverfahren nach Möglichkeit zu verteidigen. Dagegen ist indes fest zu halten: Nur wenn das Asylbegehren auch in der Sache offensichtlich unbegründet ist, darf das Bundesamt nach Abs. 3 S. 1 vorgehen. Ist dies nicht der Fall, kann es entweder den Asylantrag als unbeachtlich ablehnen oder keine Entscheidung in der Sache treffen. In beiden Fällen besteht Einreiseanspruch (vgl. Abs. 3 S. 1, Ab. 6 Nr. 1).

4.4. Unbegleitete minderjährige Asylsuchende

Umstritten ist, ob der Asylantrag unbegleiteter minderjähriger Asylsuchender überhaupt im Flughafenverfahren behandelt werden darf. Das Bundesinnenministerium hat mit Erlass vom 6. Juli 1994 angeordnet, dass auch dieser Personenkreis dem Flughafenverfahren zuzuführen ist. Lediglich dann, wenn in besonders gelagerten Einzelfällen aus humanitären Gründen die Unterbringung auf dem Flughafengelände nicht angezeigt sei, sei Weisung einzuholen, ob das Flughafenverfahren durchzuführen sei. Derzeit wird der Erlass pragmatisch gehandhabt und minderjährigen unbegleiteten Antragstellern nach Möglichkeit die Einreise gestattet. UNHCR wendet sich gegen die Einbeziehung unbegleiteter minderjähriger Asylsuchender in das Flughafenverfahren, da ein kindgerechtes Verfahren am Flughafen nicht gewährleistet sei (UNHCR, Stellungnahme des UNHCR zum Flughafenverfahren vom März 1999).

59 Gegen die Anwendung des Flughafenverfahrens auf diesen Personenkreis wird eingewandt, die Unterbringung auf dem Flughafengelände sei nach Abs. 1 S. 1 unmöglich. Dies folge aus der Unterbringung in den Kinder- bzw. Jugendräumen beim Grenzschutzamt, die zur Unterbringung von Kindern nicht geeignet, zur Unterbringung von Jugendlichen nur in Ausnahmefällen und allenfalls für die Dauer von höchstens zwei Übernachtungen geeignet seien. Die Unmöglichkeit der Unterbringung folge jedoch nicht aus der Ausstattung der Räume, sondern vielmehr aus dem Umfeld und der dadurch hervorgerufenen besonderen Belastung der Jugendlichen (VG Frankfurt am Main, NVwZ-Beil. 1995, 60 (61)).

60 Darüber hinaus bedürfe es für die Unterbringung Minderjähriger wegen der erforderlichen kinder- und jugendgerechten Betreuung und Versorgung einer besonderen Jugendhilfeeinrichtung (Göbel-Zimmermann, InfAuslR 1995, 166 (170); s. auch Menzel, ZAR 1996, 22 (24); Jockenhövel-Schiecke, ZAR 1998, 165). Unabhängig davon dürften die besonderen Schutznormen zugunsten Minderjähriger jedenfalls gegen die Einbeziehung der Kinder und Jugendlichen, die nicht nach § 12 handlungsfähig sind, also noch nicht das 16. Lebensjahr vollendet haben, sprechen.

61 Im Blick auf unbegleitete minderjährige Asylsuchende unter 16 Jahren hat die Grenzbehörde von Amts wegen die Bestellung eines Vormundes oder Pflegers durch das Vormundschaftsgericht zu veranlassen. Eine Zurückweisung durch den Grenzschutz oder Ablehnung des Asylantrags durch das Bundesamt mit Hinweis auf die mangelnde Wirksamkeit des gestellten Asylantrags als unzulässig, verbietet der Schutzzweck des Asylgrundrechts.

62 Da nach Abs. 1 S. 3 die Grenzbehörde dem Asylsuchenden unverzüglich Gelegenheit zur Asylantragstellung zu geben hat, andererseits voraussehbar ist, dass innerhalb dieser nach wenigen Tagen bemessenen Frist das Vormundschaftsgericht nicht über die Pflegschaft entscheiden kann, ist aus diesem Grunde die Einreise zu gestatten (Liebetanz, in: GK-AsylVfG, § 18 a Rdn. 40; Göbel-Zimmermann, InfAuslR 1995, 166 (170); a. A. Antwort der Bundesregierung, BT-Drs. 13/1076, S. 4). Eine unterlassene Weiterleitung an das Bundesamt wegen der Bestellung eines Betreuers verletzt das Verbot der Benachteiligung Behinderter nach Art. 3 III GG (VG Frankfurt am Main, NVwZ-Beil. 1999, 13 (14). Wenn das BVerfG den Behörden eine besondere Verpflichtung auferlegt, nachteiligen Auswirkungen der Unterbringungssituation auf das Asylverfahren entgegenzuwirken (BVerfGE 94, 166 (200f.) = EZAR 632

Nr. 25 = NVwZ 1996, 678), so gilt dies im besonderen Maße für unbegleitete minderjährige Asylsuchende.

Häufig werden diese Asylsuchenden im besonderem Maße traumatisiert und schon deshalb kaum in der Lage sein, ihrer Darlegungslast zu genügen. Hinzu kommt, dass aufgrund der Erfahrungen in der Vergangenheit diese Personen die fluchtauslösenden Umstände und Ereignisse oftmals gar nicht unmittelbar wahrgenommen haben, sondern häufig wegen befürchteter sippenhaftartiger Verfolgung von den Eltern in Sicherheit gebracht wurden. Hier bedarf es langwieriger und sorgfältiger Aufklärung unter Einbeziehung möglicher Auskunftspersonen im Bundesgebiet, um den Sachverhalt angemessen bewerten zu können (s. auch § 12 Rdn. 19 f.). Für derartige Verfahrensgestaltungen ist das auf Kürze und einfache Sachverhalte angelegte Flughafenverfahren gar nicht vorgesehen. **63**

Schließlich ergeben sich erhebliche Bedenken gegen die verfahrensrechtliche Behandlung dieser Personengruppe nach § 18 a, weil umstritten ist, ob unbegleitete minderjährige Jugendliche überhaupt ohne weiteres zurückgewiesen werden dürfen. Dies wäre jedoch die gesetzliche Folge einer Asylablehnung im Flughafenverfahren (vgl. Abs. 3 S. 1). Vereinzelt wird es in der Rechtsprechung mit Hinweis auf § 68 I 1 AuslG 1990 (jetzt § 80 I 1 AufenthG) zwar für zulässig angesehen, einen handlungsunfähigen minderjährigen Asylsuchenden zurückzuweisen (VG Frankfurt am Main, B. v. 7. 10. 1994 – 3 G 50327/94 (1); VG Frankfurt am Main, NVwZ-Beil. 1996, 29). Demgegenüber wird die Abschiebung unbegleiteter minderjähriger Asylsuchender wegen der besonderen staatlichen Schutz- und Fürsorgepflichten jedenfalls dann für unzulässig erachtet, wenn nicht hinreichend sicher feststeht, ob sie nach der Abschiebung in ihre Familie zurückkehren können und ob und in welchem Umfang sich die Behörden des Zielstaates der Kinder und Jugendlichen annehmen (VG Frankfurt am Main, B. v. 25. 8. 1993 – 3 G 30181/93. A (3); VG Ansbach, AuAS 1994, 233 (234); wohl auch VG Gelsenkirchen InfAuslR 1998, 22). **64**

Ein Grund, der je nach der rechtlichen Form der behördlichen Zwangsmaßnahmen bei ansonsten gleichbleibenden Folgen eine unterschiedliche Behandlung des minderjährigen Asylsuchenden zu rechtfertigen geeignet ist, ist nicht ersichtlich. Daher ist die Zurückweisung ebenso wie die Abschiebung unter diesen Voraussetzungen unzulässig. **65**

Im Flughafenverfahren wird die Behörde regelmäßig nicht in der Lage sein, hinreichend tragfähige Feststellungen dahin zu treffen, ob der Asylsuchende nach Ankunft im Zielstaat der Zurückweisung in die familiäre Obhut zurückgelangen wird. Ist nach den erkennbaren Umständen offensichtlich, dass die Eltern aus Furcht vor politischer Verfolgung untergetaucht sind, fehlt es regelmäßig an dieser Voraussetzung. In einem derartigen Fall kann der Minderjährige auch kaum auf die Betreuungsmöglichkeiten der Behörden des Zielstaates verwiesen werden. Erst recht hat die Zurückweisung des Minderjährigen in einen Drittstaat zu unterbleiben, da hier in aller Regel kaum erforderliche Betreuungsmöglichkeiten verfügbar sind. **66**

Weil der nach dem *Haager-Minderjährigen-Schutzabkommen* erforderliche gewöhnliche Aufenthalt eine gewisse Verweildauer im Bundesgebiet voraus- **67** setzt (Oberloskamp, Mitt, LJA Nr. 84, S. 30 (33); Jockenhövel-Schiecke, ZAR 1987, 171 (173); s. auch Münder, Recht der Jugend 1985, 210), kann dieses Abkommen zwar im Flughafenverfahren wohl keine Anwendung finden (so Liebetanz, in: GK-AsylVfG, § 18 a Rdn. 43f.; VG Frankfurt a. M., B. v. 17. 8. 1998 – 10 G 50515/98.A (1); so auch VG Hamburg, B. v. 22. 4. 1994 – 2 VG A 2117/94, für die Abschiebungsandrohung nach § 34; zur Einleitung der notwendigen Maßnahmen zur Bestellung eines vorläufigen Pflegers s. Ritter, ZAR 1999, 176 (179)). Jedoch ergeben sich aus verfassungsrechtlichen Grundprinzipien besondere Schutz- und Fürsorgepflichten für deutsche Behörden gegenüber unbegleitet einreisenden minderjährigen Asylsuchenden.

68 Sind hinreichend zuverlässige Erkenntnisse über die notwendige Betreuung im Zielstaat der Zurückweisung nicht möglich, hat diese zu unterbleiben. Auch das Bundesamt hat diese Umstände aufzuklären. Denn durch die qualifizierte Asylablehnung bewirkt es die gesetzliche Folge der Einreiseverweigerung. Kann das Bundesamt die Betreuungssituation im Zielstaat der Zurückweisung nicht aufklären, darf es diese Folge nicht herbeiführen. In einem derartigen Fall bedarf der Sachverhalt insbesondere auch unter dem rechtlichen Gesichtspunkt des § 60 VII 1 AufenthG weiterer Aufklärung und besteht deshalb ein Einreiseanspruch nach Abs. 6 Nr. 1.

69 Umstritten ist, ob Art. 22 der *Kinderschutzkonvention* der Zurückweisung entgegensteht. Danach haben die Vertragsstaaten sicherzustellen, dass minderjährige Flüchtlinge und Asylsuchende angemessenen Schutz und Hilfe bei der Wahrnehmung der Rechte aus der Konvention und anderen internationalen Abkommen erhalten. Unter Hinweis auf die durch Vorbehaltserklärung ausgeschlossene innerstaatliche Anwendbarkeit der Normen der Kinderschutzkonvention wird dieser für das Asylverfahren eine rechtliche Relevanz abgesprochen (OVG Hamburg, InfAuslR 1999, 536 (538) = NVwZ-RR 2000, 116; VG Frankfurt am Main, NVwZ-Beil. 1996, 29; VG Frankfurt am Main, B. v. 17. 8. 1998 – 10 G 50515/98.A (1); VG Hamburg, B. v. 22. 4. 1994 – 2 VG A 2117/94; Stöcker, ZAR 1992, 80 (82); Liebetanz, in: GK-AsylVfG, § 18 a Rdn. 45; a. A. VG Arnsberg, InfAuslR 1996, 285; VG Frankfurt am Main, InfAuslR 1994, 314 (316) = NVwZ 1994, 1137; VG Leipzig, NVwZ-RR 1995, 422 (423); Göbel-Zimmermann, InfAuslR 1995, 166 (172); zur Unzulässigkeit der Vorbehalte Wolf, ZRP 1991, 374 (378); Menzel, ZAR 1996, 22 (23)). Dieser Streit bedarf keiner näheren Vertiefung. Denn der für die Anwendung der Konvention maßgebliche Begriff des »Wohl des Kindes« (vgl. Art. 3 I) hat aus verfassungsrechtlichen Gründen (BVerfGE 24, 119 (144); 59, 360 (382)) auch die Anwendung asylverfahrensrechtlicher Vorschriften aus dem Gesichtspunkt des Minderjährigenschutzes zu leiten (ebenso Heinhold, InfAuslR 1997, 287 (290)). Im Übrigen empfehlen die Richtlinien des UNHCR über allgemeine Grundsätze und Verfahren zur Behandlung asylsuchender unbegleiteter Minderjähriger vom April 1997, asylsuchenden Minderjährigen angesichts ihrer Hilfsbedürftigkeit den Zugang zum Hoheitsgebiet nicht zu verwehren.

70 Nunmehr erlegt Art. 30 III der *Qualifikationsrichtlinie* den Mitgliedstaaten im Blick auf die Unterbringung unbegleiteter Minderjähriger bestimmte Verpflichtungen auf. Aus dem Gesamtzusammenhang der einzelnen Regelun-

gen dieser Vorschrift folgt, dass eine Unterbringung Minderjähriger im Transitbereich des Flughafens unzulässig ist. Anders als Art. 30 I der Richtlinie, der bestimmte Verpflichtungen für die Phase nach der Anerkennung der Flüchtlingseigenschaft anordnet, fehlt in den weiteren Absätzen dieser Vorschrift diese Einschränkung. Art. 30 III der Richtlinie ist deshalb bereits vor der Anerkennung anwendbar und steht einer Durchführung des Flughafenverfahrens in Fällen unbegleiteter Minderjähriger entgegen.

5. Verwaltungsverfahren

5.1. Vorbemerkung

Das nach § 18 a anzuwendende Verfahren ist durch zahlreiche Besonderheiten gekennzeichnet: Der Bundesgrenzschutz prüft seine Sachkompetenz. Liegt ein Asylbegehren vor, ist dem Antragsteller *unverzüglich* Gelegenheit zur Stellung des Asylantrags bei der der Grenzkontrollstelle zugeordneten Außenstelle des Bundesamtes zu geben (Abs. 1 S. 3). Diese klärt den Sachverhalt auf (§ 24) und führt insbesondere unverzüglich die persönliche Anhörung durch (Abs. 1 S. 4). Es handelt sich damit um eine *besondere Form der Direktanhörung* (s. hierzu § 25 Rdn. 51 ff.). Daraus wird deutlich, dass es sich bei diesem Asylverfahren um ein normales, allerdings durch Zeitdruck geprägtes Verfahren, jedenfalls soweit das Bundesamt betroffen ist, handelt. Dem § 18 a sind insoweit keine verfahrensverkürzenden Regelungen zu entnehmen.

71

Das Bundesamt hat innerhalb von zwei Tagen nach Asylantragstellung (vgl. Abs. 6 Nr. 2) die Sachentscheidung zu treffen. Gibt es dem Antrag statt oder lehnt es diesen nicht in der qualifizierten Form ab, ist die Einreise zu gewähren. Dies ergibt sich im Umkehrschluss auch aus Abs. 2. Darf die Einreise nicht verweigert werden (vgl. §§ 18 II, 18 a I 6), ist die Einreise zu gewähren (§ 18 I). Nur in den Fällen der qualifizierten Asylablehnung hat die Grenzbehörde die Einreise zu verweigern (Abs. 3 S. 1). Hierfür ist wiederum die Abschiebungsandrohung als Folge der qualifizierten Asylablehnung Voraussetzung (Abs. 2 und 3). Hieran schließt sich das besondere Rechtsschutzverfahren (Abs. 4) an. Die Beteiligung von Bundesgrenzschutz und Bundesamt führt also zu einem besonders komplizierten Verfahren. Das eigentliche Asylverfahren selbst ist jedoch ein normales Verfahren mit den üblichen Verfahrensgarantien.

72

5.2. Persönliche Meldepflicht bei der Grenzbehörde (Abs. 1 Satz 3)

Ausgangssituation des Flughafenverfahrens ist, dass der Asylbegehrende (vgl. Abs. 1 S. 1 1. HS) bei der Grenzbehörde um Asyl nachsucht. Damit knüpft § 18 a an die im AsylVfG gebräuchliche Unterscheidung zwischen Asylgesuch, d.h. dem gegenüber einer unzuständigen Behörde geäußerten Asylbegehren, und der förmlichen Stellung des Asylantrags beim Bundes-

73

§ 18 a *Asylverfahren*

amt an (§ 13 Rdn. 9 ff.). Die Regelungen des § 18 a gehen damit – vergleichbar den Vorschriften zu den Inlandsverfahren – von der persönlichen Meldepflicht des Asylsuchenden aus. Das ergibt sich unmittelbar aus § 13 III 1. Erfüllt der Antragsteller nicht die Voraussetzungen von Abs. 1 und § 18 II (vgl. Abs. 1 S. 6), ist er an die zuständige bzw. nächstgelegene Aufnahmeeinrichtung weiterzuleiten (§ 18 I). Dasselbe gilt, wenn das Bundesamt dem Bundesgrenzschutz mitteilt, dass es nicht kurzfristig entscheiden kann (Abs. 6 Nr. 1).

74 Liegt einer der beiden Tatbestände nach Abs. 1 vor, so hat die Grenzbehörde dem Asylsuchenden *unverzüglich* Gelegenheit zur Asylantragstellung zu geben. Eine Frist ist hierfür in Abs. 6 nicht vorgesehen und wurde auch nicht für erforderlich gehalten. Aus dem Beschleunigungs- und Unverzüglichkeitsgebot wird unter Hinweis auf Art. 104 GG (vgl. hierzu auch VG Frankfurt am Main, NVwZ-RR 1994, 468) in der Kommentarliteratur abgeleitet, dass diese Frist weniger als zwei Tage beträgt. Die Fristüberschreitung hat danach jedoch keine Einreise zur Folge, sondern bleibt sanktionslos (Liebetanz, in: GK-AsylVfG, § 18 a Rdn. 48, 88). Nach der Rechtsprechung des BVerfG ist das Asylverfahren »*binnen kürzester Frist*« nach der Ankunft des Asylsuchenden durchzuführen (BVerfGE 94, 166 (201) = EZAR 632 Nr. 25 = NVwZ 1996, 678).

75 Da die Außenstelle des Bundesamtes vor Ort ist, entfällt eine Weiterleitungsverpflichtung wie sie § 18 I vorsieht. Der Meldepflicht genügt der Asylbegehrende also mit der Geltendmachung seines Asylbegehrens gegenüber der Grenzbehörde (Abs. 1 S. 1 und 2). Abs. 1 S. 3 ist im Zusammenhang mit der sachlichen Zuständigkeit des Bundesamtes nach § 5 zu sehen. Das Bundesamt ist Herrin des Asylverfahrens; es prüft die Verfolgungsgründe und trifft die Sachentscheidung. Rechtsmittel richten sich insoweit gegen die Bundesrepublik, vertreten durch die zuständige Außenstelle des Bundesamtes.

76 Hingegen ist die Grenzbehörde Herrin des ausländerrechtlichen Verfahrens insbesondere über den Gewahrsam bis zur Entscheidung über das Einreisebegehren. Rechtsmittel, die sich auf den geltend gemachten Einreiseanspruch beziehen oder die den Grund und die Umstände der Unterbringung betreffen, sind deshalb gegen die Bundesrepublik, vertreten durch die zuständige Grenzbehörde, zu richten.

5.3. Grenzbehördliche Anhörung des Asylsuchenden

77 Der Umfang der Anhörung durch die Grenzbehörde ergibt sich aus deren Sachkompetenz (§ 18 Rdn. 53). Im Flughafenverfahren hat die Grenzbehörde zu prüfen, ob die Voraussetzungen nach Abs. 1 – also Herkunft aus einem sicheren Herkunftsstaat oder Fehlen eines gültigen Reisedokumentes sowie Unterbringung auf dem Flughafengelände – erfüllt sind oder ob Einreiseverweigerungsgründe nach § 18 II oder § 33 III bestehen. In die Sachkompetenz wird man auch die Frage einbeziehen können, ob der Ausländer überhaupt um Asyl nachsucht. Das gibt der Grenzbehörde jedoch nicht einmal die Befugnis zur Schlüssigkeitsprüfung (§ 18 Rdn. 54; vgl. auch § 30 V).

Demgegenüber ist es ständige Verwaltungspraxis der Grenzbehörden, den Asylsuchenden umfassend und detailliert zu seinen Asylgründen zu befragen. Diese bereits vor Einführung des Flughafenverfahrens geübte Praxis ist nach diesem Zeitpunkt sogar noch verstärkt worden, obwohl nunmehr die für die Prüfung der Asylgründe sachlich zuständige Behörde unmittelbar vor Ort ist. Das Bundesamt seinerseits führt seine Ermittlungen auf der Grundlage der grenzbehördlichen Feststellungen durch und bewertet Stimmigkeit, Widerspruchsfreiheit und Schlüssigkeit unter Einbeziehung des grenzbehördlichen Protokolls. 78

Das BVerfG hat diese Frage nicht ausdrücklich behandelt. Es weist jedoch für die asylrechtliche *Beweiswürdigung* darauf hin, dass die *grenzbehördliche Anhörung zu den Fluchtgründen* wesentlich *geringeres Gewicht* als die Angaben gegenüber dem Bundesamt hat: Das gilt insbesondere, wenn die Angaben vor dem Bundesamt mit dem Inhalt der Erklärungen bei der Grenzbehörde verglichen und auf Widersprüche hin überprüft werden (BVerfGE 94, 166 (205) = EZAR 632 Nr. 25 = NVwZ 1996, 678). Ob die Anhörung zu den Fluchtgründen durch die Grenzbehörde überhaupt zulässig ist, hat das BVerfG damit offen gelassen. Jedenfalls sollten seine klaren Äußerungen einen in der Praxis der Rechtsanwendung im Rahmen der Beweiswürdigung weit verbreiteten Mißstand beseitigen: 79

Die Funktion der Grenzbehörde im Verfahren bringt es mit sich, dass ihre Beamten den Antragsteller ohne Rücksicht auf seine physische und psychische Verfassung hören müssen. Überdies sind sie für die Anhörung zur Ermittlung eines asylerheblichen Tatbestandes nicht besonders geschult (BVerfGE 94, 166 (205) = EZAR 632 Nr. 25 = NVwZ 1996, 678). Daher dürfen *die grenzbehördlichen Tatsachenfeststellungen bei der Sachentscheidung des Bundesamtes nicht zu Lasten des Antragstellers gewertet werden* (Marx, Stellungnahme an den BT-Innenausschuss vom 2. Januar 2002, DB, 14. WP, Innenausschuss, Prot. Nr. 83, 14/674, S. 167). 80

5.4. Besondere Verfahrensgarantien bei der Anhörung (Abs. 1 Satz 4)

Das BVerfG hatte bereits unmittelbar nach Einführung des Flughafenverfahrens das Bundesamt darauf hingewiesen, dass bei der Beweiswürdigung insbesondere die Verständnisschwierigkeiten sowie die gesundheitliche Situation des Asylsuchenden zu berücksichtigen sind (BVerfG (Kammer), NVwZ-Beil. 1994, 51). Ebenso wie im allgemeinen Asylverfahren (vgl. § 24 I 2) ist insbesondere im Flughafen die persönliche Anhörung vorgeschrieben (Abs. 1 S. 4). Dem Asylsuchenden sind bei der Anhörung durch das Bundesamt in entsprechender Anwendung des § 24 und ergänzend aufgrund des VwVfG des Bundes im vollen Umfang seine Verfahrensrechte zu gewähren. 81

Er hat insbesondere die sich aus § 17 ergebenden Rechte. So hat er Anspruch auf Zuziehung eines *Sprachmittlers* von Amts wegen (§ 17 I). Macht etwa der Antragsteller begründete Einwände geltend, dass er als Farsi sprechender Antragsteller die Dari sprachmittelnde Dolmetscherin nicht genügend versteht, kann verfahrensfehlerfrei nur durch Zuziehung des erforderlichen 82

Dolmetschers weiter angehört werden (VG Frankfurt am Main, B. v. 21. 8. 1997 – 7 G 50499/97.A(V)). Im Übrigen darf dem Antragsteller nicht die Zuziehung eines Sprachmittlers eigener Wahl verwehrt werden (§ 17 II). Auch ist ihm der Kontakt zum UNHCR zu ermöglichen (§ 9). Das Bundesamt trifft insbesondere mit Blick auf die einschneidenden Folgen der Verletzung von Mitwirkungspflichten in diesem Sonderverfahren eine umfassende *Belehrungspflicht* (§ 25 VwVfG).

83 Wird das Verfahren zur Prüfung des Asylantrags nach § 18 a AsylVfG innerhalb kürzester Zeit nach der Ankunft des Asylsuchenden auf einem deutschen Flughafen im *Transitbereich* – noch vor der Entscheidung über die Einreise – durchgeführt, so erlangen *Sprachunkundigkeit, Fremdheit* sowie *physische* und *psychische Beanspruchung* des Asylantragstellers durch die Reise und – möglicherweise – auch durch Verfolgung und Flucht ein *besonderes Gewicht*. Unter solchen Bedingungen kann der Asylsuchende sonst gegebene Möglichkeiten sich zu orientieren und Rechtsrat einzuholen, allenfalls sehr eingeschränkt nutzen. Insofern unterscheiden sich die Verhältnisse im Flughafenverfahren wesentlich von denjenigen im regulären Verfahren (BVerfGE 94, 166 (201) = EZAR 632 Nr. 25 = NVwZ 1996, 678). Von Bedeutung ist insoweit auch, dass das BVerfG den Gleichheitssatz des Art. 3 I GG nur dann gewahrt sieht, wenn besondere verfahrensrechtliche Schutzvorkehrungen getroffen werden (BVerfGE 94, 166 (197)).

84 Die auf besondere Beschleunigung des Verfahrens zielenden Regelungen des Flughafenverfahrens lassen es nämlich jedenfalls durch ihr Zusammenwirken als möglich erscheinen, dass individuelle verfahrensrechtliche Rechtspositionen in verfassungsrechtlich nicht mehr hinnehmbarem Maße beeinträchtigt werden (BVerfGE 94, 166 (187) = EZAR 632 Nr. 25 = NVwZ 1996, 678). Gleiches gilt im Hinblick darauf, dass die Asylsuchenden im Flughafenverfahren den Transitbereich nicht verlassen können und deshalb insbesondere ihre Sprachunkundigkeit sie verstärkt in der Wahrnehmung ihrer Rechte behindert (BVerfGE 94, 166 (187)). Aus alledem ergeben sich für die Ausgestaltung des Verwaltungsverfahrens besondere Anforderungen, die zunächst den organisatorischen Ablauf, aber auch die konkrete Gestaltung des Verfahrens im Einzelfall betreffen.

85 Wird etwa der Asylsuchende nur mit den notwendigen Lebensmitteln versorgt, findet jedoch keine zusätzliche Beratung und Information zum Asylverfahren statt, ist nicht gewährleistet, dass der Asylsuchende seinen Anspruch in einer einem fairen Verfahren entsprechenden Weise vom Flughafen aus geltend machen kann (VG Düsseldorf, B. v. 12. 8. 1996 – 19 L 2975/96). Andererseits liegt es in der Natur der Sache, dass das BVerfG für die verwaltungsmäßige Organisierung und die konkrete Durchführung der Asylverfahren nur »relativ unbestimmte Leitlinien« vorgeben will (BVerfGE 94, 166 (202) = EZAR 632 Nr. 25 = NVwZ 1996, 678). Es handelt sich aber um verfassungsrechtlich gebotene Vorkehrungen, welche den organisatorischen Ablauf und die Verhandlungsführung im Einzelfall verbindlich bestimmen:

86 Sowohl bei der Wahl des Zeitpunktes der Anhörung, als auch bei der erforderlichen Vorbereitung des Antragstellers auf die Anhörung *ist auf seine physische und psychische Verfassung Bedacht zu nehmen* (BVerfGE 94, 166 (202) =

EZAR 632 Nr. 25 = NVwZ 1996, 678). Ferner ist – soweit möglich – alles zu vermeiden, was zu Irritationen und in deren Gefolge zu nicht hinreichend zuverlässigem Vorbringen in der Anhörung führen kann. Bei der Wahl des Zeitpunktes, zu dem dem Schutzsuchenden Gelegenheit zur Asylantragstellung zu geben ist (Abs. 1 S. 3 und 4), ist angemessen Rücksicht auf den körperlichen und seelischen Zustand des Asylbegehrenden zu nehmen, insbesondere darauf, dass er eine lange Anreise hinter sich hat oder aus anderen Gründen Zeichen von Ermüdung und Erschöpfung erkennen lässt.

Es ist naheliegend, die Anhörung erst dann durchzuführen, wenn der Antragsteller über ihre Bedeutung für das von ihm geltend gemachte Schutzbegehren *Klarheit* gewinnen konnte und er die erforderlichen Angaben machen kann (BVerfGE 94, 166 (204)). Es kommt hinzu, dass Asylsuchende, die alsbald nach ihrer Ankunft angehört werden, etwaige psychische und physische Auswirkungen von Verfolgung und Flucht möglicherweise noch nicht überwunden haben, und dies ihre Fähigkeit zu einer überzeugenden Schilderung ihres Fluchtgrundes beeinträchtigen kann (BVerfGE 94, 166 (201)). Andererseits erlegt das BVerfG dem asylsuchenden Ausländer erhöhte Sorgfaltspflichten für die Darlegung auf. Die Grenze der Darlegungsmöglichkeit ist aber jedenfalls dann überschritten, wenn die Einforderung des Asylrechts praktisch unmöglich wird (BVerfGE 94, 166 (201 f.) = EZAR 632 Nr. 25 = NVwZ 1996, 678). 87

5.5. Besondere behördliche Belehrungs- und Aufklärungspflichten

Wesentlich für eine verfahrensrechtlich einwandfreie Gestaltung des Verwaltungsverfahrens im konkreten Einzelfall ist, dass der Antragsteller in einer seiner Person gemäßen Art und Weise zu Beginn der Anhörung über das ins Bild gesetzt wird, worauf es für ihn und die Entscheidung über sein Ersuchen ankommt, und dass der Bedienstete die Anhörung *loyal* sowie *verständnisvoll* führt (BVerfGE 94, 166 (204) = EZAR 632 Nr. 25 = NVwZ 1996, 678). Dabei hat das Bundesamt insbesondere die verfahrensrechtliche Besonderheit des Asylverfahrens, die im Flughafenverfahren noch stärkeres Gewicht erhält, zu berücksichtigen, der zu folge der Asylsuchende sich typischerweise in *Beweisnot* befindet (BVerfGE 94, 166 (200 f.); so auch BVerwGE 71, 180 (181 f.) = EZAR 630 Nr. 17 = InfAuslR 1985, 244 = NVwZ 1985, 658; Marx, Handbuch, § 12 Rdn. 10.). 88

Er ist als *»Zeuge in eigener Sache«* zumeist das einzige Beweismittel. Auf die Glaubhaftigkeit seiner Schilderung und die Glaubwürdigkeit seiner Person kommt es entscheidend an (BVerfGE 94, 166 (200 f.) = EZAR 632 Nr. 25 = NVwZ 1996, 678). Wer durch Vortrag seines Verfolgungsschicksals um Asyl nachsucht, ist in der Regel der deutschen Sprache nicht mächtig und deshalb auf die Hilfe eines Sprachmittlers angewiesen, um sich mit seinem Begehren verständlich zu machen. Zudem ist er in aller Regel mit den kulturellen und sozialen Bedingungen des Aufnahmelandes, mit Behördenzuständigkeiten und Verfahrensabläufen sowie mit den sonstigen geschriebenen und ungeschriebenen Regeln, auf die er nunmehr achten soll, nicht vertraut (BVerfGE 89

§ 18 a *Asylverfahren*

94, 166 (201)). Andererseits werden regelmäßig auch den über den Antrag entscheidenden Bediensteten weder die sozialen und kulturellen Gegebenheiten des Herkunftslandes des Asylsuchenden noch die sprachlichen Ausdrucksformen, deren sich der Asylsuchende bedient, aus eigener Erfahrung geläufig sein (BVerfGE 94, 166 (201)).

90 Daraus ergeben sich besondere Sorgfaltspflichten für die Belehrung des Asylsuchenden, die Verhandlungsführung sowie für die behördlichen Untersuchungspflichten. Zunächst ist alles *zu vermeiden, was zu Irritationen und in deren Gefolge zu nicht hinreichend zuverlässigem Vorbringen in der Anhörung* beim Bundesamt führen kann (BVerfGE 94, 166 (202) = EZAR 632 Nr. 25 = NVwZ 1996, 678). Zwar hat das BVerfG festgestellt, dass die Darlegungen der Bediensteten in der mündlichen Verhandlung vor dem BVerfG erkennen ließen, dass das Bundesamt sich der »Bedeutung einer *aufgeschlossenen* und mit der *nötigen Zeit und Ruhe* geführten Anhörung, insbesondere aber auch der Notwendigkeit, bei gegebenem Anlass klärende und verdeutlichende Rückfragen zu stellen«, bewusst sei (BVerfGE 94, 166 (204)).

91 Diese Feststellungen stimmen jedoch mit den Erfahrungen der vergangenen Jahre häufig nicht überein. So nimmt die Aufklärung des Reiseweges regelmäßig über die Hälfte der Dauer der Anhörung ein und fehlt es insoweit zumeist an der loyalen und verständnisvollen Verhandlungsleitung. Insbesondere die Art der behördlichen Aufklärung des Reiseweges und die Dominanz, die dieser Sachkomplex während der Anhörung einnimmt, führen regelmäßig zu Irritationen und erheblichen Verunsicherungen bei den Asylsuchenden, die zu unzulänglichen und unvollständigen Angaben bei der anschließenden Darlegung der Asylgründe führen. Darüber hinaus fehlt es sehr häufig an klärenden Rückfragen. Deshalb bleibt in vielen Fällen entscheidungserhebliches Vorbringen unerwähnt, weil entsprechende Andeutungen des insoweit unbeholfenen und der verständnisvollen Verfahrensfürsorge bedürftigen Antragstellers nicht aufgeklärt werden.

92 Aus der Rechtsprechung des BVerfG und der in dieser zugrundegelegten Voraussetzung der aufgeschlossenen Einstellung der Bediensteten des Bundesamtes wird man daher folgern können, dass die Aufklärung des Reiseweges im Anschluss an die Ermittlung der Asylgründe erfolgen sollte, um dem Antragsteller den Eindruck zu vermitteln, dass den vorgebrachten Gründen für seine Verfolgungsfurcht zentraler Stellenwert beigemessen wird. Nach den Erfahrungen der vergangenen Jahre ist darüber hinaus aber auch festzustellen, dass der Einzelentscheider häufig in die zusammenhängende Darlegung der Fluchtgründe durch den Antragsteller dadurch interveniert, dass er Fragen zu völlig anderen Tatsachenkomplexen stellt und im späteren Verlauf der Anhörung dem Antragsteller Vorhaltungen macht, er habe bestimmte wesentliche tatsächliche Gesichtspunkte bei der Darlegung des in Rede stehenden Komplexes nicht angegeben.

93 Eine derartige Befragungstechnik programmiert strukturell das Offensichtlichkeitsurteil. Die vom BVerfG geforderte loyale und verständnisvolle Führung der Anhörung setzt demgegenüber voraus, dass dem Asylsuchenden zunächst die notwendige Zeit und Ruhe gegeben wird, von sich aus zusammenhängend die einzelnen Ereignisse und Erlebnisse darzustellen. Der Be-

dienstete hat sich hierbei darauf zu beschränken, durch verständnisvolle ergänzende Fragen den Antragsteller zu helfen und zu leiten und gegebenenfalls im Blick auf die Substanziierungspflichten auf mögliche rechtliche Gesichtspunkte hinzuweisen. Er mag auch den ausufernden Sachvortrag auf die wesentlichen Tatsachenfragen zurückführen, jedoch stets in einer Weise, die nicht zu Irritationen und Verunsicherungen führt.

Selbstverständlich ist es die Pflicht des Einzelentscheiders, *Vorhalte* zu machen und auf Widersprüche hinzuweisen, nachdem der Antragsteller den Sachverhalt zusammenhängend dargestellt hat. Derartige Vorhalte dienen ja gerade dazu, einerseits dem Antragsteller Gelegenheit zu geben, Fehler und Erinnerungslücken zu überprüfen, sowie andererseits, tragfähige Entscheidungsgrundlagen zu schaffen. Nach den gemachten Erfahrungen unterbleiben derartige Vorhalte jedoch sehr häufig. Im schriftlichen Bescheid werden dem Asylsuchenden sodann angebliche Unstimmigkeiten, Ungenauigkeiten und Widersprüche in seinem Sachvorbringen entgegengehalten, ohne dass ihm in der Anhörung die Gelegenheit eingeräumt wurde, auf eine entsprechende gezielte Frage konkret Stellung nehmen zu können. 94

Das BVerfG hat jedoch ausdrücklich hervorgehoben, dass bei gegebenem Anlass klärende und verdeutlichende Rückfragen zu stellen sind (BVerfGE 94, 166 (204) = EZAR 632 Nr. 25 = NVwZ 1996, 678; so auch VG Gelsenkirchen, InfAuslR 1998, 22 (23)). Unterbleiben derartige Vorhalte, obwohl diese sich dem Bundesamt hätten aufdrängen müssen, dürfen dadurch entstehende Ungereimtheiten und Unzulänglichkeiten in der Darstellung des Verfolgungs- und Fluchtgeschehens dem Antragsteller im Bescheid des Bundesamtes nicht zur Last gelegt werden, es sei denn, es handelt sich um derart wesentliche Fragen, dass man von einem durchschnittlich intellektuell veranlagten Asylsuchenden die Ausräumung derartiger Umstände aus eigener Initiative erwarten kann. Derartige Voraussetzungen dürften allerdings nur in Ausnahmefällen gegeben sein. Solcherart verfahrensfehlerhaft zustande gekommene Ungereimtheiten darf das Verwaltungsgericht nicht zu Lasten des Antragstellers verwerten. Will es diese dennoch dem Antragsteller entgegenhalten, hat es diesen im Eilrechtsschutzverfahren persönlich anzuhören (vgl. BVerfGE 94, 166 (206) = EZAR 632 Nr. 25 = NVwZ 1996, 678). 95

5.6. Besondere organisatorische Verpflichtungen der Bundesamtes

Das BVerfG hat für die Ausgestaltung des Verfahrens sowie die Gewährleistung adäquater organisatorischer Vorkehrungen – allerdings nur relativ unbestimmte – *Leitlinien* entwickelt: So wurde bereits darauf hingewiesen, dass bei der Wahl des Zeitpunktes der Anhörung, als auch bei der erforderlichen Vorbereitung des Antragstellers auf die Anhörung *auf seine physische und psychische Verfassung Bedacht zu nehmen* ist (BVerfGE 94, 166 (202) = EZAR 632 Nr. 25 = NVwZ 1996, 678). Ferner ist – soweit möglich – alles zu vermeiden, was zu Irritationen und in deren Gefolge zu nicht hinreichend zuverlässigem Vorbringen in der Anhörung führen kann. 96

97 Auch im Übrigen ist – etwa in Bezug auf den Einsatz hinreichend geschulten und sachkundigen Personals und zuverlässiger Sprachmittler oder die Art der Unterbringung der Asylbewerber während des Verfahrens – auf die Schaffung von Rahmenbedingungen Bedacht zu nehmen, unter denen tragfähige Entscheidungsgrundlagen erzielt und die Asylantragsteller vollständige und wahrheitsgetreue Angaben machen können (BVerfGE 94, 166 (202) = EZAR 632 Nr. 25 = NVwZ 1996, 678). Zu welchem Zeitpunkt und in welcher Form der Asylsuchende über das in Kenntnis gesetzt wird, was von ihm im Verfahren und insbesondere in der Anhörung an Mitwirkung erwartet wird, muss nicht im Einzelnen gesetzlich festgelegt werden (BVerfGE 94, 166 (204)).

98 Daraus ergibt sich jedoch andererseits die Verpflichtung der Leitung des Bundesamtes, bei Anhörungen und Entscheidungen im Flughafenverfahren nur Personen einzusetzen, die zuvor für ihre Aufgaben eingehend geschult worden sind und während ihrer Tätigkeit fortgebildet werden (BVerfGE 94, 166 (203)) = EZAR 632 Nr. 25 = NVwZ 1996, 678): In *Schulungsveranstaltungen*, in denen grundlegende kulturelle und soziale Differenzen in den Verhältnissen der Herkunftsländer im Vergleich zu Deutschland oder etwa das unterschiedliche Verständnis von Worten und Begriffen dargestellt werden oder in denen auf Probleme eingegangen wird, über erlittene Folter oder sexuelle Gewalt überhaupt sprechen zu können, lässt sich das erforderliche *Problembewusstsein* sowie die erforderliche *Sensibilität* für derartige Besonderheiten des Asylverfahrens herstellen. Da auch *weibliche Bedienstete* als Entscheiderinnen vorhanden sind, kann nach Ansicht des BVerfG auch besonderen Problemen, die sich aus dem Verfolgungsvorbringen von Frauen – etwa bei der Schilderung von *sexuellen Gewalthandlungen* – ergeben, angemessen Rechnung getragen werden (BVerfGE 94, 166 (203)).

5.7. Behandlung von Opfern von Folter und sexueller Gewalt

99 Antragsteller, die vor ihrer Flucht gefoltert wurden oder sexuelle Gewalt erlitten hatten, werden häufig infolge traumatischer Belastungsstörungen zu einem vollständigen, in sich stimmigen und präzisen, den strengen Darlegungsanforderungen genügenden Sachvortrag nicht in der Lage sein. Sie dürfen deshalb nicht den unzumutbaren Belastungen des Flughafenverfahrens ausgesetzt werden. Eine entsprechende behördliche Verpflichtung kann auch Art. 20 der Richtlinie zur Festlegung von Mindestnormen für die Aufnahme von Asylbewerbern vom 27. Januar 2003 entnommen werden. Danach haben die Mitgliedstaten dafür Sorge zu tragen, dass Personen, die Folter, Vergewaltigung oder andere schwere Gewalttaten erlitten haben, im Bedarfsfall die Behandlung erfahren, die für Schäden, welche ihnen durch die genannten Handlungen zugefügt wurden, erforderlich ist.

100 Andererseits ist den Bedenken der Behörden Rechnung zu tragen, die dagegen stehen, dass die Einreise nach Abs. 6 Nr. 1 allein durch die bloße Behauptung erlittener Folter oder sexueller Gewalt erlangt werden kann. Deshalb wird für die verfahrensrechtliche Behandlung dieser Personengruppe im

Flughafenverfahren folgender *Vorschlag* für eine *Dienstanweisung zur Behandlung von Antragstellern im Flughafenverfahren, die Folterbehandlung im Herkunftsland behaupten oder aufgrund von Folter oder vergleichbaren Ursachen als traumatisiert erscheinen*, vorgestellt:
1. Nach der Rechtsprechung des BVerfG besteht der Zweck des Flughafenverfahrens entsprechend der verfassungsrechtlich verankerten Beschleunigungsmaxime des Art. 16 a Abs. 4 GG darin, die Asylanträge, deren offensichtliche Unbegründetheit sich geradezu aufdrängt, von denjenigen zu trennen, bei denen eine Aussage über die Frage der Verfolgung im Herkunftsland eingehenderer Tatsachenfeststellungen und -würdigungen bedarf (BVerfGE 94, 166 (209) = EZAR 632 Nr. 25 = NVwZ 1996, 678).
2. Antragsteller, die vor ihrer Flucht Folterungen oder andere grausame, unmenschliche oder erniedrigende Maßnahmen erlitten haben, sind häufig nicht in der Lage, hierüber spontan, detailliert, widerspruchsfrei und erschöpfend im Asylverfahren zu berichten. Dies betrifft insbesondere den ersten Behördenkontakt im Asylverfahren. Der Ausschuss der Vereinten Nationen gegen Folter weist deshalb in seiner Rechtsprechung ausdrücklich darauf hin, dass widersprüchliches Sachvorbringen im Feststellungsverfahren eine typische Begleiterscheinung sei, welche gegenüber Opfern von Folterungen in Rechnung gestellt werden müsse (Entscheidung vom 4. Juli 1994 – Nr. 15/1994 – *Khan gegen Kanada*, Human Rights Law Journal 1994, 426).
3. Im Blick auf die Behandlung *widersprüchlicher Angaben* hält die verwaltungsgerichtliche Rechtsprechung das Bundesamt deshalb dazu an, bei der Tatsachenfeststellung und -würdigung zu berücksichtigen, dass »das Erleiden von Festnahme, Verbringung an einen unbekannten Ort, Misshandlungen und die durch ständige Überprüfung der Sicherheitsbehörden und damit einhergehenden Beschimpfungen, Misshandlungen und die latente Drohung der Festnahme und der Festnahme und Verbringung an unbekannte Orte *in der Psyche des Betroffenen ihre Spuren hinterlassen kann und in der Regel auch wird*, sodass es *nicht* ohne Weiteres verlangt werden kann, dass *ein von einem solchen Schicksal Betroffener widerspruchsfrei Details gerade dieser Vorfälle schildert*« (OVG MV, U. v 13. 4. 2000 – 3 L 51/99, UA, S. 12).
4. Soweit sog. *gesteigertes Vorbringen* zu bewerten ist, bedarf es einer einfühlsamen und sensiblen Befragung und ist insbesondere zu bedenken, dass ein durch Foltererlebnisse belasteter Asylsuchender »große Befürchtungen und Ängste« vor der Anhörung hat und sich durch diese »sehr belastet fühlt« (VG Hannover, U. v 1. 2 2001 – 4 A 6306/98, UA, S. 10). Bei der Anhörung muss daher in derartigen Fällen stets berücksichtigt werden, dass der Asylsuchende häufig *krankheitsbedingt nicht in der Lage ist, eine überzeugende und widerspruchsfreie Darstellung der fluchtauslösenden Ereignisse darzulegen* (VG Greifswald, B. V. 31. 1. 2001 – 1 B 2555/99 As).
5. Insbesondere in Ansehung der Angaben des Antragstellers gegenüber dem Bundesgrenzschutz hat das BVerfG darauf hingewiesen, dass diesen ein »*wesentlich geringeres Gewicht für die Beweiswürdigung*« zukommt (BVerfGE 94, 166 (205) = EZAR 632 Nr. 25 = NVwZ 1996, 678). Es darf deshalb

nach seiner Ansicht ein Offensichtlichkeitsurteil nicht damit begründet werden, dass der Antragsteller bei seiner grenzbehördlichen Befragung keine Aussagen zu Folterungen gemacht hat und diese erst in der Anhörung im Asylverfahren offen legt (BVerfG (Kammer), InfAuslR 1992, 231).
6. Antragsteller, die während der Anhörung nach Abs. 1 S. 4 einen Hinweis auf erlittene Folter geben oder erkennbar an traumatisierenden Folgen erlittener Folter, sexueller oder anderer Gewalt leiden, sind deshalb besonders einfühlsam, loyal und verständnisvoll (vgl. BVerfGE 94, 166 (204) = EZAR 632 Nr. 25 = NVwZ 1996, 678) zu ihren Asylgründen zu befragen.
7. Fehlende Hinweise auf erlittene Folterungen oder andere Gewalthandlungen im Rahmen der *grenzbehördlichen Anhörung* dürfen nicht zu Lasten des Asylsuchenden bewertet werden. Vielmehr ist stets eine *eigenständige* sorgfältige, erschöpfende und einfühlsame Befragung zu der dargelegten Folterbehandlung zunächst *unabhängig* von den tatsächlichen Feststellungen des Bundesgrenzschutzes durchzuführen.
8. Nach Abschluss der Befragung des Antragstellers ist diesem durch Vorhalt einfühlsam Gelegenheit zu geben, Stellung zu der fehlenden Folterbehauptung während der grenzbehördlichen Befragung zu geben. Bei der Würdigung der entsprechenden Einlassungen ist insbesondere zu berücksichtigen, dass nach der Rechtsprechung ein durch Foltererlebnisse belasteter Antragsteller erhebliche Ängste und Befürchtungen vor einer behördlichen Vernehmung hat, die Befragungssituation sogar eine Retraumatisierung auslösen kann (vgl. Nr. 4) und die daraus folgenden ohnehin bestehenden psychischen Darlegungsbarrieren durch die Tatsache, dass die erste Befragung durch uniformierte Polizeibeamte durchgeführt wird, noch zusätzlich verstärkt werden.
9. Kann aufgrund der Darlegungen oder sonst erkennbaren Umstände *nicht ausgeschlossen werden*, dass der Antragsteller vor seiner Ausreise einer Folterbehandlung oder körperlichen oder psychischen Misshandlung ausgesetzt gewesen war, so ist der Grenzbehörde nach Abs. 6 Nr. 1 mitzuteilen, dass über den Antrag nicht kurzfristig entschieden werden kann.
10. Widersprüche, Ungereimtheiten und Unstimmigkeiten in den Aussagen zur erlittenen Folter belegen nicht mit der für das Offensichtlichkeitsurteil nach § 30 Abs. 3 Nr. 1 AsylVfG erforderlichen Eindeutigkeit, dass das Sachvorbringen nicht zutreffen kann.
11. Nur gravierende Widersprüche, die auch unter Berücksichtigung der individuellen Besonderheiten, die zugunsten der Darlegungslast von Antragstellern, die in ihrem Herkunftsland gefoltert sein können (vgl. Nrn. 2–4 und Nr. 8) nicht auflösbar erscheinen, dürfen für die Sachentscheidung nach Abs. 2 berücksichtigt werden.
12. Trägt der Antragsteller im Eilrechtsschutzverfahren erstmals erlittene Folterbehandlung oder andere Gewalthandlungen vor oder löst er in überzeugender und in einer auf die einzelnen Einwände des Behördenbescheides konkret bezogenen Weise Ungereimtheiten, Widersprüche und Unzulänglichkeiten seines entsprechenden Sachvorbringens in der

Anhörung nach Abs. 1 S. 4 auf, so ist nach Rücksprache mit der Referatsleitung zu prüfen, ob eine erneute Anhörung mit dem Ziel der Aufhebung des Behördenbescheides (vgl. § 48 VwVfG) in Betracht kommen kann. Gegebenenfalls ist sachverständiger Rat durch ein örtlich nahe gelegenes Psychosoziales Zentrum für ausländische Flüchtlinge oder durch andere psychotherapeutische Beratungsstellen einzuholen.

5.8. Vertretung durch Rechtsbeistand (Abs. 1 S. 5)

Nach Abs. 1 S. 5 ist dem Asylsuchenden nach der Anhörung unverzüglich Gelegenheit zu geben, mit einem Rechtsbeistand seiner Wahl Verbindung aufzunehmen, es sei denn, er hat sich selbst anwaltlichen Beistands versichert. Ausdrücklich stellt das BVerfG klar, dass es nicht verfassungsrechtlich geboten ist, dem Antragsteller schon vor der Anhörung, Gelegenheit zu geben, mit einem Rechtsbeistand seiner Wahl Verbindung aufzunehmen: Der Gesetzgeber lege besonderen Wert darauf, dass der Antragsteller zunächst spontan und unbeeinflusst durch Dritte seine Fluchtgründe im Zusammenhang darstelle. Es sei sachgerecht, dass der Gesetzgeber solchen Aussagen besonderes Gewicht für die Beurteilung der Glaubwürdigkeit des Antragstellers und der Glaubhaftigkeit seiner Angaben beimesse ((BVerfGE 94, 166 (204) = EZAR 632 Nr. 25 = NVwZ 1996, 678); krit. hierzu: Giesler/Wasser, Das neue Asylrecht, S. 31). 101

Diese Äußerungen bleiben unverständlich. Einerseits hebt das BVerfG als besonderes Defizit des Flughafenverfahrens die lediglich eingeschränkte Möglichkeit, sich Rechtsrat einzuholen, hervor (BVerfGE 94, 166 (201)). Andererseits legt es besonderen Wert auf die von Dritten unbeeinflusste spontane Sachverhaltsschilderung (BVerfGE 94, 166 (204)) und lässt damit für ein Verfassungsgericht ein ungewöhnliches starkes Misstrauen gegen den Anwaltsstand und dessen rechtsstaatlicher Bedeutung in Ansehung der Beratung und Vertretung deutlich werden. Der Förderung des rechtsstaatlichen Bewusstseins in der Gesellschaft und insbesondere bei den Behörden dienen solche Ausführungen jedenfalls nicht. 102

Sofern das Bundesamt unter Hinweis auf diese Äußerungen des BVerfG Rechtsbeiständen den Zugang zur Anhörung zu versperren versuchen sollte, ist darauf hinzuweisen, dass das BVerfG lediglich eine Verpflichtung des Bundesamtes verneint, den Asylsuchenden über die Möglichkeit der Beauftragung eines Rechtsbeistandes zu belehren und die Anhörung erst dann durchzuführen, wenn der Antragsteller diese Gelegenheit wahrnehmen kann (BVerfGE 94, 166 (204) = EZAR 632 Nr. 25 = NVwZ 1996, 678). Das BVerfG hat hiermit lediglich klarstellen wollen, dass anders als nach der Zustellung des Bescheides dem Bundesamt keine besondere Verpflichtung obliegt, eine rechtskundige und unabhängige Beratung sicherzustellen (Liebetanz, in: GK-AsylVfG, § 18 a Rdn. 50.1; s. hierzu im Einzelnen: Rdn. 147–154). 103

Die Vorschrift des Abs. 1 S. 5 beseitigt daher nicht das Recht des Asylsuchenden, sich auch schon während der Anhörung durch einen Verfahrensbevoll- 104 mächtigten seiner Wahl vertreten zu lassen (BVerwG, EZAR 210 Nr. 5). Vielmehr setzt der zweite Halbsatz dieser Regelung voraus, dass der Asylsuchende sich bereits vor der Anhörung anwaltlichen Beistands versichern und der Anwalt selbstverständlich auch an der Anhörung teilnehmen kann (Liebetanz, in: GK-AsylVfG, § 18 a Rdn. 50; Giesler/Wasser, Das neue Asylrecht, S. 31; Göbel-Zimmermann/Masuch, InfAuslR 1996, 404 (405); Lübbe-Wolff, DVBl. 1996, 825 (840)). Davon geht auch das BVerfG aus. Denn nur im Fall des nicht anwaltlich vertretenen Asylsuchenden sind besondere Rechtsberatungsvorkehrungen zu treffen (BVerfGE 94, 166 (204) = EZAR 632 Nr. 25 = NVwZ 1996, 678).

105 Auch im Flughafenverfahren hat der Antragsteller mithin Anspruch auf Vertretung durch seinen *Rechtsbeistand* oder *Verfahrensbevollmächtigten* (§ 14 VwVfG). Im Gegensatz zum alten Recht (§§ 8 IV und 12 II AsylVfG 1982) enthält das geltende Recht keine besonderen Vorschriften über den Bevollmächtigten. Daher sind für das Asylverfahren die Regelungen des § 14 VwVfG heranzuziehen. Dies folgt auch daraus, dass bei der Verfahrensgestaltung die Grundsätze eines *fairen Verfahrens* (BVerfGE 38, 105 (111); 46, 202 (209)) und der Grundsatz der Gewährung *rechtlichen Gehörs* zu beachten sind (BVerfGE 27, 88 (103)). Dem trägt Abs. 1 S. 5 Rechnung. Dies reicht jedoch nicht aus.

106 Hat ein Bevollmächtigter der Behörde gegenüber vorher seine Vertretung angezeigt, folgt aus dem Recht des Antragstellers auf ein faires Verfahren zugleich ein *Anspruch auf rechtzeitige Benachrichtigung des Bevollmächtigten* (BVerwG, DVBl. 1984, 1080; a. A. BVerfGE 94, 166 (204)). Nach der Rechtsprechung ist überdies die anwaltliche Vertretung dann *zwingend zuzulassen,* wenn wegen der besonderen persönlichen oder sachlichen Umstände die Nichtzulassung für den Betroffenen Rechtsnachteile zur Folge haben würde, die durch ein nachfolgendes Verfahren nicht behoben werden können (BVerwG, NJW 1984, 715; OVG Hamburg, NJW 1976, 205). Angesichts der psychisch extrem belastenden Situation der Asylsuchenden aus Anlass ihres ersten Kontaktes mit den Behörden in Verbindung mit den einschneidenden Folgen einer Antragsablehnung sowie der nur unzureichenden Möglichkeit der gerichtlichen Kontrolle im (regelmäßig schriftlichen) Eilrechtsschutzverfahren (Rdn. 189–197), ist evident, dass zur Anhörung der Bevollmächtigte zwingend zuzulassen ist. Dabei kann Vollmacht nachgereicht oder während der persönlichen Anhörung zu Protokoll erklärt werden.

107 Zwar ist schon zweifelhaft, ob Abs. 1 S. 5 bei objektivierender Auslegung die Zulassung des Bevollmächtigten zur Anhörung untersagt. Doch auch wenn der Gesetzgeber das rechtliche Gehör im Einzelfall begrenzen darf, bestehen für derartige Ausnahmeregelungen strenge Anforderungen (BVerfGE 69, 145 (149)). Aus der Sicht des Verfassungsrechts ist zudem zu bedenken, dass das Recht auf *Individualanhörung* desto genauer zu beachten ist, je exakter und direkter sich die Auswirkungen der Verfahrensergebnisse auf die Rechtsstellung des Einzelnen typischerweise ausmachen lassen (Schmidt-Aßmann, in: Maunz-Dürig, Komm. z. GG, Rdn. 63 zu Art. 103).

108 Das Recht auf Anhörung und Zulassung des Bevollmächtigten hat angesichts der Bedeutung der individuellen Anhörung insbesondere im Sonderverfahren nach § 18 a in Verbindung mit dem hohen Gewicht des Asylgrundrechts

und der typischerweise aus sozio-kulturellen Gründen auftretenden verfahrensrechtlichen Probleme verfassungsrechtliche Bedeutung. Eine Handhabung von Abs. 1 S. 5, welche die Zulassung des Bevollmächtigten ausschließt oder doch unzumutbar erschwert, wäre daher wohl verfassungsrechtlich bedenklich (so wohl auch OVG Hamburg, EZAR 226 Nr. 5, zur Direktanhörung nach § 12 III AsylVfG 1982).

In der Verweigerung der Zulassung des Bevollmächtigten läge zugleich auch ein Verstoß gegen den Grundsatz des rechtlichen Gehörs, der nicht nur ein *prozessuales Urrecht* des Menschen ist, sondern zugleich ein objektiv-rechtliches Verfahrensprinzip darstellt, das für ein Verfahren konstitutiv und unabdingbar (BVerfGE 55, 1 (6)) und daher auch für die Handhabung des Verfahrens nach Abs. 1 bindend ist. Das hieraus folgende *Verbot*, dass mit dem Rechtssuchenden »kurzer Prozess« gemacht wird (BVerfGE 55, 1 (6)), ist nicht nur bei der Anwendung der Beistandsregelungen, sondern generell im Sonderverfahren nach § 18 a im besonderen Maße zu beachten. Wird dieser Verstoß im Eilverfahren nach Abs. 4 zutreffend geltend gemacht, ist schon allein deshalb die Vollziehung auszusetzen. 109

Das BVerfG ist mithin so zu verstehen, dass der Behörde bis zur Ablehnung des Asylgesuchs die Beratungspflicht obliegt (§ 25 VwVfG), jedoch danach eine besondere behördliche Verpflichtung besteht, die Voraussetzungen kostenloser asylrechtskundiger Beratung durch in Asylrechtsfragen kundige Personen oder Stellen zu schaffen, die von den Entscheidungsträgern unabhängig sind (BVerfGE 94, 166 (206f.) = EZAR 632 Nr. 25 = NVwZ 1996, 678). Davon unberührt bleibt das Recht des Asylantragstellers jederzeit die Hilfe eines Rechtsbeistandes in Anspruch zu nehmen (§ 14 VwVfG). 110

5.9. Sachentscheidung des Bundesamtes (Abs. 2)

5.9.1. Prüfungsumfang nach §§ 29 a, 30 und 31

Das Verwaltungsverfahren nach §§ 23–33 wird vor der Einreise durchgeführt und schließt mit der Sachentscheidung nach § 31 oder mit der Einreise des Asylsuchenden zwecks Fortführung des Verfahrens im Inland ab. Nach Abs. 2 ist offensichtlich nur die Antragsablehnung in der qualifizierten Form vorgesehen. Dementsprechend verfährt auch die Verwaltungspraxis: Entweder wird der Asylantrag als offensichtlich unbegründet abgelehnt oder das Bundesamt verfährt nach vollständiger Anhörung nach Abs. 6 Nr. 1, ohne eine Sachentscheidung zu treffen. 111

Hinsichtlich des Prüfungsumfangs sowie der zu entscheidenden Regelungsbereiche gelten keine Besonderheiten. Vielmehr sind über den materiellen Asylanspruch, den Feststellungsanspruch nach § 60 I AufenthG sowie über humanitäre Abschiebungshindernisse gemäß § 60 II–VII AufenthG jeweils gesonderte Sachentscheidungen zu treffen. Zudem hat das Bundesamt auch die ausländerrechtlichen Verfügungen nach § 34 und § 35 zu erlassen. Ob der Asylantrag offensichtlich unbegründet ist, richtet sich nach den allgemeinen Kriterien gemäß § 29 a und § 30 (s. die dortigen Erläuterungen). Der Gesetzgeber hat das Sonderverfahren ersichtlich nur für jene Fälle vorgesehen, in 112 denen der Antragsteller aus einem sicheren Herkunftsstaat kommt oder sein Asylbegehren von vornherein als offensichtlich unbegründet erscheint.

113 Auf diese Fälle ist das Asylverfahren vor der Einreise gemünzt. Wer daher *nicht* aus einem sicheren Herkunftsstaat kommt, zwar *ohne* gültige Reisedokumente einreist (Abs. 1 S. 2), dessen Begehren aber *nicht von vornherein als offensichtlich unbegründet erscheint*, fällt nicht in den Anwendungsbereich dieser Vorschrift. Vielmehr teilt das Bundesamt der Grenzbehörde mit, dass über das Asylbegehren nicht kurzfristig entschieden werden kann mit der Folge, dass die Einreise zu gestatten ist (Abs. 6 Nr. 1). Jede andere Betrachtungsweise wäre mit der Funktion des Sonderverfahrens und dessen einzelnen Regelungen nicht vereinbar (a. A. Renner, AuslR, § 18 a AsylVfG Rdn. 18; Liebetanz, in: GK-AsylVfG, § 18 a Rdn. 52).

114 Auch das BVerfG will das Sonderverfahren nach § 18 a lediglich auf einfach gelagerte Sachverhalte, über die kurzfristig eine Sachentscheidung getroffen werden kann, angewendet wissen (BVerfGE 94, 166 (197f.) = EZAR 632 Nr. 25 = NVwZ 1996, 678)). Müsste das Bundesamt in jedem Fall der Einreise ohne gültigen Reiseausweis das Sonderverfahren anwenden, müsste für den Fall, dass der Antrag als einfach unbegründet abgelehnt oder ihm sogar stattgegeben wird, das Gesetz eindeutige Regelungen bereithalten. Dies ist jedoch nicht der Fall.

115 Ist die Einreise zu gestatten (Abs. 6), ist der Antragsteller zur zuständigen oder nächstgelegenen Aufnahmeeinrichtung weiterzuleiten (analog § 18 I). Hätte das Bundesamt bereits im Sonderverfahren eine ablehnende Sachentscheidung getroffen, würde eine Meldung bei der Aufnahmeeinrichtung *zwecks* weiterer verfahrensrechtlicher Behandlung nicht mehr möglich sein. Wäre er gar als Asylberechtigter anerkannt, wäre die Meldung vollends sinnlos. Dies verdeutlicht, dass in den Fällen, in denen von vornherein eine qualifizierte Asylablehnung nicht in Betracht kommen kann oder dies während der Anhörung erkennbar wird, das Sonderverfahren abzubrechen ist und die Mitteilung nach Abs. 6 Nr. 1 mit der Folge der Einreise zu erfolgen hat. Dementsprechend wird auch in der Verwaltungspraxis verfahren.

5.9.2. Abschiebungshindernisse nach § 60 Abs. 2 bis 7 AufenthG

116 Das Bundesamt hat im Flughafenverfahren auch *Abschiebungshindernisse* nach § 60 II–VII AufenthG zu prüfen und eine entsprechende Entscheidung zu treffen. Den Regelungen des § 18 a kann dies zwar nicht entnommen werden. Da die Einreiseverweigerung gemäß Abs. 3 S. 1 eine Ablehnung des Asylantrags als offensichtlich unbegründet (Abs. 2) zur Voraussetzung hat und die damit erforderliche Sachentscheidung stets auch eine Entscheidung über Abschiebungshindernisse nach § 60 II–VII AufenthG erfordert (vgl. § 31 III), ergibt sich aus einer systematischen Auslegung des Gesetzes, dass im Flughafenverfahren stets auch Abschiebungshindernisse nach § 60 II–VII AufenthG zu prüfen sind (so auch Liebetanz, in: GK-AsylVfG, § 18 a Rdn. 53).

117 Auch in der gerichtlichen Praxis wird davon ausgegangen, dass Abschiebungshindernisse nach § 60 II–VII AufenthG berücksichtigt werden müssen (VG Frankfurt am Main, NVwZ-RR 1993, 581 (583); VG Frankfurt am Main,

B. v. 6. 5. 1997 – 11 G 50263/97. A (1); VG Frankfurt am Main, B. v. 26. 7. 1997 – 5 G 50415/96. A (V); VG Frankfurt am Main, B. v. 18. 8. 1997 – 9 G 50484/97. A (1), alle zu § 53 AuslG 1990). Ebenso folgt aus der Rechtsprechung des BVerfG, dass eine derartige Prüfungspflicht wie selbstverständlich vorausgesetzt wird (vgl. BVerfGE 89, 106 (107); BVerfG (Kammer), NVwZ-Beil. 1993, 18 (19)).

Die Abschiebungshindernisse sind einfachgesetzlicher Ausdruck insbesondere der Grundrechtsbestimmungen von Art. 1 I und Art. 2 I und II GG (vgl. BVerfG (Kammer), NVwZ-Beil. 1993, 1993, 11, mit Hinweis auf BVerfGE 75, 1 (16 f.)) und völkerrechtlicher Verpflichtungen der Bundesrepublik. Zwar haben bislang weder das BVerfG noch die Konventionsorgane in Straßburg entschieden, ob diese Grundrechtsbestimmungen oder völkerrechtliche Normen das Verbot der Zurückweisung beinhalten. Die bisherige Rechtsprechung der Konventionsorgane weist jedoch ebenso wie die Rechtsprechung des BVerfG in diese Richtung.   118

Das Bundesamt mag deshalb zwar das Asylbegehren für offensichtlich unbegründet ansehen, kommt es jedoch zu der Feststellung, dass Abschiebungshindernisse nach § 60 II–VII AufenthG vorliegen, tritt die Folge des Abs. 3 S. 1 nicht ein. In der Verwaltungspraxis wird das Bundesamt in derartigen Fällen keine Sachentscheidung treffen, sondern nach Abs. 6 Nr. 1 verfahren. Stellt jedoch erst das Verwaltungsgericht fest, dass Abschiebungshindernisse nach § 60 II, III oder V AufenthG vorliegen, hat es die Einreise anzuordnen. Dies ergibt sich aus § 15 IV 1 AufenthG, demzufolge die zwingenden Abschiebungshindernisse nach § 60 II, III und V AufenthG bei der Zurückweisung zu beachten sind. Die Rechtmäßigkeit der Abschiebungsandrohung des Bundesamtes bleibt in einem derartigen Fall zwar im Übrigen unberührt (§ 59 III 3 AufenthG). Da die Zurückweisung jedoch nach § 15 IV 1 AufenthG untersagt ist, hat das Verwaltungsgericht die Einreise anzuordnen.   119

Die Zurückweisung in einen dritten Staat ist unzulässig, da nur das Bundesamt hierfür durch Prüfung des möglichen Zielstaates und entsprechende Gestaltung der Abschiebungsandrohung die rechtlichen Voraussetzungen schaffen kann. Mit der Einreise des Asylsuchenden erledigt sich die Einreiseverweigerung nach Abs. 3 S. 1, d. h. sie ist rechtlich nicht mehr wirksam. Die Vorschriften der Abs. 2 und 3 sind also im Zusammenhang mit § 59 III 3, § 60 II–VII und § 15 IV 1 AufenthG auszulegen und anzuwenden. Stellt bereits das Bundesamt Abschiebungshindernisse nach § 60 II–VII AufenthG fest, lehnt es jedoch im Übrigen den Asylantrag als offensichtlich unbegründet ab (Abs. 2), tritt die gesetzliche Folge des Abs. 3 S. 1 wegen § 15 IV 1 AufenthG nicht ein.   120

In der Rechtsprechung wird aus der Nichterwähnung des § 60 VII AufenthG in § 15 IV 1 AufenthG der Schluss gezogen, aus der enumerativen Aufzählung der Abschiebungshindernisse in dieser Vorschrift ergebe sich der eindeutige Wille des Gesetzgebers, dass »existenzielle Unglücksfolgen« weder in allgemeiner Hinsicht (§§ 60 VII 2, 60a I 1 AufenthG) noch in ihren individuellen Auswirkungen (§ 60 VII 1 AufenthG) berücksichtigt würden. Wegen des insoweit eindeutigen Gesetzeswortlautes des § 15 IV 1 AufenthG seien deshalb Abschiebungshindernisse nach § 60 VII 1 AufenthG im Flughafen-   121 verfahren entscheidungsunerheblich (VG Frankfurt am Main, B. v. 6. 5. 1997 – 11 G 50263/97.A (1); VG Frankfurt am Main, B. v. 18. 8. 1997 – 9 G 50484/97.A (1); a. A. VG Frankfurt am Main, AuAS 1998, 117 (118) = NVwZ-Beil. 1998, 103, alle zum identischen Regelungszusammenhang des § 53 VI in Verb. mit § 60 V 1 AuslG 1990). Diese allein am Wortlaut orientierte Auslegung des § 15 IV 1 AufenthG wird indes verfassungsrechtlichen und gemeinschaftsrechtlichen Anforderungen nicht gerecht.

122 Nach der Rechtsprechung des BVerwG ist mit Rücksicht auf Art. 1 I und Art. 2 II 1 GG die Vorschrift des § 60 VII 1 AufenthG bei »extremen Gefahrensituationen« verfassungskonform dahin zu handhaben, dass *zwingend* Abschiebungsschutz zu gewähren ist. In diesem Fall erfordere höherrangiges Verfassungsrecht eine Durchbrechung der Sperrwirkung des § 60 VII 2 AufenthG (BVerwGE 99, 324 (331, 329) = EZAR 046 Nr. 6 = NVwZ 1996, 199 = AuAS 1996, 32; BVerwG, NVwZ-Beil. 1996, 57 (58); BVerwG, NVwZ-Beil. 1996, 58 (59); BVerwG, InfAuslR 1996, 289 (290); so ausdr. für das Flughafenverfahren: VG Frankfurt am Main, AuAS 1998, 117 (118 f.) = NVwZ-Beil. 1998, 103).

123 Danach ergebe sich der rechtliche Maßstab für die in diesem Zusammenhang vorausgesetzte Erheblichkeit der Gefährdung bzw. Unzumutbarkeit der Abschiebung aus dem verfassungsrechtlich unabdingbar gebotenen Schutz insbesondere des Lebens und der körperlichen Unversehrtheit nach Art. 2 II 1 und Art. 1 I GG. Leben und körperliche Unversehrtheit des Einzelnen müssten hinsichtlich der drohenden Rechtsgutbeeinträchtigung und der Eintrittswahrscheinlichkeit so erheblich, konkret und unmittelbar gefährdet sein, dass eine Abschiebung nur unter Verletzung dieser zwingenden Verfassungsgebote erfolgen könnte (BVerwGE 102, 249 (259) = NVwZ 1997, 685 (687) = AuAS 1997, 50 = EZAR 033 Nr. 10). Das BVerwG zieht also aus unmittelbaren Verfassungsgeboten Konsequenzen für die Auslegung und Anwendung des Abschiebungshindernisses nach § 60 VII 1 AufenthG. Diese Rechtsprechung muss deshalb auch die Auslegung und Anwendung von § 15 IV 1 AufenthG leiten.

124 Die Vorschrift des § 15 IV 1 AufenthG steht daher einer Berücksichtigung von Abschiebungshindernissen nach § 60 VII 1 AufenthG bei der Zurückweisung nicht entgegen. Daran ändert auch nichts, dass dem § 60 VII 1 AufenthG nach der Rechtsprechung des BVerwG lediglich der Charakter einer zeitweiligen Vollziehbarkeitshemmung beigemessen wird (BVerwG, NVwZ 1997, 1132 (1134), für § 53 VI 1 AuslG 1990). Vielmehr erfordert eine an unmittelbaren Verfassungsgeboten orientierte Auslegung des § 60 VII 1 AufenthG, dass bei existenziellen Grundrechtsgefährdungen im Sinne der Rechtsprechung des BVerwG (vgl. (BVerwGE 102, 249 (259) = NVwZ 1997, 685 (687) = AuAS 1997, 50 = EZAR 033 Nr. 10)) die Zurückweisung untersagt ist. Dementsprechend kann die gesetzliche Wirkung des Abs. 3 S. 1 nicht eintreten, wenn das Bundesamt oder das Verwaltungsgericht ein Abschiebungshindernis nach § 60 VII 1 AufenthG festgestellt haben.

125 Während insoweit die Rechtsprechung des früheren neunten Senates des BVerwG erst bei einer »extremen Gefahrenlage« den Abschiebungsschutz nach § 53 VI 1 AuslG 1990 aktualisieren wollte (BVerwGE 99, 324 (331, 329);

BVerwG, NVwZ-Beil. 1996, 57 (58); BVerwG, NVwZ-Beil. 1996, 58 (59); BVerwG, InfAuslR 1996, 289 (290)), fand diese Vorschrift nach der Rechtsprechung des früheren ersten Senates des BVerwG im Falle drohender Rechtsgutbeeinträchtigung dann Anwendung, wenn Leib oder Leben in erheblicher Weise, konkret und unmittelbar gefährdet sind (BVerwGE 102, 249 (258 f.) = NVwZ 1997, 685 (687) = InfAuslR 1997, 113 = EZAR 033 Nr. 10 = AuAS 1997, 50).

Auch das BVerfG will für die Auslegung und Anwendung des § 60 II–VII AufenthG die *Ausstrahlungswirkung der Grundrechte* beachtet wissen (BVerfG (Kammer), NVwZ 1992, 660 = InfAuslR 1993, 176, bezogen auf § 53 AuslG 1990; s. auch BVerfG (Kammer), EZAR 043 Nr. 7 = AuAS 1995, 66; s. hierzu Marx, Handbuch, § 83 Rdn. 46). Regelungen und behördliche Maßnahmen, die im Laufe ihrer Vollziehung zu einer nicht unerheblichen Grundrechtsgefährdung führen, stehen deshalb mit der Verfassung im Widerspruch. Darüber hinaus können sich verfassungsrechtliche Schutzpflichten auch aus dem Grundsatz ergeben, demzufolge rechtliche Regelungen so auszulegen und anzuwenden sind, dass die Gefahr von Grundrechtsverletzungen eingedämmt bleibt (BVerfGE 49, 89 (142)). Dem muss die Auslegung von Abs. 3 S. 1 entsprechen. Deshalb tritt die Folge dieser Vorschrift nicht ein, wenn das Bundesamt oder das Verwaltungsgericht Abschiebungshindernisse nach § 60 VII 1 AufenthG festgestellt haben. 126

Zwar hat der Gesetzgeber mit § 15 IV 1 AufenthG an dem Muster des § 60 V 1 AuslG 1990 festgehalten. Der einfache Gesetzgeber setzt sich damit jedoch über verfassungsrechtliche Bedenken hinweg. Darüber hinaus verletzt er damit Gemeinschaftsrecht. § 60 VII 1 AufenthG ist innerstaatliche Umsetzungsnorm von Art. 15 Buchst. c) der Qualifikationsrichtlinie. Wer die tatbestandlichen Voraussetzungen dieser Vorschrift erfüllt, dem *wird* ergänzender Schutz gewährt (Art. 18 der Richtlinie). Die Zurückweisung ist damit untersagt. § 60 IV 1 AufenthG ist damit gemeinschaftskonform auszulegen und anzuwenden. Der an § 60 VII 2 AufenthG orientierte Wortlaut der Nr. 26 der Präambel der Richtlinie kann den Wortlaut von Art. 15 Buchst. c und Art. 18 der Richtlinie nicht aufheben, sondern hat vergleichbar der Vorschrift des Art. 3 II des Übereinkommens gegen Folter eine die Prognoseentscheidung leitende Bedeutung (§ 24 Rdn. 80 ff.). 127

5.10. Abschiebungsandrohung nach Abs. 2

Lehnt das Bundesamt den Asylantrag als offensichtlich unbegründet ab, hat es nach Abs. 2 *vorsorglich* für den Fall der Einreise die Abschiebung nach Maßgabe von §§ 34 und 36 I anzudrohen (Abs. 2). Zugleich hat die Grenzbehörde durch Verwaltungsakt die Einreiseverweigerung zu verfügen (Abs. 3 S. 1) und diese gemeinsam mit der Entscheidung des Bundesamtes dem Antragsteller zuzustellen (vgl. auch BVerfG (Kammer), NVwZ-Beil. 1994, 11). Die Abschiebungsandrohung nach allgemeinem Ausländerrecht (§ 59 I AufenthG) und auch nach dem AsylVfG ist ein selbständiger Verwaltungsakt und erstes Element des Vollstreckungsverfahrens. Sie unterliegt denselben 128

§ 18 a *Asylverfahren*

Anforderungen wie die Abschiebung selbst und darf daher nur erfolgen, wenn diese selbst rechtlich zulässig ist.

129 Zur zügigen Durchführung des Gerichtsverfahrens ist die Grenzbehörde verpflichtet, dem zuständigen Verwaltungsgericht eine Kopie der Einreiseverweigerung sowie der Verwaltungsvorgänge des Bundesamtes – insbesondere die Protokolle der Anhörung durch Grenzbehörde und Bundesamt sowie Sachentscheidung – zu übermitteln. Diese gesetzliche Konstruktion lehnt sich an den Zustellungsverbund nach §§ 12 VII, 28 V AsylVfG 1982 an und verknüpft die ausländerrechtliche Verfügung mit der asylrechtlichen Entscheidung in ähnlicher Weise wie früher § 28 I 1 AsylVfG 1982.

130 Die Grenzbehörde hat keinen eigenen Beurteilungsspielraum: Ist der Asylantrag in der qualifizierten Form nach Abs. 2 in Verb. mit §§ 29 a, 30 abgelehnt worden, hat sie zwingend die Einreiseverweigerung zu verfügen (Abs. 3 S. 1), es sei denn, das Bundesamt hat Abschiebungshindernisse nach § 60 II – VII AufenthG festgestellt. In diesem Fall ist die Anordnung der Einreiseverweigerung untersagt (Rdn. 116 ff.). Die Einreiseverweigerung ist also grundsätzlich automatische Folge der qualifizierten Asylablehnung. Der Zustellungsverbund nach Abs. 3 S. 2 soll die unverzügliche gerichtliche Kontrolle in einem abschließenden Verfahren sicherstellen. Nach vom Bundesamt bestätigten Beobachtungen von UNHCR hat das Bundesamt allerdings bis März 1999 noch in keinem Fall eine Feststellung nach § 53 VI 1 AuslG 1990 im Flughafenverfahren getroffen (UNHCR, Stellungnahme des UNHCR zum Flughafenverfahren vom März 1999). Eine Abweichung von dieser Praxis ist bislang nicht bekannt geworden.

131 Während die Abschiebungsanordnung nach § 34 a erst ergehen darf, wenn deren Durchführbarkeit feststeht, steht die Durchsetzbarkeit der Abschiebungsandrohung nach Abs. 2 unter dem Vorbehalt der gerichtlichen Bestätigung sowie der praktischen Durchsetzbarkeit. Anders als die Abschiebungsanordnung, welche die vorherige Überprüfung und Feststellung ihrer Durchsetzbarkeit voraussetzt, ist dies bei der Abschiebungsandrohung im Zeitpunkt ihres Erlasses noch offen. Sie kann unter unterschiedlichen Gesichtspunkten im Gerichtsverfahren überprüft werden. So kann sie dem Grunde nach als rechtmäßig bestätigt werden, ohne dass sie aufgehoben werden müsste (§ 59 III 3 AufenthG), weil etwa die Bezeichnungspflicht verletzt worden ist (§ 59 III 2, § 60 X 2 AufenthG). Sie kann aber auch dem Grunde nach aufgehoben werden, weil die für sie maßgeblichen Voraussetzungen zu Unrecht festgestellt wurden (s. hierzu ausführlich Erläuterungen zu § 34).

132 Mit Abs. 2 will der Gesetzgeber die abschiebungsrechtlichen Grundlagen dafür schaffen, dass im gerichtlichen Eilverfahren die Grenzbehörde zur Gewährung der Einreise verpflichtet wird (Abs. 5 S. 1). In diesem Fall reist der Antragsteller ein, sodass die Einreiseverweigerung gegenstandslos wird. Um in diesen Fällen gleichwohl den aufenthaltsbeendenden Titel schaffen zu können, ist vorsorglich die Abschiebung anzudrohen. Damit handelt es sich bei der Verfügung nach Abs. 2 um eine besondere Art von Vorratsverwaltung.

133 Begründet wird die Einführung der Abschiebungsandrohung im Flughafenverfahren damit, dass für den Fall der nicht rechtzeitigen Entscheidung des

Verwaltungsgerichtes und der damit automatischen Einreise (Abs. 6 Nr. 3) das Asylverfahren nicht noch einmal von vorn beginnen soll, sondern in dem Stadium fortgesetzt werden soll, in dem es sich bereits befindet (Giesler/Wasser, Das neue Asylrecht, S. 31). Auch solle die Androhung für den Fall, dass dem Asylsuchenden tatsächlich die Einreise gelinge, obwohl sie ihm zu verweigern sei, eine abschiebungsrechtliche Grundlage schaffen (Liebetanz, in: GK-AsylVfG, § 18 a Rdn. 55).

Ob diese relativ seltenen Fälle die Einführung der Abschiebungsandrohung neben der Einreiseverweigerung rechtfertigen können, bleibt jedoch fraglich. Jedenfalls gilt für den Fall des erfolgreichen Eilrechtsschutzantrags gegen die Einreiseverweigerung, dass kraft Gesetzes die Abschiebung ausgesetzt wird (Abs. 5 S. 2) und die Ausreisefrist analog § 37 II einen Monat nach unanfechtbaren Verfahrensabschluss endet. Daher bedarf es neben dem auf einstweilige Anordnung der Einreise gerichteten Eilrechtsschutzantrag keines weiteren vorläufigen Rechtsschutzantrags. Das weitere rechtliche Schicksal der Abschiebungsandrohung ist vom Ausgang des Hauptsacheverfahrens abhängig. **134**

5.11. Einreiseverweigerung nach Abs. 3

Wird der Asylantrag als offensichtlich unbegründet abgelehnt, ist dem Asylsuchenden die Einreise zu verweigern. Die Grenzbehörde hat insoweit keinen eigenen Entscheidungsspielraum. Vielmehr ist die Einreiseverweigerung kraft Gesetzes zwingende Folge der Asylablehnung nach Abs. 2 (BVerfG (Kammer), NVwZ-Beil. 1994, 51 (52)). Die Vorschrift des Abs. 3 ist jedoch gesetzessystematisch dahin zu korrigieren, dass die Einreiseverweigerung voraussetzt, dass keine Abschiebungshindernisse nach § 60 II–VII AufenthG festgestellt worden sind. **135**

Die Einreiseverweigerung kann als eine Form der *Zurückweisung* betrachtet werden. Die Zurückweisung erfolgt in der Regel mündlich und ist sofort vollziehbar. Demgegenüber ergibt sich aus dem Regelungszusammenhang von § 18 a, dass die Verfügung nach Abs. 3 S. 1 *schriftlich* zu erfolgen und die Einlegung von Rechtsbehelfen *Suspensiveffekt* hat (Abs. 4 S. 7). Die Einreiseverweigerung nach Abs. 3 S. 1 ist also eine Zurückweisung im Sinne des § 15 I AufenthG. **136**

Die Einreiseverweigerung ist jedoch unter Beachtung der besonderen Voraussetzungen nach Maßgabe von Abs. 3 zu erlassen. Aus dem Zustellungsverbund nach Abs. 3 S. 2 sowie aus der Benachrichtigungspflicht nach Abs. 3 S. 3 ergibt sich die *zwingende Schriftform*. Der *Suspensiveffekt* für die Dauer des Gerichtsverfahrens ergibt sich aus Abs. 4 S. 7. Für die Dauer der Rechtsbehelfsfrist nach Abs. 4 S. 1 folgt der Suspensiveffekt ebenfalls aus Abs. 4 S. 7. Denn der Hinweis auf die »rechtzeitige Antragstellung« umfasst den Zeitraum bis zum Ablauf der Rechtsmittelfrist. **137**

Die Einreiseverweigerung teilt das rechtliche Schicksal des gegen die Abschiebungsandrohung gerichteten Aussetzungsantrags (vgl. Abs. 5 S. 2). Ordnet das Gericht die Gestattung der Einreise an, ist damit kraft Gesetzes **138** die Vollziehbarkeit der Androhung ausgesetzt. Sollte im nachhinein die Vollziehbarkeit rechtlich zulässig werden, kann auf die Einreiserverweigerung nicht mehr zurückgegriffen werden. Denn mit Aussetzung der Abschiebung wird die Einreise gestattet (Abs. 5 S. 2). Die Einreiseverweigerung als besondere Gestaltungsform der Zurückweisung ist jedoch nur *vor der Einreise* zulässig (§ 15 I AufenthG). Ist der Ausländer eingereist, entfällt jeglicher Rechtsgrund für die Einreiseverweigerung: Wer eingereist ist, dem kann die Einreise auch nachträglich nicht mehr verweigert werden (vgl. aber Abs. 1 S. 1 2. HS). Die Verfügung nach Abs. 3 S. 1 verliert damit jegliche eigenständige Bedeutung. Sie wird mit Einreise rechtlich wirkungslos. Von ihr gehen keine rechtlichen Wirkungen mehr aus.

139 Die Abschiebungsandrohung nach Abs. 2 in Verb. mit § 34 bleibt jedoch auch nach Einreise in ihrem rechtlichen Bestand – aufschiebend bedingt – wirksam (vgl. Abs. 5 S. 2). Aus dieser Verknüpfung der asylrechtlichen Sachentscheidung (Abs. 2 1. HS) mit der Abschiebungsandrohung (Abs. 2 2. HS) und deren schwebenden Wirksamkeit wird den öffentlichen Vollzugsinteressen vollends genügt. Weder begrifflich noch von der Interessenlage her ist daher Raum für den rechtlichen Fortbestand der Einreiseverweigerung nach Einreise.

6. Eilrechtsschutzverfahren (Abs. 4 und 5)

6.1. Besonderheiten des Eilrechtsschutzverfahrens

140 Das in Abs. 4 und 5 geregelte Eilrechtsschutzverfahren ist Teil des Flughafenverfahrens. Hat das Bundesamt den Asylantrag als offensichtlich unbegründet abgelehnt und auch keine Abschiebungshindernisse nach § 60 II – VII AufenthG festgestellt, sodass dem Asylsuchenden durch die Grenzbehörde kraft gesetzlicher Anordnung (Abs. 3 S. 1) die Einreise verweigert worden ist, richtet sich das gegen die sofortige Vollziehung der Einreiseverweigerung gerichtete Eilrechtsschutzverfahren nach den Regelungen in Abs. 4 und 5. Nicht geregelt ist in § 18 a das gerichtliche Hauptsacheverfahren. Dies richtet sich nach den allgemeinen asylverfahrensrechtlichen und ergänzend den allgemeinen verwaltungsprozessualen Vorschriften.

141 Die Bestimmungen in Abs. 4 und 5 enthalten ein eigenständiges, in sich abgeschlossenes Eilrechtsschutzverfahren, das allerdings strukturell nicht von dem in § 36 geregelten Verfahren abweicht. Vielmehr findet auch im Flughafenverfahren das Eilrechtsschutzverfahren nach § 36 ergänzend Anwendung, wie sich bereits aus den Verweisungen in Abs. 4 S. 6 und 7 ergibt. Besonderheiten ergeben sich aus den Fristbestimmungen und aus dem Charakter des Flughafenverfahrens als Eilrechtsschutzverfahren vor der Einreise. Dies betrifft insbesondere das Antragsziel, also die Form des Rechtsschutzes (Rdn. 155 ff.). Soweit jedoch die Regelungen in Abs. 4 und 5 keine besonderen Vorschriften für die Gestaltung des Eilrechtsschutzverfahrens enthalten, gelten die allgemeinen Bestimmungen nach § 36 und nach § 80 V und § 123 VwGO.

Nach der Rechtsprechung des BVerfG verlangt der effektive Rechtsschutz (Art. 19 IV GG) im Flughafenverfahren Vorkehrungen des Bundesamtes und der Grenzschutzbehörden, dass die Erlangung gerichtlichen Rechtsschutzes nicht durch die obwaltenden Umstände unzumutbar erschwert oder gar vereitelt wird (BVerfGE 94, 166 (206) = EZAR 632 Nr. 25 = NVwZ 1996, 678, so insbesondere LS 4). Die im Flughafenverfahren obwaltenden Umstände sind insbesondere das Abgeschlossensein des Asylsuchenden im Transitbereich, besonders kurze Fristen sowie seine Sprachunkundigkeit (BVerfGE 94, 166 (206)). **142**

Auch wenn es an einer ausdrücklichen gesetzlichen Bestimmung fehlt, ist deshalb durch organisatorische Maßnahmen sicherzustellen, dass die ablehnenden Bescheide des Bundesamtes und der Grenzbehörde dem Antragsteller in geeigneter Weise eröffnet werden. Diese Maßnahmen müssen darauf gerichtet sein, dass der Asylsuchende den Inhalt der Bescheide verstehen und dabei insbesondere erkennen kann, von welchem tatsächlichen Vorbringen das Bundesamt ausgegangen ist und warum es seinen Antrag abgelehnt hat. Ferner muss er erkennen können, dass er dagegen Rechtsschutz erlangen kann, und welche Erfordernisse dafür unbedingt einzuhalten sind (BVerfGE 94, 166 (206)). **143**

Der Asylsuchende muss nicht eine wortwörtliche Übersetzung der Bescheide erhalten, sondern eine Erläuterung der für die Asylablehnung maßgebenden Gründe in für ihn verständlicher Form (ähnlich Maaßen/de Wyl, ZAR 1997, 9 (13)). Dies kann am besten durch den Einzelentscheider erfolgen, der den Bescheid verfasst hat. Ist er zum Zeitpunkt der Zustellung nicht anwesend, ist die Erläuterung durch eine andere sachkundige Person des Bundesamtes vorzunehmen. In der Verwaltungspraxis wird indes dem Bundesgrenzschutz die Aufgabe auferlegt, dem Asylsuchenden den Inhalt des Bescheides verständlich nahe zu bringen. **144**

Dem BVerfG wird zu Recht vorgehalten, dass seine Ausführungen zum gerichtlichen Rechtsschutz im Flughafenverfahren zwischen Interpretationen schwanke, die aus Art. 19 IV GG gewisse auch unter der Geltung des Art. 16 a IV GG fortbestehende Mindestanforderungen ableiten würden, und dem umgekehrten Standpunkt, dass die unter der Geltung des Art. 16 a IV GG bestehenden verfahrensrechtlichen Anforderungen nicht aus Art. 19 IV GG abgeleitet werden könnten, weil Art. 16 a IV GG gerade Abstriche am nach Art. 19 IV GG gebotenen Rechtsschutz vorsehen würde. Zwar sei zweifellos richtig, dass Art. 16 a IV GG einerseits die bislang aus der Gewährleistung effektiven Rechtsschutzes abgeleiteten verfahrensrechtlichen Anforderungen reduziere, andererseits aber diese Gewährleistung im Anwendungsbereich des Art. 16 a IV GG nicht völlig beseitige, sondern in ihrer Essenz behalten wolle (Lübbe-Wolff, DVBl. 1996, 825 (840)). **145**

Darüber hinaus wird kritisiert, dass das BVerfG das Eilrechtsschutzverfahren von vornherein auf ein schriftliches Verfahren beschränke. Verfahrensfehler, die bei anwaltlich nicht vertretenen Asylsuchenden regelmäßig erst im Rahmen einer erneuten Anhörung des Asylsuchenden durch das Verwaltungsgericht offen zutragen treten würden, blieben deshalb wohl in aller Regel unerkannt. Im Sinne einer Effektuierung des Grundrechtsschutzes sei es daher **146** angemessen, in den Eilrechtsschutzverfahren nach Abs. 4 und 5 von Verfassungs wegen eine mündliche Verhandlung vor dem Verwaltungsgericht als obligatorisch vorzusehen (Frowein/Zimmermann, JZ 1996, 753 (763)).

6.2. Asylrechtskundige und unabhängige Beratung des Asylsuchenden

147 Aus der besonderen Situation des Asylsuchenden, die sich aus dem Charakter des Verfahrens vor der Einreise ergibt, hat das BVerfG der Verwaltung besondere Verpflichtungen zur Schaffung von Voraussetzungen auferlegt, die das strukturell vorgegebene Rechtsschutzdefizit im Flughafenverfahren abmildern sollen: Der nicht anwaltlich vertretene Asylsuchende muss durch organisatorische Maßnahmen Gelegenheit erhalten, *kostenlos asylrechtskundige Beratung* in Anspruch zu nehmen, um die Erfolgsaussichten einer etwaigen Beschreitung des Rechtsweges beurteilen zu können.

148 Diese Beratung kann durch jede dafür geeignete, *von den Entscheidungsträgern unabhängige*, im Flughafenbereich verfügbare und in Asylrechtsfragen kundige Person oder Stelle erfolgen (BVerfGE 94, 166 (207) = EZAR 632 Nr. 25 = NVwZ 1996, 678). Es ist Sache des Gesetzgebers und der mit der Durchführung des AsylVfG betrauten Behörden zu entscheiden, auf welchem Wege – insbesondere durch welche dafür geeignete Personen oder Stellen – diese Beratung erfolgen soll. Die Beratung kann auch Hilfe bei der Formulierung des beim Verwaltungsgericht zu stellenden Antrags und seiner Begründung und bei der Gewinnung eines zur Vertretung bereiten Rechtsanwaltes umfassen. Wegen der Kürze der im Gesetz festgelegten Fristen erscheint es erforderlich, dass die Beratung bereits am Tage der Zustellung und auch an Wochenenden angeboten wird (BVerfGE 94, 166 (206 f.) = EZAR 632 Nr. 25 = NVwZ 1996, 678; s. auch Antwort der Bundesregierung, in: BT-Drs. 13/9116).

149 In der bis zur Entscheidung des BVerfG geübten Betreuungs- und Beratungspraxis wurden diese Aufgaben vorrangig durch kirchliche Beratungsdienste wahrgenommen, ohne deren Einsatz im Flughafenverfahren der Rechtsschutz völlig illusorisch geworden wäre. So hatte das BVerfG in der mündlichen Verhandlung Vertreter des Frankfurter Flughafensozialdienstes angehört, da dort mit der Koordinierung der anwaltlichen Vertretungspraxis seit Einführung des Flughafenverfahrens am 1. Juli 1993 das wohl umfangreichste Erfahrungswissen angesammelt worden war. Hinzu kommt, dass über diesen Flughafen die ganz überwiegende Zahl der Asylsuchenden einreist.

150 Es geht unter den im Flughafenverfahren abwaltenden Umständen des Ausgeschlossenseins und des sich daraus ergebenden Gefühls des Asylsuchenden, den Behörden ausgeliefert zu sein, insbesondere darum, die Rahmenbedingungen für eine vertrauensvolle und einfühlsame unabhängige Beratung sicherzustellen. Die Beratung muss zwar nicht notwendigerweise durch einen Rechtsanwalt erfolgen. Angesichts der besonderen Darlegungsprobleme im Flughafenverfahren und den damit zusammenhängenden häufig komplizierten Rechtsproblemen erscheint jedoch die Beratung durch Rechtsanwälte erforderlich (so auch Maaßen/de Wyl, ZAR 1997, 9 (14)).

Davon zu trennen ist die Frage der vertraglichen Bindung der Rechtsanwälte durch Rahmenverträge. Die fortdauernde Sicherstellung eines Beratungsdienstes kann organisatorisch weder durch einzelne Rechtsanwälte noch durch deren Interessenvertretungen wahrgenommen werden. Weder Grenzschutz noch Bundesamt kommen als Koordinierungsstelle in Betracht (Maaßen/de Wyl, ZAR 1997, 9 (14); Schelter/Maaßen, ZRP 1996, 408 (412)). Es bietet sich deshalb an, diese Koordinierung durch die Institutionen wahrnehmen zu lassen, die ohnehin den engsten und unmittelbaren Kontakt zu den Rechtssuchenden haben. Das sind die kirchlichen Sozialdienste.

151

Das vor einigen Jahren in Frankfurt am Main eingeführte Beratungskonzept hat sich in der Praxis bewährt. Der Bundesgrenzschutz stellt anhand der Vertretungsliste fest, welcher Rechtsanwalt jeweils den Beratungsdienst am nächsten Tag durchzuführen hat. Diesem übersendet er per Fax alle Aktenbestandteile nach der Zustellung. In Absprache mit dem Rechtsanwalt wird anschließend der Dolmetscher bestimmt. Der Frankfurter Anwaltverein koordiniert die Beratungs- und Vertretungspraxis durch die Rechtsanwälte. In enger Abstimmung mit den Flüchtlingsorganisationen vor Ort überwacht der Anwaltverein die Zuverlässigkeit und Qualität der anwaltlichen Beratung und ergreift bei Beschwerden die erforderlichen Maßnahmen.

152

Nicht erforderlich ist eine Beratung rund um die Uhr. Der Rechtsanwalt muss ohnehin erst die Akten lesen, gegebenenfalls vor der Beratung in seiner Kanzlei im konkreten Verfahren aufgeworfene komplizierte Rechtsprobleme durch Beiziehung einschlägiger Literatur und Rechtsprechung durchdringen, um eine fundierte Beratung vor Ort gewährleisten zu können. Allerdings muss im Interesse des Rechtssuchenden möglichst bald die Beratung vor Ort stattfinden (Maaßen/de Wyl, ZAR 1997, 9 (14)), was auch die Beratung am Wochenende einschließt. Sicherzustellen ist für die Beratung darüber hinaus der Zugriff auf die vom Bundesamt verwerteten und dort verfügbaren Länderinformationen in geeigneter Weise, da eine sorgfältige und rechtskundige Beratung der Erfolgsaussichten von Rechtsmitteln eine Prüfung der Glaubwürdigkeit der Person des Asylsuchenden und der Glaubhaftigkeit seiner Angaben voraussetzt.

153

Diese Prüfung erfordert notwendigerweise die Kenntnis der verwerteten und sonst verfügbaren Erkenntnisquellen zu dem Herkunftsland des Asylsuchenden, da erst vor dem Hintergrund der allgemeinen und besonderen Verhältnisse dieses Landes der Test auf die Glaubwürdigkeit erfolgen kann. Hierzu gehört auch, dass der Rechtsanwalt den Asylsuchenden mit Erkenntnisquellen konfrontiert, die seinem konkreten Sachvorbringen entgegenstehen, um diesen dadurch die Möglichkeit zu geben, Ungereimtheiten und Widersprüche auszuräumen. Seit August 2002 ist sichergestellt, dass der beratende Rechtsanwalt Zugang zu den länderspezifischen Dokumentationen des Bundesamtes hat.

154

6.3. Klagen in der Hauptsache

155 Die Bescheide sind dem anwaltlich nicht vertretenen Asylsuchenden durch die Grenzbehörde persönlich zuzustellen (Abs. 3 S. 2). Die Zustellung erfolgt in der Einrichtung im Transitbereich gegen Empfangsbekenntnis (§ 5 I VwZG). Bei anwaltlich vertretenen Asylsuchenden hat die Grenzbehörde an den Bevollmächtigten zuzustellen (§ 8 I 2 VwZG).

156 Dem Grundsatz der Abhängigkeit des vorläufigen Rechtsschutzes vom Hauptsacheverfahren entsprechend sind die Anträge in den Hauptsacheverfahren zu stellen: Die Abschiebungsandrohung nach Abs. 2 hat zwingend die Asylablehnung in der qualifizierten Form zur Voraussetzung. Zur Verhinderung des Eintritts der Bestandskraft dieser Ablehnung müssen *Verpflichtungsklage* auf Gewährung der Asylberechtigung, Feststellung der Voraussetzungen nach § 60 I AufenthG und – hilfsweise – von Abschiebungshindernissen nach § 60 II–VII AufenthG erhoben werden (§ 74 Rdn. 34 ff.). Daneben ist die Abschiebungsandrohung nach Abs. 2 mit einer *Anfechtungsklage* anzugreifen, um den Eintritt deren Vollziehbarkeit zu verhindern.

157 Da in allen Fällen das Bundesamt zuständige Behörde ist, ist die Klage gegen die Bundesrepublik, endvertreten durch den Leiter der zuständigen Außenstelle des Bundesamtes, zu richten. *Streitgegenstand* dieser Verpflichtungs- und Anfechtungsklagen ist damit die Sicherstellung der Asylberechtigung bzw. Rechtsstellung nach § 3 sowie der durch die Abschiebungsandrohung bewirkte belastende Eingriff.

158 Überdies ist im Hinblick auf die Einreiseverweigerung nach Abs. 3 S. 1 *Verpflichtungsklage* auf Gestattung der Einreise zu erheben. Diese Klage richtet sich gegen die Bundesrepublik, letztvertreten durch das jeweils für den Flughafen zuständige Grenzschutzamt. Der Inhalt dieses Klageantrags ist also nicht identisch mit dem auf die Asylberechtigung gerichteten Antrag mit der Folge, dass die Bundesrepublik Deutschland jeweils in verschiedener Weise als Beklagte Teil des Streitgegenstands wird. Sie ist daher auch in zweifacher Form zu beklagen.

159 Damit umfasst der Hauptantrag *fünf* Regelungsbereiche:
1. Die Verpflichtungsklage auf Feststellung der Asylberechtigung.
2. Die Verpflichtungsklage auf Gewährung internationalen Schutzes nach § 60 I AufenthG.
3. Die – hilfsweise zu erhebende – Verpflichtungsklage auf Feststellung von Abschiebungshindernissen nach § 60 II–VII AufenthG.
4. Die Anfechtungsklage gegen die Abschiebungsandrohung nach Abs. 2 2. HS.
5. Die Anfechtungsklage gegen die Einreiseverweigerung nach Abs. 3 S. 1.

160 Wird dem Asylsuchenden im Rahmen des Eilrechtsschutzverfahrens die Einreise gestattet, wird die Einreiseverweigerung rechtlich unwirksam (Rdn. 223 ff.). Die hierauf bezogene Verpflichtungsklage erledigt sich dadurch mit der Folge, dass der Beklagten die Kosten des Verfahrens aufzuerlegen sind (vgl. 161 II VwGO).

6.4. Eilrechtsschutzantrag nach Abs. 4 Satz 1 und 2

Der Eilrechtsschutzantrag ist beim zuständigen Verwaltungsgericht (§ 18 Rdn. 98 f.) oder bei der Grenzschutzbehörde zu stellen (Abs. 4 S. 2). Örtlich zuständig ist das Verwaltungsgericht, in dessen Bezirk die Einreiseverweigerung verfügt wurde (§ 52 Nr. 3 S. 1 VwGO; s. hierzu: § 18 Rdn. 98), also das Verwaltungsgericht in dessen Bezirk der Flughafen liegt. In den sehr seltenen Fällen, in denen der Antrag bei der Grenzbehörde gestellt wird, hat diese wegen der Fristbestimmung nach Abs. 6 Nr. 3 diesen unverzüglich an das Verwaltungsgericht weiterzuleiten (Liebetanz, in: GK-AsylVfG, § 18 a Rdn. 65).

161

Der Asylsuchende ist auf die Möglichkeit der Antragstellung bei der Grenzbehörde schriftlich hinzuweisen (Abs. 4 S. 3, Abs. 4 S. 4 in Verb. mit § 58 I VwGO). Dies allein reicht jedoch nicht aus. Vielmehr muss der Asylsuchende erkennen können, dass er gegen die Bescheide Rechtsschutz erlangen kann und welche Erfordernisse dafür unbedingt einzuhalten sind (BVerfGE 94, 166 (206) = EZAR 632 Nr. 25 = NVwZ 1996, 678).

162

Der Gesetzgeber hat offengelassen, ob einstweiliger Rechtsschutz im Flughafenverfahren nach § 80 V VwGO oder nach § 123 VwGO zu erlangen ist (s. auch § 18 Rdn. 90 ff.). Der vorläufige Rechtsschutz zielt auf die Verhinderung der *Vollziehbarkeit* der erlassenen Einreiseverfügung. Offensichtlich scheint der Gesetzgeber die bislang herrschende obergerichtliche Rechtsprechung (§ 18 Rdn. 90 ff.) bestätigt zu haben. So wird etwa aus der Vorschrift des Abs. 5 S. 1 abgeleitet, dass sich der im Rahmen des Flughafenverfahrens gestellte Eilrechtsschutzantrag auf die Gewährung der Einreise richtet. Es gehe damit um einen Verpflichtungsantrag, sodass einstweiliger Rechtsschutz über § 123 VwGO zu erlangen sei (Giesler/Wasser, Das neue Asylrecht, S. 32; Liebetanz, in: GK-AsylVfG, § 18 a Rdn. 69).

163

Mit der Antragsstattgabe wird die Einreiseverfügung unwirksam. Denn nach der Einreise kann eine die Einreise untersagende Verfügung keinen Bestand mehr haben. Mit Stattgabe des auf die Einreiseverweigerung zielenden Antrags wird also die Verfügung rechtlich unwirksam. Die Klage erledigt sich damit insoweit ebenfalls (OVG Hamburg, NVwZ 1984, 744, für den ähnlich gelagerten Fall von § 10 IV 2 AsylVfG 1982). Denn durch Abs. 5 S. 1 ist das Rechtsschutzbedürfnis für die entsprechende Verpflichtungsklage entfallen.

164

Im allgemeinen Verwaltungsverfahren kann dagegen die Behörde auch nach Stattgabe des Rechtsschutzantrags erneut die Vollziehung anordnen (Hess.VGH, DÖV 1985, 75; a. A. VGH BW, NVwZ 1985, 919). Im Verfahren nach Abs. 4 ist dies nicht möglich, weil nach Abs. 5 S. 1 die Verfügung unwirksam ist. Wird dem vorläufigen Rechtsschutzantrag gegen die Einreiseverweigerung stattgegeben, wird nicht nur die Einreiseverweigerung rechtlich unwirksam, überdies *gilt* die Einreiseanordnung *zugleich* als Aussetzung der Abschiebung (Abs. 5 S. 2). Gegen die Verwegerung der Weiterleitung des Asylsuchenden an das Bundesamt ist ebenfalls Eilrechtschutz gemäß § 123 VwGO zulässig (s. hierzu § 18 Rdn. 96). Daraus folgt, dass einem besonderen Einrechtsschutzantrag im Blick auf die Abschiebungsandrohung das Rechtsschutzbedürfnis fehlt (s. auch Liebetanz, in: GK-AsylVfG, § 18 a Rdn. 70; Gö-

165

bel-Zimmermann, in: Huber, Handbuch des Ausländer- und Asylrechts, IV SystDarst. Rdn. 163).

166 Wird der einstweilige Rechtsschutzantrag gegen die Einreiseverweigerung zurückgewiesen, wird die Zurückweisung vollzogen. Ein eigenständiger vorläufiger Rechtsschutzantrag gegen die Abschiebungsandrohung kann dies nicht verhindern, da es sich um ein Verfahren vor der Einreise handelt und – durch Aussetzung bewirkter – Abschiebungsschutz in diesem Stadium des Verfahrens noch gar nicht gewährt werden kann. Andererseits ist Anknüpfungspunkt der Prüfung im Eilrechtsschutzverfahren im Rahmen des Flughafenverfahrens die Asylablehnung des Bundesamtes (BVerfGE 94, 166 (192) = EZAR 632 Nr. 25 = NVwZ 1996, 678).

167 Durch diese Gestaltung des Verfahrens wird den Interessen des Asylsuchenden vollends genügt. Sofern das Verwaltungsgericht dem Eilrechtsschutzantrag gegen die Einreiseverweigerung stattgibt, gilt diese Entscheidung zugleich als Aussetzung der Abschiebung. Im Flughafenverfahren reicht damit der Eilrechtsschutzantrag gegen die Einreiseverweigerung aus. Ein weiterer Eilrechtsschutzantrag gegen die Abschiebungsandrohung ist in Abweichung von der bisher vertretenen Ansicht nicht zulässig und auch nicht erforderlich.

6.5. Antragsfrist nach Abs. 4 Satz 1

168 Wie früher § 10 III 3 AsylVfG 1982 und jetzt § 36 III 1 ist in Abweichung vom allgemeinem Recht der einstweilige Rechtsschutzantrag *fristgebunden* (Abs. 4 S. 1). Damit ist der Zeitpunkt der Antragstellung anders als nach allgemeinem Prozessrecht nicht in das Belieben des Antragstellers gestellt (VGH BW, VBlBW 1985, 466). Der einstweilige Rechtsschutzantrag ist vielmehr *binnen drei Tagen* nach Zustellung zu stellen (Abs. 4 S. 1). Die Frist beginnt nach dem Gesetzeswortlaut nur mit der Zustellung der Einreiseverweigerung und der Asylablehnung zu laufen. Überdies ist für den Lauf der Frist die Erteilung einer ordnungsgemäßen Rechtsmittelbelehrung erforderlich (Abs. 4 S. 4 in Verb. mit § 58 I VwGO).

169 Der Antrag kann unmittelbar bei der Grenzbehörde gestellt werden (Abs. 4 S. 2), die ihn hierauf hinzuweisen hat. Nach Abs. 4 S. 3 ist dieser Hinweis in die Rechtsmittelbelehrung aufzunehmen. Fehlt er, ist nicht wirksam zugestellt. Der Lauf der Frist beginnt mit der Zustellung (§ 57 I VwGO). Bei der Berechnung der Frist wird der Tag der Zustellung nicht mitgerechnet (§ 57 II VwGO in Verb. mit § 222 I ZPO, § 187 I BGB). Die Antragsfrist endet mit dem Ablauf des dritten Tages (§ 188 I BGB). Fällt das Fristende auf einen Sonntag, einen am maßgeblichen Ort staatlich anerkannten allgemeinen Feiertag oder einen Sonnabend, so tritt an die Stelle eines solchen Tages der nächste Werktag (§ 193 BGB).

170 Die obergerichtliche Rechtsprechung hatte zum früheren Recht die *Wochenfrist* mit der Begründung als verfassungskonform angesehen, dass hierdurch die verfassungsrechtlichen Gewährleistungen nicht unzumutbar eingeschränkt würden (VGH BW, VBlBW 1983, 205; OVG NW, DÖV 1983, 648).

Zu bedenken ist jedoch, dass nunmehr die Frist auf drei Tage verkürzt worden ist. Grundrechte bedürfen einer grundrechtskonformen Anwendung des Verfahrensrechts (BVerfGE 56, 216 (236) = EZAR 221 Nr. 4 = NJW 1981, 1436 = InfAuslR 1981, 152). Insbesondere darf das Verfahrensrecht ihrer Inanspruchnahme nicht derart hohe Hindernisse entgegensetzen, dass die Gefahr einer Entwertung materieller Grundrechtspositionen entsteht (BVerfGE 63, 131 (143)).

Daher ist die Frist nach Abs. 4 S. 1 nur dann verfassungsrechtlich begründbar, wenn die vom BVerfG geforderten organisatorischen Vorkehrungen zur Sicherstellung einer rechtskundigen und unabhängigen Beratung des Asylsuchenden effektiv und umfassend getroffen und aufrechterhalten werden. Darüber hinaus erfordert eine verfassungskonforme Anwendung dieser Vorschrift eine großzügige Handhabung des Wiedereinsetzungsrechts. Das Verwaltungsgericht ist im Hinblick darauf, dass nach Abs. 4 S. 7 nur eine rechtzeitige Antragstellung den Vollzug der Zurückweisung hindert, gehalten, der Grenzbehörde aufzugeben, bis zur Entscheidung über den Wiedereinsetzungsantrag hiervon abzusehen. Gegebenenfalls ist ein hierauf gerichteter Antrag nach § 123 VwGO zu stellen (Liebetanz, in: GK-AsylVfG, § 18 a Rdn. 68). 171

Der auf optimale Beschleunigung zielende Gesetzgeber hatte erkennbar nur das Eilrechtsschutzverfahren vor Augen. Da das Sonderverfahren bereits im Gesetzentwurf vorgeschlagen worden war (BT-Drs. 12/4450, S. 16), kann schwerlich behauptet werden, der Gesetzgeber habe dieses Problem in der Hektik der Beratungen aus den Augen verloren. Vielmehr trifft wohl eher die Vermutung zu, der Gesetzgeber habe vorrangig ein beschleunigtes Verfahren mit gerichtsförmigen Elementen gewollt, dessen nähere Ausgestaltung aber bewusst der Praxis überlassen wollen. Daraus wird geschlossen, dass die gleichzeitige Erhebung von Klage und Eilrechtsschutzantrag nicht erforderlich sei (Liebetanz, in: GK-AsylVfG, § 18 a Rdn. 70). 172

Dementsprechend sei das Bundesamt auch nicht am Eilrechtsschutzverfahren im Rahmen des Flughafenverfahrens beteiligt (Liebetanz, in: GK-AsylVfG, § 18 a Rdn. 70). Gegen diese Rechtsansicht sprechen nicht nur rechtliche, sondern auch eine Reihe von praktischen Einwänden. Wäre das Bundesamt nicht beteiligt, könnte es die Asylablehnung im Eilrechtsschutzverfahren nicht verteidigen. Die Grenzbehörde ihrerseits kann kaum gegen die asylrechtlich begründeten Einwände des Asylsuchenden Stellung nehmen, da sie die Einreiseverweigerung nicht nach einer eigenständigen asylrechtlichen Bewertung, sondern als zwingende gesetzliche Folge der Entscheidung einer anderen Behörde (Abs. 3 S. 1) verfügt hat (Rdn. 135). 173

Anders als § 74 I 2. HS stellen die Regelungen in Abs. 4 und 5 keinen zwingenden Zusammenhang zwischen Eil- und Hauptantrag her. Damit aktualisiert sich erneut der alte Rechtsstreit zu § 10 III 3 AsylVfG 1982. Auch § 10 III 3 AsylVfG 1982 ließ die Frage nach der Notwendigkeit des Hauptantrags offen. Daraus war in der 1. Auflage gefolgert worden, dass die Erhebung einer Anfechtungsklage entbehrlich sei. Die Rechtsprechung hatte jedoch auch für das besondere Rechtsschutzverfahren nach § 10 III 3 AsylVfG 1982 die Erhebung einer Anfechtungsklage für erforderlich erachtet (VGH BW, VBlBW 174

1983, 205; VGH, VBlBW 1985, 466; OVG Hamburg, NVwZ 1984, 744; Bay-VGH, InfAuslR 1984, 248). Der Streit zielte lediglich auf die Gleichzeitigkeit der jeweiligen Fristen:

175 Während die Mehrheitsmeinung die Beantragung einstweiligen Rechtsschutzes auch schon vor Klageerhebung für zulässig erachtete (BayVGH, InfAuslR 1984, 248; VGH BW, DÖV 1986, 296), hielt eine Mindermeinung den isolierten einstweiligen Rechtsschutzantrag für unzulässig. Vielmehr wurde auch für den Klageantrag die verkürzte Wochenfrist des § 10 III 3 AsylVfG 1982 für verbindlich angesehen. Wurde der Klageantrag innerhalb der damals geltenden Monatsfrist des § 74 VwGO, aber nach Ablauf der für einstweilige Anträge geltenden Wochenfrist gestellt, war nach dieser Mindermeinung der einstweilige Antrag wegen Versäumung der Klagefrist in der Hauptsache als unzulässig zurückzuweisen (VGH BW, VBlBW 1983, 205).

176 Mit § 74 I 2. HS hat sich der Gesetzgeber der Mindermeinung angeschlossen, mit Abs. 4 jedoch erneut das Wiederaufleben des alten Streits provoziert. Das BVerfG hatte zum alten Recht entschieden, dass das einstweilige Rechtsschutzverfahren seine besondere Eigenart und Abhängigkeit vom Hauptsacheverfahren nicht verliert (BVerfG, EZAR 631 Nr. 4). Daraus kann zumindest gefolgert werden, dass der einstweilige Rechtsschutzantrag nach Abs. 4 S. 1 *nicht isoliert* gestellt werden darf.

177 Wegen der möglichen Präklusionswirkung eines fehlenden Hauptantrags, der wegen der Präklusionswirkung des Abs. 4 S. 1 anders als im allgemeinen Verfahren nicht wiederholt werden kann (vgl. zum alten Recht: VGH BW, VBlBW 1985, 466), ist anzuraten, die Hauptanträge ebenfalls innerhalb der Frist nach Abs. 4 S. 1 zu stellen, jedenfalls sollte die Wochenfrist nach § 36 III 1 beachtet werden (§ 74 I 2. HS). Zwingend ist dies jedoch nicht. Für die Wochenfrist spricht zwar die wiederholte Verweisung auf § 36 in Abs. 2 und Abs. 4 S. 6 und S. 7. Nach Ansicht der Leitung des Bundesamtes ist jedoch die Klagefrist von zwei Wochen nach § 74 I 1. HS maßgebend (so auch Giesler/Wasser, Das neue Asylrecht, S. 33). Zur Vermeidung von einschneidenden Rechtsnachteilen ist jedoch das vorgeschlagene Verfahren dringend anzuempfehlen.

178 Im Zeitalter der rasanten Fortentwicklung der technischen Kommunikationsmittel sollte diesem Streit im Übrigen keine allzu große praktische Bedeutung beigemessen werden. Es erfordert wenig Müheaufwand, die standardisierten Klageanträge mit dem Eilrechtsschutzantrag zu verknüpfen. Das Kostenrisiko ist gering, da für das gerichtliche Verfahren Kostenfreiheit besteht (§ 83 b) und der Rechtsanwalt im Flughafenverfahren ohnehin ein hohes finanzielles Risiko eingeht. Darüber hinaus bringt die gleichzeitige Klageerhebung keinen weiteren Müheaufwand mit sich.

179 Angesichts der hohen Anforderungen der Gerichte an die Begründung des Eilrechtsschutzantrags ist dieser eingehend, detailliert und vollständig zu begründen, da in der gerichtlichen Praxis in Eilrechtsschutzverfahren zunehmend an Stelle einer Überprüfung des Offensichtlichkeitsurteils eine *volle inhaltliche Überprüfung der Richtigkeit der Sachangaben am Maßstab der richterlichen Überzeugungsbildung* (§ 108 I 1 VwGO) – wie im Klageverfahren – vorgenommen wird. Auch wenn man die einwöchige oder gar erst die zweiwöchige

Verfahren bei Einreise auf dem Luftwege § 18 a

Frist für maßgebend ansehen wollte, müsste nachträglich Klage erhoben werden, was für den Rechtsanwalt einen zusätzlichen Arbeitsaufwand erfordert. Spätestens dann wäre das Bundesamt beteiligt. Die verbleibende Zeit (vgl. Abs. 6 Nr. 3) wäre jedoch kaum geeignet, dem Bundesamt angemessene Beteiligungsrechte einzuräumen.

Dies alles spricht dafür, zugleich mit dem Eilrechtsschutzantrag auch die Klageanträge zu stellen. Verfristet ist die Klage allerdings erst nach Ablauf der Frist von zwei Wochen nach § 74 I 1. HS. Denn die einwöchige Klagefrist nach § 74 I 2. HS verweist ausschließlich auf § 36 III 1. Rechtsschutzverkürzungen in Form von Verkürzung gesetzlicher Fristen bedürfen einer eindeutigen gesetzlichen Grundlage und können nicht durch Analogieschlüsse herbeigeführt werden. 180

6.6. Begründungsfrist

Die Regelungen in Abs. 4 enthalten keine zwingenden Begründungsfristen. Bis zur Flughafenentscheidung des BVerfG bestand jedoch der faktische Zwang, innerhalb der Antragsfrist zugleich auch den Antrag zu begründen, da nach Fristablauf jederzeit innerhalb der Frist von Abs. 6 Nr. 3 mit der gerichtlichen Entscheidung zu rechnen war. Zur Vermeidung einschneidender Folgen war es jedenfalls erforderlich, jeweils individuell um eine bestimmte Begründungsfrist beim Gericht nachzusuchen. Das BVerfG hat in der Flughafenentscheidung insoweit eine – freilich die Grenzen verfassungskonformer Auslegung überschreitende (Lübbe-Wolff, DVBl. 1996, 825 (840)) – geringfügige Modifizierung des Gesetzes vorgenommen: 181

Aus Art. 19 IV GG und Art. 103 I GG ergibt sich, dass es dem Asylsuchenden möglich sein muss, mit den Gründen, die er für seinen Antrag auf Gewährung vorläufigen Rechtsschutzes geltend machen will, auf die Entscheidung des Verwaltungsgerichtes Einfluss zu nehmen (BVerfGE 94, 166 (207) = EZAR 632 Nr. 25 = NVwZ 1996, 678). Hieraus folgt weiter, dass das Verwaltungsgericht dem Asylsuchenden, wenn er dies verlangt, für die Begründung seines innerhalb von drei Tagen zu stellenden Antrags eine *Nachfrist* zu gewähren hat (BVerfGE 94, 166 (207)). 182

Das BVerfG hält insoweit eine Frist von weiteren *vier Tagen,* d. h. für die Stellung und Begründung des Eilrechtsschutzantrags eine Frist von einer Woche ab Zustellung der behördlichen Entscheidungen für den Zeitraum, der dem Antragsteller für eine wirksame Wahrnehmung seiner Rechte verfügbar sein muss (BVerfGE 94, 166 (207) = EZAR 632 Nr. 25 = NVwZ 1996, 678). Daraus folgt zunächst, dass die Rechtsmittelfrist von drei Tagen ab Zustellung stets zwingend zu beachten ist. Auf Antrag, der bereits mit dem Rechtsmittelantrag gestellt werden sollte, *muss* das Verwaltungsgericht eine Nachfrist von weiteren vier Tagen für die Begründung des Eilrechtsschutzantrags gewähren: 183

Einen so bemessenen Zeitraum für das Einreichen einer Begründung des Eilantrags muss das Gericht dem Antragsteller auf entsprechenden *Vorbehalt* stets offen halten, ohne dass hierfür besondere Gründe vorliegen und gel- 184 tend gemacht werden müssen. Damit wird die an sich nach dem Gesetz bestehende Möglichkeit des Verwaltungsgerichts, sofort nach Antragseingang zu entscheiden, beschränkt (Lübbe-Wolff, DVBl. 1996, 825 (840)). Über eine weitere Fristverlängerung entscheidet das Verwaltungsgericht unter Berücksichtigung der in Art. 16 a IV GG verankerten Beschleunigungsmaxime (BVerfGE 94, 166 (207 f.) = EZAR 632 Nr. 25 = NVwZ 1996, 678).

6.7. Aussetzung der Vollziehung (Abs. 4 Satz 7)

185 Nach Abs. 4 S. 7 darf die Grenzbehörde im Falle der rechtzeitigen Antragstellung nicht vor der gerichtlichen Entscheidung die Zurückweisung vollziehen. Nicht ausdrücklich geregelt ist im Gesetz, dass während des Zeitraums bis zur Entscheidung des Bundesamtes nach Abs. 6 Nr. 1 oder nach Abs. 2 und dem dadurch bedingten Erlass der Einreiseverweigerung keine Zurückweisung erfolgen darf. Auch das BVerfG hat diese Frage nicht ausdrücklich behandelt, jedoch als selbstverständlich vorausgesetzt, dass Asylsuchenden in dieser Lage nicht angesonnen werden könnte, in den Staat zurückzukehren, der sie möglicherweise verfolgt (BVerfGE 94, 166 (198) = EZAR 632 Nr. 25 = NVwZ 1996, 678).

186 Aus dem Zusammenhang der Vorschriften des § 18 II und § 18 a sowie aus dem Zweck des Flughafenverfahrens ergibt sich darüber hinaus mit hinreichender Klarheit, dass bis zum Eintritt der Vollziehbarkeit der Einreiseverweigerung die Zurückweisung untersagt ist. Die Regelung in Abs. 4 S. 7 kann als Bestätigung dieser ohnehin zu beachtenden Gesetzeslage in Ansehung eines bestimmten Verfahrensabschnittes verstanden werden. Während dem Gesetzgeber aus verfassungsrechtlichen und völkerrechtlichen Gründen für die Dauer des Verwaltungsverfahrens eine ausdrückliche Regelung dieser Frage als entbehrlich erschien, soll für die besonders schutzbedürftige Phase des Eilrechtsschutzverfahrens mit Abs. 4 S. 7 diese Rechtslage lediglich klarstellend, also deklaratorisch, bestätigt werden. Aus dem Gebot effektiven Rechtsschutzes folgt auch, dass innerhalb des Zeitraums zwischen der Zustellung und der Antragstellung die Vollziehung auszusetzen ist.

187 Bei der Vorschrift des Abs. 4 S. 7 handelt es sich damit – wie im Falle der Parallelvorschrift des § 36 III 8 – um ein gesetzliches Abschiebungshindernis (§ 36 Rdn. 95 ff.). Wird die Frist nach Abs. 4 S. 1 versäumt, kann Antrag auf Wiedereinsetzung in den vorigen Stand gestellt werden (§ 60 VwGO). Das Verwaltungsgericht ist gehalten, der Grenzbehörde aufzugeben, bis zur Entscheidung über den Wiedereinsetzungsantrag von der Vollziehung der Einreiseverweigerung abzusehen. Gegebenenfalls ist ein hierauf gerichteter Antrag nach § 123 VwGO zu stellen (Liebetanz, in: GK-AsylVfG, § 18 a Rdn. 68; s. auch Kugelmann, ZAR 1994, 158 (167)).

188 Über den Wiedereinsetzungsantrag ist angesichts der besonderen Bedingungen und Belastungen, die das Flughafenverfahren für den Asylsuchenden mit sich bringt und die durch eine kostenlose unabhängige Beratung lediglich abgemildert werden können, großzügig zu entscheiden. Versäumt werden in diesem Sinne kann aber lediglich die gesetzliche Antragsfrist nach

Abs. 4 S. 1. Wird die vom BVerfG vorgegebene Begründungsfrist nicht eingehalten, führt dies zwar nicht zur Unzulässigkeit des Rechtsmittels. Der Asylsuchende läuft jedoch Gefahr, dass über seinen Antrag ohne Berücksichtigung seiner Gegenvorstellungen und damit in aller Regel zu seinen Ungunsten entschieden wird. In einem derartigen Falle kann aber bei glaubhaft gemachter unverschuldeter Fristversäumnis ein *Abänderungsantrag* nach § 123 in Verb. mit § 80 VII 2 VwGO gestellt werden (s. hierzu § 36 Rdn. 51 ff.).

6.8. Schriftliches Verfahren (Abs. 4 Satz 5)

Nach Abs. 4 S. 5 soll das Verwaltungsgericht im *schriftlichen Verfahren* entscheiden. Die Verfahrensgestaltung ist damit identisch mit der nach § 36 III 4 (s. hierzu § 36 Rdn. 75 ff.). Das BVerfG hat gegen diese Regelungen keine verfassungsrechtlichen Bedenken. Nach seiner Ansicht findet diese Verfahrensweise in Art. 16 a IV 1 2. HS GG ihre verfassungsrechtliche Grundlage (BVerfGE 94, 166 (194) = EZAR 632 Nr. 25 = NVwZ 1996, 678). Das BVerfG hat ausdrücklich die Bestimmung des Abs. 4 S. 5 in diesen verfassungsrechtlichen Zusammenhang hineingestellt. Seiner Ansicht nach ist es deshalb unbedenklich, dass das Verwaltungsgericht regelmäßig nach Aktenlage – aufgrund der Bescheide und Protokolle der Behörden einerseits sowie der schriftsätzlichen Äußerungen des Asylsuchenden im Eilrechtsschutzverfahren andererseits – entscheidet und keine eigenen Sachverhaltsermittlungen durchführt (BVerfGE 94, 166 (194)).

189

Dagegen ist einzuwenden, dass die verwaltungsgerichtliche Praxis einerseits zunehmend eine am Maßstab des § 108 I 1 VwGO orientierte Prüfung des Sachvorbringens des Asylsuchenden im Eilrechtsschutzverfahren vornimmt, andererseits nahezu ausnahmslos dem Asylsuchenden keine Gelegenheit einräumt, in einem persönlichen Gespräch gegenüber dem Richter auf Glaubwürdigkeitsbedenken, Widersprüche und Ungereimtheiten im Sachvortrag einzugehen. Während die richterliche Überzeugungsbildung nach § 108 I 1 VwGO im Allgemeinen auf dem Eindruck aus dem Gesamtergebnis des Verfahrens beruht, was die obligatorische Durchführung einer mündlichen Verhandlung und in diesem Zusammenhang die Anhörung des Asylsuchenden voraussetzt, soll gerade in dem besonders kritischen Flughafenverfahren der Test auf die Glaubwürdigkeit nach Aktenlage erfolgen.

190

Es ist der auf dem Beschleunigungsgrundsatz des Art. 16 a IV 1 1. HS GG beruhende Gedanke, der diese einschneidende Rechtsverkürzung rechtfertigen soll. Jeder mit Fragen der Darlegungslast im Asylprozess vertraute Praktiker weiß, wie unzulänglich im schriftlichen Verfahren Widersprüche ausgeräumt werden können. Es ist ja gerade die Art und Weise der persönlichen Einlassung des Asylsuchenden und seine gesamte Persönlichkeit sowie insbesondere seine Glaubwürdigkeit, die eine wesentliche Rolle bei der Bewertung spielen, ob erhobene Widersprüche und Ungereimtheiten als ausgeräumt anzusehen sind (vgl. BVerwG, DVBl. 1963, 145). Wenn daher die Verwaltungsgerichte fortfahren, einerseits eine tiefreichende Prüfung von geltend gemachten Widersprüchen, Unzulänglichkeiten und Ungereimtheiten durch-

191

§ 18 a *Asylverfahren*

zuführen, andererseits durchgehend im schriftlichen Verfahren entscheiden, verliert das auf Richtigkeitsgewähr und Plausibilität angelegte gerichtliche Verfahren seine Legitimation.

192 Der Praxis stehen zwei Wege zur Vermeidung eines derartigen rechtstaatlich nicht vertretbaren Ergebnisses offen: Entweder werden die Prüfungsanforderungen an die Glaubwürdigkeit des Asylsuchenden und die Glaubhaftmachung seiner Sachangaben erheblich heruntergesetzt oder das Verwaltungsgericht muss im Eilrechtsschutzverfahren den Asylsuchenden persönlich anhören. Der Einzelrichter darf nicht übersehen, dass eine Fehlentscheidung möglicherweise irreparable Folgen für Leben, körperliche Unversehrtheit und Freiheit des Asylsuchenden haben kann. Allein seine Entscheidung führt die Vollziehbarkeit der Einreiseverweigerung herbei.

193 Zwar hebt das BVerfG ausdrücklich hervor, dass die Verwaltungsgerichte im Eilrechtsschutzverfahren nach Abs. 4 und 5 auch zu prüfen haben, ob etwaige Verfahrensverstöße ernstliche Zweifel an der Rechtmäßigkeit der Behördenentscheidung begründen. Ein Fehler im Verfahren des Bundesamtes *kann* danach für das Verwaltungsgericht Anlass sein, den Asylsuchenden persönlich anzuhören. Abs. 4 S. 5 steht dem nicht entgegen (BVerfGE 94, 166 (205f.) = EZAR 632 Nr. 25 = NVwZ 1996, 678).

194 Damit werden jedoch rechtstaatliche Bedenken nicht ausgeräumt, zumal es dem Verwaltungsgericht danach lediglich offen steht, den Asylsuchenden bei Vorliegen ersichtlicher Verfahrensfehler persönlich anzuhören. Die Erfahrungen mit der gerichtlichen Praxis in Frankfurt am Main belegen, dass ebenso wie vor dem Zeitpunkt der Flughafenentscheidung des BVerfG auch danach die Richter ganz überwiegend den Asylsuchenden im Eilrechtsschutzverfahren nicht persönlich anhören, obwohl Verfahrensfehler nicht selten sind. Verfahrensfehler können häufig erst im Rahmen der persönlichen Anhörung erkannt werden (Frowein/Zimmermann, JZ 1996, 753 (762)). Eine Einschränkung dieses Erfahrungssatzes auf anwaltlich nicht vertretene Asylsuchende (so Frowein/Zimmermann, JZ 1996, 753 (756)) ist insoweit jedoch nicht angebracht. Denn häufig fördert erst die intensive, durch Vorhalt und Einlassung gekennzeichnete Ermittlung den Verfahrensfehler zutage.

195 Ist hingegen bereits nach Aktenlage erkennbar, dass das Bundesamt den Widerspruch, den es im angefochtenen Bescheid darlegt, in der Anhörung nicht durch Vorhalt oder sonstwie in geeigneter Weise angesprochen hat, oder ist ersichtlich, dass die protokollierte Befragungstechnik es dem Asylsuchenden unmöglich gemacht hat, seine Verfolgungs- und Fluchterlebnisse zusammenhängend darzustellen, liegen erhebliche Verfahrensfehler vor, über die das Verwaltungsgericht nicht ohne weiteres hinweggehen kann. In diesem Fall verdichtet sich das ansonsten eingeräumte Ermessen auf eine Verpflichtung zur persönlichen Anhörung des Asylsuchenden im Eilrechtsschutzverfahren, wenn das Verwaltungsgericht nicht bereits allein aufgrund des Verfahrensverstoßes dem Antrag stattgeben will.

196 Die Durchführung der mündlichen Verhandlung, aber auch die Anhörung im Eilrechtsschutzverfahren können wegen des Prinzips der *Öffentlichkeit des Verfahrens* Probleme bereiten. Da bei einer Durchführung der Verhandlung am Ort des Verwaltungsgerichts der Asylsuchende eingereist ist, entfielen

Verfahren bei Einreise auf dem Luftwege § 18 a

automatisch die nach Abs. 1 S. 1 maßgeblichen Voraussetzungen für die Anwendung des Sonderverfahrens. Das Verwaltungsgericht müsste daher schon deshalb dem Antrag stattgeben, weil im maßgeblichen Zeitpunkt seiner Entscheidung (§ 77 I) die tatbestandlichen Voraussetzungen nach Abs. 1 S. 1 nicht mehr vorliegen. Eine behördliche Erlaubnis zur vorübergehenden Einreise zwecks Teilnahme an der Verhandlung beseitigt nicht – die allein nach objektiven Gesichtspunkten zu bewertende – Einreise. Lediglich für den Tatbestand der vorübergehenden stationären Krankenhausbehandlung (Abs. 1 S. 1 letzter HS) hat der Gesetzgeber von diesem Einreisebegriff eine Ausnahme zugelassen.

Die Durchführung der *Verhandlung am Flughafen* ist andererseits ebenfalls rechtlich problematisch (a. A. Liebetanz, in: GK-AsylVfG, § 18 a Rdn. 76). Die Hauptverhandlung ist *öffentlich*. Eine Verletzung dieses Prinzips ist ein absoluter Revisionsgrund (§ 138 Nr. 5 VwGO). Die Begründung der Gegenmeinung, ein Hinweis im Gerichtsgebäude darauf, dass auf dem Flughafengelände eine mündliche Verhandlung stattfinde, genüge dem Öffentlichkeitsprinzip, ist deshalb wenig überzeugend, weil der Transitbereich des Flughafens nicht allgemein zugänglich ist. Diese Einwände stehen allerdings der Durchführung eines *Erörterungstermins* (vgl. § 87 I 2 Nr. 1 VwGO) auf dem Flughafengelände nicht entgegen (so auch Liebetanz, in: GK-AsylVfG, § 18 a Rdn. 77). Für diese Verfahrensgestaltung gilt nicht der Grundsatz der Öffentlichkeit (vgl. BVerwG, NVwZ-RR 1989, 167 (168)). Um den rechtsstaatlichen Forderungen nach persönlicher Anhörung im Eilrechtsschutzverfahren gerecht werden zu können, bietet § 87 I 2 Nr. 1 VwGO geradezu die geeignete und optimale verfahrensrechtliche Handhabe.

197

6.9. Prüfungsgegenstand im Eilrechtsschutzverfahren (Abs. 4 Satz 6 in Verbindung mit § 36 Abs. 4 Satz 1)

Ebenso wie im Verfahren nach § 36 IV ist zwar Gegenstand des Eilrechtsschutzverfahrens nach Abs. 4 und 5 die zugrundeliegende ausländerrechtliche Verfügung (§ 36 Rdn. 135 ff.), hier also die Einreiseverweigerung nach Abs. 3 S. 1. Anknüpfungspunkt der gerichtlichen Prüfung ist jedoch die Asylablehnung durch das Bundesamt (vgl. BVerfG (Kammer), NVwZ-Beil. 1994, 51 (52)). Das BVerfG wendet auch insoweit die verfassungsrechtliche Beschleunigungsmaxime des Art. 16 a IV GG an: Der Begriff der »aufenthaltsbeendenden« Maßnahme in dieser Verfassungsnorm beschränkt sich nach seiner Ansicht nach ihrem erkennbaren Sinn und Zweck – ebenso wie in Art. 16 a II 3 GG – nicht auf solche Akte, die im Sinne des Ausländerrechts einen nach Einreise begründeten Aufenthalt im Bundesgebiet beenden sollen. Von Art. 16 a IV GG werden vielmehr auch solche Maßnahmen erfasst, die einen tatsächlich auf dem Gebiet der Bundesrepublik befindlichen Asylsuchenden an einer Einreise im Rechtssinne und einer Aufenthaltsbegründung hindern sollen (BVerfGE 94, 166 (192)).

198

Damit umfasst Art. 16 a IV GG nach Ansicht des BVerfG gegen seinen Wortlaut auch *aufenthaltsverhindernde* Maßnahmen wie die Einreiseverweigerung

199

nach Abs. 3 S. 1 mit der Folge, dass auch – und insbesondere – im Flughafenverfahren die aus dieser Verfassungsnorm folgenden Einschränkungen des verwaltungsgerichtlichen Rechtsschutzes Anwendung finden.

200 Das Verwaltungsgericht hat im Eilrechtsschutzverfahren die Rechtmäßigkeit der qualifizierten Asylablehnung zu überprüfen. Gegenstand des Verfahrens ist die »aufenthaltsverhindernde« Maßnahme nach Abs. 3 S. 1, freilich beschränkt auf die Frage ihrer sofortigen Vollziehbarkeit (BVerfGE 94, 166 (192) = EZAR 632 Nr. 25 = NVwZ 1996, 678). Anknüpfungspunkt der gerichtlichen Prüfung ist die Frage, ob das Bundesamt zu Recht den Asylantrag als offensichtlich unbegründet abgelehnt hat, ohne dass deshalb der Ablehnungsbescheid selbst zum Verfahrensgegenstand wird (BVerfGE 94,166 (192); § 36 Rdn. 131 ff.).

201 Für den Umfang und den Maßstab der gerichtlichen Prüfung gelten damit die Anforderungen, die im regulären Verfahren in dem auf Art. 16 a IV GG beruhenden Eilrechtsschutzverfahren (s. hierzu im Einzelnen: § 36 Rdn. 157 ff.) zu beachten sind. Im Flughafenverfahren ergibt sich lediglich insoweit eine Besonderheit, dass an die Stelle der Abschiebungsandrohung die *Einreiseverweigerung* tritt. Sie beruht darauf, dass der im Transitbereich des Flughafens befindliche Asylsuchende noch nicht im Rechtssinne eingereist ist. Im Verfahren nach Abs. 4 und 5 ist daher *Anknüpfungspunkt* der gerichtlichen Prüfung der sofortige Vollzug der Einreiseverweigerung und die diesem zugrundeliegende Beurteilung des Asylantrags als offensichtlich unbegründet. Zusätzlich hat das Verwaltungsgericht den Schutzumfang das § 60 II – VII AufenthG zwingend zu berücksichtigen (Rdn. 219 ff.).

6.10. Reichweite der gerichtlichen Ermittlungspflicht (Abs. 4 Satz 6 in Verb. mit § 36 Abs. 4 Satz 2)

202 Auch im Flughafenverfahren ist die gerichtliche Ermittlungspflicht kraft Art. 16 a IV 1 GG eingeschränkt. Nach Ansicht des BVerfG nimmt der verfassungsändernde Gesetzgeber hiermit die *Reichweite der verwaltungsgerichtlichen Prüfung* im Eilrechtsschutzverfahren zurück (BVerfGE 94, 166 (193) = EZAR 632 Nr. 25 = NVwZ 1996, 678; ausführlich hierzu: § 36 Rdn. 131 ff.). Den Entscheidungsgründen des Flughafenurteils kann nicht entnommen werden, ob und in welchem Umfang das Verwaltungsgericht im Eilrechtsschutzverfahren die Feststellungen des Bundesamtes sowie die Sachangaben des Asylsuchenden überprüfen muss. Die auf das Beschleunigungsziel fixierte Betrachtungsweise des BVerfG legt nahe, dass es das asylrechtliche Eilrechtsschutzverfahren insoweit auf eine summarische Erfolgskontrolle beschränken will.

203 Dies ergibt sich auch daraus, dass das BVerfG die Prüfung der »Erfolgsaussichten des Asylbegehrens« in das Zentrum seiner Erörterungen rückt (BVerfGE 94, 166 (193) = EZAR 632 Nr. 25 = NVwZ 1996, 678; s. ausführlich hierzu § 36 Rdn. 161 ff.) und dem Verwaltungsgericht regelmäßig die Möglichkeit der Entscheidung nach *Aktenlage* (s. aber Rdn. 189 ff.) überläßt. Dementsprechend wird die Entscheidung des BVerfG auch dahin interpretiert, es

reiche in Zukunft aus, dass das Verwaltungsgericht nach Aktenlage entscheide und keine eigenen Ermittlungen durchführe. Damit seien die für die Verwaltungsgerichte kaum mehr erfüllbaren Anforderungen der früheren verfassungsgerichtlichen Rechtsprechung im Verfahren nach Art. 16 a IV GG obsolet geworden (Hailbronner, NVwZ 1996, 625 (629)).

Die Vorschrift des § 36 IV 2 wird überdies als *Verbot* interpretiert, im Eilrechtsschutzverfahren *neuen Anhaltspunkten* zu Entwicklungen im Herkunftsstaat nachzugehen, zu denen bislang keine oder möglicherweise veraltete Auskünfte und Gutachten vorlägen. Die Entscheidung sei damit anhand der bestehenden Auskunftslage zu treffen, fortgeschrieben allenfalls durch übereinstimmende Presseberichte. Denn die Auskunftslage sei regelmäßig gerichtsbekannt und Presseberichte bewirkten die Offenkundigkeit des Berichteten. Eine Ausnahme gelte, wenn der Antragsteller substanziierte Tatsachen vortrage. Auch diese Vorschrift liege auf der mit Art. 16 a IV 1 GG vorgegebenen Linie der *Vergröberung der Prüfungsdichte* (Rennert, DVBl. 1994, 717 (722), krit. hierzu: § 36 Rdn. 150 ff.). 204

Dem kann nicht gefolgt werden: In aller Regel werden Asylbegehren wegen der Qualität des individuellen Sachvorbringens als offensichtlich unbegründet abgelehnt (§ 30 III Nr. 1). Weil das Sachvorbringen im hohen Maße widersprüchlich, ungereimt oder vage ist, erfolgt die qualifizierte Asylablehnung. Hier kann dem Asylsuchenden eine gesteigerte Darlegungslast auferlegt und erwartet werden, dass er die aufgeworfenen und begründeten Zweifel an seiner Glaubwürdigkeit im Einzelnen und in nachvollziehbarer sowie schlüssiger und konkretisierter Weise ausräumt. Gelingt ihm dies nicht, gewinnen in aller Regel die verfügbaren Erkenntnismittel mangels Entscheidungserheblichkeit keine prozessuale Bedeutung. Gelingt dem Asylsuchenden aber die Ausräumung der Zweifel an seiner Glaubwürdigkeit, kann dem Eilrechtsschutzantrag der Erfolg nicht mit der Begründung versagt werden, zu den behaupteten Ereignissen gäbe es keine Erkenntnisse. Im Übrigen hat das Verwaltungsgericht auch im Eilrechtsschutzverfahren nach Abs. 4 und 5 die Erkenntnisse, auf die es seine Entscheidung stützen will, ordnungsgemäß in das Verfahren einzuführen (Liebetanz, in: GK-AsylVfG, § 18 a Rdn. 82). 205

6.11. Präklusion verspäteten Sachvorbringens (Abs. 4 Satz 6 in Verb. mit § 36 Abs. 4 Satz 3)

Auch im Flughafenverfahren kann das Gericht nach Abs. 4 S. 6 in Verb. mit § 36 IV 3 ein Vorbringen des Asylsuchenden unberücksichtigt lassen, das nach § 25 III im Verwaltungsverfahren unberücksichtigt geblieben ist, wenn andernfalls die Entscheidung verzögert würde. Auch diese verfahrensrechtliche Vorschrift hat ihre verfassungsrechtliche Grundlage in Art. 16 a IV 1 GG (Giesler/Wasser, Das neue Asylrecht, S. 52; § 36 Rdn. 66 f.). Freilich ist der praktische Wert dieser Vorschrift gerade im Flughafenverfahren fraglich. Gerade in diesem Verfahren stehen gerichtliche Entscheidung und Anhörung des Bundesamtes im engen zeitlichen Zusammenhang. In aller Regel geht es insoweit um die Fälle des »gesteigerten Vorbringens«. Auf derartige Darle- 206 gungsdefizite kann aber nicht mit formalen Ausschlussvorschriften reagiert werden. Vielmehr bilden sie ein Element bei der richterlichen Überzeugungsbildung (§ 108 I 1 VwGO):

207 Der »verspätete« Sachvortrag im Eilrechtsschutzverfahren wird insbesondere die Widerlegung erhobener Zweifel an der Glaubwürdigkeit des Antragstellers oder der Glaubhaftigkeit seiner Angaben betreffen. Dem Asylsuchenden wird häufig erst aufgrund der Begründung im angefochtenen Bescheid bewusst, dass seine Angaben für andere nicht verständlich oder unvollständig sind. Häufig werden ihm auch Zweifel gegen seine Glaubwürdigkeit oder die Glaubhaftigkeit seiner Angaben erst im Bescheid entgegengehalten, ohne dass ihm in der Anhörung ein entsprechender Vorhalt gemacht worden ist. In all diesen Fällen kann dem Asylsuchenden nur durch ein »gesteigertes« Sachvorbringen die Widerlegung der Zweifel gelingen.

208 Dass im Übrigen in den auf Schnelligkeit angelegten und hintereinander geschalteten Verfahren der Verwaltung und des Gerichtes Beweismittel verspätet angegeben werden, dürfte eher die Ausnahme sein. Denn regelmäßig wird der Asylsuchende von sich aus sämtliche Beweismittel vorlegen. Im Übrigen steht die Nichtberücksichtigung im Ermessen des Verwaltungsgerichts. Das Gericht darf nur das Vorbringen unberücksichtigt lassen, das bereits im Verwaltungsverfahren *rechtmäßig* zurückgewiesen wurde, insbesondere nach ausreichender Belehrung. War im Verwaltungsverfahren die Belehrung unterblieben (vgl. 25 III 2), darf mithin das verspätete Sachvorbringen im Eilrechtsschutzverfahren nicht unberücksichtigt bleiben (Giesler/Wasser, Das neue Asylrecht, S. 52f.).

209 Bei der Zurückweisung des »verspäteten« Sachvortrags im Eilrechtsschutzverfahren ist ein *strenger Maßstab* anzulegen. Unzulässig wäre etwa die Zurückweisung eines Vorbringens, dessen rechtserhebliche Bedeutung mit nur geringem Zeitaufwand anhand der dem Gericht verfügbaren Erkenntnisquellen abgeklärt werden kann (Giesler/Wasser, Das neue Asylrecht, S. 52). Davon kann im Flughafenverfahren regelmäßig ausgegangen werden.

6.12. Prüfungsmaßstab »ernstliche Zweifel« (Abs. 4 Satz 6 in Verb. mit § 36 Abs. 4 Satz 1)

210 Nach Art. 16 a IV 1 GG, § 36 IV 1, Abs. 4 S. 6 *darf* die Aussetzung der Abschiebung nur angeordnet werden, wenn »ernstliche Zweifel« an der Rechtmäßigkeit des angegriffenen Verwaltungsaktes bestehen. Der Gesetzeswortlaut des § 36 IV 2, auf den Abs. 4 S. 6 verweist, lässt dem Verwaltungsgericht keinen Spielraum. Es darf die Vollziehung nicht aussetzen, wenn keine ernstlichen Zweifel an der Rechtmäßigkeit der Einreiseverweigerung bestehen. Ob derartige Zweifel bestehen, unterliegt allerdings einer wertenden Betrachtungsweise (s. hierzu ausführlich § 36 Rdn. 161 ff.). Dabei ist aufgrund der verfassungsrechtlichen Ausgangslage die Intention des verfassungsändernden Gesetzgebers zu berücksichtigen, der die durch die frühere Rechtsprechung des BVerfG an die *Prüfungsintensität* gestellten Anforderungen *spürbar abschwächen* wollte (Giesler/Wasser, Das neue Asylrecht, S. 51).

Dieser Verfassungsinterpretation ist das BVerfG im Flughafenurteil gefolgt. 211
Die Art. 16 a IV GG zugrundeliegende Abwägung zwischen den Individual-
und Gemeinwohlbelangen erfolgt seiner Ansicht nach unter Bedingungen,
unter denen bereits eine »hohe Gewissheit« besteht, dass mit der Zurückweisung des Asylgesuchs ein materieller Asylanspruch nicht verletzt wird
(BVerfGE 94, 166 (190) = EZAR 632 Nr. 25 = NVwZ 1996, 678; s. hierzu im
Einzelnen: § 36 Rdn. 166 ff.).

Damit können die allgemeinen Grundsätze, die zum einstweiligen Rechts- 212
schutz nach § 123 VwGO entwickelt worden sind, nicht auf das Verfahren
nach Abs. 4 und 5 übertragen werden. Nach der obergerichtlichen Rechtsprechung erfordert normalerweise der Zusammenhang zwischen Anordnungs-
und Hauptsacheverfahren im Verfahren nach § 123 VwGO eine *(An-)prüfung
der materiellen Rechtslage* zur Beantwortung der Frage, ob ein Anordnungsanspruch glaubhaft gemacht worden ist (OVG SH, NVwZ-RR 1992, 387). Ein
Anordnungsanspruch für den Erlass einer Regelungsanordnung ist mithin
glaubhaft gemacht, wenn eine aufgrund summarischer Prüfung vorzunehmende Vorausbeurteilung einer (potenziellen) Hauptsacheklage *zumindest
überwiegend wahrscheinlich* ist (BVerwGE 53, 121 (122); VGH BW, NVwZ
1983, 427; BayVGH, NJW 1982, 2134; OLG SH, NVwZ-RR 1992, 387).

Der einstweilige Rechtsschutz nach § 123 VwGO greift also nur durch, wenn 213
nach summarischer Prüfung der Erfolg der Hauptsache überwiegend wahrscheinlich ist. Zwar ist die *Evidenzkontrolle* des alten Rechts (BVerfGE 67, 43
(57) = EZAR 632 Nr. 1 = NVwZ 1984, 642 = InfAuslR 1984, 215; Hess. VGH,
EZAR 226 Nr. 2; VGH BW, EZAR 226 Nr. 3; OVG NW, DÖV 1984, 892), die
auf die materielle Richtigkeit der bereits ergangenen Behördenentscheidung
gerichtet war, ersichtlich nicht mehr der Maßstab nach Art. 16 a IV 1 GG. Andererseits kommt es bei der Prüfung ernstlicher Zweifel nicht auf die Intensität des inneren Zustands des Zweifels an. Vielmehr ist *allein* darauf abzustellen, ob gewichtige, gegen die Rechtmäßigkeit des Offensichtlichkeitsurteils
sprechende Gründe zutage treten, sodass damit die Maßnahme einer rechtlichen Prüfung wahrscheinlich nicht standhält.

Damit wird der Begriff der »ernstlichen Zweifel« für die Verwaltungsgerich- 214
te verbindlich definiert (Hailbronner, NVwZ 1996, 625 (629)). Bei der vom
Richter zu treffenden *Wahrscheinlichkeitsprognose*, ob erhebliche Gründe dafür
sprechen, dass die Ablehnung des Asylantrags als offensichtlich unbegründet einer Prüfung voraussichtlich nicht standhält, ist insbesondere auch das
Gewicht der Rechtsgüter zu beachten, welche nach dem substanziierten Vortrag
des Betroffenen bedroht sind (Frowein/Zimmermann, JZ 1996, 753 (762)). Erhebliche Gründe, die für einen Erfolg im Hauptsacheverfahren sprechen,
sind damit nicht weit vom früheren Maßstab der Richtigkeitskontrolle entfernt. Denn ernstliche Zweifel bestehen nur dann nicht, wenn eine »hohe
Gewissheit« dafür besteht, dass ein materieller Asylanspruch nicht verletzt
wird (BVerfGE 94, 166 (190) = EZAR 632 Nr. 25 = NVwZ 1996, 678). Zweifellos will das BVerfG den früheren Maßstab durch ein Abwägungsgebot zwischen den individuellen Interessen und dem Gemeinwohl ersetzen (BVerfGE
94, 166 (191), 200)). Das individuelle Interesse an einem vorläufigen Bleiberecht ist jedoch bereits dann zu bejahen, wenn vernünftige Zweifel an der

§ 18 a *Asylverfahren*

Richtigkeit der zu – freilich lediglich summarisch – prüfenden Behördenentscheidung dargelegt werden, so dass diese voraussichtlich einer Prüfung nicht standhält.

215 Während im Rahmen des allgemeinen Verwaltungsprozessrechts Bezugspunkt der Wahrscheinlichkeitsprognose der Erfolg in der Hauptsache ist, ist dies gerade nicht der Anknüpfungspunkt im Eilrechtsschutzverfahren nach Abs. 4 und 5. Wäre dies der Fall, so müsste das Verwaltungsgericht bereits im vorgeschalteten Eilrechtsschutzverfahren – freilich lediglich summarisch – prüfen, ob der Asylantrag »begründet« ist. In diesem Verfahren geht es jedoch allein um die Frage, ob die Feststellung, dass der Antrag »offensichtlich« unbegründet ist, wahrscheinlich einer Prüfung nicht standhält. Er mag im Ergebnis unbegründet sein. Darauf zielt die Prüfung freilich nicht. *Ausschließlich* die *Sperrwirkung der Offensichtlichkeit* ist *Gegenstand des Eilrechtsschutzverfahrens*. Es ist dem Verwaltungsgericht darüber hinaus verwehrt, bei ernsthaften Zweifeln an der behördlichen Offensichtlichkeitsentscheidung nach § 30 III die qualifizierte Unbegründetheit des Asylbegehrens auf eine offensichtliche Unbegründetheit in der Sache nach § 30 I zu stützen (VG Frankfurt am Main, AuAS 1999, 58 (59)).

216 Zu bedenken ist bei der Auslegung des Begriffs der »ernstlichen Zweifel« insbesondere auch, dass nach Ansicht des BVerfG primär den Verwaltungsgerichten die Aufgabe der Gewährung von Grundrechtsschutz zugewiesen wird (BVerfGE 94, 166 (216, 219) = EZAR 632 Nr. 25 = NVwZ 1996, 678) und dies notwendigerweise die Anwendung eines restriktiven Prüfungsmaßstabes zur Folge hat (so auch Goebel-Zimmermann/Masuch, InfAuslR 1996, 404 (414)). Ungeachtet dessen ist in der derzeitigen gerichtlichen Praxis eine Tendenz zu beobachten, bereits im Eilrechtsschutzverfahren eine volle inhaltliche Prüfung des Sachvorbringens am Maßstab des § 108 I 1 VwGO vorzunehmen.

217 Darüber hinaus hat das Verwaltungsgericht im Eilrechtsschutzverfahren zu prüfen, ob etwaige *Verfahrensverstöße* des Bundesamtes *ernstliche Zweifel* an der Rechtmäßigkeit der Behördenentscheidung begründen (BVerfG 94, 166 (206) = EZAR 632 Nr. 25 = NVwZ 1996, 678; s. hierzu: § 36 Rdn. 170 ff.). Dass in anderen Fällen, etwa bei fehlerhafter Wertung des Sachvorbringens ebenfalls eine Anhörung durchgeführt werden kann, dürfte nicht zweifelhaft sein (so auch Göbel-Zimmermann/Masuch, InfAuslR 1996, 404 (415)). Denn das BVerfG sieht im schriftlichen Verfahren nur den Regelfall (BVerfGE 94, 166 (194)), von dem selbstverständlich nach Ermessen des Gerichts Ausnahmen zugelassen sind.

218 Das ist etwa der Fall, wenn das Bundesamt die Zulassung des Bevollmächtigten zur Anhörung verhindert (OVG Hamburg, EZAR 226 Nr. 5). Verwertet das Bundesamt Äußerungen anderer Asylsuchender zu Lasten des Antragstellers, ohne dass dieser sich dazu äußern konnte, greift der Verfahrensfehler stets mit der Folge der Antragstattgabe durch (OVG Bremen, NVwZ 1986, 783). Bei Verstößen gegen das Amtsermittlungsprinzip ist in keinem Fall das Offensichtlichkeitsurteil gerechtfertigt (BVerfGE 67, 42 (57); BVerfG, NVwZ 1988, 717; OVG Saarland, InfAuslR 1983, 79). Derartige Verletzungen des Untersuchungsgrundsatzes sind etwa dann anzunehmen, wenn Widersprü-

6.13. Prüfung von Abschiebungshindernissen nach § 60 Abs. 2 bis 7 AufenthG

In der gerichtlichen Praxis wird davon ausgegangen, dass das Verwaltungsgericht im Flughafenverfahren Abschiebungshindernisse nach § 60 II–VII AufenthG zu berücksichtigen hat (VG Frankfurt am Main, NVwZ-RR 1993, 581 (583); VG Frankfurt am Main, B. v. 6. 5. 1997 – 11 G 50263/97.A (1); VG Frankfurt am Main, B. v. 26. 7. 1997 – 5 G 50415/96.A (V); VG Frankfurt am Main, B. v. 18. 8. 1997 – 9 G 50484/97.A (1); s. hierzu auch § 36 Rdn. 174 ff.). Ebenso folgt aus der Rechtsprechung des BVerfG, dass eine derartige Prüfungspflicht wie selbstverständlich vorausgesetzt wird (vgl. BVerfGE 89, 106 (107) = NVwZ-Beil. 1993, 2; BVerfG (Kammer), NVwZ-Beil. 1993, 18 (19); ausdrücklich BVerfG (Kammer), B. v. 10. 7. 1997 – 2 BvR 1291/96; zur entsprechenden Ermittlungstiefe im Eilrechtsschutzverfahren s. BVerfG (Kammer), BayVBl 1997, 177 (178)).

219

Die Abschiebungshindernisse nach § 60 II–VII AufenthG sind einfachgesetzlicher Ausdruck insbesondere der Grundrechtsbestimmungen von Art. 1 I und Art. 2 I und II GG (vgl. BVerfG, NVwZ-Beil. 1993, 1993, 11, mit Hinweis auf BVerfGE 75, 1 (16 f.)) und völkerrechtlicher Verpflichtungen der Bundesrepublik. Zwar haben bislang weder das BVerfG noch die Konventionsorgane in Straßburg entschieden, ob diese Grundrechtsbestimmungen oder völkerrechtliche Normen das Verbot der Zurückweisung beinhalten. Die bisherige Rechtsprechung der Konventionsorgane weist jedoch ebenso wie die Rechtsprechung des BVerfG in diese Richtung.

220

Hat das Bundesamt den Asylantrag zu Recht als offensichtlich unbegründet abgelehnt, liegen jedoch Abschiebungshindernisse nach § 60 II–VII AufenthG vor, ist die Zurückweisung untersagt (§ 15 IV 1 AufenthG), sodass das Verwaltungsgericht die Einreise anzuordnen hat. Hat das Bundesamt Abschiebungshindernisse nach § 60 II–VII AufenthG im Hinblick auf einen bestimmten Zielstaat festgestellt, erstreckt sich die Prüfung des Verwaltungsgerichtes darauf, ob die Angabe des Zielstaates in den angefochtenen Bescheiden mit Verfassungs- und Völkerrecht vereinbar ist. Das ist nicht der Fall, wenn eine Aufnahmebereitschaft und die Gefahr der Weiterschiebung in den Staat, in dem die Abschiebung droht, nicht hinreichend sicher ausgeschlossen werden können.

221

Die Prüfung dieser Fragen ist keine Frage des Vollzugs, sondern ist bereits im Rahmen der Zulässigkeit der Zurückweisung durch das Verwaltungsgericht zu prüfen. Die Vorschrift des § 15 IV 1 AufenthG nennt zwar lediglich die Abschiebungshindernisse nach § 60 II, III und V AufenthG. Eine an unmittelbaren Verfassungsgeboten orientierte Auslegung des § 60 VIII 1 AufenthG ergibt jedoch, dass bei existenziellen Grundrechtsgefährdungen im Sinne der

222

§ 18 a *Asylverfahren*

Rechtsprechung des BVerwG (vgl. BVerwGE 102 (259) = NVwZ 1997, 685 (687); s. hierzu Rdn. 116 ff.) die Zurückweisung untersagt ist. Dementsprechend entfällt die gesetzliche Wirkung des Abs. 3 S. 1, wenn das Verwaltungsgericht ein Abschiebungshindernis nach § 60 VII 1 AufenthG festgestellt hat.

6.14. Anordnung der Einreise durch das Verwaltungsgericht (Abs. 5 Satz 2)

223 Gibt das Verwaltungsgericht dem einstweiligen Anordnungsantrag auf Gestattung der Einreise statt, weil seiner Ansicht nach die Voraussetzungen für die Annahme eines offensichtlich unbegründeten Asylbegehrens nicht vorliegen, hat die Grenzbehörde dem Asylsuchenden zum Zwecke der Weiterführung des Asylverfahrens die Einreise zu gestatten. Mit Einreise wird die Einreiseverweigerung rechtlich unwirksam, das verwaltungsgerichtliche Hauptsacheverfahren ist insoweit für erledigt zu erklären. Das asylrechtliche Hauptsacheverfahren wird im Übrigen vom Inland aus weiterbetrieben. Die gerichtliche Anordnung der Einreise gilt zugleich als Aussetzung der Abschiebung (Abs. 5 S. 2). Das bedeutet, dass der Asylsuchende in diesem Fall sein Asylbegehren sogleich nach der Einreise mit der bereits erhobenen Klage weiterverfolgen kann und nicht zunächst noch gesondert gegen die – an sich mit der Einreise wirksam werdende – Abschiebungsandrohung nach Abs. 2 vorgehen muss (Giesler/Wasser, Das neue Asylrecht, S. 33).

224 Die Ausreisefrist richtet sich nach § 37 II, d. h. sie endet reinen Monat nach dem unanfechtbaren Abschluss des Asylverfahrens (Liebetanz, in: GK-AsylVfG, § 18 a Rdn. 89; Giesler/Wasser, Das neue Asylrecht, S. 33). Mit der Einreise des Asylsuchenden tritt kraft Gesetzes das asylverfahrensabhängige Aufenthaltsrecht nach § 55 I 1 in Kraft. Obwohl das Gesetz hierzu keine eindeutigen Bestimmungen enthält, wird der Asylsuchende in der Verwaltungspraxis nach Maßgabe der allgemeinen Bestimmungen (§§ 46 ff.) einem bestimmten Bundesland und anschließend im landesinternen Zuweisungsverfahren einem bestimmten Kreis oder einer kreisfreien Stadt zugewiesen.

225 In den anderen Fällen, in denen das Verwaltungsgericht die Einreise nicht deshalb anordnet, weil das Asylbegehren seiner Ansicht nach nicht offensichtlich unbegründet ist, sondern weil etwa der Asylsuchende nicht aus einem sicheren Herkunftsstaat kommt oder nicht ohne gültigen Pass einreist oder weil die Unterbringungsmöglichkeiten erschöpft sind oder nicht den Mindestanforderungen einer menschenwürdigen Unterbringung entsprechen (s. hierzu Liebetanz, in: GK-AsylVfG, § 18 a Rdn. 86), tritt ebenfalls die Wirkung von Abs. 5 S. 2 ein. Demgegenüber wird in der Rechtsprechung Abs. 5 S. 1 für nicht einschlägig angesehen, wenn die Einreise etwa allein deshalb angeordnet werde, weil in der Einrichtung im Transitbereich nicht die erforderlichen Beratungsmöglichkeiten bereitgehalten würden. In einem derartigen Fall sei der weitere vorläufige Rechtsschutz gegebenenfalls im Rahmen einer Beratung nach Einreise zu klären (VG Düsseldorf, B. v. 12. 8. 1996 – 19 L 2975/96).

Der Gesetzgeber wollte jedoch mit Abs. 5 S. 2 ersichtlich sicherstellen, dass das Verwaltungsgericht nur eine Entscheidung über die Einreise treffen muss, unabhängig davon, aus welchen Gründen es die Einreise anordnet. Selbstverständlich hat das Verwaltungsgericht auch dann die Einreise anzuordnen, wenn die Grenzbehörde unter Berufung auf § 18 II die Zurückweisung vollziehen will, das Bundesamt jedoch den Asylantrag weder als offensichtlich unbegründet noch als unbeachtlich abgelehnt hat (Liebetanz, in: GK-AsylVfG, § 18 a Rdn. 87). 226

Keine Anordnung nach Abs. 5 S. 2 ergeht, wenn das Grenzschutzamt sich weigert, den Asylsuchenden zwecks Antragstellung an das Bundesamt weiterzuleiten, weil seiner Ansicht nach die Voraussetzungen nach § 18 II im konkreten Verfahren erfüllt sind. In der Literatur wird der Asylsuchende in derartigen Fällen darauf beschränkt, mit dem Antrag auf einstweilige Anordnung nach § 123 VwGO die Grenzschutzbehörde zu verpflichten, den Asylsuchenden zwecks formeller Antragstellung auf Asyl gemäß Abs. 1 S. 3 der Außenstelle des Bundesamtes, die der Grenzbehörde zugeordnet ist, zuzuführen. Einem weitergehenden, auf Einreise gemäß Abs. 5 S. 2 zielenden Antrag darf danach das Verwaltungsgericht nicht stattgeben, sondern hat ihn allein auf die Folge des Abs. 1 S. 3 zu beschränken, falls die Voraussetzungen des § 18 II nicht vorliegen (Liebetanz, in: GK-AsylVfG, § 18 a Rdn. 88). 227

Dieser Rechtsansicht ist nur für den Fall zuzustimmen, in dem die Voraussetzungen des Abs. 1 S. 1 oder S. 2 vorliegen. Sind hingegen die tatbestandlichen Voraussetzungen des § 18 II nicht erfüllt, reist der Asylsuchende jedoch weder mit einem ungültigen Pass ein noch kommt er aus einem sicheren Herkunftsstaat, ist der einstweilige Anordnungsantrag nach § 123 VwGO unmittelbar auf Gestattung der Einreise zwecks Asylantragstellung nach § 18 I 1 zu stellen. Anordnungsanspruch ist in diesem Fall mithin nicht Abs. 5 S. 2, sondern § 18 I 1. 228

6.15. Vollzug der Einreiseverweigerung (Abs. 4 Satz 7 in Verb. mit § 36 Abs. 3 Satz 9)

Weist das Verwaltungsgericht den Eilrechtsschutzantrag nach Abs. 4 S. 1 zurück, so ist die Entscheidung unanfechtbar (§ 80) und die Einreiseverweigerung vollziehbar mit der Folge, dass die Grenzbehörde die Einreiseverweigerung nach Abs. 3 S. 1 zu vollziehen *hat*. Die Vorschrift des Abs. 3 S. 1 gewährt der Grenzbehörde kein Ermessen. Vielmehr ist *zwingende* Folge der Asylablehnung nach Abs. 3 – und der gerichtlichen Bestätigung im Eilrechtsschutzverfahren – der Vollzug der Verfügung. Bei veränderter Sachlage kann ein *Abänderungsantrag* nach der analog anzuwendenden Vorschrift des § 80 VII VwGO auch im Flughafenverfahren gestellt werden (BVerfG (Kammer), InfAuslR 1994, 159; BVerfG (Kammer), NVwZ-Beil. 1994, 1 (2); a. A. Liebetanz, in: GK-AsylVfG, § 18 a Rdn. 94; s. hierzu auch Roeser/Hänlein, NVwZ 1995, 1082; zum Abänderungsantrag im Einzelnen § 36 Rdn. 38 ff.). 229

Da die Einreiseverweigerung rechtlich eine besondere Form der Zurückweisung ist, finden auf den Vollzug die Vorschriften des § 15 AufenthG Anwen- 230 dung. Nach Abs. 4 S. 7 in Verb. mit § 36 III 9 ist die Entscheidung ergangen, wenn die vollständig unterschriebene *Entscheidungsformel* der Geschäftsstelle der Kammer vorliegt (s. hierzu im Einzelnen: § 36 Rdn. 83 ff.). Die Sonderregelung hat insofern doppelte Wirkung, dass sie einerseits die *interne Unabänderlichkeit* der Entscheidung (§ 173 VwGO in Verb. mit § 318 ZPO) bewirkt (Rennert, DVBl. 1994, 717 (722)) und andererseits in diesem Zeitpunkt die gesetzlich angeordnete Vollzugshemmung nach Abs. 4 S. 7 beseitigt wird.

231 Dies hat insbesondere für das Flughafenverfahren erhebliche Bedeutung und hatte aus diesem Grund auch zu einem heftigen Streit in den der Flughafenentscheidung des BVerfG vorangegangenen Beratungen geführt (BVerfGE 94, 166 (212 = EZAR 632 Nr. 25 = NVwZ 1996, 678; s. hierzu im Einzelnen § 36 Rdn. 197 ff.). Die Senatsmehrheit geht davon aus, dass die Regelung, der zu folge die Einreiseverweigerung vollzogen werden könne, bevor der Asylsuchende Gelegenheit gehabt habe, die Gründe der Entscheidung des Verwaltungsgerichtes zur Kenntnis zu nehmen, im Blick auf Art. 93 I Nr. 4 a GG keinen verfassungsrechtlichen Bedenken unterliege (BVerfGE 94, 166 (208) = EZAR 632 Nr. 25 = NVwZ 1996, 678).

232 Die Regelungen des Abs. 4 S. 7 sowie des § 36 IV 9 seien Teil des mit der Asylrechtsreform verfolgten Konzepts, den Aufenthalt von Asylsuchenden, die offensichtlich nicht politisch verfolgt seien, in kürzestmöglicher Frist zu beenden. Art. 16 a IV GG lege die verfassungsrechtliche Grundlage zur Verwirklichung dieses Konzepts (BVerfGE 94, 166 (208) = EZAR 632 Nr. 25 = NVwZ 1996, 678). Dem Asylsuchenden sei es nicht verwehrt, den im Eilrechtsschutzverfahren ergangenen Beschluss des Verwaltungsgerichtes mit der Verfassungsbeschwerde anzugreifen. Ebenso stehe es ihm frei, den Erlass einer einstweiligen Anordnung (§ 32 BVerfGG) mit dem Ziel zu beantragen, ihm bis zum Abschluss des fachgerichtlichen Verfahrens in der Hauptsache oder doch jedenfalls den Verbleib auf dem Flughafengelände bis zur Entscheidung über die Verfassungsbeschwerde zu gestatten (BVerfGE 94, 166 (212)).

233 Allerdings führe § 18 a Abs. 4 S. 7 in Verb. mit § 36 III 9 dazu, dass das BVerfG, bevor der Asylsuchende das Bundesgebiet verlasse, häufig ebenso wenig wie dieser die Begründung des verwaltungsgerichtlichen Beschlusses kenne. Außerdem verbleibe dem BVerfG bis zum Abflug des Antragstellers meist nicht die Zeit, sei es über die Beschwerde selbst, sei es über den einstweiligen Anordnungsantrag zu entscheiden. In solcher Lage habe das BVerfG gelegentlich die zuständigen Grenzschutzbehörden *informell* um einen Aufschub des Vollzugs der Einreiseverweigerung gebeten (BVerfGE 94, 166 (212) = EZAR 632 Nr. 25 = NVwZ 1996, 678). Die nach Art. 93 I Nr. 4 a GG gegebene Rechtslage sei indes nicht so zu verstehen, dass sie dem Beschwerdeführer unter allen Umständen die Möglichkeit gewährleiste, vor Vollzug des angegriffenen Hoheitsaktes eine Entscheidung des BVerfG zu erhalten (BVerfGE 94, 166 (212)).

234 Die Verfassungsbeschwerde habe *keine aufschiebende Wirkung* (BVerfGE 94, 166 (213)). Sie sei kein zusätzlicher Rechtsbehelf, sondern ein »*besonderes Rechtsschutzmittel zur prozessualen Durchsetzung der Grundrechte*«, mithin ein »außerordentlicher Rechtsbehelf« (BVerfGE 94, 166 (213 f.)). Das Verfahren

Verfahren bei Einreise auf dem Luftwege § 18 a

der Verfassungsbeschwerde sichere die Beachtung der Grundrechte im fachgerichtlichen Verfahren nur *nachträglich*, gewissermaßen *rückblickend* (BVerfGE 94, 166 (214); zustimmend Hailbronner, NVwZ 1996, 625 (630)). Wohl kaum überzeugend ist jedoch die aus dieser Rechtsprechung gezogene Schlussfolgerung in der Literatur, die Verfassungsbeschwerde zähle nicht mehr zum innerstaatlichen Rechtsweg nach Art. 35 EMRK (so Alleweldt, NVwZ 1996, 1074 (1077)), sodass unmittelbar nach erstinstanzlicher Zurückweisung des Eilantrags die Menschenrechtsbeschwerde erhoben werden könnte.

Die dissentierenden Richter Böckenförde, Limbach und Sommer halten der Mehrheitsmeinung entgegen, dass die verfassungsrechtlichen Maßstäbe sich in ihr Gegenteil verkehrten, wenn der Senat (vgl. BVerfGE 94, 166 (216 f.) = EZAR 632 Nr. 25 = NVwZ 1996, 678) aus dem regelmäßigen Vorliegen eines schweren und unwiderbringlichen Nachteils im Bereich des Asylrechts folgere, dass vorläufiger Grundrechtsschutz zu verweigern sei. An dieser Argumentation werde deutlich, dass der Senat das »*Risiko einer verfassungsrechtlich nicht tragfähigen Überstellung eines tatsächlich politisch Verfolgten an seinen Verfolgerstaat* – trotz erhobener Verfassungsbeschwerde und gestelltem Antrag auf Erlass einer einstweiligen Anordnung – als ›Kosten‹ einer Beschleunigungsmaxime in Kauf nimmt. Dies spricht für sich« (BVerfGE 94, 166 (233)). 235

Durch die tatenlose Hinnahme der Schaffung vollendeter Tatsachen durch die Exekutive werde überdies »der Exekutive freie Hand eingeräumt und das BVerfG insoweit seiner grundrechtsgewährenden Funktion beraubt« (BVerfGE 94, 166 (235)). Der Begriff der »offensichtlichen Unbegründetheit« sei in der Rechtsprechung des BVerfG differenziert ausgeprägt worden. Entbinde vor diesem Hintergrund § 36 III 9 den Richter vom Erfordernis einer Begründung seiner Entscheidung vor deren Bekanntgabe und Wirksamwerden, so sei nicht mehr gewährleistet, dass er sich gerade durch die schriftliche Fixierung der Gründe über die Richtigkeit seiner Entscheidung vergewissere. Dadurch werde, zumal im Blick auf die Wochenfrist des § 36 III 5 die auch verfassungsrechtlich erhebliche Gefahr unanfechtbarer gerichtlicher Fehlentscheidungen begründet (BVerfGE 94, 166 (239) = EZAR 632 Nr. 25 = NVwZ 1996, 678). 236

Da mit der im gerichtlichen Verfahren bestätigten Zulässigkeit der Einreiseverweigerung zugleich auch die Asylablehnung nach Abs. 2 – wenn auch im eingeschränkten Umfang – geprüft worden ist, kann die Grenzbehörde die Zurückweisung auch in den Herkunftsstaat des Asylsuchenden vollziehen. Regelmäßig wird die Zurückweisung jedoch in den Staat erfolgen, aus dem der Asylsuchende zuletzt eingereist ist (s. hierzu Hailbronner, Rückübernahme eigener und fremder Staatsangehöriger, S. 90 f.) oder der sich sonst zur Übernahme bereit erklärt. 237

Allein der Transitaufenthalt begründet nach dem Standard 3.36.1 von Annex 9 der Chicago-Konvention jedoch keine Rückübernahmeverpflichtung des Transitstaates. Darüber hinaus setzt die Zurückweisung in einen bestimmten Staat stets die vorherige Zustimmung der zuständigen Organe zur Übernahme des Asylsuchenden voraus. Hat das Bundesamt im Blick auf bestimmte Landesteile im Herkunftsstaat eine extreme Gefahrenlage im Sinne des § 60 238

VII 1 AufenthG festgestellt, hat es stets auch zu prüfen, ob der Betreffende einen sicheren Zugang zum Zielstaat finden wird und von dort *innerhalb* des Zielstaates eine gefährdungsfreie Weiterreise zur sicheren Zone innerhalb des Zielstaates möglich ist (s. auch § 36 Rdn. 174 ff.). Kann das Bundesamt beide Voraussetzungen einer gefährdungsfreien Rückreise nicht mit hinreichend tragfähigen Feststellungen zuverlässig bejahen, hat es Abschiebungsschutz nach § 60 II–VII AufenthG zu gewähren (Marx, Handbuch, § 81 Rdn. 24.2 ff.). Auf diese Frage erstreckt sich deshalb auch die Prüfung des Verwaltungsgerichtes im Eilrechtsschutzverfahren.

239 Das BVerwG will bei *verfassungskonformer Anwendung* des § 60 VII AufenthG das Bundesamt dazu anhalten, festzustellen, ob eine Rückkehr deshalb unzumutbar ist, weil der Betreffende *sichere Landesteile* nicht wird erreichen können, weil er *auf dem Weg dorthin* einer extremen Leibes- oder Lebensgefahr ausgesetzt ist (BVerwG, InfAuslR 1997, 341 (345) = NVwZ 1997, 1127 = AuAS 1997, 242; s. aber Rdn. 241). Das Erfordernis, dass der Betroffene die sicheren Landesteile auch erreichen und sich dort aufhalten kann, war dementsprechend nach der Rechtsprechung des früheren ersten Senats des BVerwG ein zwingendes Erfordernis (BVerwGE 102, 249 (260) = NVwZ 1997, 685 (688) = AuAS 1997, 50 = EZAR 033 Nr. 10, mit ausdrücklichem Hinweis auf BVerwGE 99, 324 (330)).

240 Verfassungskonform ist die Rechtsprechung des früheren neunten Senats des BVerwG daher so zu verstehen, dass das Bundesamt zu prüfen hat, ob der Betreffende sichere Landesteile nicht wird erreichen können, weil er – *innerhalb des Zielstaates* – auf dem Weg dorthin extremen Leibes- oder Lebensfahren ausgesetzt ist. Genügt die Einreiseverweigerung nicht diesen Anforderungen, hat das Verwaltungsgericht die Abschiebung auszusetzen.

241 Allerdings ist diese Rechtsprechung durch Art. 15 Buchst. c) der Qualifikationsrichtlinie (s. hierzu Rdn. 116 ff.) überholt. Liegen die dem § 60 VII AufenthG entsprechenden Voraussetzungen des Art. 15 Buchst. c) der Richtlinie vor, kommt es auf eine Prüfung des Reiseweges nicht an. Zwingende Rechtsfolge ist in diesem Fall die Gewährung des ergänzenden Schutzes nach Art. 18 der Richtlinie. Die Erwägungen des BVerwG können allenfalls vor der Feststellung der Voraussetzungen nach Art. 15 Buchst. c) der Richtlinie in Anlehnung an den Rechtseinwand des internen Schutzes (vgl. Art. 8 der RL) berücksichtigt werden. Art. 8 der Richtlinie ist jedoch auf den ergänzenden Schutz nicht anwendbar.

7. Einreiseanspruch nach Abs. 6

242 Im Falle der Stattgabe des einstweiligen Rechtsschutzantrags nach Abs. 4 S. 1 hat der Antragsteller einen Einreiseanspruch. Zugleich wird damit die Abschiebung kraft Gesetzes ausgesetzt (Abs. 5 S. 2). Im Übrigen entsteht der Einreiseanspruch in den Fällen nach Abs. 6. Der Zeitraum zwischen der Geltendmachung des Schutzbegehrens nach Abs. 1 S. 1 und 2 sowie der Antragstellung nach Abs. 1 S. 3 wird nicht durch Sanktionen nach Abs. 6 begleitet. Insoweit hat die Grenzbehörde lediglich eine Pflicht zur unverzüglichen Wei-

Verfahren bei Einreise auf dem Luftwege **§ 18 a**

terleitung. Verletzt die Grenzbehörde diese Verpflichtung, entsteht kein Einreiseanspruch. Vielmehr kann mit der einstweiligen Anordnung gemäß § 123 VwGO die Behörde verpflichtet werden, dem Asylbegehrenden unverzüglich Gelegenheit zu Asylantragstellung zu geben.

Die Vorschrift des Abs. 6 normiert drei Fälle, in denen dem Asylsuchenden wegen nicht rechtzeitiger Entscheidung der Behörde oder des Verwaltungsgerichtes die Einreise zu gestatten ist. Damit hat der Gesetzgeber zum Ausdruck gebracht, dass er einen Anspruch auf Einreise gewähren will, wenn über den Asylantrag nicht kurzfristig entschieden werden kann (Giesler/Wasser, Das neue Asylrecht, S. 33). Dass der Bundesgrenzschutz erst 14 Tage nach der qualifizierten Asylablehnung die Einreiseverweigerung nach Abs. 3 S. 1 zustellt, begründet angesichts der enumerativen Aufzählung der Einreisegründe in Abs. 6 keinen Einreiseanspruch (VG Frankfurt am Main, AuAS 1999, 190 (192)). 243

7.1. Unmöglichkeit kurzfristiger Entscheidung (Abs. 6 Nr. 1)

Dem Asylsuchenden ist nach Abs. 6 Nr. 1 die Einreise zu gestatten, wenn das Bundesamt der Grenzschutzbehörde mitteilt, dass es nicht kurzfristig über den gestellten Asylantrag entscheiden kann. Diese Regelung ist Folge der gesetzgeberischen Konzeption, mit Hilfe des Sonderverfahrens nach § 18 a den Aufenthalt von Asylsuchenden, die nicht politisch verfolgt sind, in kürzest möglicher Frist zu beenden (vgl. BVerfGE 94, 166 (209) = EZAR 632 Nr. 25 = NVwZ 1996, 678). Die Mitteilung muss binnen zwei Tagen nach Asylantragstellung erfolgen, da andernfalls Abs. 6 Nr. 2 Anwendung findet. 244

Zwar ist Abs. 6 Nr. 1 unabhängig davon, aus welchen Gründen das Bundesamt nicht kurzfristig entscheiden kann, zu beachten (Giesler/Wasser, Das neue Asylrecht, S. 33). Krankheitsgründe, erhebliche traumatische Belastungen oder andere Hinderungsgründe, wie etwa die stationäre Behandlung eines Kleinkindes, das aus ärztlicher Sicht auf die Anwesenheit durch die sorgeberechtigte asylsuchende Betreuungsperson angewiesen ist, sind Gründe, die unabhängig von der Qualifizierung des Asylbegehrens als nicht offensichtlich unbegründet einer zügigen Anhörung und Entscheidung im Wege stehen. 245

Der typische Anwendungsfall dieser Vorschrift ist jedoch das Asylbegehren, das bereits zu Beginn der Ermittlungen als nicht offensichtlich unbegründet erscheint und für das das Flughafenverfahren von der gesetzgeberischen Konzeption her nicht vorgesehen ist. Das Bundesamt geht daher nach Abs. 6 Nr. 1 vor, wenn es einen Asylantrag nicht als offensichtlich unbegründet einstuft. Dies ist in der überwiegenden Mehrzahl der Flughafenverfahren der Fall. 246

7.2. Fristüberschreitung nach Abs. 6 Nr. 2

Nach Abs. 6 Nr. 2 ist dem Asylsuchenden die Einreise zu gestatten, wenn das Bundesamt nicht innerhalb von zwei Tagen nach Stellung des Asylantrags 247 über diesen entschieden hat. Die Zustellung muss nicht innerhalb dieser Frist erfolgen (VG Frankfurt am Main, NVwZ-Beil. 2000, 69 (70)). Diese Vorschrift zwingt das Bundesamt, das ein Asylbegehren als offensichtlich unbegründet ablehnen will, innerhalb einer Frist von zwei Tagen die Anhörung durchzuführen, die Entscheidung schriftlich vorzubereiten und durch die Grenzbehörde zusammen mit der Einreiseverweigerung zustellen zu lassen. Diese Zusammendrängung wichtiger Verfahrenselemente auf einen derart kurzen Zeitraum ist nur gerechtfertigt, wenn tatsächlich die Offensichtlichkeit der Unbegründetheit auf den ersten Blick ins Auge springt. In allen anderen Fällen geht das Bundesamt bereits nach Abs. 6 Nr. 1 vor.

248 Funktion von Abs. 6 Nr. 2 ist allein, die unverzügliche Entscheidung über offensichtlich unbegründete Asylbegehren sicherzustellen. Überschreitet das Bundesamt die Frist von zwei Tagen, ist kraft Gesetzes auch dann die Einreise zu gestatten, wenn das Asylbegehren als offensichtlich unbegründet abgelehnt wird. In diesem Fall darf die Grenzbehörde nicht nach Abs. 3 S. 1 die Einreiseverweigerung anordnen, weil dem der gesetzliche Einreiseanspruch nach Abs. 6 Nr. 2 entgegensteht. Hat es dennoch die Einreise verweigert, ist die Verfügung allein wegen der Fristüberschreitung nach Abs. 6 Nr. 2 aufzuheben.

249 Mit der nach Abs. 6 Nr. 2 angeordneten Einreise wird das weitere Asylverfahren im Inland fortgesetzt. Da es sich in diesem Fall jedoch nicht mehr um ein Verfahren vor der Einreise handelt, findet das Eilrechtsschutzverfahren nach Abs. 4 und 5 keine Anwendung. Vielmehr hat der Asylsuchende binnen Wochenfrist den Eilrechtsschutzantrag im Blick auf die Abschiebungsandrohung nach Abs. 2 zu stellen (§ 36 I und III) und Klage zu erheben (§ 74 I 2. HS). In diesem Fall wird die Abschiebung nicht wegen der Einreise nach Abs. 5 S. 2 ausgesetzt. Vielmehr hat das Verwaltungsgericht im Rahmen des Eilrechtsschutzverfahrens nach § 36 III über den Antrag auf Anordnung der aufschiebenden Wirkung der Klage zu entscheiden. In der Praxis kommen derartige Fälle indes kaum vor.

250 Die Frist nach Abs. 6 Nr. 2 beginnt mit der Antragstellung nach Abs. 1 S. 3 bei der Außenstelle des Bundesamtes am Flughafen und nicht mit der Meldung bei der Grenzbehörde zu laufen (VG Frankfurt am Main, B. v. 21. 8. 1995 – 2 G 50390/95.A(3); VG Frankfurt am Main, B. v. 4. 12. 1995 – 12 G 50577/95.A(3)). Aus dem § 18 a zugrundeliegenden Unverzüglichkeitsgebot (BVerfGE 94, 166 (208) = EZAR 632 Nr. 25 = NVwZ 1996, 678) ergibt sich, dass dem Bundesamt insoweit kein Handlungsspielraum eröffnet wird. Vielmehr hat es das Asylverfahren unmittelbar einzuleiten, nachdem der Asylsuchende von der Grenzschutzbehörde weitergeleitet worden ist. Andernfalls hätte es das Bundesamt in der Hand, durch administrative Vorkehrungen das Verfahren über die zwingenden gesetzlichen Fristen hinaus zu verlängern (Liebetanz, in: GK-AsylVfG, § 18 a Rdn. 101).

251 Für die Berechnung des Fristbeginns und der Fristdauer gelten mangels spezialgesetzlicher Regelungen im AsylVfG die Vorschriften des § 31 VwVfG des Bundes und ergänzend die Fristbestimmungen des §§ 187 ff. BGB (VG Frankfurt am Main, NVwZ-RR 1994, 581 (185); VG Frankfurt am Main, AuAS 2001, 118 (119); VG Frankfurt am Main, B. v. 8. 8. 1995 – 4 G 50353/95.A(1); VG Frankfurt am Main, B. v. 4. 12. 1995 – 12 G 50577/95.A(3); a. A. VG Frankfurt

Verfahren bei Einreise auf dem Luftwege § 18 a

am Main, AuAS 2001, 46 (47)). Dementsprechend wird der Tag der Asylantragstellung bei der Fristberechnung nicht berücksichtigt (§ 31 I VwVfG in Verb. mit § 187 I BGB).
Fällt das Fristende auf einen Samstag, Sonntag oder einen am Zustellungsort gesetzlich anerkannten Feiertag, endet die Frist nach Abs. 6 Nr. 2 mit dem Ablauf des nächstfolgenden Werktages (§ 31 III VwVfG, § 193 BGB). Nach der Gegenmeinung findet der Einreiseanspruch nach Abs. 6 Nr. 2 Anwendung, wenn das Fristende auf einen Samstag, Sonntag oder einen am Zustellungsort anerkannten gesetzlichen Feiertag fällt und das Bundesamt erst am nächstfolgenden Werktag entscheidet (VG Frankfurt am Main, AuAS 2001, 46 (47); a. A. VG Frankfurt am Main, AuAS 2001, 118 (119)). Nach der überwiegenden Meinung findet indes die Regelung des § 31 IV VwVfG keine Anwendung (VG Frankfurt am Main, B. v. 8. 8. 1995 – 4 G 50353/95.A(1)). Innerhalb der Frist von zwei Tagen ist die Entscheidung nicht nur zu treffen, sondern dem Asylsuchenden auch zuzustellen (a. A. wohl VG Frankfurt am Main, B. v. 11. 12. 1996 – 14 G 50745/96.A(2)). 252

7.3. Fristüberschreitung nach Abs. 6 Nr. 3

Nach Abs. 6 Nr. 3 hat die Grenzschutzbehörde dem Asylsuchenden die Einreise zu gestatten, wenn das Verwaltungsgericht nicht innerhalb von vierzehn Tagen über den Eilrechtsschutzantrag nach Abs. 4 entschieden hat. Die Frist beginnt mit der Antragstellung nach Abs. 4 S. 1 oder mit der Antragstellung bei der Grenzbehörde nach Abs. 4 S. 2. Da die Entscheidung ergangen ist, wenn die vollständig unterschriebene Entscheidungsformel der Geschäftsstelle der Kammer vorliegt (Abs. 4 S. 7 in Verb. mit § 36 III 9), reicht es aus, dass innerhalb der Frist nach Abs. 6 Nr. 3 die Entscheidung in diesem Sinne ergangen ist (Liebetanz, in: GK-AsylVfG, § 18 a Rdn. 103). 253

Mangels ausdrücklicher gesetzlicher Regelungen sind für die Fristberechnung ebenso wie bei Abs. 6 Nr. 2 die Regelungen in § 31 VwVfG und ergänzend §§ 187 ff. BGB analog anzuwenden. Bei Überschreitung der Frist nach Abs. 6 Nr. 3 entsteht zwar der gesetzliche Einreiseanspruch, die Abschiebung wird jedoch nicht nach Abs. 5 S. 2 ausgesetzt. Vielmehr hat das Verwaltungsgericht über die Aussetzung der Abschiebung nach Maßgabe der Regelungen in § 36 III und IV zu entscheiden. Da im Zeitpunkt der Antragstellung nach Abs. 4 S. 1 oder Abs. 4 S. 2 dem Aussetzungsantrag das Rechtsschutzbedürfnis fehlte, ist der auf einstweilige Anordnung der Einreise gerichtete Antrag nach § 123 VwGO in einen Antrag nach § 80 V VwGO auf Anordnung der aufschiebenden Wirkung der Anfechtungsklage umzudeuten. Durch die Einreise wird die Gerichtszuständigkeit nicht verändert. 254

Das Verwaltungsgericht kann auch in entsprechender Anwendung von Abs. 6 Nr. 1 vorgehen, wenn von vornherein absehbar ist, dass eine gerichtliche Entscheidung innerhalb der Frist von vierzehn Tagen nicht möglich sein wird. Das Verwaltungsgericht sollte daher frühzeitig prüfen, ob es angesichts der erkennbaren Umstände des Einzelfalles zu einer fristgerechten Entscheidung in der Lage ist (Giesler/Wasser, Das neue Asylrecht, S. 33 f.; Liebetanz, 255 in: GK-AsylVfG, § 18 a Rdn. 105). In der Praxis ist dieses Verfahren jedoch nicht üblich. Vielmehr ordnen die Gerichte in aller Regel die Einreise an, wenn sich innerhalb der Frist von Abs. 6 Nr. 3 der Sachverhalt nicht hinreichend zuverlässig aufklären lässt. Teilweise wird in derartigen Fällen allerdings relativ zügig nach der Einreise die mündliche Verhandlung terminiert, wenn der Sachverhalt aufgeklärt ist.

8. Zur Grundrechtsrelevanz der Unterbringung im Transitbereich

8.1. Unterbringung während der Flughafenverfahrens

256 Nach Ansicht des BVerfG stellt die Begrenzung des Aufenthaltes von Asylsuchenden während des Flughafenverfahrens auf die für ihre Unterbringung vorgesehenen Räumlichkeiten im Transitbereich des Flughafens weder eine Freiheitsentziehung noch eine Freiheitsbeschränkung dar (BVerfGE 94, 166 (198) = EZAR 632 Nr. 25 = NVwZ 1996, 678, s. auch LS 3 a). Das Grundrecht des Art. 2 II 2 GG schützt danach die im Rahmen der allgemeinen Rechtsordnung gegebene tatsächliche körperliche Bewegungsfreiheit vor staatlichen Eingriffen. Sein Gewährleistungsinhalt umfasst von vornherein nicht eine Befugnis, sich unbegrenzt überall aufzuhalten und überall hin bewegen zu dürfen. Demgemäß liegt eine Freiheitsbeschränkung nur vor, wenn jemand durch die öffentliche Gewalt gegen seinen Willen daran gehindert wird, einen Ort oder Raum aufzusuchen oder sich dort aufzuhalten, der ihm an sich (tatsächlich und rechtlich) zugänglich ist. Der Tatbestand einer Freiheitsentziehung (Art. 104 II GG) kommt ohnehin nur in Betracht, wenn die – tatsächlich und rechtlich an sich gegebene – körperliche Bewegungsfreiheit durch staatliche Maßnahmen nach jeder Richtung hin aufgehoben wird (BVerfGE 94, 166 (198)).

257 Die Staatsgrenze ist als Hindernis der freien Bewegung nach der allgemeinen Rechtsordnung vorgegeben. Jeder Staat ist berechtigt, den freien Zutritt zu seinem Gebiet zu begrenzen und für Ausländer die Kriterien festzulegen, die zum Zutritt auf das Staatsgebiet berechtigen. Rechtliche und tatsächliche Hindernisse für das freie Überschreiten der Staatsgrenze berühren angesichts der völkerrechtlichen Befugnis, den freien Zutritt zum Staatsgebiet nach eigenem Ermessen zu regeln, nicht den Gewährleistungsinhalt der durch Art. 2 II 2 GG geschützten körperlichen Bewegungsfreiheit. Daran ändert auch die Stellung eines Asylantrags nichts. Dieser begründet weder nach innerstaatlichem noch nach Völkerrecht einen Einreiseanspruch (BVerfGE 94, 166 (198f.) = EZAR 632 Nr. 25 = NVwZ 1996, 678).

258 Der Raum der Bundesrepublik ist Asylsuchenden, die ihn ohne entsprechende Reisedokumente erreichen, vor der Feststellung ihrer Asylberechtigung rechtlich nicht zugänglich. Zwar kann Asylsuchenden eine Rückkehr in den Staat, der sie möglicherweise verfolgt, ohne Durchführung des Feststellungsverfahrens nicht angesonnen werden. Die hieraus folgende Einschränkung der Bewegungsfreiheit ist jedoch nicht Folge einer der deutschen Staatsgewalt zurechenbaren Maßnahme (BVerfGE 94, 166 (198f.) = EZAR 632 Nr. 25

= NVwZ 1996, 678; zustimmend Maaßen/de Wyl, ZAR 1997, 9 (11); Schelter/Maaßen, ZRP 1996, 408 (412); de Wyl, ZAR 1997, 82 (84); Hailbronner, NVwZ 1996, 625 (630); kritisch hierzu Göbel-Zimmermann/Masuch, InfAuslR 1996, 404 (405); Göbel-Zimmermann/Masuch, InfAuslR 1997, 171 (173); Lübbe-Wolff, DVBl. 1996, 825 (837)).

Mit dieser Rechtsprechung ist die früher vertretene Ansicht, derzufolge die Unterbringung im Transitbereich als *Freiheitsentziehung* zu werten ist, nicht mehr vereinbar. An dieser kann deshalb nicht mehr festgehalten werden. Auch die Ansicht, die insoweit lediglich eine Freiheitsbeschränkung annimmt (Kugelmann, ZAR 1994, 158 (162)), ist vom BVerfG nicht bestätigt worden. 259

Demgegenüber geht der EGMR in der Entscheidung *Amuur gegen Frankreich* davon aus, dass das Festhalten von Fremden im Transitbereich in der Tat eine *Freiheitsbeschränkung* darstelle. Die bloße Tatsache, dass es Asylbewerbern offenstehe, das Land, in dem sie Asyl begehrten, zu verlassen, könne jedoch eine *Freiheitsentziehung* nicht ausschließen. Darüber hinaus werde diese Möglichkeit theoretisch, wenn kein anderes Land mit vergleichbarem Schutzniveau geneigt oder bereit sei, den Asylsuchenden aufzunehmen (EGMR, EuGRZ 1996, 577 (586) (§ 48) = NVwZ 1997, 1102 = EZAR 932 Nr. 1; zustimmend Kokott, EuGRZ 1996, 569 (570); dagegen Lehnguth/Maaßen, DÖV 1997, 316 (319 f.)). 260

Eine solche Einschränkung, die mit angemessenen Garantien für die betroffenen Personen einhergehe, sei nur zu dem Zweck hinnehmbar, es den Staaten zu ermöglichen, illegale Einwanderungen zu verhindern. Sie müssten dabei aber ihre internationalen Verpflichtungen, insbesondere gemäß der Genfer Flüchtlingskonvention und der Europäischen Menschenrechtskonvention einhalten. Das legitime Anliegen der Staaten, die zunehmend häufigen Versuche zu durchkreuzen, Einwanderungsbestimmungen zu umgehen, dürfe Asylsuchende nicht des durch diese Konventionen gewährten Schutzes berauben. Ein solches Festhalten dürfe daher *nicht exzessiv* verlängert werden. Andernfalls bestünde das Risiko, eine bloße Freiheitsbeschränkung – die im Hinblick auf die Organisation der praktischen Einzelheiten der Rückführung des Fremden oder, wenn er Asyl beantragt habe, zur Prüfung seines Einreiseantrags unerlässlich sei – in eine Freiheitsentziehung zu verwandeln (EGMR, EuGRZ 1996, 577 (585) (§ 43)). 261

Sofern das Verbot der exzessiven Verlängerung beachtet wird, scheint der Gerichtshof keine Bedenken dagegen zu haben, dass notwendigerweise Verwaltungsbehörden die Entscheidung über das Festhalten treffen (EGMR, EuGRZ 1996, 577 (580, 585) (§§ 21, 43)). Insoweit ist auch darauf hinzuweisen, dass die Beschwerdeführer ausdrücklich gerügt hatten, sie würden am Flughafen Paris-Orly festgehalten, obwohl der Asylantrag nicht als offensichtlich unbegründet abgelehnt worden war (vgl. EGMR, EuGRZ 1996, 577 (584) (§ 38)). 262

Im Ergebnis erachten der Gerichtshof und das BVerfG eine auf die Zwecke des Asylverfahrens begrenzte Freiheitsbeschränkung in Übereinstimmung mit internationalen Standards für zulässig. Das BVerfG verneint einen grundrechtlich erheblichen Eingriff in die Bewegungsfreiheit allein streng be- 263 zogen auf die zeitliche Phase »*während des Asylverfahrens*«. Bemerkenswert ist, dass der EGMR ausdrücklich auch auf die Schutznormen der GFK verweist, die gerade in der kritischen Phase des Festhaltens am Flughafen erheblich werden. Auch der französische Verfassungsgerichtshof hat festgestellt, »dass ein Asylsuchender, der um Einreise nach Frankreich ersucht, im Transitbereich nur unter Gewährung effektiver Verfahrensgarantien und nur dann inhaftiert werden darf, wenn der Antrag offensichtlich unbegründet erscheint«. Aber auch in diesen Fällen habe der Gesetzgeber für ein effektives Rechtsschutzverfahren Sorge zu tragen (Verfassungsgerichthof, U. v. 25. 2. 1992 – 92.307 DC, Journal Officiel 1992, 3003 ff.; hierauf wird auch in der Entscheidung Amuur verwiesen, s. EGMR, EuGRZ 1996, 577 (585) (§ 45); s. auch Claasen, DÖV 1993, 227 (233)).

264 Ebenso hatte der Berichterstatter des Europarates, *Lord Mackie of Benshie*, in seinem Bericht über die Untersuchung der Praxis an verschiedenen europäischen Flughäfen die französische Inhaftierungspraxis im Transitbereich deutlich kritisiert und die Ansicht, Asylsuchende am Flughafen seien noch nicht auf französisches Staatsgebiet gelangt, sodass die Behörden auch keine Verpflichtung hätten, das Asylbegehren zu prüfen, als unvereinbar mit Völkerrecht bezeichnet: »Die *internationalen Zonen* haben *keinen Rechtsgrund* und müssen als Kunstgriff angesehen werden, durch den Rechtsverpflichtungen umgangen werden sollen« (Council of Europe, Report on the arrival of asylum seekers at European airport, ADOC 649014 0 3 – 12/9/91 – 4-E, 12. 9. 1991, Rdn. 26).

265 Diese Kritik fand in der Aussprache über den Bericht breite Unterstützung. Auch der französische Abgeordnete *Worms* stimmte ihr zu und kritisierte die französischen Behörden auch deshalb, weil sie auf semantischem Wege, in dem sie den Begriff »Inhaftierung« durch »verwaltungsmäßige Sicherheitsvorkehrungen« ersetzten, rechtlichen Verpflichtungen entgehen wollten (Council of Europe, AACR14.4 31403 – 23/9/91 – 1-E, 23. 9. 1991, Rdn. 14– 17). Ebenso geht die schweizerische Rechtsprechung davon aus, dass das Festhalten eines Asylsuchenden in der Transitzone eines Flughafens eine Freiheitsbeschränkung ist, die je nach Dauer und Art der Unterbringung zur Freiheitsentziehung werden kann (Asylrekurskommission, EMARK 1997 Nr. 19).

266 Dies verdeutlicht, dass das *Konzept der internationalen Zonen* völkerrechtlich nicht tragfähig ist. Trotz ihrer Bezeichnung als »internationale Zone« hat der Transitbereich des Flughafens *keinen exterritorialen Status* (so auch EGMR, EuGRZ 1996, 577 (586) (§ 52); so auch Kokott, EuGRZ 1996, 569). Erforderlich sind vielmehr Verfahrensvorschriften zum Schutze der Asylsuchenden (EGMR, EuGRZ 1996, 577 (586) (§ 53) sowie zur rechtsstaatlichen Prüfung ihres Asylbegehrens. Dieses Erfordernis kann auch den Entscheidungsgründen des Flughafenurteils des BVerfG entnommen werden. Danach muss der Gesetzgeber ein Verfahren zur Prüfung der Asylberechtigung bereithalten, bevor er den Asylbegehrenden in den behaupteten Verfolgerstaat zurückführen darf (BVerfGE 94, 166 (199) = EZAR 632 Nr. 25 = NVwZ 1996, 678). Die Regelungen in § 18 a orientieren sich in verfahrensrechtlicher Hinsicht an anderen westeuropäischen Beispielen. Dem Völkerrecht lassen sich zwar keine klaren Kriterien für die Ausgestaltung des Verfahrens entnehmen. Jedoch darf nach Art. 33 I GFK keine Verfahrensgestaltung gewählt werden, welche die wirksame Beachtung des Prinzips des Non-Refoulement nicht gewährleisten kann.

Ebenso wie der EGMR und das BVerfG erachtet die *Empfehlung Nr. 44 (XXXVII)* (Exekutiv komitees des Programms von UNHCR) ausschließlich eine zu Zwecken der Prüfung eines Asylbegehrens notwendige kurzfristige Freiheitsbeeinträchtigung für zulässig. Soweit daher das Flughafenverfahren unter Anwendung effektiver Schutzvorkehrungen und Verfahrensgarantien durchgeführt und das völkerrechtliche Verbot der exzessiven Verlängerung des Festhaltens im Transitbereich beachtet wird, begegnet es danach keinen Bedenken.   267

8.2. Unterbringung nach Abschluss des Flughafenverfahrens

Aus dem Gebot der streng verfahrensabhängigen Unterbringung im Transitbereich folgt, dass nach Durchführung des Asylverfahrens der weitere Aufenthalt im Transitbereich nicht mehr als rechtlich unerhebliches Festhalten behandelt werden kann. Das BVerfG hat für den Aufenthalt im Transitbereich eine maximale Frist von 19 Tagen zugrundegelegt (BVerfGE 89, 98 (101) = NVwZ 1993, 766; BVerfGE 89, 101 (105); 89, 106 (109); 89, 109 (113); so auch Giesler/Wasser, Das neue Asylrecht, S. 34; s. hierzu auch VG Frankfurt am Main, NVwZ-Beil. 1996, 76 (79); krit. hierzu Liebetanz, in: GK-AsylVfG, § 18 a Rdn. 106). Wegen der Regelung in § 193 BGB (Rdn. 244) kann diese Frist im Einzelfall jedoch auch länger ausfallen. Jedenfalls kann der Rechtsprechung des BVerfG entnommen werden, dass nach Ablauf der nach § 18 a zu berücksichtigenden Verfahrensfristen der Aufenthalt im Transitbereich gegen den Willen des Betroffenen nicht mehr gerechtfertigt ist (so auch VGH BW, InfAuslR 1997, 223 (228); a. A. de Wyl., ZAR 1997, 82 (86)).   268

Das nach der Rechtsprechung des EGMR zu beachtende Verbot der exzessiven Verlängerung der Freiheitsbeeinträchtigung entfaltet also spätestens in diesem Zeitpunkt seine Wirkung. Das Flughafenverfahren ist beendet, wenn das Verwaltungsgericht die Einreise nach Abs. 5 S. 1 anordnet. In diesem Fall hat der Asylsuchende ohnehin einen Einreiseanspruch, sodass ein weiteres Festhalten im Transitbereich nach innerstaatlichen Vorschriften gesetzlich untersagt ist. Das Flughafenverfahren ist jedoch auch dann beendet, wenn das Verwaltungsgericht den Eilrechtsschutzantrag zurückweist, die Grenzbehörde jedoch die Zurückweisung mangels Zustimmung des Abflugstaates oder eines anderen dritten Staates oder aus anderen tatsächlichen Gründen nicht durchführen kann. Mit dem Zeitpunkt des Ergehens der gerichtlichen Entscheidung (Abs. 4 S. 7 in Verb. mit § 36 III 9) ist deshalb weder im einen noch im anderen Fall der weitere Aufenthalt im Transitbereich gegen den Willen des Asylsuchenden zulässig.   269

Der EGMR wendet auf diesen Sachverhalt Art. 5 EMRK an. Indem diese Norm das Recht auf Freiheit proklamiere, beziehe sie sich auf die physische Freiheit der Person. Sie ziele darauf ab, sicherzustellen, dass niemandem die-   270 se Freiheit willkürlich entzogen werde. Auf der anderen Seite betreffe Art. 5 I EMRK prinzipiell nicht bloße Einschränkungen der Bewegungsfreiheit. Um zu bestimmen, ob jemand die Freiheit entzogen werde, sei von der konkreten Situation auszugehen. Eine ganze Reihe von Kriterien, wie z. B. die Art, Dauer, Auswirkungen und die Art der Durchführung der betreffenden Maßnahmen, müssten berücksichtigt werden. Der Unterschied zwischen Entzug und Beschränkung der Freiheit sei lediglich eine Frage des Grades oder der Intensität und nicht eine der Natur oder der Substanz. Das Festhalten in Transitzonen dürfe *nicht exzessiv* verlängert werden. Andernfalls bestünde das Risiko, eine bloße Freiheitsbeschränkung in eine Freiheitsentziehung zu verwandeln (EGMR, EuGRZ 1996, 577 (585) (§§ 42 f.) = NVwZ 1997, 1102 = EZAR 932 Nr. 1 – Amuur gegen Frankreich).

271 Zudem verlange Art. 5 I EMRK eine *rechtmäßige* Freiheitsentziehung. Das bedeute, dass diese eine *Rechtsgrundlage im innerstaatlichen Recht* haben müsse. Rechtliche Qualität in diesem Sinne bedeute, dass ein innerstaatliches Gesetz, das Freiheitsentzug insbesondere gegenüber Asylsuchenden zulasse, hinreichend zugänglich und bestimmt sein müsse, um jedes Risiko der Willkür zu vermeiden. Diese Charakteristika seien »von *fundamentaler Bedeutung für Asylsuchende in Flughäfen,* insbesondere im Hinblick auf das Erfordernis, den Schutz von Grundrechten mit den Erfordernissen staatlicher Einwanderungspolitik in Einklang zu bringen« (EGMR, EuGRZ 1996, 577 (586) (§ 50).

272 Eine Rechtsgrundlage für das Festhalten am Flughafen von Asylsuchenden »während des Verfahrens« (Abs. 1 S. 1) stellt nach innerstaatlichem Recht die Vorschrift des § 18 a dar. Auch der Gerichtshof hält eine auf die Zwecke des Asylverfahrens begrenzte Freiheitsbeschränkung in Übereinstimmung mit internationalen Standards für zulässig. Ob dieser Eingriff als Freiheitsbeschränkung oder als Freiheitsentziehung bezeichnet wird, kann letztlich dahinstehen. Denn unter strikter Berücksichtigung des Verbots der exzessiven Verlängerung erachtet der EGMR ein Festhalten am Flughafen nur für zulässig, solange dies aus verfahrensrechtlichen Gründen zwingend geboten ist. Sind diese Voraussetzungen nicht mehr gegeben, wandelt sich die Freiheitsbeschränkung in eine Freiheitsentziehung um, für die § 18 a keine Rechtsgrundlage darstellt.

273 Insoweit hat die obergerichtliche Rechtsprechung an die vom BVerfG vorgegebene Frist von 19 Tagen angeknüpft und festgestellt, dass nach dem Wortlaut von Abs. 4 S. 1, Abs. 6 Nr. 2 und 3 die Unterbringung auf dem Flughafengelände nur maximal 19 Tage dauern dürfe. Spätestens nach Ablauf dieser Frist sei die Unterbringung entweder durch die Gestattung der Einreise oder durch den Vollzug der Zurückweisung zu beenden. Die Dauer der Unterbringung auf dem Flughafengelände könne sich im Ausnahmefall insgesamt nur um wenige Tage verlängern. Eine Verlängerung der Unterbringung für den Fall der erfolglosen Zurückweisung sehe das Gesetz nicht vor. Für die Unterbringung eines Asylsuchenden nach Abschluss des Eilrechtsschutzverfahrens bis zum Vollzug der Zurückweisung enthalte § 18 a mithin keine Regelung (OLG Frankfurt am Main, NVwZ-Beil. 1997, 16 = EZAR 048 Nr. 32 = InfAuslR 1997, 47 = AuAS 1996, 274; a. A. de Wyl, ZAR 1997, 82 (85)).

Freiheitsentziehung im Sinne des § 2 FreihEntzG ist die Unterbringung einer Person gegen ihren Willen oder im Zustand der Willenlosigkeit in bestimmten amtlichen Einrichtungen. Die für die Unterbringung im Transitbereich des Flughafens benutzten Räumlichkeiten sind abgeschlossen und so eng begrenzt, dass sie als Hafträume im Sinne des Gesetzes anzusehen sind (OLG Frankfurt am Main, NVwZ-Beil. 1997, 16; AG Frankfurt am Main, B. v. 17. 5. 1996 – 934 XIV 1163/96; a. A. LG Frankfurt am Main, NVwZ-Beil. 1997, 5 (6)). Jedenfalls nach Abschluss des Eilrechtsschutzverfahrens kann der entgegenstehende Wille des Asylsuchenden nicht mehr verneint werden, sodass eine weitere Freiheitsentziehung nur aufgrund richterlicher Anordnung zulässig ist (OLG Frankfurt am Main, NVwZ-Beil. 1997, 16; AG Frankfurt am Main, B. v. 17. 5. 1996 – 934 XIV 1163/96; Göbel-Zimmermann/ Masuch, InfAuslR 1997, 171 (173); a. A. LG Frankfurt am Main, NVwZ-Beil. 1997, 5 (6); de Wyl, ZAR 1997, 82 (85)).

274

Wird dem Antrag auf Anordnung der Freiheitsentziehung stattgegeben, wird die weitere Freiheitsentziehung in Form der *Zurückweisungshaft* nach § 15 IV 1 in Verb. mit § 62 II AufenthG (Sicherungshaft) durchgeführt (OLG Frankfurt am Main, NVwZ-Beil. 1997, 16; Göbel-Zimmermann/Masuch, InfAuslR 1997, 171 (175)). Jedenfalls dann, wenn aufgrund der bekannten Praxis der Behörden des Heimatstaates feststeht, dass diese für die Ausstellung von Rückreisedokumenten mehr als drei Monate benötigen, verletzt die Haftanordnung § 62 II 4 AufenthG (AG Frankfurt am Main, B. v. 11. 11. 1997 – 934 XIV 1603/97; a. A. Lehnguth/Maaßen, DÖV 1997, 316 (320)).

275

Die Grenzbehörde am Flughafen Frankfurt am Main umgeht diese Rechtsprechung, indem sie die Asylsuchenden vor die Wahl stellt, entweder auf die Herbeiführung der richterlichen Anordnung freiwillig zu verzichten, sodass sie im Transitbereich bleiben können, oder aber als Folge einer Weigerung die Unterbringung in der Justizvollzugsanstalt in Kauf zu nehmen. Aus verständlichen Gründen erklären sich daher die Asylsuchenden in aller Regel mit der weiteren Unterbringung im Transitbereich einverstanden. Die Grenzschutzbehörde hätte jedoch auch die Möglichkeit, die freiheitsentziehende Maßnahme im Transitbereich durchzuführen (Göbel-Zimmermann/ Masuch, InfAuslR 1997, 171 (175)). Deshalb stößt diese Art der Herbeiführung des Einverständnisses auf rechtliche Bedenken.

276

§ 19 Aufgaben der Ausländerbehörde und der Polizei

**(1) Ein Ausländer, der bei einer Ausländerbehörde oder bei der Polizei eines Landes um Asyl nachsucht, ist in den Fällen des § 14 Abs. 1 unverzüglich an die zuständige oder, soweit diese nicht bekannt ist, die nächstgelegene Aufnahmeeinrichtung zur Meldung weiterzuleiten.
(2) Die Ausländerbehörde und die Polizei haben den Ausländer erkennungsdienstlich zu behandeln (§ 16 Abs. 1).
(3) Ein Ausländer, der aus einem sicheren Drittstaat (§ 26 a) unerlaubt eingereist ist, kann ohne vorherige Weiterleitung an eine Aufnahmeeinrich-**

§ 19 *Asylverfahren*

tung nach Maßgabe des § 57 Abs. 1 des Aufenthaltsgesetzes dorthin zurückgeschoben werden. In diesem Falle ordnet die Ausländerbehörde die Zurückschiebung an, sobald feststeht, dass sie durchgeführt werden kann.
(4) Vorschriften über die Festnahme oder Inhaftnahme bleiben unberührt.

Übersicht

	Rdn.
1. Vorbemerkung	1
2. Zuständige Behörden nach Abs. 1 erster Halbsatz	3
3. Weiterleitungsverpflichtung nach Abs. 1 zweiter Halbsatz	5
4. Ausnahmen von der Weiterleitungsverpflichtung	9
4.1. Berufung auf Abschiebungshindernisse nach § 60 Abs. 2 bis 7 AufenthG	9
4.2. Festnahme und Inhaftnahme nach Abs. 4	11
4.3. Antragstellung nach § 14 Abs. 2	12
4.4. Rückführung in den sicheren Drittstaat (Abs. 3)	13

1. Vorbemerkung

1   Diese Vorschrift beschreibt die Aufgaben der Polizei- und Ausländerbehörden, bei denen ein Asylsuchender um Asyl nachsucht. Während nach altem Recht die Ausländerbehörden die *Monopolzuständigkeit* für die Entgegennahme des Asylantrags (§ 8 I 1 AsylVfG 1982), die Durchführung der Beachtlichkeitsprüfung (§ 8 V 2. HS AsylVfG 1982) sowie die Einleitung ausländerrechtlicher Maßnahmen (§§ 10 II 1, 11 II und 28 I AsylVfG 1982) hatten, sind diese Zuständigkeiten nach geltendem Recht vollständig dem Bundesamt übertragen worden (§§ 14, 34 ff. und 71 II). Daher ist die Aufgabe der Ausländerbehörden zu Beginn des Asylverfahrens im Grunde genommen auf den Aufgabenbereich der allgemeinen Polizeibehörden begrenzt worden, nämlich auf die *Weiterleitungspflicht* nach Abs. 1.

2   Abs. 3 ist durch das ÄnderungsG 1993 eingeführt worden und erlaubt bei Einreisen aus sicheren Drittstaaten die sofortige Einleitung von Rückführungsmaßnahmen ohne Beteiligung des Bundesamtes. Diese Regelung soll eine aus Sicht der Behörden optimale effektive Umsetzung der Drittstaatenkonzeption sicherstellen, hat aber in der Verwaltungspraxis keine signifikante Bedeutung.

2. Zuständige Behörden nach Abs. 1 erster Halbsatz

3   Mit Abs. 1 1. HS werden ausschließlich Behörden des Landes angesprochen. Ausländerbehörden sind Teil der unmittelbaren Landesverwaltung. Polizeibehörden nach Abs. 1 sind nur die allgemeinen Polizeibehörden der Länder, nicht der BGS als Bundesbehörde. Der Aufgabenbereich des Bundesgrenzschutzes ist umfassend sowie abschließend in den Vorschriften der § 18 und § 18 a geregelt. Eine Ausdehnung der Zuständigkeit auf andere Behörden ist nicht erforderlich.

Denn es ist kaum vorstellbar, dass ein um Schutz nachsuchender Ausländer nicht den Weg zur Polizei- oder Ausländerbehörde finden wird. Zwischen beiden Behörden besteht keine Rangordnung. Doch ist vorstellbar, dass eine um Schutz ersuchte allgemeine Polizeibehörde mangels genauer Kenntnis der asylverfahrensrechtlichen Vorschriften den Antragsteller regelmäßig an die nächstgelegene Ausländerbehörde verweist, welche diesen wiederum an die nächstgelegene Aufnahmerichtung zur Meldung weiterleitet.

3. Weiterleitungsverpflichtung nach Abs. 1 zweiter Halbsatz

Nach Abs. 1 2. HS sind die Polizei- und Ausländerbehörden verpflichtet, einen um Asyl nachsuchenden Antragsteller, welcher der Wohnpflicht nach § 47 I unterliegt und damit den Asylantrag nach § 14 I bei der Außenstelle zu stellen hat, zwecks Meldung nach § 22 an die zuständige oder, soweit diese nicht bekannt ist, an die nächstgelegene Aufnahmeeinrichtung weiterzuleiten. Diese wird nach der Weiterleitung unverzüglich über diese unterrichtet (§ 20 III 1), damit der Antragsteller gegebenenfalls unter den Voraussetzungen des § 66 I Nr. 1 zur Aufenthaltsermittlung und Fahndung ausgeschrieben und verfahrensrechtlich nach Maßgabe des § 20 II behandelt werden kann.

Mit der Schutzsuche nach Abs. 1 wird noch kein wirksames Asylbegehren gestellt. Der Asylantrag wird erst nach Ermittlung der zuständigen Aufnahmeeinrichtung (§§ 22 I 2 und 46 I) im Rahmen der Vorsprache bei der zuständigen Außenstelle des Bundesamtes nach § 14 I gestellt.

Die Weiterleitungsverpflichtung ist identisch mit der für die Grenzbehörde geltenden Verpflichtung (§ 18 I 2. HS). Allerdings haben die Grenzbehörden weitergehende Prüfungs- und Zurückweisungsbefugnisse nach § 18 II und § 33 III. Die Ausländerbehörde kann aber sofortige Maßnahmen nach Abs. 3 einleiten, ist hierzu aber nicht verpflichtet.

Die in Abs. 1 bezeichneten Behörden haben zu prüfen, ob das vorgebrachte Ersuchen ein Antrag im Sinne von § 13 (s. dort) ist. Sind dessen Voraussetzungen gegeben, wird grundsätzlich die Weiterleitungspflicht nach Abs. 1 begründet. Vorher sind *erkennungsdienstliche Maßnahmen* durchzuführen (s. hierzu im Einzelnen Erl. zu § 16). In den Fällen des § 15 IV dürfen auch *Durchsuchungsmaßnahmen* vorgenommen werden.

4. Ausnahmen von der Weiterleitungsverpflichtung

4.1. Berufung auf Abschiebungshindernisse nach § 60 Abs. 2 bis 7 AufenthG

Beruft sich der Schutzsuchende ausdrücklich oder nach den erkennbaren Umständen lediglich auf Abschiebungshindernisse (§ 60 II–VII AufenthG), entfällt die Weiterleitungspflicht nach Abs. 1 2. HS. Vielmehr prüft die Ausländerbehörde in eigener Zuständigkeit unter Beteiligung des Bundesamtes das Vorliegen derartiger Hindernisse (vgl. § 72 II AufenthG). In diesen Fällen darf nicht nach Abs. 3 vorgegangen werden, da § 26 a I hier nicht eingreift. Ein möglicher Hinweis auf § 13 I vermag an dieser Rechtslage nichts zu ändern, da dort lediglich die Abschiebungshindernisse nach § 60 I AufenthG, nicht aber die nach § 60 II–VII AufenthG kraft Gesetzes zum Begriffsinhalt des Asylantrages gemacht werden.

10 Ebenso wenig begründet § 24 II die Zuständigkeit des Bundesamtes, da für die in dieser Norm bewirkte Zuständigkeit des Bundesamtes für die Prüfung von Abschiebungshindernissen nach § 60 II–VII AufenthG die Asylantragstellung im Sinne von § 13 I vorausgesetzt wird. Hieran fehlt es jedoch in den Fällen, in denen sich der Schutzsuchende ausdrücklich allein auf den Abschiebungsschutz nach § 60 II–VII AufenthG beruft und seinen Erklärungen kein Hinweis auf verfolgungserhebliche Umstände entnommen werden kann.

4.2. Festnahme und Inhaftnahme nach Abs. 4

11 Nach Abs. 4 bleiben die Vorschriften über die Festnahme und Inhaftnahme unberührt. Werden dadurch zugleich auch die Voraussetzungen nach § 14 II 1 Nr. 2 erfüllt, entfällt die Weiterleitungspflicht (BT-Drs. 12/2062, S. 31). Vielmehr ist der Schutzsuchende über die Modalitäten der Antragstellung nach § 14 II zu belehren (§ 25 VwVfG des jeweiligen Landes). Die Behörde wird zweckmäßigerweise das Schutzersuchen protokollieren und die Niederschrift dem Bundesamt zusenden (vgl. auch § 25 S. 1 VwVfG). Damit ist der Antrag nach § 14 I gestellt. Die Festnahme nach Abs. 4 muss zu einer nicht lediglich kurzfristigen Inhaftnahme führen.

4.3. Antragstellung nach § 14 Abs. 2

12 In sämtlichen Fällen von § 14 II entsteht keine Wohnpflicht nach § 47 I und damit auch keine Pflicht zur Antragstellung bei der Außenstelle des Bundesamtes (vgl. § 14 I). In diesen Fällen entfällt die behördliche Weiterleitungsverpflichtung nach Abs. 1. Vielmehr hat die Behörde Belehrungs- und Unterstützungspflichten dahin, dass der Asylantrag wirksam in schriftlicher Form bei der Zentrale des Bundesamtes gemäß § 14 II gestellt werden kann.

4.4. Rückführung in den sicheren Drittstaat (Abs. 3)

13 Nach Abs. 3 entfällt die Weiterleitungspflicht. Reist der Antragsteller aus einem bestimmten sicheren Drittstaat unerlaubt ein (Abs. 3 S. 1) und steht fest, dass die Rückführung durchgeführt werden kann, ordnet die Ausländerbehörde die *Zurückschiebung* an (Abs. 3 S. 2). Abs. 2 S. 2 regelt damit abweichend vom allgemeinen Ausländerrecht, dem zufolge der Bundesgrenzschutz für die Zurückschiebung (§ 57 AufenthG) zuständig ist, die Zuständigkeit der Ausländerbehörde für die Durchführung der Vollzugsmaßnahmen im Zusammenhang mit der Drittstaatenregelung.

Aufgaben der Ausländerbehörde und der Polizei **§ 19**

Damit wird klargestellt, dass weder die zunächst um Schutz ersuchte allgemeine Polizeibehörde noch der Bundesgrenzschutz nach Abs. 3 zu Rückführungsaktionen berechtigt sind Vielmehr haben diese Behörden den Schutzbegehrenden an die nächstgelegene Ausländerbehörde zur weiteren Veranlassung der notwendigen Maßnahmen weiterzuleiten. **14**

Die Regelungen in Abs. 3 sind missglückt und kaum praktikabel. Die Gesetzesbegründung vermittelt keinen Aufschluss darüber, warum in § 26 a I allein auf die Einreise abgestellt wird, nach Abs. 3 S. 1 diese jedoch unerlaubt sein muss. Auch ist in dem auf unverzügliche Beschleunigung abzielenden Verfahrenssystem des AsylVfG der Hinweis auf § 57 I AufenthG mit der dort geregelten Frist von sechs Monaten ungereimt. **15**

Schließlich wird bezweifelt, ob die Ausländerbehörden die erforderliche Kompetenz haben, die sich im Zusammenhang mit Einreisen aus sicheren Drittstaaten stellenden Fragen sachgerecht lösen und entscheiden zu können. In der Verwaltungspraxis wird die in das behördliche *Ermessen* gestellte Befugnis der Ausländerbehörden regelmäßig dahin ausgeübt, dass der Antragsteller an das Bundesamt zur Prüfung und Entscheidung gemäß § 26 a und § 34 a weitergeleitet wird. **16**

Beruft sich der Schutzbegehrende nur auf Abschiebungshindernisse nach § 60 II–VII AufenthG, greift § 26 a I nicht ein. Daher kann auch Abs. 3 keine Anwendung finden. Abs. 3 nimmt die Ausnahmetatbestände nach § 26 a I 2 nicht in Bezug. Auch dies spricht dafür, dass die Ausländerbehörde von ihrer Kompetenz nach Abs. 3 keinen Gebrauch machen, sondern den Asylsuchenden gemäß Abs. 1 2. HS unverzüglich der nächstgelegenen Aufnahmeeinrichtung weiterleiten sollte. Da Abs. 3 S. 1 eine unerlaubte Einreise verlangt, dürfen gegen Ausländer mit einem Aufenthaltstitel im Sinne von § 26 a I 3 Nr. 1 keine Maßnahmen nach Abs. 3 S. 2 ergriffen werden. **17**

Abs. 3 enthält keine eindeutigen Vorkehrungen dagegen, dass die Ausländerbehörde einen Antragsteller, der über einen sicheren Drittstaat einreist, für dessen Asylbegehren die Bundesrepublik jedoch völkerrechtlich zuständig ist (§§ 22 a, 26 a I 3 Nr. 2), nach Abs. 3 S. 2 zurückschiebt. Jedenfalls wäre eine eindeutige Bezugnahme auf die Ausnahmetatbestände in § 26 a I 3 in der Vorschrift des Abs. 3 S. 1 angezeigt gewesen. Auch dies verdeutlicht, dass die Ausländerbehörden gut beraten sind, *alle* um Asyl nachsuchenden Antragsteller entsprechend Abs. 1 2. HS weiterzuleiten. **18**

Im Übrigen darf die Ausländerbehörde nur in Fällen nach § 26 a von der Befugnis in Abs. 3 S. 2 Gebrauch machen. In den anderen Fällen, in denen zwar die Grenzbehörde zur Einreiseverweigerung verpflichtet ist (§ 18 II und § 33 III), darf sie nicht nach Abs. 3, sondern hat sie nach Abs. 1 2. HS zu verfahren. Im Gegensatz zum alten Recht (§§ 10 II, 11 II AsylVfG 1982) stehen der Ausländerbehörde nach geltender Rechtslage nämlich keine Vorprüfungsbefugnisse mehr zu. **19**

Unerlaubt ist die Einreise, wenn der Antragsteller nicht den erforderlichen Aufenthaltstitel hat, nicht den erforderlichen Pass besitzt oder nach § 5 II 1 AufenthG nicht einreisen darf, es sei denn, er besitzt eine Betretenserlaubnis nach § 11 III AufenthG (vgl. § 14 I AufenthG). Die Rechtsprechung verlangt, dass das Visum auch für den angestrebten Einreisezweck bestimmt ist. Wer **20** daher als Besucher einreist, in Wirklichkeit aber z. B. ein Studium oder den Nachzug anstrebt, reist unerlaubt ein und könnte daher nach Abs. 3 S. 2 behandelt werden.

21 Demgegenüber kommt es nach § 26 a I Nr. 1 nicht auf den Zweck des Titels, sondern allein auf den Besitz eines Aufenthaltstitels nach § 4 AufenthG an. Auch für die Zwecke des Abs. 3 ist daher allein auf den Besitz eines Aufenthaltstitels abzustellen.

22 Mit der Verweisung auf § 57 I AufenthG will der Gesetzgeber der Behörde die Befugnis einräumen, die Zurückschiebung nach Abs. 3 S. 2 innerhalb von *sechs Monaten nach Grenzübertritt* (§ 57 I 1 AufenthG) durchführen zu können. Bestehen zwischenstaatliche Abkommen mit Anmeldefristen, aber längeren oder auch keinen Übernahmefristen, ist die Maßnahme nach Abs. 3 S. 2 auf der Grundlage dieser Abkommen zulässig (vgl. § 57 I 2 AufenthG). Eine rechtsstaatlich einwandfreie und rechtlich überprüfbare Rückführungspraxis setzt die Anwendung des Verfahrens nach § 34 a I voraus.

23 Anordnende Behörde ist die Ausländerbehörde (Abs. 3 S. 2). Damit weicht der Gesetzgeber von den allgemeinen Zuständigkeitsregelungen ab. Denn zuständig für die Zurückschiebung ist die Grenzbehörde (§ 71 III Nr. 1 AufenthG). Auch die Polizeibehörden der Länder sind für derartige Maßnahmen zuständig (vgl. § 71 IV AufenthG). Abs. 3 S. 2 geht als spezielles Gesetz den allgemeinen Vorschriften vor. Allein die Ausländerbehörde trifft die Anordnung (Abs. 3 S. 2), nicht die Grenzbehörde. Zur Durchsetzung der Anordnung wird die Ausländerbehörde die Polizeibehörden um Amtshilfe bitten.

24 Wie bei § 34 a I muss die Durchführung der Zurückschiebung feststehen, bevor die Anordnung ergehen kann. Diese ist ein *Verwaltungsakt* und daher rechtsmittelfähig. Da § 34 a II sich ausschließlich auf § 34 a I bezieht (BVerfGE 94, 49 (113) = EZAR 208 Nr. 7 = NVwZ 1996, 700), eine Zurückschiebung auch bei extensiver Interpretation keine Abschiebung ist, wäre an sich *einstweiliger Rechtsschutz* gemäß § 80 V VwGO *zulässig*. Das BVerfG wendet § 34 a II jedoch auch auf »aufenthaltsverhindernde Maßnahmen« an (§ 34 a Rdn. 39).

§ 20 Weiterleitung an eine Aufnahmeeinrichtung

(1) Der Ausländer ist verpflichtet, der Weiterleitung nach § 18 Abs. 1 oder § 19 Abs. 1 unverzüglich oder bis zu einem ihm von der Behörde genannten Zeitpunkt zu folgen.
(2) Kommt der Ausländer nach Stellung eines Asylgesuchs der Verpflichtung nach Absatz 1 vorsätzlich oder grob fahrlässig nicht nach, so gilt für einen später gestellten Asylantrag § 71 entsprechend. Abweichend von § 73 Abs. 3 Satz 3 ist eine Anhörung durchzuführen. Auf diese Rechtsfolgen ist der Ausländer von der Behöre, bei der er um Asyl nachsucht, schriftlich und gegen Empfangsbekenntnis hinzuweisen. Kann der Hinweis nach Satz 3 nicht erfolgen, ist der Ausländer zu der Aufnahmeeinrichtung zu begleiten.

Weiterleitung an eine Aufnahmeeinrichtung § 20

(3) Die Behörde, die den Ausländer an eine Aufnahmeeinrichtung weiterleitet, teilt dieser unverzüglich die Weiterleitung, die Stellung des Asylgesuchs und den erfolgten Hinweis nach Absatz 2 Satz 3 schriftlich mit. Die Aufnahmeeinrichtung unterrichtet unverzüglich, spätestens nach Ablauf einer Woche nach Eingang der Meldung nach Satz 1, die ihr zugeordnete Außenstelle des Bundesamtes darüber, ob der Ausländer in der Aufnahmeeinrichtung aufgenommen worden ist, und leitet ihr die Mitteilung nach Satz 1 zu.

Übersicht

		Rdn.
1.	Vorbemerkung	1
2.	Funktion der Befolgungspflicht des Asylsuchenden nach Abs. 1	4
3.	Voraussetzungen der Verletzung der Befolgungspflicht nach Abs. 1	9
3.1.	Schriftliche Anordnung	9
3.2.	»Unverzügliche« Erfüllung der Befolgungspflicht	10
3.3.	Vorsätzliche oder grob fahrlässige Verletzung der Befolgungspflicht	16
3.4.	Schriftliche Belehrung nach Abs. 2 Satz 3	22
4.	Anwendung der Vorschriften über den Asylfolgeantrag (Abs. 2 Satz 1 in Verb. mit § 71)	28
4.1.	Funktion der verfahrensrechtlichen Sanktion des Abs. 2 Satz 1	28
4.2.	Verfahrensrechtlicher Ausschluss sämtlicher Vorfluchtgründe	31
4.3.	Völkerrechtliche und verfassungsrechtliche Bedenken gegen die verfahrensrechtliche Sperre von Vorfluchtgründen	35
5.	Obligatorische Anhörung (Abs. 2 Satz 2)	45
6.	Behördliche Unterrichtungspflichten nach Abs. 3	47

1. Vorbemerkung

Diese Vorschrift steht in engem Zusammenhang mit §§ 18 ff. und verfolgt einen verfahrensrechtlichen *Kontrollzweck*. Durch die Befolgungspflicht nach Abs. 1 soll sichergestellt werden, dass Asylsuchende unverzüglich bei der für sie zuständigen Außenstelle des Bundesamtes vorsprechen und dort förmlich den Asylantrag stellen. Auf die Verletzung dieser Pflicht reagiert das Gesetz mit verfahrensrechtlichen (Abs. 2 S. 1) und aufenthaltsrechtlichen Sanktionen (§ 67 I Nr. 2) sowie mit polizeirechtlichen Mitteln (§ 66 I Nr. 1). 1

Ursprünglich regelte die Vorschrift eine Benachrichtigungspflicht der Behörde, bei der um Asyl nachgesucht wurde, an die Aufnahmeeinrichtung, an die der Asylsuchende weitergeleitet wurde (§ 20 I AsylVfG 1992). Diese Benachrichtigungspflicht ist nunmehr in Abs. 3 geregelt. Darüber hinaus war in § 20 Abs. 2 AsylVfG 1992 die nunmehr in Abs. 1 verankerte Befolgungspflicht enthalten. Deren Verletzung zog lediglich die Ausschreibung zur Aufenthaltsermittlung nach § 66 I Nr. 1 Nr. 2 sowie das vorübergehende Erlöschen der Aufenthaltsgestattung (§ 67 I Nr. 2, II) nach sich. Die verfahrensrechtliche Sanktion in Abs. 2 S. 1 kannte das Asylverfahrensrecht bislang nicht. 2

Durch Art. 13 ZuwG ist die Vorschrift mit Wirkung zum 1. Januar 2005 in ihrer jetzigen Fassung in Kraft getreten. Nach der Gesetzesbegründung soll 3

377

den Fällen entgegen gewirkt werden, in denen Asylsuchende im Rahmen einer polizeilichen Kontrolle zwar ein Asylgesuch geltend machen, sich jedoch anschließend nicht bei der Aufnahmeeinrichtung melden (BT-Drs. 15/420, S. 108; vgl. bereits BT-Drs. 14/7387, S. 100). Derartigen Verhaltensweisen will der Gesetzgeber dadurch begegnen, dass er für die Bearbeitung des »verspätet« gestellten formellen Asylbegehrens (s. hierzu § 13 Rdn. 10) auf die Vorschriften über den Asylfolgeantrag verweist. Die Folgeantragsfiktion des Abs. 2 S. 1 findet Anwendung, wenn der Asylsuchende der Weiterleitungsanordnung der Grenzbehörde (Abs. 1 in Verb. mit § 18 I), der Ausländer- oder der allgemeinen Polizeibehörde (Abs. 1 in Verb. mit § 19 I), der für ihn nicht zuständigen Aufnahmeeinrichtung nach § 22 I 2 (vgl. § 22 III 2) oder der für ihn zuständigen Aufnahmeeinrichtung (§ 23 II 1) nicht unverzüglich und in vorsätzlicher oder grob fahrlässiger Weise nicht Folge leistet.

2. Funktion der Befolgungspflicht des Asylsuchenden nach Abs. 1

4 Die Befolgungspflicht nach Abs. 1 soll sicherstellen, dass der Asylantrag unverzüglich nach der Meldung bei der Behörde, bei der das Asylersuchen zuerst vorgebracht wurde, förmlich bei der zuständigen Außenstelle des Bundesamtes gestellt wird. Nach § 18 I und § 19 I sind sowohl die Grenzbehörden wie auch die allgemeinen Polizeibehörden sowie die Ausländerbehörde zur Entgegennahme des Asylersuchens befugt. Da das Asylverfahren erst mit der förmlichen Asylantragstellung bei der zuständigen Außenstelle des Bundesamtes eingeleitet wird (§ 23 I), wird der Asylsuchende zunächst an die zuständige Aufnahmeeinrichtung oder, soweit diese nicht bekannt ist, an die nächstgelegene Aufnahmeeinrichtung weitergeleitet. Ist die Aufnahmeeinrichtung, an die der Asylsuchende verwiesen wird, nicht zuständig, leitet ihn diese an zur Aufnahme und anschließenden förmlichen Asylantragstellung an die zuständige Aufnahmeeinrichtung weiter.

5 Abs. 1 bezieht sich auf die Weiterleitungsanordnung der Grenzbehörde (§ 18 I), der allgemeinen Polizeibehörde und der Ausländerbehörde (§ 19 I). Für die Weiterleitungsanordnung der Aufnahmeeinrichtung nach § 22 I 2 enthält § 22 III 1 eine Befolgungspflicht. § 22 III 2 verweist allerdings auf die Rechtsfolgen nach Abs. 2 S. 1 und auf die Belehrungspflicht nach Abs. 2 S. 2. Der Weiterleitungsanordnung ist unverzüglich oder bis zu einem von der Behörde genannten Zeitpunkt zu folgen (Abs. 1 2. HS).

6 Nur wer Asyl begehrt und an die zuständige bzw. nächstgelegene Aufnahmeeinrichtung weiterzuleiten ist, wird nach Abs. 1 verpflichtet. Die Asylantragsteller nach § 14 II sind damit nicht von dieser Regelung betroffen. Aus der redaktionellen Änderung im ursprünglichen Gesetzgebungsverfahren zum AsylVfG 1992 können keine gegenteiligen Schlüsse gezogen werden. Während im ursprünglichen Gesetzentwurf die Verpflichtung auf Ausländer, denen der Aufenthalt nach § 55 I 1 zur Durchführung des Asylverfahrens gestattet ist, bezogen worden war (BT-Drs. 12/2062, S. 9), war im ursprünglichen Abs. 2 des § 20 AsylfG 1992, der mit Abs. 1 identisch ist, dieser einschränkende Zusatz entfallen. Ausländer, die sich ausschließlich nur

auf Abschiebungshindernisse nach § 60 II–VII AufenthG berufen, müssen daher nicht an die Aufnahmeeinrichtung weitergeleitet werden.

Zwar ist nach § 72 II AufenthG die Ausländerbehörde insoweit nur für die Prüfung der Abschiebungshindernisse nach § 60 VII AufenthG zuständig. Unabhängig von einem Asylantrag ist das Bundesamt indes nicht für die Entscheidung über Abschiebungshindernisse nach § 60 II–VII AufenthG zuständig (vgl. § 24 II). Zur Vermeidung einer planwidrigen Gesetzeslücke und zur Erfüllung völkerrechtlicher Verpflichtungen (Art. 3 EMRK, Art. 7 IPbpR, Art. 3 Übereinkommen gegen Folter) muss für die Prüfung der Abschiebungshindernisse nach § 60 II–V AufenthG jedoch die behördliche Zuständigkeit geregelt werden. Deshalb ist mangels Zuständigkeit des Bundesamtes die Ausländerbehörde für die Entscheidung über alle Abschiebungshindernisse nach § 60 II–VII AufenthG zuständig, sofern diese unabhängig von einem Asylantrag geltend gemacht werden. § 22 findet in diesen Fällen § 22 keine Anwendung. 7

Wer eingereist ist, ohne sich bei der Grenz-, Polizei- oder Ausländerbehörde zu melden, und sich zunächst bei Verwandten und Freunden aufgehalten und erst anschließend bei einer Aufnahmeeinrichtung gemeldet hat, ist von der Befolgungspflicht nach Abs. 1 nicht betroffen. Denn in diesem Fall liegt eine Weiterleitungsanordnung nach § 18 I oder § 19 I nicht vor. Abs. 2 S. 1 findet nur Anwendung, wenn der Asylsuchende sich nach § 18 I oder § 19 I bei der Grenz- oder allgemeinen Polizeibehörde als Asylsuchender gemeldet und sich anschließend nicht zu der ihm gegenüber bezeichneten Aufnahmeeinrichtung begeben hat (Abs. 1 in Verb. mit Abs. 2 S. 1). 8

3. Voraussetzungen der Verletzung der Befolgungspflicht nach Abs. 1

3.1. Schriftliche Anordnung

Die Verletzung der Befolgungspflicht nach Abs. 1 setzt eine *schriftliche* Weiterleitungsanordnung nach § 18 I oder § 19 I oder eine amtliche Begleitung (Abs. 2 S. 4) voraus. Dies kann den bezeichneten Vorschriften zwar nicht unmittelbar entnommen werden, ergibt sich indes aus der *schriftlichen Belehrungspflicht* nach Abs. 2 S. 3. Ist der Asylsuchende von der Grenz-, der Polizei- oder Ausländerbehörde schriftlich auf die Rechtsfolge der Verletzung der Befolgungspflicht hinzuweisen, so ist er erst recht schriftlich auf die Befolgungspflicht nach Abs. 1 selbst hinzuweisen. Eine lediglich mündliche Anordnung durch die bezeichneten Behörde begründet deshalb keine Befolgungspflicht nach Abs. 1, stellt jedenfalls keinen zureichenden Rechtsgrund dar, den Asylantrag nach § 71 zu behandeln, ganz abgesehen davon, dass in diesem Fall auch keine schriftliche Belehrung nach Abs. 2 S. 2 erfolgt ist. 9

3.2. »Unverzügliche« Erfüllung der Befolgungspflicht (Abs. 1)

10 Darüber hinaus muss der Asylsuchende der Weiterleitungsanordnung nach § 18 I oder § 19 I nicht »*unverzüglich*« nachgekommen sein (Abs. 1). Unverzüglich heißt »ohne schuldhaftes Verzögern« (vgl. § 121 I BGB). Was danach als »unverzügliche« Befolgung der Weiterleitungsanordnung anzusehen ist, kann nicht abstrakt, sondern nur anhand der jeweiligen Umstände des Einzelfalls beurteilt werden. Verfahrensrechtliche Erfordernisse, etwa die Beauftragung eines Rechtsanwaltes oder die Beratung durch eine Betreuungsstelle (Durchrow, ZAR 2002, 269 (274); Duchrow, ZAR 2004, 339 ((343)), Krankheitsgründe, dringende familiäre Gründe (Niederkunft der Ehefrau, Todesfall in der Familie etc.) sind zu berücksichtigen. Insoweit kann sicherlich auch auf die frühere Rechtsprechung zum Begriff der unverzüglichen Antragstellung nach § 26 II 1 AsylVfG a. F. zurückgegriffen werden. Danach wurde im Regelfall eine unverzügliche Antragstellung binnen zwei Wochen nach Geburt des Kindes für angemessen und ausreichend erachtet (BVerwGE 104, 362 (367) = EZAR 215 Nr. 15 = NVwZ 1997, 1137 = AuAS 1997, 221). Allerdings ist diese Frist nicht starr angewendet worden.

11 Aus einer systematischen Bewertung des Gesetzes ergibt sich, dass grundsätzlich innerhalb von »*zwei Wochen*« (vgl. § 67 I Nr. 2, II) nach dem Zeitpunkt der Anordnung nach § 18 I oder § 19 I die Befolgungspflicht durch den Antragsteller erfüllt werden muss. Insoweit kann auf die Rechtsprechung zum Begriff der Unverzüglichkeit nach § 26 II 1 AsylVfG a. F. nicht mehr von einer unverzüglichen Befolgung ausgegangen werden kann, es sei denn, der Asylsuchende kann besondere Umstände für die Verzögerung zu seiner Entlastung geltend machen. Derartige besondere Gründe sind etwa Krankheits- oder dringende familiäre Gründe oder auch verfahrensbedingte Gründe (s. oben).

12 Die Wochenfrist (Abs. 3 S. 2, § 66 I Nr. 1) dürfte insoweit zu kurz bemessen sein. Diese regelt die behördliche Unterrichtungspflicht (Abs. 3 S. 2) bzw. die Rechtsgrundlage für die Einleitung von Maßnahmen zur Aufenthaltsermittlung (§ 66 I Nr. 1), kann aber wegen dieses spezifischen Zwecks nicht zugleich als zwingende Grenze für die Bestimmung des Unverzüglichkeitsbegriffs angesehen werden. Vielmehr dürfte der Zeitpunkt des Erlöschens der Aufenthaltsgestattung nach § 67 I Nr. 2 adäquat die gesetzgeberische Vorstellung zum Ausdruck bringen, von welchem Zeitpunkt an dieser nicht mehr von einer unverzüglichen Befolgung ausgeht.

13 Bezeichnet die nach § 18 I oder § 19 I zuständige Behörde einen *bestimmten Zeitpunkt* (Abs. 1 2. HS), bis zu dem der Asylsuchende der Weiterleitungsanordnung zu folgen hat, kommt es nicht auf die unverzügliche Befolgung, sondern darauf an, dass dieser sich entsprechend der Anordnung verhält. Das Gesetz lässt offen, ob die Befolgungspflicht in dem von der Behörde bezeichneten Zeitpunkt erfüllt sein muss oder ob der Asylsuchende verpflichtet ist, ab diesen Zeitpunkt der Anordnung zu folgen. Der Wortlaut spricht indes eher dafür, dass mit dem Eintritt des bezeichneten Zeitpunktes die Befolgungspflicht ausgelöst wird, sodass ein späteres Eintreffen bei der zuständigen Aufnahmeeinrichtung keine Verletzung der Befolgungspflicht nach Abs. 1

darstellt, sofern nach Ablauf der bezeichneten Frist die Befolgungspflicht »unverzüglich« im Sinne der oben stehenden Erläuterungen befolgt worden ist.

Dafür spricht auch, dass die Behörde keinen bestimmten Zeitpunkt festsetzen kann, in dem die Befolgungspflicht erfüllt sein muss. Sie kann Störungen auf dem Transportweg und andere vergleichbare Hinderungsgründe sowie persönliche und familiäre Verzögerungsgründe im Zeitpunkt der Festsetzung des Zeitpunkts nicht vorhersehen, sodass in aller Regel der Zeitpunkt festzusetzen ist, in dem der Asylsuchende der Weiterleitungsanordnung Folge zu leisten hat. Ob die Befolgungspflicht anhand dieser Kriterien ordnungsgemäß erfüllt ist, beurteilt sich danach, ob der Asylsuchende nach Begründung der Verpflichtung ihr unverzüglich, d. h. ohne schuldhaftes Verzögern (vgl. § 121 I BGB), Folge leistet.

Eine Verletzung der Befolgungspflicht setzt darüber hinaus voraus, dass der Asylsuchende nicht bei der in der schriftlichen Anordnung bezeichneten Aufnahmeeinrichtung erscheint. Abs. 1 verweist auf die Weiterleitungsanordnung nach § 18 I und § 19 I. Die Grenz-, Polizei- oder Ausländerbehörde muss danach in der schriftlichen Anordnung eine konkret bestimmte Aufnahmeeinrichtung bezeichnen. Sucht der Asylsuchende eine andere Aufnahmeeinrichtung auf, hat er zwar der Verpflichtung nach Abs. 1 nicht Folge geleistet. Die aufgesuchte Aufnahmeeinrichtung leitet jedoch den Asylsuchenden an die zuständige Aufnahmeeinrichtung weiter (§ 22 I 2). Ein Verschulden des Asylsuchenden kann diesem nicht vorgehalten werden. Denn er hat sich entsprechend seiner aus § 22 I 1 folgenden Verpflichtung persönlich bei *einer* Aufnahmeeinrichtung gemeldet.

3.3. Vorsätzliche oder grob fahrlässige Verletzung der Befolgungspflicht (Abs. 2 Satz 1)

Darüber hinaus muss die Befolgungspflicht nach Abs. 1 »*vorsätzlich oder grob fahrlässig*« verletzt worden sein (Abs. 2 S. 1). Diese zusätzliche Einschränkung ist in der ersten Runde des Gesetzgebungsverfahrens erst durch die Beschlussempfehlung des Innenausschusses vom 27. Februar 2002 (BT-Drs. 14/8395, S. 80) eingefügt worden und wurde durch den zweiten Gesetzentwurf unverändert übernommen (BT-Drs. 15/420, S. 41). Damit reagiert der Gesetzgeber auf die von vielen Kritikern erhobenen Bedenken, die im Laufe der Gesetzesberatung, insbesondere während der öffentlichen Anhörung des Innenausschusses am 16. Januar 2002, geltend gemacht worden waren. Durch dieses subjektiv geprägte zusätzliche Erfordernis sollen die Fälle ausgeschlossen werden, in denen der Asylsuchende »*schuldlos oder nur fahrlässig* seiner Verpflichtung*« nicht nachgekommen ist (Innenausschuss, Drs. 14/756 Teil 2, S. 35).

Die verfahrensrechtlichen Sanktionen nach Abs. 2 S. 1 dürfen danach nicht bereits schon dann angewendet werden, wenn der Asylsuchende lediglich nicht »unverzüglich« seiner Verpflichtung aus Abs. 1 nicht nachgekommen ist. »Unverzüglich« heißt ohne »schuldhaftes Verzögern« (vgl. § 121 I BGB).

Abs. 2 S. 1 erschwert die Anwendung der Folgeantragsfiktion dahin, dass darüber hinaus zumindest ein »*grob fahrlässiges schuldhaftes Verzögern*« festgestellt werden muss. Grob fahrlässig handelt, wer die im Verkehr erforderliche Sorgfalt in besonders schwerem Maße verletzt, wer also schon einfachste, ganz nahe liegende Überlegungen nicht angestellt und das nicht beachtet hat, was im gegebenen Fall jedem hätte einleuchten müssen.

18 Das Bundesamt muss danach sorgfältig ermitteln, ob der Asylsuchende in einer an Vorsatz grenzenden Fahrlässigkeit gegen die Befolgungspflicht nach Abs. 1 verstoßen hat. Dem Asylsuchenden gegenüber muss der Vorwurf gemacht werden können, dass er in grober Achtlosigkeit seine bezeichnete Pflicht verletzt hat. Von vornherein fallen damit dringende persönliche und familiäre Verzögerungsgründe aus der Betrachtung heraus, sofern in diesem Fall überhaupt der Einwand der nicht unverzüglichen Befolgung erhoben werden kann. Nur dann, wenn die diesen Gründen zugrunde liegende Ereignisse entfallen sind und dem Asylsuchenden vorgeworfen werden kann, er habe anschließend nicht unverzüglich seiner Verpflichtung nach Abs. 1 Folge geleistet und ihm insoweit ein vorsätzliches oder grob fahrlässiges Verhalten vorgehalten werden kann, dürfen die verfahrensrechtlichen Sanktionen nach Abs. 2 S. 1 angewendet werden.

19 Nicht grob fahrlässig handelt, wer sich nach der Einreise und Meldung bei einer der in § 18 I oder § 19 I bezeichneten Behörden zunächst für eine *vorübergehende Zeit* bei seinen *Verwandten, Freunden oder Bekannten aufhält*, um sich dort von dem durch seine Verfolgungs- und Fluchterlebnisse aufgestauten psychischen Druck zu entlasten. Hier steht das psychische Bedürfnis des Schutzsuchenden nach Hilfestellung, Schutz und persönlicher Fürsorge im Zentrum der subjektiven Vorstellungen, sodass ihm nicht vorgehalten werden kann, er habe vorsätzlich oder grob fahrlässig seine verfahrensrechtliche Verpflichtung nach Abs. 1 verletzen wollen.

20 Schließlich fehlt es an dem geforderten qualifizierten Schuldvorwurf, wenn der Asylsuchende nach dem Erlass der Anordnung zunächst *anwaltlichen Rat* sucht und aufgrund der Überlastung des aufgesuchten Anwaltsbüros nicht unverzüglich einen Besprechungstermin erhalten konnte. Der Rechtsanwalt sollte in seinem Schriftsatz indes einen konkreten Hinweis auf die Terminüberlastung geben, um die Anwendung verfahrensrechtlicher Sanktionen zu vermeiden. Gegebenenfalls hat der Asylsuchende bei seiner förmlichen Asylantragstellung auf diesen Umstand hinzuweisen und hat das Bundesamt vor der Anwendung des Abs. 2 S. 1 von Amts wegen durch Rückfragen bei dem Rechtsanwalt diese Frage aufzuklären.

21 Die Befolgungspflicht nach Abs. 1 ist Teil des das Asylverfahrensrecht prägenden *Beschleunigungskonzepts*. Deshalb sind langwierige und komplizierte Ermittlungen zu vermeiden. Kann daher nicht ohne zeitverzögernde Ermittlungen der qualifizierte Schuldvorwurf nach Abs. 2 S. 1 hinreichend zuverlässig überprüft werden, haben Ermittlungen zu unterbleiben und ist das Asylverfahren unverzüglich ohne Rückgriff auf die verfahrensrechtliche Sanktion nach Abs. 2 S. 1 einzuleiten.

3.4. Schriftliche Belehrung nach Abs. 2 Satz 3

Eine Verletzung der Befolgungspflicht nach Abs. 1 setzt darüber hinaus voraus, dass der Asylsuchende durch die in § 18 I und § 19 I bezeichneten Behörden aus Anlass des Erlasses der Weiterleitungsanordnung schriftlich gegen Empfangsbestätigung auf die Rechtsfolgen des Abs. 2 S. 1 hingewiesen worden ist. Fehlt es am Nachweis einer derartigen Belehrung, dürfen die verfahrensrechtlichen Sanktionen nach Abs. 2 S. 1 nicht angewendet werden, es sei denn, der Asylsuchende ist amtlich begleitet worden (Abs. 2 S. 4).

An die Belehrungspflichten nach Abs. 2 S. 3 sind dieselben Anforderungen wie an die Belehrungspflichten nach § 10 VII zu stellen (s. hierzu § 10 Rdn. 107 ff.). Danach reicht eine bloße Wiedergabe des Gesetzestextes nicht aus. Vielmehr bedarf es einer verständlichen Umschreibung des Inhalts der gesetzlichen Bestimmungen in einer *dem Asylsuchenden verständlichen Sprache* (BVerfG (Kammer), NVwZ-Beil. 1994, 25 (26); s. auch BT-Drs. 14/7387, S. 101). Bei nicht der deutschen Sprache kundigen Asylsuchenden, also im Regelfall, hat die Belehrung mit Hilfe eines Dolmetschers zu erfolgen (BVerfG (Kammer), NVwZ-Beil. 1996, 81 (82) = EZAR 210 Nr. 11 = AuAS 1996, 196; Hess.VGH, EZAR 210 Nr. 10 = AuAS 1995, 70).

Die anordnende Polizeibehörde muss danach den Asylsuchenden auf die verfahrensrechtlichen Konsequenzen, dass der Asylantrag nach § 71 behandelt werden wird, wenn er der Anordnung nicht unverzüglich Folge leistet, hinweisen. Es reicht nicht aus, den Asylsuchenden lediglich darauf hinzuweisen, dass sein Asylantrag nicht als normaler Antrag, sondern als Folgeantrag behandelt werden wird. Vielmehr hat die Behörde den Asylsuchenden darauf hinzuweisen, dass er für den Fall der Verletzung der Befolgungspflicht mit seinen Vorfluchtgründen präkludiert werden wird. Fehlt es an diesem zentralen Hinweis, mangelt der schriftlichen Belehrung nach Abs. 2 S. 3 die erforderliche inhaltliche Bestimmtheit und darf das Bundesamt nicht nach Abs. 2 S. 1 vorgehen.

Das Bundesamt hat darüber hinaus die ordnungsgemäße Belehrung durch die in § 18 I bzw. § 19 I bezeichneten Behörden *nachzuweisen*. Fehlt das Empfangsbekenntnis in der Akte und ist die amtliche Begleitung nicht nachweisbar, finden die verfahrensrechtlichen Sanktionen nach Abs. 2 S. 1 keine Anwendung. Die anordnende Behörde hat die schriftliche Anordnung einschließlich der Belehrung und der Empfangsbestätigung der zuständigen Außenstelle des Bundesamtes über die zuständige Außenstelle mitzuteilen (Abs. 3 S. 1 und S. 2). Gelangt der Nachweis nicht zur Akte des Bundesamtes oder genügt er nicht den Anforderungen an die Belehrungspflicht nach Abs. 2 S. 3, darf das Bundesamt nicht nach Abs. 2 S. 1 vorgehen.

Zur Umsetzung der Vorschrift über die Belehrungspflicht werden Bund und Länder erhebliche Anstrengungen unternehmen müssen. Da die anordnenden Behörden überwiegend Länderbehörden (vgl. § 19 I; vgl. auch § 22 I 2) sind, bedarf es einer hinreichend zuverlässigen Koordination und Abstimmung zwischen Bund und Ländern, um die Belehrungsverpflichtungen sachgerecht und vollständig umsetzen zu können. Insoweit reichen die gesetzgeberischen Hinweise auf »entsprechende Hinweisformulare in den ver-

§ 20 *Asylverfahren*

schiedenen Sprachen der Herkunftsländer« und auf den »online-Zugriff« (BT-Drs. 14/7387, S. 101) allein nicht aus. Vielmehr muss sichergestellt werden, dass etwa die lokalen Polizei- und Ausländerbehörden (§ 19 I) einen Dolmetscher hinzugezogen haben, der die Hinweisformulare in einer dem Asylsuchenden verständlichen Sprache und Art und Weise übersetzt und erklärt hat.

27 Die lokalen Polizei- und Ausländerbehörden dürften aus diesen Gründen den Asylsuchenden überwiegend ohne formelle Belehrung nach Abs. 2 S. 3 an die nächstgelegene Aufnahmeeinrichtung verweisen. In diesem Fall entsteht zwar die Befolgungspflicht nach Abs. 1. Wegen des fehlenden Nachweises der Belehrung nach Abs. 2 S. 2 findet Abs. 2 S. 1 indes keine Anwendung. Die lokalen Behörden können aber auch nach Abs. 2 S. 4 vorgehen und den Asylsuchenden zur Aufnahmeeinrichtung begleiten (Abs. 2 S. 4). Gehen die in § 18 I und § 19 I genannten Behörden nach Abs. 2 S. 4 vor, richtet sich das weitere Verfahren nach § 22 (s. hierzu § 22 Rdn. 19) und nicht nach Abs. 2 S. 1.

4. Anwendung der Vorschriften über den Asylfolgeantrag (Abs. 2 Satz 1 in Verb. mit § 71)

4.1. Funktion der verfahrensrechtlichen Sanktion des Abs. 2 Satz 1

28 Erfüllt die Weiterleitungsanordnung nach § 18 I oder § 19 I die gesetzlichen Anforderungen und verletzt der Asylsuchende seine Befolgungspflicht nach Abs. 1 vorsätzlich oder grob fahrlässig, so gilt für seinen förmlich bei der zuständigen Außenstelle des Bundesamtes gestellten Asylantrag § 71 entsprechend (Abs. 2 S. 1). Der Asylsuchende kann nur noch mit Gründen gehört werden, die nach seiner Meldung nach § 18 I oder § 19 I entstanden sind. Der Gesetzgeber rechtfertigt diese besondere verfahrensrechtliche Sanktion damit, es sei verfassungsrechtlich unbedenklich, einen Ausländer auf das Asylfolgeantragsverfahren zu verweisen, wenn er »zwar ein Asylgesuch, aber keinen förmlichen Asylantrag stellt« (BT-Drs. 15/420, S. 109; BT-Drs. 14/7387, S. 101).

29 Diese Begründung ist indes unrichtig. Denn die verfahrensrechtliche Sanktion nach Abs. 2 S. 1 setzt voraus, dass der Asylsuchende einen Asylantrag förmlich, wenn auch »später« stellt. Bevor der Asylantrag nicht förmlich nach § 23 I bei der zuständigen Außenstelle gestellt worden ist, findet Abs. 2 S. 1 überhaupt keine Anwendung. Die Begründung setzt sich damit in Widerspruch zum Gesetzeswortlaut. Wer seinen Asylantrag nicht förmlich stellt, kann weder nach den für das Erstverfahren noch nach den für das Folgeantragsverfahren vorgesehenen Regelungen behandelt werden. Zu seinem Schutz sind lediglich die von Amts wegen, nicht antragsabhängigen völkerrechtlichen Schutznormen (§ 60 I AufenthG in Verbindung mit Art. 33 GFK, § 60 V AufenthG in Verb. mit Art. 3 EMRK), zu beachten.

30 Die Befolgungspflicht nach Abs. 1 tritt neben die bereits in § 15 geregelten allgemeinen Mitwirkungspflichten. Die Verletzung der Pflicht nach Abs. 1 kann

zusätzlich zu der in Abs. 2 S. 1 geregelten verfahrensrechtlichen Sanktion zu einschneidenden Rechtsnachteilen führen. Trifft der Asylsuchende nicht *innerhalb einer Woche* – gerechnet vom Tag der Weiterleitung nach § 18 I 2. HS oder § 19 I 2. HS – bei der bereits nach Abs. 3 S. 1 verständigten Aufnahmeeinrichtung ein, kann diese die Aufenthaltsermittlung und Fahndung nach § 66 I Nr. 1 veranlassen. Die mit Meldung nach § 18 I 1. HS oder § 19 I 1. HS begründete *Aufenthaltsgestattung* nach § 55 I 1 (BayObLG, NVwZ 1993, 811; vgl. auch BVerwG, InfAuslR 1998, 191 (192)) *erlischt* in diesem Fall (§ 67 I Nr. 2). Sie tritt mit verspäteter Meldung bei der zugewiesenen Aufnahmeeinrichtung jedoch wieder in Kraft (§ 67 II). Der Verstoß gegen Abs. 1 begründet aber keine Strafbarkeit.

4.2. Verfahrensrechtlicher Ausschluss sämtlicher Vorfluchtgründe nach Abs. 2 Satz 1

Der Wortlaut des Abs. 2 S. 1 verweist auf § 71. Die Anwendung des § 71 setzt voraus, dass ein Asylantrag »*später gestellt*« wird. Gemeint ist, dass der Asylsuchende nach Geltendmachung seines *Asylersuchens* im Rahmen der Meldung nach § 18 I oder § 19 I den Asylantrag gemäß § 23 I nicht unverzüglich förmlich stellt, sondern die förmliche Antragstellung »später«, also nicht »unverzüglich«, erfolgt. Es liegt damit kein erstes Asylbegehren vor, das als Vergleichsbasis für die Prüfung der Zulässigkeitsvoraussetzungen nach § 51 I–III VwVfG dienen könnte. Eine Anwendung der Vorschriften des § 71 erscheint damit aus verfahrensstrukturellen Gründen *systemfremd* (Marx, Stellungnahme an den BT-Innenausschuss vom 1. Januar 2002, DB, 14. WP, Prot. Nr. 83 des Innenausschusses, 14/674, S. 166). 31

Sollte der Gesetzgeber bezweckt haben, dass damit sämtliche Verfolgungsgründe, die bis zur Meldung nach § 18 I oder § 19 I oder nach § 22 I aufgetreten waren, nicht mehr geprüft werden dürfen, würde dies im Ergebnis auf einen vollständigen verfahrensrechtlichen Ausschluss der maßgebenden Asylgründe hinauslaufen und deshalb schwerwiegende völker- und verfassungsrechtliche Bedenken aufwerfen. Andererseits kann der Hinweis auf § 71 keine andere verfahrensrechtliche Bedeutung haben. Der verfahrensrechtliche Ausschluss der bis zur Meldung nach § 18 I, § 19 I oder § 22 I entstandenen Asylgründe ist ja gerade Folge des Hinweises auf § 71 I in Abs. 2 S. 1. 32

Abs. 2 S. 1 fingiert die Anwendung des § 71. Nach § 71 I 1 ist nach Rücknahme oder unanfechtbarer Ablehnung des Erstantrags ein weiteres Asylverfahren nur durchzuführen, wenn die Voraussetzungen des § 51 I–III VwVfG vorliegen. Da die gesetzlichen Voraussetzungen des § 71 I 1 nicht vorliegen, fingiert Abs. 2 S. 1 2. HS die Anwendung von § 71 1 in Verb. mit § 51 I–III VwVfG. Die Vorschrift des Abs. 2 S. 1 2. HS enthält mithin einen *Rechtsfolgenverweis*. Die Voraussetzungen für die Anwendung des § 71 sind hingegen nicht in § 71, sondern in Abs. 1 und Abs. 2 geregelt. Liegen diese vor, so richtet sich – als verfahrensrechtliche Rechtsfolge – das weitere Verfahren nach § 71. 33

Der Asylantrag kann deshalb nur dann zum Erfolg führen, wenn sich die dem Asylbegehren zugrunde liegende Sach- und Rechtslage *nachträglich*, also 34 nach Meldung bei den in § 18 I, § 19 I oder § 22 I bezeichneten Behörden, zugunsten des Asylsuchenden geändert hat (vgl. § 51 I Nr. 1 VwVfG) oder neue Beweismittel vorliegen, die eine dem Asylsuchenden günstigere Entscheidung herbeigeführt haben würden (vgl. § 51 I Nr. 2 VwVfG) als im Zeitpunkt der Meldung als Asylsuchender.

4.3. Völkerrechtliche und verfassungsrechtliche Bedenken gegen die verfahrensrechtliche Sperre von Vorfluchtgründen

35 Mit diesem einer alternativen Auslegung wohl kaum zugänglichen Inhalt verletzt Abs. 2 S. 1 Verfassungs- und Völkerrecht. Denn dadurch wird der Schutzsuchende mit den Gründen verfahrensrechtlich gesperrt, die seine Verfolgungsfurcht oder die konkrete Gefahr im Sinne von Art. 3 EMRK begründen. Dies kommt einem unzulässigen Ausschlussgrund aus der GFK gleich und ist mit dem zwingenden, sich aus Art. 33 GFK ergebenden Verpflichtungen unvereinbar (UNHCR, Stellungnahme an den BT-Innenausschuss vom 14. 1. 2002, DB, 14. WP, Protokoll des Innenausschusses Nr. 83, 14/674 I, S. 280). Nach Auffassung des EGMR steht die technische und automatische Anwendung einer Vorschrift, die »*jegliche Prüfung der tatsächlichen Gründe*« der Verfolgung untersagt, in »*Widerspruch zum Schutz der von Art. 3 EMRK umfassten Werte*« (EGMR, InfAuslR 2001, 57 (58) = EZAR 933 Nr. 9 = NVwZ-Beil. 2001, 97 – *Jabari*; EGMR, InfAuslR 2000, 321 (325) = EZAR 933 Nr. 8 = NVwZ 2001, 301 – *T.I.*).

36 *Zwar steht die asylrechtliche Statusgewährung unter einem Verfahrensvorbehalt* (BVerfGE 60, 253 (295) = EZAR 610 Nr. 14 = DVBl. 1982, 888 = JZ 1982, 596 = EuGRZ 1982, 394). Davon zu unterscheiden ist jedoch die effektive Gewährleistung des Abschiebungs- und Zurückweisungsschutzes *von Amts wegen*. Eine Umkehrung dieses völker- und verfassungsrechtlich vorgegebenen Verhältnisses, d. h. die gesetzliche Anordnung, dass die verfassungs- und völkerrechtlichen Schutzwirkungen nur bei der Befolgung verfahrensrechtlicher Mitwirkungspflichten ausgelöst werden, wäre rechtlich nicht hinnehmbar. Für die Regelung in Abs. 2 S. 1 hat dies zur Folge, dass die Sicherstellung des Kernbereichs des Asylschutzes, nämlich das Abschiebungs- und Zurückweisungsverbot (BVerwGE 49, 202 (204 f.) = EZAR 134 Nr. 1 = NJW 1976, 490; BVerwGE 62, 206 (210) = EZAR 221 Nr. 7 = InfAuslR 1981, 214; BVerwGE 69, 323 (325) = EZAR 200 Nr. 10 = NJW 1984, 2782), bereits mit der Geltendmachung des Schutzbegehrens in irgendeiner Weise (BayObLG, NVwZ 1993, 811; ähnl. BVerwG, InfAuslR 1998, 191 (192)) begründet wird und damit unmittelbare verfassungs- und völkerrechtliche Verpflichtungen auslöst.

37 Die Bundesrepublik Deutschland kann ihre unmittelbaren verfassungsrechtlichen wie auch ihre völkerrechtlichen Verpflichtungen nicht ohne inhaltliche Prüfung der Verfolgungsbehauptungen erfüllen. Erst die Überprüfung der auf die Vorfluchtgründe bezogenen Sachangaben des Asylsuchenden setzt die Behörden imstande, ihren verfassungs- und völkerrechtlichen Verpflichtungen gerecht zu werden. Da Abs. 2 S. 1 die Berücksichtigung dieser Angaben versperrt, hindert diese Norm die Behörden an der Erfüllung unmittelba-

rer verfassungsrechtlicher Gebote und die Bundesrepublik an der Erfüllung völkerrechtlicher Verpflichtungen.

Anders als bei der unmittelbaren Anwendung von § 71, der bereits eine inhaltliche Prüfung der Vorfluchtgründe im Erstverfahren vorangegangen ist, versperrt die verfahrensrechtliche Sanktion nach Abs. 2 S. 1 in Verb. mit § 51 I–III VwVfG die Berücksichtigung der Vorfluchtgründe bereits im Erstverfahren. Die entsprechende Anwendung des § 71 soll verfahrensbeschleunigende und den Rechtsschutz verkürzende Wirkungen herbeiführen. Die abweichend von § 71 III zwingend durchzuführende persönliche Anhörung kann nur die Funktion haben, »Wiederaufgreifensgründe« (vgl. § 51 I–III VwVfG) bzw. die für die stets zu prüfenden Abschiebungshindernisse nach § 60 II–VII AufenthG maßgeblichen Tatsachen zu ermitteln. Auf asylrechtserhebliche Vorfluchtgründe kann diese sich deshalb nicht beziehen, weil deren Berücksichtigung durch § 51 I VwVfG gesperrt ist. **38**

Fraglich ist, ob Abs. 2 S. 1 einer verfassungs- und völkerrechtskonformen Auslegung und Anwendung zugänglich ist. Dies wäre nur der Fall, wenn die durch Abs. 2 S. 1 in Verb. mit § 71 I 1, § 51 I – III VwVfG errichtete verfahrensrechtliche Sperrwirkung durch eine verfassungsunmittelbare Auslegung und Anwendung von Abs. 2 S. 1 aufgehoben werden könnte. Der Verweis in § 71 I 1 auf § 51 I–III VwVfG ist indes eindeutig. § 51 VwVfG regelt die Durchbrechung der Bestandskraft eines Verwaltungsaktes und lässt eine Berücksichtigung der für den Erlass des Erstbescheids maßgeblichen Gründe grundsätzlich nicht zu. Nur soweit die veränderten Umstände nach § 51 I Nr. 1 VwVfG oder die neuen Beweismittel nach § 51 I Nr. 2 VwVfG ohne Berücksichtigung der früher vorgetragenen Tatschen nicht zureichend beurteilt werden können, sind in diesem Umfang und mit dieser spezifischen Zweckrichtung die früheren Sachangaben im Verfahren auf Wiederaufgreifen mit heran zu ziehen (§ 71 Rdn. 250 ff.). **39**

Die maßgeblichen Tatsachen des Erstverfahrens können damit grundsätzlich nicht mehr berücksichtigt werden. Ein Zugriff auf die Vorfluchtgründe käme damit im Ergebnis einer Aufhebung der Vorschrift des Abs. 2 S. 1 gleich. Denn Abs. 2 S. 1 verweist auf § 71 I 1 und damit auf die verfahrensrechtliche Sperrwirkung des § 51 I VwVfG. Eine Berücksichtigung der Vorfluchtgründe müsste aber die Sperrwirkung des § 51 I VwVfG in Ansehung der Vorfluchtgründe und damit die mittelbare Verweisungsanordnung von Abs. 2 S. 1 unberücksichtigt lassen. **40**

Unabhängig hiervon ist festzuhalten, dass der Verweis in Abs. 2 S. 1 auf § 71 in Verb. mit § 51 I–III VwVfG verfahrensrechtlich aus strukturellen Gründen nicht handhabbar ist. Weder ist in der Vergangenheit ein Verwaltungsakt im Sinne von § 51 I Nr. 1 VwVfG erlassen worden noch gibt es eine »Entscheidung« in Bezug auf die das neue Beweismittel im Sinne von § 51 I Nr. 2 VwVfG geeignet wäre, eine dem Asylsuchenden »günstigeres« Ergebnis herbeizuführen. **41**

In der Literatur wird ein verfassungskonformer Rettungsversuch von Abs. 2 S. 1 dadurch unternommen, dass »alle Umstände« und somit auch die Vorfluchtgründe, die der Antragsteller im Rahmen der zwingenden Anhörung (Abs. 2 S. 2) vorträgt, als »veränderte Umstände« zu berücksichtigen seien. **42**

Teleologisch sei Abs. 2 dahin auszulegen, dass der Hinweis auf § 71 den reduzierten Rechtsschutz ins Spiel bringe (Duchrow, ZAR 2002, 269 (274)). Mit dem Hinweis auf § 71 in Abs. 2 S. 1 wird jedoch zunächst § 71 I 1 und damit § 51 I–III VwVfG in Bezug genommen. Die nach § 51 I VwVfG »*veränderten Umstände*« setzen aus verfahrensrechtlicher Sicht Umstände voraus, die von den »veränderten Umstände« abzugrenzen sind.

43 Sind Bezugspunkt der »veränderten Umstände« im allgemeinen Verfahrensrecht die im Erstbescheid berücksichtigten Umstände, muss Abs. 2 S. 1 in Verb. mit § 71 I 1, § 51 I VwVfG ebenfalls einen tatsächlichen Bezugspunkt haben, wenn man dem im Gesetzgebungsverfahren auf verfahrensstrukturelle Probleme aufmerksam gemachten Gesetzgeber nicht unsinniges Handeln unterstellen will. An die Stelle des Erstbescheids tritt nach Abs. 2 S. 1 die Meldung nach § 18 I oder § 19 I, sodass die nach § 51 I VwVfG zu berücksichtigenden »veränderten Umstände« sich auf Umstände beziehen, die vor dem Zeitpunkt der Meldung entstanden sind. Das sind die Vorfluchtgründe.

44 Der verfassungskonforme Rettungsversuch muss damit an strukturellen verfahrensrechtlichen Hindernissen scheitern. Dem Gesetzgeber war bewusst, dass der Hinweis auf § 71 in Abs. 2 S. 1 in verfahrensrechtlicher Hinsicht systemfremd ist. Da er gleichwohl Abs. 2 S. 1 nicht verändert hat, muss dieser gesetzgeberische Wille akzeptiert werden. Hätte der Gesetzgeber lediglich rechtsschutzverkürzende Wirkungen bezweckt und nicht die Vorfluchtgründe ausschließen wollen, hätte er den Weg über § 30 III Nr. 5 wählen können (vgl. Marx, Stellungnahme an den BT-Innenausschuss vom 1. Januar 2002, DB, 14. WP, Innenausschuss, Prot. Nr. 83, Drs. 14674, S. 166). Daraus kann nur der Schluss gezogen werden, dass dem Gesetzgeber die über § 30 III Nr. 5 nach § 36 III, IV anzuwendenden Verfahrensverkürzungen nicht ausreichend erscheinen, sondern die Präklusion der Vorfluchtgründe bezweckt ist. Insoweit wird das BVerfG dem Gesetzgeber aufgeben müssen, dass er in geeigneter verfahrensrechtlicher Weise die Berücksichtigung der Vorfluchtgründe sicherzustellen hat.

5. Obligatorische Anhörung (Abs. 2 Satz 2)

45 Abweichend von § 71 III ist der Asylsuchende anzuhören. Diese Anhörung kann – wie ausgeführt – aus verfahrensstrukturellen Gründen nicht den Zweck verfolgen, die asylrechtserheblichen Vorfluchtgründe zu ermitteln. Die Funktion von Abs. 2 S. 2 wird indes aus der Bedeutung von Art. 3 EMRK (§ 60 V AufenthG) deutlich. Nach Auffassung des EGMR steht die technische und automatische Anwendung einer Vorschrift, die »*jegliche Prüfung der tatsächlichen Gründe*« der Verfolgung untersagt, in »*Widerspruch zum Schutz der von Art. 3 EMRK umfassten Werte*« (EGMR, InfAuslR 2001, 57 (58) = EZAR 933 Nr. 9 = NVwZ-Beil. 2001, 97 – *Jabari*; ebenso EGMR, InfAuslR 2000, 321 (325) = EZAR 933 Nr. 8 = NVwZ 2001, 301).

46 Aus diesem Grund kann die Bundesrepublik wegen der zwingend zu beachtenden Abschiebungshindernisse nach § 60 II–VII AufenthG nicht das für die Anwendung von Art. 3 EMRK, Art. 7 IPbpR und Art. 3 Übereinkommen

gegen Folter maßgebliche Sachvorbringen, das sich ja auf die der Einreise vorgelagerte Phase bezieht, verfahrensrechtlich sperren. Vielmehr muss das Bundesamt den Antragsteller zu den für die Anwendung von § 60 II–VII AufenthG maßgebenden Tatsachen und Umständen persönlich anhören.

6. Behördliche Unterrichtungspflichten nach Abs. 3

Nach Abs. 3 S. 1 ist die Behörde, die den Asylsuchenden an eine Aufnahmeeinrichtung weiterleitet, verpflichtet, dieser unverzüglich die Stellung des Asylgesuchs und die schriftliche Belehrung nach Abs. 2 S. 3 schriftlich mitzuteilen. Hinzu treten die behördlichen Weiterleitungspflichten nach § 21 I 1. Die behördliche Unterrichtungspflicht nach Abs. 3 S. 1 war bereits in § 20 I AsylVfG 1992 geregelt und ist wegen der verfahrensrechtlichen Sanktion nach Abs. 2 S. 1 um den Hinweis auf die durchgeführte Belehrung nach Abs. 2 S. 3 erweitert worden. Die Unterrichtungspflicht soll insbesondere dazu dienen, später den Nachweis über die durchgeführte Belehrung führen zu können. 47

Verpflichtet werden durch Abs. 3 S. 1 die Grenzbehörde (§ 18) sowie die allgemeine Polizei- und die Ausländerbehörde (§ 19 I). Die vom Asylsuchenden aufgesuchte Aufnahmeeinrichtung (vgl. § 22 I 1), welche den Asylsuchenden an die zuständige Aufnahmeeinrichtung weiterleitet (vgl. § 22 I 2), wird ebenfalls durch § 22 III 2 in Verb. mit Abs. 3 verpflichtet, die zuständigen Aufnahmeeinrichtung schriftlich nach Maßgabe dieser Vorschrift zu unterrichten. 48

Abs. 3 S. 2 verpflichtet die »zuständige Aufnahmeeinrichtung« (vgl. § 22 I 2), die zuständige Außenstelle (§ 23 I) unverzüglich, spätestens nach Ablauf einer Woche nach der Unterrichtung gemäß Abs. 3 S. 1, über die Aufnahme des Asylsuchenden zu unterrichten und ihr die schriftliche Mitteilung im Sinne von Abs. 3 S. 1 zuzuleiten. Durch diese doppelte behördliche Unterrichtungspflicht wird sichergestellt, dass die schriftliche Belehrung und Empfangsbestätigung nach Abs. 2 S. 3 zur Akte des Bundesamtes gelangt und dieses gegenüber dem Verwaltungsgericht den Nachweis der Belehrung des Asylsuchenden führen kann. 49

Eine unmittelbare behördliche Unterrichtung der zuständigen Außenstelle des Bundesamtes durch die in Abs. 3 S. 1 bezeichneten Behörden ist nicht sachgerecht, da die zuständige Außenstelle im Zeitpunkt dieser Unterrichtung noch nicht über die Aufnahme des Asylsuchenden informiert ist und deshalb noch keine Akte angelegt hat. Für die Nachweispflicht kommt es damit auf eine reibungslose Informationsübermittlung der in Abs. 3 S. 1 und S. 2 bezeichneten Behörden an. Gelangt der Hinweis auf die Weiterleitung und die schriftliche Belehrung des Asylsuchenden nicht zur Akte der zuständigen Außenstelle, kann das Bundesamt nicht nach Abs. 2 S. 1 vorgehen. 50

§ 21 Verwahrung und Weitergabe von Unterlagen

(1) Die Behörden, die den Ausländer an eine Aufnahmeeinrichtung weiterleiten, nehmen die in § 15 Abs. 2 Nr. 4 und 5 bezeichneten Unterlagen in Verwahrung und leiten sie unverzüglich der Aufnahmeeinrichtung zu. Erkennungsdienstliche Unterlagen sind beizufügen.
(2) Meldet sich der Ausländer unmittelbar bei der für seine Aufnahme zuständigen Aufnahmeeinrichtung, nimmt diese die Unterlagen in Verwahrung.
(3) Die für die Aufnahme des Ausländers zuständige Aufnahmeeinrichtung leitet die Unterlagen unverzüglich der ihr zugeordneten Außenstelle des Bundesamtes zu.
(4) Dem Ausländer sind auf Verlangen Abschriften der in Verwahrung genommenen Unterlagen auszuhändigen.
(5) Die Unterlagen sind dem Ausländer wieder auszuhändigen, wenn sie für die weitere Durchführung des Asylverfahrens oder für aufenthaltsbeendende Maßnahmen nicht mehr benötigt werden.

Übersicht

	Rdn.
1. Vorbemerkung	1
2. Verpflichtung zur Verwahrung und Weitergabe von Unterlagen (Abs. 1 und 2)	3
3. Rechte der Asylantragsteller (Abs. 4 und 5)	8

1. Vorbemerkung

1   Mit dieser Vorschrift soll erreicht werden, dass Dokumente, die für das *Asylverfahren* oder die *Aufenthaltsbeendigung* von Bedeutung sind, möglichst von der ersten amtlichen Stelle, die um Schutz ersucht wird, in Verwahrung genommen werden. Dadurch soll im Rahmen des Möglichen die Vernichtung, Vorenthaltung oder Weitergabe an andere Personen (Fluchthelfer) verhindert werden (BT-Drs. 12/2062, S. 32).

2   Eine derart ausdifferenzierte Vorschrift kannte das alte Recht nicht. Eine auf Urkunden und andere Unterlagen bezogene Vorlagepflicht bestand aber ebenfalls ((§ 8 II 3, 12 I 3 AsylVfG 1982). Die Vorschrift begründet für den Asylsuchenden *keine* Mitwirkungspflichten. Vielmehr sind die für die Anwendung dieser Norm maßgeblichen Mitwirkungspflichten in § 15 II Nr. 4 und 5 in Verb. mit § 15 III geregelt. Ausdrücklich festgelegt sind auf die Inverwahrungnahme bezogene Rechte des Asylsuchenden in Abs. 4 und 5.

2. Verpflichtung zur Verwahrung und Weitergabe von Unterlagen (Abs. 1 und 2)

3   Nach Abs. 1 haben die Behörden, bei denen um Asyl nachgesucht wird und die den Asylsuchenden zwecks Einleitung des Asylverfahrens an die zustän-

dige bzw. nächstgelegene Aufnahmeeinrichtung weiterleiten, die in § 15 II Nr. 4 und 5 in Verb. mit § 15 III bezeichneten Unterlagen amtlich in Verwahrung zu nehmen und diese unverzüglich der Aufnahmeeinrichtung zuzuleiten. Hinzu treten die behördlichen Unterrichtungspflichten nach § 20 III 1.
Verpflichtet werden durch Abs. 1 S. 1 die Grenz-, Ausländer- und Polizeibehörde (§ 18 I 2. HS und § 19 I 2. HS). Durch Abs. 2 wird darüber hinaus die nach § 46 I zuständige Aufnahmeeinrichtung verpflichtet, sofern der Asylsuchende sich dort persönlich meldet (§ 22 I 1). Diese leitet die Unterlagen unverzüglich der ihr zugeordneten Außenstelle des Bundesamtes weiter (Abs. 3). 4

Ist die um Schutz ersuchte Aufnahmeeinrichtung nicht zuständig, nimmt sie den Asylsuchenden auf und leitet ihn an die nach § 46 I zuständige Aufnahmeeinrichtung weiter (§ 22 I 2). In diesen Fällen ist die Weitergabepflicht nicht klar geregelt. Denn Abs. 2 verweist nur auf die zuständige Aufnahmeeinrichtung nach § 22 I 2, regelt aber nicht die Pflichten der Aufnahmeeinrichtung nach § 22 I 1. Diese dürfte aber in den Anwendungsbereich von Abs. 1 S. 1 fallen. 5

Jedenfalls ergibt eine teleologische Auslegung dieser Vorschrift, dass die Behörde oder Einrichtung, die zuerst vom Asylsuchenden um Schutz ersucht wird, die Unterlagen in Verwahrung nimmt, sie unverzüglich der zuständigen Aufnahmeeinrichtung weiterleitet, welche diese wiederum an die ihr zugeordnete Außenstelle des Bundesamtes weiterleitet (Abs. 3). Wichtig ist, dass die zuständige Außenstelle des Bundesamtes als aktenführende Behörde alsbald die Unterlagen zur Prüfung und Auswertung erhält. 6

Der *Umfang* der Pflicht zur Inverwahrungnahme ergibt sich aus Abs. 1 S. 1 in Verb. mit § 15 II Nr. 4 und 5 sowie aus Abs. 1 S. 2. Die für § 15 II Nr. 4 und 5 maßgeblichen Unterlagen werden in Form eines Regelkataloges in § 15 III geregelt. Abs. 1 S. 2 schließt in die zwingende Weiterleitungspflicht auch Unterlagen der erkennungsdienstlichen Behandlung ein. 7

3. Rechte der Asylantragsteller (Abs. 4 und 5)

Auf Verlangen sind dem Antragsteller *Abschriften* der nach Abs. 1 S. 1 und Abs. 2 in Verwahrung genommenen Unterlagen auszuhändigen. Über dieses Recht ist er durch die Behörde aufzuklären (§ 25 VwVfG). Diese Unterlagen sind insbesondere für den Ausgang des Asylverfahrens einschließlich gegebenenfalls erforderlich werdender Rechtsmittelverfahren von zentraler Bedeutung. Es besteht daher insoweit eine *besondere behördliche Belehrungspflicht*. Zusammen mit der Niederschrift über die persönliche Anhörung (§ 25 VII), auf deren Aushändigung ebenfalls ein Anspruch besteht, bilden diese Unterlagen in aller Regel die für die Bewertung des Asylbegehrens zentralen Erkenntnismittel, ohne deren Kenntnis die effektive Rechtsverteidigung insbesondere in den Verfahren nach § 18a und § 36 gar nicht möglich ist. 8

Das Herausgabeverlangen bedarf nicht des Nachweises eines besonderen Grundes oder Interesses (so auch Renner, AuslR, § 21 AsylVfG, Rdn. 4). Vielmehr hat der Asylsuchende kraft Gesetzes und ohne Angabe der für sein Be- 9 gehren maßgebenden Gründe auf formloses Verlangen den in Abs. 4 geregelten Anspruch und auch ohne Antrag den von Amts wegen zu beachtenden Anspruch nach Abs. 5.

10 In besonderen Fällen kann auch ein *vorübergehender Herausgabeanspruch* gegeben sein (so auch Renner, AuslR, § 21 AsylVfG, Rdn. 4), etwa wenn der Asylsuchende zur Eheschließung seinen Personalausweis oder zur Klärung seiner Studienberechtigung – die Asylsuchenden allerdings regelmäßig aus ausländerrechtlichen Gründen vorenthalten wird – übergebene Ausbildungsunterlagen benötigt. Der Pass kann vorübergehend nach § 65 II herausgegeben werden.

11 Abs. 4 und 5 beziehen sich nicht auf die erkennungsdienstlichen Unterlagen nach Abs. 1 S. 2. Dies folgt daraus, dass nach § 16 VI keine Aushändigungspflicht, sondern unter den dort geregelten gesetzlichen Voraussetzungen ein Vernichtungsanspruch besteht.

12 Von Amts wegen sind die Unterlagen nach Abs. 1 S. 1 wieder auszuhändigen, also *zurückzugeben,* wenn sie für die *weitere* Durchführung des Asylverfahrens oder für aufenthaltsbeendende Maßnahmen nicht mehr benötigt werden. Regelmäßig wird dieser Anspruch mit dem unanfechtbaren Abschluss des Verfahrens wirksam werden. Er kann aber auch schon früher begründet sein, etwa wenn die auf den Reiseweg bezogenen Unterlagen deshalb keine rechtliche Bedeutung mehr haben, weil das Bundesamt den Antrag als beachtlich (§ 29 I) ansieht oder nach Ablauf der Frist in § 29 II das Verfahren fortführt.

§ 22 Meldepflicht

(1) Ein Ausländer, der den Asylantrag bei einer Außenstelle des Bundesamtes zu stellen hat (§ 14 Abs. 1), hat sich in einer Aufnahmeeinrichtung persönlich zu melden. Diese nimmt ihn auf oder leitet ihn an die für seine Aufnahme zuständige Aufnahmeeinrichtung weiter; im Falle der Weiterleitung ist der Ausländer, soweit möglich, erkennungsdienstlich zu behandeln.

(2) Die Landesregierung oder die von ihr bestimmte Stelle kann bestimmen, dass

1. die Meldung nach Absatz 1 bei einer bestimmten Aufnahmeeinrichtung erfolgen muss,

2. ein von einer Aufnahmeeinrichtung eines anderen Landes weitergeleiteter Ausländer zunächst eine bestimmte Aufnahmeeinrichtung aufsuchen muss.

Der Ausländer ist während seines Aufenthaltes in der nach Satz 1 bestimmten Aufnahmeeinrichtung erkennungsdienstlich zu behandeln. In den Fällen des § 18 Abs. 1 und des § 19 Abs. 1 ist der Ausländer an diese Aufnahmeeinrichtung weiterzuleiten.

(3) Der Ausländer ist verpflichtet, der Weiterleitung an die für ihn zuständige Aufnahmeeinrichtung nach Absatz 1 Satz 1 oder Absatz 2 unverzüglich

Meldepflicht § 22

oder bis zu einem von der Aufnahmeeinrichtung genannten Zeitpunkt zu folgen. Kommt der Ausländer der Verpflichtung nach Satz 1 vorsätzlich oder grob fahrlässig nicht nach, so gilt § 20 Abs. 2 und 3 entsprechend. Auf diese Rechtsfolgen ist der Ausländer von der Aufnahmeeinrichtung schriftlich und gegen Empfangsbestätigung hinzuweisen.

Übersicht

	Rdn.
1. Zweck der Vorschrift	1
2. Verfahrensrechtliche Funktion der Meldepflicht nach Abs. 1 Satz 1	5
3. Inhalt der Meldepflicht nach Abs. 1 Satz 1	7
4. Aufnahmeanspruch des Asylsuchenden nach Abs. 1 Satz 2	11
5. Zuständige Aufnahmeeinrichtung des Bundeslandes (Abs. 2)	13
6. Befolgungspflicht nach Abs. 3 Satz 1	19
7. Schriftliche Belehrung nach Abs. 3 Satz 3	20
8. Anwendung der Vorschriften über den Asylfolgeantrag (Abs. 3 Satz 2)	21
9. Behördliche Unterrichtungspflichten nach Abs. 3 Satz 2 in Verb. mit § 20 Abs. 3	23

1. Zweck der Vorschrift

Die in dieser Vorschrift geregelte Meldepflicht soll sicherstellen, dass vor der Asylantragstellung bei der Außenstelle des Bundesamtes (§ 14 I, § 23 I) die Unterbringung des Antragstellers für den erforderlichen Zeitraum (§§ 47 ff.) gesichert ist (BT-Drs. 12/2062, S. 32). Die Vorschrift über die erkennungsdienstliche Behandlung nach Abs. 1 S. 2 2. HS ist durch ÄnderungsG 1993 eingefügt worden. Die Regelung in Abs. 2 S. 1 Nr. 1 und 2 ist durch das ÄnderungsG 1997 neu in die Vorschrift eingefügt worden. Abs. 3 ist mit Wirkung zum 1. Januar 2005 durch das ZuwG neu eingefügt worden und ist im Zusammenhang mit der Neustrukturierung der Vorschriften der §§ 20–23 über die Antragstellung und der an die Verletzung der Befolgungspflicht nach § 20 I geknüpften verfahrensrechtlichen Sanktion des § 20 II 1 zu sehen.

§ 22 hat zentrale Bedeutung für die Effektivität der polizeilichen Kontrolle der Asylsuchenden sowie die möglichst reibungslose und unverzügliche Ingangsetzung des Asylverfahrens. Die in anderen Vorschriften (§ 18 I 2. HS und § 19 I 2. HS) geregelte Weiterleitungsverpflichtung hat die persönliche Meldepflicht nach Abs. 1 S. 1 zur Voraussetzung.

Zwar kannte das AsylVfG 1982 eine derart stringent gehandhabte persönliche Meldepflicht nicht. Dort war lediglich geregelt, dass der Antragsteller zur wirksamen Antragstellung persönlich bei der Ausländerbehörde erscheinen musste (§ 8 II 1 AsylVfG 1982). Verletzte er diese Pflicht, leitete die Ausländerbehörde die Akten an das Bundesamt weiter, welches nach Aktenlage zu entscheiden hatte (§ 8 III 1 AsylVfG 1982), wobei die Nichtbefolgung der persönlichen Meldepflicht zuungunsten des Antragstellers berücksichtigt werden konnte (§ 8 III 2 AsylVfG 1982) und auch regelmäßig wurde. Dass

1

2

3

§ 22   *Asylverfahren*

von dieser persönlichen Erscheinenspflicht die rechtliche Wirksamkeit der Antragstellung abhängig ist (vgl. § 23 I), sah das alte Recht dagegen nicht vor.

4   Vor Erlass des AsylVfG 1982 regelte jedoch § 38 I 1 AuslG 1965 eine persönliche Meldepflicht für Asylsuchende. Sie mussten ihr Asylbegehren unverzüglich bei den Grenz- oder Ausländerbehörden vorbringen. Streit herrschte darüber, ob auch unmittelbar beim Bundesamt ein Asylantrag gestellt werden konnte (gegen die Verwaltungspraxis BayVGH, DÖV 1980, 54; VG Ansbach, BayVBl. 1979, 220; VG München, B. v. 14. 12. 1977 – M 248 VII 77). Diese umstrittene Zuständigkeit wurde durch § 8 AsylVfG 1982 beseitigt. Die Regelungen zur persönlichen Meldepflicht nach §§ 14 I, 22 I 1, 23 sind vor diesem Hintergrund gewissermaßen eine Rückkehr zur Rechtslage vor Erlass des AsylVfG 1982.

2. Verfahrensrechtliche Funktion der Meldepflicht nach Abs. 1 Satz 1

5   In verfahrensrechtlicher Hinsicht hat die Meldepflicht nach Abs. 1 S. 1 die Funktion einer *Relaisstelle* für das Asylverfahren: Mit Meldung bei der Grenz-, Ausländer- oder Polizeibehörde (§ 18 I, § 19 I) entsteht das gesetzliche Aufenthaltsrecht nach § 55 I 1 (BVerwG, InfAuslR 1998, 191 (192); BayObLG, NVwZ 1993, 811). Damit greift der ausländerrechtliche Abschiebungsschutz ein (§ 60 I AufenthG).

6   Zwar ist der Asylsuchende bei Einreise ohne Reisedokumente zur Meldung bei der Grenzbehörde verpflichtet (§ 13 III 1). Meldet er sich jedoch erst bei der Ausländerbehörde, leitet diese ihn an die zuständige (§ 46 I) bzw. nächstgelegene Aufnahmeeinrichtung (Abs. 1 S. 2) weiter. Das gilt im Grundsatz auch für die Grenzbehörde (§ 18 I). Der Antragsteller selbst ist verpflichtet, sich in einer Aufnahmeeinrichtung entweder aus eigener Initiative (Abs. 1 S. 1) oder in Befolgung einer Weiterleitungsanordnung (§ 20 I) zu melden.

3. Inhalt der Meldepflicht nach Abs. 1 Satz 1

7   Abs. 1 S. 1 begründet eine *besondere Mitwirkungspflicht* der Antragsteller, die nicht dem Personenkreis nach § 14 II angehören. Diese Mitwirkungspflicht tritt neben die allgemeinen Mitwirkungspflichten nach § 15 und verstärkt die in § 13 III 1 und 2 sowie in § 20 I geregelten Verpflichtungen. Vorgeschrieben ist die *persönliche* Meldung nach Abs. 1 S. 1. Diese Meldepflicht ist damit *unvertretbar* und kann auch nicht durch schriftlichen Antrag oder durch Dritte ersetzt werden.

8   Misslich ist für anwaltlich vertretene Asylsuchende, dass im Zeitpunkt der Meldung nach Abs. 1 S. 1 die zuständige Außenstelle, an die der Schriftsatz gerichtet werden muss, noch nicht bekannt ist. Der Mandant sollte deshalb die vom Anwalt gefertigte Antragsbegründung bei sich führen und bei seiner Meldung nach § 23 übergeben (§ 14 Rdn. 9 ff.). Dadurch kann verhindert wer-

den, dass das Bundesamt im Wege der Direktanhörung »kurzen Prozess« mit dem Antragsteller macht.

Mit der Pflicht zur *unverzüglichen Befolgung* der Weiterleitungsanordnung, die wie ein roter Faden sämtliche Meldevorschriften durchzieht (§§ 18 I 2. HS, 19 I 2. HS, 20 I, 22a S. 2; s. auch § 23 I), soll im besonderen Maße der *Beschleunigungszweck* des Asylverfahrensrechts gesichert werden. Darüber hinaus soll die persönliche Meldepflicht die unverzügliche Durchführung der *Direktanhörung* (§ 25 IV 1) nach Meldung bei der Außenstelle (§ 23 I) sicherstellen. 9

Soweit möglich soll die zuerst aufgesuchte Aufnahmeeinrichtung den Antragsteller vor der Weiterleitung erkennungsdienstlich behandeln (Abs. 1 S. 2 2. HS) und die Unterlagen nach § 21 I sowie die Unterlagen der erkennungsdienstlichen Behandlung (§ 21 I 2) an die zuständige Aufnahmeeinrichtung weiterleiten. 10

4. Aufnahmeanspruch des Asylsuchenden nach Abs. 1 Satz 2

Nach Abs. 1 S. 2 nimmt die Aufnahmeeinrichtung den Asylsuchenden auf oder leitet ihn an die für ihn zuständige Aufnahmeeinrichtung weiter. Der Verpflichtung des Antragstellers nach Abs. 1 S. 1 korrespondiert damit die behördliche Verpflichtung nach Abs. 1 S. 2 zu seiner Aufnahme. Die Vorschrift des Abs. 1 S. 2 gewährt damit ein *Aufnahmerecht des Schutzbegehrenden* und damit eine *Aufnahmepflicht der aufgesuchten Aufnahmeeinrichtung*. Die Erfüllung der Meldepflicht nach Abs. 1 S. 1 ist anders als im Falle des § 46 I nicht von ausreichenden Unterbringungskapazitäten abhängig. Erst wenn die Aufnahmeeinrichtung, bei der sich der Asylsuchende nach Abs. 1 S. 1 gemeldet hat, diesen nach Ermittlung der zuständigen Aufnahmeeinrichtung (§ 46 I) an diese weiterleitet, endet ihr Aufnahmeverpflichtung. 11

Ist die zuerst aufgesuchte zugleich zuständige Aufnahmeeinrichtung, nimmt sie den Antragsteller auf (Abs. 1 S. 2 1. Alt.). Dadurch wird zugleich die Verpflichtung des Antragstellers begründet, den Asylantrag bei der der Aufnahmeeinrichtung zugeordneten Außenstelle des Bundesamtes zu stellen (§§ 14 I, 23 I). Ist die nächstgelegene Aufnahmeeinrichtung (§ 18 I 2. HS, § 19 I 2. HS) oder die vom Antragsteller selbst aus eigener Initiative aufgesuchte Aufnahmeeinrichtung nicht identisch mit der für ihn zuständigen Einrichtung, veranlasst letztere die Bestimmung der Aufnahmeeinrichtung, die nach Maßgabe der in § 46 I genannten Grundsätze zuständige Aufnahmeeinrichtung ist, und leitet den Asylsuchenden an diese weiter (Abs. 1 S. 2 2. Alt.). 12

5. Zuständige Aufnahmeeinrichtung des Bundeslandes (Abs. 2)

Ähnlich wie nach dem vor 1992 geltenden Asylverfahrensrecht für die Entgegennahme des Asylbegehrens die Länder eine oder mehrere Ausländerbehörden als gemeinsame zuständige Ausländerbehörde bestimmen konnten (§ 8 I 3 AsylVfG 1982), können die Landesregierungen nach Abs. 2 S. 1 Nr. 1 13 bestimmen, dass die Meldung nach Abs. 1 S. 1 bei einer bestimmten Aufnahmeeinrichtung des Landes zu erfolgen hat, an welche die in § 18 I und § 19 I genannten Behörden den Asylsuchenden ebenfalls weiterzuleiten haben (Abs. 2 S. 3), wenn nicht von vornherein die zuständige Aufnahmeeinrichtung bekannt ist (§§ 18 I, 19 I).

14 Abs. 2 ist durch das Gesetz zur Änderung ausländer- und asylverfahrensrechtlicher Vorschriften vom 29. Oktober 1997 (BGBl. I S. 2584) neu geregelt worden. Der ursprüngliche Gesetzentwurf sah diese Neuregelung nicht vor (vgl. BT-Drs. 13/4948, S. 5). Sie ist erst im späteren Verlauf der Gesetzesberatungen eingeführt worden. Die Regelung in Abs. 2 S. 1 Nr. 1 ist identisch mit der früheren Regelung des Abs. 2 S. 1. Neu eingeführt worden sind die Vorschriften des Abs. 2 S. 1 Nr. 2 und Abs. 2 S. 2.

15 Wie bereits nach bisherigem Recht kann die Landesregierung nach Abs. 2 S. 1 Nr. 1 bestimmen, dass die Meldung nach Abs. 1 S. 1 bei einer bestimmten Aufnahmeeinrichtung des Landes zu erfolgen hat, an welche die in § 18 I und § 19 I genannten Behörden den Asylsuchenden ebenfalls weiterzuleiten haben (Abs. 2 S. 3), wenn nicht von vornherein die zuständige Aufnahmeeinrichtung bekannt ist. Die Mehrzahl der Länder haben für die persönliche Meldepflicht eine bestimmte Aufnahmeeinrichtung bestimmt. Inzwischen besteht in der Mehrzahl der Bundesländer ohnehin nur noch eine einzige Aufnahmeeinrichtung.

16 Korrespondierend mit der alleinigen Zuständigkeit einer bestimmten Aufnahmeeinrichtung nach Abs. 2 S. 1 Nr. 1 kann die Landesregierung darüber hinaus bestimmen, dass für die im Rahmen des EASY-Systems dem Bundesland zugewiesenen Asylsuchenden (vgl. § 46 I 2) ebenfalls zunächst eine bestimmte Aufnahmeeinrichtung zuständig ist. Regelmäßig haben die Länder für beide in Abs. 2 S. 1 Nr. 1 und 2 vorgesehene Aufgaben eine bestimmte Aufnahmeeinrichtung bestimmt. Die 1997 eingeführte Regelung hat damit kein neues Recht geschaffen, sondern bestätigt lediglich eine bisher bereits überwiegend geübte Verwaltungspraxis.

17 Die Verwendung des Wortes »zunächst« in Abs. 2 S. 1 Nr. 2 weist darauf hin, dass nach Aufnahme in der Aufnahmeeinrichtung nach Abs. 2 S. 1 Nr. 2 eine Zuweisung an eine andere Aufnahmeeinrichtung innerhalb des Bundeslandes erfolgen kann. Dies wird in der Regel in Abhängigkeit von den Bearbeitungskapazitäten der Außenstelle des Bundesamtes erfolgen. Denn häufig wird die Außenstelle des Bundesamtes, die der Aufnahmeeinrichtung nach Abs. 2 S. 1 Nr. 2 zugeordnet ist, Asylanträge aus dem jeweiligen Herkunftsland des Asylsuchenden nicht bearbeiten. Auch werden aufgrund der zentralen Zuständigkeit der Aufnahmeeinrichtung nach Abs. 2 S. 1 Nr. 2 die Aufnahmekapazitäten erschöpft sein.

18 Die Weiterleitung an eine andere Aufnahmeeinrichtung verlängert allerdings nicht die Frist für die Wohnpflicht nach § 46 I 1. Ebenso wie Abs. 1 S. 2 2. HS für die in Abs. 1 S. 1 genannten Aufnahmeeinrichtung begründet Abs. 2 S. 2 eine behördliche Verpflichtung der zentralen Aufnahmeeinrichtung des Bundeslandes, vor der Weiterleitung des Asylsuchenden die erkennungsdienstliche Behandlung durchzuführen.

6. Befolgungspflicht nach Abs. 3 Satz 1

In Anknüpfung an die in § 20 I geregelte Befolgungspflicht regelt Abs. 3 S. 1 eine identische Befolgungspflicht des Asylsuchenden, der eine Aufnahmeeinrichtung aufsucht, die nicht für ihn zuständig ist und die ihn deshalb an die für ihn zuständige Aufnahmeeinrichtung weiterleitet. Die Befolgungspflicht nach Abs. 3 S. 1 setzt eine Weiterleitungsanordnung nach Abs. 1 S. 2 voraus. Diese muss den Anforderungen genügen, die an die Weiterleitungsanordnung nach § 18 I oder § 19 I zu stellen sind (s. hierzu § 20 Rdn. 9 f.), also insbesondere in schriftlicher Form erfolgen und eine schriftliche Belehrung über die verfahrensrechtlichen Folgen der Verletzung der Befolgungspflicht enthalten (Abs. 3 S. 3).

19

7. Schriftliche Belehrung nach Abs. 3 Satz 3

An die Belehrung nach Abs. 3 S. 3 sind die selben Anforderungen wie an die Belehrungspflichten nach § 10 VII zu stellen (s. hierzu § 10 Rdn. 107 ff., § 20 Rdn. 23). Danach reicht eine bloße Wiedergabe des Gesetzestextes nicht aus. Vielmehr bedarf es einer verständlichen Umschreibung des Inhalts der gesetzlichen Bestimmungen in einer *dem Asylsuchenden verständlichen Sprache* (BVerfG (Kammer), NVwZ-Beil. 1994, 25 (26); s. auch BT-Drs. 14/7387, S. 101). Bei nicht der deutschen Sprache kundigen Asylsuchenden, also im Regelfall, hat die Belehrung mit Hilfe eines Dolmetschers zu erfolgen (BVerfG (Kammer), NVwZ-Beil. 1996, 81 (82) = EZAR 210 Nr. 11 = AuAS 1996, 196; Hess.VGH, EZAR 210 Nr. 10 = AuAS 1995, 70; s. hierzu im Einzelnen § 20 Rdn. 22 ff.).

20

8. Anwendung der Vorschriften über den Asylfolgeantrag (Abs. 3 Satz 2)

Erfüllt die Weiterleitungsanordnung nach Abs. 1 S. 2 die gesetzlichen Anforderungen (§ 20 Rdn. 9 f.) und verletzt der Asylsuchende seine Befolgungspflicht nach Abs. 3 S. 1 vorsätzlich oder grob fahrlässig, so gilt für seinen förmlich bei der zuständigen Außenstelle gestellten Asylantrag § 71 entsprechend (Abs. 3 S. 2 in Verb. mit § 20 II 1, § 71). Der Asylsuchende kann nur noch mit Gründen gehört werden, die nach seiner Meldung nach Abs. 1 S. 1 entstanden sind (s. hierzu im Einzelnen § 20 Rdn. 31 ff.) Dadurch wird der Schutzsuchende mit den Gründen verfahrensrechtlich gesperrt, die seine Verfolgungsfurcht begründen.

21

Dies kommt einem unzulässigen Ausschlussgrund aus der GFK gleich und ist mit dem zwingenden, sich aus Art. 33 GFK ergebenden Verpflichtungen unvereinbar (UNHCR, Stellungnahme an den BT-Innenausschuss vom 14. 1. 2002, DB, 14. WP, Protokoll des Innenausschusses Nr. 83, 14/674 I, S. 280). Nach Auffassung des EGMR steht die technische und automatische Anwendung einer Vorschrift, die *»jegliche Prüfung der tatsächlichen Gründe«* der Verfolgung untersagt, darüber hinaus in *»Widerspruch zum Schutz der von Art. 3*

22

EMRK umfassten Werte« (EGMR, InfAuslR 2001, 57 (58) = NVwZ-Beil. 2001, 97 – *Jabari,* s. hierzu § 20 Rdn. 35, 45).

9. Behördliche Unterrichtungspflichten nach Abs. 3 Satz 2 in Verb. mit § 20 Abs. 3

23 Nach Abs. 3 S. 2 gilt § 20 III in dem Fall entsprechend, in dem der Asylsuchende seiner Befolgungspflicht nicht nachkommt. Der Gesetzeswortlaut ist irreführend. Danach wird die behördliche Unterrichtungspflicht erst durch die Verletzung der Befolgungspflicht nach Abs. 3 S. 1 ausgelöst. Die behördliche Unterrichtungspflicht dient jedoch dem Zweck, die Verletzung der Befolgungspflicht feststellen zu können, ihre Beachtung ist also Voraussetzung für die Anwendung von § 20 II 1. Die Unterrichtungspflicht soll insbesondere dazu dienen, später den Nachweis über die durchgeführte Belehrung führen zu können.

24 Daher ist Abs. 3 S. 2 so anzuwenden, dass die Aufnahmeeinrichtung verpflichtet ist, der zuständigen Aufnahmeeinrichtung (vgl. § 23 I, § 46 I 1) unverzüglich die Stellung des Asylgesuchs und die schriftliche Belehrung nach Abs. 3 S. 3 schriftlich mitzuteilen. Hinzu treten die behördlichen Weiterleitungspflichten nach § 21 I 1. Eine unmittelbare behördliche Unterrichtung der zuständigen Außenstelle durch die Aufnahmeeinrichtung ist nicht sachgerecht, da die zuständige Außenstelle im Zeitpunkt dieser Unterrichtung noch nicht über die Aufnahme des Asylsuchenden informiert ist und deshalb noch keine Akte angelegt hat. Gelangt der Hinweis auf die Weiterleitung und die schriftliche Belehrung des Asylsuchenden nicht zur Akte der zuständigen Außenstelle, kann das Bundesamt nicht nach Abs. 2 S. 1 vorgehen.

§ 22 a Übernahme zur Durchführung eines Asylverfahrens

Ein Ausländer, der auf Grund eines völkerrechtlichen Vertrages zur Durchführung eines Asylverfahrens übernommen ist, steht einem Ausländer gleich, der um Asyl nachsucht. Der Ausländer ist verpflichtet, sich bei oder unverzüglich nach der Einreise zu der Stelle zu begeben, die vom Bundesministerium des Innern oder der von ihm bestimmten Stelle bezeichnet ist.

Übersicht

	Rdn.
1. Zweck der Vorschrift	1
2. Vertragliche Übernahmeverpflichtung der Bundesrepublik (Satz 1 erster Halbsatz)	5
3. Rechtsstellung des übernommenen Asylsuchenden (Satz 1 zweiter Halbsatz)	8
4. Mitwirkungspflichten der Asylsuchenden (Satz 2)	13

Übernahme zur Durchführung eines Asylverfahrens § 22 a

1. Zweck der Vorschrift

Diese Vorschrift ist unmittelbarer Ausdruck der in Art. 16 a V GG vorausgesetzten Bestrebungen, die auf eine *europäische Harmonisierung des Asylrechts* abzielen (s. hierzu BVerfGE 94, 49 (85, 88f., 101) = EZAR 208 Nr. 7 = NVwZ 1996, 700). Ebenso wie die Bundesrepublik bei Einreisen von Asylsuchenden aus EG-Staaten, die für die Behandlung der Asylbegehren nach der Dublin II-VO zuständig sind, diese dorthin überführt (Art. 16 a V GG), ist sie ihrerseits nach dieser Verordnung zur Übernahme verpflichtet, wenn sie danach für die Behandlung des Asylbegehrens zuständig ist. 1

Die Vorschrift nimmt aber nicht nur auf die im Rahmen der EG ausgehandelten Abkommen Bezug, sondern verweist auf alle bi- und multilateralen Abkommen, welche die Frage der Verantwortlichkeit des Staates zur Behandlung eines Asylbegehrens regeln. Dem tragen die Regelungen in Art. 16 a V GG, § 18 IV Nr. 1, § 26 a I 3 Nr. 2 und diese Vorschrift Rechnung. 2

Nach Art. 63 I Nr. 1 a EG-Vertrag ist die Regelungsmaterie in eine gemeinschaftsrechtliche Verordnung (Dublin II-VO) überführt werden. Der Rat hat im Dezember 2002 einen entsprechenden und überarbeiteten Vorschlag für eine *»Verordnung des Rates zur Festlegung von Kriterien und Verfahren zur Bestimmung des Mitgliedsstaates, der für die Prüfung eines Asylantrags zuständig ist, den ein Staatsangehöriger eines dritten Landes in einem Mitgliedsstaat gestellt hat«* (KOM(2001)447, BR-Drs. 9959/01 v 8. 11. 2001) zugestimmt. Die Verordnung ist am 1. September 2003 in Kraft getreten (Amtsblatt der EG L 50/1) und ersetzt das DÜ (vgl. Art. 24 I EG-Verordnung 334/2003). 3

Der Hauptanwendungsfall der Vorschrift des § 22 a war bislang das DÜ. Seit Inkrafttreten der bezeichneten Verordnung wird der zwischenstaatliche Verkehr und seine innerstaatliche Umsetzung unmittelbar nach Maßgabe der Verordnung durchgeführt und nicht nach § 22 a (s. hierzu auch § 29 Rdn. 39 ff.). Wahrscheinlich bedarf es aber für die Umsetzung der Verordnung klarstellender und erläuternder innerstaatlicher Regelungen. Ein Rückgriff auf § 22 a wird ohne Änderung dieser Vorschrift indes nicht möglich sein. Allerdings hat der Gesetzgeber bei der Verabschiedung des ZuwG die Vorschrift nicht geändert und damit wohl zum Ausdruck gebracht, dass § 22 a auch weiterhin dazu dienen soll, für die Anwendung und Auslegung der Dublin II-VO ergänzende innerstaatliche Regelungen bereit zu halten. 4

2. Vertragliche Übernahmeverpflichtung der Bundesrepublik (Satz 1 erster Halbsatz)

Betroffen von der Regelung in S. 1 sind Asylsuchende, die von einem anderen Staat an die Bundesrepublik überführt werden. Ebenso wie die Bundesrepublik auf der Basis der Dublin II-VO und völkerrechtlicher Abkommen bei Einreise aus einem Staat, der völkerrechtlich für die Behandlung des Asylantrags zuständig ist, den Asylsuchenden an diesen überführt und dieser Staat nach seinem innerstaatlichen Recht auf der Grundlage einer § 22 a vergleichbaren Regelung das Asylverfahren durchführt, ist die Bundesrepublik ihrer- 5 seits verpflichtet, den Asylsuchenden zu übernehmen, wenn sie aufgrund völkerrechtlicher Abmachungen für die Behandlung des Asylbegehrens zuständig ist (§ 18 IV Nr. 1, § 26 a I 3 Nr. 2).

6 Nach der Konzeption der seit 1990 entwickelten und auf zusehends mehr Staaten ausgeweiteten Zuständigkeitsabkommen hat der in dieser Vorschrift in Bezug genommene Asylsuchende vor seiner Einreise in den überführenden Staat die Bundesrepublik auf dem Landweg überquert, ist also zuvor hier eingereist und anschließend aus der Bundesrepublik aus- und in den betreffenden Staat eingereist oder er war zum Zeitpunkt seiner Einreise in den anderen Vertragsstaat im Besitz eines durch deutsche Behörden ausgestellten Visums.

7 Für diese Fälle der Übernahme, die mit dem in §§ 22 AufenthG geregelten Verfahren nicht verwechselt werden dürfen, bedarf es einer verfahrensrechtlichen Regelung. Bei der Übernahme nach § 22 AufenthG handelt es sich dagegen regelmäßig um die Übernahme von Flüchtlingen aus Dritt- oder Herkunftsstaaten aus humanitären (Bürgerkrieg) oder familiären Gründen. Bei der Aufenthaltsgewährung zum vorübergehenden Schutz (vgl. § 24 AufenthG) handelt es sich um die Durchführung der gemeinschaftsrechtlichen Richtlinie 01/55/EG.

3. Rechtsstellung des übernommenen Asylsuchenden (Satz 1 zweiter Halbsatz)

8 S. 1 bestimmt, dass ein aufgrund einer völkerrechtlichen Vereinbarung übernommener Asylsuchender einem gemäß §§ 18 I, 19 I, 22 I Asyl begehrenden Antragsteller rechtlich gleichsteht. Diese Regelung ist deshalb erforderlich, weil bei einem von einem Mitglied- oder Vertragsstaat übernommenen Asylsuchenden zunächst noch kein Asylantrag vorliegt (BT-Drs. 12/4450, S. 20). Da die zuständigen Organe des Mitglied- oder Vertragsstaates vor der Rückführung bereits das Vorliegen eines Antrags im Sinne von § 13 geprüft haben, ist der Bundesrepublik eine erneute Überprüfung dieser Frage verwehrt.

9 Der Asylsuchende muss vor seiner Einreise in dem nicht zuständigen Staat einen Asylantrag gestellt haben. Nicht ausreichend für die Anwendung der Dublin II-VO bzw. der entsprechenden völkerrechtlichen Abkommen ist dagegen die Schutzsuche in irgendeiner Form. Vielmehr muss dem Schutzbegehren ein Hinweis auf die GFK entnommen werden können, damit die Abkommen angewendet werden können (vgl. Art. 3 I, 4 I in Verb. mit Art. 2 Buchst. c) der Dublin II-VO).

10 Nur in derartigen Fällen ist die Bundesrepublik nach Maßgabe der entsprechenden Abkommen zuständig und hat sie den Asylsuchenden als Antragsteller im Sinne von § 13 zu behandeln. Daher bestimmt das Bundesinnenministerium bzw. die von ihm beauftragte Stelle die Behörde, bei der sich der Asylsuchende zu melden hat.

11 Mit Übernahme durch die Bundesrepublik steht der Betreffende einem um Asyl nachsuchenden Ausländer gleich (S. 1 2. HS), ihm ist also kraft Gesetzes

der *Aufenthalt gestattet* (§ 55 I 1). Selbstverständlich darf das Bundesamt weder von der Befugnis in § 34 a I noch von der in § 35 Gebrauch machen. Der Asylsuchende reist zwar möglicherweise aus einem sicheren Drittstaat im Sinne von § 26 a I ein. Kraft Gesetzes ist ihm aber die Berufung auf das Asylrecht erlaubt (§ 26 a I 3 Nr. 2) und darf daher § 34 a nicht angewandt werden.

Ein Vorgehen nach § 29 ist deshalb nicht zulässig, weil von vornherein die Undurchführbarkeit der Rückführung in den betreffenden Drittstaat feststeht und deshalb das Asylverfahren durchzuführen ist (§ 29). Da eine Sicherheit vor Verfolgung im Vertragsstaat mangels dessen gemeinschafts- oder völkerrechtlicher Zuständigkeit für die Behandlung des Asylbegehrens nicht besteht, darf der Antrag nicht aus den Gründen des § 27 in der Sache abgelehnt werden. Hat der Antragsteller jedoch bereits vor der Einreise in den unzuständigen Vertragsstaat einen Asylantrag im Bundesgebiet gestellt, geht das Bundesamt nach § 71 vor. Im Übrigen regelt § 71 a die Behandlung der Asylanträge der nach § 22 a übernommenen Asylantragsteller.

4. Mitwirkungspflichten der Asylsuchenden (Satz 2)

Nach S. 2 ist der Asylsuchende verpflichtet, sich unverzüglich zu der dort genannten Stelle zu begeben. Die Gesetzesbegründung verweist insofern auf die in §§ 18–20 aufgeführten Behörden (BT-Drs. 12/4450, S. 20). Eine Weiterleitung an die Grenzbehörde (§ 18) nach Übernahme ist jedoch nicht vorstellbar. Denn es ist davon auszugehen, dass die Übernahme über zugelassene Grenzübergangsstellen (§ 13 I 1 AufenthG) und die Anordnung nach S. 2 nach der Einreise erfolgt. Eine Rückverweisung an die Grenzbehörde ist in diesen Fällen weder sinnvoll noch besteht für den Antragsteller insoweit eine gesetzliche Verpflichtung.

Da der Antragsteller offiziell übernommen worden ist, können die Voraussetzungen nach § 13 III 1 nicht bejaht werden. Sollte die Gesetzesbegründung mit der Verweisung auf die Grenzbehörde auf ein Verfahren nach § 18 II oder § 18 a abzielen, ist dem entgegenzuhalten, dass das europaweit angestrebte Konzept der sicheren Drittstaaten nur dann verantwortet werden kann, wenn der vertraglich zuständige Staat das Verfahren auch durchführt bzw. für Zweitanträge ein besonderes Verfahren vorsieht und von jeglichen Zurückweisungs- und Abschiebungsmaßnahmen bis zum unanfechtbaren negativen Abschluss des Asylverfahrens Abstand nimmt.

Da der Asylsuchende von Amts wegen übernommen wird, hat die in S. 2 als zuständig bezeichnete Stelle ausreichend Zeit, die nach § 46 I und § 14 I zuständigen Stellen zu bestimmen, sodass nach Einreise die zuständige Aufnahmeeinrichtung und damit auch die zuständige Außenstelle des Bundesamtes feststeht und die Anordnung nach S. 2 entsprechend gestaltet werden kann.

Sollten die Voraussetzungen nach § 14 II im Einzelfall gegeben sein, ist Gelegenheit zur Stellung des Antrags beim Sitz des Bundesamtes in Nürnberg zu geben. Die Verletzung der Befolgungspflicht nach S. 2 kann die in § 66 I Nr. 1 beschriebenen Folgen nach sich ziehen.

Dritter Unterabschnitt
Verfahren beim Bundesamt

§ 23 Antragstellung bei der Außenstelle

(1) Der Ausländer, der in der Aufnahmeeinrichtung aufgenommen ist, ist verpflichtet, unverzüglich oder zu dem von der Aufnahmeeinrichtung genannten Termin bei der Außenstelle des Bundesamtes zur Stellung des Asylantrages persönlich zu erscheinen.

(2) Kommt der Ausländer der Verpflichtung nach Absatz 1 vorsätzlich oder grob fahrlässig nicht nach, so gilt für einen später gestellten Asylantrag § 71 entsprechend. Abweichend von § 71 Abs. 3 Satz 3 ist eine Anhörung durchzuführen. Auf diese Rechtsfolgen ist der Ausländer von der Aufnahmeeinrichtung schriftlich und gegen Empfangsbestätigung hinzuweisen. Die Aufnahmeeinrichtung unterrichtet unverzüglich die ihr zugeordnete Außenstelle des Bundesamtes über die Aufnahme des Ausländers in der Aufnahmeeinrichtung und den erfolgten Hinweis nach Satz 3.

Übersicht

		Rdn.
1.	Zweck der Vorschrift	1
2.	Persönliche Meldepflicht des Antragstellers nach Abs. 1	7
3.	Eingreifen des Abschiebungs- und Zurückweisungsschutzes	16
4.	Verletzung der persönlichen Meldepflicht (Abs. 2)	19
4.1.	Verfahrensrechtlicher Zusammenhang der Pflichtverletzung nach Abs. 2 Satz 1	19
4.2.	Schriftliche Belehrung nach Abs. 2 Satz 3	25
4.3.	Vorsätzliche oder grob fahrlässige Verletzung der Befolgungspflicht (Abs. 3 Satz 1)	28
4.4.	Anwendung der Vorschriften über den Asylfolgeantrag (Abs. 2 Satz 1)	29
5.	Obligatorische Anhörung (Abs. 2 Satz 2)	32
6.	Behördliche Unterrichtungspflichten nach Abs. 2 Satz 4 in Verb. mit § 20 Abs. 3	34

1. Zweck der Vorschrift

1　Die Vorschrift des § 23 soll die unverzügliche Einleitung und Durchführung des Asylverfahrens nach der Einreise für unmittelbar in das Bundesgebiet einreisende Asylsuchende sicherstellen. Die auf die Außenstelle des Bundesamtes bezogene persönliche Meldepflicht steht im engen sachlichen Zusammenhang mit der persönlichen Meldepflicht nach § 22 I 1 gegenüber der Aufnahmeeinrichtung. Die rechtlich wirksame Antragstellung im Hinblick auf die Antragsteller nach § 14 I ist danach von deren persönlichen Erscheinen bei der zuständigen Außenstelle des Bundesamtes abhängig.

2　Die Zuständigkeit der Außenstelle des Bundesamtes steht zu Beginn des Verfahrens noch nicht fest. Bevor der Asylsuchende die für ihn zuständige

Außenstelle aufsuchen kann, hat er zunächst bei einer Aufnahmeeinrichtung um Asyl nachzusuchen. Nach der persönlichen Meldung bei einer Aufnahmeeinrichtung (§ 22 I 1) wird die für den Antragsteller zuständige Aufnahmeeinrichtung nach Maßgabe des § 46 ermittelt.

Ist der Asylsuchende in der für ihn zuständigen Aufnahmeeinrichtung angelangt, hat er sich zur wirksamen förmlichen Asylantragstellung bei der dieser zugeordneten Außenstelle des Bundesamtes persönlich zu melden (§ 23 I). Erst mit der persönlichen Meldung nach § 23 I wird der Asylantrag rechtlich wirksam gestellt (BVerwG, InfAuslR 1998, 191 (192) = AuAS 1998, 91). Bereits mit dem ersten Nachsuchen um Asyl bei einer Grenz-, Polizei- oder Ausländerbehörde (vgl. § 18 I, § 19 I) oder einer Aufnahmeeinrichtung (vgl. § 22 I 1) entsteht andererseits das gesetzliche Aufenthaltsrecht nach § 55 I 1 (BVerwG, InfAuslR 1998, 191 (192) = AuAS 1998, 91). 3

Früher war der Asylantrag ausnahmslos bei der örtlich zuständigen Ausländerbehörde zu stellen (§ 8 I AsylVfG 1982), welche die Anhörung durchführte (§ 8 II AsylVfG 1982) und beachtliche Asylanträge an das Bundesamt weiterleitete (§ 8 V 1 AsylVfG 1982). Dieses hatte seinerseits erneut eine Anhörung vorzunehmen (§ 12 I 2 AsylVfG 1982). Nunmehr ist der Asylantrag unmittelbar beim Bundesamt zu stellen (§ 14). Allerdings unterscheidet das Gesetz zwischen der persönlichen Antragstellung bei der Außenstelle des Bundesamtes nach § 14 I, § 23 I und der Antragstellung bei der Zentrale des Bundesamtes nach § 14 II. 4

Eine Vorprüfungskompetenz steht den Ausländerbehörden nicht zu. Vielmehr entscheidet das Bundesamt umfassend über den Asylantrag auch im Hinblick auf seine Beachtlichkeit (§ 29 in Verb. mit § 31 II 1) und darauf, ob Wiederaufnahmegründe nach § 51 I–III VwVfG (§ 71 I letzter HS) vorliegen. Allerdings hat die Grenzbehörde anders als die Ausländerbehörde gewisse Prüfungsbefugnisse (§ 18 II, § 33 III). Wird der Antrag bei der Grenz-, Ausländer- oder Polizeibehörde gestellt, haben diese den Antragsteller an das Bundesamt weiterzuleiten (§ 18 I 2. HS, § 19 I 2. HS). § 23 I regelt lediglich die Verpflichtung des Antragstellers nach § 14 I, zur Antragstellung persönlich beim Bundesamt zu erscheinen. Die Sachaufklärungspflicht und insbesondere das Anhörungsrecht werden in §§ 24 f. geregelt. 5

Abs. 2 ist mit Wirkung zum 1. Januar 2005 durch das ZuwG neu in die Vorschrift eingeführt worden. Die Vorschrift ist Teil der grundlegenden Umgestaltung der Antragsvorschriften nach §§ 20–23 und soll sicherstellen, dass der säumige Asylsuchende, der seiner Befolgungspflicht nach der Meldung als Asylsuchender nicht Folge leistet, verfahrensrechtlich dadurch mit Sanktionen belegt wird, dass er mit seinen Vorfluchtgründen verfahrensrechtlich gesperrt wird (s. hierzu im Einzelnen § 20 Rdn. 31 ff.). 6

2. Persönliche Meldepflicht des Asylsuchenden nach Abs. 1

Nach § 23 I ist der Antragsteller, der in der für ihn zuständigen Aufnahmeeinrichtung aufgenommen worden ist, verpflichtet, persönlich zur förmlichen Asylantragstellung bei der der Aufnahmeeinrichtung zugeordneten 7

Außenstelle des Bundesamtes zu erscheinen. Diese persönliche Meldepflicht setzt voraus, dass der Antragsteller verpflichtet ist, in einer Aufnahmeeinrichtung zu wohnen (§§ 14 I, 47 I 1).

8 Für Antragsteller, die ihr Asylbegehren nicht bei der Außenstelle des Bundesamtes, sondern unmittelbar beim Bundesamt geltend machen müssen (§ 14 II), gilt dagegen die Wohnpflicht des § 47 I 1 nicht. Dementsprechend trifft diese Personen auch nicht die persönliche Meldepflicht nach § 23 I. Sie haben den Antrag nach § 14 II vielmehr unmittelbar schriftlich bei der Zentrale des Bundesamtes zu stellen (s. hierzu: § 14 Rdn. 13 ff.). Aber auch diese Personengruppe ist vom Bundesamt persönlich anzuhören (§ 24 I 2). Es wird vorher schriftlich geladen (§ 25 V 1).

9 Zweck von Abs. 1 ist die unverzügliche Einleitung des Asylverfahrens bei unmittelbar einreisenden Asylsuchenden (§ 14 I), um ebenso unverzüglich die Direktanhörung (§ 25 IV 1) durchführen und das Verfahren zum Abschluss bringen zu können. Dementsprechend soll der Asylsuchende auch *unverzüglich* oder zu dem von der Aufnahmeeinrichtung genannten Termin seiner Meldepflicht zwecks förmlicher Asylantragstellung bei der Außenstelle des Bundesamtes nachkommen. In den Fällen, in denen die Aufnahmeeinrichtung dem Antragsteller einen besonderen Termin zur Meldung bei der Außenstelle des Bundesamtes mitteilt, entfällt die unverzügliche Meldepflicht. An ihre Stelle tritt die Meldepflicht zum genannten Termin (§ 23 I 2. HS 2. Alt.). Das ist die Regelpraxis.

10 Eine besondere Ladung zur Anhörung erfolgt bei Durchführung der Anhörung nicht (§ 25 IV 2). Jedoch sind der Antragsteller und sein Bevollmächtigter von der Anhörungstermin unverzüglich zu verständigen, wenn die Anhörung nicht am Tag der förmlichen Asylantragstellung stattfindet (vgl. § 25 IV 4). Dies ist heute die Regelpraxis. Demgegenüber sind Antragsteller nach § 14 II ausnahmslos vorher rechtzeitig zu laden (vgl. § 25 V 1).

11 Abs. 1 begründet eine unverzügliche Meldepflicht zwecks förmlicher Antragstellung bei der Außenstelle des Bundesamtes. Die in § 23 I vorgesehene Verwaltungspraxis trägt den Besonderheiten Rechnung, die sich aus der Bestimmung der zuständigen Aufnahmeeinrichtung und den Bearbeitungskapazitäten des Bundesamtes ergeben. Danach regelt sich die persönliche Meldepflicht des Asylantragstellers nach § 14 I wie folgt: Zuständig für die Aufnahme des Asylsuchenden ist grundsätzlich die Aufnahmeeinrichtung, bei der dieser sich meldet (§§ 46 I 1, 22 I 2). In Fällen, in denen genügend Aufnahmekapazitäten und Bearbeitungsmöglichkeiten des Bundesamtes für das Herkunftsland des Antragstellers verfügbar sind (§ 46 I 1) und dieser in der Aufnahmeeinrichtung, bei der er sich zunächst gemeldet hat, zu wohnen hat, besteht unverzügliche Meldepflicht bei der Außenstelle des Bundesamtes. Es wird dem Antragsteller indes von der Aufnahmeeinrichtung regelmäßig der Termin zur förmlichen Antragstellung bei der Außenstelle des Bundesamtes mitgeteilt.

12 Wird die Anhörung im Asylverfahren am Tag der Meldung durchgeführt, entfällt die Benachrichtigungspflicht des Asylsuchenden durch die Außenstelle (§ 25 IV 3). In den anderen Fällen, in denen der Antragsteller einer anderen Aufnahmeeinrichtung zugewiesen wird (§ 46 I 2, II), wird ihm nach

der Meldung bei der für ihn zuständigen Aufnahmeeinrichtung von dieser ein besonderer Termin zur Asylantragstellung bei der Außenstelle des Bundesamtes genannt.

Zuständige Aufnahmeeinrichtung für die Bekanntgabe des Termins ist die für den Asylsuchenden zuständige Aufnahmeeinrichtung, die nach Maßgabe der Vorschriften der § 46 I und II, § 22 II 2 Nr. 2 bestimmt wird. Bei der Terminsbekanntgabe sind die Umstände des Einzelfalles, insbesondere die Transportwege und – möglichkeiten gebührend zu berücksichtigen. Die Wochenfrist nach § 66 I gibt jedoch einen gewichtigen Anhalt für die Fristsetzung nach § 23 I.

§ 23 I begründet eine *persönliche Meldepflicht* des Antragstellers *zur wirksamen Antragstellung* bei der für ihn zuständigen Außenstelle des Bundesamtes. Demgegenüber begründet § 22 I 1 die persönliche Meldepflicht bei der Aufnahmeeinrichtung. Erst mit der persönlichen Meldung bei der zuständigen Außenstelle des Bundesamtes wird das Asylverfahren eingeleitet (so auch VG Oldenburg, B. v. 13. 9. 1993 – 4 B 4029/23). Dies ergibt sich aus dem Wortlaut der Regelungen in § 18 I 2. HS, § 19 I 2. HS, § 22 I 1, § 23 (§ 13 Rdn. 9 ff.).

Macht der Antragsteller sein Begehren bei der Grenz- oder Ausländerbehörde geltend, sucht er nach dem Wortlaut dieser Vorschriften lediglich um Asyl nach. Es liegt lediglich ein »Asylersuchen« bzw. »Asylgesuch« (BVerwG, InfAuslR 1998, 191 (192)) vor. Die Grenz- oder Ausländerbehörde leitet den Asylsuchenden an die nächstgelegene Aufnahmeeinrichtung *zur* Meldung weiter (§ 18 I 2. HS, § 19 I 2. HS, und § 22 I 2). Ist diese zugleich zuständige Aufnahmeeinrichtung im Sinne von § 46 I 1, ist der Antragsteller neben seiner Meldepflicht nach § 22 I 1 zusätzlich zur persönlichen Meldung bei der dortigen Außenstelle des Bundesamtes *zwecks Antragstellung* verpflichtet (§ 23 I). Wird er einer anderen Einrichtung zugewiesen (§ 46 I 2, II, § 22 II 1 Nr. 2), wird die persönliche Meldepflicht nach § 23 I durch Fristsetzung geregelt. Erst mit der Meldung bei der zuständigen Außenstelle des Bundesamtes nach Erreichen der zugewiesenen Aufnahmeeinrichtung wird das Asylverfahren eingeleitet.

3. Eingreifen des Abschiebungs- und Zurückweisungsschutzes

Aus der Gesetzessystematik wird damit deutlich, dass zwischen der *Geltendmachung des Schutzbegehrens* nach § 18 I 2. HS, § 19 I 2. HS, § 22 I 1 einerseits sowie der *förmlichen Antragstellung* nach § 23 I andererseits zu unterscheiden ist (s. auch § 13 Rdn. 9 ff.). Das effektive Eingreifen des Abschiebungs- und Zurückweisungsschutzes ist andererseits nicht von der Befolgung der Meldepflicht nach § 23 I abhängig. Vielmehr aktualisiert sich die Schutzwirkung des asylrechtlichen Kernbereichs, nämlich der Abschiebungs- und Zurückweisungsschutz (BVerwGE 49, 202 (204 f.) = EZAR 201 Nr. 2 = NJW 1976, 490; BVerwGE 62, 206 (210) = EZAR 221 Nr. 7 = InfAuslR 1981, 214; BVerwGE 69, 323 (325) = EZAR 200 Nr. 10 = NJW 1984, 2782), bereits mit der Geltendmachung des Schutzbegehrens in irgendeiner Weise (BayObLG, NVwZ 1993, 811; ähnl. BVerwG, InfAuslR 1998, 191 (192)).

17 Zwar knüpft das AsylVfG an die Geltendmachung der Verfolgungsbehauptung (§ 13) zwingend die Verpflichtung zur Antragstellung. Aus dem völkerrechtlichen Grundsatz des Non-Refoulement sowie aus dem verfassungsrechtlichen Asylrecht folgt jedoch, dass die effektive Gewährung von Verfolgungsschutz nicht unter einem verfahrensrechtlichen Vorbehalt steht. Die verfahrensrechtliche Mitwirkungspflicht ist nämlich erst *Folge* der Schutzbeantragung. Denn an die Geltendmachung des Schutzbegehrens knüpft das Gesetz die Weiterleitungspflicht nach § 18 I 2. HS, § 19 I 2, § 22 I 2. Verfolgungsschutz wird jedoch bereits mit der Schutzbeantragung gewährleistet.

18 Zwar ist die Gewährung der Asylanerkennung unter Verfahrensvorbehalt gestellt (BVerfGE 60, 253 (295) = EZAR 610 Nr. 14 = DVBl. 1982, 888 = JZ 1982, 596 = EuGRZ 1982, 394). Davon zu unterscheiden ist jedoch die effektive Gewährleistung von Abschiebungs- und Zurückweisungsschutz. Eine Umkehrung dieses völker- und verfassungsrechtlich vorgegebenen Verhältnisses wäre rechtlich nicht hinnehmbar. Verletzt der Antragsteller seine Befolgungs- und Mitwirkungspflichten nach § 20 I, darf er ungeachtet der Regelungen in §§ 66 f. nicht ohne weiteres abgeschoben werden. Vielmehr ist in derartigen Fällen in der Sache zu entscheiden. Demgegenüber ist ein Antrag auf präventiven einstweiligen Rechtsschutz gegen das Bundesamt unzulässig, wenn der Asylsuchende sich noch nicht persönlich gemeldet hat (VG Oldenburg, B. v. 13. 9. 1993 – 4 B 4029/23). Davon unberührt bleibt jedoch der zulässige Rechtsschutz gegen die vollziehende Behörde.

4. Verletzung der persönlichen Meldepflicht (Abs. 2)

4.1. Verfahrensrechtlicher Zusammenhang der Pflichtverletzung nach Abs. 2 Satz 1

19 Kommt der Asylsuchende seiner Verpflichtung nach Abs. 1 vorsätzlich oder grob fahrlässig nicht nach, so ist sein Begehren entsprechend den Vorschriften über den Asylfolgeantrag nach § 71 zu behandeln. Insoweit treten dieselben Rechtsfolgen wie nach § 20 II 1 ein (s. § 20 Rdn. 28 ff.). Während § 20 I den Asylsuchenden, der bei der Grenz- oder Polizeibehörde um Asyl nachsucht, verpflichtet, der behördlichen Weiterleitung nach § 18 I oder § 19 I Folge zu leisten und sich bei der Aufnahmeeinrichtung zu melden und § 22 I 2 eine Befolgungspflicht im Blick auf die Weiterleitungsanordnung der Aufnahmeeinrichtung begründet, will Abs. 2 S. 1 sicherstellen, dass der in der für ihn zuständigen Aufnahmeeinrichtung aufgenommene Asylsuchende unverzüglich oder zu dem von der Aufnahmeeinrichtung mitgeteilten Termin zwecks förmlicher Asylantragstellung bei der Außenstelle des Bundesamtes erscheint.

20 Mit der Meldung bei der zuständigen Außenstelle des Bundesamtes genügt der Antragsteller seiner Befolgungspflicht nach Abs. 1. An die persönliche Meldung nach Abs. 1 knüpft das Gesetz die förmliche Asylantragstellung. In aller Regel wird nicht im zeitlichen Zusammenhang mit der persönlichen

Meldung die Anhörung durchgeführt. Erscheint der Antragsteller zwar zur persönlichen Meldung nach Abs. 1, aber nicht zum Termin der persönlichen Anhörung nach § 24 I 2, findet Abs. 2 S. 1 keine Anwendung. Vielmehr geht das Bundesamt nach § 25 IV 5 vor.

Meldet der Asylsuchende sich unmittelbar bei der nächstgelegenen Aufnahmeeinrichtung (§ 22 I 1) und leitet diese ihn an eine andere Aufnahmeeinrichtung weiter (§§ 46 I 2, II, 22 I 2), ist er zur persönlichen Meldung nach Abs. 1 verpflichtet. Befolgt er seine aus § 20 I folgende Pflicht nicht und ist sein Aufenthaltsort unbekannt, kann er nach Ablauf einer Woche zur Aufenthaltsermittlung und Fahndung gemäß § 66 I Nr. 1 ausgeschrieben werden. Ebenso kann er zur Aufenthaltsermittlung ausgeschrieben werden, wenn er nach der Meldung bei der zuständigen Aufnahmeeinrichtung diese verlässt und innerhalb einer Woche nicht zurückkehrt (vgl. § 66 I Nr. 2).

Mit der Schutzsuche nach § 18 I 1. HS, § 19 I 1. HS entsteht kraft Gesetzes ein Aufenthaltsrecht nach § 55 I 1 (BVerwG, InfAuslR 1998, 191 (192); BayObLG, NVwZ 1993, 811). Dieses Recht erlischt, wenn der Asylsuchende nach Ablauf von zwei Wochen, nachdem er um Asyl nachgesucht hat, noch nicht gemäß Abs. 1 den Antrag bei der für ihn zuständigen Außenstelle des Bundesamtes gestellt hat (§ 67 I Nr. 2). Nach Erscheinen des Antragstellers tritt die Aufenthaltsgestattung wieder in Kraft (vgl. § 67 II).

Zwar ist die Einleitung des Asylverfahrens von der Antragstellung nach Abs. 1 abhängig und erlischt kraft Gesetzes das verfahrensgebundene Aufenthaltsrecht nach Ablauf der Frist von zwei Wochen (§ 67 I Nr. 2 in Verb. mit § 55 I 1). Damit ist jedoch nicht zugleich geregelt, dass der Asylsuchende ohne weitere Prüfung abgeschoben werden könnte. Vielmehr findet § 60 I AufenthG unabhängig davon Anwendung, ob der Antragsteller seiner aus Abs. 1 folgenden Pflicht nachkommt (vgl. § 60 X AufenthG). Im Falle des Aufgreifens ist ihm daher Gelegenheit zur Asylantragstellung gemäß § 23 I zu geben (vgl. auch § 67 II).

Weitere Sanktionen wurden zunächst nicht an die Verletzung der Erscheinenspflicht nach Abs. 1 geknüpft. Insbesondere sind keine Strafen oder Geldbußen vorgesehen. Da noch kein Verfahren eingeleitet worden ist, darf § 33 nicht angewandt werden (Hess.VGH, NVwZ-Beil. 1998, 72 (73); a. A. OVG Rh-Pf, AuAS 1995, 118 (119)). Eine analoge Anwendung von § 25 IV 5 (Renner, AuslR, § 23 AsylVfG Nr. 9; OVG Rh-Pf, AuAS 1995, 118 (119); Hess.VGH, NVwZ-Beil. 1998, 72 (73)) ist unzulässig. Nunmehr ist durch das ZuwG mit Wirkung zum 1. Januar 2005 Abs. 2 neu eingeführt worden. Damit wird auf die Verletzung der Befolgungspflicht nach Abs. 1 mit der verfahrensrechtlichen Sperre der Vorfluchtgründe reagiert.

4.2. Schriftliche Belehrung nach Abs. 2 Satz 3

An die Belehrung nach Abs. 2 S. 3 sind die selben Anforderungen wie an die Belehrungspflichten nach § 10 VII zu stellen (s. hierzu § 10 Rdn. 107ff., § 20 Rdn. 23). Danach reicht eine bloße Wiedergabe des Gesetzestextes nicht aus. Vielmehr bedarf es einer verständlichen Umschreibung des Inhalts der gesetzlichen Bestimmungen in einer *dem Asylsuchenden verständlichen Sprache* (BVerfG (Kammer), NVwZ-Beil. 1994, 25 (26); s. auch BT-Drs. 14/7387, S. 101). Bei nicht der deutschen Sprache kundigen Asylsuchenden, also im Regelfall, hat die Belehrung mit Hilfe eines Dolmetschers zu erfolgen (BVerfG (Kammer), NVwZ-Beil. 1996, 81 (82) = EZAR 210 Nr. 11 = AuAS 1996, 196; Hess.VGH, EZAR 210 Nr. 10 = AuAS 1995, 70; s. hierzu im Einzelnen § 20 Rdn. 22 ff.).

26 Die Aufnahmeeinrichtung muss danach den Asylsuchenden auf die verfahrensrechtlichen Konsequenzen, dass der Asylantrag nach § 71 behandelt werden wird, wenn er der Anordnung nicht unverzüglich Folge leistet, hinweisen. Es reicht nicht aus, den Asylsuchenden lediglich darauf hinzuweisen, dass sein Asylantrag nicht als normaler Antrag, sondern als Folgeantrag behandelt werden wird. Vielmehr hat die Behörde den Asylsuchenden darauf hinzuweisen, dass er für den Fall der Verletzung der Befolgungspflicht mit seinen Vorfluchtgründen präkludiert werden wird. Fehlt es an diesem zentralen Hinweis, mangelt der schriftlichen Belehrung nach Abs. 2 S. 3 die erforderliche inhaltliche Bestimmtheit und darf das Bundesamt nicht nach Abs. 2 S. 1 vorgehen.

27 Das Bundesamt hat darüber hinaus die ordnungsgemäße Belehrung durch die Aufnahmeeinrichtung *nachzuweisen*. Fehlt die Empfangsbestätigung in der Akte, finden die verfahrensrechtlichen Sanktionen nach Abs. 2 S. 1 keine Anwendung. Die Aufnahmeeinrichtung hat die schriftliche Anordnung einschließlich der Belehrung und der Empfangsbestätigung der Außenstelle des Bundesamtes mitzuteilen (Abs. 2 S. 4). Gelangt der Nachweis nicht zur Akte des Bundesamtes oder genügt er nicht den Anforderungen an die Belehrungspflicht nach Abs. 2 S. 3, darf das Bundesamt nicht nach Abs. 2 S. 1 vorgehen.

4.3. Vorsätzliche oder grob fahrlässige Verletzung der Befolgungspflicht (Abs. 3 Satz 1)

28 Darüber hinaus muss die Befolgungspflicht nach Abs. 1 »*vorsätzlich oder grob fahrlässig*« verletzt worden sein (Abs. 2 S. 1). Es muss mithin zumindest ein »*grob fahrlässiges schuldhaftes Verzögern*« festgestellt werden muss (§ 20 Rdn. 16 ff.). Das Bundesamt muss danach sorgfältig ermitteln, ob der Asylsuchende in einer an Vorsatz grenzenden Fahrlässigkeit gegen die Befolgungspflicht nach Abs. 1 verstoßen hat. Dem Asylsuchenden gegenüber muss der Vorwurf gemacht werden können, dass er in grober Achtlosigkeit seine bezeichnete Pflicht verletzt hat.

4.4. Anwendung der Vorschriften über den Asylfolgeantrag (Abs. 2 Satz 1)

29 Verletzt der Asylsuchende seine Befolgungspflicht nach Abs. 2 S. 1 vorsätzlich oder grob fahrlässig, so gilt für seinen förmlich bei der zuständigen Außenstelle gestellten Asylantrag § 71 entsprechend (Abs. 2 S. 1 in Verb. mit

Antragstellung bei der Außenstelle § 23

§ 20 II 1, § 71). Der Asylsuchende kann nur noch mit Gründen gehört werden, die nach seiner Meldung nach Abs. 1 S. 1 entstanden sind (s. hierzu im Einzelnen § 20 Rdn. 31 ff.) Dadurch wird der Schutzsuchende mit den Gründen verfahrensrechtlich gesperrt, die seine Verfolgungsfurcht begründen. Dies kommt einem unzulässigen Ausschlussgrund aus der GFK gleich und ist mit dem zwingenden, sich aus Art. 33 GFK ergebenden Verpflichtungen unvereinbar (UNHCR, Stellungnahme an den BT-Innenausschuss vom 14. 1. 2002, DB, 14. WP, Protokoll des Innenausschusses Nr. 83, 14/674 I, S. 280). Nach Auffassung des EGMR steht die technische und automatische Anwendung einer Vorschrift, die »*jegliche Prüfung der tatsächlichen Gründe*« der Verfolgung untersagt, in »*Widerspruch zum Schutz der von Art. 3 EMRK umfassten Werte*« (EGMR, InfAuslR 2001, 57 (58 f) = NVwZ-Beil. 2001, 97 – *Jabari*, EGMR, InfAuslR 2000, 321 (325) = EZAR 933 Nr. 8 = NVwZ 2001, 301 *T.I*; s. hierzu § 20 Rdn. 35, 45).

Die maßgeblichen Tatsachen des Erstverfahrens können danach grundsätzlich nicht berücksichtigt werden. Ein Zugriff auf die Vorfluchtgründe käme im Ergebnis einer Aufhebung der Vorschrift des Abs. 3 S. 2 gleich. Denn Abs. 2 S. 1 verweist auf § 71 I 1 und damit auf die verfahrensrechtliche Sperrwirkung des § 51 I VwVfG. Eine Berücksichtigung der Vorfluchtgründe müsste aber die Sperrwirkung des § 51 I VwVfG in Ansehung der Vorfluchtgründe und damit die mittelbare Verweisungsanordnung von Abs. 2 S. 1 unberücksichtigt lassen. Unabhängig hiervon ist festzuhalten, dass der Verweis in Abs. 2 S. 1 auf § 71 in Verb. mit § 51 I–III VwVfG verfahrensrechtlich aus strukturellen Gründen nicht handhabbar ist. Weder ist in der Vergangenheit ein Verwaltungsakt im Sinne von § 51 I Nr. 1 VwVfG erlassen worden noch gibt es eine »Entscheidung« in Bezug auf die das neue Beweismittel im Sinne von § 51 I Nr. 2 VwVfG geeignet wäre, eine dem Asylsuchenden »günstigeres« Ergebnis herbeizuführen. 30

Daher kann aus verfahrensstrukturellen wie aus verfassungs- und völkerrechtlichen Gründen die mit Abs. 2 S. 1 bezweckte Präklusion an sich keine Anwendung finden. Der Gesetzgeber hätte diesem Problem verfahrensrechtlich adäquat auch dadurch lösen können, dass er die Verletzung der Mitwirkungspflicht nach Abs. 1 in den Katalog der Gründe des § 30 III Nr. 5 hätte einfügen können (s. auch Marx, Stellungnahme an den BT-Innenausschuss vom 1. Januar 2002, DB, 14. WP, Prot. Nr. 83 des Innenausschusses, 14/674, S. 166). Er hat jedoch den rechtlich bedenklichen Weg über § 71 gewählt (s. hierzu auch § 20 Rdn. 35–44). 31

5. Obligatorische Anhörung (Abs. 3 Satz 2)

Abweichend von § 71 III ist der Asylsuchende anzuhören. Die Anhörung kann – wie ausgeführt – aus verfahrensstrukturellen Gründen nicht den Zweck verfolgen, die asylrechtserheblichen Vorfluchtgründe zu ermitteln. Die Funktion von Abs. 3 S. 2 wird indes aus der Bedeutung von Art. 3 EMRK (§ 60 V AufenthG) deutlich (§ 20 Rdn. 45 f.). Nach Auffassung des EGMR steht die technische und automatische Anwendung einer Vorschrift, die 32

§ 24 Asylverfahren

»jegliche Prüfung der tatsächlichen Gründe« der Verfolgung untersagt, in »Widerspruch zum Schutz der von Art. 3 EMRK umfassten Werte« (EGMR, InfAuslR 2001, 57 (58) = EZAR 933 Nr. 9 = NVwZ-Beil. 2001, 97 – *Jabari;* ebenso EGMR, InfAuslR 2000, 321 (325) = EZAR 933 Nr. 8 = NVwZ 2001, 301 *T.I).*

33 Aus diesem Grund kann die Bundesrepublik wegen der zwingend zu beachtenden Abschiebungshindernisse nach § 60 II–VII AufenthG nicht das für die Anwendung von Art. 3 EMRK, Art. 7 IPbpR und Art. 3 Übereinkommen gegen Folter maßgebliche Sachvorbringen, das sich ja auf die der Einreise vorgelagerte Phase bezieht, verfahrensrechtlich sperren. Vielmehr muss das Bundesamt den Antragsteller zu den für die Anwendung von § 60 II–VII AufenthG maßgebenden Tatsachen und Umständen persönlich anhören.

6. Behördliche Unterrichtungspflichten nach Abs. 2 Satz 4 in Verb. mit § 20 Abs. 3

34 Nach Abs. 2 S. 4 ist die Aufnahmeeinrichtung verpflichtet, der ihr zugeordneten Außenstelle des Bundesamtes unverzüglich die Aufnahme des Asylsuchenden und die schriftliche Belehrung nach Abs. 2 S. 3 mitzuteilen. Abweichend von § 20 III 1 und § 22 III 2 ist Schriftform nicht vorgeschrieben. Die behördliche Unterrichtungspflicht der zuständigen Aufnahmeeinrichtung gegenüber der ihr zugeordneten Außenstelle des Bundesamtes hat der Gesetzgeber des ZuwG in seinem Regelungsübereifer sowohl in § 20 III 2 wie auch in Abs. 2 S. 4 geregelt. Mit der Unterrichtung der Außenstelle nach Abs. 2 S. 4 wird zugleich auch die Belehrung nach § 20 II 3 bzw. § 22 III 2 in Verb. mit § 20 II 3 mitgeteilt. Denn der Hinweis auf die Weiterleitung und die schriftliche Belehrung des Asylsuchenden durch die zuerst um Asyl ersuchten Behörden muss zur Akte der zuständigen Außenstelle des Bundesamtes gelangen, damit diese nach Abs. 2 S. 1 vorgehen kann.

§ 24 Pflichten des Bundesamtes

(1) Das Bundesamt klärt den Sachverhalt und erhebt die erforderlichen Beweise. Es hat den Ausländer persönlich anzuhören. Von einer Anhörung kann abgesehen werden, wenn das Bundesamt den Ausländer als asylberechtigt anerkennen will oder wenn der Ausländer nach seinen Angaben aus einem sicheren Drittstaat (§ 26 a) eingereist ist. Von der Anhörung ist abzusehen, wenn Asylantrag für ein im Bundesgebiet geborenes Kind unter sechs Jahren gestellt und der Sachverhalt auf Grund des Inhalts der Verfahrensakten der Eltern oder eines Elternteils ausreichend geklärt ist.
(2) Nach Stellung eines Asylantrages obliegt dem Bundesamt auch die Entscheidung, ob die Voraussetzungen für die Aussetzung der Abschiebung nach § 60 Abs. 2 bis 7 des Aufenthaltsgesetzes vorliegen.
(3) Das Bundesamt unterrichtet die Ausländerbehörde unverzüglich über die getroffene Entscheidung und die von dem Ausländer vorgetragenen

Pflichten des Bundesamtes § 24

oder sonst erkennbaren Gründe für eine Aussetzung der Abschiebung, insbesondere über die Notwendigkeit, die für eine Rückführung erforderlichen Dokumente zu beschaffen.

Übersicht

		Rdn.
1.	Funktion der Vorschrift	1
2.	Umfang des Untersuchungsgrundsatzes nach Abs. 1 Satz 1	4
2.1.	Funktion des Untersuchungsgrundsatzes	4
2.2.	Umfang der Darlegungslast des Antragstellers	8
2.3.	Funktion von Gutachten und Auskünften	17
2.4.	Funktion von Beweisanträgen im Asylverfahren	20
3.	Persönliche Anhörung nach Abs. 1 Satz 2	22
3.1.	Verfahrensrechtliche Bedeutung der persönlichen Anhörung	22
3.1.1.	Funktion des persönlichen Sachvorbringens	22
3.1.2.	Differenzierung zwischen »Glaubhaftigkeit« der Sachangaben und »Glaubwürdigkeit« des Antragstellers	25
3.2.	Verpflichtung zum Vorhalt von Widersprüchen	30
3.3.	Verpflichtung zur loyalen und verständnisvollen Verhandlungsführung	43
3.4.	Isolierte gerichtliche Verpflichtung auf Durchführung der persönlichen Anhörung	47
4.	Absehen von der Anhörung (Abs. 1 Satz 3 und 4)	50
5.	Prüfungskompetenz des Bundesamtes für Abschiebungshindernisse nach § 60 Abs. 2 bis 7 AufenthG (Abs. 2)	58
5.1.	Funktion der Abschiebungshindernisse im Asylverfahren	58
5.2.	Gemeinschaftswidrigkeit der Sperrwirkung des § 60 Abs. 7 Satz 2 AufenthG	62
5.3.	Gegenstandsbereich von Absatz 2	67
5.3.1.	Allgemeines	67
5.3.2.	Verhängung oder Vollstreckung der Todesstrafe	69
5.3.3.	Folter oder unmenschliche oder erniedrigende Behandlung oder Bestrafung	70
5.3.4.	Ernsthafte individuelle Bedrohung des Lebens oder der körperlichen Unversehrtheit	78
5.3.5.	Zielstaatsbezogener Charakter der Gefahr	83
5.4.	Darlegungslast des Antragstellers	93
5.5.	Erlass der Abschiebungsandrohung	94
5.6.	Nachträglich eintretende Abschiebungshindernisse	95
6.	Unterrichtungspflichten des Bundesamtes (Abs. 3)	96

1. Funktion der Vorschrift

Diese Vorschrift umfasst die zentralen Aufgaben des Bundesamtes im Rahmen seiner *Sachaufklärungspflicht*. Sie ist der Regelung in § 12 I 1 und 2 AsylVfG 1982 nachgebildet. In den nachfolgenden Vorschriften folgen weitere Aufgaben des Bundesamtes, die jedoch nicht mit der Aufgabe der Sachaufklärung zusammenhängen. Abs. 1 S. 2 hat *Doppelcharakter:* Zunächst

1

gewährt Abs. 1 S. 2 ein subjektives Recht des Antragstellers auf *persönliche Anhörung*. Die hiermit zusammenhängenden Mitwirkungspflichten werden im Einzelnen in § 25 geregelt. Zum anderen wird die amtliche Verpflichtung zur Anhörung festgelegt.

2 Von der zwingenden Durchführung der Anhörung kann nur in den in Abs. 1 S. 3 bezeichneten Fällen abgesehen werden. Darüber hinaus ist nach Abs. 1 S. 4 und § 25 IV 5, V 1 unter den dort genannten Voraussetzungen von der Anhörung abzusehen. Die Ausnahmeregelungen nach Abs. 1 S. 3 2. HS und S. 4 sind durch das ÄnderungG 1993 eingefügt worden.

3 Die Aufgabe nach Abs. 2 ist die gesetzliche Folgerung aus der politisch vorgegebenen Zielvorstellung, sämtliche asyl- und ausländerrechtlichen Sachkompetenzen zwecks beschleunigter Durchführung des Verfahrens sowie anschließender unverzüglicher Aufenthaltsbeendigung auf das Bundesamt zu verlagern. Die Aufgabe nach Abs. 2 steht im engen Sachzusammenhang mit der Sachentscheidungsform nach § 31 III sowie den in §§ 34 ff. und § 59 III AufenthG geregelten Vorschriften über die Aufenthaltsbeendigung. Dem Zweck der unverzüglichen Aufenthaltsbeendigung dienen auch die Aufgaben nach Abs. 3.

2. Umfang des Untersuchungsgrundsatzes nach Abs. 1 Satz 1

2.1. Funktion des Untersuchungsgrundsatzes

4 Das Bundesamt klärt nach Abs. 1 S. 1 den Sachverhalt und erhebt die erforderlichen Beweise. Wie schon § 12 I 1 AsylVfG 1982 enthält damit das AsylVfG auch weiterhin eine *spezielle Ausformung* des allgemeinen *Untersuchungsgrundsatzes*. Die Regelungen des § 24 VwVfG können aber ergänzend herangezogen werden. Abs. 1 S. 1 gilt für die Außenstelle des Bundesamtes mit Blick auf Antragsteller nach § 14 I und für die Zentrale des Bundesamtes in Nürnberg bezüglich der in § 14 II genannten Asylsuchenden.

5 Während das alte Recht in einem Klammerzusatz diese Aufklärungsphase als *Vorprüfung* bezeichnete (§ 12 I 1 AsylVfG 1982), wird dieser Begriff in Abs. 1 nicht mehr verwendet. Damit wollte der Gesetzgeber möglicherweise die häufig schwierige Abgrenzung zwischen der Vorprüfung einerseits sowie der Sachentscheidung andererseits vermeiden. In der Verwaltungspraxis wird die Ermittlungsphase aber auch heute noch als Vorprüfung bezeichnet. Die Sachentscheidung nach § 31 trifft das Bundesamt als solches (§ 5 I) und nicht mehr der weisungsunabhängige Einzelentscheider (vgl. § 5 II 1 AsylvfG a. F.).

6 Der Regelung in Abs. 1 S. 1 können keine besonderen Vorschriften über Umfang und Grenzen der Amtsermittlungspflicht entnommen werden. Daher ist auf allgemeines Verfahrensrecht zurückzugreifen. Das Bundesamt bestimmt Art und Umfang der Ermittlungen. Hierbei ist es zwar an das Vorbringen und die Beweisanträge der Beteiligten nicht gebunden (§ 24 I VwVfG). Insbesondere im Asylverfahren werden aber Umfang und Reichweite des Untersuchungsgrundsatzes im konkreten Einzelfall durch den Tatsachenvortrag des Antragstellers (§ 25 I 1) bestimmt.

Pflichten des Bundesamtes § 24

Der *Umfang des Untersuchungsgrundsatzes* wird durch das *Amtsermittlungsprinzip* bestimmt. Demzufolge hat die Behörde nach pflichtgemäßem Ermessen von Amts wegen alle vernünftigerweise zu Gebote stehenden Möglichkeiten der Sachaufklärung bis hin zur Grenze der Unmöglichkeit voll auszuschöpfen, sofern dies für die Entscheidung des Verfahrens von Bedeutung ist (BVerwG, DÖV 1983, 647; BVerwG, InfAuslR 1984, 292). Diesem Grundsatz kommt im Asylverfahren verfassungsrechtliches Gewicht zu (BVerfG (Kammer), InfAuslR 1990, 161; Marx, Handbuch, § 12 Rdn. 19 ff.). *Materiell-rechtlich* wird der Umfang dieser Pflicht durch den *Verfahrensgegenstand* bestimmt. Das sind die Asylberechtigung, der internationale Schutz nach § 60 I AufenthG (§§ 1 I, 31 II 1) und die Abschiebungshindernisse nach § 60 II–VII AufenthG (Abs. 2 und § 31 III). 7

2.2. Umfang der Darlegungslast des Antragstellers

In der *Darlegungslast* des Antragstellers findet die Amtsermittlungspflicht ihre Grenze. Bezogen auf die einzelnen Regelungsbereiche des Verfahrensgegenstands treffen den Antragsteller konkrete Darlegungslasten (§ 25 I und II). Nach ständiger Rechtsprechung des BVerwG findet die Amtsermittlungspflicht ihre Grenze dort, wo das Sachvorbringen keinen tatsächlichen Anlass zu weiterer Sachaufklärung bietet (BVerwG, NVwZ-RR 1990, 379 (380)). Ein derartiger Anlass besteht insbesondere dann nicht, wenn der Antragsteller unter Verletzung der ihn treffenden Darlegungspflichten seine guten Gründe für eine ihn drohende Verfolgung nicht in »schlüssiger« Form – also mit genauen Einzelheiten und in sich stimmig – vorträgt (BVerwG, DVBl. 1963, 145 = ArchVR 1963, 367; BVerwG, EZAR 630 Nr. 8; BVerwG, NVwZ-RR 1990, 379 (380); Marx, Handbuch, § 12 Rdn. 7 ff.). 8

Es ist jedoch zwischen *persönlichen Erlebnissen und Erfahrungen* des Antragstellers einerseits sowie den *allgemeinen Verhältnissen* im Herkunftsland des Asylsuchenden andererseits zu differenzieren (BVerwG, InfAuslR 1982, 156; BVerwG, InfAuslR 1983, 76; BVerwG, InfAuslR 1984, 129; BVerwG, DÖV 1983, 207; BVerwG, BayVBl. 1983, 507; BVerwG, InfAuslR 1989, 350). Danach trifft den Asylsuchenden im Hinblick auf seine persönlichen Erlebnisse eine Darlegungslast, welche den Untersuchungsgrundsatz begrenzt. Das Bundesamt braucht in keine Ermittlungen einzutreten, die durch das Sachvorbringen nicht veranlasst sind. 9

Mit Blick auf die *allgemeinen Verhältnisse im Herkunftsland* ist der Asylsuchende dagegen in einer schwierigen Situation. Seine eigenen Kenntnisse und Erfahrungen sind häufig auf einen engeren Lebenskreis begrenzt und liegen stets einige Zeit zurück. Seine Mitwirkungspflicht würde überdehnt, wollte man auch insofern einen lückenlosen Tatsachenvortrag verlangen, der im Sinne der zivilprozessualen Verhandlungsmaxime schlüssig zu sein hätte. Insoweit muss es genügen, um dem Bundesamt zu weiteren Ermittlungen Anlass zu geben, wenn der Tatsachenvortrag des Antragstellers die *nicht entfernt liegende Möglichkeit* ergibt, dass ihm bei Rückkehr in seinen Herkunftsstaat politische Verfolgung droht. 10

11 Anders als im Zivilprozess, in dem sich der Rechtspflegezweck des formalen Gleichheitsprinzips grundsätzlich im logisch richtigen Urteil über *Erzählungen von Parteien* erschöpft, wird im *öffentlich-rechtlichen Verfahren* über *tatsächliche Geschehensabläufe* geurteilt (Lang, VA 1961, 60 (65)). Wegen des verfassungsrechtlichen Grundsatzes der *Gesetzmäßigkeit der Verwaltung* (Art. 20 III GG) besteht nämlich ein *öffentliches Interesse* an der Richtigkeit der der Sachentscheidung zugrundeliegenden tatsächlichen Feststellungen.

12 Im Asylverfahren zielt das öffentliche Interesse deshalb auf die *Richtigkeit* der Sachentscheidung über die Asylberechtigung sowie die Voraussetzungen von § 60 I–VII AufenthG. Diesem öffentlichen Interesse dient der Untersuchungsgrundsatz (*Offizialmaxime*) nach Abs. 1 S. 1. Diese verfassungsrechtlichen Vorgaben verbieten es, die aus sozio-kulturellen Verständnisproblemen herrührenden Defizite bei der Erfüllung der Darlegungslast zu übersehen und die auf Richtigkeit der Sachentscheidung zielende Amtsermittlungspflicht vorschnell beiseite zuschieben.

13 Das Bundesamt kann sich im Einzelfall zur Überprüfung der Angaben des Antragstellers einer Vielzahl von Erkenntnisquellen bedienen. Hierzu gehören insbesondere auch die nach § 21 weitergeleiteten Unterlagen. Das wichtigste Erkenntnismittel ist aber der Antragsteller selbst. Dementsprechend hat Abs. 1 S. 2 auch die zwingende Anhörung beibehalten. Die Asylbegründung und die Anhörung bezeichnen den Untersuchungsgegenstand im konkreten Einzelfall.

14 Die Art der Einlassung und der Eindruck von der Gesamtpersönlichkeit des Antragstellers ermöglichen dem Bundesamt eine konkrete Überprüfung der von ihm vorgetragenen Tatsachen. Die Erfahrung des anhörenden Einzelentscheiders, die Geeignetheit seiner Fragetechnik, sein Wissen aus Parallelverfahren sowie die verständige Leitung und verfahrensrechtliche Fürsorge für den Antragsteller sind wichtige Erkenntnismethoden, um die Wahrheit der vorgetragenen *persönlichen Erlebnisse* überprüfen zu können. Andererseits gibt es keinen Erfahrungsgrundsatz, dass ein widersprüchlicher Sachvortrag als solcher bereits zur Unglaubwürdigkeit eines Asylsuchenden führt (OVG MV, AuAS 2000, 221; s. auch VG Meiningen, NVwZ-RR 2000, 252). Unglaubwürdigkeit ist ohnehin kein geeignetes Kriterium der Beweiswürdigung, da es keinen starren, schematisch festgelegten Begriff der Unglaubwürdigkeit gibt. Vielmehr kommt es auf den sach- und fallbezogen anzuwendenden Begriff der Glaubhaftmachung der Sachangaben an.

15 Reicht der Antragsteller *fremdsprachige Anträge,* Eingaben, Belege, Urkunden oder sonstige Schriftstücke ein, soll die Behörde unverzüglich die Vorlage einer Übersetzung verlangen. Die Behörde kann auch von sich aus auf Kosten des Antragstellers eine Übersetzung anfertigen lassen, wenn dieser seiner Pflicht aus § 23 II 1 VwVfG nicht nachkommt (§ 23 II 3 VwVfG). Das Bundesamt macht von dieser Kostenregelung jedoch regelmäßig keinen Gebrauch.

16 Diese Regelung des Gesetzes lässt erkennen, dass Grundlage für die weitere Bearbeitung und Bescheidung der gestellten Anträge die vom Antragsteller vorgelegte Übersetzung ins Deutsche zu sein hat (BVerwG, NVwZ-RR 1991, 109 (110)). Demgemäß verkörpert die vom Antragsteller vorgelegte deutsche Übersetzung von Antrag und Antragsbegründung auch für das überprüfen-

de Gericht das Sachvorbringen im Verwaltungsverfahren (BVerwG, NVwZ-RR 1991, 109 (110)). Legt der Antragsteller zur Antragsbegründung jedoch ein in einer gängigen Fremdsprache gefertigtes Schriftstück vor und ist dessen Text ohne größere Schwierigkeiten les- und verstehbar, so hat das Bundesamt dieses Sachvorbringen auch ohne Vorlage einer Übersetzung zu beachten und seiner Entscheidung *zugrunde zu legen* (VG Frankfurt am Main, NVwZ-Beil. 1994, 63).

2.3. Funktion von Gutachten und Auskünften

Gutachten und Auskünfte können bei der Einzelfallwürdigung erfahrensgemäß regelmäßig wenig weiterhelfen. Denn bei der Bewertung des Wahrheitsgehaltes der vorgetragenen persönlichen Erlebnisse kommt es zuallererst auf die Prüfung der Glaubhaftigkeit der Sachangaben an. Deshalb ist es auch grundsätzlich geboten, dass der die Anhörung durchführende Bedienstete mit dem die Sachentscheidung treffenden Einzelentscheider identisch ist (VG Frankfurt (Oder), AuAS 2000, 126; VG Frankfurt am Main, NVwZ, NVwZ-Beil. 2001, 95 = AuAS 2001, 155; s. auch § 5 Rdn. 26). 17

Lediglich zur Aufklärung der allgemeinen rechtlichen und politischen Situation im Herkunftsland des Antragstellers gewinnen Gutachten und Auskünfte eine erhebliche verfahrensrechtliche Bedeutung. Im Hinblick auf seine *persönlichen Erlebnisse und Erfahrungen* trifft den Antragsteller auch anders als im Hinblick auf die allgemeinen politischen und rechtlichen Verhältnisse in seinem Herkunftsstaat eine *besondere Darlegungslast* (BVerwG, EZAR 630 Nr. 8; BVerwG, InfAuslR 1984, 129). Die Behörde ist deshalb nicht gehalten, von sich aus in Ermittlungen einzutreten, die nicht durch entsprechende Erklärungen des Antragstellers veranlasst sind. 18

Davon unberührt bleibt jedoch die behördliche Belehrungspflicht und verfahrensrechtliche Fürsorge, den regelmäßig mit den Verfahrensabläufen und dem genauen Umfang seiner Darlegungslast nicht vertrauten Asylsuchenden die erforderlichen Hilfestellungen zu geben und die mangelnde Vertrautheit mit den Mitwirkungspflichten wohlwollend zu berücksichtigen. 19

2.4. Funktion von Beweisanträgen im Asylverfahren

Andererseits kann der Antragsteller auch im Verwaltungsverfahren Beweisanträge stellen (§ 24 I 2, § 26 II 2 VwVfG). Anders als im Verwaltungsprozess muss über diese aber nicht förmlich entschieden werden. Das Bundesamt muss sich jedoch ernsthaft mit dem Antrag auseinandersetzen und spätestens in den Entscheidungsgründen (§ 31 I 2) darlegen, warum es von einer entsprechenden Beweiserhebung abgesehen hat. Daraus ergibt sich andererseits, dass im Verwaltungsverfahren nicht derart strenge prozessuale Anforderungen an den Beweisantrag (vgl. hierzu BVerwG, DÖV 1983, 647; BVerwG, InfAuslR 1983, 255; BVerwG, DVBl. 1983, 1001; BVerwG, InfAuslR 1985, 80; BVerwG, 1985, 82) zu stellen sind wie im Verwaltungsprozess. 20

21 Da Beweisanträge mehr die Funktion von Beweisanregungen haben und die Behörde ohnehin von Amts wegen zur Sachaufklärung bis hin zur Grenze der Zumutbarkeit (BVerwG, DÖV 1983, 647) verpflichtet ist, trifft sie die Pflicht, Anregungen des Antragstellers nachzugehen und aufzuklären. Regelmäßig nimmt das Bundesamt jedoch aus Zeitgründen sowie wegen des langwierigen und hierarchischen internen Entscheidungsprozesses Beweisanträge nicht entgegen und geht ihnen auch nicht nach. Die Nichtberücksichtigung eines Beweisantrags kann jedoch die Rüge der Verletzung des *rechtlichen Gehörs* (§ 28 VwVfG) rechtfertigen.

3. Persönliche Anhörung nach Abs. 1 Satz 2

3.1. Verfahrensrechtliche Bedeutung der persönlichen Anhörung

3.1.1. Funktion des persönlichen Sachvorbringens

22 Wie schon § 12 I 2 AsylVfG 1982 legt Abs. 1 S. 2 die Pflicht des Bundesamtes zur persönlichen Anhörung fest, von der nur unter den im Gesetz genannten Voraussetzungen abgewichen werden darf bzw. abzusehen ist (Abs. 1 S. 3 2. HS, S. 4, § 25 IV 5, V 1). Diese Verpflichtung gilt für alle Asylanträge, d. h. sowohl für die nach § 14 I als auch für die nach § 14 II gestellten Anträge. Im *Asylfolgeantragsverfahren* steht die Durchführung der Anhörung allerdings im Ermessen des Bundesamtes (§ 71 III 3).

23 Die persönliche Anhörung nach Abs. 1 S. 2 ist das *zentrale Herzstück des Asylverfahrens*. Denn im auf die Prüfung individueller Verfolgungsbehauptungen angelegten Verfahren ist die persönliche Anhörung von maßgebender Bedeutung (BVerfGE 54, 341 (359) = EZAR 200 Nr. 1 = NJW 1980, 2641; BVerwG, DVBl. 1963, 145; Hess.VGH, ESVGH 31, 259; OVG Hamburg, InfAuslR 1983, 187). Das wichtigste Erkenntnismittel ist der Antragsteller selbst. Mit Rücksicht darauf kommt dem persönlichen Vorbringen und dessen Würdigung im Asylverfahren *gesteigerte Bedeutung* zu (BVerwGE 71, 180 (182) = InfAuslR 1985, 244 = BayVBl. 1985, 567; BVerwG, NVwZ 1990, 171 = InfAuslR 1989, 349).

24 Der Asylsuchende befindet sich typischerweise in *Beweisnot*. Er ist als »Zeuge in eigener Sache« zumeist das einzige Beweismittel. Auf die Glaubhaftigkeit seiner Schilderung kommt es entscheidend an (BVerfGE 94, 166 (200 f.) = EZAR 632 Nr. 25 = NVwZ 1976, 678). Die Art der persönlichen Einlassung des Asylsuchenden, seine Persönlichkeit, insbesondere seine Glaubwürdigkeit spielen bei der Würdigung und Prüfung der Tatsache, ob er gute Gründe zur Gewissheit der Behörde dargetan hat, eine entscheidende Rolle (BVerwG, DVBl. 1963, 145).

3.1.2. Differenzierung zwischen »Glaubhaftigkeit« der Sachangaben und »Glaubwürdigkeit« des Antragstellers

25 Die Glaubwürdigkeit der Person des Asylsuchenden ist jedoch kein sachgerechtes Erkenntnismittel, weil es keine Persönlichkeitseigenschaft ›Glaubwürdigkeit‹ gibt. Dies ist eine Frage der freilich stets irrtumsanfälligen per-

sönlichen Lebenserfahrung des Beurteilenden und des erforderlichen, heute aber regelmäßig fehlenden guten Glaubens an die Legitimität von Fluchtgründen. Eine Person, die ›glaubwürdig‹ erscheint kann ungewollt oder vorsätzlich nicht realitätsbezogene Angaben machen. Eine Person, die ›unglaubwürdig‹ erscheint, kann den Tatsachen entsprechende Angaben machen.

Ob eine Person als ›glaubwürdig‹ eingeschätzt wird oder nicht, unterliegt dem Einfluss von allgemeinen und situativen persönlichen Einstellungen und kulturellen und historischen Konztextfaktoren. Gerade weil die seit Anfang der achtziger Jahre des letzten Jahrhunderts wiederholt inszenierten Antiasylkampagnen und der politische Fokus auf die Abwehr illegaler Einwanderungen in Europa zu einer dramatischen Erschütterung des gesellschaftlichen Konsenses in der Asylfrage geführt haben, schlägt Asylsuchenden heute in aller Regel offene Abwehr und ein generelles Klima des institutionalisierten Misstrauens entgegen. Unter diesen Voraussetzungen führt die Bewertung von ›Glaubwürdigkeit‹ oder die Bewertung der Glaubhaftigkeit von Sachangaben anhand des subjektiv beobachteten persönlichen Verhaltens häufig zu logischen und verfahrensrechtlich kaum kontrollierbaren Fehlschlüssen. Gewichtungen, die durch subjektive Einstellungen beeinflusst sind, entziehen sich verfahrensrechtlichen Verteidigungsstrategien.

In der Verwaltungspraxis herrscht eine Tendenz vor, aus dem persönlichen Verhalten des Asylsuchenden alltagspsychologische Schlüsse auf die Glaubhaftigkeit seiner Angaben zu ziehen, obwohl in der Rechtspsychologie der Begriff der Glaubwürdigkeit nicht mehr verwendet wird, weil er eine allgemeine Persönlichkeitseigenschaft über verschiedene Situationen hinweg als konstant annimmt. Dieses Persönlichkeitskonstrukt hat sich in der psychologische Disziplin empirisch nicht belegen lassen. Vielmehr hat sich gezeigt, dass die Glaubhaftigkeit von Aussagen stark von *situativen Momenten* bestimmt ist. »Glaubwürdigkeit« ist keine konstante Persönlichkeitseigenschaft, sondern kann nur in Bezug auf einzelne Aussagen zu spezifischen Situationen festgestellt werden (Birck, Traumatisierte Flüchtlinge, 2002, S. 1).

Aber auch insoweit ist Zurückhaltung geboten. Das Ausdrucksverhalten einer Person ist stark von seiner Persönlichkeit und seiner kulturellen Zugehörigkeit abhängig. Die Wahrnehmung und Interpretation des Ausdrucks ist deshalb besonders anfällig für Missverständnisse, umso mehr wenn der Ausdruck des Aussagenden von Rechtsanwendern interpretiert wird, deren kultureller Hintergrund nicht derselbe sei wie der des Beurteilenden (Birck, Traumatisierte Flüchtlinge, 2002, S. 121) Persönliche Alltagstheorien, Weltanschauungen und »Lebenserfahrung« führen vermehrt bei kulturfremden Personen zu Überschätzung der Unglaubhaftigkeit. Deshalb sind die Angaben der Asylsuchenden in der Verwaltungspraxis anhand einer kriterienbezogenen Aussagenanalyse zu beurteilen und ist auf das systemfremde Merkmal der persönlichen Glaubwürdigkeit weitgehend zu verzichten.

Durch ein Gespräch zwischen dem Asylsuchenden und dem Einzelentscheider kann am besten sichergestellt werden, dass der Sachverhalt umfassend aufgeklärt, die Stichhaltigkeit des Asylgesuchs überprüft und etwaigen Unstimmigkeiten oder Widersprüchen im Sachvorbringen auf der Stelle nachgegangen wird (Hess.VGH, ESVGH 31, 259). Zur Asylanerkennung kann daher schon allein der Tatsachenvortrag des Antragstellers führen, sofern seine Behauptungen unter Berücksichtigung aller sonstigen Umstände in dem Sinne glaubhaft sind, dass sich die Behörde von ihrer Wahrheit überzeugen kann (BVerwGE 71, 180 (182) = InfAuslR 1985, 244 = BayVBl. 1985, 567; Marx, Handbuch, § 12 Rdn. 10 f.).

3.2. Verpflichtung zum Vorhalt von Widersprüchen

30 Das Bundesamt hat *Widersprüchen* im persönlichen Sachvortrag ebenso nachzugehen wie es auf *Vollständigkeit* des Sachvorbringens hinzuwirken hat (OVG Saarland, InfAuslR 1983, 79; zur Würdigung von Widersprüchen s. BVerwG, InfAuslR 1989, 349 = NVwZ 1990, 171 = Buchholz 402.25 § 1 AsylVfG Nr. 113; OVG MV, AuAS 2000, 221; s. auch VG Meiningen, NVwZ-RR 2000, 252).). Ergeben sich zwischen dem bisherigen Sachvortrag und dem Vorbringen in der Anhörung oder innerhalb des Sachvortrags in der persönlichen Anhörung Widersprüche in Ansehung entscheidungserheblicher Tatsachenkomplexer, sind diese an Ort und Stelle durch *Vorhalte* aufzuklären (vgl. BVerfG (Kammer), InfAuslR 1991, 85; BVerfG (Kammer), InfAuslR 1992, 94 (95); BVerfG (Kammer), InfAuslR 1992, 231 (233); BVerfG (Kammer), InfAuslR 1999, 273 (278); BVerfG (Kammer), InfAuslR 2000, 254, (258)).

31 Die Behörde hat die Verfahrensherrschaft. Sie hat mögliche Widersprüche, Ungereimtheiten und sonstige Unklarheiten von Amts wegen aufzuklären. Wesentlich für eine verfahrensrechtlich einwandfreie Gestaltung der Anhörung im konkreten Einzelfall ist, dass der Antragsteller in einer seiner Person gemäßen Art und Weise zu Beginn der Anhörung über das ins Bild gesetzt wird, worauf es für ihn und die Entscheidung über sein Ersuchen ankommt, und dass der Bedienstete die Anhörung *loyal* sowie *verständnisvoll* führt (BVerfGE 94, 166 (204) = EZAR 632 Nr. 25 = NVwZ 1996, 678). Belehrungen haben in der Verwaltungspraxis indes eher standardisierten Charakter und werden regelmäßig schematisierend, nicht jedoch – ausgerichtet an den intellektuellen und sozio-kulturellen Voraussetzungen der einzelnen Asylsuchenden – einzelfallbezogen und während der Anhörung im Verwaltungsverfahren jeweils situationsbezogen gehandhabt.

32 Aus der verfahrensrechtlichen Fürsorge- und Vorhaltepflicht ergeben sich besondere Sorgfaltspflichten für die Belehrung des Asylsuchenden, die Verhandlungsführung sowie für die behördlichen Untersuchungspflichten, insbesondere auch für die Aufklärung entscheidungserheblicher Widersprüche. Zunächst ist alles zu vermeiden, was zu Irritationen und in deren Gefolge zu nicht hinreichend zuverlässigem Vorbringen in der Anhörung beim Bundesamt führen kann (BVerfGE 94, 166 (202); s. auch § 18 a Rdn. 88, 92).

33 Es ist die Pflicht des Einzelentscheiders, Vorhalte zu machen und auf Widersprüche hinzuweisen, nachdem der Antragsteller den Sachverhalt zusammenhängend dargestellt hat. Derartige Vorhalte dienen dazu, einerseits dem Antragsteller Gelegenheit zu geben, Fehler und Erinnerungslücken zu überprüfen, sowie andererseits, tragfähige Entscheidungsgrundlagen zu schaffen. Die behördliche Vorhaltepflicht ist insbesondere deshalb unerlässlich,

weil nach Ansicht der obergerichtlichen Rechtsprechung bei umfassender Vernehmung und Anhörung des Asylsuchenden das Verwaltungsgericht grundsätzlich nicht verpflichtet ist, auf sämtliche etwaigen Widersprüchlichkeiten der Darlegung desVerfolgungsvorbringens hinzuweisen. Vielmehr müsse der Asylsuchende in der Regel damit rechnen, dass die Darstellung in der behördlichen Anhörung in der mündlichen Verhandlung auf etwaige Widersprüchlichkeiten zu früherem Vorbringen überprüft werden wird (OVG Brandenburg, EZAR 631 Nr. 50 = DÖV 2000, 300; Hess.VGH, AuAS 2003, 176 (178). Nur wenn mithin das Bundesamt in der persönlichen Anhörung den Sachverhalt erschöpfend gegebenenfalls durch Vorhalte aufgeklärt hat, muss das Verwaltungsgericht nicht jeden einzelnen entscheidungserheblichen Widerspruch in der mündlichen Verhandlung aufklären.

Nach den gemachten Erfahrungen der vergangenen Jahre unterbleiben Vorhalte zu entscheidungserheblichen Umständen jedoch sehr häufig. Im schriftlichen Bescheid werden dem Asylsuchenden sodann angebliche Unstimmigkeiten, Ungenauigkeiten und Widersprüche in seinem Sachvorbringen entgegengehalten, ohne dass ihm in der Anhörung die Gelegenheit eingeräumt wurde, auf eine entsprechende gezielte Frage konkret Stellung nehmen zu können. Unter diesen Voraussetzungen muss das Verwaltungsgericht sämtliche von ihm als entscheidungserheblich gewertete Tatsachenkomplexe aufklären und insoweit gezielte Fragen und Vorhalte an den Asylsuchenden richten, will es dem Einwand der Gehörsverletzung entgehen. 34

Das BVerfG hat jedoch ausdrücklich hervorgehoben, dass bei gegebenem Anlass klärende und verdeutlichende Rückfragen zu stellen sind (BVerfGE 94, 166 (204) = EZAR 632 Nr. 25 = NVwZ 1996, 678). Unterbleiben derartige Vorhalte, obwohl diese sich dem Bundesamt hätten aufdrängen müssen, dürfen dadurch entstehende Ungereimtheiten und Unzulänglichkeiten in der Darstellung des Verfolgungs- und Fluchtgeschehens dem Antragsteller im Bescheid des Bundesamtes nicht zur Last gelegt werden, es sei denn, es handelt sich um derart wesentliche Fragen, dass man von einem durchschnittlich intellektuell veranlagten Asylsuchenden die Ausräumung derartiger Umstände aus eigener Initiative erwarten kann. Dies dürfte allerdings eher der Ausnahmefall sein. Daher ist die intellektuelle Unfähigkeit, einen Geschehensablauf im Zusammenhang zu schildern, sowohl bei der Sachverhaltsermittlung wie bei der Beweiswürdigung angemessen zu berücksichtigen (vgl. BVerwG, InfAuslR 1989, 349 = NVwZ 1990, 171 = Buchholz 402.25 § 1 AsylVfG Nr. 113). 35

Ein typischer, weit verbreiteter Ermittlungsfehler folgt aus der *unreflektierten Entgegennahme* von *mit Gewissheit vorgetragenen Erklärungen*, die sachlogisch indes nur Mutmaßungen sein können. Nach den Erfahrungen mit der Verwaltungspraxis scheint es sich hier um ein strukturelles Defizit zu handeln, das die Schutzlücke zu Lasten Schutzbedürftiger vertieft, aber auch gravierende Folgen für den auf Plausibilität und Richtigkeitsgewähr angelegten Asylbescheid hat. Einzelentscheider, aber auch Verwaltungsrichter beachten häufig nicht, dass Asylsuchende bei der Darlegung ihres Verfolgungs- und Fluchtgeschehens nicht zwischen positivem Wissen, also erlebnisfundierten Aussagen, und Mutmaßungen differenzieren können. Vielmehr kleiden sie 36

Wissen von Hörensagen, tatsächliche Schlussfolgerungen, Einschätzungen eines möglichen Geschehensablaufs und Mutmaßungen in die Form positiven Wissens. Es sind deshalb bei einem derartigen Sachvorbringen stets Vorhalte angezeigt.

37 Asylrechtlich spezialisierte Rechtsanwälte könnten zahllose Tragikkomödien über das gegenseitige Nichtverstehenkönnen oder –wollen festhalten, wie Verwaltungsrichter in der mündlichen Verhandlung – reduktionistisch auf Widersprüche fixiert – Asylsuchende an Aussagen beim Bundesamt festhalten, die dort mit Gewissheit vorgetragen wurden, aber ohne viel Müheaufwand als nicht erlebnisfundierte Aussagen erkennbar sind. Der Ausgang des Dramas erscheint unabwendbar, doch dem Ende geht die Qual voraus: Je zahlreicher und bedrängender die hierauf bezogenen richterlichen Vorhalte, desto variantenreicher die hilflosen und jeweils angepassten Erklärungsversuche des Klägers (Marx, Probleme des Asyl- und Flüchtlingsrechts in der Verwaltungspraxis der Tatsachenfeststellung, S. 81).

38 Asylsuchende verspüren regelmäßig den Drang, nach Möglichkeit die an sie gestellten Fragen zu beantworten, um nicht als unhöflich zu erscheinen. Überdies erleben sie die Anhörung als Prüfungssituation; Fragen, die nicht beantwortet werden, senken aus ihrer Sicht die Erfolgschancen, sind Beleg für Prüfungsversagen. Dieses strukturelle Defizit hat seinen Grund auch darin, dass Verfolgungsgefahren mit überwiegender Wahrscheinlichkeit drohen müssen, ein nur als möglich dargestelltes Verfolgungsrisikos mithin zur Asylversagung führt. Zwar dient die Tatsachenermittlung der Erarbeitung von Prognosetatsachen, die mit Gewissheit feststehen müssen. Auch Nichtwissen oder Mutmaßungen über bestimmte Ereignisse steht der Bildung der Überzeugungsgewissheit von den die Prognosebasis in ihrer Gesamtheit bildenden Tatsachen nicht entgegen, wenn der Einzelentscheider aus dem Gesamtergebnis der Befragung den Schluss zieht, dass er dem Antragsteller glaubt (BVerwGE 71,180 (182) = EZAR 630 Nr. 17 = NVwZ 1985, 685 = InfAuslR 1985, 244). Die gebotene Differenzierung zwischen Prognoseeinschätzungen und der Erarbeitung der Prognosetatsachen verwischt sich jedoch häufig in der Verwaltungspraxis mit der Folge, dass die Einräumung von Nichtwissen als Beleg für die fehlende Glaubhaftmachung angesehen wird, weil unzulässigerweise bei der Erarbeitung der tatsächlichen Entscheidungsgrundlagen der Maßstab der überwiegenden Wahrscheinlichkeit angewendet wird.

39 Soziokulturelle, aber auch verfahrensrechtliche Gründe führen deshalb typischerweise dazu, dass Mutmaßungen mit Gewissheit vorgetragen werden. Da wo ein eindeutiges Bekenntnis zum Nichtwissen gefordert wäre, kleiden Asylsuchende ihre Spekulationen in die Form positiven Wissens. Dies ist in aller Regel erkennbar und erfordert gezielte Rückfragen, die jedoch zumeist unterbleiben. Das Ergebnis ist ein widerspruchsvolles Sachvorbringen. Ein typischer Fehler ist insbesondere, dass Asylsuchende die Umstände, die Anlass zu ihrer Gefährdung geben, als feststehende Tatsachen vortragen, obwohl sie erkennbar etwa aus der Festnahme eines politischen Gesinnungsgenossen lediglich Schlussfolgerungen darlegen können. Auch hier unterbleiben in aller Regel Nachfragen, die darauf abzielen, den Tatsachenstoff zu ermitteln, der erlebnisbezogenen Charakter hat.

Pflichten des Bundesamtes § 24

Die verfahrensrechtliche Fürsorgepflicht gebietet es indes, dass Tatsachenbehauptungen, die aus sachlogischen Gründen nicht erlebnisbezogen sein können, als solche erkannt werden und der Antragsteller bei der Aufklärung der Kausalkette, also der Verdichtung der sich auf ihn zuspitzenden Verfolgungsgefahr verständnisvoll geleitet und unterstützt und gegebenenfalls durch Vorhalt auf seinen Irrtum aufmerksam gemacht wird. Da der Sachvortrag indes als standardisiertes Muster erscheint, fehlt es häufig am guten Glauben und unterbleiben deshalb unterstützende und gezielte Rückfragen. 40

Erlebnisfundiert ist regelmäßig lediglich das erste Teilstück der Kausalkette, etwa der warnende Anruf des Freundes, das Nichterscheinen des Gesinnungsgenossen am vereinbarten Treffpunkt, die beobachtete oder von Dritten berichtete Festnahme von Freunden, die polizeiliche Warnung, sich politisch anzupassen. Die sich an dieses erlebnisbezogene Ereignis anschließenden Folgeereignissen sind regelmäßig dem eigenen Erfahrungsbereich des Asylsuchenden versperrt. Gleichwohl werden sie von diesen als feststehend behauptet, weil für sie die Preisgabe ihres Namens unter der Folter keine Möglichkeit, sondern Gewissheit ist. 41

Hier öffnet sich die *verfahrensrechtliche Einbruchstelle allgemeiner gesellschaftlicher Vorbehalte* gegen Asylsuchende: Weil der gute Glaube an die Legitimität der Verfolgungsgründe weitgehend abhanden gekommen ist, erscheint das erlebnisbezogene erste Teilstück der Kausalkette als standardisiertes Verfolgungsvorbringen und unterbleibt deshalb häufig die mühevolle und schwierige Aufklärung des weiteren Verfolgungsgeschehens. Es widerspricht indes dem Gebot einer verständnisvollen und loyalen Aufklärung, unwidersprochen als Mutmaßungen erkennbare Tatsachenbehauptungen, die jedoch vom Antragsteller als feststehende Tatsachen vorgetragen werden, nicht aufzuklären und den Asylbescheid mit hierauf aufbauenden Widersprüchen zu begründen. Häufig wird hierbei auch nicht bedacht, dass die in Gang gesetzte Kausalkette erst aufgrund der die allgemeinen Verhältnisse (Repressionsstrukturen) im Herkunftsland bestimmenden Umstände Konturen gewinnt, für die den Antragsteller eine lediglich eingeschränkte Darlegungslast trifft (BVerwG, InfAuslR 1982, 156; BVerwG, InfAuslR 1983, 76; BVerwG, InfAuslR 1984, 129; BVerwG, InfAuslR 1989, 350). 42

3.3. Verpflichtung zur loyalen und verständnisvollen Verhandlungsführung

Der Antragsteller ist zu Beginn der Anhörung über das ins Bild zu setzen, worauf es für ihn und die Entscheidung über sein Ersuchen ankommt. Dazu gehört auch, dass der Einzelentscheider die Anhörung *loyal* sowie *verständnisvoll* führt (BVerfGE 94, 166 (204) = EZAR 632 Nr. 25 = NVwZ 1996, 678; § 18 a Rdn. 86). So darf die *Aufklärung des Reiseweges* nicht im Zentrum der Anhörung stehen. Insbesondere die Art der behördlichen Aufklärung des Reiseweges und die Dominanz, die dieser Sachkomplex während der Anhörung einnimmt, führen regelmäßig zu Irritationen und erheblichen Verun- 43 sicherungen bei den Asylsuchenden, die deshalb häufig zu unzulänglichen und unvollständigen Angaben bei der anschließenden Darlegung der Asylgründe führen.

44 Darüber hinaus führen die Vielzahl von Fragen zu Beginn der Anhörung, die der Aufklärung der für die Rückführung des Antragstellers erforderlichen Tatsachen dienen, zu erheblichen Irritationen und sind diese mit der verfassungsrechtlichen Verpflichtung zur loyalen und verständnisvollen Verhandlungsführung unvereinbar. Wird bereits vor der Anhörung die Beschaffung von Personaldokumenten der jeweiligen Heimatländer veranlasst und werden zu diesem Zweck gezielte Fragen an den Antragsteller gerichtet, entstehen zwangsläufig Ängste, zwischen den deutschen und den Behörden des Herkunftslandes bestünden engere Kontakte und schränkt dies die Darlegungskompetenz erheblich ein. Darüber hinaus kann eine derartige Verwaltungspraxis retraumatisierende Folgen herbeiführen.

45 Unzulässig ist es darüber hinaus, dass der Einzelentscheider des Bundesamtes in die zusammenhängende Darlegung der Fluchtgründe durch den Antragsteller dadurch interveniert, dass er unvermittelt Fragen zu völlig anderen Tatsachenkomplexen stellt und im späteren Verlauf der Anhörung oder im Bescheid dem Antragsteller Vorhaltungen macht, er habe bestimmte wesentliche tatsächliche Gesichtspunkte bei der Darlegung des in Rede stehenden Komplexes nicht angegeben. Eine derartige Befragungstechnik programmiert strukturell das Offensichtlichkeitsurteil.

46 Die vom BVerfG geforderte loyale und verständnisvolle Führung der Anhörung setzt demgegenüber voraus, dass dem Asylsuchenden zunächst die notwendige Zeit und Ruhe gegeben wird, von sich aus zusammenhängend die einzelnen Ereignisse und persönlichen Erlebnisse darzustellen. Der Einzelentscheider hat sich hierbei darauf zu beschränken, durch verständnisvolle ergänzende Fragen, den Antragsteller zu helfen und zu leiten und diesen gegebenenfalls im Blick auf die Substanziierungspflichten auf mögliche rechtliche Gesichtspunkte hinzuweisen. Er mag auch den ausufernden Sachvortrag auf die wesentlichen Tatsachenfragen zurückführen, jedoch stets in einer Weise, die nicht zu Irritationen und Verunsicherungen führt.

3.4. Isolierte gerichtliche Verpflichtung auf Durchführung der persönlichen Anhörung

47 Die persönliche Anhörung ist ein Recht des Asylsuchenden. Fraglich ist, ob gegen die erkennbar werdende behördliche Verweigerung der Anhörung *einstweiliger Rechtsschutz* verfügbar ist. Dies wird mit der Begründung abgelehnt, dass wegen § 44 a VwGO für den Rechtsschutzantrag auf Durchführung der Anhörung kein rechtlich geschütztes Interesse bestehe, da eine für die Beurteilung des Asylbegehrens taugliche Anhörung auch durch das Gericht im nachfolgenden Verwaltungsstreitverfahren erfolgen könne (Hess.VGH, B. v. 26. 3. 1991 – 12 TG 2541/90).

48 Diese Begründung ist wenig überzeugend. Angesichts der überragenden Bedeutung, die der persönlichen Anhörung des Asylsuchenden im Verwal

Pflichten des Bundesamtes §24

tungsverfahren zukommt, und in Anbetracht des rechtlichen Gesichtspunktes, dass der Feststellungsbescheid im Asylrecht vom Gesetz als *umfassende, abschließende* und auf *erschöpfender Sachaufklärung* beruhende *Verwaltungs*entscheidung gedacht ist (BVerfGE 60, 253 (290) = EZAR 610 Nr. 14 = DVBl. 1982, 888 = EuGRZ 1982, 394 = JZ 1982, 596), hat die Anhörung nach Abs. 1 S. 2 *grundrechtliche Bedeutung*.

Es ist anerkannt, dass § 44 a VwGO die *isolierte* gerichtliche Durchsetzung jener Verfahrensbestimmungen nicht hindert, die *grundrechtliche Positionen* beinhalten (OVG NW, NJW 1981, 70; VG Köln, NJW 1978, 1397). Das Anhörungsrecht ist aber schon im allgemeinen Verwaltungsverfahren grundrechtlich geschützt (Redeker, NJW 1980, 1593 (1597)). Dies muss erst recht im Asylverfahren gelten. Das Gespräch zwischen dem Rechtssuchenden und der Verwaltung entspricht überdies im besonderen Maße dem grundgesetzlichen Vorverständnis von der Stellung des Bürgers im Staate (BVerfGE 45, 297; OVG NW, NJW 1981, 70). Daher ist bei beharrlicher Weigerung des Bundesamtes, die Anhörung durchzuführen, obwohl die im Gesetz genannten Ausnahmetatbestände nicht vorliegen, einstweiliger Rechtsschutz gemäß § 123 VwGO auf Verpflichtung zur Durchführung der Anhörung nach Abs. 1 S. 2 gegeben.

49

4. Absehen von der Anhörung (Abs. 1 Satz 3 und 4)

Wie schon § 12 IV Nr. 1 AsylVfG 1982 erlaubt Abs. 1 S. 3 1. HS das Absehen von der Anhörung, wenn das Bundesamt den Antragsteller als asylberechtigt anerkennen will. Soweit bekannt, wird diese Vorschrift seit langem nicht mehr angewendet. Das Absehen von der Anhörung ist nur zulässig, wenn das Bundesamt dem Antrag im vollen Umfang stattgeben will. Zur Vermeidung der Abschiebungsandrohung nach § 34 muss dem durch § 60 I AufenthG begünstigten Antragsteller umfassend Gelegenheit gegeben werden, die über § 60 I AufenthG hinausgehenden Gründe für eine Asylberechtigung sowie Bedenken gegen die Abschiebung in einen etwaigen nach § 60 X 2 AufenthG ins Auge gefassten Zielstaat im Rahmen der Anhörung nach Abs. 1 S. 2 vorzutragen. Allerdings ist wegen Art. 13 der Qualifikationsrichtlinie im Falle der Flüchtlingsanerkennung eine Abschiebung auch in einen Drittstaat unzulässig und hat deshalb die Abschiebungsandrohung zu unterbleiben (§ 34 Rdn. 26 ff.).

50

Mit der zwingenden Anhörungspflicht, von der ausschließlich in den gesetzlich geregelten Ausnahmetatbeständen abgesehen werden kann, hatte der Gesetzgeber des AsylVfG 1982 die Folgen aus der vehementen Kritik der Rechtsprechung an der Regelpraxis der Sachentscheidung ohne Anhörung vor 1982 gezogen (vgl. BVerwG, InfAuslR 1982, 251; Hess.VGH, ESVGH 31, 259; VG Wiesbaden, InfAuslR 1981, 161). Auch der Gesetzgeber des AsylVfG 1992 hält an der zwingenden Anhörungspflicht fest, von der nur in *fünf, enumerativ festgelegten Ausnahmefällen* abgesehen werden darf bzw. abzusehen ist:

51

1. Bei den ersten beiden Fallgruppen entfällt ebenso wie nach § 12 IV Nr. 2 AsylVfG 1982 nach § 25 IV 5 mit Bezug auf Antragsteller nach § 14 I in

52

Verb. mit § 46 I (vgl. § 25 IV 1) und nach § 25 V 1 mit Bezug auf Antragsteller nach § 14 II die Anhörung, wenn der Antragsteller einer Ladung zur Anhörung unentschuldigt fernbleibt. Nur im zweiten Fall ist Gelegenheit zur schriftlichen Stellungnahme innerhalb eines Monats zu geben (§ 25 V 2). Im ersten Fall entscheidet das Bundesamt unmittelbar nach Aktenlage. § 25 IV 5 *verpflichtet* das Bundesamt zur Entscheidung nach Aktenlage, schließt aber nicht aus, dass Gelegenheit zur schriftlichen Stellungnahme gegeben wird. In beiden Fällen ist die Nichtmitwirkung des Antragstellers im Rahmen der freien Beweiswürdigung zu berücksichtigen (§ 25 IV 5, V 3). Allein aus der Tatsache des Nichterscheinens des Antragstellers zur Anhörung lässt sich in der konkreten Situation nicht ohne weiteres auf eine mangelnde Mitwirkungsbereitschaft des Antragstellers schließen (vgl. BVerfG (Kammer), NVwZ-Beil. 1994, 50 (51)). Die Entschuldigung nach § 25 IV 1 kann durch Vorlage ärztlicher Atteste und anderer Nachweise glaubhaft gemacht werden. Diese sollte bereits nach Möglichkeit vor dem anberaumten Termin, auf jeden Fall aber innerhalb der Monatsfrist nach § 25 V 2 dargelegt werden. Bei glaubhaft gemachten *unverschuldetem Fernbleiben* ist erneuter Termin zur persönlichen Anhörung anzuberaumen.

53 2. Bei *unentschuldigtem Fernbleiben* setzt das Bundesamt dem Antragsteller eine Frist zur schriftlichen Stellungnahme, die mit einer Aufforderung nach § 33 verbunden werden kann (§ 25 IV 4). Die Aufforderung darf jedoch nicht ergehen, wenn der Antragsteller bereits eine schriftliche Asylbegründung eingereicht hat (VG Gelsenkirchen, AuAS 1993, 262; VG Schleswig, AuAS 1993, 166). Die schriftliche Stellungnahme muss eine umfassende und detaillierte Begründung des Asylgesuchs enthalten. Denn sie tritt in diesem Falle ja an die Stelle der Anhörung nach Abs. 1 S. 2.

54 Verbunden werden kann die Stellungnahme auch mit der Darlegung der Entschuldigungsgründe nach § 25 V 1. Liegt ein Entschuldigungsgrund vor, *hat* das Bundesamt den Antragsteller anzuhören. Ansonsten liegt ein Verfahrensfehler vor, der im Falle der qualifizierten Asylablehnung regelmäßig zur Anordnung des Suspensiveffekts führt.

55 Die *Folgen der Fristversäumnis* sind gravierend: Unterbleibt die Stellungnahme innerhalb der Frist, entscheidet das Bundesamt nach Aktenlage. Hat es die Fristsetzung nach § 25 V 2 zulässigerweise mit einer Aufforderung nach § 33 verbunden, gilt der Antrag nach fruchtlosem Ablauf der Monatsfrist als zurückgenommen mit der Folge der einwöchigen Ausreisefrist (§ 38 II). Da die Anhörung nach § 25 V als gesetzliche Mitwirkungspflicht ausgestaltet ist (§ 25 I), kann das Bundesamt im Falle ihrer gröblichen Verletzung den Antrag in der qualifizierten Form ablehnen (§ 30 III Nr. 5).

56 3. Der *vierte* Ausnahmetatbestand ist durch ÄnderungsG 1993 eingefügt worden und betrifft die Antragsteller, die über einen sicheren Drittstaat eingereist sind (Abs. 1 S. 3 2. Alt., § 26 a). Da das Bundesamt nur den Reiseweg ermittelt, jedoch nicht in der Sache anhört, erschien dem Gesetzgeber im Falle der durch den Antragsteller ausdrücklich eingeräumten Ein-

Pflichten des Bundesamtes § 24

reise über einen bestimmten sicheren Drittstaat (BT-Drs. 12/4450, S. 20) die Anhörung entbehrlich. Das Bundesamt geht statt dessen bei festgestellter Durchführbarkeit der Abschiebung unmittelbar nach § 34 a I vor (im einzelnen Erl. zu § 34 a).

4. Abs. 1 S. 4 betrifft den *fünften Ausnahmefall*. Der Gesetzgeber geht davon aus, dass in diesen Fällen zwingend politische Verfolgung ausgeschlossen werden kann. Auch knüpft in derartigen Fällen eine etwaige Gefährdung an eine mögliche Verfolgung der Eltern an, sodass die Anhörung zur persönlichen Verfolgung regelmäßig nicht zu einer weiteren Sachaufklärung beitragen kann (BT-Drs. 12/4450, S. 20). Mit dieser Begründung ist aber die Altergrenze nicht zu rechtfertigen. Verfolgt kann im Übrigen jeder Asylsuchende unabhängig von seinem Alter sein (§ 12 Rdn. 24 f.; § 28 Rdn. 77 ff.). Letztlich erscheint diese Regelung aber aus pragmatischen Gründen sinnvoll. Denn sie betrifft nur im Bundesgebiet geborene Kinder, deren Eltern bzw. Elternteil Sachangaben zur Verfolgung gemacht haben bzw. hat. Eine weitere Anhörung wäre in diesem Fall reiner Formalismus. 57

5. Prüfungskompetenz des Bundesamtes für Abschiebungshindernisse nach § 60 Abs. 2 bis 7 AufenthG (Abs. 2)

5.1. Funktion der Abschiebungshindernisse im Asylverfahren

Abs. 2 beseitigt die bis zum Inkrafttreten des AsylVfG am 1. Juli 1992 unklare und verfahrensrechtlich höchst unerwünschte Aufsplitterung der behördlichen Zuständigkeiten. Aus der gesetzlichen Konzeption der umfassenden Konzentration sämtlicher Kompetenzen auf eine Behörde für den Fall, dass ein Asylantrag im Sinne des § 13 I gestellt wird, ergibt sich logischerweise die Aufgabenzuweisung in Abs. 2. Daher obliegt dem Bundesamt *nach Stellung des Asylantrags* (§ 13) auch die Prüfung von Abschiebungshindernissen nach § 60 II–VII AufenthG (VGH BW, NVwZ-Beil. 1997, 18 (19); Nieders.OVG, U. v. 21.1.1997 – 10 L 1313/96; OVG Hamburg, AuAS 1997, 153). 58

In der Sache sind damit die Ermittlungspflichten des Bundesamtes auf den Gegenstandsbereich nach § 60 II–VII AufenthG, nicht aber auf den von § 60 a I 1 AufenthG erweitert worden (BVerwGE 114, 379 (382) = InfAuslR 2002, 48 (50)). Nach der gesetzlichen Konzeption hat das Bundesamt Abschiebungsschutz nach § 60 II–VII AufenthG immer, aber auch nur dann zu gewähren, wenn individuelle Gefahren im Sinne des § 60 I–VII AufenthG bestehen. Beruft sich der Antragsteller auf allgemeine Gefahren im Sinne von § 60 VII 2 AufenthG, die nicht nur ihm persönlich, sondern zugleich der ganzen Bevölkerung oder einer Bevölkerungsgruppe im Zielstaat drohen, soll der Abschiebungsschutz auch für den Einzelnen ausschließlich durch die generelle Regelung nach § 54 AufenthG gewährt werden (s. aber Rdn. 62 ff.). 59

Der Wortlaut von Abs. 2 ist eindeutig: Dem Bundesamt fällt die Sachkompetenz für die Prüfung von Abschiebungshindernissen nach § 60 II–VII AufenthG *kraft Gesetzes* nur im Rahmen eines anhängig gemachten Asylverfah- 60 rens zu. Voraussetzung für die Aufgabenzuweisung nach Abs. 2 ist mithin die Stellung eines Asylantrags gemäß § 13. Kommt es nicht zur Stellung eines Asylantrags, entsteht die Sachkompetenz des Bundesamtes von vornherein nicht (vgl. auch BayVGH, AuAS 1994, 161). Vielmehr bleibt es in diesen Fällen bei der ausländerbehördlichen Zuständigkeit (§ 72 II AufenthG). Dies gilt auch bis zur Stellung eines Asylantrags (BVerwG, InfAuslR 1998, 191 (192) = AuAS 1998, 91 = NVwZ 1998, 264). Würde auch in Fällen der Berufung auf Abschiebungshindernisse *ohne gleichzeitige Asylantragstellung* die Sachkompetenz des Bundesamtes angenommen, wäre die Regelung in § 72 II AuslG ohne Sinn.

61 § 72 II AufenthG weist nach seinem Wortlaut der Ausländerbehörde indes nur die Zuständigkeit für die Prüfung von Abschiebungshindernissen nach § 60 VII AufenthG zu. Andererseits fehlt dem Bundesamt nach Abs. 2 die Sachkompetenz für die Entscheidung über Abschiebungshindernisse nach § 60 II – V AufenthG, die vor oder ohne Stellung eines Asylantrags geltend gemacht werden. Um völkerrechtswidrige Schutzlücken (vgl. § 60 II, V AufenthG in Verb. mit Art. 3 EMRK, Art. 7 IPbpR, Art. 3 Übereinkommen gegen Folter) auszuschließen, müssen behördliche Zuständigkeitsvorschriften eindeutig sein. Abs. 2 ist einer erweiternden Auslegung auf die Prüfung von Abschiebungshindernissen nach § 60 II–VII AufenthG vor Stellung eines Asylantrags nicht zugänglich. Deshalb gebietet der Grundsatz der völkerrechtsfreundlichen Auslegung eine Zuweisung der entsprechenden Sachkompetenz an die Ausländerbehörde (§ 20 Rdn. 7). Die hat das Bundesamt zu beteiligen (§ 72 II AufenthG).

5.2. Gemeinschaftswidrigkeit der Sperrwirkung des § 60 Abs. 7 Satz 2 AufenthG

62 Die Amtsermittlungspflicht des Bundesamtes wird nach der Rechtsprechung des BVerwG durch § 60 VII 2 AufenthG beschränkt. Danach sperrt verfahrensrechtlich nicht die geringere Betroffenheit des Einzelnen insoweit die Anwendung des § 60 VII 1 AufenthG, sondern die Tatsache, dass er sein Fluchtschicksal mit vielen anderen teilt (BVerwGE 99, 324 (327f.) = NVwZ 1996, 199 = EZAR 046 Nr. 6 = AuAS 1996, 32; BVerwG, InfAuslR 2002, 48 (49); ebenso: Bell, InfAuslR 1996, 348 (353f.); krit. hierzu: Marx, Handbuch, § 81 Rdn. 24.6ff., § 82 Rdn. 42.1ff.).

63 Nur dann, wenn dem Antragsteller keine Abschiebungshindernisse nach § 60 I–IV, VII 1 AuslG zustehen, er aber gleichwohl ohne Verletzung *höherrangigen Verfassungsrechts* nicht abgeschoben werden darf, ist nach der Rechtsprechung bei verfassungskonformer Auslegung und Anwendung des § 60 VII 2 AufenthG im Einzelfall Abschiebungsschutz nach § 60 VII 1 AufenthG zu gewähren (BVerwGE 99, 324 (328f.) = NVwZ 1996, 199 = EZAR 046 Nr. 6 = AuAS 1996, 32; BVerwGE 102, 249 (256ff.) = NVwZ 1997, 685 = EZAR 033 Nr. 10; BVerwG, NVwZ-Beil. 1996, 57 (58); BVerwG, InfAuslR 1996, 289 (290) = NVwZ-Beil. 1996, 89).

64 Die vom BVerwG konstruierte Sperrwirkung ist mit Gemeinschaftsrecht unvereinbar. Wer nach Art. 15 der Qualifikationsrichtlinie die Voraussetzungen

Pflichten des Bundesamtes **§ 24**

für den *ergänzenden Schutz* erfüllt, hat Anspruch auf diesen Schutz (Art. 18 der RL) und damit auf Erteilung eines Aufenthaltstitels nach Art. 24 III der RL. Art. 15 der RL gibt aus gemeinschaftsrechtlicher Sicht die tatbestandlichen Voraussetzungen für den ergänzenden Schutz vor, der im innerstaatlichen deutschen Recht in § 60 II – VII AufenthG geregelt ist. Eine dem deutschen Recht vergleichbare Sperrwirkung kennt das Gemeinschaftsrecht nicht. Lediglich Nr. 26 der Präambel der RL enthält eine der Norm des § 60 VII 2 AufenthG vergleichbare Regelung. Dogmatisch kann die Präambel aber nicht dazu verwendet werden, in die Richtlinie eine im Zusammenhang von Art. 15, 18 und 24 III der RL nicht geregelte Sperrwirkung hinein zu lesen. Die Bundesregierung wollte eine derartige Sperrwirkung in die Richtlinie hinein verhandeln, hat sich mit diesem Ziel indes nicht durchsetzen können.

Nr. 22 der Präambel hat damit lediglich *prognoserechtliche Funktion*. Danach reichen in Anlehnung an Art. 3 II des Übereinkommens gegen Folter für die Feststellung, ob Gründe für eine »ernsthafte individuelle Bedrohung des Lebens oder der Unversehrtheit einer Zivilperson infolge willkürlicher Gewalt im Rahmen eines internationalen oder innerstaatlichen bewaffneten Konfliktes« (Art. 15 Buchst. c) der RL) vorliegen, Gefahren, denen die Bevölkerung eines Landes allgemein ausgesetzt sind, für sich genommen, nicht aus (Nr. 22 der Präambel der RL). Vielmehr müssen sich derartige »allgemeine Gefahren« in der konkreten Person des Asylsuchenden individualisiert haben. **65**

Das BVerwG hätte der Regelung des § 53 VI 2 AuslG 1990, der Vorläufernorm des § 60 VII 2 AufenthG, von Beginn an diesen Sinn geben können. Zielrichtung der Rechtsprechung des BVerwG war es jedoch, Gefahren, die aus einem Bürgerkrieg hervorgehen, unabhängig von ihrer individuellen Bedrohung, aus den Schutznormen des Rechts auszuschließen. Dieser Zweckverfolgung steht nunmehr die Richtlinie entgegen. Diese ist nach Art. 38 I zwar erst spätestens am 10. Oktober 2006 in das innerstaatliche Recht umzusetzen. Aus dem Grundsatz der gemeinschaftsfreundlichen Auslegung innerstaatlicher Rechtsvorschriften (§ 1 Rdn. 82 ff.) folgt indes, dass bereits jetzt das Asylverfahrensrecht nach Maßgabe der Richtlinie auszulegen und anzuwenden ist. **66**

5.3. Gegenstandsbereich von Absatz 2

5.3.1. Allgemeines

Die Regelungen in § 60 II–VII AufenthG begründen ein zielstaatsbezogenes Abschiebungshindernis bei drohender Folter (§ 60 II AufenthG, Art. 15 Buchst. b) der Qualifikationsrichtlinie), bei Gefahr der Todesstrafe (§ 60 III AufenthG, Art. 15 Buchst. a) der RL) sowie bei einer erheblichen konkreten Gefahr für Leib, Leben oder Freiheit (§ 60 VII 1 AufenthG). Nach § 60 VII 1 AufenthG soll von der Abschiebung in einen Staat abgesehen werden, wenn dort erhebliche konkrete Gefahren für Leib, Leben oder Freiheit besteht. **67**

Demgegenüber enthält die Qualifikationsrichtlinie in Art. 15 die materiellen Vorgaben für die Gewährung des ergänzenden Schutzes und bezeichnet das maßgebliche Entscheidungskriterium mit dem Begriff »ernsthafter Schaden«. **68**

§ 24   *Asylverfahren*

Beim ergänzenden Schutz ersetzt der Begriff des ernsthaften Schadens den Begriff der Verfolgungshandlung nach Art. 9 der RL. In der deutschen Gesetzgebung wurden früher in § 53 AuslG 1990 und werden nach geltendem Recht in § 60 II–VII AufenthG die tatbestandlichen Voraussetzungen des ergänzenden Schutzes geregelt. Der Katalog der materiellen Vorgaben des ergänzenden Schutzes nach Art. 15 der Richtlinie ist wesentlich straffer und weniger kompliziert als im deutschen Recht.

5.3.2. Verhängung oder Vollstreckung der Todesstrafe
69 Nach § 60 III AufenthG und Art. 15 Buchst. a) der Richtlinie wird ergänzender Schutz gegen die Verhängung oder Vollstreckung der *Todesstrafe* gewährt (vgl. § 60 III AufenthG). Damit setzt die Richtlinie eine Tradition fort, die mit dem 6. Zusatzprotokoll zur EMRK begründet wurde.

5.3.3. Folter oder unmenschliche oder erniedrigende Behandlung oder Bestrafung
70 Nach Art. 15 Buchst. b) der Richtlinie wird gegen *Folter* oder unmenschliche oder erniedrigende Behandlung oder Bestrafung im Herkunftsland des Antragstellers Abschiebungsschutz gewährt. Die Richtlinie vermeidet damit den verwirrenden, doppelt geregelten Folterschutz wie in der deutschen Gesetzgebung. Gegen Folter schützt im deutschen Recht § 60 II AufenthG (früher § 53 I AuslG 1990) und gegen Folter und unmenschliche oder erniedrigende Strafe oder Behandlung § 60 V AufenthG (früher § 53 IV AuslG 1990). Dies ergibt sich aus dem Verweis in § 60 V AufenthG auf die EMRK.

71 Wegen der notwendigen *Zielstaatsbezogenheit* des ernsthaften Schadens kommt von den Vorschriften der EMRK ohnehin nur Art. 3 EMRK als relevanter Refoulementschutz für den ergänzenden Schutz in Betracht, sodass das Nebeneinander von Abs. 2 und 5 in § 60 AufenthG überflüssig ist. Die deutsche Rechtsprechung hat in diesem Zusammenhang ein Abschiebungsverbot zwar auch aus anderen Konventionsnormen abgeleitet, wenn diese in ihrem Kernbereich verletzt werden (BVerwGE 111, 223 (228) = EZAR 043 Nr. 45 = NVwZ 2000, 1302 = InfAuslR 2000, 461, zur Religionsfreiheit nach Art. 9 EMRK; OVG NW, NVwZ 2004, 757, zum Recht auf ein faires Verfahren nach Art. 6 EMRK; ebenso House of Lords, IJRL 2004, 411 (438)). Im Ergebnis muss nach dieser Rechtsprechung der geforderte Eingriff in den Kernbereich eines anderen Menschenrechts jedoch die Voraussetzungen nach Art. 3 EMRK erfüllen. Wird deshalb § 60 II AufenthG um den Begriff der unmenschlichen oder erniedrigenden Behandlung oder Bestrafung ergänzt, sind Abs. 2 und 5 von § 60 AufenthG identisch.

72 Maßgeblich für die Auslegung und Anwendung der tatbestandlichen Voraussetzungen des ergänzenden Schutzes ist die internationale, insbesondere die Rechtsprechung des EGMR und nicht die eines einzelnen Mitgliedstaates, etwa die der Bundesrepublik. Das gilt in Besonderheit für den Begriff der Folter und unmenschlicher oder erniedrigender Behandlung oder Bestrafung nach Art. 15 Buchst. b) der Richtlinie, der stillschweigend auf Art. 3 EMRK und die dazu entwickelte Rechtsprechung des EGMR verweist.

73 Damit ist der verbissene Streit um die Frage, ob der zielstaatsbezogene Re-

foulementschutz nach Art. 3 EMRK nur bei staatlicher Verfolgung im Herkunftsland Anwendung findet (so BVerwGE 104, 265 (268 ff.) = EZAR 043 Nr. 21 = NVwZ 1997, 1127 = InfAuslR 1997, 341; BVerwGE 105, 187 (188) = EZAR 043 Nr. 26 = DÖV 1988, 608 = DVBl. 1998, 608) überholt. Nach der Rechtsprechung des EGMR sind auch individuell drohende Übergriffe im Rahmen eines Bürgerkrieges durch Warlords erheblich (EGMR, *Ahmed v. Austria,* Reports 1996-VI, § 44 = EZAR 933 Nr. 5 = InfAuslR 1997, 279 = NVwZ 1997, 1100). Demgegenüber muss nach Art. 1 Abs. 1 des Übereinkommens der Vereinten Nationen gegen Folter die Folterhandlung dem Staat zurechenbar sein.

Die Schmerzzufügung durch private Personen, die weder auf Veranlassung des Staates noch mit dessen ausdrücklichem oder stillschweigendem Einverständnis erfolgt, erfüllt danach nicht den Folterbegriff. Der Ausschuss gegen Folter hat allerdings wie der Gerichtshof in einem Flüchtlingsfall im Fall Somalia die dort agierenden »Warlords« unter den Begriff »Angehörige des öffentlichen Dienstes« (»*public officials*«) subsumiert, weil er insoweit den Begriff der »*quasi-governmental institution*« als erfüllt angesehen hat (CAT, *Dadig Shek Elmi v. Australia,* Entscheidung vom 14. Mai 1999 – Nr. 120/1998, in: *Marx* Handbuch zur Asyl- und Flüchtlingsanerkennung, A Nr. 4). 74

Maßgebend für die Rechtsanwendung in der EU ist jedoch nicht der engere Folterbegriff der Vereinten Nationen, sondern die Rechtsprechung des EGMR. Konzeptionell integriert der Gerichtshof auch Misshandlungen durch Private in den Folterbegriff nach Art. 3 EMRK. Allerdings sind bislang keine Fälle bekannt geworden, in denen Gewalt durch private Täter als dem Staat zurechenbare Folterhandlungen bewertet, wohl aber als unmenschliche Behandlung dem untätigen Staat zugerechnet wurden (ECHR, *Cyprus v. Turkey,* RJD 2001-IV, § 81; ECHR, *Tyrer v. UK,* Series A 26 § 29-35 (1978) – Körperstrafen, s. aber ECHR, *Campbell and Cosans v. UK,* HRLJ 1982, 221 (225); ECHR, *X and Y v. UK,* HRLJ 1991, 61 (62); ECHR, *Costello-Roberts,* Series A 247-C (1993), in sämtlichen Fällen erreicht die Prügelstrafe in der Schule nicht die für unmenschliche Behandlung erforderliche Schwelle der Schmerzzufügung). 75

In Flüchtlingsfällen rechnet der Gerichtshof die unmittelbaren und mittelbaren Folgen aufenthaltsbeendender Maßnahmen dem vollziehenden Vertragsstaat zu. Besteht ein konkretes Risiko, dass der Antragsteller im Zielstaat der Abschiebung eine unmenschliche Behandlung – durch wen auch immer – erfahren wird, verbietet Art. 3 EMRK die Abschiebung. Es ist der Vertragsstaat, der für die Folgen seiner Maßnahmen einzustehen hat. Mit anderen Worten wendet der Gerichtshof die Zurechnungslehre nicht auf den Zielstaat, sondern auf den abschiebenden Vertragsstaat an (EGMR, *H.L.R. v. France,* EZAR 933 Nr. 6 = InfAuslR 1997, 333 = NVwZ 1998, 163; EGMR, *D. v. U.K.,* EZAR 933 Nr. 6 = InfAuslR 1997, 381 = NVwZ 1998, 381; EGMR, *T.I. v. U.K.,* EZAR 933 Nr. 8 = InfAuslR 2000, 321 = NVwZ 2001, 301). 76

Sollte das BVerwG seine von der Rechtsprechung des EGMR abweichende Rechtsprechung zu Art. 3 EMRK aufrechterhalten wollen, muss es dem EuGH diese Frage zur Vorabentscheidung vorlegen. Die EMRK hat bereits seit Jahrzehnten die Diskussionen über den Grundrechtsschutz in der EU beherrscht. Es ist kaum vorstellbar, dass der EuGH eine von der Rechtspre- 77 chung des EGMR abweichende Position in dieser Frage entwickeln könnte. Da inzwischen durch Art. 6 der Qualifikationsrichtlinie und § 60 I 4 AufenthG Verfolgungen durch nichtstaatliche Akteure anerkannt sind, dürfte der Streit zu Art. 3 EMRK allerdings erheblich an Schärfe verloren haben.

5.3.4. Ernsthafte individuelle Bedrohung des Lebens oder der körperlichen Unversehrtheit

78 Ergänzender Schutz wird darüber hinaus vor einer »*ernsthaften individuellen Bedrohung des Lebens oder der Unversehrtheit infolge willkürlicher Gewalt im Rahmen eines internationalen oder innerstaatlichen bewaffneten Konfliktes*« gewährt (Art. 18 in Verb. mit Art. 15 Buchst. c) der RL). Demgegenüber besteht nach § 60 VII 1 AufenthG Abschiebungsschutz bei erheblichen konkreten Gefahren für Leib, Leben oder Freiheit. Abschiebungsschutz kann nur vor Gefahren gewährt werden, die dem Antragsteller selbst drohen. Das Schutzbedürfnis eines nahen Angehörigen führt nicht zu einer eigenen Rechtsposition (BVerwG, AuAS 2005, 4 (5); s. aber § 29 III 1 AufenthG). Eine drohende Kindesentführung begründet jedoch Abschiebungsschutz (VG Freiburg, InfAuslR 2004, 461 (462)). Der Schutz nach der Richtlinie ist zwingend und steht damit anders als der nach § 60 VII 1 AufenthG nicht im behördlichen Ermessen.

79 Zugleich stellt die Richtlinie unmissverständlich klar, dass ein im Zielstaat der Abschiebung herrschender Bürgerkrieg oder vergleichbarer interner bewaffneter Konflikt oder ein internationaler Krieg der Schutzgewährung nicht entgegensteht. Die Richtlinie gewährt damit auch bei genereller Gewalt ergänzenden Schutz, sofern diese sich individuell auf den Einzelnen konkretisiert. Damit hat die EU zwar noch nicht den afrikanischen (Art. 3 Abs. 2 der OAU-Flüchtlingskonvention) oder amerikanischen Standard (Cartagena-Deklaration) erreicht, der den Flüchtlingsschutz auch bei genereller Gewalt gewährt. Klargestellt wird jedoch, dass individuelle Bedrohungen als besondere Ausformungen genereller Gewalt den ergänzenden Schutz auslösen. Hierauf weist ja auch bereits der in Art. 6 Buchst. b) der RL bezeichnete Verfolgertypus einer de facto-Gewalt hin, durch die Bürgerkriegs- und generelle Gefahren ausgelöst werden. Art. 6 der RL ist auch bei der Auslegung und Anwendung von Art. 15 der RL von Bedeutung (vgl. Art. 18 RL).

80 Die Richtlinie lässt damit nicht mehr zu, dass das BVerwG seine Rechtsprechung zur Sperrwirkung des § 53 Abs. 6 Satz 2 AuslG 1990 (jetzt § 60 Abs. 7 Satz 2 AufenthG) fortsetzt und damit individualbezogene und konkrete gezielte Gefahren im Verlaufe des Bürgerkrieges unter Hinweis auf die Sperrwirkung aus dem Abschiebungsschutz ausgrenzt und nur bei einer extremen landesweiten Gefahr Abschiebungsschutz gewährt (BVerwGE 99, 324 (327f.) = EZAR 046 Nr. 6; BVerwG, NVwZ-Beil. 1996, 57 (58); BVerwG, InfAuslR 2002, 48 (49)). Zwar stellt Nr. 26 der Präambel der Richtlinie klar, dass Gefahren, denen die Bevölkerung oder eine Bevölkerungsgruppe *allgemein* ausgesetzt sind, für sich genommen normalerweise keine individuelle Bedrohung darstellen, die als schwerer Schaden zu beurteilen wäre. Diese Klausel ist durch die Bundesregierung in die Richtlinie hinein verhandelt worden. Sie weist eine gewisse Ähnlichkeit zur Sperrwirkung des § 60 VII 2 AufenthG

auf, kann aber angesichts des eindeutigen Wortlauts von Art. 15 Buchst. c) der RL nicht die Funktion übernehmen, Bürgerkriegsgefahren aus dem System des ergänzenden Schutzes auszugrenzen. Vielmehr ist für die Auslegung und Anwendung dieser Norm ihr Wortlaut maßgebend, der ausdrücklich bestimmt, dass willkürliche Gewalt im Rahmen bewaffneter Konflikte Ursache individueller Bedrohungen sein können.

Die Präambel kann diesen eindeutigen Wortlaut nicht aufheben. Nr. 26 der Präambel ist vielmehr als *prognoserechtlicher Grundsatz* zu verstehen, anhand dessen zu beurteilen ist, ob eine allgemeine Gefahr sich auf den Einzelnen konkretisiert hat. Kann der Antragsteller nicht darlegen, dass er persönlich durch Bürgerkriegsgefahren betroffen war oder betroffen sein wird, kann er »normalerweise keine individuelle Bedrohung« erlebt haben oder nach Rückkehr erfahren. Verdichtet sich die allgemeine Gefahr jedoch aufgrund bestimmter Kriegsstrategien auf eine bestimmte Bevölkerungsgruppe, kann sie auch individualbezogenen Charakter annehmen.

Nr. 26 der Präambel hat dieselbe prognoserechtliche Funktion wie Art. 3 Abs. 2 des Übereinkommens gegen Folter. In diesem Sinne hätte man auch § 53 VI 2 AuslG 1990 auslegen können, wenn man nicht wie das BVerwG die Absicht verfolgt hätte, Bürgerkriegsgefahren generell aus allen Rechtsschutzsystemen herauszunehmen. Nach Art. 3 II des Übereinkommens gegen Folter berücksichtigen die Staaten, dass in dem betreffenden Staat »eine ständige Praxis grober, offenkundiger oder massenhafter Verletzungen der Menschenrechte herrscht.« Der Ausschuss gegen Folter hat hierzu festgestellt, dass eine derartige Praxis als solche noch nicht die Schlussfolgerung zulässt, dass der Einzelne Opfer von Folter sein wird. Vielmehr müssten spezifische Umstände hinzukommen, dass dieser persönlich für den Fall der Rückkehr Gefahr laufen würde, gefoltert zu werden (CAT, *Mutombo v. Switzerland*, HRLJ 1994, 164 CAT, *Khan v. Canada*, HRLJ 1994, 426; CAT, *Alan v. Switzerland*, IJRL 1996, 440, stdg. Rspr.). Nach diesen menschenrechtlichen Grundsätzen ist auch Nr. 26 der Präambel auszulegen.

5.3.5. Zielstaatsbezogener Charakter der Gefahr

Für den maßgeblichen Gegenstandsbereich des Abs. 2 und die hierauf bezogene Prüfungspflicht des Bundesamtes kommt es wegen der *Zielstaatsbezogenheit der Abschiebungshindernisse nach § 60 II–VII AuslG* auf die Verhältnisse im Zielstaat der Abschiebung und damit nur auf die *dort eintretenden Wirkungen* einer freiwilligen Ausreise an. Demgegenüber sind grundrechtlich geschützte Einwände in Form *inlandsbezogener Vollstreckungshindernisse* erst auf der Stufe des Vollzugs durch die Ausländerbehörde zu prüfen (BVerwG, NVwZ 1998, 527 (528) = EZAR 043 Nr. 24 = AuAS 1998, 78; ebenso OVG NW, B. v. 5. 3. 1998 – 25 A 2873/97.A; dagegen Hess.VGH, InfAuslR 1998, 194; zur Bedeutung von Art. 8 EMRK s. § 43 Rdn. 34).

Daraus folgt, dass das Bundesamt bei entsprechendem Sachvorbringen stets zu prüfen hat, ob aufgrund der im Zielstaat bestehenden Verhältnisse eine bestehende ernsthafte Krankheit sich erheblich verschlimmern wird. Ob die Abschiebung als solche aus gesundheitlichen oder anderen Gründen unzulässig ist, hat hingegen die Ausländerbehörde zu prüfen.

85 Die freiwillige Ausreise ist nach der Rechtsprechung des BVerwG dem Asylsuchenden in Anlehnung an die asylrechtliche Rechtsprechung zum Zwecke der Gefahrenminderung grundsätzlich zuzumuten. Etwaige *Gefährdungen auf dem Reiseweg* dorthin seien ebenso wie Gefahren, die sich durch die Wahl bestimmter Abschiebungswege durch die einzelnen Ausländerbehörden ergeben könnten, regelmäßig nicht Gegenstand des Abschiebungsschutzes nach § 60 II – VII AufenthG (BVerwGE 104, 265 (277 ff.) = InfAuslR 1997, 341 = NVwZ 1997, 1127 = EZAR 043 Nr. 21). Es ist indes fraglich, ob diese Rechtsprechung mit Art. 15 der Qualifikationsrichtlinie vereinbar ist

86 Derartige Gefährdungen betreffen nach Ansicht des BVerwG die Art und Weise der Durchsetzung der Ausreisepflicht im Wege der Verwaltungsvollstreckung und unterliegen daher grundsätzlich nicht der Prüfung des Bundesamtes nach § 60 II–VII AufenthG. Stelle das Bundesamt allerdings fest, dass eine freiwillige Rückkehr oder zwangsweise Abschiebung nur auf *ganz bestimmten Reisewegen* in Betracht komme, welche bei Ankunft im Zielstaat die Erreichbarkeit relativ sicherer Landesteile unzumutbar erscheinen ließen, könne ausnahmsweise bereits ein Abschiebungshindernis nach § 60 II–VII AufenthG vorliegen, weil dann die festgestellte Zufluchtsmöglichkeit nur theoretisch bestehe. Bei der verfassungskonformen Anwendung des § 60 VII 1 AufenthG auf allgemeine Gefahren infolge eines Bürgerkrieges könne danach eine Rückkehr dann unzumutbar sein, wenn die sicheren Landesteile nicht erreicht werden könnten, ohne auf dem Weg dorthin einer extremen Leibes- oder Lebensgefahr ausgesetzt zu sein (BVerwGE 104, 265 (279)).

87 Maßgebend kann danach stets nur sein, ob der Asylsuchende einen *sicheren Zugang zum Zielstaat der Abschiebung* und von dort *innerhalb des Zielstaates* eine gefährdungsfreie Weiterreise zur sicheren Zone innerhalb des Zielstaates finden wird. Kann das Bundesamt beide Voraussetzungen einer gefährdungsfreien Rückreise nicht mit hinreichend tragfähigen Feststellungen zuverlässig bejahen, hat es Abschiebungsschutz nach § 60 II–VII AufenthG zu gewähren.

88 Das BVerwG will bei *verfassungskonformer Anwendung* des § 60 II–VII AufenthG das Bundesamt dazu anhalten, festzustellen, ob eine Rückkehr deshalb unzumutbar ist, weil der Betreffende *sichere Landesteile* nicht wird erreichen können, weil er *auf dem Weg dorthin* einer extremen Leibes- oder Lebensgefahr ausgesetzt ist (BVerwGE 104, 265 (279) = InfAuslR 1997, 341 = NVwZ 1997, 1127 = EZAR 043 Nr. 21). Damit ist es für die Prüfung des Bundesamtes nach Abs. 2 in Verb. mit § 53 VI 1 AuslG völlig unerheblich, welche Gefahren auf dem Weg bis zur Grenze des Zielstaates bestehen. Jedoch darf bei einer verfassungskonformen Auslegung und Anwendung des ausländerrechtlichen Abschiebungsschutzes das Bundesamt die Frage, an welchem Ort der Asylsuchende die Grenze zum Zielstaat überqueren kann und welche Gefahren innerhalb des Zielstaates auf dem Weg von dort zum sicheren Ort drohen, nicht offen lassen.

89 Es wäre mit der obersten Verfassungsgarantie der Menschenwürde unvereinbar, einen – wegen regional bestehender extremer Gefährdungslagen im Zielstaat der Abschiebung – Schutzbedürftigen irgendwo in der Welt auszusetzen, ohne hinreichend sichere Vorkehrungen dagegen zu treffen, dass er

den sicheren Zufluchtsort im Zielstaat der Abschiebung auch sicher erreichen kann. Dies hat zur Folge, dass das Bundesamt die Frage, auf welchen Weg der Schutzbedürftige den sicheren Zufluchtsort erreichen kann, nicht offen lassen darf.

Insoweit ist im Ergebnis ein Unterschied zwischen dem asylspezifischen und dem ausländerrechtlichen Abschiebungsschutz nicht festzustellen. Hier wie dort geht es um hinreichend zuverlässige Feststellungen über die gefährdungsfreie Reise zum sicheren Ort innerhalb des Zielstaates. Würde das Bundesamt diese Frage offen lassen, könnte die Ausländerbehörde den Asylsuchenden auf irgendeine Weise in ein Nachbarland des Zielstaates verbringen, ohne im Einzelnen prüfen zu müssen, wie er von dort sicher die Grenze des Zielstaates und von dort ebenso sicher die gefährdungsfreie Zone innerhalb des Zielstaates erreicht. Dies wäre mit verfassungsrechtlichen Grundsätzen nicht vereinbar. 90

Damit hat die frühere obergerichtliche Rechtsprechung, welche für den Wegfall des Abschiebungsschutzes hinreichend zuverlässige Feststellungen nicht nur im Blick auf eine gefährdungsfreie Einreise, sondern auch im Hinblick auf eine gefährdungsfreie Weiterreise bis zum Ort der inländischen Fluchtalternative fordert (OVG Berlin, B. v. 1. 2. 1988 – OVG 4 S 97.87), unverändert Bedeutung. Kann das Bundesamt daher nicht darlegen, dass der Transportweg vom Ort des Grenzübergangs bis zur sicheren Zone im Zielstaat ohne Gefährdung im Sinne des § 60 VII 1 AufenthG möglich ist, besteht eine Gefahr im Sinne dieser Vorschrift. 91

Das Beweismaß der »extremen Gefährdungslage« ist der ideologisch auf den Ausschluss von Bürgerkriegsgefahren angelegten Rechtsprechung des BVerwG geschuldet. Es ist jedoch mit Gemeinschaftsrecht unvereinbar. Da dieses keine verfahrensrechtliche Sperrwirkung kennt (Rdn. 62–66), kommt es für den ergänzenden Schutz nach Art. 15 der Qualifikationsrichtlinie wie auch für den internationalen Schutz darauf an, mit Hilfe von Prognosekriterien die ernsthafte Möglichkeit eines ernsthaften Schadens auszuschließen. 92

5.4. Darlegungslast des Antragstellers

Den Antragsteller trifft ebenso wie im Hinblick auf die Asylgründe und den Abschiebungsschutz nach § 60 I AufenthG auch im Hinblick auf die Abschiebungshindernisse nach § 60 II–VII AufenthG eine *Darlegungslast* (§ 25 II). In der Regel hat er jedoch bereits mit der Darlegungspflicht nach § 25 I wegen der engen Verzahnung zwischen den asylrechtlichen und ausländerrechtlichen Verfahrensgegenständen in tatsächlicher und rechtlicher Hinsicht (BVerwGE 99, 38 (44 f.) = EZAR 631 Nr. 41 = NVwZ 1996, 79; BVerwGE 101, 323 (325) = DVBl.1997, 598 = InfAuslR 1996, 418; BVerwG, EZAR 631 Nr. 40) zugleich auch seiner Darlegungslast nach § 25 II genügt. 93

5.5. Erlass der Abschiebungsandrohung

94 Stellt das Bundesamt im Rahmen eines anhängigen Asylverfahrens Abschiebungshindernisse fest, hindert das nicht den Erlass der Abschiebungsandrohung. Vielmehr ist diese *zwingend* zu verfügen (§§ 34, 35). Die in Abs. 2 zugewiesene Sachkompetenz wird aber durch § 59 III 2 AufenthG *erweitert* (s. im Einzelnen Erl. zu § 34). Stellt das Bundesamt Abschiebungshindernisse nach § 60 II–VII AufenthG fest, ist damit also seine Sachaufklärungspflicht nicht erschöpft. Vielmehr hat es vor Erlass der Verfügung (§§ 34, 35) bei Abschiebungshindernissen regelmäßig auch das Zielland zu ermitteln und zu bezeichnen. Allerdings ist die Sachkompetenz des Bundesamtes auf *zielstaatsbezogene* Abschiebungshindernisse beschränkt. Hat etwa eine befürchtete Verschlimmerung der Herzkrankheit in den mangelnden medizinischen Versorgungsmöglichkeiten im Zielstaat ihre Ursache, ist die Abschiebung nach § 60 VII 1 AufenthG untersagt, sodass das Bundesamt entsprechende Tatsachen und Umstände selbst aufklären muss (BVerwGE 105, 383 (387) = NVwZ 1998, 524 (525) = InfAuslR 1998, 189 = AuAS 1998, 62 = EZAR 043 Nr. 27; BVerwG, NVwZ 1988, 526 = AuAS 1998, 77; ebenso: OVG NW, B. v. 5. 3. 1998 – 25 A 2873/97.A; VG Osnabrück, U. v. 24. 11. 1997 – 5 A 93/97/Lü; VG Münster, B. v. 8. 12. 1997 – 8 L 1202/97; s. hierzu im Einzelnen: Marx, Handbuch, § 79 A).

5.6. Nachträglich eintretende Abschiebungshindernisse

95 Macht der Antragsteller nach rechtskräftigem Abschluss des Asylverfahrens Abschiebungshindernisse geltend, darf die Ausländerbehörde diese nicht berücksichtigen (VGH BW, AuAS 1994, 104; OVG Berlin, B. v. 28. 1. 1994 – OVG 8 S 383.93; VG Würzburg, EZAR 632 Nr. 17). Im Rechtsschutzverfahren kann daher die generelle Zulässigkeit der Abschiebung nicht angegriffen werden (VGH BW, AuAS 1994, 104). Derartige *nachträgliche* Abschiebungshindernisse können nur im Wege eines Folgeantrags vorgebracht werden (OVG Berlin, B. v. 28. 1. 1994 – OVG 8 S 383.93; wohl auch VGH BW, AuAS 1994, 104; s. hierzu: § 71 Rdn. 62 ff.). Im Falle des Anwaltsverschuldens kann bei Überschreitung der Frist des § 51 III VwVfG gemäß § 51 V VwVfG ein Antrag auf Wiedereinsetzung gestellt werden (BVerfG (Kammer), NVwZ 2000, 907 (908) = EzAR 212 Nr. 12 = AuAS 2000, 197).

6. Unterrichtungspflichten des Bundesamtes (Abs. 3)

96 Sinn der unverzüglich auszuübenden Unterrichtungsverpflichtung des Bundesamtes gegenüber der Ausländerbehörde ist die umfassende Vorbereitung der *ausländerbehördlichen Entscheidung über die Erteilung der Duldungsbescheinigung* nach § 60 a IV AufenthG. Denn die Ausländerbehörde soll unverzüglich über alle einer Abschiebung *entgegenstehenden* Gründe unterrichtet werden (BT-Drs. 12/4450, S. 20). Im Regelfall wird dies auf die *Aussetzung der Abschiebung* (§ 60 a II AufenthG) hinauslaufen. Wegen der Bindungswirkung nach

Anhörung § 25

§ 42 und des damit feststehenden dauerhaften Abschiebungsschutzes kann die Ausländerbehörde indes beim Fehlen eines aufnahmebereiten Drittstaates die Aufenthaltserlaubnis nach § 25 III 1 AufenthG erteilen.

Diesem umfassenden Zweck dienen die Benachrichtigungspflichten nach Abs. 3. Das Bundesamt hat seinerseits nicht die Kompetenz, die Duldungsbescheinigung selbst zu erteilen. Diese Aufgabe obliegt nach wie vor den Ausländerbehörden im Rahmen ihrer Vollstreckungsverwaltung. Diese müssen aber zur sachgemäßen Ausführung des Gesetzes durch die anordnende Behörde, die insoweit für die Prüfung der materiellen Grundlagen, welche die Reichweite der Vollstreckungstätigkeit der vollziehenden Behörde begrenzen, umfassend unterrichtet werden. Zu den Unterrichtungspflichten gehören auch die zur Passbeschaffung erforderlichen Angaben (Abs. 3 2. HS). Insoweit hat das Bundesamt die Ausländerbehörde über das Ergebnis etwaiger durchgeführter Maßnahmen zu unterrichten. 97

§ 25 Anhörung

(1) Der Ausländer muß selbst die Tatsachen vortragen, die seine Furcht vor politischer Verfolgung begründen, und die erforderlichen Angaben machen. Zu den erforderlichen Angaben gehören auch solche über Wohnsitze, Reisewege, Aufenthalte in anderen Staaten und darüber, ob bereits in anderen Staaten oder im Bundesgebiet ein Verfahren mit dem Ziel der Anerkennung als ausländischer Flüchtling oder ein Asylverfahren eingeleitet oder durchgeführt ist.
(2) Der Ausländer hat alle sonstigen Tatsachen und Umstände anzugeben, die einer Abschiebung oder einer Abschiebung in einen bestimmten Staat entgegenstehen.
(3) Ein späteres Vorbringen des Ausländers kann unberücksichtigt bleiben, wenn andernfalls die Entscheidung des Bundesamtes verzögert würde. Der Ausländer ist hierauf und auf § 36 Abs. 4 Satz 3 hinzuweisen.
(4) Bei einem Ausländer, der verpflichtet ist, in einer Aufnahmeeinrichtung zu wohnen, soll die Anhörung in zeitlichem Zusammenhang mit der Asylantragstellung erfolgen. Einer besonderen Ladung des Ausländers und seines Bevollmächtigten bedarf es nicht. Entsprechendes gilt, wenn dem Ausländer bei oder innerhalb einer Woche nach der Antragstellung der Termin für die Anhörung mitgeteilt wird. Kann die Anhörung nicht an demselben Tag stattfinden, sind der Ausländer und sein Bevollmächtigter von dem Anhörungstermin unverzüglich zu verständigen. Erscheint der Ausländer ohne genügende Entschuldigung nicht zur Anhörung, entscheidet das Bundesamt nach Aktenlage, wobei auch die Nichtmitwirkung des Ausländers zu berücksichtigen ist.
(5) Bei einem Ausländer, der nicht verpflichtet ist, in einer Aufnahmeeinrichtung zu wohnen, kann von der persönlichen Anhörung abgesehen werden, wenn der Ausländer einer Ladung zur Anhörung ohne genügende Entschuldigung nicht folgt. In diesem Falle ist dem Ausländer Gelegenheit zur

schriftlichen Stellungnahme innerhalb eines Monats zu geben. Äußert sich der Ausländer innerhalb dieser Frist nicht, entscheidet das Bundesamt nach Aktenlage, wobei auch die Nichtmitwirkung des Ausländers zu würdigen ist. § 33 bleibt unberührt.
(6) Die Anhörung ist nicht öffentlich. An ihr können Personen, die sich als Vertreter des Bundes, eines Landes, des Hohen Flüchtlingskommissars der Vereinten Nationen oder des Sonderbevollmächtigten für Flüchtlingsfragen beim Europarat ausweisen, teilnehmen. Anderen Personen kann der Leiter des Bundesamtes oder die von ihm beauftragte Person die Anwesenheit gestatten.
(7) Über die Anhörung ist eine Niederschrift aufzunehmen, die die wesentlichen Angaben des Ausländers enthält.

Übersicht

		Rdn.
1.	Vorbemerkung	1
2.	Umfang der Darlegungslast nach Abs. 1	3
2.1.	Funktion der Darlegungslast im Asylverfahren	3
2.2.	Eingeschränkte Darlegungslast	7
2.3.	Beweiswürdigung	11
3.	Umfang der Darlegungslast nach Abs. 2	20
4.	Aussageverweigerungsrecht des Antragstellers	23
5.	Vertretung durch Verfahrensbevollmächtigten	28
5.1.	Funktion des Verfahrensbevollmächtigten im Asylverfahren	28
5.2.	Vorlage der Vollmacht	35
5.3.	Zurückweisung des Verfahrensbevollmächtigten	39
6.	Anspruch auf Aushändigung des Protokolls (Abs. 7)	41
7.	Nichtöffentlichkeit der Anhörung (Abs. 6)	47
8.	Absehen von der Anhörung (Abs. 4 Satz 5, Abs. 5)	50
9.	Direktanhörung (Abs. 4 Satz 1–3)	51
10.	Präklusion verspäteten Sachvorbringens (Abs. 3)	58

1. Vorbemerkung

1   Diese Vorschrift entspricht im Wesentlichen den früheren Regelungen in §§ 8 II, 8 a, 12 I 3, III–V AsylVfG 1982. Sie legt die bereits durch die Rechtsprechung entwickelten Anforderungen an die *Darlegungslast* des Antragstellers mit Blick auf die die Asylberechtigung, den internationalen Schutz nach § 60 I AufenthG und die Abschiebungshindernisse nach § 60 II–VII AufenthG begründenden Tatsachen im Einzelnen fest und enthält Regelungen über die Ausgestaltung der Anhörung sowie *Präklusionsvorschriften.*

2   *Das Anhörungsrecht* des Antragstellers selbst ist in § 24 I 2 enthalten. Die Ausnahmen von der Anhörung nach Abs. 4 S. 5 und Abs. 5 S. 1 werden wegen des engeren Sachzusammenhangs im Einzelnen bei § 24 erörtert (s. dort Rdn. 22 ff.). Anders als das frühere Recht enthalten die Vorschriften des §§ 24 f. keine Vorschriften über den *Verfahrensbevollmächtigten* (vgl. §§ 8 IV, 12 II AsylVfG 1982). Dessen Vertretungsbefugnis richtet sich daher nach allgemeinem Verfahrensrecht.

Anhörung § 25

2. Umfang der Darlegungslast nach Abs. 1

2.1. Funktion der Darlegungslast im Asylverfahren

Nach allgemeinem Verfahrensrecht sollen die Beteiligten bei der Ermittlung des Sachverhalts mitwirken sowie insbesondere die ihnen bekannten Tatsachen und Beweismittel angeben (§ 26 II 1 und 2 VwVfG). Diese allgemeine Mitwirkungspflicht ist in Abs. 1 und 2 im besonderen Maße ausgestaltet und verbindlich festgelegt worden. Die dort aufgeführten Mitwirkungspflichten, die neben die allgemeinen Mitwirkungspflichten nach § 15 treten, *begrenzen* zugleich den *Umfang der Amtsermittlungspflicht*. Mit dieser begrenzenden Wirkung war die Darlegungslast bereits sehr früh in der Rechtsprechung des BVerwG entwickelt worden (BVerwG, Buchholz 402.24 Art. 1 GK Nr. 11; BVerwG, DVBl. 1963, 145; BVerwG, InfAuslR 1982, 156; BVerwG, InfAuslR 1983, 76; BVerwG, DÖV 1983, 207; BVerwG, BayVBl. 1983, 507; BVerwG, InfAuslR 1984, 129; BVerwG, InfAuslR 1989, 350). 3

Danach hat der Asylsuchende zunächst die Umstände darzutun, die nach den Erfahrungen des Lebens den Schluss auf die Wahrheit der behaupteten Tatsache der Furcht vor politischer Verfolgung rechtfertigen (BVerwG, Buchholz 402.24 Art. 1 GK Nr. 11). Daher hat er *schlüssig* mit genauen Einzelheiten sowie umfassend die Verfolgungstatsachen vorzutragen (BVerwG, DVBl. 1963, 145). Dabei ist aber auf die möglicherweise fehlende intellektuelle Fähigkeit, einen Geschehensablauf im Zusammenhang zu schildern, Bedacht zu nehmen (BVerwG, NVwZ 1990, 171; § 24 Rdn. 14). 4

Hieraus ergibt sich, dass die Darlegungspflicht die *wichtigste Mitwirkungspflicht* des Antragstellers ist. Hierdurch werden Umfang und Art des Asylverfahrens im konkreten Einzelfall festgelegt. Sie bestimmt auch die Reichweite des Untersuchungsgrundsatzes, soweit die Asylberechtigung und der internationale Schutz nach § 60 I AufenthG (Abs. 1 S. 1) sowie Abschiebungshindernisse nach § 60 II–VII AufenthG (Abs. 2) in Frage stehen. Abs. 1 S. 2 umschreibt sodann den weiteren Inhalt der Darlegungslast, der insbesondere auf die Möglichkeit der Anwendung von §§ 26 a, 29 I und III, 71 abzielt. Die früher im Zusammenhang mit der Darlegungslast geregelte *Vorlagepflicht* (§§ 8 II 3, 12 I 2 AsylVfG 1982) ist nunmehr an anderer Stelle als allgemeine Mitwirkungspflicht geregelt (§ 15 II Nr. 5). 5

Den *Sprachmittler* trifft eine besondere Verantwortung. Er hat bei auftretenden Zweifeln eine Unterbrechung des Diktats herbeizuführen und durch Rückfrage beim Antragsteller für Klarheit über den Inhalt der Angaben zu sorgen (OVG NW, EZAR 210 Nr. 14). Besteht der Einzelentscheider auf unmittelbare Wiedergabe der Erklärungen des Antragstellers, weil er einen durch Rückfragen geprägten Übersetzungsvorgang nicht überprüfen kann, so trifft den Sprachmittler die Verpflichtung, den Einzelentscheider auf Zweifel hinzuweisen, dass der Antragsteller die an ihn gestellte Frage richtig verstanden hat. 6

2.2. Eingeschränkte Darlegungslast

7 Um einer Überspannung dieser Grundsätze zu Lasten der Asylsuchenden vorzubeugen, hatte das BVerwG bereits zu Beginn der achtziger Jahre zwischen *persönlichen Erlebnissen und Erfahrungen* des Antragstellers einerseits sowie den *allgemeinen Verhältnissen* im Herkunftsland des Asylsuchenden andererseits differenziert (BVerwG, InfAuslR 1982, 156; BVerwG, InfAuslR 1983, 76; BVerwG, InfAuslR 1984, 129; BVerwG, DÖV 1983, 207; BVerwG, BayVBl. 1983, 507; BVerwG, InfAuslR 1989, 350). Danach trifft den Asylsuchenden im Hinblick auf seine persönlichen Erlebnisse eine Darlegungslast, welche den Untersuchungsgrundsatz begrenzt. Das Bundesamt braucht in keine Ermittlungen einzutreten, die durch das Sachvorbringen nicht veranlasst sind.

8 Mit Blick auf die *allgemeinen Verhältnisse im Herkunftsland* ist der Asylsuchende dagegen in einer schwierigen Situation. Seine eigenen Kenntnisse und Erfahrungen sind häufig auf einen engeren Lebenskreis begrenzt und liegen stets einige Zeit zurück. Seine Mitwirkungspflicht würde überdehnt, wollte man auch insofern einen lückenlosen Tatsachenvortrag verlangen, der im Sinne der zivilprozessualen Verhandlungsmaxime schlüssig zu sein hätte. Insoweit muss es genügen, um dem Bundesamt zu weiteren Ermittlungen Anlass zu geben, wenn der Tatsachenvortrag des Antragstellers die *nicht entfernt liegende Möglichkeit* ergibt, dass ihm bei Rückkehr in seinen Herkunftsstaat Verfolgung droht.

9 Daraus folgt: Der Antragsteller hat die persönlichen Umstände, Verhältnisse und Erlebnisse, die seiner Ansicht nach zu Repressalien Anlass geben (Abs. 1 S. 1) oder Abschiebungshindernisse (Abs. 2) begründen können, schlüssig sowie mit Blick auf zeitliche, örtliche und sonstige Umstände detailliert und vollständig darzulegen. Welcher Art diese Repressalien sind und mit welcher Wahrscheinlichkeit sie drohen, ist dagegen nicht Teil seiner Darlegungslast. Diesen offenen Fragen hat vielmehr das Bundesamt von Amts wegen gegebenenfalls durch Beweiserhebung nachzugehen (§ 24 I 1).

10 Es ist daher nicht akzeptabel, wenn das Bundesamt dem Antragsteller die Darlegungslast für die Beschaffung von Urteilen etc. aufbürdet. Ergibt der Sachvortrag schlüssig, dass gegen den Asylsuchenden in seinem Herkunftsland strafrechtliche Verfolgungen durchgeführt werden, liegt die Beschaffung von Nachweisen nicht in seinem Verantwortungsbereich. Erbringt auch die Sachaufklärung keinen näheren Aufschluss, ist im Rahmen der freien Beweiswürdigung über diesen Gesichtspunkt zu entscheiden. Keinesfalls ist es zulässig, wegen nicht vorgelegter Nachweise den Antrag abzuweisen. Für einen noch nicht handlungsfähigen *Minderjährigen* kann selbstverständlich sein *gesetzlicher Vertreter* mit Wirkung für und gegen den Minderjährigen handeln, wobei dieser – sofern er zu eigenem Sachvorbringen in der Lage ist – damit nicht ausgeschlossen ist (BVerwG, InfAuslR 1989, 350).

Anhörung § 25

2.3. Beweiswürdigung

Nach der Rechtsprechung spielen die Art der persönlichen Einlassung des 11
Asylsuchenden, seine Persönlichkeit, insbesondere seine Glaubwürdigkeit
bei der Würdigung und Prüfung der Tatsache, ob er gute Gründe zur Gewissheit der Behörde dargetan hat, eine entscheidende Rolle (BVerwG,
DVBl. 1963, 145). Es ist zutreffend, dass die Art der Einlassung und der Eindruck von der Gesamtpersönlichkeit des Antragstellers dem Bundesamt in
aller Regel eine konkrete Überprüfung der von ihm vorgetragenen Tatsachen
ermöglicht. Deshalb bestehen gegen die häufig zu beobachtende Abgabe der
Akte an einen Einzelentscheider, der die Anhörung nicht durchgeführt hat,
gewichtige Bedenken. Gegen die durch die Verwaltungspraxis und Rechtsprechung regelmäßige vorgenommene Gleichsetzung von Glaubwürdigkeit
und Glaubhaftigkeit (Birck, Traumatisierte Flüchtlinge, 2002, S. 14, 18 f.; s.
hierzu § 24 Rdn. 25) sind gleichwohl gewichtige methodische Einwände anzumelden.

Die Glaubhaftigkeit der Sachangaben ist nach immanenten Kriterien, logi- 12
sche Konsistenz, Strukturgleichheit, Konkretheit, individuelle Prägung und
Detailreichtum, zu beurteilen. Grundvoraussetzung für eine sachgerechte
Prüfung der Glaubhaftmachung ist insoweit aber, dass die Tatsachen verfahrensfehlerfrei festgestellt worden, also die aufgezeigten Grundsätze einer
sachgerechten Tatsachenermittlung beachtet worden sind. Andererseits gibt
es keinen Erfahrungsgrundsatz, dass widersprüchliches Sachvorbringen als
solches bereits zur Unglaubhaftigkeit des Sachvorbringens insgesamt führt
(OVG MV, AuAS 2000, 221; VG Meiningen, NVwZ-RR 2000, 252). Es bedarf
einer geschärften Sensibilität für die besondere Situation der Asylsuchenden,
die aufgrund ihrer Flucht- und Verfolgungserlebnisse ohnehin in ihrem
Selbstwertgefühl deutlich erschüttert und zumeist nicht in der Lage sind, die
vielfältigen auf sie in der Exilsituation einströmenden äußeren Einflüsse kritisch zu hinterfragen. Feststellung von asylbegründenden Tatsachen ist fürwahr keine leichte Aufgabe; vollzieht sich in einem durch vielfältige, heterogene Interessen geprägten Spannungsfeld. Für die erforderliche Sensibilität
bedarf es innerer Unabhängigkeit (Marx, Probleme des Asyl- und Flüchtlingsrechts in der Verwaltungspraxis der Tatsachenfeststellung, S. 83 f.).

Der Mangel objektiver Glaubhaftigkeit der Angaben des Antragstellers zum 13
Verfolgungssachverhalt besagt zwar nicht, dass er persönlich unglaubwürdig
ist. Die Asyl- bzw. Flüchtlingsanerkennung entfällt aber dann, wenn die
schlüssig vorgetragenen Tatsachen keinen Anhalt für eine drohende Verfolgung ergeben (BVerwG, InfAuslR 1989, 350). Denn für den Tatbestand der
Furcht vor Verfolgung sowie vor menschenrechtswidrigen Maßnahmen
kommt es nicht allein darauf an, ob eine bestimmte Tatsache vom Antragsteller nur *subjektiv* als konkrete Bedrohung empfunden wird, sondern darauf,
ob hierfür auch ausreichende *objektive* Anhaltspunkte bestehen, die bei einem
vernünftig denkenden, besonnenen Menschen ernsthafte Furcht vor Verfolgung oder menschenrechtswidrigen Maßnahmen hervorrufen können
(BVerwG, InfAuslR 1989, 163; kritisch zu dieser objektiven Anwendung des
Begriffs der Verfolgungsfurcht § 1 Rdn. 264 ff.).

14 Andererseits kann auch bei *Widersprüchen* im Sachvorbringen der Darlegungslast genügt worden sein. So hat das BVerwG keine Einwände gegen die Anwendung eines *Erfahrungssatzes,* demzufolge die Befragung von Asylsuchenden aus anderen Kulturkreisen mit erheblichen Problemen verbunden ist und diese zudem von verschiedensten Stellen Hinweise erhalten, deren Bedeutung sie nicht verstehen und deren mögliche Auswirkungen sie nicht übersehen, von denen sie sich aber gleichwohl beeinflussen lassen. Wenn aus dieser Situation heraus häufig Widersprüche im Sachvortrag auftreten, darf dies nicht einfach den betroffenen Asylsuchenden angelastet werden (BVerwG, InfAuslR 1989, 349 = NVwZ 1990, 171).

15 Vielmehr lassen nur nachgewiesene und unaufklärbare Widersprüche oder Unrichtigkeiten Rückschlüsse auf die Glaubhaftigkeit der Angaben des Antragstellers zu (BVerfG (Kammer), NVwZ-Beil, 1994, 51). Der Einzelentscheider kann danach zwar insbesondere berücksichtigen, ob im Verfahren aufgetretene *Widersprüche überzeugend aufgelöst* worden sind. Diese Widersprüche müssen sich jedoch auf den wesentlichen Kern des Verfolgungsvortrags beziehen.

16 Zwar liegt die Beweislast beim Asylsuchenden. Sind die Angaben des Antragstellers glaubhaft und verbleiben lediglich zu nicht das Kernvorbringen tragenden tatsächlichen Umständen Restzweifel, so ist dem Antrag stattzugeben (UNHCR, Handbuch, Rdn. 196, 203 f.). Darüber hinaus ist zu bedenken, dass Asylsuchende von den verschiedensten Seiten Hinweise erhalten, deren Bedeutung sie nicht verstehen und deren mögliche Auswirkungen sie nicht übersehen, von denen sie sich aber gleichwohl beeinflussen lassen. Daher kann es häufig zu Widersprüchen im Sachvorbringen kommen, die nicht ohne weiteres dem Antragsteller angelastet werden dürfen (BVerwG, InfAuslR 1989, 349 = NVwZ 1990, 171). Zu bedenken ist darüber hinaus, dass die Angaben des Asylsuchenden *im Lichte der Fragestellungen* zu bewerten sind (BVerfG (Kammer), InfAuslR 1991, 85 (88)) und der Asylsuchende in der Anhörung durch den Einzelentscheider häufig angehalten wird, sich auf die Beantwortung der an ihn gestellten Fragen zu beschränken.

17 Die Gewichtung von Aussagen im Rahmen des Asylverfahrens und des sich daran anschließenden Verwaltungsstreitverfahrens ist eine Frage des Einzelfalls. Weder gibt es eine allgemeine Regel, dass die Aussage in der persönlichen Anhörung immer höheres Gewicht haben muss als weitere Aussagen an anderer Stelle, noch gibt es eine generelle Regel, dass die Aussage vor dem Verwaltungsgericht wegen der Zeitspanne zwischen der Ausreise und der ersten mündlichen Verhandlung ein geringeres Gewicht haben muss als frühere Aussagen des Asylantragstellers (OVG MV, AuAS 2004, 225).

18 Das Verfolgungsvorbringen kann nicht allein deshalb als unglaubhaft eingestuft werden, weil der Asylantrag nicht unmittelbar nach der Einreise bei der Grenzbehörde gestellt worden ist (BVerfG (Kammer), InfAuslR 2004, 406 (407)). Die frühere Rechtsprechung, derzufolge selbstverständlich auch die im Rahmen der ausländerbehördlichen Anhörung vorgetragenen Sachangaben vom Bundesamt mitberücksichtigt werden dürfen (BVerwG, Buchholz 402.25 § 8 AsylVfG Nr. 1), gilt zwar fort, hat aber ihre Bedeutung eingebüßt.

Der Anhörung bei der Grenzbehörde folgt unverzüglich die Anhörung beim Bundesamt (§ 18 a I 4).

Zwar darf das Bundesamt gegenüber der Grenzbehörde gemachte Angaben nach dem Sinn dieser Rechtsprechung mitberücksichtigen. Aufgrund des engen zeitlichen Zusammenhangs dürften aber selten gravierende Widersprüche auftreten. Im Übrigen ist die Situation des Flughafenverfahrens zu würdigen (BVerfGE 94, 116 (199 ff.) = EZAR 632 Nr. 25 = NVwZ 1996, 678). Die Ausländerbehörde selbst hört nicht mehr an, sondern leitet den Antragsteller weiter (§ 19 I).

19

3. Umfang der Darlegungslast nach Abs. 2

Nach Abs. 2 hat der Antragsteller auch alle sonstigen Tatsachen und Umstände anzugeben, die einer Abschiebung oder einer Abschiebung in einen bestimmten Staat entgegenstehen. Die ihn hiermit treffende Darlegungslast bezieht sich auf die zielstaatsbezogenen Abschiebungshindernisse nach § 60 II–VII AufenthG (s. hierzu § 24 Rdn. 58 ff.). In der Regel hat der Antragsteller jedoch bereits mit der Darlegungspflicht nach Abs. 1 wegen der engen Verzahnung zwischen den asylrechtlichen und ausländerrechtlichen Verfahrensgegenständen in tatsächlicher und rechtlicher Hinsicht (BVerwGE 99, 38 (44 f.) = EZAR 631 Nr. 41 = NVwZ 1996, 79; BVerwGE 101, 323 (325) = EZAR 200 Nr. 32 = NVwZ 1996, 1136; BVerwG, EZAR 631 Nr. 40) zugleich auch seiner Darlegungslast nach Abs. 2 genügt. Dementsprechend hat die Vorschrift des Abs. 2 in der Verwaltungspraxis geringe Bedeutung.

20

Zu den nach Abs. 2 darzulegenden Umständen gehören auch Angaben über die Zugehörigkeit zu einer besonders gefährdeten Personengruppe, der im Herkunftsstaat Gefahren nach Maßgabe des § 60 VII 1 AufenthG drohen. Nach Art. 15 Buchst. c) der Qualifikationsrichtlinie kommt es darauf an, ob eine individuelle Bedrohung ernsthaft droht (§ 24 Rdn. 67 ff.). Der Beweismaßstab der »extremen Gefahr« ist dem Gemeinschaftsrecht fremd. Es ist Aufgabe des Bundesamtes, festzustellen, ob eine Rückkehr deshalb zumutbar ist, weil der Betreffende *sichere Landesteile* innerhalb des Herkunftsstaates wird erreichen können oder ob er *auf dem Weg dorthin* einer ernsthaften Bedrohung von Leib und Leben ausgesetzt ist (vgl. BVerwGE 104, 265 (279) = InfAuslR 1997, 341 = NVwZ 1997, 1127 = EZAR 043 Nr. 21). Zu den Angaben nach Abs. 2 gehören auch zielstaatsbezogene Gesundheitsgefährdungen (im Einzelnen § 24 Rdn. 28) und ähnliche Gefährdungsfaktoren.

21

Da es sich hierbei um Angaben zu den allgemeinen politischen Verhältnissen im Herkunftsstaat handelt, trifft das Bundesamt die Amtsermittlungspflicht und hat der Antragsteller insoweit eine erheblich eingeschränkte Darlegungslast. Denn aufgrund seiner begrenzten Erkenntnismöglichkeiten kann er lediglich die persönlichen Umstände bezeichnen, die dem Bundesamt die Erfüllung seiner Aufklärungspflicht im Hinblick auf den ungefährdeten Rückreiseweg ermöglichen.

22

4. Aussageverweigerungsrecht des Antragstellers

23 Der materielle Asylausschluss nach § 26 a I 1 ebenso wie der nach § 60 VIII AufenthG aktualisiert mit verschärfter Brisanz die Frage des Aussageverweigerungsrechts des Asylsuchenden. Festzuhalten ist zunächst, dass die persönliche Erklärungspflicht nach Abs. 1 ihre Grenze in dem Grundsatz findet, dass *niemand gezwungen werden kann, gegen sich selbst auszusagen* (BVerfGE 38, 105 (113)). Würde ein Asylsuchender durch genaue Schilderung seiner Einreise im Bundesgebiet ein strafbares Verhalten offenbaren, hat er jedenfalls gegenüber den Strafverfolgungsorganen ein Aussageverweigerungsrecht.

24 Eine ganz andere Frage ist es, ob die im Rahmen der Anhörung gemachten Angaben in einem Strafverfahren wegen Verstoßes gegen Einreise- und Aufenthaltsvorschriften verwertet werden dürfen. Dies wird vom BGH bejaht (BGH, EZAR 255 Nr. 9; BGH, BGH, NJW 1990, 1926; a. A. OLG Hamburg, NJW 1985, 2541). Aus der Verneinung eines Verwertungsverbotes folgt jedoch noch nicht, dass der Antragsteller im Rahmen der Anhörung nach § 24 I 2 ihn strafrechtlich belastende Angaben machen muss. Jedenfalls trifft das Bundesamt eine Verpflichtung, sowohl im Blick auf die Einreiseumstände wie auch im Hinblick auf die Mitgliedschaft in als terroristisch eingestuften Organisationen (vgl. § 60 VIII 2 AufenthG; § 1 Rdn. 301 ff., § 30 Rdn. 208 ff.), den Antragsteller darauf hinzuweisen, dass er keine ihn strafrechtlich belastende Aussagen machen muss.

25 Aus Abs. 1 S. 2 folgt im Blick auf die Einreiseumstände nichts anderes: Da § 26 a I 1 die Berufung auf den Asyl- und Flüchtlingsstatus ausschließt, greift möglicherweise der Strafausschließungsgrund von Art. 31 I GFK (§ 95 V AufenthG) nicht ein. Darüber hinaus hat die SPD-Fraktion im Gesetzgebungsverfahren zu § 26 a darauf hingewiesen, dass dem Flüchtling genau nachgewiesen werden müsse, über welches Land er eingereist sei. Es könne nicht demjenigen, der das Grundrecht auf Asyl beanspruche, auferlegt werden, anspruchsvernichtende Tatsachen *gegen sich darzulegen* (BT-Drs. 12/4984, S. 46).

26 Abs. 1 S. 2 ist daher dahin zu modifizieren, dass ein Antragsteller, der über einen sicheren Drittstaat im Sinne des Gesetzes eingereist ist, von seinem Aussageverweigerungsrecht Gebrauch machen darf. Im Rahmen der Beweiswürdigung darf sein Schweigen nicht gegen ihn verwertet werden. Auch im Übrigen steht dem Antragsteller ein Aussageverweigerungsrecht zu, etwa dann, wenn er im Rahmen der Darlegung exilpolitischer Aktivitäten oder der Zugehörigkeit zu exilpolitischen Gruppierungen sich selbst in strafrechtlicher Weise bezichtigen müsste (Botschaftsbesetzung, Hausfriedensbruch etc.).

27 Auch hier darf Schweigen nicht gegen den Antragsteller gewertet werden. Ausweichendes Antworten ist andererseits nicht zu empfehlen, weil dadurch der Eindruck persönlicher Unglaubwürdigkeit entstehen kann. Dagegen kann eine klare und eindeutige Berufung auf das Aussageverweigerungsrecht hinsichtlich bestimmter, klar abgegrenzter Sachkomplexe durchaus den Eindruck der Glaubwürdigkeit verstärken. Im Übrigen ist jedoch angesichts der *überragenden verfahrensrechtlichen Bedeutung der Darlegungspflicht vor einer extensiven Ausübung des Aussageverweigerungsrechts zu warnen*. Im Hinblick auf

§ 60 VIII 2 AufenthG muss der Antragsteller selbst entscheiden, ob er sich auf sein Aussageverweigerungsrecht beruft und damit möglicherweise seinen Statusanspruch gefährdet oder ob er strafrechtliche Konsequenzen in Kauf nimmt.

5. Vertretung durch Verfahrensbevollmächtigten

5.1. Funktion des Verfahrensbevollmächtigten im Asylverfahren

Der Antragsteller kann sich im Verfahren und insbesondere auch während der Anhörung (Abs. 4 S. 4, § 18 a I 5, s. auch § 14 IV 2) durch einen Verfahrensbevollmächtigten oder Beistand vertreten lassen. Anders als das alte Recht, enthält das geltende AsylVfG bis auf die erwähnten Bestimmungen keine ausdrückliche Regelung der Vertretungsbefugnis. Die Regelungen in §§ 8 IV, 12 II AsylVfG 1982 *bestätigen* jedoch lediglich das allgemeine, bereits in § 14 VwVfG geregelte Verfahrensrecht des Asylsuchenden, sich durch einen Verfahrensbevollmächtigten vertreten zu lassen (BVerwG, EZAR 210 Nr. 5 = BayVBl. 1991, 124). 28

Es bestehen im Asylverfahren wegen der persönlichen Erklärungspflicht nach Abs. 1 und 2 jedoch Besonderheiten. Denn die Erfüllung der Darlegungspflicht ist *unvertretbar*. Zwar enthebt auch die anwaltliche Vertretung nicht von der Pflicht zur persönlichen Äußerung. Die persönliche Erklärungspflicht nach Abs. 1 S. 1 schließt die Vertretung durch einen Bevollmächtigten auch nicht aus (BVerfG (Kammer), NVwZ-Beil. 1994, 50 (51)): Seine Funktion ist aber durch die unvertretbare Darlegungspflicht des Asylsuchenden für den Fall der Vertretung während der Anhörung *eingeschränkt*. Der Bevollmächtigte kann während der Anhörung auf korrekte Befragung und ordnungsgemäße Protokollierung der Erklärungen der Angaben des Antragstellers dringen sowie generell für ein ruhiges und sachliches Anhörungsklima sorgen. Auch kann er dem Antragsteller unverständlich erscheinende Fragen präzisieren und insgesamt auf eine konkrete und erschöpfende Sachverhaltsermittlung bestehen. 29

Insbesondere hat der Bevollmächtigte darauf zu achten, dass die Fragen dem Zweck der Anhörung dienlich sein können. Darüber hinaus hat er darauf zu achten, dass die an eine verfahrensrechtliche Fürsorgepflicht zu stellenden Anforderungen (§ 24 Rdn. 43 ff.) durch das Bundesamt berücksichtigt werden. Gegebenenfalls muss der Bevollmächtigte selbst die notwendigen Vorhalte machen, damit der Asylantragsteller Gelegenheit erhält, Widersprüche, Ungereimtheiten und Unzulänglichkeiten von sich aus überzeugend auszuräumen. 30

Nach Absprache mit dem Einzelentscheider kann der Bevollmächtigte zum Schluss der behördlichen Befragung, nach einem Sachkomplex oder auch – nach Absprache mit dem Einzelentscheider – während der amtlichen Befragung ergänzende Fragen an den Antragsteller stellen, welche auf die Vollständigkeit der Angaben sowie auf die Ausräumung aufgetretener Widersprüche zielen. 31

32 Die Anhörung führt jedoch der Einzelentscheider durch. Das Bundesamt hat die *Verfahrensherrschaft* (BVerwG, DVBl. 1984, 1015), sodass es kein Recht des Bevollmächtigten gibt, seine Fragen zu einem bestimmten Zeitpunkt zu stellen (BVerwG, EZAR 210 Nr. 5). Generell ist dem Bevollmächtigten anzuempfehlen, gegenüber dem Einzelentscheider nicht den »Rechtsanwalt herauszukehren«, sondern zu Beginn der Anhörung, die Art und Weise der Ausübung seines Fragerechts mit dem Bundesamt zu klären.

33 Zum Abschluss der behördlichen Befragung empfiehlt es sich, mit dem Einzelentscheider zu erörtern, ob alle wesentlichen Tatsachenkomplexe ermittelt worden sind und auf eine entsprechende Protokollierung zu bestehen. Auf diese Weise kann verhindert werden, dass das Bundesamt in der Anhörung nicht aufgeklärte Widersprüche zur Begründung des ablehnenden Bescheides heranzieht. Jedenfalls kann unter diesen Voraussetzungen mit der Klagebegründung ein schwerwiegender Verfahrensfehler gerügt und so die Plausibilität und Richtigkeitsvermutung des behördlichen Bescheides erschüttert werden.

34 Es kann danach dem Antragsteller nicht versagt werden, sich anwaltlichen Beistands auch bei der Anhörung nach § 24 I 2 zu versichern und bei Verhinderung des Anwalts eine Terminsverlegung zu beantragen (BVerfG (Kammer), NVwZ-Beil. 1994, 50 (51)). Der *Bevollmächtigte* ist der Vertreter des Asylantragstellers. Er kann grundsätzlich alle im Zusammenhang mit dem Verfahren stehenden Erklärungen abgeben und Anträge stellen. Der Bevollmächtigte handelt an Stelle des Antragstellers. Seine Erklärungen wirken für und gegen diesen.

5.2. Vorlage der Vollmacht

35 Die für die Vertretung erforderliche *Vollmacht* (§§ 164 I, 166 II BGB) wird durch Erklärung gegenüber dem zu Bevollmächtigenden oder gegenüber der Behörde erteilt. Sie kann auf Anfrage der Behörde schriftlich unter angemessener Fristsetzung nachgereicht werden (BVerwG, InfAuslR 1985, 166). Während das BVerwG die Vorlagepflicht ausdrücklich auch auf Rechtsanwälte bezieht und auch ihnen gegenüber bei Nichtvorlage nach Fristablauf von einer *unzulässigen Klage* ausgeht (BVerwG, InfAuslR 1985, 166), wird in der untergerichtlichen Rechtsprechung die Vorschrift des § 67 III VwGO dahin verstanden, dass bei einem Rechtsanwalt die Auftragserteilung nicht stets durch schriftliche Prozessvollmacht nachgewiesen werden braucht, sondern nur dann, wenn besondere Umstände hierzu Anlass geben (VG Berlin, InfAuslR 1992, 80).

36 Die schriftliche Vollmacht (s. auch § 74 Rdn. 186 ff.) muss wie eine Willenserklärung, für die Schriftform vorgeschrieben ist (§ 126 BGB), vom Vertretenen unterzeichnet sein (BVerwG, InfAuslR 1983, 309). Hat das Gericht Zweifel, ob bei Analphabeten ein Kreuz oder Fingerabdruck eindeutig auf denjenigen, der den Auftrag erteilt hat, hinweist, muss es Gelegenheit zur Stellungnahme geben (BVerwG, B. v. 5. 11. 1992 – BVerwG 9 B 153.92). Da es unerheblich ist, in welcher zeitlichen Reihenfolge Text und Unterschrift auf die

Vollmachtsurkunde gesetzt werden, sind auch *Blankovollmachten*, denen erst später ein Text vorangestellt wird, formwirksam (BVerwG, B. v. 5. 11. 1992 – BVerwG 9 B 153.92). Lässt sich der Rechtsanwalt ein Vollmachtsformular blanko unterzeichnen, setzt er aber erst zu einem späteren Zeitpunkt den Vertretungszweck ein, ist die Vollmachtserteilung mithin wirksam.

Auch wenn damit das Erfordernis schriftlicher Vollmacht auch im Verwaltungsverfahren verlangt wird, ist indes grundsätzlich davon auszugehen, dass die Behörde denjenigen, der sich als Bevollmächtigter meldet, als Vertreter zulassen muss. Das Vorliegen einer schriftlichen Vollmacht ist nicht Voraussetzung der Vertretungsbefugnis (VG Wiesbaden, InfAuslR 1990, 177; für das Gerichtsverfahren s. BVerwG, B. v. 5. 11. 1992 – BVerwG 9 B 153.92). Ist ein Bevollmächtigter bestellt, verbietet § 14 III 1 VwVfG grundsätzlich die unmittelbare Kontaktaufnahme der Behörde mit dem Asylsuchenden unter *Umgehung des Bevollmächtigten* (s. aber Abs. 4 S. 2; s. auch §§ 14 IV 2, 18 a I 5, 31 I 3, 50 V 1). 37

Nach § 8 I 2 VwZG ist bei schriftlicher Vollmacht an den Bevollmächtigten *zuzustellen* (BVerwG, InfAuslR 1984, 90 = EZAR 610 Nr. 21; BVerwG, NVwZ 1985, 337; OVG Hamburg, InfAuslR 1990, 252; Hess. VGH, Hess. VGRspr. 1989, 59; Hess. VGH, Hess. VGRspr. 1991, 30; BayObLG, EZAR 135 Nr. 11 = InfAuslR 1988, 282; s. aber § 31 I 5, § 50 V 1). Bricht der Kontakt zum Antragsteller ab, bleibt der Vollmachtsvertrag wirksam. Denn maßgebend ist allein, ob der Vertrag im Innenverhältnis fortbesteht. Kann infolge *Abbruchs des Kontakts* durch den Vertretenen der Vertrag nicht wirksam gekündigt werden, ist weiterhin an den Bevollmächtigten zuzustellen (BVerwG, InfAuslR 1984. 90 = EZAR 610 Nr. 21; BVerwG, NVwZ 1985, 337; § 74 Rdn. 191). Alle Verfahrenshandlungen bleiben diesem gegenüber mit Wirkung für und gegen den untergetauchten Antragsteller wirksam. Insbesondere beginnen auch die Rechtsbehelfsfristen zu laufen. 38

5.3. Zurückweisung des Verfahrensbevollmächtigten

Soweit ein Bevollmächtigter die Voraussetzungen von § 14 VI VwVfG erfüllt, kann er zurückgewiesen werden. Die Zurückweisung ist dadurch gekennzeichnet, dass dem Bevollmächtigten ganz oder teilweise untersagt wird, in einem Verwaltungsverfahren als Vertreter des Beteiligten aufzutreten mit der Wirkung, dass in diesem Umfang seine Vertretungsmacht im Verhältnis zur Behörde beendet wird und er damit ihr gegenüber seine Rechtsstellung als Bevollmächtigter verliert. 39

Dies folgt aus der Vorschrift des § 14 VII 2 VwVfG, nach der Verfahrenshandlungen des Bevollmächtigten, die er nach der Zurückweisung vornimmt, unwirksam sind (BVerwG, EZAR 210 Nr. 5 = BayVBl. 1991, 124 = NVwZ 1991, 488). Diese Rechtsprechung ist wohl dahin zu verstehen, dass der Rechtsanwalt hierdurch nicht in seinem »allgemeinen Rechtsstatus als Anwalt« berührt und er deshalb nicht in seinen eigenen Rechten verletzt wird (BVerwG, EZAR 210 Nr. 5). 40

6. Anspruch auf Aushändigung des Protokolls (Abs. 7)

41 Nach Abs. 7 ist eine Niederschrift aufzunehmen, welche die wesentlichen Angaben des Antragstellers enthält. Die Bedeutung des Protokolls kann kaum überschätzt werden. Weder könnte der Eilantrag nach § 36 III 1 unverzüglich noch die Klage binnen Monatsfrist sinnvoll begründet werden, wenn das Protokoll erst mit der Aktenübersendung bekannt würde. Die Begründung in der Sachentscheidung bezieht sich nahezu ausschließlich auf das Protokoll, sodass schon deshalb eine zweckentsprechende Verteidigung der Rechte von der Kenntnis des Protokolls abhängig ist.

42 Zwar ist im Gesetz und auch im allgemeinen Verfahrensrecht kein Anspruch des Antragstellers auf Übergabe des Protokolls unmittelbar nach der Anhörung geregelt. In langjährig geübter Verwaltungspraxis händigt das Bundesamt das Protokoll dem Antragsteller aber unmittelbar nach der Anhörung aus oder übersendet es spätestens mit Zustellung der Sachentscheidung. § 36 II 1 vermittelt in Fällen unbeachtlicher und offensichtlich unbegründeter Asylanträge einen Anspruch auf Aushändigung des Protokolls. Aus den dargelegten Gründen besteht nach hier vertretener Ansicht generell ein Rechtsanspruch auf Aushändigung des Protokolls, jedenfalls spätestens mit Zustellung.

43 Für den weiteren Verfahrensgang ist das Protokoll nach Abs. 7 die wesentliche Tatsachengrundlage, aufgrund deren das Gericht den Asylsuchenden mit Einwänden konfrontieren wird. Daher ist sorgfältig auf die schriftliche Niederlegung der Angaben des Antragstellers zu achten. Außerdem muss das Protokoll auf Wunsch des Antragstellers sachdienliche Vermerke sowie von Amts wegen Beginn und Ende der Anhörung, den Einzelentscheider sowie den Dolmetscer bezeichnen und gegebenenfalls festhalten, dass der Verfahrensbevollmächtigte an der Anhörung teilgenommen hat. Im Protokoll sind insbesondere auch die Erklärungen und Fragen des Bevollmächtigten sowie die entsprechenden Antworten des Antragstellers zu vermerken. Zweckmäßigerweise unterzeichnen alle genannten Personen das Protokoll. Das Protokoll muss überdies vermerken, in welche Sprache übersetzt wurde.

44 Nach der obergerichtlichen Rechtsprechung muss zwar das Anhörungsprotokoll nicht allen für das gerichtliche Verfahren vorgesehenen Förmlichkeiten entsprechen (OVG NW, EZAR 210 Nr. 14). Es muss jedoch wegen der überragenden Bedeutung für das weitere Verfahren zuverlässig die Erklärungen des Antragstellers wiedergeben. Regelmäßig werden die Angaben des Antragstellers durch Formulierungen schriftlich festgehalten, deren Bedeutung und präzisen Sinngehalt er nicht einzuschätzen vermag. Es ist daher zu bedenken, dass das Protokoll amtliche Formulierungen enthält, deren – nachträgliche – gerichtliche Auslegungsmöglichkeit dem Einzelentscheider selbst häufig nicht bewusst ist und auch nicht bewusst sein muss, die jedoch über den weiteren verfahrensrechtlichen Fortgang des Asylbegehrens maßgeblich entscheiden können.

45 Dementsprechend wird in der Rechtsprechung auch ausdrücklich darauf hingewiesen, dass ein Anhörungsprotokoll nicht ohne weiteres als wirk-

Anhörung § 25

liches Spiegelbild einer Anhörung gelten kann und daher insoweit bei der Würdigung der protokollierten Sachangaben des Antragstellers eine erhöhte Sensibilität angezeigt ist (VG Aachen, InfAuslR 1996, 422). Angesichts der häufig erheblichen Schwierigkeiten der amtlichen Protokollierung hochkomplexer Sachverhalte ist ohnehin nicht verständlich, mit welcher Sturheit manche Gerichte den Asylsuchenden an den einzelnen Formulierungen des Protokolls festhalten.

Es sind im Übrigen die persönlichen Angaben des Asylantragstellers, die in amtliches – und bürokratisches – Deutsch übersetzt werden und die nicht immer präzis den Sinn wiedergeben, den der Antragsteller mit ihnen verbindet. Ihm wird im Regelfall wegen der Sprachmittlung der auslegungsbedürftige und -fähige Sinn der Formulierungen auch nicht bewusst. Jedoch kommt es auf seine Sicht der Ereignisse an. Denn maßgebend für das Verfahren ist die *vom Asylsuchenden befürchtete Verfolgung* (BVerwGE 55, 82 (83) = DÖV 1978, 447 = DVBl. 1978, 883 = BayVBl. 1978, 217 = EZAR 201 Nr. 3). Zwar hat der Einzelentscheider die Verfahrensherrschaft (BVerwG, DVBl. 1984, 1015) und nimmt er die Niederschrift auf. Aber es sind die Äußerungen des Antragstellers. *Im Zweifel* sind daher seine Angaben so zu protokollieren, wie er dies verlangt. 46

7. Nichtöffentlichkeit der Anhörung (Abs. 6)

Nach Abs. 6 ist die Anhörung nicht öffentlich. Der nichtöffentliche Charakter der Anhörung im Verwaltungsverfahren stellt keine verfahrensrechtliche Besonderheit dar (§ 30 VwVfG). Sie ist zum Schutze des Antragstellers notwendig, um seine Angaben vor Weitergabe an die heimatlichen Verfolgungsbehörden zu schützen. Demgegenüber ist der Ausschluss der Öffentlichkeit im Verwaltungsprozess nicht möglich. Dies wäre ein absoluter Revisionsgrund (§ 138 Nr. 5 VwGO). 47

Die für das Verwaltungsverfahren maßgebenden Gründe für den Ausschluss der Öffentlichkeit gelten jedoch auch für den Verwaltungsprozess, können aber hier nicht prozessual geltend gemacht werden. Bei hochsensiblen Sachverhalten hat das Gericht aber die Möglichkeit, die informatorische Befragung des Asylsuchenden im Rahmen eines Erörterungstermins, bei dem lediglich der Grundsatz der Parteiöffentlichkeit zu berücksichtigen ist, durchzuführen. Dazu bedarf es aber eines rechtzeitigen Hinweises des Verfahrensbevollmächtigten. 48

Wie schon § 12 V AsylVfG 1982 erlaubt Abs. 6 die Teilnahme der dort genannten Personen an der Anhörung. Weitere Ausnahmen können durch den Präsidenten des Bundesamtes gestattet werden. Eine entsprechende Delegation an den Einzelentscheider verbietet das Gesetz nicht. Sie ist auch angesichts der dezentralisierten Anhörungspraxis (§ 14 I) zweckmäßig. Die zugelassenen Personen haben aber lediglich ein *Anwesenheitsrecht*, dürfen jedoch nicht an der Anhörung mitwirken, insbesondere keine ergänzenden Fragen an den Antragsteller stellen. Sie können dem Einzelentscheider aber deutlich machen, dass aus ihrer Kenntnis und ihren vorhergehenden Gesprächen mit 49

447

dem Antragsteller bestimmte Tatsachenkomplexe nicht sachgerecht dargelegt oder ermittelt wurden. Demgegenüber hat der Bevollmächtigte, aber auch der Unterbevollmächtigte ein Mitwirkungsrecht, insbesondere ein Fragerecht.

8. Absehen von der Anhörung (Abs. 4 Satz 5, Abs. 5)

50   In den gesetzlich vorgeschriebenen Fällen (Abs. 4 S. 5; Abs. 5 S. 1, 3 und 4, § 24 I 3) kann von der Anhörung abgesehen werden bzw. ist von ihr abzusehen. Die Ausnahmetatbestände haben *abschließenden Charakter*. Liegen die hierfür maßgeblichen Voraussetzungen nicht vor, *hat* das Bundesamt anzuhören. Von der Möglichkeit der *schriftlichen* Asylanerkennung macht das Bundesamt heute nur noch in extremen Ausnahmefällen Gebrauch.

9. Direktanhörung (Abs. 4 Satz 1—3)

51   Wie schon § 12 III AsylVfG 1990 führt Abs. 4 die Praxis der Direktanhörung fort. Durch ÄnderungsG 1990 war seinerzeit in § 12 III AsylVfG 1990 eine komplizierte Benachrichtigungsregel eingefügt worden. Diese wird durch Abs. 4 beibehalten. Anders als nach altem Recht, welches die Durchführung der Direktanhörung in das behördliche Ermessen stellte, ordnet Abs. 4 S. 1 als *Regelpraxis* die Direktanhörung für die der Wohnpflicht nach § 47 I 1 unterliegenden Antragsteller an. Mit dieser Regelung soll eine zügige Durchführung und Beendigung des Verfahrens erreicht werden. Die Direktanhörung ist heute die Regelpraxis, inzwischen aber im Blick auf den Zeitpunkt ihrer Durchführung relativ aufgelockert worden. Antragsteller im Sinne von § 14 II können nach dem klaren Wortlaut des Gesetzes nicht im Wege der Direktanhörung angehört werden.

52   Die zunächst in § 12 III AsylVfG 1982 nicht vorgesehene Benachrichtigung des Antragstellers und seines Bevollmächtigten war in der Rechtsprechung umstritten gewesen (Bedenken hiergegen OVG Hamburg, EZAR 226 Nr. 5; a. A. VG Berlin, B. v. 21. 5. 1985 – VG 19 A 51.85; VG Mainz, InfAuslR 1990, 130; VG Wiesbaden, B. v. 19. 7. 1990 – VIII/1 G 20336/90). Der Gesetzgeber hatte daraufhin mit § 12 III AsylVfG 1990 die durch Abs. 4 bestätigte Benachrichtigungsregelung eingeführt. Die Praxis der Direktanhörung verkörpert den *hohen Stellenwert,* den das Gesetz der Beschleunigung des Asylverfahrens beimisst (VG Mainz, InfAuslR 1990, 130). Daher bedarf es *keiner förmlichen Ladung* des Antragstellers sowie seines Verfahrensbevollmächtigten, wenn der Termin der Anhörung binnen Wochenfrist nach Antragstellung gemäß § 14 I mitgeteilt wird (Abs. 4 S. 3).

53   Findet die Anhörung nicht im unmittelbaren zeitlichen Zusammenhang mit der Antragstellung nach Abs. 4 S. 1, also am selben Tag (Hess.VGH, B. v. 26. 3. 1991 – 12 TG 2541/9), statt, wird dem Antragsteller aber noch binnen der Wochenfrist nach Abs. 4 S. 3 der Termin zur Anhörung mitgeteilt, *sind* Antragsteller und Bevollmächtigter *von Amts wegen* zwar nicht zu laden, aber

Anhörung § 25

zu benachrichtigen (Abs. 4 S. 4). Nur wenn die Anhörung demnach am Tag der Antragstellung stattfindet, entfällt selbst die Benachrichtigungspflicht nach Abs. 4 S. 4 Der Tag der Antragstellung nach § 23 ist jedoch nicht identisch mit dem Tag der Meldung bei der Aufnahmeeinrichtung nach § 22. Erst mit Vorsprache bei der Außenstelle des Bundesamtes, wird der Asylantrag wirksam gestellt. Die Regelung in Abs. 4 S. 4 zielt damit auf den Zeitpunkt des persönlichen Erscheinens nach § 23 I ab. Bei anwaltlich vertretenen Antragstellern soll nach der Verwaltungspraxis dem Anwalt unter Berücksichtigung seiner Terminlage Gelegenheit gegeben werden, an der Anhörung teilzunehmen. Das Bundesamt hat nach Rücksprache mit dem Rechtsanwalt einen geeigneten Termin innerhalb einer Frist von einer Woche festzulegen. 54

Die Benachrichtigungspflicht ist gegenüber der früheren Regelung leicht modifiziert worden. Musste nach altem Recht die Anhörung binnen Wochenfrist nach dem Tag der Antragstellung stattfinden (§ 12 III 2 AsylVfG 1990), reicht es heute aus, wenn dem Antragsteller innerhalb dieser Frist der Termin zur Anhörung mitgeteilt wird (Abs. 4 S. 3). Die Anhörung selbst kann also nach Ablauf der Wochenfrist erfolgen, vorausgesetzt der Termin ist fristgemäß mitgeteilt worden. 55

Während nach altem Recht bei genügender Entschuldigung ein erneuter Termin durchgeführt werden musste (§ 12 III 5 AsylVfG 1990), verhält sich Abs. 4 S. 5 zu dieser Frage überhaupt nicht. Angesichts der hervorgehobenen Bedeutung, welche der persönlichen Anhörung für das Asylverfahren zukommt, ist jedoch bei glaubhaft gemachter Entschuldigung im Sinne von Abs. 4 S. 5 eine erneute Anhörung unverzüglich anzuberaumen (so auch Renner, AuslR, § 25 AsylVfG, Rdn. 21). 56

Im Übrigen kann das Bundesamt anders als bei Abs. 5 S. 2, ohne Gelegenheit zur schriftlichen Stellungnahme zu geben (Abs. 4 S. 5), entscheiden. Dies dürfte mit dem Grundsatz des rechtlichen Gehörs kaum vereinbar sein. Das Bundesamt kann aber und sollte aus rechtsstaatlichen Gründen auch anders verfahren. 57

10. Präklusion verspäteten Sachvorbringens (Abs. 3)

Nach Abs. 3 kann späteres Vorbringen unberücksichtigt bleiben, wenn andernfalls eine verfahrensverzögernde Wirkung eintreten würde. Abs. 3 erweitert damit die in § 8 a I AsylVfG 1990 auf Abschiebungshindernisse begrenzte Präklusionsregelung auch auf die Darlegungspflicht nach Abs. 1. Die Präklusionswirkung hat zunächst nur Wirkung für das Verwaltungsverfahren. Für das gerichtliche Verfahren gelten eigenständige Präklusionsregelungen (§ 36 IV 3, § 74 I 2 in Verb. mit § 87 b III VwGO). Dass die Präklusionswirkung nach Abs. 3 nicht im Verwaltungsstreitverfahren fortwirkt, verdeutlicht insbesondere die Vorschrift des § 36 IV 3. Allerdings kann die Verletzung der Darlegungspflicht vom Verwaltungsgericht im Rahmen der freien Beweiswürdigung nach § 108 I 1 VwGO berücksichtigt werden. 58

Es handelt sich damit bei der Präklusionsvorschrift nach Abs. 3 um eine formelle oder unechte Präklusion (Brandt, NVwZ 1997, 233). Die formelle Prä- 59 klusion hat danach lediglich zur Folge, dass die Behörde die präkludierten Einwendungen im weiteren Verfahren nicht mehr berücksichtigen muss, indes in Erwägung ziehen darf. Der Antragsteller hat insoweit einen Anspruch auf fehlerfreie Ermessensausübung, ob sein Vorbringen noch entgegengenommen wird oder nicht (Brandt, NVwZ 1997, 233 (233f.)).

60 Entscheidet das Bundesamt nicht unverzüglich nach der Anhörung und gehen ihm ergänzende schriftliche Äußerungen vor der Sachentscheidung zu, die noch nicht Teil der Anhörung waren, hat es diese zu berücksichtigen. Im Übrigen steht deren Berücksichtigung im behördlichen Ermessen. Im Gerichtsverfahren verlangt § 77 I die Berücksichtigung des gesamten Sachvorbringens im Zeitpunkt der mündlichen Verhandlung bzw. der gerichtlichen Entscheidung.

61 Der Antragsteller ist auf die Präklusionsregelung nach Abs. 3 S. 1 sowie insbesondere auch darauf, dass er mit späteren Vorbringen auch im gerichtlichen Eilverfahren präkludiert werden kann (§ 36 IV 3), hinzuweisen (Abs. 3 S. 2). Der Hinweis nach Abs. 3 S. 2 muss aber so *rechtzeitig* erfolgen, dass der Antragsteller noch seiner Darlegungspflicht genügen kann. Auch genügt nicht der bloße Hinweis auf die Präklusionswirkung im Verwaltungs- und gerichtlichen Eilverfahren. Vielmehr ist der Antragsteller im Rahmen der Anhörung inhaltlich über die Folgen einer Verletzung seiner Darlegungspflicht zu belehren (Renner, AuslR, § 25 AsylVfG Rdn. 11).

§ 26 Familienasyl und Familienabschiebungsschutz

(1) Der Ehegatte eines Asylberechtigten wird auf Antrag als Asylberechtigter anerkannt, wenn
1. die Anerkennung des Ausländers als Asylberechtigter unanfechtbar ist,
2. die Ehe schon in dem Staat bestanden hat, in dem der Asylberechtigte politisch verfolgt wird,
3. der Ehegatte einen Asylantrag vor oder gleichzeitig mit dem Asylberechtigten oder unverzüglich nach der Einreise gestellt hat und
4. die Anerkennung des Asylberechtigten nicht zu widerrufen oder zurückzunehmen ist.

(2) Ein zum Zeitpunkt seiner Asylantragstellung minderjähriges lediges Kind eines Asylberechtigten wird auf Antrag als asylberechtigt anerkannt, wenn die Anerkennung des Ausländers als Asylberechtigter unanfechtbar ist und diese Anerkennung nicht zu widerrufen oder zurückzunehmen ist. Für im Bundesgebiet nach der unanfechtbaren Anerkennung des Asylberechtigten geborene Kinder ist der Asylantrag innerhalb eines Jahres nach der Geburt zu stellen.

(3) Absatz 2 gilt nicht für Kinder eines Ausländers, der nach Absatz 2 als Asylberechtigter anerkannt worden ist.

(4) Ist der Ausländer nicht als Asylberechtigter anerkannt worden, wurde für ihn aber unanfechtbar das Vorliegen der Voraussetzungen des § 60 Abs. 1 des Aufenthaltsgesetzes festgestellt, gelten die Absätze 1 bis 3 ent-

Familienasyl und Familienabschiebungsschutz § 26

sprechend. An die Stelle der Asylberechtigung tritt die Feststellung, dass für den Ehegatten und die Kinder die Voraussetzungen des § 60 Abs. 1 des Aufenthaltsgesetzes vorliegen.

Übersicht Rdn.

1.	Entwicklung des Familienasyls und Familienabschiebungsschutzes	1
2.	Funktion des Familienasyls und Familienabschiebungsschutzes	6
3.	Ehegattenasyl (Abs. 1)	16
3.1.	Unanfechtbarkeit der Asylberechtigung des Stammberechtigten (Abs. 1 Nr. 1)	16
3.2.	Bestand der ehelichen Lebensgemeinschaft im Verfolgerstaat (Abs. 1 Nr. 2)	22
3.2.1.	Ehebegriff nach Abs. 1 Nr. 2	22
3.2.2.	Ehebestand im Verfolgerstaat nach Abs. 1 Nr. 2	26
3.3.	Kein Erfordernis des Ehebestandes zum Zeitpunkt der Entscheidung über das Familienasyl	39
3.4.	Unverzüglichkeit der Antragstellung nach Abs. 1 Nr. 3	44
3.5.	Kein Widerruf und keine Rücknahme der Asylberechtigung des Stammberechtigten (Abs. 1 Nr. 4)	48
4.	Minderjährigenasyl (Abs. 2)	57
4.1.	Allgemeine Voraussetzungen	57
4.2.	Voraussetzung der Minderjährigkeit (Abs. 2 Satz 1)	60
4.3.	Maßgeblicher Zeitpunkt für Minderjährigkeit und Ledigkeit nach Abs. 2 Satz 1	63
4.4.	Begriff des Kindes des Stammberechtigten nach Abs. 2 Satz 1	67
4.5.	Abstammung von einem Asylberechtigten nach Art. 16a Abs. 1 GG (Abs. 3)	69
4.6.	Kein Erfordernis der familiären Lebensgemeinschaft	73
4.7.	Erfordernis der Unanfechtbarkeit der Asylberechtigung des Stammberechtigten	76
4.8.	Geburt des Kindes nach Antragstellung, aber vor Asylanerkennung des Stammberechtigten (Abs. 2 Satz 1)	79
4.8.1.	Erstreckung des Minderjährigenasyl alle vor der Asylanerkennung geborenen Kinder	79
4.8.2.	Kein Erfordernis der »unverzüglichen« Antragstellung	84
4.9.	Geburt des Kindes nach Asylanerkennung des Stammberechtigten (Abs. 2 Satz 2)	88
5.	Gemeinsame Rechtsprobleme des Familienasyls	92
5.1.	Tod des Stammberechtigten während des Verfahrens	92
5.2.	Anwendung der Drittstaatenregelung nach Art. 16a Abs. 2 GG, § 26 a	94
5.3.	Keine Anwendung von §§ 27 und 29	102
6.	Familienabschiebungsschutz (Absatz 4)	103
6.1.	Entstehungsgeschichte von Absatz 4	103
6.2.	Funktion des Familienabschiebungsschutzes nach Absatz 4	105
6.3.	Voraussetzungen des Familienabschiebungsschutzes (Absatz 4 Satz 1)	108
6.4.	Rechtsfolgen nach Abs. 4 Satz 2	114
6.5.	Übergangsprobleme	115
6.6.	Aufenthaltsanspruch für volljährige Kinder (§ 104 Abs. 4 AufenthG)	117
7.	Verwaltungsverfahren	119
7.1.	Zuständigkeit des Bundesamtes	119

7.2.	Antragserfordernis	121
7.3.	Kein Rechtsanspruch auf Prüfung eigener Verfolgungsgründe	124
7.4.	Entscheidungsprogramm des Bundesamtes (§ 31 Abs. 5)	127
7.4.1.	Anerkennung als Asylberechtigter (Absatz 1 und 2)	127
7.4.2.	Feststellung der Voraussetzungen des § 60 Abs. 1 AufenthG	129
8.	Gerichtliches Verfahren	130
9.	Inhalt der akzessorischen Statusgewährung	133
10.	Beendigung des Familienasyls und des Familienabschiebungsschutzes (§ 73 Abs. 1 Satz 2)	139
11.	Familienasyl im Folgeantragsverfahren (§ 26 in Verb. mit § 71)	148
12.	Lehre von der Drittbetroffenheit	154
12.1.	Funktion der Lehre von der Drittbetroffenheit	154
12.2.	Anwendung der Regelvermutung auf Kinder	158
12.3.	Anwendung der Lehre von der Drittbetroffenheit auf andere Personen	160

1. Entwicklung des Familienasyls und Familienabschiebungsschutzes

1   Diese Vorschrift knüpft an § 7a III AsylVfG 1990 an. Eine Reihe von Rechtsfragen, die mit der am 15. Oktober 1990 in Kraft getretenen Regelung über das Familienasyl in § 7a III AsylVfG 1990 die frühere Praxis beherrscht hatten, sind durch die Rechtsprechung geklärt oder durch die Neuregelungen in dieser Vorschrift gegenstandslos geworden. Die gesetzliche Begründung, derzufolge § 26 der früheren Regelung des § 7a III AsylVfG 1990 entspricht (BT-Drs. 12/2062, S. 32), greift deshalb zu kurz und wird dem Inhalt von § 26 nicht gerecht.

2   Die Vorschrift des Abs. 1 enthält den Anspruch auf Familienasyl für den Ehegatten des Stammberechtigten. Die Regelungen in Abs. 2 und 3 regeln den asylrechtlichen Schutzanspruch der Kinder einer oder eines Asylberechtigten. Die in Abs. 1 Nr. 1 enthaltene Voraussetzung der Unanfechtbarkeit der Asylberechtigung des Stammberechtigten ist durch das Gesetz zur Änderung ausländer- und asylverfahrensrechtlicher Vorschriften vom 29. Oktober 1997 mit Wirkung vom 30. Oktober 1997 in Kraft getreten (BGBl. I S. 2584).

3   Durch das ZuwG wurde Abs. 2 neu gefasst, da bei der gesetzlichen Einführung der Unanfechtbarkeit der Asylberechtigten während des Vermittlungsverfahrens das Kinderasyl übersehen worden ist. Die Neufassung von Abs. 2 verfolgt deshalb den Zweck, für die Erstreckung der Asylberechtigung auf die Kinder die Unanfechtbarkeit der Statusentscheidung gesetzlich anzuordnen (BT-Drs. 14/7387, S. 101). Allerdings hatte das BVerwG diese Frage bereits vorher im Sinne der Neuregelung des Abs. 2 entschieden.

4   Antragstellern, die während des Asylverfahrens volljährig geworden oder deren Verfahren noch beim Verwaltungsgericht anhängig sind, steht der Anspruch auf Gewährung des Familienasyls zu (Schnäbele, in: GK-AsylVfG, § 26 Rdn. 33). Wer als Familienangehöriger eines Asylberechtigten nicht die Voraussetzungen von § 26 erfüllt, etwa weil er den Asylantrag nicht unverzüglich nach der Einreise gestellt hat, kann sich ungeachtet dessen zur Geltendmachung eines Aufenthaltsrechts auf die Regelungen in §§ 30 I Nr. 2, § 32 I Nr. 1, § 29 II AufenthG berufen.

Familienasyl und Familienabschiebungsschutz § 26

Durch das ZuwG wurde mit Wirkung zum 1. Januar 2005 der Grundgedanke 5
des Familienasyls auch auf die Abschiebungsschutzberechtigten (Abs. 4)
übertragen. Ebenso wie der stammberechtigte Asylberechtigte kann der Abschiebungsschutzberechtigte nach § 60 Abs. 1 AufenthG seine Rechtstellung
auf den Ehepartner und die minderjährigen, ledigen Kinder erstrecken.
Abs. 4 verwendet in Anlehnung an § 60 I AufenthG den Begriff Abschiebungsschutz. Die nach § 60 I AufenthG Berechtigten genießen indes nicht lediglich Abschiebungsschutz, sondern internationalen Schutz nach der Qualifikationsrichtlinie (Art. 13, 24 I). Abs. 4 war in der ersten Runde des ZuwG
erst zum Schluss der Gesetzesberatungen in das ZuwG eingefügt (Innenausschuss, Ausschussdrucksache Nr. 14/756 Teil 2, S. 36) und wurde im Gesetzentwurf des 2. ZuwG von vornherein berücksichtigt (BT-Drs. 15/420, S. 42).

2. Funktion des Familienasyls und Familienabschiebungsschutzes

Das BVerfG hat im Blick auf die Vorläufervorschrift des § 7a III AsylVfG 1990 6
unter Hervorhebung des verfassungsrechtlich garantierten *Individualanspruchs*
auf Asylrecht ausdrücklich hervorgehoben, dass Art. 6 I GG weder allein
noch im Zusammenhang mit Art. 16 II 2 GG 1949 ein Asylrecht von Familienangehörigen politisch Verfolgter gewährleistet (BVerfG (Kammer), NVwZ
1991, 978). Aus diesem Grund sollte durch § 7a III AsylVfG 1990 den Angehörigen von Asylberechtigten jedenfalls durch eine einfachgesetzliche Regelung die Rechtsstellung eines Asylberechtigten gewährt werden.

Hieran knüpfen die Regelungen in § 26 I–III an. Die Gesetzesüberschrift be- 7
zeichnet die Rechtsstellung der Familienangehörigen von Asylberechtigten
ausdrücklich als *Familienasyl* und die der Familienangehörigen von Abschiebungsschutzberechtigten als Familienabschiebungsschutz. Die Vorschrift übernimmt damit einen bereits zuvor durch die Rechtsprechung entwickelten
Begriff. Dieser ist zwar inhaltlich voll identisch mit dem Begriff der Asylberechtigung bzw. des Abschiebungsschutzes nach § 60 I AufenthG, weist gegenüber diesem Begriff jedoch einige Besonderheiten auf.

§ 26 I–III bestätigt die bereits zum alten Recht entwickelte Rechtsprechung, 8
derzufolge das Familienasyl *vollinhaltlich identisch* mit der Asylberechtigung
ist und damit den Familienangehörigen eine *uneingeschränkte Asylberechtigung*
vermittelt (BVerwG, EZAR 215 Nr. 2 = NVwZ 1992, 269 = InfAuslR 1992,
313; OVG NW, B. v. 29.11.1990 – 16 A 10141/90; OVG, InfAuslR 1991, 316;
BayVGH, U. v. 18.12.1990 – 19 CZ 90.30661; VGH BW, U. v. 12.11.1990 – A
S 958/90; Rdn. 55ff.). Gleiches gilt nach Abs. 4 S. 2 für den Abschiebungsschutz nach § 60 I AufenthG.

Begünstigt durch die Vorschrift wird nur die *Kernfamilie* (BVerwGE 89, 315 9
(318) = EZAR 215 Nr. 4 = NVwZ 1992, 987). Sinn und Zweck der Vorschriften über das Familienasyl ist es, über die Asylanträge der Mitglieder einer
Flüchtlingsfamilie möglichst rasch, einheitlich und ohne überflüssigen Verwaltungsaufwand zu entscheiden, sobald der Asylantrag des Stammberechtigten entscheidungsreif ist (Schnäbele, in: GK-AsylVfG, § 26 Rdn. 16). Durch
die Einfügung der Voraussetzung der Unanfechtbarkeit der Asylberechti-

gung des Stammberechtigten in Abs. 1 Nr. 1 hat der Gesetzgeber jedoch diesem ursprünglichen Sinn des Familienasyls zuwider gehandelt.

10   Eine weitere Funktion des Familienasyls sowie des Familienabschiebungsschutzes besteht darin, Behörden und Verwaltungsgerichte zu entlasten und von einer unter Umständen schwierigen Prüfung eigener Verfolgungsgründe der einzelnen Familienangehörigen abzusehen (BVerfG (Kammer), NVwZ 1991, 978; BVerwGE 89, 315 (318) = EZAR 215 Nr. 4 = NVwZ 1992, 987), um so zugleich auch die Bearbeitung der Asylanträge der einzelnen Familienangehörigen des Stammberechtigten zu beschleunigen. Dementsprechend besteht auch kein Anspruch darauf, dass über den Antrag auf die originäre Asylberechtigung bzw. den originären Abschiebungsschutz entschieden wird, d. h. der Familienangehörige des Stammberechtigten hat *keinen Anspruch auf Prüfung eigener Verfolgungsgründe* (BVerwGE 89, 315 (319) = EZAR 215 Nr. 4 = NVwZ 1992, 987; OVG NW, InfAuslR 1991, 316; VGH BW, InfAuslR 1993, 200; BayVGH, U. v. 18. 12. 1990 – 19 CZ 90.30661; Rdn. 124 ff.).

11   Der Vereinfachungszweck des Familienasyls bzw. des Familienabschiebungsschutzes würde gebremst oder gar ins Gegenteil verkehrt, wenn eine individuelle Prüfung gefordert und Familienasyl sowie Familienabschiebungsschutz lediglich hilfsweise beantragt werden könnte (BayVGH, U. v. 18. 12. 1990 – 19 CZ 90.30661; in diesem Sinne auch Renner, ZAR 1992, 37).

12   Durch die neuere Entwicklung des Asyl- und Flüchtlingsrechts seit 1993 wurde freilich zunächst die Bedeutung des Familienasyls erheblich gemindert. Da aufgrund der Auslegung und Anwendung der Drittstaatenregelung nach Art. 16 a II GG, § 26 a im Grunde genommen nur noch die Asylsuchenden in den Genuss des Asylrechts nach Art. 16 a I GG gelangen, die im Rahmen des Flughafenverfahrens nach § 18 a eingereist sind, reduzierte sich der potenziell berechtigte Personenkreis der asylrechtlich Stammberechtigten auf etwa fünf Prozent der Asylsuchenden. Nunmehr vollzieht Abs. 4 insoweit wie auch § 25 II, § 26 III, § 29 II AufenthG die volle rechtliche Gleichstellung der Flüchtlinge mit den Asylberechtigten.

13   Wie bereits § 7 a III AsylVfG 1990 geht auch § 26 auf Empfehlungen des UNHCR zurück (OVG NW, B. v. 19. 9. 1991 – 16 A 495/91.A). Bereits die *Bevollmächtigtenkonferenz der Vereinten Nationen über die Rechtsstellung von Flüchtlingen und Staatenlosen,* welche die GFK abschließend diskutierte und verabschiedete, beschloss in Anhang I der *Schlussakte* ausführliche Vorschläge zur Bewahrung und Herstellung der Familieneinheit. Darüber hinaus hat das Exekutivkomitee des UNHCR Programms insbesondere mit den *Empfehlungen Nr. 9 (XXVIII)* und *24 (XXXII)* die Staaten zu einer liberalen Anwendung der Grundsätze zur Familieneinheit in Fällen von Flüchtlingen aufgerufen.

14   Die im Jahre 1981 beschlossene Empfehlung Nr. 24 (XXXII) empfahl den Vertragsstaaten, den Familienangehörigen denselben Rechtsstatus wie dem als Flüchtling anerkannten Familienoberhaupt einzuräumen und bei der Überprüfung von entsprechenden Nachweisen der besonderen Situation von Flüchtlingen Rechnung zu tragen. Nahezu alle Vertragsstaaten der GFK sind dieser Empfehlung gefolgt, soweit sie nicht bereits zuvor eine entsprechende Praxis gehandhabt hatten (Nicolaus, Die Zuerkennung des Konventionsflüchtlingsstatus, S. 169 (181)). Die Bundesrepublik war dieser Empfehlung

erst sehr spät nachgekommen und hat das für Flüchtlinge vorgesehene Familienasyl zunächst bewusst nicht auf die nach § 60 I AufenthG in Verb. mit § 3 anerkannten Konventionsflüchtlinge erstreckt und diesen Schritt erst durch Art. 3 Nr. 17 des ZuwG mit Wirkung zum 1. Januar 2005 vollzogen.

Art. 23 der Qualifikationsrichtlinie bestimmt, dass die Mitgliedstaaten dafür Sorge tragen, dass die Familienangehörigen von Flüchtlingen, die selbst nicht die Voraussetzungen für die Zuerkennung eines entsprechenden Status erfüllen, die in den Art. 24 bis 34 der RL genannten Vergünstigungen genießen. Diese umfassen im Wesentlichen die in der GFK geregelte Rechtsstellung von Flüchtlingen, insbesondere auch den Anspruch auf Ausstellung eines Reiseausweises nach Art. 28 GFK (vgl. Art. 25 der RL). Durch Einführung des Familienabschiebungsschutzes wird sichergestellt, dass die Rechtsstellung nach Art. 2–34 GFK auch den Familienangehörigen des Flüchtlings zugute kommt (vgl. Abs. 4 S. 1 in Verb. mit Abs. 1 in Verb. mit §§ 2 und 3).

3. Ehegattenasyl (Abs. 1)

3.1. Unanfechtbarkeit der Asylberechtigung des Stammberechtigten (Abs. 1 Nr. 1)

Die Voraussetzungen nach Abs. 1 müssen kumulativ erfüllt sein (BVerwG, B. v. 14. 11. 1990 – BVerwG 9 B 246.90). Durch die am 30. Oktober 1997 in Kraft getretene Neuregelung des Abs. 1 Nr. 1 ist zunächst Voraussetzung für die Gewährung des Ehegattenasyls, dass die Anerkennung des Stammberechtigten unanfechtbar ist. Der Regelung in Abs. 1 Nr. 1 liegt offensichtlich dieselbe Ratio wie der Vorschrift des Abs. 1 Nr. 4 zugrunde. Aus der akzessorischen Natur des Familienasyls folgt, dass ihr Anknüpfungspunkt, die Asylberechtigung des Stammberechtigten, nicht im Streit stehen soll.

Im Gesetzentwurf war die Regelung des Abs. 1 Nr. 1 nicht vorgesehen (BT-Drs. 13/4948, S. 5). Vielmehr ist sie erst im Laufe der Gesetzesberatungen eingefügt worden. Damit hat der Gesetzgeber der entgegenstehenden Rechtsprechung des BVerwG die Grundlage entzogen. Danach war die Gewährung von Familienasyl nicht von der Bestands- oder Rechtskraft der Entscheidung über die Asylberechtigung des Stammberechtigten abhängig (BVerwGE 89, 315 (317) = EZAR 215 Nr. 4 = NVwZ 1992, 987), sodass in der Verwaltungs- und Gerichtspraxis über die Anträge des Asylberechtigten sowie seiner Angehörigen gleichzeitig entschieden werden konnte.

Aus dem Bundesamt wurden gegen diese Rechtsprechung gesetzessystematische Bedenken (Henning/Wenzl, EE-Brief 2/97, S. 2) sowie praktische Schwierigkeiten bei der Handhabung des § 26 geltend gemacht (Bell, Asylrecht im Wandel, S. 13 (33 f.)). Der Gesetzgeber hat deshalb 1997 klargestellt, dass es *nicht* auf die Asylberechtigung im *materiell-rechtlichen Sinne,* sondern auf die Gewährung der Asylberechtigung an den Stammberechtigten im *formell-rechtlichen Sinne* ankommt (so Henning/Wenzl, EE-Brief 2/97, S. 2; Bell, Asylrecht im Wandel, S. 13 (34)).

Aus der akzessorischen Natur des Familienasyls folgt, dass allein die formale

Prüfung des Eintritts der Bestandskraft der Asylberechtigung des Stammberechtigten maßgebend ist, sofern die übrigen Voraussetzungen vorliegen. Hat das Bundesamt den Asylantrag abgelehnt und verpflichtet das Verwaltungsgericht das Bundesamt, den Stammberechtigten als asylberechtigt anzuerkennen, kann über das Familienasyl erst nach Eintritt der Rechtskraft des Urteils entschieden werden. Das Verwaltungsgericht wird in derartigen Fällen aus pragmatischen Gründen das Ruhen des Verfahrens, soweit es die Familienmitglieder betrifft, anordnen. Insoweit empfiehlt sich die Trennung der Verfahren der Angehörigen vom Asylberechtigten.

20 Nach dem Gesetzeswortlaut von Abs. 1 Nr. 1 kommt es stets auf die Unanfechtbarkeit der (behördlichen) *Asylanerkennung* an. Hat das Bundesamt gegen das verwaltungsgerichtliche Urteil keine Rechtsmittel eingelegt, so ist es nach Eintritt der Rechtskraft zur Gewährung der Asylberechtigung an den Stammberechtigten verpflichtet. Es hat dann wegen der Unanfechtbarkeit des Verpflichtungsurteils zugleich auch eine Entscheidung über die Gewährung des Familienasyls zu treffen. Nach Eintritt der Rechtskraft des Urteils bedarf es hierzu keiner gerichtlichen Verpflichtung, auch wenn das gerichtliche Verfahren in Ansehung der Familienangehörigen noch anhängig ist.

21 Sofern die übrigen Voraussetzungen vorliegen, ist das Bundesamt vielmehr von Amts wegen verpflichtet, in derartigen Fällen mit der Gewährung der Asylberechtigung zugleich auch das Familienasyl zu gewähren. Denn mit dem Eintritt der Rechtskraft ist es zur Asylanerkennung verpflichtet, sodass im Zeitpunkt der behördlichen Entscheidung keine Zweifel an der Voraussetzung der Unanfechtbarkeit der Asylanerkennung des Stammberechtigten bestehen. Dazu bedarf es weder einer gerichtlichen Empfehlung noch eines entsprechenden Abhilfeantrags. Das gerichtliche Verfahren erledigt sich durch die Gewährung des Familienasyls.

3.2. Bestand der ehelichen Lebensgemeinschaft im Verfolgerstaat (Abs. 1 Nr. 2)

3.2.1. Ehebegriff nach Abs. 1 Nr. 2

22 Nach Abs. 1 Nr. 2 ist Voraussetzung für die Gewährung des Familienasyls, dass die Ehe schon in dem Staat bestanden haben muss, in dem der Asylberechtigte verfolgt wird. Für die Beurteilung der Gültigkeit der Ehe kann nicht allein das Recht des Herkunftsstaates maßgebend sein. Nach Völkerrecht sind z. B. auch Ehen, die vor den Behörden von Befreiungsorganisationen geschlossen werden, gültig und von den Staaten auch dann anzuerkennen, wenn sie nach dem Recht des Herkunftsstaates nicht anerkannt werden (Koisser/Nicolaus, ZAR 1991, 31 (34); Schnäbele, in: GK-AsylVfG, § 26 Nr. 62).

23 Das für die Frage der Gültigkeit der Ehe maßgebende Recht der Bundesrepublik kann nach Art. 12 II GFK nicht maßgebend sein. Danach werden die von einem Flüchtling vor seiner Einreise erworbenen und sich aus seinem Personalstatut ergebenden Rechte, insbesondere die aus der Eheschließung, von den Vertragsstaaten geachtet, gegebenenfalls vorbehaltlich der Formalitäten, die nach dem in dem jeweiligen Vertragsstaat geltenden Recht vorgesehen

sind. Deswegen sind z. B. auch Ehen als gültig zu betrachten, die nach deutschem Recht nichtig wären.

Das Familienasyl muss deshalb allen Ehefrauen eines Asylberechtigten gewährt werden, wenn die *Mehrehe* nach dem Recht des Staates, in dem die Ehe geschlossen wurde, anerkannt wird, auch wenn das deutsche Recht die polygame Ehe nicht anerkennt (Nicolaus, Die Zuerkennung des Konventionsflüchtlingsstatus, S. 169 (187); ebenso: Birk/Repp, ZAR 1992, 14 (18); Schnäbele, in: GK-AsylVfG, § 26 Nr. 60, unter Hinweis auf BVerwG, EZAR 105 Nr. 18 = NJW 1985, 2097 = InfAuslR 1985, 196).

Die *Immamehe* wird in der *Türkei* nicht anerkannt und erfüllt damit nicht die Voraussetzungen nach Abs. 1 Nr. 2 (OVG Rh-Pf, EZAR 215 Nr. 6). Für den *Nachweis* der Eheschließung kann kein Nachweis des Verfolgerstaates verlangt werden, sodass gegebenenfalls Glaubhaftmachung ausreicht (Schnäbele, in: GK-AsylVfG, § 26 Nr. 67). Aus dem eindeutigen Gesetzeswortlaut ergibt sich, dass allein die eheliche Lebensgemeinschaft, nicht aber bereits ein *Verlöbnis* das Familienasyl vermitteln soll (so auch: Birk/Repp, ZAR 1992, 14 (18); a. A. Koiser/Nicolaus, ZAR 1991, 31 (34)). Die Gegenmeinung wird damit begründet, dass verfolgungsbedingte Gründe der Eheschließung im Verfolgerstaat entgegen gestanden haben können, sodass es ausreiche, wenn die Verlobten die Ehe spätestens im Bundesgebiet schließen. Zwar ist diese Begründung flüchtlingsrechtlich orientiert. Der Gesetzgeber hat mit dem Ehebegriff und dem Erfordernis des Ehebestandes im Verfolgerstaat jedoch klare Voraussetzungen vorgegeben, die ein Verlöbnis unter keinem denkbaren Gesichtspunkt erfüllen kann.

3.2.2. Ehebestand im Verfolgerstaat nach Abs. 1 Nr. 2

Nach Abs. 1 Nr. 2 muss die Ehe schon in dem Staat bestanden haben, in dem der Asylberechtigte politisch verfolgt wird (Verfolgerstaat). Während die frühere Regelung in § 7a III Nr. 1 AsylVfG 1990 in einem Klammerzusatz den Begriff *Herkunftsstaat* enthielt, verzichtet die Neuregelung auf diese Bezeichnung. Diese Änderung ist jedoch lediglich redaktioneller Natur. Denn ist der Verfolgerstaat mit dem Herkunftsstaat nicht identisch, stellt sich das Problem der fehlenden Schutzbedürftigkeit. Geht die Verfolgung nämlich nicht vom Heimatstaat, sondern von einem dritten Staat aus, wird die Asylberechtigung regelmäßig verneint und die Frage des Familienasyls stellt sich erst gar nicht (s. aber BVerwG, EZAR 206 Nr. 5).

Mit Ehe ist die mit Eheschließungswillen eingegangene, nach dem Recht des Verfolgerstaates anerkannte Lebensgemeinschaft gemeint. Fraglich ist, ob hierin auch das formelle Erfordernis der Registrierung der Ehe bei den zuständigen Behörden eingeschlossen ist (dagegen Schnäbele, in: GK-AsylVfG, § 26 Rdn. 26). Dies wird vom Recht des jeweiligen Staates abhängig sein. Ist danach die formelle Registrierung nicht erforderlich, wird man diese nicht fordern können. Wird die Ehe dagegen nur unter Beachtung zwingender Formvorschriften nach dem Recht des Verfolgerstaates als wirksam angesehen, wird man deren Einhaltung verlangen müssen.

Eine ganz andere Frage betrifft den Nachweis der Registrierung. Hier kann vom Asylberechtigten nicht erwartet werden, dass er zur Sicherstellung des

Asylanspruchs seines Ehegatten Kontakt mit den heimatlichen Behörden aufnimmt. Insoweit reicht Glaubhaftmachung aus. Schließlich sind Ehen, die vor den Behörden von Befreiungsorganisationen geschlossen werden, gültig und von den Staaten selbst dann anzuerkennen, wenn sie nach dem Recht des Herkunftsstaates nicht anerkannt werden (Koisser/Nicolaus, ZAR 1991, 31 (34); Schnäbele, in: GK-AsylVfG, § 26 Nr. 62).

29 Während Abs. 1 Nr. 2 allein auf den *Ehebegriff* abstellt, fordert das BVerwG, dass in dem Verfolgerstaat eine *tatsächliche Lebensgemeinschaft* bestanden haben muss (BVerwG, EZAR 215 Nr. 5 = AuAS 1993, 58; so auch VGH BW, AuAS 1993, 12; BayVGH, EZAR 215 Nr. 7). Damit reicht das rein formale Eheband nicht aus. Begründet wird dies mit dem Grundgedanken des Familienasyls, demzufolge die Gewährung von Familienasyl an den Ehegatten auch wegen der *Nähe zum Verfolgungsgeschehen* und damit wegen der daraus gleichfalls für ihn herrührenden Gefahr gerechtfertigt sei (BVerwG, EZAR 215 Nr. 5).

30 Zwar ist nicht vorausgesetzt, dass die Ehe selbst im Verfolgerstaat geschlossen worden sein muss. Erforderlich ist jedoch, dass der Asylberechtigte sich nach der Eheschließung noch eine gewisse Zeit im Verfolgerstaat aufgehalten haben muss (VGH BW, U. v. 29. 10. 1992 – A 14 S 725/91, AuAS 1993, 12 (nur LS)). Zur Begründung wird darauf hingewiesen, dass die gesetzliche Begründung ausdrücklich auf den Aufenthalt des Asylberechtigten und nicht den des asylsuchenden Ehegatten im Verfolgerstaat während des Ehebestandes abstelle (VGH BW, U. v. 29. 10. 1992 – A 14 S 725/91).

31 In dieser Pauschalität kann dieser Rechtsprechung nicht gefolgt werden. Vielmehr kommt es unabhängig davon, ob der Ehegatte im Verfolgerstaat noch eine gewisse Zeit die Lebensgemeinschaft fortgesetzt hat, darauf an, ob die Verfolgungsbehörden wegen der Ehe auf den anderen Ehegatten zugreifen. Heiratet der Asylberechtigte in einem Drittstaat und kehren die Eheleute anschließend nicht zur Fortsetzung der Lebensgemeinschaft in den Verfolgerstaat zurück, kommt der Ehegatte nach dem eindeutigen Gesetzeswortlaut nicht in den Genuss des Familienasyls, sondern wird auf die aufenthaltsrechtlichen Vorschriften zum Familiennachzug verwiesen.

32 Plausibel ist eine derartige Rechtsansicht nur dann, wenn die »Nähe zum Verfolgungsgeschehen« Interpretationsmaxime der Regelung in Abs. 1 Nr. 2 ist. Nach der Rechtsprechung ist damit ein enger *lokaler Bezug zum Verfolgerstaat* gefordert. Dementsprechend vermittelt die *Ferntrauung* bzw. *Stellvertretertrauung* nur dann einen Asylanspruch, wenn die Ehegatten nach der Eheschließung im Verfolgerstaat nicht zusammengelebt haben (VGH BW, AuAS 1993, 60; Schnäbele, in: GK-AsylVfG, § 26 Rdn. 64; a. A. VG Wiesbaden, EZAR 215 Nr. 8 = AuAS 1995, 33 = NVwZ-Beil. 1995, 14).

33 Die Gegenmeinung führt zwar eine Reihe von plausiblen teleologischen Gründen an. Ob man indes allein auf den formalen Bestand der Ehe im Verfolgerstaat abstellen kann und nicht auch ein eheliches Zusammenleben fordern muss, erscheint fraglich. Jedenfalls fordert das BVerwG, dass im Verfolgerstaat nicht lediglich das formale Band der Ehe, sondern eine *tatsächliche Lebensgemeinschaft* bestanden haben muss (BVerwG, EZAR 215 Nr. 5 = AuAS 1993, 58; so auch: VGH BW, AuAS 1993, 12; BayVGH, EZAR 215 Nr. 7). Eine Ferntrauung kann nur dann nach Abs. 2 Nr. 2 berücksichtigt werden, wenn

im Anschluss daran beide Eheleute noch eine gewisse Zeit im Verfolgerstaat eine eheliche Lebensgemeinschaft geführt haben (so auch Schnäbele, in: GK-AsylVfG, § 26 Rdn. 66).

Eine bestimmte Form des ehelichen Zusammenlebens sowie bestimmte Erfordernisse an die Dauer des Bestandes des ehelichen Zusammenlebens im Verfolgerstaat setzt die Anwendung von Abs. 1 Nr. 2 nicht voraus. Auslegungsprinzip ist insoweit die gewisse *Nähe des Ehegatten zum Verfolgungsgeschehen* und die daraus gleichfalls für ihn herrührende Gefahr (BVerwG, EZAR 215 Nr. 5). Verfolgungsbedingte Gründe können dazu geführt haben, dass einer der Ehegatten unmittelbar nach der Eheschließung versteckt leben und die Flucht vorbereiten musste. In einem derartigen Fall wird man die Führung der ehelichen Lebensgemeinschaft bei Berücksichtigung des Gesetzeszweckes nicht zur Voraussetzung des Ehegattenasyls machen können. 34

Für die Nähe des Ehegatten zum Verfolgungsgeschehen ist nicht die Art und Weise sowie die Dauer des ehelichen Zusammenlebens, sondern allein die Tatsache der Eheschließung und die dadurch bewirkte Nähe zum Verfolgungsgeschehen maßgebend. Darüber hinaus kann auch eine in einem Drittstaat, ja selbst im Bundesgebiet geschlossene Ehe das Familienasyl vermitteln, wenn die Eheleute nach der Eheschließung in den Verfolgerstaat zurückgekehrt sind und anschließend einer von ihnen politisch verfolgt worden ist. Abs. 1 Nr. 2 setzt nicht die Eheschließung, sondern den Bestand der Ehe im Verfolgerstaat voraus. Die Fallkonstellation der im Bundesgebiet geschlossenen Ehe kann insbesondere bei einem Folgeantrag (§ 71) erheblich werden. 35

Andererseits kommt es auf die *Staatsangehörigkeit des Ehegatten* nicht an. Hat der Asylberechtigte mit einem Ehegatten anderer Staatsangehörigkeit im Verfolgerstaat zusammengelebt, so genießt dieser Familienasyl, auch wenn hierfür im Einzelfall kein Bedürfnis bestehen sollte. So genießt z. B. eine Französin, die im Iran mit einem asylberechtigten Iraner eine eheliche Lebensgemeinschaft geführt hat, Familienasyl, obwohl sie im Bundesgebiet z. B. als selbständig oder unselbständig Erwerbstätige Freizügigkeit genießt. Anders ist dies nur im Fall des deutschen Ehegatten, denn ein deutscher Staatsangehöriger kann nicht Grundrechtsträger nach Art. 16 a I GG sein. 36

Diese hier anklingenden Ungereimtheiten, die bereits die Regelung in § 7a III AsylVfG 1990 prägten, hat der Gesetzgeber bewusst nicht beseitigen wollen. Daher bleibt es dabei: Die Staatsangehörigkeit der Ehefrau ist ohne rechtliche Bedeutung bei der Entscheidung über das Familienasyl; es sei denn, der Ehegatte ist deutscher Staatsangehörigkeit. Im Übrigen ist vorausgesetzt, dass im Verfolgerstaat eine Ehe, d. h. die mit Eheschließungswillen eingegangene, staatlich anerkannte Lebensgemeinschaft (BVerwG, EZAR 215 Nr. 5 = AuAS 1993, 58) geführt worden ist und diese dort eine gewisse Zeit bestanden hat. 37

Der geforderte Zeitraum ist ein rein fiktiver. Denn weder dem Wortlaut noch dem Gesetzeszweck lassen sich hinreichend klare Kriterien über einen bestimmten Zeitraum für den Bestand der Lebensgemeinschaft entnehmen. Eine Ehe hat daher im Verfolgerstaat auch schon dann bestanden, wenn die Eheleute mit Eheschließungswillen eine Lebensgemeinschaft eingegangen sind, der Asylberechtigte aus Verfolgungsgründen aber bereits in der Hochzeitsnacht fliehen musste. 38

3.3. Kein Erfordernis des Ehebestandes zum Zeitpunkt der Entscheidung über das Familienasyl

39 Die Vorschrift des Abs. 1 Nr. 2 stellt ausschließlich darauf ab, dass die Ehe im Verfolgerstaat bestanden haben muss. Abs. 1 1. HS setzt darüber hinaus voraus, dass es sich um einen »Ehegatten« des Asylberechtigten handeln muss. Daraus wird in der Literatur geschlossen, dass die Ehe im Zeitpunkt der Entscheidung über den Antrag wieder bestehen müsse (BayVGH, EZAR 215 Nr. 7; Schnäbele, in: GK-AsylVfG, § 26 Rdn. 69; Birk/Repp, ZAR 1992, 14 (18)). Andererseits soll dieser Ansicht nach eine zwischenzeitliche Scheidung und Wiederverheiratung unerheblich sein (Schnäbele, in: GK-AsylVfG, § 26 Rdn. 69; Birk/Repp, ZAR 1992, 14 (18); so auch BayVGH, EZAR 215 Nr. 7; VG Berlin, AuAS 1996, 188 (189)).

40 Begründet wird diese Ansicht mit dem Schutzgedanken des Familienasyls, der nach der Aufhebung der ehelichen Lebensgemeinschaft entfalle. Auch weise der Begriff »schon« in Abs. 1 Nr. 2 darauf hin, dass der Gesetzgeber auch im Zeitpunkt der Entscheidung über den Antrag den Bestand der Ehe noch verlange (Schnäbele, in: GK-AsylVfG, § 26 Rdn. 69; Birk/Repp, ZAR 1992, 14 (18)).

41 Überzeugend ist diese Begründung nicht. Sie stellt allein den humanitären Zweck, für alle Angehörigen einen einheitlichen Status zu begründen, in das Zentrum der Erörterungen, behandelt jedoch den weiteren Zweck des Familienasyls, auch wegen der *Nähe des Ehegatten zum Verfolgungsgeschehen* (im Verfolgerstaat) und damit wegen der daraus gleichfalls für ihn herrührenden Gefahr (BVerwG, EZAR 215 Nr. 5), das Familienasyl zu gewähren, nicht. Die Nähe zum Verfolgungsgeschehen wird jedoch durch eine Aufhebung und Scheidung der ehelichen Lebensgemeinschaft nicht zwangsläufig beseitigt.

42 Andererseits ist nach dieser Ansicht die zwischenzeitliche Scheidung unschädlich, sofern die Eheleute im Zeitpunkt der Sachentscheidung wieder verheiratet sind. Danach wäre es etwa unschädlich, wenn der Asylberechtigte in der Zwischenzeit mit einem anderen Partner und anschließend mit einem weiteren Partner die Ehe geschlossen und schließlich erneut den früheren Partner geheiratet hätte. Unklar bleibt auch, ob es für den Ehebestand auf den Zeitpunkt der Sachentscheidung über die Asylberechtigung oder auf die Entscheidung über das Familienasyl ankommen soll. Der Hinweis, dass aus den Begriff »schon« in Abs. 1 Nr. 2 das Erfordernis des Fortbestandes der Ehe folge, ist weder zwingend noch steht er im Einklang mit der eigenen Ansicht, demzufolge die Unterbrechung der Ehe durch Scheidung unschädlich ist.

43 Eine erneute Eheschließung nach Scheidung ist keine Fortsetzung der ersten Ehe, sondern ein vollständiger Neuanfang nach einem dramatischen Bruch. Die Rechtsprechung versucht das Problem teilweise dadurch zu lösen, dass sie auf das Bestehen der familiären Beziehungen abstellt, ohne zugleich zu fordern, dass tatsächlich die inneren Bindungen einer ehelichen Lebensgemeinschaft noch *fort*bestehen (VG Neustadt a. d. Weinstr., U. v. 9. 9. 1991 – 5 K 1359/91.NW). Jedenfalls sei dann Familienasyl zu gewähren, wenn die Ehegatten bereits in der Vergangenheit im Bundesgebiet gemeinsam zusammengelebt hätten (VG Neustadt, a. d. Weinstr., U. v. 9. 9. 1991 – 5 K 1359/91.NW), die Lebensgemeinschaft im Zeitpunkt der Entscheidung der Behörde oder des Gerichts jedoch nicht mehr bestehe. Dem ist zu folgen, da die Nähe zum Verfolgungsgeschehen durch ein *nachträgliches*, häufig auch exilbedingtes Auseinanderleben der Eheleute nicht beseitigt wird. Auch ist kaum anzunehmen, dass ein willkürhaft handelnder Staat ohne erniedrigende Demutsbezeugungen des Ehegatten von letzterem ablassen wird.

3.4. Unverzüglichkeit der Antragstellung nach Abs. 1 Nr. 3

Abs. 1 Nr. 3 nennt als weitere Voraussetzung für die Gewährung des Familienasyls, dass der Ehegatte zugleich mit dem Asylberechtigten oder vorher bzw. unverzüglich nach der Einreise einen Asylantrag gestellt hat. Der Ehegatte muss also nach *seiner* Einreise unverzüglich einen Asylantrag stellen. Ist er nicht zusammen mit dem Asylberechtigten eingereist, hat er den Antrag unverzüglich nach seiner späteren Einreise zu stellen. War er vor dem Stammberechtigten eingereist, wird ebenfalls vorausgesetzt, dass er den Asylantrag unverzüglich nach der Einreise gestellt hat. In einem derartigen Fall wird er eigene Verfolgungsgründe oder jedenfalls sippenhaftartige Gründe geltend machen. Nach Einreise des Stammberechtigten braucht über diese individuellen Gründe keine eigenständige Entscheidung mehr getroffen werden (BVerwGE 89, 315 (319) = EZAR 215 Nr. 4 = NVwZ 1992, 987; OVG NW, InfAuslR 1991, 316; VGH BW, InfAuslR 1993, 200; BayVGH, U. v. 18. 12. 1990 – 19 CZ 90.30661). 44

Der Antrag auf Familienasyl muss nicht als solcher bezeichnet werden. Stellt der Ehegatte einen Asylantrag und liegen die Voraussetzungen des Ehegattenasyls vor, so wird er ohne Prüfung eigener Verfolgungsgründe als Asylberechtigter anerkannt. Dementsprechend kommt es für den Antragsbegriff nach Abs. 1 nicht darauf an, ob der Ehegatte ausdrücklich Familienasyl oder den Asylstatus aufgrund eigener Verfolgung beantragt. Für die Gewährung des Familienasyls wird damit allein vorausgesetzt, dass der Ehegatte unverzüglich nach seiner Einreise, unabhängig davon, ob sie vor, nach oder zusammen mit dem Asylberechtigten erfolgt, den Asylantrag stellt. 45

»*Unverzüglich*« heißt nach dem auch im öffentlichen Recht geltenden zivilrechtlichen Grundsätzen »*ohne schuldhaftes Verzögern*« (§ 121 I 1 BGB). Hier ist kein strenger Maßstab angezeigt. Stets ist eine Berücksichtigung aller vorgebrachten sowie sonst erkennbaren Umstände des jeweiligen Einzelfalles unter Anlegung eines großzügigen Maßstabes angezeigt. Scheitert der Antrag auf Familienasyl daran, dass er nicht unverzüglich gestellt worden ist, kann gleichwohl eine Asylanerkennung aus eigenen individuellen Gründen in Betracht kommen. In einem derartigen Fall hat der Asylsuchende deshalb einen Anspruch auf individuelle Prüfung seiner vorgebrachten Verfolgungsgründe. Wird er unanfechtbar als asylberechtigt anerkannt, kann er seinerseits dem Ehegatten, auf den er sich zunächst mit seinem Antrag auf Familienasyl bezogen hatte, selbst das Familienasyl vermitteln. 46

47 Reist der Ehegatte mehrmals in das Bundesgebiet ein, so kommt es für das Erfordernis der unverzüglichen Antragstellung auf die erste Einreise an. Stellt daher der Ehegatte nach der zweiten oder weiteren Einreise unverzüglich den Asylantrag, wird er den Erfordernissen des Unverzüglichkeitsgebots nach Abs. 1 Nr. 3 nicht gerecht. Vielmehr wird vorausgesetzt, dass er nach der ersten Einreise unverzüglich den Asylantrag stellt (VG Augsburg, InfAuslR 2001, 102).

3.5. Kein Widerruf und keine Rücknahme der Asylberechtigung des Stammberechtigten (Abs. 1 Nr. 4)

48 Als vierte Voraussetzung für die Gewährung des Familienasyls fordert Abs. 1 Nr. 4, dass die Anerkennung des Asylberechtigten nicht zu widerrufen oder zurückzunehmen ist (s. hierzu auch § 73 Rdn. 145 ff.). Aus der akzessorischen Natur des Familienasyls folgt das Erfordernis der Fortgeltung der Asylberechtigung des Stammberechtigten. Der Gesetzgeber hat dies durch Einfügung der Regelung in Abs. 1 Nr. 1 erneut betont: Die Gewährung des Familienasyls ist hiernach abhängig von dem rechtlichen Bestand der Asylberechtigung des Stammberechtigten. Ebenso wenig wie das Familienasyl nach Abs. 1 Nr. 1 vor Eintritt der Unanfechtbarkeit gewährt werden kann, darf andererseits das bloße Vorliegen von Widerrufsgründen zum Anlass genommen werden, die Gewährung des Familienasyls zu versagen.

49 Solange vielmehr die Asylberechtigung nicht unanfechtbar beseitigt ist, solange ist sie rechtlich auch geeignet, das Familienasyl zu vermitteln. Der Gesetzeswortlaut von Abs. 1 Nr. 4 ist daher dahin zu präzisieren, dass nicht das bloße Vorliegen von Widerrufs- oder Rücknahmegründen nach § 73 der Gewährung des Familienasyls entgegensteht, sondern die unanfechtbare Aufhebung der Asylberechtigung infolge Vorliegens von Widerrufs- oder Rücknahmegründen.

50 Das Bundesamt darf also nicht von sich aus prüfen, ob Widerrufsgründe in Ansehung der Asylberechtigung des Stammberechtigten vorliegen. Vielmehr hat er bis zur Unanfechtbarkeit der Widerrufsentscheidung vom Fortbestand der Asylberechtigung auszugehen. Darüber hinaus ist zu bedenken, dass im Widerrufsverfahren häufig zwingende, auf früheren Verfolgungen beruhende Gründe einem Widerruf entgegenstehen können (vgl. § 73 I 3, Art. 1 C Nr. 5 Abs. 2, Nr. 6 Abs. 2 GFK), sodass im Zeitpunkt der Entscheidung über den Antrag auf Gewährung von Familienasyl die Widerrufsvoraussetzungen oft nicht offensichtlich sind. Es ist deshalb unzumutbar, das Verfahren auszusetzen, bis über den Widerruf unanfechtbar entschieden worden ist.

51 Für das Verwaltungsstreitverfahren ergibt sich keine abweichende Betrachtungsweise. Vielmehr hat auch das Verwaltungsgericht im Falle des Streits über das Vorliegen der tatbestandlichen Voraussetzungen für die Gewährung des Familienasyls von der Fortgeltung der Asylberechtigung auszugehen, solange diese nicht unanfechtbar widerrufen ist. Demgegenüber soll nach der Rechtsprechung das Verfahren bis zur Entscheidung über den Widerruf aus-

gesetzt werden (VGH BW, AuAS 1993, 142). Dies ist jedoch ebenso wenig wie im Verwaltungsverfahren im gerichtlichen Verfahren gerechtfertigt.

Eine eigenständige Prüfungskompetenz des Verwaltungsgerichts in Ansehung der Widerrufsvorrausetzungen im Blick auf die Asylberechtigung besteht im Übrigen weder unmittelbar noch inzident. Demgegenüber wird eingewendet, angesichts des eindeutigen Gesetzeswortlaut bestehe für eine derartige Interpretation kein Raum (OVG Rh-Pf, InfAuslR 2001, 341). Soweit die Gegenmeinung davon ausgeht, dass die Asylanerkennung des Stammberechtigten unanfechtbar widerrufen ist, besteht kein Dissens. 52

Ist jedoch noch kein Widerrufsverfahren eingeleitet worden, verbietet sich eine Prüfung im Verfahren auf Familienasyl, ob die Asylberechtigung des Stammberechtigten noch andauert. Aber auch insoweit wendet die Gegenmeinung ein, der Gesetzgeber habe nur an die materielle, nicht jedoch allein an die formelle Rechtsposition des Stammberechtigten die Vermittlungsfähigkeit des Familienasyls angeknüpft (vgl. auch BayVGH, InfAuslR 2002, 261). Dagegen ist einzuwenden, dass eine Prüfung der Widerrufsvoraussetzung durch das Verwaltungsgericht ein rechtsstaatlich inakzeptabler Eingriff in die Kompetenz des Leiters des Bundesamtes nach § 73 IV 1 darstellen würde. Dieser ist auch nicht an irgendwelche Feststellungen und Aussagen des Verwaltungsgerichtes gebunden. 53

Dies folgt auch daraus, dass sich die materielle Rechtskraft nach § 121 VwGO nicht auf den Stammberechtigten, der nicht Verfahrensbeteiligter im Prozess über die Gewährung des Familienasyls ist, erstreckt (Koisser/Nicolaus, ZAR 1991, 31 (36)). Daher ist zusammenfassend festzuhalten, dass Abs. 1 Nr. 4 dahin auszulegen ist, dass *nur eine unanfechtbare Widerrufs- oder Rücknahmeentscheidung im Antragsverfahren auf Familienasyl zu berücksichtigen ist*. Eine Aussetzung des Verfahrens wäre rechtswidrig. 54

Allerdings kann im Einzelfall durchaus eine pragmatische Vorgehensweise angezeigt sein. Denn es ist zu berücksichtigen, dass der Antrag auf Familienasyl dem Bundesamt Anlass geben kann, die Widerrufsvoraussetzungen zu prüfen, dies beim Verzicht auf den Antrag auf Familienasyl jedoch zunächst unterbleiben kann. Dies betrifft insbesondere Herkunftsstaaten, die in einer Umbruchssituation sind, in der sich gewisse rechtsstaatliche Strukturen und Tendenzen herausbilden. Der Antragsteller ist in derartigen Fällen gar nicht in der Lage, die internen Verfahrensabläufe innerhalb des Bundesamtes zu überschauen, geschweige denn hierauf Einfluss zu nehmen. 55

Insbesondere Rechtsanwälte trifft hier eine eingehende Beratungspflicht. Sie haben den Asylsuchenden, der die Gewährung des Familienasyls beantragen will, gegebenenfalls auf die durch Änderung der tatsächlichen Verhältnisse im Herkunftsstaat folgenden Risiken für den Fortbestand der Asylberechtigung des Stammberechtigten hinzuweisen. Das BVerwG hat im Übrigen entschieden, dass in den Fällen, in denen die Asylberechtigung zu widerrufen ist, die auf die individuelle Verfolgung der engen Familienangehörigen bezogene *Regelvermutung* (vgl. hierzu BVerwGE 65, 244 = InfAuslR 1985, 274) keine Anwendung finden kann (BVerwG, B. v. 14. 11. 1990 – BVerwG 9 B 246.90). 56

4. Minderjährigenasyl (Abs. 2)

4.1. Allgemeine Voraussetzungen

57 Nach Abs. 2 S. 1 wird ein im Zeitpunkt seiner Asylantragstellung *minderjähriges lediges Kind* eines Asylberechtigten auf Antrag als asylberechtigt anerkannt, wenn die Asylanerkennung des Stammberechtigten unanfechtbar ist und diese Anerkennung nicht zu widerrufen oder zurückzunehmen ist. Abs. 2 S. 1 ist durch das ZuwG mit Wirkung zum 1. Januar 2005 sprachlich überarbeitet worden, um die aus der früheren entsprechenden Bezugnahme auf die Voraussetzungen des Ehegattenasyls resultierenden Auslegungsprobleme zu beseitigen.

58 Im Blick auf die Funktion, das Verfahren sowie den Inhalt des Familienasyls bestehen zwischen dem Ehegatten- und dem Kinderasyl keine erheblichen Unterschiede. Allerdings fehlt nunmehr als Folge des Wegfalls der Verweisung auf das Ehegattenasyl das Unverzüglichkeitsgebot (s. hierzu Rdn. 44 ff.). Ebenso wie beim Ehegattenasyl darf beim Minderjährigenasyl die Asylberechtigung des Stammberechtigten weder widerrufen noch zurückgenommen worden sein (Abs. 2 S. 1). Nur die Unanfechtbarkeit der Widerrufs- oder Rücknahmeentscheidung stellt insoweit einen Versagungsgrund dar.

59 Das Gesetz setzt weder voraus, dass das minderjährige ledige Kind die Staatsangehörigkeit des stammberechtigten Elternteils besitzt noch, dass es im Verfolgerstaat mit diesem zusammen gelebt haben muss (VGH BW, AuAS 2002, 224 (225)). Dies ergibt sich auch aus dem insoweit klaren Wortlaut von Abs. 2. Es besteht eine Verpflichtung der Behörden, neugeborene Kinder zu registrieren und die erforderliche Geburtsurkunde auszustellen (UNHCR, NVwZ-Beil. 2004, 9; s. hierzu § 14 a Rdn. 23 f.).

4.2. Voraussetzung der Minderjährigkeit (Abs. 2 Satz 1)

60 Nach Abs. 2 S. 1 wird für die Gewährung des Familienasyls die Minderjährigkeit des Kindes des Stammberechtigten im Zeitpunkt der Antragstellung vorausgesetzt. Die Minderjährigkeit ist in Übereinstimmung mit Art. 12 GFK nach deutschem Recht festzustellen (Koisser/Nicolaus, ZAR 1991, 31 (35)). Dementsprechend kommt nur das Kind des Stammberechtigten in den Genuss des Familienasyls, das im Zeitpunkt der Antragstellung das achtzehnte Lebensjahr noch nicht vollendet hat (§ 2 BGB).

61 Unabhängig davon ist das minderjährige Kind nach § 12 bereits mit Vollendung des 16. Lebensjahres handlungsfähig und kann den Antrag auf Familienasyl selbst rechtswirksam stellen. Ist das Kind des Stammberechtigten im Zeitpunkt der Antragstellung nicht mehr minderjährig, kann Asylrecht oder internationaler Schutz nach § 60 I AufenthG nur unter der Voraussetzung eigener Verfolgungsgründe gewährt werden.

62 Ist dies nicht der Fall, verhelfen auch die ausländerrechtlichen Vorschriften im Regelfall nicht zum Aufenthaltsrecht, da diese die Minderjährigkeit des Kindes des Asylberechtigten oder Schutzberechtigten im Sinne des § 60 I

AufenthG voraussetzen (§§ 32 Nr. 1 AufenthG). Im Einzelfall können aber die Voraussetzungen des § 36 AufenthG für die Gewährung einer Aufenthaltserlaubnis erfüllt sein.

4.3. Maßgeblicher Zeitpunkt für Minderjährigkeit und Ledigkeit nach Abs. 2 Satz 1

Die Vorschrift des Abs. 2 S. 1 bestimmt, dass *im Zeitpunkt der Antragstellung* die Minderjährigkeit und Ledigkeit des Kindes bestehen muss. Danach ist es unschädlich, wenn der Antragsteller nach Antragstellung und vor Unanfechtbarkeit der Gewährung des Familienasyls volljährig wird oder heiratet. Demgegenüber ging früher die obergerichtliche Rechtsprechung überwiegend davon aus, dass im Zeitpunkt der Verwaltungsentscheidung die gesetzlichen Voraussetzungen erfüllt sein mussten (OVG Bremen, EZAR 215 Nr. 1; OVG Hamburg, InfAuslR 1992, 267; OVG NW, InfAuslR 1991, 316; VGH BW, U. v. 16. 12. 1991 – A 14 S 1304/91; so auch VG Karlsruhe, U. v. 5. 7. 1991 – A 13 K 424/88; VG Neustadt a. d. Weinstr., U. v. 25. 6. 1991 – 6 K 941/89.NW; VG Stuttgart, U. v. 27. 3. 1991 – A 7 K 7841/88). Gegen diese Rechtsprechung hatte das BVerwG entschieden, es komme für das Vorliegen der gesetzlichen Voraussetzungen auf den Zeitpunkt der unanfechtbaren Entscheidung über den Antrag des Minderjährigen an (BVerwG, EZAR 215 Nr. 3 = NVwZ 1992, 577 = InfAuslR 1992, 155; kritisch hierzu VG Wiesbaden, InfAuslR 1993, 243 (244)).

63

Damit war das im Zeitpunkt der Antragstellung minderjährige ledige Kind vom Asylrecht ausgeschlossen, wenn aufgrund einer Anfechtungsklage des Bundesbeauftragten ein langjähriges Gerichtsverfahren durchgeführt werden musste und im Zeitpunkt der Unanfechtbarkeit der Entscheidung über das Familienasyl der Asylsuchende volljährig geworden war oder geheiratet hatte. Nunmehr ist gesetzlich klargestellt, dass das Kind eines Asylberechtigten lediglich im Zeitpunkt seiner Antragstellung – die regelmäßig identisch mit der des Asylberechtigten ist – minderjährig sein muss. Daher ist es unschädlich, wenn im Verwaltungsstreitverfahren das Kind volljährig wird (VG Schleswig, AuAS 2001, 226 (227)).

64

In der Rechtsprechung wird für den Fall, dass der sich auf das Kinderasyl berufende Kläger im Zeitpunkt seiner Asylantragstellung zwar bereits volljährig, aber aufgrund einer schweren psychotischen bzw. psychischen Erkrankung nicht prozess- und beteiligungsfähig ist, das Minderjährigenasyl zugesprochen wird (VG Ansbach, AuAS 2002, 46 (47)). Aus der durch das Minderjährigenasyl verfolgten Zweckrichtung, minderjährigen Kindern einen vergleichbaren Rechtsstatus zu gewähren, folge, dass einem aufgrund seiner schweren Erkrankung im Hinblick auf die notwendige familiäre Einbindung und Betreuung einem Kleinkind ähnliche Asylsuchende dem Schutz des Familienasyls unterfalle (VG Ansbach, AuAS 2002, 46 (47)).

65

Darüber hinaus geht die Rechtsprechung davon aus, dass für die Gewährung des Minderjährigenasyls aufgrund eines *Asylfolgeantrags* die Minderjährigkeit des Kindes im Zeitpunkt der Stellung des *ersten Asylantrags* dann maßgebend ist, wenn über den Erstantrag erst mehrere Jahre im Rahmen einer

66

gemeinsamen Klage aller Familienangehörigen nur für den Stammberechtigten positiv entschieden wurde und dabei die gleichzeitige Gewährung von Familienasyl für die anderen Familienmitglieder nur wegen der erforderlichen Unanfechtbarkeit der Asylanerkennung des Stammberechtigten ausgeschlossen war (VG Gießen, InfAuslR 2002, 274; s. auch Rdn. 148 ff.).

4.4. Begriff des Kindes des Stammberechtigten nach Abs. 2 Satz 1

67 Nach Abs. 2 S. 1 wird zunächst vorausgesetzt, dass das Kind des Asylberechtigten im Zeitpunkt der Antragstellung minderjährig und ledig sein muss. Im Übrigen enthält der Begriff des Kindes in dieser Vorschrift keine Einschränkungen. Auszugehen ist damit für die Auslegung und Anwendung der Vorschrift des Abs. 2 S. 1 und S. 2 vom Begriff des Kindes im natürlichen und rechtlichen Sinne. Dementsprechend sind alle ehelichen und nichtehelichen sowie natürlichen und adoptierten Kinder eines oder einer Asylberechtigten anspruchsberechtigt (Koisser/Nicolaus, ZAR 1991, 31 (35); Schnäbele, in: GK-AsylVfG, § 26 AsylVfG Rdn. 78). Durch das Kindschaftsreformgesetz hat der Gesetzgeber im Übrigen die Unterscheidung zwischen ehelichen und nichtehelichen Kindern aufgehoben.

68 Darüber hinaus folgt aus diesen Überlegungen, dass auch das *Stiefkind* eines originär Asylberechtigten jedenfalls dann Familienasyl genießt, wenn die leibliche Mutter ihr Asylrecht als Ehefrau eines Asylberechtigten über Abs. 1 erlangt hat (VGH BW, InfAuslR 1993, 200 = AuAS 1993, 91; OVG NW, NVwZ-Beil. 1998, 70 (71); Schnäbele, in: GK-AsylVfG, § 26 AsylVfG Rdn. 78). Abs. 3 findet insoweit keine Anwendung. Denn damit wird nur ausgeschlossen, dass die abgeleitete Asylberechtigung nach Abs. 2 ihrerseits weitergegeben wird. Ist das Asylrecht über Abs. 1 vermittelt worden, findet Abs. 3 keine Anwendung (VGH BW, InfAuslR 1993, 200).

4.5. Abstammung von einem Asylberechtigten nach Art. 16 a Abs. 1 GG (Abs. 3)

69 Nach Abs. 3 ist Voraussetzung für die Gewährung des Minderjährigenasyls, dass der stammberechtigte Elternteil nicht seinerseits das Minderjährigenasyl nach Abs. 2 erhalten hat. Daraus folgt, dass nur ein nach Art. 16 a I GG anerkannter Asylberechtigter das in Abs. 2 geregelte Minderjährigenasyl vermitteln kann. Wer hingegen selbst über Abs. 2 seine Asylberechtigung über das Minderjährigenasyl nach Abs. 2 erhalten hat, kann seinen Kindern nicht die Asylberechtigung weitergeben. Ist das Asylrecht über Abs. 1 vermittelt worden, findet Abs. 3 hingegen keine Anwendung (VGH BW, InfAuslR 1993, 200 = AuAS 1993, 91; noch weiter gehend OVG NW, NVwZ-Beil. 1998, 70 (71); a. A. BVerwG, NVwZ 1994, 504; Repp/Birk, ZAR 1992, 14 (19); Schnäbele, in: GK-AsylVfG, § 26 Rdn. 56 f.)), d. h. die über das Ehegattenasyl erlangte Asylberechtigung kann in Form des Minderjährigenasyls an die minderjährigen und ledigen Kinder weiter vermittelt werden.

Die Gegenmeinung weist auf Wortlaut, Systematik und Entstehungsgeschichte sowie Sinn und Zweck des § 26 hin. Danach könne der Anspruch auf Familienasyl nicht von einem Ehegatten oder Elternteil hergeleitet werden, der seinerseits nur aufgrund des Familienasyls asylberechtigt sei (BVerwG, NVwZ 1994, 504). Die Fallgestaltung, dass das Minderjährigenasyl von dem Elternteil, der seinerseits seine Asylberechtigung nur über das Ehegattenasyl nach Abs. 1 erlangt habe, übermittelt werde, habe der Gesetzgeber ersichtlich übersehen (Schnäbele, in: GK-AsylVfG, § 26 Rdn. 57). 70

Die Gegenmeinung erscheint wenig überzeugend. Davon auszugehen ist, dass der Gesetzgeber ausdrücklich die Ableitung des Familienasyls vom Minderjährigen auf dessen Kind unterbinden will (vgl. Abs. 3), weil er ein über Generationen hinweg vermitteltes Asylrecht offensichtlich für entbehrlich erachtet. Denn in Fällen, in denen das Asylrecht derart lange Bestand hat, wird der originär Asylberechtigte in aller Regel die deutsche Staatsangehörigkeit erlangt haben und seine Staatsangehörigkeit über § 4 I, III 1 StAG vermitteln. Es kann andererseits nicht angehen, bei unklaren rechtlichen Situationen stets vorschnell rechtsverkürzende Auslegungsergebnisse mit dem Hinweis auf ein angeblich bloßes redaktionelles Versehen des Gesetzgebers zu schaffen. 71

Eine derartige Auslegungsmethode ist nicht nur rechtsstaatlich bedenklich, sondern setzt sich auch ohne Not über den Gesetzestext hinweg. Denkbar ist nämlich auch, dass der Gesetzgeber die Ableitung des Minderjährigenasyls vom Ehegattenasyl deshalb nicht unterbinden will, um der Familie des Asylberechtigten ein möglichst umfassendes Integrationsangebot zu unterbreiten. Daher ist festzuhalten, dass nach Abs. 3 das Minderjährigenasyl nicht von einem Asylberechtigten übermittelt werden kann, der seine Asylberechtigung nach Abs. 2 über das Minderjährigenasyl erlangt hat. Von einem Elternteil, der seine Asylberechtigung über das Ehegattenasyl nach Abs. 1 erhalten hat, kann hingegen die Asylberechtigung an die minderjährigen und ledigen Kinder weiter vermittelt werden. 72

4.6. Kein Erfordernis der familiären Lebensgemeinschaft

Dem Wortlaut von Abs. 2 S. 1 kann nicht entnommen werden, ob nur die Kinder in den Genuss des Familienasyls kommen können, die in Lebensgemeinschaft mit dem oder der Asylberechtigten leben. Nach der Rechtsprechung muss das Kind vor seiner Ausreise mit dem stammberechtigten Elternteil in einer familiäfren Lebensgemeinschaft gelebt haben (Hess.VGH, NVwZ-Beil. 2003, 21 (22) = AuAS 2003, 7; ebenso Schnäbele, in: GK-AsylVfG, § 26 AsylVfG Rdn. 78). In der Literatur wird darüber hinaus vertreten, dass nur die Kinder anspruchsberechtigt seien, die im Zeitpunkt der Anerkennung in familiärer Lebensgemeinschaft mit dem stammberechtigten Elternteil lebten (Birk/Repp, ZAR 1992, 14 (18)). Begründet wird diese Ansicht damit, der Gesetzgeber habe das Kind mit der Gewährung von Familienasyl vor der aus der familiären Gemeinschaft erwachsenen Verfolgungsgefahr schützen wollen. 73

74 Angesichts des eindeutigen Wortlautes der Norm verbieten sich jedoch derart einschränkende teleologische Interpretationen. Anders als in Abs. 1 hat der Gesetzgeber in Abs. 2 S. 1 die familiäre Lebensgemeinschaft nicht zur Voraussetzung des Familienasyls gemacht. Zutreffend weist daher auch das BVerwG darauf hin, dass das Kindschaftsverhältnis nicht bereits im Verfolgerstaat bestanden haben muss. Die Kinder des Stammberechtigten müssen mithin nicht dessen Schicksal der Verfolgung und Flucht geteilt haben (BVerwG, NVwZ 1997, 1137 (1138) = DÖV 1997, 921).

75 Dies wird auch durch Abs. 2 S. 2 verdeutlicht. Im Übrigen ist der gewählte Zeitpunkt, nämlich die Anerkennung, willkürlich, abgesehen davon, dass offen bleibt, ob es insoweit auf die Asylanerkennung des Stammberechtigten oder die Gewährung des Familienasyls ankommen soll. Da der Wortlaut einer einschränkenden Interpretation insoweit nicht zugänglich ist, kommt es für den Rechtsanspruch des minderjährigen ledigen Kindes eines oder einer Stammberechtigten nicht auf das Führen einer familiären Lebensgemeinschaft zu irgendeinem Zeitpunkt an.

4.7. Erfordernis der Unanfechtbarkeit der Asylberechtigung des Stammberechtigten

76 Der Gesetzgeber hatte zunächst durch Art. 2 Nr. 4 des Änderungsgesetzes vom 29. Oktober 1997 (BGBl. I S. 2584) mit Wirkung vom 30. Oktober 1997 in Abs. 1 Nr. 1 die zusätzliche Voraussetzung der Unanfechtbarkeit der Asylberechtigten des Stammberechtigten für das Ehegattenasyl eingeführt, jedoch bei der zugleich geänderten Verweisungsnorm in Abs. 2 S. 1 diese für das Ehegattenasyl vorausgesetzte Bedingung für das Minderjährigenasyl nicht in Bezug genommen, sodass unklar war, ob die Unanfechtbarkeit der Asylberechtigung des Stammberechtigten zur Voraussetzung des Minderjährigenasyls gemacht werden konnte.

77 Auf einem »Praktikertreffen« im Bundesinnenministerium war vor der gesetzlichen Änderung 1997 die entgegenstehende Rechtsprechung des BVerwG, die für das Minderjährigenasyl keine Unanfechtbarkeit der Stammberechtigung des maßgeblichen Elternteils vorausgesetzt hatte (BVerwGE 89, 315 (316) = EZAR 215 Nr. 4 = NVwZ 1992, 987) kritisiert worden. Dieser Kritik hatte der Gesetzgeber nach Meinung des BVerwG durch die 1997 vorgenommene Rechtsänderung Rechnung getragen. Das BVerwG änderte deshalb seine Rechtsprechung und setzte ungeachtet der missglückten Verweisungstechnik die Unanfechtbarkeit der Asylanerkennung des Stammberechtigten für das Minderjährigenasyl voraus (BVerwGE 105, 231 (233) = NVwZ 1999, 197 = InfAuslR 1999, 141; OVG NW, AuAS 2001, 188 (189) = EZAR 215 Nr. 22; OVG NW, B. v. 21.12.2000 – 9 A 5606/00.A; VG Köln, InfAuslR 2001, 106).

78 Durch Art. 3 Nr. 17 Buchst. c) des ZuwG hat der Gesetzgeber nunmehr eindeutig klargestellt, dass beim Minderjährigenasyl ebenso wie beim Ehegattenasyl die Statusgewährung von der Unanfechtbarkeit der Asylanerkennung des Stammberechtigten abhängig ist. Zunächst war im Gesetzentwurf

Familienasyl und Familienabschiebungsschutz § 26

des 1. ZuwG allein die missglückte Verweisung von 1997 korrigiert worden (BT-Drs. 14/7387, S. 38). Zum Abschluss der Gesetzberatungen wurde im Änderungspacket der Regierungskoalition die Gesetz gewordene Fassung des Abs. 2 vorgelegt (vgl. BT-Innenausschuss, Drs. 14/756, Teil 2, S. 36), die im 2. Gesetzentwurf von vornherein unverändert übernommen wurde (BT-Drs. 15/420, S. 41 f.).

4.8. Geburt des Kindes nach Antragstellung, aber vor Asylanerkennung des Stammberechtigten (Abs. 2 Satz 1)

4.8.1. Erstreckung des Minderjährigenasyl auf alle vor der Asylanerkennung geborenen Kinder

Die Vorschrift des Abs. 2 S. 1 gewährt im Bundesgebiet nach der Antragstellung des Stammberechtigten, aber vor dessen Asylanerkennung geborenen Kindern einen Anspruch auf Familienasyl (BVerwGE 104, 362 (364) = NVwZ 1997, 1137 (1138) = DÖV 1997, 921 = InfAuslR 1997, 420 = AuAS 1997, 221; BayVGH, EZAR 215 Nr. 10 = InfAuslR 1995, 255; Nieders.OVG, InfAuslR 1996, 230 (231); VGH BW, InfAuslR 1996, 233; VGH BW, B. v. 11. 1. 1996 – A 14 S 3005/95; OVG Schleswig, B. v. 22. 3. 1996 – 4 L 35/96). Damit ist die Rechtsprechung zum früheren Recht, derzufolge das Kind im Zeitpunkt der Anerkennung des Elternteils *bereits geboren* sein musste und dadurch die *Leibesfrucht* – also ein im Zeitpunkt der Anerkennung bereits gezeugtes, aber noch nicht geborenes Kind – vom Genuss der Asylberechtigung ausgeschlossen war (OVG Bremen, EZAR 215 Nr. 1), nicht mehr haltbar. 79

Die Vorschrift des Abs. 2 S. 1 enthält zwar zu dieser Frage keine eindeutige Regelung. Demgegenüber räumt Abs. 2 S. 2 dem Stammberechtigten eine Überlegungsfrist von einem Jahr ein, wenn nach seiner Asylanerkennung ein Kind geboren wird. Das BVerwG ging zunächst davon aus, dass für die nach Antragstellung, aber vor Anerkennung geborenen Kinder der Anspruch auf Familienasyl bereits unmittelbar aus Abs. 2 S. 1 folge, sodass mangels Regelungslücke kein Anlass zu den in der Rechtsprechung angestellten Erwägungen über eine analoge Anwendung des Abs. 2 bestehe (BVerwGE 104, 362 (364) = NVwZ 1997, 1137 (1138) = DÖV 1997, 921). Es begründete seine Ansicht damit, dass Abs. 2 S. 1 den im Bundesgebiet geborenen Kindern einen Anspruch auf Familienasyl unabhängig von dem Zeitpunkt ihrer Geburt gewähre. 80

Abs. 2 S. 1 unterscheide nicht danach, ob die im Bundesgebiet geborenen Kinder vor oder nach der Anerkennung der Eltern auf die Welt gekommen seien. Der Anspruch auf Familienasyl ergebe sich vielmehr für die einen wie für die anderen aus Abs. 2 S. 1. Für nach der Anerkennung geborene Kinder sehe Abs. 2 S. 2 lediglich eine besondere Antragsfrist vor. Aus dieser Norm könne aber andererseits nicht gefolgert werden, allein für die nach Asylanerkennung der Eltern geborenen Kinder im Bundesgebiet gebe es einen Anspruch auf Familienasyl (BVerwGE 104, 362 (364) = NVwZ 1997, 1137 (1138)). 81

Der Gesetzgeber habe somit nicht die Gruppe der nach Antragstellung, aber vor Anerkennung ihrer Eltern im Bundesgebiet geborenen Kinder überse- 82

469

hen. Zwar könne ein nach Antragstellung geborenes Kind die Voraussetzung der unverzüglichen Antragstellung nach Einreise nicht erfüllen. Daraus könne aber gleichwohl nicht gefolgert werden, dass das Gesetz für sie keinen Asylanspruch vorsehe (BVerwGE 104, 362 (364f.) = NVwZ 1997, 1138 = DÖV 1997, 921; BayVGH, EZAR 215 Nr. 10 = InfAuslR 1995, 255).

83 Nunmehr hat der Gesetzgeber in Abs. 2 S. 1 klargestellt, dass alle bis zum Zeitpunkt der Asylanerkennung des Stammberechtigten geborenen minderjährigen und ledigen Kinder auf Antrag als asylberechtigt anerkannt werden. Da Abs. 2 S. 1 nicht auf die Voraussetzungen des Abs. 1 verweist, kann der Antrag des Kindes jederzeit gestellt werden. Es gibt insoweit keine Ausschlussfrist. Vorausgesetzt wird lediglich, dass das Kind im Zeitpunkt seiner Antragstellung minderjährig und ledig ist. Für nach dem Zeitpunkt der Asylanerkennung des Stammberechtigten geborene Kinder kann innerhalb eines Jahres nach der Geburt der Antrag gestellt werden (Abs. 2 S. 2). Nach Fristablauf kann der Antrag nicht mehr gestellt werden.

4.8.2. Kein Erfordernis der »unverzüglichen« Antragstellung

84 Nach altem Recht war der Asylantrag unverzüglich nach der Einreise zu stellen (vgl. § 26 II 1, I Nr. 3 AsylVfG a. F.). War der Antragsteller bereits geraume Zeit vor seiner Asylantragstellung in das Bundesgebiet eingereist, kam es deshalb für die Unverzüglichkeit der Einreise auf den Zeitpunkt der Einreise an (Nieders.OVG, AuAS 2001, 152 (153)). Abs. 2 S. 1 enthält nicht mehr das Gebot der Unverzüglichkeit. Auch fehlt eine Verweisung auf Abs. 1 Nr. 3. Damit ist davon auszugehen, dass der Gesetzgeber an diesem Erfordernis nicht mehr festhalten wollte.

85 Für das frühere Recht hatte das BVerwG aus den gesetzgeberischen Wertungen abgeleitet, dass der Asylantrag des Kindes *unverzüglich nach der Geburt* zu stellen war. Der Einreise in das Bundesgebiet als Bezugspunkt der Unverzüglichkeit der Antragstellung entspreche die Geburt des Kindes im Bundesgebiet. So wie im Ausland geborene Kinder durch die Einreise gelangten im Bundesgebiet geborene Kinder durch die Geburt in den Anwendungsbereich des AsylVfG (BVerwGE 104, 362 (365) = NVwZ 1997, 1138 = DÖV 1997, 921; BayVGH, EZAR 215 Nr. 10 = InfAuslR 1995, 255; ebenso BayVGH, EZAR 215 Nr. 10 = InfAuslR 1995, 255; Hess.VGH, EZAR 633 Nr. 30; Hess.VGH; InfAuslR 2000, 132 (133); Nieders.OVG, InfAuslR 1996, 230 (231); Nieders.OVG, AuAS 2001, 152 (153)OVG NW, AuAS 2001, 188 (189) = EZAR 215 Nr. 22; OVG Schleswig, B. v. 22. 3. 1996 – 4 L 35/96; OVG Schleswig, U. v. 19. 9.1996 – 2 L 293/95; VGH BW, InfAuslR 1996, 233; VGH BW, AuAS 1997, 32 (33); VGH BW, AuAS 1997, 9 (10); VGH BW, B. v. 11. 1. 1996 – A 14 S 3005/95; VG Aachen, U. v. 22. 2. 2001 – 8 K 2620/98.A; VG Münster, EZAR 215 Nr. 11 = NVwZ-Beil. 1996, 35 = AuAS 1996, 84; VG Berlin, InfAuslR 2002, 327 (328); ebenso: Schnäbele, in GK-AsylVfG, § 26 Rdn. 84; a. A. BayVGH, InfAuslR 1995, 255 (256); VG Augsburg, InfAuslR 1996, 234 (236); VG Braunschweig, AuAS 1995, 142 (143); VG Freiburg, AuAS 1995, 129).

86 Der Gesetzgeber des ZuwG hat bei der Neufassung von Abs. 2 die herrschende Meinung nicht bestätigt. Vielmehr hat er das *Gebot* der Unverzüglichkeit der Antragstellung nicht in den Gesetzeswortlaut eingeführt. Zunächst ent-

hielt der Gesetzentwurf des 1. ZuwG nur eine geringfügige Änderung, nämlich die Klarstellung, dass auch beim Minderjährigenasyl die Unanfechtbarkeit der Asylanerkennung des Stammberechtigten vorausgesetzt wird (vgl. BT-Drs. 14/7387, S. 38). Erst zum Abschluss der Gesetzesberatungen wurde die Gesetz gewordene sprachliche Überarbeitung vorgelegt (BT-Innenausschuss, Drs. 14/756, Teil 2, S. 36), ohne das Erfordernis der Unverzüglichkeit aufzunehmen. Die Begründung des Entwurfs des 2. ZuwG verzichtet ausdrücklich auf das Unverzüglichkeitsgebot (BT-Drs. 15/420, S. 109). Damit ist klar gestellt worden, dass der Gesetzgeber die entgegenstehende Rechtsprechung des BVerwG nicht bestätigen wollte.

Darüber hinaus hat das Argument des BVerwG, die unverzügliche Antragstellung gewährleiste, dass nicht durch sukzessive Stellung der Asylanträge die Beendigung des Aufenthalts der gesamten Familie im Falle der Erfolglosigkeit der Asylanträge erschwert werde (BVerwGE 104, 362 (365) = NVwZ 1997, 1138 = DÖV 1997, 921), durch die Einführung der fingierten Asylantragstellung nach § 14 a erheblich an Überzeugungskraft verloren. Damit ist festzuhalten, dass der Gesetzgeber des ZuwG die entgegenstehende Rechtsprechung des BVerwG aufgehoben hat und nicht mehr die unverzügliche Asylantragstellung des Kindes nach der Geburt voraussetzt. 87

4.9. Geburt des Kindes nach Asylanerkennung des Stammberechtigten (Abs. 2 Satz 2)

Nach Abs. 2 S. 2 ist der Asylantrag für im Bundesgebiet nach der behördlichen Asylanerkennung des Stammberechtigten geborene Kinder innerhalb eines Jahres nach der Geburt zu stellen. Durch das ZuwG ist lediglich das Erfordernis der Unanfechtbarkeit der Asylanerkennung des stammberechtigten Elternteils (dagegen noch VG Köln, InfAuslR 2001, 106) eingefügt worden. Die Grundvorschrift für das Minderjährigenasyl ist Abs. 2 S. 1. Die Regelung des Abs. 2 S. 2 stellt *keine eigenständige Anspruchgrundlage* dar (BVerwGE 104, 362 (364) = NVwZ 1997, 1137 (1138) = DÖV 1997, 921; OVG SH, U. v. 19. 9. 1996 – 2 L 293/95). Gegenstand der Vorschrift ist vielmehr allein eine Fristbestimmung für die Antragstellung (VGH BW, InfAuslR 1996, 233; VGH BW, B. v. 11. 1. 1996 – A 14 S 3005/95). 88

Ob die Frist erst mit dem Zeitpunkt der Unanfechtbarkeit der Asylanerkennung beginnt, ist unklar. Teilweise geht die Rechtsprechung davon aus, dass die Jahresfrist erst mit diesem Zeitpunkt zu laufen beginnt (VG Braunschweig, AuAS 1995, 132 (143)). Jedenfalls kann dem Antragsteller nach dem Gesetzeswortlaut bei einer noch nicht unanfechtbaren Asylanerkennung des Stammberechtigten nicht die unverzügliche Antragsfrist nach Abs. 1 Nr. 3 entgegen gehalten werden. Die Regelung betrifft die Asylanerkennung im Verwaltungsverfahren ebenso wie das Verpflichtungsurteil im Verwaltungsprozess (Schnäbele, in: GK-AsylVfG, § 26 Rdn. 79). Das Urteil muss unanfechtbar sein. Damit beginnt die Jahresfrist einen Tag nach dem Eintritt der Rechtskraft des auf den Stammberechtigten bezogenen Verpflichtungsurteils. 89

Erst recht findet Abs. 2 S. 2 auf alle nach dem Eintritt der Unanfechtbarkeit 90 der Asylanerkennung geborenen Kinder Anwendung. Die Vorschrift enthält neben der Antragsfrist keine weitere Ausschlussfrist. Es ist daher unerheblich, nach welchem Zeitraum nach der Anerkennung der Eltern das Kind geboren wird. Vorausgesetzt wird in derartigen Fällen lediglich, dass der Antrag binnen Jahresfrist nach der Geburt gestellt wird. Die Frist hat *objektiven Charakter*. Es kommt nicht auf die Kenntnis der gesetzlichen Vertreter an. Die Frist beginnt daher unabhängig von der Kenntnis der Eltern mit der Geburt zu laufen. Verletzt die Behörde ihre Beratungspflicht (§ 25 VwVfG), können eventuell Amtshaftungsansprüche entstehen.

91 Nach der Rechtsprechung des BVerwG findet Abs. 2 S. 2 auch auf *Altfälle* Anwendung, sodass Kinder, die vor dem 1. Juli 1991 geboren worden sind, kein Familienasyl beanspruchen können (BVerwG, NVwZ 1995, 791 = EZAR 215 Nr. 9 = AuAS 1995, 140). Der Gesetzgeber habe mit Schaffung des § 26 nicht allen im Bundesgebiet nach der Asylanerkennung der Eltern geborenen Kinder die Möglichkeit einräumen wollen, Familienasyl zu erhalten. Vielmehr folge aus der Entstehungsgeschichte des Abs. 2 S. 2, dass der Gesetzgeber einen Teil der minderjährigen Kinder Asylberechtigter, nämlich die Kinder, die bei Inkrafttreten der Regelung am 1. Juli 1992 das erste Lebensjahr vollendet hatten, vom Familienasyl ausgeschlossen hat (BVerwG, NVwZ 1995, 791 (792)).

5. Gemeinsame Rechtsprobleme des Familienasyls

5.1. Tod des Stammberechtigten während des Verfahrens

92 Nach der Rechtsprechung kann beim Minderjährigenasyl beim *Tod* des stammberechtigten Elternteils vor der Entscheidung über den Asylantrag des Minderjährigen diesem kein Asylrecht gewährt werden (OVG NW, B. v. 19. 9. 1991 – 16 A 495/91.A; ebenso Schnäbele, in: GK-AsylVfG, § 26 Rdn. 103). Diese Rechtsfolge des Todes des Stammberechtigten hat auch Auswirkungen auf die Rechtsstellung des Ehegatten. Da das Familienasyl akzessorisch gestaltet ist, wird man gegen diese Rechtsprechung keine Einwände erheben können.

93 Auch wenn ein individueller Asylanspruch des Ehegatten oder minderjährigen ledigen Kindes nicht besteht, muss dies nicht zwangsläufig aufenthaltsbeendende Maßnahmen nach sich ziehen. So kann sich insbesondere in derartigen Fallgestaltungen die Feststellung eines außergewöhnlichen Härtefalles im Sinne des § 23 a II 4 AufenthG aufdrängen. Für die volljährig gewordenen Kinder ist der eigenständige Aufenthaltsanspruch nach § 34 II 1 AufenthG zu beachten. Stirbt der stammberechtigte Elternteil oder Ehegatte *nach* der Gewährung des Familienasyls, führt dies nicht automatisch zur Beendigung der Rechtsstellung. Denn der Tod eines Asylberechtigten ist kein Widerrufsgrund nach § 73 I 2.

5.2. Anwendung der Drittstaatenregelung nach Art. 16 a Abs. 2 GG, § 26 a

In der Rechtsprechung herrscht Streit darüber, ob die Einreise des Familienasyl begehrenden Antragstellers über einen sicheren Drittstaat der Gewährung von Familienasyl nach § 26 entgegensteht (dafür BVerfG (Kammer), NVwZ-Beil. 2000, 97 (98) = EZAR 215 Nr. 21; BVerwGE 104, 347 (349) = DÖV 1997, 922 = InfAuslR 1997, 422 = AuAS 1997, 240 (LS); OVG NW, NVwZ-Beil. 1997, 21 = EZAR 215 Nr. 13 = DÖV 1997, 382 = AuAS 1997, 57; Hess.VGH, AuAS 1999, 44; VG Schleswig, NVwZ-Beil. 1997, 24 = AuAS 1997, 41; VG Gelsenkirchen, U. v. 22. 2. 1996 – 8 a K 673/94.A) oder Familienasyl zu gewähren ist (dafür OVG Rh-Pf, U. v. 26. 10. 1996 – 7 A 12233/96.OVG; VG Hannover, AuAS 1996, 203 (204); VG Koblenz, NVwZ-Beil. 1997, 56; VG München, InfAuslR 1994, 78 (79); ebenso Schnäbele, in: GK, AsylVfG, § 26 Rdn. 92; Gerson, InfAuslR 1997, 253 (255)). Die Meinung, derzufolge das Familienasyl durch die Drittstaatenregelung nicht berührt wird, verweist auf den Charakter dieses Rechtsinstituts. Bei dem Familienasyl handele es sich materiell-rechtlich nicht um einen Asylanspruch im Sinne von Art. 16 a I GG. Hierdurch werde vielmehr für das begünstigte Familienmitglied eine Rechtsstellung geschaffen, die politisch Verfolgte genießen, ohne dass eine eigene politische Verfolgung des Familienangehörigen festgestellt werden müsse.

94

Das Eingreifen des Familienasyls auch dann, wenn objektiv feststehe, dass der Angehörige selbst nicht verfolgt sei, finde als einfachgesetzliche Begünstigung der Kernfamilie in Art. 6 I GG seine Rechtfertigung und entfalte damit eine *eigenständige* über Art. 16 a I GG *hinausgehende Bedeutung*. Das Familienasyl stelle mithin eine eigenständige einfachgesetzliche Regelung dar, die in ihrer Rechtsfolge zwar identisch mit der Asylberechtigung sei, sich von Art. 16 a I GG hinsichtlich ihrer tatbestandlichen Voraussetzungen aber ansonsten grundlegend unterscheide (OVG Rh-Pf, U. v. 29. 10. 1996 – 7 A 12233/96.OVG).

95

Aus diesem Grunde nehme die Vorschrift des § 26 nicht an der Ausschlusswirkung des Art. 16 a II GG teil. Auch der Zweck der Drittstaatenregelung trage diese Ansicht. Denn eine Lastenverteilung scheitere hier schon daran, dass der Familienangehörige des Asylberechtigten bereits aus ausländerrechtlichen Gründen ein Bleiberecht im Bundesgebiet habe und daher nicht zur Schutzgewährung an einen anderen Staat verwiesen werden könne (OVG Rh-Pf, U. v. 29. 10. 1996 – 7 A 12233/96.OVG; VG Hannover, AuAS 1996, 203 (204)).

96

Die Gegenmeinung argumentiert dagegen ausschließlich ordnungspolitisch und wendet ein, dass der Gesetzgeber das gesamte Asylrecht grundlegend geändert und mit der Drittstaatenregelung eine neues System der Schutzgewährung geschaffen habe, welches die Subsidiarität des Asylschutzes in Deutschland betone und eine gesamteuropäische Verteilungsregelung anstrebe (BVerwGE 104, 347 (349) = DÖV 1997, 922 = InfAuslR 1997, 422). Demjenigen, der nicht gefährdet sei, sondern Familienasyl lediglich zur Fortführung der familiären Gemeinschaft erstrebe, sei die Beantragung eines Sichtvermerks vor der Einreise zumutbar, sodass es den im Heimatland le-

97

benden Familienangehörigen regelmäßig auch zuzumuten sei, bis zur Asylanerkennung des Stammberechtigten im Heimatland zu bleiben (BVerwGE 104, 347 (349) = DÖV 1997, 922 = InfAuslR 1997, 422).

98 Dagegen ist einzuwenden, dass weder der Gesetzeswortlaut noch die Entstehungsgeschichte der Drittstaatenregelung eindeutig sind und keine klare Vorgaben in die eine oder andere Richtung enthalten. Ausschlaggebend ist deshalb der Zweck der Drittstaatenregelung. Familienangehörige von Asylberechtigten können nicht in das die Drittstaatenregelung tragende System der einseitigen Lastenabwälzung einbezogen werden, da dies mit verfassungsrechtlichen Gewährleistungsgarantien (Art. 6 I GG) wohl kaum vereinbar wäre. Deshalb steht die Einreise des Familienangehörigen einer oder eines Asylberechtigten über einen Drittstaat der Gewährung von Familienasyl nicht entgegen.

99 Anders ist die Situation im Falle des Minderjährigen, der im Bundesgebiet geboren ist und dessen Eltern wegen der Einreise über einen sicheren Drittstaat nicht als asylberechtigt anerkannt werden, jedoch wegen der ihnen und auch den Familienangehörigen drohenden Verfolgungsgefahr im Herkunftsstaat Abschiebungsschutz nach § 60 I AufenthG genießen. Da in einem derartigen Fall der Minderjährige nicht die Möglichkeit hatte, im sicheren Drittstaat Asyl zu beantragen, kann ihm anders als seinen Eltern Art. 16a II GG nicht entgegengehalten werden (VG Koblenz, AuAS 1997, 81 (82f.) = NVwZ-Beil. 1997, 56; a. A. VGH BW, NVwZ-RR 1994, 112).

100 Die Gegenmeinung wird damit begründet, das es auch im Falle eines wegen § 26a verkürzten Abschiebungsschutzes nach § 51 I AuslG 1990 an der rechtlichen Vermittlungsfähigkeit fehle. Die Regelung des § 51 I AuslG 1990 könne kein Familienasyl vermitteln (VGH BW, NVwZ-RR 1994, 112).

101 Durch die Gewährung des Familienabschiebungsschutzes nach Abs. 4 hat dieser Streit erheblich an Bedeutung verloren. Denn nach § 31 II 1 ist neben der Asylanerkennung zugleich auch eine Entscheidung über den internationalen Schutz nach § 60 I AufenthG zu treffen. Auch wenn der Familienangehörige eines asylberechtigten Stammberechtigten über einen sicheren Drittstaat eingereist ist, hat er danach einen Anspruch auf Gewährung von Familienabschiebungsschutz nach Abs. 4, weil der Stammberechtigte zugleich auch Berechtigter im Sinne des internationalen Schutzes nach § 60 I AufenthG ist (vgl. § 60 I 2 AufenthG in Verb. mit § 2).

5.3. Keine Anwendung von §§ 27 und 29

102 Wer aus einem sonstigen Drittstaat einreist, in dem er vor Verfolgung sicher war, wird nicht als asylberechtigt anerkannt (§ 27)). Ist offensichtlich, dass er dort vor Verfolgung sicher war, ist der Asylantrag unbeachtlich, wenn die Rückführung in diesen Staat möglich ist (§ 29 I). Die Anwendung dieser Regelungen auf den Familienangehörigen eines Asylberechtigten ist nicht gerechtfertigt. Denn es ist dem Stammberechtigten aufgrund seiner Asylberechtigung nicht zuzumuten, die familiäre Lebensgemeinschaft mit seinen Familienangehörigen im sonstigen Drittstaat zu fuhren (Schnäbele, in: GK-

AsylVfG, § 26 Rdn. 94; VG Frankfurt am Main, AuAS 2000, 71 (72)), ganz abgesehen davon, dass in derartigen Fällen die Behörden des sonstigen Drittstaates die Rückübernahme der Antragsteller mit dem Hinweis auf die Asylberechtigung des Stammberechtigten und damit unter Hinweis auf die stärkeren Bindungen an die Bundesrepublik verweigern werden. Daher steht im konkreten Einzelfall das Vorliegen der Voraussetzungen nach § 27 und 29 der Gewährung von Familienasyl nicht entgegen.

6. Familienabschiebungsschutz (Absatz 4)

6.1 Entstehungsgeschichte von Absatz 4

Ursprünglich vermittelte die Vorschrift des § 26 die Rechtsstellung eines Asylberechtigten nur an Angehörige von Asylberechtigten. *Konventionsflüchtlinge* (§ 51 I AuslG 1990, § 3) konnten ihre Rechtsstellung daher nicht an Angehörige der Kernfamilie vermitteln (BVerwG, NVwZ 1994, 504; BVerwG, NVwZ 1995, 391 (393) = InfAuslR 1995, 24; OVG NW, FamRZ 1992, 58; OVG NW, NVwZ 1994, 602 (604 f); VGH BW, NVwZ-RR 1995, 112; VGH BW, InfAuslR 1996, 264; Schnäbele, in: GK-AsylVfG, § 26 Rdn. 108). Dies widersprach dem internationalen Standard, der andererseits Vorbild für die Einführung des Familienasyls gewesen war (so auch Koisser/Nicolaus, ZAR 1991, 31 (36)). 103

Der Gesetzentwurf zum 1. ZuwG enthielt ursprünglich keine Regelung zum Familienabschiebungsschutz (vgl. BT-Drs. 14/7387, S. 38). Demgegenüber hatte der niedersächsische Gesetzentwurf vom 31. August 2000 (BR-Drs. 522/60) die nunmehr in § 14 a geregelte fingierte Antragstellung mit dem Familienabschiebungsschutz kombiniert. Wegen der stillschweigend erfolgten Herauslösung des ersten Regelungskomplexes sowie auch aus grundsätzlichen Erwägungen war der Entwurf des 1. ZuwG vielfältiger Kritik ausgesetzt gewesen. Der Gesetzgeber hat hierauf reagiert und die im Änderungspacket der Regierungskoalition (vgl. BT-Innenausschuss 14/756 Teil 2, S. 36) vorgeschlagene Regelung des Abs. 4 übernommen. Der Gesetzentwurf des 2. ZuwG enthielt die Regelung des Abs. 4 von Anfang an (BT-Drs. 15/420, S. 42). Im Laufe der Gesetzesberatungen wurde der Gesetzentwurf in diesem Gesichtspunkt nicht geändert. 104

6.2. Funktion des Familienabschiebungsschutzes nach Absatz 4

Durch die Neuregelung des Familienabschiebungsschutzes soll dem in Art. 6 I GG verankerten und dem internationalen Flüchtlingsschutz immanenten Gedanken der *Familieneinheit* Rechnung getragen und deshalb die Möglichkeit geschaffen werden, Familienangehörige von Flüchtlingen, die nach § 60 I AufenthG unanfechtbar als verfolgt anerkannt worden sind, den Flüchtlingsstatus zu gewähren. Vor dem Hintergrund, dass die Zahl der Konventionsflüchtlinge bereits nach der bisherigen Rechtslage mehr als doppelt so 105 hoch war, wie die der Flüchtlinge, die asylberechtigt sind, und durch die Anerkennung nichtstaatlicher und geschlechtsspezifischer Verfolgung künftig noch steigen wird, hält es der Gesetzgeber für erforderlich, einen dem Familienasyl vergleichbaren Status für deren enge Familienangehörige zu schaffen (BT-Innenausschuss 14/756 Teil 2, S. 36; BT-Drs. 15/420, S. 42).

106 Der Zweck der Regelung in Abs. 4 besteht damit in der Schaffung eines dem Familienasyl in jeder Hinsicht *rechtlich vergleichbaren Status* für die engen Angehörigen von Konventionsflüchtlingen. Abs. 4 ist Teil des das ZuwG tragenden Grundsatzes, die Rechtsstellung der Flüchtlinge der der Asylberechtigten in jeder Hinsicht rechtlich anzugleichen. Dem trägt der Gesetzgeber mit der Verweisung in Abs. 4 S. 1 auf die Voraussetzungen des Familienasyls sowie mit der in Anlehnung an die in Abs. 1 1. HS geregelten Asylberechtigung in Abs. 4 S. 4 garantierten Rechtsstellung Rechnung. Missglückt erscheint die Formulierung »Familienabschiebungsschutz«. Dieser Begriff hat seinen Grund darin, dass der Konventionsflüchtlingen zugesprochene Status traditionell als »Verbot der Abschiebung« bezeichnet wird (vgl. § 51 AuslG 1990, § 60 AufenthG), obwohl es um den Flüchtlingsstatus geht (s. hierzu § 1 Rdn. 86ff.). Insoweit ist ohnehin der in der Qualifikationsrichtlinie enthaltende Begriff des internationalen Schutzes für die Rechtsanwendung maßgebend. Die in Abs. 4 S. 2 genannte Feststellung ist jedoch die Voraussetzung für die Gewährung de Flüchtlingsstatus nach § 3.

107 Die Begründung von Abs. 4 weist ausdrücklich darauf hin, dass wegen der Verbesserung der materiellen Entscheidungsgrundlagen in § 60 I AufenthG eine Erweiterung des Kreises der Schutzbedürftigen erwartet wird und dem durch Gewährung einer verbesserten Rechtsstellung Rechnung getragen werden soll. Dem ist zu entnehmen, dass der Gesetzgeber eine großzügige Auslegung und Anwendung von § 60 I AufentG und von Abs. 4 bezweckt. Eher als Lapsus ist die Verwendung des Begriffs »politische Verfolgung« in der Begründung zu werten (BT-Innenausschuss 14/756 Teil 2, S. 36). Diese sprachliche Ungenauigkeit ist der nachwirkenden Tradition der bislang herrschenden Rechtsprechung geschuldet. Durch die ausdrückliche Hervorhebung, dass nichtstaatliche und geschlechtsspezifische Verfolgungen anerkannt werden, kann aus dieser Formulierung kein einschränkender gesetzgeberischer Wille abgeleitet werden. Diese wäre auch mit Gemeinschaftsrecht unvereinbar (s. Art. 6 Buchst. c) Qualifikationsrichtlinie).

6.3. Voraussetzungen des Familienabschiebungsschutzes (Absatz 4 Satz 1)

108 Erste Voraussetzung ist, dass der Stammberechtigte zwar nicht als Asylberechtigter anerkannt worden ist, für ihn aber die Voraussetzungen des internationalen Schutzes nach § 60 I AufenthG festgestellt worden sind. In diesem Fall gelten gemäß Abs. 4 S. 1 die Regelungen in Abs. 1 bis 3 entsprechend. Abs. 4 S. 1 enthält damit eine *Tatbestandsverweisung*. Das Gesetz nimmt sämtliche tatbestandlichen Voraussetzungen, die für das Ehegattenasyl wie für das Minderjährigenasyl gefordert werden, in Bezug. Es wird daher auf die entsprechenden Erläuterungen zum Familienasyl in seinen beiden Formen verwiesen.

Abs. 4. S. 1 dürfte jedoch kaum mit Art. 23 II der Qualifikationsrichtlinie vereinbar sein. Danach tragen die Mitgliedstaaten dafür Sorge, dass die Familienangehörigen der Person, der die Flüchtlingseigenschaft zuerkannt worden ist (Art. 13 der RL), die selbst nicht die Voraussetzungen für die Zuerkennung eines entsprechenden Status erfüllen, gemäß den einzelstaatlichen Verfahren Anspruch auf die in den Art. 24 bis 34 der RL genannten Vergünstigungen haben. Art. 23 II der RL bezeichnet keine einschränkenden Voraussetzungen wie Abs. 4 S. 1 mit dem Verweis auf Abs. 1–3. Abs. 4 S. 1 ist deshalb gemeinschaftsfreundlich dahin auszulegen, dass es allein auf die Gewährung des Flüchtlingsstatus an den Stammberechtigten und die geforderte Verwandtschaftsbeziehung (Art. 2 Buchst. h) der RL) ankommt. 109

Abs. 4 S. 1 kann nicht lediglich auf den Ehegatten (Art. 4 S. 1 in Verb. mit Abs. 1) sowie die minderjährigen ledigen Kinder (Abs. 4 S. 1 in Verb. mit Abs. 2 S. 1) beschränkt werden. Vielmehr verwendet Art. 23 II der RL den Begriff des Familienangehörigen. Maßgebend für diesen Begriff ist die Definition in Art. 2 Buchst. h) der RL. Danach werden der Ehegatte, der unverheiratete Partner, der mit dem Stammberechtigten eine dauerhafte Beziehung führt, die minderjährigen ledigen Kinder, unabhängig davon, ob es sich um eheliche oder nichteheliche oder im Sinne des nationalen Rechts adoptierte Kinder handelt, erfasst. Für die deutsche Rechtsanwendung ist damit auch der Partner einer lebenspartnerschaftlichen Gemeinschaft (vgl. auch § 27 II AufenthG) einzubeziehen. Weitere Voraussetzungen nennt Art. 23 II der RL für die Gewährung des Flüchtlingsstatus an Familienangehörige nicht. 110

Nicht vereinbar mit Art. 23 II der RL ist darüber hinaus die Rechtsprechung, die dem Familienangehörigen das Recht auf die Prüfung eigener Verfolgungsgründe entzieht (vgl. hierzu BVerfG (Kammer), NVwZ 1991, 978; BVerwGE 89, 315 (318) = EZAR 215 Nr. 4 = NVwZ 1992, 987; OVG NW, InfAuslR 1991, 316; VGH BW, InfAuslR 1993, 200; BayVGH, U. v. 18. 12. 1990 – 19 CZ 90.30661, Renner, ZAR 1992, 37). Nach Art. 23 II der RL steht die Gewährung des abgeleiteten Flüchtlingsstatus unter dem Vorbehalt, dass der Familienangehörige selbst nicht die Voraussetzungen für den Flüchtlingsstatus erfüllt. Damit ist zunächst dem Antrag auf Prüfung eigener Verfolgungsgründe nachzugehen, bevor der abgeleitete Rechtsstatus gewährt wird. 111

Die Voraussetzungen der Unanfechtbarkeit der Feststellung nach § 60 I AufenthG erscheint dem Gesetzgeber derart zentral, dass er sie ausdrücklich in Abs. 4 S. 1 erwähnt und nochmals durch Verweis auf Abs. 1 Nr. 1 sowie auf Abs. 2 hervorhebt. Maßgeblich ist die unanfechtbare Sachentscheidung nach § 31 II. Wird im Bescheidtenor die Asylberechtigung erwähnt, wird grundsätzlich (s. aber Rdn. 94 ff.) das Familienasyl gewährt. Wird die Asylberechtigung versagt, jedoch die Feststellung nach § 60 I AufenthG tenoriert, wird Familienabschiebungsschutz nach Abs. 4 S. 2 garantiert. War der Antrag von vornherein auf diese Feststellung eingeschränkt worden, gilt dasselbe. 112

Abs. 4 S. 1 ist gemeinschaftsrechtfreundlich zu korrigieren, soweit er den Flüchtlingsstatus der Familienangehörigen nicht mit der Asylberechtigung des Stammberechtigten verknüpft. Reisen die Familienangehörigen über einen sicheren Drittstaat ein und hat der Stammberechtigte die Asylberechtigung, kann nach strenger Wortauslegung den Familienangehörigen nicht der 113

Flüchtlingsstatus gewährt werden. Das Familienasyl wird ihnen ohnehin versagt (Rdn. 94 ff.). Nach § 31 II ist jedoch zugleich mit der Asylberechtigung der Flüchtlingsstatus zu gewähren. Der Familienabschiebungsschutz knüpft an den dem Stammberechtigten gewährten Flüchtlingsstatus an. Es dürfte sich insoweit um ein redaktionelles Versehen des Gesetzgebers handeln. Art. 23 II der Qualifikationsrichtlinie knüpft die Gewährung des Flüchtlingsstatus an Familienangehörige allein daran an, dass der Stammberechtigte den Flüchtlingsstatus innehat. Ob er nach nationalem Recht darüber hinausgehend weitere Rechte genießt ist unerheblich.

6.4. Rechtsfolgen nach Abs. 4 Satz 2

114 Folge der Feststellung nach § 60 I AufenthG zugunsten des Stammberechtigten ist die automatische Erstreckung dieser Feststellung auf den Ehegatten sowie den Partner der eingetragenen Lebensgemeinschaft (Art. 2 Buchst. h) in Verb. mit Art. 23 II der Qualifikationsrichtlinie) und die minderjährigen ledigen ehelichen, nichtehelichen sowie adoptierten Kinder. Damit sind diese zunächst vor Abschiebung in den Verfolgerstaat geschützt. Folge hiervon ist für den Stammberechtigten wie für die bezeichneten Angehörigen die Erteilung der Aufenthaltserlaubnis nach § 25 II AufenthG (vgl. auch Art. 23 II, 24–34 der RL). Damit ist der Erlass einer Abschiebungsandrohung nach § 34 I 1 untersagt (s. hierzu § 34 Rdn. 26 ff.).

6.5. Übergangsprobleme

115 Der Gesetzgeber hat für den Familienabschiebungsschutz keine Übergangsregelung geschaffen. Daher sind Übergangsprobleme nach allgemeinen Grundsätzen zu lösen. Mit Wirkung zum 1. Januar 2005 tritt § 60 I AufenthG an die Stelle von § 51 I AuslG 1990. In Bezug auf alle vor dem 31. Dezember 2004 unanfechtbar abgeschlossenen Asylverfahren, in denen dem Stammberechtigten Abschiebungsschutz nach § 51 I AuslG 1990 gewährt worden ist, ist deshalb Abs. 4 anzuwenden. In anhängigen Verwaltungsstreitverfahren, die aufgrund einer Anfechtungsklage des Bundesbeauftragten, die sich ausschließlich gegen die Feststellung nach § 51 I AuslG 1990 in Bezug auf die Familienangehörigen, nicht aber gegen die Feststellung nach § 51 I AuslG 1990 zugunsten des Stammberechtigten richten, hat das Verwaltungsgericht danach ein Verpflichtungsurteil auf Gewährung des Familienabschiebungsschutzes nach Abs. 4 S. 1 zu erlassen, soweit die Voraussetzungen nach Abs. 1–3 vorliegen. Da der Bundesbeauftragte den Verwaltungsbescheid zugunsten des Stammberechtigten nicht angegriffen hat, ist insoweit die vom Gesetz vorausgesetzte Unanfechtbarkeit erfüllt.

116 Haben die Familienangehörigen des nach § 51 I AuslG 1990 Stammberechtigten in ihrem Asylverfahren keinen Rechtsstatus erhalten und ist die entsprechende Entscheidung unanfechtbar, kann nach § 51 I Nr. 1 VwVfG ein Asylfolgeantrag auf Gewährung des Familienabschiebungsschutzes nach Abs. 4

S. 2 gestellt werden (s. auch Rdn. 148 ff.). Dem Bundesamt ist es verwehrt, die zugunsten des Stammberechtigten ergangene Entscheidung nach § 51 I AuslG 1990 darauf hin zu überprüfen, ob diese mit § 60 I AufenthG identisch ist. § 60 I AufenthG geht weit über den Anwendungsbereich von § 51 I AuslG 1990 hinaus, umschließt jedoch vollständig alle Fallgestaltungen nach § 51 I AuslG 1990. Maßgebend für die Frist des § 51 III VwVfG ist nicht der Zeitpunkt des Inkrafttretens des Gesetzes, sondern der Tag, an dem der Antragsteller Kenntnis von der Rechtsänderung erlangt hat. Mit zunehmendem zeitlichen Abstand zum 1. Januar 2005 verschärfen sich allerdings die entsprechenden Darlegungslasten.

6.6. Aufenthaltsanspruch für volljährige Kinder (§ 104 Abs. 4 AufenthG)

Nach § 104 IV 1 AufenthG wird dem volljährigen ledigen Kind des Stammberechtigten, der bis zum 31. Dezember 2004 unanfechtbar die Abschiebungsschutzberechtigung nach § 51 I AuslG 1990 erlangt hatte, in entsprechender Anwendung des § 25 II AufenthG eine Aufenthaltserlaubnis erteilt, wenn es im Zeitpunkt der Antragstellung des Stammberechtigten minderjährig war und sich mindestens seit der Unanfechtbarkeit der Feststellung nach § 51 I AuslG 1990 im Bundesgebiet aufhält und seine Integration zu erwarten ist. Diese Übergangsregelung kann über die Rechtsprobleme hinweg helfen, die sich aus der Unklarheit ergeben, ob im auf den Familenabschiebungsschutz gerichteten Folgeantragsverfahren für die Minderjährigkeit und Ledigkeit auf den Zeitpunkt der Antragstellung im Erst- oder im Folgeantragsverfahren abzustellen ist (Rdn. 148 ff.).

117

Maßgeblich für den Aufenthaltsanspruch nach § 104 IV 1 in Verb. mit § 25 II AufenthG ist, dass das Kind im Zeitpunkt der Antragstellung des maßgeblichen Elternteils noch minderjährig und ledig war. In diesem Fall steht der Geltendmachung des Aufenthaltsanspruchs nicht entgegen, dass das »Kind« im Zeitpunkt der Antragstellung nach § 25 II AufenthG bereits volljährig und/oder verheiratet ist. Darüber hinaus muss sich das Kind seit Eintritt der Unanfechtbarkeit der Feststellung nach § 51 I AuslG 1990 zugunsten des maßgeblichen Elternteils im Bundesgebiet aufhalten. Reist es nach diesem Zeitpunkt ein, entfällt der Anspruch. Ob die Integration zu erwarten ist, ist eine prognoserechtliche Entscheidung, die der vollen inhaltlichen und rechtlichen gerichtlichen Kontrolle unterliegt. Der Gesetzgeber bezeichnet in § 104 IV 2 AufenthG einen gewichtigen Beispielsfall, der eine negative Prognoseentscheidung rechtfertigen kann.

118

7. Verwaltungsverfahren

7.1. Zuständigkeit des Bundesamtes

Ebenso wie die frühere Regelung in § 7 a III AsylVfG 1990 enthielt die Vorschrift des § 26 AsylVfG 1992 zunächst keine besonderen Verfahrens-

119

vorschriften. Während früher für das Familienasyl wegen des unklaren Gesetzeswortlautes des § 7 a III AsylVfG 1990 von einem Rechtsfolgenverweis ausgegangen wurde, sodass die Ausländerbehörde als zuständig für die Gewährung des Familienasyls angesehen wurde (Koisser/Nicolaus, ZAR 1991, 31 (32)), war die ursprüngliche Regelung des § 26 AsylVfG 1992 von Anfang an eindeutig:

120 Nach Abs. 1 1. HS handelt es sich beim Familienasyl um eine Asylberechtigung. Hierfür ist nicht die Ausländerbehörde, sondern allein das Bundesamt zuständig (§§ 5 I 1, 31 II 1, V). Darüber hinaus ergibt sich aus dem Hinweis auf den Begriff des Asylantrags in Abs. 1 Nr. 3, Abs. 2 S. 1 und S. 2, dass es sich beim Antrag auf Gewährung von Familienasyl um einen Asylantrag im Sinne des § 13 handelt, für dessen Prüfung und Entscheidung ausschließlich das Bundesamt die Sachkompetenz hat. Nunmehr hat der Gesetzgeber mit Art. 17 ZuwG in Abs. 1 und Abs. 2 und durch Verweisung auf Abs. 1 und 2 in Abs. 4 S. 1 ausdrücklich geregelt, dass Familienasyl und Familienabschiebungsschutz nur »*auf Antrag*« gewährt wird. Wegen der zahlreichen komplizierten Rechtsfragen, die durch die Regelungen zum Familienasyl und Familienabschiebungsschutz aufgeworfen werden, ist diese Zuständigkeitsregelung auch sachgerecht.

7.2. Antragserfordernis

121 In Abs. 1 und 2 sowie durch Verweisung in Abs. 4 auf Abs. 1 und 2 hat der Gesetzgeber für das Familienasyl und den Familienabschiebungsschutz ausdrücklich das Antragserfordernis geregelt. Darüber hinaus setzen die Regelungen in Abs. 1 Nr. 3 und in Abs. 2 S. 1 und S. 2 für die Gewährung von Familienasyl einen ausdrücklichen Antrag voraus. Schon der Wortlaut des Gesetzes bringt zum Ausdruck, dass es sich nicht um einen besonderen, sondern um einen Asylantrag im Sinne von § 13 handelt (VGH BW, U. v. 12. 11. 1990 – A S 958/90). Es ist daher unerheblich, ob der Antragsteller seinen Antrag als Asylantrag oder als Antrag auf Gewährung von Familienasyl bezeichnet.

122 Im einen wie im anderen Fall handelt es sich um einen Asylantrag, über den das Bundesamt nach den Vorschriften des AsylVfG zu entscheiden hat. Die Fallgestaltungen, in denen die Angehörigen zunächst einen Asylantrag nach Art. 16 a I GG stellen, weil der verfolgte Angehörige sich noch gar nicht im Bundesgebiet aufhält, während des Asylverfahrens jedoch einreist, sind nicht selten. Hier führt das Bundesamt ein normales Asylverfahren durch, wird nach der Statusgewährung zugunsten des später nachgereisten Familienangehörigen das Verfahren jedoch nach den besonderen, auf das Familienasyl und den Familienabschiebungsschutz gemünzten Vorschriften zu Ende führen.

123 Der Angehörige muss aber zum Ausdruck bringen, dass er einen Asylantrag stellen will. Familienasyl kann daher nur gewährt werden, wenn sich dem schriftlich, mündlich oder auf andere Weise geäußerten Willen entnehmen lässt, dass im Bundesgebiet Schutz vor Verfolgung gesucht wird (§ 13 I). Ein Antrag auf Erteilung der Aufenthaltserlaubnis oder Erteilung der Duldungs-

7.3 Kein Rechtsanspruch auf Prüfung eigener Verfolgungsgründe

Nach der Rechtsprechung besteht *kein Rechtsanspruch auf Prüfung eigener Verfolgungsgründe* in der Person des Familienangehörigen (BVerfG (Kammer), NVwZ 1991, 978; BVerwG, EZAR 215 Nr. 4 = NVwZ 1992, 987; OVG NW, InfAuslR 1991, 316; OVG NW, NVwZ-Beil. 1998, 70; VGH BW, InfAuslR 1993, 200; BayVGH, U. v. 18. 12. 1990 – 19 CZ 90.30661). Vielmehr entscheidet die Behörde oder das Gericht bei Vorliegen der entsprechenden Voraussetzungen nur noch über das Familienasyl und den Familienabschiebungsschutz und nicht über den Antrag auf originäre Asylberechtigung bzw. auf die Feststellung nach § 60 I AufenthG. Begründet wird dies in der Rechtsprechung damit, dass die Regelung über das Familienasyl den Behörden und Gerichten die Möglichkeit eröffne, von einer unter Umständen schwierigen Prüfung eigener Verfolgungsgründe der Angehörigen abzusehen (BVerwG, EZAR 215 Nr. 4). Dieser Vereinfachungszweck würde gebremst oder gar ins Gegenteil verkehrt, wenn eine individuelle Prüfung gefordert und Familienasyl lediglich hilfsweise beantragt werden könnte (BayVGH, U. v. 18. 12. 1990 – 19 CZ 90.30661). Demgegenüber gewährt Art. 23 II der Qualifikationsrichtlinie den Familienangehörigen ein gegenüber dem abgeleiteten Status vorrangiges Recht auf Prüfung eigener Verfolgungsgründe. Jedenfalls bei der Auslegung und Anwendung von Abs. 4 S. 1 kann deshalb diese Rechtsprechung keine Bedeutung erlangen.

124

Für den Fall des Widerrufs des Familienasyls und des Familienabschiebungsschutzes ist den vorgebrachten individuellen Verfolgungsgründen jedoch im Einzelnen nachzugehen. Das Familienasyl lässt die Frage der eigenen individuellen Verfolgung nicht nur offen. Es ist vielmehr auch zu gewähren, wenn objektiv feststeht, dass Familienangehörige des originär Asylberechtigten nicht in eigener Person von Verfolgung bedroht sind und ihnen ein Asylgrund auch aufgrund der Lehre von der Drittbetroffenheit nicht zusteht (BVerwG, EZAR 215 Nr. 4).

125

Insofern entfaltet das Familienasyl und der Familienabschiebungsschutz eine über das verfassungsrechtliche Asylrecht hinausgehende eigenständige rechtliche Bedeutung (BVerwG, EZAR 215 Nr. 4). Wird die Asylberechtigung bzw. die Feststellung nach § 60 I AufenthG zugunsten des Stammberechtigten abgelehnt, haben die Familienangehörige einen Anspruch auf Prüfung der vorgebrachten eigenen Verfolgungsgründe

126

7.4. Entscheidungsprogramm des Bundesamtes (§ 31 Abs. 5)

7.4.1. Anerkennung als Asylberechtigter (Absatz 1 und 2)

Nach Abs. 1 1. HS wird der Ehegatte eines Asylberechtigten als *Asylberechtigter* anerkannt. Zunächst enthielt § 26 II AsylVfG 1992 für die minderjährigen

127

ledigen Kinder keine derart klare Regelung. Durch Art. 17 Buchst. c ZuwG (Abs. 2 S. 1) ist nunmehr indes ebenfalls eindeutig geregelt, dass Kinder als asylberechtigt anerkannt werden. Beide Rechtsinstitute beruhen strukturell auf einheitlichen Konzeptionen und bewirken identische Rechtsfolgen. Dem entspricht, dass das Familienasyl *vollinhaltlich identisch* mit der Asylberechtigung ist und damit den Familienangehörigen eine *uneingeschränkte Asylberechtigung* vermittelt (BVerwG, EZAR 215 Nr. 2 = NVwZ 1992, 269 = InfAuslR 1992, 313; OVG NW, B. v. 29. 11. 1990 – 16 A 10141/90; OVG, InfAuslR 1991, 316; BayVGH, U. v. 18. 12. 1990 – 19 CZ 90.30661; VGH BW, U. v. 12. 11. 1990 – A 13 S S 958/90).

128 Dementsprechend hat das Bundesamt nach § 31 II 1 festzustellen, dass der Ehegatte oder das minderjährige ledige Kind als Asylberechtigter anerkannt wird und die Voraussetzungen des § 60 I AufenthG vorliegen. Nach § 31 V soll zwar für den Fall der Gewährung von Familienasyl von der Feststellung, dass die Voraussetzungen nach § 60 I AufenthG vorliegen, abgesehen werden. Die Vorschrift des § 31 V enthält jedoch kein Verbot, festzustellen, dass die Voraussetzungen des § 60 I AufenthG vorliegen, sondern entbindet das Bundesamt aus Gründen der Verfahrensvereinfachung davon, die entsprechenden tatsächlichen Feststellungen hierzu zu treffen (VGH BW, AuAS 1993, 168; Schnäbele, in: GK-AsylVfG, § 26 Rdn. 87; a. A. VG Wiesbaden, InfAuslR 1993, 243; wohl auch VG Gelsenkirchen, U. v. 18. 3. 1996 – 8 a K 2207/94.A; s. hierzu im Einzelnen § 31 Rdn...f.). Eine Feststellung zu den Abschiebungshindernissen nach § 60 II–VII AufenthG ist demgegenüber stets entbehrlich, wenn das Bundesamt das Familienasyl gewährt.

7.4.2. Feststellung der Voraussetzungen des § 60 Abs. 1 AufenthG

129 Nach Abs. 4 Satz 2 tritt anstelle der Asylberechtigung die Feststellung, dass für den Ehegatten und die Kinder die Voraussetzungen des § 60 I AufenthG vorliegen. Die unanfechtbare Feststellung nach § 60 I AufenthG zugunsten des Stammberechtigten hat damit die automatische Rechtsfolge, dass im Blick auf jeden einzelnen Angehörigen die Feststellung nach § 60 I AufenthG gesondert und ausdrücklich zu treffen ist. Anknüpfend daran entsteht der Anspruch auf Erteilung der Aufenthaltserlaubnis für jeden begünstigten Angehörigen kraft Gesetzes (vgl. § 25 II 1 AufenthG). Auch hier unterbleibt die Feststellung nach § 60 II–VII AufenthG.

8. Gerichtliches Verfahren

130 Die Klage auf Gewährung von Familienasyl bzw. Familienabschiebungsschutz ist in Form der Verpflichtungsklage zu erheben. Es ist nicht erforderlich, dass der Kläger seinen Antrag ausdrücklich auf § 26 bezieht. Vielmehr reicht es aus, wenn er die Verpflichtung zur Asylanerkennung und zur Gewährung des Abschiebungsschutzes nach § 60 I AufenthG begehrt. Das Verwaltungsgericht hat gegebenenfalls von Amts wegen die Prüfung auf die Voraussetzungen nach § 26 zu begrenzen und eine dementsprechende Verpflichtung auszusprechen, wenn die hierfür erforderlichen Voraussetzungen

erfüllt sind. Auch im gerichtlichen Verfahren ist zu beachten, dass der Kläger im Fall des § 26 keinen Anspruch auf Prüfung eigener Verfolgungsgründe hat (vgl. BVerwG, EZAR 215 Nr. 4 = NVwZ 1992, 987; OVG NW, InfAuslR 1991, 316; VGH BW, InfAuslR 1993, 200; BayVGH, U. v. 18. 12. 1990 – 19 CZ 90.30661). Der Asylsuchende hat aus diesen Gründen kein Rechtsschutzbedürfnis für eine Klage auf Verpflichtung zur Feststellung der Asylberechtigung nach Art. 16a I GG, wenn ihm bereits im Asylverfahren das Familienasyl nach § 26 gewährt worden ist.

Die Vorschrift des § 31 V hindert das Verwaltungsgericht nicht daran, eine eigenständige Prüfung der Verfolgungsgründe der Familienangehörigen vorzunehmen und das Bundesamt zur Gewährung der Asylberechtigung nach Art. 16a I GG sowie von internationalem Schutz nach § 60 I AufenthG zu verpflichten (Schnäbele, in: GK-AsylVfG, § 26 Rdn. 105). Nach Art. 23 II der Qualifikationsrichtlinie haben die Familienangehörigen sogar einen entsprechenden Anspruch. Im Blick auf das Erfordernis der Unanfechtbarkeit der Statusentscheidung zugunsten des Stammberechtigten hat das Verwaltungsgericht das Verfahren des Familienasyl bzw. Familienabschiebungsschutz begehrenden Ehegatten bis zum Eintritt der Unanfechtbarkeit der Statusentscheidung des Stammberechtigten auszusetzen (so auch VG Würzburg, AuAS 1998, 199 (200)). 131

Allerdings wird das Bundesamt in derartigen Fällen gehalten sein, zugleich mit der Statusgewährung zugunsten des Stammberechtigten den Ehegatten durch Gewährung des Familienasyls klaglos zu stellen. Das Verfahren ist dann durch Beschluss einzustellen und der Bundesrepublik die Kosten aufzuerlegen, weil diese das die Erledigung herbeiführende Ereignis (Gewährung des Familienasyls bzw. des Familienabschiebungsschutzes) herbeigeführt hat (§ 161 II VwGO). Ebenso wie im Verwaltungsverfahren das Bundesamt ist das Verwaltungsgericht durch § 31 V nicht daran gehindert, im Falle des Familienasyls das Verpflichtungsurteil auch auf die Feststellung nach § 60 I AufenthG auszudehnen (VGH BW, AuAS 1993, 168; Schnäbele, in: GK-AsylVfG, § 26 Rdn. 107; a. A. VG Wiesbaden, InfAuslR 1993, 243). Eine Verpflichtung auf Feststellung von Abschiebungshindernissen nach § 60 II–VII AufenthG ist demgegenüber entbehrlich (§ 31 III 2, V). 132

9. Inhalt der akzessorischen Statusgewährung

Nach Abs. 1 1. HS wird der Ehegatte und nach Abs. 2 S. 1 das minderjährige ledige Kind eines Asylberechtigten »*als Asylberechtigter*« anerkannt. Diese Vorschriften bestätigen damit die bereits zum alten Recht entwickelte Rechtsprechung, derzufolge das Familienasyl *vollinhaltlich identisch* mit der Asylberechtigung ist und damit den Familienangehörigen eine *uneingeschränkte Asylberechtigung* vermittelt (BVerwG, EZAR 215 Nr. 2 = NVwZ 1992, 269 = InfAuslR 1992, 313; OVG NW, B. v. 29. 11. 1990 – 16 A 10141/90; OVG NW, InfAuslR 1991, 316; OVG NW, NVwZ-Beil. 1998, 70, BayVGH, U. v. 18. 12. 1990 – 19 CZ 90.30661; VGH BW, InfAuslR 1993, 987). 133

134 Hiermit nicht zu vereinbaren ist allerdings die Ansicht, das Gericht müsse den Erwerbstatbestand des Familienasyls besonders tenorieren (so aber OVG NW, InfAuslR 1991, 316; a. A. Birk/Repp, ZAR 1992, 14 (17)). Sind beide Anspruchgrundlagen inhaltlich identisch, birgt eine besondere Tenorierungspflicht für das Familienasyl bzw. den Familienabschiebungsschutz die Gefahr der Herabstufung zu einem minderen Recht in sich. Gerade dies soll nach der früheren Rechtsprechung und nunmehr durch die klare Formulierung der Vorschrift des § 26 vermieden werden. Dementsprechend muss der Antragsteller weder im Verwaltungsverfahren noch im Verwaltungsstreitverfahren den Antrag bzw. die Klage auf § 26 begrenzen.

135 Für das Minderjährigenasyl bestimmt Abs. 3, dass für Kinder von Asylberechtigten, die ihrerseits über Abs. 2 die Asylberechtigung in Form des Minderjährigenasyls erhalten haben, die Vorschriften über das Minderjährigenasyl nach Abs. 2 nicht gelten. Die Vorschriften des § 26 sind insoweit jedoch einer verkürzenden Auslegung nicht zugänglich, sodass der Elternteil, der seine Asylberechtigung über das Ehegattenasyl nach Abs. 1 erlangt hat, diese an seine minderjährigen und ledigen Kinder weiter vermitteln kann (s. hierzu im Einzelnen Rdn. 69 ff.).

136 Entbehrlich erschien dem Gesetzgeber, das Verbot der Übermittlungsfähigkeit des Ehegattenasyls ausdrücklich zu regeln. Denn nach Scheidung und Eheschließung mit einem anderen Partner liegen ganz offensichtlich die Voraussetzungen dafür, dass der geschiedene Ehegatte, der seine Asylberechtigung über das Ehegattenasyl nach Abs. 1 erhalten hat, diese an den neuen Ehepartner vermittelt, nicht vor.

137 Nach Abs. 4 S. 2 gelten diese Grundsätze auch für den Familienabschiebungsschutz. Aus der vom Gesetzgeber bezweckten vollen rechtlichen Gleichstellung folgt, dass dieser Status vollinhaltlich identisch mit der Statusgewährung für den Stammberechtigten ist. Dies verdeutlicht auch § 25 II 1 AufenthG, der nicht zwischen der Feststellung nach § 60 I AufenthG zugunsten des Stammberechtigten und der nach Abs. 4 S. 2 unterscheidet. An die Erteilung der Aufenthaltserlaubnis ist die Gewährung der Rechtsstellung nach § 3 geknüpft. Die Feststellung nach Abs. 4 S. 2 darf nicht als Familienabschiebungsschutz tenoriert werden.

138 Scheitert der Anspruch auf Familienasyl oder auf Familienabschiebungsschutz im Einzelfall an den Voraussetzungen des § 26, haben Ehegatten und minderjährige Kinder des Stammberechtigten hingegen einen Rechtsanspruch auf Erteilung der Aufenthaltserlaubnis nach Maßgabe von § 29 II AufenthG (§§ 30 I Nr. 2, 32 I Nr. 1 AufenthG). Nach Art. 23 II der Qualifikationsrichtlinie dürfen die Voraussetzungen des Abs. 1–4 jedoch dem Anspruch auf Statusgewährung nicht entgegen gehalten werden. Einzige Voraussetzung ist die Gewährung des Flüchtlingsstatus an den Stammberechtigten. Misslich war in der bisherigen Verwaltungspraxis in diesen Fällen die Notwendigkeit, gegenüber der Ausländerbehörde einen gültigen nationalen Reiseausweis nachzuweisen. Hier besteht nach Art. 23 II in Verb. Art. 25 I der RL Anspruch auf Ausstellung eines Reiseausweises nach Art. 28 GFK.

10. Beendigung des Familienasyls und des Familienabschiebungsschutzes (§ 73 Abs. 1 Satz 2)

Die Frage von Widerruf und Rücknahme stellt sich beim Familienasyl und beim Familienabschiebungsschutz in zweifacher Weise: Einerseits steht der Gewährung des Familienasyls von vornherein entgegen, wenn die Asylberechtigung des Stammberechtigten zu widerrufen oder zurückzunehmen (Abs. 1 Nr. 4, Abs. 4 S. 1) ist (s. hierzu im Einzelnen Rdn. 48 ff.). Andererseits ist die Frage zu beantworten, unter welchen Umständen das *bereits gewährte* Familienasyl bzw. der Familienabschiebungsschutz zu widerrufen oder zurückzunehmen ist.

139

Anders als das alte Recht regelt § 73 I 2 den Widerruf und Rücknahme einer über § 26 vermittelten Asylberechtigung bzw. des Familienabschiebungsschutzes. Dieser Status ist zu widerrufen, wenn die Asylberechtigung bzw. der internationale Schutz des originär Berechtigten erloschen, widerrufen oder zurückgenommen worden ist und der Angehörige nicht aus anderen Gründen als asylberechtigt anerkannt bzw. die Feststellung nach § 60 I AufenthG getroffen werden könnte (§ 73 I 2). Damit ist das Familienasyl und der Familienabschiebungsschutz in seinen Voraussetzungen und seinem Fortbestand von der originären Berechtigung abhängig.

140

Treten *Erlöschenstatbestände* (§ 72) oder Widerrufsgründe (§ 73 I) ein oder ist die Asylberechtigung bzw. der Abschiebungsschutz nach § 73 II *zurückgenommen* worden, muss auch das Familienasyl bzw. der Familienabschiebungsschutz *widerrufen* werden; es sei denn, der Familienangehörige kann *eigene Verfolgungsgründe* geltend machen (§ 73 I 2 2. HS) oder für ihn ist der Widerruf wegen auf früheren Verfolgungen beruhenden Gründen *unzumutbar* (§ 73 I 3).

141

Der Gesetzgeber hat damit nicht die einschränkende Rechtsprechung des BVerwG übernommen, derzufolge die Erlöschenstatbestände des § 72 ohne weiteres auf das Familienasyl durchgreifen (BVerwG, EZAR 215 Nr. 2, krit. hierzu Renner, ZAR 1992, 35). Vielmehr bedarf es auch beim Erlöschen der originären Asylberechtigung bzw. des Abschiebungsschutzes, welche *kraft Gesetzes* eintritt (§ 72 I), der Durchführung eines (Widerrufs-)*Verwaltungsverfahrens* (§ 73 I 2).

142

Erst nach Unanfechtbarkeit der Widerrufsentscheidung ist das Familienasyl bzw. das Familienabschiebungsschutz beendet. Mit § 73 I 2 2. HS zieht der Gesetzgeber die Konsequenz aus dem eigenartigen Antragsbegriff des Familienasyls bzw. des Familienabschiebungsschutzes, das eine eigenständige Prüfung der Verfolgungsgründe verbietet. Es wäre mit dem verfassungsrechtlichen Asylrecht unvereinbar, einem Familienangehörigen, der in seinem Verfahren substanziiert eigene Verfolgungsgründe vorgetragen hat, das weitere Asylrecht vorzuenthalten (BVerwG, EZAR 215 Nr. 2; ähnlich Koisser/Nicolaus, ZAR 1991, 31 (34)).

143

Ratsam ist es daher, dass der Familienangehörige in seinem Antragsverfahren eigene Asylgründe detailliert oder jedenfalls dem Grunde nach vorträgt und gegebenenfalls im Widerrufsverfahren vertieft. In jedem Fall ist der Betreffende im Widerrufsverfahren anzuhören (§ 73 IV 2). Ergibt die schriftliche

144

Stellungnahme das Weiterbestehen individueller Verfolgungsgründe in der Person des Angehörigen, hat das Bundesamt vom Widerruf abzusehen oder diesen aus dem Rechtsgedanken des § 24 I 2 heraus persönlich anzuhören. Um den Einwand verspäteten Sachvorbringens zu entkräften, sollten daher stets bereits im eigenen Antragsverfahren individuelle Verfolgungsbehauptungen substanziiert vorgetragen werden.

145 Ebenfalls nicht übernommen hat der Gesetzgeber die einschränkende Rechtsansicht des BVerwG, der Begriff »Voraussetzungen« in der Widerrufsregelung des § 73 I 1 umfasse neben den Anerkennungsvoraussetzungen den Ehebestand sowie die Minderjährigkeit (BVerwG, EZAR 215 Nr. 2). Diese Äußerung des BVerwG ist allerdings nicht näher präzisiert und auch eher beiläufig getroffen worden (eindeutig für diese Rechtsfolge Birk/Repp, ZAR 1992, 14 (18); dagegen Bierwirth, Die Familienasylregelung des § 7 a III AsylVfG, S. 229 (244); Renner, ZAR 1992, 38).

146 Träfe diese Ansicht zu, müsste mit Erreichung der Volljährigkeit bzw. der Eheschließung des Minderjährigen dessen Asylberechtigung bzw. dessen Familienabschiebungsschutz widerrufen werden. Das Familienasyl entartete überdies für die Ehefrau zum Sanktionsmittel für mangelndes Wohlverhalten gegenüber dem Ehemann. Die Beendigung des Familienasyls bzw. des Familienabschiebungsschutzes kann deshalb allein auf die Gründe des § 73 I 2 (Widerruf, Erlöschen der originären Asylberechtigung bzw. des internationalen Schutzes sowie deren Rücknahme) gestützt werden. Wird die Ehe geschieden oder werden die Kinder volljährig, bleibt deren Asylrecht bestehen (VGH BW, U. v. 12. 11. 1990 – A 13 S 958/90; VG Köln, InfAuslR 2002, 327 (328)).

147 Ist zum maßgeblichen Zeitpunkt der gerichtlichen Entscheidung (§ 77 I) die Asylanerkennung bzw. der Flüchtlingsstatus des Stammberechtigten infolge Einbürgerung erloschen, ist nach der Rechtsprechung im Blick auf die akzessorisch vermittelte Rechtsstellung der Familienangehörigen ein Widerrufsverfahren einzuleiten (VG Berlin, InfAuslR 2002, 327 (328)). Ist noch keine rechtkräftige Entscheidung über diese Rechtsstellung ergangen, fällt mit Erlöschen des Status des Stammberechtigten der rechtliche Bezugspunkt für die Gewährung der akzessorischen Rechtsstellung weg (VG Berlin, InfAuslR 2002, 327 (328)). In diesen Fällen kann aber eine ausländerrechtliche Aufenthaltsposition (vgl. § 28 I Nr. 1 und 2 AufenthG) angestrebt werden.

11. Familienasyl im Folgeantragsverfahren (§ 26 in Verb. mit § 71)

148 Grundsätzlich kann unter den Voraussetzungen des § 71 I 1 in Verb. mit § 51 I–III VwVfG auch der Antrag auf Gewährung von Familienasyl und Familienabschiebungsschutz im Wege des Folgeantragsverfahren gestellt werden. Hat der Asylsuchende im Laufe des Erstverfahrens seinen Antrag zurückgenommen oder ist der Antrag auf Gewährung von Familienasyl bzw. Familienabschiebungsschutz wegen Fehlens der Voraussetzungen nach § 26 unanfechtbar abgelehnt worden, werden jedoch wohl nur unter besonderen Umständen Gründe für das Wiederaufgreifen des Verfahrens geltend gemacht werden können.

So ist denkbar, dass der Asylsuchende nach seiner Einreise unverzüglich den 149
Asylantrag stellt, dieser jedoch mangels Vorliegens eigener Verfolgungsgründe unanfechtbar abgelehnt wird. Nachträglich erhält der Asylsuchende sodann davon Kenntnis, dass der stammberechtigte Elternteil oder Ehegatte bereits im Bundesgebiet lebt oder nach Abschluss seines Erstverfahrens eingereist ist (Schnäbele, in: GK-AsylVfG, § 26 Rdn. 51).

Dass nach der Rücknahme oder der unanfechtbaren Ablehnung des Erstantrags das Familienasyl und der Familienabschiebungsschutz im Wege des 150
Asylfolgeantrags begehrt werden kann, wird in der Rechtsprechung und Kommentarliteratur daher auch grundsätzlich nicht bestritten (BVerwGE 101, 341 = NVwZ 1997, 688 = InfAuslR 1996, 420 = EZAR 215 Nr. 12; Nieders.OVG, NVwZ-Beil. 1996, 59; Schnäbele, in: GK-AsylVfG, § 26 Rdn. 51 und 89). Beim Minderjährigenasyl ist jedoch nach der Rechtsprechung des BVerwG jedenfalls in den Fällen, in denen der Antrag auf Familienasyl im Erstverfahren zurückgenommen worden war, Voraussetzung, dass der Antragsteller im Zeitpunkt der Antragstellung im Folgeantragsverfahren noch minderjährig ist (BVerwGE 101, 341 (343); s. aber Rdn. 60ff.).

Anders liegt der Fall jedoch, wenn der Erstantrag des minderjährigen und le- 151
digen Kindes unanfechtbar abgelehnt worden ist, bevor abschließend über die Asylberechtigung der Eltern entschieden worden ist. In diesem Fall kommt es für den im Asylfolgeantragsverfahren geltend gemachten Anspruch auf Gewährung von Minderjährigenasyl für die Minderjährigkeit und Ledigkeit auf den Zeitpunkt der Antragstellung im Erstverfahren an (BVerwGE 117, 283286) = InfAuslR 2003, 215 = AuAS 2003, 113). Erhält der Antragsteller erst nachträglich Kenntnis von den Tatsachen, die seinen Antrag nach Abs. 2 stützen, kann gegen den Antrag nicht eingewendet werden, die Regelung über die Minderjährigkeit im Zeitpunkt der Antragstellung nach Abs. 2 S. 1 sollten den Antragsteller nicht gegen die Folgen eines zurückgenommen Asylantrags schützen (vgl. BVerwGE 101, 341 (343) = NVwZ 1997, 688 = InfAuslR 1996, 420 = EZAR 215 Nr. 12). Hat der Antragsteller erst nach Abschluss des Erstverfahrens von den nach Abs. 2 anspruchsbegründeten Tatsachen Kenntnis erlangt, kommt es deshalb für die Frage der Minderjährigkeit und Ledigkeit auf den Zeitpunkt der Antragstellung im Erstverfahren an. In derartigen Fällen wird man weder im Blick auf das Ehegatten- noch auf das Minderjährigenasyl dem Folgeantrag den Einwand entgegenhalten können, der Erstantrag sei nicht rechtzeitig gestellt worden. Denn im Erstverfahren fanden die Vorschriften des § 26 keine Anwendung.

Für das Folgeantragsverfahren ist andererseits die Fristbestimmung nach § 51 152
III VwVfG maßgebend. Nach der Rechtsprechung verändert sich die Sach- und Rechtslage für die Familienangehörigen im Sinne des § 26 durch den Eintritt der Unanfechtbarkeit des Statusgewährung zugunsten des Stammberechtigten (Nieders.OVG, NVwZ-Beil. 1996, 59 (60). Dies wird nunmehr in Ansehung des Ehegattenasyls auch durch Abs. 1 Nr. 1 bestätigt. Erst ab diesem Zeitpunkt läuft die Drei-Monats-Frist des § 51 III VwVfG.

Auch wenn aus der Rechtskraft eines verwaltungsgerichtlichen Urteils folge, 153
dass die materielle Asylberechtigung des Stammberechtigten danach nicht mehr bestritten werden könne, ändere dies jedoch nichts an einer gewissen

»Restungewissheit«, ob das Bundesamt die Asylanerkennung auch tatsächlich aussprechen und einen Anerkennungsbescheid verpflichtungsgemäß erlassen werde. So könne es etwa bei Änderung der rechtlichen oder tatsächlichen Verhältnisse nach Eintritt der formellen Rechtskraft den Vollzug des Urteils verweigern. Dies rechtfertige es, für den Lauf der Frist nach § 51 III VwVfG auch bei einem durch rechtskräftiges Urteil erlassenen Statusbescheid erst auf den Zeitpunkt der Zustellung des Bescheides abzustellen (Nieders.OVG, NVwZ-Beil. 1996, 59 (60f.)).

12. Lehre von der Drittbetroffenheit

12.1. Funktion der Lehre von der Drittbetroffenheit

154 Durch die Einführung des Familienasyls und insbesondere nunmehr auch des Familienabschiebungsschutzes dürfte sich die frühere Rechtsprechung zum Asylanspruch der Familienangehörigen von Asylberechtigten weitgehend erledigt haben. Denn ebenso wie Abs. 1 Nr. 2 auf den Bestand der Lebensgemeinschaft im Verfolgerstaat abstellt, ist dies auch der Ansatzpunkt der Lehre von der Drittbetroffenheit. Wer daher als Familienangehöriger eines Asylberechtigten nicht das Familienasyl erhält, dürfte kaum die Voraussetzungen der früheren Rechtsprechung erfüllen. Danach ist bei der rechtlichen Würdigung von Verfolgungsmaßnahmen gegenüber Familienangehörigen von Verfolgten (§ 60 I AufenthG) zu bedenken, dass diese »durch die übergreifenden mittelbaren Wirkungen der Verfolgungsmaßnahme und den *häufig alle Familienmitglieder einschließenden Verfolgungsgrund*« geprägt sind (BVerwGE 65, 244 (249) = DVBl. 1983, 30 = NVwZ 1983, 38 = InfAuslR 1982, 245; s. hierzu ausführlich: Marx, Handbuch, § 74).

155 Die Verfolgungsmaßnahme wirkt kraft der gegenseitigen Abhängigkeit sehr oft in die persönlichen und wirtschaftlichen Beziehungen der Familienmitglieder hinein. Daher kann eine dergestalt *mittelbare Wirkung* einer gegen einen anderen gerichteten Verfolgungsmaßnahme zur Maßnahme auch gegen den *Drittbetroffenen* werden, wenn sie unmittelbar gegen ihn wirken soll und sich der Verfolgungswille von Anfang an oder später auch gegen den Drittbetroffenen richtet (BVerwGE 65, 244 (250) = DVBl. 1983, 30 = NVwZ 1983, 38 = InfAuslR 1982, 245).

156 Daher sind bei der Bewertung von Asylanträgen von Familienangehörigen *beweiserleichternde Grundsätze* anzuwenden. Zunächst sind konkrete Bezugsfälle der Verfolgung von Familienangehörigen von Verfolgten festzustellen: »Sind Fälle festgestellt worden, in denen der Verfolgerstaat Repressalien gegenüber Ehefrauen im Zusammenhang mit der politischen Verfolgung ihrer Ehegatten ergriffen hat, wird eine aus dem Schutzgedanken des Art. 16a I GG folgende *Vermutung* dafür wirksam, dass auch derjenigen Ehefrau eines politisch Verfolgten, über deren Asylanspruch im konkreten Fall zu entscheiden ist, das gleiche Schicksal mit beachtlicher Wahrscheinlichkeit droht.

157 Es braucht daher regelmäßig nicht geprüft werden, ob die festgestellten Fälle Ausdruck einer allgemeinen Praxis der Verfolgerstaaten sind oder ob die ih-

nen zugrunde liegenden Umstände konkrete Rückschlüsse gerade auch auf eine eigene Verfolgungsgefahr desjenigen gestatten, der sich auf Vergleichsfälle beruft. Anderes gilt nur dann, wenn die Regelvermutung aufgrund besonderer Umstände, die darzutun der Beklagten obliegt, als widerlegt anzusehen ist« (BVerwG, InfAuslR 1985, 274; BVerwGE 75, 304; 79, 244; BVerwG, EZAR 202 Nr. 14). Sind damit Bezugsfälle festgestellt worden, greift ohne weiteres die zugunsten des Angehörigen wirkende Regelvermutung ein (BVerwG, EZAR 202 Nr. 14).

12.2. Anwendung der Regelvermutung auf Kinder

Die Regelvermutung greift auch bei *Kindern* ein, wenn entsprechende Tatsachen behauptet werden (BVerfG, NVwZ 1985, 260; OVG Rh-Pf, InfAuslR 2002, 210 (212)). Dabei darf bei Kindern, deren Eltern Abschiebungsschutz nach § 60 I AufenthG genießen, nicht unterstellt werden, dass das Kind zusammen mit seinen Eltern in den Heimatstaat zurückkehrt (BVerwG, NVwZ-Beil. 2000, 25). Kinder, die im Bundesgebiet geboren sind, können auch dann, wenn sie ohne ihre Asylrecht genießenden Eltern in den Herkunftsstaat ihrer Eltern zurückkehren, dort einer Verfolgungsgefahr ausgesetzt sein (OVG Rh-Pf, InfAuslR 2002, 211 (212)). Bei der Prüfung von Abschiebungshindernissen nach § 60 II–VII AufenthG für ein Kind ist dessen Rückkehr ohne seine Eltern zu unterstellen, wenn die Eltern im Herkunftsland durch die dortigen Machthaber verfolgt würden und deshalb bei ihnen die Voraussetzungen für den Abschiebungsschutz nach § 60 VII 1 AufenthG vorliegen (BVerwG, EZAR 043 Nr. 47 = AuAS 2001, 45).

158

Andererseits bedeutet für die Mutter die Gefährdung der Tochter durch Beschneidung keine erhebliche konkrete Gefahr für Leib, Leben oder Freiheit im Sinne von § 60 VII 1 AufenthG (BVerwG, EZAR 043 Nr. 6). Droht der minderjährigen Tochter eine derartige Gefahr, hat die mit ihr im Bundesgebiet zusammenlebende Mutter wegen Art. 6 II GG einen aufenthaltsrechtlichen Anspruch nach § 36 AufenthG nach den Grundsätzen der Ermessensreduktion.

159

12.3. Anwendung der Lehre von der Drittbetroffenheit auf andere Personen

Auch zugunsten anderer enger Familienangehöriger ist die Regelvermutung anzuwenden, so z. B. zugunsten des *Bruders* eines Verfolgten (OVG NW, InfAuslR 1986, 199; OVG Rh-Pf, InfAuslR 2002, 211 (212); s. hierzu im Einzelnen: Marx, Handbuch, § 74 Rdn. 8 ff.). So beschränken sich etwa die Repressalien des türkischen Staates nicht nur auf die jeweilige Person des tatsächlichen oder vermeintlichen Gegners, sondern in erheblicher Weise auch deren nächste Angehörige (OVG Rh-Pf, InfAuslR 2002, 210 (212)).

160

Die Anwendung der Vermutung ist nicht ausschließlich auf die Problemfälle der *Geiselnahme* oder *Sippenhaft* begrenzt, wenn auch derartige Verfolgungspraktiken die Entscheidung im Einzelfall erleichtern. Auch die erst ein Jahr

161

nach der Flucht der Eltern erfolgte Ausreise des minderjährigen Kindes steht der Anwendung der Regelvermutung nicht entgegen. Voraussetzung ist aber ein zeitlicher Zusammenhang für die Realisierung eines einheitlichen Ausreiseplans (BVerwG, Buchholz 402.25 § 1 AsylVfG Nr. 62). Maßgebend ist insoweit, dass zwischen den Fluchtplänen der einzelnen Familienangehörigen ein unmittelbarer zeitlicher Zusammenhang bestehen muss.

§ 26 a Sichere Drittstaaten

(1) Ein Ausländer, der aus einem Drittstaat im Sinne des Artikels 16 a Abs. 2 Satz 1 des Grundgesetzes (sicherer Drittstaat) eingereist ist, kann sich nicht auf Artikel 16 a Abs. 1 des Grundgesetzes berufen. Er wird nicht als Asylberechtigter anerkannt. Satz 1 gilt nicht, wenn
1. der Ausländer im Zeitpunkt seiner Einreise in den sicheren Drittstaat im Besitz eines Aufenthaltstitels für die Bundesrepublik Deutschland war,
2. die Bundesrepublik Deutschland auf Grund eines völkerrechtlichen Vertrages mit dem sicheren Drittstaat für die Durchführung eines Asylverfahrens zuständig ist oder
3. der Ausländer auf Grund einer Anordnung nach § 18 Abs. 4 Nr. 2 nicht zurückgewiesen oder abgeschoben worden ist.

(2) Sichere Drittstaaten sind außer den Mitgliedstaaten der Europäischen Gemeinschaften die in Anlage I bezeichneten Staaten*.

(3) Die Bundesregierung bestimmt durch Rechtsverordnung ohne Zustimmung des Bundesrates, daß ein in Anlage I bezeichneter Staat* nicht mehr als sicherer Drittstaat gilt, wenn Veränderungen in den rechtlichen oder politischen Verhältnissen dieses Staates die Annahme begründen, daß die in Artikel 16 a Abs. 2 Satz 1 des Grundgesetzes bezeichneten Voraussetzungen entfallen sind. Die Verordnung tritt spätestens sechs Monate nach ihrem Inkrafttreten außer Kraft.

* **Anlage I** (zu § 26 a)
Finnland**
Norwegen
Österreich**
Polen**
Schweden**
Schweiz
Tschechische Republik**
** s. hierzu Rdn. 58

Übersicht

		Rdn.
1.	Vorbemerkung	1
2.	Funktion des verfassungsrechtlichen Asylrechts	5
2.1.	Verhältnis zwischen der Asylrechtsgewährleistung nach Art. 16 a Abs. 1 GG und der Drittstaatenregelung des Art. 16 a Abs. 2 GG	5

2.2.	Menschenwürdegarantie des Art. 1 Abs. 1 GG und Asylrecht	22
2.3.	Drittstaatenregelung und Art. 79 Abs. 3 GG	28
3.	Gesamteuropäische Asylrechtsregelung	31
3.1.	Prinzip der gerechten europäischen Lastenverteilung	31
3.1.1.	Das »hinkende« System der Lastenverteilung	31
3.1.2.	Verhältnis zwischen Art. 16 a Abs. 5 und Art. 16 a Abs. 2 GG	37
3.2.	Die Dublin II-Verordnung	47
3.3.	Verfassungsauftrag für den Gesetzgeber	50
4.	Verfassungsrechtliche Konzeption sicherer Drittstaaten	52
4.1.	Materieller Asylausschluss (Art. 16 a Abs. 2 Satz 1 GG; Abs. 1 Satz 1 und 2)	52
4.1.1.	EG-Mitgliedsstaaten (Art. 16 a Abs. 2 Satz 1 GG)	57
4.1.2.	Sichere Drittstaaten nach Art. 16 a Abs. 2 Satz 2 GG, Abs. 2 in Verb. mit Anlage I	59
4.1.2.1.	Prüfkriterien	59
4.1.2.2.	Einschätzungs- und Entscheidungsspielraum des Gesetzgebers	66
4.1.2.3.	Konzept der normativen Vergewisserung	76
4.1.2.4.	Verbot der Kettenabschiebung	84
4.1.2.5.	Der Begriff des »Viertstaates«	91
4.2.	Einzelfallprüfung	101
4.2.1.	Materielle Kriterien	101
4.2.2.	Darlegungsanforderungen	119
4.2.3.	Rechtsfolge	124
4.3.	Kein Zugang zum Asylverfahren	127
4.4.	Ausnahmetatbestände nach Abs. 1 Satz 3	132
4.4.1.	Funktion der Ausnahmetatbestände	132
4.4.2.	Besitz eines Aufenthaltstitels (Abs. 1 Satz 3 Nr. 1)	134
4.4.3.	Völkerrechtliche Zuständigkeitsvereinbarung (Abs. 1 Satz 3 Nr. 2)	135
4.4.4.	Anordnung nach § 18 Abs. 4 Nr. 2 (Abs. 1 Satz 3 Nr. 3)	141
4.5.	Einreisetatbestand nach Art. 16 a Abs. 2 Satz 1 GG, Abs. 1 Satz 1	144
4.5.1.	Vorbemerkung	144
4.5.2.	Keine unmittelbare Einreise aus dem Drittstaat	145
4.5.3.	Tatsächliche Unmöglichkeit der Schutzbeantragung im sicheren Drittstaat	149
4.5.4.	Flughafentransit	159
4.5.5.	Einreise auf dem Seeweg	163
4.5.6.	Keine Einreise aus einem »bestimmten« sicheren Drittstaat	165
4.5.7.	Darlegungslast bei behaupteter Einreise auf dem Luftwege	175
4.5.7.1.	Funktion der Prüfung der Einreisebehauptungen	175
4.5.7.2.	Anforderungen an die Beweisführungspflicht des Antragstellers	179
4.5.7.3.	Fehlende Flugunterlagen	182
5.	Ermessen des Bundesamtes	185
6.	Internationaler Schutz nach § 60 Abs. 1 AufenthG und Abschiebungsschutz nach § 60 Abs. 2 bis 7 AufenthG	187
7.	Familienasyl sowie Familienabschiebungsschutz und Drittstaatenregelung	192
8.	Familienangehörige von Asylbewerbern	197
9.	Rechtsverordnung nach Abs. 3	198

§ 26 a Asylverfahren

1. Vorbemerkung

1 Das BVerfG hat am 14. Mai 1996 mit insgesamt drei Urteilen (BVerfGE 94, 49 = NVwZ 1996, 700 = EZAR 208 Nr. 7 zu Art. 16 a II GG; BVerfGE 94, 115 = NVwZ 1996, 691 = EZAR 207 Nr. 1 zu Art. 16 a III GG; BVerfGE 94, 166 = NVwZ 1996, 678 = EZAR 632 Nr. 25 zu Art. 16 a IV GG) den Asylkompromiss, wie er verfassungsrechtlich in Art. 16 a GG seinen Niederschlag gefunden hat, für verfassungskonform angesehen. Mit Spannung war insbesondere die verfassungsgerichtliche Bewertung der Drittstaatenregelung des Art. 16 a II GG erwartet worden (zum Konzept der Drittstaatsicherheit in Österreich s. ÖstVwGH, NVwZ-Beil. 2002, 33). Denn diese bildet das Kernelement der neuen Asylrechtskonzeption.

2 In der fachgerichtlichen Rechtsprechung waren eine Reihe von Einzelfragen dieses Regelungskomplexes unterschiedlich behandelt worden. Das BVerfG hat der besonders restriktiven Interpretation der verfassungsrechtlichen Drittstaatenregelung den Vorzug gegeben und damit für die Rechtsanwendung klare Vorgaben gegeben. Zwar hat das Gericht mit der Konzeption der »*normativen Vergewisserung*« in erster Linie für den Gesetzgeber eine Reihe von verfassungsrechtlichen Anforderungen entwickelt. Da der Gesetzgeber andererseits jedoch bereits einen geschlossenen Kreis von Drittstaaten um das Bundesgebiet gelegt hat, wird er in der Zukunft kaum noch weitere Drittstaaten in die Konzeption der sicheren Drittstaaten aufnehmen.

3 Bis auf die Schweiz sind jedoch inzwischen alle in Anlage I bezeichneten »sicheren Drittstaaten« EU-Mitgliedstaaten, sodass für den zwischenstaatlichen Verkehr zwischen der Bundesrepublik und diesen Staaten nicht § 26 a, sondern § 29 III 1 in Verbindung mit der Dublin II-VO maßgebend ist. Ob § 29 III 2 daneben weiterhin den Rückgriff auf § 26 a I erlaubt, ist umstritten. Da die Bundesrepublik nunmehr im territorialen Zentrum des Gemeinschaftsgebietes liegt, hat die Drittstaatenregelung für die innerstaatliche Rechtsanwendung erheblich an Bedeutung verloren. Allerdings hat die Bundesrepublik in den Verhandlungen über die EU-Verfahrensrichtlinie dafür Sorge getragen, dass eine am Vorbild von § 26 a ausgerichtete Drittstaatenregelung in den Entwurf der Richtlinie aufgenommen wurde (vgl. Art. 30 a der Verfahrensrichtlinie). Die Drittstaatenregelung des Art. 16 a II GG ist damit gewissermaßen an die östliche Grenze der EU verschoben worden.

4 Für die Rechtsanwendung in der Bundesrepublik verblieben nach der grundsätzlichen Klärung durch das BVerfG noch eine Reihe ungelöster Probleme, die die fachgerichtliche Rechtsprechung unter Berücksichtigung der verfassungsgerichtlichen Vorgaben weitgehend geklärt hat. Die obergerichtliche Rechtsprechung wendet kritisch ein, dass der Drittstaatenregelung in auffälligem Gegensatz zum argumentativen Aufwand in der Praxis *kein nennenswertes Gewicht* zukomme. Das Bundesamt erlasse eine Abschiebungsanordnung nach § 34 a nur »in einer verschwindend geringen Anzahl von Fällen«. Eine gerechte Lastenverteilung zwischen den europäischen Ländern werde sich erst im Rahmen einer europaweiten Lösung erreichen lassen (OVG NW, NVwZ 1997, 1141 (1142) = EZAR 223 Nr. 16). Durch den das ZuwG durchziehenden Grundsatz der rechtlichen Gleichstellung der Rechtsstellung der

Sichere Drittstaaten § 26 a

Flüchtlinge mit der der Asylberechtigten hat der Gesetzgeber aus der politischen Entwicklung nach 1993 nunmehr die erforderlichen Konsequenzen gezogen. § 26 a hat damit für die deutsche Rechtsanwendung kaum noch Bedeutung.

2. Funktion des verfassungsrechtlichen Asylrechts

2.1 Verhältnis zwischen der Asylrechtsgewährleistung nach Art. 16 a Abs. 1 GG und der Drittstaatenregelung des Art. 16 a Abs. 2 GG

In der Literatur waren gegen die Neukonzeption des verfassungsrechtlichen Asylrechts erhebliche dogmatische Bedenken erhoben worden. Der verfassungsändernde Gesetzgeber habe in einem für eine Verfassungsvorschrift ungewöhnlich detaillierten Normprogramm durch die Verbindung von materiellrechtlichen, verfahrensrechtlichen und verwaltungsprozessualen Bestimmungen den Versuch unternommen, durch eine Fixierung der Bemühungen auf das Asylgrundrecht der unberechtigten Zuwanderung Herr zu werden (Schoch, DVBl. 1993, 1161 (1162)). Das Ergebnis des politischen Kompromisses sei ein »gravierender verfassungssystematischer Stilbruch«. Der »monströse Wortlaut« von Art. 16 a GG stelle nicht nur die mit Abstand umfangreichste Grundrechtsnormierung dar, sondern der verfassungsändernde Gesetzgeber habe sich auch einer bisher weitgehend ungewohnten Regelungstechnik bedient (Voßkuhle, DÖV 1993, 53).   5

Zwar werde der weiterhin gewünschte Schutz der politisch Verfolgten durch das Individualgrundrecht des Art. 16 a I GG gewährleistet (Schoch, DVBl. 1993, 1161 (1162)). Statt die Schutzbereichsaussage des Grundrechts zunächst absolut zu setzen und durch einige wenige Hauptbestandsmerkmale gegenständlich zu umreißen, habe der Schutzbereich des Art. 16 a I GG in den folgenden Absätzen jedoch eine umfangreiche Ausdifferenzierung erfahren (Voßkuhle, DÖV 1993, 53). Diese Regelungstechnik sei Ausdruck einer Abkehr von den Regelungsstrukturen des Grundgesetzes und mit erheblichen verfassungsfunktionellen Defiziten verbunden. Sollte das Beispiel des Art. 16 a GG Schule machen, könnte auf Dauer die Leistungsfähigkeit und normative Kraft der Verfassung insgesamt nachhaltig beeinträchtigt werden (Voßkuhle, DÖV 1993, 53 (54)).   6

Diese Kritik an der Regelungswut des verfassungsändernden Gesetzgebers ist deshalb zutreffend, weil die Grundrechtsbestimmungen der Verfassung ihrer Wortfassung und Sprachgestalt nach traditionell Lapidarformeln und Grundsatzbestimmungen sind, die aus sich selbst inhaltlicher Eindeutigkeit entbehren (Böckenförde, Staat, Verfassung, Demokratie, 1991, S. 115). Es ist der einfache Gesetzgeber, der den Grundrechten durch ein detailliertes Umsetzungsprogramm Anerkennung in der Rechtswirklichkeit zu verschaffen hat. In seinem Bemühen, die beschlossene politische Asylkonzeption möglichst weitgehend gegen verfassungsgerichtliche Kritik abzuschirmen, hat der verfassungsändernde Gesetzgeber diese traditionelle Aufgabenverteilung zwischen verfassungsänderndem und einfachem Gesetzgeber aufgeho-   7 ben. Er hat damit jedoch die Leistungsfähigkeit der Verfassung überstrapaziert und dabei zugleich ein neuartiges Grundrechtsverständnis entwickelt:

8 In den Grundrechten manifestiert sich die freiheitssichernde Funktion der Verfassung. Zwar können grundrechtliche Gewährleistungen durch Vorbehalte, Schranken und Einschränkungen in vielfacher Weise begrenzt werden. Voraussetzung derartiger Eingriffs- und Regelungsvorbehalte ist jedoch, dass zunächst der präzise Schutzbereich der grundrechtlichen Gewährleistungsnorm bestimmt und im Lichte dieser Inhaltsbestimmung die Grenzen derartiger Vorbehalte im Einzelnen ausgeleuchtet und präzisiert werden. Der Kerngehalt der grundrechtlichen Freiheit bleibt gegenüber verfassungsrechtlich zugelassenen Begrenzungs- oder Eingriffsmöglichkeiten durch den Gesetzgeber vorausliegend. Das ist eine unmittelbare Folgerung aus dem grundrechtstheoretischen Ausgangspunkt, dass die Freiheit des Einzelnen rechtlich gesehen, prinzipiell unbegrenzt, die Befugnis des Staates zu Eingriffen hingegen prinzipiell begrenzt ist (Böckenförde, Staat, Verfassung, Demokratie, 1991, S. 115 (121)).

9 Zwar besteht über den Grundrechtscharakter des Asylrechts im Einzelnen Streit. In seinem Kernbereich gewährleistet das Grundrecht auf Asyl nach Art. 16 a I GG (früher Art. 16 II 2 GG 1949) jedoch Schutz vor Abschiebung gegen den Staat und ist ihm deshalb unabhängig von weitergehenden Deutungsversuchen ein klassischer negatorischer Inhalt immanent, sodass das Asylgrundrecht in dieser Funktionsbestimmung der staatlichen Allmacht Grenzen setzt.

10 Es verwundert nicht, dass diese freiheitssichernde Funktion der Grundrechte gleich zu Beginn der mündlichen Verhandlung vor dem BVerfG Anlass zu einem heftigen Streit zwischen den Verfahrensbeteiligten über das Verhältnis zwischen Art. 16 a I GG und den folgenden Einzelregelungen der Grundrechtsnorm gab. Jedoch spielte die freiheitssichernde Tradition der Grundrechte in dieser Diskussion überhaupt keine Rolle. Vielmehr stritt man sich allein darüber, ob es zwischen der Grundrechtsgewährleistung von Art. 16 a I GG und den folgenden Einzelregelungen überhaupt eine grundrechtsdogmatische Verbindung gibt oder ob die einzelnen Absätze der Asylrechtsnorm je für sich spezifische Sachbereiche regeln, ohne dass der konkrete Inhalt der Grundrechtsgewährleistung des Art. 16 a I GG Einfluss auf die Bestimmung von Inhalt und Grenzen der in den nachfolgenden Absätzen enthaltenen Einschränkungen gewinnen könnte.

11 Vor diesem Hintergrund enttäuscht es, dass das BVerfG diese Debatte nicht aufgreift und klärt, im Ergebnis jedoch der grundrechtsverkürzenden Tendenz zuzuneigen scheint. Sollte die unvermittelte Trennung in individualrechtliche Grundrechtsgewährleistung einerseits und Eingriffsvorbehalte, also behördliche Ermächtigungsgrundlagen, andererseits beispielgebende Funktion für die Grundrechtsdogmatik gewinnen, könnte dadurch eine Entwicklung eingeleitet werden, die die bisherige freiheitssichernde Tradition der Verfassung aushöhlt (Marx, InfAuslR 1997, 208). Jedenfalls hat sich das BVerfG nicht bemüht, einer derartigen Entwicklung vorzubeugen. Zwar ist seiner Ansicht nach die Neugestaltung des Asylrechts, auch soweit sie Einschnitte gegenüber dem bisherigen Charakter des Grundrechts enthält, als

Einheit zu sehen und als solche bei der Auslegung und Anwendung der verfassungsrechtlichen Regelung im Einzelnen zugrunde zu legen (BVerfGE 94, 49 (85) = EZAR 208 Nr. 7 = NVwZ 1996, 700 (702)).

Dementsprechend müsste die Drittstaatenregelung des Art. 16 a II GG an sich von der Asylrechtsgewährleistung des Art. 16 a I GG her ausgelegt und angewendet werden. Erst nach Festlegung des asylrechtlichen Schutzbereichs können üblicherweise Eingriffe in diesen im Umfang und in ihren Grenzen bestimmt werden. Jedoch unterlässt es das BVerfG zu erklären, was konkreter Inhalt der Asylrechtsgewährleistung nach Art. 16 a I GG ist, sondern entwickelt unvermittelt die bereits zuvor im Schrifttum (Renner, Stellungnahme an den BT-Innenausschuß v. 25. 1. 1993, S. 2 f.; Funke-Kaiser, Verfassungsrechtliche Beurteilung von Art. 16 a E-GG und völkerrechtliche Standards, in: epd-Dokumentation Nr. 24–25/93, Heft 1, S. 28; Gusy, Jura 1993, 505 (509); Voßkuhle, DÖV 1994, 563 (55); Wollenschläger/Schraml, JZ 1994, 61 (62)) formulierte *Lehre von der materiellen Beschränkung des persönlichen Geltungsbereichs der Asylrechtsgewährleistung* (BVerfGE 94, 49 (87) = NVwZ 1996, 700 (702, 704, 706); zustimmend Tomuschat, EuGRZ 1996, 381 (382); Lübbe-Wolff, DVBl. 1996, 825), derzufolge das Asylrecht im Falle der Einreise über einen sicheren Drittstaat erst gar nicht zum Entstehen gelangt ist (Henkel, NJW 1993, 2705 (2706)). 12

Die vom BVerfG hervorgehobene These von der Einheit der Asylrechtsnorm bleibt damit dogmatisch ungeklärt. Sie kann im Sinne der freiheitssichernden Grundrechtsdogmatik dahin verstanden werden, dass die nachfolgenden Einschränkungen aus dem Sinngehalt der Grundrechtsgewährleistung zu interpretieren sind. Gegen diese Interpretation spricht die Übernahme der Lehre von der Beschränkung des persönlichen Geltungsbereichs, die dazu führt, dass das Asylgrundrecht bei Vorliegen der Voraussetzungen des Art. 16 a II GG erst gar nicht zum *Entstehen* gelangt. 13

Damit scheint das BVerfG wohl der Meinung zu folgen, derzufolge aus der ganzheitlichen Einheit der Asylrechtsnorm folge, dass die Grundrechtsgewährleistung des Art. 16 a I GG nicht losgelöst im Raume stehe, sondern mit den nachfolgenden Absätzen ein einheitliches Ganzes bilde, sodass sich der Regelungsgehalt des ersten Absatzes erst nach der Einbeziehung der weiteren Absätze erschließen lasse. So könne Art. 16 a I GG nur das gewähren, was durch die nachfolgenden Absätze nicht ausgeschlossen werde (Lehnguth/Maassen, ZfSH/SGB 1993, 281 (286)). Da das BVerfG weder den Inhalt der asylrechtlichen Grundrechtsgewährleistung konkretisiert noch an irgendeiner Stelle des Urteils zur Drittstaatenregelung den Begriff des effektiven Verfolgungsschutzes verwendet, andererseits den Inhalt der Drittstaatenregelung eigenständig bestimmt, hat es offensichtlich diese neuartige Form der Grundrechtsdogmatik übernehmen wollen. 14

Jedenfalls im Asylrecht wird daher der Inhalt des Grundrechts von seinen Einschränkungen aus bestimmt. Sollte diese Methode der Grundrechtsinterpretation sich allgemein durchsetzen, wären in Zukunft erst Inhalt und Umfang der Grundrechtseinschränkungen zu bestimmen, bevor die grundrechtliche Gewährleistung selbst konkretisiert werden könnte. Wer eine derartige die Interpretation des Schutzbereichs auch anderer Freiheitssicherungen der 15

Verfassung berührende Folgewirkung mit Hinweis auf den Sondercharakter des Asylrechts bestreiten will, müsste dann konsequenterweise den Grundrechtscharakter des Asylrechts überhaupt bestreiten.

16 Der asylrechtliche Verfolgungsschutz umfasst jedoch stets auch andere Grundrechte, wie etwa das Recht auf körperliche Unversehrtheit und Leben. Dies verdeutlicht, dass die neuartige Methode der Grundrechtsinterpretation nicht auf den Bereich des Asylrechts begrenzt werden kann, sondern die Tendenz in sich birgt, auch andere grundrechtliche Schutzbereiche zu ergreifen, vorausgesetzt, die Gründe für die Freiheitsverdrängung können einer in bestimmter Weise informierten Öffentlichkeit plausibel gemacht werden. Ist es zudem schon methodisch fragwürdig, Ausnahmen zu umreißen, ohne zuvor die zugrundeliegende Bezugskategorie inhaltlich zu bestimmen, wird mit dieser Methodik die freiheitssichernde Grundrechtsdogmatik vollends auf den Kopf gestellt. Erst wenn der sich in den Vorbehalten und Einschränkungen manifestierende potenziell unbegrenzte staatliche Machthunger befriedigt worden ist, darf das Individuum Berücksichtigung seiner Rechte erwarten, sofern diese nicht bereits durch die Ausnahmebestimmungen juristisch wegdefiniert worden sind.

17 Ausgehend von dieser neuartigen Methodik der Verfassungsinterpretation eröffnet das BVerfG mit LS 1 b dem verfassungsändernden Gesetzgeber einen weitreichenden Gestaltungsspielraum: »Das Asylgrundrecht gehört nicht zum Gewährleistungsinhalt von Art. 1 Abs. 1 GG. Was dessen Gewährleistungsinhalt ist und welche Folgerungen sich daraus für die deutsche Staatsgewalt ergeben, ist eigenständig zu bestimmen« (BVerfGE 94, 49 = EZAR 208 Nr. 7 = NVwZ 1996, 700 (702)). Diese Inhaltbestimmung unterbleibt jedoch. Das BVerfG hat damit nicht die Grundrechtsinterpretation übernommen, derzufolge der grundrechtliche Kerngehalt des Asylrechts durch Art. 1 I GG verstärkt wird und damit zum unantastbaren Kernbereich des Asylrechts gehört, der nach Art. 79 III GG auch der Disposition des verfassungsändernden Gesetzgebers entzogen ist.

18 Grundlage dieser Interpretation ist die bislang herrschende Lehre vom zweistufigen Aufbau des Asylrechts (BVerwGE 49, 202 (205) = EZAR 134 Nr. 1 = NJW 1976, 490): Danach ist einerseits beim Grundrecht auf Asyl in den negatorisch geschützten Bereich des Verfolgungsschutzes (BVerfGE 56, 216 (236) = EZAR 221 Nr. 4 = InfAuslR 1981, 152; BVerwGE 49, 202 (205 f.) = EZAR 134 Nr. 1 =NJW 1976, 490); BVerwGE 62, 206 (210) = EZAR 200 Nr. 6 = InfAuslR 1981, 218; BVerwGE 69, 323 (325)) = EZAR 200 Nr. 10 = NJW 1984, 2782) zu differenzieren, der nach Maßgabe der von beiden Senaten des BVerfG entwickelten verfahrensorientierten Grundrechtsinterpretation verfahrensrechtlich besonders geschützt wird.

19 Davon zu trennen ist andererseits die Zufluchtskomponente des Asylrechts. Das BVerwG hatte bislang insoweit die Gewährleistung effektiven Verfolgungsschutzes in das Zentrum seiner Rechtsprechung gestellt (BVerwGE 49, 202 (205 f.); 62, 206 (210); 69, 323 (325); so auch BVerfG (Kammer), InfAuslR 1992, 226 (228)). Danach gewährleistet das Asylrecht effektiven Schutz vor den Zugriffsmöglichkeiten des Verfolgerstaates. Davon grenzt das Gericht, die Verpflichtung des Staates ab, politisch Verfolgten die Voraussetzungen

Sichere Drittstaaten § 26 a

für ein menschenwürdiges Dasein zu sichern. An die Stelle des – an keiner Stelle des Urteils zur Drittstaatenregelung erwähnten – Grundsatzes der Gewährleistung effektiven Verfolgungsschutzes tritt das dem einfachen Gesetzgeber anvertraute »Schutzkonzept« der normativen Vergewisserung (BVerfGE 94, 49 (95f.) = NVwZ 1996, 700 (704f., 708)), das indes grundsätzlich die Einzelfallprüfung im Verwaltungsverfahren ausschließt (BVerfGE 94, 49 (96) = NVwZ 1996, 700 (704f., 707)).

Festzuhalten ist damit, dass das BVerfG das Konzept der normativen Vergewisserung mit der Folge entwickelt, dass jeglicher Verfahrensschutz ausgeschlossen ist, ohne zuvor den konkreten Inhalt der Asylrechtsgewährleistung des Art. 16 a I GG im Einzelnen zu bestimmen. Zwar gehe der verfassungsändernde Gesetzgeber unverändert von einem Bedürfnis nach Gewährung von Schutz vor Verfolgung aus, verweise aber asylbegehrende Ausländer auf den »anderweitigen Schutz«, den sie in einem sicheren Drittstaat erlangen könnten (BVerfGE 94, 49 (85) = NVwZ 1996, 700 (702)). **20**

Die Bundesrepublik verfolgt mit dieser Regelung das *Konzept der Regionalisierung* (Lehnguth/Maaßen, ZfSH/SGB 1993, 281 (281)), derzufolge die Flüchtlinge möglichst in den Nachbarstaaten, jedenfalls aber in ihrer Region Schutz suchen sollen. Dementsprechend fordert die gesetzliche Begründung zu § 26 a, dass ein Flüchtender in dem ersten Staat um Asyl nachsuchen muss, in dem ihm dies möglich ist (BT-Drs. 12/4450, S. 20). In der sozialen Realität bedarf es freilich nicht eines derartigen Zwangsrechts zur Durchsetzung des Konzepts der Regionalisierung, wie es in der Verwendung des Wortes »muss« sinnfällig zum Ausdruck kommt. Vielmehr verbleibt die überwiegende Mehrzahl der Flüchtlinge ohnehin in ihrer heimatlichen Region. **21**

2.2. Menschenwürdegarantie des Art. 1 Abs. 1 GG und Asylrecht

Während das BVerfG in seiner früheren Rechtsprechung die Definition der politischen Verfolgung und den asylrechtlichen Schutzumfang unmittelbar aus der Menschenwürdegarantie des Art. 1 I GG abgeleitet hatte (BVerfGE 54, 341 (357); 56, 216 (235); 80, 315 (333); dagegen Papier, Asyl-Rechtsfragen im Spannungsfeld von Verfassungsrecht, Verwaltungsrecht und Politik, Köln 1992, S. 7 (12); Ulmer, Asylrecht und Menschenwürde, Frankfurt am Main u. a. 1996, S. 212 ff. (223 f.); a. A. Zimmermann, Das neue Grundrecht auf Asyl, Berlin u. a. 1994, S. 256 ff.), vollzieht es nunmehr mit LS 1 b S. 2 einen radikalen Kehrtwandel, für den es allerdings die Begründung schuldig bleibt. Stattdessen betont das Gericht, dass der Gewährleistungsinhalt des Art. 16 a I GG eigenständig zu bestimmen sei. **22**

Welche weitreichenden Folgen diese Kehrtwendung hat, wird am Verhältnis zwischen der Asylrechtsgewährleistung und den einfachgesetzlichen Abschiebungshindernissen deutlich. Das BVerfG differenziert insoweit zwischen *absoluten* und *relativen Rechtspositionen* (BVerfGE 94, 49 (97) = NVwZ 1996, 700 (705)): Nur der politisch Verfolgte, der nicht aus einem sicheren Drittstaat einreise, genieße das absolute Bleiberecht. Art. 16 a II 1 GG schließe gemäß seinem Wortlaut die Berufung auf das Asylgrundrecht des Art. 16 a I **23**

GG aus. Solle der Ausländer in einen sicheren Drittstaat zurückgewiesen oder zurückverbracht werden, würden für ihn entsprechend der inhaltlichen Reichweite des Art. 16 a II GG grundsätzlich auch die materiellen Rechtspositionen nicht in Betracht kommen. Demgegenüber würden § 51 I AuslG 1990 und § 53 AuslG 1990 dem Ausländer lediglich eine relative Schutzposition verleihen.

24 Offensichtlich wird hier ein *einfachgesetzlicher Abschiebungsschutz* für politisch Verfolgte für unproblematisch angesehen. Dementsprechend greift nach Ansicht des BVerfG die Ausschlusswirkung des Art. 16 a II GG auch dann ein, wenn eine Rückführung in einen sicheren Drittstaat nicht möglich ist (BVerfGE 94, 49 (87)). Dies hat zur Folge, dass sich der Betroffene selbst gegenüber einer Zurückführung in den Heimatstaat nicht mehr auf Art. 16 a I GG, sondern nur noch auf § 51 I AuslG 1990 berufen kann (so auch Henkel, NJW 1993 2706 (2707)). Diese Interpretation mag zwar durch den Wortlaut des Art. 16 a II GG gedeckt sein, sie begründet jedoch eine dem Sinn des Asylrechts zuwiderlaufende Rechtsfolge (Frowein/Zimmermann, JZ 1996, 753 (754)).

25 Der extensive, von den Möglichkeiten und Varianten der Rückführung des Betroffenen unabhängige Entzug des Asylschutzes wird damit als eine Art »*generalpräventive Sanktion*« für das Unterlassen der Inanspruchnahme von Schutzmöglichkeiten im Ausland verstanden (Lübbe-Wolff, DVBl. 1996, 825 (826)). Die Argumentation des BVerfG übersieht zudem, dass eine einfachgesetzliche Garantie des Schutzes politisch verfolgter Personen Art. 1 I GG nicht gerecht wird. Denn es entspricht gerade der Konzeption des Grundgesetzes, dass – soweit der Menschenwürdekern eines Grundrechtes reicht – es eben als solches nicht beseitigt werden darf (Frowein/Zimmermann, JZ 1996, 753 (754); Hehl, ZRP 1993, 301 (303); kritisch hierzu auch Roth, ZAR 1998, 54 (55); a. A. Maaßen/de Wyl, ZAR 1996, 158 (164)).

26 Gegen diese an den bestehenden Verfassungsgarantien orientierte Interpretation wird eingewendet, die Urteile des BVerfG hätten den deutschen Verfassungsoptimismus ganz drastisch auf den nüchternen Boden der Realitäten der Gegenwart heruntergeholt. So habe die Bundesrepublik eine neue Phase ihrer Existenz begonnen, wo weniger der Wille die Lebenswelt gestaltet als vielmehr »Sachzwänge« Lösungen erzwingen würden, die dann nur noch in rechtstechnische Fragen umzusetzen seien. Wie jeder Abschied, so falle auch dieser Abschied schwer (Tomuschat, EuGRZ 1996, 381). Illustrativ belegen derartige Äußerungen, dass die Grundsatzurteile des BVerfG generell vor dem Hintergrund veränderter politischer Rahmenbedingungen zu sehen sind, die zur Einleitung einer neuen, die freiheitssichernde Tradition der Verfassung umkehrenden Entwicklung führen können.

27 Mit der EU-Qualifikationsrichtlinie ist der Unterscheidung zwischen absoluten und relativen Rechtspositionen der Boden entzogen worden. Wer die Voraussetzungen der Flüchtlingseigenschaft erfüllt, hat Anspruch auf Gewährung der Flüchtlingseigenschaft (Art. 13) und auf Erteilung einer Aufenthaltserlaubnis (Art. 24 I). § 60 I AufenthG, die Nachfolgenorm des § 51 I AuslG 1990, vermittelt damit einen Rechtsanspruch und keine relative Position. Gleiches gilt für den ergänzenden Schutz nach Art. 15 der RL (vgl.

Art. 18, 24 II der RL). Damit vermitteln die den ergänzenden Schutz regelnden Abschiebungshindernisse des § 60 II–VII AufenthG (früher § 53 AuslG 1990) nicht lediglich eine relative, sondern eine Anspruch begründende Position.

2.3. Drittstaatenregelung und Art. 79 Abs. 3 GG

Von seimem Ansatz aus hat das BVerfG die Drittstaatenregelung entgegen vielfältigen Erwartungen nicht an der Schranke des Art. 79 III GG scheitern lassen. Die dem verfassungsändernden Gesetzgeber durch diese Norm gezogene Grenze, nach der die in Art. 1 und 20 GG niedergelegten Grundsätze nicht berührt werden dürfen, wird seiner Ansicht nach nicht dadurch verletzt, dass Ausländern Schutz vor politischer Verfolgung nicht durch eine grundrechtliche Gewährleistung geboten wird (BVerfGE 94, 49 (103) = NVwZ 1996, 700 (706); so schon Papier, a. A. O., S. 13; wohl auch Bleckmann, Verfassungsrechtliche Probleme einer Beschränkung des Asylrechts, Köln u. a. 1992, S. 60 ff.). 28

Auch lasse sich aus der bisherigen verfassungsgerichtlichen Rechtsprechung nicht der Schluss ziehen, dass das Asylgrundrecht zum Gewährleistungsinhalt von Art. 1 I GG gehöre (BVerfGE 94, 49 (103) = NVwZ 1996, 700 (706)). Vielmehr sei der verfassungsändernde Gesetzgeber auch in der Gestaltung und Veränderung von Grundrechten, soweit nicht die Grenzen des Art. 79 III GG berührt sind, rechtlich frei und gebe dem BVerfG den Maßstab vor (LS 1 b). Noch deutlicher heißt es – wie bereits ausgeführt – an anderer Stelle, dass der verfassungsändernde Gesetzgeber nicht gehindert sei, das Asylgrundrecht als solches aufzuheben (BVerfGE 94, 49 (103 f.) = NVwZ 1996, 700 (706)). 29

Im Schrifttum war die Ansicht vertreten worden, dass es schlechterdings keinen Verstoß gegen Art. 1 I GG und damit gegen Art. 79 III GG darstellen könne, wenn der verfassungsändernde Gesetzgeber aus sicheren Drittstaaten einreisende Asylsuchende von der Gewährleistungsgarantie des Art. 16 a I GG ausnehme, da dies nicht auf eine »prinzipielle Preisgabe der in Art. 1 I GG niedergelegten Grundsätze hinauslaufe (Brenner, Der Staat 83 (1993), 493 (515)). Jedenfalls soweit Asylsuchende, die nicht in den sicheren Drittstaat zurückgeführt werden können, betroffen sind und als politisch Verfolgte auf den einfachgesetzlichen Abschiebungsschutz verwiesen werden, wird jedoch darauf hingewiesen, das BVerfG unterstelle stillschweigend, dass der verfassungsändernde Gesetzgeber nicht daran gehindert sei, sämtliche Grundrechte unter Einschluss des Art. 1 I GG aufzuheben, solange eine den Anforderungen des Art. 1 I GG entsprechende Ordnung nur einfachgesetzlich gewährleistet bleibe. Art. 79 III GG ziele jedoch als eine Norm, die der Zulässigkeit von Verfassungsänderungen Grenzen setze, eindeutig nicht nur auf die Beibehaltung gewisser Mindeststandards der Rechtsordnung insgesamt, sondern auf die Garantie dieser Mindeststandards gerade als verfassungsrechtliche (Lübbe-Wolff, DVBl. 1996, 825 (834)). 30

3. Gesamteuropäische Asylrechtsregelung

3.1. Prinzip der gerechten europäischen Lastenverteilung

3.1.1. Das »hinkende« System der Lastenverteilung

31 Das BVerfG hat andererseits klare Vorgaben zum Verhältnis von Art. 16 a II GG und Art. 16 a V GG entwickelt: Mit der Reform des Asylrechts hat seiner Ansicht nach der verfassungsändernde Gesetzgeber eine Grundlage geschaffen, um durch völkerrechtliche Vereinbarungen für die Zuständigkeit für die Prüfung von Asylbegehren und die gegenseitige Anerkennung von Asylentscheidungen eine europäische Gesamtregelung der Schutzgewährung für Flüchtlinge mit dem Ziel der Lastenverteilung zwischen den an einem solchen System beteiligten Staaten zu erreichen (Art. 16 a V GG).

32 Unbeschadet derartiger Regelungen auf der Ebene des Völkerrechts berücksichtige er in Art. 16 a II GG die aus den weltweiten Flucht- und Wanderungsbewegungen entstehende Lage und wende sich deshalb von dem bisherigen Konzept ab, die Probleme, die mit der Aufnahme von politischen Flüchtlingen verbunden seien, allein durch Regelungen des innerstaatlichen Rechts zu lösen (BVerfGE 94, 49 (85) = NVwZ 1996, 700 (702)). Das Konzept der normativen Vergewisserung solle deshalb die »Grundlage dafür bieten, den schutzbegehrenden Ausländer im Interesse einer effektiven Lastenverteilung alsbald in den Drittstaat zurückzuführen« (BVerfGE 94, 49 (96) = NVwZ 1996, 700 (705, 706)).

33 Ausgangspunkt der Betrachtung ist Art. 16 a II 1 GG, der die EMRK und damit die Vertragsstaaten des Europarates in Bezug nimmt. Das vom BVerfG bei der Auslegung und Anwendung von Art. 16 a II GG hervorgehobene Interesse der Bundesrepublik an einer effektiven Verteilung der Lasten, die sich aus den weltweiten Flucht- und Wanderungsbewegungen ergeben, kann derzeit freilich nicht in ein völkerrechtlich anerkanntes System gerechter Lastenverteilung eingebracht werden, weil ein derartiges System nicht besteht.

34 Nach Ansicht des BVerfG tritt die Regelung des Art. 16 a II GG gegebenenfalls hinter völkerrechtlichen Vereinbarungen im Sinne von Art. 16 a V GG zurück (BVerfGE 94, 49 (86) = NVwZ 1996, 700 (702)). Mit Art. 16 a V GG habe der verfassungsändernde Gesetzgeber eine verfassungsrechtliche »Grundlage für die europäische Regelung des Flüchtlingsschutzes im Wege völkerrechtlicher Vereinbarungen« geschaffen (BVerfGE 94, 49 (89) = NVwZ 1996, 700 (706)).

35 Art. 16 a II GG ist ein Fremdkörper im System einer gerechten europäischen Lastenverteilung (Art. 16 a V GG), deren Errichtung als Handlungsziel im LS 1 a formuliert wird, da er einseitig die Interessen der Bundesrepublik in das Zentrum rückt, die Interessen der nicht der EG angehörenden Vertragsstaaten des Europarates demgegenüber vollständig unberücksichtigt lässt. Die Zuständigkeitsabkommen sind nicht das Vorbild für die Drittstaatenregelung des Art. 16 a II GG (so aber Häußer, VerwArch 1996, 241 (254 f.)). Aus dem Zusammenspiel der Regelungen in Art. 16 a II und Art. 16 a V GG wird vielmehr die Entstehung eines »hinkenden« europäischen Systems der Lastenverteilung erkennbar.

Im Westen entsteht ein multilaterales und inzwischen zu vergemeinschaftendes System des Lastenausgleichs, nach Osten hin wird eine Politik der Abdrängung der Flüchtlingslast praktiziert. Inzwischen sind durch Art. 30 a der EU-Verfahrensrichtlinie Vorkehrungen getroffen worden, dass die östlichen Grenzstaaten der EU gegenüber den angrenzenden Nicht-Migliedstaaten die Ausführung dieser Aufgabe übernehmen. Allerdings ist die Verfahrensrichtlinie derart umstritten, dass sie nicht rechtzeitig zum Beitritt der neuen EU-Mitgliedstaaten am 1. Mai 2004 in Kraft getreten ist.

3.1.2. Verhältnis zwischen Art. 16 a Abs. 5 und Art. 16 a Abs. 2 GG

Die fachgerichtliche Rechtsprechung hatte unter Hinweis auf die Gesetzesmaterialien darauf hingewiesen, dass die verfassungsrechtliche Drittstaatenregelung von dem Gedanken getragen sei, jedem Asylsuchenden die Prüfung des Asylantrags zu gewährleisten, ohne ihm das Recht einzuräumen, sich den zur Durchführung des Asylverfahrens zuständigen Staat aussuchen zu können. Voraussetzung für die Einführung der Drittstaatenregelung sei daher, dass der zurückgeführte Asylsuchende im sicheren Drittstaat sein Asylverfahren betreiben könne (VG Chemnitz, NVwZ-Beil. 1995, 57; VG Arnsberg, InfAuslR 1996, 40 (42) = EZAR 216 Nr. 1 = NVwZ-Beil. 1996, 3).

Demgegenüber differenziert das BVerfG zwischen der verfassungsrechtlichen Grundlage für völkerrechtliche Zuständigkeitsvereinbarungen nach Art. 16 a V GG und der Drittstaatenregelung nach Art. 16 a II GG. Zwar trete die Drittstaatenregelung hinter völkerrechtlichen Vereinbarungen nach Art. 16 a V GG zurück (BVerfGE 94, 49 (86) = NVwZ 1996, 700 (702)). Unklar bleiben die Ausführungen des BVerfG jedoch im Blick darauf, ob und unter welchen verfahrensrechtlichen Voraussetzungen die Drittstaatenregelung die Eröffnung des Verfahrenszugangs im sicheren Drittstaat verlangt (vgl. BVerfGE 94, 49 (86 ff.) = NVwZ 1996, 700 (703 f.)).

Die Vorrangstellung des Art. 16 a V GG wird in der Literatur so verstanden, dass zwischen dieser Norm und Art. 16 a II GG ein Subsidiaritätsverhältnis besteht (Lübbe-Wolff, DVBl. 1996, 825 (828)). Sollte dies zutreffen, würde die Drittstaatenregelung wieder aufleben, wenn im Einzelfall eine Übernahme nach einem Abkommen im Sinne von Art. 16 a V GG misslingt. Fraglich erscheint jedoch, ob ein derartiges Wechseln zwischen den verschiedenen Systemen der Lastenverteilung zulässig ist. Vielmehr spricht einiges dafür, dass das einmal eingeschlagene Verfahren aufgrund eines Zuständigkeitsabkommens nach Art. 16 a V GG beizubehalten und Konflikte nach Maßgabe dieses Abkommens zu lösen sind.

Auch hier wäre ein klärendes Wort des BVerfG notwendig gewesen. Denn Art. 16 a V GG eröffnet nicht den Zugang zu einem System, das subjektive Rechte auf Verfahrenszugang eröffnet (zweifelnd Renner, ZAR 1996, 103 (104). Der Schutz des Art. 16 a I GG entfällt, weil eine auf das Verhältnis zwischen Art. 16 a V GG und Art. 16 a II GG abstellende Betrachtungsweise der Subsidiarität die Asylrechtsgewährleistungsnorm des Art. 16 a I GG ausklammert.

Das BVerfG ignoriert darüber hinaus mit seiner Interpretation von Art. 16 a II GG die völkerrechtliche Ausgangslage, derzufolge die GFK auf dem Prinzip

§ 26 a *Asylverfahren*

der einzelstaatlichen Verantwortlichkeit beruht. Die Staaten haben es von Anfang an versäumt, ein zwischenstaatliches System der Lastenverteilung im Flüchtlingsrecht zu entwickeln, sodass seit Beginn der siebziger Jahre in Westeuropa und Nordamerika jeder Staat versucht, Asylsuchende in das Nachbarland oder das letzte Aufenthaltsland abzuschieben.

42 Nach dem Völkerrecht werden die Zulassung zum Staatsgebiet und die Verfahrenseröffnung durch jeden einzelnen Staat für sich geregelt, ohne gezwungen zu sein, internationale Interessen besonders zu berücksichtigen (Hathaway, Harvard International Law Journal 1990, 131 (178)). Das Refoulementverbot nach Art. 33 GFK richtet sich andererseits an den Staat, der im konkreten Einzelfall vom Flüchtling um Schutz ersucht wird, unabhängig von dem zuvor zurückgelegten Reiseweg. Dieser Staat muss effektiv ausschließen, dass der Flüchtling in den behaupteten Verfolgerstaat abgeschoben wird. Will er ihn in einen anderen Staat abschieben, muss er ebenso effektiv ausschließen, dass er von dort nicht in den Verfolgerstaat weitergeschoben wird.

43 Auch das BVerfG verweist auf diesen allgemein anerkannten Inhalt des Refoulementverbotes (BVerfGE 94, 49 (92) = NVwZ 1996, 700 (704)). Ob es diesem indes mit dem Konzept der normativen Vergewisserung gerecht werden kann, erscheint fraglich. In der mündlichen Verhandlung vor dem BVerfG wie auch während der Anhörung vor dem Bundestag wurde wiederholt darauf hingewiesen, dass zur effektiven Umsetzung des Refoulementverbotes die Einzelfallprüfung nicht ausgeschlossen werden darf. Diese wird indes durch Art. 16 a II GG grundsätzlich beseitigt (BVerfGE 94, 49 (96) = NVwZ 1996, 700 (704, 705, 707)).

44 Völkerrechtlich wäre dies allenfalls zulässig, wenn Vereinbarungen die Verantwortlichkeit eines Staates festlegen, der für die Behandlung des Asylbegehrens zuständig ist. Dies ist aber bei der Auslegung und Anwendung von Art. 16 a II GG anders als im Rahmen von Art. 16 a V GG gerade nicht vorausgesetzt (BVerfGE 94, 49 (96) = NVwZ 1996, 700 (705)). Vielmehr bietet Art. 16 a II GG nach Ansicht des BVerfG in der Bundesrepublik die innerstaatliche Grundlage dafür, den schutzbegehrenden Ausländer im Interesse einer effektiven Lastenverteilung alsbald in den Drittstaat zurückzuführen (BVerfGE 94, 49 (96) = NVwZ 1996, 700 (705)), um so die Lasten, die mit der großen Zahl von Asylanträgen in der Bundesrepublik verbunden sind, in sofort wirksamer werdender Weise zu verteilen (BVerfGE 94, 49 (101) = NVwZ 1996, 700 (706)).

45 Das BVerfG versäumt es, dem Gesetzgeber aufzuerlegen, die Drittstaatenregelung des Art. 16 a II GG in völkerrechtlich tragfähiger Weise umzusetzen. Die verfassungsrechtliche Interpretation ist ausschließlich innerstaatlich orientiert, ihre Ausgestaltung erfordert nicht einmal bilaterale Abkommen, vorausgesetzt, der Gesetzgeber beachtet die Anforderungen des Konzeptes der normativen Vergewisserung. So entsteht ein »hinkendes« System der Lastenverteilung. Die Behauptung, die belasteten Staaten würden aufgrund der Auswirkungen der Drittstaatenregelung an den europäischen Harmonisierungsprozess herangeführt (Lehnguth/Maassen, ZfSH/SGB 1993, 281 (283)), ist fragwürdig und wird durch die bisherige Erfahrung nicht getragen.

Sichere Drittstaaten § 26 a

Vielmehr enthalten die derzeit zwischen west- und ost- bzw. südosteuropäischen Staaten einerseits sowie zwischen den ost-, südost- und zentraleuropäischen Staaten andererseits abgeschlossenen bilateralen Abkommen zur Übernahme von Ausländern in aller Regel keine effektiven Schutzbestimmungen zugunsten der Flüchtlinge und werden deshalb den vom Völkerrecht geforderten Mindestbedingungen nicht gerecht (Marx, Handbuch, § 38 Rdn. 18). Generelle Abkommen zur Rückführung von Ausländern müssen wegen Art. 33 GFK besondere Regelungen zum Schutze der Flüchtlinge enthalten, da andernfalls die Vertragsstaaten ihre völkerrechtlichen Verpflichtungen nicht erfüllen können (Marx, International Journal of Refugee Law 1995, 383 (396)). Demgegenüber wird in der Literatur selbst in dem Fall gegen die Anwendung der Drittstaatenregelung keine Bedenken erhoben, in dem zwischen dem »Viertstaat« und dem Herkunftsstaat ein Rücküberahmeabkommen besteht (Maassen/de Wyl, ZAR 1996, 158 (164)), eine Weiterschiebung in den Herkunftsstaat mangels asylrechtlicher Schutzbestimmungen im Rücküberahmeabkommen also programmiert ist. 46

3.2. Die Dublin II-Verordnung

Das völkerrechtliche Prinzip der einzelstaatlichen Zuständigkeit kann nur durch ein System zwischenstaatlicher Kooperation ersetzt werden, das hinreichend sicher gewährleistet, dass ein schutzbegehrender Flüchtling erst nach gewissenhafter Prüfung seiner Verfolgungsbehauptungen und deren Verneinung in den Herkunftsstaat abgeschoben wird. Das SDÜ und auch die DÜ enthielten Ansätze für die Entwicklung eines derartigen Systems (s. hierzu im Einzelnen: § 29 Rdn. 52 ff.). Das SDÜ war durch Inkrafttreten des DÜ am 1. September 1997 insoweit außer Kraft getreten. Das DÜ ist durch die EG-Verordnung 343/2003 (Dublin II–VO) mit Wirkung vom 1. September 2003, also durch ein gemeinschaftsrechtliches Instrument, ersetzt worden (§ 29 Rdn. 39 ff.). 47

Das SDÜ (vgl. Art. 29 II 2), das DÜ (vgl. Art. 3 V) und auch die bezeichnete EG-Verordnung enthalten »Fluchtklauseln«, die es dem um Schutz ersuchten Staat erlauben, den Flüchtling nicht an den nach dem Abkommen an sich zuständigen Staat, sondern an einen Staat außerhalb des multilateralen Vertragskontextes zu verweisen. Damit durchbrechen die Vertragsstaaten also das dem Übereinkommen zugrundeliegende Konzept, demzufolge stets ein Staat zur Prüfung des Asylgesuchs zuständig sein soll (Achermann, Schengen und Asyl, S. 79 (109)). 48

Für den gegenseitigen Vertragsverkehr der DÜ-Staaten ist damit nicht uneingeschränkt sichergestellt, dass der Asylsuchende im Drittstaat Zugang zu einem Asylverfahren erhält, wie das BVerfG in Ansehung des SDÜ zu Unrecht behauptet (BVerfGE 94, 49 (87) = NVwZ 1996, 700 (702)). Erst wenn die Bundesrepublik und auch die übrigen Mitgliedstaaten Art. 3 III der Dublin II-VO nicht anwenden, ist gewährleistet, dass ein System der Lastenverteilung in Europa errichtet wird, das innerhalb eines geschlossenen Kreises von Staaten einen effektiven Verfahrenszugang eröffnet und dadurch den völker- 49 rechtlichen Anforderungen des Art. 33 GFK genügt. Solange jedoch mit Art. 16 a II GG die Möglichkeit eingeräumt wird, die Lastenverteilung nicht innerhalb eines derartig geschlossenen Staatenkreises zu lösen, sondern einseitig ohne tragfähige völkerrechtliche Schutzgarantien gegen Abschiebungen in das Herkunftsland, ist die innerstaatliche Drittstaatenregelung völkerrechtlich bedenklich.

3.3. Verfassungsauftrag für den Gesetzgeber

50   Das BVerfG formuliert in LS 1a das gesetzgeberische Ziel, eine europäische Gesamtregelung der Schutzgewährung für Flüchtlinge mit dem Ziel einer Lastenverteilung zwischen den an einem solchen System beteiligten Staaten zu erreichen (BVerfGE 94, 49). Damit enthält die Verfassung nach Ansicht des BVerfG einen klaren Auftrag an die Bundesregierung, völkerrechtliche Grundlagen zu schaffen, damit in einem geschlossenen Kreis von Staaten der Rechtsschutz für Flüchtlinge effektiv gewährleistet werden kann. Verfassungsrechtliche Grundlage hierfür ist Art. 16 a V GG, der Vorrang vor der einseitigen Lastenabwälzungsnorm des Art. 16 a II GG hat (BVerfGE 94, 49 (86) = NVwZ 1996, 700 (702, 706)).

51   Der auf Art. 16 a V GG beruhende Auftrag zur Schaffung eines multilateralen Vertragskontextes ist allerdings nicht auf die EG-Staaten begrenzt. Vielmehr können die EG-Staaten auch dritte Staaten in derartige völkerrechtliche Verträge einbinden (Art. 16 a V 1 GG), um so schrittweise einen geschlossenen Kreis von Staaten zu bilden, innerhalb dessen der Verfahrenszugang effektiv sichergestellt ist. Der verfassungsrechtliche Auftrag des Art. 16 a V GG, den das BVerfG mithin für die Bundesregierung formuliert, geht dahin, mit Hilfe multilateraler Abkommen den Rechtsschutz für Flüchtlinge schrittweise fortzuentwickeln, um so Art. 16 a II GG überflüssig zu machen. Verfassungsrechtliches Ziel ist also die Auflösung des »hinkenden« Systems der Lastenverteilung durch Schaffung einer gesamteuropäischen multilateralen Lösung (LS 1a). Durch Art. 63 EG-Vertrag ist Art. 16 V GG indes historisch überholt worden.

4. Verfassungsrechtliche Konzeption sicherer Drittstaaten

4.1. Materieller Asylausschluss (Art. 16 a Abs. 2 Satz 1 GG, Abs. 1 Satz 1und 2)

52   Das vom verfassungsändernden Gesetzgeber gewählte Konzept der sicheren Drittstaaten *schränkt* nach Ansicht des BVerfG den *persönlichen Geltungsbereich der Asylrechtsgewährleistung des Art. 16 a I GG ein*. Die Vorschrift von Abs. 1 S. 1 wiederholt lediglich den Wortlaut von Art. 16 a II 1 GG. Ihr kommt daher keine eigenständige Bedeutung zu. Wer aus einem sicheren Drittstaat anreise, bedürfe des asylrechtlichen Schutzes nicht, weil er in dem Drittstaat Verfolgungsschutz hätte finden können. Dementsprechend bestimmt Abs. 1 S. 2,

dass der Antragsteller nicht als Asylberechtigter anerkannt wird. Der Asylausschluss ist nach Ansicht des BVerfG nicht davon abhängig, ob der Ausländer in den Drittstaat zurückgeführt werden kann oder soll.

Ein Asylverfahren finde nicht statt. Es entfalle auch das als Vorwirkung eines grundrechtlichen Schutzes gewährleistete vorläufige Bleiberecht (BVerfGE 94, 49 (87) = NVwZ 1996, 700 (702, 704)). Solle der Ausländer in den Drittstaat zurückgeführt werden, würden für ihn entsprechend der inhaltlichen Reichweite des Art. 16 a II GG auch die materiellen Rechtspositionen, auf die sich ein Ausländer sonst gegen seine Abschiebung stützen könne (§§ 51 I, 53 AuslG 1990, jetzt § 60 I–VII AufenthG) nicht in Betracht kommen. 53

Damit ist der in der dritten Auflage vertretenen Rechtsansicht, Art. 16 a II 1 GG schließe die Berufung auf das Asylgrundrecht nicht vollständig aus, die verfassungsrechtliche Grundlage entzogen worden. Da das BVerfG auch die Berufung auf den Refoulementschutz nach Art. 33 GFK (§ 51 I AuslG 1990, § 60 I AufenthG) und Art. 3 EMRK (§ 53 IV AuslG 1990, § 60 V AufenthG) grundsätzlich ausschließt, kann es zu Kollisionen mit Völkerrecht kommen. Denn aus der Regelungstradition des Völkerrechts folgt, dass vor einer Rückführung in einen Drittstaat Behauptungen des Betroffenen über die fehlende Sicherheit in diesem Staat nachgegangen wird (so der Sachverständige Prof. Dr. Walter Kälin in der mündlichen Verhandlung (A VI)). 54

Für den Geltungsbereich von Art. 3 EMRK hat der EGMR anders als das BVerfG ausdrücklich festgestellt, dass sich der Vertragsstaat eines multilateralen Zuständigkeitsabkommens durch Verweis auf die völkerrechtliche Zuständigkeit eines anderen Vertragsstaates nicht seiner eigenen aus Art. 3 EMRK folgenden völkerrechtlichen Verpflichtungen entledigen kann (EGMR, = InfAuslR 2000, 321 (323) NVwZ 2001, 301 = EZAR 933 Nr. 8 – *T.I.*; Marx, InfAuslR 2000, 313*)*. Daher können Konflikte mit völkerrechtlichen Verpflichtungen nur vermieden werden, wenn das Konzept der normativen Vergewisserung hinreichend sicheren Refoulementschutz gewährleistet. 55

Der verfassungsändernde Gesetzgeber sieht mit der Regelung des Art. 16 a II 1 GG den Schutz vor politischer Verfolgung als sichergestellt an, wenn der schutzbegehrende Ausländer in einem anderen Staat Aufnahme finden kann, in dem die GFK und die EMRK Anwendung finden. Der verfassungsändernde Gesetzgeber unterscheidet dabei zwischen EG-Staaten (Art. 16 a II 1 GG), die unmittelbar kraft Verfassung sichere Drittstaaten sind, und Drittstaaten, die durch einfaches Bundesgesetz zu sicheren Drittstaaten erklärt werden (Art. 16 a II 2 GG). Beruht die Regelung des Art. 16 a II 1 GG nach Ansicht des BVerfG auf einer im Wesentlichen einheitlichen Rechtsüberzeugung der EG-Mitgliedstaaten (BVerfGE 94, 49 (88) = NVwZ 1996, 700 (703)), soll im Blick auf die anderen sicheren Drittstaaten das Konzept der normativen Vergewisserung gewährleisten, dass Schutz vor politischer Verfolgung sichergestellt ist (BVerfGE 94, 49 (95 ff.) = NVwZ 1996, 700 (704 f., 708)). 56

4.1.1. EG-Mitgliedstaaten (Art. 16 a Abs. 2 Satz 1 GG)

Der verfassungsunmittelbaren Erklärung der EG-Staaten zu sicheren Drittstaaten liegt nach der Auffassung des BVerfG die Vorstellung zugrunde, dass ein Ausländer in allen EG-Staaten Schutz vor politischer Verfolgung und vor 57

Weiterschiebung finden kann (BVerfGE 94, 49 (88) = NVwZ 1996, 700 (703)). Der verfassungsändernde Gesetzgeber habe sich bei der Regelung des Art. 16 a II 1 GG davon leiten lassen, dass in allen EG-Staaten die GFK und EMRK gelten und beide Konventionen auf der Grundlage gemeinsamer Rechtsüberzeugungen im Rahmen der Flüchtlingspolitik auch prinzipiell angewendet würden. Im Schrifttum wird zustimmend auf den »besonders engen Verbund gleichartiger politischer Wertvorstellungen« in den EG-Staaten hingewiesen, der es rechtfertige, von Verfassungs wegen ein »blindes«, d. h. von keinerlei zusätzlichen Vorbedingungen abhängiges Vertrauen zu setzen (Tomuschat, EuGRZ 1996, 381).

58 Art. 16 a II 1 GG umfasst nach Ansicht des BVerfG den jeweils aktuellen Bestand der EG-Staaten. Werde ein durch Gesetz nach Art. 16 a II 2 GG zum sicheren Drittstaat bestimmter Staat Mitglied der EG, so beurteile sich vom Wirksamwerden seines Beitritts an seine Eigenschaft als sicherer Drittstaat allein nach Art. 16 a II 1 GG. Die Anlage I zu § 26 a werde insoweit gegenstandslos. Obwohl im konkreten Verfahren Österreich mit Wirkung vom 1. Januar 1995 EU-Mitgliedsstaat geworden war (BVerfGE 94, 49 (108) = NVwZ 1996, 700 (707)), hat das BVerfG dennoch geprüft, ob die an eine Aufnahme in die Anlage I zu § 26 a nach Art. 16 a II 1 GG zu stellenden Anforderungen vom Gesetzgeber beachtet worden waren. Andererseits hat das Gericht die Situation in Griechenland nicht untersucht (BVerfGE 94, 49 (106 ff.) = NVwZ 1996, 700 (707)).

4.1.2. Sichere Drittstaaten nach Art. 16 a Abs. 2 Satz 2 GG, Abs. 2 in Verb. mit Anlage I

4.1.2.1. Prüfkriterien

59 Art. 16 a II 2 GG ermächtigt den Gesetzgeber, durch Bundesgesetz mit Zustimmung des Bundesrates andere Staaten zu bestimmen, auf die die Voraussetzungen des Art. 16 a II 1 GG zutreffen. Der Gesetzgeber hat aufgrund der verfassungsrechtlichen Ermächtigung gemäß § 26 a II in Verb. mit Anlage I Finnland, Norwegen, Österreich, Polen, Schweden, Schweiz und die Tschechische Republik zu sicheren Drittstaaten erklärt. Anlage I hat nur noch für Norwegen und die Schweiz Bedeutung (vgl. BVerfGE 94, 49 (108) = NVwZ 1996, 700 (707)). Maßgebend ist im Blick auf die jetzigen EG-Mitgliedstaaten nur noch Art. 16 a II 1 GG.

60 Die Bestimmung nach Art. 16 a II 2 GG setzt voraus, dass in dem Staat die Anwendung der GFK und EMRK sichergestellt ist. Davon kann nach Ansicht des BVerfG nur die Rede sein, wenn der Staat den beiden Konventionen sowie dem Protokoll über die Rechtsstellung der Flüchtlinge von 1967 beigetreten ist (BVerfGE 94, 49 (90) = NVwZ 1996, 700 (703)). Das BVerfG scheint allerdings nicht die Zusatzprotokolle zur EMRK berücksichtigen zu wollen (so bereits Huber, NVwZ 1993, 736 (738); zustimmend Maaßen/de Wyl, ZAR 1996, 158 (159); krit. hierzu Frowein/Zimmermann, JZ 1996, 753 (756)).

61 Weiterhin verlangt das Gericht, dass der Staat sich den Kontrollverfahren unterworfen haben muss, welche beide Konventionen vorsehen (BVerfGE 94, 49 (90) = NVwZ 1996, 700 (703). Erwähnt wird nur das Individualbeschwer-

deverfahren nach Art. 25 EMRK a. F. (jetzt Art. 34 EMRK). Kritisch wurde deshalb eingewandt, es sei schwer verständlich, dass die Unterwerfung unter die Gerichtsbarkeit des Gerichtshofes (Art. 46 EMRK a. F.) nicht ausdrücklich gefordert wurde (Frowein/Zimmermann, JZ 1996, 753 (756)). Allerdings ist mit Wirkung vom 1. November 1998 nach Maßgabe von EMRK Prot. Nr. 11 ein neues Verfahren in Kraft getreten, durch das die Kommission abgeschafft wurde und alle Beschwerdeverfahren beim Gerichtshof konzentriert worden sind. Beschwerdeführer haben nunmehr unmittelbaren Zugang zum Gerichtshof. Die Vertragsstaaten können den Zugang zum EGMR nicht mehr ausschließen.

Im Blick auf Art. 25 EMRK a. F. ist die Verwendung des Begriffs »Kontrollverfahren« sicherlich zutreffend. Der Hinweis des Gerichts auf ein Kontrollverfahren im Zusammenhang mit der GFK verkennt, dass die Verpflichtung zur Zusammenarbeit mit UNHCR nach Art. 35 GFK rechtlich etwas völlig anderes als ein Kontrollverfahren ist. Eines der wesentlichen Defizite der GFK ist ja gerade ihr fehlender Durchsetzungsmechanismus. **62**

Überdies ist nach Ansicht des BVerfG die Anwendung der Konventionen erst dann nicht gewährleistet, wenn deren »*regelmäßige*« *Nichtbeachtung* festgestellt werden kann (BVerfGE 94, 49 (93) = NVwZ 1996, 700 (704)). Die in den konkreten Verfahren vorgetragenen Einzelfälle, in denen die Konventionen verletzt worden waren, vermögen mithin nach dieser Rechtsansicht die generelle Bestimmung eines Staates als sicherer Drittstaat nicht zu erschüttern. **63**

Gefordert wird vom BVerfG die vorbehaltlose Ratifizierung von Art. 1 GFK, so dass Staaten wie die Türkei und früher Italien, welche den Europavorbehalt nach Art. 1 B GFK erklärt haben und deshalb nichteuropäische Flüchtlinge aus dem Anwendungsbereich der GFK ausschließen, nicht zu sicheren Drittstaaten erklärt werden können (BVerfGE 94, 49 (90) = NVwZ 1996, 700 (703)). Die in Anlage I zu § 26 a aufgenommenen Staaten haben keinen geographischen Vorbehalt nach Art. 1 GFK erklärt. Unklar ist jedoch, wie dieser Grundsatz im Blick auf die Drittstaaten, die vom sicheren Drittstaat als sicher erklärt worden sind (»Viertstaat«), zu handhaben ist. **64**

Schließlich müssen die Organe des Drittstaates nach dessen Rechtsordnung verpflichtet sein, die Konventionen auch anzuwenden. Dies setzt nach dem BVerfG voraus, dass der Staat nach seiner Rechtsordnung einen Ausländer nicht in den behaupteten Verfolgerstaat abschieben darf, ohne vorher geprüft zu haben, ob ihm dort Verfolgung im Sinne von Art. 33 GFK oder eine Behandlung droht, vor welcher Art. 3 EMRK Schutz gewährt (BVerfGE 94, 49 (87) = NVwZ 1996, 700 (703)). **65**

4.1.2.2. Einschätzungs- und Entscheidungsspielraum des Gesetzgebers

Nach Ansicht des BVerfG ist dem Gesetzgeber die Bestimmung von Staaten zu sicheren Drittstaaten durch »grundrechtsausfüllendes Gesetz« nach den dafür in Art. 16 a II 1 GG aufgestellten Prüfkriterien als eigenständige Aufgabe anvertraut (BVerfGE 94, 49 (93) = NVwZ 1996, 700 (704)). Bei den für die Frage der Sicherstellung der Anwendung der beiden Konventionen notwendigen tatsächlichen Feststellungen dürfe er bei einem Staat, der nach seiner **66**

Rechtsordnung und generellen Praxis die Gesetzmäßigkeit seiner Verwaltung grundsätzlich gewährleiste, regelmäßig davon ausgehen, dass die Organe dieses Staaten sich an geltendes Recht, mithin an die beiden Konvention hielten (BVerfGE 94, 49 (93)).

67 Dem Gesetzgeber stehe bei seinen Beobachtungen und bei seinen durch begründete Bedenken veranlassten näheren Nachprüfungen ein Spielraum bei der Auswahl seiner Erkenntnismittel zu. In diesem Rahmen halte er sich, wenn er seine Entscheidung auf der Grundlage amtlicher Informationen nationaler und – soweit zugänglich – internationaler Organe und unter Berücksichtigung ihm sonst vorliegender Erkenntnismittel treffe (BVerfGE 94, 49 (93)). Bei der Beurteilung der so gewonnenen Tatsachengrundlage nach dem für eine Sicherstellung der Anwendung der beiden Konventionen dargestellten Maßstab stehe dem Gesetzgeber ein Einschätzungs- und Entscheidungsspielraum zu. Seine Entscheidung müsse sich als vertretbar erweisen (BVerfGE 94, 49 (93)).

68 Hiergegen wird eingewendet, dass die zur Begründung der Zurücknahme der Kontrolldichte herangezogene Prämisse sich – anders als im Falle des Art. 16 a III GG, der insoweit eine subjektive Einschätzungskomponente enthalte, als dort die Abwesenheit von politischer Verfolgung und unmenschlicher oder erniedrigender Behandlung oder Bestrafung nur gewährleistet erscheinen müsse – nicht auf eine Grundlage im Normtext des Art. 16 a II 1 GG stützen könne (Frowein/Zimmermann, JZ 1996, 753 (756)). Mit der Zurücknahme der verfassungsgerichtlichen Prüfungskompetenz gewähre das Gericht dem Gesetzgeber nicht nur einen Spielraum bei der Auswahl seiner Erkenntnismittel, sondern auch bei der prognostischen Beurteilung der so gewonnenen Erkenntnisgrundlagen. Damit werde eine sonst bisher nicht bekannte Reduktion der verfassungsgerichtlichen Kontrolle des Gesetzgebers hinsichtlich der Einhaltung ausdrücklicher Verfassungsgebote auf eine bloße »Vertretbarkeit« vorgenommen. Dafür habe die Verfassungsänderung jedoch keinen Anlass geboten (Frowein/Zimmermann, JZ 1996, 753 (757)).

69 Bemerkenswert ist, dass im Urteil des BVerfG zu den sicheren Herkunftsstaaten die Richter Limbach, Sommer und im eingeschränkten Umfang Richter Böckenförde in ihren Sondervoten die Zurücknahme der verfassungsgerichtlichen Prüfungskompetenz als unvereinbar mit der bisherigen Rechtsprechung des BVerfG zu gesetzgeberischen Entscheidungsund Wertungsspielräumen kritisiert haben (BVerfGE 94, 115 (159 ff.) = NVwZ 1996, 691 (698 ff.)). Dagegen hat lediglich ein Richter im Urteil zur Drittstaatenregelung im Hinblick darauf, dass dort dem Gesetzgeber ein Einschätzungs- und Entscheidungsspielraum gewährt wird, gegen die Entscheidung gestimmt, allerdings ohne die abweichende Meinung zu begründen (BVerfGE 94, 49 (114)).

70 Die Großzügigkeit, mit der das Gericht die Einschätzungen des Gesetzgebers von verfassungsgerichtlicher Kontrolle im weiten Umfang freigestellt hat, ist insbesondere deshalb bedenklich, weil sie der ohnehin fraglichen Logik des Konzepts der normativen Vergewisserung zuwiderläuft. Da dieses im Vertrauen auf den sorgfältigen und gewissenhaften Gesetzgeber die Einzelfallprüfung grundsätzlich beseitigt, sollte auf der normativen Ebene zumindest ein optimales Maß an Verlässlichkeit der Vergewisserungsentscheidung an-

gestrebt und müsste dies gerade durch besonders strenge Kontrollmaßstäbe abgesichert werden (Lübbe-Wolff, DVBl. 1996, 825 (831)).

Die Befürworter der verfassungsgerichtlichen Entscheidung heben hervor, dass sich die verfassungsgerichtliche Kontrolle auf eine »bloße Missbrauchskontrolle« reduziere (Maaßen/de Wyl, ZAR 1996, 158 (162)). Die Feststellungen des BVerfG seien insbesondere deshalb von Bedeutung, weil in verschiedenen Verfahren durch die Behauptung von Einzelfällen einer konventionswidrigen Behördenpraxis in Drittstaaten das BVerfG zur Überprüfung der gesetzgeberischen Entscheidung angerufen worden sei (Schelter/Maaßen, ZRP 1996, 408 (410)). Nunmehr sei klargestellt, dass die Anwendung der Vorgaben der Prüfkriterien des Art. 16 a II 1 GG im Wesentlichen außerhalb der verfassungsgerichtlichen Kontrolle stehe (Maaßen/de Wyl, ZAR 1996, 158 (162); Hailbronner, NVwZ 1996, 625 (626); Schelter/Maaßen, ZRP 1996, 408 (411)). 71

Der »Einschätzungs- und Entscheidungsspielraum« beziehe sich nicht auf eine einfache Tatsachenfeststellung für einen abgeschlossenen Sachverhalt in der Vergangenheit, sondern setze einerseits die Würdigung einer sich aus einer Vielzahl von Einzelkomponenten zusammensetzenden Gesamtlage, andererseits eine Feststellung mit prognostischen Elementen voraus. Dem Gesetzgeber müsse daher ein Spielraum zustehen, der nicht etwa zur Neutralisierung von Irrtümern diene, sondern den beschränkten Erkenntnismöglichkeiten Rechnung trage, die sich auf Wahrscheinlichkeiten stützen müssten (Tomuschat, EuGRZ 1996, 381 (382)). 72

Ergibt sich hieraus aus rechtsstaatlicher Sicht eigentlich die Notwendigkeit einer besonders strengen verfassungsgerichtlichen Kontrolle, wird das BVerfG lediglich wegen seiner Schlussfolgerung, die Entscheidung müsse sich als vertretbar erweisen, vorsichtig kritisiert, da dies ein zu dehnbarer Maßstab sei (Tomuschat, EuGRZ 1996, 381 (382)). 73

Die Reduzierung des verfassungsgerichtlichen Prüfungsmaßstabes auf eine »Vertretbarkeitskontrolle« lässt eine deutliche Tendenz erkennbar werden, das Asylrecht der Verfassung von rechtsstaatlichen Bindungen zu befreien und dem politischen Entscheidungsermessen anheim zu geben. Aus verfassungstheoretischer Sicht ist bemerkenswert, dass das BVerfG den Begriff des »*grundrechtsausfüllenden Gesetzes*« verwendet, ein Grundrecht also nach Maßgabe einfacher Gesetze konkretisiert werden soll. Da andererseits zwischen der Grundrechtsgewährleistung des Art. 16 a I GG und der Drittstaatenregelung eine wasserdichte Scheidewand errichtet wird, handelt es sich in Wirklichkeit nicht um ein grundrechtsausfüllendes Gesetzes, sondern um ein Gesetz, das die Grundrechtsverhinderungsvorschrift des Art. 16 a II GG (diesen Begriff verwendet Franßen, DVBl. 1993, 300 (301)) konkretisieren soll. 74

Bei der Festlegung der sicheren Drittstaaten, also der einfachgesetzlichen Voraussetzungen, die einer Berufung auf das Asylrecht entgegenstehen, wird dem Gesetzgeber ein weiter Spielraum gegeben. Der grundsätzliche Wegfall der Einzelfallprüfung wird also nicht durch eine möglichst strenge verfassungsgerichtliche Kontrolle des diesen Wegfall rechtfertigenden Gesetzes kompensiert, vielmehr wird die dadurch aufgerissene Rechtsschutzlücke noch zusätzlich dadurch erweitert, dass die politische Gestaltungsfreiheit des 75

Gesetzgebers weitgehend von rechtsstaatlichen Kontrollen freigehalten wird. Damit erweist sich die Drittstaatenregelung im Ergebnis als Versuch, das individualrechtlich ausgestaltete Asylrecht durch politische Gestaltungskompetenzen zu ersetzen.

4.1.2.3. Konzept der normativen Vergewisserung

76 Wiederholt verwendet das BVerfG den Begriff der normativen Vergewisserung über die Sicherheit im Drittstaat. Bereits der Begriffsinhalt macht deutlich, dass dieses Konzept sich auf die Staaten nach Art. 16 a II 2 GG bezieht. Für EG-Staaten bedarf es keiner normativen Vergewisserung, da diese bereits unmittelbar kraft Verfassung sicher sind (Art. 16 a II 1 GG). Der Regelungsgehalt des Art. 16 a II GG folgt aus dem mit dieser Verfassungsnorm verfolgten Konzept einer normativen Vergewisserung über die Sicherheit im Drittstaat (BVerfGE 94, 49 (96) = NVwZ 1996, 700 (704)).

77 Dieses Konzept hat mehrere Funktionen. Es hat zweifelos materielle Funktion, da sich die normative Vergewisserung darauf bezieht, dass der Drittstaat einen Betroffenen, der sein Gebiet als Flüchtling erreicht hat, Schutz nach der GFK und der EMRK gewährt (BVerfGE 94, 49 (96) = NVwZ 1996, 700 (704, 705)). Darüber hinaus hat das Konzept verfahrensrechtliche Funktion: Durch die normative Vergewisserung hat der Gesetzgeber sich Klarheit darüber verschafft, dass der Staat die GFK und die EMRK anwendet. Damit ist nach der Auffassung des BVerfG die Sicherheit des Flüchtlings im Drittstaat generell festgestellt. Art. 16 a II GG sehe nicht vor, dass dies im Einzelfall überprüft werden könne (BVerfGE 94, 49 (96) = NVwZ 1996, 700 (705)). Folglich sei der Ausländer mit einer Behauptung ausgeschlossen, in seinem Fall werde der Drittstaat – entgegen seiner sonstigen Praxis – Schutz verweigern (BVerfGE 94, 49 (96) = NVwZ 1996, 700 (705); dagegen im Blick auf Art. 3 EMRK, EGMR, InfAuslR 2000, 321 (323) = NVwZ 2001, 301 = EZAR 933 Nr. 8 – *T.I.*).

78 Damit erteilt das BVerfG dem in der dritten Auflage unternommenen Versuch, durch verfassungskonforme Interpretation Art. 16 a II 1 GG als widerlegliche Vermutung zu gestalten, eine eindeutige Absage: Auch ein Vergleich mit Art. 16 a III GG mache deutlich, dass eine Prüfung der Sicherheit eines Ausländers im Drittstaat im Einzelfall nicht stattfinde. Das sei auch der Wille des verfassungsändernden Gesetzgebers sowie der Sinn des Konzeptes der normativen Vergewisserung (BVerfGE 94, 49 (96) = NVwZ 1996, 700 (705)). Die normative Vergewisserung erstrecke sich darauf, dass der Drittstaat Flüchtlingen Schutz nach der GFK gewähre, sodass bei Einreise aus einem sicheren Drittstaat regelmäßig auch die Gewährung der materiellen Rechtsposition nach § 51 I AuslG 1990 nicht in Betracht komme (BVerfGE 94, 49 (97) = NVwZ 1996, 700 (705)). Solle dagegen der Betroffene in seinen Herkunftsstaat oder in einen anderen Staat, der nicht sicherer Drittstaat sei, abgeschoben werden, so seien die Voraussetzungen des § 51 I AuslG 1990 (jetzt § 60 I AufenthG) stets zu prüfen.

79 Schließlich umfasst die normative Vergewisserung die generelle Feststellung, dass einem Ausländer, der diesen Staat als Flüchtling erreicht, der Schutz der EMRK im sicheren Drittstaat gewahrt wird. Soll der im Bundesgebiet um

Schutz nachsuchende Flüchtling daher in diesen Drittstaat zurückgewiesen oder zurückverbracht werden, so entfällt nach dem BVerfG deshalb auch eine gesonderte Prüfung der in § 53 AuslG 1990 (jetzt § 60 II–VII AufenthG) geregelten Abschiebungshindernisse, soweit diese aus der EMRK folgen (BVerfGE 94, 49 (98) = NVwZ 1996, 700 (705); a. A. für § 53 IV AuslG EGMR, InfAuslR 2000, 321 (323) = NVwZ 2001, 301 = EZAR 933 Nr. 8 – *T.I.*). Jedoch könne sich der Ausländer auch nicht auf Abschiebungshindernisse im Sinne von § 53 VI 1 AuslG 1990 (jetzt § 60 VII 1 AufenthG) berufen. Das normative Vergewisserungskonzept des Art. 16 a II GG umfasse auch solche Gefährdungen. Einer hierauf bezogenen Prüfung bedürfe es deshalb vor einer Aufenthaltsbeendigung in einen sicheren Drittstaat auch insoweit nicht.

Damit scheint das BVerfG Vorbehalte im Schrifttum, die Art. 1 I GG nicht einer generellen Behandlung für zugänglich erachten (Pieroth/Schlink, Menschenwürde und Rechtsschutz bei der verfassungsrechtlichen Gewährleistung von Asyl, S. 669 (683 ff.); Renner, ZAR 1993, 118; Huber, NVwZ 1993, 736 (737); Hehl, ZRP 1993, 301 (303); a. A. Hailbronner, Reform des Asylrechts, S. 63 f.), für verfassungsrechtlich nicht durchgreifend anzusehen. Vielmehr umfasst die normative Vergewisserung seiner Ansicht nach Verfolgungsgefahren im Sinne des Asylrechts, des § 51 I AuslG sowie Gefahren im Sinne von § 53 AuslG. Der Ausländer, der aus einem sicheren Drittstaat einreise und sich auf derartige Bedrohungen im Herkunftsstaat oder im Drittstaat selbst berufe, sei mit einem derartigen Schutzbegehren ausgeschlossen, weil der Gesetzgeber wegen der ihn treffenden normativen Vergewisserungspflicht derartige Umstände bereits geprüft und hinreichend verlässlich ausgeschlossen habe. 80

Eine Einzelfallprüfung finde daher auch im Blick auf Gefahren im Sinne von § 51 I und § 53 AuslG 1990 grundsätzlich nicht statt. Vielmehr werde der Betroffene unverzüglich in den sicheren Drittstaat zurückverbracht. Sei dies nicht möglich, weil der Einreiseweg nicht festgestellt werden könne, stehe Art. 16 a II 1 GG zwar der Asylrechtsgewährung entgegen. Stets seien jedoch vor einer Abschiebung in den Herkunftsstaat die Voraussetzungen des §§ 51 I und 53 AuslG 1990 (jetzt § 60 I–VII AufenthG) zu prüfen (BVerfGE 94, 49 (97) = NVwZ 1996, 700 (705)). Jedoch scheint das BVerfG völkerrechtlich nicht tragfähige Konsequenzen seiner Auffassung durch die Entwicklung bestimmter Ausnahmekategorien abmildern zu wollen (dazu s. Rdn. 101 ff.). 81

Damit kann für den Begriffsinhalt der normativen Vergewisserungspflicht zusammenfassend festgehalten werden, dass diese sich an den einfachen Gesetzgeber richtet. EG-Staaten sind unmittelbar kraft Verfassung sichere Drittstaaten. Andere Staaten können durch den einfachen Gesetzgeber zu sicheren Drittstaaten erklärt werden. Auf diese Feststellung des BVerfG bezieht sich ganz offensichtlich die normative Vergewisserungspflicht (BVerfGE 94, 49 (95 f.) = NVwZ 1996, 700 (705)). Die Prüfkriterien ergeben sich aus der Verfassung, derzufolge die Anwendung der GFK und der EMRK im sicheren Drittstaat gewährleistet sein muss (Art. 16 a II 1 GG). 82

Der Drittstaat muss sich bei der inhaltlichen Prüfung der Flüchtlingseigenschaft an den Anforderungen des Refoulementverbotes nach Art. 33 GFK in Verbindung mit der Definition des Flüchtlingsbegriffs in Art. 1 A Nr. 2 GFK 83 orientieren. Von einer Sicherstellung der Anwendung kann nach dem BVerfG in der Regel dann nicht mehr gesprochen werden, wenn entweder nach der nationalen Rechtsordnung oder nach politischen Vorgaben Gruppen von Personen von vornherein nicht als Flüchtlinge in Betracht gezogen werden, sei es, dass die GFK nur unter regionalem Vorbehalt (Art. 1 B GFK), sei es, dass – etwa aus Gründen außenpolitischer Rücksichtnahme – Flüchtlingen aus bestimmten Staaten generell keine Zuflucht gewährt wird (BVerfGE 94, 49 (100) = NVwZ 1996, 700 (703)).

4.1.2.4. Verbot der Kettenabschiebung

84 Im Schrifttum waren gegen die Drittstaatenregelung insbesondere aus völkerrechtlichen Gründen Bedenken erhoben worden, weil das aus Art. 33 GFK folgende Verbot der Kettenabschiebung eine konkrete Einzelprüfung voraussetze, um verlässlich ausschließen zu können, dass der Drittstaat seinerseits nicht in den Herkunftsstaat weiterschiebe (Henkel, NJW 1993, 2705 (2708); Renner, ZAR 1993, 118 (121); Huber, NVwZ 1993, 736 (737)). Dieser rechtliche Gesichtspunkt gewann auch während der mündlichen Verhandlung vor dem BVerfG eine zentrale Bedeutung. Das BVerfG stellt in diesem Zusammenhang zunächst fest, dass das Refoulementverbot neben der unmittelbaren Verbringung in den Verfolgerstaat auch die Abschiebung oder Zurückweisung in solche Staaten, in denen eine Weiterschiebung in den Verfolgerstaat drohe, untersage (BVerfGE 94, 49 (92 f.) = NVwZ 1996, 700 (704)).

85 Das BVerfG bekräftigt darüber hinaus die weitergehende Interpretation des Refoulementverbotes, derzufolge auch das *Zurückweisungsverbot* in dessen Anwendungsbereich einbezogen ist. Diese Ausführungen stehen andererseits im Zusammenhang mit der normativen Vergewisserungspflicht, sodass das Verbot der Kettenabschiebung aus Sicht des BVerfG keine Einzelfallprüfung vor Verbringung in den Drittstaat voraussetzt: Die normative Vergewisserungspflicht fordere vom Gesetzgeber, dass er prüfe, ob der Drittstaat nach seiner Rechtsordnung einen Ausländer nicht in den behaupteten Verfolgerstaat abschiebe, ohne vorher geprüft zu haben, ob ihm dort Verfolgung im Sinne von Art. 33 GFK oder Folter oder unmenschliche Behandlung im Sinne von Art. 3 EMRK drohe (BVerfGE 94, 49 (92 f.) = NVwZ 1996, 700 (703)).

86 Dies erfordere nicht, dass Ausländern *im sicheren Drittstaat ein Prüfungsverfahren* offen stehe, das im Wesentlichen dem deutschen Asylverfahren entspreche. Schutzsuchenden müsse es aber nach den rechtlichen und tatsächlichen Verhältnissen im Drittstaat möglich sein, ein Schutzgesuch tatsächlich anzubringen und dadurch die Verpflichtung einer zuständigen Stelle zu begründen, hierüber nach vorgängiger Prüfung eine Entscheidung zu treffen (BVerfGE 94, 49 (91) = NVwZ 1996, 700 (703)). Allerdings könne der GFK weder die Verpflichtung zur Sicherstellung eines bestimmten Verfahrens entnommen werden noch habe sich insoweit eine über Art. 31 III b WVK verbindliche Staatenpraxis herausgebildet. Jedoch dürften sich die Staaten nicht durch das Unterlassen eines Verfahrens zur Prüfung der Flüchtlingseigenschaft den Verpflichtungen aus der GFK faktisch entziehen, zumal nur

Sichere Drittstaaten § 26 a

durch ein in irgendeiner Weise formalisiertes Verfahren festgestellt werden könne, ob eine Abschiebung das Refoulementverbot berühre (BVerfGE 94, 49 (91 f.) = NVwZ 1996, 700 (703)).

Gegen diese den völkerrechtlichen Refoulementschutz verkürzende generelle Betrachtungsweise ergeben sich schwerwiegende Bedenken: Prüfungsverfahren verfolgen den Zweck, die Refoulementgefahr auf ein Minimum zu reduzieren. Sie haben entweder die Prüfung der Flüchtlingseigenschaft oder die Sicherheit im Drittstaat vor der Gefahr der Weiterschiebung in den behaupteten Verfolgerstaat zum Gegenstand. Würden jedoch alle Staaten lediglich eine derartige Sicherheit im jeweils »dritten« Zielstaat prüfen, setzte der erste die Abschiebung in Gang setzende Staat eine *endlose Orbitkette* in Gang. 87

Formal wäre dem Refoulementverbot Genüge getan, weil jeder abschiebende Staat sich damit rechtfertigen könnte, dass der aus seiner Sicht dritte Staat nicht in den Herkunftsstaat weiterschiebt (Marx/Lumpp, International Journal of Refugee Law 1996, S. 419 (427)). Die dadurch ausgelöste endlose Orbitkette macht jedoch die effektive Erfüllung der völkerrechtlichen Verpflichtung aus Art. 33 GFK unmöglich, da sie jegliche Staatenverantwortlichkeit auflöst und den Flüchtling einem ungewissen Schicksal aussetzt mit einem hohen Risiko, irgendwann durch irgendeinen der abschiebenden Staaten in den Verfolgerstaat abgeschoben zu werden. 88

Im Rahmen der durch Art. 16 a V GG angesprochenen multilateralen Verträge wird die Zuständigkeit – und auch nach der am 1. September 2003 in Kraft getretenen Dublin II-VO – eines Mitgliedstaates für die Prüfung der Flüchtlingseigenschaft begründet, sodass grundsätzlich effektiver Refoulementschutz gewährleistet ist, sofern die Berufung auf Verweisungsklauseln an Staaten außerhalb des multilateralen Vertragssystems ausgeschlossen wird. Um im bilateralen Abschiebungsverkehr Refoulementschutz zu sichern, muss daher eindeutig der Zugang zum Asylverfahren zwischen den Vertragsparteien geregelt werden. 89

Der sich auf die Übernahmeverpflichtung des dritten Staates berufende Staat muss also die hinreichende Sicherheit haben, dass im Drittstaat ein Verfahren durchgeführt wird, das dem völkerrechtlichen Mindeststandard entspricht. Völkergewohnheitsrecht ist insoweit eindeutig: Die Staaten haben ihre völkerrechtlichen Verpflichtungen im Einzelfall zu identifizieren. Eine Verweisung des Flüchtlings an einen anderen Staat ist zwar erlaubt, jedoch nur, wenn dieser dort effektiv Refoulementschutz genießt. Dies setzt voraus, dass der abschiebende Staat sich vergewissert, dass der andere Staat nicht in den Herkunftsstaat weiterschiebt (EGMR, InfAuslR 2000, 321 (323) = NVwZ 2001, 301 = EZAR 933 Nr. 8 – *T.I.*). Die effektivste Garantie gegen diese Gefahr ist der uneingeschränkte Zugang zum Prüfungsverfahren mit dem Ziel, die Flüchtlingseigenschaft zu prüfen (Marx, International Journal of Refugee Law 1995, 383 (404 f.)). 90

4.1.2.5. Der Begriff des »Viertstaates«

Insbesondere an der Neuschöpfung des Begriffs des »Viertstaates« wird ersichtlich, welcher konzeptionelle und dogmatische Müheaufwand betrieben 91 worden ist, um völkerrechtlich bindende Verpflichtungen der Bundesrepublik dem Ziel der optimalen Freistellung des Gesetzgebers von rechtlichen Bindungen unterordnen zu können. Den Entscheidungsgründen ist anzumerken, dass über dieses zentrale Problem der Drittstaatenregelung bei den Beratungen offensichtlich intensiv gerungen und Kompromissformeln gefunden wurden, die schwer verständlich und extrem unklar sind: Auch ein sicherer Drittstaat, der seinerseits eine Drittstaatenregelung vorsieht, kann nach Ansicht des BVerfG gemäß Art. 16 a II 2 GG zum sicheren Drittstaat bestimmt werden. Allerdings dürfe der Staat nach seiner Rechtsordnung nicht befugt sein, Ausländer in einen solchen Staat abzuschieben, in dem ihnen die Weiterschiebung in den angeblichen Verfolgerstaat drohe, ohne dass dort (im »Viertstaat«) in einem förmlichen Verfahren geprüft worden sei, ob die Voraussetzungen der Art. 33 GFK und Art. 3 EMRK vorliegen würden, oder ein dementsprechender Schutz tatsächlich gewährleistet sei. Halte sich ein Staat (Drittstaat) zur Weiterschiebung von Flüchtlingen in einen anderen Staat für befugt, obwohl dort diese Voraussetzungen nicht gegeben seien, sei die Anwendung der GFK im Drittstaat nicht sichergestellt (BVerfGE 94, 49 (92) = NVwZ 1996, 700 (704)).

92   Hier wird das Rechtsschutzdefizit bilateraler Verweisungsmechanismen offensichtlich: Welches Recht hätte ein die Drittstaatenregelung praktizierender Staat wie die Bundesrepublik, dem aus seiner Sicht sicheren Drittstaat seinerseits die Befugnis zur Praktizierung einer Drittstaatenregelung abzusprechen? Hat die Bundesrepublik jedoch das Recht, dem vierten Staat die Befugnis zur Einführung einer Drittstaatenregelung zu bestreiten? Wo aber endet die Kette der ineinander verschachtelten Drittstaatenregelungen.

93   Dies verdeutlicht, dass bilaterale Lösungstechniken völkerrechtlichen Verpflichtungen kaum gerecht werden können. So fordert das BVerfG in diesem Zusammenhang auch lediglich, dass der Gesetzgeber nach Art. 16 a II 2 GG zwar prüfen muss, ob der Drittstaat Abschiebungen in einen weiteren Drittstaat praktiziert. Sicher sei der »Viertstaat« aber bereits dann, wenn dort in einem förmlichen Verfahren geprüft werde, ob die Voraussetzungen von Art. 33 GFK und Art. 3 EMRK vorliegen würden. Schiebe der Drittstaat in einen weiteren Drittstaat ab, obwohl dort diese Voraussetzungen nicht erfüllt seien, sei die Anwendung der GFK im Drittstaat nicht sichergestellt. Die Voraussetzungen von Art. 33 GFK seien im weiteren Drittstaat (»Viertstaat«) jedoch erfüllt, wenn er eine Weiterschiebung oder Zurückweisung in solche Staaten unterlasse, in denen eine Weiterschiebung in den Verfolgerstaat drohe (BVerfGE 94, 49 (92 f.) = NVwZ 1996, 700 (704)).

94   Die normative Vergewisserungspflicht beinhaltet damit, dass der Gesetzgeber zu prüfen hat, ob der Drittstaat seinerseits eine Drittstaatenregelung anwendet (zu Österreich s. ÖstVwGH, NVwZ-Beil. 2002, 33). Dieser »Viertstaat« muss in einem förmlichen Verfahren die Voraussetzungen von Art. 33 GFK und Art. 3 EMRK prüfen. Ist dies im »Viertstaat« nicht gewährleistet, ist im Drittstaat die Anwendung der GFK nicht sichergestellt und damit der Drittstaat nicht sicher. Andererseits verpflichten die GFK und EMRK den »Viertstaat« lediglich dazu, die Gefahr der Weiterschiebung in den Verfolgerstaat auszuschließen. Dies beinhaltet keine Aufnahmegewährung im »Viertstaat«.

Sichere Drittstaaten § 26 a

In einem gewissen Gegensatz hierzu steht die Feststellung des BVerfG, der »Viertstaat« müsse ein förmliches Verfahren bereithalten (BVerfGE 94, 49 (92) = NVwZ 1996, 700 (704)). Für die Prüfung der Gefahr der Weiterschiebung durch Organe eines dritten Staates in den Verfolgerstaat bedarf es jedenfalls nach der verfassungsrechtlichen Neukonzeption des Art. 16 a II 1 GG keines förmlichen Verfahrens. Dass der »Viertstaat« ein derartiges Verfahren bereithalten müsse, ist angesichts dessen eine hohle, eher der Verdeckung des eigenen schlechten Gewissens dienende Phrase. Förmliche Prüfungsverfahren dienen regelmäßig dem Zweck, die Flüchtlingseigenschaft inhaltlich zu prüfen. Das BVerfG wendet diese abstrakten Grundsätze auf das Verhältnis Bundesrepublik, Österreich und Ungarn an und kommt insoweit zu der Feststellung, dass in Ungarn inhaltlich über die Flüchtlingseigenschaft entschieden werde (BVerfGE 94, 49 (111) = NVwZ 1996, 700 (708)). Dies scheint darauf hinzudeuten, dass das BVerfG die normative Vergewisserungspflicht nicht über den »Viertstaat« hinaus erstrecken will. Die Ausführungen bleiben jedoch unklar. 95

Gegen die begriffliche, allein auf die innerstaatliche Rechtsanwendung in der Bundesrepublik zugeschnittene Neuschöpfung des »Viertstaates« ist einzuwenden: Mit dem Refoulementverbot sind endlose Verweisungsketten kaum vereinbar. Dementsprechend will das BVerfG diese Kette wohl spätestens im Viertstaat abschneiden. Schiebt dieser in einen weiteren Drittstaat (»Fünftstaat«) weiter, kann der Gesetzgeber des Art. 16 a II 1 GG sich nicht mehr hinreichend zuverlässig vergewissern, dass im Drittstaat die Anwendung der GFK sichergestellt ist. 96

Dogmatischer Ausgangspunkt ist damit die bilaterale Beziehung zwischen der Bundesrepublik und dem Drittstaat. Die Anwendung der GFK im Drittstaat ist nicht mehr sichergestellt, wenn von dort eine endlose Kette weiterer Verweisungen in Gang gesetzt wird. Denn in diesem Fall können Bundesrepublik und Drittstaat nicht mehr gemeinsam gewährleisten, dass die GFK beachtet wird. Erst ein auf Art. 16 a V GG beruhender multilateraler Mechanismus vermag diese extrem unbefriedigende Verweisungspraxis zu beseitigen und dem Völkerrecht gerecht zu werden. Demgegenüber wird in der Literatur ohne Auseinandersetzung mit den völkerrechtlichen Grundlagen des Prinzips des Non-Refoulements behauptet, die Verantwortung für die Beachtung dieses Prinzips trage allein der Viertstaat (Schoenemann, NVwZ 1997, 1049 (1050)). 97

Allerdings können die Ausführungen des BVerfG auch dahin interpretiert werden, dass die normative Vergewisserungspflicht nicht weiter als bis zu den Grenzen des »Viertstaates« reichen soll. Ist gewährleistet, dass der »Viertstaat« vor einer Abschiebung prüft, dass der Asylsuchende nicht in den behaupteten Verfolgerstaat oder in einen Staat abgeschoben wird, der möglicherweise in den behaupteten Verfolgerstaat abschiebt, ist der Drittstaat sicher. Was jenseits der Grenzen des »Viertstaates« mit dem Asylsuchenden geschieht, wäre bei einer derartigen Interpretation nicht mehr Inhalt der normativen Vergewisserungspflicht. Diese Interpretation stünde in Übereinstimmung mit der Auffassung, dass der verfassungsändernde Gesetzgeber mit Art. 16 a II GG das Konzept der Regionalisierung der Flücht- 98

§ 26 a   *Asylverfahren*

lingsaufnahme durchsetzen und die Flüchtlinge daher zwingen wolle, möglichst ortsnah zum Herkunftsstaat Schutz zu suchen (Lehnguth/Maassen, ZfSH/SGB 1995, 281 (282)). Dementsprechend würde auch nichts dagegen sprechen, »unbotmäßige« Flüchtlinge durch ineinandergreifende zwischenstaatliche Regelungstechniken wieder in die Heimatregion zurückschaffen zu lassen. Jedenfalls schließt das BVerfG eine derartige Folge der Anwendung der Drittstaatenregelung nicht hinreichend sicher aus.

99 Andererseits weist das BVerfG darauf hin, dass der verfassungsändernde Gesetzgeber den Schutz vor politischer Verfolgung nach Art. 16 a I GG als gewährleistet ansieht, wenn der Asylsuchende in einem anderen Staat Aufnahme finden kann, in dem die GFK angewendet wird (BVerfGE 94, 49 (97) = NVwZ 1996, 700 (702)). Erst die Aufnahme in einem Staat beendet die Gefahr, in eine endlose Orbitkette zu gelangen. Inhalt der normativen Vergewisserungspflicht wäre damit, dass der Asylsuchende spätestens im »Viertstaat« Aufnahme in diesem Sinne findet. Jedoch setzt das BVerfG sich mit der Frage, ob und in welchem Umfang die erforderliche Prüfung eine individualbezogene sein muss, nicht auseinander. Zutreffend wird dem Gericht deshalb vorgehalten, mit dem bloßen Erfordernis, dass überhaupt irgendein Prüfungsverfahren stattgefunden haben müsse, wende es einen »unvertretbar laxen Maßstab« an (Wolff-Lübbe, DVBl. 1996, 825 (830)).

100 Flüchtlinge, die über einen sicheren Drittstaat einreisen und in diesen zurückgeführt werden können, werden damit einem ungewissen Schicksal überantwortet. Die vom BVerfG dem Gesetzgeber vorgegebenen Maßstäbe sind nicht geeignet, eine endlose Orbitkette hinreichend zuverlässig auszuschließen. Der vermeintlich sichere Rückzug auf den Schutz nach § 51 I AuslG 1990 (jetzt § 60 I AufenthG) könnte sich andererseits als trügerisch erweisen. In Betracht kommt er ohnehin nur, wenn die Rückführung in den sicheren Drittstaat nicht möglich ist. Da das BVerfG im Rahmen der normativen Vergewisserung sehr lax mit völkerrechtlichen Verpflichtungen der Bundesrepublik umgeht, besteht die Gefahr, dass seine für den Gesetzgeber entwickelten Vorgaben mit einem gewissen Recht erst recht von der Verwaltung in Anspruch genommen werden könnten.

4.2. Einzelfallprüfung

4.2.1. Materielle Kriterien

101 Die umstrittenste Rechtsfrage im Zusammenhang mit der verfassungsrechtlichen Drittstaatenregelung betraf die Frage, ob und gegebenenfalls unter welchen Umständen dem Einzelnen die Möglichkeit einer Entkräftung der nach dem Wortlaut von Art. 16 a II GG unwiderleglichen Vermutung der Sicherheit im Drittstaat gewährt werden muss. Das BVerfG ist dieser Frage nicht ausgewichen, hat jedoch extrem enge Kriterien entwickelt, denen zufolge eine Einzelfallprüfung zugelassen ist: Die normative Vergewisserung zielt seiner Ansicht nach darauf, dass der Drittstaat einem Flüchtling, der sein Gebiet in diesem Zustand erreicht hat, den nach der GFK und EMRK gebotenen Schutz gewährt. Insoweit sei die Sicherheit des Flüchtlings generell

festgestellt. Art. 16 a II GG sehe deshalb nicht vor, dass dies im Einzelfall überprüft werden könne (BVerfGE 94, 49 (96) = NVwZ 1996, 700 (705)). Auch habe der Flüchtling keinen Anspruch auf Durchführung eines Verfahrens zur Feststellung, ob er Inhaber des Asylgrundrechts aus Art. 16 a I GG sei, und demzufolge auch kein vorläufiges Bleiberecht als Vorwirkung eines grundrechtlichen Schutzes (BVerfGE 94, 49 (99 f.) = NVwZ 1996, 700 (707)).

Der Flüchtling, der in den Drittstaat zurückgewiesen oder zurückverbracht werden solle, könne mithin Schutz durch die Bundesrepublik nicht mit der Begründung einfordern, für ihn bestehe in dem betreffenden Drittstaat keine Sicherheit, weil dort in seinem Einzelfall – trotz normativer Vergewisserung – die Verpflichtungen aus der GFK und EMRK nicht erfüllt würden. Der Flüchtling sei daher mit einer Behauptung ausgeschlossen, in seinem Fall werde der Drittstaat – entgegen seiner sonstigen Praxis – Schutz verweigern. Der Betroffene könne sich auch nicht darauf berufen, ein – niemals völlig auszuschließendes – behördliches Fehlverhalten im Drittstaat könne in seinem Fall zu einer Weiterschiebung in den Herkunftsstaat führen (BVerfGE 94, 49 (99) = NVwZ 1996, 700 (705, 707)). **102**

Allerdings hat das BVerfG von diesem Grundsatz fünf Ausnahmen zugelassen. Diese werden in der Literatur eher als theoretische Ausnahmen bezeichnet (Schelter/Maaßen, ZRP 1996, 408 (411); Maaßen/de Wyl, ZAR 1996, 158 (161)). Andere messen diesen durchaus wesentliche Bedeutung bei, wenn auch im eingeschränkten Umfang (Renner, ZAR 1996, 103 (105); Frowein/Zimmermann, JZ 1996, 753 (758)). Die Ausnahmekategorien finden auch im Falle eines EG-Staates Anwendung. Sie sind nicht abschließender Natur (Frowein/Zimmermann, JZ 1996, 753 (758)). **103**

Die erste Ausnahmekategorie betrifft Fallgestaltungen, in denen Abschiebungshindernisse nach § 60 I–VII AufenthG durch Umstände begründet werden, die ihrer Eigenart nach nicht vorweg im Rahmen des Konzepts normativer Vergewisserung von Verfassung oder Gesetz berücksichtigt werden können und damit von vornherein außerhalb der Grenzen liegen, die der Durchführung eines derartigen Konzeptes aus sich selbst heraus gesetzt sind. In derartigen Fällen hat die Bundesrepublik Schutz zu gewähren (BVerfGE 94, 49 (99) = NVwZ 1996, 700 (705)). **104**

So kann sich nach Ansicht des BVerfG ein Ausländer gegenüber einer Zurückweisung oder Rückverbringung in den Drittstaat auf das Abschiebungshindernis des § 53 II AuslG 1990 (jetzt § 60 III AufenthG) berufen, wenn ihm dort die Todesstrafe drohen sollte. Einschränkend weist das Gericht allerdings darauf hin, dass Art. 2 I 2 EMRK die Todesstrafe nicht für konventionswidrig erklärt (BVerfGE 94, 49 (99) = NVwZ 1996, 700 (705)). Dies belegt, dass das BVerfG im Rahmen der Prüfkriterien des Art. 16 a II 1 GG die sicheren Drittstaaten offensichtlich nur an die EMRK, nicht aber zugleich auch an die Zusatzprotokolle binden will (Frowein/Zimmermann, JZ 1996, 753 (756); so schon Huber, NVwZ 1993, 736 (738)). **105**

Denn nach Art. 1 EMRK Zusatzprotokoll Nr. 6 ist die Todesstrafe abgeschafft und können die Vertragsstaaten des Protokolls nach ihrem innerstaatlichen Recht diese Strafe nur für Taten vorsehen, welche in Kriegszeiten oder bei unmittelbarer Kriegsgefahr begangen werden (Art. 2 EMRK Protokoll Nr. 6). **106**

Hinzuweisen ist jedoch darauf, dass alle in der Anlage I zu § 26 a aufgeführten Staaten Vertragsstaaten des 6. Zusatzprotokolls sind (Netherlands Quaterly of Human Rights 1995, 341 (353)). Dementsprechend wird auch zutreffend hervorgehoben, dass in keinem sicheren Drittstaat die Praxis der Todesstrafe üblich ist und deshalb diese Ausnahmekategorie eher hypothetischer Natur sei (Schelter/Maaßen, ZRP 1996, 408 (411)).

107 Die zweite Ausnahmekategorie betrifft Sachverhalte, denen zufolge der Flüchtling seiner Abschiebung in den Drittstaat § 60 VII 1 AufenthG etwa deshalb entgegenhalten kann, weil er eine erhebliche konkrete Gefahr dafür aufzeigt, dass er in unmittelbarem Zusammenhang mit der Zurückweisung oder Rückverbringung in den Drittstaat dort Opfer eines Verbrechens wird, welches zu verhindern nicht in der Macht des Drittstaates steht (BVerfGE 94, 49 (99) = NVwZ 1996, 700 (705)). Hier dürfte an Fallgestaltungen gedacht sein, in denen der Betreffende im Drittstaat aktuell von kriminellen Organisationen bedroht wird und deshalb Einreise in das Bundesgebiet begehrt, weil die Bundesrepublik, nicht aber der Drittstaat in der Lage ist, drohende Verbrechen zu verhindern (Schelter/Maaßen, ZRP 1996, 408 (411)).

108 Abschiebungsschutz ist in diesem Fall demnach nicht nur dann zu bejahen, wenn der Drittstaat schutzunwillig ist, sondern auch bereits dann, wenn er gegenüber nicht politisch motivierten Straftaten dritter Personen schutzunfähig ist, da auch dieser Fall im Rahmen der normativen Vergewisserung nicht prüfungsrelevant ist (Frowein/Zimmermann, JZ 1996, 753 (758)). Erst recht dürfte diese Ausnahmekategorie Anwendung finden, wenn die Organe des Drittstaates in Komplizenschaft mit kriminellen Organisationen handeln.

109 Ferner kommt als dritte Ausnahmekategorie die Fallgestaltung in Betracht, dass sich die für die Qualifizierung als sicher maßgeblichen Verhältnisse im Drittstaat schlagartig geändert haben und die gebotene Reaktion der Bundesregierung nach Abs. 3 hierauf noch aussteht (BVerfGE 94, 49 (99) = NVwZ 1996, 700 (705)). Seine Rechtfertigung findet diese Ausnahmekategorie wohl darin, dass nach Ansicht des BVerfG das Konzept der normativen Vergewisserung auf die Frage zielt, ob im Drittstaat »regelmäßig« die GFK und EMRK eingehalten werden (BVerfGE 94, 49 (93) = NVwZ 1996, 700 (704)).

110 Bei einer schlagartigen Veränderung der Verhältnisse kann diese bislang geltende Annahme jedoch für die absehbare Zukunft nicht mehr unterstellt werden. Jedoch sind nicht nur faktische, sondern auch rechtliche Veränderungen im Drittstaat in diesem Zusammenhang zu berücksichtigen (Frowein/Zimmermann, JZ 1996, 753 (758)). Ebenso dürften derartige Veränderungen im Viertstaat eine Ausnahmekategorie begründen (Frowein/Zimmermann, JZ 1996, 753 (758)).

111 Nicht umfasst vom Konzept der normativen Vergewisserung sind nach Ansicht des BVerfG als vierte Ausnahmekategorie Situationen, in denen der Drittstaat selbst gegen den Schutzsuchenden zu Maßnahmen politischer Verfolgung oder unmenschlicher Behandlung (Art. 3 EMRK) greift und dadurch zum Verfolgerstaat wird. Die vierte Fallgruppe ziele auf den seltenen Ausnahmefall, in dem sich aus allgemein bekannten oder im Einzelfall offen zutage tretenden Umständen ergeben könne, dass der Drittstaat sich – etwa aus Gründen besonderer politischer Rücksichtnahme gegenüber dem Herkunfts-

Sichere Drittstaaten § 26 a

staat – von seinen mit dem Beitritt zu beiden Konventionen eingegangenen und von ihm generell auch eingehaltenen Verpflichtungen löse und einem bestimmten Ausländer Schutz dadurch verweigere, dass er sich seiner ohne jede Prüfung seines Schutzgesuchs entledigen wolle (BVerfGE 94, 49 (100) = NVwZ 1996, 700 (705)).

Ein solcher Ausnahmefall liege jedoch nicht vor, wenn sich die ihn begründenden Umstände schon im Kontakt zwischen den Behörden der Bundesrepublik und des Drittstaates ausräumen ließen (BVerfGE 94, 49 (100) = NVwZ 1996, 700 (705)). In der Rechtsprechung wird dieser Ausnahmetatbestand etwa in dem Fall angewendet, in dem der Asylsuchende während seines Aufenthaltes in Griechenland sowohl dem Druck des israelischen Geheimdienstes, ihm weiterhin Informationen zu beschaffen, wie auch der Gefahr der Tötung durch palästinensische Organisationen ausgesetzt ist, von diesen als Verräter umgebracht zu werden (VG Braunschweig, U. v. 4. 11. 1996 – 9 A 9079/96). 112

Dieser Ausnahmetatbestand wird als wichtigste Fallgruppe bezeichnet. Hier mutiere der Drittstaat seinerseits zum Verfolgerstaat. Das BVerfG habe hiermit stillschweigend die Verpflichtungen der Bundesrepublik aus Art. 33 GFK und Art. 3 EMRK berücksichtigt und eine Einzelfallprüfung für den Fall als notwendig anerkannt, dass die Sicherheit im Drittstaat aufgrund besonderer – einzelfallbezogener – Umstände nicht als gewährleistet angesehen werden könne. Diese Ausnahme sei zudem unter Berücksichtigung von Art. 13 EMRK dahin zu verstehen, dass in allen Fällen, in denen der Einzelne einen »*arguable claim*« einer Verletzung von Art. 3 EMRK im Drittstaat geltend machen könne, auch eine Art. 13 EMRK entsprechende Einzelfallprüfung erfolgen müsse, da andernfalls eine Verletzung von Art. 13 EMRK durch die Bundesrepublik programmiert sei (Frowein/Zimmermann, JZ 1996, 753 (758); a. A. wohl Hailbronner, Reform des Asylrechts, S. 64; s. hierzu auch EGMR, InfAuslR 2000, 321 (323) = NVwZ 2001, 301 = EZAR 933 Nr. 8 – *T.I.*). 113

In der Tat scheint das BVerfG mit dieser Ausnahmekategorie den aus Art. 3 und Art. 13 EMRK folgenden Verpflichtungen, auf die während der mündlichen Verhandlung auch der Sachverständige Kälin hingewiesen hatte, Genüge tun zu wollen. Im Fall *Klass* hatte der EGMR gefordert, dass jemand, der eine Konventionsverletzung behaupte, ein Rechtsmittel vor einem nationalen Organ zur Verfügung haben müsse, das über seine Behauptung entscheide. Art. 13 EMRK garantiere eine wirksame Beschwerde jedem, der behaupte, dass seine Rechte und Freiheiten unter der Konvention verletzt worden seien (EGMR, EuGRZ 1979, 278 (287) (§ 64)). 114

In der neueren Rechtsprechung geht der Gerichtshof zwar davon aus, dass jemand die »vertretbare« Behauptung (»arguable claim«) aufstellen müsse, in seinen Konventionsrechten verletzt zu sein (s. hierzu Frowein/Peukert, EMRK-Kommentar, Art. 13 Rdn. 2 f.; Allewedt, European Journal of International Law 1993, 360 (375)). Im Fall *Chahal* hebt der Gerichtshof andererseits aber die irreparable Folge hervor, die durch Abschiebung trotz behaupteter Gefahr der unmenschlichen Behandlung eintreten könne und verlangt deshalb eine besonders sorgfältige Einzelfalluntersuchung durch ein unabhängiges Organ (EGMR, InfAuslR 1997, 97 = NVwZ 1997, 1093 = EZAR 933 Nr. 4 115

Chahal v. U. K.). Generelle Listen, die eine derartige unabhängige Einzelfallprüfung ausschließen, sind daher nach Art. 3 und Art. 13 EMRK unzulässig (Alleweldt, Schutz vor Abschiebung bei drohender Folter oder unmenschlicher oder erniedrigender Behandlung oder Strafe, 1996, S. 63 f.).

116 Das innerstaatliche Recht muss deshalb für den Fall, dass im Blick auf den sicheren Drittstaat eine Art. 3 EMRK zuwiderlaufende Behandlung behauptet wird, wirksame Überprüfungsverfahren im Einzelfall bereithalten. Mit dem Konzept der normativen Vergewisserung wird den verfahrensrechtlichen Anforderungen von Art. 13 EMRK nicht Genüge getan. Dementsprechend kann die Drittstaatenregelung nicht dahin ausgelegt und angewendet werden, dass die Einzelfalluntersuchung im Falle einer ernsthaften Behauptung, dass im Drittstaat eine Art. 3 EMRK widersprechende Behandlung droht, ausgeschlossen wird (Alleweldt, Schutz vor Abschiebung bei drohender Folter, Berlin u. a. 1996, S. 163). Damit erscheint diese Ausnahmekategorie als besonders wichtige Klarstellung, die trotz des grundsätzlichen Wegfalls der Einzelfallprüfung diese ausnahmsweise unter den genannten Voraussetzungen zwingend erfordert.

117 Schließlich können zwar nicht gegen den Erlass, jedoch gegen den Vollzug einer Abschiebungsanordnung nach Ansicht des BVerfG *humanitäre und persönliche Gründe*, die zu einer Duldung gemäß § 60 a II AufenthG führen können, geltend gemacht werden (BVerfGE 94, 49 (95) = NVwZ 1996, 700 (704)). Man wird diese Fallgestaltung nicht als echte Ausnahmekategorie vom Konzept der normativen Vergewisserung bezeichnen, sondern eher als Vollzugshindernis begreifen können.

118 Es wird sich hierbei regelmäßig um krankheitsbedingte oder vergleichbare, lediglich vorübergehend den Vollzug hindernde Gründe handeln (Krankheit, Schwangerschaft). So ist nach der Rechtsprechung das Bundesamt nicht befugt, über inlandsbezogene Vollstreckungshemmnisse, wie etwa enge familiäre Bindungen im Bundesgebiet, vorübergehende oder dauerhafte Reiseunfähigkeit oder eine erhebliche Suizidgefahr, zu entscheiden (VG Frankfurt am Main, AuAS 2002, 201 (202)). In diesem Fall findet die Ausschlussregelung des § 34 a II keine Anwendung (VG Frankfurt am Main, AuAS 2002, 201 (202)). Vorläufiger Rechtsschutz kann mithin bezogen auf die genannten Vollzugshindernisse nicht versagt werden. Im Einzelfall kann darüber hinaus das vorübergehende Vollzugshindernis auch dauerhaften Charakter annehmen.

4.2.2. Darlegungsanforderungen

119 Eine Prüfung, ob der Rückführung oder Zurückweisung in den Drittstaat ausnahmsweise Hinderungsgründe entgegenstehen, kann der Betroffene nach Auffassung des BVerfG freilich nur erreichen, wenn es sich aufgrund bestimmter Tatsachen aufdrängt, dass er von einer der genannten, im normativen Vergewisserungskonzept nicht aufgefangenen Ausnahmekategorien betroffen ist. An diese Darlegung stellt das Gericht strenge Anforderungen (BVerfGE 94, 49 (100) = NVwZ 1996, 700 (706)). Deutlich wird hier, dass das Gericht an sich keine Ausnahmen von der Ausschlusswirkung des Art. 16 a II 1 GG zulassen, jedoch bezogen auf begrifflich sehr eng gefasste Kategorien

eine Einzelfallprüfung zulassen will. In derartigen Fällen ist ein behördliches Prüfungsverfahren durchzuführen und darf auch die Erlangung einstweiligen Rechtsschutzes nicht versperrt werden.
Mit der Rechtsprechung des BVerfG unvereinbar ist die Ansicht, eine Einzelfallprüfung sei ausgeschlossen (Maassen/de Wyl, ZAR 1996, 158 (162); a. A. wohl Renner, ZAR 1996, 103 (105)). Auch die Abschiebungshinderungsgründe nach § 60 a II AufenthG hindern den Erlass der Abschiebungsanordnung, da die Abschiebung solange nicht durchgeführt werden kann, wie derartige Gründe vorliegen. Es fehlt deshalb auch in diesem Fall an den Voraussetzungen des § 34 a I 1. Auch insoweit ist einstweiliger Rechtsschutz zu gewähren. 120

Kritisch wird angemerkt, die vom BVerfG entwickelten Darlegungsanforderungen riefen die Gefahr hervor, dass die für den Rechtsstaat grundlegende Grenze zwischen der Festlegung durch die allgemeine Rechtsnorm und der Feststellung ihrer Voraussetzungen durch den Richter verschoben werde. Da der verfassungsändernde Gesetzgeber dem einfachen Gesetzgeber die Ermächtigung zur Festlegung sicherer Drittstaaten erteilt und damit den Richter grundsätzlich von der Klärung der Sicherheit entbunden habe, werde die eigentlich dem Richter obliegende Feststellung des Vorliegens der abstrakten Voraussetzungen auf den Gesetzgeber übertragen. Wäre dem Richter hier jedoch jegliche Möglichkeit der Kontrolle genommen, so wirkte die Festlegung sicherer Drittstaaten als Fiktion, die auch bei eindeutig entgegenstehender Sachlage die Überstellung des Einzelnen an den Drittstaat ermögliche. Damit würden die Verpflichtungen der Bundesrepublik aus Art. 33 GFK und Art. 3 EMRK verletzt. Deshalb sei von erheblicher Bedeutung, dass Tatsachen, die für das Vorliegen eines Ausnahmefalles vorgetragen werden, entsprechend ernst genommen und geprüft würden (Frowein/Zimmermann, JZ 1996, 753 (759)). 121

Zutreffend wird darauf hingewiesen, dass für die generelle Suspendierung der Drittstaatenklausel durch die Rechtsverordnung nach Abs. 3 bereits die »begründete Annahme« ausreicht, dass sich die Verhältnisse im Drittstaat geändert haben. Im Lichte dieser Norm sind daher auch die Darlegungsanforderungen des Asylsuchenden im Blick auf das Vorliegen der Ausnahmekategorien auszulegen. Danach müssen die Umstände so sein, dass sie dem Informierten die Annahme eines mangelnden Schutzes »aufdrängen«, ihn also begründen (Frowein/Zimmermann, JZ 1996, 753 (759)). 122

Hierfür sprechen auch völkerrechtliche Gründe. Denn da die Ausnahmekategorien die Funktion erfüllen sollen, das Konzept der normativen Vergewisserung mit völkerrechtlichen Verpflichtungen in Übereinstimmung zu bringen, dürfen die Anforderungen an die Darlegung der entsprechenden Voraussetzungen nicht über die im Rahmen des Art. 3 EMRK üblichen Voraussetzungen hinausgehen. 123

4.2.3. Rechtsfolge
Unklar ist, welche Rechtsfolge eingreift, wenn eine der genannten Ausnahmekategorien dargelegt wird. Im Schrifttum wird darauf hingewiesen, dass in diesem Fall nicht die materielle Ausschlusswirkung des Art. 16 a II 1 GG 124

aufgehoben werde, sondern dass für den konkreten Fall die Erstreckung der Ausschlusswirkung der Drittstaatenregelung auf sonstige Grundrechte entfalle (Lübbe-Wolff, DVBl. 1996, 825 (831)). Es entstehe kein vorläufiges Einreise- oder Bleiberecht. Vielmehr werde an Ort und Stelle geklärt werden müssen, ob eine Ausnahmesituation vorliege (Hailbronner, NVwZ 1996, 625 (627); zustimmend Maassen/de Wyl, ZAR 1996, 158 (162)). Hierzu kann auch die Kontaktaufnahme mit den zuständigen Behörden des sicheren Drittstaates gehören (BVerfGE 94, 49 (100)).

125 Im Ausgangspunkt ist davon auszugehen, dass nach Ansicht des BVerfG die Darlegung von Einzelfällen, in denen im Drittstaat der Zugang zum Verfahren verweigert oder gar ohne Prüfung der Verfolgungsbehauptungen die Abschiebung in den Herkunftsstaat oder in einen weiteren Drittstaat vorgenommen wird, in dem die Gefahr der Weiterschiebung in den Herkunftsstaat droht, die Ausschlusswirkung des Art. 16 a II 1 GG nicht zu beseitigen vermag. Das BVerfG begrenzt seine Prüfung insoweit auf eine Vertretbarkeitskontrolle (BVerfGE 94, 49 (93)) und verweist an anderer Stelle ausdrücklich auf das niemals völlig auszuschließende Fehlverhalten der Behörden des Drittstaates (BVerfGE 94, 49 (98f.) = NVwZ 1996, 700 (705)).

126 Das Gericht macht diese Ausführungen im Zusammenhang mit der materiellen Ausschlusswirkung nach Art. 16 a II 1 GG. Zudem verweist es für die Ausnahmefälle ausdrücklich auf den Schutz nach § 51 I oder § 53 AuslG 1990 (BVerfGE 94, 49 (99)) und nicht auf Art. 16 a I GG. Die Zulassung der Einzelfallprüfung hat einerseits die Funktion, Umständen Rechnung zu tragen, die im Rahmen der abstrakt-generellen Festlegung des Gesetzgebers keine Berücksichtigung finden konnten. Andererseits soll sie den völkerrechtlichen Verpflichtungen der Bundesrepublik gerecht werden. Dies spricht dafür, dass eine Berufung auf Art. 16 a I GG nicht möglich ist. Systemwidrig ist dies dennoch, denn zumindest im Falle der schlagartigen Veränderung der Verhältnisse im Drittstaat führt dies zu einer nachträglichen Verfassungswidrigkeit mit der Folge, dass die Berufung auf das Asylrecht möglich sein muss (Lübbe-Wolff, DVBl. 1996, 825 (831)).

4.3. Kein Zugang zum Asylverfahren

127 Die Konsequenz des materiellen Asylausschlusses nach Art. 16 a II 1 GG und des daraus folgenden Verbotes der Einzelfallprüfung ist die ausnahmslose Versagung des Zugangs zum Asylverfahren im Umfang des Anwendungsbereichs des Konzeptes der normativen Vergewisserung. Deshalb ist nach Ansicht des BVerfG die Vorschrift des § 31 IV mit der Verfassung vereinbar (BVerfGE 94, 49 (102) = NVwZ 1996, 700 (708)). Sie beschränke für den Fall der Ablehnung des Asylantrags nach § 26 a den Inhalt der Entscheidung des Bundesamtes auf die Feststellung des Nichtbestehens eines Asylrechts. Das entspreche dem normativen Vergewisserungskonzept, das die Drittstaatenregelung trage. § 31 IV stehe in den von diesem Konzept nicht erfassten Ausnahmefällen einer Entscheidung des Bundesamtes nicht entgegen. Ebenso seien die Vorschriften der §§ 18 II Nr. 1, 18 a I 6 und 34 a I in Ausfüllung der

Sichere Drittstaaten § 26 a

Drittstaatenregelung des Art. 16 a II GG ergangen und mit dem Grundgesetz vereinbar (BVerfGE 94, 49 (105) = NVwZ 1996, 700 (707)). Die Vorschrift des § 26 a I 1 wiederhole den bereits von Verfassungs wegen eintretenden Ausschluss solcher Ausländer aus dem persönlichen Geltungsbereich des Asylgrundrechts, die aus einem sicheren Drittstaat einreisen.

Die Vorschriften der §§ 18 II Nr. 1, 18 a I 6, 34 a I halten sich mithin im Rahmen der Verfassung. Bei Einreise aus einem sicheren Drittstaat kann der Ausländer sich gemäß Art. 16 a II 1 GG nicht auf das Asylgrundrecht berufen. Er hat deshalb nach der ausdrücklichen Feststellung des BVerfG keinen Anspruch auf Durchführung eines Asylverfahrens und demzufolge auch kein vorläufiges Bleiberecht (BVerfGE 94, 49 (105) = NVwZ 1996, 700 (707)). Der Gesetzgeber könne vorsehen, dass die Aufenthaltsbeendigung in den sicheren Drittstaat unmittelbar durchgeführt wird. Von der jeweils zuständigen Behörde zu prüfende Abschiebungshindernisse nach §§ 51 I, 53 AuslG 1990 (jetzt § 60 I– VII AufenthG) – gegebenenfalls in Verbindung mit §§ 60 V 1, 61 III AuslG 1990 (jetzt § 15 IV 1, § 57 III AufenthG)– würden nicht in Betracht kommen. In den Ausnahmefällen würden §§ 18 II Nr. 1, 19 III, 31 IV, 34 a I im Rahmen des normativen Vergewisserungskonzepts eine solche Prüfung zwar nicht vorsehen. Sie schließen sie nach Ansicht des BVerfG aber für diese Ausnahmefälle auch nicht aus (BVerfGE 94, 49 (106) = NVwZ 1996, 700 (707)). **128**

Ist der sichere Drittstaat, aus dem der Flüchtling eingereist ist, identifizierbar, wird mithin ein Asylverfahren nicht durchgeführt. Vielmehr wird die Zurückweisung oder Abschiebung in diesen Staat unverzüglich vorgenommen. Dies ist nach Ansicht des BVerfG mit der Verfassung vereinbar. Entsprechend dem – aus der Sicht der Bundesrepublik – ausschließlichen Interesse an einer effektiven Lastenverteilung, das die Drittstaatenregelung trägt, besteht jedenfalls nach der Rechtsauffassung des BVerfG keine zwingende Verpflichtung der vollziehenden Behörden, mit den zuständigen Behörden des Drittstaates Kontakt aufzunehmen. Vielmehr könne lediglich eine Kontaktaufnahme zur Klärung des Sachverhaltes erfolgen und könnten gegebenenfalls zum Schutze des Ausländers Vorkehrungen getroffen werden, wie dies unter den Vertragsstaaten des SDÜ der Fall sei (vgl. BVerfGE 94, 49 (100) = NVwZ 1996, 700 (706)). **129**

Hiergegen ist einzuwenden, dass die Kooperation zwischen den Behörden der Bundesrepublik und denen des Drittstaates nach den Erfahrungen der vergangenen Jahre unerlässlich ist, damit der Rückkehrer eindeutig als Schutzsuchender identifiziert und des Refoulementschutzes teilhaftig werden kann. Das staatliche Interesse an einer effektiven Lastenverteilung darf nicht zu Lasten des internationalen Rechtsschutzes für Flüchtlinge gehen. Aus völkerrechtlichen Gründen (Art. 33 GFK) folgt daher, dass eine Abschiebungsanordnung nach § 34 a I erst erlassen werden darf, wenn die ausdrückliche Übernahmebereitschaft der zuständigen Organe des sicheren Drittstaates vorliegt. Die Regelung des § 19 III, welche die Ausländerbehörde verpflichtet, die Zurückschiebung in den Drittstaat durchzuführen, ist deshalb bedenklich. **130**

Nach den Erfahrungen der Praxis fragen die Ausländerbehörden nicht bei den zuständigen Organen des Drittstaates an und wird auch in aller Regel **131** das Bundesamt nicht beteiligt. Daher besteht ein beträchtliches Risiko, dass nach einer auf § 19 III beruhenden Zurückschiebung die Behörden des Drittstaates den Betroffenen als illegalen Ausländer behandeln und weiterschieben. Erhebliche Gründe sprechend deshalb dafür, in Anlehnung an die Dublin II-VO in allen Fällen, in denen eine zwangsweise Verbringung des Asylbegehrenden in einen Drittstaat in Betracht kommt, dem Bundesamt die Verfahrensherrschaft mit der Maßgabe zu übertragen, dass vor dem Vollzug die Übernahmebereitschaft des Drittstaates hinreichend verlässlich geklärt wird. Zwar fordert dies die Rechtsprechung des BVerfG nicht ausdrücklich. Sie legt ein derartiges Verfahren jedoch nahe.

4.4. Ausnahmetatbestände nach Abs. 1 Satz 3

4.4.1. Funktion der Ausnahmetatbestände

132 Nach Abs. 1 S. 3 findet der materielle Asylausschluss unter den dort genannten Voraussetzungen keine Anwendung. Es handelt sich um drei Ausnahmekategorien. Diese gesetzlich geregelten Ausnahmen vom materiellen Asylausschluss des Abs. 1 S. 1 sind nicht identisch mit den vom BVerfG entwickelten Ausnahmekategorien, die außerhalb des Konzepts der normativen Vergewisserung liegen. Obwohl in den Fällen des Abs. 1 S. 3 der Asylsuchende aus einem sicheren Drittstaat eingereist ist, wird ihm die Berufung auf das Asylrecht nicht versagt, wenn er die Voraussetzungen einer der drei Ausnahmekategorien erfüllt.

133 Unklar ist der rechtliche Charakter der Ausnahmetatbestände. In der Literatur wird vertreten, dass Art. 16 a II GG zwar einen grundrechtlichen Asylanspruch ausschließe, den einfachen Gesetzgeber jedoch nicht hindere, unter bestimmten Voraussetzungen ausnahmsweise trotz der Einreise aus einem sicheren Drittstaat Asylsuchenden einen *einfachrechtlichen Anspruch auf Asyl* zu gewähren (Giesler/Wasser, Das neue Asylrecht, S. 35). Demgegenüber wird in der obergerichtlichen Rechtsprechung von einer Durchbrechung der verfassungsrechtlichen Drittstaatenregelung ausgegangen (Hess.VGH, NVwZ-RR 2003, 153 = AuAS 2003, 28). Danach durchbrechen die Ausnahmetatbestände den verfassungsrechtlichen Asylausschluss und führen zum grundrechtlichen Asylanspruch nach Art. 16 a I GG zurück.

4.4.2. Besitz eines Aufenthaltstitels (Abs. 1 Satz 3 Nr. 1)

134 Nach Abs. 1 S. 3 Nr. 1 findet die Drittstaatenregelung keine Anwendung, wenn der Asylsuchende im Zeitpunkt der Einreise in den sicheren Drittstaat im Besitz eines Aufenthaltstitels für die Bundesrepublik (vgl. § 5 AuslG) ist. Die Regelung ist an die Zuständigkeitskriterien des SDÜ, DÜ sowie der VO Dublin II angelehnt, begründet jedoch eine eigenständige Ausnahmekategorie. Ist nämlich die Bundesrepublik wegen eines vor der Einreise erteilten Aufenhatstitels nach Gemeinschaftsrecht zuständig, findet nicht die Nr. 1, sondern Nr. 2 von Abs. 1 S. 3 Anwendung. Der Begünstigte nach Abs. 1 S. 3 Nr. 1 muss im Zeitpunkt der Einreise in den sicheren Drittstaat im Besitz des Aufenthaltstitels sein. Dieser darf also nicht erst in diesem Staat selbst ausgestellt worden sein.

Mit dieser Regelung soll verhindert werden, dass die Drittstaatenregelung dadurch umgangen wird, dass erst im sicheren Drittstaat ein Aufenthaltstitel für die Bundesrepublik beantragt wird (Giesler/Wasser, Das neue Asylrecht, S. 35). Aus dem Gesetzeswortlaut folgt eindeutig, dass die Geltungsdauer des Aufenthaltstitels im Zeitpunkt der Einreise in das Bundesgebiet abgelaufen sein darf, vorausgesetzt, im Zeitpunkt der Einreise in den sicheren Drittstaat war diese noch gültig. Typischer Regelfall von Abs. 1 S. 3 Nr. 1 ist das vor der Einreise in den sicheren Drittstaat erteilte Besuchervisum. Grundsätzlich kommen aber alle Formen des Aufenthaltstitels nach § 4 I AufenthG in Betracht. 135

4.4.3. Völkerrechtliche Zuständigkeitsvereinbarung (Abs. 1 Satz 3 Nr. 2)
Nach Abs. 1 S. 3 Nr. 2 findet die Drittstaatenregelung keine Anwendung, wenn die Bundesrepublik auf Grund eines völkerrechtlichen Vertrages mit dem sicheren Drittstaat für die Durchführung des Asylverfahrens zuständig ist. Es muss sich nicht zwingend um ein multilaterales, sondern kann sich auch um ein bilaterales Zuständigkeitsabkommen handeln. Hauptanwendungsfälle der Ausnahmekategorie von Abs. 1 S. 3 Nr. 2 waren das DÜ vom 15. Juni 1990 (BGBl. II 1994 S. 792) und das ebenfalls außer Kraft gesetzte SDÜ vom 19. Juni 1990 (BGBl. II 1993 S. 1010). 136

Die Zuständigkeitskriterien des SDÜ waren nahezu identisch mit denen des DÜ. Die das DÜ ersetzende EG-Verordnung 343/2003 (Dublin II-VO) lehnt sich ihrerseits an das DÜ an (s. hierzu im Einzelnen § 29 Rdn. 39 ff.). Da für die Bundesrepublik das DÜ mit Wirkung vom 1. August 1997 in Kraft getreten war, fanden aufgrund von Art. 1 des Bonner Protokoll vom 26. April 1995 die Bestimmung des Kapitels 7 des SDÜ keine Anwendung mehr (BGBl. II S. 739). Mit Wirkung vom 1. September 2003 ist das DÜ durch die Dublin II-VO ersetzt worden (vgl. zum entsprechenden Entwurf der EG-Kommission BR-Drs. 959/01 v. 8. 11. 2001). Die Regelung des Abs. 2 S. 1 Nr. 2 setzt die tatsächliche Einreise aus einem bestimmten bzw. bestimmbaren sicheren Drittstaat voraus. Berief der Asylsuchende sich insoweit auf Art. 4 DÜ, musste es sich um einen solchen sicheren Drittstaat handeln, der zugleich DÜ-Vertragsstaat war (OVG NW, AuAS 2002, 190 (191); s. jetzt Art. 7 EG-VO 343/2003). 137

Nach der Rechtsprechung des BVerfG tritt die Drittstaatenregelung des Art. 16 a II GG hinter völkerrechtlichen Vereinbarungen im Sinne des Art. 16 a V GG zurück (BVerfGE 94, 49 (86) = NVwZ 1996, 700 (702)). Das betrifft nach sachgerechtem Verständnis nicht nur die Fälle, in denen der sichere Drittstaat für die Behandlung des Asylgesuchs zuständig ist, sondern auch die Asylbegehren, für deren Prüfung die Bundesrepublik völkerrechtlich verantwortlich ist. Art. 16 a V GG bildet demnach die Grundlage für die Verweisung eines Asylsuchenden an einen anderen Vertragsstaat nach Maßgabe des zugrundeliegenden Abkommens wie auch für die Behandlung von Asylsuchenden durch die Bundesrepublik im Rahmen dieses Abkommens. An die Stelle von zwischenstaatlichen Abkommen ist mit der Dublin II-VO Gemeinschaftsrecht getreten. 138

Art. 16 a V GG bildet die verfassungsrechtliche Grundlage dafür, dass trotz Einreise aus einem sicherem Drittstaat die Berufung auf das Asylrecht nicht 139 verwehrt werden darf. Die Ausnahmevorschrift des Abs. 1 S. 3 Nr. 2 ist Konsequenz dieser Privilegierung völkerrechtlicher Zuständigkeitsvereinbarungen.

140 Das BVerfG hat darüber hinaus ausdrücklich festgestellt, dass der Anwendung der Ausnahmevorschrift des Abs. 1 S. 3 Nr. 2 nicht entgegensteht, wenn der von einem DÜ-Vertragsstaat übernommene Asylsuchende nicht erlaubt eingereist und nicht im Besitz eines Passes sei. Es hat die entgegenstehende Ansicht des Verwaltungsgerichts als »krasse Missdeutung« des Abs. 1 S. 3 Nr. 2 gewertet (BVerfG (Kammer), AuAS 2001, 7 (8) = InfAuslR 2000, 364). Diese Rechtsprechung ist allerdings durch die EG-Verordnung 343/2003 überholt worden.

4.4.4. Anordnung nach § 18 Abs. 4 Nr. 2 (Abs. 1 Satz 3 Nr. 3)

141 Die Vorschrift des Abs. 1 S. 3 Nr. 3 bezieht sich auf Fälle, in denen von einer Einreiseverweigerung oder Zurückschiebung abgesehen wurde, weil das Bundesinnenministerium dies aus völkerrechtlichen Gründen oder zur Wahrung politischer Interessen der Bundesrepublik nach § 18 IV Nr. 2 angeordnet hatte (BT-Drs. 12/4450, S. 20). In diesem Fall wird mithin ein normales Asylverfahren durchgeführt und gilt der materielle Asylausschluss nach Abs. 1 S. 1 nicht. Allerdings muss dem Antragsteller tatsächlich aufgrund einer Anordnung nach § 18 IV Nr. 2 die Einreise ermöglicht worden sein, d. h. er muss sich bereits an der Grenze oder im grenznahen Raum als Asylsuchender offenbart haben. Ist er hingegen illegal eingereist, kommt eine Anordnung nach § 18 IV Nr. 2 nicht in Betracht, sodass es auch dann bei den Rechtsfolgen des Abs. 1 S. 1 und 2 bleibt, wenn der Antragsteller an sich zu dem von der Anordnung umfassten Personenkreis gehört (Giesler/Wasser, Das neue Asylrecht, S. 36).

142 Eine Anordnung nach § 18 IV Nr. 2 kann etwa in Ausführung eines bilateralen Abkommens erfolgen. So hatte die Bundesrepublik sich nach Art. 6 I des Abkommens mit Polen von 1993 dazu verpflichtet, bei »außergewöhnlichen Ereignissen«, die zu einem »sprunghaften oder massiven Zustrom von illegalen Zuwanderern« auf das Gebiet Polens geführt haben, bestimmten Personengruppen die Einreise zu gestatten (so auch Henkel, in: GK-AsylVfG, § 26 a Rdn. 72). Die Anordnung kann ihren Grund auch in einem multilateralen Abkommen haben.

143 Nach Art. 36 SDÜ konnte die Bundesrepublik z. B. bei Vorliegen humanitärer, insbesondere familiärer Gründe auf Ersuchen des an sich zuständigen Vertragsstaates die Zuständigkeit übernehmen, sofern der Asylsuchende dies wünschte. Eine ähnliche Regelung enthielt Art. 9 I DÜ und enthält Art. 15 Dublin II-VO. Innerstaatliches Instrument für die Umsetzung dieser Zuständigkeitsvereinbarung ist § 18 IV Nr. 2 (so auch Henkel, in: GK-AsylVfG, § 26 a Rdn. 74). Folge einer Anordnung ist, dass die Rechtsfolgen nach § 26 a I 1 und 2 nicht eintreten. Schließlich wird man mit Hilfe von § 18 IV Nr. 2 den vom BVerfG entwickelten Ausnahmetatbeständen, die außerhalb der Konzeption der normativen Vergewisserung liegen (Rdn. 101 ff.), verfahrensrechtlich Rechnung tragen können, soweit man den Grenzschutz nicht bereits in analoger Anwendung des § 18 I in diesen Fällen für verpflich-

tet ansieht, den Asylsuchenden an die nächste Aufnahmeeinrichtung weiterzuleiten (so Frowein/Zimmermann, JZ 1996, 753 (759)).

4.5. Einreisetatbestand nach Art. 16 a Abs. 2 Satz 1 GG, Abs. 1 Satz 1

4.5.1. Vorbemerkung
Nach Art. 16 a II 1 GG und der insoweit gleichlautenden Vorschrift in Abs. 1 S. 1 setzt die Anwendung der Drittstaatenregelung voraus, dass der Asylbegehrende aus einem sicheren Drittstaat in das Bundesgebiet einreist. Eindeutig geklärt ist in diesem Zusammenhang lediglich die Zulässigkeit der Wahlfeststellung im Blick auf den sicheren Drittstaat. Unter welchen Voraussetzungen nach den tatsächlichen Verhältnissen des Reiseverlaufs von einer fehlenden Möglichkeit der Schutzbeantragung im sicheren Drittstaat auszugehen ist, bedarf hingegen ebenso der Klärung wie die rechtliche Bedeutung des Transitaufenthalts im sicheren Drittstaat. Schließlich hat die fachgerichtliche Rechtsprechung in diesem Zusammenhang bereits die Frage des Umfangs der Darlegungslast für den Fall entschieden, in dem der Antragsteller im Inland Asyl begehrt und behauptet, auf dem Luftwege eingereist zu sein.

144

4.5.2. Keine unmittelbare Einreise aus dem Drittstaat
Der sichere Drittstaat muss nach der Rechtsprechung des BVerfG nicht die letzte Station vor der Einreise des Ausländers in das Bundesgebiet gewesen sein. Es reicht für die Anwendung von Art. 16 a II GG vielmehr aus, dass er sich im Verlauf seiner Reise irgendwann in einem sicheren Drittstaat befunden hat und dort Schutz hätte finden können. Er bedarf dann des Schutzes gerade in der Bundesrepublik nicht mehr, auch wenn der Betreffende von dem sicheren Drittstaat seine Reise in das Bundesgebiet über Staaten fortgesetzt hat, für die Art. 16 a II GG nicht gilt. Begründet wird dies damit, dass Art. 16 a II GG dem Flüchtling die Möglichkeit der freien Wahl des Zufluchtlandes nehme (BVerfGE 94, 49 (94) = NVwZ 1996, 700 (704); zustimmend VGHBW, AuAS 1997, 115 (116)).

145

Dagegen sollen nach der Empfehlung des Exekutivkomitees des Programms des UNHCR Nr. 15 (XXX) (1979) über »Flüchtlinge ohne Asylland« die »Vorstellungen des Asylsuchenden hinsichtlich des Landes, in welchem er um Asyl nachsuchen möchte«, soweit »wie möglich berücksichtigt werden«. In aller Regel wird nach einem Reiseverlauf, wie er der Rechtsprechung des BVerfG zugrunde liegt, der Bundesrepublik der Nachweis des Aufenthaltes im sicheren Drittstaat jedoch wohl kaum noch gelingen.

146

Reist der Flüchtling nach Einreise in den sicheren Drittstaat in das Herkunftsland zurück und von dort mit dem Flugzeug direkt oder über einen sonstigen Drittstaat (§ 27 I) in das Bundesgebiet ein, können diese Grundsätze keine Anwendung finden. Vielmehr reist der Flüchtling unmittelbar aus dem behaupteten Verfolgerstaat oder aus einem sonstigen Drittstaat in das Bundesgebiet ein. Auch das BVerfG geht von einem einheitlichen Reiseverlauf aus. Durch die Rückkehr in das Herkunftsland wird die Reise jedoch beendet.

147

148 Die erneute Ausreise setzt einen neuen Reiseverlauf in Gang. Ob der Betroffene während dieser Reise irgendwann einmal durch einen sicheren Drittstaat gereist ist, beurteilt sich ausschließlich nach den tatsächlichen Verhältnissen dieses Reiseverlaufs und nicht danach, ob er bei der ersten Reise Aufenthalt in einem sicheren Drittstaat genommen hatte. Andererseits kann sich auf Art. 16 a I GG nicht berufen, wer nach Asylbeantragung im Bundesgebiet in einen sicheren Drittstaat reist und dort tatsächlich Sicherheit erlangt hat und diese auch noch im Zeitpunkt der behördlichen oder gerichtlichen Entscheidung über das Asylgesuch genießt (BayVGH, EZAR 208 Nr. 8).

4.5.3. Tatsächliche Möglichkeit der Schutzbeantragung im sicheren Drittstaat

149 Für die Beurteilung der Frage, ob der Ausländer »aus« einem Drittstaat eingereist ist, ist von dem tatsächlichen Verlauf seiner Reise auszugehen. So findet nach Ansicht des BVerfG Art. 16 a II GG keine Anwendung, wenn der Ausländer den Drittstaat mit öffentlichen Verkehrsmitteln durchfahren hat, ohne dass es einen Zwischenhalt gegeben hat. Andererseits greife Art. 16 a II GG nach Wortlaut sowie Sinn und Zweck nicht erst dann ein, wenn sich der Ausländer im Drittstaat eine bestimmte Zeit aufgehalten habe. Vielmehr gehe die Drittstaatenregelung davon aus, dass der Ausländer den im Drittstaat ihm möglichen Schutz in Anspruch nehmen müsse, und dafür gegebenenfalls auch die von ihm geplante Reise zu unterbrechen habe (BVerfGE 94, 49 (94) = NVwZ 1996, 700 (704)).

150 Die Drittstaatenregelung knüpft nach der Rechtsprechung des BVerfG an den Reiseweg des Flüchtlings Folgerungen für dessen Schutzbedürftigkeit (BVerfGE 94, 49 (86) = NVwZ 1996, 700 (702)). Das verfassungsrechtliche Asylrecht beruht deshalb nicht mehr vorrangig auf der Schutzbedürftigkeit des Flüchtlings, sondern leitet aus dem Reiseweg und dem gewählten Transportmittel anspruchsvernichtende Folgen ab (Henkel, NJW 1993, 2705). Das Vergewisserungskonzept umfasst danach die Eröffnung des Zugangs zum Verfahren sowie den Schutz nach der GFK und EMRK. Die generelle Festlegung durch Verfassung oder Gesetz enthält die Feststellung, dass der Drittstaat beiden Anforderungen gerecht wird.

151 Damit hat Art. 16 a II 1 GG die Wirkung, dass dem Flüchtling – aus Sicht der Bundesrepublik – der Schutz durch den Drittstaat gegen seinen Willen aufgedrängt wird. Dem Einwand des Betroffenen, er sei nicht aus einem sicheren Drittstaat »eingereist«, weil der Fluchthelfer ihm während des Aufenthaltes dort keine Möglichkeit gelassen hätte, einen Asylantrag anzubringen, lässt das BVerfG nicht gelten. Vielmehr brauche das Bundesamt diesem Vorbringen dann nicht nachzugehen, wenn nach den Umständen der tatsächliche Verlauf des geschilderten Aufenthaltes im Drittstaat keine begründeten Zweifel daran aufkommen lasse, dass er im Drittstaat ein Schutzgesuch hätte stellen können (BVerfGE 94, 49 (106 f.) = NVwZ 1996, 700 (707)).

152 Das BVerfG gibt damit zu erkennen, dass begründete Zweifel an einer derartigen fehlenden Möglichkeit das Bundesamt verpflichten, ein Asylverfahren durchzuführen. Eine Berufung auf Art. 16 a II GG ist dem Bundesamt in einem derartigen Fall versperrt. Allerdings ist mit der Festlegung eines Staa-

Sichere Drittstaaten § 26 a

tes zum sicheren Drittstaat bereits festgestellt worden, dass die Möglichkeit der Asylbeantragung im Drittstaat besteht, sodass begründete Zweifel an dieser Möglichkeit wohl nur in seltenen Ausnahmefällen aufkommen. Nachzugehen ist allerdings dem Vortrag des Flüchtlings, dass er während der Durchreise durch den sicheren Drittstaat aufgrund der Umstände des Transportes keine Möglichkeit gehabt, dort Asyl zu beantragen.

Die Ausführungen des BVerfG zu dieser umstrittenen Frage lassen es allerdings an der erforderlichen Klarheit fehlen: So verweist das Gericht beispielhaft auf öffentliche Verkehrsmittel, die ohne Zwischenhalt durch den Drittstaat fahren. In einem derartigen Fall könne die Drittstaatenregelung keine Anwendung finden (BVerfGE 94, 49 (94) = NVwZ 1996, 700 (704)). Damit unterfällt der heute typische Fall der Durchreise durch den Drittstaat mit privaten Transportmitteln ohne Zwischenhalt unter den Einreisebegriff. Andererseits gehört es zum typischen Merkmal öffentlicher Verkehrsmittel, dass sie Staaten und Städte miteinander verbinden und daher ein Fall, in dem ein zu Land betriebenes öffentliches Verkehrsmittel durch einen Staat ohne Zwischenhalt fährt, kaum vorstellbar erscheint. 153

Nach diesen Grundsätzen versperrt die Durchreise durch einen sicheren Drittstaat dem Asylsuchenden dann nicht die Berufung auf Art. 16 a I GG, wenn er nach den tatsächlichen Verhältnissen des Reiseverlaufs keine konkrete Möglichkeit gehabt hatte, in diesem Staat Schutz zu beantragen. Die Anforderungen an die Darlegungslast sind insoweit jedoch besonders streng (BVerwGE 105, 194 (195 ff.) = EZAR 208 Nr. 12 = AuAS 1998, 67 (68)). Denn nur begründete Zweifel daran, dass der Asylsuchende im sicheren Drittstaat tatsächlich keine Möglichkeit der Schutzbeantragung gehabt hat, führen dazu, dass das Bundesamt sich nicht auf Art. 16 a II 1 GG berufen darf (BVerfGE 94, 49 (106 f.) = NVwZ 1996, 700 (707)). 154

Da die generelle Möglichkeit der Schutzgewährung bereits nach dem Konzept der normativen Vergewisserung vom Gesetzgeber geprüft worden ist, können nur individuelle Umstände des konkreten Reiseverlaufs in Betracht kommen. So wird etwa von der fehlenden Möglichkeit der Schutzbeantragung im sicheren Drittstaat auszugehen sein, wenn nach dem konkreten und überzeugenden Sachvorbringen der Fluchthelfer durch Gewalt oder durch Drohung mit Gewalt eine Unterbrechung der Reise im sicheren Drittstaat unterbunden hat. 155

Die *Unterbringung etwa auf der Ladefläche eines verplombten und versiegelten Transitfahrzeuges* nimmt dem Asylsuchenden zwar jegliche Möglichkeit, während der Durchreise durch den sicheren Drittstaat das Fahrzeug zu verlassen und Schutz zu beantragen. Gleichwohl wendet die Rechtsprechung auch in diesem Fall Art. 16 a II 1 GG, Abs. 1 S. 1 an (BVerwGE 105, 194 (195 f.) = EZAR 208 Nr. 12 = InfAuslR 1999, 313 = AuAS 1998, 67; OVG NW, AuAS 1997, 39 (49) = NVwZ 1997, 1143 = DVBl. 1997, 919 (LS); OVG Rh-Pf, U. v. 18. 4. 1997 – 10 A 12075/96.OVG; Hess.VGH, B. v. 25. 3. 1998 – 3 UZ 1284/97. A; a. A. wohl Zimmermann, Das neue Grundrecht auf Asyl, S. 200 FN 238). 156

Die herrschende Meinung will einen Wertungswiderspruch zugunsten des den Reiseweg verdunkelnden Antragstellers vermeiden und befürchtet ein Leerlaufen der Drittstaatenregelung (BVerwGE 105, 194 (195 ff.); OVG NW, 157

AuAS 1997, 39 (49); OVG Rh-Pf, U. v. 18. 4. 1997 – 10 A 12075/96.OVG). Maßgebend sind jedoch stets die tatsächlichen Verhältnisse während der Reise, sodass für den Betroffenen während der Durchreise durch den sicheren Drittstaat tatsächlich die Möglichkeit der Schutzbeantragung bestanden haben muss.

158 Das BVerfG hat den Einwand, der Fluchthelfer habe während des Aufenthaltes im sicheren Drittstaat dem Betroffenen keine Gelegenheit zur Schutzbeantragung gegeben, nur dann für unerheblich angesehen, wenn nach den Umständen der Verlauf der Reise keine begründeten Zweifel aufkommen lässt, dass dort ein Schutzgesuch hätte gestellt werden können (BVerfGE 49, 94 (106f.) = NVwZ 1996, 700 (707)). Es ist jedoch offensichtlich, dass der Transport in der geschilderten Weise dem Betroffenen jegliche Möglichkeit der Schutzbeantragung während der Reise nimmt. Der Hinweis des BVerfG auf die Verwendung öffentlicher Verkehrsmittel steht dem nicht entgegen. Einerseits hat dieser Hinweis erkennbar lediglich beispielhaften Charakter. Andererseits nennt das Gericht an anderer Stelle die Voraussetzungen, unter denen die Begleitung durch Fluchthelfer die Berufung auf Art. 16 a I GG nicht versperrt. Dagegen hält das BVerwG dem Asylsuchenden vor, dass die Wahl des Transportmittels in seinen Verantwortungsbereich falle (BVerwGE 105, 194 (195f.) = EZAR 208 Nr. 12 = AuAS 1998, 67 (68)).

4.5.4. Flughafentransit

159 Die rechtliche Bedeutung des Transitaufenthaltes in einem sicheren Drittstaat im Bereich des Flughafens ist bislang nicht eindeutig geklärt. Unzweifelhaft ist der Transitaufenthalt rechtlich keine Einreise in den Drittstaat. Er kann deshalb auch keine Einreise »aus« einem Staat, in dem man nicht eingereist ist, zur Folge haben. Das BVerfG entwickelt jedoch keinen rechtlichen Einreisebegriff, sondern geht vom tatsächlichen Verlauf der Reise aus (BVerfGE 94, 49 (94) = NVwZ 1996, 700 (704, 707)). Andererseits verweist das BVerfG auf die anfänglich geübte Praxis, derzufolge unbeschadet einer Zwischenlandung (in London) der »bloße Transit« nicht als Einreise »aus« einem sicheren Drittstaat angesehen wurde (BVerfGE 94, 115 (131) = NVwZ 1996, 691 (692)).

160 Ob damit lediglich eine bestimmte Praxis beschrieben wird oder diesen Äußerungen normative Bedeutung zukommt, bleibt damit offen (so auch Frowein/Zimmermann, JZ 1996, 753 (757); Renner, ZAR 1996, 103 (105)). Andere interpretieren die Rechtsprechung des BVerfG dahin, dass beim Flughafentransit keine Einreise aus dem sicheren Drittstaat vorliegt (Lübbe-Wolff, DVBl. 1996 1996, 825 (832); so bereits Zimmermann, Das neue Grundrecht auf Asyl, S. 200; dagegen Maaßen/de Wyl, ZAR 1996, 158 (163); so bereits Lehnguth, ZfSH/SGB 1993, 281 (285); in diesem Sinne wohl auch: Henkel, NJW 1993, 2705 (2706)).

161 In der fachgerichtlichen Rechtsprechung wurde es zunächst als offen angesehen, ob der bloße Flughafentransit über oder durch einen sicheren Drittstaat bereits eine Einreise in einen sicheren Drittstaat darstellt (VG Frankfurt am Main, B. v. 20. 7. 1994 – 9 G 50118/94.A (2)). Unter Hinweis auf die dargestellte Rechtsprechung des BVerfG wird nunmehr in der Rechtsprechung davon

ausgegangen, dass bei einem Aufenthalt im Transitbereich des Flughafens eines sicheren Drittstaates der Betroffene »aus« diesem Staat in des Bundesgebiet einreise. Dementsprechend habe der Asylsuchende die Gelegenheit des Transitaufenthaltes dazu nutzen können und müssen, dort ein Asylgesuch anzubringen (VG Frankfurt am Main, AuAS 1996, 162 (163); so auch Hess.VGH, NVwZ-Beil. 2001, 50 = AuAS 2001, 139).

Angesichts der stark zweckorientierten Rechtsprechung des BVerfG können gegen diese Ansicht kaum durchgreifende Bedenken geltend gemacht werden. Überzeugend ist die Rechtsprechung jedoch nicht. Denn bloße Zufälle, wie etwa ein Unwetter oder ein Betriebsschaden, der zur Änderung der Flugroute zwingt, gewinnen damit erhebliche Bedeutung. Jedenfalls in den Fällen, in denen die Passagiere auf dem Rollfeld verbleiben und nach kurzem Zwischenaufenthalt das Flugzeug seine Reise fortsetzt, bestand nach dem tatsächlichen Verlauf der Reise keine Möglichkeit, ein Asylgesuch anzubringen (vgl. Hess.VGH, NVwZ-Beil. 2001, 50 = AuAS2001, 139). 162

4.5.5. Einreise auf dem Seeweg
Nach der Rechtsprechung findet die Drittstaatenregelung auch Anwendung, wenn der Asylsuchende auf dem Seeweg in das Bundesgebiet einreist und im sicheren Drittstaat das Schiff nicht verlassen hat (VG Bremen, NVwZ-Beil. 1994, 72; unklar BayVGH, InfAuslR 1998, 82 (83); BayVGH, InfAuslR 1998, 248 (249)). Begründet wird dies damit, dass Häfen und Küstengewässer zum Staatsgebiet des sicheren Drittstaates gehörten. Insoweit entspreche der Anrainerstaat bei Einreise auf dem Landweg dem zuletzt angelaufenen Staat bei Einreise über See (VG Bremen, NVwZ-Beil. 1994, 72). 163

Eingereist ist der Asylsuchende, wenn das Schiff die zum Hoheitsgebiet zählenden Küstengewässer der Bundesrepublik befährt. Der Asylbegehrende befindet sich unzweifelhaft auf deutschem Staatsgebiet, wenn er sich auf einem Schiff in einem deutschen Hafen aufhält (VG Bremen, NVwZ-Beil. 1996, 23 (24)). Da nach der Rechtsprechung des BVerfG der Asylsuchende nicht unmittelbar aus dem sicheren Drittstaat in das Bundesgebiet einreisen muss, um die Drittstaatenregelung in Anwendung zu bringen (BVerfGE 94, 49 (94) = NVwZ 1996, 700 (704)), reicht es aus, wenn der Betreffende bei Einreise über See im Verlaufe der Seereise irgendwann einmal den Hafen eines sicheren Drittstaates angelaufen hat. 164

4.5.6. Keine Einreise aus einem »bestimmten« sicheren Drittstaat
Nach Ansicht des BVerfG erfordert der Einreisebegriff des Art. 16 a II GG keine genaue Feststellung des sicheren Drittstaates bei Einreise über den Landweg: Die Drittstaatenregelung greife immer dann ein, wenn feststehe, dass der Flüchtling nur über (irgend-)einen der durch die Verfassung oder durch Gesetz bestimmten sicheren Drittstaaten in das Bundesgebiet eingereist sein könne (BVerfGE 94, 49 (94) = NVwZ 1996, 700 (704)). Das BVerfG beruft sich ausdrücklich auf die Rechtsprechung des BVerwG. Dieses hatte wenige Tage vor der mündlichen Verhandlung vor dem BVerfG festgestellt, es müsse nicht geklärt werden, durch welchen bestimmten sicheren Drittstaat der Flüchtling eingereist sei (BVerwGE 100, 23 (25) = NVwZ 1996, 197 = EZAR 165

208 Nr. 5 = AuAS 1996, 83 (LS)); ebenso VGH BW, EZAR 208 Nr. 3; VGHBW, AuAS 1997, 115 (116); BayVGH, InfAuslR 1998, 82 (83); BayVGH, InfAuslR 1998, 248 (250); OVG NW, U. v. 30. 9. 1996 – 25 A 790/96.A; VG Ansbach, U. v. 9.2. 1995 – AN 12 K 94.42085; VG Koblenz, AuAS 1995, 152; VG Würzburg, U. v. 13. 7. 1995 – W 4 K 94.31152; zustimmend Hailbronner, ZAR 1993, 107 (114); Wollenschläger/Schraml, JZ 1994, 61 (65); Lehnguth/Maassen, ZfSH/SGB 1995, 281 (285); Schelter/ Maaßen, ZRP 1996, 408 (410); dagegen OVG Rh-Pf, NVwZ-Beil. 1995, 53; Hess.VGH, NVwZ-Beil. 1996, 11; erneut bekräftigt Hess.VGH, AuAS 1997, 47; nunmehr wie die h. A. Hess.VGH, AuAS 1997, 160; ebenso dagegen VG Bayreuth, InfAuslR 1995, 37 (40); VG Bayreuth, NVwZ-Beil. 1995, 37; VG Hamburg, InfAuslR 1995, 430; VG Leipzig, EZAR 208 Nr. 4; VG Schleswig, AuAS 1994, 124 (125); ebenso Schieber, VBlBW 1995, 344; Möller/ Schütz, DVBl. 1995, 864; Scheder, NVwZ 1996, 557; wohl auch Ruge, NVwZ 1995, 733 (735); s. auch Hess. VGH, AuAS 1998, 104 (105): Mangel der Feststellungen zur Einreise begründet keinen Gehörsverstoß).

166 Das BVerfG hebt ausdrücklich hervor, dass alle an die Bundesrepublik angrenzenden Staaten sichere Drittstaaten seien. Deshalb sei ein auf dem Landweg einreisender Ausländer von der Berufung auf Art. 16 a I GG ausgeschlossen, auch wenn sein Reiseweg nicht im Einzelnen bekannt sei (BVerfGE 94, 49 (94) = NVwZ 1996, 700 (704)). Freilich ist nach Ansicht des BVerfG weder der Wortlaut des Art. 16 a II 1 GG noch dessen Entstehungsgeschichte eindeutig (BVerfGE 94, 49 (95) = NVwZ 1996, 700 (704f.); ebenso: OVG Rh-Pf, NVwZ-Beil. 1995, 53 (54f.); Hess.VGH, NVwZ-Beil. 1996, 11 (12f.)).

167 Dagegen erachtet das BVerwG den Gesetzeswortlaut wie auch dessen Entstehungsgeschichte für hinreichend deutlich (BVerwGE 100, 23 (25f., 28); ebenso VG Koblenz, AuAS 1995, 152 (153)). Das Asylrecht sei ausgeschlossen, wenn der Ausländer aus einem sicheren Drittstaat einreise. Der Tatbestand sei erfüllt, wenn der Ausländer die deutsche Grenze von einem der gesetzlich bestimmten sicheren Drittstaaten aus überschritten habe. Dies festzustellen, sei notwendig, reiche aber auch aus. Es gehe in Wahrheit nicht darum, ob die »Bestimmtheit« des Anrainerstaates, sondern ob die Kenntnis des Bundesamtes oder des Gerichts von dem Anrainerstaat, von dem aus die Grenze überschritten worden sei, Tatbestandsmerkmal des Art. 16 a II GG, Abs. 1 sei. Dies aber sei nach dem Wortlaut eindeutig nicht der Fall (BVerwGE 100, 23 (25f.); ebenso Wollenschläger/Schramml, JZ 1994, 61 (65); dagegen Scheder, NVwZ 1996, 557).

168 Zwar werden im Schrifttum aus der Feststellung des BVerfG, dass der Wortlaut des Art. 16 a II nicht eindeutig sei, Folgerungen für die zukünftige Entwicklung gezogen (Renner, ZAR 1996, 103 (105)). Der Streit bedarf jedoch keiner Vertiefung. Denn BVerfG wie BVerwG leiten die dargestellte Reichweite aus dem mit der Drittstaatenregelung verfolgten Ziel ab: Art. 16 a II 1 GG gehe davon aus, es hätte in jedem der sicheren Drittstaaten Verfolgungsschutz gefunden werden können. Reise der Betreffende aus einem der sicheren Drittstaaten in die Bundesrepublik ein, so bedürfe er hier nicht des asylrechtlichen Schutzes (BVerfGE 94, 49 (95) = NVwZ 1996, 700 (704)).

169 Hier wird die Schieflage der ausschließlich innerstaatlich orientierten Drittstaatenregelung erneut deutlich. Die Identifizierung des sicheren Drittstaates

hat den Sinn, den völkerrechtlich zuständigen Staat für die Behandlung des Asylbegehrens zu bestimmen. Im Rahmen von Art. 16 a V GG funktioniert das Lastenverteilungssystem deshalb nicht ohne Identifizierung des völkerrechtlich zuständigen (= sicheren) Drittstaates. Bei der Anwendung des Art. 16 a II GG kommt es demgegenüber nach dieser Rechtsprechung auf derartige völkerrechtliche Anforderungen nicht an. Vielmehr ist danach die Drittstaatenregelung ausschließlich im Interesse der Bundesrepublik auszulegen und anzuwenden. Das BVerfG hat damit nicht die Interpretation übernommen, demzufolge die Drittstaatenregelung einen geregelten zwischenstaatlichen Rechtsverkehr voraussetzt (Marx, ZAP 1994, 295 (297)).

Das BVerwG sagt es noch deutlicher als das BVerfG: Das eine Gesetzesziel, nämlich Ausschluss des als nicht schutzbedürftig angesehenen Flüchtlings vom deutschen Asylrecht, sei nicht notwendigerweise mit dem anderen Gesetzesziel, der nachträglichen Schutzgewährung durch den Drittstaat, miteinander verbunden. Diese Verbindung sei gerade nicht die Konzeption der Neuregelung. Das zeige sich daran, dass die Versagung von Asyl und Asylverfahren an die Einreise aus einem Anrainerstaat, der bestimmte abstrakte rechtliche Anforderungen erfülle, geknüpft sei, nicht dagegen an die Erfolgsträchtigkeit eines konkreten Schutzbegehrens im Anrainerstaat (BVerwGE 100, 23 (29 f.) = NVwZ 1996, 197 = EZAR 208 Nr. 5 = AuAS 1996, 83 (LS)). 170

Damit bekräftigen BVerfG und BVerwG die obergerichtliche Rechtsprechung, derzufolge die Rückführbarkeit des Asylsuchenden in den Drittstaat nicht Voraussetzung für die Anwendbarkeit der Ausschlussnorm des Art. 16 a II GG und daher eine Berufung auf das Asylrecht auch dann nicht möglich sei, wenn eine solche Rückführbarkeit an den entsprechenden vertraglichen Vereinbarungen der Bundesrepublik mit dem jeweiligen Drittstaat oder daran scheiterte, dass der Drittstaat nicht konkret festgestellt werden könne (VGH BW, EZAR 208 Nr. 3 = NVwZ-Beil. 1995, 5 = AuAS 1995, 271; wohl auch VG Koblenz, AuAS 1995, 152 (153)). 171

Diese Rückführbarkeit wird andererseits wegen des Verbotes der Kettenabschiebung von einer Mindermeinung für derart wesentlich angesehen, dass bereits bei der Konkretisierung des Einreisetatbestandes der sichere Drittstaat, aus dem die Einreise erfolgte und in den aus diesem Grund die Rückführung durchzuführen ist, festgestellt werden muss (OVG Rh-Pf, NVwZ-Beil. 1995, 53 (54); Hess.VGH, NVwZ-Beil. 1996, 11 (13 f.); VG Hamburg, InfAuslR 1995, 430 (432); VG Leipzig, EZAR 208 Nr. 4; so auch Möller/Schütz, DVBl. 1995, 864 (868); Schieber, VBlBW 1995, 344 (345); in diesem Sinne auch VG Chemnitz, NVwZ-RR 1995, 57; zum Nachweis der Einreise aus dem sicheren Drittstaat s. auch Renner, NVwZ 1994, 452 (453)). 172

Diese völkerrechtsfreundliche Interpretation der Ausschlussnorm des Art. 16 a II GG, Abs. 1 S. 1 hat sich jedoch angesichts der eindeutigen Äußerungen des BVerfG und des BVerwG nicht durchsetzen können. Dementsprechend will das BVerfG etwa Antragsfristen im sicheren Drittstaat, welche dort den Zugang zum Asylverfahren versperren, nicht als Hindernis bei der Bestimmung des sicheren Drittstaates ansehen (BVerfGE 94, 49 (92) = NVwZ 1996, 700 (704); anders im Hinlick auf Art. 3 EMRK EGMR, InfAuslR 2001, 57 (58) = NVwZ-Beil. 2001, 97 = EZAR 933 Nr. 9 – *Jabari*). Vom Flüchtling selbst zu ver- 173 antwortende Hindernisse, etwa die Versäumung bestehender Antragsfristen, bleiben folgerichtig außer Betracht (BVerfGE 94, 49 (92) = NVwZ 1996, 700 (704)).

174 Der sichere Drittstaat wird aus der Sicht der Bundesrepublik für »sicher« angesehen, wenn es dort möglich ist, ein Schutzgesuch tatsächlich anzubringen und dadurch die Verpflichtung der zuständigen Stelle zu begründen, hierüber nach vorgängiger Prüfung zu entscheiden (BVerfGE 94, 49 (91) = NVwZ 1996, 700 (703)). Ein nachträglicher Zugang zum Verfahren nach Rückführung in den sicheren Drittstaat ist damit nicht Zweck der Drittstaatenregelung. Allein der Gebietskontakt mit einem Staat, der nach abstrakt-genereller Betrachtungsweise als »sicher« angesehen wird, beseitigt die asylrechtlich erhebliche Schutzbedürftigkeit, auch wenn im konkreten Einzelfall der dort an sich bereitgehaltene Schutz nicht verfügbar ist, weil der Drittstaat nicht identifiziert werden kann oder den Zugang zum Verfahren versperrt. Andererseits hat die Bundesrepublik wegen Art. 33 GFK (§ 60 I AufenthG) die Abschiebung in den Verfolgerstaat zu unterlassen (BVerfGE 94, 49 (97) = NVwZ 1996, 700 (705)), mithin der Schutzbedürftigkeit des Flüchtlings Rechnung zu tragen. Hier wird erneut der schroffe Dualismus zwischen asylrechtlicher und völkerrechtlicher Schutzbedürftigkeit verfestigt.

4.5.7. Darlegungslast bei behaupteter Einreise auf dem Luftwege

4.5.7.1. Funktion der Prüfung der Einreisebehauptungen

175 Für Asylbegehrende, die aus einem sicheren Herkunftsstaat oder ohne gültigen Pass oder Passersatz auf dem Luftwege einreisen, ist das Flughafenverfahren vor der Einreise vorgesehen (§ 18 a I). Darüber hinaus verpflichtet § 13 III 1 Asylbegehrende, die ohne die erforderlichen Einreisedokumente einreisen, an der Grenze um Asyl nachzusuchen. Kommt der Antragsteller dieser Obliegenheit nicht nach, so wird er im Falle der persönlichen Meldung nicht an die für den Einreiseort zuständige Grenzbehörde verwiesen. Vielmehr hat er nach § 13 III 2 unverzüglich bei einer Aufnahmeeinrichtung (§ 22) oder bei der Ausländerbehörde oder der Polizei (§ 19) um Asyl nachzusuchen.

176 Das Flughafenverfahren findet danach für die Asylbegehrenden keine Anwendung, die zwar bei der Einreise nicht im Besitz der erforderlichen Einreisedokumente sind, denen es jedoch – in aller Regel mit Hilfe von Fluchthelfern – gelingt, die Grenzübergangsstelle zu passieren. Da diese Personen nicht über den Landweg einreisen, darf ihnen Abs. 1 S. 1 nicht entgegengehalten werden. Sie sind mithin nicht vom Genuss des Asylrechts nach Art. 16 a I GG ausgeschlossen, sofern sie die hierfür erforderlichen tatbestandlichen Voraussetzungen erfüllen.

177 Unklar war zunächst, welche Anforderungen in derartigen Fällen an die Darlegung der behaupteten Einreise auf dem Luftwege zu stellen sind (vgl. Hutzel, Asylmagazin 4/1996, 4 (8)). Denn mit der bloßen Behauptung der Einreise auf dem Luftwege kann der auf dem Landweg einreisende Asylbegehrende die Drittstaatenregelung umgehen. Daher ist es sicherlich gerechtfertigt, an den Nachweis der Einreise auf dem Luftwege erhöhte Anforderungen zu stellen und dem Asylsuchenden mit der *Darlegungslast* hinsichtlich der be-

haupteten Einreise auf dem Luftwege zu belasten (BVerwGE 109, 174 (178) = AuAS 1999, 260 (262) = EZAR 208 Nr. 14 = NVwZ 2000, 81 = InfAuslR 1999, 526; BayVGH, InfAuslR 1998, 248 (249); Hess.VGH, InfAuslR 1999, 479; Hess.VGH, AuAS 1999, 44; OVG NW, AuAS 1998, 76 (77)).

Bei *behaupteter Einreise auf dem Luftwege* kann nicht allein aus dem *Fehlen von Flugunterlagen* auf eine Einreise auf dem Landweg geschlossen werden. Die Nichtvorlage von Flugunterlagen ist verständig zu würdigen. Es ist allgemein bekannt, dass auf dem Luftwege einreisende Asylsuchende ihre Flugunterlagen regelmäßig an die Fluchthelfer zurückgeben müssen, damit diese die Kosten für den nicht angetretenen Rückflug von den Reiseveranstaltern zurückerlangen können (OVG Rh-Pf, AuAS 1999, 67 (68); wohl strenger OVG NW, NVwZ-Beil. 1998, 86 (87). Der pauschale Vortrag der Weggabe von Flugunterlagen kann daher ebenso wenig wie das Unvermögen, mit der Flugreise im Zusammenhang stehende Fragen zu beantworten, den Schluss rechtfertigen, dass die Einreise über einen Flughafen nur vorgespiegelt werde. (BVerwGE 109, 174 (178) = AuAS 1999, 260 (262) = InfAuslR 1999, 526; dagegen BayVGH, AuAS 1998, 22 (23); OVG NW, NVwZ-Beil. 1998, 86 (87)). **178**

4.5.7.2. Anforderungen an die Beweisführungspflicht des Antragstellers

Es gibt keine Beweisführungspflicht, deren Nichterfüllung die Einreise auf dem Luftwege und damit die Versagung des Asylrechts rechtfertigt (BVerwGE 109, 174 (178) = AuAS 1999, 260 (262) = InfAuslR 1999, 526; dagegen BayVGH, AuAS 1998, 22 (23). Vielmehr muss das Gericht aufgrund der Angaben des Antragstellers die *erforderliche Überzeugungsgewissheit* erlangen, dass er auf dem Luftwege eingereist ist. Verbleiben danach nicht ausräumbare Zweifel, gehen diese zu dessen Lasten (BVerwG E 109, 174 (178) = AuAS 1999, 260 (262) = InfAuslR 1999, 526; Hess.VGH, NVwZ-RR 1997, 569 (570); BayVGH, InfAuslR 1998, 248 (249); BayVGH, AuAS 1998, 22; OVG Sachsen-Anhalt, EZAR 208 Nr. 9 = NVwZ-Beil. 1996, 85; Sächs.OVG, AuAS 2002, 42; Hess. VGH, NVwZ-RR 1997, 569 (570); Hess. VGH, AuAS 1999, 44; Hess. VGH, InfAuslR 1999, 479 (480); OVG NW, NVwZ-Beil. 1998, 86 (87); OVG NW, AuAS 1999, 66; OVG Rh-Pf., AuAS 1999, 67; OVG Rh-Pf, AuAS 1998, 23). **179**

Ob zuvor weitere Ermittlungen anzustellen sind, ist eine Frage der Ausübung tatrichterlichen Ermessens im Einzelfall. Ein Anlass zu weiterer Aufklärung ist beispielsweise dann zu verneinen, wenn der Antragsteller *keine nachprüfbaren Angaben zu seiner Einreise* macht und es damit an einem Ansatzpunkt für weitere Ermittlungen fehlt. Macht der Antragsteller Angaben, hat das Verwaltungsgericht diese zu berücksichtigen. Es kann in diesem Zusammenhang insbesondere frei würdigen, **180**

1. dass und aus welchen Gründen der Antragsteller mit falschen Reisedokumenten eingereist ist,
2. dass und warum er Reiseunterlagen, die für die Feststellung des Reiseweges bedeutsam sind, nach der Einreise weggegeben hat und
3. dass und weshalb er den Asylantrag nicht bei seiner Einreise an der Grenze, sondern Tage oder Wochen später an einem anderen Ort gestellt hat (BVerwG E 109, 174 (178 ff.)) = AuAS 1999, 260 (261) = InfAuslR 1999, 526).

181 Für die Glaubhaftigkeit der entsprechenden Angaben spricht die während des gesamten Verfahrens gleichbleibende, eingehende, plastische und detailreiche und mit den Erkenntnisquellen übereinstimmende Schilderung (OVG Rh-Pf, AuAS 1999, 67). Bereits aus der glaubwürdigen Schilderung der Vorfluchtgründe folgt ein »*Vorschuss auf Vertrauen*« im Blick auf die Darlegung des Reiseweges ((OVG Rh-Pf, AuAS 1999, 67). Umgekehrt will die obergerichtliche Rechtsprechung aus dem unglaubhaften Sachvorbringen zu den Einreisemodalitäten für den Asylsuchenden nachteilige Schlüsse auf die Glaubhaftigkeit des Verfolgungsvorbringens ziehen (OVG NW, AuAS 1999, 66). Dies ist angesichts der in über zwölf Jahren gesammelten Erfahrungen mit der Anwendung der Drittstaatenregelung jedoch nicht gerechtfertigt. Angaben zum Reiseweg sind angesichts der allgemein bekannten sich nach außen gegenüber Flüchtlingen abschließenden Praxis der Bundesrepublik ein völlig ungeeignetes Erkenntnismittel für die Bewertung des Verfolgungsvorbringens.

4.5.7.3. Fehlende Flugunterlagen

182 Nach § 15 I Nr. 1 ist der Antragsteller persönlich verpflichtet, bei der Aufklärung des Sachverhaltes mitzuwirken. Er hat die erforderlichen Angaben zum Reiseweg zu machen (§ 25 I 2) und insbesondere alle erforderlichen Urkunden oder sonstige Unterlagen, die in seinem Besitz sind, den zuständigen Behörden vorzulegen, auszuhändigen und zu überlassen (§ 15 II Nr. 5). Erforderliche Urkunden in diesem Sinne sind insbesondere Flugscheine und sonstige Fahrscheine (§ 15 III Nr. 3). In aller Regel verlangen die Fluchthelfer derartige Urkunden jedoch vom Antragsteller zurück, um dadurch die Aufdeckung der mit hohen Strafsanktionen verbundenen Fluchthilfetatbestände (§§ 84 II, 84 a, § 96, § 97 AufenthG; s. auch § 53 Nr. 3, § 54 Nr. 2 AufenthG) zu erschweren.

183 Darüber hinaus ist der Antragsteller nur zur Vorlage der Urkunden und Unterlagen verpflichtet, welche im Zeitpunkt der persönlichen Meldung bei der zuständigen Behörde noch in seinem Besitz sind (§ 15 II Nr. 5). Angesichts dessen ist es nicht gerechtfertigt, den Nachweis der Einreise auf dem Luftwege von der Vorlage der Flugscheine und sonstigen Unterlagen abhängig zu machen (OVG Sachsen-Anhalt, EZAR 208 Nr. 9; BayVGH, InfAuslR 1998, 248 (249); unklar OVG NW, AuAS 1998, 76 (77) VG Bayreuth, U. v. 20. 2. 2000 – B 6 K 99.30481; VG Schleswig, InfAuslR 2001, 197; vgl. auch BVerwG, AuAS 1999, 260 (262) = InfAuslR 1999, 526).

184 Entscheidend ist, dass sich Behörde und Gericht nach der stets gebotenen Sachverhaltsaufklärung die für die Entscheidung erforderliche Überzeugungsgewissheit vom Einreisetatbestand verschafft haben. Die Überzeugungsbildung ist dann fehlerhaft, wenn allein aus der Nichtvorlage von Flugunterlagen stets hergeleitet würde, dass der Asylsuchende nicht auf dem Luftwege eingereist ist (OVG Sachsen-Anhalt, EZAR 208 Nr. 9 = NVwZ-Beil. 1996, 85 (86); Hess.VGH, NVwZ-RR 1997, 569 (570)). Ein derartiger Schluss setzt voraus, dass zuvor alle anderen Möglichkeiten der Sachverhaltsaufklärung erschöpft sind. Aus der Nichtvorlage von Flugunterlagen kann nicht gleichsam zwangsläufig eine Einreise auf dem Landwege gefolgert werden

(OVG Sachsen-Anhalt, EZAR 208 Nr. 9 = NVwZ-Beil. 1996, 85; Hess.VGH, NVwZ-RR 1997, 569 (570); so wohl auch VGH BW, AuAS 1997, 261; a. A. VG Magdeburg, U. v. 26. 7. 1996 – A 5 K 262/96; VG Ansbach, U. v. 13. 3. 1996 – AN 3 K 95.36744).

5. Ermessen des Bundesamtes

Nach der Mehrheitsmeinung in der Rechtsprechung steht es im Falle der Einreise aus einem sicheren Drittstaat ersichtlich zur freien Disposition des Bundesamtes, ob es sich, ohne in eine Sachprüfung im Blick auf die Verfolgungsgründe einzutreten, für die Abschiebung des Asylsuchenden in den sicheren Drittstaat entschließt oder eine Prüfung der Verfolgungsgründe vornimmt mit der Folge der Bejahung oder der Verneinung der tatbestandlichen Voraussetzungen des § 60 I AufenthG (VGH BW, EZAR 210 Nr. 9, S. 3; OVG NW, NVwZ 1997, 1141 (1142) = EZAR 223 N. 16; VG Düsseldorf, EZAR 631 Nr. 31; VG Koblenz. AuAS 1995, 152 (154); ebenso Ruge, NVwZ 1995, 733 (735); a. A. Hess.VGH, AuAS 1997, 47).

185

Während nach § 18 II Nr. 1 die Einreise aus einem sicheren Drittstaat von der Grenzbehörde zwingend zu versagen sei, werde die Abschiebung durch das Bundesamt in den sicheren Drittstaat nach § 34 a I nicht als Rechtspflicht normiert. Die Regelungen in § 31 I 2, IV eröffneten dem Bundesamt lediglich die Möglichkeit, den Asylantrag nur nach § 26 a I abzulehnen. Sie stellten mithin nur eine *mögliche Entscheidungsalternative* zur Verfügung (VG Koblenz, AuAS 1995, 152 (154)). Das Bundesamt darf folglich auch bei festgestellter Einreise aus einem sicheren Drittstaat in eine sachliche Prüfung der Verfolgungsgründe eintreten und von einer Abschiebung in den sicheren Drittstaat absehen (VGH BW, EZAR 210 Nr. 9, S. 3). Freilich ist der Feststellungsanspruch auf § 60 I AufenthG beschränkt.

186

6. Internationaler Schutz nach § 60 Abs. 1 AufenthG und Abschiebungsschutz nach § 60 Abs. 2–7 AufenthG

Das BVerfG bezieht den Abschiebungsschutz nach § 60 I–VII AufenthG ausdrücklich in das Konzept der normativen Vergewisserung ein, sodass sich der Asylsuchende gegenüber der Abschiebung in den sicheren Drittstaat nicht auf den in diesen Normen gewährleisteten Abschiebungsschutz berufen kann. Soll er dagegen in den Herkunftsstaat oder in einen anderen Staat, der nicht sicherer Drittstaat ist, abgeschoben werden, so sind die Voraussetzungen des § 60 I AufenthG nach Ansicht des BVerfG stets zu prüfen. Dies bleibe vom Konzept der normativen Vergewisserung über die Sicherheit des Drittstaates unberührt (BVerfGE 94, 49 (97) = NVwZ 1996, 700 (705)). Kann der sichere Drittstaat, über den der Asylbegehrende eingereist ist, nicht festgestellt werden und kommt deshalb eine Abschiebung in den sicheren Drittstaat nicht in Betracht, so hat das Bundesamt hiernach stets die Voraussetzungen der § 60 I–VII AufenthG zu prüfen.

187

188 Die zuständige Kammer des BVerfG hat dementsprechend festgestellt, dass die Prüfung von Abschiebungshindernissen nach diesen Vorschriften geboten ist, wenn dem Asylsuchenden zwar die Berufung auf das Asylgrundrecht verwehrt ist, er aber nicht in den Staat abgeschoben werden soll, der nicht sicherer Drittstaat ist (BVerfG (Kammer), AuAS 1996, 243 (245) = NVwZ-Beil. 1997, 10; BVerfG (Kammer), BayVBl. 1997, 82 (83)). Die fachgerichtliche Rechtsprechung hat sich dieser Rechtsansicht ausdrücklich angeschlossen (BVerwGE 100, 23 (31) = NVwZ 1996, 197 = EZAR 208 Nr. 5 = AuAS 1996, 83 (LS); Hess.VGH, NVwZ-Beil. 1996, 11 (14); Hess. VGH, NVwZ-RR 2003 153 (154) = AuAS 2003, 28; OVG Rh-Pf, NVwZ-Beil. 1995, 53 (54 f.); OVG NW, NVwZ 1997, 1141 (1143); OVG Thüringen, B. v. 18. 9. 1996 – 3 ZO 487/96; VGH BW, NVwZ-Beil. 1995, 5; VGH BW, EZAR 210 Nr. 9, S. 3).

189 Der Gesetzgeber hat sich mit der Drittstaatenregelung des Art. 16 a II GG, § 26 a I von den *völkerrechtlichen Verpflichtungen*, insbesondere aus Art. 33 GFK (*Refoulement-Verbot*) und Art. 3 EMRK, weder lossagen können noch lossagen wollen (BVerfG (Kammer), AuAS 1996, 243 (245); Thür.OVG, B. v. 18. 9. 1996 – 3 ZO 487/96). Kann der sichere Drittstaat, über den der Asylsuchende eingereist ist, nicht festgestellt werden, so darf das Bundesamt seine Entscheidung deshalb nicht auf die Feststellung nach § 31 IV beschränken. Vielmehr hat es die Abschiebungshindernisse nach § 60 I–VII AufenthG inhaltlich zu prüfen und hierüber eine Sachentscheidung zu treffen.

190 Die Drittstaatenregelung ist auch dann anwendbar, wenn der als Asylsuchender eingereiste Antragsteller Nachfluchtgründe geltend macht, die zu einer Verfolgung führen. In diesem Fall wird für den Fall, dass der sichere Drittstaat nicht identifiziert oder die Rückführung in diesen nicht möglich ist, der internationale Schutz nach § 60 I AufenthG gewährt (Hess. VGH, NVwZ-RR 2003 153 (154) = AuAS 2003, 28 (29)).

191 Die extensive Interpretation des Einreisebegriffs nach Art. 16 a II GG führt freilich zu einer weitreichenden Reduzierung des Grundrechtsschutzes im Asylrecht. Andererseits verdeutlicht der zwingend zu beachtende Abschiebungs- und Rechtsschutz nach § 60 I–VII AufenthG, dass die gesetzgeberischen Vorstellungen sich nur unzulänglich umsetzen lassen. Die derzeitige Rechtslage führt dennoch zu einer gravierenden rechtlichen Schieflage, nämlich zu einem seinem Gehalt nach hochwertigen Asylgrundrecht, das jedoch kaum noch ein politisch Verfolgter in Anspruch nehmen kann, und zu einem einfachgesetzlichen Status, der zwar dem politischen Verfolgten den erforderlichen Abschiebungsschutz gewährleistet, ihm aber zugleich bescheinigt, dass er nicht asylberechtigt ist. Damit wird ein Grundrecht in den Verfassungshimmel gehoben, von dem es nicht mehr heruntergeholt werden kann. Die Asylrechtskonzeption erweist sich damit weniger als Grundrechts-, sondern eher als Grundrechtsverhinderungsvorschrift (Franßen, DVBl. 1993, 300 (301)).

7. Familienasyl und Drittstaatenregelung

In der Rechtsprechung herrscht Streit darüber, ob die Einreise über einen sicheren Drittstaat der Gewährung von Familienasyl entgegensteht (so BVerfG (Kammer), NVwZ-Beil. 2000, 97 (98) = EZAR 215 Nr. 21; BVerwGE 104, 347 (348) = DÖV 1997, 922 = InfAuslR 1997, 422 = NVwZ 1998, 1190 = AuAS 1997, 240 (LS); Hess.VGH, AuAS 1999, 44; OVG NW, NVwZ-Beil. 1997, 21 = EZAR 215 Nr. 13 = DÖV 1997, 382 = AuAS 1997, 57; VG Schleswig, NVwZ-Beil. 1997, 24 = AuAS 1997, 41; VG Gelsenkirchen, U. v. 22. 2. 1996 – 8 a K 673/94.A) oder Familienasyl zu gewähren ist (dafür OVG Rh-Pf, U. v. 26. 10. 1996 – 7 A 12233/96.OVG; VG Hannover, AuAS 1996, 203 (204); VG Koblenz, NVwZ-Beil. 1997, 56; VG München, InfAuslR 1994, 78 (79); ebenso Schnäbele, in: GK, AsylVfG, § 26 Rdn. 92; Gerson, InfAuslR 1997, 253 (255)); s. hierzu auch § 26 Rdn. 94 ff.). Die Meinung, derzufolge das Familienasyl durch die Drittstaatenregelung nicht berührt wird, weist auf den Charakter dieses Rechtsinstituts hin. Bei dem Familienasyl handele es sich materiell-rechtlich nicht um einen Asylanspruch im Sinne von Art. 16 a I GG. Hierdurch werde vielmehr für das begünstigte Familienmitglied eine Rechtsstellung geschaffen, die politisch Verfolgte genießen, ohne dass eine eigene politische Verfolgung des Familienangehörigen festgestellt werden müsse (OVG Rh-Pf, U. v. 29. 10. 1996 – 7 A 12233/96.OVG; VG Hannover, AuAS 1996, 203 (204)).

Das Eingreifen des Familienasyls auch dann, wenn objektiv feststehe, dass der Angehörige selbst nicht politisch verfolgt sei, finde als einfachgesetzliche Begünstigung der Kernfamilie in Art. 6 I GG seine Rechtfertigung und entfalte damit eine *eigenständige über Art. 16 a I GG hinausgehende Bedeutung*. Das Familienasyl stelle mithin eine eigenständige einfachrechtliche Regelung dar, die in ihrer Rechtsfolge zwar identisch mit der Asylberechtigung sei, sich von Art. 16 a I GG hinsichtlich ihrer tatbestandlichen Voraussetzungen aber ansonsten grundlegend unterscheide. Aus diesem Grunde nehme die Vorschrift des § 26 nicht an der Ausschlusswirkung des Art. 16 a II GG teil. Auch der Zweck der Drittstaatenregelung trage diese Ansicht. Denn eine Lastenverteilung scheitere hier schon daran, dass der Familienangehörige des Asylberechtigten bereits aus ausländerrechtlichen Gründen ein Bleiberecht im Bundesgebiet habe und daher nicht zur Schutzgewährung an einen anderen Staat verwiesen werden könne (OVG Rh-Pf, U. v. 29. 10. 1996 – 7 A 12233/96.OVG; VG Hannover, AuAS 1996, 203 (204)).

Dagegen wendet die Gegenmeinung ein, dass der Gesetzgeber das gesamte Asylrecht grundlegend geändert und mit der Drittstaatenregelung ein neues System der Schutzgewährung geschaffen habe, welches die Subsidiarität des Asylschutzes in Deutschland betone und eine gesamteuropäische Verteilungsregelung anstrebe (BVerwGE 104, 347 (351) = DÖV 1997, 922). Demjenigen, der nicht gefährdet sei, sondern Familienasyl lediglich zur Fortführung der familiären Gemeinschaft erstrebe, sei die Beantragung eines Sichtvermerks vor der Einreise zumutbar, sodass es den im Heimatland lebenden Familienangehörigen regelmäßig auch zuzumuten sei, bis zur Asylanerkennung des Stammberechtigten im Heimatland zu bleiben. Seien die Angehörigen jedoch selbst von aktueller Verfolgung bedroht, seien sie im sicheren Drittstaat außer Gefahr. Sie könnten dort ein eigenes Asylverfahren einleiten und entweder nach ihrer Anerkennung im Drittstaat oder nach Anerkennung des Stammberechtigten in Deutschland die Familienzusammenführung erreichen (BVerwGE 104, 347 (352) = DÖV 1997, 922 (923)). Offensichtlich übersieht das BVerwG hier den Unterschied zwischen dem in Art. 16 a V GG verorteten gesamteuropäischen Lastenverteilungssystem und dem Zweck des Art. 16 a II GG, die mit dem Flüchtlingsproblem verbundenen Lasten einseitig auf die sicheren Nachbarstaaten abzuwälzen.

195 Darüber hinaus wird gegen die Gewährung des Familienasyls in derartigen Fällen eingewendet, dass eine einfachgesetzliche Vergünstigung auch durch einfaches Gesetzesrecht eingeschränkt werden könne. Da Abs. 1 S. 2 nicht danach unterscheide, ob eine Anerkennung nach Art. 16 a I GG oder nach § 26 begehrt werde, entfalle deshalb der durch § 26 eingeräumte Anspruch auf Familienasyl nach Abs. 1 S. 2, wenn der Familienangehörige über einen sicheren Drittstaat eingereist sei. Auch setze das Begehren auf Gewährung von Familienasyl die vorherige Stellung eines Asylantrags im Sinne von § 13 I voraus und werde nach § 26 die uneingeschränkte Stellung als Asylberechtigter erlangt (OVG NW, NVwZ-Beil. 1997, 21 (22); VG Gelsenkirchen, U. v. 22. 2. 1995 – 8 a K 673/94. A).

196 Diese verkrampft anmutenden Begründungen verdeutlichen, wie verbissen um die Durchsetzung des mit der Drittstaatenregelung verfolgten Zwecks gerungen wurde. Der Gesetzgeber des ZuwG hatte diesen Streit gelöst, in dem er mit Wirkung zum 1. Januar 2005 in § 26 IV den an das Familienasyl in § 26 I–III anknüpfenden Familienabschiebungsschutz geregelt hat. Da der stammberechtigte Asylberechtigte zugleich auch Berechtigter nach § 60 I 1 AufenthG ist (vgl. § 60 I 2 1. HS AufenthG in Verb. mit § 2, § 31 II 1), können sich die über einen sicheren Drittstaat eingereisten Familienangehörigen auf den Familienabschiebungsschutz nach § 26 IV berufen. Der ursprüngliche Sinngehalt des Familienabschiebungsschutzes zielt sogar auf den über einen sicheren Drittstaat eingereisten stammberechtigten Flüchtling. Es ist in diesem Fall unerheblich, ob die Familienangehörigen über einen sicheren Drittstaat eingereist sind oder nicht. Sie erhalten in beiden Fällen Familienabschiebungsschutz nach § 26 IV.

8. Familienangehörige von Asylbewerbern

197 Reisen Ehegatte und minderjährige Kinder eines Asylbewerbers, der sich im Bundesgebiet aufhält, über einen sicheren Drittstaat ein, begründet § 43 III zumindest ein formelles subjektives Recht auf ermessensfehlerfreie Entscheidung über den weiteren Aufenthalt im Bundesgebiet (BVerfG (Kammer), NVwZ-Beil. 1994, 9). Das BVerfG begründet seine Ansicht damit, dass § 44 III die Vorschrift des § 34 a I ergänze mit der Folge, dass das Bundesamt nicht die zwingende Regelung des § 34 a I anwenden müsse, sondern nach Maßgabe des § 43 III nach Ermessen zu entscheiden habe. Gegen die dennoch erfolgte ablehnende Entscheidung des Bundesamtes ist trotz § 34 a II einstweiliger Rechtsschutz eröffnet (BVerfG (Kammer), NVwZ-Beil. 1994, 9).

9. Rechtsverordnung nach Abs. 3

Die Ermächtigung in Abs. 3 legt fest, dass die Bundesregierung *ohne Zustimmung* des Bundesrates die Anwendung des § 26 a auf einen Staat vorübergehend auszusetzen hat, wenn Veränderungen in den rechtlichen oder politischen Verhältnissen dieses Staates dies erfordern (BT-Drs. 12/4450, S. 21). Eine derartige Ermächtigung ist angesichts der Schwerfälligkeit des Gesetzgebungsverfahrens notwendig, um rasch und flexibel auf Veränderungen in den in Anlage I genannten Staaten reagieren zu können (Giesler/Wasser, Das neue Asylrecht, S. 37). Anlage I ist wegen des Beitritts dieser Staaten zur EG gegenstandslos geworden (vgl. BVerfGE 94, 49 (89)). 198

Im Blick auf EG-Staaten kann die Anwendung des § 26 a im Übrigen nicht durch Rechtsverordnung nach § 26 a III 1 vorübergehend ausgeschlossen werden. Wer das »blinde«, also von keinerlei zusätzlichen Voraussetzungen abhängige Vertrauen in die gemeinsamen Wertvorstellungen der EG-Staaten in den Vordergrund stellt (so Tomuschat, EuGRZ 1996, 381), wird dies als unproblematisch ansehen. Nur der verfassungsändernde Gesetzgeber kann deshalb im Falle gravierender Veränderungen in den rechtlichen und politischen Verhältnissen in einem EG-Staat die gebotenen Konsequenzen ziehen (Henkel, in: GK-AsylVfG, § 26 a Rdn. 118).Bei einer Veränderung in den rechtlichen und politischen Verhältnissen in sicheren Drittstaaten kann das Bundesinnenministerium bereits vor Erlass der Verordnung nach Abs. 3 S. 1 durch eine Anordnung nach § 18 IV Nr. 2 unverzüglich reagieren (Giesler/Wasser, Das neue Asylrecht, S. 37). 199

Das BVerfG hat für den Fall der schlagartigen Änderung der Verhältnisse im bislang sicheren Drittstaat eine Verpflichtung der zuständigen Behörden auf Beachtung der Schutzwirkungen von § 60 I–VII AufenthG festgestellt (BVerfGE 94, 49 (99)). Obwohl es ausdrücklich darauf hinweist, dass ein derartiger Fall insbesondere dann in Betracht kommt, wenn die gebotene Reaktion der Bundesregierung nach Abs. 3 noch aussteht (BVerfGE 94, 49 (99)), will es nicht die Anwendung von Art. 16 a II GG, § 26 a ausschließen, sondern verweist für diesen Fall lediglich auf den zwingenden Abschiebungsschutz nach § 60 I–VII AufenthG. Jedenfalls steht die Schutzgewährung in diesen Fällen nicht im behördlichen Ermessen, sondern ist sie zwingend vorgeschrieben (BVerfGE 94, 49 (99)). 200

Die Geltungsdauer der Verordnung nach Abs. 3 S. 1 ist auf sechs Monate begrenzt (Abs. 3 S. 2). Wird der Gesetzgeber innerhalb dieser Frist nicht tätig, tritt die Verordnung nach Fristablauf automatisch wieder außer Kraft (Abs. 3 S. 2). Auch wenn innerhalb dieses Zeitraums keine Veränderung in den rechtlichen und politischen Verhältnissen eingetreten ist, gilt der betreffende Staat daher wieder als sicher und findet § 26 a auf diesen wieder Anwendung. Nur der Gesetzgeber kann mithin aus den veränderten Verhältnissen die Konsequenz ziehen und den bislang sicheren Staat aus der Anlage I herausnehmen. Allerdings kann das Bundesinnenministerium durch Anordnung nach § 18 IV Nr. 2 im Falle des Untätigbleibens des Gesetzgebers auch über den Ablauf der in Abs. 3 S. 2 genannten Frist hinaus die Anwendung von Abs. 1 S. 1 und 2 ausschließen (Abs. 1 S. 3 Nr. 3). Jedenfalls darf bei einem 201

Fortbestand der gravierenden Veränderung in den rechtlichen und politischen Verhältnissen auch nach Fristablauf keine Rückführung in den betreffenden Drittstaat vorgenommen werden.

§ 27 Anderweitige Sicherheit vor Verfolgung

(1) Ein Ausländer, der bereits in einem sonstigen Drittstaat vor politischer Verfolgung sicher war, wird nicht als Asylberechtigter anerkannt.
(2) Ist der Ausländer im Besitz eines von einem sicheren Drittstaat (§ 26 a) oder einem sonstigen Drittstaat ausgestellten Reiseausweises nach dem Abkommen über die Rechtsstellung der Flüchtlinge, so wird vermutet, daß er bereits in diesem Staat vor politischer Verfolgung sicher war.
(3) Hat sich ein Ausländer in einem sonstigen Drittstaat, in dem ihm keine politische Verfolgung droht, vor der Einreise in das Bundesgebiet länger als drei Monate aufgehalten, so wird vermutet, daß er dort vor politischer Verfolgung sicher war. Das gilt nicht, wenn der Ausländer glaubhaft macht, daß eine Abschiebung in einen anderen Staat, in dem ihm politische Verfolgung droht, nicht mit hinreichender Sicherheit auszuschließen war.

Übersicht

		Rdn.
1.	Vorbemerkung	1
2.	Rechtscharakter von Abs. 1	5
3.	Begriff der Verfolgungssicherheit (Abs. 1)	9
3.1.	Schutz vor Verfolgung	9
3.2.	Gebot der sozialen Hilfestellung	17
4.	Bedeutung der subjektiven Fluchtvorstellungen	25
4.1.	Vorbemerkung	25
4.2.	Erfordernis der Fluchtbeendigung	27
4.3.	Begriff des stationären Charakter	34
4.4.	Vermutungsregel des Abs. 3	51
4.5.	Vermutungsregel des Abs. 2	55
5.	Darlegungs- und Beweislast	59
6.	Maßgeblicher Zeitpunkt für die Beurteilung der Sach- und Rechtslage	65
7.	Wiederaufleben der Schutzbedürftigkeit	70
8.	Freiwillige Ausreise aus dem Drittstaat	73
9.	Nachfluchtgründe	80

1. Vorbemerkung

1   Diese Vorschrift entspricht im Wesentlichen der Regelung des früheren § 2 AsylVfG 1982. Sie begründet eine negative Anerkennungsvoraussetzung. Liegen die Voraussetzungen der anderweitigen Sicherheit *offensichtlich* vor und ist die Rückführung in diesen oder in einen anderen Staat, in dem der Antragsteller vor Verfolgung sicher ist, möglich, ist der Asylantrag unbeacht-

lich (§ 29 I). Ist der Antragsteller bereits eingereist, erlässt das Bundesamt in diesen Fällen die Verfügung nach § 35, während im Falle des Einreisebegehrens die Grenzbehörde die Einreise nach § 18 II Nr. 2 verweigert. Das Offensichtlichkeitsurteil hat damit zur Folge, dass der Zugang zum Asylverfahren versperrt ist. Wegen der Drittstaatenkonzeption nach §§ 26 a, 34 a hat diese Vorschrift erheblich an Bedeutung verloren.

Abs. 1 verwendet ausdrücklich den Begriff »*sonstige Drittstaaten*« und knüpft damit die »sonstigen Drittstaaten« nach § 27 von den »*sicheren Drittstaaten*« nach § 26 a ab. Während die »sicheren Drittstaaten« bereits durch die Verfassung oder durch Gesetz festgelegt worden sind und deshalb eine unwiderlegbare Vermutung der Verfolgungssicherheit Anwendung findet, greift nach dieser Vorschrift keine abstrakt festgelegte Vermutung Platz (s. auch Abs. 2 und 3). Vielmehr ist in jedem Einzelfall, streng bezogen auf die zugrunde liegenden besonderen Umstände, eine sorgfältige Prüfung des Voraufenthaltes geboten.

Gleichwohl kann gesagt werden, dass die Drittstaatenregelung des Art. 16 a II GG, §§ 26 a, 34 a konzeptionell an § 27 ausgerichtet ist, jedoch im Einzelnen die tatbestandlichen Voraussetzungen des Asylausschlusses einschneidend verschärft worden sind. Neben die Drittstaatenkonzeption, die bei Einreise über EG-Staaten und Drittstaaten nach Anlage I Anwendung findet, tritt der Asylausschluss nach § 27.

Regelmäßig zielt diese Vorschrift auf Durchreisen und Voraufenthalte in *außereuropäischen Drittstaaten*. Der bloße Gebietskontakt in »sonstigen Drittstaaten« allein reicht anders als bei der Durchreise durch »sichere Drittstaaten« im Sinne von § 26 a jedoch nicht aus. Vielmehr werden nach Abs. 1 besondere Voraussetzungen mit Blick auf Art und Dauer des Voraufenthaltes in derartigen Drittstaaten gestellt.

2. Rechtscharakter von Abs. 1

Abs. 1 bestimmt, dass der Antragsteller, der in einem sonstigen Drittstaat sicher vor Verfolgung war, *nicht* als asylberechtigt *anerkannt* wird. Damit begründet diese Bestimmung eine *materielle Asylausschlussregelung* (BayVGH, BayVBl. 1997, 663 = AuAS 1997, 104), sodass beim Vorliegen der tatbestandlichen Voraussetzungen des Abs. 1 die Prüfung der Verfolgungsbehauptungen nicht in Betracht kommt. Nach dem BVerwG folgt dieser Ausschluss unmittelbar aus der Grundrechtsnorm: Der Gesetzgeber dürfe die tatbestandlichen Voraussetzungen des Grundrechts und damit die Grenzen seines Schutzbereiches *deklaratorisch* nachzeichnen (BVerwGE 79, 347 (349) = EZAR 205 Nr. 9 = NVwZ 1988, 1136 = InfAuslR 1988, 297). Die einfachgesetzliche Regelung über den Asylausschluss bei anderweitiger Sicherheit gebe in inhaltlicher Übereinstimmung mit der Grundrechtsnorm verlautbarend das wieder, was sich ohnehin aus dieser Grundrechtsbestimmung ergebe (BVerwGE 79, 347 (349)).

Die *Schutzlosigkeit* des Asylsuchenden sei Voraussetzung des Asylanspruchs. Daher sei dem Tatbestand der Verfassungsnorm das *zusätzliche Merkmal* der

Schutzlosigkeit *immanent* (BVerwG, NVwZ 1992, 380 (381)). Der Gesetzgeber würde mit derartig generalisierenden und pauschalierenden Regelungen lediglich *nachzeichnen,* was bereits in der Verfassungsnorm angelegt sei (BVerwG, NVwZ 1992, 380 (381)). Damit geht die Wirkung von Abs. 1 dahin, bei Vorliegen seiner Voraussetzungen den Genuss des Asylrechts auszuschließen. Sind diese *offensichtlich* gegeben, ist der Antrag unbeachtlich (§ 29 I) und findet kein Asylverfahren statt (vgl. § 29 II 1). Die Behörde ist zu aufenthaltsbeendenden Maßnahmen verpflichtet (§§ 35, 18 II Nr. 2). Ist das Offensichtlichkeitsurteil nicht gerechtfertigt, findet ein vollständiges Asylverfahren statt.

7 Das Bundesamt beschränkt seine Prüfung auf die tatbestandlichen Voraussetzungen der Verfolgungssicherheit im Drittstaat und hat den Antrag mit dieser Begründung abzulehnen, wenn es diese bejaht. Erlaubt einerseits das Offensichtlichkeitsurteil von vornherein die Versagung des Zugangs zum Asylverfahren, ist dieser andererseits bei *Zweifeln* zu eröffnen. Im normalen Verfahren wird sich die Behörde jedoch auf die für den materiellen Ausschlussgrund sprechenden Umstände konzentrieren und den Zweifeln nachgehen. Sind diese Zweifel mit der erforderlichen Überzeugungsgewissheit aufgeklärt und steht danach die Verfolgungssicherheit fest, ist die Anerkennung zu versagen. § 30 findet jedoch keine Anwendung.

8 Eine vorherige Prüfung der Verfolgung im Herkunftsstaat findet nicht statt. Diese Rechtsfolge ergibt sich eindeutig aus dem Wortlaut von Abs. 1 sowie aus dem Charakter der immanenten Asylausschlussregel. Während Abs. 1 aber lediglich eine in die Vergangenheit gerichtete Betrachtung nahe legt und damit lediglich die Umstände des Voraufenthaltes ins Blickfeld rücken, erfordert eine verfassungskonforme Anwendung des Verfahrensrechts auch eine in die Zukunft zielende Bewertung der zu erwartenden Verfolgungssicherheit nach Rückkehr in den betreffenden Drittstaat. Insofern ist jedoch vieles streitig und unklar.

3. Begriff der Verfolgungssicherheit (Abs. 1)

3.1. Schutz vor Verfolgung

9 Wie die Regelung in § 2 AsylVfG 1982 lässt Abs. 1 allein den *objektiven* Tatbestand der Verfolgungssicherheit ausreichen (BVerfG (Kammer), EZAR 205 Nr. 16 = InfAuslR 1992, 226 = NVwZ 1992, 659; BVerwGE 77, 150 (152); 78, 332 (344); 79, 347 (251)). Denn das Asylgrundrecht ist nach der Rechtsprechung des BVerfG von seinem Ansatz darauf gerichtet, vor politischer Verfolgung *Flüchtenden* Zuflucht und Schutz zu gewähren. Daraus folge ohne weiteres, dass der Flüchtling, der gezwungen gewesen sei, in begründeter Furcht vor einer auf politischer Verfolgung beruhenden ausweglosen Lage sein Land zu verlassen, des Schutzes nicht mehr bedürfe, wenn er nicht mehr als Flüchtender das Bundesgebiet erreiche (BVerfG (Kammer), EZAR 205 Nr. 16 = InfAuslR 1992, 226 = NVwZ 1992, 659).

10 Das könne insbesondere dann der Fall sein, wenn er in einem Drittstaat, in dem er sich *vor* seiner Einreise in das Bundesgebiet *aufgehalten* habe, vor poli

tischer Verfolgung *hinreichend sicher* sei bzw. wäre *und* ihm dort jedenfalls auch keine anderen Nachteile und Gefahren drohten, die nach ihrer Intensität und Schwere einer asylerheblichen Rechtsgutbeeinträchtigung gleichkämen.

Demgegenüber hatte das BVerwG zunächst die Ansicht vertreten, die Verfolgungsbetroffenheit oder der »Zustand des politisch Verfolgten« werde durch den in einem anderen Staat gewährten Schutz ebenso wenig beseitigt wie durch die Weiterreise in das Bundesgebiet (BVerwGE 75, 181 (185f.) = InfAuslR 1987, 126). Nachdem das BVerfG jedoch den Asylrechtsbegriff dahin ausgelegt hatte, dass er auf den vor politischer Verfolgung *Flüchtenden* zielt (BVerfGE 74, 51 (64) = EZAR 200 Nr. 18 = NVwZ 1987, 311 = InfAuslR 1987, 56) und 1987 der Gesetzgeber den Begriff des Verfolgungsschutzes durch den der Verfolgungssicherheit ersetzt hatte, änderte das BVerwG seine Rechtsprechung: 11

Der Begriff der Verfolgungssicherheit sei schon von seinem Wortlaut her derart eindeutig, sodass auch ohne das Vorliegen der subjektiven Kriterien der Schutzsuche durch den Flüchtling und einer dementsprechenden Schutzgewährung durch den Zufluchtsstaat Verfolgungssicherheit bestehen könne, wenn in dem anderen Staat *objektiv* keine Gefahr politischer Verfolgung drohe (BVerwGE 77, 150 (152) = EZAR 205 Nr. 4 = InfAuslR 1987, 126 = NVwZ 1987, 423 = Buchholz 402.25 § 2 AsylVfG Nr. 6). 12

Der Gesetzgeber habe ausdrücklich gegen die Rechtsprechung des BVerwG festgelegt, dass der Asylanspruch im Bundesgebiet nur so lange bestehe, als der Tatbestand der gegenwärtigen Verfolgungsbetroffenheit andauere. Ob dies der Fall sei, sei jedoch nicht vom Willen des Flüchtlings abhängig. Vielmehr seien objektive Umstände maßgebend. Es komme also darauf an, ob der Flüchtling im Zufluchtsstaat vor der Zugriffsmöglichkeit des Verfolgerstaates sicher sei. Dies sei der Fall, wenn der Drittstaat den Flüchtling seinerseits nicht verfolge, nicht zurückweise und nicht in einen Staat abschiebe, in dem ihm politische Verfolgung drohe (BVerwGE 77, 150 (152) = EZAR 205 Nr. 4 = InfAuslR 1987, 126 = NVwZ 1987, 423 = Buchholz 402.25 § 2 AsylVfG Nr. 6). 13

Dies allein reiche jedoch nicht aus. Vielmehr sei das Asylrecht nicht auf den bloßen Abschiebungsschutz beschränkt. Hinzu kommen müsse, dass der Drittstaat dem Flüchtling eine *Hilfestellung* auch zur Beseitigung oder Verhinderung der Umstände gewähre, die in der Person des Flüchtlings als Folgen der politischen Verfolgung dadurch entstanden seien, dass er seinen Heimatstaat habe verlassen müssen oder nicht mehr dorthin zurückkehren könne (BVerwGE 78, 332 (344f.) = EZAR 205 Nr. 6 = Buchholz 402.25 § 2 AsylVfG Nr. 7; BVerwG, InfAuslR 1989, 175). Dies folge aus dem Verfassungsrecht. 14

Der Asylausschluss wegen anderweitiger Sicherheit sei Ausdruck der *Subsidiarität des Asylrechts*. Fehle es deshalb an der erforderlichen Hilfestellung, greife der Grundsatz der Subsidiarität nicht ein (BVerwGE 78, 332 (345f.)). Die Subsidiarität des Asylrechts trägt damit einerseits den Asylausschluss wegen anderweitiger Verfolgungssicherheit im Ausland sowie andererseits den wegen (anderweitiger) Sicherheit im Gebiet einer inländischen Fluchtalternative im Herkunftsland. 15

16 Zusammenfassend zum Begriff der objektiven Verfolgungssicherheit ist deshalb festzustellen, dass die Prüfung in *drei Stufen* erfolgt:
1. Zunächst ist zu prüfen, ob im sonstigen Drittstaat objektiv *hinreichende Verfolgungssicherheit* und Schutz vor Abschiebung in den behaupteten Verfolgerstaat (*Verbot der Kettenabschiebung*) besteht.
2. Darüber hinaus ist zu untersuchen, ob staatlicher Schutz durch den Drittstaat gegenüber Gefahren, die von Dritten ausgehen, insbesondere gegen gezielte Entführungen durch Organe des Verfolgerstaates, gewährt worden ist.
3. Schließlich ist zu prüfen, ob dem Flüchtling im sonstigen Drittstaat erhebliche Nachteile oder Gefahren drohten.

3.2. Gebot der sozialen Hilfestellung

17 Wann eine neben den Abschiebungsschutz erforderliche Hilfestellung vorliegt, hängt weitgehend von den Umständen des Einzelfalles ab. Das BVerwG hat hierzu folgende Abgrenzungsformel entwickelt: Allgemein ließe sich einerseits sagen, dass keine Rechtsstellung vorausgesetzt werde, wie sie der eines Asylberechtigten im Bundesgebiet entspreche. Auch sei keine Integrationsmöglichkeit im Drittstaat erforderlich. Vielmehr könne die Hilfestellung auch darin bestehen, dass dem Flüchtling durch den Drittstaat in ein anderes, endgültiges Zufluchtsland weitergeholfen werde (BVerwGE 78, 332 (346) = EZAR 205 Nr. 6 = InfAuslR 1988, 120).

18 Mit dieser Argumentation verfehlt das BVerwG allerdings die Ratio des internationalen Standards in dieser Rechtsschutzfrage: *Empfehlung Nr. 22 (XXXII)* des Exekutivkomitees des Programms von UNHCR über den »Schutz von Asylsuchenden in Fällen von Massenfluchtbewegungen« will den vorläufigen Aufnahmeländern einerseits die Gewährleistung eines bestimmten Mindeststandards empfehlen und fordert andererseits die internationale Gemeinschaft auf, »im Rahmen internationaler Solidarität und der Lastenverteilung wirksame Vereinbarungen« zu treffen, um die Länder zu unterstützen, die »eine große Anzahl von Asylsuchenden aufnehmen«. Hat ein Flüchtling ein derartiges vorläufiges Aufnahmeland verlassen und sucht er Verfolgungsschutz im Bundesgebiet, so ist es mit dem Grundsatz der internationalen Solidarität kaum vereinbar, diesen mit dem Hinweis in das Land des vorläufigen Aufenthaltes zurück zu senden, dieses könne ein endgültiges Zufluchtsland ausfindig machen.

19 Andererseits fehlt es nach der Rechtsprechung des BVerwG an der erforderlichen Hilfestellung, wenn der »politisch Verfolgte im Drittstaat schlechthin keine Lebensgrundlage nach Maßgabe der dort bestehenden Verhältnisse hat. Dies ist dann der Fall, wenn er »*im Drittstaat hilflos dem Tod durch Hunger und Krankheit ausgesetzt ist oder nichts anderes zu erwarten hat als ein Dahinvegetieren am Rande des Existenzminimums*« (BVerwGE 78, 332 (346) = EZAR 205 Nr. 6 = InfAuslR 1988, 120; BVerwG, EZAR 205 Nr. 8 = NVwZ 1988, 1035; BVerwG, EZAR 205 Nr. 11 = NVwZ 1990, 81).

20 Der Drittstaat kann sich zur Beseitigung von Notlagen auch der Hilfe internationaler Organisationen bedienen. Entscheidend ist nach der Rechtsprechung

des BVerwG auch insoweit, ob die Flüchtlinge bei *generalisierender Betrachtungsweise* eine, wenn auch bescheidene Lebensgrundlage finden kann. Versperrt der Drittstaat den Flüchtlingen jedoch den *Zugang zum Arbeitsmarkt*, hindert er diese am Aufbau einer Lebensgrundlage (BVerwG, EZAR 205 Nr. 11 = NVwZ 1990, 81).

An der erforderlichen Hilfestellung im Drittstaat fehlt es auch, wenn der Flüchtling infolge seiner Flucht sich dort hilflos erheblichen Gefahren für Leib oder Leben gegenübersieht, weil er in dem zugewiesenen Lager immer wieder *Luftangriffen* und *Bombardierungen* ausgesetzt ist. Dass derartige Gefährdungen im Drittstaat zu den Auswirkungen eines Bürgerkrieges gehören, ist für die Frage der Verfolgungssicherheit unerheblich (BVerwG, EZAR 205 Nr. 8 = NVwZ 1988, 1035; ebenso OVG Lüneburg, InfAuslR 1988, 301). Andererseits hat das BVerwG mit Blick auf ständig wiederkehrende Angriffe des Verfolgerstaates auf das Drittland festgestellt, kein Zufluchtsstaat könne einen lückenlosen Schutz vor Übergriffen des Verfolgerstaates bieten. Es sei deshalb ausreichend, wenn der Schutz der im Bereich des Drittstaates befindlichen Flüchtlinge aufs Ganze gesehen gewährleistet sei (BVerwG, Buchholz 402.25 § 2 AsylVfG Nr. 11).

21

Um die Gefahr dezisionistischer Willkür zu vermeiden, wird man den hier deutlich werdenden Widerspruch im Bereich der Darlegungslast aufzulösen haben: Das BVerwG hat einerseits festgestellt, dass die Beurteilung der Frage der gewährten Hilfestellung von den konkreten Umständen des Einzelfalles abhängig sei (BVerwGE 78, 332 (346) = EZAR 205 Nr. 6 = InfAuslR 1988, 120). Andererseits wendet es eine auf die im Drittstaat bestehenden Verhältnisse bezogene generalisierende Betrachtungsweise an (BVerwG, EZAR 205 Nr. 11 = NVwZ 1990, 81).

22

Im Sinne einer generalisierenden Betrachtung kann sicherlich kein Staat lückenlosen Schutz vor Übergriffen des Verfolgerstaates gewährleisten. Trägt der Asylsuchende jedoch bezogen auf seine Person vor, dass ihm infolge von Luftangriffen einer auswärtigen Macht oder einer internen Bürgerkriegspartei bzw. wegen Angriffen des benachbarten oder nahegelegenen Verfolgerstaates der Drittstaat nicht die erforderliche Hilfestellung gewährt hat, ihm vielmehr schutzlos den Übergriffen und Angriffen gegenüber gelassen hatte, hat der Asylsuchende seiner Darlegungslast Genüge getan und ausreichend Umstände vorgetragen, die in seinem konkreten Fall den Schluss rechtfertigen, dass er im Drittstaat nicht hinreichend sicher vor Verfolgung gewesen war.

23

Damit bleibt zusammenfassend festzuhalten:Im Drittstaat ist Verfolgungssicherheit gewährt worden, wenn dieser den Flüchtling nicht seinerseits verfolgt, nicht zurückweist und auch nicht in den behaupteten Verfolgerstaat abschiebt. Darüber hinaus verlangt eine verfassungskonforme Anwendung der Asylausschlussklausel des § 27, dass der Flüchtling im Drittstaat über den bloßen Abschiebungsschutz hinaus in einem bestimmten Umfang eine soziale Hilfestellung erfährt. Zwar ist Abs. 1 objektiv auszulegen. Das BVerwG hat aber die Vorstellungen des Flüchtlings bei der Feststellung der objektiven Verfolgungssicherheit in einem gewissen Umfang mitberücksichtigt.

24

4. Bedeutung der subjektiven Fluchtvorstellungen

4.1. Vorbemerkung

25 Hatte das BVerwG zunächst lapidar festgestellt, der Begriff der Verfolgungssicherheit sei objektiv auszulegen und es komme auf das subjektive Erfordernis der Schutzsuche nicht mehr an (BVerwGE 77, 150 (152) = EZAR 205 Nr. 5 = InfAuslR 1987, 223 = NVwZ 1988, 812 = Buchholz 402.25 § 2 AsylVfG Nr. 6), entwickelte sich in der obergerichtlichen Rechtsprechung ein Streit darüber, ob der Begriff der Verfolgungssicherheit die *Fluchtbeendigung* voraussetze und in welchem Umfang hierbei subjektive Fluchtvorstellungen des Flüchtlings Berücksichtigung finden können (dafür BayVGH, B. v. 4. 6. 1987 – Nr. 25 CZ 87.30484; dagegen OVG NW, U. v. 28. 8. 1987 – 19 A 10355/86; VGH BW, InfAuslR 1988, 25).

26 Das BVerwG hat sich der weniger einschränkenden Meinung angeschlossen (BVerwGE 78, 332 = EZAR 205 Nr. 6 = InfAuslR 1988, 120). Demgegenüber hat das BVerfG diese Frage ausdrücklich offen gelassen (BVerfG (Kammer), InfAuslR 1992, 227 (229) = EZAR 205 Nr. 16 = NwVZ 1992, 659).

4.2. Erfordernis der Fluchtbeendigung

27 Nach Ansicht des BVerwG kann aus dem objektiv zu verstehenden Begriff der Verfolgungssicherheit nicht geschlossen werden, dass schon jede Berührung mit dem Territorium eines objektiv sicheren (»sonstigen«) Drittstaates vor der Einreise in das Bundesgebiet den Asylausschluss rechtfertigt (BVerwGE 78, 332 (344) = EZAR 205 Nr. 6 = InfAuslR 1988, 120; BVerwG, InfAuslR 1989, 175; BayVGH, BayVBl. 1997, 663 = AuAS 1997, 104). Vielmehr sei nach der Rechtsprechung das Asylrecht jedem politisch Verfolgten *uneingeschränkt* garantiert, der *als Flüchtender* in das Bundesgebiet einreist. Dieser Zustand ändere sich aber nicht dadurch, dass der politisch Verfolgte einen anderen Staat, der ihm Sicherheit bieten *könnte,* lediglich als *Fluchtweg* benutze (BVerwGE 78, 332 (344)).

28 Klarstellend hat das BVerwG wenig später darauf hingewiesen, der Asylausschluss könne nur Anwendung finden, wenn die Flucht des politisch Verfolgten im Drittstaat ihr Ende gefunden habe und deshalb kein Zusammenhang mehr bestehe zwischen dem Verlassen des Heimatstaates und der Einreise in das Bundesgebiet. Solange dieser Zusammenhang gegeben sei, genieße der politisch Verfolgte ungeachtet eines Zwischenaufenthaltes in einem anderen, objektiv sicheren Staat in der Bundesrepublik Asylrecht (BVerwGE 84, 115 (117) = EZAR 205 Nr. 12 = InfAuslR 1990, 93; BVerwG, InfAuslR 1990, 97; BVerwG, Buchholz 402.25 § 2 AsylVfG Nr. 14).

29 Zugleich hat das BVerwG die Ansicht zurückgewiesen, die fordert, dass der Flüchtling bereits bei seinem Aufbruch im Heimatland den Willen gehabt haben müsse, nicht in dem betreffenden Drittstaat zu bleiben. Eine derartige Ansicht habe zur Konsequenz, dass der Aufenthalt in einem Drittstaat nur bei solchen Flüchtlingen den Charakter eines bloßen Zwischenaufenthaltes

haben könne, die bereits im Verfolgerstaat den Ablauf ihrer Flucht und das endgültige Zielland endgültig oder in der Weise verbindlich festgelegt hätten, dass sie sich jedenfalls nicht im Ersatzzufluchtland niederlassen wollten (BVerwGE 84, 115 (117) = EZAR 205 Nr. 12 = InfAuslR 1990, 93; gegen VGH BW, U. v. 7. 8. 1989 – A 13 S 1288/88).

Unzutreffend sei die Ansicht, die davon ausgehe, dass bei einem Flüchtling, der nach seinen subjektiven Fluchtvorstellungen die Flucht beenden wolle, von vornherein kein Zusammenhang mehr zwischen Flucht und Einreise in das Bundesgebiet bestehen könne (BVerwGE 84, 115 (118) = EZAR 205 Nr. 12 = InfAuslR 1990, 93). Da das Asylrecht allen politisch Verfolgten Zuflucht gewähre, könne der Asylausschluss nur bei jenen Verfolgten in Betracht kommen, deren Flucht vor der Einreise in die Bundesrepublik bereits andernorts beendet gewesen wäre. Dies könne jedoch nicht schon daraus hergeleitet werden, dass der Flüchtende seinen Fuß auf den Boden des ihm Sicherheit bietenden Nachbarstaates setze. Der Fluchtweg sei vielmehr insgesamt darauf zu untersuchen, ob ein Drittstaat nur als Zwischenstation auf einem weiterführenden Fluchtweg gedient habe (BVerwGE 84, 115 (118)).

Schließlich ergebe sich auch aus den Gesetzesmaterialien, dass dem Flüchtling grundsätzlich eine Überlegungszeit hinsichtlich seines weiteren Weges in die Freiheit zugestanden werden solle, und zwar ohne Rücksicht darauf, ob eine Weiterreise von vornherein geplant gewesen wäre (BVerwGE 84, 115 (118) = EZAR 205 Nr. 12 = InfAuslR 1990, 93).

Zusammenfassend ist festzuhalten, dass der Begriff der Verfolgungssicherheit im Drittstaat nach objektiven Kriterien zu bestimmen ist. Da das Asylrecht jedoch einen kausalen Zusammenhang zwischen Flucht und Einreise voraussetzt, kommt es maßgeblich darauf an, ob der Verfolgte im Zeitpunkt seiner Einreise in das Bundesgebiet noch als Flüchtender anzusehen ist. Allein der Gebietskontakt mit einem objektiv sicheren Drittstaat beendet diese Eigenschaft nicht. Dies hat der Gesetzgeber zwar für die »sicheren Drittstaaten« nach § 26 a bestimmt. Abs. 1 bezieht sich jedoch auf die »sonstigen Drittstaaten«, also auf jene Drittstaaten, für deren Sicherheit keine verfassungsrechtliche (Art. 16 a II 1 GG) oder einfachgesetzliche Vermutung (Art. 16 a II 2 GG, § 26 a II AsylVfG in Verb. mit Anlage I) streitet.

Damit hat der verfassungsändernde und einfachgesetzliche Gesetzgeber zum Ausdruck gebracht, dass für die sonstigen Drittstaaten der bloße Gebietskontakt allein nicht ausreicht. Andernfalls machte der Unterschied zwischen »sicheren« und »sonstigen« Drittstaaten keinen Sinn. Reicht im ersten Fall der bloße Gebietskontakt aus, werden bei den »sonstigen« Drittstaaten Vermutungswirkungen nicht schon durch den bloßen Gebietskontakt mit dem Drittstaat begründet. Die für die Verfolgungssicherheit sprechende Vermutung erfordert hier vielmehr über den bloßen Gebietskontakt hinaus das Vorliegen weiterer Umstände. Der in der Rechtsprechung des BVerwG entwickelte Begriff des stationären Charakters des Zwischenaufenthaltes ist bei den »sonstigen Drittstaaten« nach Abs. 1 der zentrale Begriff, der über das Eingreifen der Ausschlusswirkung im Einzelfall entscheidet.

4.3. Begriff des stationären Charakters

34 Der bloße Wille eines Flüchtlings, gerade im Bundesgebiet Schutz zu finden, belässt diesen nicht im Zustand der Flucht (BVerwGE 79, 347 (353) = EZAR 205 Nr. 9 = InfAuslR 1988, 297 = NVwZ 1988, 1136). Andererseits wird nicht verlangt, dass der Flüchtling bereits bei seinem Aufbruch im Heimatland feste Vorstellungen über sein endgültiges Fluchtland haben muss (BVerwGE 84, 115 (117) = EZAR 205 Nr. 12 = InfAuslR 1990, 93). Um im Einzelfall die gebotene Grenze ziehen zu können, hat das BVerwG den Begriff des stationären Charakters entwickelt:

35 Maßgebend ist danach, ob bei objektiver Betrachtungsweise aufgrund der gesamten Umstände, insbesondere des tatsächlich gezeigten Verhaltens des politisch Verfolgten während seines Zwischenaufenthaltes im Drittstaat, dem *äußeren Erscheinungsbild* nach noch von einer Flucht gesprochen werden kann. Dies ist nicht mehr der Fall, wenn der Aufenthalt »stationären Charakter« angenommen hat (BVerwGE 79, 347 (353) = EZAR 205 Nr. 9 = InfAuslR 1988, 297 = NVwZ 1988, 1136).

36 Für die Feststellung eines stationären Charakters des Zwischenaufenthaltes des Flüchtlings kommt der Dauer des Aufenthaltes eine entscheidende Bedeutung zu. Je länger der Aufenthalt im Drittstaat dauert, um so mehr geht das äußere Erscheinungsbild einer Flucht verloren und schwindet der Zusammenhang zwischen dem Verlassen des Heimatstaats und der Einreise in das Bundesgebiet (BVerwGE 79, 347 (353) = EZAR 205 Nr. 9 = InfAuslR 1988, 297 = NVwZ 1988, 1136). Eine Flucht kann daher schon aufgrund bloßen Zeitablaufs in einem objektiv sicheren Drittstaat ihr Ende finden.

37 Mit der *Vermutungsregel* in Abs. 3 wird davon ausgegangen, dass eine Frist von drei Monaten für eine Orientierung des politisch Verfolgten nach dem Verlassen seines Heimatstaates *grundsätzlich* ausreicht. Aus der identischen Regelung des alten Rechts hatte das BVerwG abgeleitet, dass *ein längerer als dreimonatiger Aufenthalt* in einem Drittstaat nicht nur die *Vermutungsbasis* für eine erreichte Sicherheit vor der Verfolgungsgefahr im Heimatstaat darstelle, sondern dass bei einem Aufenthalt des politisch Verfolgten im Drittstaat von mehr als drei Monaten im Wege der Vermutung grundsätzlich auch davon auszugehen sei, dass die Flucht des politisch Verfolgten – allein durch Zeitablauf – ihr Ende gefunden habe (BVerwGE 79, 347 (353 f.) = EZAR 205 Nr. 9 = InfAuslR 1988, 297 = NVwZ 1988, 1136; dagegen Bethäuser, NVwZ 1989, 728 (729)).

38 Obwohl damit ausdrücklich nur die Verfolgungssicherheit angesprochen sei, sei hieraus für die Frage der Fluchtbeendigung ebenfalls auf eine dem Flüchtling grundsätzlich zustehende Überlegungszeit hinsichtlich seines weiteres Weges in die Freiheit zu schließen, und zwar ohne Rücksicht darauf, ob eine Weiterreise von vornherein geplant war (BVerwGE 84, 115 (119) = EZAR 205 Nr. 12 = InfAuslR 1990, 93).

39 Hieraus sei zwar umgekehrt nicht zu folgern, dass bei Aufenthalten von weniger als dreimonatiger Dauer eine Vermutung für das Fehlen einer Fluchtbeendigung spreche, wohl aber zu schließen, dass in diesen Fällen zur Beurteilung der Frage, ob eine Flucht beendet sei, der bloße Zeitablauf für sich allein

nicht entscheidend sei. Bei Aufenthalten von weniger als drei Monaten sei vielmehr eine Beendigung der Flucht in gleichem Maße möglich wie das Gegenteil. Ob das eine oder das andere anzunehmen sei, hänge von den Umständen des Einzelfalles ab (BVerwGE 79, 347 (354) = EZAR 205 Nr. 9 = InfAuslR 1988, 297 = NVwZ 1988, 1136).

In erster Linie komme es auf das *objektive äußere Verhalten* an, das der politisch Verfolgte während seines Zwischenaufenthaltes im Drittstaat an den Tag gelegt habe. Der Verfolgte z. B., der bei den zuständigen Stellen des Drittstaates um Aufnahme bitte oder sich in einem Flüchtlingslager melde, beende seine Flucht, und zwar auch dann, wenn er anschließend nur eine kurze Zeitspanne im Lande bleibe (BVerwGE 79, 347 (354) = EZAR 205 Nr. 9 = InfAuslR 1988, 297 = NVwZ 1988, 1136). **40**

Weiterhin führten regelmäßig *alle Verhaltensweisen* zu einer Fluchtbeendigung, die die Eingliederung in die im Drittstaat bestehenden Verhältnisse zum Gegenstand hätten. Der politisch Verfolgte, der z. B. eine auf Dauer angelegte Arbeit annehme, einen Laden eröffne oder eine nach Maßgabe der Verhältnisse im Drittstaat zum dauernden Verbleib geeignete Wohnung anmiete, habe seine Flucht in aller Regel auch dann beendet, wenn dies nach seinen Vorstellungen nur vorläufigen Charakter hätte haben sollen. **41**

Auch könne je nach den Umständen des Einzelfalles die Annahme einer Fluchtbeendigung dann nahe liegen, wenn sich der politisch Verfolgte, dessen Weiterreise sonst nichts entgegenstehe, in einem Drittstaat mit gut ausgebautem und funktionsfähigem Verkehrssystem länger aufhält, als dies unter Berücksichtigung seiner Fremdheit im Lande zur Information über bestehende Verkehrsverbindungen notwendig sei (BVerwGE 79, 347 (354) = EZAR 205 Nr. 9 = InfAuslR 1988, 297 = NVwZ 1988, 1136). **42**

Klarstellend hat das BVerwG hervorgehoben, dass nicht nach außen hervortretende subjektive Vorbehalte sowie der bloße innere Wille des Flüchtlings, gerade in der Bundesrepublik um Schutz zu suchen, ihn zwar nicht im Zustand der Flucht beließen, sofern vom äußeren Erscheinungsbild nach nicht mehr von einer solchen gesprochen werden könne. Eine derartig objektive Betrachtungsweise lasse es andererseits aber nicht zu, den Verfolgten gleichsam an seinen zu Beginn der Flucht vorhandenen Vorstellungen über deren Abschluss festzuhalten, weil er nach seinem eigenen erklärten Willen zunächst nichts anderes vor Augen gehabt habe als das nächstliegende Nachbarland. Statt dessen komme es darauf an, wie sich das Erscheinungsbild der Flucht nach ihrem gesamten Ablauf darstelle (BVerwGE 84, 115 (119) = InfAuslR 1990, 168; BVerwG, EZAR 205 Nr. 12 = InfAuslR 1990, 93). **43**

Bei diesem Ansatz ergebe sich, dass in den Fällen, in denen die Absicht des Flüchtlings ursprünglich dahin gehe, nicht über das Drittland hinaus weiter in die Bundesrepublik zu fliehen, nicht gleichsam abschließend und unabänderlich allein der bei Antritt der Flucht vorhandene Wille maßgeblich sein könne. Eine ursprünglich in der Absicht, in das Nachbarland und nicht weiter zu fliehen, geplante und angetretene Flucht ende bei richtigem Verständnis der subjektiven Vorstellungen des Flüchtlings nicht mit dem Grenzübertritt zum Nachbarland, wenn der Flüchtling diese seine Vorstellungen bis zur Ankunft im Nachbarland wieder umstoße oder sich erst dort entschließe, sei- **44** ne Flucht fortzusetzen, bevor sein Aufenthalt durch Zeitablauf oder auf Eingliederung gerichtetes Verhalten stationären Charakter annehme (BVerwGE 84, 115 (120) = EZAR 205 Nr. 9 = InfAuslR 1988, 297 = NVwZ 1988, 1136; a. A. VGH BW, U. v. 7. 8. 1988 – A 13 S 1288/88).

45 Fehle letzteres, werde die Annahme eines Fluchtzusammenhangs nicht dadurch gehindert, dass der Entschluss zur Weiterreise erst nach Ankunft im Drittstaat gefasst werde. Vor allem unter dem Eindruck eines akuten Verfolgungsdrucks werde der Fliehende in der Eile und den Wirren der Flucht häufig kein anderes Ziel haben als das Nachbarland und erst nach der Ankunft dort Überlegungen über seinen weiteren Verbleib anstellen. Folglich sei auch erst der nunmehr im sicheren Ausland gefasste Wille zum endgültigen Verbleib oder zur Weiterreise – wie er objektiv in der Verhaltensweise des Flüchtlings zum Ausdruck komme – maßgebend (BVerwGE 84, 115 (120) = EZAR 205 Nr. 9 = InfAuslR 1988, 297 = NVwZ 1988, 1136).

46 Das BVerwG entwickelt damit im Blick auf einen nicht von der Vermutungsregel des Abs. 3 erfassten Zwischenaufenthalt von nicht mehr als drei Monaten eine Reihe von objektiven Kriterien, nach Maßgabe deren vom äußeren Erscheinungsbild her auf eine Fluchtbeendigung geschlossen werden kann. Für die subjektive Flüchtlingssituation ist dabei entscheidend, dass dem Flüchtling – nach einem objektivierten Maßstab – Zeit zur Planung der Weiterreise gelassen wird. Ergeben die Umstände des Einzelfalles jedoch, dass der Flüchtling sich auf einen Verbleib im Drittstaat einrichten hat wollen, ist die Flucht beendet. Innere Vorbehalte, die keine Entsprechung im äußeren Erscheinungsbild aufweisen, sind unbeachtlich. Andererseits bereitet die Ermittlung der genauen Tatumstände häufig Probleme, sodass regelmäßig der Asylausschluss nach Abs. 1 erst bei einem mehr als dreimonatigen Zwischenaufenthalt im Drittstaat eingreift.

47 Andererseits hat das BVerwG ausdrücklich an seiner früheren Rechtsprechung (BVerwG, Buchholz 402.22 Art. 1 GK Nr. 7 = Marx, AsylR. Entscheidungssammlung mit Erläuterungen, Bd. 2, Nr. 81) festgehalten, derzufolge »eine Flucht nicht nach den Maßstäben eines normalen Reisenden beurteilt werden« kann (BVerwGE 79, 347 (355f.) = EZAR 205 Nr. 9 = InfAuslR 1988, 297 = NVwZ 1988, 1136; BVerwG, InfAuslR 1989, 175). Es sei deshalb zu eng, ausschließlich Aufenthalte auf einem Bahnhof, Flugplatz, einer Busstation oder Herberge am Straßenrand zur Übernachtung oder zum Warten auf die nächste Fahrgelegenheit als unschädliche Zwischenaufenthalte anzusehen. Der politisch Verfolgte, der einen zwangsläufig entstehenden Aufenthalt im Drittstaat lediglich dazu benutze, diese Hindernisse zu beseitigen, beende seine Flucht nicht, sondern setze sie nach dem Wegfall des Hindernisses fort. Zu diesen Hindernissen gehörten insbesondere auch das *Fehlen der erforderlichen Ausweis- und Reisedokumente* sowie die Schwierigkeiten bei der Beschaffung der für eine Weiterreise erforderlichen Geldmittel (BVerwGE 79, 347 (355) = EZAR 205 Nr. 9 = InfAuslR 1988, 297 = NVwZ 1988, 1136).

48 Ihr Ende werde die Flucht freilich dann gefunden haben, wenn der Flüchtende nach Erreichen des Drittstaates die Flucht dort als beendet ansehe und – nunmehr des Verfolgungsdrucks ledig – den (endgültigen) Entschluss fasse

und zu verwirklichen suche, im Drittstaat zu bleiben. In diesem Falle kämen der – nach außen manifestierten – subjektiven Vorstellung und dem Bemühen um ihre Verwirklichung maßgebliche Bedeutung zu (BVerwGE 84, 115 (119) = EZAR 205 Nr. 12 = InfAuslR 1990, 93 = NVwZ 1990, 572).

Würden die dabei gehegten Erwartungen des Flüchtlings später enttäuscht und entschlösse er sich erst daraufhin zur Weiterreise, so stehe dies in aller Regel seiner Asylanerkennung entgegen. Denn wer sich selbst nicht mehr als auf der Flucht befindlich ansehe, sei es auch objektiv nicht mehr (BVerwGE 84, 115 (119 f.) = EZAR 205 Nr. 9 = InfAuslR 1988, 297 = NVwZ 1988, 1136). Festzuhalten bleibt damit, dass das BVerwG mit dem Begriff des stationären Aufenthaltes seine frühere Rechtsprechung leicht modifiziert auf die seit 1987 geltende und durch § 27 nicht grundsätzlich geänderte Rechtslage (BT-Drs. 12/2062, S. 32) weiterhin anwendet. 49

Zwar ist in erster Linie der objektive Begriff der Verfolgungssicherheit maßgebend. Jedoch kann der Flüchtling im objektiv sicheren Drittstaat seine weiteren Fluchtvorstellungen konkretisieren, solange er bei objektiver Betrachtungsweise noch im Zustand der Flucht ist. Damit befindet das Gericht sich in Übereinstimmung mit dem internationalen Standard, der auch in bestimmter Weise die subjektiven Vorstellungen des Flüchtlings berücksichtigt wissen will (UNHCR ExCom, *Empfehlung Nr. 15 (XXX)* (1979) über »Flüchtlinge ohne Asylland«). 50

4.4. Vermutungsregel des Abs. 3

Die mit dem alten Recht identische Vermutungsregel des Abs. 3 S. 1 ist vom BVerwG hinreichend konkretisiert worden: Ein länger als drei Monate dauernder Aufenthalt im Drittstaat spricht grundsätzlich dafür, dass die Flucht ihr Ende gefunden hat. Dies bedeutet nicht, dass bei einem kürzeren Aufenthalt die Flucht nicht ihr Ende gefunden haben kann. Vielmehr kommt es darauf an, ob nach dem äußeren Erscheinungsbild nach den gesamten Umständen des Falles noch von einer Flucht gesprochen werden kann (Rdn. 40 ff.). Gegen Kritik (Bethäuser, NVwZ 1989, 728) hat das BVerwG ausdrücklich seine Rechtsprechung verteidigt: In rechtlicher Hinsicht sei davon auszugehen, dass eine Flucht allein aufgrund bloßen Zeitablaufs stationär werden und ihr Ende finden könne. Daher stelle ein längerer als dreimonatiger Aufenthalt im Drittstaat *nicht nur die Vermutungsbasis* für eine erreichte Verfolgungssicherheit, sondern auch *für die Beendigung der Flucht* dar (BVerwGE 79, 347 (353 f.) = EZAR 205 Nr. 9 = InfAuslR 1988, 297 = NVwZ 1988, 1136; BVerwGE 84, 115 (121) = EZAR 205 Nr. 12 = InfAuslR 1990, 93 = NVwZ 1990, 572; BayVGH, BayVBl. 1997, 663 (664) = AuAS 1997, 104; Rdn. 37). 51

Dem Gesetzgeber bleibe es unbenommen, eine Vermutungsregel aufzustellen, wenn ein Sachverhalt typischerweise den Schluss zulasse, dass der als vermutet bezeichnete Tatbestand eingetreten sei. Dies treffe für die Annahme des Gesetzgebers zu, dass eine Frist von einem Vierteljahr in aller Regel ausreiche, um sich nach dem Überschreiten der Grenzen des Verfolgerstaates 52 über die im Drittstaat herrschenden Verhältnisse zu orientieren und sich über die weiter zu fassenden Entschlüsse klar zu werden (BVerwGE 84, 115 (121) = EZAR 205 Nr. 12 = InfAuslR 1990, 93 = NVwZ 1990, 572).

53 Die Vorschrift des Abs. 3 S. 2 enthält jedoch ebenso wie § 2 II 2 AsylVfG 1982 eine *Widerlegungsregelung*. Es wäre mit dem verfassungsrechtlich verbürgten Asylanspruch nicht vereinbar, wenn man die Vermutung als unwiderleglich ansehen würde. Das gilt sowohl für den Fall, dass der Flüchtling durch Umstände an einer verantwortlichen Entscheidung über seinen endgültigen Verbleib gehindert gewesen war, als auch dann, wenn es ihm nicht möglich gewesen war, den Entschluss zur Weiterreise innerhalb der Frist von drei Monaten in die Tat umzusetzen. In beiden Fällen muss sich der Flüchtling grundsätzlich auf die Unmöglichkeit oder Unzumutbarkeit einer früheren Entscheidung oder Reisemöglichkeit innerhalb der Dreimonatsfrist berufen können (BVerwGE 84, 115 (121 f.) = EZAR 205 Nr. 12 = InfAuslR 1990, 93 = NVwZ 1990, 572).

54 So ist z. B. die über drei Monate dauernde Bearbeitungszeit der deutschen Auslandsvertretung, welche über den Antrag auf Einreise und Ausstellung eines Reisedokumentes zu entscheiden hat, unschädlich. Denn der Flüchtling stellt mit diesem Antrag unter Beweis, dass er die Flucht im Drittstaat nicht beenden will und objektiv auch nicht beendet hat (BVerwGE 84, 115 (122) = EZAR 205 Nr. 12 = InfAuslR 1990, 93 = NVwZ 1990, 572). Die Vermutungswirkung des Abs. 3 S. 1 zielt nicht nur auf die Frage der Fluchtbeendigung, sondern nach dem Gesetzeswortlaut insbesondere auf die Verfolgungssicherheit im Drittstaat. Nur geringe Zweifel an der Verfolgungssicherheit zerstören allerdings die Vermutungswirkung (VG Würzburg, U. v. 19. 7. 1995 – B 6 K 95.30546).

4.5. Vermutungsregel des Abs. 2

55 Ebenso wie § 7 III AsylVfG 1982 enthält Abs. 2 eine besondere Vermutungsregelung. Ist ein Asylsuchender im Besitz eines von einem anderen Staat ausgestellten Reiseausweise nach Art. 28 GFK, so wird vermutet, dass er in diesem Staat sicher vor Verfolgung war. Liegen zugleich die Voraussetzungen von § 26 a vor, finden die Regelungen des § 34 a Anwendung. Allein das Reisedokument begründet die Vermutungswirkung. Auf die Dauer des Aufenthaltes wie bei Abs. 3 S. 1 kommt es nicht an. Der Wortlaut von Abs. 2 ist eindeutig: Nur der Besitz des Reiseausweises nach Art. 28 GFK begründet die Vermutungswirkung, nicht dagegen der Besitz des Personalausweises nach Art. 27 GFK.

56 Erst recht begründen andere Reisedokumente, wie etwa ein von einem Drittstaat ausgestellter Fremdenpass, ein nationales Reisedokument, eine Flüchtlingskarte oder ein die Gewährung des Flüchtlingsstatus dokumentierendes für den innerstaatlichen Rechtsverkehr ausgestelltes Dokument nicht die Vermutungswirkung. Derartige Dokumente können aber bei der Beurteilung der Frage, ob der Aufenthalt im Drittstaat bereits stationären Charakter angenommen hatte, berücksichtigt werden.

Anders als Abs. 3 enthält Abs. 2 keine ausdrückliche Widerlegungsregelung. Die Möglichkeit der Widerlegung folgt jedoch bereits aus dem Charakter der Vermutung selbst. Ein gesetzlicher Vermutungstatbestand trägt bereits die Möglichkeit der Widerlegung immanent in sich. Denn was vermutet wird, steht nicht fest, sondern erzeugt lediglich einen Rechtsschein. Dieser kann jedoch zerstört werden. Dementsprechend hat das Verfahren die Widerlegung zu ermöglichen. 57

Art. 28 I 2 GFK ist der typische Fall, in dem Gegenbeweis geführt werden kann. Nach dieser Vorschrift können die Vertragsstaaten Flüchtlingen, die sich nicht rechtmäßig auf ihrem Hoheitsgebiet befinden, zwecks Ermöglichung der Weiterreise einen Reiseausweis ausstellen. Diese Zweckbindung geht aus dem Reisedokument nicht unmittelbar hervor. Daher ist entsprechenden Behauptungen des Flüchtlings nachzugehen und gegebenenfalls über das Auswärtige Amt zu klären, ob der Reiseausweis nach S. 1 oder S. 2 von Art. 28 I GFK ausgestellt worden ist. 58

5. Darlegungs- und Beweislast

Das BVerwG verlangt, dass der Asylsuchende in gleicher Weise wie hinsichtlich seiner die geltend gemachte Verfolgung betreffenden persönlichen Erlebnisse auch in Bezug auf die Umstände seines Aufenthaltes im Drittstaat gehalten ist, einen in sich stimmigen Sachvortrag zu geben, der frei von Unklarheiten und Ungereimtheiten ist (BVerwGE 79, 347 (356) = EZAR 205 Nr. 9 = InfAuslR 1988, 297 = NVwZ 1988, 1136). Ein Vorbringen dürfe als unglaubhaft beurteilt werden, wenn es nicht überzeugend aufgelöste Widersprüche enthalte. Weiterhin könne im Rahmen der Würdigung aller Umstände auch berücksichtigt werden, ob der Asylsuchende Dokumente vernichtet habe, die Aufschluss über die Dauer und den Grund seines Aufenthaltes im Drittstaat geben könnten (BVerwGE 79, 347 (356)). 59

Könne das Tatsachengericht die erforderliche Überzeugungsgewissheit von der Richtigkeit des Vortrags über den Aufenthalt des Asylsuchenden im Drittstaat nicht erlangen, bliebe dieser daher nach Dauer und Charakter ungeklärt, gehe dies zu Lasten des Antragstellers, weil seine Anerkennung voraussetze, dass er im Zustand der Flucht in das Bundesgebiet einreise. Dafür trage er die *materielle Beweislast* ebenso wie für die guten Gründe für die Verfolgungsfurcht (BVerwGE 79, 347 (356) = EZAR 205 Nr. 9 = InfAuslR 1988, 297 = NVwZ 1988, 1136; BVerwG, EZAR 202 Nr. 14; BVerwG, InfAuslR 1990, 206 (208); Henkel, in: GK-AsylVfG, § 27 Rdn. 181; a. A. VGH BW, ESVGH 38, 35; VGH BW, InfAuslR 1988, 199: behördliche Beweislast für das Vorliegen des Ausnahmetatbestand des § 2 I AsylVfG 1982). 60

Der Umstand, dass der Reisebegleiter die Reisedokumente einbehalten habe, rechtfertigte jedoch nicht die Anwendung dieser Regel. Denn in diesem Fall könne nicht davon gesprochen werden, dass der Asylsuchende schuldhaft die Aufklärung des Sachverhaltes erschwert hätte (BVerwG, InfAuslR 1990, 97; BVerwG, InfAuslR 1990, 168). 61

Mit Blick auf die Vermutung des Abs. 3 S. 1 trifft den Antragsteller eine besondere *Darlegungslast*. Er hat nach den üblichen Grundsätzen die besonde- 62 ren Umstände und Tatsachen konkret und erschöpfend darzulegen, die in seinem Fall dafür sprechen, dass trotz des über drei Monate dauernden Aufenthaltes im Drittstaat dort seine Flucht wegen Unmöglichkeit oder Unzumutbarkeit der Weiterreise noch nicht beendet war. Abs. 3 S. 2 stellt nur auf das Fehlen der Verfolgungssicherheit ab. Das BVerwG will jedoch auch mit Blick auf die Widerlegungsregelung seine Rechtsprechung zur Fluchtbeendigung angewandt wissen.

63 Man wird diese offene Frage im Bereich der *Beweislastverteilung* lösen können: Beruft sich der Flüchtling auf eine im objektiv sicheren Drittstaat trotz eines länger als drei Monate dauernden Aufenthaltes noch andauernde Flucht, trägt er die *Beweislast* für die Unerweislichkeit der behaupteten Tatsache. Dies folgt aus der gegen ihn sprechenden Vermutungsregelung des Abs. 3 S. 1. Die Vorschrift des Abs. 3 S. 2 hat daneben den Fall vor Augen, dass der Drittstaat für den Flüchtling nach objektiven Grundsätzen nicht sicher ist. Hier trifft den Flüchtling zwar wegen seines über drei Monate dauernden Zwischenaufenthaltes eine besondere Darlegungslast. Er hat aber lediglich schlüssig darzulegen, dass ihm mit hinreichender Sicherheit im Drittstaat die Gefahr der Verletzung des Refoulementverbotes drohte.

64 Für den tatsächlichen Eintritt der Gefahr des Refoulements muss nach dem Sachvorbringen also keine überwiegende Wahrscheinlichkeit sprechen. Diese Frage ist vielmehr von Amts wegen aufzuklären. Denn es handelt sich hierbei um eine internationale Staatenverpflichtung aufgrund von Art. 33 GFK, deren tatsächliche Grundlagen unabhängig von den Darlegungen des Antragstellers aufzuklären sind. Bei vernünftigen Zweifeln an der Sicherheit vor Abschiebung in den Herkunftsstaat greift auch bei einem länger als drei Monate dauernden Aufenthalt im Drittstaat die Wirkung von Abs. 1 nicht ein.

6. Maßgeblicher Zeitpunkt für die Beurteilung der Sach- und Rechtslage

65 Bei der Prüfung der Verfolgungssicherheit in einem Drittstaat haben die Tatsachengerichte ebenso wie bei der Prüfung der Verfolgungsbehauptungen auf den Zeitpunkt ihrer Entscheidung über das Asylbegehren abzustellen (BVerfG (Kammer), EZAR 205 Nr. 16 = InfAuslR 1992, 226 (229); BVerwGE 75, 181 (183f.); 77, 150 (153f.); 78, 332 (341f.); a.A. Hess.VGH, B. v. 15. 3. 1987 – X OE 418/82; VGH BW, EZAR 205 Nr. 7: Zeitpunkt des Eintreffens im Drittstaat maßgebend; krit. auch Bethäuser, ZAR 1992, 127; s. auch § 77 I), und zwar sowohl im Hinblick auf die im Drittstaat *fortbestehende* Verfolgungssicherheit als auch auf die dort vorhandene Existenzgrundlage (BVerfG (Kammer), EZAR 205 Nr. 16 = InfAuslR 1992, 226).

66 Erforderlich ist hiernach eine in die Zukunft gerichtete Beurteilung, ob während der mutmaßlichen Dauer der politischen Verfolgungsgefahr im Herkunftsstaat die Verfolgungssicherheit im Drittstaat gegeben war oder sein würde. Nur dann, wenn die Verfolgungssicherheit im Drittstaat ohne die Ausreise des Flüchtlings dort fortbestanden haben würde, soll der Asylausschluss eingreifen (BVerfG (Kammer), EZAR 205 Nr. 16 = InfAuslR 1992, 226).

Anderweitige Sicherheit vor Verfolgung § 27

Bei der Verfolgungssicherheit im Drittstaat handelt es sich nicht um ein lediglich in der Vergangenheit abgeschlossenes, sondern auch um ein in die Gegenwart und sogar in die Zukunft hineinwirkendes Ereignis (BVerwGE 75, 181 (183 f.) = EZAR 205 Nr. 4 = InfAuslR 1987, 126 = NVwZ 1987, 423). Dieser Rechtsprechung ist zuzustimmen. Denn für die Anwendung von § 27 ist Voraussetzung, dass die Flucht im Drittstaat beendet worden war. Dies kann jedoch im Zeitpunkt des Eintreffens des Flüchtlings im Drittstaat noch gar nicht, sondern nur rückschauend beurteilt werden. Darüber hinaus hat die Prognose auch die zum Zeitpunkt der Gerichtsentscheidung fortdauernde Verfolgungssicherheit im Drittstaat (BVerfG (Kammer), EZAR 205 Nr. 16 = InfAuslR 1992, 226) mit zu berücksichtigen. Diese Gründe sprechen dafür, mit Blick auf die positiven wie die negativen Anerkennungsvoraussetzungen einen einheitlichen Beurteilungszeitpunkt zugrunde zu legen. 67

Aus diesen Grundsätzen hat das BVerwG geschlossen, dass alle politisch Verfolgten vom Schutzbereich des Asylrechts ausgeschlossen sind, die im Zeitpunkt der tatrichterlichen Entscheidung anderweitig Verfolgungssicherheit haben. Ausgeschlossen seien damit auch diejenigen, die erst *nach* der Asylantragstellung im Bundesgebiet Sicherheit vor Verfolgung durch einen anderen Staat erlangt hätten (BVerwG, NVwZ 1989, 673; zustimmend BayVGH, BayVBl. 1997, 52; kritisch hierzu: Müller, NVwZ 1997, 1084). Der Ausschluss aus dem Kreis der Asylberechtigten folge unmittelbar aus der Grundrechtsnorm, weil diese Schutzlosigkeit vor drohender Verfolgung voraussetze (BVerwG, NVwZ 1989, 673). 68

Diese Rechtsprechung ist weder mit den Grundsätzen, welche die Rechtsprechung mit Blick auf die nachträgliche Schutzgewährung an Asylberechtigte, entwickelt hat (BVerwG, InfAuslR 1989, 166) noch mit der der Regelung in § 69 zugrundeliegenden gesetzgeberischen Wertung vereinbar. 69

7. Wiederaufleben der Schutzbedürftigkeit

Wenn in einem Drittstaat die zunächst gewährte Verfolgungssicherheit durch *Widerruf, praktischen Entzug* oder *aus anderen Gründen* wieder entfällt *oder* eine solche Entwicklung abzusehen ist, findet der Asylausschluss keine Anwendung (BVerwGE 75, 181 (184) = EZAR 205 Nr. 4 = InfAuslR 1987, 126 = NVwZ 1987, 423; zustimmend BVerfG (Kammer), EZAR 205 Nr. 16 = InfAuslR 1992, 226). Zwar hat das BVerwG diese Rechtsprechung mit Blick auf die bis 1987 geltende Rechtslage entwickelt. Das BVerfG scheint diese aber auch auf die jetzige Rechtslage anwenden zu wollen. 70

Dies ist auch sachgerecht. Denn Abs. 1 kann nur Anwendung finden, wenn die zunächst gewährte Verfolgungssicherheit im Drittstaat im Zeitpunkt der gerichtlichen Entscheidung noch andauert. Hat der Flüchtling im Drittstaat ein erfolgloses Asylbegehren verfolgt, so entfällt die zunächst gewährte Verfolgungssicherheit mit der endgültigen Ablehnung des Antrags. Die Schutzbedürftigkeit des Flüchtlings lebt wieder auf (BVerwG, Buchholz 402.24 § 28 AuslG Nr. 5). Dies verdeutlicht, dass allein der Asylantrag keine Verfolgungssicherheit vermitteln muss (BayVGH, BayVBl. 1985, 662). 71

72 Welche Auswirkungen der erfolglos gebliebene Asylantrag im Drittstaat hat, kann nicht abstrakt beurteilt werden. Vielmehr ist eine konkrete, sämtliche Umstände des Einzelfalles berücksichtigende Betrachtungsweise geboten (BVerwGE 69, 289 (294) = EZAR 205 Nr. 2 = NVwZ 1984, 732). Anders ist die Rechtslage jedoch bei Aufenthalten in sicheren Drittstaaten (§ 26 a). Hier reicht zum materiellen Asylausschluss der bloße Gebietskontakt aus.

8. Freiwillige Ausreise aus dem Drittstaat

73 Von den Fällen des *objektiven* Wegfalls der Verfolgungssicherheit aufgrund von Maßnahmen des Drittstaates zu unterscheiden sind die Fallgestaltungen des *subjektiven* Wegfalls durch *freiwilligen Verzicht*: Der freiwillige Verzicht des Flüchtlings ist ebenso zu behandeln wie der Fortbestand der Verfolgungssicherheit mit der Folge, dass eine Asylanerkennung ausscheidet (BVerwGE 75, 181 (184) = EZAR 205 Nr. 4 = InfAuslR 1987, 126 = NVwZ 1987, 423). Das BVerwG begründet seine Ansicht damit, dass das Gesetz nicht als zusätzliche Voraussetzung des Verfolgungsschutzes verlange, dass der Flüchtling in das Zufluchtsland wieder einreise dürfe. Das bewusste Schweigen des Gesetzgebers könne daher nur so verstanden werden, dass der Asylausschluss auch dann Anwendung finden solle, wenn der »anderweitige Verfolgungsschutz« auch ohne die *nicht* erzwungene Ausreise des Betroffenen fortbestanden hätte (BVerwGE 75, 181 (184 f.)).

74 Der Zweck der Regelung, nämlich die Verhinderung einer Doppel- oder Zweitanerkennung, würde verfehlt, wenn Flüchtlinge sich Ausreise- oder Rückreisebeschränkungen eines Staates, in dem sie zunächst Zuflucht gesucht und Verfolgungsschutz gefunden hätten, zunutze machen könnten, um in der Bundesrepublik erneut einen Asylanspruch geltend zu machen. Mit der *freiwilligen Aufgabe* des Verfolgungsschutzes im Drittstaat verliere mithin auch bei fehlender Rückkehrmöglichkeit der Flüchtling die Möglichkeit einer Asylanerkennung (BVerwGE 75, 181 (185) = EZAR 205 Nr. 4 = InfAuslR 1987, 126 = NVwZ 1987, 423).

75 Die zum alten Recht entwickelte Rechtsprechung will das BVerwG ausdrücklich auch auf die seit 1987 und durch § 27 unverändert übernommene Rechtslage angewandt wissen (BVerwGE 77, 150 (153) = EZAR 205 Nr. 5 = NVwZ 1988, 812 = InfAuslR 1987, 223; BVerwGE 78, 332 (341 f.) = NVwZ 1988, 737 = InfAuslR 1988, 120; so auch OVG NW, B. v. 28. 8. 1987 – 19 A 10355/86; VGH BW, InfAuslR 1988, 25). Diese Rechtsprechung schließt andererseits nicht die Gewährung von Abschiebungsschutz nach § 60 I AufenthG aus.

76 Missverständlich ist die Begründung des BVerwG insofern, als behauptet wird, das Erfordernis der Wiedereinreisemöglichkeit gehöre nicht zum Tatbestand der Verfolgungssicherheit im Drittstaat. Dem kann in dieser Pauschalität nicht gefolgt werden. Vielmehr ist ein Flüchtling nur dann in einem Drittstaat vor Verfolgung sicher, wenn für die Dauer der mutmaßlichen Verfolgungsgefahr im Herkunftsland die Sicherheit im Drittstaat gegeben sein würde (BVerfG (Kammer), EZAR 205 Nr. 16 = InfAuslR 1992, 226 (229)).

Verweigert z. B. der Drittstaat die Wiedereinreise, obwohl er Besuchsreisen im Ausland erlaubt und der Flüchtling sich lediglich vorübergehend im Ausland aufgehalten hat, lebt die Schutzbedürftigkeit des Flüchtlings wieder auf. Denn der Aufenthalt im Drittstaat muss für die absehbare Zukunft gesichert sein und der Flüchtling muss dort so lange bleiben können, wie die Verfolgungsgefahr andauert (Bethäuser, ZAR 1992, 129). Die *erzwungene Ausreise* bzw. die *willkürliche Versagung der Wiedereinreise* kommt daher in ihrer Wirkung dem Widerruf gleich und muss als praktischer Entzug der Verfolgungssicherheit gewertet werden. 77

Im Übrigen gilt: Können andere aufnahmebereite Staaten nicht ausgemacht werden, so muss die Bundesrepublik dies hinnehmen. Sie ist durch das Asylgrundrecht daran gehindert, den Flüchtling in seinen Herkunftsstaat abzuschieben bzw. dorthin zurückzuweisen. Dieser dem Flüchtling verbleibende *Refoulementschutz* erfordert nach dem BVerwG jedoch keine förmliche Asylanerkennung (BVerwGE 75, 181 (187) = EZAR 205 Nr. 4 = InfAuslR 1987, 126 = NVwZ 1987, 423; so schon Hess.VGH, U. v. 15. 3. 1984 – X OE 418/82). Das BVerwG leitet diesen Refoulementschutz nicht nur aus Art. 33 I GFK, sondern zutreffend auch aus dem Asylgrundrecht ab. 78

Da der Gesetzgeber, soweit nicht der Refoulementschutzes in Frage steht, einen weiten Gestaltungsraum hat (BVerwGE 49, 202 (205) = EZAR 103 Nr. 1 = NJW 1975, 2158), kann gegen die Versagung der Asylanerkennung bei freiwilliger Ausreise aus dem Zufluchtsland kein gewichtiges Bedenken geltend gemacht werden. In diesen Fällen hat das Bundesamt aber die Feststellung nach § 60 I AufenthG zu treffen. 79

9. Nachfluchtgründe

Die durch freiwillige Ausreise entstehende Rechtsfolge der Asylversagung findet nicht nur dann Anwendung, wenn der Antragsteller sich auf Gründe beruft, die vor der Einreise in das Erstzufluchtland entstanden sind (*Vorfluchtgründe*), sondern grundsätzlich auch für die in der Bundesrepublik *hinzukommenden* Gründe *(Nachfluchtgründe)*. In welchem Umfang die Berufung auf derartige Nachfluchtgründe ausscheidet, hat das BVerwG bislang nicht abschließend entschieden. Jedenfalls gelten nach seiner Ansicht die genannten Grundsätze dann, wenn zwischen Vor- und Nachfluchtgründen eine so enge Verknüpfung besteht, dass insgesamt von einem *einheitlichen Verfolgungsgrund* auszugehen ist (BVerwGE 77, 145 (154) = EZAR 205 Nr. 5 = NVwZ 1988, 812 = InfAuslR 1987, 223; BVerwGE 78, 332 (341 f.) = NVwZ 1988, 737 = InfAuslR 1988, 120). 80

Würden sich die Vor- und Nachfluchtgründe in ihrem Wesen nicht voneinander unterscheiden, sei die Feststellung gerechtfertigt, dass der Flüchtling wegen eben dieses Verfolgungsgrundes im Erstzufluchtland sicher gewesen sei, sodass er im Hinblick auf die freiwillige Aufgabe dieses Schutzes nicht als Asylberechtigter anerkannt werden könne. Der einheitliche Verfolgungsgrund könne nicht gleichsam in verschiedene zeitliche Abschnitte aufgeteilt und für den Abschnitt nach Verlassen des Zufluchtlandes die Frage des an- 81 derweitigen Verfolgungsschutzes völlig neu und losgelöst von dem freiwillig aufgegebenen Schutz gestellt werden (BVerwGE 77, 145 (154f.) = EZAR 205 Nr. 5 = NVwZ 1988, 812 = InfAuslR 1987, 223).

82 Am einheitlichen Verfolgungsgrund fehlt es jedoch, wenn der Asylsuchende unverfolgt über einen sonstigen Drittstaat in das Bundesgebiet einreist und aufgrund von exilpolitischen Aktivitäten oder von anderen Nachfluchttatbeständen eine Verfolgungsgefahr begründet wird (BVerwG, EZAR 2 Nr. 15 = InfAuslR 1991, 310 = NVwZ 1992, 274; VGH BW, InfAuslR 1988, 199; Hess.VGH, U. v. 2. 2. 1989 – 13 UE 1942/84). Die freiwillige Ausreise aus dem Drittstaat steht in diesen Fällen der Asylanerkennung nicht entgegen, vorausgesetzt, der Nachfluchtgrund ist asylbeachtlich.

83 So liegt z. B. dann ein objektiver Nachfluchtgrund vor, wenn der Vater der Asylsuchenden im Bundesgebiet aufgrund exilpolitischer Betätigung eine Verfolgungsgefahr auch für seine Kinder verursacht (OVG NW, U. v. 2. 4. 1987 – 20 A 10099/86). Mag man dem Vater den Einwand der Unbeachtlichkeit entgegenhalten, für die Kinder ist die Verfolgungsgefahr jedenfalls objektiver Natur (OVG NW, U. v. 2. 4. 1987 – 20 A 10099/86).

84 Desgleichen kann das Asylrecht nicht deswegen versagt werden, weil der Flüchtling außerhalb des Drittstaates durch sein Verhalten Verfolgungsgründe herbeigeführt hat und er deshalb nicht wieder in diesen Drittstaat einreisen kann (VGH BW, B. v. 26. 4. 1991 – A 16 S 1071/90). Der Asylausschluss nach Abs. 1 bezieht sich mithin nur auf diejenigen Verfolgungsgefahren, die während der andauernden Verfolgungssicherheit im Drittstaat tatsächlich bestanden. Entstehen nach freiwilliger Aufgabe der objektiven Verfolgungssicherheit nachträglich neue, erhebliche Gefahren, so wird ihre Asylrelevanz nicht wegen einer früheren Verfolgungssicherheit im Drittstaat beseitigt (BVerwG, EZAR 205 Nr. 15).

§ 28 Nachfluchttatbestände

**(1) Ein Ausländer wird in der Regel nicht als Asylberechtigter anerkannt, wenn die Gefahr politischer Verfolgung auf Umständen beruht, die er nach Verlassen seines Herkunftslandes aus eigenem Entschluß geschaffen hat, es sei denn, dieser Entschluß entspricht einer festen, bereits im Herkunftsland erkennbar betätigten Überzeugung. Satz 1 findet insbesondere keine Anwendung, wenn der Ausländer sich auf Grund seines Alters und Entwicklungsstandes im Herkunftsland noch keine feste Überzeugung bilden konnte.
(2) Stellt der Ausländer nach Rücknahme oder unanfechtbarer Ablehnung eines früheren Asylantrages erneut einen Asylantrag und stützt er sein Vorbringen auf Umstände im Sinne des Absatzes 1, die nach Rücknahme oder unanfechtbarer Ablehnung seines früheren Antrages entstanden sind, und liegen im Übrigen die Voraussetzungen für die Durchführung eines Folgeverfahrens vor, kann in diesem in der Regel die Feststellung, dass ihm die in § 60 Abs. 1 des Aufenthaltsgesetzes bezeichneten Gefahren drohen, nicht mehr getroffen werden.**

Nachfluchttatbestände § 28

Übersicht

		Rdn.
1.	Vorbemerkung	1
2.	Anwendungsbereich von Abs 1 Satz 1 erster Halbsatz	4
3.	Beachtlichkeit objektiver Nachfluchtgründe nach Abs. 1 Satz 1 erster Halbsatz	10
4.	Subjektive Nachfluchtgründe nach Abs. 1 Satz 1 zweiter Halbsatz	23
4.1.	Vorbemerkung	23
4.2.	Ratio Legis der Vorschrift	26
4.3.	Verfolgung wegen der politischen Überzeugung	36
4.3.1.	Allgemeines	36
4.3.2.	Bewertung von Zeitphasen politischer Passivität des Asylsuchenden	39
4.3.3.	Erfordernis einer inhaltlichen Übereinstimmung der exilpolitischen mit den früheren Aktivitäten im Herkunftsland	46
4.4.	Flucht aus einer »latenter Gefährdungslage«	57
4.4.1.	Erfordernis einer »ausweglosen Lage« vor der Ausreise des Asylsuchenden	57
4.4.2.	Begriff der »latenten Gefährdungslage«	61
4.4.3.	Vorbelastung aus anderen Gründen als der abweichenden politischen Überzeugung des Asylsuchenden	69
4.4.4.	Asylantragstellung als Verfolgungsgrund	70
4.4.5.	Zusammenfassung	73
5.	Ausnahmebestand nach Abs. 1 Satz 2	75
6.	Atypische subjektive Nachfluchttatbestände (Abs. 1 Satz 2)	82
7.	Nachfluchttatbestand und Sicherheit im Drittstaat	91
8.	Umfang der Darlegungslast	97
9.	Verfolgungsschutz nach § 60 Abs. 1 AufenthG	104
10.	Berufungsauf Nachfluchtgründe im Asylfolgeantragsverfahren (Abs. 2)	107
10.1	Funktion des materiellen Ausschlusstatbestandes nach Abs. 2	107
10.2	Voraussetzungen des materiellen Ausschlusstatbestandes nach Abs. 2	111
10.2.1.	Wirksamer Asylfolgeantrag nach § 71	111
10.2.2.	Maßgeblicher Zeitpunkt für das Entstehen der exilpolitischen Aktivitäten im Sinne von Abs. 2	115
10.2.3.	Berufung auf subjektive Nachfluchtgründe im Sinne von Abs. 1	118
10.2.4.	Erfordernis eines zulässigen Asylfolgeantrags	125
10.3.	Materielle Ausschlussregelung des Abs. 2 zweiter Halbsatz	129
10.3.1.	Versagung des Abschiebungsschutzes nach Art. 33 GFK	129
10.3.2.	Regelanordnung nach Abs. 2 zweiter Halbsatz	135
10.3.3.	Rechtsfolge der Ausschlussregelung nach Abs. 2 zweiter Halbsatz	136

1. Vorbemerkung

Diese Vorschrift regelt wie § 1 a AsylVfG 1982 die Beachtlichkeit von Nachfluchttatbeständen. Während nach früherem Recht strittig war, ob die kurz vor Erlass des § 1 a AsylVfG 1987 ergangene Entscheidung des BVerfG vom 26. November 1986 – 2 BvR 1058/85 – BVerfGE 74, 51 = EZAR 200 Nr. 18 = NVwZ 1987, 311 = InfAuslR 1987, 56) oder die Gesetzesbestimmung maßgebend war (s. hierzu: BVerwGE 77, 258 = EZAR 200 Nr. 19 = NVwZ 1987, 228 = InfAuslR 1987, 228), ist dieser Streit nach geltendem Recht deshalb nicht mehr aktuell, weil § 28 die Rechtsprechung des BVerfG übernommen hat.

1

2 Grundlegend im Zusammenhang mit Nachfluchtatbeständen ist die vom BVerfG geprägte Differenzierung zwischen *objektiven* und *subjektiven Nachfluchttatbeständen*. Nur im ersten Fall sind nach der Flucht ins Ausland dort entstandene Verfolgungstatbestände beachtlich. Im zweiten Fall führen derartige Verfolgungsgefahren nur unter den besonderen Voraussetzungen von Abs. 1 zur Asylanerkennung. Werden aufgrund subjektiven Verhaltens nach der Ausreise Verfolgungstatbestände begründet, deren asylrechtliche Beachtlichkeit nach Maßgabe von § 28 zu verneinen ist, besteht jedoch Abschiebungsschutz nach § 60 I AufenthG.

3 Mit Wirkung zum 1. Januar 2005 ist jedoch die durch das ZuwG eingeführte Regelung in Abs. 2 in Kraft getreten. Danach sollen selbst geschaffene Nachfluchttatbestände, die eine Verfolgungsgefahr begründen, in der Regel nicht die Feststellung nach § 60 I AufenthG rechtfertigen. Diese Regelung ist jedoch kaum mit Flüchtlingsrecht und damit auch nicht mit Art. 5 III der Qualifikationsrichtlinie vereinbar.

2. Anwendungsbereich von Abs. 1 Satz 1 erster Halbsatz

4 Nach Abs. 1 S. 1 1. HS wird regelmäßig nicht als Asylberechtigter anerkannt, bei dem die Verfolgungsgefahr auf Umständen beruht, die er erst nach dem Verlassen seines Herkunftsstaates geschaffen hat. Es ist daher nach dem Wortlaut der Vorschrift von Abs. 1 S. 1 1. HS zwischen Verfolgungsgründen, die vor und nach der Ausreise entstanden sind, zu unterscheiden. Das Gesetz übernimmt damit die bereits seit langem in der Rechtsprechung entwickelte Differenzierung zwischen *Vorfluchtgründen* und *Nachfluchtgründen*. Das BVerfG hat freilich ohne nähere Vertiefung dieser Frage als entscheidungserhebliche Zeitgrenze für die Differenzierung zwischen Vor- und Nachfluchtgründen den Zeitpunkt der Einreise in das Bundesgebiet bestimmt, sodass in Drittstaaten begründete Tatbestände noch dem Bereich der Vorfluchtgründe zuzuordnen wären.

5 Nach der Rechtsprechung des BVerfG kann nämlich politisch Verfolgter auch sein, wer erst *während seines Aufenthaltes in der Bundesrepublik* Verfolgungstatbestände durch eigenes Verhalten ausgelöst hat (BVerfGE 9, 174 (181) = DVBl. 1959, 433 = JZ 1959, 283; BVerfG, NJW 1983, 1721; BVerfGE 74, 51 (56f.) = EZAR 200 Nr. 18 = NVwZ 1987, 311 = InfAuslR 1987, 56). Zugleich hat das Gericht jedoch in der zuletzt genannten Entscheidung einen kausalen Zusammenhang zwischen Verfolgung und Flucht hergestellt, demzufolge das Asylrecht von seinem Ansatz her darauf gerichtet sei, dem vor politischer Verfolgung *Flüchtenden* Zuflucht und Schutz zu gewähren (BVerfGE 74, 51 (57f., 64)).

6 In Anknüpfung an diese Rechtsprechung setzt jedoch das BVerwG für die Differenzierung zwischen Vor- und Nachfluchtgründen beim Tatbestand der Ausreise aus dem Herkunftsstaat an (BVerwG, EZAR 206 Nr. 5; so auch OVG Rh-Pf, B. v. 21. 11. 1989 – 13 E 6/89; s. aber auch BVerwG, NVwZ 1992, 274). Maßgeblich sei, dass der Asylsuchende als (Vor-)Verfolgter ausgereist sei. Das Element »Flucht« bzw. »Ausreise« bezeichne im System der asylrecht-

lichen Anspruchsvoraussetzungen dasjenige Verhalten, durch das der Asylsuchende *aus* der – zur politischen Verfolgung befähigenden – Gebietsgewalt des Verfolgerstaates hinausgelange. Dieses Verhalten bestehe im Regelfall im *Überschreiten der territorialen Grenze des Verfolgerstaates*, da die räumliche Reichweite der Gebietsgewalt regelmäßig mit dem Staatsgebiet übereinstimme (BVerwG, EZAR 206 Nr. 5).

Treffe das im Einzelfall aber deshalb nicht zu, weil der Verfolgerstaat auch auf Territorien *außerhalb seines Staatsgebietes* effektive Gebietsgewalt ausübe, gelange der Asylsuchende erst durch Ausreise – auch – aus dem besetzten Territorium aus der Gebietsgewalt des ihn verfolgenden Heimatstaates hinaus (BVerwG, EZAR 206 Nr. 5). 7

Ausdrücklich hebt das Gericht hervor, dass in den Fällen eine Verfolgung noch den Charakter einer (Vor-)Verfolgung habe, in denen erst das Verlassen des vom Heimatstaat beherrschten Drittstaates die »Flucht« bzw. »Ausreise« darstelle. Denn hier sei eine Verfolgung, die der Heimatstaat auf dem Territorium des Drittstaates gegen den Flüchtling betreibe, maßgebend. Der Flüchtling, der sich dieser Verfolgung im Drittstaat durch dessen Verlassen entziehe, sei ein verfolgt Ausgereister im Sinne des asylrechtlichen Anspruchssystems (BVerwG, EZAR 206 Nr. 5). 8

Man wird diese Rechtsprechung dahin zu interpretieren haben, dass grundsätzlich der *Zeitpunkt der Ausreise aus dem Verfolgerstaat* für die Unterscheidung in Vor- und Nachfluchtgründe maßgebend ist. Ausnahmsweise, nämlich dann, wenn der Herkunftsstaat in dem Drittstaat, in dem der Flüchtling sich aufgehalten hat, *effektive Gebietsgewalt* (BVerwG, EZAR 206 Nr. 5) ausübt, ist der Zeitpunkt der Ausreise aus diesem Drittstaat entscheidungserheblich. 9

3. Beachtlichkeit objektiver Nachfluchttatbestände nach Satz 1 erster Halbsatz

Der Wortlaut der Vorschrift von S. 1 1. HS differenziert im Hinblick auf nachträglich entstandene Verfolgungsgefahren danach, ob sie auf Umständen beruhen, die der Antragsteller »*aus eigenem Entschluss geschaffen*« hat. Damit knüpft das Gesetz an die Rechtsprechung des BVerfG an und setzt die dogmatische Differenzierung zwischen objektiven und subjektiven Nachfluchttatbeständen voraus. Objektive Tatbestände führen nach der Rechtsprechung – und unausgesprochen auch nach dem Gesetzeswortlaut – ohne Einschränkung zum Genuss des Asylrechts. Das BVerfG versteht unter derartigen objektiven Nachfluchttatbeständen Vorgänge oder Ereignisse im Heimatland des Asylsuchenden, die dort *unabhängig* von seiner Person ausgelöst werden (BVerfGE 74, 51 (64f.) = EZAR 200 Nr. 18 = NVwZ 1987, 311 = InfAuslR 1987, 56). 10

Deren Grundlage sei eine Änderung des politischen Systems im Heimatland oder der dortigen Strafgesetze in der Weise, dass nunmehr dem aus anderen Gründen im Gastland befindlichen Staatsangehörigen für den Fall seiner Rückkehr ins Heimatland Verfolgung drohe, z. B. wegen seiner früher fort 11 gezeigten politischen Haltung oder wegen seiner Zugehörigkeit zu der nunmehr im Herkunftsstaat verfolgten Gruppe (BVerfGE 74, 51 (65) = EZAR 200 Nr. 18 = NVwZ 1987, 311 = InfAuslR 1987, 56).

12 So sieht das Gericht ausdrücklich in dem Erlass die religiöse Betätigung einschränkender Strafbestimmungen nach der Ausreise des Asylsuchenden einen objektiven Nachfluchttatbestand (BVerfGE 76, 143 (163) = EZAR 200 Nr. 20 = InfAuslR 1988, 87; s. auch BVerwG, EZAR 206 Nr. 4 = NVwZ-RR 1992, 274: Zugehörigkeit zur *Exilorganisation* ist bei Wandel des politischen Systems objektiver Nachfluchttatbestand; BVerwG, NVwZ 1992, 274: Nichtteilnahme an der Volkszählung und eine daran anknüpfende Verfolgung ist objektiver Nachfluchttatbestand). Bei diesen Tatbeständen fehle es zwar am kausalen Zusammenhang zwischen Verfolgung und Flucht. Eine Flucht im eigentlichen Sinne liege gar nicht vor. Jedoch liefe es Sinn und Zweck der Asylrechtsgewährleistung und auch ihrer humanitären Intention zuwider, in solchen Fällen die Asylanerkennung zu versagen. Die Verfolgungssituation sei ohne eigenes (neues) Zutun des Betroffenen entstanden. Es erschiene unzumutbar, ihn zunächst in das Verfolgerland zurückzuschicken und ihm das Risiko aufzubürden, ob er der ihm widerfahrenden Verfolgung entfliehen und so die bislang nicht gegebene Flucht nachholen und damit die Asylanerkennung erreichen könne (BVerfGE 74, 51 (65) = EZAR 200 Nr. 18 = NVwZ 1987, 311 = InfAuslR 1987, 56).

13 Nach dem BVerwG ist es nicht Merkmal objektiver Nachfluchttatbestände oder auch nur Voraussetzung ihrer asylrechtlichen Erheblichkeit, dass sich das Verfolgung auslösende Geschehen im Heimatland verwirklicht. Auch Verhaltensweisen eines Dritten sowie Geschehnisse und Vorgänge im Zufluchtsland könnten asylrechtlich erhebliche objektive Nachfluchtgründe sein (BVerwGE 88, 92 (95 f.) = EZAR 200 Nr. 8 = NVwZ 1992, 272; BVerwG, NVwZ 1993, 195). Das BVerfG habe zur Beantwortung der Frage der asylrechtlichen Erheblichkeit objektiver Nachfluchttatbestände *schlechthin* als insoweit bedeutsamen Aspekt der *ratio legis* der Asylrechtsgewährleistung die Unzumutbarkeit der Rückkehr herausgestellt, vorausgesetzt, die Verfolgungstatbestände würden ohne eigenes Zutun verwirklicht (BVerwGE 88, 92 (96) = EZAR 200 Nr. 8 = NVwZ 1992, 272).

14 Sei dies aber die innere Rechtfertigung für die Erheblichkeit objektiver Tatbestände überhaupt, könne es nicht darauf ankommen, ob der objektive Tatbestand sich im Heimatstaat oder im Zufluchtland verwirklicht habe. Der Hinweis auf Vorgänge oder Ereignisse im Herkunftsland sei deshalb nur *beispielhaft* zu verstehen (BVerwGE 88, 92 (96) = EZAR 200 Nr. 8 = NVwZ 1992, 272).

15 Dementsprechend geht die Rechtsprechung davon aus, dass es einen erheblichen objektiven Nachfluchtgrund darstellt, wenn einem im Bundesgebiet wehrpflichtig gewordenen (iranischen) Asylsuchenden im Heimatstaat Bestrafung wegen *Wehrdienstentziehung* droht (VGH BW, AuAS 6/1992, S. 12; a. A. wohl OVG NW, U. v. 30. 5. 1990 – 16 A 10126/88).

16 Diese Rechtsprechung hat zur Konsequenz, dass das Betreiben des erfolgreichen Asylverfahrens eines Elternteils dann einen objektiven Nachfluchttatbestand für das Kind darstellt, wenn dies zu dessen politischer Verfolgung

führt. Denn das eigene Zutun erweist sich nach der Rechtsprechung des BVerfG als das maßgebliche Abgrenzungsmerkmal zwischen subjektiven und objektiven Nachfluchttatbeständen (BVerwGE 88, 92 (94 f.) = EZAR 200 Nr. 8 = NVwZ 1992, 272). Der handelnde Elternteil, der den selbstgeschaffenen unerheblichen Nachfluchttatbestand gesetzt hat, wird ungeachtet der ihm daraus erwachsenden Verfolgungsgefahr freilich nicht als asylberechtigt anerkannt (BVerwGE 88, 92 (96 f.) = EZAR 200 Nr. 8 = NVwZ 1992, 272).

Wird aufgrund praktizierter *Sippenhaft* in die Verfolgung des Handelnden jedoch einer seiner Angehörigen einbezogen, erlange dieser Angehörige die Asylanerkennung aufgrund der ihm drohenden Verfolgungsgefahr, die nicht auf von ihm selbst geschaffenen Nachfluchtgründen beruht (BVerwGE 88, 92 (96 f.); ebenso OVG NW, B. v. 1. 6. 1988 – 16 B 20074/88; VGH BW, U. v. 19. 3. 1991 – A 16 S 114/90). 17

Demgegenüber sieht das BVerwG z. B. in der *Eheschließung* und der Gestattung der christlichen Kindererziehung, welche zeitlich nach dem Verlassen des Heimatlandes erfolgt, einen subjektiven Nachfluchtgrund, weil Heirat und Erziehung – wie sich von selbst verstehe – stets subjektive Entscheidungen des Einzelnen aus eigenem, autonomen Entschluss seien (BVerwGE 90, 127 (129 f.) = EZAR 206 Nr. 7; VGH BW, B. v. 6. 2. 1990 – A 14 S 609/89; VG Kassel, InfAuslR 1996, 238). Derartige subjektive Nachfluchttatbestände können aber beachtlich sein (BVerwGE 90, 127 (132 f.); a. A. VGH BW, B. v. 6. 2. 1990 – A 14 S. 609/89). 18

Nimmt der Heimatstaat die Eheschließung einer Asylsuchenden mit einem verfolgten und exilpolitisch aktiven Regimegegner, dessen Aktivitäten selbst asylrechtlich unerheblich sind, zum Anlass, diese unter dem Gesichtspunkt der Sippenhaft in die gegen den Ehegatten gerichtete Verfolgung mit ein zu beziehen, handelt es sich für die Asylsuchende nicht um einen selbstgeschaffenen, sondern um einen objektiven Nachfluchtgrund (BVerwG, NVwZ 1992, 195 = InfAuslR 1991, 310; a. A. OVG Lüneburg, EZAR 206 Nr. 2). 19

Selbstgeschaffene Nachfluchtgründe sind nämlich nach dem BVerwG nur solche, die von demjenigen Asylsuchenden geschaffen worden sind, der unter Berufung auf sie Asyl begehrt. Ehegatten bildeten keine asylrechtliche Einheit. Vielmehr sei für jeden Ehegatten jeweils individuell und ohne Berücksichtigung des Asylbegehrens des anderen Ehegatten die Frage der Asylberechtigung zu prüfen. Ergebe diese Prüfung, dass der eine Ehegatte infolge des im Bundesgebiet gezeigten Verhaltens des anderen Ehegatten in die Gefahr politischer Verfolgung gerate, könne diese nicht deshalb unberücksichtigt bleiben, weil das Verhalten des anderen Ehegatten dessen Asylanerkennung nicht rechtfertige (BVerwG, NVwZ 1992, 195). 20

Abschließend kann festgehalten werden, dass objektive Nachfluchttatbestände zur Asylanerkennung führen, weil dem Asylsuchenden nicht zugemutet werden kann, das Risiko der Verfolgung für den Fall der Rückkehr auf sich zu nehmen, wenn die Verfolgungsgefahr ohne sein Zutun eingetreten ist. Unproblematisch sind die Fälle, in denen durch eine allgemeine Veränderung der politischen Verhältnisse *im* Herkunftsland nach der Ausreise eine erhebliche individuelle Verfolgungsgefahr entsteht. Das individuelle Verhalten ist hier für die Frage der Asylerheblichkeit ohne Bedeutung. Denn allein 21 maßgeblich ist die ohne eigenes Zutun im Heimatland entstandene allgemeine Verfolgungsgefahr, die vor der Ausreise nicht bestand, aber jetzt für den Fall der Rückkehr zu befürchten ist. Der klassische Fall ist der Botschafter nach dem Regimewechsel im Entsendestaat, der nunmehr in Opposition zu einem keine oppositionellen Bestrebungen duldenden System gerät.

22 Setzen andere Bezugspersonen im Aufnahmeland Ursachen, die im Herkunftsland eine Verfolgungsgefahr auslösen, gerät der Bedrohte ohne eigenes Verschulden in Not. Die Rechtsprechung ist so zu verstehen, dass es nicht auf die Legitimität eines Verhaltens (Kindererziehung, Eheschließung), sondern – phänomenologisch – allein darauf ankommen soll, dass der Bedrohte keinerlei Beziehung zum Entstehungsprozess des Verfolgungsgeschehens hat.

4. Subjektive Nachfluchtgründe nach Abs. 1 Satz 1 zweiter Halbsatz

4.1. Vorbemerkung

23 Der eigentliche Sinn von Abs. 1 ist es, die Nachfluchttatbestände zu beschreiben, die nicht die Asylberechtigung zur Folge haben können. Der Gesetzgeber hat zu diesem Zweck seinen eigenen früheren Lösungsversuch (vgl. § 1 a AsylVfG 1987) nicht weiter verfolgt, sondern mit Abs. 1 die Rechtsprechung des BVerfG übernommen. Nach der Rechtsprechung des BVerfG kann eine Asylberechtigung nur in Betracht gezogen werden, »wenn die selbstgeschaffenen Nachfluchttatbestände sich als Ausdruck und Fortführung einer schon während des Aufenthaltes im Heimatstaat vorhandenen und erkennbar betätigten festen Überzeugung darstellen, mithin als Konsequenz einer *dauernden,* die eigene Identität prägenden und *nach außen kundgegebenen Lebenshaltung* erscheinen« (BVerfGE 74, 51 (66) = EZAR 200 Nr. 18 = NVwZ 1987, 311 = InfAuslR 1987, 56).

24 Offensichtlich beruht die Gesetzesfassung von Abs. 1 S. 1 2. HS, derzufolge für die Asylrechtserheblichkeit selbstgeschaffener Nachfluchtgründe die »feste, bereits im Herkunftsland erkennbar betätigte Überzeugung« maßgebend ist, auf dieser Rechtsprechung. Das BVerfG hat andererseits in gefestigter Rechtsprechung die materiellen Kriterien des asylrechtlich unerheblichen subjektiven Nachfluchttatbestandes entwickelt, die häufig zu weitgehende fachgerichtliche Rechtsprechung jedoch mit dem Hinweis darauf korrigiert, dass seine Kriterien kein abschließendes System der unbeachtlichen Asylgründe enthielten, vielmehr lediglich eine Leitlinie für die Rechtsanwendung vorgeben würden. Dementsprechend sind zur Abgrenzung erheblicher von nicht beachtlichen subjektiven Nachfluchttatbeständen Fallgruppen herausgebildet worden.

25 Die Regelvermutung zuungunsten subjektiver Nachfluchtgründe in Abs. 1 steht nicht in Übereinstimmung mit Art. 5 II der Qualifikationsrichtlinie. Danach kann die begründete Furcht vor Verfolgung auf Aktivitäten des Antragstellers seit Verlassen des Herkunftslandes beruhen, insbesondere wenn die Aktivitäten, auf die er sich stützt, nachweislich Ausdruck und Fortsetzung

einer bereits im Herkunftsland bestehenden Überzeugung oder Ausrichtung ist. Art. 5 II erfasst damit subjektive Nachfluchtgründe und stellt für die Gefahrenprognose zunächst weder in die eine noch in die andere Richtung eine Beweislastregel auf. Sofern die Aktivitäten nachweislich Ausdruck und Fortsetzung einer bereits im Herkunftsland bestehenden Überzeugung oder Ausrichtung sind, spricht nach Art. 5 II der RL sogar eine Regelvermutung für ihre Erheblichkeit. Mit diesen Grundsätzen ist Abs. 1 zwar nicht vereinbar. Die Richtlinie legt indes die Voraussetzungen für die Gewährung des internationalen Schutzes (vgl. § 60 I AufenthG) fest, während Abs. 1 die Voraussetzungen für die asylrechtliche Statusbegründung beschreibt. Zwischen dem Asyl- und dem Flüchtlingsstatus besteht jedoch kein rechtlicher Unterschied mehr.

4.2. Ratio Legis der Vorschrift

Abs. 1 S. 1 stellt den *Grundsatz* der Unbeachtlichkeit von Nachfluchttatbeständen auf, lässt damit *Ausnahmen* von diesem Grundsatz zu. Nicht zur Asylberechtigung führen danach jene Verfolgungstatbestände, die der Antragsteller *nach* Verlassen seines Herkunftslandes *aus eigenem Entschluss* geschaffen hat. Unschwer ist hier die Handschrift des BVerfG wieder zu erkennen, welches in seiner grundlegenden Entscheidung vom 26. November 1986 (BVerfGE 74, 51 = EZAR 200 Nr. 18 = NVwZ 1987, 311 = InfAuslR 1987, 56) aus dem das gesamte materielle Asylrecht erfassenden *kausalen Zusammenhang* zwischen (drohender) *Verfolgung* und *Flucht* die grundsätzliche asylrechtliche Unerheblichkeit derjenigen Nachfluchttatbestände abgeleitet hat, die der Asylsuchende nach Verlassen des Heimatstaates aus eigenem Entschluss geschaffen hat (sog. *selbstgeschaffene Nachfluchttatbestände*).

26

Bei diesen Tatbeständen sei ein kausaler Zusammenhang zwischen Verfolgung und Flucht nicht gegeben. Der Verfolgungstatbestand werde – anders als bei den objektiven Nachfluchttatbeständen – vom Asylsuchenden selbst *aus eigenem Willensentschluss,* ohne dass ein Risiko damit verbunden wäre, hervorgerufen (BVerfGE 74, 51 (65) = EZAR 200 Nr. 18 = NVwZ 1987, 311 = InfAuslR 1987, 56). Dies müsse zwar nicht notwendig dazu führen, derartige Tatbestände von vornherein und ausnahmslos von der Asylerheblichkeit auszuschließen. Ihre Anerkennung als rechtserheblicher Asylgrund könne aber nur für *Ausnahmefälle* in Betracht kommen, an die – mit Blick auf den Schutzbereich und Inhalt der Asylrechtsgarantie – ein besonders strenger Maßstab anzulegen sei. Dies gelte sowohl in *materieller* Hinsicht wie für die *Darlegungslast* sowie die *Beweisanforderungen* (BVerfGE 74, 51 (65f.) = EZAR 200 Nr. 18 = NVwZ 1987, 311 = InfAuslR 1987, 56).

27

Ratio legis dieses Auschlussgrundes ist also die *risikolose Verfolgungsprovokation:* Der Ausländer oder Staatenlose könne sich vom gesicherten Ort aus ein grundrechtlich verbürgtes Aufenthaltsrecht im Bundesgebiet erzwingen. Das Asylrecht würde dadurch zu einem Einwanderungsrecht für jedermann verfremdet. Mit einer solchen Erweiterung würde die *humanitäre Intention* der Asylrechtsgewährung nicht etwa bestätigt oder gefestigt, sondern entleert

28

(BVerfGE 74, 51 (64) = EZAR 200 Nr. 18 = NVwZ 1987, 311 = InfAuslR 1987, 56).

29 Die Ausgrenzung subjektiver Verfolgungstatbestände aus dem Schutzbereich findet damit ihre innere Rechtfertigung in der rechtlichen Verwerfung der risikolosen Verfolgungsprovokation. Eigenes Verhalten *in der Absicht*, damit gezielt einen Verfolgungstatbestand zwecks Erzwingung eines Aufenthaltsrechtes zu begründen, ist für die Versagung des Asylrechts entscheidungserheblich. Mit dieser ratio legis des Gesetzes sowie der Rechtsprechung des BVerfG ist die fachgerichtliche Rechtsprechung, welche rein phänomenologisch zwischen subjektiven und objektiven Tatbeständen abgrenzt, nicht vereinbar.

30 Andererseits werden in der obergerichtlichen Rechtsprechung aus dem Gesichtspunkt der Verfolgungsprovokation bei der Verfolgungsprognose Erwägungen zugelassen, die nach der Zumutbarkeit eines Verhaltens fragen, das geeignet sei, die Gefahr einer politischen Verfolgung im Herkunftsstaat zu verringern. Die Schutzgewährung sei allerdings gleichwohl unerlässlich, wenn es verlässliche Prognosen einer ernstzunehmenden politischen Verfolgungsgefahr gebe, weil dann auch für den »Provokateur« die Rückkehr in den Herkunftsstaat unzumutbar werde (OVG NW, NVwZ-Beil. 1998, 12).

31 In dem Sinne *objektiv*, dass die Verfolgung vom Herkunftsstaat ausgehen muss, sind alle Nachfluchttatbestände, seien sie gewillkürt oder nicht. Das Asylrecht will lediglich jenen objektiv drohenden Verfolgungsgefahren die Anerkennung versagen, die aus eigenem Willensentschluss zwecks Erzielung eines sonst nicht erreichbaren Aufenthaltsrechtes vom Antragsteller selbst herbeigeführt werden. Damit kann die Abgrenzung auf eine *wertende Betrachtung* nicht verzichten. Die innere Rechtfertigung für den Ausschluss gewillkürter Tatbestände ist vielmehr im hohen Maße eine Wertentscheidung, nämlich die *rechtliche Verwerfung* der *risikolosen Verfolgungsprovokation*.

32 Die fachgerichtliche Rechtsprechung muss deshalb die Motive und Absichten des Antragstellers, die dieser bei dem in Rede stehenden Verhalten gehegt hatte, ermitteln und bewerten. Sind – wie im Regelfall – mehrere Motive auszumachen, kommt es auf eine Abwägung unter ihnen sowie auf deren Gewichtung gegeneinander an. Ist das *dominierende* Motiv die Erzwingung des Aufenthaltsrechtes, scheidet eines Asylanerkennung aus. Stehen legitime Absichten, wie etwa Eheschließung, religiöse Überzeugung und Kindererziehung, im Vordergrund, ist die objektiv im Herkunftsstaat drohende Verfolgung auch in rechtlicher Hinsicht ein *objektiver Nachfluchttatbestand* (s. aber Rdn. 17f., 21).

33 Nach der Rechtsprechung des BVerwG ist im Hinblick auf selbstgeschaffene nachträgliche Aktivitäten präzis zu differenzieren. Würden neben die exilpolitischen Aktivitäten eigenständige verfolgungsauslösende Umstände, wie etwa die Beteiligung an einem *Attentatsversuch*, hinzutreten, könne die fehlende Asylrelevanz der exilpolitischen Aktivitäten nicht zugleich zur Begründung der asylrechtlichen Unerheblichkeit des Attentatsversuchs führen. Denn dabei handele es sich um ein konkretes, fassbares, auch seiner sozialen Bedeutung nach sich von der exilpolitischen Betätigung im Übrigen abheben-

des Einzelereignis (BVerwG, NVwZ 1996, 86 (88) = EZAR 206 Nr. 10; s. aber
§ 60 VIII 2 AufenthG, Art. 1 I GFK).

Asylbegründend könne eine in dem Attentatsverdacht wurzelnde Gefahr 34
politischer Verfolgung indessen nur sein, wenn es sich hierbei um einen objektiven, nicht aber um einen selbstgeschaffenen Nachfluchttatbestand handele. Bei einem »Verdacht« als Verfolgung auslösenden Umstand sei jedoch zu berücksichtigen, dass es auf die bloße Ursächlichkeit des Verhaltens des Asylsuchenden für die Verdachtsentstehung nicht ankommen könne. Der Verfolgerstaat könne nämlich, etwa je nach dem Grad seines Misstrauens und seiner Voreingenommenheit, völlig harmlose und unverfängliche Verhaltensweisen zum Anlass für Sanktionen nehmen (BVerwG, NVwZ 1996, 86 (88)).

Entscheidend sei deshalb, ob die Entstehung des Verdachts dem Asylsuchenden über die bloße Ursächlichkeit seines Verhaltens hinaus aufgrund einer wertenden Betrachtung zurechenbar sei. Von Bedeutung könne insoweit auch sein, ob auch die deutschen Strafverfolgungsbehörden im Verhalten des Asylsuchenden einen Anlass sehen, ihn der in Rede stehenden Tat zu verdächtigen, und mit welchem Ergebnis ein etwaiges Ermittlungsverfahren geendet habe (BVerwG, NVwZ 1996, 86 (88)). 35

4.3. Verfolgung wegen der politischen Überzeugung

4.3.1. Allgemeines

Anlass der Entwicklung der Rechtsprechung des BVerfG war der Tatbestand der Verfolgung wegen der vom Herkunftsstaat unterstellten abweichenden Gesinnung. Für diesen klassischen Verfolgungstypus sind in der fachgerichtlichen Rechtsprechung inzwischen hinreichend sichere und klare Abgrenzungskriterien herausgearbeitet worden. Ausgangspunkt ist die Rechtsprechung des BVerfG, derzufolge als allgemeine – nicht notwendig abschließende – Leitlinie, die im Hinblick auf die verschiedenen Fallgruppen selbstgeschaffener Nachfluchttatbestände, insbesondere für die Fallgruppe *exilpolitischer Betätigung* und *Zugehörigkeit zu Emigrantenorganisationen* noch näher zu präzisieren sei, dass eine Asylberechtigung in aller Regel nur dann in Betracht gezogen werden könne, wenn die selbstgeschaffenen Tatbestände sich »als *Ausdruck* und *Fortführung* einer schon während des Aufenthalts im Heimatstaat *vorhandenen* und *erkennbar betätigten festen Überzeugung* darstellen, mithin als *notwendige Konsequenz* einer *dauernden, die eigene Identität prägenden und nach außen kundgegebenen Lebenserhaltung* erscheinen« (BVerfGE 74, 51 (66) = EZAR 200 Nr. 18 = NVwZ 1987, 311 = InfAuslR 1987, 56). 36

Erkennbar hat der Gesetzgeber mit S. 1 2. HS an diese Rechtsprechung angeknüpft. Materiellrechtlich ist also ein innerer Zusammenhang zwischen der politischen Betätigung vor und nach dem Verlassen des Heimatlandes nach Maßgabe der entwickelten Grundsätze erforderlich. Den Antragsteller trifft hierfür eine *Darlegungslast*, nämlich hinreichend darzutun, dass seine exilpolitische Tätigkeit sich als Fortführung einer entsprechenden, schon während des Aufenthaltes im Heimatstaat vorhandenen und betätigten festen 37

Überzeugung darstellt. Ausreichend ist aber auch, dass dieser geforderte Zusammenhang sonst erkennbar ist (BVerfGE 74, 51 (66) = EZAR 200 Nr. 18 = NVwZ 1987, 311 = InfAuslR 1987, 56).

38 Das BVerfG hat aber wiederholt hervorgehoben, dass für den Nachweis der erkennbaren Betätigung der politischen Überzeugung im Heimatstaat nicht notwendig verlangt werden könne, dass sie den dortigen Behörden bekannt geworden sein oder – weitergehend – bereits den Charakter von Vorfluchtgründen aufweisen müssten. Es hat aber zugleich auch darauf hingewiesen, dass zur Glaubhaftmachung einer solchen Betätigung nicht jede Behauptung genüge, vielmehr auch insoweit an die Darlegungslast und die Beweisanforderungen der gebotene strenge Maßstab anzulegen sei (BVerfG (Kammer), InfAuslR 1989, 31; BVerfG (Kammer), InfAuslR 1990, 197; BVerfG (Kammer), InfAuslR 1991, 177; so auch BVerwG, NVwZ 1991, 790 = InfAuslR 1991, 209, in BVerwGE 87, 187 insoweit nicht abgedruckt; noch a. A. BVerwG, Buchholz 402.225 § 1 AsylVfG Nr. 110). Davon zu unterscheiden ist freilich das Erfordernis, dass die exilpolitische Betätigung den Heimatbehörden bekannt geworden sein muss (BVerwG, NVwZ 1991, 790).

4.3.2. Bewertung von Zeitphasen politischer Passivität des Asylsuchenden

39 Zwischen der politischen Betätigung vor und nach der Ausreise muss ein zeitlicher Zusammenhang bestehen, sodass fraglich ist, welche Wirkung Zeiträume *politischer Passivität* im Heimatland wie auch im Bundesgebiet auf die Beachtlichkeit der exilpolitischen Betätigung haben. Das BVerfG hat darauf hingewiesen, dass in dem Fall, in dem der Asylsuchende erst nach einem langjährigen Aufenthalt *in der Bundesrepublik* seine politischen Aktivitäten erneut wieder aufnimmt, die selbstgeschaffenen Nachfluchttatbestände sich u. U. nicht als Fortführung einer schon im Heimatland vorhandenen und betätigten festen Überzeugung darstellen können (BVerfG (Kammer), InfAuslR 1992, 142 = EZAR 206 Nr. 2; so auch BVerwG, InfAuslR 1988, 255 = NVwZ 1988, 1036; BVerwG, EZAR 200 Nr. 22; BVerwG, InfAuslR 1990, 127).

40 Gleiches nimmt das Gericht bei einer *bereits im Heimatland vorhandenen* dauerhaften politischen Passivität an, namentlich dann, wenn sich ihr eine längere Zeit politischer Inaktivität auch noch nach der Einreise in das Bundesgebiet anschließe. Die Wirkung der Unbeachtlichkeit infolge einer derartigen Passivität werde auch nicht grundsätzlich dadurch beseitigt, dass der Asylsuchende in seinem Heimatland unter dem Eindruck erlittener Verfolgungsmaßnahmen (hier: Folter) »geschwiegen« habe. Indes komme es hier auf die *besonderen Umstände* des Einzelfalles an (BVerfG (Kammer), EZAR 206 Nr. 6).

41 Andererseits hebt das BVerfG für die Einzelfallbewertung hervor, dass allein das Absehen von einer Fortsetzung der bisherigen politischen Betätigung während des weiteren Aufenthaltes im Anschluss an erlittene Folterungen noch nicht ohne weiteres den Schluss auf das Fehlen einer dauernden, die eigene Identität prägenden Lebenshaltung zulasse (BVerfG (Kammer), EZAR 206 Nr. 6). Den Entscheidungsgründen ist zu entnehmen, dass das BVerfG bei politischer Inaktivität im Heimatland nach erlittener Verfolgung eine Regelvermutung für den Wegfall einer kontinuierlichen, die eigene Identität prägenden politischen Überzeugung unterstellt, jedoch eine *Widerlegungs*

möglichkeit anerkannt wissen will, die das Verwaltungsgericht im konkreten Fall nicht beachtet hatte (vgl. BVerfG (Kammer), EZAR 206 Nr. 6). Auch fordert das Gericht eine Differenzierung dahin, ob der Asylsuchende sich während der Zeit politischer Inaktivität im Heimat- oder im Zufluchtland aufgehalten hat (BVerfG (Kammer), EZAR 206 Nr. 6).

Die vom BVerfG selbst hervorgehobene humanitäre Intention der Asylrechtsgewährleistung vermag diese strenge Darlegungspflicht kaum zu rechtfertigen. Wer von schwerwiegenden Menschenrechtsverletzungen betroffen ist und sich in Reaktion auf erlittene Folter entschließt, durch Rückzug aus dem aktiven politischen Leben weitere Gefährdungen dieser Art auszuschließen, verliert allein deshalb nicht die seine eigene Identität prägende politische Überzeugung. Allenfalls ein langjähriger Aufenthalt im Heimatstaat nach erlittener Verfolgung mag eine Regelvermutung für die individuelle Entscheidung, sich aus dem politischen Leben herauszuhalten, rechtfertigen. Grundsätzlich ist aber bezogen auf Inaktivitäten im Herkunftsland eine sorgfältige Würdigung der besonderen Einzelfallumstände geboten, der nicht durch eine Flucht in starre Regelkategorien ausgewichen werden darf. 42

Die fachgerichtliche Rechtsprechung hat freilich im Regelfall langjährige politische Inaktivitäten im Bundesgebiet zu bewerten. So hat das BVerwG z. B. den Zusammenhang exilpolitischer Aktivitäten mit früheren politischen Betätigungen im Heimatland deshalb verneint, weil der Asylsuchende zunächst über mehrere Jahre im Bundesgebiet inaktiv war (BVerwG, InfAuslR 1988, 255 = NVwZ 1988, 1036; BVerwG, EZAR 200 Nr. 22, neun Jahre Passivität; BVerwG, EZAR 630 Nr. 27, zwanzig Jahre Passivität). Aber selbst für diese Fälle hat das BVerwG darauf bestanden, dass besonderer Umstände auch ein anderes Ergebnis nahe legen könnten. 43

Andererseits hat das BVerwG darauf bestanden, dass die genannten Zeiträume politischer Enthaltsamkeit weder in die eine noch in die andere Richtung Indizwirkung entfalten können. Ein »langjähriger« unpolitischer Aufenthalt im Gaststaat könne vielmehr auch schon bei einem sich lediglich über vier Jahre erstreckenden unpolitischen Verhalten vorliegen, sofern nicht besondere, eine andere Beurteilung rechtfertigende Umstände vorliegen würden (BVerwG, Buchholz 402.25 § 1 AsylVfG Nr. 131). 44

Eine zunächst verständliche Zurückhaltung wegen Fraktionierungen der exilpolitischen Gruppierungen, in denen der Antragsteller aktiv gewesen sei, und aufgrund von Sicherheitsbedenken erkläre nicht den Zeitraum von vier Jahren, den ein Asylsuchender verstreichen lasse, ehe er ein neues passendes Betätigungsfeld für seine politische Überzeugung suche und finde (BVerwG, Buchholz 402.25 § 1 AsylVfG Nr. 131). 45

4.3.3. Erfordernis der inhaltlichen Übereinstimmung der exilpolitischen mit den früheren Aktivitäten im Herkunftsland

Neben dem gebotenen zeitlichen Zusammenhang bereitet die Bewertung von Art und Umfang früherer politischer Aktivitäten im Herkunftsland sowie die Frage Probleme, inwieweit die exilpolitische Tätigkeit mit der früheren inhaltlich übereinstimmen muss. Das BVerfG hat wiederholt bekräftigt, dass auch ein politisches Engagement von *untergeordneter Bedeutung*, je nach 46 der individuellen Lebenshaltung des Betroffenen, den Umständen der Herausbildung seiner politischen Überzeugung, der Dauerhaftigkeit oder sonstigen seine Identität prägenden Umständen, die Betätigung einer festen politischen Überzeugung sein kann (BVerfG (Kammer), InfAuslR 1989, 31; BVerfG (Kammer), InfAuslR 1990, 197; BVerfG (Kammer), InfAuslR 1992, 142).

47 Erforderlich ist insbesondere nicht, dass die politische Betätigung bereits eine staatliche Reaktion hervorgerufen haben muss, die den Charakter von Vorfluchtgründen gehabt hat (BVerfG (Kammer), InfAuslR 1989, 31; BVerfG (Kammer), InfAuslR 1990, 127; BVerfG (Kammer), InfAuslR 1990, 197; BVerfG (Kammer), InfAuslR 1992, 142). Es kommt also nicht auf einen wegen der Tätigkeit im Heimatstaat bereits entstandenen mehr oder weniger großen Gefährdungsgrad, sondern allein darauf an, dass sich die exilpolitische Tätigkeit des Asylsuchenden als notwendige Konsequenz einer dauernden, die eigene Identität prägenden und nach außen betätigten Lebenshaltung erweist (BVerfG (Kammer), InfAuslR 1990, 127).

48 Von diesem Ansatz aus kann auch die gelegentliche Teilnahme an Demonstrationen und das Verteilen von Flugblättern und Zeitschriften für eine bestimmte Oppositionsgruppe im Heimatland bereits den Schluss auf eine gefestigte politische Überzeugung ebenso nahe legen (BVerfG (Kammer), InfAuslR 1989, 31) wie das von den Mitteln der Volkskunst geprägte *kulturelle Engagement,* das die Eigenständigkeit der eigenen Volksgruppe zum Ausdruck bringen soll (BVerfG (Kammer), InfAuslR 1990, 197). Das bloße Interesse an kurdischer Kultur und kurdischen Gegenwartsproblemen reicht jedoch nicht aus (BVerwG, EZAR 201 Nr. 1).

49 Das BVerfG spricht insoweit von einer Fallgruppe von Nachfluchtgründen, die dadurch gekennzeichnet sei, dass normalerweise *unpolitische* Ausdrucksformen der Volkskultur wie Gesang und Tanz wegen der Unterdrückung einer Volksgruppe durch den Staat *objektiv* eine *politische Qualität* annehmen könne (BVerfG (Kammer), NVwZ 1992, 559).

50 In derartigen Fällen könne schon die Beteiligung an derartigen kulturellen Aktivitäten im Heimatland als ein politisches Bekenntnis zur eigenen Volksgruppe erscheinen und auch gemeint sein. Die erforderliche Festigkeit der Überzeugung, die zu einer die eigene Identität prägende Lebenshaltung geführt habe, könne daran zu erkennen sein, dass der Asylsuchende eine solche zum politischen Bekenntnis gewordene kulturelle Aktivität fortsetze, nachdem der Staat bereits in seinem Fall eingeschritten gewesen wäre (BVerfG (Kammer), NVwZ 1992, 559).

51 In der bloßen Übermittlung fremden politischen Gedankenguts (des Vaters) durch *Botengänge* der Tochter, ohne dass die Übermittlerin es sich zu eigen mache, erkennt das BVerwG keine die eigene Identität prägende Lebenshaltung, mögen die Kurierdienste für die Übermittlerin auch gefährlich gewesen sein (BVerwG, InfAuslR 1988, 22; BVerwG, Buchholz 402.25 § 1 AsylVfG Nr. 79). In dieser Allgemeinheit kann dem nicht zugestimmt werden. Gerade die bewusste Inkaufnahme einer hohen Gefährdung aufgrund der Kurierdienste für eine besonders nahestehende Person kann dafür sprechen, dass die Übermittlerin die Gesinnung des Absenders teilt, auch wenn sie dies

nicht ausdrücklich hervorhebt und daher mehr der private Aspekt im Vordergrund zu stehen scheint. Gerade derartige Schicksalsgemeinschaften werden von gemeinsamen politischen Grundüberzeugungen geprägt.

Schließlich ist fraglich, ob der Inhalt der früheren politischen Betätigung mit dem der exilpolitischen Aktivitäten übereinstimmen muss. Das BVerfG hat lediglich aus seiner Leitlinie der *Kontinuität* die Forderung dahin abgeleitet, dass diese in Bezug auf dasjenige Merkmal bestehen muss, an das in asylerheblicher Weise angeknüpft wird (BVerfG (Kammer), InfAuslR 1990, 197). Das BVerwG entwickelt aus dem Erfordernis der Kontinuität die Forderung nach einer *prinzipiellen Übereinstimmung* des Inhalts der früher betätigten mit der fortgeführten Überzeugung. Die vor dem Verlassen des Heimatstaates gezeigte politische Überzeugung müsse der Sache nach dieselbe sein, die auch im Aufenthaltsstaat an den Tag gelegt werde (BVerwG, NVwZ 1988, 1036 = InfAuslR 1988, 254; BVerwG, InfAuslR 1988, 255 = NVwZ 1988, 1036). 52

Eine derartige Übereinstimmung der Überzeugung werde aber nicht bereits dadurch begründet, dass die Exilorganisation, welcher der Asylsuchende angehöre, diejenige Regierung bekämpfe, die auch die Organisation verboten habe, in welcher der Betreffende früher Mitglied gewesen sei (BVerwG, InfAuslR 1988, 254). Die Tatsache, dass die Regierung des Herkunftsstaates einerseits von der Exilorganisation, in der sich der Betreffende nunmehr betätige, als Gegner bekämpft werde, und dass sie andererseits der Unterdrücker der Organisation sei, welcher der Betreffende früher angehört habe, möge zwar eine *äußere Verbindung* zwischen beiden Organisationen begründen. Eine Kontinuität der politischen Überzeugung sei damit allein aber nicht dargetan (BVerwG, InfAuslR 1988, 254). 53

Im Klartext: Es fehlt nach dieser Rechtsprechung an der Kontinuität der politischen Überzeugung, wenn etwa der frühere Kommunist sich im Ausland monarchistisch betätigt. Denn das Merkmal der Kontinuität ist nicht auch dann erfüllt, wenn der Asylsuchende im Bundesgebiet eine von der früheren politischen Haltung *verschiedene* politische Einstellung entwickelt, für die das Verhalten im Heimatland keinen Anknüpfungspunkt darstellt (BVerwG, InfAuslR 1988, 255). Da Exilorganisationen häufig keine Stammorganisation im Heimatland haben, vielmehr in vielen Fällen unabhängig von den dortigen Oppositionsgruppen agieren, sind die Vergleichskriterien genau zu klären. Jedenfalls ist eine aktive Mitgliedschaft in einer kurdischen Exilorganisation eine Fortsetzung der Aktivitäten in kurdischen Schülergruppen im Irak (OVG NW; NVwZ-RR 1991, 274). 54

Das BVerwG löst ein forensisches Problem im materiellen Bereich: Entpuppt sich der frühere radikale Fundamentalist als aufgeklärter Demokrat oder der Kommunist als Königstreuer, so ist eine besonders sorgfältige Prüfung der zugrunde liegenden politischen Überzeugung geboten. Dasjenige Merkmal, an das die Verfolgung anknüpft, bleibt jedoch die abweichende politische Gesinnung, mag sie auch inzwischen einen geänderten Inhalt haben. Gefordert wird die Kontinuität einer dauernden, die eigene Identität prägenden Lebenshaltung. 55

Dabei kommt es allein darauf an, dass sich die exilpolitische Tätigkeit des Asylsuchenden als notwendige Konsequenz einer dauernden die eigene 56

Identität prägenden und nach außen kund gegebenen politischen Lebenshaltung erweist (Schenk, Asylrecht und Asylverfahrensrecht, Rdn. 103). Die Geschichte kennt zahllose Beispiele, bei denen eine politische Kehrtwendung mit ebensolcher Radikalität vollzogen wie die frühere Grundeinstellung verfochten wurde.

4.4. Flucht aus einer »latenter Gefährdungslage«

4.4.1. Erfordernis einer »ausweglosen Lage« vor der Ausreise aus dem Herkunftsland

57 Neben der Fallgruppe der Kontinuität der politischen Überzeugung hat die fachgerichtliche Rechtsprechung die Fallgruppe der Flucht aus einer »latenten Gefährdungslage« entwickelt. Ausgangspunkt ist die Feststellung des BVerfG, derzufolge der Asylrechtsgewährung nach der Verfassung die humanitäre Intention zugrunde liegt, demjenigen Schutz und Aufnahme zu gewähren, der sich in einer für ihn »ausweglosen Lage« befindet (BVerfGE 74, 51 (64) = EZAR 200 Nr. 18 = NVwZ 1987, 311 = InfAuslR 1987, 56). Hieran knüpft das BVerwG ausdrücklich an und entwickelt für die Fälle, in denen aufgrund *illegaler Ausreise* aus dem Herkunftsland oder infolge der *Asylantragstellung* dort die Gefahr der politischen Verfolgung ausgelöst wird, eine besondere Fallgruppe.

58 Die entwickelte Dogmatik beruht nach der ausdrücklichen Feststellung des BVerwG nicht auf dem Erfordernis der Kontinuität der politischen Überzeugung. Vielmehr habe das BVerfG eine »allgemeine, nicht notwendig abschließende Leitlinie« entwickelt. Es sei deshalb möglich, die »allgemeine Leitlinie« dahin fortzuentwickeln und zu konkretisieren, dass die Asylbeantragung nicht von vornherein asylrechtlich irrelevant sei, sondern unter bestimmten Voraussetzungen ein erheblicher (subjektiver) Nachfluchtgrund darstellen könne (BVerwGE 80, 131 (133f.) = EZAR 200 Nr. 21 = NVwZ 1989, 264 = InfAuslR 1988, 337).

59 Im Fehlen einer ausweglosen Lage bei Nachfluchttatbeständen, und zwar im Zeitpunkt ihres Entstehens, liege nach der Rechtsprechung des BVerfG der wesentliche Umstand, der die prinzipielle asylrechtliche Unerheblichkeit der selbstgeschaffenen Nachfluchtgründe gebiete. Dies habe zur Folge, dass eine derartige Unerheblichkeit nicht auch für solche selbstgeschaffenen Nachfluchtgründe angenommen werden dürfe, bei denen im Zeitpunkt ihres Bestehens eine ausweglose Lage für den Antragsteller sehr wohl gegeben gewesen sei (BVerwGE 80, 131 (134) = EZAR 200 Nr. 21 = NVwZ 1989, 264 = InfAuslR 1988, 337).

60 Bestehe das Verfolgung auslösende Ereignis in der Stellung eines Asylantrags, so habe bei der Entstehung dieses Nachfluchttatbestandes eine ausweglose Lage für den Antragsteller jedenfalls dann bestanden, wenn sein Asylantrag zu jener Zeit insoweit sachlich gerechtfertigt gewesen sei, als er damals von politischer Verfolgung bedroht gewesen sei und er auch des Schutzes gegen diese Verfolgung bedurft hätte (BVerwGE 80, 131 (134) = EZAR 200 Nr. 21 = NVwZ 1989, 264 = InfAuslR 1988, 337).

4.4.2. Begriff der »latenten Gefährdungslage«

Später hat das BVerwG diese Entscheidung dahin interpretiert, dass ähnlich wie bei einem Vorfluchtgrund auch bei Entstehung des subjektiven Nachfluchtgrunds, der durch den Asylantrag ausgelöst wird, für den Asylsuchenden eine ausweglose Lage bestanden haben, der subjektive Nachfluchtgrund also Folge einer im Heimatstaat vorhandenen Gefährdungslage gewesen sein müsse (BVerwGE 81, 170 (171f.) = EZAR 200 Nr. 23 = NVwZ 1989, 777 = InfAuslR 1989, 319). Eine solche Gefährdungslage sei anzunehmen, wenn dem Ausländer bei Stellung des – politische Verfolgung nach sich ziehenden – Asylantrags oder während dessen Anhängigkeit – zeitweise – in seinem Heimatstaat *aus anderen Gründen* die Gefahr politischer Verfolgung drohe (BVerwGE 81, 170 (172)).

Auch die aufgrund des illegalen Verlassens des Heimatlandes drohende Bestrafung wegen *Republikflucht* wird nach diesen Grundsätzen behandelt: Wer heimlich und unerkannt sein Land illegal verlasse, fliehe nicht vor einer ihm drohenden Bestrafung, sondern rufe sie durch seine Ausreise erst hervor (BVerwG, InfAuslR 1989, 169 = EZAR 201 Nr. 17). Die Bestrafung wegen illegalen Verbleibens im Ausland nach (erlaubter) Ausreise wie jene wegen illegaler Ausreise würden durch die Asylrechtsnorm nur dann erfasst, wenn sich der Asylsuchende vor seiner Ausreise aus politischen Gründen in einer Gefährdungslage befunden habe, die zumindest latent im Sinne einer zwar noch nicht mit beachtlicher Wahrscheinlichkeit drohenden, nach den gesamten Umständen jedoch auf absehbare Zeit auch nicht auszuschließenden politischen Verfolgung bestanden haben müsse (BVerwG, InfAuslR 1989, 169 = EZAR 201 Nr. 17).

Wer angesichts einer solchen unsicheren Situation seiner Heimat den Rücken kehre, erbringe – in ähnlicher Weise wie durch Fortführung einer politischen Betätigung im Zufluchtsland – aus der Sicht des Verfolgerstaates sozusagen den endgültigen Beweis für eine bereits aufgrund seines bisherigen Verhaltens vermutete, auf abweichender Gesinnung beruhende politische Gegnerschaft (BVerwG, InfAuslR 1989, 169 = EZAR 201 Nr. 17).

Bleibt hier die Dogmatik noch unklar, sah sich das BVerwG wiederholt gezwungen, den Begriff der »latenten Gefährdungslage« im Lichte der Rechtsprechung des BVerfG dogmatisch schärfer zu umreißen: Nicht gefordert sei, dass der Asylantrag Folge einer im Heimatstaat vor der Ausreise mit beachtlicher Wahrscheinlichkeit drohenden Verfolgungsgefahr sei (BVerwGE 81, 170 (172) = EZAR 200 Nr. 23 = NVwZ 1989, 777 = InfAuslR 1989, 319). Sei es so, dann trete die durch die Nachfluchtbetätigung hervorgerufene Verfolgungsgefahr lediglich zu einer schon vorher bestehenden Gefahr, politisch verfolgt zu werden, hinzu. Für die Asylberechtigung sei die durch die Nachfluchtbetätigung hervorgerufene Verfolgungsgefahr dann letztlich nur von Bedeutung, wenn die andere aus den Vorfluchtgründen herrührende Verfolgungsgefahr im Zeitpunkt der Entscheidung nicht mehr bestehe oder wegen zwischenzeitlich erlangter, dann aber wieder aufgegebener Verfolgungssicherheit im Drittstaat eine Asylanerkennung ausscheide (BVerwG, Buchholz 402.25 § 1 AsylVfG Nr. 110).

Vielmehr könnten auch *unterhalb der Schwelle der Verfolgungsgefahr liegende Gefährdungslagen*, die für die Asylbeantragung maßgebend waren, ausreichend sein, um die Erheblichkeit von Verfolgungsmaßnahmen zu begründen, die erst durch die Asylantragstellung selbst ausgelöst worden seien (BVerwGE 81, 170 (172) = EZAR 200 Nr. 23 = NVwZ 1989, 777 = InfAuslR 1989, 319). Freilich reichten lediglich subjektive Befürchtungen des Asylsuchenden, von politischer Verfolgung bedroht werden zu können, oder eine in dieser Hinsicht bestehende *bloße Möglichkeit* nicht aus (BVerwGE 81, 170 (172 f.)).

66 Es genüge mithin nicht die allein in den Vorstellungen und Befürchtungen des Asylsuchenden begründete »theoretische« Möglichkeit, Opfer eines Übergriffs zu werden (BVerwG, Buchholz 402.25 § 1 AsylVfG Nr. 110). Es müsse vielmehr aufgrund *objektiver Umstände* zumindest eine latente Gefährdungslage bestanden haben (BVerwGE 81, 170 (172 f.) = EZAR 200 Nr. 23 = NVwZ 1989, 777 = InfAuslR 1989, 319). Das BVerwG grenzt damit den Begriff der latenten Gefährdungslage von bloßen subjektiven Befürchtungen und bloßen objektiven Möglichkeiten ab und verdeutlicht dadurch zugleich, dass es diesen Begriff vorrangig prognoserechtlich – wie zuvor bereits angedeutet – bestimmen will:

67 Unter einer latenten Gefährdungslage sei dabei eine Lage zu verstehen, in der dem Ausländer vor seiner Ausreise im Heimatstaat politische Verfolgungsmaßnahmen zwar *noch nicht* mit beachtlicher Wahrscheinlichkeit drohten, nach den gesamten Umständen jedoch auf absehbare Zeit auch *nicht hinreichend sicher* auszuschließen seien, weil *Anhaltspunkte* vorgelegen hätten, die ihren Eintritt als *nicht ganz entfernt* (BVerwGE 81, 170 (173) = EZAR 200 Nr. 23 = NVwZ 1989, 777 = InfAuslR 1989, 319) und damit als durchaus »reale« Möglichkeit erscheinen ließen (BVerwG, Buchholz 402.25 § 1 AsylVfG Nr. 110).

68 Die latente Gefährdungslage entspräche damit im Wesentlichen einer Situation, in die zurückzukehren einem Vorverfolgten nicht angesonnen werden könne (BVerwGE 81, 170 (173) = EZAR 200 Nr. 23 = NVwZ 1989, 777 = InfAuslR 1989, 319; BVerwG, Buchholz 402.25 § 1 AsylVfG Nr. 110). Eine in dieser Weise gekennzeichnete latente Gefährdungslage könne z. B. vorliegen, wenn sich der Antragsteller in seinem Heimatstaat durch regimekritische Äußerungen verdächtig gemacht habe, eine von der herrschenden Staatsdoktrin abweichende politische Überzeugung zu besitzen. Sie sei indessen nicht auf diesen Fall beschränkt.

4.4.3. Vorbelastung aus anderen Gründen als der abweichenden politischen Überzeugung des Asylsuchenden

69 Eine nicht ganz entfernt liegende politische Verfolgungsgefahr kann nach der Rechtsprechung des BVerwG auch dann gegeben sein, wenn ein Antragsteller, der sich in seinem Heimatstaat nicht politisch betätigt hat, dort aus sonstigen Gründen z. B. wegen seiner Herkunft, Abstammung oder seiner Volkszugehörigkeit, das Misstrauen seines Heimatstaates hervorgerufen hat Je nach den konkreten Umständen des einzelnen Falles ließe sich in einer solchen Situation ein *plötzliches Umschlagen* in konkrete politische Verfolgung *auch aus geringfügigem Anlass* nicht hinreichend sicher ausschließen (BVerwGE 81, 170 (173 f.) = EZAR 200 Nr. 23 = NVwZ 1989, 777 = InfAuslR 1989, 319). So begründe z. B. die Enttarnung des Vaters des Asylsuchenden als

eines geheimen Helfers einer verfolgten Oppositionsgruppe die nicht ganz entfernt liegende Möglichkeit einer dieser Enttarnung folgenden Bestrafung des Asylsuchenden selbst, wenn auch dieser für diese Gruppe tätig gewesen sei (BVerwG, Buchholz 402.25 § 1 AsylVfG Nr. 116).

4.4.4. Asylantragstellung als Verfolgungsgrund

Klarstellend hat das BVerwG hervorgehoben, dass für den Fall des Verfolgung auslösenden Asylantrags die Gefährdung bereits vor der Einreise in das Bundesgebiet bestanden haben müsse (BVerwG, NVwZ 1993, 193). Anders sei der Fall zu beurteilen, wenn erst während des Asylverfahrens sich die innenpolitischen Verhältnisse im Herkunftsland änderten, der Asylantrag also aus anderen Gründen, nämlich wegen Eintritts eines objektiven Nachfluchtgrundes, beachtlich sei (BVerwG, NVwZ 1993, 193, unter Hinweis auf BVerwGE 80, 131). 70

Wenn das BVerwG insoweit jedoch bereits einen objektiven Nachfluchttatbestand unterstellt, bleibt unklar, warum es dann überhaupt noch die Erheblichkeit des subjektiven Nachfluchttatbestandes erörtert. Hervorzuheben ist aber, dass das BVerwG der asylrechtlich selbst unerheblichen Gefahr durch ein Nachfluchtverhalten (Bestrafung wegen Nichtantritt des Wehrdienstes) nicht die Wirkung beimessen will, dass es einer weiteren Nachfluchtaktivität wie hier der Asylantragstellung zur Relevanz verhelfen kann (BVerwG, NVwZ 1993, 193). 71

Die Situation, dass der Verfolgung auslösende Asylantrag bereits unter dem Druck einer Verfolgungsgefahr infolge eines asylerheblichen subjektiven Nachfluchtgrundes gestellt worden sei, bestehe in derartigen Fällen nicht. Dogmatisch hebt das BVerwG nochmals hervor, dass ein subjektiver Nachfluchtgrund wie z. B. die Asylbeantragung nur dann herangezogen werden dürfe, wenn *anstelle* des grundsätzlich erforderlichen kausalen Zusammenhangs zwischen Verfolgung und Flucht eine *Kontinuität* zwischen dem schon im Heimatstaat erkennbar gewordenen Verhalten und dem Nachfluchtverhalten gegeben sei (BVerwG, NVwZ 1993, 193). 72

4.4.5. Zusammenfassung

Damit bleibt zusammenfassend festzuhalten, dass die dogmatischen Versuche des BVerwG für die Tatsachengerichte ein erhebliches Maß an Unsicherheit geschaffen haben. Interpretiert man die Rechtsprechung des BVerwG verständig, so kann wohl festgehalten werden, dass es an die Stelle der politischen Überzeugung vor der Ausreise die latente Gefährdungslage setzen will. In diese kann auch kommen, wer keine gefestigte politische Identität besitzt. Irgendwie muss er aber mit politischer Verfolgung rechnen. 73

Insoweit scheint die Rechtsprechung des BVerwG an den subjektiven Begriff der Verfolgungsfurcht des Völkerrechts anzuknüpfen. Der Asylsuchende musste vor seiner Ausreise mit guten Gründen befürchten, dass er Opfer politischer Verfolgung werden könnte. Zur Eindämmung subjektiver Uferlosigkeit soll sodann auf die objektive reale Möglichkeit oder die nicht ganz entfernt liegende Möglichkeit der Realisierung politischer Verfolgung abgestellt werden. Hinzu kommen muss aber auf jeden Fall, das die – mit über- 74 wiegender Wahrscheinlichkeit eine – Verfolgungsgefahr auslösende Nachfluchtverhalten.

5. Ausnahmetatbestand nach Abs. 1 Satz 2

75 Nach Abs. 1 S. 2 findet Abs. 1 S. 1 *insbesondere* keine Anwendung, wenn der Antragsteller sich aufgrund seines Alters und Entwicklungsstandes im Herkunftsland noch keine feste Überzeugung bilden konnte. Erkennbar knüpft der Gesetzgeber hier an die bereits früher entwickelte Rechtsprechung an. Zunächst hatte das BVerfG es jedoch abgelehnt, seine neu entwickelte Rechtsprechung mit Blick auf Heranwachsende und Jugendliche zu modifizieren und fortzuentwickeln. Vielmehr obliege es zuvörderst den Fachgerichten, die Besonderheiten des festgestellten Sachverhalts und dabei auch das Alter und den Entwicklungsprozess des jeweiligen Asylsuchenden zu berücksichtigen und demzufolge an die Differenziertheit der bereits vor Verlassen des Heimatlandes gehegten politischen Überzeugung und deren Kundgabe nur alters- und entwicklungsentsprechende Anforderungen zu stellen (BVerfG (Kammer), B. v. 8. 3. 1989 – 2 BvR 1627/87).

76 Das BVerfG sah sich jedoch alsbald gezwungen, den Fachgerichten nachdrückliche Hinweise dahin zu geben, dass ein Asylgrund oder auch nur ein ihm vergleichbarer Zwang zum Verlassen des Heimatlandes für die Asylerheblichkeit von Nachfluchtgründen weder im Allgemeinen vorgelegen haben müsse noch in dem besonderen Fall gefordert werden dürfe, in dem ein politisch Verfolgter nicht aus politischen Gründen außer Landes gegangen und schon wegen seines jugendlichen Alters zur Gewinnung und Bekundung einer politischen Überzeugung noch nicht fähig gewesen sei (BVerfG (Kamer), B. v. 20. 12. 1989 – 2 BvR 749/89; so auch BVerwG, InfAuslR 1991, 209 = NVwZ 1991, 790; VGH BW NVwZ-RR 1991, 329 = EZAR 206 Nr. 1; BayVGH, EZAR 206 Nr. 3).

77 Die altersangemessene Verinnerlichung politischer Geschehnisse sei daher danach zu beurteilen, ob der Asylsuchende sich aufgrund seines Alters und Entwicklungsstandes politische Forderungen bestimmten Inhalts zu eigen machen konnte (BVerfG (Kammer), NVwZ 1992, 559; BVerfG (Kammer), EZAR 200 Nr. 29). An diese Rechtsprechung knüpft Abs. 1 S. 2 an und erklärt ansonsten für unerheblich angesehene Nachfluchttatbestände in dem Fall für beachtlich, in dem der Antragsteller aufgrund seines Alters und Entwicklungsstandes im Heimatstaat noch keine gefestigte politische Überzeugung haben konnte.

78 Das BVerwG hat bislang nicht abschließend zu dieser Frage Stellung bezogen. Es hat unter Hinweis auf die erwähnte Rechtsprechung des BVerfG lediglich festgestellt, dass die auf erwachsene, lebenserfahrene Asylsuchende zugeschnittene Kontinuitätsforderung nicht ohne weiteres auf solche minderjährigen Asylbewerber übertragen werden könne, die im Zeitpunkt der Ausreise aus ihrem Heimatstaat zu jung gewesen wären, als dass von ihnen aufgrund ihres geringen Lebensalters die Innehabung einer festen und nach außen erkennbar betätigten Überzeugung erwartet werden könnte (BVerwG,

InfAuslR 1991, 209 = NVwZ 1991, 790, in BVerwGE 87, 187 insoweit nicht abgedruckt).

Wegen der Besonderheiten des entschiedenen Falles hat es jedoch ausdrücklich offen gelassen, ob sich damit die Frage einer persönlichkeits- und identitätsprägenden Lebenshaltung bei jungen, insbesondere minderjährigen Asylsuchenden für die Asylrelevanz einer späteren exilpolitischen Tätigkeit generell oder nach Lage des Falles nicht stellt (BVerwG, InfAuslR 1991, 209 = NVwZ 1991, 790). Diese nicht entschiedene Streitfrage ist durch den Gesetzgeber gelöst worden. Konnte der Asylsuchende sich alters- und entwicklungsbedingt noch keine feste politische Überzeugung bilden, so darf kraft Gesetzes bei festgestellter politischer Verfolgung aufgrund von Nachfluchttatbeständen diese fehlende Überzeugung vor der Ausreise der Asylanerkennung nicht entgegengehalten werden. 79

Wann alters- und entwicklungsbedingt die Herausbildung einer festen politischen Überzeugung vorausgesetzt werden kann, lässt sich nicht allgemein, sondern nur unter Berücksichtigung der individuellen Umstände in der Person des jeweiligen Asylsuchenden beantworten. Dabei muss die Situation vor seiner Ausreise in den Blick genommen werden. Zugleich muss festgestellt werden können, dass der früher alters- und entwicklungsbedingt noch nicht zur Bildung eines festen politischen Urteils fähige Asylsuchende mit seinen exilpolitischen Aktivitäten für etwas eintritt, das in engem Zusammenhang mit seiner Stellung als Staatsbürger seines Heimatlandes, seiner Herkunft oder besonderer, sein politisches Wertverständnis prägende Erlebnisse im Herkunftsland steht (BayVGH, EZAR 206 Nr. 3). 80

Der Zusammenhang der exilpolitischen Aktivitäten mit seinem Herkunftsstaat wird in diesen Fällen dadurch hergestellt, dass der Asylsuchende nur deshalb exilpolitisch tätig wird, weil er diese Tätigkeit in seinem Heimatstaat ohne unzumutbare Verfolgung nicht durchführen könnte (BayVGH, EZAR 206 Nr. 3). 81

6. Atypische subjektive Nachfluchttatbestände (Abs. 1 Satz 2)

Die Vorschrift des Abs. 1 S. 2 nennt lediglich einen Ausnahmetatbestand, in dem der Grundsatz der Unerheblichkeit subjektiver Nachfluchttatbestände gemäß Abs. 1 S. 1 wegen atypischer Prägung des Nachfluchtverhaltens keine Anwendung findet. Dies wird durch den Begriff »*insbesondere*« zum Ausdruck gebracht. Der Gesetzgeber wollte mit dieser Ausnahmevorschrift offensichtlich jene atypischen Nachfluchttatbestände erfassen, die begrifflich durch den Regelfall nach Abs. 1 S. 1 nicht erfasst werden, weil insbesondere das Moment der »risikolosen Verfolgungsprovokation« (BVerfGE 74, 51 (64) = NVwZ 1991, 790) fehlt. 82

Derartige atypische Nachfluchttatbestände waren zuvor bereits durch das BVerwG herausgearbeitet worden. Es kann angenommen werden, dass der Gesetzgeber mit der Verwendung des Begriffs »insbesondere« an diese Rechtsprechung anknüpfen wollte. 83

Das BVerwG hat festgestellt, dass ein erheblicher Ausnahmefall nicht nur dann gegeben sein könne, wenn der subjektive Nachfluchttatbestand einen 84

Anknüpfungspunkt im Heimatstaat des Asylsuchenden besitze, wie dies z. B. bei einer dort entfalteten politischen Betätigung oder einer dort vorhandenen latenten Gefährdungslage der Fall sei. Aus der Rechtsprechung des BVerfG folge vielmehr, dass es bei einer exilpolitischen Betätigung dann *nicht* auf die Fortführung einer bereits im Heimatstaat betätigten festen Überzeugung ankomme, wenn der Antragsteller nie in seinem Heimatstaat gelebt habe oder für die Innehabung einer festen politischen Überzeugung zu jung gewesen sei (BVerwGE 90, 127 (131) = EZAR 206 Nr. 7 = NVwZ 1992, 893 = InfAuslR 1992, 258).

85 Dies bedeute, dass ein nach dem Verlassen des Heimatstaates aufgrund eigenen Entschlusses gezeigtes Verhalten, das eine Verfolgung auslöse, unter *atypischen* Umständen – insoweit ähnlich wie bei objektiven Nachfluchttatbeständen – auch *ohne jede Anknüpfung* an eine frühere Gefährdungslage oder ein sonstiges Verhalten asylrelevant sein könne. Dies sei dann der Fall, wenn die zur grundsätzlichen Unerheblichkeit subjektiver Nachfluchttatbestände aufgestellten Rechtssätze ihrem Grundgedanken nach auf den gegebenen Sachverhalt nicht passten und bei wertender Betrachtung die asylrechtliche Erheblichkeit des geltend gemachten subjektiven Nachfluchtgrundes nach dem Sinn und Zweck der Asylrechtsverbürgung, wie sie dem Normierungswillen des Verfassungsgebers entspreche, nicht gefordert sei (BVerwGE 90, 127 (131) = EZAR 206 Nr. 7 = NVwZ 1992, 893 = InfAuslR 1992, 258).

86 So treffe z. B. der Zweck, der risikolosen Verfolgungsprovokation den asylrechtlichen Schutz zu versagen, auf die – politische Verfolgung nach sich ziehende – Wahl des Ehepartners sowie die anschließende christliche Kindererziehung, wenn überhaupt, dann nur sehr bedingt zu: Die Annahme, jemand wähle seinen Ehepartner der einer anderen Religion angehöre, zu dem Zwecke aus, um seinen Heimatstaat zu provozieren, liege typischerweise gänzlich fern (BVerwGE 90, 127 (131 f.) = EZAR 206 Nr. 7 = NVwZ 1992, 893 = InfAuslR 1992, 258).

87 In ähnlicher Weise passe das Erfordernis, dass der subjektive Nachfluchttatbestand einen Anknüpfungspunkt im Heimatstaat haben müsse, nicht auf den Fall, dass der muslimische Asylsuchende außerhalb seines islamischen Heimatstaates eine Christin kennen lerne und diese dort heirate. Unter diesen Umständen stünden Sinn und Zweck der Asylverbürgung nicht entgegen, den vom Asylsuchenden geltend gemachten selbstgeschaffenen Asylgrund als asylerheblich einzustufen (BVerwGE 90, 127 (132) = EZAR 206 Nr. 7 = NVwZ 1992, 893 = InfAuslR 1992, 258; ebenso VG Kassel, InfAuslR 1996, 238 (240 f.): Gefahr der Hinrichtung, Steinigung oder Auspeitschung für eine Iranerin wegen Eheschließung mit einem deutschen Staatsangehörigen christlicher Konfession).

88 Anders ist demgegenüber der Fall zu beurteilen, in dem der Heimatstaat den Asylsuchenden nicht wegen seiner Eheschließung mit Verfolgungsmaßnahmen überzieht, sondern aus Anlass der Eheschließung unter dem Gesichtspunkt der *Sippenhaft* der gegen den Ehegatten gerichtete Verfolgungsgrund auf den Asylsuchenden durchschlägt. Hier liegt ein objektiver Nachfluchttatbestand vor (BVerwG, NVwZ 1993, 195 = Buchholz 402.25 § 1 AsylVfG Nr. 151).

Die Ausnahmeklausel von Abs. 1 S. 2 eröffnet demnach die Erstreckung der **89** Erheblichkeit von subjektiven Nachfluchttatbeständen auf jene Verhaltensweisen, die typischerweise nicht von dem die Unerheblichkeit von Nachfluchtverhaltensweisen begründenden Zweck erfasst werden. Zutreffend hat das BVerwG eine *wertende Betrachtung* der dem Nachfluchtverhalten zugrundeliegenden Motive gefordert. Verfolgt der Asylsuchende legitime, grund- und menschenrechtlich geschützte Zwecke und ist auch nicht ersichtlich, dass er vom gesicherten Ort aus damit die Verfolgung provozieren will, so liegen die Voraussetzungen des atypischen Ausnahmefalles nach S. 2 vor.

Wer aus religiöser Überzeugung seinen *Glauben wechselt* oder sonstige – Ver- **90** folgung auslösende – religiöse Verhaltensweisen an den Tag legt, erfüllt zwar die Voraussetzungen eines subjektiven Nachfluchttatbestandes, damit zugleich aber auch die des atypischen Ausnahmetatbestandes nach Abs. 1 S. 2. So wird in der Rechtsprechung ein erheblicher subjektiver Nachfluchtgrund in dem Fall angenommen, in dem ein iranischer Asylsuchender aufgrund ernsthafter Gewissensentscheidung vom Islam zur christlichen Glaubensgemeinschaft der Pfingstgemeinde *konvertiert* war und bei seiner Rückkehr im Iran wegen dieses Glaubenswechsels strenge Verfolgung bis hin zur Verhängung und Vollstreckung der Todesstrafe zu gewärtigen hat (VG Schleswig, AuAS 6/1992, S. 12; VG Frankfurt am Main, U. v. 14. 9. 1998 – 2 E 50098/97.A(3); VG Frankfurt am Main, U. v. 1. 9. 2000 – 7 E 31501/97.A(V); VG Gießen, U. v. 18. 3. 1998 – 3 E 3020/96.A(2); VG Münster, U. v. 8. 9. 1998 – 5 K 5156/94; allg. zur asylrechtlichen Bedeutung der Konversion s. Marx, Handbuch, § 54 Rdn. 15 f.; s. auch § 1 Rdn. 48 ff., 218 ff.). Die obergerichtliche Rechtsprechung schränkt diese Rechtsprechung jedoch auf eine öffentlichkeitswirksame, herausgehobene Funktion innerhalb der christlichen Gemeinschaft ein (OVG NW, AuAS 2002, 72; Nieders.OVG, U. v. 26. 10. 1999 – 5 L 3180/99).

7. Nachtfluchttatbestand und Sicherheit im Drittstaat

Eine für die Asylgewährung notwendige ausweglose Lage besteht auch **91** dann, wenn ein Asylbewerber möglicherweise früher zwar in einem Drittstaat sicher vor Verfolgung (§ 27) war, ein neuer asylbegründender Tatbestand jedoch erstmals während seines Aufenthalts im Bundesgebiet durch einen Nachfluchtgrund entsteht (BVerwG, NVwZ 1992, 274 = InfAuslR 1991, 310). Davon abzugrenzen ist der Fall des »einheitlichen Verfolgungsgrundes«, bei dem sich der Asylausschluss allein auf den Tatbestand der exilpolitischen Tätigkeit (BVerwGE 77, 145 (154); s. im Einzelnen hierzu Rdn. 80 ff. zu § 27), nicht aber auch auf zeitlich unterschiedlich entstandene, *inhaltlich nicht vergleichbare Verfolgungsgründe* bezieht (BVerwG, NVwZ 1992, 274). In einem derartigen Fall ist die nunmehrige *neue* Zwangslage des Antragstellers nicht schon bei der Ausreise bzw. Flucht aus dem Heimatstaat vorhanden gewesen, sondern sie *entsteht erstmalig* in einem Zeitpunkt, in dem er sich bereits außerhalb seines Heimatstaates *aus anderen Gründen* aufhält (BVerwG, NVwZ 1992, 274).

92 Derartige Nachfluchtgründe sind *objektiver Natur* (BVerwG, NVwZ 1992, 274 = InfAuslR 1991, 310). Diese sind deshalb beachtlich, weil dem Asylsuchenden nicht entgegengehalten werden kann, er habe – bei rückschauender Betrachtung – vor Entstehen dieses (neuen) Nachfluchttatbestandes in einem davor liegenden Zeitpunkt schon einmal Sicherheit vor Verfolgung erlangt. Unter diesen Umständen kann sich der Ausschluss vom Asylrecht durch § 27 nur auf diejenigen Verfolgungsgefahren beziehen, die im Zeitpunkt der objektiven Sicherheit vor Verfolgung tatsächlich vorhanden waren (BVerwG, NVwZ 1992, 274).

93 Deshalb kann ein möglicher Asylanspruch wegen der Heirat eines muslimischen Mannes mit einer Christin, die drohende Verfolgung im Falle einer Rückkehr in den Heimatstat nach sich zieht, im Ergebnis an § 27 scheitern, wenn die Verfolgungssicherheit im Drittstaat ohne eine nicht erzwungene Ausreise bis zuletzt fortbestanden hatte (BVerwGE 90, 127 (136) = EZAR 206 Nr. 7 = NVwZ 1992, 893 = InfAuslR 1992, 258).

94 Diese Rechtsprechung kann so verstanden werden, dass nur beim Eintritt eines objektiven Nachfluchttatbestandes eine Asylberechtigung nicht an der freiwilligen Ausreise aus dem Drittstaat scheitert. Mehr beiläufig hatte das BVerwG jedoch früher nach der Ausreise aus dem Drittstaat entstandenen subjektiven Nachfluchttatbeständen ihre Asylrelevanz ebenfalls nicht absprechen wollen: Befand sich nämlich der Asylsuchende vor seiner Ausreise in einer Situation, die grundsätzlich bereits zur Entstehung eines Asylanspruchs (Vorfluchtgrund) führt, ist nach dem BVerwG für eine Asylberechtigung die durch die Nachfluchtbetätigung hervorgerufene Verfolgungsgefahr u. a. dann von Bedeutung, wenn wegen zwischenzeitlich erlangter, dann aber wieder aufgegebener Sicherheit in einem Drittstaat eine Asylanerkennung ausscheidet (BVerwG, Buchholz 402.25 § 1 AsylVfG 110).

95 Von dieser Ansicht scheint das Gericht jedoch wieder abgewichen zu sein und subjektiven Nachfluchttatbeständen generell ihre Asylrelevanz absprechen zu wollen, wenn sie nach freiwilliger Ausreise aus dem Drittstaat entstehen (BVerwGE 90, 127 (136) = EZAR 206 Nr. 7 = NVwZ 1992, 893 = InfAuslR 1992, 258). Nur beim Eintritt objektiver Nachfluchttatbestände ist es nach dem BVerwG unerheblich, ob der Asylsuchende zwangsweise oder freiwillig den Drittstaat hat verlassen müssen (BVerwG, NVwZ 1992, 274).

96 Allerdings kommt subjektiven Nachfluchttatbeständen dann eine Asylrelevanz zu, wenn der Antragsteller im Drittstaat in einem totalitären System sich der Auswahl und Bestimmung zur Kaderschulung und Indoktrination nicht entziehen konnte und bei seiner Weigerung mit erheblichen Konsequenzen rechnen musste. Verlässt ein Jugendlicher unter Inkaufnahme von Verfolgungsrisiken eine asylrechtlich erhebliche mehrmonatige Zwangsschulung vorzeitig ohne Erlaubnis, weil er sich gegen die Einseitigkeit und Unterdrückung seiner politischen Willensbildung wendet oder weil er den Inhalt der zwangsweise vermittelten Ideologie ablehnt, und liegt aus der Sicht des Verfolgerstaates in dem Abbruch der Ausbildung zum Kader ein Straftatbestand, so kann darin eine rechtlich erhebliche Zwangslage gesehen werden, die ihren Charakter als Vorfluchtgrund nicht dadurch verliert, dass die Flucht aus einem dem System des Heimatstaates des Asylsuchenden ideologisch

verbundenen Drittstaat erfolgt, in dem die zwangsweise Umerziehung und Indoktrination stattfinden soll (BVerwGE 87, 187 (190) = NVwZ 1991, 790 = InfAuslR 1991, 209). In diesen Fällen wird also die Zwangsschulung im Drittstaat einem Vorfluchtgrund gleichgesetzt und aus diesem Grund dem hieran anknüpfenden subjektiven Nachfluchttatbestand die Asylrelevanz zuerkannt.

8. Umfang der Darlegungslast

Anknüpfend an die frühere Rechtsprechung, derzufolge eine Anerkennung subjektiver Nachfluchttatbestände nur für Ausnahmefälle in Betracht kommen kann (BVerfGE 9, 174 (181); 38, 398 (402)), hat das BVerfG bezogen auf die *Darlegungslast* und die *Beweisanforderungen* die Anwendung eines *besonders strengen Maßstabes* verlangt (BVerfGE 74, 51 (66) = EZAR 200 Nr. 18 = NVwZ 1987, 311 = InfAuslR 1987, 56; so auch BVerwGE 87, 187 (190) = NVwZ 1991, 790 = InfAuslR 1991, 209). Die fachgerichtliche Rechtsprechung hatte im Hinblick auf Nachfluchttatbestände bereits zuvor darauf hingewiesen, dass insoweit nicht der zugunsten der Vorfluchtgründe eingreifende Beweis des ersten Anscheins gelte, vielmehr der *volle Beweis* zu erbringen sei (BVerwG, Buchholz 402.22 Art. 1 GK Nr. 12; BVerwG, Buchholz 402.22 Art. 1 GK Nr. 16; BVerwGE 55, 82 (86)). 97

Nicht ausgeräumte Zweifel sollten zu Lasten des Antragstellers gehen (BVerwG, Buchholz 402.22 Art. 1 GK Nr. 16; BVerwG, Buchholz 402.24 § 28 AuslG Nr. 1). Dem lag und liegt das Bestreben zugrunde, Missbräuchen des Asylrechts entgegenzuwirken (BVerwGE 68, 171 (174) = EZAR 200 Nr. 9 = InfAuslR 1984, 85 = NVwZ 1984, 182). Auch das BVerfG scheint den besonders strengen Maßstab auf die Darlegungspflicht beziehen zu wollen, wenn es darauf hinweist, dass für die Vorgänge im Heimatland zur Glaubhaftmachung nicht jede Behauptung genüge, vielmehr auch insoweit an Darlegungslast wie Beweisanforderungen ein besonders strenger Maßstab anzulegen sei (BVerfG (Kammer), InfAuslR 1989, 31; BVerfG (Kammer), B. v. 23. 2. 1989 – 2 BvR 1415/88; BVerfG (Kammer), B. v. 15. 3. 1990 – 2 BvR 496/89). 98

Maßgebend ist die Gefahr politischer Verfolgung im Heimatstaat. Diese muss mit beachtlicher Wahrscheinlichkeit drohen. Hierfür kann der volle Beweis nicht gefordert werden. Insbesondere gibt es keinen allgemeinen Rechtssatz des Inhalts, entscheidungserhebliche Vorgänge außerhalb des Verfolgerstaates, hinsichtlich derer keine Beweisschwierigkeiten bestehen, müssten zuvor aufgrund von Beweiserhebungen bestätigt worden sein (BVerwG, Buchholz 402.25 § 1 AsylVfG Nr. 66). Ob die Verwaltungsgerichte hinsichtlich vorgetragener Umstände außerhalb des Verfolgerstaates zu Nachforschungen und Beweiserhebungen verpflichtet sind, ist vielmehr von den Umständen des jeweiligen Einzelfalles abhängig. Sie müssen in Ermittlungen eintreten oder dem Kläger aufgeben, seinen Vortrag unter Beweis zu stellen, wenn dessen Vorbringen von anderen Beteiligten bestritten wird, wenn sie selbst Zweifel an dessen Richtigkeit hegen oder es aus sonstigen Gründen nicht für hinreichend überzeugend erachten (BVerwG, Buchholz 402.25 § 1 AsylVfG Nr. 66). 99

§ 28 *Asylverfahren*

Hingegen besteht in Asylverfahren wie auch sonst im Verwaltungsprozess kein Anlass zu Beweiserhebungen, wenn keiner der Beteiligten den Vortrag des Asylsuchenden über Vorgänge außerhalb des Verfolgerstaates bestreitet und das Gericht das Vorbringen für wahr hält (BVerwG, Buchholz 402.25 § 1 AsylVfG Nr. 66).

100 Im Übrigen gelten die allgemeinen Prognosegrundsätze. Demgegenüber bezieht sich im Rahmen der Nachfluchtgründe die verschärfte Darlegungslast auf die Darlegung der Tatsachen, welche den Schluss auf die betätigte und gefestigte politische Überzeugung oder die latente Gefährdungslage im Heimatstaat rechtfertigen, wobei im Hinblick auf die die latente Gefährdungslage begründenden Umstände eine Beweislastumkehr eintritt. Schließlich trifft den Antragsteller mit Blick auf die selbstgeschaffenen Nachfluchttatbestände nicht nur eine verschärfte Darlegungslast, sondern überdies die volle Beweispflicht.

101 Der Antragsteller hat deshalb hinsichtlich der von ihm selbst geschaffenen Tatsachen im Aufenthaltsstaat etwa durch Zeugenaussagen, Mitgliedsbescheinigung, Presseartikel, Lichtbilder und andere Beweismittel vollen Beweis hierüber zu führen. Dabei wird man regelmäßig auch fordern können, dass das exilpolitische Engagement in bestimmter Weise besonders hervorgetreten sein muss (BayVGH, InfAuslR 1997, 134 (138); Hess.VGH, U. v. 30. 11. 1998 – 9 UE 1492/95; OVG NW, U. v. 16. 4. 1999 – 9 A 5338/98.A; OVG Rh-Pf., B. v. 9. 4. 1998 – 7 A 10743/96.OVG; Nieders.OVG, U. v. 27. 2. 2001 – 5 L 685/ 00; VGH BW, U. v. 26. 5. 1997 – A 12 S 1467/95; VG Bremen, U. v. 3. 2. 2000 – 3 K 552/99.A; VG Frankfurt am Main, U. v. 24. 9. 1999 – 2 E 50224/97.A(1); VG Köln, U. v. 14. 12. 2000 – 16 K 8161/97.A; VG Münster, U. v. 17. 4. 2000 – 5 K 2990/95.A – alle zum Iran; Hess.VGH, U. v. 24. 1. 1994 – 12 UE 200/91; Hess.VGH, U. v. 12 UE2621/94; Nieders.OVG, U. v. 29. 10. 1998 – 11 L 2657/ 96; OVG Rh-Pf, U. v. 2. 9. 1993 – 13 A 12238/91.OVG; OVG Rh-Pf, AuAS 1994, 7; OVG Rh-Pf, U. v. 27. 7. 2000 – 10 A 10128/01.OVG; VGH BW, U. v. 28. 11. 1996 – A 12 S 922/94 – alle zur Türkei; OVG NW, 26. 6. 1997 – 1 A 1402/ 97.A; OVG Rh-Pf, U. v. 13. 12. 1995 – 11 A 13385/95.OVG; VG Köln, U. v. 16. 1. 1996 – A 11 K 17213/93; VG Saarlouis, U. v. 30. 7. 1999 – 11 K 289/97.A – alle zur VR China). Je nach Art und Intensität des aufgebauten Überwachungs- und Spitzelsystems im Bundesgebiet sind insoweit im Blick auf den jeweiligen Herkunftsstaat spezifische Bewertungen angezeigt.

102 Ob sich aus diesen Tatsachen für den Antragsteller die Gefahr politischer Verfolgung ergibt, ist neben der prognoserechtlichen Betrachtung auch von einer persönlichen *Glaubhaftigkeitsprüfung* abhängig. Zu Recht weist das BVerfG darauf hin, dass bei der Glaubhaftigkeitsbeurteilung eine sorgfältig differenzierende Beurteilung angebracht sei. So darf aus der für die Vorfluchtgründe angenommenen Unglaubhaftigkeit nicht ohne weiteres auch auf die Unglaubhaftigkeit mit Blick auf die Nachfluchtgründe geschlossen werden (BVerfG (Kammer), InfAuslR 1993, 303). Im Ausland geübte Regierungskritik wird häufig zu empfindlichen Reaktionen des Heimatstaates führen. Dazu ist aber Voraussetzung, dass er diese Kritik auch ernst nimmt.

103 Bestehen daher Zweifel an einer dem Nachfluchtverhalten zugrundeliegenden ernsthaften politischen Regimegegnerschaft erscheint eine staatliche Ge-

genreaktion häufig nicht wahrscheinlich. Der Prognoseprüfung vorausgeschaltet ist hier die persönliche Glaubwürdigkeitsprüfung. Zweifel an der Ernsthaftigkeit der politischen Überzeugung gehen dabei zu Lasten des Asylsuchenden (BVerwG, Buchholz 402.24 § 28 AuslG Nr. 1). Andererseits ist auch der *vermeintliche* Regimegegner asylrechtlich geschützt (BVerwGE 55, 82 (85f.) = NJW 1978, 1762 = DÖV 1978, 181). Auch wenn die dem Nachfluchtverhalten zugrundeliegende politische Überzeugung zweifelhaft erscheinen mag, kann daher im Einzelfall je nach den politischen Verhältnissen im Herkunftsstaat die Prüfung geboten sein, ob nicht gleichwohl politische Verfolgungsmaßnahmen drohen.

9. Verfolgungsschutz nach § 60 Abs. 1 AufenthG

Kann nach diesen Grundsätzen aus materiellen und/oder prozessualen Gründen dem Nachfluchtverhalten keine Asylrelevanz zugesprochen werden, erscheint eine an diese anknüpfende politische Verfolgungsgefahr aber gleichwohl überwiegend wahrscheinlich, hat das Bundesamt die Feststellung nach § 60 I AufenthG zu treffen und den damit verknüpften Abschiebungsschutz zu gewähren. Art. 5 II der Qualifikationsrichtlinie enthält – wie ausgeführt – keine dem Abs. 1 S. 1 vergleichbare starre Beweislastverteilungsregel, sondern stellt eine Regelvermutung der Verfolgungsgefahr für den Fall auf, dass die exilpolitischen Aktivitäten Ausdruck und Fortsetzung einer bereits im Herkunftsland bestehenden Überzeugung oder Ausrichtung sind.

104

Der Gesetzgeber hatte mit § 51 I AuslG 1990 auf den Hinweis des BVerfG reagiert, demzufolge nicht übersehen werden dürfe, dass das verfassungsrechtliche Asylrecht nicht die einzige Rechtsgrundlage für einen Aufenthalts- oder jedenfalls Abschiebungsschutz zugunsten politisch Verfolgter sei. Insbesondere bestehe für den Antragsteller gegenüber der Abschiebung in einen Staat, von dem ihm politische Verfolgung drohe – oder einen Drittstaat, der ihn in einen solchen Staat möglicherweise ausliefere – Schutz nach Maßgabe von Art. 33 GFK. Diese völkerrechtliche Rechtsbindung sei selbstverständlich auch in *allen* Fällen von Nachfluchttatbeständen, welche der Asylrelevanz ermangelten, zu beachten (BVerfGE 74, 51 (66 f.) = EZAR 200 Nr. 18 = NVwZ 1987, 311 = InfAuslR 1987, 56; BVerfG (Kammer), B. v. 18. 6. 1993 – 2 BvR 1815/92).

105

Daneben greifen selbstverständlich weitere Abschiebungshindernisse (BVerfGE 74, 51 (67) = EZAR 200 Nr. 18 = NVwZ 1987, 311 = InfAuslR 1987, 56), etwa § 60 II–VII AufenthG, Art. 3 EMRK, Art. 3 UN-Übereinkommen gegen Folter, Art. 7 IPbpR, ein. Die Feststellung nach § 60 I AufenthG zieht den automatischen Genuss der Rechtsstellung nach § 3 nach sich, da durch die Feststellung nach § 60 I AufenthG der Anspruch auf Erteilung der Aufenthaltserlaubnis nach § 25 II AufenthG begründet wird.

106

10. Berufung auf Nachfluchtgründe im Asylfolgeantragsverfahren (Abs. 2)

10.1. Funktion des materiellen Ausschlusstatbestands nach Abs. 2

107 Durch Art. 3 Nr. 18 ZuwG hat der Gesetzgeber mit Wirkung zum 1. Januar 2005 unter den in Abs. 2 bezeichneten Voraussetzungen einen *materiellen Ausschlusstatbestand* für Nachfluchtgründe eingeführt, die nach dem Abschluss des Erstverfahrens entstanden sind und zur Durchführung eines weiteren Asylverfahrens geführt haben. Abs. 2 begründet damit *keine verfahrensrechtliche Sperrwirkung*. Vielmehr hat das Bundesamt den insoweit vorgebrachten Angaben des Antragstellers und von diesem bezeichneten Beweismitteln im vollen Umfang nachzugehen. Ergibt die Prüfung, dass aufgrund der nachträglich entstandenen Nachfluchtgründe mit beachtlicher Wahrscheinlichkeit Verfolgung im Herkunftsland droht, darf *in der Regel* weder der Asylstatus (vgl. Abs. 1 S. 1) noch der Flüchtlingsstatus (vgl. Abs. 2) gewährt werden. Vielmehr trifft das Bundesamt die Feststellung nach § 60 II–VII 1 AufenthG, an die sich der Sollensanspruch nach § 25 III 1 AufenthG auf Erteilung der Aufenthaltserlaubnis knüpft.

108 Die Neuregelung in Abs. 2 war während der Gesetzesberatungen heftig umstritten. Gleichwohl ist der im Gesetzentwurf vorgeschlagene Wortlaut unverändert in Kraft getreten. Zweck des materiellen Ausschlusstatbestands in Abs. 2 ist es, den bislang bestehenden Anreiz zu nehmen, nach unverfolgter Ausreise und abgeschlossenem Asylverfahren aufgrund »*neugeschaffener Nachfluchtgründe*« ein Asylverfahren zu betreiben, um damit zu einem dauerhaften Aufenthalt zu gelangen. Auch sei damit zu rechnen, dass durch diese Maßnahme die hohe Anzahl der beim Bundesamt anhängigen Asylfolgeantragsverfahren langfristig reduziert werde (BT-Drs. 15/420, S. 110, ebenso BT-Drs. 14/7387, S. 102).

109 UNHCR hat in der öffentlichen Anhörung am 16. Januar 2002 darauf hingewiesen, dass die GFK nicht zwischen Vor- und Nachfluchtgründen unterscheide, sondern den Zweck verfolge, Personen, deren Leben oder Freiheit aus den Gründen der Konvention gefährdet ist, zu schützen. Daher seien Personen, die außerhalb des Herkunftslandes allein deshalb aktiv würden, um ein Verfolgungsrisiko zu begründen, nicht notwendigerweise vom Flüchtlingsbegriff ausgeschlossen. Daher hält UNHCR Abs. 2 für unvereinbar mit der GFK (UNHCR, Stellungnahme an den BT-Innenausschuss v. 14. 1. 2002, DB, 14. WP, Innenausschuss, Prot. Nr. 83, 14/674 I, S. 280; ebenso amnesty international, Stellungnahme an den BT-Innenausschuss v. 11. 1. 2002, DB, 14. WP, Innenausschuss, Prot. Nr. 83, 14/674 D, S. 235; Marx, Stellungnahme an den BT-Innenausschuss v. 1. 1. 2002, DB, 14. WP, Innenausschuss, Prot. Nr. 83, 14/674, S. 168). Auch der Bundesrat hatte völkerrechtswidrige Bedenken gegen Abs. 2 geltend gemacht (vgl. BR-Drs. 921/1/01 v. 13. 12. 2001; BR-Drs. 921/01 v. 4. 1.2002; s. auch Duchrow, ZAR 2002, 269 (272); Duchrow, ZAR 2004, 339 (342)).

110 Die völkerrechtlichen Bedenken haben gemeinschaftsrechtliche Auswirkungen. Nach Art. 5 III der Qualifikationsrichtlinie können die Mitgliedstaaten zwar festlegen, dass ein Antragsteller, der einen Asylfolgeantrag stellt, in der

Regel nicht als Flüchtling anerkannt wird, wenn die Verfolgungsgefahr auf Umständen beruht, die der Antragsteller selbst nach Verlassen des Herkunftslandes geschaffen hat. Diese Befugnis haben die Mitgliedstaaten allerdings nur »unbeschadet der GFK«. Sie dürfen damit die Konvention nicht durch die Art und Weise der Behandlung von Nachfluchtgründen verletzen. Dies ist indes das ausdrückliche Ziel der Regelanordnung in Abs. 2. Die Vorschrift des Abs. 2 kann damit nicht in Übereinstimmung mit Gemeinschaftsrecht gebracht werden. Auch das BVerfG hat darauf hingewiesen, dass selbstgeschaffenen Nachfluchtgründen zwar die Asylrelevanz ermangeln könne. Sie seien aber bei der Auslegung und Anwendung von Art. 33 I GFK zu berücksichtigen (BVerfGE 74, 51 (66f.) = EZAR 200 Nr. 18 = NVwZ 1987, 311 = InfAuslR 1987, 56).

10.2. Voraussetzungen des materiellen Ausschlusstatbestands nach Abs. 2

10.2.1. Wirksamer Asylfolgeantrag nach § 71

Nach Abs. 2 wird vorausgesetzt, dass die Berufung auf nachträglich entstandene Nachfluchtgründe im Rahmen eines Asylfolgeantrags geltend gemacht wird. Diese Voraussetzung kommt in der Formulierung von Abs. 2 1. HS zum Ausdruck, derzufolge der Antragsteller »nach Rücknahme oder unanfechtbarer Ablehnung eines früheren Asylantrags erneut einen Asylantrag« stellen muss. Abs. 2 1. HS orientiert sich damit präzis an dem Wortlaut von § 71 I 1. Ob das neue Vorbringen als Asylfolgeantrag zu bewerten ist, richtet sich deshalb nach den Vorschriften über den Asylfolgeantrag (§ 71 I 1 in Verb. mit § 51 I–III VwVfG). Auf die dortigen Erläuterungen wird verwiesen.

Abs. 2 findet deshalb keine Anwendung, wenn nach unanfechtbarer Zurückweisung des Eilrechtsschutzantrags nach § 36 III im Hauptsacheverfahren Nachfluchtaktivitäten vorgetragen werden, die nach dem Zeitpunkt des Eintritts der Vollziehbarkeit der Abschiebungsandrohung entstanden sind. Diese Umstände sind mit Hilfe eines Abänderungsantrags (vgl. § 80 VII 2 VwGO) geltend zu machen (s. hierzu § 71 Rdn. 19ff.). Wird diesem Antrag stattgegeben und anschließend im Hauptsacheverfahren die beachtliche Wahrscheinlichkeit von Verfolgung aufgrund der nachträglich eingetretenen Umstände festgestellt, ist das Bundesamt zur Feststellung nach § 60 I AufenthG zu verpflichten, wenn nicht die Voraussetzungen für eine Asylanerkennung vorliegen.

Anders liegt der Fall, in dem der Antragsteller nach Zurückweisung des Eilrechtsschutzantrags die asylrechtliche Klage zurücknimmt und damit der angefochtene Bescheid unanfechtbar wird. Hier findet Abs. 2 unmittelbar Anwendung. War die Klagerücknahme indes auf Anregung des Verwaltungsgerichts erfolgt und waren im Zeitpunkt der Abgabe der verfahrensbeendenden Prozesserklärung die veränderten Umstände noch nicht eingetreten bzw. dem Antragsteller noch nicht bekannt, so dürfte ein atypisches Ausnahmegeschehen vorliegen (vgl. Abs. 2 2. HS) und die Feststellung nach § 60 I AufenthG nicht gesperrt sein.

114 Beruft der Antragsteller sich auf veränderte Umstände nach Abschluss des Erstverfahrens gegenüber der Ausländerbehörde, so hat diese den Antragsteller unter Hinweis auf § 24 II auf den Folgeantrag zu verweisen. Auch wenn an sich eine originäre Zuständigkeit der Ausländerbehörde für die Prüfung von Abschiebungshindernissen nach § 60 VII AufenthG besteht (vgl. § 72 II AufenthG), steht ihrer Zuständigkeit § 24 II entgegen. Darüber hinaus ist das Schutzbegehren als Asylantrag im Sinne von § 13 I zu werten, auch wenn als Rechtsfolge nur eine Feststellung nach § 60 II–VII AufenthG zulässig ist. Denn Abs. 2 S. 1 geht ausdrücklich von einem »Asylantrag« aus. Ob das Vorbringen im Folgeantragsverfahren die Feststellung nach § 60 I AufenthG vermittelt, kann erst im Rahmen der Sachentscheidung entschieden werden. Schließlich kann aufgrund der veränderten Umstände Abschiebungsschutz nach § 60 V AufenthG in Verb. mit Art. 3 EMRK begründet sein. Für eine entsprechende Prüfung ist die Ausländerbehörde nicht zuständig (vgl. § 24 II).

10.2.2. Maßgeblicher Zeitpunkt für das Entstehen der exilpolitischen Aktivitäten im Sinne von Abs. 2

115 Der maßgebliche Zeitpunkt für die Anwendung von Abs. 2 ist der Zeitpunkt der Rücknahme oder der unanfechtbaren Ablehnung des früheren Antrags. Hat der Antragsteller den früheren Antrag freiwillig zurück genommen, werden alle exilpolitischen Aktivitäten, die nach der verfahrensbeendenden Erklärung unternommen wurden, nach Maßgabe von Abs. 2 behandelt. Unanfechtbar abgelehnt ist der frühere Antrag, wenn das Verwaltungsgericht die hiergegen erhobene Klage abgewiesen hat und dadurch der angefochtene Bescheid unanfechtbar geworden ist. Exilpolitische Aktivitäten, die nach dem Zeitpunkt der Zustellung des Urteils bzw. im Falle eines Zulassungsantrags nach § 78 IV nach Zustellung des zurückweisenden Beschlusses getätigt worden sind, unterfallen dem Anwendungsbereich von Abs. 2.

116 Bezugspunkt für die Zulässigkeitsprüfung ist allerdings die letzte mündliche Verhandlung vor dem Verwaltungsgericht bzw. im Falle der Antragsrücknahme die persönliche Anhörung nach § 24 I 2. Exilpolitische Aktivitäten, die in dem Zeitraum zwischen der persönlichen Anhörung bzw. der mündlichen Verhandlung und der Rücknahme, der Antragsablehnung bzw. der Zustellung des Urteils oder des Beschlusses im Rechtsmittelverfahren unternommen wurden, fallen nicht in den Anwendungsbereich von Abs. 2. Denn der Wortlaut von Abs. 2 S. 1 bezieht sich ausdrücklich nur auf Aktivitäten, die »nach Rücknahme« oder nach dem Zeitpunkt der »unanfechtbaren Ablehnung des früheren Asylantrags« entstanden sind. Aktivitäten, die vor diesem Zeitpunkt entfaltet wurden, jedoch aus verfahrensrechtlichen Gründen im ersten Asylverfahren nicht berücksichtigt werden konnten, lösen nicht die Rechtsfolge des Abs. 2 2. HS aus.

117 Abs. 2 S. 1 bezieht den Anwendungsbereich der Vorschrift auf den »früheren Antrag«. Es muss sich nicht um einen Erstantrag handeln. Vielmehr kann Abs. 2 sich auch auf exilpolitische Aktivitäten beziehen, die in einem vorangegangenen Asylfolgeantrag vorgebracht wurden. Wenn Abs. 2 1. HS bereits an den ersten Asylfolgeantrag besondere Sanktionen anknüpft, so muss dies erst recht für den zweiten und weiteren Asylfolgeantrag gelten.

10.2.3. Berufung auf subjektive Nachfluchtgründe im Sinne von Abs. 1

Voraussetzung für den Ausschlusstatbestand nach Abs. 2 2. HS ist, dass nach Abschluss des Erstverfahrens Umstände im Sinne von Abs. 1 vorgetragen werden. Es muss sich danach um subjektive Nachfluchtgründe im Sinne von Abs. 1 S. 1 handeln. Von vornherein fallen damit *objektive Nachfluchtgründe* (s. hierzu Rdn. 10 ff.) aus dem Anwendungsbereich von Abs. 2 heraus. Ebenso findet Abs. 2 keine Anwendung, wenn in Ansehung der vorgebrachten nachträglichen Nachfluchttatbestände die Voraussetzungen des Ausnahmetatbestands nach Abs. 1 S. 2 (s. hierzu Rdn. 82 ff.) vorliegen. Da nach Abs. 1 S. 2 die Ausschlussklausel des Abs. 1 S. 1 keine Anwendung findet, kann in diesem Fall Abs. 2 nicht zur Anwendung kommen. 118

Zwar nimmt Abs. 2 die gesamte Vorschrift des Abs. 1 in Bezug. Die altersbedingten oder vergleichbaren Ausnahmegründe können aber auch erst nach Abschluss des Erstverfahrens zum Tragen kommen. Rechtfertigen sie nach Abs. 1 S. 2 nicht den Asylausschluss, so können sie auch nicht nach Abs. 2 den Ausschluss vom Flüchtlingsschutz nach § 60 I AufenthG in Verb. mit § 3 tragen. Es ist davon auszugehen, dass der Gesetzgeber diese Besonderheit nicht gesehen und deshalb eine präzisere Verweisungsregelung unterlassen hat. Auch der für die Anwendung von Abs. 2 maßgebende Gesetzeszweck erfordert keinen Ausschluss nach Abs. 2 2. HS zu Lasten der Personen, die die Voraussetzungen des Abs. 1 S. 2 erfüllen. 119

Beruft sich der Antragsteller auf nachträgliche Gründe, die im engen Sachzusammenhang mit den im Erstverfahren geprüften Gründen stehen, findet Abs. 2 keine Anwendung. Abs. 2 betrifft nur exilpolitische Aktivitäten. Macht der Antragsteller hingegen Umstände geltend, die nach Abschluss des Erstverfahrens eingetreten und bekannt geworden sind und welche die im Erstverfahren als unerheblich eingestuften Asylgründe nunmehr als entscheidungserheblich erscheinen lassen, findet Abs. 2 ebenfalls keine Anwendung. 120

So kann etwa die Festnahme eines Parteifreundes, mit dem der Antragsteller vor seiner Flucht zusammengearbeitet hatte, oder die Durchsuchung der Wohnung des Antragstellers im Herkunftsland die früher vorgetragenen und als nicht beachtlich eingestuften politischen Aktivitäten in einem vollständig anderen Licht erscheinen lassen. Von der Natur her handelt es sich dabei nicht um Umstände im Sinne von Abs. 2 S. 1. 121

Immer dann, wenn zwischen dem neuen Vortrag des Antragstellers im Asylfolgeantragsverfahren und dem früheren Sachvorbringen, das im Erstverfahren als unglaubhaft gewertet wurde, ein sachlogischer Zusammenhang besteht, kann es sich regelmäßig nicht um exilpolitische Aktivitäten handeln. Von vornherein aus der Betrachtung fallen »neue Beweismittel« für »alte Tatsachen« (vgl. § 51 I Nr. 2 VwVfG). 122

Nachträgliche exilpolitische Aktivitäten stellen die Mehrheit der geltend gemachten Gründe für das Wiederaufgreifen dar. Es ist evident, dass die Rechtsprechung von einer zunehmend restriktiver werdenden Tendenz bei der Behandlung geltend gemachter exilpolitischer Aktivitäten als beachtliche geprägt ist, um der Durchbrechung der Bestandskraft allein unter Berufung auf eigenmächtiges Verhalten einen Riegel vorzuschieben (§ 71 Rdn. 227 ff., 287 ff.). Diese Zweckrichtung verfolgt auch die Neuregelung des Abs. 2. 123

124 Exilpolitische Aktivitäten, die sich von ihrer Art, ihrem Inhalt, Gewicht und Profil her nicht von den im Erstverfahren vorgetragenen exilpolitischen Betätigungen unterscheiden und mit diesen in einem inneren Zusammenhang stehen, führen bereits mangels Erheblichkeit nicht zur Einleitung eines weiteren Asylverfahrens. Unterscheiden sie sich hingegen von den im Erstverfahren geltend gemachten subjektiven Nachfluchtgründen und leitet das Bundesamt aus diesem Grund ein weiteres Asylverfahren ein, kommt Abs. 2 zur Anwendung.

10.2.4. Erfordernis eines zulässigen Asylfolgeantrags

125 Abs. 2 findet nur dann Anwendung, wenn die Voraussetzungen für die Durchführung eines weiteren Asylverfahrens vorliegen (vgl. Abs. 2 1. HS). Liegen diese nicht vor, bedarf es keine materiellen Ausschlussregelung, da ein Verfahren erst gar nicht eingeleitet und die Aussetzung der Abschiebung (vgl. § 71 V 2 1. HS) aufgehoben wird.

126 Der Antragsteller hat schlüssig darzulegen, inwiefern die neuen exilpolitischen Aktivitäten geeignet sind, eine ihm *günstigere Entscheidung* herbeizuführen (vgl. Mezger, VBlBW 1995, 308 (309); Hanisch, DVBl. 1983, 415 (420); s. hierzu § 71 Rdn. 244 ff.). Insoweit darf das Bundesamt jedoch lediglich prüfen, ob aufgrund der vorgebrachten veränderten tatsächlichen Umstände die *Möglichkeit* einer positiven Entscheidung des Bundesamtes besteht (BVerfG (Kammer), InfAuslR 1995, 19 (21); VGH BW, InfAuslR 1984, 249 (251)). Zu weitgehend ist deshalb die Ansicht, hierzu gehöre auch die Darlegung, dass dem Antragsteller aufgrund der veränderten Umstände politische Verfolgung drohen könnte (so Hanisch, DVBl. 1983, 415 (420)).

127 Demgegenüber fordert das BVerfG lediglich die Darlegung einer möglichen asylrechtlichen Relevanz (BVerfG (Kammer), InfAuslR 1995, 19 (21)). Das BVerwG fordert für die Verfolgungsprognose die überwiegende Wahrscheinlichkeit der drohenden Verfolgung. Hingegen reicht es für die Darlegung der allgemeinen Verhältnisse aus, wenn der Antragsteller Tatsachen vorträgt, aus denen sich – ihre Wahrheit unterstellt – hinreichende Anhaltspunkte für eine *nicht entfernt liegende Möglichkeit* politischer Verfolgung ergeben (BVerwG, EZAR 630 Nr. 8; BVerwG, InfAuslR 1984, 129; Marx, Handbuch, § 12 Rdn. 17 f.).

128 Eine beachtliche neue Sachlage wird etwa mit dem Hinweis auf die Teilnahme an verschiedenen regierungsfeindlichen Kundgebungen und Demonstrationen sowie auf das Verfassen und Veröffentlichen regimekritischer Artikel in Exilzeitschriften geltend gemacht (BayVGH, NVwZ-Beil. 1997, 75 (77); VG Trier, B. v. 6.1. 1997 – 1 K 290/96.K). Ebenso ist die Unterstützung der iranischen Volksmudjaheddin in »besonders nachhaltiger und durchaus öffentlichkeitswirksamer Form« erst im Rahmen der Sachprüfung zu behandeln und begründet die beachtliche Gefahr von Verfolgung (VG Koblenz, U. v. 19.5.2000 – 8 K 3128/99.KO). Wird in der erforderlichen Form dargelegt, dass durch nachträgliche subjektive Handlungen des Antragstellers die Einleitung von Verfolgungsmaßnahmen möglich erscheint, so ist ein weiteres Asylverfahren durchzuführen. Das Verfahren wird in derartigen Fällen zwar regelmäßig nicht zu einer Asylanerkennung, wohl aber zu einer Feststellung nach § 60 I AufenthG führen.

10.3. Materielle Ausschlussregelung des Abs. 2 zweiter Halbsatz

10.3.1. Versagung des Abschiebungsschutzes nach Art. 33 GFK

Liegen die tatbestandlichen Voraussetzungen nach Abs. 2 1. HS vor, kann im Asylverfahren in der Regel keine Feststellung nach § 60 I AufenthG getroffen werden. Diese Vorschrift ist die innerstaatliche Umsetzungsvorschrift des Art. 33 GFK. Nach Art. 33 GFK trifft die Vertragsstaaten die zwingende Verpflichtung, Flüchtlinge nicht in ihr Heimatland abzuschieben. Der in § 60 I AufenthG begünstigte Personenkreis ist – wie sich nunmehr auch durch die Anerkennung geschlechtsspezifischer und nichtstaatlicher Verfolgung ergibt – identisch mit dem Begriff des Flüchtlings nach Art. 1 GFK.

129

Da Art. 1 A Nr. 2 GFK die Unterscheidung zwischen Vor- und Nachfluchtgründen nicht kennt, darf die Bundesrepublik keinen Flüchtling in sein Herkunftsland abschieben. Hat sie einen Flüchtling aufzunehmen, weil die Abschiebung in den Herkunftsstaat untersagt ist und mangels Übernahmebereitschaft auch kein Drittstaat identifiziert werden kann (vgl. § 60 X 2 AufenthG), hat sie die Rechtsstellung nach Art. 2–34 GFK (vgl. § 3) anzuwenden. Für den Regelfall soll Abs. 2 2. HS dies ausschließen.

130

Der Ausschluss des konventionsrechtlichen Schutzes ist indes nicht zulässig, weil die GFK umfassenden Schutz gewährt. Das BVerfG hat in seiner grundlegenden Entscheidung zu den gewillkürten Nachfluchtgründen zwar den Asylschutz aus dem Gesichtspunkt der »risikolosen Verfolgungsprovokation« heraus ausgeschlossen, in diesem Zusammenhang indes von Verfolgung bedrohte Personen ausdrücklich auf den Refoulementschutz nach Art. 33 GFK (vgl. auch § 14 AuslG 1965, § 51 Abs. 1 AuslG 1990, § 60 Abs. 1 Satz 1 AufenthG) verwiesen (vgl. BVerfGE 74, 51 (66 f.) = EZAR 200 Nr. 18 = NVwZ 1987, 311 = InfAuslR 1987, 56; so auch Duchrow, ZAR 2002, 269 (273); Duchrow, ZAR 2004, 339 (342)).

131

Diese Rechtslage wird in der gesetzlichen Begründung nicht verkannt, jedoch eingewendet, der Schutz aus Art. 33 Abs. 1 GFK erfordere nur einen auf die Dauer der Bedrohung bezogenen Abschiebungsschutz (BT-Drs. 15/420, S. 110; BT-Drs. 14/7387, S. 102). Mit dieser Begründung könnten alle Verfolgungstatbestände aus dem Asyl- und Konventionsschutz ausgeschlossen und zugleich die Widerrufsregelung nach § 73 AsylVfG aufgehoben werden. Sowohl der Asylschutz nach Art. 16 a Abs. 1 GG wie auch der internationale Schutz nach § 60 Abs. 1 Satz 1 AufenthG (§ 51 Abs. 1 AuslG 1990) wird nur solange gewährt wie die Verfolgung andauert. Solange die Verfolgung droht, sollen Asylberechtigte und Flüchtlinge einen sicheren und effektiven Abschiebungsschutz und Rechtsstatus erhalten (Marx, Stellungnahme v. 1. Januar 2002 an den BT-Innenausschuss, DB, 14. WP, Prot. des Innenausschusses Nr. 83, 14/674, S. 168).

132

Nach der gesetzlichen Begründung ist indes bezweckt, die Verfestigung des Aufenthaltsrechts zu verhindern (BT-Drs. 15/420, S. 110; BT-Drs. 14/7387, S. 102). Dazu ist anzumerken, dass die Bundesrepublik völkerrechtlich wie auch gemeinschaftsrechtlich zur Gewährung der Rechtsstellung nach Art. 2–34 GFK (vgl. § 3 AsylVfG, Art. 20–34 Qualifikationsrichtlinie) verpflichtet ist, wenn die Voraussetzungen nach Art. 1 GFK erfüllt sind. Einige der Rechte

133

aus Art. 2−34 GFK stehen allerdings unter dem Vorbehalt des »rechtmäßigen Aufenthaltes«. Nach dem System des § 25 Abs. 1 bis 5 AufenthG kann Verfolgten aufgrund gewillkürter Nachfluchtgründe indes regelmäßig nicht der aufenthaltsrechtliche Schutz versagt werden.

134 Wird daher im Asylfolgeantragsverfahren aufgrund der vorgebrachten exilpolitischen Aktivitäten festgestellt, dass mit überwiegender Wahrscheinlichkeit Verfolgung droht und gleichwohl die Feststellung nach § 60 I AufenthG verweigert, verletzt dies Art. 5 III der Qualifikationsrichtlinie. Unbeschadet dessen ergibt sich aus dem völkerrechtlich zwingenden *Verbot der Kettenabschiebung*, dass ein aufnahmebereiter Drittstaat festzustellen ist. Insoweit bedarf es aus völkerrechtlichen Gründen einer analogen Anwendung des § 60 X 2 AufenthG. Kann – wie im Regelfall – kein Drittstaat identifiziert werden, so ist jedenfalls das Ermessen nach § 25 III 1 AufenthG reduziert.

10.3.2. Regelanordnung nach Abs. 2 zweiter Halbsatz

135 Ausnahmefälle, in denen entgegen der Regelanordnung nach Abs. 2 2. HS die Feststellung nach § 60 I AufenthG zu treffen ist, betreffen etwa infolge von Folter oder sexueller Gewalt traumatisierte Antragsteller, die zunächst im Aufnahmestaat passiv geblieben sind und erst später exilpolitische Aktivitäten unternommen haben (Duchrow, ZAR 2002,.269 (273); Duchrow, ZAR 2004, 339 (342)). Generell gilt, dass zur Vermeidung verfassungs- und völkerrechtlich nicht zulässiger Ergebnisse die Umstände des Einzelfalls sehr sorgfältig zu prüfen sind. Kann danach nicht der Vorwurf der »*risikolosen Verfolgungsprovokation*« (vgl. BVerfGE 74, 51 (66f.) = EZAR 200 Nr. 18 = NVwZ 1987, 311 = InfAuslR 1987, 56) erhoben werden, liegt ein »Ausnahmefall« vor.

10.3.3. Rechtsfolge der Ausschlussregelung nach Abs. 2 zweiter Halbsatz

136 Sofern aufgrund der im Folgeantrag geltend gemachten exilpolitischen Aktivitäten mit überwiegender Wahrscheinlichkeit Verfolgung droht, kann nach Abs. 2 2. HS im Folgeantragsverfahren »*in der Regel*« die Feststellung nach § 60 I AufenthG nicht mehr getroffen werden. Zur Vermeidung völkerrechtswidriger und gemeinschaftsrechtlich unzulässiger sowie im Hinblick auf den Kernbereich des asylrechtlichen Abschiebungsschutzes (BVerwGE 49, 202 (205f.) = EZAR 103 Nr. 1 = NJW 1975, 2158) auch verfassungswidriger Folgen, ist für diesen Fall regelmäßig von einem atypischen Ausnahmegeschehen auszugehen. Jedenfalls ist der aufenthaltsrechtliche Schutz nach § 25 III 1 AufenthG zwingend zu gewährleisten, wenn das Bundesamt im Bescheid keinen aufnahmebereiten Drittstaat entsprechend § 60 X 2 AufenthG identifizieren kann.

137 Rechtsfolge der materiellen Ausschlussregelung des Abs. 2 2. HS ist auch im Übrigen die zwingende Anwendung von § 25 III 1 AufenthG. Diese folgt – wie ausgeführt (Rdn. 129ff.) aus dem völkerrechtlich zwingenden *Verbot der Kettenabschiebung*. Daher hat das Bundesamt stets aus völkerrechtlichen Gründen unter analoger Anwendung des § 60 X 2 AufenthG zu prüfen, ob ein aufnahmebereiter Drittstaat festgestellt werden kann. Kann – wie im Regelfall – kein Drittstaat identifiziert werden, so ist jedenfalls das Ermessen nach § 25 III 1 AufenthG reduziert.

Zwar sind nach § 60 X 2 AufenthG in der Abschiebungsandrohung nur die Staaten zu bezeichnen, in die der Antragsteller *nicht* abgeschoben werden darf und waren demgegenüber nach § 51 IV 2 AuslG 1990 in der Abschiebungsandrohung die Staaten zu bezeichnen, in die abgeschoben werden darf. Dies bedeutet jedoch nicht, dass der vollziehenden Behörde insoweit ein Spielraum verbleibt und sie in Staaten abschieben dürfte, die in der Abschiebungsandrohung nicht genannt sind. Dies wäre mit dem zwingenden Verbot der Kettenabschiebung unvereinbar. 138

Ob die tatsächlichen Voraussetzungen dieses Verbots in Ansehung eines bestimmten Staates vorliegen, darf nicht die vollziehende, sondern nur die anordnende Behörde prüfen und entscheiden. Hat deshalb das Bundesamt in dem Bescheid keinen Staat bezeichnet, in dem abgeschoben werden darf, ist zwingende Rechtsfolge die Erteilung der Aufenthaltserlaubnis nach § 25 III 1 AufenthG. 139

Über § 60 VII 1 AufenthG wird kein Ermessen eröffnet. Dies wäre mit dem zwingenden Abschiebungsschutz nach Art. 33 GFK unvereinbar. Art. 33 GFK ist unabhängig davon zu beachten, wie der innerstaatliche Gesetzgeber den Abschiebungsschutz im Einzelnen ausgestaltet. Im Übrigen wird bei mit überwiegender Wahrscheinlichkeit drohender Verfolgungsgefahr im Herkunftsland in aller Regel das zwingende Abschiebungshindernis nach § 60 V AufenthG zu beachten sein. Kann im Einzelfall ausnahmsweise Folter oder unmenschlichen Behandlung zuverlässig ausgeschlossen werden, wird durch Art. 33 GFK das Ermessen nach § 60 VII 1 AufenthG reduziert. 140

§ 29 Unbeachtliche Asylanträge

(1) Ein Asylantrag ist unbeachtlich, wenn offensichtlich ist, daß der Ausländer bereits in einem sonstigen Drittstaat vor politischer Verfolgung sicher war und die Rückführung in diesen Staat oder in einen anderen Staat, in dem er vor politischer Verfolgung sicher ist, möglich ist.
(2) Ist die Rückführung innerhalb von drei Monaten nicht möglich, ist das Asylverfahren fortzuführen. Die Ausländerbehörde hat das Bundesamt unverzüglich zu unterrichten.
(3) Ein Asylantrag ist ferner unbeachtlich, wenn auf Grund eines völkerrechtlichen Vertrages ein anderer Vertragsstaat, der ein sicherer Drittstaat (§ 26 a) ist, für die Durchführung eines Asylverfahrens zuständig ist oder die Zuständigkeit übernimmt. § 26 a Abs. 1 bleibt unberührt.

Übersicht

		Rdn.
1.	Vorbemerkung	1
2.	Unbeachtlicher Asylantrag nach Abs. 1	8
2.1.	Verfahrensrechtliche Sperrwirkung des Offensichtlichkeitsbegriffs nach Abs. 1 erster Halbsatz	8
2.2.	Kriterien des Offensichtlichkeitsbegriffs nach Abs. 1 erster Halbsatz	12

2.3.	Möglichkeit der Rückführung (Abs. 1 zweiter Halbsatz)	21
3.	Unmöglichkeit der Rückführung (Abs. 2)	32
3.1.	Anspruch auf Fortsetzung des Verfahrens nach Abs. 2 Satz 1	32
3.2.	Unverzügliche Unterrichtungspflicht der Ausländerbehörde (Abs. 2 Satz 2)	36
4.	Unbeachtlicher Asylantrag nach Abs. 3	39
4.1.	Funktion der Vorschrift des Abs. 3 Satz 1	39
4.2.	Subjektives Recht des Antragstellers auf Anwendung der Dublin II-VO	49
4.3.	Zuständigkeitskriterien nach der Dublin II-VO	52
4.3.1.	Allgemeines	52
4.3.2.	Erfordernis eines Asylantrags	56
4.3.3.	Vorrang familiärer Bindungen (Art. 7 Dublin II-VO)	61
4.3.4.	Unbegleitete Minderjährige (Art. 6 Dublin II-VI)	65
4.3.5.	Besitz eines gültigen Aufenthaltstitels (Art. 9 Dublin II-VO)	68
4.3.6.	Illegale Einreise (Art. 10 Dublin II-VO)	74
4.3.7.	Visumfreie Einreise (Art. 11 Dublin II-VO)	75
4.3.8.	Asylantrag im Transitbereich (Art. 12 Dublin II-VO)	76
4.3.9.	Zuständigkeit des um Asyl ersuchten Mitgliedstaates (Art. 13 Dublin II-VO)	77
4.3.10.	Selbsteintrittsrecht nach Art. 15 Dublin II-VO (Humanitäre Klausel)	78
4.4.	Überstellung des Asylsuchenden (Art. 16 bis 20 Dublin II-VO)	85
4.5.	Funktion der Verweisung in Abs. 3 Satz 2	91
5.	Verwaltungsverfahren	97
6.	Eilrechtsschutzverfahren	104

1. Vorbemerkung

1   Wie die Regelung in § 7 II AsylVfG 1982 verwendet Abs. 1 im Falle der Offensichtlichkeit der Verfolgungssicherheit im »*sonstigen Drittstaat*« den Begriff des unbeachtlichen Asylantrags. Wie im alten Recht hat eine derartige Feststellung zur Folge, dass ein Asylverfahren nicht durchgeführt (vgl. Abs. 2 S. 1), sondern unverzüglich die Abschiebungsandrohung nach § 35 erlassen wird. Eine identische materiell-rechtliche Regelung findet sich in § 18 II Nr. 2. Auch hier ist die Offensichtlichkeit der Verfolgungssicherheit im Drittstaat Rechtgrundlage für die sofortige ausländerrechtliche Verfügung in Form der Zurückweisung nach § 15 I AufenthG.

2   Der Gesetzgeber hat mit dieser Vorschrift gegenüber § 7 II AsylVfG 1982 keine Neuerungen einführen wollen (BT-Drs. 12/2062, S. 32). Wie § 7 II 2 AsylVfG 1982 regelt Abs. 2 unter den dort genannten Voraussetzungen die Fortführung des Asylverfahrens. Wegen der 1993 neu eingeführten Regelung des § 26 a haben die Regelungen in Abs. 1 und 2 allerdings erheblich an Bedeutung verloren.

3   Der Begriff der Verfolgungssicherheit selbst ist als *materieller Asylausschlusstatbestand* in § 27 geregelt. Die Vorschrift des Abs. 1 knüpft an § 27 an und fügt als zusätzliches Tatbestandsmerkmal den Offensichtlichkeitsbegriff hinzu. Ein unbeachtlicher Asylantrag liegt daher vor, wenn *offensichtlich* ist, dass die *Voraussetzungen des § 27* und die weiteren Erfordernisse des Abs. 1 vorliegen. Dementsprechend prüft das Bundesamt auch nicht die Voraussetzungen des

§ 60 I AufenthG (vgl. demgegenüber § 30 II und III). Denn mit der Anknüpfung des Offensichtlichkeitsbegriffs von Abs. 1 1. HS an den Begriff der Verfolgungssicherheit nach § 27 wird sichergestellt, dass ein Asylantrag nur dann unbeachtlich ist, wenn offensichtlich ist, dass der Asylsuchende im sonstigen Drittstaat hinreichend vor der Gefahr der Weiterschiebung geschützt ist (Funke-Kaiser, in: GK-AsylVfG, § 29 Rdn. 3).

Die Vorschrift selbst enthält keine Regelung über die sich an diese Feststellung anknüpfende Rechtsfolge. Diese ist in § 35 geregelt. Auch § 18 II Nr. 2 weist dieselbe Normstruktur auf, nämlich das Offensichtlichkeitsurteil im Hinblick auf die Verfolgungssicherheit im sonstigen Drittstaat und das Vorliegen der Voraussetzungen nach § 27. Es fehlen allerdings die weiteren Voraussetzungen des Abs. 1. Da die Vorschrift des § 18 II jedoch der Asylantragstellung vorgelagert ist, handelt es sich dort nicht um einen unbeachtlichen Asylantrag, sondern um eine Rechtsgrundlage für die Einreiseverweigerung, also eine eher dem § 35 vergleichbare Vorschrift. 4

Während das alte Recht auch den unzulässigen *Folgeantrag* der Fallgruppe der unbeachtlichen Asylanträge zuordnete (§§ 14 I, 10 I AsylVfG 1982), wird diese Antragsform nach dem seit 1992 geltendem Recht nicht mehr in diese Antragskategorie eingeordnet. Vielmehr regelt das Gesetz diesen Antragstypus an besonderer Stelle (§ 71). 5

Abs. 3 ist im Zusammenhang mit der Neuregelung des verfassungsrechtlichen Asylrechts (Art. 16 a II und V GG, § 26 a) zu sehen. Diese hat dazu geführt, dass die Anträge, für deren Behandlung ein sicherer Drittstaat völkerrechtlich oder gemeinschaftsrechtlich zuständig ist, ebenfalls der Gruppe der unbeachtlichen Asylanträge zugeordnet worden sind. Das insoweit früher maßgebliche Dubliner Übereinkommen ist allerdings mit Wirkung zum 1. September 2003 durch die EG-Verordnung 343/2003 (Dublin II-VO) ersetzt worden (zum Entwurf der EG-Kommission vgl. BR-Drs. 959/01 v. 8. 11. 2001). 6

Wegen der Aufhebung der das frühere Recht kennzeichnenden unterschiedlichen behördlichen Zuständigkeiten ist die Kategorie des unbeachtlichen Asylantrags eigentlich entbehrlich geworden. Wenn der Gesetzgeber gleichwohl an diesem Verfahrenstypus festhalten will, mag dies Auswirkungen auf die Verfahrensgestaltung gewinnen. 7

2. Unbeachtlicher Asylantrag nach Abs. 1

2.1. Verfahrensrechtliche Sperrwirkung des Offensichtlichkeitsbegriffs nach Abs. 1 erster Halbsatz

Der Begriff des unbeachtlichen Asylantrags nach Abs. 1 hat zwei Voraussetzungen, die *kumulativ* vorliegen müssen (so auch Schenk, Asylrecht und Asylverfahrensrecht, Rdn. 176), nämlich zum einen das Offensichtlichkeitsurteil in Ansehung der Verfolgungssicherheit im sonstigen Drittstaat und zum anderen die Rückführungsmöglichkeit in diesen Staat. Der Offensichtlichkeitsbegriff des Abs. 1 1. HS hat die Funktion einer *verfahrensrechtlichen* 8

Schaltstelle: Fehlt es an der Offensichtlichkeit der Verfolgungssicherheit im Drittstaat, wird ein normales Asylverfahren durchgeführt, bei dem freilich der Schwerpunkt der Ermittlungen auf diesem rechtlichem Gesichtspunkt liegt (§ 27). Ist die Verfolgungssicherheit im Drittstaat offensichtlich, wird kein Asylverfahren durchgeführt. Vielmehr erlässt das Bundesamt die Verfügung nach § 35.

9 Es handelt sich jedoch unstreitig um einen Asylantrag, mag er auch unbeachtlich sein. Nach wie vor hat insoweit die Rechtsprechung des BVerfG Bedeutung, derzufolge für bestimmte *Fallgruppen eindeutig aussichtsloser Asylanträge* besondere Verfahrensgestaltungen verfassungsrechtlich zulässig sind (BVerfGE 56, 216 (236f.) = EZAR 221 Nr. 4 = DVBl. 1981, 623 = DÖV 1981, 453 = NJW 1981, 1436 = BayVBl. 1981, 366 = JZ 1981, 339 = EuGRZ 1981, 306 = MDR 1981, 637). Auch ein derartig aussichtsloser Asylantrag ist zunächst einmal ein *Antrag* und muss von der Behörde als solcher behandelt werden. Fraglich ist aber die entsprechende Verfahrensgestaltung.

10 Dem Offensichtlichkeitsurteil des Abs. 1 1. HS kommt damit eine *verfahrensrechtliche Sperrwirkung* zu. Wenn die Offensichtlichkeit der Verfolgungssicherheit im Drittstaat nicht feststeht, bedarf es keiner Prüfung der Rückführungsmöglichkeit. Die Verfügung nach § 35 darf schon aus diesem Grund nicht erlassen werden. Es handelt sich um einen in tatsächlicher und rechtlicher Hinsicht gerichtlich voll überprüfbaren Rechtsbegriff, dessen Anwendung im Einzelfall nach den Grundsätzen des *materiellen Prüfungsdurchgriffs* vom Verwaltungsgericht auch im Eilrechtsschutzverfahren (§ 36) zu überprüfen ist.

11 Zur Auslegung ist auf die von der Rechtsprechung zum Offensichtlichkeitsbegriff, wie er nach geltendem Recht in § 18 a II, III 1, § 30, § 78 I (früher §§ 11 I, 32 VI AsylVfG 1982) geregelt ist, zurückzugreifen, freilich durch den Verfahrensgegenstand des §§ 29, 35 bestimmt.

2.2. Kriterien des Offensichtlichkeitsbegriffs nach Abs. 1 erster Halbsatz

12 Am Ausgangspunkt steht die Feststellung des BVerfG, derzufolge die Asylrechtsgarantie es nicht verbietet, für eindeutig aussichtslose Asylbegehren eine besondere Verfahrensgestaltung vorzusehen (BVerfGE 56, 216 (236f.) = EZAR 221 Nr. 4 = DVBl. 1981, 623 = DÖV 1981, 453 = NJW 1981, 1436 = BayVBl. 1981, 366 = JZ 1981, 339 = EuGRZ 1981, 306 = MDR 1981, 637). Die obergerichtliche Rechtsprechung hatte den Offensichtlichkeitsbegriff des § 7 II AsylVfG 1982 dahin interpretiert, dass ein anderweitiger Verfolgungsschutz nicht schon dann offensichtlich erlangt sei, wenn nach den Umständen des Einzelfalles hierfür eine überwiegende Wahrscheinlichkeit spreche. Vielmehr sei für ein derartiges Offensichtlichkeitsurteil die Erkenntnis zu verlangen, dass an der Richtigkeit der tatsächlichen Feststellungen über den anderweitigen Verfolgungsschutz vernünftigerweise keine Zweifel bestehen dürfe und sich nach allgemeiner Ansicht deshalb die Annahme des anderweitigen Verfolgungsschutzes geradezu aufdränge (Hess.VGH, B. v. 12. 3. 1985 – 10 TG 26/85; Hess.VGH, ESVGH 37, 166 = NVwZ 1988, 274; BayVGH, EZAR 225 Nr. 4).

An dieser Rechtsprechung ist auch für den Offensichtlichkeitsbegriff des Abs. 1 1. HS festzuhalten. Die obergerichtliche Rechtsprechung hatte mit Blick auf die seit 1987 geltende Rechtslage diesen Begriff bestätigt (Hess. VGH, ESVGH 37, 166). Dieser ist durch Abs. 1 nicht verändert worden. Das Offensichtlichkeitsurteil hat seine Rechtsgrundlage in Abs. 1 1. HS, nicht hingegen in § 30. Allerdings findet auf die unbeachtlichen Asylanträge das Eilrechtsschutzverfahren nach § 36 III und IV Anwendung. Die Rechtsgrundlage hierfür ist jedoch nicht Art. 16 a IV GG, da es sich beim unbeachtlichen Asylantrag weder um ein offensichtlich unbegründetes Asylbegehren noch um ein solches handelt, dass als offensichtlich unbegründet gilt. Rechtsgrundlage ist vielmehr § 35 in Verb. mit § 36 I und III. 13

Die einschränkenden Voraussetzungen nach Art. 16 a IV 1 GG finden bereits deshalb auf den Offensichtlichkeitsbegriff nach Abs. 1 1. HS keine Anwendung. Aber auch im Übrigen gilt wie auch im Falle des offensichtlich unbegründeten Asylbegehrens, dass § 36 IV 1 lediglich für das Eilrechtsschutzverfahren die materiellen und prozessualen Anforderungen herabgesetzt hat. Für das Verwaltungsverfahren gilt demgegenüber die frühere Rechtsprechung zum Offensichtlichkeitsbegriff unverändert fort. Demnach müssen die materiellen Voraussetzungen des § 27 *unzweifelhaft* vorliegen. Dass hierfür eine überwiegende Wahrscheinlichkeit spricht, reicht nicht aus (so auch Renner, AuslR, § 29 AsylVfG Rdn. 7; Funke-Kaiser, in: GK-AsylVfG, § 29 Rdn. 14). Daraus folgt, dass der Offensichtlichkeitsbegriff nach Abs. 1 1. HS nur in *ganz besonders gelagerten Ausnahmefällen* erfüllt sein wird. Sind z. B. Ermittlungen anzustellen oder ist Beweis zu erheben, fehlt es am geforderten *Evidenzerlebnis*, sodass die Sperrwirkung des Abs. 1 eingreift und ein normales Asylverfahren durchzuführen ist. 14

Auch wenn nunmehr die für Asylverfahren selbst zuständige Behörde auch für die Beachtlichkeitsprüfung nach Abs. 1 zuständig ist, ändert dies nichts daran, dass die Zulässigkeit des Antrags nur verneint werden darf, wenn die Verfolgungssicherheit im Drittstaat evident ist. Die Notwendigkeit von Beweiserhebungen steht damit der Feststellung des Offensichtlichkeitsurteils entgegen. Kann die Frage der Verfolgungssicherheit nicht ohne Beweiserhebung ermittelt werden, ist der Asylantrag beachtlich, mag er auch im Ergebnis unbegründet oder gar offensichtlich unbegründet sein. 15

Der Offensichtlichkeitsbegriff des Abs. 1 bezieht sich auf *alle* Tatbestandsmerkmale nach § 27. Dementsprechend muss mit Blick auf sämtliche Alternativen des § 27 jeweils das Offensichtlichkeitsurteil begründet werden können. Im Hinblick auf § 27 I ist anzumerken, dass aus mitgeführten Reisedokumenten des Drittstaates oder anderen den dortigen Aufenthaltsstatus betreffenden Dokumenten allein kein Offensichtlichkeitsurteil abgeleitet werden kann. Derartige Dokumente enthalten noch kein Urteil darüber, ob mit der Ausstellung des Reisedokumentes oder der anderen Dokumente zugleich offensichtlich Verfolgungssicherheit erlangt worden ist. Dies mag *nahe liegen* oder gar überwiegend wahrscheinlich sein. Dies reicht jedoch für das Offensichtlichkeitsurteil nicht aus. 16

Bestehen daher die geringsten Zweifel an der Verfolgungssicherheit, drängt sich ungeachtet mitgeführter Reisedokumente des Drittstaates kein Offen- 17 sichtlichkeitsurteil auf. Zweifel können sich etwa aus Behauptungen des Antragstellers über die gegen seinen Willen erfolgte Beendigung seines Aufenthaltes im Drittstaat oder aus anderen objektiven Anhaltspunkten, etwa fehlende Rückkehrberechtigung im Reisedokument oder Presseberichte über die Situation von Flüchtlingen im betreffenden Drittstaat, ergeben.

18 Der Besitz eines durch einen anderen Staat ausgestellten Reiseausweises nach Art. 28 GFK begründet zwar eine Vermutung für die Verfolgungssicherheit in diesem Staat (§ 27 II). Die gesetzliche Vermutungswirkung allein begründet jedoch noch kein Offensichtlichkeitsurteil. Was vermutet wird, mag überwiegend wahrscheinlich sein, ist jedoch noch nicht offensichtlich. Im Übrigen kann die Vermutungswirkung des § 27 II zerstört werden. Maßgebende Bedeutung gewinnt insoweit Art. 28 I 2 GFK, demzufolge die Vertragsstaaten der GFK Konventionspässe ausstellen können, ohne damit Aufenthaltsschutz zu gewähren (BayVGH, BayVBl. 1973, 435; VG Ansbach, InfAuslR 1980, 62). In diesen Fällen stellen die Vertragsstaaten Flüchtlingen, die sich nicht rechtmäßig auf ihrem Hoheitsgebiet befinden, Reiseausweise zwecks Ermöglichung der Weiterreise aus. Bei Zweifeln an der Verfolgungssicherheit ist deshalb auch in diesen Fällen das Asylverfahren durchzuführen.

19 Schließlich nimmt Abs. 1 den Tatbestand nach § 27 III in Bezug. Dies bedeutet keine Verschärfung gegenüber dem früher geltenden Recht. Denn § 7 II AsylVfG 1982 nahm den gesamten § 2 AsylVfG 1982 und damit auch die Regelvermutung nach § 2 II AsylVfG 1982 in Bezug, die ebenso wie § 27 III bei einem länger als drei Monate dauernden Aufenthalt im Drittstaat eine Vermutung für die Verfolgungssicherheit begründete. Ebenso wie mit Blick auf § 27 II gilt insoweit, dass im Sinne der obergerichtlichen Rechtsprechung die gesetzliche Regelvermutung (s. hierzu § 27 Rdn. 55 ff.) allein noch nicht abschließend das Offensichtlichkeitsurteil begründen kann.

20 Hinzukommen müssen *weitere Umstände*, die das geforderte Evidenzerlebnis nachvollziehbar machen müssen. Dem steht nicht die Rechtsprechung des BVerwG entgegen. Das BVerwG hat nämlich aus einem länger als drei Monate dauernden Voraufenthalt in einem der in § 9 I 2 Nr. 2 AsylVfG 1982 genannten Staaten Folgerungen für die *Asylanerkennung* gezogen, ohne zur Frage der Zulässigkeit eines Antrags in derartigen Fällen Stellung zu nehmen (BVerwG, NVwZ 1992, 380 = EZAR 205 Nr. 14).

2.3. Möglichkeit der Rückführung (Abs. 1 zweiter Halbsatz)

21 Nach Abs. 1 reicht die Feststellung der offensichtlichen Verfolgungssicherheit im sonstigen Drittstaat allein für die Annahme der Unbeachtlichkeit des Asylantrags noch nicht aus. Hinzukommen muss, dass die Rückführung des Antragstellers in den betreffenden Drittstaat oder in einen anderen Staat, in dem er vor politischer Verfolgung sicher ist, *möglich* ist (Abs. 1 2. HS). Diese zusätzliche Voraussetzung für den unbeachtlichen Antrag ist erst im Zusammenhang mit der 1990 erfolgten Neuordnung des Ausländerrechts in § 7 II 2 AsylVfG 1990 eingeführt worden. Der Zweck dieser Regelung ist darin zu sehen, dass von der Prüfung der Verfolgungsgefahr nur abgesehen werden darf, wenn dem Antragsteller ein verfolgungsfreier Aufenthalt in einem anderen Staat ermöglicht werden kann (BT-Drs. 11/6321, 89).

Die Unmöglichkeit der Rückführung in einen Drittstaat kann aufgrund einschlägiger Erfahrungen im Hinblick auf die Rückübernahmepraxis bereits zu Beginn des Verfahrens feststehen. Abs. 1 2. HS ist mithin dahin zu verstehen, dass unabhängig von der auf drei Monate befristeten Rückführungsmöglichkeit nach Abs. 2 S. 1 der Asylantrag von vornherein nicht als unbeachtlich abgelehnt werden darf, wenn von vornherein die Unmöglichkeit der Rückführung des Asylsuchenden feststeht (Funke-Kaiser, in: GK-AsylVfG, § 29 Rdn. 17). **22**

Abs. 1 2. HS kann als die spiegelbildliche Kehrseite der Rechtsprechung des BVerwG angesehen werden, derzufolge die fehlende Rückkehrmöglichkeit in den sonstigen Drittstaat nicht zum Wiederaufleben der asylrechtlichen Schutzbedürftigkeit führt (BVerwGE 75, 181 (184f.); 77, 150 (153); 78, 332 (341f.); s. Rdn. 73 ff. zu § 27). Zwar hat die fehlende Rückkehrmöglichkeit in den sonstigen Drittstaat nicht die Asylanerkennung zur Folge. Sie hat jedoch die Wirkung, dass nach Ablauf von drei Monaten ergebnisloser Bemühungen das Asylverfahren fortzusetzen ist (Abs. 2 S. 1). **23**

Diese 1990 neu eingefügte Vorschrift ist im Zusammenhang mit § 51 I AuslG 1990 (jetzt § 60 I AufenthG) zu sehen. Diese die alte Regelung des § 14 I 1 AuslG 1965 übernehmende Bestimmung war seinerzeit mit der Absicht neu geregelt worden, an die Feststellung nach § 51 I AuslG 1990 zugleich grundsätzlich die Gewährung der Rechtsstellung nach § 51 III AuslG 1990 zu knüpfen. An die Stelle von § 51 III AuslG 1990 trat § 3. Fehlt es daher an der Rückkehrmöglichkeit, ist das Asylverfahren nach Maßgabe von Abs. 2 S. 1 fortzusetzen. Trifft das Bundesamt abschließend die Feststellung nach § 60 I AufenthG, darf eine Verfügung nach § 34 nicht mehr ergehen. Denn im Rahmen der Zulässigkeit nach Abs. 2 S. 1 ist bereits darüber entschieden worden, dass ein Staat, in den abgeschoben werden darf (vgl. § 60 X 2 AuslG), nicht festgestellt werden kann. **24**

Abs. 1 2. HS beschränkt die Rückführung nicht auf den Drittstaat, in dem der Antragsteller vor seiner Einreise offensichtliche Verfolgungssicherheit erlangt hatte. Vielmehr darf die Rückführung auch in jeden anderen Staat vorgenommen werden, in dem der Antragsteller vor politischer Verfolgung sicher ist. Eine verfassungskonforme Handhabung dieser weitgehenden Bestimmung setzt zusätzlich zur Prüfung der Verfolgungsfreiheit eine sorgfältige Prüfung der Übernahmebereitschaft des Drittstaates voraus, in den abgeschoben werden soll. Regelmäßig wird nämlich keine rechtliche Verpflichtung eines anderen Staates zur Übernahme des Antragstellers bestehen. **25**

In entsprechender Anwendung von § 60 X 2 AufenthG wird man fordern müssen, dass das Bundesamt im Rahmen der Prüfung der Zulässigkeit des Antrags den Staat, in den abgeschoben werden soll, positiv bezeichnen muss. Kann es dies mangels Übernahmebereitschaft eines anderen Staates nicht, fehlt es an der tatbestandlichen Voraussetzung nach Abs. 1 2. HS. Der Antrag ist beachtlich und das Asylverfahren fortzuführen. Abs. 2 findet keine **26**

Anwendung, da diese Bestimmung die vorherige Feststellung der Unbeachtlichkeit voraussetzt.

27 Zwar bezieht sich das Offensichtlichkeitsurteil lediglich auf den Tatbestand der Verfolgungssicherheit in einem bestimmten Drittstaat. Die Rückführung in einen bestimmten Drittstaat darf jedoch wegen des in Art. 33 GFK geregelten Verbotes der Kettenabschiebung nur durchgeführt werden, wenn zweifelsfrei *feststeht*, dass der Asylsuchende durch diesen Staat übernommen und dort vor Verfolgung sicher ist, was einschließt, dass er durch diesen Staat auch nicht in seinen Herkunftsstaat abgeschoben werden darf (BVerwGE 49, 202 (205f.) = EZAR 103 Nr. 1 = NJW 1975, 2158; BVerwGE 62, 206 (210) = EZAR 221 Nr. 7 = InfAuslR 1981, 214; BVerwGE 69323 (325) = EZAR 200 Nr. 10 = InfAuslR 1984, 1012). Es ist damit mehr als ein Offensichtlichkeitsurteil mit Blick auf die Rückführungsmöglichkeit gefordert. Ohne ausdrückliche Zustimmung der zuständigen Organe des sonstigen oder anderen Drittstaates nach Abs. 1 2. HS steht nicht fest, dass der Antragsteller übernommen und vor dem Refoulement geschützt wird.

28 Dies mag lediglich in den seltenen Fällen anders zu beurteilen sein, in denen der Asylsuchende ein durch einen Drittstaat ausgestelltes Reisedokument mit noch geltender Rückkehrberechtigung besitzt. Hier kann ausnahmsweise die Übernahmebereitschaft des Drittstaates unterstellt werden. Behauptet der Asylsuchende jedoch, in dem betreffenden Drittstaat nicht vor Verfolgung sicher gewesen zu sein, so fehlt es jedenfalls bei einem schlüssigen Sachvorbringen an der ersten Voraussetzung von Abs. 1 1. HS, nämlich der Offensichtlichkeit der Verfolgungssicherheit.

29 Angesichts dieser strengen Voraussetzungen läuft die Vorschrift des Abs. 1 2. HS weitgehend leer. Das hat auch seinen guten Grund. Denn nur in ganz besonders gelagerten Ausnahmefällen wird ein anderer Staat als der sonstige Drittstaat zur Übernahme bereit sein. Fehlt es im Regelfall schon an der Übernahmebereitschaft des sonstigen Drittstaates, in dem der Flüchtling immerhin offensichtlich vor Verfolgung sicher war, muss dies um so mehr bei einem anderen Drittstaat gelten. Auch dies spricht dafür, dass die Unbeachtlichkeit erst festgestellt werden darf, wenn feststeht, dass der sonstige oder andere Staat den Flüchtling übernimmt und hinreichend vor Verfolgung schützt.

30 Während das Offensichtlichkeitsurteil vergangenheitsbezogen ist und auf den Zeitpunkt des Aufenthaltes des Flüchtlings im Drittstaat abstellt, fordert Abs. 1 2. HS eine in die Zukunft gerichtete Prognose, die im Zeitpunkt der behördlichen oder gerichtlichen Entscheidung zu treffen ist. Der Antrag ist nur dann unbeachtlich, wenn einerseits offensichtlich ist, dass der Asylsuchende vor seiner Einreise in einem sonstigen Drittstaat vor Verfolgung sicher *war*, und andererseits feststeht, dass die Rückführung in diesen oder in einen anderen Staat möglich sein *wird*.

31 Zwar verlangt der Wortlaut der Vorschrift lediglich, dass die Rückführung möglich sein muss. Der Gesetzestext ist insoweit jedoch ungenau. Gemeint ist vielmehr, dass im Zeitpunkt der Entscheidung über die Beachtlichkeit dem Bundesamt zweifelsfreie Erkenntnisse darüber vorliegen müssen, dass der sonstige oder andere Drittstaat den Asylsuchenden nach der Rückführung übernehmen wird.

3. Unmöglichkeit der Rückführung (Abs. 2)

3.1. Anspruch auf Fortsetzung des Verfahrens nach Abs. 2 Satz 1

Nach Abs. 2 S. 1 ist das Asylverfahren fortzuführen, wenn die Rückführung nicht innerhalb von drei Monaten möglich ist. Diese Vorschrift setzt voraus, dass das Bundesamt im Rahmen der Beachtlichkeitsprüfung untersucht hat, dass die Rückführung in den sonstigen Drittstaat oder in einen anderen Staat, in dem der Asylsuchende vor politischer Verfolgung sicher ist (Abs. 1 2. HS), möglich ist. Kann dies nicht festgestellt werden, darf der Asylantrag von vornherein nicht als unbeachtlich abgelehnt werden und die Anwendung der Vorschrift des Abs. 2 S. 1 kommt von vornherein nicht in Betracht. 32

Die Regelung des Abs. 2 S. 1 setzt dementsprechend voraus, dass das Bundesamt kumulativ die Offensichtlichkeit der Verfolgungssicherheit im sonstigen Drittstaat sowie die Möglichkeit der Rückführung in diesen oder in einen anderen Drittstaat, in dem der Asylsuchende vor Verfolgung sicher ist, festgestellt und das Verwaltungsgericht diese Feststellungen im Eilrechtsschutzverfahren bestätigt hat, sich aber im nachhinein herausstellt, dass die Rückführung nicht möglich ist. Für diesen Fall ordnet Abs. 2 S. 1 an, dass nach Ablauf von drei Monaten das Asylverfahren fortzuführen ist. 33

Diese Vorschrift kann daher nicht dahin ausgelegt werden, das Bundesamt könne bei bloßem Verdacht die Übernahmebereitschaft eines Drittstaates unterstellen. Vielmehr hat Abs. 2 S. 1 eine den Abschiebungsschutz verstärkende Funktion: Hat das Bundesamt nach Abs. 1 2. HS mit der erforderlichen Überzeugungsgewissheit die Übernahmebereitschaft des sonstigen oder anderen Drittstaates festgestellt, muss dies nicht automatisch zur Folge haben, dass die sich an diese Feststellung anschließende Rückführung des Flüchtlings auch erfolgreich durchgeführt werden kann. 34

Eine Rückführung kann aus den verschiedensten, z. B. persönlichen Gründen (etwa Reiseunfähigkeit wegen Krankheit oder Schwangerschaft mit der Folge des Ablaufs der Rückkehrberechtigung) oder objektiven Hindernissen (Transportprobleme, Verweigerung der Einreise trotz vorheriger Zustimmung, Änderung der politischen Verhältnisse im Drittstaat) undurchführbar sein. Um hier dem Flüchtling ein gewisses Maß an Rechtssicherheit zu geben, bestimmt Abs. 2 S. 1, dass nach Ablauf von drei Monaten ergebnisloser behördlicher Rückführungsbemühungen das Asylverfahren fortzuführen ist. 35

3.2. Unverzügliche Unterrichtungspflicht der Ausländerbehörde (Abs. 2 Satz 2)

Nach Abs. 2 S. 2 hat die zuständige Ausländerbehörde das Bundesland unverzüglich darüber zu unterrichten, dass eine Rückführung in den sonstigen Drittstaat nicht möglich ist, damit das Asylverfahren fortgeführt werden kann. Die Regelung des Abs. 2 S. 1 geht zunächst davon aus, dass das Bundesamt den Zugang zum Asylverfahren verweigert hat, weil es nach Maßga- 36 be von Abs. 1 von einem unbeachtlichen Asylantrag ausgegangen ist. Die zuständige Ausländerbehörde hat sodann die Rückführung in den Staat versucht, den das Bundesamt in der Verfügung nach § 35 in Verb. mit § 60 X 2 AufenthG benannt hat.

37 Die Frist nach Abs. 2 S. 1 beginnt mit dem Zeitpunkt der Zustellung der Verfügung nach § 35. Gelingt es der Ausländerbehörde innerhalb von drei Monaten nicht, den Antragsteller in den bestimmten Drittstaat zurückzuführen, hat sie nach Abs. 2 S. 2 das Bundesamt unverzüglich davon zu unterrichten, damit dieses das normale, hier aber auf das Antragsziel des § 13 I 2. Alt. in Verb. mit § 60 I AufenthG eingeschränkte Asylverfahren fortführen kann. Steht von vornherein fest, dass die Rückführung in den sonstigen Drittstaat nicht möglich ist, entsteht die ausländerbehördliche Unterrichtungspflicht bereits vor dem Ablauf der Frist von drei Monaten nach Abs. 2 S. 1.

38 Die Vorschrift des Abs. 2 S. 1 gewährt dem Asylsuchenden einen *Rechtsanspruch auf Fortführung des Verfahrens*. Unterlässt die Ausländerbehörde nach Ablauf der Drei-Monats-Frist die Unterrichtung des Bundesamtes und versucht sie auch weiterhin die Abschiebung, hat er einen Anspruch auf Durchführung des Asylverfahrens, dem er gegebenenfalls mit der Verpflichtungsklage und dem einstweiligen Antrag nach § 123 VwGO zum Durchbruch verhelfen kann.

4. Unbeachtlicher Asylantrag nach Abs. 3

4.1. Funktion der Vorschrift des Abs. 3 S. 1

39 Abs. 3 ist durch ÄnderungsG 1993 neu eingefügt worden und steht im engen Zusammenhang mit der in Art. 16 a II und V, §§ 26 a, 34 a geregelten *Drittstaatenkonzeption*. Voraussetzung für die Feststellung der Unbeachtlichkeit nach Abs. 3 S. 1 ist, dass der Staat, in den zurückgeführt werden soll, ein sicherer Drittstaat im Sinne von Art. 16 a II 1 GG und aufgrund eines völkerrechtlichen Vertrags zuständig ist oder die Zuständigkeit übernimmt. Nach der Rechtsprechung des BVerfG tritt indes die Drittstaatenregelung des Art. 16 a II GG hinter völkerrechtlichen Vereinbarungen im Sinne des Art. 16 a V GG zurück (BVerfGE 94, 49 (86) = NVwZ 1996, 700 (702) = EZAR 208 Nr. 7). Das betrifft nach sachgerechtem Verständnis nicht nur die Fälle, in denen der sichere Drittstaat für die Behandlung des Asylgesuchs zuständig ist, sondern auch die Asylbegehren, für deren Prüfung die Bundesrepublik völkerrechtlich verantwortlich ist.

40 Art. 16 a V GG bildet demnach die Grundlage für die Verweisung eines Asylsuchenden an einen anderen Vertragsstaat nach Maßgabe des zugrundeliegenden Abkommens wie auch für die Behandlung von Asylsuchenden durch die Bundesrepublik im Rahmen dieses Abkommens. Dementsprechend wird ein Asylbegehren nach Abs. 3 S. 1 als unbeachtlich behandelt, wenn ein anderer Vertragsstaat für die Behandlung des Asylbegehrens zuständig ist. Ist die Bundesrepublik für die Behandlung des Asylgesuchs zuständig, richtet sich das Verfahren nach § 22 a.

Anders als Abs. 3 S. 1 setzt § 34 a I nicht voraus, dass mit dem sicheren Drittstaat, in den abgeschoben werden soll, ein völkerrechtlicher Zuständigkeitsvertrag bestehen muss. Das BVerfG hat gegen diese Regelung keine Bedenken. Denn anders als Art. 16 a V GG, der die Existenz völkerrechtlicher Zuständigkeitsvereinbarungen voraussetzt, bietet Art. 16 a II GG seiner Ansicht nach die innerstaatliche Rechtsgrundlage dafür, den Asylsuchenden alsbald in den Drittstaat zurückzuführen (BVerfGE 94, 49 (96) = NVwZ 1996, 700 (702) = EZAR 208 Nr. 7). Dementsprechend ist der einstweilige Rechtsschutz gegen die Abschiebungsanordnung regelmäßig ausgeschlossen (Art. 16a II 3 GG, § 34 a II). 41

Demgegenüber ist der vorläufige Rechtsschutz in den Fällen, in denen möglicherweise ein anderer Vertragsstaat für die Behandlung des Asylbegehrens zuständig ist, nicht ausgeschlossen. Denn ein unbeachtlicher Asylantrag nach Abs. 3 S. 1 zieht die *Abschiebungsandrohung* nach § 35, *nicht* die *Abschiebungsanordnung* nach § 34 a I 1 nach sich. Gegen die Abschiebungsandrohung nach § 35 ist der vorläufige Rechtsschutz über § 36 I nach Maßgabe von § 36 III und IV eröffnet. Bereits eine systematische Interpretation der Bestimmungen des AsylVfG und eine daran ausgerichtete Handhabung der gesetzlichen Vorschriften verdeutlicht, dass das Bundesamt zunächst die Beachtlichkeit eines Antrags nach Abs. 3 S. 1 zu prüfen hat. 42

Dies ist insbesondere die Folge der verfassungsrechtlichen Ausgangssituation, derzufolge die Drittstaatenregelung des Art. 16 a II GG hinter völkerrechtlichen Vereinbarungen im Sinne des Art. 16 a V GG zurücktritt (BVerfGE 94, 49 (86) = NVwZ 1996, 700 (702) = EZAR 208 Nr. 7)). Dazu ist Voraussetzung, dass zwischen der Bundesrepublik und dem anderen Staat ein Zuständigkeitsabkommen besteht. Nur dann besteht eine völkerrechtliche Verpflichtung dieses Staates, den Flüchtling zurück zu übernehmen. 43

Völkerrechtliche Verträge, die zunächst im Rahmen von Abs. 3 Anwendung fanden, waren insbesondere das Dubliner Übereinkommen (DÜ) vom 15. Juni 1990 (BGBl. II 1994 S. 792) und das Schengener Durchführungsübereinkommen (SDÜ) vom 19. Juni 1990 (BGBl. II 1993 S. 1010). Darauf weist auch das BVerfG in diesem Zusammenhang hin (BVerfGE 94, 49 (86) = NVwZ 1996, 700 (702) = EZAR 208 Nr. 7)). Das SDÜ ist am 26. März 1996 für die Erstunterzeichnerstaaten *Bundesrepublik, Frankreich* und die *Benelux-Staaten* sowie die später hinzugekommenen Staaten *Spanien* und *Portugal* in Kraft getreten (BGBl. II S. 242). Die Zuständigkeitskriterien des SDÜ sind nahezu identisch mit denen des Dubliner Übereinkommens. 44

Da das DÜ mit Wirkung vom 1. September 1997 (s. hierzu VG Wiesbaden, AuAS 1998, 57 (58): Wirkung nur für die Zukunft) für die früheren zwölf EG-Staaten in Kraft getreten war (BGBl. II S. 1462), fanden aufgrund von Art. 1 des Bonner Protokoll vom 26. April 1994 die Bestimmung des Kapitels 7 des SDÜ über die Zuständigkeit des Vertragsstaates zur Behandlung von Asylbegehren keine Anwendung mehr (BGBl. II S. 739). An deren Stelle waren die Art. 3 bis 9 DÜ getreten (BVerfG (Kammer), AuAS 2001, 7 (9) = InfAuslR 2000, 364). 45

Seit dem 1. Oktober 1997 nehmen Österreich und Schweden und seit dem 1. Januar 1998 Finnland als weitere Vertragsstaaten am Verfahren nach dem DÜ teil (Huber, NVwZ 1998, 150). Bei der Anwendung von Abs. 3 S. 1 war 46 deshalb zu beachten, dass nicht mehr das SDÜ, sondern das DÜ den zwischenstaatlichen Verkehr regelte. Da allerdings die Zuständigkeitskriterien und Verfahrensregelungen weitgehend identisch waren, konnte die zur Anwendung des DÜ in diesem Zusammenhang entwickelte Rechtsprechung auch weiterhin Berücksichtigung finden.

47 Die EG-Kommission hatte am 27. Juli 2001 den *Vorschlag für eine Verordnung des Rates zur Festlegung von Kriterien und Verfahren zur Bestimmung des Mitgliedsstaates, der für die Prüfung eines Asylantrags zuständig ist, den ein Staatsangehöriger eines dritten Landes in einem Mitgliedsstaat gestellt hat* (KOM(2001)447) vorgelegt (BR-Dr.s 959/01, 8.11.2001). Dieser Vorschlag beruht auf Art. 63 I Nr. 1 a EG-Vertrag und löst das multilaterale System des DÜ ab. Die hierauf aufbauende EG-Verordnung 343/2003 (*Dublin II-VO*) ist auf alle Asylanträge anwendbar, die nach dem 1. September 2003 gestellt werden (vgl. Art. 29 II). *Dänemark* beteiligt sich nicht an der Verordnung. Daher bleibt das DÜ für Dänemark und die übrigen DÜ-Staaten insoweit in Kraft (vgl. Präambel Nr. 18 u. 19). Damit wird das völkerrechtliche Zuständigkeitssystem, das bisher durch völkerrechtliche Verträge geregelt ist, vergemeinschaftet. Abs. 3 kann keine unmittelbare Anwendung mehr finden.

48 Ob eine sinngemäße Anwendung von Abs. 3 in Betracht kommt (so Hailbronner, AuslR, § 29 AsylVfG, Rdn. 20), erscheint fraglich. Da das DÜ durch eine Verordnung abgelöst worden ist und diese in den Mitgliedsstaaten unmittelbar Anwendung findet, kann seit deren Inkrafttreten die Frage der Zuständigkeit der Bundesrepublik für die Prüfung eines Asylbegehrens bzw. die eines anderen Mitgliedsstaates unmittelbar nach der Verordnung geprüft und geregelt werden. Das innerstaatliche Verwaltungs- und Rechtsschutzverfahren richtet sich nach § 35 und § 36.

4.2. Subjektives Recht des Antragstellers auf Anwendung der Dublin II-VO

49 Streit herrschte früher darüber, ob das SDÜ oder DÜ einen einklagbaren Rechtsanspruch auf Durchführung des Asylverfahrens gewährte. Danach verpflichteten sich die Vertragsstaaten, jeden Asylantrag zu prüfen, den ein Ausländer an der Grenze oder im Hoheitsgebiet eines Vertragsstaates stellte. Es wurde behauptet, Art. 29 I SDÜ habe nicht nur völkerrechtliche Verpflichtungen zwischen den Vertragsparteien, sondern auch einen einklagbaren Verfahrensanspruch gewährleistet (Huber, NVwZ 1996, 1069 (1073); s. aber Huber, NVwZ 1998, 150; wohl auch Achermann, Schengen und Asyl, S. 114; a. A. Hailbronner/Thiery, ZAR 1997, 55 (59); Marx, EJML 2001, 79). Dagegen wurde eingewandt, Adressaten dieser Norm seien allein die Vertragsstaaten gewesen. Auch durch Transformation des DÜ in innerstaatliches Recht habe kein subjektives Recht entstehen können, da subjektive Rechte nur begründet werden könnten, wenn der Vertrag dies bereits vorsehe (OVG NW, B. v. 14.4.1999 – 11 A 2666/99.A; VG Freiburg, NVwZ-RR 2002, 227 = AuAS 2002, 23; VG Gießen, NVwZ-Beil. 1996, 27 f. = AuAS 1996. 70; VG Schwerin, AuAS 1996, 227 (228); VG Münster, AuAS 2001, 36).

Weder Art. 29 I SDÜ noch Art. 3 I DÜ hatten eine Norm dargestellt, die mit voller Klarheit die Annahme zuließ, dass ein subjektiver Anspruch auf Zugang zum Verfahren gewünscht war (so auch Hailbronner/Thiery, ZAR 1997, 55 (59)). Unter »Behandlung« im Sinne von Art. 29 I SDÜ waren »alle Verfahren zur Prüfung und Entscheidung von Asylbegehren« gemeint, mit Ausnahme der Bestimmung der Vertragspartei, die aufgrund des SDÜ für die Behandlung des Asylbegehrens zuständig war (SDÜ Art. 1 I Buchst. d)). Das DÜ enthielt in Art. 1 I Buchst. d) eine identische Regelung. Das Verfahren zur Zuständigkeitsbestimmung wurde damit nicht vom Regelungsbereich der Art. 29 I SDÜ und Art. 3 I DÜ erfasst. Zutreffend wurde darauf hingewiesen, dass das SDÜ keine Verpflichtung zur Klärung der internationalen Zuständigkeit enthielt. In den Fällen, in denen sich jeder Staat für unzuständig erklärte, gehe daher die Behandlungsgarantie nach Art. 29 I SDÜ ins Leere (Gerlach, ZRP 1993, 164 (166)). Ebenso wurde im Blick auf Art. 1 I Buchst. d) DÜ eingewendet, dass die Herausnahme der Verfahren zur Zuständigkeitsbestimmung aus dem Übereinkommen dazu führe, dass ein Asylsuchender keine Verfahrensgarantien habe (Bolten, From Schengen to Dublin, S. 8 (23); v. d. Klaauw, Netherlands Quaterly of Human Rights 1996, 458 (466)).

50

Durch die Umstellung des Zuständigkeitssystems von einem multilateralen Vertrag zu einer gemeinschaftsrechtlichen Verordnung hat sich die Rechtslage indes entscheidend verändert. Charakteristikum einer Verordnung ist ihre allgemeine Geltung, die Verbindlichkeit in all ihren Teilen und die *unmittelbare Geltung in den Mitgliedstaaten* (Art. 249 II EGV). Adressaten der Dublin II-Verordnung sind damit nicht nur die Gemeinschaft und ihre Institutionen, sondern darüber hinaus auch die Mitgliedstaaten und die natürlichen und juristischen Einzelpersonen innerhalb der EG. Dementsprechend sind grundsätzlich auch Asylbewerber Adressaten der Dublin II-VO (Schröder, ZAR 2003, 124 (131)). Subjektive Rechte sind z. B. das Recht nach Art. 21 IX Dublin II-VO, die persönlichen Daten zu erfahren, oder gegen einen Überstellungsbescheid gemäß Art. 19 II 3 Dublin II-VO einen Rechtsbehelf einzulegen. Zwar ist das Selbsteintrittsrecht nach Art. 3 II und 15 Dublin II-VO zunächst ein Recht des Mitgliedstaates. Dem Asylbewerber wird jedoch ein Recht auf fehlerfreie Ermessensausübung eingeräumt (Schröder, ZAR 2003, 124 (131)).

51

4.3. Zuständigkeitskriterien nach der Dublin II-VO

4.3.1. Allgemeines

Auch die Dublin II-VO regelt die Kriterien zur Bestimmung des zuständigen Asylstaates zur Behandlung des Asylbegehrens nach Maßgabe des *Verursacherprinzips* (vgl. hierzu Dörr, DÖV 1993, 696 (701)). Zielsetzung der Verordnung ist es, dass immer *nur* ein Staat für die Prüfung des Asylbegehrens zuständig ist. Damit soll *verhindert* werden, dass der Asylsuchende *von einem Mitgliedstaat in den anderen abgeschoben* wird, ohne dass sich einer dieser Staaten für zuständig erklärt (BVerfGE 94, 49 (86) = EZAR 208 Nr. 7 = NVwZ 1996, 700). An dieser Zielsetzung hat sich die Interpretation der Zuständig-

52

keitskriterien der Art. 5 ff. Dublin II-VO und damit auch die Auslegung und Anwendung von Abs. 3 S. 1 auszurichten.

53 Der Dublin II-VO liegen »*dieselben Grundsätze wie dem DÜ*« zugrunde, nämlich »*das Konzept, dass in einem Raum, in dem der freie Personenverkehr gemäß den Bestimmungen des EG-Vertrags gewährleistet ist, jeder Mitgliedstaat gegenüber dem anderen Mitgliedstaat für seine Handlungen im Bereich der Einreise und des Aufenthalts von Drittstaatsangehörigen verantwortlich ist*« (BR-Drs. 959/01, S. 5). Die wichtigsten, an die DÜ angelehnten Zuständigkeitskriterien und deren Rangfolge spiegeln diesen allgemeinen Ansatz wider.

54 Entsprechend dem Verursacherprinzip errichten die Zuständigkeitskriterien zur Bestimmung des zuständigen Mitgliedstaates gemäß Art. 5 Dublin II-VO einen *hierarchisch gestaffelten Kriterienkatalog* (vgl. Hailbronner/Thiery, ZAR 1997, 55 (57); Huber, NVwZ 1998, 150 (151); so auch UNHCR Bonn, Stellungnahme vom Mai 1998). Dabei sind die in Art. 5–14 der VO genannten Kriterien in der im Kapitel III bezeichneten Reihenfolge anzuwenden (Art. 5 I Dublin II-VO). Es wird von der Situation ausgegangen, die in dem Zeitpunkt gegeben ist, in dem der Asylbewerber seinen Asylantrag zum ersten Mal in einem Mitgliedstaat stellt (Art. 5 II Dublin II-VO).

55 Nach Abs. 3 S. 1 2. Alt. DÜ kam es allein darauf an dass der sichere Drittstaat tatsächlich die Zuständigkeit übernahm. Eine Prüfung, ob die Voraussetzungen für eine Übernahme zu Recht bejaht wurden, hatte nach dem Gesetzeswortlaut nicht zu erfolgen (VG Freiburg, NVwZ-RR 2002, 227). Bei der Prüfung ob ein Asylantrag unbeachtlich ist, weil ein anderer Vertragsstaat die Zuständigkeit übernommen hatte, kam es daher auch nicht darauf an, ob der übernehmende Staat die Bestimmungen des DÜ eingehalten hatte (VG Schwerin, NVwZ-Beil. 2002, 95 = AuAS 2002, 177). Nun mehr regelt Kap. V der Dublin II-VO ein sehr ausdifferenziertes Übernahmeverfahren. Dem Asylantragsteller, für dessen Asylbegehren die Zuständigkeit eines anderen Mitgliedstaates besteht, ist die Ausreise in diesen Staat zu ermöglichen. Eine Abschiebung in den Herkunftsstaat ist untersagt (VG Oldenburg, NVwZ-Beil. 2000, 71 (72)).

4.3.2. Erfordernis eines Asylantrags

56 Nach Art. 2 Buchst. c) Dublin II-VO wird der Asylantrag als Antrag definiert, mit dem der Betreffende einen Vertragsstaat um Schutz nach der GFK unter Berufung auf den Flüchtlingsstatus im Sinne von Art. 1 GFK in der Fassung des New Yorker Protokolls ersucht. An diesen Antragsbegriff knüpfen die in Art. 5 ff. der Verordnung enthaltenen Zuständigkeitsvorschriften an. Dementsprechend findet die Dublin II-VO keine Anwendung, wenn der Antragsteller Abschiebungsschutz nach § 60 II–VII AufenthG begehrt (Funke-Kaiser, in: GK-AsylVfG, II § 29 Rdn. 42; Hailbronner/Thiery, ZAR 1997, 55 (58); Löper, ZAR 2000, 16 (17); OVG NW, NVwZ 1997, 1141 (1142); a. A. VG Regensburg, NVwZ-RR 2004, 692 (693) = AuAS 2004, 213). Die Vorschrift des Abs. 3 S. 1 ist unanwendbar.

57 Dies ergibt sich bereits aus § 24 II. Denn stellt der Antragsteller keinen Asylantrag im Sinne von § 13 I, ist das Bundesamt nicht zuständig. Ein nicht existenter Asylantrag kann nicht unbeachtlich im Sinne von Abs. 3 S. 1 sein.

Zwar ist der gestellte Antrag nach innerstaatlichem Recht objektiv auszulegen, sodass es für die innerstaatliche Rechtsanwendung allein auf die inhaltliche Bedeutung, die der Antragsteller seinem Schutzbegehren beimisst, nicht ankommen kann (§ 13 Rdn. 2 ff.). Macht der Schutzsuchende daher unter formaler Berufung auf § 60 II–VII AufenthG in Wirklichkeit ein Schutzersuchen vor Verfolgung geltend, liegt ein Antrag im Sinne von § 13 I vor. Allerdings ermöglicht Art. 2 Buchst. c) S. 2 Dublin II-VO, dass der Antragsteller ausdrücklich um »einen anderweitigen Schutz« ersucht, sodass ungeachtet des nach objektiven Kriterien auszulegenden Sinngehalts der Antrag kein Asylantrag ist und deshalb das System der Dublin II-VO keine Anwendung findet.

Ist der Antragsteller über einen sicheren Drittstaat im Sinne des Art. 16 a II 2 GG, § 26 a I 1 eingereist, schützt ihn die Berufung auf Abschiebungsschutz nach § 60 II–VII AufenthG allerdings nicht vor der Rückführung in diesen Staat (BVerfGE 94, 49 (98) = NVwZ 1996, 700 = EZAR 208 Nr. 7), sofern dieser identifiziert werden kann. Die Ausländerbehörde geht in einem derartigen Fall nach § 19 III vor. **58**

Sofern der sichere Drittstaat jedoch ein Mitgliedstaat ist, darf wegen Art. 2 Buchst. c) S. 2 Dublin II-VO das Zuständigkeitssystem, das entscheidungserheblich auf dem Asylantragsbegriff beruht, nicht durch innerstaatliche Drittstaatenregelungen umgangen werden. Die Berufung auf Abs. 3 S. 2 ist in derartigen Fällen nicht zulässig (unklar OVG NW, NVwZ 1997, 1141 (1142)). Vielmehr ist die Bundesrepublik für die Prüfung und Entscheidung über den Antrag auf Gewährung von Abschiebungsschutz nach § 60 II–VII AufenthG zuständig. **59**

Für die Berufung auf den internationalen Schutz nach § 60 I AufenthG gelten diese Grundsätze nicht. Da dieser Schutz auf den Flüchtlingsbegriff nach Art. 1 A GFK verweist (vgl. auch BVerwGE 89, 296 (301) = EZAR 232 Nr. 2 = NVwZ 1992, 676 = InfAuslR 1992, 205; BVerwG, EZAR 230 Nr. 2 = InfAuslR 1993, 119), liegt ein Antrag im Sinne von Art. 2 Buchst. c) Dublin II-VO vor und wird damit die Anwendbarkeit der Verordnung begründet. **60**

4.3.3. Vorrang familiärer Bindungen (Art. 7 Dublin II-VO)

Nach Art. 7 Dublin II-VO ist der Mitgliedstaat, der einen Familienangehörigen des Asylbewerbers als Flüchtling anerkannt und das Recht auf Aufenthalt gewährt hat, für die Prüfung des Asylgesuchs zuständig, sofern die betroffenen Personen dies wünschen. Als Familienangehörige gelten nach Art. 2 Buchst. i) Dublin II-VO – sofern die Familie bereits im Herkunftsland bestanden hat – der Ehegatte des Asylbewerbers oder der nicht verheiratete Partner des Asylbewerbers, der mit diesem eine dauerhafte Beziehung führt, die minderjährigen Kinder von derart bezeichneten Paaren, sofern diese ledig und unterhaltsberechtigt sind, gleichgültig, ob es sich nach dem einzelstaatlichen Recht um eheliche oder außerehelich geborene oder adoptierte Kinder handelt, bei unverheirateten minderjährigen Antragstellern oder Flüchtlingen der Vater, die Mutter oder der Vormund. Das Zuständigkeitskriterium der Familienangehörigkeit ist vorrangig vor den weiteren Zuständigkeitskriterien (BVerfG (Kammer), AuAS 2001, 7 (8) = InfAuslR 2000, 364). **61**

62 Unvereinbar hiermit ist die Rechtsprechung, die es in derartigen Fällen abgelehnt hatte, den engen Familienangehörigen eines in einem anderen Vertragsstaat anerkannten Flüchtlings ein Recht darauf einzuräumen, dass die Bundesrepublik ein Ersuchen an diesen Staat auf Übernahme stellte und die deshalb der Grenzbehörde ein Recht auf Zurückweisung in den Herkunftsstaat einräumte (VG Frankfurt am Main, B. v. 31. 10. 1997 – 11 G 50634/97. A(3)).

63 Nach Art. 8 Dublin II-VO wird bestimmt, dass ein Asylbewerber, der einen Familienangehörigen in einem Mitgliedstaat hat, über dessen Asylantrag noch keine erste Sachentscheidung getroffen wurde, auch über den Antrag des Asylbewerbers zu entscheiden hat, sofern die betroffenen Personen dies wünschen. Die Kommission begründet ihren Vorschlag damit, dass die Behandlung von Asylanträgen mehrerer Familienangehöriger durch ein und denselben Mitgliedsstaat eine eingehendere Prüfung der Anträge und kohärentere Entscheidungen ermögliche (BR-Drs. 959/01, S. 12f.). Damit ist die Bundesrepublik für die Behandlung des Asylantrags des Antragstellers zuständig, solange über den Asylantrag des bereits hier lebenden Familienangehörigen noch keine Sachentscheidung nach § 31 getroffen worden ist

64 Stellen mehrere Mitglieder einer Familie in demselben Mitgliedstaat *gleichzeitig* oder in so großer *zeitlicher Nähe* einenAsylantrag, dass die Verfahren zur Bestimmung des zuständigen Mitgliedstaates gemeinsam durchgeführt werden können, und könnte die Anwendung der in der Verordnung genannten Kriterien ihre Trennung zur Folge haben, so ist der Mitgliedstaat für die Bearbeitung *sämtlicher Familienangehöriger* zuständig, der nach den Kriterien in Art. 6–13 der VO für die Aufnahme des größten Teils der Familienmitglieder zuständig ist. Andernfalls ist der Mitgliedstaat zuständig, der nach diesen Kriterien für die Prüfung des von dem ältesten Familienmitglied eingebrachten Asylantrages zuständig ist (Art. 14 Dublin II-VO). Damit ist die frühere Rechtsprechung, die gegen die Trennung der Familienmitglieder keine rechtlichen Bedenken hatte (BVerfG (Kammer), B. v. 24. 7. 1998 – 2 BvR 99/97; VG Frankfurt/M, InfAuslR 1996, 331; VG Gießen, NVwZ-Beil. 1996, 27; VG Berlin, B. v. 25. 4. 1996 – VG 33 X 138/96; VG Ansbach, NVwZ-Beil. 2001, 61 = InfAuslR 2001, 247; zust. Huber, NVwZ 1996, 1069 (1074); Hailbronner/Thiery, ZAR 1997, 55 (57); Löper, ZAR 2000, 16 (22); a. A. Achermann, Schengen und Asyl, S. 79 (112); Marx, EJML 2001, 7 (22)), überholt. Fehlt es am zeitlichen Zusammenhang der Asylanträge der Familienmitglieder, kann das in Art. 15 Dublin II-VO geregelte Selbsteintrittsrecht weiterhelfen (Rdn. 78 ff.)

4.3.4. Unbegleitete Minderjährige (Art. 6 Dublin II-VO)

65 Nach Art. 6 I Dublin II-VO ist in Fällen von unbegleiteten minderjährigen Asylbewerbern der Mitgliedstaat für die Behandlung des Asylgesuchs zuständig, in dem sich ein Angehöriger seiner Familie rechtmäßig aufhält, sofern dies im Interesse des Minderjährigen liegt. Dabei ist vom Begriff der Familienangehörigen nach Art. 2 Buchst. i) der VO auszugehen. Rechtmäßig ist auch der Aufenthalt des Familienangehörigen, der einen Asylantrag (§ 55 I 1) oder einen Antrag auf Erteilung oder Verlängerung eines Aufenthaltstitels (§ 81 III 1, IV AufenthG) gestellt hat. Ob die Übernahme des Minderjährigen

in dessem Interesse liegt, beurteilt sich nach dem Begriff des Kindeswohls. Es ist stets im Interesse des Kindeswohls, das Zusammenleben mit einem Familienangehörigen zu ermöglichen. Befinden sich Familienangehörige in verschiedenen Mitgliedstaaten, so ist dem personensorgeberechtigten Elternteil oder den Eltern vor anderen Verwandten der Vorrang einzuräumen. Bei ranggleichem Verwandschaftsverhältnis ist der Mitgliedstaat zuständig, bei dem der Minderjährige um Asyl nachsucht, wenn sich dort ein derartiger Verwandter rechtmäßig aufhält. Es liegt im Interesse des Kindeswohls, nach Möglichkeit die Ungewissheit über den weiteren Fortgang des Verfahrens zu beseitigen und unnötige Reisen auszuschließen.

Ist kein Familienangehöriger anwesend, so ist der Mitgliedstaat zuständig, in dem der Minderjährige seinen Asylantrag gestellt hat (Art. 6 II Dublin II-VO). Abs. 2 ist gegenüber Abs. 1 von Art. 6 nachrangig. Lebt deshalb in einem Mitgliedstaat ein Familienangehöriger, jedoch nicht in dem Mitgliedstaat, in dem der Minderjährige Asyl beantragt hat, so wird auf Wunsch des Minderjährigen die Zuständigkeit des Mitgliedstaates begründet, in dem sich der Familienangehörige rechtmäßig aufhält. Art. 6 II Dublin II-VO ist so zu verstehen, dass der Mitgliedstaat, in dem der Minderjährige um Asyl nachsucht, nur dann zuständig ist, wenn in keinem Mitgliedstaat ein Angehöriger lebt. Sofern der Minderjährige allerdings die Behandlung des Asylantrags durch den Mitgliedstaat ablehnt, in dem sich ein Familienangehöriger rechtmäßig aufhält, liegt es regelmäßig nicht im Interesse des Minderjährigen, ihn gegen seinen Willen einem anderen Mitgliedstaat zuzuweisen. Jedenfalls dann, wenn im Herkunftsland keine familiäre Lebensgemeinschaft mit dem Angehörigen geführt worden war, fehlt es an der Voraussetzung nach Art. 2 Buchst. i) Dublin II-VO.

66

Eine wichtige Auslegungsregel enthält Art. 15 III Dublin II-VO. Leben in einem anderen Mitgliedstaat ein oder mehrere Familienangehörige, die den unbegleiteten Minderjährigen bei sich aufnehmen können, so haben die Mitgliedstaaten nach Möglichkeit eine räumliche Annäherung dieses Minderjährigen an seinen bzw. seine Angehörigen vorzunehmen, sofern dies im Interesse des Minderjährigen liegt. Aus allen unbegleitete minderjährige Asylantragsteller betreffenden Regelungen wird das Auslegungsprinzip deutlich, dass es stets auf das Kindeswohl ankommt und insoweit stets die berechtigten Interessen des Kindes maßgebend sind. Unvereinbar hiermit sind Zuständigkeitsentscheidungen gegen den begründeten Willen des Kindes.

67

4.3.5. Besitz eines gültigen Aufenthaltstitels (Art. 9 Dublin II-VO)

Besitzt der Asylbewerber einen gültigen Aufenthaltstitel, so ist der Mitgliedstaat zuständig, der den Aufenthaltstitel ausgestellt hat (Art. 9 I Dublin II-VO). Für die Rechtsanwendung bedeutet dies, dass der Besitz eines durch die Bundesrepublik Deutschland ausgestellten Aufenthaltstitels (§ 4 AufenthG) die Beachtlichkeit des Asylantrags nach Abs. 3 S. 1 begründet und die Anwendung der Drittstaatenregelung nach § 26 a I 1 und damit auch die von Abs. 3 S. 2 ausgeschlossen ist (BVerfG (Kammer), NVwZ-Beil. 2003, 97 (98)). Dem tragen die Vorschriften in §§ 18 IV Nr. 1, 26 a I 3 Nr. 2 Rechnung.

68

69 Reist hingegen der Asylsuchende mit dem Visum eines anderen Mitgliedstaates in das Bundesgebiet ein, ist dieser für die Behandlung des Asylantrags zuständig (BayVGH, NVwZ-Beil. 2001, 13 (14); VG Gießen, NVwZ-Beil. 1996, 27 = AuAS 1996, 70; VG Berlin, B. v. 25. 41996 – VG 33 X 138/96 – alle zu Frankreich) und der Asylantrag ist nach Abs. 3 S. 1 unbeachtlich. Das gilt namentlich für ein von einem anderen Mitgliedsstaat erteiltes Schengen-Visum (BayVGH, NVwZ-Beil. 2001, 13 (14)).

70 Besitzt der Asylbewerber ein gültiges Visum, das durch die Bundesrepublik in Vertretung oder mit schriftlicher Zustimmung eines anderen Mitgliedstaates ausgestellt wurde, ist dieser zuständig (Art. 9 II 2 Dublin II-VO). Haben mehrere Vertragsstaaten ein Visum erteilt, ist der Staat zuständig, der den Aufenthaltstitel mit der längsten Geltungsdauer erteilt hat, oder bei gleichzeitiger Geltungsdauer der Mitgliedstaat, der den zuletzt ablaufenden Aufenthaltstitel erteilt hat (Art. 9 III Buchst. a) Dublin II-VO). Kann danach die Zuständigkeit nicht festgestellt werden, so ist der Mitgliedstaat zuständig, der das zuletzt ablaufende Visum erteilt hat, wenn es sich um gleichartige Visa handelt (Art. 9 III Buchst. b) Dublin II-VO), bei nicht gleichartigen Visa der Mitgliedstaat, der das Visum mit der längsten Geltungsdauer erteilt hat, oder bei gleichzeitiger Geltungsdauer der Mitgliedstaat, der das zuletzt ablaufende Visum erteilt hat (Art. 9 III Buchst. c) Dublin II-VO).

71 Besitzt der Asylbewerber nur einen oder mehrere Aufenthaltstitel, die weniger als zwei Jahre abgelaufen sind, oder ein oder mehrere Visa, die seit weniger als sechs Monaten abgelaufen sind, aufgrund deren er in das Hoheitsgebiet eines Mitgliedstaates einreisen konnte, so gelten die in Art. 9 III Buchst. a) – c) Dublin II-VO festgelegten Grundsätze, solange der Antragsteller das Hoheitsgebiet der Mitgliedstaaten nicht verlassen hat (Art. 9 IV 1 Dublin II-VO). Für die Fristberechnung ist auf den Zeitpunkt der Asylantragstellung abzustellen (VG Ansbach, NVwZ-Beil. 2001, 61 = InfAuslR 2001, 247). Hat hingegen der Asylbewerber das Gemeinschaftsgebiet verlassen, so gelten für den erneut gestellten Asylantrag die allgemeinen Zuständigkeitskriterien nach Art. 5 ff. Dublin II-VO. Besitzt demgegenüber der Asylbewerber einen oder mehrere Aufenthaltstitel, die mehr als zwei Jahre zuvor abgelaufen sind, oder ein oder mehrere Visa, die seit mehr als sechs Monaten abgelaufen sind, aufgrund deren er in das Hoheitsgebiet eines Mitgliedstaates einreisen konnte, und hat er das Hoheitsgebiet der Mitgliedstaaten nicht verlassen, so ist der Mitgliedstaat zuständig, in dem der Asylantrag gestellt wird (Art. 9 IV 2 Dublin II-VO).

72 Der Umstand, dass der Aufenthaltstitel oder das Visum aufgrund einer *falschen oder missbräuchlich verwendeten Identität oder nach Vorlage von gefälschten, falschen oder ungültigen Dokumenten* erteilt wurde, hindert nicht daran, dem Mitgliedstaat, der den Titel erteilt hat, die Zuständigkeit zuzuweisen (Art. 9 V 1 Dublin II-VO). Kann der Mitgliedstaat allerdings nachweisen, dass die betrügerische Handlung, beispielsweise die Fälschung oder Änderung des Dokumentes, erst nach der Ausstellung vorgenommen wurde, entfällt seine Zuständigkeit (Art. 9 V 2 Dublin II-VO). Sofern keine anderen Vorrangkriterien Anwendung finden, ist in diesem Fall der Mitgliedstaat zuständig, in dessen Hoheitsgebiet der Asylantrag gestellt wurde.

Dieses Zuständigkeitskriterium beruht auf dem Verursacherprinzip. Es soll dem das Visum ausstellenden Mitgliedstaat Veranlassung geben, die Visumvergabepraxis nach Möglichkeit so zu gestalten, dass Missbräuche ausgeschlossen werden. Dementsprechend findet Art. 9 V Dublin II-VO keine Anwendung, wenn der Antragsteller mit einem gefälschten oder ungültigen Visum einreist, das nicht durch den Mitgliedstaat ausgestellt wurde, der auf dem Visum bezeichnet ist. Wird ein gefälschtes Visum verwendet, das missbräuchlich durch einen Dritten derart hergestellt wurde, dass ein bestimmter Mitgliedstaat als Ausstellungsstaat bezeichnet wird, ohne dass dieser das Visum ausgestellt hat, bleibt es bei den vorrangigen Zuständigkeitskriterien.

4.3.6. Illegale Einreise (Art. 10 Dublin II-VO)
Reist der Asylbewerber illegal aus einem Drittstaat in einen Mitgliedstaat ein, so ist der Mitgliedstaat zuständig, in den der Asylbewerber zuerst illegal eingereist ist (Art. 10 I 1 Dublin II-VO). Feststellungen werden anhand der in Art. 18 III Dublin II-VO bezeichneten Verzeichnisse getroffen. Die Zuständigkeit endet zwölf Monate nach dem Tag des illegalen Grenzübertritts. Kann hiernach keine Zuständigkeit festgestellt werden, wird jedoch festgestellt, dass der Asylbewerber sich vor dem Zeitpunkt der Antragstellung während eines ununterbrochenen Zeitraums von mindestens fünf Monaten in einem Mitgliedstaat aufgehalten hat, so ist dieser Mitgliedstaat zuständig (Art. 10 II 1 Dublin II-VO). Hat sich der Asylbewerber für Zeiträume von mindestens fünf Monaten in verschiedenen Mitgliedstaaten aufgehalten, so ist der Mitgliedstaat, in dem er sich zuletzt aufgehalten hat, zuständig (Art. 10 II 2 Dublin II-VO). Ein Anspruch des illegal in das Bundesgebiet eingereisten Asylsuchenden auf Weiterreise in einen anderen Mitgliedsstaat besteht nicht (VG Frankfurt am Main, NVwZ-Beil. 1996, 28).

4.3.7. Visumfreie Einreise (Art. 11 Dublin II-VO).
Reist der Asylbewerber in einen Mitgliedstaat ein, in dem für ihn kein Visumzwang besteht, so ist dieser Mitgliedstaat für die Pürfung zuständig (Art. 11 I Dublin II-VO). Maßgebend für die visumfreie Einreise ist Anhang II der EUVisaVO. Reist der Asylbewerber indes nach seiner Einreise in einen Mitgliedstaat, in dem für ihn kein Visumzwang besteht, in einen anderen Mitgliedstaat weiter, in dem für ihn ebenfalls kein Visumzwang besteht, und stellt er dort einen Asylantrag, so ist dieser Mitgliedstaat zuständig (Art. 11 II Dublin II-VO). Für die Mitgliedstaaten gilt Anhang II der EUVisaVO. Danach kann sich ein sichtvermerkfreier Drittstaatsangehöriger den Mitgliedstaat aussuchen, in dem er den Asylantrag stellen will.

4.3.8. Asylantrag im Transitbereich (Art. 12 Dublin II-VO)
Stellt der Asylbewerber den Asylantrag im internationalen Transitbereich eines Flughafens eines Mitgliedstaates, so ist dieser Mitgliedstaat zuständig (Art. 12 Dublin II-VO). Entsprechend dem in Art. 5 I Dublin II-VO aufgestellten Vorrangprinzip, begründet der im Transitbereich gestellte Asylantrag indes nur die Zuständigkeit des entsprechenden Mitgliedstaates, wenn nicht

die Zuständigkeit eines anderen Mitgliedstaates nach den Vorrangkriterien festgestellt werden kann.

4.3.9. Zuständigkeit des um Asyl ersuchten Mitgliedstaates (Art. 13 Dublin II-VO)

77 Kann nach den in Art. 6−12 der VO bezeichneten Kriterien keine Zuständigkeit eines Mitgliedstaates festgestellt werden, so ist der erste Mitgliedstaat, in dem der Asylantrag gestellt wurde, für die Prüfung des Asylantrages zuständig (Art. 13 Dublin II-VO).

4.3.10. Selbsteintrittsrecht nach Art. 15 Dublin II-VO (Humanitäre Klausel)

78 Jeder Mitgliedstaat kann aus humanitären Gründen, die sich insbesondere aus dem familiären oder kulturellen Kontext ergeben, Familienmitglieder und andere abhängige Familienangehörige zusammenführen, auch wenn er dafür nicht zuständig ist. Der Mitgliedstaat kann nach eigenem Ermessen oder aufgrund der Bitte eines anderen Mitgliedstaates das Selbsteintrittsrecht ausüben. Die betroffenen Personen müssen dem zustimmen (Art. 15 I 1 in Verb. mit Art. 3 II Dublin II-VO). Die Einreichung des Asylantrags im Mitgliedstaat, in dem der Familienangehörigen um Asyl nachsucht, wird konkludent als Zustimmung des Asylbewerbers auf Prüfung seines Antrags in dem Mitgliedstaat bewertet (*Schröder*, ZAR 2003, 126 (129)).

79 Es handelt sich um ein gemeinschaftsrechtlich gewährtes Recht des Mitgliedstaates. Der an sich zuständige Mitgliedstaat kann der Ausübung des Selbsteintrittsrechtes nicht widersprechen. Während im Blick auf das Selbsteintrittsrecht des DÜ festgestellt wurde, dass diesem kein subjektives Recht des Asylsuchenden korrespondiert (VG Freiburg, AuAS 2003, 11 (12)), vermittelt das Selbsteintrittsrecht nach Art. 3 II und 15 Dublin II-VO dem Antragsteller ein Recht auf fehlerfreie Ermessensausübung (Schröder, ZAR 2003, 124 (131), Rdn. 80) und damit auf Rechtskontrolle im Umfang des § 114 VwGO. Die Ausübung des Selbsteintrittsrechts bewirkt mithin einen gemeinschaftsrechtlichen Zuständigkeitswechsel. Der bislang zuständige Staat wird durch die Ausübung dieses Rechts von seiner Verpflichtung befreit. Ist die Zuständigkeit für die Prüfung des Asylbegehrens auf die Bundesrepublik übergegangen, so kann das Bundesamt sich nicht mehr auf die Drittstaatenregelung berufen, weil Zuständigkeitsabkommen nach Art. 16 a V GG die Drittstaatenregelung des Art. 16 a II GG auch verfassungsrechtlich verdrängen (OVG NW, NVwZ 1997, 1141 (1143); Nieders.OVG, AuAS 2001, 152 (153)).

80 Hat daher das Bundesamt einen Asylantrag, für dessen Behandlung ursprünglich ein anderer Mitgliedstaat zuständig war, in der Sache entschieden, so ist damit die Zuständigkeit auf die Bundesrepublik übergegangen und gegen die Behördenentscheidung verwaltungsgerichtlicher Rechtsschutz gegeben (OVG NW, NVwZ 1997, 1141 (1143); wohl auch VG Schwerin, AuAS 1996, 227 (228)). Das gilt nicht, wenn die Anhörung lediglich den Zweck verfolgt, die für die Feststellung der Zuständigkeit des Mitgliedstaates notwendigen Tatsachen aufzuklären und deshalb auch keine Entscheidung in der Sache erfolgt (VG Schwerin, AuAS 1996, 227 (228)).

Unbeachtliche Asylanträge **§ 29**

Gegenüber der humanitären Klausel von Art. 9 DÜ ist Art. 15 Dublin II-VO ausdrücklich auf den Zweck der Familienzusammenführung beschränkt und um die in Art. 15 II Dublin II-VO bezeichneten Regelbeispiele erweitert worden. Andererseits soll die humanitäre Klausel Trennungen verhindern oder rückgängig machen, die eine »buchstabengetreue Anwendung der Zuständigkeitskriterien« zur Folge hat (KOM(2001)447/2001/0182 (CNS) v. 26. Juli 2001, S. 16). Danach sollen die Mitgliedstaaten *im Regelfall* eine Trennung von Asylbewerbern, deren familiäre Bindung bereits im Herkunftsland bestanden hat, vermeiden und diese zusammenführen, wenn die betroffene Person wegen *Schwangerschaft*, eines *neugeborenen Kindes*, einer *schweren Krankheit*, einer *ernsthaften Behinderung* oder *hohen Alters* auf die Unterstützung der anderen Person angewiesen ist. 81

Die Angehörigen müssen im Herkunftsland nicht in häuslicher Gemeinschaft zusammen gelebt haben. Glaubhaft zu machen ist lediglich eine familiäre Bindung. Hiervon ist angesichts der Bedeutung, welche den familiären Bindungen in den Herkunftsländern der Asylbewerber zukommt, bei glaubhaft gemachter familiärer Beziehung auszugehen. Es gilt nicht der engere Angehörigenbegriff nach Art. 2 Buchst. i) der VO, sondern der weitere in Art. 15 I der VO beschriebene Begriff des Familienangehörigen. Angesichts der in vielen Herkunftsländern bedeutend früher als in westlichen Industriegesellschaften einsetzenden Alterungsprozesse dürfen an den Begriff des »hohen Alters« keine überspannten Anforderungen gestellt werden. Maßgebend ist letztlich das aufeinander Angewiesensein der Angehörigen. 82

Damit ist die frühere Rechtsprechung, die auch im Falle eines als asylberechtigt anerkannten volljährigen Sohnes und trotz des ärztlich nachgewiesenen psychogenen Ausnahmezustandes der Asylsuchenden keinen Anlass sah, deren Überstellung an einen anderen Vertragsstaat zu unterbinden (VG Gießen, NVwZ-Beil. 1996, 27), überholt. Die Geburt eines Kindes im Bundesgebiet während des auf die Prüfung der Zuständigkeit gerichteten Verfahrens begründet einen humanitären Härtefall jedenfalls dann, wenn bereits Familienangehörige im Bundesgebiet leben (s. aber VG Gießen, B. v. 24. 9. 1997 – 6 G 32206/97.A(1); VG Gießen, AuAS 2000, 262; VG Regensburg, InfAuslR 2000, 143 (144) = AuAS 2000, 56). Stimmt der um Übernahme ersuchte Mitgliedstaat der Übernahme des Kindes nicht zu, ist für die Behandlung des Asylantrages des Kindes die Bundesrepublik zuständig. Aus Art. 6 I GG und Art. 8 I EMRK folgt in derartigen Fällen ein zwingendes Recht auf Aufenthalt im Bundesgebiet zugunsten der Eltern des neugeborenen Kindes. Wünscht der Asylsuchende die Übernahme der Zuständigkeit durch die Bundesrepublik, ist das Bundesamt verpflichtet, dieses Begehren zu prüfen. Unterlässt es dieses, ist die Abschiebungsandrohung wegen Ermessensausfall aufzuheben (VG Osnabrück, NVwZ-Beil. 2000, 71). Allerdings besteht kein Anspruch auf Wahrnehmung des Selbsteintrittsrechts in diesen Fällen (VGH BW, AuAS 2002, 236 (237)). 83

Art. 15 II Dublin II-VO bezeichnet nur Regelbeispiele. Damit können auch andere Erwägungen die Ausübung des Selbsteintrittsrechtes rechtfertigen. Im Hinblick auf die mit der Durchführung eines Asylverfahrens häufig verbundene jahrelange Trennung der Familienangehörigen ist die Verweigerung 84 der Familienzusammenführung für die Dauer des Verfahrens *unverhältnismäßig* und wird deshalb dem humanitären Gedanken von Art 15 I Dublin II-VO kaum gerecht (vgl. auch UNHCR Bonn, Stellungnahme vom Mai 1998). Auch die Rechtsprechung des BVerfG ist dahin zu verstehen, dass jedenfalls bei absehbarer jahrelanger Trennung der Familienangehörigen außergewöhnliche Umstände vorliegen, es sei denn, die »zeitlich gestaffelte Ausreise der Familienangehörigen in unterschiedliche Zielländer« ist den Asylsuchenden zuzurechnen (BVerfG (Kammer), B. v. 24. 7. 1998 – 2 BvR 99/97; ebenso VGH BW, AuAS 2002, 236 (237)).

4.4. Überstellung des Asylsuchenden (Art. 16 bis 20 Dublin II-VO)

85 Hält ein Mitgliedstaat, in dem ein Asylantrag gestellt wird, einen anderen Mitgliedstaat für zuständig, so kann er so bald wie möglich, jedenfalls *innerhalb einer Frist von drei Monaten* nach Einreichung des Asylantrags den anderen Mitgliedstaat ersuchen, den Asylbewerber aufzunehmen (Art. 17 I Dublin II-VO). Wird das Gesuch um Aufnahme nicht innerhalb der Frist von drei Monaten unterbreitet, so ist der Mitgliedstaat, in dem der Asylantrag gestellt wurde, für die Prüfung des Asylantrags zuständig. Wird das Ersuchen innerhalb der Frist von drei Monaten gestellt, nimmt der ersuchte Mitgliedstaat die erforderlichen Überprüfungen vor und entscheidet über das Aufnahmegesuch *innerhalb von zwei Monaten,* nachdem er mit dem Gesuch befasst wurde (Art. 18 I Dublin II-VO).

86 In *dringenden Fällen* sind in dem Aufnahmegesuch die Gründe zu bezeichnen, die eine dringende Antwort rechtfertigen. Es ist eine Frist für die Stellungnahme einzuräumen. Diese beträgt mindestens eine Woche (Art. 17 II 2 Dublin II-VO). Dringende Fälle sind die Fälle, in denen ein Asylgesuch gestellt wurde, nachdem die Einreise oder der Aufenthalt verweigert wurden, der Antragsteller wegen illegalen Aufenthalts festgenommen, eine Ausweisung angekündigt oder vollstreckt wurde oder wenn sich der Antragsteller in Gewahrsam befindet (Art. 17 II 1 Dublin II-VO).

87 Stimmt der ersuchte Mitgliedstaat der Aufnahme des Antragstellers zu, so teilt der Mitgliedstaat, in dem der Asylantrag eingereicht wurde, dem Antragsteller die Entscheidung, den Asylantrag nicht zu prüfen, sowie die Verpflichtung, den Antragsteller an den zuständigen Mitgliedstaat zu überstellen, mit (Art. 19 I Dublin II-VO). Die Entscheidung ist zu begründen. Die Frist für die Durchführung der Überstellung ist anzugeben, und gegebenenfalls der Zeitpunkt und der Ort zu bezeichnen, zu dem bzw. an dem sich der Antragsteller zu melden hat, wenn er sich auf eigene Initiative in den zuständigen Mitgliedstaat begibt. Gegen die Entscheidung kann ein Rechtsbehelf eingelegt werden. Ein gegen die Entscheidung eingelegter Rechtsbehelf hat keine aufschiebende Wirkung für die Durchführung der Überstellung, es sei denn, die Gerichte oder die zuständigen Stellen entscheiden im Einzelfall nach Maßgabe ihres innerstaatlichen Rechts anders, wenn dies nach ihrem innerstaatlichen Recht zulässig ist (Art. 19 II Dublin II-VO).

Diesen gemeinschaftsrechtlichen Vorgaben trägt das deutsche Recht Rechnung: Das Bundesamt erlässt nach § 31 III 1 die Sachentscheidung. Die Entscheidung, dass der Asylantrag als unbeachtlich abgelehnt wird, ist zu begründen (§ 31 I 2). Darüber hinaus hat das Bundesamt die weiteren Vorgaben des Art. 19 II Dublin II-VO zu beachten. Die Sachentscheidung wird mit der Abschiebungsandrohung nach § 35 S. 2 verbunden. Die hiergegen gerichtete Anfechtungsklage hat keine aufschiebende Wirkung (vgl. § 75). Einstweiliger Rechtsschutz ist nach § 36 III zulässig. Ein Vorgehen nach § 26 a I 1 in Verb. mit § 34 a ist dem Bundesamt deshalb untersagt. 88

Die Überstellung des Antragstellers erfolgt, sobald dies materiell möglich ist und spätestens innerhalb einer *Frist von sechs Monaten* ab der Annahme des Antrags auf Aufnahme oder der Entscheidung über den Rechtsbehelf, wenn dieser aufschiebende Wirkung hat (Art. 19 III 1 Dublin II-VO). Wird die Überstellung nicht innerhalb der Frist von sechs Monaten durchgeführt, geht die Zuständigkeit auf den Mitgliedstaat über, in dem der Asylantrag gestellt wurde. Damit wird einerseits die Monatsfrist in Art. 11 V DÜ auf sechs Monate erweitert, andererseits eindeutig geregelt, dass die Zuständigkeit nach Fristablauf auf den Mitgliedstaat übergeht, in dem der Asylantrag gestellt wurde. Die frühere Rechtsprechung zum DÜ, derzufolge die bloße Nichteinhaltung der Übernahmefrist nicht zu einer Änderung der völkerrechtlichen Zuständigkeit für die Behandlung des Asylbegehrens führte (OVG NW, NVwZ-RR 2002, 226 (227) = EZAR 235 Nr. 2 = AuAS 2001, 214; BayVGH, AuAS 2002, 57 (58); BayVGH, InfAuslR 2002, 270; VG Münster, AuAS 2001, 36; Löper, ZAR 2000, 16 (22); a. A. VG Karlsruhe, NVwZ-Beil. 2000, 70 = InfAuslR 2000, 144; VG Düsseldorf, InfAuslR 2001, 246; VG Greifswald, NVwZ-Beil. 2001, 38), ist durch Art. 19 IV 1 Dublin II-VO überholt. 89

Diese Frist kann höchstens auf ein Jahr verlängert werden, wenn die Überstellung aufgrund der Inhaftierung des Antragstellers nicht erfolgen konnte, oder höchstens achtzehn Monate, wenn der Asylantragsteller flüchtig ist. Innerhalb der bezeichneten Frist von sechs Monaten hat das Verwaltungsgericht über den Eilrechtsschutzantrag nach § 36 III zu entscheiden. Nur in den bezeichneten Ausnahmefällen, d. h. Inhaftierung oder Flucht des Antragstellers, ist eine Fristverlängerung zulässig. 90

4.5. Funktion der Verweisung in Abs. 3 Satz 2

Nach Abs. 3 S. 2 bleibt die Vorschrift des § 26 a I unberührt. Unklar ist, ob damit die Ausnahmefälle des § 26 a I 3 in Bezug genommen werden. Dies ist abzulehnen: Abs. 3 S. 2 kann nicht die Fälle des § 26 a I 3 Nr. 2 im Blick haben. Ist die Bundesrepublik für die Behandlung des Asylbegehrens aufgrund der Dublin II-VO zuständig, liegen bereits die Voraussetzungen nach Abs. 3 S. 1 nicht vor. Ebenso wenig dürfte § 26 a I 3 Nr. 1 relevant sein. Befindet sich der Asylsuchende im Besitz eines Aufenthaltstitels für die Bundesrepublik, ist deren Zuständigkeit nach Art. 9 I Dublin II-VO ohnehin gegeben, sodass der Asylantrag nicht nach Abs. 3 S. 1 unbeachtlich sein kann (BVerfG (Kammer), NVwZ-Beil. 2003, 97 (98)). 91

92 In beiden Fällen hat die Verweisungsnorm nach Abs. 3 S. 2 keine Bedeutung. Völkerrechtliche oder humanitäre Gründe nach § 26 a I 3 Nr. 3 in Verb. mit § 18 IV Nr. 2 können zwar weitergehend als die in Art. 15 I Dublin II-VO geregelten Gründe sein. Das Selbsteintrittsrecht nach Art. 3 II Dublin II-VO erlaubt der Bundesrepublik die Ausübung jedoch auch unabhängig von den in Art. 15 I genannten Gründen.

93 In Rechtsprechung und Literatur wird die Funktion von Abs. 3 S. 2 darin gesehen, dass das Verfahren nach §§ 31 IV, 34a I als »alternative Handlungsmöglichkeit« verfügbar bleiben solle (OVG NW, NVwZ 1997, 1141 (1142); OVG NW, InfAuslR 2001, 94; OVG NW NVwZ-Beil. 2000, 150; Löper, ZAR 2000, 16 (19)). Dem kann nicht gefolgt werden: Ist der sichere Drittstaat, über den der Asylsuchende eingereist ist, ein Mitgliedstaat, darf das gemeinschaftsrechtlich geregelte Zuständigkeitssystem nicht durch innerstaatliche Drittstaatenregelungen umgangen werden (BVerfGE 94, 49 (86) = EZAR 208 Nr. 7 = NVwZ 1996, 700; BVerfG (Kammer), NVwZ-Beil. 2003, 97 (98); Funke-Kaiser, in GK-AsylVfG, II § 29 Rdn 49; Hailbronner, AuslR, B 2, § 29 AsylVfG Rdn. 27). Das BVerfG weist ausdrücklich auf die allgemeine Zielsetzung von Zuständigkeitsvereinbarungen hin, demzufolge stets ein Staat für die Prüfung des Asylantrags zuständig sein soll (BVerfGE 94, 49 (86) = EZAR 208 Nr. 7 = NVwZ 1996, 700). Unvereinbar hiermit wäre ein Vorgehen nach Art. 16 a II GG, § 26 a I 1.

94 Der Sinn der Bedeutung von Abs. 3 S. 2 ist deshalb unklar. Dieser Streit hat indes kaum praktische Relevanz, weil wegen des Zeitablaufs der Bundesrepublik kaum die Glaubhaftmachung der Zuständigkeit des »sicheren Drittstaats« gelingen dürfte (Löper, ZAR 2000, 16 (19). Möglicherweise soll mit Abs. 3 S. 2 innerstaatlich die Vorschrift nach Art. 3 III Dublin II-VO umgesetzt werden, derzufolge ein Mitgliedstaat das Recht behält, einen Asylsuchenden zurückzuweisen oder abzuschieben. In diesem Fall überstellt der um Schutz ersuchte Mitgliedsstaat den Betreffenden nicht an den zuständigen Mitgliedstaat, sondern schiebt diesen nach Maßgabe seiner jeweiligen Drittstaatenregelung an einen Drittstaat außerhalb des Gemeinschaftsgebietes ab. Gegen ein derartiges Verständnis von Art. 3 III Dublin II-VO bestehen jedoch erhebliche Bedenken (ebenso Piotrowicz, ZAR 2003, 383 (386), Funke-Kaiser, in: GK-AsylVfG, II, § 29 Rdn. 49 f.):

95 Das SDÜ wie das DÜ wie auch die Dublin II-VO verfolgen den Zweck, dem Asylbegehrenden wenigstens in einem Vertragsstaat das Recht auf Überprüfung seines Asylgesuchs zu gewährleisten und damit dem Phänomen des »*refugee in orbit*« entgegenzuwirken (BVerfGE 94, 49 86) = EZAR 208 Nr. 7 = NVwZ 1996, 700; Gerlach, ZRP 1993, 164 (166); Marx, EJML 2001, 7 88 f.). Art. 3 V DÜ wie auch Art. 3 III Dublin II-VO durchbrechen jedoch das in diesen Normen verankerte Prinzip, dass innerhalb eines geschlossenen Kreises von Staaten immer ein Staat zuständig für die Behandlung des Asylbegehrens sein soll. Das DÜ wie auch die Dublin II-VO regeln nicht, welcher Mitgliedstaat die Maßnahmen treffen soll. Die EU-Einwanderungsminister haben aber in der Empfehlung vom 30. November 1992 festgestellt, dass der nichtzuständige Vertragsstaat anstelle der Verweisung an den zuständigen Vertragsstaat die Abschiebung bzw. Zurückweisung an den Nicht-Vertragsstaat durchführen soll.

Für die Vertragspraxis der Bundesrepublik ist anzumerken, dass diese unter der Geltung des SDÜ von ihrem Recht aus Art. 29 II 2 SDÜ keinen Gebrauch gemacht hatte, wenn der Asylsuchende aus einem Vertragsstaat eingereist war. Erst nach Zustimmung dieses Vertragsstaates zur Übernahme des Betreffenden wurde die Abschiebungsanordnung nach § 34 a I in den zuständigen Vertragsstaat erlassen (BVerfGE 94, 49 (87) = EZAR 208 Nr. 7 = NVwZ 1996, 700). Diese Selbstbindung besteht freilich nicht in den Fällen, in denen der Asylsuchende etwa mit einem Visum eines Mitgliedstaates über einen sicheren Drittstaat nach Art. 16 a II 2 GG, § 26 a I oder über einen sonstigen Drittstaat nach § 27 in das Bundesgebiet einreist. Hier könnte die Bundesrepublik entsprechend Art. 3 III Dublin II-VO nach ihrem innerstaatlichen Recht nach Maßgabe der Drittstaatenregelung vorgehen. **96**

5. Verwaltungsverfahren

Die »*Beachtlichkeitsprüfung*« ist wie nach altem Recht eine Prüfung der *Zulässigkeit des Antrags* mit der Unterscheidung, dass nach geltendem Recht nicht mehr wie früher die Ausländerbehörde, sondern das Bundesamt zuständig ist. Dies ergibt sich aus dem Gesamtzusammenhang des AsylVfG, insbesondere aber aus § 35. Die Beachtlichkeitsprüfung ist *inzidenter* dem Erlass der Verfügung nach § 35 vorgeschaltet. Sie ergeht also nicht gesondert und kann auch grundsätzlich wegen § 44 a VwGO nicht eigenständig erstritten werden. **97**

Anders ist die Rechtslage jedoch, wenn die Verfügung wegen Besitzes eines Aufenthaltstitels (§§ 35, 34 I) nicht ergehen darf, das Bundesamt jedoch gleichwohl über die Zulässigkeit des gestellten Antrags zu entscheiden hat. In diesen Fällen ergeht die Feststellung der Unbeachtlichkeit in Form eines Verwaltungsaktes und ist deshalb auch rechtsmittelfähig. Dies hat Bedeutung für die Verfahren nach Abs. 1, nicht jedoch für die nach Abs. 3. **98**

Es ergeht keine Sachentscheidung im Sine von § 31 II, jedoch hat das Bundesamt vor Erlass der Verfügung nach § 35 Abschiebungshindernisse gemäß § 60 II-VII AufenthG zu prüfen (§ 31 III 1). Es kann hiervon aber im Falle der völkerrechtlichen Zuständigkeit eines anderen Staates absehen (§ 31 III 2 Nr. 3 in Verb. mit Abs. 3). **99**

Unklar ist, ob vor Erlass der Verfügung eine *Anhörung* nach § 25 durchzuführen ist. Im Umkehrschluss ist aus § 24 I 3 2. Alt. zu folgern, dass eine Anhörung im Rahmen der »Beachtlichkeitsprüfung« durchzuführen ist. Dies gilt insbesondere auch im Blick auf unbeachtliche Asylanträge nach Abs. 3. Dafür spricht auch der Wortlaut des Abs. 2 S. 1. Denn wenn ein Verfahren »fortzuführen« ist, muss es vorher bereits begonnen und müssen dem Antragsteller grundsätzlich die im Gesetz vorgesehenen Verfahrensrechte zugestanden haben. **100**

Hat sich das Bundesamt im Rahmen der Beachtlichkeitsprüfung nach Abs. 1 ausschließlich auf die Offensichtlichkeit der Verfolgungssicherheit nach Abs. 1 **101** konzentriert, muss es nach Fortführung des Verfahrens die persönliche Anhörung wiederholen und nunmehr umfassend den Verfolgungsbehauptungen nachgehen sowie den Tatbestand nach § 27 aufklären. Will es diese erneute Anhörung vermeiden, muss es bereits im Rahmen der Beachtlichkeitsprüfung umfassend den Sachverhalt ermitteln.

102 Die Abschiebungsandrohung nach § 35 darf als Zielstaat nicht den Herkunftsstaat nennen, da weder im Rahmen der Prüfung nach Abs. 1 noch nach Abs. 3 den Verfolgungsbehauptungen inhaltlich nachgegangen wird. Vielmehr muss im Falle des Abs. 1 die Abschiebungsandrohung gemäß § 35 nach Maßgabe des § 59 II AufenthG den sonstigen Drittstaat bezeichnen. In den Fällen des Abs. 3 S. 1 hat das Bundesamt ebenfalls eine Abschiebungsandrohung nach § 35 zu erlassen (vgl. § 35 S. 2 in Verb. mit Abs. 3 S. 1). Der Hinweis des BVerfG auf die Abschiebungsanordnung in diesem Zusammenhang (vgl. BVerfGE 94, 49 (87) = EZAR 208 Nr. 7 = NVwZ 1996, 700) ist deshalb unzutreffend. Andernfalls wäre § 34 a II anwendbar und der in § 36 III kraft Gesetzes für die Abschiebungsandrohung nach § 35 S. 2 bereit gehaltene Eilrechtsschutz versperrt.

103 In der Abschiebungsandrohung nach § 35 ist der zuständige Mitgliedsstaat zu bezeichnen (§ 35 S. 2 in Verb. mit Abs. 3 S. 2). Droht das Bundesamt entgegen der zwingenden Regelung des § 35 S. 2 die Abschiebung in den Herkunftsstaat an, ist die Verfügung rechtswidrig (VG Koblenz, NVwZ-Beil. 1994, 31). Das Verfahren ist fortzuführen, wenn die Rückführung in den betreffenden Drittstaat oder Mitgliedstaat nicht innerhalb von drei Monaten gelingt (Abs. 2 S. 2). Dies gilt nicht nur für die fehlgeschlagene Rückführung in den Fällen des Abs. 1, sondern auch bei unbeachtlichen Asylanträgen nach Abs. 3 (vgl. Art. 19 IV 1 Dublin II-VO).

6. Eilrechtsschutzverfahren

104 Gegen die Abschiebungsandrohung nach § 35 ist Rechtsschutz nach § 36 III und IV im Wege des Eilrechtsschutzes gewährleistet. Prüfungsgegenstand im Verfahren nach Abs. 1 ist allein das Offensichtlichkeitsurteil und im Verfahren nach Abs. 3 die Frage der Zuständigkeit nach Art. 5 ff. Dublin II-VO. Ein Durchentscheiden dürfte hier wegen vergleichbarer Verfahrenslage wie bei § 33 nicht in Betracht kommen. Auch in diesem Verfahren finden die besonderen Einschränkungen nach § 36 III und IV Anwendung.

105 Auch wenn entgegen der hier vertretenen Auffassung wegen der Verweisung nach Abs. 3 S. 2 die Drittstaatenregelung die Anwendung der Dublin II-VO verdrängen sollte, darf das Bundesamt nicht nach § 34 a I vorgehen. Die Frage, ob die Abschiebung in einen Nicht-Mitgliedstaat zulässig ist, kann nicht von vornherein klar und eindeutig beantwortet werden. Für die Klärung der gemeinschaftsrechtlichen Zuständigkeit und die umstrittene Anwendung von Art. 3 III Dublin II-VO hat der Gesetzgeber das Verfahren nach §§ 35 S. 2, 36 I, III und IV vorgesehen. Dieses würde mit einem Vorgehen nach § 34 a I wegen des damit bewirkten Ausschlusses des einstweiligen Rechtsschutzes nach § 34 a II außer Kraft gesetzt.

§ 29 a Sicherer Herkunftsstaat

(1) Der Asylantrag eines Ausländers aus einem Staat im Sinne des Artikels 16 a Abs. 3 Satz 1 des Grundgesetzes (sicherer Herkunftsstaat) ist als offensichtlich unbegründet abzulehnen, es sei denn, die von dem Ausländer angegebenen Tatsachen oder Beweismittel begründen die Annahme, daß ihm abweichend von der allgemeinen Lage im Herkunftsland politische Verfolgung droht.
(2) Sichere Herkunftsstaaten sind die in Anlage II bezeichneten Staaten*.
(3) Die Bundesregierung bestimmt durch Rechtsverordnung ohne Zustimmung des Bundesrates, daß ein in Anlage II bezeichneter Staat* nicht mehr als sichererer Herkunftsstaat gilt, wenn Veränderungen in den rechtlichen oder politischen Verhältnissen dieses Staates die Annahme begründen, daß die in Artikel 16 a Abs. 3 Satz 1 des Grundgesetzes bezeichneten Voraussetzungen entfallen sind. Die Verordnung tritt spätestens sechs Monate nach ihrem Inkrafttreten außer Kraft.

* **Anlage II** (zu § 29 a)
Bulgarien
Ghana
Polen
Rumänien
Senegal
Slowakische Republik
Tschechische Republik
Ungarn

Übersicht

		Rdn.
1.	Vorbemerkung	1
2.	Funktion der Herkunftsstaatenregelung nach Art. 16 a Abs. 3 Satz 1 GG in Verb. mit Abs. 1 Satz 1	6
3.	Prinzip der Arbeitsteilung	13
4.	Prüfkriterien des Art. 16 a Abs. 3 Satz 1 GG	20
4.1.	Allgemeine Grundsätze	20
4.2.	Prüfkriterium »politische Verfolgung« nach Art. 16 a Abs. 3 Satz 1 GG	27
4.3.	Prüfkriterium »politische Strafverfolgung«	39
4.4.	Prüfkriterium »unmenschliche oder erniedrigende Bestrafung oder Behandlung« nach Art. 16 a Abs. 3 Satz 1 GG	43
4.5.	Bedeutung der Todesstrafe im Rahmen des Art. 16 a Abs. 3 Satz 1 GG	49
4.6.	Bedeutung der Rechtslage und -anwendung (Art. 16 a Abs. 3 Satz 1 GG)	59
4.7.	Bedeutung der allgemeinen politischen Verhältnisse nach Art. 16 a Abs. 3 Satz 1 GG	66
5.	Entscheidungs- und Wertungsspielraum des Gesetzgebers nach Art. 16 a Abs. 3 Satz 1 GG	70
5.1.	Verfassungsgerichtliche Vertretbarkeitskontrolle	70
5.2.	Aufgabe der Tatsachenfeststellungen durch den Gesetzgeber	79
5.3.	Aufgabe der Prognoseprüfung durch den Gesetzgeber	88

6.	Enumerative Aufzählung der sicheren Herkunftsstaaten (Abs. 2 in Verb. mit Anlage II)	95
7.	Verordnung nach Abs. 3	100
8.	Verwaltungsverfahren	106
8.1.	Funktion der Vermutungswirkung nach Art. 16 a Abs. 3 Satz 2 GG	106
8.2.	Reichweite der Vermutungswirkung nach Art. 16 a Abs. 3 Satz 2 GG	111
8.2.1.	Erstreckung auf selbstgeschaffene Nachfluchtgründe	111
8.2.2.	Erstreckung auf sämtliche Fälle politischer Verfolgung	112
8.2.3.	Keine Erstreckung auf Abschiebungshindernisse nach § 60 Abs. 2 bis 7 AufenthG	114
8.3.	Anwendungsbereich des Widerlegungsverfahrens nach Abs. 1 zweiter Halbsatz	120
8.4.	Anforderungen an den Widerlegungsvortrag nach Art. 16 a Abs. 3 Satz 2 zweiter Halbsatz, Abs. 1 zweiter Halbsatz	123
8.4.1.	Funktion des Widerlegungsvortrags	123
8.4.2.	Bezugspunkt der individuellen Verfolgung	125
8.4.3.	Darlegungsanforderungen	127
8.4.4.	Schlüssigkeitsprüfung	130
8.5.	Umfang der Sachaufklärung im Rahmen des Widerlegungsvortrags	139
8.5.1.	Würdigung des Sachvorbringens	139
8.5.2.	Eingeschränkte Sachaufklärungspflicht	143
8.6.	Entscheidungsalternativen des Bundesamtes (Abs. 1)	146
9.	Rechtsschutz	153

1. Vorbemerkung

1 Die Vorschrift des § 29 a nennt als besondere Gruppe »offensichtlich unbegründeter« Asylanträge (§ 30) den Asylantrag eines Antragstellers aus einem »sicheren Herkunftsstaat« (Art. 16 a III 1 GG). Neben der Drittstaatenregelung des Art. 16 a II GG sowie der Flughafenregelung nach § 18 a ist das in dieser Vorschrift niedergelegte Konzept der sicheren Herkunftsstaaten eines der zentralen Schlüsselelemente des neuen Asylrechts. In der Praxis hat es jedoch bei weitem nicht die Bedeutung wie die anderen zentralen Konzeptionen der Asylrechtsreform.

2 Auch dieses Konzept ist vom BVerfG in einem der drei Urteile vom 14. Mai 1996 überprüft worden (BVerfGE 94, 115 = EZAR 207 Nr. 1 = NVwZ 1996, 691). Die Vorschrift des § 29 a selbst enthält keine Kriterien für die Bestimmung eines sicheren Herkunftsstaates. Ermächtigungsgrundlage und anzuwendende Kriterien sind unmittelbar in der Verfassung (Art. 16 a III 1 GG) geregelt. Das gesetzgeberische Verfahren zur Bestimmung eines sicheren Herkunftsstaates ist dem für die Bestimmung eines sicheren Drittstaates geltenden Verfahren nachgebildet worden.

3 Die sicheren Herkunftsstaaten werden nach Abs. 2 in Anlage II bezeichnet. Der ursprünglich in Anlage II erwähnte Staat *Gambia* ist nach einem Militärputsch durch Gesetz vom 31. März 1995 (BGBl. I S. 430) von der Liste gestrichen worden, nachdem die Anwendung der betreffenden Regelungen im Blick auf Gambia bereits zuvor durch eine von der Bundesregierung nach

Sicherer Herkunftsstaat § 29 a

Abs. 3 S. 1 erlassene Rechtsverordnung suspendiert worden war (BGBl. 1994 I S. 2480).
Auch in Ansehung von *Senegal* war durch Rechtsverordnung nach Abs. 3 S. 1 vom 27. März 1996 (BGBl. I S. 551) die Anwendung der Vorschriften zur Herkunftsstaatenregelung vorübergehend außer Kraft gesetzt worden. Mangels Erlass eines entgegenstehenden Gesetzes trat diese Verordnung sechs Monate später außer Kraft, sodass Senegal nach wie vor mit voller Wirksamkeit Bestandteil der Anlage II ist.   4

In Ausführung von Art. 16 a III 2 GG enthält Abs. 1 2. HS eine verfahrensrechtliche *Widerlegungsmöglichkeit*. Insoweit unterscheidet sich die Konzeption der sicheren Herkunftsstaaten wesentlich von der verfassungsrechtlichen Drittstaatenregelung (Art. 16 a II GG), die eine derartige Widerlegungsmöglichkeit gerade nicht enthält. Das anzuwendende Verfahren im Einzelfall selbst konzentriert sich auf die für das Eingreifen der Widerlegungsmöglichkeit maßgeblichen Tatsachen. Gelingt dem Antragsteller die Widerlegung der gegen ihn sprechenden Vermutung, ist dem Antrag stattzugeben. Gelingt ihm dies nicht, wird sein Antrag in der qualifizierten Form abgelehnt, sodass die besonderen Verfahrensvorschriften der §§ 30 und 36 Anwendung finden.   5

2. Funktion der Herkunftsstaatenregelung nach Art. 16 a Abs. 3 Satz 1 GG in Verb. mit Abs. 1 Satz 1

Nach Art. 16 a III 1 GG in Verb. mit Abs. 1 S. 1 ist der Asylantrag eines Asylsuchenden aus einem sicheren Herkunftsstaat als offensichtlich unbegründet abzulehnen, es sei denn, die vom Antragsteller angegebenen Tatsachen oder Beweismittel begründen die Annahme, dass ihm abweichend von der allgemeinen Lage politische Verfolgung droht. Art. 16 a III GG in Verb. mit Art. 16 a IV GG enthält nach Ansicht des BVerfG anders als Art. 16 a II 1 GG *keine Beschränkung des persönlichen Geltungsbereichs des Grundrechts* aus Art. 16 a I GG und seines Schutzzieles, wohl aber eine *Beschränkung seines verfahrensbezogenen Gewährleistungsinhalts* (BVerfGE 94, 115 (132) EZAR 207 Nr. 1 = NVwZ 1996, 691; zustimmend Lübbe-Wolff, DVBl. 1996, 825 (834); Göbel-Zimmermann/Masuch, InfAuslR 1996, 404 (410)).   6

Dies wird durch das systematische Verständnis von Abs. 3 und 4 zu Abs. 1 des Art. 16 a GG bestätigt. Die Verfassung ermöglicht danach für Asylanträge von Flüchtlingen aus sicheren Herkunftsstaaten ein modifiziertes (verkürztes) Verfahren. Um dieses Ziel zu erreichen, sieht Art. 16 a III GG eine »Arbeitsteilung« zwischen dem Gesetzgeber einerseits und den Behörden und Gerichten im Rahmen des jeweiligen Einzelverfahrens andererseits vor (BVerfGE 94, 115 (133) = EZAR 207 Nr. 1 = NVwZ 1996, 691). Allerdings decken sich die Begriffe in Art. 16 a I GG und Art. 16 a III 1 GG infolge ihrer im jeweiligen Regelungszusammenhang unterschiedlichen Funktion nicht im vollen Umfang: 7

Während Art. 16 a I GG die Prüfung des Einzelfalles zum Inhalt hat, geht es in Art. 16 a III 1 GG um die Beurteilung der allgemeinen Situation (BVerfGE   8

94, 115 (134 f.) = EZAR 207 Nr. 1 = NVwZ 1996, 691). Zwar gibt die Verfassung in Art. 16 a III 1 GG dem Gesetzgeber bestimmte *Prüfkriterien* vor. Eine eigenständige Prüfung der Verhältnisse in dem betreffenden Staat anhand der von der Verfassung vorgegebenen Prüfkriterien wird dadurch freilich nicht ersetzt (BVerfGE 94, 115 (139) = EZAR 207 Nr. 1 = NVwZ 1996, 691).

9   Art. 16 a III GG ist darauf gerichtet, für bestimmte Staaten im Wege einer vorweggenommenen generellen Prüfung durch den Gesetzgeber feststellen zu lassen, dass in ihnen allgemein keine politische Verfolgung stattfindet und deshalb die (widerlegliche) Vermutung der offensichtlichen Unbegründetheit individueller Asylbegehren aufgestellt werden kann (BVerfGE 94, 115 (135) = EZAR 207 Nr. 1 = NVwZ 1996, 691). Aus dem Schutzziel des Asylgrundrechts in Art. 16 a I GG einerseits sowie aus der Funktion der Herkunftsstaatenregelung in Art. 16 a III GG andererseits ergeben sich freilich verfassungsrechtliche Anforderungen, denen das Gesetz genügen muss (BVerfGE 94, 115 (141 ff.)).

10 Das Gesetz, mit dem ein Staat zum sicheren Herkunftsstaat bestimmt wird, ist ein *grundrechtsausfüllendes Gesetz* (BVerfGE 94, 115 (143) = EZAR 207 Nr. 1 = NVwZ 1996, 691). Mit der Bestimmung eines Staates zum sicheren Herkunftsstaat wird die Bewertung der dortigen Situation und die darauf aufbauende Vermutung für eine *unbestimmte* Zahl einzelner Asylbewerber festgeschrieben (BVerfGE 94, 115 (141) = EZAR 207 Nr. 1 = NVwZ 1996, 691). Art. 16 a III 1 GG ermächtigt den Gesetzgeber zu einer Modifizierung des Asylverfahrens: Zur Entlastung und Beschleunigung der Einzelprüfung von Asylanträgen werden Teilbereiche des Verfahrens zur Feststellung des Asylgrundrechts von den bisher dafür allein zuständigen Behörden und Gerichten auf den Gesetzgeber übertragen. Dieser soll aufgrund einer Prüfung und Beurteilung der für politische Verfolgung erheblichen Verhältnisse hinsichtlich einzelner Staaten vorab und allgemein die Feststellung treffen können, dass in diesem Staat generell weder politische Verfolgung noch unmenschliche oder erniedrigende Behandlung stattfindet. An diese generelle Feststellung knüpft die Vermutung an, dass ein einzelner aus einem solchen Staat kommender Asylbewerber nicht politisch verfolgt wird. Diese Vermutung führt in der Regel, soweit sie im Einzelfall nicht ausgeräumt wird, dazu, dass der Asylantrag als offensichtlich unbegründet abgelehnt wird und die gegen den Ausländer verfügte Aufenthaltsbeendigung sofort vollziehbar ist (BVerfGE 94, 115 (142) = EZAR 207 Nr. 1 = NVwZ 1996, 691).

11 Grundrechtsdogmatisch betritt das BVerfG hier Neuland. Während üblicherweise Grundrechtsgewährleistungen etwa durch Gesetzesvorbehalte in ihrem sachlichen Gehalt eingeschränkt werden können, füllt das Gesetz nach Art. 16 a III 1 GG nach Ansicht des BVerfG das Grundrecht des Art. 16 a I GG erst inhaltlich aus. Hier entsteht die Gefahr, dass die für das einfache Gesetz bestimmten Prüfkriterien zum Inhalt der grundrechtlichen Gewährleistung werden. Diese Gefahr wird dadurch verstärkt, dass das BVerfG ebenso wenig wie im Zusammenhang mit Art. 16 a II GG klärt, was konkreter Inhalt der Grundrechtsgewährleistung nach Art. 16 a I GG ist.

12 Mit dem Hinweis auf den maßgeblichen Begriff der »politischen Verfolgung« (BVerfGE 94, 115 (134 f.) = EZAR 207 Nr. 1 = NVwZ 1996, 691) klärt das

BVerfG nicht den Inhalt der Gewährleistungsgarantie, sondern deren Voraussetzungen. Jedenfalls ist evident, dass die aus Art. 16 a III 1 GG hergeleitete Beschränkungsbefugnis der verfahrensbezogenen Gewährleistungsgarantie (BVerfGE 94, 115 (133)) und die damit eröffnete verfassungsrechtliche Basis zur Einführung besonderer Verfahren (BVerfGE 94, 115 (139 ff.)), rechtlich etwas vollständig anderes ist als der frühere *Verfahrensvorbehalt* des Art. 16 II 2 GG 1949 (BVerfGE 60, 253 (290)) = EZAR 610 Nr. 14 = NVwZ 1982, 614).

3. Prinzip der Arbeitsteilung

Das Grundgesetz trifft in Art. 16 a III 1 GG keine Regelung für das vom Gesetzgeber anzuwendende Verfahren zur Bestimmung eines sicheren Herkunftsstaates. Eine derartige Bestimmung erfordert die Beurteilung der Verhältnisse in einem anderen Staat und – dem vorausgehend – die Erhebung der für die gesetzgeberische Feststellung erforderlichen tatsächlichen Grundlagen. Hierfür ist dem Gesetzgeber nicht von Verfassungs wegen eine bestimmte Art des Vorgehens, etwa die Einholung bestimmter Auskünfte oder die Ermittlung genau bezeichneter Tatsachen, vorgeschrieben. Aus dem Schutzziel des Asylgrundrechts in Art. 16 a I GG einerseits sowie aus der Funktion der Herkunftsstaatenregelung in Art. 16 a III GG andererseits ergeben sich freilich *verfassungsrechtliche Anforderungen,* denen das Gesetz genügen muss (BVerfGE 94, 115 (141 f.) = EZAR 207 Nr. 1 = NVwZ 1996, 691). 13

Dem Gesetzgeber ist insoweit nach der in Art. 16 a III GG vorgesehenen Aufgabenverteilung die abstrakt-generelle Prüfung und Bewertung der Verhältnisse im jeweiligen Staat als eigenständige Aufgabe anvertraut (BVerfGE 94, 115 (144) = EZAR 207 Nr. 1 = NVwZ 1996, 691). Die dem Bundesamt und den Gerichten bei der Bearbeitung des jeweiligen Einzelfalls im Rahmen der »Arbeitsteilung« auferlegte Aufgabe umschreibt Art. 16 a III 2 GG dahin, dass zu prüfen ist, ob der einzelne Asylbewerber Tatsachen vorgetragen hat, welche entgegen der Vermutung, die an seine Herkunft aus einem sicheren Staat anknüpft, die Annahme begründen, er werde dort gleichwohl politisch verfolgt. Mit der *Beschränkung* auf diese *Prüfungsaufgabe* wird das Verfahren im Einzelfall in bestimmter Weise geprägt (BVerfGE 94, 115 (134)). 14

Zweck der Herkunftsstaatenregelung ist es vor allem, das »Prüfprogramm« für Asylsuchende aus derartigen Staaten abweichend von den sonst zu beachtenden Anforderungen wesentlich zu verkürzen, indem die Erkenntnisse und Erfahrungen im Blick auf diese Staaten »gewissermaßen in einer gesetzgeberischen Entscheidung gebündelt werden. Andererseits bleibt eine vertiefte Nachforschung und Aufklärung des Sachverhalts und der Verhältnisse in dem ›sicheren Herkunftsstaat‹ auch weiterhin geboten, wenn hierzu im Einzelfall Anlass besteht« (Giesler/Wasser, Das neue Asylrecht, S. 42). 15

Diese Aufgabenverteilung und die daraus folgende Befugnis zur abstraktgenerellen Prüfung und Bewertung der Verhältnisse hat auch eine Beschränkung der verfassungsgerichtlichen Prüfung auf eine bloße *Vertretbarkeitskontrolle* zur Folge: Die verfassungsgerichtliche Nachprüfung erstreckt 16 sich demnach auf die Vertretbarkeit der vom Gesetzgeber getroffenen Entscheidung, stößt jedoch im Blick auf die Eigenart des in Rede stehenden Sachbereichs und die Möglichkeiten sich ein hinreichend sicheres Urteil zu bilden, auf erhebliche Schwierigkeiten. Diese führen dazu, dass das BVerfG die Unvertretbarkeit der Entscheidung des Gesetzgebers, einen Staat zum sicheren Herkunftsstaat zu bestimmen, und damit die Verfassungswidrigkeit eines Gesetzes nach Art. 16 a III GG nur feststellen kann, wenn eine *Gesamtwürdigung* ergibt, dass der Gesetzgeber sich bei seiner Entscheidung nicht von »guten Gründen« hat leiten lassen (BVerfGE 94, 115 (144) = EZAR 207 Nr. 1 = NVwZ 1996, 691).

17 Diese verschiedenen Funktionen des Prinzips der Arbeitsteilung erscheinen dem BVerfG derart wesentlich, dass es dieses Prinzip bereits im LS 1 b hervorhebt. Das Prinzip der Arbeitsteilung hat Auswirkungen auf die materiellen Prüfkriterien, die Abgrenzung der Zuständigkeiten zwischen Gesetzgeber und BVerfG sowie auf die konkreten Feststellungsverfahren: »*Art. 16 a III GG sieht eine ›Arbeitsteilung‹ zwischen dem Gesetzgeber einerseits und den Behörden und Gerichten andererseits vor. Danach verbleibt den Behörden und Gerichten die Prüfung, ob der einzelne Asylbewerber Tatsachen vorgetragen hat, welche entgegen der Vermutung, die an seine Herkunft aus einem sicheren Staat anknüpft, die Annahme begründen, er werde dort gleichwohl politisch verfolgt*« (LS 1 b).

18 Danach hat also die Legislative bereits – bei der Bestimmung des sicheren Herkunftsstaates – eine *antizipierte Tatsachen- und Beweiswürdigung der generellen Verfolgungssituation* in dem jeweils betroffenen Staat vorgenommen, an welche Behörden und Verwaltungsgerichte *im konkreten Einzelfall* grundsätzlich gebunden sind (Frowein/Zimmermann, JZ 1996, 753 (760); Göbel-Zimmermann/Masuch, InfAuslR 1996, 404 (410)). Diese Arbeitsteilung geht jedoch weniger weit als im Falle der Drittstaatenregelung nach Art. 16 a II 1 GG. Denn mit der Einstufung eines bestimmten Staates als sicheren Herkunftsstaat verbindet sich nicht der Anspruch einer definitiven, abschließend normativen Vergewisserung. Vielmehr handelt es sich um eine gesetzgeberische Beurteilung in Form einer antizipierten Tatsachen- und Beweiswürdigung, bei der aber die Möglichkeit der Widerlegung im Einzelfall offen bleibt (Lübbe-Wolff, DVBl. 1996, 825 (834)).

19 Jedoch erleichtert die Vermutungsregelung Behörden und Verwaltungsgerichten die Tatsachenfeststellung und Beweiswürdigung im Einzelfall, da zu Lasten des Asylsuchenden eine *verfassungsrechtliche* Festlegung der *Darlegungslast* eingreift (Göbel-Zimmermann/ Masuch, InfAuslR 1996, 404 (410)). Die gesetzgeberische Feststellung, dass im Herkunftsstaat des Asylsuchenden keine politische Verfolgung droht, trägt damit auch die Folgerung, dass einstweiliger Rechtsschutz grundsätzlich nicht gewährt werden soll, es sei denn, es werden vom Antragsteller Tatsachen vorgetragen, die geeignet sind, für seinen Fall die allgemeine Vermutung zu widerlegen (Tomuschat, EuGRZ 1996, 381 (384)).

4. Prüfkriterien des Art. 16 a Abs. 3 Satz 1 GG

4.1. Allgemeine Grundsätze

Die einfachgesetzliche Regelung des Abs. 1 S. 1 verweist auf die Verfassungsnorm des Art. 16 a III 1 GG. Die Anwendung von Abs. 1 S. 1 beruht demnach auf der Voraussetzung, dass bei der Bestimmung des Herkunftsstaates des Asylsuchenden zum sicheren Herkunftsstaat der Gesetzgeber die verfassungsrechtlichen Vorgaben berücksichtigt hat. Die Bestimmung eines Staates zum sicheren Herkunftsstaat hat der Gesetzgeber nach Art. 16 a III 1 GG aufgrund der Rechtslage, der Rechtsanwendung und der allgemeinen politischen Verhältnisse in diesem Staat zu treffen. Der Gesetzgeber hat nicht nur die innerstaatlichen Gesetze sowie die für das innerstaatliche Recht für verbindlich erklärten völkerrechtlichen Verträge zum Schutze der Menschenrechte in den Blick zu nehmen, sondern insbesondere auch die Anwendung der Gesetze in der Praxis vor dem Hintergrund der allgemeinen politischen Situation in diesem Staat.

20

Dabei sind materiellrechtlich kraft ausdrücklicher Anordnung in Art. 16 a III 1 GG nicht nur politische Verfolgungstatbestände, sondern ist auch eine menschenrechtswidrige Praxis im betreffenden Staat von maßgeblicher Bedeutung. Die Behandlung von Minderheiten etwa mag zwar häufig nicht die hohe Schwelle politischer Verfolgung erreichen, jedoch durchaus als menschenrechtswidrig angesehen werden. Damit gibt die Verfassung dem Gesetzgeber bestimmte Prüfkriterien vor, an denen er seine Entscheidung, ob ein Staat die Anforderungen für die Bestimmung zum sicheren Herkunftsstaat erfüllt, auszurichten hat.

21

Das BVerfG hat andererseits ausdrücklich darauf hingewiesen, dass sich hieraus kein starrer, in jedem Gesetzgebungsverfahren gleichermaßen von Verfassungs wegen zu beachtender, etwa enumerativ darstellbarer Katalog von zu prüfenden Umständen ableiten lässt. Vielmehr besteht die gesetzgeberische Aufgabe darin, sich anhand der von Art. 16 a III 1 GG vorgegebenen Prüfkriterien aus einer Vielzahl von einzelnen Faktoren ein *Gesamturteil* über die für politische Verfolgung bedeutsamen Verhältnisse in dem jeweiligen Staat zu bilden (BVerfGE 94, 115 (139) = EZAR 207 Nr. 1 = NVwZ 1996, 691).

22

Dieser zusammenfassenden materiellen Betrachtung entspricht die frei gelassene Methodik der Tatsachenermittlung durch den Gesetzgeber (BVerfGE 94, 115 (141 f.) = EZAR 207 Nr. 1 = NVwZ 1996, 691). Es bleibt damit zwar einem Verwaltungsgericht, das hinsichtlich der verfassungsrechtlichen Zulässigkeit der Einstufung des Herkunftsstaates des Asylsuchenden als sicher Bedenken hat, im Falle der Entscheidungserheblichkeit dieser Frage unbenommen, im Wege der konkreten Normenkontrolle nach Art. 100 I GG das Verfahren auszusetzen und die Entscheidung des BVerfG hierzu einzuholen. Angesichts des weiten Entscheidungs- und Wertungsspielraums, den das BVerfG dem Gesetzgeber überlässt, dürfte dieser Weg in aller Regel jedoch kaum erfolgversprechend sein (Göbel-Zimmermann/Masuch, InfAuslR 1996, 404 (411)).

23

24 Das BVerfG weist darauf hin, dass auch die *Anerkennungsquote* von Asylbewerbern aus dem in Rede stehenden Land die Funktion eines Indizes übernehmen kann. Die Entscheidungspraxis des Bundesamtes wie der Verwaltungsgerichte sind gleichermaßen zu berücksichtigen. Bei dem abschließenden Urteil kann zur Abrundung und Kontrolle des gefundenen Ergebnisses auch ein Vergleich mit den Anerkennungsquoten anderer europäischer Staaten hilfreich sein. Der Gesetzgeber darf freilich eine bestimmte Verwaltungspraxis nicht ohne weiteres zum Maßstab seiner Entscheidung machen. Eine eigenständige Prüfung der Verhältnisse in dem betreffenden Land anhand der von der Verfassung vorgegebenen Kriterien wird durch den Hinweis auf die Verwaltungspraxis in der Bundesrepublik oder in anderen westlichen Ländern nicht ersetzt (BVerfGE 94, 94, 115 (139) = EZAR 207 Nr. 1 = NVwZ 1996, 691).

25 In diesem Zusammenhang betont das BVerfG als *Leitlinie,* auch die Schlussfolgerungen der für Einwanderungsfragen zuständigen Minister der EG-Staaten über verfolgungsfreie Länder vom 30. November/1. Dezember 1992 könnten zugrundegelegt werden (BVerfGE 94, 115 (139) = EZAR 207 Nr. 1 = NVwZ 1996, 691; s. auch Art. 30 b der EU-Verfahrensrichtlinie vom 30. April 2004, die freilich noch nicht in Kraft getreten ist), ohne jedoch die genaue normative Bedeutung dieser zusätzlichen Kriterien zu klären (kritisch hierzu Frowein/Zimmermann, JZ 1996, 753 (760)).

26 Art. 16 a III 1 GG gibt als materiellen Maßstab vor, dass gewährleistet erscheint, dass in dem betreffenden Staat weder politische Verfolgung noch unmenschliche oder erniedrigende Bestrafung oder Behandlung stattfindet. Ob diese Voraussetzungen gegeben sind, hat der Gesetzgeber aufgrund der Rechtslage, der Rechtsanwendung und der allgemeinen politischen Verhältnisse in dem betreffenden Staat zu befinden. Im Übrigen gewährleistet nur eine »gewisse Stabilität« der allgemeinen politischen Verhältnisse eine hinreichende Kontinuität als Grundlage für das Urteil des Gesetzgebers. Das gilt unabhängig davon, dass der Gesetzgeber nach Abs. 3 bei unerwarteten Änderungen der für die Beurteilung nach Art. 16 a III 1 GG maßgeblichen Verhältnisse schnell zu reagieren hat (BVerfGE 94, 115 (141) = EZAR 207 Nr. 1 = NVwZ 1996, 691).

4.2. Prüfkriterium »politische Verfolgung« nach Art. 16 a Abs. 3 Satz 1 GG

27 Nach Art. 16 a III 1 GG ist wesentliches Prüfkriterium, dass in dem in Rede stehenden Herkunftsstaat keine politische Verfolgung stattfindet. Maßgeblich für die Bewertung, ob in dem betreffenden Staat keine politische Verfolgung droht, ist nach dem BVerfG der in der bisherigen Rechtsprechung des BVerfG entwickelte Begriff der politischen Verfolgung: Mit dem Begriff »politische Verfolgung« knüpft Art. 16 a III 1 GG an die Formulierung in Art. 16 a I GG an, wonach »politisch Verfolgte« Asylrecht genießen. Daher kann für die Auslegung des Begriffs der politischen Verfolgung in Art. 16 a III 1 GG auf die bisherige Rechtsprechung des BVerfG zurückgegriffen werden (BVerfGE 94, 115 (135) = EZAR 207 Nr. 1 = NVwZ 1996, 691; s. insbesondere: BVerfGE 54, 341; 76, 143; 80, 315; 83, 216; s. § 1 Rdn. 4 ff.).

Sofern in dem in Rede stehenden Staat *regionale Verfolgung* herrscht, steht dies der Bestimmung dieses Staates zum sicheren Herkunftsstaat zwingend entgegen. Denn für die maßgebliche Beurteilung ist die dort *allgemein* herrschende Situation entscheidend. Ist eine – wenn auch nur regionale – politische Verfolgung feststellbar, so ist nicht gewährleistet, dass in diesem Staat allgemein politische Verfolgung nicht stattfindet, worauf Art. 16 a III GG abstellt. Sicherheit vor politischer Verfolgung muss daher *landesweit* bestehen (BVerfGE 94, 115 (134f.) = EZAR 207 Nr. 1 = NVwZ 1996, 691; zustimmend Frowein/Zimmermann, JZ 1996, 753 (760); Hailbronner, NVwZ 1996, 625 (629); Maaßen/de Wyl, ZAR 1997, 9; so schon Schoch, DVBl. 1993, 1161 (1164); Henkel, NJW 1993, 2705 (2708)). Zutreffend beruft das BVerfG sich für diese Auffassung auf die Gesetzesbegründung. 28

Nach der gesetzlichen Begründung muss Freiheit von politischer Verfolgung grundsätzlich *landesweit* bestehen (BT-Drs. 12/4152, S. 4). Allerdings findet insoweit eine Abkoppelung des für Art. 16 a III 1 GG verwendeten Begriffs der politischen Verfolgung von dem für Art. 16 a I GG maßgeblichen statt (Frowein/Zimmermann, JZ 1996, 753 (760)). Dies ist jedoch wegen des zusätzlichen Prüfkriteriums der menschenrechtswidrigen Behandlung gerechtfertigt: Werden in einem Staat Minderheiten menschenrechtswidrig behandelt, ist kaum anzunehmen, dass ihnen in irgendeinem Teil des Staates keine menschenrechtswidrige Behandlung widerfährt. Sie mögen zwar in bestimmten Gebieten nicht politisch verfolgt werden, menschenrechtswidrige Nachteile und Diskriminierungen können jedoch überall im Staatsgebiet vorkommen. 29

Aus diesem Grund darf der Gesetzgeber einen Staat, in dem bestimmte Minderheiten nur in bestimmten Landesteilen verfolgt werden, wegen der diesen überall im Staatsgebiet drohenden menschenrechtswidrigen Benachteiligung nicht für sicher erklären. Die Widerlegungsmöglichkeit bezieht sich nämlich nur auf die Gefahr politischer Verfolgung. Daraus ist zu schließen, dass der verfassungsändernde Gesetzgeber bei menschenrechtswidrigen Praktiken in einem Staat das Konzept der sicheren Herkunftsländer strukturell nicht für geeignet hält. Danach ist es dem Gesetzgeber mithin verwehrt, einen Staat für sicher zu erklären, wenn in diesem regionale politische Verfolgung feststellbar ist. 30

Ebenso wenig kann ein Staat zum sicheren Herkunftsstaat bestimmt werden, wenn dort nur Angehörige einer bestimmten Gruppe, nicht hingegen andere, dieser Gruppe nicht angehörende Personen verfolgt werden (BVerfGE 94, 115 (135) = EZAR 207 Nr. 1 = NVwZ 1996, 691; so auch Henkel, NJW 1993, 2705 (2708); Hailbronner, NVwZ 1996, 625 (629); Maaßen/de Wyl, ZAR 1997, 9; unklar Hailbronner, ZAR 1993, 107 (115)). Anhaltspunkte dafür, dass der verfassungsändernde Gesetzgeber die Bestimmung eines Landes zum sicheren Herkunftsstaat auch vorsehen wollte, wenn zwar bestimmte Personen- und Bevölkerungsgruppen von politischer Verfolgung nicht betroffen, eine oder mehrere andere Gruppen aber solcher Verfolgung ausgesetzt sind, können weder dem Wortlaut der Verfassungsnorm noch den Gesetzgebungsmaterialien entnommen werden. 31

Eine derart eingrenzende Feststellung des Fehlens politischer Verfolgung würde auch Inhalt und Funktion der Herkunftsstaatenregelung widerstrei- 32 ten: Art. 16 a III GG ist darauf gerichtet, für bestimmte Staaten im Wege einer vorweggenommenen generellen Prüfung durch den Gesetzgeber feststellen zu lassen, dass in ihnen allgemein keine politische Verfolgung stattfindet und deshalb die – widerlegliche -Vermutung der offensichtlichen Unbegründetheit individueller Asylbegehren aufgestellt werden kann. Dieses Konzept gerät indes schon dann *ins Wanken*, wenn ein Staat bei *genereller Betrachtung* überhaupt zu politischer Verfolgung greift, sei dies auch – zur Zeit – auf eine oder einige Personen- oder Bevölkerungsgruppen begrenzt. Tut er dies, erscheint auch für die übrige Bevölkerung nicht mehr generell gewährleistet, dass sie nicht Opfer asylerheblicher Maßnahmen wird (BVerfGE 94, 115 (136 f.) = EZAR 207 Nr. 1 = NVwZ 1996, 691).

33 Die abstrakt-generelle Regelung des Art. 16 a III 1 G spricht mithin dagegen, nach bestimmten Personengruppen zu differenzieren, um die Frage zu beurteilen, ob (für sie) der Herkunftsstaat sicher ist. Werden in einem Herkunftsstaat bestimmte Personengruppen verfolgt, darf er *generell* nicht für sicher erklärt werden. Denn in einem derartigen Fall ist die Situation in dem Herkunftsstaat mit derart vielen Unsicherheitsfaktoren behaftet, dass eine gegen den Asylsuchenden streitende Vermutung nicht gerechtfertigt ist.

34 Dies darf freilich nicht dahin missverstanden werden, dass erst eine regionale Verfolgung in Form der *gruppengerichteten Verfolgung* (s. hierzu: BVerfGE 83, 216; BVerwGE 88, 367; 89, 162; Marx, Handbuch, §§ 41 ff.) der Bestimmung eines Staates zum sicheren Herkunftsstaat entgegensteht. Ist der Begriff der gruppengerichteten Verfolgung entwickelt worden, um zugunsten der Gruppenangehörigen die Regelvermutung eigener politischer Verfolgung in Anwendung zu bringen (BVerwGE 67, 314 (315); 71, 175 (176); BVerwG, NVwZ 1986, 485; BVerwG, NVwZ 1988, 637; Marx, Handbuch, § 44 Rdn. 4–17.), gerät das Herkunftsstaatenkonzept demgegenüber schon dann ins Wanken, wenn der in Rede stehende Staat überhaupt zu politischer Verfolgung greift (BVerfGE 94, 115 (135) = EZAR 207 Nr. 1 = NVwZ 1996, 691). Ein Staat ist vielmehr nur dann sicher, wenn *gewährleistet* erscheint, dass er die zum Schutze der Menschenrechte geltenden Gesetze effektiv anwendet. Verletzt er diese zuungunsten bestimmter Minderheiten, fehlt es an dieser Voraussetzung.

35 Diese Überlegungen verdeutlichen die Gefahren, die mit der Aufstellung einer Liste sicherer Herkunftsstaaten verbunden sind. Würde man eine bestimmte Schwelle der Repressionspraxis voraussetzen, um einen Staat nicht mehr als sicher anzusehen, hätte man ein geeignetes Instrument, um Asylsuchenden mit gegen sie sprechenden Vermutungen die Durchsetzung ihres Anspruchs auf Verfolgungsschutz unzumutbar zu erschweren. Daher hat der Gesetzgeber zu differenzieren: Die Aufnahme eines bestimmten Staates in die Liste sicherer Herkunftsstaaten verbietet sich, wenn Einzelfälle politischer Verfolgung und menschenrechtswidriger Praktiken bekannt sind.

36 Diese klaren Vorgaben nimmt das BVerfG jedoch selbst wieder zurück, wenn es im Rahmen der prognostischen Beurteilung der allgemeinen Verhältnisse in Ghana die »verfassungsrechtliche Tragfähigkeit« der Bestimmung Ghanas zum sicheren Herkunftsstaat damit begründet, dass seit dem Inkrafttreten der dortigen neuen Verfassung keine Anhaltspunkte für eine »systematische

Sicherer Herkunftsstaat § 29 a

Verfolgung bestimmter Personengruppen« festgestellt worden seien (BVerfGE 94, 115 (151) = EZAR 207 Nr. 1 = NVwZ 1996, 691). Gerät das Konzept der sicheren Herkunftsstaaten nach dem eigenen Ansatz des BVerfG bereits ins Wanken, wenn der Staat überhaupt zu Verfolgungsmaßnahmen greift, ist es nicht gerechtfertigt, die Bestimmung eines Staates als sicher erst bei »systematischer Verfolgung bestimmter Personengruppen« zu untersagen. Eine derartige Einengung des Begriffs der politischen Verfolgung für die gesetzgeberische Prüfungstätigkeit ist nicht gerechtfertigt. Dieser Widerspruch in der Rechtsprechung des BVerfG muss wohl als Folge des von ihm dem Gesetzgeber anvertrauten Einschätzungs- und Wertungsspielraums (BVerfGE 94, 115 (143 f.)) angesehen werden.

Daher wird an der Auffassung festgehalten, dass die Bestimmung eines Staates als sicher zu unterbleiben hat, wenn Einzelfälle politischer Verfolgung bekannt werden. Denn bei der gebotenen generellen Betrachtung wird die Annahme der Sicherheit vor politischer Verfolgung in einem Staat erschüttert, wenn dieser »überhaupt zu politischer Verfolgung« greift (BVerfGE 94, 115 (135) = EZAR 207 Nr. 1 = NVwZ 1996, 691). Würde man insoweit eine bestimmte Schwelle der Repressionspraxis voraussetzen, hätte der Gesetzgeber ein geeignetes Instrument zur Verfügung, um Asylsuchenden mit gegen sie sprechenden Vermutungen die Durchsetzung ihres Asylanspruchs unzumutbar zu erschweren. 37

Auch das BVerfG hilft dem Gesetzgeber damit nicht aus der vom verfassungsändernden Gesetzgeber geschaffenen *Zwickmühle*: Werden die Kriterien *eng* ausgelegt, können nur wenige Staaten in die Anlage II zu § 29 a aufgenommen werden. Die Regelung wäre dann ebenso rechtsstaatlich wie ineffektiv. Oder aber die Kriterien werden *weit* ausgelegt. Dann können auch Staaten als sicher angesehen werden, hinsichtlich deren die Erfüllung der Kriterien nicht so sicher erscheint. In diesem Fall könnte die Regelvermutung jedoch relativ leicht entkräftet werden. In einem wie im anderen Fall hält sich der Entlastungseffekt der Herkunftsstaatenregelung sehr in Grenzen (Gusy, Jura 1993, 505 (508)). 38

4.3. Prüfkriterium »politische Strafverfolgung«

Es ist im Hinblick auf die Erheblichkeit von politischen Strafnormen nach Ansicht des BVerfG von vornherein zu berücksichtigen, dass auch in *Rechtsstaaten* Strafvorschriften zum Schutze der staatlichen Ordnung und Institutionen vorhanden sind und angewendet werden. Hält sich daher das Staatsschutzstrafrecht im rechtsstaatlichen Rahmen, so gibt das geschriebene Recht keinen Anlass, an dem generellen Fehlen von politischer Verfolgung zu zweifeln. Allerdings kommt es für ein Gesetz nach Art. 16 a III 1 GG, das eine *Gesamtbetrachtung* auch von Rechtsanwendung und allgemeinen politischen Verhältnissen erfordert, weiter darauf an, ob aus der *Handhabung des Staatsschutzstrafrechts* – etwa in Gefolge von Krisensituationen oder Unruhen – in einem beachtlichen Maße die Gefahr politischer Verfolgung erwächst (BVerfGE 94, 115 (136) = EZAR 207 Nr. 1 = NVwZ 1996, 691). 39

40 Dieser relativierenden Bewertung der Entscheidungserheblichkeit politischer Strafnormen steht die eigene, gleichwohl in Bezug genommene Rechtsprechung des BVerfG entgegen: Steht bei der Herkunftsstaatenregelung des Art. 16 a III 1 GG am Ausgang der Betrachtung die Feststellung, dass auch Rechtsstaaten politisches Strafrecht anwenden, ist bei Art. 16 II 2 GG 1949 die Verfolgung von Asylsuchenden, die wegen Verletzung einer Strafnorm, mit welcher der Herkunftsstaat seine politische Grundordnung und territoriale Integrität verteidigt, der typische Fall asylerheblicher politischer Verfolgung (BVerfGE 80, 315 (337); 81, 142 (149); Marx, Handbuch, § 62 Rdn. 2). Andererseits knüpft der Begriff »politische Verfolgung« in Art. 16 a III 1 GG an die Formulierung in Art. 16 a I GG an, sodass für die Auslegung des Begriffs der politischen Verfolgung in Art. 16 a III 1 GG auf die bisherige Rechtsprechung des BVerfG zurückgegriffen werden kann.

41 Dass mit diesem Ansatz einschneidende Folgen verbunden sind, verdeutlichen die Ausführungen des BVerfG zu Ghana: Der Gesetzgeber sei davon ausgegangen, dass in Ghana eine politische Verfolgung von Oppositionellen nicht stattfinde. Lediglich bei subversivem Vorgehen (Staatsstreiche, Putschversuche oder Umsturzaktionen) fänden staatliche Eingriffe statt. Anhaltspunkte dafür, dass bereits die entsprechenden Staatsschutzbestimmungen selbst *außerhalb* des rechtsstaatlichen Rahmens lägen, bestünden nicht. Es habe sich dem Gesetzgeber aufgrund der vorliegenden Erkenntnisse auch nicht aufdrängen müssen, aus der konkreten Anwendung von Staatsschutznormen erwachse in einem beträchtlichen Maße die Gefahr politischer Verfolgung (BVerfGE 94, 115 (150) = EZAR 207 Nr. 1 = NVwZ 1996, 691).

42 Darauf kommt es nach der Rechtsprechung des BVerfG für die Asylrechtsgewährleistung jedoch nicht an: Maßgebend für die Inhaltsbestimmung einer politischen Strafnorm ist, dass ihr *Unrechtsgehalt* sich im Angriff auf ein politisches Rechtsgut erschöpft. Derartige Rechtsgüter sind insbesondere der Staat, seine politische Grundordnung und territoriale Integrität (BVerfGE 80, 315 (337); 81, 142 (149)). Auch der Beteiligung an einem Putschversuch kann nach diesem Ansatz nicht von vornherein pauschal jegliche Asylerheblichkeit angesprochen werden (BVerfG (Kammer), InfAuslR 1990, 199 (200); BVerfG (Kammer), InfAuslR 1992, 372 (374), beide zu Ghana; weitere Hinweise bei Marx, Handbuch, § 63 Rdn. 77.

4.4. Prüfkriterium »unmenschliche oder erniedrigende Bestrafung oder Behandlung« nach Art. 16 a Abs. 3 Satz 1 GG

43 Der Begriff der »unmenschlichen oder erniedrigenden Behandlung oder Bestrafung« in Art. 16 a III 1 GG erfasst Maßnahmen, die nicht notwendigerweise zugleich politische Verfolgung im asylrechtlichen Sinne darstellen. Die vom verfassungsändernden Gesetzgeber gewählte Formulierung knüpft in Wortlaut und Inhalt erkennbar an die Bestimmung von Art. 3 EMRK an (BVerfGE 94, 115 (137 f.) = EZAR 207 Nr. 1 = NVwZ 1996, 691; so auch Schoch, DVBl. 1993, 1161 (1164); Wollenschläger/Schramml, JZ 1994, 61 (68); Huber, NVwZ 1993, 736 (738); Lübbe-Wolff, DVBl. 1996, 825 (834); Göbel-

Sicherer Herkunftsstaat § 29 a

Zimmermann/Masuch, InfAuslR 1996, 404 (411)). Unzutreffend ist allerdings, dass mit Art. 16 a III 1 GG die Norm des Art. 3 EMRK im Zusammenhang mit dem Asylrecht in den Rang einer bedingten Verfassungsgarantie erhoben wird (so: Schoch, DVBl. 1993, 1161 (1162); Huber, NVwZ 1993, 736 (738)). Die Verfassungsnorm verweist nur dem Inhalt nach auf Art. 3 EMRK, ohne sie jedoch ausdrücklich zu nennen. Dies ist nur in Art. 16 a II 1 GG der Fall. Hätte der verfassungsändernde Gesetzgeber auch in Art. 16 a III 1 GG ausdrücklich die EMRK genannt, so hätte der Gesetzgeber nur Vertragsstaaten des Europarates zu sicheren Herkunftsstaaten bestimmen können; eine Einschränkung, die ersichtlich nicht gewollt ist. Andererseits bedingt die Verweisung auf unmenschliche oder erniedrigende Maßnahmen in der Verfassungsnorm, dass in dem betreffenden Staat sicherer Schutz auch vor jenen Bestrafungen oder Behandlungen gewährleistet sein muss, die keinen politischen Bezug im asylrechtlichen Sinne aufweisen (Huber, NVwZ 1993, 736 (738)).   44

Die maßgeblichen Kriterien nach Art. 16 a III 1 GG verweisen damit auf politische Verfolgungstatbestände *und* menschenrechtswidrige Praktiken. Liegen *beide* Voraussetzungen vor, darf der betreffende Staat nicht für sicher erklärt werden. Der grundrechtlich gebotene Schutz des Rechts auf Leben und auf körperliche Unversehrtheit verbietet es, ein Land für »sicher« zu erklären, wenn dort Minderheiten menschenrechtswidrig behandelt werden. Diese verfassungsrechtliche Ausgangslage erklärt, warum für menschenrechtswidrige Maßnahmen keine Widerlegungsmöglichkeit besteht. Ein Herkunftsstaat, in dem menschenrechtswidrige Praktiken üblich sind, darf nicht für »sicher« erklärt werden.   45

Dementsprechend stellt das BVerfG ausdrücklich fest, dass die vom Verfassungsgeber in Art. 16 a III 1 GG geforderte Gewährleistung der Sicherheit auch vor unmenschlicher oder erniedrigender Behandlung oder Bestrafung über den Schutzbereich des Art. 16 a I GG hinausgeht. Sie stellt – in Anlehnung an die Bezugnahme auf die EMRK auch in Art. 16 a II GG – sicher, dass ein solches staatliches Handeln in die Prüfung einbezogen und so den *fließenden Übergängen* zu asylrechtlich erheblichen Verfolgungsmaßnahmen Rechnung getragen wird.   46

Auch kann die Feststellung, dass in dem zu prüfenden Staat eine unmenschliche oder erniedrigende Behandlung oder Bestrafung von *einigem Gewicht* anzutreffen ist, für die prognostische Beurteilung von Bedeutung sein, ob für einen überschaubaren Zeitraum gewährleistet erscheint, dass dort keine politische Verfolgung stattfindet (BVerfGE 94, 115 (137)).   47

Auch wenn Art. 16 a III 1 GG nicht ausdrücklich die *Folter* erwähnt, wird sie vom Begriff der unmenschlichen oder erniedrigenden Behandlung erfasst (BVerfGE 94, 115 (137); so auch Lübbe-Wolff, DVBl. 1996, 825 (833 f.); zum ausländerrechtlichen Schutz vor Folter: Marx, Handbuch, § 78). Dies entspricht der ständigen Rechtsprechung des EGMR (EGMR, EuGRZ 1979, 149 (153) – *Nordirland*; EGMR, EuGRZ 1979, 162 (164) – *Tyrer*). Daher dürfen keine Anhaltspunkte für die Anwendung von Folter bekannt sein, wenn ein Staat als »sicher« bestimmt werden soll (vgl. BVerfGE 94, 115 (152) = EZAR 207 Nr. 1 = NVwZ 1996, 691). Staaten, in denen gefoltert wird, können also nicht   48 zu sicheren Herkunftsstaaten bestimmt werden (Lübbe-Wolff, DVBl. 1996, 825 (833f.))

4.5. Bedeutung der Todesstrafe im Rahmen des Art. 16 a Abs. 3 Satz 1 GG

49 Die Praxis der Todesstrafe in einem Staat hat nach der Rechtsprechung des BVerfG für den Gesetzgeber nicht die gleichen Folgen, die es in diesem Zusammenhang der Folterpraxis beimisst. Dass es in der Rechtsordnung und -praxis eines Staates die Todesstrafe gebe, sei im Zusammenhang mit dem von Art. 16 a GG intendierten Schutz vor politischer Verfolgung und unter Berücksichtigung der Bedeutung zu würdigen, die dem Fehlen von unmenschlichen oder erniedrigenden Maßnahmen für die gesetzliche Bestimmung sicherer Herkunftsstaaten nach Art. 16a III GG zukomme (BVerfGE 94, 115 (137) = EZAR 207 Nr. 1 = NVwZ 1996, 691). Die Androhung der Todesstrafe stelle für sich allein weder einen Asylgrund noch einen anerkannten Fluchtgrund nach der GFK dar (BVerfGE 94, 115 (137), so auch BVerwG, EZAR 201 Nr. 18) und stehe der Bestimmung eines Staates, der sie kenne, nicht entgegen (BVerfGE 94, 115 (152)).

50 Bemerkenswerterweise erwähnt das BVerfG nicht, dass die Todesstrafe unter dem Gesichtspunkt der härteren Bestrafung als *Politmalus* asylerhebliche Bedeutung erlangen kann (BVerfG (Kammer), NVwZ 1991, 773; BVerwG, EZAR 206 Nr. 9; s. hierzu: Marx, Handbuch, § 63 Rdn. 131 ff.). Art. 16 a III 1 GG fordere die Gewährleistung der Sicherheit auch vor unmenschlichen oder erniedrigenden Maßnahmen für die gesetzgeberische Bestimmung eines Staates zum sicheren Herkunftsstaat. Dahingestellt bleibe, ob in der derzeitigen völkerrechtlichen Entwicklung eine »*prinzipielle Ächtung der Todesstrafe*« zum Ausdruck komme (BVerfGE 94, 115 (138) = EZAR 207 Nr. 1 = NVwZ 1996, 691).

51 Soweit Art. 16 a III 1 GG die Gewährleistung der Sicherheit auch vor unmenschlicher oder erniedrigender Behandlung oder Bestrafung fordert, schließt nach Ansicht des BVerfG allein die Tatsache, dass in einem Staat die Todesstrafe für Taten schwersten Unrechtsgehalts angedroht und auch verhängt und vollstreckt wird, die Bestimmung dieses Staates zum sicheren Herkunftsstaat noch nicht aus. Maßgebend sei vielmehr, inwieweit die Todesstrafe im Herkunftsstaat sich auf die Beurteilung auswirken könne, ob in diesem Staat politische Verfolgung stattfinde (BVerfGE 94, 115 (138, 152f.) = EZAR 207 Nr. 1 = NVwZ 1996, 691).

52 Hierfür komme es etwa darauf an, für welche Taten die Todesstrafe angedroht werde. Weiterhin sei von Bedeutung, ob die Voraussetzungen für die Verhängung der Todesstrafe gesetzlich hinreichend bestimmt seien, ob die Todesstrafe nur in einem mit hinreichenden Garantien für den Beschuldigten ausgestatteten Verfahren von weisungsunabhängigen Justizorganen verhängt werden dürfe, in welcher Häufigkeit sie ausgesprochen und auch vollzogen und in welcher Art und Weise sie vollstreckt werde. Das Ergebnis einer solchen Prüfung sei im Rahmen einer Gesamtbetrachtung von Rechtslage, Rechtsanwendung und allgemeinen politischen Verhältnissen in dem

betreffenden Staat zu würdigen (BVerfGE 94, 115 (138, 152f.) = EZAR 207 Nr. 1 = NVwZ 1996, 691).

Hiervon ausgehend prüft das BVerfG die Verhältnisse in Ghana, in dem mit dem Inkrafttreten der seinerzeit neuen Verfassung die Todesstrafe nur noch für bestimmte Taten mit schwerstem Unrechtsgehalt angedroht wurde. Nach dem Kenntnisstand im Gesetzgebungsverfahren hätten die letzten Vollstreckungen bereits drei Jahre zurückgelegen (1990 insgesamt neun Vollstreckungen). Die neuerlichen und seither – soweit ersichtlich – letzten Vollstreckungen im Juli 1993 hätten dem Gesetzgeber bei seiner Beurteilung noch nicht bekannt sein können. Im Übrigen hätten ihnen Verurteilungen wegen schwerster Kriminalität zugrundegelegen, sodass der Gesetzgeber im Rahmen seiner Gesamtbetrachtung in Ghana seit Anfang 1993 von einer Sicherheit auch vor unmenschlicher oder erniedrigender Bestrafung in Ghana habe ausgehen können (BVerfGE 94, 115 (152f.) = EZAR 207 Nr. 1 = NVwZ 1996, 691). Diese Begründung lässt jedoch zumindest den Schluss zu, dass bei vermehrter Verhängung und Vollstreckung dieser Strafform Bedenken gegen die Bestimmung eines Herkunftsstaates als »sicher« bestehen. 53

Angesichts der neueren Tendenzen im Völkerrecht zur Abschaffung oder zumindest Einschränkung der Todesstrafe (s. hierzu Marx, Handbuch, § 80 Rdn. 14ff.) und insbesondere der Verankerung eines zwingenden Refoulementschutzes im innerstaatlichen Recht der Bundesrepublik (§ 60 III AufenthG, § 53 II AuslG 1990, § 8 IRG) bringen diese Äußerungen des BVerfG eine rückwärtsgewandte Tendenz zum Ausdruck. Zutreffend ist, dass das Völkerrecht die Todesstrafe nicht generell untersagt. Es sind in den letzten Jahren jedoch gewichtige Fortschritte bei ihrer Beseitigung und Einschränkung erzielt worden. 54

Unter dem Gesichtspunkt des *Todeszellensyndroms* bewerten internationale Gerichte im Einzelfall diese Strafform als unmenschliche Bestrafung (Hinweise bei Marx, Handbuch, § 80 Rdn. 17–20). Überdies wird zutreffend darauf hingewiesen, dass der verfassungsändernde Gesetzgeber insoweit bei der Festlegung der Kriterien für verfolgungsfreie Herkunftsstaaten bewusst über das Erfordernis der Freiheit von asylrechtlich erheblicher politischer Verfolgung hinausgegangen sei, sodass es zumindest nahegelegen hätte zu untersuchen, ob möglicherweise zumindest aus der Sicht des deutschen Verfassungsrechts der Begriff der unmenschlichen oder erniedrigenden Maßnahme auch das Verbot der Todesstrafe umfasse (Frowein/Zimmermann, JZ 1996, 753 (760)). 55

Wie bereits im Zusammenhang mit der Drittstaatenregelung lasse hier das BVerfG eine merkwürdige »Berührungsangst« mit Art. 1 I GG deutlich werden (Lübbe-Wolff, DVBl. 1996, 825 (835)). Möglicherweise hat das Gericht auch eine Interpretation von Art. 16 a III 1 GG vermeiden wollen, welche die westliche Supermacht USA als nicht sicheren Herkunftsstaat ausgewiesen hätte. Denn dort wird die Todesstrafe in weitem Umfang praktiziert. 56

Das BVerfG stellt andererseits einen Zusammenhang mit Art. 16 a III 2 GG her, wonach sich die Vermutung der Verfolgungsfreiheit ausdrücklich nur auf die Freiheit von politischer Verfolgung, also gerade nicht auf die Freiheit von unmenschlicher Behandlung bezieht. Die Prüfung der Sicherheit vor un- 57 menschlichen oder erniedrigenden Maßnahmen hat nach dem Ansatz des BVerfG nur eine ergänzende Funktion, um im Grenzbereich die Vermutung des Fehlens politischer Verfolgung zusätzlich abzusichern.

58 Folgerichtig bleiben von diesem Ausgangspunkt aus Abschiebungshindernisse gemäß § 31 III in Verb. mit § 60 II–VII AufenthG von der Vermutung des Art. 16 a III 1 GG, Abs. 1 S. 1 unberührt. Das ist von erheblich praktischer Bedeutung, weil hier *ohne jede Einschränkung* eine *Einzelfallprüfung* erforderlich ist (Frowein/Zimmermann, JZ 1996, 753 (760); Hailbronner, NVwZ 1996, 625 (629)). Diese Interpretation des Urteils zur Herkunftsstaatenregelung wird durch die Entscheidungsgründe getragen. Denn dort wird ausdrücklich darauf hingewiesen, dass, soweit im Einzelfall einem Asylsuchenden die Todesstrafe drohe, er nach Maßgabe der §§ 53 II, 60 V 1, 61 III AuslG 1990 (jetzt § 60 III, § 15 V 1, § 57 III AufenthG) vor Zurückweisung, Zurückschiebung und Abschiebung sicher sei (BVerfGE 94, 115 (138) = EZAR 207 Nr. 1 = NVwZ 1996, 691). Vor Auslieferung ist er durch § 8 IRG geschützt.

4.6. Bedeutung der Rechtslage und -anwendung (Art. 16 a Abs. 3 Satz 1 GG)

59 Nach Art. 16 a III 1 GG kommt es maßgebend auf die Rechtslage und -anwendung in dem Herkunftsstaat an. Damit gibt die Verfassung dem Gesetzgeber bestimmte Prüfkriterien vor, an denen er seine Entscheidung über die Sicherheit in einem bestimmten Staat auszurichten hat. Hieraus lässt sich aber kein starrer, in jedem Gesetzgebungsverfahren gleichermaßen von Verfassungs wegen zu beachtender, etwa enumerativ darstellbarer Katalog von zu prüfenden Umständen ableiten. Vielmehr besteht die gesetzgeberische Aufgabe darin, sich anhand der von Art. 16 a III 1 GG vorgegebenen Prüfkriterien aus einer Vielzahl von einzelnen Faktoren ein *Gesamturteil* über die für politische Verfolgung bedeutsamen Verhältnisse in dem jeweiligen Staat zu bilden (BVerfGE 94, 115 (139) = EZAR 207 Nr. 1 = NVwZ 1996, 691).

60 Im Blick auf die *Rechtslage* ist zu bedenken, dass grundsätzlich jeder Lebensbereich zum Anknüpfungspunkt staatlicher Maßnahmen werden kann, die den Charakter politischer Verfolgung oder sonstiger menschenrechtswidriger Eingriffe annehmen können (BVerfGE 80, 315 (333) = EZAR 201 Nr. 20 = NVwZ 1990, 151 = InfAuslR 1990, 21; BVerwGE 67, 184 (188) = NVwZ 1983, 674 = InfAuslR 1983, 228; Marx, Handbuch, § 1 Rdn. 3). Anhaltspunkte bieten in diesem Zusammenhang die Definition des Flüchtlingsbegriffs nach Art. 1 A (2) GFK sowie die völkerrechtlichen Verträge zum Schutze der Menschenrechte. Wesentlich für das Prüfkriterium der Rechtslage ist, ob der betreffende Staat von ihm eingegangene internationale Verpflichtungen innerstaatlich als geltendes Recht betrachtet (BVerfGE 94, 115 (139f.) = EZAR 207 Nr. 1 = NVwZ 1996, 691).

61 Mit welcher Intensität neben der Rechtslage auch die *konkrete Rechtsanwendung* in die Prüfung einbezogen werden muss, lässt sich nicht abstrakt und generell bestimmen. Art. 16 a III 1 GG trägt dem Umstand Rechnung, dass die *praktische Wirksamkeit* geschriebener Normen nicht bereits mit ihrem Er-

lass gewährleistet ist. Bemerkenswerterweise legt das BVerfG hier einen vom Urteil zur Drittstaatenregelung abweichenden Ansatz zugrunde. Denn nach Art. 16 a II 1 GG ist bei einem Staat, bei dem die Gesetzmäßigkeit der Verwaltung gewährleistet ist, »regelmäßig« davon auszugehen, dass sich die Organe dieses Staates an geltendes Recht und damit auch an eingegangene Bindungen nach dem Vertragsvölkerrecht halten (BVerfGE 94, 49 (93) = EZAR 208 Nr. 7 = NVwZ 1996, 700).

Der Grund für diese Differenzierung sind die teilweise völlig unterschiedlichen politischen Rahmenbedingungen, die einerseits bei den Drittstaaten sowie andererseits bei den Herkunftsstaaten zu berücksichtigen sind (Maaßen/de Wyl, ZAR 1997, 9 (10), s. auch Wolff, DÖV 1996, 819 (823)). Dies verdeutlicht auch die ausdrückliche Erwähnung der EMRK in Art. 16 a II 1 GG, während in Art. 16 a III 1 GG lediglich das Verbot der unmenschlichen oder erniedrigenden Bestrafung oder Behandlung ohne konkrete Bezugnahme auf internationale Normen erwähnt wird. 62

Während damit der Kreis der sicheren Drittstaatenregelung auf die Vertragsstaaten der EMRK begrenzt bleibt, kann der Gesetzgeber in die Kategorie der sicheren Herkunftsstaaten auch Staaten außerhalb Europas einbeziehen. Damit soll ihm Raum gegeben werden, die Prüfungsintensität im Hinblick auf die Sicherheit in Herkunftsstaaten in Abhängigkeit von den jeweils vorherrschenden konkreten politischen Rahmenbedingungen zu variieren (Maaßen/de Wyl, ZAR 1997, 9 (10), mit Hinweis auf BVerfGE 94, 115 (139)). 63

Dementsprechend ist nach Ansicht des BVerfG für die Sicherheit vor politischer Verfolgung und menschenrechtswidriger Behandlung letztlich die Rechtspraxis im jeweiligen Staat maßgebend. Eine Rolle wird hierbei spielen, zu welchen Ergebnissen eine Prüfung anhand der Rechtslage und der allgemeinen politischen Verhältnisse führt: Je mehr etwa rechtsstaatliche Grundsätze, die Bindung der Exekutive an die Gesetze sowie eine unabhängige Justiz (vgl. auch BVerfGE 94, 115 (138, 140 = EZAR 207 Nr. 1 = NVwZ 1996, 691) im jeweiligen Staat verankert sind, desto eher kann davon ausgegangen werden, dass Rechtslage und Rechtsanwendung sich *im Wesentlichen decken.* Als *Indiz* dafür, dass ein Staat die in Art. 16 a III 1 GG bezeichneten Standards in der täglichen Praxis achtet, kann auch seine Bereitschaft gelten, unabhängigen internationalen Organisationen zur Überwachung der Menschenrechtslage Zutritt zu seinem Hoheitsgebiet zu gewähren (BVerfGE 94, 115 (140) = EZAR 207 Nr. 1 = NVwZ 1996, 691). 64

Erstaunlicherweise verweist das BVerfG in diesem Zusammenhang nicht auf die Notwendigkeit garantierter Grundrechte im sicheren Herkunftsstaat. Offen bleibt darüber hinaus, ob die als wesentlich angesehene Frage einer Umsetzung völkerrechtlicher Verpflichtungen als innerstaatlich geltendes Recht im Sinne einer unmittelbaren innerstaatlichen Geltung zu verstehen ist. In afrikanischen Staaten mit britischer Tradition, wie der zur Prüfung gestellte Staat Ghana, liegt diese Voraussetzung nämlich regelmäßig nicht vor (Frowein/Zimmermann, JZ 1996, 753 (760 f.); s. auch Wolff, DÖV 1996, 819 (823)). Der Gesetzgeber hat deshalb stets zu prüfen, ob internationale menschenrechtliche Verpflichtungen des Herkunftsstaates kraft innerstaatlicher Rechtsvorschriften unmittelbar Anwendung finden. 65

4.7. Bedeutung der allgemeinen politischen Verhältnisse nach Art. 16 a Abs. 3 Satz 1 GG

66 Nach Art. 16 a III 1 GG sind schließlich als weiteres Prüfkriterium die allgemeinen politischen Verhältnisse in dem jeweiligen Staat zu berücksichtigen. Diese zielen auf die *Rahmenbedingungen*, die Sicherheit vor politischer Verfolgung und sonstiger menschenrechtswidriger Behandlung in dem betreffenden Staat gewährleisten sollen. In diesem Zusammenhang sind von Bedeutung: demokratische Strukturen, Mehrparteiensystem, freie Betätigungsmöglichkeit für eine Opposition, Religionsfreiheit, Vereinigungs- und Versammlungsfreiheit, Meinungs- und Pressefreiheit sowie Unabhängigkeit der Gerichte.

67 Dabei kommt es nicht in erster Linie auf bestimmte – etwa deutschen Maßstäben entsprechende – Strukturen an. Im Hinblick auf die Bestimmung eines Staates zum sicheren Herkunftsstaat im Rahmen des Asylrechts sind vielmehr Rechtsstaatlichkeit im Allgemeinen und Freiheitlichkeit für den Einzelnen die entscheidenden Prüfsteine (BVerfGE 94, 115 (140f.) = EZAR 207 Nr. 1 = NVwZ 1996, 691). Grundrechtliche Strukturen nach Maßgabe allgemein anerkannter Maßstäbe müssen in der täglichen Praxis *effektiv* durchgesetzt werden. Den Hinweis auf die Effizienz grundrechtlicher Schutzvorkehrungen freilich unterlässt das BVerfG.

68 Mit der gesetzgeberischen Bestimmung eines bestimmten Staates zum »sicheren Herkunftsstaat« wird die Bewertung der dortigen Situation und die darauf aufbauende Vermutung für eine unbestimmte Vielzahl von Asylsuchenden festgeschrieben. Dies ist nur dann sachgerecht, wenn *eine gewisse Stabilität* der allgemeinen politischen Verhältnisse eine *hinreichende Kontinuität* auch für *Rechtslage* und *Rechtsanwendung* in dem betreffenden Staat gewährleistet erscheinen lässt. Das gilt unabhängig von dem in Abs. 3 bereitgehaltenen Instrumenten zur unverzüglichen Reaktion auf unerwartete Änderungen der allgemeinen politischen Verhältnisse (BVerfGE 94, 115 (141) = EZAR 207 Nr. 1 = NVwZ 1996, 691).

69 Hieraus ergeben sich besondere Anforderungen im Blick auf Staaten mit einer diktatorischen oder totalitären Vergangenheit, da hier besondere Zurückhaltung bei der Beurteilung der erforderlichen Stabilität der für Art. 16 a III 1 GG maßgebenden Verhältnisse angezeigt ist (Göbel-Zimmermann/Masuch, InfAuslR 1996, 404 (412)). Diese Zurückhaltung lässt das BVerfG allerdings gerade im Blick auf Ghana vermissen, wie der Mehrheitsmeinung zutreffend von den dissentierenden Richtern vorgehalten wird (BVerfGE 94, 115 (157 ff.) = EZAR 207 Nr. 1 = NVwZ 1996, 691). Überdies ergibt sich aus dem Erfordernis einer hinreichenden Stabilität eine Verpflichtung des Gesetzgebers zur »*laufenden Kontrolle der Sicherheit*« in den sicheren Herkunftsstaaten (Maaßen/de Wyl, ZAR 1997, 9 (10)).

5. Entscheidungs- und Wertungsspielraum des Gesetzgebers nach Art. 16 a Abs. 3 Satz 1 GG

5.1. Verfassungsgerichtliche Vertretbarkeitskontrolle

Die Verfassung trifft in Art. 16 a III 1 GG keine Regelung für das vom Gesetzgeber zu beachtende Verfahren bei der Bestimmung des sicheren Herkunftsstaates. Diese Bestimmung erfordert die Beurteilung der Verhältnisse in einem anderen Staat und dem – vorausgehend – die Erhebung der für die gesetzgeberische Entscheidung notwendigen tatsächlichen Grundlagen. Hierfür ist dem Gesetzgeber nicht von Verfassungs wegen eine bestimmte Art des Vorgehens, etwa die Einholung bestimmter Auskünfte oder die Ermittlung genau bezeichneter Tatsachen, vorgeschrieben (BVerfGE 94, 115 (141) = EZAR 207 Nr. 1 = NVwZ 1996, 691). Vielmehr hat er sowohl für die Erhebung und Aufbereitung und der hierbei anzuwendenden Methode wie auch für die Prognose über die weitere Entwicklung in dem betreffenden Staat einen Einschätzungs- und Wertungsspielraum (BVerfGE 94, 115: LS 4 b und c). 70

Dementsprechend erstreckt sich die verfassungsgerichtliche Prüfung auf die Vertretbarkeit der vom Gesetzgeber getroffenen Entscheidung (LS 4 d). Die Feststellung des sicheren Herkunftsstaates muss so beschaffen sein, dass sich die Sonderbehandlung von Asylanträgen *mit guten Gründen* auf sie stützen kann. Das bedingt ein bestimmtes Maß an Sorgfalt bei der Erhebung und Aufbereitung von Tatsachen. Dieses Maß ist je nach den konkreten Gegebenheiten in dem jeweiligen Staat unterschiedlich. Dabei kommt dem Gesetzgeber, insbesondere hinsichtlich der dafür zu beschreitenden Wege, ein Entscheidungsspielraum zu (BVerfGE 94, 115 (143 f.) = EZAR 207 Nr. 1 = NVwZ 1996, 691). 71

Der Gesetzgeber hat nach Ansicht des BVerfG sowohl bei der Tatsachenfeststellung wie auch bei der darauf beruhenden Prognose einen Entscheidungs- und Wertungsspielraum. Diesen hat das BVerfG zu beachten. Dies ergibt sich aus dem Wortlaut »gewährleistet erscheint« in der Verfassung selbst, indem diese auf die Beurteilung durch den Gesetzgeber abstellt, im Übrigen auch aus der in Art. 16 III 1 GG vorgesehenen Aufgabenverteilung. Danach ist die abstrakt-generelle Prüfung und Bewertung der Verhältnisse im jeweiligen Staat dem *Gesetzgeber* als *eigenständige Aufgabe* anvertraut. 72

Die verfassungsgerichtliche Nachprüfung erstreckt sich demnach auf die Vertretbarkeit der vom Gesetzgeber getroffenen Entscheidung, stößt jedoch im Blick auf die Eigenart des in Rede stehenden Sachbereichs und die Möglichkeiten, sich ein hinreichend sicheres Urteil zu bilden, auf erhebliche Schwierigkeiten. Diese führen dazu, dass das BVerfG die *Unvertretbarkeit* der *Entscheidung des Gesetzgebers,* einen Staat zum sicheren Herkunftsstaat zu bestimmen, und damit die Verfassungswidrigkeit eines nach Art. 16 a III 1 GG erlassenen Gesetzes nur feststellen kann, wenn eine *Gesamtwürdigung* ergibt, dass der Gesetzgeber sich bei seiner Entscheidung nicht von *guten Gründen* hat leiten lassen (BVerfGE 94, 115 (144) = EZAR 207 Nr. 1 = NVwZ 1996, 691). 73

74 Insbesondere diese Frage war im Senat umstritten, wie aus den abweichenden Meinungen der Richter Limbach und Sommer deutlich wird (BVerfGE 94, 115 (157 ff., 164 ff.) = EZAR 207 Nr. 1 = NVwZ 1996, 691). Richter Böckenförde beschränkte seine abweichende Position auf den Prognoseaspekt des Wertungsspielraums (BVerfGE 94, 115 (163)).

75 Gegen die Mehrheitsmeinung wird eingewendet, die von Art. 16 a III GG vorgesehene Arbeitsteilung dürfe nicht zu Freiräumen des Gesetzgebers bei der Diagnose der politischen Verfolgung sowie zu mangelnder Sorgfalt und Verlässlichkeit der Sachverhaltsannahmen führen (Richterin Limbach, s. BVerfGE 94, 115 (158) = EZAR 207 Nr. 1 = NVwZ 1996, 691). Der Hinweis auf eine bloße Vertretbarkeitskontrolle verkenne überdies die Eigenart der dem Gesetzgeber in Art. 16 a III 1 GG übertragenen Aufgabe. Er habe im Wesentlichen eine Subsumtionsleistung zu erbringen. Dies sei mit Aktivitäten des Gesetzgebers im Bereich eigenständiger sozialer Gestaltung nicht vergleichbar (BVerfGE 94, 115 (160)).

76 Insbesondere stehe das betroffene Rechtsgut des Art. 16 a I GG entgegen. Bei Gesetzen, deren vorrangiger Zweck darin bestehe, Grundrechtspositionen zu beschränken oder zu organisieren, habe die Kontrolle des BVerfG »besonders intensiv« zu sein (BVerfGE 94, 115 (161)). Richter Böckenförde bemängelt, dass der ohnehin abgeschwächte Maßstab der Vertretbarkeit unter Berufung auf die Schwierigkeit, sich ein sicheres Urteil zu bilden, nicht noch einmal zurückgenommen und darauf beschränkt werden dürfe, ob eine *Gesamtwürdigung* ergebe, dass der Gesetzgeber sich von guten Gründen habe leiten lassen (BVerfGE 94, 115 (163)).

77 Das BVerfG versperrt sich hier selbst in einem hoch sensiblen grundrechtlich erheblichen Schutzbereich den Zugang zu einer effektiven Kontrolle, indem es keine objektiv nachprüfbare, sondern subjektive Kriterien für die verfassungsgerichtliche Kontrollaufgabe festlegt. Gegen diesen erstmals im Abhörurteil entwickelten Ansatz wurde bereits damals kritisch eingewendet, dass damit nicht kontrollierbare Motive und Absichten der Staatsorgane über den Achtungsanspruch der Menschenwürde entscheiden (Denninger, Staatsrecht I, S. 23 f.). Ebenso verhält es sich im Herkunftsstaatenurteil mit dem Maßstab der »guten Gründe«, hinter dem sich allerlei Motive und Absichten verbergen lassen, solange nur der äußere Schein gewahrt bleibt.

78 Wollte man den in der Formulierung unterschiedlichen Umschreibungen Bedeutungsunterschiede zuordnen, so käme den gewählten Formulierungen und Bedeutungsschwerpunkten nach allenfalls die Deutung in Betracht, dass im Falle der Drittstaatenregelung der Spielraum des Gesetzgebers, insbesondere im Bereich der Tatsachenermittlung, noch größer sein solle als bei den Einstufungsentscheidungen nach der Herkunftsstaatenregelung. Diese Deutung verbiete sich aber im Hinblick darauf, dass wegen der weitreichenden Bedeutung der Einstufungsentscheidungen nach der Drittstaatenregelung eine Differenzierung, wenn überhaupt, dann allenfalls im umgekehrten Sinne zu rechtfertigen wäre (Lübbe-Wolff, DVBl. 1996, 825 (835)).

5.2. Aufgabe der Tatsachenfeststellungen durch den Gesetzgeber

Die Aufgabe der Tatsachenfeststellung vollzieht sich in *vier Stufen:* Nach Ansicht des BVerfG hat der Gesetzgeber ein bestimmtes *Maß an Sorgfalt* bei der Erhebung und Aufbereitung von Tatsachen zu beachten. Dieses Maß sei nach den konkreten Gegebenheiten in dem jeweiligen Staat unterschiedlich. Dabei komme dem Gesetzgeber, insbesondere hinsichtlich der dafür zu beschreitenden Wege, ein Entscheidungsspielraum zu. Er werde zur Ermittlung der bedeutsamen Tatsachen die zugänglichen und als zuverlässig anzusehenden Quellen heranzuziehen und auszuwerten haben. Auf die Berichte der zuständigen Vertretung der Bundesrepublik und in Betracht kommender internationaler Organisationen, insbesondere UNHCR, werde besonderes Gewicht zu legen sein. 79

Angesichts der Tatsache, dass die Verfassung dem Gesetzgeber die Einschätzung von Auslandstatsachen aufgebe und Abs. 3 die Bundesregierung aus gegebenem Anlass mit der kurzfristigen Korrektur der vom Gesetzgeber getroffenen Entscheidung beauftrage, falle gerade den Auslandsvertretungen eine Verantwortung zu, die sie zu besonderer Sorgfalt bei der Abfassung ihrer einschlägigen Berichte verpflichte (BVerfGE 94, 115 (143) = EZAR 207 Nr. 1 = NVwZ 1996, 691). 80

Die Hervorhebung der Berichte der Auslandsvertretungen für die Beweiserhebung (vgl. hierzu auch BVerwG, DVBl. 1985, 577; BVerwG, EZAR 630 Nr. 22) mag man als kritische Mahnung an die Auslandsvertretung deuten. Jedenfalls ist die in der Fachgerichtsbarkeit übliche prominente Funktion amtlicher Berichte im Rahmen von Art. 16 a III 1 GG kaum gerechtfertigt. Bei den internationalen Organisationen legt das BVerfG zu Unrecht den Schwerpunkt auf Berichte des UNHCR (kritisch hierzu auch Frowein/Zimmermann, JZ 1996, 753 (761)). Von wesentlich größerer Bedeutung sind demgegenüber die Berichte der Sonderberichterstatter der Menschenrechtskommission, der Sonderbeauftragten des Generalsekretärs sowie generell Berichte und Analysen des Menschenrechtszentrums sowie der Hochkommissarin für Menschenrechte der Vereinten Nationen. 81

Auffallend ist, dass das BVerfG in diesem Zusammenhang nicht ausdrücklich auf die Bedeutung und Funktion der Berichte *regierungsunabhängiger Institutionen* und Organisationen hinweist, obwohl es selbst zur mündlichen Verhandlung zur Prüfung der Situation in Ghana sachverständige Auskunftspersonen von amnesty international geladen und angehört hatte (vgl. BVerfGE 94, 115 (150 ff.) = EZAR 207 Nr. 1 = NVwZ 1996, 691). Ein eindeutiger Hinweis auf die gesetzgeberische Verpflichtung, auch regierungsunabhängige Auskunftsquellen heranzuziehen und auszuwerten, wäre insbesondere deshalb angezeigt gewesen, weil der Gesetzgeber bislang diese Informationsquellen nicht herangezogen hat. 82

Andererseits verwendet das BVerfG den Begriff »internationale Organisationen« und verweist an anderer Stelle im Urteil zur Drittstaatenregelung auf den Standard der *Schlussfolgerungen* der EU-Einwanderungsminister zu dieser Frage, denen es den Charakter von »Leitlinien« zuweist (BVerfGE 94, 115 (139) = EZAR 207 Nr. 1 = NVwZ 1996, 691). Die dort in Bezug genommene 83

Empfehlung zu »Staaten, in denen generell kein ernsthaftes Risiko von Verfolgungen besteht«, empfiehlt den EU-Staaten, sämtliche verfügbaren Erkenntnis- und Informationsquellen heranzuziehen. Dazu gehören insbesondere auch Berichte von regierungsunabhängigen Organisationen (Henkel, NJW 1993, 2708 (2709)). Auch die gesetzliche Begründung zur § 29 a verweist auf Berichte »internationaler Menschenrechtsorganisationen« (BT-Drs. 12/4450, S. 22), wozu nach dem internationalen Sprachgebrauch nicht nur zwischenstaatliche, sondern auch regierungsunabhängige Menschenrechtsorganisationen gehören (dies übersieht Henkel, NJW 1993, 2708 (2709)).

84 Auf der *zweiten Stufe* der Tatsachenermittlung räumt das BVerfG dem Gesetzgeber einen weiteren Spielraum in der Frage ein, wie die erhobenen Tatsachen zu *werten* und zu *würdigen* sind: Der Einschätzungs- und Wertungsspielraum gilt danach auch für die Frage, welche der erhobenen Tatsachen *mit welchem Gewicht* für die zu treffende Entscheidung von Bedeutung sind (BVerfGE 94, 115 (144) = EZAR 207 Nr. 1 = NVwZ 1996, 691; kritisch hierzu Frowein/Zimmermann, JZ 1996, 753 (761)). In dem anschließenden *dritten Schritt* eröffnet das BVerfG dem Gesetzgeber einen Einschätzungs- und Wertungsspielraum insbesondere auch für die Bewertung der Bedeutung, welche die in Art. 16 a III 1 GG genannten Kriterien in ihrem Verhältnis zueinander für die anstehende Qualifizierung eines bestimmten Staates als sicherer Herkunftsstaat haben. Hierbei handelt es sich jedoch an sich um originär richterliche Tätigkeit (Frowein/Zimmermann, JZ 1996, 753 (761)).

85 Problematisch ist überdies auch die Auffassung des BVerfG, der Einschätzungs- und Wertungsspielraum des Gesetzgebers erfasse schließlich auch »*sonstige Umstände*«, welche die Verfassung nicht ausschließe (BVerfGE 94, 115 (144) = EZAR 207 Nr. 1 = NVwZ 1996, 691). Für einen solchen nicht-abschließenden Charakter der in Art. 16 a III 1 GG genannten Kriterien können dem Normtext keine Anhaltspunkte entnommen werden. Vielmehr hat die Feststellung der Verfolgungsfreiheit nach dem Wortlaut der Verfassungsnorm *auf Grund* der dort genannten Kriterien und nicht ergänzend aufgrund weiterer Kriterien zu erfolgen (Frowein/Zimmermann, JZ 1996, 753 (761)). Man kann diese Ausführungen des BVerfG aber auch dahin verstehen, dass der Gesetzgeber weitere Tatsachen und Umstände zur Beurteilung der in Art. 16 a III 1 GG genannten Kriterien heranziehen kann (so auch Frowein/Zimmermann, JZ 1996, 753 (761)).

86 Auf der *vierten Stufe* schließlich muss sich der Gesetzgeber nach Durchlaufen einer in mehreren Schritten verlaufenden Tatsachenermittlung und sich vollziehenden Beurteilung komplexer, zudem im Ausland angesiedelter Sachverhalte ein *Gesamturteil* bilden. Nur wenn die Gesamtwürdigung ergibt, dass er sich hierbei nicht von »guten Gründen« hat leiten lassen, kann der zugrundeliegende gesetzgeberische Akt als verfassungswidrig bezeichnet werden (BVerfGE 94, 115 (144) = EZAR 207 Nr. 1 = NVwZ 1996, 691). Faktisch wird damit die verfassungsgerichtliche Kontrolle auf ein Minimum reduziert, obwohl hierzu keine Veranlassung bestand, da es sich um eine eigenständig von deutschen Stellen vorzunehmende Qualifikation handelt, auf die andere Staaten keinen Einfluss nehmen können. Jedenfalls aus diesem Grund bestand auch kein Bedürfnis für die Zurück-

nahme der verfassungsgerichtlichen Kontrolle (Frowein/Zimmermann, JZ 1996, 753 (761)).

Diese an sich zutreffende Kritik übersieht freilich, dass jede Diskussion über die Menschenrechtssituation in anderen Ländern im Parlament mit erheblichen Belastungen der zwischenstaatlichen Beziehungen verbunden ist. Typische Ausgangssituation ist, dass es sich bei den zu beurteilenden Ländern um nach innen instabile, nach außen auf internationale Reputation bedachte Staaten handelt (Gusy, Jura 1993, 505 (509)). Kann schon die im Einzelfall erforderliche richterliche Bewertung länderspezifischer Situationen außenpolitisch negative Effekte mit sich bringen, weswegen das Auswärtige Amt seine Lageberichte zur Verschlusssache erklärt, werden parlamentarische Debatten über die innenpolitische Situation in anderen Staaten häufig zu unerfreulichen Rückkoppelungseffekten führen.

5.3. Aufgabe der Prognoseprüfung durch den Gesetzgeber

Darüber hinaus muss der Gesetzgeber eine *Prognose* über die weitere Entwicklung in dem in Rede stehenden Staat innerhalb eines überschaubaren Zeitraums treffen. Auch hierfür hat er einen *Einschätzungs- und Wertungsspielraum* (BVerfGE 94, 116 (142)) = EZAR 207 Nr. 1 = NVwZ 1996, 691). Überschneidungen dieser Verfahrensphase mit dem vierten Schritt der Tatsachenermittlung, der Bildung eines Gesamturteils über das vorliegende Tatsachenmaterial, dürften unvermeidlich sein. Der Akt der Tatsachenfeststellung sowie die in diesem Rahmen vorzunehmende Klärung der Bedeutung der einzelnen Tatsachen und ihres Gewichtes zueinander stellen jedoch ebenso wie in der forensischen Praxis lediglich die tatsächliche Prognosebasis dar (vgl. hierzu: Marx, Handbuch, § 12). Hiervon zu trennen ist die auf diesen ermittelten Tatsachen beruhende Prognoseprüfung.

Insbesondere in diesem Zusammenhang stößt die verfassungsgerichtliche Zurücknahme der Kontrolle auf schwerwiegende Bedenken, da ein derart offener Prozess wie die parlamentarische Prognoseprüfung im besonderen Maße dem Einfluss politischer Faktoren ausgesetzt ist. Befürworter einer restriktiven Asylrechtsgewährung räumen daher auch unumwunden ein, dass die »politische Natur« auslandsbezogener Sachverhalte und die Beurteilung der politischen und rechtlichen Gesamtlage fremder Staaten künftig dem politischen Gesetzgeber überantwortet würden (Hailbronner, NVwZ 1996, 625 (629)).

Da es im Asylrecht stets um die Beurteilung hochpolitischer, auslandsbezogener Sachverhalte geht, verdeckt eine derart apologetische Betrachtungsweise nur unzulänglich den Wunsch nach Entrechtlichung des politischen Asyls. Demgegenüber halten die dissentierenden Richter Limbach und Sommer der Senatsmehrheit vor, im Hinblick darauf, dass die Bestimmung eines sicheren Herkunftsstaates den verfahrensbezogenen Gewährleistungsinhalt des Asylgrundrechts beschränke, könne – ebenso wenig wie die Ungewissheit über die Auswirkungen eines Gesetzes in einer ungewissen Zukunft für sich genommen ausreiche, um einen der verfassungsgerichtlichen Kontrolle

§ 29 a *Asylverfahren*

nicht zugänglichen Prognosespielraum des Gesetzgebers zu begründen – allein die Komplexität einer Subsumtion die verfassungsgerichtliche Prüfungsdichte herabsetzen.

91 Sollten die Verhältnisse in einem Staat für den auswärtigen Beobachter zu vielschichtig, undurchsichtig und instabil sein, um sichere Feststellungen zu den in Art. 16 a III 1 GG genannten Kriterien treffen zu können, müsse der Gesetzgeber auf die Qualifikation eines solchen Staates als sicherer Herkunftsstaat verzichten. Nicht aber können dieser Umstand die Zurücknahme der verfassungsgerichtlichen Kontrolle rechtfertigen (BVerfGE 94, 115 (160 f., 164) = EZAR 207 Nr. 1 = NVwZ 1996, 691).

92 Mit dem Maßstab der Vertretbarkeitskontrolle knüpft das BVerfG wohl stillschweigend an die das Verhältnis zwischen BVerfG und Bundesregierung betreffende Entscheidung zum Sudan an, in der das Gericht sich nicht in der Lage sah, ohne entgegenstehende greifbare Anhaltspunkte völkerrechtliche Zusicherungen des behaupteten Verfolgerstaates, er werde die Asylsuchenden nach Rückkehr weder politischer Verfolgung oder Verhaftung noch strafrechtlichen Maßnahmen aussetzen, in Zweifel zu ziehen und dadurch die völkerrechtliche Handlungsfähigkeit der Bundesrepublik gegenüber dem Sudan empfindlich zu stören (BVerfG, AuAS Nr. 19/95, Aktuelle Beilage = NVwZ-Beil. 1995, 81 mit abweichender Meinung des Richters Sommer).

93 Wie wenig sachgerecht der Maßstab der »guten Gründe« ist, von denen der Gesetzgeber sich bei seiner Entscheidung zu leiten lassen hat, wird insbesondere bei der prognostischen Bewertung der Verhältnisse in *Ghana* deutlich: Dem Gesetzgeber stehe auch bei der Prognose über die weitere Entwicklung in einem Staat ein Einschätzungsspielraum zu. Dies gelte nicht zuletzt im Hinblick auf gewisse Unsicherheiten, die innenpolitischen Umbruchsituationen wie derjenigen in Ghana beim Übergang von einer Militär- zu einer demokratisch legitimierten Zivilregierung notwendigerweise innewohnten.

94 Der Gesetzgeber war dennoch nach der Mehrheitsmeinung nicht von Verfassungs wegen gehalten, die Bestimmung Ghanas zum sicheren Herkunftsstaat wegen solcher Unsicherheiten durch weitere Aufklärung zusätzlich abzusichern oder zunächst aufzuschieben (BVerfGE 94, 115 (151 f.) = EZAR 207 Nr. 1 = NVwZ 1996, 691). Gerade der Gesichtspunkt der Unabwägbarkeiten der zukünftigen Entwicklung Ghanas veranlassten die Richter Böckenförde, Limbach und Sommer 1 jedoch zu ihrer abweichenden Meinung in der Frage der Aufnahme Ghanas in die Anlage II zu § 29 a.

6. Enumerative Aufzählung der sicheren Herkunftsstaaten (Abs. 2 in Verb. mit Anlage II)

95 Die Einstufung eines Staates als sicher im Sinne der Verfassung ist nur aufgrund eines *Parlamentsgesetzes* zulässig, das der Zustimmung des Bundesrates bedarf (Art. 16 a III 1 GG) und das den in dieser Verfassungsnorm aufgezählten Prüfkriterien entspricht. Der Gesetzgeber hat sorgfältig nach Anhörung sachverständiger Stellen und Organisationen zu prüfen, ob die Situation in dem betreffenden Land die *Prognose* rechtfertigt, dass dort die effektive An-

Sicherer Herkunftsstaat § 29 a

wendung der Gesetze zum Schutze der Menschenrechte *gewährleistet* erscheint. Ist verfassungsrechtliche Grundlage dieser Entscheidung Art. 16 a III 1 GG, stellt Abs. 2 in Verb. mit der Anlage II zu § 29 a das einfachgesetzliche Instrument für die Umsetzung dieser Entscheidung dar.

Staaten, die in der Anlage II nicht genannt sind, sind keine sicheren Herkunftsstaaten. Danach hat der einfache Gesetzgeber zunächst zu verfahrensrechtlichen Zwecken folgende Staaten zu sicheren Herkunftsstaaten bestimmt: *Bulgarien, Gambia, Ghana, Polen, Rumänien, Senegal, Slowakische Republik* und *Tschechische Republik* sowie *Ungarn*. Der ursprünglich in Anlage II erwähnte Staat *Gambia* ist nach einem Militärputsch durch Gesetz vom 31. März 1995 (BGBl. I S. 430) von der Liste gestrichen worden, nachdem die Anwendung der betreffenden Regelungen im Blick auf *Gambia* bereits zuvor durch eine von der Bundesregierung nach Abs. 3 S. 1 erlassene Rechtsverordnung suspendiert worden war (BGBl. 1994 I S. 2480). In Ansehung von *Senegal* war vorübergehend durch Rechtsverordnung nach Abs. 3 S. 1 vom 27. März 1996 (BGBl. I S. 551) die Anwendung der Vorschriften zur Herkunftsstaatenregelung vorübergehend außer Kraft gesetzt worden. Da ein dementsprechendes Gesetz nicht erlassen wurde, gilt die Anlage II in Ansehung von Senegal seit dem 4. Oktober 1996 wieder im vollen Umfang (Art. 2 der Zweiten Verordnung zu § 29 a AsylVfG vom 27. März 1996).

96

Die Auswahl der Staaten erscheint wenig schlüssig. Die gesetzgeberische Entscheidung für Bulgarien, Rumänien und für die afrikanischen Staaten kann im Einzelfall durch eine Richtervorlage dem BVerfG zur Überprüfung vorgelegt werden. Wegen des dem Gesetzgeber eingeräumten weitreichenden Entscheidungs- und Wertungsspielraum (BVerfGE 94, 115 (143 f.) = EZAR 207 Nr. 1 = NVwZ 1996, 691) dürften die Erfolgsaussichten einer derartigen Normenkontrolle jedoch sehr gering sein.

97

Auffallend ist das Fehlen der *EG-* und anderer europäischer Staaten in der Anlage II. Während die Verfassung mit Blick auf die Drittstaatenregelung bereits im Verfassungstext die EG-Staaten aufführt (Art. 16 a II 1 GG) und im Übrigen eine *enumerative Auflistung* sicherer Drittstaaten fordert (Art. 16 a II 2 GG), nennt Art. 16 a III 1 GG die EG-Staaten nicht. Sicherlich wird man aus dem Schweigen der Verfassung kaum schließen können, EG-Staaten würden vom Parlament anders als die in der Anlage II verzeichneten Staaten nicht als sicher angesehen. Da Art. 16 a III 1 GG jedoch *zwingend* ein Parlamentsgesetz für die Erklärung eines bestimmten Staates zum »sicheren Herkunftsland« verlangt, dürfen Asylsuchende aus Staaten, die nicht in der Anlage II aufgeführt sind, nicht nach den für § 29 a geltenden besonderen Verfahrensvorschriften behandelt werden.

98

Weder EG-Staaten noch die Mitgliedstaaten des Europarates, die nicht in der Anlage II verzeichnet sind, können als »sichere Herkunftsstaaten« im Sinne des Gesetzes behandelt werden. Davon geht auch das BVerfG in Ansehung des EG-Staates Spanien im Auslieferungsrecht aus. Denn es prüft dort im Einzelnen die Frage politischer Verfolgung (BVerfG, EuGRZ 1996, 324 (326 f.)). Jedoch sieht das Protokoll zum Amsterdamer Vertrag vom 2. Oktober 1997 vor, dass die Mitgliedstaaten sich in Asylangelegenheiten gegenseitig als »sichere Herkunftsstaaten« bezeichnen.

99

7. Verordnung nach Abs. 3

100 Nach Abs. 3 S. 1 bestimmt die Bundesregierung durch Rechtsverordnung, die nicht der Zustimmung des Bundesrates bedarf, dass ein in der Anlage II bezeichneter Staat nicht mehr als »sicherer Herkunftsstaat« gilt, wenn Veränderungen in den rechtlichen oder politischen Verhältnissen dieses Staates die Annahme begründen, dass die kraft Verfassungsrechts erforderlichen Voraussetzungen (Art. 16 a III 1 GG) weggefallen sind. Die Verordnung tritt spätestens sechs Monate nach ihrem Erlass außer Kraft (Abs. 3 S. 2), sodass die Anlage II wieder im vollen Umfang Anwendung findet.

101 Ist die Situation nach Ablauf von sechs Monaten unverändert, bedarf es deshalb eines Parlamentsgesetzes, durch das der betreffende Staat aus der Anlage II herausgenommen wird. Bislang hat die Bundesregierung zwei Mal von der Ermächtigung nach Abs. 3 S. 1 Gebrauch gemacht, nämlich im Blick auf *Gambia* (BGBl. 1994 I S. 2480) sowie in Ansehung von *Senegal* (BGBl. 1996 I S. 551). Im Blick auf Gambia hat der Gesetzgeber durch Gesetz diesen Staat aus der Anlage II gestrichen. Im Blick auf Senegal wurde kein Gesetz erlassen, sodass die Anlage II insoweit mit Wirkung vom 4. Oktober 1996 wieder volle Wirksamkeit erlangt hat.

102 Die in Abs. 3 S. 1 genannten Voraussetzungen müssen nicht kumulativ vorliegen. Es reicht z. B. aus, wenn erhebliche Rechtsänderungen in dem betreffenden Staat eintreten, ohne dass absehbar ist, wie die verschärften Gesetze in der Zukunft angewendet werden. In Betracht kommt insoweit die Einführung von *Ausnahmegesetzen* oder die Ausrufung des *Notstandes* für das gesamte oder auch nur für einen Teil des Staatsgebietes. Aber auch unterhalb dieser Ebene können bestimmte Gesetzesänderungen das Urteil rechtfertigen, dass bei einem bestimmten Staat die Voraussetzungen nach Art. 16 a III 1 GG nicht mehr vorliegen.

103 Andererseits kann bei unveränderter Gesetzeslage die Praxis der *Rechtsanwendung* den Schluss rechtfertigen, dass ein bestimmter Herkunftsstaat nicht mehr »sicher« im Sinne des Gesetzes ist. Die Beteuerung der Staatsführung allein, die Gesetze etwa zum Schutze von Minderheiten sowie zum Schutze vor Folter würden eingehalten, sind nichts wert, wenn die unteren Behörden die bestehenden Gesetze verletzen.

104 Unterlässt die Bundesregierung die erforderliche Verordnung nach Abs. 3 S. 1, kann im Wege der Richtervorlage die Herausnahme des betreffenden Landes aus der Liste durchgesetzt werden mit der Folge, dass Abs. 3 S. 2 nicht anwendbar, sondern ein vollständig neues Gesetzgebungsverfahren in Gang zu setzen ist, wenn dieser bestimmte Staat wieder in die Anlage II aufgenommen werden soll.

105 Angesichts des weitreichenden Entscheidungs- und Bewertungsspielraums dürfte ein derartiges Vorgehen jedoch kaum erfolgversprechend sein. Da auch die Reaktion im Verordnungswege nach Abs. 3 S. 1 eine gewisse Zeit benötigt, empfiehlt es sich, die Anwendung der Herkunftsstaatenregelungen in Ansehung des in Rede stehenden Staates bis zum Erlass der Verordnung auszusetzen. Jedenfalls ist in dieser Übergangsphase die Vermutungsschwelle hinsichtlich der Anforderungen an den Sachvortrag und weiterer Aufklä-

rung gegebenenfalls bis auf Null herabzusetzen (Giesler/Wasser, Das neue Asylrecht, S. 43).

8. Verwaltungsverfahren

8.1. Funktion der Vermutungswirkung nach Art. 16 a Abs. 3 Satz 2 GG

Das Verwaltungsverfahren unterscheidet sich von den übrigen Asylverfahren insbesondere durch die *Widerlegungsmöglichkeit* nach Abs. 1 2. HS. Mit der Bestimmung eines Staates zum sicheren Herkunftsstaat wird die Bewertung der dortigen Situation und die darauf aufbauende Vermutung, dass ein Asylsuchender aus diesem Staat nicht verfolgt wird (Art. 16 a III 2 GG), für eine unbestimmte Zahl einzelner Asylbewerber festgeschrieben (BVerfGE 94, 115 (141) = EZAR 207 Nr. 1 = NVwZ 1996, 691). 106

An die Feststellung des Gesetzgebers knüpft also die *Vermutung* an, dass ein Asylsuchender nicht politisch verfolgt wird. Diese Vermutung führt in der Regel – d. h. sofern sie nicht im Einzelfall ausgeräumt wird – dazu, dass sein Asylbegehren als offensichtlich unbegründet abgelehnt wird und die gegen ihn verfügte Aufenthaltsbeendigung sofort vollziehbar ist (BVerfGE 94, 115 (142) = EZAR 207 Nr. 1 = NVwZ 1996, 691). 107

Art. 16 a III 2 GG regelt in Verbindung mit den weiteren, das Verfahren betreffenden Regelungen in Art. 16 a IV 1 GG die *Folgewirkungen,* die sich aus der gemäß Art. 16 a III 1 GG in Gesetzesform getroffenen Feststellung für das Asylverfahren des aus einem sicheren Herkunftsstaat stammenden Asylsuchenden ergeben. Es wird vermutet, dass ein Asylsuchender aus einem derartigen Staat nicht verfolgt wird, solange er nicht Tatsachen vorträgt, die die Annahme begründen, dass er entgegen dieser Vermutung politisch verfolgt wird (BVerfGE 94, 115 (145) = EZAR 207 Nr. 1 = NVwZ 1996, 691). 108

Die in Art. 16 a III 2 GG aufgestellte Vermutung knüpft unmittelbar an die gesetzliche Bestimmung eines Staates zum sicheren Herkunftsstaat an. Ihr Inhalt geht dahin, dass der aus einem sicheren Herkunftsstaat stammende Asylsuchende »nicht verfolgt wird« (BVerfGE 94, 115 (145) = EZAR 207 Nr. 1 = NVwZ 1996, 691). Damit wird der dem Asylverfahren des einzelnen Antragstellers zugrunde liegende *Prüfungsgegenstand* bezeichnet. Der verfassungsändernde Gesetzgeber knüpft insoweit an der Begriff der »politischen Verfolgung« in Art. 16 a I GG an. In Art. 16 a III 2 1. HS GG ist daher dem Wort »verfolgt« das Adjektiv »politisch« hinzuzulesen (BVerfGE 94, 115 (145)). 109

Dem liegt die Entscheidung des verfassungsändernden Gesetzgebers zugrunde, zur Entlastung und Beschleunigung der Einzelprüfung von Asylanträgen Teilbereiche des Verfahrens zur Feststellung des Asylgrundrechts von den bisher allein dafür zuständigen Behörden und Gerichten auf den Gesetzgeber zu übertragen. Dieser soll aufgrund einer Prüfung und Beurteilung der für politische Verfolgung erheblichen Verhältnisse hinsichtlich einzelner Staaten vorab und allgemein die Feststellung treffen können, dass in diesen Staaten generell weder politische Verfolgung noch unmenschliche 110 oder erniedrigende Behandlung oder Bestrafung stattfindet. An diese Feststellung knüpft die Vermutung an, dass ein einzelner aus einem solchen Staat stammender Asylsuchender nicht politisch verfolgt wird (BVerfGE 94, 115 (142)).

8.2. Reichweite der Vermutungswirkung nach Art. 16 a Abs. 3 Satz 2 GG

8.2.1. Erstreckung auf selbstgeschaffene Nachfluchtgründe

111 Dem Inhalt der Vermutung liegt ein Begriff von politischer Verfolgung zugrunde, der auch die sog. selbstgeschaffenen Nachfluchtgründe umfasst (BVerfGE 94, 115 (145) = EZAR 207 Nr. 1 = NVwZ 1996, 691). Liegen die hierfür maßgeblichen Voraussetzungen (s. hierzu BVerfGE 74, 51 (65f.) = EZAR 200 Nr. 18 = NVwZ 1987, 311) nicht vor, verbleibt allenfalls die Möglichkeit, ein Abschiebungshindernis nach § 60 I AufenthG festzustellen. Art. 16 a III 2 GG will indes für die *Reichweite der Vermutung* nicht nach dem möglichen späteren Status des Antragstellers unterscheiden. Die Regelung umfasst daher auch solche Fälle, die zwar nicht zum Status der Asylberechtigung, wohl aber zur Feststellung von Abschiebungshindernissen nach § 60 I AufenthG führen.

112 Müsste für die Feststellung solcher Abschiebungshindernisse ein gesondertes Verfahren durchgeführt werden, in dem die an die Bestimmung zum sicheren Herkunftsstaat anknüpfende Vermutung nicht eingriffe, würde dies die vom verfassungsändernden Gesetzgeber mit der Herkunftsstaatenregelung angestrebte Vereinfachung und Beschleunigung in vielen Fällen verhindern (BVerfGE 94, 115 (146f.) = EZAR 207 Nr. 1 = NVwZ 1996, 691).

8.2.2. Erstreckung auf sämtliche Fälle politischer Verfolgung

113 Die Vermutungswirkung umfasst damit sämtliche Fälle *politischer Verfolgung* unabhängig davon, ob diese als Grundlage der Asylberechtigung nach Art. 16 a I GG oder der Feststellung des internationalen Schutzes nach § 60 I AufenthG dienen kann. Dies ergibt sich mit eindeutiger Klarheit aus dem Wortlaut von Art. 16 a III 2 1. HS GG, da die Vermutungswirkung sich allein auf die politische Verfolgung bezieht (so auch Lübbe-Wolff, DVBl. 1996, 829 (835)).

8.2.3. Keine Erstreckung auf Abschiebungshindernisse nach § 60 Abs. 2 bis 7 AufenthG

114 Inhalt der in Art. 16 a III 2 GG aufgestellten Vermutung ist hingegen nicht, dass einem Asylsuchenden aus einem sicheren Herkunftsstaat dort keine unmenschliche oder erniedrigende Behandlung oder Bestrafung droht. Dies ergibt sich eindeutig aus dem Wortlaut der Norm, demzufolge – allein – vermutet wird, dass ein Antragsteller aus einem solchen Staat nicht politisch verfolgt wird (BVerfGE 94, 115 (146) = EZAR 207 Nr. 1 = NVwZ 1996, 691; so bereits Huber, NVwZ 1993, 736 (739); Schoch, DVBl. 1993, 1161 (1165); so auch Hailbronner, NVwZ 1996, 625 (628); Lübbe-Wolff, DVBl. 1996, 829 (835); Wolff, DÖV 1996, 819 (823f.); Maaßen/de Wyl, ZAR 1997, 9 (10); Göbel-Zim-

mermann/Masuch, InfAuslR 1996, 404 (413); a. A. Maaßen, Die Rechtsstellung des Asylbewerbers im Völkerrecht, S. 220).

Hiermit unvereinbar ist die Ansicht, dem Gesetzgeber stehe es frei, durch einfaches Gesetz die Vermutungswirkung des Art. 16 a III 2 GG auch auf die *Abschiebungshindernisse nach § 60 II–VII AufenthG* zu erstrecken (so Maaßen/de Wyl, ZAR 1997, 9 (10)). Dem steht der eindeutige Wortlaut dieser Verfassungsnorm entgegen (BVerfGE 94, 115 (146) = EZAR 207 Nr. 1 = NVwZ 1996, 691). Anders als bei der Drittstaatenregelung sind nämlich die *Folgen* der Einordnung eines Staates als sicherer Herkunftsstaat *nicht konkgruent* zu seinen *Voraussetzungen* (Wolff, DÖV 1996, 819 (824)).

115

So darf zwar in dem betreffenden Staat keine unmenschliche oder erniedrigende Behandlung stattfinden, wenn dieser Staat vom Gesetzgeber als sicherer Herkunftsstaat eingeordnet werden soll. Dagegen bezieht sich die Vermutung der Verfolgungsfreiheit nur auf die fehlende politische Verfolgung und nicht auf die unmenschlichen oder erniedrigenden Maßnahmen. Das entspricht auch der Funktion der Vermutung im konkreten Asylverfahren, das der Prüfung dient, ob dem Antragsteller Schutz vor *politischer Verfolgung* zu gewähren ist. Die in Art. 16 a III 1 GG geforderte Gewährleistung auch vor unmenschlicher oder erniedrigender Behandlung oder Bestrafung soll im Rahmen der abstrakt-generellen Prüfung durch den Gesetzgeber staatliches Handeln auch in Übergangsbereichen zwischen politischer Verfolgung und sonstiger menschenrechtswidriger Behandlung erfassen. Die Verpflichtung, bei der Entscheidung über den Asylantrag das Vorliegen von sonstigen Abschiebungshindernissen zu prüfen (§ 31 III in Verb. mit § 60 II–VII AufenthG) bleibt mithin von der in Art. 16 a III 2 GG vorgesehenen Vermutung unberührt (BVerfGE 94, 115 (146) = EZAR 207 Nr. 1 = NVwZ 1996, 691).

116

Dabei kann allerdings die der Bestimmung zum sicheren Herkunftsstaat zugrundeliegende generelle Beurteilung der Sicherheit vor unmenschlicher oder erniedrigender Bestrafung oder Behandlung im Einzelfall eine Rolle spielen (BVerfGE 94, 115 (148) = EZAR 207 Nr. 1 = NVwZ 1996, 691; zu weitgehend Hailbronner, NVwZ 1996, 625 (628); Maaßen/de Wyl, ZAR 1997, 9 (10)). Allenfalls mag man insoweit von einer im Verhältnis zur Vermutungswirkung nach Art. 16 a III 2 GG »*abgeschwächten beweisrechtlichen Relevanz der Einstufung*« sprechen (Lübbe-Wolff, DVBl. 1996, 829 (836); so auch Göbel-Zimmermann/Masuch, InfAuslR 1996, 404 (413)). Die generelle Berücksichtigung unmenschlicher oder erniedrigender Bestrafung oder Behandlung im Rahmen der Prüfkriterien nach Art. 16 a III 1 GG kann zwar in dem Sinne bei der inhaltlichen Vollprüfung des Schutzbegehrens nach § 60 II–VII AufenthG von Bedeutung sein, dass sie im Rahmen der Prognosebeurteilung ein berücksichtigungswürdiger Prognosegesichtspunkt ist. Dies entbindet das Bundesamt – und zwar ohne Anwendung der Vermutungsregelung des Art. 16 a III 2 GG – jedoch nicht davon, Gefahren im Sinne von § 60 II–VII AufenthG im vollen Umfang festzustellen. Die dort beschriebenen Gefahren werden nach Art. 16 a III 2 GG nicht vermutet. Folglich ist insoweit auch nichts zu widerlegen. Der Vortrag und die Prüfung asylunabhängiger Abschiebungshindernisse findet – rechtssystematisch gesehen – außerhalb des Widerlegungsverfahrens statt (so auch Schoch, DVBl. 1993, 1161 (1165)).

117

118 Das BVerfG will offensichtlich nicht nur die Abschiebungshindernisse nach § 60 II–VII AufenthG aus dem Anwendungsbereich der Vermutungswirkung nach Art. 16 a III 2 GG herausnehmen. Dies ergibt sich daraus, dass es die Formulierung »solche Abschiebungshindernisse, wie sie etwa in § 53 AuslG im Einzelnen aufgeführt sind«, gebraucht, welche unabhängig von der Frage einer Ausräumung der Vermutung zu prüfen seien (BVerfGE 94, 115 (148) = EZAR 207 Nr. 1 = NVwZ 1996, 691; § 53 AuslG ist die Vorgängernorm des § 60 II–VII AufenthG).

119 Die Verwendung des Wortes »etwa« legt nahe, dass die Reichweite der Vermutung nach Art. 16 a III 2 GG nicht nur die in § 60 II–VII AufenthG genannten Abschiebungshindernisse nicht erfassen soll, sondern dass sie auf alle rechtlichen Abschiebungshindernisse im Sinne von § 60 a II AufenthG keine Anwendung findet, sodass auch unmittelbare grundrechtliche Positionen nicht in den Anwendungsbereich des Art. 16 a III 2 GG fallen (so auch Göbel-Zimmermann/Masuch, InfAuslR 1996, 404 (413)). Andererseits können im Rahmen des Asylverfahrens insoweit nur Abschiebungshindernisse nach § 60 II – VII AufenthG erheblich werden (vgl. §§ 24 II, 31 III 1).

8.3. Anwendungsbereich des Widerlegungsverfahrens nach Abs. 1 zweiter Halbsatz

120 Das Verwaltungsverfahren, das mit Blick auf Asylantragsteller aus sicheren Herkunftsstaaten angewendet wird, ist ein normales Verwaltungsverfahren mit allen *Verfahrensgarantien*. Insbesondere ist die persönliche Anhörung zwingend vorgeschrieben (§ 24 I 2). Das Bundesamt hat zunächst zu prüfen, ob der Antragsteller aus einem Staat kommt, der in der Anlage II verzeichnet ist. Abs. 1 1. HS differenziert nicht zwischen den aus diesem Staat kommenden *Staatsangehörigen* sowie den *Staatenlosen* aus diesem Staat. Dies spricht dafür, dass es lediglich auf den letzten gewöhnlichen Aufenthaltsort des Antragstellers ankommt.

121 Auch Art. 16 a III 2 GG stellt lediglich darauf ab, ob ein Ausländer aus einem derartigen Staat kommt. Es dürfte wohl davon auszugehen sein, dass der Gesetzgeber die besonderen Verfahrensvorschriften auf *alle* Personen angewendet wissen will, die vor ihrer Einreise der dauerhaften völkerrechtlichen Obhut eines Staates unterstanden haben, der in der Anlage II aufgeführt ist.

122 Hat ein Antragsteller mehrere Staatsangehörigkeiten und ist ein Staat seiner Staatsangehörigkeit in der Anlage II verzeichnet, wird der Asylantrag nach dieser Vorschrift behandelt. Bei Staatenlosen können im Übrigen gewichtige Indizien für eine Vertreibungspolitik der Behörden des letzten gewöhnlichen Aufenthaltsstaates sprechen (s. hierzu: Marx, Handbuch, § 73 Rdn. 1 ff.), sodass bei einem dementsprechenden schlüssigen Sachvortrag die gegen den staatenlosen Antragsteller streitende Vermutung widerlegt ist.

8.4. Anforderungen an den Widerlegungsvortrag nach Art. 16 a Abs. 3 Satz 2 zweiter Halbsatz, Abs. 1 zweiter Halbsatz

8.4.1. Funktion des Widerlegungsvortrags

Abs. 1 2. HS verlangt in Ausführung von Art. 16 a III 2. HS, dass der Antragsteller Tatsachen oder Beweismittel angeben muss, welche die Annahme begründen, dass ihm abweichend von der allgemeinen Lage im Herkunftsstaat politische Verfolgung droht. Die Widerlegungsmöglichkeit nach Art. 16 a III 2 GG ist Teil des *besonderen, verkürzten Verfahrens* (vgl. BVerfGE 94, 115 (133, 142) = EZAR 207 Nr. 1 = NVwZ 1996, 691) nach Art. 16 a III GG. Die Norm des Art. 16 a III 2 GG regelt – in Verbindung mit den weiteren, das Verfahren betreffenden Regelungen in Art. 16 a IV 1 GG – die *Folgewirkungen,* die sich aus der gemäß Art. 16 a III 1 GG in Gesetzesform getroffenen Feststellung für das Asylverfahren ergeben (BVerfGE 94, 115 (145)).

123

Die Vermutung nach Art. 16 a III 2 GG steht unter dem Vorbehalt, dass der Asylsuchende »Tatsachen vorträgt, die die Annahme begründen, dass er entgegen dieser Vermutung politisch verfolgt wird« (Art. 16 a III 2 2. HS GG). Gelingt dem Antragsteller ein solcher Vortrag, greift in seinem Einzelfall die Vermutung des Art. 16 a III 2 1. HS GG nicht. Über seinen Asylantrag ist nach den allgemeinen Vorschriften zu befinden. Gelingt ihm dies nicht, verbleibt es bei der verfahrensrechtlichen Folgerung gemäß Art. 16 a IV 1 GG in Verbindung mit Abs. 1. Der Asylantrag ist als offensichtlich unbegründet abzulehnen (BVerfGE 94, 115 (146 f.) = EZAR 207 Nr. 1 = NVwZ 1996, 691).

124

8.4.2. Bezugspunkt der individuellen Verfolgung

Zur *Ausräumung der Vermutung* ist nur ein Vorbringen zugelassen, das die Furcht vor politischer Verfolgung auf eine individuelle, den Antragsteller betreffende Verfolgungsgefahr gründet. Dabei kann er freilich seine Furcht vor politischer Verfolgung auch dann auf ein persönliches Verfolgungsschicksal stützen, wenn dieses seine Wurzel in allgemeinen Verhältnissen hat (BVerfGE 94, 115 (147) = EZAR 207 Nr. 1 = NVwZ 1996, 691). Es kommt also entsprechend den zur *Individualisierung der Verfolgungsgefahr* entwickelten Grundsätzen stets darauf an, ob der Asylsuchende individuell für seine Person politische Verfolgung befürchten muß (BVerwGE 85, 139 (145) = EZAR 202 Nr. 18 = InfAuslR 1990, 312; BVerwG 89, 162 (168) = EZAR 202 Nr. 22; BVerwG, InfAuslR 1989, 348).

125

Daran fehlt es allerdings bei allgemeinen Nachteilen, die jemand aufgrund genereller Zustände in seinem Herkunftsstaat zu erleiden hat (BVerfGE 80, 315 (333) = EZAR 201 Nr. 20 = InfAuslR 1990, 21; BVerwG, DÖV 1979, 296; BVerwG, Buchholz 402.24 § 28 AuslG Nr. 18; BVerwG, InfAuslR 1986, 82). Mit dem Hinweis auf die allgemeinen Verhältnisse, die auch im Rahmen des Widerlegungsvortrags von Bedeutung sind, um die Gefahr individueller Verfolgung erkennen zu können, stellt das BVerfG erneut klar, dass das Asylrecht zwar nicht vor den allgemeinen Lebensumständen schützen soll, sich aus diesen jedoch auch im Rahmen des Widerlegungsvortrags nach Art. 16 a III 2 GG zu berücksichtigende individuelle Verfolgungsgefahren ergeben können (zum Ganzen Marx, Handbuch, § 2 Rdn. 12 ff.). Anderseits muss

126

der Asylsuchende nicht bereits Opfer politischer Verfolgung gewesen sein. Vielmehr schützt das Asylrecht auch denjenigen, der vor unmittelbar drohenden Verfolgungsmaßnahmen geflohen ist (BVerfGE 80, 315 (345)). Ein dementsprechender Sachvortrag reicht mithin zur Entkräftung aus (Lübbe-Wolff, DVBl. 1996, 829 (836)).

8.4.3. Darlegungsanforderungen

127 Die Vermutung der Verfolgungssicherheit ist freilich erst ausgeräumt, wenn der Antragsteller die Umstände seiner politischen Verfolgung *schlüssig* und *substanziiert* vorträgt (BVerfGE 94, 115 (147) = EZAR 207 Nr. 1 = NVwZ 1996, 691; so bereits Schoch, DVBl. 1993, 1161 (1165); so auch Frowein/Zimmermann, JZ 1996, 753 (762)). Befürchtungen, die Anforderungen an die Darlegungslast im Rahmen des Widerlegungsvortrags könnten durch Art. 16 a III 2 GG weiter verschärft werden (so Wollenschläger/Schramml, JZ 1994, 61 (68)), hat das BVerfG mithin nicht bestätigt. Vielmehr muss der Vortrag nach Ansicht des BVerfG vor dem Hintergrund der Feststellung des Gesetzgebers, dass in dem jeweiligen Land im Allgemeinen keine politische Verfolgung stattfindet, der Erkenntnisse der Behörden und Gerichte zu den allgemeinen Verhältnissen des Staates und der Glaubwürdigkeit des Antragstellers *glaubhaft* sein.

128 Zur Substanziierung trägt insoweit bei, wenn der Asylsuchende die Beweismittel vorlegt oder benennt, die nach den Umständen von ihm erwartet werden können (BVerfGE 94, 115 (147) = EZAR 207 Nr. 1 = NVwZ 1996, 691). Soweit Abs. 1 abweichend vom Wortlaut des Art. 16 a III 2 GG für die Ausräumung der Vermutung die Angabe von Tatsachen oder Beweismitteln verlangt, werden damit keine weitergehenden Voraussetzungen aufgestellt. Insbesondere fordert die Vorschrift nicht, der Antragsteller müsse *beweisen*, dass ihm abweichend von der allgemeinen Lage im Herkunftsstaat dort politische Verfolgung droht. Hiergegen spricht schon der Wortlaut von Abs. 1 selbst, wonach der Antragsteller zur Entkräftung der Vermutung Tatsachen *oder* Beweismittel angeben kann (BVerfGE 94, 115 (153); so schon: Genrich, VBlBW 1994, 182 (183)).

129 Zur erforderlichen Substanziierung des Sachvorbringens, das die Vermutung ausräumen soll, kann im Einzelfall freilich die Vorlage oder Benennung von Beweismitteln beitragen (BVerfGE 94, 115 (153) = EZAR 207 Nr. 1 = NVwZ 1996, 691). Diesen Voraussetzungen wird ein Antragsteller umso schwerer genügen können, je mehr er seine individuelle Verfolgungsfurcht auf allgemeine Verhältnisse gründet, die schon der gesetzlichen Kennzeichnung des Staates als sicherer Herkunftsstaat oder der Aufrechterhaltung dieser Qualifizierung entgegenstehen (BVerfGE 94, 115 (147)). Allerdings sind diese Ausführungen des BVerfG in zeitlicher Hinsicht zu relativieren. Allgemeine Umstände, die erst nach dem Abschluss des Gesetzgebungsverfahrens eingetreten sind, können nicht dieser einschränkenden Würdigung durch Behörde und Gericht unterliegen (Frowein/Zimmermann, JZ 1996, 753 (762)).

8.4.4. Schlüssigkeitsprüfung

130 Das BVerfG ist so zu verstehen, dass für den Widerlegungsvortrag das Vorbringen *schlüssiger Tatsachen* ausreichend ist, welche die gesetzliche Vermu-

tung erschüttern (Schoch, DVBl. 1993, 1161 (1165); Wollenschläger/Schraml, JZ 1994, 61 (68)). Zwar muss der schlüssige und substanziierte Vortrag glaubhaft sein. Mehr als eine *Schlüssigkeitsprüfung* wird damit jedenfalls im Rahmen des Widerlegungsvortrags aber nicht verlangt. Dies ergibt sich auch aus einem Vergleich mit den Darlegungsanforderungen im Rahmen des § 71 AsylVfG.

Dort wird für die Einleitung eines weiteren Verfahrens ein *substanziierter* und *glaubhafter* Sachvortrag gefordert (BVerfG (Kammer), InfAuslR 1989, 28; BVerfG (Kammer), EZAR 224 Nr. 24; BVerfG (Kammer), 1992, 122; BVerfG (Kammer), InfAuslR 1993, 300; BVerfG (Kammer), InfAuslR 1993, 304; BVerfG (Kammer), InfAuslR 1993, 229 (232); BVerfG (Kammer), NVwZ-RR 1994, 54). Dagegen ist hierfür nicht erforderlich, dass der Sachvortrag im Hinblick auf das glaubhafte persönliche Schicksal des Antragstellers sowie unter Berücksichtigung der allgemeinen Verhältnisse im Herkunftsstaat tatsächlich zutrifft, die Verfolgungsfurcht begründet erscheinen lässt und die Annahme eines asylrechtlich erheblichen Verfolgung rechtfertigt (BVerfG (Kammer), InfAuslR 1993, 229 (232)). Lediglich für den Fall, in dem das Sachvorbringen zwar glaubhaft und substanziiert, jedoch von vornherein nach jeder vertretbaren Betrachtung ungeeignet ist, zur Asylberechtigung zu verhelfen, darf die Einleitung eines Verfahrens verweigert werden (BVerfG (Kammer), InfAuslR 1993, 229 (232); s. zu der ähnlichen Rechtsfrage im Zusammenhang mit einem Asylfolgeantrag § 71 Rdn. 206 ff.).

131

Zwar bezieht das BVerfG sich nicht ausdrücklich auf diese Rechtsprechung im Rahmen seiner Ausführungen zu den Anforderungen, die an den Widerlegungsvortrag zu stellen sind. Der Hinweis auf die Glaubhaftigkeit der Angaben des Antragstellers (BVerfGE 94, 115 (147) = EZAR 207 Nr. 1 = NVwZ 1996, 691) darf jedoch ebenso wenig wie im Rahmen des § 71 AsylVfG beim Widerlegungsvortrag nach Art. 16 a III 2 GG, Abs. 1 dahin verstanden werden, es müsse bereits in diesem Stadium des Verfahrens zur Überzeugungsgewissheit von Behörde und Gericht feststehen, dass ihm für den Falle seiner Rückkehr *mit überwiegender Wahrscheinlichkeit* politische Verfolgung droht. Denn nach Abs. 1 2. HS reicht zur Widerlegung der Vermutung aus, dass die vom Antragsteller vorgebrachten Tatsachen die *Annahme begründen,* dass ihm abweichend von der allgemeinen Lage im Herkunftsstaat politische Verfolgung droht.

132

Die individuelle Verfolgung muss in diesem Stadium des Verfahrens also *nicht überwiegend wahrscheinlich* im Sinne der allgemeinen Prognosegrundsätze sein (so aber VG Ansbach, U. v. 13. 7. 1993 – AN 12 K 91.41565; a. A. Genrich, VBlBW 1994, 182 (183)). Würde die Widerlegungsmöglichkeit derart verengt, käme dies entgegen dem Grundgesetz und dem einfachen Gesetz im Ergebnis einer generellen Versagung der Widerlegung gleich. Zu bedenken ist auch, dass das Bundesamt im Rahmen der Widerlegungsphase keine weitreichenden Sachaufklärungspflichten hat und auch deshalb die Grundsätze zur Glaubhaftmachung der Verfolgungsgefahr in diesem Verfahrensstadium keine Anwendung finden können.

133

Vielmehr muss es genügen, wenn aufgrund der Angaben des Antragstellers die Möglichkeit einer ihn treffenden individuellen Verfolgungsgefahr plausi-

134

bel erscheint. Es reicht also für die weitere Prüfung aus, wenn ein den dargelegten Anforderungen entsprechender Vortrag geeignet ist, die Vermutung zu erschüttern (Giesler/Wasser, Das neue Asylrecht, S. 42). Ob die befürchtete Verfolgung darüber hinaus auch überwiegend wahrscheinlich ist, wird erst im weiteren Verfahren zu klären sein. Dabei kommt dem Antragsteller im Rahmen der Sachentscheidung nach § 31 auch der für *Vorverfolgte* entwickelte erleichterte Beweismaßstab zugute (VG Stuttgart, U. v. 27. 3. 1995 – A 7 K 19345/93; Genrich, VBlBW 1994, 182).

135 Eine derartige Regelungstechnik entspricht dem üblichen Vorgehen bei widerleglichen Vermutungen. Eine Vermutung ist danach bereits durch einen schlüssigen Gegenvortrag erschüttert und muss im Anschluss daran im normalen Verfahren auf seine Richtigkeit hin überprüft werden (Renner, AuslR, § 29 a AsylVfG Rdn. 10). Die Vermutung wird also bereits durch einen schlüssigen Gegenvortrag erschüttert. Dieser muss im Anschluss daran im normalen Verfahren auf seine inhaltliche Richtigkeit überprüft werden. Der Widerlegungsvortrag hat sich freilich auf eine gegen den Antragsteller sprechende Vermutung, dass in seinem Herkunftsstaat keine politische Verfolgung droht, zu konzentrieren.

136 Daher sind *besondere Darlegungsanforderungen* für Schlüssigkeit und glaubhafte Sachangaben angezeigt. Je allgemeiner der Antragsteller seinen Sachvortrag gestaltet, um so eher ist daher die Annahme gerechtfertigt, dass er seine Furcht aus allgemeinen Verhältnissen herleitet, hinsichtlich deren der Gesetzgeber bereits festgestellt hat, dass sie die Kennzeichnung eines Staates als sicher rechtfertigen (BVerfGE 94, 115 (147) = EZAR 207 Nr. 1 = NVwZ 1996, 691). Gelingt dem Antragsteller jedoch die Benennung von Tatsachen und Umständen, die zwar in den allgemeinen Verhältnissen wurzeln, jedoch schlüssig ergeben, dass sie über die Belastungen und Erschwernisse hinausgehen, die dort allgemein herrschen, ist die Vermutung widerlegt. Soweit Abs. 1 die Darlegungsanforderungen zu verschärfen versucht, akzeptiert dies das BVerfG nicht (BVerfGE 94, 115 (153) = EZAR 207 Nr. 1 = NVwZ 1996, 691). Vielmehr sind seine Ausführungen zum Widerlegungsvortrag dahin zu verstehen, dass unter dem Gesichtspunkt der verfassungskonformen Auslegung nach Maßgabe der Ausstrahlungswirkung des Art. 16 a I GG eine restriktive Interpretation des Abs. 1 angezeigt ist.

137 Die Berufung auf eine drohende – nicht politisch geprägte – unmenschliche oder erniedrigende Bestrafung oder Behandlung kann freilich die Vermutung fehlender politischer Verfolgung nicht ausräumen. Sie kann indes in Einzelfällen im Zusammenhang mit anderen Sachangaben unterstützend als Indiz dafür herangezogen werden, dass dem Antragsteller auch politische Verfolgung droht (BVerfGE 94, 115 (147) = EZAR 207 Nr. 1 = NVwZ 1996, 691). Andererseits wird die Berufung auf eine derartige Behandlung oder Bestrafung oder auf die Abschiebungshindernisse des § 60 II–VII AufenthG von der Vermutungsregelung des Art. 16 a III 2 GG nicht erfasst. Derartige Angaben sind daher unabhängig von der Frage einer Ausräumung der Vermutung gemäß §§ 24 II, 31 III 1 zu prüfen und zu entscheiden (BVerfGE 94, 115 (148)).

138 Besondere Sorgfalt ist auf die Prüfung des Widerlegungsvortrags zu legen. Zwar hat das Bundesamt insoweit eine eingeschränkte Sachaufklärungs-

pflicht. Es darf sich andererseits aber nicht lediglich auf die Entgegennahme des Sachvorbringens beschränken. Vielmehr hat es durch gezielte Fragen den Sachverhalt bereits in der Widerlegungsstation aufzuklären. Gelingt dem Antragsteller aus einem sicheren Herkunftsstaat die Widerlegung, wird ein normales Verfahren durchgeführt, das sich von den allgemeinen Asylverfahren nicht unterscheidet. Insofern kann vom Antragsteller für die Asylanerkennung auch kein Beweis für die ihm drohende politische Verfolgung verlangt werden. Nicht anders wie in den normalen Verfahren reicht die Glaubhaftmachung der politischen Verfolgung auch im Hinblick auf Antragsteller aus, die aus einem sicheren Herkunftsstaat kommen (Genrich, VBlBW 1994, 182 (183)).

8.5. Umfang der Sachaufklärung im Rahmen des Widerlegungsvortrags

8.5.1. Würdigung des Sachvorbringens

Die Widerlegungsmöglichkeit nach Abs. 1 erfordert – soweit nicht verfahrensrechtliche Gründe entgegenstehen –, dass das Vorbringen des Antragstellers, das konkrete Behauptungen zu einem individuellen Verfolgungsschicksal enthält, von Bundesamt und Verwaltungsgericht zur Kenntnis genommen und im Einzelnen gewürdigt wird (BVerfG (Kammer), NVwZ-Beil. 1993, 1 (2) = InfAuslR 1993, 309; BVerfG (Kammer), AuAS 1994, 71; BVerfG (Kammer), AuAS 1995, 114 (115)). Behörde und Gericht dürfen sich also mit dem Hinweis auf die allgemeine Situation im Herkunftsstaat nicht der Prüfung entziehen, ob der Antragsteller die Vermutung für sich entkräftet hat.

Dies erfordert, dass das Sachvorbringen – soweit es sich nicht lediglich in einer pauschalen Gegendarstellung zur Situation im Herkunftsstaat erschöpft, sondern konkrete Behauptungen zum Vorgehen der Verfolgungsbehörden des Herkunftsstaates gegen politische Aktivitäten des Antragstellers enthält – zur Kenntnis genommen und im Einzelnen gewürdigt wird (BVerfG (Kammer), NVwZ-Beil. 1993, 1 (2)). Gelingt es danach dem Antragsteller, die gegen ihn sprechende Vermutung auszuräumen, greifen wieder die allgemeinen Verfahrens- und Ermittlungsgrundsätze des § 24 I ein, d. h. das Bundesamt hat auf der Grundlage des Sachvorbringens den Sachverhalt erschöpfend von Amts wegen aufzuklären und gegebenenfalls die erforderlichen Beweise zu erheben (Giesler/Wasser, Das neue Asylrecht, S. 42).

Die Würdigung des Sachvorbringens im Rahmen des Widerlegungsvortrags ist nach der Rechtsprechung des BVerfG im Ergebnis nach den gleichen Grundsätzen vorzunehmen, wie sie für offensichtlich unbegründete Asylanträge Anwendung finden (BVerfG (Kammer), AuAS 1994, 70). Sieht etwa das Verwaltungsgericht im Überfall auf die Wohnung des Antragstellers – verfassungsrechtlich beanstandungsfrei – keine asylrelevante Verfolgung, muss es die hierfür maßgeblichen Gründe darlegen. Dies gilt um so mehr, wenn der Antragsteller eigene Erlebnisse mit früheren Bediensteten der Verfolgungsbehörden substanziiert dargelegt hat (BVerfG (Kammer), AuAS 1994, 70).

Die Beurteilung, der Antragsteller habe nicht glaubhaft gemacht, dass ihm abweichend von der allgemeinen Lage im Herkunftsstaat politische Verfolgung droht, ist darüber hinaus *einzelfallbezogen* zu erläutern (BVerfG (Kammer), NVwZ-Beil. 1993, 1 (2)). Diesem Erfordernis wird die Darlegung nicht gerecht, die allein darauf abstellt, dass die geltend gemachte Verfolgungsgefahr wegen Teilnahme an einer Demonstration mit den allgemeinen Erkenntnissen über die Lage im Herkunftsstaat sowie über das Stattfinden von Demonstrationen und eventuell an sie anknüpfender Strafverfolgung nicht übereinstimmen (BVerfG (Kammer), NVwZ-Beil. 1993, 1).

8.5.2. Eingeschränkte Sachaufklärungspflicht

143 Während das BVerfG seine Rechtsprechung zu offensichtlich unbegründeten Asylanträgen insoweit unmittelbar anwendet, als es um die einzelfallbezogene Würdigung des Sachvorbringens geht, ist unklar, ob auf die *Sachaufklärungspflicht* dieselben Grundsätze wie bei § 30 Anwendung finden. Dem dürfte die Normstruktur des Abs. 1 entgegenstehen. Gelingt dem Antragsteller die Widerlegung nicht, ist sein Asylantrag als offensichtlich unbegründet abzulehnen, ohne dass es auf die weiteren materiellen und verfahrensrechtlichen Voraussetzungen nach § 30 noch ankommt.

144 Wegen der Vermutungsregel nach Abs. 1 1. HS gilt mithin gegenüber den offensichtlich unbegründeten Asylbegehren nach § 30 eine Besonderheit: Kann der Sachvortrag des Antragstellers die gegen ihn sprechende Vermutung nicht entkräften, ist der Antrag kraft Gesetzes offensichtlich unbegründet. Eine *weitere* Sachaufklärung findet nicht statt.

145 Allerdings trifft das Bundesamt von Amts wegen die Sachaufklärungspflicht, durch gezielte Fragen zu ermitteln, ob der Antragsteller einen Sachverhalt vorträgt, der geeignet ist, die gegen ihn sprechende Vermutung zu widerlegen. Unterlässt es jegliche gezielte Frage, insbesondere wenn der Sachvortrag Anlass dazu gibt, verletzt es seine Sachaufklärungspflicht. In diesem Fall ist das Offensichtlichkeitsurteil nicht gerechtfertigt, weil die hierfür maßgeblichen Grundlagen verfahrensfehlerhaft zustande gekommen sind.

8.6. Entscheidungsalternativen des Bundesamtes (Abs. 1)

146 Wie das Bundesamt im Einzelnen das Verfahren gestaltet, ob es etwa zwischen dem Widerlegungsverfahren und dem sich im Falle der Ausräumung der Vermutung anschließenden normalen Asylverfahren eine ausdrückliche verfahrensrechtliche Trennung vornimmt, schreibt das BVerfG der Verwaltung nicht vor. Jedenfalls hat das Bundesamt im Falle des erfolgreichen Widerlegungsvortrags über den Asylantrag nach den allgemeinen Vorschriften zu entscheiden (BVerfGE 94, 115 (146f.) = EZAR 207 Nr. 1 = NVwZ 1996, 691). In der Verwaltungspraxis erfolgt der Übergang vom Widerlegungs- zum normalen Asylverfahren üblicherweise im Rahmen der persönlichen Anhörung, ohne dass dieser Übergang besonders gekennzeichnet wird.

147 Andererseits erachtet das BVerfG es für zulässig, dass in dem Fall, in dem der Asylantrag bereits im Widerlegungsverfahren scheitert, das Verwaltungsgericht für die Bestätigung der kraft Gesetzes angeordneten Ablehnung

des Asylantrags als offensichtlich unbegründet keine gesonderte Begründung gibt (BVerfGE 94, 115 (154) = EZAR 207 Nr. 1 = NVwZ 1996, 691). Hat der Antragsteller die Vermutung durch einen schlüssigen Sachvortrag widerlegt, gelten die allgemeinen Grundsätze zur Sachaufklärung. Das Bundesamt kann auch nach der Widerlegung der Vermutungswirkung unter den Voraussetzungen des § 30 den Asylantrag als offensichtlich unbegründet ablehnen (Giesler/Wasser, Das neue Asylrecht, S. 42; Göbel-Zimmermann/Masuch, InfAuslR 1996, 404 (413)). Es handelt sich dann aber nicht um eine Asylablehnung nach Abs. 1 1. HS, sondern nach § 30.

Das Gesetz kennt *keine Zulässigkeitsprüfung*: Widerlegt der Antragsteller die gegen ihn sprechende Vermutung nach Abs. 1 2. HS, hat das Bundesamt den Sachverhalt weiter aufzuklären und eine Sachentscheidung nach § 31 zu treffen. Dass dem Antragsteller die Widerlegung gelungen ist, steht andererseits einer Asylablehnung als offensichtlich unbegründet nach Maßgabe des § 30 nicht entgegen (Giesler/Wasser, Das neue Asylrecht, S. 42). Gelingt dem Antragsteller hingegen die Widerlegung nicht, wird der Antrag in der Sache nach Abs. 1 1. HS als offensichtlich unbegründet abgelehnt. **148**

Im einen wie im anderen Fall findet eine Schlüssigkeits-, aber keine Zulässigkeitsprüfung statt. Andererseits enthält das Gesetz keine Regelung für den Fall, dass dem Antragsteller die Widerlegung gelingt, das Bundesamt im Ergebnis aber den Antrag ablehnt, ohne dass die besonderen Voraussetzungen für die qualifizierte Asylablehnung erfüllt sind. **149**

Aus Abs. 1 könnte geschlossen werden, dass das Bundesamt nur eine Entscheidungsalternative hat: Entweder lehnt es den Asylantrag als offensichtlich unbegründet in der Sache ab, wenn dem Antragsteller die Widerlegung nicht gelingt, oder es gibt dem Asylantrag im Umfang des gestellten Antrags (§ 13) statt. Dies hätte zur Folge, dass in allen Fällen, in denen dem Antragsteller die Widerlegung gelingt, dem Antrag auch bereits in der Sache stattzugeben wäre. Eine derartige Verfahrensweise würde jedoch weder mit der gesetzgeberischen Intention noch mit der Gesetzessystematik zu vereinbaren sein. Wollte man an die gelungene Widerlegung automatisch die Antragsstattgabe knüpfen, müssten bereits entgegen dem Gesetz bei der Widerlegung die Grundsätze zur beachtlichen Wahrscheinlichkeit der Verfolgungsgefahr Anwendung finden. Dies käme aber im Ergebnis einer Abschaffung der Widerlegungsmöglichkeit gleich. **150**

Daher hat das Bundesamt nach gelungener Widerlegung den Asylantrag im vollen Umfang wie einen normalen Antrag zu behandeln. Es hat insbesondere den Sachverhalt erschöpfend aufzuklären, bevor es seine Entscheidung trifft. Regelmäßig wird der Übergang von der Widerlegungsstation zum normalen Verfahren in der persönlichen Anhörung (§ 24 I 2) erfolgen, ohne dass dies besonders angeordnet wird. Vielmehr entscheidet das Bundesamt im Rahmen der Anhörung, ob dem Antragsteller die Widerlegung gelungen ist und klärt bejahendenfalls sogleich den Sachverhalt weiter auf. **151**

Das Bundesamt kann den Antrag in der Sache nach Maßgabe des § 30 in der qualifizierten Form aus anderen als den in Abs. 1 genannten Gründen oder aber als einfach unbegründet ablehnen. Es kann dem Antrag aber auch nach vollständiger Aufklärung des Sachverhalts in der Sache stattgeben. Stets hat **152** das Bundesamt auch Abschiebungshindernisse nach § 60 II–VII AufenthG aufzuklären und mit Blick auf diese eine Feststellung zu treffen (§ 31 III).

9. Rechtsschutz

153 Für den Rechtsschutz gelten keine Besonderheiten. Stellt das Bundesamt fest, dass der Widerlegungsvortrag nicht den gesetzlichen Anforderungen genügt, erlässt es die Sachentscheidung nach § 31 in der qualifizierten Form nach Abs. 1 1. HS. Darüber hinaus wird die Abschiebungsandrohung nach § 34 erlassen. Der vorläufige Rechtsschutz richtet sich nach § 36 III und IV (vgl. § 36 I) und unterliegt damit den besonderen Einschränkungen der verfassungsrechtlichen Beschleunigungsmaxime nach Art. 16 a IV GG.

154 Das BVerfG verweist ausdrücklich auf den Zusammenhang von Art. 16 a IV 1 GG und Abs. 1: Gelingt die Widerlegung der Vermutungswirkung nicht, verbleibt es bei der verfahrensrechtlichen Folgerung gemäß Art. 16 a IV 1 GG in Verb. mit Abs. 1 (BVerfGE 94, 115 (146 f.)) = EZAR 207 Nr. 1 = NVwZ 1996, 691). Diese Ausführungen sind wohl so zu verstehen, dass im Hinblick auf die Frage der politischen Verfolgung eines Asylsuchenden aus einem sicheren Herkunftsstaat die nach Art. 16 a IV 1 GG, § 36 IV 1 geforderten »ernstlichen Zweifel« an der Rechtmäßigkeit der Asylablehnung dann und nur dann bestehen, wenn es dem Betroffenen gelingt, die hinsichtlich seiner Sicherheit vor politischer Verfolgung bestehende Vermutung gemäß Art. 16 a III 2 GG zu entkräften (Lübbe-Wolff, DVBl. 1996, 825 (836)). In diesem Rahmen hat das Verwaltungsgericht jedoch zu prüfen, ob das Bundesamt das individuelle Sachvorbringen des Asylsuchenden überhaupt zur Kenntnis und fallbezogen gewürdigt hat. Ist dies nicht der Fall, bestehen »ernstliche Zweifel« an der Rechtmäßigkeit der Asylablehnung nach Abs. 1 1. HS.

155 Das Verwaltungsgericht kann von den in § 36 III und IV vorgesehenen Möglichkeiten der Präklusion verspäteten Vorbringens Gebrauch machen und muss den Sachverhalt auch nicht erschöpfend im Eilrechtsschutzverfahren aufklären (s. hierzu im Einzelnen Erläuterungen zu § 36). Für das Hauptsacheverfahren gelten die Einschränkungsmöglichkeiten des § 36 III und IV allerdings nicht. Vielmehr hat das Verwaltungsgericht in diesem Verfahren den Sachverhalt erschöpfend nach den allgemeinen Grundsätzen aufzuklären (Huber, NVwZ 1993, 2705 (2709)).

156 Hat das Bundesamt den Asylantrag nach Abs. 1 S. 1 abgelehnt, weil seiner Ansicht nach die Vermutungswirkung vom Asylsuchenden nicht entkräftet worden ist, so hat das Verwaltungsgericht für den Fall, dass es die behördliche Auffassung teilt, die Klage ebenfalls als offensichtlich unbegründet nach § 78 I abzuweisen.

157 Denn die Vermutungswirkung nach Abs. 1 erstreckt sich auch auf das gerichtliche Verfahren (Rothfuß, VBlBW 1994, 183). Teilt das Verwaltungsgericht die behördliche Auffassung hingegen nicht, so stehen ihm sämtliche Entscheidungsalternativen je nach dem konkreten Sachverhalt offen.

§ 30 Offensichtlich unbegründete Asylanträge

(1) Ein Asylantrag ist offensichtlich unbegründet, wenn die Voraussetzungen für eine Anerkennung als Asylberechtigter und die Voraussetzungen des § 60 Abs. 1 des Aufenthaltsgesetzes offensichtlich nicht vorliegen.

(2) Ein Asylantrag ist insbesondere offensichtlich unbegründet, wenn nach den Umständen des Einzelfalles offensichtlich ist, daß sich der Ausländer nur aus wirtschaftlichen Gründen oder um einer allgemeinen Notsituation oder einer kriegerischen Auseinandersetzung zu entgehen, im Bundesgebiet aufhält.

(3) Ein unbegründeter Asylantrag ist als offensichtlich unbegründet abzulehnen, wenn

1. in wesentlichen Punkten das Vorbringen des Ausländers nicht substantiiert oder in sich widersprüchlich ist, offenkundig den Tatsachen nicht entspricht oder auf gefälschte oder verfälschte Beweismittel gestützt wird,
2. der Ausländer im Asylverfahren über seine Identität oder Staatsangehörigkeit täuscht oder diese Angaben verweigert,
3. er unter Angabe anderer Personalien einen weiteren Asylantrag oder ein weiteres Asylbegehren anhängig gemacht hat,
4. er den Asylantrag gestellt hat, um eine drohende Aufenthaltsbeendigung abzuwenden, obwohl er zuvor ausreichende Gelegenheit hatte, einen Asylantrag zu stellen,
5. er seine Mitwirkungspflichten nach § 13 Abs. 3 Satz 2, § 15 Abs. 2 Nr. 3 bis 5 oder § 25 Abs. 1 gröblich verletzt hat, es sei denn, er hat die Verletzung der Mitwirkungspflichten nicht zu vertreten oder ihm war die Einhaltung der Mitwirkungspflichten aus wichtigen Gründen nicht möglich,
6. er nach § 53, 54 des Aufenthaltsgesetzes vollziehbar ausgewiesen ist oder
7. er für einen nach diesem Gesetz handlungsunfähigen Ausländer gestellt wird, nachdem zuvor Asylanträge der Eltern oder des allein personensorgeberechtigten Elternteils abgelehnt worden sind.

(4) Ein Asylantrag ist ferner als offensichtlich unbegründet abzulehnen, wenn die Voraussetzungen des § 60 Abs. 8 des Aufenthaltsgesetzes vorliegen.

(5) Ein beim Bundesamt gestellter Antrag ist auch dann als offensichtlich unbegründet abzulehnen, wenn es sich nach seinem Inhalt nicht um einen Asylantrag im Sinne des § 13 Abs. 1 handelt.

Übersicht

		Rdn.
1.	Vorbemerkung	1
2.	Zweck der Vorschrift	6
3.	Voraussetzungen der qualifizierten Asylablehnung nach Abs. 1	13
3.1.	Erstreckung des Offensichtlichkeitsurteils auf den internationalen Schutz nach § 60 Abs. 1 AufenthG (Abs. 1)	13

3.2.	Erstreckung des Offensichtlichkeitsurteils auf sämtliche Verfolgungsgründe	19
3.3	Kein Offensichtlichkeitsurteil bei Anspruch auf Familienasyl und Familienabschiebungsschutz (§ 26)	22
3.4.	Eigenständige Bedeutung der Abschiebungshindernisse nach § 60 Abs. 2 bis 7 AufenthG	24
3.5.	Materielle Kriterien des Offensichtlichkeitsurteils nach Abs. 1	31
3.5.1.	Begriff der Offensichtlichkeit	31
3.5.2.	Offensichtlichkeitsurteil im Blick auf kollektive Verfolgungssituationen	38
3.5.3.	Offensichtlichkeitsurteil im Blick auf exilpolitische Aktivitäten	50
3.5.4.	Offensichtlichkeitsurteil im Blick auf individuelle Vorfluchttatbestände	52
3.6.	Verfahrensrechtliche Anforderungen an das Offensichtlichkeitsurteil nach Abs. 1	66
3.7.	Besondere Begründungspflicht	76
4.	Regelbeispiele der offensichtlichen Unbegründetheit nach Abs. 2	81
4.1.	Funktion der Regelung des Abs. 2	81
4.2.	Wirtschaftliche Motive für den Aufenthalt	85
4.3.	Allgemeine Notsituation als Aufenthaltszweck	97
4.4.	Fluchtgrund der kriegerischen Auseinandersetzung	115
5.	Grobe Verletzung von Mitwirkungspflichten (Abs. 3)	130
5.1.	Zweck der Regelung des Abs. 3	130
5.2.	Sperrwirkung nach § 10 Abs. 3 Satz 3 AufenthG	141
5.3.	Verletzung der Darlegungspflichten (Abs. 3 Nr. 1)	143
5.3.1.	Unsubstanziiertes oder widersprüchliches Vorbringen (Abs. 3 Nr. 1 erste Alternative)	143
5.3.2.	Gefälschte oder verfälschte Beweismittel (Abs. 3 Nr. 1 zweite Alternative)	152
5.4.	Täuschung über die Identität (Abs. 3 Nr. 2)	155
5.5.	Mehrfachantragstellung unter verschiedenen Personalien (Abs. 3 Nr. 3)	160
5.6.	Asylantragstellung zur Abwendung einer drohenden Aufenthaltsbeendigung (Abs. 3 Nr. 4)	165
5.7.	Grobe Verletzung bestimmter Mitwirkungspflichten (Abs. 3 Nr. 5)	170
5.8.	Vollziehbare Ausweisungsverfügung nach § 53 und § 54 AufenthG (Abs. 3 Nr. 6)	177
5.9.	Nachträglicher Asylantrag des handlungsunfähigen Antragstellers (Abs. 3 Nr. 7)	181
6.	Vorliegen der Voraussetzungen des § 60 Abs. 8 AufenthG	184
6.1.	Funktion der Vorschrift	184
6.2.	Bedenken gegen Abs. 4	188
6.3.	Anwendung des § 60 Abs. 8 Satz 1 AufenthG	195
6.3.1.	Ausnahmecharakter des § 60 Abs. 8 Satz 1 AufenthG	195
6.3.2.	Mitgliedschaft in gewaltbejahenden Organisationen	197
6.4.	Anwendung des § 60 Abs. 8 Satz 2 AufenthG	206
6.4.1.	Art. 1 F GFK als maßgebende Bezugsnorm	206
6.4.2.	Verbrechen gegen den Frieden, Kriegsverbrechen oder Verbrechen gegen die Menschlichkeit (Art. 1 F Buchst. a) GFK, § 60 Abs. 8 Satz 2 erste Alternative AufenthG)	207
6.4.3.	Schweres nichtpolitisches Verbrechen (Art. 1 F Buchst. b) GFK, § 60 Abs. 8 Satz 2 zweite Alternative AufenthG)	208
6.4.4.	Zuwiderhandlung gegen Ziele und Grundsätze der Vereinten Nationen (Art. 1 F Buchst. c) GFK, § 60 Abs. 8 Satz 2 dritte Alternative AufenthG)	215
6.5.	Folterschutz (§ 60 Abs. 2 und 5 AufenthG)	216

7.	Nicht geltend gemachtes Asylbegehren (Abs. 5)	219
8.	Rechtsschutz	223
8.1.	Klageverfahren	223
8.2.	Eilrechtsschutzverfahren nach § 36 Abs. 3 und 4	225

1. Vorbemerkung

Wie früher § 11 AsylVfG 1982 enthält § 30 die Rechtsgrundlage für ein besonders gestrafftes Asylverfahren für die Fälle, in denen nach Ansicht des Bundesamtes der Asylantrag offensichtlich unbegründet ist. Durch ÄnderungsG 1993 hat der Gesetzgeber zusätzlich zu den bereits zuvor in Abs. 2 definierten besonderen Fallgruppen mit Abs. 3 und 4 eine weitere Erweiterung gesetzlich definierter Fallgestaltungen offensichtlich unbegründeter Anträge vorgenommen. Es handelt sich bei den Fallgruppen nach Abs. 3 um Asylanträge, die nach Art. 16 a IV 1 GG »als offensichtlich unbegründet gelten« (Rennert, DVBl. 1994, 717 (720)). Ebenso ist durch ÄnderungsG 1993 das Sonderverfahren bei offensichtlich unbegründeten Asylbegehren auf das Konzept der »sicheren Herkunftsländer« (§ 29 a) erstreckt sowie im Zusammenhang mit dem Flughafenverfahren (§ 18 a) verfahrensrechtlich besonders ausgestaltet worden.

1

Das Offensichtlichkeitsurteil nach Abs. 1 zieht zwingend die Abschiebungsandrohung nach § 34 mit der Folge des in § 36 III und IV geregelten besonderen Eilrechtsschutzverfahrens nach sich. Der Gesetzgeber hat das zuvor in §§ 11 II, 10 II und III AsylVfG 1982 geregelte gestraffte Sonderverfahren in §§ 34 und 36 beibehalten, aber leicht modifiziert. § 30 regelt nur die materiellen Voraussetzungen für das Offensichtlichkeitsurteil sowie die Anforderungen an diese Feststellung. Das hieran anknüpfende besondere Verfahren ist dagegen in anderen Vorschriften (§§ 18 a, 34 und 36) geregelt. Auf die dortigen Erläuterungen wird verwiesen. Stets hat das Bundesamt auch bei Entscheidungen nach Abs. 1 die Abschiebungshindernisse nach § 60 II—VII AufenthG zu prüfen (§ 31 III 1).

2

Abs. 1 enthält die allgemeinen materiellen Kriterien des Offensichtlichkeitsbegriffs. Abs. 2 nennt *Regelbeispiele*, die bei Vorliegen der hierfür maßgeblichen tatsächlichen Voraussetzungen *zwingend* die qualifizierte Asylablehnung nach sich ziehen. Die folgenden Absätze behandeln die Fälle, in denen das Asylbegehren als offensichtlich unbegründet gilt: Abs. 3 zählt *abschließend* die Fälle auf, in denen aus einer Verletzung verfahrensrechtlicher Mitwirkungspflichten auf das Offensichtlichkeitsurteil zu schließen ist.

3

Abs. 5 ordnet systemfremd den seinem Inhalt nach nicht als Asylbegehren anzusehenden Antrag der Sonderkategorie offensichtlich unbegründeter Asylanträge zu. Schließlich wird ebenfalls systemfremd der Asylantrag als offensichtlich unbegründet definiert, wenn die Voraussetzungen für die Abschiebung Verfolgter nach § 60 VIII AufenthG (Art. 33 II GFK) festgestellt werden. Durch das Terrorismusbekämpfungsgesetz wurde Art. 1 F GFK in § 51 III 2 AuslG 1990 (jetzt § 60 VIII 2 AufenthG) aufgenommen. Damit sind die völkerrechtlichen Ausschlussgründe entgegen dem internationalen Stan-

4

§ 30   *Asylverfahren*

dard dem Konzept der offensichtlich unbegründeten Asylanträge zugeordnet worden.

5   Besondere Voraussetzungen sind an den Umfang der Pflicht zur Sachverhaltsaufklärung zu stellen. In diesem Zusammenhang können insbesondere auf einer Verletzung dieser Amtspflicht beruhende *Verfahrensfehler* dem Offensichtlichkeitsurteil entgegenstehen. Die Annahme eines »offensichtlich unzulässigen Asylantrags« gibt es anders als im Klageverfahren (vgl. § 78 I 1) nicht. Die zur Begründung in der Kommentarliteratur genannten entsprechenden Beispielsfälle lassen sich mühelos nach Maßgabe von Abs. 3 lösen oder können nach allgemeinen Grundsätzen gelöst werden.

2. Zweck der Vorschrift

6   Das BVerfG hatte bereits zum alten Recht unter Bezugnahme auf seine frühere Rechtsprechung (BVerfGE 56, 216 (236f.) = EZAR 221 Nr. 4 = DVBl. 1981, 623 = DÖV 1981, 453 = NJW 1981, 1436 = BayVBl. 1981, 366 = JZ 1981, 339 = EuGRZ 1981, 306 = MDR 1981, 637) gegen das Sonderverfahren bei offensichtlich unbegründeten Asylbegehren keine verfassungsrechtlichen Bedenken geltend gemacht, sofern bestimmte verfahrensrechtliche Mindestanforderungen beachtet würden. Nach seiner Rechtsprechung bleibt es dem Gesetzgeber unbenommen, für die Fallgruppe *eindeutig aussichtsloser Asylbegehren* im öffentlichen Interesse die sofortige Durchsetzbarkeit der Ausreisepflicht zu regeln. Das mit dem Asylantrag gesetzlich eintretende *»vorläufige Bleiberecht«* diene dem Ziel, einen möglicherweise politisch Verfolgten einstweilen vor der behaupteten Verfolgung zu schützen. Zu anderen Zwecken seien das Asylverfahren und damit auch das vorläufige Bleiberecht nicht gedacht (BVerfGE 67, 43 (59) = JZ 1984, 735 = NJW 1984, 2028 = DVBl. 1984, 673 = InfAuslR 1984, 215).

7   Der Begriff der Offensichtlichkeit bezeichnet damit die *verfahrensrechtliche Schaltstelle* für die Trennung normaler Asylverfahren von gestrafften Sonderverfahren. Dabei erfordert der Zweck des § 30, nämlich das vorläufige Bleiberecht zu begrenzen, die Ausrichtung der Entscheidung an dem vorläufigen Bleiberecht, das Art. 16 a I GG grundsätzlich jedem Asylsuchenden bis zum unanfechtbaren Abschluss seines Verfahrens gewährleistet (Dienelt, in: GK-AsylVfG, § 30 Rdn. 2).

8   Mit Art. 16 a IV GG hat der verfassungsändernde Gesetzgeber die Sonderverfahren offensichtlich unbegründeter Asylbegehren auf eine verfassungsrechtliche Grundlage gestellt. Damit lässt die Verfassung es ausdrücklich zu, die Voraussetzungen einer eindeutigen Aussichtslosigkeit des Asylantrags abstrakt und typisierend zu umschreiben. Der Gesetzgeber hat dabei eine materiellrechtliche Regelung zu treffen, die der Bedeutung des Asylrechts und des aus ihm abgeleiteten vorläufigen Bleiberechts gerecht wird (BVerfGE 94, 115 (191) = EZAR 632 Nr. 25 = NVwZ 1996, 678).

9   Die Konzeption offensichtlich unbegründeter Asylbegehren nach Abs. 1 hat mithin in Art. 16 a IV GG ihren verfassungsrechtlichen Ort. Des weiteren ermächtigt die Verfassung den Gesetzgeber, auch solche Fallgestaltungen wie

offensichtlich unbegründete Fälle zu behandeln, in denen den Individualinteressen des Asylsuchenden Belange des Staates gegenüberstehen, die es in gleichem Maße wie in den anderen Fallgruppen rechtfertigen, das vorläufige Bleiberecht schon vor einer bestandskräftigen Entscheidung über den Asylantrag zu beenden (BVerfGE 94, 115 (191)). Damit können die Fallgruppen nach Abs. 3 und 4 jedenfalls im Grundsatz ebenfalls aus Art. 16 a IV GG hergeleitet werden (so auch Rennert, DVBl. 1994, 717 (720)). Das Bundesamt hat sich damit an den Vorgaben des § 30 auszurichten und darf einen Asylantrag nur dann nach dieser Vorschrift behandeln, wenn er offensichtlich unbegründet *ist* (Abs. 1 und 2) oder als offensichtlich unbegründet *gilt* (Abs. 3, 4 und 5).

Nach Ansicht des BVerfG ist die verfassungsrechtliche Legitimation der offensichtlich unbegründeten Asylbegehren davon abhängig, dass das Bundesamt nur solche Anträge in der qualifizierten Form ablehnt, die sich ihm bei richtiger Rechtsanwendung als eindeutig aussichtslos darstellen. Ob es so sei, habe das Bundesamt durch umfassende Würdigung der ihm vorgetragenen oder sonst erkennbaren maßgeblichen Umstände unter Ausschöpfung aller ihm vorliegenden oder zugänglichen Erkenntnismittel zu entscheiden. Das dabei *erforderliche Maß an Richtigkeitsgewissheit* könne jedenfalls nicht hinter den Anforderungen zurückbleiben, die nach der Rechtsprechung des BVerfG an die Abweisung einer Klage als offensichtlich unbegründet zu stellen seien (BVerfGE 67, 43 (56f.) = JZ 1984, 735 = NJW 1984, 2028 = DVBl. 1984, 673 = InfAuslR 1984, 215, unter Bezugnahme auf BVerfGE 65, 76 (95ff.)).

10

In diesem Zusammenhang ist festzustellen, dass das BVerfG ausdrücklich hervorgehoben hat, die verfassungsrechtlichen Neuregelungen des Art. 16 a IV GG hätten nur Auswirkungen auf das Eilrechtsschutzverfahren nach § 36 III und IV, nicht jedoch auf die materiellen und prozessualen Voraussetzungen einer Klageabweisung als offensichtlich unbegründet. Insoweit gelten die materiellen und prozessualen besonderen Anforderungen unverändert fort (BVerfG (Kammer), NVwZ-Beil. 1995, 1; BVerfG (Kammer), InfAuslR 1997, 273 (275); BVerfG (Kammer), AuAS 1997, 55 (56); so auch Göbel-Zimmermann/Masuch, InfAuslR 1996, 404 (405)).

11

Es ist mithin von einem *einheitlichen Offensichtlichkeitsbegriff* des AsylVfG auszugehen (so auch Dienelt, in: GK-AsylVfG, § 30 Rdn. 6; Schenk, in: Hailbronner, AuslR, § 78 AsylVfG Rdn. 17). Dies hat Auswirkungen auf die Verfahrensgestaltung nach § 30. Obwohl diese Vorschrift im Hinblick auf die verfahrensrechtlichen Folgen seine verfassungsrechtliche Legitimation in Art. 16 a IV GG hat, ist nach der Rechtsprechung des BVerfG davon auszugehen, dass diese Verfassungsnorm ausschließlich für das Eilrechtsschutzverfahren gilt (so auch: Giesler/Wasser, Das neue Asylrecht, S. 44). Für das Verwaltungsverfahren gelten daher im Blick auf offensichtlich unbegründete Asylbegehren in prozessualer und materieller Hinsicht die bislang in der Rechtsprechung des BVerfG entwickelten Anforderungen unverändert fort.

12

3. Voraussetzungen der qualifizierten Asylablehnung nach Abs. 1

3.1. Erstreckung des Offensichtlichkeitsurteils auf den internationalen Schutz nach § 60 Abs. 1 AufenthG (Abs. 1)

13 Nach Abs. 1 darf der Asylantrag nur dann in der qualifizierten Form abgelehnt werden, wenn die Voraussetzungen für eine Asylanerkennung nach Art. 16 a I GG *und* die tatbestandlichen Voraussetzungen des § 60 I AufenthG *offensichtlich* nicht vorliegen. Ist also der auf die Asylberechtigung zielende Antrag offensichtlich unbegründet, kann das mit Blick auf den Feststellungsanspruch nach § 60 I AufenthG aber nicht festgestellt werden, darf der Antrag *insgesamt* nicht als offensichtlich unbegründet abgelehnt werden (BVerfG (Kammer), NVwZ 1994, 160 (162); BVerfG (Kammer), AuAS 1993, 273 (275); BVerfG (Kammer), NVwZ-Beil. 1997, 9 (10); BVerfG (Kammer), AuAS 1997, 55 (56)). Das besondere Verfahren nach § 36 findet keine Anwendung. Lehnt das Bundesamt den Antrag gleichwohl als offensichtlich unbegründet ab, muss allein wegen Gesetzesverletzung dem Eilrechtsschutzantrag stattgegeben werden. Eine qualifizierte Asylablehnung kann nur nach einheitlichen Kriterien erfolgen. Deshalb können die im Blick auf § 60 I AufenthG maßgeblichen Voraussetzungen keine anderen sein als die für die Asylanerkennung geltenden Kriterien der Offensichtlichkeit (BVerfG (Kammer), InfAuslR 2002, 146 (148)).

14 Schon zum alten Recht wurde in der Rechtsprechung entschieden Position gegen eine automatische Erstreckung des den Asylanspruch betreffenden Offensichtlichkeitsurteils auf den internationalen Schutz nach § 60 I AufenthG bezogen (VG Köln, B. v. 4. 6. 1992 – 16 L 364/92. A). Nach der Gesetzesbegründung stellt Abs. 1 lediglich klar, dass ein Asylantrag nur dann offensichtlich unbegründet ist, wenn auch offensichtlich ist, dass die Voraussetzungen des § 60 I AufenthG nicht vorliegen. Ist der Antrag nach § 13 II auf den Feststellungsanspruch § 60 I AufenthG beschränkt, ist der Antrag als offensichtlich unbegründet abzulehnen, wenn die tatbestandlichen Voraussetzungen des § 60 I AufenthG offensichtlich nicht vorliegen (BT-Drs. 12/2062, S. 32 f.). Dies gilt auch, wenn der Antragsteller von vornherein seinen Antrag auf die Asylanerkennung beschränkt, da nach § 13 I ein derartiger Asylantrag zugleich das Begehren auf Gewährung von internationalen Schutz nach § 60 I AufenthG enthält (Dienelt, in: GK-AsylVfG, § 30 Rdn. 9).

15 Das Offensichtlichkeitsurteil ist daher im Hinblick auf § 60 I AufenthG regelmäßig nicht gerechtfertigt, wenn lediglich zweifelhaft ist, ob die tatbestandlichen Voraussetzungen der entsprechenden Voraussetzungen nach § 60 I AufenthG in Verb. mit Art. 4–12 der Qualifikationsrichtlinie vorliegen, es andererseits aber offensichtlich ist, dass etwa die vorgebrachten subjektiven Nachfluchtgründe unerheblich sind oder in denen im Laufe des Verfahrens deutlich wird, dass der Voraufenthalt in einem Drittstaat offensichtlich sicher war. In diesen Fällen besteht offensichtlich kein Anspruch auf Asylberechtigung. Daraus folgt aber nicht ohne weiteres, dass auch die tatbestandlichen Voraussetzungen des § 60 I AufenthG offensichtlich nicht vorliegen. Würde gleichwohl der Antrag als offensichtlich unbegründet abgelehnt, würde der

Antragsteller einem verschärften verfahrensrechtlichen Regime unterworfen, obwohl nicht offensichtlich ist, dass der asyl- bzw. völkerrechtliche Abschiebungsschutz nicht zu seinen Gunsten eingreift.

Abs. 1 ist damit eine verfahrensrechtliche Folge aus dem verfassungsrechtlich geschützten *Kernbereich* (BVerwGE 49, 202 (205f.) = EZAR 134 Nr. 1 = NJW 1976, 490; BVerwGE 69, 323 (325) = EZAR 200 Nr. 10 = NJW 1984, 2782) des Asylrechts. Nur dann, wenn das Bundesamt nach Maßgabe der erforderlichen materiellen und verfahrensrechtlichen Kriterien das Fehlen einer politischen Verfolgung oder der Verfolgung nach § 60 I AufenthG offensichtlich verneinen kann, darf der Antrag in der qualifizierten Form abgelehnt werden. **16**

Ist nicht offensichtlich, dass die Voraussetzungen des § 60 I AufenthG vorliegen, handelt es sich *nicht* um ein *eindeutig aussichtsloses Asylbegehren* im Sinne der Rechtsprechung des BVerfG (BVerfGE 56, 216 (236f.) = EZAR 221 Nr. 4 = DVBl. 1981, 623 = DÖV 1981, 453 = NJW 1981, 1436). Das verfassungsrechtlich verbürgte »*vorläufige Bleiberecht*« tritt nur dort zurück, wo ein eindeutig aussichtsloser Asylantrag vorliegt (BVerfGE 67, 43 (56) NJW 1984, 2028 = DVBl. 1984, 673 = InfAuslR 1984, 215). Da die tatbestandlichen Voraussetzungen des internationalen Schutzes nach der Qualifikationsrichtlinie, welche durch § 60 I AufenthG in das innerstaatliche Recht umgesetzt wird, weit über die Voraussetzungen von Art. 16 a I GG hinausgehen, dürfte sich in Zukunft das auf Art. 16 a I GG bezogene Offensichtlichkeitsurteils häufig nicht zugleich auch auf die Voraussetzungen des § 60 I AufenthG erstrecken. **17**

Das BVerfG hat darauf hingewiesen, dass das verfassungsrechtliche Asylrecht nicht die einzige Rechtsgrundlage für den Abschiebungsschutz zugunsten politisch Verfolgter ist. Insbesondere bestehe für den Antragsteller gegenüber der Abschiebung in einen Staat, von dem ihm politische Verfolgung drohe – oder einen Drittstaat, der ihn in einen solchen Staat möglicherweise ausliefere – Schutz nach Maßgabe von Art. 33 GFK (BVerfGE 74, 51 (66f.) = EZAR 200 Nr. 18 = NJW 1987, 1141). Dieser Abschiebungsschutz ergibt sich auch aus dem verfassungsrechtlichen Kernbereich des Asylrechts (BVerwGE 49, 202 (205f.) = EZAR 134 Nr. 1 = NJW 1976, 490; BVerwGE 69, 323 (325) = EZAR 200 Nr. 10 = NJW 1984, 2782). § 60 I AufenthG stellt die einfachgesetzliche Ausgestaltung des verfassungsrechtlich verbürgten Abschiebungsschutzes wie auch die Umsetzung des Art. 33 I GFK dar. Daher ist die Anwendung des für offensichtlich unbegründete Asylbegehren geltenden Sonderfahrens nur zulässig, wenn offensichtlich ist, dass die Voraussetzungen für das Eingreifen des Abschiebungsschutzes nicht vorliegen. **18**

3.2. Erstreckung des Offensichtlichkeitsurteils auf sämtliche Verfolgungsgründe

Der Asylantrag muss *insgesamt* offensichtlich unbegründet sein. Beruht das Asylbegehren auf *mehreren Verfolgungsgründen,* darf deshalb der Antrag nur dann in der qualifizierten Form abgelehnt werden, wenn für alle geltend gemachten und *je selbständig zu beurteilenden Verfolgungsgründe* die Vorausset- **19** zungen des Offensichtlichkeitsurteils vorliegen (BVerfG (Kammer), NVwZ-Beil. 1994, 58 (59) = AuAS 1994, 222; BVerfG (Kammer), AuAS 1997, 55 (56); BVerfG (Kammer), NVwZ 1997, 9 (19); so auch Dienelt, in: GK-AsylVfG, § 30 Rdn. 12). Enthält der Bescheid des Bundesamtes hierzu keine eigenständige Darlegung, so muss die Begründung jedenfalls erkennen lassen, ob und aus welchen Gründen die zum offensichtlichen Nichtbestehen eines geltend gemachten Verfolgungsgrundes angestellten Erwägungen auch für die übrigen geltend gemachten Verfolgungsgründe gelten sollen (BVerfG (Kammer), AuAS 1997, 55 (56); BVerfG (Kammer), NVwZ 1997, 9 (19)).

20 So müssen etwa die Voraussetzungen des Offensichtlichkeitsurteils hinsichtlich der behaupteten Vorfluchtgründe wie auch im Blick auf die Nachfluchtgründe vorliegen (BVerfG (Kammer), NVwZ-Beil. 1994, 58 (59); BVerfG (Kammer), AuAS 1997, 55 (56); BVerfG (Kammer), NVwZ 1997, 9 (19). Stützt der Asylsuchende sein Asylbegehren auf eine Reihe von jeweils für sich gewichtigen exilpolitischen Aktivitäten (etwa Teilnahme am Hungerstreik, an einer Besetzungsaktion), so darf der Antrag nur dann als offensichtlich unbegründet abgelehnt werden, wenn die entsprechenden Voraussetzungen im Blick auf jede dieser Aktionen dargelegt werden können.

21 Zwar dürfen bei der Prognoseentscheidung diese verschiedenen Verfolgungsgründe nicht jeweils isoliert voneinander, sondern müssen sie in einer zusammenschauenden Gesamtbewertung betrachtet werden (BVerwGE 82, 171 (173f.) = EZAR 200 Nr. 25 = NVwZ 1990, 267; s. hierzu im Einzelnen: Marx, Handbuch, § 14 Rdn. 34 ff.). Da jedoch andererseits die Gefahr zu berücksichtigen ist, dass einer der geltend gemachten Verfolgungsrisiken zum Anlass politischer Verfolgungsmaßnahmen genommen werden kann, hat das Bundesamt in Ansehung sämtlicher geeigneter und erheblicher Verfolgungsrisiken jeweils für sich die Voraussetzungen des Offensichtlichkeitsurteils darzutun.

3.3. Kein Offensichtlichkeitsurteil bei Anspruch auf Familienasyl und Familienabschiebungsschutz (§ 26)

22 Ein Asylbegehren ist nicht offensichtlich unbegründet, wenn der Antragsteller einen Rechtsanspruch auf Gewährung des Familienasyls nach § 26 I–III (Renner, AuslR, § 30 AsylVfG Rdn. 7; Dienelt, in: GK-AsylVfG, § 30 Rdn. 10) oder auf Familienabschiebungsschutz (§ 26 IV) hat. Dies folgt auch daraus, dass der Anspruch nach § 26 unabhängig vom Vorliegen eigener Asylgründe ist und deshalb kein Anspruch auf Prüfung eigener Verfolgungsgründe besteht (BVerwG, EZAR 215 Nr. 4 = NVwZ 1992, 987; OVG NW, InfAuslR 1991, 316; VGH BW, InfAuslR 1993, 200; § 26 Rdn. 124). Im Umkehrschluss folgt hieraus, dass unabhängig von der rechtlichen Qualifizierung des auf die eigenen Verfolgungsgründe bezogenen Asylbegehrens des Familienangehörigen als begründet, unbegründet oder gar als offensichtlich unbegründet der Rechtsanspruch auf Gewährung des Familienasyls durchgreift.

23 Daher kann das Bundesamt erst nach der unanfechtbaren Ablehnung des Asylantrags des Stammberechtigten den akzessorischen Asylantrag des Asyl-

suchenden, der seinen Asylanspruch ausschließlich von dessen Verfolgung ableitet, als offensichtlich unbegründet ablehnen. Auch wenn die Abschiebungsandrohung im Blick auf den Stammberechtigten vollziehbar geworden ist, liegt damit noch keine unanfechtbare Entscheidung über den Asylantrag vor. Daher darf das Bundesamt den Asylantrag des Familienangehörigen auch dann nicht als offensichtlich unbegründet ablehnen, wenn zwar in Folge der qualifizierten Ablehnung des Asylantrags des Stammberechtigten das Eilrechtsschutzverfahren erfolglos beendet ist, jedoch noch keine unanfechtbare Entscheidung in der Hauptsache vorliegt. Entscheidet daher das Bundesamt über den Asylantrag eines Angehörigen in der qualifizierten Form nach Abs. 1, bevor eine unanfechtbare negative Entscheidung über das Asylbegehren des Stammberechtigten getroffen worden ist, so ist diese Entscheidung allein deshalb rechtswidrig (Dienelt, in: GK-AsylVfG, § 30 Rdn. 10). Umgekehrt kann jedoch allein aus der Tatsache der qualifizierten Asylablehnung im Hinblick auf den Stammberechtigten nicht auf die offensichtliche Unbegründetheit des Asylbegehrens des Familienangehörigen geschlossen werden (Dienelt, in: GK-AsylVfG, § 30 Rdn. 10).

3.4. Eigenständige Bedeutung der Abschiebungshindernisse nach § 60 Abs. 2 bis 7 AufenthG

Abs. 1 nimmt ausschließlich auf den Asylantrag (§ 13 I) Bezug. Damit werden von den Regelungen der Vorschrift des § 30 nicht die Abschiebungshindernisse nach § 60 II–VII AufenthG erfasst. Diese liegen entweder vor oder nicht. Eine besondere qualifizierte Form der negativen Feststellung kennt das Gesetz insoweit nicht. Wird der Asylantrag daher als offensichtlich unbegründet abgelehnt, hat dies keine automatische Auswirkung auf das Eingreifen des Abschiebungsschutzes nach § 60 II–VII AufenthG. Das Bundesamt kann daher zwar den Antrag im Sinne des § 13 I in der qualifizierten Form ablehnen. Es hat aber zugleich eine Entscheidung über das Vorliegen von Abschiebungshindernissen nach § 60 II–VII AufenthG zu treffen (vgl. § 31 III).

24

Liegen diese vor, darf ungeachtet der qualifizierten Form der Asylablehnung in den Staat, in dem die in § 60 II–VII AufenthG bezeichnete Gefahr besteht, keine Abschiebung vollzogen werden (§ 59 III 2 AufenthG). Dementsprechend wird in der gerichtlichen Praxis im Eilrechtsschutzverfahren nach § 36 III und IV auch überprüft, ob das Bundesamt fehlerfrei das Bestehen von Abschiebungshindernissen nach § 60 II–VII AufenthG verneint hat. Art. 16 a IV 1 GG und § 36 IV 1 beziehen darüber hinaus den Begriff der ernstlichen Zweifel auf die Abschiebungsandrohung und damit auch auf die Feststellung des Bundesamtes zu § 60 II–VII AufenthG (Rennert, DVBl. 1994, 717 (722)).

25

Andererseits bleibt die Rechtmäßigkeit der Abschiebungsandrohung von der Feststellung des Verwaltungsgerichtes, dass ein Abschiebungshindernis nach § 60 II–VII AufenthG besteht, insoweit unberührt (§ 59 III 3 AufenthG). Die Prüfung im Eilrechtsschutzverfahren erstreckt sich daher auch auf die Zielstaatsangabe in der Abschiebungsandrohung. Verneint das Bundesamt

26

das Vorliegen von Abschiebungshindernissen, wird es insbesondere die Abschiebung in den Herkunftsstaat anordnen. Folge der anderslautenden gerichtlichen Feststellung ist daher, dass die Abschiebungsandrohung »insoweit« rechtswidrig ist, als in ihr der Staat, in den nicht abgeschoben werden darf, nicht bezeichnet ist (§ 59 III 2 AufenthG).

27 Selbstverständlich greifen die die Einschätzung des Asylbegehrens als »offensichtlich« unbegründet rechtfertigenden Erwägungen auch im vollen Umfang auf die Frage durch, ob dem Betroffenen im Herkunftsstaat Gefahren im Sinne des § 60 II–VII AufenthG drohen. Scheitert ein Asylsuchender wegen der Qualität seines individuellen Vorbringens etwa an der Hürde des § 30 III Nr. 1, wird dies regelmäßig auch zur Verneinung von Abschiebungshindernissen führen, die individueller Natur sind. Von Bedeutung können in einem derartigen Fall aber Abschiebungshindernisse nach § 60 VII 1 AufenthG werden, die ihren Grund in den allgemeinen Verhältnissen im Herkunftsland des Asylsuchenden haben. Der insoweit maßgebliche Gefahrenbegriff des § 60 VII 1 AufenthG bezieht sich nach Ansicht des früheren 9. Senates des BVerwG bei verfassungskonformer Handhabung mit Rücksicht auf Art. 1 I und Art. 2 II 1 GG auf »extreme Gefahrensituationen« (BVerwGE 99, 324 (331) = EZAR 046 Nr. 6 = NVwZ 1996, 199 = AuAS 1996, 32; BVerwG, NVwZ-Beil. 1996, 57 (58); BVerwG, NVwZ-Beil. 1996, 58 (59); BVerwG, InfAuslR 1996, 289 (290); s. hierzu Marx, Handbuch, § 81 Rdn. 23.1 ff.).

28 Das sei der Fall, wenn der Asylsuchende im Falle seiner Abschiebung »gleichsam sehenden Auges dem sicheren Tod oder schwersten Verletzungen ausgesetzt wäre« (BVerwG, NVwZ-Beil. 1996, 57 (58) oder wenn im Heimatstaat des Asylsuchenden in einer Stadt ein »Bürgerkrieg tobt«, die größere Teile der Bevölkerung bereits wegen der »unerträglichen Lebensverhältnisse« verlassen hätten und in der die Lage »katastrophal« sei. Erscheine in einem derartigen Fall die Abschiebung, wenn überhaupt, nur auf dem Luftweg über den Flughafen dieser Stadt möglich und sei nicht feststellbar, ob der Asylsuchende vergleichsweise sichere Landesteile überhaupt erreichen könne oder ob er nicht sofort bei der Ankunft in dieser Stadt Opfer der bewaffneten Auseinandersetzungen werde, seien die Voraussetzungen nach § 60 VII 1 AufenthG zu bejahen (BVerwGE 99, 324 (330 f.) = EZAR 046 Nr. 6 = NVwZ 1996, 199; BVerwG, NVwZ-Beil. 1996, 58 (59); BVerwG, InfAuslR 1996, 289 (290)).

29 Das BVerwG will darüber hinaus bei *verfassungskonformer Anwendung* des § 60 VII 1 AufenthG das Bundesamt auch dazu anhalten, festzustellen, ob eine Rückkehr deshalb unzumutbar ist, weil der Betreffende *sichere Landesteile* nicht wird erreichen können, weil er *auf dem Weg dorthin* einer extremen Leibes- oder Lebensgefahr ausgesetzt ist (BVerwGE 104, 265 (278) = NVwZ 1997, 1127 (1130 f.) = AuAS 1997, 242; BVerwGE 102, 249 (260) = NVwZ 1997, 685 (688)=AuAS 1997, 50 = EZAR 033 Nr. 10). Verfassungskonform ist die Rechtsprechung des BVerwG daher so zu verstehen, dass das Bundesamt zu prüfen hat, ob der Betreffende sichere Landesteile nicht wird erreichen können, weil er – *innerhalb des Zielstaates* – auf dem Weg dorthin extremen Leibes- oder Lebensgefahren ausgesetzt ist. Genügt der angefochtene Bescheid nicht diesen Anforderungen, hat das Verwaltungsgericht die Abschiebung auszusetzen.

Die vom BVerwG konstruierte Sperrwirkung ist jedoch mit Gemeinschaftsrecht unvereinbar. Wer nach Art. 15 der Qualifikationsrichtlinie die Voraussetzungen für den *ergänzenden Schutz* erfüllt, hat Anspruch auf diesen Schutz (Art. 18 der RL) und damit auf Erteilung eines Aufenthaltstitels nach Art. 24 III der RL. Art. 15 der RL gibt aus gemeinschaftsrechtlicher Sicht die tatbestandlichen Voraussetzungen für den ergänzenden Schutz vor, der im innerstaatlichen deutschen Recht in § 60 II–VII AufenthG geregelt ist. Eine dem deutschen Recht vergleichbare Sperrwirkung kennt das Gemeinschaftsrecht nicht. Lediglich Nr. 26 der Präambel der RL enthält eine der Norm des § 60 VII 2 AufenthG vergleichbare Regelung. Dogmatisch kann die Präambel aber nicht dazu verwendet werden, in die Richtlinie eine im Zusammenhang von Art. 15, 18 und 24 III der RL nicht geregelte Sperrwirkung hinein zu lesen. Die Bundesregierung wollte eine derartige Sperrwirkung in die Richtlinie hinein verhandeln, hat sich mit diesem Ziel indes nicht durchsetzen können (ausführlich hierzu § 24 Rdn. 62 ff.).

3.5. Materielle Kriterien des Offensichtlichkeitsurteils nach Abs. 1

3.5.1. Begriff der Offensichtlichkeit
Nach Abs. 1 ist ein Antrag im Sinne von § 13 I *offensichtlich* unbegründet, wenn die Voraussetzungen für eine Anerkennung als Asylberechtigter (Art. 16 a I GG) sowie die Voraussetzungen nach § 60 I AufenthG *offensichtlich* nicht vorliegen. Die Praxis wird dem hiermit programmierten Zirkelschluss nur entgehen können, wenn sie sich strikt an den seit Ende der siebziger Jahre durch die Rechtsprechung entwickelten materiellen Kriterien des Offensichtlichkeitsbegriffs orientiert. Entwickelt worden war der Offensichtlichkeitsbegriff im Zusammenhang mit der ausschließlich das gerichtliche Verfahren regelnden Vorschrift des § 34 AuslG 1965 (BVerwG, Buchholz 402.24 § 34 AuslG Nr. 1; BVerwG, DVBl. 1983, 995).

Der zunächst in der Rechtsprechung herrschende Streit, ob dieser für das gerichtliche Verfahren entwickelte Begriff auch für das Verwaltungsverfahren Anwendung finden kann (dafür: OVG Saarland, InfAuslR 1983, 79; Hess.VGH, EZAR 226 Nr. 2; OVG NW, DÖV 1984, 892; OVG Hamburg, InfAuslR 1983, 263; dagegen: VGH BW, EZAR 226 Nr. 3), ist durch das BVerfG entschieden worden. Danach ist bei der inhaltlichen Bestimmung des Offensichtlichkeitsbegriffs an den vom BVerwG zu § 34 AuslG 1965 entwickelten Begriff anzuknüpfen (BVerfGE 65, 76 (96) = EZAR 630 Nr. 4 = InfAuslR 1984, 58) und für das Gerichtswie für das Verwaltungsverfahren ein *einheitlicher* materieller Offensichtlichkeitsbegriff zugrunde zu legen (BVerfGE 67, 43 (57) = JZ 1984, 735 = NJW 1984, 2028 = InfAuslR 1984, 215).

Das für das Verwaltungsverfahren erforderliche Maß an Richtigkeitsgewissheit kann deshalb nicht hinter den Anforderungen zurückbleiben, die nach der Rechtsprechung des BVerfG für die Abweisung einer Klage als offensichtlich unbegründet entwickelt worden sind (BVerfGE 67, 43 (57) = JZ 1984, 735 = NJW 1984, 2028 = InfAuslR 1984, 215). An dieser verfahrensrechtlichen Situation hat sich durch Art. 16 a IV GG nichts geändert (BVerfG (Kammer), NVwZ-Beil. 1995, 1; BVerfG (Kammer), InfAuslR 1997, 273 (275); BVerfG (Kammer), AuAS 1997, 55 (56); so auch Giesler/Wasser, Das neue Asylrecht, S. 44).

34 Ein Asylantrag ist danach offensichtlich unbegründet, wenn *nach vollständiger Erforschung des Sachverhalts* im maßgeblichen Zeitpunkt der Entscheidung des Bundesamtes an der Richtigkeit der *tatsächlichen Feststellungen* vernünftigerweise kein Zweifel bestehen kann *und* bei einem solchen Sachverhalt (nach dem Stand der Rechtsprechung und Lehre) sich die Verneinung des Asylanspruchs *geradezu aufdrängt* ((BVerfGE 65, 76 (96) = EZAR 630 Nr. 4 = InfAuslR 1984, 58; BVerfGE 71, 276 (293f.) = EZAR 631 Nr. 3 = NVwZ 1986, 459 = InfAuslR 1986, 159; BVerfG (Kammer), InfAuslR 2002, 146 (148); BVerwG, Buchholz 402.24 § 34 AuslG Nr. 1; BVerwG, DVBl.1983, 995; BVerfGE 65, 76 (96) = NJW 1983, 2929 = InfAuslR 1984, 58; BVerfGE 71, 276 (293) = EZAR 631 Nr. 3 = NVwZ 1986, 459 = InfAuslR 1986, 159).

35 Nur solche Asylanträge dürfen in der qualifizierten Form abgelehnt werden, die sich bei richtiger Rechtsanwendung als »eindeutig aussichtslos« darstellen (BVerfGE 67, 43 (56)) oder bei denen offen zutage liegt, dass ein Antragsteller in seinem Heimatstaat nicht politisch verfolgt wird (BVerfGE 67, 43 (60)). Im begrifflichen Bereich macht es demnach keinen Unterschied, dass in der Rechtsprechung unterschiedliche Formulierungen verwendet werden. Ob das Fehlen einer politischen Verfolgung »*offen zutage liegt*« (BVerfGE 67, 43 (60)) oder diese Erkenntnis sich »*geradezu aufdrängt*« (BVerwG, Buchholz 402.24 § 34 AuslG Nr. 1; BVerwG, DVBl. 1983, 995), beim ersten Zusehen offen zutage liegt (VGH BW, EZAR 226 Nr. 3) oder ob »*keine vernünftigen Zweifel*« an der Erfolglosigkeit des Asylbegehrens bestehen (BVerfG (Kammer), NVwZ-Beil. 1997, 9; BVerwG, Buchholz 402.24 § 34 AuslG Nr. 1; BVerwG, DVBl. 1983, 995; Hess.VGH, EZAR 226 Nr. 2; OVG NW, DÖV 1984, 892, OVG Saarland, InfAuslR 1983, 79; OVG Hamburg, InfAuslR 1983, 263), bezeichnet keinen materiellen Unterschied.

36 Bei der Offensichtlichkeit der Unbegründetheit eines Asylantrags handelt es sich *nicht* um einen *subjektiven Erlebnis- und Evidenzbegriff* (BVerfGE 65, 76 (96) = EZAR 630 Nr. 4 = NJW 1983, 2929 = InfAuslR 1984, 58). Das BVerfG hat unter ausführlicher Auseinandersetzung mit der Entstehungsgeschichte des § 32 VI AsylVfG 1982 ausdrücklich darauf hingewiesen, dass die lediglich »subjektive Einschätzung« der offensichtlichen Aussichtslosigkeit eines Klagebegehrens mit einem nur formelhaften Hinweis auf dieses Ergebnis in dem Entscheidungstenor und in den Entscheidungsgründen nicht dem verfassungsrechtlich gewährleisteten Asylrecht genügt. Die *besondere Begründungspflicht* dient nach dieser Rechtsprechung gerade der Verobjektivierung des Offensichtlichkeitsurteils und damit der Vermeidung letztlich nicht kontrollierbarer subjektiver Evidenzerlebnisse (vgl. BVerfGE 65, 76 (96)).

37 Unter welchen Umständen sich ein Asylbegehren als eindeutig aussichtslos erweisen kann, sodass sich seine Ablehnung geradezu aufdrängt, kann jedoch nicht abstrakt bestimmt werden, sondern bedarf der jeweiligen Beurteilung im Einzelfall (BVerfGE 65, 76 (96f.) = EZAR 630 Nr. 4 = NJW 1983, 2929 = InfAuslR 1984, 58; BVerfG (Kammer), NVwZ-Beil. 1995, 1). Das BVerfG hat hierzu eine Reihe von besonders strengen Kriterien entwickelt, welche zwi-

schen *Gruppen- und Individualverfolgungen* differenzieren und die für die Auslegung und Anwendung von § 30 nach wie vor rechtlich von Bedeutung sind.

3.5.2. Offensichtlichkeitsurteil im Blick auf kollektive Verfolgungssituationen

Bei kollektiv Verfolgten kann nach der Rechtsprechung des BVerfG ein Offensichtlichkeitsurteil regelmäßig nur bei Fallgestaltungen in Betracht kommen, denen eine »*gefestigte obergerichtliche Rechtsprechung*« zugrunde liegt. Dies schließt es zwar nicht aus, dass auch bei Fehlen einer derartigen Rechtsprechung ein offensichtlich unbegründetes Asylbegehren zugrunde liegen kann. Dazu wird es aber regelmäßig »eindeutiger und widerspruchsfreier Auskünfte und Stellungnahmen sachverständiger Stellen« bedürfen (BVerfGE 65, 76 (97) = EZAR 630 Nr. 4 = NJW 1983, 2929 = InfAuslR 1984, 58; BVerfG (Kammer), NVwZ 1989, 746 (747); BVerfG (Kammer), NVwZ 1989, 747 (748); BVerfG (Kammer), InfAuslR 1990, 202 (204 f.); BVerfG (Kammer), InfAuslR 1993, 114 (117 f.); BVerfG (Kammer), InfAuslR 1995, 19 (21); BVerfG (Kammer), B. v. 13. 6. 1986 – 2 BvR 1427/84; BVerfG (Kammer), B. v. 23. 2. 1989 – 2 BvR 1415/88). Dabei ist die Geeignetheit der Auskünfte und Stellungnahmen jeweils anhand der Rechtsprechung des BVerfG zur »gruppengerichteten Verfolgung« zu überprüfen (BVerfGE 83, 216 (230 ff.) = EZAR 202 Nr. 20 = NVwZ 1991, 768 = InfAuslR 1991, 200; s. hierzu: Marx, Handbuch, § 41 Rdn. 1 ff.).

38

Eine gefestigte obergerichtliche Rechtsprechung kann eine qualifizierte Asylablehnung nicht hinreichend tragfähig begründen, wenn sich die *Sachlage* im Verfolgerstaat *geändert* und diese geänderte Sachlage in der Rechtsprechung noch nicht mit der erforderlichen Übereinstimmung Berücksichtigung gefunden hat (VG Gießen, AuAS 1994, 65; Dienelt, in: GK-AsylVfG, § 30 Rdn. 19). Davon geht auch das BVerfG aus. Seiner Ansicht nach kann der bloße Hinweis auf mehrere obergerichtliche Entscheidungen eine konkrete Auseinandersetzung mit einer geltend gemachten wesentlichen Verschärfung der Situation nicht ersetzen, wenn diese in den in Bezug genommenen Entscheidungen noch gar nicht berücksichtigt werden konnte (BVerfG (Kammer), NVwZ-Beil. 1995, 1 (2) = AuAS 1995, 19).

39

Das BVerfG fordert eine übereinstimmende Rechtsprechung mehrerer Verwaltungsgerichte, an der es fehlen kann, wenn das Bundesamt von früheren verwaltungsgerichtlichen Entscheidungen abweicht, ohne dass zwischenzeitlich eine Änderung der Auskunftslage dies geboten erscheinen lässt und zudem im Zeitpunkt der Entscheidung ein abweichendes erstinstanzliches Urteil vorliegt (BVerfG (Kammer), B. v. 13. 6. 1986 – 2 BvR 1427/84). Das BVerfG hat andererseits offen gelassen, ob das Offensichtlichkeitsurteil auch dann gerechtfertigt sein kann, wenn nicht nur die regelmäßig vorauszusetzende gefestigte obergerichtliche Rechtsprechung zu vergleichbaren Asylbegehren fehlt, sondern im Gegenteil divergierende obergerichtliche Rechtsprechung vorliegt. Jedenfalls sei dann gefordert, dass eindeutige und widerspruchsfreie Auskünfte und Stellungnahmen sachverständiger Stellen das Offensichtlichkeitsurteil rechtfertigen könnten (BVerfG (Kammer), NVwZ 1989, 747 (748)).

40

41 Ebenso hat das BVerfG es dahingestellt sein lassen, ob eine vereinzelt gebliebene abweichende obergerichtliche Entscheidung der Feststellung, es liege für die Beurteilung einer kollektiven Verfolgungssituation eine gefestigte obergerichtliche Rechtsprechung vor, auch dann noch entgegensteht, wenn *danach* eine Reihe anderer Obergerichte in Kenntnis dieser Entscheidung oder sogar in ausdrücklicher Auseinandersetzung mit ihr die zugrundegelegten Erkenntnismittel anders gewürdigt und einen gegenteiligen Standpunkt vertreten haben. Jedenfalls dann, wenn das Verwaltungsgericht in Übereinstimmung mit der Rechtsprechung des ihm übergeordneten Obergerichtes nicht der abweichenden, sondern der Mehrheitsmeinung folgt, hat das BVerfG keine Bedenken gegen die Annahme des Offensichtlichkeitsurteils (BVerfG (Kammer), B. v. 4. 3. 1996 – 2 BvR 2409/95 u. a.).

42 Generell ist für das Offensichtlichkeitsurteil ein hinreichend sicheres Maß an Eindeutigkeit und Verlässlichkeit gefordert, an dem es fehlt, wenn sich das Bundesamt zwar auf allgemein bekannte Meldungen und zum Teil umfangreiche Berichte in der deutschsprachigen Presse bezieht, die zum Gegenstand der Entscheidung gemachten Auskünfte und Stellungnahmen sich zu der in Rede stehenden Frage – hier der inländischen Fluchtalternative – aber überhaupt nicht verhalten (BVerfG (Kammer), NVwZ 1992, 561 (562); ähnlich BVerfG (Kammer), InfAuslR 1991, 81 (84): zur Frage der an eine *Niederlegung des Amtes des Dorfschützers* in der Türkei anknüpfenden staatlichen Maßnahmen; s. hierzu auch BVerfG (Kammer), NVwZ-Beil. 1995, 18).

43 Beruht die Entscheidung auf einer amtlichen Auskunft, so dürfen keine ernstzunehmenden Stellungnahmen von anderen Stellen entgegenstehen, die geeignet sind, deren Überzeugungskraft in asylrechtlich relevanten Punkten zu erschüttern (BVerfG (Kammer), InfAuslR 1992, 300 (302 f.); BVerfG (Kammer), InfAuslR 1993, 114; BVerfG (Kammer), InfAuslR 1993, 196 (199); BVerfG (Kammer), NVwZ 1994, 161). Stützt das Bundesamt sich andererseits außer auf ihm vorliegende, nicht näher bezeichnete Erkenntnisse auch auf eine überwiegende Rechtsprechung, bleibt Raum für die Annahme, die in Rede stehende Frage werde in der Rechtsprechung jedenfalls nicht einheitlich verneint (BVerfG (Kammer), InfAuslR 1990, 202 (204 f.)).

44 Eine widerspruchsfreie Auskunftslage ist daher mit einer ausführlichen amtlichen Auskunft noch nicht belegt, wenn von anderen Seiten Auskünfte gegenüberstehen, die zu gegenteiligen Ergebnissen hinsichtlich der Lage einer bestimmten Volksgruppe kommen (BVerfG (Kammer), InfAuslR 1992, 300 (303)). Bestehen zu einer bestimmten Frage einander widersprechende Auskünfte, bedarf es zumindest einer besonderen Begründung, warum trotzdem die Voraussetzungen für die qualifizierte Asylablehnung auch in diesem Punkt vorliegen (BVerfG (Kammer), NVwZ-Beil. 1997, 9 (10)).

45 Kommen zwei im Asylverfahren anerkannte Auskunftsstellen zu im Wesentlichen vergleichbaren Schlussfolgerungen, die im Gegensatz zu einer Schlussfolgerung einer anderen anerkannten Auskunftsstelle stehen, und ist die durch Auskünfte zu belegende maßgebliche Tatsachenfrage nicht bereits abschließend in der Rechtsprechung geklärt und keines der in Frage stehenden Erkenntnismittel eindeutig ungeeignet oder unschlüssig, so kann eine qualifizierte Asylablehnung nur in Betracht kommen, wenn das Bundesamt sich

Offensichtlich unbegründete Asylanträge § 30

mit den in Rede stehenden Erkenntnisquellen auseinandersetzt und in nachvollziehbarer Weise offen legt, aus welchen Gründen es sich einer von mehreren unterschiedlichen Auskünften anschließt und andere für nicht überzeugend hält. Nur dann kann verfassungsrechtlich bedenkenfrei eine widerspruchsfreie Auskunftslage bejaht werden (BVerfG (Kammer, InfAuslR 1995, 19 (22) = NVwZ-Beil. 1995, 3 = AuAS 1995, 9).

In diesem Zusammenhang ist insbesondere zu berücksichtigen, dass den Erkenntnismitteln eine Vielzahl von Einzelinformationen zugrunde liegen kann, die in der wertend zusammenfassenden Auskunft selbst nicht gesondert mitgeteilt werden (BVerfG (Kammer, InfAuslR 1995, 19 (22) = NVwZ-Beil. 1995, 3 = AuAS 1995, 9). Zutreffend wird zu dieser Rechtsprechung angemerkt, dass das BVerfG damit wohl Konsequenzen aus der Kritik an amtlichen Auskünften gezogen habe und sichergestellt wissen wolle, dass sich in Fällen offensichtlicher Unbegründetheit die Sachentscheidung auf eine breite Palette von Informationsträgern stützen müsse (Dienelt, in: GK-AsylVfG, § 30 Rdn. 20). So hat das BVerfG etwa auch im Blick auf die Auslegung ausländischen Rechts amtliche Auskünfte als nicht aussagekräftig bezeichnet (BVerfG (Kammer), 1996, 3 (4); s. andererseits BVerfG (Kammer), InfAuslR 1995, 405 (406f.)). 46

Darüber hinaus ist für das Offensichtlichkeitsurteil Voraussetzung, dass die verwerteten Auskünfte und Stellungnahmen bzw. die zugrundegelegte Rechtsprechung als *noch hinreichend aktuell* zugrundegelegt werden kann, sich also keine Anhaltspunkte dafür ergeben, dass mittlerweile Änderungen eingetreten sind, die Anlass geben, aktuellere Sachverhaltsfeststellungen zu treffen und gegebenenfalls eine ständige Spruchpraxis zu überdenken (BVerfG (Kammer), InfAuslR 1993, 196 (199) = NVwZ 1994, 62; wohl auch BVerfG (Kammer), InfAuslR 1995, 19 (22); so auch Dienelt, in GK-AsylVfG, § 30 Rdn. 21). 47

Daher vermag – angesichts des Fehlens einer Auseinandersetzung mit möglichen aktuellen Änderungen – die pauschale Berufung auf eine fast ein Jahr alte Rechtsprechung zweier Obergerichte das Offensichtlichkeitsurteil nicht zu tragen (BVerfG (Kammer), InfAuslR 1993, 196 (199)). Insoweit ist auch von Bedeutung, dass der bloße Hinweis auf mehrere obergerichtliche Entscheidungen eine konkrete Auseinandersetzung mit einer geltend gemachten wesentlichen Verschärfung der Situation nicht ersetzen kann, wenn diese in der in Bezug genommenen Entscheidung noch gar nicht berücksichtigt werden konnte (BVerfG (Kammer), NVwZ-Beil. 1995, 1 (2) = AuAS 1995, 19). 48

Soll der Asylsuchende bei angenommener regionaler Gruppenverfolgung auf eine *inländische Fluchtalternative* (s. hierzu Marx, Handbuch, § 10; § 1 Rdn. 60ff., 174ff.) verwiesen werden, so setzt dies verlässliche Feststellungen darüber voraus, dass der Betroffene dort nicht in eine ausweglose Lage gerät. Um eine derartige Fluchtalternative als offensichtlich gegeben ansehen zu können, darf sich das Bundesamt nicht mit der Feststellung begnügen, es sei nach den Angaben des Antragstellers und den vorhandenen Erkenntnissen nicht ersichtlich, warum er nicht an irgendeinem Ort in seinem Herkunftsstaat – gegebenenfalls mit Hilfe Dritter – sollte leben können. Vielmehr muss sich die Behörde in Wahrnehmung ihrer Aufklärungspflicht durch geeignete 49

Fragen und Nachforschungen selbst davon überzeugen, dass eine inländische Fluchtalternative außerhalb vernünftiger Zweifel gegeben ist (BVerfG (Kammer), InfAuslR 1997, 273 (276), zur Fluchtalternative für Kurden im Westen der Türkei; s. hierzu aber: BVerfG (Kammer), B. v. 4. 3. 1996 – 2 BvR 2409/95). Nach dem internationalen Standard soll die Frage der inländischen Fluchtalternative indes nicht in beschleunigten Sonderverfahren behandelt werden (s. hierzu Marx, International Journal of Refugee Law 2003, 179 (212)).

3.5.3. Offensichtlichkeitsurteil im Blick auf exilpolitische Aktivitäten

50 Das BVerfG wendet die zu kollektiv gefährdeten Personengruppen entwickelten Grundsätze auch außerhalb derartiger Situationen in den Fällen an, in denen die allgemeinen Verhältnisse im Herkunftsstaat oder eine Vielzahl ähnlicher oder vergleichbarer Sachverhalte zu beurteilen sind (BVerfG (Kammer), NVwZ-Beil. 1994, 58 (59)). Dies betrifft im besonderen Maße *exilpolitische Aktivitäten* (BVerfG (Kammer), NVwZ-Beil. 1994, 58 (59); BVerfG (Kammer), NVwZ-Beil. 1997, 9 (10); BVerfG (Kammer), AuAS 1997, 55 (56); BVerfG (Kammer), B. v. 9. 8. 1994 – 2 BvR 2576/93) oder die Einschätzung der Folgen für *zurückkehrende Asylbewerber* (BVerfG (Kammer), NVwZ-Beil. 1995, 18 (19)).

51 Hält es das Bundesamt in Übereinstimmung mit der obergerichtlichen Rechtsprechung grundsätzlich für möglich, dass die Teilnahme an spektakulären öffentlichkeitswirksamen Aktionen, wie Besetzungen und Hungerstreiks, zur Kenntnisnahme der heimatlichen Behörden gelangen kann, ist es nicht mehr nachvollziehbar und in sich widersprüchlich, wenn es in dem ständigen Tragen eines Sandwiches durch den Antragsteller bei einer derartigen Aktion eine Aktivität sieht, die nicht hervorgehoben und auffällig ist. Ein derartiger Widerspruch zur selbst aufgestellten Prämisse entzieht der qualifizierten Asylablehnung die sachliche Grundlage (BVerfG (Kammer), B. v. 9. 8. 1994 – 2 BvR 2576/93). In derartigen Fällen bedarf es näherer Darlegungen, warum etwa das Skandieren von Parolen mit Hilfe eines Megaphons keine öffentlichkeitswirksame herausgehobene Position darstellt (BVerfG (Kammer), AuAS 1997, 56 (57)).

3.5.4. Offensichtlichkeitsurteil im Blick auf individuelle Vorfluchttatbestände

52 Mit Blick auf Individualverfolgungen hat das BVerfG festgestellt, es könne dann von einem offensichtlich unbegründeten Asylbegehren ausgegangen werden, wenn etwa die im Einzelfall geltend gemachte Gefährdung des Asylsuchenden den erforderlichen Grad der Verfolgungsintensität nicht erreiche, die behauptete Verfolgungsgefahr *allein auf nachweislich gefälschten oder widersprüchlichen Beweismitteln* beruhe oder das Asylvorbringen sich *insgesamt als unglaubwürdig* erweise (BVerfGE 65, 76 (97) = EZAR 630 Nr. 4 = NJW 1983, 2929 = InfAuslR 1984, 58; BVerfG (Kammer), InfAuslR 1990, 199 (201 f.); BVerfG (Kammer), InfAuslR 1991, 133 (135); BVerfG (Kammer), InfAuslR 1991, 185 (188); BVerfG (Kammer), InfAuslR 1993, 105 (107); s. auch Abs. 3 Nr. 1).

53 Während bei einem ausschließlich auf gefälschten oder widersprüchlichen Beweismitteln beruhenden Offensichtlichkeitsurteil eindeutige Feststellun-

gen erforderlich sind, setzen die beiden anderen Fallgruppen auch bei der Bestimmung der materiellen Kriterien eine sorgfältige Analyse voraus. Aber selbst dann, wenn der Asylsuchende gefälschte Beweismittel vorlegt, muss deshalb sein Asylbegehren nicht insgesamt als offensichtlich unbegründet erscheinen (BVerfG (Kammer), InfAuslR 1992, 222 (226)). Vielmehr können insoweit asylerhebliches glaubwürdiges Vorbringen einerseits und unglaubwürdiges andererseits nebeneinander bestehen (Dienelt, in: GK-AsylVfG, § 30 Rdn. 27). Diese Fallgruppe hat der Gesetzgeber nunmehr in Abs. 3 Nr. 1 besonders geregelt (Rdn. 141 ff.).

Bei der Annahme einer offensichtlich fehlenden Verfolgungsintensität ist angesichts der komplexen und häufig auf den ersten Blick kaum eindeutig zu bewertenden individuellen Betroffenheit des Asylsuchenden große Zurückhaltung geboten. Dies gilt im besonderen Maße für lang andauernde Verfolgungsprozesse, für vielschichtige Sachverhalte, wie etwa religiöse Repressalien oder Sanktionen in Reaktion auf die Wehrdienstverweigerung oder für kumulative Verfolgungstatbestände nach Art. 9 I Buchst. b) der Qualifikationsrichtlinie. So rechtfertigt etwa der Einwand, der insoweit glaubwürdige Asylsuchende könne gegenüber ungerechtfertigten Beschuldigungen des illegalen Waffenbesitzes in einem fairen Gerichtsverfahren seine Unschuld beweisen, nicht die qualifizierte Asylablehnung (VG Bayreuth, B. v. 30. 5. 1995 – B 6 S 95.30697, zu Indien). 54

Ebenso wenig ist eine Einstufung des Asylbegehrens als offensichtlich unbegründet zulässig, wenn dem Asylsuchenden eine sechs Tage dauernde Haft mit Behandlung durch Elektroschocks geglaubt wird (VG Ansbach, U. v. 3. 3. 1995 – AN 11 K 93.45446, zu Indien). Der Schwerpunkt liegt in der Praxis in diesem Zusammenhang daher auch in aller Regel auf der Beurteilung der Glaubhaftigkeit der Angaben des Antragstellers. 55

Bei der dritten Fallgruppe ist Voraussetzung des Offensichtlichkeitsurteils, dass das Sachvorbringen *insgesamt* als unglaubwürdig erscheinen muss (BVerfG (Kammer), InfAuslR 1990, 199 (201 f.); BVerfG (Kammer), NVwZ 1992, 560 (561)). Diese Fallgruppe findet in eingeschränkter Form nunmehr in Abs. 3 Nr. 1 eine konkrete Ausformung. Dort wird fingiert, dass das Asylbegehren als offensichtlich unbegründet gilt, wenn das Sachvorbringen *in wesentlichen Punkten* nicht substanziiert oder in sich widersprüchlich ist. Auch hier ist mithin eine zusammenschauende Gesamtbetrachtung im Sinne der Rechtsprechung des BVerfG geboten. 56

Hat die Behörde zwar »ganz erhebliche Zweifel an der Glaubwürdigkeit« des Antragstellers, glaubt es diesem jedoch, dass er »mannigfachen Nachstellungen und Feindseligkeiten verschiedener Personen« ausgesetzt gewesen war, hat der Antragsteller einen Sachverhalt glaubhaft gemacht, dem eine Asylrelevanz zumindest nicht ohne weiteres abgesprochen werden kann (BVerfG (Kammer), InfAuslR 1990, 199 (202)). Erweist sich das Sachvorbringen jedenfalls bezogen auf einen erheblichen Sachkomplex nicht als offensichtlich unerheblich, ist eine qualifizierte Asylablehnung nicht gerechtfertigt (vgl. BVerfG (Kammer), InfAuslR 1990, 199 (202)). Ergeben sich andererseits erhebliche Zweifel an der geäußerten Identität des Antragstellers, vermag dies das Offensichtlichkeitsurteil zu tragen (BVerfG (Kammer), NVwZ-Beil. 1994, 1 (2); 57

s. aber andererseits: BVerfG (Kammer), NVwZ-Beil. 1994, 2 (3); s. auch Abs. 3 Nr. 2).

58 Geboten ist darüber hinaus eine eingehende Auseinandersetzung mit dem konkreten Sachvorbringen. Der bloße Hinweis auf eine angeblich langjährige Erfahrung, dass die Antragsbegründung von ghanaischen Asylsuchenden nach einem sattsam bekannten »Strickmuster« gefertigt und deshalb unwahr sei, vermag eine Auseinandersetzung mit dem konkreten, individuellen Sachvorbringen des jeweiligen Asylsuchenden nicht zu ersetzen (BVerfG (Kammer), InfAuslR 1993, 105 (107)), ganz abgesehen davon, dass bei einer derart pauschalen Feststellung offen bleibt, woher die Behörde die Kenntnis besitzt, dass der Antragsteller ein selbst erlebtes Schicksal nicht berichtet hat (BVerfG (Kammer), InfAuslR 1993, 105 (107)).

59 Glaubt das Bundesamt dem Antragsteller seine politische Betätigung nicht, weil er bestimmte, auf die politischen Verhältnisse im Heimatland zielende Fragen nicht beantworten kann, ist gleichwohl jedenfalls dann das Offensichtlichkeitsurteil nicht gerechtfertigt, wenn der Antragsteller zu seinen konkreten politischen Aktivitäten einen schlüssigen Sachvortrag abgibt (vgl. BVerfG (Kammer), InfAuslR 1993, 105 (107)). Ist der Antragsteller jedoch nicht in der Lage, obwohl er einen Mitgliedsausweis seiner Partei bei sich führt, den vollständigen Namen seiner Partei zu benennen, darf in verfassungsrechtlich tragfähiger Weise eine konstruierte Verfolgungslegende unterstellt werden (BVerfG (Kammer), NVwZ-Beil. 1993, 2 (3)).

60 Erforderlich ist, dass das Bundesamt sich mit dem *Kern des Sachvorbringens* auseinandersetzt (BVerfG (Kammer), InfAuslR 1991, 85 (88); BVerfG (Kammer), NVwZ-Beil. 1993, 10; BVerfG (Kammer), InfAuslR 1994, 41 (42f.); BVerfG (Kammer), NVwZ-Beil. 1994, 51 (52); BVerfG (Kammer), B. v. 1. 12. 1993 – 2 BvR 1506/93). Zielen die aufgezeigten Widersprüche z. B. auf den Verhaftungsort, die näheren Umstände der Verbringung zum Haftort sowie die Einzelheiten der Flucht, wird aber der Kern des Vorbringens, nämlich die Verhaftung wegen Beteiligung an einer regierungsfeindlichen Demonstration mit anschließender körperlicher Misshandlung nicht angegriffen, betreffen diese Widersprüche nicht die unmittelbaren Tatbestandsvoraussetzungen des Art. 16 a I GG und rufen nicht die Unschlüssigkeit des hierauf bezogenen Vorbringens hervor (BVerfG (Kammer), InfAuslR 1991, 85 (88)).

61 Zu bedenken ist auch, dass die Äußerungen des Asylsuchenden im Verlaufe der Anhörung im Lichte der Fragestellung zu beurteilen sind. Wer gefragt wird, warum er nicht in ein nähergelegenes Gefängnis gebracht wurde, muss bei seiner Antwort, dass er »sofort« in das entfernter gelegene Gefängnis verbracht werden sollte, keinen Anlass sehen, die Route auch unter Berücksichtigung von kurzen Zwischenaufenthalten zu schildern, wenn es ihm um die Darlegung des Umstandes geht, dass von vornherein seine (endgültige) Haft am weiter entfernt gelegenen Haftort beabsichtigt gewesen sei. Ein Widerspruch im Hinblick auf die Verbringungsroute vom Verhaftungs- bis zum Haftort kann daher nicht behauptet werden (BVerfG (Kammer), InfAuslR 1991, 85 (88)).

62 Ergeben sich zwischen den Angaben der vom Bevollmächtigten eingereichten schriftlichen Begründung sowie den Angaben während der Anhörung

Offensichtlich unbegründete Asylanträge § 30

Widersprüche, sind diese in der Anhörung durch *Vorhalt* aufzuklären (vgl. BVerfG (Kammer), InfAuslR 1991, 85 (88)). Das BVerfG hat in ständiger Rechtsprechung daran erinnert, dass entscheidungserhebliche Tatsachenkomplexe an Ort und Stelle durch *Vorhalte* aufzuklären sind (vgl. BVerfG (Kammer), InfAuslR 1991, 85; BVerfG (Kammer), InfAuslR 1992, 94 (95); BVerfG (Kammer), InfAuslR 1992, 231 (233); BVerfG (Kammer), InfAuslR 1999, 273 (278); BVerfG (Kammer), InfAuslR 2000, 254, (258); s. hierzu § 24 Rdn. 24–28; § 78 Rdn. 372).

Unterbleibt der gebotene Vorhalt, kann aus dem nicht aufgeklärten Widerspruch nicht die Offensichtlichkeit des Asylbegehrens abgeleitet werden, ganz abgesehen davon, dass der Sachkomplex, in Bezug auf den Widersprüche aufgetreten sind, in Beziehung zum Gesamtgeschehen gesetzt und bewertet werden muss (BVerfG (Kammer), InfAuslR 1991, 85 (88)) und eine Auseinandersetzung mit den *zentralen* und nicht von vornherein als unerheblich zu qualifizierenden Gesichtspunkten im Einzelnen erforderlich ist (BVerfG (Kammer), B. v. 1. 12. 1993 – 2 BvR 1506/93). 63

Soweit bei Individualverfolgungen die Offensichtlichkeit der Unbegründetheit des Asylbegehrens daraus abgeleitet werden soll, dass die geltend gemachte Gefährdung des Antragstellers den erforderlichen Grad der Verfolgungsintensität nicht erreicht (BVerfGE 65, 76 (97) = EZAR 630 Nr. 4 = NJW 1983, 2929 = InfAuslR 1984, 58), ist zu differenzieren zwischen der Frage der *Verfolgungsintensität* und der *Konkretisierung der Verfolgungsgefahr*. Die Verfolgungsintensität betrifft die materiellrechtliche Frage der Schwere und Intensität des Rechtsgütereingriffs. Dagegen entzieht sich die prognoserechtliche Frage der Konkretisierung der Verfolgung dem Offensichtlichkeitsurteil. Ob dem Asylsuchenden mit beachtlicher Wahrscheinlichkeit eine Verfolgungsgefahr droht, kann nur aufgrund einer verständigen Würdigung der gesamten Umstände seines Falles entschieden werden (BVerwGE 55, 82 (84) = NJW 1978, 1762). Mit Blick auf die Verfolgungsintensität begegnet die Annahme, Verhaftungen und Verhöre erreichten »von ihrem Zeitumfang wie auch von ihrer Qualität her nicht die Asylrechtsschwelle« im Hinblick auf den verfassungsrechtlich geforderten Maßstab zur erforderlichen Intensität der Verletzungshandlungen, erheblichen Bedenken. Jedenfalls kann damit nicht die Unschlüssigkeit des Asylbegehrens begründet werden (BVerfG (Kammer), InfAuslR 1991, 133 (135)). 64

Die Berufung auf eine der Einberufung zum Wehrdienst innewohnende politische Tendenz kann angesichts der besonderen Lage im Heimatland des Asylsuchenden nicht mit dem bloßen Hinweis auf eine allgemeine revisionsgerichtlich gefestigte Rechtsprechung zur Asylrelevanz der Wehrdienstverweigerung als offensichtlich unbegründet zurückgewiesen werden (BVerfGE 71, 276 (295 f.) = EZAR 631 Nr. 3 = NVwZ 1986, 459 = InfAuslR 1986, 447; zur Erheblichkeit der Wehrdienstverweigerung nach Art. 9 II Buchst. e) der Qualifikationsrichtlinie, S. § 1 Rdn. 251 ff.). 65

3.6. Verfahrensrechtliche Anforderungen an das Offensichtlichkeitsurteil nach Abs. 1

66 Ob sich im Einzelfall die Asylablehnung geradezu aufdrängt, ist durch umfassende Würdigung der vorgetragenen oder sonst erkennbaren maßgeblichen Umstände unter Ausschöpfung aller vorliegenden und zugänglichen Erkenntnismittel zu entscheiden (BVerfGE 67, 43 (56) = EZAR 632 Nr. 1 = NVwZ 1984, 642 = InfAuslR 1984, 215). Es sind mithin bei der qualifizierten Form der Asylablehnung besondere Anforderungen an die Sachverhaltsermittlung zu stellen (BVerfG (Kammer), InfAuslR 1997, 273 (275)). Erst nach vollständiger Erforschung des Sachverhalts darf das Offensichtlichkeitsurteil getroffen werden (BVerwG, Buchholz 402.24 § 34 AuslG Nr. 1).

67 Es bedarf daher im Falle einer auf die Auswertung von Auskünften und Stellungnahmen gestützten qualifizierenden Asylablehnung – stets nach Maßgabe hinreichender Verlässlichkeit und Umfänglichkeit – der Feststellung einer zweifelsfreien, widerspruchsfreien und hinreichend aktuellen Auskunftslage (BVerfG (Kammer), InfAuslR 1995, 19 (21) = NVwZ-Beil. 1995, 3 = AuAS 1995, 9). Der Gesetzgeber hatte bereits früher und durch alle nachfolgenden Gesetzesänderungen hindurch die Konsequenz gezogen, das Verwaltungsverfahren als ganz normales Verfahren mit vollen Verfahrensgarantien auszugestalten, das freilich durch besondere Beschleunigungselemente geprägt ist.

68 Erst an die qualifizierte Asylablehnung schließt sich das verfassungsrechtlich nunmehr in Art. 16 a IV GG verortete besondere Eilverfahren des § 36 III und IV an. Im Hinblick auf das davor gelagerte besondere Verwaltungsverfahren gelten jedoch die materiellen und prozessualen besonderen Anforderungen an den Begriff der Offensichtlichkeit unverändert fort (BVerfG (Kammer), NVwZ-Beil. 1995, 1; BVerfG (Kammer), InfAuslR 1997, 273 (275); BVerfG (Kammer), AuAS 1997, 55 (56)).

69 Das BVerfG hat ausdrücklich auch für das Sonderverfahren bei offensichtlich unbegründeten Asylbegehren auf den *grundrechtlich gebotenen Verfahrensschutz* hingewiesen, demzufolge der Grundrechtsschutz weitgehend durch die Gestaltung des Verfahrens zu bewirken ist und die Grundrechte demgemäß nicht nur das gesamte materielle, sondern ebenso das Verfahrensrecht beeinflussen, soweit dieses für einen effektiven Grundrechtsschutz von Bedeutung ist (BVerfGE 65, 76 (94) = EZAR 630 Nr. 4 = NJW 1983, 2929 = InfAuslR 1984, 58, unter Hinweis auf BVerfGE 53, 30 (65)).

70 Da die wirksame Durchsetzung der materiellen Asylrechtsverbürgung eine dafür geeignete Verfahrensregelung voraussetzt, ist auch hier das Verfahrensrecht von verfassungsrechtlicher Relevanz (BVerfGE 65, 76 (94) = EZAR 630 Nr. 4 = NJW 1983, 2929 = InfAuslR 1984, 58, unter Hinweis auf BVerfGE 56, 216 (236) = EZAR 221 Nr. 4 = InfAuslR 1981, 152). Der Zweck des Sonderverfahrens erfordert es, dass das Bundesamt seine Entscheidung an dem gebotenen *vorläufigen Bleiberecht* ausrichtet. Dieses dient dem Ziel, einen möglicherweise politisch Verfolgten einstweilen vor der behaupteten Verfolgung zu schützen. Er soll sich vorläufig im Bundesgebiet und damit in Sicherheit vor dem befürchteten Zugriff des angeblichen Verfolgerstaates aufhalten dürfen.

Das Bundesamt hat deshalb sämtliches schriftliches und mündliches Vorbringen zur Kenntnis zu nehmen (OVG Saarland, InfAuslR 1983, 79) und auch konkret in der Entscheidung zu würdigen (BVerfG (Kammer), InfAuslR 1991, 85 (88); BVerfG (Kammer), InfAuslR 1993, 105 (107); BVerfG (Kammer), NVwZ 1992, 560). Die *Sammlung und Sichtung der tatsächlichen Grundlagen der Sachentscheidung* geht ihrer *wertenden Würdigung abtrennbar voraus* (BVerfG (Kammer), InfAuslR 1993, 146 (149)). 71

Das Bundesamt hat auch vom Antragsteller mitgebrachte Presseartikel und andere Unterlagen über die Verfolgungssituation der Gruppe in seinem Heimatstaat im Einzelnen zu würdigen (BVerfG (Kammer), InfAuslR 1993, 105 (107)). Von besonderer Bedeutung ist insoweit die *persönliche Anhörung* des Asylsuchenden nach § 24 I 2. Wird der Verfahrensbevollmächtigte zu dieser Anhörung nicht geladen oder anderweit verständigt oder treten bei der Anhörung oder sonst *Verfahrensfehler* auf, die sich auf die Entscheidung des Bundesamtes auswirken, so ist das Offensichtlichkeitsurteil nicht gerechtfertigt (OVG Hamburg, EZAR 226 Nr. 5; OVG Hamburg, InfAuslR 1990, 252 = NVwZ-RR 1992, 442; wohl auch OVG Saarland, InfAuslR 1983, 79). 72

Dies wäre etwa der Fall, wenn trotz schlüssigen und vollständigen Sachvortrags wegen der unterbliebenen Anhörung des Asylsuchenden die Klärung des Sachverhalts als noch nicht abgeschlossen betrachtet werden könnte (OVG Hamburg, InfAuslR 1990, 252). Erhöhte Sensibilität ist in diesem Zusammenhang auch im Blick auf die Zuverlässigkeit des Anhörungsprotokolls angezeigt, da dieses nicht ohne weiteres als wirkliches Spiegelbild einer Anhörung gelten kann (VG Aachen, AuAS 1996, 212 (213); s. auch § 25 Rdn. 37). Erklärungen anderer Asylsuchender darf das Bundesamt nur verwerten, wenn der Antragsteller sich hierzu vorher äußern konnte (OVG Bremen, NVwZ 1986, 783). Ebenso wenig dürfen Erkenntnisse verwertet werden, wenn dem Antragsteller hierzu vorher nicht Gelegenheit zur Stellungnahme gegeben wurde (BVerfG (Kammer), NVwZ-Beil. 1993, 19). 73

Besondere Bedeutung kommen übergangenen *Beweisanträgen* zu, weil bei gestellten, substanziierten Beweisanträgen regelmäßig ein Indiz für Aufklärungsbedarf spricht. So hat das BVerfG wiederholt Anlass gesehen, die Bedeutung des Beweisantrags für die Sachaufklärung insbesondere bei offensichtlich unbegründeten Asylbegehren hervorzuheben (BVerfG (Kammer), InfAuslR 1991, 85 (88); BVerfG (Kammer), InfAuslR 1993, 196). Es hat insoweit freilich offengelassen, ob eine in wesentlichen Punkten unzutreffende oder in nicht auflösbarer Weise widersprüchliche Darstellung des persönlichen Verfolgungserlebnisses von der Pflicht enthebt, (auch unsubstanziierten) Beweisanträgen zum Verfolgungsgeschehen nachzugehen (BVerfG (Kammer), InfAuslR 1991, 85 (88)). 74

Stellt der Antragsteller jedoch zur Aufklärung der Verfolgungssituation einer bestimmten Gruppe in seinem Heimatstaat einen Beweisantrag, ohne dass die vorliegenden Erkenntnisse die unter Beweis gestellte Frage erschöpfend behandeln, ist der Sachverhalt nicht aufgeklärt und das Offensichtlichkeitsurteil nicht gerechtfertigt (BVerfG (Kammer), NVwZ 1992, 560 (561), zur Situation der Zeugen Jehovas in Ghana). Zielt der Beweisantrag auf die *konkreten Lebensumstände* des Antragstellers im unmittelbaren lokalen und re- 75 gionalen Bereich, aus dem dieser stammt, wird der Antrag jedoch mit dem Hinweis, die *allgemeine Situation* im Zusammenhang mit einem bestimmten historischen Ereignis sei amtsbekannt, abgelehnt, ist der Sachverhalt gleichfalls nicht erschöpfend aufgeklärt (BVerfG (Kammer), InfAuslR 1993, 196 (199), zur Entwicklung nach dem Newrozfest nach dem 21. 3. 1992 in der Türkei). Diese Grundsätze hat das BVerfG zwar für das Verwaltungsstreitverfahren entwickelt. Sie gelten jedoch auch für die behördliche Aufklärungspflicht.

3.7. Besondere Begründungspflicht

76 Die Sachentscheidung nach § 31 selbst muss in ihrer Begründung klar erkennen lassen, weshalb der Asylantrag nicht als (schlicht) unbegründet, sondern als offensichtlich unbegründet abgelehnt worden ist (BVerfGE 67, 43 (57) = EZAR 632 Nr. 1 = InfAuslR 1984, 215; BVerfGE 71, 276 (293f.) = EZAR 613 Nr. 16 = NJW 1987, 1619; BVerfG (Kammer), InfAuslR 1992, 257). Dieser *besonderen Begründungspflicht* wird der bloß formelhafte Hinweis auf die Offensichtlichkeit des Asylbegehrens in den Entscheidungsgründen nicht gerecht (BVerfGE 71, 43 (57) = InfAuslR 1986, 159; BVerfG (Kammer), AuAS 1993, 153 (154); BVerfG (Kammer), InfAuslR 1993, 146 (148f.); BVerfG (Kammer), InfAuslR 1994, 41 (42)).

77 Diese für das Klageverfahren entwickelten Grundsätze gelten auch für das Verwaltungsverfahren. Denn was bereits für das – gerichtliche – Kontrollverfahren gilt, muss erst recht für den Gegenstand dieses Überprüfungsverfahrens, das Asylverfahren, gelten. Erforderlich ist daher eine detaillierte Auseinandersetzung mit den materiellen Kriterien des Offensichtlichkeitsbegriffs anhand der Umstände des konkreten Einzelfalles (BVerfG (Kammer), B. v. 23. 2. 1989 – 2 BvR 1415/88).

78 Ist der Asylantrag auf mehrere vorgetragene Verfolgungsgründe gestützt, ergibt sich aus dem Gebot der umfassenden Darlegungspflicht, dass das Bundesamt zu sämtlichen Gründen darlegen muss, weshalb sich aus ihnen ein Asylanspruch offensichtlich nicht ergibt (BVerfG (Kammer), B. v. 22. 8. 1990 – 2 BvR 642/90).

79 Wegen des grundrechtlich gebotenen Verfahrensschutzes sowie des strengen Gebotes der Sachaufklärung muss sich das Bundesamt daher mit sämtlichen vorgetragenen Asylgründen auseinandersetzen und darlegen, weshalb sich aus ihnen ein Asylanspruch offensichtlich nicht ergibt. Dies bedingt notwendig eine ausdrückliche Befassung mit jedem einzelnen Asylgrund (BVerfG (Kammer), B. v. 22. 8. 1990 – 2 BvR 642/90).

80 Ist durch Einholung einer amtlichen Auskunft Beweis erhoben worden, müssen sich die Entscheidungsgründe mit dem Ergebnis dieser Beweisaufnahme auseinandersetzen sowie insbesondere darlegen, aus welchen Gründen die Behauptungen des Antragstellers durch die amtliche Auskunft etwa unbestätigt geblieben oder widerlegt worden sind (BVerfG (Kammer), B. v. 23. 2. 1989 – 2 BvR 1415/88). Beruht die Entscheidung auf amtlichen Auskünften, die bestimmte Kriterien für die Gefährdung einzelner Personengruppen enthalten,

muss der Bescheid anhand dieser Kriterien konkret deutlich machen, aus welchen Gründen der Antragsteller offensichtlich den genannten Personengruppen nicht zugehörig ist (BVerfG (Kammer), B. v. 6. 8. 1993 – 2 BvR 1654/93).

4. Regelbeispiele der offensichtlichen Unbegründetheit nach Abs. 2

4.1. Funktion der Regelung des Abs. 2

Nach Abs. 2 *ist* ein Asylantrag *insbesondere* offensichtlich unbegründet, wenn nach den Umständen des Einzelfalles offensichtlich ist, dass sich der Antragsteller *nur* aus *wirtschaftlichen Gründen* oder um einer *allgemeinen Notsituation* oder einer *kriegerischen Auseinandersetzung* zu entgehen, im Bundesgebiet aufhält. Diese Vorschrift ist inhaltlich identisch mit § 11 I 2 AsylVfG 1987. Mit dem Begriff »insbesondere« macht der Gesetzgeber deutlich, dass er keinen abschließenden Katalog gesetzlich definierter Fälle offensichtlich unbegründeter Asylanträge aufstellen will, die definierten Kategorien aber einen Anhalt für die Entwicklung weiterer Fallgestaltungen darstellen sollen. Auch Abs. 2 setzt ein Offensichtlichkeitsurteil voraus (BVerfG (Kammer), InfAuslR 2002, 146 (148)). 81

Mit dem Hinweis auf die Umstände des Einzelfalles stellt der Gesetzgeber darüber hinaus klar, dass einer schematisierenden Praxis nicht Vorschub geleistet werden soll, wenn auch die gesetzliche Begründung unscharf ist. So wird dort ausgeführt, ein aus wirtschaftlicher Notlage, der Arbeitslosigkeit oder wegen eines im Heimatstaat geführten Bürgerkrieges gestellter Asylantrag sei nach der Rechtsprechung des BVerfG keine politische Verfolgung (BT-DRs. 10/3678, S. 5). So pauschal trifft diese Behauptung jedoch nicht zu. Dementsprechend wird den Regelbeispielen auch nur geringe praktische Bedeutung beigemessen (Dienelt, in: GK-AsylVfG, § 30 Rdn. 33) und werden sie in der Verwaltungspraxis kaum angewendet. 82

Neben dem Offensichtlichkeitsurteil verlangt das Gesetz eine zu begründende sichere Überzeugung davon, dass nur die in Abs. 2 bezeichneten Aufenthaltsmotive vorliegen. Die vom Gesetz vorausgesetzte Beziehung zum Aufenthalt im Bundesgebiet kann missverständlich wirken. In Wahrheit geht es um die Gründe des Asylgesuchs. Die qualifizierte Asylablehnung nach Abs. 2 ist nur dann zulässig, wenn neben den dort genannten Aufenthaltsmotiven keine asylrelevanten vorgetragen oder sonst ersichtlich sind (BVerfG (Kammer), InfAuslR 2002, 146 (148)). 83

Da nach Abs. 2 nach den Umständen des Einzelfalls die Feststellung eines Offensichtlichkeitsurteils gefordert wird, ist bei der Sachverhaltsermittlung der den Regelbeispielen zugrundeliegenden Tatbestände sowie bei deren Bewertung die Rechtsprechung des BVerfG zu beachten, derzufolge sich nicht *abstrakt* feststellen lässt, unter welchen Voraussetzungen ein Asylantrag offensichtlich aussichtslos erscheint. Vielmehr bedarf dies im Allgemeinen und mit Blick auf die Regelbeispiele im Besonderen der sorgfältigen Beurteilung im konkreten Einzelfall (BVerfGE 65, 75 (96)). Ob es im Einzelfall so liegt, er- 84 fordert auch im Hinblick auf die Regelbeispiele eine umfassende Würdigung der vorgetragenen oder sonst erkennbaren maßgeblichen Umstände unter Ausschöpfung aller vorliegenden und zugänglichen Erkenntnisquellen (BVerfGE 67, 43 (56) = EZAR 632 Nr. 1 = NJW 1984, 2028 = InfAuslR 1984, 215). Dementsprechend war auch die Bundesregierung in ihrer Stellungnahme zurückhaltend und wies auf das Gebot einer sorgfältigen Einzelfallprüfung hin (BT-Drs. 10/3678, S. 8). Sachaufklärung und Bewertung haben sich also auf die *maßgeblichen Umstände* zu konzentrieren. Dies erfordert eine der Sachaufklärung vorausgehende dogmatische Klärung mit Blick auf die einzelnen Fallgruppen.

4.2. Wirtschaftliche Motive für den Aufenthalt

85 Nach Abs. 2 ist ein Asylbegehren insbesondere offensichtlich unbegründet, wenn nach den Umständen des Einzelfalles offensichtlich ist, dass der Asylsuchende sich *nur aus wirtschaftlichen Gründen* im Bundesgebiet aufhält. Nach der Rechtsprechung des BVerfG ist wirtschaftliche Not an sich zwar kein Asylgrund. Denn das Asylrecht wegen politischer Verfolgung soll nicht jedem Ausländer, der in seiner Heimat benachteiligt wird und etwa in materieller Not leben muss, die Möglichkeit eröffnen, seine Heimat zu verlassen, um im Bundesgebiet seine Lebenssituation zu verbessern (BVerfGE 54, 341 (457) = EZAR 200 Nr. 1 = InfAuslR 1980, 338; BVerfGE 56, 216 (235) = EZAR 221 Nr. 4 = InfAuslR 1981, 152).

86 Von diesem Ansatz aus wird deutlich, dass Beeinträchtigungen der wirtschaftlichen und beruflichen Betätigung dann asylbegründend wirken, wenn die wirtschaftliche Existenz bedroht und damit jenes Existenzminimum nicht mehr gewährleistet wird, das ein menschenwürdiges Dasein erst ausmacht (BVerwG, Buchholz 402.25 § 1 AsylVfG Nr. 75 = InfAuslR 1988, 22; ähnlich BVerwG, InfAuslR 1983, 60; BVerwG, InfAuslR 1983, 258; BVerwG, Buchholz 402.25 § 1 AsylVfG Nr. 104; ähnl. auch BGH, RzW 1965, 238; s. hierzu Marx, Handbuch, § 69).

87 Nur dann, wenn zur Überzeugungsgewissheit der Behörde feststeht, dass der Antragsteller *nur* aus wirtschaftlicher Not Asyl beantragt hat, ist das Begehren offensichtlich unbegründet. Ergeben sich jedoch aufgrund der vorgetragenen oder sonst erkennbaren Umstände Hinweise darauf, dass der Asylsuchende durch staatliche Maßnahmen gezielt aus politischen Gründen in seiner wirtschaftlichen, beruflichen oder sozialen Existenz getroffen werden sollte, ist das Offensichtlichkeitsurteil sachlich nicht gerechtfertigt.

88 Dies folgt daraus, dass die ausgrenzende Verfolgung nicht auf die Rechtsgüter Leib und Leben beschränkt ist, sondern grundsätzlich auch Einschränkungen der persönlichen Freiheit erfasst. Das hierin eingeschlossene *Recht auf ungehinderte berufliche und wirtschaftliche Betätigung* löst freilich den Asylanspruch nur dann aus, wenn dessen Beeinträchtigungen nach ihrer Intensität und Schwere zugleich die Menschenwürde verletzen und über das Maß dessen hinausgehen, was die Bewohner des Heimatstaates allgemein hinzunehmen haben (BVerfG (Kammer), NVwZ 1993, 511 (512), unter Hinweis auf

BVerfGE 54, 341 (357) = EZAR 200 Nr. 1 = InfAuslR 1980, 338; BVerfGE 76, 143 (158) = EZAR 200 Nr. 20 = NVwZ 1988, 237 = InfAuslR 1988, 87; so schon BGH, RzW 1965, 238; BVerwG, InfAuslR 1984, 258; BVerwG, Buchholz 402.25 § 1 AsylVfG Nr. 75 = InfAuslR 1988, 22; BVerwG, Buchholz 402.25 § 1 AsylVfG Nr. 104; BVerwG, Buchholz 402.25 § 1 AsylVfG Nr. 145).

Früher waren berufliche und wirtschaftliche Beeinträchtigungen als Tatbestände einer individuellen Verfolgung insbesondere im Blick auf osteuropäische Staaten umstritten (vgl. hierzu Kimminich, JZ 1972, 257 (261)). Heute ist nach Auflösung der planwirtschaftlichen Systeme und in Anbetracht einer zunehmenden Verengung des asylrechtlichen Verständnisses sowie der Unsicherheit über die Reichweite des asylrechtlichen Schutzbereichs die Frage asylerheblicher wirtschaftlicher Diskriminierungen allerdings nahezu bedeutungslos geworden. Auch die Qualifikationsrichtlinie verweist nicht ausdrücklich auf wirtschaftliche Diskriminierungen. Allerdings können gesetzliche, administrative, polizeiliche und/oder justizielle Maßnahmen, die als solche dikriminierend sind oder in diskriminierender Weise angewendet werden, eine Verfolgungshandlung darstellen (Art. 9 II Buchst. b) der Qualifikationsrichtlinie; § 1 Rdn. 111 ff.). **89**

Nach wie vor gilt darüber hinaus, dass der dogmatische Ausgangspunkt nach der Rechtsprechung das grundsätzlich geschützte Recht auf *ungehinderte berufliche und wirtschaftliche Betätigung* ist (BVerfG (Kammer), NVwZ-RR 1993, 511 (512); BVerwG, Buchholz 402.25 § 1 AsylVfG Nr. 145, unter Hinweis auf BVerwG, DÖV 1983, 206 = InfAuslR 1983, 258) und sich erst dann die Frage nach der Schwere und Intensität des Eingriffs stellt. Diese Frage wird freilich bei Beeinträchtigungen der beruflichen und wirtschaftlichen Betätigung ebenso wie bei Beeinträchtigungen der religiösen Freiheit im besonderen Maße danach bestimmt, ob die in Rede stehenden Beeinträchtigungen nach ihrer Intensität sowie Schwere über das Maß jener allgemeinen Beschränkungen hinausgehen, das die Bewohner des Heimatstaates aufgrund des dort herrschenden Systems allgemein hinzunehmen haben (BVerfGE 54, 341 (357) = EZAR 200 Nr. 1 = InfAuslR 1980, 338; BVerfGE 76, 143 (158) EZAR 200 Nr. 20 = InfAuslR 1988, 87; BGH, RzW 1965, 238; BVerwG, InfAuslR 1983, 258). **90**

Ratio dieser Abgrenzungsdogmatik ist, dass das Asylrecht im Allgemeinen jedenfalls nicht jenen zuteil werden soll, die in ihrer Heimat lediglich benachteiligt sind und deshalb etwa in materieller Not leben müssen (BVerfGE 54, 341 (357) = EZAR 200 Nr. 1 = InfAuslR 1980, 338; BVerfGE 56, 216 (235) = EZAR 221 Nr. 4 = InfAuslR 1981, 152). Diese Einschränkung betrifft jedoch nicht lediglich den grundsätzlich geschützten Bereich der beruflichen und wirtschaftlichen Betätigung, sondern im Grundsatz sämtliche durch das Asylrecht geschützten Rechtsgüter. Denn erst in der sich vom allgemeinen Niveau abhebenden Individualisierung des Eingriffs kommt der ausgrenzende und diskriminierende Charakter der Verfolgung zum Ausdruck (Marx, Handbuch, § 66 Rdn. 32). **91**

Für berufliche und wirtschaftliche Beeinträchtigungen gilt grundsätzlich nichts anderes wie für andere Eingriffe: Die Rechtsgutverletzung muss von einer Intensität sein, die sich als ausgrenzende Verfolgung darstellt. Das Maß **92** dieser Intensität ist nicht abstrakt vorgegeben. Es muss vielmehr der humanitären Intention entnommen werden, die das Asylrecht trägt, demjenigen Aufnahme und Schutz zu gewähren, der sich in einer für ihn ausweglosen Lage befindet (BVerfGE 80, 315 (335) = EZAR 201 Nr. 20 = NVwZ 1990, 151 = InfAuslR 1990, 21). Erhebliche Beeinträchtigungen der beruflichen Betätigung sind etwa das Verbot einer die Persönlichkeit des Einzelnen im besonderen Maße prägenden beruflichen Betätigung oder seine mit einer Umsetzung verbundene gezielte Bloßstellung und Herabwürdigung (BVerwG, InfAuslR 1988, 22; BVerwG, Buchholz 402.25 § 1 AsylVfG Nr. 145).

93 Eine derart schwerwiegende Beeinträchtigung kann jedoch regelmäßig dann nicht angenommen werden, wenn die wirtschaftliche Existenz des Einzelnen durch eine »*andersartige Beschäftigung*« oder auf »*sonstige Weise*« gewährleistet ist (BVerwG, InfAuslR 1983, 258; BVerwG, InfAuslR 1988, 22; BVerwG, Buchholz 402.25 § 1 AsylVfG Nr. 104). Soweit die Auswirkungen des eingreifenden Aktes als solcher zu beurteilen sind, zieht das BVerwG etwa in Betracht, dass dem Einzelnen nicht der gesamte wirtschaftliche Besitz weggenommen werden darf (BVerwG, Buchholz 402.25 § 1 AsylVfG Nr. 104).

94 Die *akademische Ausbildung* des Einzelnen etwa als Lehrer führt nicht dazu, dass ihm in seinem Heimatstaat nicht körperliche Tätigkeiten, wie z. B. handwerkliche oder auch landwirtschaftliche Verrichtungen zuzumuten sind. Vielmehr sind derartige Tätigkeiten nicht von vornherein mit der Menschenwürde unvereinbar, solange die Art und Weise der dem Einzelnen abverlangten Arbeit nicht seine personale Würde verletzt, etwa indem sie ihn völlig in die Hände anderer übergibt oder sinnentleert wäre (BVerwG, Buchholz 402.25 § 1 AsylVfG Nr. 145).

95 Benachteiligungen im schulischen und universitären Bereich beurteilen sich nach den für berufliche und wirtschaftliche Benachteiligungen maßgebenden Kriterien (BVerwGE 74, 41 (47) = EZAR 202 Nr. 7 = InfAuslR 1986, 189). Auf die Schulausbildung gerichtete Zwangsmaßnahmen, etwa der Zwang zum gemeinschaftlichen Bekenntnis des islamischen Glaubens gegenüber Angehörigen der religiösen Minderheit, müssen den Einzelnen konkret betreffen (BVerwG, Buchholz 402.25 § 1 AsylVfG Nr. 115).

96 Gehen berufliche und wirtschaftliche Benachteiligungen nicht unmittelbar vom Staat, sondern in der Weise von Dritten aus, dass diese dem Staat zugerechnet werden, kommt es nach der Rechtsprechung des BVerwG für die Frage, ob die Maßnahmen an ein asylerhebliches Merkmal anknüpfen, darauf an, dass die Dritten bei ihren Handlungen bewusst das asylerhebliche Merkmal im Blick gehabt haben (BVerwGE 88, 367 (370) = EZAR 202 Nr. 21 = NVwZ 1992, 578; BVerwG, NVwZ 1984, 521; BVerwG, InfAuslR 1990, 211).

4.3. Allgemeine Notsituation als Aufenthaltszweck

97 Das Asylbegehren ist ferner auch dann insbesondere offensichtlich unbegründet, wenn nach den Umständen des Einzelfalles offensichtlich ist, dass sich der Asylsuchende im Bundesgebiet aufhält, um einer allgemeinen Notsituation zu entgehen (Abs. 2). Dieser Tatbestand zielt offensichtlich auf die

asylrechtliche Abgrenzung zwischen allgemeinen Notlagen und gezielten Eingriffen und damit insbesondere auf religiöse und andere Minderheiten treffende Unterdrückungsprozesse (so auch Dienelt, in: GK-AsylVfG, § 30 Rdn. 38 ff.; s. auch Art. 4 III Buchst. c) der Qualifikationsrichtlinie). Gerade in diesem Zusammenhang ist die Praxis jedoch häufig vor besonders schwierige rechtliche Abgrenzungs- und Tatsachenfragen gestellt, sodass Zurückhaltung mit der Einstufung eines Asylbegehrens als offensichtlich unbegründet angezeigt ist.

Nur dann, wenn zur Überzeugungsgewissheit der Behörde zweifelsfrei feststeht, dass das vorgebrachte Asylbegehren nicht unter irgendeinem rechtlichen und tatsächlichen Gesichtspunkt erheblich sein kann, darf es daher in der qualifizierten Form abgelehnt werden. Auch im Blick auf die Verfolgung von Minderheiten kann bereits die Beeinträchtigung als solche asylerheblich sein, etwa in dem Fall, in dem religiöse Minderheiten in ihrem gesellschaftlichen und wirtschaftlichen Umfeld einem allgemeinen, auf ihre Ausgrenzung zielenden Klima dadurch ausgesetzt sind, dass sie aus Schlüsselpositionen im Staatsdienst entfernt werden oder der staatlich geduldete oder gar veranlasste wirtschaftliche Boykott für kleine Selbständige und Gewerbetreibende den wirtschaftlichen Ruin zur Folge hat (VG Köln, U. v. 25. 5. 1982 – 2 K 10443/80). Eine schwerwiegende Beeinträchtigung kann überdies auch in »ständigen, fein dosierten Benachteiligungen« erblickt werden (VG Schleswig, InfAuslR 1985, 99). **98**

Die im Asylrecht erforderliche Abgrenzung kann jedoch mit dem Diskriminierungsbegriff kaum sachgerechte Ergebnisse erzielen (Marx, Handbuch, § 66). Dies ergibt sich aus folgender Überlegung: Auszugehen ist davon, dass das System der nationalsozialistischen Herrschaft die aus der Aufklärung kommende, bis dahin vorherrschende Überzeugung von der *Universalität der Menschenrechte*, derzufolge niemand wegen seines bloßen Andersseins, seiner Überzeugung und Weltanschauung anders als andere behandelt werden darf, so radikal negiert hatte, dass die Völkergemeinschaft das *Diskriminierungsverbot* an den Anfang (Art. 2 I AEMR) und in das Zentrum ihrer folgenden Kodifikationen plaziert hat. Als Maßstab für rechtlich unerhebliche Belastungen ist der Diskriminierungsbegriff angesichts seiner historischen und völkerrechtlichen Funktion mithin kaum geeignet (s. auch die auf dem Diskriminierungsbegriff beruhenden Regelbeispiele in Art. 9 II Buchst. b)−d) der Qualifikationsrichtlinie). **99**

Das BVerfG hat ausdrücklich die »zahllosen Verfolgungs- und Vertreibungsschicksale« auf die nationalsozialistische Herrschaft bezogen, freilich zugleich auch an die Zeit nach 1945 angeknüpft (BVerfGE 76, 143 (156 f.) = EZAR 200 Nr. 20 = NVwZ 1988, 237 = InfAuslR 1988, 33). Es ist also das »unmittelbare Erlebnis zahlloser Verfolgungs- und Vertreibungsschicksale«, die »*seit jeher* zu den häufigsten und wichtigsten Ursachen für die Unterdrückung und Verfolgung Andersartiger und Andersdenkender gehört haben« (BVerwGE 67, 184 (186) = NVwZ 1983, 674 = InfAuslR 1983, 228, unter Hinweis auf BVerfGE 54, 341 (357 f.) = EZAR 200 Nr. 1 = InfAuslR 1980, 338). **100**

Die historische Verknüpfung des Diskriminierungsverbotes mit dem System von Auschwitz ist also wesentlich, erschließt sie doch erst den Zugang **101** zu diesem Verbot. Mit dem auf dem Diskriminierungsverbot beruhenden Konzept der universellen Menschenrechte wollte und will die Völkergemeinschaft die erforderlichen Erfahrungen aus Auschwitz ziehen. Wie die nachfolgende historische und politische Erfahrung gezeigt hat und auch weiterhin zeigt, ist ihr das bislang nur schlecht gelungen. Das vermindert jedoch nicht die auch juristische Bedeutung der historischen Anknüpfung des Diskriminierungsverbotes an die historische Singularität, die in dem Begriff Auschwitz zum Ausdruck kommt.

102 Zusätzlich zum Moment der Anknüpfung an asylerhebliche Merkmale muss die Diskriminierung den Einzelnen aus der übergreifenden staatlichen Friedensordnung »ausgrenzen« (BVerfGE 80, 315 (334f.) = EZAR 201 Nr. 20 = NVwZ 1990, 151 = InfAuslR 1990, 21, für das Asylrecht). Im Begriff der ausgrenzenden Verfolgung kommt das asylspezifische Moment des völkerrechtlichen Diskriminierungsverbotes zum Ausdruck. Das BVerwG stellt zutreffend einen Zusammenhang zwischen dem asylspezifischen und dem allgemeinen Diskriminierungsverbot her: Der Aufzählung von »politischen« Verfolgungsgründen liegt die Überzeugung zugrunde, dass kein Staat das »Recht« hat, Leib, Leben oder die persönliche Freiheit des Einzelnen aus Gründen zu gefährden oder zu verletzen, die allein in seiner politischen Überzeugung oder seiner religiösen Grundentscheidung oder in »unverfügbaren, jedem Menschen von Geburt an anhaftenden Merkmalen« liegen (BVerwGE 67, 184 (187) = NVwZ 1983, 674 = InfAuslR 1983, 228; BVerfGE 80, 315 (333) = EZAR 201 Nr. 20 = NVwZ 1990, 151 = InfAuslR 1990, 21). Diese allgemeine und insbesondere erst recht in dem der nationalsozialistischen Unrechtsherrschaft soeben ledig gewordenen Deutschland lebendige Rechtsüberzeugung hat die Schaffung der grundgesetzlichen Asylverbürgung wesentlich bestimmt und ist für die Ermittlung ihres Inhalts und ihrer tatbestandlichen Voraussetzungen maßgebend (BVerwGE 67, 184 (187)).

103 Der Zugang zum Begriff der politischen Verfolgung kann damit nicht über das jeweils betroffene Rechtsgut erfolgen. Vielmehr fallen alle durch die Menschenrechte geschützten Rechtsgüter des Einzelnen grundsätzlich in den Schutzbereich des Asylrechts. Damit verlieren die Rechtsgüter andererseits ihre differenzierende Trennschärfe. Da der Zugang zum Begriff der politischen Verfolgung über den Begriff der ausgrenzenden Verfolgung zu gewinnen ist, hat dies jedoch keine Folgen. Das BVerfG grenzt in diesem Zusammenhang zwischen bloßen Beeinträchtigungen und ausgrenzenden Maßnahmen ab. Da das erforderliche Maß der ausgrenzenden Intensität nicht abstrakt vorgegeben ist, beruft das Gericht sich auf die das Asylrecht tragende humanitäre Intention als interpretative Leitlinie.

104 Demgegenüber wurde früher lediglich bei Beeinträchtigungen eine derartige an der Menschenwürdegarantie orientierte flexible Dogmatik in Anwendung gebracht, während bei unmittelbaren Gefahren für Leib, Leben und persönliche Freiheit das Maß der Intensität abstrakt vorgegeben schien (BVerfGE 54, 341 (357) = EZAR 200 Nr. 1 = InfAuslR 1980, 338). Das Maß dieser *Intensität* ist nach der neueren Rechtsprechung des BVerfG jedoch nicht abstrakt vorgegeben. Es muss vielmehr der humanitären Intention entnommen werden, die das Asylrecht trägt, demjenigen Aufnahme und Schutz zu gewähren, der

sich in einer für ihn »ausweglosen Lage« befindet (BVerfGE 80, 315 (335) = EZAR 201 Nr. 20 = NVwZ 1990, 151 = InfAuslR 1990, 21).
Auch für das *religiöse Existenzminimum* kann eine unmittelbare Gefahr bestehen. Diese ist etwa gegeben, wenn dem Gläubigen der geforderte religiöse Mindestraum für eine religiöse Betätigung genommen wird (BVerfGE 67, 143 (160) = EZAR 200 Nr. 20 = NVwZ 1988, 237; Marx, Handbuch, § 53 Rdn. 18). Umgekehrt sind die Rechtsgüter Leib, Leben oder persönliche Freiheit nicht stets aufgrund dem Staat zurechenbarer Maßnahmen unmittelbar gefährdet, sondern nur dann, wenn dem Einzelnen ein Eingriff unmittelbar droht. Der Begriff der Unmittelbarkeit kann sich also einerseits auf die zeitliche Dimension im Rahmen der rückschauenden Prognose beziehen. Andererseits ist ihm ein materielles Abgrenzungskriterium immanent: 105

Die Rechtsgüter Leib und Leben mögen beeinträchtigt sein, wenn der Staat *generelle* Maßnahmen ergreift. Ein ausgrenzender Eingriff in diese Rechtsgüter liegt jedoch erst dann vor, wenn dem Einzelnen *gezielt* Rechtsgutverletzungen drohen (BVerfGE 80, 315 (335) = EZAR 201 Nr. 20 = NVwZ 1990, 151 = InfAuslR 1990, 21). So legt etwa das BVerwG den Schwerpunkt auf das zeitliche Moment, wenn es in der Zerstörung der Fensterscheiben der Bäckerei des Asylsuchenden noch keinen intensiven Eingriff, wohl aber in deren »Umlagerung« durch den »fanatisierten, Steine werfenden« Mob eine unmittelbar drohende Gefahr sieht (BVerwG, NVwZ 1995, 391 (392) = InfAuslR 1995, 24). Das BVerfG scheint den Begriff der ausgrenzenden Verfolgung jedoch eher im materiellen Sinne verwenden zu wollen. So hat es etwa darauf hingewiesen, dass es an der konkreten Möglichkeit einer ausweglosen Lage nichts ändert, wenn die staatlichen Behörden sich noch um die ärztliche Versorgung des von ihnen misshandelten Opfers bemühen, sofern diese Versorgung schlecht war und zu fortdauernden Schmerzen geführt hat (BVerfG (Kammer), InfAuslR 1993, 142 (145)). 106

Soweit gegen Minderheiten gerichtete Verdrängungsprozesse zu beurteilen sind, ist zu prüfen, inwieweit diese unter Berücksichtigung der individuell erlebten Verfolgungsmaßnahmen die Annahme einer ausweglosen Lage rechtfertigen (BVerfG (Kammer), InfAuslR 1991, 303 (305)). Dem kann entnommen werden, dass das BVerfG den Begriff der ausweglosen Lage nicht im Sinne der rückschauenden Prognose verwendet. Hierfür hat es den wesentlich engeren Begriff der »unmittelbar drohenden« politischen Verfolgung geprägt (BVerfGE 80, 315 (345) = EZAR 201 Nr. 20 = NVwZ 1990, 151 = InfAuslR 1990, 21). Vielmehr ist der Begriff der ausweglosen Lage materiell zu verstehen: Erreicht der drohende Eingriff die geforderte Intensität oder ergeben die festgestellten Eingriffe in Summe eine intensive Rechtsgutverletzung, befindet sich der Asylsuchende in einer für ihn »ausweglosen Lage«. Er ist von ausgrenzender Verfolgung betroffen. 107

Mit dem Begriff der ausgrenzenden Verfolgung will das BVerfG damit materiell zwischen bloßen Beeinträchtigungen, also einer allgemeinen Notsituation im Sinne des Abs. 2, einerseits und Rechtsgutverletzungen, die das erforderliche Maß der Intensität und Schwere erreichen, andererseits unterscheiden. Auch mehrere Maßnahmen können in »ihrer Gesamtheit ausgrenzenden Charakter haben« (BVerfG (Kammer), InfAuslR 1993, 142 (145)). Stets 108 kommt es darauf an, dass sich der Asylsuchende aufgrund der erlittenen oder ihm drohenden Rechtsgutverletzungen in einer für ihn ausweglosen Lage befindet.

109 Während die materielle Schwere des Eingriffs in asylrechtlich geschützte Rechtsgüter also nicht abstrakt vorgegeben ist, sondern am Maßstab der Menschenwürde die für den Einzelnen in materieller Sicht ausweglose Lage zu bestimmen ist, ist bei der Abgrenzung zwischen bloßen Beeinträchtigungen und unmittelbaren Gefahren die zeitliche Nähe der dem Rechtsgut drohenden Gefährdung im Rahmen der rückschauenden Prognose zu ermitteln. Hierbei sind aus den latent allen Mitgliedern einer Gruppe oder gar der gesamten Bevölkerung drohenden generellen Gefahren, also aus der »allgemeinen Notsituation«, die den Einzelnen individuell und *gezielt* unmittelbar gefährdenden Eingriffe zu identifizieren. Dem liegt ein rationales, plausibles, methodisch einwandfreies und überprüfbares *empirisches Urteil* über die *Eintrittswahrscheinlichkeit,* also die Feststellung einer unmittelbaren Gefahr für ein geschütztes Rechtsgut zugrunde.

110 Im Grunde genommen geht es bei einer derart »gezielten« Rechtsgutverletzung um die Individualisierung der Verfolgung (s. auch Art. 4 III der Qualifikationsrichtlinie). Nicht jeder, der in seiner Heimat in materieller Not lebt oder von Hunger und Naturkatastrophen betroffen ist, ist schutzbedürftig, sondern nur der, dem gezielt Rechtverletzungen drohen. Bei Eingriffen in Leib, Leben und persönliche Freiheit stellt sich dieses Problem aber ebenso wie etwa bei beruflichen Einschränkungen. Denn Kriege, Unruhen und Revolutionen führen zu Gefahren für Leib und Leben. Diese sind jedoch nur dann asylerheblich, wenn sie über die der Bevölkerung allgemein drohenden Gefahren hinausgehen, dem Einzelnen mithin gezielt *drohen*. Pogrome bedrohen unmittelbar die Rechtsgüter Leib und Leben. Gleichwohl ist auch hier eine – prognoserechtliche – »Konkretisierung« der aus derartigen Ereignissen drohenden Gefahren auf den Einzelnen im konkreten Einzelfall festzustellen (BVerfG (Kammer), InfAuslR 1991, 303 (305)).

111 Diese Dogmatik teilt im Asylrecht die »knappe Ressource Recht« an die für schutzbedürftig definierten Personen zu. Daher ist einleuchtend, dass eine saubere und methodisch klare Differenzierung ihre Grenzen in den politischen und sozialen Rahmenbedingungen findet. Unter diesem Vorbehalt steht insbesondere das Erfordernis der »Gezieltheit« des Eingriffs. Eine konsensfähige Dogmatik dürfte insoweit wohl insbesondere in Zeiten sozialer und ökonomischer Instabilität kaum zu erwarten sein. Dies gilt allerdings nicht für die Dogmatik der »ausgrenzenden Verfolgung« sowie den hiervon umfassten Begriff der »Gerichtetheit« der Maßnahme. Beide sind Ausdruck des völkerrechtlich- sowie verfassungsrechtlich verankerten Diskriminierungsverbotes und stehen damit nicht zur Disposition. Dogmatisch beginnt die Bewertung bei den »asylerheblichen Merkmalen«. Ob eine asylspezifische Zielrichtung vorliegt, die Verfolgung mithin nach ihrer erkennbaren Gerichtetheit »wegen« eines Asylmerkmals erfolgt, ist freilich nur ein anderer Ausdruck für das Diskriminierungsverbot. Ob der einzelne aufgrund dessen in eine für ihn ausweglose Lage gerät, also von ausgrenzender Verfolgung betroffen ist, ist gleichfalls ein anderer Ausdruck für das Diskriminierungs-

verbot. Denn erst in der Individualisierung kommt der diskriminierende Charakter einer Maßnahme zum Ausdruck.

Wo alle gleichermaßen von Not und Bedrängnis betroffen sind, ergibt es keinen Sinn mehr, die Frage nach der Diskriminierung zu stellen. Der in der Rechtsprechung hergestellte Zusammenhang zwischen dem Ausmaß der Rechtsgutbeeinträchtigung und deren Gezieltheit findet demzufolge seine Ratio, aber auch seine Grenze im maßgeblichen Diskriminierungsverbot. Weil Diskriminierung zwingend eine nach persönlichen Merkmalen und Eigenschaften erfolgende materielle und prognoserechtliche Differenzierung voraussetzt, ist die gezielte Rechtsgutverletzung Voraussetzung der Asylrechtsgewährung. Bei der erforderlichen Differenzierung ist aber stets zu bedenken, dass es letztlich um die Aktualisierung des Diskriminierungsverbotes geht, tatsächlich erkennbare Differenzierungen in der sozialen Realität also nicht dogmatisch eingeebnet werden dürfen.

112

Der Begriff der Intensität der Rechtsgutverletzung kann für diese Aufgabe eigentlich nur erkenntnisfördernde Funktion haben. Zutreffend verwendet das BVerfG diesen Begriff im Rahmen gruppengerichteter Verfolgungen in einem derart heuristischen Sinne (BVerfGE 83, 216 (233 ff.) = EZAR 202 Nr. 20 = NVwZ 1991, 768 = InfAuslR 1991, 200; s. hierzu: Marx, Handbuch, § 43 Rdn. 8 ff.). Aus dem Ausmaß der einer ganzen Gruppe geltenden Verfolgung soll die Individualisierung hergeleitet werden. Dieses Maß ist nicht abstrakt vorgegeben. Insbesondere bei Beeinträchtigungen der Religionsausübung und der wirtschaftlichen Betätigung gewinnt das individualisierende Element der Verfolgung erst dogmatische Tiefenschärfe vor dem allgemeinen sozialen, politischen und kulturellen Hintergrund.

113

Die früher in der Praxis häufig zu beobachtende schematisierende Scheidung zwischen angeblich unbeachtlichen Diskriminierungen einerseits und Verfolgungen andererseits kann daher kaum brauchbare Ergebnisse erzielen. Deren Intensität ist nicht abstrakt, also schematisch vorgegeben. Vielmehr kommt es stets darauf an, ob der Einzelne aufgrund der ihn in Summe ereilenden Rechtsverletzungen in eine für ihn ausweglose Lage gerät und ob die Gefahr für das Rechtsgut im zeitlichen Sinne unmittelbar drohte. Dies verdeutlicht, dass die Kategorie der »allgemeinen Notlage« nach Abs. 2 für die Rechtsanwendung kaum geeignet ist und erst recht nicht nach Maßgabe eines kaum kontrollierbaren Offensichtlichkeitsurteils Funktion im Schnellverfahren erlangen kann.

114

4.4. Fluchtgrund der kriegerischen Auseinandersetzung

Schließlich ist ein Asylbegehren insbesondere dann offensichtlich unbegründet, wenn der Asylsuchende sich im Bundesgebiet aufhält, um einer *kriegerischen Auseinandersetzung* zu entgehen. Das maßgebliche Abgrenzungskriterium mit Blick auf dieses Regelbeispiel ist ebenso wie bei den vorangehenden Regelbeispielen die *individuelle Betroffenheit* des Antragstellers. Gemeint sind interne wie internationale Konflikte. Das BVerwG hat seine zum Bürgerkrieg entwickelte Rechtsprechung ausdrücklich auch auf die Folgen der Angriffe

115

durch eine *auswärtige Macht* bezogen (BVerwG, NVwZ 1983, 38; ebenso Art. 15 Buchst. c) der Qualifikationsrichtlinie im Blick auf den ergänzenden Schutz). Diesem Regelbeispiel liegt die seit Ende der siebziger Jahre entwickelte Rechtsprechung zugrunde, derzufolge das Asylrecht nicht zur Aufgabe hat, vor den *allgemeinen »Unglücksfolgen«* zu bewahren, die aus Krieg, Bürgerkrieg, Revolution und sonstigen Unruhen hervorgehen (BVerwG, DÖV 1979, 296; BVerwG, Buchholz 402.24 § 28 AuslG Nr. 18; BVerwG, InfAuslR 1986, 82).

116 Das BVerwG hat aber zugleich auch hervorgehoben, es könne nicht zweifelhaft sein, dass ein Asylanspruch auch gegeben sein könne, wenn sich die politische Verfolgung aus bürgerkriegsähnlichen Verhältnissen herleite (BVerwG, Buchholz 402.24 § 28 AuslG Nr. 18; BVerwGE 72, 269 (277) = EZAR 202 Nr. 5 = NVwZ 1986, 307 = InfAuslR 1986, 85). Ein Asylanspruch unter solchen Verhältnissen habe aber zur Voraussetzung, dass die Verfolgung im Einzelfall politisch motiviert und nicht als eine Maßnahme im Zuge der Bürgerkriegshandlungen anzusehen sei (BVerwGE 72, 269 (277)).

117 Während das BVerwG dem Bürgerkrieg eine überragende dogmatische Bedeutung dahin einräumt, dass die jeweils als Reaktion auf Angriffe und Terrorakte der Oppositionsgruppe erfolgenden Vergeltungsaktionen – unabhängig von der individuellen Betroffenheit – im einen wie im andern Fall Teil der Bürgerkriegsauseinandersetzungen und demnach weder hier noch dort asylrechtsbegründend sind (BVerwGE 72, 269 (276) = EZAR 202 Nr. 5 = NVwZ 1986, 307 = InfAuslR 1986, 85), überlagert in der Rechtsprechung des BVerfG der Bürgerkrieg nicht automatisch sämtliche denkbaren individuellen Verfolgungstatbestände.

118 Sowohl im offenen wie auch im Guerilla-Bürgerkrieg wird der Staat – dem grundsätzlich als militärisch kämpfender Bürgerkriegspartei die Möglichkeit abgesprochen wird, politische Verfolgungen auszuüben – dann wieder Zurechnungssubjekt asylrechtsbegründender Maßnahmen, wenn die staatlichen Kräfte den Kampf in einer Weise führen, die auf die physische Vernichtung von auf der Gegenseite stehenden oder ihr zugerechneten und nach asylerheblichen Merkmalen bestimmten Personen gerichtet ist, obwohl diese keinen Widerstand mehr leisten wollen oder können oder an dem militärischen Geschehen nicht mehr beteiligt sind. Behauptet zudem der Staat seine prinzipielle Gebietsgewalt oder erlangt er sie – trotz fortdauernden Bürgerkriegs – zurück, so besteht die Möglichkeit asylrelevanter Verfolgung aus seiner Überlegenheitsposition fort oder entsteht aufs neue (BVerfGE 80, 315 (340f.) = EZAR 201 Nr. 20 = NVwZ 1990, 151 = InfAuslR 1990, 21; jetzt auch BVerwG, NVwZ 1993, 191).

119 Diese Dogmatik verdeutlicht, dass interne bewaffnete Konflikte schwierige und komplexe rechtliche Abgrenzungsaufgaben stellen und deshalb in diesen Fällen vom Offensichtlichkeitsurteil nur zurückhaltend Gebrauch gemacht werden darf. Stets ist zu prüfen, ob der Staat – trotz fortdauernden Bürgerkriegs – nicht seine Überlegenheitsposition bewahrt oder wieder erlangt hat oder ob beim Verlust dieser Position die staatlichen Kräfte nicht Zuflucht zu bloßen Vergeltungs- und Terroraktionen gegenüber der wehrlosen Zivilbevölkerung nehmen. Kann aufgrund der vorgetragenen oder sonst er-

kennbaren Umstände nicht ausgeschlossen werden, dass der Antragsteller einer der so beschriebenen gefährdeten Personengruppen angehört, ist das Offensichtlichkeitsurteil nicht gerechtfertigt.

Zu prüfen ist darüber hinaus, ob und inwieweit durch die kriegerischen Handlungen der Staat im *gesamten Staatsgebiet* oder etwa nur in einer abtrünnigen Provinz oder doch jedenfalls in dem Teil, in dem die behaupteten Verfolgungshandlungen stattgefunden haben, seine prinzipielle Gebietsgewalt ganz oder doch weitgehend verloren und auch nicht wiedergewonnen hat oder wiederzuerlangen erwarten kann (BVerfG (Kammer), InfAuslR 1991, 22 (25); BVerfG (Kammer), NVwZ 1991, 771; BVerwG, NVwZ 1993, 191). Hat mithin die Zentralregierung in einem bestimmten lokalen Bereich die Gebietsgewalt in einem Maße verloren, dass sie *dort* nur mehr die Rolle einer militärisch kämpfenden Bürgerkriegspartei einnimmt, als *übergreifende effektive Ordnungsmacht* jedoch nicht mehr besteht, ist damit noch keine Feststellung darüber getroffen, wie es sich in anderen Landesteilen verhält. Dort können die Verhältnisse durchaus noch so beschaffen sein, dass die Zentralregierung als gebietsmächtig und damit als verfolgungsmächtig einzuschätzen ist (BVerfG (Kammer), InfAuslR 1991, 22 (25); BVerfG (Kammer), NVwZ 1991, 771). **120**

In der Praxis ist deshalb sorgfältig zu ermitteln, in welchem Teil des Herkunftsstaates eine kriegerische Auseinandersetzung herrscht (Marx, Handbuch, § 9 Rdn. 11 ff.). Diese Grundsätze gelten ohnehin nur für den Begriff der politischen Verfolgung nach Art. 16 a I GG. Für die Auslegung und Anwendung von § 60 I AufenthG ist die Qualifikationsrichtlinie heranzuziehen, für die die Zurechnungsdoktrin nicht maßgebend ist (s. auch § 60 I 4 Buchst. c) AufenthG; § 1 Rdn. 119–169). **121**

Zwar kann für die Anwendung des Begriffs der politischen Verfolgung nach Art. 16 a I GG bei einem über Jahrzehnte andauernden Bürgerkrieg in einem bestimmten Land diese Tatsache als offenkundig, weil allgemein bekannt angesehen werden (BVerfG (Kammer), NVwZ 1991, 771; s. aber auch BVerwG, NVwZ 1993, 275 = EZAR 630 Nr. 29 = InfAuslR 1993, 108, Wegfall der verfolgungsbegründenden Machtverhältnisse ist offenkundig). Dies befreit das Bundesamt jedoch nicht von der weiteren Sachaufklärung, weil auch unter der Voraussetzung der Offenkundigkeit die Behörde nicht der Prüfung der Frage entbunden ist, ob und inwieweit durch die kriegerischen Auseinandersetzungen der Staat im *gesamten* Staatsgebiet oder jedenfalls in dem Teil, in dem die behaupteten Verfolgungshandlungen stattgefunden haben und als solche für die Zukunft auch nicht ausgeschlossen werden sollen, seine prinzipielle Gebietsgewalt bereits ganz oder doch weitgehend verloren und auch nicht wiedergewonnen hatte oder wieder zu erlangen erwarten konnte (BVerfG (Kammer), NVwZ 1991, 771; BVerfG (Kammer), InfAuslR 1991, 22 (24 f.); BVerwG, NVwZ 1993, 1210 (1211)). **122**

Dem Bürgerkrieg als einem länger andauernden Geschehen sind An- und Abschwellen der Auseinandersetzungen, örtliche Verlagerungen des Kampfgeschehens und zeitweise Verschärfungen immanent. Der ständige Wechsel der Situation ist Element und Bestandteil der Bürgerkriegsauseinandersetzung (BVerwG, NVwZ 1993, 1210 (1211)) und verdeutlicht damit, dass ein Offensichtlichkeitsurteil in aller Regel nicht getroffen werden kann. **123**

124 Besteht im Heimatstaat des Asylsuchenden die staatliche Zentralgewalt nicht mehr und üben an ihrer Stelle lokale und regionale Machthaber für ihren Bereich unumschränkte Herrschaftsgewalt aus, fehlt es an dem vom BVerfG vorausgesetzten Attribut der effektiven Gebietsgewalt des Staates im Sinne wirksamer hoheitlicher Überlegenheit (BVerfGE 80, 315 (340) = EZAR 201 Nr. 20 = NVwZ 1990, 151 = InfAuslR 1990, 21). In der Rechtsprechung ist anerkannt, dass Gruppen mit *quasi-staatlicher Gewalt*, die im Territorium eines bestimmten Staates eine selbständige Herrschaftsstruktur errichtet haben und eine eigene staatsähnliche Gewalt ausüben, als Zurechnungssubjekt politischer Verfolgung in Betracht kommen. In diesem Fall scheidet die Möglichkeit einer asylrechtsbegründenden politischen Verfolgung nicht aus. Vielmehr tritt an Stelle des schutzunfähig gewordenen Staates insoweit die staatsähnliche Gewalt (BVerfGE 80, 315 (334); BVerfG (Kammer), NVwZ-Beil. 1993, 9 (10) = AuAS 1993, 213; BVerwG, InfAuslR 1986, 82; BVerwG, Buchholz 402.24 § 28 AuslG Nr. 16; BVerwG, Buchholz 402.24 § 28 AuslG Nr. 17; BVerwGE 101, 328 (331) = NVwZ 1996, 194 (195) = EZAR 200 Nr. 32 = InfAuslR 1997, 37; BVerwG, InfAuslR 379 (380)).

125 Insoweit hat das BVerfG ausdrücklich hervorgehoben, dass Verfolgungen durch die *Mudjaheddin in Afghanistan* als eine den Asylanspruch auslösende *quasi-staatliche Verfolgung* zu qualifizieren ist (BVerfG (Kammer), NVwZ-Beil. 1993, 9 (10) = AuAS 1993, 213; a. A. BVerwGE 105, 306 = NVwZ 1998, 750 = EZAR 202 Nr. 28 = InfAuslR 1998, 145; BVerwG, InfAuslR 1998, 242; beide aufgehoben durch BVerfG (Kammer), EZAR 202 Nr. 30 = NVwZ 2000, 1165 = InfAuslR 2000, 521; ebenso BVerwG, EZAR 202 Nr. 31 = NVwZ 2001, 815 = InfAuslR 2001, 353; BVerwG, NVwZ 2001, 818 = InfAuslR 2001, 306). Das BVerwG hat im Blick auf die *bosnischen Serben* die Voraussetzungen einer staatsähnlichen Gewalt anerkannt (BVerwGE 101, 328 (331) = EZAR 200 Nr. 32 = NVwZ 1997, 194 = InfAuslR 1997, 37). Für die Auslegung und Anwendung der Bürgerkriegsrechtsprechung ist zudem auch die Rechtsprechung des Internationalen Gerichtshofes heranzuziehen, derzufolge die *Contras* in Nikaragua als völkerrechtlich verantwortlich im Blick auf den gemeinsamen Artikel 3 der vier Genfer Konventionen angesehen werden (I. C. J. Reports 1986, 14 (65)).

126 Bürgerkriegspartei wird der Staat im Übrigen immer nur gegenüber der bewaffneten politischen Opposition. Von dieser getrennt zu betrachten ist die unbeteiligte Zivilbevölkerung, gegenüber der entweder der Staat oder die Opposition effektive Ordnungsgewalt ausüben. Besteht auf Seiten der Opposition eine verantwortliche Führung, die ihren Anordnungen auch Durchsetzungskraft nach innen verleihen kann, ist in Bezug auf diese von einer konkreten Schutz- und Verfolgungsmächtigkeit auszugehen (Marx, Handbuch, § 9 Rdn. 43).

127 Die asylrechtliche Dogmatik darf im Asylrecht nicht *eurozentrisch* gehandhabt werden. In Europa bildeten sich erst im 20. Jahrhundert feste und beständige nationalstaatliche Gebilde heraus. Auch die außereuropäischen Staaten orientieren sich am modernen Leitbild des Völkerrechts, dem territorialen Nationalstaat. Anders als im Europa des 20. Jahrhunderts, jedoch vergleichbar einer früheren europäischen Epoche, steht in vielen Staaten des Südens der *Kampf um das staatliche Gewaltmonopol* im Vordergrund.

Politische Verfolgungen sind Begleiterscheinungen des Ringens um die Gestaltung einer staatlichen Ordnung. In dem Maße wie die Verfolgung ausübende Gruppe politische Ziele verfolgt und herrschaftsmächtiges Gepräge aufweist, kommt sie auch *grundsätzlich* als asylerhebliches Zurechnungsobjekt in Betracht. 128

Jedenfalls sind die in diesem Zusammenhang zu beurteilenden tatsächlichen und rechtlichen Fragen häufig so schwierig, dass ein Offensichtlichkeitsurteil nach Abs. 2 kaum sachlich gerechtfertigt ist. Wie bereits erwähnt, dürfen die vorstehenden Grundsätze im Zusammenhang mit § 60 I AufenthG nicht angewendet werden, sodass deshalb häufig das auf einer Gesamtbewertung des Art. 16 a I GG und § 60 I AufenthG beruhende Offensichtlichkeitsurteil (vgl. Abs. 1) nicht getroffen werden kann. 129

5. Grobe Verletzung von Mitwirkungspflichten (Abs. 3)

5.1. Zweck der Regelung des Abs. 3

Die Fallgruppen nach Abs. 3 sind durch das ÄnderungsG 1993 neu in § 30 eingeführt worden. Anders als Abs. 2, der Regelbeispiele enthält und damit der Rechtsprechung Raum für die Entwicklung weiterer, an den materiellen Kriterien der Regelbeispiele ausgerichtete Kategorien gibt, ist die Aufzählung in Abs. 3 *enumerativ*. So darf z. B. auch die gröbliche Verletzung von Mitwirkungspflichten nach § 15, die nicht in Abs. 3 Nr. 5 genannt sind, oder von anderen, nicht in Abs. 3 aufgeführten Mitwirkungspflichten, etwa die in §§ 47 III und 50 VI genannten, nicht zum Anlass einer qualifizierten Asylablehnung genommen werden. 130

Anders als Abs. 2, der das Offensichtlichkeitsurteil an materielle Voraussetzungen knüpft, ist Grundlage des Offensichtlichkeitsurteils nach Abs. 3 die besonders schwerwiegende Verletzung von Mitwirkungspflichten. Die gesetzliche Formulierung, dass ein »unbegründeter Asylantrag« als »offensichtlich unbegründet« abzulehnen ist, bringt zum Ausdruck, dass die Rechtsfolge der qualifizierten Asylablehnung nur eingreifen soll, wenn der Asylantrag sich *in der Sache* als *unbegründet* erweist, mithin feststeht, dass der Antragsteller nicht politisch Verfolgter ist. 131

Nur in diesen Fällen rechtfertigt die hinzu kommende grobe Verletzung der Mitwirkungspflichten die qualifizierte Asylablehnung. Die Vorschrift des Abs. 3 enthält also Fallgruppen, in denen *unbegründete Asylbegehren zu offensichtlich unbegründeten herabgestuft* werden (Giesler/Wasser, Das neue Asylrecht, S. 45; Dienelt, in: GK-AsylVfG, § 30 Rdn. 48; ähnl. VG Frankfurt am Main, NVwZ-Beil. 1999, 60). Stets ist daher zu prüfen, ob der Antragsteller politisch verfolgt im Sinne des Art 16a I GG (BT-Drs. 12/4450, S. 22) oder verfolgt im Sinne von § 60 I AufenthG ist. 132

Art. 16 a IV GG weist auf »andere Fälle, die offensichtlich unbegründet sind oder als offensichtlich unbegründet gelten«, hin. Damit wird allerdings von Verfassungs wegen keine unbegrenzte Ermächtigung zur Festlegung beliebiger Fallgruppen offensichtlich unbegründeter Asylbegehren gegeben. Viel- 133 mehr ist in Anknüpfung an die bisherige Rechtsprechung des BVerfG der Inhalt der einfachgesetzlichen Fallkategorien des Abs. 3 im Lichte des Asylrechtsgarantie des Art. 16 a I GG zu bestimmen. Die Fallgruppen des Abs. 3 haben ihren verfassungsrechtlichen Ort in dem in Art. 16 a IV 1 GG genannten Begriff »als offensichtlich unbegründet *gelten*« (vgl. auch BT-Drs. 12/4152, S. 4). Der Gesetzgeber darf damit *fiktiv* lediglich unterstellen, dass bestimmte Tatbestände den *Schluss* auf eine im Einzelfall gegebene »missbräuchliche Inanspruchnahme des Asylrechts« (BT-Drs. 12/4152, S. 4) *nahelegen*.

134 Zutreffend weist deshalb die gesetzliche Begründung darauf hin, dass in allen Fällen des Abs. 3 stets die politische Verfolgung sorgfältig zu prüfen ist (BT-Drs. 12/4450, S. 22). Die Fallgruppen des Abs. 3 dürfen also nicht ohne inhaltliche Prüfung der vorgebrachten Asylgründe zum Anlass der qualifizierten Asylablehnung genommen werden.

135 Daraus ergeben sich eine Reihe von Folgerungen: Allein die Tatsache der groben Verletzung der in Abs. 3 erwähnten Mitwirkungspflichten rechtfertigt nicht die qualifizierte Asylablehnung. Vielmehr kann auch jemand politisch Verfolgter sein, der seine in Rede stehenden Mitwirkungspflichten grob verletzt. Für diese Prüfung gelten die allgemeinen Grundsätze im Blick auf die Pflicht des Bundesamtes zur umfassenden Sachverhaltsaufklärung einerseits sowie die Mitwirkungspflichten des Antragstellers andererseits (Giesler/Wasser, Das neue Asylrecht, S. 45).

136 Die Vorschrift des Abs. 3 enthält damit keine originären qualifizierten Ablehnungsgründe, sodass stets umfassend zu prüfen ist, ob der Antragsteller politisch verfolgt ist (Göbel-Zimmermann, in: Handbuch des Ausländer- und Asylrechts, SystDarst IV Rdn. 198; Huber, NVwZ 1993, 736 (741)). Umgekehrt kommt es auf die Verletzung der Mitwirkungspflichten nicht an, wenn sich das Asylbegehren bereits in der Sache nach Maßgabe der materiellen Kriterien in Abs. 1 und 2 als offensichtlich unbegründet erweist. Die Regelungen in Abs. 3 sind damit gegenüber den Vorschriften des Abs. 1 und 2 *subsidiär* (Giesler/Wasser, Das neue Asylrecht, S. 45; Dienelt, in: GK-AsylVfG, § 30 Rdn. 48).

137 Die Regelungen in Abs. 3 erfordern damit ein *zweistufiges Prüfungsverfahren*: Auf der *ersten Stufe* ist umfassend und unter Berücksichtigung der aus Art. 16 a I GG fließenden verfahrensrechtlichen Garantien festzustellen, ob der Asylsuchende politisch verfolgt ist. Ist dies der Fall, kommt es auf die Verletzung der Mitwirkungspflichten nicht an. Erweist sich hingegen das Asylbegehren als unbegründet, ist auf der *zweiten Stufe* zu untersuchen, ob dieses unbegründete Asylbegehren wegen Verletzung einer der in Abs. 3 genannten Mitwirkungspflichten in der qualifizierten Form abgelehnt werden kann (Huber, NVwZ 1993, 736 (741)).

138 Abs. 3 normiert also eine *Sanktion* für die Verletzung von Mitwirkungspflichten. Eine derartige Verletzung allein rechtfertigt nicht die qualifizierte Asylablehnung. Sanktionshalber aberkannt wird in diesem Fall bei unbegründetem Asylbegehren nur das »vorläufige Bleiberecht« (Rennert, DVBl. 1994, 717 (720)). Allerdings wurden eine Reihe der in Abs. 3 geregelten Tatbestände auch bereits in der früheren Praxis der Rechtsanwendung zur Rechtfertigung der qualifizierten Asylablehnung in der Sache herangezogen. Insbesondere

bei den Tatbeständen nach Nrn. 1 bis 3 ist eine scharfe Trennung zwischen materiellen und verfahrensrechtlichen Gesichtspunkten ohnehin kaum möglich (ähnl. Rennert, DVBl. 1994, 717 (720); Renner, AuslR, § 30 AsylVfG Rdn. 12).

139 Nur die *grobe* Verletzung der in Abs. 3 geregelten Mitwirkungspflichten rechtfertigt unter diesen Voraussetzungen die qualifizierte Asylablehnung. Dieser Gedanke liegt erkennbar der Fallkategorie nach Abs. 3 Nr. 6 zugrunde. Zwar verwendet lediglich Abs. 3 Nr. 5 den Begriff der *gröblichen* Verletzung. Den anderen Fallbeispielen ist bereits aus deren Natur heraus immanent, dass es sich stets um eine *schwerwiegende Verletzung* von Mitwirkungspflichten handeln muss. Der Gesetzgeber darf zwar Fallgruppen für ein vereinfachtes und beschleunigtes Verfahren festlegen. Er entfernt sich jedoch zunehmend von dem ihm durch Art. 16 a I GG erteilten Regelungsauftrag, wenn er Verhaltensweisen sanktioniert, die einem Flüchtling nicht oder fairerweise nicht angelastet werden dürfen. Dem hat die Auslegung und Anwendung der Regelungen in Abs. 3 zu entsprechen (Renner, AuslR, § 30 AsylVfG Rdn. 10), sodass nur die grobe Verletzung der Mitwirkungspflichten die Anwendung der Sanktion des Abs. 3 rechtfertigt.

140 Im Übrigen trifft das Bundesamt keine Verpflichtung, zeitraubende und kostenaufwendige Ermittlungen zur Feststellung der Voraussetzungen nach Abs. 3 durchzuführen (Renner, AuslR, § 30 AsylVfG Rdn. 11; Dienelt, in: GK-AsylVfG, § 30 Rdn. 49). Das Bundesamt hat darüber hinaus nach Maßgabe der oben dargestellten materiellen und verfahrensrechtlichen Grundsätze im Einzelnen darzulegen, aus welchen inhaltlichen Gründen der Verstoß gegen eine der in Abs. 3 genannten Mitwirkungspflichten das Offensichtlichkeitsurteil rechtfertigt. Hierfür gilt selbstredend die *besondere Begründungspflicht*.

5.2. Sperrwirkung nach § 10 Abs. 3 Satz 3 AufenthG

141 Ist der Asylantrag nach Abs. 3 abgelehnt worden, darf die zuständige Ausländerbehörde dem Betroffenen keinen Aufenthaltstitel erteilen (§ 10 III 2 AufenthG), während bei den anderen Formen der qualifizierten Asylablehnung nach Abs. 1 und 2, 4 und 5 sowie auch bei einfach unbegründeten Asylablehnungen ein humanitärer Aufenthaltstitel nach dem 5. Abschnitt des AufenthG erteilt werden kann (§ 10 III 1 AufenthG). Nur im Falle eines gesetzlichen Anspruchs auf Erteilung eines Aufenthaltstitel findet die Sperrwirkung keine Anwendung (§ 10 III 3 AufenthG).

142 Zwar stellt der Wortlaut von § 10 III 1 AufenthG auf den Verwaltungsbescheid ab. Ist der Eilrechtsschutzantrag nach § 36 III indes erfolgreich und wird anschließend ein normales Asylverfahren durchgeführt, entfällt der Zweck der Sperrwirkung. Auch wenn das asylrechtliche Hauptsacheverfahren erfolglos endet, kann daher ein humanitärer Aufenthaltstitel nach dem 5. Abschnitt des AufenthG erteilt werden.

5.3. Verletzung der Darlegungspflichten (Abs. 3 Nr. 1)

5.3.1. Unsubstanziiertes oder widersprüchliches Vorbringen (Abs. 3 Nr. 1 erste Alternative)

143 Nach Abs. 3 Nr. 1 ist der unbegründete Asylantrag in der qualifizierten Form abzulehnen, wenn in wesentlichen Punkten das Sachvorbringen unsubstanziiert oder in sich widersprüchlich ist, offenkundig den Tatsachen nicht entspricht oder auf gefälschten oder verfälschten Beweismitteln beruht. Die gesetzliche Begründung zu Nr. 1 bezieht sich im Wesentlichen auf die dargestellte Rechtsprechung des BVerfG (Rdn. 52ff.). Die Vorschrift der Nr. 1 schafft kein neues Recht, sondern will die bisherige verfassungsgerichtliche Rechtsprechung einfachgesetzlich für verbindlich erklären. In der Literatur wird jedoch darauf hingewiesen, dass zwar Verletzungen der in Nr. 1 bezeichneten Art häufig bereits zu einer Ablehnung nach Abs. 1 führen werde, dieser Vorschrift jedoch ebenso wie der Nr. 2 die Funktion eines *Auffangtatbestandes* zukomme (Giesler/Wasser, Das neue Asylrecht, S. 45).

144 Da der Anwendungsbereich der Nr. 1 jedoch mit dem des Abs. 1 identisch ist, kann dieser Ansicht nicht gefolgt werden (so auch Dienelt, in: GK-AsylVfG, § 30 Rdn. 55). Darüber hinaus kann der gesetzlichen Begründung insoweit nicht beigetreten werden, soweit dort festgestellt wird, der Asylantrag sei im Allgemeinen bereits dann offensichtlich unbegründet, wenn dem Bundesamt keine Tatsachen bekannt seien, die eine andere Annahme rechtfertigten (BT-Drs. 12/4450, S. 22). Der Untersuchungsgrundsatz gebietet, dass das Bundesamt insbesondere im Rahmen der persönlichen Anhörung nach § 24 I 2 durch Vorhalt und konkrete Fragen dem bislang nicht substanziierten oder in sich widersprüchlichen Sachvorbringen nachgeht (Hess.VGH, ESVGH 31, 259; ähnl. BVerfG (Kammer), InfAuslR 1993, 85 (88)). Keinesfalls gibt Nr. 1 dem Bundesamt einen Freibrief, das Amtsermittlungsprinzip außer Acht zu lassen oder den Sachvortrag des Antragstellers lediglich rezeptiv entgegenzunehmen, ohne die aufkommenden Zweifel an Ort und Stelle zu klären.

145 Das Urteil, dass ein Sachvorbringen *unsubstanziiert*, in sich *widersprüchlich* ist oder offenkundig nicht den Tatsachen entspricht, kann nur anhand einer Gesamtbetrachtung des Vorbringens und nur unter Bezugnahme auf *wesentliche Punkte* des Sachvorbringens getroffen werden. Dieses muss sich im Sinne der Rechtsprechung des BVerfG »*insgesamt*« als unglaubwürdig erweisen (BVerfGE 65, 76 (97) = EZAR 630 Nr. 4 = NVwZ 1983, 735 = InfAuslR 1984, 58). Widersprüchliches Vorbringen zu Tatsachen und Umständen, die für den konkreten Einzelfall keine entscheidungserhebliche Bedeutung haben, also nur Nebenaspekte oder untergeordnete Fragen betreffen, darf nicht berücksichtigt werden (Giesler/Wasser, Das neue Asylrecht, S. 45). Bezugspunkt ist also stets der *Kern des Sachvorbringens* (BVerfG (Kammer), InfAuslR 1991, 85 (88); BVerfG (Kammer), NVwZ-Beil. 1994, 51 (52), Rdn. 60).

146 Damit unvereinbar ist die allgemeine Praxis des Bundesamtes, die insbesondere im Flughafenverfahren nach § 18 a geübt wird, aus Widersprüchen und Ungereimtheiten, die sich aus der Darlegung der Umstände des Reisewegs, der Einreise, des individuellen Lebensweges des Asylsuchenden oder seines sonstigen persönlichen oder familiären Hintergrundes ergeben, qualifizierte Ablehnungsgründe im Sinne des Abs. 3 Nr. 1 abzuleiten.

147 Derartige Unzulänglichkeiten mögen Zweifel an der Glaubwürdigkeit des Asylsuchenden begründen. Sie genügen jedoch nicht, um dem unbegründeten Asylbegehren zugleich auch den Stempel der Offensichtlichkeit zu verleihen. Insoweit ist auch zu bedenken, dass derartige Ungereimtheiten und Widersprüche bereits zur Ablehnung des Asylbegehrens an sich herangezogen worden sind. Sie können daher nicht, ohne Hinzutreten weiterer besonders gravierender Verletzungen der Mitwirkungspflichten, zugleich auch das Offensichtlichkeitsurteil tragen.

148 Der Begriff »wesentlich« verweist auf eine qualitative Komponente, d. h. nur solche Unregelmäßigkeiten und Unvollständigkeiten dürfen berücksichtigt werden, die erheblich sind. Darüber hinaus verdeutlicht die Verwendung des Plurals in Nr. 1, dass sich derartige Widersprüchlichkeiten und Ungereimtheiten auf mehrere »wesentliche Punkte« des Sachvorbringens beziehen müssen und nicht lediglich auf einen wesentlichen Umstand (Dienelt, in: GK-AsylVfG, § 30 Rdn. 56 f.). Wenn sich das Sachvorbringen zwar nicht durch Detailreichtum sowie lebensnahe und konkrete Schilderungen auszeichnet, andererseits aber nicht so vage und wenig substanziiert ist, dass durchgreifende Zweifel an der Glaubwürdigkeit berechtigt wären, erfüllt es nicht die Voraussetzungen von Abs. 3 Nr. 1 (VG Würzburg, B. v. 24. 3. 1995 – W 7 S 95.30627).

149 Zweifel an der Glaubwürdigkeit des Asylsuchenden können danach ein Offensichtlichkeitsurteil nur rechtfertigen, wenn es auf der Hand liegt, also offensichtlich ist, dass der vorgetragene Sachverhalt derart grobe Lügen enthält, dass dadurch die Glaubwürdigkeit des Antragstellers insgesamt zerstört wird (VG Aachen, AuAS 1996, 212). Bei der Bewertung ist zudem zu berücksichtigen, dass das Anhörungsprotokoll des Bundesamtes nicht ohne weiteres als wirkliches Spiegelbild der Anhörung gelten kann (VG Aachen, AuAS 1996, 212 (213)).

150 Die offenkundige Unvereinbarkeit des Sachvorbringens mit den Tatsachen kann sich nur aus dem Vergleich mit sicheren Feststellungen anderer Art über die allgemeine Lage im Herkunftsstaat ergeben (Renner, AuslR, § 30 AsylVfG Rdn. 13). Insoweit trifft den Asylsuchenden jedoch nur eine eingeschränkte Darlegungslast. Gefordert werden kann lediglich, dass der Tatsachenvortrag die *nicht entfernt liegende Möglichkeit* ergibt, dass Verfolgung droht (BVerwG, InfAuslR 1982, 156; BVerwG, InfAuslR 1983, 76; BVerwG, DÖV 1983, 207; BVerwG, InfAuslR 1989, 350; BVerwG, AuAS 1997, 127). Dass eine derart mit Unsicherheiten behaftete Aussage häufig offenkundig nicht den Tatsachen entsprechen kann, nehmen die prozessualen Grundsätze wegen der sachtypischen Beweisnot des Asylsuchenden hin. Dies kann diesem daher nicht mit der Folge des Abs. 3 Nr. 1 vorgeworfen werden.

151 Im Übrigen beruhen Erkenntnismittel zu allgemeinen Tatsachen auf einer zusammenfassenden Bewertung von unterschiedlichen Tatsachen und Erkenntnissen und stellen deshalb regelmäßig nur Annäherungen an die Wirklichkeit dar. Daher ist insoweit Zurückhaltung angezeigt. Im Blick auf individuelle Erlebnisse und Verhältnisse reicht es für die Anwendung von Abs. 3

Nr. 1 nicht aus, dass einzelne Sachangaben des Asylsuchenden in diesem Zusammenhang nicht besonders wahrscheinlich erscheinen (VG Aachen, B. v. 6. 4. 1996 – 4 L 442/95. A).

5.3.2. Gefälschte oder verfälschte Beweismittels (Abs. 3 Nr. 1 zweite Alternative)

152 Die Vorlage *gefälschter* oder *verfälschter Beweismittel* kann nach der Rechtsprechung des BVerfG nur dann als qualifizierter Ablehnungsgrund herangezogen werden, wenn die behauptete Verfolgungsgefahr *allein* hierauf beruht (BVerfGE 65, 76 (97) = EZAR 630 Nr. 4 = NVwZ 1983, 735 = InfAuslR 1984, 58; Rdn. 23). Daher kann allein die nachgewiesene Fälschung von vorgelegten Dokumenten das Offensichtlichkeitsurteil nicht tragen (Renner, AuslR, § 30 AsylVfG Rdn. 13). Ein derartiger Umstand kann allenfalls als Indiz für die Unbegründetheit des Asylbegehrens gewertet werden (Göbel-Zimmermann, in: Handbuch des Ausländer- und Asylrechts, SystDarst IV Rdn. 199).

153 Voraussetzung für die qualifizierte Asylablehnung auch bei der Anwendung von Abs. 3 Nr. 1 ist, dass sich das Asylbegehren *insgesamt* als offensichtlich unbegründet erweist. Die Bezugnahme allein auf ein gefälschtes Dokument zur Rechtfertigung des Offensichtlichkeitsurteils ist daher nicht zulässig, wenn dieses sich nur auf einen Teilkomplex, nicht aber auf sämtliche mit dem Asylvorbringen geltend gemachte Asylgründe bezieht (BVerfG (Kammer), NVwZ-Beil. 1994, 58 (59) = AuAS 1994, 222).

154 In Betracht für die Anwendung von Abs. 3 Nr. 1 kommen insoweit nur *Urkunden*. Will das Bundesamt das Offensichtlichkeitsurteil auf seiner Ansicht nach gefälschte Urkunden stützen, kann es nicht umhin, zuvor die Echtheit des vorgelegten Beweismittels überprüfen zu lassen (vgl. § 78 Rdn. 954 ff.). Allein derartig zeit- und kostenaufwendige Verfahren sprechen gegen die Bezugnahme auf diese Fallgruppe. Darüber hinaus ist unklar, ob Abs. 3 Nr. 1 insoweit Verschulden des Asylsuchenden voraussetzt. Da es um die Verletzung von Mitwirkungspflichten geht und damit um individuell vorwerfbares Verhalten, muss dem Asylsuchenden insoweit ein Vorwurf gemacht werden können (a. A. Dienelt, in: GK-AsylVfG, § 30 AsylVfG Rdn. 76 f.). Häufig handeln die Antragsteller, denen Verwandte oder Bekannte derartige Urkunden übersenden, im guten Glauben oder es kann ihnen eine entsprechende Täuschungsabsicht kaum nachgewiesen werden. Dies spricht dafür, von diesem qualifizierten Ablehnungsgrund nur in eindeutigen Fällen Gebrauch zu machen.

5.4. Täuschung über die Identität (Abs. 3 Nr. 2)

155 Nach Abs. 3 Nr. 2 ist ein unbegründetes Asylbegehren offensichtlich unbegründet, wenn der Antragsteller im Verfahren über seine Identität oder Staatsangehörigkeit täuscht oder diese Angaben verweigert. Diese Vorschrift beruht auf der Erwägung, dass ein individuelles Verfolgungsgeschehen nur festgestellt werden kann, wenn die Identität und die Staatsangehörigkeit des Verfolgten bekannt sind, und dass ein politisch Verfolgter im Bundesgebiet

um Asyl nachsucht, weil er auf den Schutz der Behörden vertraut. Deshalb ist es nach der gesetzlichen Begründung dem Antragsteller zuzumuten, spätestens gegenüber dem für die Sachentscheidung zuständigen Bundesamt seine Identität darzulegen oder die nerforderlichen Angaben dazu zu machen (BT-Drs. 12/4450, S. 22).

Die Vorschrift hat ersichtlich den Fall vor Augen, dass ein Antragsteller *absichtlich* die Behörden über seine wahre Identität oder Staatsangehörigkeit täuscht, weil er sich etwa durch Vortäuschung einer anderen Nationalität bessere Erfolgsaussichten im Asylverfahren verspricht. Soweit andere Personalien angegeben werden, wird regelmäßig zugleich der Tatbestand nach Abs. 3 Nr. 3 erfüllt sein. Dass ein Asylsuchender allein deshalb unglaubwürdig sein soll, weil er angibt, keine Ausweisdokumente zu besitzen, begegnet nach dem BVerfG allerdings erheblichen Zweifeln (BVerfG (Kammer), NVwZ 1992, 560 (561) = InfAuslR 1992, 75; BVerfG (Kammer), InfAuslR 1993, 105 (108)). **156**

Insoweit ist auch zu berücksichtigen, dass nach den allgemeinen Erfahrungen die seit zwanzig Jahren getroffenen umfangreichen Vorkehrungen der westlichen Industriestaaten zur Verhinderung der Einreise von Asylsuchenden dazu geführt haben, dass heute der ohne Reisedokumente und Identitätsnachweise einreisende Flüchtling der *typische Regelfall* ist. In der Literatur wird zudem darauf hingewiesen, dass Fälle denkbar sind, in denen der Betreffende aus Furcht vor Strafe oder aufgrund von Misstrauen gegenüber den Behörden daran gehindert wird, von vornherein seine Identität zu offenbaren. Es seien gerade die politisch Verfolgten, die oft eine gewisse Zeit benötigten, um Vertrauen zu gewinnen und den Behörden ihre Fluchtgründe zu offenbaren (Göbel-Zimmermann, in: Handbuch des Ausländer- und Asylrechts, SystDarst IV Rdn. 199). **157**

Nach der Rechtsprechung des BVerwG wird es dem Antragsteller regelmäßig keine Probleme bereiten, zu den vorrangig entscheidungserheblichen Fragen seiner Staatsangehörigkeit bzw. seines ständigen Aufenthaltes als Staatenloser durch Vorlage entsprechender Personaldokumente den Nachweis seiner Herkunft zu führen. Ist der Antragsteller ohne Reisedokumente, müssen Behörde und Gericht sich anhand der Umstände des Falles, vor allem unter Würdigung der Einlassung des Asylsuchenden schlüssig werden, ob der Antragsteller die Staatsangehörigkeit, auf die er sich beruft, tatsächlich besitzt oder als Staatenloser aus einem bestimmten Staat eingereist ist (BVerwG, InfAuslR 1990, 238). **158**

Ergeben sich andererseits erhebliche Zweifel an der geäußerten Identität des Antragstellers, vermag dies nach der Rechtsprechung des BVerfG das Offensichtlichkeitsurteil zu tragen (BVerfG (Kammer), NVwZ-Beil. 1994, 1 (2); s. aber andererseits BVerfG (Kammer), NVwZ-Beil. 1994, 2 (3)). Liegt dem angefochtenen Bescheid des Bundesamtes eine andere Staatsangehörigkeit zugrunde, als die vom Antragsteller behauptete, muss das Offensichtlichkeitsurteil auch insoweit gerechtfertigt sein (OVG Hamburg, InfAuslR 2002, 268). **159**

5.5. Mehrfachantragstellung unter verschiedenen Personalien (Abs. 3 Nr. 3)

160 Nach Abs. 3 Nr. 3 ist ein unbegründetes Asylbegehren als offensichtlich unbegründet abzulehnen, wenn der Antragsteller unter Angabe anderer Personalien einen weiteren Asylantrag oder ein weiteres Asylverfahren anhängig macht. Diese Bestimmung zielt auf den Fall, in dem der Antragsteller während des anhängigen Asylverfahrens unter Angabe anderer Personalien einen weiteren Asylantrag geltend macht. In diesem Fall ist der erste Asylantrag als offensichtlich unbegründet abzulehnen, *sofern* er unbegründet ist, während der weitere Asylantrag unzulässig ist und nicht zur Durchführung eines weiteren Asylverfahrens führt (BT-Drs. 12/4450, S. 22; s. hierzu auch § 71 Rdn. 23 ff.)).

161 Das Gesetz differenziert zwischen der »förmlichen Asylantragstellung« und der Geltendmachung eines »weiteren Asylverfahrens«. Der Gesetzgeber will damit nicht nur die erneute förmliche Antragstellung während eines anhängigen Verfahrens, sondern auch die Fallgestaltungen erfassen, bei denen der Asylsuchende während des laufenden Verfahrens bei der Polizei oder der Ausländerbehörde erneut um Asyl nachsucht (Giesler/Wasser, Das neue Asylrecht, S. 46; Dienelt, in: GK-AsylVfG, § 30 Rdn. 85).

162 Die gesetzliche Begründung macht deutlich, dass auch in derart krassen Fällen der Täuschung die Sachverhaltserforschung nicht vernachlässigt werden darf. Vielmehr ist auch hier stets zunächst den Verfolgungsbehauptungen nachzugehen, bevor die Vorschrift des Abs. 3 Nr. 3 angewendet werden kann. Andererseits verdeutlicht diese Fallgruppe, dass der Rückgriff auf einen offensichtlich unzulässigen Asylantrag nicht notwendig ist (so aber Dienelt, in: GK-AsylVfG, § 30 Rdn. 28), weil der Gesetzgeber diese Fallgestaltung als Form der offensichtlichen Unbegründetheit geregelt hat.

163 Durch die erneute Antragstellung während des anhängigen Asylverfahrens wird *kein Asylfolgeantrag* geltend gemacht (§ 71 Rdn. 23 ff.). Denn Voraussetzung für den Folgeantrag ist die unanfechtbare Asylablehnung im ersten Asylverfahren (§ 71 I 1). Bei der Fallgruppe nach Abs. 3 Nr. 3 ist jedoch das (erste) Asylverfahren noch anhängig, also nicht unanfechtbar beendet. Durch einen weiteren Antrag wird mithin in Wirklichkeit kein weiteres Verfahren eingeleitet. Alle Anträge im Sinne von §§ 13 und 14, die von derselben Person gestellt werden, sind Teil eines einheitlichen Verfahrens (Renner, AuslR, § 30 AsylVfG Rdn. 15). Daher ist der weitere Antrag als unzulässig abzulehnen, während der erste Antrag dann offensichtlich unbegründet ist, wenn er zugleich in der Sache unbegründet ist (Giesler/Wasser, Das neue Asylrecht, S. 46).

164 Im gerichtlichen Verfahren sind beide Verfahren zu verbinden und der zweite Antrag als Teil des Erstverfahrens zu behandeln (Dienelt, in: GK-AsylVfG, § 30 Rdn. 86). Voraussetzung für die Anwendbarkeit von Abs. 3 Nr. 3 ist *vorwerfbares Verhalten*, sodass Mehrfachanträge, die infolge eines Fehlers des Bundesamtes entstehen, nicht die Anwendung dieser Vorschrift rechtfertigen. Dies gilt selbst dann, wenn der Asylsuchende diesen Fehler erkennt und ihn grob fahrlässig ausnutzt (Dienelt, in: GK-AsylVfG, § 30 Rdn. 88).

5.6. Asylantragstellung zur Abwendung einer drohenden Aufenthaltsbeendigung (Abs. 3 Nr. 4)

Nach Abs. 3 Nr. 4 ist der unbegründete Asylantrag in der qualifizierten Form abzulehnen, wenn der Asylsuchende den Antrag gestellt hat, um eine drohende Aufenthaltsbeendigung abzuwenden, obwohl er ausreichend Gelegenheit hatte, einen Asylantrag zu stellen. Diese Vorschrift bezieht sich auf Fallgestaltungen, in denen sich der Antragsteller bereits längere Zeit im Bundesgebiet aufgehalten hat und erst nach Ablauf der Geltungsdauer eines Aufenthaltstitels oder in einem Ausweisungsverfahren einen Antrag stellt (BT-Drs. 12/4450, S. 22). Es handelt sich also um Fälle, in denen der Asylsuchende »in letzter Minute« mit dem Asylantrag die »Notbremse« zieht (Giesler/Wasser, Das neue Asylrecht, S. 46). 165

Bezweckt dies allein, die Beendigung des Aufenthaltes zu verhindern, ist der Asylantrag offensichtlich unbegründet. Der Grund für die Antragstellung kann aber auch die begründete Furcht vor Verfolgung sein. Davon geht offensichtlich auch der Gesetzgeber aus. Zum anderen betrifft diese Vorschrift auch sukzessive Antragstellungen von Familienangehörigen sowie die Asylantragstellung nach längerem illegalem Aufenthalt (BT-Drs. 12/4450, S. 22; s. auch Abs. 3 Nr. 7). Allein diese Umstände rechtfertigen jedoch noch nicht das Offensichtlichkeitsurteil. Vielmehr sind die Gründe für die verspätete Antragstellung aufzuklären. 166

Denn eine derartige Antragstellung an sich erfüllt noch nicht den Tatbestand nach Abs. 3 Nr. 4. Zwar kann die Absicht, mit dem Asylantrag eine drohende Aufenthaltsbeendigung (etwa Ablehnung des Antrags auf Verlängerung des Aufenthaltstitels verbunden mit einer Abschiebungsandrohung oder Ausweisung) abzuwenden, aus der zeitlichen Abfolge der Aufenthaltsbeendigung und der anschließenden Asylantragstellung folgen. Hinzukommen muss darüber hinaus jedoch die gezielte *Absicht* der Verhinderung einer drohenden Aufenthaltsbeendigung (so auch Renner, AuslR, § 30 AsylVfG Rdn. 16). 167

So wird bei Studenten, Arbeitnehmern und anderen Antragstellern mit einem asylunabhängigen Aufenthaltstitel eine derartige Absicht nicht ohne weiteres unterstellt werden können. Denn ausreichende Gelegenheit für eine frühere Asylantragstellung ist Voraussetzung für die Anwendung von Abs. 3 Nr. 4. Anlass dafür, dass eine derartige Gelegenheit in Anspruch zu nehmen ist, besteht jedoch solange nicht, wie sich etwa bei langfristig gesichertem Aufenthalt kein Bedürfnis für die Schutzsuche ergibt (Renner, AuslR, § 30 AsylVfG Rdn. 16). Schutz vor politischer Verfolgung kann im Übrigen auch unter anderen Aufenthaltstiteln gesucht werden als sie das AsylVfG vermittelt. 168

Angesichts der derzeitigen Praxis gegenüber Asylsuchenden und der an die Asylantragstellung knüpfenden verfahrensrechtlichen und sonstigen Folgen spricht eher eine Vermutung dafür, dass ein Verfolgter, der aufgrund anderer Aufenthaltstitel ein Verbleibsrecht im Bundesgebiet hat, seine im Heimatstaat drohende Verfolgung nicht offenbaren, sondern sich hierauf erst im Notfall berufen wird. Das Offensichtlichkeitsurteil erfordert daher eindeutige 169

Feststellungen mit Blick auf die dem Asylantrag zugrundeliegende (asylfremde) Absicht und das offensichtliche Fehlen einer Verfolgung. Diese Vorschrift ist daher restriktiv auszulegen (Göbel-Zimmermann, in: Handbuch des Ausländer- und Asylrechts, Syst.Darst IV Rdn. 200). Zu prüfen ist jeweils, ob sich früher überhaupt ein Bedürfnis für die Asylantragstellung ergeben hatte oder ob ausreichend Gelegenheit zur Antragstellung bestanden hatte.

5.7. Grobe Verletzung bestimmter Mitwirkungspflichten (Abs. 3 Nr. 5)

170 Nach Abs. 3 Nr. 5 ist ein unbegründetes Asylbegehren als offensichtlich unbegründet abzulehnen, wenn der Antragsteller bestimmte Mitwirkungspflichten gröblich verletzt hat. Die Vorschrift sanktioniert nicht die *gröbliche* Verletzung aller Mitwirkungspflichten nach § 15, sondern nur den groben Verstoß gegen die Obliegenheiten nach § 15 II Nr. 3 bis 5 sowie nach § 13 III 2 und § 25 I. Es handelt sich im Einzelnen um die Verpflichtung des Antragstellers,
– sich im Falle der unerlaubten Einreise unverzüglich als Asylsuchender den zuständigen Behörden zu offenbaren (§ 13 III 2),
– den gesetzlichen und behördlichen Anordnungen, sich bei bestimmten Behörden oder Einrichtungen zu melden oder dort persönlich zu erscheinen, Folge zu leisten (§ 15 II Nr. 3; s. aber auch §§ 20 II 1, 22 III 2, 23 II 1),
– den Pass, Passersatz und alle erforderlichen Urkunden und sonstige in seinem Besitz befindlichen Unterlagen den zuständigen Behörden vorzulegen und zu überlassen (§ 15 II Nr. 4 und 5) und
– im Rahmen der persönlichen Anhörung selbst die anspruchsbegründenden Tatsachen vorzutragen und die erforderlichen Angaben, insbesondere über Reiseweg sowie Aufenthalte und Asylanträge in Drittstaaten, zu machen (§ 25 I).

171 Der einfache Verstoß gegen diese Mitwirkungspflichten reicht nicht aus. Aus den Gesamtumständen des Einzelfalls muss vielmehr eine besonders schwerwiegende Verletzung der genannten Mitwirkungspflichten deutlich werden, die ohne weiteres den Schluss auf die offensichtliche inhaltliche Unbegründetheit des Asylbegehrens indiziert. Hinreichende Bestimmtheit erlangt der Begriff »gröblich« mithin durch die Orientierung am Zweck der Vorschrift, nur solchen Asylsuchenden das »vorläufige Bleiberecht« vorzuenthalten, deren Verhalten während des Verfahrens den Schluss auf die missbräuchliche oder aussichtslose Inanspruchnahme des Asylrechts zulässt (Rennert, DVBl. 1994, 717 (720); s. auch VG Karlsruhe, AuAS 2000, 166, zur Mitwirkungspflicht, den Personalausweis vorzulegen).

172 Aber selbst die grobe Verletzung der Mitwirkungspflichten reicht nicht aus. Vielmehr muss das Bundesamt im Einzelnen darlegen, aus welchen Gründen der Schluss von der gröblichen Verletzung der gesetzlichen Pflicht auf die eindeutige Aussichtslosigkeit des Asylbegehrens gerechtfertigt ist. Die Pflichtverletzung muss zudem im Hinblick auf das Entscheidungsergebnis von einigem Gewicht sein. Insbesondere bei Verletzungen der Obliegenheiten nach § 13 III 2 und § 15 II Nr. 3 wird regelmäßig die Grenze zwischen

»einfachen« und »gröblichen« Pflichtverletzungen nicht einfach zu ziehen sein (Giesler/Wasser, Das neue Asylrecht, S. 46) und deshalb in aller Regel im Blick auf diese Tatbestände aus verfahrensökonomischen Gründen die qualifizierte Asylablehnung unterbleiben.

Nach der gesetzlichen Begründung wird regelmäßig die gröbliche Verletzung der Mitwirkungspflicht indiziert, wenn die Einreise über einen sicheren Drittstaat anhand der Umstände festgestellt werden kann, eine Identifizierung des bestimmten Drittstaates mangels Mitwirkung des Antragstellers aber nicht möglich ist (BT-Drs. 12/4450, S. 22). Dem kann in dieser Pauschalität nicht gefolgt werden. Ist der sichere Drittstaat nicht identifizierbar, ist der Zugang zum Verfahren zu eröffnen (§ 26 a Rdn. 111 ff.). Auch bewusstes Verschweigen hinsichtlich der Umstände des Reisewegs lässt nicht ohne weiteres den Schluss auf das evidente Fehlen der Verfolgung im Heimatland zu. Im Gegenteil. Die Angst, durch Offenbarung des Reisewegs zum »refugee in orbit« zu werden und damit einer ungewissen Reise mit der Möglichkeit der Abschiebung ins Heimatland ausgesetzt zu werden, ist ein gewichtiges Indiz für die begründete Furcht vor Verfolgung.

173

Nur dann, wenn der Asylantrag sich in der Sache als unbegründet erweist, kann unter Umständen das Verschweigen des Reiseweges die Anwendung von Abs. 3 Nr. 5 rechtfertigen. Aus den Gesamtumständen muss dem Antragsteller in einem derartigen Fall aber ein grober Pflichtverstoß nachgewiesen werden. Angesichts der Tatsache, dass nahezu alle Antragsteller ihren Reiseweg verschweigen, bedarf es zu einer derartigen Feststellung aber besonderer Umstände.

174

Auch bei gröblicher Pflichtverletzung im Sinne von Abs. 3 Nr. 5 greift die dort vorgesehene Rechtsfolge nicht ein, wenn der Antragsteller die Verletzung der Mitwirkungspflicht nicht zu vertreten hat oder ihm die Einhaltung dieser Pflicht aus dringenden Gründen, etwa Reiseunfähigkeit, Krankheit oder Schwangerschaft, nicht zumutbar war (BT-Drs. 12/4450, S. 22). Ein wichtiger Grund kann beispielsweise auch aufgrund dringender familiärer Angelegenheiten wie die schwere Erkrankung eines nahen Angehörigen angenommen werden (Giesler/Wasser, Das neue Asylrecht, S. 47). Das Verschweigen von Tatsachen im Asylverfahren kann etwa in der Furcht des Asylsuchenden seinen Grund haben, dadurch Familienangehörige, nahe Verwandte, Bekannte oder politische Gesinnungsgenossen zu gefährden (Renner, AuslR, § 30 AsylVfG Rdn. 17).

175

Die Frage der Zumutbarkeit kann nicht generell, sondern nur individuell unter Berücksichtigung der konkreten Umstände des jeweiligen Einzelfalls beantwortet werden (Dienelt, in: GK-AsylVfG, § 30 Rdn. 112). Da zeit- und kostenaufwendige Ermittlungen zu vermeiden sind, führt dies in der Regel dazu, dass im Zweifel von der Vorschrift des Abs. 3 Nr. 5 kein Gebrauch gemacht werden kann. Der Hinweis auf die den Asylsuchenden insoweit treffende Beweislast (Giesler/Wasser, Das neue Asylrecht, S. 47; Dienelt, in: GK-AsylVfG, § 30 Rdn. 112) verkennt, dass der Anwendung der Beweislastregel regelmäßig zeitaufwendige Ermittlungen vorausgehen und dies im Rahmen der Vorschrift des Abs. 3 Nr. 5 kaum sachgerecht ist.

176

5.8. Vollziehbare Ausweisungsverfügung nach § 53 und § 54 AufenthG (Abs. 3 Nr. 6)

177 Nach Abs. 3 Nr. 6 ist ein unbegründeter Asylantrag als offensichtlich unbegründet abzulehnen, wenn der Antragsteller nach § 53f. AufenthG sofort vollziehbar ausgewiesen ist. Die Vorschrift verweist auf die schwerwiegenden Ausweisungstatbestände nach § 53 und § 54 AufenthG. Anknüpfungspunkt ist hier also die vollziehbare zwingende Ausweisung (§ 53 AufenthG) oder Regel-Ausweisung (§ 54 AufenthG). Diese Fälle überschneiden sich häufig mit Abs. 3 Nr. 4 und Abs. 4. Ziel ist hier wie dort, die Durchführung des Asylverfahrens im Hinblick auf die aus anderen Gründen feststehende Ausreisepflicht des Asylsuchenden soweit wie möglich zu beschleunigen (Giesler/Wasser, Das neue Asylrecht, S. 47).

178 Im Grunde genommen regelt Abs. 3 Nr. 6 keinen eigenständigen Tatbestand, sondern wie bei Abs. 3 Nr. 4 ist zu untersuchen, ob der Asylantrag gestellt worden ist, um der aufgrund erheblicher Kriminalität verfügten und vollziehbar gewordenen Ausweisungsverfügung die Sperrwirkung des Asylantrags entgegenzusetzen. Offensichtlich wollte der Gesetzgeber mit Abs. 3 Nr. 6 aber die besondere Bedeutung unterstreichen, die derartigen Fallgestaltungen beigemissen werden soll.

179 Allein die durch § 53, § 54 Aufenth dokumentierte erhebliche Kriminalität rechtfertigt noch nicht das Offensichtlichkeitsurteil. Vielmehr ist auch in diesen Fällen inhaltlich zu prüfen, ob im Herkunftsland des Asylsuchenden Verfolgung nicht droht. Die Umstände mögen in derartigen Fällen diesen Schluss häufig nahe legen. Allein die erhebliche Kriminalität rechtfertigt jedoch nicht das Absehen von der gebotenen gewissenhaften Sachaufklärung.

180 Maßgeblich für die Anwendung von Abs. 3 Nr. 6 ist allein die Rechtsgrundlage, auf der die Ausweisungsverfügung beruht. Eine eigenständige ausweisungsrechtliche Bewertung des Ausweisungsanlasses ist dem Bundesamt untersagt (Dienelt, in: GK-AsylVfG, § 30 Rdn. 115). Nimmt die Ausländerbehörde in Unkenntnis der Rechtslage trotz Vorliegens eines der in § 53, § 54 AufenthG aufgeführten Ausweisungsgründe eine Ausweisung lediglich nach § 55 AufenthG vor, so ist das Bundesamt gehindert, eine qualifizierte Asylablehnung nach Abs. 3 Nr. 6 vorzunehmen (Dienelt, in: GK-AsylVfG, § 30 Rdn. 115). Abs. 3 Nr. 6 nimmt nach den Grundsätzen der »dynamischen Verweisung« auf die zum Zeitpunkt der Sachentscheidung des Bundesamtes jeweils geltende Fassung des § 53, § 54 AufenthG Bezug (Dienelt, in: GK-AsylVfG, § 30 Rdn. 116).

5.9. Nachträglicher Asylantrag des handlungsunfähigen Antragstellers

181 Nach Abs. 3 Nr. 7 ist ein unbegründeter Asylantrag als offensichtlich unbegründet abzulehnen, wenn er für einen handlungsunfähigen Antragsteller gestellt wird, nachdem zuvor Asylanträge der Eltern oder des allein personensorgeberechtigten Elternteils abgelehnt worden sind. Dieser zusätzliche qualifizierte Ablehnungsgrund steht im engen Zusammenhang mit § 14 a und ist mit Wirkung zum 1. Januar 2005 durch Art. 19 Buchst. b) cc) des ZuwG eingeführt worden. Nach § 14 a II 1 ist dem Bundesamt unverzüglich anzuzeigen, dass ein lediges, unter 16 Jahre altes Kind nach Einreise der Eltern einreist oder hier geboren wird. Wird dem Asylantrag der Eltern oder eines Elternteils stattgegeben, erhält das Kind Familienasyl (§ 26 II) oder Familienabschiebungsschutz (§ 26 IV). Wird der Asylantrag der Eltern oder eines Elternteils abgelehnt, so wird in aller Regel auch der Antrag des lediges, unter 16 Jahre alten Kindes in der selben Form, also entweder als einfach oder offensichtlich unbegründet, abgelehnt.

Abs. 3 Nr. 7 regelt zunächst die Fälle, in denen die Anzeigepflicht nach § 14 a II 1 verletzt worden ist und das Bundesamt von der Einreise und Geburt des Kindes keine Kenntnis erlangt und deshalb im Zusammenhang mit der Entscheidung über den Asylantrag der Eltern für das Kind keine Entscheidung trifft. Allerdings erweitert Nr. 7 den Anwendungsbereich der Vorschrift auf alle handlungsunfähigen Antragsteller. Handlungsfähige, also über 16 Jahre alte Kinder unterfallen nicht dem Anwendungsbereich der Vorschrift. Auf diese erstreckt sich auch nicht die Anzeigepflicht nach § 14 a II 1 und die daran anknüpfende Antragsfiktion (§ 14 a II 3). **182**

Bevor das Bundesamt nach Abs. 3 Nr. 7 vorgeht, hat es zunächst eigene Asylgründe des handlungsunfähigen Kindes zu prüfen (BT-Drs. 15/420, S. 110). Ergibt die Prüfung, dass keine eigenen Verfolgungsgründe dargelegt worden sind, erachtet es der Gesetzgeber wegen des bereits unanfechtbar abgelehnten Asylantrags der Eltern oder des allein personensorgeberechtigten Elternteils aus Gründen der Verfahrensbeschleunigung für erforderlich, den Antrag des handlungsunfähigen Kindes beschleunigt einer endgültigen Entscheidung zuzuführen. **183**

6. Vorliegen der Voraussetzungen des § 60 Abs. 8 AufenthG

6.1. Funktion der Vorschrift

Nach Abs. 4 ist der Asylantrag als offensichtlich unbegründet abzulehnen, wenn die Voraussetzungen des § 60 VIII AufenthG vorliegen. Durch das am 1. Januar 2002 in Kraft getretene Terrorismusbekämpfungsgesetz ist § 51 III 1 AuslG a. F. um Satz 2 ergänzt worden. Nach § 51 III 1 AuslG a. F. – insoweit identisch mit Art. 33 II GFK (früher § 14 I 2 AuslG 1965, jetzt § 60 VIII 1 AufenthG) – greift das Verfolgte schützende Abschiebungsverbot nicht ein, wenn der Betreffende aus schwerwiegenden Gründen als eine Gefahr für die Sicherheit der Bundesrepublik anzusehen ist oder ein Gefahr deswegen bedeutet, weil er wegen eines Verbrechens oder besonders schweren Vergehens rechtskräftig zu einer Freiheitsstrafe von mindestens drei Jahren verurteilt worden ist (s. hierzu im Einzelnen § 2 Rdn. 10 ff.). **184**

Unter Verweis auf den Wortlaut des Art. 1 F GFK, jedoch ohne diese völkerrechtliche Norm ausdrücklich zu bezeichnen, führt § 60 VIII 2 AufenthG eine zusätzliche Einschränkung des Abschiebungsschutzes nach § 60 I AufenthG **185** ein. Die Regelung in § 60 VIII 1 AufenthG entspricht Art. 33 Abs. 2 GFK. Diese Völkerrechtsnorm erlaubt die Aufhebung des Abschiebungsschutzes für *anerkannte Konventionsflüchtlinge* (s auch BVerwGE 49, 211 = EZAR 103 Nr. 1 = NJW 1975, 2158, für die mit § 60 VIII 1 AufenthG konzeptionell identische Vorschrift des § 14 I 2 AuslG 1965). § 60 VIII 1 AufenthG geht allerdings darüber hinaus und ermächtigt das Bundesamt, die dort genannten Gründe bereits bei der Sachentscheidung im Asylverfahren zu berücksichtigen (Abs. 4). Demgegenüber rechtfertigt Art. 1 F GFK unter den dort bezeichneten Voraussetzungen die Versagung des Flüchtlingsstatus gegenüber Personen, welche die Voraussetzungen der Flüchtlingseigenschaft nach Art. 1 A GFK an sich erfüllen.

186 Bislang versperrte die Rechtsprechung des BVerwG der Praxis eine Berücksichtigung der Ausschlussgründe der GFK (vgl. BVerwGE 67, 184 (192) = NVwZ 1983, 674 = InfAuslR 1983, 228). Im System des § 30 ist die Vorschrift des Abs. 4 ein Fremdkörper. Während die Fallgestaltungen nach Abs. 3 Kriterien definieren, anhand deren ein unbegründeter Asylantrag als offensichtlich unbegründet abzulehnen ist, besteht nach Abs. 4 an der Verfolgung kein Zweifel oder wird sie jedenfalls nicht mit der erforderlichen Überzeugungsgewissheit verneint. Anders als bei den vorhergehenden Fallgruppen soll Abs. 4 jedoch den Grundsatz durchbrechen, dass im Verwaltungsverfahren stets eine umfassende Prüfung der Verfolgungsbehauptungen vorzunehmen ist (Giesler/Wasser, Das neue Asylrecht, S. 47; Dienelt, in: GK-AsylVfG, § 30 Rdn. 129).

187 Strukturell ist die Einfügung der Fallgruppen nach Abs. 4 in das System der offensichtlich unbegründeten Asylanträge verfehlt. Begründet wird die ursprüngliche Einführung des § 51 III 1 AuslG 1990 (jetzt § 60 VIII 1 AufenthG) damit, dass auch ein unanfechtbar anerkannter Asylberechtigter in den Verfolgerstaat abgeschoben werden dürfe. Daher sei es gerechtfertigt, in solchen Fällen bereits einen Asylantrag als offensichtlich unbegründet abzulehnen (BT-Drs. 12/4450, S. 22). Die Vorschrift des Abs. 4 wird jedoch deswegen für unvereinbar mit Art. 16 a I GG angesehen, weil in die asylrechtliche Grundrechtsgewährleistung kein »ungeschriebener Polizeivorbehalt« hinein interpretiert werden könne (Rennert, DVBl. 1994, 717 (721); Göbel-Zimmermann, in: Handbuch des Ausländer- und Asylrechts, SystDarst IV Rdn. 202; Dienelt, in: GK-AsylVfG, § 30 Rdn. 131 ff.; wohl auch Renner, AuslR, § 30 Rdn. 19).

6.2. Bedenken gegen Abs. 4

188 Abs. 4 schiebt das die Zulässigkeit der Abschiebung politisch Verfolgter betreffende Problem bereits in das Asyl*anerkennungs*verfahren hinein. In verfassungsrechtlich bedenklicher Weise verwischt der Gesetzgeber hier die Grenzen zwischen dem Feststellungsakt der politischen Verfolgung einerseits sowie dem Vollstreckungsakt der ausführenden Behörde andererseits. Ob die Abschiebung im Falle des § 60 VIII 1 AufenthG rechtlich zulässig ist, hat die Vollstreckungsbehörde nach pflichtgemäßem Ermessen zu entscheiden. Dem-

gegenüber trifft das Bundesamt in Ausführung der asylrechtlichen Grundrechtsnorm sowie der damit übereinstimmenden Gesamtkonzeption des AsylVfG reine Rechtsentscheidungen, bei denen für Ermessensentscheidungen kein Raum ist (BVerwGE 49, 211 (213) = Buchholz 402.24 § 29 AuslG Nr. 1 = EZAR 210 Nr. 1 = DÖV 1976, 94 = MDR 1976, 254 = BayVBl. 1976, 410).

Zwar ist das Bundesamt auch für ausländerrechtliche Entscheidungen nach dem AsylVfG zuständig (§ 5 I 2). Es entscheidet über ausländerrechtliche Fragen jedoch nicht nach Ermessen, sondern stets aufgrund zwingenden Gesetzesbefehls (§§ 34 ff.; § 60 II–VII AufenthG). In der Rechtsprechung wird deshalb auf den Rechtsschutz in Form der *isolierten Anfechtungsklage* verwiesen, wenn das Bundesamt allein nach Abs. 4 den Asylantrag ablehnt. Mit der isolierten Anfechtungsklage soll es gezwungen werden, die unterbliebene Sachprüfung nachzuholen (VG Freiburg, AuAS 1996, 94 (95)).

§ 60 VIII 2 AufenthG ist innerstaatliche Umsetzungsnorm von Art. 1 F GFK. Insoweit ist indes der inzwischen anerkannte Grundsatz, dass die Prüfung der Flüchtlingseigenschaft der Entscheidung über die Anwendung der Ausschlussgründe vorauszugehen hat (»*inclusion before exclusion*«) zu berücksichtigen (Nr. 15 der Summary Conclusions – Exclusion from Refugee Status, Lisbon Expert Roundtable, Global Consultations on International protection, 3–4 May 2001; UNHCR, The Exclusion Clauses: Guidelines on their Application, 1 Dec. 1996, Nr. 84; UNHCR, Background Paper on the Article 1 F Exclusion Clauses, 1997; UNHCR, Determination of refugee status of persons connected with organizations or groups which advocate and/or practice violence, 1 June 1998, Nr. 4 und 5; Michael Bliss, ›Serious reasons for Considerung‹: Minimum Standards of Procedural Fairness in the Application of the Article 1 F Exclusion Clauses, S. 92 (106 ff.); § 1 Rdn. 295 ff.). Die Statusentscheidung nach Art. 1 A GFK und die Ausschlussentscheidung nach Art. 1 F GFK sind integrale und miteinander eng zusammenhängende Aspekte des Feststellungsverfahrens. Beide Fragen müssen im Rahmen einer umfassenden Prüfung aller relevanten Umstände des Einzelfalls behandelt werden (Marx, Stellungnahme zum Entwurf des TerrorismusbekämpfungsG, in DB, Innenausschuss, Prot. 78, 14/644 A, S. 132 f.).

Eine Entscheidung über den Ausschluss ohne vorhergehende Prüfung der Flüchtlingseigenschaft ist darüber hinaus unvereinbar mit dem Ziel und Zweck der GFK (vgl. auch Art. 31 Abs. 1 WVK). Weil der Ausschluss der *extreme Ausnahmefall* ist, muss zunächst über die Flüchtlingseigenschaft entschieden werden. Erst die hierbei zu prüfenden Umstände erlauben eine Bewertung ihres Gewichts und ihrer Bedeutung auch im Blick auf Art. 1 F GFK. Die *wegen des besonderen Ausnahmecharakters strenge Prüfung der Ausschlussgründe* darf darüber hinaus nicht in Zulässigkeits- oder beschleunigten Verfahren durchgeführt werden. Erst eine endgültige Entscheidung über den Ausschluss nach einer sorgfältigen Prüfung aller relevanten Umstände und Tatsachen entzieht dem Flüchtling den Abschiebungsschutz nach Art. 33 GFK (UNHCR, The Exclusion Clauses: Guidelines on their Application, 1 Dec. 1996, Nr. 84). Daher darf über den Ausschluss nach Art. 1 GFK nicht in Verfahren zur Behandlung offensichtlich unbegründeter Asylanträge entschieden werden (Michael Bliss, ebenda, S. 131).

192 Mit diesen Grundsätzen ist § 60 VIII 2 AufenthG nicht vereinbar. Der Vorschlag stellt nicht sicher, dass über die Ausschlussgründe nur im Rahmen des Asylverfahrens durch das dafür zuständige Bundesamt entschieden werden darf. Darüber hinaus ist die Verankerung der Ausschlussgründe in § 60 VIII 2 AufenthG systemfremd. Denn es geht nicht wie bei § 60 VIII 1 AufenthG (Art. 33 Abs. 2 GFK) um eine Aufhebung des bislang unanfechtbar anerkannten Konventionsflüchtlingen gewährten Abschiebungsschutzes. Vielmehr ist zu prüfen, ob der Abschiebungsschutz nach Art. 33 I GFK (§ 60 I AufenthG) im konkreten Einzelfall überhaupt Anwendung findet, weil der Antragsteller zwar an sich die Voraussetzungen der Flüchtlingseigenschaft im Sinne von Art. 1 A GFK erfüllt, die Bestimmungen der Konvention auf ihn wegen Art. 1 F GFK indes keine Anwendung finden (Marx, ZAR 2002, 127 (133)). Wegen des deklaratorischen Feststellungsaktes der Statusentscheidung (Paul Weis, Revue du droit international, 1960, 928 (944); Gilbert Jaeger, Status and International Protection of Refugees 1979, Nr. 52; Guy S. Goodwin-Gill, The Refugee in International Law, 2. Aufl., 1996, S. 32) ist allerdings der Abschiebungsschutz bis zur endgültigen Entscheidung über den Asylantrag zu beachten.

193 Darüber hinaus widerspricht die Behandlung der Ausschlussgründe als offensichtlich unbegründete Asylbegehren – wie erwähnt – dem internationalen Standard. In der internationalen Staatenpraxis wird vor einer Anwendung der Ausschlussgründe zuvor stets die Flüchtlingseigenschaft geprüft (UK Immigration Appeals Tribunal, (1995) Imm A.R. 494; Kanada, Court of Appeal, *Moreno v. Canada*, (1993) 159 NR 210 (C.A.); USA, Board of Appeal, *Matter of Ballester-Garcia*, (1980), 17 I. & N. Dec. 592, Schweizerische Asylrekurskommission, U. v. 14. 9. 1998, *B.M.*). Damit steht die Behandlung der Ausschlussgründe nach Art. 1 F GFK in beschleunigten Verfahren nicht in Übereinstimmung.

194 Nach der Rechtsprechung des BVerfG ist innerstaatliches Recht, welches völkervertragliche Regelungen umsetzt, im Lichte der allgemeinen Regeln und Grundsätze des Völkerrechts auszulegen und anzuwenden (BVerfGE 46, 342 (361)), also nach Maßgabe der Auslegungsregeln des Art. 31 WVK. Dies verbietet es, abweichend vom Ziel und Zweck der Konvention sowie der Staatenpraxis die Ausschlussgründe des Art. 1 F GFK zum Gegenstand von Sonderverfahren zu machen.

6.3. Anwendung des § 60 Abs. 8 Satz 1 AufenthG

6.3.1. Ausnahmecharakter des § 60 Abs. 8 Satz 1 AufenthG

195 Gegen die ursprüngliche, als Vorbild für § 60 VIII 1 AufenthG dienende Regelung des § 14 I 2 AuslG 1965 wurden verfassungsrechtliche Bedenken erhoben. Das BVerwG hatte sich mit dieser Kritik auseinander gesetzt und ausdrücklich bestimmt, dass die Abschiebung eines Verfolgten in sein Heimatland nur als *ultima ratio* in Betracht kommt (BVerwGE 49, 202 (209)) = NJW 1976, 490 = DVBl. 1976, 500 = JZ 1976, 58 = MDR 1976, 252 = JR 1976, 212 = EZAR 134 Nr. 1; InfAuslR 1988, 168; OVG NW, EZAR 227 Nr. 3; VGH BW,

ESVGH 37, 226; 37, 228; § 2 Rdn. 10 ff.). Durch ÄnderungsG 1993 sind die Voraussetzungen für eine Abschiebung Verfolgter nach § 51 III AuslG 1990 indes in verfassungsrechtlich bedenklicher Weise erheblich gelockert worden. Die tatbestandlichen Voraussetzungen des § 60 VIII 1 AufenthG allein sagen noch nichts über die Zulässigkeit der Abschiebung eines Verfolgten in sein Heimatland aus. Vielmehr muss feststehen, dass eine auf vergleichbare Straftaten bezogene *Wiederholungsgefahr* besteht (BVerwGE 49, 202 (210); bekr. BVerwGE 112, 185 (189 ff.) = EZAR 209 Nr. 2 = InfAuslR 2001, 194 = NVwZ 2001, 442 = AuAS 2001, 89 so auch Nieders.OVG, NVwZ-Beil. 2000, 36; VGH BW, EZAR 043 Nr. 42 = AuAS 2000, 53; VGH BW, InfAuslR 2002, 175). Mit Blick auf das Asylgrundrecht muss also aufgrund konkret festgestellter Umstände die Annahme einer Wiederholungsgefahr im Hinblick auf das qualifizierte Verbrechen des § 60 VIII 1 AufenthG zu befürchten sein (OVG NW, EZAR 227 Nr. 3). Die Behörde hat dabei auch zu berücksichtigen, dass eine strafgerichtlich festgestellte *günstige Sozialprognose* nach der obergerichtlichen Rechtsprechung gegen die Annahme einer Wiederholungsgefahr spricht (OVG NW, EZAR 227 Nr. 3, OVG Hamburg, EZAR 227 Nr. 5 = NVwZ 1990, 591; VGH BW, ESVGH 37, 226; VGH BW, B. v. 16. 7. 1987 – 11 S 402/87).

6.3.2. Mitgliedschaft in gewaltbejahenden Organisationen
Von besonderer Bedeutung für die Verwaltungspraxis ist die Frage, ob die *Zugehörigkeit zu einer gewaltbejahenden Organisation* die Anwendung von § 60 VIII 1 AufenthG rechtfertigt und damit im Rahmen des Abs. 4 zu Lasten des Antragstellers behandelt werden kann. Das BVerwG hat insoweit den Grundsatz aufgestellt, dass eine Bestrafung wegen einer derartigen Zugehörigkeit vorrangig der »Unterstützung von Gewalt durch die Mitgliedschaft« gelte und deshalb asylunerheblich sei (BVerwGE 67, 195 (201) = EZAR 201 Nr. 5 = NVwZ 1983, 678). Dem hält das BVerfG einschränkend entgegen, dass die Gleichsetzung von Terrorismus und Gewalt unzulässig sei, wenn konkrete Aktivitäten zur Umsetzung der politischen Zielvorstellungen nicht festgestellt werden könnten (BVerfG (Kammer), InfAuslR 1991, 257 (260) = EZAR 201 Nr. 23 = NVwZ 1992, 261; s. auch Nieders. OVG, InfAuslR 1998, 196 (199), Mitgliedschaft in der Ennahda (Tunesien) ist asylrelevant).
Das BVerwG hat 1999 einen erneuten Versuch unternommen, seine frühere Rechtsprechung zu aktualisieren. Dogmatisch knüpft es hierbei nicht an die tatbestandlichen Voraussetzungen der Verfolgung, sondern an die einfachgesetzliche Einschränkung des Asyl- und Abschiebungsschutzes durch § 51 III 1 AuslG 1990 an. Danach sei Asyl- und Abschiebungsschutz für den politisch Verfolgten ausgeschlossen, der seinerseits die *innere Sicherheit der Bundesrepublik* gefährde, namentlich dann, wenn die Organisation, der er angehöre, nach den vereinsrechtlichen Vorschriften verboten sei (BVerwGE 109, 1 (5) = EZAR 200 Nr. 35 = InfAuslR 1999, 470 = NVwZ 1999, 1346 = AuAS 1999, 187; ausdrücklich dagegen Hess. VGH, NVwZ-Beil. 2000, 102 (106); a. A. OVG Rh-Pf, AuAS 2000, 102, für PKK; s. auch BVerfG (Kammer), NVwZ 2002, 709, BVerfG (Kammer), NVwZ 2002, 712; BVerfG (Kammer), NVwZ 2002, 711, alle zum vereinsrechtlichen, auf die PKK/ERNK bezogenen Betätigungsverbot). Allerdings würden die entsprechenden Voraussetzungen

durch die *bloße Mitgliedschaft* in der Organisation nicht erfüllt. Vielmehr müsse sich die von dieser ausgehende Gefährdung in der Person des Asylsuchenden konkretisieren.

199 *Schwerwiegende Gründe* im Sinne von § 51 III 1 AuslG 1990 (jetzt § 60 VIII 1 AufenthG) würden regelmäßig nicht schon dann vorliegen, wenn dieser sich für die Organisation etwa durch *Teilnahme an deren Aktivitäten* oder durch *finanzielle Zuwendungen* einsetze. Im Allgemeinen reiche es jedoch aus, wenn der Asylsuchende eine die Sicherheit des Staates gefährdende Organisation in *qualifizierter Weise*, insbesondere durch *eigene Gewaltbeiträge* oder als *Funktionär* unterstütze. Durch eigene *erhebliche Gewalttätigkeit oder -bereitschaft* trete er für die Ziele der Organisation ebenso ein wie durch die *strukturelle Einbindung in die Organisation*, etwa durch *Ausübung einer aktiven Funktionärstätigkeit* (BVerwGE 109, 1 (7 f.) = EZAR 200 Nr. 35 = InfAuslR 1999, 470 = NVwZ 1999, 1346 = AuAS 1999, 187).

200 Der »*Terrorismusvorbehalt*« finde namentlich schon dann Anwendung, wenn der Asylsuchende durch eine *geradezu typische Vorfeldtätigkeit* als Funktionär in der Exilorganisation den von dieser ausgeübten Terrorismus maßgeblich unterstütze. Erst recht gelte dies, wenn die Exilorganisation ihrerseits ihre Ziele als im strafrechtlichen Sinne kriminelle oder terroristische Vereinigung verfolge und der Asylsuchende hierfür Mitverantwortung trage (BVerwGE 109, 12 (19) = EZAR 200 Nr. 34 = InfAuslR 1999, 366 = NVwZ 1999, 1349 = AuAS 1999, 184).

201 Das BVerwG betont, dass die Frage, unter welchen Voraussetzungen § 60 VIII 1 AufenthG angewendet werden könne, nicht abstrakt zu beantworten sei, sondern von einer wertenden Gesamtbetrachtung der Umstände des Einzelfalles abhänge (BVerwGE 109, 1 (8) = EZAR 200 Nr. 35 = InfAuslR 1999, 470 = NVwZ 1999, 1346 = AuAS 1999, 187). Die entsprechenden Voraussetzungen würden jedenfalls dann nicht vorliegen, wenn der Asylsuchende die Organisation lediglich durch eigene regelmäßige Spenden unterstütze und kontinuierlich an deren Veranstaltungen und Aktionen ungeachtet des fortbestehenden Vereinsverbotes teilnehme. Bei »*engagierten Sympathisanten*« im Umfeld einer verbotenen Exilorganisation könnten schwerwiegende Gründe im Sinne von § 60 VIII 1 AufenthG regelmäßig nicht angenommen werden. Dem stünde auch die Teilnahme an einer *Straßenblockade*, die lediglich zur Verurteilung zu einer Geldstrafe geführt hätte, nicht entgegen, wenn der Asylsuchende nicht wegen eigener Gewaltbeiträge aufgefallen sei (BVerwGE 109, 25 (28) = EZAR 043 Nr. 32 = InfAuslR 1999, 371 = NVwZ 1999, 1353 = AuAS 1999, 211; s. aber VG Gießen, NVwZ-Beil. 2000, 107 (109), Asylausschluss wegen Besetzungsaktion mit Geiselnahme).

202 Für die Rechtsanwendung ist daher präzis herauszuarbeiten, ob der Antragsteller strukturell in eine verbotene Exilorganisation eingebunden ist oder diese lediglich, wenn auch als engagierter Sympathisant, unterstützt. Die gebotene sorgfältige Untersuchung steht einer Behandlung des Asylbegehrens nach § 30 in aller Regel entgegen. Zwar sind die von der obergerichtlichen Rechtsprechung entwickelten Kriterien zu asylerheblichen Nachfluchtaktivitäten sehr hoch geschraubt worden, so dass die bloße Mitgliedschaft in und die Unterstützung einer Exilorganisation keine beachtliche Wahrscheinlich-

keit Verfolgung begründet. Hervorgehobene Aktivitäten kann jedoch auch ein engagierter Sympathisant und Unterstützer entwickeln. Der Asylausschluss droht ihm solange nicht, wie er nicht strukturell in die verbotene Exilorganisation eingebunden ist.

Die Rechtsprechung des BVerwG überzieht bei weitem die vom BVerfG entwickelten Kriterien, denen zufolge Aktivitäten in einer Exilorganisation außerhalb der Asylverheißung fallen. Danach liegt es außerhalb des Asylrechts, wenn für *terroristische Aktivitäten* im Ausland nur ein neuer Kampfplatz gesucht werde, um sie dort fortzusetzen oder zu unterstützen (BVerfGE 81, 142 (152) = EZAR 200 Nr. 26 = NVwZ 1990, 453 = InfAuslR 1990, 122; s. hierzu Marx, Handbuch, § 63 Rn 78 ff.). Lagen dem vom BVerfG entschiedenen Fall strafgerichtliche Verurteilungen wegen einer Reihe von besonders aggressiven Delikten zugrunde, wendet das BVerwG den Terrorismusvorbehalt auch auf Sachverhalte an, in denen keine strafrechtlichen Verurteilungen festgestellt wurden. 203

Darüber hinaus verletzt diese Rechtsprechung den asylrechtlichen Neutralitätsgrundsatz (vgl. BVerfGE 54, 341 (357) = EZAR 200 Nr. 1 = NJW 1980, 2641). Die Vorverlagerung des Ausschlussgrundes nach Art. 33 II GFK in den nicht durch konkrete Gewalthandlungen geprägten Bereich der organisatorischen Tätigkeit, also die Einbeziehung der geradezu typischen Vorfeldtätigkeit (so ausdrücklich BVerwGE 109, 12 (19) = EZAR 200 Nr. 34 = InfAuslR 1999, 366 = NVwZ 1999, 1349 = AuAS 1999, 184) in den Ausschlussgrund, kann kaum dem Verdacht entgehen, dass hierdurch die staatlichen Interessen des Asylstaates unvermittelt mit den staatlichen Interessen des Verfolgerstaates verknüpft werden. 204

Findet der Terrorismusvorbehalt nach § 60 VIII 1 AufenthG Anwendung, wird damit auch der Anspruch auf Familienasyl ausgeschlossen (OVG NW, AuAS 2000, 196). Wird die auf § 60 VIII 1 AufenthG gestützte Abschiebungsandrohung wegen Verschuldens des Bevollmächtigten bestandskräftig, so hat der Betroffene zur »*Vermeidung schlechterdings unerträglicher Ergebnisse*« einen Anspruch auf Wiederaufgreifen, wenn substanziiert rechtliche und/oder tatsächliche Bedenken gegen die Rechtmäßigkeit der Abschiebungsandrohung geltend gemacht werden (VGH BW, EZAR 227 Nr. 6). 205

6.4. Anwendung des § 60 Abs. 8 Satz 2 AufenthG

6.4.1. Art. 1 F GFK als maßgebende Bezugsnorm

§ 60 VIII 2 AufenthG bezeichnet präzis die tatbestandlichen Voraussetzungen des Art. 1 F GFK. Für die Rechtsanwendung ist deshalb nicht § 60 VIII 2 AufenthG, sondern Art. 1 F GFK von vorrangiger Bedeutung (Marx, ZAR 2002, 127 (132 ff.)). Insoweit kommt es nicht primär auf die innerstaatlichen Auslegungsgrundsätze, sondern auf die in Art. 31 WVK geregelten völkerrechtlichen Auslegungsregeln und damit insbesondere auf die Staatenpraxis (vgl. Art. 31 III a WVK) an. 206

6.4.2. Verbrechen gegen den Frieden, Kriegsverbrechen oder Verbrechen gegen die Menschlichkeit (Art. 1 F Buchst. a) GFK, § 60 Abs. 8 Satz 2 erste Alternative AufenthG)

207 Nach § 60 VIII 2 1. Alt. AufenthG wird in Übereinstimmung mit Art. 1 F Buchst. a) GFK (§ 1 Rdn. 300) der Flüchtlingsschutz jenen Personen nicht zuteil, in bezug auf die aus schwerwiegenden Gründen die Annahme gerechtfertigt ist, dass sie ein Verbrechen gegen den Frieden, ein Kriegsverbrechen oder ein Verbrechen gegen die Menschlichkeit im Sinne der internationalen Vertragswerke begangen haben. Danach können völkerrechtliche Entwicklungen im Völkerstrafrecht, insbesondere das Rom-Statut des Internationalen Strafgerichtshofes, bei der Auslegung und Anwendung dieser Norm herangezogen werden.

6.4.3. Schweres nichtpolitisches Verbrechen (Art. 1 F Buchst. b GFK, § 60 Abs. 8 Satz 2 zweite Alternative AufenthG)

208 Von Bedeutung für die Verwaltungspraxis ist insbesondere der Begriff des *»schweren nichtpolitischen Verbrechen«* (§ 1 Rdn. 301 ff.). Insoweit besteht die Gefahr, dass in der Rechtsanwendungspraxis nach den Grundsätzen einer *gesetzessystematischen Auslegung* unter Bezugnahme auf die unbestimmten und weit gefassten Begriffe des Terrorismusbekämpfungsgesetzes wie etwa die »Zugehörigkeit zu einer terroristischen Vereinigung« oder deren »Unterstützung« (vgl. § 54 Nr. 5 AufenthG; § 14 Abs. 2 Nr. 5 VereinsG), die strengen Voraussetzungen des Art. 1 F GFK aufgeweicht werden. Dies wäre indes mit völkerrechtlichen Auslegungsregeln unvereinbar.

209 Gegen eine derartige Praxis würden sich darüber hinaus Bedenken aus Art. 25 der UN-Charta ergeben. Denn mit danach für die Bundesrepublik Deutschland verbindlicher Wirkung hat der Sicherheitsrat in Resolution 1373 (2001) vom 28. September 2001 unter Nr. 3 f. den Ausschluss vom Flüchtlingsstatus ausdrücklich auf die *»Planung, Erleichterung oder Beteiligung an terroristischen Handlungen«* bezogen, also eine an äußere Handlungsformen anknüpfende individuelle Zurechnungskategorie vorausgesetzt (so auch Art. 12 Abs. 3 Qualifikationsrichtlinie). Eine Zugehörigkeit zu einer nicht näher bestimmten »terroristischen Vereinigung« oder gar nur deren »Unterstützung« erfüllt diese strengen Voraussetzungen nicht.

210 Mehr noch als bei § 60 VIII 1 AufenthG gewinnt bei § 60 VIII 2 AufenthG die Frage der *Mitgliedschaft in gewaltbejahenden Organisationen* überragende Bedeutung. Ein »schwerwiegendes« Verbrechen kann nur angenommen werden, wenn die zugrundeliegende Handlung eine langjährige Freiheitsstrafe nach sich zieht und diese durch eine *»unmittelbare und persönliche Beteiligung des Asylsuchenden«* geprägt ist (Nr. 11 der Summary Conclusions – Exclusion from Refugee Status, Lisbon Expert Roundtable, Global Consultations on International Protection, 3–4 May 2000). Ebenso finden nach Art. 12 III der Qualifikationsrichtlinie die Ausschlussgründe nur auf Personen Anwendung, die andere zu den in den Art. 1 GFK genannten Straftaten oder Handlungen anstiften oder sich in sonstiger Weise daran beteiligen.

211 Bei einer Mitgliedschaft in gewaltbefürwortenden oder -anwendenden Organisationen wird für die Anwendung von Art. 1 F Buchst. b) GFK vorausge-

setzt, dass *zusätzlich* zur Mitgliedschaft schwerwiegende Gründe die Annahme begründen, dass der Asylsuchende eine »*unmittelbare Verantwortung*« für die Tat hat oder an der von anderen begangenen Handlung selbst »*aktiv beteiligt*« war (UNHCR, Determination of refugee status of persons connected with organizations or groups which advocate and/or practice violence, 1 June 1998, Nr. 16). Im Blick auf die *Förderung oder Unterstützung terroristischer Handlungen* sind also konkrete Anzeichen für eine unmittelbare Beteiligung des Asylsuchenden erforderlich. Ein Ausschluss ist unter keinen Umständen erlaubt, wenn er sich in einer konkreten Situation an einer derartigen Handlung beteiligt haben könnte, sein Beitrag aber in keinem unmittelbaren Zusammenhang zu dieser steht (UNHCR, Determination of refugee status of persons connected with organizations or groups which advocate and/or practice violence, 1 June 1998, Nr. 15: The exclusion provisions »*do not in any way refer to a situation in which a person may have contributed towards the commission of the act in a less direct or more remote manner.*«)

Mit diesem internationalen Standard steht die deutsche Rechtsprechung grundsätzlich in Übereinstimmung. Danach ist die Asylversagung nicht erlaubt, wenn konkrete Aktivitäten zur Umsetzung der politischen Zielvorstellungen nicht festgestellt werden können (BVerfG (Kammer), InfAuslR 1991, 257 (260) = EZAR 201 Nr. 23 = NVwZ 1992, 261). Soweit allerdings ohne die Feststellung einer konkreten Beteiligung an der Tat allein aus der Funktionärstätigkeit oder der Unterstützung einer als terroristisch bezeichneten Organisation (BVerwGE 109, 1 (7 f.) = EZAR 200 Nr. 35 = InfAuslR 1999, 470 = NVwZ 1999, 1346; BVerwGE 109, 12 (19) = InfAuslR 1999, 366 = NVwZ 1999, 1349) durch den Asylsuchenden der Terrorismusvorbehalt gegen diesen angewendet wird, bleibt sie unterhalb der hohen, für die Anwendung der Ausschlussgründe nach Art. 1 F GFK anzusetzenden Schwelle. 212

Im Gegensatz zur § 60 VIII 1 AufenthG erfordert § 60 VIII 2 AufenthG keine rechtskräftige Verurteilung des Antragstellers. Vielmehr wird lediglich die Annahme vorausgesetzt, dass entsprechende Taten begangen worden sind. Nach dem internationalen Standard wird über die Anwendung von Art. 1 F GFK nicht nach den Regeln eines Strafprozesses entschieden. Die Feststellung »schwerwiegender Gründe« nach dieser Norm erfordert allerdings als ein Minimum eine klare Beweislage, welche nach international üblichen Regeln für die Zulassung einer Anklage vorausgesetzt wird (UNHCR, Determination of refugee status of persons connected with organizations or groups which advocate and/or practice violence, 1 June 1998, Nr. 17), also einen *hinreichenden Tatverdacht*. 213

Wegen des besonderes Ausnahmecharakters der Ausschlussgründe nach Art. 1 F GFK sind die diesem Beweismaßstab zugrundeliegenden individualbezogenen Umstände und Tatsachen besonders sorgfältig und erschöpfend auf der Grundlage zugänglicher Informationen festzustellen. Das Verfahren muss internationalen Standards von Fairness und Rechtsstaatlichkeit entsprechen (UNHCR, Addressing Security Concerns without Undermining Refugee Protection, November 2001, Nr. 16). Eine derartige, vom Völkerrecht geforderte strenge Prüfung kann nicht im Verfahren nach § 30 durchgeführt werden. 214

6.4.4. Zuwiderhandlung gegen Ziele und Grundsätze der Vereinten Nationen (Art. 1 F Buchst. c) GFK, § 60 Abs. 8 Satz 2 dritte Alternative AufenthG))

215 Nach § 60 VIII 2 3. Alt. AufenthG wird in Übereinstimmung mit Art. 1 F Buchst. c) GFK der Flüchtlingsschutz jenen Personen nicht zuteil, in bezug auf die aus schwerwiegenden Gründen die Annahme gerechtfertigt ist, dass sie sich Handlungen zuschulden kommen ließen, die den Zielen und Grundsätzen der Vereinten Nationen zuwiderlaufen (s. auch § 1 Rdn. 313f.). Die Ziele und Grundsätze der Vereinten Nationen sind in der Präambel und in Art. 1 und 2 der UN-Charta definiert. Diese Bestimmungen enthalten eine Aufzählung von fundamentalen Grundsätzen, von denen sich die Mitgliedstaaten der Vereinten Nationen im Verhältnis zueinander und im Verhältnis zur Völkergemeinschaft insgesamt leiten lassen sollten. Auf eine Einzelperson können deshalb diese Bestimmungen keine Anwendung finden. (UNHCR, Handbuch, Rdn. 163). Der Entstehungsgeschichte der Konvention ist zu entnehmen, dass nach Auffassung der Delegierten der Bevollmächtigtenkonferenz Art. 1 F Buchst. c) GFK nur selten und nur auf Personen angewendet werden sollte, die in einem Staat eine Machtposition innehaben oder Einfluss ausüben und maßgeblich für Verstöße dieses Staates gegen die Ziele und Grundsätze der Vereinten Nationen verantwortlich zu machen sind. Hier kann es darüber hinaus zu Überschneidungen mit Art. 1 F Buchst. a) GFK kommen.

6.5. Folterschutz (§ 60 Abs. 2 und 5 AufenthG)

216 Das BVerwG hat ausdrücklich darauf hingewiesen, dass mit dem Ausschluss des Asyl- und Abschiebungsschutzes nicht zugleich auch der Schutz nach § 60 V AufenthG ausgeschlossen werde (BVerwGE 109, 12 (24) = EZAR 200 Nr. 34 = InfAuslR 1999, 366 = NVwZ 1999, 1349, für § 53 IV AuslG 1990). Der Refoulementschutz nach Art. 3 EMRK ist ein *absoluter* und steht damit *nicht unter* einem *Terrorismusvorbehalt* (EGMR, NVwZ 1992, 869 (870) – *Vilvarajah*; EGMR, InfAuslR 1997, 97 (101) = NVwZ 1997, 1093 – *Chahal*; EGMR, InfAuslR 1997, 279 (281) = NVwZ 1997, 1100 – *Ahmed*). Auch wenn der Asylantrag als offensichtlich unbegründet abgelehnt wird, ist damit noch keine endgültige Entscheidung über die rechtliche Zulässigkeit der Abschiebung des Betroffenen getroffen. Vielmehr ist bei konkreter Gefahr der drohenden Folteranwendung die Abschiebung in den Staat, in dem diese Gefahr droht, zwingend untersagt (so auch Huber, NVwZ, 2002, 787 (791)).

217 Vielmehr hat der Europäische Gerichtshof insbesondere in seiner ausländerrechtlichen Rechtsprechung an seine traditionelle, bereits 1978 entwickelte Auffassung vom *notstandsfesten Charakter des Folterverbots* nach Art. 3 EMRK (EGMR, EuGRZ 1979, 149 (155) – *Nordirland*) angeknüpft und in inzwischen gefestigter Rechtsprechung festgestellt, dass der aus dieser Norm herzuleitende *Abschiebungsschutz* ein *absoluter* ist (EGMR, InfAuslR 1997, 97 = NVwZ 1997, 97 (99) – *Chahal*; EGMR, InfAuslR 1997, 279 (281) = NVwZ 1997, 1100 – *Ahmed*; EGMR, InfAuslR 2000, 321 (323) – *T.I.*). Er hat in diesem Zusammenhang ausdrücklich darauf hingewiesen, dass der aus Art. 3 EMRK flie-

ßende Schutz weitergehend als der Refoulementschutz nach Art. 33 GFK ist (EGMR, InfAuslR 1997, 97 (99) – *Chahal*).
Dabei hebt der EGMR ausdrücklich die »immensen Schwierigkeiten« hervor, mit denen »sich Staaten in modernen Zeiten beim Schutz ihrer Gemeinschaften vor *terroristischer Gewalt* konfrontiert sehen«. Allerdings verbiete selbst unter diesen Umständen die »Konvention in *absoluten Begriffen Folter, unmenschliche oder erniedrigende Behandlung oder Strafe, unabhängig vom Verhalten des Opfers*« (EGMR, InfAuslR 1997, 97 (98) – *Chahal*; EGMR, InfAuslR 1997, 279 (281) – *Ahmed*). 218

7. Nicht geltend gemachtes Asylbegehren (Abs. 5)

Nach Abs. 5 ist ein beim Bundesamt gestellter Asylantrag auch dann als offensichtlich unbegründet abzulehnen, wenn es sich seinem Inhalt nach nicht um einen Asylantrag im Sinne des § 13 I handelt. Nach der Gesetzesbegründung stellt diese Vorschrift einen beim Bundesamt gestellten Antrag, der seinem Inhalt nach *nicht* auf ein Ersuchen um Schutz vor Verfolgung gerichtet ist, einem offensichtlich unbegründeten Asylantrag gleich (BT-Drs. 12/2062, S. 33). 219

Die Vorschrift des Abs. 5 ist aus anderen Gründen als Abs. 4 im Rahmen des § 30 systemfremd. Während Abs. 4 Fallgruppen von Verfolgung gleichwohl der Sonderkategorie offensichtlich unbegründeter Schutzbegehren zuordnet, rechnet Abs. 5 den offensichtlich unbegründeten *Anträgen* auf Asyl Fallgestaltungen zu, die die Voraussetzungen des Antragsbegriffs nach § 13 I gar nicht erfüllen. Sind aber die tatbestandlichen Voraussetzungen des Antrags nicht erfüllt, dürfte ein Asylverfahren eigentlich nicht eingeleitet werden und könnte es deshalb gar nicht zur (qualifizierten) Asylablehnung kommen. Abs. 5 schreibt jedoch einen anderen verfahrensrechtlichen Weg vor. 220

Die materiellen Kriterien der Fallgruppe ergeben sich negativ aus den für die Annahme eines Asylantrags maßgeblichen Voraussetzungen. Kann den Erklärungen des Antragstellers auch nicht der geringste Anhalt auf ein Schutzbegehren vor politischer Verfolgung entnommen werden, liegt kein Asylantrag vor (§ 13 Rdn. 2 ff.). Nach früherem Recht hatte der Antragsbegriff *Weichenfunktion*. Denn mit diesem Begriff wurde früher die Weiche gestellt, ob Asylverfahrens- oder allgemeines Ausländerrecht anzuwenden war (OVG NW, NVwZ-RR 1989, 390; OVG Rh-Pf, NJW 1977, 510). Schon nach dem bis 1982 geltenden Asylverfahrensrecht war den Ausländerbehörden damit aber keine Befugnis zur *Schlüssigkeitsprüfung* zugewiesen worden (OVG Hamburg, MDR 1979, 433; OVG Hamburg, DVBl. 1980, 99; BayVGH, B. v. 28. 2. 1979 – Nr. 10 Cs-241//79). 221

Von diesem entstehungsgeschichtlichen Ansatz aus wird die Funktion von Abs. 5 deutlich: Obwohl eigentlich kein Asylantrag vorliegt, sollen diese Verfahren – einem vom Gesetzgeber empfundenen praktischen Bedürfnis folgend – dem eingespielten und zügigen Sonderregime nach §§ 30, 34, 36 unterworfen werden. Die Ausländerbehörde darf weder die Voraussetzungen noch die Schlüssigkeit des geltend gemachten Antrags prüfen, sondern hat 222 den Antragsteller gemäß § 19 I 2. HS an das Bundesamt weiterzuleiten (a. A. Renner, AuslR, § 30 AsylVfG Rdn. 20; unklar Dienelt, in: GK-AsylVfG, § 30 Rdn. 143). Gleiches gilt für die Grenzbehörde.

8. Rechtsschutz

8.1. Klageverfahren

223 Für den Rechtsschutz in der Hauptsache gelten keine Besonderheiten. Insoweit wird auf die Erläuterungen zu § 74 verwiesen. Da nach § 36 I in Verb. mit § 30 die Ausreisefrist auf eine Woche festgesetzt wird, die Klage keine aufschiebende Wirkung hat (§ 75), sodass nach § 36 III 1 der Eilrechtsschutzantrag ebenfalls binnen Wochenfrist zu stellen ist, beträgt auch die Klagefrist nur eine Woche (§ 74 I 2. HS). Zwar bleibt hiervon die Begründungsfrist von einem Monat (§ 74 II 1) unberührt. Die Entscheidungsfristen in § 36 III 5 ff. zwingen den Kläger jedoch, den einstweiligen Rechtsschutzantrag vorher umfassend zu begründen.

224 Streitgegenstand sind regelmäßig vier Einzelfallregelungen im angefochtenen Bescheid des Bundesamtes: Die Versagung der Asylanerkennung, des internationalen Schutzes nach § 60 I AufenthG sowie der Gewährung von Abschiebungsschutz nach § 60 II–VII AuslG sowie die Abschiebungsandrohung. Für den Fall, dass das Bundesamt den Asylantrag nach Abs. 4 als offensichtlich unbegründet abgelehnt hat, ist die isolierte Anfechtungsklage, mit der das Bundesamt zur inhaltlichen Prüfung der Verfolgungsbehauptungen angehalten werden soll, statthaft (VG Freiburg, AuAS 1996, 90 (91); Dienelt, in: GK-AsylVfG, § 30 Rdn. 160.1).

8.2. Eilrechtsschutzverfahren nach § 36 Abs. 3 und 4

225 Da die Klage gegen die Abschiebungsandrohung, die im Zusammenhang mit der qualifizierten Asylablehnung erlassen wird, keine aufschiebende Wirkung hat (vgl. § 75), muss der Kläger vorläufigen Rechtsschutz zur weiteren Sicherstellung seines »vorläufigen Bleiberechtes« während des Klageverfahrens nach § 36 III und IV beantragen. Insoweit wird auf die Erläuterungen zu § 36 verwiesen. In Fällen der qualifizierten Asylablehnung nach Abs. 1 oder Abs. 2 prüft das zuständige Verwaltungsgericht, ob »ernstliche Zweifel« (Art. 16 a IV 1 GG, § 36 IV 1) an der Rechtmäßigkeit dieser Entscheidung bestehen. Hat das Verwaltungsgericht ernstliche Zweifel an dieser Entscheidung, kann nur in besonderen Ausnahmefällen das »vorläufige Bleiberecht« mit Hinweis auf einen der Tatbestände des Abs. 3 entzogen werden (weniger zurückhaltend Dienelt, in: GK-AsylVfG, § 30 Rdn. 162).

§ 31 Entscheidung des Bundesamtes über Asylanträge

(1) Die Entscheidung des Bundesamtes ergeht schriftlich. Sie ist schriftlich zu begründen und den Beteiligten mit Rechtsbehelfsbelehrung zuzustellen. Wird der Asylantrag nur nach § 26 a abgelehnt, ist die Entscheidung zusammen mit der Abschiebungsanordnung nach § 34 a dem Ausländer selbst zuzustellen. Sie kann ihm auch von der für die Abschiebung oder für die Durchführung der Abschiebung zuständigen Behörde zugestellt werden. Wird der Ausländer durch einen Bevollmächtigten vertreten oder hat er einen Empfangsberechtigten benannt, soll diesem ein Abdruck der Entscheidung zugeleitet werden.

(2) In Entscheidungen über beachtliche Asylanträge und nach § 30 Abs. 5 ist ausdrücklich festzustellen, ob die Voraussetzungen des § 60 Abs. 1 des Aufenthaltsgesetzes vorliegen und ob der Ausländer als Asylberechtigter anerkannt wird. Von letzterer Feststellung ist abzusehen, wenn der Antrag auf die Feststellung der Voraussetzungen des § 60 Abs. 1 des Aufenthaltsgesetzes beschränkt war.

(3) In den Fällen des Absatzes 2 und in Entscheidungen über unbeachtliche Asylanträge ist festzustellen, ob die Voraussetzungen des § 60 Abs. 2 bis 7 des Aufenthaltsgesetzes vorliegen. Davon kann abgesehen werden, wenn
1. der Ausländer als Asylberechtigter anerkannt wird,
2. das Vorliegen der Voraussetzungen des § 60 Abs. 1 des Aufenthaltsgesetzes festgestellt wird oder
3. der Asylantrag nach § 29 Abs. 3 unbeachtlich ist.

(4) Wird der Asylantrag nur nach § 26 a abgelehnt, ist nur festzustellen, daß dem Ausländer auf Grund seiner Einreise aus einem sicheren Drittstaat kein Asylrecht zusteht. In den Fällen des § 26 Abs. 1 bis 3 bleibt § 26 Abs. 4 unberührt.

(5) Wird ein Ausländer nach § 26 als Asylberechtigter anerkannt, soll von den Feststellungen zu § 60 Abs. 1 bis 7 des Aufenthaltsgesetzes abgesehen werden.

Übersicht

		Rdn.
1.	Vorbemerkung	1
2.	Formelle und inhaltliche Erfordernisse der Sachentscheidung (Abs. 1 Satz 1 und 2)	3
3.	Zustellung der Sachentscheidung (Abs. 1 Satz 2 bis 5)	8
4.	Bedeutung der Sachentscheidung	12
5.	Umfang der Sachentscheidung (Abs. 2)	17
5.1.	Entscheidungsprogramm des Bundesamtes	17
5.2.	Sachentscheidung bei unbeachtlichen Asylanträgen (Abs. 3 Satz 1)	21
5.3.	Sachentscheidung bei beachtlichen Asylanträgen (Abs. 2)	23
5.4.	Sachentscheidung bei offensichtlich unbegründeten Asylanträgen (§ 30)	25
6.	Sachentscheidung im Falle des Familienasyls sowie des Familienabschiebungsschutzes (Abs. 5)	27
7.	Sachentscheidung über Abschiebungshindernisse nach § 60 Abs. 2 bis 7 AufenthG (Abs. 3)	32
8.	Einreise aus einem sicherem Drittstaat (Abs. 4)	42

§ 31 *Asylverfahren*

1. Vorbemerkung

1 Die Regelungen in dieser Vorschrift entsprechen im Wesentlichen der früheren Vorschrift des § 12 VI AsylVfG 1982. Sie schreiben das *Entscheidungsprogramm des Bundesamtes* fest, in dem die Form der Sachentscheidung sowie die verschiedenen Regelungsgegenstände verbindlich vorgegeben werden. Diese Vorschrift regelt nur die Gegenstände der materiellen Sachentscheidung, die am Abschluss des Verwaltungsverfahrens zu treffen sind. Ergänzend hierzu sind die Ermächtigungsgrundlagen für den Erlass aufenthaltsbeendender Verfügungen (§§ 34 ff.) zu sehen.

2 Während früher für diese Sachbereiche die Ausländerbehörden zuständig waren (§§ 10 II und 28 I AsylVfG 1982), ist nach geltendem Recht entsprechend der umfassenden Zuständigkeit des Bundesamtes (§ 5) dieses für den Erlass der asyl- und ausländerrechtlichen Sachentscheidungen wie für aufenthaltsbeendende Verfügungen zuständig. Durch ÄnderungsG 1993 sind für Einreisetatbestände nach § 26 a verschärfte Zustellungsvorschriften in Abs. 1 S. 2–5 eingefügt worden.

2. Formelle und inhaltliche Erfordernisse der Sachentscheidung (Abs. 1 Satz 1 und 2)

3 Wie früher § 12 VI 1 und 2 AsylVfG 1982 bestimmt Abs. 1 S. 1, dass die Sachentscheidung des Bundesamtes schriftlich ergeht. Die Vorschrift des Abs. 1 S. 2 schreibt die schriftliche Begründungspflicht einschließlich der Rechtsbehelfsbelehrung vor und regelt die Zustellungspflicht an die Beteiligten. Wird der Asylsuchende bei Änderung der gerichtlichen Zuständigkeit über das zuständige Verwaltungsgericht nicht vollständig belehrt, beginnt die Klagefrist nicht zu laufen (VGH BW, B. v. 1. 6. 1993 – A 12 S. 874/93).

4 Die Entscheidung trifft das Bundesamt (§ 5 II 1). Im Übrigen gelten die allgemeinen Verfahrensvorschriften (§ 69 II VwVfG). Ablehnende Bescheide müssen die tragende Begründung der Entscheidung erkennen lassen. Insbesondere ist bei Zweifeln an der Glaubhaftmachung der asylerheblichen Verfolgung sowie der Voraussetzungen nach § 60 I AufenthG eine eingehende Auseinandersetzung mit dem Sachvorbringen des Antragstellers erforderlich.

5 Wegen der einschneidenden Folgen und der Vorverlagerung des Rechtsschutzes in das Eilrechtsschutzverfahren gilt dies im besonderen Maße für qualifizierte Ablehnungen nach § 30. Sind Beweisanträge zurückgewiesen worden, sind die Ablehnungsgründe in der Sachentscheidung konkret darzulegen. Fehlt die Rechtsbehelfsbelehrung, ist sie unrichtig oder unvollständig, tritt an die Stelle der im AsylVfG geregelten Rechtsbehelfsfristen die Jahresfrist des § 58 II VwGO.

6 Zwar gelten die Formvorschriften des Abs. 1 S. 1 und 2 nicht unmittelbar für die aufenthaltsbeendenden Verfügungen nach §§ 34 ff. Mit dem Verweis auf § 59 AufenthG in § 34 I 1 wird aber klargestellt, dass diese Verfügungen ebenfalls schriftlich zu begründen sind. Da asylrechtliche Sachentscheidung und

aufenthaltsbeendende Verfügung eng miteinander zusammenhängen, verdichtet sich die Sollensvorschrift des § 59 I 1 AufenthG zu einer zwingenden Verpflichtung, auch die Abschiebungsandrohung bzw. -anordnung schriftlich zu erlassen und auch schriftlich zu begründen.

Regelmäßig ergibt sich aber der tragende Grund für die Abschiebungsandrohung aus der asylrechtlichen Sachentscheidung, sodass eine kurze Begründung ausreicht. Dies gilt jedoch nicht für den Fall der Abschiebungshindernisse nach § 60 II–VII AufenthG. Die Entscheidung über das Vorliegen oder Nichtvorliegen von Abschiebungshindernissen nach § 60 II–VII AufenthG ist eine Sachentscheidung nach Abs. 1 S. 1 (Abs. 3 S. 1) und unterliegt daher unmittelbar den Formerfordernissen des § 31. 7

3. Zustellung der Sachentscheidung (Abs. 1 Satz 2 bis 5)

Nach Abs. 1 S. 2 hat das Bundesamt die Sachentscheidung und die Verfügung nach §§ 34 ff. den Beteiligten zuzustellen. Anders als früher (vgl. § 28 V AsylVfG 1982) ist nicht mehr die Ausländerbehörde für die Zustellung zuständig. § 34 II ordnet für den Regelfall den *Zustellungsverbund* an, der im Falle des § 26 a zwingend anzuwenden ist (Abs. 1 S. 3). Das Bundesamt stellt nach Maßgabe des VwZG unter besonderer Berücksichtigung der Sondervorschriften des § 10 zu. 8

Für die Sachentscheidung nach § 26 a ist durch ÄnderungsG 1993 eine vom allgemeinen Verfahrensrecht abweichende Zustellungsvorschrift eingeführt worden. Nach Abs. 1 S. 3 hat in diesen Fällen das Bundesamt abweichend von § 8 I 2 VwZG *persönlich* an den Antragsteller zuzustellen. Der Bevollmächtigte oder Empfangsberechtigte erhält (nachträglich) einen Abdruck der Entscheidung. An Stelle des Bundesamtes kann auch die für die Durchführung der Abschiebung zuständige (Ausländer-)Behörde zustellen (Abs. 1 S. 4). 9

Da durch den Regelungszusammenhang dieser Zustellungsvorschriften die Einlegung von Rechtsbehelfen in der Hauptsache unmöglich gemacht oder jedenfalls unzumutbar erschwert wird, ergeben sich in Ansehung der verfassungsrechtlichen Rechtsschutzgarantie des Art. 19 IV GG Bedenken. Die gesetzliche Begründung rechtfertigt diese Vorschriften mit den kurzen Rückübernahmefristen (BT-Drs. 12/4450, S. 23) und bringt damit hinreichend deutlich zum Ausdruck, dass die Einlegung von Rechtsbehelfen unmöglich gemacht werden soll. An die Zustellung schließt sich die Abschiebung an. Dies ist vom Gesetz auch ausdrücklich so gewollt. 10

Will der Antragsteller der Abschiebungsgefahr vorbeugen, darf er sich nicht bei der Aufnahmeeinrichtung melden. Meldet er sich nicht, wird sein Asylbegehren jedoch nicht als rechtswirksam angesehen (§ 14 I). Entzieht er sich nach Meldung bei der Außenstelle des Bundesamtes der Abschiebung durch Untertauchen, kann seinem Rechtsschutzbegehren in der Hauptsache das fehlende Rechtsschutzinteresse (so ausdrücklich Hess.VGH, ESVGH 37, 44; Hess.VGH, Hess.VGRspr. 1988, 47; Hess.VGH, Hess.VGRspr. 1988, 41; Hess.VGH, B. v. 13. 1. 1988 – 12 UE 818/85) entgegengehalten werden und 11 unterliegt sein Asylbegehren der Folgeantragsfiktion (vgl. § 20 II 1) mit der Folge, dass er mit Vorfluchtgründen präkludiert ist. Dies veranschaulicht, dass die Zustellungsvorschriften des Abs. 1 S. 3 in der Praxis dazu führen, dass die Einlegung von Rechtsbehelfen bei Zustellung der Abschiebungsanordnung nach § 34 a I erheblich erschwert wird.

4. Bedeutung der Sachentscheidung

12 Die asylrechtliche Sachentscheidung ist eine reine *Rechtsentscheidung*, bei der für Ermessenserwägungen kein Raum ist (BVerwGE 49, 211 (212) = EZAR 210 Nr. 1 = DÖV 1976, 94 = MDR 1976, 254; BVerwG, DVBl. 1983, 33). Auch ein Beurteilungsspielraum wird nicht eingeräumt. Vielmehr hat das Bundesamt die Sachentscheidung nach allgemeinen, gerichtlich nachprüfbaren Maßstäben zu treffen (BVerwG, DVBl. 1983, 33). Zwar steht Art. 16 a I GG nicht unter einem Gesetzesvorbehalt, wohl aber wie Art. 16 II 2 GG 1949 unter einem *Verfahrensvorbehalt* (BVerfGE 60, 253 (290) = EZAR 610 Nr. 14 = DVBl. 1982, 888; JZ 1982, 596 = EuGRZ 1982, 394).

13 Die asylrechtliche Sachentscheidung ist vom Gesetz ausdrücklich als umfassende, abschließende und auf erschöpfender Sachaufklärung beruhende Sachentscheidung gewollt (BVerfGE 60, 253 (289 f.)). Nach der gesetzlichen Regelung ist diese, und nicht etwa eine gerichtliche Entscheidung, der *zentrale*, für die *Anerkennung der Asylberechtigung ausschlaggebende Akt* (BVerfGE 60, 253 (290)).

14 Die Statusentscheidung hat nach Ansicht des BVerfG darüber hinaus »*gleichsam konstitutive Wirkung*« (BVerfGE 60, 253 (295) = EZAR 610 Nr. 14 = DVBl. 1982, 888; JZ 1982, 596), d. h. die Rechtsstellung wird im Asylverfahren faktisch erst zugeteilt (Grimm, NVwZ 1985, 865 (870)). Nach Nr. 14 der Präambel der Qualifikationsrichtlinie hat die Anerkennung der Flüchtlingseigenschaft allerdings bloße *deklaratorische Wirkung*. Allein das Bundesamt, nicht aber das Verwaltungsgericht kann die Asylanerkennung sowie die Flüchtlingseigenschaft feststellen (Hess.VGH, ESVGH 31, 259). Deshalb ist auch davon auszugehen, dass ein bestandskräftiger Ablehnungsbescheid des Bundesamtes auch nach der Verfassung grundsätzlich die *letztverbindliche* staatliche Entscheidung über die Asylanerkennung darstellt.

15 Eine verfassungsrechtlich hinreichende staatliche Feststellung der Asylberechtigung liegt mithin nicht erst mit der Entscheidung des Verwaltungsgerichtes vor. Diese ist lediglich eine *Kontroll*entscheidung, grundsätzlich aber nicht die Statusentscheidung in Bezug auf die Asylrechtsgewährung (BVerfGE 60, 253 (290) = EZAR 610 Nr. 14 = DVBl. 1982, 888; JZ 1982, 596) sowie die Statusentscheidung nach § 51 I AuslG. Erst mit der sich aus zwingendem Recht ergebenden behördlichen Feststellung wird folglich das Bestehen des geltend gemachten Anspruchs festgestellt (Hess.VGH, ESVGH 31, 259).

16 Unabhängig von der Statusentscheidung ist aber das asylrechtliche Abschiebungs- und Zurückweisungsverbot, also der *Verfolgungsschutz* (BVerfG (Kammer), InfAuslR 1992, 226 (228 f.); BVerwGE 49, 202 (205) = EZAR 103 Nr. 1 = NJW 1975, 2158; BVerwGE 62, 206 (210) = EZAR 221 Nr. 7 = InfAuslR 1981,

214; BVerwGE 69, 323 (325) = EZAR 200 Nr. 10 = NJW 1984, 2782) zu beachten.

5. Umfang der Sachentscheidung (Abs. 2)

5.1. Entscheidungsprogramm des Bundesamtes

Die Regelungen in Abs. 2–5 enthalten das *Entscheidungsprogramm* des Bundesamtes. Die Vorschriften sind nicht systematisch gegliedert und erschweren daher das Verständnis des § 31. Wie aus Abs. 2 S. 1 im Vergleich zu Abs. 3 S. 1 deutlich wird, unterscheiden die Regelungen der Vorschrift zunächst danach, ob der Asylantrag unbeachtlich im Sinne des § 29 ist. Ist letzteres der Fall, ist eine Entscheidung über Abschiebungshindernisse nach § 60 II–VII AufenthG zu treffen (Abs. 3 S. 1). Ist der Asylantrag beachtlich, hat das Bundesamt das volle Entscheidungsprogramm zu beachten (Abs. 2 S. 1 und Abs. 3 S. 1).

17

Für Asylanträge, die nach § 26 a die Berufung auf das verfassungsrechtliche Asylrecht sperren, enthält Abs. 4 eine besondere Regelung. Bei allen, auch unbeachtlichen Asylanträgen ist also mit Ausnahme des § 29 III die Feststellung von Abschiebungshindernissen nach § 60 II–VII AufenthG geboten (vgl. Abs. 3 S. 2 Nr. 3). Sofern die Statusentscheidung im Rahmen des Familienasyls (§ 26 I) oder des Familienabschiebungsschutzes (§ 26 IV) gewährt wird, soll von Feststellungen gemäß § 60 II–VII AufenthG abgesehen werden (Abs. 5).

18

Mit Ausnahme des Familienasyls ist damit in allen Fällen der Beantragung von Asylrecht stets eine Feststellung über die Asylberechtigung und über den internationalen Schutz nach § 60 I AufenthG geboten, es sei denn, es ist ausdrücklich allein letztere Feststellung beantragt worden (Abs. 2 S. 2). Wird Asylrecht oder internationaler Schutz nach § 60 I AufenthG gewährt, kann auf die gleichzeitige Feststellung von Abschiebungshindernissen nach § 60 II–VII AufenthG verzichtet werden (Abs. 3 S. 2 Nr. 1 und 2).

19

Am Anfang steht also die Ablehnung des Asylantrags in jede Richtung. Hier hat das Bundesamt jeweils gesondert sowohl zur Asylberechtigung wie zum internationalen Schutz nach § 60 I AufenthG sowie zu § 60 II–VII AufenthG eine negative Feststellung zu treffen. Bezogen auf das Asylrecht wie auf den internationalen Schutz nach § 60 I AufenthG ist jeweils für die Alternative der Ablehnung wie für die Stattgabe des Antrags eine gesonderte Entscheidung zu treffen. Wird einer von beiden Ansprüchen anerkannt, kann jedoch auf die Feststellung von Abschiebungshindernissen nach § 60 II–VII AufenthG verzichtet werden (Abs. 3 S. 2 Nr. 1 und 2). Schließlich reicht beim Familienasyl wie beim Familienabschiebungsschutz allein die Asylanerkennung aus (Abs. 5).

20

5.2. Sachentscheidung bei unbeachtlichen Asylanträgen (Abs. 3 Satz 1)

21 Nach Abs. 3 S. 1 ist bei unbeachtlichen Asylanträgen (vgl. § 29) eine Entscheidung über das Vorliegen von Abschiebungshindernissen nach § 60 II–VII AufenthG zu treffen. Die Vorschrift des Abs. 3 S. 2 enthält Ausnahmetatbestände von dieser Regelanordnung. Aus Abs. 2 S. 1 wird deutlich, dass eine materielle Sachentscheidung nur bei *beachtlichen* Asylanträgen zu treffen ist. Ist der Antrag unbeachtlich (§ 29), ergeht keine Sachentscheidung nach Abs. 2 S. 1. Vielmehr erlässt das Bundesamt die Abschiebungsandrohung nach § 35, ohne dass in der Sache selbst entschieden wird.

22 Dies ergibt sich mit hinreichender Klarheit aus dem Regelungszusammenhang der Vorschriften der §§ 29, 31 II 1 und 35. Die Beachtlichkeitsprüfung nach § 29 ist zwar dem Erlass der Verfügung nach § 35 vorgeschaltet. Das Ergebnis der Prüfung ist aber nicht unmittelbar anfechtbar. Vielmehr ist im Anfechtungsprozess *inzidenter* zu überprüfen, ob das Bundesamt zutreffend die Beachtlichkeitsvoraussetzungen verneint hat. Allerdings ist bei unbeachtlichen Asylanträgen zunächst nur eine gerichtliche Überprüfungsmöglichkeit im Eilrechtsschutzverfahren vorgesehen (§§ 35, 36 I, III und IV).

5.3. Sachentscheidung bei beachtlichen Asylanträgen (Abs. 2)

23 Das Bundesamt hat bei beachtlichen Asylanträgen *stets* Feststellungen zur *Asylberechtigung* sowie zugleich zum *internationalen Schutz* nach § 60 I AufenthG zu treffen (Abs. 2 S. 1), es sei denn, der Antragsteller hat von vornherein seinen Antrag gemäß § 13 II ausdrücklich auf den Anspruch nach § 60 I AufenthG beschränkt. Insoweit ist das geltende Recht mit der früheren Rechtslage identisch (vgl. § 12 VI 3 AsylVfG 1990). Demgegenüber soll für den Regelfall bei Gewährung des Familienasyls nach § 26 I wie auch des Familienabschiebungsschutzes nach § 26 IV auf die Feststellung nach § 60 I AufenthG verzichtet werden (Abs. 5).

24 Bei einer Beschränkung auf § 60 I AufenthG ergibt sich aus der das Verwaltungsrecht beherrschenden Dispositionsbefugnis, dass das Bundesamt in diesen Fällen *keine* Feststellung zur Asylberechtigung treffen darf. Denn diese Feststellung war nicht beantragt, stand also nicht zur Disposition der Verwaltung. Hat der Antragsteller den Antrag nicht gemäß § 13 II beschränkt, ist *stets* zu beiden Regelungsbereichen, d.h. zur Asylberechtigung wie auch zum internationalen Schutz nach § 60 I AufenthG eine Feststellung zu treffen. Auf eine Feststellung nach § 60 II–VII AufenthG kann verzichtet werden (Abs. 3 S. 2 Nr. 1 und 2). In der Verwaltungspraxis wird überwiegend so verfahren.

5.4. Sachentscheidung bei offensichtlich unbegründeten Asylanträgen (§ 30)

25 Die Entscheidung über *offensichtlich unbegründete Asylanträge* oder als solche geltende ist eine Sachentscheidung nach Abs. 2 S. 1 in der qualifizierten Form

entsprechend den in § 30 genannten tatbestandlichen Voraussetzungen. Ist nur der auf die Asylberechtigung zielende Antrag offensichtlich unbegründet, nicht jedoch der auf Gewährung internationalen Schutzes nach § 60 I AufenthG gerichtete Antrag, darf der Antrag nicht insgesamt als offensichtlich unbegründet abgelehnt werden (§ 30 I).

Obwohl im Falle des § 30 V an sich die Voraussetzungen des Antragsbegriffs des § 13 I nicht erfüllt sind, ordnet § 30 V den nicht geltend gemachten Antrag aus pragmatischen Gründen ausdrücklich den offensichtlich unbegründeten Asylbegehren zu und verlangt Abs. 2 S. 1 mit Bezug auf derartige Nichtanträge ausdrücklich Feststellungen in beide Richtungen. Auch in diesem Fall hat das Bundesamt eine Entscheidung über Abschiebungshindernisse nach § 60 II–VII AufenthG zu treffen. **26**

6. Sachentscheidung im Falle des Familienasyls sowie des Familienabschiebungsschutzes (Abs. 5)

Wird der Antragsteller nach § 26 als Asylberechtigter anerkannt, soll das Bundesamt für den Regelfall von den Feststellungen nach § 60 I–VII AufenthG Abstand nehmen (§ 26 Rdn. 124 ff.). Nur wenn *Familienasyl* (§ 26 I) oder *Familienabschiebungsschutz* (§ 26 IV) begehrt wird, kann also auf die Feststellung nach § 60 I–VII AufenthG verzichtet werden. Der Vorschrift ist aber kein dementsprechendes Verbot zu entnehmen. Vielmehr ermöglicht sie zum Zwecke der Verwaltungsentlastung, ohne weitere Prüfung auszusprechen, dass die Voraussetzungen des § 60 I AufenthG vorliegen (VGH BW, AuAS 1993, 168; Schnäbele, in: GK-AsylVfG, § 26 Rdn. 87; a. A. VG Wiesbaden, InfAuslR 1993, 243; wohl auch VG Gelsenkirchen, U. v. 18. 3. 1996 – 8 a K 2207/94. A). **27**

Das BVerwG hat jedoch festgestellt, dass das Bundesamt im Regelfall von den Feststellungen zu § 60 I AufenthG absehen soll, wenn nicht besondere Gründe dies im Einzelfall erfordern. Dies schließe ein Anspruch des Familienasylberechtigten auf derartige Feststellungen von vornherein aus (BVerwGE 106, 339 (343) = InfAuslR 1998, 407 = AuAS 1998, 238; s. hierzu im Einzelnen § 26 Rdn. 124 ff.). **28**

Hat das Bundesamt auf die Feststellung nach § 60 I AufenthG verzichtet, bindet dies auch das Verwaltungsgericht (VGH BW, NVwZ-RR 1993, 383; VG Wiesbaden, InfAuslR 1993, 243). Anders als früher vermittelt das Familienasyl bzw. der Familienabschiebungsschutz nicht mehr lediglich die Rechtsstellung eines Asylberechtigten bzw. eines Flüchtlings (§ 7 a III AsylVfG 1990). Vielmehr ist nach geltendem Recht die Rechtsfolge der Feststellung der tatbestandlichen Voraussetzungen des Familienasyls bzw. des Familienabschiebungsschutzes die Anerkennung als Asylberechtigter (§ 26 I) bzw. der Statusgewährung nach § 60 I AufenthG. Zur Verfahrensvereinfachung soll aber in den Fällen des Familienasyls wie auch des Familienabschiebungsschutzes abweichend von der ansonsten zwingenden Vorschrift des Abs. 2 S. 1 auf die Feststellung der Voraussetzungen des § 60 I AufenthG verzichtet werden (Abs. 5). Die Verwaltungspraxis ist insoweit sehr unterschiedlich. **29**

30 Zwar hat der statusberechtigte Familienangehörige *keinen Rechtsanspruch auf Prüfung eigener Verfolgungsgründe* (BVerwG, EZAR 215 Nr. 4 = NVwZ 1992, 987; OVG NW, InfAuslR 1991, 316; VGH BW, InfAuslR 1993, 200; BayVGH, U. v. 18. 12. 1990 – 19 CZ 90.30661; OVG Saarland, U. v. 14. 3. 1996 – 1 R 12/96; § 26 Rdn. 124 ff.). Vielmehr entscheidet die Behörde oder das Gericht bei Vorliegen der Voraussetzungen nach § 26 I und IV nur noch über das Familienasyl bzw. den Familienabschiebungsschutz und nicht über den Antrag auf originäre Statusberechtigung. Dies spricht dafür, von der Feststellung nach § 60 I AufenthG abzusehen. Der auf die Feststellung der Voraussetzungen des § 60 I AufenthG gerichtete Antrag bleibt deshalb unbeschieden und bei Anfechtungsklagen des Bundesbeauftragten im Verwaltungsverfahren anhängig (VGH BW, NVwZ-RR 1993, 383).

31 Eine Feststellung zu den Abschiebungshindernissen nach § 60 II–VII AufenthG ist demgegenüber stets entbehrlich, wenn das Bundesamt Familienasyl oder Familienabschiebungsschutz gewährt (vgl. Abs. 3 S. 2 Nr. 1 und 2). Verpflichtet das Verwaltungsgericht das Bundesamt zur Gewährung des Familienasyls nach vorangegangener Antragsablehnung, kann andererseits im Wege der *isolierten Anfechtungsklage* zugleich die Aufhebung der negativen Feststellungen nach § 60 I–VII AufenthG begehrt werden. In der Sache ist die Aufhebung schon mit Blick auf die Asylanerkennung nach § 26 I 1 1. HS bzw. die Feststellung nach § 60 I AufenthG (vgl. § 26 IV 2) gerechtfertigt, unabhängig davon, ob die behördlichen Feststellungen, dass die Voraussetzungen der § 60 I–VII AufenthG nicht vorliegen, inhaltliche Richtigkeit beanspruchen können (VG Gelsenkirchen, U. v. 18. 3. 1996 – 8 a K 2207/94.A).

7. Sachentscheidung über Abschiebungshindernisse nach § 60 Abs. 2 bis 7 AufenthG (Abs. 3)

32 Das Bundesamt hat als *dritte* Feststellung gemäß Abs. 3 S. 1 eine Feststellung über das Vorliegen von *Abschiebungshindernissen nach § 60 II–VII AufenthG* zu treffen. Daraus folgt auch eine dahingehende Prüfungspflicht (§ 24 II). Die Entscheidung des Bundesamtes über Abschiebungshindernisse entfaltet gemäß § 42 S. 1 Bindungswirkung gegenüber der Ausländerbehörde. Durch sie wird eine rechtserhebliche Eigenschaft, nämlich dass der Abschiebung Hindernisse nach § 60 II–VII AufenthG entgegenstehen, für die Ausländerbehörde verbindlich festgestellt (OVG Hamburg, NVwZ-Beil. 1996, 44 (45)).

33 Das Bundesamt ist für diese Prüfung jedoch nur zuständig, wenn Asyl begehrt wird. Wird Abschiebungsschutz nach § 60 VII AufenthG außerhalb des Asylverfahrens beantragt, bleibt es bei der allgemeinen Zuständigkeit der Ausländerbehörden (vgl. § 72 II AufenthG). Allerdings entscheidet die Ausländerbehörde nach vorheriger Beteiligung des Bundesamtes. Anders als nach altem Recht (vgl. § 67 I 2 AuslG) wird der Ausländerbehörde keine Prüfungskompetenz für die Abschiebungshindernisse nach § 60 II – V AufenthG eingeräumt. Andererseits fehlt dem Bundesamt für eine entsprechende Prüfung die Zuständigkeit, wenn kein Asylantrag gestellt wird (vgl. § 24 II). § 72 II AufenthG ist deshalb dahin zu ergänzen, dass der Ausländerbehörde außer-

halb des Asylverfahrens die Zuständigkeit für alle Abschiebungshindernisse nach § 60 II–VII AufenthG übertragen worden ist (§ 20 Rdn. 7; § 24 Rdn. 61).

Da der Asylantrag nach § 13 I nicht die Regelungsbereiche des § 60 II–VII AufenthG umfasst, ist von einer Regelungslücke auszugehen. Andererseits hat der Gesetzgeber mit § 72 AufenthG hinreichend deutlich zum Ausdruck gebracht, dass er im Blick auf § 60 II–VII AufenthG eine originäre Zuständigkeit der Ausländerbehörde zulassen will.

Abs. 3 S. 1 fordert grundsätzlich, dass in allen Fällen – auch bei unbeachtlichen Asylanträgen gemäß § 29 I – eine Feststellung über Abschiebungshindernisse geboten ist. Nur für den Fall, in dem die Unbeachtlichkeit des Antrags aus der völkerrechtlichen bzw. gemeinschaftsrechtlichen Zuständigkeit eines anderen Staates für die Behandlung des Asylantrags hergeleitet wird (§ 29 III), kann von der Feststellung von Abschiebungshindernissen abgesehen werden (Abs. 3 S. 2 Nr. 3). In allen übrigen Fällen unbeachtlicher Anträge ist diese Feststellung jedoch geboten.

Die Regelungen in Abs. 3 S. 2 Nr. 1 und 2 enthalten überdies für den Fall der Antragsstattgabe besondere Vorgaben: Erkennt das Bundesamt die Asylberechtigung an *oder* gewährt es internationalen Schutz nach § 60 I AufenthG, kann es ebenfalls auf die Feststellung der Voraussetzungen des § 60 II–VII AufenthG verzichten. Dies gilt auch für die Statusgewährung nach § 26 (Abs. 5). In der Verwaltungs- und Gerichtspraxis wird regelmäßig von dieser Verfahrenserleichterung Gebrauch gemacht.

Das Bundesamt ist andererseits nicht daran gehindert, eine negative Entscheidung zu § 60 II–VII AufenthG zu treffen, die nicht mit dem Ausgang des Verfahrens zu Art. 16 a I GG und § 60 I AufenthG im Übrigen verknüpft ist. Dann muss es dies jedoch – etwa weil der Fall hierzu besondere Veranlassung bietet – unmissverständlich zum Ausdruck bringen. Unterbleibt dies, ist regelmäßig davon auszugehen, dass die negative Feststellung zu § 60 II–VII AufenthG bei Erfolg oder jedenfalls Teilerfolg des auf Asylgewährung und internationalen Schutz nach § 60 I AufenthG gerichteten Hauptantrags der Asylklage gegenstandslos wird (BVerwGE 116, 326 (332) = EZAR 631 Nr. 57 = NVwZ 2003, 356 = InfAuslR 2003, 74).

Nach der früheren obergerichtlichen Rechtsprechung folgte aus dem früheren Wortlaut von Abs. 3 S. 1, dass das Bundesamt ohne Differenzierung zwischen den einzelnen Absätzen der Vorschrift des § 53 AuslG 1990 eine einzige, umfassende Entscheidung über das Vorliegen von Abschiebungshindernissen zu treffen habe. Hierzu werde es zwar regelmäßig notwendig sein, die in den Abs. 1–6 von § 53 AuslG 1990 aufgeführten Tatbestände jeweils einzeln zu prüfen. Eine Differenzierung im Tenor der Entscheidung sehe der Wortlaut des Gesetzes jedoch nicht vor, könne jedoch zur klarstellenden Konkretisierung beigefügt werden. Dem asylverfahrensrechtlichen Beschleunigungsgedanken würde es zuwiderlaufen, wenn die Tatbestände des § 53 AuslG 1990 jeweils gesondert und unabhängig voneinander zu prüfen und zu entscheiden wären (Hess. VGH, NVwZ-Beil. 1996, 84 (85)).

Dieser Rechtsprechung konnte deshalb nicht gefolgt werden, weil sie nicht zwischen den Tatbeständen nach § 53 I–IV AuslG 1990 einerseits und dem Tatbestand des § 53 VI 1 AuslG 1990 andererseits differenzierte. Da nunmehr in § 60 AufenthG sowohl der internationale Schutz (§ 60 I AufenthG) wie auch der ergänzende Schutz (§ 60 II–VII AufenthG, Art. 15 Qualifikationsrichtlinie) geregelt wird, ist zunächst eine Differenzierung zwischen § 60 I AufenthG einerseits und § 60 II–VII AufenthG andererseits geboten. Da § 59 III 2 AufenthG anders als § 50 III 2 AuslG 1990 auch die Abschiebungshindernisse nach § 60 VII AufenthG umfasst, ist eine einheitliche Betrachtungsweise und damit auch Tenorierung der Abschiebungshindernisse nach § 60 II–VII AufenthG angezeigt.

40 Der anfängliche Streit, ob nur das Bundesamt oder auch das Verwaltungsgericht Abschiebungshindernisse nach § 60 II–VII AufenthG feststellen kann, ist entschieden. Danach hat das Verwaltungsgericht das Bundesamt zu verpflichten, festzustellen, dass Abschiebungshindernisse nach § 60 II–VII AufenthG vorliegen (BVerwG, NVwZ-Beil. 1996, 57 (58); VGH BW, EZAR 043 Nr. 12; VGH BW, NVwZ-Beil. 1997, 18; Thür.OVG, AuAS 1996, 236; OVG NW, NVwZ-RR 1996, 421 = AuAS 1996, 81; OVG Hamburg, NVwZ-Beil. 1996, 44 (45); s. auch § 74 Rdn. 22 ff.). Zwar ist der Gesetzeswortlaut der Vorschriften des §§ 3, 42 S. 2 nicht eindeutig. Für die Verpflichtungsklage sprechen jedoch systematische Gründe sowie die Entstehungsgeschichte dieser Normen (Thür.OVG, AuAS 1996, 236; VGH BW, EZAR 043 Nr. 12).

41 Im Übrigen sind die Verwaltungsgerichte seit der am 1. Januar 1991 in Kraft getretenen Fassung des § 113 II VwGO mit Ausnahme des dort genannten Sonderfalls nicht mehr befugt, behördliche Feststellungen jeglicher Art bei Begründetheit der gegen sie gerichteten Klage durch eine andere Feststellung zu ersetzen (BVerwG, NVwZ-Beil. 1996, 57 (58)).

8. Einreise aus einem sicherem Drittstaat (Abs. 4)

42 Bei Einreise aus einem bestimmten *sicheren Drittstaat* wird der Asylantrag *nicht* in der Sache entschieden. Abs. 4 ist nach Ansicht des BVerfG mit dem Grundgesetz vereinbar (BVerfGE 94, 49 (112) = NVwZ 1996, 700 (708) = EZAR 208 Nr. 7). Zwar verwenden Abs. 1 S. 3 sowie Abs. 4 für diesen Fall den Begriff der Antragsablehnung. Der Gesetzgeber ist bei seiner Wortwahl jedoch nicht präzis. Da dem Antragsteller das Asylrecht nicht zusteht (Art. 16 a II 1 GG), wird der Antrag in der Sache nicht abgelehnt. Vielmehr erfolgt in Ausführung der Verfassungsnorm des Art. 16 a II 1 GG lediglich die Feststellung, dass dem Antragsteller aufgrund seiner Einreise aus einem sicheren Drittstaat das Asylrecht nicht zusteht.

43 Dies bedeutet, dass in Abweichung vom Regelfall die Prüfung von Abschiebungshindernissen nach § 60 I–VII AufenthG entfällt (OVG NW, NVwZ 1997, 1141). Diese Entscheidung hat lediglich deklaratorische Wirkung. Mit ihr ist weder eine Prüfung der Zulässigkeit wie bei der Beachtlichkeitsprüfung nach § 29 noch der Begründetheit des Antrags verbunden. Die Sachentscheidung nach Abs. 4 zieht automatisch die Abschiebungsanordnung nach § 34 a I nach sich. Die besonderen Zustellungsvorschriften nach Abs. 1 S. 3–5 finden Anwendung.

Nach der Gesetzessystematik besteht ein enger Zusammenhang zwischen **44**
der Asylversagung wegen Einreise aus einem sicheren Drittstaat und der Anordnung der Abschiebung in diesen Staat. Eine derartige Anordnung kann nach § 34 a I 1 jedoch nur ergehen, wenn *feststeht*, dass die Abschiebung in den sicheren Drittstaat durchgeführt werden kann. Nur unter dieser Voraussetzung ist es nach Sinn und Zweck der gesetzlichen Regelung gerechtfertigt, den Asylantrag ausschließlich unter Berufung auf § 26 a abzulehnen und auf eine Prüfung von § 60 I–VII AufenthG zu verzichten (OVG NW, NVwZ 1997, 1141).

Ist jedoch die Abschiebung in den sicheren Drittstaat nicht möglich, weil et- **45**
wa der Reiseweg unbekannt oder eine vertraglich vereinbarte Rückübernahmefrist abgelaufen ist, so kommt Abs. 4 nicht zum Zuge mit der Folge, dass nicht nach dem reduzierten, sondern gemäß Abs. 2 und 3 nach dem gewöhnlichen Entscheidungsprogramm über das Asylbegehren zu befinden ist (OVG NW, NVwZ 1997, 1141 (1142); ähnl. Thür.OVG, AuAS 1997, 8 (9)).

Mit Wirkung zum 1. Januar 2005 wurde durch das ZuwG Satz 2 angefügt. Da- **46**
nach steht die Einreise aus einem sicheren Drittstaat der Gewährung des Familienabschiebungsschutzes nach § 26 IV nicht entgegen, wenn die hierfür maßgeblichen Voraussetzungen nach § 26 I–III erfüllt sind (BT-Drs. 15/420, S. 110). Diese Regelung ist konsequent. Denn auch beim Stammberechtigten steht die Einreise aus einem sicheren Drittstaat der Gewährung des internationalen Schutzes nach § 60 I AufenthG nicht entgegen.

§ 32 Entscheidung bei Antragsrücknahme

Im Falle der Antragsrücknahme oder des Verzichts gemäß § 14 a Abs. 3 stellt das Bundesamt in seiner Entscheidung fest, dass das Asylverfahren eingestellt ist und ob die in § 60 Abs. 2 bis 7 des Aufenthaltsgesetzes bezeichneten Voraussetzungen für die Aussetzung der Abschiebung vorliegen. In den Fällen des § 33 ist nach Aktenlage zu entscheiden.

Übersicht	Rdn.
1. Vorbemerkung	1
2. Dispositionsmaxime	3
3. Rücknahme des Asylantrags	7
4. Verzicht nach § 14 a Abs. 3	9
5. Sachentscheidung nach §§ 31 und 32	11
6. Feststellung von Abschiebungshindernissen nach § 60 Abs. 2 bis 7 AufenthG	14
7. Rechtsschutz	21

§ 32 *Asylverfahren*

1. Vorbemerkung

1   Diese Vorschrift hat kein Vorbild im AsylVfG 1982. Sie verfolgt entsprechend der Zielvorgabe des Gesetzes den Zweck, zu verhindern, dass durch eine Antragsrücknahme oder des Verzichts nach § 14 a III die Aufenthaltsbeendigung verzögert werden kann. Deshalb soll das Bundesamt nach Antragsrücknahme oder Verzicht nach § 14 a III auch die ausländerrechtliche Entscheidung nach § 34 I 1 treffen (BT-Drs. 12/2062, S. 33). Zugleich hat es dabei auch über Abschiebungshindernisse nach § 60 II–VII AufenthG zu befinden.

2   Es handelt sich um eine Sachentscheidung nach § 31 in der Form des § 32. Der letzte HS der Vorschrift verweist auf die Betreibensaufforderung nach § 33 und stellt damit klar, dass auch im Falle der fiktiven Asylantragsrücknahme nach § 33 eine Entscheidung über das Vorliegen von Abschiebungshindernissen nach § 60 II–VII AufenthG erforderlich ist. Das Gesetz honoriert die freiwillige Antragsrücknahme dadurch, dass das Bundesamt dem Antragsteller eine Ausreisefrist bis zu drei Monaten einräumen kann (§ 38 III).

2. Dispositionsmaxime

3   Voraussetzung der besonderen Form der Sachentscheidung nach § 32 ist die Rücknahme des Asylantrags. Entsprechend der das Verwaltungsrecht beherrschenden Dispositionsmaxime kann der Antragsteller über Beginn und Ende des Verwaltungsverfahrens verfügen. Das Verfahren setzt einen Antrag voraus. Nimmt der Antragsteller diesen zurück, ist das Verfahren beendet. Die Verwaltung darf in der Sache nicht mehr entscheiden. Sie hat lediglich festzustellen, dass das Verfahren durch Rücknahme eingestellt wird. Darüber hinausgehende Befugnisse hat die Behörde mangels Rücknahme des Antrags nicht.

4   Das nach der gesetzlichen Begründung vorgesehene Verfahren, demzufolge in diesen Fällen gleichwohl die ausländerrechtliche Verfügung nach § 34 zu treffen ist, kann angesichts dieses das öffentliche Recht beherrschenden Grundsatzes an sich nicht überzeugen. Auch kann der Regelung des § 34 nicht entnommen werden, dass bei Antragsrücknahme die Verfügung zu erlassen ist. In der Verwaltungspraxis wird jedoch so verfahren, um einen wirksamen Vollstreckungstitel zu schaffen.

5   Die obergerichtliche Rechtsprechung weist darauf hin, dass der Asylantrag nach § 13 allein das auf die Asylanerkennung und den internationalen Schutz nach § 60 I AufenthG gerichtete Begehren umfasse. Dementsprechend könne sich die Rücknahme nicht auf § 60 II–VII AufenthG beziehen und habe das Bundesamt deshalb auch im Falle der Rücknahme eine Feststellung nach § 60 II–VII AufenthG zu treffen (BayVGH, NVwZ-Beil. 1999, 67). Eine derartige Feststellung wird nach der Verwaltungspraxis mit der Abschiebungsandrohung verbunden. Überzeugend ist diese Begründung nicht. Es ist keine sachlich begründete Rechtfertigung dafür zu erkennen, Abschiebungshin-

dernisse anders als die Asylberechtigung und den internationalen Schutz der Dispositionsmaxime zu entziehen.
Da die in der Vorschrift des § 32 angeordnete Prüfung von Abschiebungshindernissen nach § 60 II–VII AufenthG, wie sich aus § 59 III AufenthG ergibt, den Erlass einer Abschiebungsandrohung voraussetzt, wird man den erwähnten allgemeinen verfahrensrechtlichen Grundsatz für das Asyl- und Ausländerrecht wohl modifizieren müssen. Dies wird auch dadurch bestätigt, dass der Gesetzgeber bei der sprachlichen Überarbeitung der Vorschrift ausdrücklich den Begriff der Aussetzung der Abschiebung verwendet und damit vom Erlass einer Abschiebungsandrohung ausgeht. 6

3. Rücknahme des Asylantrags

Die Rücknahme des Asylantrags beendet das Asylverfahren. Sie kann gegenüber dem Bundesamt und auch gegenüber der Ausländerbehörde erklärt werden (a. A. Renner, AuslR, § 32 AsylVfG, Rdn. 3: Rücknahme nur gegenüber Bundesamt möglich). Die Gegenmeinung kann schon deshalb nicht überzeugen, weil im Zeitpunkt der Rücknahme regelmäßig nicht mehr die in § 14 I genannte Außenstelle des Bundesamtes zuständig ist. Eine Rücknahme kann daher auch gegenüber der Ausländerbehörde erklärt werden. Damit die Sachentscheidung nach § 32 erlassen werden kann, hat die Ausländerbehörde die Rücknahmeerklärung an das Bundesamt weiterzuleiten. Die Wirksamkeit einer gegenüber der Ausländerbehörde erklärten Rücknahme bleibt von dieser Weiterleitungsverpflichtung unberührt. 7

Erklärt der Antragsteller durch persönliche Vorsprache beim Bundesamt oder bei der Ausländerbehörde die Rücknahme, trifft die angesprochene Behörde eine eingehende Beratungspflicht (§ 25 VwVfG). Sie hat den Antragsteller insbesondere über die ihn treffenden einschneidenden belastenden Folgen (§§ 34 und 71 V 1) der Rücknahme aufzuklären. Sind die schriftlichen oder mündlichen Erklärungen des Antragstellers nicht eindeutig, ist der wirkliche Wille nach Maßgabe des § 133 BGB auszulegen. 8

4. Verzicht nach § 14 a Abs. 3

Das Gesetz behandelt den Verzicht des gesetzlichen Vertreters des Kindes nach § 14 a III auf die Durchführung eines Asylverfahrens nicht anders wie die Antragsrücknahme selbst. Mit der Einfügung dieser Fallgestaltung in § 32 durch das ZuwG soll sichergestellt werden, dass durch den Verzicht nach § 14 a III keine verfahrensverzögernden Folgen bewirkt werden können. Vielmehr wird sichergestellt, dass auch im Falle des Verzichts das Bundesamt das Vorliegen der Voraussetzungen für die Abschiebungsaussetzung in Bezug auf das Kind zeitnah prüft (BT-Drs. 15/420, S. 110). 9

Wie im Falle der Antragsrücknahme besteht auch beim Verzicht eine umfassende behördliche Beratungs- und Belehrungspflicht. Insbesondere in dem Fall, in dem der gesetzliche Vertreter für sich selbst keine verfahrensbeen- 10 dende Erklärung abgibt, sondern nur für das Kind, ergibt sich ein besonderer Belehrungsbedarf. Sind die schriftlichen oder mündlichen Erklärungen des Antragstellers nicht eindeutig, ist der wirkliche Wille nach Maßgabe des § 133 BGB auszulegen.

5. Sachentscheidung nach §§ 31 und 32

11 Die Sachentscheidung nach Rücknahme des Asylantrags ist eine Sachentscheidung im Sinne des § 31 I. Sie ergeht *schriftlich* (§ 31 I 1), ist schriftlich zu begründen und den Beteiligten mit Rechtsbehelfsbelehrung zuzustellen (§ 31 I 2). Dem Begründungserfordernis wird regelmäßig durch den Hinweis auf die Antragsrücknahme bzw. dem Verzicht Genüge getan. Die Verneinung von Abschiebungshindernissen ist jedoch eingehend zu begründen.

12 In der Sachentscheidung ist festzustellen, dass das Asylverfahren aufgrund der Rücknahme des Antrags oder des Verzichts auf Durchführung des Asylverfahrens eingestellt wird. In der Praxis des Bundesamtes wird überdies die Verfügung nach § 34 I 1 erlassen. Erfolgt die Rücknahme oder der Verzicht *nach der Zustellung der Sachentscheidung* nach § 31 I 1, aber noch vor dem Zeitpunkt des Eintritts der Bestandskraft, ist die Sachentscheidung gegenstandslos. Das Verfahren ist durch die die Einstellung des Verfahrens feststellende Sachentscheidung nach § 32 zu beenden.

13 Dies gilt auch mit Blick auf ein anhängiges Verwaltungsstreitverfahren. Bis zum Eintritt der Bestandskraft der Sachentscheidung nach § 31 I 1, die aufgrund des anhängigen Gerichtsverfahrens ja nicht eintreten kann, kann der Asylantrag zurückgenommen werden. Erst nach dem Zeitpunkt des Eintritts der Bestandskraft der Sachentscheidung nach § 31 I 1 wegen Verzichts auf Rechtsmittel oder nach rechtskräftiger Abweisung der Verpflichtungsklage, kann über den Verfahrensgegenstand nicht mehr verfügt und folglich der Antrag nicht mehr zurückgenommen werden.

6. Feststellung von Abschiebungshindernissen nach § 60 Abs. 2 bis 7 AufenthG

14 Kraft ausdrücklicher Regelung von Abs. 1 S. 1 hat das Bundesamt zusammen mit der Einstellungsverfügung auch eine rechtsmittelfähige Entscheidung über das Vorliegen von Abschiebungshindernissen nach § 60 II – VII AufenthG zu treffen. Die Rücknahme des Asylantrags umfasst allein die Asylanerkennung und den internationalen Schutz nach § 60 I AufenthG. Dementsprechend kann sich die Rücknahme des Antrags nicht auch auf die Abschiebungshindernisse des § 60 II–VII AufenthG beziehen (BayVGH, AuAS 1999, 128 (129)).

15 Das Bundesamt hat das bisherige Sachvorbringen zu berücksichtigen, soweit es entsprechend der Darlegungspflicht des § 25 II vorgetragen worden ist. Auch wenn der Antragsteller seinen Sachvortrag nicht ausdrücklich nach § 25 II abgegeben hat, hat das Bundesamt auf der Grundlage des asylrechtlich

relevanten Sachvorbringens (§ 25 I) das Vorliegen von Abschiebungshindernissen zu prüfen.

Den Asylsuchenden ist der feinsinnige Unterschied zwischen der jeweiligen Natur des Sachvorbringens nach § 25 I oder § 25 II regelmäßig nicht bewusst. Auch sind beide Rechtsmaterien eng miteinander verwoben. Die Entscheidung über Abschiebungshindernisse ist im Übrigen ein wertender Vorgang, der die vorgetragenen oder sonst erkenntlichen Umstände und Tatsachen zu berücksichtigen hat. 16

Bei der Sachverhaltsermittlung hat das Bundesamt daher sämtliches Sachvorbringen und ihm sonst bekannt werdende Umstände zu berücksichtigen. Ist aufgrund der festgestellten Tatsachen die Asylanerkennung oder die Feststellung nach § 60 I AufenthG geboten, darf diese wegen der Antragsrücknahme nicht erfolgen. In diesem Fall ist aber zwingend ein Abschiebungshindernis nach § 60 II–VII AufenthG festzustellen mit der Folge, dass die Abschiebung ausgesetzt wird. 17

Verfolgungstatbestände und Abschiebungshindernisse sind zwar von ihren Voraussetzungen her nicht identisch. In jedem Verfolgungstatbestand ist aber immanent ein Abschiebungshindernis enthalten. Dagegen rechtfertigt umgekehrt die Feststellung eines Abschiebungshindernisses nach § 60 II–VII AufenthG noch nicht ohne weiteres die Feststellung einer Verfolgung. 18

Das Bundesamt braucht aber nur nach § 25 I und II angegebene Tatsachen und Beweismittel zu berücksichtigen. Für die Fallgestaltung des § 33 ordnet das Gesetz ausdrücklich die Entscheidung nach Aktenlage an. Die Regelung in Abs. 1 S. 2 ist entbehrlich. Das Bundesamt entscheidet stets nach Aktenlage, wenn der Antragsteller nicht von sich aus Tatsachen und Umstände vorträgt und noch keine Anhörung nach § 24 I 2 stattgefunden hat. Denn der das Verwaltungsrecht beherrschende Untersuchungsgrundsatz findet seine Grenze in der Darlegungspflicht des Antragstellers. 19

Nimmt der Antragsteller vor der Anhörung den Antrag zurück, kann das Bundesamt aufgrund des bisherigen Sachvorbringens über die Abschiebungshindernisse nach Aktenlage entscheiden. Dabei hat es ihm sonst erkennbare Umstände (etwa Hinweise von Bekannten, eine bestehende Rechtsprechung zu bestimmten Verfolgungstatbeständen sowie die Auskunftslage) auch ohne ausdrücklichen Sachvortrag des Antragstellers zu berücksichtigen. 20

7. Rechtsschutz

Gegen die Versagung der Feststellung von Abschiebungshindernissen kann der Antragsteller im Rahmen der Anfechtungsklage gegen die Abschiebungsandrohung vorgehen. Ob daneben eine selbständige Verpflichtungsklage auf Feststellung von Abschiebungshindernissen nach § 60 II–VII AufenthG zulässig ist (so Renner, AuslR, § 32 a AsylVfG Rdn. 7), ist abhängig von der Verfahrensgestaltung. 21

Regelmäßig erlässt das Bundesamt jedoch die Abschiebungsandrohung nach § 34. Da es hierbei häufig zu Verstößen gegen die Bezeichnungspflichten 22 nach § 59 II und III 2 AufenthG kommt, ist zur Vermeidung des Eintritts der Bestandskraft der Verfügung Anfechtungsklage zu erheben. Diese ist mit einer Verpflichtungsklage auf Feststellung von Abschiebungshindernissen nach § 60 II–VII AufenthG zu verbinden.

23 Nimmt der Asylantragsteller während des anhängigen Asylstreitverfahrens den Antrag zurück, ist das Verfahren nach Antragsrücknahme durch übereinstimmende Erledigungserklärung (§ 161 II VwGO) zu beenden. Bestreitet der Antragsteller die Gültigkeit oder Wirksamkeit der Rücknahme, kann er *Antrag auf Fortsetzung des Verfahrens* erheben. Über die Frage der Wirksamkeit der Rücknahme des Antrags ist durch Urteil zu entscheiden.

§ 32 a Ruhen des Verfahrens

(1) Das Asylverfahren eines Ausländers ruht, solange ihm vorübergehender Schutz nach § 24 des Aufenthaltsgesetzes gewährt wird. Solange das Verfahren ruht, bestimmt sich die Rechtsstellung des Ausländers nicht nach diesem Gesetz.
(2) Der Asylantrag gilt als zurückgenommen, wenn der Ausländer nicht innerhalb eines Monats nach Ablauf der Geltungsdauer seiner Aufenthaltserlaubnis dem Bundesamt anzeigt, daß er das Asylverfahren fortführen will.

Übersicht

	Rdn.
1. Vorbemerkung	1
2. Ruhen des Verfahrens kraft Gesetzes (Abs. 1 Satz 1)	3
3. Rechtsstellung während des Ruhens des Verfahrens (Abs. 1 Satz 2 AuslG)	5
4. Fiktive Antragsrücknahme (Abs. 2)	6

1. Vorbemerkung

1 Diese Vorschrift steht in engem Zusammenhang mit der Vorschrift des § 24 AufenthG, welche ihrerseits die Richtlinie 2001/55/EG vom 20. Juli 2001 über die Gewährung vorübergehenden Schutzes umsetzt. Die Richtlinie setzt Mindestnormen für die Gewährung vorübergehenden Schutzes fest und ersetzt die frühere Regelung des § 32 a AuslG 1990. Dementsprechend gestaltet das ZuwG mit Wirkung vom 1. Januar 2005 die Vorschrift des § 32 a um. In der Praxis hat diese Vorschrift wie auch die bezeichnete Richtlinie keine Bedeutung, da sie mangels politischen Willens nicht angewendet wird. Es handelt sich um eine reine Papierrichtlinie.

2 Abs. 1 regelt die verfahrensrechtlichen Folgen, die sich an den Erhalt der Aufenthaltserlaubnis nach § 24 AufenthG *nach* Stellung des Asylantrags knüpfen. Für diesen Fall ordnet das Gesetz zwingend das Ruhen des Verfahrens an (Abs. 1 S. 1).

2. Ruhen des Verfahrens kraft Gesetzes (Abs. 1 Satz 1)

Der Asylsuchende, der einen Antrag nach § 13 gestellt hat und nachträglich eine Aufenthaltserlaubnis nach § 24 AufenthG erhält, hat keinen Anspruch auf Fortführung seines Asylverfahrens. Vielmehr knüpft das Gesetz an die nachträgliche Erlangung der Aufenthaltserlaubnis zwingend die Folge, dass das Verfahren ruht (Abs. 1 S. 1). Die Mitgliedstaaten können nach Art. 19 I der Richtlinie vorsehen, dass die sich aus dem vorübergehenden Schutz ergebenden Rechte nicht mit dem Status eines Asylbewerbers, dessen Antrag geprüft wird, kumuliert werden. Nach Art. 17 I der Richtlinie ist zu gewährleisten, dass Personen, die vorübergehenden Schutz genießen, jederzeit einen Asylantrag stellen können. Wird eine Person, die für den vorübergehenden Schutz in Betracht kommt oder vorübergehenden Schutz genießt, nach Prüfung ihres Antrags nicht als Flüchtling anerkannt oder wird ihr gegebenenfalls keine andere Art von Schutz gewährt, so haben die Mitgliedstaaten grundsätzlich sicherzustellen, dass die betreffende Person für die verbleibende Schutzdauer weiterhin vorübergehenden Schutz genießt oder in den Genuss dieses Schutzes gelangt (Art. 19 II der Richtlinie).

Dementsprechend regelt Abs. 1 S. 1 dass das Asylverfahren ruht, solange vorübergehender Schutz gewährt wird. Da nach der Richtlinie jederzeit der Zugang zum Asylverfahren offen zu halten ist, wurde durch Art. Nr. 9 Buchst. c) des ZuwG § 14 III AsylVfG a. F. aufgehoben. Diese Vorschrift bestimmte, dass Personen, die als Kriegs- oder Bürgerkriegsflüchtlinge Schutz genossen, keinen Asylantrag stellen konnten. Ebenso wurde aus diesem Grund durch Nr. 44 Buchst. a) des ZuwG die Vorschrift des § 71 I 2 AsylVfG a. F. aufgehoben, die regelte, dass die Folgeantragsvorschriften Anwendung fanden, wenn zuvor Schutz nach § 32 a AuslG 1990 Schutz gewährt worden war.

3. Rechtsstellung während des Ruhens des Verfahrens (Abs. 1 Satz 2)

Solange das Asylverfahren unter den Voraussetzungen nach Abs. 1 S. 1 ruht, bestimmt sich aufgrund der gesetzlichen Anordnung nach Abs. 1 S. 2 die Rechtsstellung des Antragstellers nicht nach dem AsylVfG, sondern nach § 24 AufenthG. Das gesetzliche Aufenthaltsrecht nach § 55 I 1 wird zwar während der Dauer des Besitzes der Aufenthaltserlaubnis nicht außer Kraft gesetzt. Da der Asylsuchende jedoch im Besitz einer Aufenthaltserlaubnis nach § 24 AufenthG ist, hat er eine weitaus günstigere aufenthaltsrechtliche Position als ihm üblicherweise durch das Asylverfahren vermittelt wird (vgl. §§ 55 ff. einerseits und etwa § 24 VI AufenthG andererseits). Wird dem Asylsuchenden die Rechtsstellung nach § 24 AufenthG entzogen, lebt das gesetzliche Aufenthaltsrecht nach § 55 I 1 wieder auf.

4. Fiktive Antragsrücknahme (Abs. 2)

Abs. 2 gibt dem Bundesamt die Möglichkeit, das Asylverfahren in vereinfachter Form abzuschließen. Voraussetzung ist, dass die Geltungsdauer der Aufenthaltserlaubnis nach § 24 AufenthG abgelaufen ist und der Betroffene nicht innerhalb eines Monats, gerechnet vom ersten Tag nach Ablauf der Geltungsdauer, dem Bundesamt anzeigt, dass er das Asylverfahren fortführen will. Abs. 2 begründet für den bislang nach § 24 AufenthG begünstigten Asylsuchenden die *Obliegenheit*, dem Bundesamt innerhalb eines Monats nach Ablauf der Geltungsdauer seiner Aufenthaltserlaubnis anzuzeigen, dass er das Verfahren fortführen will. Der Eintritt der Rechtsfolge nach Abs. 2 setzt damit keine Betreibensaufforderung nach § 33 voraus.

7 Die Richtlinie verpflichtet die Mitgliedstaaten lediglich, Personen, die vorübergehend Schutz genießen, jederzeit den Zugang zum Asylverfahren offen zu halten (§ Art. 17 I). Den entsprechenden Regelungen in Kapitel IV der Richtlinie kann kein Verbot entnommen werden, das die Mitgliedstaaten hindert, Präklusionsvorschriften einzuführen. Abs. 2 setzt jedoch ein ruhendes Asylverfahren (Abs. 1 S. 1) voraus. Wegen der einschneidenden Rechtsfolgen von Abs. 2 wird man deshalb in Anlehnung an die Regelungen des § 33 eine *schriftliche Belehrung* durch das Bundesamt im Zusammenhang mit der Anordnung des Ruhens des Verfahrens insbesondere über die Fristregelung und die verfahrensrechtliche Sanktion des Abs. 2 fordern müssen (so auch Nonnenmacher, VBlBW 1994, 46 (50), für das frühere Recht). Andernfalls entsteht die Mitwirkungspflicht nach Abs. 2 nicht. Im Zweifelsfall hat das Bundesamt den Nachweis über die Belehrung zu führen.

8 Verletzt der Asylsuchende seine Obliegenheit nach Abs. 2, ordnet das Gesetz die *fiktive* Rücknahme des Asylantrags an. Das Bundesamt wird die Verfahrenseinstellung nach § 32 verfügen und diese im Regelfall mit einer Abschiebungsandrohung nach § 34 verbinden. Es hat in diesem Fall das Vorliegen von Abschiebungshindernissen nach § 60 II–VII AufenthG zu prüfen und hierüber eine Entscheidung herbeizuführen (§ 32). Zu den entsprechenden Einzelfragen sowie insbesondere zum Rechtsschutz wird auf die Erläuterungen zu § 32 verwiesen.

§ 33 Nichtbetreiben des Verfahrens

(1) Der Asylantrag gilt als zurückgenommen, wenn der Ausländer das Verfahren trotz Aufforderung des Bundesamtes länger als einen Monat nicht betreibt. In der Aufforderung ist der Ausländer auf die nach Satz 1 eintretende Folge hinzuweisen.
(2) Der Asylantrag gilt ferner als zurückgenommen, wenn der Ausländer während des Asylverfahrens in seinen Herkunftsstaat gereist ist.
(3) Der Ausländer wird an der Grenze zurückgewiesen, wenn bei der Einreise festgestellt wird, daß er während des Asylverfahrens in seinen Herkunftsstaat gereist ist und deshalb der Asylantrag nach Absatz 2 als zurückgenommen gilt. Einer Entscheidung des Bundesamtes nach § 32 bedarf es nicht. § 60 Abs. 1–3 und 5 sowie § 62 des Aufenthaltsgesetzes finden entsprechende Anwendung.

Nichtbetreiben des Verfahrens § 33

Übersicht Rdn.

1. Vorbemerkung 1
2. Voraussetzungen für den Erlass der Betreibensaufforderung nach Abs. 1 Satz 1 3
3. Belehrungspflicht nach Abs. 1 Satz 2 15
4. Förmliche Zustellung der Betreibensaufforderung 17
5. Umfang der Mitwirkungspflichten nach Abs. 1 Satz 1 19
6. Eintritt der gesetzlichen Fiktion der Antragsrücknahme nach Abs. 1 Satz 1 24
7. Rückkehr in den Herkunftsstaat (Abs. 2) 27
8. Rechtsschutz gegen die Verfahrenseinstellung nach Abs. 1 Satz 1 und Abs. 2 34
9. Zurückweisung nach Abs. 3 43
9.1. Zweck der Vorschrift des Abs. 3 Satz 1 43
9.2. Tatbestandliche Voraussetzungen des Abs. 3 Satz 1 45
9.3. Prüfung von Abschiebungshindernissen nach § 60 Abs. 1 bis 3 und 5 AufenthG (Abs. 3 S. 3) 51
9.4. Zurückweisung (Abs. 3 Satz 1 und 3) 55

1. Vorbemerkung

Die Vorschrift des § 33 ist ohne Vorbild im AsylVfG 1982. Sie scheint aber der 1
früheren, für das Gerichtsverfahren geltenden Regelung des § 33 AsylVfG 1982 nachgebildet worden zu sein und führt diese besondere Form der Verfahrensbeendigung auch für das Verwaltungsverfahren ein. Für das Verwaltungsverfahren ist mit § 33 und für das Gerichtsverfahren mit § 81 damit ein besonders scharfes Instrument zur Verfahrensbeschleunigung geschaffen worden. Die früher geltende Frist von drei Monaten – für das Gerichtsverfahren – ist für das Verwaltungs- wie für das Verwaltungsstreitverfahren auf einen Monat verkürzt worden.

Während die früher geltende Regelung des § 33 AsylVfG 1982 von ihrem 2
Charakter her als gesetzliche Fiktion der Verfahrenserledigung angesehen wurde (BVerwG, NVwZ 1984, 450; BVerwG, NVwZ 1985, 280), fingieren nunmehr die Regelungen in §§ 33 und 81 die Rücknahme des Antrags bzw. der Klage. Damit soll das Bundesamt in die Lage versetzt werden, nach § 32 vorzugehen und entsprechend der üblichen Praxis die Abschiebungsandrohung zu erlassen. Die Zurückweisungsbefugnis nach Abs. 3 ist durch das ÄnderungsG 1997 neu in die Vorschrift eingefügt worden.

2. Voraussetzungen für den Erlass der Betreibensaufforderung nach Abs. 1 Satz 1

Nach Abs. 1 S. 1 bedarf es einer Aufforderung des Bundesamtes, das Verfahren zu betreiben. Das Bundesamt darf jedoch nicht ohne weiteres die Aufforderung nach Abs. 1 S. 1 erlassen. Vielmehr müssen *Anhaltspunkte* dafür vorhanden sein, dass der Antragsteller erkennbar kein Interesse mehr an der 3

Fortführung des Asylverfahrens hat (BT-Drs. 12/2062, S. 33). Insoweit unterscheidet sich die geltende Rechtslage nicht von der früheren (VG Koblenz, InfAuslR 1994, 203; Reimann, VBlBW 1995, 178).

4 Auch die Verfahrenserledigung des alten Rechts hatte ihren Grund in dem offensichtlichen Desinteresse des Asylsuchenden an seinem Verfahren. Daran knüpfte und knüpft die Betreibensaufforderung an. Ihr Erlass muss also aufgrund bestimmter Tatsachen gerechtfertigt werden können (OVG NW, AuAS 1995, 203 (204); VG Münster, AuAS 1994, 191; OVG Hamburg, EZAR 210 Nr. 8; Reimann, VBlBW 1995, 178; vgl. hierzu auch: § 81 Rdn. 6ff.).

5 Fehlt es an einem nachvollziehbaren Grund für die Annahme eines Desinteresses, ist die Aufforderung rechtswidrig. § 33 ersetzt nicht die Verpflichtung des Bundesamtes, das Verfahren zu fördern und die Entscheidung spruchreif zu machen. Der praktisch bedeutsamste Fall, der in der Verwaltungspraxis regelmäßig zum Erlass der Betreibensaufforderung nach Abs. 1 S. 1 führt, ist das Fernbleiben von der Anhörung.

6 Zu bedenken ist, dass die *Direktanhörung* unmittelbar nach der Antragstellung die Regelpraxis ist (§§ 14 I, 25 IV). In diesen Verfahren hat das Bundesamt während der Anhörung umfassend und erschöpfend den Sachverhalt aufzuklären. Ein Bedürfnis für eine Aufforderung nach Abs. 1 S. 1 ist in diesen Verfahren in aller Regel nicht zu erkennen. Dieses kann allenfalls dann unterstellt werden, wenn dem Antragsteller in der Anhörung bestimmte Auflagen gemacht worden sind und er diese trotz Erinnerung durch das Bundesamt nicht erfüllt.

7 So kann dem Antragsteller etwa aufgegeben worden sein, bestimmte Beweismittel innerhalb einer bestimmten Frist anzugeben, Nachweise nachzureichen oder aber nähere Angaben zu hier lebenden Verwandten zu machen, sofern derartige Hinweise überhaupt sachdienlich sein können. Die bloße Fristüberschreitung allein rechtfertigt in diesen Fällen noch nicht die Betreibensaufforderung. Vielmehr bedarf es vor deren Erlass regelmäßig der Erinnerung.

8 Generell wird man sagen können, dass die Aufforderung nur gerechtfertigt ist, wenn das fehlende Interesse an der Weiterführung des Verfahrens für die Behörde *erkennbar* ist (BT-Drs. 12/2062, S. 33). Für den Erlass der Betreibensaufforderung muss also stets ein *bestimmter Anlass* gegeben sein, der geeignet ist, Zweifel in das Interesse des Antragstellers auf Fortführung seines Verfahrens zu setzen (vgl. BVerwG, InfAuslR 1984, 278; s. hierzu ausführlich § 81 Rdn. 13 ff.). Solche Zweifel können sich daraus ergeben, dass der Antragsteller den von ihm zu erwartenden verfahrensrechtlichen Mitwirkungspflichten nicht nachkommt (vgl. BVerwG, BayVBl. 1986, 503; BVerwG, InfAuslR 1985, 278).

9 Die Anforderungen der Rechtsprechung an den Erlass der gerichtlichen Aufforderung nach § 33 AsylVfG 1982 waren insoweit sehr streng. Nicht jede Verletzung der Mitwirkungspflichten begründete Zweifel am Rechtsschutzinteresse. Erst wenn eine (gerichtliche) Erinnerung ohne Folgen blieb, war der Zweifel begründet und die Aufforderung gerechtfertigt. Diese strengen Anforderungen wird man für den Erlass der Betreibensaufforderung nach Abs. 1 S. 1 auch für das geltende Recht verlangen müssen. Daher darf das

Bundesamt nur dann nach Abs. 1 S. 1 vorgehen, wenn es vorher den Antragsteller schriftlich an seine Mitwirkungspflicht erinnert hat.

Einen Anhalt für die Richtigkeit dieser Ansicht gibt das Gesetz selbst. Erscheint der Antragsteller ohne genügende Entschuldigung nicht zur Anhörung, ist ihm Gelegenheit zur schriftlichen Stellungnahme innerhalb eines Monats zu geben (§ 25 V 2). Äußert er sich nicht, entscheidet das Bundesamt nach Aktenlage (§ 25 V 3). Die Regelung des § 33 bleibt unberührt (§ 25 V 4). Das Bundesamt kann daher an Stelle der Sachentscheidung die Aufforderung nach Abs. 1 S. 1 in hinreichend bestimmter Form erlassen. Dieses gesetzlich geregelte Beispiel verdeutlicht, dass das scharfe Instrument des § 33 erst eingesetzt werden darf, wenn eine behördliche Erinnerung – hier die Aufforderung zur Stellungnahme nach § 25 V 2 – fruchtlos geblieben ist. Keinesfalls ist es nach diesen strengen Grundsätzen gerechtfertigt, dass das Bundesamt die Betreibensaufforderung zugleich mit der Aufforderung nach § 25 V 2 verbindet (so aber VG Darmstadt, B. v. 4. 11. 1993 – 8 G 10291/93.A; ebenso VG Münster, AuAS 1994, 191).

Diese strengen Grundsätze verbieten es, dass das Bundesamt nach § 33 vorgeht, wenn der Antragsteller bereits schriftlich zu seinen Verfolgungsgründen vorgetragen hat (VG Schleswig, AuAS 1993, 166; VG Gelsenkirchen, AuAS 1993, 262; VG Weimar, B. v. 15. 12. 1993 – 7 E 21545/93.We; a. A. VG Darmstadt, B. v. 4. 11. 1993 – 8 G 10291/93.A; VG Münster AuAS 1994, 191). Eine Betreibensaufforderung darf nur ergehen, wenn der Antragsteller das Verfahren noch gar nicht ordnungsgemäß betrieben hat (VG Gelsenkirchen, AuAS 1993, 262). Hat der Antragsteller jedoch bereits eine schriftliche Asylbegründung eingereicht, hat er das Verfahren auch betrieben. In diesem Fall löst die Verletzung der Obliegenheit nach § 25 V 2 allein die Rechtswirkung des § 25 V 3, d. h. die Entscheidung nach Aktenlage, aus. Eine Betreibensaufforderung ist unzulässig (VG Gelsenkirchen, AuAS 1993, 262; VG Weimar, B. v. 15. 12. 1993 – 7 E 21545/93.We; a. A. VG Darmstadt, B. v. 4. 11. 1993 – 8 G 10291/93.A).

Ist das Bundesamt der Ansicht, dass die schriftliche Asylbegründung nicht ausreicht, kann es mithin entweder nach § 25 V 3 vorgehen oder es kann den Antragsteller konkret und detailliert zu einer weiteren Mitwirkung auffordern. Keinesfalls ist es nach diesen strengen Grundsätzen gerechtfertigt, dass das Bundesamt die Betreibensaufforderung zugleich mit der Aufforderung nach § 25 V 2 verbindet (so aber VG Darmstadt, B. v. 4. 11. 1993 – 8 G 10291/93.A; ebenso VG Münster, AuAS 1994, 191). Denn erst die fehlende Reaktion auf die Aufforderung nach § 25 V 2 gibt Anlass für den Erlass der Betreibensaufforderung.

Die Aufforderung muss insbesondere inhaltlich bestimmt sein (vgl. Hess. VGH, InfAuslR 1984, 26), d. h. sie muss so bestimmt und konkret gefasst sein, dass für den Adressaten eindeutig erkennbar wird, was ihm im Einzelnen abverlangt wird. Daher reicht die rein formelhafte und abstrakte Bezugnahme auf § 33 nicht aus (VG Aachen, U. v. 16. 4. 1996 – 5 K 501/93.A; VG Darmstadt, B. v. 4. 11. 1993 – 8 G 10291/93.A). Dabei ist insbesondere zu bedenken, dass bei einer vorliegenden schriftlichen Asylbegründung das Bundesamt nicht ohne Weiteres nach Abs. 1 S. 1 vorgehen darf (OVG NW, U. v.

11. 7. 1997 – 21 A 461/96.A; VG Aachen, U. v. 16. 4. 1996 – 5 K 501/93.A; a. A. VG Münster, AuAS 1994, 191), sondern den Antragsteller substanziiert auffordern muss, zu bestimmten Fragen, Widersprüchen oder unvollständig gebliebenen Teilen des Sachvorbringens Stellung zu nehmen (VG Aachen, U. v. 16. 4. 1996 – 5 K 501/93.A).

14 Das Maß der notwendigen Konkretisierung der Mitwirkungspflichten in der Betreibensaufforderung bemisst sich generell danach, auf welche Art und Weise der Antragsteller – gemessen an dem Anlass, den er für die Zweifel am Fortbestand seines Rechtsschutzbedürfnisses gegeben hat – die Zweifel ausräumen kann (VG Münster, AuAs 1994, 191 (192)). Auch dürfen die Anforderungen an die Mitwirkungspflichten des Antragstellers nicht überspannt werden.

3. Belehrungspflicht nach Abs. 1 Satz 2

15 In der Aufforderung muss der Antragsteller entsprechend der gesetzlichen Anordnung nach Abs. 1 S. 2 insbesondere auf die Folgen der Nichterfüllung der Aufforderung hingewiesen werden. Das Bundesamt hat einerseits die Mitwirkungspflichten präzis zu konkretisieren. Andererseits hat es den Antragsteller darauf hinzuweisen, dass bei Nichterfüllung der Aufforderung nach Monatsfrist der Antrag als zurückgenommen gilt und eine Entscheidung in der Sache nicht ergeht (Reimann, VBlBW 1995, 178).

16 Darüber hinaus wird man wegen der gravierenden Folgen der fiktiven Antragsrücknahme den Hinweis in der Belehrung darauf verlangen müssen, dass der Aufenthalt des Antragstellers durch Erlass einer Verfügung beendet werden wird, wenn nicht asylunabhängige aufenthaltsrechtliche Positionen bestehen. Fehlt insbesondere der Hinweis auf die aufenthaltsbeendenden Maßnahmen, verletzt das Bundesamt seine Verpflichtung nach Abs. 1 S. 2. Die Aufforderung ist rechtswidrig.

4. Förmliche Zustellung der Betreibensaufforderung

17 Nach der überwiegenden Meinung in der Rechtsprechung muss die Betreibensaufforderung nach Abs. 1 S. 1 *wirksam zugestellt* werden (OVG Hamburg, EZAR 210 Nr. 8; VG Minden, AuAS 1994, 251 (252); VG Meiningen, Gerichtsbescheid v. 19. 7. 1994 – 5 K 20105/94.Me.; VG Saarlouis, B. v. 19. 8. 1993 – 11 F 198/93.A; a. A. OVG NW, AuAS 1995, 203 (204); Reimann, VBlBW 1995, 178 (179)). Dies wird damit begründet, dass nach der Regelung des § 31 I 2 Entscheidungen des Bundesamtes zuzustellen seien. Damit werde erkennbar der Zweck verfolgt, wegen der besonderen Bedeutung der in Asylverfahren ergehenden Entscheidungen dem Asylsuchenden Klarheit darüber zu verschaffen, dass und wann diese Entscheidungen, die Rechtsbehelfsfristen auslösten, ihm gegenüber wirksam geworden seien. Diesem Zweck entspreche es, auch die Zustellung der Betreibensaufforderung zu verlangen (OVG Hamburg, EZAR 210 Nr. 8; VG Minden, AuAS 1994, 251 (252)).

Deren Wirkungen seien für den Asylsuchenden ähnlich gravierend wie eine Entscheidung des Bundesamtes, weil eine wirksame Betreibensaufforderung nach Abs. 1 S. 1 zur Folge habe, dass der Asylantrag unmittelbar kraft Gesetzes als zurückgenommen gelte. Die Zustellung diene dabei zugleich dem Zweck, die besondere Bedeutung der Betreibensaufforderung für den geltend gemachten Asylanspruch hervorzuheben (OVG Hamburg, EZAR 210 Nr. 8; VG Minden, AuAS 1994, 251 (252)). Die Gegenmeinung wird lapidar damit begründet, dass anders als § 31 I die Vorschrift über die Betreibensaufforderung keine ausdrückliche Regelung über die förmliche Zustellung enthalte (OVG NW, AuAS 1995, 203 (204)). Mit der überwiegenden Meinung ist davon auszugehen, dass die Rechtsfolge nach Abs. 1 S. 1 nicht eintritt, wenn die Betreibensaufforderung nicht förmlich zugestellt worden ist (VG Meiningen, Gerichtsbescheid v. 19. 7. 1994 – 5 K 20105/94.Me). 18

5. Umfang der Mitwirkungspflichten nach Abs. 1 Satz 1

Der Umfang der Mitwirkungspflichten nach Abs. 1 S. 1 richtet sich nach dem Inhalt der Betreibensaufforderung. Der Antragsteller hat das Verfahren nicht mehr betrieben, wenn er innerhalb der Monatsfrist nicht konkret dargetan hat, warum das Rechtsschutzbedürfnis trotz der Zweifel an seinem Interesse an der Fortführung des Asylverfahrens weiterhin besteht (vgl. BVerwG, BayVBl. 1986, 503; BVerwG, InfAuslR 1985, 278). Regelmäßig genügt er dieser Darlegungspflicht, wenn er eine nachvollziehbare Erklärung für sein bisheriges Verhalten abgibt. Ob diese Erklärung Zweifel an seiner persönlichen Glaubwürdigkeit oder an der Glaubhaftmachung der Angaben begründet, ist nicht im Rahmen des § 33, sondern im Rahmen der Beweiswürdigung zu entscheiden. 19

Wird der Antragsteller lediglich pauschal zur Darlegung seines individuellen Verfolgungsvortrags aufgefordert, reicht es aus, wenn er innerhalb der Monatsfrist nach seinem Vermögen die für den Fluchtentschluss maßgeblichen Gründe erläutert. Legt der Antragsteller vor Fristablauf eine ärztliche Bescheinigung vor, aus der sich ergibt, dass er wegen einer *akuten Erkrankung* an dem Termin zur persönlichen Anhörung nicht teilnehmen konnte, hat er die Zweifel am Bestehen eines Rechtsschutzbedürfnisses ausgeräumt (VG Münster, AuAS 1994, 191 (192)). 20

Man wird diese Rechtsprechung dahin zu verstehen haben, dass das Bundesamt in einem derartigen Fall erneut zur Anhörung laden muss und deshalb eine schriftliche Beantwortung der gestellten Fragen nicht erforderlich ist. Zur Verhinderung von Rechtsnachteilen empfiehlt es sich jedoch, vom Bundesamt präzisierte Fragen zu beantworten. Das Bundesamt hat wegen der scharfen Folgen der Nichterfüllung der Mitwirkungspflichten nach Abs. 1 S. 1 auch fremdsprachige Erklärungen entgegenzunehmen (a. A. OVG NW, AuAS 1995, 203 (204)). Dem steht die Kostentragungsregel des § 23 II 3 VwVfG nicht entgegen. 21

Richtet die Behörde eine Reihe von inhaltlichen Fragen an den Antragsteller, so darf der Eintritt der gesetzlichen Fiktion nicht vom Umfang der Beantwor- 22 tung der einzelnen Fragen abhängig gemacht werden. In derartigen Fällen reicht es vielmehr aus, wenn der Antragsteller sich nach seinem Vermögen erkennbar mit den einzelnen Fragen auseinandergesetzt hat (vgl. Hess.VGH, B. v. 6. 1. 1987 – 10 TE 2233/84). Generell kann gesagt werden, dass der Antragsteller sich so substanziiert äußern muss, dass Zweifel an seinem Desinteresse beseitigt werden und der äußere Anschein einer Vernachlässigung seiner verfahrensrechtlichen Pflichten entfällt. Wann dies im Einzelnen der Fall ist, kann naturgemäß nicht abstrakt beantwortet werden (OVG NW, AuAS 1995, 203 (205)).

23 Vielmehr ist die Beantwortung dieser Frage von den jeweiligen Gründen des Einzelfalles, insbesondere von den Gründen der Betreibensaufforderung abhängig. Den Anforderungen an ein substanziiertes Sachvorbringen genügt es jedenfalls nicht, wenn der Antragsteller auf eine inhaltlich konkretisierte Aufforderung hin lediglich mitteilt, er wolle das Verfahren weiter betreiben, oder bei mehreren erbetenen Verfahrenshandlungen nur diejenige vornimmt, die zur Erfüllung der verfahrensrechtlichen Pflicht ersichtlich von nur untergeordneter Bedeutung ist (vgl. BVerwG, Buchholz 402.25 § 33 AsylVfG Nr. 6).

6. Eintritt der gesetzlichen Fiktion der Antragsrücknahme nach Abs. 1 S. 1

24 Erfüllt der Antragsteller innerhalb der Monatsfrist nicht seine ihm obliegende, durch die Betreibensaufforderung im Einzelnen konkretisierte Mitwirkungspflicht, gilt sein Asylantrag mit Fristablauf kraft gesetzlicher Anordnung als zurückgenommen (Abs. 1 S. 1). Die Erledigung des Asylverfahrens tritt mithin unmittelbar kraft Gesetzes ein (vgl. BVerwG, Buchholz 402.25 § 33 Nr. 2; BVerwG, NVwZ 1984, 450). Dass das Bundesamt mit der Feststellung, dass das Asylverfahren eingestellt sei, nur etwas feststellt, was sich ohnehin bereits aus dem Gesetz ergibt, ist für feststellende Verwaltungsakte typisch, nimmt der Feststellung indes nicht den Charakter als Verwaltungsakt (OVG Hamburg, EZAR 210 Nr. 8; Weirich, VBlBW 1995, 185).

25 Eine Analogie zur verwaltungsgerichtlichen Einstellung des Verfahrens durch Beschluss, dem lediglich *deklaratorische Bedeutung* beigemessen wird (vgl. BVerwG, Buchholz 402.25 § 33 Nr. 2; BVerwG NVwZ 1984, 450), scheidet aus (OVG Hamburg, EZAR 210 Nr. 8). Die Analogie zum Gerichtsverfahren würde bedeuten, dass das Bundesamt auf entsprechende Einwendungen des Antragstellers hin erneut – dieses Mal mit bindender Wirkung – eine Feststellung über die Antragsrücknahme treffen müsste. Ein derart umständliches Verfahren ist nach der obergerichtlichen Rechtsprechung mit dem gesetzgeberischen Vorstellungen nicht in Übereinklang zu bringen (OVG Hamburg, EZAR 210 Nr. 8).

26 Nach fruchtlosem Fristablauf stellt daher das Bundesamt das Asylverfahren ein. Es handelt sich im Hinblick auf die Asylberechtigung und den internationalen Schutz nach § 60 I AufenthG nicht um eine Entscheidung in der Sache. Eine Ablehnung des Asylantrags in Fällen der tatsächlichen oder fiktiven Rücknahme des Asylantrags ist in § 32 nicht vorgesehen und auch nicht zulässig (OVG Hamburg, EZAR 210 Nr. 8). Allerdings verpflichtet § 32 das

Bundesamt, Abschiebungshindernisse nach § 60 II–VII AufenthG zu prüfen und eine Entscheidung darüber zu treffen, ob diese im Einzelfall vorliegen. Die Verfahrenseinstellung wird in aller Regel zusammen mit der Verfügung nach § 34 I 1 erlassen, um den Aufenthalt des Antragstellers unverzüglich beenden zu können.

7. Rückkehr in den Herkunftsstaat (Abs. 2)

Einen besonderen gesetzlich geregelten Fall der fingierten Antragsrücknahme enthält Abs. 2. Dieser ist durch ÄnderungsG 1993 neu eingefügt worden und wird damit begründet, dass die Fiktion der Rücknahme bei Reisen in den Herkunftsstaat gerechtfertigt sei, weil der Antragsteller erkennbar selbst davon ausgehe, dass ihm dort keine Verfolgung drohe (BT-Drs. 12/4450, S. 23). Der Gesetzgeber unterstellt hier wegen der angenommenen Rückkehr in den Herkunftsstaat das fehlende Sachentscheidungsinteresse (Reimann, VBlBW 1995, 178 (179)). 27

Die Rückreise in den Herkunftsstaat erscheint dem Gesetzgeber ein derart gewichtiges Indiz für das Desinteresse des Antragstellers an der Fortführung des Verfahrens, dass er in diesem Fall weder eine Betreibensaufforderung noch eine Fristsetzung verlangt. Vielmehr hat das Bundesamt von Amts wegen das Verfahren einzustellen, wenn es eindeutige Umstände gibt, die den zwingenden Schluss auf die Rückkehr des Antragstellers in seinen Herkunftsstaat gebieten (BT-Drs. 12/4450, S. 23). 28

Die Fiktion der Rücknahme nach Abs. 2 setzt eine *freiwillige* Rückkehr in den Herkunftsstaat voraus (OVG NW, B. v. 15. 11. 1996 – 17 B 1433/96; VG Frankfurt am Main, NVwZ-Beil. 1996, 46 (47)). Für die Notwendigkeit einer dahingehenden Auslegung spricht, dass es nicht Sinn der gesetzlichen Regelung des Abs. 2 sein kann, rechtstreues Verhalten – in Befolgung einer vollziehbaren Abschiebungsandrohung – dadurch zu sanktionieren, dass die weitere rechtliche Verfolgung der Interessen vom Ausland aus unmöglich gemacht wird (OVG NW, B. v. 15. 11. 1996 – 17 B 1433/96; offen gelassen: VG Frankfurt am Main, NVwZ-Beil. 1996, 46 (47)). 29

Eine Rückkehr in den Herkunftsstaat ist dann nicht freiwillig, wenn sie zwangsweise im Wege der Abschiebung oder Zurückweisung erfolgt. Wird der Asylsuchende jedoch in einen Drittstaat zurückgewiesen, verweigern ihm die dortigen Behörden die Einreise und bietet ihm das Flugpersonal an, ihn entweder in das Bundesgebiet zurück oder in den Herkunftsstaat weiter zu bringen, beruht die Entscheidung für die Rückkehr in den Herkunftsstaat auf einem freiwilligen Entschluss des Antragstellers (VG Frankfurt am Main, NVwZ-Beil. 1996, 46 (47)). 30

Allerdings wird man den Tod oder die schwere Erkrankung eines engen Angehörigen nicht als Umstand bewerten können, der die Annahme eines freiwilligen Rückkehrentschlusses rechtfertigt (offen gelassen durch VG Frankfurt am Main, NVwZ-Beil. 1996, 46 (47)). 31

Das praktische Problem der Anwendung von Abs. 2 besteht in der Schwierigkeit, den Nachweis zu führen, dass der Antragsteller in den Herkunftsstaat 32 gereist ist (Reimann, VBlBW 1995, 178 (179)). Reist er nämlich nicht in diesen, sondern in einen Drittstaat ein, findet Abs. 2 keine Anwendung. Das Bundesamt kann aber nach Abs. 1 S. 1 vorgehen.

33 Wie im Falle des Abs. 1 S. 1 ergeht beim Vorliegen der Voraussetzungen nach Abs. 2 keine Entscheidung in der Sache. Vielmehr wird das Asylverfahren durch feststellenden Verwaltungsakt eingestellt. Das Bundesamt hat eine Entscheidung über das Vorliegen von Abschiebungshindernissen nach § 60 II−VII AufenthG zu treffen (§ 32). Entsteht nachträglich Streit über die tatsächliche Rückkehr in den Herkunftsstaat, ist mit der Anfechtungsklage die Fortführung des Verfahrens zu erstreiten. Da das Bundesamt im Falle der Antragsrücknahme kraft Gesetzes zur Prüfung von Abschiebungshindernissen nach § 60 II−VII AufenthG verpflichtet ist, wird es regelmäßig eine Abschiebungsandrohung nach § 34 I 1 erlassen. Dementsprechend wird in der Verwaltungspraxis verfahren. Einstweiliger Rechtsschutz kann in diesen Fällen über § 80 V VwGO erlangt werden.

8. Rechtsschutz gegen die Verfahrenseinstellung nach Abs. 1 Satz 1 und Abs. 2

34 Nach anfänglichen Unsicherheiten in der Rechtsprechung ist geklärt, dass gegen die Einstellung des Verfahrens durch das Bundesamt nach §§ 32, 33 die *isolierte Anfechtungsklage* zu erheben ist (BVerwG, NVwZ 1996, 80 = AuAS 1995, 201; BVerwG, EZAR 631 Nr. 38; BayVGH, NVwZ-Beil. 1997, 13; OVG Hamburg, EZAR 210 Nr. 8; OVG NW, EZAR 631 Nr. 33; OVG NW, U. v. 13. 12. 1994 − 13 A 267/94.A; OVG NW, U. v. 11. 7. 1997 − 21 A 461/96.A; VG Aachen, U. v. 16. 4. 1996 − 5 K 501/93.A; zustimmend Ruge, NVwZ 1995, 773 (736); Weirich, VBlBW 1995, 185; Schenk, in Hailbronner, AuslR, § 74 AsylVfG Rdn. 19; wohl auch Reimann, VBlBW 1995, 178 (180); so schon OVG Schleswig, AuAS 1994, 118; VG Koblenz, InfAuslR 1994, 203; VG Freiburg, NVwZ 1994, 403; a. A. Stegemeyer, VBlBW 1995, 180 (181)). Ist die Aufforderung zu Unrecht ergangen, ordnet das Verwaltungsgericht auf Antrag nach § 80 V VwGO die aufschiebende Wirkung der Anfechtungsklage an und verpflichtet das Bundesamt zur Fortführung des Verfahrens (OVG Schleswig, AuAS 1994, 118; VG Koblenz, InfAuslR 1994, 203).

35 Begründet wird diese Auffassung damit, dass die Wirkung der Einstellungsverfügung sich nicht nur in der verfahrensrechtlichen Folge der Verfahrenseinstellung erschöpfe, sondern die materielle Rechtslage des Antragstellers verschlechtere. Der Asylsuchende müsse daher die Aufhebung der Verfügung erreichen, wenn er eine Entscheidung über seinen Asylantrag erhalten wolle (BVerwG, NVwZ 1996, 80f.). Auch die Anordnung der aufschiebenden Wirkung der Klage führe nicht zur Unwirksamkeit der Einstellungsverfügung, da § 37 I weder unmittelbar noch entsprechend Anwendung finde (BVerwG, NVwZ 1996, 80 (81)).

36 Die Anfechtungsklage sei auch nicht wegen Vorrangs der Verpflichtungsklage unzulässig. Die Regelungen des AsylVfG ließen nämlich darauf schließen, dass die verweigerte sachliche Prüfung vorrangig von der Fachbehörde nach-

zuholen sei. Die besondere Struktur des AsylVfG stehe daher in den Fällen der Verfahrenseinstellung durch das Bundesamt nach §§ 32, 33 einer auf die Asylanerkennung gerichteten Verpflichtungsklage regelmäßig entgegen (BVerwG, NVwZ 1996, 80 (81)).

Die Gegenmeinung verneint das Rechtsschutzbedürfnis für eine isolierte Anfechtungsklage, da Ziel des vom Asylsuchenden angestrebten Verfahrens die Asylanerkennung sei. Daher komme eine Begrenzung des Verfahrensgegenstandes auf die Verfahrensfrage, ob die Einstellungsverfügung rechtmäßig gewesen sei, nicht in Betracht (Stegemeyer, VBlBW 1995, 180 (181)). Auch unter dem Gesichtspunkt der Verfahrensbeschleunigung sei der Verpflichtungsklage der Vorzug zu geben. Angesichts der niedrigen Anerkennungsquoten sei die doppelte Inanspruchnahme des Verwaltungsgerichts zu vermeiden (Stegemeyer, VBlBW 1995, 180 (181)). 37

Hier wird die Möglichkeit, dass das Verwaltungsgericht wegen einer möglichen positiven Statusentscheidung nicht ein weiteres Mal in Anspruch genommen werden muss, also von vornherein ausgeschlossen. Demgegenüber gibt das BVerwG unter Hinweis auf das scharfe Instrument des § 36, das dem Verwaltungsgericht nicht zur Verfügung steht, gerade wegen des Beschleunigungszwecks des AsylVfG der isolierten Anfechtungsklage den Vorzug (BVerwG, NVwZ 1996, 80 (81); so auch OVG NW, EZAR 631 Nr. 33). 38

Stellt das Bundesamt das Verfahren nach §§ 32, 33 ein, ist also im Wege der isolierten Anfechtungsklage Rechtsschutz anzustreben. Wird die Einstellungsverfügung aufgehoben, etwa weil ein bestimmter Anlass für die Betreibensaufforderung fehlte oder sich deren Zustellung nicht nachweisen lässt, so sind auch die Feststellung, dass Abschiebungshindernisse nach § 60 II – VII AufenthG nicht vorliegen, sowie die Abschiebungsandrohung aufzuheben (BVerwG, NVwZ 1996, 80 (82)). Das Asylverfahren ist fortzuführen. 39

Ob das Verwaltungsgericht auch ausnahmsweise durchentscheiden kann, hat das BVerwG ausdrücklich offen gelassen. Es hat jedoch zu erkennen gegeben, dass dies dann in Betracht kommen kann, wenn etwa der Asylanspruch von der Einreise aus einem sicheren Drittstaat oder von der in gefestigter Rechtsprechung erfolgten Einschätzung einer Gruppenverfolgungsgefahr abhänge (BVerwG, NVwZ 1996, 80 (81); so auch Nieders.OVG, B. v. 16. 10. 1995 – 11 L 4170/95; a. A. OVG NW, U. v. 11. 7. 1997 – 21 A 461/96.A). 40

Zu einer Entscheidung nach §§ 32, 33 bei Einreise aus einem sicheren Drittstaat kann es jedoch nur kommen, wenn das Bundesamt nicht nach § 34 a vorgehen, sondern in der Sache entschieden werden muss. Es ist kein überzeugender Grund ersichtlich, der im Blick auf die begehrte Gewährung des internationalen Schutzes nach § 60 I AufenthG eine abweichende Betrachtungsweise geboten erscheinen lässt. Die Gewährung des internationalen Schutzes setzt ebenso wie der Asylschutz eine sorgfältige Aufklärung des Sachverhalts, insbesondere eine Anhörung des Antragstellers voraus. 41

Erhebliche Aufklärungsdefizite lassen es daher auch im Falle des § 60 I AufenthG angezeigt erscheinen, die Sache an das Bundesamt zurückzuverweisen. Vorläufiger Rechtsschutz wird durch Beantragung der aufschiebenden Wirkung der Klage nach § 80 V VwGO erlangt und verpflichtet das Bundesamt zur Fortführung des Verfahrens (BVerwG, NVwZ 1996, 80 (81); OVG 42

Schleswig, AuAS 1994, 118; VG Koblenz, InfAuslR 1994, 203; Weirich, VBlBW 1995, 185).

9. Zurückweisung nach Abs. 3

9.1. Zweck der Vorschrift des Abs. 3 Satz 1

43 Durch die am 30. Oktober 1997 in Kraft getretene Einfügung von Abs. 3 S. 1 in die Vorschrift des § 33 aufgrund von Art. 2 Nr. 5 des Gesetzes zur Änderung ausländer- und asylverfahrensrechtlicher Vorschriften (BGBl. I S. 2584) will der Gesetzgeber eine zwingende Verpflichtung zur Einreiseverweigerung für die Grenzbehörde gegenüber dem Asylsuchenden festschreiben, der während des Asylverfahrens in den Herkunftsstaat gereist ist (BT-Drs. 13/4948, S. 11). Begründet wird diese gesetzgeberische Maßnahme damit, dass Asylsuchende, die während des Asylverfahrens in ihren Herkunftsstaat reisten, offenbar selbst davon ausgingen, dass ihnen dort keine Verfolgung mehr drohe. Diese Personen hätten grundsätzlich kein schutzwürdiges Interesse daran, dass ihnen nach einem Aufenthalt im Herkunftsstaat wieder die Einreise in das Bundesgebiet und der weitere Aufenthalt bis zur Einstellungsentscheidung des Bundesamtes gestattet werde (BT-Drs. 13/4948, S. 11).

44 Da Abs. 3 eine Beteiligung des Bundesamtes vor der Vollziehung der Zurückweisung grundsätzlich nicht vorsieht, ist diese Regelung mit dem internationalen Standard unvereinbar, demzufolge stets die sachlich zuständige, nach Möglichkeit zentrale Feststellungsbehörde, nicht aber die Grenzbehörde die Entscheidung über die Gewährung von Abschiebungs- und Zurückweisungsschutz treffen soll. Abs. 3 ist auf Asylfolgeantragsteller nicht anwendbar, da diese nicht während eines anhängigen Verfahrens, sondern nach unanfechtbarem Abschluss des vorangegangenen Verfahrens einen weiteren Asylantrag stellen. Ist indes nach Stellung des Asylfolgeantrags ein weiteres Asylverfahren durchgeführt worden, ist Abs. 3 S. 1 anwendbar.

9.2. Tatbestandliche Voraussetzungen des Abs. 3 Satz 1

45 Die Zurückweisung nach Abs. 3 S. 1 setzt voraus, dass die Grenzbehörde eindeutige Feststellungen dahin getroffen hat, dass *noch ein Asylverfahren anhängig* und der die Einreise begehrende Asylsuchende während dieses Verfahrens in *den Herkunftsstaat gereist* ist. Beide Voraussetzungen müssen *kumulativ* vorliegen. Kann die Grenzbehörde keine präzisen Feststellungen zum Stand des Verfahrens treffen, darf sie nicht ohne weiteres die Anhängigkeit des Asylverfahrens unterstellen. Die Bescheinigung nach § 63 gibt über die Verfahrensbeendigung keine hinreichend zuverlässige Auskunft, da die Erlöschensgründe der Aufenthaltsgestattung kraft Gesetzes eintreten (vgl. § 67), ohne dass dies notwendigerweise zur Einziehung der Bescheinigung nach § 63 geführt haben muss.

Auch kann es sein, dass bereits nach Abs. 2 das Asylverfahren eingestellt worden ist, sodass die erneute Einreise nicht während des noch anhängigen Asylverfahrens, sondern zum Zwecke der Antragstellung im Asylfolgeverfahren erfolgt. Daher ist zwingend das Bundesamt zu beteiligen, um sichere Feststellungen zum Erfordernis des noch anhängigen Asylverfahrens treffen zu können. Ist das vorangegangene Asylverfahren beendet, ist kein Asylverfahren mehr anhängig. Der Asylsuchende ist zur Prüfung der Beachtlichkeit der Wiederaufnahmegründe an das Bundesamt weiterzuleiten. **46**

Darüber hinaus muss die Grenzbehörde *eindeutige Feststellungen* über eine zwischenzeitliche Rückkehr des Asylsuchenden in den maßgeblichen Herkunftsstaat treffen (BT-Drs. 13/4948, S. 11). Hierfür trifft die Behörde die *Beweislast*. Verbleiben Zweifel, ob der Asylsuchende in den maßgeblichen Herkunftsstaat zurückgereist ist, ist die Einreise zur Fortführung des Asylverfahrens zu gestatten. Maßgeblicher Herkunftsstaat ist der Staat, in dem die behauptete Verfolgung droht. Dies ist bei Staatenlosen das Land des früheren gewöhnlichen Aufenthaltes. Jedoch dürfte Abs. 3 S. 1 insoweit kaum praxisrelevant werden, da staatenlosen Asylsuchenden in aller Regel kaum die Wiedereinreise in das Land des früheren gewöhnlichen Aufenthaltes erlaubt werden dürfte. **47**

Hat der Asylsuchende mehrere Staatsangehörigkeiten, so kann die Grenzbehörde Abs. 3 S. 1 nicht anwenden. Denn es obliegt dem Bundesamt festzustellen, ob es den Asylantrag deshalb ablehnen kann, weil in einem der Herkunftsstaaten keine Verfolgung droht. Solange das Bundesamt den in Betracht kommenden Herkunftsstaat nicht identifiziert hat, ist deshalb Abs. 3 S. 1 mangels Bezugspunktes nicht anwendbar. Für die Entscheidung im Hinblick auf den maßgeblichen Herkunftsstaat fehlt der Grenzbehörde die Kompetenz und damit auch die Befugnis, sich auf Abs. 3 S. 1 zu berufen. **48**

Ebenso wie bei der Anwendung von Abs. 2 steht der Anwendung von Abs. 3 S. 1 der Umstand entgegen, dass der Asylsuchende *nicht freiwillig* in den Herkunftsstaat gereist ist. Ist er etwa zwangsweise abgeschoben worden, fehlt es an der freiwilligen Rückkehr in den Herkunftsstaat. Ebenso können dringende familiäre, insbesondere humanitäre Gründe ursächlich für den vorübergehenden Aufenthalt im Herkunftsstaat gewesen sein. Aus gesetzessystematischen Gründen sind für die Anwendung von Abs. 3 S. 1 die Grundsätze anzuwenden, die bei einer Rückkehr in den Herkunftsstaat den Widerruf des Asylrechts nach § 73 I 1 rechtfertigen (§ 73 Rdn. 90 ff.). **49**

Jedenfalls ist kein Grund ersichtlich, der es rechtfertigen könnte, insoweit bei anerkannten Asylberechtigten andere Maßstäbe anzulegen als bei Asylsuchenden. Auch die gesetzliche Begründung stützt diese Auslegung von Abs. 3 S. 1. Denn in dem Fall, in dem dringende humanitäre Gründe für die Rückreise in den Herkunftsstaat glaubhaft gemacht werden, kann nicht mehr unterstellt werden, dass der Asylsuchende offenbar selbst davon ausgehe, dass ihm dort keine Verfolgung drohe (vgl. BT-Drs. 13/4948, S. 11). Im Zweifel ist die Einreise zu gestatten. Denn für eine verbindliche Klärung der insoweit zu berücksichtigenden maßgeblichen Umstände fehlt der Grenzbehörde die Kompetenz. **50**

9.3. Prüfung von Abschiebungshindernissen nach § 60 Ab. 1 bis 3 und 5 AufenthG (Abs. 3 Satz 3)

51 Nach Abs. 3 S. 3 finden die Vorschriften des § 60 I–III und V AufenthG entsprechend Anwendung. Nach der gesetzlichen Begründung sind die in diesen Vorschriften genannten Abschiebungshindernisse von der Grenzschutzbehörde zu prüfen. Berufe sich der Asylsuchende auf das Fortbestehen der Verfolgung, habe die Grenzbehörde das Bundesamt bei der Prüfung zu beteiligen (BT-Drs. 13/4948, S. 11). Die Vorschrift des Abs. 3 S. 3 durchbricht damit die Systematik des Gesetzes, da trotz eines anhängigen Asylverfahrens nicht das Bundesamt, sondern die Grenzschutzbehörde über das Eingreifen des internationalen Schutzes nach § 60 I AufenthG entscheidet.

52 Diese Systemwidrigkeit ist mit dem hohen Rang des internationalen Schutzes, wie er insbesondere durch die Qualifikationsrichtlinie bekräftigt wird, unvereinbar. Ob die die Zurückweisung in den Herkunftsstaat mit § 60 I AufenthG vereinbar ist, kann allein das Bundesamt entscheiden (vgl. § 5 I 1) und nicht die Grenzschutzbehörde. Liegen die Voraussetzungen des § 60 I AufenthG vor, besteht ein Rechtsanspruch auf Erteilung der Aufenthaltserlaubnis (§ 25 II 1 AufenthG, Art. 13, 24 I der Qualifikationsrichtlinie). Soweit Abs. 3 S. 1 auch auf § 60 I AufenthG verweist und damit der Grenzschutzbehörde die Zuständigkeit für die Prüfung der entsprechenden Voraussetzungen auferlegt, ist die Vorschrift weder mit den Zuständigkeitsregelungen des AsylVfG noch mit dem Gemeinschaftsrecht vereinbar.

53 Nach der gesetzlichen Begründung ist bei der Prüfung von Abschiebungshindernissen nach § 60 II, III und V AufenthG die Beteiligung des Bundesamtes nicht vorgesehen (vgl. BT-Drs. 13/4948, S. 11). Da nach Abs. 3 S. 2 die Zurückweisung nach Abs. 3 S. 1 keine Entscheidung des Bundesamtes nach § 32 voraussetzt, hat dieses damit auch keine Abschiebungshindernisse nach § 60 Abs. 2, und 5 AufenthG zu prüfen. Der Grenzbehörde fehlt jedoch die zur Ermittlung asylrechtserheblicher Sachverhalte notwendige besondere Schulung (BVerfGE 94, 166 (205) = EZAR 632 Nr. 25 = NVwZ 1996, 678) und damit auch die Sachkunde für die Prüfung grundrechts- und völkerrechtserheblicher Abschiebungshindernisse.

54 Auch deshalb ist Abs. 3 S. 3 mit Verfassungsrecht unvereinbar. Bedenklich ist darüber hinaus der fehlende Verweis auf den Abschiebungsschutz nach § 60 VII 1 AufenthG in Abs. 3 S. 3. Insoweit scheint sich die Vorschrift an der Bestimmung des § 15 IV 1 AufenthG zu orientieren, die ebenso wenig den Abschiebungsschutz nach § 60 VII 1 AufenthG in Bezug nimmt. Nach der Rechtsprechung des BVerwG erfordert indes eine *verfassungskonforme Anwendung* des § 60 VII AufenthG die Feststellung darüber, ob eine Rückkehr deshalb unzumutbar ist, weil der Betreffende *sichere Landesteile* nicht wird erreichen können, weil er *auf dem Weg dorthin* einer extremen Leibes- oder Lebensgefahr ausgesetzt ist (BVerwGE 104, 265 (278) = EZAR 043 Nr. 21 = InfAuslR 1997, 379 (380) = NVwZ 1997, 1127, zu § 53 VI AuslG 1990). Diese Frage ist deshalb vor der Zurückweisung von der Grenzbehörde zu prüfen.

9.4. Zurückweisung (Abs. 3 Satz 1 und 3)

Liegen die Voraussetzungen nach Abs. 3 S. 1 vor, verpflichtet diese Norm die Grenzschutzbehörde, den Asylsuchenden zurückzuweisen. Einer förmlichen Verfahrenseinstellung nach § 32 durch das Bundesamt, die an sich nach Abs. 2 wegen der Rückkehr in den Herkunftsstaat erforderlich wäre, bedarf es nach Abs. 3 S. 2 nicht. Die Grenzschutzbehörde hat eine politische Verfolgung nach § 51 I AuslG unter zwingender Beteiligung des Bundesamtes zu prüfen. Ebenso wenig darf die Zurückweisung in den Staat vorgenommen werden, in dem Gefahren im Sinne von § 60 II–VII AufenthG drohen (vgl. § 59 III 2 AufenthG). 55

Unter den Voraussetzungen des § 62 AufenthG kann auf behördlichen Antrag vom Amtsgericht *Zurückschiebungshaft* angeordnet werden (Abs. 3 S. 3 in Verb. mit § 62 AufenthG). Zwar verweist Abs. 3 S. 3 nur auf die Regelungen über die Abschiebungshaft nach § 62 AufenthG. Abs. 3 S. 3 regelt jedoch die Kompetenzen der Grenzbehörde. Für diese sind nach § 57 III in Verb. mit § 62 AufenthG indes die Regelungen über die Zurückschiebungshaft von Bedeutung. 56

Vierter Unterabschnitt
Aufenthaltsbeendigung

§ 34 Abschiebungsandrohung

(1) Das Bundesamt erläßt nach den §§ 59 und 60 Abs. 10 des Aufenthaltsgesetzes die Abschiebungsandrohung, wenn der Ausländer nicht als Asylberechtigter anerkannt wird und keinen Aufenthaltstitel besitzt. Eine Anhörung des Ausländers vor Erlaß der Abschiebungsandrohung ist nicht erforderlich.
(2) Die Abschiebungsandrohung soll mit der Entscheidung über den Asylantrag verbunden werden.

Übersicht

		Rdn.
1.	Zweck der Vorschrift	1
2.	Voraussetzungen der Abschiebungsandrohung nach Abs. 1 Satz 1	8
2.1.	Rechtsnatur der Abschiebungsandrohung nach Abs. 1 Satz 1	8
2.2.	Gebundene Entscheidung	10
2.3.	Ausreisefrist	11
2.4.	Fehlende Asylberechtigung (Abs. 1 Satz 1 zweiter Halbsatz)	14
2.5.	Fehlender Besitz eines Aufenthaltstitels (Abs. 1 Satz 1 zweiter Halbsatz)	16
3.	Erforderlichkeit der Angabe des Zielstaates	18
3.1.	Zweck der Verweisungsregelung in Abs. 1 Satz 1 erster Halbsatz	18
3.2.	Bezeichnungspflicht nach § 60 Abs. 10 Satz 2 AufenthG	26
3.2.1.	Zweck der Schutznorm des § 60 Abs. 10 Satz 2 AufenthG	26

3.2.2.	§ 60 Abs. 10 Satz 2 AufenthG ist lex spezialis gegenüber § 59 Abs. 3 Satz 2 AufenthG	30
3.2.3.	Prüfkriterien des § 60 Abs. 10 S. 2 AufenthG	33
3.2.4.	Übernahmebereitschaft des Drittstaates	37
3.3.	Anforderungen an die Zielstaatsangabe nach § 59 Abs. 2 AufenthG	41
3.3.1.	Schutzcharakter der Bezeichnungspflicht nach § 59 Abs. 2 erster Halbsatz AufenthG	41
3.3.2.	Vorrang des Staates der Staatsangehörigkeit des Asylsuchenden	44
3.3.3.	Unzulässigkeit der Zielstaatsangabe »Herkunftsstaat«	55
3.3.4.	Hinweispflicht nach § 59 Abs. 2 zweiter Halbsatz AufenthG	59
3.3.5.	Ausnahmen von der Bezeichnungspflicht des § 59 Abs. 2 erster Halbsatz AufenthG	66
3.3.6.	Behördliche Zuständigkeit für die nachträgliche Bezeichnung des Zielstaates	71
3.3.7.	Staatenlosigkeit als Folge des untergegangenen Herkunftsstaates	77
3.3.8.	Übernahmebereitschaft des Nachfolgestaates	84
3.3.9.	Rückübernahmeabkommen als Rechtsgrund der Zielstaatsangabe	94
3.3.10.	Anforderungen an den Staatsbegriff nach § 59 Abs. 2 erster Halbsatz AufenthG	96
3.3.10.1.	Gefahr in einem regional begrenzten Teil des Herkunftslandes	96
3.3.10.2.	Voraussetzungen für die Bezugnahme auf den Staat »ingesamt«	98
3.3.10.2.1.	Erreichbarkeit der gefahrenfreien Region	98
3.3.10.2.2.	Keine Begrenzung auf eine Region, in der das Abschiebungshindernis besteht	104
3.3.10.2.3.	Prüfungskompetenz der Ausländerbehörde	108
3.3.10.2.4.	Rechtsschutz	109
3.3.11.	Zielstaatsbezeichnung bei fehlendem Besitz des Nationalpasses	112
3.3.11.1.	Bedeutung des fehlenden Nationalpasses für die anordnende Behörde	112
3.3.11.2.	Passlosigkeit als objektives Indiz für die Staatenlosigkeit	121
3.3.11.3.	Unaufklärbarkeit der Staatsangehörigkeit wegen fehlender Mitwirkung	125
3.3.11.4.	Vollzug bei ungültigem Nationalpass	137
4.	Verwaltungsverfahren (Abs. 1 und 2)	144
4.1.	Zuständigkeit des Bundesamtes (Abs. 1 Satz 1)	144
4.2.	Keine Anhörung (Abs. 1 Satz 2)	147
4.3.	Verbindung der Abschiebungsandrohung mit der Sachentscheidung (Abs. 2)	148
4.4.	Nachträglicher Erlass der Abschiebungsandrohung (Abs. 2)	151
5.	Eilrechtsschutzverfahren	153
5.1.	Antrag auf Anordnung der aufschiebenden Wirkung der Anfechtungsklage gegen die Abschiebungsandrohung nach Abs. 1 Satz 1 (§ 36 Abs. 3 Satz 1 in Verb. mit § 80 Abs. 5 VwGO)	153
5.2.	Vorbeugender Rechtsschutz gegen den Vollzug der Abschiebungsandrohung nach Abs. 1 Satz 1	156
5.2.1.	Nachträgliche Festsetzung des Zielstaates nach § 59 Abs. 2 erster Halbsatz AufenthG	156
5.2.2.	Vorbeugender Rechtsschutz gegen den Wegfall der tatsächlichen Unmöglichkeit der Abschiebung	160
5.2.3.	Krankheitsbedingte Abschiebungshindernisse	164
5.2.4.	Abschiebungsschutz aus familiären Gründen	173

Abschiebungsandrohung § 34

1. Zweck der Vorschrift

Diese Vorschrift hat zentrale Bedeutung für das Beschleunigungsziel des Gesetzes. Sie verwirklicht das Konzept einer umfassenden asyl- und ausländerrechtlichen Zuständigkeit des Bundesamtes. Anders als nach altem Recht ist Folge einer negativen Statusentscheidung nicht mehr die Ausreiseaufforderung mit einer darin zugleich enthaltenen Abschiebungsandrohung und Ausreisefrist (§ 28 AsylVfG 1982). Vielmehr wird nur noch die Abschiebungsandrohung erlassen. Standen früher verfolgungsbedingte und asylunabhängige Abschiebungshindernisse dem Erlass der ausländerrechtlichen Verfügung entgegen (§ 28 I 2 AsylVfG 1982), unterbleibt nach geltendem Recht nur bei einer positiven Statusfeststellung im Sinne von Art. 16 a I in Verb. mit § 1 I 1. Alt. und § 26 I die Verfügung.   **1**

Ungeachtet des mit Wirkung zum 1. Januar 2005 in Kraft getretenen ZuwG und der damit hergestellten vollständigen rechtlichen Gleichstellung von Asylberechtigten und Flüchtlingen ordnet Abs. 1 S. 1 unverändert nach Maßgabe der §§ 59 II, III 2, 60 X 2 AufenthG auch dann die Abschiebungsandrohung an, wenn das Bundesamt die Feststellung nach § 60 I AufenthG getroffen oder Abschiebungshindernisse gemäß § 60 II–VII AufenthG festgestellt hat. Umstritten ist aber, ob bereits im Verwaltungsverfahren Gesichtspunkte der Vollziehbarkeit auf die Rechtmäßigkeit der Verfügung selbst durchschlagen können, sodass diese etwa wegen der Unmöglichkeit, einen Zielstaat bestimmen zu können, zu unterbleiben hat.   **2**

Abs. 1 S. 1 ist insoweit nicht mit der Qualifikationsrichtlinie vereinbar. Denn nach Art. 13 der RL wird dem Asylsuchenden die Flüchtlingseigenschaft zuerkannt, wenn er die tatbestandlichen Voraussetzungen nach Art. 4 ff. der RL erfüllt. § 60 Abs. 1 AufenthG setzt die RL in innerstaatliches Recht um. Folge der Zuerkennung der Flüchtlingseigenschaft ist die Gewährung eines Aufenthaltstitels, der mindestens drei Jahre gültig und verlängerbar sein muss (Art. 24 I der RL, vgl. auch § 25 II 1 AufenthG). Wird damit der Flüchtlingsstatus gewährt, erwächst kraft Gemeinschaftsrechtes der Anspruch auf Erteilung des Aufenthaltstitels. Der Erlass einer Abschiebungsandrohung ist unzulässig.   **3**

Die Vorschrift des Abs. 1 S. 1 ist die *zentrale Rechtsgrundlage* für die ausländerrechtliche Verfügung bei negativer Statusentscheidung. Sie ist gegenüber der allgemeinen ausländerrechtlichen Regelung des § 59 I AufenthG die *spezielle Regelung*. Die Abschiebungsandrohung nach Abs. 1 S. 1 erledigt sich allerdings durch die Erteilung eines Aufenthaltstitels (BVerwG, EZAR 043 Nr. 41 = NVwZ-Beil. 2000, 25). Hat das Bundesamt eine Abschiebungsandrohung nach Abs. 1 S. 1 erlassen, ist die Ausländerbehörde nicht befugt, erneut über die Aufenthaltsbeendigung durch Erlass einer erneuten Abschiebungsandrohung nach § 59 I AufenthG zu erlassen. Diese neuerliche Eröffnung des Rechtsweges würde dem Ziel des Gesetzes, den Aufenthalt erfolgloser Asylsuchender möglichst frühzeitig zu beenden, zuwiderlaufen (BayVGH, NVwZ-Beil. 2003, 73 (74)).   **4**

Abs. 1 S. 1 verweist zwar auf § 59 und § 60 X AufenthG. Rechtsgrundlage für die Abschiebungsandrohung im Asylverfahren bleibt indes Abs. 1 S. 1. Die   **5** dort in Bezug genommenen ausländerrechtlichen Regelungen sind zur näheren Gestaltung des Verfahrens heran zu ziehen. Der Erlass einer Abschiebungsandrohung setzt einen gegenwärtigen Aufenthalt im Bundesgebiet und den Ausgang eines erfolglosen asylrechtlichen Verwaltungsverfahrens voraus. Hieran fehlt es, wenn die Ausreisepflicht erst durch eine erneute unerlaubte Einreise begründet werden soll. Daher ist der Erlass einer Abschiebungsandrohung für den Fall der Wiedereinreise rechtswidrig. Eine Abschiebungsandrohung auf Vorrat sieht das Gesetz lediglich in § 18 a II vor (VG Chemnitz, B. v. 15. 7. 2003 – A 8 K 908/03).

6   Abs. 1 S. 1 ist auch Rechtsgrundlage im Falle der qualifizierten Asylablehnung nach § 30. Hingegen ist bei Einreise über sichere Drittstaaten (§ 26 a) die Abschiebungsanordnung nach § 34 a sowie in Fällen unbeachtlicher Anträge nach § 29 die Abschiebungsandrohung nach § 35 zu erlassen.

7   Wie sich aus dem Wortlaut ergibt, ist Abs. 1 S. 1 zwar Grundlage der Abschiebungsandrohung nach Abs. 1 S. 1. Das Verfahren richtet sich jedoch nach allgemeinem Ausländerrecht, soweit das AsylVfG keine besonderen Regelungen enthält. Eine derartige Sonderregelung kann z. B. § 35 S. 2 entnommen werden. Im Übrigen hatte der Gesetzgeber im Zusammenhang mit der Neuordnung des Asylverfahrens 1992 gerade die allgemeinen Abschiebungsregelungen umfassend neu gestaltet (vgl. §§ 50 ff. AuslG 1990, jetzt §§ 59 ff. AufenthG), um das Ziel einer unverzüglichen Aufenthaltsbeendigung nach erfolglosem Asylverfahren optimal verwirklichen zu können.

2. Voraussetzungen der Abschiebungsandrohung nach Abs. 1 Satz 1

2.1. Rechtsnatur der Abschiebungsandrohung nach Abs. 1 Satz 1

8   Die Abschiebungsandrohung ist ein selbständig anfechtbarer Verwaltungsakt (BVerwGE 49, 202 (209) = EZAR 103 Nr. 1 = NJW 1976, 490; BVerwG, DÖV 1978, 180). Sie ist Maßnahme der Verwaltungsvollstreckung zur zwangsweisen Durchsetzung der Ausreisepflicht des Betroffenen und als solche die erste Stufe im Vollstreckungsverfahren. Sie erfüllt eine *Mahn- und Warnfunktion* und soll dem Betroffenen ankündigen, welche staatlichen Zwangsmaßnahme er zu erwarten hat, wenn er nicht freiwillig der ihm obliegenden Ausreisepflicht innerhalb der gesetzten Frist nachkommt. Zugleich gibt die Abschiebungsandrohung dem Betroffenen Gelegenheit, etwaige Abschiebungshindernisse hinsichtlich des benannten Zielstaates im Rechtsschutzverfahren geltend zu machen (BVerwGE 110, 74 (79 f.) = EZAR 044 Nr. 16 = InfAuslR 2000, 122 = AuAS 2000, 27).

9   Die Abschiebungsandrohung ist im Zusammenhang mit den gegen die asylrechtliche Sachentscheidung nach § 31 einzulegenden Rechtsmitteln durch *Anfechtungsklage* anzugreifen. Als Maßnahme der Zwangsvollstreckung unterliegt die Abschiebungsandrohung im Allgemeinen Ausländerrecht dem Länderrecht. Während im Allgemeinen in den Ländern die Frage des Suspensiveffektes unterschiedlich geregelt ist, ordnet demgegenüber § 75 für den Normalfall die aufschiebende Wirkung der Anfechtungsklage an. Für

das Eilrechtsschutzverfahren regelt § 36 III 8 bundesgesetzlich die Aussetzung an.

2.2. Gebundene Entscheidung

Der Wortlaut des Abs. 1 S. 1 lässt anders als nach allgemeinem Ausländerrecht der anordnenden Behörde, dem Bundesamt, kein Ermessen. Sind die Voraussetzungen des Abs. 1 S. 1 erfüllt, so ist die Abschiebungsandrohung zu erlassen (Funke-Kaiser, in: GK-AsylVfG, II-§ 34 Rdn. 19; Hailbronner, AuslR, B 2, § 34 AsylVfG Rdn. 20). Anders als nach allgemeinem Ausländerrecht ist jedoch eine Abschiebung ohne vorhergehende Abschiebungsandrohung ausnahmslos unzulässig (Funke-Kaiser, in: GK-AsylVfG, II-§ 34 Rdn. 18). Dies ergibt sich aus dem Regelungszusammenhang der Vorschriften des § 59 III, § 60 X 2 AufenthG und § 36 III 8). 10

2.3. Ausreisefrist

Nach § 59 I AufenthG, der nach Abs. 1 S. 1 entsprechend anwendbar ist, soll die Abschiebung unter einer Fristsetzung erfolgen. Hieraus folgt nach der Rechtsprechung des BVerwG nicht, dass die Abschiebungsandrohung selbst rechtswidrig ist und notwendig aufgehoben werden müsste, wenn die Fristsetzung insoweit rechtswidrig ist. Werde die zusammen mit einer Abschiebungsandrohung verfügte Ausreisefrist als rechtswidrig aufgehoben, sei die verbleibende Abschiebungsandrohung zwar nach der gesetzlichen Konzeption des § 59 I AufenthG unvollständig, behalte aber gleichwohl ihren Regelungsgehalt. Die Abschiebung könne lediglich nicht vollzogen werden, bevor die Behörde erneut eine Frist gesetzt habe und diese abgelaufen sei (BVerwG, NVwZ-Beil. 2001, 113 (114) = EZAR 224 Nr. 28, zu § 50 I AuslG 1990). 11

Hinsichtlich der Länge der zu setzenden *Ausreisefrist* besteht im Asylverfahrensrecht grundsätzlich kein Spielraum. Im Normalfall beträgt die Ausreisefrist einen Monat (§ 38 I 1). Bei der qualifizierten Asylablehnung und bei unbeachtlichen Anträgen beträgt die Ausreisefrist eine Woche (§ 36 I). Im Falle der Rücknahme des Asylantrags oder der Klage kann allerdings eine Ausreisefrist bis zu drei Monaten eingeräumt werden (§ 38 III). Sind die Voraussetzungen des § 60 I AufenthG festgestellt worden, ist dem Antragsteller eine angemessene Ausreisefrist zu setzen (§ 60 X 1 AufenthG). Dies betrifft jedoch nur die Fälle, in denen nach § 60 VIII AufenthG die Abschiebung zulässig ist. Folge der Zuerkennung der Flüchtlingseigenschaft ist die Gewährung eines Aufenthaltstitels, der mindestens drei Jahre gültig und verlängerbar sein muss (Art. 24 I der RL, vgl. auch § 25 II 1 AufenthG). Wird der Flüchtlingsstatus gewährt, erwächst damit kraft Gemeinschaftsrechtes der Anspruch auf Erteilung des Aufenthaltstitels. Der Erlass einer Abschiebungsandrohung ist unzulässig. 12

Die Rechtmäßigkeit der Abschiebungsandrohung setzt voraus, dass der Betreffende spätestens bei Beginn der in der Abschiebungsandrohung bestimm- 13 ten Ausreisefrist vollziehbar ausreisepflichtig ist (VGH BW, NVwZ-Beil. 1999, 84). Dem werden die gesetzlichen Bestimmungen gerecht. Im Falle der Klageerhebung endet die Ausreisefrist einen Monat nach dem unanfechtbaren Abschluss des Klageverfahrens. Im Eilrechtsschutzverfahren ist geregelt, dass vor der Unanfechtbarkeit der gerichtlichen Entscheidung die Abschiebung nicht durchgeführt werden darf (§ 36 III 8).

2.4. Fehlende Asylberechtigung (Abs. 1 Satz 1 zweiter Halbsatz)

14 Nach Abs. 1 S. 1 darf die Abschiebungsandrohung nicht erlassen werden, wenn der Antragsteller als Asylberechtigter anerkannt worden ist. Eine Feststellung nach § 60 I AufenthG steht damit dem Erlass der Abschiebungsandrohung an sich nicht entgegen. Dies beruht auf der Differenzierung zwischen absoluten und relativen Abschiebungshindernissen (vgl. BVerfGE 94, 49 (97) = EZAR 208 Nr. 7 = NVwZ 1996, 700). Diese Differenzierung der Gesetzessystematik ist indes – wie ausgeführt – mit Gemeinschaftsrecht unvereinbar. Die gemeinschaftsrechtlichen Regelungen und Absprachen gehen davon aus, dass die Klärung der Zuständigkeit eines anderen Mitgliedstaates sowie die Zulässigkeit der Verweisung des Asylantragstellers an einen Nichtmitgliedstaat vor Einleitung des Asylverfahrens zu erfolgen hat. Ist demnach durch den zuständigen Mitgliedstaat das Asylverfahren eingeleitet und sind die Voraussetzungen nach Art. 4 ff. der Qualifikationsrichtlinie festgestellt worden, besteht Anspruch auf Gewährung des internationalen Schutzes (Art. 13 I RL) und die Gewährung eines Aufenthaltstitels, der mindestens drei Jahre gültig und verlängerbar sein muss (Art. 24 I der RL, vgl. auch § 25 II 1 AufenthG). Unvereinbar hiermit sind die Regelungen in § 34 I 1.

15 Kann das Bundesamt indes keinen aufnahmebereiten Drittstaat bezeichnen (vgl. § 60 X 2 AufenthG), hat die Abschiebungsandrohung wegen fehlender Zielstaatsbezeichnung zu unterbleiben (s. hierzu Rdn. 26 ff.). Da nach geltender Rechtslage die Feststellung nach § 60 I AufenthG den Anspruch auf Erteilung der Aufenthaltserlaubnis nach § 25 II AufenthG begründet, hat nach hier vertretener Ansicht die Abschiebungsandrohung in diesem Fall zu unterbleiben.

2.5. Fehlender Besitz einer Aufenthaltstitels (Abs. 1 Satz 1 zweiter Halbsatz)

16 Die Abschiebungsandrohung darf nur erlassen werden, wenn der Antragsteller keinen Aufenthaltstitel besitzt (Abs. 1 S. 1 2. HS). Der bloße Anspruch auf die Erteilung eines Aufenthaltstitels entspricht nach allgemeiner Auffassung nicht dem Besitz einer solchen und steht deshalb dem Erlass der Abschiebungsandrohung nach Abs. 1 S. 1 nicht entgegen (VGH BW, NVwZ-Beil. 1999, 84 = EZAR 044 Nr. 15; VG Oldenburg, B. v. 27. 8. 1996 – 7 B 3284/96; Funke-Kaiser, in: GK-AsylVfG, II-§ 34 Rdn. 35; Hailbronner, AuslR, B 2, § 34 AsylVfG Rdn. 17).

Ein nach § 55 II nicht erloschener erlaubnisfreier Aufenthalt ist dem Besitz **17**
eines Aufenthaltstitels rechtlich gleichzustellen. Die Erlaubnisfiktion nach
§ 81 Abs. 3 oder 4 AufenthG steht dem Besitz des Aufenthaltstitels nicht
gleich (Funke-Kaiser, in: GK-AsylVfG, II-§ 34 Rdn. 37; Hailbronner, AuslR,
B 2, § 34 AsylVfG Rdn. 17). War der Antragsteller im Besitz eines Aufenthaltstitels und ist dieser nach § 51 I AufenthG wegen zeitlicher Befristung, Widerruf oder Ausweisung erloschen, so ist die Abschiebungsandrohung mangels
wirksamen Besitzes eines Aufenthaltstitels zu erlassen. Im Falle der Aufhebung der entsprechenden Verfügung tritt eine Unterbrechung der Rechtmäßigkeit des Aufenthaltes nicht ein (§ 85 II 3 AufenthG). Die Abschiebungsandrohung wird damit nachträglich rechtswidrig. Darüber hinaus erledigt sich
die Abschiebungsandrohung mit Erteilung eines Aufenthaltstitels (BVerwG,
EZAR 043 Nr. 41 = NVwZ-Beil. 2000, 25).

3. Erforderlichkeit der Angabe des Zielstaates

3.1. Zweck der Verweisungsregelung in Abs. 1 Satz 1 erster Halbsatz

Durch die Verweisung auf §§ 59 und 60 X AufenthG in Abs. 1 S. 1 wird klar- **18**
gestellt, dass das Bundesamt vor Erlass der Abschiebungsandrohung die
dort geregelten Rechtmäßigkeitsvoraussetzungen zu prüfen hat. Zwar erledigt sich eine bereits früher verfügte ausländerbehördliche Abschiebungsandrohung nicht allein aufgrund des Asylbegehrens (BVerwG, InfAuslR 1998,
191 (192) = NVwZ-RR 1998, 264 = EZAR 221 Nr. 39). Das Bundesamt hat jedoch für den Fall, dass die frühere Verfügung bestehen bleibt, die asylrechtlichen Sonderregelungen zur Bestimmung des Zielstaates zu beachten (vgl.
§§ 59 III 2, 60 X AufenthG).

Die Abschiebungsandrohung soll den Antragsteller darauf vorbereiten, dass **19**
er entsprechend seiner Ausreisepflicht das Land verlassen muss (s. auch Albracht/Naujoks, NVwZ 1986, 26 (27)). Sie erfüllt eine *Mahn- und Warnfunktion*
und soll dem Betroffenen ankündigen, welche staatlichen Zwangsmaßnahme er zu erwarten hat, wenn er nicht freiwillig der ihm obliegenden Ausreisepflicht innerhalb der gesetzten Frist nachkommt (BVerwGE 110, 74 (79f.) =
EZAR 044 Nr. 16 = InfAuslR 2000, 122 = AuAS 2000, 27). Grundsätzlich geht
der Gesetzgeber davon aus, dass die Abschiebung in jedes Land erfolgen
kann, in das der Betreffende aus eigenem Antrieb reisen könnte (VGH BW,
EZAR 044 Nr. 3).

Früher erfolgte erst mit dem Vollzugsakt der Abschiebung die Konkretisierung **20**
des Zielstaates (OVG NW, DÖV 1975, 286; OVG Hamburg, NVwZ 1985, 65).
Nach geltendem Recht soll der Zielstaat jedoch bereits in der Abschiebungsandrohung benannt werden (vgl. § 59 II 1. HS AufenthG). Die Regelungen in § 59
AuslG beruhen wesentlich auf der gesetzlichen Konzeption der *Trennung zwischen androhender und vollziehender Behörde*. Die Bezeichnung des Zielstaates und
korrespondierend damit die Bezeichnung des Staates, in den keine Abschiebung
erfolgen darf, soll nicht erst in der Vollzugsphase, sondern im Rahmen der asylrechtlichen Prüfung durch die anordnende Behörde vorgenommen werden.

21 Das Bundesamt muss daher grundsätzlich nach § 59 II 1. HS AufenthG den Zielstaat der Abschiebung festsetzen und darf die Entscheidung hierüber nicht der vollziehenden Ausländerbehörde überlassen. Diese Prüfung setzt voraus, dass keine Verfolgung droht und auch keine Abschiebungshindernisse bestehen. Für die Prüfung dieser Fragen fehlt der vollziehenden Behörde die Kompetenz. Allgemein gilt, dass nach § 59 III 1 AufenthG Abschiebungshindernisse dem Erlass der Abschiebungsandrohung nach § 59 I AufenthG nicht entgegenstehen (BVerwGE 118, 308 (310) = NVwZ 2004, 352 = InfAuslR 2004, 43 = AuAS 2004, 93).

22 Aus diesem allgemeinen Obersatz zieht Abs. 1 S. 1 die zwingende Konsequenz, dass als Folge der negativen Statusentscheidung im Asylverfahren die Abschiebung anzudrohen ist. Dies beruht nach der Gesetzesbegründung auf dem Gedanken, dass die Vorschriften des § 51 I, § 53 AuslG 1990 keine absoluten, sondern lediglich relative, auf einen bestimmten Staat bezogene Abschiebungshindernisse regeln. Daraus folge, dass sie dem Erlass einer Abschiebungsandrohung nicht entgegenstehen könnten, sondern lediglich zu deren Einschränkung nach Maßgabe von § 50 III 2 AuslG 1990 führten (BT-Drs. 12/2062, S. 44).

23 Wie bereits ausgeführt, ist das Gesetz mit gemeinschaftsrechtlichen Vorgaben nicht mehr vereinbar, soweit es um den internationalen Schutz nach § 60 I AufenthG geht. Nach Art. 13 der RL wird dem Asylsuchenden die Flüchtlingseigenschaft zuerkannt, wenn er die tatbestandlichen Voraussetzungen nach Art. 4 ff. der RL erfüllt. § 60 Abs. 1 AufenthG setzt die RL in innerstaatliches Recht um. Folge der Zuerkennung der Flüchtlingseigenschaft ist die Gewährung eines Aufenthaltstitels, der mindestens drei Jahre gültig und verlängerbar sein muss (Art. 24 I der RL, vgl. auch § 25 II 1 AufenthG). Wird damit der Flüchtlingsstatus gewährt, erwächst kraft Gemeinschaftsrechtes der Anspruch auf Erteilung des Aufenthaltstitels. Der Erlass einer Abschiebungsandrohung ist unzulässig.

24 Mit Blick auf Abschiebungshindernisse gemäß § 60 II–VII AufenthG hat das Bundesamt in der Abschiebungsandrohung lediglich den Staat zu bezeichnen, in den nicht abgeschoben werden darf (§ 59 III 2 AufenthG). Im Blick auf diese Abschiebungshindernisse untersagt § 59 III 2 AufenthG die Bezeichnung des Staates, in dem die Gefahr droht, als Zielstaat der Abschiebung nach § 59 II 1. HS AufenthG. Abweichend vom früheren Recht, das die Bezeichnungspflicht nicht auf die Abschiebungshindernisse nach § 53 VI AuslG 1990 erstreckte (BVerwG, InfAuslR 2004, 323 (324)), verpflichtet § 59 III 2 AufenthG die Behörde in Ansehung von sämtlichen Abschiebungshindernissen des § 60 AufenthG zur Bezeichnung des Zielstaates in der Abschiebungsandrohung. Das Verwaltungsgericht darf nicht die Rechtmäßigkeit in Bezug auf einen konkreten Zielstaat bestärigen, ohne zuvor die Frage der Abschiebungshindernisse hinsichtlich dieses Zielstaates geprüft zu haben (BVerwGE 118, 308 (310) = NVwZ 2004, 352 = InfAuslR 2004, 43 = AuAS 2004, 93).

25 Gleichzeitig ist der Ausländer darauf hinzuweisen, dass er auch in einen anderen Staat abgeschoben werden darf, in den er einreisen darf *oder* der zu seiner Rückübernahme verpflichtet ist (§ 59 II 2. HS AufenthG). Begründet wird diese weitgehende Regelung damit, dass die androhende Behörde nicht

Abschiebungsandrohung § 34

in der Lage sei, abschließend alle für die Abschiebung in Betracht kommenden Zielstaaten zu benennen. Erweise sich beim Vollzug der Abschiebung, dass die Rückführung in den in der Androhung genannten Staat nicht möglich sei *oder* dass eine günstigere Abschiebungsmöglichkeit bestehe, solle die Abschiebung nicht daran scheitern, dass der andere Zielstaat nicht ebenfalls schon in der Androhung konkret benannt sei (BT-Drs. 12/2062, S. 44).

3.2. Bezeichnungspflicht nach § 60 Abs. 10 Satz 2 AufenthG

3.2.1. Zweck der Schutznorm des § 60 Abs. 10 Satz 2 AufenthG

Nach § 60 X 2 AufenthG *sind* die Staaten in der Abschiebungsandrohung zu bezeichnen, in die ein Ausländer, bei dem die Voraussetzungen nach § 60 I AufenthG vorliegen, nicht abgeschoben werden darf. Wie ausgeführt, ist Folge der Zuerkennung der Flüchtlingseigenschaft nach § 60 I AufenthG in Verb. mit Art. 4 ff. der Qualifikationsrichtlinie die Gewährung eines Aufenthaltstitels, der mindestens drei Jahre gültig und verlängerbar sein muss (Art. 24 I der RL, vgl. auch § 25 II 1 AufenthG). Wird damit der Flüchtlingsstatus gewährt, erwächst kraft Gemeinschaftsrechtes der Anspruch auf Erteilung des Aufenthaltstitels. Der Erlass einer Abschiebungsandrohung ist unzulässig. Die Rechtsprechung des BVerfG, derzufolge das Vorliegen von Abschiebungshindernissen nach § 51 I AuslG 1990 dem Erlass der Abschiebungsandrohung nicht entgegensteht (BVerfG (Kammer), NVwZ-Beil. 2001, 25), ist damit überholt. **26**

Da die Voraussetzungen nach § 60 I AufenthG nur durch das Bundesamt festgestellt werden können (vgl. § 60 I 5 AufenthG), stellt die Norm des § 60 X AufenthG insoweit für die Ausländerbehörde keine Rechtsgrundlage dar. Diese Vorschrift dürfte danach in den Fällen Bedeutung erlangen, in denen das Bundesamt nach § 60 VIII AufenthG vorgeht, aber die Abschiebung wegen § 60 II–VII AufenthG nicht in den Herkunftsstaat zugelassen ist. Grundsätzlich ist zwar bei Vorliegen der Voraussetzungen von Art. 33 II GFK, § 60 VIII 1 AufenthG wie auch der von Art. 1 F GFK, § 60 VIII 2 AufenthG die Abschiebung in den Verfolgerstaat zulässig. Besteht jedoch die Gefahr der Vollstreckung oder Verhängung der Todesstrafe oder der Gefahr von Folter oder unmenschlicher Behandlung (Art. 15 Buchst. a) und b) der Qualifikationsrichtlinie, § 60 II, III und V AufenthG), ist die Abschiebung in das Herkunftsland nicht erlaubt. In diesen Fällen hat das Bundesamt die Vorgaben von § 60 X AufenthG zu beachten. **27**

Zu benennen ist in den Fällen des § 60 VIII AufenthG in der Abschiebungsandrohung zunächst der Staat, in dem Gefahren im Sinne des § 60 II–VIII AufenthG drohen (§ 59 III 2 AufenthG). Dieser Staat darf nicht als Zielstaat der Abschiebung in § 59 II 1. HS AufenthG bezeichnet werden. § 60 X 2 AufenthG wiederholt diese Verpflichtung und ordnet darüber hinaus an, dass in der Verfügung die Staaten zu bezeichnen sind, in die der Ausländer nicht abgeschoben werden darf. **28**

Dieser Vorschrift kommt damit *rechtsschutzverstärkende Wirkung* zu. Sie soll dem Betreffenden in besonderem Maße bereits in einem frühen Stadium vor **29** einer etwaigen Abschiebung in effektiver Weise die Möglichkeit eröffnen, der Frage nachzugehen, ob der ins Auge gefasste Zielstaat das Refoulementverbot beachten wird, und gegebenenfalls insoweit um gerichtlichen Rechtsschutz nachzusuchen (VGH BW, AuAS 1997, 115 (117); BayVGH, NVwZ-Beil. 2002, 60 (61)).

3.2.2. § 60 Abs. 10 Satz 2 AufenthG ist lex spezialis gegenüber § 59 Abs. 3 Satz 2 AufenthG

30 Nach § 59 III 2 AufenthG sind in der Abschiebungsandrohung die Staaten zu bezeichnen, in die der Ausländer nicht abgeschoben werden darf. Diese Vorschrift gilt für alle Abschiebungsverbote, also auch für das Verbot nach § 60 I AufenthG. Zugleich wiederholt § 60 X 2 AufenthG beschränkt auf § 60 I AufenthG das Verbot der Zielstaatsbestimmung. § 60 X 2 AufenthG geht insoweit als speziellere Regelung der allgemeinen Regelung in § 59 III 2 AufenthG vor (VGH BW, InfAuslR 1996, 328 (331); VGH BW, AuAS 1997, 115 (117)).

31 Eine Verletzung der Bezeichnungspflicht nach § 59 III 2 AufenthG führt lediglich zur teilweisen Rechtswidrigkeit der Abschiebungsandrohung (vgl. § 59 III 3 AufenthG). Hingegen will der Gesetzgeber für den Fall des § 60 I AufenthG einen stärkeren Abschiebungsschutz sicherstellen. Da § 60 X 2 AufenthG die Vorschrift des § 59 III 3 AufenthG verdrängt, bleibt bei einer Verletzung der in § 60 X 2 AufenthG angeordneten Bezeichnungspflicht die Abschiebungsandrohung nicht im Übrigen rechtmäßig.

32 Vielmehr erfasst dieser Fehler die Abschiebungsandrohung insgesamt. Verletzt daher das Bundesamt die Vorschrift des § 60 X 2 AufenthG, etwa weil es keinen Zielstaat benennt oder weil der bezeichnete Zielstaat weder sicher noch aufnahmebereit ist, hat das Verwaltungsgericht die angefochtene Verfügung nach Abs. 1 S. 1 nicht lediglich teilweise, sondern insgesamt aufzuheben (VGH BW, InfAuslR 1996, 328 (331) = EZAR 234 Nr. 1 = AuAS 1996, 125; VGH BW, AuAS 1997, 115 (116); Hailbronner, AuslR, B 2 § 34 AsylVfG Rdn. 42).

3.2.3. Prüfkriterien des § 60 Abs. 10 Satz 2 AufenthG

33 Die frühere Rechtsprechung ging im Blick auf § 51 IV 2 AuslG 1990 davon aus, dass diese Norm dem Verbot der Kettenabschiebung Rechnung trägt (BVerfG (Kammer), NVwZ-Beil. 2001, 25 (26); BVerwG, NVwZ-Beil. 2000, 27 (28); VGH BW, NVwZ-RR 1995, 420 (421); VGH BW, AuAS 1997, 115 (116 f.); vgl. auch BVerfGE 94, 49 (92 f.) = NVwZ 1996, 700 (704) = EZAR 208 Nr. 7). § 60 X 2 AufenthG schafft insoweit kein neues Recht, sondern gewinnt seine Bedeutung aus dem völkerrechtlichen Verbot der Kettenabschiebung. Da weder Art. 33 II GG noch Art. 1 F GFK (vgl. auch § 60 VIII AufenthG) die Abschiebung in den Staat verbieten, in dem Verfolgung droht, hat § 60 X 2 AufenthG Bedeutung für das aus Art. 3 EMRK folgende Verbot der Kettenabschiebung.

34 Das Bundesamt hat deshalb im Rahmen des § 60 X 2 AufenthG die Vorgaben dieses Verbotes zu beachten und zu prüfen, ob in dem in Aussicht genommenen Drittstaat die Gefahr der Überstellung des Antragstellers an den Ver-

folgerstaat droht. Kann es keinen aufnahmebereiten Zielstaat nach Maßgabe des § 60 X 2 AufenthG benennen, hat der Betreffende nicht die Möglichkeit, aus eigenem Antrieb auszureisen.

Die Gefahr der Weiterschiebung in einen Staat, in denen Gefahren nach Art. 3 EMRK, Art. 15 Qualifikationsrichtlinie drohen, ist eine nach § 60 X 2 AufenthG zu berücksichtigende Gefahr. Dieser Staat scheidet damit als Zielstaat der Abschiebung aus. Eine Abschiebung in einen Drittstaat ist deshalb nur zulässig, wenn die Gefahr der Weiterschiebung *hinreichend sicher* ausgeschlossen werden kann (vgl. BVerfG (Kammer), NVwZ-Beil. 2001, 25). Nur wenn das Bundesamt für diese Annahme tragfähige Tatsachen darlegen kann, kann es diesen Staat nach § 60 X 2 AufenthG in der Abschiebungsandrohung nach Abs. 1 S. 1 bezeichnen. 35

Persönliche Bindungen des Asylsuchenden im Drittstaat oder etwa frühere Aufenthalte allein sind kein hinreichend sicheres Indiz für die Annahme der Gewährleistung von Abschiebungsschutz. Eine nur kurzfristige Aufenthaltserlaubnis ist noch keine zuverlässige Garantie dafür, dass nach dem Ablauf deren Geltungsdauer keine Abschiebung erfolgt (vgl. VGH BW, NVwZ-RR 1995, 420 (421)). Die Ansicht, dass die Frage, ob der Drittstaat tatsächlich den Flüchtling aufnehme, nicht die Rechtmäßigkeit der Abschiebungsandrohung berühre (so VG Trier, NVwZ-Beil. 1999, 87 (88)), verkennt deshalb die Anforderungen an die hinreichende Sicherheit vor Abschiebung durch den Drittstaat (so ausdrücklich der Maßstab in BVerfG (Kammer), NVwZ-Beil. 2001, 25)). Erscheint ein gefestigtes Aufenthaltsrecht nicht gesichert, kann das Bundesamt keine tragfähigen Tatsachen bezeichnen, dass keine Abschiebung in den Herkunftsstaat erfolgt. 36

3.2.4. Übernahmebereitschaft des Drittstaates

Da es keine gewohnheitsrechtliche Verpflichtung zur Übernahme fremder Staatsangehöriger gibt (Hailbronner, Rückübernahme eigener und fremder Staatsangehöriger, S, 71; offengelassen Maaßen, Die Rechtsstellung des Asylbewerbers im Völkerrecht, S. 211), müssen die zuständigen Organe des Drittstaates ausdrücklich ihre Bereitschaft zur Rückübernahme des Flüchtlings erklärt haben (OVG Berlin, InfAuslR 1986, 176; wohl auch BayVGH, B. v. 25. 9. 1987 – Nr. 19 CS 87.30742; Marx, IJRL 1995, 383 (395); a. A. Hailbronner, AuslR, B 2, § 34 AsylVfG Rdn. 41; unklar OVG NW, AuAS 1998, 160; offen gelassen BVerfG (Kammer), NVwZ-Beil. 2001, 25 (26)). Eine derartige Übernahmeerklärung kann nicht ernstlich darin gesehen werden, dass der Drittstaat Touristen mit der Nationalität des Asylsuchenden ohne Visum einreisen lässt (OVG Berlin, InfAuslR 1986, 176). Amtliche oder andere Auskünfte zur Abschiebungspraxis im Drittstaat allein sind ebenfalls kein hinreichend sicheres Indiz dafür, dass im konkreten Einzelfall der Asylsuchende zurückübernommen wird. 37

Es ist selbstredend, dass individuelle Aktionen einzelner Staaten, sich selbst von den durch Flüchtlinge verursachten Lasten zu befreien, nur *mit Zustimmung* des betreffenden Drittstaates durchgeführt werden können. Denn die Staaten haben nach allgemeinem Völkerrecht keine Berechtigung, Ausländer in dritte Staaten gegen deren Willen abzuschieben (Clark, IJRL 1992, 189 38

(194)). Abschiebungen gegen den Willen eines Staates, der keinerlei Verpflichtungen zur Übernahme des Flüchtlings hat, sind deshalb rechtswidrig und werden völkerrechtlich unter dem rechtlichen Gesichtspunkt der »*willkürlichen Abschiebung*« als Rechtsmissbrauch angesehen (VN-Ausschuss für Menschenrechte, Allgemeiner Kommentar zu Art. 13 IPBPR, U. N.Doc. HRI/GEN/1/Rev.1, 29. 7. 1994, Rdn. 10; Brownlie, System of the Law of Nations. State Responsibility, S. 51, 70).

39 Die staatliche Souveränität zur Abschiebung »unerwünschter Ausländer« ist darüber hinaus dadurch begrenzt, dass generelle Prinzipien des Völkerrechts, wie etwa die Grundsätze des guten Glaubens sowie der souveränen Gleichheit aller Staaten (s. hierzu Patrnogic, Inter-Relationship between general Principles of International Law, S. 2 ff.), in Verbindung mit der Lehre vom Rechtsmissbrauch strikt die Abschiebung in einen Zielstaat untersagen, ohne dass zuvor die Zustimmung der zuständigen Organe zur Übernahme eingeholt wird (Marx, Handbuch, § 38 Rdn. 15). Daher hat das Bundesamt vor Erlass der Abschiebungsandrohung nach Abs. 1 S. 1 für den Fall, dass seiner Ansicht nach die tatsächlichen rechtlichen und politischen Verhältnisse die Annahme rechtfertigen, dem Antragsteller drohe im Zielstaat der Abschiebung nicht die Gefahr der Weiterschiebung, die ausdrückliche Übernahmebereitschaft der zuständigen Organe dieses Staates einzuholen.

40 Da bereits im Rahmen des § 60 X 2 AufenthG das Refoulementverbot des Art. 3 EMRK möglichst umfassend zu berücksichtigen ist, kann das Bundesamt die Verantwortung für diese Frage nicht auf die vollziehende Behörde abwälzen. Wenn bereits zu Beginn des Asylverfahrens die tatsächliche Unmöglichkeit der Rückführung beachtet werden muss (vgl. § 29 II), so gilt dies erst recht bei einer Feststellung nach § 60 I AufenthG. Sicherste Gewähr für die tatsächliche Möglichkeit der Rückführung ist jedoch die vorher eingeholte ausdrückliche Übernahmebereitschaft des Drittstaates.

3.3. Anforderungen an die Zielstaatsangabe nach § 59 Abs. 2 AufenthG

3.3.1. Schutzcharakter der Bezeichnungspflicht nach § 59 Abs. 2 erster Halbsatz AufenthG

41 Hat das Bundesamt den Asylantrag im vollen Umfang abgelehnt und damit auch keine Abschiebungshindernisse nach § 60 II–VII AufenthG festgestellt, soll es nach § 59 II 1. HS AufenthG in der Abschiebungsandrohung nach Abs. 1 S. 1 den Staat bezeichnen, in den die Abschiebung erfolgen soll. Während beim Vorliegen von Abschiebungshindernissen nach § 60 II–VII AufenthG der Staat, in den die Abschiebung nach diesen Vorschriften unzulässig ist, nicht als Zielstaat nach § 59 II 1. HS AufenthG in Betracht kommt, die Rechtmäßigkeit der Abschiebungsandrohung aber im Übrigen hiervon unberührt bleibt (§ 59 III 3 AufenthG; BVerwGE 104, 260 (265) = EZAR 043 Nr. 21 = InfAuslR 1997, 341; BVerwG, InfAuslR 2004, 323 (324)), wird das Bundesamt in allen anderen Fällen den Herkunftsstaat als Zielstaat bezeichnen. Ist dies der Staat der Staatsangehörigkeit, besteht eine völkerrechtliche Verpflichtung zur Übernahme des abgelehnten Asylbewerbers.

Die Vorschrift des § 59 II 1. HS AufenthG stellt eine *Sollvorschrift* dar, sodass der Zielstaat regelmäßig bereits in der Abschiebungsandrohung nach Abs. 1 S. 1 zu benennen ist (BayVGH, InfAuslR 1994, 30 (31); Hess.VGH, AuAS 1994, 266 (267); Hess.VGH, AuAS 1994, 2). Enthält die Abschiebungsandrohung hierzu keine Angaben, so ist sie rechtswidrig (VGH BW, EZAR 044 Nr. 10; wohl auch Funke-Kaiser, in: GK-AuslR, § 50 Rdn. 30; a. A. OVG Hamburg, AuAS 1993, 216). Andererseits erachtet die Rechtsprechung die Angabe mehrerer Zielstaaten für zulässig (VGH BW, NVwZ-Beil. 1999, 84 (85) = EZAR 044 Nr. 15, umstr.). Ist der Zielstaat noch nicht mit verbindlicher Wirkung festgelegt worden und enthält die Verfügung auch keine Begründung für das ausnahmsweise Absehen von der Angabe des Zielstaates, ist sie damit rechtswidrig. Im Übrigen können im Eilrechtsschutzverfahren Einwände gegen die Angabe des Zielstaates vorgebracht werden.

Das Bundesamt muss den Zielstaat in der Abschiebungsandrohung nach Abs. 1 S. 1 genau bezeichnen. Die seit 1989 zunehmende Erosion der Staatlichkeit und die Neubildung von Staaten haben jedoch in der Praxis zu erheblichen Problemen geführt. Drei Problemkomplexe sind hier zu unterscheiden. So kann, erstens, die Angabe des Zielstaates zu Problemen führen, weil der frühere Herkunftsstaat völkerrechtlich untergegangen ist und damit die Staatsangehörigkeit des Betroffenen unklar ist. Zweitens, bereiten die Fälle Probleme, in denen die Staatsangehörigkeit des Betroffenen aufgrund unzutreffender oder nicht glaubhafter Angaben nicht feststellbar ist. Es kann schließlich, drittens, die Angabe des Zielstaates deshalb bedenklich sein, wenn dieser zwar formal noch existent ist, aber keine effektive zentrale Staatsgewalt mehr aufweist. In diesem Zusammenhang stellt sich das Problem, ob die Zielstaatsangabe auf bestimmte Regionen im Zielstaat der Abschiebung beschränkt werden darf.

3.3.2. Vorrang des Staates der Staatsangehörigkeit des Asylsuchenden

Aus völkerrechtlichen Gründen trifft den Staat der Staatsangehörigkeit eine Verpflichtung gegenüber dem Aufenthaltsstaat, auf Verlangen seine eigenen Staatsangehörigen zurück zu übernehmen. Dies spricht dafür, vorrangig den Staat der Staatsangehörigkeit des Asylsuchenden als Zielstaat der Abschiebung zu bezeichnen. Das Bundesamt muss im Rahmen der Sachverhaltsermittlung die Staatsangehörigkeit ohnehin als entscheidungserhebliche Frage prüfen und entsprechende Feststellungen treffen (BVerwG, Buchholz 402.25 § 1 AsylVfG Nr. 125; BVerwG, InfAuslR 1990, 238; BVerwG, InfAuslR 1996, 21). Eine rechtsstaatlich einwandfreie Rechtsanwendung setzt daher hinreichend verlässliche und bestimmte Angaben zum Staat der Staatsangehörigkeit voraus. Die Behörde darf sich insoweit nicht auf eine bloße »Plausibilitätsprüfung« beschränken (BVerwG, InfAuslR 1996, 21).

Bei der Angabe der Staatsagehörigkeit handelt es sich um eine voll gerichtlich überprüfbare Tatsachenfeststellung. Hat der Asylsuchende seinen Reiseausweis weggegeben, muss der Tatrichter sich anhand aller erkennbaren Umstände des Einzelfalls, vor allem unter Würdigung der Einlassung des Asylsuchenden schlüssig werden, ob dieser die Staatsangehörigkeit, auf die er sich beruft, tatsächlich besitzt oder als Staatenloser aus einem bestimmten

Staat eingereist ist (BVerwG, Buchholz 402.25 § 1 AsylVfG Nr. 125). Nur wenn die Staatsangehörigkeit des Asylsuchenden feststeht, kann – sofern die Staatenlosigkeit nicht eindeutig feststeht – dieser darüber hinaus in den Genuss von Abschiebungshindernissen nach § 60 II–VII AufenthG gelangen (BVerwG, NVwZ-Beil. 1996, 57 (58)).

46 Allerdings hat das BVerwG festgestellt, dass es für die rechtliche Beurteilung der Rechtmäßigkeit der Abschiebungsandrohung grundsätzlich unerheblich sei, ob der Betroffene die Staatsangehörigkeit des in der Abschiebungsandrohung angegebenen Zielstaates tatsächlich besitze. Dies wird damit begründet, dass es im Zeitpunkt des Erlasses der Abschiebungsandrohung nicht sicher sein müsse, ob die Abschiebung aus rechtlichen oder tatsächlichen Gründen unmöglich sei (BVerwG, InfAuslR 1999, 73 (74)). Auch die obergerichtliche Rechtsprechung geht unter Bezugnahme auf den Wortlaut und die Entstehungsgeschichte der mit § 59 II AufenthG identischen Vorläufernorm des § 50 AuslG 1990 teilweise davon aus, dass für die Bezeichnung des richtigen Zielstaates nach § 50 II 1. HS AuslG 1990 die Staatsangehörigkeit des Betroffenen unerheblich sei (VGH BW, EZAR 044 Nr. 9; Hess.VGH, AuAS 1995, 31). In der Abschiebungsandrohung sei nämlich nicht etwa der Herkunfts- oder Heimatstaat, sondern der Staat anzugeben, in den der Betreffende nach der Entscheidung der Behörde abgeschoben werden solle. Schon damit sei klargestellt, dass es sich bei dem in der Abschiebungsandrohung zu bezeichnenden Staat im Grundsatz um jeden Staat handeln könne, in den eine Abschiebung des Betroffenen aus Sicht der Behörde tatsächlich und rechtlich möglich sei.

47 Auch Sinn und Zweck der auf eine Vereinfachung und Beschleunigung abzielenden Regelungen des § 59 II und III AufenthG würden dafür sprechen, der Behörde bei der Auswahl und der Bezeichnung des in Betracht kommenden Zielstaates keine Beschränkungen aufzuerlegen, zumal bei der Durchführung der Abschiebung nach vorherigem Hinweis an den Ausländer ohnehin auf jeden zur Aufnahme bereiten und verpflichteten Staat übergegangen werden könne (Hess.VGH, AuAS 1996, 32; VGH BW, EZAR 044 Nr. 9).

48 Die Erweiterung des Kreises der Zielstaaten sei deshalb von Bedeutung, weil die androhende Behörde nicht in der Lage sei, abschließend alle für die Abschiebung in Betracht kommenden Staaten zu benennen. Erweise sich beim Vollzug der Abschiebung, dass die Rückführung in den in der Abschiebungsandrohung genannten Staat nicht möglich sei oder dass eine günstigere Abschiebungsmöglichkeit bestehe, solle die Abschiebung nicht daran scheitern, dass der andere Zielstaat nicht ebenfalls bereits in der Abschiebungsandrohung konkret bezeichnet sei (VGH BW, EZAR 044 Nr. 9; so auch Hailbronner, AuslR, § 50 AuslG Rdn. 14).

49 Diese vorrangig aus der Entstehungsgeschichte des § 50 AuslG 1990 hergeleiteten Rechtsgrundsätze sollen offensichtlich optimale rechtliche Vollzugsbedingungen für die vollziehende Behörde schaffen. Die Rechtsprechung ist jedoch wenig überzeugend, weil sie weder völkerrechtliche noch vollstreckungsrechtliche Anforderungen auch nur im Ansatz beachtet. § 59 II AufenthG kann nicht rein technizistisch interpretiert und angewendet werden.

Da eine Abschiebung stets den zwischenstaatlichen Verkehr betrifft und ohne die Übernahmebereitschaft des Zielstaates keine Vollziehung möglich ist, kann § 59 II AufenthG nicht ausschließlich aus Sicht des abschiebenden Staates im Interesse des möglichst reibungslosen und unverzüglichen Verwaltungsvollzugs ausgelegt und angewendet werden.

Da nach allgemeinem Völkerrecht nur der Herkunftsstaat zur Rückübernahme seiner eigenen Staatsangehörigen verpflichtet ist, macht es Sinn, vorrangig diesen Staat als Zielstaat nach § 59 II 1. HS AufenthG zu bezeichnen. Andere Staaten sind zur Übernahme nur verpflichtet, wenn sie sich hierzu aufgrund eines bi- oder multilateralen Vertrags oder im Einzelfall verpflichtet haben. Bereits diese völkerrechtliche Überlegung verdeutlicht, dass die Auslegung und Anwendung von § 59 II 1. HS AufenthG nicht ausschließlich am effektiven innerstaatlichen Verwaltungsvollzug, sondern insbesondere auch an völkerrechtlichen Anforderungen ausgerichtet sein muss. 50

So geht auch die untergerichtliche Rechtsprechung davon aus, dass es das *Willkürverbot* verletze, wenn der Betroffene nicht die Staatsangehörigkeit des in der Abschiebungsandrohung bezeichneten Zielstaates besitze oder der Abschiebungserfolg nicht sicher vorhergesagt werden könne (VG Gelsenkirchen, InfAuslR 2002, 217 (218)). Die Abschiebung in ein Land, zu dem der Betroffene keine Bindungen aufgrund seiner Staatsangehörigkeit oder aufgrund eines längeren Aufenthalts besitze und mit dem er auch nicht anderweitig wirtschaftlich oder familiär verbunden sei, belaste diesen in unzumutbarer Weise unverhältnismäßig und stelle sich als willkürlich dar (VG Gelsenkirchen, InfAuslR 2002, 217 (218)). 51

Damit ist das Bundesamt nach Abs. 1 S. 1 grundsätzlich verpflichtet, zunächst die Bereitschaft und Verpflichtung des Zielstaates zur Übernahme des Betroffenen festzustellen. Die untergerichtliche Rechtsprechung interpretiert die Rechtsprechung des BVerwG (vgl. BVerwG, InfAuslR 1999, 73 (74)) dementsprechend dahin, dass eine Abschiebungsandrohung dann aufzuheben sei, wenn der Betroffene schlechterdings keine Beziehung zu dem bezeichneten Zielstaat besitze (VG Frankfurt am Main, V. 29. 5. 2002 – 2 E 3751/01.A(1)). 52

Die Frage der Staatsangehörigkeit hat Bedeutung für die Anknüpfung der Verfolgung, die Feststellung von Abschiebungshindernissen nach § 60 II – VII AufenthG (s. hierzu OVG Hamburg, NVwZ-Beil. 2001, 53 (54)) sowie für die beim Erlass der Verfügung nach Abs. 1 S. 1 erforderliche Angabe des Zielstaates nach § 59 II 1. HS AufenthG. Dementsprechend darf für die Zielstaatsangabe die Frage der Staatsangehörigkeit nicht unentschieden bleiben. 53

Einer Zielstaatsbestimmung »Palästina« oder »Israel (Westbank)« steht der Wortlaut von § 59 II 1. HS AufenthG entgegen, wonach in der Abschiebungsandrohung der Staat zu bezeichnen ist, in den der Betroffene abzuschieben ist. Ein Staat Palästina existiert nicht (Hess.VGH, AuAS 2004, 64 (65); Nieders.OVG, NVwZ-RR 2004, 788; VG Aachen, InfAuslR 2001, 338). Ebenso wenig kann das »Westjordanland« als eigenständiges Staatsgebilde angesehen werden (Nieders.OVG, NVwZ-RR 2004, 788). Die Auffassung, es genüge, wenn ein räumlich klar abgrenzbares Gebiet bezeichnet werde, das selbst kein eigener Staat sein müsse, findet im Wortlaut des Gesetzes keine Stütze. 54

3.3.3. Unzulässigkeit der Zielstaatsangabe »Herkunftsstaat«

55 Besondere Probleme bereiten die Fälle, in denen die Staatsangehörigkeit des Asylsuchenden nicht feststellbar ist oder dieser falsche oder nicht glaubhafte Angaben zu seiner Identität macht. Verfahrensrechtlich stellt § 30 III Nr. 2 dem Bundesamt für diese Fälle ein effektives Instrument zur Antragsablehnung zur Verfügung. Feststellungen zur Staatsangehörigkeit sind gleichwohl unerlässlich. Bleibt diese Frage indes nach Ausschöpfung aller Erkenntnismittel unaufklärbar, stellen sich für das Vollstreckungsverfahren bereits in dessen erster Phase, dem Erlass der Abschiebungsandrohung nach Abs. 1 S. 1, schwierige Probleme. Diese sind in der Rechtsprechung nicht zureichend aufgearbeitet, geschweige denn, gelöst worden. Die Verwaltungspraxis hilft sich in derartigen Fällen damit, dass im Rahmen der Zielstaatsbestimmung schlicht die Abschiebung in den nicht näher bezeichneten »Herkunftsstaat« angedroht wird.

56 Die Androhung der Abschiebung in den »Herkunftsstaat« ist jedoch keine ordnungsgemäße Zielstaatsbestimmung im Sinne des § 59 II 1. HS AufenthG (BVerwG 111, 343 (344 f.) InfAuslR 2001, 46 (47) = EZAR 044 Nr. 17 = AuAS 2001, 3 = NVwZ 2001, 98 (LS)). Das BVerwG hat damit die entgegenstehende Rechtsprechung (OVG Hamburg, B. v. 2.10.1996 – OVG Bs VI 212/96; OVG SA, AuAS 2000, 15; VG Schleswig, AuAS 1995, 105 (106); VG Karlsruhe, InfAuslR 1998, 91 (92); VG Leipzig, InfAuslR 1998, 92 (93) = NVwZ-Beil. 1998, 14; dagegen VG Gelsenkirchen, U. v. 23.4.1998 – 5a K 7021/92.A; VG Karlsruhe, B. v. 16.1.1996 – A 3 K 10021/96; VG Magdeburg, B. v. 15.5.1997 – B 2 K 424/97; Funke-Kaiser, in: GK-AuslR, § 50 Rdn. 32) ausdrücklich nicht bestätigt.

57 Das BVerwG begründet seine Auffassung damit, dass der Zielstaat regelmäßig namentlich zu bezeichnen sei. Die Bezeichnung »Herkunftsstaat« genüge diesen Anforderungen jedenfalls dann nicht, wenn sich auch aus den Gründen des Bescheides nicht ergebe, welcher konkrete Staat gemeint sei. Werde dem Asylsuchenden seine Behauptung zu seiner Staatsangehörigkeit nicht geglaubt und der wahre Herkunftsstaat nicht festgestellt, so werde diesem zwar im Regelfall der Herkunftsstaat bekannt sein. Für eine Zielstaatsbestimmung im Sinne des Gesetzes reiche dies jedoch nicht aus (BVerwG, InfAuslR 2001, 46 (47)).

58 Mit der Zielstaatsbezeichnung bereits in der Abschiebungsandrohung habe der Gesetzgeber im Interesse der Verfahrensvereinfachung und -beschleunigung dem Umstand Rechnung getragen, dass androhende und vollziehende Behörde nicht identisch seien. Die Verpflichtung zur Zielstaatsangabe bereits in der Abschiebungsandrohung verfolge den Zweck, den vorrangigen Zielstaat für die vollziehende Behörde eindeutig zu kennzeichnen und möglichst frühzeitig die Prüfung von Abschiebungshindernissen bezüglich dieses Staates vorzunehmen (BVerwGE 111, 343 (346) = InfAuslR 2001, 46 (47)). Die Angabe »Herkunftsstaat« in der Abschiebungsandrohung habe anders als die Bezeichnung eines konkreten Zielstaates *keinen Regelungscharakter,* sondern stelle lediglich einen *vorläufigen unverbindlichen Hinweis* dar, aus der keine Rechtsfolgen erwachsen (BVerwGE 111, 343 (348) = InfAuslR 2001, 46 (48); OVG Sachsen, AuAS 2000, 15 (17)). Unter diesen Voraussetzungen darf das Bundesamt auch keine Abschiebungshindernisse feststellen (OVG Hamburg, AuAS 2003, 32; OVG Hamburg, InfAuslR 2004, 87).

Abschiebungsandrohung § 34

3.3.4. Hinweispflicht nach § 59 Abs. 2 zweiter Halbsatz AufenthG

Nach § 59 II AufenthG soll der Betreffende in der Abschiebungsandrohung darauf hingewiesen werden, dass er auch in einen anderen Staat – als den in der Verfügung bezeichneten Zielstaat – abgeschoben werden kann, in den er einreisen darf oder der zu seiner Rückübernahme verpflichtet ist. In der Verwaltungspraxis wird die Hinweispflicht häufig als Ersatz für die aus tatsächlichen Gründen nicht mögliche Durchführung der Abschiebung in den in der Abschiebungsandrohung genannten Zielstaat angesehen. Damit wird den Anforderungen des § 59 II AufenthG jedoch nicht genügt. 59

Die Regelanforderung dieser Vorschrift verlangt, dass ein konkreter (erster) Staat benannt sein muss, wenn den gesetzlichen Vorschriften genügt werden soll. Im *Gegensatz* zu dem bloßen »Hinweis« darauf, dass der Betroffene auch in einen anderen Staat abgeschoben werden kann, nimmt die Verpflichtung zur Bezeichnung des Zielstaats an dem Reglungsinhalt der Abschiebungsandrohung teil und führt deshalb bei einer unrichtigen Bezeichnung des Zielstaates zu deren Rechtswidrigkeit (OVG Rh-Pf, AuAS 2000, 15 (16); offen gelassen BVerwGE 111, 343 (346 f.) = InfAuslR 2001, 46 (47) = EZAR 044 Nr. 17 = AuAS 2001, 3 = NVwZ 2001, 98 (LS)). 60

Das BVerwG hat in diesem Zusammenhang hervorgehoben, dass mit der Hinweispflicht klargestellt werde, dass in den Fällen, in denen sich die Abschiebung in den bezeichneten Zielstaat als unmöglich erweise oder eine günstigere *Abschiebungsmöglichkeit* bestehe, die Abschiebung nicht daran scheitern solle, dass der andere Zielstaat nicht ebenfalls schon in der Abschiebungsandrohung konkret bezeichnet sei (BVerwGE 111, 343 (347 f.) = InfAuslR 2001, 46 (47)). Damit wird der Anschein erweckt, als erfülle der Hinweis auf die weiteren nach § 59 II 2. HS AufenthG benannten Staaten bei Unmöglichkeit der Abschiebung in den zuerst angegebenen Zielstaat der Abschiebung eine zureichende Ersatzfunktion, sodass ohne weiteres auf jeden der in dem Hinweis in Bezug genommenen Staaten als Zielstaat der Abschiebung zurück gegriffen werden könne. In dem Hinweis wird jedoch regelmäßig kein bestimmter Staat ausdrücklich bezeichnet, sodass bereits aus diesen Gründen die These von der Ersatzfunktion der Hinweispflicht Bedenken begegnet. 61

Die an der – in der Rechtsprechung hervorgehobenen – Zweckrichtung orientierte Verwaltungspraxis, der vollziehenden Behörde mit Hilfe des § 59 II 2. HS AufenthG ein flexibles Instrument und damit den jederzeitigen Wechsel des Zielstaates zu ermöglichen, muss mit vollstreckungsrechtlichen Grundsätzen in Übereinstimmung gebracht werden können. Der Hinweis auf andere Zielstaaten nach § 59 II 2. HS AufenthG ist *nicht konstitutiver Teil der Abschiebungsandrohung* nach Abs. 1 S. 1. Hinsichtlich solcher Staaten müssen auch noch keine Abschiebungshindernisse geprüft worden sein. Will die Behörde jedoch in einen dieser Zielstaaten abschieben, so muss sie Abschiebungshindernisse prüfen und mit verbindlicher regelnder Wirkung den Zielstaat nach § 59 II 1. HS AufenthG benennen (Hess. VGH, AuAS 1994, 266 (267); VGH BW, AuAS 1994, 168; VGH BW, InfAuslR 1998, 18 (19)). 62

Allein der *nicht verbindliche* Hinweis in der Abschiebungsandrohung lässt danach eine Abschiebung in einen solchen nicht ausdrücklich benannten Staat 63 nicht zu. Vielmehr bedarf es dazu einer ausdrücklichen Änderung bzw. Erweiterung der Abschiebungsandrohung (VGH BW, InfAuslR 1998, 18 (19) = NVwZ-RR 1998, 202 (LS)). Im Blick auf Staaten, die in der Abschiebungsandrohung (noch) nicht bezeichnet sind, braucht die Behörde zunächst keine rechtlichen und tatsächlichen Abschiebungshindernisse zu prüfen (VGH BW, InfAuslR 1998, 18 (19); OVG Rh-Pf, NVwZ-RR 1998, 457). Will sie indes die Abschiebung in einen Staat durchführen, so muss sie mit verbindlicher Wirkung Abschiebungshindernisse prüfen (Hess. VGH, AuAS 1994, 266 (267); VGH BW, AuAS 1994, 168; VGH BW, InfAuslR 1998, 18 (19)).

64 Es ist also im Falle der Undurchführbarkeit der Abschiebung nicht der vollziehenden Ausländerbehörde überlassen, den Zielstaat aus eigener Zuständigkeit zu ändern. Geht man davon aus, dass es sich bei der Änderung der Zielstaatsangabe um eine wesentliche Regelung der Abschiebungsandrohung handelt (so OVG Rh-Pf, AuAS 2000, 15 (16)), so kann nur das Bundesamt die Abschiebungsandrohung nach Abs. 1 S. 1 und damit auch die Zielstaatsbezeichnung ändern (BayVGH, InfAuslR 1996, 80 (81)). Dafür spricht auch, dass vor dem Rückgriff auf einen in dem Hinweis in Bezug genommenen Staat als Zielstaat zunächst im Blick auf diesen Staat zielstaatsbezogene Abschiebungshindernisse zu prüfen sind (VGH BW, InfAuslR 1998, 18 (19); OVG Rh-Pf, NVwZ-RR 1998, 457; vgl. auch VG Karlsruhe, NVwZ-Beil. 2000, 21) und für diese Prüfung allein das Bundesamt zuständig ist.

65 Im Ergebnis ist deshalb festzuhalten, dass in der Abschiebungsandrohung vorrangig der Herkunftsstaat als Zielstaat der Abschiebung nach § 59 II 1. HS AufenthG zu bezeichnen ist. Werden im Blick auf den Herkunftsstaat Abschiebungshindernisse nach § 60 II–VII AufenthG festgestellt, darf dieser Staat nicht als Zielstaat bezeichnet werden (vgl. § 59 III 2 AufenthG). Andere Staaten werden nur im Ausnahmefall zur Übernahme bereit sein. Jedenfalls sind vor der Angabe eines Staates als Zielstaat nach § 59 II 1. HS AufenthG, der nicht der Herkunftsstaat des Betroffenen ist, vorher Abschiebungshindernisse in Bezug auf diesen und dessen Übernahmebereitschaft zu prüfen.

3.3.5. Ausnahmen von der Bezeichnungspflicht des § 59 Abs. 2 erster Halbsatz AufenthG

66 Es ist anerkannt, dass in der Abschiebungsandrohung die Zielstaatsbestimmung ausnahmsweise unterbleiben kann (BVerwGE 111, 343 (346f.) = InfAuslR 2001, 46 (47); BVerwGE 118, 308 (312) = NVwZ 2004, 352 = InfAuslR 2004, 43 = AuAS 2004, 93; OVG Sachsen, AuAS 2000, 15 (16); OVG Berlin, NVwZ 2001, 948 (LS)). Kann ein bestimmter Zielstaat der Abschiebung mangels Identifizierbarkeit des Herkunftsstaates nicht bezeichnet und auch ein anderer aufnahmebereiter Staat nicht festgestellt werden, ist ein sachlicher Grund gegeben, der ausnahmsweise das Absehen von der Angabe eines Zielstaates nach § 59 II 1. HS AufenthG rechtfertigt (OVG Sachsen, AuAS 2000, 15 (16); VG Leipzig, NVwZ-Beil. 1998, 14 (15)). Allein der Hinweis auf möglicherweise in Betracht kommende Zielstaaten ersetzt nicht die konkrete Bezeichnung des Zielstaates und die damit im Zusammenhang stehenden konkreten Prüfungspflichten.

Abschiebungsandrohung § 34

Das Verwaltungsgericht darf ausnahmsweise von der Prüfung von Abschiebungshindernissen absehen und die Zielstaatsbezeichnung aufheben, wenn etwa im Falle eines staatenlosen Kurden weder eine Abschiebung noch eine freiwillige Ausreise nach Syrien auf unabsehbare Zeit möglich ist. In diesem Fall kann auch von der Prüfung von Abschiebungshindernissen abgesehen werden (BVerwGE 118, 308 (310) = NVwZ 2004, 352 = InfAuslR 2004, 43 = AuAS 2004, 93). 67

Bei der Sollvorschrift des § 59 II AufenthG handelt es sich lediglich um eine *Vorgabe für das Handlungsprogramm* der Behörde im Sinne einer Ordnungsvorschrift. Vor allem die Regelung in § 59 III 3 AufenthG zeigt, dass die Abschiebungsandrohung als solche bestehen bleibt, wenn in ihr rechtswidrig ein Zielstaat benannt ist, in Bezug auf den zwingende Abschiebungshindernisse vorliegen. Mit dieser gesetzlichen Wertung steht es nicht in Übereinstimmung, aus dem Fehlen einer gesetzlich gebotenen Zielstaatsbestimmung auf die Rechtswidrigkeit der Abschiebungsandrohung insgesamt zu schließen (BVerwGE 111, 343 (347) = InfAuslR 2001, 46 (47); BVerwGE 118, 308 (310) = NVwZ 2004, 352 = InfAuslR 2004, 43 = AuAS 2004, 93; OVG Berlin, NVwZ 2001, 948 (LS)). 68

§ 59 II AufenthG sieht die Bezeichnung des Zielstaates nur für den Regelfall vor. Zielstaat wird zumeist der Staat sein, dessen Staatsangehörigkeit der Betreffende besitzt, bei Staatenlosen der Staat des gewöhnlichen Aufenthalts. Je nach den Umständen kann indes auch ein sonstiger zur Aufnahme bereiter oder verpflichteter Drittstaat in Betracht kommen. Ist jedoch die Staatsangehörigkeit ungeklärt und ein aufnahmebereiter Drittstaat – wie im Regelfall – nicht erkennbar, so liegen *besondere Umstände* vor, die ein Absehen von der Zielstaatsbezeichnung rechtfertigen (BVerwGE 111, 343 (347) = InfAuslR 2001, 46 (47); OVG Sachsen, AuAS 2000, 15 (17)). 69

Die Angabe eines Zielstaates in den eine Einreise des Betreffenden wegen *Verweigerung der Übernahme* nicht möglich ist, steht nicht nur der Angabe des Staates als Zielstaat entgegen, sondern führt zur Rechtswidrigkeit der Abschiebungsandrohung insgesamt, weil von dem Betreffenden ein Verhalten verlangt wird, dass er nicht erfüllen und die Behörde auch nicht zwangsweise durchsetzen kann (VG Ansbach, U. v. 5. 4. 1999 – AN 12 K 94.49667). So ist etwa die Androhung der Abschiebung eines staatenlosen Palästinensers nach Syrien unzulässig, wenn er dort vor seiner Einreise kein gefestigtes Aufenthaltsrecht gehabt hat und ihm deshalb die Wiedereinreise nach dorthin nicht gestattet werden wird. Ebenso wenig darf Israel in diesem Fall als Zielstaat bezeichnet werden, da er kurz nach seiner Geburt Israel verlassen und in Saudi-Arabien gelebt hat, dort aber ausgewiesen wurde und deshalb offensichtlich ist, dass die israelischen Behörden die Einreise nicht erlauben werden (VG Ansbach, U. v. 5. 4. 1999 – AN 12 K 94.49667). Daher ist die Abschiebung auf Dauer unmöglich und eine Aufenthaltserlaubnis (§ 25 V 1 AufenthG) zu erteilen. 70

3.3.6. Behördliche Zuständigkeit für die nachträgliche Bezeichnung des Zielstaates

Insbesondere in Asylverfahren ist das Bundesamt nicht verpflichtet, vor Erlass der Abschiebungsandrohung lediglich zur Ermittlung eines in Betracht 71 kommenden Zielstaates weitere Aufklärung zu betreiben. Nach der Rechtsprechung des BVerwG obliegt gemäß § 59 II 1 AufenthG die Klärung der rechtlichen und tatsächlichen Möglichkeit der Abschiebung in einen bestimmten Staat und die hierzu gegebenenfalls erforderliche Klärung der Staatsangehörigkeit grundsätzlich der Ausländerbehörde (BVerwGE 111, 343 (347) = InfAuslR 2001, 46 (48)). Das BVerwG übersieht hierbei jedoch, dass vor der Bezeichnung eines bestimmten Zielstaates stets zielstaatsbezogene Abschiebungshindernisse zu prüfen sind. Darauf weist es zwar ausdrücklich hin, lässt die Frage der behördlichen Zuständigkeit jedoch offen.

72 Nach einem abgeschlossenen Asylverfahren kann nur das Bundesamt zielstaatsbezogene Abschiebungshindernisse prüfen. Vor der Erweiterung der Abschiebungsandrohung durch Angabe eines Zielstaats sind jedoch derartige Abschiebungshindernisse zu prüfen (VGH BW, InfAuslR 1998, 18 (19); OVG Rh-Pf, NVwZ-RR 1998, 457; vgl. auch VG Karlsruhe, NVwZ-Beil. 2000, 21), sodass ausschließlich das Bundesamt für diese Prüfung zuständig ist. Stellt die Ausländerbehörde nachträglich einen aufnahmebereiten Staat fest, muss das Bundesamt durch Neu- oder Ergänzungsbescheid die Abschiebungsandrohung ändern und diesen Staat als Zielstaat bezeichnen. Da allein das Bundesamt anordnende Behörde ist, kann nur dieses die nachträgliche Zielstaatsangabe vornehmen (a. A. VG Leipzig, NVwZ-Beil. 1998, 14 (15); offen gelassen BVerwGE 111, 343 (347 ff.) = InfAuslR 2001, 46 (48)).

73 Hierfür spricht, dass im Asylverfahren nicht der Ausländerbehörde die Auswahl des Zielstaates überlassen werden darf. Vielmehr gehört die Feststellung der für diese Frage entscheidungserheblichen Tatsachen zu den originären Aufgaben des Bundesamtes im Rahmen der sachlichen Prüfung des Asylbegehrens. Steht die Staatsangehörigkeit fest, ist der Staat der Staatsangehörigkeit in der Abschiebungsandrohung anzugeben. Zwar darf das Bundesamt diese Frage nicht durch Anfrage an die Heimatbehörden aufklären, da solcherart Beweiserhebungen schlichtweg untauglich wären (BVerwG, DVBl. 1983, 1001; BVerwG, NVwZ 1989, 353). In der überwiegenden Mehrzahl der Verfahren wird diese Frage sich jedoch anhand objektiver Indizien und Tatsachen klären lassen.

74 Verbleiben nicht auflösbare Zweifel, ist von der Staatenlosigkeit des Asylsuchenden auszugehen. Nach Unanfechtbarkeit der ohne Zielstaatsangabe erlassenen Abschiebungsandrohung bestehen allerdings keine rechtlichen Bedenken mehr dagegen, diese Frage auch durch unmittelbaren Kontakt mit den heimatlichen Behörden aufzuklären und gegebenenfalls die Abschiebungsandrohung durch genaue Angabe des Herkunftsstaates zu ergänzen.

75 Auch das BVerwG weist darauf hin, dass die positive oder negative Feststellung zielstaatsbezogener Abschiebungshindernisse grundsätzlich nur in Ansehung der tatsächlichen Verhältnisse eines konkreten Staates getroffen werden könne (BVerwGE 111, 343 (346 ff.) = InfAuslR 2001, 46 (48)). Wenn es ungeachtet dessen die Ausländerbehörde im Rahmen des Vollzugs für originär zuständig erachtet, die Staatsangehörigkeit des Betreffenden zu klären, ist damit nicht viel gewonnen. Denn auch in einem derartigen Fall wäre allein das Bundesamt zur Prüfung von Abschiebungshindernissen befugt. In

diesem Zusammenhang könnte es auch die Stichhaltigkeit der Feststellungen der Ausländerbehörde zur Staatsangehörigkeit überprüfen.
Bei einer nachträglichen Erweiterung der Abschiebungsandrohung durch Angabe des Zielstaats bleibt zwar die Rechtmäßigkeit der Abschiebungsandrohung insgesamt unberührt. Rechtsschutz ist jedoch gegen unzutreffende behördliche Feststellungen im Rahmen der Prüfung der Zielstaatsbezeichnung gegeben. Der Rechtsschutz richtet sich gegen das Bundesamt. Vorläufiger Rechtsschutz ist bei einer unmittelbaren Gefahr der Abschiebung durch die Ausländerbehörde gegen deren Rechtsträger gemäß § 123 VwGO zulässig.

3.3.7. Staatenlosigkeit als Folge des untergegangenen Herkunftsstaates
Die Entwicklung seit 1991 auf dem Balkan und auf dem Gebiet der ehemaligen Sowjetunion, aber auch in Afrika und Asien, haben in der Praxis zu einer Reihe von Vollzugsproblemen geführt, die in der Rechtsprechung nicht immer überzeugend gelöst werden. Die Sowjetunion und das frühere Jugoslawien sind völkerrechtlich untergegangen. Eine durch diese Staaten ursprünglich vermittelte Staatsangehörigkeit kann nicht ohne weiteres als Staatsangehörigkeit des jeweiligen Nachfolgestaates behandelt werden. Vielmehr regelt jeder Staat selbständig nach seinem Recht die Voraussetzungen, unter denen die Staatsangehörigkeit begründet und beendet wird (BVerfGE 37, 217 (218) = NJW 1974, 1609 = DÖVC 1974, 774).
Generelles Muster der staatsangehörigkeitsrechtlichen Regelungen in der überwiegenden Mehrheit der genannten Nachfolgestaaten ist, dass im Zeitpunkt der Entstehung des Nachfolgestaates oder des Inkrafttreten des Staatsangehörigkeitsgesetzes der Betroffene seinen gewöhnlichen Aufenthalt im betreffenden Staatsgebiet gehabt haben muss. Das ist jedoch bei den Asylsuchenden, die vor diesem Zeitpunkt ausgereist sind, nicht der Fall. Sie können zwar unter bestimmten Voraussetzungen ihre Staatsangehörigkeit vom Ausland aus feststellen lassen oder ihre Einbürgerung beantragen. Sie können hierzu jedoch nicht rechtlich gezwungen werden.
Besteht Staatenlosigkeit, findet das Staatenlosenübereinkommen Anwendung. Dieses Übereinkommen enthält keine Regelung, welche es den Vertragsstaaten gestatten würde, dem Staatenlosen die Vorteile seines Status mit der Begründung vorzuenthalten oder zu entziehen, dass er seine Staatenlosigkeit wieder beseitigen könne (BVerwG, DVBl. 1997, 177 (178) = EZAR 252 Nr. 9 = AuAS 1997, 45 (LS); so auch VG Regensburg, InfAuslR 1997, 114 (116); offengelassen Nieders.OVG, U. v. 22. 10. 1996 – 13 L 1662/96; s. hierzu auch: Marx, Handbuch, § 73 Rdn. 28).
Die Weigerung, die Einbürgerung zu beantragen, mag der Erteilung der Aufenthaltserlaubnis entgegenstehen (so Hess.VGH, InfAuslR 1998, 25, im Hinblick auf einen ehemaligen rumänischen Staatsangehörigen, der aufgrund Entlassungsantrags ausgebürgert worden war). Daraus folgt jedoch noch nicht, dass das Staatenlosenübereinkommen auf den Betroffenen keine Anwendung findet (BVerwGE 101, 295 (299) = EZAR 252 Nr. 9 = InfAuslR 1997, 58). Die Staatenlosigkeit des Asylsuchenden steht jedoch der Bezeichnung des Nachfolgestaates seines früheren Staates der Staatsangehörigkeit als Ziel-

staat der Abschiebung nach § 59 II 1. HS AufenthG entgegen (a. A. wohl OVG Rh-Pf, EZAR 044 Nr. 13 = AuAS 1998, 154). Vielmehr kann bei Staatenlosen ein Zielstaat nur dann angegeben werden, wenn die tatsächliche Möglichkeit der Abschiebung in einen bestimmten Staat besteht und deshalb auch ein Abschiebungsversuch unternommen werden kann (BVerwGE 118, 308 (313) = NVwZ 2004, 352 = InfAuslR 2004, 43 = AuAS 2004, 93).

81 Festzuhalten ist jedoch, dass es in derartigen Fällen im Zeitpunkt des Erlasses der Abschiebungsandrohung nach Abs. 1 S. 1 am geforderten staatsangehörigkeitsrechtlichen Status fehlt und die Betroffenen aus diesem Grund *Staatenlose* sind. Denn kein Staat erkennt sie als Staatsangehörige an (vgl. Weis, BYIL 1953, 478 (480); ausführlich hierzu Marx, Handbuch, § 71 Rdn. 1 ff.). Es besteht daher auch keine rechtliche Übernahmeverpflichtung des betreffenden Nachfolgestaates. Fragwürdig ist deshalb die Rechtsprechung, die allein an den Besitz des Passes der UdSSR die Rechtsfolge knüpft, dass der Betreffende in *jeden* GUS-Staat abgeschoben werden dürfe (VG Darmstadt, Hess.VGRspr. 1995, 23 (24)).

82 Die Rechtsprechung trägt dem durch die Neuordnung der Staaten entstandenen Schutzdefizit nur unzulänglich Rechnung. Zwar wird anerkannt, dass die Bezeichnung eines anderen Staates als den des – bisherigen – Herkunftsstaates des Betroffenen Auswirkungen auf die Rechtmäßigkeit der Abschiebungsandrohung haben könne, wenn der genannte Staat bei Erlass der Abschiebungsandrohung nicht mehr existent war (Hess.VGH, AuAS 1995, 31; VGH BW, EZAR 022 Nr. 2; VGH BW, EZAR 044 Nr. 9). Hierzu im Widerspruch steht jedoch die Feststellung, bei dem in der Abschiebungsandrohung genannten Staat »Rest-Jugoslawien« handele es sich um ein bestehendes Staatsgebilde, das als Aufnahmestaat in Betracht komme, weil der Betroffene früher jugoslawischer Staatsangehöriger gewesen sei und seine Zugehörigkeit zum Nachfolgestaat Mazedonien im Hinblick auf die unklaren rechtlichen Verhältnisse nach der Unabhängigkeit dieses Staates nicht von vornherein feststand (Hess.VGH, AuAS 1995, 31 (32); s. auch Hess.VGH, EZAR 010 Nr. 1).

83 Ebenso verfehlt ist die Ansicht, dass es für die Angabe Kroatiens als Zielstaat ausreiche, dass der frühere Aufenthaltsort Kroatien gewesen sei (VGH BW, EZAR 044 Nr. 9). Allein die Tatsache eines früheren Aufenthaltes in dem Vorgängerstaat des bezeichneten Zielstaates berechtigt nicht dazu, die Zustimmung des Nachfolgestaates zur Übernahme des Betreffenden ohne Hinzutreten weiterer Umstände zu unterstellen. Die ungeklärte Zustimmung zur Übernahme steht andererseits der Angabe dieses Staates als Zielstaat der Abschiebung nach § 59 II 1. HS AufenthG entgegen.

3.3.8. Übernahmebereitschaft des Nachfolgestaates

84 In einer rechtsstaatlichen Grundsätzen entsprechenden Verwaltungspraxis wird insbesondere im Hinblick auf derartige staatliche Übergangsprozesse vor dem Vollzug der Abschiebung die Übernahmebereitschaft des Nachfolgestaates geklärt werden müssen. Diese kann etwa bei Armeniern aus der früheren Sowjetrepublik Aserbeidschan oder bei Serben aus Kroatien nicht ohne weiteres unterstellt werden. Die obergerichtliche Rechtsprechung löst

dieses Rechtsproblem mit Hilfe der Figur der »*tatsächlichen Unmöglichkeit der Abschiebung*« (§ 60 a II AufenthG). Damit soll der vollziehenden Behörde offensichtlich ein weitgehender Handlungsspielraum eröffnet werden.

Denn von einer solchen Unmöglichkeit der Abschiebung kann nach der Rechtsprechung außer in den Fällen, in denen eine Abschiebung mangels tatsächlicher Aufnahmebereitschaft des Zielstaates mit Sicherheit zum Scheitern verurteilt wäre, nur dann ausgegangen werden, wenn ein *Abschiebungsversuch* bereits *einmal gescheitert* ist (BVerwG, InfAuslR 1999, 73 (74); VGH BW, NVwZ-RR 1993, 52; VGH BW, AuAS 1998, 4 (5); s. hierzu auch BVerwGE 118, 308 (313) = NVwZ 2004, 352 = InfAuslR 2004, 43 = AuAS 2004, 93). Erst nach mehrmaligen erfolglosen Abschiebungsversuchen entstehe als bloßer »Rechtsreflex« das Abschiebungshindernis der tatsächlichen Unmöglichkeit der Abschiebung (VGH BW, EZAR 046 Nr. 2; VGH BW, NVwZ-RR 1993, 52). 85

Nach dieser Rechtsprechung ist daher im Eilrechtsschutzverfahren der Antrag zurückzuweisen, wenn das Vorliegen eines tatsächlichen Abschiebungshindernisses lediglich behauptet, nicht aber durch die Darlegung eines fehlgeschlagenen Abschiebungsversuches glaubhaft gemacht werde. Diese erhöhten Anforderungen an die Glaubhaftmachung rechtfertigten sich aus dem Umstand, dass dieses faktische Abschiebungshindernis anders als bei Sachverhalten, die eine rechtliche Unmöglichkeit der Abschiebung (vgl. § 60 II–VII AufenthG) begründen könnten, nicht auf einer dem Betreffenden drohenden Rechtsgutverletzung beruhe. Etwas anderes gelte nur, wenn *feststehe*, dass ein solcher Abschiebungsversuch *mit Sicherheit* zum Scheitern verurteilt wäre (VGH BW, AuAS 1996, 52 (53f.) = EZAR 046 Nr. 5). 86

Diese Betrachtungsweise lässt die Frage, ob der Zielstaat der Abschiebung zustimmen wird, ebenso als entscheidungsunerheblich offen (OVG NW, AuAS 1998, 160), wie die Frage, ob die fehlende oder zweifelhafte Zustimmung dieses Staates der Bezeichnung dieses Staates als Zielstaat nach § 59 II 1. HS AufenthG entgegensteht. Andererseits kann ein Abschiebungsversuch erst dann durchgeführt werden, wenn das Bundesamt den Zielstaat konkretisiert hat. Im Hinblick auf die vergleichbare Situation von Staatenlosen hat auch das BVerwG die Frage der Zulässigkeit der Abschiebung als Frage angesehen, die im Vollzug erheblich wird (BVerwGE 87, 11 (21) = EZAR 252 Nr. 5 = NVwZ 1991, 787). Andererseits hat das Gericht die Frage ausdrücklich offen gelassen, ob das Land des früheren Aufenthaltes des Staatenlosen rechtlich zur Rückübernahme verpflichtet ist (BVerwG, InfAuslR 1991, 76 (77); zum Ganzen Marx, Handbuch, § 73 Rdn. 14ff.). 87

Diese Frage ist indes von der anordnenden und nicht von der vollziehenden Behörde zu klären, da die fehlende Rückübernahmebereitschaft der Angabe des betreffenden Staates als Zielstaat entgegensteht. Nur dies ist mit den Anforderungen, die an die Zielstaatsbestimmung der Abschiebungsandrohung nach Abs. 1 S. 1 zu stellen sind, vereinbar. Denn § 59 II 1. HS AufenthG ist eine Schutzvorschrift zugunsten des Betroffenen, sodass die fehlende Angabe des Zielstaates regelmäßig die Rechtswidrigkeit der Abschiebungsandrohung bewirkt (BayVGH, InfAuslR 1994, 30 (31); VGH BW, EZAR 044 Nr. 10; Hess. VGH, AuAS 1994, 266 (267)). 88

89 Die untergerichtliche Rechtsprechung zieht hieraus die Konsequenz, auf die Angabe des Zielstaates überhaupt zu verzichten: Sei die Staatsangehörigkeit des Betroffenen ungeklärt, so habe das Bundesamt im Rahmen des ihm durch die Sollbestimmung des § 59 II 1. HS AufenthG *ausnahmsweise* eingeräumten Ermessens sorgfältig zu prüfen, ob überhaupt ein Zielstaat in die Abschiebungsandrohung aufgenommen werden solle (VG Stuttgart, AuAS 1996, 55 (56), zu Mazedonien/Jugoslawien; VG Kassel, U. v. 23. 2. 1995 – 6 E 9062/92, zur UdSSR/Ukraine). Der Vorteil dieser Rechtsprechung besteht darin, dass die Frage der ungeklärten Staatsangehörigkeit nicht erst in der Vollzugsphase, sondern bereits in der Anordnungsphase erheblich wird.

90 Zwar besteht in diesen Fällen eine unanfechtbare Abschiebungsandrohung. Diese ist jedoch mangels Angabe eines konkreten Zielstaates nicht vollziehbar. Die Abschiebungsandrohung ist der erste Akt des Vollstreckungsverfahrens. Sie kann erst nach Festsetzung des Zwangsmittels vollzogen werden. Erst die Angabe eines bestimmten Zielstaates stellt das inhaltlich hinreichend bestimmte Zwangsmittel dar, d. h. vor der Abschiebung ist der Zielstaat durch rechtsmittelfähigen Ergänzungs- oder Neubescheid anzugeben.

91 Dem untergerichtlichen Ansatz liegt die Konzeption der »ungeklärten Staatsangehörigkeit« zugrunde. Die Einstufung der Staatsangehörigkeit als »ungeklärt« kann indes nicht mehr sein als eine »vorübergehende Arbeitsbezeichnung« ohne rechtliche Verbindlichkeit für den Fall, dass die Staatsangehörigkeit einer Person nicht feststeht oder zwar Anhaltspunkte dafür bestehen, dass sie Angehöriger eines bestimmten Staates ist, ein hinreichender sicherer Nachweis hierfür jedoch noch fehlt. Jedenfalls kann in einem Verfahren, in dem es gerade darauf ankommt, ob jemand staatenlos ist, diese Frage nicht durch »Verleihung« einer »ungeklärten Staatsangehörigkeit« offen bleiben (vgl. BVerwG, InfAuslR 1987, 278 (279); s. auch OVG Rh-Pf, EZAR 044 Nr. 13 = AuAS 1998, 154; zum Ganzen Marx, Handbuch, § 71 Rdn. 16).

92 Eine Person hat entweder eine Staatsangehörigkeit oder sie ist staatenlos (BVerwG, InfAuslR 1987, 278; VG Berlin, InfAuslR 1985, 237 (238); VG Berlin, InfAuslR 1988, 174 (176); VG Berlin, InfAuslR 1988, 225 (227)). Zwar kommt es für die Abschiebungsandrohung nicht zwingend auf die Frage der Staatsangehörigkeit an (offen gelassen BVerwG, U. v. 18. 2. 1997 – BVerwG 9 C 9.96). Bevor jedoch auf die Angabe eines Zielstaates verzichtet wird, hat das Bundesamt im Einzelnen darzulegen, warum es die Frage der Staatsangehörigkeit nicht hat klären können. Zu entsprechenden Feststellungen war es im vorangegangenen Asylverfahren ohnehin verpflichtet. Denn die Frage der Staatsangehörigkeit ist für das Asylverfahren eine entscheidungserhebliche Tatsache (BVerwG, Buchholz 402.25 § 1 AsylVfG Nr. 125).

93 Anders als im allgemeinen Ausländerrecht, in dem nicht notwendigerweise die Frage der Staatsangehörigkeit zu klären ist, ist diese im Asylverfahren zwingend zu prüfen. Da die Flucht in eine dritte Option versperrt ist, hat der Asylsuchende entweder eine Staatsangehörigkeit oder er ist staatenlos. Steht die Staatsangehörigkeit fest, kann regelmäßig die Übernahmebereitschaft des Herkunftsstaates unterstellt und dieser in der Abschiebungsandrohung als Zielstaat der Abschiebung bezeichnet werden. Ist der Asylsuchende hingegen staatenlos und kann die Übernahmebereitschaft des Staates des früheren

Aufenthaltes oder eines anderen Staates nicht festgestellt werden, kann ausnahmsweise unter ausführlicher Darlegung der hierfür maßgeblichen Gründe in der Abschiebungsandrohung auf die Angabe des Zielstaates verzichtet werden. Die Verfügung ist jedoch nicht vollziehbar, solange nicht durch ergänzenden Bescheid der Zielstaat nach Maßgabe des § 59 II 1. HS AufenthG angegeben wird.

3.3.9. Rückübernahmeabkommen als Rechtsgrund der Zielstaatsangabe

Die in der Verwaltungspraxis beobachteten Probleme der Rückübernahme eigener Staatsangehöriger durch den Herkunftsstaat haben dazu geführt, dass die Bundesrepublik mit einer Reihe von Staaten Abkommen zur Rückübernahme von eigenen Staatsangehörigen abgeschlossen hat (s. hierzu den Überblick in BT-Drs. 13/8470, S. 3; s. auch Hailbronner, Rückübernahme eigener und fremder Staatsangehöriger, S. 52 ff.). Dies betrifft insbesondere vietnamesische, rumänische sowie jugoslawische Staatsangehörige, die in ihrem Asylverfahren erfolglos geblieben sind. Dementsprechend geht die Rechtsprechung davon aus, dass etwa durch die Unterzeichnung des Regierungsabkommens zwischen der Bundesrepublik Deutschland und Jugoslawien am 10. Oktober 1996 das Hindernis der tatsächlichen Unmöglichkeit der Abschiebung entfallen ist (VGH BW, NVwZ-Beil. 1997, 37 = EZAR 043 Nr. 18; a. A. VG Berlin, InAuslR 1997, 182 (183); VG Sigmaringen, InfAuslR 1997, 271 (272)). 94

Nach der Gegenmeinung entfällt das Abschiebungshindernis erst, wenn nach dem in dem Abkommen vorgesehenen Verfahren die Heimatbehörden der Rückführung zugestimmt haben. Das BVerwG hat sich der Gegenmeinung angeschlossen. Danach muss die Bundesrepublik das Verfahren einleiten und schließt sich hieran ein *mehrstufiges Verfahren* an. Erst wenn absehbar ist, wann mit einer Abschiebung des Betreffenden zu rechnen ist, entfällt das faktische Abschiebungshindernis (BVerwG, InfAuslR 1998, 12 (15)). Für die anordnende Behörde ist diese Frage allerdings ohne Bedeutung. Denn in den Anwendungsbereich der Abkommen fallen nur Personen, welche die Staatsangehörigkeit des anderen Vertragspartners haben. Sind insoweit eindeutige Feststellungen zur Staatsangehörigkeit des Asylsuchenden getroffen worden, kann der Herkunftsstaat als Zielstaat der Abschiebung nach § 59 II 1. HS AufenthG bezeichnet werden. 95

3.3.10. Anforderungen an den Staatsbegriff nach § 59 Abs. 2 erster Halbsatz AufenthG

3.3.10.1. Gefahr in einem regional begrenzten Teil des Herkunftslandes

Stellen das Bundesamt oder das Verwaltungsgericht fest, dass eine freiwillige Rückkehr oder zwangsweise Abschiebung in den Zielstaat, in dem dem Betroffenen eine regional begrenzte Gefahr nach § 60 VII 1 AufenthG droht, nur auf *ganz bestimmten Reisewegen* in Betracht kommt, welche bei Ankunft im Zielstaat die Erreichbarkeit relativ sicherer Landesteile unzumutbar erscheinen lassen, besteht ein Abschiebungshindernis nach § 60 VII AufenthG, weil dann die festgestellte Zufluchtsmöglichkeit nur theoretisch besteht. 96

Bei der verfassungskonformen Anwendung des § 60 VII AufenthG auf allgemeine Gefahren infolge eines Bürgerkrieges ist danach eine Rückkehr dann 97 unzumutbar, wenn die sicheren Landesteile nicht erreicht werden könnten, ohne auf dem Weg dorthin einer extremen Leibes- oder Lebensgefahr ausgesetzt zu sein (BVerwGE 104, 265 (278) = EZAR 043 Nr. 21 = InfAuslR 1997, 341 (346) = NVwZ 1997, 1127 = AuAS 1997, 242; Marx, Handbuch, § 81 Rdn. 24 ff.). Maßgebend ist insoweit, ob der Betreffende einen sicheren Zugang zum Zielstaat und von dort *innerhalb* des Zielstaates eine gefährdungsfreie Weiterreise zur sicheren Zone innerhalb des Zielstaates finden wird. Kann das Bundesamt beide Voraussetzungen einer gefährdungsfreien Rückreise nicht mit hinreichend tragfähigen Feststellungen zuverlässig bejahen, hat es Abschiebungsschutz nach § 60 VII AufenthG zu gewähren. Damit scheidet dieser Staat als Zielstaat der Abschiebung nach § 59 II 1. HS AufenthG aus (vgl. § 59 III 2 AufenthG).

3.3.10.2. Voraussetzungen für die Bezugnahme auf den Staat »insgesamt«

3.3.10.2.1. Erreichbarkeit der gefahrenfreien Region

98 In Übereinstimmung mit den unter Abschnitt 3.3.10. dargelegten Grundsätzen liegt es, dass im Rahmen der Zielstaatsbestimmung nach § 59 II 1. HS AufenthG nach der Rechtsprechung das Abschiebungshindernis nach § 60 VII 1 AufenthG nicht auf bestimmte Regionen des Herkunftsstaates eingeschränkt werden darf. Bestehen im Herkunftsstaat Abschiebungshindernisse, scheidet dieser als Zielstaat der Abschiebungsandrohung aus, wenn die Gefahren *landesweit* drohen oder das sichere Gebiet im Herkunftsstaat nicht erreichbar ist (BVerwGE 110, 74 (79) = EZAR 044 Nr. 16 = InfAuslR 2000, 122 = AuAS 2000, 27; Hess.VGH, Hess.JMBl. 1997, 654 (655)) = AuAS 1997, 146 = NVwZ-Beil. 1997, 53 (LS); VGH BW, B. v. 26. 5. 2000 – A 14 S 709/00; a. A. VG Frankfurt am Main, U. v. 3. 7. 1996 – 5 E 40872/94.A (1), frühere stdg. Rspr.: Verbot der Abschiebung nach Kabul; s. auch VG Karlsruhe, NVwZ-Beil. 1994, 23: Kämpfe herrschen nicht in allen Teilen Kroatiens; offengelassen Nieders.OVG, AuAS 2000, 9 (10); VG Aachen, B. v. 9. 12. 1996 – 1 L 1486/96, zu Bosnien und Herzegowina).

99 In diesem Fall, in dem der Betreffende mithin sichere Regionen im Herkunftsstaat nicht erreichen kann, ist ein Abschiebungshindernis für den betreffenden Staat *insgesamt* und nicht nur für bestimmte hierin gelegene Orte oder Regionen oder für einzelne in das Land führende Abschiebungswege festzustellen. Zu berücksichtigen ist danach, dass die Abschiebung in ein bestimmtes Land häufig nur über eine bestimmte Region, in der die geforderte »extreme Gefahrensituation« herrscht, möglich ist (so BVerwGE 99, 324 (330) = EZAR 046 Nr. 6 = NVwZ 1996, 199 = AuAS 1996, 32; BVerwG, NVwZ 1996, 476; BVerwG, NVwZ-Beil. 1996, 89 (90); BVerwG, NVwZ 1996, 57 (58), für Kabul). Droht die Gefahr nicht landesweit oder kann das sichere Gebiet im Herkunftsstaat ohne persönliche Gefährdungen erreicht werden, kann grundsätzlich trotz regionaler Gefahr oder in Gebietsteilen drohender Gefahren die Abschiebung in diesen Staat angedroht werden (BVerwGE 110, 74 (79) = EZAR 044 Nr. 16 = InfAuslR 2000, 122).

100 Das BVerwG betont in diesem Zusammenhang ausdrücklich, dass das Gebot des effektiven Rechtsschutzes nicht verlange, in solchen Fällen die Ab-

Abschiebungsandrohung § 34

schiebungsandrohung auf sichere Teile des Abschiebungszielstaates zu begrenzen. Es wäre freilich unzulässig, den Betreffenden in eine Region des Zielstaates abzuschieben, in dem Gefahren drohen, die ein Abschiebungshindernis begründen. Es sei indes Sache der für die Abschiebung zuständigen Ausländerbehörde sicherzustellen, dass der Betreffende nicht in gefährliche Gebiete abgeschoben werde. Um dies zu vermeiden, habe die Ausländerbehörde vor der Abschiebung eines erfolglosen Asylsuchenden die Ergebnisse des abgeschlossenen Anerkennungsverfahrens sorgfältig daraufhin zur Kenntnis zu nehmen, ob erhebliche Gefahren in Teilen des Abschiebungszielstaates drohen und der Betreffende daher möglicherweise nur in bestimmten Gebieten sicher sei (BVerwGE 110, 74 (79f.) = EZAR 044 Nr. 16 = InfAuslR 2000, 122).

Nach der Rechtsprechung des BVerwG ist es daher bei nur regionaler Gefährdung und sicherer Erreichbarkeit gefahrenfreier Regionen im Herkunftsstaat zulässig, den betreffenden Herkunftsstaat in der Abschiebungsandrohung *insgesamt* als Zielstaat zu bezeichnen. Unschädlich ist es andererseits in diesem Fall, die gefahrenfreie Region mit einem Klammerzusatz dem Zielstaat hinzu zu fügen. Droht etwa im Zentralirak Verfolgung oder bestehen dort Abschiebungshindernisse, nicht jedoch im Norden des Irak und ist die verfolgungsfreie Region erreichbar, kann das Bundesamt in der Abschiebungsandrohung die Abschiebung »in den Irak (Nordirak)« androhen (BVerwGE 110, 74 (78f.) = EZAR 044 Nr. 16 = InfAuslR 2000, 122). Notwendig ist der Klammerzusatz wegen der ausländerbehördlichen Prüfungspflicht jedoch nicht. **101**

Wird ein Asylsuchender auf eine inländische Fluchtalternative im Kosovo verwiesen, bezeichnet die Abschiebungsandrohung jedoch die Bundesrepublik Jugoslawien ohne Einschränkung als Zielstaat der Abschiebung, ist dies zulässig, wenn das Kosovo von außen sicher erreichbar ist. Voraussetzung für den Erlass der Abschiebungsandrohung ist in diesem Fall nicht, dass das Bundesamt in seiner Begründung darauf hingewiesen hat, die Abschiebung in nicht sichere Regionen müsse unterbleiben (VGH BW, B. v. 26. 5. 2000 – A 14 S 709/00). Im Blick auf die Verfolgung hindert § 4 S. 1 und in Ansehung der Abschiebungshindernisse § 42 S. 1 die Ausländerbehörde, eigenständig über die Verfolgungs- und Gefahrenlage außerhalb des Gebiets der inländischen Fluchtalternative zu befinden (vgl. VGH BW, B. v. 26. 5. 2000 – A 14 S 709/00). **102**

Kann hingegen der Asylsuchende die gefahrenfreien Landesteile vom Ausland aus nicht erreichen und ist er für die Rückkehr folglich auf Orte oder Gebiete verwiesen, in denen ihm extreme Gefahren drohen, betrifft das Abschiebungshindernis notwendigerweise das gesamte Staatsgebiet, das in diesen Fällen für den Betreffenden nur auf bestimmten, für ihn mit unentrinnbaren Gefahren verbundenen Wegen zugänglich ist. In diesem Fall darf der Staat in der Abschiebungsandrohung nicht bezeichnet werden (Hess.VGH, AuAS 1997, 146). Da das BVerwG die Bezeichnung eines Staates als Zielstaat der Abschiebung nur für zulässig erachtet, wenn es dort gefahrenfreie Regionen gibt und diese von außen erreichbar sind (BVerwGE 110, 74 (78f.) = EZAR 044 Nr. 16 = InfAuslR 2000, 122), ergibt sich im Umkehrschluss aus **103** dieser Rechtsprechung, dass die Bezeichnung zu unterbleiben hat, wenn diese Voraussetzungen nicht bestehen.

3.3.10.2.2. Keine Begrenzung auf die Region, in der das Abschiebungshindernis besteht

104 Die obergerichtliche Rechtsprechung erachtet es für unzulässig, die sicheren, als Zufluchtsort aber nicht zur Verfügung stehenden Gebiete des Herkunftsstaates aus der Feststellung eines Abschiebungshindernisses herauszunehmen und diese Feststellung auf die für die Einreise oder die Abschiebung allein in Betracht kommenden Gefahrenregionen zu beschränken (Hess. VGH, AuAS 1997, 146). Führe die Einreise oder Abschiebung in ein örtlich begrenztes Krisengebiet den Betreffenden in eine ebenso ausweglose Lage wie bei einer landesweit bestehenden Gefährdungssituation, könne dieser Staat insgesamt nicht als Zielstaat in der Abschiebungsandrohung bezeichnet werden (Hess.VGH, AuAS 1997, 146, für Kabul).

105 Die obergerichtliche Rechtsprechung will in derartigen Fällen der vollziehenden Behörde andererseits einen weitgehenden Handlungsspielraum eröffnen: Die eingeschränkte Feststellung eines Abschiebungshindernisses nach § 60 VII 1 AufenthG erweise sich insbesondere nicht deshalb als sachgerecht, weil hierdurch die Abschiebung im Falle einer nachträglichen Eröffnung neuer, bislang verschlossener Einreise- oder Abschiebungswege erleichtert würde. In diesem Falle könne auch bei einer auf den gesamten Staat bezogenen Feststellung eines Abschiebungshindernisses nach § 60 VII 1 AufenthG die Abschiebung durch die Ausländerbehörde in die Wege geleitet werden (Hess.VGH, Hess.JMBl. 1997, 654 (656f.)).

106 Diese Rechtsprechung übersieht, dass die Feststellung der gefährdungsfreien Einreise und Weiterreise in die ungefährdete Region innerhalb des Herkunftsstaates durch das Bundesamt zu treffen ist (BVerwGE 104, 265 (278) = EZAR 043 Nr. 21 = InfAuslR 1997, 379 = NVwZ 1997, 1127 = AuAS 1997, 24), § 60 VII 1 AufenthG im Falle einer »extremen Gefahrenlage« zwingenden Rechtscharakter hat (BVerwGE 99, 324 (331) = NVwZ 1996, 199 = EZAR 046 Nr. 6; BVerwG, NVwZ-Beil. 1996, 58 (59)) und darüber hinaus diese Entscheidung auch insoweit Bindungswirkung nach § 42 S. 1 hat, über die sich die Ausländerbehörde nicht hinwegsetzen darf.

107 Im Übrigen gehört die Zielstaatsbestimmung nach § 59 II 1 HS AufenthG, wozu auch die Frage der Prüfung der sicheren Einreise und Weiterreise in die ungefährdete Region innerhalb des Herkunftsstaates gehört, zur Sachkompetenz der anordnenden Behörde und nicht der der vollziehenden Ausländerbehörde. Allein das Bundesamt darf daher durch Ergänzung oder Neubescheid den betreffenden Staat als Zielstaat der Abschiebung in die Abschiebungsandrohung nach Abs. 1 S. 1 aufnehmen, wenn sich nachträglich gefährdungsfreie Reisewege in die gefahrenfreie Region innerhalb dieses Staates ergeben. Gegen diese Feststellung ist Rechtsschutz gegeben.

3.3.10.2.3. Prüfungskompetenz der Ausländerbehörde

108 In den Fällen, in denen die sichere Region von außen erreichbar ist, darf nach der Rechtsprechung des BVerwG der Herkunftsstaat in der Abschiebungsan-

drohung insgesamt als Zielstaat bezeichnet werden. Die Ausländerbehörde hat vor der Abschiebung den Asylbescheid zu überprüfen, ob in bestimmten Gebieten erhebliche Gefahren bestehen (BVerwGE 110, 74 (80) = EZAR 044 Nr. 16 = InfAuslR 2000, 122; Rdn. 102). Nur insoweit hat die Ausländerbehörde zur Sicherstellung des Schutzes des Betroffenen eine eigenständige Prüfungskompetenz. Die Feststellungen des Bundesamtes sind insoweit für die Ausländerbehörde bindend (vgl. § 42 S. 1). Bei einem Staat, der als Zielstaat der Abschiebung ausgeschlossen worden ist, hat die Ausländerbehörde hingegen wegen § 42 S. 1 keinerlei Prüfungskompetenz.

3.3.10.2.4. Rechtsschutz

Besteht nach dem rechtskräftigen Abschluss des Verfahrens für den Asylsuchenden berechtigter Anlass für die Annahme, dass die Abschiebung alsbald zu erwarten ist und hierbei eine Rückführung in nicht verfolgungsfreie oder auch sonst nicht sichere Gebiete des Zielstaats droht, kann er von der Ausländerbehörde die Bekanntgabe des beabsichtigten Reisewegs verlangen (BVerwGE 110, 74 (81) = EZAR 044 Nr. 16 = InfAuslR 2000, 122; VGH BW, B. v. 26. 5. 2000 – A 14 S 709/00). Gegebenenfalls kann er einstweiligen Rechtsschutz in Anspruch nehmen, auch wenn die Ausländerbehörde sich weigern sollte, für eine bevorstehende Abschiebung den Weg bekanntzugeben. Die Ausländerbehörde ist in diesem Fall verpflichtet, die Inanspruchnahme einstweiligen Rechtsschutzes vor der Durchführung der Abschiebung zu ermöglichen (BVerwGE 110, 74 (80) = EZAR 044 Nr. 16 = InfAuslR 2000, 122, unter Verweis auf BVerfGE 94, 168 (216); ebenso VGH BW, B. v. 26. 5. 2000 – A 14 S 709/00).

Rechtsschutz ist in diesen Fällen nach § 123 VwGO mit dem Ziel zu beantragen, den beabsichtigten Reiseweg bekanntzugeben. Nach Bekanntgabe des Reiseweges kann der Asylsuchende gegebenenfalls erneut einstweiligen Rechtsschutz gegen die Abschiebung als solche gegenüber der Ausländerbehörde verlangen, wenn er begründete Einwände gegen die Sicherheit des vorgetragenen Reisewegs geltend machen kann.

Anders liegt der Fall, in dem die Ausländerbehörde die Abschiebung in einen Staat plant, der nicht als Zielstaat in der Abschiebungsandrohung bezeichnet worden ist, weil dort Abschiebungshindernisse bestehen. Sofern die Ausländerbehörde meint, nachträglich habe sich zu der gefahrenfreien Region ein Zugang eröffnet, bleibt sie infolge der Bindungswirkung an die Feststellung des Bundesamtes gebunden (vgl. § 42 S. 1). Die Behörde hat insoweit keine eigenständige Prüfungskompetenz. In diesem Fall ist einstweiliger Rechtsschutz nach § 123 VwGO gegenüber der Ausländerbehörde mit dem Ziel zu beantragen, die Abschiebung zu untersagen.

3.3.11. Zielstaatsbezeichnung bei fehlendem Besitz des Nationalpasses

3.3.11.1. Bedeutung des fehlenden Nationalpasses für die anordnende Behörde

Für die rechtliche Beurteilung des Zielstaates ist es grundsätzlich unerheblich, ob der Betreffende dessen Staatsangehörigkeit besitzt oder nicht (BVerwG, InfAuslR 1999, 73 (74)). Der fehlende Besitz des Passes gewinnt daher regelmäßig erst in der Vollzugsphase Bedeutung und hindert als solches nicht den Erlass der Abschiebungsandrohung nach Abs. 1 S. 1. Beim Erlass der Abschiebungsandrohung muss nach der Rechtsprechung des BVerwG darüber hinaus nicht bereits sichergestellt sein, dass die Abschiebung in den als Zielstaat bezeichneten Staat aus rechtlichen oder tatsächlichen Gründen unmöglich ist (BVerwG, InfAuslR 1999, 73 (74)). Diese Frage stellt sich erst in der Vollzugsphase.

113 Solange die anordnende Behörde auch ohne den Nachweis eines nationalen Reiseausweises den Herkunftsstaat hinreichend zuverlässig ermitteln kann, hindert ein fehlender Pass des Betreffenden nicht den Erlass der Abschiebungsandrohung. Seit nahezu zwanzig Jahren beherrscht jedoch das Phänomen der »irregulären Einreise« von Flüchtlingen den westlichen Flüchtlingsdiskurs. Flüchtlinge, die im Besitz eines nationalen Reiseausweises sind, sind seitdem eher die Ausnahme. Legen sie einen Nationalpass vor, wird ihnen der Einwand der »legalen Ausreise« entgegen gehalten und besteht die Gefahr der Asylantragsablehnung, weil die Behörde aus dem Besitz des Nationalpasses auf ein fehlendes staatliches Verfolgungsinteresse schließt.

114 Die nationalen Feststellungsbehörden haben in den vergangenen zwei Jahrzehnten ausreichende Erfahrungen gesammelt, um den Staat der Staatsangehörigkeit auch ohne den Nachweis eines nationalen Reiseausweises feststellen zu können. Jedoch kann der fehlende Besitz eines Nationalpasses auch dazu führen, dass die Staatsangehörigkeit des Asylsuchenden nicht festgestellt werden kann. In diesem Fall hat der fehlende Pass zur Folge, dass der Zielstaat der Abschiebung nicht bezeichnet werden kann, sodass die Abschiebungsandrohung ausnahmsweise ohne Bezeichnung des Zielstaates erlassen wird (Rdn. 66 ff.).

115 Der fehlende Besitz des Passes kann *objektive* und *subjektive* Gründe haben. Passlosigkeit kann ein Indiz dafür darstellen, dass der Flüchtling nach der Ausreise wegen – objektiver – veränderter staatsrechtlicher Verhältnisse in seiner Heimatregion staatenlos geworden ist. In derartigen Fällen sind vor dem Erlass der Abschiebungsandrohung eingehende Ermittlungen zu den staatsrechtlichen Verhältnissen des Antragstellers durchzuführen und hat im Falle der Nichtaufklärbarkeit dieser Verhältnisse die Zielstaatsbezeichnung ausnahmsweise zu unterbleiben.

116 Auf die Prüfung der Staatsangehörigkeit darf die anordnende Behörde schon deshalb nicht verzichten, weil die Feststellung der Staatsangehörigkeit für die Gewährung der Asylberechtigung oder des Flüchtlingsstatus von entscheidungserheblicher Bedeutung ist (BVerwG, InfAuslR 1990, 238; Marx, Handbuch zur Asyl- und Flüchtlingsanerkennung, § 71 Rdn. 17 ff.). Das Bundesamt muss sich dabei soweit wie möglich von dem Inhalt der ausländischen staatsangehörigkeitsrechtlichen Vorschriften überzeugen und darf sich nicht auf eine bloße Plausibilitätsprüfung beschränken (BVerwG, InfAuslR 1996, 21).

117 Der in der Rechtsprechung entschiedene Sonderfall, in dem trotz Gewährung des Abschiebungsschutzes nach § 60 I AufenthG die Ausländerbehörde nachträglich Zwangsmaßnahmen zwecks Klärung der Nationalität durchgeführt hatte (vgl. VG Regensburg, InfAuslR 2002, 107; s. hierzu auch BVerwG

117, 276 (280f.) = EZAR 015 Nr. 32 = NVwZ 2003, 992 = InfAuslR 2003, 310), ist deshalb an sich nicht denkbar. Ohne Feststellung der Staatsangehörigkeit bzw. des Landes des letzten gewöhnlichen Aufenthaltes ist die Gewährung von Abschiebungsschutz nicht zulässig. Umgekehrt ist es der Ausländerbehörde wegen der Bindungswirkung des § 4 S. 1 nachträglich untersagt, aus eigener Zuständigkeit zu diesem Gesichtspunkt erneut Ermittlungen durchzuführen.

Auch die Feststellung von Abschiebungshindernissen nach § 60 II–VII AufenthG erfordert zureichende Feststellungen zu dem Staat, in dem die Gefahr droht (vgl. auch § 59 III 2 AufenthG), sodass auch insoweit für die anordnende Behörde die Verpflichtung zur Feststellung des in Betracht kommenden Zielstaates der Abschiebung besteht. Darüber hinaus bedarf die vollziehende Behörde klarer Vorgaben durch die anordnende Behörde. Wegen der Trennung in anordnende und vollziehende Behörde darf die Frage des Zielstaates durch die anordnende Behörde nicht in der Schwebe gelassen werden.

Schließlich spricht der Zweck der Rechtssicherheit dafür, dass die anordnende Behörde im Rahmen der inhaltlichen Prüfung des Asylbegehrens zureichende Feststellungen zur Staatsangehörigkeit bzw. Staatenlosigkeit trifft und der vollziehenden Behörde Hinweise gibt, unter welchen Voraussetzungen vom Betreffenden im Rahmen des Vollzugs Bemühungen um Klärung der Staatsangehörigkeit erwartet werden können.

Anders liegen die Verhältnisse in den Fällen, in denen die Staatsangehörigkeit des Asylsuchenden wegen Verweigerung der Mitwirkung oder wegen Täuschung über die Identität oder Staatsangehörigkeit (vgl. § 30 III Nr. 2) nicht festgestellt werden kann. Zwar hat auch hier die Zielstaatsbezeichnung bei Unaufklärbarkeit des Herkunftsstaates zu unterbleiben (Rdn. 66ff.). Doch kann sich in diesem Fall der Asylsuchende nicht auf den Grundsatz der Rechtssicherheit berufen. Das Bundesamt hat auch in diesem Fall die Frage des Zielstaates zunächst offen zu lassen. Führen die Ermittlungen der vollziehenden Ausländerbehörde zum Erfolg, hat das Bundesamt nachträglich den Zielstaat zu bezeichnen und kann anschließend die Abschiebungsandrohung vollzogen werden.

3.3.11.2. Passlosigkeit als objektives Indiz für die Staatenlosigkeit

Der Umstand, dass der Asylsuchende weder über einen gültigen Reiseausweis verfügt noch trotz aller ernsthaften Bemühungen ein derartiges Dokument erlangen kann, ist regelmäßig ein gewichtiges Indiz für die fehlende Übernahmebereitschaft des Landes des letzten gewöhnlichen Aufenthaltes oder des Staates der bisherigen Staatsangehörigkeit. Auch insoweit versucht die Rechtsprechung der vollziehenden Behörde einen optimalen Handlungsspielraum zu verschaffen, ohne dass stets zuvor die insoweit jeweils erheblichen Rechtsfragen geklärt werden. Ist der bisherige Staat der Staatsangehörigkeit rechtlich untergegangen und weigert sich der Nachfolgestaat, ein neues Reisedokument auszustellen, so gibt er damit zu erkennen, dass er den Betreffenden nicht als seinen Staatsangehörigen ansieht. Die Behörden der Bundesrepublik dürfen ihn nicht ungeachtet dessen als Staatsangehörigen dieses Staates betrachten.

122 Einer Person eine Staatsangehörigkeit zuzuweisen, welche sie nach dem Recht des betreffenden Staates nicht hat, stellt eine unzulässige Rechtsfiktion dar (Weis, Nationality and Statelessness, S. 92). Auch wenn die deutschen Behörden die staatsangehörigkeitsrechtlichen Vorschriften des in Betracht kommenden Staaten prüfen (BVerwG, InfAuslR 1996, 21), dürfen sie nicht ihre Vorstellungen von den staatsangehörigkeitsrechtlichen Verhältnissen an die Stelle des betreffenden Staates setzen. Vielmehr hat die Prüfung den Zweck, den objektiven Inhalt des ausländischen Rechts zu ermitteln (BVerwG, InfAuslR 1996, 21). Die deutschen Behörden müssen deshalb einen Asylsuchenden, der keinen Staat der Staatsangehörigkeit besitzt, als Staatenlosen betrachten und auf die Angabe eines Zielstaates in der Abschiebungsandrohung verzichten, es sei denn, es kann ein anderer übernahmebereiter Staat festgestellt werden. In diesem Fall ist die Abschiebungsandrohung rechtlich nicht vollziehbar und dem Betreffenden regelmäßig eine Aufenthaltserlaubnis nach § 25 V 1 AufenthG zu erteilen.

123 Der Hinweis darauf, dass der Betreffende die Möglichkeit habe, mit ungültigem Reiseausweis in den Herkunftsstaat zurückzureisen, ist jedenfalls bei Staatenlosen nicht gerechtfertigt (OVG Berlin, InfAuslR 1994, 236). Die obergerichtliche Rechtsprechung geht dementsprechend davon aus, dass für den Fall, in dem der Betreffende seiner Mitwirkungspflicht nachkommt und ihm trotz vollständiger Sachverhaltsdarlegung und entsprechenden Ersuchens von der in Betracht kommenden Auslandsvertretung keine Staatsangehörigkeitsbescheinigung ausgestellt wird, dieser nicht als Staatsangehöriger dieses Staates anzusehen ist (Nieders.OVG, U. v. 20. 6. 1995 – 10 L 325/93).

124 Ähnlich liegt der Fall desjenigen, der bereits vor seiner Einreise staatenlos gewesen war und das Land seines letzten gewöhnlichen Aufenthaltes aus Furcht vor Verfolgung, vergleichbaren oder anderen Gründen verlassen hat. In diesen Fällen mag zwar die Prüfung der Übernahmebereitschaft in die Vollzugsphase verschoben werden. Es darf dann aber kein Zielstaat in der Abschiebungsandrohung bezeichnet werden. Regelmäßig werden die Bemühungen der Ausländerbehörde um Klärung der Rückübernahmebereitschaft ergebnislos verlaufen. Dem Betroffenen ist in diesem Fall nach Maßgabe des § 25 V 1 AufenthG eine Aufenthaltserlaubnis zu erteilen. Sollte der Staat des letzten Aufenthaltes ausnahmsweise seine Übernahmebereitschaft erklären, so hat das Bundesamt nachträglich diesen Staat als Zielstaat der Abschiebung zu bezeichnen und hierbei – bezogen auf diesen Staat – Abschiebungshindernisse zu prüfen.

3.3.11.3. Unaufklärbarkeit der Staatsangehörigkeit wegen fehlender Mitwirkung

125 Verweigert der Asylsuchende bewusst und gewollt seine Mitwirkung bei der Feststellung der Staatsangehörigkeit oder täuscht er bewusst über seine Identität oder Staatsangehörigkeit (s. hierzu OVG Bremen, NVwZ-Beil. 2001, 3), so hat das Bundesamt von Amts wegen hinreichende Feststellungen zur Staatsangehörigkeit zu treffen. Feststellungen aufgrund von Sprachanalysen reichen nicht aus. Eine hierauf beruhende Zielstaatsangabe kann wegen fehlender Bindungen des Betreffenden zu diesem Staat gegen das Willkürverbot

verstoßen (VG Gelsenkirchen, InfAuslR 2002, 217 (218) = AuAS 2001, 237). Kann das Bundesamt ungeachtet der fehlenden Mitwirkung den Staat der Staatsangehörigkeit identifizieren und lehnt es den Asylantrag etwa in der qualifizierten Form ab (vgl. § 30 III Nr. 2), erlässt es die Abschiebungsandrohung und bezeichnet den betreffenden Staat als Zielstaat. Kann es – wie so häufig in der Verwaltungspraxis – den Staat der Staatsangehörigkeit nicht ermitteln, erlässt es die Abschiebungsandrohung ohne Zielstaatsangabe (vgl. Rdn. 66 ff.).

Der Asylsuchende ist im Asylverfahren verpflichtet, zu seiner Staatsangehörigkeit die erforderlichen Angaben zu machen (vgl. BVerwGE 108, 21 (30) = EZAR 015 Nr. 18 = InfAuslR 1999, 108 = DVBl. 1999, 546; BVerwG, InfAuslR 1985, 145; BVerwG, InfAuslR 1990, 238; BVerwG, InfAuslR 1996, 21; vgl. auch § 25 I). Eine unmittelbare Kontaktaufnahme mit der Botschaft oder anderen Behörden seines Herkunftsstaates oder über Dritte ist ihm allerdings während des Asylverfahrens nicht zuzumuten (s. hierzu § 15 Rdn. 39 ff.). Nach dem Eintritt der Vollziehbarkeit der Abschiebungsandrohung oder der Unanfechtbarkeit der Antragsablehnung wird die vollziehende Ausländerbehörde die erforderlichen Maßnahmen zur Feststellung der Staatsangehörigkeit treffen. In der Vollzugsphase sind allerdings die Anforderungen an die Mitwirkungspflichten gegenüber der Prüfungsphase während des Asylverfahrens deutlich erhöht.

126

Einen Anhalt für den Umfang der zumutbaren Anstrengungen mag § 25 V 4 AufenthG geben. Danach trifft den Betreffenden die Obliegenheit, zumutbare Anforderungen zur Beseitigung des Abschiebungshindernisses zu treffen. Dazu gehört in der Verwaltungspraxis, dass er alles in seiner Kraft Stehende und ihm Zumutbare dazu beiträgt, um in den Besitz von Heimreisedokumenten zu gelangen. Dazu gehört zunächst, dass er alle erforderlichen Angaben gegenüber seiner nationalen Vertretung macht, damit seine Staatsangehörigkeit festgestellt werden kann (VGH BW, InfAuslR 2002, 115 (117)), insbesondere ist er verpflichtet, diese zu diesem Zweck aufzusuchen (BVerwG, InfAuslR 1991, 76 (77); VGH BW, InfAuslR 1991, 226 (227); Marx, Ausländer- und Asylrecht in der anwaltlichen Praxis, S. 164 ff.).

127

Die obergerichtliche Rechtsprechung hält den Betreffenden im Rahmen der ihm zumutbaren Mitwirkungspflichten darüber hinaus für verpflichtet, nach Möglichkeit über im Herkunftsland lebende Verwandte oder andere Dritte in den Besitz einer Geburtsurkunde, eines Schulzeugnisses, eines Einberufungsbescheides oder anderer Dokumente zu gelangen, welche die Klärung der Staatsangehörigkeit erleichtern können (BayVGH, U. v. 14. 7. 1998 – 10 B 98.1389; zum Umfang der Mitwirkungspflichten s. auch VG Regensburg, InfAuslR 2002, 106).

128

Unterlässt der Betroffene derartige Mitwirkungshandlungen in vorwerfbarer Weise, so hat er das dadurch geschaffene Hindernis zu vertreten. Vorwerfbar in diesem Sinne ist es regelmäßig, wenn er durch ein in seinem freien Willen stehendes Verhalten seine freiwillige Ausreise und seine Abschiebung verhindert oder wesentlich verzögert. In diesem Sinne ist es nach der Rechtsprechung stets vorwerfbar, zumutbare und erfolgversprechende Anstrengungen zur Erlangung von Heimreisedokumenten unterlassen zu haben (BVerwGE 108, 21 (29 f.) = EZAR 015 Nr. 8 = InfAuslR 1999, 108); OVG

129

Hamburg, EZAR 015 Nr. 24 = InfAuslR 2001, 167 = AuAS 2001, 50; s. auch OVG Hamburg, InfAuslR 2002, 19 (20); VGH BW, InfAuslR 2002, 115 (117)). Weist der Betreffende aber nach, dass er sich nachdrücklich und wiederholt gegenüber der nationalen Vertretung und auch durch Kontaktaufnahme mit im Herkunftsland lebenden Verwandten um die Beschaffung von Dokumenten bemüht hat oder trägt er schlüssig vor, dass ihm dies mangels persönlicher Bindungen im Herkunftsland nicht möglich war, so kann ihm ein vorwerfbares Verhalten nicht zur Last gelegt werden (vgl. BayVGH, U. v. 14. 7. 1998 – 10 B 98.1389).

130 Es versteht sich von selbst, dass dem Asylsuchenden derartige Mitwirkungspflichten erst dann auferlegt werden dürfen, wenn die behauptete Furcht vor Verfolgung verneint worden ist. Soweit die Rechtsprechung den Asylsuchenden für verpflichtet erachtet, zur Beseitigung des Abschiebungshindernisses der Passlosigkeit auch die Staatsangehörigkeit eines anderen Staates anzunehmen (OVG Hamburg, EZAR 015 Nr. 24 = InfAuslR 2001, 167 = AuAS 2001, 50), so mag dies im entschiedenen Einzelfall eines 1990 aus der damaligen Provinz Eritrea geflohenen eritreischen Volkszugehörigen äthiopischer Staatsangehörigkeit vertretbar erscheinen. Denn in der Tat verbinden den Betreffenden mit dem Staat Eritrea nicht nur geographische, sondern auch ethnische Bindungen, während umgekehrt nach der Erlangung der staatlichen Unabhängigkeit Eritreas 1993 die formal bestehende äthiopische Staatsangehörigkeit nur noch als »bloße Hülse« erscheint.

131 Unter diesen besonderen Voraussetzungen wird man zu den Mitwirkungspflichten des erfolglosen Asylsuchenden auch die Beantragung der eritreischen Staatsangehörigkeit rechnen können mit der Folge, dass er der äthiopischen Staatsangehörigkeit verlustig geht (OVG Hamburg, EZAR 015 Nr. 24 = InfAuslR 2001, 167 = AuAS 2001, 50). Grundsätzlich fehlt jedoch der anordnenden und auch der vollziehenden Behörde die Kompetenz, durch behördlichen Zwang gegenüber einem Ausländer die Beantragung der Staatsangehörigkeit eines anderen Staates durchzusetzen. Hierzu ist einerseits ein Hoheitsakt des ausländischen Staates erforderlich, sodass eine rechtlich nicht durchsetzbare Verpflichtung aufgegeben wird und eine derartige Anordnung deshalb nichtig ist (VGH BW, B. v. 16. 2. 1994 – 1 S 2882/93; Marx, Handbuch zur Asyl- und Flüchtlingsanerkennung, § 73 A Rdn. 17, 27).

132 Darüber hinaus darf niemandem gegen seinen Willen eine Staatsangehörigkeit aufoktroyiert werden. Denn zulässiger völkerrechtlicher Anknüpfungspunkt im Sinne der Rechtsprechung des Internationalen Gerichtshofs (I.C.J. Reports 1955, 4 (23) – *Nottebohm)* kann die Einbürgerung nur sein, wenn sie auf einem *freien Willensentschluss* des Einzubürgernden beruht. Damit werden zwar in erster Linie Zwangseinbürgerungen durch den einbürgernden Staat für völkerrechtlich unzulässig erklärt. Jedoch liegt dem die Ratio zugrunde, dass niemandem gegen seinen Willen eine ausländische Staatsangehörigkeit aufoktroyiert werden darf.

133 Dies mag in den Fällen der freiwilligen Aufgabe der Staatsangehörigkeit anders sein, weil sich insoweit der ausbürgernde Staat gegenüber dem Aufenthaltsstaat völkerrechtswidrig verhält (Weis, Nationality and Statelessness, S. 127). Völkerrechtlich können die betroffenen Staaten die Rückkehr auch

Abschiebungsandrohung § 34

ungeachtet des entgegen stehenden Willens des Betroffenen regeln und können deshalb auch diesem gegenüber mit den Mitteln des Verwaltungsrechts erforderliche Mitwirkungspflichten zur Durchführung der Rückkehr durchgesetzt werden. Voraussetzung für die Rückkehr ist jedoch, dass weder Verfolgung droht noch Abschiebungshindernisse bestehen.

Zunächst hat das Bundesamt daher den staatsangehörigkeitsrechtlichen Bezugspunkt im Asylverfahren zu prüfen. Haben sich nach der Flucht die staatsangehörigkeitsrechtlichen Verhältnisse wie im erwähnten Fall insofern geändert, dass die Herkunftsregion Eritrea nachträglich als Staatsverband völkerrechtlich anerkannt worden ist, so ist Bezugspunkt der asylrechtlichen Prüfung der Staat Eritrea und nicht der frühere, im Zeitpunkt der Ausreise die Provinz Eritrea mitumfassende Staatsverband Äthiopien. Drohen durch die Behörden des Staates Eritrea keine Verfolgungen, ist der Asylantrag abzulehnen. 134

Zumutbar ist die Beantragung der Staatsangehörigkeit eines anderen Staates nur, wenn hiergegen keine rechtlichen Bedenken bestehen. Im Falle der durch freiwillige Ausbürgerung staatenlos gewordenen Rumänen wird man kaum den Einwand der aufoktroyierten ausländischen Staatsangehörigkeit erheben können. Ausschließlich bezogen auf diesen Sonderfall erachtet es das BVerwG für zumutbar, dass der Betroffene zur Beseitigung des Abschiebungshindernisses einen Antrag auf Wiedereinbürgerung stellt (BVerwGE 108, 21 (29 f.) = EZAR 015 Nr. 18 = InfAuslR 1999, 108). Anders liegen die Verhältnisse bei staatlichen Umbruchprozessen wie etwa in den GUS-und Balkanstaaten. Daher ist die Rechtsprechung des BVerwG einer Verallgemeinerung nicht zugänglich. 135

Im Falle desjenigen, der vor der Ausreise seinen gewöhnlichen Aufenthalt in der Provinz Eritrea hatte, dürfte wohl ein Grenzfall vorliegen. »Vernünftige Anknüpfungspunkte« für die Staatsangehörigkeit sind hier sowohl territoriale wie ethnische Aspekte. Allerdings bleibt der entgegenstehende Wille des Betreffenden zu bedenken. Demgegenüber kann etwa einem russischen Volkszugehörigen aus einem GUS-Staat, der vor der Einreise zu keinem Zeitpunkt seinen gewöhnlichen Aufenthalt in der Russischen Föderation gehabt hat, nicht die Beantragung der russischen Staatsangehörigkeit zwangsweise auferlegt werden. Denn hier bestehen lediglich ethnische Merkmale, fehlen jedoch territoriale Bindungen und ein Wille auf Zugehörigkeit zum russischen Staatsverband. Daher sind hierauf gerichtete behördliche Maßnahmen unzumutbar. 136

3.3.11.4. Vollzug bei ungültigem Nationalpass

Ist der Asylsuchende mit einem Nationalpass eingereist und ist dessen Geltungsdauer inzwischen abgelaufen, so wird das Bundesamt regelmäßig eindeutige Feststellungen zum Zielstaat der Abschiebung treffen können. Dies gilt auch für den Fall, in dem der Asylsuchende einen anderen Identitätsnachweis, etwa Personalausweis, Inlandsausweis, Studenten-, Gewerkschafts- oder Dienstausweis oder Militärpass vorlegt. Sofern der Antrag unbegründet ist, kann das Bundesamt in diesem Fall die Abschiebungsandrohung nach Abs. 1 S. 1 mit der erforderlichen Zielstaatsangabe erlassen. Ein auch in An- 137 sehung seiner Geltungsdauer abgelaufener Pass reicht grundsätzlich für den Nachweis der Staatsangehörigkeit aus (KG, AuAS 2001, 257 (258), für das Verfahren der Eheanmeldung). Eine ganz andere Frage betrifft jedoch die Zulässigkeit des Vollzugs in diesem Fall.

138 Die Rechtsprechung geht grundsätzlich davon aus, dass die Abschiebung eines Ausländers, der die zur Einreise in das Zielland erforderlichen Ausweisdokumente nicht besitzt, tatsächlich unmöglich ist (OVG Berlin, InfAuslR 1994, 236; OVG Berlin, U. v. 27. 6. 1995 – OVG 8 B 44.95; OVG NW, B. v. 27. 10. 1993 – 17 B 4417/92; OVG NW, B. v. 28. 3. 1994 – 17 B 252/93; OVG NW, NVwZ-Beil. 2000, 18 = InfAuslR 2000, 138 = AuAS 2000, 35 = EZAR 611 Nr. 11; VG Leipzig, EZAR 632 Nr. 32; VG Sigmaringen, InfAuslR 1997, 271 (272); s. auch EKMR, InfAuslR 1999, 217). Die Vorschrift des § 60 a II AufenthG ist danach dahin auszulegen, dass sie nicht nur eine endgültige, sondern auch eine vorübergehende tatsächliche Unmöglichkeit ausreichen lässt (OVG NW, B. v. 27. 10. 1993 – 17 B 4417/92; OVG NW, B. v. 28. 3. 1994 – 17 B 252/93). Der Asylsuchende ist jedoch gehalten, an der Erlangung eines gültigen Reiseausweises mitzuwirken und die hierzu erforderlichen Anträge zu stellen.

139 Allerdings erachtet die Rechtsprechung grundsätzlich die Rückführung von Asylsuchenden mit ungültigen Reisedokumenten in das Land ihrer Staatsangehörigkeit für rechtlich zulässig (OVG Berlin, B. v. 1. 3. 1996 – OVG 8 S 52.96). Nur wenn der Mangel des Passes auf Dauer nicht zu beheben und deshalb auf lange Sicht die Rückkehr unmöglich sei, sei wegen tatsächlicher Unmöglichkeit der Abschiebung vom Vollzug der Abschiebungsandrohung wegen § 60 a II AufenthG abzusehen (OVG Berlin, U. v. 27. 6. 1995 – OVG 8 B 44.95; a. A. VG Saarlouis, B. v. 21. 5. 1996 – 1 F 21/96. A: Fehlen eines Ausweises steht der Rückführung nicht entgegen).

140 Das BVerwG hat diese Rechtsprechung bekräftigt und festgestellt, dass dann, wenn die Abschiebung nach den Gegebenheiten des Falls nicht aussichtslos erscheine, ein *fehlgeschlagener Abschiebungsversuch* vorausgesetzt werden dürfe, bevor eine tatsächliche Unmöglichkeit der Abschiebung angenommen werde (BVerwGE 105, 232 (238) = EZAR 045 Nr. 7 = NVwZ 1998, 297; BVerwG, InfAuslR 1999, 73 (74); VGH BW, EZAR 046 Nr. 2; VGH BW, NVwZ-RR 1993, 52; VGH BW, AuAS 1998, 4 (5); s. hierzu Marx, Ausländer- und Asylrecht in der anwaltlichen Praxis, S. 565 ff.). Dies erlaubt jedoch nicht den Vollzug ohne vorherige Bezeichnung des Zielstaates und Prüfung von Abschiebungshindernissen durch das Bundesamt.

141 Dieser Rechtsprechung kann entnommen werden, dass der Besitz eines wenn auch nicht mehr gültigen Reiseausweises die Abschiebung in den Staat der Staatsangehörigkeit erlaubt. Dem kann aus völkerrechtlichen Gründen nichts entgegnet werden, wenn der vom Staat der Staatsangehörigkeit ausgestellte Reiseausweis noch als Nachweis für die Begründung der Verpflichtung zur Übernahme angesehen werden kann (Grahl-Madsen, YaleJIL 1986, 376 (393); zur völkerrechtlichen Verantwortlichkeit des Herkunftsstaates gegenüber dem Aufnahmestaat s. auch Achermann, Die völkerrechtliche Verantwortlichkeit fluchtverursachender Staaten, S. 171 ff.).

142 Weder im Hinblick auf Staatenlose noch auf fremde Staatsangehörige kann sich indes der Aufnahmestaat gegenüber dem Staat des früheren Aufenthal-

Abschiebungsandrohung § 34

tes auf eine derartige Übernahmeverpflichtung berufen. Man wird dem Asylsuchenden daher stets die Möglichkeit einzuräumen haben, vor der Abschiebung die Ausstellung eines Reisedokumentes oder die Verlängerung dessen Geltungsdauer zu beantragen. Verweigert die entsprechende Auslandsvertretung diese Maßnahme und ist sie auch nicht bereit, eine Staatsangehörigkeitsbescheinigung auszustellen, kann der Betreffende nicht als Staatsangehöriger des betreffenden Staates angesehen werden. Die tatsächliche Unmöglichkeit der Abschiebung steht in diesem Fall wegen Verweigerung der Übernahme eindeutig fest.

Nach den Erfahrungen der Verwaltungspraxis erkennen die Staaten der Staatsangehörigkeit regelmäßig ihre Zuständigkeit nur im Falle des Nachweises eines gültigen oder ungültigen Nationalausweises an. Der Besitz anderer Identitätsnachweise löst die Übernahmebereitschaft regelmäßig nicht aus, sodass der Vollzug unverhältnismäßig wäre und deshalb zu unterbleiben hat. Lediglich im Falle der *Türkei* ist bekannt, dass die zuständigen Behörden beim Nachweis eines *Nüfus* (Personalausweis) ihre völkerrechtliche Zuständigkeit anerkennen und den Betreffenden übernehmen. Ebenso soll *Togo* erfolglose Asylsuchende ohne Nationalpass übernehmen (vgl. OVG Hamburg, InfAuslR 2002, 19 (20), unter Hinweis auf den amtlichen Lagebericht für Togo vom 25. 4. 2001, S. 18 f.). Inzwischen erklären sich allerdings immer mehr Staaten bereit, auch ohne den Nachweis eines wenn auch abgelaufenen Reiseausweises erfolglose Asylsuchende zu übernehmen, wenn die vollziehende Behörde andere Identitätsnachweise (abgelaufener Inlandspass, Personalausweis) vorlegen kann. 143

4. Verwaltungsverfahren (Abs. 1 und 2)

4.1. Zuständigkeit des Bundesamtes (Abs. 1 Satz 1)

Gemäß Abs. 1 S. 1 ist das Bundesamt für den Erlass der Abschiebungsandrohung zuständig. Aufgrund eines gestellten Asylantrags wird allein das Bundesamt nach Abs. 1 S. 1 zuständig, die Abschiebungsandrohung zu erlassen. Mit der Begründung dieser Zuständigkeit entfällt aus gesetzessystematischen Gründen grundsätzlich zugleich die Befugnis der Ausländerbehörde zum Erlass einer entsprechenden Verfügung (OVG NW, NVwZ-Beil. 2000, 18 = InfAuslR 2000, 138). Damit ist sichergestellt, dass die Voraussetzungen für den Erlass einer Abschiebungsandrohung im Zusammenhang mit einem Asylverfahren grundsätzlich nur in einem Verfahren, und zwar von dem hierfür sachlich und personell besonders ausgestatteten Bundesamt überprüft werden und eine vom Gesetzgeber nicht gewollte Doppelprüfung unterbleibt (OVG NW, NVwZ-Beil. 2000, 18). 144

Hat indes die Ausländerbehörde bereits vor der Asylantragstellung die Abschiebungsandrohung erlassen, erledigt sich diese allein aufgrund des gestellten Asylantrags nicht. Vielmehr bleibt die Ausländerbehörde für Maßnahmen zur Durchsetzung der Ausreisepflicht als solche zuständig (BVerwG, InfAuslR 1998, 191 (192) = NVwZ-RR 1998, 264 = EZAR 221 Nr. 9; VGH BW, 145

EZAR 044 Nr. 14). Trotz wirksam verfügter Abschiebungsandrohung bewirkt der Asylantrag das gesetzliche Entstehen des Aufenthaltsrechts nach § 55 I 1. Das Bundesamt hat darüber hinaus für den Fall, dass die vor der Einleitung des Asylverfahrens verfügte Abschiebungsandrohung wirksam bleibt, die asylrechtlichen Besonderheiten zur Bestimmung des Zielstaates und hierbei insbesondere die sich aus einem festgestellten Abschiebungshindernis ergebenden rechtlichen Folgen zu beachten.

146 Andererseits bleibt das Bundesamt auch für den Erlass der Abschiebungsandrohung zuständig, wenn die zunächst verfügte Abschiebungsandrohung aufgehoben worden ist (OVG NW, NVwZ-Beil. 2000, 18 = InfAuslR 2000, 138). Auch wenn im Asylfolgeantragsverfahren wegen rechtlicher Unklarkeiten in Ansehung der Rechtmäßigkeit der im Erstverfahren erlassenen Abschiebungsandrohung eine erneute Abschiebungsandrohung ergeht, ist hierfür ausschließlich das Bundesamt zuständig (VG Karlsruhe, NVwZ-Beil. 2000, 21).

4.2. Keine Anhörung (Abs. 1 Satz 2)

147 Eine vorherige Anhörung des Asylsuchenden vor dem Erlass der Abschiebungsandrohung ist nicht erforderlich (Abs. 1 S. 2). Denn einerseits trifft diesen eine umfassende, Verfolgungstatsachen und Abschiebungshindernisse umfassende Darlegungspflicht (§ 25 I und II). Andererseits hat das Bundesamt den Antragsteller im Asylverfahren anzuhören (§ 24 I 2) und erstreckt sich die Amtsermittlungspflicht des Bundesamtes auch auf die im Rahmen des Abs. 1 S. 1 zu berücksichtigenden Umstände. Jedoch verbietet Abs. 1 S. 2 nicht die Anhörung. Es kann daher im Einzelfall durchaus eine erneute Anhörung sinnvoll sein. Insbesondere wenn nachträglich neue, im Rahmen von § 53 AuslG relevante Tatsachen bekannt werden sollten, empfiehlt sich ein derartiges Vorgehen. Die Abschiebungsandrohung ist nach den zwingenden Vorschriften des AsylVfG mit einer Fristsetzung zu versehen (§§ 36 I, 38 und 39 I 2; Erläuterungen s. dort).

4.3. Verbindung der Abschiebungsandrohung mit der Sachentscheidung (Abs. 2)

148 Nach Abs. 2 soll die Abschiebungsandrohung nach Abs. 1 S. 1 mit der Sachentscheidung nach § 31 I 1 verbunden werden. Da das Bundesamt für sämtliche Regelungen im Zusammenhang mit einem Asylbegehren zuständig ist (§ 5 II, § 24 II), fasst es danach die verschiedenen Entscheidungen in einem Bescheid zusammen. Es handelt sich aber gleichwohl um *jeweils verfahrensrechtlich selbständige* und daher auch *jeweils selbständig anfechtbare Verwaltungsakte*. Verschiedene Tenorierungen sind daher im Rahmen des Abs. 1 S. 1 in Verb. mit Abs. 2 denkbar.

149 So kann z. B. die Asylberechtigung versagt, aber die Voraussetzungen nach § 60 I AufenthG festgestellt oder es können die Voraussetzungen nach § 60 I

AufenthG verneint, jedoch die Voraussetzungen nach § 60 II–VII AufenthG festgestellt und die Abschiebung in einen Drittstaat unter Fristsetzung angeordnet werden. Oder es können die Asylberechtigung und die Feststellung nach § 60 I AufenthG versagt, jedoch das Vorliegen von Abschiebungshindernissen nach § 60 II – VII AufenthG festgestellt werden, ohne dass ein Zielstaat bezeichnet wird. Auch kann mit Bezug auf die Asylberechtigung und den Feststellungsanspruch nach § 60 I AufenthG der Antrag als offensichtlich unbegründet abgelehnt, aber Abschiebungshindernisse nach § 60 II–VII AufenthG festgestellt werden. In diesen Fällen ist in der Verfügung nach Abs. 1 S. 1 der Staat zu benennen, in den die Abschiebung untersagt ist. Eine Verpflichtung zur Benennung des Staates in den die Abschiebung zulässig ist, folgt aus § 59 II 1. HS AufenthG.

Bei den Abschiebungshindernissen nach § 60 II–VII AufenthG darf zwar die Abschiebung angedroht, sie darf jedoch nicht in den Staat vollzogen werden, in dem die bezeichnete Gefahr droht. Der Staat, in dem die in § 60 II–VII AufenthG genannte Gefahr droht, ist in der Sachentscheidung nach § 31 zu bezeichnen (§ 59 III 2 AufenthG) und darf nicht als Zielstaat nach § 59 II 1. HS AufenthG benannt werden.

150

4.4. Nachträglicher Erlass der Abschiebungsandrohung

Nach Abs. 2 soll die Abschiebungsandrohung zusammen mit der asylrechtlichen Sachentscheidung zugestellt werden. Daraus ergibt sich, dass die Verfügung gemäß Abs. 1 S. 1 auch nach Zustellung der Sachentscheidung gemäß § 31 I 1 getroffen werden kann. Abs. 1 S. 1 bildet die spezielle Rechtsgrundlage für aufenthaltsbeendende Maßnahmen in allen Fällen, in denen ein Ausländer keinen anderen Rechtstitel für seinen Aufenthalt als ein (erfolgloses) Asylverfahren hat (so zum alten Recht BVerwGE 74, 189 (194) = EZAR 201 Nr. 9 = NVwZ 1986, 930 = InfAuslR 1986, 265; OVG NW, EZAR 223 Nr. 11). Selbst nach Eintritt der Unanfechtbarkeit der ablehnenden Statusentscheidung nach § 31 I 1 bildet Abs. 1 S. 1 noch die Rechtsgrundlage für aufenthaltsbeendende Maßnahmen (so zum alten Recht BVerwGE 74, 189 (194); Hess.VGH, NVwZ 1985, 67; NVwZ 1988, 569; OVG NW, EZAR 223 Nr. 11; VGH BW, NVwZ 1983, 629; VGH BW, VBlBW 1984, 121; InfAuslR 1985, 6).

151

Der Gesetzgeber hat damit die Konsequenzen aus der unklaren Regelung des § 28 I 1 AsylVfG 1982 sowie aus der hierzu entwickelten Rechtsprechung gezogen, derzufolge für die Wirksamkeit der ausländerrechtlichen Verfügung der Zustellungsverbund nicht zwingend vorausgesetzt war (BVerwGE 74, 189 (191) = EZAR 201 Nr. 9 = NVwZ 1986, 930 = InfAuslR 1986, 265). Aus Abs. 2 wird darüber hinaus die Befugnis hergeleitet, auch nach *dem rechtskräftigen Abschluss des Erstverfahrens* die Abschiebungsandrohung nach Abs. 1 S. 1 zu erlassen (VG Karlsruhe, NVwZ-Beil. 2000, 21).

152

5. Eilrechtsschutzverfahren

5.1. Antrag auf Anordnung der aufschiebenden Wirkung der Anfechtungsklage gegen die Abschiebungsandrohung nach Abs. 1 Satz 1 (§ 36 Abs. 3 S. 1 in Verb. mit § 80 Abs. 5 VwGO)

153 Das Gesetz regelt in § 36 ausführlich das Eilrechtsschutzverfahren im Hinblick auf die erlassene, noch nicht vollziehbare Abschiebungsandrohung nach Abs. 1 S. 1. Auf die dortigen Erläuterungen wird deshalb, auch soweit es um den vorläufigen Rechtsschutz gegen die Abschiebungsandrohung nach Abs. 1 S. 1 geht, verwiesen. Im Blick auf die Form des Rechtsschutzes ist anzumerken, dass grundsätzlich einstweiliger Rechtsschutz gegen die Abschiebungsandrohung nach § 80 V VwGO zu beantragen ist.

154 In diesem Zusammenhang ist auch gegen die unrichtige Zielstaatsangabe nach § 59 II 1. HS AufenthG vorzugehen. Ist in der Abschiebungsandrohung kein Zielstaat angegeben, droht jedoch gleichwohl die Abschiebung, ist vorläufiger Rechtsschutz ebenfalls nach § 80 V VwGO zu erlangen (BayVGH, InfAuslR 1994, 30). Nicht gefolgt werden kann der obergerichtlichen Rechtsprechung, die im Blick auf Abschiebungshindernisse nach § 60 VII 1 AufenthG in derartigen Fällen auf den Antrag nach § 123 VwGO verweist (VGH BW, InfAuslR 1993, 91; so auch Hailbronner, AuslR, § 50 AuslG Rdn. 14 e). Solange die Anfechtungsklage gegen die Abschiebungsandrohung nach Abs. 1 S. 1 anhängig ist, ist in allen Fällen vorläufiger Rechtsschutz nach § 80 V VwGO zu beantragen. Erst nach Eintritt der Unanfechtbarkeit stellt sich das Problem des vorbeugenden Rechtsschutzes nach § 123 VwGO.

155 Die Rechtmäßigkeit der Zielstaatsangabe nach § 59 II 1. HS AufenthG wird maßgeblich durch die negative Bezeichnungspflicht nach § 59 III 2 AufenthG für die Abschiebungshindernisse nach § 60 II–VII AufenthG bestimmt. Es ist daher in Ansehung der Zielstaatsangabe während des anhängigen Verfahrens vorläufiger Rechtsschutz stets nach Maßgabe des § 80 V VwGO zu erlangen. Gegebenenfalls ist ein Aufhebungsantrag nach § 80 VII 2 VwGO zu stellen. Erst wenn das Hauptsacheverfahren unanfechtbar abgeschlossen ist, wird die Frage des vorbeugenden Rechtsschutzes gegen den Vollzug der Abschiebungsandrohung relevant.

5.2. Vorbeugender Rechtsschutz gegen den Vollzug der Abschiebungsandrohung nach Abs. 1 Satz 1

5.2.1. Nachträgliche Festsetzung des Zielstaates nach § 59 Abs. 2 erster Halbsatz AufenthG

156 Das Problem vorbeugenden Rechtsschutzes stellt sich stets erst dann, wenn das Hauptsacheverfahren unanfechtbar abgeschlossen ist und deshalb einstweiliger Rechtsschutz gegen den Vollzug der Abschiebungsandrohung nach Abs. 1 S. 1 nicht mehr im Zusammenhang mit einem noch anhängigen Verfahren, sei es gemäß § 80 V VwGO oder sei es gemäß § 80 VII 2 VwGO, beantragt werden kann. Da die Rechtmäßigkeit der Abschiebungsandrohung und

auch der Zielstaatsangabe nach § 59 II 1. HS AufenthG im vorangegangenen Verfahren unanfechtbar entschieden worden ist, kann regelmäßig vorbeugender Rechtsschutz nur gegen die vollziehende Ausländerbehörde und nur mit Einwänden gegen die Art und Weise sowie den Zeitpunkt der Abschiebung beantragt werden (VGH BW, AuAS 1994, 104 (105)).

Die Notwendigkeit der nachträglichen Zielstaatsbezeichnung kann sich ergeben, weil möglicherweise erst nach Eintritt der Unanfechtbarkeit der Abschiebungsandrohung die Staatsangehörigkeit des Asylsuchenden eindeutig geklärt und deshalb der Staat der Staatsangehörigkeit erst jetzt als Zielstaat bestimmt werden kann. Sie kann ihren Grund auch darin haben, dass Gefährdungen auf dem Reiseweg in die ungefährdete Region innerhalb des Herkunftsstaates nicht zuverlässig ausgeschlossen werden konnten und deshalb wegen § 60 VII 1 AufenthG in den betreffenden Staat eine Abschiebung unzulässig war, mit der Folge, dass er auch nicht als Zielstaat der Abschiebung bezeichnet werden konnte (§ 59 II 1. HS, III 2 AufenthG). 157

Die Rechtsprechung neigt aus Gründen der Praktikabilität dazu, in diesen Fällen der vollziehenden Ausländerbehörde die Kompetenz für die nachträgliche Festsetzung des Zielstaates zuzuweisen (Hess.VGH, Hess.JMBl. 1997, 654 (655)) = AuAS 1997, 146 = NVwZ-Beil. 1997, 53 (LS)). Diese Rechtsprechung übersieht, dass die – auch nachträgliche – Festsetzung oder Auswechselung des Zielstaates wegen der Schutzvorschrift des § 59 II 1. HS AufenthG notwendiger Bestandteil der Abschiebungsandrohung nach Abs. 1 S. 1 und die erforderliche Prüfung und Entscheidung durch das Bundesamt zu treffen ist. 158

Da die nachträgliche Festsetzung oder Auswechselung des Zielstaates die zugrundeliegende Abschiebungsandrohung nach Abs. 1 S. 1 inhaltlich modifiziert, erlässt das Bundesamt einen Ergänzungs- oder Neubescheid, durch den der Zielstaat neu bestimmt oder erstmals festgesetzt wird. Die hiergegen gerichtete Anfechtungsklage hat keine aufschiebende Wirkung. Vorläufiger Rechtsschutz ist über § 80 V VwGO zu erlangen. Gegenstand des Eilrechtsschutzverfahrens ist ausschließlich die Rechtmäßigkeit der nunmehr festgesetzten Zielstaatsbestimmung. Es handelt sich damit nicht um ein Verfahren des vorbeugenden Rechtsschutzes gegen die Vollziehung der Abschiebungsandrohung, sondern um ein Eilrechtsschutzverfahren nach § 80 V VwGO im Zusammenhang mit einer Anfechtungsklage gegen eine Ordnungsverfügung. 159

5.2.2. Vorbeugender Rechtsschutz gegen den Wegfall der tatsächlichen Unmöglichkeit der Abschiebung

Im vorangegangenen Asylverfahren kann sich herausgestellt haben, dass wegen tatsächlicher Unmöglichkeit der Abschiebung die Abschiebungsandrohung von vornherein nicht vollzogen werden konnte. Dies muss nicht notwendigerweise der Bezeichnung eines Zielstaates nach § 59 II 1. HS AufenthG entgegengestanden haben. So kann die Abschiebung vorübergehend undurchführbar sein, weil das entsprechende Verfahren nach dem zugrundeliegenden Übernahmeabkommen noch nicht eingeleitet und zum Abschluss gekommen ist (Rdn. 94 f.). Da in diesem Fall die Staatsangehörigkeit 160 indes nicht in Frage steht, kann der Staat der Staatsangehörigkeit als Zielstaat der Abschiebung bezeichnet werden.

161 Ebenso verhält es sich, wenn aufgrund eindeutiger Feststellungen die Staatsangehörigkeit des im Asylverfahren erfolglos gebliebenen Asylsuchenden feststeht oder die Geltungsdauer des nationalen Reiseausweises abgelaufen ist. Auch in diesem Fall bestehen gegen die Bezeichnung des Herkunftsstaates als Zielstaat der Abschiebung nach § 59 II 1. HS AufenthG keine Bedenken. Lediglich der Vollzug der Verfügung ist im Zeitpunkt ihres Erlasses oder ihrer gerichtlichen Überprüfung noch nicht möglich.

162 In diesen Fällen handelt es sich um klassische Vollzugsprobleme. Hier ist Rechtsschutz nach § 123 VwGO nur in Form des vorbeugenden Rechtsschutzes gegen die vollziehende Ausländerbehörde zulässig. Einwände können lediglich gegen die Art und Weise der Vollziehung sowie den Zeitpunkt geltend gemacht werden (VGH BW, AuAS 1994, 104 (105)). Schwangerschaft, ernstliche Erkrankungen, dringende familiäre Gründe oder andere gleichgelagerte humanitäre Gründe sind in diesem Zusammenhang erheblich. Dazu gehört schließlich auch der Einwand der Unmöglichkeit der Rückkehr wegen fehlender Transportverbindungen und -wege.

163 Die Beschwerde ist in diesen Verfahren nicht ausgeschlossen (VGH BW, NVwZ 1994, 1235 (1236); a. A. Hess.VGH, NVwZ-Beil. 1996, 21; OVG Bremen, NVwZ-RR 1995, 231; VGH BW, NVwZ-RR 1996, 536; VGH BW, NVwZ-RR 1996, 533 (534)). Familiäre Gründe und ernsthafte Erkrankungen können aber auch die Schwelle eines Abschiebungshindernisses nach § 60 V AufenthG in Verbindung mit Art. 3 oder Art. 8 EMRK erreichen (s. Rdn. 164 ff.). In derartigen Fällen geht es nicht mehr lediglich um vorübergehende Vollzugshindernisse, sodass der Abschiebungsschutz und dementsprechend auch der Rechtsschutz effektiver zu gestalten ist.

5.2.3. Krankheitsbedingte Abschiebungshindernisse

164 Nach der Rechtsprechung des BVerwG können erhebliche Gesundheitsgefahren wegen nicht vorhandener oder nicht ausreichender medizinischer Behandlungsmöglichkeiten im Zielstaat der Abschiebung entgegenstehen (BVerwGE 105, 383 (386 f.)) = EZAR 043 Nr. 27 = NVwZ 1998, 524; BVerwG, InfAuslR 1998, 189 (190 f.) = NVwZ 1998, 524 = AuAS 1998, 62; Marx, Handbuch, § 73 a Rdn. 7 ff.). Die befürchtete Verschlimmerung der Herzkrankheit kann danach die Voraussetzungen einer erheblichen konkreten Gefahr im Sinne von § 60 VII 1 AufenthG erfüllen, wenn diese »als Folge der Behandlung des Leidens« im Herkunftsstaat und damit im Zielstaat der Abschiebung eintritt. In diesem Fall handelt es sich nach der Rechtsprechung des BVerwG um ein *zielstaatsbezogenes Abschiebungshindernis* (BVerwGE 105, 383 (386 f.)) = EZAR 043 Nr. 27 = NVwZ 1998, 524; BVerwG, InfAuslR 1998, 189 (190 f.)).

165 Ausdrücklich wendet das BVerwG sich gegen die obergerichtliche Rechtsprechung, die in diesem Fall lediglich wegen tatsächlicher Unmöglichkeit der Abschiebung nach § 60 a II AufenthG die Abschiebung für unzulässig ansieht (so Hess.VGH, EZAR 045 Nr. 2; VGH BW, InfAuslR 1997, 399 (400) = AuAS 1997, 182; Nieders.OVG, AuAS 1997, 101 (102); so auch VG Berlin, InfAuslR

1997, 401; VG Düsseldorf, NVwZ-Beil. 1996, 76; VG Gießen, AuAS 1996, 98 (99); VG Würzburg, EZAR 632 Nr. 17; zustimmend: Huzel, NVwZ 1996, 1089; a. A. BVerfG (Kammer), InfAuslR 1996, 342 (345) = NVwZ-Beil. 1996, 74 = EZAR 043 Nr. 17; VG Neustadt a. d. Weinstr., InfAuslR 1997, 404 (405)). Die Anwendung des § 60 VII 1 AufenthG wird in einem derartigen Fall nach Ansicht des BVerwG nicht durch § 60 VII 2 AufenthG gesperrt, weil die befürchtete Gesundheitsgefahr nur der Asylsuchenden individuell wegen des ihr angeborenen Herzfehlers droht, auch wenn die Krankheit nicht singulär ist (BVerwG, InfAuslR 1998, 189 (191)).

166 Nach Art. 18 der Qualifikationsrichtlinie ist bei glaubhaft gemachter drohender unmenschlicher Behandlung nach Art. 15 Buchst. b) ergänzender Schutz zu gewähren. Eine verfahrensrechtliche Sperrwirkung kennt die RL nicht. Die Sperrwirkung von § 60 VII 2 AufenthG steht damit mit Gemeinschaftsrecht nicht in Übereinstimmung. Lediglich in Nr. 26 der Präambel der RL findet sich ein § 60 VII 2 AufenthG vergleichbarer Wortlaut. Die Sperrwirkung des § 60 VII 2 AufenthG wandelt damit sich damit in einen prognosrechtlichen Interpretationsgrundsatz um. Dessen Anwendung macht aber bei nachgewiesenen Gesundheitsgefahren keinen Sinn, weil hier nachweislich individuelle Gefahren drohen.

167 Der Begriff »Gefahr« in § 60 VII 1 AufenthG ist nicht einschränkend auszulegen. Dem sonst anerkannten Verständnis dieses Begriffs widerspräche eine Interpretation, wonach eine Gefahr für die Rechtsgüter Leib und Leben dann nicht die hinreichende Wahrscheinlichkeit einer künftigen Rechtsgutverletzung verwirklichen wird, wenn diese durch die bereits vorhandene Krankheit konstitutionell mitbedingt ist. Auch sonst ist es für den Begriff der Gefahr unerheblich, ob diese sich ausschließlich aus einem Eingriff, einem störenden Verhalten oder aus einem Zusammenwirken mit anderen – auch anlagebedingten – Umständen ergibt (BVerwG, InfAuslR 1998, 189 (191)). Zur notwendigen Sachverhaltsaufklärung ist ein ärztliches Gutachten einzuholen. Von einer zielstaatsbezogenen Gefahr ist auszugehen, wenn eine »angemessene medizinische Betreuung« des Asylsuchenden im Zielstaat der Abschiebung nicht zu erwarten ist (vgl. VG Gießen, AuAS 1996, 98 (99)).

168 Zu differenzieren ist insoweit zwischen »*anlage- oder konstitutionsbedingten*« *Gesundheitsgefährdungen* und einer »*akuten Reiseunfähigkeit*« (vgl. VGH BW, InfAuslR 1997, 399 (400)). Häufig werden beide Gesichtspunkte zusammenfallen. Der Gesundheitszustand kann aber auch lediglich vorübergehend mit der Folge einer akuten Reiseunfähigkeit geschwächt sein oder die akute Reiseunfähigkeit kann ihren Grund in einer Schwangerschaft haben. In derartigen Fällen dürfte es gerechtfertigt sein, von einem inlandsbezogenen Vollstreckungshemmnis auszugehen.

169 Ist das Krankheitsbild jedoch dergestalt, dass eine bestimmte medizinische Behandlung notwendig ist, um ernsthafte Gesundheitsgefährdungen auszuschließen, und kann aufgrund der Verhältnisse im Zielstaat der Abschiebung nicht erwartet werden, dass die angemessene erforderliche medizinische Behandlung und Versorgung dort gewährleistet erscheint, ist nach der Rechtsprechung des BVerwG von einem Abschiebungshindernis nach § 60 VII 1

AufenthG auszugehen, das nach Ansicht des BVerwG vom Bundesamt festzustellen ist (BVerwG, InfAuslR 1998, 189 (191)).

170 Nach der Rechtsprechung des EGMR gewährleistet Art. 3 EMRK in den Fällen, in denen ein an Aids erkrankter Straftäter durch die Abschiebung in seinen Herkunftsstaat wegen des abrupten Abbruchs der bislang gewährten medizinischen Versorgung in Verbindung mit der unzureichenden medizinischen Behandlung im Herkunftsstaat mit dramatischen Konsequenzen, insbesondere einer erheblichen Verkürzung der Lebenserwartung rechnen muss, Abschiebungsschutz (EGMR, InfAuslR 1997, 381 = EZAR 933 Nr. 6 = NVwZ 1998, 161 (§§ 52f.) – *D. g. Vereinigtes Königreich*; s. auch EGMR, InfAuslR 2001, 364 – *Benaid gegen Vereinigtes Königreich*, s. hierzu auch Marx, NVwZ 1998, 153 (154)). Daran anknüpfend wendet die obergerichtliche Rechtsprechung zu Recht in »extrem zugespitzten Fallgestaltungen« im Hinblick auf konstitutionsbedingte Gründe Art. 3 EMRK in Verb. mit § 60 VII 1 AufenthG an. Die besondere Funktion von § 60 V AufenthG besteht darin, die von der Bundesrepublik eingegangenen völkerrechtlichen Verpflichtungen uneingeschränkt in das Ausländer- und Asylverfahrensrecht zu integrieren. Diese Norm muss für zukünftige Entwicklungen und Präzisierungen der Spruchpraxis der Konventionsorgane offen sein (VGH BW, InfAuslR 1997, 399 (400) = AuAS 1997, 182).

171 Zuzugeben ist, dass der Gerichtshof in der Entscheidung D. gegen Vereinigtes Königreich die Anwendung von Art. 3 EMRK an besonders strenge Voraussetzungen geknüpft hat. Grundsätzlich sind aber Gesundheitsgefährdungen nicht anders als andere Formen von Rechtsgutverletzungen zu behandeln, d. h. die drohende Gefahr muss einen bestimmten Schweregrad nach Maßgabe der bisherigen Rechtsprechung des EGMR aufweisen (vgl. EGMR, EuGRZ 1979, 149 (153) (§ 162) – *Irland*; EGMR, EuGRZ 1979, 162 (164) (§ 29) – *Tyrer*; EGMR, EuGRZ 1989, 314 (321) (§ 100) = NJW 1990, 2183 – *Soering*; s. hierzu: Marx, Handbuch, § 79 Rdn. 15 ff.). Die Anwendung von Art. 3 EMRK kann deshalb nicht lediglich auf »extrem zugespitzte« Gefahren eingeschränkt werden.

172 Die anlage- oder konstitutionsbedingten Krankheitsgründe können danach kaum im Vollstreckungsverfahren auftreten, da sie nach § 25 II rechtzeitig darzulegen und vom Bundesamt bei seiner Entscheidung nach § 31 III 1 zu berücksichtigen sind. Ausnahmsweise können jedoch etwa aufgrund einer bislang unerkannt gebliebenen und plötzlich ausbrechenden Krankheit oder infolge eines Unfalls mit schwerwiegenden Folgen Gefahren im Sinne von § 60 VII 1 AufenthG auftreten. Da es dem Gesetzeszweck zuwiderliefe, den Ausländerbehörden bei Asylsuchenden die Aussetzungsentscheidung wegen zielstaatsbezogener Gefahren zuzuweisen, ist für die Prüfung und Entscheidung derartiger Gesundheitsgefährdungen das Bundesamt zuständig (BVerwG, InfAuslR 1998, 189 (190)). Derartige nachträgliche Abschiebungshindernisse sind gemäß § 51 I Nr. 1 VwVfG oder im Falle der Fristversäumnis nach § 51 V VwVfG gegenüber dem Bundesamt geltend zu machen (§ 71 Rdn. 88 ff.).

5.2.4. Abschiebungsschutz aus familiären Gründen

Nach der Rechtsprechung des BVerwG zählen familiäre Gründe, die einer Abschiebung entgegenstehen können, zu den »inlandsbezogenen Vollstreckungshindernissen«. Diese sind daher nicht vom Bundesamt, sondern von der vollziehenden Ausländerbehörde zu berücksichtigen (BVerwG, NVwZ 1998, 526 (527) = EZAR 043 Nr. 24 = AuAS 1998, 77; BVerwG, U. v. 11. 11. 1997 – BVerwG 9 C 54.96). Derartige familiäre Gründe kommen etwa dann in Betracht, wenn ein enger Familienangehöriger auf die ständige Betreuung durch den vollziehbar ausreisepflichtigen Asylsuchenden angewiesen ist. Ebenso kann ein Vollstreckungshindernis zugunsten minderjähriger Kinder gegeben sein, wenn ein Elternteil Abschiebungsschutz nach § 60 II–VII AufenthG genießt.

173

Demgegenüber ging früher die obergerichtliche Rechtsprechung von einem Abschiebungshindernis nach § 53 IV AuslG 1990 in Verb. mit Art. 8 EMRK aus, das vom Bundesamt zu prüfen und entscheiden ist (VGH BW, NVwZ-Beil. 1997, 18 (19) = InfAuslR 1996, 264; OVG Hamburg, AuAS 1997, 153; Nieders.OVG, U. v. 21. 1. 1997 – 10 L 1313/96; a. A. BayVGH, EZAR 233 Nr. 3; BayVGH, NVwZ-Beil. 1997, 17; BayVGH, EZAR 233 Nr. 2). Die abweichende obergerichtliche Rechtsprechung begründet ihre Ansicht damit, dass § 31 I AuslG im Lichte von Art. 6 I GG und Art. 8 I EMRK dahin zu interpretieren ist, dass engen Angehörigen von Abschiebungsschutzberechtigten im Sinne des § 51 I AuslG 1990 (jetzt § 60 I AufenthG) eine Aufenthaltsbefugnis zu erteilen ist (BayVGH, EZAR 233 Nr. 3; BayVGH, NVwZ-Beil. 1997, 17 (18); BayVGH, EZAR 233 Nr. 2).

174

Dies muss auch für die engen Familienangehörigen von Schutzberechtigten nach § 60 II–VII AufenthG gelten. Erwachsene Kinder können jedoch nur dann berücksichtigt werden, wenn ihre dauernde Anwesenheit für die Betreuung des hier lebenden engen und internationalen Schutz nach § 60 I AufenthG genießenden Familienangehörigen unerlässlich ist.

175

Nach der Rechtsprechung des BVerwG darf das Bundesamt derartige familiäre Gründe bei seiner Sachentscheidung nach § 31 III 1 nicht berücksichtigen. Auch das Verwaltungsgericht darf aus diesen Gründen den Suspensiveffekt der Anfechtungsklage gegen die Abschiebungsandrohung nach Abs. 1 S. 1 nicht anordnen. Allerdings hat die Ausländerbehörde derartige Vollstreckungshindernisse nach § 60 a II AufenthG zwingend zu berücksichtigen. Gegebenenfalls ist vorbeugender Rechtsschutz gegen die drohende Vollziehung der Abschiebungsandrohung nach § 123 VwGO zu gewähren.

176

Auch wenn das asylrechtliche Hauptsacheverfahren noch anhängig, die Abschiebungsandrohung nach Abs. 1 S. 1 jedoch bereits vollziehbar ist, kann Eilrechtsschutz nur über § 123 VwGO erreicht werden. Ein Aufhebungsantrag nach § 80 VII 2 VwGO würde ohne Erfolg bleiben, weil das Bundesamt nach der Rechtsprechung des BVerwG für die Berücksichtigung derartiger familiär bedingter »inlandsbezogener Vollstreckungshindernisse« nicht zuständig ist.

177

§ 34 a Abschiebungsanordnung

(1) Soll der Ausländer in einen sicheren Drittstaat (§ 26 a) abgeschoben werden, ordnet das Bundesamt die Abschiebung in diesen Staat an, sobald feststeht, daß sie durchgeführt werden kann. Dies gilt auch, wenn der Ausländer den Asylantrag auf die Feststellung der Voraussetzungen des § 60 Abs. 1 des Aufenthaltsgesetzes beschränkt oder vor der Entscheidung des Bundesamtes zurückgenommen hat. Einer vorherigen Androhung und Fristsetzung bedarf es nicht.

(2) Die Abschiebung in den sicheren Drittstaat darf nicht nach § 80 oder § 123 der Verwaltungsgerichtsordnung ausgesetzt werden.

Übersicht

		Rdn.
1.	Vorbemerkung	1
2.	Verwaltungsverfahren nach Abs. 1	6
2.1.	Behördliche Zuständigkeit für den Erlass der Abschiebungsanordnung	6
2.2.	Rechtscharakter der Abschiebungsanordnung nach Abs. 1 Satz 1	8
2.3.	Rückübernahmevereinbarungen	14
2.4.	Absehen von der persönlichen Anhörung (§ 24 Abs. 1 Satz 3 zweiter Halbsatz)	22
2.5.	Voraussetzungen der Abschiebungsanordnung nach Abs. 1 Satz 1 und 2	25
2.6.	Unmöglichkeit der Abschiebung (Abs. 1 letzter Halbsatz)	29
2.7.	Zustellungsvorschriften	32
3.	Ausschluss des einstweiligen Rechtsschutzes nach Abs. 2	39
3.1.	Inhalt und Zweck des Art. 16 a Abs. 2 Satz 3 GG	39
3.2.	Menschenwürdegarantie des Art. 1 Abs. 1 GG und Art. 16 a Abs. 2 Satz 3 GG	44
3.3.	Anwendungsbereich von Abs. 2	56
3.4.	Nichtanwendbarkeit des Abs. 2	62

1. Vorbemerkung

1 § 34 a I enthält eine selbständige Rechtsgrundlage für Abschiebungsanordnungen bei Einreisen über sichere Drittstaaten (§ 26 a). Demgegenüber ist die Rechtsgrundlage für ausländerrechtliche Verfügungen bei unbeachtlichen Asylanträgen in § 35 geregelt. Zur Definition der sicheren Drittstaaten und deren Voraussetzungen wird auf die Erläuterungen zu § 26 a verwiesen. Bei Einreise über einen sicheren Drittstaat wird ein besonderes, von den üblichen Vorschriften abweichendes Verwaltungsverfahren durchgeführt.

2 Der in Abs. 2 geregelte Ausschluss des vorläufigen Rechtsschutzes wird als einfachgesetzliche Umsetzung von Art. 16 a II 3 GG angesehen. Diese Sondervorschriften gelten nur für die Anträge, die nach dem 1. Juli 1993 gestellt worden sind (BVerfG (Kammer), NVwZ-Beil. 1993, 12; BVerfG (Kammer), InfAuslR 1993, 390 (394); BVerfG (Kammer), AuAS 1994, 70).

3 Abs. 1 S. 1 zwingt das Bundesamt zum Erlass der Abschiebungsanordnung, wenn die Rückführungsmöglichkeit in den sicheren Drittstaat feststeht. In

seinem grundlegenden Urteil vom 14. Mai 1996 zur verfassungsrechtlichen Drittstaatenregelung hat das BVerfG festgestellt, dass Abs. 1 in Ausführung der Drittstaatenregelung ergangen und deshalb mit dem Grundgesetz vereinbar sei (BVerfGE 94, 49 (105) = NVwZ 1996, 700 (707)). Sei der Asylsuchende aus einem sicheren Drittstaat eingereist (§ 26 a) und solle er dorthin abgeschoben werden, ordne das Bundesamt nach Abs. 1 die Abschiebung in diesen Staat an, sobald feststehe, dass sie durchgeführt werden könne.

Das gelte auch, wenn der Asylantrag auf die Feststellung der Voraussetzungen des § 51 I AuslG 1990 (jetzt § 60 I AufenthG) beschränkt oder vor der Entscheidung des Bundesamtes zurückgenommen werde (BVerfGE 94, 49 (105) = NVwZ 1996, 700 (707)). Abs. 1 halte sich im Rahmen der Verfassung, da der Asylsuchende sich bei Einreise aus einem sicheren Drittstaat nicht auf das Asylgrundrecht berufen könne. Er habe deshalb auch keinen Anspruch auf Durchführung eines Verfahrens zur Feststellung, ob er Inhaber des Grundrechts aus Art. 16 a I GG sei und demzufolge auch kein vorläufiges Bleiberecht als Vorwirkung des grundrechtlichen Schutzes. 4

Der Gesetzgeber könne deshalb vorsehen, dass die Aufenthaltsbeendigung unmittelbar durchgeführt werde. Abschiebungshindernisse nach § 60 I und § 60 II–VII AufenthG kommen nicht in Betracht (BVerfGE 94, 49 (105 f.)). Soweit die nicht vom Konzept der normativen Vergewisserung umschlossenen Ausnahmekategorien betroffen sind, sieht Abs. 1 eine Einzelfallprüfung nicht vor, sie ist jedoch auch nicht ausgeschlossen (BVerfGE 94, 49 (106)). 5

2. Verwaltungsverfahren nach Abs. 1

2.1. Behördliche Zuständigkeit für den Erlass der Abschiebungsanordnung

Nach Abs. 1 S. 1 ist das Bundesamt für den Erlass der Abschiebungsanordnung zuständig. Mit der Begründung der Zuständigkeit des Bundesamtes entfällt insoweit aus gesetzessystematischen Gründen zugleich die Befugnis der Ausländerbehörde zum Erlass der Abschiebungsanordnung. Damit ist sichergestellt, dass die entsprechenden Voraussetzungen grundsätzlich nur in einem Verfahren, und zwar von dem hierfür sachlich und personell besonders dafür ausgestatteten Bundesamt überprüft werden und eine vom Gesetz nicht gewollte Doppelprüfung vermieden wird (OVG NW, NVwZ-Beil. 2001, 32 = EZAR 210 Nr. 15 = AuAS 2000, 256). Die Zuständigkeit der Ausländerbehörde nach § 19 III endet mit der wirksamen Asylantragstellung. 6

Die Zuständigkeitsverteilung bleibt unberührt, wenn das Verwaltungsgericht anders als das Bundesamt erstmals die Ablehnung des Asylantrags auf § 26 a stützt und deshalb eine vom Bundesamt nach § 34 erlassene Abschiebungsandrohung aufhebt (OVG NW, NVwZ-Beil. 2001, 32 = EZAR 210 Nr. 15 = AuAS 2000, 256). Allerdings werden gegen eine derartige Praxis in der obergerichtlichen Rechtsprechung Bedenken erhoben (OVG NW, NVwZ-Beil. 2001, 32 = EZAR 210 Nr. 15 = AuAS 2000, 256). 7

2.2. Rechtscharakter der Abschiebungsanordnung nach Abs. 1 Satz 1

8   Nach Abs. 1 S. 1 steht der Erlass der Abschiebungsanordnung unter dem Vorbehalt ihrer Durchsetzbarkeit. Steht die Durchführung fest, ist die Anordnung zwingend zu erlassen (s. aber Rdn. 29 ff.). Wie in den Fällen nach §§ 34 und 35 bleibt dem Bundesamt insoweit kein Ermessen. Vielmehr hat es zwingend die Verfügung zu erlassen. Einer vorherigen Androhung und Fristsetzung bedarf es nicht (Abs. 1 S. 3). Wegen der häufig lediglich kurzfristigen Einreisemöglichkeiten in den Drittstaat erachtet der Gesetzgeber es für notwendig, auf die Androhung zu verzichten (BT-Drs. 12/4450, S. 23).

9   Auch die übrigen Sondervorschriften z. B. über den Wegfall der inhaltlichen Überprüfung des Asylbegehrens, das Absehen von der Anhörung (§ 24 I 3), insbesondere aber die verschärften Zustellungsvorschriften (§ 31 I 2), verdeutlichen, dass der Gesetzgeber die rechtlichen Voraussetzungen für die unverzügliche Abschiebung im unmittelbaren Anschluss an die Feststellung der Durchsetzungsmöglichkeit der Abschiebung in den Drittstaat schaffen wollte. Eine Asylablehnung in der qualifizierten Form ist deshalb unzulässig (VG Koblenz, NVwZ-Beil. 1994, 31).

10 Die Abschiebungsanordnung nach Abs. 1 S. 1 ist ein Verwaltungsakt (s. hierzu § 34 Rdn. 5). Für den Erlass der Abschiebungsanordnung ist nach Abs. 1 S. 1 Voraussetzung, dass der Antragsteller in den sicheren Drittstaat abgeschoben werden kann. Nur unter diesen Voraussetzungen ist es nach Sinn und Zweck der gesetzlichen Regelung gerechtfertigt, den Asylantrag ausschließlich unter Berufung auf § 26 a abzulehnen und auf eine Prüfung von Abschiebungsschutz nach § 60 I–VII AufenthG zu verzichten. Ist eine solche Abschiebung nicht möglich, weil etwa der sichere Drittstaat nicht festgestellt werden kann, so ist der Erlass einer Abschiebungsanordnung ausgeschlossen (Thür. OVG, B. v. 18. 9. 1996 – 3 ZO 487 96; OVG NW, U. v. 30. 9. 1996 – 25 A 790/96. A).

11 Abs. 1 S. 1 erfordert die Bezeichnung des sicheren Drittstaates, in den abgeschoben werden soll, in der Abschiebungsanordnung (BVerwGE 100, 23 (31) = NVwZ 1996, 187 = EZAR 208 Nr. 5). Es ist daher für den Fall, dass die Bezeichnung des sicheren Drittstaates nicht möglich ist, ein Asylverfahren mit vollen Verfahrensgarantien durchzuführen. Die Prüfung ist freilich auf die Abschiebungshindernisse nach § 60 I–VII AufenthG beschränkt. Auch wenn andererseits die Einreise über einen bestimmten Drittstaat feststeht, darf nach Abs. 1 S. 1 die Anordnung erst getroffen werden, wenn feststeht, dass die Abschiebung in diesen bestimmten Staat auch durchgeführt werden kann.

12 Nach den internen Erläuterungen des Bundesamtes ergeben sich aus den generellen Erfahrungswerten über die Rückübernahmepraxis des betreffenden Drittstaates regelmäßig Indizien für die Feststellung der Durchführbarkeit der Abschiebung. Offensichtlich soll auf eine ausdrückliche Rückübernahmeerklärung des Drittstaates verzichtet werden, um die Durchsetzung der Abschiebung nicht zu gefährden. Wenn jedoch die Regelungen über den sicheren Drittstaat Ausdruck des Bestrebens sein sollen, einen »gemeinsamen Asylraum Europa« (so ausdrücklich BT-Drs. 12/4984, S. 46) zu schaffen, ist es

Abschiebungsanordnung § 34 a

unerlässlich, dass eindeutige und hinreichend sichere Zuständigkeitsabkommen getroffen und angewendet werden, welche die Zuständigkeit des Staates zur Behandlung des Asylbegehrens regeln. Derartige Abkommen müssen völkerrechtliche Verpflichtungen zur Aufnahme des Asylsuchenden und zur Behandlung seines Asylgesuches enthalten.

Nach der Rechtsprechung des BVerfG ist jedoch davon auszugehen, dass die Anwendung von Abs. 1 S. 1 kein völkerrechtliches Rückübernahmeabkommen voraussetzt (§ 26 a Rdn. 31 ff.; s. auch Rdn. 18). Andererseits darf die Abschiebungsanordnung nach Abs. 1 S. 1 erst ergehen, wenn feststeht, dass die Abschiebung in den sicheren Zielstaat feststeht. Voraussetzung für den Erlass der Verfügung ist daher, dass dieser Staat zur Rückübernahme bereit ist. Hierzu ist nach allgemeinem Völkerrecht ein Staat nur im Blick auf seine eigenen Staatsangehörigen verpflichtet (Grahl-Madsen, Yale Journal of International Law 1986, 376 (393)). Hingegen ist ein Staat auch dann nicht verpflichtet, fremde Staatsangehörige aufzunehmen, wenn diese durch ihren Staat gereist sind (Wollenschläger/Schramml, JZ 1994, 61 (65)). 13

2.3. Rückübernahmevereinbarungen

Damit die Drittstaatenregelung reibungslos umgesetzt werden kann, ist die Bundesrepublik daher gehalten, mit den sicheren Drittstaaten *Rückübernahmeabkommen* zu vereinbaren. Da nach Völkergewohnheitsrecht kein Staat zur Aufnahme fremder Staatsangehöriger verpflichtet ist, kann eine Rechtspflicht erst durch vertragliche Verpflichtung geschaffen werden (Weis, The Canadian Yearbook of International Law 1969, 82 (141)). Ein Asylsuchender kann daher nur dann in einen sicheren Drittstaat abgeschoben werden, wenn die zuständigen Organe dieses Staates zuvor ihre ausdrückliche Übernahmebereitschaft erklärt haben (Marx, Handbuch § 38 Rdn. 17 ff.). 14

Eine derartige Erklärung kann von Fall zu Fall gegeben oder auf der Grundlage eines generellen Abkommens geregelt werden (UNHCR London, The »Safe Third Country« Policy, S. 22). Das völkerrechtliche Refoulementverbot erlegt den Staaten keine Rechtspflicht zur Gewährung permanenten Schutzes auf. Vielmehr können sie im Rahmen und unter Beachtung ihrer völkervertraglichen Verpflichtungen den Schutzsuchenden an einen anderen Staat verweisen (Weis, AJIL 1954, 193 (199). 15

Bei der Diskussion über die Frage der Rückübernahmeabkommen wird regelmäßig nicht zwischen der Aufteilung der völkerrechtlichen Verantwortlichkeit einerseits sowie den Rückübernahmeabkommen andererseits differenziert, durch welche die Rückführung von endgültig erfolglos gebliebenen Asylsuchenden in ihre Herkunftsländer erleichtert werden soll. Gerechtfertigt wird diese unterschiedliche Konzeption mit den je unterschiedlichen Zwecken, welche diese Abkommen verfolgen. 16

Bei den völkerrechtlichen Zuständigkeitsvereinbarungen steht die Aufteilung der Verantwortlichkeit für die Beachtung des Refoulementschutzes im Zentrum der Regelungen, während die Rückübernahmeabkommen die Rückführung eigener Staatsangehöriger erleichtern sollen (Marx, Handbuch 17

§ 38 Rdn. 19). Wird im ersten Fall erst vertraglich eine Rechtspflicht zur Aufnahme geschaffen, besteht diese im zweiten Fall nach allgemeinem Völkerrecht ohnehin. Hier soll das Abkommen lediglich die technische Durchführung der Rückübernahme erleichtern.

18 Zwar hat das BVerfG für die Umsetzung der Drittstaatenregelung nicht ausdrücklich die Vereinbarung völkervertraglicher Vereinbarungen verlangt (BVerfGE 94, 49 (95f.) = NVwZ 1996, 700 (705)). Dies wird nur bei der Umsetzung des Art. 16 a V GG vorausgesetzt. Anderseits kann das völkerrechtliche Prinzip der einzelstaatlichen Zuständigkeit nur durch ein System zwischenstaatlicher Kooperation ersetzt werden, das hinreichend sicher gewährleistet, dass ein Flüchtling erst nach gewissenhafter Prüfung seiner Verfolgungsbehauptungen und deren Verneinung in den Herkunftsstaat abgeschoben wird. Auch wenn nicht der Weg multilateraler Zuständigkeitsvereinbarungen, sondern bilateraler Abkommen verfolgt wird, müssen diese aus völkerrechtlichen Gründen eine Reihe von Voraussetzungen erfüllen, damit der effektive Schutz des Flüchtlings sichergestellt ist. So reichen allgemeine Schubabkommen nicht aus, weil sie keine spezifischen Schutzvorkehrungen für Flüchtlinge enthalten (UNHCR London, a. A. O.).

19 Damit ist festzuhalten, dass Art. 16 a II GG aus völkerrechtlicher Sicht nur dann bedenkenfrei umgesetzt werden kann, wenn die Vorschrift des Abs. 1 S. 1 derart angewendet wird, dass ein bilaterales Abkommen zwischen der Bundesrepublik und dem sicheren Drittstaat effektiv den Refoulementschutz sicherstellt. Dazu gehört, dass ausdrücklich die Übernahmebereitschaft des sicheren Drittstaates geklärt und die Gewährleistung effektiven Verfolgungsschutzes nach Rückführung in den sicheren Drittstaat sichergestellt ist. Bilaterale Rückübernahmeabkommen dürfen sich daher nicht lediglich darauf beschränken, die Rechtsverpflichtung zur Aufnahme des sicheren Drittstaates zu regeln, ohne hinreichend sichere Verfahrensregelungen zum Schutze des Asylsuchenden vorzusehen.

20 Die Rückübernahmeabkommen, welche die Bundesrepublik zur Umsetzung der Drittstaatenregelung mit einer Reihe von sicheren Drittstaaten abgeschlossen hat, tragen diesen völkerrechtlichen Anforderungen regelmäßig nicht Rechnung. Sie beschränken sich vielmehr grundsätzlich darauf, die Übernahmeverpflichtung, gegenseitige Informations- und Benachrichtigungspflichten festzulegen sowie zu regeln, nach Maßgabe welcher Nachweise die Übernahmeverpflichtung glaubhaft gemacht werden kann. Denn aus völkerrechtlicher Sicht entsteht keine Übernahmeverpflichtung, wenn die Tatsache der Einreise aus dem sicheren Drittstaat nicht glaubhaft gemacht werden kann (Gusy, Jura 1993, 505 (511)).

21 So musste etwa nach Art. 2 IV Ziff. 2 des Protokolls zur Durchführung des Abkommens zwischen der Bundesrepublik und der Tschechischen Republik die Einreise über die gemeinsame Staatsgrenze durch Eisenbahnfahrkarten, durch Ort und Umstände, unter denen der Asylsuchende nach der Einreise aufgegriffen wurde, durch Aussagen von Grenzbehörden oder durch Zeugenaussagen glaubhaft gemacht werden. Inzwischen regelt sich der Verkehr zwischen der Tschechischen Republik und der Bundesrepublik nach der Dublin II-VO. Wird der Asylsuchende im Inland angetroffen und ist er nicht

Abschiebungsanordnung § 34 a

im Besitz irgendwelcher Dokumente, die auf eine Durchreise durch den sicheren Drittstaat schließen ließen, kann die Bundesrepublik die Übernahmeverpflichtung des sicheren Drittstaates nicht glaubhaft machen. Das Asylverfahren ist deshalb im Bundesgebiet, freilich beschränkt auf § 60 I–VII AufenthG, durchzuführen.

2.4. Absehen von der persönlichen Anhörung (§ 24 Abs. 1 Satz 3 zweiter Halbsatz)

Ist der Asylsuchende nach seinen eigenen Angaben über einen sicheren Drittstaat eingereist, kann das Bundesamt von einer Anhörung absehen (§ 24 I 3 2. HS). Nach der Gesetzesbegründung dient die Anhörung nach § 24 der Ermittlung von Tatsachen, welche die Verfolgungsfurcht begründen. Da es in diesen Fällen auf eine individuelle Verfolgungsgefahr nicht ankomme, brauche auch keine Anhörung durchgeführt werden (BT-Drs. 12/4450, S. 20). Die internen Erläuterungen des Bundesamtes empfehlen dem Einzelentscheider in diesem Zusammenhang die Unterrichtung der Ausländerbehörde, sofern nach seiner Einschätzung die Voraussetzungen für eine Entscheidung nach Abs. 1 S. 1 vorliegen. Zweck dieser Unterrichtung ist es, dass die Ausländerbehörde sich mit dem BGS in Verbindung setzt, der seinerseits unverzüglich mit dem Drittstaat die Modalitäten der Abschiebung abstimmt. 22

Ergibt sich aus den Akten eine ausdrückliche Erklärung des Asylsuchenden über seine Einreise aus einen bestimmten Drittstaat, wird das Bundesamt also keine Anhörung durchführen, sondern über Ausländerbehörde und BGS die Durchsetzbarkeit der Abschiebung in diesen Staat abklären. Steht diese fest, erlässt es die Verfügung und veranlasst die unmittelbare Vollziehung. Dieses Verfahren darf jedoch nur in den Fällen Anwendung finden, in denen sich eine entsprechende ausdrückliche Erklärung des Antragstellers in den Akten befindet (§ 24 I 3 2. Alt.). 23

Dies kann der Fall sein, wenn er derartige Erklärungen bei der Ausländer- oder Polizeibehörde abgegeben hat (vgl. § 19). In aller Regel wird der Antragsteller jedoch zum ersten Mal durch das Bundesamt selbst angehört. Indizien, die auf eine Einreise über einen Drittstaat schließen lassen (Flugticket, Passkopie, Dokumente des Drittstaates), werden zwar häufig Aufschluss über den Einreiseweg geben, erlauben jedoch nach der eindeutigen Regelung in § 24 I 3 nicht das Absehen von der Anhörung. Allerdings wird das Bundesamt in derartigen Fällen seine Anhörung auf den Einreiseweg begrenzen (vgl. § 31 IV). 24

2.5. Voraussetzungen der Abschiebungsanordnung nach Abs. 1 Satz 1 und 2

Nach § 31 IV stellt das Bundesamt fest, dass dem Antragsteller aufgrund seiner Einreise aus dem betreffenden Drittstaat kein Asylrecht zusteht. Dies gilt kraft ausdrücklicher gesetzlicher Anordnung (Abs. 1 S. 2 1. HS) auch für Fest- 25 stellungen nach § 60 I AufenthG (s. im Einzelnen Rdn. 187 ff. zu § 26 a). Nach Abs. 1 S. 1 ordnet das Bundesamt darüber hinaus ohne vorherige Androhung und ohne Fristsetzung (Abs. 1 S. 3) die Abschiebung in diesen Staat an. Die Verfügung des Bundesamtes enthält damit zwei Regelungen: Erstens, es wird festgestellt, dass dem Antragsteller aufgrund seiner Einreise über den betreffenden Drittstaat kein Asylrecht zusteht. Zweitens, es wird die Abschiebung in diesen Staat angeordnet. Feststellungen zu möglichen Verfolgungstatbeständen im Herkunftsstaat enthält die Verfügung aufgrund der ausdrücklichen Regelung in Abs. 1 S. 1 nicht.

26 Aus dem systematischen Zusammenhang der die Drittstaatenkonzeption regelnden Vorschriften sowie aus der gesetzlichen Begründung wird damit deutlich, dass Asylsuchende, die aus sicheren Drittstaaten einreisen, ohne Prüfung ihrer Verfolgungsbehauptungen möglichst schnell in den bestimmten Drittstaat rücküberführt werden sollen. Diese Rechtsfolge hat der verfassungsändernde wie auch der einfache Gesetzgeber ausdrücklich angestrebt.

27 Nach Abs. 1 S. 2 2. HS wird unter den Voraussetzungen von S. 1 die Abschiebung auch dann angeordnet, wenn der Antragsteller seinen Asylantrag vor der Entscheidung des Bundesamtes *zurückgenommen* hat. Nach dem lex posterior-Grundsatz ist Abs. 1 S. 2 2. HS wohl *insoweit* die speziellere Regelung gegenüber § 32. Bei Rücknahme des Asylantrages sind also zwei Fallgruppen zu unterscheiden: 1. Der Antragsteller ist über einen sicheren Drittstaat eingereist und nimmt nach der Asylantragstellung seinen Antrag zurück. Das Bundesamt geht in diesem Fall nach Maßgabe von S. 1 vor. 2. Kann die Einreise über den Drittstaat nicht nachgewiesen werden, geht das Bundesamt nach § 32 vor. Es hat Abschiebungshindernisse nach § 53 AuslG zu prüfen. Die Ausreisefrist kann nach § 38 III bis zu drei Monaten verlängert werden.

28 Eine Regelung für den Fall, dass der Asylantrag nach der Entscheidung des Bundesamtes nach § 31 IV zurückgenommen wird, erschien dem Gesetzgeber offensichtlich entbehrlich. Denn Zeitpunkt der Zustellung und des Vollzugs fallen zusammen (§ 31 I 3), sodass für eine Rücknahme des Antrags kein Raum mehr bleibt.

2.6. Unmöglichkeit der Abschiebung (Abs. 1 letzter Halbsatz)

29 § 34 a enthält keine Regelungen für den Fall des Fehlschlagens bzw. der Unmöglichkeit der Durchführung der Abschiebung in den Drittstaat z. B. infolge Überschreitens der Rücknahmefristen oder wegen Passlosigkeit (s. hierzu OVG Berlin, InfAuslR 1994, 236). Demgegenüber wird das Verfahren bei unbeachtlichen Asylanträgen nach Ablauf von drei Monaten fortgeführt, wenn bis dahin die Rückführung in den Drittstaat nicht möglich gewesen ist (§ 29 II). Diese Regelung wird in § 34 a nicht in Bezug genommen, sodass davon auszugehen ist, dass der Gesetzgeber dieses Verfahren in den Fällen des § 26 a nicht angewandt wissen will.

30 Eine Regelung nach § 29 II ist wegen Art. 16 a II 1 GG nicht zulässig, da die uneingeschränkte Eröffnung des Zugangs zum Verfahren in den Fällen des § 26 a in Verb. mit § 34 a nicht möglich ist. Die Vorschrift des § 29 II ist auf die

Abschiebungsanordnung § 34 a

Einreise aus »sonstigen Drittstaaten« gemünzt (§ 27 I). Da hier wegen der fehlenden vertraglichen Regelungen ein Scheitern der Rückführung eher der Regelfall ist, darüber hinaus der materielle Asylausschluss nach Art. 16 a II 1 GG nicht Anwendung findet, hat der Gesetzgeber in § 29 II für diese Verfahren eine besondere Regelung getroffen. Diese ist wegen der völlig anders gearteten verfassungs- und verfahrensrechtlichen Ausgangssituation sowie auch wegen der unterschiedlichen Gesetzeszwecke auf die Drittstaatenregelung nicht übertragbar.

Hieraus folgt, dass in den Fällen, in denen feststeht, dass die Rücknahme durch den Drittstaat nicht mehr möglich ist, das Asylverfahren eingeschränkt auf das Antragsziel der § 51 I, § 53 AuslG fortzuführen ist (BVerfGE 94, 49 (97) = NVwZ 1996, 700 (705) = EZAR 208 Nr. 7; BVerfG (Kammer), AuAS 1996, 243 (245); BVerwGE 100, 23 (31) = EZAR 208 Nr. 5 = NVwZ 1996, 197 = InfAuslR 1996, 1; Hess.VGH, NVwZ-Beil. 1996, 11 (14); OVG Rh-Pf, NVwZ 1995, 53 (54 f.); VGH, BW NVwZ-Beil. 1995, 5; VGH BW, EZAR 210 Nr. 9 S. 3).

31

2.7. Zustellungsvorschriften

Nach § 31 I 3 ist die Feststellung nach § 31 IV in Verb. mit § 26 a zusammen mit der Abschiebungsanordnung nach Abs. 1 S. 1 dem Antragsteller *persönlich* zuzustellen. Dem Bevollmächtigten soll ein Abdruck dieser Entscheidung zugestellt werden (§ 31 I 5). Die Zustellung kann auch durch die Ausländerbehörde oder von der die Abschiebung durchführenden Behörde vorgenommen werden (§ 31 I 4). § 31 I 5 ist gegenüber § 8 I 2 VwZG lex spezialis. Dies wird in der Gesetzesbegründung ausdrücklich hervorgehoben und damit begründet, wegen der kurzfristigen Rückkehrmöglichkeiten in Drittstaaten sei eine von den allgemeinen Zustellungsvorschriften abweichende Regelung für diese Fälle erforderlich (BT-Drs. 12/ 4450, S. 23).

32

Erst diese Zustellungsvorschriften machen deutlich, wie sehr der Antragsteller zum Objekt des Verfahrens degradiert worden ist. Er wartet nach seiner Antragstellung auf die Anhörung durch das Bundesamt, von der dieses nach § 24 I 3 absehen kann. Während er wartet, klärt das Bundesamt die Rückführungsmöglichkeiten nach Abs. 1 S. 1. Bis zu diesem Verfahrensstand braucht der Asylsuchende nicht informiert zu werden. Nach Abschluss der Ermittlungen und Fertigstellung der Verfügung erhält er die Nachricht, sich an einem bestimmten Ort einzufinden. Dort wird er in einen Bus gebeten, den er in der Vorstellung, zu seinem zugewiesenen Aufenthaltsort transportiert zu werden, betritt.

33

Der Bescheid wird ihm verschlossen ausgehändigt und der Bustransport beginnt. Während er noch mit dem Öffnen des Umschlags beschäftigt ist und anschließend versucht, den in deutscher Sprache abgefassten Bescheid zu verstehen, ist er auf dem Weg in den »sicheren« Drittstaat. Polizeilicher Zugriff und Abtransport fallen also mit der Zustellung zusammen. Denn wegen Abs. 2 ist die Verfügung mit der Zustellung sofort vollziehbar.

34

Wegen dieser Auswirkungen der Zustellungsvorschriften wird zumindest ein anwaltlich nicht vertretener Asylsuchender seiner Möglichkeit, den Rechts-

35

behelf in der Hauptsache einzulegen, faktisch beraubt. Aber auch dem anwaltlich vertretenen Antragsteller wird kein effektiver Rechtsschutz zuteil. Denn die Zuleitung des Abdrucks der Verfügung an den Verfahrensbevollmächtigten (§ 31 I 5) wird, um den Erfolg der Abschiebung nicht zu gefährden, regelmäßig erst nach der persönlichen Zustellung an den Asylsuchenden und damit nach der Vollstreckung der Abschiebung erfolgen.

36 Abs. 2 enthält keine behördliche Verpflichtung dahin, dem Asylsuchenden Gelegenheit zur Einlegung von Rechtsbehelfen zu geben. Leidet der Bescheid an offensichtlichen Mängeln wie z. B. der fehlenden Gewissheit über den Einreiseweg oder hat sich der Asylsuchende im Drittstaat lediglich im Flughafentransit aufgehalten, ist eine gerichtliche Korrektur kaum noch möglich.

37 Verschärfend kommt folgendes Problem hinzu: Wird der Rechtsbehelf in der Hauptsache nicht eingelegt, kann das Verfahren vom Ausland aus nicht betrieben werden. Zwar ist in der Rechtsprechung geklärt, dass die freiwillige Ausreise aus dem Bundesgebiet grundsätzlich nicht das Rechtsschutzbedürfnis beseitigt, wenn das Verfahren ordnungsgemäß *weiterbetrieben* wird (BVerwG, EZAR 205 Nr. 10 = NVwZ 1989, 637). Das BVerwG hat jedoch ausdrücklich darauf hingewiesen, dass die Territorialgebundenheit des Asylrechts der *Geltendmachung* des Asylanspruchs vom Ausland aus entgegensteht. Daraus ergibt sich als Forderung anderseits aber nur die irgendwann erfolgte Zufluchtnahme des Asylsuchenden, setzt aber nicht seinen ständigen Aufenthalt im Bundesgebiet oder auch nur die faktische Möglichkeit, das Asylrecht zu jeder Zeit ausüben zu können, voraus.

38 Im Gegensatz zur freiwilligen Rückkehr des Flüchtlings auf Dauer in sein Herkunftsland kann die gegen seinen Willen in den Verfolgerstaat erzwungene Rückkehr den Asylanspruch nicht vernichten (BVerwGE 69, 323 (327) = EZAR 200 Nr. 10 = NJW 1984, 2782). Man wird diese Rechtsprechung dahin interpretieren können, dass in den Fällen, in denen durch behördliche Zwangsmaßnahmen die Einlegung von Rechtsbehelfen unmöglich gemacht wird, auch vom Ausland aus Rechtsbehelfe eingelegt werden können müssen. Der Gesamtzusammenhang der Verfahrensvorschriften verdeutlicht jedoch, dass dies lediglich eine theoretische Möglichkeit ist. Ein von Verfassungs wegen gebotener Anspruch auf tatsächliche gerichtliche Kontrolle (BVerfGE 37, 150 (153); 40, 272 (274 f); 54, 94 (96f.); 78, 88 (99)) wird durch diese Verfahrensgestaltung unterlaufen.

3. Ausschluss des einstweiligen Rechtsschutzes nach Abs. 2

3.1. Inhalt und Zweck von Art. 16 a Abs. 2 Satz 3 GG

39 Nach Art. 16 a II 3 GG können in den Fällen des Art. 16 a II 1 GG aufenthaltsbeendende Maßnahmen unabhängig von einem hiergegen eingelegten Rechtsbehelf geltend gemacht werden. Diese Formulierung legt es nahe, den Sinn der verfassungsrechtlichen Regelung darin zu sehen, dass sie entsprechende Beschränkungen des vorläufigen Rechtsschutzes durch den Gesetz-

geber zulässt, sodass die gerichtliche Aussetzung des Vollzugs der Abschiebung im Einzelfall unter engen Voraussetzungen zulässig ist (Lübbe-Wolff, DVBl. 1996, 825 (832); Henkel, NJW 1993, 2705 (2708)).

Demgegenüber wendet sich Art. 16 a II 3 GG nach Ansicht des BVerfG nicht nur an den Gesetzgeber, sondern auch unmittelbar an Behörden und Gerichte (BVerfGE 94, 49 (100) = EZAR 208 Nr. 7 = NVwZ 1996, 700 (706); ebenso Hailbronner, ZAR 1993, 107 (112); Voßkuhle, DÖV 1994, 53 (55); Schoch, DVBl. 1993, 1161 (1165); zweifelnd: Wollenschläger/Schramml, JZ 1994, 61 (66)). Danach ist Inhalt von Art. 16 a II 3 GG nicht nur der Ausschluss der aufschiebenden Wirkung eines Rechtsbehelfs mit der Folge, dass den Gerichten die Befugnis verbliebe, den Vollzug auszusetzen. Vielmehr wird den Behörden damit die Befugnis übertragen, ohne Rücksicht auf etwaige Einwendungen etwa im Blick auf die Sicherheit des sicheren Zielstaates sofort zu vollziehen (Hailbronner, ZAR 1993, 107 (112). Der Ausschluss einstweiligen Rechtsschutzes nach Abs. 2 ist nach dieser Interpretation verfassungsrechtlich unbedenklich. 40

Das BVerfG begründet seine Ansicht damit, dass Art. 16 a II 3 GG von Verfassungs wegen an den Ausschluss vom persönlichen Geltungsbereich des Asylgrundrechts gemäß Art. 16 a II 1 GG und den damit einhergehenden Wegfall des vorläufigen Bleiberechts Rechtsfolgen für das Verfahren der Vollziehung von Maßnahmen knüpfe, die den Ausländer in einen sicheren Drittstaat zurückführen sollten (BVerfGE 94, 49 (100) = EZAR 208 Nr. 7 = NVwZ 1996, 700 (706)). Es scheint hiermit stillschweigend an Äußerungen im Schrifttum anzuknüpfen, welche den »absoluten Ausschluss« des vom Inland betriebenen vorläufigen Rechtsschutzes aus der Funktionslogik der Drittstaatenregelung ableiten. 41

Danach drohe die Drittstaatkonzeption ohne die »rigide Negation« des vorläufigen Rechtsschutzes leerzulaufen. Nach dem erklärten und objektivierten Willen des verfassungsändernden Gesetzgebers verstehe sich Art. 16 a II 3 GG daher als »*verfassungsrechtliches Verbot*«, die Vollziehung aufenthaltsbeendender Maßnahmen durch richterliche Entscheidung auszusetzen (Schoch, DVBl. 1993, 1161 (1165); ähnl. Lehnguth/Maassen, ZfSH/SGB 1995, 281 (288)). 42

Auch die gesetzliche Begründung zu Art. 16 a II 3 GG scheint für diese Interpretation dieser Verfassungsnorm zu sprechen. Danach soll mit der Drittstaatenregelung die »*Vorwirkung*« im Sinne eines »*vorläufigen Bleiberechts*« ausgeschlossen werden. Dadurch soll es ermöglicht werden, Asylsuchende bereits an der Grenze zurückzuweisen oder unverzüglich in den »sicheren« Drittstaat zurückzubringen (BT-Drs. 12/4152, S. 4). Diese Absicht des verfassungsändernden Gesetzgebers lässt hinreichend deutlich werden, dass er der bis dahin geltenden Rechtsprechung des BVerfG, derzufolge als Vorwirkung des grundrechtlichen Asylrechts grundsätzlich ein vorläufiges Bleiberecht zur verfahrensrechtlichen Sicherung des Asylanspruchs entsteht (BVerfGE 67, 43 (56) = EZAR 632 Nr. 1 = InfAuslR 1984, 215; BVerfGE 80, 68 (73 f.) = InfAuslR 1989, 243), im Falle der Einreise aus einem sicheren Drittstaat die verfassungsrechtliche Legitimation entziehen wollte. 43

3.2. Menschenwürdegarantie des Art. 1 Abs. 1 GG und Art. 16 a Abs. 2 Satz 3 GG

44 Im Schrifttum wird zutreffend darauf hingewiesen, dass es das BVerfG offen lässt, ob die in Art. 20 GG niedergelegten Grundsätze ein rechtsstaatliches Prinzip individuellen Rechtsschutzes und damit zugleich einen Kern des Schutzbereichs von Art. 19 IV GG auch im Verhältnis zum verfassungsändernden Gesetzgeber für unabänderlich erklären (Frowein/Zimmermann, JZ 1996, 753 (755)). Mit diesen verfassungsrechtlichen Fragen hat sich das Gericht im Zusammenhang mit Art. 16 a II 3 GG überhaupt nicht auseinandergesetzt.

45 In der Literatur wird hervorgehoben, dass die Rechtsschutzgarantie nach Art. 19 IV GG zwar durch Art. 16 a GG eingeschränkt werden könne, da sie nicht in vollem Umfang einer Verfassungsänderung entzogen sei. Über Art. 1 I GG sei jedoch garantiert, dass der Individualrechtsschutz gegen Akte der öffentlichen Gewalt auch durch verfassungsänderndes Gesetz nicht ausgeschlossen werden könne (Wollenschläger/Schramml, JZ 1994, 61 (66); Ulmer, Asylrecht und Menschenwürde, S. 119). Da das Asylrecht gerade die zum unverzichtbaren Bereich der Menschenwürde gehörenden Rechte auf Verteidigung des Lebens, der elementaren Freiheiten und der körperlichen Unversehrtheit schütze, erscheine die Eröffnung des Rechtswegs aus diesen Gründen von Verfassungs wegen unabdingbar (Zimmermann, Das neue Grundrecht auf Asyl, S. 296). Art. 16 a II 3 GG und Abs. 2 würden die Vermutung nahe legen, dass durch diese Regelungen diese unabänderliche Mindestgarantie verletzt werde (Wollenschläger/Schramml, JZ 1994, 61 (66)).

46 In der Rechtsprechung des BVerfG wird ausdrücklich festgestellt, der aus dem Rechtsstaatsprinzip ableitbare Grundsatz, dass dem Bürger ein möglichst umfassender Gerichtsschutz zur Verfügung stehen müsse, gehöre nicht zu den in Art. 20 GG niedergelegten Grundsätzen. Art. 19 IV GG, der eine Rechtsweggarantie in diesem Sinne enthalte, sei daher durch Art. 79 III GG einer Einschränkung und Modifizierung durch verfassungsänderndes Gesetz nicht entzogen (BVerfGE 30, 1 (24 f.)). Hieraus wird man folgern können, dass der Individualrechtsschutz grundsätzlich auch durch verfassungsänderndes Gesetz nicht aufgehoben werden darf. Wohl aber können einzelne Materien ausnahmsweise durch Verfassungsänderung von der Garantie gerichtlichen Rechtsschutzes ausgenommen werden.

47 Aus Art. 1 I GG folgt, dass jedenfalls in den für die Menschenwürde unverzichtbaren Bereichen der Verteidigung des Lebens, der elementaren Freiheiten und der körperlichen Unversehrtheit der Weg zum Richter auch nicht durch verfassungsänderndes Gesetz ausgeschlossen werden darf (Schmidt-Assmann, in: Maunz-Dürig, Komm. z. GG, Art. 19 IV Rdn. 30). Hierfür spricht auch, dass das BVerfG im Zusammenhang mit Art. 79 III GG auf das in Art. 1 II GG enthaltene Bekenntnis zu unverletzlichen und unveräußerlichen Menschenrechten in Verbindung mit der in Art. 1 III GG enthaltenen Verweisung auf die nachfolgenden Grundrechte hinweist, deren Verbürgung grundsätzlich insoweit einer Einschränkung entzogen sind, als sie zur Aufrechterhaltung einer dem Art. 1 I und Art. 2 GG entsprechenden Ordnung unverzichtbar

sind. Gehindert ist der verfassungsändernde Gesetzgeber jedoch nicht daran, die positiv-rechtliche Ausprägung dieser Grundsätze aus sachgerechten Gründen zu modifizieren (BVerfGE 84, 90 (121)).

Andererseits kann *Träger des Grundrechts aus Art. 19 IV GG* nur sein, wer Inhaber eines Grundrechts oder eines sonstigen subjektiven Rechts sein kann (Papier, Asyl – Rechtsfragen im Spannungsfeld von Verfassungsrecht, Verwaltungsrecht und Politik, S. 18). Dementsprechend knüpft nach Ansicht des BVerfG Art. 16 a II 3 GG von Verfassungs wegen an den Ausschluss vom persönlichen Geltungsbereich des Asylgrundrechts gemäß Art. 16 a II 1 GG an (BVerfGE 94, 49 (100) = EZAR 208 Nr. 7 = NVwZ 1996, 700 (706)). Weil nach der verfassungsrechtlichen Konzeption der Drittstaatenregelung das in Art. 16 a I GG gewährleistete Grundrecht auf Asyl bei Einreise aus einem sicheren Drittstaat erst gar nicht zum Entstehen gelangt (Henkel, NJW 1993, 2705 (2706)), kann der vom Ausschluss des Art. 16 a II 3 GG Betroffene sich auch nicht auf das Asylgrundrecht berufen. 48

Es fehlt damit an einem Grundrecht, das im Rahmen des Art. 19 IV GG erheblich werden könnte. Wird jedoch bestritten, dass die Voraussetzungen des Art. 16 a II 1 GG vorliegen, muss der Rechtsweg eröffnet werden. Denn die Gewährleistung des Gerichtsweges kann immer nur von der *behaupteten*, nicht aber von der wirklichen Rechtsverletzung abhängen (Papier, a. a. O.; Schoch, DVBl. 1993 1161 (1168)). 49

Mit diesen komplexen Rechtsfragen setzt sich das BVerfG nicht auseinander. Es weist lediglich darauf hin, dass Art. 16 a II 3 GG eine Sonderregelung für das Verfahren der Aufenthaltsbeendigung nach Einreise aus einem sicheren Drittstaat enthält. Damit werde Art. 19 IV GG modifiziert. Ob die in Art. 20 GG niedergelegten Grundsätze ein rechtsstaatliches Prinzip individuellen Rechtsschutzes, das in Art. 19 IV GG konkretisiert sei, für unabänderlich erklärten, könne offen bleiben. Art. 16 a II 3 GG berühre einen solchen Grundsatz nicht (BVerfGE 94, 49 (104) = NVwZ 1996, 700 (706 f.) = EZAR 208 Nr. 7). 50

Das gelte im Hinblick darauf, dass der Asylsuchende zwar ohne vorgängige Prüfung durch eine weitere Kontrollinstanz sofort in den sicheren Drittstaat zurückverbracht werde, dieser Maßnahme aber eine normative Vergewisserung über die Sicherstellung der Anwendung der GFK und EMRK vorangegangen sei. Dem Gebot des Art. 79 I 1 GG, die Verfassungsänderung – hier die Modifikation des Art. 19 IV GG durch Art. 16 a II 3 GG – im Text des Grundgesetzes selbst kenntlich zu machen, sei durch die Einfügung des Art. 16 a II 3 GG in den Text der Verfassung entsprochen (BVerfGE 94, 49 (104) = NVwZ 1996, 700 (706 f.) = EZAR 208 Nr. 7). 51

Dagegen ist einzuwenden, dass Art. 16 a II 3 GG in der Interpretation des BVerfG zu einem vollständigen Ausschluss des einstweiligen Rechtsschutzes und somit insoweit nicht lediglich zu einer Modifikation des Art. 19 IV GG führt. Als Begründung für seine Feststellung, dass Art. 16 a II 3 GG das Prinzip individuellen Rechtsschutzes nicht berührt, zieht das Gericht allerdings nur den vom ihm entwickelten Grundsatz der normativen Vergewisserung heran. Dieser umfasst aber gerade nur eine abstrakt-generelle Prüfung durch den Gesetzgeber, während eine individuelle Prüfung durch den Richter zumindest im Grundsatz nicht zulässig sein soll. 52

53 Hier unterbleibt die Auseinandersetzung mit der für Art. 19 IV GG grundlegenden Vorstellung, dass der Richter die Überprüfung der Rechtsverletzung im Einzelfall zumindest summarisch muss vornehmen können (Frowein/Zimmermann, JZ 1996, 753 (755)). Andererseits findet Art. 16 a II 3 GG keine Anwendung, wenn es um Ausnahmetatbestände geht, die von vornherein außerhalb der Konzeption der normativen Vergewisserung stehen.

54 Da diese Ausnahmetatbestände auch den Anforderungen von Art. 1 I GG und Art. 3 und 13 EMRK Rechnung tragen müssen, erstaunt, dass das BVerfG die Vorschrift des Abs. 2, die den einstweiligen Rechtsschutz *ausnahmslos* aufhebt, für verfassungskonform ansieht (BVerfGE 94, 49 (113) = NVwZ 1996, 700 (708) = EZAR 208 Nr. 7). Zutreffend wird dem BVerfG deshalb entgegengehalten, es habe sich um den Preis einer massiven Überschreitung der Grenzen verfassungskonformer Auslegung offenbar der vehementen politischen Erwartung gebeugt, dass kein Bestandteil des Asylkompromisses für verfassungswidrig erklärt werde (Lübbe-Wolff, DVBl. 1996, 825 (833)).

55 Man darf es darüber hinaus als eine offene Frage bezeichnen, ob dann, wenn die nicht vom Konzept der normativen Vergewisserung erfassten Ausnahmetatbestände zu behandeln sind, jene Automatik eingreifen wird, die bisher die Rechtsprechung bestimmt hat und derzufolge der Asylsuchende grundsätzlich bis zum Abschluss seines Asylverfahrens im Bundesgebiet verbleiben darf (Tomuschat, EuGRZ 1996, 381 (383)).

3.3. Anwendungsbereich von Abs. 2

56 Entsprechend dem Zweck des Art. 16 a II 3 GG, das vorläufige Bleiberecht für Asylsuchende, die aus sicheren Drittstaaten einreisen wollen oder bereits eingereist sind, möglichst umfassend auszuschließen, dehnt das BVerfG den Wortlaut der Norm über ihren allgemein üblichen Sinn hinaus aus: »*Aufenthaltsbeendende Maßnahmen*« seien nach dem erkennbaren Sinn und Zweck des Art. 16 a II 3 GG nicht nur solche Maßnahmen, die einen nach Einreise begründeten Aufenthalt beenden sollten, sondern auch »*einreiseverhindernde*« Maßnahmen (BVerfGE 94, 49 (101) = NVwZ 1996, 700 (706) = EZAR 208 Nr. 7; zustimmend: Maaßen/de Wyl, ZAR 1996, 158 (164); a. A. Wollenschläger/Schramml, JZ 1994, 61 (65)). Daher finde Abs. 2 AsylVfG auch auf Einreiseverweigerungen nach §§ 18 II Nr. 1 AsylVfG Anwendung.

57 Nach diesen eindeutigen Äußerungen des BVerfG dürfte sich der in Art. 16 a II 3 GG bestimmte Ausschluss des einstweiligen Rechtsschutzes auch auf Zurückschiebungen nach § 18 III, § 19 III erstrecken (a. A. VG Karlsruhe, B. v. 27. 1. 1994 – 4 K 207/94; Wollenschläger/Schramml, JZ 1994, 61 (67)). In Anknüpfung an die Rechtsprechung des BVerfG werden nach der obergerichtlichen Rechtsprechung durch die Vorschrift des Abs. 2 auch Maßnahmen erfasst, die im Ergebnis auf die Rückgängigmachung der Vollziehung der Abschiebung in den sicheren Drittstaat gerichtet sind. Daher könne wegen Abs. 2 die Wiedereinreise nach Abschiebung in den sicheren Drittstaat nicht im Wege des einstweiligen Rechtsschutzes durchgesetzt werden (OVG NW, InfAuslR 1996, 365 (366) = AuAS 1996, 233).

Da auch die relativen materiellen Rechtspositionen nach § 53 AuslG vom Konzept der normativen Vergewisserung erfasst werden, kommen diese für den Asylsuchenden, der in einen sicheren Drittstaat zurückgewiesen oder zurückverbracht werden soll, nicht in Betracht (BVerfGE 94, 49 (95) = NVwZ 1996, 700 (706) = EZAR 208 Nr. 7). Dementsprechend verlangt nach Ansicht des BVerfG der in Art. 16 a II 3 GG bestimmte Ausschluss der aufschiebenden Wirkung jeglichen Rechtsbehelfs auch dann Beachtung, wenn der Asylsuchende seine relativen materiellen Rechtspositionen geltend macht (BVerfGE 94, 49 (102); zustimmend: Hailbronner, NVwZ 1996, 625 (627)). 58

Andererseits hat das BVerfG ausdrücklich klargestellt, dass Art. 16 a II 3 GG nach Wortlaut und Sinnzusammenhang nicht gilt, wenn der Schutzsuchende nicht in den sicheren Drittstaat, sondern in den Herkunftsstaat zurückgewiesen oder abgeschoben werden soll (BVerfGE 94, 49 (101) = NVwZ 1996, 700 (706) = EZAR 208 Nr. 7). 59

Hatten vor dem Drittstaatenurteil des BVerfG eine Reihe von Verwaltungsgerichten die Ansicht vertreten, dass bei konkret vorgetragenen Zweifeln an der Sicherheit im Drittstaat einstweiliger Rechtsschutz auch während des Verfahrens der Richtervorlage nach Art. 100 I 1 GG gewährt werden dürfe (OVG Frankfurt/Oder, NVwZ-Beil. 1994, 42; VG Frankfurt/Oder, B. v. 16. 2. 1994 – 3 L 2 O 188/94.A; VG Köln, B. v. 14. 9. 1993 – 6 L 1067/93; VG Schleswig, AuAS 1994, 124), stellt das BVerfG unmissverständlich klar, dass der in Art. 16 a II 3 GG bestimmte Ausschluss des einstweiligen Rechtsschutzes selbst für den Fall gilt, in dem der Richter sich zu einer Vorlage nach Art. 100 I 1 GG entschließt (BVerfGE 94, 49 (102) = NVwZ 1996, 700 (706) = EZAR 208 Nr. 7; zustimmend: Hailbronner, NVwZ 1996, 625 (627); Maaßen/de Wyl, ZAR 1996, 158 (164 f.)). 60

Hat das Verwaltungsgericht ernstliche Zweifel an der »Vertretbarkeit« der Entscheidung des Gesetzgebers, einen bestimmten Staat in die Anlage I zum AsylVfG aufzunehmen, so muss es das Verfahren aussetzen und dem BVerfG nach Art. 100 I 1 GG die Frage zur Entscheidung vorlegen. Das BVerfG hat allerdings im Rahmen der »Vertretbarkeitskontrolle« die Möglichkeit, einstweiligen Rechtsschutz nach § 32 BVerfGG zu gewähren (Maaßen/de Wyl, ZAR 1996, 158 (165)). Angesichts des dem Gesetzgeber eingeräumten weiten Einschätzungs- und Entscheidungsspielraums ist dies aber wohl eher eine theoretische Möglichkeit. 61

3.4. Nichtanwendbarkeit des Abs. 2

Umstritten war insbesondere die Frage, ob und unter welchen Voraussetzungen Art. 16 a II 3 GG die Beantragung einstweiligen Rechtsschutzes zulässt und welche Folgen dies für die Vorschrift des Abs. 2 hat. So wurde gefordert, dass beim Streit über die Frage, ob der Asylsuchende tatsächlich aus einem sicheren Drittstaat eingereist ist, der einstweilige Rechtsschutz nicht untersagt werden dürfe (Zimmermann, Das neue Grundrecht auf Asyl, S. 306 f.; Wollenschläger/Schramml, JZ 1994, 61 (66); Schoch, DVBl. 1993, 1161 (1168); a. A. Lehnguth/Maaßen, ZfSH/SGB 1995, 281 (287)). Das BVerfG hat sich der 62

Mehrheitsmeinung angeschlossen: Da Art. 16 a II 3 GG auf den Einreisetatbestand des Art. 16 a II 1 GG verweise, müsse *feststehen*, dass der Ausländer aus einem sicheren Drittstaat eingereist sei. Bestehe Streit darüber, ob der Asylsuchende – unter den zum Einreisetatbestand entwickelten Voraussetzungen (§ 26 a Rdn. 145 ff.) – über einen Drittstaat eingereist sei, würden die Rechtsfolgen des Art. 16 a II 3 GG nicht eintreten (BVerfGE 94, 49 (101) = NVwZ 1996, 700 (706) = EZAR 208 Nr. 7; ebenso OVG NW, InfAuslR 1996, 365 (366) = EZAR 632 Nr. 27; VG Schleswig, B. v. 1. 3. 1994 – 15 B 58/94; zustimmend: Maaßen/de Wyl, ZAR 1996, 158 (164)). Dies komme allerdings nur in Betracht, wenn das Sachvorbringen den Reiseweg über einen sicheren Drittstaat als ernstlich zweifelhaft erscheinen lasse (BVerfGE 94, 49 (102)).

63 Andererseits hat das BVerfG damit wohl nicht die Ansicht bestätigt, welche auch beim Streit über die *rechtlichen* Einreisevoraussetzungen den einstweiligen Rechtsschutz eröffnen will (Zimmermann, Das neue Grundrecht auf Asyl, S. 306 FN 349). Denn es verweist auf seine Ausführungen unter C I 4, die ausschließlich die *tatsächlichen* Voraussetzungen der Einreise aus einem sicheren Drittstaat behandeln. Bei Einreise auf dem Landweg dürften für die Grenzbehörden wohl kaum Zweifel am Tatbestand der Einreise aus einem sicheren Drittstaat auftreten.

64 Allerdings kann in Ausnahmefällen im Inland die Frage der Einreise aus einem sicheren Drittstaat streitig werden. Die bloße Unsicherheit über den Reiseweg reicht freilich dann nicht aus, wenn insgesamt feststeht, dass der Asylsuchende aus einem sicheren Drittstaat eingereist ist. Auch das bloße Bestreiten hemmt den Vollzug nicht. Vielmehr muss das tatsächliche Sachvorbringen es ernstlich zweifelhaft erscheinen lassen, dass der Betreffende aus einem sicheren Drittstaat eingereist ist. Dies setzt voraus, dass der Reiseweg substanziiert dargelegt und glaubhaft gemacht wird (Hailbronner, NVwZ 1996, 625 (628)).

65 Darüber hinaus ist einstweiliger Rechtsschutz für den Fall zu gewähren, dass zwar die Einreise über den Landweg feststeht, jedoch der sichere Drittstaat, aus dem der Flüchtling eingereist ist, nicht identifiziert werden kann und die zuständige Behörde dennoch aufenthaltsbeendende Maßnahmen durchzuführen beabsichtigt. Hat die Behörde in einem derartigen Fall keine hinreichend zuverlässigen Feststellungen über einen aufnahmebreiten Drittstaat getroffen (s. hierzu § 51 IV 2 AuslG), besteht ein erhebliches Risiko dahin, dass aufenthaltsbeendende Maßnahmen zur zwangsweisen Verbringung in den Herkunftsstaat führen.

66 Soll der Betreffende in den Herkunftsstaat oder in einen anderen Staat, der nicht sicherer Drittstaat ist, abgeschoben werden, so sind stets die Voraussetzungen des § 51 I, § 53 AuslG zu prüfen. Dies bleibt nach Ansicht des BVerfG vom Konzept der normativen Vergewisserung unberührt (BVerfGE 94, 49 (97) = NVwZ 1996, 700 (705) = EZAR 208 Nr. 7). Dementsprechend ist der einstweilige Rechtsschutz nach Art. 16 a II 3 GG eröffnet, wenn die Rückführung in den sicheren Drittstaat nicht möglich ist, die Behörde aber dennoch, ohne Prüfung der tatbestandlichen Voraussetzungen der § 51 I, § 53 AuslG, die Abschiebung in den Herkunftsstaat oder in einen sonstigen Drittstaat beabsichtigt.

Abschiebungsanordnung § 34 a

Als dritte Ausnahmekategorie, die ungeachtet des in Art. 16 a II 3 GG bestimmten Ausschlusses einstweiligen Rechtsschutzes die Zulassung hierauf gerichteter Anträge gebietet, hat das BVerfG die Fälle beschrieben, die nicht mehr *innerhalb* der Reichweite des Konzepts normativer Vergewisserung verortet werden können. Liegen die entsprechenden Voraussetzungen vor, greift die Ausschlusswirkung des Art. 16 a II 3 GG nicht ein (BVerfGE 94, 49 (102) = NVwZ 1996, 700 (706) = EZAR 208 Nr. 7). Das BVerfG folgt damit der in der Literatur vertretenen Auffassung, derzufolge der Ausschluss einstweiligen Rechtsschutzes dann nicht gelten könne, wenn trotz der generellen Qualifizierung eines Staates als sicherer Drittstaat im Einzelfall definitiv voraussehbar sei, dass eine Abschiebung in den Heimatstaat durch eben diesen Drittstaat erfolgen werde (Zimmermann, Das neue Grundrecht auf Asyl, S. 305 f.). In der Verwaltungspraxis hat diese Ausnahmekategorie allerdings keine praktische Bedeutung. **67**

Andererseits hat das BVerfG in Anknüpfung an seine Rechtsansicht, dass die normative Vergewisserung sich auch auf den Schutz nach der GFK erstrecke und deshalb die aus § 51 I AuslG folgende relative Rechtsposition bei Einreise aus einem sicheren Drittstaat regelmäßig nicht in Betracht komme (BVerfGE 94, 49 (97) = NVwZ 1996, 700 (705) = EZAR 208 Nr. 7), festgestellt, dass auch für diesen Fall der einstweilige Rechtsschutz ebenso ausgeschlossen ist wie in dem Fall, in dem der Schutzsuchende – etwa im Hauptsacheverfahren – vortrage, dass der Gesetzgeber bei der Bestimmung des sicheren Drittstaates die verfassungsrechtlichen Voraussetzungen nicht beachtet habe, ja, selbst wenn das Verwaltungsgericht sich zu einer Vorlage nach Art. 100 I GG entschließe (BVerfGE 94, 49 (102) = NVwZ 1996, 700 (706) = EZAR 208 Nr. 7). **68**

Liegen die tatbestandlichen Voraussetzungen einer Fallgestaltung vor, die nicht mehr vom Konzept der normativen Vergewisserung erfasst wird, gelten diese Einschränkungen jedoch nicht. Dies bedeutet, dass damit in derartigen Fällen eine Vorlage nach Art. 100 I GG erfolgversprechend ist und die Rechtsfolge des Abs. 2 nicht eintritt (Frowein/Zimmermann, JZ 1996, 753 (760)). **69**

Werden diese Einschränkungen beachtet, steht nach Auffassung des BVerfG Abs. 2 bei sinnentsprechender restriktiver Auslegung mit Art. 16 a II 3 GG in Einklang (BVerfGE 94, 49 (113) = NVwZ 1996, 700 = EZAR 208 Nr. 7). Die Vorschrift gelte für den Regelfall der Vollziehung einer Abschiebungsanordnung nach Einreise aus einem sicheren Drittstaat. Die Abschiebung, deren Vollziehung nach Abs. 2 nicht ausgesetzt werden dürfe, sei jene, die nach Abs. 1 angeordnet worden sei. Abs. 1 stehe in engem Zusammenhang mit § 26 a und Art. 16 a II 1 und 3 GG. Sachverhalte, in denen der Reiseweg des Flüchtlings über einen sicheren Drittstaat ernstlich zweifelhaft erscheine oder in denen er sich gegen die Modalitäten des Vollzugs wende, fielen damit ebenso wenig unter Abs. 2 wie diejenigen Fälle, in denen der Flüchtling in den Herkunftsstaat abgeschoben werden solle (BVerfGE 94, 49 (113) = EZAR 208 Nr. 7 = NVwZ 1996, 700 (708)). **70**

Schließlich sei der einstweilige Rechtsschutz nicht ausgeschlossen, wenn eine individuelle Gefährdung im Drittstaat geltend gemacht werden könne (BVerfGE 94, 49 (113) = EZAR 208 Nr. 7 = NVwZ 1996, 700 (708)). Zutreffend **71** wird dem BVerfG entgegengehalten, dass in Konsequenz seiner Auffassung die Vorschrift des Abs. 2 für verfassungswidrig hätte erklärt werden müssen, da diese Vorschrift die Gewährung vorläufigen Rechtsschutzes für den Fall der nach Abs. 1 angeordneten Abschiebung in einen sicheren Drittstaat kategorisch ausschließe (Lübbe-Wolff, DVBl. 1996, 1996, 825 (832)).

72 Zusammenfassend kann daher festgehalten werden, dass der Ausschluss des einstweiligen Rechtsschutzes in folgenden Ausnahmefällen nicht gilt:
- Der Reiseweg des Betreffenden über einen sicheren Drittstaat ist ernstlich zweifelhaft (BVerfGE 94, 49 (101f.) = EZAR 208 Nr. 7 = NVwZ 1996, 700 (706); OVG NW, InfAuslR 1996, 365 (366) = EZAR 632 Nr. 27).
- Der Asylsuchende wendet sich gegen die Modalitäten des Vollzugs der Aufenthaltsbeendigung, d. h. er beruft sich gegenüber dem Vollzug der Abschiebungsanordnung auf humanitäre und persönliche Gründe, die zur Erteilung einer Duldungsbescheinigung nach § 66 I 1 AuslG führen können (BVerfGE 94, 49 (95) = NVwZ 1996, 700 (704); OVG NW, InfAuslR 1996, 365 (366); VG Freiburg, NVwZ-Beil. 1998, 50 (51)). Lediglich ein Verlöbnis begründet nach der Rechtsprechung auch dann keinen humanitären Härtefall, wenn die Verlobte ein Kind erwartet (VG Freiburg, NVwZ-Beil. 1998, 50 (51)).
- Der Asylbegehrende soll nicht in den sicheren Drittstaat, sondern in den Herkunftsstaat abgeschoben werden (BVerfGE 94, 49 (113) = NVwZ 1996, 700 (708) = OVG NW, InfAuslR 1996, 365 (366)).
- Der Betreffende legt individuelle konkrete Gefährdungstatbestände dar, die ihrer Eigenart nach nicht vorweg im Rahmen des Konzepts normativer Vergewisserung von Verfassungs oder Gesetzes wegen berücksichtigt werden können (BVerfGE 94, 49 (102) = NVwZ 1996, 700 (706); OVG NW, InfAuslR 1996, 365 (366)).
- Reisen Ehegatte und minderjährige ledige Kinder eines Asylbewerbers über einen sicheren Drittstaat ein, begründet § 43 III ein subjektives Recht auf ermessensfehlerhafte Entscheidung, so daß der einstweilige Rechtsschutz nicht ausgeschlossen ist (BVerfG (Kammer), NVwZ-Beil. 1994, 9).

§ 35 Abschiebungsandrohung bei Unbeachtlichkeit des Asylantrages

In den Fällen des § 29 Abs. 1 droht das Bundesamt dem Ausländer die Abschiebung in den Staat an, in dem er vor Verfolgung sicher war. In den Fällen des § 29 Abs. 3 Satz 1 droht es die Abschiebung in den anderen Vertragsstaat an.

Übersicht

		Rdn.
1.	Vorbemerkung	1
2.	Abschiebungsandrohung nach Satz 1 in Verb. mit § 29 Abs. 1	3
2.1.	Entscheidungsprogramm des Bundesamtes	3
2.2.	Verwaltungsverfahren	10

Abschiebungsandrohung bei Unbeachtlichkeit des Asylantrages § 35

3.	Abschiebungsandrohung nach Satz 2 in Verbindung mit § 29 Abs. 3 Satz 1	12
4.	Unwirksamkeit der Abschiebungsandrohung nach Satz 1 im Falle des Fehlschlagens der Rückführung (§ 29 Abs. 2 Satz 1)	14
5.	Rechtsschutz	17

1. Vorbemerkung

Die Vorschrift des § 35 enthält die spezielle Rechtsgrundlage für aufenthaltsbeendende Maßnahmen bei unbeachtlichen Asylanträgen. Die Kategorie der unbeachtlichen Asylanträge regelt § 29. Dazu gehört anders als früher (vgl. § 14 I AsylVfG 1982) nicht mehr der Asylfolgeantrag (vgl. § 71). Andererseits wird nach geltendem Recht zusätzlich zu der Fallgestaltung der offensichtlichen Verfolgungssicherheit in einem sonstigen Drittstaat (§ 29 I in Verb. mit § 27) der Asylantrag, für dessen Behandlung die völkerrechtliche Zuständigkeit eines anderen Vertragsstaates gegeben ist, als unbeachtlicher Asylantrag behandelt (vgl. § 29 III 1). Während die Vorschriften des § 29 I und III 1 diese Fallgruppen definieren, werden in der Vorschrift des § 35 die sich daran anknüpfenden Rechtsfolgen festgelegt. 1

Der vorläufige Rechtsschutz ist in § 36 geregelt. Rechtsbehelfe in der Hauptsache richten sich nach den Vorschriften der §§ 74 ff. Durch ÄnderungsG 1993 wurde die Vorschrift redaktionell überarbeitet und durch Einfügung von S. 2 dem in Art. 16 a V GG verorteten verfassungsrechtlichen Konzept der völkerrechtlichen Zuständigkeitsvereinbarung für die Behandlung von Asylbegehren Rechnung getragen. 2

2. Abschiebungsandrohung nach Satz 1 in Verb. mit § 29 Abs. 1

2.1. Entscheidungsprogramm des Bundesamtes

Die Vorschrift des § 35 ist im Verhältnis zu § 34 I 1 spezielle Rechtsgrundlage bei unbeachtlichen Asylanträgen. Im Falle der Behandlung des Asylersuchens an der Grenze regelt § 18 II Nr. 2 die sofortige Zurückweisungspflicht. Die nach S. 1 zu erlassende Verfügung ist zwingende Rechtsfolge der Feststellung der Unbeachtlichkeit (§ 29 I) durch das Bundesamt. Dementsprechend geht dem Erlass der Abschiebungsandrohung eine Prüfung und Entscheidung über die Unbeachtlichkeit des Asylantrags nach § 29 I voraus. 3

Die Entscheidung über die Unbeachtlichkeit des Asylantrags stellt unzweifelhaft einen Verwaltungsakt dar, muss aber und wird auch regelmäßig nicht gesondert kenntlich gemacht. Vielmehr ist die Entscheidung über die Beachtlichkeit des Asylantrags nach § 29 I Bestandteil der Abschiebungsandrohung nach S. 1 (vgl. BVerwG, NVwZ 1996, 80 (81) = EZAR 631 Nr. 38 = DVBl. 1995, 857 = AuAS 1995, 201; Funke-Kaiser, in: GK-AsylVfG, § 35 Rdn. 10). Im Übrigen ist ergänzend § 34 sowie § 59 AufenthG zur Beurteilung der Rechtmäßigkeit heranzuziehen. Daher ist auch in der Verfügung nach S. 1 der Staat 4 zu bezeichnen, in den der Asylsuchende nicht abgeschoben werden darf (§ 59 III 2 AufenthG) und darf dieser Staat nicht als Zielstaat der Abschiebung nach § 59 II 1. HS AufenthG bezeichnet werden. Diese Folge ergibt sich zwingend aus der neu gestalteten Konzeption der unbeachtlichen Anträge.

5   Während früher auch der Asylfolgeantrag den Regelungen über beachtliche Anträge unterworfen wurde (§ 14 I AsylVfG 1982), erfüllt heute allein der Tatbestand der offensichtlichen Verfolgungssicherheit im sonstigen Drittstaat und der Tatbestand der Zuständigkeit eines Vertragsstaates für die Behandlung des Asylbegehrens den Begriff des unbeachtlichen Antrages (§ 29 I und III 1). Der Folgeantrag wird eigenständig geregelt (§ 71).

6   Da bei offensichtlicher Verfolgungssicherheit im sonstigen Drittstaat oder im Falle der Zuständigkeit eines anderen Vertragsstaates die Verfolgungsgefahr im Herkunftsstaat vor Erlass der Abschiebungsandrohung nach S. 1 nicht geprüft worden ist, darf auch keine Abschiebung in diesen Staat erfolgen. Es ist daher in der Abschiebungsandrohung nach S. 1 der Staat zu bezeichnen, in den der Asylsuchende nicht abgeschoben werden darf (§ 59 III 2 AufenthG). Fehlt eine derartige Feststellung, ist die Verfügung rechtswidrig. Wird die Rückführungsmöglichkeit in einen anderen Staat, in den der Asylsuchende sicher ist (vgl. § 29 I letzter HS), bejaht und eine Rückführungsmöglichkeit in den Staat, in den der Betreffende offensichtlich vor Verfolgung sicher war, ausgeschlossen, ist dieser Staat zu bezeichnen.

7   Das Bundesamt hat nach § 31 III 1 *zwingend* Abschiebungshindernisse nach § 60 II–VII AufenthG zu prüfen und hierüber eine Entscheidung zu treffen. Ebenso wenig wie das Bundesamt die Gefahr politischer Verfolgung im Herkunftsstaat prüft, hat es Abschiebungshindernisse zu prüfen, die im Herkunftsstaat drohen. Vielmehr ist die Prüfung insoweit auf den Zielstaat der Abschiebungsandrohung, also auf den sonstigen Drittstaat, eingeschränkt (Funke-Kaiser, in: GK-AsylVfG, § 35 Rdn. 12).

8   Allerdings hat das Bundesamt auch im Hinblick auf Abschiebungshindernisse nach § 60 II–VII AufenthG zu prüfen, ob der sonstige Drittstaat den Asylsuchenden nicht möglicherweise in den Herkunftsstaat weiterschiebt. Dies haben im Blick auf Art. 3 der Konvention gegen die Folter der Ausschuss gegen Folter sowie hinsichtlich Art. 3 EMRK der EGMR ausdrücklich von den Vertragsstaaten verlangt (Komitee gegen Folter, HRLJ 1994, 164 (168) (§ 10) – *Mutombo*; EGMR, InfAuslR 2000, 321 (323 f) = EZAR 933 Nr. 8 = NVwZ 2001, 301; s. hierzu Marx, InfAuslR 2000, 313; zur entsprechenden Spruchpraxis der früheren EKMR s. Alleweldt, EJIL 1993, 360 (373 FN 80); Marx, IJRL 1995, 383 (394)).

9   Das Bundesamt ist zwar nicht verpflichtet, im Hinblick auf den Herkunftsstaat Abschiebungshindernisse nach § 60 II–VII AufenthG festzustellen. Beruft sich der Asylsuchende auf derartige Abschiebungshindernisse muss es jedenfalls zuverlässig ausschließen, dass im sonstigen Drittstaat keine Gefahr der Weiterschiebung in den Staat, in dem die behaupteten Gefahren drohen, zu befürchten ist.

2.2. Verwaltungsverfahren

Das Bundesamt hat den Asylsuchenden anzuhören (§ 24 I 2). Zwar ist nach der ergänzend anzuwendenden Vorschrift des § 34 I 2 vor Erlass der Abschiebungsandrohung eine Anhörung nicht erforderlich. Diese Regelung bezieht sich jedoch ausschließlich auf die ordnungsbehördliche Verfügung, nicht hingegen auf die asylverfahrensrechtliche Entscheidung des Bundesamtes (so auch Funke-Kaiser, in: GK-AsylVfG, § 35 Rdn. 18). Ist die Rückführung in den sonstigen Drittstaat von vornherein nicht möglich und kommt auch keine Rückführung in einen sonstigen Staat, in dem der Asylsuchende vor Verfolgung sicher ist (§ 29 I letzter HS), in Betracht, unterbleibt die Abschiebungsandrohung. Das Asylverfahren ist fortzuführen (§ 29 II 1).

Ist die Rückführung in den sonstigen Drittstaat oder in einen anderen Staat, in dem keine politische Verfolgung droht, möglich, erlässt das Bundesamt die Abschiebungsandrohung. Die Ausreisefrist beträgt eine Woche (§ 36 I). Das Bundesamt hat dem Asylsuchenden zusammen mit der Sachentscheidung nach § 31 eine Kopie des Inhalts der Akte zu übersenden (§ 36 II 1). Einstweiliger Rechtsschutz richtet sich nach § 36 III und IV (s. dort).

3. Abschiebungsandrohung nach Satz 2 in Verb. mit § 29 Abs. 3 Satz 1

Ist ein anderer Vertragsstaat für die Behandlung des Asylbegehrens zuständig (§ 29 III 1), erlässt das Bundesamt die Abschiebungsandrohung nach S. 1. Auch insoweit ist § 34 ergänzend heranzuziehen und finden die Vorschriften des § 59 AufenthG Anwendung, soweit sie mit dem Sinn und Zweck der Regelung des S. 2 vereinbar sind. Das Bundesamt kann auf die Prüfung von Abschiebungshindernissen verzichten (§ 31 III 2 Nr. 3). Die Drittstaatenregelung ist nicht anwendbar, sodass das Bundesamt nicht an Stelle der Abschiebungsandrohung nach S. 2 die Abschiebungsanordnung nach § 34 a I erlassen darf (so aber Funke-Kaiser, in: GK-AsylVfG, § 35 Rdn. 20).

Das Verfahren ist wie im Falle der Abschiebungsandrohung nach S. 1 gestaltet. Der Asylsuchende ist anzuhören (§ 24 I 2). Die Anhörung wird sich jedoch auf den spezifischen Zweck des § 29 III 1 beschränken. Das Bundesamt erlässt die Abschiebungsandrohung nach S. 2. Die Ausreisefrist beträgt eine Woche (§ 36 I). Gegen die Abschiebungsandrohung ist vorläufiger Rechtsschutz nach § 36 III und IV in Verbindung mit § 80 V VwGO gegeben. Gegenstand des Eilrechtsschutzverfahrens ist der spezifische Sachbereich des § 29 III 1 (s. dort).

4. Unwirksamkeit der Abschiebungsandrohung nach Satz 1 im Falle des Fehlschlagens der Rückführung (§ 29 Abs. 2 Satz 1)

Ist die Rückführung in den sonstigen Drittstaat innerhalb von drei Monaten nicht möglich, ist das Asylverfahren fortzuführen (§ 29 II 1). Die Regelung in § 29 II 1 bezieht sich auf die nach § 29 I wie die nach § 29 III 1 unbeachtlichen

Anträge. Das Gesetz enthält keine Regelung über die sich hieraus für die Abschiebungsandrohung nach S. 1 ergebenden Folgen in derartigen Fällen. Lediglich für den Fall der gerichtlichen Stattgabe des Eilrechtsschutzantrages wird angeordnet, dass die Verfügung unwirksam wird (§ 37 I 1). Entfallen jedoch nachträglich die Voraussetzungen für die Rechtmäßigkeit der Abschiebungsandrohung, hat das Bundesamt die Verfügung aufzuheben.

15 Es empfiehlt sich, die Aufhebungsverfügung zusammen mit der Anordnung der Fortführung des Verfahrens nach § 29 II 1 zu erlassen. Die Regelung in § 59 III 3 AufenthG ist nicht anwendbar. Denn hier geht es nicht um eine gerichtliche Feststellung von Abschiebungshindernissen, sondern um die Unmöglichkeit der Rückführung nach § 29 II 1.

16 Sollte das Bundesamt sich weigern, die Verfügung aufzuheben, kann der Asylsuchende gegen diese Weigerung gerichtlich vorgehen. Denn er ist durch eine Verfügung beschwert, über deren mangelnde Vollziehbarkeit bereits im Verfahren nach § 36 III und IV eine rechtskräftige Entscheidung getroffen worden ist. Vor dem Eintritt der Vollziehbarkeit kann die Abschiebung nicht vollstreckt werden, sodass die Frist nach § 29 II 1 regelmäßig erst mit dem Zeitpunkt der rechtskräftigen Entscheidung über die Vollziehbarkeit der Verfügung beginnt. Der richtige Rechtsbehelf ist in derartigen Fällen der Abänderungsantrag nach § 80 VII 2 VwGO.

5. Rechtsschutz

17 In der Hauptsache ist *Anfechtungsklage* gegen die Abschiebungsandrohung nach S. 1 oder S. 2 zu erheben. Verweigert das Bundesamt nach Ablauf der in § 29 II 1 vorgesehenen Frist von drei Monaten entgegen der gesetzlichen Anordnung die Fortführung des Asylverfahrens, obwohl innerhalb dieser Frist eine Rückführung des Asylsuchenden nicht durchführbar ist, ist nach vorherigem Antrag gegenüber dem Bundesamt Verpflichtungsklage auf Fortführung des Asylverfahrens zu erheben.

18 Es ist dem Asylsuchenden wegen des ihn belastenden Rechtsschutzdefizits nicht zuzumuten, die Frist von drei Monaten nach § 75 S. 2 1. HS VwGO abzuwarten (vgl. auch § 75 S. 2 2. HS VwGO). Auch wenn der Asylsuchende die Frist nach § 36 III 1 im Eilrechtsschutzverfahren schuldhaft versäumt hat, steht ihm diese Möglichkeit prozessual offen (a. A. Funke-Kaiser, in: GK-AsylVfG, § 35 Rdn. 26).

19 Die Gegenmeinung überzeugt schon deshalb nicht, weil die prozessuale Unmöglichkeit, einstweiligen Rechtsschutz zu erlangen, nicht zur Unzulässigkeit der Klage in der Hauptsache führt. Die besondere Struktur des Asylverfahrens (vgl. § 37 I 2) steht dem gleichzeitigen Antrag auf Verpflichtung zur Asylanerkennung im Anfechtungsprozess gegen die Abschiebungsandrohung entgegen (BVerwG, NVwZ 1996, 80 (81) = DVBl. 1985, 857 = EZAR 631 Nr. 38 = AuAS 1995, 201; Funke-Kaiser, in: GK-AsylVfG, § 35 Rdn. 28).

20 Vorläufiger Rechtsschutz ist gemäß § 80 V VwGO in Verbindung mit § 36 III und IV zu erlangen. Es ist deshalb der Antrag auf Anordnung der aufschiebenden Wirkung der Anfechtungsklage beim örtlich zuständigen Verwal-

tungsgericht zu stellen. Der in Art. 16 a IV 1 GG geregelte Begriff der »ernstlichen Zweifel« sowie die weiteren in Art. 16 a IV GG enthaltenen Rechtsschutzverkürzungen beziehen sich zwar nur auf offensichtlich unbegründete Asylbegehren. Aus dem einfachgesetzlich geregelten Regelungszusammenhang der Vorschriften des § 36 III und IV in Verbindung mit § 36 I und S. 1 und S. 2 ergibt sich jedoch, dass der in § 36 IV 1 vorgesehene Begriff der »ernstlichen Zweifel« auch im Eilrechtsschutzverfahren Anwendung findet, das sich an die Ablehnung des Asylantrags wegen Unbeachtlichkeit anschließt (§ 36 Rdn. 130, 157 ff.).

Prüfungsgegenstand ist im Falle des S. 1 die Offensichtlichkeit der Verfolgungssicherheit nach § 29 I in Verbindung mit § 27 und die Frage der Rückführungsmöglichkeit sowie im Falle des S. 2 die Frage der völkerrechtlichen Zuständigkeit und die Rückführungsmöglichkeit (§ 29 III 1). Während des Eilrechtsschutzverfahrens ist die Abschiebung kraft Gesetzes ausgesetzt (§ 36 III 8). Hat der Asylsuchende die Frist nach § 36 III 1 schuldhaft versäumt und ist die Rückführung innerhalb der Frist von drei Monaten (§ 29 II 1) nicht möglich, ist ein einstweiliger Anordnungsantrag nach § 123 VwGO zur Verhinderung der Vollziehung der Abschiebung zulässig (Funke-Kaiser, in: GK-AsylVfG, § 35 Rdn. 32). 21

§ 36 Verfahren bei Unbeachtlichkeit und offensichtlicher Unbegründetheit

(1) In den Fällen der Unbeachtlichkeit und der offensichtlichen Unbegründetheit des Asylantrages beträgt die dem Ausländer zu setzende Ausreisefrist eine Woche.

(2) Das Bundesamt übermittelt mit der Zustellung der Entscheidung den Beteiligten eine Kopie des Inhalts der Asylakte. Der Verwaltungsvorgang ist mit dem Nachweis der Zustellung unverzüglich dem zuständigen Verwaltungsgericht zu übermitteln.

(3) Anträge nach § 80 Abs. 5 der Verwaltungsgerichtsordnung gegen die Abschiebungsandrohung sind innerhalb einer Woche nach Bekanntgabe zu stellen; dem Antrag soll der Bescheid des Bundesamtes beigefügt werden. Der Ausländer ist hierauf hinzuweisen. § 58 der Verwaltungsgerichtsordnung ist entsprechend anzuwenden. Die Entscheidung soll im schriftlichen Verfahren ergehen; eine mündliche Verhandlung, in der zugleich über die Klage verhandelt wird, ist unzulässig. Die Entscheidung soll innerhalb von einer Woche nach Ablauf der Frist des Absatzes 1 ergehen. Die Kammer des Verwaltungsgerichtes kann die Frist nach Satz 5 um jeweils eine weitere Woche verlängern. Die zweite und weitere Verlängerungen sind nur bei Vorliegen schwerwiegender Gründe zulässig, insbesondere wenn eine außergewöhnliche Belastung des Gerichts eine frühere Entscheidung nicht möglich macht. Die Abschiebung ist bei rechtzeitiger Antragstellung vor der gerichtlichen Entscheidung nicht zulässig. Die Entscheidung ist ergangen, wenn die vollständig unterschriebene Entscheidungsformel der Geschäftsstelle der Kammer vorliegt.

§ 36 *Asylverfahren*

(4) Die Aussetzung der Abschiebung darf nur angeordnet werden, wenn ernstliche Zweifel an der Rechtmäßigkeit des angegriffenen Verwaltungsaktes bestehen. Tatsachen und Beweismittel, die von den Beteiligten nicht angegeben worden sind, bleiben unberücksichtigt, es sei denn, sie sind gerichtsbekannt oder offenkundig. Ein Vorbringen, das nach § 25 Abs. 3 im Verwaltungsverfahren unberücksichtigt geblieben ist, sowie Tatsachen und Umstände im Sinne des § 25 Abs. 2, die der Ausländer im Verwaltungsverfahren nicht angegeben hat, kann das Gericht unberücksichtigt lassen, wenn andernfalls die Entscheidung verzögert würde.

Übersicht

		Rdn.
1.	Vorbemerkung	1
2.	Ausreisefrist (Abs. 1)	3
3.	Vorläufiger Rechtsschutz gegen die Abschiebungsandrohung (Art. 16 a Abs. 4 GG, Abs. 3 und 4)	13
3.1.	Funktion des Eilrechtsschutzverfahrens nach Abs. 3 und 4	13
3.2.	Rechtsschutz gegen die Verweigerung der Antragsannahme	17
3.3.	Verfahrensrechtliche Ausgestaltung des Eilrechtsschutzverfahrens (Abs. 3 in Verb. mit § 80 Abs. 5 VwGO)	20
3.3.1.	Übermittlungspflicht (Abs. 2)	20
3.3.2.	Fristgebundenheit des Eilrechtsschutzantrags (Abs. 3 Satz 1)	25
3.3.3.	Keine gesetzliche Begründungsfrist	32
3.3.4.	Rechtsmittelbelehrung (Abs. 3 Satz 2)	36
3.3.5.	Abänderungsantrag (§ 80 Abs. 7 Satz 2 VwGO)	38
3.3.5.1.	Funktion des Abänderungsantrags	38
3.3.5.2.	Zulässigkeitsvoraussetzung für die Verfassungsbeschwerde	45
3.3.5.3.	Abänderung von Amts wegen (§ 80 Abs. 7 Satz 1 VwGO)	47
3.3.5.4.	Zulässigkeitsgründe für den Abänderungsantrag (§ 80 Abs. 7 Satz 2 VwGO)	51
3.3.5.5.	Interessenabwägung	57
3.3.6.	Gerichtliche Entscheidungsfrist (Abs. 3 Satz 5 bis 7)	60
3.3.7.	Entscheidung im schriftlichen Verfahren (Abs. 3 Satz 4 erster Halbsatz)	75
3.3.8.	Verbot der Verbindung des Eilrechtsschutzverfahrens mit der Hauptsache (Abs. 3 Satz 4 zweiter Halbsatz)	78
3.3.9.	Prozessuale Bedeutung der Entscheidungsformel (Abs. 3 Satz 9)	83
3.3.10.	Abschiebungshindernis nach Abs. 3 Satz 8	95
3.4.	Materielle und prozessuale Anforderungen an das Eilrechtsschutzverfahren (Art. 16 a Abs. 4)	99
3.4.1.	Zweck des Eilrechtsschutzverfahrens	99
3.4.2.	Verfahrensabhängigkeit des Asylgrundrechts	103
3.4.2.1.	Gebot der grundrechtskonformen Gestaltung des Verfahrensrechts	103
3.4.2.2.	Grundsatz der verfahrensorientierten Grundrechtsinterpretation	106
3.4.2.3.	Verfahrensrechtliche Folgerungen des Abwägungsgebotes	109
3.4.2.4.	Auswirkungen der verfassungsrechtlichen Beschleunigungsmaxime nach Art. 16 a Abs. 4 Grundgesetz	115
3.4.3.	Einschränkung der Rechtsschutzgarantie nach Art. 19 Abs. 4 GG	124
3.4.4.	Anwendungsbereich von Art. 16 a Abs. 4 Grundgesetz	129
3.4.4.1.	Fallgruppen des Art. 16 a Abs. 4 Grundgesetz	129

3.4.4.2.	Keine Erstreckung auf unbeachtliche Asylanträge	134
3.4.5.	Prüfungsgegenstand im Eilrechtsschutzverfahren	135
3.4.6.	Reichweite der gerichtlichen Ermittlungspflicht (Art. 16 a Abs. 4 Satz 1 letzter Halbsatz GG, Abs. 4 Satz 2)	139
3.4.6.1.	Erweiterte summarische Erfolgskontrolle	139
3.4.6.2.	Spannungsverhältnis zwischen gerichtlicher Ermittlungspflicht und Beibringungsgrundsatz	144
3.4.6.3.	Kritik an der These von der »Vergröberung der Prüfungsdichte«	150
3.4.7.	Präklusion verspäteten Sachvorbringens (Art. 16 a Abs. 4 Satz 1 zweiter Halbsatz GG, Abs. 4 Satz 3)	156
3.4.8.	Prüfungsmaßstab »ernstliche Zweifel«(Art. 16 a Abs. 4 Satz 1 GG, Abs. 4 Satz 1)	161
3.4.8.1.	Asylspezifischer Begriff der »ernstlichen Zweifel«	161
3.4.8.2.	Kriterien der Wahrscheinlichkeitsprognose	166
3.4.8.3.	Verfahrensrechtliches Gewicht von Verfahrensverstößen	170
3.4.8.4.	Bezugspunkt der gerichtlichen Prüfung im Falle der qualifizierten Asylablehnung nach § 30 Abs. 3	172
3.4.9	Berücksichtigung von Abschiebungshindernissen nach § 60 Abs. 2 bis 7 AufenthG	174
3.4.9.1.	Funktion der Abschiebungshindernisse im Eilrechtsschutzverfahren	174
3.4.9.2.	Prüfkriterien im Eilrechtsschutzverfahren	177
3.4.9.3.	Auswirkungen des stattgebenden Beschlusses auf die Abschiebungsandrohung	182
3.4.10.	Leitlinien für die gerichtliche Entscheidung (Zusammenfassung)	183
4.	Funktion der Verfassungsbeschwerde im asylrechtlichen Eilrechtsschutzverfahren	190
4.1.	Gewährleistung des Grundrechtsschutzes im Asylrecht	191
4.2.	Einschränkung des verfassungsgerichtlichen einstweiligen Rechtsschutzes	197
4.3.	Folgenabwägung im Sinne von § 32 BVerfGG	209
4.4.	Schiebeanordnung	216
4.5.	Prüfungsumfang im Verfassungsbeschwerdeverfahren	218

1. Vorbemerkung

Diese Vorschrift regelt das Verfahren sowie insbesondere das vorläufige Rechtsschutzverfahren bei unbeachtlichen (§ 29) und offensichtlich unbegründeten Asylanträgen (§ 30). In beiden Fällen hat das Bundesamt die Abschiebung anzudrohen (§§ 34 und 35). Kernelement des Beschleunigungskonzepts ist das durch Abs. 3 und 4 besonders gestaltete Rechtsschutzverfahren. Es übernimmt wesentliche Grundzüge des alten, in § 10 III AsylVfG 1982 geregelten Verfahrens.

Durch ÄnderungsG 1993 ist das bereits durch § 36 AsylVfG 1992 verschärfte Eilrechtsschutzverfahren erneut geändert und umfassend neu geregelt worden. Die in dieser Vorschrift enthaltenen Sonderregelungen zum Eilrechtsschutzverfahren setzten auf einfachgesetzlicher Ebene ebenso wie die besonderen Vorschriften zum *Flughafenverfahren* nach § 18 a die verfassungsrechtliche Norm des Art. 16 a IV GG um. Durch Urteil vom 14. Mai 1996 hat das BVerfG diese Regelungen für verfassungsrechtlich unbedenklich erklärt (BVerfGE 94, 166 = EZAR 632 Nr. 25 = NVwZ 1996, 678).

3 Zwar findet das in dieser Vorschrift geregelte Eilrechtsschutzverfahren nicht auf das Flughafenverfahren Anwendung. Jedoch regelt § 18 a insoweit ein eigenständiges, weitgehend dieser Vorschrift nachgebildetes Eilrechtsschutzverfahren.

2. Ausreisefrist (Abs. 1)

4 Nach Abs. 1 beträgt die Ausreisefrist in den Fällen der Unbeachtlichkeit und der offensichtlichen Unbegründetheit des Asylantrags *zwingend* eine Woche. Der zwingende Charakter der Fristbestimmung in Verbindung mit der Kürze der Frist sind wesentliche Vorgaben für die Gestaltung des nachfolgenden Eilrechtsschutzverfahrens. Grundlage des in Abs. 3 und 4 geregelten Rechtsschutzverfahrens ist die ausländerrechtliche Verfügung. Denn ein Antrag nach § 80 V VwGO setzt einen auf einen belastenden Verwaltungsakt gerichteten Rechtsbehelf voraus.

5 Anders als das frühere Recht, das die für das Rechtsschutzverfahren maßgebliche Abschiebungsandrohung und dieses Verfahren selbst in einer gemeinsamen Vorschrift regelte (§ 10 II, III, §§ 11 II in Verb. mit 10 II, III AsylVfG 1982), ist die jetzige Verfahrensgestaltung unübersichtlich: Für unbeachtliche Anträge regelt § 35 die Abschiebungsandrohung. Demgegenüber enthält für offensichtlich unbegründete Anträge die auch für normale Verfahren maßgebliche Vorschrift des § 34 die Eingriffsgrundlage für die Abschiebungsandrohung. War die Fristsetzung früher in der Eingriffsgrundlage selbst vorgesehen (§§ 10 II 2, 11 II AsylVfG 1982), ist sie heute in Abs. 1 geregelt. Demgegenüber ist die für normale Verfahren geltende Fristsetzung in § 38 vorgeschrieben.

6 Qualifiziert das Bundesamt den Antrag als unbeachtlich oder offensichtlich unbegründet oder reist der Antragsteller aus einem sicheren Herkunftsstaat ein, ohne dass er die gegen ihn sprechende Vermutung widerlegen kann (§§ 29 ff.), hat es zwingend die Abschiebung anzudrohen (§§ 34 und 35). Dabei hat es ebenfalls zwingend eine *Ausreisefrist* von einer Woche festzusetzen (Abs. 1). Anders als nach altem Recht steht die Fristsetzung damit nicht mehr im behördlichen Ermessen.

7 Die frühere Rechtsprechung, derzufolge etwa Passlosigkeit des Ausländers wegen der notwendigen Kontaktaufnahme mit den heimatlichen Behörden auch die Setzung einer längeren als zweiwöchigen Ausreisefrist erfordern konnte (Hess.VGH, NVwZ-RR 1991, 329; s. hierzu auch BVerwG, DVBl. 1986, 518; OVG Hamburg, EZAR 226 Nr. 1; s. hierzu auch § 34 Rdn. 114 ff.), ist deshalb nicht mehr anwendbar. Darüber hinaus verkürzt Abs. 1 die früher maßgebliche Mindestfrist von zwei Wochen (§ 10 II 1 AsylVfG 1982) auf eine zwingende Frist von einer Woche.

8 Schon zum alten Recht wurde vereinzelt eine einwöchige Frist für ausreichend erachtet (VGH BW, B. v. 1. 10. 1985 – A 13 S 640/85; kritisch hierzu Rennert, DVBl. 1994, 717 (721)). Einwöchige Ausreisefrist nach Abs. 1, ein-

wöchige Klage- und Antragsfrist nach § 71 I 2. HS und Abs. 3 S. 1 sowie die das Verwaltungsgericht betreffende einwöchige Entscheidungsfrist nach Abs. 3 S. 5 sind mithin wesentliche Schlüsselelemente des Beschleunigungskonzeptes.

Die Konsequenz der zwingenden Fristsetzung werden vor dem Hintergrund der früheren Rechtslage verständlich. Da § 10 II 1 AsylVfG 1982 vorsah, dass die Ausreisefrist mindestens zwei Wochen betragen sollte, war eine individuelle Prüfung familiärer und anderer persönlicher Bindungen im Einzelfall geboten und bei Ermessensausfall allein aus diesem Grund die Verfügung aufzuheben (Hess. VGH, ESVGH 34, 99). Die zwingende Regelung des Abs. 1 steht nunmehr bei unbeachtlichen und offensichtlich unbegründeten Anträgen der Berücksichtigung individueller Besonderheiten im Einzelfall entgegen.

Einer nachträglichen Verlängerung der Ausreisefrist (s. hierzu BVerwG, DVBl. 1983, 997) steht die zwingende Regelung von Abs. 1 entgegen. Denkbar ist, dass das Verwaltungsgericht dem Antrag deshalb stattgibt, weil Abschiebungshindernisse vorliegen, es im Übrigen aber die Entscheidung nach §§ 29 ff. nicht beanstandet. Auch in diesen Fällen hat das Bundesamt das Verfahren fortzuführen (§ 37 I 2). Denn es handelt sich lediglich um eine vorläufige Entscheidung im Eilrechtsschutzverfahren. Gibt das Verwaltungsgericht dem Antrag statt, wird bei den als unbeachtlich behandelten Asylanträgen auch die Abschiebungsandrohung nach § 35 unwirksam (§ 37 I 1).

§ 50 III 3 AuslG, demzufolge die Abschiebungsandrohung bei Vorliegen von Abschiebungshindernissen bei Antragsstattgabe wirksam bleibt, findet deshalb keine Anwendung. Denn § 37 I 1 setzt voraus, dass das Verwaltungsgericht anders als das Bundesamt den Antrag für beachtlich erachtet. In diesem Fall ist die Verfügung kraft Gesetzes und damit auch die Ausreisefrist gegenstandslos (§ 37 I 1). Das Bundesamt hat das Asylverfahren fortzuführen (§ 37 I 2).

Gibt das Verwaltungsgericht dem Antrag im Falle des als offensichtlich unbegründet eingestuften Asylbegehrens statt, bleibt die Abschiebungsandrohung nach § 34 I 1 zwar wirksam, jedoch wird die Ausreisefrist kraft Gesetzes dem Normalfall des § 38 I 2 entsprechend auf einen Monat nach unanfechtbarem Abschluss des Asylverfahrens verlängert (§ 37 II). Dies gilt auch, wenn das Verwaltungsgericht im Hauptsacheverfahren das Asylbegehren nicht als offensichtlich unbegründet, sondern nur als einfach unbegründet bewertet (VGH BW, AuAS 1998, 144).

3. Vorläufiger Rechtsschutz gegen die Abschiebungsandrohung (Art. 16 a Abs. 4 GG, Abs. 3 und 4)

3.1. Funktion des Eilrechtsschutzverfahrens nach Abs. 3 und 4

Wie schon das AsylVfG 1982 enthielt die Neugestaltung des Asylverfahrensrechts 1992 ebenfalls vom allgemeinen Verfahrensrecht abweichende Sonderregelungen des vorläufigen Rechtsschutzes (§ 36 II AsylVfG 1992). Diese betrafen insbesondere die gesetzlichen Fristsetzungen. Durch ÄnderungsG 1993 ist in Umsetzung von Art. 16 a IV GG (BVerfGE 94, 166 (189 ff.) = EZAR 632 Nr. 25 = NVwZ 1996, 678) das Eilrechtsschutzverfahren erneut umfassend sowohl materiell wie prozessual neugestaltet worden. Darüber hinaus sind durch z. B. das Verwaltungsgericht betreffende Fristsetzungen (Abs. 3 S. 5 ff.) weitere, bis dahin unbekannte Beschleunigungselemente eingeführt worden.

14 Andererseits wird abweichend vom allgemeinen Verwaltungsprozessrecht das Verbleibsrecht während des anhängigen Verfahrens ausdrücklich gesetzlich geregelt (Abs. 3 S. 8). Anders als das alte Recht regelt § 36 keinen Eilrechtsschutz gegen die Verweigerung der Entgegennahme des Asylantrages. Der Rechtsschutz im Zusammenhang mit einem Folgeantrag ist nur teilweise in § 36 geregelt (s. hierzu § 71 Rdn. 328 ff.).

15 Als *Gegenstand des Eilrechtsschutzverfahrens* bezeichnet Abs. 3 S. 1 die Abschiebungsandrohung. In Fortsetzung seiner bisherigen Rechtsprechung (BVerfGE 67, 43 (61) = EZAR 632 Nr. 1 = InfAuslR 1984, 215) hält das BVerfG aber daran fest, dass auch nach neuem Recht Anknüpfungspunkt der richterlichen Prüfung und Entscheidung im Eilrechtsschutzverfahren die Frage sein muss, ob das Bundesamt zu Recht den Asylantrag als offensichtlich unbegründet abgelehnt hat (BVerfGE 94, 166 (193 f.) = EZAR632 Nr. 25 = NVwZ 1996, 678). Verfassungsrechtliche Grundlage der Vorschriften in Abs. 3 und 4 ist Art. 16 a IV GG. Die Regelungen in Abs. 3 betreffen die prozessuale Ausgestaltung des asylrechtlichen Eilrechtsschutzverfahrens. Die Vorschriften in Abs. 4 enthalten die materiellen Prüfungskriterien und regeln in diesem Zusammenhang den Umfang der gerichtlichen Ermittlungstiefe.

16 Abs. 3 und 4 knüpfen an die Regelung des Abs. 1 an, sodass die besonderen Regelungen des Eilrechtsschutzverfahrens nicht nur auf *offensichtlich unbegründete Asylbegehren* (§ 30), sondern auch auf *unbeachtliche Asylanträge* (§ 29) Anwendung finden. Demgegenüber wird eingewendet, die strengen Voraussetzungen nach Art. 16 a IV 1 GG fänden auf unbeachtliche Asylanträge keine Anwendung (Huber, NVwZ 1993, 736 (742)). Die bisher ergangene verfassungsgerichtliche Rechtsprechung hat sich bislang nahezu ausschließlich mit dem Eilrechtsschutzverfahren, das sich an die qualifizierte Asylablehnung nach §§ 31 und 30 anknüpft, befasst. Wegen der Drittstaatenregelung (Art. 16 a II GG, §§ 26 und 34 a) ist demgegenüber die Bedeutung unbeachtlicher Asylanträge (§ 29), also die Frage der *offensichtlichen Verfolgungssicherheit* in einem »sonstigen Drittstaat«, nahezu auf Null geschrumpft.

3.2. Rechtsschutz gegen die Verweigerung der Antragsannahme

17 Nach altem Recht war in § 10 V AsylVfG 1982 ausdrücklich ein Rechtsbehelf für den Fall vorgesehen, dass die zuständige Behörde sich weigerte, den Asylantrag an das Bundesamt weiterzuleiten. Dieser Rechtsbehelf umfasste auch den Rechtsschutz gegen die Verweigerung der Entgegennahme des Antrages. Ausdrücklich wurde dieser Rechtsschutz den verfahrensrechtlichen Sonderregelungen des alten Rechts unterstellt und damit für dieses Verfah-

ren auch auf das gesetzliche Abschiebungshindernis Bezug genommen. Da nunmehr der Asylantrag regelmäßig beim Bundesamt zu stellen ist (§ 14 I), entfällt die früher bestehende Weiterleitungspflicht und erachtete der Gesetzgeber wohl deshalb die Regelung eines besonderen Rechtsbehelfs für überflüssig.

Andererseits kann auch nach neuem Recht in bestimmten Fällen der Antrag bei der Ausländerbehörde gestellt werden und hat diese eine Weiterleitungspflicht (§ 14 II 2). Im Übrigen muss es Rechtsschutz gegen den denkbaren Fall geben, dass das Bundesamt sich weigert, den Asylantrag entgegenzunehmen und zu bearbeiten. In der Verwaltungspraxis sind derartige Fälle indes nicht bekannt geworden. Probleme kann es eher bei der Meldepflicht nach § 23 I geben. Verweigert die um Aufnahme gebetene Aufnahmeeinrichtung die Entgegennahme der Meldung als Asylsuchender, kann hiergegen der Antrag nach § 123 VwGO gestellt werden. **18**

Die Verweigerung der Entgegennahme bzw. der Weiterleitung des Asylantrags greift als solche nicht in den Kerngehalt des Asylrechts (Verbot der Abschiebung und Zurückweisung) ein. Vielmehr wird mit der Antragstellung eine verfahrensrechtliche Begünstigung, nämlich Zulassung zum Asylverfahren, erstrebt, für die nach allgemeiner Meinung der Weg über § 123 VwGO vorgesehen ist (Hess.VGH, ESVGH 38, 76; Hess.VGH, NVwZ 1988, 274; OVG Hamburg, NVwZ 1983, 434; OVG Lüneburg, NVwZ 1987, 1110). In der Hauptsache ist daher Verpflichtungsklage auf Entgegennahme der Meldung als Asylsuchender zu erheben. Der für § 123 VwGO erforderliche Anordnungsgrund kann unterstellt werden. Die Wochenfrist, die nach obergerichtlicher Rechtsprechung beim einstweiligen Anordnungsantrag gem. § 10 V AsylVfG 1982 zu beachten war (OVG Bremen, InfAuslR 1983, 84), kann mangels spezialgesetzlicher Regelung dieses Rechtsbehelfs im geltenden Recht keine Anwendung finden. **19**

3.3. Verfahrensrechtliche Ausgestaltung des Eilrechtsschutzverfahrens (Abs. 3 in Verb. mit § 80 Abs. 5 VwGO)

3.3.1. Übermittlungspflicht (Abs. 2)

Erstmals wurde durch ÄnderungsG 1993 die Verpflichtung des Bundesamtes eingeführt, den Beteiligten mit der Zustellung eine Kopie des Inhalts der Asylakte zu übermitteln (Abs. 2 S. 1) sowie den Verwaltungsvorgang mit dem Nachweis der Zustellung unverzüglich dem zuständigen VG zu übermitteln (Abs. 2 S. 2). Diese Neuregelung wird damit begründet, dass Verzögerungen entgegengewirkt werden solle, die durch die Aktenübersendung an das Gericht und die Gewährung von Akteneinsicht entstehen könnten. Dem Verwaltungsgericht solle der Verwaltungsvorgang des Bundesamtes schon bei Eingang eines etwaigen Antrags auf vorläufigen Rechtsschutz vorliegen (BT-Drs. 12/4450, S. 24), sodass, ausreichende richterliche Kapazität vorausgesetzt, unmittelbar mit der Bearbeitung des Antrages begonnen werden kann (Giesler/Wasser, Das neue Asylrecht, S. 49). Überflüssig ist deshalb die in Abs. 3 S. 1 2. HS geregelte Mitwirkungspflicht. **20**

21 Die Regelung in Abs. 2 S. 1 hat das Ziel, die *Akteneinsicht* entbehrlich zu machen (BT-Drs. 12/4450, S. 24). Die Verpflichtung, die Akten zusammen mit dem Zustellungsnachweis vorzulegen, ist eine Reaktion auf Kritik im Anhörungsverfahren. Dort wurde unter Hinweis auf § 9 VwZG eingewandt, dieses Ziel würde durch den Gesetzentwurf nur teilweise erreicht, da im Zeitpunkt der Zustellung der Entscheidung der *Zustellungsnachweis* noch nicht vorliege, dieser aber für den Lauf der Antrags- und Klagefrist entscheidend sein könne (Abel, Stellungnahme an den BT-Innenausschuss v. 18. 3. 1993, S. 2). Es sei daher auf jeden Fall erforderlich, dass der Zustellungsnachweis dem Verwaltungsgericht gesondert übermittelt werde, was neue verzögernde Bearbeitungsvorgänge auslösen könne (Abel, a. a. O.).

22 Während früher das Bundesamt unmittelbar im Anschluss an die Anhörung dem Antragsteller bzw. seinem Bevollmächtigten eine Ausfertigung des Anhörungsprotokolls übermittelte, geht es nunmehr vermehrt dazu über, diese erst zusammen mit der Zustellung dem Antragsteller bzw. seinem Bevollmächtigten zu übersenden. Dadurch wird eine sorgfältige Vorbereitung der Rechtsmittel kaum noch möglich und insbesondere werden hierdurch schriftliche Gegenvorstellungen zum Protokoll verhindert. Abs. 2 S. 1 enthält zwar eine Verpflichtung, (spätestens) zum Zeitpunkt der Zustellung den Akteninhalt und damit auch dessen wichtigsten Bestandteil, das Protokoll der Anhörung, dem Antragsteller bzw. seinem Bevollmächtigten zu übermitteln. Diese Regelung schließt aber nicht aus, auch vorher bereits der Übermittlungspflicht Genüge zu tun.

23 Abs. 2 S. 2 will ein bislang administrativ kaum bewältigtes Problem durch eine gesetzliche Regelung beseitigen. Die Reaktion der Praktiker bei den Gerichten war zwiespältig: Kritisiert wurde insbesondere, dass damit ein zusätzlicher Verwaltungsaufwand bei den Gerichten durch eine Art Vorratsverwaltung entstehen würde und nach Eingang der Rechtsbehelfe diese dem bereits vorhandenen Akten zugeordnet werden müssten. Denn Abs. 2 S. 2 verpflichtet das Bundesamt, *unabhängig* von eingelegten Rechtsbehelfen – sozusagen vorsorglich – den Verwaltungsvorgang mit dem Nachweis der Zustellung an das Gericht zu übermitteln.

24 In den schriftlichen Stellungnahmen an den Innenausschuss wurde deshalb vorgeschlagen, eine Regelung dergestalt einzuführen, dass die Rechtsbehelfe bei der Außenstelle des Bundesamtes einzulegen seien, die der Aufnahmeeinrichtung zugeordnet sei, in der der Antragsteller seinen Aufenthalt zu nehmen habe. Diese müsste dann zusammen mit den Rechtsmitteln den Verwaltungsvorgang dem zuständigen Gericht vorlegen (Abel, Stellungnahme an den BT-Innenausschuss v. 18. 3. 1993, S. 2; Schmidt, Stellungnahme, S. 3): Das AsylVfG 1982 sah in § 10 III 4 eine derartige Möglichkeit vor. Der Gesetzgeber ist den Vorschlägen jedoch nicht gefolgt und hat wie bei § 18 a III 3 die automatische Aktenübermittlungspflicht vorgeschrieben.

3.3.2. Fristgebundenheit des Eilrechtsschutzantrags (Abs. 3 Satz 1)

25 Wie das alte Recht (§ 10 III 3 AsylVfG 1982) legt Abs. 3 S. 1 abweichend vom allgemeinen Verwaltungsprozessrecht für den einstweiligen Rechtsbehelf eine einwöchige Antragsfrist fest. Wegen § 74 I 2. HS ist auch die Klage inner-

halb dieser Frist zu erheben. Wird kein einstweiliger Rechtsbehelf eingelegt, wird die Abschiebungsandrohung (§§ 34 und 35) nach Ablauf der einwöchigen Ausreisefrist gemäß Abs. 1 vollziehbar. Die gegen die Abschiebungsandrohung gerichtete Anfechtungsklage hat keine aufschiebende Wirkung (§ 75). Will der Antragsteller für das weitere Verfahren sein Verbleibsrecht sicherstellen, muss er deshalb binnen Wochenfrist einen Antrag auf Anordnung der aufschiebenden Wirkung seiner Anfechtungsklage gegen die Abschiebungsandrohung nach § 80 V VwGO stellen (Abs. 3 S. 1).

Reichte früher auch die Antragstellung bei der Ausländerbehörde aus (§ 10 III 4 AsylVfG 1982), kann nunmehr fristwahrend der Antrag nur noch beim zuständigen Verwaltungsgericht gestellt werden (BT-Drs. 12/2062, S. 33). Nur für diesen Fall wird die Abschiebung bis zum rechtskräftigen Abschluss des Eilrechtsschutzverfahrens ausgesetzt (Abs. 3 S. 8). Den früher herrschenden Streit darüber, ob wegen der Wochenfrist des § 10 III 3 AsylVfG 1982 auch die Anfechtungsklage innerhalb dieser Frist zu erheben ist (dafür VGH BW, VBlBW 1983, 205; dagegen BayVGH, InfAuslR 1984, 248; VGH BW, DÖV 1986, 296), hat der Gesetzgeber mit der Regelung in § 74 I 2. HS entschieden. Danach ist auch die Anfechtungsklage während der Rechtsbehelfsfrist des Abs. 3 S. 1 zu erheben. Nach neuem Recht sind daher der vorläufige Rechtsschutzantrag und die Anfechtungsklage binnen Wochenfrist zu stellen bzw. zu erheben.

26

Anders als nach altem Recht setzt Abs. 3 S. 8 die rechtzeitige Antragstellung nach Abs. 3 S. 1 innerhalb der Wochenfrist voraus, so dass der *Wiedereinsetzungsantrag keinen Abschiebungsschutz* begründet. Der Gesetzesbegründung können keine die Verschärfung erläuternden Gründe entnommen werden. Vielmehr wird dort behauptet, diese Regelung übernehme weitgehend das frühere Recht (BT-Drs. 12/2062, S. 33). Aus verfassungsrechtlicher Sicht ist diese Rechtsschutzverkürzung bedenklich. Art. 19 IV GG gebietet die Sicherstellung eines effektiven Rechtsschutzes. Begegnet bereits die Wochenfrist nach Abs. 3 S. 1 erheblichen Bedenken, bedarf sie jedenfalls rechtsschutzverstärkender Korrekturen, sodass für den Fall der Fristversäumnis nach Abs. 3 S. 1 bei zulässigem Wiedereinsetzungsantrag vorläufiger Rechtsschutz über § 123 VwGO zu gewähren ist.

27

Zwar ist nach der obergerichtlichen Rechtsprechung die Umgehung der Wochenfrist dadurch, dass nach deren Ablauf ein einstweiliger Anordnungsantrag nach § 123 VwGO gestellt wird, nicht zulässig (OVG Hamburg, AuAS 1993, 70 (71)). Es ist jedoch zulässig, bei zweifelhafter Unanfechtbarkeit der Abschiebungsandrohung zur Verhinderung der Abschiebung, einen Eilrechtsschutzantrag gegen den Träger der zuständigen Ausländerbehörde zu richten (BayVGH, NVwZ-Beil. 1994, 67 = AuAS 1994, 204). Dabei darf das Gericht allerdings die Abschiebung nicht unter Hinweis auf eine verspätete Klage gegen die Asylablehnung aussetzen und dabei offen lassen, ob der gestellte Wiedereinsetzungsantrag voraussichtlich Erfolg haben wird (BayVGH, NVwZ-Beil. 1994, 67 = AuAS 1994, 204).

28

Ist der Rechtsschutzantrag wegen Fristversäumnis zurückgewiesen worden, kann der Betroffene jedoch bei nachträglich, also nach Ergehen des Beschlusses eingetretenen veränderten Umständen einen einstweiligen Rechtsschutz-

29

antrag nach § 123 VwGO stellen (VG Gießen, AuAS 1993, 228; s. hierzu: Rdn. 38 ff.).

30 Folgende Rechtsbehelfe sind binnen Wochenfrist einzulegen: Wird der Asylantrag als unbeachtlich abgelehnt, erfolgt Asylablehnung und Abschiebungsandrohung (§ 35). Der Asylsuchende muss binnen Wochenfrist Anfechtungsklage gegen die Abschiebungsandrohung erheben und einen vorläufigen Rechtsschutzantrag nach § 80 V VwGO stellen. Da für den Fall der Antragsstattgabe die Verfügung unwirksam und das Asylverfahren fortgeführt wird (§ 37 I), sind weitere Rechtsbehelfe nicht erforderlich.

31 Anders ist dagegen die Rechtslage bei offensichtlich unbegründeten Asylanträgen: Binnen Wochenfrist ist Anfechtungsklage gegen die Abschiebungsandrohung (§ 34) und zugleich – zur Abwendung des Eintritts der Bestandskraft der Asylablehnung – Verpflichtungsklage mit dem Ziel zu erheben, die Bundesrepublik zur Gewährung der Asylberechtigung und des internationalen Schutzes nach § 60 I AufenthG (gegebenenfalls auch – hilfsweise – auf Feststellung von Abschiebungshindernissen nach § 60 II–VII AufenthG) zu verpflichten. Darüber hinaus ist zur Sicherstellung des Verbleibsrechtes (Abs. 3 S. 8) Antrag auf Anordnung der aufschiebenden Wirkung der Anfechtungsklage (Abs. 3 S. 1) zu stellen.

3.3.3. Keine gesetzliche Begründungspflicht

32 Der Gesetzgeber des ÄnderungsG 1993 erachtet die 1992 eingeführte Begründungsfrist (§ 36 II 2 AsylVfG 1992) nicht mehr für erforderlich. Im Hinblick auf den strengeren Prüfungsmaßstab nach Abs. 4 S. 1 und die in Abs. 4 S. 2 und 3 vorgesehenen Beschränkungen des Untersuchungsgrundsatzes ist der Antragsteller jedoch auch künftig zu möglichst umfassendem und insbesondere unverzüglichem Vortrag gehalten (BT-Drs. 12/4450, S. 24). Daher sollten zur zweckentsprechenden Rechtsverteidigung auch in Zukunft bereits mit dem einstweiligen Rechtsschutzantrag sämtliche Tatsachen und Beweismittel angegeben werden. Mit späterem Sachvorbringen ist der Antragsteller zwar nicht mehr wie früher präkludiert (vgl. § 36 II 4 AsylVfG 1992). Jedoch kann das Verwaltungsgericht unter den Voraussetzungen des Abs. 4 S. 3 ein nach § 25 III im Verwaltungsverfahren verspätetes Sachvorbringen auch im Eilrechtsschutzverfahren unberücksichtigt lassen. Wegen der Bedeutung des Asylrechts sollte das Verwaltungsgericht jedoch sehr zurückhaltend mit dieser Präklusionsvorschrift umgehen (ebenso wohl Rennert, DVBl. 1994, 717 (722)).

33 Im Hinblick auf die das Gericht betreffende Entscheidungsfrist des Abs. 3 S. 5 kann unterbliebener oder unvollständiger Sachvortrag im Übrigen einschneidende Rechtsfolgen haben. Auch kann die Präklusionswirkung nach Abs. 4 S. 2 eingreifen. Zwar hindert das Gesetz das Verwaltungsgericht nicht, bereits vor Ablauf der Frist nach Abs. 3 S. 5 zu entscheiden. Vielmehr geht diese Norm davon aus, dass die Entscheidung »innerhalb« von einer Woche nach Ablauf der einwöchigen Ausreisefrist getroffen werden »soll«. Es spricht jedoch vieles dafür, dem Antragsteller zur möglichst umfassenden Begründung seines Rechtsschutzbegehrens entgegen zu kommen und deshalb nicht unmittelbar nach Ablauf der Wochenfrist zu entscheiden. Gegebenenfalls ist

das Verwaltungsgericht darauf hinzuweisen, dass der Antrag innerhalb der Frist nach Abs. 3 S. 5 begründet werden wird.

Die ursprüngliche Wochenfrist bezog sich nach § 36 II 2 AsylVfG 1992 nicht nur auf den Rechtsbehelf selbst, sondern auch auf die *Begründungspflicht*. Nach dieser Vorschrift waren die zur Begründung des Antrags nach § 80 V VwGO dienenden Tatsachen und Beweismittel ebenfalls innerhalb der Wochenfrist anzugeben. Diese Regelung war die am heftigsten diskutierte Verschärfung des AsylVfG 1992, was sich insbesondere auch an den unterschiedlichen Voten der beteiligten Ausschüsse offenbarte. Die nach altem Recht geltende einwöchige Rechtsbehelfsfrist, die jedoch nicht zugleich auch Begründungsfrist war, wurde in der obergerichtlichen Rechtsprechung ohne nähere Begründung als vereinbar mit Verfassungsrecht angesehen (OVG Hamburg, DÖV 1983, 648; OVG NW, DÖV 1983, 648; VGH BW, VBlBW 1983, 205).

Im Beratungsverfahren zum AsylVfG 1992 hatte der Rechtsausschuss empfohlen, aus verfassungsrechtlichen Gründen die Begründungsfrist auf zwei Wochen auszudehnen (BT-Drs. 12/2719, S. 54). Diese Bedenken wurden vom Innenausschuss nicht geteilt. Allerdings war auf seine Empfehlung hin in § 74 II 2 eine Verweisung auf § 87 b III VwGO eingefügt worden, um verfassungsrechtlichen Bedenken Rechnung zu tragen (BT-Drs. 12/2719, S. 62). Obwohl danach keine fristgebundene Begründungsfrist besteht, ist der Antragsteller gut beraten, wegen der richterlichen Entscheidungsfrist möglichst innerhalb der Antragsfrist den Antrag auch zu begründen bzw. um Fristverlängerung nachzusuchen.

3.3.4. Rechtsmittelbelehrung (Abs. 3 Satz 2)

Für die Bekanntgabe nach Abs. 3 S. 1 gelten die verschärften Zustellungsvorschriften nach § 10. Die Regelung des Abs. 3 S. 2 verpflichtet das Bundesamt, in der Rechtsmittelbelehrung auf die besonderen Rechtsbehelfs- und Antragsfristen des Abs. 3 S. 1 hinzuweisen. Ist diese fehlerhaft oder unterblieben, läuft anstelle der Wochenfrist des Abs. 3 S. 1 die Jahresfrist nach § 58 II VwGO (Abs. 3 S. 3). So kann z. B. in der Belehrung ein unzuständiges Gericht oder eine unzutreffende Adresse des zuständigen Gerichts angegeben worden sein. Die unrichtig oder unvollständig erteilte Rechtsbehelfsbelehrung hat zur Folge, dass Klage und Antrag innerhalb der Jahresfrist zulässig sind. Die fehlerhafte Belehrung hat jedoch nicht die Rechtswidrigkeit der Verfügung selbst zur Folge (s. hierzu auch § 78 Rdn. 445 f.). Gleichwohl sollten die Rechtsmittel zur Abwehr der Abschiebung möglichst unverzüglich eingelegt und auch begründet werden.

Bei Fristversäumnis kann im Übrigen ein Wiedereinsetzungsantrag in Betracht kommen, der aber nicht ohne weiteres die Aussetzungswirkung des Abs. 3 S. 8 zur Folge hat. Die Belehrung sollte auch auf die Obliegenheit des Antragstellers, den angefochtenen Bescheid des Bundesamtes dem Antrag beizufügen, hinweisen. Damit soll insbesondere die Zuordnung des Antrags zu dem beim Verwaltungsgericht bereits vorliegenden Verwaltungsvorgang erleichtert werden. Eine Verletzung dieser Obliegenheit ist jedoch unschädlich (Giesler/Wasser, Das neue Asylrecht, S. 49 f.).

3.3.5. Abänderungsantrag (§ 80 Abs. 7 Satz 2 VwGO)

3.3.5.1. Funktion des Abänderungsantrags

38 Die Fristgebundenheit des Antrags nach § 80 V VwGO mit ihrer die Klagefrist verkürzenden Wirkung verfolgt einen verfahrensbeschleunigenden Zweck. Spätere Abänderungsanträge nach § 80 VII 2 VwGO werden damit jedoch nicht ausgeschlossen, vorausgesetzt, der Antrag nach Abs. 3 S. 1 im vorläufigen Rechtsschutzverfahren war nicht verfristet (OVG NW, EZAR 632 Nr. 13; wohl auch VG Gießen, AuAS 1994, 228; ähnl. Leiner, NVwZ 1994, 239 (242)). Im Falle der Verfristung kann etwa bei Geltendmachung nachträglicher exilpolitischer Aktivitäten der Antrag nach § 123 VwGO in Betracht kommen (VG Gießen, AuAS 1993, 228; offen gelassen OVG Hamburg, AuAS 1993, 70).

39 In diesem Fall kann ein nicht fristgebundener einstweiliger Anordnungsantrag nach § 123 VwGO mit dem Ziel, die Ausländerbehörde zu verpflichten, von aufenthaltsbeendenden Maßnahmen bis zum rechtskräftigen Abschluss des Asylverfahrens abzusehen, gestellt werden (BayVGH, NVwZ-Beil. 1994, 67 = AuAS 1994, 204; Schenk, Asylrecht und Asylverfahrensrecht, Rdn. 88). Auch ein Beschluss nach § 123 VwGO kann unter der Voraussetzung einer veränderten Sach- oder Rechtslage in entsprechender Anwendung der §§ 927, 936 ZPO auf Antrag nachträglich aufgehoben oder geändert werden (OVG Hamburg, NVwZ-RR 1995, 180; VGH BW, AuAS 2002, 48; (VG Hannover, B. v. 18. 12. 2003 – 11 B 5570/03). Die Änderungsbefugnis ist dabei nicht auf Fälle beschränkt, in denen zuvor eine einstweilige Anordnung erlassen wurde (VGH BW, AuAS 2002, 48). Abänderungsanträge nach § 80 VII VwGO sind nicht fristgebunden.

40 Die Wahl des richtigen Rechtsmittels nach Zurückweisung des Eilrechtsschutzantrags ist abhängig davon, ob der ursprüngliche Antrag nach Abs. 3 S. 1 verfristet war oder nicht. Für den Fall, dass der Antrag auf Anordnung der aufschiebenden Wirkung fristgemäß gestellt worden war, ist ein späterer Abänderungsantrag nach § 80 VII 2 VwGO grundsätzlich zulässig (OVG NW, EZAR 623 Nr. 13). Jedoch erstreckt sich der Beschwerdeausschluss (§ 80) auch auf das Abänderungsverfahren (VGH BW, AuAS 2002, 48; zum früheren Recht OVG NW, EZAR 632 Nr. 11; Hess.VGH, AuAS 8/1992, S. 12; s. auch § 80 Rdn. 14).

41 Ist etwa im Folgeantragsverfahren der fristgemäß gestellte Eilantrag abgelehnt worden, aber das Hauptsacheverfahren noch anhängig, kann bei veränderter Sach- und Rechtslage Abänderungsantrag gemäß § 80 VII 2 VwGO in Betracht kommen. Hat der Antragsteller die Frist des Abs. 3 S. 1 hingegen nicht beachtet, so kann er vorläufigen Rechtsschutz nicht im Wege des Abänderungsverfahrens, sondern bei Geltendmachung veränderter Umstände, auf die er sich im Zeitpunkt der Wochenfrist des Abs. 3 S. 1 noch nicht berufen konnte, nur im Wege des § 123 VwGO erlangen (VG Gießen, AuAS 1996, 156). Zuständig für die Entscheidung über den Abänderungsantrag ist das Gericht der Hauptsache (vgl. § 80 VII 1 VwGO). Dies ist im asylrechtlichen Eilrechtsschutzverfahren der Einzelrichter (§ 76 I 1; Leiner, NVwZ 1994, 239 (242)).

42 Der Antragsteller kann nach § 80 VII 2 VwGO die Änderung oder Aufhebung des ursprünglichen Beschlusses nach § 80 V VwGO wegen veränderter oder

im ursprünglichen Verfahren ohne Verschulden nicht geltend gemachter Umstände beantragen. Gegenstand des Abänderungsverfahrens ist die Prüfung, ob eine zuvor im Verfahren nach § 80 V VwGO getroffene gerichtliche Entscheidung über die Bestätigung der sofortigen Vollziehbarkeit einer Abschiebungsandrohung ganz oder teilweise geändert oder aufgehoben werden soll. Dabei geht es nicht um die ursprüngliche Richtigkeit der im vorangegangenen Verfahren getroffenen Entscheidung. Das Abänderungsverfahren ist demzufolge kein Rechtsmittelverfahren, sondern ein gegenüber dem Ausgangsverfahren nach § 80 V VwGO selbständiges und neues Verfahren des vorläufigen Rechtsschutzes, in dem eine abweichende Entscheidung der aufschiebenden Wirkung der Klage nur mit Wirkung für die Zukunft getroffen werden kann (VGH BW, NVwZ 1996, 603 (604); Sächs.OVG, DVBl. 1996, 118).

Zwar kann nach § 80 VII 2 VwGO jeder Beteiligte den Abänderungsantrag stellen. Es spricht jedoch vieles dagegen, im Asylverfahren der Behörde die Antragsbefugnis einzuräumen. Antragsbefugt wäre ohnehin nur das Bundesamt, da nur diese Behörde und nicht die Ausländerbehörde Beteiligte des vorläufigen Rechtsschutzverfahrens ist. **43**

Für die Frage, ob der Antragsteller im ursprünglichen Verfahren entscheidungserhebliche Umstände *ohne Verschulden* nicht geltend machen konnte, dürfte vom Verschuldensmaßstab des § 60 I VwGO auszugehen sein (Schoch, NVwZ 1992, 1121 (1132)). Die Präklusionsvorschrift des § 74 II 2 findet insoweit keine Anwendung. Das ergibt sich bereits aus dem Unterschied zwischen Abs. 4 S. 2 und § 74 II 2. Dieser rechtfertigt bereits die Annahme, dass Abs. 4 S. 2 nicht die Möglichkeit eröffnen soll, Tatsachen und Beweismittel endgültig aus dem Eilrechtsschutzverfahren auszuschließen. Zudem führte eine Präklusion auch für das Abänderungsverfahren zu einer bedenklichen Überbeschleunigung des Verfahrens (Leiner, NVwZ 1994, 239 (242)). **44**

3.3.5.2. Zulässigkeitsvoraussetzung für die Verfassungsbeschwerde

Der Abänderungsantrag hat auch insbesondere deshalb Bedeutung, weil das BVerfG wegen der *Subsidiarität der Verfassungsbeschwerde* (BVerfGE 42, 243 (247); BVerfG (Kammer), NVwZ 1998, 1174; BVerfG (Kammer), NVwZ 2001, 796; BVerfG (Kammer), NVwZ-RR 2002, 1; BVerfG (Kammer), NVwZ 2002, 848) nach seiner neueren, inzwischen gefestigten Rechtsprechung verlangt, dass der Beschwerdeführer über das Gebot der Rechtswegerschöpfung im engeren Sinne hinaus alle ihm zur Verfügung stehenden Möglichkeiten ergreift, um es erst gar nicht zu einem Verfassungsverstoß kommen zu lassen oder eine Korrektur der geltend gemachten Verfassungsverletzung zu erreichen (BVerfG (Kammer), NJW 1993, 1060 = NVwZ 1993, 466 (LS); BVerfG (Kammer), NVwZ 1992, 51; BVerfG (Kammer), InfAuslR 1995, 18 = AuAS 1994, 250; BVerfG (Kammer), NVwZ 2001, 796; BVerfG (Kammer), NVwZ-RR 2002, 1; BVerfG (Kammer), NVwZ 2002, 848; BVerfG (Kammer), NVwZ 2003, 858; BVerfG (Kammer), NVwZ 2003, 981). **45**

Zu den danach vom Beschwerdeführer vor Einlegung der Verfassungsbeschwerde zu ergreifenden Maßnahmen kann auch ein »weiterer« Abänderungsantrag gemäß § 123 in Verb. mit § 80 VII 2 VwGO gehören (BVerfG, AuAS 1995, 101 (105) = NVwZ-Beil. 1995, 50; BVerfG (Kammer), NVwZ-Beil. **46**

1998, 81; s. hierzu auch BVerfG (Kammer), InfAuslR 1995, 344, Verfassungsbeschwerdefrist gegen ablehnenden Beschluß des VG nach § 80 VII VwGO beträgt einen Monat; s. auch: Roeser/Hänlein, NVwZ 1995, 1082 (1084); Hänlein, AnwBl 1995, 57 (60 f.)).

3.3.5.3. Abänderung von Amts wegen (§ 80 Abs. 7 Satz 1 VwGO)

47 Nach der Vorschrift des § 80 VII besteht einerseits die Möglichkeit, eine Entscheidung von Amts wegen im Verfahren nach § 80 VII 1 VwGO anzuregen und andererseits das Antragsverfahren nach § 80 VII 2 VwGO einzuleiten. Bei einer Entscheidung von Amts wegen brauchen sich weder rechtlich noch tatsächlich die Umstände geändert haben. Das Gericht kann vielmehr auch bei unveränderten Umständen zu einer Änderung seiner Auffassung kommen (VGH BW, NVwZ 1996, 603 (604); Redeker, NVwZ 1991, 526 (528); Schoch, NVwZ 1991, 1121 (1123); a. A. Hess.VGH, NVwZ-RR 1997, 446; OVG NW, NVwZ 1999, 894).

48 Nach der Gegenmeinung ist dagegen die Abänderung nicht völlig in das Belieben des Gerichts gestellt, da auch Beschlüsse nach § 80 V VwGO wegen ihrer Vollstreckungsfähigkeit einer gewissen »inneren Festigkeit« bedürften. Eine Abänderung von Amts wegen komme deshalb nur in Betracht, wenn bei gleichbleibenden Umständen etwa die Rechtslage jetzt anders beurteilt werde, die Interessenabwägung korrekturbedürftig erscheine (Hess.VGH, NVwZ-RR 1997, 446 (447)) oder wenn gewichtige Gründe dafür sprächen, den Belangen der materiellen Einzelfallgerechtigkeit und inhaltlichen Richtigkeit den Vorrang vor Rechtssicherheit und Vertrauensschutz einzuräumen (OVG NW, NVwZ 1999, 894).

49 Anders als der Abänderungsantrag nach § 80 VII 2 VwGO steht damit die Abänderung von Amts wegen nach § 80 VII 1 VwGO im pflichtgemäßen, nach der Mehrheitsmeinung von keinen weiteren Voraussetzungen abhängigen Ermessen des Gerichts, das nach den gleichen Grundsätzen auszuüben ist, wie sie für das Verfahren nach § 80 V VwGO maßgebend sind (VGH BW, NVwZ 1996, 603 (604)).

50 Der im Eilrechtsschutzverfahren nach Abs. 3 S. 1 in Verb. mit § 80 V VwGO erfolglos gebliebene Asylsuchende kann also nach der Mehrheitsmeinung jederzeit, ohne besondere Voraussetzungen, anregen, dass der Einzelrichter seinen Beschluss nach pflichtgemäßem Ermessen überprüft und gegebenenfalls ändert. Der Antragsteller hat jedoch keinen Anspruch darauf, dass das Gericht ohne Vorliegen der Voraussetzungen des § 80 VII 2 VwGO sein Ermessen nach § 80 VII 1 VwGO fehlerfrei ausübt (OVG Hamburg, NVwZ 1995, 1004 (1005)). Angesichts der zwingenden materiellen und prozessualen asylrechtlichen Vorschriften dürfte dieser Weg jedoch in aller Regel kaum erfolgversprechend sein, sodass effektiver Rechtsschutz nur unter den Voraussetzungen des § 80 VII 2 VwGO zu erlangen ist.

3.3.5.4. Zulässigkeitsgründe für den Abänderungsantrag (§ 80 Abs. 7 Satz 2 VwGO)

51 Der Abänderungsantrag kann wegen einer *veränderten Sachlage* gestellt werden. Davon ist auszugehen, wenn sich die Umstände, also die tatsächlichen

Voraussetzungen, von denen der Einzelrichter bei seinem Beschluss nach § 80 V VwGO ausgegangen ist, nachträglich geändert haben. Der Abänderungsantrag kann auf jedes neue Vorbringen gestützt werden. Voraussetzung ist nicht, dass sich die Sach- oder Rechtslage geändert hat (VGH BW, NJW 1970, 165; OVG Rh-Pf, NVwZ-RR 2003, 315; s. auch BVerfG, NVwZ-Beil. 1998, 81), vielmehr kann auch eine sich bereits abzeichnende *Änderung der Gesetzeslage* im Abänderungsverfahren berücksichtigt werden (OVG NW, NVwZ 1983, 353). Wegen der am 30. April 2004 verabschiedeten EU-Qualifikationsrichtlinie, durch welche die Dogmatik und Struktur der bisherigen materiellrechtlichen Entscheidungsgrundlagen grundlegend umgewandelt werden, dürften für die zukünftige Rechtsanwendung eine Reihe von veränderten Rechtsgrundlagen zu berücksichtigen sein.

Ebenso kann die *Änderung der höchstrichterlichen Rechtsprechung* in Verbindung mit gewichtigen Bedenken im Schrifttum, die gegen eine bisher geltende Rechtsansicht geltend gemacht werden, die Änderung des ursprünglichen Beschlusses angezeigt erscheinen lassen (BFH, BStBl. II 1981, 99 (100); so auch Redeker/v. Oertzen, VwGO, § 86 Rdn. 67). Weniger einschränkend wird in der obergerichtlichen Rechtsprechung bei sich »*nachträglich ergebenden Änderungen der höchstrichterlichen Rechtsprechung*« oder der »*Klärung von umstrittenen Rechtsfragen*« die Statthaftigkeit des Abänderungsantrags bejaht (BayVGH, NVwZ-Beil. 2000, 116 (117)). 52

Bezogen auf asylrechtliche Tatsachenfragen kann auch die gefestigte Rechtsprechung eines Obergerichtes zur Beurteilung der Gefährdung einer bestimmten Personengruppe einen veränderten Umstand darstellen (BVerfG (Kammer), NVwZ-Beil. 1997, 25). Vereinzelt gebliebene abweichende obergerichtliche Entscheidungen können allerdings dann nicht berücksichtigt werden, wenn dem eine überwiegende obergerichtliche Rechtsprechung entgegensteht, die durch das BVerwG bekräftigt worden ist (BVerfG (Kammer), NVwZ-Beil. 1997, 25). Darüber hinaus kann auch eine substanziierte Gehörsrüge den Abänderungsantrag zulässig und begründet machen (BVerfG (Kammer), B. v. 5. 2. 2003 – 2 BvR 153/02). 53

Auch eine Änderung der *Prozesslage* rechtfertigt den Abänderungsbeschluss (VGH BW, NJW 1970, 165; Hess.VGH, NVwZ-RR 1989, 590). So reicht es aus, wenn früher nicht verfügbare Urkunden und damit möglicherweise entscheidungserhebliche *neue Beweismittel* vorgelegt werden, die deshalb eine Änderung der Prozesslage bewirken, weil sie die für die Beurteilung der Glaubhaftigkeit der Angaben des Antragstellers wesentlichen tatsächlichen Grundlagen in Frage stellen (Hess.VGH, NVwZ-RR 1989, 590). Eine veränderte Sach- und Rechtslage ist auch dann anzunehmen, wenn die Antragsteller ein psychologisches Gutachten über andauernde Persönlichkeitsveränderungen nach Extrembelastungen mit depressiver Gewichtung und Suizidgefahr vorlegen (VG Hannover, B. v. 18. 12. 2003 – 11 B 5570/03). 54

Darüber hinaus ergibt sich eine den Abänderungsantrag rechtfertigende veränderte Prozesslage, wenn nach dem Erlass des Beschlusses nach § 80 V VwGO etwa im Blick auf die Gefährdung bestimmter Personengruppen neue Stellungnahmen sachverständiger Stellen bekannt werden (VG Ansbach, B. v. 26. 8. 1994 – AN 12 S 94.44555, zur Gefährdung der armenischen Volks- 55 gruppe in Aserbeidschan) oder wenn das Verwaltungsgericht im Hauptsacheverfahren eine *Beweisaufnahme* angeordnet hat, um hinsichtlich etwaiger Abschiebungshindernisse eine aktualisierte Auskunftslage zu erhalten, jedenfalls dann, wenn sich die Lage im Herkunftsland des Asylsuchenden fortlaufend verändert und ihre Stabilität durch eine während des Hauptsacheverfahrens anhaltende kriegerische Auseinandersetzung beeinflusst werden kann (VG Hannover – Kammern Hildesheim –, B. v. 30. 5. 1995 – 1 B 784/95.Hi).

56 Im Hinblick auf die Subsidiarität der Verfassungsbeschwerde hat das BVerfG darauf hingewiesen, dass im Abänderungsverfahren Verletzungen des rechtlichen Gehörs korrigieren werden könnten. Zugleich biete dieses Verfahren auch Gelegenheit, andere mutmaßliche verfassungsrechtliche Mängel zu beseitigen, die mit einem Gehörsverstoß nicht notwendig in Zusammenhang stehen müssten. Insoweit sei die Verfassungsbeschwerde subsidiär (BVerfG (Kammer), NVwZ-Beil. 1998, 81). Unter diesen Voraussetzungen ist deshalb der Abänderungsantrag statthaft.

3.3.5.5. Interessenabwägung

57 Erst für die im Abänderungsverfahren vorzunehmende *Interessenabwägung* kommt es entscheidend auf die Einschätzung der *Erfolgsaussicht* des Hauptsacheverfahrens an (BVerwG, InfAuslR 1994, 395; VGH BW, NJW 1970, 165). Ist die angefochtene Verfügung *offensichtlich rechtmäßig*, überwiegt das öffentliche Interesse an der sofortigen Vollziehbarkeit der Abschiebungsandrohung das entgegenstehende Interesse des Antragstellers (VGH BW, NVwZ 1996, 603 (604)). Es muss also eine *hohe Gewissheit* bestehen, dass mit der Zurückweisung des Antrags ein materieller Anspruch auf Gewährung von Abschiebungsschutz nicht verletzt wird (BVerfGE 94, 166 (190) = EZAR 632 Nr. 25 = NVwZ 1996, 678).

58 Zu weitgehend ist die Rechtsprechung, welche die Kriterien der Interessen- und Folgenabwägung im Rahmen des § 32 BVerfG (vgl. BVerfG, NVwZ-Beil. 1994, 3 (4)) auch im Abänderungsverfahren anwendet (so VG Hannover – Kammern Hildesheim –, B. v. 30. 5. 1995 – 1 B 784/95.Hi). Die vom BVerfG im Rahmen des vorläufigen Rechtsschutzes geforderte Interessen- und Folgenabwägung berücksichtigt vorrangig die vom Antragsteller »geltend gemachten irreparablen Folgen einer Aufenthaltsbeendigung« (BVerfG (Kammer), InfAuslR 1993, 349 (354), mit Hinweis auf BVerfGE 67, 43 (58ff.) = EZAR 632 Nr. 1 = InfAuslR 1984, 215; BVerfGE 69, 315 (372) = NJW 1985, 2395 = NVwZ 1985, 898). Diese Folgen sind jedoch Teil der summarischen Prüfung der Erfolgsaussichten des Hauptsacheverfahrens.

59 Daher ist dem Abänderungsantrag stattzugeben, wenn eine hohe Gewissheit dafür besteht, dass die angefochtene Verfügung rechtswidrig ist. Droht danach dem Antragsteller bei Versagung des vorläufigen Rechtsschutzes eine erhebliche, über Randbereiche hinausgehende Verletzung in seinen Grundrechten, die durch eine der Klage stattgebende Entscheidung nicht mehr beseitigt werden kann, so ist – erforderlichenfalls unter eingehender tatsächlicher und rechtlicher Prüfung des im Hauptsacheverfahren geltend gemachten Anspruchs – vorläufiger Rechtsschutz zu gewähren, es sei denn, dass

ausnahmsweise überwiegende, besonders gewichtige Gründe entgegenstehen (BVerfGE 79, 69 (75)).

3.3.6. Gerichtliche Entscheidungsfrist (Abs. 3 Satz 5—7)

Über den einstweiligen Rechtsschutzantrag soll der Einzelrichter innerhalb einer Woche nach Ablauf der Rechtsbehelfsfrist des Abs. 3 S. 1 entscheiden. Auch wenn der Antrag vor Fristablauf gestellt wird, beginnt die Entscheidungsfrist erst nach Ablauf der in Abs. 3 S. 1 bestimmten einwöchigen Rechtsbehelfsfrist zu laufen. Kann der Einzelrichter die einwöchige Entscheidungsfrist nicht einhalten, ist eine erstmalige Verlängerung um eine Woche durch Verlängerungsbeschluss der *Kammer* ohne besondere Begründung möglich (Abs. 3 S. 6). Wegen der Überlastung der Gerichte erachtet es die Rechtsprechung für zulässig, eine sofortige Fristverlängerung um »weitere Wochen« anzuordnen (VG Stuttgart, NVwZ-Beil. 1994, 23 = InfAuslR 1994, 247; a. A. Leiner, NVwZ 1994, 239). Soweit in der Literatur auch für die erste Verlängerung eine sachliche Rechtfertigung gefordert wird, wird jedoch zugleich auch darauf hingewiesen, dass den Beteiligten regelmäßig eine kurze Stellungnahme ermöglicht und noch zugewartet werden müsse, ob die Verwaltungsvorgänge noch eingingen. Auch könnte kurzfristig die Durchführung eines Erörterungstermins in Betracht kommen (Leiner, NVwZ 1994, 239 (241)).

60

Die zweite und weitere Verlängerungen sind nur bei *schwerwiegenden Gründen* zulässig, insbesondere wenn eine außergewöhnliche Belastung des Gerichts ein frühere Entscheidung nicht möglich macht (Abs. 3 S. 7). Gründe für die zweite und weitere Verlängerung um eine Woche nach Abs. 3 S. 7 können sich aus der Arbeitssituation wie aus dem konkreten Verfahren ergeben. Das Gesetz verweist mit dem Grund der »außergewöhnlichen Belastung des Gerichts« auf die objektive Arbeitssituation in der Kammer oder im Dezernat des Einzelrichters. Verlängerungsgründe können sich darüber hinaus aus einer vom Richter für erforderlich erachteten weiteren Sachverhaltsaufklärung ergeben.

61

Ein Verlängerungsgrund ist nicht darin zu sehen, dass noch auf die Zusendung der Verwaltungsvorgänge zugewartet werden soll (Leiner, NVwZ 1994, 239 (241)). In Zweifelsfällen darf die Entscheidung ohne Aktenkenntnis jedoch nicht zu Lasten des Asylsuchenden gehen. Der Vertretungsfall wird nicht als Verlängerungsgrund angesehen (Leiner, NVwZ 1994, 239 (241)). Sofern aus objektiven Gründen eine Vollziehung etwa wegen Passlosigkeit oder deswegen nicht möglich ist, weil vorübergehend oder auf nicht absehbare Zeit die Verbindungswege zum Zielstaat unterbrochen sind und deswegen der Antragsteller wegen tatsächlicher Unmöglichkeit der Abschiebung (§ 60 a II AufenthG) nicht abgeschoben wird, besteht kein Bedürfnis zu einer beschleunigten Entscheidung (a. A. Giesler/Wasser, Das neue Asylrecht, S. 50 f.).

62

Die vom Einzelrichter angeordnete Beweisaufnahme darf wegen der verfassungsrechtlich gewährleisteten Unabhängigkeit des Richters von der Kammer nicht auf ihre Sachgerechtigkeit und Erforderlichkeit überprüft werden (Giesler/Wasser, Das neue Asylrecht, S. 50). Die Kammer hat strikt die

63

Autonomie des Einzelrichters insoweit zu beachten, als sie keine inhaltliche Prüfung vornehmen darf, ob etwa eine richterliche Anordnung zu einer weiteren Sachverhaltsaufklärung oder eine Terminsbestimmung zu einem Erörterungstermin erforderlich oder auch nur sinnvoll ist (Funke-Kaiser, in: GK-AsylVfG, II – § 36 Rdn. 56)

64 Der erste Verlängerungsantrag ist also an keine besonderen Voraussetzungen gebunden. Demgegenüber bedarf jede weitere Verlängerung einer qualifizierten Rechtfertigung (Leiner, NVwZ 1994, 239 (241)). Die Anzahl der möglichen Verlängerungen ist nicht begrenzt. Über den Verlängerungsantrag entscheidet, wie sich aus Abs. 3 S. 6 ergibt, die Kammer (Huber, NVwZ 1993, 736 (741); Leiner, NVwZ 1994, 239 (241)). Die Zuständigkeit des Einzelrichters wird davon nicht berührt (Giesler/Wasser, Das neue Asylrecht, S. 50). Bei der Verlängerungsentscheidung ist zu bedenken, dass das rechtliche Gehör nicht in unzumutbarer Weise erschwert werden darf. Insbesondere ist zu berücksichtigen, dass die Zeit bis zum Fristablauf nicht allein zur Bearbeitung des konkreten Verfahrens aufgewandt werden kann (BVerfG (Kammer), B. v. 5. 2. 2003 – 2 BvR 153/02). Ein telefonischer Verlängerungsantrag kann ausreichen (BVerfG (Kammer), B. v. 5. 2. 2003 – 2 BvR 153/02).

65 Üblich ist in der Gerichtspraxis die auf einer *generellen Absprache* unter den Mitgliedern der Kammer beruhende Praxis, die Verlängerungsentscheidung dem Einzelrichter im konkreten Einzelfall zu überlassen, dessen Verlängerungsentscheidung also im voraus stillschweigend zu genehmigen.

66 Der Verlängerungsbeschluss ist nicht zuzustellen, da § 56 I VwGO nur Fristen meint, die von den Zustellungsempfängern zu beachten sind, nicht aber solche, die das Gericht selbst zu berücksichtigen hat (Leiner, NVwZ 1994, 239). Bei den Regelungen über die Entscheidungsfristen handelt es sich um bloße interne Verfahrensbestimmungen ohne irgendwelche Außenwirkung oder Überprüfungsmöglichkeiten.

67 Vereinzelt werden die Regelungen in Abs. 3 S. 5–7 »als schwer verfassungswidrig« bezeichnet, weil der Einzelrichter der Kammer gegenüber in jeder einzelnen Sache den geltend gemachten Zeitaufwand rechtfertigen müsse und in dem Fall, in dem die Kammer dem Einzelrichter nicht folge, der Richter ungeachtet des Standes der richterlichen Überzeugungsbildung zur sofortigen Entscheidung gezwungen werde (Ruge, NVwZ 1995, 733 (735f.); ähnl. Schoch, DVBl. 1993, 1161 (1169); a. A. Leiner, NVwZ 1994, 239 (240)).

68 Die Stellungnahmen der Praktiker im Anhörungsverfahren waren einhellig ablehnend und ließen eine besondere Empfindlichkeit deutlich werden: Der »pauschale und gleichzeitig subjektbezogene Vorwurf, nicht unverzüglich zu entscheiden, tangiere« die Richter schwer, »weil er schuldhafte Dienstpflichtverletzungen in größerem Umfang« unterstelle (Renner, Stellungnahme an den BT-Innenausschuss v. 18. 3. 1993, S. 16; ders., ZAR 1993, 118). Es handele sich um einen »beispiellosen Eingriff in die richterliche Entscheidungsfreiheit« (Hund, Stellungnahme an den BT-Innenausschuss v. 17. 3. 1993, S. 3; ähnl. Schmidt, Stellungnahme an den BT-Innenausschuss v. 18. 3. 1993, S. 3; Kurscheidt, Stellungnahme an den BT-Innenausschuss v. 17. 3. 1993, S. 6).

Kritisiert wurde insbesondere, dass der originär zuständige Einzelrichter 69
über Verlängerungen nicht selbst entscheiden könne und die Verlängerungsentscheidungen, insbesondere wenn das Vorliegen »schwerwiegender Gründe« tatsächlich und rechtlich erörtert werden *müsste*, verfahrensverzögernde Auswirkungen haben würden. Schließlich wurde kritisiert, dass zwar den Gerichten, nicht aber der Verwaltung derartige Entscheidungsfristen vorgegeben würden.

Der Gesetzgeber hat diese wie auch andere vorgetragene gewichtige Bedenken nicht zum Anlass genommen, Korrekturen am ursprünglichen Entwurf vorzunehmen. Vielmehr sind die Regelungen über die Entscheidungsfristen so wie vorgeschlagen Gesetz geworden. Begründet werden sie damit, dass durch sie eine unverzügliche Entscheidung sichergestellt werden solle. Der in Abs. 3 S. 5 bestimmte Zeitraum von einer Woche sei notwendig, aber regelmäßig auch ausreichend, um dem Gericht eine Entscheidung über den Aussetzungsantrag zu ermöglichen. Die Entscheidung könne rasch ergehen, weil dem Gericht die Verwaltungsvorgänge bei Antragseingang bereits zur Verfügung stünden, der Prüfungsumfang eingeschränkt sei und die schriftlichen Entscheidungsgründe nicht innerhalb der Wochenfrist des S. 5 vorliegen müssten (BT-Dr. 12/4450, S. 24). 70

Ob der eingeschränkte Prüfungsumfang tatsächlich derart kurze Entscheidungsfristen erlaubt, ist abhängig von der Auslegung von Abs. 4. Häufig beruhen angebliche Glaubhaftigkeitsbedenken auf verfahrensfehlerhaft durchgeführten Anhörungen. Die Gerichte werden daher oft Anlass haben, besonders kritisch die Verwaltungsvorgänge zu überprüfen und gegebenenfalls durch Anhörung im Eilrechtsschutzverfahren entgegen der Regel des Abs. 3 S. 4 den Sachverhalt aufzuklären. 71

Der Antragsteller kann für die Begründung des Eilrechtsschutzantrags eine *Fristverlängerung* beantragen. In diesem Fall ist der Einzelrichter unter Berücksichtigung des Anspruchs auf rechtliches Gehör nach Art. 103 I GG gehalten, vor Erlass einer Entscheidung zu prüfen, ob den Verfahrensbeteiligten das rechtliche Gehör gewährt wurde. Der Anspruch auf rechtliches Gehr wird insbesondere dann verletzt, wenn die vor Erlass einer Entscheidung vom Gericht gesetzte Frist zur Äußerung nicht ausreicht (BVerfG (Kammer), InfAuslR 2003, 244 (247) = NVwZ 2003, 859). 72

Generell muss das Verwaltungsgericht bei der Handhabung der richterlichen Fristsetzung berücksichtigen, dass auch bei einem gewissenhaften und seine Rechte und Pflichten sachgemäß wahrnehmenden Verfahrensbevollmächtigten häufig eine gewisse Zeit vergeht, bis dieser von der Fristsetzung tatsächlich Kenntnis erlangt. Hinzu kommt, dass aufgrund der typischerweise bestehenden Arbeitsbelastung eines Bevollmächtigten durch andere Verfahren, Beratungen und sonstige berufliche Tätigkeiten nicht davon ausgegangen werden kann. Dass die Zeit bis zum Fristablauf allein zur Bearbeitung und Klärung der Tatsachen- und Rechtsfragen des konkreten Verfahrens aufgewendet werden kann. Zudem ist eine schnelle telefonische Erreichbarkeit des Asylantragstellers, der im Asylverfahren *zentrales Verfahrenssubjekt* ist und dessen Angaben in aller Regel ausschlaggebende Bedeutung für den Verfahrensausgang zukommt, für Besprechungen und Rückfragen aufgrund seiner 73

Unterbringung in Aufnahmeeinrichtungen oder Gemeinschaftsunterkünften regelmäßig nicht ohne weiteres gegeben ist (BVerfG (Kammer), InfAuslR 2003, 244 (247) = NVwZ 2003, 859).

74 Wenn daher das Gericht eine zu kurze Frist zur Antragsbegründung setzt, darf es im Blick auf einen Verlängerungsantrag keine strengen Formerfordernisse stellen. Unabhängig davon, ob eine Pflicht zur Verlängerung einer richterlichen Frist besteht, wird der Grundsatz des rechtlichen Gehörs verletzt, wenn das Gericht, bei dem ein Fristverlängerungsantrag eingeht, zur Hauptsache entscheidet, ohne zuvor den Antrag auf Fristverlängerung beschieden zu haben (BVerfG (Kammer), InfAuslR 2003, 244 (247) = NVwZ 2003, 859).

3.3.7. Entscheidung im schriftlichen Verfahren (Abs. 3 Satz 4 erster Halbsatz)

75 Nach Abs. 3 S. 4 1. HS soll die Entscheidung im vorläufigen Rechtsschutzverfahren im schriftlichen Verfahren ergehen. Dies entspricht einer weitgehend geübten Praxis. Kritische Stimmen aus der Richterschaft bezweifeln deshalb die Notwendigkeit einer ausdrücklichen gesetzlichen Regelung (Renner, ZAR 1993, 118 (125). Entscheidungsfristen und die Sollanordnung des schriftlichen Verfahrens verfolgen gleichermaßen die Beschleunigung des Verfahrens.

76 Abs. 3 S. 4 1. HS schließt die Anhörung im Eilverfahren aber nicht aus (so auch Leiner, NVwZ 1994, 239 (241)). Hat das Gericht Zweifel, die nach Aktenlage nicht auszuräumen sind, muss es entweder dem Eilantrag stattgeben oder eine persönliche Anhörung des Antragstellers im Eilverfahren durchführen. Das BVerfG hatte in seiner früheren Rechtsprechung ausdrücklich darauf hingewiesen, dass es je nach Sachlage geboten sein könne, *Beweis zu erheben* oder dem Antragsteller Gelegenheit zur *persönlichen Anhörung* im Eilrechtsschutzverfahren zu geben (BVerfGE 67, 43 (62) = EZAR 632 Nr. 1 = NJW 1984, 2082 = InfAuslR 1984, 215). Zwar hat das Gericht nunmehr hervorgehoben, dass das Verwaltungsgericht regelmäßig nach Aktenlage – aufgrund der Bescheide und Protokolle der Behörden einerseits und der schriftsätzlichen Äußerungen des Asylsuchenden andererseits – entscheiden und keine eigenen Sachverhaltsermittlungen durchführen werde (BVerfGE 94, 166 (194) = EZAR 632 Nr. 25 = NVwZ 1996, 678).

77 Einerseits können diese Äußerungen jedoch lediglich als bloße Wiedergabe der gerichtlichen Praxis verstanden werden. Andererseits hebt das BVerfG insoweit lediglich auf die Regelpraxis ab, lässt also erkennen, dass in besonderen Fallgestaltungen auch im Eilrechtsschutzverfahren eine persönliche Anhörung des Asylsuchenden in Betracht kommen kann. In diesem Zusammenhang hat BVerfG nämlich ausdrücklich hervorgehoben, dass ein Fehler des Bundesamtes bei der Sachverhaltsermittlung und Beweiswürdigung für das Verwaltungsgericht Anlass sein kann, den Antragsteller persönlich anzuhören (BVerfGE 94, 166 (206) = EZAR 632 Nr. 1 = NJW 1984, 2082 = InfAuslR 1984, 215). In der gerichtlichen Praxis wird von dieser Möglichkeit nahezu kein Gebrauch gemacht.

3.3.8. Verbot der Verbindung des Eilrechtsschutzverfahrens mit der Hauptsache (Abs. 3 Satz 4 zweiter Halbsatz)

Nach Abs. 3 S. 4 2. HS ist eine mündliche Verhandlung, in der zugleich über die Klage verhandelt wird, unzulässig. Ausdrücklich wendet sich die gesetzliche Begründung gegen die bis dahin teilweise geübte Praxis, das Eilverfahren zusammen mit dem Hauptsacheverfahren als eine Art »beschleunigtes Gesamtverfahren« zu betreiben (BT-Drs. 12/4450, S. 24). Damit scheint die Rechtsprechung des BVerfG, derzufolge die Vorziehung der mündlichen Verhandlung in der Hauptsache für zulässig erachtet wurde, wenn sich die Herbeiführung der Spruchreife in absehbarer Zeit absehen lasse (BVerfGE 78, 7 (18 f.) = EZAR 631 Nr. 4; dafür auch VGH BW, DÖV 1986, 297; dagegen OVG Hamburg, NVwZ 1984, 744; s. hierzu auch: Kosminder, InfAuslR 1985, 140), nicht mehr zulässig zu sein. 78

Es liegt auf der Hand, dass eine derartige Verfahrensweise dem gesetzgeberischen Beschleunigungsziel entgegensteht. Denn bei Vorziehung der Hauptsache und anschließender Klageabweisung verbleiben die Rechtsbehelfsmöglichkeiten nach § 78, während die erstinstanzliche Zurückweisung des Eilrechtsschutzantrags wegen § 80 den sofortigen Eintritt der Vollziehbarkeit der Abschiebungsandrohung zur Folge hat. Andererseits wird eingewandt, das Gericht könne nach Abs. 3 S. 4 2. HS durchaus in der Hauptsache mündlich verhandeln und anschließend über den Eilrechtsschutzantrag entscheiden, ohne hiermit gegen das Gesetz zu verstoßen (Abel, Stellungnahme an den BT-Innenausschuss v. 18. 3. 1993, S. 2). Auch könne das Gesetz nicht verhindern, dass über die Klage zwar nicht gleichzeitig, jedoch anschließend mündlich verhandelt wird (Renner, Stellungnahme an den BT-Innenausschuss v. 18. 3. 1993, S. 16). 79

Die Regelung des Abs. 3 S. 4 2. HS muss als verunglückt und sachlich nicht gerechtfertigt angesehen werden und kann in der Sache wenig bringen. Das Verbot der Verbindung mit der Hauptsache in derselben mündlichen Verhandlung ist weder veranlasst noch sachgerecht (Renner, ZAR 1993, 118 (125)) und kann auch in der Praxis etwa dadurch umgangen werden, dass über den Eilrechtsschutzantrag erst im Anschluss an die mündliche Verhandlung zur Hauptsache entschieden wird. Eine derartige Verfahrensweise würde sich zwar über den gesetzgeberischen Willen hinwegsetzen (Giesler/Wasser, Das neue Asylrecht, S. 50) und hat sich in der gerichtlichen Praxis auch nicht durchgesetzt. 80

Die Gesetzesvorschrift verhindert andererseits jedoch in relativ eindeutig gelagerten Fällen ein beschleunigtes Gesamtverfahren. Ergeben sich nämlich nach Aktenlage »mehr als geringe Zweifel« an den behördlichen Tatsachenfeststellungen (vgl. BVerfGE 94, 166 (193) = EZAR 632 Nr. 1 = NJW 1984, 2082 = InfAuslR 1984, 215)) bei einem ansonsten relativ einfach gelagerten Sachverhalt, ist dem Gericht die Terminierung der mündlichen Verhandlung zur Klärung dieser Zweifel verwehrt. Untersagt ist ihm in diesem Fall jedoch nicht die persönliche Anhörung des Asylsuchenden im Rahmen des Eilrechtsschutzverfahrens. Sieht es hiervon ab, muss dem Eilrechtsschutzantrag stattgegeben werden. 81

Wie auch immer die Gerichte in der Praxis das Verhältnis von Hauptsache und Eilrechtsschutzverfahren gestalten, für das Eilrechtsschutzverfahren ist 82 festzuhalten, dass bei »nicht geringen Zweifeln« mit Blick auf die festgestellten Tatsachen und die behördliche Beweiswürdigung entweder dem Eilrechtsschutzantrag stattzugeben oder aber im Eilverfahren ein Termin zur persönlichen Anhörung des Antragstellers anzuberaumen ist.

3.3.9. Prozessuale Bedeutung der Entscheidungsformel (Abs. 3 Satz 9)

83 Nach Abs. 3 Satz 9 ist die Entscheidung ergangen, wenn die vollständig unterschriebene *Entscheidungsformel* der Geschäftsstelle der Kammer vorliegt. Zwar trifft diese Bestimmung noch keine Regelung über die Bekanntgabe der gerichtlichen Entscheidung. Zur Wirksamkeit bedarf sie wie auch sonst der ordnungsgemäßen Bekanntgabe an die Beteiligten (Renner, ZAR 1993, 118 (125); s. auch Korber, NVwZ 1983, 85, zur Zulässigkeit der vorherigen telefonischen Bekanntgabe an die Beteiligten). Die Sonderregelung in Abs. 3 S. 9 hat aber insofern doppelte Wirkung, dass sie einerseits die *interne Unabänderlichkeit der Entscheidung* (§ 173 VwGO in Verb. mit § 318 ZPO) bewirkt (Rennert, DVBl. 1994, 717 (722)) und andererseits in diesem Zeitpunkt die gesetzlich angeordnete Vollzugshemmung nach Abs. 3 S. 8 beseitigt wird.

84 Diese Funktion von Abs. 3 S. 9 hat insbesondere für das Flughafenverfahren erhebliche Bedeutung (vgl. § 18 a IV 7 in Verb. mit Abs. 3 S. 9) und hatte aus diesem Grund auch zu einem heftigen Streit in den der Entscheidung des BVerfG vom 14. Mai 1996 (BVerfGE 94, 166 (208 ff., 223 ff.) = EZAR 632 Nr. 1 = NJW 1984, 2082 = InfAuslR 1984, 215; s. hierzu Rdn. 79) vorangegangenen Beratungen geführt.

85 Die Vorschrift des Abs. 3 S. 9 trifft zwar keine Bestimmung über die Bekanntgabe. Jedoch kann der Beschluss – gegebenenfalls ohne Begründung – zugestellt werden, d. h. die Wirksamkeit des Beschlusses tritt unabhängig von der Begründung ein (Rennert, DVBl. 1994, 717 (722); Renner, ZAR 1993, 118 (123)). Gerichtsentscheidungen werden grundsätzlich mit Verkündung oder mit Aufgabe zur Post zwecks Zustellung wirksam (§ 56 VwGO, § 173 VwGO in Verb. mit § 329 ZPO). Beschlüsse im Eilrechtsschutzverfahren sind daher den Beteiligten gleichzeitig zuzustellen. Eine vorherige einseitige telefonische Vorbenachrichtigung an die vollziehende Behörde ist weder durch § 83 a gedeckt noch mit dem Grundsatz der prozessualen Waffengleichheit vereinbar (Rennert, DVBl. 1994, 717 (722)).

86 Die Vorschrift des § 83 a soll lediglich die gerichtliche Unterrichtung der nicht am Verfahren beteiligten Ausländerbehörde überhaupt erst ermöglichen, sagt jedoch nichts über den Zeitpunkt dieser Benachrichtigung. Sie ist daher erst nach der Bekanntgabe des Beschlusses an die Beteiligten anwendbar (Rennert, DVBl. 1994, 717 (722); s. hierzu auch Korber, NVwZ 1983, 85). Im Flughafenverfahren verschärft sich die Situation jedoch dadurch, dass die vollziehende Grenzschutzbehörde die eigentliche Beteiligte und das Bundesamt lediglich wegen des materiellen asylrechtlichen Prüfungsdurchgriffs Beteiligte am Verfahren ist. Insbesondere dieser Umstand hat wohl zu der bezeichneten Kontroverse innerhalb des Zweiten Senates des BVerfG geführt.

87 Bereits vor der Entscheidung des BVerfG waren erhebliche verfassungsrechtliche Bedenken gegen die Vorschrift des Abs. 3 S. 9 angemeldet worden. Mit elementarsten rechtsstaatlichen Grundsätzen wie auch der wertsetzenden

Bedeutung des Art. 16 a I GG sei es unvereinbar, die Abschiebung des Asylsuchenden ohne nachprüfbare Grundlage und ohne Kenntnis des Betroffenen von der Entscheidung vorzunehmen (Schoch, DVBl. 1161 (1170)). Da die Offensichtlichkeit der Aussichtslosigkeit des Asylbegehrens eine besondere *Darlegungspflicht* zur Folge habe, sei ein erforderliches Disziplinierungsmittel verfügbar, dass den Richter zwinge, die Entscheidung sorgfältig zu überdenken. Durch die Freistellung vom Begründungszwang werde dieses Mittel praktisch beseitigt. Die Praxis lehre, dass das schriftliche Absetzen der Gründe die Klippen einer Entscheidung voll ins Bewusstsein rückten; dies erst recht, wenn keine Kollegialentscheidung notwendig sei. Eine Formel sei rasch geschrieben, ein begründeter Beschluss nicht (Rennert, DVBl. 1994, 717 (723); ebenso Frowein/Zimmermann, JZ 1996, 753 (763)).

Zwar ist nach der Rechtsprechung des BVerfG eine mit ordentlichen Rechtsmitteln nicht mehr anfechtbare letztinstanzliche Gerichtsentscheidung von Verfassungs wegen nicht zwingend mit einer Begründung zu versehen (BVerfGE 50, 287 (289f.); zurückhaltender BVerfGE 81, 97 (106)). Der zuständige Senat des BVerfG hatte jedoch im Falle einer noch nicht schriftlich abgesetzten Eilentscheidung im Wege der einstweiligen Anordnung mit Beschluss vom 20. April 1993, also noch vor Inkrafttreten des Art. 16 a IV GG, die Abschiebung mit der Begründung untersagt, es könne nicht geprüft werden, ob die Verfassungsbeschwerde unzulässig oder offensichtlich unbegründet sei, wenn die schriftliche Begründung nicht bekannt sei (BVerfGE 88, 185 (186) = NVwZ 1993, 767; zustimmend Huber, NVwZ 1993, 736 (742); Schoch, DVBl. 1993, 1161 (1170)). 88

Vor diesem Hintergrund gewinnt die Kontroverse im Zweiten Senat des BVerfG die notwendigen Konturen: Die Senatsmehrheit geht von folgenden Grundsätzen aus: Die Regelung, derzufolge die Einreiseverweigerung vollzogen werden könne, bevor der Asylsuchende Gelegenheit gehabt habe, die Gründe der Entscheidung des Verwaltungsgerichtes zur Kenntnis zu nehmen, unterliege im Blick auf Art. 93 I Nr. 4 a GG keinen verfassungsrechtlichen Bedenken (BVerfGE 94, 166 (208) = EZAR 632 Nr. 25 = NVwZ 1996, 678). Die Regelung des Abs. 3 S. 9 sowie des § 18 a IV 7 seien Teil des mit der Asylrechtsreform verfolgten Konzepts, den Aufenthalt von Asylsuchenden, die offensichtlich nicht politisch verfolgt seien, in kürzestmöglicher Frist zu beenden. Art. 16 a IV GG lege die verfassungsrechtliche Grundlage zur Verwirklichung dieses Konzepts (BVerfGE 94, 166 (208) = EZAR 632 Nr. 1 = NJW 1984, 2082 = InfAuslR 1984, 215). 89

Dem Asylsuchenden sei es nicht verwehrt, den im Eilrechtsschutzverfahren ergangenen Beschluss des Verwaltungsgerichtes mit der Verfassungsbeschwerde anzugreifen. Ebenso stehe es ihm frei, den Erlass einer einstweiligen Anordnung (§ 32 BVerfGG) mit dem Ziel zu beantragen, ihm bis zum Abschluss des fachgerichtlichen Verfahrens in der Hauptsache oder doch jedenfalls den Verbleib auf dem Flughafengelände bis zur Entscheidung über die Verfassungsbeschwerde zu gestatten (BVerfGE 94, 166 (212) = EZAR 632 Nr. 1 = NJW 1984, 2082 = InfAuslR 1984, 215). 90

Allerdings führe § 18 a IV 7 in Verb. mit Abs. 3 S. 9 dazu, dass das BVerfG, bevor der Asylsuchende das Bundesgebiet verlasse, häufig ebenso wenig wie 91 dieser die Begründung des verwaltungsgerichtlichen Beschlusses kenne. Außerdem verbleibe dem BVerfG bis zum Abflug des Antragstellers meist nicht die Zeit, sei es über die Beschwerde selbst, sei es über den einstweiligen Anordnungsantrag zu entscheiden. In solcher Lage habe das BVerfG gelegentlich die zuständigen Grenzschutzbehörden *informell* um einen Aufschub des Vollzugs der Einreiseverweigerung gebeten (BVerfGE 94, 166 (212) = EZAR 632 Nr. 1 = NJW 1984, 2082 = InfAuslR 1984, 215).

92 Die nach Art. 93 I Nr. 4 a GG gegebene Rechtslage sei indes nicht so zu verstehen, dass sie dem Beschwerdeführer unter allen Umständen die Möglichkeit gewährleiste, vor Vollzug des angegriffenen Hoheitsaktes eine Entscheidung des BVerfG zu erhalten (BVerfGE 94, 166 (212) = EZAR 632 Nr. 1 = NJW 1984, 2082 = InfAuslR 1984, 215). Die Verfassungsbeschwerde habe *keine aufschiebende Wirkung* (BVerfGE 94, 166 (213)). Sie sei kein zusätzlicher Rechtsbehelf, sondern ein »besonderes Rechtsschutzmittel zur prozessualen Durchsetzung der Grundrechte«, mithin ein »außerordentlicher Rechtsbehelf« (BVerfGE 94, 166 (213f.)). Das Verfahren der Verfassungsbeschwerde sichere die Beachtung der Grundrechte im fachgerichtlichen Verfahren nur *nachträglich*, gewissermaßen *rückblickend* (BVerfGE 94, 166 (214); zustimmend Hailbronner, NVwZ 1996, 625 (630)).

93 Dem halten die dissentierenden Richter Böckenförde, Limbach und Sommer entgegen, dass die verfassungsrechtlichen Maßstäbe sich in ihr Gegenteil verkehrten, wenn der Senat (vgl. BVerfGE 94, 166 (216f.) = EZAR 632 Nr. 1 = NJW 1984, 2082 = InfAuslR 1984, 215) aus dem regelmäßigen Vorliegen eines schweren und unwiderbringlichen Nachteils im Bereich des Asylrechts folgere, dass vorläufiger Grundrechtsschutz zu verweigern sei. An dieser Argumentation werde deutlich, dass der Senat das »Risiko einer verfassungsrechtlich nicht tragfähigen Überstellung eines tatsächlich politisch Verfolgten an seinen Verfolgerstaat – trotz erhobener Verfassungsbeschwerde und gestelltem Antrag auf Erlass einer einstweiligen Anordnung – als ›Kosten‹ einer Beschleunigungsmaxime in Kauf nimmt. Dies spricht für sich« (BVerfGE 94, 166 (233)).

94 Durch die tatenlose Hinnahme der Schaffung vollendeter Tatsachen durch die Exekutive werde überdies »der Exekutive freie Hand eingeräumt und das BVerfG insoweit seiner grundrechtsgewährenden Funktion beraubt« (BVerfGE 94, 166 (235) = EZAR 632 Nr. 1 = NJW 1984, 2082 = InfAuslR 1984, 215). Der Begriff der »offensichtlichen Unbegründetheit« sei in der Rechtsprechung des BVerfG differenziert ausgeprägt worden. Entbinde vor diesem Hintergrund Abs. 3 S. 9 den Richter vom Erfordernis einer Begründung seiner Entscheidung vor deren Bekanntgabe und Wirksamwerden, so sei nicht mehr gewährleistet, dass er sich gerade durch die schriftliche Fixierung der Gründe über die Richtigkeit seiner Entscheidung vergewissere. Dadurch werde, zumal im Blick auf die Wochenfrist des Abs. 3 S. 5 die auch verfassungsrechtlich erhebliche Gefahr unanfechtbarer gerichtlicher Fehlentscheidungen begründet (BVerfGE 94, 166 (239), unter Hinweis auf Rennert, DVBl. 1994, 717 (723); zustimmend Lübbe-Wolff, DVBl. 1996, 825 (841); Frowein/Zimmermann, JZ 1996, 753 (763)).

3.3.10. Abschiebungshindernis nach Abs. 3 Satz 8

Wie § 10 III 7 AsylVfG 1982 ordnet Abs. 3 S. 8 für den Fall, dass der Antrag nach Abs. 3 S. 1 gestellt wird, die Aussetzung der Abschiebung bis zur gerichtlichen Entscheidung an. Die vollziehende Ausländerbehörde, die ja selbst am Verfahren nicht beteiligt ist, hat also zunächst den Ablauf der gesetzten Wochenfrist nach Abs. 1 abzuwarten. Wegen der Sperrwirkung von Abs. 3 S. 8 hat sie sich vor einer zwangsweisen Vollstreckung Gewissheit darüber zu verschaffen, ob der Rechtsschutzantrag rechtzeitig gestellt worden ist. Ist dies der Fall, ist bis zum rechtskräftigen Abschluss des Eilrechtsschutzverfahrens von Vollstreckungsmaßnahmen Abstand zu nehmen.

Da die Beschwerde ausgeschlossen ist (§ 80), wird jedoch nach der erstinstanzlichen gerichtlichen Zurückweisung des Antrags die Abschiebung vollstreckt. Der bereits 1990 eingeführte Beschwerdeausschluss (§ 10 III 8 AsylVfG 1990) begegnet in der Rechtsprechung im Übrigen keinen verfassungsrechtlichen Bedenken (Hess.VGH, NVwZ 1991, 286; OVG Rh-Pf, NVwZ 1991, 293).

Die gesetzliche Aussetzung der Abschiebung beseitigt die zunächst durch den Erlass der Abschiebungsandrohung nach § 34 oder § 35 begründete Ausreisepflicht des Asylsuchenden. Denn nach § 37 I wird die Verfügung unwirksam und lebt das unmittelbare gesetzliche Aufenthaltsrecht des Asylsuchenden (§ 55 I 1) wieder auf. Das Bundesamt hat das Verfahren fortzuführen (§ 37 I 2). Die Ausreisefrist des Abs. 1 wird unmittelbar durch Gesetz in eine Monatsfrist umgestaltet (§ 37 II). Im Falle der Zurückweisung des Eilrechtsschutzantrags wird das gesetzliche Vollzugshemmnis des Abs. 3 S. 8 beseitigt. Die zunächst bestehende Ausreisefrist von einer Woche (Abs. 1) hatte die Ausreisepflicht des Asylsuchenden nicht aufgehoben, sondern lediglich die zwangsweise Durchsetzung dieser Pflicht vorübergehend ausgesetzt (BVerfG, NJW 1987, 3076).

In der Rechtsprechung wird dementsprechend hervorgehoben, dass damit zwar ein vorübergehendes Abschiebungshindernis, jedoch keine die Abschiebungshaft untersagende Sperre begründet werde (BVerfG, NJW 1987, 3076; OVG Rh-Pf, InfAuslR 1989, 72; BayObLG, EZAR 135 Nr. 11; unklar Hess.VGH, InfAuslR 1989, 74). Vielmehr bleibt die Abschiebungsandrohung wirksam (BVerwG, DVBl. 1986, 842). Im Falle der Zurückweisung des Eilrechtsschutzantrags bedarf es daher auch keiner neuen Fristsetzung. Die Ausreisefrist nach Abs. 1 wurde durch den Eilrechtsschutzantrag lediglich unterbrochen (§ 50 III AufenthG), sodass es nach Wiedereintritt der Vollziehbarkeit, also nach der Zurückweisung des Antrags, keiner erneuten Fristsetzung bedarf, auch wenn die Vollziehbarkeit erst nach Ablauf der Ausreisefrist entfallen ist. Die Behörde hat allerdings für den Regelfall vor der zwangsweisen Durchführung der Abschiebung nach Wegfall der Sperrwirkung des Abs. 3 S. 8 dem Betroffenen Gelegenheit zur freiwilligen Ausreise zu geben (BVerwG, DVBl. 1986, 842).

3.4. Materielle und prozessuale Anforderungen an das Eilrechtsschutzverfahren (Art. 16 a Abs. 4 GG, Abs. 4)

3.4.1. Zweck der Eilrechtsschutzverfahrens

99 Die Vorschriften in Abs. 4 setzen die durch Art. 16 a IV GG eröffneten Regelungsmöglichkeiten um, indem der Prüfungsumfang sowohl in sachlicher Hinsicht wie auch im Hinblick auf die berücksichtigungsfähigen Tatsachen und Beweismittel eingeschränkt wird und darüber hinaus den Verwaltungsgerichten weitreichende Präklusionsvorschriften eingeräumt werden (Giesler/Wasser, Das neue Asylrecht, S. 51). Es ist evident, dass durch die verfassungsrechtliche Vorschrift des Art. 16 a IV GG die Prüfung angezeigt ist, ob die zum alten Recht entwickelte Rechtsprechung des BVerfG noch Bestand haben kann. Denn Art. 16 a IV GG räumt dem Gesetzgeber die Möglichkeit ein, das Verfahren derart zu modifizieren, dass in Fällen der offensichtlichen Unbegründetheit des Asylbegehrens *qualifizierte Anforderungen* an die Aussetzung der Vollziehung gestellt werden und der Prüfungsumfang sowie die Berücksichtigung verspäteten Vorbringens vor den Verwaltungsgerichten eingeschränkt werden können (Giesler/Wasser, Das neue Asylrecht, S. 19). Dem tragen die Regelungen in Abs. 4 Rechnung.

100 Das BVerfG hat seine bisherige Rechtsprechung (vgl. BVerfGE 67, 43 = EZAR 632 Nr. 1 = InfAuslR 1984, 215) im Lichte dieser verfassungsrechtlichen Entwicklung deutlich modifiziert, jedoch nicht vollständig aufgegeben (vgl. BVerfGE 94, 166 (190ff.)). Zwar knüpft die Kammerrechtsprechung jedenfalls im Blick auf die qualifizierte Klageabweisung nach § 78 I weitgehend an die frühere verfassungsgerichtliche Rechtsprechung des BVerfG an (vgl. BVerfG (Kammer), NVwZ-Beil. 1997, 9; BVerfG (Kammer), InfAuslR 1997, 273 (275)). Die zuständige Kammer weist in diesem Zusammenhang indes ausdrücklich darauf hin, dass im Blick auf den vorläufigen Rechtsschutz wegen Art. 16 a IV GG eine andere Betrachtungsweise geboten sei (BVerfG (Kammer), NVwZ-Beil. 1997, 9). Da das BVerfG seine Linie konsequent durchsetzt und einstweilige Anordnungsanträge nach § 32 BVerfGG in aller Regel ohne Begründung zurückweist, ist kaum zu erwarten, dass weitere verfassungsgerichtliche Klärungen dieser Frage folgen werden.

101 Das BVerfG beschreibt die Funktion des Art. 16 a IV GG dahin, dass durch diese Norm in Verbindung mit Art. 16 a III GG das vorläufige Bleiberecht des Asylsuchenden beschränkt werden soll (BVerfGE 94, 166 (190f.)). Durch Art. 16 a IV GG solle in Fällen offensichtlich unbegründeter Asylbegehren die Reichweite der fachgerichtlichen Prüfung im Eilrechtsschutzverfahren gegenüber den in BVerfGE 67, 43 (61f.) vorgegebenen Anforderungen zurückgenommen werden. Der verfassungsändernde Gesetzgeber lege dabei zugrunde, dass nach den gemachten Erfahrungen ein Asylsuchender nicht Gefahr laufe, einen begründeten Asylanspruch durch den sofortigen Vollzug aufenthaltsbeendender Maßnahmen tatsächlich zu verlieren. Art. 16 a IV GG nehme die Garantie des Art. 19 IV GG auf und gestalte sie »wegen des massenhaften Zustroms asylbegehrender Ausländer um« (BVerfGE 94, 166 (193f.)).

102 Nachfolgend werden – ausgehend von der Rechtsprechung des BVerfG – die materiellen und prozessualen Anforderungen an das Eilrechtsschutzverfah-

ren und damit im Zusammenhang die Einschränkungsmöglichkeiten des Prüfungsumfangs erörtert. Zweifel dürfen nicht leichtfertig verdrängt werden. Bei aufkommenden Zweifeln ist stets zu bedenken, dass das BVerfG den Verwaltungsgerichten mit besonders deutlichen Worten die Aufgabe des *Grundrechtsschutzes* auferlegt hat (BVerfGE 94, 166 (216, 219)). Dies verbietet es, die neuere Rechtsprechung des BVerfG zu extensiv auszulegen. Vielmehr gebietet der den Verwaltungsgerichten anvertraute Schutz des Asylgrundrechts auch weiterhin eine zurückhaltende Behandlung prozessualer Einschränkungsmöglichkeiten des Prüfungsumfangs sowie eine verständige und vernünftige Auslegung und Anwendung des Schlüsselbegriffs der »ernstlichen Zweifel«.

3.4.2. Verfahrensabhängigkeit des Asylgrundrechts

3.4.2.1. Gebot der grundrechtskonformen Gestaltung des Verfahrensrechts

Bei der Regelung des Art. 16 a IV GG handelt es sich um eine Begrenzung des verfahrensrechtlichen Schutzbereichs der Asylrechtsgewährleistung, die der einfache Gesetzgeber konkretisieren darf (BVerfGE 94, 166 (190) = EZAR 632 Nr. 25 = NVwZ 1996, 678; so auch Giesler/Wasser, Das neue Asylrecht, S. 19). Das Schutzziel des Grundrechts auf Asyl wird freilich durch die verfahrensrechtlichen Regelungen des Art. 16 a IV GG *materiell nicht eingeschränkt* (BVerfGE 94, 166 (182)). Die Sonderverfahren nach §§ 18 a und 36 dienen daher ebenso wie das reguläre Asylverfahren der Feststellung, ob dem Asylsuchenden das in Art. 16 a I GG gewährleistete Grundrecht zusteht. Nur derjenige, dem es auf Antrag (§§ 13 f.) in einem rechtlich geregelten Prüfungsverfahren zuerkannt wird, kommt in den Genuss des Asylrechts (BVerfGE 94, 166 (199)).

103

Der Asylsuchende muss mithin einen *förmliche Feststellungsakt* erwirken und notfalls erstreiten, um sein Asylgrundrecht geltend machen zu können (BVerfGE 94, 166 (199)). Eine für die Feststellung des Asylrechts geeignete Verfahrensregelung ist deshalb auch verfassungsrechtlich von Bedeutung (BVerfGE 94, 166 (199f.)). Art. 16 a GG verheißt politisch Verfolgten Asyl und bestimmt Voraussetzungen und Verfahrensweisen, unter denen das Grundrecht in Anspruch genommen werden kann. Verfahren, die mit gleichsam konstitutiver Wirkung die Geltendmachung einer grundrechtlichen Gewährleistung regeln, müssen von Verfassungs wegen sachgerecht, geeignet und zumutbar sein. Dies kann auch besondere, vom allgemeinen Verwaltungsverfahren abweichende Ausgestaltungen erfordern.

104

Dem Gesetzgeber kommt dabei im Blick auf Organisation und Verfahren ein weiter Gestaltungsspielraum zu. Aus den materiellen Grundrechten lassen sich hierfür nur elementare, rechtsstaatlich unverzichtbare Verfahrensanforderungen ableiten (BVerfGE 94, 166 (200), mit Hinweis auf BVerfGE 56, 216 (236) = EZAR 221 Nr. 4 = InfAuslR 1981, 152; BVerfGE 60, 253 (295f.) = EZAR 610 Nr. 14 = NJW 1982, 2425).

105

3.4.2.2. Grundsatz der verfahrensorientierten Grundrechtsinterpretation

Damit knüpft das BVerfG auch für die Auslegung und Anwendung von Art. 16 a IV GG an die *verfahrensorientierte Grundrechtsinterpretation* an. Nach

106

wie vor gilt auch unter der Geltung des Art. 16 a IV GG die Rechtsprechung, derzufolge das Asylrecht geeigneter Organisationsformen und Verfahrensregelungen sowie einer grundrechtskonformen Anwendung des Verfahrensrechts bedarf, soweit dies für einen effektiven Grundrechtsschutz von Bedeutung ist (BVerfGE 56, 216 (235f.) = EZAR 221 Nr. 4 = InfAuslR 1981, 152). Indem das BVerfG darauf hinweist, dass die verfahrensrechtlichen Regelungen des Art. 16 a IV GG den materiellen Grundrechtsgehalt nicht einschränken (BVerfGE 94, 166 (192) = EZAR 632 Nr. 25 = NVwZ 1996, 678), hält es an seiner bisherigen Rechtsprechung fest, derzufolge das Asylgrundrecht zwar unter *Verfahrensvorbehalt* steht, das Feststellungsverfahren jedoch lediglich das Asylrecht regelt, jedoch nicht beschränkt (BVerfGE 60, 253 (295) = EZAR 610 Nr. 14 = NJW 1982, 2425). Der Gesetzgeber darf das Grundrecht daher nicht in seinem sachlichen Gehalt einschränken, sondern nur die Grenzen offen legen, die in dem Begriff der Grundrechtsnorm selbst schon enthalten sind (BVerfGE 48, 127 (163); 69, 1 (23)).

107 Freilich hatte das BVerfG schon zum alten Recht für die Fallgruppe *eindeutig aussichtsloser Asylbegehren* im öffentlichen Interesse Regelungen, die die sofortige Durchsetzbarkeit der Ausreisepflicht gestalten, für verfassungsrechtlich zulässig erachtet (BVerfGE 56, 216 (236f.) = EZAR 221 Nr. 4 = InfAuslR 1981, 152). Das mit dem Asylantrag gesetzlich eintretende »vorläufige Bleiberecht« dient dem Ziel, einen möglicherweise politisch Verfolgten einstweilen vor der politischen Verfolgung zu schützen. Zu anderen Zwecken ist das Asylverfahren und damit auch das vorläufige Bleiberecht nicht gedacht (BVerfGE 67, 43 (59) = EZAR 632 Nr. 1 = NJW 1984, 2082 = InfAuslR 1984, 215; s. hierzu auch Kimminich, JZ 1993, 92).

108 An diesen materiellen Regelungsgehalt der Asylrechtsgewährleistung des alten Rechts (Art. 16 II 2 GG 1949) knüpft auch Art. 16 a I GG mit seinen verfahrensrechtlichen Sonderregelungen nach Art. 16 a IV GG an: Art. 16 a IV GG nimmt das im Asylgrundrecht wurzelnde Recht des Asylsuchenden, bis zu einer bestandskräftigen Entscheidung über sein Asylbegehren im Bundesgebiet zu bleiben, »*ein Stück weit* zurück« (BVerfGE 94, 166 (190) = EZAR 632 Nr. 25 = NVwZ 1996, 678 und LS 1). Der Vollzug aufenthaltbeendender Maßnahmen wird durch ein Gericht nur ausgesetzt, wenn »ernstliche Zweifel« an der Rechtmäßigkeit der Maßnahme bestehen.

3.4.2.3. Verfahrensrechtliche Folgerungen des Abwägungsgebots

109 Dem liegt eine Abwägung zwischen den Belangen des Staates – nämlich die Bewältigung der aus der großen Zahl der Asylanträge erwachsenden Probleme – und dem Interesse des Asylsuchenden an wirksamen Schutz vor politischer Verfolgung zugrunde (BVerfGE 94, 166 (190) = EZAR 632 Nr. 25 = NVwZ 1996, 678). Der Gesetzgeber kann damit nach Ansicht des BVerfG darauf reagieren, dass Asyl nicht nur massenhaft beantragt, sondern weithin auch ungerechtfertigt zum *asylfremden* Zweck der Einwanderung begehrt wird. Er darf deshalb verfahrensrechtliche Vorkehrungen dafür treffen, dass der Staat mit den ihm – zwangsläufig nicht unbeschränkt – zu Gebote stehenden Kräften die starke Inanspruchnahme des Asylrechts zeitgerecht bewältigen kann (BVerfGE 94, 166 (200)).

Das BVerfG geht hiermit sehr deutlich hinter seine an Art. 19 IV GG orientierte Rechtsprechung zum vorläufigen Rechtsschutz zurück, derzufolge der in § 80 V VwGO vorgesehene Suspensiveffekt als »*fundamentaler Rechtssatz des öffentlich-rechtlichen Prozesses*« gilt (BVerfGE 69, 315 (372) = NJW 1985, 898 = DÖV 1985, 778), der ausschließt, dass die Verwaltungsbehörden vor Unanfechtbarkeit eines belastenden Verwaltungsaktes irreparable Maßnahmen schaffen (BVerfGE 35, 263 (274); 69, 315 (372)).

110

Auch wenn damit bei der Ausgestaltung des Asylverfahrens verfassungsrechtlich abgestützte *Gemeinwohlbelange* berücksichtigt werden, muss der Gesetzgeber andererseits jedoch *sicherstellen*, dass der Staat den wirklich politisch Verfolgten ein Bleiberecht zum Schutze vor politischer Verfolgung in ihren Heimatstaaten gewährt (BVerfGE 94, 166 (200) = EZAR 632 Nr. 25 = NVwZ 1996, 678). Er muss durch die Ausgestaltung des Asylverfahrens dafür sorgen, dass die politisch Verfolgten die für die Anerkennung ihres Asylrechts förmliche Feststellung in einem Bescheid des Bundesamtes auch erlangen können. Die vollziehende Gewalt muss diese Verfahrensregelungen im Einklang mit dem Grundrecht anwenden. Hierbei ist den sachtypischen Besonderheiten Rechnung zu tragen, unter denen das Asylrecht in Anspruch genommen wird (BVerfGE 94, 166 (200)).

111

Art. 16 a IV GG betrifft das gerichtliche Verfahren des vorläufigen Rechtsschutzes gegen die Vollziehung aufenthaltsbeendender Maßnahmen. Insoweit werden mit dem Begriff »ernstliche Zweifel« *qualifizierte Anforderungen* an eine Ausgestaltung des Vollzuges durch das Verwaltungsgericht gestellt (BVerfGE 94, 166 (190) = EZAR 632 Nr. 25 = NVwZ 1996, 678). Ferner wird der Gesetzgeber ermächtigt, Regelungen über eine *Einschränkung des Prüfungsumfangs* und eine *Präklusion verspäteten Vorbringens* im vorläufigen Rechtsschutzverfahren zu treffen. Der Verfassungsgeber lässt mithin mit Art. 16 a IV GG das vorläufige Bleiberecht nunmehr nicht erst dann entfallen, wenn das Verwaltungsgericht sich von der Richtigkeit des behördlichen Offensichtlichkeitsurteils des Bundesamtes überzeugt hat, sondern bereits dann, wenn es an der Richtigkeit dieser Entscheidung keine »ernstlichen Zweifel« hat (BVerfGE 94, 166 (190)).

112

Ausdrücklich weist das BVerfG darauf hin, dass damit seine frühere Rechtsprechung, derzufolge auch im Eilrechtsschutzverfahren das Verwaltungsgericht sich von der Richtigkeit des Offensichtlichkeitsurteils überzeugt haben muss (BVerfGE 67, 43 (61) = EZAR 632 Nr. 1 = InfAuslR 1984, 215), überholt ist (BVerfGE 94, 166 (190) = EZAR 632 Nr. 25 = NVwZ 1996, 678). Demgegenüber hatte die zuständige Kammer zunächst auch unter der Geltung von Art. 16 a IV GG noch an dieser Rechtsprechung festgehalten (BVerfG (Kammer), NVwZ-Beil. 1993, 3; BVerfG (Kammer), NVwZ-Beil. 1993, 9; BVerfG (Kammer), NVwZ-Beil. 1993, 10; BVerfG (Kamer), NVwZ-Beil. 1994, 1; BVerfG (Kammer), NVwZ-Beil. 1994, 41; BVerfG (Kammer), NVwZ 1993, 766 (767); BVerfG (Kammer), NVwZ 1994, 160 (161); BVerfG (Kammer), InfAuslR 1993, 114 (117); BVerfG (Kammer), InfAuslR 1994, 41 (42 f.)).

113

Das Verwaltungsgericht hat die Einschätzung des Bundesamtes, dass der geltend gemachte Asylanspruch *offensichtlich* nicht besteht, zum Gegenstand der Prüfung zu machen. Bei Berücksichtigung des Schutzzieles des Asyl-

114

grundrechts ist es einem Asylsuchenden freilich nur dann zuzumuten, sein Rechtsschutzbegehren vom Heimatstaat aus zu verfolgen, wenn sein Schutzgesuch als offensichtlich unbegründet beurteilt wird (BVerfGE 94, 166 (192) = EZAR 632 Nr. 25 = NVwZ 1996, 678). Auch wenn bei der Ausgestaltung des Asylverfahrens verfassungsrechtlich abgestützte Gemeinwohlbelange berücksichtigt werden, muss der Gesetzgeber sicherstellen, dass der Staat den wirklich politisch Verfolgten ein Bleiberecht aus Gründen des Verfolgungsschutzes gewährt (BVerfGE 94, 166 (200), unter Hinweis auf BVerfGE 54, 341 (357), 76, 143 (157 f.), 80, 315 (333)).

3.4.2.4. Auswirkungen der verfassungsrechtlichen Beschleunigungsmaxime nach Art. 16 a Abs. 4 Grundgesetz

115 Das Eilrechtsschutzverfahren steht unter der verfassungsrechtlich abgestützten *Beschleunigungsmaxime*. Folge dieser Maxime ist notwendig eine Modifizierung des gerichtlichen Rechtsschutzes, die durch Art. 16 a IV GG gedeckt und schon deshalb etwaigen Bedenken aus der Rechtsschutzgarantie des Art. 19 IV GG nicht ausgesetzt ist. Daraus ergibt sich zugleich eine Eingrenzung der aus dem Grundrecht des Art. 16 a I GG folgenden Rechtsstellung des Asylsuchenden und der aus ihr abzuleitenden aufenthalts- und gerichtsverfahrensrechtlichen Folgerungen einer *restriktiven Auslegung* des Art. 16 a IV GG. Es wäre daher verfehlt, umgekehrt aus Art. 16 a I GG auf die Notwendigkeit einer restriktiven Auslegung des Art. 16 a IV 1 GG zu schließen und so dem Gesetzgeber, der nach Art. 16 a IV 2 GG das Nähere zu bestimmen hat, zu verwehren, der Beschleunigungsmaxime zu genügen (BVerfGE 94, 166 (209) = EZAR 632 Nr. 25 = NVwZ 1996, 678).

116 Diese Interpretation des Art. 16 a IV GG wirft grundrechtsdogmatische Probleme auf, weil das Gericht die Neugestaltung des Art. 16 a GG als Einheit sieht und als solche bei der Auslegung und Anwendung der verfassungsrechtlichen Regelung im Einzelnen zugrundelegt (BVerfGE 94, 49 (85) = EZAR 208 Nr. 7 = NVwZ 1996, 700). Nach traditionellem Grundrechtsverständnis sind jedoch Regelungsvorbehalte von der Schutzgewährleistung her auszulegen. Eine hieran ausgerichtete Interpretationsmethode wäre auch deshalb angezeigt gewesen, weil das BVerfG in Art. 16 a IV GG die verfassungsrechtliche Grundlage für eine »*Begrenzung des verfahrensrechtlichen Schutzbereichs*« sieht (BVerfGE 94, 166 (190) = EZAR 632 Nr. 25 = NVwZ 1996, 678), wobei es freilich auch in diesem Zusammenhang davon absieht, den Inhalt des in Art. 16 a I GG gewährleisteten Schutzbereiches zu definieren.

117 Um so leichter fällt es dem Gericht anschließend, die Einschränkungsnorm des Art. 16 a IV GG eigenständig, und zwar im restriktiven Sinne, losgelöst von der Grundrechtsgewährleistung, inhaltlich zu konkretisieren. Wie bereits bei der Drittstaatenregelung bleibt damit auch im Zusammenhang mit dem Eilrechtsschutzverfahren die These von der *Einheit der Asylrechtsnorm* in der Schwebe und deutet sich eine Neupositionierung grundrechtlicher Schutzbereiche im Interesse des allerlei Zwecken dienlichen Begriffs des »*Gemeinwohls*« an (Marx, InfAuslR 1997, 208).

118 Es erstaunt, mit welcher Selbstverständlichkeit das BVerfG den für überholt angesehenen Gemeinwohlbegriff aktualisiert, der, weil er in seiner traditio-

nellen Gestalt Negation des Einzelinteresses ist, in den vergangenen Jahrzehnten durch den Begriff des öffentlichen Interesses ersetzt worden ist (Häberle, Öffentliches Interesse als juristisches Problem, S. 28, 68 f.), welcher im grundrechtsschützenden Staat weitaus treffender den Ausgleich zwischen öffentlichen und individuellen Interessen auf den Begriff bringt. Mit seiner Interpretationsmethode ordnet das BVerfG darüber hinaus nicht nur die in Art. 16 a IV 1 GG zugelassene Abschwächung des Prüfungsmaßstabes und der verfahrensrechtlichen Anforderungen für das Eilrechtsschutzverfahren, sondern auch die daraus resultierende Verkürzung des vorläufigen Bleiberechts dem verfahrensrechtlichen Schutzbereich des Asylgrundrechts zu (Lübbe-Wolff, DVBl. 1996, 825 (838)).

Nicht gefolgt werden kann der Ansicht, dass diese Interpretation mit der früheren Rechtsprechung des BVerfG zur »*Vorwirkung des Asylrechts*« in Übereinstimmung stehe (Lübbe-Wolff, DVBl. 1996, 825 (838); zur »Vorwirkung« s. Kimminich, JZ 1993, 92). Denn nach der früheren Rechtsprechung wurde das vorläufige Bleiberecht *unmittelbar* aus der Grundrechtsnorm abgeleitet und trat es nur dort zurück, wo ein eindeutig aussichtsloser Asylantrag vorlag (BVerfGE 67, 43 (56) = EZAR 632 Nr. 1 = InfAuslR 1984, 215). Nunmehr richtet sich das Verständnis dagegen an der eigenständig ermittelten Funktion des Art. 16 a IV GG aus, das »vorläufige Bleiberecht« zu beschränken.

119

Da eine verfassungsrechtlich und methodisch gebotene Verknüpfung des Art. 16 a IV GG mit Art. 16 a I GG unterbleibt, sind dem gesetzgeberischen Streben nach Beschränkung dieses Rechts jedenfalls aus verfassungsrechtlicher Sicht kaum noch Grenzen gesetzt. Diese Interpretation der »Vorwirkung« ist damit von der Sache her etwas völlig anderes als die frühere unmittelbar aus der Grundrechtsnorm abgeleitete und damit durch diese begrenzte Beschränkungsmöglichkeit.

120

Mit Rücksicht auf die Verfahrensabhängigkeit des Asylgrundrechts enthält Art. 16 a GG, insbesondere dessen Absatz 4, ins Einzelne gehende Regelungen des Verwaltungs- und Eilrechtsschutzverfahrens. Sie alle dienen dem Ziel einer Verkürzung des Asylverfahrens (BVerfGE 94, 166 (208) = EZAR 632 Nr. 25 = NVwZ 1996, 678). Folge dieser verfassungsrechtlichen Beschleunigungsmaxime ist notwendig eine *Modifizierung des verwaltungsgerichtlichen Verfahrens*, die durch Art. 16 a IV GG gedeckt und schon deshalb etwaigen Bedenken aus der Rechtsschutzgarantie des Art. 19 IV GG nicht ausgesetzt ist (BVerfGE 94, 166 (208 f.). Daraus ergibt sich zugleich eine Eingrenzung der aus dem Asylgrundrecht des Art. 16 a I GG folgenden Rechtsstellung des Asylbewerbers und der aus ihr abzuleitenden aufenthalts- und gerichtsverfahrensrechtlichen Folgerungen (BVerfGE 94, 166 (209)).

121

Insgesamt bewertet, bekräftigt das BVerfG die bisherige Rechtsprechung zur verfahrensrechtlichen Bedeutung der materiellen Asylverbürgung, nimmt wegen Art. 16 a IV GG jedoch kräftige verfahrensrechtliche Einschränkungen vor. Die Grenze derartiger Verfahrensmodifizierungen ist der materielle Asylrechtsgehalt. Denn die Verfahrensregelungen dürfen die Asylrechtsgewährleistung materiell nicht einschränken (BVerfGE 94, 166 (192) = EZAR 632 Nr. 25 = NVwZ 1996, 678). Andererseits sieht das BVerfG in der Abwehr der »massenhaften« Inanspruchnahme des Asylrechts einen *Gemeinwohlbe-*

122

lang, der zu drastischen Verfahrensverkürzungen berechtigt. Folge ist, dass anders als früher im Eilrechtsschutzverfahren nicht mehr die materielle Richtigkeit des behördlichen Offensichtlichkeitsurteils Gegenstand des Verfahrens ist, sondern aus dem verfassungsrechtlich vorgegebenen Begriff der »ernstlichen Zweifel« in Art. 16 a IV GG ein Abwägungsgebot folgt (BVerfGE 94, 166 (190)).

123 Dem halten die dissentierenden Richter Böckenförde, Limbach und Sommer entgegen, dass mit Art. 16 a IV GG kein völliger Ausschluss der *Richtigkeitsgewähr* bezweckt gewesen sei. Art. 16 a IV GG normiere *kein summarisches Verfahren* (BVerfGE 94, 166 (238)) = EZAR 632 Nr. 25 = NVwZ 1996, 678). Darüber hinaus wird der Senatsmehrheit im Minderheitenvotum vorgehalten, dass diese das Verhältnis zwischen den Absätzen 1 und 4 des Art. 16 a GG *einseitig zu Lasten* des individuellen Grundrechts interpretiere und dem Grundgesetz *allein* und *verabsolutierend* eine asylverfahrensrechtliche Beschleunigungsmaxime entnehme (BVerfGE 94, 166 (233)).

3.4.3. Einschränkung der Rechtsschutzgarantie nach Art. 19 Abs. 4 GG

124 Art. 16 a IV 1 GG nimmt die Garantie des Art. 19 IV GG, die grundsätzlich auch effektiven einstweiligen Rechtsschutz umfasst, auf und gestaltet sie wegen des »massenhaften Zustroms« asylbegehrender Ausländer um. Mit dem Begriff der »ernstlichen Zweifel« in Art. 16 a IV 1 1. HS GG nimmt der verfassungsändernde Gesetzgeber deshalb die *Reichweite* der verwaltungsgerichtlichen Prüfung im Eilverfahren *zurück* (BVerfGE 94, 166 (193f.) = EZAR 632 Nr. 25 = NVwZ 1996, 678). Der verfassungsändernde Gesetzgeber legt dabei zugrunde, dass nach den gemachten Erfahrungen ein Asylsuchender nicht Gefahr laufe, einen begründeten Asylanspruch durch den sofortigen Vollzug aufenthaltsbeendender Maßnahmen tatsächlich zu verlieren, oder das öffentliche Interesse am Sofortvollzug überwiege aus anderen Gründen (BVerfGE 94, 166 (193)).

125 Bemerkenswerterweise unterlässt das BVerfG eine nähere Erläuterung der zweiten Alternative. Jedenfalls die GFK erlaubt nur aus den Gründen des Art. 33 II die Abschiebung in den Herkunftsstaat. Allerdings können derart schwerwiegende Eingriffe (vgl. BVerwGE 49, 202 (208) = EZAR 134 Nr. 1 = NJW 1976, 490; s. aber § 30 IV in Verb. mit § 60 VIII 1 AufenthG) nicht Gegenstand eines Eilrechtsschutzverfahrens sein. Im Hinblick auf Asylanträge, die das Bundesamt als offensichtlich unbegründet abgelehnt hatte, ging der Gesetzgeber schon vor Geltung des Art. 16 a IV GG davon aus, dass bei eindeutig aussichtslosen Asylbegehren den öffentlichen Interessen gegenüber den Individualinteressen der Antragsteller, bis zur rechtkräftigen Entscheidung ihres Antrags im Bundesgebiet bleiben zu können, Vorrang zukommt.

126 Schon Art. 19 IV GG ließ dies nach Ansicht des BVerfG für den Eilrechtsschutz zu, wenn das Verwaltungsgericht im vorläufigen Rechtsschutzverfahren Gelegenheit hatte, die Richtigkeit des behördlichen Offensichtlichkeitsurteils zu prüfen (BVerfGE 94, 166 (218) = EZAR 632 Nr. 25 = NVwZ 1996, 678, unter Hinweis auf BVerfGE 67, 43 (61f.) = EZAR 632 Nr. 1 = InfAuslR 1984, 215). Diese Verfassungsrechtlage hat Art. 16 a IV GG *geändert*, indem er verwaltungsgerichtlichen Eilrechtsschutz gegenüber dem Sofortvollzug von

Bundesamtsbescheiden, die den Asylantrag als offensichtlich unbegründet ablehnen, nur noch zulässt, wenn an der Rechtmäßigkeit dieser Entscheidung »ernstliche Zweifel« bestehen (BVerfGE 94, 166 (218)).

Die Verfassung modifiziert mit dieser Abwägung und Gewichtung von Individual- und Gemeinwohlbelangen Art. 19 IV GG und lässt verwaltungsgerichtlichen Eilrechtsschutz nur eingeschränkt zu (BVerfGE 94, 166 (218 f.) = EZAR 632 Nr. 25 = NVwZ 1996, 678). Art. 16 a IV GG und die auf ihm beruhende Regelung des § 18 a IV 6 in Verb. mit § 36 IV 1, 2 AsylVfG über das Verfahren des vorläufigen Rechtsschutzes ist deshalb mit dem Grundgesetz vereinbar (BVerfGE 94, 166 (189)). Das besagt freilich nicht, dass Art. 19 IV GG für das Asylverfahren keine Bedeutung mehr hätte.   127

Effektiver Rechtsschutz durch die Verwaltungsgerichte (Art. 19 IV GG) verlangt insbesondere im Flughafenverfahren besondere Vorkehrungen des Bundesamtes und der Grenzschutzbehörden, dass die Erlangung gerichtlichen Rechtsschutzes nicht durch die obwaltenden Umstände unzumutbar erschwert oder gar vereitelt wird (BVerfGE 94, 166 (206) = EZAR 632 Nr. 25 = NVwZ 1996, 678). Gleiches muss für die anderen asylrechtlichen Eilrechtsschutzverfahren gelten. Dem ist zu entnehmen, dass im Blick auf den *effektiven Zugang* zum Eilrechtsschutzverfahren Art. 19 IV GG uneingeschränkt Geltung hat, jedoch wegen der verfahrensrechtlichen Sonderregelungen in Art. 16 a IV 1 GG besondere, unmittelbar aus dieser Verfassungsnorm folgende Prüfkriterien folgen, die insoweit den Schutzumfang des Art. 19 IV GG einschränken.   128

3.4.4. Anwendungsbereich von Art. 16 a Abs. 4 Grundgesetz

3.4.4.1. Fallgruppen des Art. 16 a Abs. 4 Grundgesetz

Art. 16 a IV GG gilt für die Fälle des Art. 16 a III GG sowie für andere Fälle, die offensichtlich unbegründet *sind* oder als offensichtlich unbegründet *gelten*. Das Verständnis dieser Merkmale richtet sich an ihrer Funktion aus, das vorläufige Bleiberecht zu beschränken. Dieses tritt in Abwägung des Individualinteresses des Asylsuchenden mit den Belangen des Staates bei eindeutig aussichtslosen Asylanträgen zurück (BVerfGE 94, 166 (190 f.) = EZAR 632 Nr. 25 = NVwZ 1996, 678).   129

Art. 16 a IV GG sieht *verschiedene Fallgruppen* vor: Zunächst geht es um die Fälle, in denen der Asylsuchende aus einem sicheren Herkunftsstaat anreist und die gegen ihn streitende Vermutung nicht beseitigen kann. Demgegenüber umschreibt die Verfassung die Fallgruppen der anderen Fälle, die offensichtlich unbegründet sind, und der Fälle, die als solche gelten, nicht selbst. Sie sieht in Art. 16 a IV 2 GG vor, dass der Gesetzgeber das Nähere zu bestimmen habe. Damit lässt die Verfassung es nunmehr ausdrücklich zu, die Voraussetzungen einer eindeutigen Aussichtslosigkeit des Asylantrags abstrakt und typisierend zu umschreiben (BVerfGE 94, 166 (191) = EZAR 632 Nr. 25 = NVwZ 1996, 678). Der Gesetzgeber hat dabei eine materiell-rechtliche Regelung zu treffen, die der Bedeutung des Asylrechts und des aus ihm abgeleiteten vorläufigen Bleiberechts gerecht wird (BVerfGE 94, 166 (191)).   130

Des weiteren ermächtigt die Verfassung den Gesetzgeber, auch solche Fallgestaltungen wie offensichtlich unbegründete Fälle zu behandeln, in denen   131 den Individualinteressen des Asylsuchenden Belange des Staates gegenüberstehen, die es im gleichen Maße wie in den anderen Fallgruppen rechtfertigen, das vorläufige Bleiberecht schon vor einer bestandskräftigen Entscheidung über den Asylantrag zu beenden (BVerfGE 94, 166 (191) = EZAR 632 Nr. 25 = NVwZ 1996, 678). Welche Fälle im Einzelnen hiervon erfasst werden, hat das BVerfG offengelassen und insoweit lediglich auf die gesetzliche Begründung verwiesen, derzufolge die Ermächtigung auf Fälle gemünzt ist, in denen Asylsuchende schwere Straftaten begangen oder gegen wesentliche Mitwirkungspflichten verstoßen haben.

132 Der Gesetzgeber hat diese Fallgestaltungen in § 30 III, IV geregelt. Ob und inwieweit diese Regelungen mit Art. 16 a IV 1 GG übereinstimmen, hat das BVerfG nicht geprüft. Auch wenn man die Zuordnung der Fälle der »groben Verletzung der Mitwirkungspflichten« zu den offensichtlich unbegründeten Asylbegehren (§ 30 III Nr. 5) als durch Art. 16 a IV 1 GG gedeckt ansehen mag, ergeben sich Bedenken gegen diese Regelung. Jedenfalls begründet die Verletzung von Loyalitäts- oder Mitwirkungspflichten nicht die Unbegründetheit des Asylbegehrens, sondern nur die Zurückweisung unbegründeter Anträge als »offensichtlich« unbegründet (§ 30 Rdn. 130 ff.).

133 Der Grund hierfür besteht nicht darin, dass die Unbegründetheit »offensichtlich« ist, sondern dass diese Fälle beschleunigt behandelt werden sollen (Gusy, Jura 1993, 505 (513)). Das Verwaltungsgericht muss deshalb für jedes sachliche Vorbringen offen sein. Andernfalls besteht die Gefahr, dass die verfahrensrechtliche Sonderbehandlung zur reinen Strafmaßnahme für unbotmäßiges Verhalten wird.

3.4.4.2. Keine Erstreckung auf unbeachtliche Asylanträge

134 Nicht in die Kategorie der als offensichtlich unbegründet zu behandelnden Fälle gehören *unbeachtliche Asylanträge* (§ 29 I), obwohl auch in diesem Fall das Sonderverfahren nach Abs. 3 und 4 und damit die in Art. 16 a IV GG vorgesehenen Einschränkungsmöglichkeiten Anwendung finden. Die Anwendung der Sondervorschriften rechtfertigt sich hier wegen der Offensichtlichkeit der Verfolgungssicherheit in einem sonstigen Drittstaat. Während jedoch bei offensichtlich unbegründeten und als solche geltenden Asylbegehren die Abschiebung in den Herkunftsstaat erfolgen darf, ist dies bei unbeachtlichen Anträgen gerade nicht der Fall; es sei denn, das Bundesamt hat in der Sache nach §§ 31 und 30 entschieden. Dann liegt aber nicht mehr ein unbeachtlicher Antrag, sondern ein offensichtlich unbegründetes Asylbegehren vor. Diese strikte Unterscheidung erscheint deshalb notwendig, weil andernfalls bei unbeachtlichen Anträgen die Abschiebung in den behaupteten Verfolgerstaat erfolgen könnte. Dies wäre aber mit der Verfassung unvereinbar.

3.4.5. Prüfungsgegenstand im Eilrechtsschutzverfahren

135 Als Gegenstand des Eilrechtsschutzverfahrens bezeichnet Abs. 3 S. 1 die Abschiebungsandrohung. Beschränkte man die Prüfung darauf, ob die Abschiebungsandrohung an sich rechtmäßig ist, wäre meist nur zu erörtern, ob der Antrag als unzulässig oder offensichtlich unbegründet abzulehnen ist, da Abschiebungshindernisse dem Erlass der Abschiebungsandrohung nicht

entgegenstehen (§ 59 III 1 AufenthG). Aus dem Gesamtzusammenhang der Regelungen des § 36 wird jedoch deutlich, dass diese Vorschrift davon ausgeht, dass auch im Eilrechtsschutzverfahren Angaben und Feststellungen zum Asylbegehren zu berücksichtigen sind. Gerade die qualifizierte Asylablehnung führt ja dazu, dass die Klage keine aufschiebende Wirkung hat. Schon deshalb ist die Frage der »offensichtlichen Unbegründetheit« des Asylbegehrens der maßgebliche Prüfungsgegenstand des Eilrechtsschutzverfahrens (Leiner, NVwZ 1994, 239 (240)).

Diese einfachgesetzliche Gestaltung des Verfahrens ist Folge der Rechtsprechung des BVerfG zum alten Recht. Danach ist Gegenstand des Eilrechtsschutzverfahrens zwar die Abschiebungsandrohung, beschränkt auf die Frage der sofortigen Vollziehbarkeit. Soweit die qualifizierte Asylablehnung zum Erlass der Verfügung geführt hat, muss Anknüpfungspunkt der gerichtlichen Überlegungen zur Frage der Bestätigung oder Verwerfung des Sofortvollzugs jedoch die *Prüfung* sein, ob der Asylantrag zu Recht als *offensichtlich unbegründet* abgelehnt worden ist (BVerfGE 67, 43 (61) = EZAR 632 Nr. 1 = NJW 1984, 2082 = JZ 1984, 735 = DVBl. 1984, 673 = InfAuslR 1984, 215). Denn nur im Falle der Richtigkeit des Offensichtlichkeitsurteils überwiegt das Interesse an der Abschiebung vor unanfechtbarer Asylablehnung das individuelle Verbleibsinteresse (BVerfGE 67, 43 (61)). **136**

An diese Rechtsprechung knüpft das BVerfG bei der Auslegung von Art. 16 a IV GG und Abs. 4 S. 1 ausdrücklich an: Das Verwaltungsgericht hat im Eilrechtsschutzverfahren die Einschätzung des Bundesamtes, dass der geltend gemachte Asylanspruch *offensichtlich* nicht bestehe, zum *Gegenstand* seiner Prüfung zu machen (BVerfGE 94, 166 = EZAR 632 Nr. 25 = NVwZ 1996, 678, (LS 2 a): Gegenstand des von Art. 16 a IV GG geregelten Eilrechtsschutzverfahrens ist mithin die aufenthaltsbeendende oder -hindernde Maßnahme, beschränkt auf die Frage ihrer sofortigen Vollziehbarkeit (BVerfGE 94, 166 (192)). **137**

Die sofortige Beendigung des Aufenthaltes eines Asylsuchenden im Bundesgebiet stützt sich auf die qualifizierte Ablehnung des Asylantrags als *offensichtlich* unbegründet und ist deren Folge. *Anknüpfungspunkt* der verwaltungsgerichtlichen Prüfung im Eilrechtsschutzverfahren muss daher die Frage sein, ob das Bundesamt den Asylantrag zu Recht als offensichtlich unbegründet abgelehnt hat, ohne dass deshalb der Ablehnungsbescheid selbst zum Verfahrensgegenstand wird. Das Verwaltungsgericht hat folglich die Einschätzung des Bundesamtes, dass der geltend gemachte Asylanspruch *offensichtlich* nicht bestehe, zum Gegenstand seiner Prüfung zu machen (BVerfGE 94, 166 (192) = EZAR 632 Nr. 25 = NVwZ 1996, 678). Wegen der hohen Bedeutung der asylrechtlichen Schutzgüter findet also auch unter der Geltung von Art. 16 a IV GG im Rahmen der Überprüfung der Rechtmäßigkeit der aufenthaltsbeendenden Maßnahme im Eilrechtsschutzverfahren ein *unmittelbarer Prüfungsdurchgriff* auf die asylrechtliche Sachentscheidung statt, freilich ohne dass diese dadurch selbst zum Verfahrensgegenstand wird. **138**

3.4.6. Reichweite der gerichtlichen Ermittlungspflicht (Art. 16 a Abs. 4 Satz 1 letzter Halbsatz GG, Abs. 4 Satz 2)

3.4.6.1. Erweiterte summarische Erfolgskontrolle

139 Den Entscheidungsgründen des Urteils des BVerfG zu Art. 16 a IV GG kann nicht entnommen werden, ob und in welchem Umfang das Verwaltungsgericht im Eilrechtsschutzverfahren die Feststellungen des Bundesamtes sowie die Sachangaben des Asylsuchenden überprüfen muss. Die auf das Beschleunigungsziel fixierte Betrachtungsweise des Gerichts legt nahe, dass es das asylrechtliche Eilrechtsschutzverfahren insoweit auf eine summarische Erfolgskontrolle beschränken will. Dies ergibt sich auch daraus, dass das BVerfG die Prüfung der »Erfolgsaussichten des Asylbegehrens« in das Zentrum seiner Erörterungen rückt (BVerfGE 94, 166 (193) = EZAR 632 Nr. 25 = NVwZ 1996, 678) und ausdrücklich feststellt, dass das Verwaltungsgericht *regelmäßig nach Aktenlage* – also anhand der behördlichen Feststellungen und Sachangaben des Asylsuchenden – entscheidet und keine eigene Sachverhaltsermittlungen durchführt (BVerfGE 94, 166 (194)).

140 Dementsprechend wird die Entscheidung des BVerfG auch dahin interpretiert, es reiche in Zukunft aus, dass das Verwaltungsgericht nach Aktenlage entscheide und keine eigene Ermittlungen durchführe. Damit seien die für die Verwaltungsgerichte kaum mehr erfüllbaren Anforderungen im Verfahren nach Art. 16 a IV GG obsolet geworden (Hailbronner, NVwZ 1996, 625 (629)).

141 Demgegenüber hatte das BVerfG den Verwaltungsgerichten in seiner früheren Rechtsprechung eine weitreichende *Sachaufklärungspflicht* für das Eilrechtsschutzverfahren auferlegt, die es verbiete, dass das Gericht sich auf eine lediglich summarische Prüfung des Sachvorbringens beschränke. Denn die gerichtliche Prüfung des vom Bundesamt getroffenen Offensichtlichkeitsurteils habe aufgrund der als asylerheblich vorgetragenen oder zu erkennenden Tatsachen und in Anwendung materiellen Asylrechts zu erfolgen (BVerfGE 67, 43 (61) = EZAR 632 Nr. 1 = InfAuslR 1984, 215). Nur eine derartige Prüfung entspreche der von Art. 19 IV GG geforderten tatsächlich wirksamen gerichtlichen Kontrolle der Verwaltungsentscheidung und rechtfertige die *Vorverlegung des Rechtsschutzes in das Eilrechtsschutzverfahren* (BVerfGE 67, 43 (61 f.)).

142 Das schließe ein, dass sich das Verwaltungsgericht, wiewohl allein ein Verfahren des vorläufigen Rechtsschutzes vorliege, nicht mit einer bloßen Prognose zur voraussichtlichen Richtigkeit des Offensichtlichkeitsurteils zufrieden gebe, sondern *über eine bloße Prognose* zur voraussichtlichen Richtigkeit des Offensichtlichkeitsurteils *hinaus* die Frage der Offensichtlichkeit, wolle es sie bejahen, *erschöpfend*, wenngleich mit Verbindlichkeit allein für das Eilverfahren, *kläre* und insoweit über eine bloß summarische Prüfung hinausgehe (BVerfGE 67, 43 (62) = EZAR 632 Nr. 1 = InfAuslR 1984, 215).

143 Ähnliche Grundsätze wurden vom BVerfG auch auf das Offensichtlichkeitsurteil nach § 29 angewendet. Auch insoweit dürfe sich das Gericht nicht lediglich auf die vom Bundesamt festgestellten Tatsachen beschränken. Geboten sei vielmehr eine Verfahrensweise, die den aus Art. 16 a I in Verb. mit Art. 19 IV 1 GG folgenden Anforderungen gerecht zu werden vermöge. Dies

verbiete lediglich pauschale und formelhafte gerichtliche Feststellungen (BVerfGE 71, 276 (296 f.) = EZAR 631 Nr. 3 = InfAuslR 1986, 159 = NVwZ 1986, 459).

3.4.6.2. Spannungsverhältnis zwischen gerichtlicher Ermittlungspflicht und Beibringungsgrundsatz

Der verfassungsändernde Gesetzgeber verfolgt mit Art. 16 a IV GG ausdrücklich das Ziel, den *Prüfungsumfang* im Eilrechtsschutzverfahren *einzuschränken* (BT-Drs. 12/4152, S. 4). Praktisch meint dies wohl die Ersetzung der Amtsaufklärung durch den *Beibringungsgrundsatz* (so Gusy, Jura 1993, 505 (512)). Im öffentlichen Recht, das vom Grundsatz der *Gesetzmäßigkeit der Verwaltung* beherrscht wird (Art. 20 III GG), zielt die gerichtliche Kontrolle jedoch auf die Richtigkeit der behördlichen Tatsachenfeststellungen. Während sich der Rechtspflegezweck im Zivilprozess grundsätzlich im logisch richtigen Urteil über Erzählungen der Parteien erschöpft, also von der Verhandlungsmaxime und dem Beibringungsgrundsatz beherrscht wird, wird im Verwaltungsprozess über tatsächliche Geschehensabläufe geurteilt (Lang, VA 1961, 60 (65)). Auch wenn sich im Laufe der Rechtsentwicklung zwischen der Verhandlungsmaxime und dem Untersuchungsgrundsatz gewisse Annäherungen ergeben haben (Redeker/v. Ortzen, VwGO, § 86 Rdn. 1), darf diese grundsätzliche Unterscheidung nicht unberücksichtigt bleiben und darf deshalb der Untersuchungsgrundsatz nicht zu einem bloßen Beibringungsgrundsatz umgestaltet werden. Andererseits schafft nach Ansicht des BVerfG Art. 16 a IV 1 GG eine eigenständige Grundlage für die Einschränkung des Prüfungsumfangs und die Zurückweisung verspäteten Vorbringens (BVerfGE 94, 166 (192 f.) = EZAR 632 Nr. 25 = NVwZ 1996, 678), scheint also in dem tradierten verfassungsrechtlich entwickelten Rechtsschutzsystem ein arteigenes gerichtliches Kontrollsystem etablieren zu wollen.

Bedenken gegen die mangelnde Effizienz der einfachgesetzlichen Präklusionsvorschriften, die früher aus Art. 19 IV GG abgeleitet wurden (Papier, Asyl-Rechtsfragen im Spannungsfeld von Verfassungsrecht, Verwaltungsrecht und Politik, S. 23), werden damit offensichtlich ausgeräumt. Nach Abs. 4 S. 2 bleiben Tatsachen und Beweismittel, die von den Beteiligten nicht angegeben werden, unberücksichtigt. Die verfassungsrechtliche Grundlage für diese sich dem Beibringungsgrundsatz annähernde Regelung ist Art. 16 a IV 1 2. HS GG, demzufolge der Prüfungsumfang im Eilrechtsschutzverfahren eingeschränkt werden kann. Das BVerfG hat diese spezifische Frage nicht ausdrücklich behandelt, sondern lapidar festgestellt, dass das Verwaltungsgericht regelmäßig keine eigenen Ermittlungen durchführt, sondern nach Aktenlage auf der Grundlage des Sachvorbringens entscheidet (BVerfGE 94, 166 (192) = EZAR 632 Nr. 25 = NVwZ 1996, 678). Ob der Hinweis auf die Gerichtskundigkeit oder Offenkundigkeit einer Tatsache in Abs. 4 S. 2 2. HS ein rechtsstaatlich ausreichendes Korrektiv für die Abschwächung des Untersuchungsgrundsatzes ist, erscheint jedenfalls fraglich.

Das im Asylrecht mit Art. 16 a IV GG vorgegebene Beschleunigungsziel steht damit in einem Spannungsverhältnis zum Prinzip der Gesetzmäßigkeit der Verwaltung, dem der Untersuchungsgrundsatz nach § 86 I VwGO ja Rechnung trägt. Die Behauptung, Art. 16 a IV 1 GG ermögliche eine dem Rechtsstaat gemäße, hinreichend wirksame Kontrolle zur Einhaltung des Asylgrundrechts (Schoch, DVBl. 1993, 1161 (1168)), mag angesichts der damals bekannten Kammerrechtsprechung des BVerfG wohl eine gewisse Berechtigung gehabt haben, erscheint aber nunmehr fragwürdig. Um das Spannungsverhältnis nicht vollständig zu Lasten rechtsstaatlicher Grundsätze aufzulösen, darf die verfassungsgerichtliche Rechtsprechung jedenfalls nicht dahin verstanden werden, dass das Gericht nicht von sich aus Erkenntnisse zu berücksichtigen habe, die vom Antragsteller nicht eingeführt werden, weil er sie gar nicht kennt.

148 Im Blick auf die *allgemeinen Verhältnisse im Herkunftsland* verlangt das BVerwG keinen lückenlosen, also schlüssigen Tatsachenvortrag im Sinne der zivilprozessualen Verhandlungsmaxime. Vielmehr besteht Anlass zu weiteren Ermittlungen, wenn der Tatsachenvortrag die *nicht entfernt liegende Möglichkeit* ergibt, dass Verfolgung droht (BVerwG, InfAuslR 1982, 156; BVerwG, InfAuslR 1983, 76; BVerwG, DÖV 1983, 207; BVerwG, InfAuslR 1989, 350). Unabhängig vom Tatsachenvortrag hat das Gericht damit von Amts wegen alle ihm bekannten Erkenntnismittel zu berücksichtigen.

149 Das BVerfG hat für das Eilrechtsschutzverfahren im Hinblick auf die fehlerhafte Sachverhaltsfeststellung oder fehlerhafte Wertung des Vorbringens im Übrigen darauf hingewiesen, dass insoweit die allgemeinen Maßstäbe nach Art. 3 I und Art. 103 I GG gelten. Auf eine unzulässige Nichtberücksichtigung des Vortrags könne etwa geschlossen werden, wenn das Gericht die wesentlichen der Rechtsverfolgung oder Rechtsverteidigung dienenden Tatsachenbehauptungen in den Gründen nicht verarbeite, sofern der Vortrag nicht nach dem Rechtsstandpunkt des Gerichts unerheblich oder offensichtlich unsubstanziiert sei (BVerfG (Kammer), B. v. 10. 7. 1997 – 2 BvR 1291/96). Allein der Umstand einer in der Vergangenheit erlittenen Folter vermag zwar im Hinblick auf § 53 AuslG eine konkrete Gefahr nicht zu begründen. Wird der hierauf gestützte Sachvortrag jedoch überhaupt nicht berücksichtigt, wird Art. 16 a I GG verletzt (BVerfG (Kammer), NVwZ-Beil. 1998, 23 (24 f.)).

3.4.6.3. Kritik an der These von der »Vergröberung der Prüfungsdichte«

150 Die Vorschrift des Abs. 4 S. 2 wird jedoch als Verbot interpretiert, im Eilrechtsschutzverfahren *neuen* Anhaltspunkten zu Entwicklungen im Herkunftsstaat nachzugehen, zu denen bislang keine oder möglicherweise veraltete Auskünfte und Gutachten vorlägen. Die Entscheidung sei damit anhand der bestehenden Auskunftslage zu treffen, fortgeschrieben allenfalls durch übereinstimmende Presseberichte. Denn die Auskunftslage sei regelmäßig gerichtsbekannt und Presseberichte bewirkten die Offenkundigkeit des Berichteten. Eine Ausnahme gelte, wenn der Antragsteller substanziierte Tatsachen vortrage. Auch diese Vorschrift liege auf der mit Art. 16 a IV 1 GG vorgegebenen Linie der *Vergröberung der Prüfungsdichte* (Rennert, DVBl. 1994, 717 (722)).

151 Auch wenn man für das Eilrechtsschutzverfahren andere Maßstäbe genügen lässt wie im normalen Verfahren, in dem die Entscheidung auf der Grundlage aktueller und hinreichend zuverlässiger Erkenntnisse zu ergehen hat,

kann dieser Ansicht in ihrer Rigidität nicht gefolgt werden. Sie verkennt überdies die tatsächlichen Praxisprobleme. In aller Regel werden Asylbegehren wegen der Qualität des individuellen Sachvorbringens als offensichtlich unbegründet abgelehnt (§ 30 III Nr. 1). Weil das Sachvorbringen im hohen Maße widersprüchlich, ungereimt oder vage ist, erfolgt die qualifizierte Asylablehnung. Hier kann dem Asylsuchenden eine gesteigerte Darlegungslast auferlegt und erwartet werden, dass er die aufgeworfenen und begründeten Zweifel an der Glaubhaftigkeit seiner Angaben im Einzelnen und in nachvollziehbarer sowie schlüssiger und konkretisierter Weise ausräumt.

Gelingt ihm dies nicht, gewinnen in aller Regel die verfügbaren Erkenntnismittel mangels Entscheidungserheblichkeit keine prozessuale Bedeutung. Gelingt dem Asylsuchenden aber die Ausräumung der Zweifel an der Glaubhaftigkeit seiner Angaben, kann dem Eilrechtsschutzantrag der Erfolg nicht mit der Begründung versagt werden, zu den behaupteten Ereignissen gäbe es keine Erkenntnisse. In einem derartigen Fall hat das Gericht den Sachverhalt im Hauptsacheverfahren aufzuklären und deshalb dem Eilrechtsschutzantrag stattzugeben. Nur in dem Fall, in dem auch bei einem glaubhaften Sachvorbringen das Fehlen einer Verfolgung mangels entscheidungserheblicher Asylgründe offen zutage liegt (BVerfGE 67, 43 (60) = EZAR 632 Nr. 1 = InfAuslR 1984, 215), kann der Antrag zurückgewiesen werden. Dabei wird es sich aber um seltene Ausnahmen handeln. Denn der typische Fall, in dem es zu qualifizierten Asylablehnung kommt, besteht darin, dass die allgemeinen Verhältnisse im Herkunftsland des Asylsuchenden verfolgungsträchtig sind, das Sachvorbringen jedoch im hohen Maße widersprüchlich ist (§ 30 III Nr. 1).

Damit wird deutlich, dass eine sachgerechte Behandlung der prozessualen Sondervorschriften von Art. 16 a IV 1 GG und Abs. 4 S. 2 möglich ist und auch zu rechtsstaatlich akzeptablen Ergebnissen führen kann. Selbstverständlich kann vom Asylsuchenden erwartet werden, dass er detailliert und vollständig die aufgezeigten Widersprüche und die als vage eingeschätzten Sachangaben konkret ausräumt. Deshalb verfehlt die Ansicht, die den Sinn des Abs. 4 S. 2 darin sieht, dass im Falle unzureichenden Sachvorbringens das Gericht nur »gerichtsbekannte« oder »offenkundige« Tatsachen berücksichtigen dürfe (Giesler/Wasser, Das neue Asylrecht, S. 52), das zentrale Problem des asylrechtlichen Eilrechtsschutzverfahrens.

Bleiben aufgrund des unzureichenden Widerlegungsvortrags die Zweifel an der Glaubwürdigkeit unausgeräumt, unterbleibt mangels Entscheidungserheblichkeit eine Berücksichtigung der allgemeinen und besonderen Verhältnisse. Weder vom Asylsuchenden angegebene noch gerichtsbekannte Tatsachen können in diesem Fall einen Einfluss auf die gerichtlich Entscheidung gewinnen. Das Gericht hat sich also im Regelfall von der Glaubhaftigkeit der Angaben des Asylsuchenden die erforderliche Überzeugungsgewissheit (§ 108 I 1 VwGO) zu verschaffen. Individuelle Tatsachen, die nicht vorgetragen werden, kann das Gericht daher auch nicht berücksichtigen.

Werden die Zweifel konkret ausgeräumt, darf das Gericht nicht von eigenen Sachverhaltsermittlungen absehen, wenn die Beweislage unklar ist. Für die Reichweite der Ermittlungen des Verwaltungsgerichts im Eilrechtsschutzverfahren gilt, dass es die neuesten Erkenntnisse über Entwicklungen im Herkunftsland zu verwerten sowie den Widerlegungsvortrag im Blick auf Zweifel an der Glaubhaftigkeit der Aussagen oder der Glaubwürdigkeit der Person fehlerfrei zu würdigen hat, um der Bedeutung und Tragweite des Grundrechts auf Asyl gerecht zu werden (vgl. BVerfGE 94, 166 (195) = EZAR 632 Nr. 25 = NVwZ 1996, 678).

3.4.7. Präklusion verspäteten Sachvorbringens (Art. 16 a Abs. 4 Satz 1 letzter Halbsatz GG, Abs. 4 Satz 3)

156 Nach Abs. 4 S. 3 kann das Gericht ein Vorbringen des Asylsuchenden unberücksichtigt lassen, das nach § 25 III im Verwaltungsverfahren unberücksichtigt geblieben ist, wenn andernfalls die Entscheidung verzögert würde. Auch diese verfahrensrechtliche Vorschrift hat ihre verfassungsrechtliche Grundlage in Art. 16 a IV 1 GG (Giesler/Wasser, Das neue Asylrecht, S. 52). Freilich ist der praktische Wert dieser Vorschrift fraglich. Gerichtliche Entscheidung und Anhörung des Bundesamtes stehen im engen zeitlichen Zusammenhang. In aller Regel geht es insoweit um die Fälle des »gesteigerten Vorbringens«. Auf derartige Darlegungsdefizite kann aber nicht mit formalen Ausschlussvorschriften reagiert werden. Vielmehr bilden sie ein Element bei der Bildung der richterlichen Überzeugungsbildung (§ 108 I 1 VwGO):

157 Der »verspätete« Sachvortrag im Eilrechtsschutzverfahren wird insbesondere die Widerlegung erhobener Zweifel an der Glaubwürdigkeit des Antragstellers oder der Glaubhaftigkeit seiner Angaben betreffen. Dem Asylsuchenden wird häufig erst aufgrund der Begründung im angefochtenen Bescheid bewusst, dass seine Angaben für andere nicht verständlich oder unvollständig sind. Häufig werden ihm auch Zweifel gegen seine Glaubwürdigkeit oder die Glaubhaftigkeit seiner Angaben erst im Bescheid entgegengehalten, ohne dass ihm in der Anhörung ein entsprechender Vorhalt gemacht worden ist.

158 In all diesen Fällen kann dem Asylsuchenden nur durch ein »gesteigertes« Sachvorbringen die Widerlegung der Zweifel gelingen. Hier mit formalen Regeln den Widerlegungsvortrag auszuschließen, hätte die Beseitigung eines auf den Diskurs angelegten Rechtserkenntnisprozesses zur Folge. Regelmäßig wird es jedenfalls im typischen Fall des § 30 III Nr. 1 um die Auseinandersetzung mit dem bisherigen Sachvorbringen gehen.

159 Ein Verzögerungseffekt für den Fall der Berücksichtigung neuer Tatsachen und Argumente kann in derartigen Fällen deshalb nicht eintreten, weil das Gericht im Rahmen der freien Beweiswürdigung den Widerlegungsvortrag angemessen zu würdigen hat. Dass in den auf Schnelligkeit angelegten und hintereinander geschalteten Verfahren der Verwaltung und des Gerichts Beweismittel verspätet angegeben werden, dürfte eher die Ausnahme sein. Denn regelmäßig wird der Asylsuchende von sich aus sämtliche Beweismittel vorlegen. Im Übrigen steht die Nichtberücksichtigung im Ermessen des Verwaltungsgerichts. Es gibt also keine zwingende Pflicht, verspätetes Sachvorbringen nicht zu berücksichtigen, auch wenn es verfahrensverzögernde Wirkung hätte.

160 Das Gericht darf nur das Vorbringen unberücksichtigt lassen, das bereits im Verwaltungsverfahren *rechtmäßig* zurückgewiesen wurde, insbesondere nach

Verfahren bei Unbeachtlichkeit und offensichtlicher Unbegründetheit § 36

ausreichender Belehrung. War im Verwaltungsverfahren die Belehrung unterblieben (vgl. § 25 III 2), darf mithin das verspätete Sachvorbringen im Eilrechtsschutzverfahren nicht unberücksichtigt bleiben (Giesler/Wasser, Das neue Asylrecht, S. 52 f.). Bei der Zurückweisung im Eilrechtsschutzverfahren ist ein *strenger Maßstab* anzulegen. Unzulässig wäre etwa die Zurückweisung eines Vorbringens, dessen rechtserhebliche Bedeutung mit nur geringem Zeitaufwand anhand der dem Gericht verfügbaren Erkenntnisquellen abgeklärt werden kann (Giesler/Wasser, Das neue Asylrecht, S. 52).

3.4.8. Prüfungsmaßstab »ernstliche Zweifel« (Art. 16 a Abs. 4 Satz 1 GG, Abs. 4 Satz 1)

3.4.8.1. Asylspezifischer Begriff der »ernstlichen Zweifel«

Nach Art. 16 a IV 1 GG, Abs. 4 S. 1 *darf* die Aussetzung der Abschiebung nur angeordnet werden, wenn »ernstliche Zweifel« an der Rechtmäßigkeit des angegriffenen Verwaltungsaktes bestehen. Der Gesetzeswortlaut des Abs. 4 S. 2 lässt dem Verwaltungsgericht keinen Spielraum. Es darf die Abschiebung nicht aussetzen, wenn keine »ernstlichen Zweifel« an der Rechtmäßigkeit der Abschiebungsandrohung bestehen. Ob derartige Zweifel bestehen, unterliegt allerdings einer wertenden Betrachtungsweise. Dabei ist aufgrund der verfassungsrechtlichen Ausgangslage die Intention des verfassungsändernden Gesetzgebers zu berücksichtigen, der die vom BVerfG an die *Prüfungsintensität* gestellten Anforderungen *spürbar abschwächen* wollte (Giesler/Wasser, Das neue Asylrecht, S. 51). Dieser Verfassungsinterpretation ist das BVerfG gefolgt: 161

Art. 16 a IV GG nimmt das im Asylgrundrecht wurzelnde Recht des Asylsuchenden auf das vorläufige Bleiberecht ein Stück weit zurück. Der Vollzug aufenthaltsbeendender Maßnahmen wird durch das Verwaltungsgericht nur ausgesetzt, wenn »ernstliche Zweifel« an der Rechtmäßigkeit bestehen. Die dem zugrundeliegende Abwägung zwischen den Individual- und Gemeinwohlbelangen erfolgt unter Bedingungen, unter denen bereits eine »*hohe Gewissheit*« besteht, dass mit der Zurückweisung des Asylgesuchs ein materieller Asylanspruch nicht verletzt wird (BVerfGE 94, 166 (190) = EZAR 632 Nr. 25 = NVwZ 1996, 678). 162

Der Begriff der »ernstlichen Zweifel« ist im Zusammenhang der Gesamtregelung des Art. 16 a GG *eigenständig* zu bestimmen (BVerfGE 94, 166 (194)). Maßgeblich ist nicht ein – wie auch immer zu qualifizierender – *innerer Zustand* des Zweifelns, dessen Intensität *nicht messbar* ist. Es kommt vielmehr auf das Gewicht der Faktoren an, die Anlass zu Zweifeln geben. »Ernstliche Zweifel« im Sinne des Art. 16 a IV 1 GG liegen dann vor, wenn *erhebliche Gründe* dafür sprechen, dass die Maßnahme einer rechtlichen Prüfung wahrscheinlich nicht standhält (BVerfGE 94, 166 (194) = EZAR 632 Nr. 25 = NVwZ 1996, 678). 163

Ob diese Rechtsprechung als Rücknahme des Maßstabs der früheren Rechtsprechung anzusehen ist (so ausdr. Wolff, DÖV 1996, 819 (824)), bleibt mangels ausdrücklicher Erörterung dieser Frage unklar. Im Schrifttum waren nach Inkrafttreten des Art. 16 a IV 1 GG und Abs. 4 S. 1 Befürchtungen geäußert worden, dass der verfassungsändernde Gesetzgeber mit dem Begriff 164 der »ernstlichen Zweifel« den Maßstab des § 80 IV 3 VwGO in das Asylverfahren habe einführen wollen, demzufolge die Anordnung der aufschiebenden Wirkung nur ergehen könne, wenn der Erfolg in der Hauptsache ebenso wahrscheinlich sei wie das Gegenteil (Renner, ZAR 1993, 118 (125); Wollenschläger/Schraml, JZ 1994, 61 (68); a. A. Schoch, DVBl. 1993, 1161 (1166)). Es wurde jedoch auch darauf hingewiesen, dass dieser Maßstab »längst abgeschliffen« und im Rahmen des § 80 V VwGO ohne Bedeutung sei (Rennert, DVBl. 1994, 717 (722)).

165 Die Anforderungen dürften jedoch nicht überspannt werden, sodass die aufschiebende Wirkung bereits dann anzuordnen sei, wenn die »*konkrete Möglichkeit*« bestehe, dass der Asylbescheid zu Unrecht ergangen sei (Wollenschläger/Schraml, JZ 1994, 61 (68); Schoch, DVBl. 1993, 1161 (1166)). Die Gegenposition räumte ebenfalls ein, dass die unvermittelte Übernahme des Maßstabes des § 80 IV 3 VwGO wegen der Beibehaltung des Individualrechts auf Asyl auf Probleme stoßen und deshalb der Begriff der ernstlichen Zweifel immer schon dann angewendet werden könnte, wenn die Möglichkeit einer Fehlentscheidung bestehe. Damit würde allerdings die gesetzgeberische Absicht des Art. 16 a IV GG teilweise verfehlt (Hailbronner, ZAR 1993, 107 (115)).

3.4.8.2. Kriterien der Wahrscheinlichkeitsprognose

166 Das BVerfG scheint einen Mittelweg zwischen beiden Positionen gewählt zu haben: Die *Evidenzkontrolle* des alten Rechts (BVerfGE 67, 43 (57) = EZAR 632 Nr. 1 = InfAuslR 1984, 215; Hess.VGH, EZAR 226 Nr. 2; VGH BW, EZAR 226 Nr. 3; OVG NW, DÖV 1984, 892), die auf die materielle Richtigkeit der bereits ergangenen Behördenentscheidung gerichtet war, ist ersichtlich nicht mehr der Maßstab nach Art. 16 a IV 1 GG. Andererseits kommt es bei der Prüfung »ernstlicher Zweifel« nicht auf die Intensität des inneren Zustands des Zweifels an. Vielmehr ist *allein* darauf abzustellen, ob gewichtige, gegen die Rechtmäßigkeit des Offensichtlichkeitsurteils sprechende Gründe zutage treten, sodass damit die Maßnahme einer rechtlichen Prüfung wahrscheinlich nicht standhält. Damit wird der Begriff der »ernstlichen Zweifel« für die Verwaltungsgerichte verbindlich definiert (Hailbroner, NVwZ 1996, 625 (629)).

167 Bei der vom Richter zu treffenden *Wahrscheinlichkeitsprognose*, ob erhebliche Gründe dafür sprechen, dass die Ablehnung des Asylantrags als offensichtlich unbegründet einer Prüfung voraussichtlich nicht standhält, ist insbesondere auch das Gewicht der Rechtsgüter zu beachten, welche nach dem substanziierten Vortrag des Betroffenen bedroht sind (Frowein/Zimmermann, JZ 1996, 753 (762)). Erhebliche Gründe, die für einen Erfolg im Hauptsacheverfahren sprechen, sind damit nicht weit vom früheren Maßstab der Richtigkeitskontrolle entfernt. Denn »ernstliche Zweifel« bestehen nur dann nicht, wenn eine »hohe Gewissheit« dafür spricht, dass ein materieller Asylanspruch nicht verletzt wird (BVerfGE 99, 166 (190) = EZAR 632 Nr. 25 = NVwZ 1996, 678).

168 Zweifellos will das BVerfG den früheren Maßstab durch ein *Abwägungsgebot* zwischen den individuellen Interessen und dem Gemeinwohl ersetzen (BVerfGE 94, 166 (191, 200) = EZAR 632 Nr. 25 = NVwZ 1996, 678). Das indi-

viduelle Interesse an einem vorläufigen Bleiberecht ist jedoch bereits dann zu bejahen, wenn vernünftige Zweifel an der Richtigkeit der zu prüfenden Behördenentscheidung dargelegt werden, sodass diese voraussichtlich einer Prüfung nicht standhält.

Der *Bezugspunkt* der *Wahrscheinlichkeitsprognose* ist nicht der Erfolg in der Hauptsache wie im Rahmen des § 80 IV 3 VwGO. Wäre dies der Fall, so müsste das Verwaltungsgericht bereits im vorgeschalteten Eilrechtsschutzverfahren prüfen, ob der Asylantrag »begründet« ist. In diesem Verfahren geht es jedoch allein um die Frage, ob die Feststellung, dass der Antrag »offensichtlich« unbegründet ist, wahrscheinlich einer Prüfung nicht standhält. Er mag im Ergebnis unbegründet sein. Darauf zielt die Prüfung freilich nicht. Ausschließlich die Sperrwirkung der Offensichtlichkeit ist Gegenstand des Eilrechtsschutzverfahrens. Zu bedenken ist bei der Auslegung des Begriffs der »ernstlichen Zweifel« insbesondere auch, dass nach Ansicht des BVerfG primär den Verwaltungsgerichten die Aufgabe der Gewährung von Grundrechtsschutz zugewiesen wird (BVerfGE 94, 166 (216, 219) = EZAR 632 Nr. 25 = NVwZ 1996, 678) und dies notwendigerweise die Anwendung eines restriktiven Prüfungsmaßstabes im Eilrechtsschutzverfahren zur Folge hat (so auch Goebel-Zimmermann/Masuch, InfAuslR 1996, 404 (414)).

169

3.4.8.3. Verfahrensrechtliches Gewicht von Verfahrensverstößen

Darüber hinaus hat das Verwaltungsgericht im Eilrechtsschutzverfahren zu prüfen, ob etwaige *Verfahrensverstöße* des Bundesamtes *ernstliche Zweifel* an der Rechtmäßigkeit der Behördenentscheidung begründen (BVerfGE 94, 166 (206) = EZAR 632 Nr. 25 = NVwZ 1996, 678). Auch nach früherem Recht waren Verfahrensfehler zu beachten, sodass deshalb das Offensichtlichkeitsurteil nicht gerechtfertigt sein konnte (OVG Hamburg, EZAR 226 Nr. 5; OVG Hamburg, InfAuslR 1990, 252; OVG Saarland, InfAuslR 1983, 79). Insgesamt ist deshalb festzustellen, dass das BVerfG zwar das Bemühen des verfassungsändernden Gesetzgebers, weniger strenge Maßstäbe für das Eilrechtsschutzverfahren zu entwickeln, gebilligt hat. Im Ergebnis ist jedoch im Blick auf den Prüfungsmaßstab zwischen dem alten und neuen Recht kein signifikanter Unterschied auszumachen.

170

Zwar soll sich das Verwaltungsgericht auf ein *schriftliches Verfahren* (Abs. 3 S. 4 1. HS) beschränken (BVerfGE 94, 166 (194) = EZAR 632 Nr. 25 = NVwZ 1996, 678). Ein Fehler des Bundesamtes bei der Sachverhaltsermittlung und Beweiswürdigung kann für das Verwaltungsgericht jedoch Anlass sein, den Antragsteller im Eilrechtsschutzverfahren *persönlich anzuhören* (BVerfGE 94, 166 (206) = EZAR 632 Nr. 25 = NVwZ 1996, 678). Zum alten Recht hatte das BVerfG ebenfalls hervorgehoben, dass es je nach Sachlage geboten sein könne, dem Antragsteller im Eilrechtsschutzverfahren Gelegenheit zur persönlichen Anhörung zu geben (BVerfGE 67, 43 (62) = EZAR 632 Nr. 1 = InfAuslR 1984, 215). Allerdings muss nunmehr der Verfahrensfehler Anlass für die persönliche Anhörung sein. Dass in anderen Fällen, etwa bei fehlerhafter Wertung des Sachvorbringens ebenfalls eine Anhörung durchgeführt werden kann, dürfte nicht zweifelhaft sein (so auch Göbel-Zimmermann/Masuch, InfAuslR 1996, 404 (415)). Denn das BVerfG sieht im schriftlichen Ver-

171

§ 36 *Asylverfahren*

fahren nur den Regelfall (BVerfGE 94, 166 (194)), von dem selbstverständlich nach Ermessen des Gerichts Ausnahmen zugelassen sind.

3.4.8.4. Bezugspunkt der gerichtlichen Prüfung im Falle der qualifizierten Asylablehnung nach § 30 Abs. 3

172 Hat das Bundesamt den Asylantrag nach § 30 III abgelehnt, beschränkt sich die gerichtliche Überprüfung des angefochtenen Bescheids im Eilrechtsschutzverfahren allein auf die Frage, ob die Tatbestandsvoraussetzungen des § 30 III zutreffend bejaht worden sind (vgl. Giesler/Wasser, Das neue Asylrecht, S. 52). Bestehen insoweit ernstliche Zweifel, so ist das Verwaltungsgericht gehindert, die qualifizierte Asylablehnung nach § 30 III auf eine offensichtliche Unbegründetheit in der Sache zu stützen (VG Frankfurt am Main, NVwZ-Beil. 1999, 60; VG Frankfurt am Main, B. v. 8. 10. 1999 – 5 G 50731/99.A(3); VG Darmstadt, NVwZ-Beil. 2000, 47; GK-AsylVfG, II – § 30 Rdn. 163; Marx, Ausländer- und Asylrecht in der anwaltlichen Praxis, S. 542).

173 Andernfalls würde das Verwaltungsgericht die *ausschließlich* auf § 30 III gestützte Offensichtlichkeitsentscheidung des Bundesamts nicht anhand der in Abs. 4 vorgegebenen Prüfungsmaßstabs überprüfen, sondern dessen Einschätzung, das Asylbegehren sei in der Sache einfach unbegründet, nachträglich korrigieren. Dafür fehlt dem Verwaltungsgericht indes die Prüfungskompetenz (VG Frankfurt am Main, NVwZ-Beil. 1999, 60; VG Frankfurt am Main, B. v. 8. 10. 1999 – 5 G 50731/99.A(3); VG Darmstadt, NVwZ-Beil. 2000, 47; GK-AsylVfG, II – § 30 Rdn. 163; a. A. O, S. 542).

3.4.9. Berücksichtigung von Abschiebungshindernissen nach § 60 Abs. 2 bis 7 AufenthG

3.4.9.1. Funktion der Abschiebungshindernisse im Eilrechtsschutzverfahren

174 Das Verwaltungsgericht hat darüber hinaus im Eilrechtsschutzverfahren auch zu prüfen, ob das Bundesamt zu Recht das Vorliegen von Abschiebungshindernissen verneint hat. Zwar kann dies den gesetzlichen Regelungen in § 36 nicht unmittelbar entnommen werden. Andererseits verweist Abs. 4 S. 3 auf die Präklusionsvorschrift des § 25 III, die sich ja auch auf die Abschiebungshindernisse des § 80 II–VII AufenthG bezieht (vgl. § 25 II). Auch aus dem Gesamtzusammenhang der Regelungen des Abs. 3 und 4 mit denen des § 37 folgt die Erheblichkeit von Abschiebungshindernissen nach § 60 II–VII AufenthG im Eilrechtsschutzverfahren.

175 Dementsprechend wird in der gerichtlichen Praxis im Eilrechtsschutzverfahren auch überprüft, ob das Bundesamt fehlerfrei das Bestehen von Abschiebungshindernissen nach § 60 II–VII AufenthG verneint hat. Art. 16 a IV 1 GG und Abs. 4 S. 1 beziehen darüber hinaus den Begriff der »ernstlichen Zweifel« auf die Abschiebungsandrohung und damit auch auf die Feststellung des Bundesamtes zu § 60 II–VII AufenthG (Rennert, DVBl. 1994, 717 (722); zur Ermittlungstiefe in Ansehung der Abschiebungshindernisse im Eilrechtsschutzverfahren, s. BVerfG (Kammer), BayVBl. 1997, 177 (178)). Andererseits bleibt die Rechtmäßigkeit der Abschiebungsandrohung von der Feststellung

des Verwaltungsgerichtes, dass ein Abschiebungshindernis nach § 60 II–VII AufenthG besteht, insoweit unberührt (§ 59 III 2 AufenthG).
Die Prüfung im Eilrechtsschutzverfahren erstreckt sich daher auch auf die Zielstaatsangabe in der Abschiebungsandrohung. Verneint das Bundesamt das Vorliegen von Abschiebungshindernissen, wird es insbesondere die Abschiebung in den Herkunftsstaat anordnen. Folge der anderslautenden gerichtlichen Feststellung ist daher, dass die Abschiebungsandrohung »insoweit« rechtswidrig ist, als in ihr der Staat, in den nicht abgeschoben werden darf, nicht bezeichnet ist (§ 59 III 2 AufenthG). Da regelmäßig im Eilrechtsschutzverfahren die Frage eines aufnahmebereiten Drittstaates nicht mit der erforderlichen hinreichenden Verlässlichkeit geprüft werden kann und dies auch nicht Aufgabe des Verwaltungsgerichtes ist, ist die Abschiebung auszusetzen.

3.4.9.2. Prüfkriterien im Eilrechtsschutzverfahren

Selbstverständlich greifen die die Einschätzung des Asylbegehrens als »offensichtlich« unbegründet rechtfertigenden Erwägungen auch im vollen Umfang auf die Frage durch, ob dem Betroffenen im Herkunftsstaat Gefahren im Sinne des § 60 II – VII AufenthG drohen. Scheitert ein Asylsuchender wegen der Qualität seines individuellen Vorbringens an der Hürde des § 30 III Nr. 1, wird dies regelmäßig auch zur Verneinung von Abschiebungshindernissen führen, die individueller Natur sind. Von Bedeutung können in einem derartigen Fall aber Abschiebungshindernisse nach § 60 VII 1 AufenthG werden, die ihren Grund in den allgemeinen Verhältnissen im Herkunftsland des Asylsuchenden haben.

Der insoweit maßgebliche Gefahrenbegriff des § 60 VII 1 AufenthG bezieht sich nach Ansicht des BVerwG bei verfassungskonformer Handhabung mit Rücksicht auf Art. 1 I und Art. 2 II 1 GG auf »extreme Gefahrensituationen« (BVerwGE 99, 324 (331) = EZAR 046 Nr. 6 = NVwZ 1996, 199 = AuAS 1996, 32; BVerwG, NVwZ-Beil. 1996, 57 (58); BVerwG, NVwZ-Beil. 1996, 58 (59); BVerwG, InfAuslR 1996, 289 (290); s. hierzu Marx, Handbuch, § 81 Rdn. 23.1 ff.; s. aber Art. 15 Buchst. c) der Qualifikationsrichtlinie; s. hierzu § 24 Rdn. 67 ff., 78 ff., insb. § 24 Rdn. 83 – 92). Das sei der Fall, wenn der Asylsuchende im Falle seiner Abschiebung »gleichsam sehenden Auges dem sicheren Tod oder schwersten Verletzungen ausgesetzt wäre« (BVerwG, NVwZ-Beil. 1996, 57 (58)) oder wenn im Heimatstaat des Asylsuchenden in einer Stadt ein »Bürgerkrieg tobt«, die größere Teile der Bevölkerung bereits wegen der »unerträglichen Lebensverhältnisse« verlassen hätten und in der die Lage »katastrophal« sei. Erscheine in einem derartigen Fall die Abschiebung, wenn überhaupt, nur auf dem Luftweg über den Flughafen dieser Stadt möglich und sei nicht feststellbar, ob der Asylsuchende vergleichsweise sichere Landesteile überhaupt erreichen könne oder ob er nicht sofort bei der Ankunft in dieser Stadt Opfer der bewaffneten Auseinandersetzungen werde, seien die Voraussetzungen nach § 60 VII 1 AufenthG zu bejahen (BVerwGE 99, 324 (330 f.); BVerwG, NVwZ-Beil. 1996, 58 (59); BVerwG, InfAuslR 1996, 289 (290)).

Zwar fordert das BVerwG eine *landesweit* bestehende extreme Gefahrensituation. Etwaige *Gefährdungen auf dem Reiseweg* in den Zielstaat seien daher ebenso wie Gefahren, die sich durch die Wahl bestimmter Abschiebungswege durch die einzelnen Ausländerbehörden ergeben könnten, regelmäßig nicht Gegenstand des Abschiebungsschutzes nach § 60 II–VII AufenthG. Derartige Gefährdungen beträfen die Art und Weise der Durchsetzung der Ausreisepflicht im Wege der Verwaltungsvollstreckung und unterlägen daher grundsätzlich weder der Prüfung des Bundesamtes nach § 60 VII 1 AufenthG noch in diesem Zusammenhang der Nachprüfung durch die Verwaltungsgerichte.

180 Stellten das Bundesamt oder das Verwaltungsgericht allerdings fest, dass eine freiwillige Rückkehr oder zwangsweise Abschiebung nur auf *ganz bestimmten Reisewegen* in Betracht komme, welche bei Ankunft im Zielstaat die Erreichbarkeit relativ sicherer Landesteile unzumutbar erscheinen ließen, könne ausnahmsweise bereits ein Abschiebungshindernis nach § 60 VII 1 AufenthG bestehen, weil dann die festgestellte Zufluchtsmöglichkeit nur theoretisch bestehe. Bei der verfassungskonformen Anwendung des § 60 VII AufenthG auf allgemeine Gefahren infolge eines Bürgerkrieges könne danach eine Rückkehr dann unzumutbar sein, wenn die sicheren Landesteile nicht erreicht werden könnten, ohne auf dem Weg dorthin einer extremen Leibes- oder Lebensgefahr ausgesetzt zu sein (BVerwGE 104, 265 (278) = EZAR 043 Nr. 21 = InfAuslR 1997, 379 = NVwZ 1997, 1127).

181 Andererseits kann die Frage, ob eine Vielzahl von Reisewegen in den Zielstaat zur Verfügung stehe, aus verfassungsrechtlichen Gründen nicht die entscheidungserhebliche Frage sein. Daher führt die Verknüpfung ganz bestimmter Reisewege – bezogen auf die Reise bis zur Grenze des Zielstaates – mit den auf diesem Reiseweg drohenden extremen Gefährdungen in die Irre. Maßgebend kann vielmehr stets nur sein, ob der Betreffende einen sicheren Zugang zum Zielstaat und von dort *innerhalb des Zielstaates* eine gefährdungsfreie Weiterreise zur sicheren Zone innerhalb des Zielstaates finden wird. Kann das Bundesamt beide Voraussetzungen einer gefährdungsfreien Rückreise nicht mit hinreichend tragfähigen Feststellungen zuverlässig bejahen, hat es Abschiebungsschutz nach § 60 VII AufenthG zu gewähren (Marx, Handbuch, § 81 Rdn. 24.2 ff.).

3.4.9.3. Auswirkungen des stattgebenden Beschlusses auf die Abschiebungsandrohung

182 Gibt das Verwaltungsgericht dem Antrag nur deshalb statt, weil seiner Ansicht nach Abschiebungshindernisse nach § 60 II–VII AufenthG vorliegen, ist fraglich, ob dadurch die Abschiebungsandrohung insgesamt nach § 37 I 1 unwirksam wird. Dagegen könnte sprechen, dass nach § 37 III die Regelungen des § 37 I und II nicht gelten, wenn aufgrund der gerichtlichen Entscheidung die Abschiebung in einen der in der Abschiebungsandrohung bezeichneten Staaten vollziehbar wird. Da der enge Zusammenhang zwischen der Abschiebungsandrohung und der Zielstaatsangabe jedoch regelmäßig eine erneute Abschiebungsandrohung erforderlich macht (§ 34 Rdn. 64 ff., 148), spricht eher vieles dafür, dass auch in dem Fall, in dem die Abschiebung nur deshalb ausgesetzt wird, weil nach den Feststellungen des Verwaltungsgerichtes Abschiebungshindernisse nach § 60 II–VII AufenthG bestehen, die Abschiebungsandrohung nach § 37 I 1 unwirksam wird.

3.4.10. Leitlinien für die gerichtliche Entscheidung (Zusammenfassung)

Das Verwaltungsgericht hat im Eilrechtsschutzverfahren die Einschätzung des Bundesamtes, dass der geltend gemachte Asylanspruch *offensichtlich* nicht besteht, zum *Gegenstand* seiner Prüfung zu machen: Gegenstand des von Art. 16 a IV GG geregelten Eilrechtsschutzverfahrens ist mithin die aufenthaltsbeendende oder -verhindernde Maßnahme, beschränkt auf die Frage ihrer sofortigen Vollziehbarkeit. Die sofortige Beendigung des Aufenthaltes eines Asylsuchenden im Bundesgebiet stützt sich auf die qualifizierte Ablehnung des Asylantrags als *offensichtlich* unbegründet und ist deren Folge. 183

Anknüpfungspunkt der verwaltungsgerichtlichen Prüfung im Eilrechtsschutzverfahren muss daher die Frage sein, ob das Bundesamt den Asylantrag zu Recht als offensichtlich unbegründet abgelehnt hat, ohne dass deshalb der Ablehnungsbescheid selbst zum Verfahrensgegenstand wird. Das Verwaltungsgericht hat folglich die Einschätzung des Bundesamtes, dass der geltend gemachte Asylanspruch *offensichtlich* nicht besteht, zum Gegenstand seiner Prüfung zu machen. Darüber hinaus hat das Gericht auch zu prüfen, ob das Bundesamt zu Recht das Vorliegen von Abschiebungshindernissen nach § 60 II–VII AufenthG verneint hat. 184

Das Verwaltungsgericht entscheidet grundsätzlich nach *Aktenlage*. Wenn auch in bewusster Abweichung vom bisherigen Recht im Eilrechtsschutzverfahren der Sachverhalt nicht mehr erschöpfend aufzuklären ist, zielt die gerichtliche Kontrolle auch hier auf die Richtigkeit der tatsächlichen Feststellungen der Behörde. Die verfassungsrechtlich vorgegebene Einschränkung der Prüfungsbefugnis sowie die *Präklusionsvorschriften* sind keine ausreichende Grundlage, um den Untersuchungsgrundsatz in einen bloßen Beibringungsgrundsatz umzuformen. Das Gericht hat daher von Amts wegen alle verfügbaren Erkenntnisquellen unabhängig vom Sachvortrag zu berücksichtigen. 185

Schwerpunkt der Prüfung ist ohnehin das *individuelle Sachvorbringen* im Verwaltungsverfahren. Weil dieses im hohen Maße als widersprüchlich, ungereimt oder vage eingeschätzt wird, erfolgt im typischen Regelfall nach § 30 III Nr. 1 die qualifizierte Asylablehnung. Hier kann dem Asylsuchenden eine gesteigerte Darlegungslast auferlegt und erwartet werden, dass er die aufgeworfenen und begründeten Zweifel an der Glaubhaftigkeit seiner Angaben im Einzelnen und in nachvollziehbarer sowie schlüssiger Weise konkret ausräumt. Gelingt ihm dies nicht, gewinnen in aller Regel die verfügbaren Erkenntnismittel mangels Entscheidungserheblichkeit ohnehin keine prozessuale Bedeutung. 186

Gelingt dem Asylsuchenden aber die Ausräumung der Zweifel an seiner Glaubwürdigkeit, kann dem Eilrechtsschutzantrag der Erfolg nicht mit der Begründung versagt werden, zu den behaupteten Ereignissen gäbe es keine neueren Erkenntnisse. In einem derartigen Fall hat das Gericht den Sachverhalt im Hauptsacheverfahren aufzuklären und deshalb dem Eilantrag stattzugeben. In aller Regel geht es also um die Fälle des »gesteigerten Vorbringens«. Auf derartige Darlegungsdefizite kann nicht mit formalen Ausschlussvorschriften reagiert werden. Vielmehr bilden diese lediglich ein Element bei der Bildung der richterlichen Überzeugungsbildung (§ 108 I 1 VwGO). 187

188 Bei der maßgeblichen Prüfung im Eilrechtsschutzverfahren am Maßstab der »ernstlichen Zweifel« kommt es nicht auf die Intensität des inneren Zustands des Zweifels an. Vielmehr ist *allein* darauf abzustellen, ob gewichtige, gegen die Rechtmäßigkeit des Offensichtlichkeitsurteils sprechende Gründe zutage treten, sodass damit die Maßnahme einer rechtlichen Prüfung wahrscheinlich nicht standhält. Bei der damit vom Richter zu treffenden *Wahrscheinlichkeitsprognose,* ob erhebliche Gründe dafür sprechen, dass die Ablehnung des Asylantrags als offensichtlich unbegründet einer Prüfung voraussichtlich nicht standhält, ist insbesondere auch das Gewicht der Rechtsgüter zu beachten, welche nach dem substanziierten Vortrag des Betroffenen bedroht sind.

189 Erhebliche Gründe, die für einen Erfolg im Hauptsacheverfahren sprechen, sind damit nicht weit vom früheren Maßstab der Richtigkeitskontrolle entfernt. Denn ernstliche Zweifel bestehen nur dann nicht, wenn eine »hohe Gewissheit« dafür besteht, dass ein materieller Asylanspruch nicht verletzt wird. Bezugspunkt der Wahrscheinlichkeitsprognose ist nicht der Erfolg in der Hauptsache wie im Rahmen des § 80 IV 3 VwGO. Es geht allein um die Frage, ob die Feststellung, dass der Antrag »offensichtlich« unbegründet ist, wahrscheinlich einer Prüfung nicht standhält. Er mag im Ergebnis unbegründet sein. Darauf zielt die Prüfung nicht. Zu bedenken ist auch, dass nach Ansicht des BVerfG primär den Verwaltungsgerichten die Aufgabe der Gewährung von Grundrechtsschutz zugewiesen wird und dies notwendigerweise die Anwendung eines restriktiven Prüfungsmaßstabes insbesondere im Eilrechtsschutzverfahren zur Folge hat.

4. Funktion der Verfassungsbeschwerde im asylrechtlichen Eilrechtsschutzverfahren

4.1. Gewährleistung des Grundrechtsschutzes im Asylrecht

190 Eine der freilich umstrittenen Zielvorstellungen der verfassungsrechtlichen Neuregelung des Art. 16 a GG ist die Beibehaltung der *individuellen Asylrechtsgarantie* in Art. 16 a I GG (BT-Drs. 12/4152, S. 3). Dementsprechend wurde beklagt, dass damit prinzipiell alle verfassungsrechtlichen »Vorwirkungen« und Einwirkungen des Asylrechts auf die aufenthaltsrechtliche Stellung von Asylsuchenden und das Verfahren weiterhin anwendbar blieben (Hailbronner, ZAR 1993, 107). Es verwundert deshalb nicht, dass während der Beratungen und bereits unmittelbar nach der Verabschiedung der Asylrechtsreform im Jahre 1993 von konservativer Seite die »verfassungsrechtliche Zementierung« des Asylrechts als Folge der Beibehaltung des Grundrechtscharakters kritisiert wurde (Hailbronner, ZAR 1993, 107, mit Hinweisen; s. auch Voßkuhle, DÖV 1994, 53 (64), ebenfalls mit Hinweisen).

191 Art. 16 a GG habe angesichts dessen einen »*zweideutigen Charakter*« erhalten: Das Kernproblem der geltenden Asylrechtskonzeption, die Möglichkeit der Aufrechterhaltung eines unbeschränkten Grundrechts jedes Asylsuchenden auf ein individuelles Prüfverfahren einschließlich der daraus folgenden mate-

riellen und verfahrensrechtlichen Wirkungen bliebe daher ungelöst und werde durch die offene Frage, wieweit sich Abs. 1 gegenüber den Abs. 2 bis 5 des Art. 16 a GG durchsetzen könnte, verschoben (Hailbronner, Reform des Asylrechts, S. 57).

Das BVerfG hat diesen Bedenken bereits auf der dogmatischen Ebene Rechnung getragen, in dem es die Funktion der einzelnen Absätze von Art. 16 a GG selbständig sowie ohne Verknüpfung mit der Grundrechtsgewährleistung in Art. 16 a I GG und weitgehend losgelöst von anderen verfassungsrechtlichen Garantien bestimmt hat. Wie insbesondere die Auslegung und Anwendung des Art. 16 a IV GG belegt, hat das BVerfG darüber hinaus auch auf die Befürchtung reagiert, dass verfassungsrechtliche Anforderungen dem einfachen Gesetzgeber bei der künftigen Ausgestaltung des Asylverfahrens zu enge Grenzen setzen könnten (Hailbronner, ZAR 1993, 107 (108)). 192

Stein des Anstoßes war jedoch insbesondere die Verfassungsbeschwerde im Asylrecht, um die es im Grunde beim Streit um die Beibehaltung des Grundrechts geht. Durch den weitgehenden Wegfall des Filters der gestuften Fachgerichtsbarkeit insbesondere im Eilrechtsschutzverfahren trat eine Überbelastung des BVerfG ein (Voßkuhle, DÖV 1994, 53 (64)). Ob es politisch vernünftig war, mit der extensiven Ausschöpfung der Mittels der Verfassungsbeschwerde verbunden mit dem einstweiligen Anordnungsantrag den auf der Fachgerichtsbarkeit lagernden Druck auf das BVerfG zu verlagern, ist durchaus diskussionswürdig. Es darf andererseits jedoch nicht übersehen werden, dass bereits 1990 mit dem Wegfall der Beschwerdemöglichkeit im Eilrechtsschutzverfahren eine Entwicklung eingeleitet wurde, die sich dann durch die Einführung des Flughafenverfahrens nach § 18 a im Juli 1993 im besonderen Maße verschärfte. Hinzu kam, dass dem Verwaltungsgericht Frankfurt am Main erst kurz zuvor die Zuständigkeit für Asylsachen zugewiesen worden war, sodass es das BVerfG wiederholt für angezeigt hielt, auch im Flughafenverfahren auf die Einhaltung der bisher in der Rechtsprechung des BVerfG entwickelten Grundsätze zu insistieren. Schließlich darf nicht übersehen werden, dass allen Verfahren, die das BVerfG am 14. Mai 1996 zum Abschluss gebracht hatte, Beschwerden zugrunde lagen, die sich aus dem Flughafenverfahren heraus entwickelt hatten. 193

Das BVerfG hat auf diese Entwicklung reagiert und die Aufgabe des Grundrechtsschutzes im Asylrecht primär auf die Verwaltungsgerichtsbarkeit verlagert (BVerfGE 94, 166 (213 ff.) = EZAR 632 Nr. 25 = NVwZ 1996, 678): Nach den ihm durch Verfassung und Gesetz zuerkannten Funktionen und seiner gesamten Organisation ist das BVerfG weder dazu berufen noch in der Lage, einen in gleichem Maße zeit- und sachnahen vorläufigen Individualrechtsschutz zu gewährleisten wie die Fachgerichtsbarkeit. Der ihm übertragene Grundrechtsschutz setzt die Existenz einer die *Grundrechte achtenden und schützenden Fachgerichtsbarkeit* voraus, die im Allgemeinen dafür sorgt, dass Grundrechtsverletzungen und deren Folgen ohne Anrufung des BVerfG abgeholfen wird. 194

Diesen Rechtsschutz im Rechtswege vermag das BVerfG nicht zu ersetzen, sondern allenfalls nach dem Prinzip der Subsidiarität ergänzen (BVerfGE 94, 166 (216 f.) = EZAR 632 Nr. 25 = NVwZ 1996, 678). Dem Asylsuchenden ist 195

§ 36   *Asylverfahren*

es nicht verwehrt, den im Eilrechtsschutzverfahren ergangenen Beschluss des Verwaltungsgerichtes mit der Verfassungsbeschwerde anzugreifen. Ebenso steht es ihm frei, den Erlass einer einstweiligen Anordnung (§ 32 BVerfGG) mit dem Ziel zu beantragen, ihm bis zum Abschluss des fachgerichtlichen Verfahrens in der Hauptsache oder doch jedenfalls den Verbleib auf dem Flughafengelände bis zur Entscheidung über die Verfassungsbeschwerde zu gestatten (BVerfGE 94, 166 (212)).

196 Dagegen wendet die abweichende Meinung ein, dass das Grundgesetz im Gegensatz zu anderen Rechtsordnungen die letztverantwortliche Kontrolle über die Beachtung der Grundrechte einem besonderen Gericht, dem BVerfG, überantwortet habe. Deshalb könne die Grundrechtsbindung der Fachgerichtsbarkeit auch nicht gegen die eigenverantwortliche Kontrollaufgabe des BVerfG ausgespielt werden. Der Senat unterstelle durchweg, dass die Entscheidungen der Fachgerichte verfassungsrechtlichen Anforderungen genüge. Im verfassungsgerichtlichen Verfahren gehe es aber gerade darum, *ob* dies der Fall ist. Dies müsse – solle die Verfassungsbeschwerde einen rechtsschutzgewährenden Sinn behalten – einer Prüfung möglich bleiben (BVerfGE 94, 166 (224 f.) = EZAR 632 Nr. 25 = NVwZ 1996, 678).

4.2. Einschränkung des verfassungsgerichtlichen einstweiligen Rechtsschutzes

197 Das BVerfG weist den Verwaltungsgerichten die primäre Aufgabe des Grundrechtsschutzes mit einer Begründung zu, welche diesen im Asylrecht weitgehend Handlungsfreiheit eröffnet, ohne befürchten zu müssen, durch das BVerfG korrigiert zu werden. Eine effektive Entlastung der Verfassungsgerichtsbarkeit wird durch eine drastische Einschränkung des verfassungsgerichtlichen vorläufigen Rechtsschutzes bewirkt: Auch wenn es grundsätzlich originäre Aufgabe der Verwaltungsgerichte ist, den Grundrechtsschutz sicherzustellen, bleibt noch die Möglichkeit, über § 32 BVerfGG vorläufigen Rechtsschutz beim BVerfG zu beantragen, wenn aus Sicht des Asylsuchenden sein Grundrecht auf Asyl durch das Verwaltungsgericht verletzt worden ist.

198 Dieser Möglichkeit hält das BVerfG entgegen, eine Verfassungsbeschwerde richte sich in aller Regel gegen eine *rechtskräftige, den Rechtsweg abschließende Gerichtsentscheidung*, der eine Entscheidung der rechtsstaatlich gebundenen Behörde und nicht selten andere Gerichtsentscheidungen vorangegangen seien (BVerfGE 94, 166 (212) = EZAR 632 Nr. 25 = NVwZ 1996, 678). Das Verfahren der Verfassungsbeschwerde schließe daher von jeher die Möglichkeit ein, dass der angegriffene Hoheitsakt vor der Entscheidung über die Verfassungsbeschwerde vollzogen werde, spätestens nach Erschöpfung des fachgerichtlichen Rechtsweges. Denn dessen Sinn sei es gerade, eine endgültige Grundlage für die Durchsetzung eines Hoheitsaktes bereitzustellen (BVerfGE 94, 166 (213)).

199 Im asylrechtlichen Flughafenverfahren verbleibe dem BVerfG bis zum Abflug des Antragstellers meist nicht die Zeit, sei es über die Beschwerde selbst, sei

es über den einstweiligen Anordnungsantrag zu entscheiden. In solcher Lage habe das BVerfG zwar gelegentlich die zuständigen Grenzschutzbehörden *informell* um einen Aufschub des Vollzugs der Einreiseverweigerung gebeten. Die nach Art. 93 I Nr. 4 a GG gegebene Rechtslage sei indes nicht so zu verstehen, dass sie dem Beschwerdeführer unter allen Umständen die Möglichkeit gewährleiste, vor Vollzug des angegriffenen Hoheitsaktes eine Entscheidung des BVerfG zu erhalten (BVerfGE 94, 166 (212) = EZAR 632 Nr. 25 = NVwZ 1996, 678).

Die Verfassungsbeschwerde ist nach ständiger Rechtsprechung des BVerfG *kein* zusätzlicher Rechtsbehelf zum fachgerichtlichen Verfahren. Sie ist danach ein besonderes Rechtsschutzmittel zur prozessualen Durchsetzung der Grundrechte, mithin ein *außerordentlicher Rechtsbehelf*. Mit der Verfassungsbeschwerde ist jedoch nicht eine Ergänzung des fachgerichtlichen Rechtsschutzes, nicht ein weiterer Rechtszug, sondern ein Rechtsinstitut geschaffen worden, das in einem außerhalb des Rechtsweges angesiedelten *außerordentlichen Rechtsbehelfsverfahren* eine Überprüfung am Maßstab der Grundrechte ermöglicht. Es sichert die Beachtung der Grundrechte nur *nachträglich*, gewissermaßen *rückblickend* (BVerfGE 94, 166 (214) = EZAR 632 Nr. 25 = NVwZ 1996, 678). Die Verfassungsbeschwerde hat deshalb auch *keine aufschiebende Wirkung* (BVerfGE 94, 166 (213)). 200

Ob die einstweilige Anordnung nach § 32 BVerfGG zum verfassungsgerichtlichen Kernbestand gehört, hat das BVerfG ausdrücklich offengelassen. Jedenfalls lässt sich seiner Ansicht nach aus dieser Regelung nicht folgern, das BVerfG müsse unter allen Umständen in die Lage versetzt werden, im Falle einer »*möglichen Grundrechtsverletzung*« die Vollstreckung des Hoheitsaktes zu verhindern (BVerfGE 94, 166 (215) = EZAR 632 Nr. 25 = NVwZ 1996, 678). Anders als der von Art. 19 IV GG geprägte vorläufige Rechtsschutz im fachgerichtlichen Verfahren ist das einstweilige Anordnungsverfahren nach § 32 BVerfGG nicht darauf angelegt, möglichst lückenlosen Schutz vor dem Eintritt auch endgültiger Folgen der sofortigen Vollziehung hoheitlicher Maßnahmen zu bieten. Demgemäß können nach Ansicht des BVerfG die Effektivitätsanforderungen, die sich aus Art. 19 IV GG für den vorläufigen Rechtsschutz im Rechtswege ergeben, nicht im gleichen Maße für den verfassungsgerichtlichen Rechtsschutz nach § 32 BVerfGG gelten (BVerfGE 94, 166 (216)). 201

Nach alledem wird danach der Erlass einstweiliger Anordnungen nach § 32 BVerfGG in Fällen, in denen das Bundesamt den Asylantrag als offensichtlich unbegründet abgelehnt hat, kaum in Betracht kommen. Das ist nach der Ansicht des BVerfG auch deshalb sachgerecht, weil es in erster Linie Aufgabe der Verwaltungsgerichte ist, Grundrechtsschutz zu gewähren und weil sie allein in der Lage sind, in jedem Einzelfall sachnah zu entscheiden (BVerfGE 94, 166 (219)). 202

Die Erschütterung des Grundrechtsschutzes im Asylrecht könnte kaum drastischer ausfallen: Zunächst wird verfassungsrechtlich in Art. 16 a IV GG eine Beschleunigungsmaxime verortet, die nicht durch die Ausstrahlungswirkung der Grundrechtsgewährleistung des Art. 16 a I GG beeinflusst wird, sodass der fachgerichtliche vorläufige Rechtsschutz nach Maßgabe prinzipiell unbe- 203 grenzter Beschleunigungsziele – verfassungsrechtlich durch Art. 19 IV GG nicht gehindert – beschränkt werden kann. Wird der verwaltungsgerichtliche Rechtsschutz auf diese Weise im Asylrecht zunächst erheblich geschwächt, erlegt das BVerfG der Fachgerichtsbarkeit anschließend auch noch die originäre Aufgabe des Grundrechtsschutzes auf.

204 Dementsprechend halten die dissentierenden drei Richter der Mehrheitsmeinung vor, dass die Effektivität von Rechtsbehelfen nicht davon abhängig sei, dass von Gesetzes wegen ein Suspensiveffekt eintrete. Ebenso wenig folge aus der rechtskraftdurchbrechenden Wirkung der – erfolgreichen – Verfassungsbeschwerde etwas dagegen, dass die Verfassungsbeschwerde aus sich heraus auf Effektivität gerichtet sei (BVerfGE 94, 166 (228f.) = EZAR 632 Nr. 25 = NVwZ 1996, 678). Am allerwenigsten vermöge der Umstand die Mehrheitsmeinung stützen, dass eine einmal erhobene Verfassungsbeschwerde auch dann zulässig bleibe, wenn der schwerwiegende und nicht wiedergutzumachende Nachteil aufgrund des Vollzugs des Hoheitsaktes bereits eingetreten sei.

205 Der Senat beschränke damit das Schutzziel des Einzelnen von vornherein im Wesentlichen auf *Genugtuung*. Hieran werde deutlich, dass der Senat den das je individuelle Grundrecht des einzelnen Rechtssubjekts schützenden Rechtsbehelf der Verfassungsbeschwerde weitgehend entwerte (BVerfGE 94, 166 (229)). Art. 93 I Nr. 4 a GG, §§ 13 Nr. 8 a, 90 ff. BVerfGG würden die Verfassungsbeschwerde wegen der Verletzung des Asylgrundrechts gewährleisten. Sie diene auch dem individuellen Schutz des einzelnen Grundrechts aus Art. 16 a I GG. Kerngehalt der Verheißung des Art. 16 a I GG sei der Schutz vor Abschiebung politisch Verfolgter in den Verfolgerstaat. Gerade für den Bereich des Art. 16 a I GG liege die Möglichkeit eines schwerwiegenden und irreparablen Nachteils für den Beschwerdeführer auf der Hand. Sein grundrechtlicher Abschiebungsschutz gehe im vollen Umfang endgültig verloren (BVerfGE 94, 166 (230 f.) = EZAR 632 Nr. 25 = NVwZ 1996, 678).

206 Die Mehrheitsmeinung hat Befürworter gefunden (Hailbronner, NVwZ 1996, 625 (630); Schelter/Maaßen, ZRP 1996, 408 (413); Tomuschat, EuGRZ 1996, 381 (385); dagegen Alleweldt, NVwZ 1996, 1074 (1075); Goebel-Zimmemann/Masuch, InfAuslR 1996, 404 (416); Frowein/Zimmermann, JZ 1996, 753 (763); Lübbe-Wolff, DVBl. 1996, 825 (840 f.); Wolff, DÖV 1996, 819 (825); Rozek, DVBl. 1997, 519 (525 f.); Groß/Kainer, DVBl. 1997, 1315 (1318); Huber, NVwZ 1997, 1080 (1083 f.)). Begrüßt wird, dass nach dieser Entscheidung der Erlass einer einsteiligen Anordnung im Anschluss an ein Eilrechtsschutzverfahren nach Abs. 3 kaum noch in Betracht kommen werde. Dies sei ein wichtiger Akt richterlicher Selbstbeschränkung und dürfte in der Praxis dazu führen, dass die »missbräuchliche« Beantragung einstweiligen Rechtsschutzes im Flughafenverfahren zur Erzwingung der Einreise abgestellt werde (Schelter/Maaßen, ZRP 1996, 408 (413)).

207 Die Einlegung einer Verfassungsbeschwerde biete zukünftig weder Anlass zur Vollzugsaussetzung noch wären informelle Anfragen des BVerfG, den Vollzug einstweilen auszusetzen, regelmäßig gerechtfertigt (Hailbronner, NVwZ 1996, 625 (630)). Die dissentierenden Richter idealisierten die Verfassungsbeschwerde. Zwar gebe es keine einzige hoheitliche Entscheidung, die

geeignet wäre, in gleicher Weise wie die Zurückweisung und Abschiebung unumkehrbare Fakten zu schaffen. Diesem Dilemma sei jedoch nicht zu entgehen, es liege in der »Natur der Sache«. Der Staat, der an der Asylrechtsgarantie festhalte, aber für sich nicht den sonst üblichen Grundrechtsschutz bereithalte, begebe sich in eine »Schieflage« (Tomuschat, EuGRZ 1996, 381 (385)).

Dem wird entgegengehalten, dass das Verfahren der Verfassungsbeschwerde bis zu einer klaren gesetzgeberischen Entscheidung zugunsten eines reinen Annahmeverfahrens nach Art des US-amerikanischen certiorari primär dazu diene, dem Einzelnen den individuellen Schutz seiner Grundrechte zu sichern. Dann müsse es dem Gericht aber auch zumindest möglich sein, den Vollzug solcher Maßnahmen zu hindern, die einerseits schwerwiegende Nachteile im Sinne des § 32 BVerfGG mit sich bringen würden und irreparabel seien (Frowein/Zimmermann, JZ 1996, 753 (763)). Die subjektive Rechtsschutzfunktion der Verfassungsbeschwerde (Klein, NJW 1993, 2073 (2077); Groß/Kainer, DVBl. 1997, 1315 (1318)) ist mit dieser verfassungsgerichtlichen Entscheidung jedenfalls für das asylrechtliche Eilrechtsschutzverfahren aufgehoben worden. 208

4.3. Folgenabwägung im Sinne von § 32 BVerfGG

Nach Ansicht des BVerfG wird der Erlass einstweiliger Anordnungen nach § 32 BVerfGG in Fällen, in denen das Bundesamt den Asylantrag als offensichtlich unbegründet abgelehnt hat, kaum in Betracht kommen. Das sei auch deshalb sachgerecht, weil es in erster Linie Aufgabe der Verwaltungsgerichte sei, Grundrechtsschutz zu gewähren und weil sie allein in der Lage seien, in jedem Einzelfall sachnah zu entscheiden (BVerfGE 94, 166 (219) = EZAR 632 Nr. 25 = NVwZ 1996, 678). Art. 16 a IV GG hat nach Auffassung des BVerfG nicht nur das asylrechtliche Eilrechtsschutzverfahren umgestaltet, sondern auch das Verfahren der Verfassungsbeschwerde: 209

Habe die Verfassung mit der Abwägung zwischen dem öffentlichen Interesse am Sofortvollzug der behördlichen Entscheidung, die Folge eines offensichtlich unbegründeten Asylbegehrens sei, und dem Individualinteresse schon Art. 19 IV GG modifiziert und insoweit schon verwaltungsgerichtlichen Rechtsschutz nur eingeschränkt zugelassen, so bleibe dies nicht ohne Auswirkungen auf die nach § 32 BVerfGG vorzunehmende Abwägung der widerstreitenden Interessen, zumal von dieser Vorschrift ohnehin nur unter Anlegung eines strengen Maßstabs zurückhaltend Gebrauch gemacht werden dürfe (BVerfGE 94, 166 (218f.) = EZAR 632 Nr. 25 = NVwZ 1996, 678; zustimmend Tomuschat, EuGRZ 1996, 381 (385); Hailbronner, NVwZ 1996, 625 (630)). 210

Damit verliert jedenfalls für die Verfahren nach §§ 18 a IV, 36 IV die Verfassungsbeschwerde als Mittel der Sicherung des Grundrechtsschutzes im Einzelfall ihre Bedeutung. Nicht erfasst von dieser Rechtsprechung ist die Verfassungsbeschwerde gegen die qualifizierte Klageabweisung nach § 78 I (so ausdr. BVerfG (Kammer), NVwZ-Beil. 1997, 9; so auch Treiber, Asylmagazin 211

1/97, S. 4). Damit dürfte auch der einstweilige Anordnungsantrag nach § 32 BVerfGG, der im Zusammenhang mit einer derartigen Verfassungsbeschwerde erforderlich werden kann, nicht von der einschränkenden Rechtsprechung des BVerfG erfasst werden.

212 Für den Antrag auf Erlass einer einstweiligen Anordnung nach § 32 BVerfGG kommt es danach darauf an, ob dieser zur Abwehr schwerer Nachteile oder aus einem anderen wichtigen Grunde zum gemeinen Wohl geboten ist. Dabei haben die Gründe, die für die Verfassungswidrigkeit des angegriffenen Hoheitsaktes vorgetragen werden, grundsätzlich außer Betracht zu bleiben, es sei denn, die Verfassungsbeschwerde erweist sich von vornherein als unzulässig oder offensichtlich unbegründet. Bei offenem Ausgang des Verfassungsbeschwerdeverfahrens muss das BVerfG die Folgen, die eintreten würden, wenn eine einstweilige Anordnung nicht erginge, die Verfassungsbeschwerde aber Erfolg hätte, gegenüber den Nachteilen abwägen, die entstünden, wenn die begehrte einstweilige Anordnung erlassen würde, der Verfassungsbeschwerde der Erfolg aber versagt würde (BVerfGE 82, 54 (57); 88, 185 (186); 89, 98 (99f.); 89, 101 (103); 89, 106 (107); 89, 109 (110f.); BVerfG (Kammer), NVwZ-Beil. 1999, 19 = AuAS 1999, 34; s. hierzu: Hänlein, AnwBl 1995, 116 (120)).

213 Während diese Kriterien bei Verfassungsbeschwerdeverfahren außerhalb des Anwendungsbereichs der Eilrechtsschutzverfahren nach Abs. 3 also weiterhin von Bedeutung sein dürften, kann auch in den Verfahren nach Abs. 3 in Verb. mit § 80 V VwGO in besonderen Ausnahmefällen der einstweilige Anordnungsantrag nach § 32 BVerfGG erfolgreich sein. So hat die zuständige Kammer in Anknüpfung an die restriktive Rechtsprechung des Senates eine einstweilige Anordnung im Flughafenverfahren mit der Begründung erlassen, dass eine einstweilige Maßnahme dann veranlasst sein könne, wenn sie aufgrund einer Abwägung zwischen dem Individualinteresse des Beschwerdeführers und dem öffentlichen Interesse am Sofortvollzug auch unter Berücksichtigung der begrenzten Effektivität der Verfassungsbeschwerde, des in Art. 16 a IV GG verankerten Beschleunigungsgebots und der daraus folgenden Vorgewichtung der abwägungserheblichen Belange *ausnahmsweise dringend geboten* sei (BVerfG (Kammer), AuAS 1997, 44).

214 Dies setze voraus, dass sich selbst bei einer nur vorläufigen materiellen Prüfung des unterbreiteten Sachverhalts am Maßstab der Verfassung ergebe, die gegen die Entscheidung des Verwaltungsgerichtes bereits erhobene oder noch zu erhebende Verfassungsbeschwerde werde aller Wahrscheinlichkeit nach zur Entscheidung anzunehmen sein und sich als offensichtlich begründet erweisen (BVerfG (Kammer), AuAS 1997, 44).

215 Anders als im allgemeinen Anordnungsverfahren, in dem lediglich eine negative Erfolgskontrolle erfolgt, um von vornherein unzulässige oder offensichtlich unbegründete Verfassungsbeschwerden auszuscheiden, wird hier also eine positive Erfolgskontrolle unter sehr strengen Voraussetzungen vorgenommen. Die Prognose muss ergeben, dass die Beschwerde nicht nur angenommen, sondern sich im Ergebnis auch als offensichtlich begründet erweisen wird. Nur bei sehr eindeutigen Sachverhaltskonstellationen dürfte daher der einstweilige Anordnungsantrag noch Erfolg versprechen. Dabei ist

es Aufgabe des BVerfG zu überprüfen, ob die Entscheidung des Verwaltungsgerichtes, dass ernstliche Zweifel an der Beurteilung des Asylbegehrens als offensichtlich unbegründet nicht bestehen, verfassungsrechtlich zu beanstanden ist, nicht hingegen eine eigene Beurteilung daraufhin vorzunehmen, ob ein Verlust des Asylanspruchs droht (BVerfG (Kammer), AuAS 1997, 44).

4.4. Schiebeanordnung

Die Verfassungsbeschwerde hat keine aufschiebende Wirkung (BVerfGE 94, 166 (213) = EZAR 632 Nr. 25 = NVwZ 1996, 678; BVerfG (Kammer), NVwZ-Beil. 1996, 9). Das BVerfG kann jedoch auf Antrag oder von Amts wegen eine sogenannte *Schiebeanordnung* zur Sicherung eines in der Sache vor dem BVerfG dann später durchzuführenden einstweiligen Rechtsschutzverfahrens erlassen (BVerfGE 85, 127 (128); 88, 185 (186 f.)). An eine derartige Anordnung sind jedoch strenge Voraussetzungen zu stellen. So ist zu fordern, dass der Beschwerdeführer den verfassungsgerichtlichen einstweiligen Rechtsschutzantrag nicht nur rechtzeitig stellt, sondern grundsätzlich auch begründet (BVerfG (Kammer), NVwZ-Beil. 1996, 9).

216

Da das BVerfG die Regelung in Abs. 3 S. 9 für verfassungsrechtlich unbedenklich erachtet (BVerfGE 94, 166 (208 ff.)), kann mit Hinweis auf diese Norm die fehlende Begründung des Antrags nicht gerechtfertigt werden. Darüber hinaus muss der Beschwerdeführer darlegen, dass die aufenthaltsbeendende Maßnahme derart vollzogen wird, dass es ihm nicht rechtzeitig möglich war, einstweiligen Rechtsschutz beim BVerfG zu beantragen. Wer etwa nach Zustellung der mit der Verfassungsbeschwerde angegriffenen gerichtlichen Entscheidung mit der Beschwerde und dem einstweiligen Anordnungsantrag noch achtzehn Tage zuwartet, hat nicht alles ihm Zumutbare getan, um rechtzeitig einstweiligen Rechtsschutz durch das BVerfG zu erlangen (BVerfG (Kammer), NVwZ-Beil. 1995, 9 (10)). Ein Hinweis auf die Monatsfrist des § 93 I 1 BVerfGG verfängt in einem derartigen Fall mithin nicht.

217

4.5. Prüfungsumfang im Verfassungsbeschwerdeverfahren

Dem BVerfG obliegt es im Verfassungsbeschwerdeverfahren zu prüfen, ob die mit dem Asylverfahren befassten Behörden und Gerichte den Anforderungen des verfassungsrechtlich gewährleisteten Asylrechts in materieller und verfahrensrechtlicher Hinsicht Rechnung getragen haben (BVerfGE 76, 143 (161) = EZAR 200 Nr. 20 = InfAuslR 1988, 87). Grundsätzlich sind allerdings die Gestaltung des Verfahrens, die Feststellung und Würdigung des Tatbestands der politischen Verfolgung im einzelnen Fall sowie die Auslegung des einfachen Rechts allein Aufgabe der Verwaltungsgerichte und der Nachprüfung durch das BVerfG entzogen. Diesem obliegt lediglich, die Beachtung der grundrechtlichen Normen und Maßstäbe durch die Gerichte sicherzustellen (BVerfGE 54, 341 (355) = EZAR 200 Nr. 1 = EuGRZ 1980, 556 =

218

DÖV 1981, 21 = DVBl. 1981, 115 = JZ 1981, 804 = BayVBl. 1980, 717, mit Hinweis auf BVerfGE 18, 85 (92)).

219 Das BVerfG kann hier also erst eingreifen, wenn dabei *spezifisches Verfassungsrecht* (s. hierzu Weyreuther, DVBl. 1997, 925 (926)) verletzt ist, insbesondere der Fehler gerade in der Nichtbeachtung von Grundrechten liegt (BVerfGE 76, 143 (161), unter Hinweis auf BVerfGE 18, 85 (92)). Bei der verfassungsgerichtlichen Überprüfung von gerichtlichen Entscheidungen in Asylsachen besteht jedoch die *Besonderheit,* dass die *Voraussetzungen für die grundrechtliche Gewährleistung* des Asylrechts sich mit den einfachgesetzlichen Voraussetzungen für die Asylanerkennung decken (BVerfGE 54, 341 (355)). Daher kann sich anders als bei der *Ausstrahlungswirkung der Grundrechte auf das einfache Recht,* die sie als Elemente objektiver Ordnung in alle Bereiche hinein entfalten, die verfassungsgerichtliche Prüfung beim Asylrecht nicht lediglich darauf beschränken, ob etwa die Auslegung und Anwendung des Asylverfahrensgesetzes auf einer grundsätzlich unrichtigen Anschauung von der Bedeutung dieses Grundrechts beruht. Ob jemand asylberechtigt ist oder nicht, betrifft die *unmittelbare Anwendung der Grundrechtsbestimmung* des Art. 16 a I GG, ja die *Trägerschaft dieses Grundrechts* (BVerfGE 76, 143 (162)).

220 Diese verfassungsrechtliche Ausgangssituation im Asylrecht hat in der verfassungsgerichtlichen Rechtsprechung zur Entwicklung des umstrittenen »Wertungsrahmens« geführt: Das BVerfG hat im Blick auf den Tatbestand der »politischen Verfolgung« sowohl hinsichtlich der Ermittlung des Sachverhalts selbst als auch seiner rechtlichen Bewertung zu prüfen, ob die *tatsächliche* und *rechtliche Wertung* der Fachgerichte sowie *Art* und *Umfang ihrer Ermittlungen* dem grundrechtlich verbürgten Asylrecht gerecht werden (BVerfGE 52, 391 (407 f., 410); 54, 341 (356); 63, 197 (214); 63, 215 (225); 76, 143 (162)).

221 Diese verfassungsgerichtliche Prüfungspflicht bedeutet zwar nicht, dass die Entscheidung, ob die Asylberechtigung im Einzelfall gegeben ist, das BVerfG neu und selbst treffen muss, wenngleich unter Berücksichtigung der gerichtlichen Vorentscheidungen. Vielmehr hat das BVerfG diese Vorentscheidungen lediglich auf Fehler hin zu überprüfen, die *geeignet* sind, die *Geltung des Grundrechts in Frage* zu stellen (BVerfGE 76, 143 (162)). Diese Aufgabenverteilung zwischen dem Verfassungsgericht und den Fachgerichten bedeutet keine Anerkennung eines verfassungsrechtlich nicht überprüfbaren Spielraums der Gerichte bei der Interpretation des Grundrechts selbst, wohl aber die *Zuerkennung* eines *gewissen »Wertungsrahmens«* bei der Anwendung eines gefundenen Rechtssatzes auf den festgestellten Sachverhalt.

222 Dieser Wertungsrahmen bezieht sich einerseits auf die *rechtliche Bewertung* des *ermittelten Sachverhalts,* andererseits auf die *Einschätzung* von *Sachverhaltselementen* selbst, die gerade im Asylrecht nicht selten mit *Prognosen* über die absehbare Entwicklung gegebener Verhältnisse, über zu erwartende Verschärfungen oder Abmilderungen beeinträchtigender Maßnahmen und ähnlichen Sachverhaltselementen verbunden ist (BVerfGE 67, 143 (162)). Ermittlungen zum Tatbestand politisch Verfolgter sind vom BVerfG daraufhin zu überprüfen, ob sie einen *hinreichenden Grad an Verlässlichkeit* aufweisen und auch *dem Umfang nach,* bezogen auf die besonderen Gegebenheiten im Asyl-

bereich, *zureichend* sind (BVerfG (Kamm*er*), NVwZ-Beil. 1994, 2; BVerfG (Kammer), InfAuslR 1996, 355 (357)), namentlich auch hinsichtlich der *Aufklärungspflicht* und der Bewertung von Beweismitteln (BVerfG (Kammer), NVwZ-Beil. 1994, 2).

Das BVerfG überprüft aber nicht nur, ob die gerichtlichen Ermittlungen einen hinreichenden Grad an Verlässlichkeit aufweisen, sondern auch, ob die Fachgerichte die Erscheinungsformen politischer Verfolgung, also die spezifisch asylrechtlichen Gefährdungslagen, zutreffend begrifflich aufbereitet haben. Zwar steht ihnen auch insoweit ein gewisser Wertungsrahmen zu. Dieser rechtfertigt es jedoch nicht, heuristische Begriffe losgelöst von ihrer Funktion zu verwenden und damit in einer Weise zu verselbständigen, die spezifisch asylrechtliche Gefährdungslagen außer Betracht läßt (BVerfGE 83, 216 (234) = EZAR 202 Nr. 20 = NVwZ 1991, 768 = InfAuslR 1991, 200; s. hierzu auch: Marx, Handbuch, § 41 Rdn. 9 f., § 43 Rdn. 8 ff., § 44 Rdn. 12 ff.; kritisch hierzu Bertrams, DVBl. 1991, 1226 (1228)). 223

Das BVerfG ist hierbei anders als die Revisionsgerichte nicht an die von den Fachgerichten getroffenen tatsächlichen Feststellungen gebunden. Andererseits handelt es sich beim »Wertungsrahmen« um ein Kriterium, das ausschließlich für die verfassungsgerichtliche Überprüfung der asylrechtlichen Entscheidungen der Verwaltungsgerichte Bedeutung hat. Die hierbei deutlich werdende Einschränkung der Überprüfbarkeit der Sachverhaltsfeststellung sowie der Subsumtion des festgestellten Sachverhalts unter die einschlägigen Asylrechtsnormen tritt nur im Verfahren der Verfassungsbeschwerde auf. Das BVerwG hat im Revisionsverfahren keinen derartigen Wertungsrahmen zu beachten (BVerwG, NVwZ 1995, 373 = InfAuslR 1995, 23 = AuAS 1995, 20). 224

Die Bestimmung dessen, was noch innerhalb des den Fachgerichten belassenen Wertungsrahmens liegt, ist im Einzelfall nicht immer einfach. So wird zutreffend auf eine gewisse Gefahr hingewiesen, lediglich die eigene – verfassungsgerichtliche – Tatsachenwürdigung an die Stelle derjenigen der Fachgerichte zu setzen (Roeser, EuGRZ 1994, 85 (97)). Daher werde in der Kammerrechtsprechung die Grenzlinie, wann der fachgerichtliche Wertungsrahmen überschritten und damit die vom Verwaltungsgericht gezogenen Schlussfolgerungen verfassungsrechtlich nicht mehr haltbar seien, in jedem Einzelfall neu bestimmt. Es hätten sich jedoch im Laufe der umfangreichen Kammerrechtsprechung gewisse Kriterien herausgebildet (Roeser, EuGRZ 1994, 85 (97), mit zahlreichen Hinweisen). 225

Andererseits folge aus den Anforderungen an die Verlässlichkeit der Tatsachenfeststellungen, dass beim Umgang mit Erfahrungssätzen große Zurückhaltung angezeigt sei. Denn Beweiserleichterungen durch Anwendung fragwürdiger Erfahrungssätze erhöhten die Unkalkulierbarkeit der Asylrechtsprechung (Rothkegel, NVwZ 1992, 313 (315)). Dem wird entgegengehalten, die Formel vom »spezifischen Verfassungsrecht« habe das BVerfG in zahlreichen Fällen für Eingriffe in die fachgerichtliche Prüfungskompetenz nutzbar gemacht, ohne dass insoweit ein »konsequent eingehaltenes Schema« für die Aufgabenverteilung zwischen BVerfG und Fachgerichten erkennbar sei (Bertrams, DVBl. 1991, 1226 (1227)). 226

227 Ein »gewisser Wertungsrahmen« besitze keine scharfen Konturen. Jeder Fehler bei der Feststellung und Würdigung des asylerheblichen Sachverhalts, möge er die Vorgeschichte des Asylsuchenden, die Einschätzung der politischen Verhältnisse im Herkunftsland oder die Verfolgungsprognose betreffen, sei prinzipiell geeignet, die Geltung des Asylgrundrechts in Frage zu stellen. Vor diesem Hintergrund erweise sich der »fachgerichtliche Wertungsrahmen« als eine Argumentationsformel, die den Fachgerichten zwar die Ermittlung und Bewertung des asylrechtlichen Sachverhalts zuweise, den fachgerichtlichen Resultaten gegenüber jedoch jederzeit die korrigierende Feststellung der unzureichenden Ermittlung und Bewertung, also der Verletzung von Verfassungsrecht erlaube (Bertrams, DVBl. 1991, 1226 (1229)).

228 Das BVerfG prüft nicht umfassend nach, ob die vom Fachgericht angenommenen Widersprüche und sonstigen Glaubwürdigkeitszweifel tatsächlich vorliegen und inwieweit sie die gezogenen Schlüsse tragen. Verfassungsrechtlich zu beanstanden ist eine fachgerichtliche Bewertung daher nur dann, wenn sie anhand der gegebenen Begründung *nicht mehr nachvollziehbar* ist oder *nicht* auf einer *verlässlichen Grundlage* beruhen (BVerfG (Kammer), InfAuslR 1996, 355 (357)). Zu den asylspezifischen Anforderungen an die gerichtliche *Ermittlungstiefe* gehört es in der Regel, einem tatsächlichen oder vermeintlichen Widerspruch im Sachvorbringen des Asylsuchenden, etwa durch dessen Befragung, im Einzelnen nachzugehen (BVerfG (Kammer), InfAuslR 1996, 355 (357), mit Hinweis auf BVerfG (Kammer), InfAuslR 1991, 85 (88); BVerfG (Kammer), InfAuslR 1992, 231 (233)).

229 Neben der Wertung des Sachverhalts sind es insbesondere *Verletzungen der gerichtlichen Aufklärungspflicht*, die vom BVerfG wiederholt gerügt worden sind. Dabei gewinnt insbesondere der zu Unrecht abgelehnte Beweisantrag eine besondere Bedeutung, da eine gerichtliche Aufklärungspflicht unter Umständen selbst dann bestehen kann, wenn nach dem Prozessordnungsrecht der Beweisantrag unter bestimmten rechtlichen Gesichtspunkten abgelehnt werden kann (Roeser, EuGRZ 1994, 85 (97); s. hierzu: § 78 Rdn. 489ff.).

230 Darüber hinaus setzt insbesondere die *qualifizierte Klageabweisung* nach § 78 I im besonders strengen Sinne voraus, dass alle Möglichkeiten der Sachverhaltsaufklärung erschöpft sind. Dies schränkt etwa die rechtlichen Möglichkeiten ein, dass das Fachgericht ordnungsgemäß gestellte Beweisanträge schon deshalb ablehnt, weil ihm das Klagevorbringen insgesamt als nicht hinreichend substanziiert erscheint (BVerfG (Kammer), InAuslR 1990, 199 (202); Roeser, EuGRZ 1994, 85 (98)).

§ 37 Weiteres Verfahren bei stattgebender gerichtlicher Entscheidung

(1) Die Entscheidung des Bundesamtes über die Unbeachtlichkeit des Antrages und die Abschiebungsandrohung werden unwirksam, wenn das Verwaltungsgericht dem Antrag nach § 80 Abs. 5 der Verwaltungsgerichtsordnung entspricht. Das Bundesamt hat das Asylverfahren fortzuführen.
(2) Entspricht das Verwaltungsgericht im Falle eines als offensichtlich unbegründet abgelehnten Asylantrages dem Antrag nach § 80 Abs. 5 der Verwaltungsgerichtsordnung, endet die Ausreisefrist einen Monat nach dem unanfechtbaren Abschluß des Asylverfahrens.
(3) Die Absätze 1 und 2 gelten nicht, wenn auf Grund der Entscheidung des Verwaltungsgerichts die Abschiebung in einen der in der Abschiebungsandrohung bezeichneten Staaten vollziehbar wird.

Übersicht

	Rdn.
1. Vorbemerkung	1
2. Unwirksamkeit der Abschiebungsandrohung nach § 35 (Abs. 1)	2
3. Verlängerung der Ausreisefrist des § 36 Abs. 1 (Abs. 2)	8
4. Bedeutung der Abschiebungshindernisse des § 60 Abs. 2 bis 7 AufenthG im Eilrechtsschutzverfahren (Abs. 3)	14

1. Vorbemerkung

Die Vorschrift regelt die Folgen stattgebender Beschlüsse im Eilrechtsschutzverfahren und lehnt sich dabei im Wesentlichen an die Vorschrift des § 10 IV AsylVfG 1982 an, berücksichtigt jedoch die 1992 neu eingeführte Struktur der Aufgabenverteilung zwischen Bundesamt und Ausländerbehörde. Abs. 1 regelt die Folgen stattgebender Gerichtsbeschlüsse mit Blick auf unbeachtliche Asylanträge und Abs. 2 im Hinblick auf offensichtlich unbegründete Asylbegehren. Eine besondere Regelung enthält Abs. 3 hinsichtlich der Abschiebungshindernisse des § 60 II–VII AufenthG für den Fall der Vollziehbarkeit der Abschiebungsandrohung aufgrund der gerichtlichen Entscheidung.

1

2. Unwirksamkeit der Abschiebungsandrohung nach § 35 (Abs. 1)

Wie nach altem Recht (§ 10 IV 2 AsylVfG 1982) wird bei Stattgabe des Eilrechtsschutzantrags die Abschiebungsandrohung in Fällen *unbeachtlicher Asylanträge* (§ 35) unwirksam. Es muss sich wegen Abs. 3 jedoch um einen *uneingeschränkt* stattgebenden gerichtlichen Beschluss handeln (Funke-Kaiser, in: GK-AsylVfG, § 37 Rdn. 4). Während wegen des Grundsatzes der Zweispurigkeit der behördlichen Zuständigkeiten im alten Recht das Gesetz eine ausländerbehördliche Weiterleitungspflicht festlegte (§ 10 IV 1 AsylVfG 1982), begründet Abs. 1 S. 2 eine Pflicht des Bundesamtes, das Verfahren fortzuführen. Die Feststellung der Unbeachtlichkeit nach § 29 I wird gemäß Abs. 1 S. 1 1. HS ebenfalls unwirksam. Die Anfechtungsklage ist damit erle-

2

digt (vgl. OVG Hamburg, NVwZ 1984, 744 zum alten Recht). § 59 III 3 AufenthG findet keine Anwendung, es sei denn, Abs. 3 ist zu berücksichtigen.

3 Die gerichtliche Stattgabe ergreift im Regelfall, sofern Abs. 3 keine Anwendung findet, den gesamten Bescheid nach § 35. Asylrechtlicher Regelungsgehalt dieses Bescheides ist die Feststellung der Unbeachtlichkeit des Asylantrags sowie die Abschiebungsandrohung in den »sonstigen Drittstaat«. Diese Feststellung und die Verfügung werden unwirksam (Abs. 1 S. 1). Der Asylantrag ist beachtlich. Das Bundesamt hat das Verfolgungsvorbringen zu prüfen, also das Verfahren fortzuführen (Abs. 1 S. 2). Gegebenenfalls kann dies durch Gerichtsbeschluss angeordnet werden.

4 Durch die kraft Gesetzes eintretende Unwirksamkeit der dem Eilrechtsschutzverfahren zugrundeliegenden Verfügung verliert das Rechtsschutzverfahren nicht seinen Charakter als Mittel des einstweiligen Rechtsschutzes, das in Abhängigkeit zum Hauptsacheverfahren steht (BVerfGE 78, 7 (18) = EZAR 631 Nr. 4). Denn das Rechtsschutzbegehren zielt auf die Anordnung der vom Gesetz zunächst ausgeschlossenen aufschiebenden Wirkung (§ 75). Hat dieses Erfolg, knüpft das Gesetz daran die Folge, dass die Abschiebungsandrohung unwirksam wird (Abs. 1 S. 1). Damit tritt zwar die gleiche Wirkung ein, wie bei einer stattgebenden Entscheidung im Hauptsacheverfahren. Dies ergibt sich jedoch nur als gesetzlich besonders angeordnete Folge der Entscheidung im einstweiligen Verfahren. Es betrifft und ändert nicht den Gegenstand des vorläufigen Rechtsschutzverfahrens.

5 Gegenstand des Verfahrens gemäß § 80 V VwGO bleibt allein die Entscheidung über die Gewährung vorläufigen Rechtsschutzes (BVerfGE 78, 7 (18) = EZAR 631 Nr. 4). Unerheblich ist, aus welchen Gründen die uneingeschränkte Antragstattgabe erfolgt. Die Rechtsfolge des Abs. 1 S. 1 tritt etwa auch dann ein, wenn die aufschiebende Wirkung der Anfechtungsklage angeordnet wurde, weil der Asylsuchende im Zeitpunkt des Erlasses der Abschiebungsandrohung im Besitz eines Aufenthaltstitels (vgl. § 34 I 2. HS) war (Renner, AuslR, § 37 AsylVfG Rdn. 6; Funke-Kaiser, in: GK-AsylVfG, § 37 Rdn. 6).

6 Die Regelung des Abs. 1 S. 2 ist nach der obergerichtlichen Rechtsprechung im Asylfolgeantragsverfahren entsprechend anwendbar. Wird einstweiliger Rechtsschutz gewährt, ist entsprechend Abs. 1 S. 2 das Asylverfahren durchzuführen (BayVGH, EZAR 212 Nr. 9 = NVwZ-RR 1995, 608; BayVGH, EZAR 630 Nr. 32; Funke-Kaiser, in: GK-AsylVfG § 37 Rdn. 8; a. A. BVerwG, NVwZ 1996, 80 (81); VGH BW, VBlBW 1997, 111 (112); Scherer, VBlBW 1995, 175 (176); Harms, VBlBW 1995, 264 (266)). Auch die bis dahin rechtlich wirksame Abschiebungsandrohung wird danach als Folge des stattgebenden Beschlusses im Eilrechtsschutzverfahren entsprechend Abs. 1 S. 1 unwirksam (Funke-Kaiser, in: GK-AsylVfG § 37 Rdn. 8; § 71 Rdn. 175). Nachdem das BVerwG für das Folgeantragsverfahren ausdrücklich die gerichtliche Verpflichtung zur Herbeiführung der Spruchreife betont hat (BVerwGE 106, 171 (172 ff.) = NVwZ 1998, 861 (862) = EZAR 631 Nr. 45 = AuAS 1998, 149; § 71 Rdn. 315 ff.), dürfte diese Rechtsprechung überholt sein.

7 Der Vorschrift des Abs. 1 S. 2 ist der Rechtsgedanke zu entnehmen, dass die zu Unrecht verweigerte sachliche Prüfung vorrangig von der Fachbehörde nachzuholen ist. Auch im Falle der rechtswidrigen Verfahrenseinstellung

Weiteres Verfahren bei stattgebender gerichtlicher Entscheidung § 37

nach §§ 32, 33 findet daher die Vorschrift des Abs. 1 S. 2 entsprechend Anwendung (BVerwG, NVwZ 1996, 80 (81) = EZAR 631 Nr. 38 = DVBl. 1995, 857 = AuAS 1995, 201; VG Koblenz, InfAuslR 1994, 203 (204); VG Neustadt a. d. Weinstr., InfAuslR 1994, 205 (206); VG Aachen, U. 16. 4. 1996 – 5 K 501/93.A; VG Würzburg, Gerichtsbescheid v. 14. 7. 1994 – W 8 K 93.32323; a. A. OVG Hamburg, EZAR 210 Nr. 8; OVG NW, EZAR 631 Nr. 33).

3. Verlängerung der Ausreisefrist des § 36 Abs. 1 (Abs. 2)

Entsprechend den zugrundeliegenden unterschiedlichen Fallgestaltungen regelt das Gesetz die Folgen eines stattgebenden Gerichtsbeschlusses bei unbeachtlichen und offensichtlich unbegründeten Asylanträgen unterschiedlich. Da das Beachtlichkeitsurteil die Zulässigkeit des Antrags betrifft und daher Regelungsgegenstand weder die Asylberechtigung noch die Feststellung nach § 60 I AufenthG ist, ist die hierauf gerichtete Prüfung und Entscheidung bei gerichtlicher Verwerfung dieses Urteils nachzuholen. Dementsprechend werden die Feststellung der Unbeachtlichkeit und die Abschiebungsandrohung unwirksam und ist das Asylverfahren fortzuführen. 8

Anders ist die Rechtslage bei offensichtlich unbegründeten Asylbegehren. Hier regelt die Sachentscheidung nach § 31 I 1 bereits negativ die Frage der Asylberechtigung sowie der Feststellung nach § 60 I AufenthG. Die Besonderheit gegenüber normalen Verfahren ist lediglich die qualifizierte Form der Asylablehnung. Anders als im Falle des Abs. 1 S. 2 kann das Bundesamt das Verfahren nicht fortführen, weil es dieses bereits durch die qualifizierte Asylentscheidung nach § 30 abgeschlossen hat und diese jetzt Gegenstand des gerichtlichen Hauptsacheverfahrens ist. 9

Die Abschiebungsandrohung wird wie im normalen Verfahren ebenfalls im Hauptsacheverfahren überprüft und deshalb nicht unwirksam. Da mit der Stattgabe des Eilrechtsschutzantrags das Gericht das Offensichtlichkeitsurteil verworfen hat, wandelt sich das Sonderverfahren in ein normales Verfahren mit der Folge um, dass die Ausreisefrist kraft Gesetzes (Abs. 2 2. HS) der Regelung in § 38 I angeglichen wird. Dies gilt auch dann, wenn das Verwaltungsgericht im Hauptsacheverfahren anders als das Bundesamt das Asylbegehren nicht als offensichtlich, sondern nur als einfach unbegründet bewertet. In diesem Fall hebt es die einwöchige Ausreisefrist auf, sodass die Monatsfrist nach Abs. 2 2. HS Anwendung findet. Einer erneuten Fristsetzung durch das Bundesamt bedarf es nicht (VGH BW, AuAS 1998, 144). 10

Die Vorschrift des Abs. 2 ist identisch mit der Regelung in § 11 III AsylVfG 1982. In der obergerichtlichen Rechtsprechung wurde seinerzeit hervorgehoben, dass die Regelung in § 11 III AsylVfG 1982 nicht danach differenzierte, aus welchen Gründen dem Antrag stattgegeben worden war. Auch im Falle der Bekräftigung des Offensichtlichkeitsurteils sei dem Antrag stattzugeben, wenn die Abschiebungsandrohung rechtswidrig sei (Hess.VGH, NVwZ 1989, 793). 11

Maßebend für diese Rechtsprechung war insbesondere, dass die Ausländerbehörde Abschiebungshindernisse und Verfolgungstatbestände nach § 14 AuslG 1965 zu berücksichtigen hatte. Derartige Fälle werden jetzt durch 12

Abs. 3 geregelt. Denn bei Fehlen eines Aufenthaltstitels ist alleinige Voraussetzung für den Erlass der Abschiebungsandrohung die negative Entscheidung über die Asylberechtigung (vgl. § 34 I 1 2. HS).

13 Da eine festgestellte Verfolgungshandlung nach § 60 I AufenthG bzw. ein Abschiebungshindernis nach § 60 II–VII AufenthG bei der Verfügung nach § 34 nicht berücksichtigt werden darf, bleibt die Abschiebungsandrohung regelmäßig wirksam (§ 59 III 3 AufenthG). Die Folgen regeln sich nach Abs. 3. Die Verfügung kann aber deshalb rechtswidrig sein, weil ein bestehender Aufenthaltstitel (§ 34 I 1) nicht beachtet worden ist oder eine unzuständige Behörde entschieden hat (Hess.VGH, NVwZ 1989, 793). In diesen Fällen richten sich die Folgen der Antragsstattgabe nach Abs. 2.

4. Bedeutung der Abschiebungshindernisse des § 60 Abs. 2–7 AufenthG im Eilrechtsschutzverfahren (Abs. 3)

14 Abs. 3 setzt eine Abschiebungsandrohung voraus, welche die Abschiebung in mehrere bestimmte Länder für zulässig erklärt (vgl. § 59 II 1. HS AufenthG, vgl. auch § 59 III 2 AufenthG). Die Regelung zielt damit ausschließlich auf Abschiebungshindernisse nach § 60 II–VII AufenthG (BT-Drs. 12/2062, S. 34). In diesen Fällen soll zwar regelmäßig das Zielland benannt werden (§ 59 II 1. HS AufenthG). Der Betroffene kann jedoch auch in einen anderen Staat abgeschoben werden, wenn sich nachträglich herausstellt, dass er in diesen einreisen darf oder dieser zu seiner Rückübernahme verpflichtet ist (vgl. § 59 II 2. HS AufenthG). Dies setzt jedoch eine nachträgliche Zielstaatsbestimmung durch das Bundesamt durch ergänzenden oder Neubescheid voraus (§ 34 Rdn. 71 ff., 149 f.).

15 Die Regelung des Abs. 3 erfordert, dass in der Abschiebungsandrohung der Zielstaat konkret benannt worden ist (§ 59 II 1. HS AufenthG). Hat das Bundesamt keinen Staat bezeichnet, findet Abs. 3 deshalb keine Anwendung. War im gerichtlichen Eilrechtsschutzverfahren die aufschiebende Wirkung angeordnet worden, weil die Feststellung der Unbeachtlichkeit nach § 29 bzw. das Offensichtlichkeitsurteil nach § 30 rechtlichen Bedenken begegnete, findet Abs. 3 von vornherein keine Anwendung. Denn nach der gesetzlichen Begründung soll diese Vorschrift ausschließlich in den Fällen, in denen der Eilrechtsbeschluss allein wegen des Vorliegens von Abschiebungshindernissen nach § 60 II–VII AufenthG ergangen war, eine nachträgliche Korrektur ermöglichen.

16 Abs. 3 ist von vornherein nicht anwendbar, wenn der Verfolgungstatbestand nach § 60 I AufenthG in Rede steht (Renner, AuslR, § 37 AsylVfG Rdn. 8; Funke-Kaiser, in: GK-AsylVfG, § 37 Rdn. 16). Regelmäßige Rechtsfolge der Feststellung des Bundesamtes nach § 60 I AufenthG ist die Entstehung des Anspruchs auf Erteilung der Aufenthaltserlaubnis nach § 25 II AufenthG. Nur in den Fällen des § 60 VIII AufenthG oder in denen eines aufnahmebereiten Drittstaates (vgl. § 60 X 2 AufenthG) tritt diese Rechtsfolge nicht ein.

17 Dies ergibt sich auch aus einer gesetzessystematischen Betrachtungsweise: Hauptanwendungsfall des § 60 I AufenthG ist der Fall der anderweitigen Verfolgungssicherheit (§ 27). Gerade auf diese Fälle zielt § 60 X 2 AufenthG. Be-

kräftigt das Verwaltungsgericht das Offensichtlichkeitsurteil nach § 29 I mit Blick auf einen *Voraufenthalt* in dem betreffenden Drittstaat, hat es noch zu prüfen, ob das Bundesamt § 60 X 2 AufenthG sachgerecht angewendet hat. Es prüft damit, ob die *in die Zukunft gerichtete Prognose* ergibt, dass der Flüchtling in dem bezeichneten Staat effektiv vor Abschiebung in sein Herkunftsland geschützt ist. Ist das nicht der Fall, wird dem Antrag mit der Folge stattgegeben, dass die Verfügung unwirksam wird (Abs. 1 S. 1). Das Verfahren ist fortzuführen (Abs. 1 S. 2). Ein Wiedereintritt der Vollziehbarkeit einer Verfügung, die unwirksam ist, ist rechtlich nicht möglich.

Die Vorschrift des Abs. 3 setzt danach voraus, dass im vorläufigen Rechtsschutzverfahren die zugrundeliegende Wertung der Offensichtlichkeit nach § 29 I (§ 35 S. 1) oder nach § 30 (§ 34) vom Verwaltungsgericht nicht in Frage gestellt wird, jedoch Abschiebungshindernisse nach § 60 II–VII AufenthG vorliegen. Teilt es die Feststellung des Bundesamtes nicht, greifen Abs. 1 oder 2 ein. Abs. 3 kann keine Anwendung finden. **18**

Es kann sein, dass das Bundesamt bereits Abschiebungshindernisse festgestellt hat oder das Verwaltungsgericht diese bejaht. Im ersten Fall hat das Bundesamt die Verfügung nach § 34 oder § 35 erlassen und das Verwaltungsgericht ist bei Bestätigung des Offensichtlichkeitsurteils (§§ 29 I, 30) auf die Überprüfung der Bezeichnungspflicht (§ 59 III 2 AufenthG) sowie der Beachtung der Sollvorschrift des § 59 II 1. HS AufenthG beschränkt. Im zweiten Fall hat das Verwaltungsgericht ebenfalls § 59 III 2 AufenthG zu berücksichtigen. Ist eine Abschiebung nicht möglich, weil § 59 III 2 AufenthG dem entgegensteht, ordnet das Gericht die aufschiebende Wirkung an. Die Verfügung selbst bleibt wirksam (§ 59 III 3 AufenthG). Ihre Vollziehung ist jedoch nicht zulässig. **19**

Diese Wirkung der relativen Abschiebungshindernisse ist die Ratio des Regelungszusammenhangs zwischen Abs. 3 und § 59 AufenthG: Die Abschiebungsandrohung ist bei bloßen Abschiebungshindernissen lediglich nach Maßgabe von § 59 III 2 AufenthG beschränkt. Kann ein Staat, in den abgeschoben werden darf, nicht festgestellt werden, bleibt die Vollziehung unzulässig. Werden jedoch ein oder mehrere Staaten nach § 59 II 1. HS AufenthG bezeichnet und ist diese mit den Anforderungen des § 59 III 2 AufenthG vereinbar, wird in diesen Staat abgeschoben. **20**

Selbstverständlich greift diese Wirkung von vornherein nicht ein, wenn das Offensichtlichkeitsurteil nach § 29 I oder § 30 vom Verwaltungsgericht verworfen wird. Hier regelt sich das weitere Verfahren nach Abs. 1 und 2. Auch wenn die Verfügung an anderen Fehlern leidet, treten die Folgen des Abs. 1 oder 2 ein. Abs. 3 greift nur ein, wenn allein Abschiebungshindernisse nach § 60 II–VII AufenthG festgestellt worden sind und die Frage der Vollziehung zu überprüfen ist. **21**

Abs. 3 kann nicht so verstanden werden, als würde hiermit eine Vorratsverwaltung für einen unbestimmten Zeitraum eingerichtet. Diese Regelung ist vielmehr notwendiges Korrelat zu der offenen Regelung in § 59 II 2. HS AufenthG. Das Gericht muss sich im Zeitpunkt seiner Entscheidung (§ 77 I) klar werden, ob es wegen eines bestehenden Abschiebungshindernisses nach § 60 II–VII AufenthG die Abschiebung in keinen Staat, in einen bestimmten oder in mehrere bestimmte Staaten für zulässig erachtet. Das Gericht muss **22** daher in seinem Beschluss hinreichend deutlich machen, hinsichtlich welchen Zielstaats es die Abschiebungsandrohung weiterhin für vollziehbar (vgl. § 59 III 3 AufenthG) erachtet. Nachträgliche Änderungen der Sachlage setzen ein Widerrufsverfahren (§ 73 III) voraus.

§ 38 Ausreisefrist bei sonstiger Ablehnung und bei Rücknahme des Asylantrags

(1) In den sonstigen Fällen, in denen das Bundesamt den Ausländer nicht als Asylberechtigten anerkennt, beträgt die dem Ausländer zu setzende Ausreisefrist einen Monat. Im Falle der Klageerhebung endet die Ausreisefrist einen Monat nach dem unanfechtbaren Abschluß des Asylverfahrens.
(2) Im Falle der Rücknahme des Asylantrages vor der Entscheidung des Bundesamtes beträgt die dem Ausländer zu setzende Ausreisefrist eine Woche.
(3) Im Falle der Rücknahme des Asylantrages oder der Klage kann dem Ausländer eine Ausreisefrist bis zu drei Monaten eingeräumt werden, wenn er sich zur freiwilligen Ausreise bereit erklärt hat.

Übersicht

		Rdn.
1.	Vorbemerkung	1
2.	Fristsetzung bei einfach unbegründeter Ablehnung des Asylantrags (Abs. 1)	3
2.1.	Fristsetzung bei Verzicht auf Rechtsmittel (Abs. 1 Satz 1)	3
2.2.	Fristsetzung bei Klageerhebung (Abs. 1 Satz 2)	7
2.3.	Zwingende Fristbestimmung nach Abs. 1 Satz 1 und 2	9
3.	Fristsetzung bei Rücknahme des Asylantrages (Abs. 2)	12
4.	Fristsetzung bei freiwilliger Rücknahme des Asylantrags (Abs. 3)	16

1. Vorbemerkung

1 Diese Vorschrift entspricht im Wesentlichen der Regelung in § 28 II AsylVfG 1982, lässt aber über die zwingende *Monatsfrist* nach Abs. 1 hinaus anders als nach früherem Recht keinen behördlichen Spielraum. Die Ausnahmen von der Monatsfrist betreffen unbeachtliche und offensichtlich unbegründete Asylanträge (§ 36 I) sowie die Fälle nach Abs. 2. Hier beträgt die Ausreisefrist lediglich eine Woche (§ 36 I). Wird dem Eilrechtsschutzantrag im Falle des unbeachtlichen Asylantrags stattgegeben, wird regelmäßig mit der Abschiebungsandrohung auch die Fristsetzung unwirksam (§ 37 1 1). Bei offensichtlich unbegründeten Anträgen hat die Stattgabe des Eilrechtsschutzantrags eine mit Abs. 1 S. 2 identische Regelung zur Folge (vgl. § 37 II).

2 Die Vorschrift des Abs. 3 ist erst im Zuge der Gesetzesberatungen eingefügt worden und soll die Bereitschaft des Asylsuchenden zum freiwilligen Rücknahme des Asylantrags fördern.

2. Fristsetzung bei einfach unbegründeter Ablehnung des Asylantrags (Abs. 1)

2.1. Fristsetzung bei Verzicht auf Rechtsmittel (Abs. 1 Satz 1)

Nach Abs. 1 S. 1 beträgt die Ausreisefrist einen Monat, wenn das Bundesamt den Asylsuchenden nicht als Asylberechtigten anerkennt. Die gesetzliche Formulierung ist ungenau. Denn die Fristsetzung nach Abs. 1 S. 1 ist von der einwöchigen Fristregelung für offensichtlich unbegründete Asylanträge nach § 36 I abzugrenzen, die eine qualifizierte Form der – auf die Asylberechtigung wie auf den Abschiebungsschutz nach § 60 I AufenthG zielenden – Ablehnung des Asylantrags darstellen. Auch aus gesetzessystematischen Gründen ist an den Antragsbegriff nach § 13 I anzuknüpfen, sodass Abs. 1 S. 1 dahin zu ergänzen ist, dass auch im Falle der einfach unbegründeten Ablehnung des Antrags auf Gewährung von internationalen Schutz nach § 60 I AufenthG die Ausreisefrist einen Monat beträgt.

Diese Ergänzung gilt auch für die Regelung des Abs. 1 S. 2. Zunächst ist Abs. 1 S. 2 auf den Fall der Klageerhebung gegen die Versagung der Asylanerkennung gemünzt. Aber auch im Falle der Klageerhebung gegen die einfach-unbegründete Ablehnung des Antrags auf Gewährung von internationalen Schutz nach § 60 I AufenthG endet die Ausreisefrist einen Monat nach unanfechtbarem Abschluss des Asylverfahrens.

Während § 34 I 1 Rechtsgrundlage sowohl für offensichtlich unbegründete wie auch für einfach unbegründete Asylablehnungen ist, ist die Fristsetzung unterschiedlich geregelt. Im ersten Fall beträgt die Ausreisefrist eine Woche (§ 36 I); im zweiten Fall endet sie einen Monat nach Unanfechtbarkeit der Abschiebungsandrohung (Abs. 1 S. 1). Legt der Asylsuchende im letzteren Fall keinen Rechtsbehelf gegen die Verfügung ein, wird diese nach Ablauf von zwei Wochen nach Zustellung (§ 74 I 1. HS) bestandskräftig. Stellt er keinen Eilrechtsschutzantrag wird der Bescheid nach Ablauf einer Woche bestandskräftig.

Unklar ist, ob in entsprechender Anwendung von Abs. 1 S. 2 erst mit dem Eintritt der Unanfechtbarkeit der Abschiebungsandrohung die Ausreisefrist oder ob sie bereits mit dem Zeitpunkt der Zustellung zu laufen beginnt. Abs. 1 S. 1 ist dahin zu verstehen, dass im Falle des Verzichts auf Rechtsmittel die Ausreisefrist mit dem Zeitpunkt des Eintritts der Unanfechtbarkeit zu laufen beginnt (a. A. Funke-Kaiser, in: GK-AsylVfG, § 38 Rdn. 3). Ist die Ausreisefrist abgelaufen, ist die Verfügung vollziehbar. Der Asylsuchende wird abgeschoben, wenn er nicht freiwillig ausreist (§ 58 I AufenthG).

2.2. Fristsetzung bei Klageerhebung (Abs. 1 Satz 2)

Legt der Asylsuchende ein Rechtsmittel ein, hat dieses aufschiebende Wirkung. Dies ergibt sich für die Anfechtungsklage aus § 75 und für die isolierte Verpflichtungsklage aus Abs. 1 S. 2. Ist das Verwaltungsstreitverfahren unanfechtbar abgeschlossen, endet die Ausreisefrist einen Monat nach Eintritt der

Rechtskraft des Urteils (Abs. 1 S. 2). Anders als § 28 II AsylVfG 1982 verwendet Abs. 1 S. 2 nicht den Begriff der Ablehnung. Dies ist jedoch lediglich eine redaktionelle Änderung. Denn Abs. 1 S. 2 setzt eine Asylablehnung nach Abs. 1 S. 1 und eine Abschiebungsandrohung gemäß § 34 I 1 voraus.

8 Verweigert das Bundesamt die Asylanerkennung, stellt es aber die Voraussetzungen nach § 60 I AufenthG fest, unterbleibt wegen des dadurch begründeten regelmäßigen Anspruchs auf Erteilung der Aufenthaltserlaubnis (vgl. § 25 II AufenthG) für den Regelfall die Abschiebungsandrohung (§ 34 Rdn. 11). Nur für den Fall des § 60 VIII AufenthG wird die Abschiebungsandrohung erlassen und endet im Falle der Klageerhebung die Ausreisefrist einen Monat nach unanfechtbarem Abschluss des Verfahrens.

2.3. Zwingende Fristbestimmung nach Abs. 1 Satz 1 und 2

9 Anders als nach altem Recht beträgt die Fristsetzung nach Abs. 1 S. 1 und 2 nunmehr *zwingend* einen Monat. Die Berücksichtigung individueller Besonderheiten für die Fristgestaltung ist damit nicht mehr zulässig. Die Monatsfrist beginnt mit dem Zeitpunkt der Unanfechtbarkeit der Ablehnung. Nach Ablauf der Monatsfrist ist sie vollziehbar. Empfehlenswert und in der Praxis üblich ist der behördliche Hinweis auf den Fristablauf. Denn es kann nicht erwartet werden, dass der Asylsuchende – wegen der regelmäßig langen Verfahrensdauer – nach so langer Zeit noch den präzisen Fristablauf erinnert. Häufig wird er auch keine genauen Vorstellungen über den Zeitpunkt der Zustellung des Urteils haben. Daher ist auch weiterhin anzuempfehlen, den Asylsuchenden nach Abschluss des Verfahrens gesondert auf den Ausreisetermin hinzuweisen.

10 Hierin ist keine erneute Fristsetzung entgegen der zwingenden Regelung von Abs. 1 S. 2 zu sehen. Vielmehr verschafft sich die Ausländerbehörde damit Gewissheit über die freiwillige Bereitschaft zur Ausreise (§ 58 I 1. HS AufenthG). Allein der Umstand der Nichtausreise nach Fristablauf kann angesichts der oben geschilderten Umstände des Verfahrensablaufes nicht die Annahme rechtfertigen, der Betreffende werde nicht freiwillig ausreisen. Ein konkretes Indiz für die Verweigerung der Ausreise wäre allerdings, wenn trotz eines Hinweises auf den Ausreisetermin keine Ausreise festgestellt werden kann. Daher sollte auch weiterhin durch Zusendung einer entsprechend gestalteten Grenzübertrittsbescheinigung gesondert auf diesen Termin hingewiesen werden.

11 Einen Sonderfall regelt § 43 III für Ehegatten und minderjährige Kinder. Wird das Asylverfahren eines Familienangehörigen zu einem früheren Zeitpunkt als das der übrigen Angehörigen beendet, wird zwar nicht die vom Bundesamt gesetzte Ausreisefrist verlängert, jedoch darf die Ausländerbehörde über das Fristende nach Abs. 1 S. 1 hinaus die Abschiebung aussetzen. Der Familienangehörige, dessen Verfahren früher beendet ist, erhält nach Fristablauf in entsprechender Anwendung eine Duldungsbescheinigung nach § 60 a IV AufenthG. Die Art. 6 I, II GG Rechnung tragende Regelung des § 43 III enthält im Hinblick auf die Aussetzung der Abschiebung keine abschließende

Regelung, d. h. auch andere rechtliche oder tatsächliche Vollstreckungshindernisse (§ 60 a II AufenthG) können eine Verlängerung der Ausreisefrist rechtfertigen.

3. Fristsetzung bei Rücknahme des Asylantrages (Abs. 2)

Entsprechend der Fristsetzung bei unbeachtlichen und offensichtlich unbegründeten Asylanträgen (§ 36 I) bestimmt die Vorschrift des Abs. 2, dass die Ausreisefrist im Falle der Rücknahme des Asylantrages vor der Zustellung der Sachentscheidung nach § 31 I 1 eine Woche beträgt. Aus der Privilegierung der freiwilligen Ausreise in Abs. 3 ergibt sich, dass Abs. 2 auf die fingierte Rücknahme nach § 33 I gemünzt ist. Im Falle der Ablehnung des Asylantrags als unbeachtlich oder offensichtlich unbegründet regelt § 36 I die einwöchige Ausreisefrist. In den Fällen des § 36 I und von Abs. 2 enthält das Gesetz eine zwingende Fristbestimmung. Auch insoweit gilt jedoch § 43 III und hat die Ausländerbehörde aus zwingenden rechtlichen und tatsächlichen Gründen die Ausreisefrist zu verlängern (vgl. § 60a II AufenthG). 12

Das Bundesamt geht im Falle der Rücknahme des Asylantrags vor der Zustellung der Sachentscheidung nach § 32 vor und verfügt regelmäßig zugleich die Abschiebungsandrohung nach § 34. Dabei hat es allerdings Abschiebungshindernisse nach § 60 II–VII AufenthG zu prüfen (§ 32). 13

Gegen die im Zusammenhang mit der Rücknahme des Asylantrags verfügte Verfahrenseinstellung kann der Antragsteller Anfechtungsklage erheben. Diese hat allerdings keine aufschiebende Wirkung (vgl. § 75). Der Asylsuchende muss daher einen Antrag auf Anordnung der aufschiebenden Wirkung beim zuständigen Verwaltungsgericht stellen. Die Sondervorschriften des § 36 III und IV finden in diesem Fall keine Anwendung (Funke-Kaiser, in: GK-AsylVfG, AsylVfG, § 38 Rdn. 10). 14

Wegen der besonderen Struktur des Asylverfahrens kommt beim Streit über die Wirksamkeit der Verfahrenseinstellung eine Verpflichtungsklage auf Asylanerkennung und Gewährung von internationalem Schutz nach § 60 I AufenthG nicht in Betracht (BVerwG, NVwZ 1996, 80 (81) = EZAR 631 Nr. 38 = DVBl. 1995, 857 = AuAS 1995, 201). Nach gerichtlicher Aufhebung der Einstellungsverfügung hat das Bundesamt das Verfahren fortzuführen, da dieses noch anhängig ist. Sollte sich das Bundesamt indes weigern, das Verfahren fortzuführen, kommt eine Verpflichtungsklage in Betracht (Funke-Kaiser, in: GK-AsylVfG, AsylVfG, § 38 Rdn. 9). 15

4. Fristsetzung bei freiwilliger Rücknahme des Asylantrags (Abs. 3)

Die Regelung in Abs. 3 privilegiert jene Asylsuchende, die sich freiwillig zur Rücknahme ihres Asylantrages oder ihrer Klage bereit erklären. Durch diese Regelung sollen gerichtliche Vergleichsbemühungen erleichtert werden. Die Vorschrift ist in jeder Verfahrensphase, also auch vor der Sachentscheidung des Bundesamtes anwendbar. Auch im Verwaltungsverfahren kann deshalb 16 von dieser Möglichkeit Gebrauch gemacht werden. Stellt sich etwa während der Anhörung die völlige Erfolglosigkeit des Asylantrags heraus und ist der Antragsteller zu einer einvernehmlichen Lösung bereit, etwa weil er Auswanderungsalternativen bezogen auf dritte Staaten hat oder ihm eine Rückkehr ins Herkunftsland zumutbar erscheint, ist das Vorgehen nach Abs. 3 für alle Beteiligten erfreulicher als das Verfahren nach § 36 I.

17 Es versteht sich ohne weiteres, dass Grundlage einer derartigen Verfahrensweise die *freie* Willensentscheidung des Asylsuchenden sein muss. Insoweit trifft das Bundesamt oder die Ausländerbehörde eine besondere Belehrungspflicht (§ 25 VwVfG), insbesondere ist auf die Folgen der Rücknahme des Asylantrags hinzuweisen und alles zu unterlassen, was die freiwillige Willensentscheidung und die dieser zugrundeliegende Einsichtsfähigkeit beeinträchtigen könnte.

18 Eine Anfechtung der Rücknahmeerklärung ist entsprechend den Grundsätzen zur Unwiderruflichkeit von Prozesserklärungen im Verwaltungsprozess (s. hierzu § 74 Rdn. 228 ff.) wohl nicht möglich, wohl aber die Stellung eines Folgeantrages unter den in § 71 geregelten Voraussetzungen.

§ 39 Abschiebungsandrohung nach Aufhebung der Anerkennung

(1) Hat das Verwaltungsgericht die Anerkennung aufgehoben, erläßt das Bundesamt nach dem Eintritt der Unanfechtbarkeit der Entscheidung unverzüglich die Abschiebungsandrohung. Die dem Ausländer zu setzende Ausreisefrist beträgt einen Monat.

(2) Hat das Bundesamt in der aufgehobenen Entscheidung von der Feststellung, ob die Voraussetzungen des § 60 Abs. 2 bis 7 des Aufenthaltsgesetzes vorliegen, abgesehen, ist diese Feststellung nachzuholen.

Übersicht

	Rdn.
1. Zweck der Vorschrift	1
2. Voraussetzungen der Abschiebungsandrohung nach Abs. 1 Satz 1	5
3. Zwingende Ausreisefrist von einem Monat (Abs. 1 Satz 2)	16
4. Prüfung von Abschiebungshindernissen nach § 60 Abs. 2 bis 7 AufenthG (Abs. 2)	19
5. Rechtsschutz	24

1. Zweck der Vorschrift

1 Diese Vorschrift hat kein Vorbild im AsylVfG 1982. Sie betrifft die Fälle, in denen das Bundesamt den Antragsteller als Asylberechtigten anerkannt hat, diese Entscheidung aber aufgrund einer Anfechtungsklage des Bundesbeauftragten durch das Gericht aufgehoben wird. In diesem Fall gilt das auf die Asylanerkennung gerichtete Verwaltungsverfahren mit Eintritt der Rechts-

kraft des Urteils als beendet (VG Frankfurt am Main, AuAS 2004, 20 (21)). Auf die Gewährung von Abschiebungsschutz nach § 51 I AuslG 1990 findet die Vorschrift keine Anwendung (Renner, AuslR, § 39 AsylVfG Rdn. 3; a. A. VG Neustadt an der Weinstr., B. v. 24. 10. 2003 – 5 L 2451/03.NW). Da nach § 87b der Bundesbeauftragte in allen Fällen Klage erheben kann, in denen der Bescheid des Bundesamtes vor dem 1. September 2004 zugestellt worden war, wird die Vorschrift des § 39 noch für mehrere Jahre Bedeutung behalten. Erst wenn sämtliche durch den Bundesbeauftragten anhängig gemachten Klageverfahren beendet sein werden, wird § 39 bedeutungslos.

Die frühere Rechtsprechung hatte zwar in § 28 I 1 AsylVfG 1982 die spezielle Rechtsgrundlage für aufenthaltsbeendende Maßnahmen in *allen* Fällen, in denen ein Asylsuchender keinen anderen Rechtstitel für seinen Aufenthalt als sein (erfolglos gebliebenes) Asylgesuch hatte, gesehen (BVerwGE 74, 189 (194) = InfAuslR 1986, 229 = DVBl. 1986, 840 = EZAR 223 Nr. 12; OVG NW, EZAR 223 Nr. 11). Auch sollte es nicht darauf ankommen, ob der negative Asylbescheid bereits unanfechtbar geworden war und wie lange der Eintritt der Unanfechtbarkeit zurücklag (BVerwGE 74, 189 (194)). 2

Erkennbar zielte diese Rechtsprechung aber auf den Fall der Asylablehnung, bei dem die Ausländerbehörde erst später eine Ausreiseaufforderung erlassen hatte. Hingegen bildet § 39 auch für die Fälle eine Rechtsgrundlage für einen aufenthaltsbeendenden Titel, in denen der Antragsteller zunächst im Verwaltungsverfahren mit Blick auf sein asylrechtliches Schutzbegehren erfolgreich war, das Verwaltungsgericht diese Entscheidung aber wieder aufgehoben hat. 3

Nicht unmittelbar geregelt im Gesetze sind die Fälle, in denen auch das Verwaltungsgericht, möglicherweise selbst das Berufungsgericht, die Entscheidung des Bundesamtes bestätigt, die nächstfolgende Instanz aber das Urteil aufhebt, das Verwaltungsstreitverfahren also mit einer rechtskräftigen Verwerfung der Asylanerkennung endet. In diesen Fällen ist die Vorschrift des § 39 entsprechend anwendbar. 4

2. Voraussetzung der Abschiebungsandrohung nach Abs. 1 Satz 1

Voraussetzung für die Anwendung von Abs. 1 S. 1 ist ein vor dem 1. September 2004 zugestellter Bescheid des Bundesamtes (vgl. § 87 b), mit dem eine Asylanerkennung nach § 1 I oder § 26 I 1 ausgesprochen wurde und die aufgrund der Anfechtungsklage des Bundesbeauftragten durch das Verwaltungsgericht aufgehoben worden ist. Wurden die Voraussetzungen nach § 51 I AuslG 1990 durch das Bundesamt festgestellt, etwa weil die Voraussetzungen für die Asylanerkennung verneint worden war oder der Antragsteller seinen Asylantrag von vornherein auf die Gewährung des Abschiebungsschutzes nach § 51 I AuslG 1990 beschränkt hatte (§ 31 II 2), hatte das Bundesamt nach Maßgabe des § 34 die Abschiebungsandrohung zu erlassen. Die Ausreisefrist wurde für diesen Fall in § 38 I geregelt. War ein aufnahmebereiter Drittstaat nicht feststellbar (§ 51 IV 2 AuslG 1990), unterblieb zwar die Abschiebungsandrohung (§ 34 I 1 in Verb. mit § 51 IV 2 AuslG 1990). Der sich 5 möglicherweise an diese Entscheidung anschließende und durch den Bundesbeauftragten veranlasste Rechtsstreit ist aber nicht der in Abs. 1 S. 1 angesprochene.

6   Der Wortlaut von Abs. 1 S. 1 ist eindeutig und einer erweiternden Auslegung nicht zugänglich. Im Übrigen ist der Bundesbeauftragte von seiner Rechtsstellung her auf die Anfechtungsklage beschränkt (BVerwG, InfAuslR 1989, 353; BVerwG, Buchholz 402.25 § 5 AsylVfG Nr. 7). Er kann also im Falle der Gewährung von Abschiebungsschutz nach § 51 I AuslG 1990 nicht Verpflichtungsklage mit dem Ziel erheben, das Bundesamt zum Erlass der Abschiebungsandrohung nach § 34 I 1 zu zwingen, etwa weil seiner Ansicht nach ein aufnahmebereiter Drittstaat (§ 34 I 1 in Verb. mit § 51 IV 2 AuslG 1990) vorhanden gewesen wäre.

7   Hatte das Bundesamt die Voraussetzungen nach § 51 I AuslG 1990 festgestellt und mangels eines aufnahmebereiten Drittstaates die Abschiebungsandrohung unterlassen, kann Abs. 1 S. 1 im Falle der gerichtlichen Aufhebung der Sachentscheidung – wenn das Gericht anders als das Bundesamt einen aufnahmebereiten Drittstaat feststellt – keine Anwendung finden (a. A. VG Ansbach, InfAuslR 1998, 254 = NVwZ-Beil. 1998, 76: Abs. 1 S. 1 ist analog anwendbar).

8   Sieht man in § 34 I 1 allerdings wie die Rechtsprechung früher in der Regelung des § 28 AsylVfG 1982 eine eigenständige Rechtsgrundlage für alle Fälle, in denen der Ausländer keinen anderen Aufenthaltstitel als sein (erfolgloses) Asylverfahren hat, hat das Bundesamt die Abschiebungsandrohung nach § 34 I 1 zu verfügen. Denkbar ist aber auch, dass die Ausländerbehörde nach allgemeinem Ausländerrecht aufenthaltsbeendende Maßnahmen durchgeführt hatte. Entsprechend der besonderen Struktur des Asylverfahrens spricht vieles dafür, dass in diesem Fall das Bundesamt die Abschiebungsandrohung nachträglich nach Maßgabe des § 34 I 1 zu erlassen hat.

9   Abs. 1 S. 1 zielt demnach *ausschließlich auf* den Fall der Anerkennung der Asylberechtigung. Weitere Rechtmäßigkeitsvoraussetzung für den Erlass der Abschiebungsandrohung nach Abs. 1 S. 1 ist der Eintritt der *Rechtskraft* des erstinstanzlichen Aufhebungsurteils. Hat der Bundesbeauftragte in der ersten Gerichtsinstanz Erfolg, lässt das Berufungsgericht indes auf den Antrag des Asylsuchenden die Berufung zu und findet möglicherweise ein Revisionsverfahren statt, welches zur Zurückverweisung der Sache an das Berufungsgericht führt, ist die Entscheidung des Verwaltungsgerichts nicht unanfechtbar geworden.

10 Erst wenn das aufhebende Urteil nicht mehr mit Rechtsmitteln angreifbar ist, etwa weil der Zulassungsantrag durch das Berufungsgericht zurückgewiesen oder das BVerwG die Zulassungsbeschwerde im ersten oder im zweiten Durchgang nach Zurückverweisung an das Berufungsgericht und erneutem Berufungsurteil zurückweist, erwächst das erstinstanzliche Urteil in Rechtskraft. Damit steht unanfechtbar fest, dass dem Asylsuchenden das zunächst gewährte Asylrecht nicht zusteht. Eine Verfassungsbeschwerde hindert nicht den Eintritt der Rechtskraft. Hebt das Bundesamt seine eigene Asylanerkennungsentscheidung nach § 73 im Wege des Widerrufs oder der Rücknahme

auf, so findet Abs. 1 S. 1 nach dem eindeutigen Gesetzeswortlaut keine Anwendung.

Abs. 1 S. 1 verpflichtet das Bundesamt, *unverzüglich,* d. h. ohne schuldhaftes Verzögern die Abschiebungsandrohung zu erlassen. Da das Bundesamt nach Abs. 2 zu prüfen hat, ob Abschiebungshindernisse nach § 60 II–VII AufenthG bestehen und wegen der häufig jahrelangen Verfahrensdauer nachträglich in diesem Zusammenhang zu berücksichtigende Gründe entstanden sein können, hat es vor Erlass der Abschiebungsandrohung den Antragsteller *persönlich anzuhören* (so auch VG Arnsberg, B. v. 3. 9. 1996 – 11 L 1143/96.A; VG Düsseldorf, B. v. 25. 6. 1998 – 18 L 2782/98.A; Treiber, in: GK-AsylVfG, § 39 Rdn. 14 ff., mit überzeugenden Gründen). 11

Die Vorschrift des § 34 I 2 findet deshalb keine Anwendung. Die Anhörung kann nicht etwa deswegen unterbleiben, weil das Bundesamt die gerichtlichen Akten auswerten könnte. Denn dort werden regelmäßig im Rahmen des § 60 II–VII AufenthG zu beachtende Tatsachen und Umstände nicht ermittelt. Unverzüglich im Sinne des Gesetzes bedeutet daher, dass das Bundesamt nach Eintritt der Unanfechtbarkeit der gerichtlichen Aufhebung der Asylanerkennung den Asylsuchenden unverzüglich persönlich anhört und anschließend ebenso unverzüglich die Abschiebungsandrohung erlässt. 12

Die Abschiebungsandrohung nach Abs. 1 S. 1 ist eine besondere Form der Abschiebungsandrohung nach § 34 I 1, d. h. das Bundesamt darf die Abschiebungsandrohung nach Abs. 1 S. 1 nur nach Maßgabe der § 59 II, III, § 60 X AufenthG erlassen. Das rechtskräftige Aufhebungsurteil ist damit kein Freibrief, ohne weitere Prüfung die Abschiebungsandrohung zu erlassen. Abs. 2 ist nur *ein* Beispielsfall für Gesichtspunkte, welche das Bundesamt vor dem Erlass der Abschiebungsandrohung zu prüfen hat. 13

Die Asylanerkennung kann etwa wegen Nichterheblichkeit subjektiver Nachfluchtgründe oder wegen einer Fluchtbeendigung im Drittstaat aufgehoben worden sein, ohne dass damit der bereits gewährte Abschiebungsschutz nach § 51 I AuslG 1990 berührt sein muss. In diesem Fall ist aber zu bedenken, dass das Bundesamt zwar die Asylanerkennung versagt, jedoch die Feststellung nach § 51 I AuslG 1990 getroffen und deshalb der Berechtigte für den Regelfall eine Aufenthaltsbefugnis (vgl. § 70 I) erhalten hat, die mit Wirkung zum 1. Januar 2005 als Aufenthaltserlaubnis nach § 25 II AufenthG fortgilt (vgl. § 101 II AufenthG). Für den Fall der Klageabweisung der gegen die Asylversagung gerichteten Verpflichtungsklage sind in diesem Fall keine aufenthaltsbeendenden Maßnahmen zulässig (vgl. § 34 I 1). 14

Nach § 34 I 1 darf das Bundesamt mithin die Abschiebungsandrohung nicht verfügen, wenn der Asylsuchende im Besitz eines Aufenthaltstitels ist. Das Bundesamt darf darüber hinaus bei der Zielstaatsbestimmung nach § 59 II 1. HS AufenthG insbesondere die Staaten nicht bezeichnen, in denen Gefahren im Sinne des § 60 II–VII AufenthG drohen (vgl. Abs. 2). Auch wenn nach Abs. 1 S. 1 das Bundesamt die Abschiebungsandrohung zu erlassen hat, hat es insofern einen Regelungsspielraum, als es gemäß § 59 III 2 AufenthG zu prüfen hat, ob Abschiebungshindernisse gemäß § 60 II–VII AufenthG vorliegen (VG Arnsberg, B. v. 3. 9. 1996 – 11 L 1143/96.A). Diese Verpflichtung wird durch Abs. 2 ausdrücklich bekräftigt. Bei staatenlosen Asylsuchenden kann 15 regelmäßig überhaupt kein Zielstaat genannt werden (s. hierzu im Einzelnen § 34 Rdn. 112 ff.).

3. Zwingende Ausreisefrist von einem Monat (Abs. 1 Satz 2)

16 Nach Abs. 1 S. 2 beträgt die Ausreisefrist einen Monat. Regelmäßig wird es sich um Fälle handeln, in denen mit der Aufhebung der Asylanerkennung zugleich auch rechtskräftig die tatbestandlichen Voraussetzungen Abschiebungsschutzes nach § 51 I AuslG 1990 versagt worden ist. Abs. 1 S. 2 betrifft damit die Fälle, in denen der Bundesbeauftragte erfolgreich sowohl die Asylerkennung wie auch die Gewährung von Abschiebungsschutz nach § 51 I AuslG 1990 angefochten hat. In einem derartigen Fall erlässt das Bundesamt unverzüglich die Abschiebungsandrohung nach Abs. 1 S. 1 und setzt dem Asylsuchenden eine Ausreisefrist von einem Monat (Abs. 1 S. 2). Der Fristbeginn berechnet sich nach den in § 38 I aufgestellten Grundsätzen.

17 Die Monatsfrist des Abs. 1 S. 2 ist der Regelung in § 38 I nachgebildet und wie diese eine zwingende Frist, welche für die Berücksichtigung individueller Besonderheiten keinen Raum lässt. Obwohl der Asylsuchende in derartigen Fällen häufig einen langjährigen Aufenthalt im Bundesgebiet verbracht hat, ist der gesetzgeberische Wille mit Blick auf die Anordnung der Ausreisefrist eindeutig. Allerdings kann § 43 III Anwendung finden, etwa wenn die engeren Familienangehörigen später nachgereist sind und deren Asylverfahren noch nicht beendet ist. Auch im Übrigen können rechtliche oder tatsächliche Vollstreckungshindernisse (§ 60 a II AufenthG) eine längere Ausreisefrist gebieten.

18 Die Vorschrift des § 38 III findet keine Anwendung. Wegen des zunächst positiven Verfahrensausgangs dürfte es auch an einem Interesse des Asylsuchenden fehlen, vorzeitig das Asylverfahren durch Antragsrücknahme zu beenden.

4. Prüfung von Abschiebungshindernissen nach § 60 Abs. 2 bis 7 AufenthG (Abs. 2)

19 Hat das Bundesamt in der aufgehobenen Entscheidung von der Feststellung abgesehen, ob Abschiebungshindernisse nach § 53 AuslG 1990 bestehen (vgl. § 31 III 2 Nr. 1, V), ist diese Feststellung gemäß Abs. 2 nach Eintritt der Unanfechtbarkeit der gerichtlichen Aufhebung der Asylanerkennung nachzuholen. Die Regelung in Abs. 2 ist notwendig, weil das Bundesamt bei der Asylanerkennung von der Feststellung von Abschiebungshindernissen nach § 53 AuslG 1990 absehen konnte (§ 31 III 2 Nr. 1, V) und in aller Regel in der Praxis auch so verfahren ist und auch weiterhin verfährt. In diesen Fällen hat das Bundesamt die Prüfung von Abschiebungshindernissen – nunmehr nach Maßgabe von § 60 II–VII AufenthG in Verb. mit Art. 15–17 der EU-Qualifikationsrichtlinie – nachzuholen und diesen bei der Gestaltung der Abschiebungsandrohung Rechnung zu tragen (vgl. § 59 II 1. HS, III 2 AufenthG).

Bei der Asylanerkennung im Rahmen des Familienasyls wird in aller Regel auch von der Prüfung der tatbestandlichen Voraussetzungen des § 51 I AuslG 1990 abgesehen worden sein (§ 31 V). Die auf diesen Gegenstand bezogene Prüfung ist nunmehr nachzuholen. Auch kann die Ausländerbehörde gegebenenfalls Anlass zur Erteilung einer Duldungsbescheinigung an andere Familienangehörige unter dem Gesichtspunkt des § 43 III sehen. 20

Das Verwaltungsgericht wird diese Fragen im vorangegangenen Prozess nicht geprüft haben, da es an die Klageanträge gebunden ist. Bei der Prüfung der Abschiebungshindernisse des § 60 II–VII AufenthG ist der Frage eines aufnahmebereiten Drittstaates (§ 59 II AufenthG) ebenso nachzugehen wie in den Fällen des § 60 I AufenthG (vgl. § 60 X 2 AufenthG). 21

Da das Bundesamt in aller Regel bei der Gewährung von Abschiebungsschutz nach § 51 I AuslG 1990 von der Möglichkeit des § 31 III 2 Nr. 2 Gebrauch gemacht und keine Entscheidung darüber getroffen haben dürfte, ob Abschiebungshindernisse nach § 53 AuslG 1990 vorlagen, wird es im Falle der gerichtlichen Aufhebung der Statusgewährung nach § 51 I AuslG 1990 diese Entscheidung nunmehr – nach Maßgabe von § 60 II–VII AufenthG in Verb. mit Art. 15–17 der EU-Qualifikationsrichtlinie – nachzuholen haben. Die Vorschrift des Abs. 2 steht im engen sachlichen Zusammenhang mit Abs. 1, sodass Abs. 2 möglicherweise nicht unmittelbar, sondern analog auf diesen Fall Anwendung finden kann. 22

Andererseits ist nach dem Gesetzeswortlaut für das Nachholen der Prüfung von Abschiebungshindernissen nach § 60 II–VII AufenthG lediglich Voraussetzung, dass in der aufgehobenen Verwaltungsentscheidung keine entsprechende Entscheidung getroffen worden ist. Dies spricht für eine unmittelbare Anwendung von Abs. 2 (so auch Treiber, in: GK-AsylVfG, § 39 Rdn. 38). Der Fall, dass das Bundesamt zusätzlich zur Asylanerkennung eine Entscheidung im Hinblick auf Abschiebungshindernisse nach § 53 AuslG 1990 getroffen haben könnte, war und ist in der Verwaltungspraxis nicht üblich. Für den Fall, dass dies dennoch praktiziert worden sein sollte und das Verwaltungsgericht auch diese Entscheidung aufgehoben hat, findet Abs. 2 keine Anwendung. Denn aufgrund der materiellen Rechtskraftwirkung (§ 121 VwGO) ist das Bundesamt an die Gerichtsentscheidung gebunden und darf nicht erneut Abschiebungshindernisse nach § 53 AuslG 1990, § 60 II–VII AufenthG prüfen und feststellen. 23

5. Rechtsschutz

Der Asylsuchende kann gegen die Abschiebungsandrohung nach Abs. 1 S. 1 Anfechtungsklage erheben. Sind Abschiebungshindernisse nach § 60 II–VII AuslG verneint worden, ist zugleich Verpflichtungsklage mit dem Ziel auf Verpflichtung zur Feststellung der entsprechenden Voraussetzungen zu erheben. Die der Abschiebungsandrohung bereits vorangegangene unanfechtbare Verneinung der Asylberechtigung darf das Gericht im Anfechtungsprozess wegen der materiellen Rechtskraftwirkung (§ 121 VwGO) nicht mehr berücksichtigen. 24

25 War im Vorprozess zugleich über die tatbestandlichen Voraussetzungen des § 60 I AufenthG im verneinenden Sinne entschieden worden, dürfen auch diese Feststellungen nicht mehr überprüft werden. Regelmäßig wird es im Anfechtungsprozess daher um die Frage der Anwendung der Abschiebungshindernisse des § 60 II–VII AuslG gehen. Sind diese vom Bundesamt bejaht worden, kann möglicherweise noch um die Verpflichtung zur Bezeichnung des Zielstaates (vgl. § 59 II, III 2 AufenthG) gestritten werden.

26 Unklar ist die Gestaltung des *vorläufigen Rechtsschutzes*. Da die Voraussetzungen nach § 36 I nicht vorliegen, kann nicht auf das in § 36 III und IV geregelte vorläufige Rechtsschutzverfahren zurückgegriffen werden. Abs. 1 S. 2 enthält die Monatsfrist und verweist damit auf § 38 I 2, sodass die Anfechtungsklage gegen die Abschiebungsandrohung gemäß § 75 Suspensiveffekt entfaltet (VG Trier, B. v. 19. 1. 1998 – 6 L 1891/97. TR; VG Bayreuth, B. v. 28. 6. 2000 – B 5 S 00.30428; VG Neustadt an der Weinstr., InfAuslR 2001, 203; a. A. VG Mainz, NVwZ-Beil. 2001, 116; VG Frankfurt am Main, B. v. 25. 4. 2002 – 10 G 905/00.A(1); VG Düsseldorf, B. v. 26. 10. 1998 – 21 L 4049/98.A; VG Neustadt an der Weinstr., B. v. 24. 10. 2003 – 5 L 2451/03.NW; Treiber, in GK-AsylVfG, II – § 39 Rdn. 50; Hailbronner, AuslR, B 2, § 39 AsylVfG Rdn. 17; Renner, AuslR, § 39 AsylVfG Rdn. 9; Zwerger, InfAuslR 2001, 457 (460)).

27 Wird mit der Gegenmeinung unter Hinweis auf § 40 II 2. Alt. der Klage die aufschiebende Wirkung abgesprochen, wird die Verfügung nach Ablauf der Ausreisefrist des Abs. 1 S. 1 ungeachtet des eingelegten Rechtsbehelfs vollziehbar. In diesem Fall ist vorläufiger Rechtsschutz gemäß § 80 V VwGO mit dem Ziel der Anordnung des Suspensiveffektes der Anfechtungsklage zu erheben. Sofern man davon ausgeht, dass die Klage Suspensiveffekt hat, ist analog § 80 V VwG0 der Antrag auf Feststellung, dass die Klage aufschiebende Wirkung hat, zu stellen. Im Eilrechtsschutzverfahren findet ein materieller Prüfungsdurchgriff auf den Gegenstandsbereich von § 60 II–VII AufenthG in Verb. mit Art. 15–17 der EU-Qualifikationsrichtlinie statt.

28 Die Verfahrensgestaltung richtet sich dabei nicht nach § 36 III und IV, sondern nach § 80 V VwGO. Ein zusätzlicher oder alternativer einstweiliger, gegen die vollziehende Ausländerbehörde gerichteter Anordnungsantrag ist unzulässig (a. A. Treiber, in: GK-AsylVfG, § 39 Rdn. 50), da der Antrag nach § 80 V VwGO, gerichtet gegen den öffentlich-rechtlichen Träger des Bundesamtes, für den begehrten Eilrechtsschutz ausreicht und deshalb Vorrang hat.

§ 40 Unterrichtung der Ausländerbehörde

(1) Das Bundesamt unterrichtet unverzüglich die Ausländerbehörde, in deren Bezirk sich der Ausländer aufzuhalten hat, über eine vollziehbare Abschiebungsandrohung und leitet ihr unverzüglich alle für die Abschiebung erforderlichen Unterlagen zu. Das gleiche gilt, wenn das Verwaltungsgericht die aufschiebende Wirkung der Klage wegen des Vorliegens der Voraussetzungen des § 60 Abs. 2 bis 7 des Aufenthaltsgesetzes nur hinsichtlich

der Abschiebung in den betreffenden Staat angeordnet hat und das Bundesamt das Asylverfahren nicht fortführt.

(2) Das Bundesamt unterrichtet unverzüglich die Ausländerbehörde, wenn das Verwaltungsgericht in den Fällen der § 38 Abs. 2 und § 39 die aufschiebende Wirkung der Klage gegen die Abschiebungsandrohung anordnet.

(3) Stellt das Bundesamt dem Ausländer die Abschiebungsanordnung (§ 34 a) zu, unterrichtet es unverzüglich die für die Abschiebung zuständige Behörde über die Zustellung.

Übersicht

		Rdn.
1.	Zweck der Vorschrift	1
2.	Unterrichtungsverpflichtung nach Abs. 1 Satz 1	2
2.1.	Zuständige Ausländerbehörde nach Abs. 1 Satz 1	2
2.2.	Vollziehbare Abschiebungsandrohung nach Abs. 1 Satz 1	3
2.3.	Umfang der Unterrichtungsverpflichtung nach Abs. 1 Satz 1	5
2.4.	Anordnung der aufschiebenden Wirkung (Abs. 1 Satz 2)	7
3.	Unterrichtungsverpflichtung nach Abs. 2	11
4.	Abschiebungsanordnung nach § 34 a (Abs. 3)	14

1. Zweck der Vorschrift

Die Vorschrift des § 40 zieht die verfahrensrechtliche Konsequenz aus der das Asylverfahrensrecht beherrschenden Trennung zwischen anordnender und vollziehender Behörde (BT-Drs. 12/2062, S. 44). Dementsprechend sollen die dem Bundesamt auferlegten Benachrichtigungspflichten sicherstellen, dass die für den Vollzug zuständige Ausländerbehörde unverzüglich die für die Durchführung einer Abschiebung erforderlichen Informationen erhält (BT-Drs. 12/2062, S. 34). Insbesondere hat das Bundesamt deshalb die Ausländerbehörde über den Zeitpunkt des Eintritts der Unanfechtbarkeit der negativen Sachentscheidung nach § 31 I 1 sowie über den Zeitpunkt des Eintritts der Rechtkraft der gerichtlichen Entscheidung über die Vollziehbarkeit der Abschiebungsandrohung zu unterrichten. Stellt der Antragsteller einen Folgeantrag, so hat das Bundesamt zwecks Sicherstellung des Aufenthaltsrechts für den Zeitraum der Beachtlichkeitsprüfung und für den Fall der Feststellung der Unzulässigkeit des Folgeantrags die Ausländerbehörde entsprechend zu informieren (§ 71 V 2). 1

2. Unterrichtungsverpflichtung nach Abs. 1 Satz 1

2.1. Zuständige Ausländerbehörde nach Abs. 1 Satz 1

Die Regelungen in Abs. 1–3 zählen im Einzelnen die Unterrichtungspflichten des Bundesamtes auf. Das Bundesamt unterrichtet nach Abs. 1 S. 1 die Ausländerbehörde, in deren Bezirk der Antragsteller sich aufzuhalten hat. 2

Die örtlich zuständige Ausländerbehörde ergibt sich aus den Regelungen in § 56. Die zuständige Ausländerbehörde kann das Bundesamt den Akten entnehmen. Hält der Antragsteller sich mit oder ohne behördliche Erlaubnis vorübergehend nicht im Bezirk der örtlich zuständigen Ausländerbehörde auf, unterrichtet das Bundesamt ungeachtet dessen die zuständige Ausländerbehörde. Es obliegt dieser, sich zur Durchführung der aufenthaltsbeendenden Maßnahmen mit der Behörde, in deren Bezirk der Antragsteller sich tatsächlich aufhält, ins Benehmen zu setzen. Zuständig für die Durchführung der Maßnahmen bleibt aber die in Abs. 1 S. 1 genannte Ausländerbehörde (vgl. § 71 I 1 AufenthG).

2.2. Vollziehbare Abschiebungsandrohung nach Abs. 1 Satz 1

3   Abs. 1 S. 1 nennt zuallererst die *vollziehbare* Abschiebungsandrohung. Die Abschiebungsandrohung kann nach Durchführung eines normalen Verfahrens im Falle des Absehens von Rechtsmitteln wegen Ablaufs der Ausreisefrist des § 38 I 1 vollziehbar geworden sein. Diese Rechtsfolge kann aber auch aufgrund der erstinstanzlichen Zurückweisung eines Eilrechtsschutzantrags nach § 36 III 1 und des danach eintretenden Ablaufs der Wochenfrist des § 36 I in Verfahren eines unbeachtlichen oder offensichtlich unbegründeten Asylbegehrens eintreten. Es kann sich aber auch um eine vollziehbare Abschiebungsandrohung nach § 39 handeln. Für das Asylfolgeantragsverfahren enthält § 71 V 2 1. HS eine eigenständige Unterrichtungspflicht im Blick auf den Wegfall der Hemmung der Vollziehbarkeit der Abschiebungsandrohung.

4   Das AsylVfG enthält ein lückenloses System dahin, dass in allen Fällen, in denen das Asylverfahren in den verschiedenen Verfahrensstadien erfolglos beendet wird, das Bundesamt eine Abschiebungsandrohung zu verfügen hat und diese mit endgültigem Abschluss des Hauptsache- oder Eilrechtsschutzverfahrens vollziehbar wird. Auf den hiernach eintretenden Zeitpunkt der Vollziehbarkeit bezieht sich die in Abs. 1 S. 1 geregelte Unterrichtungspflicht des Bundesamtes. Abs. 1 S. 1 stellt auf den *Zeitpunkt* des Eintritts der Vollziehbarkeit der Abschiebungsandrohung ab (a. A. Treiber, in: GK-AsylVfG, § 40 Rdn. 27). Auf diesen Zeitpunkt bezieht sich folglich auch die Informationsverpflichtung des Bundesamtes. Allerdings werden in der Verwaltungspraxis der Ausländerbehörden bereits vorher vom Bundesamt alle das Asylverfahren betreffenden Vorgänge übermittelt.

2.3. Umfang der Unterrichtungsverpflichtung nach Abs. 1 Satz 1

5   Die Unterrichtung hat nach Abs. 1 S. 1 *unverzüglich,* d. h. ohne schuldhaftes Verzögern (vgl. § 121 I BGB), zu erfolgen. Mit der Unterrichtung leitet das Bundesamt der Ausländerbehörde alle für die Abschiebung erforderlichen Unterlagen zu (Abs. 1 S. 1). Ergänzt wird diese Regelung durch die in § 24 III geregelten Unterrichtungspflichten des Bundesamtes gegenüber der Ausländerbehörde. Regelmäßig befindet sich der Pass in der Akte der Ausländer-

behörde und ist diese, nicht jedoch das Bundesamt, für die Beschaffung der erforderlichen Reisedokumente zuständig. Es wird sich regelmäßig um Urkunden und Unterlagen handeln, die für die Feststellung der Staatsangehörigkeit von Bedeutung sein können (§ 15 III Nr. 1) oder – bei geplanter Rückführung in einen Drittstaat – die in § 15 III Nr. 2 genannten Dokumente. Von Bedeutung sind auch die für den Nachweis der Beförderungspflicht des Flugunternehmens maßgeblichen Dokumente (§ 15 III Nr. 3). Regelmäßig befinden sich aber auch diese Unterlagen bereits im Orginal in der ausländerbehördlichen Akte (vgl. auch § 21).

2.4. Anordnung der aufschiebenden Wirkung (Abs. 1 Satz 2)

Abs. 1 S. 2 erstreckt die Unterrichtungspflicht auf den Fall, in dem das Verwaltungsgericht den Suspensiveffekt wegen eines Abschiebungshindernisses nach § 60 II–VII AufenthG nur hinsichtlich der Abschiebung in den betreffenden Staat angeordnet hat und das Bundesamt das Verfahren nicht fortführt. Es kann sich hier nur um *unbeachtliche Asylanträge* handeln (GK-AsylVfG, II – § 40 Rdn. 59; Renner, AuslR, § 40 AsylVfG Rdn. 4). Nur in diesen Verfahren sind Fallgestaltungen denkbar, in denen das Verwaltungsverfahren nicht fortgeführt wird (vgl. § 29 II 1), das Verwaltungsgericht aus den Gründen des § 60 II–VII AufenthG indes Bedenken gegen die – zumeist wohl den »sonstigen Drittstaat« betreffenden – Zielstaatsbestimmung der Abschiebungsandrohung nach § 35 hat.

In allen anderen Fällen, in denen das Verwaltungsgericht die aufschiebende Wirkung wegen § 60 II–VII AufenthG anordnet, bleibt das Hauptsacheverfahren beim Gericht nach der Anordnung der aufschiebenden Wirkung anhängig. Das betrifft Verfahren, in denen das Bundesamt den Asylantrag in der qualifizierten Form abgelehnt hat (§ 30), das Verwaltungsgericht im Eilrechtsschutzverfahren aber wegen eines Abschiebungshindernisses nach § 60 II–VII AufenthG den Suspensiveffekt anordnet.

Die Abschiebungsandrohung des Bundesamtes hat unter Berücksichtigung des § 59 II 1. HS AufenthG zu ergehen (§ 34 I 1). Dementsprechend hat das Bundesamt auch Ermittlungen und Feststellungen über einen aufnahmebereiten Drittstaat vorzunehmen und erstreckt sich hierauf auch der Umfang der gerichtlichen Überprüfung. Das Bundesamt hat die Ausländerbehörde daher auch über diesen aufnahmebereiten Drittstaat zu informieren bzw. darüber, dass ein derartiger Staat nicht festgestellt werden kann und deshalb nach § 59 II 1. HS AufenthG von der Bezeichnung eines Zielstaates abgesehen worden ist, sodass die Abschiebungsandrohung nicht vollziehbar ist.

Im Regelfall wird ein aufnahmebereiter Drittstaat im Sinne des § 59 II 1. HS AufenthG kaum festzustellen sein. Auch wenn die Abschiebungsandrohung im Hinblick auf die Staaten, in die der Betreffende einreisen darf oder die zu seiner Rückübernahme bereit sind (§ 59 II 2. HS AufenthG) wirksam bleibt (vgl. auch § 59 III 3 AufenthG), ist sie ohne Zielstaatsangabe nach § 59 II 1. HS AufenthG nicht vollziehbar (§ 34 Rdn. 59 ff.). Der Ausländerbehörde ist des-

3. Unterrichtungsverpflichtung nach Abs. 2

11 Nach Abs. 2 unterrichtet das Bundesamt unverzüglich die zuständige Ausländerbehörde (Abs. 1 S. 1), wenn das Verwaltungsgericht in den Fällen des § 38 II und § 39 die aufschiebende Wirkung der Anfechtungsklage gegen die Abschiebungsandrohung anordnet. Die in Bezug genommene Vorschrift des § 38 II verweist auf die Rücknahme des Asylantrags, § 39 auf die Abschiebungsandrohung nach Aufhebung der Asylanerkennung im Anfechtungsprozess des Bundesbeauftragten. Insoweit ist umstritten, ob die Anfechtungsklage nicht von vornherein nach § 39 I 2, 38 I 2 in Verb. mit § 75 aufschiebende Wirkung hat (§ 39 Rdn. 25f.). Für die Gegenmeinung kann Abs. 2 als Beleg herangezogen werden.

12 Sofern in diesen Fällen im gerichtlichen Verfahren über das Eingreifen von Abschiebungshindernissen gestritten wird und diese vom Gericht festgestellt werden, richten sich Pflicht und Umfang der Unterrichtung nach Abs. 1 S. 2. Die Vorschrift des Abs. 2 zielt damit ersichtlich auf den Fall, in dem das Bundesamt von einer Rücknahme des Asylantrags ausgeht, die Sachentscheidung nach § 32 mit der Folge der einwöchigen Ausreisefrist erlässt und über die hierfür maßgeblichen tatsächlichen Voraussetzungen gestritten wird.

13 Verneint das Gericht im Eilrechtsschutzverfahren (vgl. § 38 II in Verb. mit § 36 I, III und IV) die tatbestandlichen Voraussetzungen der Rücknahme, ordnet es – weil § 75 unmittelbar Anwendung findet – die aufschiebende Wirkung der Anfechtungsklage gegen die Abschiebungsandrohung an. Das Asylverfahren ist fortzusetzen und die Ausländerbehörde hierüber zu unterrichten. Im Falle des § 39 wird der Rechtsbehelf gegen die Abschiebungsandrohung nach § 39 I 1 eingelegt. Die Anfechtungsklage hat allerdings aufschiebende Wirkung (§ 39 Rdn. 25f., umstr.). Hilfsweise sollte daher der Antrag nach § 80 V VwGO gestellt werden. Wird insoweit die Abschiebung ausgesetzt, etwa weil das Bundesamt Abschiebungshindernisse nach § 60 II–VII AufenthG (vgl. § 39 II) nicht festgestellt hat, ist ebenfalls die Ausländerbehörde unverzüglich hierüber zu informieren.

4. Abschiebungsanordnung nach § 34 a (Abs. 3)

14 Eine besondere Unterrichtungspflicht enthält Abs. 3. Hierbei handelt es sich um eine Folgeänderung aus § 34 a. Nach der gesetzlichen Begründung unterrichtet das Bundesamt die Ausländerbehörde in allen Fällen, in denen es die Zustellung selbst durchführt, über die Zustellung der Abschiebungsanordnung (BT-Drs. 12/4450, S. 24). Zwar kann auch die für die Durchführung der Abschiebung zuständige Behörde die Zustellung durchführen (§ 31 I 4). In der Praxis wird von dieser Regelung jedoch regelmäßig kein Gebrauch gemacht. Der eigentliche Grund für die Regelung in Abs. 3 ist der, dass der

Zeitpunkt der Zustellung der Abschiebungsanordnung nach § 34 a I wegen § 34 a II mit dem Zeitpunkt der Vollziehbarkeit der Abschiebungsanordnung zusammenfällt. Damit die Durchführung der Abschiebung nicht gefährdet wird, hat das Bundesamt unverzüglich die für die Vollziehung zuständige Behörde zu unterrichten. Befinden sich beide Behörden sowie der Antragsteller in der selben Aufnahmeeinrichtung, ist also die effektive Umsetzung der Drittstaatenregelung gewährleistet.

§ 41 *(aufgehoben)*

§ 42 Bindungswirkung ausländerrechtlicher Entscheidungen

Die Ausländerbehörde ist an die Entscheidung des Bundesamtes oder des Verwaltungsgerichts über das Vorliegen der Voraussetzungen des § 60 Abs. 2 bis 7 des Aufenthaltsgesetzes gebunden. Über den späteren Eintritt und Wegfall der Voraussetzungen des § 60 Abs. 4 des Aufenthaltsgesetzes entscheidet die Ausländerbehörde, ohne daß es einer Aufhebung der Entscheidung des Bundesamtes bedarf.

Übersicht

	Rdn.
1. Zweck der Vorschrift	1
2. Bindungswirkung nach Satz 1	5
2.1. Inhalt der Bindungswirkung nach Satz 1	5
2.2. Maßgeblichkeit der Entscheidung des Bundesamtes	9
2.3. Wirksamkeit der Bindungswirkung vor Eintritt der Unanfechtbarkeit	11
2.4. Asylverfahrensrechtliche Natur der Bindungswirkung	14
2.5. Rechtsfolge der Bindungswirkung nach Satz 1	17
3. Durchbrechung der Bindungswirkung im Auslieferungsverfahren (Satz 2)	19
4. Durchbrechung der Bindungswirkung nach Satz 1 aufgrund von § 58 a Abs. 3 Satz 3 2. HS AufenthG	31

1. Zweck der Vorschrift

Diese Vorschrift regelt die Bindungswirkung der ausländerrechtlichen Sachentscheidung des Bundesamtes nach § 31 III 1 in Verb. mit § 60 II–VII AufenthG für die Ausländerbehörden. Die Bindungswirkung der asylrechtlichen Sachentscheidung des Bundesamtes nach § 31 II 1 gegenüber allen Behörden ist demgegenüber in § 4 geregelt. Mit der ausländerrechtlichen Sachentscheidung ist die Feststellung nach § 60 II–VII AufenthG gemeint (S. 1). Damit zielt die Vorschrift nicht auf die Regelungen in §§ 34 ff. Dort wird die Kompetenz des Bundesamtes für den Erlass aufenthaltsbeendender Maßnahmen geregelt. Die Ausländerbehörde ist insoweit vollziehende Behörde.

1

2   Eine Regelung über die Bindungswirkung aufenthaltsbeendender Maßnahmen des Bundesamtes ist nicht erforderlich. Denn aus der dem Asylverfahrensrecht zugrundeliegende Trennung zwischen der behördlichen Zuständigkeit für die Anordnung aufenthaltsbeendender Maßnahmen einerseits und den Vollzug dieser Maßnahmen andererseits ergibt sich, dass die Zuständigkeit der Ausländerbehörden insoweit allein auf die Verwaltungsvollstreckung reduziert ist.

3   Die Sachkompetenz für den Erlass der Abschiebungsandrohung bzw. Abschiebungsanordnung als erstem Teil des Vollstreckungsverfahrens obliegt dem Bundesamt. Die Zuständigkeit der Ausländerbehörden ist lediglich auf die weitere Durchführung des Vollstreckungsverfahrens begrenzt. Andererseits wirkt der Feststellungsakt des Bundesamtes nach § 60 II–VII AufenthG nur im Verhältnis zwischen den Verfahrensbeteiligten (§ 121 VwGO), also zwischen der Bundesrepublik und dem Asylsuchenden, entfaltet mithin keine rechtliche Wirkung im Verhältnis zu der nicht am Verfahren beteiligten Ausländerbehörde.

4   Deshalb stellt S. 1 sicher, dass das gesetzliche Abschiebungshindernisse nach § 60 II–VII AufenthG auch in den Fällen gegenüber der Ausländerbehörde rechtliche Wirkung entfalten, in denen dieser wegen der Kompetenzzuweisung an das Bundesamt eine eigene Prüfung untersagt ist (Treiber, in: GK-AsylVfG, II – § 42 Rdn. 3). Lediglich hinsichtlich des Auslieferungsverfahrens enthält S. 2 eine Durchbrechung dieser Regel. Allerdings hat der Gesetzgeber des ZuwG mit Wirkung vom 1. Januar 2005 für alle Abschiebungshindernisse nach § 60 II–VII AufenthG eine Durchbrechung der Bindungswirkung nach § 58 a III 3 2. HS AufenthG geregelt.

2. Bindungswirkung nach Satz 1

2.1. Inhalt der Bindungswirkung nach Satz 1

5   Die Ausländerbehörde ist an die Entscheidung des Bundesamtes über das Vorliegen von Abschiebungshindernissen nach § 60 II–VII AufenthG ohne Ausnahme gebunden (BT-Drs. 12/2062, S. 34). Die Vorschrift des S. 1 stellt damit vergleichbar der Regelung in § 4 eine Grundsatzregel auf, die zunächst auch für das Abschiebungshindernis des § 60 IV AufenthG gilt. Aus S. 2 kann im Umkehrschluss entnommen werden, dass mit Ausnahme des Abschiebungshindernisses nach § 60 IV AufenthG die Ausländerbehörde auch bei *nachträglichem Wegfall* des Abschiebungshindernisses an die Entscheidung des Bundesamtes gebunden ist. Darüber hinaus entfällt die Bindungswirkung der Feststellung nach § 60 II–VII AufenthG im Verfahren der Abschiebungsanordnung nach § 58 a AufenthG (vgl. § 58 a III 3 2. HS AufenthG).

6   Ausdrücklich ordnet § 73 III an, dass allein das Bundesamt zur Entscheidung über Widerruf oder Rücknahme mit Blick auf die Abschiebungshindernisse nach § 60 II, III, V und VII AufenthG berufen ist. Aus dem fehlenden Hinweis auf § 60 IV AufenthG in der Regelung des § 73 III und aus der Vorschrift

des S. 2 ergibt sich damit in der Gesamtschau, dass die Ausländerbehörde an die ausländerrechtliche Sachentscheidung des Bundesamtes jedenfalls mit Blick auf § 60 II, III, V und VII AuslG solange gebunden ist, wie diese nicht in einem förmlichen Widerrufsverfahren aufgehoben worden ist.

Nach der herrschenden Meinung betrifft die Bindungswirkung des S. 1 *positive* und *negative Feststellungen* des Bundesamtes nach § 60 II–VII AufenthG (OVG Berlin, B. v. 28. 1. 1994 – OVG 8 S 383.93; OVG Hamburg, NVwZ-RR 1998, 456 f. = AuAS 1998, 139; VGH BW, EZAR 043 Nr. 43; VGH BW, NVwZ-Beil. 2001, 8; Renner, AuslR, § 42 AsylVfG Rdn. 4; Treiber, in: GK-AsylVfG, § 42 Rdn. 28 f.; a. A. BayVGH, EZAR 224 Nr. 26; VG Sigmaringen, NVwZ-Beil. 1999, 5 (6); Heinhold, InfAuslR 1994, 411 (419 f.); offen gelassen BayVGH, InfAuslR 1996, 80 (81)), sei es aufgrund eigener Prüfung und Feststellung sei es aufgrund gerichtlicher Verpflichtung.

7

Die herrschende Meinung räumt ein, dass der Gesetzeswortlaut insoweit nicht eindeutig sei. Es solle aber vermieden werden, dass die Ausländerbehörde im Anschluss an ein unanfechtbar abgeschlossenes Asylverfahren mit für den Asylsuchenden negativem Ergebnis zur Prüfung von Abschiebungshindernissen verpflichtet werden könne (Treiber, in: GK-AsylVfG, § 42 Rdn. 28 f.). Diese Begründung ist nicht überzeugend. Denn hat das Bundesamt die Voraussetzungen von § 60 II–VII AufenthG verneint und ist diese Feststellung bestandskräftig geworden, so steht § 24 II der Prüfung von Abschiebungshindernissen durch die Ausländerbehörde entgegen. Vielmehr kann nur das Bundesamt über eine erneute Berufung auf den Abschiebungsschutz nach § 60 II–VII AufenthG eine Entscheidung treffen (§ 71 Rdn. 62 ff.).

8

2.2. Maßgeblichkeit der Entscheidung des Bundesamtes

Die Bindungswirkung nach S. 1 bezieht sich auf die Entscheidungen des Bundesamtes. Das Bundesamt ist nach § 24 II nach Stellung eines Asylantrages für die Prüfung von Abschiebungshindernissen zuständig und trifft die Sachentscheidung nach § 31 III 1. Die in S. 1 geregelte Bindungswirkung ergreift darüber hinaus auch die aufgrund gerichtlicher Verpflichtungsurteile festgestellten Abschiebungshindernisse nach § 60 II–VII AufenthG. Nur das Bundesamt und nicht das Verwaltungsgericht kann eine entsprechende Feststellung treffen (BVerwG, NVwZ-Beil. 1996, 57 (58); OVG Hamburg, NVwZ-Beil. 1996, 44 (45); OVG NW, NVwZ-RR 1996, 421 = AuAS 1996, 81; VGH BW, EZAR 043 Nr. 12; Thür. OVG, AuAS 1996, 236; Schenk, in: Hailbronner, AuslR, § 74 AsylVfG Nr. 23; s. auch § 31 Rdn. 39; § 74 Rdn. 22 ff.).

9

Zwar ist der Gesetzeswortlaut der Vorschriften der § 3 und § 42 S. 2 nicht eindeutig. Für die Klageart der Verpflichtungsklage sprechen jedoch systematische Gründe und die Entstehungsgeschichte dieser Normen (Thür. OVG, AuAS 1996, 236; VGH BW, EZAR 043 Nr. 12; OVG NW, NVwZ-RR 1996, 421 (422)). Für die Wirkung der Bindungswirkung nach S. 1 ist es deshalb unerheblich, ob das Bundesamt aufgrund eigener Sachprüfung oder aufgrund gerichtlicher Feststellung die Sachentscheidung nach § 31 III 1 getroffen hat. In

10

beiden Fällen liegt eine Sachentscheidung nach § 31 III 1 vor. Auch wenn das Bundesamt aufgrund eines Verpflichtungsurteils die Feststellung nach § 60 II–VII AufenthG trifft, handelt es sich damit nicht um eine gerichtliche Feststellung, sondern um eine Entscheidung nach § 31 III 1, die damit dem Anwendungsbereich S. 1 unterfällt.

2.3. Wirksamkeit der Bindungswirkung vor Eintritt der Unanfechtbarkeit

11 Dem Gesetzeswortlaut des S. 1 kann nicht entnommen werden, ob die rechtliche Wirksamkeit der Bindungswirkung für die Ausländerbehörde die Unanfechtbarkeit der Entscheidung des Bundesamtes voraussetzt. Zwar hat das Bundesamt den Staat, in dem Gefahren im Sinne von § 60 II–VII AufenthG drohen, in der Abschiebungsandrohung zu bezeichnen (§ 59 III 2 AufenthG) und darf dieser Staat nicht als Zielstaat der Abschiebung nach § 59 II 1. HS AufenthG bezeichnet werden. Die vollziehende Ausländerbehörde ist an diese Vorgaben in der Abschiebungsandrohung des Bundesamtes gebunden. Will sie in einen bestimmten Staat abschieben, muss dieser regelmäßig nach § 59 II 1. HS AufenthG in der Abschiebungsandrohung bezeichnet werden.

12 Für den Fall, dass das Bundesamt zwar ein Abschiebungshindernis nach § 60 II–VII AufenthG festgestellt, den Staat, auf den dieses sich bezieht, jedoch in der Abschiebungsandrohung nicht bezeichnet hat, soll nach der Kommentarliteratur bereits vor der entsprechenden Aufhebung der Verfügung durch das Verwaltungsgericht (vgl. § 59 III 3 AufenthG) von der Ausländerbehörde das Abschiebungshindernis nach § 60 II–VII AufenthG beachtet werden (Treiber, in: GK-AsylVfG, § 42 Rdn. 23 f.).

13 Zu bedenken ist jedoch, dass das gesetzliche Aufenthaltsrecht nach § 55 I 1 erst im Zeitpunkt der Vollziehbarkeit der Abschiebungsandrohung erlischt (vgl. § 67 I Nr. 4) und eine Abschiebungsandrohung ohne Zielstaatsangabe nicht vollziehbar ist, sodass unabhängig davon, ob die Bindungswirkung auch vor der Unanfechtbarkeit der Entscheidung nach § 31 III 1 eintritt, das gesetzliche Aufenthaltsrecht nach § 55 I 1 Abschiebungsschutz gewährleistet.

2.4. Asylverfahrensrechtliche Natur der Bindungswirkung

14 Die Bindungswirkung des Abs. 1 S. 1 kann nur soweit gehen wie die Kompetenz des Bundesamtes nach § 24 II reicht. Die Vorschrift des § 31 III 1 gibt dem Bundesamt lediglich die Sachkompetenz, im Zusammenhang mit einem Asylverfahren auch Regelungen über Abschiebungshindernisse nach § 60 II–VII AufenthG zu treffen. Wird jedoch kein Asylantrag gestellt, sondern werden Abschiebungshindernisse nach § 60 II–VII AufenthG unabhängig von einem Asylbegehren geltend gemacht, entsteht keine Sachkompetenz des Bundesamtes (§ 5 I). Daher ist dieses an sich auch nicht zur Entscheidung über Abschiebungshindernisse nach § 60 II–VII AufenthG außerhalb des Asylverfahrens berufen. Eine Bindungswirkung kann nicht eintreten.

Stellt der Ausländer keinen Asylantrag, hat die Ausländerbehörde vor der Vollziehung aufenthaltsbeendender Maßnahmen nach vorheriger Beteiligung des Bundesamtes Abschiebungshindernisse nach § 60 VII AufenthG zu prüfen (vgl. § 72 II AufenthG). Die Zuständigkeitsnorm des § 72 II AufenthG erfasst nicht die Abschiebungshindernisse nach § 60 II, III, IV und V AufenthG. Andererseits ist das Bundesamt für die Prüfung von Abschiebungshindernissen nach § 60 II–VII AufenthG nur nach Stellung eines Asylantrages zuständig (§ 24 II). Eine unabhängig von einem Asylantrag bestehende isolierte Zuständigkeit des Bundesamtes für die Prüfung der Abschiebungshindernisse nach § 60 II, III, IV und V AufenthG hat der Gesetzgeber nicht vorgesehen. Es bleibt damit auch insoweit bei der originären Zuständigkeit der Ausländerbehörde (§ 20 Rdn. 7; § 24 Rdn. 61). Hat diese Behörde bereits in einem früheren Stadium derartige Abschiebungshindernisse geprüft und gegenüber dem Antragsteller festgestellt, so ist sie an die Bestandskraft ihrer eigenen Feststellungen nach allgemeinem Verwaltungsverfahrensrecht gebunden. Selbstverständlich kann sie bei nachträglichem Wegfall der für die Feststellung des Abschiebungshindernisses maßgeblichen Voraussetzungen aus eigener Zuständigkeit die Feststellung widerrufen. 15

Regelmäßig stellen die Ausländerbehörden jedoch nicht in einem förmlichen Verfahren Abschiebungshindernisse fest. Vielmehr werden diese Fragen im ausländerbehördlichen Verfahren lediglich inzidenter geprüft. 16

2.5. Rechtsfolge der Bindungswirkung nach Satz 1

Die Feststellung des Bundesamtes, dass Abschiebungshindernisse nach § 60 II–VII AufenthG vorliegen, *bindet* nach S. 1 lediglich die *Ausländerbehörde*. Danach besteht anders als nach § 4 *keine generelle Verbindlichkeit* dieser Entscheidung in allen anderen Angelegenheiten, in denen das Vorliegen von Abschiebungshindernissen erheblich ist (Treiber, in: GK-AsylVfG, § 42 Rdn. 42). Anders als bei der Asylberechtigung und dem internationalen Schutz nach § 60 I AufenthG, der regelmäßig die Rechtsstellung nach § 3 und damit im gewissen Umfang positive Leistungsansprüche begründet, ist dies bei dem rein negatorisch wirkenden Abschiebungsschutz nach § 60 II–VII AufenthG nicht der Fall. Deshalb konnte sich der Gesetzgeber auf die bindende Anordnung an die Ausländerbehörde nach S. 1 beschränken. 17

Die Vorschrift in S. 2 durchbricht allerdings die Bindungswirkung nach S. 1 im Hinblick auf Abschiebungshindernisse nach § 60 IV AufenthG. Die Bindungswirkung gilt solange, wie das Bundesamt die Wirksamkeit nicht durch Widerruf oder Rücknahme (§ 73 III) beseitigt hat. Bis dahin ist die Ausländerbehörde an die Feststellung des Bundesamtes nach § 60 II–VII AufenthG gebunden. 18

3. Durchbrechung der Bindungswirkung im Auslieferungsverfahren (Satz 2)

19 Die Vorschrift des S. 2 ordnet an, dass die Ausländerbehörde über den späteren Eintritt und Wegfall des Abschiebungshindernisses nach § 53 III AuslG entscheidet, ohne dass es einer Aufhebung der Entscheidung durch das Bundesamt bedarf. Festzuhalten ist aber zunächst, dass das Bundesamt im Rahmen seiner Sachkompetenz nach § 31 III 1 über alle Abschiebungshindernisse des § 60 II–VII AufenthG eine in Bestandskraft erwachsende Einzelfallregelung trifft. An diese Bestandskraft ist die Ausländerbehörde im Vollstreckungsverfahren gebunden. Will sie sich über die Bestandskraft hinwegsetzen, setzt dies eine bestandskräftige Aufhebung der Sachentscheidung nach § 31 III 1 durch das Bundesamt im Rahmen eines Widerrufsverfahrens voraus.

20 Lediglich mit Blick auf das Abschiebungshindernis nach § 60 IV AufenthG verlangt § 73 III keinen Widerruf. § 60 IV AufenthG verbietet die Abschiebung nur bis zur Entscheidung über die Auslieferung. Von seiner Natur her kann die Feststellung des Abschiebungshindernisses des § 60 IV AufenthG damit auch nicht widerrufen werden. Dies rechtfertigt offensichtlich nach Ansicht des Gesetzgebers ein vereinfachtes Verfahren.

21 Nachträglich eingetreten ist das Abschiebungshindernis, wenn bei den zuständigen Strafverfolgungsbehörden ein förmliches Auslieferungsersuchen oder ein mit der Ankündigung des Auslieferungsersuchens verbundenes Festnahmeersuchen eingeht. Weggefallen ist das Abschiebungshindernis, wenn das OLG die Auslieferung für zulässig erklärt und die Bundesregierung diese bewilligt hat.

22 Das Abschiebungshindernis nach § 60 IV AufenthG ist lediglich ein *vorübergehendes* Abschiebungshindernis *formeller Art* (VGH BW, InfAuslR 1994, 27). Diese Vorschrift soll den *Vorrang des Auslieferungsverfahrens* sichern. Hieraus leitet die Rechtsprechung ab, dass die Abschiebungssperre mithin *auflösend bedingt* durch die – positive oder negative – Entscheidung des OLG über die Zulässigkeit der Auslieferung sei (VGH BW, InfAuslR 1994, 27).

23 Diese Ansicht greift jedoch zu kurz und verkennt die besondere Eigenart des Auslieferungsverfahrens. Aus völkerrechtlicher Sicht kommt es auf die Bewilligungsentscheidung der Bundesregierung und nicht auf die davor liegende innerstaatliche Entscheidung des Strafgerichtes an. Aus dem *Verbot der verschleierten Auslieferung* (Rdn. 26) folgt deshalb, dass die auflösende Bedingung erst mit der Bewilligung der Auslieferung durch die Bundesregierung eintritt.

24 Die Ausländerbehörde entscheidet aus eigener Zuständigkeit über den Eintritt wie über den Wegfall des Abschiebungshindernisses des § 60 IV AufenthG. Tritt dieses Abschiebungshindernis nach der Sachentscheidung gemäß § 31 III 1 ein, so hat die Ausländerbehörde aus eigener Sachkompetenz im Rahmen des Vollstreckungsverfahrens zu prüfen, ob das anhängige Auslieferungsverfahren der Abschiebung entgegensteht. Die Bindungswirkung nach S. 1 reicht nur soweit wie der Regelungsbereich nach § 31 III 1.

25 War dem Bundesamt das Auslieferungsverfahren nicht bekannt oder war es im Zeitpunkt seiner Sachentscheidung noch nicht anhängig, konnte es dieses

Abschiebungshindernis bei seiner Entscheidung auch nicht berücksichtigen. Die Regelung in S. 2 verpflichtet die Ausländerbehörde, das ihr aufgrund des Sachvorbringens oder sonst bekannt werdende Auslieferungsverfahren im Rahmen des Vollstreckungsverfahrens zu berücksichtigen. Ein Ermessen steht ihr nicht zu.

Soll der Auszuliefernde zum Zwecke der Strafverfolgung oder Vollstreckung einem anderen Staat zugeführt werden, kommt hierfür allein die Auslieferung, nicht aber eine aufenthaltsbeendende Maßnahmen in Betracht. Eine andere Verfahrensweise würde gegen das *Verbot der verschleierten Auslieferung* verstoßen (s. hierzu Buschbeck, Verschleierte Auslieferung durch Ausweisung, S. 31 ff.; Ruidisch, Einreise, Aufenthalt und Ausweisung im Recht der Bundesrepublik Deutschland, S. 221 ff.; s. auch Nr. 6 S. 2 zu § 10 AuslVwV 1967; Nr. 26 der Richtlinien für den Verkehr mit dem Ausland in strafrechtlichen Angelegenheiten v. 15. 1. 1959; OVG NW, OVGE 24, 158).

Das Abschiebungshindernis des § 60 IV AufenthG untersagt die Vollziehung aufenthaltsbeendender Maßnahmen *bis zur Entscheidung über die Auslieferung.* Erst wenn die Bundesregierung die Auslieferung bewilligt hat, darf die Auslieferung durchgeführt werden. Eine Abschiebung ist aber auch in diesem Fall nicht zulässig. Abschiebung einerseits und Auslieferung andererseits verfolgen unterschiedliche Zwecke. Die Auslieferung ist ein zwischenstaatliches Rechtshilfeverfahren. Die Abschiebung ist dagegen eine innerstaatliche Sicherungsmaßnahme des Aufenthaltsstaates, die allein dessen innerstaatlichen Bedürfnissen entspricht (BayVGH, VGH n. F. 24, 123). Bei der Auslieferung wird der Verfolgte im Falle der Bewilligung stets an die Behörden des ersuchenden Staates übergeben. Dagegen ist die Abschiebung lediglich die zwangsweise Entfernung des Ausländers aus dem Gebiet des Aufenthaltsstaates.

Eine Abschiebung an Stelle einer Auslieferung kann daher völkerrechtlich bedenklich sein. § 60 IV AufenthG hat keine eigenständige Bedeutung. Vielmehr ergibt sich schon aus dem Verbot der verschleierten Auslieferung, dass während eines förmlichen Auslieferungsersuchens oder eines mit der Ankündigung eines Auslieferungsersuchens verbundenen Festnahmeersuchens die Abschiebung untersagt ist. Hat das Bundesamt keine Abschiebungshindernisse festgestellt, hindert das nachträgliche Auslieferungsersuchen gleichwohl die Durchführung der Abschiebung.

Unklar ist, was mit dem Wegfall des Hindernisses nach S. 2 gemeint ist. Bewilligt die Bundesregierung die Auslieferung, wird der Betreffende ausgeliefert. S. 2 ist überflüssig, da über die Auslieferung nicht nach abschiebungsrechtlichen, sondern ausschließlich nach auslieferungsrechtlichen Gesichtspunkten entschieden wird. Bewilligt die Bundesregierung die Auslieferung nicht, darf der Betreffende nicht in den ersuchenden Staat ausgeliefert *und* auch nicht in diesen abgeschoben werden.

In einem wie im anderen Fall entscheiden allein auslieferungs-, nicht aber ausländerrechtliche Gesichtspunkte über die Zulässigkeit der zwangsweisen Verbringung des Betreffenden in den ersuchenden Staat. Der Sinn der Regelung des S. 2 ist aber wohl darin zu sehen, dass der Ausländerbehörde die Abschiebung in einen aufnahmebereiten Drittstaat (§ 59 II AufenthG) ermöglicht werden soll.

4. Durchbrechung der Bindungswirkung nach Satz 2 aufgrund von § 58 a Abs. 3 Satz 3 2. HS AufenthG

31 Mit Wirkung zum 1. Januar 2005 bestimmt § 58a III 3 2. HS AufenthG, dass die für den Erlass der Abschiebungsanordnung nach § 58a I 1 AufenthG zuständige Behörde nicht an die Feststellungen des Bundesamtes bzw. im Falle des § 72 II AufenthG an die der Ausländerbehörde gebunden ist. Zuständige Behörde ist die oberste Landesbehörde (§ 58a I 1 AufenthG. Das Bundesinnenministerium kann die Übernahme der Zuständigkeit erklären, wenn ein besonderes Interesse des Bundes besteht. Erste und letzte Instanz ist das BVerwG (§ 50 I Nr. 3 VwGO). Dieses prüft damit unabhängig von den Feststellungen des Bundesamtes oder der Ausländerbehörde, ob die tatsächlichen Voraussetzungen für Abschiebungshindernisse nach § 60 II–VII AufenthG vorliegen.

§ 43 Vollziehbarkeit und Aussetzung der Abschiebung

(1) War der Ausländer im Besitz eines Aufenthaltstitels, darf eine nach den Vorschriften dieses Gesetzes vollziehbare Abschiebungsandrohung erst vollzogen werden, wenn der Ausländer auch nach § 58 Abs. 2 Satz 2 des Aufenthaltsgesetzes vollziehbar ausreisepflichtig ist.

(2) Hat der Ausländer die Verlängerung eines Aufenthaltstitels mit einer Gesamtgeltungsdauer von mehr als sechs Monaten beantragt, wird die Abschiebungsandrohung erst mit der Ablehnung dieses Antrags vollziehbar. Im übrigen steht § 81 des Aufenthaltsgesetzes der Abschiebung nicht entgegen.

(3) Haben Ehegatten oder Eltern und ihre minderjährigen ledigen Kinder gleichzeitig oder jeweils unverzüglich nach ihrer Einreise einen Asylantrag gestellt, darf die Ausländerbehörde die Abschiebung vorübergehend aussetzen, um die gemeinsame Ausreise der Familie zu ermöglichen. Solange der Ausländer verpflichtet ist, in einer Aufnahmeeinrichtung zu wohnen, entscheidet abweichend von Satz 1 das Bundesamt.

Übersicht

		Rdn.
1.	Zweck der Vorschrift	1
2.	Vollziehbarkeit der Ausreisepflicht nach Abs. 1	3
2.1.	Anwendungsbereich von Abs. 1	3
2.2.	Rechtsfolge von Abs. 1	12
3.	Antrag auf Verlängerung des Aufenthaltstitels (Abs. 2 Satz 1)	14
4.	Bedeutung der Fortgeltungsfiktionswirkung nach § 81 Abs. 4 AufenthG (Abs. 2 Satz 1)	25
5.	Aussetzung der Abschiebung zugunsten der Ehegatten und Kinder (Abs. 3)	27
5.1.	Zweck der Vorschrift des Abs. 3	27
5.2.	Voraussetzungen des Abs. 3 Satz 1	33
5.3.	Behördliche Ermessensausübung nach Abs. 3	39

Vollziehbarkeit und Aussetzung der Abschiebung § 43

1. Zweck der Vorschrift

Die Vorschrift des § 43 regelt die Zulässigkeit aufenthaltsbeendender Maßnahmen nach §§ 34 und 35 in ihrem Verhältnis zu einem Aufenthaltstitel nach allgemeinem Ausländerrecht. Im früheren Recht waren die hier angesprochenen Fragen in § 28 VII AuslG 1982 geregelt. Danach fand die nach allgemeinem Ausländerrecht üblicherweise eintretende *Fiktionswirkung* einer beantragten Aufenthaltsgenehmigung (§ 69 II und III AuslG 1990) nach unanfechtbarem Abschluss eines erfolglos durchgeführten Asylverfahrens keine Anwendung. 1

Nunmehr ist diese Fallgestaltung in Abs. 2 S. 2 geregelt. Während §§ 34 und 35 die Zulässigkeit aufenthaltsbeendender Maßnahmen und § 36 III und IV den hiergegen möglichen Rechtsschutz regelt, enthält § 43 generelle Regelungen über die Vollziehbarkeit einer nach den Vorschriften des § 34 und § 35 verfügten aufenthaltsbeendenden Maßnahme unter Berücksichtigung allgemeiner ausländerrechtlicher Vorschriften. 2

2. Vollziehbarkeit der Ausreisepflicht nach Abs. 1

2.1. Anwendungsbereich von Abs. 1

Nach Abs. 1 darf für den Fall, dass der Asylsuchende im Besitz eines Aufenthaltstitels war, die Abschiebungsandrohung nach § 34, § 35 oder § 39 erst vollzogen werden, wenn der Asylsuchende auch nach § 58 II 2 AufenthG vollziehbar ausreisepflichtig ist. Die Abschiebung setzt die *Ausreisepflicht* des Ausländers voraus. Die Abschiebungsandrohung ist grundsätzlich vollziehbar, wenn die Ausreisefrist nach § 36 I oder §§ 38 f. abgelaufen ist. Das Eilrechtsschutzverfahren nach § 36 III und IV führt lediglich zur Unterbrechung der Frist (§ 50 III AufenthG). Nach unanfechtbarem Abschluss dieses Verfahrens bedarf es keiner erneuten Fristsetzung. 3

War der Antragsteller im Besitz eines Aufenthaltstitels (§ 4 AufenthG), darf eine nach §§ 34, 35 oder 39 vollziehbare Abschiebungsandrohung erst vollzogen werden, wenn der Antragsteller auch nach § 58 II 2 AufenthG vollziehbar ausreisepflichtig ist (Abs. 1). Diese Vorschrift stellt also für die Fälle, in denen ein anderes ausländerbehördliches Verfahren zur Aufenthaltsbeendigung anhängig ist, klar, dass eine im Asylverfahren erlassene Abschiebungsandrohung erst vollzogen werden darf, wenn die Voraussetzungen des § 58 II 2 AufenthG gegeben sind (BT-Drs. 12/2062, S. 34). 4

Die Vorschrift des Abs. 1 ist im Zusammenhang damit zu sehen, dass eine Abschiebungsandrohung nach dem AsylVfG nicht ergehen darf, wenn der Asylsuchende im Zeitpunkt der Entscheidung des Bundesamtes im Besitz eines Aufenthaltstitels ist (§ 34 I 1). Der Antragsteller kann aus einer Vielzahl von asylunabhängigen Gründen während des Asylverfahrens in den Besitz des Aufenthaltstitels gelangt sein. Hier ist insbesondere an eine Eheschließung mit deutschen Staatsangehörigen (§ 28 I Nr. 1 AufenthG) oder Ausländern mit verfestigtem Aufenthaltsstatus (§ 30 I AufenthG) oder daran zu 5 denken, dass während des Aufenthalts ein deutsches Kind des Betreffenden geboren wurde, für das diesem die Personensorge obliegt (vgl. § 28 I Nr. 3 AufenthG). Auch in diesen Fällen darf keine Abschiebungsandrohung verfügt werden (§ 34 I 1). In diesen wie in allen Fällen, in denen der Asylsuchende im Zeitpunkt der Entscheidung über die Abschiebungsandrohung im Besitz eines Aufenthaltstitels war, findet Abs. 1 keine Anwendung.

6   Läuft die Geltungsdauer des Aufenthaltstitels nach Abschluss des Verwaltungsverfahrens ab, finden die Regelungen in §§ 34, 35 und 39 keine Anwendung. Vielmehr ist der Aufenthalt nach allgemeinem Ausländerrecht zu beenden. Dem steht die frühere Rechtsprechung des BVerwG zu § 28 AsylVfG 1982 nicht entgegen. Zwar hatte das BVerwG in der Regelung des § 28 I AsylVfG 1982 die spezielle Rechtsgrundlage für aufenthaltsbeendende Maßnahmen in allen Fällen gesehen, in denen der Antragsteller keinen anderen Rechtstitel für seinen Aufenthalt hatte als sein erfolglos gebliebenes Asylverfahren (BVerwGE 74, 189 (194) = EZAR 201 Nr. 9 = InfAuslR 1986, 229). Auch kam es seiner Meinung nach nicht darauf an, ob im Zeitpunkt der Entscheidung der Asylbescheid unanfechtbar war oder nicht. Sobald dem Antragsteller aber unabhängig vom Asylverfahren der Aufenthalt rechtlich ermöglicht wurde, schied seiner Ansicht nach § 28 I 1 AsylVfG 1982 als Rechtsgrundlage für aufenthaltsbeendende Maßnahmen aus (BVerwGE 74, 189 (194 f.).

7   Hiermit ist die Rechtslage nach § 34 I 1 vergleichbar. Besitzt der Antragsteller im Zeitpunkt des Abschlusses seines Asylverfahrens einen Aufenthaltstitel, darf die Abschiebungsandrohung nach dieser Vorschrift nicht erlassen werden. Ein Rückgriff auf § 34 I 1 ist bei nachträglichem Ablauf der Geltungsdauer des Aufenthaltstitels nicht zulässig. Denn das Bundesamt hat zum Zeitpunkt seiner Sachentscheidung nach § 31 zugleich auch die Voraussetzungen der Abschiebungsandrohung zu prüfen. Liegen die hierfür maßgeblichen Voraussetzungen im Zeitpunkt seiner Sachentscheidung nicht vor, darf das Bundesamt die Abschiebungsandrohung weder zu diesem noch zu irgendeinem anderen Zeitpunkt erlassen.

8   Zuständig für aufenthaltsbeendende Maßnahmen ist in diesen Fällen vielmehr die Ausländerbehörde. Sie ist bei der Prüfung aufenthaltsbeendender Maßnahmen allerdings insbesondere an die Entscheidung des Bundesamtes über das Vorliegen von Abschiebungshindernissen nach § 60 II–VII AufenthG gebunden (§ 42).

9   Die Regelung in Abs. 1 ist damit erkennbar auf den Fall gemünzt, in dem der Antragsteller zwar früher im Besitz eines Aufenthaltstitels war, diese im Zeitpunkt der Entscheidung des Bundesamtes über die Abschiebungsandrohung jedoch nicht mehr besitzt. Abs. 1 regelt die *Parallelität* von nebeneinander laufenden *Verfahren* mit dem Ziel der *Aufenthaltsbeendigung*.

10 Das anderweitige aufenthaltsbeendende Verfahren kann bereits im Zeitpunkt der Entscheidung nach §§ 34, 35 oder 39 anhängig, es kann aber auch nachträglich eingeleitet worden sein. Die gesetzliche Begründung spricht ausdrücklich von einem »anderweitigen ausländerbehördlichen Verfahren zur Aufenthaltsbeendigung« und verweist insoweit insbesondere auf das Ausweisungsverfahren (BT-Drs. 12/2062, S. 34). Damit wird klargestellt, dass

Vollziehbarkeit und Aussetzung der Abschiebung § 43

Abs. 1 nicht auf den Fall Anwendung finden kann, in dem der Antragsteller im Zeitpunkt der Entscheidung über die Abschiebungsandrohung nach § 34 noch im Besitz des Aufenthaltstitels war. Denn die Ausweisung führt mit Bekanntgabe unmittelbar den nicht rechtmäßigen Aufenthalt herbei (vgl. § 51 I Nr. 5 AufenthG).

Vielmehr ist der Anwendungsbereich von Abs. 1 auf die Fälle begrenzt, in denen bereits im Zeitpunkt der Entscheidung des Bundesamtes über die Abschiebungsandrohung oder erst nachträglich ein allgemeines ausländerrechtliches Verfahren zur Aufenthaltsbeendigung anhängig war bzw. eingeleitet worden ist. 11

2.2. Rechtsfolge von Abs. 1

In diesen Fällen erlässt das Bundesamt die Abschiebungsandrohung nach Maßgabe der §§ 34, 35 oder 39. Zugleich führt die Ausländerbehörde ihrerseits nach allgemeinem Ausländerrecht Maßnahmen zur Aufenthaltsbeendigung durch. Sofern im allgemeinen ausländerrechtlichen Verfahren die Abschiebungsandrohung bzw. Ausweisung vor der Vollziehbarkeit der asylverfahrensrechtlichen Abschiebungsandrohung vollziehbar wird, besteht kein Bedürfnis für eine Sonderregelung. Abs. 1 findet keine Anwendung. Vielmehr darf die Abschiebungsandrohung nach §§ 34, 35 oder 39 unabhängig von der Vollziehbarkeit der allgemeinen ausländerrechtlichen aufenthaltsbeendenden Maßnahme erst vollzogen werden, wenn diese ihrerseits ebenfalls vollziehbar geworden ist. 12

Umgekehrt ordnet Abs. 1 an, dass auch beim Eintritt der Vollziehbarkeit der Abschiebungsandrohung nach §§ 34, 35 oder 39 die Ausländerbehörde erst vollziehen darf, wenn die nach allgemeinem Ausländerrecht erlassene aufenthaltsbeendende Maßnahme vollziehbar geworden ist (BT-Drs. 12/2062, S. 34). Wann dies der Fall ist, hat die Ausländerbehörde nach Maßgabe des § 58 II 2 AufenthG zu entscheiden (Abs. 1). 13

3. Antrag auf Verlängerung des Aufenthaltstitels (Abs. 2 Satz 1)

Während Abs. 1 eine Sonderregelung für die Fälle trifft, in denen der Antragsteller zwar früher im Besitz eines Aufenthaltstitels war, im Zeitpunkt der Entscheidung nach §§ 34, 35 oder 39 jedoch ein aufenthaltsbeendendes Verfahren anhängig ist, regelt Abs. 2 die Frage, welche *Rechtswirkung* einem Antrag auf Verlängerung des Aufenthaltstitels im Zeitpunkt des Erlasses der asylverfahrensrechtlichen Abschiebungsandrohung zukommt. Diese Differenzierung wird aus den verunglückt formulierten Vorschriften von Abs. 1 und 2 nicht deutlich. Eine gesetzessystematische Interpretation legt sie jedoch nahe. 14

Abs. 1 und 2 stehen in einem wie im anderen Fall dem Erlass der asylverfahrensrechtlichen Abschiebungsandrohung nicht entgegen. Hat der Antragsteller im Zeitpunkt der Entscheidung des Bundesamtes keinen Aufenthalts- 15 titel, hat dieses unter den Voraussetzungen der §§ 34, 35 oder 39 *zwingend* die Abschiebungsandrohung zu erlassen.

16 Abs. 1 und 2 setzen damit eine bereits verfügte Abschiebungsandrohung voraus. Während Abs. 1 bei der Regelung der Vollziehbarkeit der nach allgemeinem Ausländerrecht ergangenen aufenthaltsbeendenden Maßnahme Vorrang einräumt, enthält Abs. 2 S. 1 eine Privilegierung des Antrags auf Verlängerung des Aufenthaltstitels von mehr als sechs Monaten. Abs. 2 S. 2 übernimmt demgegenüber die frühere Regelung des § 28 VII AsylVfG 1982.

17 Abs. 2 stellt klar, dass der bloße *Antrag* auf Verlängerung des Aufenthaltstitels nicht den Erlass der Abschiebungsandrohung hindert. Vielmehr wird die Vollziehbarkeit der asylverfahrensrechtlichen Abschiebungsandrohung über die Ausreisefrist der §§ 36 I und 38 hinaus auf den Zeitpunkt der Ablehnung des Verlängerungsantrags und damit auf die Beendigung der Fortgeltungsfiktion nach § 81 IV AufenthG hinausgeschoben. Zunächst ist aber Voraussetzung, dass der Antrag auf die Verlängerung des Aufenthaltstitels mit einer Gesamtgeltungsdauer von mehr als sechs Monaten zielt.

18 Die Mindestgeltungsdauer von sechs Monaten ist ein wesentliches Merkmal der Vorschriften des AsylVfG (§§ 14 II Nr. 1, 43 II 1, 55 II 1). Dies wird insbesondere Studenten und Arbeitnehmer betreffen. Lehnt die Ausländerbehörde den Verlängerungsantrag ab, wird die Abschiebungsandrohung nach §§ 34, 35 oder 39 vollziehbar, vorausgesetzt, die hierfür maßgeblichen asylverfahrensrechtlichen Spezialvorschriften sind erfüllt.

19 Wird im Fall der Ablehnung des Verlängerungsantrags Eilrechtsschutz beantragt, findet Abs. 1 Anwendung. Bis zum Eintritt der Vollziehbarkeit der mit der Ablehnung des Verlängerungsantrags zugleich verfügten Abschiebungsandrohung nach § 59 I AufenthG darf eine nach §§ 34, 35 oder 39 vollziehbare Abschiebungsandrohung nicht vollzogen werden (Abs. 1). Abs. 2 S. 1 ist auf den *Verlängerungsantrag* gemünzt, setzt also den vorherigen *Besitz* eines Aufenthaltstitels voraus. Ist dessen Geltungsdauer im Zeitpunkt der Entscheidung über die Abschiebungsandrohung nach §§ 34, 35 oder 39 abgelaufen, erlässt das Bundesamt zwar die Verfügung. Diese darf aber erst vollzogen werden, wenn auch eine vollziehbare Ausreisepflicht nach § 58 II 2 AufenthG besteht (Abs. 1).

20 Beantragt der Antragsteller nach Ablehnung seines Verlängerungsantrags einstweiligen Rechtsschutz gegen die sofortige Vollziehung der Abschiebungsandrohung nach § 59 I AufenthG im Verfahren nach § 80 V VwGO, darf diese erst nach rechtskräftiger Entscheidung über deren Vollziehbarkeit vollzogen werden. Bis zum Zeitpunkt der rechtskräftigen Eilentscheidung ist der Antragsteller nicht nach § 58 II 2 AufenthG ausreisepflichtig. Im allgemeinen ausländerrechtlichen Eilrechtsschutzverfahren findet § 80 keine Anwendung. Daher kann Beschwerde nach § 146 I 1 VwGO erhoben werden.

21 Abs. 2 S. 1 ordnet damit an, dass bis zur ausländerbehördlichen Entscheidung über den Verlängerungsantrag die asylverfahrensrechtliche Abschiebungsandrohung nicht vollzogen werden darf. Beantragt der Antragsteller einstweiligen Rechtsschutz gegen die sofortige Vollziehung der mit der Ablehnung nach allgemeinem Ausländerrecht zugleich verbundenen Abschie-

bungsandrohung nach § 59 I AufenthG, ist er für die Dauer des Eilrechtsschutzverfahrens kraft Abs. 1 gegen Abschiebung geschützt.
Der Wortlaut von Abs. 2 S. 1 ist eindeutig: Mit behördlicher Ablehnung des ausländerrechtlichen Verlängerungsantrags tritt Vollziehbarkeit der asylverfahrensrechtlichen Abschiebungsandrohung ein. Dem Antrag auf Verlängerung muss der Besitz eines Aufenthaltstitels vorausgegangen sein. Wie lange diese gültig war, ist unerheblich. Denn Abs. 1 stellt allein auf den Besitz des Aufenthaltstitels ab, verlangt also nicht eine bestimmte Geltungsdauer. Wird der Verlängerungsantrag durch die Ausländerbehörde abgelehnt, hindert der Eilrechtsschutzantrag den Eintritt der Vollziehbarkeit nach § 58 II 2 AufenthG, sodass Abschiebungsschutz nach Abs. 1 eingreift.

Die Stattgabe des auf das allgemeine Ausländerrecht bezogenen Eilrechtsschutzantrags bewirkt demgegenüber nicht rückwirkend den Eintritt der Fiktionswirkung nach § 81 IV AufenthG. Die Stattgabe des Antrags nach § 80 V VwGO hat lediglich die Aussetzung der Abschiebung zur Folge. Sie hebt dagegen nicht die für den Schutz des § 81 IV AufenthG maßgebende Behördenentscheidung auf. Die Ablehnung des Verlängerungsantrags wird durch die gerichtliche Eilentscheidung nicht aufgehoben. Diese Wirkung tritt erst nach unanfechtbarer Aufhebung der ausländerbehördlichen Versagungsverfügung ein (vgl. § 84 II 3 AufenthG).

Die gerichtliche Aussetzung der Abschiebung hindert jedoch den Eintritt der vollziehbaren Ausreisepflicht nach § 58 II 2 AufenthG, sodass in diesem Fall Abschiebungsschutz nach Abs. 1 gegeben ist. Denn die Stattgabe des Eilrechtsschutzantrags hat nach Abs. 1 unmittelbar zur Folge, dass die nach § 34, § 35 verfügte Abschiebungsandrohung nicht vollzogen werden darf. Erst wenn im Hauptsacheverfahren unanfechtbar die Aufenthaltsgenehmigung verneint wird, darf die asylrechtliche Abschiebungsandrohung vollzogen werden (vgl. § 58 II 2 AufenthG).

4. Bedeutung der Fortgeltungsfiktionswirkung nach § 81 Abs. 4 AufenthG (Abs. 2 Satz 2)

Abs. 2 S. 2 übernimmt die Regelung des § 28 VII AsylVfG 1982 und ist so zu verstehen, dass über die in Abs. 1 und Abs. 2 S. 1 geregelten Fälle hinaus, die Vollziehbarkeit der Abschiebungsandrohung nach §§ 34, 35 oder 39 nicht hinausgeschoben wird. Damit kann der im Asylverfahren erfolglos gebliebene Antragsteller nicht durch *erstmalige Beantragung* eines Aufenthaltstitels die Abschiebung verzögern. Vielmehr beseitigt Abs. 2 S. 2 die ansonsten nach § 81 IV AufenthG eintretende Fortgeltungsfiktionswirkung. Wird die Verlängerung eines bereits erteilten Aufenthaltstitels mit einer Gesamtgeltungsdauer von mehr als sechs Monaten beantragt, greift Abs. 2 S. 1 ein.

Der Ausschluss der Fiktionswirkung nach Abs. 2 S. 2 soll verhindern, dass der gescheiterte Asylsuchende seine Ausreiseverpflichtung und die ergangene Abschiebungsandrohung durch die erstmalige Stellung eines Antrags auf Erteilung eines Aufenthaltstitels unterlaufen, d.h. gegenstandslos machen und damit seinen Aufenthalt im Bundesgebiet verlängern kann (OVG Hamburg, EZAR 221 Nr. 31 = NVwZ-RR 1989, 50). Allerdings wird für den erstmals gestellten Antrag auf Erteilung eines Aufenthaltstitels ein rechtmäßiger Aufenthalt vorausgesetzt (vgl. § 81 III AufenthG). Wegen der Neuregelung des Systems der Erlaubnisfiktion in § 81 III und IV AufenthG dürfte Abs. 2 S. 2 bedeutungslos geworden sein.

5. Aussetzung der Abschiebung zugunsten der Ehegatten und Kinder (Abs. 3)

5.1. Zweck der Vorschrift des Abs. 3

27 Die Vorschrift des Abs. 3 S. 1gibt der Ausländerbehörde die Möglichkeit, bei unterschiedlichem Verlauf der Asylverfahren der einzelnen Familienangehörigen »entgegen den Vorschriften des AuslG« durch Aussetzung der Abschiebung eine »gemeinsame Ausreise der Familie zu ermöglichen« (BT-Drs. 12/2062, S. 34). Diese Vorschrift hat also eine gewisse kompensatorische Funktion für die strikten Regelungen über den Erlass der Abschiebungsandrohung sowie die Setzung der Ausreisefrist nach den asylverfahrensrechtlichen Spezialvorschriften.

28 Zwar muss der Grundsatz der Familieneinheit nach dem Willen des Gesetzgebers, der insoweit an die Rechtsprechung anknüpft (BVerwG, DVBl. 1981, 775; BVerwG, NVwZ 1985, 50; OVG Berlin, EZAR 221 Nr. 33), in diesen Verfahrensphasen nicht berücksichtigt werden. Denn nach der Rechtsprechung des BVerwG ist es *nicht ermessensfehlerhaft*, dem öffentlichen Interesse an der »Eindämmung des Zustroms von Ausländern« Vorrang vor dem individuellen Verbleibsinteresse des Angehörigen zu geben und ihm aus diesem Grund eine vorübergehende Trennung von der Familie ohne weiteres zuzumuten (BVerwG, DVBl. 1981, 775; BVerwG, NVwZ 1985, 50; BVerwG, B. v. 13. 8. 1990 – BVerwG 9 B 100.90; ebenso VGH BW, DVBl. 1981, 841; VGH BW, ESVGH 32, 36; OVG Berlin, EZAR 221 Nr. 33; s. auch BVerwG, InfAuslR 1998, 213 (216) = EZAR 020 Nr. 8).

29 Diese Grundsätze gelten darüber hinaus nicht nur für den Zuzug der Familienangehörigen, sondern auch dann, wenn der Ehegatte ebenfalls ein Asylverfahren betrieben hat und nach dessen erfolglosen Ausgang ausreisen soll, obwohl das Asylverfahren des Ehepartners noch anhängig ist (BVerwG, NVwZ 1985, 50). Nach der Rechtsprechung des BVerwG gebietet Art. 6 I GG grundsätzlich nicht, mit der Durchsetzung der Ausreisepflicht des Ehegatten zuzuwarten, bis das Verfahren des anderen Ehepartners abgeschlossen ist. Vielmehr kann einem Ehegatten zugemutet werden, vor dem anderen auszureisen (BVerwG, B. v. 13. 8. 1990 – BVerwG 9 B 100.90).

30 Allerdings ist die Zumutbarkeit der vorübergehenden Trennung unter Berücksichtigung des *Prinzips der Verhältnismäßigkeit* zu bewerten (BVerwG, B. v. 13. 8. 1990 – BVerwG 9 B 100.90), sodass in den Fällen, in denen der unanfechtbare Abschluss des Asylverfahrens des Ehepartners nicht absehbar ist,

Vollziehbarkeit und Aussetzung der Abschiebung § 43

der Aufenthalt des bereits im Bundesgebiet lebenden anderen Ehepartners zu ermöglichen ist (OVG NW, B. v. 17. 7. 1981 – 18 B 1060/81; OVG Rh-Pf, B. v. 18. 3. 1987 – 13 B 118/87; 17. 3. 1987 – 13 B40/87; wohl auch OVG Berlin, EZAR 221 Nr. 33).

Die Durchsetzung der Abschiebungsandrohung gegenüber dem erfolglos gebliebenen Ehegatten kann überdies gegen Art. 8 EMRK verstoßen, sodass ein Abschiebungshindernis (§ 53 IV AuslG) entsteht (VG Düsseldorf, B. v. 29. 5. 1991 – 7 L 603/91; a. A. Nieders.OVG, AuAS 1997, 119 (120)). Die Rechtsprechung hat die nach Art. 8 II EMRK zu prüfende *Notwendigkeit* eines Eingriffs in das Grundrecht auf Familieneinheit nach Art. 8 I EMRK jedenfalls für den Fall verneint, in dem aus anderen Gründen ein Anspruch auf die Erteilung eines Aufenthaltstitels (vgl. § 27 ff. AufenthG) gegeben ist (VG Düsseldorf, B. v. 29. 5. 1991 – 7 L 603/91). 31

Allgemein wird man sagen können, dass bei nicht absehbarem Abschluss des Verfahrens des anderen Ehegatten die Durchsetzung der Ausreisepflicht eine nicht nur vorübergehende Trennung zur Folge hat, welche den Anforderungen an die Notwendigkeit des Eingriffs im Sinne von Art. 8 II EMRK wohl kaum genügen dürfte. Dieser Rechtsprechung trägt Abs. 3 Rechnung und erlaubt der Ausländerbehörde, zwecks Gestaltung der gemeinsamen Ausreise die Abschiebung auszusetzen. 32

5.2. Voraussetzungen des Abs. 3 Satz 1

Maßgebend ist, dass das Asylverfahren eines der in Abs. 3 S. 1 bezeichneten Familienangehörigen noch nicht beendet ist. Die Vorschrift trägt dem Grundsatz der Familieneinheit nur im Hinblick auf die *Kernfamilie* Rechnung, also der Beziehung zwischen Ehegatten und der Beziehung zwischen den Eltern bzw. einem Elternteil und den minderjährigen ledigen Kindern (Abs. 3 S. 1 1. HS). Bei einem volljährigen, wegen erlittener Folter im Herkunftsland an Autismus erkrankten Sohn kann sich indes unmittelbar aus § 60 V AufenthG in Verb. mit Art. 8 EMRK ein Abschiebungshindernis für die Mutter ergeben (VG Saarlouis, B. v. 22. 10. 1999 – 1 F 78/99.A). 33

Darüber hinaus wird vorausgesetzt, dass die nach Abs. 3 S. 1 zu begünstigenden Familienangehörigen jeweils *unverzüglich* nach ihrer Einreise oder im Falle der gemeinsamen Einreise gleichzeitig einen Asylantrag gestellt haben. Fehlt es am Merkmal der Unverzüglichkeit, kann bei Pflegebedürftigkeit des noch im Asylverfahren befindlichen Familienangehörigen ein Verbleibsrecht des anderen Angehörigen unmittelbar aus § 55 III AuslG 1990 (jetzt § 25 IV AufenthG) hergeleitet werden (VG Lüneburg, B. v. 14. 10. 1998 – 3 B 318/98). Dasselbe gilt für den umgekehrten Fall, in dem der zur Ausreise verpflichtete Familienangehörige pflegebedürftig ist. 34

Voraussetzung für die Anwendung der Ermessensvorschrift ist nicht die gemeinsame Einreise aller Familienangehörigen. Vielmehr können die verschiedenen Familienangehörigen auch zu verschiedenen Zeitpunkten, selbst nach erheblichen Zeitabständen, eingereist sein. Sie müssen aber jeweils unverzüglich nach ihrer Einreise den Asylantrag gestellt haben. 35

36 Ist das Kind im Bundesgebiet geboren, muss der Asylantrag »unverzüglich« nach der Geburt gestellt worden sein, wenn sich andere Familienangehörige nach Abs. 3 später auf das noch anhängige Asylverfahren des Kindes berufen wollen. Insoweit ist zwar kein überzogener Maßstab anzuwenden. Bei einer Antragstellung nach Ablauf von sieben Monaten nach der Geburt geht die Rechtsprechung indes von einer mutwilligen Verzögerung des Antrags aus (VG Braunschweig, NVwZ-Beil. 1997, 80). Aufgrund der fingierten Asylantragstellung nach § 14 a II 3 ist dieses Problem überholt.

37 In der Verwaltungspraxis wird im Allgemeinen ein *Folgeantragsverfahren* nicht berücksichtigt, d. h. ist das Asylfolgeantragsverfahren beendet, kann sich der davon betroffene Antragsteller nicht mehr auf das anhängige Asylverfahren seiner Angehörigen berufen, selbst wenn diese noch ihr erstes Asylverfahren betreiben. So hat etwa die obergerichtliche Rechtsprechung keine Bedenken dagegen, dem vollziehbar ausreisepflichtigen Familienangehörigen, der sich auf den noch nicht entschiedenen Asylfolgeantrag seiner Ehefrau und den in der qualifizierten Form abgelehnten Erstantrag des gemeinsamen Kindes beruft, die Rückkehr in den Heimatstaat zuzumuten (Nieders.OVG, AuAS 1997, 119 (120)). Diese Verwaltungspraxis scheint jedenfalls für zulässige Folgeanträge nicht gerechtfertigt zu sein.

38 Zuständig für die Entscheidung über den Aussetzungsantrag ist die Ausländerbehörde, die für den Vollzug der Abschiebungsandrohung zuständig ist. Danach richtet sich auch die Gerichtszuständigkeit (vgl. § 52 Nr. 2 S. 3 1. HS VwGO). Dies gilt auch dann, wenn der Aufenthalt des anderen Familienangehörigen auf den Zuständigkeitsbereich einer anderen Ausländerbehörde räumlich beschränkt ist (VG Gießen, AuAS 1998, 8 (9)).

5.3. Behördliche Ermessensausübung nach Abs. 3

39 Die Ausländerbehörde entscheidet nach pflichtgemäßem Ermessen über die Aussetzung der Abschiebung, wobei sie regelmäßig dem gesetzlich vorgegebenen öffentlichen Interesse an einer gemeinsamen Gestaltung der Ausreise Rechnung zu tragen hat. Im Regelfall ist daher das Ermessen zugunsten des Antragstellers auszuüben (a. A. VG Koblenz, B. v. 5. 8. 1994 – 3 L 3173/94.KO). Das behördliche Ermessen ist darüber hinaus durch die Grundrechte sowie insbesondere durch den Verhältnismäßigkeitsgrundsatz eingeschränkt. Regelmäßig wird ein erhebliches individuelles Interesse an der Ermöglichung der gemeinsamen Ausreise bestehen, welches das öffentliche Vollzugsinteresse auch deshalb überwiegt, weil das Individualinteresse nicht auf dauernden, sondern lediglich auf vorübergehenden Verbleib im Bundesgebiet gerichtet ist.

40 Insoweit ist auch zu bedenken, dass der Schutz der Familie bei nicht nur kurzen, überschaubaren Trennungszeiten berührt wird. Ist auf Monate hinaus der Aufenthalt des anderen Familienangehörigen wegen des noch anhängigen Asylverfahrens rechtlich zu ermöglichen, wird die Schwelle der zumutbaren Belastungen überschritten, wenn dem vollziehbar ausreisepflichtigen Familienangehörigen der weitere Aufenthalt im Bundesgebiet untersagt wird

(Hess.VGH, B. v. 24. 6. 1996 – 10 TG 2557/95, für bosnische Bürgerkriegsflüchtlinge).
Die Rechtsfolge der Ermessensausübung ist die Aussetzung der Abschiebung (Abs. 3 S. 1). Auch wenn mit Blick auf die übrigen Familienangehörigen die Abschiebungsandrohungen unanfechtbar vollziehbar sind, darf die Behörde daher solange die Abschiebung aussetzen, bis auch hinsichtlich des letzten Familienmitglieds die Abschiebungsandrohung vollziehbar geworden ist.

41

§ 43 a *(aufgehoben)*

§ 43 b *(aufgehoben)*

Dritter Abschnitt
Unterbringung und Verteilung

§ 44 Schaffung und Unterhaltung von Aufnahmeeinrichtungen

(1) Die Länder sind verpflichtet, für die Unterbringung Asylbegehrender die dazu erforderlichen Aufnahmeeinrichtungen zu schaffen und zu unterhalten sowie entsprechend ihrer Aufnahmequote die im Hinblick auf den monatlichen Zugang Asylbegehrender in den Aufnahmeeinrichtungen notwendige Zahl von Unterbringungsplätzen bereitzustellen.
(2) Das Bundesministerium des Innern oder die von ihm bestimmte Stelle teilt den Ländern monatlich die Zahl der Zugänge von Asylbegehrenden, die voraussichtliche Entwicklung und den voraussichtlichen Bedarf an Unterbringungsplätzen mit.
(3) § 45 des Achten Buches Sozialgesetzbuch (Artikel 1 des Gesetzes vom 26. Juni 1990, BGBl. I S. 1163) gilt nicht für Aufnahmeeinrichtungen.

Übersicht	Rdn.
1. Zweck der Vorschrift	1
2. Aufnahmeverpflichtung der Bundesländer nach Abs. 1	9
2.1. Umfang der Aufnahmeverpflichtung nach Abs. 1	9
2.2. Begriff der Aufnahmeeinrichtung nach Abs. 1	15
2.3. Anforderungen an die Unterbringung in der Aufnahmeeinrichtung	20
3. Unterrichtungsverpflichtung des Bundesinnenministeriums nach Abs. 2	22
4. Keine Anwendung von § 45 KJHG (Abs. 3)	24

§ 44

1. Zweck der Vorschrift

1 Diese Gesetzesbestimmung hatte einen vor 1992 lang andauernden Streit zwischen Bund und Ländern beseitigt. Mit dieser Vorschrift soll die erste Zielvorstellung des Gesetzes verwirklicht werden (BT-Drs. 12/2062, S. 34). Danach schaffen die Bundesländer die Voraussetzungen – unter Festlegung eines Schlüssels, aus dem sich die von jedem Land vorzuhaltende Kapazität ergibt – für zentrale Gemeinschaftsunterkünfte, die über ausreichende Kapazitäten verfügen (BT-Drs. 12/2062, S. 26). Die Gesetzesterminologie weicht insoweit von dem in der Begründung genannten Begriff Gemeinschaftsunterkunft (vgl. § 53) ab.

2 Die gesetzliche Verpflichtung nach Abs. 1 bezieht sich jedoch nach dem eindeutigen Wortlaut auf *Aufnahmeeinrichtungen* im Sinne der Vorschriften der §§ 44 ff. Für *Gemeinschaftsunterkünfte* gibt es keine dem Abs. 1 entsprechende Verpflichtung. Hier bleibt es bei der auch im alten Recht (§ 23 AsylVfG 1982) enthaltenen Regelanordnung (§ 53 I 1).

3 Der in der gesetzlichen Begründung genannte Schlüssel bzw. die in Abs. 1 bezeichnete *Aufnahmequote* ist in § 45 geregelt. Diese Aufnahmequote ist insbesondere bei der Bestimmung der zuständigen Aufnahmeeinrichtung von entscheidungserheblicher Bedeutung (§ 46 I 1, II 2, V).

4 Mit Abs. 1 wurde 1992 erstmals eine gesetzliche Verpflichtung der Länder zur Aufnahme von Asylsuchenden in dem vom Gesetz vorgeschriebenen Umfang (§ 45) festgelegt. Zum Rechtszustand vor Erlass des AsylVfG 1982 hatte das BVerwG kritisch angemerkt, dass angesichts der sprunghaften Zunahme der Zahlen der Asylbewerber die Vorschrift des § 40 AuslG 1965, derzufolge den unmittelbar aus dem behaupteten Verfolgerstaat einreisenden Asylsuchenden der Aufenthalt beschränkt auf den Bezirk des Sammellagers (damals beim Bundesamt in Zirndorf) erlaubt war, aus tatsächlichen Gründen ins Leere ging (BVerwGE 62, 206 (212) = EZAR 221 Nr. 7 = Buchholz 402.24 § 28 AuslG Nr. 29 = DÖV 1981, 712 = DVBl. 1981, 1097 = NJW 1981, 712 = MDR 1981, 1045).

5 Die Anwendungspraxis zu § 40 AuslG 1965 wurde jedoch schon bald nach 1965 außer Kraft gesetzt. Die Asylbewerber verblieben statt dessen mangels eines festgelegten Verteilerschlüssels in dem Bezirk der Ausländerbehörde, in dem sie zu Beginn des Verfahrens ihren Asylantrag gestellt hatten. Aus dieser Praxis hatte bereits der Gesetzgeber des AsylVG 1982 die Konsequenz gezogen und in § 23 AsylVfG 1982 bestimmt, dass Asylbewerber in der Regel in Gemeinschaftsunterkünften untergebracht werden sollten. *Mittelbar* wurde mit dem in § 22 II AsylVfG 1982 vorgesehenen Verteilerschlüssel die Verpflichtung der Länder festgelegt, im Rahmen des Verteilungsverfahrens ihnen zugewiesene Asylbewerber aufzunehmen.

6 Mangels einer klaren *unmittelbaren* gesetzlichen Verpflichtung gab es jedoch nach 1982 immer wieder über Grund und Umfang der Aufnahmeverpflichtung Streit zwischen den Ländern und innerhalb der Länder zwischen den Kreisen bzw. kreisfreien Städten und der jeweiligen Landesregierung.

7 Der bis zum 30. Juni 1992 geltende Verteilerschlüssel für die »alten Bundesländer« (§ 22 II Nr. 2 AsylVfG 1982) beruhte auf einer Verwaltungsvereinba-

Schaffung und Unterhaltung von Aufnahmeeinrichtungen § 44

rung der »alten« Bundesländer vom 2. Juli 1982, die am 1. August 1982 in Kraft getreten war. § 22 II Nr. 1 AsylVfG 1982 trug Art. 1 I des Einigungsvertrags Rechnung, demzufolge die »neuen« Bundesländer 20 vom Hundert der Asylbewerber aufzunehmen hatten.

Nunmehr hat der Gesetzgeber mit § 46 S. 2 einen festen Schlüssel festgelegt. Der bis 1992 bestehende Streit wird mithin durch §§ 44–46 beseitigt: Abs. 1 enthält den Rechtsgrund für die Aufnahmeverpflichtung der Länder. Die Regelungen in §§ 45 f. legen den Umfang dieser Verpflichtung im Einzelnen fest. 8

2. Aufnahmeverpflichtung der Bundesländer nach Abs. 1

2.1. Umfang der Aufnahmeverpflichtung nach Abs. 1

Nach Abs. 1 sind die Länder verpflichtet, für die Unterbringung der Asylbewerber die hierzu *erforderlichen* Aufnahmeeinrichtungen zu schaffen und zu unterhalten. Das Gesetz will mit Abs. 1 die Ressourcen verfügbar machen, die notwendig sind, damit während der Zeitspanne der Wohnverpflichtung nach § 47 I die verfahrensrechtliche Filterfunktion entsprechend der zweiten Zielvorstellungen des AsylVfG, nämlich binnen zwei Wochen die gerichtlichen Eilrechtsschutzverfahren zu einem endgültigen Abschluss zu bringen (BT-Drs. 12/2062, S. 26), effektiv durchgesetzt werden kann. 9

Zwar gibt der Gesetzgeber mit der Frist von drei Monaten in § 47 I 1 zu erkennen, dass er die ursprüngliche Zielvorstellung nicht für realisierbar erachtet. Mit den richterlichen Entscheidungsfristen in § 36 III 5–7, durch ÄnderungsG 1993 eingeführt, verdeutlicht der Gesetzgeber jedoch, dass nach Möglichkeit die Maximalfrist des § 47 I 1 nicht ausgeschöpft werden soll. 10

Die Regelung in Abs. 1 ist zwingend. Den Ländern wird damit, wie sich insbesondere auch aus § 46 V ergibt, der Einwand der »begrenzten Ressourcen« genommen. Sie haben diese kraft gesetzlicher Anordnung zu schaffen. Der Umfang der Verpflichtung ergibt sich aus Abs. 1 in Verb. mit § 45. Danach haben die Länder die erforderlichen Unterbringungskapazitäten zu schaffen und zu unterhalten. Das einzelne Bundesland hat im Rahmen seiner in § 45 festgelegten Aufnahmequote die im Hinblick auf den monatlichen Zugang von Asylbewerbern in den Aufnahmeeinrichtungen notwendige Zahl von Unterbringungsplätzen bereitzustellen (Abs. 1). 11

Die Zahl der erforderlichen Unterbringungskapazitäten bestimmt sich damit zunächst nach dem monatlichen Gesamtzugang an Asylsuchenden, der Aufnahmequote des Landes sowie der durchschnittlichen Aufenthaltsdauer der Asylsuchenden in den Aufnahmeeinrichtungen (BT-Drs. 12/2062, S. 34f.). Letztere Bedingung wiederum ist abhängig von der Dauer der Gerichtsverfahren in Eilrechtsschutzverfahren bzw. davon, wann die Wohnverpflichtung nach Maßgabe der Regelungen in §§ 48, 50 beendet wird. 12

Aus dem Gesamtzusammenhang der Vorschriften der §§ 44–49 ergibt sich damit der genaue Umfang der gesetzlichen Vorhaltepflicht nach Abs. 1. Letztlich entscheidend ist die Aufnahmequote nach § 45. Werden Asylbewer- 13

14 ber durch die länderübergreifende Verteilung einem anderen Bundesland zugewiesen, hat dies ebenfalls Einfluss auf den Umfang der aktuellen Verpflichtung nach Abs. 1 (§ 52).

14 Demgegenüber wird durch die landesinterne Verteilung im Anschluss an die Beendigung der Wohnpflicht nach § 47 I am aktuellen Umfang der Bereithaltungspflicht nichts verändert. Wie das jeweilige Land im Einzelnen seiner Verpflichtung nach Abs. 1 gerecht wird, ist ihm überlassen. Jedenfalls hat es mindestens eine Aufnahmeeinrichtung einzurichten. Es kann die Aufnahmeeinrichtung auch in eine Zentrale und mehrere Nebenstellen aufteilen.

2.2. Begriff der Aufnahmeeinrichtung nach Abs. 1

15 Nach Abs. 1 sind die Länder verpflichtet, für die Unterbringung der Asylbewerber die hierzu *erforderlichen* Aufnahmeeinrichtungen zu schaffen und zu unterhalten. Der Gesetzgeber regelt den Grund und den Umfang der Aufnahmeverpflichtung der Bundesländer anhand des Begriffs der Aufnahmeeinrichtung. Das Gesetz definiert den Begriff der Aufnahmeeinrichtung nicht. Dieser Begriff wird jedoch an zahlreichen Stellen des Gesetzes verwendet und bezieht sich auf die Unterbringung während der ersten Verfahrensphase mit Blick auf Antragsteller nach § 14 I (vgl. § 47 I 1).

16 Die Abgrenzung zwischen einer Aufnahmeeinrichtung und einer Gemeinschaftsunterkunft ist nach rein rechtlichen, nicht jedoch nach phänomenologischen Gesichtspunkten vorzunehmen (s. auch § 10 IV). Anhand äußerer Umstände kann der Unterschied zwischen beiden Unterbringungsformen nicht erkannt werden: Alle Asylbewerber, die nach § 14 I ihren Asylantrag zu stellen haben, sind verpflichtet, in einer Aufnahmeeinrichtung zu wohnen (§ 47 I 1). Die hierzu erforderlichen Kapazitäten haben die Länder bereitzustellen (Abs. 1).

17 Eine gesetzliche Verpflichtung der Länder, Gemeinschaftsunterkünfte zu schaffen, besteht nicht (§ 53). Es kam dem Bundesgesetzgeber in erster Linie darauf an, für die erste Verfahrensphase die Unterbringung der Asylbewerber durch klare gesetzliche, an die Länder gerichtete Verpflichtungen sicherzustellen. Da mit der Unterbringung in einer Aufnahmeeinrichtung zugleich eine Entscheidung über die weitere Aufenthaltsbestimmung während des Verfahrens getroffen wird (§ 46 I und II), ist das Land für die weitere Unterbringung ohnehin zuständig. Wie es diese Verpflichtung im Einzelnen erfüllt, ist Sache des Landes. Insoweit gibt der Bundesgesetzgeber lediglich die Sollensanordnung nach § 53 I 1 vor.

18 Die Vorschrift des Abs. 1 legt lediglich eine gesetzliche Verpflichtung zur Bereithaltung der für die erste Aufnahme von Asylsuchenden erforderlichen Unterbringungskapazitäten fest. Im Übrigen ist das jeweilige Bundesland frei, wie es seiner gesetzlichen Verpflichtung nachkommen will. Es gibt weder gesetzliche Vorgaben über Mindest- oder Maximalbelegungszahlen noch über die Art der Ausstattung der Einrichtungen.

19 Auch gibt es keine Bestimmung darüber, wie viele Aufnahmeeinrichtungen ein Land zu schaffen hat. Aus § 46 V folgt lediglich, dass *mindestens eine Auf-*

nahmeeinrichtung bereitzuhalten ist. Einen gewissen Anhalt zur Gestaltung der Größe einer Einrichtung enthält möglicherweise § 5 III 1. Die dort genannte Belegungszahl von 500 Plätzen verdeutlicht vielleicht, welche Vorstellungen der Gesetzgeber bei der Schaffung von Abs. 1 gehabt hatte. Als Bundesgesetzgeber wollte er den Ländern jedoch weder in die eine noch in die andere Richtung zwingende Vorgaben machen.

2.3. Anforderungen an die Unterbringung in der Aufnahmeeinrichtung

Verfassungsrechtlich haben die Länder bei der Umsetzung ihrer Verpflichtung nach Abs. 1 im besonderen Maße das *Menschenwürdegebot* (VGH BW, InfAuslR 1982, 143; VGH BW, NVwZ 1986. 783; OVG NW, InfAuslR 1986, 219; *Funke-Kaiser*, in: GK-AsylVfG, II-§ 44 Rdn. 8; vgl. auch BVerfG (Kammer), AuAS 1994, 20, zur Unterbringung am Flughafen) sowie die Grundrechte zu beachten. Auch wenn die Dauer der Unterbringung in der Einrichtung regelmäßig nur kurz ist und die voraussichtliche Dauer der Unterbringung in der Rechtsprechung als zulässiges Abgrenzungskriterium anerkannt ist (OVG NW, B. v. 10. 5. 1988 – 16 B 20989/87), ergeben sich aus der Menschenwürdegarantie nach Art. 1 I GG gewisse Mindestbedingungen für eine menschenwürdige Unterbringung in einer Aufnahmeeinrichtung. 20

Zu bedenken ist auch, dass die Unterbringung unmittelbar an die Einreise anschließt und die Flüchtlinge daher häufig noch im besonderen Maße unter den *traumatischen Verfolgungs- und Fluchterlebnissen* leiden. Daher sollte die Belegungszahl die Zahl von 500 nicht übersteigen. Im Übrigen folgt aus der staatlichen *Fürsorgepflicht* (OVG NW, InfAuslR 1986, 219), dass die Länder das Wohnen in der Aufnahmeeinrichtung so auszugestalten haben, dass ein menschenwürdiges Wohnen insbesondere auch frei von rassistischen, sexuellen und anderen Belästigungen und Übergriffen möglich ist. Mit Abs. 3 hat der Gesetzgeber im Übrigen bestimmt, dass auch asylsuchende Jugendliche – nicht jedoch unbegleitete Kinder – in einer Aufnahmeeinrichtung untergebracht werden dürfen (vgl. aber auch § 14 II Nr. 3). 21

3. Unterrichtungsverpflichtung des Bundesinnenministeriums nach Abs. 2

Nach Abs. 2 hat das Bundesinnenministerium oder die von ihm bestimmte Stelle den Ländern monatlich die Zahl der Zugänge von Asylsuchenden, die voraussichtliche Entwicklung und den voraussichtlichen Bedarf an Unterbringungsplätzen mitzuteilen. Da der Umfang der Aufnahmeverpflichtung nach Abs. 1 vom aktuellen Zugang an Asylsuchenden abhängig ist, ist diese Unterrichtungspflicht Grundlage für die hierauf aufbauenden Planungen der Länder (BT-Drs. 12/2062, S. 35). 22

Das Gesetz lässt dem Bundesinnenministerium bei der Delegation freie Hand. Wegen des engen Sachzusammenhangs und der bestehenden engen Zusammenarbeit zwischen den Ländern und der zentralen Verteilungsstelle nach § 46 II 1 spricht vieles dafür, diese Stelle mit der Unterrichtungspflicht zu beauftragen. 23

4. Keine Anwendung von § 45 SGB VIII (Abs. 3)

24 Nach Abs. 3 gilt § 45 SGB VIII nicht für Aufnahmeeinrichtungen. Damit verweist Abs. 3 auf die geltende Fassung von § 45 SGB VIII. Nach § 45 SGB VIII bedarf der Träger einer ganztägig oder für einen Teil des Tages betriebenen Kinder- oder Jugendhilfeeinrichtung für den Betrieb einer behördlichen Genehmigung. Abs. 3 stellt jedoch ausschließlich vom Erfordernis der Erlaubnis frei. Eine irgendwie geartete Lockerung oder gar Freistellung von den materiellrechtlichen Verpflichtungen der zuständigen Jugendämter ist damit nicht verbunden (*Funke-Kaiser*, in: GK-AsylVfG, II-§ 44 Rdn. 8).

§ 45 Aufnahmequoten

Die Länder können durch Vereinbarung einen Schlüssel für die Aufnahme von Asylbegehrenden durch die einzelnen Länder (Aufnahmequote) festlegen. Bis zum Zustandekommen dieser Vereinbarung oder bei deren Wegfall richtet sich die Aufnahmequote für das jeweilige Kalenderjahr nach dem von der Geschäftsstelle der Bund-Länder-Kommission für Bildungsplanung und Forschungsförderung im Bundesanzeiger veröffentlichten Schlüssel, der für das vorangegangene Kalenderjahr entsprechend Steuereinnahmen und Bevölkerungszahl der Länder errechnet worden ist (Königsteiner Schlüssel).

Übersicht

	Rdn.
1. Vorbemerkung	1
2. Aufnahmequote nach Satz 1	3
3. Aufnahmequote nach Satz 2	9

1. Vorbemerkung

1 Diese Vorschrift hat ihr Vorbild in § 22 II AsylVfG 1982. Ihr kommt jedoch in Anbetracht der unmittelbaren gesetzlichen Verpflichtung der Länder zur Bereithaltung der erforderlichen Unterbringungskapazitäten (§ 44 I) sowie mit Blick auf die Bestimmung der zuständigen Aufnahmeeinrichtung (§ 46 I 1, II 2) eine erheblich stärkere Bedeutung als nach früherem Recht zu:

2 Die in dieser Vorschrift geregelte Aufnahmequote ist allein maßgebend für den *Umfang* der gesetzlichen Verpflichtung nach § 44 I. Sie ist darüber hinaus entscheidungserheblich für die Bestimmung der zuständigen Aufnahmeeinrichtung (§ 46 I 1, II 2). Auch wenn das Land keine freien Kapazitäten mehr hat, entscheidet die in dieser Vorschrift geregelte Aufnahmequote über die Aufnahmeverpflichtung des Landes (vgl. § 46 V).

2. Aufnahmequote nach Satz 1

Nach der gesetzlichen Begründung übernimmt diese Vorschrift die früheren nach § 22 II AsylVfG 1982 in Verb. mit Art. 1 I des Einigungsvertrags maßgeblichen Quoten, freilich auf- oder abgerundet auf eine Dezimalstelle (BT-Drs. 12/2062, S. 35). Die in dieser Vorschrift festgelegte Quote bestimmt zunächst den Umfang der gesetzlichen Verpflichtung des Landes, Unterbringungskapazitäten bereitzuhalten (§ 44 I). Die Aufnahmequote ist darüber hinaus das *vorrangige* entscheidungserhebliche Kriterium bei der Bestimmung der zuständigen Aufnahmeeinrichtung für die Aufnahme des Asylbewerbers (§ 46 I 1, II 2).

Ob das Land zur Aufnahme des Asylbewerbers verpflichtet ist, bestimmt sich zunächst danach, ob es entsprechend seiner Aufnahmequote eine Aufnahmeverpflichtung trifft. Ist dies nicht der Fall, werden die übrigen Zuständigkeitskriterien wie freie Unterbringungskapazitäten sowie Bearbeitungsmöglichkeiten der Außenstelle des Bundesamtes mit Blick auf die Herkunftsländer der Asylbewerber erst gar nicht berücksichtigt. Sind umgekehrt die übrigen Kriterien nicht erfüllt, weil das Land etwa keine Unterbringungskapazitäten mehr verfügbar hat, ist es ungeachtet dessen zur Aufnahme verpflichtet, wenn es entsprechend seiner in dieser Vorschrift geregelten Quote eine Aufnahmepflicht trifft.

Die frühere Regelung in § 1 der Verwaltungsvereinbarung vom 2. Juli 1982 ging davon aus, dass mit dieser eine »*annähernd gleiche Belastung der Länder*« mit der Aufnahme und Unterbringung von Asylsuchenden erstrebt werden sollte. In diesem Rahmen gibt der für das Verteilungsverfahren maßgebliche Schlüssel einen der *Leistungsfähigkeit der Länder angepassten Maßstab* ab (BVerwG, Buchholz 402.25 § 20 AsylVfG Nr. 2 = DÖV 1985, 403).

Durchgreifende verfassungsrechtliche Bedenken gegen den zum alten Recht maßgeblichen Verteilerschlüssel vermochte die obergerichtliche Rechtsprechung nicht zu erkennen (Hess.VGH, B. v. 25. 5. 1988 – 12 TH 2613/87; wohl auch VGH BW, EZAR 221 Nr. 26; OVG Hamburg, EZAR 228 Nr. 1). Eine andere Betrachtungsweise ist insbesondere auch in Ansehung der Rechtsprechung des BVerfG zu aufenthaltsbeschränkenden Maßnahmen gegenüber Asylbewerbern (BVerfGE 77, 364 (366) =; BVerfGE 80, 182 (186 f.) = EZAR 355 Nr. 6 = NVwZ 1989, 478) mit Blick auf diese Vorschrift kaum gerechtfertigt.

Diese Vorschrift legt nur den Umfang der gesetzlichen Verpflichtung des Landes nach § 44 I fest. Verpflichtungen des einzelnen Asylsuchenden selbst werden durch diese Regelung nicht begründet. Erst durch die Aufnahme in der Aufnahmeeinrichtung nach § 46 I 1 und die damit verbundene Wohnpflicht nach § 47 I 1 und die Aufenthaltsbeschränkung nach § 56 I 1 bzw. durch die Weiterleitungsanordnung nach § 22 I 2 in Verb. mit § 46 I 2 ebenfalls mit der Folge des § 56 I 1 werden Verpflichtungen für den einzelnen Asylbewerber geschaffen.

Angesichts des Umstands, dass bei der Bestimmung der zuständigen Aufnahmeeinrichtung ausschließlich abstrakt-generelle Kriterien, nicht jedoch die persönlichen Verhältnisse des Asylbewerbers Berücksichtigung finden, haben nach der gesetzlichen Konzeption die persönlichen Wunschvorstellungen des Asylbewerbers über den von ihm erstrebten Aufenthaltsort für die Dauer des Asylverfahrens letztlich keine Bedeutung.

3. Aufnahmequote nach Satz 2

9   Nach S. 2 wird den Ländern kraft gesetzlicher Anordnung bis zum Zustandekommen der Aufnahmequote nach S. 1 der sog. *Königsteiner Schlüssel* vorgegeben. S. 2 ist durch das am 1. Januar 2005 in Kraft getretene ZuwG geändert worden. Die Regelung war im Gesetzentwurf nicht vorgesehen, sondern wurde erst im Vermittlungsverfahren eingefügt. Bis dahin legte das Gesetz in S. 2 selbst die Aufnahmequoten der einzelnen Bundesländer fest. Der bis zum 30. Juni 1992 geltende Verteilerschlüssel für die »alten Bundesländer« (§ 22 II Nr. 2 AsylVfG 1982) beruhte auf einer Verwaltungsvereinbarung der »alten« Bundesländer vom 2. Juli 1982, die am 1. August 1982 in Kraft getreten war. § 22 II Nr. 1 AsylVfG 1982 trug Art. 1 I des Einigungsvertrags Rechnung, demzufolge die »neuen« Bundesländer 20 vom Hundert der Asylbewerber aufzunehmen hatten.

10 Unklar ist, ob die Länder abweichend von S. 2 einen neuen Schlüssel entsprechend der in S. 1 vorgesehenen Möglichkeit festlegen werden. Jedenfalls eröffnet S. 1 den Ländern diese Möglichkeit. Die noch in § 22 II 2 AsylVfG 1982 vorgesehene *Notkompetenz der Bundesregierung*, durch Rechtsverordnung den maßgeblichen Schlüssel festzulegen, ist in dieser Vorschrift nicht wieder aufgenommen worden. Es kann wohl davon ausgegangen werden, dass der in S. 2 enthaltene Königsteiner Schlüssel Ausdruck eines Konsenses von Bund und Ländern ist, sodass die frühere Notkompetenz der Bundesregierung entbehrlich ist und von der in S. 1 eröffneten Möglichkeit der Verwaltungsvereinbarung wohl kaum Gebrauch gemacht werden dürfte.

§ 46 Bestimmung der zuständigen Aufnahmeeinrichtung

(1) Zuständig für die Aufnahme des Ausländers ist die Aufnahmeeinrichtung, in der er sich gemeldet hat, wenn sie über einen freien Unterbringungsplatz im Rahmen der Quote nach § 45 verfügt und die ihr zugeordnete Außenstelle des Bundesamtes Asylanträge aus dem Herkunftsland des Ausländers bearbeitet. Liegen diese Voraussetzungen nicht vor, ist die nach Absatz 2 bestimmte Aufnahmeeinrichtung für die Aufnahme des Ausländers zuständig.

(2) Eine vom Bundesministerium des Innern bestimmte zentrale Verteilungsstelle benennt auf Veranlassung einer Aufnahmeeinrichtung dieser die für die Aufnahme des Ausländers zuständige Aufnahmeeinrichtung. Maßgebend dafür sind die Aufnahmequoten nach § 45, in diesem Rahmen die vorhandenen freien Unterbringungsplätze und sodann die Bearbeitungsmöglichkeiten der jeweiligen Außenstelle des Bundesamtes in bezug

Bestimmung der zuständigen Aufnahmeeinrichtung § 46

auf die Herkunftsländer der Ausländer. Von mehreren danach in Betracht kommenden Aufnahmeeinrichtungen wird die nächstgelegene als zuständig benannt.

(3) Die veranlassende Aufnahmeeinrichtung teilt der zentralen Verteilungsstelle nur die Zahl der Ausländer unter Angabe der Herkunftsländer mit. Ehegatten sowie Eltern und ihre minderjährigen ledigen Kinder sind als Gruppe zu melden.

(4) Die Länder stellen sicher, daß die zentrale Verteilungsstelle jederzeit über die für die Bestimmung der zuständigen Aufnahmeeinrichtung erforderlichen Angaben, insbesondere über Zu- und Abgänge, Belegungsstand und alle freien Unterbringungsplätze jeder Aufnahmeeinrichtung unterrichtet ist.

(5) Die Landesregierung oder die von ihr bestimmte Stelle benennt der zentralen Verteilungsstelle die zuständige Aufnahmeeinrichtung für den Fall, daß das Land nach der Quotenregelung zur Aufnahme verpflichtet ist und über keinen freien Unterbringungsplatz in den Aufnahmeeinrichtungen verfügt.

Übersicht Rdn.

1. Zweck der Vorschrift 1
2. Zuständige Aufnahmeeinrichtung (Abs. 1 bis Abs. 5) 7
2.1. Vorbemerkung 7
2.2. Zuständigkeit der zuerst aufgesuchten Aufnahmeeinrichtung
    (Abs. 1 Satz 1) 12
2.3. Zuständigkeit der nach Maßgabe von Abs. 1 Satz 2 bestimmten
    Aufnahmeeinrichtung 24
2.4. Funktion des Verfahrens nach Abs. 5 28
2.5. Funktion der Unterrichtungsverpflichtung nach Abs. 4 32
2.6. Berücksichtigung der Familieneinheit (Abs. 3 Satz 2) 36
3. Rechtscharakter der Weiterleitungsanordnung nach § 22 Abs. 1 Satz 2
    erster Halbsatz zweite Alternative 40
4. Rechtsschutz 48

1. Zweck der Vorschrift

Die Vorschrift des § 46 hat deswegen im AsylVfG 1982 kein Vorbild, weil das AsylVfG 1992 eine gegenüber dem früheren Recht grundverschiedene Unterbringungs- sowie Verteilungskonzeption eingeführt hat. Die Vorschrift findet nur Anwendung auf Antragsteller, die verpflichtet sind, in einer Aufnahmeeinrichtung zu wohnen (§ 47 I in Verb. mit § 14 I). Insbesondere dieser Vorschrift kommt für die Festlegung der Aufnahmeeinrichtung sowie der behördlichen Zuständigkeiten im Asylverfahren eine *Schlüsselfunktion* zu: Welche Aufnahmeeinrichtung für die Aufnahme des Asylbewerbers zuständig ist, bestimmt sich nach Abs. 1 oder 2. Mit der Bestimmung der zuständigen Aufnahmeeinrichtung ist zugleich auch die für die Bearbeitung des Asyl-

1

2

3 Während nach früherem Recht die Zuweisungsentscheidung *nach* der Asylantragstellung verfügt wurde (§ 22 V 1 AsylVfG 1982), ist nach geltendem Recht mit der Bestimmung der zuständigen Aufnahmeeinrichtung bereits das Bundesland, das den Antragsteller aufzunehmen hat, bestimmt worden. Der Gesetzgeber hat ausdrücklich ein *neues Verteilungsverfahren zur gleichmäßigen Auslastung* der zur Verfügung stehenden Sammelunterkünfte sicherstellen wollen (BT-Drs. 12/2062, S. 26). Das hat zur Folge, dass die bundesweite Verteilung gleich zu Beginn des Verfahrens erfolgt, als solche jedoch nicht mehr erkenntlich wird (vgl. BT-Drs. 12/2062, S. 26).

4 Diese gesetzgeberischen Vorgaben werden durch die Vorschrift des § 46 umgesetzt. Die gesetzliche Terminologie unterscheidet dabei zwischen »*Aufnahmeeinrichtungen*« (§§ 44 I, 46, 47, 48, 49, 50 I, 51) einerseits sowie »*Gemeinschaftsunterkünften*« (§ 53) andererseits. Der in der gesetzlichen Begründung verwendete Begriff »Sammelunterkunft« ist dem Gesetz fremd. Nach Beendigung der Wohnverpflichtung nach § 47 I folgt lediglich noch die landesinterne Verteilung (§ 50). In Ausnahmefällen kommt jedoch eine – korrigierende – länderübergreifende Verteilung in Betracht (§ 51).

5 Die reibungslose Durchführung des in dieser Vorschrift geregelten »*Erstverteilungsverfahrens*« setzt voraus, dass in allen Ländern die erforderlichen Aufnahmekapazitäten vorhanden sind (BT-Drs. 12/2718, S. 59). Diesem Zweck dienen die Vorschriften der §§ 45 f. Die Verteilung soll nach der in der Gesetzesbegründung zitierten Parteienvereinbarung vom Oktober 1991 durch eine *zentrale Einrichtung der Länder* oder des Bundes mit Hilfe eines computergestützten Systems gesteuert werden, das vor allem bei Engpässen schnell und flexibel reagieren kann (BT-Drs. 12/2062, S. 26).

6 Die Vorschrift des Abs. 2 trägt dieser Vereinbarung Rechnung. Nach der im Bericht des Innenausschusses wiedergegebenen Ansicht der Bundesregierung beruhen die in § 46 zum Ausdruck kommenden Zielvorstellungen auf der »*Idee der kurzen Wege*«, d. h. dem *komplexen Gebilde* einer *ausreichenden Zahl von Aufnahmeeinrichtungen,* in denen die Asylbewerber zunächst untergebracht werden, verbunden mit angeschlossenen Außenstellen des Bundesamtes, in denen die Asylanträge wegen der tatsächlichen Anwesenheit der Asylbewerber vor Ort schnell geprüft werden können (BT-Drs. 12/2718, S. 59).

2. Zuständige Aufnahmeeinrichtung (Abs. 1 bis 5)

2.1. Vorbemerkung

7 Die Regelungen zur Bestimmung der zuständigen Aufnahmeeinrichtung gehen davon aus, dass zunächst die vom Asylsuchenden zuerst aufgesuchte Aufnahmeeinrichtung zuständig sein soll (Abs. 1 S. 1; vgl. auch § 22 I 1). Nur wenn diese nach Maßgabe des Abs. 1 S. 1 nicht zuständig ist, ist die durch die zentrale Verteilungsstelle nach Abs. 2 bestimmte Aufnahmeeinrichtung zuständig (Abs. 1 S. 2, vgl. auch § 22 I 2).

Bestimmung der zuständigen Aufnahmeeinrichtung § 46

Sowohl für die Zuständigkeitsbestimmung nach Abs. 1 S. 1 wie für die nach Abs. 2 S. 1 sind *drei Kriterien*, die *kumulativ* erfüllt sein müssen, entscheidungserheblich: 1. Die Aufnahmeverpflichtung des Landes im Rahmen der *Aufnahmequote* (§ 45). 2. Ein zu Verfügung stehender *Unterkunftsplatz* (Abs. 1 S. 1). 3. Die *Bearbeitungsmöglichkeiten der Außenstelle des Bundesamtes* (Abs. 1 S. 2 und Abs. 2 S. 2). Fehlt es an der zweiten, nicht aber an der ersten Voraussetzung, trifft Abs. 5 eine Sonderregelung. 8

Die zuerst aufgesuchte Aufnahmeeinrichtung (vgl. § 22 I 1) ist zuständig für die Veranlassung der Erstverteilung (Abs. 2 S. 1, Abs. 3). Zu diesem Zweck hat sie gegenüber der Verteilungsstelle bestimmte Unterrichtspflichten (Abs. 3 S. 1). Die Zuständigkeitskriterien sind abstrakt-genereller Art. Reisen Ehegatten sowie Eltern und ihre minderjährigen ledigen Kinder zusammen ein und melden sie sich bei der Aufnahmeeinrichtung, sind sie als Gruppe zu melden (Abs. 3 S. 2) und bei der weiteren Bearbeitung als solche zu behandeln. Lebt bereits ein Angehöriger im Bundesgebiet oder reisen die einzelnen Angehörigen zu verschiedenen Zeitpunkten ein, wird in der Verwaltungspraxis das familiäre Band zunächst nicht berücksichtigt. Jedoch ist nach Beendigung der Wohnverpflichtung diesem Umstand zwingend Rechnung zu tragen (§§ 50 IV 5, 51 I). 9

Nach der Bestimmung der zuständigen Aufnahmeeinrichtung hat der Antragsteller sich unverzüglich oder aufgrund eines ihm mitgeteilten Termins bei der dieser zugeordneten Außenstelle des Bundesamtes zu melden (§ 23). 10

Die Außenstelle des Bundesamtes ist zuständig für die Bearbeitung des Asylantrags (Abs. 1 S. 1, Abs. 2 S. 2). Die Anhörung des Asylbewerbers erfolgt regelmäßig im Rahmen der Direktanhörung (§ 25 IV). Geht das Bundesamt nach § 36 I vor und wird der Eilrechtsschutzantrag innerhalb der Frist des § 47 I 1 zurückgewiesen (vgl. auch § 36 III 5–7), ist die Abschiebungsandrohung vollziehbar. Eine Entlassung aus der Aufnahmeeinrichtung erfolgt nicht (vgl. aber § 49 I). Vielmehr hat der Asylbewerber der Ausreisepflicht Folge zu leisten. Wird dem Eilrechtsschutzantrag stattgegeben, ist der Antragsteller aus der Aufnahmeeinrichtung zu entlassen (§ 50 I Nr. 2). 11

2.2. Zuständigkeit der zuerst aufgesuchten Aufnahmeeinrichtung (Abs. 1 Satz 1)

Nach Abs. 1 S. 1 ist die vom Asylbewerber zuerst aufgesuchte Aufnahmeeinrichtung für seine Aufnahme zuständig, wenn dort ein freier Unterkunftsplatz vorhanden, das Bundesland im Rahmen seiner Aufnahmequote (§ 45) zur Aufnahme des Asylbewerbers verpflichtet ist und die der Aufnahmeeinrichtung zugeordnete Außenstelle des Bundesamtes Anträge aus dem Herkunftsland des Asylbewerbers bearbeitet, dort somit die erforderlichen sachkundigen Entscheider und Sprachmittler zur Verfügung stehen (BT-Drs. 12/2062, S. 35). Diese Voraussetzungen müssen *kumulativ* vorliegen. Ist eine der drei genannten Voraussetzungen nicht gegeben, wird die zuständige Aufnahmeeinrichtung auf Antrag der zuerst aufgesuchten Aufnahmeeinrichtung durch die zentrale Verteilungsstelle nach Abs. 2 S. 1 bestimmt (Abs. 1 S. 2). 12

13 Die Entscheidung des Asylbewerbers, welche Aufnahmeeinrichtung er aufsuchen will, steht ihm grundsätzlich frei; es sei denn, er hat einer Weisung der Grenzbehörde (§ 18 I) oder der Polizei- oder Ausländerbehörde (§ 19 I) Folge zu leisten (§ 20 I). Die zuerst um Aufnahme ersuchte Aufnahmeeinrichtung darf den Asylbewerber, der nach Maßgabe des § 14 I den Asylantrag zu stellen hat, deshalb nicht zurückweisen. Auch wenn sich der Asylbewerber vor der Meldung *nicht* im Bezirk der Ausländerbehörde aufgehalten hat, in dem die aufgesuchte Aufnahmeeinrichtung liegt, besteht Aufnahmepflicht (§ 22 I 2 1. HS).

14 Die Regelungen über die behördlichen Zuständigkeiten weichen damit erheblich vom früheren Recht ab, welches lediglich verlangte, dass der Asylbewerber bei der Ausländerbehörde den Antrag zu stellen hatte, in deren Bezirk er sich aufgehalten hatte (§ 8 I 1 AsylVfG 1982).

15 Für das geltende Recht ist daher festzuhalten: Sucht der Asylbewerber bei der Grenzbehörde um Asyl nach, leitet diese ihn – wenn nicht die Einreise nach § 18 II verweigert oder der Asylsuchende nach den besonderen Regelungen des § 18 a behandelt wird – an die zuständige bzw. nächstgelegene Aufnahmeeinrichtung weiter (§ 18 I). Meldet sich der Asylsuchende ungeachtet seiner aus § 13 III 1 folgenden Verpflichtung nicht bei der Grenzbehörde, hat die zunächst um Aufnahme ersuchte Aufnahmeeinrichtung diesen aufzunehmen (§ 22 I 2 1. HS). Sie darf ihn damit nicht an die Grenzbehörde verweisen. Sucht der Asylsuchende bei der Polizei- oder Ausländerbehörde um Asyl nach, haben diese Behörden ihn an die zuständige oder nächstgelegene Aufnahmeeinrichtung weiterzuleiten (§ 19 I).

16 In beiden Fällen soll also nach Möglichkeit bereits vor der Weiterleitung die zentrale Verteilungsstelle nach Abs. 2 S. 1 der um Schutz ersuchten Behörde die zuständige Aufnahmeeinrichtung mitteilen. Nur wenn dies nicht möglich ist, ist der Asylsuchende an die nächstgelegene Aufnahmeeinrichtung weiterzuleiten. Auch hier darf die Aufnahmeeinrichtung den Asylsuchenden nicht etwa an die der mutmaßlichen Grenzübergangsstelle oder dem letzten tatsächlichen Aufenthaltsort nächstgelegenen Aufnahmeeinrichtung verweisen. Vielmehr hat sie den Asylbewerber kraft gesetzlicher Verpflichtung aufzunehmen (§ 22 I 2 1. HS).

17 Der Asylsuchende hat der Weiterleitung unverzüglich Folge zu leisten (§ 20 I). Verletzt er diese Mitwirkungspflicht, macht er sich zwar weder strafbar (vgl. §§ 84 f.) noch handelt er ordnungswidrig (vgl. § 86). Er kann jedoch nach Ablauf einer Woche zur Aufenthaltsermittlung im Ausländerzentralregister und in den Fahndungshilfsmitteln der Polizei ausgeschrieben werden, wenn sein Aufenthaltsort unbekannt ist (§ 66 I Nr. 1). Nach Ablauf von zwei Wochen erlischt kraft Gesetzes die Aufenthaltsgestattung (§ 67 I Nr. 2). Mit der Asylantragstellung (§ 23) tritt sie jedoch wieder in Kraft (§ 67 II). Darüber hinaus werden unter den Voraussetzungen des § 20 II 1 Vorfluchtgründe präkludiert.

18 Die Zuständigkeitskriterien nach Abs. 1 S. 1 sind abstrakt-genereller Art. Deshalb hat der Gesetzgeber keine Veranlassung gesehen, weitere Voraussetzungen – wie etwa das Erfordernis des tatsächlichen Aufenthaltes – zu verlangen. Andererseits bleiben bei der Erstverteilung die persönlichen Ver-

Bestimmung der zuständigen Aufnahmeeinrichtung § 46

hältnisse des Asylbewerbers unberücksichtigt (s. aber § 49 II). Selbst eine posttraumatische Belastungsstörung kann nach der Rechtsprechung in diesem Stadium des Verfahrens nicht geltend gemacht werden (VG Schleswig, B. v. 25.11.1994 – 3 B 369/94).

Es nützt dem Asylsuchenden daher letztlich wenig, wenn er nicht die nächstgelegene, sondern eine andere Aufnahmeeinrichtung aufsucht. Allenfalls dann, wenn innerhalb des Bundeslandes eine Außenstelle des Bundesamtes Asylanträge aus dem Herkunftsland des Asylbewerbers bearbeitet und das Land nach der Quotenregelung des § 45 zur Aufnahme verpflichtet ist, kann der Asylbewerber mit seiner Wahl das Bundesland bestimmen, in dem er während des Asylverfahrens seinen Aufenthalt zu nehmen hat (vgl. auch Abs. 5). In aller Regel wird der Asylbewerber jedoch keine entsprechenden Kenntnisse haben. 19

Aus dem abstrakt-generellen Charakter der Zuständigkeitskriterien folgt auch, dass die rechtliche Ausgangssituation für die frühere Rechtsprechung, derzufolge wegen des erheblichen Gefährdungspotenzials in einigen der neuen Länder in den neunziger Jahren des letzten Jahrhunderts eine Zuweisung vorübergehend nicht zulässig war, im geltenden Recht keine Stütze findet. So wurde teilweise die Zuweisung nach *Sachsen* vorübergehend für unzulässig angesehen (OVG NW, EZAR 228 Nr. 17 = NVwZ 1992, 200 = InfAuslR 1992, 34; OVG NW, B. v. 18.10.1991 – 17 B 2442/91.A; OVG NW, B. v. 28.10.1991 – 17 B 2155/91.A; OVG NW, B. v. 15.10.1991 – 17 B 2093/91.A; VG Stuttgart, B. v. 12.11.1991 – A 14 K 13356/91 a.A. OVG Hamburg, NVwZ 1991, 397 = EZAR 228 Nr. 13; OVG Bremen, B. v. 24.6.1991 – 2 V-As 200/91; s. aber die geänderte Rechtsprechung des OVG NW, NVwZ 1992, 810). Demgegenüber wurden weder gegen die Zuweisung nach *Thüringen* (OVG NW, NVwZ 1992, 201) noch zum Bundesland *Brandenburg* (VGH BW, B. v. 10.1. 1992 – A 13 S 1986/91; VG Düsseldorf, NVwZ 1993, 298) Bedenken erhoben. 20

Auch wenn der Antragsteller in den alten Bundesländern eine Aufnahmeeinrichtung aufsucht, ist er daher nach geltendem Recht verpflichtet, der Weiterleitung nach § 22 I 2 1. HS 1. Alt. Folge zu leisten (§ 20 I), wenn eine Zuständigkeit nach Abs. 1 S. 1 nicht gegeben ist und die Verteilungsstelle nach Abs. 2 S. 1 die für ihn zuständige Aufnahmeeinrichtung in einem der neuen Bundesländer benennt. 21

Ebenso wenig hat der Asylbewerber Anspruch darauf, dass bei der Einleitung des Erstverfahrens familiäre Bindungen oder humanitäre Härtegründe Berücksichtigung finden. Vielmehr hat die Aufnahmeeinrichtung, die der Asylbewerber aufsucht, zu prüfen, ob die tatbestandlichen Voraussetzungen nach Abs. 1 S. 1 vorliegen. Ist dies nicht der Fall, veranlasst sie über die zentrale Verteilungsstelle (Abs. 3 S. 1), dass diese die zuständige Aufnahmeeinrichtung benennt (Abs. 1 S. 2 in Verb. mit Abs. 2 S. 1). 22

Nach Mitteilung der zuständigen Aufnahmeeinrichtung gibt die Aufnahmeeinrichtung, die der Asylsuchende zuerst aufgesucht hat, dem Asylbewerber auf, sich zur zuständigen Aufnahmeeinrichtung zu begeben (§ 22 I 2 1. HS 2. Alt.). Der Asylsuchende hat der Anordnung unverzüglich Folge zu leisten. Aus zwingenden humanitären Gründen kann aber die unverzügliche Entlassung aus der Aufnahmeeinrichtung angezeigt sein (§ 49 II). 23

2.3. Zuständigkeit der nach Maßgabe von Abs. 1 Satz 2 bestimmten Aufnahmeeinrichtung

24 Nach Abs. 1 S. 2 ist die von der zentralen Verteilungsstelle (Abs. 2 S. 1) benannte Aufnahmeeinrichtung für die Aufnahme des Asylbewerbers zuständig, wenn die Aufnahmeeinrichtung, in der dieser sich gemeldet hat, nach Maßgabe des Abs. 1 S. 1 unzuständig ist. Regelmäßig veranlasst die zuerst aufgesuchte Aufnahmeeinrichtung durch Meldung nach Abs. 3 S. 1 die Bestimmung der zuständigen Aufnahmeeinrichtung durch die Verteilungsstelle. Die Vorschrift des Abs. 2 S. 1 regelt das hierfür maßgebliche interne Verwaltungsverfahren. Demgegenüber nennt Abs. 2 S. 2 die entscheidungserheblichen Kriterien.

25 Das *Verfahren* wird durch die Meldung nach Abs. 3 S. 1 eingeleitet. Die veranlassende Aufnahmeeinrichtung, die in aller Regel wohl zugleich die zuerst aufgesuchte, aber nach Maßgabe von Abs. 1 S. 1 unzuständige, andererseits zur vorübergehenden Aufnahme des Asylbewerbers nach § 22 I 2 1. HS verpflichtete Aufnahmeeinrichtung ist, teilt der zentralen Verteilungsstelle nicht die Personalien des Asylbewerbers, sondern lediglich die Zahl der zur Erstverteilung bestimmten Asylbewerber unter Angabe des jeweiligen Herkunftslandes mit (Abs. 3 S. 1).

26 Die zentrale Verteilungsstelle teilt der veranlassenden Aufnahmeeinrichtung die als zuständig bestimmte Aufnahmeeinrichtung mit (Abs. 2 S. 1). Die Mitwirkung der Verteilungsstelle ist damit ein lediglich verwaltungsinterner Vorgang. Aufgrund der Mitteilung der Verteilungsstelle nach Abs. 2 S. 1 erlässt die veranlassende Aufnahmeeinrichtung die *Weiterleitungsverfügung* gegenüber dem Asylbewerber (§ 22 I 2 1. HS 2. Alt.). Dieser hat der Verfügung unverzüglich Folge zu leisten (§ 20 II), will er die Folgen der §§ 22 III 2, 66 I Nr. 1, 67 I Nr. 2 vermeiden. Bei der Anordnung nach § 22 I 2 handelt es sich um einen Verwaltungsakt im Sinne von § 35 VwVfG (Rdn. 25 ff.). Hiergegen bestehen Rechtsschutzmöglichkeiten (Rdn. 48).

27 Die zentrale Verteilungsstelle ermittelt die zuständige Aufnahmeeinrichtung nach generell-abstrakten Kriterien: Maßgebend ist zunächst die *Aufnahmequote*, sodass die Bundesländer, die ihre Aufnahmequote nach § 45 erfüllt haben, nicht in Betracht kommen. Als weiteres Kriterium sind die *freien Unterkunftsplätze* zu berücksichtigen (Abs. 1 S. 1). Da die gesetzliche Begründung in diesem Zusammenhang auf die Aufnahmeeinrichtungen »des jeweiligen Landes« verweist (BT-Drs. 12/2062, S. 35), ist vorher aus der Reihe der in Betracht kommenden Bundesländer das zuständige Land zu bestimmen. Dies ergibt sich auch aus Abs. 5. Zuerst soll danach das gemäß seiner Verpflichtung nach § 45 zuständige Bundesland bestimmt werden. Verfügt das zur Aufnahme bestimmte Bundesland über keine freien Unterbringungskapazitäten, hat die Landesregierung oder die von ihr bestimmte Stelle der Verteilungsstelle die zuständige Aufnahmeeinrichtung mitzuteilen (Abs. 5).

2.4. Funktion des Verfahrens nach Abs. 5

Nach Abs. 5 benennt die Landesregierung oder die von ihr bestimmte Stelle der zentralen Verteilungsstelle nach Abs. 2 S. 1 die zuständige Aufnahmeeinrichtung für den Fall, dass das Land nach der Quotenregelung des § 45 zur Aufnahme verpflichtet ist, indes über keinen freien Unterbringungsplatz in den bestehenden Aufnahmeeinrichtungen verfügt. Die Regelung des Abs. 5 ist dahin zu verstehen, dass das zur Aufnahme verpflichtete Bundesland ungeachtet seiner erschöpften Kapazitäten den Unterbringungsplatz zur Verfügung stellen muss (BT-Drs. 12/2062, S. 35).

Der gleichmäßigen Belastung der Bundesländer ist bereits bei der Quotenregelung des § 45 Rechnung getragen worden. Deshalb soll mit Abs. 5 der Praxis entgegengewirkt werden, dass ein Land sich mit dem Hinweis auf angebliche Überbelastungen seiner Verpflichtung entziehen kann. Es hat für diesen Fall der Verteilungsstelle eine *bestimmte* Aufnahmeeinrichtung unabhängig von den Bearbeitungskapazitäten der jeweiligen Außenstelle des Bundesamtes zu benennen. Die Regelung des Abs. 5 verlangt, dass die Landesregierung bzw. die beauftragte Stelle der zentralen Verteilungsstelle generell eine bestimmte Aufnahmeeinrichtung mitteilt (BT-Drs. 12/2062, S. 35). Es soll dadurch im Einzelfall ein zeitaufwendiges Abstimmungsverfahren vermieden werden.

Die Landesregierung kann ihrer Verpflichtung nach Abs. 5 dadurch genügen, dass sie von vornherein, auch ohne dass ihre Kapazitäten erschöpft sind, rein vorsorglich eine bestimmte Aufnahmeeinrichtung der zentralen Verteilungsstelle gegenüber benennt. Tritt der akute Notfall ein, wird die Verteilungsstelle die zuständige Aufnahmeeinrichtung nicht nach Maßgabe von Abs. 2 S. 2 und 3 benennen, sondern die nach Abs. 5 bezeichnete Aufnahmeeinrichtung als zuständige Aufnahmeeinrichtung bestimmen. Jedenfalls hat sie im akuten Notfall, wenn ihre aktuellen Unterbringungskapazitäten erschöpft sind, der Verteilungsstelle die bestimmte Aufnahmeeinrichtung anzuzeigen.

Hat die Landesregierung rein vorsorglich die Aufnahmeeinrichtung benannt, muss sie im akuten Notfall die Verteilungsstelle unterrichten, damit an Stelle des Verfahrens nach Abs. 2 S. 2 und 3 das Verfahren nach Abs. 5 Anwendung finden kann.

2.5. Funktion der Unterrichtungsverpflichtung nach Abs. 4

Ist das Bundesland bestimmt und liegt nicht der Sonderfall des Abs. 5 vor, hat die zentrale Verteilungsstelle die Aufnahmeeinrichtungen des bestimmten Bundeslandes mit freien Unterbringungskapazitäten in den Blick zu nehmen. Die Länder sind verpflichtet, die Verteilungsstelle jederzeit mit den erforderlichen Angaben zu versorgen (Abs. 4). Erst im dritten Schritt sind schließlich die Bearbeitungsmöglichkeiten der jeweiligen Außenstelle des Bundesamtes in den Aufnahmeeinrichtungen mit freien Kapazitäten mit Blick auf die jeweiligen Herkunftsländer zu berücksichtigen.

33 Welche Bedeutung diesem Gesichtspunkt zukommt, erscheint insbesondere auch im Hinblick auf die fehlende entsprechende Unterrichtungsverpflichtung des Bundesinnenministeriums gegenüber der zentralen Verteilungsstelle nach Abs. 2 S. 1 fraglich. Kommen nach diesem abgestuften Bestimmungssystem *mehrere* Aufnahmeeinrichtungen in Betracht, wird die der veranlassenden Aufnahmeeinrichtung nächstgelegene Aufnahmeeinrichtung als zuständige benannt (Abs. 2 S. 3).

34 Nach Abs. 4 haben die Länder sicherzustellen, dass die zentrale Verteilungsstelle *jederzeit* über die für die Erfüllung ihrer Aufgaben nach Abs. 2 erforderlichen Informationen verfügt. Abs. 4 enthält eine an die Bundesländer gerichtete *gesetzliche Verpflichtung* (BT-Drs. 12/2062, S. 35). Diese umfasst insbesondere auch die erforderlichen Angaben über Zu- und Abgänge, Belegungsstand sowie alle freien Unterbringungskapazitäten jeder Aufnahmeeinrichtung, um ein möglichst effektives Funktionieren der Verteilungsstelle nach Abs. 2 S. 1 zu gewährleisten.

35 Bemerkenswert ist, dass der Gesetzgeber keine entsprechende Verpflichtung für den Bund festgelegt hat, die jeweils aktuellen Bearbeitungskapazitäten der Außenstellen des Bundesamtes an die Verteilungsstelle zu melden. Häufig ändern sich nämlich aufgrund von personellen Umstrukturierungen und kurzfristigen Abordnungen die Bearbeitungsmöglichkeiten der Außenstellen mit Blick auf die jeweiligen Herkunftsländer. Der Umstand allein, dass die Verteilungsstelle nach Abs. 2 S. 1 wie das Bundesamt im Geschäftsbereich des Bundesinnenministeriums liegt, gewährleistet noch nicht den gebotenen Informationsaustausch.

2.6. Berücksichtigung der Familieneinheit (Abs. 3 Satz 2)

36 Aus dem generell-abstrakten Charakter der Zuständigkeitsbestimmungen des Abs. 1 S. 1 und Abs. 2 S. 2 und 3 sowie Abs. 5 folgt, dass für die Dauer der Wohnverpflichtung nach § 47 I der Trennung der Familieneinheit gesetzlich Vorschub geleistet wird. Nur für den Fall, dass Ehegatten und Eltern mit ihren minderjährigen ledigen Kindern zusammen einreisen und um Asyl nachsuchen, hat die veranlassende Aufnahmeeinrichtung die Familienangehörigen als Gruppe anzumelden (Abs. 3 S. 2). Sie sind anschließend als Gruppe bei der Bestimmung der zuständigen Aufnahmeeinrichtung zwingend zu berücksichtigen. Melden sie sich vorher bei der Grenz-, Polizei- oder Ausländerbehörde, dürfen sie nicht auseinander gerissen und etwa an verschiedene Aufnahmeeinrichtungen weitergeleitet werden.

37 Diese Interpretation von Abs. 3 S. 2 ist eindeutig und durch Art. 6 I GG sowie Art. 8 I EMRK zwingend geboten: Ist der Grundsatz der Familieneinheit bei der Bestimmung der zuständigen Aufnahmeeinrichtung zu berücksichtigen, ist ihm erst recht im Rahmen der Weiterleitungsanordnung Rechnung zu tragen. Dafür spricht auch, dass Grenz-, Polizei- und Ausländerbehörde nach Möglichkeit den Asylsuchenden an die zuständige Aufnahmeeinrichtung weiterleiten sollen (§§ 18 I, 19 I). Aus Abs. 3 S. 2 folgt, dass bei der hierfür erforderlichen Zuständigkeitsbestimmung dem Grundsatz der Familieneinheit

Bestimmung der zuständigen Aufnahmeeinrichtung § 46

Rechnung zu tragen ist. Dass andere Grundsätze bei der Weiterleitung an die nächstgelegene Aufnahmeeinrichtung gelten, ist weder ersichtlich noch rechtlich vertretbar.

Befindet sich im Zeitpunkt der Meldung nach Abs. 1 S. 1 einer der in Abs. 3 S. 2 genannten Familienangehörigen erlaubt im Bundesgebiet, ist das Gesetz so zu verstehen, dass dies bei der Bestimmung der zuständigen Aufnahmeeinrichtung nicht berücksichtigt wird. Diesem Gesichtspunkt ist allerdings im Rahmen des nachträglichen Verteilungsverfahrens (§§ 50 IV 5, 51 I) zwingend Rechnung zu tragen. Die Zeitspanne nach § 47 I ist in diesem Fall auf das gebotene Mindestmaß zu verkürzen: 38

Ist die Anhörung nach § 25 IV durchgeführt worden, ist unverzüglich die Zuweisungsverfügung zu erlassen. Denn auch im Falle der Vollziehbarkeit der Abschiebungsandrohung vor Ablauf der Frist nach § 47 I, ist dem Asylbewerber zur Ermöglichung der gemeinsamen Ausreise der weitere Aufenthalt im Bundesgebiet regelmäßig zu ermöglichen (§ 43 III). Erst recht finden diese Grundsätze Anwendung, wenn der Asylbewerber aufgrund seiner Verwandtschaftsbeziehung einen Rechtsanspruch auf Aufenthalt hat (vgl. auch § 48 Nr. 3). In diesem Fall empfiehlt sich jedoch zur Zuständigkeitsbegründung nach § 14 II Nr. 1 die Beantragung des Aufenthaltstitels vor der Asylantragstellung. 39

3. Rechtscharakter der Weiterleitungsanordnung nach § 22 Abs. 1 Satz 2 erster Halbsatz zweite Alternative

Ist die Aufnahmeeinrichtung, in der der Asylbewerber sich zuerst gemeldet hat, für seine Aufnahme nicht zuständig, wird die nach Abs. 2 ermittelte Aufnahmeeinrichtung zuständig. Die Aufnahmeeinrichtung leitet den Asylsuchenden an die als zuständig bestimmte Aufnahmeeinrichtung weiter (§ 22 I 2 1. HS 2. Alt.). Der Asylbewerber ist verpflichtet, dieser Anordnung unverzüglich Folge zu leisten (§ 20 II). Zwar wird die Erstverteilung nach abstrakt-generellen Kriterien durchgeführt und bleiben in diesem Verfahrensstadium persönliche Verhältnisse des Asylbewerbers unberücksichtigt. Daraus kann jedoch nicht geschlossen werden, die Weiterleitungsanordnung nach § 22 I 2 könne in keinem Fall Rechte des Asylbewerbers verletzen und es sei ihm daher jeglicher Rechtsschutz gegen diese Anordnung zu versagen (so aber Renner, AuslR, § 46 AsylVfG Nr. 8 f.; VG Arnsberg, InfAuslR 1996, 37; VG Schleswig, B. v. 25. 11. 1994 – 3 B 369/94). 40

Die Gegenmeinung wird damit begründet, dass die Bescheinigung der zentralen Verteilungsstelle, mit der die zuständige Aufnahmeeinrichtung mitgeteilt werde, keine rechtlichen Beziehungen zu dem Antragsteller begründe. Vielmehr konkretisiere das Verteilungssystem des § 46 die Aufnahmepflicht des betreffenden Bundeslandes. Persönliche Verhältnisse des Asylsuchenden seien dabei unerheblich (VG Arnsberg, InfAuslR 1996, 37). 41

Eine derartige Rechtsansicht kann nur auf der Grundlage des seit langem überholten Rechtsinstituts des »*besonderen Gewaltverhältnisses*« (BVerfGE 33, 1 (10)) Bestand haben. Zwar hat das BVerfG einschränkend festgestellt, die die 42

921

§ 46   *Unterbringung und Verteilung*

Freizügigkeit von Flüchtlingen regelnde Vorschrift des Art. 26 GFK könne nur auf unanfechtbar als politisch Verfolgte anerkannte Personen Anwendung finden (BVerfGE 80, 182 (187) = EZAR 355 Nr. 6 = NVwZ 1989, 951). Daraus kann andererseits aber nicht geschlossen werden, der Gesetzgeber könne mit Asylbewerbern nach Belieben verfahren und sei an keine rechtlichen Verpflichtungen gebunden.

43 Vielmehr ergibt sich aus Art. 1 III GG eine umfassende Bindung der staatlichen Gewalt an die Grundrechte. Es widerspräche dieser Bindung, wenn gegenüber Asylbewerbern die Grundrechte beliebig oder nach Ermessen eingeschränkt werden könnten (vgl. BVerfGE 33, 1 (11), für den Strafvollzug). Ausländer können sich jedenfalls auf den grundrechtlichen Schutz der *allgemeinen Handlungsfreiheit* nach Art. 2 I GG berufen (BVerfGE 78, 179 (196 f.) = NJW 1988, 2290 = DVBl. 1988, 949; BVerfG, NVwZ 1990, 853). Dies gilt auch für Asylbewerber.

44 Auch wenn daher der Gesetzgeber durch abstrakt-generelle Regelungen eine zwingende *Aufenthaltsbestimmung* für Asylbewerber getroffen hat, folgt hieraus noch nicht zugleich, dass er dadurch nicht in die Rechte des Asylbewerbers eingreift. Vielmehr hat der Gesetzgeber mit § 46 I 2 in Verb. mit § 55 I 2 ein das Aufenthaltsrecht des Asylbewerbers einschränkendes Gesetz erlassen. Er ist damit der Rechtsprechung des BVerfG, derzufolge in Grundrechte nur aufgrund eines Gesetzes eingegriffen werden darf (BVerfGE 33, 1 (11)), gerecht geworden. Die gesetzliche Regelung und erst recht der die Verpflichtung aktualisierende konkrete Anordnungsakt nach § 22 I 2 1. HS 2. Alt. bleibt aber ein Eingriff.

45 Auch die Rechtsprechung des BVerwG zur früheren Weiterleitungsanordnung des § 22 VIII AsylVfG 1982 ging wie selbstverständlich davon aus, dass diese die Merkmale eines *Verwaltungsakts* aufwies (BVerwG, EZAR 221 Nr. 36 = NVwZ 1993, 276; ebenso OVG Hamburg, EZAR 228 Nr. 19). Grundlage der Anordnung nach § 22 VIII AsylVfG 1982 war die Zuweisungsentscheidung nach § 22 V AsylVfG 1982. Ähnlich ist die Rechtslage bei der Anordnung nach § 22 I 2, mit der im Rahmen der Erstverteilung die Aufenthaltsbestimmung gemäß § 46 I 2, II in Verb. mit § 56 I 1 konkretisiert wird.

46 Mit der Bestimmung der zuständigen Aufnahmeeinrichtung nach Abs. 2 wird *verwaltungsintern* eine *Aufenthaltsbestimmung* im konkreten Einzelfall getroffen. Damit wird der Aufenthalt des Asylbewerbers auf den Bezirk der Ausländerbehörde, in deren Bereich die als zuständig bestimmte Aufnahmeeinrichtung gelegen ist, beschränkt (§ 56 I 1). Diese verwaltungsinterne Festlegung der Aufnahmeeinrichtung sowie des räumlich beschränkten Bereichs wird nach außen – gegenüber dem Asylbewerber – durch die Weiterleitungsanordnung rechtsgestaltend umgesetzt (vgl. BVerwG, EZAR 221 Nr. 36).

47 Anders als nach früherem Recht wird nach geltendem Recht die Erstverteilung nicht mehr durch eine Zuweisungsverfügung vorgenommen. An die Stelle der behördlichen Zuweisungsverfügung nach § 25 V AsylVfG 1982 tritt das gesetzlich festgelegte Verfahren nach Abs. 2, das im Einzelfall durch die Weiterleitungsanordnung nach § 22 I 2 1. HS 2. Alt. in Verb. mit § 46 I 2 umgesetzt wird. Darüber hinaus kann im Übrigen unabhängig von dem durch die Weiterleitungsanordnung erfolgten Eingriff in das Grundrecht der allge-

meinen Handlungsfreiheit die Umsetzung auch durch krankheitsbedingte Hindernisse vorübergehend unmöglich sein. Daraus folgt, dass die Anordnung nach § 22 I 2 in Rechte des Asylbewerbers eingreift und als rechtsmittelfähiger Verwaltungsakt anzusehen ist.

4. Rechtsschutz

Gegen die Weiterleitungsanordnung nach § 22 I 2 kann *Anfechtungsklage* erhoben werden, die *keine aufschiebende Wirkung* hat (vgl. § 75). Dieser kommt die Qualität eines Verwaltungsaktes zu (Rdn. 40–47). Regelmäßig wird angesichts der klaren gesetzlichen Aufenthaltsregelungen der §§ 46 I 2, II, 55 I 2, 56 I 2 die Klage und der Eilrechtsschutzantrag nach § 80 V VwGO erfolglos bleiben. Berücksichtigt die Behörde jedoch etwa schwerwiegende krankheitsbedingte Hinderungsgründe nicht, kann am Sofortvollzug kein öffentliches Interesse bestehen. 48

Der Rechtsschutz wird in der Verwaltungspraxis allerdings dadurch erschwert, dass die Weiterleitungsanordnung nach § 22 I 2 nicht schriftlich zugestellt wird. Der Asylbewerber kann aber bei Darlegung eines berechtigten Interesses unverzüglich verlangen, das die Anordnung in schriftlicher Form verfügt wird (§ 37 II 2 VwVfG). 49

§ 47 Aufenthalt in Aufnahmeeinrichtungen

(1) Ausländer, die den Asylantrag bei einer Außenstelle des Bundesamtes zu stellen haben (§ 14 Abs. 1), sind verpflichtet, bis zu sechs Wochen, längstens jedoch bis zu drei Monaten, in der für ihre Aufnahme zuständigen Aufnahmeeinrichtung zu wohnen. Das gleiche gilt in den Fällen des § 14 Abs. 2 Nr. 2, wenn die Voraussetzungen dieser Vorschrift vor der Entscheidung des Bundesamtes entfallen.
(2) Sind Eltern eines minderjährigen ledigen Kindes verpflichtet, in einer Aufnahmeeinrichtung zu wohnen, so kann auch das Kind in der Aufnahmeeinrichtung wohnen, auch wenn es keinen Asylantrag gestellt hat.
(3) Für die Dauer der Pflicht, in einer Aufnahmeeinrichtung zu wohnen, ist der Ausländer verpflichtet, für die zuständigen Behörden und Gerichte erreichbar zu sein.

Übersicht	Rdn.
1. Vorbemerkung	1
2. Inhalt der Wohnverpflichtung nach Abs. 1 Satz 1	6
3. Antragsteller nach Abs. 1 Satz 1	8
4. Antragsteller nach Abs. 1 Satz 2	11
5. Berücksichtigung des minderjährigen ledigen Kindes (Abs. 2)	15

6. Dauer der Wohnverpflichtung (Abs. 1 Satz 1)	18
7. Mitwirkungspflicht des Antragstellers nach Abs. 3	22
8. Rechtsschutz	28

1. Vorbemerkung

1 Diese Vorschrift hat kein Vorbild im AsylVfG 1982, weil das alte Recht auf grundsätzlich anderen konzeptionellen Vorstellungen beruhte. Die Verpflichtungen dieser Vorschrift bauen auf den Zielvorstellungen des Gesetzes auf, unmittelbar einreisende Asylsuchende ausnahmslos in Aufnahmeeinrichtungen (zum Begriff § 53 Rdn. 15 ff.) unterzubringen, gerichtliche Eilrechtsschutzverfahren innerhalb weniger Wochen unanfechtbar abzuschließen und aufenthaltsbeendende Maßnahmen unverzüglich durchzuführen (BT-Drs. 12/2062, S. 26 ff.). Diesem gesetzgeberischen Ziel trägt die Fristenregelung in Abs. 1 S. 1 Rechnung.

2 Die Verpflichtung nach dieser Vorschrift trifft nur Antragsteller, die den Asylantrag nach § 14 I zu stellen haben. Für eine bestimmte Gruppe der Antragsteller, die den Antrag nach § 14 II Nr. 2 geltend zu machen haben, enthält Abs. 1 S. 2 eine Sonderregelung.

3 Die für die Aufnahme des Asylbewerbers zuständige Aufnahmeeinrichtung wird nach Maßgabe des § 46 I 1, II 2 bestimmt. Zur effektiven Anwendung der Vorschrift bestimmt § 23, dass ein wirksamer Asylantrag erst mit der persönlichen Meldung bei der der Aufnahmeeinrichtung zugeordneten Außenstelle des Bundesamtes – also nach Eintreffen in der zuständigen Aufnahmeeinrichtung – vorliegt. Bis zu diesem Zeitpunkt handelt es sich lediglich um ein »Nachsuchen um Asyl« (§ 18 I, 19 I), das keine Bearbeitungspflichten des Bundesamtes auslöst (§ 13 Rdn. 9 ff.).

4 Stellt der Asylbewerber nicht binnen zwei Wochen nach dem Zeitpunkt des Erlasses der Weiterleitungsanordnung den Asylantrag, erlischt seine Aufenthaltsgestattung (§ 67 I Nr. 2). Mit wirksamer Asylantragstellung lebt die Aufenthaltsgestattung jedoch wieder auf (§ 67 II). Im Übrigen kann der Asylbewerber zur Aufenthaltsermittlung und in den polizeilichen Fahndungshilfsmitteln ausgeschrieben werden, wenn er nicht binnen einer Woche nach Erlass der Weiterleitungsanordnung in der zuständigen Aufnahmeeinrichtung eintrifft (§ 66 I Nr. 1). Bei grob fahrlässiger Pflichtverletzung wird der Asylantrag nach Maßgabe des § 71 behandelt (§ 22 II 1, § 23 II 1).

5 Damit wird deutlich, dass der Gesetzgeber eine Bandbreite effektiver Maßnahmen geschaffen hat, um die Wohnverpflichtung nach Abs. 1 durchzusetzen. Diese Verpflichtung besteht *kraft Gesetzes* (Abs. 1 S. 1). Demgegenüber ist nach der Entlassung aus der Aufnahmeeinrichtung eine derartige Wohnverpflichtung durch behördliche Auflage (§ 60 II) besonders anzuordnen. In einem wie im anderen Fall wird hierdurch die Bewegungsfreiheit nicht verändert (vgl. § 56).

2. Inhalt der Wohnverpflichtung nach Abs. 1 Satz 1

Die Vorschrift des Abs. 1 S. 1 verpflichtet den Asylbewerber, in der Aufnahmeeinrichtung zu wohnen. Unberührt hiervon bleibt die Regelung der räumlichen Beschränkung nach § 56 I 1. Das *gesetzliche Aufenthaltsrecht* des Asylbewerbers nach § 55 I 1 entsteht mit dem »*Nachsuchen um Asyl*« (§ 13 Rdn. 9 ff.). Soweit er innerhalb von zwei Wochen nach der Weiterleitung bei der zuständigen Außenstelle des Bundesamtes den Asylantrag stellt (§ 67 I Nr. 2), bleibt dieses spezifische Aufenthaltsrecht gewahrt. Im Übrigen lebt es nach Maßgabe des § 67 II wieder auf. 6

Kraft Gesetzes entsteht das gesetzliche Aufenthaltsrecht von vornherein beschränkt auf den Bezirk der Ausländerbehörde, in dem die für die Aufnahme des Asylbewerbers nach § 46 I 1, II 1 zuständige Aufnahmeeinrichtung liegt. An dieser räumlichen Beschränkung ändert auch die Wohnverpflichtung nach Abs. 1 S. 1 nichts. Während der Dauer der Wohnverpflichtung darf der Asylbewerber *keine Erwerbstätigkeit* ausüben (§ 61 I). 7

3. Antragsteller nach Abs. 1 Satz 1

Nach dem eindeutigen Wortlaut des Gesetzes trifft die Verpflichtung zum Wohnen in der Aufnahmeeinrichtung nach Abs. 1 S. 1 nur Antragsteller, die ihren Asylantrag nach § 14 I bei der Außenstelle des Bundesamtes zu stellen haben. *Minderjährige Kinder,* die das 16. Lebensjahr noch nicht vollendet haben, unterliegen auch dann nicht der Wohnverpflichtung, wenn ihre Eltern nicht im Bundesgebiet leben (VG Hamburg, NVwZ-Beil. 2002, 13 (14)). Minderjährige, unbegleitete Asylsuchende dürfen generell nicht in einer Aufnahmeeinrichtung untergebracht werden (§ 12 Rdn. 37 ff.). 8

Antragsteller im Sinne von § 14 I sind *unmittelbar* in das Bundesgebiet *einreisende Asylsuchende.* Der in Abs. 1 S. 1 geregelten Verpflichtung unterliegen nicht *Folgeantragsteller* (s. hierzu auch VG Gießen, AuAS 2002, 106). § 71 II 1 enthält lediglich eine behördliche Zuständigkeitsregelung, ohne damit zugleich eine aufenthaltsbestimmende Wirkung zu entfalten. Vielmehr gilt der Aufenthalt des Folgeantragstellers während der Prüfung der Beachtlichkeit des Antrags mit den früheren Beschränkungen fort (§ 71 VII 1). 9

Auch diese Regelung verdeutlicht, dass die bisherige Aufenthaltsgestattung während der Zulässigkeitsprüfung und im Falle, dass ein Asylverfahren durchgeführt wird, auch für die anschließenden Verfahrensphasen nach Maßgabe der bisherigen Gestattungsregelungen (§§ 53, 56, 60) fortgilt. Mit der Anwendung dieser Vorschriften ist aber eine Wohnverpflichtung nach Abs. 1 S. 1 unvereinbar. 10

4. Antragsteller nach Abs. 1 Satz 2

Eine Sonderregelung enthält Abs. 1 S. 2 für die Asylantragsteller nach § 14 II Nr. 2. Befindet sich der Asylbewerber im Zeitpunkt der Antragstellung in 11

Haft, im sonstigem öffentlichen Gewahrsam oder in einer der in § 14 II Nr. 2 genannten Einrichtungen, hat er den Asylantrag bei der Zentrale des Bundesamtes zu stellen. Die Gewahrsams- oder Unterbringungsform nach § 14 II Nr. 2 verdrängt die Wohnverpflichtung nach Abs. 1 S. 1 für den Fall, dass die Voraussetzungen nach § 14 II Nr. 2 im Zeitpunkt der Sachentscheidung des Bundesamtes nach § 31 noch fortbestehen (vgl. Abs. 1 S. 2).

12 Wird der Asylbewerber jedoch vor der Sachentscheidung des Bundesamtes nach § 31 aus der Haft bzw. Einrichtung nach § 14 II Nr. 2 entlassen, entsteht mit dem Zeitpunkt des Entlassungsdatums kraft Gesetzes die Wohnverpflichtung nach Abs. 1 S. 1. Dies gilt nicht, wenn zugleich ein anderer der in § 14 II Nr. 1 und 3 genannten Gründe in der Person des Asylbewerbers vorliegt.

13 Durch die Wohnverpflichtung nach Abs. 1 S. 2 wird die interne Behördenzuständigkeit nach § 14 II nicht verändert. Wohl aber wird das Bundesamt die Akte der der Aufnahmeeinrichtung zugeordneten Außenstelle zur Bearbeitung überweisen. Das Gesetz enthält keine besondere Bestimmung über die zuständige Aufnahmeeinrichtung für den Fall des Abs. 1 S. 2. Daher finden die allgemeinen Kriterien nach § 46 Anwendung. Nach Entlassung aus der Haft oder aus einer der sonstigen in § 14 II Nr. 2 bezeichneten Einrichtung hat die Aufnahmeeinrichtung den Asylbewerber aufzunehmen, die für ihn zuständig ist (§ 46 I 1). Hat er sich vorher bei der Polizei oder Ausländerbehörde gemeldet, leitet diese ihn nach Maßgabe des § 19 I weiter. Der Asylbewerber hat dieser Weisung ebenso wie der Weisung der zuerst aufgesuchten Aufnahmeeinrichtung nach § 22 I 2 in Verb. mit § 46 I 2 unverzüglich Folge zu leisten (§ 20 I).

14 Maßgeblich für die Entstehung der Wohnverpflichtung nach Abs. 1 S. 2 sind zwei zeitliche Kriterien: Lediglich bis zur *Zustellung* der Sachentscheidung des Bundesamtes nach § 31 kann die Verpflichtung nach Abs. 1 S. 1 begründet werden. Nach dem Zeitpunkt der Zustellung des Bundesamtes kann die Wohnverpflichtung nach dem eindeutigen Gesetzeswortlaut von Abs. 1 S. 2 nicht mehr entstehen. Der Asylbewerber verbleibt in dem Bundesland, in dem der Haft- oder Einrichtungsort ist und wird analog § 50 im Wege der landesinternen Verteilung einem bestimmten Bezirk zugewiesen. Für Klage und Eilrechtsschutzantrag ist das Verwaltungsgericht zuständig, in dessen Bezirk der Haft- oder Einrichtungsort ist. Die für § 52 Nr. 2 S. 3 VwGO erforderliche behördliche Zustimmung wird fingiert (Hess.VGH, EZAR 611 Nr. 9). Andererseits ist für den in Abs. 1 S. 2 genannten *Wegfall* der Voraussetzungen des § 14 II Nr. 2 der *Zeitpunkt der Entlassung* aus der Haft oder einer der dort genannten Einrichtungen maßgebend.

5. Berücksichtigung des minderjährigen ledigen Kindes (Abs. 2)

15 Abs. 2 enthält eine Sonderregelung für *minderjährige ledige Kinder,* die keinen Asylantrag gestellt haben. Generell sind zusammen einreisende Ehegatten sowie Eltern und ihre minderjährigen ledigen Kinder als Gruppe anzumelden und ist mit Blick auf ihre Wohnverpflichtung nach Abs. 1 S. 1 der ge-

meinsame Aufenthalt in der Aufnahmeeinrichtung zu ermöglichen (§ 46 III 2). Der später einreisende Familienangehörige hat jedoch für die Dauer der Wohnverpflichtung nach Abs. 1 S. 1 keinen Anspruch auf Berücksichtigung der Familieneinheit (§ 46 Rdn. 36 ff.).

Der Gesetzgeber übernimmt mit Abs. 2 die frühere obergerichtliche Rechtsprechung, derzufolge die Tatsache, dass das Kind des Asylbewerbers kein Asylverfahren betrieb, der Anwendung der Vorschriften über das Verteilungsverfahren nicht entgegenstand (Hess.VGH, B. v. 27. 6. 1986 – 10 TH 1302/86). 16

Große praktische Bedeutung hat Abs. 2 bislang kaum entfalten können. Anders als nach § 2 II Nr. 1 AuslG 1965 bedürfen regelmäßig alle Ausländer unabhängig von ihrem Alter eines Aufenthaltstitels (§ 4 I 1 AufenthG). Eine besondere praktische Bedeutung, die dieser Vorschrift zukommen könnte, ist nicht zu erkennen. 17

6. Dauer der Wohnverpflichtung (Abs. 1 Satz 1)

Nach Abs. 1 S. 1 beträgt die Dauer des Aufenthaltes des Asylsuchenden in der Aufnahmeeinrichtung *bis zu sechs Wochen*, jedoch *höchstens drei Monate*. Es handelt sich damit um gesetzlich zwingende Zeitvorgaben. Dieser Zeitraum wurde gewählt, damit in Einzelfällen, in denen gewisse zeitliche Überschreitungen der Verfahrensdauern unvermeidlich sind, das Verfahren und gegebenenfalls eine Rückführung des Asylbewerbers nicht durch einen zwischenzeitlichen Umzug verzögert werden (BT-Drs. 12/2062, S. 36). 18

Der maßgebliche Zeitpunkt für den Beginn der Wohnverpflichtung nach Abs. 1 S. 1 ist das Eintreffen des Asylbewerbers in der für seine Aufnahme zuständigen Aufnahmeeinrichtung (Abs. 1 S. 1). Meldet sich der Asylbewerber in einer Aufnahmeeinrichtung nach § 46 I 1 und leitet diese ihn gemäß § 22 I 2 in Verb. mit § 46 I 2, II an die für seine Aufnahme zuständige Aufnahmeeinrichtung weiter, beginnen die Fristen erst mit dem Zeitpunkt des Eintreffens des Asylbewerbers in der Aufnahmeeinrichtung zu laufen. 19

In der Regel soll der Asylbewerber die Aufnahmeeinrichtung jedoch *innerhalb des Sechs-Wochen-Zeitraumes* verlassen (BT-Drs. 12/2062, S. 36). Der Gesetzgeber gibt damit zu erkennen, dass die zeitliche Maximalgrenze in keinem Fall überschritten werden darf. Sie ist die *äußerste Grenze* der Wohnverpflichtung (VG Aachen, InfAuslR 1994, 80). Die Fristbestimmungen haben nicht bloßen Programmcharakter. Vielmehr hat der Asylsuchende im Falle ihres Überschreitens einen Rechtsanspruch auf Entlassung (a. A. Renner, AuslR, § 47 AsylVfG, Rdn. 3). Eine Verlängerung der Wohnverpflichtung ist nach dem Gesetz nicht vorgesehen. 20

Weder die gesetzlich zulässige Höchstdauer noch die Regeldauer sollen andererseits voll ausgeschöpft werden. Vielmehr soll das Verfahren so gestaltet werden, dass regelmäßig eine Entlassung *innerhalb von sechs Wochen* möglich ist. Die Zeitvorgaben nach Abs. 1 S. 1 sind gesetzlich zwingende Beendigungsgründe der Wohnverpflichtung. Daneben treten die in §§ 48, 49 und 50 I 1 genannten Beendigungsgründe. Man kann die Fristen in Abs. 1 S. 1 21 auch als zeitliche Vorgaben für die Bearbeitung des Verfahrens durch das Bundesamt verstehen. Unabhängig davon kommen nach §§ 48 ff. Beendigungsgründe hinzu, die teils verfahrensrechtlicher Art (§§ 48 Nr. 2, 49 I, 50 I), teilweise in anderen Umständen begründet sind.

7. Mitwirkungspflicht des Antragstellers nach Abs. 3

22 Die Regelung in Abs. 3 begründet eine *verfahrensrechtliche Obliegenheit* dahin, während der Dauer der Wohnverpflichtung nach Abs. 1 S. 1 für die zuständigen Behörden und Gerichte *erreichbar* zu sein. Hieraus kann nicht geschlossen werden, der Aufenthalt des Asylbewerbers sei auf den Bereich der Aufnahmeeinrichtung beschränkt. Eine derartige Betrachtungsweise verstößt gegen die Regelung in § 56 I 1. Aus Abs. 3 kann lediglich eine verfahrensrechtliche Obliegenheit, nicht jedoch eine Regelung über die räumliche Beschränkung des Aufenthalts abgeleitet werden. Diese Vorschrift will lediglich die Erreichbarkeit des Asylbewerbers gewährleisten (BT-Drs. 12/2062, S. 36), ohne dass damit zugleich festgelegt wird, welche Sanktionen den Asylsuchenden bei Verletzung seiner Mitwirkungspflicht treffen.

23 Es kann daher aus dieser Vorschrift *keine* Verpflichtung zur *dauernden physischen Anwesenheit* in der Aufnahmeeinrichtung sowie in deren unmittelbarer Nähe hergeleitet werden (so auch Renner, AuslR, § 47 AsylVfG Rdn. 6).

24 Bei Verstoß gegen die Mitwirkungspflicht nach Abs. 3 können den Asylbewerber die verfahrensrechtlichen Folgen der §§ 10 IV 4, 33 I, 36 III 1, 74 I, II und 81 treffen. Insbesondere die Regelung in § 10 IV 4 gibt einen Anhalt über den Inhalt der Mitwirkungspflicht. Diese Vorschrift regelt lediglich die erleichterte Zustellung in der Aufnahmeeinrichtung. Mehr als durch diese Regelung wird dem Asylbewerber auch nicht durch Abs. 3 abverlangt:

25 Nach dem Eintreffen in der Aufnahmeeinrichtung hat er sich zu dem von der Aufnahmeeinrichtung genannten Termin bei der Außenstelle des Bundesamtes zu melden (§ 23). Insoweit bedarf es keines Rückgriffs auf Abs. 3. Wird der Antragsteller noch am Tag der Asylantragstellung angehört, hat er zur Anhörung zu erscheinen. Auch insoweit wird die verfahrensrechtliche Mitwirkungspflicht durch die besondere Regelung des § 25 IV 2 konkretisiert. Ein besonderes Bedürfnis für die Anwendung von Abs. 3 besteht auch insoweit nicht. Wird der Asylbewerber – wie allgemein üblich – nicht am Tag der Asylantragstellung nach § 23 angehört, ist er unverzüglich vorher von dem Anhörungstermin zu verständigen (§ 25 IV 4). Ist er innerhalb der maßgeblichen Wochenfrist des § 25 IV 3 nicht erreichbar, treffen ihn die verfahrensrechtlichen Folgen des § 25 IV 5.

26 Wird die Anhörung nicht binnen Wochenfrist nach Antragstellung durchgeführt, ist der Asylbewerber mit angemessener Frist schriftlich zu laden (§ 67 I 2 VwVfG). Für die Zustellung gilt § 10 IV 4. Im Übrigen gelten für die Zustellung der behördlichen und gerichtlichen Betreibensaufforderung (§§ 33, 81) sowie für sämtliche behördlichen und gerichtlichen Zustellungen die besonderen Zustellungsvorschriften des § 10 IV.

Aufenthalt in Aufnahmeeinrichtungen § 47

Ein eigenständiger Regelungsbedarf für die Vorschrift des Abs. 3 ist in Anbetracht dieser effektiven und umfassenden verfahrensrechtlichen Sondervorschriften nicht erkennbar. Im Übrigen kann dem nach Abs. 1 verpflichteten Asylbewerber vom Bundesamt das vorübergehende Verlassen des nach § 56 I 1 räumlich beschränkten Bereichs nach Maßgabe des § 57 I und II erlaubt werden bzw. ist ihm kraft Gesetzes das vorübergehende Verlassen gestattet (§ 57 III 1). Im letzteren Fall besteht Anzeigepflicht (§ 57 III 2). 27

8. Rechtsschutz

Gegen die Überschreitung der gesetzlich zulässigen Höchstdauer von drei Monaten nach Abs. 1 S. 1 stehen dem belasteten Asylbewerber Rechtsschutzmöglichkeiten zur Verfügung. Hiervon zu unterscheiden sind die Rechtsschutzmöglichkeiten, die der Asylbewerber gegen eine auf § 46 I 2 beruhende Weiterleitungsanordnung nach § 22 I 2 hat (§ 46 Rdn. 48 f.). Die Vorschrift des Abs. 1 begründet die *Verpflichtung des Asylbewerbers,* in der zuständigen Aufnahmeeinrichtung zu wohnen. Diese Verpflichtung *endet* spätestens nach drei Monaten (BT-Drs. 12/2062, S. 36). Beginn und Ende der Verpflichtung sind demnach nach dem Gesetzeswortlaut sowie der Begründung eindeutig geregelt. Nur im Umfang der Verpflichtung wird der Asylbewerber belastet. Demzufolge muss er auch Rechtsschutzmöglichkeiten haben, wenn er über den gesetzlich zwingend geregelten Umfang hinaus in Anspruch genommen wird. 28

Der Wohnverpflichtung *korrespondiert* also ein *subjektives Recht* des Asylbewerbers, nicht über Gebühr in Anspruch genommen zu werden. Ein Verständnis, das dem Asylbewerber praktische Durchsetzungsmöglichkeiten gegen die *gesetzeswidrige* Belastung bestreitet (so Renner, AuslR, § 47 AsylVfG Rdn. 3), findet weder im Gesetzeswortlaut noch in der Begründung noch im allgemeinen Verwaltungsverfahrens- und Verwaltungsprozessrecht eine Stütze. Ergreift die Aufnahmeeinrichtung keine Vorkehrungen, den Asylbewerber spätestens zum Zeitpunkt der Erreichung der gesetzlich zulässigen Zeitgrenze zu entlassen, kann dieser einen *einstweiligen Anordnungsantrag* auf Entlassung beim Verwaltungsgericht stellen (VG Aachen, InfAuslR 1994, 80). 29

Örtlich zuständig ist das Verwaltungsgericht, in dessen Bezirk die Aufnahmeeinrichtung gelegen ist. Die *Verpflichtungsklage* sowie der einstweilige Anordnungsantrag sind gegen das Bundesland, das für die Aufnahmeeinrichtung verantwortlich ist, zu richten. Gesetzliche Folge des stattgebenden Eilantrags ist die landesinterne bzw. länderübergreifende Verteilung nach §§ 50 f. Bis zum Erlass der Zuweisungsverfügung nach § 50 IV 1 ist dem Asylbewerber der Aufenthalt im Bezirk der Ausländerbehörde gestattet, in dem die Aufnahmeeinrichtung liegt (§ 56 I 1); es sei denn, die Verteilung erfolgt unmittelbar im Anschluss an die Entlassung aus der Aufnahmeeinrichtung. 30

An der räumlichen Beschränkung der Aufenthaltsgestattung ändert sich also nichts, wohl aber endet die Wohnverpflichtung nach Abs. 1 S. 1. Der zuständige Sozialhilfeträger ist für die anderweitige Unterbringung verantwortlich. 31

§ 48 *Unterbringung und Verteilung*

Ob die Ausländerbehörde für die Interimsphase bis zum Erlass der Zuweisungsverfügung nach § 60 II vorgehen darf, ist zweifelhaft. Jedenfalls darf sie mit dieser Auflagenermächtigung nicht die gesetzlich zulässige Höchstdauer nach Abs. 1 S. 1 verlängern und die Verpflichtung, in der bisherigen Aufnahmeeinrichtung zu bleiben, anordnen.

§ 48 Beendigung der Verpflichtung, in einer Aufnahmeeinrichtung zu wohnen

Die Verpflichtung, in einer Aufnahmeeinrichtung zu wohnen, endet vor Ablauf von drei Monaten, wenn der Ausländer
1. verpflichtet ist, an einem anderen Ort oder in einer anderen Unterkunft Wohnung zu nehmen,
2. unanfechtbar als Asylberechtigter anerkannt ist oder das Bundesamt für Migration und Flüchtlinge unanfechtbar das Vorliegen der Voraussetzungen des § 60 Abs. 1 des Aufenthaltsgesetzes festgestellt hat
3. nach der Antragstellung durch Eheschließung im Bundesgebiet die Voraussetzungen für einen Rechtsanspruch auf Erteilung eines Aufenthaltstitels nach dem Aufenthaltsgesetz erfüllt.

Übersicht

		Rdn.
1.	Vorbemerkung	1
2.	Rechtscharakter der Beendigungsgründe	3
3.	Beendigungsgründe nach § 48	6
3.1.	Wohnortwechsel (Nr. 1)	6
3.2.	Unanfechtbare Statusentscheidung (Nr. 2)	13
3.3.	Aufenthaltserlaubnisanspruch durch Eheschließung (Nr. 3)	14
4.	Rechtsschutz	20

1. Vorbemerkung

1 Diese Vorschrift regelt die Beendigungsgründe im Hinblick auf die Wohnverpflichtung nach § 47 I (BT-Drs. 12/2062, S. 36). Die gesetzliche Begründung sowie Überschrift sind ungenau. Die gesetzliche Wohnverpflichtung nach § 47 I 1 endet nicht nur nach Maßgabe dieser Vorschrift, sondern auch nach § 47 I 1 mit Erreichen der gesetzlich zulässigen Höchstdauer von drei Monaten sowie nach § 49 und nach § 50 I 1 unter den dort jeweils genannten Voraussetzungen. Die Regelungen in §§ 47 I 1, 48, 49 und 50 I 1 stellen also *abschließend* die Beendigungsgründe mit Blick auf die Wohnverpflichtung nach § 47 I 1 dar.

2 Andererseits sind die Regelungen in dieser Vorschrift in engem Sachzusammenhang mit § 47 I 1 zu sehen. Denn diese bezeichnen die Gründe, aus denen bereits vor Erreichen der Maximalfrist von drei Monaten oder auch nur

Beendigung der Verpflichtung, in einer Aufnahmeeinrichtung zu wohnen **§ 48**

der Regelfrist von sechs Wochen die Verpflichtung nach § 47 I 1 endet. Die Vorschrift wurde durch ÄnderungsG 1993 in Nr. 1 und 2 redaktionell neu gefasst.

2. Rechtscharakter der Beendigungsgründe

Die Beendigungsgründe nach dieser Vorschrift beenden *kraft Gesetzes* die Wohnverpflichtung nach § 47 I 1 (so auch Renner, AuslR, § 48 AsylVfG Rdn. 2). Sie sind *enumerativer Natur*. Jedoch wird der Aufenthalt in der zuständigen Aufnahmeeinrichtung daneben auch nach Maßgabe von §§ 47 I 1, 49 und 50 I 1 beendet (Rdn. 1). Während nach § 47 I 1 mit Erreichen der gesetzlich zulässigen Höchstdauer durch behördliche Anordnung zwingend die Wohnverpflichtung durch Entlassung aus der Aufnahmeeinrichtung zu beenden ist, bezeichnen die Beendigungsgründe nach dieser Vorschrift die Gründe, aus denen bereits vor diesem Zeitpunkt kraft Gesetzes die Wohnverpflichtung nach § 47 I 1 endet. Demgegenüber regeln §§ 49 und 50 I 1 wiederum Beendigungsgründe, deren Umsetzung einer behördlichen Anordnung bedürfen.

3

Nicht gefolgt werden kann der Ansicht, dass alle drei Beendigungsgründe den Aufenthaltsstatus grundlegend verändern (so aber Renner, AuslR, § 48 AsylVfG Rdn. 2). Dies trifft lediglich für die Beendigungsgründe nach Nr. 2 und 3 zu. Mit dem Eintritt des Beendigungsgrundes nach Nr. 1 ändert sich an dem durch §§ 55 ff. geprägten Aufenthaltsstatus des Asylbewerbers nichts. Der bloße Wechsel der Aufnahmeeinrichtung wird nicht durch diese Vorschrift geregelt. Die auf § 46 I 2 beruhende Weiterleitungsanordnung nach § 22 I 2 beendet nicht nach Nr. 1 den Aufenthalt in der zuerst aufgesuchten Aufnahmeeinrichtung (unklar Renner, AuslR, § 48 AsylVfG Rdn. 2).

4

Vielmehr kann die Regelung in Nr. 1 erst dann Anwendung finden, wenn der Asylsuchende in der nach § 46 I 2 für seine Aufnahme zuständigen Aufnahmeeinrichtung eingetroffen ist. Die Weiterleitung von der zuerst aufgesuchten zur zuständigen Aufnahmeeinrichtung beruht daher nicht auf Nr. 1, sondern auf § 46 I 2. Die Bestimmung in Nr. 1 betrifft den Fall der Beendigung der Wohnverpflichtung in der nach § 47 I 1 für die Aufnahme des Asylbewerbers zuständigen Aufnahmeeinrichtung und beendet die Wohnverpflichtung nach § 47 I 1 für die Dauer des anhängigen Asylverfahrens insgesamt.

5

3. Beendigungsgründe nach § 48

3.1. Wohnortwechsel (Nr. 1)

Nach Nr. 1 endet die Verpflichtung nach § 47 I 1 mit der Zuweisung eines anderen Wohnortes oder einer anderen Unterkunft. *Hauptfall* ist nach der gesetzlichen Begründung der Fall der landesinternen Verteilung nach § 50 (BT-Drs. 12/2062, S. 36). Durch die Neufassung der Vorschrift aufgrund des Än-

6

§ 48   *Unterbringung und Verteilung*

derungsG 1993 ist der Inhalt dieses Beendigungsgrundes nicht verändert worden (BT-Drs. 12/4450, S. 25). Der Sinn dieser Vorschrift bleibt jedoch verschlossen.

7   Da die Beendigung der Wohnverpflichtung nach § 47 I 1 angeordnet wird, können Wohnortwechsel während der Dauer der *fortbestehenden* Wohnverpflichtung nach § 47 I 1 etwa durch Zuweisung an eine Nebenstelle der Aufnahmeeinrichtung nicht gemeint sein. Durch die landesinterne Zuweisung wird nicht ohne weiteres eine in Nr. 1 angesprochene Verpflichtung begründet. Vielmehr kann die zuständige Ausländerbehörde nach pflichtgemäßem Ermessen nach Vollzug der Zuweisungsverfügung (§ 50 V 1) durch Auflage eine in Nr. 1 angesprochene Verpflichtung (§ 60 II) anordnen. Eine derartige Auflagenpraxis ist aber nicht zwingend und kann sich im Übrigen auch an die länderübergreifende Verteilung (§ 51) anschließen.

8   Man wird mit dieser verunglückten Gesetzesformulierung pragmatisch umgehen müssen. Sinn der Vorschrift ist ein lückenloser Übergang von der Wohnverpflichtung nach § 47 I 1 zu der durch die Zuweisungsverfügung nach § 50 IV 1 angeordneten veränderten *Aufenthaltsbestimmung.* Man wird kaum annehmen können, dass der Gesetzgeber die Wohnverpflichtung nach § 47 I 1 solange aufrechterhalten will, bis eine Auflage nach § 60 II verfügt worden ist. Da eine derartige Auflage häufig nicht angeordnet wird, würde die Wohnverpflichtung entgegen der gesetzlich zulässigen Höchstgrenze nach § 47 I 1 bis zum unanfechtbaren Abschluss des Asylverfahrens bzw. bis zum Zeitpunkt der Vollziehbarkeit der Abschiebungsandrohung fortdauern, wenn nicht ein Fall nach Nr. 2, 3, § 49 oder § 50 I vorliegt.

9   Ein gesetzlicher Widerspruch zwischen § 47 I 1 einerseits sowie Nr. 1 andererseits für den Fall, dass keine Auflage nach § 60 II angeordnet wird, ist jedoch nicht zwingend. Vielmehr ist Nr. 1 in engem Sachzusammenhang mit der *Regelfrist* des § 47 I 1 zu sehen. In der Regel soll die Aufnahmeeinrichtung den Aufenthalt des Asylbewerbers *innerhalb* der Frist von sechs Wochen beenden (BT-Drs. 12/2062, S. 36). Damit wird auch die Bearbeitung des Verfahrens durch das Bundesamt zeitlich in bestimmtem Umfang beeinflusst. Ist die Anhörung vor Ablauf der Regelfrist durchgeführt worden und wird die Abschiebungsandrohung nicht innerhalb dieser Frist vollziehbar, ist der Aufenthalt nach § 47 I 1 zu beenden.

10   Die Beendigung erfolgt durch die Zuweisungsverfügung nach § 50 IV 1. Mit dem Erlass der Zuweisungsverfügung erfolgt eine neue Aufenthaltsbestimmung. Damit wird kraft Gesetzes die Wohnverpflichtung beendet. Für diese Ansicht spricht auch die Regelung in § 50 I.

11   Generell ist damit für die Auslegung und Anwendung von Nr. 1 festzuhalten: Mit dieser Vorschrift soll ein *lückenloser Übergang* von der bislang bestehenden Wohnverpflichtung nach § 47 I 1 zur veränderten räumlichen Beschränkung der Aufenthaltsgestattung nach § 56 II aufgrund der Zuweisungsverfügung nach § 50 IV 1 erreicht werden. Würde man allein auf den verunglückten Wortlaut von Nr. 1 abstellen, liefe diese Vorschrift ins Leere oder wäre sie gar unvereinbar mit § 47 I 1, da sie die Beendigung der Wohnverpflichtung von der Anordnung einer Auflage nach § 60 II abhängig macht und für den Fall, dass eine derartige Anordnung nicht ergeht, die Wohnver-

pflichtung entgegen der zwingenden Regelung des § 47 I 1 andauerte oder nur nach Maßgabe der Regelungen des §§ 49 und 50 I beendet werden könnte, wenn nicht ein Fall nach Nr. 2 oder 3 vorliegt.
Der Gesetzeswortlaut ist jedoch nicht zwingend in diesem Sinne. Vielmehr ist nach dem Zweck der Vorschrift davon auszugehen, dass ein lückenloser Übergang von der Verpflichtung nach § 47 I 1 zum Aufenthaltsstatus nach § 56 erreicht werden soll.

12

3.2. Unanfechtbare Statusentscheidung (Nr. 2)

Nach Nr. 2 endet die Wohnverpflichtung nach § 47 I 1 mit dem Eintritt der *Unanfechtbarkeit* der Asylanerkennung oder der Feststellung nach § 60 I AufenthG. Die Anknüpfung der Beendigung der Wohnverpflichtung auch an § 60 Abs. 1 AufenthG ist durch Art. 3 Nr. 31 ZuwG mit Wirkung zum 1. Januar 2005 neu eingeführt worden. Wegen der Wegfalls der Klagemöglichkeit des Bundesbeauftragten in diesen Fällen (vgl. § 87b) wird diese Vorschrift für die Zukunft eine größere praktische Bedeutung erlangen (BT-Drs. 15/420, S. 111). Dementsprechend kommt eine Umverteilung nach bestandskräftiger Feststellung der Voraussetzungen des § 60 I AufenthG nicht mehr in Betracht (OVG Sachsen, NVwZ-Beil. 2003, 93).

13

3.3. Aufenthaltserlaubnisanspruch durch Eheschließung (Nr. 3)

Nach Nr. 3 endet kraft Gesetzes die Wohnverpflichtung nach § 47 I 1, wenn der Asylbewerber durch Eheschließung im Bundesgebiet die Voraussetzungen für einen Rechtsanspruch auf Erteilung einer Aufenthaltserlaubnis nach § 28 I Nr. 1, § 30 I AufenthG oder auf Erteilung einer Aufenthaltserlaubnis-EU nach § 5 Abs. 2 FreizügG/EU erlangt hat. Der fehlende Hinweis auf den gemeinschaftsrechtlichen Aufenthaltstitel beruht offensichtlich auf einem Redaktionsversehen. Entstehen *vor* der Asylantragstellung durch Eheschließung im Bundesgebiet die Voraussetzungen für einen Rechtsanspruch auf Erteilung der Aufenthaltserlaubnis, entsteht regelmäßig keine Wohnverpflichtung nach § 47 I 1 (vgl. §§ 14 II Nr. 1 in Verb. mit § 47 I 1). Zwar ist nach § 14 II Nr. 1 der *Besitz* des Aufenthaltstitels Voraussetzung für die Befreiung von der Wohnverpflichtung nach § 47 I 1. Der Gesetzgeber ging aber wohl davon aus, dass in diesen Fällen mit der Asylantragstellung zugewartet wird, bis der Aufenthaltstitel erteilt wird. Aus diesem Grund darf das Bundesamt in derartigen Fällen das Zuwarten bei der Beweiswürdigung nicht zu Lasten des Antragstellers bewerten.

14

Maßgebend für die Entstehung des Beendigungsgrundes nach Nr. 3 ist nicht die förmliche Erteilung der Aufenthaltserlaubnis, sondern der Zeitpunkt der Entstehung des Anspruchs, d.h. die Eheschließung im Bundesgebiet. Auf dieses Auslegungsergebnis deutet auch der Gesetzeswortlaut hin, der nicht an die formelle Erteilung des Aufenthaltstitels, sondern an das Entstehen der hierfür maßgeblichen Voraussetzungen anknüpft. Andere Rechtsansprüche als die nach § 28 I Nr. 1, § 30 I AufenthG sind nicht ersichtlich.

15

16 Auch wenn der Antragsteller illegal und ohne Reisedokumente eingereist ist, entsteht der gesetzliche Anspruch auf die Aufenthaltserlaubnis. Nach geltendem Recht kann in diesen Fällen nach § 5 Abs. 2 Satz 2 1. Alt. AufenthG die Aufenthaltserlaubnis im Bundesgebiet erteilt werden. Die im behördlichen Ermessen stehende Erteilung der Aufenthaltserlaubnis, die an die im Bundesgebiet geschlossene Eheschließung anknüpft (vgl. § 30 II AufenthG), wird nicht von der Regelung der Nr. 3 erfasst.

17 Regelmäßig nimmt die Bearbeitung des Verfahrens der Eheanmeldung bei Ausländern wegen der Prüfung der erforderlichen Nachweise eine erhebliche Zeitdauer in Anspruch, sodass häufig die Eheschließung erst nach Ablauf der Maximalfrist des § 47 I 1 möglich wird. Wird andererseits die Ehe vor dem zuständigen Konsulat des Asylbewerbers geschlossen, darf dies bei der Entscheidung über das Asylbegehren des Antragstellers nicht zu seinem Nachteil bewertet werden (BVerwGE 89, 231 (237) = EZAR 211 Nr. 3 = NVwZ 1992, 679).

18 Ist die Ehe mit einem deutschen Staatsangehörigen geschlossen worden und damit der gesetzliche Anspruch nach § 28 I Nr. 1 AufenthG entstanden, ist der Asylsuchende unmittelbar aus der Aufnahmeeinrichtung zu entlassen. Denn über die Eheschließung hinaus werden weitere Voraussetzungen für die Entstehung des Rechtsanspruchs nicht gefordert. Nach § 28 I 1 1. HS AuslG ist die Aufenthaltserlaubnis abweichend von § 5 Abs. 1 Nr. 1 AufenthG zu erteilen. Demgegenüber ist der Rechtsanspruch nach § 30 I AufenthG vom Nachweis der allgemeinen Voraussetzungen nach § 5 I Nr. 1, § 29 Abs. 1 AufenthG, also insbesondere vom ausreichenden Wohnraum und von der Gewährleistung der Sicherung des Lebensunterhaltes, abhängig.

19 Ungereimt ist, dass Eheschließungen im Ausland nicht von der Vergünstigung in Nr. 3 erfasst werden. Offensichtlich ging der Gesetzgeber davon aus, dass während der Dauer der Wohnverpflichtung eine Auslandsreise nicht zugelassen werden wird (vgl. auch § 47 III, § 57). Weist der Asylbewerber eine Eheschließung im Ausland nach, die zur Entstehung eines Rechtsanspruchs nach § 28 I Nr. 1, § 30 I AufenthG führt, ist eine analoge Anwendung der Regelung in Nr. 3 geboten. Denn die grundrechtlich geschützte Eheschließungsfreiheit, der die Regelung in Nr. 3 offensichtlich Rechnung trägt, steht nicht unter dem Vorbehalt der Eheschließung im Bundesgebiet.

4. Rechtsschutz

20 Gegen die Verweigerung der Entlassung aus der Aufnahmeeinrichtung kann *Feststellungsklage* (§ 43 VwGO) erhoben werden. Da der Beendigungstatbestand kraft Gesetzes eintritt, kann der Antragsteller seine Rechte nicht durch eine Gestaltungs- oder Leistungsklage verfolgen (so auch Renner, AuslR, § 48 Rdn. 7). *Einstweiliger Rechtsschutz* ist über § 123 VwGO zu erlangen. Ein Anordnungsgrund liegt in allen Fällen vor: Der Asylberechtigte hat nach § 25 I AufenthG und der nach § 60 I AufenthG Berechtigte nach § 25 II AufenthG einen Rechtsanspruch auf Erteilung der Aufenthaltserlaubnis.

Entlassung aus der Aufnahmeeinrichtung § 49

Ähnlich ist die Rechtslage in den Fällen der Nr. 3. Hier überlagert das Aufenthaltsrecht aus §§ 28 I Nr. 1, 30 I AufenthG das gesetzliche Aufenthaltsrecht des § 55 I 1 (vgl. auch § 55 II), sodass auch keine Verteilung erfolgt. In den Fällen der Nr. 1 bleibt die Rechtsstellung zwar im Wesentlichen unverändert. Ein Anordnungsanspruch kann hier jedoch regelmäßig als glaubhaft gemacht angesehen werden, weil mit Entlassung aus der Aufnahmeeinrichtung die bis dahin sehr beschränkten Handlungsmöglichkeiten erweitert werden. 21

§ 49 Entlassung aus der Aufnahmeeinrichtung

(1) Die Verpflichtung, in der Aufnahmeeinrichtung zu wohnen, ist zu beenden, wenn eine Abschiebungsandrohung vollziehbar und die Abschiebung kurzfristig nicht möglich ist, oder wenn dem Ausländer eine Aufenthaltserlaubnis nach 24 des Aufenthaltsgesetzes erteilt werden soll.
(2) Die Verpflichtung kann aus Gründen der öffentlichen Gesundheitsvorsorge sowie aus sonstigen Gründen der öffentlichen Sicherheit oder Ordnung oder aus anderen zwingenden Gründen beendet werden.

Übersicht

	Rdn.
1. Vorbemerkung	1
2. Tatsächliche Unmöglichkeit der Abschiebung nach Abs. 1 erster Halbsatz	3
3. Aufenthaltsgewährung zugunsten von Kriegs- und Bürgerkriegsflüchtlingen (Abs. 1 zweiter Halbsatz)	10
4. Entlassung zur Gefahrenabwehr oder aus Härtegründen (Abs. 2)	11
5. Rechtsschutz	16

1. Vorbemerkung

Die Vorschrift des § 49 steht in engem Sachzusammenhang mit den Regelungen in §§ 47 I 1, 48 und 50 I. In allen Fällen geht es um die Beendigung der Wohnverpflichtung nach § 47 I 1. Während § 47 I 1 eine gesetzlich zulässige Höchstgrenze festlegt, deren Überschreitung den weiteren Aufenthalt in der Aufnahmeeinrichtung rechtswidrig werden lässt, die Beendigungsgründe in § 48 den weiteren Aufenthalt in der Aufnahmeeinrichtung kraft Gesetzes beenden, verpflichtet diese Vorschrift ebenso wie § 50 I 1 die zuständige Aufnahmeeinrichtung, von Amts wegen den weiteren Aufenthalt in der Aufnahmeeinrichtung zu beenden. 1

Die Vorschrift des Abs. 1 ist durch ÄnderungsG 1993 dahin erweitert worden, dass Begünstigte nach § 32 a I und II AuslG 1993 zu entlassen sind. Nachdem nunmehr die Aufnahme zur Gewährung *vorübergehenden Schutzes* von Bürgerkriegsflüchtlingen durch die Richtlinie 2001/55 vergemeinschaftet und mit § 24 AufenthG die entsprechende innerstaatliche Umsetzungsnorm 2 geschaffen worden ist, wurde mit Art. 3 Nr. 33 ZuwG mit Wirkung zum 1. Januar 2005 der Wortlaut des § 49 Abs. 1 der neuen Rechtslage angepasst. Während der Asylsuchende unter den Voraussetzungen des Abs. 1 einen Entlassungsanspruch hat, steht die Entlassung nach Abs. 2 im pflichtgemäßen Ermessen der Behörde.

2. Tatsächliche Unmöglichkeit der Abschiebung nach Abs. 1 erster Halbsatz

3   Nach Abs. 1 1. HS ist die Wohnverpflichtung nach § 47 I 1 zu beenden, wenn eine Abschiebungsandrohung zwar vollziehbar, aber die Durchführung kurzfristig nicht möglich ist. Dieser Tatbestandsalternative liegt eine Abschiebungsandrohung nach §§ 34 I 1 in Verb. mit 36 I zugrunde, über deren Vollziehbarkeit im Eilrechtsschutzverfahren nach § 36 III, IV eine unanfechtbare Entscheidung getroffen worden ist. In diesem Verfahren sind auch die Abschiebungshindernisse des § 60 II–VII AufentG und die Rechtmäßigkeit der Bestimmung des Zielstaates der Abschiebung (§ 59 II, III 2 AufenthG) gerichtlich überprüft worden.

4   Die Abschiebung ist damit nach gerichtlicher Überprüfung im Eilrechtsschutzverfahren zwar aus *rechtlichen Gründen* zulässig, ihre Durchführung scheitert jedoch an *tatsächlichen Hindernissen*, etwa daran, dass noch *Reisedokumente* zu besorgen sind (BT-Drs. 12/2062, S. 36), die *Reisefähigkeit* aus gesundheitlichen oder Gründen einer Schwangerschaft nicht gegeben ist oder die Flug- und anderen Verbindungen zum Zielland unterbrochen sind (so auch VGH BW, AuAS 1994, 104).

5   Nach der gesetzlichen Begründung tritt der Beendigungsgrund nach Abs. 1 1. HS auch ein, wenn die Landesregierung gemäß § 54 S. 1 AuslG die Abschiebung ausgesetzt hat (BT-Drs. 12/2062, S. 36). In diesen Fällen ist die an sich vollziehbare Abschiebungsandrohung aus rechtlichen Gründen auszusetzen.

6   Die Abschiebung ist darüber hinaus kurzfristig nicht möglich, wenn andere Familienangehörige noch ein Asylverfahren betreiben und die für die Aufnahmeeinrichtung zuständige Ausländerbehörde nach pflichtgemäßem Ermessen nach Maßgabe des § 43 III über die Aussetzung der Abschiebung zu entscheiden hat. Gibt die Behörde dem Antrag statt, kann die Abschiebung kurzfristig nicht vollzogen werden. Die Wohnverpflichtung nach § 47 I 1 ist zu beenden und die Verteilung erfolgt zum Wohnort des oder der Familienangehörigen.

7   Im Regelfall gilt aber, dass diese Tatbestandsalternative auf die Fälle der tatsächlichen Unmöglichkeit der Abschiebung zielt. Nach dem Gesetzeswortlaut ist für das Entstehen des Beendigungsgrundes entscheidend, dass im Zeitpunkt der Vollziehung die Abschiebung *kurzfristig* nicht möglich ist. Ob das Abschiebungshindernis vorübergehender oder dauerhafter Art ist, ist nicht maßgebend. Denn Sinn dieser Tatbestandsalternative ist es, die Aufnahmekapazitäten im Interesse neu einreisender Asylsuchender freizuhalten (BT-Drs. 12/2062, S. 36).

Entlassung aus der Aufnahmeeinrichtung § 49

Ob das Hindernis nur kurzfristig vorliegt, ist nach der Regelanordnung des § 47 I 1 zu beurteilen. Danach soll der Aufenthalt in der Aufnahmeeinrichtung in der Regel sechs Wochen nicht überschreiten (BT-Drs. 12/2062, S. 36). Ist daher zum Zeitpunkt der Vollziehung absehbar, dass das Abschiebungshindernis innerhalb der nächsten sechs Wochen nicht behoben werden kann, ist der Aufenthalt des Asylbewerbers in der Aufnahmeeinrichtung zu beenden. 8

Der Aufenthalt in der Aufnahmeeinrichtung ist auf jeden Fall nach Erreichen der in § 47 I 1 geregelten Maximalfrist von drei Monaten zu beenden, und zwar unabhängig davon, ob die Behörde der Ansicht ist, die Abschiebung könne kurzfristig vollzogen werden. Kann im Zeitpunkt des Eintritts der Drei-Monats-Frist die Abschiebung nicht vollzogen werden, weil ein tatsächliches Abschiebungshindernis oder andere der Abschiebung entgegenstehende Gründe vorliegen, hat die Aufnahmeeinrichtung den Asylbewerber zu entlassen. Im anschließenden Verteilungsverfahren ist die zuständige Ausländerbehörde zu bestimmen, die für die weitere Vollziehung und damit auch für die Prüfung des Wegfalls des Abschiebungshindernisses verantwortlich ist. 9

3. Aufenthaltsgewährung zugunsten von Kriegs- und Bürgerkriegsflüchtlingen (Abs. 1 zweiter Halbsatz)

Nach Abs. 1 2. HS ist der Aufenthalt in der Aufnahmeeinrichtung zu beenden, wenn dem Asylbewerber eine Aufenthaltserlaubnis nach § 24 AufenthG erteilt werden soll. Der Asylbewerber muss einer Personengruppe zuzurechnen sein, die aufgrund eines Beschlusses des Rates der EU gemäß der Richtlinie 01/55/EG begünstigt wird. Stellt der Ausländer keinen Asylantrag oder nimmt er diesen zurück, finden auf ihn das AsylVfG und damit auch dessen aufenthaltsrechtlichen Vorschriften keine Anwendung mehr. Die Richtlinie ist allerdings bislang in keinem Einzelfall angewendet worden. 10

4. Entlassung zur Gefahrenabwehr oder aus Härtegründen (Abs. 2)

Nach Abs. 2 *kann* aus Gründen der öffentlichen Gesundheitsvorsorge sowie aus sonstigen Gründen der öffentlichen Sicherheit oder Ordnung oder aus anderen zwingenden Gründen die Wohnverpflichtung nach § 47 I 1 beendet werden. Gründe der öffentlichen Gesundheitsvorsorge ergeben sich insbesondere aus den Vorschriften des BSeuchenG. Zur Abwehr von ansteckenden Krankheiten und Seuchen kann deshalb die Wohnverpflichtung nach § 47 I 1 beendet werden. Da die Beendigung der Verpflichtung vorrangig im öffentlichen Interesse liegt, wird man ein individuell berücksichtigenswertes Interesse nicht ohne weiteres unterstellen können. Ist mit der Krankheit jedoch eine erhebliche individuelle Gesundheitsgefährdung verbunden, die durch einen weiteren Aufenthalt in der Aufnahmeeinrichtung verstärkt wird, besteht insoweit jedoch auch ein individueller Ermessensgesichtspunkt. 11

12 Gründe der öffentlichen Sicherheit oder Ordnung dürften vorrangig aus gewalttätigen Auseinandersetzungen innerhalb der Aufnahmeeinrichtung oder aus Angriffen oder aus der Drohung mit Übergriffen von außen durch rechtsextremistische Gruppen resultieren (Renner, AuslR, § 49 AsylVfG Rdn. 4). Bei der Ermessensausübung ist in derartigen Fällen zu bedenken, dass die von den innerhalb der Aufnahmeeinrichtung ausgetragenen gewalttätigen Auseinandersetzungen betroffenen Asylbewerber einen *Fürsorgeanspruch* (OVG NW, InfAuslR 1986, 219) gegen die Aufnahmeeinrichtung haben, vor gewalttätigen Übergriffen geschützt zu werden. Dasselbe gilt bei Angriffen von außen. Da im letzteren Fall jedoch die persönliche Sicherheit der Asylbewerber sowie der Bestand der Aufnahmeeinrichtung als solche in Frage gestellt werden, wird die Behörde in erster Linie versuchen, mit polizeilicher Hilfe die Angriffe abzustellen.

13 Die Entlassung aus »*anderen zwingenden Gründen*« wurde auf Vorschlag des Innenausschusses in das Gesetz eingefügt (BT-Drs. 12/2718, S. 28). Dadurch soll es ermöglicht werden, in *besonders gelagerten Härtefällen* die Wohnverpflichtung nach § 47 I 1 beenden zu können (BT-Drs. 12/2718, S. 61). Damit ist klargestellt, dass die mit dem Aufenthalt in einer Aufnahmeeinrichtung allgemein verbundenen Folgen hinzunehmen sind. Es können sich jedoch aus *gesundheitlichen, familiären* oder anderen gewichtigen Gründen außergewöhnliche Belastungen für den einzelnen Asylbewerber ergeben, deren Nichtberücksichtigung zu gravierenden Nachteilen führen würde (Renner, AuslR, § 49 AsylVfG, Rdn. 5). Hierbei ist auch zu bedenken, dass Flüchtlinge nach ihrer Ankunft häufig noch im besonderen Maße unter den traumatischen Verfolgungs- und Fluchterlebnissen leiden. Ist der Asylbewerber aus erheblichen gesundheitlichen Gründen auf die Lebenshilfe der Familienangehörigen angewiesen, ist er zu entlassen.

14 Die Entlassung nach Abs. 2 beendet die Wohnverpflichtung nach § 47 I 1. Auch wenn die Behörde daher z. B. den gewalttätigen Störer aus Gründen der öffentlichen Sicherheit oder den an einer ansteckenden Krankheit leidenden Asylbewerber aus Gründen der öffentlichen Gesundheitsvorsorge aus der Aufnahmeeinrichtung entfernen will, kann dies nicht durch Überweisung an eine andere Aufnahmeeinrichtung, sondern nur durch Beendigung der Verpflichtung nach § 47 I 1 insgesamt erfolgen.

15 Anders als im Falle der zwingenden Beendigungsgründe nach Abs. 1 hat die Behörde über die Beendigung der Wohnverpflichtung im Rahmen des Abs. 2 nach *pflichtgemäßem Ermessen* zu entscheiden. Je stärker dabei das öffentliche Gesundheits- oder Sicherheits- und Ordnungsinteresse im Vordergrund steht, desto größeres Gewicht darf diesem bei der Ermessensausübung gegeben werden. Andererseits überwiegen die individuellen Gründe insbesondere bei den Härtegründen.

5. Rechtsschutz

16 Anders als bei den Beendigungsgründen des § 48 wird die Wohnverpflichtung des § 47 I 1 nicht kraft Gesetzes, sondern durch *behördliche Anordnung*

beendet, sei es aufgrund zwingender gesetzlicher Vorschriften (Abs. 1), sei es nach behördlichem Ermessen (Abs. 2). Die Anordnung hat zur Folge, dass der Asylbewerber mit Ausnahme der nach § 24 AufenthG begünstigten Asylsuchenden in das Verteilungsverfahren nach Maßgabe der §§ 50f. einbezogen wird.

Die Beendigung erfolgt daher nicht durch Auflage nach § 60 II (so aber Renner, AuslR, § 49 AsylVfG, Rdn. 6). Denn die Anordnung der Auflage nach § 60 II setzt die vorherige Durchführung des Verteilungsverfahrens und damit die Bestimmung der für den weiteren Aufenthalt zuständigen Ausländerbehörde voraus. Solange nicht feststeht, welche Ausländerbehörde zuständig ist, kann § 60 II keine Anwendung finden. Im Zeitpunkt der behördlichen Beendigung der Wohnverpflichtung ist die zuständige Ausländerbehörde aber noch nicht bekannt. 17

Gegen die Weigerung der Behörde, die Wohnverpflichtung durch die begehrte Anordnung zu beenden, ist *Verpflichtungsklage* zu erheben. Es gelten die selben Grundsätze wie bei der Anwendung des § 60 II (§ 60 Rdn. 78 ff.). Die Verpflichtung zielt auf den Erlass der behördlichen Anordnung, die Wohnverpflichtung nach § 47 I 1 zu beenden. Im Falle der Stattgabe knüpft sich hieran automatisch das Verteilungsverfahren an (vgl. § 50 I 2), sodass insoweit ein besonderer Antrag nicht gestellt werden muss. Die Klage richtet sich gegen die zuständige Aufnahmeeinrichtung und nicht gegen die Ausländerbehörde. Liegt ein Anordnungsgrund vor, kann ein *einstweiliger Anordnungsantrag* nach § 123 VwGO gestellt werden. 18

§ 50 Landesinterne Verteilung

(1) Ausländer sind unverzüglich aus der Aufnahmeeinrichtung zu entlassen und innerhalb des Landes zu verteilen, wenn das Bundesamt der zuständigen Landesbehörde mitteilt, daß
1. nicht oder nicht kurzfristig entschieden werden kann, daß der Asylantrag unbeachtlich oder offensichtlich unbegründet ist und ob Abschiebungshindernisse nach § 60 Abs. 2 bis 7 des Aufenthaltsgesetzes in der Person des Ausländers, seines Ehegatten oder seines minderjährigen ledigen Kindes vorliegen, oder
2. das Verwaltungsgericht die aufschiebende Wirkung der Klage gegen die Entscheidung des Bundesamtes angeordnet oder hat.

(2) Die Landesregierung oder die von ihr bestimmte Stelle wird ermächtigt, durch Rechtsverordnung die Verteilung zu regeln, soweit dies nicht durch Landesgesetz geregelt ist.

(3) Die zuständige Landesbehörde teilt innerhalb eines Zeitraumes von drei Arbeitstagen dem Bundesamt den Bezirk der Ausländerbehörde mit, in dem der Ausländer nach einer Verteilung Wohnung zu nehmen hat.

(4) Die zuständige Landesbehörde erläßt die Zuweisungsentscheidung. Die Zuweisungsentscheidung ist schriftlich zu erlassen und mit einer Rechtsbehelfsbelehrung zu versehen. Sie bedarf keiner Begründung. Einer

Anhörung des Ausländers bedarf es nicht. Bei der Zuweisung ist die Haushaltsgemeinschaft von Ehegatten und ihren Kindern unter 18 Jahren zu berücksichtigen.
(5) Die Zuweisungsentscheidung ist dem Ausländer selbst zuzustellen. Wird der Ausländer durch einen Bevollmächtigten vertreten oder hat er einen Empfangsbevollmächtigten benannt, soll ein Abdruck der Zuweisungsentscheidung auch diesem zugeleitet werden.
(6) Der Ausländer hat sich unverzüglich zu der in der Zuweisungsverfügung angegebenen Stelle zu begeben.

Übersicht

		Rdn.
1.	Zweck der Vorschrift	1
2.	Beendigung der Wohnverpflichtung nach § 47 Abs. 1 Satz 1 (Abs. 1)	4
2.1.	Vorbemerkung	4
2.2.	Durchführung des normalen Asylverfahrens (Abs. 1 Satz 1 Nr. 1)	6
2.3.	Anordnung der aufschiebenden Wirkung der Anfechtungsklage gegen die Abschiebungsandrohung (Abs. 1 Satz 1 Nr. 2)	13
2.4.	Funktion von Abs. 1 Satz 2	20
2.5.	Mitteilungspflicht des Bundesamtes nach Abs. 1 Satz 1 erster Halbsatz	25
3.	Verteilungsverfahren (Abs. 2 bis 6)	27
3.1.	Vorbemerkung	27
3.2.	Aufnahmeverpflichtung des Bundeslandes nach § 44 Abs. 1	29
3.3.	Rechtsgrundlage für die landesinterne Verteilung (Abs. 2)	33
4.	Zuweisungsverfügung nach Abs. 4 Satz 1	40
4.1.	Vorbemerkung	40
4.2.	Behördenzuständigkeit	43
4.3.	Verwaltungsverfahren (Abs. 4 bis 6)	45
4.4.	Umverteilungsverfahren	53
4.5.	Materielle Entscheidungskriterien der Zuweisungsverfügung	58
4.5.1.	Ermessensgrundsätze	58
4.5.2.	Berücksichtigung der Kernfamilie (Abs. 4 Satz 5)	67
4.5.3.	Grundsätze zur Ermessensreduktion	77
4.5.3.1.	Vorbemerkung	77
4.5.3.2.	Gesundheitliche Gründe	81
4.5.3.3.	Verwandtschaftliche Beziehungen	90
4.5.3.4.	Keine Berücksichtigung des Arbeitsplatzes	96
4.5.3.5.	Behördliche Darlegungslast	100
5.	Rechtsschutz	102

1. Zweck der Vorschrift

1 Diese Vorschrift ist den Regelungen des § 22 V, VI 1, VII, VIII und IX 2 AsylVfG 1982 nachgebildet. Das Verteilungsverfahren ist jedoch gegenüber dem bis 1992 geltenden Asylverfahrensrecht umstrukturiert worden. Da die Erstverteilung auf das Bundesland bereits mit der Bestimmung der zuständigen Aufnahmeeinrichtung erfolgt (§ 46 Rdn. 3), regelt diese Vorschrift ledig-

Landesinterne Verteilung § 50

lich noch das an den Aufenthalt in der Aufnahmeeinrichtung anschließende landesinterne Verteilungsverfahren.

Die länderübergreifende Verteilung war im ursprünglichen Gesetzentwurf nicht vorgesehen (BT-Drs. 12/2062, S. 37), entspricht indes der bis dahin geübten Verwaltungspraxis. Sie geht auf eine Anregung der Bundesländer zurück (BT-Drs. 12/2718, S. 58 f.). Während die Vorschrift des § 50 keine materiellen Kriterien für das landesinterne Verteilungsverfahren enthält, nennt § 51 I für die länderübergreifende Verteilung die maßgeblichen Grundsätze. Diese sind auch auf das landesinterne Verteilungsverfahren anzuwenden. 2

Die Vorschrift des § 50 regelt einheitlich das Verfahren für die landesinterne (§ 50) wie für die länderübergreifende Verteilung (§ 51). Die Regelungen in Abs. 1 enthalten zusätzlich zu den Vorschriften der §§ 47 I 1, 48 und 49 Beendigungsgründe im Hinblick auf den Aufenthalt in einer Aufnahmeeinrichtung. 3

2. Beendigung der Wohnverpflichtung nach § 47 Abs. 1 Satz 1 (Abs. 1)

2.1. Vorbemerkung

Nach Abs. 1 S. 1 sind die Asylbewerber nach Maßgabe dieser Vorschrift unverzüglich aus der Aufnahmeeinrichtung (§ 47 I 1) zu entlassen und innerhalb des Landes zu verteilen. Liegen die Voraussetzungen des § 51 I vor, so knüpft die länderübergreifende Verteilung an die Beendigung der Wohnverpflichtung an. Die Entlassungsgründe nach Abs. 1 S. 1 sind weitere, neben die Beendigungsgründe der §§ 47 I 1, 48 und 49 tretende Tatbestände, die zur Beendigung der Wohnverpflichtung nach § 47 I 1 führen. Nach Abs. 1 S. 2 »kann« die Verteilung auch erfolgen, wenn aus anderen als den in Abs. 1 S. 1 genannten Gründen die Verpflichtung nach § 47 I 1 endet. 4

Unklar ist damit das genaue Verhältnis zwischen der Beendigung der Wohnverpflichtung nach § 47 I 1 sowie der Anwendung der Vorschriften über das Verteilungsverfahren. Davon ausgegangen werden kann andererseits, dass in *allen* Fällen an die Beendigung der Wohnverpflichtung in der Aufnahmeeinrichtung der weitere, allein durch das Asylverfahren bedingte Aufenthalt über das Verteilungsverfahren geregelt werden soll. 5

2.2. Durchführung des normalen Asylverfahrens (Abs. 1 Satz 1 Nr. 1)

Nach Abs. 1 S. 1 Nr. 1 ist der Asylbewerber aus der Aufnahmeeinrichtung zu entlassen, wenn nicht oder nicht kurzfristig entschieden werden kann, dass der Asylantrag unbeachtlich oder offensichtlich unbegründet ist und ob Abschiebungshindernisse nach § 60 II–VII AufenthG in der Person des Asylbewerbers oder seiner dort genannten Angehörigen vorliegen. Diese Vorschrift wie auch die übrigen Tatbestände nach Abs. 1 S. 1 sind im Zusammenhang mit der Zielvorstellung des Gesetzes zu sehen, »Asylanträge von Asylbewerbern, die für eine Anerkennung als Asylberechtigter offensichtlich nicht in 6

Frage kommen, künftig in einem Zeitraum von ca. sechs Wochen rechtskräftig« zu entscheiden und den Aufenthalt zu beenden (BT-Drs. 12/2062, S. 25). Dementsprechend soll die Wohnverpflichtung nach § 47 I 1 unverzüglich beendet werden, wenn von vornherein offensichtlich ist, dass der Antrag weder aus den Gründen des § 29 als unbeachtlich noch nach Maßgabe der §§ 29 a, 30 in der qualifizierten Form abgelehnt werden kann.

7   Aber auch wenn eine derartige Entscheidung als möglich erscheint, jedoch Anhaltspunkte dafür vorliegen, dass in der Person des Antragstellers, seines Ehegatten oder seiner minderjährigen ledigen Kinder Abschiebungshindernisse nach § 60 II–VII AufenthG vorliegen, soll das Bundesamt die unverzügliche Beendigung der Wohnverpflichtung nach § 47 I 1 sowie die Verteilung veranlassen.

8   Diese durch ÄnderungsG 1993 eingeführte Erweiterung um die Familienangehörigen stellt klar, dass die Wohnverpflichtung nach § 47 I 1 auch dann endet, wenn die Abschiebungshindernisse nach § 60 II–VII AufenthG nicht in der Person des Asylbewerbers, sondern in der Person des Ehegatten oder der minderjährigen ledigen Kinder vorliegen (vgl. BT-Drs. 12/4450, S. 25). In Anknüpfung an die Altersgrenze beim Familienasyl (vgl. § 26 II 1) sowie an die für die länderübergreifende Verteilung maßgebliche Altergrenze (§ 51 I) werden die ledigen Kinder des Asylsuchenden erfasst, die noch nicht das 18. Lebensjahr vollendet haben.

9   Die Unmöglichkeit einer unverzüglichen Entscheidung kann überdies auch auf objektiven Umständen beruhen, etwa Arbeitsüberlastung der Außenstelle des Bundesamtes, Probleme bei der Sachaufklärung oder Verzögerungen bei der Durchführung der Anhörung. Kann etwa nicht binnen Wochenfrist (§ 25 IV 3) die Anhörung durchgeführt werden, entfällt ein wesentliches Beschleunigungselement des Asylverfahrens und es stellt sich die Frage, ob ungeachtet dessen die weitere Anwendung der auf diesen besonderen Beschleunigungselementen aufbauenden Vorschriften noch gerechtfertigt ist.

10 Zwar gibt das Gesetz mit der Regelfrist von sechs Wochen in § 47 I 1 einen Anhalt dafür, was nach Abs. 1 S. 1 Nr. 1 als nicht mehr kurzfristig anzusehen ist. Dies gilt jedoch nur für die Verzögerungen, die auf objektiven Umständen beruhen. Ergibt sich von vornherein aus dem Sachvorbringen des Antragstellers, dass eine Entscheidung nach §§ 29, 29 a oder 30 nicht möglich erscheint und auch eine Asylanerkennung nicht ohne weiteres in Betracht kommen kann (Abs. 1 S. 1 Nr. 1), ist unabhängig von den Fristvorgaben des § 47 I 1 die sofortige Entlassung angezeigt.

11 Aus dieser Vorschrift kann im Übrigen generell entnommen werden, dass in den Fällen, in denen eine schnelle Entscheidung aus Gründen, die in dem individuellen Sachvorbringen liegen oder auf objektiven Umständen beruhen, nicht möglich erscheint und ein normales Asylverfahren durchzuführen ist, die weitere Bearbeitung des Antrags außerhalb der Aufnahmeeinrichtung erfolgen soll. Stellt sich etwa im Rahmen der Direktanhörung nach § 25 IV heraus, dass die Voraussetzungen nach Abs. 1 S. 1 Nr. 1 nicht vorliegen, sollte diese abgebrochen und das weitere Verfahren nach der Zuweisung fortgesetzt werden.

Landesinterne Verteilung § 50

Damit wird auch dem gesetzgeberischen Anliegen Rechnung getragen, die bestehenden Aufnahmekapazitäten möglichst frühzeitig für neu einreisende Asylbewerber freizuhalten (BT-Drs. 12/2062, S. 36). In der Verwaltungspraxis wird das Verfahren jedoch auch dann fortgeführt, wenn sich während der Anhörung herausstellt, dass die Voraussetzungen nach Abs. 1 S. 1 Nr. 1 nicht vorliegen. Die Außenstelle des Bundesamtes bleibt regelmäßig für die weitere Bearbeitung des Asylverfahrens zuständig und übernimmt darüber hinaus auch die Prozessvertretung im sich gegebenenfalls anschließenden Verwaltungsstreitverfahren. 12

2.3. Anordnung der aufschiebenden Wirkung der Anfechtungsklage gegen die Abschiebungsandrohung (Abs. 1 Satz 1 Nr. 2)

Nach Abs. 1 S. 1 Nr. 2 ist der Asylbewerber unverzüglich aus der Aufnahmeeinrichtung zu entlassen, wenn das Verwaltungsgericht die *aufschiebende Wirkung* der Klage gegen die Entscheidung des Bundesamtes angeordnet hat. Da in den Fällen des § 38 I die aufschiebende Wirkung der Klage kraft Gesetzes eintritt (§ 75), zielt diese Vorschrift ersichtlich auf die Verfahren, in denen das Bundesamt nach §§ 29, 29 a, 30 in Verb. mit § 36 I vorgeht und das Verwaltungsgericht dem Eilrechtsschutzantrag des Asylbewerbers nach § 36 III 1 in Verb. mit § 80 V VwGO stattgegeben hat. 13

Die Fallgruppe nach Abs. 1 S. 1 Nr. 2 ist die prozessuale Kehrseite der Regelung des Abs. 1 S. 1 Nr. 1. Der Vorschrift des Abs. 1 S. 1 Nr. 2 liegt ein Antrag zugrunde, über den das Bundesamt nach Maßgabe der §§ 29, 29 a oder 30 eine Entscheidung getroffen hat, diese Entscheidung vom Verwaltungsgericht aber mit Verbindlichkeit allein für das Eilrechtsschutzverfahren nicht bestätigt worden ist. 14

Auch hier ist abzusehen, dass wegen der Notwendigkeit der Fortführung des Asylverfahrens (§ 37 I 2) bzw. des durchzuführenden gerichtlichen Hauptsacheverfahrens (§ 37 II) die Regelfrist von sechs Wochen nach § 47 I 1 bei weitem überschritten werden wird und deshalb mit der Zustellung der gerichtlichen Entscheidung die unverzügliche Entlassung aus der Aufnahmeeinrichtung geboten ist. 15

Hat das Bundesamt entgegen der Ratio des Abs. 1 S. 1 Nr. 1 den Asylantrag noch während der Dauer der Wohnverpflichtung nach § 47 I 1 nach Maßgabe des § 38 I entschieden, ist ebenfalls die unverzügliche Entlassung aus der Aufnahmeeinrichtung geboten. Diese Fallgestaltung wird zwar vom Wortlaut des Abs. 1 S. 1 Nr. 2 nicht erfasst, sie ergibt sich aber aus einem Umkehrschluss und daraus, dass der Gesetzgeber den weiteren Aufenthalt in der Aufnahmeeinrichtung offensichtlich nicht für angemessen erachtet, wenn der Asylantrag in der einfachen Form abgelehnt wird. 16

Dies ergibt sich auch aus dem Zusammenhang der Regelungen des Abs. 1 S. 1 Nr. 1, 2 und 3: Aus den Nr. 1 und 2 von Abs. 1 S. 1 zugrunde liegenden Verfahrensarten wird deutlich, dass eine Wohnverpflichtung nach § 47 I 1 nur in Betracht kommt, wenn kurzfristig entschieden werden kann, dass eine Entscheidung nach §§ 29, 29 a oder 30 möglich ist. Ist dies nicht der Fall, 17 untersagt Abs. 1 S. 1 Nr. 1 den weiteren Aufenthalt in der Aufnahmeeinrichtung, wenn das Bundesamt nicht kurzfristig eine Statusentscheidung treffen kann (vgl. Abs. 1 S. 1 Nr. 1). Zu den der Abs. 1 S. 1 Nr. 2 zugrunde liegenden Eilrechtsschutzverfahren kann es gar nicht erst kommen.

18 Missachtet das Bundesamt diesen gesetzgeberischen Willen und lehnt es den Antrag als einfach unbegründet nach Maßgabe des § 38 I ab, hat die Klageerhebung kraft Gesetzes aufschiebende Wirkung (§ 75). Der weitere Aufenthalt in der Aufnahmeeinrichtung ist nicht mehr gerechtfertigt, da die voraussichtliche Dauer des Verwaltungsprozesses bei weitem die Fristen des § 47 I 1 überschreiten wird. Wenn schon in den Fällen des § 37 I und II die unverzügliche Entlassung aus der Aufnahmeeinrichtung zwingend vorgesehen ist, muss dies erst recht in den Fällen des § 38 I 2 gelten.

19 Da mangels entgegenstehender Anhaltspunkte davon auszugehen ist, dass der Asylsuchende Klage erheben wird, ist nicht erst mit dem Zeitpunkt der Klageerhebung, sondern bereits mit der Zustellung die Wohnverpflichtung nach § 47 I 1 zu beenden. Hat der Asylbewerber nämlich vor der Zustellung nicht von der Möglichkeit des § 38 III Gebrauch gemacht, ist von seinem fortbestehenden Rechtverfolgungswillen auszugehen. Dies folgt auch aus der unverzüglichen Entlassungsverpflichtung. Zur Vermeidung unnötiger Probleme sollte in Zweifelsfällen unverzüglich nach Zustellung Klage erhoben werden.

2.4. Funktion von Abs. 1 Satz 2

20 Nach dem Wortlaut von Abs. 1 S. 1 ist nur in den Fällen nach Abs. 1 S. 1 Nr. 1–3 das Verteilungsverfahren durchzuführen. In den anderen Fällen, in denen die Wohnverpflichtung nach § 47 I 1 endet, kann gemäß Abs. 1 S. 2 das Verteilungsverfahren durchgeführt werden. Diese Vorschrift war im AsylVfG 1992 und auch im ursprünglichen Entwurf zum ÄnderungsG 1993 (BT-Drs. 12/4450, S. 8) nicht enthalten. Sie wurde erst aufgrund der Empfehlung des Innenausschusses in das Gesetz eingefügt (BT-Drs. 12/4984, S. 21). Die Regelung in Abs. 1 S. 2 hat ihren Grund in der gesetzgeberischen Konzeption, dass an die Beendigung der Wohnverpflichtung nach § 47 I 1 regelmäßig das Verteilungsverfahren anschließen soll, die Entlassungsgründe in Abs. 1 S. 1 andererseits nicht abschließender Natur sind, der Aufenthalt in der Aufnahmeeinrichtung vielmehr auch nach Maßgabe der §§ 47 I 1, 48 f. beendet wird.

21 Die Wohnverpflichtung nach § 47 I 1 endet einerseits durch bloßen Zeitablauf nach Maßgabe des § 47 I 1, durch Eintritt eines gesetzlichen Beendigungsgrundes nach § 48 sowie durch einen Aufhebungsgrund nach § 49. Die Tatbestände der §§ 47 I 1, 48 f. sind mit den Tatbeständen des Abs. 1 S. 1 nicht identisch. Fraglich ist, ob Abs. 1 S. 2 so verstanden werden kann, dass es im behördlichen Ermessen steht, ob in den Fällen der §§ 47 I 1, 48 f. das Verteilungsverfahren durchzuführen ist. Dem steht entgegen, dass der Gesetzgeber in allen Fällen, in denen die Wohnverpflichtung nach § 47 I 1 vor unanfechtbarem Verfahrensabschluss bzw. vor Vollziehbarkeit der Abschie-

Landesinterne Verteilung § 50

bungsandrohung endet und der Status des Asylbewerbers nicht aus anderen Gründen beendet ist, das Verteilungsverfahren angewandt wissen will.

Abs. 1 S. 2 ist dahin zu verstehen, dass das Verteilungsverfahren ohne Ausnahme Anwendung findet, wenn nicht das Asylverfahren vor Beendigung der Wohnverpflichtung nach § 47 I 1 unanfechtbar abgeschlossen bzw. die Abschiebungsandrohung unanfechtbar vollziehbar ist oder der Beendigungsgrund aus seiner Natur heraus der Anwendung der asylverfahrensrechtlichen Aufenthaltsvorschriften entgegensteht. 22

Dies bedeutet im Einzelnen: Endet die Wohnverpflichtung durch bloßen Fristablauf und ist das Asylverfahren noch anhängig sowie die Abschiebungsandrohung noch nicht unanfechtbar vollziehbar, steht es nicht im behördlichen Ermessen, ob das Verteilungsverfahren durchzuführen ist. Vielmehr ist seine Einleitung nach Abs. 1 S. 2 geboten. Tritt ein gesetzlicher Beendigungsgrund nach § 48 Nr. 1 ein, ist die Verteilung ebenso wie in den Fällen des § 49 I 1. Alt., II vorzunehmen. In den Fällen des § 48 Nr. 2 und 3 findet demgegenüber das asylspezifische Aufenthaltsrecht und damit das Verteilungsverfahren keine Anwendung. 23

Der Gebrauch des Wortes »kann« in Abs. 1 S. 2 gibt der Behörde also kein Ermessen. Vielmehr wird damit zum Ausdruck gebracht, dass nicht in allen Fällen der Beendigung der Wohnverpflichtung das Asylverfahren weitergeführt wird bzw. die aufenthaltsrechtlichen Vorschriften des AsylVfG Anwendung finden. Ist dies nicht der Fall, kann das Verteilungsverfahren nicht durchgeführt werden. Unterliegt der Asylbewerber demgegenüber den Aufenthaltsvorschriften der §§ 55 ff. und ist die Abschiebungsandrohung nicht unanfechtbar vollziehbar bzw. die Abschiebung kurzfristig nicht möglich, hat die Behörde nach Beendigung der Wohnverpflichtung das Verteilungsverfahren nach Abs. 1 S. 2 durchzuführen. Ein Ermessen ist ihr insoweit unter keinem denkbaren Gesichtspunkt eingeräumt. 24

2.5. Mitteilungspflicht des Bundesamtes nach Abs. 1 Satz 1 erster Halbsatz

Nach Abs. 1 S. 1 teilt das Bundesamt unverzüglich der zuständigen Landesbehörde nach Abs. 2 das Vorliegen eines der Tatbestände des Abs. 1 S. 1 Nr. 1 und 2 mit. Die Mitteilungspflicht bezieht sich nicht auf den Tatbestand des Abs. 1 S. 2. Dies hat seinen Grund wohl darin, dass die dort erfassten Fallgestaltungen teilweise auf Beendigungsgründe zielen, die nicht im spezifischen Verfahrensablauf begründet sind. Allerdings trifft dies auf einige Beendigungsgründe zu (vgl. etwa § 48 Nr. 2). Das Bundesamt ist daher generell gehalten, zur sachgerechten Anwendung der gesetzlichen Vorschriften durch die Aufnahmeeinrichtung dieser die hierfür erforderlichen Angaben mitzuteilen. 25

Die zuständige Landesbehörde ist an die Mitteilung nach Abs. 1 S. 1 1. HS gebunden und veranlasst unverzüglich (vgl. Abs. 3) die Einleitung des Verteilungsverfahrens. Wird die Zuweisungsverfügung nach Abs. 4 S. 1 erlassen, erlischt damit zugleich die Wohnverpflichtung nach § 47 I 1. Endet die Wohnverpflichtung durch bloßen Zeitablauf nach Maßgabe des § 47 I 1 durch Ein- 26 tritt des gesetzlichen Tatbestandes nach § 48 Nr. 1 oder aufgrund einer behördlichen Anordnung nach § 49, trifft die zuständige Aufnahmeeinrichtung die Mitteilungspflicht gegenüber der zuständigen Landesbehörde.

3. Verteilungsverfahren (Abs. 2 bis 6)

3.1. Vorbemerkung

27 Das in Abs. 2–6 geregelte Verteilungsverfahren findet nicht nur auf die landesinterne Verteilung nach dieser Vorschrift, sondern auch auf die länderübergreifende Verteilung nach § 51 Anwendung. In allen Fällen, in denen die Wohnverpflichtung nach § 47 I 1 beendet wird und der weitere Aufenthalt des Asylbewerbers nach Maßgabe der §§ 55ff. beschränkt bleibt, wird das Verteilungsverfahren nach Abs. 2–6 durchgeführt.

28 An die Stelle des in § 50 geregelten *landesinternen Verteilungsverfahrens* tritt nach Maßgabe des § 51 das *länderübergreifende Verteilungsverfahren*. Der betroffene Personenkreis wird durch die Mitteilung des Bundesamtes nach Abs. 1 S. 1 bestimmt. In den Fällen des Abs. 1 S. 2 erfolgt diese Bestimmung durch die Mitteilung der Aufnahmeeinrichtung. Nach angeschlossenem Asylverfahren kann weder eine landesinterne noch eine länderübergreifende Verteilung nach den Vorschriften des AsylVfG durchgeführt werden. Vielmehr sind räumliche Beschränkungen nach Maßgabe des AufenthG anzuordnen (OVG Sachsen, AuAS 2003, 225 (226) = NVwZ-Beil. 2003, 93; OVG Sachsen, InfAuslR 2004, 341; Thür.OVG, NVwZ-Beil. 2003, 89; Thür.OVG, InfAuslR 2004, 336; a. A. OVG Rh-Pf, AuAS 2004, 130 (131)). Während die Gegenmeinung dem Antragsteller, der nach Abschluss des Asylverfahrens einem anderen Bundesland zugewiesen werden will, auf das Verfahren nach § 51 II 2 verweist, wird allgemein der Weg über den Antrag auf Erweiterung der räumlichen Beschränkung der Duldung empfohlen. Demgegenüber versperrt eine vereinzelt gebliebene Meinung in der Rechtsprechung dem Antragsteller nach Abschluss des Asylverfahrens jegliche Möglichkeit der nachträglichen Umverteilung (Thür.OVG, NVwZ-Beil. 2003, 89 (90)).

3.2. Aufnahmeverpflichtung des Bundeslandes nach § 44 Abs. 1

29 Anders als § 22 IX 1 AsylVfG 1982 enthält § 50 keine ausdrückliche Verpflichtung, die aufgrund der Verteilung zugewiesenen Personen unverzüglich aufzunehmen. Dies hat seinen Grund darin, dass die Aufnahmeverpflichtung des Bundeslandes dem in dieser Vorschrift geregelten Verteilungsverfahren vorgelagert ist. Mit der Bestimmung der zuständigen Aufnahmeeinrichtung nach § 46 erfolgt die Erstverteilung des Asylbewerbers auf ein Bundesland.

30 Für die Bestimmung der zuständigen Aufnahmeeinrichtung ist in erster Linie die in § 45 geregelte Aufnahmequote maßgebend. Nur soweit nach Maßgabe dieser Aufnahmequote eine Verpflichtung des Landes zur Aufnahme des Asylbewerbers besteht, darf es bei der Bestimmung der zuständigen Aufnah-

Landesinterne Verteilung § 50

meeinrichtung berücksichtigt werden (vgl. § 46 I 1, II 2, V). Die Verpflichtung der Länder zur Unterbringung der Asylbewerber im Umfang ihrer Aufnahmequote ergibt sich demgegenüber unmittelbar aus § 44 I (§ 44 Rdn. 9 ff.).

Aus dieser 1992 eingeführten Konzeption des Verteilungsverfahrens und der darauf aufbauenden Regelungstechnik des Gesetzes ergibt sich, dass die Aufnahmeverpflichtung des Landes in § 50 nicht mehr geregelt werden braucht. Vielmehr wird mit der Bestimmung der zuständigen Aufnahmeeinrichtung – beruhend auf der in § 44 I geregelten Aufnahmeverpflichtung nach Maßgabe der in § 45 enthaltenen Aufnahmequote – bereits die Verpflichtung des Bundeslandes zur Aufnahme des Asylbewerbers im konkreten Einzelfall aktualisiert. 31

An die Entlassung des Asylsuchenden aus der Aufnahmeeinrichtung schließt sich im Rahmen dieser Verpflichtung die landesinterne Verteilung an (Abs. 1). Wird der Asylbewerber nach Beendigung der Wohnverpflichtung nach Maßgabe des § 51 einem anderen Bundesland zugewiesen, wird dies bei der Berechnung der Aufnahmequote nach § 45 berücksichtigt (§ 52). 32

3.3. Rechtsgrundlage für die landesinterne Verteilung (Abs. 2)

In Anlehnung an § 22 IX 2 AsylVfG 1982 bestimmt Abs. 2, dass die Landesregierung oder die von ihr bestimmte Stelle ermächtigt wird, durch Rechtsverordnung die Verteilung zu regeln, soweit dies nicht durch Landesgesetz geregelt ist. Inhalt dieser Regelungskompetenz ist einerseits die Gestaltung des auf Abs. 1 beruhenden landesinternen Verteilungsverfahrens sowie andererseits die Verteilung der Asylbewerber, die dem Land im Rahmen der länderübergreifenden Verteilung zugewiesen werden. Diese sind ebenfalls innerhalb des Landes nach Maßgabe der für die landesinterne Verteilung bestehenden Vorschriften zu verteilen. 33

Sinn der Regelungskompetenz nach Abs. 2 ist die Regelung einer dezentralen Unterbringung der Asylbewerber. Die Neustrukturierung des Verteilungsverfahrens erfordert jedoch eine Angleichung der zum früheren Recht verabschiedeten Ländervorschriften an das geltende Recht. Die Länder haben seit 1982 die Verpflichtung, das landesinterne Verteilungsverfahren zu regeln. Während § 22 IX 2 AsylVfG 1982 ausschließlich auf die Möglichkeit einer Rechtsverordnung verwies, hatten zahlreiche Länder das Verfahren durch Gesetz geregelt. Dem trägt Abs. 2 Rechnung. 34

Gegenstand einer Rechtsverordnung nach § 22 IX 2 AsylVfG 1982 (jetzt Abs. 2) ist eine Regelung zur Verteilung der Asylbewerber innerhalb des Landes. Sie bietet damit in erster Linie die Handhabe, für das jeweilige Bundesland einen eigenen Verteilungsschlüssel zu bilden und die davon betroffenen Stellen – vornehmlich die Gebietskörperschaften – zu verpflichten, die aufgrund der landesinternen Verteilung zugewiesenen Personen unverzüglich aufzunehmen (BVerwGE 69, 295 (300) = EZAR 222 Nr. 2 = NVwZ 1984, 799 = InfAuslR 1984, 239; a. A. Hess. VGH, EZAR 228 Nr. 6 = NVwZ 1986, 149). 35

Die Gegenmeinung erachtet es andererseits für unerlässlich, dass für eine landesinterne Verteilung die zuständige Behörde bestimmt wird (Hess. VGH, 36

EZAR 228 Nr. 2). Auch im geltenden Bundesrecht wird die Aufnahmeverpflichtung der Gebietskörperschaften nicht unmittelbar geregelt. Fraglich ist auch, ob dem Bundesgesetzgeber in dieser das Kommunalrecht der Länder berührenden Regelungsmaterie überhaupt eine Regelungskompetenz zusteht (zweifelnd auch Hess.VGH, EZAR 228 Nr. 6; s. auch NWVerfGH, NVwZ 1996, 1100, zur Regelungskompetenz des Landesgesetzgebers im Hinblick auf de-facto-Flüchtlinge).

37 Aus diesem Grund hat sich wohl auch der Gesetzgeber des Abs. 2 einer Festlegung in dieser Frage entzogen. Die Vorschriften des Abs. 3 und 4 S. 1 setzen nicht nur die Einrichtung einer zuständigen Landesbehörde voraus. Vielmehr sind diese Vorschriften wohl auch dahin zu verstehen, dass sie einen gesetzlichen Auftrag zu Schaffung der zuständigen Landesbehörde enthalten. Damit ist der Bundesgesetzgeber jedenfalls insoweit einer wesentlichen Forderung der Rechtsprechung (vgl. Hess.VGH, EZAR 228 Nr. 2) gefolgt.

38 Wurde früher eine den Asylbewerber verpflichtende Zuweisungsentscheidung zur Verwirklichung des landesinternen Verteilungsverfahrens aufgrund von Landesrecht erlassen (vgl. BVerwGE 69, 295 (300) = EZAR 222 Nr. 2 = NVwZ 1984, 799 = InfAuslR 1984, 239), regelt nach geltendem Recht das Bundesgesetz selbst diese Kompetenz (Abs. 4) und bedarf es auch nicht wie früher einer Verweisungstechnik (vgl. § 22 IX 3 in Verb. mit VIII AsylVfG 1982), um die Verpflichtung zur Befolgung der Zuweisungsverfügung anzuordnen (vgl. Abs. 6). Dies ist unmittelbare Folge der 1992 neu eingeführten Konzeption des Verteilungsverfahrens.

39 Es kommt für die Befolgungspflicht des Asylbewerbers nach Abs. 6 nicht darauf an, in welchem Umfang die einzelnen Gebietskörperschaften gegenüber dem Land zur Aufnahme verpflichtet sind. Für den Asylbewerber ist vielmehr nur von Bedeutung, nach welchen materiellen Kriterien die Verteilung stattfindet und in welcher Form und mit welchem Inhalt sie ihm gegenüber Verbindlichkeit erlangt (Hess.VGH, EZAR 228 Nr. 6). Dies ist in den Vorschriften des Abs. 4 und 5 geregelt.

4. Zuweisungsverfügung nach Abs. 4 Satz 1

4.1. Vorbemerkung

40 Durch die Zuweisungsverfügung nach Abs. 4 S. 1 wird der räumliche Geltungsbereich der Aufenthaltsgestattung auf den Bezirk der Ausländerbehörde beschränkt, in dem der Wohnort liegt (§ 56 Abs. 2). Solange der Aufenthalt des Asylsuchenden der Durchführung des Asylverfahrens dient, kann die durch die Zuweisungsentscheidung begründete Verpflichtung zur Wohnsitznahme an dem durch sie bestimmten Ort und die damit verbundene räumliche Beschränkung des Aufenthaltes durch anderweitige landesinterne oder länderübergreifende Verteilung nach Maßgabe der § 50 und § 51 geändert werden (OVG Sachsen, AuAS 2003, 225 (226) = NVwZ-Beil. 2003, 93). Nach Abschluss des Asylverfahrens ist der Erlass einer Zuweisungsverfügung nach den Vorschriften der § 50 und § 51 nicht mehr zulässig (OVG Sachsen,

AuAS 2003, 225 (226) = NVwZ-Beil. 2003, 93; OVG NW, NVwZ-Beil. 2000, 82 (83); Thür.OVG, NVwZ-Beil. 2003, 89; VG Leipzig, EZAR 223 Nr. 17; VG Düsseldorf, InfAuslR 2004, 342; a. A. OVG Rh-Pf, AuAS 2004, 130 (131)). In diesem Fall ist bei der zuständigen Ausländerbehörde eine Änderung der räumlichen Beschränkung der Duldung zu beantragen.

Die Zuweisungsverfügung ist Teil des Verteilungsverfahrens. Sie wird von der zuständigen Landesbehörde erlassen. Dies gilt nicht für die länderübergreifende Verteilung (§ 51 II 2). Durch die 1992 eingeführte Neustrukturierung des Verteilungsverfahrens hat sich somit die behördliche Zuständigkeit für den Erlass der Zuweisungsverfügung gegenüber dem bis dahin geltenden Recht erheblich verändert. Das Verfahren ist in Abs. 4, die Zustellung in Abs. 5 sowie die Befolgungspflicht in Abs. 6 geregelt. Die materiellen Kriterien für die Zuweisungsentscheidung sind in Abs. 4 S. 5 und in § 51 I enthalten. 41

Nicht ausdrücklich geregelt ist das Verfahren der *nachträglichen Umverteilung*. Insoweit ist gegenüber dem früheren Recht, das ebenfalls keine ausdrücklichen Vorschriften zur Regelung dieses Verfahrens kannte, keine Rechtsänderung eingetreten. Vielmehr ist anerkannt, dass ein Asylbewerber auch nach Erlass der Zuweisungsentscheidung im Wege der nachträglichen Umverteilung eine Veränderung der Aufenthaltsbestimmung beantragen kann (OVG NW, EZAR 228 Nr. 7; VGH BW, EZAR 228 Nr. 10; OVG Sachsen, AuAS 2003, 225 (226) = NVwZ-Beil. 2003, 93). 42

4.2. Behördenzuständigkeit

Nach Abs. 4 S. 1 erlässt die zuständige Landesbehörde die Zuweisungsverfügung. Aus dem Zusammenhang der Regelungen in Abs. 1 S. 1, Abs. 2, 3 und 4 S. 1 folgt, dass die Landesbehörde des Landes, dem der Asylbewerber im Rahmen der Bestimmung der zuständigen Aufnahmeeinrichtung zugewiesen wurde, die für den Erlass der Zuweisungsverfügung zuständige Behörde ist. Eine Sonderregelung gilt für die länderübergreifende Verteilung. Hier ist die Landesbehörde des Bundeslandes, für das der weitere Aufenthalt begehrt wird (§ 51 II 2), zuständig. Die örtliche Gerichtszuständigkeit wird hierdurch nicht verändert. 43

Da der Antrag auf Zuweisung an einen bestimmten Ort erst nach Beendigung der Wohnverpflichtung nach § 47 I 1 gestellt werden kann, fehlt es bis dahin an der behördlichen Kompetenz zum Erlass der Zuweisungsverfügung (VG Schleswig, B. v. 25. 11. 1994 – 3 B 369/94). Wird im Wege der nachträglichen Umverteilung die Zuweisung beantragt, kommt es für die Behördenzuständigkeit darauf an, ob eine Umverteilung innerhalb des Bundeslandes begehrt wird, in dem sich der Asylbewerber bereits aufhält. In diesem Fall bleibt es bei der Zuständigkeit nach Abs. 4 S. 1. Wird der Aufenthalt in einem anderen Bundesland beantragt, ist die Landesbehörde des Bundeslandes für die Entscheidung über die Umverteilung zuständig, in dem der Aufenthalt begehrt wird. 44

4.3. Verwaltungsverfahren (Abs. 4 bis 6)

45 Abweichend von § 28 VwVfG, aber in Übereinstimmung mit § 22 V 4 AsylVfG 1982 bestimmt Abs. 4 S. 4, dass vor Erlass der Zuweisungsentscheidung eine Anhörung des Asylbewerbers nicht stattfindet. Dies wurde schon mit Blick auf § 22 V 4 AsylVfG 1982 für verfassungsrechtlich unbedenklich angesehen (Hess.VGH, EZAR 228 Nr. 3; OVG Hamburg, EZAR 228 Nr. 1). Die Zuweisungsentscheidung ist zwar schriftlich zu erlassen (Abs. 4 S. 2), bedarf jedoch keiner Begründung (Abs. 4 S. 3). Sie ist darüber hinaus dem Asylsuchenden persönlich zuzustellen (Abs. 5 S. 1). Der Verfahrensbevollmächtigte erhält einen Abdruck der Entscheidung (Abs. 5 S. 2).

46 Diese der Verfahrensbeschleunigung dienende Praxis hat für den Asylbewerber den Nachteil, dass er erst im anschließenden Verwaltungsprozess die leitenden Ermessensgesichtspunkte erfährt. Die obergerichtliche Rechtsprechung fordert nämlich, dass spätestens im gerichtlichen Aussetzungsverfahren die das Ermessen leitenden Gesichtspunkte substanziiert vorzutragen sind, um dem Gericht eine Überprüfung zu ermöglichen (Hess.VGH, EZAR 228 Nr. 3; Hess.VGH, NVwZ 1986, 148; Hess.VGH, InfAuslR 1987, 98; Hess.VGH, EZAR 228 Nr. 8; Hess.VGH, ESVGH 39, 225). Es kann daher zur Vermeidung unnötiger Prozesse durchaus die Anhörung des Asylbewerbers angezeigt sein.

47 Die Zuweisungsentscheidung ist mit einer Rechtsbehelfsbelehrung zu versehen (Abs. 4 S. 2 2. HS). Unterbleibt diese oder ist sie unrichtig, tritt an die Stelle der Zwei-Wochen-Frist des § 74 I die Jahresfrist des § 58 II VwGO. Insbesondere bei der länderübergreifenden Verteilung kann es mit Blick auf die Angabe des zuständigen Verwaltungsgerichts zu Fehlern kommen. Während nach § 22 V AsylVfG 1982 eine bestimmte Form der Bekanntgabe der Zuweisungsentscheidung nicht vorgeschrieben war (Hess.VGH, Hess.VGRspr. 1985, 9), wird nach Abs. 5 S. 1 angeordnet, dass die Verfügung *zuzustellen* ist.

48 Für den Beginn der Rechtsbehelfsfrist ist jedoch entscheidend, dass nach Abs. 5 S. 1 in Abweichung vom allgemeinem Verfahrensrecht (§ 14 VwVfG) die Zuweisungsverfügung dem Asylbewerber *persönlich* zuzustellen ist. Der Bevollmächtigte erhält lediglich einen Abdruck der Entscheidung (s. aber zum alten Recht OVG NW, NVwZ-RR 1990, 442). Die Frist beginnt deshalb mit dem Zeitpunkt der persönlichen Zustellung an den Asylbewerber. Da dieser in einer Aufnahmeeinrichtung untergebracht ist (Abs. 1 S. 1), gelten die verschärften Zustellungsvorschriften nach § 10 IV. Die Zustellung gilt daher am dritten Tag nach Übergabe an die Aufnahmeeinrichtung als bewirkt (§ 10 IV 4 2. HS).

49 Der Asylbewerber hat der Zuweisungsverfügung unverzüglich Folge zu leisten (Abs. 6). Bei der in der Verfügung angegebenen Stelle muss es sich aber nicht zwingend um den letztlich für den Asylbewerber ausgewählten Aufenthaltsort handeln. Es wird vielmehr regelmäßig die Ausländerbehörde der Gebietskörperschaft benannt, der der Asylbewerber zur Aufnahme zugewiesen ist (Hess.VGH, EZAR 228 Nr. 6).

50 Zur beschleunigten Durchführung der Verteilung ist die zuständige Landesbehörde verpflichtet, innerhalb eines Zeitraums von drei Arbeitstagen dem

Landesinterne Verteilung § 50

Bundesamt den Bezirk der Ausländerbehörde mitzuteilen, in dem der Asylbewerber nach seiner Verteilung Wohnung zu nehmen hat (Abs. 3). Durch diese Bestimmung werden die behördliche Zuständigkeit nach Abs. 4 S. 1 und auch die Vorschriften über die Zustellung nach Abs. 5 nicht verändert. Vielmehr benötigt das Bundesamt diese Angaben zur Gestaltung der Rechtsbehelfsbelehrung (§ 52 Nr. 2 S. 3 VwGO in Verb. mit § 56).

In welchem Zeitraum der Asylbewerber seiner Befolgungspflicht nach Abs. 6 nachkommt, ist von den Umständen des Einzelfalls abhängig (Hess.VGH, EZAR 228 Nr. 6 = NVwZ 1986, 149). Da § 59 auf die Befolgungspflicht Anwendung findet, ist die Art und Weise der Befolgung der Verpflichtung jedoch nicht mehr in sein Belieben gestellt. Anders als nach früherem Recht, das keine Rechtsgrundlage für die Anordnung des Reisewegs und des Beförderungsmittels enthielt (Hess.VGH, EZAR 228 Nr. 6), wird für das geltende Recht in § 59 I geregelt, dass die Befolgungspflicht durch Anwendung unmittelbaren Zwangs durchgesetzt werden kann, der nicht angedroht werden braucht. Reiseweg und Beförderungsmittel sollen vorgeschrieben werden. Die Nichtbefolgung ist strafbar (§ 85 Nr. 1). 51

Die Zuweisungsverfügung bleibt bei unanfechtbarer Ablehnung des Asylantrages bis zum ausländerbehördlichen Vollzug wirksam. Sie wird jedoch gegenstandslos, wenn dem Betroffenen ein asylunabhängiger Aufenthaltstitel eingeräumt wird (OVG Sachsen, AuAS 2003, 225 (226) = NVwZ-Beil. 2003, 93). Insoweit reicht auch ein sonstwie geartetes Verbleibsrecht aus (OVG NW, B. v. 30. 1. 1997 – 25 B 2973/96, für die Duldung nach § 55 AuslG 1990). Für *Asylfolgeantragsteller* wird kein neues Verteilungsverfahren durchgeführt (vgl. § 71 VII). Die frühere Rechtsprechung (vgl. OVG Hamburg, EZAR 611 Nr. 8) ist damit durch den Gesetzgeber ausdrücklich bestätigt worden. 52

4.4. Umverteilungsverfahren

Die Vorschriften des AsylVfG enthalten ebenso wenig wie die frühere Regelung des § 22 AsylVfG 1982 eine ausdrückliche Regelung über das Verfahren zur *nachträglichen Umverteilung* des Asylbewerbers. Die obergerichtliche Rechtsprechung hatte die Rechtsgrundlage für die aus unterschiedlichen Gründen im Laufe eines Asylverfahrens vorzunehmende Umverteilung in der Vorschrift des § 22 AsylVfG 1982 gesehen (VGH BW, EZAR 228 Nr. 10; VG Braunschweig, U. v. 13. 11. 1991 – 6 A 61091/91). Daran ist für das geltende Recht ebenfalls festzuhalten. Rechtsgrundlage der Umverteilung ist daher Abs. 4 S. 1. 53

Die Umverteilung kann einerseits allein im *öffentlichen Interesse* liegen (OVG NW, EZAR 228 Nr. 7). Sie wird aber weitaus häufiger aufgrund besonders gelagerter individueller Interessen des Asylbewerbers beantragt (VGH BW, EZAR 228 Nr. 10). Die Umverteilung steht grundsätzlich im behördlichen Ermessen und setzt eine Zustimmung der jeweils betroffenen Behörden voraus. Wird die Umverteilung durch die Behörde veranlasst, hat diese den Asylbewerber vorher anzuhören (OVG NW, EZAR 228 Nr. 7). Beantragt der 54

Asylbewerber die Umverteilung, werden die maßgeblichen Gründe mit dem Antrag vorgebracht, sodass die Frage, ob das Recht auf Gehör zu gewähren ist, dahinstehen kann.

55 Auf den Antrag auf nachträgliche Umverteilung sind die Vorschriften über das *Wiederaufgreifen des Verfahrens* nach § 51 VwVfG nicht anwendbar. Da die an die Beendigung der Wohnverpflichtung nach § 47 I 1 anknüpfende Zuweisungsverfügung ohne schriftliche Begründung und ohne Gewährung des rechtlichen Gehörs (Abs. 4 S. 3 f.) erlassen und in Anbetracht der unverzüglichen Einleitung der Verteilung nach der Mitteilung des Bundesamtes (Abs. 1 S. 1) der Asylbewerber regelmäßig nicht über seine Rechte belehrt wird, fehlt eine rechtsstaatlich einwandfrei festgestellte Tatsachenbasis als Bezugspunkt für die Anwendung des § 51 I VwVfG. Ob eine veränderte Sach- oder Rechtslage oder neue Beweismittel vorliegen, kann deshalb nicht beurteilt werden.

56 Im Übrigen sind für die Zuweisung regelmäßig abstrakt-generelle Kriterien maßgebend. Für individuell berücksichtigungswerte Gesichtspunkte als Vergleichsbasis für § 51 VwVfG ist dabei kein Raum. Angesichts dessen muss dem Asylbewerber mit dem Umverteilungsantrag Gelegenheit gegeben werden, seinen individuellen Interessen Geltung zu verschaffen. Die Berufung der Behörde auf § 51 VwVfG wäre unter diesen Voraussetzungen auch nicht mit dem das öffentliche Recht beherrschenden Grundsatz von Treu und Glauben vereinbar. Wird dem Asylbewerber durch eine Verfahrensgestaltung zu Beginn des Verteilungsverfahrens die Möglichkeit genommen, seinen individuellen Interessen Gehör zu verschaffen, verliert die Behörde jeglichen Rechtsgrund, dem Umverteilungsantrag den Einwand der Bestandskraft der zuerst erlassenen Zuweisungsverfügung entgegenzuhalten.

57 In der Sache selbst ist der Umverteilungsantrag nach den auch für die erstmals erlassene Zuweisungsverfügung maßgeblichen Entscheidungskriterien zu beurteilen (VGH BW, EZAR 228 Nr. 10; VG Braunschweig, U. v. 13. 11. 1991 – 6 A 61091/91; Rdn. 60 ff.). Für die behördliche Zuständigkeit gelten die allgemeinen Kriterien: Liegt der begehrte Aufenthaltsort innerhalb des Bundeslandes, in dem sich der Antragsteller aufhält, ist die zuständige Landesbehörde dieses Landes für die Entscheidung zuständig. Wird Verteilung in ein anderes Bundesland begehrt, entscheidet die zuständige Behörde dieses Landes (§ 51 II 2). Damit hat sich gegenüber dem bis 1992 geltenden Recht die Behördenzuständigkeit (vgl. VGH BW, EZAR 228 Nr. 10) entscheidend verändert. Wird dem Antrag stattgegeben und die Zuweisungsverfügung erlassen, erfolgt eine Anrechnung auf die Aufnahmequote des nunmehr zur Aufnahme verpflichteten Landes (§ 52).

4.5. Materielle Entscheidungskriterien der Zuweisungsverfügung

4.5.1. Ermessensgrundsätze

58 Die Zuweisungsentscheidung nach Abs. 4 S. 1 steht *grundsätzlich im weiten Ermessen* der Behörde. Mit den Regelungen über die Verteilung und Zuweisung trägt das Gesetz wie auch das AsylVfG 1982 dem *grundsätzlich besonders ge-*

wichtigen öffentlichen Anliegen Rechnung, die Lasten, die mit der Aufnahme von Asylbewerbern hinsichtlich deren Unterbringung, Verpflegung und Überwachung verbunden sind, gleichmäßig auf die Bundesländer und Gemeinden zu verteilen (OVG NW, EZAR 228 Nr. 7 = NVwZ 1992, 200 = InfAuslR 1992, 34; OVG NW, NVwZ 1992, 810; OVG NW, B. v. 24. 6. 1992 – 17 B 559/92.A; OVG Sachsen, EZAR 228 Nr. 20 = AuAS 1999, 215). Mit der Festlegung der Aufnahmequote (§ 45), die im Rahmen der Bestimmung der zuständigen Aufnahmeeinrichtung maßgeblich für die Aufnahmeverpflichtung des Landes ist (§ 46 I 1, II 2), ist dem Interesse der Bundesländer an gleichmäßiger Belastung bereits genügt. Im Rahmen der Zuweisungsverfügung nach Abs. 4 S. 1 kommt es daher nur noch auf das Interesse der Gebietskörperschaften des Landes an gleichmäßiger Belastung an.

Das behördliche Ermessen ist weit. Der Asylbewerber hat grundsätzlich weder einen Anspruch auf bestimmte Zuweisung (§ 55 I 2) noch wird ihm eine Einflussnahme auf die Auswahl der Gemeinde zugestanden (OVG NW, EZAR 228 Nr. 7; OVG NW, NVwZ 1992, 810). Die obergerichtliche Rechtsprechung geht teilweise davon aus, dass der den Zuweisungsbehörden eingeräumte weite Ermessensspielraum *nicht* der Wahrung der *Interessen des Asylbewerbers diene* (OVG NW, EZAR 228 Nr. 7; OVG NW, NVwZ 1992, 810; a. A. Hess.VGH, EZAR 228 Nr. 16; Hess.VGH, InfAuslR 1991, 54). 59

Diese Rechtsansicht bezieht sich aber offensichtlich lediglich auf den Einwand, der Asylbewerber könne zulässigerweise nicht rügen, seine Verteilung entspreche nicht dem Verteilerschlüssel oder seine Aufenthaltsgemeinde habe ihr Aufnahmesoll noch nicht erfüllt (OVG NW, NVwZ 1992, 810). Denn in den weiteren Ausführungen werden insbesondere der Verhältnismäßigkeitsgrundsatz und das Gleichbehandlungsgebot geprüft (OVG NW, NVwZ 1992, 810; OVG NW, B. v. 24. 6. 1992 – 17 B 559/92.A). 60

Zwar ist der zuständigen Landesbehörde ein weites Ermessen eingeräumt. Sie ist jedoch gemäß § 40 VwVfG verpflichtet, das ihr eingeräumte Ermessen entsprechend dem Zweck der Ermächtigung auszuüben und die gesetzlichen Grenzen des Ermessens einzuhalten (Hess.VGH, EZAR 228 Nr. 16). Der Verpflichtung der Zuweisungsbehörde, ihr Ermessen pflichtgemäß auszuüben, steht der *Anspruch* des *Asylbewerbers auf ermessensfehlerfreie Entscheidung* über seine Zuweisung gegenüber (Hess.VGH, EZAR 228 Nr. 16; Hess.VGH, InfAuslR 1991, 54). 61

Mit der Vorschrift des § 55 I 2, derzufolge der Asylbewerber keinen Anspruch auf Aufenthalt in einem bestimmten Land oder an einen bestimmten Ort hat, hat die Zuweisungsbehörde eine gesetzliche Vorentscheidung an der Hand, die es ihr in rechtlich einwandfreier Weise ermöglicht, in weitem Umfang Belange der Asylbewerber dem öffentlichen Interesse an einer möglichst raschen und reibungslosen Verteilung der Asylbewerber unterzuordnen (Hess.VGH, EZAR 228 Nr. 16). Daraus folgt jedoch nicht, dass die Behörde ihre Entscheidung ohne Erwägung der konkreten Umstände des Einzelfalles oder gar willkürlich treffen könnte (Hess.VGH, EZAR 228 Nr. 16; OVG NW, NVwZ 1992, 810). 62

Vielmehr hat die Behörde zu prüfen, ob die getroffene Entscheidung angesichts der konkreten Umstände des jeweiligen Einzelfalls den *Grundsätzen der* 63

Verhältnismäßigkeit und – sofern der Sachverhalt dafür Anhaltspunkte bietet – des *Vertrauensschutzes* entspricht. Wegen ihres *Verfassungsrangs* beanspruchen diese Grundsätze Beachtung bei jeder Maßnahme der öffentlichen Gewalt, mithin auch im Rahmen von behördlichen Ermessensentscheidungen, bei denen der der Behörde eingeräumte weite Spielraum nicht der pflichtgemäßen Berücksichtigung aller derjenigen persönlichen Belange dient, die die Lebensumstände eines um Asyl nachsuchenden Ausländers vielfältig prägen (OVG NW, NVwZ 1992, 810).

64 Darüber hinaus kann der Asylbewerber erfolgreich die Verletzung des *Gleichbehandlungsgebotes* rügen, wenn die Zuweisungsbehörde bestimmte persönliche Merkmale oder Gegebenheiten zum Anlass genommen hat, sie in ständiger Verwaltungspraxis zugunsten des betroffenen Personenkreises zu berücksichtigen (OVG NW, NVwZ 1992, 810). Die *unterschiedlichen Lebensbedingungen* hinsichtlich der Unterbringung, der Gemeinschaft mit Landsleuten, Hilfs- und Betreuungsangeboten, kirchlichen und kulturellen Einrichtungen und der Freizeitgestaltung in den verschiedenen Gebietskörperschaften sind nach der Rechtsprechung jedoch durch die gemeindliche Selbstverwaltung bedingt und nicht so bedeutsam, dass sie bei einer am Gerechtigkeitsgedanken orientierten Betrachtungsweise Beachtung verlangen können (OVG Hamburg, NVwZ 1991, 397 = EZAR 228 Nr. 13; ähnl. VG Bremen, B. v. 24. 6. 1991 – 3 V-As 200/91).

65 Die Rechtsprechung stellt insoweit nicht auf die jeweiligen Lebensverhältnisse der Bundesbürger, sondern auf die allgemeinen Lebensbedingungen von Asylbewerbern ab (OVG NW, NVwZ 1992, 810). Auch die durch die Zuweisungsverfügung bedingte Trennung vom bisherigen Verfahrensbevollmächtigten ist danach unbedeutsam, da nach der Rechtsprechung eine Vertretung dadurch nicht unmöglich gemacht wird (OVG Hamburg, NVwZ 1991, 397).

66 Da die Zuweisungsbehörde im anschließenden Verwaltungsprozess die für die Zuweisungsverfügung maßgeblichen Ermessensgesichtspunkte offen legen muss (Hess.VGH, EZAR 228 Nr. 3; Hess.VGH, EZAR 228 Nr. 5; Hess.VGH, InfAuslR 1987, 98; Hess.VGH, ESVGH 39, 25), hat sie im Hinblick auf einen Antrag auf länderübergreifende Verteilung auch *darzulegen,* dass beim Ausgleichen eines Ungleichgewichts zwischen den betroffenen Ländern die Trennung des Antragstellers von der Bezugsperson im anderen Land nicht zu vermeiden ist. Hierzu ist es notwendig, die bei der Verteilung angewendeten Kriterien – wie etwa Nationalität, Geschlecht, Alter, Verfolgtengruppe – bekanntzugeben und zu erläutern, um die Annahme einer ermessenswidrigen Auswahl auszuschließen (Hess.VGH, EZAR 228 Nr. 3). Dabei hat die Behörde auch ihr *Verteilungskonzept* darzulegen (Hess.VGH, ESVGH 39, 225). Der Hinweis der Behörde auf die damit verbundenen praktischen Schwierigkeiten verfängt nicht (Hess.VGH, EZAR 228 Nr. 8).

4.5.2. Berücksichtigung der Kernfamilie (Abs. 4 Satz 5)

67 Nach Abs. 4 S. 5 ist bei der Zuweisungsentscheidung die Haushaltsgemeinschaft von *Ehegatten und ihren Kindern unter 18 Jahren* zu beachten. Auch verheiratete Kinder sind daher anders als bei § 51 I zu berücksichtigen. Im Gesetzentwurf war diese Regelung ursprünglich nicht enthalten (BT-Drs. 12/

Landesinterne Verteilung §50

2062, S. 14). Auf Anregung des Innenausschusses wurde die frühere Regelung des § 22 VI AsylVfG 1982 in Abs. 4 S. 5 eingefügt (BT-Drs. 12/2718, S. 61). Dies entspricht geltendem Verfassungsrecht (Art. 6 I, II GG).
Die Berücksichtigung der Kernfamilie steht *nicht im behördlichen Ermessen*, sondern ist *zwingend* (Hess.VGH, ESVGH 39, 72) und gilt auch für *Asylfolgeantragsteller* (VG Ansbach, InfAuslR 1998, 250 (251)). Anders als bei den Regelungen der § 47 II, Abs. 1 1 Nr. 1 und § 51 I ist nicht gefordert, dass das Kind ledig sein muss. Die Vorschrift des Abs. 4 S. 5 findet unmittelbar Anwendung auch auf das Verhältnis eines alleinstehenden Elternteils zu seinem Kind unter 18 Jahren. 68

Darüber hinaus ist eine *analoge Anwendung* von Abs. 4 S. 5 auch auf *eheähnliche Gemeinschaften* (dagegen VG Darmstadt, NVwZ-Beil. 2003, 23 (24), eingetragene lebenspartnerschaftliche Gemeinschaften (vgl. § 27 II AufenthG; Art. 2 Buchst. h 1. Spiegelstrich Qualifikationsrichtlinie) und auf *Kinder* angezeigt, die *nicht* aus einer *ehelichen Beziehung* hervorgegangen sind. Die Rechtsprechung berücksichtigt auch die *Mehrehe,* wenn sie im Herkunftsland als rechtswirksam geschlossene Ehe anerkannt worden ist (VG Darmstadt, NVwZ-Beil. 2003, 23). Dagegen wird die Mehrehe nicht berücksichtigt, wenn sie erst im Bundesgebiet hergestellt werden soll, weil sich eine derartige Ehe nicht auf den Schutz von Art. 6 I GG berufen könne (VG Darmstadt, NVwZ-Beil. 2003, 23 (24)). Die Kernfamilie und vergleichbare Gemeinschaften werden nur dann zwingend berücksichtigt, wenn das gemeinsame *Zusammenleben* angestrebt wird. Reisen die Familienangehörigen zusammen ein (§ 46 III 2), kann der Wille zum gemeinsamen Zusammenleben ohne weiteres unterstellt werden. Lebt ein Familienangehöriger bereits im Bundesgebiet, darf der Wille zur gemeinsamen Lebensführung nicht verneint werden; es sei denn, die Behörde hat konkrete hiergegen sprechende Umstände festgestellt. 69

Zwischen dem *Vormund* sowie seinem *Mündel* bestehen durch den Gesetzgeber fixierte *Sonderbeziehungen,* die den Rechtsbeziehungen ein ähnlich hohes Gewicht verleihen wie der Haushaltsgemeinschaft der Kernfamilie (Hess.VGH, ESVGH 39, 225). Die Vormundschaft beschränkt sich nicht nur auf die gesetzliche Vertretung des Mündels (§ 1793 S. 1 BGB), sondern umfasst die *gesamte elterliche Personensorge* für das Kind (§ 1793 S. 2; § 1800 in Verb. mit § 1626 II; §§ 1631–1633 BGB) sowie auch das *Umgangsrecht* mit einem minderjährigen Kind (VG Neustadt a.d.W., InfAuslR 2003, 37). Mit der Ansicht, die Bestellung zum Vormund sei nur zu asylverfahrensrechtlichen Zwecken erfolgt, würde deshalb die Tragweite dieser Sonderbeziehungen verkannt (Hess.VGH, ESVGH 39, 225). 70

Anders als im Falle der Kernfamilie und vergleichbarer Beziehungen wird man darüber hinaus nicht zwingend voraussetzen können, dass Vormund und Mündel zusammenleben müssen. Vielmehr kommt es darauf an, dass der Vormund seine gesetzlichen Pflichten sachgerecht wahrnehmen kann. 71

Die obergerichtliche Rechtsprechung geht teilweise davon aus, dass ein Asylbewerber keine Zuweisung zu dem Ort beanspruchen kann, an dem sich Ehefrau und Kind, die selbst kein Asylverfahren betreiben, mit nur fiktiver Aufenthaltsgenehmigung aufhalten, wenn es der gesamten Familie möglich ist, in dem durch Zuweisung bestimmten Ort einen gemeinsamen Haushalt 72 zu führen und keine zwingenden Gründe ersichtlich sind, aus denen ein Familienmitglied an seinem bisherigen Aufenthaltsort bleiben muss (Hess. VGH, ESVGH 39, 72; Hess.VGH, B. v. 27. 2. 1986 – 10 TH 1302/86). Jedoch wird einschränkend festgestellt, dass die *Schutzvorschrift* des § 22 VI 1 AsylVfG 1982 (jetzt: Abs. 4 S. 5) unabhängig davon gilt, ob Familienangehörige des Asylbewerbers gleichfalls ein Asylverfahren betreiben (Hess.VGH, B. v. 27. 2. 1987 – 10 TH 1302/86; OVG Hamburg, EZAR 28 Nr. 15).

73 Zwingende Gründe sind insoweit etwa gewichtige Belange der Kinder, die an ihrem gegenwärtigen Wohnort die Schule besuchen und sich dort auch im Übrigen eingewöhnt haben (VGH BW, EZAR 228 Nr. 10). Für besonders gewichtig wird darüber hinaus angesehen, dass die Kinder in der Familie der Angehörigen des Antragstellers aufgenommen worden sind (VGH BW, EZAR 228 Nr. 10). Diese Rechtsprechung ist nicht durch § 14 a überholt. Denn diese Vorschrift regelt den fiktiven Asylantrag des im Bundesgebiet geborenen oder nachträglich eingereisten ledigen und noch nicht 16 Jahre alten Kindes, erweitert den fiktiven Antrag indes nicht auf einen später einreisenden Elternteil.

74 Generell gilt, dass es auf den *Grad der Schutzbedürftigkeit der konkreten Haushaltsgemeinschaft* ankommt. Dies ist letztlich von den Umständen des Einzelfalles abhängig. Regelmäßig wird den Familienangehörigen, die nicht selbst Asylbewerber sind, zugemutet, dem anderen Teil der Familie zu folgen (vgl. auch § 47 II). Dies wird in der obergerichtlichen Rechtsprechung jedenfalls dann angenommen, wenn diese Familienangehörigen noch nicht über einen gesicherten und schon länger bestehenden Aufenthaltsstatus verfügen, der es geboten sein lässt, ihre Entscheidung darüber, wo sie sich im Bundesgebiet aufhalten wollen, zu berücksichtigen (OVG Hamburg, EZAR 28 Nr. 15).

75 Schulbesuch der Kinder und Integration in die Umgebung sprechen andererseits dagegen, ihnen zuzumuten, den Eltern zu folgen (VGH BW, EZAR 228 Nr. 10). Lebt das Kind in einem Kinderheim, wird der Anspruch auf ungestörten Kontakt der Familienmitglieder untereinander vereitelt, wenn die Behörde dies nicht berücksichtigt (VG Köln, B. v. 9. 7. 1992 – 8 L 314/92.A).

76 In der obergerichtlichen Rechtsprechung wird allerdings einschränkend festgestellt, dass ein Antragsteller unter dem Gesichtspunkt der »gleichmäßigen Verteilung von Asylbewerbern auf die einzelnen Länder« keinen Anspruch auf eine Zusammenführung der Kernfamilie an einem bestimmten Ort habe. Lasse sich die Zusammenführung an einen anderen Ort besser bewerkstelligen als an dem vom Antragsteller in seinem Antrag angegebenen Ort, könne er hierauf verwiesen werden (OVG Sachsen, EZAR 228 Nr. 20 = AuAS 1999, 215; a. A. VG Oldenburg, NVwZ-Beil. 2002, 12). Demgegenüber sind nach der Gegenmeinung unter Bezugnahme auf Art. 6 I GG grundsätzlich alle Mitglieder der Kernfamilie *gleichberechtigt* und können mit den gleichen Erfolgsaussichten einen Antrag auf Umverteilung an den Aufenthaltsort des jeweiligen anderen Familienmitglieds stellen könnten.

4.5.3. Grundsätze zur Ermessensreduktion
4.5.3.1. Vorbemerkung
Nach Abs. 4 S. 5 ist lediglich die Haushaltsgemeinschaft der Kernfamilie bei der Zuweisung zu berücksichtigen. Demgegenüber verweist der Gesetzgeber in § 51 I auch auf »*sonstige humanitäre Gründe von vergleichbarem Gewicht*«. Damit ist jedenfalls klargestellt, dass bei der länderübergreifenden Verteilung humanitäre Härtegründe kraft ausdrücklicher gesetzlicher Anordnung zu berücksichtigen sind. Daraus kann andererseits nicht geschlossen werden, sie dürften bei der landesinternen Verteilung nicht berücksichtigt werden. Der Wortlaut von Abs. 4 S. 5 verbietet deren Berücksichtigung nicht.

Aus dem Vergleich zwischen Abs. 4 S. 5 und § 51 I allein kann andererseits keinesfalls geschlossen werden, der Gesetzgeber habe die Berücksichtigung humanitärer Härtegesichtspunkte bei der landesinternen Verteilung untersagen wollen. Gerechtfertigt ist ebenfalls nicht die Behauptung, bei der Anwendung von Abs. 4 S. 5 seien strengere Maßstäbe anzuwenden (VG Lüneburg, InfAuslR 1998, 43 (44); a. A. Renner, AuslR, § 50 AsylVfG Rdn. 27). Weder der Wortlaut noch die Gesetzessystematik, aber erst recht nicht die Gesetzesmaterialien erlauben eine derartige Feststellung.

Weder Abs. 4 S. 5 noch § 51 insgesamt waren zunächst im Gesetzentwurf vorgeschlagen worden (BT-Drs. 12/2062, S. 14). Der Innenausschuss empfahl die Einfügung von Abs. 4 S. 5 und eine die länderübergreifende Verteilung regelnde Vorschrift (BT-Drs. 12/2718, S. 28 f.). Zur Begründung für die Einfügung von Abs. 4 S. 5 wurde auf das früher geltende Recht hingewiesen (BT-Drs. 12/2718, S. 28 f.). Die abweichende Gesetzesformulierung in § 51 I wird nicht begründet. Die Gesetzesmaterialien bleiben damit im Hinblick auf die Behauptung eines strengeren Maßstabes bei der Anwendung von Abs. 4 S. 5 unergiebig.

Andererseits wird mit dem Hinweis auf das früher geltende Recht die zur Auslegung und Anwendung von § 22 VI AsylVfG 1982 entwickelte Rechtsprechung in Bezug genommen. Diese hatte die nunmehr in § 51 I ausdrücklich gesetzlich geregelten humanitären Härtegründe entwickelt. Daher spricht vieles dafür, dass auch bei der Anwendung von Abs. 4 S. 5 die frühere Rechtsprechung zu § 22 VI AsylVfG 1982 nach wie vor Geltung hat und damit besonders gelagerte humanitäre Gesichtspunkte auch bei der Auslegung und Anwendung von Abs. 4 S. 5 zu berücksichtigen sind (so auch Hess.VGH, B. v. 6. 6. 1994 – 10 UZ 1594; VG Freiburg, VBlBW 1997, 112 (113); VG Lüneburg, InfAuslR 1998, 43 (44); VG Oldenburg, NVwZ-Beil. 2002, 12). Bei der Auslegung der Regelung des § 22 VI 1 AsylVfG 1982 war in der Rechtsprechung anerkannt, dass Gesichtspunkte, die ein *ähnlich hohes Gewicht* wie der in dieser Vorschrift normierte Schutz der Familie haben, bei der Zuweisungsentscheidung zu berücksichtigen waren. Das Ermessen wurde dadurch *reduziert*.

4.5.3.2. Gesundheitliche Gründe
Grundsätzlich ist anerkannt, dass die zuständige Behörde bei der Verteilung *gesundheitliche Gründe* zu berücksichtigen hat (Hess.VGH, EZAR 228 Nr. 5 = NVwZ 1986, 148; Hess.VGH, EZAR 228 Nr. 8; OVG Hamburg, InfAuslR 1986, 97; VGH BW, EZAR 228 Nr. 10 = NVwZ-RR 1989, 503; VG Leipzig, NVwZ-RR 2000, 323 (324) = EZAR 228 Nr. 21, VG Lüneburg, InfAuslR 1998,

43 (44); VG Lüneburg, U. v. 13.10. 2004 – 1 A 271/04; VG Potsdam, InfAuslR 1995, 259 (260); VG Düsseldorf, U. v. 6. 3. 1995 – 19 K 5358/94.A). Beruft sich ein Asylbewerber darauf, weiterhin mit einem Verwandten zusammenleben zu wollen, auf dessen Lebenshilfe er aus gesundheitlichen Gründen angewiesen ist und ist eine derartige Beziehung schlüssig dargetan und nachgewiesen, hat die Behörde ihrerseits die bei der Verteilung angewandten Kriterien, wie Nationalität, Geschlecht und Verfolgtengruppe bekannt zu geben (Hess.VGH, B. v. 22. 4. 1986 – 10 TH 952/86), um eine gerichtliche Überprüfung zu ermöglichen.

82 Das öffentliche Interesse an der zügigen Verteilung von Asylbewerbern hat hinter dem geltend gemachten Interesse, vor nachhaltigen Gesundheitsschäden bewahrt zu bleiben, zurückzutreten. So hat die Behörde zu bedenken, dass die Herauslösung des Asylbewerbers aus den gewachsenen Bindungen das psychische Leiden verfestigen und verschlimmern sowie insgesamt zu einem bedrohlichen Krankheitszustand führen würde, der irreparabel wäre. Dem ausgesetzt zu sein, wäre eine Beeinträchtigung von ähnlichem Gewicht wie eine Trennung von Ehegatten und minderjährigen Kindern (OVG Hamburg, InfAuslR 1986, 97; VG Leipzig, NVwZ-RR 2000, 323 (324) = EZAR 228 Nr. 21, VG Lüneburg, InfAuslR 1998, 43 (44)).

83 Hat etwa der behandelnde Arzt für Neurologie und Psychiatrie bescheinigt, dass durch die geplante Zuweisung wahrscheinlich nachhaltige Gesundheitsschädigungen eintreten werden und ist bereits durch die Ankündigung der Zuweisung eine weitere Vertiefung und Dekompensation der bereits bestehenden depressiven Verstimmung eingetreten, ist das Ermessen auf Null reduziert (OVG Hamburg, InfAuslR 1986, 97).

84 Besondere Bedeutung legt die Rechtsprechung bei *psychosomatischen Erkrankungen* auf die den Erkrankten stützende familiäre Betreuung. Auch wenn am bisherigen Aufenthaltsort eine ausreichende medizinische Versorgung gewährleistet sei, indes der Heilungsprozess durch die *Nähe von Familienangehörigen* erleichtert und verbessert werde, sei dies bei der Umverteilungsentscheidung zu berücksichtigen (VG Leipzig, NVwZ-RR 2000, 323 (324) = EZAR 228 Nr. 21, VG Lüneburg, InfAuslR 1998, 43 (44)). Eine psychosomatisch optimale Behandlung schließe in einem derartigen Fall das familiäre Umfeld mit ein, da gerade in diesem besonderen Fall das Alleinsein und die mangelnden Kontaktmöglichkeiten eine schlechte Prognose beinhalten (VG Lüneburg, InfAuslR 1998, 43 (44)). Auch die Betreuung durch ein Behandlungszentrum für *Folteropfer* kann zur Ermessensreduktion jedenfalls dann führen, wenn die Asylbewerberin durch wiederholt erlebte Folterungen schwere gesundheitliche Schäden erlitten und bereits eine sich voraussichtlich über längere Zeit hinziehende ärztliche Behandlung begonnen hat (VG Potsdam, InfAuslR 1995, 259).

85 Zu berücksichtigen ist darüber hinaus auch, dass der Asylbewerber regelmäßig eine Zeit des Leidens hinter sich hat und deshalb besonders auf menschliche Nähe und Anteilnahme angewiesen ist. Lässt sich kaum bezweifeln, dass der Asylbewerber, dessen Gesundheit ohnehin bereits beeinträchtigt ist, dringend auf die Unterstützung der Familienangehörigen angewiesen ist, kann das Ermessen reduziert sein (VGH BW, EZAR 228 Nr. 10). Einschrän-

kend wendet die Rechtsprechung ein, dass im Falle einer Krebsoperation allenfalls bis zur Durchführung der Operation und dem Ablauf einer angemessenen Genesungsphase der Vollzug der Zuweisungsverfügung auszusetzen sei (VG Köln, B. v. 18. 6. 1991 – 14 L 536/91.A). Dieser Rechtsprechung kann nicht gefolgt werden, da sie die besonderen psychischen und physischen Belastungen, die ein derart operativer Eingriff mit sich bringt, nicht im Ansatz angemessen zu würdigen vermag.

Zur Abgrenzung gegenüber weniger gewichtigen humanitären Gründen verlangt die Rechtsprechung jedoch, dass sich der Krankheitszustand in wesentlicher Hinsicht von dem anderer Flüchtlinge unterscheidet. Ergeben sich aus dem vorgelegten Attest keine Anhaltspunkte für eine Pflegebedürftigkeit und ist die angegriffene psychische Befindlichkeit vor allem auf die sprach- und kulturfremde Umgebung zurückzuführen, befindet sich nach dieser Rechtsprechung der Asylbewerber in der typischen Situation anderer alleinstehender junger Flüchtlinge, denen die Eingewöhnung in das Leben im Bundesgebiet ebenfalls Schwierigkeiten und in psychischer Hinsicht Probleme bereitet (Hess.VGH, B. v. 25. 5. 1988 – 12 TH 2613/87).

Der Einzelfall muss also über die bei vielen Asylbewerbern aufgrund der Verfolgungs- und Fluchterlebnisse und des neuen sozialen – typischerweise – fremden kulturellen Umfeldes sowie der aufenthaltsbeschränkenden Maßnahmen und der Ungewissheit über den Ausgang des Asylverfahrens therapiebedürftigen Auswirkungen psychischer wie psychosomatischer Art hinausgehen (Hess.VGH, EZAR 228 Nr. 8; VG Lüneburg, U. v. 13. 10. 2004 – 1 A 271/04). Andererseits ist das Erfordernis der Pflegebedürftigkeit zu ungenau. Es muss ausreichen, wenn ärztlicherseits ein schweres psychisches Leiden und darüber hinaus bestätigt wird, dass die *Nähe von Familienangehörigen* den Heilungsprozess erleichtern und verbessern wird (VG Leipzig, NVwZ-RR 2000, 323 (324) = EZAR 228 Nr. 21, VG Lüneburg, InfAuslR 1998, 43 (44); VG Lüneburg, U. v. 13. 10. 2004 – 1 A 271/04). Unterscheidet sich die psychische Erkrankung von der typischen Situation eines alleinstehenden Asylbewerbers und ist beim Verbleib in der bisherigen Situation eine Verfestigung oder gar Verschlechterung der Erkrankung zu erwarten, ist das Ermessen reduziert. Dies gilt auch dann, wenn unter diesen Voraussetzungen am bisherigen Aufenthaltsort eine ausreichende medizinische und psychologische Versorgung gewährleistet ist, der Heilungsprozess aber in der Nähe von Familienangehörigen erleichtert und verbessert wird (VG Lüneburg, U. v. 13. 10. 2004 – 1 A 271/04).

Eine besondere Belastung ist dargetan, wenn sich der Asylbewerber infolge seines Gesundheitszustandes (schwere Augenverletzung und komplikationsreiche Diabetis) in einer *permanenten depressiven psychischen Lage* befindet und deshalb besonders auf die Unterstützung und Lebenshilfe der bereits hier lebenden und an die Lebensverhältnisse gewöhnten Verwandten angewiesen ist (Hess.VGH, EZAR 228 Nr. 8). Ebenso kann das Ermessen eingeschränkt sein, wenn sich die Asylbewerberin nachweislich in einer schlechten gesundheitlichen, durch Depressionen, Unruhezustände und Schlafstörungen gekennzeichneten Verfassung befindet und aufgrund der vorgelegten ärztlichen Stellungnahmen zur Aufrechterhaltung bzw. Wiederherstellung ihrer Gesundheit der Betreuung und Pflege durch ihre erwachsene Tochter bedarf (VG Düsseldorf, U. v. 6.3.1995 – 19 K 5358/94.A).

89 Es kommt damit auf eine Bewertung der Umstände des Einzelfalles, insbesondere auf den Grad und Verlauf der psychischen oder physischen Krankheit an. Einerseits ist die individuelle Situation von der typischen Situation von Flüchtlingen im Bundesgebiet abzugrenzen, andererseits sind mit Blick auf die individuelle Krankheitsgeschichte besondere Gründe darzulegen, die es nahe legen, dass durch die Zuweisung irreparable psychische oder körperliche Leiden hervorgerufen werden. Zur *Glaubhaftmachung* ist stets ein detailliertes ärztliches Attest vorzulegen. Das gesundheitliche Leiden muss zudem von seiner Natur her von Dauer sein. Auch bei einer nachgewiesenen *Suizidgefahr* kann eine Umverteilung in Betracht kommen. In Hessen verlangt die zuständige Behörde ein amtsärztliche Untersuchung durch den sozialpsychiatrischen Dienst und die Beantwortung eines umfassenden Fragenkataloges durch diesen.

4.5.3.3. Verwandtschaftliche Beziehungen

90 Besondere Bedeutung gewinnt in der Rechtsprechung die Berufung auf *verwandtschaftliche Beziehungen*, die nicht durch Abs. 4 S. 5 erfasst werden. So erkennt die obergerichtliche Rechtsprechung nicht an, dass in der kurdischen *Großfamilie* den verwandtschaftlichen Seitensträngen größere Bedeutung beigemessen wird als in der europäischen Kleinfamilie und dass der *gemeinsamen Glaubensausübung* beispielsweise innerhalb der jezidischen Glaubensgemeinschaft ein höherer Stellenwert zukommt als in anderen Glaubensrichtungen (VGH BW, EZAR 228 Nr. 9; a. A. VG Wiesbaden, InfAuslR 1988, 31).

91 Die Gegenmeinung weist darauf hin, dass die Jeziden eine nach religiösen Gesichtspunkten in Kasten gegliederte Gemeinschaft sind und dass es deshalb auf der Hand liege, dass zwischen dem Asylbewerber und seinen hier lebenden Angehörigen ein Verhältnis bestehe, dass ein ähnlich hohes Gewicht wie die Kernfamilie habe (VG Wiesbaden, InfAuslR 1988, 31).

92 Generell ist festzuhalten, dass Verwandtschaftsbeziehungen zu *Geschwistern* und *Vettern* bzw. *Kusinen* nur in *besonders gelagerten Ausnahmefällen* als erhebliche Ermessensgesichtspunkte Berücksichtigung finden. So hat die Rechtsprechung anerkannt, dass die geltend gemachte Beziehung zu der Familie der *Schwester* des Antragstellers oder zu dessen *Onkel* oder *Vetter* wegen dessen individueller psychischer Situation von ähnlich hohem Gewicht wie die Beziehung zur Kernfamilie sein kann (Hess.VGH, NVwZ 1986, 148 = EZAR 228 Nr. 5; Hess.VGH, InfAuslR 1987, 98).

93 Dabei wird insbesondere auch berücksichtigt, dass der Antragsteller etwa dasselbe tatsächliche Verfolgungsschicksal wie seine Schwester erlitten hat und nunmehr infolge der Verteilung sozusagen aus einer *Verfolgungs- und Fluchtgemeinschaft* herausgenommen und mit zusätzlichen Schwierigkeiten belastet wird, die vermeidbar sein können (Hess.VGH, EZAR 228 Nr. 5). Die Berufung auf ein gemeinsames Verfolgungs- und Fluchtschicksal wird aber dann verwehrt, wenn die Familienangehörigen bereits Jahre vorher geflohen sind (VGH BW, EZAR 228 Nr. 9).

94 Entscheidend ist, dass der Asylbewerber das Bestehen *enger verwandtschaftlicher Beziehungen* glaubhaft machen kann. Hinzu kommen muss, dass ohne

Landesinterne Verteilung § 50

die Unterstützung der Verwandten der Asylbewerber und seine Familie weitgehend isoliert sind und sich in einer äußerst schwierigen Situation befinden (Hess.VGH, InfAuslR 1987, 98). Von Bedeutung ist dabei auch ein aufgrund der gemeinsamen Tätigkeit in derselben politischen Oppositionsgruppe besonders enges tatsächliches gemeinsames Verfolgungsschicksal (Hess.VGH, InfAuslR 1987, 98).
Stets verlangt die Rechtsprechung jedoch ein besonderes *Angewiesensein* des Asylbewerbers auf die *Lebenshilfe* des Verwandten aufgrund von Krankheit, Schwangerschaft, Alter, Gebrechlichkeit oder mangelnder Deutschkenntnisse (Hess.VGH, EZAR 228 Nr. 5; Hess.VGH, Hess.VGRspr. 1989, 23; VGH BW, EZAR 228 Nr. 10). Dabei ist nur ein derzeit *aktuelles* Angewiesensein von Bedeutung, nicht hingegen ein Angewiesensein in *früheren*, erkennbar abgeschlossenen Lebensabschnitten (Hess.VGH, ESVGH 39, 231). Insoweit ist jedoch auch zu berücksichtigen, dass der Asylbewerber regelmäßig eine Zeit des Leidens hinter sich hat und deshalb besonders auf menschliche Nähe und Teilnahme angewiesen ist (VGH BW, EZAR 228 Nr. 10). Allein der Umstand, dass der Bruder den Asylbewerber mit Wohnraum und allem zum Leben Notwendigen versorgen kann sowie seine Krankenversicherung sicherstellen wird, führt andererseits nicht zur Ermessensreduktion (Hess.VGH, EZAR 228 Nr. 16). 95

4.5.3.4. Keine Berücksichtigung des Arbeitsplatzes
Nach der obergerichtlichen Rechtsprechung begründet die Tatsache, dass der Asylsuchende außerhalb des räumlich beschränkten Bereichs eine Arbeitsstelle besitzt, keinen berücksichtigungswerten, besonders gelagerten humanitären Härtegrund (Hess.VGH, B. v. 23. 9. 1994 – 10 UZ 2463/94). Dies wird damit begründet, dass bei der im Ermessen der Behörde liegenden Zuweisungsentscheidung dem öffentlichen Interesse an der gleichmäßigen und zügigen Verteilung der Asylsuchenden grundsätzlich Vorrang vor seinem Arbeitswunsch zukomme. Dass dem Besitz einer Arbeitsstelle keine »existentielle Bedeutung« im Sinne der für die Anwendung von Abs. 4 S. 5 maßgeblichen humanitären Gesichtspunkte zukomme, ist nach dieser Rechtsprechung angesichts des Zwecks der Verteilungsregelungen und der sozialen Absicherung der Asylsuchenden eindeutig (Hess.VGH, B. v. 23. 9. 1994 – 10 UZ 2463/94). 96

Die gesetzlichen Voraussetzungen für eine Ermessensreduktion können durch den Hinweis auf eine vorhandene Arbeitsstelle sicherlich kaum dargelegt werden. Andererseits ist es der Behörde nicht untersagt, im Rahmen der pflichtgemäßen Ermessensausübung dem staatlichen Interesse an der Verringerung der sozialen Lasten Rechnung zu tragen und deshalb in einem derartigen Fall das Ermessen zugunsten des Asylsuchenden auszuüben. 97

Das BVerfG hatte zum alten Recht entschieden, dass Verfassungsrecht es »in der Regel« nicht gebiete, dem – im Einzelfall als berechtigt angesehenen – Wunsch des Asylsuchenden nach Arbeitsaufnahme durch Gestattung der Arbeitssuche und -aufnahme *außerhalb* des Bezirks der zuständigen Ausländerbehörde Rechnung zu tragen. Vielmehr könne dem Asylsuchenden »regelmäßig« angesonnen werden, lediglich im Bezirk der zuständigen Ausländerbehörde nach einer Arbeitsstelle zu suchen und hierbei auch solche 98

Tätigkeiten in Betracht zu ziehen, für die er nur eine geringere als die von ihm erlangte Vorbildung benötigen würde. Finde der Asylsuchende auch dann noch keine ihm zusagende Arbeit, so sei es angesichts der mit der räumlichen Aufenthaltsbeschränkung verfolgten berechtigten Ziele »grundsätzlich« gerechtfertigt, von ihm einstweilen den Verzicht auf die an sich mögliche Erwerbstätigkeit zu verlangen (BVerfG, EZAR 221 Nr. 22).

99 Im Einzelfall sei jedoch eine von diesen Grundsätzen abweichende Beurteilung angezeigt, wie etwa im Falle des drohenden unwiderbringlichen Verlustes spezieller Fähigkeiten im erlernten und zuvor ausgeübten Beruf (BVerfG, EZAR 221 Nr. 22). Nach der Rechtsprechung des BVerfG ist deshalb über den mit einer gewünschten Arbeitsaufnahme begründeten Antrag nach pflichtgemäßem Ermessen zu entscheiden, sodass bei Ermessensausfall die Antragsablehnung rechtswidrig ist. Nur besonders gelagerte Ausnahmetatbestände vermögen danach andererseits das behördliche Ermessen in die vom Asylsuchenden gewünschte Richtung zu lenken.

4.5.3.5. Behördliche Darlegungslast

100 Sind die tatbestandlichen Voraussetzungen eines dem Gewicht des Abs. 4 S. 5 vergleichbaren Härtefalles dargetan, ist das behördliche Ermessen regelmäßig reduziert. Bei der Ermessensentscheidung überwiegt das aus den Grundrechten, insbesondere aus Art. 3 I, Art. 6 I und Art. 2 GG, folgende individuelle Interesse des Asylbewerbers das öffentliche Interesse an der sofortigen und reibungslosen Durchführung des Verteilungsverfahrens. Das öffentliche Interesse, dem grundsätzlich Vorrang gebührt, ist also durch die individuellen Belange des Asylbewerbers eingeschränkt, wobei das *Maß* der Einschränkung mit dem *Gewicht* der besonders geschützten Interessen zunimmt (VGH BW, EZAR 228 Nr. 10).

101 Nach der früheren Rechtslage musste die Behörde zur Rechtfertigung ihrer Entscheidung darlegen können, dass beim Ausgleichen eines Ungleichgewichts zwischen den beteiligten Ländern die Trennung des Asylbewerbers von der Bezugsperson nicht zu vermeiden ist (Hess.VGH, InfAuslR 1987, 98). Hierzu war es erforderlich, dass die bei der Verteilung angewendeten Kriterien, wie etwa Nationalität, Geschlecht, Alter oder Verfolgtengruppe bekannt gegeben und erläutert werden (Hess.VGH, B. v. 22. 4. 1986 – 10 TH 952/86; Hess.VGH, InfAuslR 1987, 98). Zu einer derartigen Darlegung war die Behörde jedoch nur verpflichtet, wenn ein besonderer Härtefall dargetan war (Hess.VGH, EZAR 228 Nr. 8).

102 Da nunmehr § 46 abstrakt-generelle Kriterien enthält und über die Zuweisung eines Asylsuchenden zu einem bestimmten Bundesland bereits mit der Bestimmung der für ihn zuständigen Aufnahmeeinrichtung entschieden wird, dürfte diese Rechtsprechung überholt sein.

5. Rechtsschutz

103 Gegen die nach Abs. 4 S. 1 verfügte Zuweisung könnte der Asylbewerber an sich Anfechtungsklage erheben. Vorläufigen Rechtsschutz könnte er nach

Landesinterne Verteilung § 50

§ 80 V VwGO erlangen. Für diesen Antrag gilt nicht die Wochenfrist des § 36 III 1. Vielmehr ist der einstweilige Rechtsschutzantrag fristungebunden (Hess.VGH, EZAR 228 Nr. 2 = Hess.VGRspr. 1985, 9 zu § 10 III 3 AsylVfG 1982). Mit der Anfechtungsklage kommt der Asylbewerber jedoch nicht zum Ziel. Ein Verbleiben am jetzigen Ort ist wegen der Beendigung der Wohnverpflichtung nach § 47 I 1 rechtlich nicht mehr zulässig (vgl. Abs. 1). Daher ist *Verpflichtungsklage* zu erheben und diese gegebenenfalls mit einem einstweiligen Anordnungsantrag nach § 123 VwGO zu verbinden.

Das Rechtsschutzbedürfnis entfällt nicht dadurch, dass im Zeitpunkt der Antragstellung die dem Antragsteller in der Zuweisungsverfügung gesetzte Befolgungsfrist verstrichen ist (Hess.VGH, EZAR 228 Nr. 2). Ebenso wenig entfällt das Rechtsschutzbedürfnis deswegen, weil der Asylbewerber seiner gesetzlich angeordneten Befolgungspflicht (Abs. 6) Folge leistet. Maßgeblicher Zeitpunkt für die Beurteilung der Sach- und Rechtslage ist der Zeitpunkt der gerichtlichen Entscheidung (Hess.VGH, EZAR 228 Nr. 2; s. auch § 77 I). 104

Erstrebt der Asylbewerber die Zuweisung in eine bestimmte Gebietskörperschaft – etwa im Wege der Umverteilung – hat er ebenfalls *Verpflichtungsklage* zu erheben. Vorläufiger Rechtsschutz kann gemäß § 123 VwGO beantragt werden. Es dürfte aber wohl nur in den Fällen der Ermessensreduktion ein Anordnungsgrund glaubhaft gemacht werden können. Während früher im länderübergreifenden Verteilungsverfahren im Verwaltungsprozess das Bundesland, in dem die Aufnahme begehrt wurde, notwendig beizuladen war (VGH BW, EZAR 228 Nr. 10), richtet sich nach geltendem Recht die Verpflichtungsklage gegen das Bundesland, in dem Aufnahme begehrt wird (§ 51 II 2). Eine Beiladung des Bundeslandes, in dem der Asylbewerber zum Aufenthalt verpflichtet ist, ist nicht zulässig. Denn dessen rechtliche Interessen werden durch die begehrte Zuweisung nicht berührt. Maßgeblicher Zeitpunkt für die Beurteilung der Sach- und Rechtslage ist der Zeitpunkt der gerichtlichen Entscheidung (§ 77 I). 105

Örtlich zuständiges Verwaltungsgericht ist das Gericht, in dessen Bezirk der Asylbewerber im Zeitpunkt der Rechtshängigkeit der Klage mit behördlicher Zustimmung seinen Aufenthalt zu nehmen hat (BVerwG, InfAuslR 1985, 149). Maßgeblich ist insoweit die Bescheinigung über die Aufenthaltsgestattung (BVerwG, InfAuslR 1985, 149; § 74 Rdn. 129 ff.). Da nach Abs. 1 S. 1 bis zum Zeitpunkt der Entlassung aus der Aufnahmeeinrichtung die Wohnverpflichtung nach § 47 I 1 besteht, ist das Verwaltungsgericht zuständig, in dessen Bezirk die Aufnahmeeinrichtung liegt. Wird zu einem späteren Zeitpunkt die Umverteilung beantragt, ist das Verwaltungsgericht zuständig, in dessen Bezirk der Asylbewerber mit Zustimmung der Ausländerbehörde seinen Aufenthalt zu nehmen hat. 106

Gegen die Zuweisung von Asylbewerbern im Rahmen der landesinternen Verteilung kann sich die betroffene Gebietskörperschaft mit dem *einstweiligen Anordnungsantrag* nach § 123 VwGO wehren (BayVGH, EZAR 228 Nr. 14; Hess.VGH, EZAR 228 Nr. 12; für § 80 V VwGO wohl OVG NW, EZAR 221 Nr. 9; OVG NW, EZAR 221 Nr. 16). Es handelt sich bei dieser Rechtsstreitigkeit um eine Streitigkeit nach dem AsylVfG (Hess.VGH, EZAR 228 Nr. 12), sodass die Vorschriften dieses Gesetzes Anwendung finden. 107

§ 51 Länderübergreifende Verteilung

(1) Ist ein Ausländer nicht oder nicht mehr verpflichtet, in einer Aufnahmeeinrichtung zu wohnen, ist der Haushaltsgemeinschaft von Ehegatten sowie Eltern und ihren minderjährigen ledigen Kindern oder sonstigen humanitären Gründen von vergleichbarem Gewicht auch durch länderübergreifende Verteilung Rechnung zu tragen.
(2) Die Verteilung nach Absatz 1 erfolgt auf Antrag des Ausländers. Über den Antrag entscheidet die zuständige Behörde des Landes, für das der weitere Aufenthalt beantragt ist.

Übersicht

	Rdn.
1. Vorbemerkung	1
2. Verfahren (Abs. 2)	2
3. Rechtsanspruch nach Abs. 1	5
4. Rechtsschutz	9

1. Vorbemerkung

1 Die in dieser Vorschrift geregelte länderübergreifende Verteilung richtet sich nach den verfahrensrechtlichen Vorschriften des § 50. Auch das Verwaltungsverfahren ist in § 50 geregelt. Abs. 2 enthält jedoch eine Sonderregelung für die behördliche Zuständigkeit (§ 50 Rdn. 45 f.). Im Gesetzentwurf war diese Vorschrift ebenso wenig wie § 50 IV 5 vorgesehen (BT-Drs. 12/2062, S. 14). Auf Empfehlung des Innenausschusses wurden § 50 IV 5 sowie die Regelung über das länderübergreifende Verfahren eingeführt (BT-Drs. 12/2718, S. 29). Eine besondere Begründung hierfür ist den Gesetzesmaterialien nicht zu entnehmen (BT-Drs. 12/2718, S. 58 f.). Die länderübergreifende Verteilung wird auf die Aufnahmequote nach § 45 angerechnet (§ 52). Nach abgeschlossenem Asylverfahren kann die Zuweisungsverfügung nicht mehr auf § 51 gestützt werden (OVG Sachsen, AuAS 2003, 225 (226) = NVwZ-Beil. 2003, 93; OVG NW, NVwZ-Beil. 2000, 82 (83); Thür.OVG, NVwZ-Beil. 2003, 89; VG Leipzig, EZAR 223 Nr. 17; VG Düsseldorf, InfAuslR 2004, 342; a. A. OVG Rh-Pf, AuAS 2004, 130 (131)). In diesem Fall ist bei der zuständigen Ausländerbehörde eine Änderung der räumlichen Beschränkung der Duldung zu beantragen.

2. Verfahren (Abs. 2)

2 Das Verfahren der länderübergreifenden Verteilung ist in § 50 II – VI geregelt. Anders als im Rahmen der landesinternen Verteilung bedarf es für die länderübergreifende Verteilung eines Antrags des Asylbewerbers (Abs. 2 S. 1). Über diesen Antrag entscheidet die zuständige Landesbehörde des Bundeslandes, in dem der Asylbewerber Aufnahme begehrt (Abs. 2 S. 2). Diese Behörde erlässt die Zuweisungsverfügung nach Maßgabe des § 50 IV 1. Der

Länderübergreifende Verteilung §51

Asylbewerber ist verpflichtet, der Verfügung nach § 50 IV 1 *unverzüglich* Folge zu leisten (§ 50 VI). Zur Durchsetzung der Befolgungspflicht kann die Behörde die in § 59 geregelten Maßnahmen ergreifen.

Da unklar ist, ob die Verfahrensvorschriften des § 50 II–VI unmittelbar oder lediglich analog (Renner, AuslR, § 51 AsylVfG Rdn. 8) Anwendung finden, kann der Asylbewerber bei Verletzung der Befolgungspflicht nicht bestraft werden. Denn strafrechtlich ist eine Analogie zuungunsten des Angeklagten verboten. § 85 Nr. 1 enthält andererseits keinen Verweis auf § 51. Da die länderübergreifende Verteilung auf Wunsch des Asylbewerbers durchgeführt wird, ist in aller Regel davon auszugehen, dass er der Zuweisungsverfügung Folge leisten wird. 3

Die länderübergreifende Verteilung findet *unmittelbar* im Anschluss an die Beendigung der Wohnverpflichtung nach § 47 I 1 statt (Abs. 1). Für den Zusammenhang zwischen der Beendigung der Wohnverpflichtung und der Durchführung der länderübergreifenden Verteilung sind die zu § 50 I maßgeblichen Grundsätze zu beachten. Da das landesinterne Verteilungsverfahren ohne Gewährung rechtlichen Gehörs durchgeführt (§ 50 IV 4) und die beschleunigte Anwendung der Verteilungsvorschriften des § 50 häufig dazu führen wird, dass der Asylbewerber seinen Antrag nach Abs. 2 S. 1 nicht rechtzeitig stellen kann, ist im Wege der *Umverteilung* (§ 50 Rdn. 55ff.) die länderübergreifende Verteilung nach Maßgabe von Abs. 1 vorzunehmen. § 51 VwVfG findet keine Anwendung (§ 50 Rdn. 57f.). 4

3. Rechtsanspruch nach Abs. 1

Der Asylbewerber – auch der Folgeantragsteller (VG Ansbach, InfAuslR 1998, 250 (251)) – hat unter den Voraussetzungen des Abs. 1 einen *Rechtsanspruch* auf Zuweisung zum begehrten Aufnahmeort. Nach Abs. 1 ist der Haushaltsgemeinschaft von Ehegatten und minderjährigen ledigen Kindern durch länderübergreifende Verteilung Rechnung zu tragen (§ 50 Rdn. 69ff.). Der Rechtsanspruch nach Abs. 1 ist die Konsequenz aus dem abstrakt-generellen Charakter der Kriterien zur Bestimmung der zuständigen Aufnahmeeinrichtung (§ 46 I 1, II 2), welche die persönlichen Bindungen des Asylbewerbers zunächst unberücksichtigt lassen. 5

Aus dem unterschiedlichen Wortlaut der Regelung in § 50 IV 5 (»ist ... zu berücksichtigen«) und der Formulierung in Abs. 1 (»ist ... Rechnung zu tragen«) ergeben sich keine unterschiedlichen Rechtsfolgen (so aber wohl OVG Sachsen, EZAR 228 Nr. 20 = AuAS 1999, 215; Renner, AuslR, § 51 AsylVfG, Rdn. 4). Der unterschiedliche Wortlaut weist im einen wie im anderen Fall auf die Gewährung eines Rechtsanspruchs hin. Die Gesetzesmaterialen sind insoweit unergiebig. Nur in den Fällen, in denen der bereits hier lebende Familienangehörige keine rechtlich geschützten Bindungen am Aufenthaltsort hat, ist ihm der Umzug zuzumuten. Im Gegensatz zu § 50 IV 5 wird nach Abs. 1 vorausgesetzt, dass die Kinder nicht verheiratet sind. 6

Liegen *»humanitäre Härtegründe«* (s. im Einzelnen hierzu § 51 Rdn. 79ff.) vor, hat der Asylbewerber ebenfalls einen Rechtsanspruch auf Durchführung der 7 länderübergreifenden Verteilung. Dies folgt eindeutig aus dem Wortlaut von Abs. 1. Weil eine Nichtberücksichtigung der humanitären Härtegründe im Falle der länderübergreifenden Verteilung wegen der großen Entfernungen kaum durch die Zulassung besuchsweiser Kontakte ausgeglichen werden kann, hat der Gesetzgeber zwischen der Kernfamilie und den humanitären Härtegründen keinen Unterschied machen wollen.

8 Im einen wie im andern Fall besteht ein Rechtsanspruch auf Erlass der Zuweisungsverfügung. Da im Rahmen des § 50 IV 5 in Anlehnung an die bereits früher zu § 22 VI 1 AsylVfG 1982 entwickelte Rechtsprechung das Vorliegen eines Härtegrundes zur Ermessensreduktion führt, ist in rechtlicher Sicht letztlich insoweit kein wesentlicher Unterschied zwischen § 50 IV 5 und Abs. 1 auszumachen.

4. Rechtsschutz

9 Der Rechtsschutz im Falle der länderübergreifenden Verteilung ist nach Maßgabe der für die landesinterne Verteilung maßgebenden Grundsätze (§ 50 Rdn. 105 ff.) zu gewähren. Wird die Zuweisungsverfügung nach § 50 IV 1 erlassen, ohne dass der vorher gestellte Antrag nach Abs. 2 S. 1 berücksichtigt wird, kann zwar *Anfechtungsklage* erhoben und *vorläufiger Rechtsschutz* über § 80 V VwGO erlangt werden. Wird darüber hinaus die Zuweisungsverfügung nach § 50 V 1 zugestellt und stellt der Asylbewerber innerhalb der maßgeblichen Rechtsbehelfsfrist nach § 74 I seinen Antrag nach Abs. 2 S. 1 gegenüber der zuständigen Behörde nach Abs. 2 S. 2, kann zur Fristwahrung zwar ebenfalls Anfechtungsklage erhoben werden. Auch hat der Asylbewerber einen *Abhilfeanspruch* dahin, dass die Behörde nach Abs. 2 S. 2 die begehrte Verfügung erlässt.

10 Mit dem Antrag nach § 80 V VwGO kann der Asylbewerber jedoch nicht die einstweilige länderübergreifende Verteilung erreichen. Daher ist stets Verpflichtungsklage zu erheben und diese mit dem einstweiligen Anordnungsantrag nach § 123 VwGO zu verbinden. Denn eine verbindliche Zuweisungsverfügung im Rahmen des nach Abs. 2 S. 1 gestellten Antrags kann mit der Anfechtungsklage und dem entsprechenden Eilrechtsschutzantrag nicht erreicht werden. Hiermit kann lediglich die Durchführung der landesinternen Verteilung verhindert werden. Da ein weiterer Aufenthalt in der Aufnahmeeinrichtung nach Abs. 1 in Verb. mit § 50 I jedoch nicht mehr zulässig ist, kommt der Asylbewerber mit einer Anfechtungsklage nicht zum Ziel.

11 Ist die nach § 50 IV 1 erlassene Zuweisungsverfügung bestandskräftig geworden, kann der Asylbewerber seinen Antrag nach Abs. 2 S. 1 im Wege der Umverteilung (§ 50 Rdn. 55 ff.) stellen. Gegen die Versagung der begehrten Verfügung ist Verpflichtungsklage zu erheben. Diese kann mit dem einstweiligen Anordnungsantrag nach § 123 VwGO verbunden werden. Es dürfte aber wohl nur in den Fällen der Ermessensreduktion ein Anordnungsgrund glaubhaft gemacht werden können.

12 Im Rechtsschutzverfahren besteht bei der länderübergreifenden Verteilung die Besonderheit, dass sich die Klage gegen das Land richtet, in dem Auf-

nahme begehrt wird, es sei denn, der Asylbewerber klagt unmittelbar gegen die im Rahmen der landesinternen Verteilung erlassene Zuweisungsverfügung nach § 50 IV 1. Örtlich zuständiges Verwaltungsgericht ist das Gericht, in dessen Bezirk der Asylbewerber mit behördlicher Zustimmung seinen Aufenthalt hat (§ 50 Rdn. 8).

§ 52 Quotenanrechnung

Auf die Quoten nach § 45 wird die Aufnahme von Asylbegehrenden in den Fällen des § 14 Abs. 2 Nr. 3 sowie des § 51 angerechnet.

Übersicht

	Rdn.
1. Vorbemerkung	1
2. Quotenanrechnung	2
3. Verfahren	7

1. Vorbemerkung

Diese Vorschrift hat zwar im AsylVfG 1982 kein ausdrückliches Vorbild. Es entsprach jedoch einer weit verbreiteten Praxis, dass Asylsuchende, die in dem Bundesland, in dem sie sich gemeldet hatten, verblieben (vgl. §§ 8 I 1, 22 AsylVfG 1982), auf die maßgebliche Aufnahmequote nach § 22 II AsylVfG 1982 angerechnet wurden. Angerechnet wurden auch jene Asylsuchende, die im behördlichen Einvernehmen nachträglich umverteilt wurden. Die Vorschrift des § 52 kann deshalb als gesetzliche Bestätigung dieser Verwaltungspraxis verstanden werden. Im Gesetzentwurf war diese Vorschrift zunächst nicht vorgesehen (vgl. BT-Drs. 12/2062, S. 14). Ihre Einfügung in das Gesetz ging auf eine Anregung der Bundesländer zurück und wurde im Bericht des Innenausschusses vorgeschlagen (BT-Drs. 12/2718, S. 29, 58 f.).

1

2. Quotenanrechnung

Diese Vorschrift enthält einen besonderen Berechnungsmodus für die Bestimmung der nach § 45 maßgeblichen *Aufnahmequote*. Die in § 45 geregelte Aufnahmequote ist maßgeblich für den Umfang der gesetzlichen Verpflichtung der Bundesländer nach § 44 I, die erforderlichen Unterbringungskapazitäten für die Erstaufnahme von Asylsuchenden bereitzuhalten. Diese Aufnahmequote ist überdies vorrangig entscheidungserheblich für die Bestimmung der zuständigen Aufnahmeeinrichtung (§ 46 I 1, II 2, V). Damit die gleichmäßige Auslastung der Länder gewährleistet ist, muss eine Regelung für die Fälle gefunden werden, in denen durch *länderübergreifende Verteilung* nach § 51 sowie durch die Aufnahmeverpflichtung nach § 14 II 1 Nr. 3 die tat-

2

sächliche Belastung der Länder verändert wird, ohne dass dies bereits in den Regelungen des § 46 berücksichtigt wird.

3   Die Aufnahmequote nach § 45 bestimmt für den Regelfall den tatsächlichen Umfang der Aufnahmeverpflichtung nach § 44 I. Da mit der Bestimmung der zuständigen Aufnahmeeinrichtung nach § 46 zugleich eine Entscheidung über die Aufnahmeverpflichtung des jeweiligen Bundeslandes getroffen wird, bedarf es für den Normalfall keiner besonderen Anrechnungsregel. Vielmehr kann der Umfang der Verpflichtung unmittelbar aus den Regelungen der §§ 45 f. abgelesen werden.

4   Durch die Bestimmung der zuständigen Aufnahmeeinrichtung ist zugleich auch das Bundesland bestimmt worden, das für die Dauer des Asylverfahrens zur Aufnahme verpflichtet ist. Die landesinterne Verteilung beeinflusst die Aufnahmequote nicht und bleibt deshalb in dieser Vorschrift unberücksichtigt. Demgegenüber wird durch die länderübergreifende Verteilung die durch die Bestimmung der zuständigen Aufnahmeeinrichtung nach § 46 festgelegte Aufnahmequote nachträglich verändert. Dem trägt diese Vorschrift Rechnung.

5   Die besondere Hervorhebung der Regelung in § 14 II 1 Nr. 3 hat ihren Grund darin, dass der betreffende Asylantragsteller mangels Wohnverpflichtung nach § 47 I 1 nicht in die Erstverteilung nach § 46 einbezogen wird und sein Asylantrag damit auch nicht die nach § 45 maßgebliche Aufnahmequote beeinflusst. Zur gleichmäßigen Auslastung der Bundesländer enthält diese Vorschrift deshalb eine auf § 14 II 1 Nr. 3 zielende Korrekturregelung.

6   Antragsteller nach § 14 II 1 Nr. 2 werden nach Maßgabe des § 47 I 2 in das Erstverteilungsverfahren einbezogen. Für länger dauernde Gewahrsamsfälle wurde offensichtlich kein Regelungsbedarf gesehen. Dies gilt auch für Antragsteller nach § 14 II 1 Nr. 1, die einen Aufenthaltstitel mit einer Gesamtgeltungsdauer von mehr als sechs Monaten haben. Hier überwiegt der asylunabhängige Aufenthaltszweck, sodass eine Einbeziehung in das Verteilungsverfahren nicht für notwendig erachtet wird.

3. Verfahren

7   Zuständige Behörde für die Koordinierung der Anrechnung nach Maßgabe dieser Vorschrift ist das Bundesinnenministerium oder die von diesem bestimmte Stelle (§ 44 II). Die Delegation wird wegen der ohnehin bestehenden Sachkompetenz zweckmäßigerweise an die zentrale Verteilungsstelle nach § 46 II 1 erfolgen. Eine der Regelung in § 46 IV vergleichbare Informationspflicht der Länder hat der Gesetzgeber für entbehrlich gehalten. Da die für die Anrechnung nach dieser Vorschrift maßgeblichen Daten eine entlastende Wirkung auf das begünstigte Land haben, wurde eine ausdrücklich gesetzlich geregelte Unterrichtungspflicht offensichtlich für überflüssig gehalten, weil man davon ausging, dass die Länder aus eigener Initiative diese Daten mitteilen.

§ 53 Unterbringung in Gemeinschaftsunterkünften

(1) Ausländer, die einen Asylantrag gestellt haben und nicht oder nicht mehr verpflichtet sind, in der Aufnahmeeinrichtung zu wohnen, sollen in der Regel in Gemeinschaftsunterkünften untergebracht werden. Hierbei sind sowohl das öffentliche Interesse als auch Belange des Ausländers zu berücksichtigen.
(2) Eine Verpflichtung, in einer Gemeinschaftsunterkunft zu wohnen, endet, wenn das Bundesamt einen Ausländer als Asylberechtigten anerkannt oder ein Gericht das Bundesamt zur Anerkennung verpflichtet hat, auch wenn ein Rechtsmittel eingelegt worden ist, sofern durch den Ausländer eine anderweitige Unterkunft nachgewiesen wird und der öffentlichen Hand dadurch Mehrkosten nicht entstehen. Das gleiche gilt, wenn das Bundesamt oder ein Gericht festgestellt hat, daß die Voraussetzungen des § 60 Abs. 1 des Aufenthaltsgesetzes vorliegen. In den Fällen der Sätze 1 und 2 endet die Verpflichtung auch für den Ehegatten und die minderjährigen Kinder des Ausländers.
(3) § 44 Abs. 3 gilt entsprechend.

Übersicht

		Rdn.
1.	Zweck der Vorschrift	1
2.	Persönlicher Anwendungsbereich der Vorschrift (Abs. 1 Satz 1 und Abs. 3)	3
2.1.	Anknüpfung an die Wohnverpflichtung nach § 47 Abs. 1 Satz 1 (Abs. 1 Satz 1)	3
2.2.	Kinder und Jugendliche (Abs. 3 in Verb. mit § 44 Abs. 3)	6
3.	Begriff der Gemeinschaftsunterkunft nach Abs. 1 Satz 1	8
4.	Behördliche Ermessensentscheidung (Abs. 1)	14
4.1.	Zweck der Vorschrift des Abs. 1	14
4.2.	Sollensanordnung nach Abs. 1 Satz 1	20
4.3.	Mindestanforderungen an eine menschenwürdige Unterbringung (Abs. 1 Satz 2)	22
5.	Beendigung der Wohnverpflichtung nach Abs. 1 Satz 1 (Abs. 2)	34
5.1.	Zweck der Vorschrift des Abs. 2	34
5.2.	Asylanerkennung (Abs. 2 Satz 1)	37
5.3.	Internationaler Schutz nach § 60 Abs. 1 AufenthG (Abs. 2 Satz 2)	39
5.4.	Familienangehörige (Abs. 2 Satz 3)	40
5.5.	Nachweis der anderweitigen Unterkunft (Abs. 2 Satz 1)	41
5.6.	Mehrkosteneinwand (Abs. 2 Satz 1)	43
6.	Rechtsschutz	44

1. Zweck der Vorschrift

Die Vorschrift des § 53 ist dem in § 23 AsylVfG 1982 vorgegebenen Modell nachgebildet worden. Während Asylsuchende, die ihren Antrag nach Maßgabe des § 14 I zu stellen haben, zu Beginn des Verfahrens verpflichtet sind, in der zuständigen Aufnahmeeinrichtung zu wohnen (§ 47 I 1), regelt diese

1

§ 53 *Unterbringung und Verteilung*

Vorschrift die nähere Ausgestaltung des Aufenthaltes der Asylantragsteller für den weiteren Verlauf des Verfahrens. Diese Bestimmung gilt darüber hinaus auch für jene Antragsteller, die nicht der Wohnverpflichtung nach § 47 I 1 unterliegen (Abs. 1 S. 1). Im Übrigen entspricht die Regelung der früheren Vorschrift des § 23 AsylVfG 1982.

2 Die Vorschrift des Abs. 1 S. 1 legt wie § 23 I 1 AsylVfG 1982 eine *Sollensanordnung* fest. Die auf die Gemeinschaftsunterkunft bezogene Wohnverpflichtung selbst wird mit der Auflagenanordnung nach § 60 II durchgesetzt (§ 60 Rdn. 8). Die Regelung in Abs. 3 ist im Gesetzgebungsverfahren eingefügt worden (BT-Drs. 12/2718, S. 29).

2. Persönlicher Anwendungsbereich der Vorschrift (Abs. 1 Satz 1 und Abs. 3)

2.1. Anknüpfung an die Wohnverpflichtung nach § 47 Abs. 1 Satz 1 (Abs. 1 Satz 1)

3 Nach Abs. 1 S. 1 sollen Asylsuchende, die *nicht* oder *nicht mehr* der Wohnverpflichtung nach § 47 I 1 unterfallen, in der Regel in Gemeinschaftsunterkünften untergebracht werden. Die Regelung nach Abs. 1 S. 1 steht deshalb in engem Zusammenhang mit der Wohnverpflichtung nach § 47 I 1. Antragsteller, welche einer derartigen Wohnverpflichtung unterliegen, kann die Ausländerbehörde nach der Verteilung durch Auflage nach § 60 II verpflichten, in einer bestimmten Gemeinschaftsunterkunft Wohnung zu nehmen. An die Stelle der gesetzlichen Wohnverpflichtung tritt damit für diesen Personenkreis die behördlich angeordnete Wohnverpflichtung nach § 60 II.

4 Antragsteller, die nach § 14 II den Asylantrag zu stellen haben, unterliegen zwar nicht der Wohnverpflichtung nach § 47 I 1. Abs. 1 S. 1 bestimmt jedoch auch für diesen Personenkreis, dass er regelmäßig in einer Gemeinschaftsunterkunft unterzubringen ist. Dies gilt jedoch nur, wenn der Asylantragsteller kein asylunabhängiges Aufenthaltsrecht besitzt und sich zur Rechtmäßigkeit seines Aufenthaltes allein auf den gestellten Asylantrag berufen kann.

5 Hat der Asylantragsteller einen Aufenthaltstitel mit einer Gesamtgeltungsdauer von mehr als sechs Monaten (§ 14 II Nr. 1), darf die behördliche Anordnung nach § 60 II erst ergehen, wenn die Geltungsdauer des Aufenthaltstitels abgelaufen und nicht erneuert worden ist (vgl. auch § 55 II 2). Für Antragsteller im Sinne von § 14 II Nr. 2 kann die zuständige Ausländerbehörde nach Entlassung aus der Haft oder aus einer der anderen in dieser Vorschrift genannten Einrichtung die auf Abs. 1 S. 1 zielende Wohnverpflichtung durch Auflage nach § 60 II anordnen.

2.2. Kinder und Jugendliche (Abs. 3 in Verb. mit § 44 Abs. 3)

6 Auch *Jugendliche* können in Gemeinschaftsunterkünften untergebracht werden (Abs. 3 in Verb. mit § 44 III). Ob die Zustimmung der Jugendbehörde er-

Unterbringung in Gemeinschaftsunterkünften § 53

forderlich ist, kann der Vorschrift nicht entnommen werden. Es sind daher die Grundsätze zu beachten, die auch bei der Auslegung und Anwendung von § 44 III erheblich sind. Nach § 45 I 1 SGB VIII bedarf der Träger einer ganztägig oder für einen Teil des Tages betriebenen Kinder- oder Jugendhilfeeinrichtung für den Betrieb einer behördlichen Genehmigung. Die in § 45 I 2 SGB VIII enthaltenen Ausnahmevorschriften konnten die Gemeinschaftsunterkünfte nach dem AsylVfG noch nicht berücksichtigen, da die Vorschrift des Abs. 3 in Verb. mit § 44 III nach der Verabschiedung des KJHG in Kraft getreten sind.

Zwar handelt es sich bei den Gemeinschaftsunterkünften zweifelsohne nicht um Einrichtungen der Kinder- und Jugendhilfe. Gleichwohl bedürfen insbesondere Kinder und Jugendliche im besonderen Maße der Betreuung. Abs. 3 will und kann die Betreiber von Gemeinschaftsunterkünften nicht von ihren entsprechenden Verpflichtungen freistellen. Darüber hinaus regelt § 45 SGB VIII ausschließlich die Genehmigungsbedürftigkeit einer Kinder- oder Jugendhilfeeinrichtung. Damit werden die Jugendämter nicht aus ihrer gesetzlichen Verpflichtung entlassen, dafür Sorge zu tragen, dass bei dem Betrieb einer Gemeinschaftsunterkunft im besonderen Maße auf die Bedürfnisse von Kindern und Jugendlichen Rücksicht genommen wird. 7

3. Begriff der Gemeinschaftsunterkunft nach Abs. 1 Satz 1

Das Gesetz unterscheidet zwischen der *Aufnahmeeinrichtung* nach § 47 I 1 einerseits sowie der *Gemeinschaftsunterkunft* nach § 53 andererseits. Die Unterbringung in Aufnahmeeinrichtungen ist nach Maßgabe der Regelungen in §§ 47 I, 48, 49 und 50 I zwingend. Insoweit trifft die Länder eine gesetzliche Verpflichtung, entsprechend ihrer Aufnahmequote nach § 45 die erforderlichen Unterbringungskapazitäten durch Einrichtung von Aufnahmeeinrichtungen zu schaffen. Nach Beendigung der Wohnverpflichtung gemäß § 47 I 1 soll zwar der weitere Aufenthalt durch Unterbringung in Gemeinschaftsunterkünften geregelt werden, jedoch nur im Rahmen der vorhandenen Kapazitäten. 8

Die Behörde darf andererseits bei der Entscheidung nach Abs. 1 nicht auf vorhandene Kapazitäten in Aufnahmeeinrichtungen zurückgreifen. Denn es besteht eine gesetzliche Verpflichtung, die erforderlichen Kapazitäten in Aufnahmeeinrichtungen für neu ankommende Asylsuchende freizuhalten (BT-Drs. 12/2062, S. 36). Es stößt daher auf Bedenken, wenn die Behörde einen bestimmten Gebäudekomplex für beide Zwecke nutzt (Renner, AuslR, § 53 AsylVfG Rdn. 5). 9

Der *Begriff der Gemeinschaftsunterkunft* ist im Gesetz nicht geregelt. Gemeint ist die Bereitstellung einer Unterkunft für Asylsuchende zu *gemeinschaftlichen Wohnzwecken*. Die Behörde kann dabei auf vorhandene Kapazitäten in ihrem Bezirk zurückgreifen, muss also nicht erst besondere Unterkünfte für den Zweck nach Abs. 1 einrichten. Ob darüber hinaus in der Unterkunft auch andere gemeinschaftliche Leistungen, etwa Gemeinschaftsverpflegung, angeboten werden, ist für den Begriff der Gemeinschaftsunterkunft ohne Bedeutung. 10

11 Werden jedoch in einer Unterkunft auch andere Personen als Asylsuchende untergebracht oder dient diese auch dem anderweitigen Wohnen und Übernachten wie etwa in Hotels und Pensionen, handelt es sich nicht um eine Gemeinschaftsunterkunft. Es muss sich stets um eine durch die Ausländerbehörde (§ 60 III) nach Maßgabe des § 60 II angeordnete Unterbringung handeln.

12 Die Maßnahme nach Abs. 1 ist also weder eine sozialhilferechtliche Unterbringungsleistung der Sozialbehörde noch eine Obdachlosenunterbringung durch die allgemeine Polizeibehörde (Renner, AuslR, § 53 AsylVfG Rdn. 11). Welche *Mindestbedingungen* im Einzelnen für die Größe und Beschaffenheit der Unterkunft gelten, ist im Gesetz nicht geregelt. Die obergerichtliche Rechtsprechung gewährt der Behörde jedoch insoweit einen extrem weiten Gestaltungsspielraum (§ 60 Rdn. 60 ff.).

13 Zuständige Behörde ist die Ausländerbehörde (§ 60 III). Die Behörde kann sich auch der Hilfe von *Privaten* bedienen. Allerdings ist sie dadurch nicht ihrer *Fürsorgepflicht* (OVG NW, InfAuslR 1987, 219) gegenüber den Asylbewerbern enthoben. Vielmehr trifft die Behörde eine Überprüfungspflicht (GK-AsylVfG a. F., § 23 Rdn. 14), die sich auf die persönliche Zuverlässigkeit des Betreibers, des eingesetzten Betreuungspersonals und sonstige Einrichtungsbedingungen sowie insbesondere auf das allgemeine Verhalten des Personals gegenüber den Asylbewerbern bezieht. Stellt der private Betreiber bekannt gewordene Missstände nicht ab, muss die Behörde gegebenenfalls den zugrundeliegenden Vertrag kündigen und die Wohnverpflichtung gegenüber den betroffenen Asylbewerbern aufheben.

4. Behördliche Ermessensentscheidung (Abs. 1)

4.1. Zweck der Vorschrift des Abs. 1

14 Das BVerfG erachtet die auf die Unterbringung in Gemeinschaftsunterkünften abzielende Sollanordnung des § 23 I AsylVfG 1982 für *verfassungsrechtlich unbedenklich* (BVerfG (Vorprüfungsausschuss), EZAR 221 Nr. 21 = NJW 1983, 405 = BayVBl. 1983, 754). Begründet wurde dies damit, dass der Gesetzgeber mit der Sollensanordnung die Absicht verbinde, den Asylbewerbern sowohl für ihre eigene Person als auch im Hinblick auf mögliche künftige Asylantragsteller vor Augen zu führen, dass mit dem Asylantrag vor dessen unanfechtbarer Stattgabe kein Aufenthalt im Bundesgebiet zu erreichen sei, wie er nach allgemeinem Ausländerrecht eingeräumt werde (BVerfG (Vorprüfungsausschuss), EZAR 221 Nr. 21).

15 Die mit der Wohnsitznahme in Gemeinschaftsunterkünften *typischerweise verbundenen Beschränkungen* seien – auch vor dem Hintergrund der völkerrechtlichen Verpflichtungen der Bundesrepublik – grundsätzlich erforderlich, um im Interesse derjenigen Flüchtlinge, die letztlich bestandskräftig anerkannt würden, das Asylverfahren von Belastungen freizuhalten, für das es weder gedacht noch geeignet sei (BVerfG (Vorprüfungsausschuss), EZAR 221 Nr. 21).

Gegen diese *generalpräventive* Zweckrichtung der Vorschrift werden zu Recht Bedenken erhoben (Renner, AuslR, § 53 AsylVfG Nr. 7 f.). Es wird jedoch allgemein davon ausgegangen, dass es keine willkürliche Schlechterstellung gegenüber anderen sich im Bundesgebiet aufhaltenden Ausländern darstellt, wenn denjenigen, denen der Aufenthalt ausschließlich wegen ihres Asylantrags gestattet ist, besondere Maßnahmen wie nach §§ 60 und 53 zugemutet werden. Die Vorschrift des Abs. 1 S. 2 stellt jedoch klar, dass die Ausländerbehörde eine Ermessensentscheidung zu treffen hat und hierbei an das *Verhältnismäßigkeitsgebot* (BVerwGE 69, 295 (299, 302) = EZAR 222 Nr. 2 = NVwZ 1984, 799 = InfAuslR 1984, 239) gebunden ist. 16

Darüber hinaus muss die Art und Weise der Unterbringung dem verfassungsrechtlichen *Menschenwürdegebot* entsprechen, wobei die Rechtsprechung jedoch – wie bereits ausgeführt – den Behörden einen extrem weit reichenden Spielraum lässt (§ 60 Rdn. 61 ff.). Insbesondere wird es nicht für unzumutbar angesehen, dass die anderen Mitbewohner verschiedene Volks- und Staatsangehörigkeiten besitzen (VGH BW, AuAS 1994, 132; VG Hamburg, AuAS 1999, 153 s. auch VG Freiburg, VBlBW 1997, 112). 17

Abs. 1 stellt *keine Rechtsgrundlage* für die Unterbringung in Gemeinschaftsunterkünften dar, sondern ist eine *ermessenslenkende Vorschrift*. Ermächtigungsgrundlage zur Umsetzung des Abs. 1 ist § 60 II. Weitere Eingriffsgrundlagen zur Regelung der Unterbringung der Asylsuchenden enthält das Gesetz nicht. Will der Landesgesetzgeber über die Wohnverpflichtung des § 60 II hinausgehende Verpflichtungen schaffen, muss er dies durch Gesetz regeln. Verwaltungsvorschriften reichen zur Regelung dieser Frage nicht aus (GK-AsylVfG a. F., § 23 Rdn. 16). 18

Rechtsgrundlage für derartige Vorschriften ist weder Abs. 1 noch § 60 II. Soweit *Hausordnungen* erlassen werden, können sie keine den einzelnen Asylbewerber verpflichtende Ge- und Verbote begründen. Dazu bedarf es stets einer Anordnung nach § 60 I durch die zuständige Ausländerbehörde (§ 60 III). 19

4.2. Sollensanordnung nach Abs. 1 Satz 1

Nach Abs. 1 S. 1 sollen Asylantragsteller in der Regel in Gemeinschaftsunterkünften untergebracht werden. Die Behörde hat also über die Unterbringung nach pflichtgemäßem *Ermessen* zu entscheiden. Grundsätzlich sind Asylsuchende in Gemeinschaftsunterkünften unterzubringen. Dabei ist jedoch auf *atypische Fallgestaltungen* Bedacht zu nehmen (VG Potsdam, AuAS 2000, 154). Hierfür nennt Abs. 1 S. 2 den anzuwendenden Maßstab. In dieser Ermessenslenkung erschöpft sich der Inhalt der Vorschrift des Abs. 1. Insbesondere verpflichtet Abs. 1 S. 1 Länder und Gemeinden nicht, Gemeinschaftsunterkünfte einzurichten. Das Gesetz verpflichtet die Länder lediglich dazu, die erforderlichen Aufnahmekapazitäten für die Unterbringung von Asylsuchenden nach Maßgabe ihrer in § 45 geregelten Aufnahmequote zu schaffen (§ 44 I). Soweit der Asylbewerber nicht oder nicht mehr der Wohnverpflichtung nach § 47 I 1 unterliegt, bleibt es den Ländern grundsätzlich überlassen, wie sie im Einzelnen ihre gesetzliche Verpflichtung ausführen. 20

21 Sind in ihrem Bezirk die erforderlichen Unterbringungsplätze in Gemeinschaftsunterkünften vorhanden, hat die Ausländerbehörde die Regelanordnung nach Abs. 1 S. 1 zu beachten. Insoweit darf sie daher keine von der gesetzgeberischen Grundsatzentscheidung abweichende Entscheidung im konkreten Einzelfall treffen. Die Vorschrift des Abs. 1 enthält andererseits aber keine Verpflichtung, die für die Unterbringung von Asylsuchenden notwendigen Aufnahmekapazitäten durch Einrichtung von Gemeinschaftsunterkünften zu schaffen. Vielmehr überlässt es die Vorschrift den Ländern und Gemeinden selbst, wie sie die Unterbringung von Asylsuchenden im Einzelnen regeln. Nur für den Fall, dass ausreichende Aufnahmekapazitäten in Gemeinschaftsunterkünften verfügbar sind, enthält Abs. 1 eine das behördliche Ermessen lenkende Regelung.

4.3. Mindestanforderungen an eine menschenwürdige Unterbringung (Abs. 1 Satz 2)

22 Die Ausländerbehörde hat vor der Anordnung der Auflage nach § 60 II in jedem Einzelfall Ermessen auszuüben. Nach der Grundregel des Abs. 1 S. 2 sind dabei sowohl das öffentliche Interesse wie auch individuelle Belange des Asylsuchenden zu berücksichtigen. Die Vorschrift des Abs. 1 S. 2 ist der in Gesetzesform gegossene Ausdruck des Prinzips, dass die staatlichen Interessen an der Fernhaltung von Asylsuchenden, die nicht politisch verfolgt sind, und die individuellen Interessen des jeweiligen Asylbewerbers zu einem möglichst *schonenden Ausgleich* gebracht werden müssen (zur identischen Vorschrift des alten Rechts: GK-AsylVfG a. F., § 23 Rdn. 81; ähnl. BVerfG (Vorprüfungsausschuss), EZAR 221 Nr. 21).

23 Das Gesetz nennt für die Ermessensausübung Anhaltspunkte, gibt aber keine festen Regeln vor. Die Berufung auf Gründe der öffentlichen Sicherheit und Ordnung wird für zulässig erachtet (OVG Bremen, EZAR 221 Nr. 37). Selbstverständlich muss die für die Ermessensentscheidung maßgebliche tatsächliche Grundlage zutreffen. Die Behörde hat deshalb die Tatsachengrundlage für ihre Entscheidung durch hinreichende Ermittlungen zu schaffen (BayVGH, EZAR 222 Nr. 6).

24 Des weiteren hat die Ausländerbehörde den *Verhältnismäßigkeitsgrundsatz* zu beachten (BVerwGE 69, 295 (299, 302) = EZAR 222 Nr. 2 = NVwZ 1984, 799 = InfAuslR 1984, 239). Sie hat also insbesondere zu prüfen, ob die Anordnung angesichts der konkreten Umstände des jeweiligen Einzelfalles verhältnismäßig ist. Nach dem verfassungskräftigen Prinzip der Verhältnismäßigkeit sind Eingriffe in die Freiheitssphäre ungeachtet einer bestehenden gesetzlichen Ermächtigung *nur dann und nur insoweit zulässig*, als sie zum Schutze öffentlicher Interessen unerlässlich sind.

25 Die gewählten Mittel müssen dabei stets in einem vernünftigen Verhältnis zum angestrebten Erfolg stehen (BVerwGE 69, 295 (302) = EZAR 222 Nr. 2 = NVwZ 1984, 799 = InfAuslR 1984, 239). Der mit der Wohnverpflichtung angestrebte Erfolg ist der Abschreckungsgedanke (BVerfG (Vorprüfungsausschuss), EZAR 221 Nr. 21). Da nach den bisherigen Erfahrungen dieser

Gesetzeszweck nicht tragfähig ist, ergeben sich Bedenken gegen die Unterbringung nach Abs. 1 aus dem Grundsatz der Verhältnismäßigkeit.
Die Vorschrift des Abs. 1 S. 2 begründet *keinen Vorrang des öffentlichen Interesses vor den privaten Belangen* (so auch ausdr. Renner, AuslR, § 53 AsylVfG Rdn. 13). Vielmehr sind nach Abs. 1 S. 2 das öffentliche wie das private Interesse vorgegeben und ist ein Ausgleich dieser unterschiedlichen Interessen anzustreben. Das öffentliche Interesse an der Gemeinschaftsunterbringung ist lediglich mit zu berücksichtigen. Jedoch kommt in Abs. 1 S. 1 der gesetzgeberische Wille deutlich zum Ausdruck, dass die allgemeinen mit der Gemeinschaftsunterbringung verbundenen Beschwernisse und Beeinträchtigungen grundsätzlich hinter den öffentlichen Interessen zurückzutreten haben, soweit keine atypische Sachgestaltung vorliegt (Renner, AuslR, § 53 AsylVfG Rdn. 13). 26

Die in Abs. 1 S. 2 angeführten Interessen können verschiedenartiger Natur sein, müssen aber im Einzelfall die behördliche Entscheidung tragen können. Die Behörde darf z. B. die allgemeine Wohnungsnot, Kostengesichtspunkte, aber auch Sicherheitsgesichtspunkte berücksichtigen. Nicht ausreichend ist jedoch der Wunsch des Vermieters nach Räumung der von dem Asylsuchenden gemieteten Wohnung oder das Bestreben des Betreibers einer Gemeinschaftsunterkunft nach einer optimalen Auslastung seiner Kapazitäten (Renner, AuslR, § 53 AsylVfG Rdn. 13). Im Übrigen gibt es *keine* behördliche *Dispositionsfreiheit*, Asylbewerber nach freiem Belieben von einer Gemeinschaftsunterkunft in eine andere zu verlegen (BayVGH, EZAR 222 Nr. 6). 27

Zwar kann die an Sinn und Zweck des Gesetzes orientierte Ermessensausübung es erlauben, die Unterbringung von Asylbewerbern möglichst flexibel zu handhaben, um z. B. Über- und Unterbelegungen einzelner Unterkünfte auszugleichen oder um zerstrittene Gruppen von Asylbewerbern auseinander zu bringen. Es ist jedoch in jedem Fall eine die öffentlichen und privaten Interessen berücksichtigende Ermessensentscheidung zu treffen (BayVGH, EZAR 222 Nr. 6). 28

Insbesondere der *Kostengesichtspunkt* kann der Anordnung nach § 60 II entgegenstehen. Wenn das Gesetz auch lediglich in Abs. 2 S. 1 den Kostenfaktor erwähnt, kann daraus nicht gefolgert werden, die Grundsätze sparsamer Haushaltsführung würden im Übrigen keine Anwendung finden. Vielmehr ergibt sich aus Abs. 2 S. 1, dass der öffentlichen Hand durch die gewählte Form der Unterbringung keine unnötigen Mehrkosten entstehen sollen. Zumindest in dem Fall, in dem der Behörde durch die private Unterbringung des Asylbewerbers nachweislich Kosten erspart werden, sprechen deshalb öffentliche Interessen gegen die Auflagenanordnung (so auch Renner, AuslR, § 53 AsylVfG Rdn. 17). 29

Als von der Behörde zu berücksichtigende *private Belange* kommen grundsätzlich alle schützenswerten Interessen des Asylsuchenden in Betracht (im Einzelnen s. hierzu § 60 Rdn. 9 ff.). Insbesondere hat die Behörde den verfassungsrechtlichen Grundsatz von *Ehe und Familie* sowie die *kulturellen, religiösen, gesundheitlichen* und sonstigen *existenziellen Bedürfnisse* des Asylbewerbers zu beachten (OVG NW, InfAuslR 1986, 219). Bei *sexistischen* oder *rassistischen* 30

§ 53 *Unterbringung und Verteilung*

Belästigungen hat die Maßnahme nach § 60 II gegen die Betroffenen zu unterbleiben. Es spricht jedoch nichts dagegen, gegen die Verantwortlichen nach § 60 II vorzugehen.

31 Eine Sondersituation, die ein Abweichen von der allgemeinen Regel erfordert, kann auch aus den Verhältnissen in der jeweiligen Unterkunft folgen. Auch wenn diese im Allgemeinen nicht zu beanstanden sind, können sie im Einzelfall aufgrund der besonderen individuellen Verhältnisse unzumutbar sein. So kann etwa für Familien die Unterbringung unzumutbar sein, wenn nicht ausreichender Wohnraum vorhanden ist (§ 60 Rdn. 30ff.). Eine vierköpfige Familie darf nicht auf unbestimmte Dauer auf die Nutzung eines einzigen Wohnraums mit etwa 20 qm Grundfläche verwiesen werden (Nieders.OVG, InfAuslR 2004, 84 (85)). Die Möglichkeit des Zurückziehens muss zumindest psychisch gefährdeten Personen möglich sein (Renner, AuslR, § 53 AsylVfG Rdn. 19). Auch die nach den gegebenen Umständen alsbald mit hoher Wahrscheinlichkeit zu erwartende positive Statusentscheidung kann einer Auflagenanordnung entgegenstehen (BayVGH, EZAR 461 Nr. 9).

32 Bei drohenden oder bereits bestehenden schwerwiegenden *Gesundheitsschädigungen* kann die Gemeinschaftsunterbringung unzumutbar sein. Zu berücksichtigen sind insoweit auch die Nachwirkungen der Flucht- und Verfolgungserlebnisse. Das Willkürverbot gebietet insbesondere, dass die Ausländerbehörde der individuellen Situation des Asylbewerbers, insbesondere der Dauer und Art seines bisherigen Aufenthaltes *außerhalb* einer Gemeinschaftsunterkunft sowie dem *Maß der Integration in die bisherige Umgebung* Rechnung trägt (VGH BW, EZAR 221 Nr. 26; § 60 Rdn. 19).

33 Auch wenn die mit der abseitigen Lage einer Unterkunft verbundenen Schwierigkeiten im Allgemeinen hinzunehmen sind, hat die Behörde die damit für eine Familie mit Kleinkindern verbundenen Erschwernisse beim Einkaufen und der ärztlichen Versorgung zu berücksichtigen. Hier werden häufig kurzfristige Arztbesuche und kurzfristige Beschaffung von Lebensmitteln und Medikamenten erforderlich, welche die Annahme einer atypischen Ausnahmesituation rechtfertigen (VG Braunschweig, U. v. 13. 11. 1991 – 6 A 61091/91).

5. Beendigung der Wohnverpflichtung nach Abs. 1 Satz 1 (Abs. 2)

5.1. Zweck der Vorschrift des Abs. 2

34 Die Regelung des Abs. 2 entspricht § 23 II AsylVfG 1987. Bis dahin gab es keine gesetzlich geregelte zeitliche Begrenzung der Wohnverpflichtung. Vielmehr hatte die Behörde lediglich den *Grundsatz der Verhältnismäßigkeit* (BVerwGE 69, 295 (299), 302) = EZAR 222 Nr. 2 = NVwZ 1984, 799 = InfAuslR 1984, 239) zu beachten, der im geltenden Recht auch unabhängig von den Fallgruppen des Abs. 2 Berücksichtigung fordert. Daher kann sich bei länger dauerndem Asylverfahren aus diesem Grundsatz ein Anspruch auf Aufhebung der Wohnverpflichtung nach Abs. 1 S. 1 ergeben (GK-AsylVfG a. F., § 23 Rdn. 71).

Wann diese zeitliche Grenze im Einzelfall erreicht ist, kann nicht abstrakt bestimmt werden. Jedenfalls dürfte angesichts der erheblichen psychischen Belastungen, die regelmäßig mit der Gemeinschaftsunterbringung verbunden sind, und auch in Anbetracht der besonderen Beschleunigungselemente des AsylVfG eine Unterbringung von mehr als *neun Monate* mit dem Verhältnismäßigkeitsgrundsatz nicht mehr vereinbar sein.

Anders als in den Fällen des § 58 IV bedarf es für die Beendigung der Wohnverpflichtung nach Abs. 1 S. 1 einer behördlichen Anordnung dahin, dass die Auflage nach § 60 II aufgehoben oder geändert wird. Die hierfür maßgeblichen Voraussetzungen ergeben sich unmittelbar aus dem Gesetzeswortlaut. Der Behörde steht kein Ermessen zu. Sind die tatbestandlichen Voraussetzungen des Abs. 2 erfüllt, endet die Wohnverpflichtung nach Abs. 1 S. 1 (vgl. Abs. 2 S. 1). Die diese begründende Wohnauflage nach § 60 II ist aufzuheben. Sind die tatbestandlichen Voraussetzungen des Abs. 2 erfüllt, kann die Aufrechterhaltung der Wohnverpflichtung gegen den Verhältnismäßigkeitsgrundsatz verstoßen. Die hierfür maßgeblichen tatsächlichen Voraussetzungen hat die Behörde festzustellen. Diese behördlichen Feststellungen unterliegen in tatsächlicher und rechtlicher Hinsicht der vollständigen gerichtlichen Kontrolle.

5.2. Asylanerkennung (Abs. 2 Satz 1)

Die Wohnverpflichtung endet nach Abs. 2 S. 1, wenn das Bundesamt den Antragsteller als asylberechtigt anerkannt hat bzw. wenn es durch ein Verwaltungsgericht hierzu verpflichtet worden, die Entscheidung jedoch noch nicht rechtskräftig geworden ist. Auch die Gewährung der Asylberechtigung im Wege des Familienasyls ist eine Asylanerkennung (§ 26 I 1). In derartigen Fällen ergibt sich auch zusätzlich ein Anspruch auf Aufhebung der Wohnverpflichtung aus Abs. 2 S. 3.

Die Wohnverpflichtung endet mit Zustellung des Asylbescheids bzw. mit Verkündung oder Zustellung des verwaltungsgerichtlichen Urteils. Erfolgt die Verpflichtung zur Asylanerkennung erst im Berufungsverfahren, folgt aus dem Gesetzeswortlaut ebenfalls ein Aufhebungsanspruch. Jedoch dürfte wegen der Länge der Verfahrensdauer in diesem Fall bereits vorher aus dem Verhältnismäßigkeitsgrundsatz ein Aufhebungsanspruch entstanden sein.

5.3. Internationaler Schutz nach § 60 Abs. 1 AufenthG (Abs. 2 Satz 2)

Nach Abs. 2 S. 2 endet die Wohnverpflichtung, wenn das Bundesamt festgestellt hat, dass die Voraussetzungen des § 60 I AufenthG erfüllt sind, oder wenn es durch das Verwaltungsgericht bzw. das Berufungsgericht zu einer derartigen Feststellung verpflichtet worden ist. Anders als nach § 23 II 2 AsylVfG 1987 ist der Aufhebungsanspruch nicht davon abhängig, dass die Abschiebung aus rechtlichen oder tatsächlichen Gründen unmöglich ist. Auch die Gewährung des internationalen Schutzes im Wege des Familienabschiebungsschutzes (§ 26 IV) ist eine Statusentscheidung. In derartigen Fällen ergibt sich auch zusätzlich ein Anspruch auf Aufhebung der Wohnverpflichtung aus Abs. 2 S. 3.

5.4. Familienangehörige (Abs. 2 Satz 3)

40 Nach Abs. 2 S. 3 endet die Wohnverpflichtung auch für die Ehegatten und minderjährigen Kinder des Asylberechtigten bzw. Flüchtlings, ohne dass es auf den Ausgang ihres Asylverfahrens ankommt. Es handelt sich um einen akzessorischen Aufhebungsanspruch. Er entsteht daher in Abhängigkeit von dem in Abs. 2 S. 1 und S. 2 geregelten Aufhebungsanspruch. Für die Ehegatten und minderjährigen ledigen Kinder des Stammberechtigten ergibt sich der Aufhebungsanspruch unter den Voraussetzungen des § 26 I–IV unmittelbar aus Abs. 2 S. 1. Auch verheiratete minderjährige Kinder des Stammberechtigten werden in Abweichung von § 51 I durch Abs. 2 S. 3 begünstigt. Insoweit lehnt sich die Vorschrift des Abs. 2 S. 3 an die Regelungen in §§ 46 III, 50 IV 5, nicht jedoch an die Vorschrift des § 51 I an.

5.5. Nachweis der anderweitigen Unterkunft (Abs. 2 Satz 1)

41 Die Entstehung des Aufhebungsanspruchs nach Abs. 2 und 3 ist vom Nachweis einer anderweitigen Unterkunft abhängig. Es dürfen keine besonderen Anforderungen an den entsprechenden Nachweis gestellt werden. Insbesondere finden die allgemeinen aufenthaltsrechtlichen Vorschriften (vgl. § 2 IV AufenthG) *keine* Anwendung. Die anderweitige Unterkunft muss zum Wohnen geeignet sein. Auch die *unentgeltliche* Überlassung einer anderweitigen Wohnung reicht aus. Nehmen Verwandte oder Freunde den Asylbewerber in ihre Wohnung unentgeltlich auf, kann die Behörde die Aufhebung der Auflage nicht verweigern. Der Einwand nicht ausreichenden Wohnraums würde angesichts der obergerichtlichen Rechtsprechung, die keine absoluten Grenzen für die Größe des in einer Gemeinschaftsunterkunft zur Verfügung zu stellenden Wohnraums akzeptieren will (§ 60 Rdn. 63 ff.), gegen Treu und Glauben verstoßen.

42 Bei entgeltlicher Wohnraumüberlassung kann die Behörde den Erlass der Aufhebungsverfügung nicht von der Vorlage des Mietvertrags abhängig machen, weil die Eingehung einer rechtlichen Verbindlichkeit erst zumutbar ist, wenn eindeutig Klarheit über den Aufhebungsanspruch besteht. Die anderweitige Unterkunft kann auch außerhalb des zugewiesenen Aufenthaltsbezirks liegen (Renner, AuslR, § 53 AsylVfG Rdn. 27). In diesem Fall ist aber die vorherige Zusage für die Änderung der räumlichen Beschränkung (§ 60 II) einzuholen. Ist die landesinterne oder gar länderübergreifende Verteilung erforderlich, hat der Asylbewerber im Wege der nachträglichen Umverteilung die Zuweisung in den Aufenthaltsbezirk, in dem die Unterkunft liegt, zu beantragen. Angesichts der mit der weiteren Gemeinschaftsunterbringung verbundenen psychischen Belastungen sowie auch unter Berücksichtigung der

für den Antragsteller positiven asylrechtlichen Statusentscheidung dürften regelmäßig humanitäre Härtegründe (§§ 50 IV 5, 51 I) die beantragte Zuweisung rechtfertigen.

5.6. Mehrkosteneinwand (Abs. 2 Satz 1)

Die Behörde kann die Entlassung aus der Gemeinschaftsunterkunft mit dem Einwand der dadurch entstehenden Mehrkosten für die öffentliche Hand verweigern (Abs. 2 S. 1). Abzustellen ist auf eine *Gesamtrechnung*. Angesichts der für einen Unterbringungsplatz in der Gemeinschaftsunterkunft zu veranschlagenden Gesamtkosten (einschließlich Verwaltung, Sicherheitsdienste und Betreuung) dürfte eine Privatunterkunft in aller Regel billiger sein (Renner, AuslR, § 53 AsylVfG Rdn. 28). Die Kosten, die Wohlfahrtsorganisationen für die anderweitige Unterbringung aufbringen müssen, sind nur anzurechnen, wenn die Behörde die öffentliche Finanzierung der durch die Organisation bereitgestellten Wohnung darlegen kann. Kosten, die etwa durch Hilfe von Verwandten und Bekannten entstehen, sind keine der öffentlichen Hand entstehenden Kosten. 43

6. Rechtsschutz

Die Behörde hat die Wohnverpflichtung nach § 60 II aufzuheben. Die hierfür maßgeblichen tatbestandlichen Voraussetzungen ergeben sich unmittelbar aus dem Gesetz. Für den Nachweis der anderweitigen Unterkunft ist der Asylbewerber beweispflichtig. Demgegenüber hat die Behörde die Beweislast für den Mehrkosteneinwand zu tragen. *Rechtsschutz* gegen die behördliche Verweigerung der Aufhebung der Auflage nach § 60 II ist im Wege der *Verpflichtungsklage* und gegebenenfalls bei Vorliegen eines Anordnungsgrundes durch einen *einstweiligen Anordnungsantrag* nach § 123 VwGO zu erlangen (s. hierzu im Einzelnen § 60 Rdn. 78 ff.). 44

Da aus der Rechtsprechung des BVerwG folgt, dass die das Aufenthaltsrecht des Asylbewerbers gestaltende Auflage *modifizierenden Charakter* hat (BVerwGE 69, 290 (295) = EZAR 222 Nr. 2 = NVwZ 1984, 799 = InfAuslR 1984, 239), kann auf der Grundlage dieser Rechtsprechung das begehrte Antragsziel nicht durch eine Anfechtungsklage erreicht werden. Erstrebt wird die Neuerteilung einer Bescheinigung nach § 63 I ohne die belastende Auflage nach § 60 II, die bislang die Wohnverpflichtung begründet hatte. 45

§ 54 Unterrichtung des Bundesamtes

Die Ausländerbehörde, in deren Bezirk sich der Ausländer aufzuhalten hat, teilt dem Bundesamt unverzüglich
1. die ladungsfähige Anschrift des Ausländers,
2. eine Ausschreibung zur Aufenthaltsermittlung

mit.

Übersicht	Rdn.
1. Vorbemerkung	1
2. Zuständige Ausländerbehörde	2
3. Inhalt der Unterrichtungspflichten	3

1. Vorbemerkung

1   Die Vorschrift des § 54 soll sicherstellen, dass das Bundesamt unverzüglich von der Ausländerbehörde über den Verbleib des Asylbewerbers unterrichtet wird (BT-Drs. 12/2062, S. 36) und erlegt der zuständigen Ausländerbehörde zu diesem Zweck bestimmte Unterrichtungspflichten gegenüber dem Bundesamt auf. Dem korrespondieren andererseits die Unterrichtungspflichten des Bundesamtes gegenüber der zuständigen Ausländerbehörde (§ 40). Unabhängig von diesen Vorschriften enthält das Gesetz an verschiedenen Stellen gegenseitige behördliche Benachrichtigungspflichten (z. B. §§ 20 I, 44 II, 46 IV). Schließlich schafft § 83 a die Rechtsgrundlage für die Unterrichtung der Ausländerbehörde durch das Verwaltungsgericht. Zweck dieser Vorschrift ist die effektive Durchführung des Asylverfahrens.

2. Zuständige Ausländerbehörde

2   Adressat der Verpflichtung nach § 54 ist die Ausländerbehörde, in deren Bezirk der Antragsteller sich aufgrund der Zuweisungsverfügung nach § 50 IV 1 aufzuhalten hat. In den Fällen des § 14 II ist dies die Ausländerbehörde, in deren Bezirk sich der Antragsteller tatsächlich aufhält (§ 56 I 2), im Übrigen die nach § 60 III zuständige Ausländerbehörde. Diese führt die Akten und hat den besten Überblick über die erforderlichen Daten. Die Vorschrift des § 54 schließt nicht die gegenseitige Unterrichtung zwischen den Ausländerbehörden aus. So wird die Ausländerbehörde, in deren Bezirk der Asylantragsteller aufgegriffen wird, hierüber die zuständige Ausländerbehörde unterrichten.

3. Inhalt der Unterrichtungspflichten

3   Die Vorschrift des § 54 nennt zwei besondere Unterrichtungspflichten. Damit das Bundesamt Ladungen, Asylbescheide und sonstige Mitteilungen wirksam zustellen kann, trifft die zuständige Ausländerbehörde die Verpflichtung, dem Bundesamt unverzüglich die ladungsfähige Adresse des Asylbe-

Aufenthaltsgestattung § 55

werbers mitzuteilen. Das Bundesamt hat in diesem Fall, Zustellungen an die von der Ausländerbehörde mitgeteilte Adresse vorzunehmen. Bedeutung hat dies insbesondere im Falle der Zuweisung nach Beendigung der Wohnverpflichtung nach § 47 I 1. Bis zum Erlass der Zuweisungsentscheidung gilt die Zustellungserleichterung nach § 10 IV. Nach deren Erlass hat sich der Asylbewerber unverzüglich zur als zuständig bestimmten Ausländerbehörde zu begeben (§ 50 VI). Kommt er dieser Verpflichtung ohne schuldhaftes Verzögern nach, trifft die Ausländerbehörde die unverzügliche Unterrichtungspflicht nach Nr. 1.

Des Weiteren hat die Ausländerbehörde das Bundesamt nach Nr. 2 unverzüglich über eine Ausschreibung zur Aufenthaltsermittlung zu unterrichten (§ 66). Auch diese Unterrichtungspflicht hat vorrangig verfahrensbeschleunigende Funktion. Der ausländerbehördlichen Verpflichtung nach Nr. 2 korrespondiert keine dementsprechende Pflicht der Aufnahmeeinrichtung, obwohl diese z. B. die Weiterleitungsverfügung erlässt (§ 22 I 2). Ein Vorgehen des Bundesamtes nach § 33 ist in diesen Fällen allerdings nicht zulässig, da erst mit der Meldung bei der zuständigen Außenstelle des Bundesamtes der Asylantrag wirksam gestellt wird (§ 23) und ein Antrag nur als zurückgenommen gelten kann, der wirksam gestellt worden ist. Die Unterrichtungspflicht nach Nr. 2 zielt wohl vorrangig auf die Anwendung der Regelungen der §§ 66 I Nr. 1, 67 I Nr. 2. 4

**Vierter Abschnitt
Recht des Aufenthalts**

**Erster Unterabschnitt
Aufenthalt während des Asylverfahrens**

§ 55 Aufenthaltsgestattung

(1) Einem Ausländer, der um Asyl nachsucht, ist zur Durchführung des Asylverfahrens der Aufenthalt im Bundesgebiet gestattet (Aufenthaltsgestattung). Er hat keinen Anspruch darauf, sich in einem bestimmten Land oder an einem bestimmten Ort aufzuhalten. Im Falle der unerlaubten Einreise aus einem sicheren Drittstaat (§ 26 a) erwirbt der Ausländer die Aufenthaltsgestattung mit der Stellung eines Asylantrages.
(2) Mit der Stellung eines Asylantrages erlöschen eine Befreiung vom Erfordernis des Aufenthaltstitels und ein Aufenthalt mit einer Gesamtgeltungsdauer bis zu sechs Monaten sowie die in § 81 Abs. 3 und 4 des Aufenthaltsgesetzes bezeichneten Wirkungen eines Aufenthaltstitels. § 81 Abs. 4 des Aufenthaltsgesetzes bleibt unberührt, wenn der Ausländer einen Aufenthaltstitel mit einer Gesamtgeltungsdauer von mehr als sechs Monaten besessen und deren Verlängerung beantragt hat.
(3) Soweit der Erwerb eines Rechtes oder die Ausübung eines Rechts oder die Ausübung eines Rechtes oder einer Vergünstigung von der Dauer des Aufenthalts im Bundesgebiet abhängig ist, wird die Zeit eines Aufenthalts

§ 55 *Recht des Aufenthalts*

nach Absatz 1 nur angerechnet, wenn der Ausländer unanfechtbar als Asylberechtigter anerkannt worden ist oder das Bundesamt für Migration und Flüchtlinge unanfechtbar das Vorliegen der Voraussetzungen des § 60 Abs. 1 Aufenthaltsgesetzes festgestellt hat.

Übersicht

	Rdn.
1. Zweck der Vorschrift	1
2. Entstehung der Aufenthaltsgestattung (Abs. 1 Satz 1)	6
3. Rechtsnatur der Aufenthaltsgestattung nach Abs. 1 Satz 1	14
4. Umfang der Aufenthaltsgestattung (Abs. 1 Satz 2)	25
5. Einreise über einen sicheren Drittstaat nach § 26 a (Abs. 1 Satz 3)	29
6. Verhältnis der Aufenthaltsgestattung zum Aufenthaltstitel (Abs. 2)	33
6.1. Zweck der Vorschrift des Abs. 2	33
6.2. Umfang der Erlöschensregelung des Abs. 2 Satz 1	35
6.3. Fortgeltung des Aufenthaltstitels nach Abs. 2 Satz 2	39
7. Anrechnung von Aufenthaltszeiten (Abs. 3)	45
8. Rechtsschutz	47

1. Zweck der Vorschrift

1   Die Vorschrift des § 55 hat ihr Vorbild in der Regelung des § 19 AsylVfG 1982. Außerdem übernimmt sie die früheren Bestimmungen des § 22 I AsylVfG 1982. Wie § 19 I AsylVfG 1982 begründet Abs. 1 S. 1 ein gesetzliches Aufenthaltsrecht für die Dauer des Asylverfahrens. Im Falle der unanfechtbaren Statusentscheidung entsteht der Anspruch auf den Aufenthaltstitel (§ 25 I und II AufenthG). Wird der Asylantrag unanfechtbar abgelehnt und stehen Abschiebungshindernisse (§ 60 II–VII AufenthG) der Abschiebung nicht entgegen, endet das Aufenthaltsrecht nach Abs. 1 (vgl. § 67 I Nr. 4 und 6).

2   Abs. 1 S. 1 regelt die Bedingungen für die *Entstehung* des asylverfahrensabhängigen Aufenthaltsrechts. Demgegenüber legt § 67 die Voraussetzungen fest, unter denen das Aufenthaltsrecht der Asylbewerber erlischt. Abs. 1 S. 2 bestimmt wie früher § 22 I AsylVfG 1982, dass der Asylbewerber keinen Anspruch darauf hat, sich während der Dauer des Asylverfahrens in einem bestimmten Bundesland oder an einem bestimmten Ort aufzuhalten.

3   Gesetzessystematisch hat diese Regelung eigentlich ihren Ort im Dritten Abschnitt. Dort werden auch die Voraussetzungen festgelegt, nach Maßgabe deren ein Anspruch auf Zuweisung an einem bestimmten Ort besteht (§§ 50 IV 5, 51 I). Die Regelung in Abs. 1 S. 3 ist Folge der durch ÄnderungsG 1993 eingeführten Drittstaatenkonzeption (BT-Drs. 12/4450, S. 26).

4   Wie früher § 19 IV und V AsylVfG 1982 regelt Abs. 2 das Verhältnis der Aufenthaltsgestattung zum Aufenthaltstitel nach § 4 AufenthG. Abs. 3 enthält wie § 19 III AsylVfG 1982 die Voraussetzungen, unter denen die Dauer des Asylverfahrens auf den Erwerb oder die Ausübung eines Rechts oder einer Vergünstigung angerechnet wird. Die Regelung in Abs. 3 steht in Übereinstimmung mit der Rechtsprechung des BVerfG, derzufolge erst der Statusfeststellung »*gleichsam konstitutive Wirkung*« zukommt (BVerfGE 60, 253 (295) = EZAR 610 Nr. 14 – NJW 1982, 2425).

Aufenthaltsgestattung §55

Demgegenüber ist Abs. 1 einfachgesetzlicher Ausdruck der asylrechtlichen Schutzwirkung, derzufolge mit Blick auf den Abschiebungs- und Verfolgungsschutz die Statusgewährung *deklaratorischer Natur* ist. Mit der Geltendmachung des asylrechtlichen Schutzbegehrens greift nach Abs. 1 das gesetzliche Aufenthaltsrecht ein (§ 13 Rdn. 9 ff.; § 63 Rdn. 2).

2. Entstehung der Aufenthaltsgestattung (Abs. 1 Satz 1)

Nach Abs. 1 S. 1 ist dem Ausländer, der *um Asyl nachsucht*, der Aufenthalt im Bundesgebiet zur Durchführung des Asylverfahrens gestattet. Das Eingreifen des Aufenthaltsschutzes setzt also nicht die wirksame Asylantragstellung nach §§ 14, 22, 23 voraus. Vielmehr reicht die Geltendmachung des bloßen Schutzbegehrens, d. h. das Nachsuchen um Asyl, bei einer amtlichen Stelle, die mit ausländerrechtlichen Fragen befasst ist, für das Eingreifen des Aufenthaltsschutzes aus (BayObLG, NVwZ 1993, 811 = InfAuslR 1993, 240). Eine Ausnahme hiervon gilt nach der Rechtsprechung in den Fällen, in denen der Asylsuchende aus einem sicheren Drittstaat einreist. In diesem Fall begründet das geltend gemachte Asylersuchen keine Aufenthaltsgestattung nach § 55 I 1 (BGH, InfAuslR 2003, 202 (203) = NVwZ 2003, 893).

Das Gesetz unterscheidet strikt zwischen dem *Nachsuchen um Asyl* (§§ 18 I, 18a I 1, 19 I) einerseits sowie der *Asylantragstellung* (§§ 14, 23 I) andererseits (§ 13 Rdn. 9 ff.). Das gesetzliche Aufenthaltsrecht nach Abs. 1 S. 1 ist der wirksamen Asylantragstellung zeitlich vorgelagert, um den durch die verfassungsrechtliche Asylgarantie geforderten Abschiebungs- und Verfolgungsschutz (BVerwGE 49, 202 (205 f.) = EZAR 134 Nr. 1 = NJW 1976, 490; BVerwGE 62, 206 (210) = EZAR 221 Nr. 7 = InfAuslR 1981, 214; BVerwGE 69, 323 (325) = EZAR 200 Nr. 10 = NJW 1984, 2782) effektiv zu gewährleisten.

Die gesetzliche Begründung zu Abs. 1 hebt diese Besonderheit des gesetzlichen Aufenthaltsrechts ausdrücklich hervor. Während früher die wirksame Begründung der Aufenthaltsgestattung die Asylantragstellung voraussetzte (§ 19 I AsylVfG 1982), entsteht nach Abs. 1 S. 1 das gesetzliche Aufenthaltsrecht bereits mit dem Asylersuchen an der Grenze, gegenüber der Ausländerbehörde oder der allgemeinen Polizeibehörde (BT-Drs. 12/2062, S. 36 f.). Auch wenn ein Asylantrag noch nicht wirksam gestellt worden ist, wird damit aufgrund der Geltendmachung des Asylersuchens kraft Gesetzes der Aufenthalt gestattet.

Nachsuchen um Asyl im Sinne von Abs. 1 S. 1 liegt nicht nur vor, wenn das Asylbegehren an eine Grenz- oder Polizeibehörde gerichtet ist, sondern jedenfalls auch dann, wenn sich der Schutzbegehrende damit an eine andere amtliche Stelle wendet, die mit ausländerrechtlichen Aufgaben befasst ist. Dazu gehört auch das Amtsgericht, das über einen Antrag auf Anordnung der Abschiebungshaft zu entscheiden hat (BayObLG, NVwZ 1993, 811 = InfAuslR 1993, 240).

Wer als Ausländer unter Berufung auf das verfassungsrechtliche Asylrecht unmittelbar aus dem behaupteten Verfolgerland einreist, reist nicht illegal, sondern *unter Inanspruchnahme eines ihm verbürgten Grundrechts* ein (BVerwG,

DVBl. 1981, 775 = DÖV 1982, 39; BVerwG, BayVBl. 1981, 538). Ihm darf der illegale Grenzübertritt nicht zum Vorwurf gemacht werden (BVerwG, DÖV 1978, 180; BVerwG, DVBl. 1981, 775; BVerwG, NVwZ 1984, 591). Die *Effektivität des Asylgrundrechts* verlangt daher, dass eine bestehende Visumspflicht oder andere Einreisevoraussetzung die Asylgewährung nicht hindert (BVerwG, DÖV 1978, 180).

11 Das Asylgrundrecht gebietet, den unmittelbar aus dem Verfolgerstaat einreisenden Asylsuchenden Einreise und Aufenthalt zum Zwecke der Klärung ihrer Asylberechtigung nicht zu verwehren (BVerwG, NVwZ 1984, 591 = InfAuslR 1984, 224). Dementsprechend knüpft Abs. 1 S. 1 an die bloße Geltendmachung des asylrechtlichen Schutzbegehrens das gesetzliche Aufenthaltsrecht an. Daran ändert nichts, dass erst zu einem späteren Zeitpunkt die Bescheinigung über die Gestattung (§ 63 I) erteilt wird. Diese Bescheinigung hat bloße deklaratorische Funktion (vgl. BVerwGE 79, 291 (295) = EZAR 222 Nr. 7 = InfAuslR 1988, 251) mit Blick auf ein bereits bestehendes gesetzliches Aufenthaltsrecht.

12 Das gesetzliche Aufenthaltsrecht entsteht jedoch nur, wenn das geltend gemachte Schutzbegehren als Asylantrag im Sinne von § 13 I qualifiziert werden kann. Maßgebend ist damit, dass die vorgebrachten Erklärungen rechtlich als Schutzersuchen vor *politischer* Verfolgung oder als Verfolgung im Sinne der GFK bewertet werden können (s. § 13 Rdn 2 ff.).

13 Kann das Schutzbegehren nicht als ein Asylantrag im Sinne von § 13 I gewertet werden, ergeben die Erklärungen jedoch, dass Schutz vor den in § 60 II–VII AufenthG bezeichneten Gefahren begehrt wird, entsteht ein einfachgesetzliches Abschiebungshindernis nach dieser ausländerrechtlichen Vorschrift. Dieser Schutz wird verstärkt durch *völkerrechtliche Schutznormen* (Art. 3 EMRK; Art. 7 IPbüR; Art. 3 UN-Übereinkommen gegen Folter). Die enge Verzahnung zwischen dem asylrechtlichen und dem ausländerrechtlichen Abschiebungsschutz in tatsächlicher und rechtlicher Hinsicht (BVerwGE 99, 38 (44f.) = EZAR 631 Nr. 41 = NVwZ 1996, 79; BVerwGE 101, 323 (325); BVerwG, EZAR 631 Nr. 40) steht jedoch einer umfassenden inhaltlichen Prüfung der rechtlichen Natur des Schutzbegehrens entgegen. Vielmehr ist im Zweifel davon auszugehen, dass Schutz vor politischer Verfolgung bzw. vor Verfolgung aus Gründen der GFK geltend gemacht wird.

3. Rechtsnatur der Aufenthaltsgestattung nach Abs. 1 Satz 1

14 Abs. 1 S. 1 enthält ein *zweckgebundenes Aufenthaltsrecht*: Dem Asylbewerber ist der Aufenthalt im Bundesgebiet *zur Durchführung des Asylverfahrens* gestattet (*Aufenthaltsgestattung*). Wie § 19 I AsylVfG 1982 begründet Abs. 1 S. 1 damit ein *asylspezifisches verfahrensabhängiges Aufenthaltsrecht*, das eigenständiger Natur und kein Aufenthaltstitel im Sinne von § 4 AufenthG ist. Abs. 1 S. 1 übernimmt das gesetzliche Aufenthaltsrecht des § 19 I AsylVfG 1982. Der Gesetzgeber des AsylVfG 1982 hatte mit der Schaffung eines asylverfahrensabhängigen Aufenthaltsrechts für Asylbewerber die Konsequenz aus der vorangegangenen Rechtsprechung gezogen.

Nach der Rechtsprechung des BVerfG gewährleistet das verfassungsrechtlich 15
verbürgte Asylrecht politisch verfolgten Ausländern einen *Rechtsanspruch* auf
Aufenthaltsgewährung (BVerfGE 49, 168 (183 f.) = EZAR 100 Nr. 3 = NJW
1978, 2446). Das BVerwG hatte bereits zuvor darauf hingewiesen, dass die in
der Verfassung enthaltenen Worte »genießen Asylrecht« dahin *weit* zu verstehen seien, dass den im Bundesgebiet aufgenommenen politisch Verfolgten grundsätzlich die Voraussetzungen eines *menschenwürdigen Daseins* geschaffen werden sollten, wozu in erster Linie ein *gesicherter Aufenthalt* sowie
die Möglichkeit zu beruflicher und persönlicher Entfaltung gehörten (BVerwGE 49, 202 (206) = EZAR 134 Nr. 1 = NJW 1976, 490).

Zugleich hatte das BVerwG eingeschränkt, inwieweit und unter welchen 16
Voraussetzungen sowie Vorbehalten die im Bundesgebiet aufgenommenen
politisch Verfolgten *über den Kernbereich des Verfolgungsschutzes hinaus* Rechte
besitzen sollten, könne dem Asylrechtsbegriff nicht unmittelbar entnommen
werden.

Insoweit sei das verfassungsrechtlich verbürgte Asylgrundrecht eine »*offene* 17
Norm«, die zwar eine Grundregel gebe, im Übrigen jedoch einen ergänzenden *Regelungsauftrag* an den Gesetzgeber enthalte. Bei seiner Verwirklichung
stehe diesem ein *erhebliches Maß* an Gestaltungsfreiheit zur Verfügung, im
Rahmen dessen er auch andere Zwecke und Werte der Rechtsordnung zu berücksichtigen habe (BVerwGE 49, 202 (206)). Klarstellend hat das BVerwG
später darauf hingewiesen, dass das verfassungsrechtlich verbürgte Asylrecht auch den *Asylbewerber* aufenthaltsrechtlich *bis zur Klärung seiner Asylberechtigung* schütze (BVerwGE 62, 206 (211) = EZAR 21 Nr. 7 = NJW 1981, 712
= MDR 1981, 1045).

Dem Asylbewerber müsse bis zur Klärung seiner Asylberechtigung von Ver- 18
fassungs wegen der Schutz zuteil werden, der nötig sei, damit das ihm möglicherweise zustehende Asylgrundrecht nicht gefährdet oder vereitelt werde.
Deshalb könne der Asylbewerber den verfassungsrechtlich garantierten Verfolgungsschutz *im selben Maße* beanspruchen *wie ein Asylberechtigter* (BVerwGE 62, 206 (211) = EZAR 21 Nr. 7 = NJW 1981, 712). Dagegen könne er jedoch nicht verlangen, auch aufenthaltsrechtlich bereits in jeder Hinsicht wie
ein Asylberechtigter gestellt zu werden.

Dabei sei allerdings die *verfahrensrechtliche Bedeutung des Asylgrundrechts* zu 19
beachten. Sie gebiete, das Asylverfahren und die Rechtsstellung des Asylbewerbers während des Verfahrens so zu gestalten, dass der Asylsuchende seinen angeblichen Asylanspruch *ohne unzumutbare Erschwernisse* geltend machen und verfolgen könne (BVerwGE 62, 206 (211 f.) = EZAR 21 Nr. 7 = NJW
1981, 712). Zumindest den aus dem angeblichen Verfolgerstaat eingereisten
Asylbewerbern dürfe daher des gebotenen Verfolgungsschutzes wegen, auf
den gerade dieser Personenkreis grundsätzlich angewiesen sei, sowie zur
Durchführung des Anerkennungsverfahrens und Sicherung des Asylanspruchs in der Regel der Aufenthalt im Bundesgebiet nicht verwehrt werden
(BVerwGE 62, 206 (212)).

Der Gesetzgeber des § 19 I AsylVfG 1982 wie auch der des Abs. 1 S. 1 hat sich 20
an dieser Rechtsprechung orientiert: Der Aufenthalt des Asylbewerbers ist
zum Zwecke der Durchführung des Asylverfahrens gestattet (Abs. 1 S. 1). Damit

erkennt der Gesetzgeber die *verfahrensrechtliche Schutzwirkung des Asylgrundrechts* in *aufenthaltsrechtlicher Hinsicht* an. Das *vorläufige Bleiberecht* des Asylbewerbers ist Folge der *Vorwirkung des verfassungsrechtlichen Asylgrundrechts*. Dieses gewährt ein Aufenthaltsrecht insoweit, als es zur Durchführung des Asylverfahrens unter für den Asylbewerber zumutbaren Bedingungen notwendig ist (BVerfGE 80, 68 (73 f.) = InfAuslR 1989, 243).

21 Das BVerwG hat indes die aufenthaltsrechtliche Schutzwirkung nur für jene Asylsuchende anerkannt, die *unmittelbar* aus dem behaupteten Verfolgerstaat einreisen (BVerwGE 62, 206 (212) = EZAR 21 Nr. 7 = NJW 1981, 712). Bei der Bestimmung der Unmittelbarkeit der Einreise sind jedoch die für das Merkmal der *Fluchtbeendigung* (§ 27 Rdn. 27 ff.) maßgeblichen Kriterien zugrunde zu legen. Auch Asylsuchende, die über sonstige Drittstaaten im Sinne des § 27 I im Zustand der Flucht einreisen, reisen deshalb unmittelbar aus dem Verfolgerstaat ein.

22 Der Gesetzgeber gewährt zunächst *allen* Asylsuchenden das vorläufige gesetzliche Bleiberecht nach Abs. 1 S. 1. Ist der Asylantrag unbeachtlich, weil der Asylbewerber durch seinen Voraufenthalt in einem sonstigen Drittstaat offensichtlich vor Verfolgung sicher war, ist die Abschiebung anzudrohen (§ 27, § 29 I, § 35 S. 1) und endet das Aufenthaltsrecht mit Zurückweisung des Eilrechtsschutzantrags (§ 67 I Nr. 4 in Verb. mit § 36 III 8). Eine besondere Regelung greift bei der Einreise über einen sicheren Drittstaat (§ 26 a) ein (Abs. 1 S. 3). Im Übrigen erlischt das gesetzliche Aufenthaltsrecht mit der Unanfechtbarkeit der Entscheidung des Bundesamtes (§ 67 I Nr. 6).

23 Stellt der Asylbewerber anschließend einen *Folgeantrag*, wird die Vollziehung bis zur Entscheidung des Bundesamtes über dessen Erheblichkeit ausgesetzt (§ 71 V 2 1. HS). Nach Einleitung des Verfahrens greift Abs. 1 S. 1 unmittelbar ein. Der Aufenthalt des Folgeantragstellers ist kraft Gesetzes gestattet. Der Aufenthalt des *Zweitantragstellers* wird während der Dauer der Zulässigkeitsprüfung lediglich geduldet (§ 71 a III 1; s. hierzu § 71 a Rdn. 24 ff.).

24 Die Aufenthaltsgestattung ist räumlich nach Maßgabe des § 56 beschränkt und kann mit Auflagen versehen werden (§ 60 I). Der Asylbewerber erhält die Bescheinigung nach § 63 I. Wird einer der Tatbestände des § 67 erfüllt, erlischt die Aufenthaltsgestattung nach Abs. 1 S. 1 kraft Gesetzes. Ist die Aufenthaltsgestattung erloschen, weil der Asylsuchende innerhalb von zwei Wochen nach dem Asylersuchen noch keinen wirksamen Asylantrag gestellt hat (§ 67 I Nr. 2), tritt sie mit der wirksamen Asylantragstellung nach §§ 14 I, 23 I wieder in Kraft (§ 67 II). Die Aufenthaltsgestattung steht unter den Voraussetzungen des § 56 IV AufenthG der *Ausweisung* des Asylbewerbers nicht entgegen. Die Ausweisung beseitigt jedoch grundsätzlich nicht das gesetzliche Aufenthaltsrecht nach Abs. 1 S. 1 (vgl. § 51 I Nr. 1 AuslG, § 67).

4. Umfang der Aufenthaltsgestattung (Abs. 1 Satz 2)

25 Nach Abs. 1 S. 2 hat der Asylsuchende keinen Anspruch darauf, sich in einem bestimmten Land oder an einem bestimmten Ort aufzuhalten. Nur in den Fällen des § 50 IV 5 und § 51 I hat er einen Anspruch auf Zuweisung an

Aufenthaltsgestattung § 55

einen bestimmten Ort (Abs. 1 S. 2). Das gesetzliche Aufenthaltsrecht nach Abs. 1 S. 1 vermittelt zwar einen Anspruch darauf, zur Durchführung des Asylverfahrens im Bundesgebiet leben zu dürfen. Nach § 56 I 1 ist dieses Recht jedoch von vornherein räumlich auf den Bezirk der Ausländerbehörde beschränkt, in dem die für die Aufnahme des Asylsuchenden zuständige Aufnahmeeinrichtung liegt.

Nach Entlassung aus der Aufnahmeeinrichtung ist der Aufenthalt auf den Bezirk der dann zuständigen Ausländerbehörde beschränkt (§ 56 II). Damit trägt das Gesetz dem *grundsätzlich besonders gewichtigen öffentlichen Anliegen* Rechnung, die Lasten, die mit der Aufnahme von Asylbewerbern hinsichtlich deren Unterbringung, Verpflegung und Überwachung verbunden sind, gleichmäßig auf die Bundesländer und Gemeinden zu verteilen (OVG NW, EZAR 228 Nr. 7 = NVwZ 1992, 200 = InfAuslR 1992, 34; OVG NW, NVwZ 1992, 810; OVG NW, B. v. 24. 6. 1992 – 17 B 559/92. A). 26

Der behördliche Ermessensspielraum ist weit. Der Asylbewerber hat grundsätzlich weder einen Anspruch auf bestimmte Zuweisung (Abs. 1 S. 2) noch wird ihm eine Einflussnahme auf die Auswahl der Gemeinde zugestanden (OVG NW, EZAR 228 Nr. 7; OVG NW, NVwZ 1992, 810). Mit der Vorschrift des Abs. 1 S. 2 hat die Zuweisungsbehörde eine gesetzliche Vorentscheidung an der Hand, die es ihr in rechtlich einwandfreier Weise ermöglicht, in weitem Umfang Belange der Asylbewerber dem öffentlichen Interesse an einer möglichst raschen und reibungslosen Verteilung der Asylbewerber unterzuordnen (Hess.VGH, EZAR 228 Nr. 16). 27

Daraus folgt jedoch nicht, dass die Behörde ihre Entscheidung ohne Erwägung der konkreten Umstände des Einzelfalles oder gar willkürlich treffen könnte (Hess.VGH, EZAR 228 Nr. 16; OVG NW, NVwZ 1992, 810; Remmel, in: GK-AsylVfG, § 55 Rdn. 57). Vielmehr hat die Behörde zu prüfen, ob die getroffene Entscheidung angesichts der konkreten Umstände des jeweiligen Einzelfalls den *Grundsätzen der Verhältnismäßigkeit* und – sofern der Sachverhalt dafür Anhaltspunkte bietet – des *Vertrauensschutzes* entspricht (OVG NW, NVwZ 1992, 810). Darüber hinaus kann der Asylbewerber erfolgreich die Verletzung des *Gleichbehandlungsgebotes* rügen, wenn die Zuweisungsbehörde bestimmte persönliche Merkmale oder Gegebenheiten zum Anlass genommen hat, sie in ständiger Verwaltungspraxis zugunsten des betroffenen Personenkreises zu berücksichtigen (OVG NW, NVwZ 1992, 810). 28

5. Einreise über einen sicheren Drittstaat nach § 26 a (Abs. 1 Satz 3)

Nach Abs. 1 S. 3 erwirbt der Antragsteller das gesetzliche Aufenthaltsrecht des Abs. 1 S. 1 im Falle der *unerlaubten Einreise* aus einem *sicheren Drittstaat* (§ 26 a) erst mit der Stellung eines Asylantrags (§§ 14, 23). Anders als im Normalfall, in dem das Aufenthaltsrecht bereits mit dem Asylersuchen begründet wird, will der Gesetzgeber bei unerlaubter Einreise aus einem sicheren Drittstaat die Entstehung des Aufenthaltsrechtes davon abhängig machen, dass dem Antragsteller die Stellung des Asylantrags (§ 23 I) gelingt. 29

30 Bis dahin besteht ein rechtlicher *Schwebezustand*. Wird der Antragsteller vorher durch die Ausländerbehörde zurückgeschoben (§ 19 III in Verb. mit § 15 AufenthG), entsteht das gesetzliche Aufenthaltsrecht nicht. Bei der Regelung des Abs. 1 S. 3 handelt es sich mithin um eine Folgeänderung im Hinblick auf § 19 III (so ausdr. BT-Drs. 12/4450, S. 26).

31 Wie im Falle des § 19 III wird aber die *unerlaubte* Einreise aus dem sicheren Drittstaat vorausgesetzt. In den Fällen des § 26 a I 3 Nr. 1 liegt eine erlaubte Einreise vor, sodass schon die tatbestandlichen Voraussetzungen des Abs. 1 S. 3 nicht erfüllt sind. Im Falle des § 26 a I 3 Nr. 2 ist die Bundesrepublik völkerrechtlich zur Durchführung des Asylverfahrens verpflichtet. Zwar entsteht nicht das gesetzliche Aufenthaltsrecht nach Abs. 1 S. 1. Der Aufenthalt des Antragstellers gilt aber mit dem Zeitpunkt des Schutzersuchens kraft Gesetzes als geduldet (§ 71 a III 1). Es ist selbstredend, dass im Falle der Anordnung nach § 18 IV Nr. 2 (§ 26 a I 3 Nr. 3) ebenfalls keine Abschiebungsmaßnahmen zulässig sind.

32 Das gesetzliche Aufenthaltsrecht des Abs. 1 S. 1 entsteht nach Abs. 1 S. 3 mit der wirksamen Asylantragstellung. Damit ist nicht gesagt, dass keine Abschiebungsmaßnahmen zulässig wären. Vielmehr stellt das Bundesamt fest, dass dem Antragsteller aufgrund seiner Einreise aus einem sicheren Drittstaat kein Asylrecht zusteht (§ 31 IV). Ist die Abschiebung durchführbar, erlässt das Bundesamt die Abschiebungsanordnung (§ 34 a I). Einstweiliger Rechtsschutz ist ausgeschlossen (§ 34 a II). Das gesetzliche Aufenthaltsrecht des Abs. 1 S. 1 erlischt mit Bekanntgabe der Anordnung (§ 67 I Nr. 5) an den Antragsteller (§ 31 I 3). Ist die Abschiebung nicht durchführbar, darf die Anordnung nach § 34 a I nicht verfügt werden. Das Aufenthaltsrecht bleibt bestehen (vgl. § 67 I Nr. 5).

6. Verhältnis der Aufenthaltsgestattung zu einem Aufenthaltstitel (Abs. 2)

6.1. Zweck der Vorschrift des Abs. 2

33 Die Vorschrift des Abs. 2 lehnt sich an § 19 V AsylVfG 1982 an (BT-Drs. 12/2062, 37). Mit der Asylantragstellung erlöschen kraft Gesetzes alle Aufenthaltstitel mit einer Gesamtgeltungsdauer bis zu sechs Monaten und eine Befreiung vom Erfordernis der Aufenthaltstitel sowie die in § 81 III und IV AufenthG geregelte Erlaubnisfiktion (Abs. 2 S. 1). Zweck der Regelung des Abs. 2 S. 1 ist es, alle kurzfristigen Besuchsaufenthalte gleich zu behandeln (BT-Drs. 12/2062, 37). Die Frist von sechs Monaten wird auch an anderen Stellen des Gesetzes erwähnt (§§ 14 II Nr. 1, 43 II 1), um die Beziehung zwischen dem asylverfahrensabhängigem Aufenthaltsrecht zum allgemeinen Aufenthaltsrecht eindeutig zu gestalten.

34 Die Regelungen des Abs. 2 verdeutlichen, dass der Aufenthaltstitel in bestimmten Fällen an die Stelle der Aufenthaltsgestattung nach Abs. 1 S. 1 tritt. Da der Gesetzgeber sich an die frühere Regelung über das Verhältnis von Aufenthaltsgestattung und allgemeinem Aufenthaltsrecht anlehnt (BT-Drs. 12/2062, S. 37), bleibt *unabhängig* von den Wirkungen des asylverfahrensunabhängigen Aufenthaltstitels der Aufenthalt kraft Gesetzes gestattet. Lediglich

Aufenthaltsgestattung §55

die Beschränkungen der Aufenthaltsgestattung kommen so lange nicht zum Tragen, wie der Aufenthaltstitel gültig ist (BT-Drs. 9/1630, S. 21). Stets hat die Ausländerbehörde unabhängig von der Entscheidung über den Verlängerungsantrag das gesetzliche Aufenthaltsrecht des Abs. 1 S. 1 zu beachten.

6.2. Umfang der Erlöschensregelung des Abs. 2 Satz 1

Hat der Asylantragsteller *im Zeitpunkt* der Asylantragstellung einen Aufenthaltstitel mit einer Gesamtgeltungsdauer bis zu sechs Monaten oder hat er nach der Einreise einen Verlängerungsantrag mit der aufenthaltsrechtlichen Folge des § 81 III oder IV AufenthG gestellt, erlöschen die bisher erworbenen aufenthaltsrechtlichen Positionen kraft Gesetzes (Abs. 2 S. 1). Der Asylantrag ist bei der nach dem Gesetz zuständigen Außenstelle des Bundesamtes zu stellen (§ 14 I in Verb. mit § 23 I). 35

Maßgebend ist, dass der Antragsteller *insgesamt* einen Aufenthaltstitel mit einer Gesamtgeltungsdauer bis zu *sechs Monaten* besitzt. Ist hingegen die Gesamtgeltungsdauer von vornherein länger als sechs Monate, beträgt sie im Zeitpunkt der Antragstellung jedoch nicht mehr sechs Monate, findet die Vorschrift des Abs. 2 S. 1 keine Anwendung. Der Aufenthaltstitel erlischt in diesem Fall nicht kraft Gesetzes, sondern dessen rechtliches Schicksal richtet sich nach den allgemeinen aufenthaltsrechtlichen Vorschriften (vgl. auch § 43 I und II). 36

Abs. 2 S. 1 will nach der gesetzlichen Begründung nicht die kurzfristigen Besuchsaufenthalte privilegieren. Der Zweck für den Besuchsaufenthalt ist nicht maßgebend. Reist der Ausländer jedoch etwa mit einem Visum zu Studienzwecken ein und stellt er im Anschluss an die Einreise den Asylantrag, unterfällt er der Regelung des Abs. 2 S. 1, da das Visum in aller Regel eine Geltungsdauer von drei Monaten hat. Eine derartige Fallgestaltung ist jedoch praxisfremd. 37

Dem Gesamtzusammenhang der Regelungen in Abs. 2 in Verb. mit § 10 AufenthG kann entnommen werden, dass zwar die *Verlängerung* des Aufenthaltstitels durch den Asylantrag nicht ausgeschlossen, wohl aber die *erstmalige Beantragung* eines Aufenthaltstitels nach der Asylantragstellung regelmäßig untersagt ist (§ 10 I AufenthG). 38

6.3. Fortgeltung des Aufenthaltstitels nach Abs. 2 Satz 2

Nach Abs. 2 S. 2 bleibt § 81 IV AufenthG unberührt, wenn der Ausländer einen Aufenthaltstitel mit einer Gesamtgeltungsdauer von mehr als sechs Monaten besessen und dessen Verlängerung beantragt hat. In diesem Fall tritt also die Erlöschenswirkung nach Abs. 2 S. 1 nicht ein. Hat der Antragsteller etwa als Student oder Werkvertragsarbeitnehmer einen Aufenthaltstitel mit einer Gesamtgeltungsdauer von mehr als sechs Monaten besessen und anschließend die Verlängerung beantragt und stellt er vor Erteilung der Verlängerung den Asylantrag, findet Abs. 2 S. 2 Anwendung. Die gesetzliche Fiktion nach § 81 IV AufenthG erlischt nicht. 39

40 Vielmehr hat die Ausländerbehörde nach Maßgabe ausländerrechtlicher Bestimmungen über den Verlängerungsantrag zu entscheiden. Dabei darf sie den gestellten Asylantrag im Rahmen ihrer Ermessensausübung nicht zu Lasten des Antragstellers bewerten. Hat die Behörde z. B. in der Vergangenheit wiederholt die Aufenthaltserlaubnis zu Studienzwecken verlängert und sind keine Anhaltspunkte dafür erkennbar, dass der Antragsteller sein Studium nicht ernsthaft betreibt, hat sie ungeachtet des gestellten Asylantrags die Bewilligung zu verlängern.

41 Regelmäßig treten dann Probleme auf, wenn zwar die für die Erteilung des Aufenthaltstitels maßgeblichen Gründe fortbestehen, die Auslandsvertretung sich jedoch weigert, den nationalen Reiseausweis zu verlängern. In aller Regel verweigern die Ausländerbehörden in derartigen Fällen mit Hinweis auf § 3 I AufenthG die Verlängerung des Antrags.

42 Stellt der Antragsteller, der einen Aufenthaltstitel mit einer Gesamtgeltungsdauer von mehr als sechs Monaten besessen und dessen Verlängerung beantragt hat, vor Entscheidung über den Verlängerungsantrag den Asylantrag, erlischt seine aufenthaltsrechtliche Position *nicht* kraft Gesetzes. Vielmehr hat die Ausländerbehörde ungeachtet des gestellten Asylantrags den Verlängerungsantrag zu bescheiden (vgl. auch § 10 II AufenthG). Der Asylantrag ist nach § 14 II beim Bundesamt zu stellen. Wird das Asylverfahren vor der Entscheidung über den Verlängerungsantrag unanfechtbar negativ beendet bzw. die Abschiebungsandrohung nach § 34 vollziehbar, darf die Ausländerbehörde jedoch erst vollziehen, wenn sie den Verlängerungsantrag abgelehnt hat (§ 43 II). In diesem Fall bleiben dem Betroffenen die Rechtsschutzmöglichkeiten des allgemeinen Ausländerrechts erhalten. § 80 findet auf das allgemeine Ausländerrecht keine Anwendung.

43 Hat der Asylantragsteller, der im Besitz eines Aufenthaltstitels mit einer Gesamtgeltungsdauer von mehr als sechs Monaten war, einen Antrag auf Verlängerung des Aufenthaltstitels gestellt, bleibt seine aufenthaltsrechtliche Position durch einen danach gestellten Asylantrag unberührt (Abs. 2 S. 2). Wird der Asylantrag unanfechtbar abgelehnt und die Abschiebungsandrohung nach § 34 vollziehbar, darf die Abschiebung erst durchgeführt werden, wenn der Betroffene auch nach § 50 II AufenthG ausreisepflichtig ist (§ 43 I, s. auch Erl. zu § 43).

44 Stellt der Ausländer, der einen Aufenthaltstitel von mehr als sechs Monaten besessen hat, erst nach Ablauf dessen Geltungsdauer den Verlängerungsantrag, findet Abs. 2 S. 2 ebenfalls Anwendung. Allein der Ablauf der Geltungsdauer des Aufenthaltstitels begründet jedoch nicht die Ausreisepflicht nach § 50 I. Dazu bedarf es erst einer Ablehnung des Verlängerungsantrags (Renner, AuslR, § 69 AuslG Rdn. 10).

7. Anrechnung von Aufenthaltszeiten (Abs. 3)

45 Nach Abs. 3 wird die Dauer einer asylverfahrensabhängigen Aufenthaltsgestattung mit Blick auf den Erwerb oder die Ausübung eines Rechts oder einer Vergünstigung, sofern eine bestimmte Dauer des Aufenthalts im Bundesge-

biet hierfür entscheidend ist, nur angerechnet, wenn der Antragsteller unanfechtbar als Asylberechtigter anerkannt oder die Voraussetzungen des § 60 Abs. 1 AufenthG festgestellt worden sind. Die Vorschrift des Abs. 3 steht in Übereinstimmung mit der Rechtsprechung des BVerfG, derzufolge erst die Statusgewährung »*gleichsam konstitutive Wirkung*« entfaltet (BVerfGE 60, 253 (295) = DVBl. 1982, 888 = JZ 1982, 596 = EuGRZ 1982, 394 = EZAR 610 Nr. 14). Die Regelung des Abs. 3 erfasst *alle rechtlichen Sachbereiche*, bei denen es auf eine bestimmte Dauer des Aufenthaltes im Bundesgebiet ankommt. Entweder ist die Aufenthaltszeit für die Erfüllung der tatbestandlichen Voraussetzungen oder für die Ermessensausübung von Bedeutung. Im Übrigen ist die Verfahrensdauer im Falle der unanfechtbaren Asylablehnung dann anzurechnen, wenn der Asylantragsteller keine Aufenthaltsgestattung nach Abs. 1 S. 1, sondern einen asylverfahrensunabhängigen Aufenthaltstitel besessen hat. Dies ist sachlich gerechtfertigt, weil der Aufenthalt nicht asylbedingt war und mithin keine Veranlassung besteht, im Hinblick auf die Asylantragstellung die nach anderen Rechtsvorschriften eintretenden rechtlichen Vorteile zu verweigern (Remmel, in: GK-AsylVfG, § 55 Rdn. 78).

46

8. Rechtsschutz

Die Vorschrift des § 55 regelt Beginn, Ende und Umfang des gesetzlichen asylverfahrensabhängigen Aufenthaltsrechtes. Dokumentiert wird dieses Aufenthaltsrecht durch die Bescheinigung nach § 63. Der Rechtsschutz gegen die Verweigerung der Erteilung oder der Verlängerung bzw. den Entzug der Aufenthaltsgestattung richtet sich daher nach Maßgabe der Vorschrift des § 63 (s. dort). Gegen Auflagen, die mit der Aufenthaltsgestattung verbunden werden, kann Rechtsschutz unter Berücksichtigung der Regelung des § 60 (s. dort) beantragt werden.

47

§ 56 Räumliche Beschränkung

(1) Die Aufenthaltsgestattung ist räumlich auf den Bezirk der Ausländerbehörde beschränkt, in dem die für die Aufnahme des Ausländers zuständige Aufnahmeeinrichtung liegt. In den Fällen des § 14 Abs. 2 Satz 1 ist die Aufenthaltsgestattung räumlich auf den Bezirk der Ausländerbehörde beschränkt, in dem der Ausländer sich aufhält.
(2) Wenn der Ausländer verpflichtet ist, in dem Bezirk einer anderen Ausländerbehörde Aufenthalt zu nehmen, ist die Aufenthaltsgestattung räumlich auf deren Bezirk beschränkt.
(3) Räumliche Beschränkungen bleiben auch nach Erlöschen der Aufenthaltsgestattung in Kraft bis sie aufgehoben werden. Abweichend von Satz 1 erlöschen räumliche Beschränkungen, wenn der Aufenthalt nach § 25 Abs. 1 Satz 3 oder § 25 Abs. 2 Satz 2 des Aufenthaltsgesetzes als erlaubt gilt oder ein Aufenthaltstitel erteilt wird.

§ 56 Recht des Aufenthalts

Übersicht

	Rdn.
1. Zweck der Vorschrift	1
2. Verfassungskonformität der Vorschrift	6
3. Völkerrechtskonformität der Vorschrift	12
4. Umfang der räumlichen Beschränkung	14
4.1. Inhalt des gesetzlich beschränkten Aufenthaltsrechts	14
4.2. Antragsteller mit Wohnverpflichtung nach § 47 Abs. 1 Satz 1 (Abs. 1 Satz 1)	19
4.3. Asylantragsteller im Sinne von § 14 Abs. 2 Satz 1 (Abs. 1 Satz 2)	25
4.4. Betretensverbot nach Abs. 1	28
4.5. Wechsel des räumlich beschränkten Bereichs (Abs. 2)	31
5. Fortgeltung der räumlichen Beschränkungen nach Abschluss des Asylverfahrens (Abs. 3)	35
6. Rechtsschutz	38

1. Zweck der Vorschrift

1   Die Vorschrift des § 56 hat ihr Vorbild in § 20 I AsylVfG 1982. Wegen der besonderen verfahrensrechtlichen Zuständigkeitsbestimmungen der §§ 14, 46 ff. enthält das geltende Recht gegenüber dem früheren jedoch einige Modifizierungen: Der Aufenthalt des Asylantragstellers im Sinne von § 14 I ist nach Maßgabe des Abs. 1 S. 1 beschränkt, das Aufenthaltsrecht der Antragsteller im Sinne von § 14 II wird nach Abs. 1 S. 2 räumlich beschränkt. Rechtsgrundlage für die räumliche Beschränkung nach Entlassung aus der Aufnahmeeinrichtung (§§ 48 f.) ist Abs. 2.

2   Die räumliche Beschränkung kann mittels unmittelbaren Zwangs durchgesetzt werden (§ 59 I). Wiederholte Verstöße gegen die räumliche Beschränkung sind strafbar (§ 85 I Nr. 2). Beim ersten Verstoß handelt der Antragsteller ordnungswidrig (§ 86 I).

3   Abs. 3 ist durch das ZuwG mit Wirkung zum 1. Januar 2005 eingeführt worden. Der Gesetzgeber will damit eine Rechtsgrundlage dafür schaffen, dass auch für das an das Asylverfahren anschließende Verfahren die im Asylverfahren angeordneten räumlichen Beschränkungen fortgelten. Wird der Asylsuchende als Asylberechtigter oder Flüchtling anerkannt, erlöschen die räumlichen Beschränkungen mit Beantragung der Aufenthaltserlaubnis nach § 25 Abs. 1 oder 2 AufenthG (Abs. 3 Satz 2).

4   Die Vorschrift gestaltet das kraft Gesetzes entstehende asylverfahrensabhängige Aufenthaltsrecht des § 55 I 1. Kraft Gesetzes entsteht das in § 55 I 1 begründete Aufenthaltsrecht *von vornherein* nach Maßgabe dieser Vorschrift räumlich beschränkt. Einer besonderen ordnungsbehördlichen Verfügung bedarf es nicht (BVerfG, NVwZ 1983, 603 = BayVBl. 1983, 655). Es wird nicht nur eine ständige Wohnsitznahme, sondern der Aufenthalt des Asylbewerbers schlechthin erfasst (BVerfG, NVwZ 1983, 603).

5   Durch Auflage kann der Aufenthalt in verfassungsrechtlich unbedenklicher Weise (BVerfGE 77, 364 (366)) weiter beschränkt werden (vgl. § 60). Der Asylbewerber erhält über sein räumlich beschränktes Aufenthaltsrecht die Bescheinigung nach § 63 I. Sondergenehmigungen zum vorübergehenden Ver-

lassen des räumlich beschränkten Bereichs enthalten die Vorschriften der §§ 57 f.

2. Verfassungskonformität der Vorschrift

Angesichts des räumlichen Umfangs der Beschränkung handelt es sich nach der ständigen Rechtsprechung des BVerfG bei der gesetzlich angeordneten Aufenthaltsbeschränkung nicht um einen Eingriff in die durch Art. 2 II GG geschützte Freiheit der Person (BVerfG, NVwZ 1983, 603; BVerfGE 96, 10 (21) = DVBl. 1997, 895 = EZAR 222 Nr. 8 = BayVBl. 1997, 559). Das Grundrecht des Art. 2 II 2 GG schützt die tatsächliche Bewegungsfreiheit im Rahmen der allgemeinen Rechtsordnung. Deshalb umfasst sein Gewährleistungsinhalt von vornherein nicht eine Befugnis, sich überall aufhalten und überall hin bewegen zu dürfen (BVerfGE 96, 10 (21)).

Die Regelungen über die Aufenthaltsbeschränkungen sind darüber hinaus auch mit Art. 2 I GG in Verbindung mit dem Grundsatz der Verhältnismäßigkeit vereinbar, da sie Teil eines Bündels von Maßnahmen sind, mit denen der Gesetzgeber auf das Ansteigen der Zahl der Asylsuchenden reagiert hat. Einer räumlichen Beschränkung der Aufenthaltsgestaltung hat der Gesetzgeber besondere sicherheits- und ordnungspolitische, aber auch sozial- und arbeitsmarktpolitische Bedeutung beigemessen.

Der Gesetzgeber kann nach Ansicht des BVerfG vor diesem Hintergrund zur Erreichung der Gemeinwohlbelange der gleichmäßigen Verteilung der mit der Aufnahme von Asylsuchenden verbundenen Aufgaben sowie der jederzeitigen Erreichbarkeit des Asylantragstellers für die Zwecke des Verfahrens und dessen beschleunigte Durchführung ohne Überschreitung des ihm eingeräumten Einschätzungs- und Beurteilungsspielraums den Aufenthalt von Asylsuchenden beschränken. Im Hinblick auf die Vorläufervorschrift des § 20 I 1 AsylVfG 1982 hat das BVerfG daher keine verfassungsrechtlichen Bedenken im Hinblick auf Art. 2 I GG gegen die Regelung der räumlichen Beschränkung des gesetzlichen Aufenthaltsrechts der Asylsuchenden (BVerfGE 96, 10 (21)). Da die Vorschrift des § 56 an § 20 I AsylVfG 1982 anknüpft, können danach auch gegen diese Vorschrift insoweit keine verfassungsrechtlichen Einwände durchgreifen.

Die Regelungen über die räumliche Beschränkung der Aufenthaltsgestattung verstoßen darüber hinaus nicht gegen das Asylgrundrecht (BVerfG, NVwZ 1983, 603; BVerfGE 77, 364 (367); 80, 68 (73 f.) = InfAuslR 1989, 243; BVerfGE 80, 182 (186 f.) = EZAR 355 Nr. 6 = NVwZ 1989, 951). Dem Asylbewerber ist mit der gesetzlichen Aufenthaltsgestattung, die allein an seine durch die Asylantragstellung bewirkte Eigenschaft als Asylbewerber anknüpft, ein *Bleiberecht* gewährleistet, das grundsätzlich nicht vor Unanfechtbarkeit einer etwaigen ablehnenden Entscheidung des Asylbegehrens erlischt.

Mit der Aufenthaltsgestattung ist dem aus dem Asylgrundrecht folgenden einstweiligen Bleiberecht des Asylbewerbers in diesem Verfahrensstadium Genüge getan. Insoweit kommt es allein darauf an, dass der Asylbewerber bis zu einem bestandskräftigen Abschluss seines Asylverfahrens nicht befürchten

§ 56 Recht des Aufenthalts

muss, gegen seinen Willen außer Landes – etwa gar in das Land der behaupteten Verfolgung – gebracht zu werden (BVerfG, NVwZ 1983, 603 = BayVBl. 1983, 655; BVerfGE 80, 182 (187) = EZAR 355 Nr. 6 =NVwZ 1989, 951).

11 Das vorläufige Bleiberecht des Asylbewerbers ergibt sich als Vorwirkung des verfassungsrechtlich verbürgten Asylrechts. Es gewährt ein Aufenthaltsrecht insoweit, als es zur Durchführung des Asylverfahrens unter für den Asylbewerber *zumutbaren* Bedingungen notwendig ist (BVerfGE 80, 68 (73f.) = InfAuslR 1989, 243). Diese an einer wirksamen Durchsetzung der grundrechtlichen Asylverbürgung ausgerichteten Überlegungen (BVerfGE 80, 182 (187) = EZAR 355 Nr. 6 = NVwZ 1989, 951) lassen daher aus Sicht des Asylgrundrechts die gesetzlich angeordnete Beschränkung des Aufenthaltsrechts zu (BVerfGE 77, 364 (36ff.); 80, 68 (73f.) = InfAuslR 1989, 243; 80, 182 (187) = EZAR 355 Nr. 6 =NVwZ 1989, 951; BVerfG, NVwZ 1983, 603 = BayVBl. 1983, 655). Verfassungsrechtlicher Maßstab ist angesichts dessen allein das auch für Fremde geltende Grundrecht auf die freie Entfaltung der Persönlichkeit (Art. 2 I GG). Die räumliche Beschränkung ist in diesem Sinne eine verfassungsmäßige Beschränkung der allgemeinen Handlungsfreiheit (BVerfG, NVwZ 1983, 603).

3. Völkerrechtskonformität der Vorschrift

12 Nach Ansicht des BVerfG betrifft Art. 26 GFK nur Flüchtlinge, die dem Flüchtlingsbegriff des Art. 1 GFK unterfallen und die sich rechtmäßig im Gebiet des jeweiligen Konventionsstaates aufhalten (BVerfGE 80, 182 (187) = EZAR 355 Nr. 6 = NJW 1989, 3095 (LS); BVerfGE 96, 10 (25) = DVBl. 1997, 895 (896) = EZAR 222 Nr. 8 = BayVBl. 1997, 559). Das ist bei einem in das Bundesgebiet eingereisten Asylbewerber in aller Regel erst dann der Fall, wenn er als politisch Verfolgter unanfechtbar anerkannt worden ist (BVerfGE 80, 182 (187) = EZAR 355 Nr. 6 =NVwZ 1989, 951; BVerfGE 96, 10 (21) = DVBl. 1997, 895 = EZAR 222 Nr. 8 BVerfG, DVBl. 1997, 895 (896)).

13 Zuvor kann er sich lediglich auf das mit dem Asylersuchen begründete vorläufige Bleiberecht (§ 55 I 1) berufen, das ihm zwar Sicherheit vor dem befürchteten Zugriff des behaupteten Verfolgerstaates gewährt, jedoch keine Freizügigkeit begründet (BVerfGE 80, 182 (187f.)). Art. 26 GFK gilt nach Ansicht des BVerfG nur für Personen, die bereits unanfechtbar als politisch Verfolgte anerkannt sind. Art. 31 II 1 GFK gestatte hingegen den Vertragsstaaten, den Flüchtlingen bis zur Klärung ihres Status die für »notwendig« erachteten Beschränkungen beim Wechsel des Aufenthaltsortes aufzuerlegen (BVerfGE 96, 10 (25)).

4. Umfang der räumlichen Beschränkungen

4.1. Inhalt des gesetzlich beschränkten Aufenthaltsrechts

14 Die Vorschrift des § 56 bestimmt, dass das gesetzlich geregelte Aufenthaltsrecht der Asylbewerber nach § 55 I 1 kraft Gesetzes von vornherein nur räumlich beschränkt entsteht. Diese im Gesetz vorgesehene Beschränkung

Räumliche Beschränkung § 56

der Aufenthaltsgestattung auf einen bestimmten Aufenthaltsbezirk verhindert oder erschwert bereits von vornherein, dass der Asylsuchende Handlungen und Tätigkeiten vornimmt, die über den reinen asylverfahrensrechtlich begrenzten Zweck des Aufenthaltsrechts hinausgehen. Die insoweit offenen Gesetzesvorschriften dürfen jedoch nicht dahin ausgelegt und angewendet werden, dass innerhalb des räumlich beschränkten Bereichs alle Handlungen und Tätigkeiten des Asylsuchenden unter *präventivem Erlaubnisvorbehalt* stehen.

Nach der Rechtsprechung des BVerfG gilt ein derartiger Vorbehalt vielmehr nur für das Verlassen des räumlich beschränkten Bezirks (BVerfGE 96, 10 (24) = DVBl. 1997, 895 (896)). Es ist daher davon auszugehen, dass der Aufenthalt im räumlichen Bezirk zunächst zu allen nicht verbotenen Handlungen und Tätigkeiten berechtigt. Es ist sodann Sache der Ausländerbehörde, unter Berücksichtigung des Verhältnismäßigkeitsgrundsatzes und Übermaßverbots mit Hilfe der Auflagenermächtigung nach § 60 im konkreten Einzelfall weitere Einschränkungen des Aufenthaltsrechts vorzunehmen (Remmel, in: GK-AsylVfG, § 56 Rdn. 15; a. A. wohl VG Düsseldorf, InfAuslR 1984, 46). 15

Die Regelungen über die Beschränkung der Aufenthaltsgestattung unterscheiden drei Fallgestaltungen: Nach Abs. 1 S. 1 ist die Aufenthaltsgestattung von Asylbewerbern auf den Bezirk der Ausländerbehörde beschränkt, in dem die für die Aufnahme des Antragstellers zuständige Aufnahmeeinrichtung liegt. Aus der Abgrenzung zu Abs. 1 S. 2 und Abs. 2 sowie aus dem Gesetzeswortlaut ergibt sich, dass Abs. 1 S. 1 das gesetzliche Aufenthaltsrecht der Asylantragsteller, die der Zuständigkeitsregel des § 14 I unterfallen, regelt. 16

Die Vorschrift des Abs. 1 S. 2 zielt auf die Asylantragsteller im Sinne von § 14 II 1, sofern sie nicht über einen asylunabhängigen Aufenthaltstitel verfügen. Die Bestimmung des Abs. 2 gilt in erster Linie für die Antragsteller, die nach der Entlassung aus der Aufnahmeeinrichtung verteilt werden. Ob diese Vorschrift eine darüber hinausgehende Bedeutung hat, ist unklar. 17

Früher wurde in der Rechtsprechung vertreten, dass mit Eintritt der Rechtskraft bzw. der Bestandskraft der Statusentscheidung die räumliche Beschränkung entfiel (VG Leipzig, EZAR 223 Nr. 17; a. A. OVG NW, InfAuslR 2001, 165 (166) = NVwZ-Beil. 2001, 20 = AuAS 2001, 92). Die Gegenmeinung knüpfte an die Rechtsprechung zur Rechtslage vor 1992 an und verweist darüber hinaus auf § 71 VIII. Der Gesetzgeber ist nunmehr mit Wirkung zum 1. Januar 2005 mit Abs. 3 Satz 1 der Gegenmeinung gefolgt. 18

4.2. Antragsteller mit Wohnverpflichtung nach § 47 Abs. 1 Satz 1 (Abs. 1 Satz 1)

Aus der Abgrenzung zu den übrigen Fallgestaltungen dieser Vorschrift, aus dem Gesetzeswortlaut sowie aus der gesetzlichen Begründung ergibt sich, das Abs. 1 S. 1 für die Asylantragsteller gilt, die verpflichtet sind, ihren Antrag nach § 14 I in Verb. mit § 23 I bei der Außenstelle des Bundesamtes zu stellen. Ist der Antragsteller verpflichtet, den Asylantrag bei einer Außenstelle des Bundesamtes zu stellen (§ 14 I), ist die Aufenthaltsgestattung räumlich 19 auf den Bezirk der Ausländerbehörde beschränkt, in dem die für seine Aufnahme nach § 46 zuständige Aufnahmeeinrichtung liegt (BT-Drs. 12/2062, S. 37).

20 In diesen Fällen entsteht das gesetzliche Aufenthaltsrecht des § 55 I 1 als solches zwar bereits mit der Geltendmachung des Asylersuchens gegenüber jeder Behörde, die mit ausländerrechtlichen Fragen befasst ist. Die Bestimmung über die räumliche Beschränkung nach Abs. 1 S. 1 findet jedoch erst Anwendung, wenn Klarheit über die zuständige Aufnahmeeinrichtung nach § 46 besteht.

21 Unklar ist, wie in der Zeit zwischen der ersten Geltendmachung des Asylersuchens gegenüber der Grenz-, Polizei-, Ausländerbehörde oder Aufnahmeeinrichtung sowie der wirksamen Asylantragstellung nach Maßgabe des § 23 – nach vorheriger Bestimmung der zuständigen Aufnahmeeinrichtung (§ 46 I 2) – das gesetzliche Aufenthaltsrecht gestaltet ist.

22 Der gesetzlichen Begründung kann zur Lösung dieser Frage nichts entnommen werden. Die Vorschrift des Abs. 1 S. 1 setzt voraus, dass die zuständige Aufnahmeeinrichtung nach § 46 I und damit zugleich die zuständige Außenstelle des Bundesamtes bestimmt worden ist. Der Antragsteller hält sich im Zeitpunkt der Ermittlung der zuständigen Aufnahmeeinrichtung in der zunächst aufgesuchten Aufnahmeeinrichtung auf, die häufig nicht die zuständige Aufnahmeeinrichtung nach § 46 I ist. Erst mit dem Zeitpunkt der Bestimmung der zuständigen Aufnahmeeinrichtung wird kraft Gesetzes der Aufenthalt des Antragstellers auf den Bezirk der Ausländerbehörde beschränkt, in dem die als zuständig ermittelte Aufnahmeeinrichtung gelegen ist (Abs. 1 S. 1). Mit dem Zeitpunkt der Bestimmung der zuständigen Aufnahmeeinrichtung nach § 46 I tritt daher die gesetzliche Beschränkung nach Abs. 1 S. 1 ein.

23 Bis zum Zeitpunkt der Bestimmung der zuständigen Aufnahmeeinrichtung greift Abs. 1 S. 1 also nicht ein. Bis dahin ist das Aufenthaltsrecht des Asylbewerbers nicht räumlich beschränkt. Strafbares Verhalten kann demzufolge auch nicht begründet werden (vgl. § 85 Nr. 2). Ist die zuständige Aufnahmeeinrichtung nach § 46 I ermittelt worden, wird das gesetzliche Aufenthaltsrecht des § 55 I 1 nach Abs. 1 S. 1 auf den Bezirk der damit zuständig gewordenen Ausländerbehörde beschränkt. Der Antragsteller hat die zuständige Aufnahmeeinrichtung aufzusuchen und kann unter den Voraussetzungen des § 66 I Nr. 1 nach einer Woche zur Aufenthaltsermittlung und Fahndung ausgeschrieben werden. Nach Ablauf von zwei Wochen erlischt die Aufenthaltsgestattung des § 55 I 1, wenn der Antragsteller nicht bei der zuständigen Aufnahmeeinrichtung erscheint und bei der zuständigen Außenstelle des Bundesamtes den Asylantrag stellt (§ 67 I Nr. 2).

24 Die räumliche Beschränkung nach Abs. 1 S. 1 ist abhängig vom Aufenthalt in der Aufnahmeeinrichtung. Während der Dauer des Aufenthalts in der Aufnahmeeinrichtung besteht Wohnpflicht nach § 47 I 1 kraft Gesetzes. Endet die Verpflichtung, in der Aufnahmeeinrichtung zu wohnen (§§ 48 ff.), erfolgt im Wege der landesinternen oder länderübergreifenden Verteilung (§§ 50 f.) die Zuweisung. Der Asylantragsteller ist verpflichtet, sich unverzüglich zu der in der Zuweisungsverfügung angegebenen Stelle zu begeben (§§ 50 VI).

Räumliche Beschränkung § 56

Im Falle der Zuwiderhandlung macht er sich strafbar (§ 85 Nr. 1). Mit der Zuweisungsentscheidung wird zugleich der Bezirk der Ausländerbehörde festgelegt, auf den der Aufenthalt des Antragstellers nach Abs. 2 räumlich beschränkt wird.

4.3. Asylantragsteller im Sinne von § 14 Abs. 2 Satz 1 (Abs. 1 Satz 2)

In den Fällen des § 14 II 1 ist die Aufenthaltsgestattung räumlich auf den Bezirk der Ausländerbehörde beschränkt, in dem der Asylantragsteller sich aufhält (Abs. 1 S. 2). Während in den Fällen des § 14 II 1 Nr. 2 die Ausländerbehörde zuständig ist, in deren Bezirk sich der Asylantragsteller tatsächlich aufhält, für § 14 II 1 Nr. 3 der Aufenthaltsort des gesetzlichen Vertreters maßgebend ist, kommt es im Falle des § 14 II 1 Nr. 1 auf den *gewöhnlichen Aufenthalt* des Asylantragstellers an. **25**

Maßgebend für die behördliche Zuständigkeit ist also der Lebensmittelpunkt des Antragstellers. Dieser wird in aller Regel im Bezirk der Ausländerbehörde sein, die bislang für den Antragsteller zuständig war. Hat dieser sich umgemeldet und sich im Bezirk einer anderen Ausländerbehörde angemeldet, wird die Aufenthaltsgestattung auf den Bezirk der nunmehr zuständig gewordenen Ausländerbehörde räumlich beschränkt. **26**

Abs. 1 S. 2 muss im Zusammenhang mit § 55 II gesehen werden: Die räumliche Beschränkung nach Abs. 1 S. 2 tritt deshalb nicht ein, wenn der Antragsteller im Zeitpunkt der Asylantragstellung einen asylverfahrensunabhängigen Aufenthaltstitel mit einer Gesamtgeltungsdauer von mehr als sechs Monaten besitzt (§§ 14 II 1 Nr. 1, 55 II 2). Beträgt die Gesamtgeltungsdauer weniger als sechs Monate, ist der Asylantrag nach Maßgabe des § 14 I (vgl. § 14 II 1 Nr. 1) zu stellen, die räumliche Beschränkung tritt nach Abs. 1 S. 1 und nicht nach Abs. 1 S. 2 ein. Im Falle des § 55 II 2 greift zugunsten des Asylantragstellers die Erlaubnisfiktion nach § 81 IV AufenthG. Das gesetzliche Aufenthaltsrecht des § 55 I 1 bleibt in der Schwebe, verdrängt jedenfalls nicht die Wirkung der Erlaubnisfiktion. Der Anwendungsbereich von Abs. 1 S. 2 ist deshalb auf die Fallgruppen nach § 14 II 1 Nr. 2 und 3 beschränkt. **27**

4.4. Betretensverbot nach Abs. 1

Nach der obergerichtlichen Rechtsprechung stellt die Vorschrift des Abs. 1 darüber hinaus auch die Rechtsgrundlage dafür dar, das Betreten eines bestimmten Bezirks zu untersagen (VGH BW, AuAS 1997, 263; a. A. VGH BW, NVwZ-RR 1998, 680 = AuAS 1998, 81, Betretensverbot aufgrund der polizeilichen Generalklausel). Die Ausländerbehörde sei befugt, in Konkretisierung einer sich für den Asylsuchenden bereits nach Abs. 1 ergebenden Rechtspflicht, den ihm zugewiesenen räumlich beschränkten Bereich nicht zu verlassen, unter Rückgriff auf die polizeiliche Generalklausel ein Betretensverbot für einen außerhalb dieses Bereiches liegenden räumlich beschränkten **28**

Bezirk zu erlassen, ohne hieran durch die spezielleren Regelungen des § 36 AuslG und § 59 gehindert zu sein.

29 Jedenfalls sei der Rückgriff auf die polizeiliche Generalermächtigung dann nicht ausgeschlossen, wenn allein mit Mitteln des Polizeirechts bekämpfbare Aspekte der Gefahrenabwehr hinzukämen und sich die zuständige Polizeibehörde auch hierauf stütze (VGH BW, AuAS 1997, 263; VGH BW, NVwZ-RR 1998, 680 = AuAS 1998, 81). Ein derartiges Betretensverbot könne etwa damit begründet werden, den Kontakt des Asylsuchenden zur Drogenszene zu unterbinden. Die Polizei habe dabei im konkreten Einzelfall zu prüfen, ob das Betretensverbot geeignet, erforderlich und verhältnismäßig im Sinne einer Mittel-Zweck-Relation zur Bekämpfung der polizeilichen Gefahr sei. Habe der Asylsuchende sich wiederholt ohne entsprechende Ausnahmegenehmigungen in Bereichen der örtlichen Drogenszene aufgehalten und sei ein solches Verhalten auch für die Zukunft zu befürchten, sei das Betretensverbot geeignet und erforderlich, den Betreffenden von weiteren Kontakten zur Drogenszene abzuhalten (VGH BW, AuAS 1997, 263).

30 Diese Rechtsprechung überdehnt den Wortlaut von Abs. 1. Die Regelungen nach Abs. 1 S. 1 und S. 2 stellen keine Eingriffsgrundlagen dar. Vielmehr beschränken sie von vornherein räumlich den Aufenthalt des Asylsuchenden, ohne dass es eines dazwischen geschalteten behördlichen Vollzugsaktes bedarf. Das Betretensverbot ist darüber hinaus überflüssig, da bereits kraft Gesetzes der Aufenthalt außerhalb des nach Abs. 1 räumlich beschränkten Bezirks und damit auch in dem Bezirk, auf den sich das Betretensverbot bezieht, untersagt ist und die Vorschriften der §§ 85 f. effektive Sanktionsmittel zur Durchsetzung der räumlichen Beschränkung enthalten. Die Behörde kann daher nur nach den allgemeinen polizeirechtlichen Vorschriften vorgehen. Für Betretensverbote bezogen auf bestimmte örtlich begrenzte Bezirke innerhalb des räumlich beschränkten Bereichs nach Abs. 1 S. 1 und S. 2 bietet § 60 I die erforderliche Eingriffsgrundlage (§ 60 Rdn. 3 ff.).

4.5. Wechsel des räumlich beschränkten Bereichs (Abs. 2)

31 Wenn der Asylsuchende verpflichtet ist, in dem Bezirk einer anderen Ausländerbehörde Aufenthalt zu nehmen, ist der Aufenthalt räumlich auf deren Bezirk beschränkt (Abs. 2). Unklar ist die Reichweite der Vorschrift des Abs. 2. Zunächst beschränkt Abs. 2 für den Fall der Entlassung des Asylantragstellers aus der Aufnahmeeinrichtung (§§ 48 ff.) den Aufenthalt kraft Gesetzes auf den Bezirk der durch Zuweisungsentscheidung (§§ 50 f.) zuständig gewordenen Ausländerbehörde. Es bedarf nicht der vorherigen Erteilung der Bescheinigung nach § 63 I. Vielmehr wird mit Bekanntgabe der Zuweisungsentscheidung der Inhalt der räumlichen Beschränkung geändert:

32 An die Stelle der räumlichen Beschränkung auf den Bezirk der bisher zuständigen Ausländerbehörde tritt die räumliche Beschränkung auf den Bezirk der durch die Zuweisungsentscheidung bestimmten Ausländerbehörde (ähnl. Remmel, in: GK-AsylVfG, § 56 Rdn. 16). Die Zuweisungsverfügung gestattet auch das Durchqueren der Bezirke außerhalb des nach Abs. 2 räum-

lich beschränkten Bezirks (Remmel, in: GK-AsylVfG, § 56 Rdn. 16). Im Regelfall wird es sich um eine Verteilung im Anschluss an die Entlassung aus der Aufnahmeeinrichtung handeln. Denkbar ist jedoch auch, dass an die Stelle der räumlichen Beschränkung nach Abs. 1 S. 2 die nach Abs. 2 tritt. Vorstellbar ist auch, dass im Wege der nachträglichen Umverteilung die räumliche Beschränkung im Rahmen des Abs. 2 verändert wird: An die Stelle der räumlichen Beschränkung auf den zunächst durch Zuweisungsentscheidung bestimmten Bezirk der Ausländerbehörde tritt als Folge der nachträglichen Zuweisungsentscheidung die Beschränkung auf den Bezirk der nunmehr zuständig gewordenen Ausländerbehörde.

Nach der gesetzlichen Begründung zu Abs. 2 entspricht diese Vorschrift der früheren Regelung des § 20 I 2 AsylVfG 1982 (BT-Drs. 12/2062, S. 15). Damit gibt der Gesetzgeber zu erkennen, dass er eine Rechtsgrundlage dafür schaffen will, dass der Aufenthalt des Asylantragstellers im Falle der Verpflichtung, in dem Bezirk einer anderen Ausländerbehörde Aufenthalt zu nehmen, auf den Bezirk dieser Ausländerbehörde räumlich beschränkt wird. Abs. 2 ist mithin der gesetzliche Grund für alle Aufenthaltsbeschränkungen, die sich als Folge einer Verteilungs- und Zuweisungsentscheidung ergeben.

33

Der Gesetzgeber hält die Vorschrift des Abs. 2 für erforderlich, um eine lückenlose Übergangsregelung der räumlichen Beschränkung zu gewährleisten. Ebenso wenig wie nach früherem Recht (vgl. § 20 II 2 AsylVfG 1982) stellt Abs. 2 eine Rechtsgrundlage für die behördliche Anordnung an den Asylsuchenden dar, im Bezirk einer anderen Ausländerbehörde Aufenthalt zu nehmen (Remmel, in: GK-AsylVfG, § 56 Rdn. 17; vgl. auch Hess.VGH, EZAR 228 Nr. 6; VGH BW, EZAR 221 Nr. 26). Eine derartige Anordnung ist allein nach Maßgabe des § 60 II Nr. 3 zulässig.

34

5. Fortgeltung der räumlichen Beschränkungen nach Abschluss des Asylverfahrens (Abs. 3)

Nach Abs. 3 S. 1 gelten im Asylverfahren angeordnete räumliche Beschränkungen auch nach Abschluss des Asylverfahrens fort. Es bedarf deshalb keiner erneuten Anordnung der räumlichen Beschränkung nach Maßgabe von § 12 II 2 AufenthG. Vielmehr ist Abs. 3 S. 1 lex spezialis gegenüber § 12 II 2 AufenthG. Früher wurde demgegenüber in der Rechtsprechung vertreten, dass mit Eintritt der Rechtskraft bzw. der Bestandskraft der Statusentscheidung die räumliche Beschränkung entfiel (OVG Rh-Pf, NVwZ-Beil. 2004, 21VG Leipzig, EZAR 223 Nr. 17; a. A. OVG NW, InfAuslR 2001, 165 (166) = NVwZ-Beil. 2001, 20 = AuAS 2001, 92; OVG Rh-Pf, AuAS 2004, 130 (131)). Die Gegenmeinung knüpfte an die Rechtsprechung zur Rechtslage vor 1992 an und verweist darüber hinaus auf § 71 VIII. Der Gesetzgeber ist nunmehr mit Wirkung zum 1. Januar 2005 mit Abs. 3 Satz 1 der Gegenmeinung gefolgt.

35

Ist der Asylantragsteller als Asylberechtigter oder als Konventionsflüchtling anerkannt worden, erlischt kraft Gesetzes die im Asylverfahren angeordnete räumliche Beschränkung mit Wirkung der Antragstellung auf Erteilung der

36

§ 57 *Recht des Aufenthalts*

Aufenthaltserlaubnis (Abs. 3 S. 2 in Verb. mit § 25 I 3, II 2 AufenthG). Die Erlaubnisfiktion nach § 25 I 3 bzw. II 2 AufenthG ist ihrerseits lex spezialis gegenüber der Erlaubnisfiktion nach § 81 III oder IV AufenthG und gilt kraft Gesetzes ohne räumliche Beschränkung. Einer räumlichen Beschränkung steht Art. 26 GFK entgegen, es sei denn, die Ausländerbehörde geht entsprechend der für alle Ausländer geltenden Anordnungsbefugnis nach § 12 II 2 AufenthG vor.

37 Stellt der Asylsuchende nach Abschluss des Asylverfahrens einen Antrag auf Aufenthaltserlaubnis nach § 25 III oder V AufenthG, gelten nach Abs. 3 S. 1 bis zur Entscheidung über diesen Antrag die im Asylverfahren angeordneten räumlichen Beschränkungen fort. Wird dem Antrag stattgegeben, löst sich das Aufenthaltsrecht von dem spezifischen Aufenthaltsrecht nach § 55 ff. Damit erlöschen auch die im Asylverfahren angeordneten räumlichen Beschränkungen. In diesen Fällen bedarf es mithin keiner behördlichen Aufhebung der räumlichen Beschränkung. Vielmehr entsteht das Aufenthaltsrecht nach § 25 III oder V AufenthG anders als im Falle des § 55 I 1 ohne räumliche Beschränkung. Nach Erteilung der Aufenthaltserlaubnis kann die Ausländerbehörde nur noch nach § 12 II 2 AufenthG vorgehen.

6. Rechtsschutz

38 Ebenso wenig wie § 55 als Eingriffsgrundlage angesehen werden kann, stellt die Vorschrift des § 56 eine Ermächtigungsgrundlage für behördliche Anordnungen dar. Vielmehr handelt es sich in beiden Fällen um gesetzliche Ausgestaltungen des Aufenthaltsrechts von Asylsuchenden, die für ihr Wirksamwerden keines behördlichen Vollzugsaktes bedürfen. Rechtsschutz kann erst gegen behördliche Auflagen nach § 60 unter den dafür geregelten Voraussetzungen erlangt werden.

§ 57 Verlassen des Aufenthaltsbereichs einer Aufnahmeeinrichtung

(1) Das Bundesamt kann einem Ausländer, der verpflichtet ist, in einer Aufnahmeeinrichtung zu wohnen, erlauben, den Geltungsbereich der Aufenthaltsgestattung vorübergehend zu verlassen, wenn zwingende Gründe es erfordern.
(2) Zur Wahrnehmung von Terminen bei Bevollmächtigten, beim Hohen Flüchtlingskommissar der Vereinten Nationen und bei Organisationen, die sich mit der Betreuung von Flüchtlingen befassen, soll die Erlaubnis unverzüglich erteilt werden.
(3) Der Ausländer kann Termine bei Behörden und Gerichten, bei denen sein persönliches Erscheinen erforderlich ist, ohne Erlaubnis wahrnehmen. Er hat diese Termine der Aufnahmeeinrichtung und dem Bundesamt anzuzeigen.

Verlassen des Aufenthaltsbereichs einer Aufnahmeeinrichtung §57

Übersicht

	Rdn.
1. Vorbemerkung	1
2. Funktion der Erlaubnistatbestände	3
3. Sondergenehmigung nach Abs. 1	5
4. Sollensanspruch auf Erlaubniserteilung nach Abs. 2	7
5. Erlaubnisfreie Terminswahrnehmung nach Abs. 3	9
6. Zuständige Behörde	11
7. Zustellungsprobleme	12

1. Vorbemerkung

Die Vorschrift des § 57 regelt das Verlassen des Bereichs der räumlich beschränkten Aufenthaltsgestattung während der Zeit der Verpflichtung, in einer Aufnahmeeinrichtung zu wohnen (§ 56 I 1 in Verb. mit § 47 I 1). Sie lehnt sich an die frühere Regelung des § 25 AsylVfG 1982 an, berücksichtigt aber die besondere Situation des kurzfristigen Aufenthaltes in der Aufnahmeeinrichtung (§§ 47 I, 48 ff.; BT-Drs. 12/2062, S. 37). 1

Nach Beendigung der Wohnverpflichtung des § 47 I richtet sich die Erlaubniserteilung zum vorübergehenden Verlassen des zugewiesenen Bereichs nach § 58. Wie im Rahmen des § 58 hat die zuständige Behörde über den gestellten Antrag nach *pflichtgemäßem Ermessen* zu entscheiden. *Rechtsschutz* gegen die Versagung der Erlaubnis nach Abs. 1–3 richtet sich nach den für die Vorschrift des § 58 maßgeblichen Grundsätzen (s. im Einzelnen Rdn. 64 f. zu § 58). 2

2. Funktion der Erlaubnistatbestände

Die Erlaubnistatbestände der Vorschrift stimmen mit den Regelungen des § 25 I – III AsylVfG 1982 überein und sind nahezu identisch mit den Regelungen in § 58 I – III. Anders als in § 25 I AsylVfG 1987 und in § 58 I fehlt allerdings der Erlaubnisgrund der »*unbilligen Härte*«. Dies hat seinen Grund in den Besonderheiten der Wohnverpflichtung nach § 47 I 1. Der Gesetzgeber erachtet die Beschränkung auf die »*zwingenden Gründe*« (s. im Einzelnen § 58 Rdn. 8–13) im Hinblick auf den zeitlich befristeten Aufenthalt des Asylbewerbers in der Aufnahmeeinrichtung und die Notwendigkeit einer zügigen Durchführung des Asylverfahrens für sachgerecht (BT-Drs. 12/2062, S. 37). Dies spricht eher für eine restriktive Auslegung der Sondergenehmigung nach Abs. 1, nicht jedoch des Ausnahmetatbestandes nach Abs. 2. 3

Der Aufenthalt des der Wohnverpflichtung nach § 47 I 1 unterliegenden Asylbewerbers ist räumlich auf den Bezirk der Ausländerbehörde beschränkt, in dem die für seine Aufnahme zuständige Aufnahmeeinrichtung gelegen ist (§ 56 I 1). Insoweit ist die Rechtslage nicht anders als im Falle des § 58. In beiden Fällen ist der Aufenthalt räumlich auf den Bezirk der jeweils zuständigen Ausländerbehörde beschränkt. Während im einen Fall kraft Gesetzes die Wohnpflicht nach § 47 I 1 begründet wird, kann im anderen Fall die Auslän- 4 derbehörde durch Auflage nach § 60 II 1 eine ähnliche Beschränkung vornehmen. Im einen wie im anderen Fall wird durch die Wohnpflicht nicht die in § 56 geregelte Bewegungsfreiheit weiter eingeschränkt. Während die Erlaubniserteilung nach § 58 großzügig gestaltet werden kann, unterliegt die Ermessensausübung des Bundesamtes nach § 57 jedoch besonderen, mit der Wohnpflicht des § 47 I 1 zusammenhängenden Beschränkungen.

3. Sondergenehmigung nach Abs. 1

5   Nach Abs. 1 kann das Bundesamt aus zwingenden Gründen eine Sondergenehmigung zum Verlassen des räumlich beschränkten Bezirks erteilen. Aus verfahrensrechtlichen Gründen ist der Asylbewerber während der Dauer der Wohnverpflichtung nach § 47 I 1 gehalten, für die zuständigen Behörden und Gerichte erreichbar zu sein (§ 47 III). Bereits aus dieser gesetzgeberischen Entscheidung lassen sich für die Ausübung des Ermessens nach Abs. 1 bestimmte ermessenslenkende Erwägungen ableiten.

6   Andererseits kann die Sondergenehmigung auch zur Förderung des Asylverfahrens aus »zwingenden Gründen« erteilt werden (BVerwG, EZAR 222 Nr. 4; a. A. VGH BW, EZAR 222 Nr. 1). Damit ist klargestellt, dass in Abs. 2 und 3 keinesfalls bereits alle verfahrensfördernde Zwecke (so aber VGH BW, EZAR 222 Nr. 1) berücksichtigt worden sind. Vielmehr kann dem Asylbewerber etwa zur Beschaffung von anderweitig nicht zu besorgenden Beweismitteln die Sondergenehmigung nach Abs. 1 erteilt werden. Wegen der Kürze der Wohnverpflichtung und zur Vermeidung von verfahrensverzögernden Effekten wird das Bundesamt im Rahmen des Abs. 1 aber kaum *Auslandsreisen* zulassen.

4. Sollensanspruch auf Erlaubniserteilung nach Abs. 2

7   Nach Abs. 2 soll das Bundesamt die Erlaubnis zur Wahrnehmung von Terminen bei dem Bevollmächtigten, beim UNHCR und den anderen in der Vorschrift genannten Einrichtungen erteilen. Entsprechend dem Rechtscharakter der Norm als Sollvorschrift (so ausdr. BVerfGE 96, 10 (23) = DVBl. 1997, 895 = BayVBl. 1997, 559 = EZAR 222 Nr. 8) muss das Bundesamt besondere Gründe darlegen können, wenn es die Genehmigung versagen will. Da zu Beginn des Asylverfahrens im besonderen Maße anwaltliche Beratung notwendig ist, muss das Bundesamt besonders gewichtige Gründe benennen können, wenn es den Kontakt zum Bevollmächtigten und den in Abs. 2 bezeichneten Institutionen unterbinden will. Regelmäßig ist daher aus Gründen der Rechtsschutzfürsorge das behördliche Ermessen reduziert.

8   Dieses Auslegungsergebnis wird auch durch den Gesetzeswortlaut selbst bestätigt. Denn anders als die Vorschrift des § 58 II schreibt Abs. 2 vor, dass zur *Terminswahrnehmung* die Erlaubnis *unverzüglich* zu erteilen ist. Zu bedenken ist insoweit auch, dass bei der gerichtlichen Behandlung des Eilrechtsschutzantrags nach § 36 III und IV in Verb. mit § 80 V VwGO dem Verwaltungsge-

richt vom Gesetzgeber extrem kurze Bearbeitungs- und Entscheidungsfristen vorgegeben werden (§ 36 III 5 ff.) und durch die Erlaubniserteilung daher das anwaltliche Beratungsgespräch zur Vorbereitung der Begründung des Eilrechtsschutzantrags unverzüglich ermöglicht werden muss. In aller Regel wird deshalb die unverzügliche Entscheidung am Tag der Antragstellung getroffen werden müssen.

5. Erlaubnisfreie Terminswahrnehmung nach Abs. 3

Die erlaubnisfreie Terminswahrnehmung nach Abs. 3 S. 1 ist identisch mit den in § 58 III geregelten gesetzlichen Tatbeständen (s. im Einzelnen hierzu: § 58 Rdn. 45 f.). Die Terminswahrnehmung bedarf mithin keiner behördlichen Erlaubnis. Vielmehr ist das zweckgebundene Verlassen nach Abs. 3 S. 1 bereits kraft Gesetzes erlaubt. Anders als im Falle des § 58 III hat der Asylbewerber nach Abs. 3 S. 2 die Termine der Aufnahmeeinrichtung sowie dem Bundesamt anzuzeigen, damit diese Stellen ihrerseits ihre Terminplanung entsprechend gestalten können. **9**

Daraus wird man entnehmen können, dass der Asylbewerber regelmäßig *vor* der Terminswahrnehmung der Anzeigepflicht genügen soll. Zwingend ist dies nach dem Gesetzeswortlaut aber nicht. Es reicht daher auch aus, wenn der Asylbewerber nachträglich seiner Mitwirkungspflicht genügt (so auch Remmel, in: GK-AsylVfG, § 57 Rdn. 50). Jedenfalls wird durch den Verstoß gegen die Anzeigepflicht nach Abs. 3 S. 2 der erlaubnisfreie Aufenthalt außerhalb des räumlich beschränkten Bezirks nicht zu einem unerlaubten. Der Verstoß bleibt daher sanktionslos. **10**

6. Zuständige Behörde

Nach Abs. 1 1. HS ist anders als im Falle des § 58 nicht die Ausländerbehörde, sondern das Bundesamt zuständige Behörde für die Erlaubniserteilung nach Abs. 1 und 2. Obwohl das Gesetz die räumliche Beschränkung nach § 56 I 1 an den Bezirk der Ausländerbehörde knüpft und die in der Vorschrift geregelte Rechtsmaterie typisches ausländerbehördliches Handeln bezeichnet, wird das Bundesamt aus verfahrensorientierten Zweckmäßigkeitsgründen mit der Zuständigkeit für die Erlaubniserteilung beauftragt. Zwar wird das Bundesamt nur in Abs. 1 erwähnt. Aus der Erwähnung des Bundesamtes in Abs. 3 S. 2 und auch aus dem Gesetzeszweck folgt, dass das Bundesamt umfassend für die Erlaubniserteilung nach der Vorschrift des § 57 zuständig ist. Dementsprechend verfährt auch die Verwaltungspraxis. **11**

7. Zustellungsprobleme

Der Asylbewerber hat zu gegenwärtigen, dass er insbesondere bei der Reise aus »zwingendem Grund« nach Abs. 1, die ja mehrere Tage dauern kann, **12**

§ 58 Recht des Aufenthalts

Zustellungen nach Maßgabe von § 10 IV gegen sich gelten lassen muss. Andererseits wird man dem Bundesamt untersagen müssen, während des von ihm genehmigten Verlassens der Aufnahmeeinrichtung Zustellungen vorzunehmen. Das Gleiche wird man bei vorheriger Anzeige nach Abs. 3 S. 2 annehmen müssen. Stellt das Bundesamt gleichwohl zu, obwohl ihm aufgrund dieser Umstände die Abwesenheit des Asylbewerbers bekannt ist, wird man wohl von einer unwirksamen Zustellung ausgehen können.

13 Jedenfalls ist das Vertrauen des Asylbewerbers insoweit geschützt, sodass ihm im Falle der Fristversäumnis als Folge der Abwesenheit wegen einer genehmigten oder vorher angezeigten Reise Wiedereinsetzung zu gewähren ist. Da insbesondere in Eilrechtsschutzverfahren das anwaltliche Beratungsgespräch zur Vorbereitung der Begründung des Eilantrags unerlässlich ist, wird man diese Grundsätze entsprechend auch bei anwaltlicher Vertretung zu beachten haben.

§ 58 Verlassen eines zugewiesenen Aufenthaltsbereichs

(1) Die Ausländerbehörde kann einem Ausländer, der nicht oder nicht mehr verpflichtet ist, in einer Aufnahmeeinrichtung zu wohnen, erlauben, den Geltungsbereich der Aufenthaltsgestattung vorübergehend zu verlassen oder sich allgemein in dem angrenzenden Bezirk einer Ausländerbehörde aufzuhalten. Die Erlaubnis ist zu erteilen, wenn hieran ein dringendes öffentliches Interesse besteht, zwingende Gründe es erfordern oder die Versagung der Erlaubnis eine unbillige Härte bedeuten würde. Die Erlaubnis bedarf der Zustimmung der Ausländerbehörde, für deren Bezirk der allgemeine Aufenthalt zugelassen wird.
(2) Zur Wahrnehmung von Terminen bei Bevollmächtigten, beim Hohen Flüchtlingskommissar der Vereinten Nationen und bei Organisationen, die sich mit der Betreuung von Flüchtlingen befassen, soll die Erlaubnis erteilt werden.
(3) Der Ausländer kann Termine bei Behörden und Gerichten, bei denen sein persönliches Erscheinen erforderlich ist, ohne Erlaubnis wahrnehmen.
(4) Der Ausländer kann den Geltungsbereich der Aufenthaltsgestattung ohne Erlaubnis vorübergehend verlassen, sofern ihn das Bundesamt als Asylberechtigten anerkannt oder ein Gericht das Bundesamt zur Anerkennung verpflichtet hat, auch wenn die Entscheidung noch nicht unanfechtbar ist; das gleiche gilt, wenn das Bundesamt oder ein Gericht das Vorliegen der Voraussetzungen des § 60 Abs. 1 des Aufenthaltsgesetzes festgestellt hat, oder wenn die Abschiebung des Ausländers aus sonstigen rechtlichen oder tatsächlichen Gründen auf Dauer ausgeschlossen ist. Satz 1 gilt entsprechend für den Ehegatten und die minderjährigen ledigen Kinder des Ausländers.
(5) Die Ausländerbehörde eines Kreises oder einer kreisangehörigen Gemeinde kann einem Ausländer die allgemeine Erlaubnis erteilen, sich vorübergehend im gesamten Gebiet des Kreises aufzuhalten.

Verlassen eines zugewiesenen Aufenthaltsbereichs § 58

(6) Um örtlichen Verhältnissen Rechnung zu tragen, können die Landesregierungen durch Rechtsverordnung bestimmen, daß sich Ausländer ohne Erlaubnis vorübergehend in einem die Bezirke mehrerer Ausländerbehörden umfassenden Gebiet aufhalten können.

Übersicht

		Rdn.
1.	Vorbemerkung	1
2.	Verfassungskonformität der Vorschrift	3
3.	Erlaubnistatbestände nach Abs. 1	5
3.1.	Vorbemerkung	5
3.2.	Sondergenehmigung aus zwingenden Gründen (Abs. 1 Satz 2)	8
3.3.	Sondergenehmigung wegen »unbilliger Härte« (Abs. 1 Satz 2)	14
3.4.	Sondergenehmigung wegen eines »dringenden öffentlichen Interesses« (Abs. 1 Satz 2)	25
3.5.	»Vorübergehendes Verlassen« und »allgemeiner Aufenthalt« (Abs. 1 Satz 1)	29
3.6.	Zustimmung der Ausländerbehörde des angrenzenden Bezirks (Abs. 1 Satz 3)	32
4.	Wahrnehmung von Terminen (Abs. 2)	36
5.	Erlaubnisfreie Terminswahrnehmung (Abs. 3)	44
6.	Erlaubnisfreies Verlassen nach Abs. 4	46
7.	Aufenthalt im Kreisgebiet (Abs. 5)	55
8.	Aufenthalt in mehreren Bezirken (Abs. 6)	60
9.	Rechtsschutz	63

1. Vorbemerkung

Die Vorschrift des § 58 entspricht der früheren Regelung des § 25 AsylVfG 1982 und regelt das Verlassen des nach § 56 räumlich beschränkten Bereichs der Aufenthaltsgestattung mit Blick auf Asylbewerber, die nicht mehr der Wohnverpflichtung des § 47 I unterliegen. Für die dieser Wohnverpflichtung unterfallende Personen enthält § 57 die freilich tatbestandlich enger gefassten Voraussetzungen für ein Verlassen des räumlich beschränkten Bereichs (*Sondergenehmigung*). So fehlt in § 57 I etwa der Erlaubnistatbestand der »unbilligen Härte«. 1

Maßgebend für die Anwendung des § 58 ist allein die Beendigung der Wohnverpflichtung nach §§ 47 I, 48, 49 und 50 I. Ob im Anschluss daran durch Auflagen nach § 60 II die auf die Gemeinschaftsunterkunft bezogene Wohnsitzauflage verfügt wird, ist für die Anwendung des § 58 unerheblich. Verlässt der Asylbewerber unerlaubt den räumlich beschränkten Bereich, muss er mit straf- oder ordnungswidrigkeitsrechtlichen Konsequenzen (§§ 85 f.) sowie mit vorläufiger Festnahme und Haftbefehl (§ 59 II) rechnen. 2

2. Verfassungskonformität der Vorschrift

3   Das BVerfG hat die Vorschriften über die Erlaubniserteilung im Zusammenhang mit Art. 2 I GG als notwendige gesetzgeberische Maßnahme, welche dem *Grundsatz der Verhältnismäßigkeit* Rechnung trägt, bezeichnet (BVerfGE 96, 10 (21) = DVBl. 1997, 895 (896) = BayVBl. 1997, 559 = EZAR 222 Nr. 8). Eine sachgerechte Behandlung der Ausnahmemöglichkeiten erfordert danach, dass das gesetzgeberische Ziel der Auflockerung der strikten Vorschriften über die räumliche Beschränkung der Aufenthaltsgestattung mit Hilfe der Sondertatbestände in Rechnung gestellt werde. Nur dann sei eine übermäßige Beschränkung der persönlichen Entfaltungsfreiheit des Asylsuchenden nicht zu besorgen. Das Übermaßverbot werde nicht dadurch verletzt, dass der Asylsuchende in fast jedem Einzelfall eines beabsichtigten Aufenthaltes außerhalb des gestatteten Bereichs zuvor die ausländerbehördliche Erlaubnis einholen müsse.

4   Solange der Asylsuchende seine *berechtigten Belange* im Einzelfall durchsetzen könne, werde er durch ein »*präventives Prüfungsverfahren*« nicht in zumutbarer Weise belastet (BVerfGE 96, 10 (24) = EZAR 222 Nr. 8 = DVBl. 1997, 895 (896)). Diese verfassungsrechtlichen Leitlinien sind deshalb von der Behörde bei der Betätigung ihres Ermessens zu berücksichtigen.

3. Erlaubnistatbestände nach Abs. 1

3.1. Vorbemerkung

5   Wie § 25 AsylVfG 1982 differenziert die Vorschrift des § 58 zwischen einer behördlichen Sondergenehmigung zum Verlassen des räumlich beschränkten Bereichs (Abs. 1 und 2) sowie dem kraft Gesetzes erlaubten vorübergehenden Aufenthalt außerhalb des beschränkten Bezirks (Abs. 3). Ursprünglich durfte nach § 25 I AsylVfG 1982 die Sondergenehmigung nur aus *zwingenden Gründen* erteilt werden. Der Tatbestand der Sondergenehmigung zur Vermeidung einer *unbilligen Härte* ist 1987 in das AsylVfG eingeführt und durch Abs. 1 übernommen worden. Zusätzlich ist durch ÄnderungsG 1993 der Erlaubnisgrund des »*dringenden öffentlichen Interesses*« neu eingefügt worden. Die behördliche Auslegung und Anwendung der als unbestimmte Rechtsbegriffe gestalteten Erlaubnistatbestände unterliegt der vollen gerichtlichen Kontrolle (Hess.VGH, EZAR 221 Nr. 34 = NVwZ-RR 1990, 514).

6   Die Erteilung der Sondergenehmigung steht grundsätzlich im *Ermessen* der Behörde (Abs. 1 S. 1). Mit Wirkung zum 1. Januar 2005 hat der Gesetzgeber die früher bereits als Ermessensbelange bezeichneten Tatbestände in Abs. 1 S. 2 als Rechtsanspruch des Asylbewerbers, dass ihm beim Vorliegen der Voraussetzungen eines Erlaubnistatbestandes die Genehmigung erteilt wird, ausgestaltet. Damit ist die entgegenstehende frühere Rechtsprechung (OVG Hamburg, NVwZ 1983, 174) überholt.

7   Neu eingeführt worden in das Gesetz ist zudem die Differenzierung in Abs. 1 S. 1 zwischen dem lediglich vorübergehenden Verlassen sowie der allgemei-

nen Erlaubnis, sich im Bezirk der benachbarten Ausländerbehörde aufzuhalten. Für beide Erlaubnisformen gelten die drei aufgeführten Gründe. Das »dringende öffentliche Interesse« wird aber wohl eher bei der allgemeinen Erlaubnis zum Aufenthalt im Nachbarbezirk Berücksichtigung finden.

3.2. Sondergenehmigung aus zwingenden Gründen (Abs. 1 Satz 2)

Die Ausländerbehörde kann nach Abs. 1 S. 2 einem Asylsuchenden die Sondergenehmigung erteilen, wenn ein »zwingender Grund« dies erfordert. Die tatbestandlichen Voraussetzungen der »zwingenden Gründe« sind verwaltungsgerichtlich voll überprüfbar (Remmel, in: GK-AsylVfG, § 57 Rdn. 22; Hess.VGH, EZAR 221 Nr. 34). Ein »zwingender Grund« im Sinne von Abs. 1 S. 2 setzt zumindest ein *wichtiges Interesse des Asylbewerbers* an der beabsichtigten Reise voraus (BVerwG, EZAR 222 Nr. 4). Dieses ist nicht gegeben, wenn durch eine Reise, die der Förderung des Asylverfahrens des Asylbewerbers dienen soll, nicht einmal »möglicherweise« Material für das Asylverfahren beschafft werden kann. Unter solchen Umständen beeinträchtigt die Verneinung eines »zwingenden Grundes« auch nicht das rechtlich geschützte Interesse des Asylbewerbers (Art. 16 a I, 19 IV GG), sein Asylverfahren ohne zumutbare Erschwernisse zu verfolgen (BVerwG, EZAR 222 Nr. 4). 8

Desgleichen steht nach der Rechtsprechung des BVerwG außer Frage, dass ein geltend gemachter Reisegrund ein vorübergehendes Verlassen des Bereichs der Aufenthaltsgestattung jedenfalls dann nicht »erfordert«, wenn ihm unschwer anderweitig Rechnung getragen werden kann (BVerwG, EZAR 222 Nr. 4). Das ist etwa dann der Fall, wenn dem Asylsuchenden auch die Möglichkeit offen steht, in dem ihm zugewiesenen Aufenthaltsbezirk den mit der beantragten Sondergenehmigung erstrebten Zweck zu erfüllen (Remmel, in: GK-AsylVfG, § 57 Rdn. 26). 9

Generell sind »zwingende«, die Sondergenehmigung erfordernde Gründe nur solche, die *objektiv* von erheblichem Gewicht und darüber hinaus *subjektiv* in der Person des Asylbewerbers *zwingend* sind und deren Anerkennung bei gehöriger Abwägung weder dem Zweck der Aufenthaltsgestattung noch dem Sinn und Zweck der aufenthaltsbeschränkenden Vorschriften entgegensteht (VGH BW, EZAR 222 Nr. 1; Hess.VGH, EZAR 221 Nr. 34; OVG Hamburg, DÖV 1982, 913; OVG Koblenz, EZAR 222 Nr. 5). 10

Dies kommt nach der obergerichtlichen Rechtsprechung nur in *außergewöhnlichen schicksalhaften Lebenslagen* in Betracht, etwa wenn *unabweisbare persönliche Belange* – die notwendige Behandlung einer Krankheit ist z. B. nur außerhalb des Bezirks der Aufenthaltsgestattung möglich – oder *unabweisbare*, namentlich *familiäre Ereignisse* vorgetragen werden – wie etwa *Tod* oder *Krankheit eines nahen Verwandten* –, die üblicherweise als so gewichtig angesehen werden, dass die Verweigerung der Erlaubnis zum Verlassen des Bezirks der Aufenthaltsgestattung auch bei Berücksichtigung der Zwecke des Asylverfahrens unzumutbar wäre (VGH BW, EZAR 222 Nr. 1; a. A. Remmel, in: GK-AsylVfG, § 57 Rdn. 23 f.). Zutreffend weist die Gegenmeinung darauf hin, dass für eine Prüfung der Erforderlichkeit und für Ermessenserwägungen 11

12 kein Raum mehr bliebe, wenn man den Begriff der »zwingenden Gründe« in derart restriktiver Weise auslegen würde. Nach Erstarkung der »zwingenden Gründe« zum Rechtsanspruch muss dies umso mehr gelten.
    Für eine früher für zulässig erachtete Abwägung zwischen den gewichtigen Interessen des Asylbewerbers und den Zwecken des AsylVfG (VGH BW, EZAR 222 Nr. 1) ist kein Raum mehr. Liegt der Erlaubnistatbestand der »zwingenden Gründe« vor, ist die Erlaubnis zu erteilen (Abs. 1 S. 2). Die Rechtsprechung, die früher einwandte, »zwingende Gründe« könnten nicht Grundlage sein, Asylsuchenden Vergünstigungen im Bereich der Freizügigkeit zu gewähren, die letztlich dem eigentlichen Zweck ihres Aufenthalts zuwiderliefen (VGH BW, EZAR 222 Nr. 1), ist damit überholt.

13 Während früher in der obergerichtlichen Rechtsprechung vertreten wurde, dass die Erlaubnistatbestände des Abs. 2 und 3 bereits vollständig verfahrensrechtliche Zwecke berücksichtigten und daher die Sondererlaubnis aus »zwingenden Gründen« nur aus sonstigen, außerhalb laufender Verfahren in der Person des Asylbewerbers entstandener Umstände erteilt werden könnte (VGH BW, EZAR 222 Nr. 1), hat das BVerwG anerkannt, dass ein »zwingender Grund« auch in der »Förderung des Asylverfahrens« gesehen werden könnte, soweit anderweitige Abhilfe nicht möglich ist (BVerwG, EZAR 222 Nr. 4).

3.3. Sondergenehmigung wegen »unbilliger Härte« (Abs. 1 Satz 2)

14 Die Ausländerbehörde hat nach Abs. 1 S. 2 darüber hinaus dem Asylsuchenden eine Sondergenehmigung erteilen, wenn deren Versagung eine »unbillige Härte« bedeuten würde. Wegen der sehr engen tatbestandlichen Voraussetzungen, welche die Rechtsprechung für die Sondergenehmigung aus »zwingendem Grund« entwickelt hat, hat der Gesetzgeber 1987 den Genehmigungsgrund der »unbilligen Härte« eingeführt. Dieser ist durch das AsylVfG 1992 unverändert übernommen worden. Ein derartiger Härtegrund hat nach der obergerichtlichen Rechtsprechung eine *gewisse Ausgleichsfunktion*, da die Versagung der Sondergenehmigung bereits unterhalb der Hürde des »zwingenden Grundes« eine »unbillige Härte« bedeuten kann (Hess. VGH, EZAR 221 Nr. 34).

15 Die Generalklausel der »unbilligen Härte« dient als Mittel zum Ausgleich von Unstimmigkeiten der generalisierenden gesetzlichen Normierung und erfüllt die Funktion eines *Auffangtatbestands*, sodass eine »unbillige Härte« weitaus eher vorliegen kann als zwingende Gründe das Verlassen erfordern (Remmel, in: GK-AsylVfG, § 58 Rdn. 7).

16 Die Tatbestandsalternative der »unbilligen Härte« wurde gerade deshalb 1987 in das AsylVfG eingeführt, weil die Handhabung der Vorschrift des § 25 I AsylVfG 1982 zu unvertretbaren Härten geführt hatte (Hess.VGH, EZAR 221 Nr. 34). Der Begriff der »unbilligen Härte« ist ein unbestimmter Rechtsbegriff und als solcher gerichtlich voll überprüfbar (Remmel, in: GK-AsylVfG, § 58 Rdn. 7; Hess.VGH, EZAR 221 Nr. 34). Mit dem Erlaubnisgrund der »unbilligen Härte« soll eine weitgehende Berücksichtigung der persönlichen Lebens-

umstände und Interessen des Asylbewerbers ermöglicht werden, sodass eine »unbillige Härte« bereits vorliegen kann, wenn die Vorenthaltung der Erlaubnis den Asylbewerber im Einzelfall *unverhältnismäßig schwer* treffen würde (Hess.VGH, EZAR 221 Nr. 34).

Das BVerfG sieht in dem Erlaubnisgrund der »unbilligen Härte« ein Mittel, um übermäßigen Beschränkungen der persönlichen Entfaltungsfreiheit des Asylsuchenden entgegenzuwirken. Mit diesem Instrument könne die Ausländerbehörde »in ausreichendem Maße auf die besonderen Umstände des jeweiligen Falles angemessen reagieren«. Dabei werde auch auf die bisherige Dauer des Asylverfahrens Bedacht zu nehmen sein (BVerfGE 96, 10 (24f.) = DVBl. 1997, 895 (896) = BayVBl. 1997, 559 = EZAR 222 Nr. 8). 17

Die Sondergenehmigung ist damit auch dann zu erteilen, wenn die Gründe ausschließlich oder überwiegend im persönlichen Bereich des Asylsuchenden liegen. Denn durch den Begriff der »unbilligen Härte« soll sichergestellt werden, dass die persönlichen Interessen des Asylsuchenden stärker zur Geltung gelangen können und unvertretbare Härten, die durch eine zu enge Auslegung des Begriffs des »zwingenden Grundes« eintreten können, vermieden werden (Remmel, in: GK-AsylVfG, § 58 Rdn. 7). 18

Sind die tatbestandlichen Voraussetzungen des Härtebegriffs erfüllt, zwingt dies allein die Ausländerbehörde zur Erteilung der begehrten Sondergenehmigung. Die entgegenstehende Rechtsprechung (vgl. Hess.VGH, EZAR 221 Nr. 34) ist durch die Erstarkung der »unbilligen Härte« zum Rechtsanspruch überholt. 19

Streit herrschte früher in der Rechtsprechung, ob sich aus einer *exilpolitischen Betätigungsabsicht* des Asylbewerbers, etwa außerhalb des zugewiesenen Bereichs an einer politischen Versammlung oder Demonstration teilzunehmen, ein »zwingender Grund« im Sinne des Gesetzes ergeben kann. So wurde vertreten, weder Vorschriften des allgemeinen Ausländerrechts noch asylverfahrensrechtliche Sondervorschriften untersagten die politische Betätigung des Asylbewerbers. Dies gelte auch für Demonstrationen gegen die Politik des jeweiligen Heimatstaates (Hess.VGH, EZAR 222 Nr. 3; zustimmend: Remmel, in: GK-AsylVfG § 57 Rdn. 34; a. A. Reichel, ZAR 1986, 121). Dem wurde entgegengehalten, dass eine Sondergenehmigung aus Gründen der Teilnahme an politischen Demonstrationen nur bei Vorliegen zwingender, unabweisbarer Gründe erteilt werde dürfe. Von einem solchermaßen zwingenden Grund könne aber nur dann die Rede sein, wenn sich der Asylbewerber in dem ihm zugewiesenen Bereich nicht mehr angemessen artikulieren könnte (OVG Rh-Pf, EZAR 222 Nr. 5). Die Gegenmeinung wurde insbesondere damit begründet, dass lediglich vernünftige, d. h. ausreichend stichhaltige und gewichtige oder beachtliche Gründe nicht zwingender Natur seien (OVG Rh-Pf, EZAR 222 Nr. 5). Ihre Nichtberücksichtigung kann aber eine »unbillige Härte« sein. 20

Auch für das geltende Recht geht die Rechtsprechung davon aus, dass die gewünschte Teilnahme an einer exilpolitischen Veranstaltung *regelmäßig* keinen zwingenden Grund darstelle, der die Erteilung einer Sondergenehmigung rechtfertige (VG Gera, NVwZ-Beil. 2000, 9 = InfAuslR 2000, 49; zum Verbot politischer Betätigung wegen PKK-Unterstützung s. VGH BW, 21

NVwZ-Beil. 1999, 65 = EZAR 363 Nr. 1 = InfAuslR 1999, 231). Die Erlaubniserteilung unter dem Gesichtspunkt der unbilligen Härte wird insoweit indes nicht behandelt

22 Die begehrte Teilnahme an Veranstaltungen zur *gemeinsamen Religionsausübung mit Glaubensangehörigen* wird angesichts des auch Asylsuchenden zustehenden Grundrechts der Religionsfreiheit die Versagung der beantragten Sondergenehmigung regelmäßig als »unbillige Härte« erscheinen lassen. Wegen der Erstarkung zum Rechtsanspruch kann das Interesse des Asylsuchenden nicht mehr mit öffentlichen Interessen abgewogen werden, die freie Reiseaktivität der Asylsuchenden zu unterbinden. Es besteht vielmehr ein Rechtsanspruch auf Erteilung der Erlaubnis zum Besuch nachgewiesener, örtlich und zeitlich bestimmter religiöser Veranstaltungen (vgl. auch Remmel, in: GK-AsylVfG, § 57 Rdn. 30, unter Hinweis auf BVerwG, Buchholz 402.25 § 25 AsylVfG Nr. 1).

23 Weitere eine unbillige Härte begründende Umstände sind nach der Rechtsprechung die *Teilnahme an einem Skilehrgang,* der für alle achten Klassen der von der Asylbewerberin besuchten Schule durchgeführt wird (Hess.VGH, EZAR 221 Nr. 34). Einen gewichtigen Grund wird man grundsätzlich für alle *schulischen Veranstaltungen* annehmen können. Auch in der über zwei Jahre dauernden Versagungspraxis, den *Besuch* eines außerhalb des zugewiesenen Bezirks lebenden *nahen Angehörigen* zu unterbinden, ist eine »unbillige Härte« zu sehen (VG Karlsruhe, B. v. 17. 8. 1989 – A 13 K 426/88). Dem ist mit der Maßgabe zuzustimmen, dass für die Beurteilung keine starren Zeitgrenzen maßgebend sind. Das Vorenthalten der Pflege verwandtschaftlicher oder freundschaftlicher Beziehungen auf Dauer kann häufig zu schwerwiegenden psychischen Folgen für den benachteiligten Asylbewerber führen.

24 Eine »unbillige Härte« kann auch in der Versagung der Sondergenehmigung liegen, wenn der Asylbewerber ein *Zusammentreffen mit seiner Familie im Ausland* beabsichtigt, die Notwendigkeit eines derartigen Treffens ärztlicherseits nachgewiesen ist und die Ausländerbehörde Bedenken gegen die Einreise des Familienangehörigen in das Bundesgebiet hat (VG Wiesbaden, InfAuslR 1992, 194; weitergehend: Remmel, in: GK-AsylVfG, § 57 Rdn. 32). Grundsätzlich kann die Sondergenehmigung aus den Gründen des Abs. 1 S. 2 auch zur Durchführung von *Auslandsreisen* erteilt werden (BVerwG, EZAR 222 Nr. 4; Hess.VGH, EZAR 221 Nr. 34; Remmel, in: GK-AsylVfG, § 57 Rdn. 12 ff.). Die Realisierung eines hierauf gerichteten Wunsches kann jedoch an dem Fehlen gültiger Reisedokumente und Einreiseerlaubnisse scheitern.

3.4. Sondergenehmigung wegen eines »dringenden öffentlichen Interesses« (Abs. 1 Satz 2)

25 Nach Abs. 1 S. 2 kann die Erlaubnis zum vorübergehenden Verlassen auch erteilt werden, wenn hieran ein »dringendes öffentliches Interesse« besteht. Dieser Erlaubnisgrund knüpft an Umstände außerhalb der Person des Asylsuchenden an und kann insbesondere bei einer ständigen Unterbringung von Asylsuchenden außerhalb des Bezirks der zuständigen Ausländerbehörde in

Betracht kommen. Vor allem in Stadtstaaten besteht ein besonderes Bedürfnis, Liegenschaften in angrenzenden Bezirken, die zu einem anderen Bundesland gehören, für die Unterbringung der zugewiesenen Asylbewerber zu nutzen (Remmel, in: GK-AsylVfG, § 58 Rdn. 5; Renner, AuslR, § 58 AsylVfG Rdn. 8).

Diese Regelung war weder im AsylVfG 1992 noch im Gesetzentwurf 1993 zur Änderung des AsylVfG (vgl. BT-Drs. 12/4450, S. 8) vorgesehen. Sie wurde auf Vorschlag des Innenausschusses eingeführt und damit begründet, dass insbesondere die Stadtstaaten, auf deren Gebiet der Aufenthalt von Asylbewerbern räumlich beschränkt ist, immer weniger in der Lage seien, auf ihrem Gebiet Unterbringungsmöglichkeiten zu schaffen. Liegenschaften in angrenzenden Gemeinden, die von diesen für eine Asylbewerberunterbringung angeboten würden oder gar im Eigentum der Stadtstaaten stehen würden, könnten trotz dringenden Bedürfnisses nicht genutzt werden, weil die bestehenden gesetzlichen Regelungen allenfalls ein vorübergehendes Verlassen erlaubten. Die Ergänzung des Abs. 1 S. 2 soll deshalb aus dringendem öffentlichen Interesse (*Unterbringungsnotstand*) eine allgemeine Ausweitung der räumlichen Beschränkung auf den angrenzenden Bezirk einer Ausländerbehörde ermöglichen (BT-Drs. 12/4984, S. 49).

Zwar kann die Erlaubnis zum allgemeinen Aufenthalt im angrenzenden Bezirk aus sämtlichen, in Abs. 1 S. 2 genannten Gründen zugelassen werden. Im Vordergrund steht jedoch der Erlaubnisgrund des »dringenden öffentlichen Interesses«. Die Erlaubnis bedarf in diesem Fall jedoch der Zustimmung der Ausländerbehörde, für deren Bezirk der allgemeine Aufenthalt zugelassen wird (Abs. 1 S. 3). Da es sich nach Abs. 1 S. 2 auch im Falle des »dringenden öffentlichen Interesses« um eine »Erlaubnis« handelt, kann die Behörde den Asylsuchenden nicht zwingen, Aufenthalt im Nachbarbezirk zu nehmen. Will sie ihr Vorhaben zwangsweise durchsetzen, muss sie nach §§ 60 II Nr. 3, 56 II vorgehen. Dies ist den Behörden der Stadtstaaten jedoch nicht möglich, da die Anordnung nach § 60 II Nr. 3 auf den Bereich des jeweiligen Bundeslandes begrenzt bleibt.

Hätte der Gesetzgeber den »Unterbringungsnotstand« anders beheben wollen, wäre eine Regelung im Zusammenhang mit § 60 angezeigt gewesen. Die Vorschrift des Abs. 1 S. 2 gewährt dem Asylsuchenden eine Erlaubnis, sodass schon deshalb der Behörde jedenfalls eine Zwangsunterbringung im Nachbarbezirk nicht erlaubt ist. Da der Aufenthalt des Asylbewerbers *zusätzlich* auf den *gesamten Bezirk* der Ausländerbehörde ausgeweitet wird (BT-Drs. 12/4984, S. 49), kann es im Einzelfall für die Asylbewerber Vorteile mit sich bringen, dem behördlichen Vorschlag zu folgen.

3.5. »Vorübergehendes Verlassen« und »allgemeiner Aufenthalt« (Abs. 1 Satz 1)

Nach Abs. 1 S. 1 kann die Ausländerbehörde das »vorübergehende Verlassen« des nach § 56 beschränkten Bereiches aus den Gründen des Abs. 1 S. 1 und 2 zulassen. Der Begriff des »vorübergehenden Verlassens« kann nicht abstrakt bestimmt und angewendet werden. Vielmehr kommt es stets auf den Zweck der Sondergenehmigung an. Wird das Verlassen wiederholt und für längere Zeiträume beantragt, kann diesem Antrag regelmäßig nur durch Zulassung des allgemeinen Aufenthaltes im angrenzenden Bezirk entsprochen werden. Es spricht jedoch nichts dagegen, dem Asylsuchenden eine Erlaubnis aus den Gründen des Abs. 1 S. 1 und 2 aus dem selben Grund zu genau bestimmten kurzfristigen Zeiträumen auch wiederholt zu erteilen (unklar: Remmel, in: GK-AsylVfG, § 57 Rdn. 9).

30 Die Zulassung des allgemeinen Aufenthaltes in einem nicht angrenzenden Bezirk desselben Bundeslandes kann nach dem eindeutigen Gesetzeswortlaut nicht nach Abs. 1 S. 1, wohl aber mit Hilfe des § 60 II Nr. 3 geregelt werden. Es sind keine Gründe ersichtlich, die einer Ermessensausübung im Interesse des Asylsuchenden bei der Anwendung der Auflagenermächtigung nach § 60 II Nr. 3 entgegenstehen.

31 Die Behörde kann nach Abs. 1 S. 1 darüber hinaus den Aufenthalt des Asylsuchenden im angrenzenden Bezirk einer Ausländerbehörde genehmigen. Aus der gesetzlichen Begründung folgt, dass mit der Erlaubnis nach Abs. 1 S. 1 die Wohnsitznahme im angrenzenden Bezirk ermöglicht werden soll (BT-Drs. 12/4984, S. 49). Es handelt sich damit um einen *Daueraufenthalt*. Nach dem Gesetzeswortlaut kann eine derartige Erlaubnis aus sämtlichen Gründen des Abs. 1 S. 1 und 2 erteilt werden. Wenn auch wohl im Vordergrund für den allgemeinen Aufenthalt der »Unterbringungsnotstand«, also das »dringende öffentliche Interesse«, stehen dürfte, kann die Ausländerbehörde jedoch auch etwa zur Ermöglichung einer Arbeitsaufnahme oder aus dringenden familiären Gründen zur Betreuung nahe stehender Personen im angrenzenden Bezirk den Aufenthalt dort allgemein zulassen.

3.6. Zustimmung der Ausländerbehörde des angrenzenden Bezirks (Abs. 1 Satz 3)

32 Will die zuständige Ausländerbehörde den Aufenthalt im angrenzenden Bezirk einer Ausländerbehörde allgemein zulassen, bedarf sie hierzu der Zustimmung dieser Ausländerbehörde (Abs. 1 S. 3). Die Ausländerbehörde, für deren Bezirk der Aufenthalt allgemein zugelassen wird, muss mithin ihre Zustimmung erteilen. Davon zu unterscheiden ist die Erlaubnis zum vorübergehenden Aufenthalt aufgrund einer Rechtsverordnung im Bezirk mehrerer Ausländerbehörden nach Abs. 6. Die Regelung der behördlichen Zuständigkeiten sind in Abgrenzung zu § 60 II Nr. 3 zu bestimmen.

33 Während nach § 60 II Nr. 3 die Behörde durch Auflage die Verpflichtung des Asylbewerbers, im Bezirk einer anderen Ausländerbehörde desselben Landes Wohnung zu nehmen, begründen kann und damit wohl die behördliche Zuständigkeit verändert wird (§ 56 II), wird durch ein Vorgehen nach Abs. 1 S. 1 die behördliche Zuständigkeit nicht verändert. Wie das Beispiel der Stadtstaaten erweist, gehört der Nachbarbezirk zu einem anderen Bundesland. Hätte der Gesetzgeber die behördliche Zuständigkeit verändern wollen, hätte er daher einen Verweis auf das länderübergreifende Verteilungsverfahren (§ 51) in Abs. 1 aufnehmen müssen.

Verlassen eines zugewiesenen Aufenthaltsbereichs **§ 58**

Die genehmigende Behörde hat daher lediglich vorher die Zustimmung der zuständigen Ausländerbehörde des angrenzenden Bezirks zum Aufenthalt des Asylbewerbers in deren Bezirk einzuholen. Wird diesem zugestimmt, kann sie die Erlaubnis erteilen. Wird die Zustimmung verweigert, muss sie versuchen, in Verhandlungen mit der zuständigen Behörde des angrenzenden Bezirks zu einer einvernehmlichen Lösung zu gelangen. Es muss sich anders als bei § 60 II Nr. 3 entsprechend dem Zweck dieser Vorschrift stets um den *angrenzenden Bezirk* einer Ausländerbehörde handeln. Dies kann eine Behörde desselben oder eines anderen Bundeslandes sein. 34

Nach der Erlaubniserteilung bleibt die bisherige Behörde für die Behandlung des Asylbewerbers zuständig. Es handelt sich nicht um eine Zuständigkeitsverschiebung nach § 56 II. Denn diese dürfte wohl nur bei der *Verpflichtung des Asylbewerbers*, im Bezirk einer anderen Ausländerbehörde Aufenthalt zu nehmen, eintreten. Im Falle des Abs. 1 S. 1 handelt es sich demgegenüber um eine den Asylsuchenden begünstigende *Erlaubnis*. Schon vom Wortlaut her kann § 56 II keine Anwendung finden. 35

4. Wahrnehmung von Terminen (Abs. 2)

Wie früher § 25 II AsylVfG 1982 bestimmt Abs. 2, dass die Ausländerbehörde die Erlaubnis erteilen *soll*, wenn der Asylbewerber außerhalb des räumlich beschränkten Bereichs einen *Termin* bei seinem *Bevollmächtigten,* beim *UNHCR* (s. auch § 9 I) und bei Organisationen, die sich mit der Betreuung von Flüchtlingen befassen, wahrnehmen will. Die Vorschrift des § 25 II AsylVfG 1982 wurde seinerzeit auf Empfehlung des Innenausschusses in das Gesetz eingeführt (BT-Drs. 9/1630, S. 23). Unterbindet die Behörde den Zugang zu den bezeichneten Stellen und Personen, liegt stets eine »unbillige Härte« vor. Es liegt damit in der Konsequenz der Erstarkung der Gründe des Abs. 1 S. 2 zum Rechtsanspruch, dass auch im Falle des Abs. 2 ein Rechtsanspruch zugunsten des Asylsuchenden Anwendung findet. 36

Die nahezu identische Vorschrift des Abs. 2 ist verfassungskonform dahin auszulegen, dass das *Ermessen im Regelfall reduziert* ist. Auch das BVerfG geht insoweit von einer *Sollvorschrift* aus (BVerfGE 96, 10 (25) = DVBl. 1997, 895 = BayVBl. 1997, 559 = EZAR 222 Nr. 8). Nur in *atypischen Ausnahmefällen* darf die Behörde danach die Erlaubnis versagen. 37

Die Versagung darf im Übrigen *nicht* zur *Unzeit* erfolgen. So wäre die Unterbindung der Kontaktaufnahme zum Rechtsanwalt unter keinen denkbaren Umständen zulässig, wenn dadurch die fristgebundene Klagebegründung (§ 74 II 1) oder gar die Begründung des Eilrechtsschutzantrags nach § 36 III 1 vereitelt oder erschwert würde. Anders als beim erlaubnisfreien Tatbestand nach Abs. 3 ist nach Abs. 2 jedoch ein *Genehmigungsantrag* gefordert. Nimmt der Asylsuchende den gebotenen Termin ohne Erlaubnis wahr, treffen ihn gegebenenfalls die Konsequenzen nach §§ 59, 85 f. 38

Zur Gewährleistung einer verfassungskonformen Handhabung von Abs. 2 ist zu bedenken, dass das Aufenthaltsrecht des Asylbewerbers während des Verfahrens so zu gestalten ist, dass dieser seinen geltend gemachten Asylan- 39 spruch *ohne unzumutbare Erschwernisse* verfolgen kann (BVerwGE 62, 206 (212) = EZAR 221 Nr. 7 = InfAuslR 1981, 214). Umfang und Grenzen der behördlichen Gestaltungsfreiheit werden durch das verfassungsrechtlich gewährleistete »vorläufige Bleiberecht« bestimmt, das ein Aufenthaltsrecht *insoweit* gewährt, *als es zur Durchführung des Asylverfahrens* unter für den *Asylbewerber zumutbaren Bedingungen notwendig* ist (BVerfGE 80, 68 (73 f.) = InfAuslR 1989, 243).

40 Auch ist zu bedenken, dass zu den wesentlichen Bestandteilen eines verfassungsmäßig garantierten Rechts seine effektive Durchsetzbarkeit gehört (BVerfGE 39, 276 (294), stdg. Rspr.). Die Grundrechte gewähren *unmittelbar* einen Anspruch auf verfassungskonforme Gestaltung des *Verwaltungsverfahrens* (BVerfGE 53, 30 (65); 56, 216 (235 f.); s. auch BVerfGE 52, 391 (407)). Das Verfahren und seine effektive Anwendung im Einzelfall hat damit *Komplementärfunktion für die Durchsetzung des materiellen Rechts* (BVerfGE 73, 289 (296)).

41 Im Lichte dieser verfassungsgerichtlichen Rechtsprechung hat die Behörde bei der Anwendung von Abs. 2 zu bedenken, dass die wirksame Durchsetzung des Asylgrundrechts *überragendes Gewicht* hat, das in aller Regel andere Interessen überwiegt (vgl. auch BVerfGE 77, 364 (368)). Die in Abs. 2 genannten Stellen bzw. Personen haben für die effektive Durchsetzung des Asylanspruchs insbesondere auch vor dem Hintergrund der zunehmenden verfahrensrechtlichen Verschärfungen der vergangenen Jahre eine hervorgehobene Bedeutung. Insbesondere die Herstellung und Aufrechterhaltung des *Kontaktes zum Rechtsanwalt* darf durch die Behörde weder vereitelt noch erschwert werden. Es steht dem Asylbewerber grundsätzlich frei, welchen Rechtsanwalt er mit der Wahrnehmung seiner Interessen beauftragen will. Ein Hinweis der Behörde auf ortsansässige Rechtsanwälte würde nicht nur die Besonderheiten asylrechtlicher Mandate, sondern auch die verfahrensrechtliche Bedeutung des Asylgrundrechts verkennen.

42 Nach der Rechtsprechung des BVerwG ist die anwaltliche Vertretung dann zwingend zuzulassen, wenn wegen der besonderen persönlichen oder sachlichen Umstände die Nichtzulassung für den Rechtssuchenden Rechtsnachteile zur Folge haben würde, die durch ein nachträgliches Verfahren nicht mehr behoben werden können (BVerwG, NJW 1984, 715; so auch OVG Hamburg, NJW 1976, 205)). Dementsprechend ist die Erlaubnis bereits schon zur *Anbahnung des Auftrags* zu erteilen.

43 Die Ausländerbehörde hat daher im Regelfall dem Antrag auf Besuch des Rechtsanwaltes oder der in Abs. 2 genannten Institutionen stattzugeben. Der vorherige schriftliche Nachweis darf regelmäßig nicht gefordert werden, es sei denn, konkrete Umstände begründen den Verdacht des Missbrauchs. Zwar fehlt in Abs. 2 anders als in § 57 II und in § 25 II AsylVfG 1982 die Verpflichtung zur *unverzüglichen* Entscheidung über den Antrag. Angesichts der scharfen Darlegungspflichten sowie der kurzen Begründungsfristen hat die Behörde indes insbesondere bei Anträgen nach Abs. 2 unverzüglich zu entscheiden, damit der Asylbewerber in der Wahrnehmung und Verteidigung seiner Rechte nicht unzumutbar behindert wird. Angesichts der extrem kurzen Rechtsbehelfs- und Begründungsfristen ist über den Antrag deshalb noch am Tage der Antragstellung zu entscheiden.

5. Erlaubnisfreie Terminswahrnehmung (Abs. 3)

Ebenso wie nach § 57 III und der Vorläufervorschrift des § 25 III AsylVfG 1982 kann der Asylbewerber nach Abs. 3 ohne behördliche Erlaubnis den räumlich beschränkten Bereich zur Wahrnehmung von Terminen bei *Behörden* und *Gerichten* verlassen, wenn sein *persönliches Erscheinen erforderlich* ist. Damit sind alle Fälle gemeint, in denen z. B. das persönliche Erscheinen angeordnet ist, sowie die Fälle, in denen es wegen der besonderen Bedeutung des Verfahrens für den Asylbewerber *sachdienlich* ist, den Termin persönlich wahrzunehmen (BT-Drs. 9/1630, S. 23).

44

Die Regelung über die erlaubnisfreie Terminswahrnehmung stellt sicher, dass die räumliche Beschränkung des Aufenthaltsrechts die Durchsetzung eines bestehenden Asylanspruchs nicht hindert (BVerfGE 96, (= DVBl. 1997, 895 = BayVBl. 1997, 559 = EZAR 222 Nr. 8). Auch wenn daher das Gericht nicht das persönliche Erscheinen des Asylbewerbers angeordnet hat, ist es sein verfassungsrechtlich verbürgtes Recht, Termine wahrzunehmen, in denen etwa über seinen geltend gemachten Asylanspruch entschieden wird. Regelmäßig wird der Asylbewerber den Nachweis der Erlaubnisfreiheit durch die behördliche oder gerichtliche Ladung führen können. Anders als im Falle des § 57 III 2 trifft den Asylsuchenden keine Anzeigepflicht gegenüber der zuständigen Ausländerbehörde.

45

6. Erlaubnisfreies Verlassen nach Abs. 4

In Anlehnung an § 25 IV AsylVfG 1982 bestimmt Abs. 4, dass der Asylbewerber, der einer der in dieser Vorschrift bezeichneten begünstigten Personengruppen zugehörig ist, den räumlich beschränkten Bezirk auch ohne behördliche Erlaubnis *vorübergehend* verlassen darf. Die Niederlassungsfreiheit wird durch Abs. 4 zwar nicht hergestellt. Vielmehr bleibt der gewöhnliche Aufenthalt des Asylbewerbers auf den nach § 56 räumlich beschränkten Bereich begrenzt. Dort hat er seinen Wohnsitz zu nehmen. Die Behörde kann sogar durch Auflagen nach § 60 II 1 seinen Aufenthalt weiter inhaltlich einschränken.

46

Davon unberührt bleibt jedoch das Recht des Asylbewerbers, jederzeit und ohne Angabe von Gründen vorübergehend den zugewiesenen Bezirk zu verlassen. Es ist also kein Erlaubnisgrund wie in den vorhergehenden Absätzen erforderlich. Der Grund für die Vergünstigung ist vielmehr abstrakt-genereller Art, nämlich eine der in Abs. 4 S. 1 genannten noch nicht unanfechtbaren Feststellungen bzw. ein noch nicht rechtskräftiger gerichtlicher Verpflichtungsausspruch. Die Vorschrift des Abs. 4 gewährt also in gewissen Grenzen ein *Freizügigkeitsrecht*.

47

Die beiden ersten privilegierten Personengruppen werden allgemein als bona-fide-Flüchtlinge bezeichnet. Das sind Personen, die bereits als asylberechtigt anerkannt (Abs. 4 S. 1 1. HS) oder bei denen die Voraussetzungen des § 60 I AufenthG festgestellt worden sind (Abs. 4 S. 1 2. HS 1. Alt.), diese Entscheidung aber noch nicht unanfechtbar geworden ist. Begünstigt werden auch *Ehegat-*

48

ten und *minderjährige ledigen Kinder* (Abs. 4 S. 2) von Asylberechtigten und Konventionsflüchtlingen nach § 60 I AufenthG. Das Familienasyl und der Familienabschiebungsschutz setzen eine unanfechtbare Statusentscheidung in Ansehung des Stammberechtigten voraus (vgl. § 26 I Nr. 1, IV 1), sodass eine unmittelbare Anwendung von Abs. 4 S. 1 zugunsten der Angehörigen nicht in Betracht kommt.

49 In beiden Fällen des Abs. 4 S. 1 kann auch aufgrund eines – noch nicht rechtskräftigen – Verpflichtungsurteils die Vergünstigung eintreten. Der für den Eintritt des Privilegs maßgebliche Zeitpunkt ist der Zeitpunkt der Zustellung der Sachentscheidung nach § 31 bzw. der Zeitpunkt der Urteilsverkündigung (§ 116 I VwGO) bzw. Zustellung (§ 116 II VwGO). Auch wenn die das Privileg begründende Behörden- oder Gerichtsentscheidung nachträglich wieder aufgehoben wird, bleibt nach dem eindeutigen Gesetzeswortlaut der Asylbewerber bis zum Zeitpunkt der Unanfechtbarkeit der negativen Statusentscheidung im Besitz der Vergünstigung nach Abs. 4.

50 Schwierig ist die Handhabung der Vorschrift des Abs. 4 S. 1 2. HS 2. Alt.: Der Ausschluss der Abschiebung aus *rechtlichen Gründen* zielt auf eine Feststellung des Bundesamtes nach § 60 II–VII AufenthG bzw. auf ein entsprechendes gerichtliches Verpflichtungsurteil. Das Abschiebungshindernis des § 60 IV AufenthG wird kaum dauernder Natur sein (vgl. auch § 42 S. 2). Man wird Abs. 4 S. 1 2. HS 2. Alt. verständigerweise dahin zu interpretieren haben, dass in allen Fällen, in denen das Bundesamt keinen aufnahmebereiten Drittstaat nach Maßgabe der konkreten Anforderungen der Vorschrift des § 59 II AufenthG bezeichnen kann, die Abschiebung aus rechtlichen Gründen *auf Dauer* ausgeschlossen ist.

51 Kompliziert ist die Bestimmung des Eintritts der Vergünstigung. Stellt das Bundesamt das Abschiebungshindernis des § 60 II–VII AufenthG fest, droht es aber gleichwohl – wie üblich – die Abschiebung an, tritt mit dem Zeitpunkt der teilweisen gerichtlichen Aufhebung der Abschiebungsandrohung wegen fehlender Aufnahmebereitschaft eines Drittstaates die Vergünstigung nach Abs. 4 S. 1 ein. Generell wird man sagen können, dass in Fällen der Stattgabe eines Eilrechtsschutzantrags die Abschiebung aus rechtlichen Gründen auf Dauer im Sinne von Abs. 4 S. 1 letzter HS unmöglich ist (vgl. AG Würzburg, B. v. 12. 10. 2001 – 102 Cs 225 Js 14886/98).

52 War das Bundesamt nach § 36 I vorgegangen, tritt diese Rechtswirkung mit dem Zeitpunkt der Zustellung des stattgebenden gerichtlichen Eilrechtsbeschlusses ein. Entsprechendes gilt, wenn erst das Gericht das Vorliegen eines Abschiebungshindernisses nach § 60 II–VII AufenthG sowie zugleich das Fehlen eines aufnahmebereiten Drittstaates feststellt. In diesen Fällen sind auch die Ehegatten und minderjährigen ledigen Kinder begünstigt (Abs. 4 S. 2).

53 Aus *tatsächlichen Gründen* kann etwa bei *Staatenlosen* die Abschiebung wegen eines fehlenden gültigen Reiseausweises ausgeschlossen sein. Denkbar ist auch, dass wegen der allgemeinen Verhältnisse im Herkunftsland die Durchführung der Abschiebung tatsächlich unmöglich ist. So können z. B. Flughäfen und andere Grenzübergänge auf Dauer geschlossen sein (Renner, AuslR, § 58 AsylVfG Rdn. 6).

Ob die Fälle, in denen die Abschiebung aus tatsächlichen Gründen fehlschlägt, dem Anwendungsbereich der Vorschrift unterzuordnen sind, ist fraglich. Denn in diesen Fällen ist das Asylverfahren negativ unanfechtbar beendet und erlischt die Aufenthaltsgestattung (§ 67 I). In diesen Fällen findet das AsylVfG und damit auch Abs. 4 keine Anwendung mehr. Vielmehr ist der Aufenthalt zu dulden (§ 60 a II AufenthG). Es ist daher fraglich, ob und welche Bedeutung die Vorschrift des Abs. 4 S. 1 2. HS 2. Alt. in der Praxis erlangen kann.

7. Aufenthalt im Kreisgebiet (Abs. 5)

Nach Abs. 5 kann wie früher nach § 25 V AsylVfG 1987 die Ausländerbehörde eines Kreises oder einer kreisangehörigen Gemeinde dem Asylbewerber die *allgemeine Erlaubnis* erteilen, sich *vorübergehend* im gesamten Gebiet des Kreises aufzuhalten. Mit dieser Regelung sollen Unzuträglichkeiten und Beschwernisse in Landkreisen beseitigt werden, die aus dem Umstand folgen, dass innerhalb des Kreises eine kreisangehörige Gemeinde mit eigener Ausländerbehörde gelegen und der Aufenthalt des Asylbewerbers demzufolge auf den Bezirk dieser Gemeinde beschränkt (§ 56) ist. Die Vorschrift des Abs. 5 ist auch auf die Fälle gemünzt, in denen innerhalb eines Landkreises der Aufenthalt des Asylbewerbers an sich nicht auf dem Gebiet einer *kreisfreien* Stadt zugelassen ist.

Mit Abs. 5 soll den örtlichen Besonderheiten Rechnung getragen werden, die dadurch geprägt sind, dass die Infrastruktur der Region die kommunalen Gebietsgrenzen überschreitet. Zwar wird wie bei Abs. 4 nicht die Residenzpflicht aufgehoben, jedoch die Bewegungsfreiheit auf das gesamte Kreisgebiet ausgedehnt. Der vorübergehende Aufenthalt des Asylbewerbers ist damit auch ohne das Vorliegen einer der in Abs. 1–3 genannten Gründe im gesamten Kreisgebiet erlaubt. Voraussetzung ist jedoch, dass die Ausländerbehörde des Kreises oder der kreisangehörigen Gemeinde die *allgemeine Erlaubnis* zum vorübergehenden Aufenthalt im Kreisgebiet nach *pflichtgemäßem Ermessen* erteilt hat. Die Zustimmung der anderen Ausländerbehörde ist nicht erforderlich. Nach dem Gesetzeswortlaut handelt es sich nicht um die Erlaubnis zum *einmaligen Verlassen* des beschränkten Bereichs. Hat die Behörde einmal die Erlaubnis nach Abs. 4 erteilt, ist der vorübergehende Aufenthalt im gesamten Kreisgebiet im Rahmen der Befristung nach § 63 II erlaubt.

Die Ausübung des Ermessens hat insbesondere den örtlichen Besonderheiten Rechnung zu tragen. Diese sind dadurch geprägt, dass häufig Besuche von Ärzten, Behörden und anderen Einrichtungen in anderen, nicht zugelassenen Teilen des Kreisgebietes notwendig sind. Regelmäßig wird auch der Besuch der Schule sowie anderer Bildungseinrichtungen die Erteilung der allgemeinen Erlaubnis notwendig machen.

Das behördliche Ermessen hat in derartigen Fällen in aller Regel dem geltend gemachten Interesse des Asylbewerbers Rechnung zu tragen. Die Ausländerbehörde hat die vorgebrachten individuellen Gründe des Asylbewerbers zu berücksichtigen. Sie kann aber auch wegen der örtlichen Besonderheiten die Erlaubnis erteilen, ohne dass der Antrag konkret begründet werden müsste. Denn die lokalen Besonderheiten sind häufig derart evident, dass auf eine besondere Begründung verzichtet werden kann.

59 Abs. 5 ist nicht auf den Fall der kreisfreien Stadt innerhalb eines Landkreises gemünzt. Nach dem Gesetzeswortlaut kann die Ausländerbehörde der kreisfreien Stadt nicht den Aufenthalt im gesamten Kreisgebiet zulassen. Wohl aber kann umgekehrt die Ausländerbehörde des Landkreises den Aufenthalt in der innerhalb des Kreisgebietes gelegenen kreisfreien Stadt allgemein zulassen. Die Zustimmung der Ausländerbehörde der kreisfreien Stadt ist nicht erforderlich. Hier kann die Rechtsverordnung nach Abs. 6 weiterhelfen. Generell ist im übrigen anzumerken, dass der Erlass einer Rechtsverordnung nach Abs. 6 die Erteilung einer allgemeinen Erlaubnis nach Abs. 5 entbehrlich macht.

8. Aufenthalt in mehreren Bezirken (Abs. 6)

60 Wie bereits § 25 VI AsylVfG 1987, enthält auch Abs. 6 eine Rechtsgrundlage für den Erlass einer *Rechtsverordnung der Landesregierung*, demzufolge der vorübergehende Aufenthalt in einem die Bezirke mehrerer Ausländerbehörden umfassenden Bezirk – regelmäßig der Zuständigkeitsbezirk des Regierungspräsidiums bzw. der Bezirksregierung – erlaubt wird. Auch hier sind die örtlichen Verhältnisse, insbesondere die Besonderheiten in Ballungsgebieten, maßgebend für den Erlass der Verordnung.

61 Wie bei Abs. 4 ist damit der Aufenthalt ohne behördliche Erlaubnis zugelassen und bleibt die Wohnverpflichtung auf den räumlich beschränkten Bezirk nach § 56 begrenzt. Während Abs. 4 die Bewegungsfreiheit auf das gesamte Bundesgebiet erstreckt, ist im Falle des Abs. 6 der vorübergehende Aufenthalt in dem in der Verordnung bezeichneten Bezirk allgemein erlaubt. Im Unterschied zu Abs. 5 ist eine besondere behördliche Erlaubnis nicht erforderlich. Vielmehr ist der Aufenthalt bereits auf der Grundlage und im Umfang der Rechtsverordnung erlaubt. Der entsprechende Vermerk in der Bescheinigung nach § 63 I hat lediglich deklaratorische Wirkung.

62 Eine Ermächtigung, die Vergünstigung des Abs. 6 lediglich bestimmten Personengruppen zuteil werden zu lassen (so Renner, AuslR, § 58 AsylVfG Rdn. 14), kann der Vorschrift nicht entnommen werden. Vielmehr verwendet das Gesetz den Begriff »Ausländer«. Durchweg wird mit diesem Begriff der »Asylbewerber« – unabhängig von irgendwelchen Besonderheiten – angesprochen (vgl. § 55 I 1, § 56 II, § 57 I, III, § 58 I, III, IV, V, § 59 II, § 60 II, § 61 I, § 62 I, § 63 I, §§ 64 ff.). Eine Rechtsverordnung, welche die Vergünstigung lediglich auf bestimmte Personengruppen von Asylbewerbern beschränken würde, wäre daher durch die gesetzliche Ermächtigung nicht gedeckt und rechtswidrig. Wenn die Ausländerbehörde im Einzelfall Bedenken gegen die Gewährleistung der Freizügigkeit nach Abs. 6 hat, bleibt es ihr unbenommen, nach Maßgabe des § 60 I gegen den einzelnen Asylbewerber vorzugehen.

9. Rechtsschutz

Gegen die Versagung der behördlichen Erlaubnis nach Abs. 1, 2 und 5 kann *Verpflichtungsklage* erhoben werden. In dringenden Eilfällen kann *einstweiliger Rechtsschutz* über § 123 VwGO erlangt werden. Der Anordnungsanspruch wird in den Fällen des Abs. 1 und 2 wegen der Unaufschiebbarkeit des Reisezwecks regelmäßig gegeben sein (Hess.VGH, EZAR 222 Nr. 2; Hess.VGH, EZAR 221 Nr. 34 = NVwZ-RR 1990, 514). 63

Wird dem Asylbewerber von der Behörde das erlaubnisfreie Verlassen nach Abs. 3, 4 und 6 bestritten, kann gegebenenfalls *Feststellungsklage* zusammen mit dem einstweiligen Anordnungsantrag nach § 123 VwGO erhoben werden. Verweigert die Behörde des angrenzenden Bezirks (vgl. Abs. 1 S. 2) ihre Zustimmung, muss der Asylsuchende den Rechtsträger der Ausländerbehörde verklagen, die für ihn örtlich zuständig ist. Im Prozess wird der Rechtsträger der Ausländerbehörde nach Abs. 1 S. 2 notwendig beigeladen. 64

§ 59 Durchsetzung der räumlichen Beschränkung

(1) Die Verlassenspflicht nach § 12 Abs. 3 des Aufenthaltsgesetzes kann, soweit erforderlich, auch ohne Androhung durch Anwendung unmittelbaren Zwangs durchgesetzt werden. Reiseweg und Beförderungsmittel sollen vorgeschrieben werden.

(2) Der Ausländer ist festzunehmen und zur Durchsetzung der Verlassenspflicht auf richterliche Anordnung in Haft zu nehmen, wenn die freiwillige Erfüllung der Verlassenspflicht auch in den Fällen des § 56 Abs. 3 nicht gesichert ist und andernfalls deren Durchsetzung wesentlich erschwert oder gefährdet würde.

(3) Zuständig für Maßnahmen nach den Absätzen 1 und 2 sind
1. die Polizeien der Länder,
2. die Grenzbehörde, bei der der Ausländer um Asyl nachsucht,
3. die Ausländerbehörde, in deren Bezirk sich der Ausländer aufhält,
4. die Aufnahmeeinrichtung, in der der Ausländer sich meldet, sowie
5. die Aufnahmeeinrichtung, die den Ausländer aufgenommen hat.

Übersicht

	Rdn.
1. Zweck der Vorschrift	1
2. Anwendung unmittelbaren Zwangs (Abs. 1 Satz 1)	4
3. Reiseweg und Beförderungsmittel (Abs. 1 Satz 2)	10
4. Festnahme und Inhaftierung (Abs. 2)	14
5. Zuständige Behörden (Abs. 3)	17
6. Rechtsschutz	18

1. Zweck der Vorschrift

1 Die Vorschrift des § 59 ist ohne Vorbild im AsylVfG 1982. Sie dient der Beschleunigung des Asylverfahrens (BT-Drs. 12/2062, S. 37). Die räumliche Beschränkung nach § 56 hat zur Folge, dass das gesetzliche Aufenthaltsrecht des Asylbewerbers von vornherein räumlich beschränkt entsteht und der Asylbewerber nach § 36 AuslG verpflichtet ist, sofern er sich ohne behördliche Erlaubnis außerhalb des Bezirks der für ihn zuständigen Ausländerbehörde befindet, in diesen unverzüglich zurückzukehren. Die Befolgung dieser Verlassenspflicht soll nach dieser Vorschrift mit besonderen Mitteln durchgesetzt werden. Hinzu treten die Sanktionen nach §§ 85 f.

2 Da die räumliche Beschränkung stets zumindest auf den Bezirk einer Ausländerbehörde, in den Fällen des § 58 I 1 sogar zusätzlich auf den einer weiteren Ausländerbehörde bezogen ist, kann diese Vorschrift nicht herangezogen werden, um Auflagen nach § 60 durchzusetzen. Insoweit gelten besondere Regelungen (§ 60 Rdn. 3 ff.). Die Zwangsmittel des § 59 beziehen sich daher stets auf die kraft Gesetzes bestehende räumliche Beschränkung des § 56, nicht aber auf die behördlich durch Auflagen verfügten weiteren Einschränkungen des Aufenthaltsrechtes des Asylbewerbers.

3 Der Gesetzgeber erachtet die Vorschrift für erforderlich, um Weiterleitungsentscheidungen (§§ 18 I 1, 19 I, 22 I 2, 50 IV 1) und die damit zusammenhängende Befolgungspflicht (§ 20 I, § 50 VI) unverzüglich durchsetzen zu können und damit Verzögerungen im Asylverfahren entgegenzuwirken. Sie wird zudem für unentbehrlich angesehen, um der illegalen Binnenwanderung von Asylbewerbern vorbeugen zu können. Daher sollen unbotmäßige Asylbewerber unverzüglich zurückgeführt werden (BT-Drs. 12/2062, S. 37). Zu beachten ist auch, dass bei Nichtbefolgung der Verpflichtung aus § 20 I unter den Voraussetzungen des § 67 I Nr. 2 die Aufenthaltsgestattung erlischt und nach Maßgabe des § 66 die Ausschreibung zur Aufenthaltsermittlung zulässig ist. Darüber hinaus wird der Asylsuchende mit seinen Vorfluchtgründen präkludiert (§ 20 II 1).

2. Anwendung unmittelbaren Zwangs (Abs. 1 Satz 1)

4 Abweichend von § 13 I 1 VwVG sowie vom allgemeinem Polizeirecht kann die zuständige Behörde nach Abs. 1 S. 1 die Verlassenspflicht durch unmittelbaren Zwang durchsetzen, ohne dies vorher anzudrohen. Die Verlassenspflicht umfasst insbesondere die Befolgungspflicht des § 20 I (s. auch § 66 I Nr. 1–3, § 67 I Nr. 2, II), aber auch den unerlaubten Aufenthalt außerhalb des räumlich beschränkten Bereichs während der gesamten Dauer des Asylverfahrens. Eines »Betretensverbotes« bedarf es daher nicht (§ 56 Rdn. 29).

5 Um die den Asylbewerber treffenden Verpflichtungen möglichst effektiv durchsetzen zu können, räumt Abs. 1 S. 1 der zuständigen Behörde Erleichterungsmöglichkeiten bei der Durchsetzung der räumlichen Beschränkung ein. Von diesen muss sie nicht Gebrauch machen. Nach Abs. 1 S. 1 hat die Behörde *Ermessen* auszuüben, im Rahmen dessen insbesondere zu prüfen ist, ob

die an sich notwendige Androhung ausnahmsweise entfallen kann, weil anders die räumliche Beschränkung nicht durchgesetzt werden kann.

Die zuständige Behörde hat damit in zweifacher Weise Ermessen auszuüben: Zunächst hat sie zu prüfen, ob die Anwendung unmittelbaren Zwangs überhaupt erforderlich ist. Bejaht sie dies, hat sie des Weiteren insbesondere auch zu prüfen, ob das Absehen von der Androhung des unmittelbaren Zwangs erforderlich ist (Abs. 1 S. 1). In beiden Fällen ist der *Verhältnismäßigkeitsgrundsatz* im besonderen Maße zu beachten (OVG Hamburg, EZAR 228 Nr. 19).

Die zuständige Behörde hat stets zu prüfen, ob nicht den Asylbewerber weniger belastende Eingriffe denselben Erfolg bewirken können. Im Rahmen der Prüfung der Erforderlichkeit hat die Behörde im Einzelnen eine auf tatsächlichen Annahmen beruhende Prognose zu treffen. Die pauschale Verdächtigung, der Asylbewerber werde seine Verlassenspflicht nicht befolgen, ohne dass dies durch besondere, in der Person der Asylbewerbers liegende Umstände gerechtfertigt ist, reicht für die Anwendung unmittelbaren Zwangs nicht und schon gar nicht für das Absehen von der Androhung aus.

Der Asylbewerber hat seine Verlassenspflicht im Übrigen *ohne schuldhaftes Verzögern* zu erfüllen. Die zuständige Behörde hat daher vor der Anwendung unmittelbaren Zwangs stets zu prüfen, ob die Verzögerung der Erfüllung der Verlassenspflicht auf schuldhaftem Verhalten beruht. Dies setzt eine Beurteilung der Umstände des Einzelfalles voraus (Hess.VGH, NVwZ 1986, 149). Die Nichtbefolgung der Verlassenspflicht mag zwar ein gewisse Indizwirkung für schuldhaftes Verhalten entfalten (Renner, AuslR, § 59 AsylVfG Nr. 4). Ohne das Hinzutreten weiterer Umstände kann aber schuldhaftes Verhalten nicht unterstellt werden.

Für die Prüfung der Erforderlichkeit der Zwangsanwendung ist darüber hinaus auch stets entsprechend dem Gesetzeszweck vorher zu prüfen, ob durch die Nichterfüllung der Verlassenspflicht verfahrensverzögernde Wirkungen eintreten oder eine Binnen*wanderung* verfestigt wird. Kann dies nicht festgestellt werden, fehlt es bereits an der Erforderlichkeit für die Anwendung unmittelbaren Zwangs.

3. Reiseweg und Beförderungsmittel (Abs. 1 Satz 2)

Nach Abs. 1 S. 2 soll die zuständige Behörde dem Asylbewerber Reiseweg und Beförderungsmittel vorschreiben. Diese Vorschrift wird sich regelmäßig auf die Befolgungspflicht nach § 20 I beziehen. Es ist jedoch nicht ausgeschlossen, dass nach Feststellung des unerlaubten Aufenthalts außerhalb des zugewiesenen räumlichen Bereichs (§ 56) die einschreitende Behörde Reiseweg und Beförderungsmittel vorschreibt.

Abs. 1 S. 2 beseitigt den früheren Rechtszustand, demzufolge z. B. die Fahrt im Sammeltransport nicht zur Pflicht gemacht werden konnte, sondern es dem Asylbewerber grundsätzlich überlassen blieb, auf welche Weise er seine unverzügliche Befolgungspflicht erfüllte (Hess.VGH, NVwZ 1986, 149). Gleichwohl ist eine schematische Anwendung der Vorschrift nicht erlaubt.

Vielmehr schafft Abs. 1 S. 2 lediglich die Rechtsgrundlage dafür, Reiseweg und Beförderungsmittel vorzuschreiben.

12 Die Behörde hat jedoch stets nach pflichtgemäßem Ermessen zu entscheiden, ob sie im Einzelfall auch so verfahren will und muss zumindest begründen, warum sie dem Wunsch des Asylsuchenden, aus eigener Initiative und mit eigenen Mitteln den zugewiesenen Ort unverzüglich aufzusuchen, nicht entsprechen will. Gibt es keine Anhaltspunkte dafür, dass der Asylbewerber seiner Befolgungspflicht nicht Folge leisten wird, steht es ihm grundsätzlich frei, wie er seiner Verpflichtung Genüge tut.

13 Die Behörde mag ihm durch Angebot des Transportmittels Hilfestellung bei der Erfüllung seiner Mitwirkungspflicht geben. Zwangsweise darf sie die Anordnung aber erst treffen, wenn konkrete und gewichtige Umstände in der Person des Asylbewerbers vorliegen und die Annahme gerechtfertigt erscheinen lassen, er werde sich nicht unverzüglich zur angegebenen Stelle begeben. In diesen Fällen wird die Behörde Zwangsmaßnahmen nach Abs. 1 S. 1 mit den Vorgaben nach Abs. 1 S. 2 verbinden.

4. Festnahme und Inhaftierung (Abs. 2)

14 Nach Abs. 2 *ist* der Asylbewerber unter den dort genannten Voraussetzungen festzunehmen und auf richterliche Anordnung in Haft zu nehmen. Die Zwangsmittel können, wie sich aus der Verweisung auf § 56 III in Abs. 2 ergibt, unter den Voraussetzungen des Abs. 2 auch nach Abschluss des Asylverfahrens angewendet werden. Die Behörde hat vor der Festnahme zu prüfen, ob die tatbestandlichen Voraussetzungen des Festnahmegrundes nach Abs. 2 erfüllt sind. Es muss also mit hinreichender Sicherheit feststehen, dass die freiwillige Erfüllung der Verlassenspflicht nicht gesichert ist und ohne die Festnahme und Inhaftierung deren Durchsetzung wesentlich erschwert oder gefährdet würde (Abs. 2 2. HS). Es müssen deshalb im persönlichen Verhalten des Asylbewerbers konkrete Anhaltspunkte dafür festgestellt werden können, dass er seine Befolgungspflicht nicht freiwillig erfüllen wird.

15 Regelmäßig sind es entsprechende eindeutige Äußerungen des Asylbewerbers, die diesen Schluss rechtfertigen. Keinesfalls ist ausreichend, dass er keine rechtzeitigen Vorkehrungen für die Reise unternimmt (so aber Renner, AuslR, § 59 AsylVfG Rdn. 7). Lediglich passives Verhalten reicht nicht aus. Hinzukommen müssen eindeutige Erklärungen und sonstige Umstände, die den Schluss als zwingend erscheinen lassen, er werde seiner Verlassenspflicht nicht freiwillig Folge leisten.

16 Zwar weist die gesetzliche Begründung darauf hin, Festnahme und Inhaftierung seien notwendig, wenn der Zeitraum zwischen der Sistierung des Asylbewerbers und der Abfahrt des nächsten Beförderungsmittels so lang ist, dass die Maßnahmen insgesamt nicht mehr nur unmittelbarer Zwang, sondern schon Freiheitsentziehung ist (BT-Drs. 12/2062, S. 37). Dies bedeutet jedoch nicht, dass Festnahme und Inhaftierung stets zulässig sind. Der Hinweis auf den unmittelbaren Zwang verdeutlicht, dass zuvor bereits zu prüfen ist, ob diese Maßnahmen angewandt werden dürfen. Erst wenn dies

5. Zuständige Behörden (Abs. 3)

Nach Abs. 3 sind für die Maßnahmen nach Abs. 1 und 2 nicht nur die allgemeinen Polizeibehörden (Abs. 3 Nr. 1), sondern darüber hinaus auch die Ausländerbehörden und die Aufnahmeeinrichtungen (Abs. 3 Nr. 3, 4 und 5) zuständig. Der Bundesgrenzschutz (Abs. 3 Nr. 2) ist nur dann zuständig, wenn der Asylbewerber dort um Asyl nachsucht (§§ 18, 18 a). Insbesondere in diesen Fällen ist es nach den Erfahrungen der Vergangenheit kaum denkbar, dass Maßnahmen nach Abs. 1 und 2 notwendig werden könnten.

Zuständig ist nicht nur die Ausländerbehörde, die nach § 56 I und II für die Behandlung des Asylbewerbers verantwortlich ist, sondern jede Ausländerbehörde, in deren Bezirk der Asylbewerber sich tatsächlich aufhält (Abs. 3 Nr. 3). Entsprechendes gilt auch für die Aufnahmeeinrichtungen (Abs. 3 Nr. 4 und 5). Die Außenstellen des Bundesamtes haben keine Zuständigkeit.

6. Rechtsschutz

Die Anwendung unmittelbaren Zwangs ist an sich noch keine Freiheitsentziehung. Maßnahmen nach Abs. 2 stellen jedoch stets freiheitsentziehende Eingriffe dar. Dies gilt auch für die Anwendung unmittelbaren Zwangs, wenn diese mit der Festnahme und Inhaftierung einhergeht. Dauert die Inhaftnahme länger, ist der Festgenommene spätestens vor Ablauf des darauf folgenden Tages dem zuständigen Richter vorzuführen, der über die Anordnung der Haft entscheidet (Art. 104 III GG).

Kann daher der Transport sofort durchgeführt werden und ist abzusehen, dass der Asylbewerber vor Ablauf des nächsten Tages am Bestimmungsort eintreffen wird, ist eine richterliche Anordnung entbehrlich. Nach dem Eintreffen am Bestimmungsort ist eine weitere Inhaftnahme nicht mehr erforderlich und daher unzulässig.

Im Übrigen ist beim zuständigen Amtsgericht die Anordnung der Haft zu beantragen (§§ 1, 3 FEVG). Die veranlassende Behörde muss im Haftantrag die tatbestandlichen Voraussetzungen im Einzelfall konkret darlegen. Das Amtsgericht hat den Asylbewerber anzuhören (§ 5 I FEVG). Gegen die Anordnung der Haft ist die sofortige Beschwerde beim Landgericht (§ 7 I FEVG) und gegen dessen Entscheidung die weitere Beschwerde beim Oberlandesgericht (§ 27 FGG) zulässig. Im Einzelfall kann der Asylbewerber gegen die Maßnahmen nach Abs. 1 und 2 beim zuständigen Verwaltungsgericht auch die *Fortsetzungsfeststellungsklage* erheben, doch dürfte die Darlegung des Feststellungsinteresses im Regelfall kaum gelingen.

§ 60 Auflagen

(1) Die Aufenthaltsgestattung kann mit Auflagen versehen werden.

(2) Der Ausländer, der nicht oder nicht mehr verpflichtet ist, in einer Aufnahmeeinrichtung zu wohnen, kann verpflichtet werden,
1. in einer bestimmten Gemeinde oder in einer bestimmten Unterkunft zu wohnen,
2. in eine bestimmte Gemeinde oder eine bestimmte Unterkunft umzuziehen und dort Wohnung zu nehmen,
3. in dem Bezirk einer anderen Ausländerbehörde desselben Landes Aufenthalt und Wohnung zu nehmen.

Eine Anhörung des Ausländers ist erforderlich in den Fällen des Satzes 1 Nr. 2, wenn er sich länger als sechs Monate in der Gemeinde oder Unterkunft aufgehalten hat. Die Anhörung gilt als erfolgt, wenn der Ausländer oder sein anwaltlicher Vertreter Gelegenheit hatte, sich innerhalb von zwei Wochen zu der vorgesehenen Unterbringung zu äußern. Eine Anhörung unterbleibt, wenn ihr ein zwingendes öffentliches Interesse entgegensteht.

(3) Zuständig für Maßnahmen nach den Absätzen 1 und 2 ist die Ausländerbehörde, auf deren Bezirk der Aufenthalt beschränkt ist.

Übersicht

		Rdn.
1.	Funktion der Vorschrift	1
2.	Anwendungsbereich der Vorschrift	3
3.	Zuständige Behörde (Abs. 3)	6
4.	Auflagenermächtigung nach Abs. 1	8
4.1.	Begriff der Auflage nach Abs. 1	8
4.2.	Grundsätze für die Ausübung des behördlichen Ermessens nach Abs. 1	9
4.3.	Sparauflage	13
4.4.	Passauflage	16
4.5.	Verbot der politischen Betätigung	17
5.	Wohnauflage nach Abs. 2	26
5.1.	Zweck der Wohnauflage nach Abs. 2 Satz 1	26
5.2.	Grundsätze für die Ausübung des behördlichen Ermessens nach Abs. 2	28
5.3.	Räumliche Reichweite der Auflage	41
5.4.	Berücksichtigung der Familieneinheit	43
5.5.	Wohnsitzauflage (Abs. 2 Satz 1 Nr. 1)	45
5.6.	Umzugsauflage (Abs. 2 Satz 1 Nr. 2)	48
5.7.	Verlegungsauflage (Abs. 2 Satz 1 Nr. 3)	52
5.8.	Verhältnis zwischen Abs. 2 Satz 1 und § 53 Abs. 1	60
6.	Anhörung des Asylsuchenden (Abs. 2 Satz 2 bis 4)	69
7.	Zwangsweise Durchsetzung der Auflage	74
8.	Rechtsschutz	78

1. Funktion der Vorschrift

1   Die Vorschrift des § 60 hat ihr Vorbild in § 20 II 1–6 AsylVfG 1982 (BT-Drs. 12/2062, S. 38). Der Asylsuchende hat mit Geltendmachung seines Asylersu-

chens ein gesetzliches asylverfahrensabhängiges Aufenthaltsrecht (§ 55 I 1), das von vornherein räumlich beschränkt nach Maßgabe des § 56 entsteht und bis zum Eintritt eines der Erlöschenstatbestände (§ 67) fortdauert. Die Vorschrift gibt der zuständigen Ausländerbehörde (Abs. 3) die Befugnis, durch Auflagen (Abs. 1) das kraft Gesetzes bestehende Aufenthaltsrecht des Asylbewerbers in inhaltlicher Hinsicht weitergehend zu gestalten. Ein besonderes Auflagenverbot enthält § 61 II für die Erwerbstätigkeit. Jedoch wird im Übrigen das Verbot der Erwerbstätigkeit durch Auflagenanordnung nach Abs. 1 gestaltet (§ 61 Rdn. 20 ff.).

Abs. 2 gibt der Ausländerbehörde darüber hinaus die Möglichkeit, den ohnehin räumlich beschränkten Aufenthalt des Asylbewerbers durch Auflagen weiter räumlich einzuschränken. Das BVerfG hat verfassungsrechtliche Bedenken hiergegen nicht erkennen können (BVerfGE 77, 364 (366)). In der Bescheinigung über die Aufenthaltsgestattung nach § 63 I finden die inhaltlichen, räumlichen und zeitlichen Entscheidungen nach Maßgabe der Vorschriften der §§ 55 I 1, 56 und 60 I, II ihren Niederschlag. Diese wird gegenüber dem betroffenen Asylbewerber mit dem Inhalt, wie er sich aus der Bescheinigung ergibt, als Verwaltungsakt wirksam (BVerwGE 79, 291 (295) = EZAR 222 Nr. 7 = NVwZ 1988, 941 = InfAuslR 1988, 251).

2. Anwendungsbereich der Vorschrift

Auch die allgemeine Auflagenermächtigung nach Abs. 1 ist nur gegenüber den Asylantragstellern anwendbar, die nicht mehr der Wohnpflicht nach § 47 I 1 unterliegen. Das ergibt sich auch aus der Zuständigkeitsvorschrift von Abs. 3. Dort wird die Ausländerbehörde als zuständige Behörde nach § 60 genannt. Zuständig für die ausländerrechtliche Behandlung der Asylsuchenden, die der Wohnpflicht nach § 47 I 1 unterliegen, ist jedoch das Bundesamt (vgl. § 57 I, § 63 III 1). Man wird von einer umfassenden ausländerrechtlichen Zuständigkeit des Bundesamtes für die Phase der Unterbringung in der Aufnahmeeinrichtung auszugehen haben. Da das Bundesamt in Abs. 3 nicht aufgeführt ist, kann daher auch Abs. 1 während der Unterbringungsphase nach § 47 I 1 keine Anwendung finden.

Die Auflagenermächtigung nach Abs. 2 ist gegenüber Antragstellern, die der Wohnverpflichtung des § 47 I 1 unterliegen, schon deshalb nicht anwendbar, weil der mit Abs. 2 verfolgte Zweck bereits mit der Verpflichtung nach § 47 I 1, in der Aufnahmeeinrichtung zu wohnen, erreicht wird. Eine weitergehende Verpflichtung könnte mit Abs. 2, wäre er gegenüber den der Wohnverpflichtung nach § 47 I 1 unterliegenden Antragsteller anwendbar, nicht mehr durchgesetzt werden.

Gegenüber Asylberechtigten (§ 2) und Flüchtlingen (§ 3) kann die Vorschrift nicht angewandt werden. Wegen Art. 23 GFK ist die Wohnsitzbeschränkung gegenüber Flüchtlingen völkerrechtlich unzulässig (BVerwGE 111, 200 (203) = NVwZ 2000, 1414; VG Braunschweig, InfAuslR 2002, 127 (128)). Die Unzulässigkeit der Anwendung des § 60 gegenüber diesen Personenkreis folgt nicht nur aus verfassungs- und völkerrechtlichen Gründen, sondern bereits aus gesetzessystematischen Erwägungen. Denn die Auflagenermächtigung nach § 60 ist Teil des Ersten Unterabschnittes des Gesetzes und bezieht sich demzufolge ausdrücklich auf den »Aufenthalt während des Asylverfahrens«.

3. Zuständige Behörde (Abs. 3)

6   Zuständige Behörde für die Anordnung von Auflagen nach § 60 ist die Ausländerbehörde, auf deren Bezirk der Aufenthalt des Asylbewerbers nach Maßgabe des § 56 räumlich beschränkt ist (Abs. 3). Demzufolge darf das Bundesamt keine Auflagen verfügen. Zwar hat das Bundesamt die Zuständigkeit für die Ausstellung und Befristung der Bescheinigung nach § 63 I, solange der Asylbewerber in der Aufnahmeeinrichtung zu wohnen verpflichtet ist (§ 63 III 1). Aus Abs. 3 folgt aber mit eindeutiger Klarheit, dass das Bundesamt weitergehende Befugnisse nicht hat.

7   § 63 III 3 kann dem Bundesamt keine Zuständigkeiten einräumen, für die Abs. 3 ausdrücklich der Ausländerbehörde die Verantwortung auferlegt. Wie sich mit hinreichender Klarheit aus Abs. 2 ergibt, ist die Vorschrift des § 60 erst nach der Entlassung aus der Aufnahmeeinrichtung anwendbar.

4. Auflagenermächtigung nach Abs. 1

4.1. Begriff der Auflage nach Abs. 1

8   Nach Abs. 1 kann die kraft Gesetzes entstehende und von vornherein räumlich beschränkte Aufenthaltsgestattung mit Auflagen versehen werden. Eine *Auflage* ist eine Bestimmung zu einem Verwaltungsakt, die dem durch den Verwaltungsakt Begünstigten ein Tun, Dulden oder Unterlassen vorschreibt (BVerwGE 64, 285 (286) = EZAR 221 Nr. 18 = DVBl. 1982, 306 = DÖV 1982, 451 = NVwZ 1982, 191, unter Hinweis auf § 36 II Nr. 4 VwVfG). Der Verwaltungsakt, auf den sich die Auflage nach Abs. 1 bezieht, ist nach der Rechtsprechung des BVerwG die Bescheinigung über die Aufenthaltsgestattung nach § 63 I (BVerwGE 79, 290 (294) = EZAR 222 Nr. 7 = NVwZ 1988, 941 = InfAuslR 1988, 251). Die Vorschrift des Abs. 1 gibt der Behörde demgegenüber eine allgemeine gesetzliche Auflagenermächtigung an die Hand. Die Regelungen in §§ 61 II und 62 enthalten spezielle Auflagenbefugnisse.

4.2. Grundsätze für die Ausübung des behördlichen Ermessens nach Abs. 1

9   Die Erteilung der Auflage steht im behördlichen *Ermessen*. Dieses ist *nicht schrankenlos* gewährleistet. Die Auflage muss vielmehr ihre Rechtfertigung im Zweck des Gesetzes und in der vom Gesetzgeber gewollten Ordnung der Materie finden; sie muss aufenthaltsrechtlichen Zwecken dienen, wie sie von

der Behörde auch bei der Gesetzesanwendung verfolgt werden dürfen (BVerwGE 64, 285 (288) = EZAR 221 Nr. 18 = InfAuslR 1982, 86). In diesem Rahmen darf die Behörde durch Auflagen *öffentliche Interessen* schützen, die durch die Anwesenheit des Asylbewerbers nachteilig berührt werden können (BVerwGE 64, 285 (288)).

Die Auflage muss mit der Rechtstellung des Asylbewerbers vereinbar sein (BVerwGE 64, 285 (289) = EZAR 221 Nr. 18 = InfAuslR 1982, 86). Zweck der dem Asylbewerber gewährten Rechtsstellung ist es, den Aufenthalt während des Asylverfahrens so zu gestalten, dass er seinen behaupteten Asylanspruch ohne unzumutbare Erschwernisse geltend machen und verfolgen kann (BVerwGE 62, 206 (211f.) = EZAR 221 Nr. 7 = InfAuslR 1981, 214; BVerwGE 64, 285 (289f.) = EZAR 221 Nr. 18 = InfAuslR 1982, 86; ähnlich BVerfGE 80, 182 (187) = EZAR 355 Nr. 6 = NVwZ 1989, 951). Das ausländerbehördliche Ermessen zur Auflagenanordnung ist deshalb nur soweit reduziert, wie dieser Zweck es erfordert (BVerwGE 64, 285 (290)). 10

Die Behörde hat damit bei der Auslegung und Anwendung von Abs. 1 grundsätzlich ein weites Ermessen. Die Auflage darf den verfahrensrechtlichen Zweck des Aufenthaltsrechtes des Asylbewerbers nicht gefährden. Sie darf also insbesondere nicht dazu führen, dass die Geltendmachung des behaupteten Anspruchs auf Verfolgungsschutz unzumutbar erschwert oder vereitelt wird. Auch darf die Auflage keine den Aufenthalt beendende Wirkung entfalten (BVerwGE 64, 285 (290) = EZAR 221 Nr. 18 = InfAuslR 1982, 86). 11

Das BVerfG hat unter Bezugnahme auf Literaturmeinungen ausdrücklich darauf hingewiesen, dass die gesetzlichen Regelungen über räumliche Aufenthaltsbeschränkungen für Asylbewerber unter Berücksichtigung des *Verhältnismäßigkeitsgrundsatzes* auszulegen sind (BVerfGE 80, 68 (72f.) = EZAR 355 Nr. 6 = NVwZ 1989, 951). Dies muss auch für die Auslegung und Anwendung der die räumlichen Aufenthaltsbeschränkungen inhaltlich konkretisierenden Auflagenanordnung (BVerwGE 79, 290 (295) = EZAR 222 Nr. 7 = NVwZ 1988, 941 = InfAuslR 1988, 251) nach Abs. 1 gelten. Darüber hinaus muss nach der Rechtsprechung des BVerwG die Auflagenerteilung auf einer mit dem Grundsatz der Verhältnismäßigkeit zu vereinbarenden Interessenabwägung beruhen (BVerwGE 64, 285 (292) = EZAR 221 Nr. 18 = InfAuslR 1982, 86; BVerwGE 69, 295 (302) = EZAR 222 Nr. 2 = NVwZ 1984, 799). 12

4.3. Sparauflage

Der Zweck des Ausländerrechts umfasst den Schutz derjenigen finanziellen Belange der Bundesrepublik, zu deren Wahrung dem Asylbewerber durch Auflage aufgegeben werden kann, die Kosten für die Rückreise anzusparen (BVerwGE 64, 285 (288) = EZAR 221 Nr. 18 = InfAuslR 1982, 86; VGH BW, DÖV 1980, 653 = DVBl. 1981, 155 (LS); VGH BW, EZAR 221 Nr. 14). Es widerspricht regelmäßig dem öffentlichen Interesse, wenn der zuständigen öffentlichen Körperschaft die Kosten für die Rückreise von Ausländern, denen der Aufenthalt im Bundesgebiet ermöglicht worden ist, zur Last fallen. Bei 13 aufenthaltsrechtlichen Entscheidungen kann dieses Interesse daher als erheblich berücksichtigt werden (BVerwGE 64, 285 (288)).

14 Mit der Sparauflage wird dem Verpflichteten aufgegeben, zur Sicherung der Rückreisekosten ein zur Verfügung der Behörde zu stellendes Sparkonto einzurichten und darauf in monatlichen Raten in angemessener Höhe den voraussichtlichen Gesamtbetrag der Rückreisekosten anzusparen. Diese Auflage gibt dem Asylbewerber nach der Rechtsprechung weder die Ausreise auf noch droht sie ihm die Abschiebung an. Sie trifft lediglich Vorsorge für die Möglichkeit, dass dem Antragsteller nicht der begehrte Status gewährt wird und er in diesem Fall voraussichtlich zur Ausreise verpflichtet ist. Es soll sichergestellt werden, dass der Verpflichtete in diesem Fall seiner Ausreisepflicht nachkommen bzw. bei einer erforderlichen Abschiebung seine Kostenpflicht erfüllen kann (BVerwGE 64, 285 (290) = EZAR 221 Nr. 18 = InfAuslR 1982, 86).

15 Die Kostenpflicht ist in § 66 I AufenthG geregelt. Die Behörde hat zu berücksichtigen, dass der Verpflichtete über ein Arbeitseinkommen verfügt, das es ihm ermöglicht, in angemessenen Raten die Rückreisekosten vorsorglich anzusparen (BVerwGE 64, 285 (292) = EZAR 221 Nr. 18 = InfAuslR 1982, 86). Die Sparauflage ist nach der Rechtsprechung unter diesen Voraussetzungen ein geeignetes und auch den wirtschaftlichen Verhältnissen des Verpflichteten hinreichend Rechnung tragendes Mittel, einer Belastung der öffentlichen Hand mit Rückreisekosten vorzubeugen. Angesichts des starken Zustroms von Asylsuchenden, die nicht politisch verfolgt seien, sei es nicht zu beanstanden, dass die Behörde in Würdigung der wesentlichen Umstände des Falles dem öffentlichen Interesse an der Auflage Vorrang gegenüber dem Interesse des Asylsuchenden einräumt, von der Ansparpflicht verschont zu bleiben (BVerwGE 64, 285 (292)).

4.4. Passauflage

16 Es widerspricht dem Zweck des asylverfahrensabhängigen gesetzlichen Aufenthaltsrechts nach § 55 I 1, dem Asylbewerber vor unanfechtbarem negativem Abschluss durch Auflage aufzugeben, sich gegenüber seiner zuständigen Auslandsvertretung um die Neuausstellung eines Reiseausweises bzw. um die Verlängerung der Geltungsdauer des Passes zu bemühen. Eine derartige Auflage wäre mit dem Gesetzeszweck des Abs. 1 nicht vereinbar und ist daher unzulässig. Auf Antrag des Asylsuchenden kann die Ausländerbehörde andererseits den Pass zwecks Verlängerung dessen Gültigkeit herausgeben (§ 65 II).

4.5. Verbot der politischen Betätigung

17 Gemäß § 47 I 2 AufenthG kann die Ausländerbehörde unter den dort genannten Voraussetzungen die politische Betätigung von Asylsuchenden beschränken oder untersagen. In diesen Fällen ist Rechtsgrundlage für die Auf-

Auflagen § 60

lage nicht Abs. 1, sondern § 47 I 2 AufenthG. Keinesfalls kann aus Abs. 1 die Befugnis abgeleitet werden, weitergehende Beschränkungen zu verfügen als das allgemeine Ausländerrecht zulässt. Die Vorschrift des § 47 I 2 AufenthG ist insoweit *lex spezialis* gegenüber Abs. 1. So ist es etwa unzulässig, zur Verhinderung der Entstehung von Nachfluchtgründen (vgl. § 51 I AuslG) die politische Betätigung von Asylbewerbern zu untersagen oder gar gänzlich einzuschränken (Renner, AuslR, § 60 AsylVfG Nr. 6).

Die politische Betätigung von Asylsuchenden wird weder durch allgemeines Ausländerrecht noch durch asylspezifische Sondervorschriften untersagt (Hess.VGH, EZAR 222 Nr. 3). In Betracht kommen daher immer nur Einschränkungen ganz bestimmter politischer Aktivitäten, etwa die Teilnahme an einer bestimmten Demonstration zwecks Verhinderung gewalttätiger Auseinandersetzungen. 18

Der Begriff der politischen Betätigung umfasst jede Handlung, welche die Schaffung oder Erhaltung bestimmter gesellschaftlicher Einrichtungen und Daseinsformen bezweckt (OVG NW, DVBl. 1966, 118 = DÖV 1966, 206). Die Betätigung reicht dem Gegenstand nach von der Mitwirkung an der Gestaltung zwischenstaatlicher Beziehungen bis zur Wahrnehmung innerstaatlicher Gruppeninteressen und bewegt sich insoweit nicht nur im Bereich der Staatspolitik, sondern umfasst ebenso jedes auf die Änderung sozialer oder kultureller Verhältnisse gerichtetes Verhalten (OVG NW, DVBl. 1966, 118). 19

Der Form nach kann die politische Betätigung sich ebenso in der Teilnahme an einem gewaltsamen Staatsstreich wie in dem Bemühen äußern, im Dialog den Partner für ein bestimmtes Anliegen zu gewinnen. Der Zielrichtung nach reicht der Betätigungsbegriff von der Bekämpfung bis zur Unterstützung der von den jeweiligen Machtträgern erhaltenen Gesellschafts- und Staatsordnung (OVG NW, DVBl. 1966, 118). 20

Als polizeiliche Verfügung unterliegt die Verbotsverfügung nach § 47 I 2 AufenthG den allgemeinen polizeirechtlichen Eingriffsvoraussetzungen. Sie muss den Grundsatz der Verhältnismäßigkeit berücksichtigen. Insbesondere ist darzulegen, ob nicht mildere Mittel den angestrebten Erfolg bewirken können (OVG NW, NJW 1980, 2039; OVG NW, EZAR 109 Nr. 1 = InfAuslR 1987, 111; VGH BW, NVwZ-Beil. 1999, 65 (66) = InfAuslR 1999, 231 = EZAR 363 Nr. 1). Auch muss die Behörde prüfen, ob aufgrund bestimmter konkreter Anhaltspunkte die von ihr bekämpfte Gefahr durch das Verhalten des Asylbewerbers eintreten kann. 21

Zumeist wird ein in der Vergangenheit liegendes persönliches Verhalten Anlass für die Verbotsverfügung geben, sodass von der Behörde eine *konkrete Wiederholungsgefahr* darzulegen ist (OVG NW, NJW 1980, 2039; OVG NW, EZAR 109 Nr. 1). Die Rechtsprechung erachtet es demgegenüber sogar für zulässig, dem Ausländer die politische Betätigung deswegen zu untersagen, weil er andernfalls dadurch Attentatsversuche seines Heimatstaates auf seine Person provozieren könnte (OVG NW, EZAR 109 Nr. 1). 22

Polizeirechtlich ist eine derartige Ansicht nicht bedenkenfrei. Denn damit wird in dogmatisch kaum zu begründender Weise das Opfer zum Störer erklärt, gegen den sich polizeirechtliche Verbotsverfügungen richten dürfen. 23

In verfassungsrechtlicher Hinsicht bleibt es grundsätzlich dem Betroffenen selbst überlassen, Gefährdungen und Risiken einzuschätzen, die er durch sein Verhalten auslösen kann und wie er sich dementsprechend zu verhalten hat; vorausgesetzt, er bewegt sich im Rahmen der allgemeinen Gesetze.

24 Allenfalls die Gefährdung unbeteiligter Dritter durch Attentatsversuche (OVG NW, EZAR 109 Nr. 1) vermögen das Verbot politischer Betätigung zu rechtfertigen. Stützt die Behörde die Verbotsverfügung auf den Umstand der Gefährdung Dritter, hat sie die hierfür maßgeblichen tatsächlichen Voraussetzungen konkret darzulegen. Das Verwaltungsgericht hat die dargelegten tatsächlichen Umstände vollinhaltlich zu überprüfen.

25 Die Anordnung einer Aufenthaltsbeschränkung aus Anlass des Staatsbesuches des Staatspräsidenten des Herkunftslandes des (asylberechtigten) Flüchtlings erfordert die vorherige Feststellung einer *konkreten Gefahr* in der Person des Betroffenen (VGH BW, InfAuslR 1990, 331). Dies gilt auch unter Berücksichtigung des Umstandes, dass es sich bei den möglicherweise gefährdeten Rechtsgütern – der persönlichen Sicherheit der Teilnehmer an einem Staatsbesuch sowie der zwischenstaatlichen Beziehungen der Bundesrepublik zum Herkunftsstaat – um hochrangige Rechtsgüter handelt, zu deren präventiven Schutz schon dann eingegriffen werden darf, wenn die Wahrscheinlichkeit einer Gefahr gering ist (VGH BW, InfAuslR 1990, 331). Ein vom Bundesamt für Verfassungsschutz mitgeteilter Gefahrverdacht genügt jedenfalls diesen Anforderungen nicht (VGH BW, InfAuslR 1990, 331). Gegenüber Asylsuchenden gelten die selben Grundsätze.

5. Wohnauflage nach Abs. 2

5.1. Zweck der Wohnauflage nach Abs. 2 Satz 1

26 Wie früher § 20 II AsylVfG 1982, jedoch in modifizierter Form, gibt Abs. 2 der Ausländerbehörde die Möglichkeit, den Aufenthalt der Asylsuchenden aus bestimmten Gründen weiter inhaltlich einzuschränken. Regelmäßig wird mit dem Instrument des Abs. 2 ordnungsrechtlich die Verpflichtung durchgesetzt, Wohnung in einer *Gemeinschaftsunterkunft* (§ 53) zu nehmen. Die Vorschrift des Abs. 2 ist die Rechtsgrundlage für eine derartige Anordnung im Einzelfall. Demgegenüber enthält § 53 I eine ermessenslenkende Bestimmung für die Ausländerbehörde.

27 Die Regelung in Abs. 2 S. 1 Nr. 1 ermächtigt zum Erlass der (erstmaligen) *Wohnsitzauflage*, die Bestimmung des Abs. 2 S. 1 Nr. 2 räumt der Behörde die Möglichkeit ein, die *Umzugsauflage* zu verfügen. Die Vorschrift des Abs. 2 S. 1 Nr. 3 schließlich enthält die Ermächtigung zum Erlass der *Verlegungsauflage* (mit Blick auf den Bezirk einer anderen Ausländerbehörde desselben Bundeslandes). Die Auflagenermächtigung nach Abs. 2 ist im engen Sachzusammenhang mit der Regelung in § 53 zu sehen, derzufolge Asylsuchende im Regelfall in Gemeinschaftsunterkünften unterzubringen sind.

Auflagen § 60

5.2. Grundsätze für die Ausübung des behördlichen Ermessens nach Abs. 2

Das BVerfG hat keine verfassungsrechtlichen Bedenken dagegen, dass dem öffentlichen Interesse an der Unterbringung in der Gemeinschaftsunterkunft Vorrang vor den privaten Interessen des Asylsuchenden eingeräumt wird. Dieses öffentliche Interesse gehe dahin, den Asylbewerbern sowohl für ihre eigene Person als auch im Hinblick auf mögliche künftige Asylantragsteller vor Augen zu führen, dass mit dem Asylantrag vor dessen unanfechtbarer Stattgabe kein Aufenthalt im Bundesgebiet zu erreichen sei, wie er nach allgemeinem Ausländerrecht eingeräumt werde (BVerfG (Vorprüfungsausschuss), EZAR 221 Nr. 21 = NJW 1984, 558 = BayVBl. 1983, 754). 28

Die mit der Wohnsitznahme in Gemeinschaftsunterkünften typischerweise verbundenen Beschränkungen seien auch vor dem Hintergrund völkerrechtlicher Verpflichtungen der Bundesrepublik grundsätzlich erforderlich, um im Interesse derjenigen Flüchtlinge, die letztlich bestandskräftig anerkannt würden, das Asylverfahren von Belastungen freizuhalten, für die es weder gedacht noch geeignet sei (BVerfG (Vorprüfungsausschuss), EZAR 221 Nr. 21). 29

Die Gründe für eine Auflage nach Abs. 2, soweit damit die Verpflichtung zur Wohnsitznahme in einer Gemeinschaftsunterkunft begründet werden soll, sind also weitreichend. Die Wohnsitz-, Umzugs- oder Verlegungsauflage kann ihren Grund in *öffentlichen Interessen*, wie etwa Überbelegung einer Unterkunft oder zu starke Belastung einzelner Gemeinden, aber auch *in der Person* des Asylsuchenden, etwa Bedrohungen anderer Mitbewohner (BayVGH, EZAR 221 Nr. 41), haben. Wird von der Ausländerbehörde Überbelegung als Grund für den zwangsweisen Erlass der Auflage angeführt, kann sich aus dem Verhältnismäßigkeitsgrundsatz ergeben, dass der Gemeinde bis zum Abbau der Überbelegung neue Asylsuchende nicht mehr zugewiesen werden dürfen. Die Behörde hat deshalb im Einzelnen darzulegen, aus welchen Gründen die Neuaufnahme von Asylsuchenden nicht vorübergehend ausgesetzt werden kann. Gelingt ihr dies nicht, ist die Anordnung rechtswidrig. Jedenfalls ist diese Maßnahme ein milderes Mittel als die gegen den Willen des Asylsuchenden verfügte Auflage nach Abs. 2. 30

Als Gründe, die in der Person des Asylsuchenden liegen, kommen etwa Streitigkeiten zwischen den Bewohnern einer Unterkunft in Betracht. Bei *sexuellen* oder *rassistisch* bedingten *Belästigungen* kann sich einerseits ein Rechtsanspruch auf Verlegung der von diesen Übergriffen Betroffenen ergeben (OVG NW, InfAuslR 1987, 219). Die Fürsorgepflicht kann es aber auch gebieten, den Störer durch Auflage in eine andere Unterkunft zu verlegen (BayVGH, EZAR 221 Nr. 41). 31

Macht der Asylsuchende durch Vorlage eines *ärztlichen Attestes* glaubhaft, dass die Einweisung in eine Gemeinschaftsunterkunft aus *gesundheitlichen Gründen* auf Bedenken stößt, hat die Wohnsitzauflage zu unterbleiben (BayVGH, B. v. 27. 6. 1988 – Nr. 12 CE 88.00808; VG Ansbach, U. v. 25. 9. 1986 – AN 12 E 86.31465; VG Stuttgart, U. v. 9. 12. 1996 – A 14 K 14045/96). Ebenso hat bei fortgeschrittener *Schwangerschaft* die Einweisung zu unterbleiben (VGH BW, B. v. 20. 4. 1983 – A 12 S 14/82). 32

33 Soweit eine Verlegung von Asylsuchenden *gegen deren Willen* in Frage steht, ist der *Verhältnismäßigkeitsgrundsatz* (BVerwGE 69, 295 (302) = EZAR 222 Nr. 2 = NVwZ 1984, 799) zu beachten. Der Erlass der Auflage steht grundsätzlich im behördlichen Ermessen. Unter Beachtung des Verhältnismäßigkeitsgrundsatzes sind Eingriffe in der Freiheitssphäre von Asylsuchenden nur dann und nur insoweit zulässig, als sie zum Schutz öffentlicher Interessen unerlässlich sind. Daher müssen die gewählten Mittel in einem vernünftigen Verhältnis zu dem mit der Auflage angestrebten Erfolg stehen (BVerwGE 69, 295 (302)).

34 Zwar hat der Asylsuchende kein Recht, sich während der Dauer des Asylverfahrens an einem bestimmten Ort aufzuhalten (§ 55 I 2). Dies bedeutet jedoch nicht, dass er nach Belieben der Behörde von einer Unterkunft in eine andere verlegt werden kann. Das *Willkürverbot* gebietet insbesondere, dass die Ausländerbehörde der individuellen Situation des Asylsuchenden, insbesondere der Dauer und Art seines bisherigen Aufenthalts außerhalb einer Gemeinschaftsunterkunft und dem Maß der Integration in die bisherige Umgebung Rechnung trägt (VGH BW, EZAR 221 Nr. 26).

35 Hinter dem öffentlichen Interesse an einer möglichst wirtschaftlichen Versorgung und Betreuung der Asylbewerber müssen grundsätzlich die persönlichen Interessen der Bewohner einer Einrichtung an einem dauerhaften Verbleib in der einmal zugewiesenen Unterkunft zurücktreten. Hinsichtlich der Entscheidung, in welcher Gemeinschaftsunterkunft die Wohnsitznahme durch Auflage aufzugeben ist, steht der Behörde naturgemäß ein *weiter Ermessensspielraum* zu. Es stellt keinen Ermessensfehler dar, wenn die Behörde zunächst die vorhandenen Unterbringungsmöglichkeiten in Heimen mit Vollverpflegung ausschöpft und erst danach andere Heime belegt, die keine Vollverpflegung anbieten (OVG Berlin, EZAR 461 Nr. 8).

36 Zwar kann die Behörde bei ihrer Ermessensentscheidung entsprechend gewichten, dass dem Asylbewerber kein subjektiv-öffentliches Recht auf Aufenthalt an einem bestimmten Ort zusteht. Diese im Rahmen der Ermessensausübung berücksichtigungsfähigen Gesichtspunkte entbinden die Behörde jedoch nicht von ihrer Verpflichtung, die *Tatsachengrundlage* für ihre Ermessensentscheidung durch *hinreichende Ermittlungen* zu schaffen (BayVGH, EZAR 222 Nr. 6). *Unfundierte Verdächtigungen* rechtfertigen nicht die belastende Verlegungsauflage (BayVGH, EZAR 222 Nr. 6), wohl aber staatsanwaltschaftliche Ermittlungsergebnisse, die durch Beiziehung der Strafakten gewonnen werden (BayVGH, EZAR 221 Nr. 41).

37 Die gegen den Willen des Asylsuchenden verfügte Auflage stellt einen in die Freiheitssphäre eingreifenden *belastenden Verwaltungsakt* dar (BayVGH, EZAR 222 Nr. 6). Die pauschale Behauptung, der Asylsuchende beschädige Einrichtungsgegenstände, bedrohe Mitbewohner und Personal kann einen derartigen Eingriff sachlich nicht rechtfertigen. Denn hierbei fehlen Ermittlungen zum näheren Hergang und Teilnehmerkreis der einzelnen Vorgänge. Sie ist mangels aussagefähiger Unterlagen, wie z. B. Vermerke von Bediensteten, Zeugenaussagen von Bediensteten und Mitbewohnern über die einzelnen Vorfälle nicht nachprüfbar (BayVGH, EZAR 222 Nr. 6).

38 Mit der Unterbringung in einer Gemeinschaftsunterkunft ist der Behörde eine *Fürsorgepflicht* zugewachsen, die es – ausgehend vom Menschenbild der

Auflagen § 60

Verfassung – gebietet, die *kulturellen, religiösen, gesundheitlichen* und sonstigen *existenziellen Bedürfnisse* der Asylsuchenden zu berücksichtigen, insbesondere diese vor solchen *Übergriffen* und *Belästigungen* zu schützen, die nicht notwendigerweise mit dem Wohnen in einer Gemeinschaftsunterkunft verbunden sind, also über das hinausgehen, was die Bewohner einer derartigen Einrichtung grundsätzlich hinzunehmen haben (OVG NW, InfAuslR 1986, 219).

Wird etwa ein Schwarzafrikaner durch Mitbewohner fortwährenden rassistischen Feindseligkeiten ausgesetzt, gar mit dem Messer bedroht, kann er von der Behörde verlangen, vor derartigen Übergriffen und Belästigungen, die erheblich über die für eine Gemeinschaftsunterkunft typischen Unannehmlichkeiten und Erschwernisse hinausgehen, verschont zu bleiben (OVG NW, InfAuslR 1986, 219; vgl. auch BayVGH, EZAR 221 Nr. 41). Eine derartige Fürsorgepflicht wird häufig in Fällen *alleinstehender Frauen* gegeben sein, die sich vor – glaubhaft gemachten – *sexuellen Belästigungen* innerhalb der Unterkunft nicht selbst schützen können. 39

Grundsätzlich hat die Behörde nach pflichtgemäßem Ermessen die geeigneten und erforderlichen Abhilfemaßnahmen zu treffen. Kann sie die Störer ermitteln, wird sie regelmäßig durch Auflage nach Abs. 2 gegen diese vorgehen. Häufig wird sich die Situation in der Unterkunft jedoch derart zugespitzt haben, dass den von rassistischen oder sexuellen Angriffen und Belästigungen betroffenen Asylsuchenden der weitere Aufenthalt in der Gemeinschaftsunterkunft nicht mehr zumutbar ist. Hier kann es die individuelle Situation erfordern, nicht durch Auflage nach Abs. 2 die Verpflichtung, in einer anderen Gemeinschaftsunterkunft zu wohnen, anzuordnen, sondern den Asylsuchenden das Wohnen außerhalb der Gemeinschaftsunterkunft zu ermöglichen. 40

5.3. Räumliche Reichweite der Auflage

Abs. 2 ermächtigt die Behörde lediglich dazu, die Wohnsitznahme in einer bestimmten Gemeinde oder Unterkunft durch Auflage anzuordnen. Damit wird eine entsprechende *Residenzpflicht* begründet. Der Aufenthalt des Asylsuchenden bleibt jedoch nach Maßgabe des § 56 erlaubt, er hat also Bewegungsfreiheit im Bezirk der für ihn zuständigen Ausländerbehörde. Dies ergibt sich bereits aus dem Gesetzeswortlaut, demzufolge nicht der Aufenthalt auf eine bestimmte Gemeinde oder Unterkunft beschränkt, sondern die entsprechende Wohnverpflichtung begründet wird. 41

Dauernde physische Präsenz des Asylsuchenden in der Unterkunft ist deshalb *nicht erforderlich*. Auch verweist die Strafvorschrift des § 85 Nr. 2 auf die räumliche Beschränkung nach § 56. Dieses Auslegungsergebnis wird auch dadurch bestätigt, dass § 85 Nr. 3 nicht Abs. 2, sondern Abs. 1 in Bezug nimmt. Damit ist klargestellt, dass mit der Auflage nach Abs. 2 nicht die räumliche Beschränkung nach § 56 weiter eingeengt, sondern insbesondere mit Blick auf die Regelanordnung nach § 53 die Aufenthaltsgestattung mit einer bestimmten Wohnsitzauflage inhaltlich konkretisiert werden kann. 42

5.4. Berücksichtigung der Familieneinheit

43 Die Regelungen in §§ 50 IV 5, 51 I schreiben zwingend vor, dass bei der Zuweisung die Haushaltsgemeinschaft von Ehegatten und ihren Kindern unter 18 Jahren zu berücksichtigen ist. Schon diese zwingenden Gesetzesvorschriften schränken das behördliche Ermessen beim Erlass der Wohnsitzauflage erheblich ein. Ist bereits zwingend dieser Gesichtspunkt bei der Zuweisungsentscheidung zu beachten, kann ihm nicht nach der Zuweisung durch Erlass der Auflage nach Abs. 2 zuwidergehandelt werden. Allenfalls kann für einen sehr kurzen, nach Wochen bemessenen Zeitraum, aus administrativen Gründen, eine vorübergehende Trennung, welche die Durchführung der Zuweisungsentscheidung mit sich bringt, hingenommen werden.

44 Dementsprechend wird in der obergerichtlichen Rechtsprechung davon ausgegangen, dass die Trennung über eine Dauer von vier bis fünf Wochen unbedenklich ist (VGH BW, B. v. 20. 4. 1983 – A 12 S 14/82). Eine derartige Trennung ist jedoch durch die auf die Herstellung der Lebensgemeinschaft gerichtete Zuweisungsentscheidung bedingt. Keinesfalls kann durch Auflage nach Abs. 2 eine bestehende Lebensgemeinschaft auseinander gerissen und ein Aufenthalt der einzelnen Familienangehörigen an verschiedenen Wohnorten angeordnet werden. Allenfalls besonders gravierende, anders nicht zu beseitigende Notlagen vermögen für einen kurzen Zeitraum die Trennung zu rechtfertigen.

5.5. Wohnsitzauflage (Abs. 2 Satz 1 Nr. 1)

45 Nach Abs. 2 S. 1 Nr. 1 kann der Asylbewerber durch Auflage verpflichtet werden, in einer bestimmten Gemeinde oder in einer bestimmten Unterkunft Wohnung zu nehmen. Hierbei handelt es sich um die *erstmalige Anordnung* einer derartigen Auflage, die regelmäßig nach der Verteilung und Zuweisung in den Bezirk der zuständigen Ausländerbehörde erfolgt. In aller Regel werden noch keine besonderen berücksichtigungswerten Bindungen entstanden sein. Etwas anderes gilt jedoch, wenn in den bisher ohne Wohnsitzbeschränkung erlaubten Aufenthalt nachträglich durch eine Auflage nach Abs. 2 Nr. 1 eingegriffen wird. Hier ist insbesondere die Art des bisherigen Aufenthalts außerhalb einer Gemeinschaftsunterkunft zu berücksichtigen (VGH BW, EZAR 221 Nr. 26). Im Übrigen ist das Ermessen naturgemäß sehr weit und sind die dargestellten Ermessensgrundsätze zu beachten.

46 Die Behörde hat insbesondere zu prüfen und darzulegen, ob die Anordnung angesichts der konkreten Umstände des Einzelfalles dem Grundsatz der Verhältnismäßigkeit entspricht. Daher ist der Eingriff in die Freiheitssphäre des Asylbewerbers ungeachtet der gesetzlichen Ermächtigung nur dann und nur insoweit zulässig, als er zum Schutz öffentlicher Interessen unerlässlich ist. Die gewählten Mittel müssen dabei in einem vernünftigen Verhältnis zum angestrebten Erfolg stehen (BVerwGE 69, 295 (302) = EZAR 222 Nr. 2 = NVwZ 1984, 799).

47 Unter der »bestimmten Unterkunft« in Abs. 2 S. 1 Nr. 1 ist insbesondere die Gemeinschaftsunterkunft (§ 53 I) zu verstehen. Die Anordnung kann sich

Auflagen § 60

aber auch auf jede andere Unterkunft, etwa auf eine von der Gemeinde angemietete Wohnung oder Hotelunterkunft, beziehen. Die Auflage begründet nur die Verpflichtung, in einer bestimmten Gemeinde oder bestimmten Unterkunft zu wohnen. Im Zweifel sind unklare Formulierungen dahin auszulegen. Durch die Auflage kann die räumliche Beschränkung des § 56 nicht weiter eingeengt werden (Rdn. 24). Dies würde nicht nur gegen den Gesetzeswortlaut von Abs. 2 S. 1 Nr. 1 verstoßen, sondern auch den Verhältnismäßigkeitsgrundsatz verletzen.

5.6. Umzugsauflage (Abs. 2 Satz 1 Nr. 2)

Nach Abs. 2 S. 1 Nr. 2 kann die zuständige Ausländerbehörde durch Auflage anordnen, dass der Asylbewerber in eine bestimmte Gemeinde oder in eine bestimmte Unterkunft *umzuziehen* und dort Wohnung zu nehmen hat. Aus dem Gesetzeswortlaut und auch aus der Abgrenzung zu Abs. 2 S. 1 Nr. 1 wird deutlich, dass vor der Umzugsauflage bereits eine Wohnsitzauflage nach Abs. 2 S. 1 Nr. 1 ergangen war und dem Asylbewerber nunmehr aufgegeben wird, von einer Gemeinde in eine andere Gemeinde (innerhalb des Bezirks der Ausländerbehörde) oder innerhalb derselben Gemeinde von einer Unterkunft in eine andere umzuziehen. 48

Hat der Asylbewerber bisher ohne Wohnsitzbeschränkung innerhalb des Bezirks der Ausländerbehörde gewohnt, richtet sich die Wohnsitzauflage nach Abs. 2 S. 1 Nr. 1. In diesem Fall ist aber ebenso wie in dem typischen Anwendungsfall des Abs. 2 S. 1 Nr. 2 bei der Ermessensausübung die besondere individuelle Situation des Asylbewerbers – insbesondere Dauer und Art seines bisherigen Aufenthalts sowie das Maß der Integration in seine bisherige Umgebung – zu berücksichtigen (VGH BW, EZAR 221 Nr. 26). 49

Die Umzugsauflage wird sich in aller Regel auf eine Gemeinschaftsunterkunft beziehen. Sie kann aber auch die Verpflichtung zur Wohnsitznahme in jeder anderen Unterkunft zum Inhalt haben. Anlass für den Erlass der Umzugsauflage können äußere Umstände, etwa die Überbelegung der Gemeinde oder der Unterkunft sein. Hier gebietet der Verhältnismäßigkeitsgrundsatz aber, zunächst weniger einschneidende Mittel in Betracht zu ziehen. So kann etwa der Zuzug weiterer Asylbewerber in die Gemeinde bzw. die Zuweisung weiterer Asylbewerber in die Unterkunft bis zum Abbau der Überbelegung vorübergehend ausgesetzt werden. 50

Der Grund für die Auflage kann auch in der Person des Asylbewerbers liegen. Wird die Umzugsanordnung mit einer Gefährdung von Mitbewohnern und Einrichtungsgegenständen begründet, trifft die Behörde eine genaue Aufklärungs- und Darlegungspflicht. Aufgrund von unfundierten Verdächtigungen darf der Asylbewerber nicht mit ihn belastenden Maßnahmen überzogen werden (BayVGH, EZAR 222 Nr. 6). Bei rassistischen oder sexuellen Belästigungen und Übergriffen kann sich ein Rechtsanspruch des hiervon Betroffenen auf Umzug ergeben (OVG NW, InfAuslR 1986, 219; Rdn. 39 ff.). Maßnahmen müssen sich jedoch in erster Linie gegen den polizeirechtlichen Störer richten. 51

5.7. Verlegungsauflage (Abs. 2 Satz 1 Nr. 3)

52 Wie früher nach § 20 II S. 3 Nr. 2 AsylVfG 1987 ermächtigt Abs. 2 S. 1 Nr. 3 die Ausländerbehörde, den Asylbewerber zu verpflichten, in dem Bezirk einer *anderen Ausländerbehörde desselben* Landes Aufenthalt und Wohnung zu nehmen. Die Bestimmung des § 20 II 3 Nr. 2 AsylVfG 1987 war in der obergerichtlichen Rechtsprechung sehr umstritten. Das BVerwG hatte aber die Ansicht, die Sachkompetenz der Ausländerbehörde erstrecke sich lediglich auf aufenthaltsrechtliche Entscheidungen mit Wirkung ausschließlich für deren eigenen Bezirk, nachdrücklich zurückgewiesen (BVerwGE 69, 295 (298 f.) = DÖV 1985, 403 = InfAuslR 1984, 239 = NVwZ 1984, 799; ebenso BayVGH, B. v. 13. 2. 1984 – Nr. 21 CS 83 C.1016; VGH BW, B. v. 17. 4. 1984 – A 12 S 69/84; dagegen BayVGH, InfAuslR 1984, 23; VGH BW, EZAR 221 Nr. 6; OVG Hamburg, EZAR 611 Nr. 8).

53 Weder könnten derartige Einschränkungen aus allgemeinem Verwaltungsrecht noch aus den besonderen asylverfahrensrechtlichen Gesetzesvorschriften hergeleitet werden. Mit dem Vollzug der Auflage, den Asylbewerber in eine Gemeinschaftsunterkunft *außerhalb* ihres eigenen Bezirks einzuweisen, gebe die anordnende Behörde aber ihre Zuständigkeit an die für dessen neuen Aufenthalt zuständige Ausländerbehörde ab (BVerwGE 69, 295 (302) = EZAR 222 Nr. 2 = NVwZ 1984, 799).

54 Gegen diese Rechtsprechung wird beachtliche Kritik geäußert, die ihren Grund insbesondere in der Sorge hat, durch eine derartige Auslegung der Auflagenermächtigung würde den Behörden die Möglichkeit gegeben, ihnen lästig gewordene Asylbewerber von ihrem Gebiet zu verdrängen. Die Gefahr sei nicht von der Hand zu weisen, dass ein *unwürdiges Abschieben* von einem Aufenthaltsbezirk zum anderen erfolge (GK-AsylVfG a. F., § 20 Rdn. 82). Einschränkend wird eingewendet, aufenthaltslenkende Maßnahmen der Ausländerbehörde müssten stets im *Zusammenhang mit Verteilung und Zuweisung* gesehen werden, die grundsätzlich nicht durch eine Einzelanordnung der Ausländerbehörde mit Wirkung gegenüber anderen Ausländerbehörden unterlaufen werden dürften (Renner, AuslR, § 56 AsylVfG Nr. 8). Auch die Rechtsprechung hatte in einer derartigen Einzelanweisung nicht eine Aufenthaltsregelung aufgrund der früheren Auflagenermächtigung, sondern eine *Umverteilung* innerhalb eines Bundeslandes gesehen (BayVGH, InfAuslR 1984, 23).

55 Dieser Ansicht wäre zwar an sich der Vorzug zu geben. Doch hatte der Gesetzgeber bereits 1987 die Neuregelung des § 20 II 3 Nr. 2 AsylVfG a. F. eingeführt, um den Streit in der Rechtsprechung zu schlichten. Der Gesetzgeber des Abs. 2 S. 1 Nr. 3 hatte diese Regelung wörtlich übernommen. Auch das BVerwG hatte darauf hingewiesen, dass die Vorschriften über das Verteilungsverfahren die den Ausländerbehörden übertragenen Befugnisse zur Regelung des Aufenthaltsrechts der Asylbewerber unberührt ließen (BVerwGE 69, 295 (299) = EZAR 222 Nr. 2 = NVwZ 1984, 799). Eine Zuweisungsverfügung im landesinternen Verteilungsverfahren sei nicht Voraussetzung dafür, dass die Ausländerbehörden die ihnen unmittelbar bundesrechtlich übertragenen Befugnisse zur Regelung des Aufenthaltsrechts wahrnehmen dürften,

Auflagen § 60

noch geeignet, diese ausländerbehördlichen Befugnisse in der Sache einzuschränken (BVerwGE 69, 295 (300f.)). Lediglich zur Klarstellung führte der Gesetzgeber 1987 die Ermächtigungsgrundlage des § 20 II 3 Nr. 2 AsylVfG a. F. ein, welche die Vorschrift des Abs. 2 S. 1 Nr. 3 unverändert übernommen hat.

Der Gesetzeswortlaut von Abs. 2 S. 1 Nr. 1 ist eindeutig: Die Behörde hat nicht die Befugnis, anzuordnen, dass der Asylbewerber im Bezirk einer anderen Ausländerbehörde eines *anderen Bundeslandes* Wohnung zu nehmen hat (unklar BayVGH, EZAR 221 Nr. 41). Konnte diese Befugnis früher aus der Rechtsprechung des BVerwG hergeleitet werden (BVerwGE 69, 295 (300) = EZAR 222 Nr. 2 = NVwZ 1984, 799), unterbindet das Gesetz ein derartiges Verfahren seit 1987. Derartige Regelungen sind im Rahmen des *länderübergreifenden Verteilungsverfahrens* (§ 51) zu treffen. 56

Den nunmehr geltenden Regelungen in § 50 über das *landesinterne Verteilungsverfahren* lassen sich keine Bestimmungen entnehmen, dass eine Anordnung nach Abs. 2 S. 1 Nr. 3 nur im Zusammenhang mit einer Zuweisungsentscheidung nach § 50 IV 1 zulässig wäre. Zwar ist das Verteilungsverfahren gegenüber dem früheren Recht zeitlich vorverlegt worden (§§ 47 I, 50 I). Die Struktur dieses Verfahrens hat sich jedoch insoweit nicht verändert. 57

Damit ist festzuhalten: Obwohl vernünftige Gründe für ein anderes Verfahren sprechen, hat der Gesetzgeber der Ausländerbehörde mit der Auflagenermächtigung in Abs. 2 S. 1 Nr. 3 die Möglichkeit an die Hand gegeben, den Asylbewerber zu verpflichten, im Bezirk einer anderen Ausländerbehörde desselben Bundeslandes Aufenthalt und Wohnung zu nehmen. Freilich gelten hier wegen der häufig bestehenden Bindungen besondere Ermessensgrundsätze. Auch ist insbesondere bei derartigen Verlegungsanordnungen das *Willkürverbot* zu beachten. 58

Mit dem Vollzug der Auflage wechselt die behördliche Zuständigkeit. Zuständig ist nunmehr die Behörde, in deren Bezirk der Asylbewerber sich in Befolgung der Auflage aufhält (§ 56 II). Die früher zuständige Ausländerbehörde verliert ihre Zuständigkeit. Ob die nunmehr zuständige Ausländerbehörde anschließend gegenüber dem Asylbewerber nach Abs. 2 S. 1 Nr. 2 vorgeht, unterfällt ausschließlich ihrer Sachkompetenz. Insoweit hat die die Auflage nach Abs. 2 S. 1 Nr. 3 anordnende Behörde keine Befugnis. Sie kann die Verlegung in den Bezirk einer anderen Ausländerbehörde anordnen, jedoch nicht bestimmen, mit welchen Beschränkungen das Aufenthaltsrecht des Asylbewerbers anschließend ausgestaltet werden soll. 59

5.8. Verhältnis zwischen Abs. 2 Satz 1 und § 53 Abs. 1

Das BVerfG hat mit Blick auf die identische Rechtslage nach früherem Recht keine Bedenken darin gesehen, als Rechtsgrundlage für die Einweisung in eine Gemeinschaftsunterkunft auf die Auflagenermächtigung des § 20 II AsylVfG 1982 (jetzt: Abs. 2) zurückzugreifen (BVerfG (Vorprüfungsausschuss), EZAR 221 Nr. 21). Demgegenüber war in der obergerichtlichen Rechtsprechung der Rechtsgrund für die Verpflichtung, Wohnung in der Gemeinschafts- 60 unterkunft zu nehmen, in § 23 AsylVfG 1982 (jetzt § 53 I) gesehen worden (VGH BW, NVwZ 1986, 783; offen gelassen OVG NW, B. v. 10. 5. 1988 – 16 B 20980/87; VG Ansbach, InfAuslR 1984, 99). Dem ist jedoch entgegenzuhalten, dass die Rechtsgrundlage für die Einweisung in die Gemeinschaftsunterkunft die Auflagenermächtigung des Abs. 2 S. 1 ist, während § 53 I den im Rahmen der Ermessensentscheidung zu beachtenden gesetzgeberischen Zweck angibt, durch den sich die Behörde bei der Auflagenanordnung leiten lassen soll (VG Ansbach, B. v. 16. 6. 1984 – AN 14 S 84 C 521; in diesem Sinne auch BayVGH, EZAR 222 Nr. 6; Nieders.OVG, InfAuslR 2004, 84 (85); BVerfG, EZAR 221 Nr. 21, zum Verhältnis der identischen Vorschriften des §§ 20 II und 23 AsylVfG 1982).

61 Allgemein wird gefordert, dass die Unterbringung in einer Gemeinschaftsunterkunft *menschenwürdigen Bedingungen* entsprechen muss (VGH BW, InfAuslR 1982, 143; VGH BW, NVwZ 1986, 783; OVG NW, InfAuslR 1986, 219; OVG NW, B. v. 10. 5. 1988 – 16 B 20980/87; VG Freiburg, VBlBW 1997, 112 (114); VG Stuttgart, U. v. 9. 12. 1996 – A 14 K 14045/96; BVerfG, AuAS 1994, 20, zur Unterbringung im Transitbereich). Ferner sind im Rahmen des Erfordernisses der Geeignetheit der Unterkunft die *voraussichtliche Dauer* und der Zweck des Aufenthalts sowie die besondere persönliche Situation des Asylbewerbers zu berücksichtigen (OVG NW, B. v. 10. 5. 1988 – 16 B 20989/87).

62 Für eine Beurteilung der Wohnverhältnisse am Maßstab der Menschenwürde ist neben der zur ausschließlichen Eigennutzung verfügbaren Flächengröße eine Vielzahl weiterer Faktoren zu berücksichtigen, welche die physische und psychische Wohnsituation prägen. Hierzu gehören vor allem die Ausstattung mit sanitären und anderen Versorgungseinrichtungen, die Qualität und Anordnung der Möblierung, die Benutzbarkeit von Gemeinschaftsräumen, der Bauzustand, die für Raumempfinden und Beweglichkeit relevante Raumaufteilung einschließlich der Korridore und Treppen, die Gesamtgröße der Unterkunft, ihre Wohnlage, die Persönlichkeit der Mitbewohner und andere Umstände (VGH BW, NVwZ 1986, 783).

63 Die obergerichtliche Rechtsprechung hat keine Bedenken dagegen, dass der einem alleinstehenden Asylbewerber mit fünf weiteren Personen zur Verfügung stehende Wohn- und Schlafraum lediglich rund 35 qm beträgt (OVG NW, B. v. 10. 5. 1988 – 16 B 20989/87; so auch VG Freiburg, VBlBW 1997, 112 (114); VG Hamburg, AuAS 1999, 153 (154)). Dies sei in Verbindung mit den vorhandenen weiteren Gemeinschaftsräumen geeignet, »einem alleinstehenden jungen Mann ein angemessenes und menschenwürdiges Obdach zu bieten« (OVG NW, B. v. 10. 5. 1988 – 16 B 20989/87).

64 Dadurch werde der Asylbewerber zwar in seiner persönlichen Lebensführung erheblich beeinträchtigt. Der Asylbewerber könne aber nicht etwa eine anteilige bzw. von ihm ausschließlich nutzbare Wohnfläche von acht Quadratmetern beanspruchen (OVG NW, B. v. 10. 5. 1988 – 16 B 20989/87). Eine solche *absolute Mindestgrenze* für den Unterbringungsbedarf, wie sie in Nordrhein-Westfalen für das Obdachlosenwesen früher vorgeschrieben gewesen sei, lasse sich *nicht* ziehen (OVG NW, B. v. 10. 5. 1988 – 16 B 20989/87; so auch VG Freiburg, VBlBW 1997, 112 (114)).

Auflagen **§ 60**

Erkennbar wird hier das Bemühen, den Behörden einen optimalen Handlungsspielraum zu geben: Entscheidend für den Wohnbedarf sei die Gesamtheit der Umstände (OVG NW, B. v. 10. 5. 1988 – 16 B 20989/87). Einen allgemeingültigen Maßstab, an dem abzulesen wäre, bis zu welcher Mindestgröße ein Wohnraum noch als menschenwürdig anzusehen sei, gebe es nicht (VGH BW, NVwZ 1986, 783). Vielmehr dürften auch die insbesondere im Herkunftsstaat des Asylsuchenden geltenden Maßstäbe für eine menschenwürdige Unterkunft Berücksichtigung finden (VG Freiburg, VBlBW 1997, 112 (114) = AuAS 1996, 213 = NVwZ-Beil. 1997, 15 (LS)). 65

Der einem Ehepaar mit einem Kind im Säuglingsalter zur ausschließlichen Eigennutzung zugeteilte Raum von 11,28 qm genügt nach der obergerichtlichen Rechtsprechung den Anforderungen an ein menschenwürdiges Wohnen (VGH BW, NVwZ 1986, 783; a. A. VG Ansbach, U. v. 25. 9. 1986 – AN 12 E 86.31465). Das Wohnen sei zwar ersichtlich beengt, allein darin könne jedoch weder eine Gesundheitsbeeinträchtigung noch ein Verstoß gegen die Menschenwürdegarantie gesehen werden (VGH BW, NVwZ 1986, 783). Weiter sei auch zu berücksichtigen, dass dem Ehepaar gemeinsam mit neun anderen Mitbewohnern ein ca. 11,7 qm großer Wohn- und Küchenraum zur Verfügung stehe. Die gemeinsame Küchenbenutzung und der Umstand, dass für die zwölf Bewohner nur eine Toilette zur Verfügung stünden, mögen nach der Rechtsprechung zwar Einschränkungen mit sich bringen und ein hohes Maß an gegenseitiger Rücksichtnahme erfordern, stellen aber ebenfalls keine Beeinträchtigung der Gesundheit oder der Menschenwürde dar (VGH BW, NVwZ 1986, 783). 66

Die Gegenmeinung verlangt, dass den Ehegatten zumindest ein nicht von ihren Kindern mitbewohnter Raum jedenfalls dann zur Verfügung stehen müsse, wenn es sich nicht um Kleinkinder, sondern um Kinder im Schulalter handele. Nicht zuletzt erscheine auch der einer Familie mit mehreren Kindern insgesamt überlassene Wohnraum von 16 qm Wohnfläche – ungeachtet der mitbenutzbaren Nebenräume – zu gering. Als unterste und insoweit dem Ermessensspielraum der Ausländerbehörde entzogene Grenze an Wohnfläche für eine vierköpfige Familie müssten 24 qm angesehen werden (VG Ansbach, U. v. 25. 9. 1986 – AN 12 E 86.31465). Jedenfalls darf eine vierköpfige Familie nicht auf unbestimmte Zeit auf die Nutzung eines einzigen Wohnraums mit etwa 20 qm neben der Nutzung oder Mitbenutzung sanitärer Einrichtungen verwiesen werden (Nieders.OVG, InfAuslR 2004, 84 (85)). 67

Die Verpflichtung zur Wohnsitznahme in der Gemeinschaftsunterkunft endet, wenn die Aufenthaltsgestattung erlischt (§ 67) oder die Voraussetzungen des § 53 II eintreten. Auch eine *übermäßig lange Verfahrensdauer* kann dazu führen, dass die Wohnverpflichtung endet. Einen Anhalt enthält das Gesetz in § 53 II. Entscheidet das Bundesamt über die durchschnittliche Verfahrensdauer im konkreten Einzelfall hinaus nicht, wird der weitere Aufenthalt in der Unterkunft unverhältnismäßig. Gegebenenfalls kommt ein einstweiliger, gegen die Ausländerbehörde gerichteter Anordnungsantrag (§ 123 VwGO) auf Aufhebung der Auflage nach Abs. 2 in Betracht. 68

6. Anhörung des Asylsuchenden (Abs. 2 Satz 2 bis 4)

69 Wie nach früherem Recht ist vor der Anordnung nach Abs. 1 *keine Anhörung* vorgeschrieben. Denn die Anhörungsvorschriften in Abs. 2 S. 2–4 beziehen sich nach dem eindeutigen Gesetzeswortlaut ausschließlich auf die Anordnung nach Abs. 2 S. 1 Nr. 2, nicht jedoch auf die Auflage nach Abs. 1. Die Vorschrift des Abs. 1 selbst enthält keine Regelungen über die Anhörung des Asylsuchenden. Die Vorschrift des Abs. 2 S. 2 ist deshalb wohl dahin zu verstehen, dass eine Anhörung im Falle des Abs. 1 stets entbehrlich, die ergänzende Anwendung des § 28 VwVfG des jeweiligen Bundeslandes also ausgeschlossen ist.

70 Der Ausschluss der Anhörung ist verfassungsrechtlich nicht unbedenklich und auch wegen des Prozessrisikos für die Behörde nicht empfehlenswert. Jedenfalls unterbindet das Gesetz nicht die Anhörung. Keinesfalls ist die Behörde berechtigt, entsprechendes Sachvorbringen des Asylsuchenden nicht zur Kenntnis zu nehmen. Wird konkret dargelegt, dass der beabsichtigte Eingriff den Asylsuchenden etwa aus gesundheitlichen, familiären oder vergleichbaren Gründen besonders belastet, hat die Behörde dieses Sachvorbringen bei ihrer Ermessensausübung zu berücksichtigen. Im Übrigen trifft sie ungeachtet des Ausschlusses der Anhörung eine umfassende Sachaufklärungspflicht (BayVGH, EZAR 222 Nr. 6)

71 Vor der Anordnung einer Auflage nach Abs. 2 S. 1 Nr. 2 schreibt das Gesetz zwingend eine Anhörung vor, wenn der Asylbewerber sich länger als *sechs Monate* in der Gemeinde oder Unterkunft aufgehalten hat (Abs. 2 S. 2 2. HS). Damit trägt der Gesetzgeber wohl der Rechtsprechung (VGH BW, EZAR 221 Nr. 26) Rechnung, derzufolge das Maß der Integration in die bisherige Umgebung zu berücksichtigen ist. Ohne »Vorwarnung« des Asylbewerbers ist daher die Auflagenanordnung nicht zulässig.

72 Ein sachlicher Grund dafür, dass in den Fällen des Abs. 2 S. 1 Nr. 1 und Nr. 3 eine Anhörung anders als vor der Anordnung nach Abs. 2 S. 1 Nr. 2 entbehrlich sein könnte, ist nicht ersichtlich. Die Vorschrift ist daher dahin korrigierend auszulegen und anzuwenden, dass regelmäßig bei allen drei Tatbestandsalternativen von Abs. 2 S. 1 die vorherige Anhörung angezeigt ist. Durch die Anhörung kann im Übrigen ein Eilrechtsschutzverfahren vermieden werden.

73 Nach Abs. 2 S. 3 wird fingiert, dass die Anhörung als erfolgt gilt, wenn innerhalb von zwei Wochen nach Zustellung des Anhörungsschreibens keine Gegenäußerung vom Bevollmächtigten oder vom Asylbewerber selbst erfolgt. Kündigt die Behörde die beabsichtigte Verlegung nicht schriftlich an, trifft sie die *Beweislast* für die Einräumung des Anhörungsrechts nach Abs. 2 S. 2 im nachfolgenden Prozess. Die Behörde hat die konkrete Verlegungsabsicht und die dafür maßgeblichen Gründe im Einzelnen mitzuteilen, damit das Äußerungsrecht effektiv wahrgenommen werden kann. Fälle, in denen ausnahmsweise eine Anhörung unterbleiben kann (Abs. 2 S. 4), sind kaum denkbar.

Auflagen § 60

7. Zwangsweise Durchsetzung der Auflage

Die Ausländerbehörden können die Befolgung der verfügten Auflage gegebenenfalls im Wege des *Verwaltungszwangs* nach dem jeweiligen Landesvollstreckungsgesetz durchsetzen. Der eingelegte Rechtsbehelf gegen die Auflage nach Abs. 1 hindert die Vollstreckung nicht (§ 75). Der einstweilige Anordnungsantrag sollte jedoch von der Behörde beachtet werden. Notfalls ist beim Gericht anzuregen, unverzüglich zu entscheiden. Von den möglichen Zwangsmitteln scheidet die *Ersatzvornahme* naturgemäß aus. Die Androhung und Festsetzung von *Zwangsgeld* erscheint wenig erfolgversprechend. Die *Androhung und Durchführung unmittelbaren Zwangs* verletzt in aller Regel das *Übermaßverbot*. Nach dem Gesetz gibt es nämlich mildere, letztlich weitaus effektivere Mittel, um die Auflage durchzusetzen. 74

Wird einer Verfügung nach Abs. 2 S. 1 innerhalb einer Woche nicht Folge geleistet, kann die Ausländerbehörde den Asylbewerber zur *Aufenthaltsermittlung* im Ausländerzentralregister und in den *Fahndungshilfsmitteln* der Polizei ausschreiben (§ 66 I Nr. 3). Vorausgesetzt wird jedoch, dass der Aufenthaltsort des Verpflichteten unbekannt ist (§ 66 I 1. HS), sodass dieses Mittel nicht weiterhilft, wenn der Asylbewerber sich weigert, den bisherigen Aufenthaltsort zu verlassen. 75

Bevor in derartigen Fällen unmittelbarer Zwang angedroht und angewendet wird, ist die Wirkung anderer, milderer Mittel abzuwarten. Mit der Anordnung der Auflage verbunden ist die Einstellung von Sozialhilfeleistungen durch den bisherigen Sozialhilfeträger. In aller Regel befolgen die Asylbewerber schon aus diesem Grund die Auflage. Dass die Androhung und Anwendung unmittelbarer Polizeigewalt gegenüber Asylsuchenden erforderlich wird, dürfte sich auf besonders extrem gelagerte Ausnahmefälle beschränken. 76

Verlässt der Asylsuchende die bisherige Unterkunft und erscheint er nicht am zugewiesenen Aufenthaltsort, kann die Behörde nach Maßgabe des § 66 vorgehen. Zu bedenken ist auch, dass bei beharrlichem Verschweigen des Aufenthaltsortes regelmäßig Zweifel am Fortbestand des Rechtsschutzinteresses entstehen (Hess.VGH, ESVGH 37, 44; Hess.VGH, Hess.VGRspr. 1988, 47; Hess.VGH, Hess.VGRspr. 1988, 41). Es gibt also insgesamt weitaus effektivere Möglichkeiten, die Auflage Respekt durchzusetzen, als die Anwendung unmittelbaren Zwangs. 77

8. Rechtsschutz

Für den *Gerichtstand* ergeben sich keine Besonderheiten in den Fällen des Abs. 1 sowie des Abs. 2 S. 1 Nr. 1 und Nr. 2. Wird die Verlegungsauflage nach Abs. 2 S. 1 Nr. 3 verfügt, *gilt* die *Zustimmung der anderen Ausländerbehörde als fingiert*. Dies hat die hierauf bezogene gerichtliche Zuständigkeit zur Folge (GK-AsylVfG a. F., § 20 Rdn. 89). Rechtsschutz ist daher bei dem Verwaltungsgericht zu beantragen, das für den Bezirk der Ausländerbehörde zuständig ist, in dem der Asylbewerber verpflichtet ist, Wohnung zu nehmen. 78

Die angeordnete Auflage kann unter Berücksichtigung der Rechtsprechung des BVerwG nur zusammen mit dem Haupt-Verwaltungsakt (§ 63 I) durch *Verpflichtungklage* angegriffen werden (s. ausführlich hierzu: § 61 Rdn. 24 ff.).

79 Der bestehende Streit in der obergerichtlichen Rechtsprechung zum Rechtscharakter der Auflage nach § 20 II AsylVfG 1982 (jetzt: Abs. 1 und 2) hatte sich insbesondere am Verbot der Erwerbstätigkeit entzündet. Daher wird auf die Erläuterungen in § 61, Rdn. 24 ff., verwiesen. Es ist also Verpflichtungsklage auf Erlass einer Bescheinigung nach § 63 I – ohne beschränkende Auflage – zu erheben und gegebenenfalls einstweiliger Rechtsschutz über § 123 VwGO zu beantragen.

80 Soweit die Gegenmeinung die Anfechtungsklage und dementsprechend den Antrag nach § 80 V VwGO für die richtigen Rechtsbehelfe ansieht (Renner, AuslR, § 60 AsylVfG Rdn. 13; GK-AsyVfG a. F, § 20 Nr. 128; 2. Auflage, § 20 Rdn. 48; so auch zum allgemeinen AuslR VGH BW, EZAR 015 Nr. 8) wäre ihr an sich aus rechtssystematischen Gründen zuzustimmen. Übersehen wird jedoch die Rechtsprechung des BVerwG, die nur dahin interpretiert werden kann, dass die Auflage nach § 20 II AsylVfG 1982 (Abs. 1 und 2) keinen selbständigen, sondern modifizierenden Charakter hat (vgl. BVerwGE 79, 291 (295) = EZAR 222 Nr. 7 = NVwZ 1988, 941 =InfAuslR 1988, 251). Berücksichtigt man aus pragmatischen Gründen diese Rechtsprechung, kann der Gegenmeinung nicht gefolgt werden.

§ 61 Erwerbstätigkeit

(1) Für die Dauer der Pflicht, in einer Aufnahmeeinrichtung zu wohnen, darf der Ausländer keine Erwerbstätigkeit ausüben.
(2) Im Übrigen kann einem Asylbewerber, der sich seit einem Jahr gestattet im Bundesgebiet aufhält, abweichend von § 4 Abs. 3 des Aufenthaltsgesetzes die Ausübung einer Beschäftigung erlaubt werden, wenn die Bundesagentur für Arbeit zugestimmt hat oder durch Rechtsverordnung bestimmt ist, dass die Ausübung der Beschäftigung ohne Zustimmung der Bundesagentur für Arbeit zulässig ist. Die §§ 39 bis 42 des Aufenthaltsgesetzes gelten entsprechend.

Übersicht

	Rdn.
1. Vorbemerkung	1
2. Zulässigkeit des ausnahmslosen Arbeitsverbotes für Asylsuchende	2
2. Verbot der Erwerbstätigkeit nach Abs. 1	10
4. Wartezeitenregelung für Asylbewerber nach Abs. 2	12
5. Erlaubnis zur Beschäftigungsaufnahme (Abs. 2 Satz 1)	15
6. Arbeitsverbot zu Lasten von Folgeantragstellern	17
7. Rechtsschutz	19

Erwerbstätigkeit §61

1. Vorbemerkung

Die Vorschrift des § 61 hat zwar im AsylVfG 1982 kein Vorbild. Jedoch wurde der Zugang zum Arbeitsmarkt ausländerrechtlich über die allgemeine Auflagenermächtigung des § 20 II 1 AsylVfG 1982 geregelt. Abs. 1 enthält für die Dauer der Wohnverpflichtung nach § 47 I 1 ein ausdrückliches Arbeitsverbot und Abs. 2 für die Zeit nach der Entlassung aus der Aufnahmeeinrichtung. Die Wartezeit nach Abs. 2 (vgl. zur Wartezeitregelung für Asylbewerber BSG, EZAR 316 = NVwZ 1990, 197 = InfAuslR 1989, 310) beginnt mit der Einreise und nicht erst mit dem Zeitpunkt der Entlassung aus der Aufnahmeeinrichtung.

2. Zulässigkeit des ausnahmslosen Arbeitsverbotes für Asylsuchende

Nach Abs. 1 greift zuungunsten von Asylsuchenden, die der Wohnverpflichtung nach § 47 I 1 unterliegen und anschließend bis zur Dauer eines Jahres, ein ausnahmsloses Arbeitsverbot ein. Im allgemeinem Ausländerrecht entspricht es der ständigen Rechtsprechung des BVerwG, dass die Ausländerbehörde ihr Ermessen in der Regel fehlerfrei ausübt, wenn sie einen zu Erwerbszwecken begehrten Aufenthaltstitel verweigert, um eine Einwanderung zu verhindern oder zu beenden (BVerwGE 38, 90 (93); 56, 254 (270); 56, 273 (280)).

An diese Rechtsprechung anknüpfend hat das BVerwG festgestellt, dass mit dem den Asylbewerbern auferlegten Verbot der Erwerbstätigkeit regelmäßig *einwanderungspolitische Ziele* verfolgt würden. Gegen ein ausländerbehördliches Verbot der Erwerbstätigkeit, das nicht spezifisch arbeitsmarktpolitischen, sondern einwanderungspolitischen Interessen diene, ließen sich keine Bedenken aus der arbeitsmarktpolitischen Zuständigkeit der Arbeitsverwaltung herleiten (BVerwG, EZAR 221 Nr. 17 = DÖV 1982, 40; BVerwG, DVBl. 1981, 1110 = BayVBl. 1981, 328 = InfAuslR 1981, 328; BVerwG, EZAR 221 Nr. 19 = VBlBW 1983, 331; ebenso BayVGH, BayVBl. 1986, 435; OVG NW, DÖV 1981, 29; VGH BW, VBl. BW 1984, 88; BSG, EZAR 316 Nr. 2 = InfAuslR 1990. 90; LSG Darmstadt, NJW 1981, 541; LSG Darmstadt, NJW 1981, 543).

Ausländerrechtliche Auflagen, die eine Erwerbstätigkeit des Ausländers untersagen, können mithin aufenthaltsrechtlichen Zwecken – etwa der Verhinderung einer Verfestigung des erlaubten Aufenthalts von Asylbewerbern, der Abwehr des Zustroms von Personen, die nicht wegen Verfolgung, sondern zum Zwecke der Arbeitsaufnahme einreisen – dienen (BSG, EZAR 316 Nr. 2). Allerdings sind von der Ausländerbehörde vorgenommene Einschränkungen bezüglich der Ausübung einer Erwerbstätigkeit jedenfalls dann wirkungslos, wenn sie ausschließlich *arbeitsmarktpolitischen Zwecken* dienen sollen (LSG Darmstadt, NJW 1981, 541).

Aus dem Rechtsstaatsprinzip, insbesondere aus seiner speziellen Ausprägung in dem Grundsatz der Gesetzmäßigkeit der Verwaltung, folgt, dass die Ausländerbehörde die in anderen – gleichrangigen – spezialgesetzlichen Vorschriften festgelegten Kompetenzen anderer Behörden respektieren muss (LSG Darmstadt, NJW 1981, 541; LSG Darmstadt, NJW 1981, 543). Daher darf die Ausländerbehörde bei aufenthaltsrechtlichen Entscheidungen nur die ausländerrechtlichen und ausländerpolizeilichen, nicht jedoch die arbeitsmarktpolitischen Gesichtspunkte prüfen (LSG Darmstadt, NJW 1981, 541; LSG Darmstadt, NJW 1981, 543; a. A. OVG NW, DÖV 1981, 29; Renner, AuslR, § 61 AsylVfG Nr. 5).

6 Die Rechtsprechung hat das früher praktizierte ausländerrechtliche Verbot der Erwerbstätigkeit mit der Verfassung für vereinbar erachtet (BVerfG (Vorprüfungsausschuss), EZAR 221 Nr. 21 = NJW 1984, 559; BVerwG, DÖV 1982, 40; BSG, EZAR 316 Nr. 2; OVG NW, DÖV 1981, 29). Dieses Verbot verstoße weder gegen das Willkürverbot des Art 3 I GG noch gegen das verfassungsrechtlich verbürgte Asylrecht (BVerwG, DÖV 1982, 40; BSG, EZAR 316 Nr. 2). Auch verletze es nicht die verfassungsrechtliche Eigentumsgarantie des Art 14 GG (BVerwG, EZAR 221 Nr. 19). Bis zur verbindlichen Statusfeststellung unterliege jedenfalls die Verpflichtung der Ausländerbehörden, Asylbewerbern die berufliche und persönliche Entfaltung zu ermöglichen, Einschränkungen (OVG NW, EZAR 316 Nr. 2).

7 Das BVerfG hat diese Ansicht ohne Einschränkungen bekräftigt (BVerfG, (Vorprüfungsausschuss), EZAR 221 Nr. 21 = NJW 1984, 559). Ausdrücklich hebt das BVerfG hervor, dass das Begehren, bereits vor einer unanfechtbaren Statusentscheidung einer Erwerbstätigkeit nachgehen zu können, weder nach der verfassungsrechtlich verbürgten Asylrechtsgarantie noch unter anderen Gesichtspunkten verfassungsrechtlichen Schutz genieße (BVerfG (Vorprüfungsausschuss), EZAR 221 Nr. 21).

8 Im Lichte dieser Rechtsprechung können gegen die Regelungen dieser Vorschrift Bedenken kaum erhoben werden. Die Vorschrift des Abs. 1 legt ein *absolutes Verbot der Erwerbstätigkeit* fest, das allerdings die Dauer von drei Monaten nicht überschreiten darf (§ 47 I 1). Mit Beendigung der Verpflichtung, in einer Aufnahmeeinrichtung zu wohnen (§§ 48, 49, 50 I), auch wenn sie vor Ablauf der Frist von drei Monaten erfolgt, wird das absolute Verbot des Abs. 1 durch die Wartezeitenregelung nach Abs. 2 ersetzt.

9 Die Ermächtigung zur Anordnung der ausländerrechtlichen Auflage enthält § 60 I. § 61 regelt nämlich nur ein absolutes Verbot der Erwerbstätigkeit (Abs. 1) bzw. die für Asylbewerber geltende Wartezeitenregelung (Abs. 2). Der Vorschrift selbst kann jedoch nicht die Ermächtigung entnommen werden, die Aufenthaltsgestattung durch Auflage zu beschränken.

3. Verbot der Erwerbstätigkeit nach Abs. 1

10 Nach Abs. 1 darf der Asylsuchende für die Dauer der Wohnverpflichtung nach § 47 I 1 keine Erwerbstätigkeit ausüben. Diese gesetzliche Bestimmung richtet sich einerseits an die Arbeitsverwaltung und andererseits an die zuständige Außenstelle des Bundesamtes. Für die Dauer der Wohnverpflichtung nach § 47 I 1 hat das Bundesamt durch ausländerrechtliche Auflage nach Abs. 1 das Verbot der Erwerbstätigkeit anzuordnen. Dieses wird in die

Erwerbstätigkeit §61

Bescheinigung nach § 63 eingetragen. Die Arbeitsverwaltung darf keine Zustimmung zur Beschäftigung des Asylsuchenden erteilen.
Bei der rechtlichen Bewertung des Arbeitsverbotes für Asylbewerber ist rechtlich zu differenzieren: Einem Ausländer darf eine Arbeitserlaubnis erteilt werden, wenn er einen Aufenthaltstitel besitzt (vgl. § 4 II 3 AufenthG). Da das Bundesamt während der Wohnverpflichtung nach § 47 I 1 auch für die ausländerrechtliche Behandlung von Asylsuchenden zuständig ist, hat es aufgrund der gesetzlichen Anordnung nach Abs. 1 durch Auflage nach § 60 I das Verbot der Aufnahme einer Erwerbstätigkeit zu regeln.   11

4. Wartezeitenregelung für Asylbewerber (Abs. 2 Satz 1)

Aus Abs. 2 S. 1 folgt eine einjährige Wartezeit für erstmals einreisende Asylbewerber. Diese Vorschrift ist mit Wirkung zum 1. Januar 2005 durch das ZuwG in das Gesetz eingefügt worden. Die Frist beginnt mit dem geltend gemachten Asylersuchen. Denn mit Wirkung von diesem Zeitpunkt an ist der Aufenthalt nach § 55 I 1 gestattet. Die Dauer der Wohnverpflichtung nach § 47 I 1 ist bei der Berechnung der Jahresfrist mit zu berücksichtigen. Die Ausländerbehörde ist entsprechend der bisherigen Übung befugt, durch ausländerrechtliche Auflage die arbeitserlaubnisrechtliche Wartezeitenregelung abzusichern. Die Auflage selbst hat aber ihre Rechtsgrundlage in § 60 I (BayObLG, AuAS 1997, 275 (276)).   12

Nach Ablauf der Jahresfrist endet die Wartezeit und dem Asylbewerber ist durch Auflage nach § 60 I nach Zustimmung der Bundesagentur für Arbeit die Beschäftigungsaufnahme zu gestatten. Nach Ablauf der Jahresfrist des Abs. 2 S. 1 darf die Ausländerbehörde nicht mehr durch Auflage die Erwerbstätigkeit untersagen.   13

Die frühere Regelung des § 61 II AsylVfG a. F., welche der Ausländerbehörde untersagte, durch Auflage nach § 60 I die unselbständige Erwerbstätigkeit auszuschließen, wenn der Asylbewerber durch das Bundesamt als asylberechtigt anerkannt bzw. das Verwaltungsgericht die Bundesrepublik zur Asylanerkennung verpflichtet hat, ist überholt. Wird der Asylsuchende als Asylberechtigter oder als Flüchtling nach § 60 I AufenthG vor Ablauf der Wartezeitenregelung anerkannt, wird die Statusgewährung mit Zustellung unanfechtbar. Dem Bundesbeauftragten steht insoweit keine Klagebefugnis zu (vgl. § 87b). Damit wächst dem Statusberechtigten unmittelbar kraft Gesetzes die Erlaubnis zu, selbständige und nichtselbständige Erwerbstätigkeiten auszuüben (§ 4 II 1 1. Alt. in Verb. mit § 25 I 4, II 2).   14

5. Erlaubnis zur Beschäftigungsaufnahme (Abs. 2 Satz 1)

Grundsätzlich darf die Beschäftigung nur zugelassen werden, wenn der Antragsteller im Besitz eines Aufenthaltstitels ist (vgl. § 4 III 1 AufenthG). Dies gilt nicht, wenn ihm aufgrund eines Gesetzes die Erwerbstätigkeit ohne den Besitz eines Aufenthaltstitels gestattet ist (vgl. § 4 III 2 AufenthG). Die Rege-   15 lung in Abs. 2 S. 1 ist ein derartiges Gesetz. Abs. 2 ist so zu verstehen, dass entsprechend dem mit Wirkung zum 1. Januar eingeführten Verfahren der Asylbewerber bei der zuständigen Ausländerbehörde den Erlass einer Auflage zur Ausübung einer Beschäftigung beantragen kann. Vor dem Erlass muss die Ausländerbehörde die Zustimmung der Bundesagentur für Arbeit einholen (Abs. 2 S. 1). Stimmt diese zu, ist durch Auflage nach § 60 I der nähere Inhalt der Erlaubnis zur Beschäftigung nach Maßgabe der Zustimmung der Arbeitsverwaltung zu regeln. § 4 II 3 AufenthG findet keine Anwendung, da der Asylsuchende nicht im Besitz eines Aufenthaltstitels ist.

16 Fälle, in denen durch Rechtsverordnung bestimmt ist, dass die Zustimmung der Arbeitsverwaltung entfällt (Abs. 2 Satz 1 2. HS), sind in §§ 2–4 BeschVerfO geregelt. § 1 Nr. 2 BeschVerfV weist ausdrücklich auf § 61 II hin. § 2 BeschVerfV nimmt die Vorschriften der §§ 2 Nr. 1 und 2, §§ 3, 4 Nr. 1–3, §§ 5, 7 Nr. 3–5, §§ 9 und 12 BeschV in Bezug. Grundsätzlich kann danach etwa Asylsuchenden ohne Zustimmung der Arbeitsverwaltung nach Ablauf der Wartezeit die Beschäftigung zum Zwecke der Aus- und Weiterbildung nach § 2 Nr. 1 und 2 BeschV erlaubt werden. Die Mehrzahl der in der BeschV geregelten zustimmungsfreien Beschäftigungen dürften allerdings für Asylsuchende kaum in Betracht kommen.

6. Arbeitsverbot zu Lasten von Folgeantragstellern

17 Auch gegenüber Folgeantragstellern darf die Behörde durch Auflage ein absolutes Verbot der Erwerbstätigkeit anordnen (BayVGH, EZAR 632 Nr. 3; BayVGH, BayVBl. 1986, 435). Von Bedeutung ist insoweit, dass das BVerwG die Anordnung des Verbots der Erwerbstätigkeit auch dann für zulässig erachtet, wenn zuvor aufenthaltsrechtliche Vergünstigungen ohne eine derartige Auflage gewährt worden waren (BVerwG, EZAR 221 Nr. 19). Durch das Verbot der Erwerbstätigkeit zu Lasten von Folgeantragstellern soll verhindert werden, dass Asylbewerber – gleichgültig wie lange sie sich bereits im Bundesgebiet aufhalten – namentlich dann, wenn sie bisher arbeiten konnten, Folgeanträge nur deshalb stellen, um in Zukunft weiter arbeiten zu können (BayVGH, BayVBl. 1986, 345).

18 Ohne Bedeutung ist dabei, wie lange sich der Antragsteller bereits im Bundesgebiet aufhält und wieweit er bereits integriert ist (BayVGH, BayVBl. 1986, 345). Da Asylbewerber durch staatliche Sozialhilfeleistungen unterstützt werden, ist nach der Rechtsprechung der Hinweis auf bereits erworbene arbeits- und sozialrechtliche Rechtspositionen unerheblich. Dies beruht nicht auf der Auflage, sondern auf dem Erlöschen der Aufenthaltsgestattung durch den unanfechtbaren Abschluss des Erstverfahrens (BayVGH, EZAR 632 Nr. 3). In der Verwaltungspraxis werden Asylfolgeantragsteller nach Entscheidung über die Durchführung des Verfahrens nicht abweichend von der gewöhnlichen Praxis behandelt.

Erwerbstätigkeit § 61

7. Rechtsschutz

Die Rechtsprechung zum vorläufigen Rechtsschutz gegenüber angeordneten Auflagen (§ 20 II AsylVfG 1982, § 60 I, II) wurde insbesondere am Beispiel des behördlich verfügten Verbots der Erwerbstätigkeit entwickelt. Eine Meinung sah in dem einer Aufenthaltsgestattung beigefügten Verbot der Erwerbstätigkeit nach Sinn und Zweck der gesetzlichen Vorschriften über den Aufenthaltsstatus von Asylbewerbern *nicht* eine *modifizierende*, sondern eine *selbständige Auflage* im Sinne des § 36 II Nr. 4 VwVfG (Hess.VGH, EZAR 632 Nr. 2; BayVGH, BayVBl. 1986, 435). Werde der Aufenthaltsgestattung das Verbot, eine Erwerbstätigkeit aufzunehmen, beigefügt, handele es sich der Sache nach um einen begünstigenden Verwaltungsakt, verbunden mit einer Beschränkung hinsichtlich der weiteren Anwesenheit des Asylbewerbers im Bundesgebiet (Hess.VGH, EZAR 632 Nr. 2). 19

Auflage und Haupt-Verwaltungsakt, dem sie beigefügt sei, bildeten keine sachlich wie rechtlich untrennbare Einheit. Vielmehr könne der Verwaltungsakt rechtmäßig auch ohne die Auflage erlassen werden. Daher sei die auf *Aufhebung der Auflage* gerichtete *Anfechtungsklage* die richtige Klageform (BayVGH, BayVBl. 1986, 435; VG Ansbach, InfAuslR 1990, 18). Im Eilrechtsschutzverfahren sei analog § 80 V VwGO Rechtsschutz zu begehren (Hess.VGH, EZAR 632 Nr. 2). 20

Die Gegenmeinung ging davon aus, dass das einer Aufenthaltsgestattung beigefügte Arbeitsverbot seinem Wesen nach eine der Gestattung bereits immanente begrenzte Zwecksetzung verdeutliche und deshalb keine selbständig mit der Anfechtungsklage anfechtbare, sondern eine die Aufenthaltsgestattung modifizierende Auflage sei (VGH BW, VBlBW 1984, 88; BayVGH, EZAR 632 Nr. 3). Daher sei in der Hauptsache *Verpflichtungsklage* zu erheben und im Eilrechtsschutzverfahren nach § 123 VwGO vorzugehen (VGH BW, VBlBW 1984, 88; BayVGH, EZAR 632 Nr. 3). 21

Dieser Ansicht muss im Lichte der diesen Streit klärenden Rechtsprechung des BVerwG gefolgt werden. Der Verwaltungsakt, dem die Auflage beigefügt wird, ist die Bescheinigung über die Aufenthaltsgestattung nach § 63 I (BVerwGE 79, 291 (294) = EZAR 222 Nr. 7 = NVwZ 1988, 941 = InfAuslR 1988, 251). Die inhaltlichen, räumlichen und zeitlichen Entscheidungen in Bezug auf die Aufenthaltsgestattung und ihre Maßgaben finden ihren Niederschlag in der kraft Gesetzes auszustellenden Bescheinigung (BVerwGE 79, 290 (295)). Der Haupt-Verwaltungsakt nach § 63 I ist demnach rechtlich untrennbar mit der durch Auflage konkretisierten inhaltlichen Entscheidung verbunden. 22

Das BVerwG sieht demzufolge die Auflage nach § 60 I als immanenten *inhaltlichen* Bestandteil der zum Verwaltungsakt erklärten Bescheinigung an. Damit bilden nach seiner Rechtsprechung Auflage und Bescheinigung rechtlich eine nicht auflösbare Einheit. Die Auflage nach § 60 I und damit auch das Verbot der Erwerbstätigkeit nach Abs. 1 ist mithin *modifizierend*. Will der Asylbewerber die Auflage bekämpfen, muss er eine andere Bescheinigung – ohne beschränkende Auflage – erstreiten. 23

Mit Inkrafttreten des ZuwG kann an dieser Rechtslage kein Zweifel mehr bestehen. Allein der Aufenthaltstitel nach § 4 II 1 AufenthG stellt eine untrenn- 24

1047

bare Einheit zwischen Aufenthaltsrecht und Arbeitsgenehmigung dar. Wird die Erteilung oder Verlängerung des Aufenthaltstitels versagt, muss der Belastete gegen die Versagungsverfügung, also gegen die Versagung des Aufenthaltstitels insgesamt vorgehen. Wird die begehrte Auflage nach § 4 II 3 AufenthG verweigert, bleibt es beim bisherigen Rechtsstatus. Der Belastete macht sich für den Fall der Arbeitsaufnahme strafbar, ohne dass es einer besonderen behördlichen Verfügung bedürfte. Angewandt auf Asylbewerber bedeutet dies, dass nach Verweigerung der Zustimmung der Arbeitsverwaltung die bisherige Auflage nach § 60 I, welche die Ausübung einer Beschäftigung untersagt, bestehen bleibt.

25 Will der Betroffene gegen die Versagung der begehrten Auflage nach § 60 I vorgehen, hilft ihm die Anfechtungsklage nicht weiter. Es wird vielmehr um die Anordnung einer *begünstigenden Nebenbestimmung* gestritten. Daher ist die Verpflichtungsklage auf Erlass der begehrten Auflage nach § 60 I zu erheben und kann einstweiliger Rechtsschutz nur über § 123 VwGO erlangt werden, wobei hier insbesondere das Verbot der Vorwegnahme der Hauptsache die Erfolgsaussichten einschneidend beeinträchtigt. Da die Ausländerbehörde die Bundesagentur für Arbeit beteiligen muss, ist diese im Prozess notwendig beizuladen (§ 65 II VwGO). Die Beiladung entfällt in den zustimmungsfreien Fällen (Abs. 2 Satz 1 2. HS in Verb. mit §§ 2–4 BeschVerfO).

§ 62 Gesundheitsuntersuchung

(1) Ausländer, die in einer Aufnahmeeinrichtung oder Gemeinschaftsunterkunft zu wohnen haben, sind verpflichtet, eine ärztliche Untersuchung auf übertragbare Krankheiten einschließlich einer Röntgenaufnahme der Atmungsorgane zu dulden. Die oberste Landesgesundheitsbehörde oder die von ihr bestimmte Stelle bestimmt den Umfang der Untersuchung und den Arzt, der die Untersuchung durchführt.
(2) Das Ergebnis der Untersuchung ist der für die Unterbringung zuständigen Behörde mitzuteilen.

Übersicht

	Rdn.
1. Vorbemerkung	1
2. Persönlicher Anwendungsbereich der Vorschrift (Abs. 1 Satz 1 erster Halbsatz)	2
3. Anordnung der ärztlichen Untersuchung nach Abs. 1 Satz 1 zweiter Halbsatz	3
4. Umfang der ärztlichen Untersuchung (Abs. 1 Satz 1 zweiter Halbsatz, Abs. 1 Satz 2)	8
5. Mitteilungspflicht nach Abs. 2	13

Gesundheitsuntersuchung §62

1. Vorbemerkung

Diese Vorschrift hat kein Vorbild im AsylVfG 1982. Jedoch entsprach es einer weit verbreiteten Praxis, Asylsuchende im Zusammenhang mit ihrer Asylantragstellung einer gesundheitlichen Untersuchung zu unterziehen. Im Hinblick auf die obligatorische Unterbringung von Asylsuchenden in Aufnahmeeinrichtungen soll deshalb mit dieser Vorschrift aus Gründen der öffentlichen Gesundheitsvorsorge eine gesetzliche Grundlage für die Gesundheitsuntersuchung geschaffen werden (BT-Drs. 12/2062, S. 38). Der Asylbewerber hat diese ärztliche Untersuchung zu dulden. Die Anordnung der ärztlichen Untersuchung ist ein Verwaltungsakt. 1

2. Persönlicher Anwendungsbereich der Vorschrift (Abs. 1 Satz 1 erster Halbsatz)

Die Verpflichtung zur Duldung der ärztlichen Untersuchung trifft *alle* Asylantragsteller, die der Wohnpflicht nach § 47 I 1 unterliegen (Abs. 1 S. 1). Auf Asylantragsteller im Sinne von § 14 II, die nicht verpflichtet sind, in einer Aufnahmeeinrichtung zu wohnen, findet Abs. 1 S. 1 daher keine Anwendung. Im Falle konkreter Verdachtsmomente auf übertragbare Krankheiten kann die Behörde aber nach § 10 I BSeuchenG gegen diese Asylbewerber einschreiten. Die Vorschrift des Abs. 1 S. 1 schafft demgegenüber die Rechtsgrundlage für eine generelle Untersuchung aller der Wohnverpflichtung nach § 47 I 1 unterliegenden Personen. Konkrete Verdachtsmomente auf übertragbare Krankheiten sind daher nicht erforderlich. 2

Darüber hinaus findet die Regelung des Abs. 1 S. 1 auch Anwendung auf die Personen, bei denen *nachträglich* die Wohnverpflichtung nach § 47 I 1 entsteht (vgl. §§ 14 II Nr. 2 in Verb. mit 47 I 2). 3

3. Anordnung der ärztlichen Untersuchung nach Abs. 1 Satz 1 zweiter Halbsatz

Nach Abs. 1 S. 1 2. HS sind die Asylsuchenden, die der Wohnverpflichtung nach § 47 I 1 unterliegen, verpflichtet, eine ärztliche Untersuchung zu dulden. Mit der gesetzlichen Verpflichtung, die ärztliche Untersuchung zu dulden, wird in das Grundrecht auf körperliche Unversehrtheit (Art. 2 II 1 GG) eingegriffen. Folgerichtig nennt daher § 89 I in Ausführung des verfassungsrechtlichen Zitiergebots (Art. 19 I 2 GG) dieses Grundrecht. 4

Zwar ergibt sich die Duldungspflicht bereits aus dem Gesetz (Abs. 1 S. 1 2. HS). Es bedarf jedoch im Einzelfall der Konkretisierung der gesetzlichen Verpflichtung durch einen Verwaltungsakt, mit dem dem Asylbewerber aufgegeben wird, die ärztliche Untersuchung zu dulden. Schriftform ist nicht vorgeschrieben. Die Anordnung ist jedoch schriftlich zu bestätigen, wenn der Asylbewerber ein berechtigtes Interesse hieran hat (§ 37 I 2 VwVfG). Dies kann etwa der Fall sein, wenn der Verpflichtete eine fehlerhafte Untersuchung rügt und Schadensersatzansprüche geltend machen will. 5

6 Zuständige Behörde für die Anordnung nach Abs. 1 S. 1 ist die Aufnahmeeinrichtung. Dies folgt in Abweichung von der umfassenden auch ausländerrechtlichen Zuständigkeit der Außenstelle des Bundesamtes im Hinblick auf die der Wohnverpflichtung nach § 47 I 1 unterfallenden Asylsuchenden aus der Vorschrift des Abs. 2, da diese auf die für die Unterbringung zuständige Behörde, also die Aufnahmeeinrichtung, verweist. Die zuständige Behörde kann die Einhaltung der Anordnung gegebenenfalls im Wege des *Verwaltungszwangs* nach dem jeweiligen Verwaltungsvollstreckungsgesetz des Landes durchsetzen.

7 Von der Natur der Sache her scheidet die Ersatzvornahme ebenso aus wie die Androhung und Festsetzung eines Zwangsgeldes wenig erfolgversprechend ist. Im extremen Ausnahmefall kann die Anordnung durch Androhung und Anwendung *unmittelbaren Zwangs* durchgesetzt werden. In aller Regel wird aber bereits die bloße Androhung ausreichen, der Anordnung den erforderlichen Respekt zu verschaffen.

4. Umfang der ärztlichen Untersuchung (Abs. 1 Satz 1 zweiter Halbsatz, Abs. 1 Satz 2)

8 Die ärztliche Untersuchung erstreckt sich auf übertragbare Krankheiten einschließlich einer Röntgenaufnahme der Atemorgane (Abs. 1 2. HS). Den genauen Umfang der Untersuchung bestimmt die oberste Landesbehörde (Abs. 1 S. 2). Sie bestimmt auch den die Untersuchung durchführenden Arzt. Die oberste Landesbehörde kann diese Befugnisse auch auf eine andere Stelle übertragen (Abs. 1 S. 2).

9 Zwar enthält das Gesetz keine Bestimmung darüber, ob nur *gleichgeschlechtliche Personen* die Untersuchung durchführen dürfen. Darf aber bereits die Durchsuchung nur von gleichgeschlechtlichen Personen durchgeführt werden (§ 15 IV 2), spricht vieles dafür, dass dies erst recht für den weitergehenden Eingriff der Untersuchung gelten muss. Nicht erforderlich hingegen ist, dass der untersuchende Arzt gleichgeschlechtlich ist. Die vom Arzt hinzugezogenen Hilfspersonen müssen jedoch das gleiche Geschlecht wie die verpflichtete Person haben.

10 Ohne Zustimmung des Asylbewerbers darf die Untersuchung grundsätzlich nicht auf eine mögliche *HIV-Infektion* oder *Aids-Erkrankung* ausgeweitet werden. Daher ist vor der Untersuchung die hierfür erforderliche Zustimmung einzuholen. Wird sie verweigert, darf die Untersuchung grundsätzlich nicht auf diese Krankheitsaspekte erstreckt werden. Ein generell praktizierter *Zwangstest* ist ebenso wie im allgemeinen Ausländerrecht ohne das Auftreten von aus konkreten Tatsachen abgeleiteten Verdachtsmomenten nicht zulässig (Marx, Aids und Ausländerrecht, S. 211 (221); a. A. Rittstieg, Ausländerrechtliche Maßnahmen aus Anlass von Aids, S. 193 (201)).

11 Die Gegenmeinung wird damit begründet, dass ein Zwangstest nicht als besonders schwerwiegende Belastung angesehen werden könne. Demgegenüber würden die legitimen Aufklärungsbedürfnisse der Allgemeinheit und der unmittelbaren Umgebung des Betroffenen schwerer wiegen (Rittstieg,

a.a.O.). Gegen einen Zwangstest sprechen erhebliche rechtsstaatliche Gründe. Die hierin liegende Pauschalverdächtigung einer ganzen Personengruppe ist nicht vertretbar.
So wird zutreffend darauf hingewiesen, dass die bloße Zugehörigkeit etwa zur Gruppe der Homo- oder Bisexuellen für sich allein, ohne das Hinzutreten zusätzlicher konkreter Umstände, nicht die Anordnung eines Zwangstests erlaube (Schenke, Die Bekämpfung von Aids als verfassungsrechtliches und polizeirechtliches Problem, S. 113). Jedenfalls darf eine HIV-Infektion nicht ohne weiteres zum Anlass aufenthaltsbeendender Maßnahmen genommen werden (VGH BW, InfAuslR 1987, 236).

12

5. Mitteilungspflicht nach Abs. 2

Das Ergebnis der ärztlichen Untersuchung ist der für die Unterbringung zuständigen Behörde mitzuteilen. Dies ist die Aufnahmeeinrichtung (§ 46 I 1). Für die Mitteilung sind die besonderen Anforderungen an den *Datenschutz im Gesundheitswesen* zu beachten. Insoweit ist von Bedeutung, dass die Einführung der Vorschrift des § 62 auf eine Empfehlung des Bundesbeauftragten für den Datenschutz zurückgeht (BT-Drs. 12/2062, S. 38). Die Mitteilung darf nur zusammengefasste Ergebnisse der Untersuchung enthalten. Die Angabe näherer Einzelheiten ist nicht zulässig. Die Behörde hat die Zweckbindung der Mitteilung zu beachten (Renner, AuslR, § 63 AsylVfG Nr. 3).

13

§ 63 Bescheinigung über die Aufenthaltsgestattung

(1) Dem Ausländer wird nach der Asylantragstellung eine mit den Angaben zur Person und einem Lichtbild versehene Bescheinigung über die Aufenthaltsgestattung ausgestellt, sofern er nicht im Besitz eines Aufenthaltstitels ist.
(2) Die Bescheinigung ist zu befristen. Solange der Ausländer verpflichtet ist, in einer Aufnahmeeinrichtung zu wohnen, beträgt die Frist längstens drei und im übrigen längstens sechs Monate.
(3) Zuständig für die Ausstellung der Bescheinigung ist das Bundesamt, solange der Ausländer verpflichtet ist, in einer Aufnahmeeinrichtung zu wohnen. Im übrigen ist die Ausländerbehörde zuständig, auf deren Bezirk die Aufenthaltsgestattung beschränkt ist. Auflagen und Änderungen der räumlichen Beschränkung können auch von der Behörde vermerkt werden, die sie verfügt hat.
(4) Die Bescheinigung soll eingezogen werden, wenn die Aufenthaltsgestattung erloschen ist.
(5) Im Übrigen gilt § 78 Abs. 7 des Aufenthaltsgesetzes entsprechend.

§ 63 Recht des Aufenthalts

Übersicht

	Rdn.
1. Zweck der Vorschrift	1
2. Rechtsnatur der Bescheinigung nach Abs. 1	3
3. Rechtsanspruch auf Ausstellung der Bescheinigung nach Abs. 1 in Verb. mit Abs. 5	8
4. Befristung der Bescheinigung (Abs. 2)	12
5. Entziehung der Bescheinigung nach Abs. 4	16
6. Behördliche Zuständigkeit (Abs. 3)	19

1. Zweck der Vorschrift

1   Die Vorschrift des § 63 hat ihr Vorbild in § 20 IV und V AsylVfG 1982 (BT-Drs. 12/2062, S. 38). Zu trennen ist zwischen dem gesetzlichen Begründungstatbestand (§ 55 I 1) einerseits sowie dem Rechtsanspruch nach Abs. 1 auf Ausstellung der behördlichen Bescheinigung des gesetzlichen Aufenthaltsrechts andererseits. Das asylverfahrensabhängige Aufenthaltsrecht ist in seinem Entstehungsgrund, Umfang und Wegfall unabhängig von der Bescheinigung nach Abs. 1. Vielmehr bestätigt diese lediglich den gesetzlichen Tatbestand nach § 55 I 1 in seiner Ausgestaltung nach § 56 einschließlich möglicher Auflagen (§ 60).

2   Die Aufenthaltsgestattung (§ 55 I 1) entsteht kraft Gesetzes mit der Geltendmachung des Asylersuchens. Demgegenüber entsteht erst nach der Asylantragstellung (§ 14 I, II, § 22, § 23 I) der Anspruch nach Abs. 1 S. 1, dass über die Aufenthaltsgestattung eine Bescheinigung ausgestellt wird. Während der Dauer des Asylverfahrens genügt der Antragsteller seiner Ausweispflicht mit der Bescheinigung nach Abs. 1 S. 1 (§ 64).

2. Rechtsnatur der Bescheinigung nach Abs. 1

3   Die Bescheinigung über die Aufenthaltsgestattung hat *nicht lediglich deklaratorische Bedeutung*, sondern sie enthält für das Bleiberecht des Asylbewerbers in *inhaltlicher, räumlicher* und *zeitlicher Hinsicht* Regelungen im Einzelfall und ist damit *Verwaltungsakt* (BVerwGE 79, 291 (293 f.) = EZAR 222 Nr. 7 = NVwZ 1988, 941 = NJW 1989, 769 = InfAuslR 1988, 251; a. A. OVG Berlin, InfAuslR 1987, 262; unklar: BGH, AuAS 1996, 190, Bescheinigung ist deklaratorischer Natur). Da die in der Bescheinigung anzugebende, von der Behörde nach Maßgabe von Abs. 2 festzulegende Geltungsdauer, aber auch die in § 60 im Einzelfall anzuordnenden Beschränkungen die Bescheinigung in zeitlicher Hinsicht begrenzt, soweit nicht etwas anderes bestimmt ist, enthält die Befristung Elemente einer unmittelbaren Regelung, weil sie die Behörde grundsätzlich berechtigt und verpflichtet, nach Ablauf der Frist über die Fortdauer, Änderung oder Aufhebung der getroffenen Maßnahme erneut zu entscheiden (BVerwGE 79, 290 (295)).

4   Die inhaltlichen, räumlichen und zeitlichen Entscheidungen in Bezug auf die Aufenthaltsgestattung und ihre Maßgaben finden ihren Niederschlag in der

Bescheinigung über die Aufenthaltsgestattung § 63

kraft Gesetzes auszustellenden und dem Asylbewerber auszuhändigenden und damit im Sinne des § 41 I 1 VwVfG bekannt zu gebenden Bescheinigung. Diese wird gegenüber dem Asylbewerber gemäß § 43 I VwVfG mit dem Inhalt wirksam, wie er sich aus der Bescheinigung ergibt (BVerwGE 79, 291 (295) = EZAR 222 Nr. 7 = NVwZ 1988, 941 = NJW 1989, 769 = InfAuslR 1988, 251).

Die Gegenmeinung wird damit begründet, dass der Aufenthalt des Asylbewerbers kraft Gesetzes gestattet sei. Die Aufenthaltsgestattung werde folglich nicht durch Verwaltungsakt eingeräumt (OVG Berlin, InfAuslR 1987, 262). Das gesetzlich eingeräumte Recht könne zwar durch den Erlass beschränkender Verwaltungsakte modifiziert werden. Dies ändere indessen nichts daran, dass die nach dem Gesetz auszustellende Bescheinigung über die Aufenthaltsgestattung rein deklaratorischen Charakter habe. Sie diene ausschließlich als Legitimationspapier und ermögliche dem Ausländer, seinen Status nachzuweisen. Demgegenüber werde eine Regelung der rechtlichen Position des Ausländers mit ihr nicht getroffen. Damit fehle es an einem konstitutiven Merkmal des Verwaltungsaktbegriffs (OVG Berlin, InfAuslR 1987, 262). 5

Dem hält das BVerwG entgegen, dass angesichts der Bedeutung der Bescheinigung eine strikte Trennung zwischen den für den Asylbewerber potenziell verbindlichen Entscheidungen der Behörde mit Regelungsgehalt gemäß §§ 55, 56, 60 einerseits und einer gesondert hiervon erteilten, bloß deklaratorisch wirkenden Bescheinigung über die Aufenthaltsgestattung andererseits gesetzlich weder vorgesehen noch möglich sei (BVerwGE 79, 291 (295)). Auch für die Zulässigkeit einer Aufteilung der Bescheinigung in einen vom Gesetz vorgegebenen, lediglich unverbindlichen und deklaratorisch wirkenden Teil über das vorläufige Bleiberecht des Asylbewerbers einerseits und einen hiervon unabhängigen, konstitutiv Rechte und Pflichten im Einzelfall begründenden Teil andererseits lasse sich dem Gesetz nichts entnehmen. Die Behörde habe nicht nur eine *Rechtspflicht* zur Erteilung der Bescheinigung überhaupt, sondern sie erteile sie nur mit den räumlichen, inhaltlichen und zeitlichen Konkretisierungen, mit denen der Aufenthalt des Asylbewerbers im Einzelfall in Betracht kommt (BVerwGE 79, 291 (295 f.) = EZAR 222 Nr. 7 = NVwZ 1988, 941 = InfAuslR 1988, 251). 6

Die Bescheinigung nach Abs. 1 ist als *öffentliche Urkunde* im Sinne des § 271 StGB anzusehen (BGH, AuAS 1996, 190). Der öffentliche Glaube erstreckt sich dabei auch auf die Beurkundung der Identität des Asylsuchenden. Es ist insbesondere keine rechtliche Unterscheidung zu treffen zwischen solchen Bescheinigungen, die aufgrund einer sorgfältigen Überprüfung etwa anhand mitgeführter Personaldokumente des Asylsuchenden, und anderen, die ohne genauere Überprüfungsmöglichkeiten nur anhand der Angaben des Antragstellers ausgestellt werden. Andernfalls könnten die deutschen Behörden einem Verfolgten auch nach seiner Anerkennung keine Identifikationsdokumente ausstellen, das öffentlichen Glauben genießt. Denn eine zuverlässigere Identifizierung der Person des Antragstellers ist in Problemfällen auch später kaum möglich (BGH, AuAS 1996, 190 (191)). 7

1053

3. Rechtsanspruch auf Ausstellung der Bescheinigung nach Abs. 1 in Verb. mit Abs. 5

8   Nach Abs. 1 wird dem Antragsteller nach der Antragstellung die Bescheinigung über die Aufenthaltsgestattung erteilt. Nach Abs. 5 gelten die Formerfordernisse des § 78 VII AufenthG entsprechend. Durch die damit vorgeschriebene Verwendung *einheitlicher Muster* soll Manipulationen vorgebeugt werden (BT-Drs. 14/7386, S. 60).

9   Aus der eindeutigen gesetzlichen Formulierung in Abs. 1 folgt ein *Rechtsanspruch des Begünstigten* auf Ausstellung der Bescheinigung. Die der Rechtsprechung des BVerwG zugrunde liegenden früheren Rechtsvorschriften sind durch das AsylVfG 1992 unverändert übernommen worden. Daher hat diese Rechtsprechung auch mit Blick auf die Bescheinigung nach Abs. 1 nach wie vor Bedeutung.

10 Der behördlichen Rechtspflicht auf Erteilung der Bescheinigung entspricht ein Rechtsanspruch des Asylbewerbers auf Ausstellung der Bescheinigung in der jeweils für ihn maßgeblichen räumlichen, inhaltlichen und zeitlichen Beschränkung. Er kann dieses Recht notfalls gerichtlich im Wege der Verpflichtungsklage geltend machen. Mit der Bescheinigung genügt der Asylbewerber seiner Ausweispflicht (§ 64 I).

11 Die Bescheinigung hat aber weder die Funktion eines Reiseausweises noch eines Passersatzes. Dem Asylbewerber wird eine mit den Angaben zu seiner Person und seinem Lichtbild versehene Bescheinigung ausgestellt, sofern er nicht im Besitz einer Aufenthaltsgenehmigung (§ 5 AuslG) ist (Abs. 1). Die räumliche Beschränkung nach § 56 sowie weitere Auflagen (§ 60) sind in der Bescheinigung festzuhalten. Sie ist nach Maßgabe des Abs. 2 zu befristen und soll eingezogen werden, wenn die Aufenthaltsgestattung erloschen ist (Abs. 4).

4. Befristung der Bescheinigung (Abs. 2)

12 Die Bescheinigung wird nach Maßgabe des Abs. 2 befristet. Durch diese Befristung soll bewirkt werden, dass der Asylbewerber nicht untertaucht, sondern zur Prüfung der Fortdauer des Asylverfahrens und der Aufrechterhaltung, Änderung oder Aufhebung von Beschränkungen regelmäßig mit der Behörde Kontakt aufnimmt (BVerwGE 79, 291 (294) = EZAR 222 Nr. 7 = NVwZ 1988, 941 = InfAuslR 1988, 251). Mit der Befristung der Bescheinigung wird andererseits das gesetzliche Bleiberecht des Asylbewerbers während der Dauer eines nicht bestands- oder rechtskräftig abgeschlossenen Asylverfahrens nicht berührt (BVerwGE 79, 291 (295)). Vielmehr werden die Erlöschenstatbestände der Aufenthaltsgestattung in § 67 geregelt und knüpft die Vorschrift über die Einziehung nach Abs. 4 an die Erlöschensregelungen an.

13 Die Befristung hat damit ausschließlich *Kontrollfunktion*. Die Aufenthaltsgestattung selbst entsteht in aller Regel vor dem Zeitpunkt der Ausstellung der Bescheinigung und endet unabhängig von der Befristung nach Maßgabe der Regelungen in § 67. Die Aufenthaltsgestattung nach § 55 I 1 ist damit in

ihrem Bestand *unabhängig* von der Bescheinigung nach Abs. 1. Auch wenn daher die Bescheinigung nicht rechtzeitig nach Abs. 2 verlängert wird, wird dadurch während des nicht bestands- oder rechtskräftig abgeschlossenen Asylverfahrens mit Ausnahme der vollziehbaren Abschiebungsandrohung der Aufenthalt nicht unrechtmäßig (BVerwGE 79, 290 (295) = NVwZ 1988, 941 = InfAuslR 1988, 251).

Nach Abs. 2 S. 1 ist die Bescheinigung *zwingend* zu befristen. Dies ergibt sich aus dem Charakter des vorläufigen Bleiberechts des Asylbewerbers (BVerfGE 67, 43 (59) = EZAR 632 Nr. 1 = InfAuslR 1984, 215; BVerfGE 80, 68 (73f.) = InfAuslR 1989, 243; BVerfGE 80, 182 (187) = EZAR 355 Nr. 6 = NVwZ 1989, 951). Die Bescheinigung ist in allen Fällen, in denen keine Wohnverpflichtung nach § 47 I 1 besteht, auf längstens sechs Monate zu befristen (Abs. 2 S. 2). Im Regelfall ist deshalb die Bescheinigung nach der Entlassung aus der Aufnahmeeinrichtung auf sechs Monate zu befristen. Dies entspricht der allgemein geübten Praxis. **14**

Nur in besonders gelagerten Fällen kann die Frist von sechs Monaten unterschritten werden. Die Bescheinigung ist *von Amts wegen* zu verlängern, eines besonderen Verlängerungsantrags des Asylbewerbers bedarf es nicht. Die kurze Fristsetzung während des Aufenthaltes in der Aufnahmeeinrichtung ist der Höchstdauer der Wohnpflicht nach § 47 I 1 angepasst. **15**

5. Entziehung der Bescheinigung nach Abs. 4

Nach Abs. 4 *soll* die Bescheinigung eingezogen werden, wenn die Aufenthaltsgestattung erloschen (§ 67) ist. Da nach § 67 das gesetzliche Aufenthaltsrecht erloschen ist, soll die zuständige Behörde folgerichtig die Bescheinigung nach Abs. 1 einziehen. Zugleich wird sie den Asylbewerber auf seine Ausreisepflicht hinweisen. Der gesetzlichen Begründung kann nicht entnommen werden, aus welchen Gründen die Einziehungsregelung nach Abs. 4 nicht entsprechend den materiellen Erlöschensgründen nach § 67 zwingend ausgestaltet worden ist. Möglicherweise soll der Behörde zur Gestaltung der Ausreise eine gewisse Flexibilität eingeräumt werden. Die Vorschrift des Abs. 4 bezieht sich nicht auf den Fall des § 67 I Nr. 2, da in diesem Fall die Bescheinigung noch gar nicht erteilt worden ist und im Falle der nachträglichen Asylantragstellung das gesetzliche Aufenthaltsrecht wieder auflebt (§ 67 II). **16**

Zuständig für die Einziehung ist regelmäßig die Ausländerbehörde (Abs. 3). Hat die Behörde zu Unrecht die Bescheinigung verlängert, obwohl die Voraussetzungen nach § 67 erfüllt sind, so ist dies zwar ein rechtswirksamer Verwaltungsakt (a. A. Grün, in: GK-AsylVfG, § 63 Rdn. 14). Die Behörde kann jedoch die Herausgabe der Bescheinigung verlangen. Hat sie allerdings in Kenntnis des Erlöschensgrundes und damit in Kenntnis der vollziehbaren Ausreisepflicht die Bescheinigung verlängert, kann diese Maßnahme in eine Duldungserteilung umgedeutet werden (Grün, in: GK-AsylVfG, § 63 Rdn. 15). **17**

Wird die Bescheinigung zu Unrecht eingezogen, etwa weil das Bundesamt eine fehlerhafte Mitteilung über die angebliche Beendigung des Asylverfah- **18** rens an die Ausländerbehörde abgibt, kann hiergegen *Verpflichtungsklage* erhoben und mit einem Eilrechtsschutzantrag nach § 123 VwGO verbunden werden. Wegen der Ausweispflicht nach § 64 ist regelmäßig der Anordnungsgrund zu bejahen. Das BVerwG hat offen gelassen, ob durch den Verwaltungsakt der Einziehung (BVerwGE 79, 290 (297) = NVwZ 1988, 941 = InfAuslR 1988, 251; Renner, AuslR, § 63 AsylVfG Nr. 8: Verpflichtungsklage) eine rechtliche oder faktische Beschwer eingetreten ist. Die fehlerhafte Einziehung verneint seiner Ansicht nach aber *mit verbindlicher Wirkung im Einzelfall* die objektiv nicht bestehende Ausreisepflicht des Asylbewerbers (BVerwGE 79, 290 (297)). Allein die verbindliche Klärung der Rechtslage verschafft dem Belasteten jedoch noch keinen Herausgabeanspruch. Dieser ist vielmehr mit der Verpflichtungsklage durchzusetzen.

6. Behördliche Zuständigkeit (Abs. 3)

19   Solange die Wohnverpflichtung nach § 47 I 1 besteht, ist das Bundesamt für die Ausstellung der Bescheinigung zuständig (Abs. 3 S. 1). Da die Länge der Wohnfrist (§ 47 I 1) regelmäßig mit der erstmaligen Befristung (Abs. 2 S. 2 2. HS 1. Alt) übereinstimmt, wird das Bundesamt im Regelfall keine Veranlassung für eine weitere Befristung haben. Erlischt die Aufenthaltsgestattung während der Dauer der Wohnverpflichtung z. B. nach § 67 I Nr. 3 oder Nr. 4, ist das Bundesamt für die Einziehung nach Abs. 4 zuständig.

20   Auflagen und Änderungen der räumlichen Beschränkung kann das Bundesamt nicht verfügen (vgl. Abs. 3 S. 3). Dies folgt mit Blick auf Auflagen aus § 60 III. Danach fehlt dem Bundesamt für diese Fragen die behördliche Zuständigkeit. Im Übrigen bezieht sich S. 3 auf S. 1 von Abs. 2. Demzufolge hat das Bundesamt die Befugnis nach Abs. 3 S. 3 allenfalls während der Dauer der Wohnverpflichtung nach § 47 I 1.

21   Nach der Entlassung aus der Aufnahmeeinrichtung (§§ 48 f.) ist die durch Zuweisungsverfügung bestimmte Ausländerbehörde für die Ausstellung, Befristung, Einziehung der Bescheinigung und für die in Abs. 3 S. 3 vorgesehenen Maßnahmen zuständig (Abs. 3 S. 2). Aus § 56 II ergibt sich, dass positive wie negative Kompetenzkonflikte ausgeschlossen sind. Es ist stets nur eine Ausländerbehörde für die ausländerrechtliche Behandlung des Asylbewerbers zuständig. Wird dieser verpflichtet, in dem Bezirk einer anderen Ausländerbehörde Aufenthalt zu nehmen, wird die Aufenthaltsgestattung auf deren Bezirk beschränkt (§ 56 II). Zugleich endet die Zuständigkeit der bisher zuständigen Behörde. Zuständig wird die Ausländerbehörde, in deren Bezirk der Asylbewerber zum Aufenthalt verpflichtet worden ist (§ 60 Rdn. 6 f.). Diese ist nunmehr auch die nach Abs. 3 S. 2 zuständige Ausländerbehörde.

§ 64 Ausweispflicht

(1) Der Ausländer genügt für die Dauer des Asylverfahrens seiner Ausweispflicht mit der Bescheinigung über die Aufenthaltsgestattung.
(2) Die Bescheinigung berechtigt nicht zum Grenzübertritt.

Übersicht

	Rdn.
1. Vorbemerkung	1
2. Ausweispflicht des Asylsuchenden nach Abs. 1	3
3. Rechtliche Funktion des Ausweises nach Abs. 1	7
4. Duldungsbescheinigung für Zweitantragsteller (§ 71 a Abs. 3 Satz 2 in Verb. mit Abs. 1	12
5. Auslandsreisen (Abs. 2)	15
6. Ablauf der Gültigkeitsdauer des Reiseausweises des Asylsuchenden mit einem Aufenthaltstitel	17

1. Vorbemerkung

Wie früher § 27 AsylVfG 1982 enthält die Vorschrift des § 64 eine *ausländerrechtliche Sonderregelung* für Asylbewerber. Da Asylantragsteller nach Stellung des Asylantrags regelmäßig ihren mitgeführten Pass oder Passersatz hinterlegen müssen (§ 15 II Nr. 4; vgl. auch § 65 I), können sie ihrer nach § 3 I AufenthG bestehenden Passpflicht nicht genügen. Daher ordnet Abs. 1 an, dass Asylantragsteller für die Dauer des Asylverfahrens ihrer Ausweispflicht mit der Bescheinigung nach § 63 I genügen. 1

Reisen ins Ausland sind mit dieser Bescheinigung nicht zulässig (Abs. 2). Insoweit kann der Asylbewerber den Antrag auf vorübergehende Herausgabe seines Passes oder Passersatzes stellen (§ 65 II). Besondere Probleme ergeben sich mit Blick auf Auslandsreisen während der Dauer des Asylverfahrens, wenn der Asylbewerber ohne Pass oder Passersatz eingereist ist (s. auch Erl. zu § 65). 2

2. Ausweispflicht des Asylsuchenden nach Abs. 1

Auch Asylbewerber unterliegen der allgemeinen Verpflichtung nach § 3 I AufenthG, derzufolge Ausländer, die in das Bundesgebiet einreisen oder sich darin aufhalten wollen, einen gültigen Pass besitzen müssen. Führt der Asylantragsteller bei der Einreise oder Asylantragstellung seinen Pass oder Passersatz mit sich, hat er diesen den mit der Ausführung des Gesetzes betrauten Behörden auszuhändigen und zu überlassen (§ 15 II Nr. 4). Er kann nach Übergabe an die zuständige Behörde dadurch seiner an sich auch für ihn bestehenden Verpflichtung nach § 4 I AuslG nicht nachkommen. 3

Aus diesem Grund bestimmt die Vorschrift des Abs. 1, dass der Asylantragsteller seiner Verpflichtung aus § 3 I AufenthG durch die Bescheinigung nach 4

§ 63 genügt. Es handelt sich bei der Bescheinigung nicht um einen Passersatz. Vielmehr regelt Abs. 1 einen eigenen Tatbestand der Befreiung von der an sich bestehenden Passpflicht nach § 3 I AufenthG.

5   Bis zur Erteilung der Bescheinigung nach § 63 I ist der Asylantragsteller zwar wegen der Hinterlegungspflicht nach § 15 II Nr. 4 oder deswegen, weil er ohne gültigen Pass oder Passersatz eingereist ist, nicht im Besitz des an sich erforderlichen Passes oder Passersatzes nach § 3 I AufenthG. Das gesetzliche Aufenthaltsrecht des § 55 I 1 verdrängt jedoch die entgegenstehenden aufenthaltsrechtlichen Vorschriften und gewährt mit dem Zeitpunkt der Geltendmachung des Asylersuchens kraft Gesetzes ein Aufenthaltsrecht für Asylbewerber, das nicht vom Besitz eines gültigen Pass oder Passersatzes abhängig ist.

6   Der ohne gültigen Pass oder Passersatz einreisende Asylsuchende kann sich auf Art. 31 I GFK berufen (Atle Grahl-Madsen, The Status of Refugees in International Law, Bd. 2, Leyden 1972, S. 212–215). Dementsprechend macht sich der mit einem gefälschten oder ohne Pass einreisende Asylsuchende nicht strafbar (AG Hann.Münden, InfAuslR 1987, 172; AG Frankfurt/M-Höchst, Strafverteidiger 1988, 306 = InfAuslR 1988, 204; a. A. AG München, U. v. 16. 5. 1983 – 62 Ds 461 Js 164560/83 Jug. 65; AG Bergheim, U. v. 4. 6. 1984 – 43 Ds 22 Js 547/83; AG Helmstedt, U. v. 20. 3. 1985 – 6 Cs 139 Js 14955/84). Zwar ist ein derartiges Verhalten an sich strafbar (§ 95 I Nr. 1 und 3 AufenthG). Es greift jedoch der Rechtfertigungsgrund des Art. 31 I GFK ein (§ 95 IV AufenthG; s. auch § 18 a I 2).

3. Rechtliche Funktion des Ausweises nach Abs. 1

7   Abs. 1 bestimmt, dass der Asylantragsteller für die Dauer des Asylverfahrens mit der Bescheinigung nach § 63 I der Ausweispflicht genügt. Wird die Bescheinigung eingezogen, weil ein Erlöschenstatbestand eingetreten ist (§ 63 IV in Verb. mit § 67), findet Abs. 1 keine Anwendung mehr. Bis zum Eintritt eines der Erlöschenstatbestände des § 67 I genügt der Asylbewerber mit der Bescheinigung nach § 63 I jedoch seiner Ausweispflicht.

8   Daher darf die Behörde ihn während der Dauer des Asylverfahrens nicht auffordern, gegenüber der zuständigen Auslandsvertretung die Verlängerung der Gültigkeitsdauer oder die Neuausstellung des Reiseausweises zu beantragen. Lediglich unter den strengen Voraussetzungen des § 15 II Nr. 4 darf die zuständige Stelle unter bestimmten engen Umständen (s. dort) von Amts wegen Maßnahmen zur Beschaffung des Reiseausweises einleiten.

9   Die Bescheinigung nach § 63 I besitzt die Funktion eines Ausweises (Abs. 1), mit dem sich der Asylsuchende im Sinne des § 111 OWiG von Behörden, aber auch im Rechtsverkehr von Privaten identifizieren lassen kann (BGH, AuAS 1996, 190 (192)). Der BGH weist ausdrücklich darauf hin, dass der Asylsuchende *überall dort*, wo es um seine Identität gehe, mit der Urkunde Beweis darüber führen solle und könne (BGH, AuAS 1996, 190 (192)).

10 Mit dieser Rechtsprechung unvereinbar ist die erlassrechtlich angeordnete Verwaltungspraxis der Standesämter, die Eheanmeldung unter Hinweis auf

Ausweispflicht § 64

den fehlenden Reiseausweis des Asylsuchenden zu verweigern. Vielmehr genügt der Asylsuchende nach der Rechtsprechung des BGH mit der Bescheinigung nach § 63 I seiner Verpflichtung, Beweis über seine Identität zu führen, auch gegenüber dem Standesamt. Ausdrücklich weist der BGH die Ansicht zurück, dass die Beweiskraft eines Identifikationsdokumentes nicht weiter reichen könne als die Prüfungsmöglichkeiten des beurkundenden Amtsträgers.

Vielmehr hätten die Behörden bei der Schaffung des Ausweisdokumentes nach § 63 I den Asylsuchenden zu identifizieren, soweit dies möglich ist. Auch dessen Befragung enthalte Elemente einer Prüfung. Da jedenfalls die Überprüfung grundsätzlich möglich und von Rechts wegen auch geboten sei, was anhand der Ausweisfunktion der Urkunde zwingend erscheine, so könne an praktischen Schwierigkeiten die normativ-abstrakte Einstufung der Bescheinigung nach § 63 I als öffentliche Urkunde nicht scheitern (BGH, AuAS 1996, 190 (192)).   11

4. Duldungsbescheinigung für Zweitantragsteller (§ 71 a Abs. 3 Satz 2 in Verb. mit Abs. 1)

Die früher übliche und vom BVerwG gerügte Praxis der Erteilung von Duldungsbescheinigungen (BVerwGE 62, 206 (213f.) = EZAR 221 Nr. 7 = InfAuslR 1981, 214) ist durch die Regelungen des §§ 55 I 1, 56, 63 I und 64 beseitigt worden. Zweitantragsteller erhalten jedoch lediglich eine Duldung (§ 71 a III 1). Lediglich entsprechend werden die Vorschriften der §§ 56 bis 67 für anwendbar erklärt (§ 71 a III 3). Die Regelung des § 55 I 1 wird ausdrücklich in § 71 a III 3 und auch anderer Stelle nicht in Bezug genommen. Während der gesamten Dauer der Zulässigkeitsprüfung erhalten Zweitantragsteller daher lediglich eine Duldungsbescheinigung nach § 60a IV AufenthG.   12

Die entsprechende Anwendung von §§ 63 I und 64 I bedeutet nicht, dass der Antragsteller eine Bescheinigung über die Aufenthaltsgestattung erhält und damit seiner Ausweispflicht genügt. Was ihm nicht gewährt wird, kann ihm auch nicht bescheinigt werden. Vielmehr ordnet der Gesetzgeber damit an, dass dem Zweitantragsteller für die Dauer des Asylverfahrens eine mit Lichtbild versehene Duldungsbescheinigung zu erteilen ist und er damit seiner Ausweispflicht genügt.   13

Diese Regelungen sind problematisch: Die Ausstellung einer bloßen Duldungsbescheinigung genügt den Anforderungen des verfassungsrechtlich verbürgten Asylrechts nicht (BVerwGE 62, 206 (213) = EZAR 221 Nr. 7 = InfAuslR 1981, 214). Eine Duldung beseitigt die Ausreisepflicht nicht, sondern lässt sie unberührt (BVerwGE 62, 206 (214)). Auch wenn dem Zweitantragsteller das verfassungsrechtlich verbürgte Asylrecht nicht zustehen mag (Art. 16 a II 1 GG, §§ 26 a I, 71 a I 1), hat er doch einen einfach-gesetzlichen Anspruch auf Asylrecht (§§ 26 a I 2 Nr. 2; 71 a).   14

1059

5. Auslandsreisen (Abs. 2)

15 Die Bescheinigung nach § 63 I berechtigt nicht zum Grenzübertritt (Abs. 2). Sie wird von anderen Staaten nicht als Reisedokument anerkannt. Die Bescheinigung nach § 63 I verliert mit der Ausreise nicht ihre Gültigkeit. Vielmehr darf sie nur unter den Voraussetzungen der §§ 63 IV, 67 I eingezogen werden. Eine ganz andere Frage ist es, ob der Asylbewerber, der ohne Erlaubnis den Bezirk der zuständigen Ausländerbehörde (§ 56 I) verlässt, sich strafbar macht. Hat er bereits einmal gegen die räumliche Beschränkung verstoßen, macht er sich mit der unerlaubten Auslandsreise strafbar (§ 85 Nr. 2). Im Übrigen handelt er ordnungswidrig (§ 86 I).

16 Hat die Behörde der Auslandsreise zugestimmt (§ 58 I), kann deren Realisierung am fehlenden gültigen Reisedokument scheitern. Sofern die Gültigkeitsdauer des nach § 15 II Nr. 4 abgegebenen Passes noch nicht abgelaufen ist, wird die Behörde den Pass zur Sicherstellung der Auslandsreise vorübergehend herausgeben (§ 65 II). Denkbar ist, dass der Asylbewerber einen Reiseausweis bei der heimatlichen Auslandsvertretung beantragt. Ob aus dem Umstand der Passbeantragung auf eine fehlende Verfolgungsgefahr zu schließen ist, muss in freier Beweiswürdigung entschieden werden (BVerwGE 78, 152 (157)), wobei sicherlich auch die besondere Not des Asylsuchenden (BVerwGE 89, 232 (237)) = EZAR 211 Nr. 3 = NVwZ 1992, 679; § 72 Rdn. 12 ff.) berücksichtigt werden muss. Das Risiko einer durch die Passbeantragung veranlassten Ablehnung des Asylantrags ist jedoch erheblich und sollte deshalb nicht eingegangen werden.

6. Ablauf der Gültigkeitsdauer des Reiseausweises des Asylsuchenden mit einem Aufenthaltstitel

17 Asylbewerber mit einem Aufenthaltstitel (§ 63 I 2. HS) genügen ihrer Ausweispflicht nach § 3 I AufenthG mit ihrem gültigen nationalen Reiseausweis. Die Hinterlegungspflicht nach § 15 II Nr. 4 ist lediglich vorübergehender Natur. In aller Regel besteht daher behördliche Herausgabepflicht nach § 65 I. Läuft die Geltungsdauer des Reiseausweises während der Dauer des Asylverfahrens ab, kann die Beantragung der Verlängerung der Geltungsdauer aus den genannten Gründen (Rdn. 16) nicht empfohlen werden.

18 Die übliche Verwaltungspraxis, dem Antragsteller in diesen Fällen die Bescheinigung mit ihren räumlichen und zeitlichen Beschränkungen (63 I) auszuhändigen, ist nicht gerechtfertigt. Anders als nach dem bis 1990 geltenden Recht erlischt das Aufenthaltsrecht bei Ablauf der Gültigkeitsdauer des Passes nicht automatisch kraft Gesetzes. Der Widerruf der Aufenthaltstitels (§ 52 I Nr. 1 AufenthG) kommt nicht in Betracht. Vielmehr hat die Behörde auf Antrag die Bescheinigung über den Aufenthaltstitel (§ 48 II AufenthG) auszustellen.

§ 65 Herausgabe des Passes

(1) Dem Ausländer ist nach der Stellung des Asylantrags der Paß oder Paßersatz auszuhändigen, wenn dieser für die weitere Durchführung des Asylverfahrens nicht benötigt wird und der Ausländer einen Aufenthaltstitel besitzt oder die Ausländerbehörde ihm nach den Vorschriften in anderen Gesetzen einen Aufenthaltstitel erteilt.
(2) Dem Ausländer kann der Paß oder Paßersatz vorübergehend ausgehändigt werden, wenn dies in den Fällen des § 58 Abs. 1 für eine Reise oder wenn es für die Verlängerung der Gültigkeitsdauer oder die Vorbereitung der Ausreise des Ausländers erforderlich ist.

Übersicht

	Rdn.
1. Vorbemerkung	1
2. Rechtsanspruch auf Passherausgabe (Abs. 1)	2
3. Passherausgabe nach Ermessen (Abs. 2)	11
4. Passherausgabepflicht nach unanfechtbarem negativen Abschluss des Asylverfahrens nach § 21 Abs. 5	15
5. Rechtsschutz	20

1. Vorbemerkung

Die Vorschrift des Abs. 1 lehnt sich an die frühere Regelung des § 26 I 3 AsylVfG 1982 an (BT-Drs. 12/2062, S. 38). Die früher in § 26 I 1 AsylVfG 1982 enthaltene Passhinterlegungspflicht ist nach geltendem Recht in § 15 II Nr. 4 geregelt. Dementsprechend ist es nicht der Zweck der Vorschrift des § 65 über die Passherausgabepflicht, die Mitwirkungspflicht des Asylbewerbers zur Hinterlegung des Passes oder Passersatzes näher zu regeln. Diese Pflicht ist nach geltendem Recht vielmehr in § 15 II Nr. 4 geregelt. Die Vorschrift des § 65 legt allein die Voraussetzungen fest, unter denen der Asylbewerber Anspruch auf Herausgabe seines nach § 15 II Nr. 4 hinterlegten Reiseausweises hat.

2. Rechtsanspruch auf Passherausgabe (Abs. 1)

Nach dem eindeutigen Wortlaut von Abs. 1 *ist* dem Asylbewerber der Pass oder Passersatz auszuhändigen, wenn er im Besitz eines Aufenthaltstitels ist. Die Erlaubnisfiktion nach § 81 III 1 AufenthG wie auch die Fortgeltungsfiktion nach § 81 IV AufenthG stehen dem Besitz eines Aufenthaltstitels rechtlich gleich. Erst nach Versagung der beantragten Ersterteilung oder Verlängerung des Aufenthaltstitels entfallen die Voraussetzungen des Rechtsanspruchs nach Abs. 1. Solange die Voraussetzungen nach Abs. 1 vorliegen hat die Behörde kein Ermessen. Anders ist die Rechtslage nach Abs. 2. Hier hat die Behörde nach *Ermessen* über den Herausgabeantrag zu entscheiden. Nach

Abs. 1 ist der zunächst zu Untersuchungszwecken nach § 15 II Nr. 4 einbehaltene Pass dem Antragsteller herauszugeben, wenn dieser für die weitere Durchführung des Asylverfahrens nicht benötigt wird und der Asylsuchende einen Aufenthaltstitel besitzt.

3 Im Regelfall wird die ermittelnde Behörde den Pass oder Passersatz nach der durchgeführten Untersuchung kopieren und anschließend an den Antragsteller herausgeben, es sei denn, es handelt sich um ein gefälschtes Dokument. Dies betrifft in aller Regel Antragsteller im Sinne von § 14 II Nr. 1, die im Zeitpunkt der Antragstellung einen Aufenthaltstitel mit einer Gesamtgeltungsdauer von mehr als sechs Monaten besitzen. Damit diese Antragsteller ihrer Ausweispflicht nach § 3 I AufenthG genügen können, haben sie den in Abs. 1 geregelten *Rechtsanspruch auf unverzügliche Herausgabe* ihres Reiseausweises.

4 Nur für den Fall, dass konkrete Indizien dafür bestehen, dass der Pass oder Passersatz nachträglich manipuliert oder sonstwie missbräuchlich benutzt worden ist, darf die zuständige Behörde das Dokument zu Untersuchungszwecken einbehalten. Der Untersuchungszweck bestimmt hierbei die Dauer der Einziehung. Nach Abschluss der Ermittlungen ist der Pass unverzüglich herauszugeben; es sei denn, die Ermittlungen führen zu dem Ergebnis, dass der Pass gefälscht ist. Asylantragsteller, die im Zeitpunkt der Antragstellung einen Aufenthaltstitel besitzen, werden in aller Regel einen gültigen Reiseausweis besitzen. Ohne besonderen Anlass wird daher kein Grund für die Durchführung von Ermittlungen bestehen. Vielmehr hat die Behörde unmittelbar nach Einsichtnahme in den Pass oder Passersatz und dessen Ablichtung im Rahmen der Anhörung den Pass wieder herauszugeben.

5 Zuständige Behörde wird im Regelfall das Bundesamt sein. Der Antragsteller im Sinne von § 14 II 1 Nr. 1 hat den Asylantrag beim Bundesamt zu stellen. Ergeben sich im Rahmen der Anhörung Anhaltspunkte dafür, dass eine Untersuchung des Reisedokumentes erforderlich ist, hat das Bundesamt die Ermittlungen durchzuführen. Im Regelfall wird das Bundesamt jedoch im Rahmen der Anhörung den Pass oder Passersatz des Asylantragstellers einsehen, ablichten und anschließend unverzüglich an den Antragsteller wieder herausgeben.

6 Die Ausländerbehörde muss über die Tatsache der Asylantragstellung nicht informiert sein. Der Antragsteller, der während des Verfahrens über einen Aufenthaltstitel verfügt, wird die Ausländerbehörde häufig nicht unterrichten. Jedenfalls trifft ihn keine dementsprechende Verpflichtung. Auch hat das Bundesamt keine Unterrichtungspflicht, solange keine vollziehbare Abschiebungsandrohung verfügt worden ist (vgl. § 40 I 1) oder einer der anderen Tatbestände des § 40 eingetreten ist. Hat das Bundesamt den Pass zu Untersuchungszwecken einbehalten, wird es diesen nach Abschluss der notwendigen Ermittlungen regelmäßig über die zuständige Ausländerbehörde an den Antragsteller herausgeben. Es kann diesen aber auch unmittelbar an den Antragsteller zurücksenden.

7 Erteilt die Ausländerbehörde nachträglich nach Vorschriften in anderen Gesetzen einen Aufenthaltstitel *und* wird der Pass oder Passersatz nicht für die weitere Durchführung des Asylverfahrens benötigt, besteht ebenfalls

ein Rechtsanspruch auf Herausgabe des Passes. Zuständige Behörde ist in diesen Fällen die Ausländerbehörde. Es wird sich um Fälle handeln, in denen nach Asylantragstellung, etwa wegen Eheschließung mit einem deutschen Staatsangehörigen (§ 28 I Nr. 1 AufentG) oder mit einem ausländischen Staatsangehörigen (§ 30 I AufenthG), ein gesetzlicher Aufenthaltsanspruch entsteht.

§ 10 AufenthG steht in diesen Fällen nach dem ausdrücklichen Wortlaut des § 10 I AufenthG der Erteilung der Aufenthaltserlaubnis nicht entgegen. In diesen Fällen hat der Asylantragsteller einen *Rechtsanspruch auf Herausgabe seines gültigen Reiseausweises*. Die Behörde darf die Herausgabe nicht von der Rücknahme des Asylantrags abhängig machen. 8

Ist die Geltungsdauer des Reiseausweises abgelaufen oder der Asylantragsteller ohne gültigen Reiseausweis eingereist, kann der Herausgabeanspruch schon von seiner Natur her nicht entstehen. Die Kontaktaufnahme mit der heimatlichen Auslandsvertretung zwecks Beantragung eines Reiseausweises bzw. der Verlängerung der Geltungsdauer des Reisedokumentes ist mit einem erheblichen verfahrensrechtlichen Risiko verbunden (§ 64 Rdn. 16) und kann deshalb nicht empfohlen werden. 9

Wegen dieses Risikos ist die Kontaktaufnahme mit der Auslandsvertretung unzumutbar. In den Fällen, in denen der Asylsuchende einen Rechtsanspruch auf Erteilung eines Aufenthaltstitels hat, ist daher auf Antrag die Bescheinigung über den Aufenthaltstitel (§ 48 II AufenthG) zu erteilen. 10

3. Passherausgabe nach Ermessen (Abs. 2)

Die Vorschrift des Abs. 2 unterscheidet zwei Fallgestaltungen, bei denen die Behörde nach pflichtgemäßem Ermessen über das Herausgabeverlangen zu *vorübergehenden* Zwecken zu entscheiden hat. Im ersten Fall (vgl. Abs. 2 2. HS 1. Alt.) ist bereits mit der Erteilung der Sondergenehmigung nach § 58 I 1 nach pflichtgemäßem Ermessen die notwendige Entscheidung getroffen worden. Hierbei hat die Behörde die besonderen humanitären Härtegründe bereits umfassend geprüft und deren Vorliegen bejaht. In diesem Fall ist das Ermessen *reduziert* und der Pass oder Passersatz herauszugeben. 11

Der Herausgabeanspruch setzt aber voraus, dass die Wohnverpflichtung nach § 47 I 1 beendet ist. Denn Abs. 2 verweist nur auf § 58 I, nicht jedoch zugleich auch auf § 57 I, sodass die Passherausgabe zwecks Ermöglichung einer Auslandsreise während der Dauer der Verpflichtung, in einer Aufnahmeeinrichtung zu wohnen, nicht zulässig ist. Ist der Asylsuchende ohne gültiges Reisedokument eingereist, wird er in aller Regel kaum zu vorübergehenden Zwecken ins Ausland reisen können (§ 64 Rdn. 15 ff.). 12

Nach Rückkehr aus dem Ausland ist der Pass zurückzugeben, es sei denn, es liegen inzwischen die tatbestandlichen Voraussetzungen nach Abs. 1 vor. Dies kann ausnahmsweise der Fall sein, wenn der Asylantragsteller im Ausland geheiratet und dadurch etwa einen gesetzlichen Aufenthaltsanspruch (z. B. §§ 28 I Nr. 1, 30 I AufenthG) erworben hat. In allen anderen Fällen ergibt sich aus der durch das Gesetz geregelten *vorübergehenden* Herausgabe- 13 möglichkeit, dass das Reisedokument unverzüglich nach der Rückkehr zurückzugeben ist. Die Behörde wird regelmäßig vor Herausgabe des Passes Vorsorge mittels einer schriftlichen Verpflichtungserklärung zur unverzüglichen Rückgabe nach Rückkehr treffen. Für Inlandsreisen besteht der Herausgabeanspruch nicht, da der Asylbewerber seiner Ausweispflicht mit der Bescheinigung nach § 63 I genügt (§ 64 I).

14 Die Behörde hat des Weiteren nach pflichtgemäßem Ermessen über den Herausgabeanspruch zu entscheiden, wenn es für die Verlängerung der Gültigkeitsdauer oder die Ausreisevorbereitung erforderlich ist (Abs. 2 2. HS 2. und 3. Alt). Die zweite Alternative steht im engen Zusammenhang mit der dritten. Denn ein Herausgabeantrag zwecks Verlängerung der Geltungsdauer des Reisedokumentes wird regelmäßig notwendig werden, um die Ausreise vorzubereiten. Dies kann etwa im Falle der freiwilligen Rücknahme des Asylantrags (§§ 32, 38 III) in Betracht kommen. Solange das Asylverfahren noch anhängig ist, kann wegen des erheblichen verfahrensrechtlichen Risikos ein Herausgabeantrag zwecks Verlängerung der Geltungsdauer des Reisedokumentes nicht empfohlen werden (§ 64 Rdn. 16).

4. Passherausgabepflicht nach unanfechtbarem negativen Abschluss des Asylverfahrens nach § 21 Abs. 5

15 Den Ausländer trifft nach unanfechtbarem negativen Abschluss seines Asylverfahrens die Pflicht, sich mit allen ihm zur Verfügung stehenden Mitteln um die Ausstellung eines gültigen Reisedokumentes zu bemühen (OVG Berlin, B. v. 1. 2. 1988 – OVG 4 S. 9787; s. auch § 25 V 4, 5 AufenthG). Dieser Mitwirkungspflicht trägt Abs. 2 2. HS 3. Alt. mit Blick auf den endgültig erfolglos gebliebenen Asylbewerber Rechnung. Das geltende Recht enthält keine dem § 26 I 2 AsylVfG 1987 entsprechende Regelung.

16 Bereits vor Erlass des § 26 I 2 AsylVfG 1987 war zwar in der Rechtsprechung festgestellt worden, die »Dauer des Asylverfahrens« nach § 26 I 1 AsylVfG 1982 umfasse auch den Zeitraum, während dessen nach Eintritt der Bestandskraft oder Rechtskraft der Asylablehnung aufenthaltsbeendende Maßnahmen zu treffen seien. Daher habe die Behörde einen hinterlegten Pass auch nach unanfechtbarer Asylablehnung nur dann an den Asylbewerber herausgeben, wenn nach den Umständen des Einzelfalles seine freiwillige Ausreise hinreichend gesichert erscheine (VGH BW, InfAuslR 1984, 28; a. A. VG Wiesbaden, B. v. 30. 11. 1984 – X/2 G 20442/84; abweichend wohl ebenfalls Hess.VGH, InfAuslR 1984, 295).

17 Der Gesetzgeber hatte dieser Rechtsprechung 1987 mit der Einfügung von Satz 2 in § 26 I AsylVfG a. F. Rechnung getragen, demzufolge ein hinterlegter Pass oder Passersatz bis zur Ausreise bei der Ausländerbehörde verblieb. Weder § 15 II Nr. 4 noch Abs. 2 enthalten jedoch eine ähnliche Regelung. Nur ausnahmsweise, nämlich dann, wenn sich der Ausländer der deutschen Passhoheit unterstellt, darf der nationale Pass einbehalten werden (OVG NW, NJW 1972, 2199). Mit bestandskräftiger oder rechtskräftiger Asylablehnung wird der Asylsuchende diesen Willen nicht mehr haben.

Zweifelt die Behörde an der Freiwilligkeit der Ausreise, mag sie nach § 62 II 18
AufenthG vorgehen und Sicherungshaft beantragen und die hierfür erforderlichen Voraussetzungen konkret darlegen. Wird Sicherungshaft angeordnet, verbleibt der Pass bei der Behörde. Kann sie die für die Anordnung der Sicherungshaft erforderlichen Voraussetzungen nicht darlegen, gibt es keinen Grund dafür, den Pass weiter einzubehalten. Das ansonsten bestehende behördliche Ermessen wird nach unanfechtbarem Abschluss des Verfahrens in einen Rechtsanspruch auf Herausgabe des Passes oder Passersatzes an den Asylsuchenden umgewandelt. Dieser Rechtsanspruch ergibt sich allein aus § 21 V, nicht jedoch aus § 21 V in Verb. mit Abs. 1 (so Grün, in: GK-AsylVfG, § 65 Rdn. 4). Denn Abs. 1 setzt mit dem Hinweis auf die »weitere Durchführung des Asylverfahrens« ein noch anhängiges Asylverfahren voraus.

Ist der Asylantragsteller nach erfolglosem endgültigen Verfahrensabschluss 19
bereit, für die Verlängerung der Geltungsdauer seines Passes oder Passersatzes ernsthaft Sorge zu tragen, sollte die Ausländerbehörde dies nach Möglichkeit fördern. Eine behördliche Kontaktaufnahme mit der Auslandsvertretung des Herkunftslandes von Amts wegen kommt nur bei konkreten Anhaltspunkten für einen Passmissbrauch in Betracht. Bevor deshalb von Amts wegen Kontakt mit der Auslandsvertretung aufgenommen wird, ist dem Betroffenen im Rahmen des Abs. 2 die Möglichkeit einzuräumen, die Verlängerung der Gültigkeitsdauer seines Reiseausweises aus eigener Initiative zu beantragen.

5. Rechtsschutz

Gegen die Verweigerung der Herausgabe des Passes oder Passersatzes ist 20
Verpflichtungsklage und gegebenenfalls gemäß § 123 VwGO der einstweilige Anordnungsantrag auf Herausgabe des Passes zu stellen. Im Falle des Abs. 1 besteht ein Rechtsanspruch auf Herausgabe des Passes, sodass der Anordnungsanspruch bei Vorliegen der Voraussetzungen nach Abs. 1 gegeben ist. Dasselbe trifft bei Ermessensreduktion im Falle des Abs. 2 zu. Gegen die unzulässige Einziehung des Passes oder Passersatzes ist Anfechtungsklage zulässig, die keine aufschiebende Wirkung hat. Erforderlichenfalls ist deshalb gegebenenfalls ein Eilrechtsschutzantrag nach § 80 V VwGO auf Anordnung der aufschiebenden Wirkung der Anfechtungsklage zu stellen.

§ 66 Ausschreibung zur Aufenthaltsermittlung

(1) Der Ausländer kann zur Aufenthaltsermittlung im Ausländerzentralregister und in den Fahndungshilfsmitteln der Polizei ausgeschrieben werden, wenn sein Aufenthaltsort unbekannt ist und er
1. innerhalb einer Woche nicht in der Aufnahmeeinrichtung eintrifft, an die er weitergeleitet worden ist,
2. die Aufnahmeeinrichtung verlassen hat und innerhalb einer Woche nicht zurückgekehrt ist,

3. einer Zuweisungsverfügung oder einer Verfügung nach § 60 Abs. 2 Satz 1 innerhalb einer Woche nicht Folge geleistet hat oder
4. unter der von ihm angegebenen Anschrift oder der Anschrift der Unterkunft, in der er Wohnung zu nehmen hat, nicht erreichbar ist;

die in Nummer 4 bezeichneten Voraussetzungen liegen vor, wenn der Ausländer eine an die Anschrift bewirkte Zustellung nicht innerhalb von zwei Wochen in Empfang genommen hat.

(2) Zuständig, die Ausschreibung zu veranlassen, sind die Aufnahmeeinrichtung, die Ausländerbehörde, in deren Bezirk sich der Ausländer aufzuhalten hat, und das Bundesamt. Die Ausschreibung darf nur von hierzu besonders ermächtigten Personen veranlaßt werden.

Übersicht

	Rdn.
1. Vorbemerkung	1
2. Voraussetzungen der Ausschreibung (Abs. 1)	2
3. Zulässige Maßnahmen (Abs. 1 erster Halbsatz)	9
4. Zuständige Behörden (Abs. 2)	10

1. Vorbemerkung

1   Die Regelung des § 66 hat im AsylVfG 1982 kein Vorbild. Durch diese Vorschrift soll der Befolgung aufenthalts- und verfahrensrechtlicher Pflichten des Asylbewerbers mit besonderen polizeirechtlichen Hilfsmitteln Nachdruck verliehen werden. Sie hat aber offensichtlich auch die Funktion, die unverzügliche Aufenthaltsbeendigung effektiv sicherzustellen, wie sich aus der Regelung des Abs. 1 letzter HS ergibt. Die Anwendung der Fahndungshilfsmittel setzt *stets* voraus, dass der Aufenthaltsort des Asylbewerbers *unbekannt* ist (BT-Drs. 12/2062, S. 38). Hinzu kommen müssen die weiteren gesetzlichen Erfordernisse des Abs. 1 Nr. 1–4. Unter bestimmten Voraussetzungen kann zugleich auch Strafbarkeit (§ 85 I) eintreten.

2. Voraussetzungen der Ausschreibung (Abs. 1)

2   Grundlegende Voraussetzung für die Anwendung der Vorschrift in allen Tatbestandsalternativen ist, dass der *Aufenthaltsort unbekannt* ist. Hierbei handelt es sich um eine objektive Voraussetzung. Weder kommt es auf Verschulden des Asylbewerbers noch auf die Gründe an, die hierfür ausschlaggebend sind. Andererseits wird die Behörde vor Veranlassung der Maßnahmen nach Abs. 1 zunächst versuchen, den Aufenthaltsort anhand der ihr nach § 10 I bekannten Anschrift zu ermitteln. Auch hat sie zumindest Rückfrage bei den anderen in Abs. 2 genannten Stellen zu halten (Renner, AuslR, § 66 AsylVfG Nr. 3; Grün, in: GK-AsylVfG, § 66 Rdn. 3).

3   Diese Verpflichtung ergibt sich insbesondere auch aus Abs. 1 Nr. 4. Diese Regelung ist so auszulegen, dass die veranlassende Behörde zunächst die Er-

reichbarkeit des Asylbewerbers unter der von diesem angegebenen Adresse zu überprüfen und hierbei auch das Wissen anderer Behörden abzufragen hat.

Maßgeblich für die Anwendung von Abs. 1 ist, dass der Aufenthaltsort des Asylbewerbers unbekannt ist. Hat die Behörde Kenntnis vom *tatsächlichen Aufenthaltsort*, ist dieser jedoch mit der vom Asylbewerber zuletzt angegebenen Adresse nicht identisch, darf sie keine Maßnahmen nach Abs. 1 einleiten. Ein derartiges Verhalten mag im Einzelfall Anlass geben, nach § 30 zu entscheiden (§ 30 III Nr. 5 in Verb. mit § 15 II Nr. 3) oder Ermittlungsmaßnahmen mit Blick auf § 85 I zu veranlassen. Ein Vorgehen nach Abs. 1 jedenfalls ist in einem derartigen Fall nicht zulässig. 4

Ist der Aufenthaltsort unbekannt, müssen die weiteren Voraussetzungen nach Abs. 1 Nr. 1–4 zusätzlich hinzukommen. Auch wenn alle Voraussetzungen nach Abs. 1 vorliegen, hat die zuständige Behörde (Abs. 2) nach *pflichtgemäßem Ermessen* zu entscheiden, ob sie nach Abs. 1 vorgehen will. Dies ergibt sich aus der Verwendung des Wortes »kann« in Abs. 1 1. HS. 5

Bei den *zusätzlichen Erfordernissen* des Abs. 1 Nr. 1–4 sind ausschließlich die *tatsächlichen Umstände* und *Vorgänge* maßgebend (Renner, AuslR, § 66 AsylVfG, Rdn. 4). Allerdings ist bei der Auslegung und Anwendung von Abs. 1 Nr. 2 zu bedenken, dass rechtlich eine Wohnverpflichtung des Asylsuchenden nach § 47 I 1 bestehen muss. Es kommt stets nur auf das tatsächliche Eintreffen (Abs. 1 Nr. 1), Zurückkehren (Abs. 1 Nr. 2), Folgeleisten einer wirksamen und vollziehbaren Zuweisungsverfügung (Abs. 1 Nr. 3) sowie die tatsächliche Erreichbarkeit (Abs. 1 Nr. 4) an. 6

Während die Regelungen in Abs. 1 Nr. 1–3 eine kurze Frist von einer Woche festlegen, ist nach Abs. 1 Nr. 4 eine Frist von zwei Wochen (Abs. 1 letzter HS) ausschlaggebend. Im Falle des Abs. 1 Nr. 1 ist zu bedenken, dass unter den Voraussetzungen des § 67 I Nr. 2 auch die Aufenthaltsgestattung erlischt. Ist der mit der Ausschreibung verfolgte Zweck erreicht, etwa weil der Asylsuchende in der Aufnahmeeinrichtung eintrifft (Abs. 1 Nr. 1) oder wieder zurückkehrt (Abs. 1 Nr. 2) oder der Zuweisungsverfügung verspätet Folge leistet und am angegebenen Bestimmungsort eintrifft (Abs. 1 Nr. 3) oder unter der von ihm angegebenen Adresse erreichbar ist (Abs. 1 Nr. 4), ist die Ausschreibung rückgängig zu machen, da deren Zweck erfüllt ist (Grün, in: GK-AsylVfG, § 66 Rdn. 8). 7

Da es für die Anwendung von Abs. 1 auf ein Verschulden des Asylbewerbers nicht ankommt, können im Fall des Abs. 1 Nr. 4 durchaus die Voraussetzungen eines *Wiedereinsetzungsantrags* gegeben sein, wenn mit dem abzuholenden Schriftstück eine gesetzliche Frist in Gang gesetzt worden ist. In derartigen Fällen wird das Schriftstück entweder nach § 10 IV oder außerhalb der Aufnahmeeinrichtung im Wege der Ersatzzustellung zugestellt. Es trifft den Asylbewerber im Hinblick auf seine gesetzlichen Mitwirkungspflichten jedoch eine besonders strenge Darlegungslast, wenn er für ihn bestimmte Schriftstücke nicht rechtzeitig abholt. 8

3. Zulässige Maßnahmen (Abs. 1 erster Halbsatz)

9   Nach Abs. 1 1. HS veranlasst die zuständige Behörde nach pflichtgemäßem Ermessen unter den Voraussetzungen von Abs. 1 2. HS die Ausschreibung im *Ausländerzentralregister* (§ 2 II Nr. 6, § 5 I AZRG). Sofern nicht wegen Zweckerfüllung unverzüglich die Ausschreibung rückgängig zu machen ist (§§ 8 I 2, 36 II 2 AZRG, § 18 IV AZRG-DV), ist die Eintragung spätestens nach Ablauf von zwei Jahren zu löschen (§ 5 V 1 AZRG). Nach der Vorschrift des Abs. 1 1. HS erfolgt zusätzlich die Ausschreibung in den Fahndungshilfsmitteln der Polizei, also vorrangig in den *Personalfahndungsdateien*.

4. Zuständige Behörden (Abs. 2)

10 Nach Abs. 2 dürfen die Ausländerbehörde, die Aufnahmeeinrichtung sowie das Bundesamt die Ausschreibung veranlassen. Zuständig ist die Ausländerbehörde, in deren Bezirk der Asylbewerber sich aufzuhalten hat (Abs. 2 S. 1), also die nach § 56 I 2 und II zuständige Ausländerbehörde. Das Bundesamt ist ebenfalls zuständig und wird insbesondere in den Fällen des Abs. 1 Nr. 1 und 4 die Ausschreibung veranlassen. Da in derartigen Fällen auch stets eine Zuständigkeit der Ausländerbehörde oder Aufnahmeeinrichtung gegeben ist, hat das Bundesamt zur Vermeidung von Kompetenzkonflikten eng mit diesen Behörden zusammen zu arbeiten. Die Ausschreibung selbst darf nur von hierzu durch die zuständige Behörde besonders ermächtigten Personen veranlasst werden (Abs. 2 S. 2).

§ 67 Erlöschen der Aufenthaltsgestattung

(1) Die Aufenthaltsgestattung erlischt,
1. wenn der Ausländer nach § 18 Abs. 2 und 3 zurückgewiesen oder zurückgeschoben wird,
1 a. wenn der Ausländer nach § 33 Abs. 3 zurückgewiesen wird,
2. wenn der Ausländer innerhalb von zwei Wochen, nachdem er um Asyl nachgesucht hat, noch keinen Asylantrag gestellt hat,
3. im Falle der Rücknahme des Asylantrags mit der Zustellung der Entscheidung des Bundesamtes,
4. wenn eine nach diesem Gesetz oder nach § 60 Abs. 9 des Aufenthaltsgesetzes erlassene Abschiebungsandrohung vollziehbar geworden ist,
5. mit der Bekanntgabe einer Abschiebungsanordnung nach § 34 a,
5 a. mit der Bekanntgabe einer Abschiebungsanordnung nach § 58 a des Aufenthaltsgesetzes
6. im übrigen, wenn die Entscheidung des Bundesamtes unanfechtbar geworden ist.

(2) Stellt der Ausländer den Asylantrag nach Ablauf der in Absatz 1 Nr. 2 genannten Frist, tritt die Aufenthaltsgestattung wieder in Kraft.

Erlöschen der Aufenthaltsgestattung § 67

Übersicht

		Rdn.
1.	Vorbemerkung	1
2.	Erlöschenswirkung nach Abs. 1 erster Halbsatz	3
3.	Erlöschenstatbestände nach Abs. 1 zweiter Halbsatz	9
3.1.	Zurückweisung und Zurückschiebung (Abs. 1 Nr. 1)	9
3.2.	Zurückweisung nach § 33 Abs. 3 Satz 1 (Abs. 1 Nr. 1 a)	12
3.3.	Verspätete Asylantragstellung (Abs. 1 Nr. 2, Abs. 2)	14
3.4.	Rücknahme des Asylantrags (Abs. 1 Nr. 3)	22
3.5.	Vollziehbare Abschiebungsandrohung (Abs. 1 Nr. 4)	27
3.6.	Bekanntgabe der Abschiebungsanordnung nach § 34 a (Abs. 1 Nr. 5)	29
3.7.	Bekanntgabe der Abschiebungsanordnung nach § 58 a AufenthG (Abs. 1 Nr. 5 a)	30
3.8.	Unanfechtbarkeit der Sachentscheidung nach § 31 (Abs. 1 Nr. 6)	31
4.	Folgeantragsteller	36

1. Vorbemerkung

Die Vorschrift lehnt sich an die Grundsätze des § 20 III AsylVfG 1982 an (BT-Drs. 12/2062, S. 38), erweitert die Erlöschensgründe jedoch teilweise. Demgegenüber erlischt anders als nach früherem Recht die Aufenthaltsgestattung nicht mehr kraft Gesetzes, wenn der Asylbewerber aus schwerwiegenden Gründen der öffentlichen Sicherheit oder Ordnung sofort vollziehbar oder unanfechtbar ausgewiesen wird. 1

Dem hiermit verfolgten Anliegen trägt teilweise die Regelung in § 18 II Nr. 3 Rechnung, die dazu führt, dass im Falle der Vollziehung der Zurückweisung die Aufenthaltsgestattung erlischt (vgl. Abs. 1 Nr. 1). Der Erlöschenstatbestand der Nr. 5 ist durch ÄnderungsG 1993 eingefügt worden, um der Drittstaatenkonzeption (§§ 26 a, 34 a) Rechnung zu tragen (BT-12/4450, S. 26). Durch ÄnderungsG 1997 wurde der Erlöschenstatbestand des Abs. 1 Nr. 1 a und durch das ZuwG der des Abs. 1 Nr. 5 a neu eingeführt. Die Erlöschenstatbestände des Abs. 1 sind *abschließender Natur*. 2

2. Erlöschenswirkung nach Abs. 1 erster Halbsatz

Ebenso wie der Aufenthalt des Asylbewerbers kraft Gesetzes (§ 55 I 1) entsteht (BVerfGE 77, 364 (366); BVerwGE 62, 206 (213) = EZAR 221 Nr. 7 = InfAuslR 1981, 214; § 55 I 1), erlischt dieses Recht nach Maßgabe von Abs. 1 kraft Gesetzes. Es bedarf keines feststellenden Verwaltungsaktes. Vielmehr ergibt sich die Erlöschenswirkung unmittelbar aus dem Gesetz selbst. Die Erlöschenstatbestände treten aber regelmäßig als Folge eines vorangegangenen unanfechtbar oder sofort vollziehbar gewordenen Verwaltungsaktes ein. 3

Solange einer der Erlöschenstatbestände des Abs. 1 nicht erfüllt ist, besteht die Aufenthaltsgestattung fort. Auch wenn die Geltungsdauer der Bescheinigung nach § 63 I abgelaufen, jedoch keiner der Erlöschenstatbestände eingetreten ist, besteht weiterhin das gesetzliche Aufenthaltsrecht des Asylbewer- 4 bers. Denn maßgebend ist das objektive gegebene Aufenthaltsrecht des Asylbewerbers (BVerwGE 79, 291 (296) = EZAR 222 Nr. 7 = InfAuslR 1988, 251) und nicht die Bescheinigung nach § 63 I. Das gesetzliche Aufenthaltsrecht überlagert selbst ein asylunabhängiges Aufenthaltsrecht (§ 63 I). Wird daher dieses Recht vor dem Eintritt eines Erlöschenstatbestandes beendet, aktualisiert sich das Aufenthaltsrecht des § 55 I.

5 Die Erlöschenstatbestände des Abs. 1 sind *asylspezifischer Natur*. Daneben sind ausländerrechtliche oder allgemeine verwaltungsverfahrensrechtliche Vorschriften über den Widerruf des Aufenthaltstitels (§ 52 AufenthG, § 49 VwVfG) sowie die Erlöschenstatbestände des § 51 I AufenthG nicht, auch nicht analog oder ergänzend anwendbar.

6 Die Vorschrift trägt dem *vorläufigen Bleiberecht* des Asylbewerbers (BVerfGE 56, 231 (243f.) = EZAR 221 Nr. 4 = NJW 1981, 1436 = InfAuslR 1981, 152; BVerfGE 67, 43 (56) = EZAR 632 Nr. 1 = InfAuslR 1984, 215; BVerfGE 80, 68 (73f.) = InfAuslR 1989, 243) Rechnung und legt asylspezifische Erlöschenstatbestände fest, die dieses vorläufige Bleiberecht beenden. Dies verdeutlicht, dass es außerhalb des Anwendungsbereichs von Abs. 1 keinen Rechtsgrund gibt, der den Aufenthalt des Asylbewerbers beenden kann. Deutlich wird dies auch an der Regelung des Verhältnisses zwischen der Aufenthaltsgestattung und den Ausweisungsgründen. Grundsätzlich ist eine Ausweisung nur zulässig, wenn das Asylverfahren unanfechtbar ohne Asylanerkennung abgeschlossen wird (§ 56 IV 1 AufenthG). Wie Abs. 1 Nr. 4 macht das Gesetz hiervon u. a. eine Ausnahme, wenn die Abschiebungsandrohung nach § 34 vollziehbar geworden ist (§ 56 IV 2 Nr. 2 AufenthG).

7 Nach dem Eintritt eines der Erlöschenstatbestände finden die allgemeinen aufenthaltsrechtlichen Vorschriften Anwendung (vgl. auch § 43 I und II). Sofern der Asylbewerber nicht einen Aufenthaltstitel besitzt, ist er zur Ausreise verpflichtet (§ 50 AufenthG). Die Bescheinigung über die Aufenthaltsgestattung soll eingezogen werden (§ 63 IV). Den Asylbewerber trifft eine entsprechende *Herausgabepflicht*. Der weitere Aufenthalt ist unrechtmäßig.

8 Bei der Anwendung von § 95 I Nr. 1 AufenthG ist diese Norm jedoch dahin auszulegen, dass der Asylbewerber erst dann einen Straftatbestand erfüllt, wenn er nicht unverzüglich ausreist, obwohl ihm dies tatsächlich möglich war. Eine (zwangsweise) Abschiebung darf regelmäßig nur durchgeführt werden, wenn die *freiwillige Erfüllung* der Ausreisepflicht nicht gesichert erscheint (§ 58 I AufenthG). Trifft die Ausländerbehörde eine negative Prognose, kann sie unter den Voraussetzungen des § 62 II AufenthG beim Amtsgericht die *Sicherungshaft* beantragen.

3. Erlöschenstatbestände nach Abs. 1 zweiter Halbsatz

3.1. Zurückweisung und Zurückschiebung (Abs. 1 Nr. 1)

9 Die Aufenthaltsgestattung erlischt, wenn der Asylbewerber nach § 18 II und III zurückgewiesen oder zurückgeschoben *wird*. Obwohl diese Maßnahmen regelmäßig unmittelbar im Anschluss an den Einreiseversuch durchgeführt

werden, ist eine Regelung über das Erlöschen der Aufenthaltsgestattung erforderlich. Denn das gesetzliche Aufenthaltsrecht entsteht mit dem Ersuchen um Asyl (§§ 55 I 1 in Verb. mit 18 I 1). Verweigert die Grenzbehörde auf der Grundlage von § 18 II und III die Einreise, erlischt die Gestattung *mit dem Zeitpunkt des Vollzugs* der Zurückweisung. Dies ergibt sich eindeutig aus dem Gesetzeswortlaut (Abs. 1 Nr. 1).

Bis zum Zeitpunkt des Vollzugs der Zurückweisung kann sich der Asylbewerber daher auf sein gesetzlich gewährtes Aufenthaltsrecht berufen und dessen Beachtung auch gerichtlich geltend machen. Geht die Behörde nach § 18 II, III vor, ist Rechtsschutz jedoch kaum zu erlangen.

10

Tritt nach Abs. 1 Nr. 5 im Falle der Einreise aus einem *sicheren Drittstaat* bereits mit der Bekanntgabe der Abschiebungsanordnung nach § 34 a I der Erlöschenstatbestand ein, setzt im Falle des Einreiseversuchs aus einem sicheren Drittstaat an der Grenze der Eintritt der Erlöschenswirkung den Vollzug der Zurückweisung bzw. Zurückschiebung voraus (Abs. 1 Nr. 1 in Verb. mit § 18 II Nr. 1). In den Fällen des § 18 a tritt die Erlöschenswirkung nicht nach Abs. 1 Nr. 1, sondern nach Abs. 1 Nr. 4 ein, wenn der Eilrechtsschutzantrag nach § 18 a IV 1 in Verb. mit § 80 V VwGO zurückgewiesen wird. In diesem Fall wird die Abschiebungsandrohung nach §§ 18 a II 1, 34, 36 I vollziehbar und erlischt das bis dahin im Transitbereich gewährte Aufenthaltsrecht (Abs. 1 Nr. 4).

11

3.2. Zurückweisung nach § 33 Abs. 3 Satz 1 (Abs. 1 Nr. 1 a)

Ist der Asylsuchende während des anhängigen Asylverfahrens in den Herkunftsstaat zurückgekehrt, wird er an der Grenze zurückgewiesen (§ 33 III 1). Mit dem Vollzug der Zurückweisung erlischt nach Abs. 1 Nr. 1 a die Aufenthaltsgestattung. Diese Regelung ist deshalb erforderlich geworden, weil in Anbetracht des enumerativen Katalogs der Erlöschensgründe nach Abs. 1 2. HS nach dem bis dahin geltenden Recht allein der Aufenthalt im Herkunftsstaat nicht zum Erlöschen der Aufenthaltsgestattung führte.

12

Eine Zurückweisung nach § 33 III 1 ist keine Maßnahme nach § 18 II und III. Da gemäß § 33 III 2 das Bundesamt keine Rücknahmeentscheidung trifft, kann auch der Erlöschenstatbestand nach Abs. 1 Nr. 3 nicht eintreten. In Angleichung an Abs. 1 Nr. 1 bestimmt der Gesetzgeber daher mit Abs. 1 Nr. 1 a, dass der Vollzug der Zurückweisung zum Erlöschen des gesetzlichen Aufenthaltsrechtes führt. Wird dem Asylsuchenden aufgrund gerichtlichen Beschlusses die Einreise erlaubt, etwa weil er glaubhaft machen kann, dass er während seines Auslandsaufenthaltes nicht im Herkunftsstaat gewesen war, liegen die Voraussetzungen nach § 33 III 1 nicht vor, so dass die Aufenthaltsgestattung durch den Auslandsaufenthalt nicht erloschen ist.

13

3.3. Verspätete Asylantragstellung (Abs. 1 Nr. 2, Abs. 2)

Nach Abs. 1 Nr. 2 erlischt die Aufenthaltsgestattung nach § 55 I 1, wenn der Asylbewerber *innerhalb von zwei Wochen* nach dem Zeitpunkt seines Asylersu-

14

chens (§§ 18 I 1, 19 I) noch keinen Asylantrag gestellt hat (§§ 14 I, 22 f.). Dem Abs. 1 Nr. 2 liegt der Fall des § 14 I zugrunde. Asylantragsteller im Sinne von § 14 II haben den Antrag schriftlich beim Bundesamt zu stellen und unterliegen damit der in dieser Vorschrift vorausgesetzten Pflicht zur Antragstellung nach § 23 I nicht (a. A. Grün, in: GK-AsylVfG, § 67 Rdn. 7).

15 Die Gegenmeinung verkennt die verfahrensrechtliche Differenzierung zwischen § 14 I und § 14 II: Antragsteller nach § 14 I haben ihren Asylantrag bei der Außenstelle des Bundesamtes zu stellen. Bis zum Zeitpunkt der förmlichen Antragstellung nach § 23 suchen sie lediglich um Asyl nach. Demgegenüber wird nach § 14 II der förmliche Antrag schriftlich gestellt. Dem geht weder ein Nachsuchen um Asyl voraus noch trifft den Antragsteller eine mit der Sanktion des Abs. 1 Nr. 2 verknüpfte Pflicht, den Asylantrag an einem bestimmten Ort persönlich zu stellen. Da Abs. 1 Nr. 2 jedoch ein Nachsuchen um Asyl voraussetzt, dem eine förmliche Antragstellung folgt, kann diese Vorschrift auf die in § 14 II bezeichneten Antragsteller keine Anwendung finden (so wohl auch Renner, AuslR, § 67 AsylVfG Rdn. 4).

16 Die einzige Ausnahme betrifft die nachträglich eintretende Wohnverpflichtung (§§ 14 II Nr. 2, 47 I 2). Aber auch in diesen Fällen ist mit der schriftlichen Antragstellung bei der Zentrale des Bundesamtes der Asylantrag bereits förmlich gestellt worden (vgl. § 14 II Nr. 2). Die Verpflichtung nach § 47 I 2 tritt nach diesem Zeitpunkt ein. Zwar trifft den Antragsteller nach der Entlassung aus dem öffentlichen Gewahrsam aufgrund einer Anordnung die Befolgungspflicht nach § 20 I. Nach dem eindeutigen Wortlaut von Abs. 1 Nr. 2 wird an die Nichtbefolgung der Verpflichtung nach § 20 I an sich jedoch keine Erlöschenswirkung geknüpft.

17 Die Erlöschenstatbestände sind objektiv auszulegen und einer erweiternden Auslegung nicht zugänglich. Demgegenüber werden Asylantragsteller im Sinne von § 14 I nach der Geltendmachung ihres Ersuchens gegenüber der Grenzbehörde (§ 18 I), der allgemeinen Polizei- oder der Ausländerbehörde (§ 19 I) oder der zuerst aufgesuchten Aufnahmeeinrichtung (§ 22 I 1) an die für ihre Aufnahme zuständige Aufnahmeeinrichtung weitergeleitet (§ 22 I 2). Der Asylbewerber hat der Weiterleitung unverzüglich Folge zu leisten (§ 20 I) und anschließend den Asylantrag bei der zuständigen Außenstelle des Bundesamtes (§ 23 I) zu stellen.

18 Trifft er dort nicht innerhalb einer Woche ein, können Maßnahmen nach § 66 eingeleitet werden. Nach Abs. 1 Nr. 2 erlischt die Aufenthaltsgestattung, wenn der Asylbewerber innerhalb von zwei Wochen nach dem Zeitpunkt der Weiterleitung nicht zur Asylantragstellung gemäß § 23 erscheint. Das Eingreifen des Erlöschenstatbestandes ist nicht von irgendwelchen weiteren Voraussetzungen abhängig.

19 Auch wenn der Asylbewerber durch die weiterleitende Behörde nicht ordnungsgemäß belehrt worden ist, knüpft Abs. 1 Nr. 2 allein an den Ablauf der Frist von zwei Wochen die Erlöschenswirkung. Die Frist ist extrem kurz, wenn etwa bedacht wird, dass der Asylbewerber von der Grenz- oder Polizeibehörde häufig zunächst an die nächstgelegene Aufnahmeeinrichtung (§§ 18 I, 19 I) und von dieser nach Ablauf mehrerer Tage an die für die Aufnahme zuständige Aufnahmeeinrichtung erneut weitergeleitet wird.

Aus Abs. 2 wird jedoch deutlich, dass die Erlöschenswirkung nach Abs. 1 Nr. 2 lediglich *vorübergehender Natur* ist und der Gesetzgeber mit dieser Regelung wohl in allererster Linie disziplinierende Zwecke verfolgt. Auch nach Ablauf der Frist des Abs. 1 Nr. 2 haben die Behörden den asylrechtlichen Kerngehalt des *Verfolgungsschutzes* (BVerfG, EZAR 205 Nr. 16 = InfAuslR 1992, 226; BVerwGE 49, 202 (205 f.); 62, 206 (210); 69, 323 (325)) zu beachten. Die förmliche Asylantragstellung darf nicht durch eine aufenthaltsbeendende Maßnahme vereitelt werden. Auch im Falle des Verschuldens greift deshalb die Vorschrift des Abs. 2 ein (Grün, in: GK-AsylVfG, § 67 Rdn. 7). 20

Unschwer wird an den durch die weiterleitende Behörde ausgestellten und vom Asylbewerber mitgeführten Dokumenten zu erkennen sein, dass die angetroffene oder aufgegriffene Person ein Asylbewerber ist, dem das verfassungsrechtliche Abschiebungsverbot unmittelbar aus Art. 16 a I GG zugute kommt. Dieses ist ungeachtet des Eingreifens der einfach-gesetzlichen Regelung des Abs. 1 Nr. 2 zu beachten. Dem Asylbewerber ist daher alle erdenkliche Hilfestellung zu geben, damit er seinen Asylantrag gemäß § 23 I stellen kann. Aus dem Regelungszusammenhang von Abs. 1 Nr. 2 mit Abs. 2 ist deshalb zwingend abzuleiten, dass auch nach Fristablauf die Abschiebung unzulässig ist. Vielmehr ist dem Asylbewerber Gelegenheit zur Asylantragstellung zu verschaffen. Im Falle der vorsätzlichen oder grob fahrlässigen Verletzung der Befolgungspflicht greifen jedoch Präklusionsvorschriften ein (§§ 20 II 1, 22 IIII 2, 23 II 1). 21

3.4. Rücknahme des Asylantrags (Abs. 1 Nr. 3)

Im Falle der Rücknahme des Asylantrags tritt die Erlöschenswirkung mit der Zustellung der Entscheidung des Bundesamtes ein (Abs. 1 Nr. 3). Schon aus der Gesetzesformulierung wird deutlich, dass anders als nach altem Recht nicht ausschließlich die *gewillkürte* Rücknahme (§ 20 III Nr. 2 AsylVfG 1982), sondern auch die *fingierte* Rücknahme nach § 33 von der Vorschrift des Abs. 1 Nr. 3 erfasst wird. Erfolgt die Rücknahme in Kenntnis der Tragweite der Entscheidung und unbeeinflusst durch Drohung, Täuschung oder Zwang können gegen die Erlöschensregelung rechtliche Bedenken insoweit kaum erhoben werden. In derartigen Fällen wird die Behörde zudem regelmäßig die Ausreisefrist von drei Monaten (§ 38 III) gewähren, sodass mit Eintritt des Erlöschens nicht unmittelbar die unverzügliche Ausreisepflicht entsteht. 22

Erheblichen Bedenken begegnet die Regelung jedoch im Falle der fingierten Rücknahme nach § 33 I 1. Hier wird oft Streit darüber bestehen und im Wege der allgemeinen Leistungsklage ausgetragen werden, ob das Bundesamt zu Recht das Vorliegen der tatbestandlichen Voraussetzungen des § 33 I 1 festgestellt hat. Darüber hinaus gilt § 32 auch im Falle der fingierten Rücknahme des § 33 I 1, sodass das Bundesamt Abschiebungshindernisse nach § 60 II–VII AufenthG zu prüfen hat. Verneint es diese, wird im Anfechtungsprozess diese Frage zu prüfen sein. 23

Da die Anfechtungsklage jedoch keinen Suspensiveffekt hat (§ 75), ist Eilrechtsschutzantrag nach § 80 V VwGO zu stellen. Mit Blick auf § 60 II–VII 24

AufenthG bestehen einfachgesetzliche Abschiebungshindernisse, die erst nach Unanfechtbarkeit der Entscheidung im Hauptsacheverfahren bzw. nach Vollziehbarkeit der Abschiebungsandrohung nicht mehr beachtet werden müssen.

25 Im Hinblick auf Art. 16 a I GG sind erhebliche Bedenken gegen Abs. 1 Nr. 3 geltend zu machen. Das vorläufige Bleiberecht tritt nämlich nur dort zurück, wo ein eindeutig aussichtsloser Asylantrag vorliegt (BVerfGE 67, 43 (56) = EZAR 632 Nr. 1 = InfAuslR 1984, 215) *und* wenn diese Frage in einem vorgezogenen Eilrechtsschutzverfahren geklärt worden ist (BVerfGE 67, 43 (61 f.)). Dementsprechend greift in den Fällen, die der Gesetzgeber als eindeutig aussichtslos definiert, bis zur Unanfechtbarkeit der gerichtlichen Entscheidung im Eilverfahren ein gesetzliches Abschiebungshindernis ein (§ 36 III 8) und erlischt erst nach dem Eintritt der Unanfechtbarkeit der ablehnenden gerichtlichen Eilentscheidung und der damit eintretenden Vollziehbarkeit der Abschiebungsandrohung die Aufenthaltsgestattung (Abs. 1 Nr. 4).

26 Demgegenüber knüpft Abs. 1 Nr. 3 allein an die *Zustellung* der Entscheidung die Erlöschenswirkung, sodass kein gesetzliches Abschiebungshindernis für die Dauer des Eilrechtsschutzverfahrens vergleichbar der Regelung in § 36 III 8 eingreift. Die gesetzgeberische Absicht ist klar. Ebenso eindeutig ist die verfassungsrechtliche Situation. Ob Abs. 1 Nr. 3 mit Blick auf die fingierte Rücknahme durch verfassungskonforme Auslegung gerettet werden kann, mag mit Fug und Recht bezweifelt werden. Zudem ist zu bedenken, dass aufgrund von internen Organisations- und Verwaltungsdefiziten das Bundesamt fehlerhafte Entscheidungen im Sinne von § 33 I 1 treffen kann. Jedenfalls ist dem Asylbewerber während des durch die Entscheidung nach § 33 I 1 veranlassten Eilrechtsschutzverfahrens der Aufenthalt unmittelbar kraft Verfassungsrechts zu gestatten.

3.5. Vollziehbare Abschiebungsandrohung (Abs. 1 Nr. 4)

27 Nach Abs. 1 Nr. 4 erlischt die Aufenthaltsgestattung, wenn eine gemäß §§ 34, 35 oder nach § 60 IX AuslG verfügte Abschiebungsandrohung vollziehbar geworden ist. Die Vollziehbarkeit der Ausreisepflicht allein genügt also nicht. Vorangegangen ist in diesem Fall stets ein Eilrechtsschutzverfahren, in dem über die Aussetzung der Abschiebung zu entscheiden und mit Unanfechtbarkeit der gerichtlichen Entscheidung im Eilverfahren die Abschiebungsandrohung vollziehbar geworden war. Zugleich mit dem Zeitpunkt des Eintritts der Unanfechtbarkeit des gerichtlichen Beschlusses im Eilrechtsschutzverfahren erlischt die Aufenthaltsgestattung. Wird hingegen im Hauptsacheverfahren die Abschiebungsandrohung unanfechtbar, erlischt die Aufenthaltsgestattung nach Abs. 1 Nr. 6.

28 Aus dem Gesetzeswortlaut folgt, dass es stets um eine Abschiebungsandrohung geht, die gegen einen Asylantragsteller im Sinne des § 13 I ergangen ist. § 60 IX AufenthG schafft eine besondere Rechtsgrundlage für die Anordnung der Abschiebungsandrohung aus den Gründen des § 60 VIII AufenthG (vgl. auch BVerwGE 49, 202 (208) = EZAR 134 Nr. 1 = NJW 1976, 490, zur

Vorläufernorm des § 51 III 1 AuslG § 14 I 2 AuslG 1965), setzt aber voraus, dass der Adressat der Abschiebungsandrohung ein Asylantragsteller ist. Die Vorschrift des Abs. 1 Nr. 4 hat damit zur Voraussetzung, dass entweder eine Abschiebungsandrohung nach § 34 I 1, § 35 in Verb. mit § 36 I oder nach § 60 IX AufenthG ergangen und deren Vollziehbarkeit eingetreten ist, entweder weil Rechtsmittel nicht eingelegt wurden oder die Abschiebungsandrohung nach erfolgloser Durchführung des gerichtlichen Eilrechtsschutzverfahrens vollziehbar geworden ist.

3.6. Bekanntgabe der Abschiebungsanordnung nach § 34 a (Abs. 1 Nr. 5)

Nach Abs. 1 Nr. 5 erlischt die Aufenthaltsgestattung kraft Gesetzes in dem Zeitpunkt, in dem dem Antragsteller die Abschiebungsanordnung nach § 34 I 1 bekannt gegeben (§ 31 I 2) wird. Aus dieser gesetzlichen Regelung wird ersichtlich, dass auch bei Einreise über einen sicheren Drittstaat (§ 26 a) mit dem Asylersuchen zunächst das gesetzliche Aufenthaltsrecht des § 55 I 1 entsteht (so auch Grün, in: GK-AsylVfG, § 67 Rdn. 10; a. A. Renner, AuslR, § 67 AsylVfG Rdn. 3). Erst wenn hinreichend sicher ist, dass die Abschiebung in dem bestimmten sicheren Drittstaat auch tatsächlich durchführbar ist, darf die Abschiebungsanordnung ergehen (§ 34 I 1). Mit der persönlichen Zustellung an den Asylbewerber (§ 31 I 2) erlischt die Aufenthaltsgestattung. Bis zu diesem Zeitpunkt besteht das gesetzliche Aufenthaltsrecht und ist es von Behörden und Gerichten zwingend zu beachten.

29

3.7. Bekanntgabe der Abschiebungsanordnung nach § 58 a AufenthG (Abs. 1 Nr. 5 a)

Nach Abs. 1 Nr. 5 a erlischt die Aufenthaltsgestattung kraft Gesetzes in dem Zeitpunkt, in dem dem Antragsteller die Abschiebungsanordnung nach § 58 a AufenthG bekannt gegeben wird. Diese Vorschrift ist mit Wirkung zum 1. Januar 2005 durch das ZuwG eingefügt worden. Zwar wird der Vollzug der Abschiebungsanordnung bis zur Entscheidung des BVerwG über den vorläufigen Rechtsschutz ausgesetzt (§ 58 a IV 3 AufenthG). Gleichwohl erlischt die Aufenthaltsgestattung mit Bekanntgabe der Abschiebungsanordnung nach Abs. 1 Nr. 5 a. Die Vorschrift findet keine Anwendung, wenn die Abschiebungsanordnung außerhalb des Asylverfahrens angewendet wird. In diesem Fall erlischt der Aufenthaltstitel ebenfalls mit Bekanntgabe der Abschiebungsanordnung nach § 51 I Nr. 5 a AufenthG.

30

3.8. Unanfechtbarkeit der Sachentscheidung nach § 31 (Abs. 1 Nr. 6)

Schließlich erlischt die Aufenthaltsgestattung in dem Zeitpunkt, in dem die Sachentscheidung des Bundesamtes (§ 31 I 1) unanfechtbar wird (Abs. 1 Nr. 6). Die Unanfechtbarkeit tritt nach Ablauf von zwei Wochen nach Zustel-

31

lung ein, wenn kein Rechtsmittel eingelegt wird (§ 74 I 1 1. HS). Wird Klage erhoben, erlischt die Aufenthaltsgestattung nach Durchführung des Hauptsacheverfahrens im Zeitpunkt des Eintritts der Unanfechtbarkeit der Sachentscheidung. Dies ist im Falle des qualifizierten Klageabweisung nach § 78 I 1 der Zeitpunkt der Verkündung oder Zustellung des Urteils und im Übrigen der Zeitpunkt der Zustellung des zurückweisenden Beschlusses nach § 78 V 1.

32 Die Vorschrift des Abs. 1 Nr. 6 zielt auf die Sachentscheidung nach § 31 I 1. Im Zeitpunkt der Unanfechtbarkeit dieser Entscheidung wird auch die Abschiebungsandrohung nach § 34 I 1 unanfechtbar. Wird die Abschiebungsandrohung mit einwöchiger Ausreisefrist (§ 36 I) verfügt, erlischt die Aufenthaltsgestattung nicht mit Unanfechtbarkeit der Entscheidung in der Hauptsache, sondern im Zeitpunkt der Vollziehbarkeit der Abschiebungsandrohung nach Zurückweisung des Eilrechtsschutzantrags (Abs. 1 Nr. 4). Wird dem Eilrechtsschutzantrag stattgegeben, wird die Abschiebungsandrohung unwirksam (§ 37 I 1) und erlischt im Falle der unanfechtbaren Klageabweisung die Aufenthaltsgestattung nach Maßgabe von Abs. 1 Nr. 6.

33 Zwar erlischt die Aufenthaltsgestattung kraft Gesetzes im Zeitpunkt der Unanfechtbarkeit der Sachentscheidung nach § 31 I 1 und wird in diesem Zeitpunkt die Ausreisepflicht vollziehbar (unklar Grün, in: GK-AsylVfG, § 67 Rdn. 3). Der Asylsuchende hat das Bundesgebiet jedoch erst einen Monat nach diesem Zeitpunkt (§ 38 I 1) bzw. in dem in den Regelungen des § 43 I und II bestimmten Zeitpunkt zu verlassen (vgl. § 42 III 1 AuslG). Im Gegensatz zum früheren Recht fällt damit der Zeitpunkt des Entstehens der Ausreisepflicht nicht mehr mit dem des Erlöschens der Aufenthaltsgestattung zusammen (vgl. § 20 III Nr. 4 AsylVfG 1982).

34 Nach früherem Recht durfte Sicherungshaft vor dem Eintritt des Erlöschens der Aufenthaltsgestattung nicht angeordnet werden (BayObLG, InfAuslR 1988, 282). Nach geltendem Recht ist für diese Frage nicht der Zeitpunkt nach Abs. 1 Nr. 6, sondern der des § 38 I 2 bzw. § 43 I, II maßgebend. Im Übrigen darf Sicherungshaft nur unter den Voraussetzungen des § 62 II AufenthG angeordnet werden. Gegebenenfalls hat der Haftrichter den Eintritt der Unanfechtbarkeit zu überprüfen (OLG Köln, AuAS 1997, 258).

35 Der Gesetzeswortlaut macht keinen Unterschied zwischen *negativen* und *positiven* Sachentscheidungen. Wird die Entscheidung über die Asylanerkennung unanfechtbar, erlischt die Aufenthaltsgestattung nach Abs. 1 Nr. 6. Bis zum Zeitpunkt der Erteilung der Aufenthaltserlaubnis nach § 25 I oder II AufenthG gilt der Aufenthalt kraft Gesetzes als erlaubt (§ 25 I 3, II 2 AufenthG).

4. Folgeantragsteller

36 Stellt der Asylbewerber nach Unanfechtbarkeit der Asylablehnung (Abs. 1 Nr. 6) bzw. nach Eintritt der Vollziehbarkeit der Abschiebungsandrohung (Abs. 1 Nr. 4) einen Asylfolgeantrag (§ 71), entsteht nicht ohne Weiteres das gesetzliche Aufenthaltsrecht des § 55 I 1, sondern nur dann, wenn aufgrund

des Folgeantrags ein weiteres Asylverfahren durchgeführt wird (§ 71 I 1 in Verb. mit § 55 I 1). Zwischen dem Zeitpunkt des Erlöschens der Aufenthaltsgestattung im Erstverfahren (Abs. 1 Nr. 4 oder 6) und der Feststellung der Beachtlichkeit des Folgeantrags ist die Abschiebung lediglich gesetzlich ausgesetzt (§ 71 V 2).

Werden Wiederaufgreifensgründe verneint, entfällt das gesetzliche Abschiebungshindernis nach § 71 V 2. Der Asylbewerber ist zur unverzüglichen Ausreise verpflichtet. Der Folgeantrag, auch der unbeachtliche, verschiebt jedoch wegen § 71 V 2 den Zeitpunkt, ab dem die Ausreisepflicht zu befolgen ist. Wird nämlich kraft Gesetzes die Abschiebung ausgesetzt, kann die bestehende Ausreisepflicht auch nicht durchgesetzt werden. 37

Reist der Asylbewerber nach Vollziehbarkeit der Abschiebungsandrohung (Abs. 1 Nr. 4) aus und stellt er nach Wiedereinreise einen Folgeantrag, obwohl die Hauptsache im Erstverfahren noch anhängig ist, entsteht nach der Rechtsprechung des BVerfG ein gesetzliches Aufenthaltsrecht nur dann, wenn das Folgeantragsbegehren nicht eindeutig ohne Aussicht auf Erfolg ist (BVerfG, NVwZ 1987, 1068 = ZfSH/SGB 1987, 537). Im Grunde genommen liegt jedoch ein Folgeantrag nicht vor, da das Erstverfahren noch nicht abgeschlossen ist. Andererseits ist das aus dem Erstverfahren folgende gesetzliche Aufenthaltsrecht nach Abs. 1 Nr. 4 erloschen. 38

Man wird in diesen Fällen das alte Verfahren beenden müssen. Das Verlangen, die neuen Tatsachen oder Beweismittel im Erstverfahren einzuführen (BVerfG, NVwZ 1987, 487), würde den Antragsteller wegen Abs. 1 Nr. 4 schutzlos stellen. Daher ist im Lichte der Rechtsprechung des BVerfG zu prüfen, ob das neue Sachvorbringen nach Wiedereinreise Aussicht auf Erfolg hat und bis zum Abschluss dieser Prüfung Abstand von Vollzugsmaßnahmen zu nehmen. Davon geht im Übrigen auch § 71 V 2 2. HS aus. 39

Zweiter Unterabschnitt
Aufenthalt nach Abschluß des Asylverfahrens

§§ 68–70 *(aufgehoben)*

Fünfter Abschnitt
Folgeantrag, Zweitantrag

§ 71 Folgeantrag

(1) Stellt der Ausländer nach Rücknahme oder unanfechtbarer Ablehnung eines früheren Asylantrags erneut einen Asylantrag (Folgeantrag), so ist ein weiteres Asylverfahren nur durchzuführen, wenn die Voraussetzungen des § 51 Abs. 1 bis 3 des Verwaltungsverfahrensgesetzes vorliegen; die Prüfung obliegt dem Bundesamt. Das Gleiche gilt für den Asylantrag eines Kindes,

wenn der Vertreter nach § 14 a Abs. 3 auf die Durchführung eines Asylverfahrens verzichtet hatte.

(2) Der Ausländer hat den Folgeantrag persönlich bei der Außenstelle des Bundesamtes zu stellen, die der Aufnahmeeinrichtung zugeordnet ist, in der er während des früheren Asylverfahrens zu wohnen verpflichtet war. In den Fällen des § 14 Abs. 2 Satz 1 Nr. 2 oder wenn der Ausländer nachweislich am persönlichen Erscheinen gehindert ist, ist der Folgeantrag schriftlich zu stellen. Der Folgeantrag ist schriftlich bei der Zentrale des Bundesamtes zu stellen, wenn
1. die Außenstelle, die nach Satz 1 zuständig wäre, nicht mehr besteht,
2. der Ausländer während des früheren Asylverfahrens nicht verpflichtet war, in einer Aufnahmeeinrichtung zu wohnen.

§ 19 Abs. 1 findet keine Anwendung.

(3) In dem Folgeantrag hat der Ausländer seine Anschrift sowie die Tatsachen und Beweismittel anzugeben, aus denen sich das Vorliegen der Voraussetzungen des § 51 Abs. 1 bis 3 des Verwaltungsverfahrensgesetzes ergibt. Auf Verlangen hat der Ausländer diese Angaben schriftlich zu machen. Von einer Anhörung kann abgesehen werden. § 10 gilt entsprechend.

(4) Liegen die Voraussetzungen des § 51 Abs. 1 bis 3 des Verwaltungsverfahrensgesetzes nicht vor, sind die §§ 34, 35 und 36 entsprechend anzuwenden; im Falle der Abschiebung in einen sicheren Drittstaat (§ 26 a) ist § 34 a entsprechend anzuwenden.

(5) Stellt der Ausländer, nachdem eine nach Stellung des früheren Asylantrages ergangene Abschiebungsandrohung oder -anordnung vollziehbar geworden ist, einen Folgeantrag, der nicht zur Durchführung eines weiteren Verfahrens führt, so bedarf es zum Vollzug der Abschiebung keiner erneuten Fristsetzung und Abschiebungsandrohung oder -anordnung. Die Abschiebung darf erst nach einer Mitteilung des Bundesamtes, daß die Voraussetzungen des § 51 Abs. 1 bis 3 des Verwaltungsverfahrensgesetzes nicht vorliegen, vollzogen werden, es sei denn, der Folgeantrag ist offensichtlich unschlüssig oder der Ausländer soll in den sicheren Drittstaat abgeschoben werden.

(6) Absatz 5 gilt auch, wenn der Ausländer zwischenzeitlich das Bundesgebiet verlassen hatte. Im Falle einer unerlaubten Einreise aus einem sicheren Drittstaat (§ 26 a) kann der Ausländer nach § 57 Abs. 1 des Aufenthaltsgesetzes dorthin zurückgeschoben werden, ohne daß es der vorherigen Mitteilung des Bundesamtes bedarf.

(7) War der Aufenthalt des Ausländers während des früheren Asylverfahrens räumlich beschränkt, gilt die letzte räumliche Beschränkung fort, solange keine andere Entscheidung ergeht. In den Fällen der Absätze 5 und 6 ist für ausländerrechtliche Maßnahmen auch die Ausländerbehörde zuständig, in deren Bezirk sich der Ausländer aufhält.

(8) Ein Folgeantrag steht der Anordnung von Abschiebungshaft nicht entgegen, es sei denn, es wird ein weiteres Asylverfahren durchgeführt.

Folgeantrag **§ 71**

Übersicht Rdn.

1.	Vorbemerkung	1
2.	Anwendungsbereich der Vorschriften über den Folgeantrag nach § 71	6
2.1.	Definition des Folgeantrags nach Abs. 1 Satz 1 erster Halbsatz	6
2.1.1.	Rein phänomenologische Betrachtungsweise	6
2.1.2.	Zwischenzeitliche Rückkehr in den Herkunftsstaat	11
2.1.3.	Kein innerer zeitlicher und sachlicher Zusammenhang mit dem Erstverfahren	13
2.1.4.	Rückkehr in den Herkunftsstaat nach unanfechtbarer Statusentscheidung	15
2.2.	Begriff des Asylantrags nach Abs. 1 Satz 1	17
2.3.	Neuantrag nach Rücknahme des Erstantrags (Abs. 1 Satz 1 erster Halbsatz)	19
2.4.	Doppelantrag unter Angabe anderer Personalien	27
2.5.	Fingierte Antragsrücknahme nach § 33	32
2.6.	Erneuter Asylantrag nach unanfechtbarer Asylablehnung (Abs. 1 Satz 1 erster Halbsatz)	34
2.7.	Geltendmachung neuen Sachvorbringens vor Eintritt der Unanfechtbarkeit der Asylablehnung in der Tatsacheninstanz	44
2.8.	Geltendmachung neuen Sachvorbringens während des Berufungszulassungsverfahrens nach § 78 Abs. 4	50
2.9.	Erneuter Asylantrag nach Aufhebung der Asylanerkennung	65
2.10.	Erneute Antragstellung nach Verzicht gemäß § 14 a Abs. 3 (Abs. 1 Satz 2)	68
3.	Erneute Geltendmachung von Abschiebungshindernissen nach § 60 Abs. 2 bis 7 AufenthG	70
3.1.	Zuständigkeit des Bundesamtes	70
3.2.	Unzulässiger Asylfolgeantrag	76
3.2.1.	Antragsunabhängige Prüfung von Abschiebungshindernissen	76
3.2.2.	Prüfung der Zulässigkeitsvoraussetzungen nach § 51 Abs. 1 bis 3 VwVfG	79
3.2.3.	Keine Anwendung des Asylverfahrensgesetzes	82
3.3.	Zulässiger Asylfolgeantrag	84
3.4.	Isolierter erneuter Antrag nach § 60 Abs. 2 bis 7 AufenthG	86
3.4.1.	Unmittelbare Anwendung des § 51 VwVfG	86
3.4.2.	Verfahrensrechtlicher Abschiebungsschutz unmittelbar aus § 60 Abs. 2 bis 7 AufenthG	88
3.4.3.	Voraussetzungen nach § 51 VwVfG	92
3.4.3.1.	Uneingeschränkte Anwendung des § 51 VwVfG	92
3.4.3.2.	Wiederaufgreifen im weiteren Sinne (§ 51 Abs. 5 VwVfG)	95
3.4.3.3.	Behördliche Verpflichtung zum Wiederaufgreifen (Ermessensreduktion)	99
3.4.3.4.	Kein Antragserfordernis	102
3.4.3.5.	Rechtsschutzfragen	104
4.	Verwaltungsverfahren	111
4.1.	Ausschließliche Zuständigkeit des Bundesamtes (Abs. 1 Satz 1 zweiter Halbsatz)	111
4.2.	Rechtliche Bezeichnung der »vorgeschalteten« Prüfung	115
4.3.	Antragserfordernis nach Abs. 1 Satz 1 erster Halbsatz	117

4.4.	Mehrstufigkeit des Verwaltungsverfahrens	120
4.5.	Antragstellung nach Abs. 2	134
4.5.1.	Unterscheidung zwischen persönlicher und schriftlicher Antragstellung (Abs. 2 Satz 1 bis 3)	134
4.5.2.	Persönliche Antragstellung bei der zuständigen Außenstelle des Bundesamtes (Abs. 2 Satz 1)	140
4.5.3.	Schriftliche Antragstellung bei der zuständigen Außenstelle des Bundesamtes (Abs. 2 Satz 2)	149
4.5.4.	Schriftliche Antragstellung bei der Zentrale des Bundesamtes (Abs. 2 Satz 3)	154
4.6.	Anforderungen an das Verfahren der Zulässigkeitsprüfung (Abs. 3)	158
4.6.1.	Grundsätzliche Anwendbarkeit der Vorschriften des Zweiten Abschnitts	158
4.6.2.	Anforderungen an den Asylfolgeantrag (Abs. 3 Satz 1)	161
4.6.3.	Einräumung einer ausreichenden Zeit zur Begründung des Antrags (Abs. 3 Satz 2)	163
4.6.4.	Persönliche Anhörung (Abs. 3 Satz 3)	165
4.7.	Zustellung (Abs. 3 Satz 4)	175
4.8.	Reichweite der Schutzwirkung des gesetzlichen Abschiebungshindernisses nach Abs. 5 Satz 2	176
4.8.1.	Schutzwirkung des Abschiebungshindernisses nach Abs. 5 Satz 2 erster Halbsatz	176
4.8.2.	Offensichtliche Unschlüssigkeit des Folgeantrags (Abs. 5 Satz 2 zweiter Halbsatz erste Alternative)	180
4.8.3.	Abschiebung in den sicheren Drittstaat (Abs. 5 Satz 2 zweiter Halbsatz zweite Alternative)	186
4.9.	Vorrang des unbeachtlichen Asylantrags (Abs. 4 erster Halbsatz in Verb. mit § 35)	190
4.10.	Voraussetzungen für das Wiederaufgreifen des Verfahrens nach § 51 Abs. 1 – 3 VwVfG	194
4.10.1.	Funktion der Wiederaufgreifensgründe nach § 51 Abs. 1 – 3 VwVfG	194
4.10.2.	Geschichtliche Entwicklung des Asylfolgeantrags	194
4.10.3.	Maßstabsfunktion für die Durchbrechung der Bestandskraft	199
4.10.4.	Zulässigkeit der Wiederaufnahmeklage (§ 153 VwGO in Verb. mit § 584 I ZPO)	202
4.10.5.	Funktion der Wiederaufnahmegründe als Tatbestandsverweisung	203
4.10.6.	Änderung der Sach- und Rechtslage (§ 51 Abs. 1 Nr. 1 VwVfG)	208
4.10.6.1.	Maßgeblicher Zeitpunkt des Erstverfahrens	208
4.10.6.2.	Maßgeblicher Zeitpunkt für das Vorliegen der neuen Sach- und Rechtslage	215
4.10.6.3.	Änderung der Sachlage	218
4.10.6.4.	Keine Beschränkung auf Nachfluchtgründe	220
4.10.6.5.	Objektive Nachfluchtgründe	222
4.10.6.6.	Exilpolitische Aktivitäten	227
4.10.6.7.	Änderung der asylrechtlichen Rechtsprechung	234
4.10.6.8.	Umfang der Darlegungslast	244
4.10.6.8.1.	Kriterien des schlüssigen Sachvortrags	244
4.10.6.8.2.	Glaubhaftmachung als Maßstab der Schlüssigkeit	246
4.10.6.8.3.	Auseinandersetzung mit dem Sachvorbringen im Erstverfahren	250

Folgeantrag §71

4.10.6.8.4.	Darlegung der Erfolgsaussichten des neuen Sachvorbringens	252
4.10.6.8.5.	Schlüssigkeitsprüfung des Bundesamtes	256
4.10.7.	Neues Beweismittel (§ 51 Abs. 1 Nr. 2 VwVfG)	265
4.10.7.1.	Begriff des Beweismittels im Sinne von § 51 Abs. 1 Nr. 2 VwVfG	265
4.10.7.2.	Im Asylfolgeantragsverfahren relevante »neue Beweismittel«	269
4.10.7.2.1.	Privaturkunden	269
4.10.7.2.2.	Ausländische öffentliche Urkunden	272
4.10.7.2.3.	Länderspezifische Gutachten	274
4.10.7.2.4.	Medizinische, insbesondere psychologische Gutachten	282
4.10.7.2.5.	Exilpolitische Aktivitäten	287
4.10.7.3.	Umfang der Darlegungslast	289
4.10.7.3.1.	Kriterien des schlüssigen Sachvortrags	289
4.10.7.3.2.	Zeugenbeweis	295
4.10.7.3.3.	Urkundenbeweis	297
4.10.8.	Verschuldensbegriff nach § 51 Abs. 2 VwVfG	301
4.10.8.1.	Begriff des »groben« Verschuldens	301
4.10.8.2.	Nichtausschöpfung des Instanzenzugs	306
4.10.8.3.	Vorlage von Privaturkunden	313
4.10.9.	Antragsfrist von drei Monaten nach § 51 Abs. 3 VwVfG	316
4.10.9.1.	Fristbeginn	316
4.10.9.2.	Rechtliche Unmöglichkeit der Antragstellung hemmt den Fristbeginn	318
4.10.9.3.	Isolierte Prüfung jedes einzelnen Grundes für das Wiederaufgreifen	320
4.10.9.4.	Anwesenheit des Antragstellers im Bundesgebiet	325
4.10.9.5.	Statusgewährung an einen Familienangehörigen	327
4.10.9.6.	Subjektive Nachfluchtgründe	328
4.10.9.7.	Wiedereinsetzung in den vorigen Stand	331
4.11.	Sachentscheidung des Bundesamtes	333
4.11.1.	Entscheidungsprogramm des Bundesamtes nach Abs. 4	333
4.11.2.	Prüfungsgegenstand nach Einleitung eines weiteren Verfahrens	339
4.11.3.	Erlass einer Abschiebungsandrohung bei unzulässigem Folgeantrag (Abs. 4 in Verb. mit §§ 34 ff.)	350
4.11.4.	Verweigerung der Einleitung eines weiteren Verfahrens ohne Erlass einer Abschiebungsandrohung (Abs. 5)	354
5.	Verwaltungsstreitverfahren	358
5.1.	Hauptsacheverfahren	358
5.1.1.	Anforderungen an die Ermittlungstiefe	358
5.1.2.	Gerichtliche Überprüfung der Zulässigkeitsvoraussetzungen des Folgeantrags	360
5.1.3.	Herbeiführung der Spruchreife	362
5.1.4.	Streitgegenstand	372
5.2.	Eilrechtsschutzverfahren	378
5.2.1.	Funktion des einstweiligen Rechtsschutzes im Folgeantragsverfahren	378
5.2.2.	Eilrechtsschutz nach Abs. 4 erster Halbsatz in Verb. mit § 36 Abs. 3 Satz 1, § 80 VwGO bei (erneutem) Erlass der Abschiebungsandrohung	386
5.2.3.	Eilrechtsschutzantrag nach § 123 VwGO auf Widerruf der Mitteilung nach Abs. 5 Satz 2 erster Halbsatz	392
5.2.3.1.	Funktion der Mitteilung nach Abs. 5 Satz 2 erster Halbsatz	392

5.2.3.2.	Inhalt des Eilrechtsschutzantrags nach § 123 VwGO	399
5.2.3.3.	Umdeutung des Eilrechtsschutzantrags	411
5.2.4.	Materielle Prüfkriterien im Eilrechtsschutzverfahren	415
5.2.5.	Verfahrensrechtliche Wirkung des stattgebenden Gerichtsbeschlusses	418
6.	Das Aufenthaltsrecht des Folgeantragstellers während der Zulässigkeitsprüfung (Abs. 7)	422
7.	Anordnung der Sicherungshaft nach Abs. 8 in Verb. mit § 62 Abs. 2 AufenthG	433
7.1.	Funktion von Abs. 8	433
7.2.	Voraussetzungen der Abschiebungshaft	436
7.3.	Rechtsschutz	445

1. Vorbemerkung

1   Die Regelungen in § 71 haben ihr Vorbild in § 14 AsylVfG 1982. Der Folgeantrag des geltenden Rechts ist mit dem des früheren Rechts jedoch nur noch bedingt strukturell vergleichbar. Während das alte Recht den Folgeantrag strukturell als eine der Fallgruppen des »unbeachtlichen Asylantrags« und damit wie den offensichtlich sicheren Voraufenthalt in einem Drittstaat als einen Prüfungsgesichtspunkt im Rahmen der Zulässigkeit eines gestellten Asylantrags behandelte, wird der Folgeantrag nach geltendem Recht einem besonderen verfahrensrechtlichen Regime als Teil der Vollzugsphase nach Abschluss des Asylverfahrens unterstellt.

2   Zwar wird der Folgeantrag in einem besonderen Gesetzesabschnitt zusammen mit dem 1993 erstmals eingeführten Zweitantrag behandelt. Die Regelungen in Abs. 5 verdeutlichen aber, dass der Folgeantrag gesetzessystematisch eigentlich dem 4. Unterabschnitt des zweiten Abschnitts, d.h. den Regelungen über die *Aufenthaltsbeendigung* zuzuordnen ist.

3   In Übereinstimmung mit altem Recht definiert Abs. 1 S. 1 den Folgeantrag und verweist ebenso wie das frühere Recht zur Beantwortung der Frage seiner Rechtserheblichkeit auf die allgemeinen verfahrensrechtlichen Vorschriften des § 51 I–III VwVfG über das Wiederaufgreifen des Verfahrens. Während diese Frage früher verfahrensrechtlich im Rahmen der *Beachtlichkeitsprüfung* behandelt wurde, ist das geltende Recht eher dahin zu verstehen, dass die Prüfung der Wiederaufnahmegründe im Rahmen der Vollziehung der Abschiebungsandrohung Bedeutung erlangt.

4   Nur wenn die Wiederaufnahmegründe durchgreifen, wird ein neues Verfahren eingeleitet (Abs. 1 S. 1). Bis dahin ist die Abschiebung lediglich ausgesetzt (Abs. 5 S. 2). Gerichtlicher Rechtsschutz ist bei behördlicher Ablehnung der Durchführung eines weiteren Verfahrens nur unter erschwerten Voraussetzungen zu erreichen. Außerdem entscheidet nunmehr das Bundesamt und nicht mehr wie früher die Ausländerbehörde über die Rechtserheblichkeit des Folgeantrags.

5   Durch Art. 3 Nr. 44 Buchst. c) ZuwG ist die Zwei-Jahres-Frist in § 71 V 1 AsylVfG a. F. mit Wirkung zum 1. Januar 2005 aufgehoben worden. Dies hat zur Folge, dass in allen Asylfolgeantragsverfahren die Versagung der Durch-

Folgeantrag § 71

führung eines weiteren Verfahrens nicht mit einer erneuten Abschiebungsandrohung verbunden werden muss. Vielmehr kann die Ausländerbehörde aus der unanfechtbaren (vgl. Abs. 1 S. 1 1. HS) Abschiebungsandrohung des Erstverfahrens vorgehen. Der einstweilige Rechtsschutz richtet sich damit ausschließlich nach § 123 VwGO. Das Bundesamt kann jedoch auch nach Abs. 4 vorgehen und im Rahmen der Entscheidung über den Folgeantrag eine Abschiebungsandrohung erlassen. In diesem Fall richtet sich der Abschiebungsschutz nach § 80 V VwGO (vgl. Abs. 4 in Verb. mit § 36 III 1).

2. Anwendungsbereich der Vorschriften über den Folgeantrag nach § 71

2.1. Definition des Folgeantrags nach Abs. 1 Satz 1 erster Halbsatz

2.1.1. Rein phänomenologische Betrachtungsweise

Wie § 14 I AsylVfG 1982 enthält Abs. 1 S. 1 1. HS eine gesetzliche Definition des Folgeantrags. Danach ist jeder nach Rücknahme oder unanfechtbarer Ablehnung eines früheren Asylantrags erneut gestellte Asylantrag im Sinne von § 13 ein Folgeantrag. Der Folgeantrag selbst ist ebenfalls ein Antrag im Sinne des § 13 (VGH BW, InfAuslR 1996, 303 (304)). 6

Nach der Rechtsprechung greift eine rein phänomenologische Betrachtungsweise Platz: Jeder nach unanfechtbarem Abschluss des Erstverfahrens bzw. Rücknahme gestellte Asylantrag ist als Folgeantrag anzusehen. Weder ist ein zeitlicher Zusammenhang zum Erstverfahren erforderlich noch differenzieren die Sondervorschriften über den Folgeantrag danach, ob der Antragsteller nach Abschluss des ersten Verfahrens das Bundesgebiet verlassen hat oder nicht (vgl. Abs. 6 S. 1). Vielmehr knüpfen diese allein daran an, dass bereits früher ein Asylantrag gestellt worden war, der zurückgenommen oder unanfechtbar abgelehnt worden ist. 7

Anknüpfungspunkt nach Abs. 1 S. 1 1. HS ist damit allein, dass bereits eine *unanfechtbare* Entscheidung über ein vorangegangenes Asylbegehren vorliegt. Ob die Unanfechtbarkeit im Verwaltungsverfahren als Folge des nicht fristgemäß oder überhaupt nicht eingelegten Rechtsmittels oder als Folge einer rechtskräftigen Gerichtsentscheidung eingetreten ist, ist für die Anwendung der Vorschriften über den Folgeantrag unerheblich. 8

Demgegenüber ist nach allgemeinem Verfahrensrecht die Behörde befugt, einen nicht im gerichtlichen, sondern im Verwaltungsverfahren bestandskräftig gewordenen Bescheid jederzeit zugunsten des Betroffenen erneut aufzugreifen (BVerwGE 25, 241 (242); BVerwG, NJW 1976, 340 f.). Lediglich im Blick auf den im gerichtlichen Verfahren unanfechtbar gewordenen Behördenbescheid steht ihr diese Befugnis nicht ohne weiteres zu. 9

Beim Wiederaufgreifen eines Verfahrens geht es grundsätzlich darum, die Bestandskraft oder Rechtskraft einer einmal getroffenen behördlichen Entscheidung zu durchbrechen. Dafür stellt das Gesetz für bestimmte Fälle ein gesondertes Verfahren zur Verfügung. Insoweit tritt der Grundsatz der Rechtssicherheit zurück (Kemper, NVwZ 1985, 872 (873)). 10

2.1.2. Zwischenzeitliche Rückkehr in den Herkunftsstaat

11 Für die Beurteilung eines Asylantrags als Folgeantrag ist es unerheblich, ob der Antragsteller sich zwischen den Anträgen ununterbrochen im Bundesgebiet aufgehalten hat (BVerwGE 77, 323 (324) = EZAR 224 Nr. 16 = NVwZ 1988, 258; so auch OVG Bremen, InfAuslR 1986, 16; OVG NW, U. v. 16. 4. 1985 – 17 B 20798/84; VGH BW, InfAuslR 1984, 249; BayObLG, NVwZ-Beil. 1998, 55; Bell/von Nieding, ZAR 1995, 119). Nach Abs. 6 S. 1 finden die Sonderregelungen des Abs. 5 über die Vollziehbarkeit der im ersten Verfahren ergangenen Abschiebungsandrohung auch dann Anwendung, wenn der Antragsteller zwischenzeitlich das Land verlassen hat.

12 Darüber hinaus finden die Vorschriften über die Rücknahme nach § 33 nach § 71 Anwendung (VG Darmstadt, NVwZ-Beil. 1999, 88). § 33 II regelt den Fall der zwischenzeitlichen Rückkehr in den Herkunftsstaat. Auch hierin ist die gesetzgeberische Bestätigung zu sehen, dass die Vorschriften über den Asylfolgeantrag auch dann Anwendung finden, wenn der Antragsteller nach Abschluss des ersten Verfahrens in den Herkunftsstaat zurückgereist ist (VG Darmstadt, NVwZ-Beil. 1999, 88). Der Folgeantragsteller reist jedoch nicht illegal ein (OLG Düsseldorf, B. v. 19. 11. 1997 – 2 Ss 326/97 – 103/97 II).

2.1.3. Kein innerer zeitlicher und sachlicher Zusammenhang mit dem Erstverfahren

13 Die Vorschrift des Abs. 1 S. 1 1. HS enthält darüber hinaus kein ungeschriebenes Tatbestandsmerkmal dahin, dass ein innerer zeitlicher und sachlicher Zusammenhang zwischen Erst- und Folgeantragsverfahren erforderlich ist. Daher ist *jeder* weitere nach unanfechtbarer Ablehnung eines Erstantrags oder nach Rücknahme gestellte Asylantrag als Folgeantrag im Sinne des Abs. 1 S. 1 1. HS zu behandeln (Hess.VGH, EZAR 226 Nr. 8).

14 Das Sachvorbringen im Erstverfahren ist jedoch für die Prüfung der Beachtlichkeit der Wiederaufgreifensgründe von Bedeutung. Ob Wiederaufgreifensgründe zulässigerweise geltend gemacht werden, kann nur vor dem Hintergrund der im Erstverfahren vorgebrachten Verfolgungsgründe beurteilt werden.

2.1.4. Rückkehr in den Herkunftsstaat nach unanfechtbarer Statusentscheidung

15 Ist dem Antragsteller im Erstverfahren die Asylberechtigung oder internationaler Schutz nach § 60 I AufenthG gewährt worden und reist er anschließend aus freiem Willensentschluss aus und in seinen Heimatstaat zurück und lässt er sich dort nieder, so kann ein Widerrufsgrund nach § 73 I 1 oder – wenn mit der Rückkehr die freiwillige Entgegennahme des nationalen Reiseausweises des Herkunftsstaates verbunden ist – ein Erlöschensgrund nach § 72 I Nr. 1 erfüllt sein. Ein durch Widerruf oder einen gesetzlichen Erlöschenstatbestand aufgehobene Statusentscheidung ist jedoch schon begrifflich keine Ablehnung des Asylantrags.

16 Reist der Betreffende erneut unter Berufung auf ihm drohende Verfolgung in das Bundesgebiet ein, so ist sein Asylbegehren nach den Regelungen des Erstantrags zu behandeln. Möglicherweise können in dem damit anhängig

Folgeantrag § 71

gemachten Verfahren auch sachliche Einwände gegen das Vorliegen des Widerrufs- oder Erlöschensgrundes geltend gemacht werden mit der Folge, dass bei behördlicher oder gerichtlicher Bestätigung der Ansicht des Antragstellers festzustellen ist, dass der ursprüngliche Statusbescheid durch die zwischenzeitliche Rückkehr in den Herkunftsstaat nicht erloschen ist.

2.2. Begriff des Asylantrags nach Abs. 1 Satz 1

Die Vorschrift des Abs. 1 S. 1 nimmt als Anknüpfungspunkt für die Behandlung der Sondervorschriften über den Asylfolgeantrag den früheren *Asylantrag* in Bezug. Abs. 1 S. 1 verweist damit auf die gesetzliche Definition des Asylantrags nach § 13 I. Damit ist auch ein erneuter Antrag auf Gewährung von *internationalem Schutz nach § 60 I AufenthG* nach Maßgabe von Abs. 1 S. 1 1. HS zu behandeln (vgl. § 13 II). 17

Auch dem Antrag auf Gewährung von *Familienasyl* bzw. von *Familienabschiebungsschutz* nach § 26 liegt ein Antrag nach § 13 I zugrunde (vgl. auch Nieders.OVG, NVwZ-Beil. 1996, 59 (60)). Der um die Regelungsbereiche des § 60 I AufenthG und § 26 erweiterte Antragsbegriff hat damit Auswirkungen auf die Anwendung der Vorschriften über den Folgeantrag (Funke-Kaiser, in: GK-AsylVfG, § 71 Rdn. 6). Demgegenüber werden die Abschiebungshindernisse nach § 60 II–VII AufenthG nicht vom Antragsbegriff nach § 13 erfasst (s. aber §§ 24 II, 31 III). Insoweit ist eine gesonderte Betrachtungsweise geboten (s. hierzu Rdn. 62 ff.). 18

2.3. Neuantrag nach Rücknahme des Erstantrags
(Abs. 1 Satz 1 erster Halbsatz)

Die erste Alternative des Abs. 1 S. 1 1. HS zielt auf die *Rücknahme* des Asylantrags: Stellt der Asylsuchende nach Rücknahme eines früheren Asylantrags erneut einen Asylantrag, so handelt es sich um einen Folgeantrag. Wird ein Folgeantrag *vor* der *Rücknahme* des Antrags im Erstverfahren gestellt, zeitigt dieser rechtlich keine Wirkung. Vielmehr handelt es sich um Sachvorbringen, das im Erstverfahren zu berücksichtigen ist (s. auch Funke-Kaiser, in: GK-AsylVfG, II – § 71 Rdn. 8 ff.). 19

Von der Rücknahme des Abs. 1 S. 1 1. HS ist die Rücknahme im Sinne des § 73 II zu trennen. Gemeint ist nicht die von Amts wegen durchgeführte Rücknahme der Asylanerkennung durch das Bundesamt nach § 73 II, sondern die auf einer *freien Willensentscheidung* beruhende Rücknahme des Asylantrags durch den Antragsteller. Abs. 1 S. 1 1. HS knüpft ersichtlich an die frühere Rechtslage an. § 14 I 1. HS AsylVfG 1982 zielte auf die Rücknahme des Erstantrags durch den Antragsteller während des anhängigen Verwaltungsverfahrens (BT-Drs. 9/ 875, S. 17). 20

Entsprechend der das Verwaltungsverfahren beherrschenden Dispositionsbefugnis kann der Antragsteller jederzeit das Verwaltungsverfahren durch Rücknahme seines Antrags beenden. Er muss im Asylverfahrensrecht hier- 21

1085

für die verfahrens- und aufenthaltsrechtlichen Konsequenzen übernehmen. Denn nach Rücknahme seines Antrags kann ein neuer Antrag nur noch unter den Voraussetzungen des § 51 I–III VwVfG zur Einleitung eines neuen Verfahrens führen. Der Asylsuchende hat zudem die aufenthaltsrechtlichen Konsequenzen einer bestandskräftigen Abschiebungsandrohung zu tragen (vgl. Abs. 5). Die Vorschrift des Abs. 1 S. 1 1. HS ist daher so zu verstehen, dass jeder nach einer Rücknahme des Asylantrags durch den Antragsteller gestellte weitere Antrag als Folgeantrag anzusehen ist.

22 Fraglich ist, ob auch dann von einem Folgeantrag auszugehen ist, wenn die Rücknahme des Erstantrags *vor der Anhörung* nach § 25 erfolgt ist. In der Rechtsprechung wird hierzu eingewendet, die Beurteilung einer geänderten Sach- oder Rechtslage oder eines neuen Beweismittels setze eine einmal festgestellte Sach- und Rechtslage als Bezugsbasis für die Beurteilung der Erheblichkeit des Folgeantrags voraus. Die Sachlage werde im Erstverfahren jedoch erst in der persönlichen Anhörung festgestellt (VG Schleswig, B. v. 20. 9. 1982 – 14 D 38/82).

23 In Fällen, in denen im Erstverfahren eine Anhörung nicht stattgefunden habe, sei es daher gar nicht möglich, eine Gegenüberstellung des vom Bundesamt ermittelten Sachverhalts mit dem Sachvorbringen im Folgeantragsverfahren anhand der Vorschrift des § 51 I VwVfG vorzunehmen. Obwohl diese Fallkonstellation vom Gesetzeswortlaut nicht ausdrücklich geregelt werde, ergebe sich aus der Verweisung auf § 51 I VwVfG, dass es sich in derartigen Fällen nicht um einen Folgeantrag handele (VG Hamburg, InfAuslR 1984, 255; so wohl auch BayVGH, EZAR 210 Nr. 12).

24 Gegen diese Ansicht wird auf den Gesetzeswortlaut hingewiesen. Die Verweisung auf § 51 I VwVfG betreffe zudem nur die Erheblichkeit des Folgeantrags, nicht dagegen die Frage, ob überhaupt ein Folgeantrag vorliege. Daher markiere der Zeitpunkt der Anhörung keinen Verfahrensabschnitt, vor dessen Abschluss eine Rücknahme des Erstantrags nicht die Rechtsfolgen des § 71 auslösen würde (Funke-Kaiser, in: GK-AsylVfG § 71 Rdn. 3f.).

25 Die Gegenmeinung hat die herrschende Verwaltungspraxis für sich, ist jedoch wenig überzeugend. Der Gesetzeswortlaut ist schon wegen der in Abs. 1 S. 1 2. HS enthaltenen Verweisung nicht eindeutig. Ohne dass die für die Zulässigkeit der vorgetragenen Wiederaufnahmegründe maßgeblichen gesetzlichen Kriterien des § 51 I VwVfG mit in Betracht gezogen werden, würde es sich beim Folgeantrag um ein sinnloses Konstrukt handeln, das darüber hinaus auch nicht praktikabel wäre. Erst der Vergleich der vorgebrachten Wiederaufnahmegründe mit den unanfechtbaren Feststellungen des Erstverfahrens erlaubt eine vernünftige und dogmatisch saubere Entscheidung über die Erheblichkeit des Folgeantrags und auch eine Prüfung, ob »ernstliche Zweifel« (Abs. 4 1. HS in Verb. mit § 36 IV 1) an der Rechtmäßigkeit der angefochtenen Verwaltungsentscheidung bestehen.

26 Darüber kann nicht lediglich mit dem Hinweis auf den gesetzgeberischen Zweck, den Folgeantragsteller mit den aufenthaltsrechtlichen Konsequenzen zu belasten (vgl. Abs. 5), hinweg gegangen werden (so aber: Funke-Kaiser, GK-AsylVfG, II – § 71 Rdn. 31). Auch die Beseitigung der behördlichen Zweistufigkeit des Prüfungsverfahrens ändert nichts an der Notwendigkeit, die

Folgeantrag **§ 71**

Wiederaufnahmegründe vor der Folie der Feststellungen des Erstverfahrens zu beurteilen. Wegen der heute regelmäßig stattfindenden *Direktanhörung* im Asylverfahren dürfte dieser Streit jedoch kaum noch praktische Bedeutung haben.

2.4. Doppelantrag unter Angabe anderer Personalien

Stellt der Asylsuchende unter Angabe anderer Personalien einen weiteren Asylantrag, ohne dass das erste Asylverfahren durch Antragsrücknahme beendet worden ist, liegt kein rechtlich wirksamer Folgeantrag vor (BayVGH, EZAR 210 Nr. 12; OVG Koblenz, AuAS 1997, 179; Funke-Kaiser, in: GK-AsylVfG, II – § 71 Rdn. 12 f.; s. hierzu auch § 30 Rdn. 160). Das Sachvorbringen im Doppelantrag kann vielmehr als ergänzendes Vorbringen im Erstverfahren gewertet werden (BayVGH, EZAR 210 Nr. 12). Es handelt sich deshalb letztlich nur um ein einheitliches Asylverfahren. Derartiges, in die Form des Folgeantrags gekleidetes Vorbringen erfüllt deshalb auch nicht die Voraussetzungen des Antragsbegriffs nach § 13 (vgl. auch VGH BW, InfAuslR 1996, 303 (304)).

27

Fraglich ist, ob der Antragsteller durch Rücknahme des Antrags des Erstverfahrens dem Doppelantrag nicht rechtliche Wirksamkeit, freilich unter den Voraussetzungen des § 71, verleihen kann. Dagegen wird eingewendet, die Existenz des noch nicht beschiedenen Doppelantrags könne den Asylsuchenden nicht davor bewahren, dass sein Aufenthalt in Anknüpfung an die jetzt unanfechtbar gewordene Asylablehnung beendet werde (Hess.VGH, B. v. 10. 1. 1985 – 10 TH 2325/84; offengelassen OVG Rh-Pf, AuAS 1997, 179). Angesichts dessen sei eine erweiternde Auslegung der Vorschriften über den Folgeantrag mit dem umgekehrten Ziel, den vor unanfechtbarer Ablehnung des Erstantrags gestellten Doppelantrag als Folgeantrag zu behandeln und auf seiner Grundlage aufenthaltsbeendende Maßnahmen ergreifen zu können, weder zulässig noch überhaupt erforderlich (so Hess.VGH, B. v. 10. 1. 1985 – 10 TH 2325/84; vgl. auch VG Berlin, InfAuslR 1997, 139, zur Fortgeltung der früheren Aufenthaltsbeschränkungen).

28

Wird der Antrag nach unanfechtbarem Abschluss des Erstverfahrens unter anderem Namen gestellt, so finden diese Grundsätze keine Anwendung. Vielmehr ist ein derartiger Antrag wirksam gestellt, jedoch in aller Regel offensichtlich unbegründet (vgl. § 30 III Nr. 3), sodass das Bundesamt die weitere Durchführung eines Asylverfahrens ohne weiteres ablehnen kann. Aber auch bei einem während des anhängigen Erstverfahrens unter Angabe falscher Personalien gestellten Folgeantrag wird das Bundesamt im Rahmen der Entscheidung über den mit richtigem Namen gestellten Asylantrag die Voraussetzungen des § 30 III Nr. 3 prüfen (s. hierzu § 30 Rdn. 160 f.).

29

Beim Doppelantrag ist mithin zu differenzieren. Einerseits kann der Doppelantrag während des anhängigen Asylverfahrens gestellt und zugleich der Asylantrag des Erstverfahrens zurückgenommen worden sein. Stellt sich die wahre Sachlage heraus, kann der Folgeantrag ohne weiteres abgelehnt werden, es sei denn, der Antragsteller konkretisiert im Zusammenhang mit der

30

Aufdeckung der tatsächlichen Umstände den geltend gemachten Wiederaufgreifensgrund und die vorgebrachten neuen Umstände erfüllen objektiv die Voraussetzungen nach § 51 I VwVfG sowie die formellen Vorschriften des § 51 II und III VwVfG.

31 Darüber hinaus kann der Doppelantrag während des anhängigen Asylverfahrens gestellt werden, ohne dass eine Rücknahme des Erstantrags erfolgt. Wird der Erstantrag zurückgenommen, so verbietet Abs. 1 S. 1 1. HS nicht automatisch die Nichtberücksichtigung des mit dem Doppelantrag vorgetragenen Sachvorbringens. Hier wird der Antragsteller sich allerdings entgegenhalten lassen müssen, dass er sein neues Sachvorbringen im Erstverfahren hätte einbringen können (vgl. § 51 II VwVfG), sodass der Folgeantrag deshalb regelmäßig abzulehnen ist (BayVGH, EZAR 210 Nr. 12). Die doppelte Asylantragstellung unter verschiedenen Personalien bedeutet im Übrigen nicht automatisch, dass damit die Identität verheimlicht wird. Wer jedoch bereits einen Antrag unter anderer Identität gestellt hat, muss zusätzliche Bemühungen unternehmen, um seine Identität glaubhaft zu machen (Asylrekurskommission, EMARK 1995 Nr. 4).

2.5. Fingierte Antragsrücknahme nach § 33

32 Die Vorschriften über die fingierte Rücknahme des Asylantrags (§ 33) unterfallen dem Begriff der Rücknahme nach Abs. 1 S. 1 1. HS (VG Darmstadt, NVwZ-Beil. 1999, 88). Zum alten Recht hatte die Rechtsprechung mit Blick auf die den fingierten Rücknahmevorschriften vergleichbare Regelung über die Verfahrenseinstellung kraft Gesetzes nach § 33 AsylVfG 1982 den Erstantrag als unanfechtbar abgelehnt behandelt und einen neuen Antrag nach Einstellung kraft Gesetzes als Folgeantrag eingestuft (OVG NW, EZAR 212 Nr. 3 = NVwZ 1985, 514 = DÖV 1985, 689 (LS)). Diese Rechtsprechung konnte aber kaum plausibel dem Einwand begegnen, dass eine Einstellung begrifflich keine Asylablehnung bzw. Rücknahme des Asylantrags ist.

33 Nach geltendem Recht ordnet § 33 I als Folge des Nichtbetreibens des Erstverfahrens die fingierte Rücknahme des Asylantrags an. Damit liegt schon begrifflich eine Rücknahme nach Abs. 1 S. 1 1. HS, wenn auch eine fingierte als Folge des Nichtbetreibens des Verfahrens, vor, sodass § 71 Anwendung findet. Im Falle der Betreibensaufforderung des § 81 gilt demgegenüber die Klage als zurückgenommen und der angegriffene Verwaltungsakt erwächst in Bestandskraft. Damit gilt der im Erstverfahren gestellte Antrag nicht als zurückgenommen, sondern als unanfechtbar abgelehnt. Im Falle des § 81 ist daher bei einem erneuten Antrag von einem Folgeantrag auszugehen, weil der Antrag des Erstverfahrens aufgrund der fingierten Klagerücknahme nach § 81 unanfechtbar abgelehnt ist und daher aus diesem Grund der nach dem Zeitpunkt des Eintritts der Bestandskraft gestellte Asylantrag ein Folgeantrag im Sinne des Abs. 1 S. 1 ist.

Folgeantrag § 71

2.6. Erneuter Asylantrag nach unanfechtbarer Asylablehnung (Abs. 1 Satz 1 erster Halbsatz)

Der Gesetzgeber hat für die Definition des Folgeantrags zwei tatbestandliche Alternativen festgelegt: Jeder erneute Asylantrag nach Rücknahme des Erstantrags *oder* nach unanfechtbarer Asylablehnung wird als Folgeantrag mit der Folge der besonderen aufenthaltsrechtlichen Konsequenzen nach § 71 behandelt. Es macht für die Anwendung von Abs. 1 S. 1 1. HS keinen Unterschied, ob die Unanfechtbarkeit im Verwaltungs- oder im Verwaltungsstreitverfahren eingetreten ist. Vielmehr ist *jegliches* erneute Sachvorbringen nach *Unanfechtbarkeit* der Sachentscheidung nach § 31 II 1 als Folgeantrag zu behandeln. Die Prüfung der Frage, ob Abs. 1 S. 1 1. HS Anwendung findet, hat sich daher darauf zu beschränken, ob eine unanfechtbare Asylablehnung im Erstverfahren vorliegt. In welchem Stadium des Erstverfahrens die Unanfechtbarkeit eingetreten ist, ist dagegen unerheblich. 34

Eine rechtliche Gleichstellung der unanfechtbaren Asylablehnung mit dem Erlöschen nach § 72 ist nicht zulässig. Diese Auslegung ist unvereinbar mit dem Wortlaut von Abs. 1 S. 1. Das Erlöschen des gewährten Status kann auch verfahrensrechtlich nicht der Asylablehnung gleichgestellt werden. Darüber hinaus ist die den Erlöschenstatbeständen zugrunde liegende Annahme eines nachträglichen Wegfalls der Verfolgungssituation bzw. einer Gleichwertigkeit der die Statusberechtigung ersetzenden Rechtsstellung mit der durch Rücknahme bzw. Ablehnung des Asylantrags eingetretenen verfahrensrechtlichen Situation nicht vergleichbar (VG Gießen, AuAS 2003, 190(192)). 35

Im allgemeinen Verfahrensrecht differenziert die Rechtsprechung danach, ob die Unanfechtbarkeit im Verwaltungs- oder im Gerichtsverfahren eingetreten ist. Die Behörde ist deshalb jederzeit befugt, einen nicht im Gerichtsverfahren, sondern im Verwaltungsverfahren bestandskräftig gewordenen Bescheid zugunsten des Betroffenen erneut aufzugreifen (BVerwGE 25, 241 (242); BVerwG, NJW 1976, 340; Rdn. 17 ff.). Aus den abschließenden Regelungen des AsylVfG über den Folgeantrag sowie aus deren oben dargestellter zwingender Natur folgt jedoch, dass der Antragsteller sich mit seinem Schutzbegehren nach Abs. 1 S. 1 1. HS auf diese Rechtsprechung nicht berufen kann. Vielmehr hat er einen durchsetzbaren Rechtsanspruch auf erneute Sachprüfung nur unter den Voraussetzungen des Abs. 1 in Verb. mit § 51 I–III VwVfG. 36

Die unanfechtbare Antragsablehnung kann im Erstverfahren in unterschiedlichen verfahrensrechtlichen Formen erfolgt sein. Es kann sich um eine förmliche Sachentscheidung im Sinne des § 31 I 1 handeln. Dies ist der typische Regelfall. Auch die Entscheidung des Bundesamtes nach Abs. 1 S. 1 letzter HS in Verb. mit Abs. 5 S. 2, ein weiteres Asylverfahren nicht einzuleiten, ist eine unanfechtbare Ablehnung im Sinne des Abs. 1 S. 1 1. HS (Funke-Kaiser, in: GK-AsylVfG, II – § 71 Rdn. 17). In der Verwaltungspraxis sind derartige wiederholte Folgeanträge durchaus üblich. 37

Jeder weitere Folgeantrag nach Ablehnung des Antrags, ein weiteres Asylverfahren durchzuführen, wird daher nach den besonderen Regelungen des 38

§ 71 behandelt. Sofern die Ablehnung, ein weiteres Asylverfahren nicht einzuleiten, noch nicht unanfechtbar geworden ist, stellen sich grundsätzlich keine anderen Probleme wie in dem Fall, in dem der Antrag des Erstverfahrens noch nicht unanfechtbar abgelehnt worden ist, gleichwohl aber aufgrund der im Eilrechtsschutzverfahren nach § 36 III und IV bekräftigten Rechtmäßigkeit der Abschiebungsandrohung Ausreisepflicht besteht.

39 Auch die unanfechtbare Entscheidung des Bundesamtes, dass ein *unbeachtlicher Asylantrag* nach § 29 vorliegt, wird in der Kommentarliteratur als unanfechtbare Asylablehnung nach Abs. 1 S. 1 1. HS angesehen (Funke-Kaiser, in: GK-AsylVfG, II – § 71 Rdn. 19). Dem kann in dieser Pauschalität nicht gefolgt werden. Nur dann, wenn der zunächst als unbeachtlich eingestufte Asylantrag (§ 29 I) wegen Unmöglichkeit der Rückführung – innerhalb von drei Monaten – weiter bearbeitet worden (§ 29 II) und anschließend eine Sachentscheidung nach § 31 I 1 ergangen ist, trifft diese Ansicht zu. Ist trotz Ablehnung des Antrags als unbeachtlich eine Rückführung nicht erfolgt und die Ablehnung in Bestandskraft erwachsen, liegt eine behördliche Feststellung zu den Verfolgungsgründen nicht vor.

40 Ebenso verhält es sich, wenn der Asylsuchende erneut einreist und Asylantrag stellt. Es fehlt in diesen Fällen an einer Vergleichsbasis für die Beurteilung der Erheblichkeit der Wiederaufnahmegründe. Daher ist ein erneuter Asylantrag nach unanfechtbarer Ablehnung des Antrags des Erstverfahrens als unbeachtlich nach § 29 I einzustufen und somit kein Folgeantrag. Ist ein Asylantrag wegen der gemeinschaftsrechtlichen Zuständigkeit eines anderen Mitgliedstaates nach § 29 III unbeachtlich, scheitert die Übernahme des Asylsuchenden jedoch, ist der Asylantrag durch das Bundesamt zu behandeln. Es ergeht anschließend eine Sachentscheidung nach § 31. Wird ein erneuter Antrag gestellt, liegt ein Folgeantrag vor.

41 Stellt der Asylsuchende nach erfolglosem Abschluss des Asylverfahrens im zuständigen Mitgliedstaat im Bundesgebiet einen erneuten Antrag, ist dieser als Zweitantrag gemäß § 71 a zu behandeln.

42 Hat das Bundesamt im Erstverfahren eine Entscheidung getroffen, dass dem Antragsteller wegen *Einreise aus einem sicheren Drittstaat* kein Asylrecht zusteht (§ 31 IV), verweist Abs. 4 2. HS für den Fall der erneuten Wiedereinreise und Asylantragstellung auf § 34 a. Scheitert die Rückführung in den Drittstaat, kann der erneute Asylantrag jedoch nicht als Folgeantrag behandelt werden, da eine für die Beurteilung der Erheblichkeit der Wiederaufnahmegründe maßgebliche Vergleichsbasis des Erstverfahrens fehlt.

43 Ist der Antragsteller nach der Abschiebung in den sicheren Drittstaat und seiner erneuten Einreise in das Bundesgebiet nicht in seinen Herkunftsstaat zurückgekehrt, bleibt es dabei, dass er aus einem sicheren Drittstaat eingereist ist. Eine Berufung auf Art. 16 a I GG im Folgeantragsverfahren ist nicht zulässig. Hat er sich nach der Behandlung seines Asylbegehrens durch den sicheren Drittstaat wieder in seinem Herkunftsstaat niedergelassen und reist er wegen befürchteter Verfolgung erneut aus und auf dem Luftwege unmittelbar aus einem Staat, der nicht sicherer Drittstaat ist, in das Bundesgebiet ein, so ist die Berufung auf das verfassungsrechtliche Asylrecht im neuen

Folgeantrag **§ 71**

Asylverfahren nicht versagt (vgl. BVerfGE 94, 49 (95) = NVwZ 1996, 700 = EZAR 208 Nr. 7; § 26 a Rdn. 148).

2.7. Geltendmachung neuen Sachvorbringens vor Eintritt der Unanfechtbarkeit der Asylablehnung in der Tatsacheninstanz

Eine der häufigsten Fallgestaltung in der Verwaltungspraxis besteht darin, dass der Asylantrag im Erstverfahren in der qualifizierten Form nach § 30 abgelehnt wurde und das Eilrechtsschutzverfahren nach § 36 III und IV für den Antragsteller erfolglos verlaufen ist. In diesem Fall ist regelmäßig das Hauptsacheverfahren noch anhängig, sodass neue Tatsachen und Beweismittel in dieses Verfahren eingeführt werden müssen. 44

Solange die Antragsablehnung nicht unanfechtbar ist, ist die förmliche Folgeantragstellung nach dem eindeutigen Wortlaut von Abs. 1 S. 1 1. HS unzulässig. Üblich ist in derartigen Fällen jedoch die Klagerücknahme, um die Unanfechtbarkeit der Antragsablehnung herbeizuführen, sodass im Grundsatz neue Tatsachen und Beweismittel im Wege des Folgeantragsverfahren vorgebracht werden können. 45

Es gibt allerdings eine Reihe von Gründen, die eine derartige Prozessstrategie als riskantes Unternehmen erscheinen lassen: Nimmt der Asylsuchende seine Klage im Erstverfahren zurück und stellt er anschließend einen Folgeantrag, so wird dessen Zulässigkeit regelmäßig am Verschuldenstatbestand des § 51 II VwVfG scheitern. Gemäß § 51 II VwVfG hat der Asylsuchende die neuen Tatsachen und Beweismittel nach Möglichkeit im Erstverfahren geltend zu machen. War zum Zeitpunkt des Auftretens neuer Tatsachen oder des Bekanntwerdens neuer Beweismittel das Erstverfahren in der Hauptsache noch anhängig, muss er sich daher auf dieses verweisen lassen (BVerfG (Kammer), NVwZ 1987, 487). 46

Die Verweisung auf diesen Weg scheitert nicht daran, dass der Eilrechtsschutzantrag wegen Fristversäumnis zurückgewiesen worden ist (BVerfG (Kammer), NVwZ 1987, 487; Nieders.OVG, NVwZ-RR 1989, 276). Ergibt sich aus der zeitlichen Abfolge von Zurückweisung des Eilantrags im Erstverfahren, der Klagerücknahme und der (anschließenden) Folgeantragstellung, dass sich der Antragsteller planmäßig und mutwillig die Möglichkeit nimmt, eine etwa eintretende, ihm günstige Änderung der Sach- oder Rechtslage nach unanfechtbarem Abschluss des Eilrechtsschutzverfahrens noch im Klageverfahren geltend zu machen oder verfügbar werdende Urkunden noch in diesem Verfahren vorzulegen, ist ihm ein grobes Verschulden im Sinne von § 51 II VwVfG vorzuwerfen (Hess.VGH, ESVGH 38, 118 = EZAR 224 Nr. 17). Dies gilt nicht, wenn der Antragsteller nach Zurückweisung des Eilrechtsschutzantrags auf Empfehlung oder Anraten des Verwaltungsgerichts die Klage zurückgenommen hat. 47

Werden nach Zurückweisung des Eilrechtsschutzantrages im Erstverfahren neue Tatsachen und Beweismittel bekannt, so ist deshalb zur Vermeidung der Folge des § 51 II VwVfG im Erstverfahren der *Abänderungsantrag* nach § 80 VII 2 VwGO zu stellen (s. hierzu ausführlich § 36 Rdn. 38 ff.). Zwar ergibt sich 48 aus der Fristgebundenheit des Eilrechtsschutzantrags, dass damit spätere Abänderungs- oder Aufhebungsanträge grundsätzlich ausgeschlossen sind (VGH BW, DÖV 1986, 296). Jedoch gilt dies nicht, wenn der Eilantrag nicht verfristet war (OVG NW, EZAR 632 Nr. 13). War daher zunächst der Eilantrag fristgemäß erhoben worden, entstehen aber nach seiner Zurückweisung Wiederaufnahmegründe nach § 51 I VwVfG, ist unter den Voraussetzungen des § 80 VII 2 VwGO der Abänderungsantrag zulässig (OVG NW, EZAR 632 Nr. 13; Hess.VGH, EZAR 224 Nr. 17).

49 In den Fällen, in denen der Eilrechtsschutzantrag verfristet ist, sind neue Tatsachen und Beweismittel in das Verfahren einzuführen und ist zugleich ein einstweiliger Anordnungsantrag nach § 123 VwGO zu stellen (VG Gießen, AuAS 1994, 228). Zwar lösen derartige Anträge nicht den Abschiebungsschutz nach § 36 III 8 aus. Nach der positiven gerichtlichen Entscheidung ist die Abschiebung jedoch ausgesetzt (Hess.VGH, EZAR 224 Nr. 17).

2.8. Geltendmachung neuen Sachvorbringens während des Berufungszulassungsverfahrens nach § 78 Abs. 4

50 Besondere Verfahrensprobleme bereiten Fallgestaltungen, in denen die mündliche Verhandlung im Erstverfahren durchgeführt oder über den Zulassungsantrag nach § 78 IV 1 noch nicht entschieden worden ist, aber vor Zustellung oder während des Antragsverfahrens Wiederaufnahmegründe entstehen und die Gefahr besteht, dass die Frist des § 51 III 1 VwVfG während des anhängigen Antragsverfahrens abläuft.

51 Zunächst ist die Frage zu beantworten, ob die Sondervorschrift des Abs. 1 S. 1 1. HS Anwendung findet oder der Asylsuchende auf das Erstverfahren zu verweisen ist. Aus § 51 I Nr. 2 VwVfG ergibt sich die verfahrensrechtliche Mitwirkungspflicht, neue Tatsachen und Beweismittel vorrangig im Erstverfahren einzuführen (BVerfG (Kammer), NVwZ 1987, 487). Dies muss dem Antragsteller verfahrensrechtlich aber noch möglich gewesen sein (BVerfG (Kammer), NVwZ 1987, 487; OVG MV, AuAS 1997, 223 (224)).

52 War z. B. die mündliche Verhandlung im Erstverfahren bereits durchgeführt worden, kann dem Antragsteller nicht angesonnen werden, mit Blick auf nach Abschluss der Verhandlung auftretende neue Tatsachen und Beweismittel die Wiedereröffnung des Verfahrens zu beantragen (VGH BW, B. v. 23. 1. 1987 – A 13 S 814/86). Eine Wiedereröffnungspflicht des Gerichts ist auf extreme Ausnahmefälle beschränkt. Wird der Wiedereröffnungsantrag auf Vorbringen gestützt, das noch nicht Gegenstand des bisherigen Verfahrens war und deshalb in der mündlichen Verhandlung auch nicht berücksichtigt werden konnte, so macht das Gericht von der Ermessensermächtigung des § 104 III 2 VwGO in aller Regel zweckentsprechenden Gebrauch, wenn es die Wiedereröffnung ablehnt (VGH BW, B. v. 23. 1. 1987 – A 13 S 814/86).

53 In diesem Fall ist dem Antragsteller der Weg über Abs. 1 S. 1 1. HS eröffnet und es ist von einem zulässigen Folgeantrag auszugehen (Funke-Kaiser, in: GK-AsylVfG, II – § 71 Rdn. 23). Anders liegt der Fall, wenn ihm vom Verwaltungsgericht ein Schriftsatzrecht nach § 283 ZPO eingeräumt worden ist. In

Folgeantrag § 71

diesem Fall bestehen keine Bedenken, den Antragsteller auf diesen Weg zu verweisen (Funke-Kaiser, in: GK-AsylVfG, II – § 71 Rdn. 23).

Das Folgeantragsverfahren ist nicht dazu bestimmt, dem Asylsuchenden ein außerordentliches Rechtsmittel zu gewähren, mit dem jederzeit eine vermeintlich unrichtige Sachentscheidung im Erstverfahren korrigiert werden kann (Nieders.OVG, NVwZ-RR 1989, 276, zur Frage, ob und inwieweit das Sachvorbringen als nicht neu zurückzuweisen ist, weil es bereits im Wiedereinsetzungsverfahren gegen die Versäumung der Klagefrist vorgetragen worden war, s. BVerfG (Kammer), NVwZ-Beil. 1994, 49). Andererseits wird ihm nicht angesonnen, von allen nur irgend in Betracht kommenden prozessualen Möglichkeiten unabhängig davon Gebrauch zu machen, ob sie auch tatsächlich eine reelle Erfolgschance bieten (VGH BW, B. v. 23. 1. 1987 – A 13 S 814/86). 54

Aus diesen Gründen ist der Antragsteller zur Wahrung seiner Rechte nach Abs. 1 S. 1 1. HS auch nicht gehalten, den Zulassungsantrag nach § 78 IV 1 zu stellen (vgl. VGH BW, B. v. 23. 1. 1987 – A 13 S 814/86; a. A. VGH BW, EZAR 633 Nr. 21; VGH BW, InfAuslR 1994, 290). Das gilt im gleichen Maße für die revisionsrechtliche Zulassungsbeschwerde nach § 133 VwGO. Vielmehr kann der Asylsuchende das ihn benachteiligende Urteil des Verwaltungsgerichts rechtskräftig werden lassen und sein neues Sachvorbringen im Weg des Asylfolgeantragsverfahrens geltend machen. Treten während des Revisionsverfahrens neue Tatsachen und Beweismittel auf, sind diese daher mit Hilfe des Folgeantrags vorzubringen (BVerwG, InfAuslR 1985, 22). 55

Generell kann damit festgehalten werden: Der Antragsteller ist gehalten, sämtliche Tatsachen und Beweismittel im Erstverfahren geltend zu machen, solange ihm dies prozessual möglich und zumutbar ist. Freilich dürfen an diese prozessuale Mitwirkungspflicht keine überhöhten Anforderungen gestellt werden. Insbesondere muss aus der Natur der Sache heraus die Geltendmachung neuen Sachvorbringens im Erstverfahren überhaupt noch möglich gewesen sein. Weder mit dem Zulassungsantrag nach § 78 IV 1 noch mit der Zulassungsbeschwerde nach § 133 I VwGO können neue Tatsachen und Beweismittel in das Verfahren eingeführt werden. 56

Dies gilt auch in Ansehung der Rechtsprechung, derzufolge die Grundsatzberufung auch ungeklärte Tatsachenfragen erfasst (BVerwGE 70, 24 = Buchholz 402.25 § 32 AsylVfG Nr. 4 = NVwZ 1985, 159 = InfAuslR 1985, 119; so auch Hess.VGH, NVwZ 1983, 237; VGH BW, EZAR 633 Nr. 2; InfAuslR 1983, 260; OVG Hamburg, DÖV 1983, 648; InfAuslR 1983, 262). Auch in diesen Fällen entscheidet das Berufungsgericht auf der Grundlage der es insoweit bindenden tatsächlichen Feststellungen des erstinstanzlichen Urteils über die Grundsatzbedeutung der Tatsachenfrage. 57

Legt der Antragsteller dagegen im Erstverfahren Rechtsbehelfe ein, die von ihrer Natur her das Vorbringen neuer Tatsachen und Beweismittel ausschließen, so muss das Verfahrensrecht es ihm ermöglichen, sein neues Sachvorbringen in geeigneter Weise geltend machen zu können. Es wäre mit dem insbesondere das Asylverfahrensrecht beherrschenden Grundsatz verfassungskonformer Anwendung verfahrensrechtlicher Vorschriften unvereinbar, dem Antragsteller eine Wahl zwischen der Weiterverfolgung des Erstverfah- 58 rens oder dem Folgeantrag anzusinnen. Vielmehr muss es dem Asylsuchenden möglich bleiben, sein Erstverfahren weiterzubetreiben.

59 Lässt das Berufungsgericht die Berufung zu, entfällt die Notwendigkeit für den Folgeantrag. Ein möglicherweise eingeleitetes Folgeantragsverfahren wird damit unzulässig (Funke-Kaiser, in: GK-AsylVfG, § 71 Rdn. 21) und ist einzustellen. Ein etwaig ergangener Sachbescheid wäre durch das Bundesamt von Amts wegen oder auf eine isolierte Anfechtungsklage hin aufzuheben (Funke-Kaiser, in: GK-AsylVfG, § 71 Rdn. 21). Der Asylsuchende kann nunmehr alle neu eintretenden Tatsachen und Beweismittel bis zum Schluss der mündlichen Verhandlung im Berufungsverfahren geltend machen. Dies gilt jedoch nicht für das Revisionsverfahren. Hier wird der Asylsuchende von vornherein auf den Asylfolgeantrag verwiesen (BVerwG, InfAuslR 1985, 22).

60 Hat der Asylsuchende das neue Sachvorbringen in das anhängige Erstverfahren einzuführen und ist der Folgeantrag deshalb unstatthaft, wird er mit dem Zeitpunkt des Eintritts der Unanfechtbarkeit der Asylablehnung nach Zurückweisung des Berufungszulassungsantrags nicht von selbst statthaft (Funke-Kaiser, in: GK-AsylVfG, II – § 71 Rdn. 24). Andererseits ist stets zu prüfen, ob der Asylsuchende nach diesem Zeitpunkt durch schlüssiges Verhalten den Antrag neu gestellt oder aufrecht erhalten hat (Hess.VGH, EZAR 212 Nr. 5).

61 Weist das Berufungsgericht den Zulassungsantrag zurück, ist die Asylablehnung des Erstverfahrens unanfechtbar. Stellt der Antragsteller erst jetzt den Folgeantrag, kann ihm an sich die Versäumnis der Frist des § 51 III VwVfG entgegengehalten werden. Zu einem früheren Zeitpunkt konnte der Folgeantrag jedoch aus verfahrensrechtlichen Gründen nicht gestellt werden, weil der frühere Asylantrag noch nicht unanfechtbar abgelehnt war.

62 Zu Beginn der Anwendung des AsylVfG 1982 wurde vereinzelt vorgeschlagen, unter analoger Anwendung der Vorschriften über den Folgeantrag in derartigen Fällen auch schon vor unanfechtbarer Ablehnung des Erstantrags den Folgeantrag zuzulassen (VG Schleswig, B. v. 20. 9. 1982 – 14 D 38/82). Es ist jedoch zweifelhaft, ob angesichts des eindeutigen Wortlautes von Abs. 1 S. 1 1. HS ein derartiges Verfahren zulässig ist. Ebenso dürfte eine aufschiebend bedingte Antragstellung derart, dass mit Zurückweisung des Zulassungsantrags die Bedingung für den Antrag eintritt, kaum mit den das Verwaltungsverfahren beherrschenden Grundsätzen vereinbar sein. Eine verfassungsrechtlich orientierte Anwendung des Verfahrensrechts hat daher zur Folge, dass erst nach unanfechtbarer Zurückweisung des Zulassungsantrags die Folgeantragstellung möglich ist und erst mit dem Eintritt der Unanfechtbarkeit die Frist des § 51 III VwVfG zu laufen beginnt (OVG MV, AuAS 1997, 223 (224) = NVwZ-RR 1998, 140; VG Gießen, NVwZ-Beil. 1998, 62 (63)).

63 Die Folgeantragstellung in einem Verfahrensstadium, in dem Tatsachen und Beweismittel nicht mehr in das Erstverfahren eingeführt werden können, wird in der Verwaltungspraxis nicht akzeptiert. Er wird im Allgemeinen mit der Begründung abgelehnt, dass eine Folgeantragstellung »auf Vorrat« nicht zulässig ist. Es kann danach dem Antragsteller andererseits aber kein Vor-

Folgeantrag § 71

wurf daraus gemacht werden, dass er mit der Stellung eines Folgeantrags bis zum Abschluss des Erstverfahrens abwartet. Daher beginnt die Frist nach § 51 III VwVfG erst mit der Zustellung des zurückweisenden Beschlusses des Berufungsgerichtes im Zulassungsantragsverfahren zu laufen (VG Wiesbaden, AuAS 2004, 138).

Bei der anschließenden Prüfung der Voraussetzungen des § 51 I–III VwVfG wird deshalb in der Verwaltungspraxis selbstverständlich berücksichtigt, ob der Antragsteller in der Lage gewesen ist, sein neues Sachvorbringen rechtzeitig einzubringen. Jedenfalls verstößt das Bundesamt gegen den Grundsatz von Treu und Glauben, wenn es in Anbetracht seiner geübten ständigen Praxis in dieser Frage sich anschließend auf die Ausschlussfrist des § 51 III VwVfG berufen würde. **64**

2.9. Erneuter Asylantrag nach Aufhebung der Asylanerkennung

In der Kommentarliteratur wird auch für den Fall, in dem die bestandskräftig gewordene Rechtsstellung eines Asylberechtigten oder eines nach § 60 I AufenthG Schutzberechtigten erlischt (§ 72), widerrufen oder zurückgenommen wird (§ 73), ein anschließendes erneutes Schutzbegehren als Folgeantrag angesehen. Zwar setze der Gesetzeswortlaut nach Abs. 1 S. 1 1. HS eine unanfechtbare Asylablehnung voraus. Bei genauerem Hinsehen ergebe sich jedoch, dass auch im Falle des Erlöschens, des Widerrufs oder der Rücknahme der Asylantrag abgelehnt werde (Funke-Kaiser, in: GK-AsylVfG, II – § 71 Rdn. 42.1). **65**

Einer derartigen Ausdehnung des Gesetzeswortlautes kann nicht gefolgt werden. Sie verletzt den Auslegungsgrundsatz, dass einer Norm durch Auslegung nicht eine ihrem Wortlaut entgegen gesetzte Bedeutung beigemessen werden darf. Auch ist diese Ansicht mit den Grundsätzen des allgemeinen Verwaltungsverfahrens unvereinbar. Eine vom Wortlaut des Abs. 1 S. 1 geforderte Ablehnung des Antrags ist das Gegenteil eine Stattgabe. Mit unanfechtbarer Entscheidung über den Asylantrag zugunsten des Antragstellers ist das Verwaltungsverfahren beendet. Der Antrag lebt nicht sozusagen im latenten Zustand weiter und wieder auf, wenn von Amts wegen geprüft wird, ob der einmal gewährte Status erloschen ist oder aufgehoben werden soll. Im ersten Fall tritt die Rechtsfolge bereits kraft Gesetzes ein. **66**

Durch die gesetzliche Anordnung nach § 72 wird der gewährte unanfechtbare Status beseitigt, nicht jedoch der der Statusgewährung zugrundeliegende Antrag abgelehnt. Im Widerrufsfall wird von Amts wegen ein Verfahren eingeleitet, das weder von seiner Struktur noch von seinem Gegenstand her als Fortsetzung des Feststellungsverfahrens bewertet werden kann, sondern darauf gerichtet ist, zu prüfen, ob die Voraussetzungen für die Beseitigung eines an sich unanfechtbaren Status vorliegen. Mit teleologischen Erwägungen (so auch Bell/von Nieding, ZAR 1995, 119, FN 5) kann man sich weder über den eindeutigen Gesetzeswortlaut noch über klare Grundsätze des Verwaltungsverfahrensrechts hinwegsetzen. Der nach Erlöschen, Widerruf oder Rücknahme gestellte Asylantrag ist damit zwar ein erneuter Asylantrag, er ist jedoch kein Folgeantrag im Sinne des Gesetzes. **67**

2.10. Erneute Antragstellung nach Verzicht gemäß § 14 a Abs. 3 (Abs. 1 Satz 2)

68 Abs. 1 S. 2 regelte ursprünglich die Antragstellung nach Rücknahme des Asylantrags wegen Erteilung einer Aufenthaltsgenehmigung für Bürgerkriegsflüchtlinge. Mit Wirkung zum 1. Januar 2005 ist Abs. 1 S. 2 neu gefasst worden und ergänzt die Vorschriften über die Antragsfiktion nach § 14 a und § 30 III Nr. 7. Der Vorschrift liegt der Sachverhalt zugrunde, dass der gesetzliche Vertreter des jetzigen Folgeantragstellers in dessen Erstverfahren mit der Erklärung auf die Durchführung des Verfahrens verzichtet hat, dass keine Verfolgung vorliegt. Im verfahrensrechtlichen Sinne handelt es sich um eine Antragsrücknahme (§ 14 a Rdn. 30).

69 Dem Erstverfahren selbst lag kein gewillkürter, sondern ein gesetzlich fingierter Asylantrag nach § 14 a I oder § 14 a II zugrunde. Erklärungen des gesetzliches Vertreters muss der Antragsteller sich zurechnen lassen. Das Erstverfahren ist deshalb durch die Erklärung des gesetzlichen Vertreters nach § 14 a III durch Rücknahme (Abs. 1 S. 1) beendet. Jedes weitere Vorbringen des Vertretenen ist als Asylfolgeantrag zu behandeln (Abs. 1 S. 2). Beim anschließenden Folgeantrag werden in aller Regel Nachfluchtgründe zu bewerten sein.

3. Erneute Geltendmachung von Abschiebungshindernissen nach § 60 Abs. 2 bis 7 AufenthG

3.1. Zuständigkeit des Bundesamtes

70 Mittlerweile ist geklärt, dass allein das Bundesamt zuständig dafür ist, die erneute Berufung auf die Abschiebungshindernisse nach § 60 II–VII AufenthG unabhängig davon zu überprüfen, ob diese zusammen mit einem auf den Asylschutz und internationalen Schutz nach § 60 I AufenthG gerichteten Antrag oder isoliert geltend gemacht werden (BVerwG, NVwZ 2000, 940 = InfAuslR 2000, 410 = EZAR 212 Nr. 10 = AuAS 2000, 154; BVerwG, NVwZ 2000, 941; OVG Rh-Pf, NVwZ-Beil. 1999, 45; VGH BW, NVwZ-RR 2000, 323; Nieders.OVG, AuAS 2001, 140). Damit wird die bereits zuvor entwickelte Rechtsprechung zu dieser Frage (OVG NW, NVwZ-Beil. 1997, 77 (78); VGH BW, AuAS 1993, 105 (106); VG Freiburg, NVwZ-Beil. 1996, 88 = AuAS 1996, 237; VG Berlin, NVwZ-Beil. 1996, 70; VG Ansbach, InfAuslR 1996, 374 (375); VG Saarlouis, B. v. 14. 5. 1993 – 10 F 17/93) bestätigt. Die entgegenstehende Rechtsprechung (OVG SH, InfAuslR 1993, 279 (280); BayVGH, BayVBl. 1995, 695 (696) = EZAR 224 Nr. 26; VG Würzburg, AuAS 1995, 155 (156); VG Sigmaringen, NVwZ-Beil. 1999, 5) ist überholt.

71 Die umfassende Zuständigkeit des Bundesamtes wird damit begründet, dass das Bundesamt auf ein Gesuch um Schutz vor politischer Verfolgung stets eine umfassende Entscheidung zu treffen hat, die alle Formen des Schutzes vor zielstaatsbezogenen Gefahren einbezieht. Dieser Leitgedanke lasse sich den Vorschriften des AsylVfG entnehmen, die übereinstimmend das Bun-

Folgeantrag § 71

desamt verpflichten würden, im Asylverfahren auch Feststellungen zum asylrechtlichen Abschiebungsschutz nach § 60 I AufenthG und zu ausländerrechtlichen Abschiebungshindernissen nach § 60 II–VII AufenthG zu treffen (vgl. BVerwG, NVwZ 2000, 940).

Voraussetzung für die Begründung der Zuständigkeit des Bundesamtes ist jedoch, dass vor der erneuten Berufung auf den in § 60 II–VII AufenthG bereit gehaltenen Schutz bereits einmal ein Asylverfahren durchgeführt worden ist. Das Bundesamt ist mit der Asylantragstellung für die Prüfung von Abschiebungshindernissen zuständig geworden (vgl. § 24 II) und hat im Erstverfahren mit der unanfechtbaren Asylantragsablehnung zugleich auch über diese entschieden (§ 31 III 1). Auch ist die vollziehende Ausländerbehörde mit Ausnahme des Abschiebungshindernisses des § 60 IV AufenthlG (vgl. § 42 S. 1) an diese Feststellung gebunden (§ 42 S. 1).

Nach einem erfolglos durchgeführten Asylverfahren kann daher auch bei Beschränkung des Antrags auf § 60 II–VII AufenthG Abschiebungsschutz nach der Rechtsprechung nur noch im Rahmen eines Folgeantrags nach Abs. 1 erlangt werden (OVG Hamburg, NVwZ-RR 1998, 456 (458) = AuAS 1998, 139; VG Schleswig, B. v. 22. 12. 1992 – 14 B 113/92; VG Saarlouis, B. v. 14. 5. 1993 – 10 F 17/93; VG Gießen, NVwZ-Beil. 1998, 62 (63)).

Ist hingegen im Erstverfahren noch keine Entscheidung über die Abschiebungshindernisse des § 60 II–VII AufenthG getroffen worden, ist diese im Folgeantragsverfahren nachzuholen. Denn angesichts der engen Verzahnung zwischen den asylrechtlichen und ausländerrechtlichen Ansprüchen in tatsächlicher und rechtlicher Hinsicht (BVerwGE 99, 38 (44 f.) = EZAR 631 Nr. 41 = NVwZ 1996, 79; BVerwGE 101, 323 (325); BVerwG, EZAR 631 Nr. 40) ist materiellrechtlich in jedem Asylvorbringen stets zugleich auch ein Abschiebungshindernis nach § 60 II–VII AufenthG enthalten. Diese Verfahrensweise ist allein schon deshalb gerechtfertigt, weil die Menschenwürdegarantie sowie die Grundrechte auf Leben und körperliche Unversehrtheit zwingende Auswirkungen auf den Handlungsspielraum deutscher Vollzugsbehörden haben (BVerfGE 75, 1 (16 f.)). Derartige behördliche Versäumnisse im Erstverfahren treten heute jedoch nicht mehr auf.

Hat der Antragsteller indes bislang keinen Asylantrag gestellt, sondern den Schutz nach § 60 II–VII AufenthG von vornherein isoliert gegenüber der Ausländerbehörde geltend gemacht, so wird bei erneuter Berufung auf diesen Schutz nach vorheriger Versagung des ersten Antrags nicht die Zuständigkeit des Bundesamtes, sondern die der zuständigen Ausländerbehörde begründet (vgl. § 72 II AufenthG). Es fehlt insoweit an dem die Zuständigkeit nach § 24 II begründenden Asylantrag (s. hierzu im Einzelnen § 24 Rdn. 61 ff.). Hier ist für das erneute Schutzbegehren wiederum die Ausländerbehörde zuständig. In der Verwaltungspraxis sind diese Fallgestaltungen indes eher der seltene Ausnahmefall.

3.2. Unzulässiger Asylfolgeantrag

3.2.1. Antragsunabhängige Prüfung von Abschiebungshindernissen

76 Wertet das Bundesamt den Asylfolgeantrag als unzulässig und leitet es deshalb kein weiteres Asylverfahren ein, hat es gleichwohl von Amts wegen, auch ohne dass dies ausdrücklich beantragt worden war, eine eigenständige Prüfung und Entscheidung in Ansehung der Abschiebungshindernisse vorzunehmen (BVerwG, NVwZ 2000, 940 = InfAuslR 2000, 410 = EZAR 212 Nr. 10 = AuAS 2000, 154; BVerwG, NVwZ 2000, 941 (942); OVG Rh-Pf, NVwZ-Beil. 1999, 45; VGH BW, NVwZ-RR 2000, 323).

77 Tritt das Bundesamt nicht in eine erneute asylrechtliche Sachprüfung ein, so hat es mithin ungeachtet dessen Abschiebungshindernisse zu prüfen. Dies folgt daraus, dass es im Rahmen des Abs. 5 als Ausländerbehörde tätig wird und aus Anlass des Asylfolgeantrags zwecks Überprüfung der Zielstaatsbestimmung der im Erstverfahren erlassenen Abschiebungsandrohung Abschiebungshindernisse zu prüfen hat (OVG Rh-Pf, NVwZ-Beil. 1999, 45). Diese Verpflichtung trifft es unabhängig von einem ausdrücklich hierauf gerichtete Antrag von Amts wegen (VGH BW, NVwZ-RR 2000, 323; a. A. VGH BW, AuAS 2000, 201).

78 Allein die formale Abweisung eines Asylfolgeantrags aus verfahrensrechtlichen Gründen hebt damit nicht den aus anderen Gründen bestehenden *zwingenden* Abschiebungsschutz auf. Verstärkend kommt hinzu, dass nicht wie früher zwei unterschiedliche Behörden über die verschiedenen Verfahrensgegenstände zu entscheiden haben, sondern allein das Bundesamt. Aus der Monopolzuständigkeit des Bundesamtes nach § 31 folgt, dass es aus Anlass eines Folgeantrags das Sachvorbringen umfassend nach Maßgabe seiner in § 31 geregelten Sachkompetenz zu prüfen hat.

3.2.2. Prüfung der Zulässigkeitsvoraussetzungen nach § 51 Abs. 1 bis 3 VwVfG

79 Hat das Bundesamt im ersten Asylverfahren bereits unanfechtbar festgestellt, dass Abschiebungshindernisse nach § 53 AuslG nicht bestehen, kann auf den Asylfolgeantrag des Antragstellers hin eine erneute Prüfung und Entscheidung des Bundesamtes zu § 60 II–VII AufenthG nur unter den Voraussetzungen des § 51 VwVfG für ein Wiederaufgreifen des Verfahrens erfolgen (BVerwG, NVwZ 2000, 940 (941) = InfAuslR 2000, 410 = EZAR 212 Nr. 10 = AuAS 2000, 154; VGH BW, NVwZ-RR 2000, 323; VGH BW, AuAS 1999, 117). Dies gilt auch dann, wenn sich der Antragsteller auf Abschiebungshindernisse beruft, die erst nach Abschluss des ersten Asylverfahrens eingetreten sind (BVerwG, NVwZ 2000, 940 (941)).

80 Die Entscheidung über Abschiebungshindernisse ist aus Gründen der Rechtssicherheit und Rechtsklarheit auf Dauer angelegt. Späteren Entwicklungen kann daher grundsätzlich nicht ohne entsprechende Aufhebung bzw. Änderung der früheren Entscheidung des Bundesamtes Rechnung getragen werden (BVerwG, NVwZ 2000, 940 (941) = InfAuslR 2000, 410 = EZAR 212 Nr. 10).

81 Da in aller Regel die Einleitung des asylrechtlichen Verfahrens wegen Fehlens der Voraussetzungen des § 51 I–III VwVfG abgelehnt worden war, dürf-

Folgeantrag § 71

te regelmäßig auch eine Prüfung und Entscheidung der Abschiebungshindernisse nach § 60 II–VII AufenthG an diesen Voraussetzungen scheitern. Der Antragsteller hat aber in diesen Fällen die Möglichkeit, ein Wiederaufgreifen des Verfahrens nach § 51 V VwVfG zu beantragen (s. hierzu Rdn. 86 ff.).

3.2.3. Keine Anwendung des Asylverfahrensgesetzes

Der Anspruch auf Wiederaufgreifen des Verfahrens hinsichtlich der Abschiebungshindernisse nach § 60 II–VII AufenthG ergibt sich unmittelbar aus § 51 I VwVfG (so auch VG Berlin, NVwZ-Beil. 1996, 70). Weder unmittelbar noch mittelbar sind die Regelungen des § 71 auf erneute Anträge nach § 60 II–VII AufenthG anzuwenden (BVerwG, NVwZ 2000, 940 (941) = InfAuslR 2000, 410 = EZAR 212 Nr. 10). Das hat zur Folge, dass auch das gesetzliche Abschiebungshindernis nach Abs. 5 S. 2 1. HS nicht zugunsten des Antragstellers eingreift. Allerdings hat die Ausländerbehörde während der Zeit der Zulässigkeitsprüfung des Asylfolgeantrags das gesetzliche Abschiebungshindernis zu beachten. 82

Lehnt das Bundesamt die Einleitung des asylrechtlichen Verfahrens ab, so wird es zugleich auch eine Entscheidung über die Zulässigkeit des erneuten Antrags nach § 60 II–VII AufenthG treffen. Insoweit ist die prozessuale und ausländerrechtliche Situation identisch mit der des unzulässigen Asylfolgeantrags. Anders ist dies jedoch bei der isolierten erneuten Beantragung des Schutzes nach § 60 II–VII AufenthG (Rdn. 86 ff.). 83

3.3. Zulässiger Asylfolgeantrag

Leitet das Bundesamt auf Antrag ein erneutes Verfahren nach Abs. 1 S. 1 2. HS ein, so ergeben sich gegenüber dem normalen Asylverfahren keine Besonderheiten. Das Bundesamt prüft umfassend den Asylantrag. Das gesetzliche Aufenthaltsrecht sichert den Aufenthalt des Antragstellers während des Verfahrens (vgl. § 55 I 1). 84

Wird der Status nach Art. 16 a I GG und/oder § 60 I AufenthG gewährt, wird im Regelfall von einer Entscheidung nach § 60 II–VII AufenthG abgesehen.(vgl. § 31 III 2 Nr. 1 und 2). Wird die Statusgewährung verweigert, hat das Bundesamt von Amts wegen eine Entscheidung über Abschiebungshindernisse nach § 60 II–VII AufenthG zu treffen (§ 31 III 1). 85

3.4. Isolierter erneuter Antrag nach § 60 Abs. 2 bis 7 AufenthG

3.4.1. Unmittelbare Anwendung des § 51 VwVfG

Der Antragsteller kann nach Abschluss des Erstverfahrens seinen erneuten Antrag von vornherein auf § 60 II–VII AufenthG beschränken (Nieders. OVG, AuAS 2001, 140). Voraussetzung hierfür ist allerdings, dass sich dem Schutzbegehren kein Anhalt auf politische Verfolgung entnehmen lässt (vgl. § 13 I). Auch wenn dies nicht der Fall ist, ist allein das Bundesamt befugt, 86 nach Durchführung eines Asylverfahrens mit Bindungswirkung für die Ausländerbehörden (vgl. § 42 S. 1) eine Entscheidung über zielstaatsbezogene Abschiebungshindernisse herbeizuführen.

87 Daher ist es auch für den erneuten isolierten Antrag nach § 60 II–VII AufenthG zuständig, wenn bereits ein Asylverfahren durchgeführt worden ist. Wie bereits ausgeführt, sind weder unmittelbar noch mittelbar die Regelungen des § 71 auf den erneuten Antrag nach § 60 II–VII AufenthG anzuwenden (BVerwG, NVwZ 2000, 940 (941) = InfAuslR 2000, 410 = EZAR 212 Nr. 10). Das hat zur Folge, dass auch das gesetzliche Abschiebungshindernis nach Abs. 5 S. 2 1. HS nicht zugunsten des Antragstellers eingreift.

3.4.2. Verfahrensrechtlicher Abschiebungsschutz unmittelbar aus § 60 Abs. 2 bis 7 AufenthG

88 Für die Dauer der Zulässigkeitsprüfung folgt der Abschiebungsschutz unmittelbar aus den Grundrechten und aus § 60 II–VII AufenthG. Die Ausländerbehörde selbst kann anders als im Falle der – erstmaligen – isolierten Berufung auf § 60 II–VII AufenthG (§ 72 II AufenthG) nach einem einmal durchgeführten Asylverfahren wegen der Bindungswirkung des § 42 S. 1 nicht eigenständig die Abschiebungshindernisse prüfen (VGH BW, AuAS 1994, 104; OVG Berlin, B. v. 28. 1. 1994 – OVG 8 S 383.93; Nieders.OVG, AuAS 2001, 140; VG Würzburg, EZAR 632 Nr. 17; a. A. VGH BW, AuAS 1994, 106).

89 Solange das Bundesamt nicht über die Zulässigkeit der neu vorgebrachten Tatsachen und Beweismittel mit Blick auf § 60 II–VII AufenthG entschieden hat, hat die Ausländerbehörde den verfassungskräftigen und einfachgesetzlichen Abschiebungsschutz zu beachten. Die vollziehende Behörde darf nicht ungeachtet der isolierten Berufung auf Abschiebungshindernisse nach § 60 II–VII AufenthG die Abschiebung in einen Drittstaat betreiben.

90 Zwar kann die Ausländerbehörde aus eigener Zuständigkeit eine Abschiebungsandrohung erlassen. Sie ist hierbei insbesondere an die in § 59 II und III 2 AufenthG geregelten Bezeichnungspflichten gebunden (s. hierzu § 34 Rdn. 26 ff., 41 ff.). Diese Befugnis hat die Ausländerbehörde jedoch nur, wenn sie aus eigener Zuständigkeit das Abschiebungshindernis nach § 60 II–VII AufenthG zu prüfen hat (§ 72 II AufenthG; s. hierzu § 24 Rdn. 61 ff.).

91 War bereits ein Asylverfahren durchgeführt worden, darf die Ausländerbehörde nicht mehr eigenständig dieses Abschiebungshindernis prüfen (vgl. § 42 S. 1). Daher ist sie auch daran gehindert, die Abschiebung in einen Drittstaat zu betreiben, solange nicht Klarheit über das Vorliegen eines Abschiebungshindernisses und den Umfang seiner Schutzwirkung besteht. Zu dieser Prüfung ist jedoch ausschließlich das Bundesamt berufen.

3.4.3. Voraussetzungen nach § 51 VwVfG

3.4.3.1. Uneingeschränkte Anwendung des § 51 VwVfG

92 Wie bereits erläutert (Rdn. 79 ff.), kann eine erneute Prüfung und Entscheidung des Bundesamtes zu § 60 II–VII AufenthG nur unter den Voraussetzungen des § 51 VwVfG für ein Wiederaufgreifen des Verfahrens erfolgen (BVerwG, NVwZ 2000, 940 (941) = InfAuslR 2000, 410 = EZAR 212 Nr. 10 =

Folgeantrag **§ 71**

AuAS 2000, 154; VGH BW, NVwZ-RR 2000, 323; VGH BW, AuAS 1999, 117). Dies gilt auch dann, wenn sich der Antragsteller auf Abschiebungshindernisse beruft, die erst nach Abschluss des ersten Asylverfahrens eingetreten sind (BVerwG, NVwZ 2000, 940 (941)).

Im Unterschied zu Abs. 1, wonach jeder erneute Antrag auf Gewährung von Asyl- und Abschiebungsschutz nach § 51 I AuslG von vornherein nur unter den Voraussetzungen des § 51 I–III VwVfG zulässig ist, bedeutet dies im Rahmen der Prüfung des § 60 II–VII AufenthG, dass hier § 51 VwVfG *insgesamt* – also einschließlich der in § 51 V VwVfG eröffneten Korrekturmöglichkeiten im Falle einer etwa drohenden Verletzung elementarer Menschenrechte – in den Blick zu nehmen ist, sofern in einem vorangegangenen Verfahren die Voraussetzungen jener Schutznormen schon einmal verneint worden waren (BVerwG, InfAuslR 2000, 16 (18) = EZAR 043 Nr. 39 = NVwZ 2000, 204; OVG Rh-Pf, NVwZ-Beil. 1999, 45 (46)). **93**

Selbstverständlich ist die verfahrensrechtliche Position des Antragstellers, der eine erneute, aber isolierte Prüfung der Voraussetzungen des § 60 II–VII AufenthG beantragt und dessen Antrag, die Zulässigkeitsvoraussetzungen nach § 51 I–III VwVfG erfüllt, weitaus stärker als diejenige von Antragstellern, deren Antrag diesen Voraussetzungen nicht gerecht wird. Denn im ersten Fall ist das Verfahren nach dem Verfahrensrecht zwingend zu eröffnen, während es im anderen Fall nach Ermessen eröffnet werden kann. Bei drohenden Menschenrechtsverletzungen ist allerdings das Ermessen reduziert. **94**

3.4.3.2. Wiederaufgreifen im weiteren Sinne (§ 51 Abs. 5 VwVfG)

In der Rechtsprechung ist inzwischen allgemein anerkannt, dass das Bundesamt bei erneuter Berufung auf § 60 II–VII AufenthG auch bei fehlendem Nachweis der Voraussetzungen des § 51 I–III VwVfG das Verfahren nach pflichtgemäßem Ermessen nach § 51 V VwVfG eröffnen kann (BVerfG (Kammer), InfAuslR 2000, 459 (461) = NVwZ 2000, 907 = EZAR 212 Nr. 12 = AuAS 2000, 197; BVerwG, InfAuslR 2000, 16 (18) = EZAR 043 Nr. 39 = NVwZ 2000, 204; BVerwG, NVwZ 2000, 940 (941) = InfAuslR 2000, 410 = AuAS 2000, 154 = EZAR 212 Nr. 10; OVG NW, AuAS 2002, 142 (143); Nieders.OVG, AuAS 2001, 141 (142); OVG Rh-Pf, NVwZ-Beil. 1999, 45 (46); VGH BW, AuAS 2000, 45 (46); VG Neustadt a. d. Weinstr., NVwZ-Beil. 2001, 45 (46); s. auch BVerwG, NVwZ 1995, 388 (389)). Nach der Rechtsprechung des BVerwG ist die obsiegende Behörde nicht gehindert, einen rechtskräftig abgesprochenen Anspruch zu erfüllen, wenn sie erkennt, dass der Anspruch tatsächlich besteht und das rechtskräftige Urteil unzutreffend ist (BVerwG, InfAuslR 2000, 16 (18); vgl. auch BVerwGE 78, 332 (340); BVerfG (Kammer), EZAR 212 Nr. 7 = NVwZ 1989, 141 = InfAuslR 1989, 65; Kemper, NVwZ 1985, 872 (875)). **95**

Daher ist das Bundesamt zu einer Abänderung seiner früheren Entscheidung ermächtigt, wenn sie sich als inhaltlich unrichtig erweisen sollte. Darüber hinaus muss die Rechtskraft eines verwaltungsgerichtlichen Urteils grundsätzlich weichen, wenn ein Festhalten an ihr »zu einem *schlechthin unerträglichen Ergebnis* führen würde«. Das kann unter anderem der Fall sein, wenn der Betroffene andernfalls einer erheblichen Gefahr für Leib oder Leben, insbeson- **96** dere einer extremen Gefahrensituation im Herkunftsstaat ausgesetzt wäre und die geltend gemachten Umstände zuvor behördlicherseits und gerichtlich noch nicht geprüft worden sind (BVerwG, InfAuslR 2000, 16 (18) = EZAR 043 Nr. 39 = NVwZ 2000, 204; OVG NW, AuAS 2002, 142 (143)).

97 Bejaht das Verwaltungsgericht im Prozess keine Verpflichtung zum Wiederaufgreifen, sondern lediglich einen Anspruch auf ermessensfehlerhafte Entscheidung des Bundesamtes, ist es nicht verpflichtet, gleichsam auf Vorrat abschließend darüber zu befinden, ob die frühere unanfechtbare Sachentscheidung zu § 60 II–VII AufenthG bzw. § 53 AuslG 1990 rechtswidrig war oder nachträglich rechtswidrig geworden ist (OVG NW, AuAS 2002, 142 (143)).

98 Andererseits ist das Verwaltungsgericht nach der obergerichtlichen Rechtsprechung nicht gehindert, einen Anspruch auf fehlerfreie Ermessensentscheidung über das Wiederaufgreifen mit der Begründung zu verneinen, dass bereits im Zeitpunkt der gerichtlichen Entscheidung feststehe, dass ein wieder aufgegriffenes Verfahren erfolglos bleiben müsse (OVG NW, AuAS 2002, 142 (143)). Das Verwaltungsgericht darf jedoch nicht sein Ermessen an die Stelle des Verwaltungsermessens setzen. Deshalb ist die Rechtsprechung nicht überzeugend.

3.4.3.3. Behördliche Verpflichtung zum Wiederaufgreifen (Ermessensreduktion)

99 In der Rechtsprechung des BVerwG ist anerkannt, dass die Behörde im Rahmen des ihr nach § 51 V VwVfG zustehenden pflichtgemäßem Ermessen grundsätzlich rechtmäßig handelt, wenn sie eine erneute Sachprüfung wegen eines Anspruchs ablehnt, über den bereits eine gerichtliche Entscheidung getroffen worden ist. Es gebe jedoch Umstände, nach denen die Aufrechterhaltung des Erstbescheids schlechthin unerträglich wäre (BVerwG, NVwZ 1995, 388 (389); BVerwG, InfAuslR 2005, 120 (122)).

100 Dementsprechend besteht bei einer »*erheblichen Gefahr für Leib oder Leben, insbesondere einer extremen Gefahrensituation im Herkunftsstaat*« ein behördliche Verpflichtung zur erneuten Sachprüfung (BVerwG, InfAuslR 2000, 16 (18) = EZAR 043 Nr. 39 = NVwZ 2000, 204; BVerwG, InfAuslR 2005, 120 (122); VG Neustadt a. d. Weinstr., NVwZ-Beil. 2001, 45 (46), posttraumatische Belastungsstörung; VG Lüneburg, U. v. 19. 5. 2000 – 6 A 134/99, Schwerbehinderung).

101 Bei drohender *Verletzung elementarer Menschenrechte* (OVG Rh-Pf, NVwZBeil. 1999, 45 (46)), insbesondere bei drohender *Todesstrafe* (VG Wiesbaden, InfAuslR 2002, 275 (276), drohende Todesstrafe im Iran wegen Drogenhandels), drohender *Folter* (vgl. BVerwG, NVwZ 2000, 940 (941) = InfAuslR 2000, 410 = AuAS 2000, 154 = EZAR 212 Nr. 10) ist daher stets das Ermessen reduziert. Dies hat der EGMR im Blick auf den *absoluten Schutzcharakter des Folterverbots* nach Art. 3 EMRK für die Anwendung von § 51 V VwVfG in Verb. mit § 53 VI 1 AuslG 1990 (jetzt § 60 VII 1 AufenthG) ausdrücklich hervorgehoben (EGMR, InfAuslR 2000, 321 (324f.) = NVwZ 2001, 301 = EZAR 933 Nr. 8 – T.I.). Im Hinblick auf behauptete Traumatisierungen ist nach einer internen Dienstanweisung die Anhörung durchzuführen.

Folgeantrag **§ 71**

3.4.3.4. Kein Antragserfordernis
Nach der Rechtsprechung des BVerfG ist das Bundesamt auf einen Antrag **102**
»*oder auch von Amts wegen*« berechtigt, das Verfahren nach § 51 V VwVfG wieder aufzugreifen (BVerfG (Kammer), InfAuslR 2000, 459 (461) = NVwZ 2000, 907 = EZAR 212 Nr. 12 = AuAS 2000, 197; so bereits BVerwGE 78, 332 (340) = NVwZ 1988, 737; so auch Nieders.OVG, AuAS 2001, 140 (142); a. A. VGH BW, 2000, 201(202)). Die gegenteilige, auf prozessuale Einwände gestützte Gegenmeinung steht mit dieser Rechtsprechung nicht in Übereinstimmung. Allerdings hat das Bundesamt von sich aus, ohne konkrete und erschöpfende Darlegung der nachträglich entstandenen zwingenden Gründe keinen Anlass, von Amts wegen in eine erneute Sachprüfung ein zutreten.
Aus Gründen des effektiven Verfahrensschutzes empfiehlt sich deshalb ein **103**
ausdrücklich auf § 51 V VwVfG in Verb. mit § 60 II–VII AufenthG bezogener sowie detailliert und ausführlich begründeter Antrag. Das Bundesamt hat jedoch durch interne Dienstanweisung geregelt, dass bei einer schweren, im Herkunftsland nicht behandelbaren Krankheit, einer drohenden Genitalverstümmelung sowie insbesondere einer behaupteten Traumatisierung ein Wiederaufgreifen von Amts wegen zu prüfen ist.

3.4.3.5. Rechtsschutzfragen
Es stellen sich schwierige Rechtsschutzprobleme. So ist etwa die Regelung **104**
des Abs. 5 S. 2 1. HS nicht unmittelbar anwendbar. Auch finden die Vorschriften des AsylVfG keine Anwendung. Vielmehr ist gemäß § 1 I Nr. 1 VwVfG die Vorschrift des § 51 VwVfG unmittelbar anwendbar. Erst die Entscheidung über die Aufhebung der im Rahmen des Erstverfahrens getroffenen negativen Feststellung zu § 60 II–VII AufenthG ist als eine Entscheidung nach dem AsylVfG anzusehen.
Dies ergibt sich im Umkehrschluss aus § 73 III. Wenn die positive Entschei- **105**
dung über Abschiebungshindernisse nach § 60 II–VII AufenthG nur vom Bundesamt abgeändert werden darf, so spricht vieles dafür, dass dies auch für die negative dementsprechende Feststellung gilt. Im Falle der isolierten – erstmaligen – Berufung auf Abschiebungshindernisse nach § 60 II–VII AufenthG kann sich der Eilrechtsschutz jedoch nicht auf den Widerruf der Mitteilung nach Abs. 5 S. 2 1. HS beziehen, da diese Vorschrift in einem derartigen Verfahren von vornherein nicht anwendbar ist.
Ungeachtet dieser Bedenken wird in der Praxis allgemein Eilrechtsschutz ge- **106**
gen das Bundesamt gewährt (Nieders.OVG, AuAS 2005, 58 (59); OVG NW, AuAS 2004, 155 (156); VG Stuttgart, NVwZ-Beil. 2003, 95). Danach ist dieses analog Abs. 5 S. 2 1. HS im Wege der einstweiligen Anordnung zu verpflichten, der zuständigen Ausländerbehörde mitzuteilen, dass Abschiebungshindernisse nach § 60 II–VII AufenthG geprüft werden. Sollte die Ausländerbehörde während des anhängigen Verfahrens oder auch nach der Anordnung der einstweiligen Anordnung die Abschiebung durchführen wollen, ist einstweiliger Rechtsschutz nach § 123 VwGO gegen den Rechtsträger der Ausländerbehörde auf Aussetzung der Abschiebung zu beantragen.
Eine andere Lösung geht dahin, das Bundesamt im Wege der einstweiligen **107**
Anordnung nach § 123 VwGO zu verpflichten, festzustellen, dass vorläufig

bis zu einer Entscheidung im Hauptsacheverfahren die Voraussetzungen des § 60 VII 1 AufenthG vorliegen. Hierdurch werde die gesetzliche Duldung nach § 41 I 1 AsylVfG a. F. ausgelöst. Nur auf diesem Wege könne überhaupt der Weg für die von der Ausländerbehörde noch zu treffende Ermessensentscheidung eröffnet werden. Sollte die Ausländerbehörde ungeachtet der vorläufigen Feststellung des Bundesamtes eine negative Ermessensentscheidung treffen, sei nach allgemeinen Grundsätzen der Eilrechtsschutz gegenüber der Ausländerbheörde zu verfolgen (VG Stuttgart, NVwZ-Beil. 2003, 95).

108 § 41 ist mit Wirkung zum 1. Januar 2005 aufgehoben worden. Im Falle einer Feststellung nach § 60 VII 1 AufenthG ist zwingend die Abschiebung auszusetzen (§ 60 a II AufenthG). Art. 15 Buchst. c) der Qualifikationsrichtlinie, welche durch § 60 VII 1 AufenthG jedenfalls teilweise umgesetzt wird, ordnet zwingend die Gewährung ergänzenden Schutzes an. Dies spricht dafür, den Eilrechtsschutz allein gegenüber dem Bundesamt zuzulassen. Ob Inhalt des Rechtsschutzantrags die Verpflichtung zur Mitteilung, dass Abschiebungshindernisse geprüft werden, oder die vorläufige Verpflichtung zur Feststellung von Abschiebungshindernissen ist, ist ein zweitrangige Frage.

109 Erlässt das Bundesamt im Zusammenhang mit der Verweigerung der Einleitung eines neuen, auf die isolierte Feststellung von Abschiebungshindernissen nach § 60 II–VII AufenthG gerichteten Verfahrens zugleich eine Abschiebungsandrohung, ist im Hinblick auf den Abschiebungsschutz nach § 60 II–VII AufenthG vorläufiger Rechtsschutz nach § 80 V VwGO gegen den Rechtsträger des Bundesamtes zu beantragen.

110 In der Rechtsprechung wird vertreten, das Bundesamt habe auch während des anhängigen Verwaltungsstreitverfahrens, wenn Wiederaufgreifensgründe erst nach Abschluss des Verwaltungsverfahrens geltend gemacht werden, nach § 51 V VwVfG in eine erneute Prüfung einzutreten (VG Neustadt a. d. Weinstr., NVwZ-Beil. 2001, 45 (46)). Dem ist zuzustimmen. Denn in Fällen der Ermessensreduktion trifft das Bundesamt von Amts wegen eine Verpflichtung zur Prüfung.

4. Verwaltungsverfahren

4.1. Ausschließliche Zuständigkeit des Bundesamtes (Abs. 1 Satz 1 zweiter Halbsatz)

111 Mit der Aufhebung der getrennten behördlichen Zuständigkeiten nach früherem Recht hat das geltende Recht das Folgeantragsverfahren in wesentlichen Bereichen umgestaltet. Dies betrifft die Antragstellung sowie insbesondere den Prüfungsumfang in den verschiedenen Stadien des Verfahrens. Nach früherem Recht führte die Ausländerbehörde die Beachtlichkeitsprüfung durch (§ 8 AsylVfG 1982) und leitete nur die aus ihrer Sicht beachtlichen Folgeanträge an das Bundesamt weiter (§ 8 I 1 AsylVfG 1982). Dieses behandelte anschließend beachtlichen Folgeantrag wie einen normalen Asylantrag und war deshalb zur umfassenden Sachaufklärung verpflichtet (§ 12 I AsylVfG 1982).

Folgeantrag **§ 71**

Demgegenüber ist nach geltendem Recht das Bundesamt nicht nur für die eigentliche Sachprüfung (§ 24), sondern auch für die Entscheidung, ob ein weiteres Asylverfahren einzuleiten ist (Abs. 1 S. 1 2. HS), zuständig. Das Bundesamt prüft damit auch die Zulässigkeit des Folgeantrags, insbesondere auch, ob die Voraussetzungen für das Wiederaufgreifen des Verfahrens nach § 51 I–III VwVfG hinreichend dargelegt worden sind. Mit der Zuweisung beider Prüfungsschritte an das Bundesamt ist in jedem Fall sichergestellt, dass die Entscheidung über den Folgeantrag von der mit besonderer Sachkunde versehenen, speziell für das Flüchtlingsrecht zuständigen Behörde getroffen wird. **112**

Der früher maßgebliche Grund für die verfassungsrechtliche Erheblichkeit der Unterscheidung von Beachtlichkeits- und Erfolgsprüfung ist damit entfallen (vgl. BVerfG (Kammer), InfAuslR 1995, 342 (343)). Nur in dem Fall, in dem nach Auffassung der Ausländerbehörde der Folgeantrag offensichtlich unschlüssig ist oder der Asylsuchende in den sicheren Drittstaat abgeschoben werden soll, kann diese die Vollstreckungsmaßnahme vollziehen, ohne das Ergebnis der Zulässigkeitsprüfung durch das Bundesamt abzuwarten (Abs. 5 S. 2 2. HS). Damit hat der Gesetzgeber den Ausländerbehörden jedoch nicht ihre alte Kompetenz zur Prüfung der Beachtlichkeit zurückgegeben (so aber Bell, NVwZ 1995, 24 (26)). Vielmehr bleibt es bei der ausschließlichen Kompetenz zur Prüfung der Erheblichkeit der Wiederaufgreifensgründe durch das Bundesamt. **113**

Die Befugnis der Ausländerbehörde, bei offensichtlicher Unschlüssigkeit des Folgeantrags, Vollstreckungsmaßnahmen durchzuführen, erfordert zwar eine gewisse inhaltliche Prüfung der entsprechenden Voraussetzungen. Aus der grundsätzlichen Aufhebung der zweispurigen Zuständigkeit des alten Rechts ergibt sich jedoch, dass es sich hierbei um besonders gelagerte Ausnahmefälle handelt und im Zweifel die Mitteilung nach Abs. 5 S. 2 1. HS abzuwarten ist. Der eng gefasste Kompetenzbereich der Ausländerbehörde folgt auch daraus, dass der Gesetzgeber selbst die Prüfung der Frage, ob überhaupt ein Asylbegehren geltend gemacht wird, dem Bundesamt zugewiesen hat (§ 30 V). **114**

4.2. Rechtliche Bezeichnung der »vorgeschalteten« Prüfung

Das Gesetz verwendet in Abweichung vom früheren Recht nicht mehr den Begriff des »beachtlichen Folgeantrages« (s. hierzu auch Bell, NVwZ 1995, 24 (25)). Der Beachtlichkeitsbegriff wird nur noch im Zusammenhang mit § 29 angewendet. Da das Gesetz den Folgeantrag im Anschluss an das beendete Asylverfahren regelt, soll bereits optisch zum Ausdruck gebracht werden, dass er Teil des Vollstreckungsverfahrens und damit einer Differenzierung in Beachtlichkeit und Unbeachtlichkeit nicht zugänglich ist. Denn dieser Begriff bezeichnet den Beginn des Verwaltungsverfahrens. Sinnfällig bringen dies insbesondere die Regelungen des Abs. 5 zum Ausdruck. **115**

Für die Verfahrensphase vor der Einleitung des weiteren Verfahrens bietet das Gesetz damit keinen eigenständigen Begriff an. Man kann insoweit von **116**

§ 71 *Folgeantrag, Zweitantrag*

»zulässigen« (BayVGH, NVwZ-Beil. 1997, 75), »verfahrensrelevanten« (so Funke-Kaiser, in: GK-AsylVfG, § 71 Rdn. 70 ff.) oder von »hinreichenden« (Bell, NVwZ 1995, 24 (25)) Folgeanträgen sprechen. Hier wird in Anknüpfung an die Vorschrift des § 51 VwVfG die Differenzierung in zulässige und unzulässige Folgeanträge verwendet (so auch BVerfG (Kammer), EZAR 212 Nr. 11). Nach wie vor unklar sind der präzise verfahrensrechtliche Übergang von der Zulässigkeitsprüfung zur Neueröffnung des Verfahrens einerseits sowie die Maßnahmen, die sich an den negativen Abschluss der Zulässigkeitsprüfung anschließen andererseits. Hier beseitigt das BVerwG mit seiner Rechtsprechung (vgl. BVerwGE 106, 171, NVwZ 1998, 861 (862 f.) = EZAR 631 Nr. 45 = AuAS 1998, 149) nicht die bereits bestehende Unklarheit, sondern verstärkt sie vielmehr.

4.3. Antragserfordernis nach Abs. 1 Satz 1 erster Halbsatz

117 Auch der Folgeantrag ist ein Antrag im Sinne von § 13 I (vgl. Abs. 1 S. 1 1. HS). Erst der Antrag löst das Verwaltungsverfahren beim Bundesamt aus und ist auch bestimmend für das anschließende gerichtliche Verfahren. Das Bundesamt ist also nicht befugt, andere als vom Antragsteller selbst geltend gemachte Gründe für das Wiederaufgreifen des Verfahrens seiner Prüfung zugrunde zu legen (BVerwG, NVwZ 1989, 161 (162); a. A. OVG NW, NVwZ-Beil. 1997, 68 (69)). Der Antrag kann auf einen oder mehrere Wiederaufnahmegründe des § 51 I VwVfG gestützt werden. Verschiedene Wiederaufnahmegründe können sowohl zeitgleich wie auch nacheinander geltend gemacht werden. Davon unberührt bleibt, dass es sich um ein einheitliches erneutes Asylbegehren handelt (OVG NW, NVwZ-Beil. 1997, 68).

118 Nach der Rechtsprechung des BVerwG darf das mit dem Folgeantrag geltend gemachte Asylbegehren nicht ohne Rücksicht auf den vorgebrachten Grund für das Wiederaufgreifen des Verfahrens in jedem Fall in vollem Umfang einer erneuten Sachprüfung unterzogen werden. Vielmehr besteht eine Verpflichtung zu erneuter Sachprüfung *nur soweit*, wie der in zulässiger Weise geltend gemachte Grund für das Wiederaufgreifen des Verfahrens reicht, das mit dem Folgeantrag geltend gemachte Asylbegehren also von ihm betroffen werde (BVerwG, EZAR 212 Nr. 4; Bell/von Nieding, ZAR 1995, 119 (123)).

119 Wird dieses auf *mehrere selbständige Asylgründe* gestützt, betrifft der in zulässiger Weise geltend gemachte Grund für das Wiederaufgreifen des Verfahrens jedoch nur einen von ihnen, so unterliegt der Folgeantrag lediglich hinsichtlich dieses Asylgrunds erneuter Sachprüfung. Im Übrigen ist er unbeachtlich. Bei einem im Wege des Folgeantrags auf mehrere Gründe gestützten Asylbegehren kann daher eine erneute Sachprüfung in vollem Umfang nur dann erfolgen, wenn hinsichtlich eines jeden dieser Asylgründe die Voraussetzungen des § 51 I–III VwVfG gegeben sind (BVerwG, EZAR 212 Nr. 4).

Folgeantrag **§ 71**

4.4. Mehrstufigkeit des Verwaltungsverfahrens

Nach der obergerichtlichen Rechtsprechung gliedert sich das Folgeantragsverfahren in *drei Stufen:* Zunächst hat das Bundesamt die *Zulässigkeit des Folgeantrags* zu prüfen (BayVGH, NVwZ-Beil. 1997, 75; BayVGH, U. v. 17. 9. 1997 – 8 ZB 97.31910). Ob der Antrag zulässig ist, ist abhängig davon, dass im Blick auf die begehrte Asylberechtigung oder den internationalen Schutz nach § 60 I AufenthG die Voraussetzungen einer der in § 51 I VwVfG genannten Wiederaufnahmegründe vorliegen sowie der Antrag auch im Übrigen die Zulässigkeitsvoraussetzungen nach § 51 II und III VwVfG erfüllt. 120

Im Rahmen der Zulässigkeitsprüfung wird mithin auf der ersten Stufe geprüft, ob der bezeichnete Wiederaufgreifensgrund zulässigerweise nach § 51 I VwVfG geltend gemacht werden kann, der Antragsteller ohne grobes Verschulden außerstande war, diesen im Erstverfahren einzuführen und ob er ihn fristgemäß nach § 51 III VwVfG vorgebracht hat (Thür.OVG, NVwZ-Beil. 2003, 19 (21)). Jedoch kann auch ein nach § 51 I–III VwVfG unzulässiger Folgeantrag wegen Eingreifens von Abschiebungshindernissen nach § 60 II–VII AufenthG rechtliche Wirkungen entfalten. Den formellen Anforderungen entspricht der Antrag, sofern die Voraussetzungen nach § 51 I–III VwVfG vorliegen, sodass die Bestandskraft durchbrochen und in eine erneute Sachprüfung im Umfang der geltend gemachten Wiederaufnahmegründe eingetreten, mithin ein »*weiteres Asylverfahren durchgeführt*« (vgl. Abs. 1 S. 1) wird. 121

Das Verfahren wird also nach Prüfung der formellen Voraussetzungen von der ersten in die zweite Verfahrensstufe übergeleitet (BayVGH, NVwZ-Beil. 1997, 75; Thür.OVG, NVwZ-Beil. 2003, 19 (21); so auch zum alten Recht BVerwGE 77, 323 (326) = EZAR 224 Nr. 16 = NVwZ 1996, 258). Anschließend ist auf der zweiten Prüfungsstufe zu prüfen, ob der berücksichtigungsfähige Sachvortrag insgesamt oder jedenfalls in Teilen schlüssig vorgetragen, mithin geeignet ist, ein Wiederaufgreifen zu rechtfertigen. Dabei genügt schon die Möglichkeit einer günstigeren Entscheidung aufgrund der geltend gemachten Wiederaufnahmegründe (Thür.OVG, NVwZ-Beil. 2003, 19 (21)). 122

Sind diese Voraussetzungen gegeben, handelt es sich um einen zulässigen Asylfolgeantrag. Abschließend tritt das Bundesamt bezogen auf die zulässigen Wiederaufnahmegründe in die dritte Verfahrensphase ein und prüft die materiellen Voraussetzungen des Asylschutzes und des internationalen Schutzes (Thür.OVG, NVwZ-Beil. 2003, 19 (21); VG Lüneburg, NVwZ-RR 2004, 218). In der dritten Verfahrensphase erfolgt mithin die Prüfung und Entscheidung in der Sache. 123

Allerdings wird in der Verwaltungspraxis eine präzise verfahrensrechtliche Abstufung zwischen Zulässigkeits- und Sachprüfung nicht vorgenommen. Wird im Folgeantragsverfahren der Status gewährt, so kann weder dem Verfahrensablauf noch dem Bescheid selbst entnommen werden, ob eine derartige verfahrensrechtliche Abstufung durchgeführt worden ist. Eine Antragsablehnung erfolgt hingegen in aller Regel nicht in der Sache, sondern wegen Unzulässigkeit des Antrags, d.h. die Prüfung gelangt erst gar nicht in die zweite Stufe. 124

125 Die Rechtsprechung des BVerwG (vgl. BVerwG, NVwZ 1998, 861 = EZAR 631 Nr. 45 = AuAS 1998, 149) verhält sich nicht zu diesem verwaltungsrechtlichen Problem, da sie ausschließlich auf die Verpflichtung des Verwaltungsgerichts, die Sache spruchreif zu machen, konzentriert ist und sich mit dem davor liegenden Verwaltungsverfahren nicht vertiefend befasst. Die verfahrensrechtliche Abschichtung wird durch die Rechtsprechung des BVerwG andererseits aber nicht in Frage gestellt.

126 Zwar geht das BVerwG davon aus, dass die Voraussetzungen des Asylschutzes und von § 60 I AufenthG, nicht anders als die Zulässigkeitsvoraussetzungen nach § 51 I Nr. 1 – Nr. 3 VwVfG, Tatbestandsvoraussetzungen für den Anspruch des Antragstellers darstellten, im Wege des Wiederaufgreifens seinen Asylanspruch durchzusetzen. Daraus folge, dass der für den geltend gemachten Anspruch auf Asylanerkennung rechtserhebliche Aspekt, ob das Asylverfahren wieder aufgenommen werden müsse, lediglich die Frage nach der Erfüllung der für die Durchbrechung der Bestandskraft des Erstbescheides erforderlichen Voraussetzungen des geltend gemachten Asylanspruchs, nicht aber einen selbständig neben diesen stehenden und eigenständig einklagbaren Wiederaufgreifensanspruch betreffe (BVerwG, NVwZ 1998, 861 (862) = EZAR 631 Nr. 45 = AuAS 1998, 149). Diese Ausführungen beziehen sich auf die verfahrensrechtliche Station der Zulässigkeitsprüfung des Antrags und die damit im Zusammenhang stehenden Rechtsschutzfragen, führen jedoch nicht zur Beseitigung des mehrstufigen Prüfungsverfahrens.

127 Nach altem Recht hatte der Übergang von der zweiten zur dritten Phase seinen Grund in der getrennten Behördenzuständigkeit nach dem AsylVfG 1982. Lagen die Voraussetzungen des § 51 I–III VwVfG vor, war der Folgeantrag beachtlich und die Ausländerbehörde hatte den Folgeantrag an das Bundesamt weiterzuleiten. Die Feststellung der Beachtlichkeit des Folgeantrags anhand der Kriterien des § 51 I–III VwVfG war danach nicht identisch mit der Prüfung der Begründetheit des Folgeantrags (BVerwGE 77, 323 (326) = EZAR 224 Nr. 16 = NVwZ 1996, 258).

128 Auch wenn heute allein das Bundesamt über beide Fragen entscheidet, führt diese verfahrensrechtliche Vereinheitlichung nicht zugleich auch zu einer inhaltlichen Verschmelzung der Wiederaufgreifensgründe mit den Asylgründen. Andernfalls besteht die Gefahr, dass bereits in die Zulässigkeitsprüfung die Prüfung der Begründetheit des geltend gemachten materiellrechtlichen Anspruchs vorverlegt und damit die Zulässigkeit des Asylfolgeantrags von überhöhten Voraussetzungen abhängig gemacht wird.

129 Ausgehend hiervon hat das BVerfG für das geltende Recht ausdrücklich festgestellt, dass eine präzise Differenzierung zwischen der »Beachtlichkeits- oder Relevanzprüfung« und der eigentlichen Sachprüfung geboten ist (BVerfG (Kammer), EZAR 212 Nr. 11). Verfassungsrechtlich nicht zu beanstanden sei es, wenn die Zulässigkeitsprüfung auf das beschränkt wird, was der Antragsteller vortrage (BVerfG (Kammer), EZAR 212 Nr. 11). Die Behörde ist nicht befugt, für die Prüfung der Wiederaufgreifensgründe andere als vom Antragsteller geltend gemachte zugrunde zu legen (VG Stuttgart, B. v. 23. 6. 1999 – A 6 K 11092/99).

Folgeantrag **§ 71**

Im ersten Verfahrensabschnitt geht es nach der Rechtsprechung des BVerfG zunächst darum, festzustellen, ob das Asylverfahren wieder aufgenommen werden muss, also die erforderlichen Voraussetzungen für die Durchbrechung der Bestandskraft des Erstbescheids erfüllt sind. Dafür genüge bereits ein *schlüssiger Sachvortrag*, der freilich *nicht von vornherein nach jeder vertretbaren Betrachtungsweise ungeeignet* sein dürfe, zur Statusgewährung zu verhelfen. Es genüge mithin schon die *Möglichkeit einer günstigeren Entscheidung* aufgrund der geltend gemachten Wideraufnahmegründe (BVerfG (Kammer), EZAR 212 Nr. 11, mit Verweis auf BVerfG (Kammer), InfAuslR 1993, 229). 130

Danach kann im Rahmen der Zulässigkeitsprüfung nicht die Glaubhaftmachung der Wiederaufgreifensgründe gefordert werden. Vielmehr genügt es, wenn die vorgetragenen Gründe es möglich erscheinen lassen, dass ein günstigeres Ergebnis als im Ersteverfahren erzielt werden kann. Die schlüssige Darlegung der Erfolgseignung kann erst im nachfolgenden Verfahrensabschnitt erfolgen. Nur dann, wenn das substanziierte Vorbringen nach jeder vertretbaren und denkbaren Betrachtung materiell-rechtlich völlig ungeeignet ist, ist ein Wiederaufgreifen rechtsmethodisch unzulässig (VG Lüneburg, InfAuslR 2000, 47). Ebensowenig reicht die lediglich theoretische Möglichkeit einer für den Antragsteller positiven Entscheidung aus. Vielmehr muss die neue Sachlage objektiv geeignet sein, dieses Ergebnis herbeizuführen (VGH BW, AuAS 2000, 152 (153)). 131

Ist festgestellt, dass die Voraussetzungen des § 51 I–III VwVfG vorliegen, hat der Antragsteller einen verfassungsrechtlichen Anspruch auf eine erneute Sachprüfung (BVerfG (Kammer), EZAR 212 Nr. 11). In diesem Verfahrensabschnitt prüft das Bundesamt – gegebenenfalls nach weiteren Sachverhaltsermittlungen –, ob dem Asylfolgeantrag stattzugeben ist (BayVGH, NVwZ-Beil. 1997, 75). Die Mehrstufigkeit des Asylfolgeverfahrens macht auch deshalb Sinn, weil bis zur Entscheidung darüber, ob ein weiteres Asylverfahren durchzuführen ist, eine Anhörung nicht stattfindet. 132

Wird ein weiteres Asylverfahren durchgeführt, handelt es sich um ein normales Asylverfahren, sodass der Antragsteller nach Maßgabe des § 25 anzuhören ist. Die Ermessensregelung in Abs. 3 S. 3 bezieht sich lediglich auf die Zulässigkeitsprüfung (s. auch Rdn. 165 ff.). Aufgrund der Feststellungsbedürftigkeit des Asylgrundrechts besteht im Rahmen der »Asylerfolgsprüfung« die verfassungsrechtliche Pflicht, den Sachverhalt umfassend aufzuklären und die erforderlichen Beweise zu erheben (BVerfG (Kammer), EZAR 212 Nr. 11). 133

4.5. Antragstellung nach Abs. 2

4.5.1. Unterscheidung zwischen persönlicher und schriftlicher Antragstellung (Abs. 2 Satz 1 bis 3)

Das Gesetz unterscheidet zwischen der persönlichen Antragstellung bei der Außenstelle des Bundesamtes (Abs. 2 S. 1) und der schriftlichen Antragstellung (Abs. 2 S. 2 und 3). Im Hinblick auf die schriftliche Antragstellung ist der Antrag in den Fällen des Abs. 2 S. 2 bei der zuständigen Außenstelle und im 134

§ 71

Falle des Abs. 2 S. 3 bei der Zentrale des Bundesamtes in Nürnberg zu stellen. Durch das Zweite Gesetz zur Änderung des AsylVfG vom 28. März 1996 (BGBl. I S. 550) ist S. 3 in Abs. 2 neu eingefügt worden.

135 Danach ist der Folgeantrag abweichend von den allgemeinen Zuständigkeitsvorschriften schriftlich bei der Zentrale des Bundesamtes zu stellen, wenn die Außenstelle, die nach S. 1 zuständig wäre, nicht mehr besteht oder der Asylsuchende während des früheren Asylverfahrens keiner Verpflichtung nach § 47 I 1 unterlag.

136 Meldet sich der Folgeantragsteller persönlich bei der Außenstelle, obwohl er an sich den Antrag nach Abs. 2 schriftlich zu stellen hat, so steht es nach der Verwaltungspraxis im Ermessen des Bundesamtes, ob die persönliche Antragstellung wirksam erfolgen kann (Bell/von Nieding, ZAR 1995, 119 (122)). Auch in örtlicher Hinsicht hat das Bundesamt die Befugnis, von den Zuständigkeitsnormen des Abs. 2 im Interesse einer zügigen Bearbeitung abzuweichen. Es ist andererseits aber auch befugt, den Folgeantragsteller an die zuständige Außenstelle zu verweisen (Bell/von Nieding, ZAR 1995, 119 (121 f.)).

137 Solange im Falle der persönlichen Meldepflicht der Antrag nicht bei der zuständigen Außenstelle gestellt worden ist oder die in Anspruch genommene Außenstelle nach Rücksprache mit der an sich zuständigen Außenstelle ihre Zuständigkeit noch nicht bejaht hat, ist der Antrag nicht wirksam gestellt. Solange ist die Abschiebung nicht kraft Gesetzes ausgesetzt (vgl. Abs. 5 S. 2 1. HS). Dasselbe gilt für den Fall der schriftlichen Antragstellung.

138 Nimmt die Außenstelle oder die Zentrale des Bundesamtes den schriftlich gestellten Antrag nicht entgegen, weil sie sich nicht für zuständig hält, so ist der Folgeantrag nicht wirksam gestellt worden. Der Antragsteller muss unverzüglich in der gesetzlich vorgesehenen Form seinen Antrag stellen, um sich auf das gesetzliche Abschiebungshindernis des Abs. 5 S. 2 1. HS berufen zu können.

139 Entsteht Streit über die Zuständigkeitsfrage, hat gegebenenfalls das Verwaltungsgericht im Rahmen eines einstweiligen Anordnungsverfahrens nach § 123 VwGO die Frage der Zuständigkeit der entsprechenden Außenstelle oder des Bundesamtes zu klären. Während dieses Verfahrens dürfte in analoger Anwendung von Abs. 5 S. 2 1. HS von einem gesetzlichen Abschiebungshindernis auszugehen sein.

4.5.2. Persönliche Antragstellung bei der zuständigen Außenstelle des Bundesamtes (Abs. 2 Satz 1)

140 Abs. 2 S. 1 bestimmt, das der Antragsteller den Antrag *persönlich* bei der *Außenstelle des Bundesamtes* zu stellen hat, welche der Aufnahmeeinrichtung zugeordnet ist, in der er während des früheren Asylverfahrens zu wohnen verpflichtet war. Diese verfahrensrechtliche Verschärfung ist durch das ÄnderungsG 1993 eingeführt worden. Das AsylVfG 1992 bestimmte ursprünglich, dass der Folgeantrag beim (zentralen Sitz) des Bundesamtes zu stellen war. Die Neuregelung soll das persönliche Erscheinen des Folgeantragstellers gewährleisten, damit das Bundesamt etwaige Rückfragen sofort erledigen und umgehend entscheiden kann (BT-Drs. 12/4450, S. 26).

Folgeantrag **§ 71**

Die Zuständigkeitsregelung des Abs. 2 S. 1 knüpft an die frühere Rechtsprechung an, die festgelegt hatte, dass anders als beim Erstantrag nicht die für den tatsächlichen Aufenthaltsort des Antragstellers maßgebliche Behörde, sondern die Behörde des Wohnortes, die zuletzt in Folge der Zuweisungsverfügung im Erstverfahren bestimmt worden war, zuständig für die Bearbeitung des Folgeantrags war. Damit sollte nach Abschluss des Erstverfahrens ein Wechsel des Wohnortes in der Hoffnung, dadurch eine dem Antragsteller günstigere Entscheidungs- und Spruchpraxis erreichen zu können, unterbunden werden (s. auch Abs. 7 S. 1). **141**

Die einmal zuständig gewordene Ausländerbehörde blieb deshalb für die gesamte Dauer des Erstverfahrens und auch im weiteren Verfahren jedenfalls für die Folgeanträge zuständig, die vor der Abschiebung oder der freiwilligen Ausreise gestellt worden waren (BVerwGE 80, 313 (316) = EZAR 24 Nr. 20 = NVwZ 1989, 473; BVerwG, NVwZ 1989, 476; ebenso OVG Hamburg, EZAR 224 Nr. 15; EZAR 611 Nr. 8; Hess.VGH, ESVGH 37, 234; B. v. 9. 7. 1987 – 10 TG 1758/87 unter Abweichung von der früheren entgegengesetzten Rechtsprechung, s. Hess.VGH, B. v. 11. 7. 1985 – 10 TG 1244/85). **142**

Ersichtlich orientiert sich die Vorschrift des Abs. 2 S. 1 an dieser Rechtsprechung. Grundsätzlich sollen die im Erstverfahren begründeten behördlichen Zuständigkeiten im weiteren Asylverfahren nicht verändert werden. Darauf weist auch die Regelung in Abs. 7 S. 1 hin. Abs. 2 S. 4 bestimmt, dass keine Weiterleitungspflicht der in § 19 I genannten Behörden besteht. **143**

Da die zuständige Außenstelle nach Abs. 2 S. 1 bekannt ist, würde die in § 19 I geregelte Verweisung an die nächstgelegene Aufnahmeeinrichtung verfahrensverzögernde und auch im Übrigen verwaltungsmäßig unerfreuliche Folgen mit sich bringen. **144**

Jedoch führt Abs. 2 S. 1 infolge des veränderten asylspezifischen Aufenthalts- und Zuweisungsrechts gegenüber dem früheren Recht einige Modifizierungen ein. Richtete sich die behördliche Zuständigkeit nach altem Recht nach der zuletzt ergangenen Zuweisungsverfügung, bestimmt sich nunmehr die behördliche Zuständigkeit nach §§ 14 I, 46 und 47 I 1. Die Außenstelle, die nach Maßgabe der Regelungen in §§ 14 I und 46 für die Erstbearbeitung des Asylantrags zuständig war, ist auch die für die Bearbeitung des Folgeantrags nach Abs. 2 S. 1 zuständige Behörde. **145**

Der Antragsteller kann inzwischen im Rahmen der landesinternen (§ 50) oder gar der länderübergreifenden Verteilung (§ 51) seinen Wohnort derart verändert haben, dass bei Anwendung der Zuständigkeitsregelungen der §§ 14 I und 46 eine andere als die im Erstverfahren zuständig gewesene Außenstelle für die Bearbeitung zuständig wäre. In einem derartigen Fall klaffen aufenthaltsrechtliche und Zuständigkeitsvorschriften auseinander, da die bisherigen aufenthaltsrechtlichen Beschränkungen fortgelten (Abs. 7 S. 1), der Folgeantragsteller damit seinen Wohnsitz beibehält. **146**

Fraglich ist deshalb, ob der Antragsteller bei der Außenstelle des Bundesamtes, die für seinen tatsächlichen Wohnort zuständig ist, den Folgeantrag stellen kann. Der Wortlaut von Abs. 2 S. 1 ist eindeutig: Zuständig ist die Außenstelle des Bundesamtes, die den Erstantrag bearbeitet hat. Hat der Antragsteller mit behördlicher Erlaubnis im Erstverfahren seinen Wohnsitz ver- **147** ändert, muss er gleichwohl persönlich bei der zuständigen Außenstelle des Erstverfahrens erscheinen. Der Gesetzgeber mag an derartige Verfahrensgestaltungen nicht gedacht haben. Vielmehr ging es ihm vorrangig um eine unverzügliche und ortsnahe Bearbeitung durch die Außenstelle des Bundesamtes (BT-Drs. 12/4450, S. 26). Da der Wortlaut jedoch eindeutig und klar ist, kann aus der Gesetzesbegründung an sich keine andere Zuständigkeitsregelung abgeleitet werden.

148 Zuständig für die Vollziehung bleibt aber die durch die letzte Zuweisungsverfügung bestimmte Ausländerbehörde. An diese richtet das Bundesamt seine Mitteilung nach Abs. 5 S. 2 1. HS. Ob die Verweisung auf die Außenstelle nach Abs. 2 S. 1 in diesem Fall sinnvoll ist, muss bezweifelt werden. Es empfiehlt sich eine pragmatische Vorgehensweise und vorherige Kontaktaufnahme mit der an sich nach Abs. 2 S. 1 zuständigen Außenstelle, um eine Bearbeitung durch die ortsnahe Außenstelle sicherzustellen (vgl. hierzu auch: Bell/von Nieding, ZAR 1995, 119 (121)). Verweigert diese ihre Zustimmung, bleibt es bei der Zuständigkeitsanordnung nach Abs. 2 S. 1.

4.5.3. Schriftliche Antragstellung bei der zuständigen Außenstelle des Bundesamtes (Abs. 2 Satz 2)

149 Befindet sich der Folgeantragsteller in Haft oder im sonstigen öffentlichen Gewahrsam, in einem Krankenhaus, einer Heil- und Pflegeanstalt oder in einer Jugendhilfeeinrichtung, oder ist er z. B. infolge Krankheit oder aus anderen dringenden Gründen am persönlichen Erscheinen gehindert, ist der Folgeantrag bei der nach Abs. 2 S. 1 zuständigen Außenstelle des Bundesamtes schriftlich zu stellen (Abs. 2 S. 2 1. HS 1. Alt. in Verb. mit § 14 II 1 Nr. 2). Ebenso ist der Antrag schriftlich bei der zuständigen Außenstelle zu stellen, wenn der Antragsteller nachweislich etwa infolge Krankheit am persönlichen Erscheinen gehindert ist (Abs. 2 S. 2 1. HS 2. Alt.).

150 Anders als im Falle des Abs. 2 S. 1 setzt die wirksame Antragstellung in diesen Fällen also nicht das persönliche Erscheinen des Antragstellers voraus. Vielmehr genügt die *schriftliche Antragstellung* bei der nach Abs. 2 S. 1 zuständigen Außenstelle des Bundesamtes (Abs. 2 S. 2 2. HS).

151 Unklar ist die Verweisung in Abs. 2 S. 2 auf § 14 II 1 Nr. 2. Würde man mit Blick auf den in § 14 II 1 Nr. 2 bezeichneten öffentlichen Gewahrsam auf den *Zeitpunkt der Erstantragstellung* abstellen, wäre unklar, bei welcher Außenstelle des Bundesamtes der Antrag schriftlich zu stellen ist. Denn eine Bestimmung der zuständigen Außenstelle des Bundesamtes war im Erstverfahren ja nicht erfolgt. Daher findet auf diese Fälle die Zuständigkeitsbestimmung des Abs. 2 S. 3 1. HS mit der Maßgabe Anwendung, dass in allen Fällen, in denen der öffentliche Gewahrsam nach § 14 II 1 Nr. 2 bis zur Sachentscheidung im Erstverfahren fortbestand (§ 47 I 2, § 14 II 1 Nr. 2), auch der Folgeantrag beim Bundesamt zu stellen ist.

152 Die hiergegen gerichtete Kritik, die damit begründet wird, dass allein maßgeblich sei, ob der Antragsteller im Erstverfahren einer Verpflichtung nach § 47 I 1 unterlag (Funke-Kaiser, in: GK-AsylVfG, § 71 Rdn. 57), übersieht, dass dies in den Fällen des § 14 II 1 Nr. 2 ja gerade nicht der Fall war. Besteht der öffentliche Gewahrsam *im Zeitpunkt der Folgeantragstellung*, enthält Abs. 2

Folgeantrag §71

S. 2 eine Rechtsfolgenverweisung: Zuständig ist die Außenstelle nach Abs. 2 S. 1.

Dem Gesetzgeber dürfte entgangen sein, dass durch eine nachträgliche Verteilung die nach Abs. 2 S. 2 zuständige Außenstelle eine vom Gewahrsamsort weit entfernt liegende sein kann. In Anbetracht des eindeutigen Wortlautes könnte eine korrigierende Auslegung jedoch nur contra legem vorgenommen werden und ist deshalb unzulässig. Bestand im Zeitpunkt der Erstantragsstellung wie im Zeitpunkt der Folgeantragstellung der öffentliche Gewahrsam, greift Abs. 2 S. 2 mangels einer bereits erfolgten Bestimmung der Außenstelle im Erstverfahren ebenfalls nicht ein. Vielmehr ist der Folgeantrag beim Bundesamt zu stellen. 153

4.5.4. Schriftliche Antragstellung bei der Zentrale des Bundesamtes (Abs. 2 Satz 3)

In den Fällen des Abs. 2 S. 3 ist der Folgeantrag schriftlich bei der Zentrale des Bundesamtes in Nürnberg zu stellen. Die Zuständigkeitsregelung in Abs. 2 S. 3 Nr. 1 hat ihren Grund in den Auswirkungen des neuen Asylrechts und des damit einhergehenden Rückgangs der Asylbewerberzahlen, die zu einem Abbau von Außenstellen des Bundesamtes geführt hat (BT-Drs. 13/3471). 154

Mit der Regelung in Abs. 2 S. 3 Nr. 2 wird kein neues Recht geschaffen, sondern die frühere Regelung des Abs. 2 S. 3 1. Alt. übernommen. Im Übrigen ergibt sich diese Zuständigkeitsbegründung zwangsläufig aus der Zuständigkeitsanordnung nach Abs. 2 S. 1. 155

Da die Vorschrift des § 47 I 1 erst mit Wirkung vom 1. April 1993 Anwendung finden konnte, weil bis zum 31. März 1993 auch unter der Geltung des AsylVfG 1992 der Asylantrag wie bis dahin bei der örtlich zuständigen Ausländerbehörde zu stellen war (vgl. Art. 5 A Nr. 1 des Gesetzes zur Neuregelung des Asylverfahrens vom 26. Juni 1992, BGBl. I S. 1126), gilt für alle Folgeantragsteller, die in ihrem ersten Asylverfahren den Antrag bis zum 31. März 1993 gestellt hatten, die Zuständigkeitsnorm nach Abs. 2 S. 3 Nr. 2. Der Folgeantrag ist daher in diesen Fällen schriftlich bei der Zentrale des Bundesamtes zu stellen. 156

Daneben haben die Folgeantragsteller den Antrag bei der Zentrale des Bundesamtes zu stellen, die im Erstverfahren gemäß § 14 II 1 den Antrag ebenfalls bereits bei der Zentrale des Bundesamtes zu stellen hatten. Denn auch diese Personen unterlagen im Erstverfahren nicht der Verpflichtung nach § 47 I 1 (vgl. § 47 I 1 in Verb. mit § 14 I). Wer daher im Erstverfahren einen Aufenthaltstitels mit einer Gesamtgeltungsdauer von mehr als sechs Monaten besaß (§ 14 II 1 Nr. 1) oder im amtlichen Gewahrsam nach § 14 II 1 Nr. 2 gewesen war, hat auch den Folgeantrag bei der Zentrale des Bundesamtes zu stellen. 157

4.6. Anforderungen an das Verfahren zur Zulässigkeitsprüfung (Abs. 3)

4.6.1. Grundsätzliche Anwendbarkeit der Vorschriften des Zweiten Abschnitts

158 Das Gesetz lässt offen, welche verfahrensrechtlichen Anforderungen im Einzelnen in der Phase vor der Entscheidung über die Einleitung eines weiteren Verfahrens vom Bundesamt zu beachten sind. Wird ein neues Asylverfahren eingeleitet, finden uneingeschränkt die Vorschriften des Zweiten Abschnittes über das Asylverfahren Anwendung, da es sich dann um ein normales Verfahren handelt. Bis zu dieser Entscheidung ist von der grundsätzlichen Anwendbarkeit der Vorschriften des Zweiten Abschnittes auszugehen, soweit sich aus der Vorschrift des § 71 keine abweichenden Regelungen ergeben oder die auf den Folgeantrag zugeschnittene Verfahrensstruktur einer entsprechenden Anwendung entgegensteht (Funke-Kaiser, in: GK-AsylVfG, II – § 71 Rdn. 50.1).

159 Begründet wird diese Ansicht insbesondere mit der Vorschrift des Abs. 2 S. 4, aus der zu schließen sei, dass die Vorschrift des § 19 an sich anwendbar sein müsse. Da sie andererseits in den unmittelbaren Verweisungsnormen des § 71 nicht ausdrücklich bezeichnet werde, spreche dies dafür, dass grundsätzlich alle Vorschriften des Zweiten Abschnittes auch in der Verfahrensphase der Zulässigkeitsprüfung anwendbar seien (Funke-Kaiser, in: GK-AsylVfG, II – 71 Rdn. 50.1).

160 Besondere Vorschriften enthalten etwa die Regelungen über die Antragstellung nach Abs. 2 sowie insbesondere über den Eilrechtsschutz bei Verweigerung der Einleitung eines weiteren Verfahrens. Mit dem Hinweis auf die vom Gesetzgeber bewusst gewollte »Schlechterstellung« der Folgeantragsteller gegenüber den Erstantragstellern lassen sich keine verfahrensrechtlichen (so aber Bell, NVwZ 1995, 24 (26)), wohl aber aufenthaltsrechtliche Einschränkungen rechtfertigen.

4.6.2. Anforderungen an den Asylfolgeantrag (Abs. 3 Satz 1)

161 Abs. 3 S. 1 regelt bestimmte Mindestangaben, die der Folgeantragsteller in seinem Antrag anzugeben hat. Damit soll dem Bundesamt insbesondere auch die Durchführung der Zulässigkeitsprüfung nach Abs. 1 S. 1 2. HS in Verb. mit § 51 I–III VwVfG ermöglicht werden. Dies ist auch im Interesse des Antragstellers, den im Hinblick auf die einzelnen Wiederaufgreifensgründe eine besondere Darlegungspflicht trifft (Rdn. 246 ff., 289 ff.). Diese darf freilich nicht überspannt werden (BVerfG (Kammer), EZAR 212 Nr. 11).

162 Da nach Abs. 2 S. 1 im Grundsatz die persönliche Vorsprache des Folgeantragstellers bei der zuständigen Außenstelle Voraussetzung für die Antragstellung ist, andererseits über die Frage der Durchführung einer persönlichen Anhörung in der Phase der Zulässigkeitsprüfung Unklarheit herrscht, diese jedenfalls in der Verwaltungspraxis häufig nicht erfolgt (vgl. auch Abs. 3 S. 3), hat das Bundesamt dem Folgeantragsteller nach persönlicher Meldung Gelegenheit zu geben, schriftlich seinen Folgeantrag zu begründen (vgl. auch Abs. 3 S. 2).

4.6.3. Einräumung einer ausreichenden Zeit zur Begründung des Antrags (Abs. 3 Satz 2)

Auf Verlangen hat der Antragsteller die notwendigen Angaben schriftlich zu machen (Abs. 3 S. 2). Das Bundesamt ist danach verpflichtet, bei der persönlichen Antragstellung zu prüfen, ob die Angaben zu den Wiederaufgreifensgründen vollständig sind. Ist dies nicht der Fall, so hat es dem Antragsteller angemessene Zeit zur schriftlichen Begründung seines Antrags einzuräumen. Eine Entscheidung über die Zulässigkeit des Folgeantrags, die ohne Einräumung einer zureichenden Zeit zur Begründung des Antrags, sei es im Rahmen einer persönlichen Anhörung oder durch schriftliche Begründung, getroffen wird, leidet an einem schweren Verfahrensfehler.

163

Zwar wird in der Verwaltungspraxis erwartet, dass der Antragsteller von vornherein in seinem Antrag alle erforderlichen Angaben macht und Beweismittel bezeichnet, um das Bundesamt in die Lage zu versetzen, die Zulässigkeit der geltend gemachten Wiederaufgreifensgründe zu prüfen. Insbesondere bei anwaltlich nicht vertretenen Asylsuchenden trifft das Bundesamt indes eine besondere Verpflichtung (vgl. § 25 VwVfG), den Antragsteller bei seiner persönlichen Meldung auf die ihn treffenden Darlegungs- und Mitwirkungspflichten hinzuweisen. Im Falle der schriftlichen Antragstellung hat es den Antragsteller schriftlich auf die ihn treffenden Darlegungspflichten hinzuweisen.

164

4.6.4. Persönliche Anhörung (Abs. 3 Satz 3)

Kernstück eines jeden Verfahrens ist die Durchführung der *persönlichen Anhörung*. Das Gesetz stellt die Durchführung der persönlichen Anhörung in das Ermessen des Bundesamtes (Abs. 3 S. 3). Andererseits hat der Antragsteller auf Verlangen des Bundesamtes seinen Antrag schriftlich zu begründen (Abs. 3 S. 2). Aus dem Zusammenspiel dieser Vorschriften in Verbindung mit dem Gebot der effektiven und zügigen Bearbeitung des Verfahrens ergibt sich, dass im Regelfall eine persönliche Anhörung in der Phase der Zulässigkeitsprüfung angezeigt ist (so wohl auch Funke-Kaiser, GK-AsylVfG, II – § 71 Rdn. 62).

165

Denn die Aufforderung zur schriftlichen Substanziierung setzt unter Umständen ein weitaus zeitaufwendigeres Verfahren in Gang als die kurzfristig angeordnete persönliche Anhörung. Dies spricht dafür, in Fällen, in denen das Sachvorbringen nicht den Anforderungen nach Abs. 3 S. 1 genügt, der persönlichen Anhörung den Vorzug zu geben.

166

Hat das Bundesamt nämlich Zweifel an der Schlüssigkeit des Vorbringens, muss es jedenfalls bei einem hinreichend konkretisierten Antrag die persönliche Anhörung durchführen (VG Arnsberg, B. v. 19. 1. 1994 – 7 L 2322/93.A.). Aus der grundsätzlichen Anwendbarkeit der Vorschriften des Zweiten Abschnittes folgt darüber hinaus, dass das Bundesamt im Falle der persönlichen Anhörung nach Maßgabe der Regelungen in § 25 IV 2 ff. den Verfahrensbevollmächtigen vorher benachrichtigen muss.

167

In der Verwaltungspraxis ist die persönliche Anhörung im Asylfolgeantragsverfahren jedoch eher die Ausnahme. Jedenfalls in den Fällen, in denen der Antragsteller nach Abschluss des ersten Verfahrens in den Herkunftsstaat

168

zurückgekehrt ist und sich auf im Herkunftsstaat entstandene, gegenüber den im Erstverfahren vorgetragenen Gründen völlig neue Verfolgungsgründe beruft, mag es sich zwar formal um einen Asylfolgeantrag handeln. Von der Sache her besteht jedoch kein Unterschied zu einem erstmals in das Bundesgebiet zum Zwecke der Schutzbeantragung einreisenden Asylsuchenden.

169 Deshalb darf in diesen Fällen von der Ermessensregelung des Abs. 3 S. 3 nicht zu Lasten des Antragstellers Gebrauch gemacht werden (so auch VG Frankfurt am Main, AuAS 2002, 214 (215) = InfAuslR 2003, 119; VG Stuttgart, AuAS 2003, 22 (23f.)). Dementsprechend verfährt auch regelmäßig die Verwaltungspraxis. Der Rechtsanwalt sollte allerdings berücksichtigen, dass in derartigen Fällen auch durchaus eine Entscheidung ohne persönliche Anhörung ergehen kann. Häufig ist ihm gar nicht bewusst, dass der Mandant bereits früher einmal, u. U. vor zehn und mehr Jahren, im Bundesgebiet einen Asylantrag gestellt hat.

170 Daher ist der Mandant stets danach zu befragen, ob er bereits früher Schutz vor Verfolgung im Bundesgebiet gesucht hat. In derartigen Fällen empfiehlt es sich, stets *die persönliche Anhörung ausdrücklich zu beantragen* und konkrete Nachweise vorzulegen bzw. schlüssige Anhaltspunkte zu bezeichnen, die glaubhaft die Ausreise nach Abschluss des ersten Verfahrens belegen. Nach den internen Anweisungen des Bundesamtes ist unter diesen Voraussetzungen stets die Anhörung durchzuführen.

171 Nach der internen Dienstanweisung ist grundsätzlich auch dann eine persönliche Anhörung durchzuführen, wenn der Antragsteller vorträgt, *traumatisiert* zu sein. Zur Substanziierung des Asylfolgeantrags sind entsprechende ärztliche Stellungnahmen vorzulegen (Rdn. 282ff.). Ergibt sich nach der Anhörung, dass eine Traumatisierung offensichtlich vorliegt, besteht nach der internen Dienstanweisung kein weiterer Ermittlungsbedarf. In diesen Fällen ist danach dem Antrag zu entsprechen. Umgekehrt soll nicht weiter ermittelt werden, wenn sich nach Durchführung der persönlichen Anhörung ergibt, dass offensichtlich keine Traumatisierung besteht.

172 Auch für das Folgeantragsverfahren kommt damit der persönlichen Anhörung des Antragstellers besonderes Gewicht zu. Dabei kommt es für die Frage nach der Notwendigkeit der persönlichen Anhörung wesentlich darauf an, ob die dargelegten Wiederaufgreifensgründe eine rechtsfehlerfreie Entscheidung in die eine oder in die andere Richtung zulassen. Bei individuell gearteten Wiederaufnahmegründen wird man aus dem Regelungszusammenhang der Vorschriften des Abs. 3 S. 2 und 3 eine Vermutung für die Verpflichtung zur persönlichen Anhörung annehmen müssen (a. A. Bell, NVwZ 1995, 24 (27)). Bleibt der Antragsteller der beabsichtigten Anhörung ohne genügende Entschuldigung fern, kann das Bundesamt ohne Einräumung einer schriftlichen Äußerungsmöglichkeit in der Sache entscheiden (VG Gießen, AuAS 2005, 9).

173 Beruft sich der Antragsteller mit seinem Folgeantrag hingegen ausschließlich auf eine veränderte allgemeine Lage in seinem Herkunftsland, die eine weitere Aufklärung individualbezogener Umstände nicht erforderlich erscheinen lässt, kann das Bundesamt von der persönlichen Anhörung absehen (Bell, NVwZ 1995, 24 (27)).

Folgeantrag §71

Diese Grundsätze zur Gestaltung der persönlichen Anhörung werden in der Verwaltungspraxis jedoch zumeist nicht präzis eingehalten, weil das Bundesamt nicht zwischen der Zulässigkeits- und der Sachprüfung unterscheidet. Erscheint der Antrag zureichend begründet, ordnet das Bundesamt die *persönliche Einvernahme* des Antragstellers zur Prüfung der Wiederaufgreifensgründe an. Bewusst wird der Begriff der Anhörung im Sinne des § 25 vermieden, um die Anwendung der entsprechenden verfahrensrechtlichen Vorschriften zu umgehen. Erweist sich im Rahmen der persönlichen Einvernahme, dass der Antrag begründet ist, wird keine erneute Anhörung durchgeführt, sondern unmittelbar die Sachentscheidung getroffen.

174

4.7. Zustellung (Abs. 3 Satz 4)

Nach Abs. 3 S. 4 sind die Regelungen des § 10 über die Zustellung im Asylfolgeantragsverfahren entsprechend anwendbar. Der Antragsteller hat deshalb seine ladungsfähige Anschrift anzugeben. Insoweit ist er auch erneut auf seine Verpflichtungen nach § 10 hinzuweisen und entsprechend schriftlich und gegen Empfangsbekenntnis zu belehren (Abs. 3 S. 3 in Verb. mit § 10 VII). Unter diesen Voraussetzungen kann das Bundesamt im Folgeantragsverfahren nach § 10 II vorgehen.

175

4.8. Reichweite der Schutzwirkung des gesetzlichen Abschiebungshindernisses nach Abs. 5 Satz 2

4.8.1. Schutzwirkung des Abschiebungshindernisses nach Abs. 5 Satz 2 erster Halbsatz

Die Abschiebung darf durch die zuständige Ausländerbehörde erst nach einer Mitteilung des Bundesamtes, dass die Voraussetzungen des § 51 I–III VwVfG nicht vorliegen, vollzogen werden (Abs. 5 S. 2 1. HS). Stellt der Antragsteller nach unanfechtbarer Asylablehnung unter Beachtung der Zuständigkeitsvorschriften des Abs. 2 wirksam den Folgeantrag, hat die Ausländerbehörde den in Abs. 5 S. 2 1. HS gesetzlich geregelten Abschiebungsschutz zu beachten. Voraussetzung für das Eingreifen dieses Abschiebungsschutzes ist danach aber die wirksame Folgeantragstellung.

176

In den Fällen des Abs. 2 S. 1 setzt dies die persönliche Vorsprache bei der zuständigen Außenstelle des Bundesamtes, in den übrigen Fällen die schriftliche Antragstellung entweder gegenüber der Außenstelle (Abs. 2 S. 2) oder gegenüber der Zentrale des Bundesamtes (Abs. 2 S. 3) voraus.

177

Die Schutzwirkung des Abs. 5 S. 2 1. HS ist allein von der wirksamen Antragstellung nach Abs. 2 und nicht von einer Mitteilung des Bundesamtes an die Ausländerbehörde, dass ein wirksamer Folgeantrag gestellt worden ist, abhängig. Eine derartige Mitteilung sieht das Gesetz gar nicht vor. Sie empfiehlt sich aber im Interesse des Antragstellers, der seinerseits auch selbst oder über seinen Bevollmächtigten die Ausländerbehörde über den Eintritt der Wirkung des Abschiebungshindernisses nach Abs. 5 S. 2 1. HS aufgrund wirksamer Antragstellung informieren sollte.

178

1117

179 Bis zur Mitteilung des Bundesamtes, dass der Folgeantrag unzulässig ist, hat die Ausländerbehörde *grundsätzlich* die Abschiebung auszusetzen (Abs. 5 S. 2 1. HS). Lehnt das Bundesamt den Folgeantrag als unzulässig ab, teilt es der Ausländerbehörde mit, dass die Voraussetzungen des § 51 I–III VwVfG nicht vorliegen. Diese Mitteilung bewirkt den Wegfall des gesetzlichen Abschiebungshindernisses nach Abs. 5 S. 2 1. HS. Die Frage, unter welchen Voraussetzungen und in welchen Formen gegen die damit bewirkte Aufhebung der Vollziehbarkeitshemmung im Hinblick auf die Abschiebungsandrohung des Erstverfahrens vorläufiger Rechtsschutz erlangt werden kann, ist sehr umstritten (vgl. hierzu Rdn. 378 ff.).

4.8.2. Offensichtliche Unschlüssigkeit des Folgeantrags (Abs. 5 Satz 2 zweiter Halbsatz erste Alternative)

180 Die Vorschrift des Abs. 5 S. 2 1. HS findet keine Anwendung, wenn der Folgeantrag offensichtlich unschlüssig ist. Ungeachtet des wirksam gestellten Folgeantrags kann danach die Ausländerbehörde also die Abschiebung vollziehen, wenn nach ihrem Dafürhalten, der Folgeantrag unschlüssig ist (Abs. 5 S. 2 2. HS 1. Alt.). Mit der Befugnis, bei *offensichtlicher* Unschlüssigkeit des Folgeantrags die Abschiebung vollziehen zu können, durchbricht das Gesetz die ansonsten festgelegten klaren Zuständigkeitsregelungen. Selbst bei dem nicht geltend gemachten Asylbegehren ordnet der Gesetzgeber eine Sachentscheidung des Bundesamtes an (§ 30 V). Die Vorschrift des Abs. 5 S. 2 2. HS 1. Alt. ist deshalb ein Rückfall in den Rechtszustand vor Erlass des AsylVfG 1982.

181 Offensichtlich machen die Ausländerbehörden von dieser Befugnis nur zurückhaltend Gebrauch. Jedenfalls sind an das Offensichtlichkeitsurteil besonders strenge Anforderungen zu stellen. Denn auch die Prüfung, ob z. B. das neue Beweismittel gefälscht ist, setzt hinreichend verlässliche Tatsachenfeststellungen voraus (BVerfG (Kammer), InfAuslR 1991, 89 (92)). Die erforderlichen Feststellungen waren nach Ansicht des BVerfG nach dem bis 1992 geltenden Recht grundsätzlich nicht durch die Ausländerbehörde im Rahmen der Zulässigkeitsprüfung, sondern durch das Bundesamt im Rahmen seiner Sachprüfung zu treffen.

182 Nach der Rechtsprechung stellt die offensichtliche Unschlüssigkeit nach Abs. 5 S. 2 2. HS 1. Alt. eine »*besonders qualifizierte Form der Unbegründetheit*« dar (VG Freiburg, InfAuslR 1998, 37 (38)). Das Sachvorbringen kann danach nur dann als offensichtlich unschlüssig bewertet werden, wenn ohne jede weitere Anhörung, Beiziehung von Akten, ohne die Prüfung des Einzelfalls und auch ohne irgendeine Kenntnis der Rechtsprechung und der Erkenntnismittel zu dem Herkunftsstaat bereits ungeachtet der Frage der Substanziiertheit, der Glaubhaftigkeit oder der Beweisgeeignetheit für jede Ausländerbehörde beim bloßen ersten Hinsehen ohne jede Diskussion klar ist, dass selbst bei Wahrunterstellung aus dem Vortrag unter keinem Aspekt der Schluss auf eine Verfolgung als solche gezogen werden kann (VG Freiburg, InfAuslR 1998, 37 (38)).

183 Die Unschlüssigkeit des neuen Vorbringens muss sich – weil offen zutage liegend – gewissermaßen mit Händen greifen lassen. Es muss mithin ungeach-

tet all dieser Umstände dem Vortrag des Folgeantragstellers nach überhaupt schon an der Behauptung fehlen, er sei aufgrund neuer Umstände oder Beweismittel doch oder jedenfalls jetzt als politisch verfolgt anzusehen (VG Freiburg, InfAuslR 1998, 37 (38)). Diese Voraussetzungen liegen etwa vor, wenn sich der Antragsteller »einzig und allein« auf wirtschaftliche Gründe, eine allgemeine Notsituation oder Krieg beruft, weil dies schon begrifflich keine Gründe sind, die unter dem Begriff der politischen Verfolgung fallen (VG Freiburg, InfAuslR 1998, 37 (38)).

Auch ein bereits in sich selbst ohne jeden Zweifel unauflösbar widersprüchliches Vorbringen ist unschlüssig. Das gilt auch für ein Sachvorbringen, das sich allein und ohne jeden zusätzlichen neuen Gesichtspunkt zu nennen, allein darin erschöpft, erneut nur die Gründe des Erstantrags zu wiederholen, oder das auch nicht ansatzweise die Behauptung enthält, neue Umstände oder Beweismittel lägen vor (VG Freiburg, InfAuslR 1998, 37 (38)). **184**

Die Prüfungsanforderungen an den Begriff der offensichtlichen Unschlüssigkeit sind also besonders hoch. Nicht die offensichtliche Unbegründetheit, sondern die »besonders offensichtliche Unbegründetheit« des geltend gemachten Folgeantrags ermächtigt die Ausländerbehörde ungeachtet des Abschiebungshindernisses nach Abs. 5 S. 2 1. HS zum Vollzug der Abschiebungsandrohung. Es muss sich danach um *ganz besonders gelagerte Ausnahmefälle* handeln, die unter keinem rechtlichen und tatsächlichen Gesichtspunkt den Hinweis auf ein asylerhebliches neues Sachvorbringen enthalten. Bereits jeder tatsächliche Hinweis auf neue Umstände, die einen politischen Hintergrund durchschimmern lassen, versperrt daher der Ausländerbehörde den Rückgriff auf die Ermächtigungsgrundlage von Abs. 5 S. 2 2. HS 1. Alt. **185**

4.8.3. Abschiebung in den sicheren Drittstaat (Abs. 5 Satz 2 zweiter Halbsatz zweite Alternative)

Nach Abs. 5 S. 2 2. HS 2. Alt. bewirkt der wirksam gestellte Folgeantrag keine Aussetzung der Abschiebung, wenn der Antragsteller in den sicheren Drittstaat abgeschoben werden soll. Die zweite Durchbrechung des Abschiebungsschutzes nach Abs. 5 S. 2 1. HS ist Folge der Einführung der *Drittstaatenkonzeption*: Da die Regelungen in Abs. 5 unabhängig davon gelten, ob der Antragsteller nach Abschluss des Erstverfahrens das Bundesgebiet verlassen hat (vgl. Abs. 6 S. 1), kann er beim erneuten Einreiseversuch aus einem sicheren Drittstaat zum Zwecke der Folgeantragstellung unmittelbar in diesen Drittstaat zurückgeschoben werden (Abs. 6 S. 2). **186**

Bei der Anwendung der Drittstaatenregelung differenziert das Gesetz demnach nicht zwischen Erst- und Folgeanträgen. Die Ausländerbehörde kann bei der Einreise über einen bestimmten sicheren Drittstaat beim erstmaligen Versuch der Antragstellung (§ 19 III 1) wie bei der erneuten Antragstellung nach Abschluss eines im Bundesgebiet durchgeführten Erstverfahrens (Abs. 6 S. 2) unmittelbar im Wege der Zurückschiebung nach § 15 I AufenthG den Antragsteller in den sicheren Drittstaat, aus dem er eingereist ist, zurückschieben. Weder wird das Bundesamt über den Versuch der Antragstellung informiert noch bedarf es für den Fall, dass der Folgeantrag wirksam ge- **187** stellt werden konnte, einer Mitteilung des Bundesamtes nach Abs. 5 S. 2 1. HS (vgl. Abs. 5 S. 2 2. HS in Verb. mit Abs. 6 S. 2).

188 Die Vorschrift des Abs. 5 S. 2 2. HS 2. Alt. stellt nicht auf die Einreise aus einem sicheren Drittstaat, sondern allein auf die Möglichkeit der Abschiebung in einen derartigen Staat ab. Es wird sich daher typischerweise um Fälle handeln, in denen der Antragsteller nach erfolglosem ersten Asylverfahren nicht ausgereist ist und sich aus Anlass der erneuten Antragstellung die Möglichkeit der Abschiebung in den sicheren Drittstaat eröffnet. Sofern in einem derartigen Fall nicht das Bundesamt eingeschaltet wird, darf keine Abschiebungsanordnung nach § 34 a I 1 erlassen werden. Denn nur das Bundesamt ist hierzu befugt.

189 Regelmäßig dürfte darüber hinaus auch die Sechsmonatsfrist des § 57 I 1 AufenthG abgelaufen sein, sodass die Ausländerbehörde nicht nach § 19 III 1 vorgehen kann. Die Regelung des Abs. 5 S. 2 2. HS 2. Alt. dürfte für derartige Fälle wohl die Funktion einer eigenständigen Rechtsgrundlage gewinnen. Ist der Folgeantragsteller nach Abschluss des Erstverfahrens ausgereist und reist er zum Zwecke der erneuten Asylantragstellung über einen sicheren Drittstaat ein, findet die Vorschrift des Abs. 6 S. 2 Anwendung.

4.9. Vorrang des unbeachtlichen Asylantrags (Abs. 4 erster Halbsatz in Verb. mit § 35)

190 Nach Abs. 4 1. HS ist die Vorschrift des § 35 entsprechend anzuwenden, wenn die Voraussetzungen der § 51 I–III VwVfG nicht vorliegen. Die Vorschrift des § 35 zieht die ausländerrechtliche Konsequenz aus einem unbeachtlichen Asylantrag (§ 35 in Verb. mit § 29), d. h. das Bundesamt droht dem Antragsteller die Abschiebung in den sonstigen Drittstaat an, in dem er offensichtlich vor Verfolgung sicher war (vgl. § 35 S. 1 in Verb. mit § 29 I). Ist nach Maßgabe eines völkerrechtlichen Vertrages oder aufgrund der EG-Verordnung 343/2003 (*Dublin II-VO*) ein anderer Staat für die Behandlung des Asylantrags zuständig, droht das Bundesamt die Abschiebung in diesen Staat an (vgl. § 35 S. 2 in Verb. mit § 29 III).

191 Der Sinn der Verweisung in Abs. 4 1. HS auf § 35 wird nur verständlich, wenn bedacht wird, dass ein Folgeantrag begrifflich auch dann anzunehmen ist, wenn der Antragsteller nach Abschluss des ersten Verfahrens das Bundesgebiet verlassen hat und zur erneuten Asylantragstellung einreist (BVerwGE 77, 323 (324) = EZAR 224 Nr. 16 = NVwZ 1988, 258; so auch OVG Bremen, InfAuslR 1986, 16; OVG NW, U. v. 16. 4. 1985 – 17 B 20798/84; VGH BW, InfAuslR 1984, 249; BayObLG, NVwZ-Beil. 1998, 55; Bell/von Nieding, ZAR 1995, 119; Rdn. 3 ff.; s. auch Abs. 6 S. 1). Die Verweisung zielt damit auf die Fälle, in denen der Antragsteller nach Ausreise über einen sonstigen Drittstaat, in dem er offensichtlich sicher vor Verfolgung war (§ 29 I und II) einreist, oder in dem ein Vertragsstaat im Sinne des § 29 III für die Behandlung des Asylantrags zuständig ist.

192 Nach dem Gesetzeswortlaut soll das Bundesamt erst die Prüfung der Zulässigkeit des Wiederaufgreifens durchführen, bevor es aufenthaltsbeendende

Folgeantrag §71

Maßnahmen trifft. Denn nach Abs. 4 1. HS findet § 35 nur dann Anwendung, wenn die Voraussetzungen nach § 51 I–III VwVfG nicht vorliegen. Es dürfte sich insbesondere im Blick auf die weiteren Verweisungsnormen und auch in Ansehung der verfahrensrechtlichen Übung, im Falle eines unbeachtlichen Asylantrags nicht in die inhaltliche Prüfung des Asylbegehrens einzutreten, wohl um ein gesetzgeberisches Redaktionsversehen handeln.

Liegen die Voraussetzungen des § 29 I, II oder III vor, bedarf es deshalb keine Prüfung der Voraussetzungen des § 51 I–III VwVfG. Vielmehr geht das Bundesamt unmittelbar nach § 35 vor. In diesem Fall findet Abs. 5 jedoch keine Anwendung. Vielmehr muss eine Abschiebungsandrohung nach § 35 ergehen (Funke-Kaiser, in: GK-AsylVfG, II – § 71 Rdn. 70). 193

4.10. Voraussetzungen für das Wiederaufgreifen des Verfahrens nach § 51 Abs. 1 – 3 VwVfG

4.10.1. Funktion der Wiederaufgreifensgründe nach § 51 Abs. 1–3 VwVfG

4.10.2. Geschichtliche Entwicklung des Asylfolgeantrags

Nach Abs. 1 S. 1 2. HS ist ein *weiteres* Asylverfahren nur durchzuführen, wenn die Voraussetzungen des § 51 I–III VwVfG vorliegen. Strukturell ist diese Vorschrift mit der früheren, in § 14 I 1 AsylVfG 1982 geregelten Rechtslage vergleichbar. Während jedoch früher ein Folgeantrag, der die Voraussetzungen des § 51 I–III VwVfG erfüllte, der Gruppe der beachtlichen Asylanträge zugeordnet wurde, werden nach geltendem Recht nur noch die Fallgruppen des § 29 I und III als unbeachtliche bzw. beachtliche Asylanträge bezeichnet. Der Folgeantrag wird damit nicht mehr im Rahmen der Zulässigkeitsprüfung des Asylantrags relevant (s. hierzu Rdn. 1 ff.). 194

Der Gesetzgeber will den Folgeantrag offensichtlich als *Abschiebungshindernis besonderer Art* (Abs. 5 und 6) behandeln und damit von vornherein deutlich machen, dass ein gestellter Folgeantrag lediglich geeignet ist, *vorübergehend* die Abschiebung zu verhindern. Diese dogmatische Strukturveränderung hat insbesondere Auswirkungen auf die Gestaltung des *Rechtsschutzes*. 195

Inhaltlich ist Abs. 1 S. 1 mit § 14 I AsylVfG 1982 identisch. Ein weiteres Asylverfahren wird nur durchgeführt, wenn die Voraussetzungen des § 51 I–III VwVfG vorliegen. Der Gesetzgeber hatte mit dem AsylVfG 1982 erstmals das Rechtsinstitut des Asylfolgeantrags in das Asylverfahren eingeführt. Bis dahin war nach Maßgabe der Vorschrift des § 36 AuslG 1965 zwischen einem *Neu- oder Zweitantrag* und einem Wiederaufnahmeantrag zu unterscheiden. Neue Tatsachen im Sinne des § 36 AuslG 1965 waren solche, durch die der frühere zur Begründung des Sachverhalts vorgetragene Sachverhalt nachträglich erhärtet, ergänzt oder verändert wurde. Neue Beweismittel waren solche, durch die bereits früher vorgebrachte (alte) Tatsachen nachträglich bewiesen werden sollten. 196

Demgegenüber war ein Neu- oder Zweitantrag dadurch gekennzeichnet, dass ein völlig neuer Lebenssachverhalt, der sich mit dem der ablehnenden Ent- 197 scheidung zugrundeliegenden allenfalls am Rande berührte, vorgebracht und erstmals ein Asylanspruch aus Gründen hergeleitet wurde, über die bis dahin noch nicht entschieden worden war (BVerwG, Buchholz 402.25 § 14 AsylVfG Nr. 2; BayVGH, U. v. 13. 4. 1978 – Nr. 98 XII 76; Kemper, NVwZ 1985, 872 (873)).

198 Die Vorschrift des § 14 AsylVfG 1982 unterstellte beide Fallgruppen dem Regime des Asylfolgeantrags (BVerwG, NVwZ 1985, 899; OVG NW, NVwZ 1985, 415) und unterwarf sie einheitlich den strengen Anforderungen nach § 51 I–III VwVfG. Demgegenüber kannte die bis 1982 geltende Rechtslage keine im Zusammenhang mit neuen Sachvorbringen eingreifende Verschuldens- und Präklusionsregelungen. An die seit 1982 geltende Rechtslage knüpft § 71 an.

4.10.3. Maßstabsfunktion für die Durchbrechung der Bestandskraft

199 Die Wiederaufgreifensgründe nach § 51 I VwVfG dienen in diesem Zusammenhang als Maßstab für die Frage, ob die Rechts- oder Bestandskraft der Sachentscheidung des Erstverfahrens durchbrochen wird. Hierbei ist zu bedenken, dass das Interesse an der *Rechtsbeständigkeit* einer Entscheidung nach den gesetzlichen Regelungen des § 51 I VwVfG dem rechtsstaatlich bedeutsamen *Richtigkeitsinteresse* weichen muss, wenn zum Zwecke einer gerechteren Entscheidungsfindung ein Verwaltungsverfahren wiederaufzugreifen und auf neuer Tatsachen- oder Beweisgrundlage eine von dem rechtskräftig bestätigten Erstbescheid abweichende, dem Antragsbegehren entsprechende Verwaltungsentscheidung zu treffen ist (BVerwGE 82, 272 (274)).

200 Liegen aufgrund der Darlegungen des Antragstellers Gründe für ein Wiederaufgreifen des Verfahrens vor, verliert der Folgeantrag als verfahrensrechtliche Sonderkategorie seine Funktion. Er wandelt sich in ein normales Asylverfahren um. Ob dies der Fall ist, ist davon abhängig, ob Wiederaufnahmegründe nach § 51 I VwVfG geltend gemacht werden. Nur wenn die Wiederaufnahme des Verfahrens darüber hinaus nach Maßgabe des § 51 I–III VwVfG zwingend geboten ist, also kein Verschulden (§ 51 II VwVfG) oder keine Präklusionsvorschriften (§ 51 III VwVfG) zu Lasten des Folgeantragstellers Anwendung finden, hat das Bundesamt ein neues Asylverfahren durchzuführen. Damit wird auch beim Folgeantrag eine Zulässigkeitsprüfung durchgeführt (s. hierzu Rdn. 104 ff.). Was den Folgeantrag verfahrensrechtlich vom normalen Asylantrag unterscheidet, ist ja gerade diese Zulässigkeitsprüfung.

201 Abs. 1 S. 1 verweist auf die Wiederaufnahmegründe des § 51 I VwVfG. Zentrale Bedeutung in der Praxis haben die Wiederaufnahmegründe nach § 51 I Nr. 1 und 2 VwVfG, d. h. die *neue Sach- oder Rechtslage* sowie die *neuen Beweismittel*. Der Wiederaufnahmegrund nach § 51 I Nr. 3 in Verb. mit § 580 ZPO verweist auf die Fälle, in denen die Sachentscheidung im Erstverfahren aufgrund falscher Aussagen von Beteiligten oder aufgrund von Zeugenaussagen mittels strafbarer Handlungen (Täuschung) oder durch Amtspflichtverletzungen zustande gekommen ist. Für das Asylverfahren ist dieser Wiederaufnahmegrund ohne praktische Bedeutung. Auf die entsprechende Kommentarliteratur wird verwiesen.

Folgeantrag § 71

4.10.4. Zulässigkeit der Wiederaufnahmeklage (§ 153 VwGO in Verb. mit § 584 I ZPO)

Das BVerwG hat darüber hinaus ausdrücklich darauf hingewiesen, dass dem Asylsuchenden neben der Möglichkeit des Folgeantrags *zusätzlich* zur Beseitigung der Rechtskraft des klageabweisenden Urteils auf jeden Fall der Weg der *Wiederaufnahmeklage* (§ 153 VwGO in Verb. mit § 584 I ZPO) unter den dort bezeichneten Voraussetzungen offen stehe (BVerwG, DÖV 1983, 209 = NVwZ 1983, 172 = InfAuslR 1983, 81). 202

4.10.5. Funktion der Wiederaufnahmegründe als Tatbestandsverweisung

Die Bezugnahme in Abs. 1 S. 1 auf § 51 I–III VwVfG ist nicht als eine Rechtsfolgenverweisung, sondern als eine *Tatbestandsverweisung* zu verstehen (Funke-Kaiser, in: GK-AsylVfG, § 71 Rdn. 74). Denn die Voraussetzungen für die Einleitung eines weiteren Verfahrens nach Abs. 1 S. 1 richten sich ausschließlich nach § 51 I–III VwVfG, die Rechtsfolgen hingegen nach dem AsylVfG (vgl. Abs. 4–6). 203

Diese Differenzierung führt im Verwaltungsverfahren zu einer Abschichtung innerhalb der *Tatbestandsvoraussetzungen* und der *Rechtsfolgen* des § 51 I VwVfG, nämlich nach der Prüfung der Wiederaufgreifensgründe einerseits und der davon zu trennenden Sachprüfung andererseits (Funke-Kaiser, in: GK-AsylVfG, II – § 71 Rdn. 74). Dies hat Auswirkungen auf die Frage der Stufen des Verwaltungsverfahrens (s. hierzu Rdn. 120 ff.). 204

Liegen die Voraussetzungen nach § 51 I–III VwVfG vor, wird die Bestandskraft der Sachentscheidung des Erstverfahrens durchbrochen und in eine erneute Sachprüfung im Umfang der geltend gemachten Wiederaufnahmegründe eingetreten. Das Verfahren wird dann von der ersten in die zweite Verfahrensstufe übergeleitet (BVerfG (Kammer), EZAR 212 Nr. 11; BVerwGE 77, 323 (326) = EZAR 224 Nr. 16 = NVwZ 1996, 258; BayVGH, NVwZ-Beil. 1997, 75; s. hierzu Rdn. 120 ff.). In Abs. 1 S. 1 wird der in § 51 II VwVfG geregelte Verschuldensbegriff in Bezug genommen. Dies führt im Asylverfahren häufig zu komplizierten und schwierig zu lösenden Problemen (Rdn. 301 ff.). 205

Schließlich ist die Frist von drei Monaten nach § 51 III VwVfG für die Geltendmachung der Wiederaufnahmegründe zu beachten, die insbesondere Probleme bereitet, wenn noch während des anhängigen Erstverfahrens Wiederaufnahmegründe auftreten, die dort aber aus verfahrensrechtlichen Gründen nicht mehr geltend gemacht werden können. 206

War nach altem Recht die Ausländerbehörde für die Prüfung der Wiederaufnahmegründe zuständig (§§ 14 I, 10 I und II AsylVfG 1982), obliegt nunmehr auch die Prüfung der Zulässigkeit des Folgeantrags der für die eigentliche Sachentscheidung zuständigen Behörde, nämlich dem Bundesamt (Abs. 1 S. 1 letzter HS). 207

4.10.6. Änderung der Sach- und Rechtslage (§ 51 Abs. 1 Nr. 1 VwVfG)

4.10.6.1. Maßgeblicher Zeitpunkt des Erstverfahrens

Der in § 51 I Nr. 1 VwVfG geregelte Wiederaufnahmegrund ist in der Praxis der wichtigste Grund für das Wiederaufgreifen des Verfahrens. Danach ist das Verfahren wiederaufzugreifen, wenn sich *nachträglich* die dem Verwal- 208 tungsakt des Erstverfahrens zugrundeliegende Sach- und Rechtslage *zugunsten* des Betroffenen geändert hat. Die Änderung der Sachlage betrifft dem Beweis zugängliche Tatsachen, also konkrete Vorgänge oder Zustände in der Vergangenheit oder Gegenwart, die sinnlich wahrnehmbar in die Wirklichkeit getreten sind (Thür.OVG, NVwZ-Beil. 2003, 19 (21)).

209 Dazu gehören innere und äußere Tatsachen. Äußere Tatsachen in diesem Sinne etwa bei exilüpolitischen Aktivitäten können eine Demonstration, die Verteilung von Flugblättern, die Besetzung eines Parteibüros oder ein Hungerstreik sein. Innere Tatsachen können etwa die geänderte politische Einstellung des Asylsuchenden sein, die sich nach außen hin durch entsprechende Äußerungen erklärend manifestiert, oder ein anderweitiges religiöses Bekenntnis sein (Thür.OVG, NVwZ-Beil. 2003, 19 (21)).

210 Zunächst ist zur Beurteilung der neuen Sachlage der *zeitliche* Bezugspunkt des Erstverfahrens festzustellen. Grundsätzlich ist dies – wenn der Asylbescheid nicht angegriffen worden ist – der Zeitpunkt der Sachentscheidung des Bundesamtes oder der Tag der letzten mündlichen Verhandlung der letzten Tatsacheninstanz (BVerwG, Buchholz 402.24 § 28 AuslG Nr. 7; BVerwG, DÖV 1979, 903; VGH BW, InfAuslR 1986, 34).

211 Dies hat seinen Grund darin, dass in aller Regel nach Abschluss der mündlichen Verhandlung neue Tatsachen in das Verwaltungsstreitverfahren nicht mehr eingeführt werden können. Hieraus ergibt sich auch, dass mit Blick auf während des Antragsverfahrens nach § 78 IV bzw. des Beschwerdeverfahrens nach § 133 I VwGO neu auftretende Tatsachen für die Beurteilung ihrer Erheblichkeit auf den Zeitpunkt des Tags der letzten mündlichen Verhandlung abzustellen ist. Während dieser Verfahren neu entstehender Tatsachenstoff ist damit im Folgeverfahren geltend zu machen (BVerwG, InfAuslR 1985, 22).

212 Auszugehen ist damit von den tatsächlichen Feststellungen des bestandskräftigen Behördenbescheids oder – im Falle der Klageerhebung – von den tatsächlichen Feststellungen der letzten gerichtlichen Tatsacheninstanz. Nicht jede Veränderung der Verhältnisse im Herkunftsland des Folgeantragstellers kann indes zur Begründung des Folgeantrags herangezogen werden. Vielmehr müssen die vorgebrachten nachträglichen Umstände individuelle Auswirkungen auf den Asylsuchenden haben, sodass eine von der früheren Entscheidung abweichende Beurteilung möglich erscheint (Mezger, VBlBW 1995, 308 (309)).

213 Beruft sich der Folgeantragsteller auf kollektive Verfolgungsgefahren, reichen insoweit die bereits aufgrund des Erstverfahrens getroffenen Feststellungen im Blick auf die Zugehörigkeit des Antragstellers zur kollektiv gefährdeten Personengruppe aus. Die Zulässigkeitsprüfung erstreckt sich mithin im Rahmen des § 51 I Nr. 1 VwVfG auf die Frage, ob der Antragsteller eine nachträglich entstandene und ihn individuell betreffende Sach- oder Rechtslage geltend macht, ob diese Tatsachen von asylrechtlicher Bedeutung, also im rechtlichen Sinne geeignet sind und ob aus den neuen Tatsachen und Umständen die Möglichkeit einer positiven Einschätzung des Asylbegehrens folgt (VGH BW, InfAuslR 1984, 249 (251)).

214 Eine scharfe Trennung zwischen der Sach- und Rechtslage ist im Asylrecht nicht geboten, da Änderungen der Rechtslage im Herkunftsstaat keine Änderung der Rechtslage, sondern eine Änderung der Sachlage darstellen

(Rdn. 184f.). Unklar ist, ob und in welchem Umfang die Änderung der Asylrechtsprechung im Rahmen von § 51 I Nr. 1 VwVfG Berücksichtigung finden kann.

4.10.6.2. Maßgeblicher Zeitpunkt für das Vorliegen der neuen Sach- und Rechtslage

Nach der Rechtsprechung müssen die Voraussetzungen des Wiederaufnahmegrundes nach § 51 I Nr. 1 VwVfG im Zeitpunkt der gerichtlichen Entscheidung noch vorliegen. Ein ursprünglich im Laufe des Wiederaufnahmeverfahrens zulässiger Wiederaufnahmegrund müsse im Zeitpunkt der gerichtlichen Entscheidung deshalb noch bestehen (VGH BW, AuAS 2000, 152 (154)). Dem steht die in der Rechtsprechung des BVerfG bestätigte Zweistufigkeit des Asylfolgeantragsverfahren (vgl. BVerfG (Kammer), EZAR 212 Nr. 11; s. hierzu Rdn. 120ff.) entgegen. Danach ist nach der Bejahung der Zulässigkeitsvoraussetzungen in die inhaltliche Sachprüfung einzutreten. Auch wenn das Verwaltungsgericht befugt ist, auch die Frage der Zulässigkeit des Wiederaufnahmegrundes zu überprüfen, ist es in seiner Prüfung doch darauf beschränkt, die Rechtmäßigkeit der behördlichen Zulässigkeitsentscheidung zu prüfen (vgl. § 113 I 1 VwGO). 215

Hat das Bundesamt danach zu Recht die Zulässigkeit des vorgebrachten Wiederaufnahmegrundes bejaht und ist es in die Sachprüfung eingetreten, ist das Verwaltungsgericht auf die Überprüfung der inhaltlichen Sachentscheidung beschränkt. Der Hinweis auf § 77 I ist nicht überzeugend, da diese Norm sich auf die tatsächlichen und rechtlichen Voraussetzungen des geltend gemachten Anspruchs bezieht. Dieser eher akademisch anmutende Streit hat durchaus in den Fällen praktische Relevanz, in denen es etwa im Rahmen von Altfallregelungen für die Berechnung von Anwartzeiten auf die Frage eines zulässigen Asylfolgeantrags ankommt. 216

Andererseits kann während des anhängigen Verwaltungsstreitverfahrens ein neuer, selbständiger Wiederaufgreifensgrund unter Berücksichtigung der Voraussetzungen des § 51 II und III VwVfG in das laufende Verfahren eingeführt werden (BVerwG, NVwZ 1995, 388), sodass ein ursprünglich unbeachtlicher Asylfolgeantrag dadurch zu einem zulässigen Antrag werden kann (OVG NW, B. v. 25. 2. 1997 – 25 A 720/97.A; OVG NW, B. v. 14. 10. 1997 – 25 A 1384/97.A;. VG Stuttgart, U. v. 29. 1. 1999 – A 19 K 15345/97, mit Bezugnahme auf VGH BW, U. v. 29. 6. 1992 – A 16 S 3077/90). Im Asylfolgeantragsverfahren ist über alle Wiederaufgreifensgründe zu befinden, die im Zeitpunkt der gerichtlichen Entscheidung geltend gemacht werden (OVG NW, B. v. 25. 2. 1997 – 25 A 720/97.A; OVG NW, B. v. 14. 10. 1997 – 25 A 1384/97.A). Die prozessuale Zulässigkeit dieses Verfahrens ist jedoch dem Grundsatz der Prozessökonomie geschuldet. Andernfalls müsste das Verwaltungsgericht den Kläger auf das Verwaltungsverfahren mit der Folge erheblicher verfahrensverzögernder Effekte verweisen. 217

4.10.6.3. Änderung der Sachlage

Generell kann eine »neue« Sachlage immer dann angenommen werden, wenn sich im Herkunftsstaat des Antragstellers nachträglich die Verfol- 218 gungssituation in asylrelevanter Weise verändert hat. Dies kann Folge bloß objektiver administrativer oder von Rechtsänderungen, aber auch Folge der Anwendung des schon im Erstverfahren geltenden Rechts des Herkunftsstaates auf neu auftretende subjektive Handlungen des Antragstellers sein. Da die in § 51 I Nr. 1 VwVfG geregelten *Rechtsänderungen* allein auf das *deutsche Recht* abzielen, sind *Änderungen der Rechtslage im Herkunftsstaat*, wie etwa Antiterror-, Ausnahme- und Notstandsgesetze, keine Rechtsänderungen nach dieser Vorschrift, sondern *Änderungen der Sachlage*. Daher ist mit Blick auf den Herkunftsstaat eine strenge Unterscheidung in Sach- und Rechtslage nicht erforderlich.

219 So wird etwa in der Rechtsprechung in der Entscheidung des pakistanischen Supreme Court vom 3. Juli 1993, durch welche eine Verschärfung der Verfolgungssituation im Hinblick auf Ahmadis eingetreten war, eine Änderung der Sachlage nach § 51 I Nr. 1 VwVfG gesehen (VG Göttingen, B. v. 4. 8. 1994 – 2 B 2250/94). Es ist im Übrigen mit dem verfassungsrechtlichen Willkürverbot unvereinbar, Umstände, die im Erstverfahren wegen Fristversäumnis nach § 74 II 1 nicht berücksichtigt worden sind, im Folgeantragsverfahren als nicht »neu« zurückzuweisen (BVerfG (Kammer), NVwZ-Beil. 1994, 49 (50)).

4.10.6.4. Keine Beschränkung auf Nachfluchtgründe

220 Änderungen der Sach- und Rechtslage im Sinne von § 51 I Nr. 1 VwVfG sind nach der Rechtsprechung nur als *Nachfluchtgrund* vorstellbar (Hess.VGH, EZAR 225 Nr. 5 = InfAuslR 1990, 133; VGH BW, InfAuslR 1986, 34; OVG Lüneburg, B. v. 2. 7. 1987 – 11 OVG B 201/87; OVG NW, B. v. 13. 2. 1987 – 16 B 20814/85). Das ist aber nur für den Fall zutreffend, dass der Antragsteller nach unanfechtbarer Ablehnung seines ersten Asylantrags nicht in seinen Herkunftsstaat zurückgekehrt ist. Denn hält sich der Antragsteller eine gewisse Zeit nach der Rückkehr in seinem Herkunftsstaat auf und wird dort erneut von Verfolgungsmaßnahmen betroffen oder bedroht und sucht er deshalb im Bundesgebiet Schutz vor Verfolgung, so beruft er sich damit im Folgeantragsverfahren auf Vorfluchtgründe.

221 Weil das Gesetz und die Rechtsprechung unabhängig davon, ob der Antragsteller nach Abschluss des Erstverfahrens in den Herkunftsstaat zurückgekehrt ist oder nicht, die Regelungen über den Folgeantrag anwenden, ist es nicht zulässig, sämtliches tatsächliches Vorbringen im Folgeantrag als Nachfluchtgrund zu bewerten. Vielmehr gelten für die Differenzierung zwischen Vor- und Nachfluchtgründen die allgemeinen Grundsätze (vgl. § 28 Rdn. 3 ff.) Wer etwa behauptet, nach seiner Rückkehr in seinen Herkunftsstaat unter dem Vorwurf, Angehöriger einer Oppositionspartei zu sein, inhaftiert worden zu sein, beruft sich auf ihn als Vorverfolgung treffende und nachträglich – nach Abschluss des Erstverfahrens – entstandene Verfolgungsmaßnahmen (VG Arnsberg, B. v. 19. 1. 1994 – 7 L 2322/93.A), ebenso wie derjenige, der angibt, nach seiner Rückkehr wegen der Aktivitäten seiner Ehefrau für die Volksmudjaheddin im Iran für drei Monate inhaftiert worden zu sein (BVerfG (Kammer), InfAuslR 1995, 342 (343)). Dieses Sachvorbringen ist jedoch im Asylfolgeantragsverfahren nicht als Nachfluchtgrund, sondern als Vorfluchtgrund zu behandeln.

Folgeantrag **§ 71**

4.10.6.5. Objektive Nachfluchtgründe

Für das Asylfolgeantragsverfahren ist nicht anders wie für das Erstverfahren die Differenzierung zwischen objektiven und subjektiven Nachfluchtgründen (s. hierzu § 28 Rdn. 9 ff.) zugrunde zu legen. Objektive Nachfluchtgründe sind im Zusammenhang mit § 51 I Nr. 1 VwVfG nach der Rechtsprechung des BVerfG etwa die nachträgliche Veränderung der Verhältnisse im Herkunftsstaat dergestalt, dass es nunmehr nach dem Sachvorbringen als möglich erscheint, dass die Mitgliedschaft in einer Oppositionspartei – anders als während der Dauer des Erstverfahrens – zu konkreten Gefahren für die persönliche Freiheit führen kann. Hierin läge ein objektiver Nachfluchtgrund im Sinne der Rechtsprechung des BVerfG (BVerfG (Kammer), InfAuslR 1995, 19 (21) = AuAS 1995, 9 = NVwZ-Beil. 1995, 3: UdPS/Zaire). 222

Ebenso liegt es, wenn sich in Abweichung zu den Feststellungen im Erstverfahren nach Ansicht der Verwaltungsgerichte inzwischen die Voraussetzungen einer staatsähnlichen Gewalt im Herkunftsstaat des Antragstellers herausgebildet haben. In einem derartigen Fall wird mit der Berufung hierauf im Rahmen des § 51 I Nr. 1 VwVfG ein objektiver Nachfluchtgrund geltend gemacht (VG Gießen, NVwZ-Beil. 1997, 69: zu den Taleban in Afghanistan). 223

Ebenso liegt der Sachverhalt, wenn die Rechtsprechung aufgrund der Verschärfung der Verhältnisse im Herkunftsstaat des Antragstellers nach Auswertung einschlägiger Erkenntnismittel anders als im Erstverfahren nunmehr davon ausgeht, dass auch unverfolgt ausgereiste Asylsuchende aus diesen Gründen bei Rückkehr mit sie persönlich treffenden Gefahren rechnen müssen (VG Freiburg, InfAuslR 1994, 166). In diesem Zusammenhang ist auch von Bedeutung, dass das BVerfG die qualifizierte Klageabweisung des Verwaltungsgerichts beanstandet hat, weil es die Offensichtlichkeit der fehlenden Verfolgungsdichte im Blick auf die mit dem Folgeantrag geltend gemachten Gruppenverfolgung kurdischer Volkszugehöriger nicht hinreichend dargelegt hat (BVerfG (Kammer), NVwZ-Beil. 1995, 2 (3)). 224

Als neue Sachlage im Sinne des § 51 I Nr. 1 VwVfG ist es auch zu bewerten, wenn sich die Angehörigen nach § 26 auf die *nachträglich erfolgte Asylberechtigung des Stammberechtigten* berufen (Nieders.OVG, NVwZ-Beil. 1996, 59 (61)). Dies gilt entsprechend auch für den mit Wirkung zum 1. Januar eingeführten *Familienabschiebungsschutz* nach § 26 IV. Umgekehrt führt der unanfechtbare Wegfall des Familienasyls bzw. des Familienabschiebungsschutzes dazu, dass nunmehr die Berufung auf individuelle Verfolgungsgründe im Wege des Folgeantragsverfahrens zulässig ist (Hess.VGH, AuAS 1998, 191 (192)). 225

In diesem Zusammenhang wird in der Rechtsprechung der Hinweis der Antragstellerin, nach der *Abschiebung des Ehemannes* in die Türkei fehle von diesem jede Spur, nicht als zulässiger Wiederaufnahmegrund bewertet. Damit werde allenfalls die Gefahr geltend gemacht, dass die türkischen Behörden an der Antragstellerin allenfalls insoweit ein Interesse haben könnten, durch ihre Befragung Informationen über den Aufenthaltsort des Ehemannes zu erhalten (VG Stuttgart, U. v. 29. 1. 1999 – A 19 K 15345/97). Diese Begründung mag nach umfassender Sachaufklärung und Beweiserhebung die Klageabweisung tragen, erscheint jedoch angesichts der in der Türkei mit Befragungen häufig verbundenen Gefahren der Misshandlungen nicht von vornhe- 226

1127

rein nach jeder vertretbaren Betrachtungsweise als ungeeignet, den geltend gemachten Asylanspruch zu tragen (vgl. BVerfG (Kammer), EZAR 212 Nr. 11).

4.10.6.6. Exilpolitische Aktivitäten

227 Nachträgliche exilpolitische Aktivitäten stellen die Mehrheit der geltend gemachten Gründe für das Wiederaufgreifen dar. Es ist evident, dass die Rechtsprechung von einer zunehmend restriktiver werdenden Tendenz bei der Behandlung geltend gemachter exilpolitischer Aktivitäten als beachtliche geprägt ist, um der Durchbrechung der Bestandskraft allein unter Berufung auf subjektives Verhalten entgegen zu wirken.

228 So berechtigt es erscheint, dem Interesse an Rechtssicherheit und Rechtsbeständigkeit den Vorrang einzuräumen, so ist doch auch im Blick auf derartige Nachfluchtgründe stets sorgfältig zu prüfen, ob aufgrund exilpolitischer Aktivitäten die Gefahr von Verfolgung droht. Insoweit reicht es für die Prüfung der Zulässigkeitsvoraussetzungen aus, ob aufgrund der vorgetragenen Aktivitäten eine günstigere Entscheidung als möglich erscheint. Dies hat das BVerfG gerade im Blick auf exilpolitische Aktivitäten erst jüngst ausdrücklich hervorgehoben und die Fachgerichtsbarkeit ermahnt, die Anforderungen an die Darlegungslast für die Zulässigkeitsprüfung nicht zu überspannen (BVerfG (Kammer), EZAR 212 Nr. 11).

229 Ob das vorgetragene subjektive Engagement als ernsthaft erscheint, um ein beachtliches Verfolgungsinteresse auszulösen und ob das eingerichtete Überwachungs-, Spitzel- und Denunziationssystem der Botschaft des Herkunftsstaates so geartet ist, dass nur herausgehobene Aktivitäten in das Blickfeld der Verfolgungsbehörden geraten, betrifft die Frage, ob die vorgebrachten Aktivitäten politische Verfolgung begründen. Dazu bedarf es einer umfassenden Sachverhaltsaufklärung und Beweiserhebung, die nicht in der Zulässigkeitsprüfung, sondern im Rahmen der inhaltlichen Sachprüfung durchzuführen ist. Nur wenn die vorgetragenen Aktivitäten nach jeder vertretbaren Betrachtung von vornherein als ungeeignet erscheinen, den geltend gemachten Asylanspruch zu tragen, dürfen sie bereits in der Zulässigkeitsprüfung als unerheblich bewertet werden (BVerfG (Kammer), EZAR 212 Nr. 11).

230 Angesichts der heterogenen Vielfalt der vorgetragenen exilpolitischen Aktivitäten und der erforderlichen Prüfung, ob diese vom Herkunftsstaat ernst genommen werden und ein Verfolgungsrisiko begründen, dürfte dies indes der extreme Ausnahmefall darstellen. Die Rechtsprechung wendet bei nachträglichen exilpolitischen Aktivitäten im Blick auf jeden einzelnen vorgebrachten Sachkomplex einen strengen und insoweit jeweils an der Fristenregelung des § 51 III VwVfG ausgerichteten Maßstab an (s. hierzu Rdn. 276 ff.).

231 Eine beachtliche neue Sachlage wird etwa mit dem Hinweis auf die Teilnahme an verschiedenen regierungsfeindlichen Kundgebungen und Demonstrationen sowie auf das Verfassen und Veröffentlichen regimekritischer Artikel in Exilzeitschriften geltend gemacht (BayVGH, NVwZ-Beil. 1997, 75 (77); VG Trier, B. v. 6. 1. 1997 – 1 K 290/96.K). Ebenso ist die Unterstützung der iranischen Volksmodjaheddin in »besonders nachhaltiger und durchaus öffent-

Folgeantrag §71

lichkeitswirksamer Form« erst im Rahmen der Sachprüfung zu behandeln und begründet die beachtliche Gefahr politischer Verfolgung (VG Koblenz, U. v. 19. 5. 2000 – 8 K 3128/99.KO).

Wird in der erforderlichen Form dargelegt, dass durch nachträgliche subjektive Handlungen des Antragstellers die Einleitung von Verfolgungsmaßnahmen möglich erscheint, so ist ein weiteres Asylverfahren durchzuführen. Das Verfahren wird in derartigen Fällen zwar regelmäßig nicht zu einer Asylanerkennung, wohl aber zu einer Feststellung nach § 60 I AufenthG führen (s. aber § 28 II). 232

Während nach dem bis zum 31. Dezember 1990 geltenden Recht die subjektiven Nachfluchttatbestände nicht dem Begriff des Folgeantrags zugerechnet wurden und daher die obergerichtliche Rechtsprechung bei diesen Tatbeständen die Voraussetzungen des § 51 I Nr. 1 VwVfG verneinte und statt dessen auf den ausländerrechtlichen Abschiebungsschutz verwies (Hess.VGH, EZAR 225 Nr. 1 = InfAuslR 1990, 133; OVG Lüneburg, NVwZ-RR 1989, 276), ist nach geltendem Recht bei der Prüfung der Frage, ob ein weiteres Asylverfahren durchzuführen ist, mit Blick auf das Erstverfahren wie auf den Folgeantrag der Antragsbegriff des § 13 I zugrundezulegen (Abs. 1 S. 1). 233

4.10.6.7. Änderung der asylrechtlichen Rechtsprechung

Nach wie vor umstritten ist, ob und in welchem Umfang die Änderung der asylrechtlichen Rechtsprechung als Änderung der Rechtslage im Sinne des § 51 I Nr. 1 VwVfG anzusehen ist. Das BVerfG hat ohne nähere Vertiefung dieser Rechtsfrage jedenfalls einer geänderten Rechtsprechung des BVerfG eine Bedeutung nicht absprechen wollen (BVerfG (Kammer), InfAuslR 1991, 20 = EZAR 224 Nr. 21). Die generelle Rechtsprechung der einzelnen Senate des BVerwG zu dieser Frage ist uneinheitlich. Einerseits wird vertreten, ein »bloßer Wandel in der Rechtsauffassung, insbesondere in der Auslegung unbestimmter Rechtsbegriffe« sei aus Gründen der Rechtssicherheit unbeachtlich (BVerwGE 2, 380 (395 f.)). 234

Der früher für Asylrecht zuständige neunte Senat des BVerwG hat sich in seiner asylrechtlichen Rechtsprechung zu dieser Frage nicht ausführlich und eindeutig geäußert, sondern lediglich lapidar festgestellt, die Änderung der Rechtsprechung *erst- und zweitinstanzlicher Gerichte* könne in einem bundesrechtlich geregelten revisionsgerichtlich überprüfbaren Sachbereich wie dem des Asylrechts einer Änderung der »Rechtslage« im Sinne von § 51 I Nr. 1 VwVfG *nicht* gleichgestellt werden (BVerwG, EZAR 212 Nr. 6 = NVwZ 1989, 161; so auch VGH BW, U. v. 2. 10. 1986 – A 13 S 307/85; Hess.VGH, NVwZ-RR 1996, 713; s. auch Stelkens, NVwZ 1982, 492, zur generellen Bedeutung der Änderung der höchstrichterlichen Rechtsprechung als Wiederaufgreifensgrund nach § 51 I Nr. 1 VwVfG). 235

Ob demnach durch Berufung auf die Änderung der asylrechtlichen Rechtsprechung eine veränderte »Sachlage« geltend gemacht werden kann, ist damit offen. In seiner Rechtsprechung zum Vertriebenenrecht hat der frühere neunte Senat festgestellt, eine Änderung der höchstrichterlichen Rechtsprechung sei grundsätzlich keine Änderung der Rechtslage (BVerwG, NVwZ-RR 1994, 119). Dies gelte auch mit Blick auf die Änderung der höchstrichter- 236 lichen Rechtsprechung (BVerwGE 28, 122 (126f.); BVerwG, NJW 1981, 2595 m.w.Hw.; BVerwG, InfAusR 1995, 355 (356)). Für die Rechtsprechung des Europäischen Gerichtshofes für Menschenrechte könne insoweit nichts anderes gelten (BVerwG, InfAuslR 1995, 355 (356)).

237 Folgt man der ersten Ansicht, kann die Rechtsprechung, welche eine Änderung in der Auffassung von Gerichten generell nicht als Änderung der Rechtslage versteht (so Hess.VGH, InfAuslR 1984, 253; OVG NW, B. v. 7.3.1986 – 20 B 20440/85), in dieser Pauschalität keinen Bestand mehr haben. Zwar kann die obergerichtliche Rechtsprechung nicht einer authentischen Gesetzesauslegung durch den Gesetzgeber gleichgesetzt werden (VGH, BW, U. v. 2.10.1986 – A 13 S 307/85). Anders ist dies jedoch bei der höchstrichterlichen Rechtsprechung (VGH BW, U. v. 2.10.1986 – A 13 S 307/85).

238 Andererseits hebt das BVerwG hervor, dass die höchstrichterliche Änderung einer bisher vertretenen Rechtsprechung mehr als ein bloßer Wandel sei. Insoweit bejaht es eine Änderung der Rechtslage (BVerwGE 17, 256 (260)). Maßgebend sei, ob gerade die jeweils anzuwendende Vorschrift inzwischen eine geänderte Auffassung erfahren habe. Dagegen genüge es nicht, wenn sich die Rechtsprechung zu einer anderen, einen gleichen oder ähnlichen Interessenkonflikt regelnden Vorschrift gewandelt habe (BVerwGE 35, 234 (237)). Ausdrücklich weist das BVerwG jedoch auch darauf hin, dass diese allgemeinen Grundsätze nicht ohne weiteres auf das Asylrecht übertragen werden könnten (BVerwG, InfAuslR 1995, 355 (356)).

239 Für das Asylrecht ist damit davon auszugehen, dass jedenfalls Änderungen bzw. Klarstellungen oder Präzisierungen in der Rechtsprechung des BVerwG sowie des BVerfG einer Änderung der Rechtslage im Sinne des § 51 I Nr. 1 VwVfG gleichkommen. Angesichts der Enthaltsamkeit des Gesetzgebers bei der Regelung materieller Fragen im Asylrecht sind die tragenden Grundsätze in der Rechtsprechung des BVerfG bei der Auslegung und Konkretisierung des Begriffs der politischen Verfolgung funktionell wie Rechtsnormen einzustufen. Dies gilt für Senats- wie Kammerentscheidungen und auch für Entscheidungen des BVerwG (so auch Funke-Kaiser, GK-AsylVfG, § 71 Rdn. 96).

240 Die Änderung der Rechtsprechung wird allgemein unter dem Gesichtspunkt der Änderung der Rechtslage im Sinne des § 51 I Nr. 1 VwVfG diskutiert (so auch Stelkens, NVwZ 1982, 492 (494); BVerwG, NVwZ 1989, 161 (162); VG Sigmaringen, U. v. 27.9.1996 – A 5 K 10219/94). Dies wird den asylverfahrensrechtlichen Besonderheiten jedoch kaum gerecht, da Tatsachenfragen im Asylrecht sehr eng mit der Auslegung und Anwendung von Rechtsfragen verbunden sind. So können sich insbesondere bei der Bewertung der Verfolgungssituation kollektiv gefährdeter Gruppen, der Einschätzung der asylrechtlich erheblichen allgemeinen Verhältnisse im Herkunftsland oder der Einstufung bestimmter Organe als Zurechnungssubjekte asylrechtlicher Verfolgungsmaßnahmen aufgrund der Auskünfte, Stellungnahmen und Gutachten Ansichten in der Rechtsprechung ändern (vgl. etwa VG Gießen, NVwZ-Beil. 1997, 69; VG Freiburg, InfAuslR 1994, 166; a.A. VG Braunschweig, U. v. 24.9.1996 – 5 A 5168/94; s. hierzu auch Rdn. 83).

241 Von Bedeutung in diesem Zusammenhang ist auch, dass das BVerfG nach Verkündung seiner Afghanistan-Entscheidung vom 10. August 2000 (BVerfG

Folgeantrag **§ 71**

(Kammer), EZAR 2002 Nr. 30 = InfAuslR 2000, 521 = NVwZ 2000, 1165) den Präsidenten des Bundesamtes sowie die Verfahrensbevollmächtigten der Beschwerdeführer der noch anhängigen Verfahren zu Afghanistan auf die Möglichkeit des Asylfolgeantrags verwies und die Rücknahme der Verfassungsbeschwerde anregte. Auch das BVerfG sieht es damit als selbstverständlich an, dass jedenfalls Präzisierungen verfassungsgerichtlicher Vorgaben zur Auslegung und Anwendung der asylrechtlichen Entscheidungsgrundlagen prozessual als neue Sach- und Rechtslage im Sinne des § 51 I Nr. 1 VwVfG behandelt werden können.

Es muss sich damit nicht um die verfassungsgerichtliche Klärung bislang strittiger asylrechtlicher Fragen durch den zuständigen Senat handeln. Vielmehr reicht die Berufung auf eine Kammerentscheidung aus, durch welche eine bereits entschiedene Grundsatzfrage des zuständigen Senates im Blick auf die bislang uneinheitliche Behandlung tatsächlicher Fragen erläutert und präzisiert wird. Änderungen in der asylrechtlichen Rechtsprechung gewinnen deshalb bei der Auslegung und Anwendung des § 51 I Nr. 1 VwVfG nicht vorrangig unter dem rechtlichen Gesichtspunkt der Änderung der Rechtslage, sondern regelmäßig insbesondere unter dem der Änderung der Sachlage Bedeutung. 242

Insoweit wird man fordern müssen, dass nicht lediglich vereinzelte Verwaltungsgerichte bestimmte tatsächliche Entwicklungen anders einschätzen als die überwiegende Mehrheit in der Rechtsprechung. Vielmehr wird man eine gewisse Tendenz innerhalb der Rechtsprechung ausmachen müssen, die aufgrund einer Auswertung verfügbarer Erkenntnisquellen eine Bewertung bestimmter tatsächlicher allgemeiner Entwicklungen im Herkunftsland des Asylsuchenden vornimmt, welche zu einem von früheren Bewertungen und Einschätzungen abweichenden Ergebnis kommt. 243

4.10.6.8. Umfang der Darlegungslast

4.10.6.8.1. Kriterien des schlüssigen Sachvortrags

Gundvoraussetzung für die Erheblichkeit der neuen Sachlage ist ein *schlüssiger Sachvortrag*, wozu insbesondere ein substanziierter und widerspruchsfreier Tatsachenvortrag gehört. Auch das BVerfG hat festgestellt, es reiche aus, wenn der Antragsteller eine Änderung der Sach- oder Rechtslage im Verhältnis zu der der früheren Asylentscheidung zugrunde gelegten Sachlage *glaubhaft* und *substanziiert* vorträgt (BVerfG (Kammer), InfAuslR 1993, 229 (232); BVerfG (Kammer), NVwZ-RR 1994, 56; BVerfG (Kammer), EZAR 212 Nr. 11; so schon BVerfG (Kammer), InfAuslR 1989, 28; BVerfG (Kammer), EZAR 224 Nr. 22; BVerfG (Kammer), InfAuslR 1992, 122; BVerfG (Kammer), InfAuslR 1993, 300; BVerfG (Kammer), InfAuslR 1993, 304 = DVBl. 1994, 38; BVerfG (Kammer), NVwZ 1992, 1083; ebenso BVerwG, EZAR 224 Nr. 16 = NVwZ 1988, 258; BVerwG, Buchholz 402.25 § 14 AsylVfG Nr. 9; Hess.VGH, ESVGH 38, 235; EZAR 25 Nr. 5; Bay-VGH, EZAR 225 Nr. 3; OVG Hamburg, NVwZ 1985, 512; OVG Hamburg, InfAuslR 1986, 332; OVG Hamburg, EZAR 224 Nr. 14; VGH BW, InfAuslR 1984, 249). 244

245 Dagegen sei es für die Annahme eines durchgreifenden Wiederaufnahmegrundes nach § 51 I Nr. 1 VwVfG nicht erforderlich, ob der neue Sachvortrag im Hinblick auf das glaubhafte persönliche Schicksal des Antragstellers sowie unter Berücksichtigung der allgemeinen Verhältnisse im behaupteten Verfolgerstaat tatsächlich zutreffe, die Verfolgungsfurcht begründet erscheinen lasse und die Annahme eines asylrechtlich relevanten Verfolgung rechtfertige (BVerfG (Kammer), InfAuslR 1993, 229 (232)). Lediglich wenn das Sachvorbringen zwar glaubhaft und substanziiert, jedoch von vornherein nach jeder vertretbaren Betrachtung ungeeignet sei, zur Asylberechtigung zu verhelfen, dürfe die Einleitung eines weiteren Asylverfahrens verweigert werden (BVerfG (Kammer), InfAuslR 1993, 229 (232)).

4.10.6.8.2. Glaubhaftmachung als Maßstab der Schlüssigkeit

246 Das Beweismaß der Glaubhaftmachung ist freilich auch entscheidungserheblich für die inhaltliche Sachentscheidung, sodass unklar ist, welchen Inhalt der Maßstab der Glaubhaftmachung im Rahmen der Schlüssigkeitsprüfung des Folgeantrags hat. Die Anforderungen an die Substanziierungspflicht, die bei der Begründetheit des Anspruchs zugrunde zu legen sind, können jedenfalls nicht im Rahmen der Schlüssigkeitsprüfung gefordert werden. Ob ein Sachvorbringen in sich stimmig und hinreichend konkretisiert ist, um eine individuelle asylerhebliche Verfolgungsgefahr annehmen zu können, ist Gegenstand der eigentlichen Sachprüfung.

247 Es reicht daher nach der Rechtsprechung für die schlüssige Darlegung einer veränderten Sachlage aus, dass sich aus dem substanziierten und glaubhaften Sachvorbringen ergibt, dass sich die im früheren Verfahren zugrundegelegte Sachlage tatsächlich geändert hat. Daher kann nicht gefordert werden, dass sich zur Überzeugung des Bundesamtes die Sachlage tatsächlich verändert hat oder gar die Verfolgungsfurcht begründet ist (ebenso BVerfG (Kammer), InfAuslR 1993, 229 (232); Funke-Kaiser, in: GK-AsylVfG, § 71 Rdn. 87).

248 Der schlüssige Sachvortrag setzt damit zum einen die glaubhafte und schlüssige Darlegung derjenigen Umstände voraus, die sich nach Abschluss des Erstverfahrens geändert haben (Mezger, VBlBW 1995, 308 (309)). Hierzu gehört auch ein auf die individuelle Situation des Asylsuchenden bezogenes Sachvorbringen. Lediglich pauschale und wenig konkretisierte sowie nicht nachvollziehbare allgemeine Schilderungen reichen nicht aus. Vielmehr wird man die Darlegung eines lebensnahen und in sich stimmigen Sachverhaltes unter Angabe von Einzelheiten sowie die Ausräumung im Erstverfahren aufgetretener Widersprüche und Ungereimtheiten erwarten können (dagegen VG Koblenz, AuAS 1996, 84).

249 Im Blick auf die gegenüber den früheren Tatsachen veränderte Sachlage ist damit ein Unterschied zum Beweismaß der Glaubhaftmachung, wie es für die Sachentscheidung gefordert wird, kaum noch auszumachen. Man wird also vom Folgeantragsteller eine dichte und in sich stimmige Darlegung der Umstände erwarten können, die eine veränderte Sachlage ergeben. Andererseits findet im Rahmen der Schlüssigkeitsprüfung eine umfassende *Glaubhaftigkeitsprüfung,* soweit diese etwa das allgemeine Verhalten des Asyl-

suchenden und sonstige relevante Umstände einbezieht, nicht statt (Funke-Kaiser, in: GK-AsylVfG, II – § 71 Rdn. 91 f.).

4.10.6.8.3. Auseinandersetzung mit dem Sachvorbringen im Erstverfahren

Besteht zwischen dem neuen Vortrag des Antragstellers im Asylfolgeantragsverfahren und dem früheren Sachvorbringen, das im Erstverfahren als unglaubhaft gewertet wurde, ein sachlogischer Zusammenhang, so kann von einem glaubhaften und substanziierten Sachvortrag nur die Rede sein, wenn detailliert dargelegt wird, dass und weshalb der Vortrag im Erstverfahren doch zutraf (OVG NW, B. v. 14. 10. 1997) – 25 A 1384/97.A; s. auch Rdn. 297 ff.). Generell kann festgehalten werden, dass die neuen Tatsachen häufig in einem engen Zusammenhang mit den bereits geprüften alten Tatsachen stehen und daher im Rahmen der Schlüssigkeitsprüfung auch die im Erstverfahren vorgetragenen Tatsachen in einer Gesamtbetrachtung einzubeziehen sind (Funke-Kaiser, in: GK-AsylVfG, § 71 Rdn. 89). 250

Aus dieser Rechtsprechung folgt damit, dass das Bundesamt nicht unter Hinweis auf die materielle Rechtskraftwirkung der verwaltungsgerichtlichen Feststellungen (vgl. § 121 VwGO) bzw. unter Berufung auf die Bestandskraft des Erstbescheids eine Auseinandersetzung mit dem Vorbringen im Erstverfahren unterbinden darf. Vielmehr wird vom Antragsteller erartet, dass er sich mit den im Erstverfahren als unglaubhaft gewerteten Angaben konkret und detailliert auseinandersetzt und im Einzelnen deutlich macht, ob und in welcher Weise das neue Sachvorbringen die früheren Zweifel an seinen Angaben auszuräumen vermag. 251

4.10.6.8.4. Darlegung der Erfolgsaussichten des neuen Sachvorbringens

Der Antragsteller hat darüber hinaus schlüssig darzulegen, inwiefern die veränderten tatsächlichen Umstände geeignet sind, eine ihm *günstigere Entscheidung* herbeizuführen (Mezger, VBlBW 1995, 308 (309); Hanisch, DVBl. 1983, 415 (420)). Insoweit darf das Bundesamt jedoch lediglich prüfen, ob aufgrund der vorgebrachten veränderten tatsächlichen Umstände die *Möglichkeit* einer positiven Entscheidung des Bundesamtes besteht (BVerfG (Kammer), InfAuslR 1995, 19 (21); VGH BW, InfAuslR 1984, 249 (251)). Zu weitgehend ist deshalb die Ansicht, hierzu gehöre auch die Darlegung, dass dem Antragsteller aufgrund der veränderten Umstände politische Verfolgung drohen könnte (so Hanisch, DVBl. 1983, 415 (420)). 252

Demgegenüber fordert das BVerfG lediglich die Darlegung einer möglichen asylrechtlichen Relevanz (BVerfG (Kammer), InfAuslR 1995, 19 (21)). Das BVerwG fordert für die Verfolgungsprognose die überwiegende Wahrscheinlichkeit der drohenden Verfolgung. Hingegen reicht es für die Darlegung der allgemeinen Verhältnisse aus, wenn der Antragsteller Tatsachen vorträgt, aus denen sich – ihre Wahrheit unterstellt – hinreichende Anhaltspunkte für eine *nicht entfernt liegende Möglichkeit* politischer Verfolgung ergeben (BVerwG, EZAR 630 Nr. 8; BVerwG, InfAuslR 1984, 129; § 24 Rdn. 8 ff., § 25 Rdn. 7 ff. Marx, Handbuch, § 12 Rdn. 17 f.). Man wird daher im Blick auf die individuellen Umstände und Tatsachen einen strengeren Maßstab anwenden können als er im Blick auf die sich daraus möglicherweise erge- 253 benden, in den allgemeinen Verhältnissen begründeten Gefährdungen angezeigt ist.

254 Wendet man diese Grundsätze auf den Darlegungsumfang der veränderten Sachlage an, so ist *zusammenfassend* festzuhalten: Der Antragsteller ist gehalten, einen in sich stimmigen und substanziierten, d. h. lebensnahen und detaillierten Tatsachenvortrag abzugeben, aus dem sich ergibt, dass sich im Blick auf seine Person die Sachlage gegenüber den tatsächlichen Feststellungen im Erstverfahren verändert hat. Die Angabe allgemeiner Umstände reicht mithin regelmäßig nicht aus, es sei denn, die veränderte allgemeine Sachlage lässt die Schlussfolgerung zu, dass aufgrund der im Erstverfahren getroffenen Feststellungen nunmehr eine Gefährdung des Antragstellers möglich erscheint.

255 Darüber hinaus hat der Antragsteller die mögliche Rechtserheblichkeit der veränderten Umstände darzutun, damit beurteilt werden kann, ob diese geeignet sind, eine ihm günstigere Entscheidung herbeizuführen. Es reicht hierfür jedoch die Darlegung einer nicht entfernt liegenden Möglichkeit aus, dass im nachfolgenden Asylverfahren eine dem Antragsteller günstigere Entscheidung denkbar erscheint (vgl. BVerfG (Kammer), InfAuslR 1993, 229 (232)). Ein strengerer Maßstab würde insoweit bereits auf eine Gewissheitsprüfung hinauslaufen, was im Rahmen der Schlüssigkeitsprüfung nicht gefordert werden darf.

4.10.6.8.5. Schlüssigkeitsprüfung des Bundesamtes

256 Aus dem Umfang der Darlegungslast ergibt sich, welche Anforderungen an die Schlüssigkeitsprüfung durch das Bundesamt zu stellen sind. Das BVerfG und mit ihm die fachgerichtliche Rechtsprechung hatten die im Rahmen von § 14 AsylVfG 1982 geltenden geringeren Anforderungen an die Darlegungslast im Rahmen der Schlüssigkeitsprüfung des Folgeantrags gegenüber der eigentlichen Sachentscheidung insbesondere aus den unterschiedlichen Behördenzuständigkeiten abgeleitet. Eine »Asylerfolgswürdigung« sei der Beurteilung durch das Bundesamt vorbehalten. Sinn der Kompetenzverteilung zwischen Bundesamt und Ausländerbehörde bei der Behandlung von Folgeanträgen sei es, die eigentliche asylrechtliche Beurteilung beim Bundesamt zu konzentrieren (BVerfG (Kammer), InfAuslR 1993, 229 (233)).

257 Die *Zweistufigkeit* des Verfahrens (BVerfG (Kammer), EZAR 212 Nr. 11; OVG NW, NVwZ-Beil. 1997, 68 (69); s. aber Rdn. 120 ff.) hat zur Folge dass das Bundesamt zunächst eine *Schlüssigkeitsprüfung* durchzuführen hat. Hierbei hat es zu prüfen, ob der Antragsteller entsprechend seiner Darlegungslast fristgerecht und schlüssig, d. h. glaubhaft, substanziiert und in sich widerspruchsfrei eine veränderte Sach- und Rechtslage dargelegt hat und den Darlegungen darüber hinaus auch zumindest ein schlüssiger Ansatz für eine mögliche politische Verfolgung entnommen werden kann, was nicht der Fall ist, wenn die vorgetragenen Umstände von vornherein nach jeder vernünftigerweise vertretbaren Betrachtungsweise ungeeignet sind, zur Asylberechtigung zu verhelfen (BVerfG (Kammer), InfAuslR 1993, 229 (232); BVerfG (Kammer), EZAR 212 Nr. 11; BayVGH, NVwZ-Beil. 1997, 75; Hess.VGH,

Folgeantrag §71

ESVGH 38, 235; OVG Hamburg, NVwZ 1985, 512; OVG Hamburg, InfAuslR 1986, 332; OVG NW, NVwZ 1984, 329; VGH BW, InfAuslR 1984, 249; VG Ansbach, InfAuslR 1996, 374). Hierbei wird es sich jedoch um besonders gelagerte Ausnahmefälle handeln.

So ist z. B. im Rahmen der Schlüssigkeitsprüfung kein Raum für die Beurteilung der Frage, ob den als schlüssig dargelegten Verfolgungsbehauptungen asylerhebliche Bedeutung zukommt (BVerfG (Kammer), EZAR 224 Nr. 22; BVerwG, EZAR 224 Nr. 16; OVG Lüneburg, B. v. 2. 7. 1987 – 11 OVG B 201/87; VGH BW, InfAuslR 1984, 249). Diese Frage ist vielmehr im Rahmen des weiteren Asylverfahren zu prüfen und zu entscheiden. Zu weitgehend ist auch die Ansicht, im Rahmen der Schlüssigkeitsprüfung sei auch zu prüfen, ob aufgrund einer gefestigten obergerichtlichen Rechtsprechung oder eindeutiger und widerspruchsfreier Auskünfte und Stellungnahmen sachverständiger Stellen eine asylerhebliche Verfolgung aus dem geltend gemachten Anlass zu befürchten sei (OVG Hamburg, NVwZ 1985, 512). **258**

Die Anforderungen an die Darlegungslast im Rahmen der Schlüssigkeitsprüfung sind weder identisch mit den für die qualifizierte Sachentscheidung maßgeblichen Kriterien noch darf überprüft werden, ob die Verfolgung zu befürchten *ist*. Ist der Asylfolgeantrag nach Maßgabe dieser Grundsätze schlüssig, so ist nach Abs. 1 S. 1 ein neues Asylverfahren einzuleiten. In einem weiteren Verfahrensschritt prüft das Bundesamt also im Anschluss an die Schlüssigkeitsprüfung die Begründetheit des geltend gemachten Anspruchs, d. h. es hat zu prüfen, ob der neue Sachvortrag im Hinblick auf das glaubhafte persönliche Schicksal des Antragstellers unter Berücksichtigung der allgemeinen Verhältnisse im Herkunftsstaat tatsächlich zutrifft, also die Verfolgungsfurcht begründet erscheinen lässt und deshalb die Annahme einer erheblichen politischen Verfolgung rechtfertigt (BVerfG (Kammer), InfAuslR 1993, 304 (305) = DVBl. 1994, 38; BVerfG (Kammer), EZAR 212 Nr. 11; BayVGH, NVwZ-Beil. 1997, 75; VG Ansbach, InfAuslR 1996, 374 (376)). **259**

Ob das Bundesamt den Übergang von der Schlüssigkeitsprüfung zur Begründetheitsprüfung kenntlich machen muss, hat Auswirkungen auf den Rechtsschutz. Gibt es dem Antrag in der Sache statt, kann es sicherlich durchentscheiden. Hält es den Antrag nicht für schlüssig, so lehnt es die weitere Durchführung eines Verfahrens ab. **260**

Das geltende Recht hat die verfahrensrechtliche Ausgangssituation beim Folgeantrag also nicht verändert. Nicht mehr die Ausländerbehörde, sondern das Bundesamt führt die Schlüssigkeitsprüfung durch und beurteilt in diesem Rahmen, ob Wiederaufnahmegründe nach § 51 I VwVfG vorliegen. Lediglich die Behördenzuständigkeit ist damit geändert worden. Nach geltendem Recht überprüft die für die eigentliche Sachentscheidung zuständige Behörde zugleich auch die Zulässigkeit des Antrags. Bei der Überprüfung der Zulässigkeit wendet sie jedoch nicht bereits die für die Prüfung der Begründetheit des Antrags geltenden materiellen Kriterien an. **261**

Unterstützt wird diese Betrachtungsweise auch durch die gesetzlichen Vorschriften: Das Bundesamt prüft zunächst lediglich, ob der Folgeantrag nach Maßgabe des § 51 I–III VwVfG zulässig ist (Abs. 1 S. 1). Bis zum Abschluss **262** dieser Zulässigkeitsprüfung darf die Ausländerbehörde die Abschiebungsandrohung nicht vollziehen (Abs. 5 S. 2 1. HS).

263 Im Rahmen dieser Zulässigkeitsprüfung beurteilt das Bundesamt jedoch nicht bereits, ob aufgrund des neuen Sachvortrags der Antragsteller als asylberechtigt anzuerkennen ist bzw. die Voraussetzungen des § 51 I AuslG vorliegen. Dies würde der gesetzgeberischen Intention, zunächst im Rahmen der Zulässigkeitsprüfung die erheblichen von den unerheblichen Anträgen abzugrenzen und im letzteren Fall die vollziehbare Abschiebungsandrohung nach Mitteilung des Bundesamtes unverzüglich durchzusetzen (Abs. 5 S. 1), zuwiderlaufen.

264 Zunächst prüft das Bundesamt daher die Schlüssigkeit des neuen Sachvorbringens. Erachtet es das neue Sachvorbringen nicht für schlüssig, teilt es der Ausländerbehörde mit, dass die Voraussetzungen des § 51 I–III VwVfG nicht vorliegen (Abs. 5 S. 2 1. HS). Folge hiervon ist die Vollziehung der Abschiebungsandrohung durch die Ausländerbehörde. Erachtet das Bundesamt den Folgeantrag für schlüssig, führt es ein weiteres Verfahren durch (Abs. 1 S. 1). Erst wenn das Bundesamt den Folgeantrag nach Maßgabe des § 51 I Nr. 1 VwVfG für zulässig ansieht, tritt es also im Anschluss hieran in die eigentliche Sachprüfung ein. Dieser Gesetzlage entsprechend darf das Bundesamt nicht bereits bei der Zulässigkeitsprüfung die erst für die eigentliche Sachentscheidung maßgeblichen Anforderungen an die Darlegungslast zugrundelegen. Vielmehr hat es bei der Prüfung der Zulässigkeit wie nach früherem Recht lediglich eine *Schlüssigkeitsprüfung* vorzunehmen.

4.10.7. Neues Beweismittel (§ 51 Abs. 1 Nr. 2 VwVfG)

4.10.7.1. Begriff des Beweismittels im Sinne von § 51 Abs. 1 Nr. 2 VwVfG

265 Das Bundesamt hat ein weiteres Asylverfahren einzuleiten, wenn der Antragsteller *neue Beweismittel* vorlegt, die (im Erstverfahren) eine ihm günstigere Entscheidung herbeigeführt haben würden (Abs. 1 S. 1 in Verb. mit § 51 I Nr. 2 VwVfG). Während »neue Tatsachen« auf die nach der unanfechtbaren Erstentscheidung nachträglich eintretenden Ereignisse abzielen, beziehen sich demgegenüber »neue Beweismittel« auf bereits im Erstverfahren entschiedene Sachverhalte. Beweismittel hinsichtlich neuer Sachverhalte fallen nach dem Gesetzeswortlaut (»herbeigeführt haben würden«) nicht unter die neuen Beweismittel nach § 51 I Nr. 2 VwVfG.

266 Der Beurteilung im Rahmen des § 51 I Nr. 2 VwVfG liegen damit stets »alte Tatsachen« zugrunde, hinsichtlich deren »neue Beweismittel« angegeben werden. Daraus folgt aber nicht zugleich, dass sich die Bedeutung des neuen Beweismittels auf die Geltendmachung des Beweisgegenstandes, also der neuen Tatsache, beschränken muss. Vielmehr bleibt daneben auch seine eigenständige Funktion als Beweismittel zu berücksichtigen (BVerfG (Kammer), EZAR 212 Nr. 11).

267 Die Regelung in § 51 I Nr. 2 VwVfG zielt also auf *neue* Beweismittel für *alte* Tatsachen. Darunter sind neben Beweismitteln, die während des anhängigen Erstverfahrens noch nicht existierten, auch solche Beweismittel zu verstehen, die zwar damals schon vorhanden waren, aber ohne grobes Verschulden des Antragstellers nicht oder nicht rechtzeitig beigebracht werden

Folgeantrag §71

konnten (BVerwG, NJW 1985, 280; BVerwG, NJW 1982, 2204 = DVBl. 1982, 998; BVerwG, NVwZ 1995, 388; BVerwG, EZAR 201 Nr. 24; BVerwGE 95, 86 (90)). Letzteres folgt auch aus § 51 II VwVfG, demzufolge neue Beweismittel vorrangig in das erste Verfahren einzuführen sind, sofern dies dem Antragsteller verfahrensrechtlich noch möglich war (BVerfG, NVwZ 1987, 487).

Demgegenüber ist § 51 I Nr. 1 VwVfG auf *neue* Tatsachen gemünzt. *Neue* Beweismittel, die sich auf *neue* Tatsachen beziehen, sind daher im Zusammenhang mit dem Wiederaufnahmegrund nach § 51 I Nr. 1 VwVfG geltend zu machen. Das neue Beweismittel darf darüber hinaus verfahrensrechtlich *nicht isoliert* behandelt werden. Vielmehr wird das Verwaltungsverfahren im Falle eines in zulässiger Weise geltend gemachten neuen Beweismittels in die Lage zurückversetzt, in der es sich vor Erlass der letzten Verwaltungsentscheidung befunden hat. Deshalb ist neben dem neuen Beweismittel der gesamte bis dahin entstandene Verfahrensstoff zu berücksichtigen (BVerwG, NVwZ-RR 1993, 667). **268**

4.10.7.2. Im Asylfolgeantragsverfahren relevante »neue Beweismittel«

4.10.7.2.1. Privaturkunden

Als neue Beweismittel können insbesondere auch Privaturkunden den Asylfolgeantrag tragen. *Briefe von Verwandten* (vgl. BVerfG, NVwZ 1987, 487; BVerwG, DVBl. 1984, 571; BVerwG, Buchholz 402.25 § 27 AsylVfG Nr. 1), Freunden oder Bekannten sowie von einem Rechtsanwalt im Herkunftsstaat sind als schriftliche Verkörperung eines Gedankens Privaturkunden, die grundsätzlich im Wege des Urkundenbeweises zu würdigen sind. Zwar besteht eine Tendenz in der Verwaltungs- und Gerichtspraxis, derartige Beweismittel als Gefälligkeitsschreiben zu werten. Sie sind jedenfalls nicht von vornherein generell untaugliche Beweismittel (VG Freiburg, InfAuslR 1998, 37 (40); Funke-Kaiser, in: GK-AsylVfG, § 71 Rdn. 110; s. hierzu auch § 78 Rdn. 1009 ff.). **269**

Die Ansichten, die die Geeignetheit derartiger Privaturkunden in Zweifel ziehen (BayVGH, B. v. 13. 8. 1996 – 25 C 86.30735; Deibel, InfAuslR 1984, 114 (120); Ritter, NVwZ 1986, 29 (30)), begründen dies mit Argumenten, die auf die bestehenden Unsicherheiten über Urheberschaft und Wahrheitsgehalt dieser Urkunden zielen und damit deren Beweiswert betreffen (§ 78 Rdn. 983 ff.). Damit werden jedoch keine stichhaltigen Gründe dafür genannt, derartigen Beweismitteln von vornherein die Tauglichkeit abzusprechen. Auch aus der Rechtsprechung des BVerwG, derzufolge ein fremdsprachiger Brief nicht allein wegen fehlender Übersetzung als unerheblich bewertet werden darf (BVerwG, Buchholz 402.25 § 27 AsylVfG Nr. 1; BVerwG, NJW 1996, 1553 = InfAuslR 1996, 229 = AuAS 1996, 131), lässt sich ableiten, dass eine Privaturkunde auch Beweismittel im Sinne von § 51 I Nr. 2 VwVfG darstellen kann. **270**

Besondere Anforderungen sind an die Darlegungslast zu legen. Es kann erwartet werden, dass sich der Antragsteller detailliert und konkret mit seinem früheren Sachvorbringen auseinandersetzt, wenn das vorgelegte Beweismittel Tatsachen unter Beweis stellt, die aufgrund seiner früheren widersprüchlichen Angaben als unglaubhaft gewertet wurden. Hierbei ist im Einzelnen **271** darzulegen, aus welchen Gründen nach Auffassung des Antragstellers das Beweismittel geeignet ist, die bisherige Wertung in Zweifel zu ziehen. Darüber hinaus ist der Übermittlungsweg der Urkunde darzulegen.

4.10.7.2.2. Ausländische öffentliche Urkunden

272 Praktische Bedeutung können im Folgeantragsverfahren auch öffentliche Urkunden wie etwa *Haftbefehle* (BVerfG (Kammer), InfAuslR 1992, 122) oder *Gerichtsurteile*, aber auch *Presseartikel* sowie sämtliche erdenklichen Urkunden gewinnen, die geeignet sind, mit Blick auf das individuelle Verfolgungsvorbringen den Nachweis der Richtigkeit zu erbringen. Für ausländische Urkunden gilt die Vermutungswirkung des § 437 I ZPO nicht. Daher und wegen der überwiegend negativen Erfahrungen in der Praxis ist eine kritische Begutachtung derartiger Urkunden angezeigt. Nur beglaubigte Abschriften beweisen nach § 418 ZPO den vollen Beweis der darin bezeugten Tatsachen (BVerwG, NJW 1987, 1158; BGH, NJW 1962, 1770 (1171); § 78 Rdn. 947 ff.). Im Asylverfahren werden jedoch in aller Regel keine beglaubigte Abschriften vorgelegt.

273 Ebenso wie bei den Privaturkunden kann vom Antragsteller erwartet werden, dass er sich detailliert und konkret mit seinem früheren Sachvorbringen auseinandersetzt, wenn das vorgelegte Beweismittel Tatsachen unter Beweis stellt, die aufgrund seiner früheren widersprüchlichen Angaben als unglaubhaft gewertet wurden. Auch insoweit ist im Einzelnen darzulegen, aus welchen Gründen nach Auffassung des Antragstellers das Beweismittel geeignet ist, die bisherige Wertung in Zweifel zu ziehen. Wegen der Echtheitsprüfung (zum Fälschungsrisiko s. § 78 Rdn. 954 ff.) sind insbesondere Darlegungen zum Übermittlungsweg geboten, der nach Möglichkeit lückenlos aufzuklären ist.

4.10.7.2.3. Länderspezifische Gutachten

274 Unklar ist, ob und in welchem Umfang länderspezifische Gutachten von Sachverständigen oder sachverständigen Stellen als neue Beweismittel im Sinne des § 51 I Nr. 2 VwVfG anzusehen sind. Im Grundsatz ist anerkannt, dass Sachverständigengutachten die Funktion neuer Beweismittel im Sinne des § 51 I Nr. 2 VwVfG haben können, sofern sie nach Abschluss des Erstverfahrens erstellt und neue, seinerzeit nicht bekannte Tatsachen verwerten und selbst auf neuen Tatsachen beruhen (BVerwGE 82, 272 (277); 95, 86 (90); BVerwG, NVwZ 1995, 388 (389)).

275 Durch diese einschränkenden Voraussetzungen wird dem Bedürfnis Rechnung getragen, der im Bereich wertender Beurteilungen und Einschätzungen erwachsenden Missbrauchsmöglichkeit vorzubeugen, durch immer weitere gutachtliche Äußerungen als »neue Beweismittel« ein Verfahren ständig wieder aufgreifen zu können (BVerwGE 82, 272 (277); 95, 86 (90)). Der Eignung einer Stellungnahme zu bestimmten Fragen steht nicht entgegen, wenn sie sich nicht bloß auf die Wiedergabe von Tatsachen beschränken. Beweismittel sind Erkenntnismittel, die die Überzeugung von der Existenz oder Nichtexistenz von Tatsachen begründen können. Zu diesen Tatsachen zählen auch *Werturteile*, über die wie über sonstige Tatsachen Beweis erhoben werden kann (BVerwGE 82, 272 (276)).

Folgeantrag § 71

Andererseits hat das BVerwG bezweifelt, ob ein nachträglich erstattetes Sachverständigengutachten überhaupt ein Wiederaufgreifen des Verfahrens rechtfertigen kann, diese Frage aber letztlich offen gelassen (BVerwG, EZAR 212 Nr. 6 = NVwZ 1989, 161). Die ober- und untergerichtliche Rechtsprechung ist dagegen weniger zurückhaltend und spricht länderspezifischen Gutachten sachinformierter Stellen und Personen die Qualität neuer Beweismittel zu (OVG Berlin, B. v. 12. 6. 1986 – OVG 8 S 207.86; VG Köln, InfAuslR 1982, 313 = NVwZ 1983, 15; VG Stade, B. v. 8. 12. 1982 – 5 VG 85/82; so auch: Funke-Kaiser, in: GK-AsylVfG, § 71 Rdn. 103). So wird etwa ein nach Abschluss des Erstverfahrens erstelltes Gutachten des Bundesinnenministeriums zum Strafnachrichtenaustausch mit den türkischen Behörden in der obergerichtlichen Rechtsprechung als neues Beweismittel behandelt (OVG Rh-Pf, NVwZ-Beil. 2000, 84 (85)). 276

Ein nachträglich erstattetes Gutachten kann gewiss nicht die Sachlage verändern, wohl aber deren tatsächliche Aufklärung erleichtern. Länderspezifische Gutachten haben im Asylverfahren eine überragende Bedeutung. Die Verfasser derartiger Gutachten bekunden damit nicht eigene Wahrnehmungen, sondern teilen ihre Einschätzung der zukünftigen Entwicklung der Verfolgungssituation in einem bestimmten Land mit (BVerwG, B. v. 18. 1. 1984 – BVerwG 9 CB 444.81). Ob jemand als verfolgt anzusehen ist, ist davon abhängig, ob die in die Zukunft gerichtete *Verfolgungsprognose* den Schluss hierauf rechtfertigt. Ohne länderspezifische Gutachten könnten Bundesamt und Verwaltungsgerichte in aller Regel eine derartige Prognose gar nicht treffen. Eine bestimmte Auskunfts- und Gutachtenlage ist deshalb regelmäßig für die Asylentscheidung ausschlaggebend. 277

Dies rechtfertigt es umgekehrt, bei einer nachträglich veränderten Erkenntnislage aufgrund neu bekannt gewordener Gutachten das Verfahren wiederaufzugreifen. Denn angesichts der überragenden prozessualen Bedeutung der Gutachten und Auskünfte im Asylverfahren wird bei einer nachträglich veränderten Auskunftslage die Überzeugungsgewissheit von der Richtigkeit der unanfechtbaren Erstentscheidung derart erschüttert, dass diese ohne erneute Überprüfung im Lichte der neuen Auskunftslage aus rechtsstaatlichen und verfassungsrechtlichen Gründen keinen Bestand mehr haben kann. 278

Einzuräumen ist zwar, dass lediglich die in einem Gutachten vorgenommene abweichende Einschätzung bereits bekannter Tatsachen kein neues Beweismittel darstellt. Im Asylverfahren besteht jedoch die Besonderheit, dass die Sachverständigen ihre Feststellungen stets aus einer Vielzahl unterschiedlicher Informationsquellen erhalten und daher regelmäßig jeweils nur unterschiedliche Schattierungen und Aspekte einer komplexen Realität mitteilen (s. hierzu § 78 Rdn. 709 ff.). 279

Diese Besonderheit rechtfertigt es, im Asylverfahren grundsätzlich von einem *weiten Begriff des Beweismittels* auszugehen, sofern bestimmte qualitative Voraussetzungen wie Nachvollziehbarkeit, Zuverlässigkeit und Unvoreingenommenheit erfüllt sind (Funke-Kaiser, in: GK-AsylVfG, § 71 Rdn. 103). Die Richtigkeit der hier vertretenen Ansicht folgt auch daraus, dass das BVerwG Sachverständigengutachten und Beweismittel, die in anderen Verfahren eingeholt wurden, als *selbständige und zulässige Beweismittel* behandelt (BVerwG, 280

1139

BayVBl. 1985, 377; BVerwG, DVBl. 1985, 577 = InfAuslR 1985, 147; BVerwG, InfAuslR 1986, 74; BVerwG, InfAuslR 1989, 351; BVerwG, InfAuslR 1990, 97; BVerwG, EZAR 630 Nr. 22; § 78 Rdn. 752 ff.). Angesichts dieser Rechtsprechung zum asylspezifischen Beweisrecht ist die Zurückhaltung des BVerwG im Wiederaufnahmerecht in dieser Frage kaum nachvollziehbar.

281 Auch der asylrechtlichen *Rechtsprechung der Instanzgerichte* zu Tatsachenfragen kann im Übrigen eine neuen Beweismitteln gleichzuachtende verfahrensrechtliche Bedeutung beigemessen werden. Ein Wandel in der Rechtsprechung der Tatsacheninstanzen zu bestimmten länderspezifischen Verfolgungstatbeständen und Personengruppen beruht auf einer umfassenden und eingehenden Auswertung von neuen Erkenntnissen. So hat das BVerwG wiederholt darauf hingewiesen, dass das Gericht, wenn es sich nicht lediglich zur Bekräftigung seiner eigenen rechtlichen Schlussfolgerungen auf andere Gerichtsentscheidungen beruft, sondern sich auch auf *tatsächliche Feststellungen* anderer Gerichte bezieht, diese ordnungsgemäß in das Verfahren einzuführen hat (BVerwGE 67, 83 (84); BVerwG, InfAuslR 1984, 20; BVerwG, InfAuslR 1985, 278; BVerwG, DÖV 1986, 612; BVerwG, NVwZ 1989, 249). Der Kläger kann sogar die Einführung ihm günstiger Gerichtsentscheidungen mit Blick auf die tatsächlichen Feststellungen im Wege des Urkundenbeweises beantragen (BVerwG, InfAuslR 1990, 1619). Dies rechtfertigt es, tatsächliche Feststellungen anderer Gerichte im Wiederaufnahmerecht als Beweismittel anzusehen.

4.10.7.2.4. Medizinische, insbesondere psychologische Gutachten

282 Zwar wurden in der früheren Rechtsprechung Zweifel geäußert, ob ein *medizinisches Gutachten* ein Beweismittel darstellen könne, da es keine Tatsachen, sondern nur Ansichten und Bekundungen des Sachverständigen enthalte (BVerwGE 11, 124 (127); BayVGH, DVBl. 1978, 116). Diese vereinzelt gebliebene Rechtsprechung kann jedoch als überholt angesehen werden. Insbesondere die nunmehr vorherrschende Sensibilität gegenüber behaupteten *Folterungen* und *Traumatisierungen* haben in der Verwaltungs- und Gerichtspraxis eine deutliche Änderung bewirkt. So werden heute in der Rechtsprechung psychologische Gutachten als neue Beweismittel anerkannt (VG Frankfurt am Main, NVwZ-Beil. 2002, 29 (30); VG München, NVwZ-RR 2002, 230 (231); VG Neustadt, NVwZ-Beil., 2001, 45 (46; s. auch § 78 Rdn. 787 ff.)).

283 In der Verwaltungspraxis wird ein psychologisches Gutachten als »neues Beweismittel« behandelt, wenn es auf neuen Tatsachen beruht oder wegen Sprachschwierigkeiten, fehlender Vertrauensbasis, fehlender Geldmittel sowie der Residenzpflicht nicht beigebracht werden konnte, vorausgesetzt, das Gutachten genügt wissenschaftlichen Anforderungen und enthält insbesondere die für die Überprüfung erforderlichen *Anknüpfungstatsachen* (Treiber, Fallgruppen traumatisierter Flüchtlinge im Asylverfahren, S. 20; Lösel/ Bender, Anforderungen an psychologische Gutachten, S. 187; Haenel, ZAR 2003, 18; Birck, Traumatisierte Flüchtlinge, S. 75 ff.; s. auch VG München, NVwZ-RR 2002, 230 (231), zu den Anforderungen an ein Gutachten).

284 Auch das BVerfG misst in einem Flughafenverfahren dem »*Gesprächsprotokoll einer Psychologin*«, das gerade auf die Ausräumung der vom Gericht begrün-

Folgeantrag § 71

deten Glaubwürdigkeitszweifel und auf widerspruchsfreie Substanziierung des Sachvortrags zielt, einen Beweiswert bei (BVerfG (Kammer), NVwZ-Beil. 1998, 9 (10)). Darüber hinaus kann auch der Rechtsprechung des EGMR entnommen werden, dass in dieser medizinische Gutachten zum Beweis der behaupteten Folterungen als erheblich bewertet werden (EGMR, EZAR 933 Nr. 2 = NJW 1991, 3079 = InfAuslR 1991, 217 – *Cruz Varas;* EGMR, EZAR 933 Nr. 8 = NVwZ 2001, 301 = InfAuslR 2000, 321 – *T.I.*).

Die Tatsacheninstanzen behandeln Arztberichte und Zeugenaussage von Psychotherapeuten als neues Beweismittel, wenn sich hieraus ergibt, dass die Antragstellerin traumatisiert und depressiv geprägt und deshalb selbst nicht in der Lage ist, zusammenhängend und ausführlich über die die Flucht auslösenden Ereignisse zu sprechen. Unter diesen Voraussetzungen könne aus dem Umstand, dass sie im früheren Verfahren nur sehr kurze und äußerst stereotyp wirkende Angaben gemacht habe, nicht auf deren fehlenden Wahrheitsgehalt geschlossen werden. Anstelle der persönlichen Angaben der Antragstellerin könnten deshalb die Angaben treten, die sie über den Arzt gemacht habe. Dabei sei auch zu bedenken, dass der Umstand, dass die Antragstellerin ihre Vergewaltigung durch türkische Sicherheitskräfte selbst nie ausdrücklich vorgetragen habe, seinen Grund darin habe, dass sie sich mit aller ihr noch zur Verfügung stehenden Kraft gegen die Erinnerung an dieses Ereignis zur Wehr setze (VG Stuttgart, U. v. 29. 1. 1999 – A 19 K 15345/97; ähnl. VG München, U. v. 5. 5. 1998 – M 21 K 96.53206). 285

Im Blick auf traumatische Ereignisse könne nicht der Nachweis im Sinne eines tatsächlichen Nachweises für jeden Punkt der Darstellung gefordert werden. Vielmehr sei zu bedenken, dass es nach wissenschaftlichen Erkenntnissen vielen Opfern von Folterungen aufgrund der erlittenen Traumatisierungen nicht möglich sei, in jedem Fall einen widerspruchsfreien, in sich schlüssigen und folgerichtigen Vortrag über tatsächliche Geschehensabläufe abzugeben. Bekannt sei, dass viele Folteropfer überhaupt nicht aussagen könnten oder wollten, weil der Drang nach totaler Verdrängung übermächtig sei. Bekannt sei darüber hinaus, dass Opfer von Folterungen und Vergewaltigungen eine »ungeheure Scham« empfänden und auch deshalb ihre Darlegungskompetenz begrenzt oder eingeschränkt sei (VG München, U. v. 5. 5. 1998 – M 21 K 96.53206; ähnl. VG Ansbach, U. v. 17. 3. 2000 – AN 17 K 98.31944). 286

4.10.7.2.5. Exilpolitische Aktivitäten

Exilpolitische Aktivitäten sind zwar in erster Linie als neue Tatsachen im Sinne von § 51 I Nr. 1 VwVfG relevant (s. hierzu Rdn. 192 ff.). Im Einzelfall können in Ansehung von im Erstverfahren vorgetragenen Nachfluchtgründen jedoch auch nachträglich Beweismittel bekannt werden, die nach § 51 I Nr. 2 VwVfG als neues Beweismittel zu behandeln sind. So hat das BVerfG ein *deutsches Strafurteil,* das zur Begründung eines Asylfolgeantrags vorgelegt wurde, als neues Beweismittel behandelt (BVerfG (Kammer), EZAR 212 Nr. 11). Das Strafurteil behandelte die Überwachungstätigkeit des syrischen Geheimdienstes in Deutschland und wurde deshalb grundsätzlich als geeignet angesehen, die Gefährdungsrelevanz exilpolitischer Aktivitäten zu belegen. Handelt es sich um ein gemäß § 267 IV StPO *abgekürztes Urteil,* darf das 287

Bundesamt seine Bedeutung nicht auf den in diesem mitgeteilten Sachverhalt reduzieren. Es sind daher die Strafakten von Amts wegen beizuziehen. Denn der Antragsteller als nicht am Verfahren Beteiligter ist nicht in der Lage, in den Besitz der Akten zu gelangen (BVerfG (Kammer), EZAR 212 Nr. 11).

288 In der obergerichtlichen Rechtsprechung werden Auskünfte des Bundesinnenministeriums über den Strafnachrichtenaustausch mit den türkischen Behörden über eine Verurteilung eines kurdischen Asylsuchenden wegen seiner Teilnahme an einer Autobahnblockade, die im Erstverfahren mangels Beweisbarkeit als nicht erheblich gewertet wurde, als neues Beweismittel anerkannt (OVG Rh-Pf, NVwZ-Beil. 2000, 84 (85)). Da die Verurteilung bereits im Erstverfahren vorgetragen, indes als nicht beachtlich wahrscheinlich gewertet wurde, dass die türkischen Behörde hiervon Kenntnis erlangt haben könnten, stelle die Auskunft zu der im Erstverfahren nicht allgemein bekannten Praxis des Strafnachrichtenaustausches ein neues Beweismittel dar. Dass nach einer Unterrichtung der türkischen Behörden über die Verurteilung des Asylsuchenden im Bundesgebiet den türkischen Behörden diese Verurteilung auch bekannt sei, bedürfe keiner Belege. Die Auskunft sei daher ein Beweismittel zum Bekanntwerden strafgerichtlicher Verurteilungen und nicht dazu, dass der Strafnachrichtenaustausch zur Folge habe, dass die Verurteilungen bekannt werden (OVG Rh-Pf, NVwZ-Beil. 2000, 84 (85)).

4.10.7.3. Umfang der Darlegungslast

4.10.7.3.1. Kriterien des schlüssigen Sachvortrags

289 Das BVerfG hat zur Konkretisierung der Darlegungslast hinsichtlich neuer Beweismittel ausdrücklich an seine Rechtsprechung zur Darlegungslast bei neuen Tatsachen angeknüpft und auch insoweit einen *glaubhaften* und *substanziierten* Sachvortrag gefordert (BVerfG (Kammer), InfAuslR 1992, 122; so auch OVG NW, U. v. 14. 10. 1997 – 25 A 1384/97. A). Im Rahmen der Zulässigkeitsprüfung dürfe daher auch eine *Glaubhaftigkeitsprüfung* erfolgen (BVerfG (Kammer), InfAuslR 1992, 122), so auch OVG Rh-Pf, U. v. 6. 7. 1988 – 13 A 103/87), wobei auch widersprüchliches Sachvorbringen im Erstverfahren im Rahmen der Zulässigkeitsprüfung berücksichtigt werden darf (OVG NW, U. v. 14. 10. 1997 – 25 A 1384/97. A).

290 Nach § 51 I Nr. 2 VwVfG muss der Antragsteller darlegen, dass das neue Beweismittel im Erstverfahren eine für ihn günstigere Entscheidung herbeigeführt haben würde. Aus dem Antrag muss sich daher ergeben, dass das neue Beweismittel im Zusammenhang mit dem Sachvorbringen geeignet erscheint, dem Antrag zum Erfolg zu verhelfen (BVerwG, DVBl. 1982, 998 = NJW 1982, 2204). Denn es ist Sache des Antragstellers, die Eignung des Beweismittels für eine ihm günstigere Entscheidung schlüssig darzulegen. Das Beweismittel muss geeignet sein, die Richtigkeit gerade derjenigen Feststellungen in Frage zu stellen, die für die Entscheidung im Erstverfahren tragend waren. Dies ist schlüssig vorzutragen.

291 Unterlässt der Antragsteller dies, so handelt die Behörde rechtmäßig, wenn sie dem Antrag nicht weiter nachgeht, sondern ihn als unzulässig ablehnt

(BVerwG, DVBl. 1982, 998). Zum schlüssigen Sachvortrag gehört damit die Bezeichnung des Beweismittels, mithin die Darlegung, dass das bezeichnete Erkenntnismittel die Überzeugung von der Existenz oder Nichtexistenz von Tatsachen begründen kann (vgl. BVerwGE 95, 86 (90); BVerwG, NVwZ 1995, 388).

Darüber hinaus ist schlüssig darzulegen, dass das bezeichnete Beweismittel für eine günstigere Entscheidung objektiv geeignet ist, die Richtigkeit der im Erstverfahren als tragend angenommenen Feststellung in Frage zu stellen. Es muss sich also auf eine beweisbedürftige, insbesondere auch ausreichend substanziierte Tatsache beziehen. An dieser Voraussetzung fehlt es z. B., wenn das erste Asylbegehren nicht mangels Berücksichtigung des Beweismittels oder wegen fehlender Glaubhaftmachung der durch das Beweismittel zu belegenden individuellen Gründe des Asylsuchenden abgelehnt worden war, sondern aus anderen tatsächlichen oder rechtlichen Gründen. 292

Wird z. B. im Folgeantrag lediglich eine Behauptung urkundlich belegt, die bereits im Erstverfahren als unerheblich oder unzureichend gewürdigt wurde, ist das neue Beweismittel nicht geeignet, eine dem Antragsteller günstigere Entscheidung herbei zu führen (Funke-Kaiser, in: GK-AsylVfG, § 71 Rdn. 106.1). Stehen die Ausführungen zur Bedeutung des angebotenen Beweismittels im Widerspruch zu den diesbezüglichen Sachangaben im Erstverfahren, ist der Folgeantrag unschlüssig (VG Stuttgart, U. v. 7. 6. 1994 – A 17 K 16348/93). 293

Demgegenüber ist der geltend gemachte Anspruch begründet, wenn feststeht, dass das neue Beweismittel tatsächlich eine dem Betroffenen günstigere Entscheidung herbeigeführt hätte (BVerwG, NJW 1985, 281). Diese die Sachentscheidung betreffende Voraussetzung darf jedoch nicht bereits zum Maßstab der Schlüssigkeitsprüfung gemacht werden. Auch hier ist wie beim Wiederaufgreifensgrund nach § 51 I Nr. 1 VwVfG strikt zwischen der Schlüssigkeitsprüfung und der Begründetheitsprüfung zu unterscheiden. So ist etwa eine Auskunft des Bundesinnenministeriums zum Strafnachrichtenaustausch geeignet, eine dem Antragsteller günstigere Entscheidung herbeizuführen. Darauf, ob sie dem Antrag zum Erfolg verhilft, kommt es im Rahmen der Schlüssigkeitsprüfung nicht an (OVG Rh-Pf, NVwZ-Beil. 2000, 84 (85)). 294

4.10.7.3.2. Zeugenbeweis

Zur substanziierten Darlegung der Eignung des Beweismittels gehören bei einem angebotenen *Zeugenbeweis* Ausführungen darüber, welche Erkenntnisse über konkrete Geschehensabläufe von dem angebotenen Beweismittel zu erwarten sind (OVG Bremen, NVwZ 1984, 58). Stehen die Tatsachenbehauptungen, die das (neue) Beweismittel bestätigen soll, zueinander in Widerspruch, ist es nicht geeignet, eine dem Antragsteller günstigere Entscheidung herbeizuführen (OVG Bremen, NVwZ 1984, 58). So wird in der obergerichtlichen Rechtsprechung ein schlüssiger Sachvortrag verneint, wenn der Antragsteller im Asylfolgeantragsverfahren unter Antritt eines Zeugenbeweises darlegt, dass er in der Türkei wegen Unterstützung der PKK gesucht werde, wenn diese Angaben im Erstverfahren als unglaubhaft gewertet wurden (OVG NW, B. v. 14. 10. 1997 – 25 A 1384/97.A). 295

296 Diese Rechtsprechung überspannt ersichtlich die Darlegungsanforderungen und verkennt darüber hinaus, dass ein Beweisangebot zu einem Beweisthema, das einen tatsächlichen Komplex betrifft, der bislang als unglaubhaft angesehen wurde, nicht als unsubstanziiert zurückgewiesen werden darf (BVerfG (Kammer), InfAuslR 1990, 199 (202; s. auch § 78 Rdn. 1003 ff.). Es reicht daher für den schlüssigen Sachvortrag aus, wenn der Antragsteller Zeugen benennt und darlegt, dass diese etwa bestätigen können, dass er vor der Ausreise festgenommen und gefoltert worden ist (VG Stuttgart, U. v. 23. 6. 1999 – A 6 K 11092/99).

4.10.7.3.3. Urkundenbeweis

297 Da beim Urkundenbeweis im Rahmen der Schlüssigkeitsprüfung auch zu überprüfen ist, ob eine Urkunde *offensichtlich gefälscht oder beweiswertlos* (BVerfG (Kammer), InfAuslR 1992, 122; BVerfG (Kammer), InfAuslR 1991, 89 (92)) ist, sind entsprechende Darlegungen zur Echtheit der Urkunde förderlich, sofern dies dem Antragsteller möglich ist. Ausdrücklich hat das BVerfG jedoch ausufernden Tendenzen der fachgerichtlichen Rechtsprechung entgegengehalten, dass die Prüfung des Beweiswertes einer vorgelegten Urkunde im Rahmen der Zulässigkeitsprüfung nicht überdehnt werden dürfe. Versuche der Folgeantragsteller, mittels Vorlage einer Urkunde Glaubwürdigkeitszweifel aus dem ersten Verfahren konkret auszuräumen, dürfe bei der Schlüssigkeitsprüfung der Beweiswert der Urkunde nicht mit dem bloßen Hinweis auf die (gerade zu widerlegenden) Glaubwürdigkeitszweifel verneint werden. Eine derartige Argumentation laufe erkennbar dem Sinn und Zweck des § 51 I Nr. 2 VwVfG zuwider (BVerfG (Kammer), InfAuslR 1992, 122).

298 Auch seien bei einer Verneinung des Beweiswertes hinreichend zuverlässige und für sich tragfähige Feststellungen geboten (BVerfG (Kammer), InfAuslR 1992, 122). Im Rahmen der Schlüssigkeitsprüfung erfordere die Wertung, eine vom Antragsteller vorgelegte Urkunde sei »eindeutig gefälscht«, die für Tatsachenfeststellungen im Asylrecht maßgebende Verlässlichkeit (BVerfG (Kammer), InfAuslR 1991, 89 (92)). Daran anknüpfend erkennt die Rechtsprechung den bloßen Einwand des Bundesamtes, dass wiederholt von einer nicht unerheblichen Anzahl von Asylbewerbern gefälschte Dokumente vorgelegt würden und diesen deshalb kein Beweiswert beigemessen werden könnte, nicht an. Lege der Antragsteller im Asylverfahren neue Dokumente vor, könne die Einleitung eines weiteren Verfahrens nur dann abgelehnt werden, wenn ein Dokument ganz offensichtlich gefälscht sei. Sei dies nicht der Fall, müsse ein neues Verfahren durchgeführt werden, in dessen Rahmen dann die Echtheit des Dokumentes und damit die Begründetheit des Antrags zu prüfen sei (VG Meiningen, AuAS 1997, 262 = NVwZ-Beil. 1997, 88 (LS)).

299 Zur schlüssigen Darlegung der Geeignetheit des neuen Beweismittels wird man aber fordern können, dass der Antragsteller den *Übermittlungsweg der Urkunde* bezeichnet (OVG NW, EZAR 632 Nr. 5). Darüber hinaus muss er schlüssig die Vorgänge und Ereignisse, auf die sich die Urkunde bezieht, darlegen. Stehen seine Ausführungen hierzu im Widerspruch zu den entspre-

Folgeantrag §71

chenden Sachangaben im Erstverfahren und räumt er den Widerspruch nicht überzeugend aus, kann der Folgeantrag als unschlüssig abgelehnt werden. Man wird dem Folgeantragsteller also stets die Gelegenheit einräumen müssen, etwaige insoweit auftretende Widersprüche überzeugend auszuräumen. Dabei wird man auch verschärfte Darlegungsanforderungen zugrundelegen können.

Werden dementsprechende Erklärungen von der Behörde aber gar nicht zur Kenntnis genommen und die Schlüssigkeit allein mit dem Hinweis auf die Widersprüche zwischen den Angaben im Erstverfahren und im Folgeantrag verneint, wird das rechtliche Gehör des Antragstellers verletzt. Andererseits ist evident, dass das Beweismittel ungeeignet ist, wenn die vorgelegte Urkunde das Gegenteil dessen aussagt, was der Antragsteller selbst vorträgt (Funke-Kaiser, in: GK-AsylVfG, § 71 Rdn. 109). Generell ist jedoch festzuhalten, dass eine umfassende Würdigung von Urkunden im Rahmen der Schlüssigkeitsprüfung nicht stattfindet. Maßgebend ist allein deren Eignung für eine günstigere Entscheidung (Funke-Kaiser, in: GK-AsylVfG, § 71 Rdn. 110). 300

4.10.8. Verschuldensbegriff nach § 51 Abs. 2 VwVfG

4.10.8.1. Begriff des »groben Verschuldens«

Nach Abs. 1 S. 1 in Verb. mit § 51 II VwVfG ist der Antrag nur zulässig, wenn der Antragsteller ohne »grobes Verschulden« außerstande war, den Wiederaufnahmegrund, insbesondere durch Rechtsbehelf, im Erstverfahren geltend zu machen. Von der Sache her kann dieses Erfordernis regelmäßig beim Wiederaufnahmegrund der geänderten Sach- oder Rechtslage keine Bedeutung haben. Vorausgesetzt wird grobes Verschulden: Dies setzt voraus, dass dem Antragsteller das Bestehen eines Grundes, z. B. das Vorhandensein einer Urkunde *bekannt war oder sich den Umständen nach aufdrängen musste und er sich trotzdem unter Verletzung jeglicher einem ordentlichen Verfahrensbeteiligten zumutbaren Sorgfaltspflichten, insbesondere unter Verletzung seiner Mitwirkungslast nicht weiter darum kümmerte* (BayVGH, DVBl. 1978, 114 (115); VGH BW NVwZ 1986, 225). 301

Das Vorliegen eines Beweismittels, etwa das Vorhandensein einer Urkunde (Fahndungsliste, Haftbefehl) muss dem Antragsteller während der Anhängigkeit des Erstverfahrens *positiv* bekannt gewesen sein oder dies musste sich ihm doch nach den ihm bekannten Umständen *aufdrängen*. Allerdings dürfen wegen der für den Asylsuchenden in aller Regel nicht einsehbaren Verfahrensabläufe *keine strengen Maßstäbe* an die Sorgfaltspflichten angelegt werden (Funke-Kaiser, in: GK-AsylVfG, II – § 71 Rdn. 113; Renner, AuslR, § 71 AsylVfG Rdn. 23). Insoweit ist auch zu bedenken, dass nach § 51 II VwVfG nur *grobes* Verschulden berücksichtigt werden darf. 302

Der *Grad des Verschuldens* wird maßgeblich von der Obliegenheit des Asylsuchenden bestimmt, an der Ermittlung des Sachverhalts mitzuwirken, und ist darüber hinaus auch nach Art und Umfang von den ihm im früheren Verfahren erteilten behördlichen Hinweisen, Empfehlungen und Belehrungen abhängig (Funke-Kaiser, in: GK-AsylVfG, II – § 71 Rdn. 113). Die obergerichtliche Rechtsprechung verlangt vom Asylsuchenden, dass er während des 303

Erstverfahrens ihm zumutbare Möglichkeiten zur Aufklärung der ihn möglicherweise treffenden Verfolgung dadurch ausschöpft, dass er – soweit ihm dies möglich ist – den Kontakt mit dem Herkunftsland aufrecht erhält und sich so über ihn betreffende Verfolgungsmaßnahmen auf dem Laufenden zu halten (Hess.VGH, InfAuslR 1990, 133 (134)).

304 Eine *posttraumatische Belastungsstörung* kann ursächlich dafür gewesen sein, dass der Antragsteller im Erstverfahren nicht in der Lage war, seine Asylgründe substanziiert und glaubhaft darzulegen. Dabei wird allerdings vorausgesetzt, dass das vorgelegte psychologische Gutachten u. a. nachvollziehbare Aussagen über Ursachen und Auswirkungen der posttraumatischen Belastungsstörung, Feststellungen zum weiteren Verlauf der Behandlung, Angabe der Befundtatsachen und Glaubwürdigkeitsmerkmale enthält (VG Augsburg, AuAS 2002, 251 (252)). Weist das Gutachten insoweit Mängel auf, kann ein behaupteter Suizidversuch Indizwirkung dafür entfalten, weshalb es dem Antragsteller im Erstverfahren nicht möglich war, zu den dort gestellten Fragen Stellung zu nehmen (VG Augsburg, AuAS 2002, 251 (252)).

305 Das *Verschulden des Bevollmächtigten* wird dem Antragsteller zugerechnet (BVerfG, NVwZ 1987, 487; zum Wiedereinsetzungsantrag s. Rdn. 84ff.; § 74 Rdn. 219ff.). Hat der Asylsuchende etwa dem Verfahrensbevollmächtigten eine Urkunde zwecks Einführung in das Verfahren übergeben oder ihm mit der Bitte um ergänzenden Sachvortrag bestimmte ihn treffende Tatsachen mitgeteilt, die dieser nicht weitergeleitet hat, scheitert die Einführung dieser Tatsachen bzw. die Vorlage des Beweismittels im Folgeantragsverfahren an § 51 II VwVfG. Man wird dem Asylsuchenden auch vorhalten können, dass er bei dem Verfahrensbevollmächtigten habe nachfragen müssen, ob dieser seine Bitte ausgeführt hatte. Insoweit ist aber nach der neueren Rechtsprechung des BVerfG ein Antrag nach § 51 V VwVfG zulässig und im Falle der Ermessensreduktion auch zu behandeln (s. hierzu Rdn. 95ff., § 74 Rdn. 273ff.).

4.10.8.2. Nichtausschöpfung des Instanzenzugs

306 Unzulässig ist der Asylfolgeantrag wegen groben Verschuldens auch, wenn der Wiederaufgreifensgrund im früheren Verfahren nicht durch Rechtsbehelf geltend gemacht worden war (vgl. § 51 II VwVfG). Die Nichtausschöpfung des Instanzenzugs im Erstverfahren kann dem Antragsteller indes nicht ohne weiteres als Verschulden angelastet werden. Zwar hat er gemäß § 51 II VwVfG die neuen Tatsachen und Beweismittel nach Möglichkeit im Erstverfahren geltend zu machen. War im Zeitpunkt des Auftretens neuer Tatsachen oder des Bekanntwerdens neuer Beweismittel das Erstverfahren in der Hauptsache noch anhängig, muss er sich daher auf dieses verweisen lassen (BVerfG, NVwZ 1987, 487, Rdn. 17, 43ff.).

307 Die Verweisung auf diesen Weg scheitert nicht daran, dass der Eilrechtsschutzantrag wegen Fristversäumnis zurückgewiesen worden ist (BVerfG, NVwZ 1987, 487; Nieders.OVG, NVwZ-RR 1989, 276; Hess.VGH, ESVGH 38, 118 = EZAR 224 Nr. 17; s. hierzu im Einzelnen Rdn. 17ff.). Werden neue Tatsachen oder Beweismittel bekannt, muss der Antragsteller diese in diesem Fall mithilfe des Abänderungsantrags nach § 80 VII 2 VwGO geltend machen (§ 36 Rdn. 38ff.).

Die *Einbringung neuer Tatsachen und Beweismittel* muss dem Antragsteller im Erstverfahren *verfahrensrechtlich* aber noch *möglich* gewesen sein (BVerfG, NVwZ 1987, 487, Rdn. 19). War z. B. die mündliche Verhandlung bereits durchgeführt worden, kann dem Antragsteller nicht angesonnen werden, mit Blick auf nach Abschluss der Verhandlung auftretende neue Tatsachen und Beweismittel, die nicht zugleich eine Frage von grundsätzlicher Bedeutung berühren, von allen nur irgend in Betracht kommenden prozessualen Möglichkeiten unabhängig davon Gebrauch zu machen, ob sie auch tatsächlich eine reelle Erfolgschance bieten (VGH BW, B. v. 23. 1. 1987 – A 13 S 814/86; Thür.OVG, NVwZ-Beil. 1999, 56 (57); s. hierzu Rdn. 43 ff.). 308

Aus diesen Gründen ist der Antragsteller zur Wahrung seiner Rechte nach Abs. 1 S. 1 1. HS auch nicht ausnahmslos gehalten, den Zulassungsantrag nach § 78 IV 1 zu stellen (VGH BW, EZAR 633 Nr. 21 = NVwZ-RR 1993, 581; VGH BW, InfAuslR 1994, 290; offen gelassen OVG Rh-Pf, NVwZ-Beil. 2000, 84 (85)). Das gilt im gleichen Maße für die revisionsrechtliche Zulassungsbeschwerde nach § 133 VwGO. Nur dann, wenn neue Tatsachen oder Beweismittel nach Abschluss der mündlichen Verhandlung bekannt werden, muss dies bis zum Ablauf der Zulassungsantragsfrist in einem Antrag auf Zulassung der Berufung geltend gemacht werden, wenn die neuen Tatsachen zugleich eine Frage von grundsätzlicher Bedeutung im Sinne von § 78 III Nr. 1 aufwerfen (VGH BW, EZAR 633 Nr. 21 = NVwZ-RR 1993, 581 (LS); VGH BW, InfAuslR 1994, 290 (291); Thür.OVG, NVwZ-Beil. 1999, 56 (57); so wohl auch OVG Rh-Pf, NVwZ-Beil. 2000, 84 (85)) oder das Beweismittel grundsätzliche Bedeutung in diesem Sinne hat. 309

Sofern diese Voraussetzungen nicht vorliegen, kann daher der Asylsuchende das ihn benachteiligende Urteil des Verwaltungsgerichts rechtskräftig werden lassen und sein neues Sachvorbringen im Wege des Folgeantragsverfahrens geltend machen (VGH BW, InfAuslR 1994, 290 (291)). Treten während des Revisionsverfahrens neue Tatsachen und Beweismittel auf, sind diese stets mit Hilfe des Folgeantrags vorzubringen (BVerwG, InfAuslR 1985, 22; Rdn. 43 ff.). Denn im Revisionsverfahren können nur rechtliche, nicht jedoch tatsächliche Grundsatzfragen gerügt werden. 310

Im Blick auf die Vorschrift des § 144 III Nr. 1 VwGO wird für den Fall, dass der Bundesbeauftragte im Erstverfahren gegen das für den Antragsteller positive obergerichtliche Urteil die Revision erhoben hat, von diesem die Erhebung der *Gegenrüge* gefordert, um eine mögliche Klageabweisung durch das BVerwG zu verhindern und eine Zurückverweisung an die Vorinstanz zu erreichen. Infolge des Vertrauens in den Bestand der Entscheidung der Vorinstanz, erscheine insoweit die Annahme eines groben Verschuldens indes nicht gerechtfertigt (Funke-Kaiser, in: GK-AsylVfG, II – § 71 Rdn. 115.1). 311

Erwogen wird eine derartige Rechtsverteidigung darüber hinaus nur für die Fälle, in denen für die positive Entscheidung der Vorinstanz individuelle Verfolgungstatbestände nicht entscheidungserheblich waren. Die Ansicht übersieht indes, dass § 51 II VwVfG *grobes* Verschulden voraussetzt und das Versäumnis der Erhebung von Gegenrügen im Revisionsverfahren bereits vom Ansatz her diesen Verschuldensmaßstab kaum erfüllen dürfte. Hinzu kommt, dass Gegenrügen nur dann angezeigt sind, wenn sich Tatsachenfeststellun- 312 gen der Vorinstanz zum Nachteil des Beteiligten auswirken können (Kopp/Schenke, VwGO, § 144 Rdn. 8). Dies kann bei asylspezifischen kollektiven Verfolgungssituationen regelmäßig erst im Rahmen der Revisionsverhandlung bei der Erörterung der Sach- und Rechtslage für den Beteiligten offenkundig werden. Aus diesem Grunde scheidet der Einwand der unterlassenen Gegenrüge nach § 144 III Nr. 1 VwGO bei der Feststellung des Verschuldens von vornherein aus.

4.10.8.3. Vorlage von Privaturkunden

313 Die Zulässigkeit der Vorlage von Privaturkunden wird man sicherlich in dem Fall auch unter dem Gesichtspunkt des Verschuldens beurteilen müssen, in dem sie sich auf alte Tatsachen beziehen und der Antragsteller nicht plausibel und überzeugend darlegen kann, warum ihm die Vorlage nicht bereits im Erstverfahren möglich gewesen war. So wird der Antragsteller in der obergerichtlichen Rechtsprechung für verpflichtet gehalten, alle Möglichkeiten auszunutzen, um zu erfahren, ob gegen ihn selbst im Heimatland Maßnahmen ergriffen worden waren oder bevorstanden. Der Antragsteller muss also mit seiner Familie in Kontakt treten und sich darum kümmern, ob Verfolgungsmaßnahmen gegen ihn geplant waren (Hess.VGH, InfAuslR 1990, 134 (135)).

314 Bezieht sich der Aussagegehalt der im Asylfolgeantragsverfahren vorgelegten Urkunde (Brief von Verwandten oder Bekannten) jedoch auf nachträglich entstandene Tatsachen, kann die Zulässigkeit der Vorlage nicht mit dem Hinweis auf das Verschulden verneint werden. Hier liegt der Schwerpunkt der Schlüssigkeitsprüfung vielmehr auf den hierzu abgegebenen Erklärungen des Antragstellers, um die Relevanz des Dokumentes für den Verfolgungsvortrag beurteilen zu können (s. hierzu Rdn. 228 ff.). Bei der Vorlage fremdsprachiger Schreiben muss innerhalb der Frist von drei Monaten die Geeignetheit für eine dem Antragsteller günstigere Entscheidung sowie die Einhaltung der Frist substanziiert dargelegt werden (Hess.VGH, NVwZ-Beil. 2000, 93).

315 Die Vorlage einer Bescheinigung über die Mitgliedschaft in einer Exilorganisation wird regelmäßig bereits im Erstverfahren möglich gewesen sein, es sei denn, der Beitritt ist erst nach Abschluss des Erstverfahrens erfolgt. In diesem Fall muss der Antragsteller jedoch mit einer besonders strengen Glaubwürdigkeitsprüfung in Ansehung seiner nunmehr vorgebrachten exilpolitischen Tätigkeiten bereits im Rahmen der Zulässigkeitsstation rechnen (s. hierzu auch Funke-Kaiser, in: GK-AsylVfG, § 71 Rdn. 116 f.).

4.10.9. Antragsfrist von drei Monaten nach § 51 Abs. 3 VwVfG

4.10.9.1. Fristbeginn

316 Der Folgeantrag muss nach § 51 III VwVfG innerhalb von drei Monaten gestellt werden. Innerhalb dieser Frist müssen die Zulässigkeitsvoraussetzungen schlüssig dargelegt werden (Hess.VGH, NVwZ-Beil. 2000, 93). Die Antragsfrist beginnt mit dem Tag, an dem der Antragsteller von dem Wiederaufnahmegrund *positiv* Kenntnis erlangt hat (§ 51 III 2 VwVfG). Die Kenntnis muss sich auf die Tatsachen, die dem Grund für das Wiederaufgreifen zugrunde liegen, beziehen.

Folgeantrag § 71

Nicht erforderlich ist dagegen, dass der Antragsteller die Tatsachen rechtlich zuverlässig als Grund für das Wiederaufgreifen beurteilt. Vorauszusetzen ist jedoch, dass er zumindest in groben Umrissen die mögliche Erheblichkeit der Tatsachen für das Asylverfahren erkennt (Funke-Kaiser, in: GK-AsylVfG, § 71 Rdn. 121; Mezger, VBlBW 1995, 308 (309)). Nach allgemeiner Ansicht steht *Kennenmüssen* (Fahrlässigkeit) positiver Kenntnis nicht gleich. Auch *grobe Fahrlässigkeit* reicht nicht aus (Funke-Kaiser, in: GK-AsylVfG, § 71 Rdn. 121).

317

4.10.9.2. Rechtliche Unmöglichkeit der Antragstellung hemmt den Fristbeginn

Die Fristwahrung nach § 51 III 1 VwVfG ist *Zulässigkeitsvoraussetzung* für den Folgeantrag. Dies führt in den Fällen zu prozessualen Komplikationen, in denen der Antragsteller während des anhängigen Erstverfahrens Kenntnis von einem Wiederaufnahmegrund erlangt, diesen aber aus prozessualen Gründen im früheren Verfahren nicht einführen konnte (s. im einzelnen Rdn. 52 ff.). Voraussetzung für den Fristbeginn nach § 51 III VwVfG ist, dass es dem Antragsteller tatsächlich und *rechtlich möglich* ist, einen Asylfolgeantrag zu stellen (OVG MV, AuAS 1997, 223 (224) = NVwZ-RR 1998, 140). Wegen Abs. 1 S. 1 1. HS ist dem Antragsteller jedoch erst nach unanfechtbarer Ablehnung des Erstantrags die Stellung des Asylfolgeantrags verfahrensrechtlich möglich.

318

Daher beginnt die Frist nach § 51 III VwVfG erst in dem Augenblick, in dem dem Antragsteller die Stellung eines Asylfolgeantrags rechtlich möglich ist (OVG MV, AuAS 1997, 223 (224) = NVwZ-RR 1998, 140; VG Gießen, NVwZ-Beil. 1998, 62 (63); s. Rdn. 44 ff.). Bis dahin ist die Frist gehemmt (vgl. Schirp, NVwZ 1996, 559 (560); OVG Rh-Pf, NVwZ-Beil. 2000, 84 (85); VG Wiesbaden, AuAS 2004, 138; gegen OVG NW, NVwZ-RR 1990, 518).

319

4.10.9.3. Isolierte Prüfung jedes einzelnen Grundes für das Wiederaufgreifen

Ist der Antrag auf *mehrere – in zeitlichen Abständen vorgebrachte – Wiederaufgreifensgründe* gestützt, gilt für jeden Grund eine jeweils selbständig zu berechnende Dreimonatsfrist (BVerwG, NVwZ 1990, 788; BVerwG, NVwZ 1993, 359; BVerwG, NVwZ 1995, 388). Diese jeweils gesondert zu prüfende Ausschlussfrist gilt nicht nur im Verwaltungsverfahren, sondern auch für bei Gericht neu vorgebrachte Wiederaufgreifensgründe (Thür. OVG, NVwZ-Beil. 2003, 19 (21)). Soweit sich indes der Grund für das Wiederaufgreifen aus *mehreren Einzelsachverhalten* zusammensetzt, die zu verschiedenen Zeitpunkten entstanden sind oder dem Antragsteller nicht zum selben Zeitpunkt bekannt geworden sind, ist eine differenzierende Betrachtungsweise geboten:

320

Einzelne neue Tatsachen, die zur Antragsbegründung nachgeschoben werden, brauchen nach der Rechtsprechung des BVerwG – ausnahmsweise – nicht innerhalb der Antragsfrist vorgetragen werden, wenn sie lediglich einen bereits rechtzeitig geltend gemachten Wiederaufgreifensgrund bestätigen, wiederholen, erläutern oder konkretisieren, also nicht qualitativ neu sind, d. h. nicht aus dem Rahmen der bisher für das Wiederaufgreifen angeführten Umstände fallen und damit keinen neuen Wiederaufgreifensgrund – wie z. B. die Übernahme herausgehobener Funktionen in einer Exil-

321

organisation, in der der Antragsteller bisher nur als einfaches Mitglied beteiligt oder untergeordnet tätig war – darstellen (BVerwG, NVwZ 1998, 861 (863) = EZAR 631 Nr. 45 = AuAS 1998, 149; so auch Thür.OVG, NVwZ-Beil. 2003, 19 (20)).

322 Dieser Ansicht ist grundsätzlich zuzustimmen. Allerdings erscheint eine derartig klare Trennung zwischen untergeordneten und herausgehobenen Aktivitäten häufig nicht ohne weiteres möglich. Vielmehr kommt es bei solcherart Dauersachverhalten stets auf eine Gesamtbewertung aller vorgebrachten Umstände und Tatsachen an. Daher gilt folgendes: Handelt es sich um einen *kontinuierlich* sich entwickelnden *Dauersachverhalt,* kann nicht auf den Zeitpunkt der erstmaligen Kenntnis von der beginnenden Entwicklung für den Fristbeginn abgestellt werden (Mezger, VBlBW 1995, 308 (309f.)). Entsprechendes ist anzunehmen, wenn der veränderte Sachverhalt sich aus mehreren Einzelsachverhalten zusammensetzt, die isoliert für sich betrachtet, als asylrechtlich unerheblich erscheinen und ihre rechtliche Bedeutung erst aufgrund einer Gesamtschau gewinnen.

323 In solchen Fällen eines sich entwickelnden Geschehens erscheint es sachgerecht, für den Fristbeginn den Zeitpunkt festzusetzen, ab dem der Antragsteller bei objektiver Betrachtungsweise von einer entscheidungserheblichen Veränderung der Lage in seinem Herkunftsstaat ausgehen konnte. Die erstmalige Kenntnis dürfte jedoch dann den Lauf der Frist in Gang setzen, wenn der entsprechende Sachverhalt für sich genommen, einen hinreichenden Anlass für einen Folgeantrag darstellt (Mezger, VBlBW 1995, 308 (310)).

324 So wird in der Rechtsprechung im Blick auf die Entwicklung bestimmter Organisationen zu staatsähnlichen Gewalten in Verbindung mit einer sich dementsprechend durchsetzenden Bewertung durch die Rechtsprechung darauf abgestellt, dass es sich bei derartigen Änderungen der Sachlage um kontinuierliche Entwicklungen ohne Zäsuren und Markierungspunkte handele. Danach komme es für den Fristbeginn darauf an, wann sich die Erkenntnis von einer derartigen Veränderung der Sachlage allgemein durchgesetzt habe. Insoweit komme einer gefestigten obergerichtlichen Rechtsprechung entscheidende Bedeutung zu, deren Kenntnisnahme durch den Asylsuchenden die Frist des § 51 III VwVfG in Gang setze (VG Gießen, NVwZ-Beil. 1997, 69 (69f.)).

4.10.9.4. Anwesenheit des Antragstellers im Bundesgebiet

325 Voraussetzung für den Fristbeginn ist die Anwesenheit des Antragstellers im Bundesgebiet. Es wäre mit dem Grundgesetz und mit dem durch § 60 I AufenthG gewährleisteten internationalen Schutz unvereinbar, die Regelung des § 51 III VwVfG im Rahmen des Abs. 1 S. 1 so zu handhaben, dass dem Antragsteller die Berufung auf neue Umstände versagt bliebe, wenn seit deren Eintreten bis zur Wiedereinreise in das Bundesgebiet mehr als drei Monate verstrichen sind. Asylrecht und Abschiebungsschutz können nur dann wegen Fristversäumnis versagt werden, wenn der Antragsteller die Frist rechtlich und tatsächlich einhalten konnte.

326 Die Frist einhalten kann der Antragsteller jedoch nur, wenn es ihm während der drei Monate verfahrensrechtlich möglich ist, einen Folgeantrag zu stellen. Das aber ist solange nicht der Fall, wie er sich im Ausland aufhält (OVG

Folgeantrag **§ 71**

MV, AuAS 1997, 223; VG Berlin, NVwZ-Beil. 1995, 85 (86); Funke-Kaiser, in: GK-AsylVfG, II – § 71 Rdn. 122). Daher beginnt in derartigen Fällen die Frist erst mit dem Zeitpunkt der Einreise in das Bundesgebiet zu laufen. Bis dahin ist sie wegen der rechtlichen Unmöglichkeit, einen Asylfolgeantrag vom Ausland aus stellen zu können, rechtlich gehemmt (s. aber Funke-Kaiser, in: GK-AsylVfG, II – § 71 Rdn. 123 ff., der nicht in jedem Fall den Fristbeginn auf den Zeitpunkt der Einreise bezogen wissen will).

4.10.9.5. Statusgewährung an einen Familienangehörigen

Die Statusgewährung an einen Familienangehörigen ist ein nachträglicher Umstand, der dazu berechtigt, das Familienasyl oder den Familienabschiebungsschutz unter den Voraussetzungen des § 51 I–III VwVfG im Wege des Asylfolgeantragsverfahrens geltend zu machen (s. hierzu § 26 Rdn. 148 ff.). Wegen der Voraussetzung der rechtlichen Möglichkeit zur Folgeantragstellung beginnt die Frist in dem Fall, in dem wegen der Statusgewährung an den Stammberechtigten ein Familienangehöriger Familienasyl bzw. Familienabschiebungsschutz im Wege des Asylfolgeantragsverfahrens geltend machen will, mit dem Eintritt der Unanfechtbarkeit der Asylberechtigung bzw. der Gewährung von Abschiebungsschutz an den Stammberechtigten (vgl. hierzu auch Nieders.OVG, NVwZ-Beil. 1996, 59 (60). **327**

4.10.9.6. Subjektive Nachfluchtgründe

Insbesondere bei subjektiven Nachfluchtgründen ist im Blick auf den Fristbeginn eine sorgfältige Gesamtbetrachtung der vorgetragenen einzelnen Aktivitäten geboten. Da es in der überwiegenden Mehrzahl der Sachverhalte um eine Abgrenzung zwischen besonders herausgehobenen exilpolitischen Tätigkeiten und jenen Aktionen geht, die auch in ihrer zusammenschauenden Bewertung über den Status des bloßen »Mitläufertums« nicht hinaus gelangen, ist evident, dass die einzelnen vorgebrachten Aktivitäten nicht isoliert, sondern im Rahmen einer Gesamtbewertung beurteilt werden müssen. Dies hat für den Fristbeginn maßgebende Bedeutung. **328**

Waren indes bereits im Erstverfahren subjektive Nachfluchtgründe vorgetragen worden, muss im Asylfolgeantrag herausgearbeitet werden, inwiefern sich die nunmehr vorgetragenen Gründe qualitativ von den bereits als unerheblich gewerteten unterscheiden. Dies ist der Fall, wenn im Erstverfahren exilpolitische Aktivitäten in Gestalt der Teilnahme an Demonstrationen und anderen Veranstaltungen dargelegt wurden, im Folgeantrag jedoch unter Beweis gestellt wird, dass die Aktivitäten des Antragstellers einen »*Qualitätssprung*« erfahren haben, sich z. B. an die Demonstration ein Hungerstreik anschließt oder aber der Asylsuchende eine andere Rolle einnimmt, z. B. bei einer Podiumsdiskussion nunmehr als Redner auftritt (Thür.OVG, NVwZ-Beil. 2003, 19 (21)), sich insgesamt also in besonders nachhaltiger und öffentlichkeitswirksamer Form für seine Organisation eingesetzt hat (VG Koblenz, U. v. 19. 5. 2000 – 8 K 3128/99.KO, bejaht für Tätigkeit im Zentralbüro der iranischen Volksmudscaheddin in Köln). **329**

Bei exilpolitischen Aktivitäten in Gestalt von *dauerhaften Tatbeständen*, wie etwa Mitgliedschaften in Vereinigungen oder Redakteurstätigkeiten, ist der **330**

Beginn der Frist nach § 51 III VwVfG, also der »Qualitätssprung« jedoch kaum zu ermitteln (VG Hannover, B. v. 12. 2. 1997 – 8 B 5976/96; VG Lüneburg, InfAuslR 2000, 47), weil dieser sich in aller Regel prozesshaft entwickelt. Hier werden stets Aktivitäten innerhalb der Frist geltend gemacht werden können (BayVGH, U. v. 17. 9. 1997 – 8 ZB 97.31910). Andererseits können wegen des inneren Sachzusammenhangs vor Fristbeginn liegende Aktivitäten innerhalb eines in sich einheitlichen Gesamtzusammenhangs jedoch nicht unberücksichtigt bleiben. Vielmehr sind diese schon deshalb mit in die Bewertung einzubeziehen, weil es sich nur um jeweils unselbständige Teile eines exilpolitischen Gesamtverhaltens handelt (BayVGH, NVwZ-Beil. 1997, 75 (76)).

4.10.9.7. Wiedereinsetzung in den vorigen Stand

331 Bei schuldloser Fristversäumnis ist Wiedereinsetzungsantrag nach § 32 VwVfG möglich. Die Vorschrift des § 51 III VwVfG enthält keine gesetzliche Ausschlussfrist (Funke-Kaiser, in: GK-AsylVfG, § 71 Rdn. 120). Während die Antragsfrist nach § 51 III 1 VwVfG *drei Monate* beträgt, ist der Wiedereinsetzungsantrag innerhalb von *zwei Wochen* nach Wegfall des Hindernisses zu stellen (§ 32 II 1 VwVfG). Die die schuldlose Fristversäumnis nach § 51 III 1 VwVfG begründenden Tatsachen sind zwar nicht innerhalb der Frist von zwei Wochen glaubhaft zu machen (vgl. § 32 II 2 VwVfG), jedoch unverzüglich vorzunehmen. Innerhalb der Zwei-Wochen-Frist des § 32 II 1 VwVfG ist die versäumte Handlung nachzuholen (§ 32 II 3 VwVfG), ist der Asylfolgeantrag also zu stellen.

332 Es empfiehlt sich, innerhalb dieser Frist die Wiederaufnahmegründe nach Maßgabe der erörterten Mitwirkungspflichten schlüssig und substanziiert darzulegen. Verschulden des Verfahrensbevollmächtigten bei der Fristversäumnis nach § 51 III 1 VwVfG wird dem Antragsteller nicht zugerechnet, da eine prinzipielle Anwendbarkeit des § 166 I BGB im Folgeantragsverfahren kaum zu sachegerechten Ergebnissen führt. Bis zur Folgeantragstellung ist zudem auch kein Verfahren beim Bundesamt anhängig, in dem eine Vertretung stattfindet, sodass auch eine Erstreckung des Verschuldenstatbestandes auf den Vertretenen nicht möglich erscheint (Mezger, VBlBW 1995, 308 (310); Funke-Kaiser, in: GK-AsylVfG, § 71 Rdn. 121.1).

4.11. Sachentscheidung des Bundesamtes

4.11.1. Entscheidungsprogramm des Bundesamtes nach Abs. 4

333 Die Vorschrift des Abs. 4 regelt das Entscheidungsprogramm des Bundesamtes bei Folgeanträgen. Liegen die Voraussetzungen nach Abs. 1 S. 1 in Verb. mit § 51 I–III VwVfG vor, ergibt sich das dann maßgebliche Entscheidungsprogramm aus der Bezugnahme auf die allgemein für die Durchführung von Asylverfahren geltenden, für Erstverfahren konzipierten Vorschriften, die in § 31 III 1 eine Entscheidung über Abschiebungshindernisse nach § 53 AuslG und in § 34 Regelungen über die Abschiebungsandrohung enthalten. Für alle anderen Folgeanträge, die also nicht die Voraussetzungen nach § 51 I–III

Folgeantrag § 71

VwVfG erfüllen, enthält Abs. 4 als grundlegende Regelung das Entscheidungsprogramm des Bundesamtes.

Für die Frage, ob das Bundesamt im Zusammenhang mit der Entscheidung, ein weiteres Verfahren nicht durchzuführen, eine erneute Abschiebungsandrohung erlassen muss, war früher die Frist von zwei Jahren nach § 71 V 1 1. HS AsylVfG a. F. maßgebend. Da nach geltendem Recht diese Frist nicht mehr besteht, liegt es allein im pflichtgemäßen Ermessen, ob das Bundesamt nach Abs. 4 vorgeht und eine neue Abschiebungsandrohung erlässt, etwa weil begründete Zweifel an der Rechtmäßigkeit der Abschiebungsandrohung des Erstverfahrens bestehen. 334

Zwar enthält Abs. 1 2. HS lediglich den Begriff der »Prüfung«. Auch das Ergebnis einer negativen Prüfung bedarf jedoch im Hinblick auf Art. 19 IV GG einer der gerichtlichen Überprüfung zugänglichen Entscheidungsform (Scherer, VBlBW 1995, 175 (176)). Dem steht Abs. 5 S. 2 nicht entgegen. Denn die behördeninternen Informationspflichten können anerkannte Grundsätze des Verwaltungshandelns nicht beseitigen. Die Entscheidung über die Nichteinleitung eines weiteren Verfahrens hat das Bundesamt für den Fall, dass eine Abschiebungsandrohung mit einer einwöchigen Ausreisefrist (§ 36 I) ergeht, zusammen mit dieser zuzustellen (OVG NW, NVwZ-Beil. 1997, 77 (78)). 335

Die Weigerung des Bundesamtes, ein weiteres Asylverfahren durchzuführen, stellt der Sache nach ebenso eine Ablehnung eines Asylantrages dar wie in den Fällen, in denen – nach Bejahung der Voraussetzungen der § 51 I–III VwVfG – das Vorliegen materieller Asylgründe verneint wird (OVG NW, AuAS 1997, 141 (142)). Danach tenoriert das Bundesamt die Sachentscheidung wie folgt: »Der Antrag auf Durchführung eines weiteren Verfahrens wird abgelehnt«. Ebenso tenoriert das Bundesamt die Sachentscheidung, wenn der Antragsteller den Folgeantrag zurückgenommen hat (Bell/von Nieding, ZAR 1995, 119 (125)). Zugleich teilt das Bundesamt der zuständigen Ausländerbehörde oder der nach Abs. 7 S. 2 zuständigen Ausländerbehörde mit, dass die Voraussetzungen nach § 51 I–III VwVfG nicht vorliegen (Abs. 5 S. 2). Daraufhin kann die Ausländerbehörde unverzüglich die Ausreisepflicht des Antragstellers durchsetzen. 336

Das Bundesamt hat allerdings gegebenenfalls eine Entscheidung über *Abschiebungshindernisse* nach § 60 II–VII AufenthG zu treffen (s. auch Rdn. 76 ff.). Denn in Verfahren auf Schutzgewährung für Ausländer, die Verfolgung geltend machen, ergeht eine umfassende, alle Rechtsformen des Schutzes – einschließlich des Schutzes nach § 60 II–VII AufenthG – einbeziehende Entscheidung des Bundesamtes (VG Freiburg, NVwZ-Beil. 1996, 88; VG Ansbach, B. v. 18. 3. 1993 – AN 17 E 93.33266; VG Frankfurt, B. v. 23. 12. 1996 – 11 G 31842/96.A(1)). Mit der grundlegenden Festlegung des Entscheidungsprogramms erfüllt Abs. 4 eine wichtige *Schutzfunktion* zugunsten des Betroffenen. 337

Die Vorschrift räumt der Behörde eine flexible Handhabung ein, die insbesondere in Ausnahmefällen geboten sein kann, wenn trotz geringen Zeitablaufs erhebliche Veränderungen eingetreten sind, die eine Prüfung von Abschiebungshindernissen unter dem Gesichtspunkt von Art. 1 I, 2 I 1 GG angezeigt sein lassen. In derartigen Fällen trägt Abs. 4 zu dem *grundrechtlich* 338 *gebotenen lückenlosen Schutz vor Abschiebungen* bei (OVG NW, NVwZ-Beil. 1997, 77 (78); OVG Schleswig, InfAuslR 1993, 279 (280); VG Würzburg, AuAS 1995, 155 (156)). Auch wenn der Asylsuchende seinen Folgeantrag zurückgenommen hat, muss daher das Bundesamt, sofern die entsprechenden Voraussetzungen dargetan werden oder nach den Umständen offensichtlich sind, im Rahmen der ablehnenden Sachentscheidung eine Entscheidung über Abschiebungshindernisse nach § 60 II–VII AufenthG treffen, sofern hierüber im Erstverfahren keine Entscheidung getroffen wurde (a. A. Bell/von Nieding, ZAR 1995, 119 (125)).

4.11.2. Prüfungsgegenstand nach Einleitung eines weiteren Verfahrens

339 Liegen die Voraussetzungen des § 51 I–III VwVfG vor, ist ein weiteres Asylverfahren durchzuführen. Damit die Ausländerbehörde über das damit eintretende Aufenthaltsrecht nach § 55 I 1 informiert wird, hat das Bundesamt diese Behörde über das Ergebnis der Zulässigkeitsprüfung zu unterrichten. Es wird ein vollständiges Asylverfahren mit sämtlichen Verfahrensgarantien durchgeführt (vgl. BVerfG (Kammer), InfAuslR 1993, 304 (305). Insbesondere ist der Antragsteller persönlich anzuhören (§ 25). Die materielle Prüfung unterscheidet sich ebenfalls nicht von einem normalen Asylverfahren.

340 Ist ein Folgeantrag zulässig, hat das Bundesamt zu prüfen, ob der neue Sachvortrag im Hinblick auf das glaubhafte persönliche Verfolgungserlebnis des Antragstellers sowie unter Berücksichtigung der allgemeinen Verhältnisse im behaupteten Verfolgerstaat tatsächlich zutrifft und die Verfolgungsfurcht begründet erscheinen lässt (BVerwGE 77, 323 (327) = EZAR 224 Nr. 16 = NVwZ 1988, 258). Das Bundesamt hat daher festzustellen, ob der neu vorgetragene Sachverhalt richtig ist und die tatbestandlichen Voraussetzungen des Asylrechts, des internationalen Schutzes nach § 60 I AufenthG sowie der Abschiebungshindernisse nach § 53 AuslG vorliegen (§ 31).

341 Bei der erneuten Sachprüfung wird *grundsätzlich* auch *früheres Sachvorbringen* des Antragstellers berücksichtigt. Das BVerwG hat ausdrücklich festgestellt, dass bei einem zulässigen Folgeantrag auch die *Rechtskraft* eines früheren verwaltungsgerichtlichen Urteils der erneuten sachlichen Prüfung des Asylbegehrens nach Maßgabe der Folgeantragsbestimmungen nicht entgegensteht (BVerwG, EZAR 212 Nr. 4; ebenso Hess.VGH, EZAR 226 Nr. 8).

342 Zwar bindet die Rechtskraft eines verwaltungsgerichtlichen Urteils die Beteiligten nach Maßgabe der sie tragenden Urteilsgründe (BVerwGE 80, 313 (320)) und sind beim Folgeantragsverfahren die Beteiligten auch identisch. Dies steht jedoch einer Berücksichtigung früheren Vorbringens nicht im Wege, soweit aufgrund dessen erst Bedeutung und Umfang der neuen Sachlage und insbesondere auch die hieraus für die Glaubhaftigkeit der Angaben des Antragstellers maßgeblichen tatsächlichen Entscheidungsgrundlagen sachgerecht beurteilt werden können (s. auch Rdn. 250 f.).

343 Bei der erneuten Sachprüfung ist daher stets zunächst der präzise Inhalt eines etwaigen verwaltungsgerichtlichen Urteils des Erstverfahrens zu ermitteln. Behörden und Gerichte sind durch die Rechtskraft der Erstentscheidung nur in dem Umfang an einer erneuten Überprüfung des Asylanspruchs gehindert, wie er bereits Gegenstand des Erstverfahrens war (BVerwG, EZAR

Folgeantrag **§ 71**

212 Nr. 6 = NVwZ 1989, 161). Die rechtskräftigen Feststellungen können aber selbstverständlich bei der zusammenfassenden Bewertung des Sachvorbringens unter Beachtung ihrer Bindungswirkung mitberücksichtigt werden.

Nicht gebunden sind Behörde und Gericht im Folgeantragsverfahren an Feststellungen gerichtlicher Beschlüsse z. B. im Eilverfahren sowie an bestandskräftige Feststellungen des Bundesamtes. Für den Wiederaufgreifensgrund nach § 51 I Nr. 2 VwVfG gelten diese Grundsätze ohnehin nicht, da die eigentliche Bedeutung dieses Grundes ja gerade darin besteht, dass aufgrund des neuen Beweismittels die alten Tatsachen einer erneuten Sachprüfung unterzogen werden. **344**

Andererseits darf nach der Rechtsprechung des BVerwG das mit dem Folgeantrag geltend gemachte Asylbegehren nicht ohne Rücksicht auf den vorgebrachten Grund für das Wiederaufgreifen des Verfahrens in jedem Fall in vollem Umfang einer erneuten Sachprüfung unterzogen werden. Vielmehr bestehe die Verpflichtung zu erneuter Sachprüfung *nur soweit*, wie der in zulässiger Weise geltend gemachte Grund für das Wiederaufgreifen des *Verfahrens* reiche, das mit dem Folgeantrag geltend gemachte Asylbegehren also von ihm betroffen werde (BVerwG, EZAR 212 Nr. 4; so auch Thür.OVG, NVwZ-Beil. 2003, 19 (21)). **345**

Werde dieses auf *mehrere selbständige Asylgründe* gestützt, betreffe der in zulässiger Weise geltend gemachte Grund für das Wiederaufgreifen des Verfahrens jedoch nur einen von ihnen, so unterliege der Folgeantrag lediglich hinsichtlich dieses Asylgrunds erneuter Sachprüfung. Im Übrigen sei er unbeachtlich. Bei einem im Wege des Folgeantrags auf mehrere Gründe gestützten Asylbegehren könne daher eine erneute Sachprüfung in vollem Umfang nur dann erfolgen, wenn hinsichtlich eines jeden dieser Asylgründe die Voraussetzungen des § 51 I–III VwVfG gegeben seien (BVerwG, EZAR 212 Nr. 4; Thür.OVG, NVwZ-Beil. 2003, 19 (21)). **346**

Eine zu strikte Trennung der verschiedenen Asylgründe wird dem Charakter des Asylrechts jedoch nicht gerecht. Das verfassungsrechtlich verbürgte Asylrecht erfordert eine *zusammenfassende* Bewertung des zur Prüfung gestellten Lebenssachverhalts. Dabei lässt sich der Tatbestand der Verfolgung *nicht* in selbständig nebeneinander stehende und voneinander isolierte Bestandteile *zerlegen* (BVerwGE 55, 82 (84) = DÖV 1978, 447 = DVBl. 1978, 883 = BayVBl. 1978, 217 = NJW 1978, 2463 = Buchholz 402.24 § 28 AuslG Nr. 11 = EZAR 201 Nr. 3). Insbesondere bei mehreren selbständigen Verfolgungsgründen ist eine isolierte Prüfung einzelner Gründe verfehlt. Entscheidend ist vielmehr, dass der Asylsuchende durch einen der geltend gemachten Gründe betroffen wird. **347**

Ob dies der Fall ist, muss aufgrund einer wertenden Gesamtschau des jeweiligen Lebenssachverhaltes beurteilt werden, wobei die Häufung mehrerer möglicher – nicht auszuschließender – politischer Verfolgungsgründe für eine erhöhte Verfolgungswahrscheinlichkeit und damit für die Begründetheit einer darauf beruhenden Verfolgungsfurcht des Asylsuchenden sprechen kann (BVerwG, Buchholz 402.25 § 1 AsylVfG Nr. 10 = InfAuslR 1983, 257; BVerwGE 82, 171 (173 f.) = EZAR 200 Nr. 25 = NVwZ 1990, 267; s. hierzu: Marx, Handbuch, § 14 Rdn. 34 f.). **348**

349 Die obergerichtliche Rechtsprechung hat daher wegen der *Einheitlichkeit des zugrundeliegenden Lebenssachverhaltes* gefordert, das Verfahren im Ganzen wieder aufzugreifen (Hess.VGH, EZAR 226 Nr. 8; OVG NW, B. v. 24. 7. 1987 – 18 B 21031/86). Dem ist zuzustimmen, da die Nichtberücksichtigung an sich erheblicher Verfolgungsgründe, die mit dem im Folgeantrag geltend gemachten Gründen im engen Sachzusammenhang stehen, mit der gebotenen verfassungskonformen Handhabung des Verfahrensrechts kaum zu vereinbaren ist.

4.11.3. Erlass einer Abschiebungsandrohung bei unzulässigem Folgeantrag (Abs. 4 in Verb. mit §§ 34 ff.)

350 Liegen die Voraussetzungen des § 51 I–III VwVfG nicht vor, prüft das Bundesamt nach pflichtgemäßem Ermessen, ob es gemäß Abs. 4 1. HS in Verb. mit §§ 34ff. die Abschiebungsandrohung erlässt. Diese ist mit einer einwöchigen Ausreisefrist zu verbinden (§ 36 I). Die Bezugnahme in Abs. 4 1. HS auf § 35 bedeutet, dass das Bundesamt die Einleitung eines weiteren Verfahrens ablehnen kann, weil der Asylfolgeantrag nach § 29 unbeachtlich ist. Liegen die Voraussetzungen für den Erlass einer Abschiebungsanordnung nach § 34 a I wegen der Einreise aus einem sicheren Drittstaat vor, erlässt das Bundesamt eine entsprechende Abschiebungsanordnung (Abs. 4 2. HS in Verb. mit § 34 a I 1).

351 Die Entscheidung, dass die Voraussetzungen nach § 51 I–III VwVfG nicht vorliegen, bedeutet, dass der Aufenthalt bereits im Zeitpunkt der Stellung des Folgeantrags nicht gestattet war. Das gesetzliche Aufenthaltsrecht nach § 55 I 1 war ja bereits mit der Vollziehbarkeit der Abschiebungsandrohung aus dem Erstverfahren (§ 67 I Nr. 4) bzw. mit der unanfechtbaren Ablehnung des Erstantrags (§ 67 I Nr. 6) kraft Gesetzes erloschen. Durch die Folgeantragstellung war die Vollziehung lediglich kraft Gesetzes vorübergehend ausgesetzt (Abs. 5 S. 2 1. HS). Mit der Sachentscheidung, kein weiteres Asylverfahren einzuleiten, aktualisiert sich erneut die Ausreisepflicht. Das Bundesamt erlässt daher regelmäßig ohne Anhörung schriftlich die Abschiebungsandrohung (Abs. 4 1. HS in Verb. mit § 34 I 2).

352 Zwar bedarf es nach geltendem Recht grundsätzlich keiner erneuten Abschiebungsandrohung mehr und kann das Bundesamt regelmäßig nach Abs. 5 vorgehen. Diese Vorschrift schließt den erneuten Erlass einer Abschiebungsandrohung jedoch keineswegs aus (OVG NW, NVwZ-Beil. 1997, 77 (78)). Bereits der Gesetzeswortlaut des Abs. 5 S. 1, demzufolge es keiner erneuten Abschiebungsandrohung »bedarf«, verdeutlicht, dass eine derartige Verfügung in den von Abs. 5 erfassten Fällen durchaus erlassen werden darf, im Regelfall hierzu jedoch keine Verpflichtung besteht.

353 Auch die frühere Rechtsprechung ging davon aus, dass eine Abschiebungsandrohung nach § 10 II AsylVfG 1982 nicht deshalb rechtswidrig war, weil sie wegen § 14 II AsylVfG 1982 entbehrlich gewesen wäre (Hess.VGH, ESVGH 39, 152). Indem Abs. 5 S. 1 den Erlass einer erneuten Abschiebungsandrohung für den Regelfall nicht verlangt, ihn aber dennoch zulässt, erlaubt er dem Bundesamt die hinreichend flexible Handhabung, die insbesondere in Ausnahmefällen geboten sein kann, wenn Zweifel an der Rechtmäßigkeit der

Folgeantrag **§ 71**

im Erstverfahren verfügten Abschiebungsandrohung bestehen oder erhebliche Veränderungen eingetreten sind, die eine Prüfung des Abschiebungsschutzes unter dem Gesichtspunkt von Art. 1 I, 2 I 1 GG angezeigt sein lassen (OVG NW, NVwZ-Beil. 1997, 77 (78)). In diesem Fall ist der Erlass der Abschiebungsandrohung auch deshalb angezeigt, um den zielstaatsbezogenen Abschiebungshindernissen insbesondere bei der Festsetzung des Zielstaates (vgl. § 59 II, III 2 AufenthG) gerecht werden zu können.

4.11.4 Verweigerung der Einleitung eines weiteren Asylverfahrens ohne Erlass einer Abschiebungsandrohung (Abs. 5)

Nach Abs. 5 S. 1 bedarf es grundsätzlich keiner erneuten Abschiebungsandrohung, wenn die Einleitung eines Asylverfahrens verweigert wird. Zugleich teilt das Bundesamt der zuständigen oder der Ausländerbehörde des tatsächlichen Aufenthaltsortes (Abs. 7 S. 2) mit, dass die Voraussetzungen des § 51 I–III VwVfG nicht vorliegen (Abs. 5 S. 2 1. HS). Die Ausländerbehörde kann unverzüglich die Ausreisepflicht des Antragstellers durchsetzen. Besteht demnach eine vollziehbare Abschiebungsandrohung oder -anordnung aus dem vorangegangenen Verfahren, so bedarf es zur Vollziehung keiner erneuten Fristsetzung und Abschiebungsandrohung oder -anordnung (Abs. 5 S. 1). 354

Die Regelung des Abs. 5 S. 1 setzt voraus, dass eine »nach Stellung des früheren Asylantrages« ergangene Abschiebungsandrohung oder -anordnung vollziehbar geworden ist. Die Vorschrift findet auch Anwendung, wenn der Antragsteller zwischenzeitlich ausgereist war (Abs. 6 S. 1). Die im Zusammenhang mit einer einfachen Asylablehnung im Erstverfahren erlassene Abschiebungsandrohung wird nach Ablauf der in § 38 I 2 geregelten gesetzlichen Ausreisefrist vollziehbar. 355

War der Antragsteller im Erstverfahren zunächst erfolgreich und hat das Bundesamt nach Klagestattgabe die Abschiebungsandrohung erlassen, wird diese nach Ablauf der in § 39 I 2 und im Falle der Klageerhebung nach Ablauf der in § 38 I 2 geregelten Ausreisefrist vollziehbar. Wurde das Asylbegehren als offensichtlich unbegründet abgelehnt und hat das Verwaltungsgericht dem Eilrechtsschutzantrag stattgegeben, so ist die Abschiebungsandrohung nach Ablauf der in § 37 II genannten Frist vollziehbar geworden. Hat das Verwaltungsgericht in diesem Fall oder im Zusammenhang mit einer Asylablehnung wegen Unbeachtlichkeit (§ 29) den Eilrechtsschutzantrag abgelehnt, ist mit dem Zeitpunkt der Zustellung des Gerichtsbeschlusses die Abschiebungsandrohung vollziehbar geworden. 356

Die vollziehbare Abschiebungsandrohung muss nach Stellung des früheren Asylantrags durch das zuständige Bundesamt erlassen worden sein, sodass eine von der Ausländerbehörde verfügte Abschiebungsandrohung nicht zur Anwendung des Abs. 5 S. 1 führen kann. Hier ist vielmehr stets nach Abs. 4 1. HS die Abschiebungsandrohung zu verfügen (OVG NW, AuAS 1997, 64 (65); vgl. auch OVG Rh-Pf, AuAS 1995, 118 (119); a. A. wohl Funke-Kaiser, in: GK-AsylVfG, II – § 71 Rdn. 136). 357

5. Verwaltungsstreitverfahren

5.1. Hauptsacheverfahren

5.1.1. Anforderungen an die Ermittlungstiefe

358 Das BVerfG hat im Blick auf den Folgeantrag nach geltendem Recht ausdrücklich gefordert, dass jede verwaltungsgerichtliche Entscheidung über den geltend gemachten Asylanspruch jedenfalls den *Anforderungen an die Ermittlungen* zum Tatbestand der Verfolgung gerecht werden muss. Diese müssen danach einen *hinreichenden Grad an Verlässlichkeit* aufweisen und auch dem Umfang nach, bezogen auf die besonderen Gegebenheiten im Asylbereich, *zureichend* sein (BVerfG (Kammer), InfAuslR 1995, 19 (21) = NVwZ-Beil. 1995, 3 = AuAS 1995, 9). Durch Art. 16 a IV GG ist damit keine Einschränkung des gerichtlichen Prüfungsumfangs für das Hauptsacheverfahren eingetreten.

359 Andererseits wird in derartigen Fällen die gerichtliche Kontrolle in das Eilrechtsschutzverfahren vorverlegt, sodass auch die Grundsätze zum eingeschränkten Prüfungsumfang Anwendung finden. Jedenfalls in den Fällen, in denen das Bundesamt den Folgeantrag nicht im Rahmen der Zulässigkeitsprüfung, sondern nach Durchführung eines weiteren Verfahrens ablehnt, gelten die strengen verfassungsrechtlichen Anforderungen an die Ermittlungstiefe. Dies folgt auch daraus, dass das weitere Asylverfahren ein normales Asylverfahren ist und deshalb auch prozessual und materiellrechtlich wie ein solches zu behandeln ist.

5.1.2. Gerichtliche Überprüfung der Zulässigkeitsvoraussetzungen des Folgeantrags

360 Hat das Bundesamt zu Unrecht die Voraussetzungen der § 51 I–III VwVfG bejaht und ein weiteres Asylverfahren durchgeführt, so hat das Verwaltungsgericht im Rahmen des gegen den Bescheid in der Sache erfolgenden Verfahrens die Zulässigkeitsvoraussetzungen zu überprüfen. In die sachliche Prüfung der mit dem Folgeantrag geltend gemachten Asylgründe kann es erst eintreten, wenn es die Feststellungen des Bundesamtes zur Zulässigkeit des Folgeantrags bestätigt (BVerwG, InfAuslR 1988, 120 (121); Thür.OVG, NVwZ-Beil. 2003, 19 (21); OVG NW, AuAS 1997, 141 (142)).

361 Lehnt somit das Bundesamt nach Bejahung der Voraussetzungen des § 51 I–III VwVfG das Asylbegehren ab und verneint im anschließenden Klageverfahren das Verwaltungsgericht bereits die Voraussetzungen dieser Vorschriften, so erweist sich die das Asylbegehren ablehnende Entscheidung des Bundesamtes im Ergebnis als unzutreffend mit der Folge, dass die Klage auf Verpflichtung zur Asylanerkennung und Gewährung von Abschiebungsschutz nach § 51 I AuslG im *vollen Umfang abzuweisen* ist (OVG NW, AuAS 1997, 141 (142)). Hat das Bundesamt irrtümlich einen Folgeantrag als Erstantrag beschieden, so hat das Verwaltungsgericht ungeachtet dessen im Hauptsacheverfahren die Voraussetzungen des Abs. 1 S. 1 zu prüfen (OVG NW, NVwZ-Beil. 1998, 73).

Folgeantrag § 71

5.1.3. Herbeiführung der Spruchreife

Prozessuale Besonderheiten stellen sich in den Fällen, in denen das Bundesamt die Durchführung eines weiteren Verfahrens ablehnt und die Frage zu beantworten ist, ob sich die Mehrstufigkeit der Prüfung im Verwaltungsverfahren im verwaltungsgerichtlichen Verfahren (Rdn. 104 ff.) fortsetzt und die Verwaltungsgerichte deshalb an einem »*Durchentscheiden*« bei Verneinung der Zulässigkeit des Folgeantrags durch das Bundesamt gehindert sind. Zu dieser Frage hat das BVerfG nicht Stellung nehmen wollen (vgl. BVerfG (Kammer), InfAuslR 1995, 19 (21); BVerfG (Kammer), InfAuslR 1995, 342 (343). Deren Lösung ist seiner Ansicht nach unter diesen Umständen als Auslegung einfachen Rechts den Fachgerichten vorbehalten (BVerfG (Kammer), InfAuslR 1995, 342 (343)). 362

Nach früherem Recht enthielt die ausländerbehördliche Feststellung der Unbeachtlichkeit *zwei* Rechtsfolgen: Auf asylrechtlichem Gebiet führte sie dazu, dass der Antrag nicht an das Bundesamt weitergeleitet werden musste. Auf aufenthaltsrechtlichem Gebiet bewirkte sie die gesetzliche Verpflichtung des Antragstellers zum unverzüglichen Verlassen des Bundesgebietes (BVerwGE 80, 313 (319) = EZAR 224 Nr. 20 = NVwZ 1989, 473; BVerwG, NVwZ 1989, 476). An die Stelle der asylverfahrensrechtlichen Weiterleitungspflicht der Ausländerbehörde nach § 8 V AsylVfG 1982 ist nunmehr die asylverfahrensrechtliche Pflicht des Bundesamtes getreten, das weitere Verfahren durchzuführen (Abs. 1 S. 1). 363

An der aufenthaltsrechtlichen Bedeutung hat sich dadurch nichts geändert. Auch wenn das Bundesamt keine Abschiebungsandrohung erlässt, trifft es demnach mit seiner Entscheidung, dass die Voraussetzungen des § 51 I–III VwVfG nicht vorliegen, eine Einzelfallregelung mit doppeltem Regelungsinhalt: Es wird festgestellt, dass ein weiteres Verfahren nicht durchgeführt wird und der Antragsteller deshalb zur unverzüglichen Ausreise verpflichtet ist. Die letzte Folge ergibt sich allerdings unmittelbar aus dem Gesetz (Abs. 5 S. 2 1. HS) als Folge der Mitteilung des Bundesamtes an die Ausländerbehörde. 364

Das BVerwG hat gegen die überwiegende Rechtsprechung entschieden, das sich aus § 113 V 1 VwGO die Pflicht des Verwaltungsgerichtes ergebe, die Sache spruchreif zu machen und in der Sache durch zu entscheiden. Daher sei es grundsätzlich nicht zulässig, dass das Verwaltungsgericht bei rechtswidriger Verweigerung des begehrten Verwaltungsakts lediglich die Ablehnung aufhebe und die Behörde mit gewissermaßen zurückverweisender Wirkung die Prüfung und Feststellung der Anspruchsvoraussetzungen aufgebe. Vielmehr habe es die notwendigen Prüfungen und Feststellungen selbst vorzunehmen und sodann anschließend in der Sache zu entscheiden (BVerwGE 106, 171 (173) = NVwZ 1998, 861 (862) = EZAR 631 Nr. 45 = AuAS 1998, 149). 365

Es sei nicht gerechtfertigt, hinsichtlich der Pflicht, die Sache spruchreif zu machen, zwischen den in § 51 I Nr. 1 – Nr. 3 VwVfG normierten Voraussetzungen des obligatorischen Wiederaufgreifens einerseits und den in Art. 16 a I GG, §§ 51 I, 53 AuslG 1990 (jetzt § 60 I–VII AufenthG) aufgeführten Voraussetzungen andererseits zu unterscheiden. Es könne deshalb auch nicht ledig- 366 lich auf »Wiederaufgreifen« geklagt und vom Verwaltungsgericht »isoliert« über die Frage, ob das Verfahren wiederaufzugreifen ist, entschieden werden (BVerwGE 106, 171 (173) = NVwZ 1998, 681 (682) = EZAR 631 Nr. 45 = AuAS 1998, 149).

367 Auch wenn im Asylfolgeantragsverfahren nach § 51 V VwVfG um die Gewährung von ausländerrechtlichem Abschiebungsschutz gestritten wird, hat nach der Rechtsprechung des BVerwG das Verwaltungsgericht die Sache spruchreif zu machen. Das Verwaltungsgericht müsse vor einer Zurückverweisung zur Ermessensausübung an das Bundesamt selbst prüfen und entscheiden, ob eine abschließende Entscheidung zugunsten oder zu Lasten des Asylsuchenden möglich sei. Die Frage, ob ein Festhalten an der früheren Versagung von Abschiebungsschutz zu schlechterdings unerträglichen Ergebnissen führen würde, insbesondere eine extreme Leibes- oder Lebensgefahr im Falle der Rückkehr zur Folge habe, das Ermessen also auf Null reduziert sei, habe deshalb das Verwaltungsgericht zu prüfen (BVerwG, U. v. 20.10.2004 – BVerwG 1 C 15.03).

368 Demgegenüber hatte zuvor die überwiegende Rechtsprechung das Verwaltungsgericht nicht für befugt gehalten, in der Sache durch zu entscheiden. Die Folge dieser Rechtsprechung war, dass das Verwaltungsgericht, das die Zulässigkeitsvoraussetzungen nach Abs. 1 S. 1 in Verb. mit § 51 I–III VwVfG anders beurteilte als das Bundesamt, *nicht* in der Sache *durch entscheiden* durfte. Vielmehr hatte es sich darauf zu beschränken, das Bundesamt zur Durchführung eines weiteren Asylverfahrens, also zu einer Entscheidung in der Sache zu verpflichten (BayVGH, NVwZ-Beil. 1997, 75; BayVGH, EZAR 212 Nr. 9; BayVGH, EZAR 630 Nr. 32; OVG NW, NVwZ-RR 1996, 549; OVG NW, NVwZ-Beil. 1997, 77 (79); OVG Schleswig, B. v. 7.6.1995 – 4 L 132/95; VG Freiburg, AuAS 1996, 90 (91); VG Berlin, NVwZ-Beil. 1996, 96 = AuAS 1996, 225; VG Gießen, NVwZ-Beil. 1998, 62; VG Aachen, U. v. 2.3.1995 – 4 K 6543/94.A; VG Braunschweig, U. v. 20.1.1994 – 2 A 2346/93; VG Saarlouis, B. v. 22.1.1995 – 1 F 71/95.A; VG Schleswig, B. v. 8.9.1994 – 5 B 129/94; ebenso Funke-Kaiser, GK-AsylVfG, II – § 71 Rdn. 177f.; Scherer, VBlBW 1995, 175 (176); a. A. Renner, AuslR, § 71 AsylVfG Rdn. 46).

369 Begründet wurde diese Meinung mit der besonderen sachlichen Prüfungskompetenz des Bundesamtes (BayVGH, NVwZ-Beil. 1997, 75; OVG NW, NVwZ-RR 1996, 549 (550)) und der Systematik des Gesetzes, aus der folge, dass das Gericht lediglich über die Durchführung eines weiteren Asylverfahrens, nicht aber über den Asylantrag in der Sache selbst zu entscheiden habe (VG Braunschweig, U. v. 20.1.1994 – 2 A 2346/93). Zwar habe das neue Recht die Aufteilung der zwei Verfahrensabschnitte auf zwei Behörden durch verfahrensrechtliche Konzentration auf das Bundesamt beseitigt. Abgesehen von dieser Zuständigkeitskonzentration habe sich an der *Struktur des Folgeantragsverfahrens* jedoch nichts Wesentliches geändert.

370 Vielmehr habe die Systematik der verfahrensrechtlichen Neuregelungen die zentrale Stellung des Bundesamtes noch verstärkt. Abgesehen von der Zuständigkeitskonzentration obliege dem Bundesamt der Erlass der Abschiebungsandrohung und bestimmter ausländerrechtlicher Entscheidungen. Der Gesetzgeber habe dem Bundesamt insgesamt zahlreiche Gestaltungsmöglich-

Folgeantrag **§ 71**

keiten zugewiesen, die teilweise weit über diejenigen eines in der Sache entscheidenden Verwaltungsgerichtes hinausgingen (OVG NW, NVwZ-RR 1996, 549 (550); OVG NW, NVwZ-Beil. 1997, 77 (79)). Wegen des Vorrangs der Vorschriften des AsylVfG vor den allgemeinen Verfahrensgrundsätzen könne auch nicht auf die Rechtsprechung verwiesen werden, derzufolge bei einem Rechtsstreit über das Wiederaufgreifen des Verfahrens das Verwaltungsgericht durch entscheiden könne (BayVGH, EZAR 630 Nr. 32).

In der Rechtsprechung wird auch nach Klärung dieser Streitfrage bei elemtaren Verfahrensfehlern der *isolierten Anfechtungsklage* mit dem Ziel, das Bundesamt zur Einhaltung dieser Verfahrensstandards und Nachholung der versäumten Verfahrenshandlung zu verpflichten, der Vorzug gegeben (VG Darmstadt, NVwZ-Beil. 2003, 110 = AuAS 2003, 214). Ein derartiger Verfahrensfehler wird angenommen, wenn das Bundesamt im Folgeantragsverfahren den Antragsteller nicht persönlich anhört, obwohl er vorgetragen hat, dass er nach seiner Abschiebung in das Herkunftsland im Einzelnen bezeichneten bestimmten Verfolgungshandlungen ausgesetzt gewesen zu sein (VG Darmstadt, NVwZ-Beil. 2003, 110 = AuAS 2003, 214 (215)). **371**

5.1.4. Streitgegenstand

Streitgegenstand des Klageverfahrens ist wegen der Rechtsprechung des BVerwG die sachliche Ablehnung des Asylbegehrens. Auf eine Verpflichtung des Bundesamtes gerichtete Verpflichtungsklagen, das Verfahren durchzuführen, sind sachdienlich dahin auszulegen, dass das Bundesamt zur Asylanerkennung sowie zur Gewährung von internationalem Schutz nach § 60 I AufenthG sowie hilfsweise auf Feststellung von Abschiebungshindernissen nach § 60 II–VII AufenthG verpflichtet wird (BVerwGE 106, 171 (173 ff.) = NVwZ 1998, 681 (682)). **372**

Die entgegenstehende obergerichtliche Rechtsprechung (BayVGH, EZAR 630 Nr. 32; OVG Schleswig, B. v. 7. 6. 1995 – 4 L 132/95) ist hiermit nicht mehr vereinbar. Soweit dem Kläger die Wahl eingeräumt wird, entweder eine derartige Verpflichtungsklage zu erheben oder aber mit der Klage unmittelbar die Asylanerkennung oder internationalen Schutz nach § 60 I AufenthG zu erstreben (Scherer, VBlBW 1995, 175 (178), kann dem nicht gefolgt werden. **373**

Lehnt das Bundesamt den Folgeantrag – ohne über die geltend gemachten Asylgründe in der Sache eine Entscheidung zu treffen – nach § 30 IV in Verb. mit § 60 VIII AufenthG als offensichtlich unbegründet ab, weil seiner Ansicht nach der Kläger aus schwerwiegenden Gründen eine Gefahr für die Sicherheit der Bundesrepublik darstellt, kann nach der Rechtsprechung mit der Verpflichtungsklage auf Durchführung eines weiteren Asylverfahrens gegen diese Entscheidung vorgegangen werden (VG Freiburg, AuAS 1996, 90 (92), isolierte Anfechtungsklage). **374**

Die Erfolgsaussicht einer derartigen Klage ergibt sich einerseits daraus, dass im Rahmen der Zulässigkeitsprüfung kaum zuverlässig geprüft werden kann, ob die strengen Voraussetzungen des § 60 VIII AufenthG im konkreten Einzelfall erfüllt sind (s. hierzu § 2 Rdn. 5 ff., § 30 Rdn. 190 ff.), ob also insbesondere die in Aussicht genommene Abschiebung »*ultima ratio*« in Ansehung anderer denkbarer Alternativen ist (vgl. BVerwGE 49, 202 (209) = NJW 1976, **375**

490 =EZAR 134 Nr. 1). In einem derartigen Fall leidet das Verfahren regelmäßig an einem schwerwiegenden Aufklärungsdefizit, sodass aus diesem Grund (vgl. BVerwG, NVwZ 1996, 80 (81) = AuAS 1995, 201) die Klage auf die Verpflichtung des Bundesamtes zu richten ist, das Verfahren ordnungsgemäß durchzuführen.

376 Andererseits ist der über den Asyl- und Verfolgungsschutz weit hinausreichende Schutz des Art. 3 EMRK (so ausdrücklich EGMR, NVwZ 1997, 1100 (1101) = InfAuslR 1997, 279 (§ 49) – *Ahmed gegen Österreich*) zu beachten. Allerdings geht die obergerichtliche Rechtsprechung davon aus, dass die Gründe für die Unzulässigkeit des Durchentscheidens auf die Abschiebungshindernisse nach § 60 II–VII AufenthG nicht zutreffen (OVG NW, NVwZ-Beil. 1997, 77 (79)). Auch das BVerwG verweist in seiner Rechtsprechung, welche die Verwaltungsgerichte verpflichten, die Sache spruchreif zu machen, beiläufig auf die Vorschrift des § 53 AuslG 1990 (BVerwG, NVwZ 1998, 681 (682)). Jedenfalls erfordert die gerichtliche Überprüfung der auf § 60 VIII AufenthG beruhenden Entscheidung des Bundesamtes hinreichend zuverlässige Feststellungen.

377 Liegen die Voraussetzungen des Art. 3 EMRK nach der maßgeblichen Rechtsprechung des EGMR vor, ist die Abschiebung unter keinem rechtlichen Gesichtspunkt zulässig. Denn der durch Art. 3 EMRK gewährleistet Schutz ist *absoluter Natur:* Auch wenn die Bevölkerung vor terroristischen Gewaltaktionen zu schützen ist, verbietet nach der ausdrücklichen Feststellung des EGMR Art. 3 EMRK sogar unter diesen Umständen in absoluter Weise Folter oder unmenschliche oder erniedrigende Behandlung oder Strafe, ungeachtet des Verhaltens des Opfers (EGMR, NVwZ 1997, 1093 (1094) (§ 79) – *Chahal gegen Vereinigtes Königreich*).

5.2. Eilrechtsschutzverfahren

5.2.1. Funktion des einstweiligen Rechtsschutzes im Folgeantragsverfahren

378 Soweit das Bundesamt wegen der Einreise des Folgeantragstellers aus einem sicheren Drittstaat die Abschiebungsanordnung gemäß Abs. 4 in Verb. mit § 34 a I verfügt, ist einstweiliger Rechtsschutz hiergegen nach Abs. 4 letzter HS in Verb. mit § 34 a II ausgeschlossen (Abs. 4 letzter HS). Das BVerfG hat gegen die Vorschrift des § 34 a II keine verfassungsrechtlichen Bedenken (BVerfGE 94, 49 (113) = NVwZ 1996, 700 = EZAR 208 Nr. 7; § 34 a Rdn. 39 ff.).

379 Anders als das frühere Recht enthält § 71 keine klaren Regelungen über den vorläufigen Rechtsschutz im Folgeantragsverfahren. Nur für den Fall, dass das Bundesamt im Zusammenhang mit der ablehnenden Sachentscheidung *über* die Weigerung, ein weiteres Asylverfahren durchzuführen, eine Abschiebungsandrohung erlässt, enthält Abs. 4 1. HS durch die in Bezug genommenen Verweisungsnormen eine klare Regelung. In diesen Fällen ist der vorläufige Rechtsschutz nach § 36 III und IV, also in Form des Antrags nach § 80 V VwGO zu erlangen. In diesem Fall ist der Suspensiveffekt der Anfechtungs-

Folgeantrag § 71

klage anzuordnen, wenn ihr Erfolg wie Misserfolg gleichermaßen wahrscheinlich ist (VG Lüneburg, NVwZ-RR 2004

Lehnt das Bundesamt dagegen die Durchführung eines weiteren Asylverfahrens ab, ohne eine erneute Abschiebungsandrohung zu erlassen, ist die Form und die Ausgestaltung des Eilrechtsschutzes sehr umstritten. Die Abschiebungsandrohung des Erstverfahrens erledigt sich nicht, sondern behält ihre rechtliche Wirksamkeit (VGH BW, AuAS 2002, 104). 380

Die verwaltungsgerichtliche Rechtsprechung war im Blick auf den einstweiligen Rechtsschutz über Jahre von einer »*völlig kontroversen Praxis*« geprägt, die selbst an den einzelnen Verwaltungsgerichten durch Einzelrichter und Kammern sehr unterschiedlich gehandhabt wurde (so ausdrücklich VG Aachen, B. v. 8. 3. 1995 – 7 L 119/95. A). Während früher bei unbeachtlichen Folgeanträgen nach ausdrücklicher gesetzlicher Anordnung das Eilrechtsschutzverfahren des § 10 III AsylVfG 1982 Anwendung fand, ist dies nach geltendem Recht nur beim Erlass einer Abschiebungsandrohung der Fall (Abs. 4 1. HS in Verb. mit § 36 III und IV). Im Übrigen fehlen derart klare Regelungen im Gesetz. 381

Die Regelung in Abs. 5 S. 1 ist dem § 14 II und III AsylVfG 1982 nachgebildet worden. In diesen Fällen wurde in der Feststellung der Unbeachtlichkeit der alleinige Inhalt der ansonsten die Abschiebungsandrohung vorsehenden Regelung des § 10 II AsylVfG 1982 mit der Folge gesehen, dass die Vorschriften des § 10 III und IV AsylVfG 1982 zu beachten waren (OVG Bremen, EZAR 632 Nr. 12). Dementsprechend war nach früherem Recht vorläufiger Rechtsschutz ausnahmslos über einen Antrag nach § 80 V VwGO zu erlangen. 382

Da das geltende Recht mit seiner Gesetzessystematik, verfahrensrechtlichen Struktur sowie seiner Zuständigkeitskonzentration indes von der früheren Rechtslage erheblich abweicht, kann nicht mehr ohne weiteres an die frühere Rechtsprechung angeknüpft werden. Nach der Verfassungsnorm des Art. 19 IV GG ist zwar der vorläufige Rechtsschutz *effektiv* zu gestalten und anzuwenden. Jedoch wird durch Art. 16 a IV GG der Anspruch des Asylsuchenden, bis zur bestandskräftigen Entscheidung über sein Asylbegehren im Bundesgebiet verbleiben zu dürfen, ein Stück weit zurückgenommen. Das BVerfG verlangt von den Verwaltungsgerichten aber auch in diesem Fall eine Gestaltung des Eilrechtsschutzverfahrens, welche der Bedeutung und Tragweite des Asylgrundrechts gerecht wird (BVerfGE 94, 116 (190, 195) = NVwZ 1996, 678 = EZAR 632 Nr. 25). 383

Das einfache Recht enthält für die Gestaltung des Eilrechtsschutzes mit Abs. 4 und 5 S. 1 eine grundlegende Unterscheidung. Geht das Bundesamt nach Abs. 4 vor, ist der Rechtsschutz nach Abs. 4 1. HS über § 36 III und IV gewährleistet. Dies gilt in allen Fällen, in denen das Bundesamt eine Abschiebungsandrohung erlässt (Rdn. 306). Kraft gesetzlicher Anordnung in Abs. 4 1. HS einstweiliger Rechtsschutz nach § 36 III und IV zu erlangen. 384

Unterbleibt die Abschiebungsandrohung im Zusammenhang mit der ablehnenden Sachentscheidung, gebietet Art. 16 a IV GG jedenfalls eine Verfahrensgestaltung, welche der Bedeutung und Tragweite des Grundrechts gerecht wird. Unabhängig von diesen Grundsätzen sind im Eilrechtsschutzverfahren auch andere verfassungsrechtlich geschützte Interessen zu berück- 385 sichtigen. Steht etwa die *Eheschließung* mit einem deutschen Staatsangehörigen unmittelbar bevor, kommt die Aussetzung der Abschiebung in Betracht (Hess.VGH, AuAS 1994, 36).

5.2.2. Eilrechtsschutz nach Abs. 4 erster Halbsatz in Verbindung mit § 36 Abs. 3 Satz 1, § 80 VwGO bei (erneutem) Erlass der Abschiebungsandrohung

386 Erlässt das Bundesamt im Zusammenhang mit der Ablehnung der Einleitung eines weiteren Asylverfahrens eine Abschiebungsandrohung, ist vorläufiger Rechtsschutz nach Abs. 4 S. 1 in Verb. mit § 36 III 1 nach § 80 V VwGO durch den Antrag auf Anordnung der aufschiebenden Wirkung der Anfechtungsklage zu beantragen (BVerwG, NVwZ-Beil. 2001, 113 (114 = EZAR 224 Nr. 28). Für die Frage des Eilrechtsschutzes ist allein die Abschiebungsandrohung maßgebend. Die Ausländerbehörde hat das gesetzliche Abschiebungshindernis nach Abs. 4 in Verb. mit § 36 III 8 zu beachten. Sofern allerdings die Ausländerbehörde ungeachtet dessen aufenthaltsbeendende Maßnahmen vollziehen will, ist vorläufiger Rechtsschutz nach § 123 VwGO gegen den Rechtsträger der Ausländerbehörde zu beantragen.

387 Lehnt das Bundesamt die Durchführung eines weiteren Asylverfahrens ab, ohne eine Abschiebungsandrohung zu erlassen, erweckt die dem Bescheid angefügte Rechtsmittelbelehrung jedoch den Eindruck, der Antragsteller müsse binnen Wochenfrist einen Antrag auf Anordnung der aufschiebenden Wirkung der Klage gegen die Abschiebungsandrohung stellen, ist ein in diesem Sinne gestellter Rechtsschutzantrag unzulässig, wenn eindeutig die Voraussetzungen nach Abs. 5 S. 1 erfüllt sind. Lediglich die Kostenfolge trifft das Bundesamt (VG Darmstadt, NVwZ-Beil. 1996, 55).

388 Denn ein unzulässiges Rechtsmittel wird nicht durch eine unrichtige Rechtsmittelbelehrung zulässig (BVerwGE 33, 209 (211)). Andererseits tritt aber nicht die durch § 80 normalerweise herbeigeführte Unanfechtbarkeit der angefochtenen Verfügung ein. Vielmehr läuft die Jahresfrist des § 58 II VwGO für den richtigen Rechtsbehelf. Da in derartigen Fällen jedoch regelmäßig eine Mitteilung nach Abs. 5 S. 2 an die Ausländerbehörde ergangen ist, ist unverzüglich der für dieses Verfahren maßgebliche Rechtsschutzantrag zu stellen.

389 Ist eine Abschiebungsandrohung ergangen, ist der Antrag nach § 36 III 1 in Verb. mit § 80 V VwGO gegen die für das Bundesamt zuständige Körperschaft, also die Bundesrepublik Deutschland, zu richten. Er ist gemäß § 36 III 1 binnen Wochenfrist beim zuständigen Verwaltungsgericht zu stellen. Verfahrensgegenstand ist die Anordnung der aufschiebenden Wirkung der Anfechtungsklage gegen die Abschiebungsandrohung nach Abs. 4 in Verb. mit § 34 I 1. Vor unanfechtbarer gerichtlicher Entscheidung darf die Ausländerbehörde keine aufenthaltsbeendenden Maßnahmen vollziehen (Abs. 4 1. HS in Verb. mit § 36 III 8). Auf Antrag ist auch unter Berücksichtigung der Entscheidungsfristen nach § 36 III 5ff. die richterliche Fristsetzung so zu bestimmen, dass Einsicht in die Akten des Erstverfahrens ermöglicht werden kann (BVerfG (Kammer), B. v. 5. 2. 2003 – 2 BvR 153/02).

390 Dieses Verfahren gilt auch dann, wenn das Bundesamt ungeachtet einer noch vollziehbaren Abschiebungsandrohung aus anderen Verfahren eine

Folgeantrag § 71

erneute Abschiebungsandrohung erlässt. Eine früher verfügte Abschiebungsandrohung der Ausländerbehörde hat sich infolge der Zuständigkeitsbegründung des Bundesamtes für den Erlass der Abschiebungsandrohung ohnehin erledigt (OVG Rh-Pf, AuAS 1995, 118 (119); a. A. wohl Funke-Kaiser, in: GK-AsylVfG, II – § 71 Rdn. 136). Andererseits entfällt aus gesetzessystematischen Gründen die Befugnis der Ausländerbehörde zum Erlass einer Abschiebungsandrohung (OVG NW, AuAS 1997, 64 (65)). Auch die im Erstverfahren erlassene Abschiebungsandrohung hat sich durch den Erlass einer erneuten Abschiebungsandrohung erledigt.

Das Bundesamt selbst hat durch den Erlass einer neuen Abschiebungsandrohung insoweit eine erneute Sachprüfung vorgenommen und damit einen neuen Verwaltungsakt erlassen, der im vollen Umfang den Rechtsschutz eröffnet (BVerwGE 13, 99 (101)). Von der früheren Abschiebungsandrohung gehen angesichts dessen keine rechtlichen Wirkungen mehr aus. Auf diesen darf sich die vollziehende Ausländerbehörde deshalb nicht berufen. Grundsätzlich bleibt indes die im Erstverfahren erlassene Abschiebungsandrohung auch dann wirksam, wenn der Antragsteller zwischenzeitlich das Bundesgebiet verlassen hat (VGH BW, AuAS 2002, 104 (105)). 391

5.2.3. Eilrechtsschutzantrag nach § 123 VwGO auf Widerruf der Mitteilung nach Abs. 5 Satz 2 erster Halbsatz

5.2.3.1. Funktion der Mitteilung nach Abs. 5 Satz 2 erster Halbsatz

Liegen die Voraussetzungen nach § 51 I–III VwVfG nicht vor und erlässt das Bundesamt keine Abschiebungsandrohung, so regelt das Gesetz lediglich, dass die Abschiebung erst nach der entsprechenden Mitteilung des Bundesamtes an die Ausländerbehörde vollzogen werden darf. Ob diese Mitteilung Außenwirkung hat, ihr insbesondere Verwaltungsaktqualität zukommt, ist äußerst umstritten. An dieser Streitfrage sowie aus den weiteren hiermit im Zusammenhang stehenden Rechtsschutzdefiziten entzünden sich die Diskussionen um die Wahl des richtigen Rechtsschutzmittels (vgl. BVerwGE 106, 171 (173ff.) = NVwZ 1998, 681). 392

Eine umfassende Informationsverpflichtung des Bundesamtes besteht bereits nach § 40, sodass die Verpflichtung nach Abs. 5 S. 2 1. HS hiermit im engen Zusammenhang steht. In diesen Fällen hat aber die interne Mitteilung keine über die bloße Information hinausreichende Funktion. Geht das Bundesamt jedoch nicht nach Abs. 4 vor, gewinnt die interne Mitteilung für das Eilrechtsschutzverfahren eine *Schlüsselfunktion*. Die Bestimmung dieser Funktion ist für den vorläufigen Rechtsschutz mithin von zentraler Bedeutung. 393

Teilweise wurde früher in der Rechtsprechung vertreten, die Mitteilung des Bundesamtes nach Abs. 5 S. 2 1. HS sei ein den Antragsteller belastender Eingriff. Dies gelte jedenfalls dann, wenn sie ihm unter Beifügung einer Rechtsbehelfsbelehrung zugestellt werde (VG Freiburg, NVwZ-Beil. 1994, 15). Dem ist indes die ganz überwiegende Rechtsprechung nicht gefolgt (OVG Hamburg, EZAR 632 Nr. 34 = AuAS 2001, 10 = NVwZ-Beil. 2001, 9 (LS); Thür. OVG, EZAR 632 Nr. 32 = NVwZ-Beil. 2000, 38; VGH BW, NVwZ-Beil., 2001, 8 = AuAS 2000, 238 = EZAR 632 Nr. 35VG Frankfurt am Main, AuAS 1996, 142; VG Freiburg, NVwZ 1995, 197; VG Köln, EZAR 224 Nr. 25; VG Münster, 394

AuAS 1993, 143). Eine unrichtige Belehrung führt allein aus diesem Grund nicht zur Zulässigkeit des darauf beruhenden Rechtsmittels (BVerwGE 33, 209 (211); VG Darmstadt, NVwZ-Beil. 1996, 55).

395 Mit der herrschenden Meinung ist davon auszugehen, dass es sich bei der Mitteilung nach Abs. 5 S. 2 1. HS um einen *verwaltungsinternen Mitwirkungsakt* handelt, dem keine Außenwirkung zukommt (VG Frankfurt am Main, AuAS 1996, 142; VG Freiburg, 632 Nr. 32; NVwZ 1995, 197; VG Köln, EZAR 224 Nr. 25; VG Münster, AuAS 1993, 143; VG Sigmaringen, NVwZ-Beil. 1996, 30; Bell/von Nieding, ZAR 1995, 119 (124); Schütze, VBlBW 1995, 346 (348)). Dies verdeutlichen die sich aus der Zuständigkeitsänderung ergebenden strukturellen Änderungen gegenüber dem früheren Recht.

396 Nach früherem Recht wurde nach der obergerichtlichen Rechtsprechung in der isolierten Feststellung der Unbeachtlichkeit des Folgeantrags ein *feststellender Verwaltungsakt* gesehen (OVG Bremen, EZAR 632 Nr. 12; a. A. Hess. VGH, EZAR 632 Nr. 7; zweifelnd Hess.VGH, EZAR 631 Nr. 13). Allein die Rechtsnatur der Mitteilung nach Abs. 5 S. 2 1. HS kann andererseits für die Gewährleistung effektiven Rechtsschutzes nicht maßgebend sein. Vielmehr geht auch die gesetzliche Begründung davon aus, dass nach einer Mitteilung nach Abs. 5 S. 2 1. HS Rechtsschutz über § 123 VwGO zu erlangen sei, weil es einer Verpflichtung des Bundesamtes bedürfe, der vollziehenden Ausländerbehörde mitzuteilen, dass vor einer erneuten Mitteilung nach Abs. 5 S. 2 1. HS die Abschiebung nicht vollzogen werden dürfe (BT-Drs. 12/4450, S. 27).

397 Folgt man der gesetzlichen Begründung, ist effektiver vorläufiger Rechtsschutz gegen die verwaltungsinterne Mitteilung über § 123 VwGO zu erlangen. Nicht in Übereinstimmung hiermit steht die vereinzelt gebliebene frühere obergerichtliche Rechtsprechung, soweit sie den Rechtsschutz nur noch gegen die Ausländerbehörde zulassen und hierbei nur noch eine Berücksichtigung des »Wie« (Reiseunfähigkeit) der Abschiebung zulassen wollte (VGH BW, AuAS 1994, 104 (105f.); dagegen VG Freiburg, NVwZ 1995, 197). Dagegen wird eingewendet, der Antragsteller könne sich im Falle des Erfolgs seines Eilbegehrens auf ein vorläufiges Bleiberecht nach Abs. 5 S. 2 1. HS berufen, das durch die Stellung seines Asylfolgeantrags entstanden sei und im Falle des Erfolgs seines vorläufigen Rechtsschutzantrags fortgelten würde (VG Gießen, AuAS 1993, 203).

398 Dem ist zuzustimmen. Zwar knüpft die Mitteilung nach Abs. 5 S. 2 1. HS an eine bereits früher vollziehbar gewordene Ausreisepflicht an, die von dem Folgeantrag unberührt bleibt (Bell/von Nieding, ZAR 1995, 119 (124)). Bis zur Mitteilung untersagt das Gesetz jedoch den zwangsweisen Vollzug der Ausreiseverpflichtung (Abs. 5 S. 2 1. HS). Gibt das Verwaltungsgericht dem Antrag statt, aktualisiert sich das gesetzliche Abschiebungshindernis des Abs. 5 S. 2 1. HS erneut. Während des anhängigen Eilrechtsschutzverfahrens gebietet Art. 19 IV GG, dass dem Antragsteller ausreichend Gelegenheit und Zeit gegeben wird, um einstweiligen Rechtsschutz nachzusuchen (VG Stuttgart, InfAuslR 2003, 359 (360) = NVwZ-Beil. 2003, 112; Funke-Kaiser, in: GK-AsylVfG, II – § 71 Rdn. 185). Gegebenenfalls ist *vorbeugender* Rechtsschutz gegen die Ausländerbehörde gemäß § 123 VwGO zu beantragen (Hess.VGH,

Folgeantrag **§ 71**

InfAuslR 1983, 330; InfAuslR 1986, 234; Hess.VGH, ESVGH 38, 118 = EZAR 224 Nr. 17; OVG Bremen, InfAuslR 1984, 247; a. M. OVG NW, B. v. 11. 2. 1985 – 19 B 20003/85: analoge Anwendung von § 80 V VwGO).

5.2.3.2. Inhalt des Eilrechtsschutzantrags nach § 123 VwGO

In Anknüpfung an die Funktion der verwaltungsinternen Mitteilung vertritt die überwiegende Rechtsprechung die Ansicht, dass in den Fällen der ablehnenden Sachentscheidung ohne gleichzeitigen Erlass der Abschiebungsandrohung vorläufiger Rechtsschutz nach § 123 VwGO gegen die Bundesrepublik, vertreten durch die zuständige Außenstelle des Bundesamtes, mit dem Inhalt zu beantragen ist, das Bundesamt im Wege der einstweiligen Anordnung zum Widerruf der Mitteilung an die Ausländerbehörde bzw. zur Unterlassung oder Rückgängigmachung einer Mitteilung zu verpflichten (BVerfG (Kammer), InfAuslR 1999, 256 (259) = EZAR 632 Nr. 31 = NVwZ-Beil. 1999, 49; OVG Hamburg, EZAR 632 Nr. 34 = AuAS 2001, 10 = NVwZ-Beil. 2001, 9 (LS); OVG NW, AuAS 2000, 107 (108) = EZAAR 632 Nr. 33; Thür.OVG, EZAR 632 Nr. 32 = NVwZ-Beil. 2000, 38; VGH BW, NVwZ-Beil., 2001, 8 = AuAS 2000, 238 = EZAR 632 Nr. 35; OVG Berlin, B. v. 28. 1. 1994 – OVG 8 S 383.93; VG Darmstadt, NVwZ-Beil. 1995, 31 = JMBl.Hessen 1995, 38; VG Darmstadt, EZAR 632 Nr. 29; VG Freiburg, NVwZ 1995, 197; VG Sigmaringen, NVwZ-Beil. 1996, 30; VG Berlin, B. v. 4. 8. 1995 – VG 33 X 222/95; VG Frankfurt am Main, B. v. 10. 1. 1996 – 10 G 32237/96.A(2); VG Münster, B. v. 8. 11. 1994 – 1 L 1305/94.A; VG Würzburg, EZAR 632 Nr. 17; ähnl. Funke-Kaiser, in: GK-AsylVfG, II – § 71 Rdn. 182; Renner, AuslR, § 71 AsylVfG Rdn. 49; a. A. VG Frankfurt am Main, AuAS 1995, 190; VG Frankfurt am Main, AuAS 1996, 142; VG Freiburg, NVwZ-RR 1995, 354; VG Kassel, NVwZ-Beil. 1995, 30; VG Köln, EZAR 224 Nr. 25; VG Aachen, B. v. 8. 3. 1995 – 7 L 119/95.A; offengelassen: VG Osnabrück, NVwZ-Beil. 1994, 61). **399**

Begründet wird diese Ansicht damit, dass das Bundesamt für die Prüfung der Zulässigkeitsvoraussetzungen nach § 51 I–III VwVfG zuständig sei. Gegenüber der Ausländerbehörde erlange der Antragsteller im einstweiligen Anordnungsverfahren gegen das Bundesamt mittelbar Abschiebungsschutz (OVG NW, AuAS 2000, 107 (108); VG Aachen, EZAAR 632 Nr. 33). Zwar sei der einstweilige Anordnungsantrag gegenüber dem Antrag nach § 80 V VwGO nur subsidiär, wenn in der Hauptsache die Anfechtungsklage gegeben sei. Aus der durch Abs. 5 S. 2 1. HS ergehenden Mitteilung lasse sich jedoch eine Anfechtungssituation nicht herleiten (VG Freiburg, NVwZ 1995, 197; VG Sigmaringen, NVwZ-Beil. 1996, 30). **400**

Mit der Mitteilung entfalle zwar das Vollzugshemmnis und werde der Folgeantragsteller dadurch belastet. Voraussetzung für die Anordnung der aufschiebenden Wirkung sei jedoch stets das Vorliegen eines Verwaltungsaktes. Die hierfür erforderliche Regelung könne in dem formlosen Mitteilungsschreiben des Bundesamtes nach Abs. 5 S. 2 1. HS nicht gesehen werden (VG Frankfurt am Main, AuAS 1996, 142; VG Freiburg, NVwZ 1995, 197; VG Köln, EZAR 224 Nr. 25; VG Münster, AuAS 1993, 143; VG Sigmaringen, NVwZ-Beil. 1996, 30; VG Berlin, B. v. 4. 8. 1995 – CG 33 X 222/95; Bell/von Nieding, ZAR 1995, 119 (124)). **401**

402 Gleichwohl entfalte die ablehnende Sachentscheidung in Verbindung mit der Mitteilung eine den Antragsteller belastende Wirkung, da die Vollzugshemmung entfalle. Diese Wirkung sei jedoch nicht stark genug, um in Anlehnung an die Rechtsprechung zu § 69 II AuslG 1990 (jetzt § 81 III 2 AufenthG), die wegen des Wegfalls der Duldungsfiktion den Antrag nach § 80 V VwGO für den richtigen Weg ansehe, vom Entzug einer »Rechtsposition« sprechen zu können (VG Sigmaringen, NVwZ-Beil. 1996, 30 (31)).

403 Zwar droht durch das Bundesamt keine Abschiebung. Wegen der grundsätzlichen Trennung von sachentscheidender und vollziehender Behörde, ergeben sich jedoch besondere verfahrensrechtliche Konstellationen, wie gerade das Beispiel des Abs. 5 S. 2 1. HS verdeutlicht. Gegen die Ausländerbehörde muss zwar stets vorläufiger Rechtsschutz möglich bleiben, da dieser die tatsächliche Durchführung der Abschiebung obliegt und sie daher den Zeitpunkt der Abschiebung bestimmt. Erfolgversprechend ist der gegen die Ausländerbehörde gerichtete Antrag aber erst dann, wenn ein Anordnungsgrund vorliegt (VG Sigmaringen, NVwZ-Beil. 1996, 30), was in derartigen Fallkonstellationen häufig nicht der Fall ist. Denn nach der Mitteilung ist oft noch offen, ob und wann die Ausländerbehörde die Abschiebung vollziehen kann. Zudem setzt ein solcher Antrag auch voraus, dass der Widerruf der Mitteilung nicht mehr so rechtzeitig käme, um die Abschiebung zu verhindern (VG Darmstadt, NVwZ-Beil. 1995, 31).

404 Abgesehen davon entfaltet ein gerichtlicher Beschluss gegen die Ausländerbehörde keine verfahrensrechtlichen Wirkungen in Ansehung der weiteren Gestaltung des Folgeantragsverfahrens. Andererseits ist dem Asylsuchenden angesichts des hohen Rangs des Asylrechts und der Bedeutung des internationalen Schutzes nach § 60 I AufenthG sowies des Abschiebungsschutzes Art. 33 GFK und Art. 3 EMRK die sich aus der Mitteilung ergebende Unsicherheit nicht zuzumuten, sodass die Rechtsprechung ihm effektiven Rechtsschutz zur Durchführung des Asylverfahrens gegenüber dem Bundesamt gewährt (VG Sigmaringen, NVwZ-Beil. 1996, 30).

405 Antragsgegner ist nicht der Rechtsträger der Ausländerbehörde, sondern die Bundesrepublik Deutschland, vertreten durch die zuständige Außenstelle des Bundesamtes. Da das Gesetz keine ausdrücklichen Regelungen zur Ausgestaltung des Eilrechtsschutzes enthält, sind auch keine Fristbestimmungen zu beachten. Jedoch ergibt sich aus der Natur der Sache, dass zur Verhinderung der Abschiebung möglichst unverzüglich Rechtsschutz zu beantragen ist. Wird das Bundesamt danach zum Widerruf der Mitteilung verpflichtet, ist die Ausländerbehörde an diesen Widerruf gemäß Abs. 5 S. 2 1. HS gebunden (OVG NW, AuAS 2000, 107 (108); VG Frankfurt am Main, B. v. 10. 1. 1996 – 10 G 32237/95.A(2)). Überwiegend geht die Rechtsprechung allerdings davon aus, dass ein Anordnungsgrund, also eine unmittelbar bevorstehende Abschiebung, auch für den gegen das Bundesamt gerichteten Antrag nach § 123 VwGO glaubhaft zu machen ist.

406 Die früher vertretene Gegenansicht hielt demgegenüber in Fällen der negativen Mitteilung an die Ausländerbehörde nach Abs. 5 S 2 1. HS den einstweiligen Anordnungsantrag nach § 123 VwGO, gerichtet gegen den Träger der Ausländerbehörde, für die richtige Rechtsschutzform (VG Frankfurt am

Folgeantrag **§ 71**

Main, AuAS 1995, 190; VG Frankfurt am Main, AuAS 1996, 142; VG Freiburg, NVwZ-RR 1995, 354; VG Kassel, NVwZ-Beil. 1995, 30; VG Köln, EZAR 224 Nr. 25; VG Aachen, B. v. 8. 3. 1995 – 7 L 119/95.A; dagegen Schütze, VBlBW 1995, 346 (348)). Begründet wurde dies mit der mangelnden Effektivität des gegen das Bundesamt gerichteten Eilantrags in Ansehung der drohenden Abschiebung (VG Köln, EZAR 224 Nr. 25; VG Kassel, NVwZ-Beil. 1995, 30; VG Aachen, B. v. 8. 3. 1995 – 7 L 119/95.A).

Der Gegenmeinung ist zwar unter diesem Gesichtspunkt beizupflichten (s. hierzu auch (BVerfG (Kammer), InfAuslR 1999, 256 (259) = EZAR 632 Nr. 31 = NVwZ-Beil. 1999, 49). Die gegen den Weg über § 80 V VwGO sprechenden strukturellen und verfahrensrechtlichen Gründe können dadurch jedoch nicht ausgeräumt werden. Vielmehr ist vom Gericht Sorge dafür zu tragen, dass das auf § 123 VwGO beruhende Rechtsschutzverfahren effektiv gestaltet und insbesondere gewährleistet wird, dass bis zur gerichtlichen Entscheidung Abschiebungsmaßnahmen unterbleiben (VGH BW, NVwZ-Beil., 2001, 8 = AuAS 2000, 238 = EZAR 632 Nr. 35). Nach den bisherigen Erfahrungen in der Praxis wird die Vollziehung auf eine telefonische Mitteilung des Verwaltungsgerichts unverzüglich abgebrochen, da die Ausländerbehörden sich ihrem Selbstverständnis nach insoweit lediglich als Vollzugsorgan des Bundesamtes betrachten (VG Darmstadt, NVwZ-Beil. 1995, 31 (32) = JMBl.Hessen 1995, 38).   **407**

Das bedeutet nicht, dass die Glaubhaftmachung des Anordnungsgrundes stets die konkrete Einleitung von Vollzugsmaßnahmen durch Festnahme und Transport des Asylsuchenden voraussetzt. Vielmehr reicht im Lichte des Gebotes der effektiven Rechtsschutzgewährung (Art. 19 IV GG) zur Glaubhaftmachung die Darlegung aus, dass ernsthafte Anhaltspunkte die Befürchtung begründet erscheinen lassen, dass Vollzugsmaßnahmen eingeleitet werden. Ein insoweit wesentlicher Gesichtspunkt ist etwa die Tatsache, dass die Ausländerbehörde die notwendigen Reisedokumente bzw. Passersatzdokumente beschafft hat.   **408**

Allerdings ist in dem Fall, in dem die zuständige Ausländerbehörde trotz eines wirksam gestellten Asylfolgeantrags unter Berufung auf den ihrer Ansicht nach offensichtlich unschlüssigen Antrag Vollzugsmaßnahmen durchführen will, der einstweilige Anordnungsantrag gegen den Rechtsträger der Ausländerbehörde zu richten (VG Freiburg, InfAuslR 1998, 37 (38)). Dies gilt auch dann, wenn Anhaltspunkte dafür vorliegen, dass ein Widerruf der früheren Mitteilung des Bundesamtes an die Ausländerbehörde erst nach dem Vollzug der Abschiebung und damit zu spät erfolgen würde (Thür.OVG, EZAR 632 Nr. 32 = NVwZ-Beil. 2000, 38).   **409**

Es fehlt in diesem Fall aber dann am Anordnungsgrund, wenn der Antragsteller untergetaucht ist (BVerfG (Kammer), EZAR 622 Nr. 37; s. hierzu auch § 74 Rdn. 200). Der Maßstab der »ernstlichen Zweifel« gilt allerdings für die gerichtliche Kontrolle der Anwendung des Begriffs der offensichtlichen Unschlüssigkeit nicht (VG Freiburg, InfAuslR 1998, 37 (39)).   **410**

5.2.3.3. Umdeutung des Eilrechtsschutzantrags

Nach der Rechtsprechung kann zwar das durch einen Rechtsanwalt eingelegte eindeutige Rechtsmittel vom Verwaltungsgericht regelmäßig nicht um-   **411**

§ 71 *Folgeantrag, Zweitantrag*

gedeutet werden (BVerwG, NJW 1962, 883; OVG Bremen, InfAuslR 1983, 84 (85); BayVGH, NJW 1982, 1474; Redeker/von Oertzen, VwGO, § 123 Rdn. 2). Im Asylverfahrensrecht kann jedoch wegen der Unanfechtbarkeit der erstinstanzlichen Eilrechtsentscheidung (vgl. § 80) die Wahl des vom Verwaltungsgericht nicht für richtig befundenen Rechtsmittels gravierende Folgen haben. Die zur Unzulässigkeit der Umdeutung eines Rechtsmittels bei anwaltlich vertretenen Verfahrensbeteiligten entwickelten Grundsätze können wegen der Ungewissheiten über die Wahl des richtigen Rechtsmittels im einstweiligen Rechtsschutzverfahren beim Folgeantrag nicht ohne weiteres angewendet werden.

412 Auch die Rechtsprechung mutet es insbesondere unter Berücksichtigung der Rechtsschutzgarantie des Art. 19 IV GG einem Rechtsanwalt nicht zu, in Anbetracht der kurzen Bedenkzeit zwischen der Zustellung des Bescheides und dem Ende der gerichtlichen Antragsfrist umständliche Ermittlungen zur Wahl des richtigen Rechtsmittels zu unternehmen (VG Darmstadt, NVwZ-Beil. 1996, 55 (56)).

413 Dementsprechend hat die Gerichtspraxis auch bei anwaltlich vertretenen Asylsuchenden keine Bedenken, von Amts wegen eine Umdeutung des einstweiligen Antrags in Erwägung zu ziehen und gegebenenfalls entsprechend zu verfahren (so etwa Thür.OVG, EZAR 632 Nr. 32 = NVwZ-Beil. 2000, 38; VG Sigmaringen, NVwZ-Beil. 1996, 30 (31); VG Osnabrück, NVwZ-Beil. 1994, 61 (62)). Jedenfalls erfordert es der verfassungsrechtlich gewährleistete Rechtsschutz nach Art. 19 IV GG, dass das Verwaltungsgericht eine Änderung des Antrags anregt, bevor es diesen als unzulässig zurückweist (BVerfG (Kammer), InfAuslR 1999, 256 (259) = EZAR 632 Nr. 31 = NVwZ-Beil. 1999, 49; VG Osnabrück, NVwZ-Beil. 1994, 61 (62)).

414 Inzwischen scheint der Streit in der Rechtsprechung wohl überwiegend geklärt zu sein. Bei dennoch aufkommenden Zweifeln ist anzuempfehlen, sowohl gegenüber dem Rechtsträger des Bundesamtes wie auch gegenüber dem der Ausländerbehörde einen Antrag auf einstweiligen Rechtsschutz nach § 123 VwGO zu stellen. Im Blick auf das Bundesamt richtet sich der Antrag auf Widerruf der Mitteilung nach Abs. 5 S. 2 bzw. auch Mitteilung, dass ein Asylverfahren anhängig ist, gegenüber der Ausländerbehörde auf Unterlassung des Vollzugs aufenthaltsbeendender Maßnahmen nach § 123 VwGO. Dabei kann der Antrag gegenüber der Ausländerbehörde auch hilfsweise gestellt werden. Allerdings ist zu beachten, dass es sich um verschiedene Antragsgegner handelt.

5.2.4. Materielle Prüfkriterien im Eilrechtsschutzverfahren

415 Im Eilrechtsschutzverfahren im Zusammenhang mit Abs. 5 S. 2 1. HS kann die Aussetzung der Abschiebung nur angeordnet werden, wenn »*ernstliche Zweifel*« an der Rechtmäßigkeit des angegriffenen Verwaltungsaktes bestehen (BVerfG (Kammer), InfAuslR 1999, 256 (259) = EZAR 632 Nr. 31 = NVwZ-Beil. 1999, 49; OVG Hamburg, EZAR 632 Nr. 34 = AuAS 2001, 10 = NVwZ-Beil. 2001, 9 (LS); VGH BW, VBlBW 1997, 111 (112); VG Darmstadt, EZAR 632 Nr. 29). Entsprechend dem Gesamtzusammenhang der Regelungen des § 71 sind jedoch auch im Eilrechtsschutzverfahren Angaben und Feststellun-

Folgeantrag § 71

gen zum Asylbegehren zu berücksichtigen. Auch das BVerfG geht davon aus, dass im Rahmen der Erfolgsprüfung beim Folgeantrag im einstweiligen Rechtsschutzverfahren die Voraussetzungen für ein Offensichtlichkeitsurteil vorliegen müssen. Es muss insoweit mit der erforderlichen Richtigkeitsgewissheit festgestellt werden, dass der Asylanspruch eindeutig nicht besteht (BVerfG (Kammer), InfAuslR 1995, 342 (343)).

Danach ist Gegenstand des Eilverfahrens zwar die interne Mitteilung nach Abs. 5 S. 2 1. HS, beschränkt auf die Frage der sofortigen Vollziehbarkeit. Das BVerfG hat ausdrücklich festgestellt, dass das Verwaltungsgericht einstweiligen Rechtsschutz nur gewähren dürfe, wenn es keine »ernstlichen Zweifel« hat, dass die Voraussetzungen des Abs. 1 S. 1 in Verb. Mit § 51 I–III VwVfG nicht vorliegen (BVerfG (Kammer), InfAuslR 1999, 256 (259)). Demgegenüber muss im normalen Eilrechtsschutzverfahren die gerichtliche Entscheidung unter Bedingungen erfolgen, unter denen bereits eine *»hohe Gewissheit«* besteht, dass mit der Zurückweisung des Antrags ein materieller Anspruch nicht verletzt wird (BVerfGE 94, 166 (190) = NVwZ 1996, 678 = EZAR 632 Nr. 25). Lediglich »geringe Zweifel« reichen hierfür nicht aus. »Ernstliche Zweifel« liegen vielmehr vor, wenn erhebliche Gründe dafür sprechen, dass die Maßnahme einer rechtlichen Prüfung wahrscheinlich nicht standhält (BVerfGE 94, 166 (193 f.); s. hierzu im Einzelnen § 36 Rdn. 166 ff.). **416**

Die durch *doppelte Verneinung erfolgte Verschärfung des Prüfungsmaßstabes* im Asylfolgeantragsverfahren rechtfertigt das BVerfG damit, dass der Antragsteller bereits ein Asylverfahren erfolglos durchlaufen habe, sodass sein verfassungsrechtlich gewährleistetes vorläufiges Bleiberecht in Abwägung mit den Belangen des Staates auch dann zurücktreten müsse, wenn die Voraussetzungen für ein Wiederaufgreifen des Verfahrens und eine erneute inhaltliche Sachprüfung nicht gegeben seien (BVerfG (Kammer), InfAuslR 1999, 256 (259)). Dadurch wird die frühere obergerichtliche Rechtsprechung, derzufolge »ernstliche Zweifel« bereits dann bestehen, wenn im Eilrechtsschutzverfahren keine abschließende Klarheit über die Rechtmäßigkeit der angefochtenen Entscheidung gewonnen werden kann, sondern nur im Hauptsacheverfahren (VGH BW, VBlBW 1997, 111 (112)), nicht relativiert. **417**

5.2.5. Verfahrensrechtliche Wirkung des stattgebenden Gerichtsbeschlusses

Gibt das Verwaltungsgericht dem Eilrechtsschutzantrag statt, ist das Verfahren nach der insoweit entsprechend anzuwendenden Vorschrift des § 37 I 2 fortzuführen. Automatische Folge des stattgebenden Gerichtsbeschlusses ist also die Umwandlung der einwöchigen Ausreisefrist nach § 36 I in die Monatsfrist des § 37 II. Nach altem Recht ergab sich diese Wirkung aus der klaren gesetzlichen Vorgabe des § 10 IV 2 AsylVfG 1982 (BVerwGE 80, 313 (320) = EZAR 224 Nr. 20 = NVwZ 1989, 477). Nach geltendem Recht folgt dies nach der obergerichtlichen Rechtsprechung aus einer entsprechenden Anwendung der Vorschrift des § 37 I 2 (BayVGH, EZAR 212 Nr. 9 = NVwZ-RR 1995, 608; BayVGH, EZAR 630 Nr. 32; VG Schleswig, B. v. 8. 9. 1994 – 5 B 129/94; ebenso Funke-Kaiser, in: GK-AsylVfG, § 71 Rdn. 175; a. A. VGH BW, VBlBW 1997, 111 (112); Scherer, VBlBW 1995, 175 (176); Harms, VBlBW 1995, **418**

264 (266); offengelassen BVerwGE 106, 171 (173 ff.) = NVwZ 1998, 681 (682 f.) = EZAR 631 Nr. 45 = AuAS 1998, 149).

419 Begründet wird dies damit, dass das Verwaltungsgericht nicht zum Durchgriff auf die materielle Sachentscheidung des Bundesamtes befugt sei (BayVGH, EZAR 630 Nr. 32). Wenn das Bundesamt bereits gehalten sei, entsprechend den Vorschriften der §§ 23, 35 und 36 zu verfahren, richte sich der Eilrechtsschutz nach § 36 III und IV. Auch ohne ausdrückliche Verweisung auf § 37 I in Abs. 4 1. HS dränge sich dann aber die entsprechende Anwendung auch dieser Vorschrift auf. Die Verpflichtung des Bundesamtes zur Fortführung des Verfahrens habe dann auch den Ausschluss des verwaltungsgerichtlichen Durchgriffs auf die materielle Sachentscheidung zur Folge (BayVGH, EZAR 212 Nr. 9; VG Schleswig, B. v. 8. 9. 1994 – 5 B 129/94).

420 Demgegenüber wird darauf hingewiesen, der Gesetzgeber habe in bewusster und erkennbarer Abkehr von der bisherigen Rechtslage darauf verzichtet, den Folgeantrag in das bisherige System der unbeachtlichen Asylanträge einzuordnen und damit auch davon abgesehen, diesen in den gesetzlichen Automatismus nach § 37 I einzubeziehen. Deshalb werde die auf einer rechtswidrigen Verneinung der Voraussetzungen des § 51 I–III VwVfG beruhende Abschiebungsandrohung erst mit der gerichtlichen Stattgabe der Anfechtungsklage aufgehoben (Harms, VBlBW 1995, 264 (267)).

421 Man wird für den Fall der Stattgabe des Eilrechtsschutzantrags aus gesetzessystematischen und -teleologischen Gründen von einer analogen Anwendung des § 37 II auszugehen haben, sodass in diesem Fall die Ausreisefrist einen Monat nach dem unanfechtbaren Abschluss des Asylverfahrens endet. Für die analoge Anwendung von § 37 II spricht insbesondere, dass der Gesetzeszweck und die materiellen Prüfkriterien des Eilrechtsschutzverfahrens im Blick auf den Folgeantrag identisch mit dem in der qualifizierten Form abgelehnten Asylantrag sind.

6. Das Aufenthaltsrecht des Folgeantragstellers während der Zulässigkeitsprüfung (Abs. 7)

422 Den Regelungen in § 71 kann nicht unmittelbar entnommen werden, welche Rechtsstellung der Antragsteller während der Phase des Folgeantragsverfahrens erhält, in welcher die Zulässigkeit überprüft wird. Aus Abs. 1 S. 1 in Verb. mit § 55 I 1 kann lediglich hergeleitet werden, dass der Antragsteller nach der Entscheidung, ein weiteres Verfahren durchzuführen, d. h. nach Entscheidung über die Zulässigkeit des Antrags, bis zum unanfechtbaren Abschluss des Folgeantragsverfahrens *zur Durchführung des Asylverfahrens* (§ 55 I 1) einen Anspruch auf Aufenthaltsgestattung hat (OLG Karlsruhe, NVwZ 1993, 811 (813); BayObLG, NVwZ-Beil. 1998, 55; OLG Düsseldorf, B. v. 19. 11. 1997 – 2 Ss 326/97 – 103/97 II; VG Bremen, NVwZ-Beil. 1996, 56; Bell/Henning, ZAR 1993, 37 (38)).

423 Kraft Gesetzes gelten vorbehaltlich einer anderen behördlichen Entscheidung räumliche Beschränkungen des Erstverfahrens (§§ 55 ff.) während des weiteren Verfahrens fort (Abs. 7 S. 1). Die Vorschrift des Abs. 7 S. 1 ist iden-

Folgeantrag § 71

tisch mit § 71 V 1 AsylVfG 1992 und verfolgt wie diese Vorschrift den Zweck, zu verhindern, dass einzelne Länder durch eine illegale Binnenwanderung besonders belastet werden (BT-Drs. 12/2062, S. 39; zur räumlichen Beschränkung bei verdeckter Mehrfachantragstellung, s. VG Berlin, InfAuslR 1997, 139). Daher soll es auch für das Folgeantragsverfahren bei den früheren Regelungen über die Zuweisung, ausländerbehördliche Zuständigkeit und insoweit inhaltlich bestimmte Aufenthaltsgestattung bleiben.

Unklar ist die Rechtsstellung während der Zulässigkeitsprüfung. Abs. 2 S. 1 regelt nicht die Aufenthaltspflicht während der Zulässigkeitsprüfung, sondern lediglich die behördliche Zuständigkeit für die Bearbeitung des wirksam gestellten Folgeantrags. § 47 I ordnet die Wohnverpflichtung in der Aufnahmeeinrichtung nur für jene Antragsteller an, die der Antragspflicht nach § 14 I unterliegen. Die Antragspflicht des Abs. 2 S. 1 ist jedoch nicht identisch mit der nach § 14 I. Wie schon im früheren Verfahrensrecht seit 1982 hat der Gesetzgeber über die verschiedenen Novellierungen des AsylVfG hinweg stets eine klare Regelung der Rechtsstellung der Folgeantragsteller während der Dauer der Zulässigkeitsprüfung bewusst unterlassen. **424**

Es darf vermutet werden, dass diese Verfahrensphase bewusst in der Schwebe gelassen und ihre Ausgestaltung der Praxis und Rechtsprechung überlassen werden soll. Daher ist von einer echten *Gesetzeslücke* auszugehen, die durch analoge Anwendung anderer Bestimmungen des Gesetzes zu schließen ist. Diese kann wegen der Besonderheiten des Zweitantragsverfahrens (vgl. § 71 a III in Verb. mit § 63 I) auch nicht durch eine entsprechende Anwendung des § 63 I geschlossen werden (VG Bremen, NVwZ-Beil. 1996, 56). **425**

Daher wird allgemein davon ausgegangen, dass während der Zulässigkeitsprüfung eine Bescheinigung nach § 63 I nicht erteilt werden darf (VG Bremen, NVwZ-Beil. 1996, 56; Bell/Henning, ZAR 1993, 37 (38); Bell/von Nieding, ZAR 1995, 119 (121); Funke-Kaiser, in: GK-AsylVfG, II – § 71 Rdn. 67; Kanein/Renner, AuslR, § 71 AsylVfG Rdn. 15; Göbel-Zimmermann, in: Huber, Handbuch des Ausländer-und Asylrechts, SystDarst IV Rdn. 247; a. A. VG Schleswig, EZAR 224 Nr. 24; VG Hamburg, AuAS 1994, 22; offengelassen: VGH BW, AuAS 1994, 105 (106); VG Freiburg, NVwZ-Beilage 2/1994, 15). Nach Meldung beim Bundesamt macht sich der Folgeantragsteller nicht gemäß § 85 Nr. 2 strafbar (OLG Stuttgart, NVwZ-Beil. 2000, 23 (24)). **426**

Ausgangspunkt ist die Ratio des Abs. 7 S. 1, die Binnenwanderung des Asylsuchenden nach Abschluss des Erstverfahrens zu verhindern. An der räumlichen Beschränkung des bisherigen Aufenthaltsrechts soll mit Blick auf Inhalt und Umfang bis zur endgültigen Entscheidung über die Zulässigkeit der Vollziehbarkeit der Abschiebungsandrohung nichts geändert werden. Dies rechtfertigt es, nicht nur für die Dauer des weiteren Verfahrens nach Entscheidung über die Zulässigkeit des Folgeantrags, sondern auch schon vorher jedenfalls hinsichtlich der räumlichen Beschränkung den Abschiebungsschutz nach Maßgabe der §§ 55 ff. zu regeln. **427**

Zwar erwirbt der Folgeantragsteller erst nach Entscheidung über die Zulässigkeit des Folgeantrags den gesetzlichen Anspruch auf Aufenthaltsgestattung, vorher ist die Abschiebung jedoch kraft Gesetzes untersagt (Abs. 5 S. 2 1. HS). Auch wird in der obergerichtlichen Rechtsprechung vereinzelt vertre- **428** ten, es spreche vieles dafür, bei Folgeantragstellern bis zur Entscheidung über den Antrag den Aufenthalt über die Vorschriften über die Aufenthaltsgestattung zu regeln (VGH BW, InfAuslR 1993, 200, letztlich aber offengelassen). Die untergerichtliche Rechtsprechung will es teilweise bei dem bloßen Hinweis auf den Abschiebungsschutz belassen. Eine Duldung komme deshalb nicht in Betracht, weil dieser eine vollziehbare Abschiebung zugrunde liege. Die Duldung habe lediglich *vollstreckungsrechtliche Funktion* (VG Oldenburg, InfAuslR 1993, 203).

429 Demgegenüber erstreckt die Gegenmeinung den gesetzlichen Aufenthaltsanspruch des § 55 I auf den Zeitpunkt der Mitteilung des Bundesamtes nach Abs. 5 S. 2 1. HS (VG Schleswig, EZAR 224 Nr. 24; VG Hamburg, AuAS 1994, 22; offengelassen VGH BW, AuAS 1994, 105 (106); VG Freiburg, NVwZ-Beil. 1994, 15).

430 Während der Dauer der Prüfung der Zulässigkeit des Folgeantrags hat der Antragsteller Anspruch auf Erteilung der Duldungsbescheinigung nach § 60 a IV AufenthG (vgl. OLG Düsseldorf, B. v. 19. 11. 1997 – 2 Ss 326/97 – 103/97 II). Während des anhängigen Hauptsacheverfahrens, in dem über die weitere Einleitung eines Asylverfahrens gestritten wird, hat der Antragsteller für den Fall, dass seinem Eilrechtsschutzantrag stattgegeben wird, ebenfalls Anspruch auf Erteilung der Duldung (VG Bremen, NVwZ-Beil. 1996, 56).

431 Zur Erleichterung der Durchführung der Abschiebung nach Verneinung der Zulässigkeit des Folgeantrags, also nach Wegfall des gesetzlichen Abschiebungshindernisses nach Abs. 5 S. 2 1. HS, regelt Abs. 7 S. 2, dass die Ausländerbehörde des tatsächlichen Aufenthaltsortes ebenfalls für die Vollziehung aufenthaltsbeendender Maßnahmen zuständig ist. Dadurch soll eine zulässige und mögliche Abschiebung nicht durch unnötige Transporte verzögert werden (BT-Drs. 12/2062, S. 39).

432 Stets hat die vollziehende Behörde jedoch die Entscheidung über einen Eilrechtsschutzantrag abzuwarten. Gegebenenfalls hat das Verwaltungsgericht die Ausländerbehörde telefonisch über das anhängige Eilrechtsschutzverfahren zu verständigen. Die Erfüllung der Ausreisepflicht kann unmittelbar nach Wegfall des gesetzlichen Abschiebungshindernisses (Abs. 5 S. 2 1. HS) verlangt werden. Eine Abschiebung ist jedoch nur unter den Voraussetzungen des § 49 AuslG rechtlich zulässig.

7. Anordnung der Sicherungshaft nach Abs. 8 in Verb. mit § 62 Abs. 2 AufenthG

7.1. Funktion von Abs. 8

433 Abs. 8 bestimmt, dass der Folgeantrag der Anordnung von Abschiebungshaft nicht entgegensteht. Diese Bestimmung befreit nicht von der Prüfung der für die Anordnung der Abschiebungshaft erforderlichen Voraussetzungen nach § 62 II AufenthG, sondern stellt lediglich klar, dass die für die Anordnung der Sicherungshaft geforderte vollziehbare Ausreisepflicht bei Folgeantragstellern entfällt, vorausgesetzt, die übrigen für die Anordnung maßgeblichen

Folgeantrag **§ 71**

Voraussetzungen liegen im Einzelfall vor (OLG Frankfurt am Main, InfAuslR 1986, 69; OLG Frankfurt am Main, JMBl. 1988, 274; a. M. KG, InfAuslR 1986, 66: für Vorbereitungshaft; s. auch § 14 Rdn. 62 ff.).

Die Vorschrift des Abs. 8 gilt nicht nur für den Folgeantrag selbst, sondern für alle aufgrund des Folgeantrags ergehenden Entscheidungen, sofern es nicht zur Durchführung eines weiteren Asylverfahrens kommt oder eine vorläufige verwaltungsgerichtliche Maßnahme die Anordnung von Abschiebungshaft hindert (OLG Düsseldorf, InfAuslR 1995, 233 (235); BayObLG, EZAR 048 Nr. 18). **434**

Abs. 8 steht in Übereinstimmung mit der Rechtsprechung, die in dem Abschiebungshindernis des § 10 III 7 AsylVfG 1982 (jetzt: § 36 III 8) kein Abschiebungs*haft*hindernis gesehen hat (BVerfG, NJW 1987, 3076; BayObLG, EZAR 135 Nr. 11 = InfAuslR 1988, 282; OLG Karlsruhe, NVwZ 1993, 811 (813); OVG Koblenz, NVwZ-RR 1989, 441 = InfAuslR 1989, 72; a. A. Hess.VGH, InfAuslR 1989, 74). Der Rechtscharakter des Abschiebungshindernisses in Abs. 5 S. 2 1. HS ist identisch mit dem des § 36 III 8. Es kann daher nicht als Hafthindernis verstanden werden (OlG Karlsruhe, NVwZ 1993, 811). **435**

7.2. Voraussetzungen der Abschiebungshaft

Die Haftvoraussetzungen nach § 62 II AufenthG sind erfüllt, wenn der Folgeantragsteller die im Erstverfahren erlassene Abschiebungsandrohung nicht befolgt hat, sondern untergetaucht ist, um sich dem behördlichen Zugriff zu entziehen (OLG Düsseldorf, B. v. 2. 8. 1995 – 3 Wx 232/95). Trägt der Asylsuchende indes glaubhaft vor, er sei zwischenzeitlich ausgereist und erneut mit der Absicht, einen Asylfolgeantrag zu stellen, unerlaubt eingereist, fehlt es an den Voraussetzungen nach § 62 II AufenthG (OLG Düsseldorf, B. v. 2. 8. 1995 – 3 Wx 232/95). Im Übrigen ist der Haftgrund nach § 62 II 1 Nr. 2 AufenthG nicht erfüllt, wenn der Asylsuchende zwar der zuständigen Meldebehörde, nicht aber der Ausländerbehörde seinen Aufenthaltswechsel angezeigt oder jedenfalls seine ordnungsbehördliche Anmeldung veranlasst hat (BVerfG, EZAR 048 Nr. 36 = InfAuslR 1994, 342). **436**

Die Vorschrift des Abs. 8 2. HS regelt, dass nach der Entscheidung des Bundesamtes über die Zulässigkeit des Folgeantrags die Abschiebungshaft nicht mehr angeordnet werden darf (s. hierzu OLG Karlsruhe, NVwZ 1993, 811). Bereits angeordnete Haft ist mit dem Zeitpunkt der Mitteilung des Bundesamtes nach Abs. 5 S. 2 unverzüglich aufzuheben. Unabhängig hiervon gilt, dass die Haft nur für längstens sechs Monate angeordnet werden darf (BayOblG, InfAuslR 1994, 53). Hieraus folgt die Rechtsprechung, dass während der Zulässigkeitsprüfung grundsätzlich Abschiebungshaft angeordnet werden dürfe (OLG Saarbrücken, B. v. 8. 9. 2004 – 5 W 209/04−68 **437**

Die Anordnung von Sicherungshaft ist nicht zulässig, wenn das Bundesamt es unterlassen hat, die Abschiebung anzudrohen (OLG Frankfurt am Main, InfAuslR 1994, 146 (147)). Andererseits steht ihr nicht entgegen, dass das Bundesamt im Zusammenhang mit der Sachentscheidung über die Unzuläs- **438** sigkeit des Folgeantrags nach Abs. 1 S. 1 in Verb. mit § 60 I AufenthG erneut eine Ausreisefrist gesetzt hat (OLG Düsseldorf, InfAuslR 1995, 233 (235)). Lediglich die einstweilige Anordnung des Verwaltungsgerichts im Rahmen des Eilrechtsschutzverfahrens führt nicht zur Durchführung eines weiteren Asylverfahrens und hindert daher nach der Rechtsprechung grundsätzlich nicht die Anordnung von Sicherungshaft (BayObLG, EZAR 048 Nr. 18).

439 In diesem Zusammenhang sieht sich die Rechtsprechung auch nicht daran gehindert, Verschulden des Asylsuchenden nach § 62 II 4 AufenthG anzunehmen, wenn dieser seinen Folgeantrag mit neuen Beweismittel begründet und deshalb im Eilrechtsschutzverfahren erfolgreich ist. Begründet wird dies damit, es sei möglich, dass er Beweismittel vorgelegt habe, die in Wahrheit gar nicht vorhanden seien. In einem derartigen Fall hätte er aber die seiner Abschiebung entgegenstehenden Gründe zu vertreten (BayObLG, EZAR 048 Nr. 18).

440 Diese Ansicht verkennt, dass bereits das Verwaltungsgericht nach § 51 II VwVfG im Rahmen der Prüfung der Zulässigkeit des Folgeantrags ein insoweit zu berücksichtigendes Verschulden überprüft hat. Da dem Haftrichter eine inhaltliche Prüfung des Asylfolgeantrags und damit eine Berücksichtigung der Erfolgsaussichten zugunsten des Betroffenen verwehrt ist, kann es sich andererseits nicht über die inhaltliche Prüfung des Verwaltungsgerichtes hinwegsetzen und das im Rahmen der Zulässigkeit des Folgeantrags nach § 57 II VwVfG maßgebende Verschulden im Zusammenhang mit § 62 II 4 AufenthG selbständig überprüfen. Vielmehr hat es insoweit von einem fehlenden Verschulden aufgrund der verwaltungsgerichtlichen Entscheidung auszugehen.

441 Gegen eine derart pauschale Rechtsprechung bestehen nach der Rechtsprechung des BVerfG verfassungsrechtliche Bedenken: Abs. 8 darf danach nicht als Rechtsgrundlage in Anspruch genommen werden, zeitlich unbeschränkt Abschiebungshaft gegen einen Folgeantragsteller anzuordnen und zu verlängern, solange keine rechtskräftige Entscheidung in der Hauptsache vorliegt, derzufolge ein weiteres Asylverfahren durchzuführen ist. Eine solche, im Übrigen keineswegs zwingende Deutung des Regelungsgehalts von Abs. 8 ließe sich nicht mit dem rechtsstaatlichen Gebot der Berücksichtigung von Umständen vereinbaren, die der Abschiebung auf Dauer oder für längere Zeit entgegenstünden. Eine verwaltungsgerichtliche Entscheidung im Eilrechtsschutzverfahren, mit der im Anschluss an eine Mitteilung nach Abs. 5 S. 2 1. HS vorläufiger Rechtsschutz gegen die drohende Abschiebung gewährt werde, und die die Abschiebung für einen nicht absehbaren Zeitraum hindere, könne und werde in der Regel ein derartiger Umstand sein BVerfG (Kammer), NVwZ-Beil. 1996, 17 (18) = AuAS 1996, 42).

442 Lediglich dann, wenn feststehe, dass eine Entscheidung des Verwaltungsgerichtes in der Hauptsache innerhalb der nächsten drei Monate durchgeführt werden könnte, erscheine die Anordnung von Abschiebungshaft noch vertretbar. Dies ergebe sich aus § 62 II 4 AufenthG), der nicht auf tatsächliche Abschiebungshindernisse beschränkt sei. Es bedürfe jedoch konkreter Anhaltspunkte dafür, dass die Abschiebung, die aufgrund der Gewährung von Eilrechtsschutz durch das Verwaltungsgericht ausgeschlossen ist, gerade in-

nerhalb der Drei-Monats-Frist des § 62 II 4 AufenthG möglich werden könnte (BVerfG (Kammer), NVwZ-Beil. 1996, 17 (18); BVerfG (Kammer), InfAuslR 2000, 221 (222)).

Dies könne angesichts der mit gerichtlichen Terminierungen zusammenhängenden Unwägbarkeiten nicht ohne weiteres angenommen werden. Stelle jedoch das Verwaltungsgericht gegenüber dem Haftrichter innerhalb der genannten Frist eine Terminierung in Aussicht, gewährleiste eine derartige Verfahrensweise immerhin, dass die Frage, ob zugunsten des Betroffenen ein dauerhaftes, also *haftschädliches Abschiebungshindernis* anzunehmen sei, innerhalb eines begrenzten und absehbaren Zeitraums endgültig geklärt werden könne (BVerfG (Kammer), NVwZ-Beil. 1996, 17 (18)). 443

Nach § 62 II 4 AufenthG ist die Sicherungshaft unzulässig, wenn feststeht, dass aus Gründen, die der Asylsuchende *nicht zu vertreten* hat, die Abschiebung nicht innerhalb der nächsten drei Monate durchgeführt werden kann. Derartige Gründe können tatsächlicher wie rechtlicher Natur sein (BVerfG (Kammer), NVwZ-Beil. 1996, 17 (18); BVerfG (Kammer), InfAuslR 2000, 221 (222)). Der Umstand, dass ein aufnahmebereiter Drittstaat nicht gefunden werden kann, ist bei der Anwendung von § 62 II 4 AufenthG dann zu berücksichtigen, wenn der Asylsuchende von sich aus alles ihm Mögliche unternommen hat, um zur Klärung seiner Identität beizutragen (OLG Düsseldorf, InfAuslR 1995, 233 (234)). 444

7.3. Rechtsschutz

Rechtsschutz gegen die unzulässig angeordnete bzw. andauernde Haft ist nach der herrschenden Meinung über § 123 VwGO mit dem Ziel zu ereichen, die Ausländerbehörde einstweilig zu verpflichten, beim zuständigen Amtsgericht die Aufhebung der Sicherungshaft zu veranlassen (Hess.VGH, InfAuslR 1989, 74; OVG Rh-Pf, InfAuslR 1985, 162; OVG Saarland, InfAuslR 1986, 211; offengelassen KG, InfAuslR 1985, 107). 445

Begründet wird dies damit, dass der Haftrichter nach der zivilrechtlichen Rechtsprechung nicht die Rechtmäßigkeit der der Anordnung der Abschiebungshaft zugrundeliegenden Abschiebungsandrohung überprüfen dürfe (s. hierzu BGHZ 78, 145 = DVBl. 1981, 187 = DÖV 1981, 147 = JZ 1981, 30) und daher verfahrensrechtlich eine Beendigung der Sicherungshaft nur mit den prozessualen Mitteln des öffentlich-rechtlichen Rechts erreichbar ist (OVG Saarland, InfAuslR 1986, 211). 446

§ 71 a Zweitantrag

(1) Stellt der Ausländer nach erfolglosem Abschluß eines Asylverfahrens in einem sicheren Drittstaat (§ 26 a), mit dem die Bundesrepublik Deutschland einen völkerrechtlichen Vertrag über die Zuständigkeit für die Durchführung von Asylverfahren geschlossen hat, im Bundesgebiet einen Asylantrag (Zweitantrag), so ist ein weiteres Asylverfahren nur durchzuführen, wenn die Bundesrepublik Deutschland für die Durchführung des Asylverfahrens zuständig ist und die Voraussetzungen des § 51 Abs. 1 bis 3 des Verwaltungsverfahrensgesetzes vorliegen; die Prüfung obliegt dem Bundesamt.
(2) Für das Verfahren zur Feststellung, ob ein weiteres Asylverfahren durchzuführen ist, gelten die §§ 12 bis 25, 33, 44 bis 54 entsprechend. Von der Anhörung kann abgesehen werden, soweit sie für die Feststellung, daß kein weiteres Asylverfahren durchzuführen ist, nicht erforderlich ist. § 71 Abs. 8 gilt entsprechend.
(3) Der Aufenthalt des Ausländers gilt als geduldet. Die §§ 56 bis 67 gelten entsprechend
(4) Wird ein weiteres Asylverfahren nicht durchgeführt, sind die §§ 34 bis 36, 42 und 43 entsprechend anzuwenden.
(5) Stellt der Ausländer nach Rücknahme oder unanfechtbarer Ablehnung eines Zweitantrages einen weiteren Asylantrag, gilt § 71.

Übersicht

		Rdn.
1.	Zweck der Vorschrift	1
2.	Definition des Zweitantrags (Abs. 1 Satz 1)	3
2.1.	Völkerrechtliche Zuständigkeit der Bundesrepublik	3
2.2.	Begriff des erfolglosen Verfahrensabschlusses (Abs. 1 Satz 1 erster Halbsatz)	8
2.3.	Ausreise aus dem originär zuständigen Vertragsstaat	13
2.4.	Verfahrensrechtliche Einordnung des Zweitantrags nach Abs. 1 Satz 1	15
3.	Verwaltungsverfahren	17
3.1.	Zuständige Behörde (Abs. 1 letzter HS)	17
3.2.	Zulässigkeitsprüfung durch das Bundesamt (Abs. 1 erster Halbsatz in Verb. mit § 51 Abs. 1 bis 3 VwVfG)	18
3.3.	Ausgestaltung des Verwaltungsverfahrens (Abs. 2)	21
4.	Abschiebungshindernisse nach § 60 Abs. 2 bis 7 AufenthG (Abs. 2 Satz 1 in Verb. mit § 24 Abs. 2)	28
5.	Rechtsstellung des Zweitantragstellers während der Zulässigkeitsprüfung (Abs. 3)	30
6.	Abschiebungsandrohung (Abs. 4 in Verb. mit § 34 Abs. 1 Satz 1)	34
7.	Erneuter Zweitantrag (Abs. 5)	39
8.	Rechtsschutz	45

1. Zweck der Vorschrift

1   Die Vorschrift des § 71 a wurde durch ÄnderungsG 1993 neu in das AsylVfG eingeführt. Sie ist notwendige Folge der *Asylrechtsreform* von 1993, beruht auf

Zweitantrag § 71 a

Art. 16 a V GG (BT-Drs. 12/4450, S. 27) und ist im Zusammenhang mit den Regelungen der §§ 18 IV Nr. 1, 22 a und 29 III zu sehen. Ebenso wie diese Vorschriften bezweckt § 71 a die Durchführung bi- sowie multilateraler völkerrechtlicher Abkommen der Bundesrepublik Deutschland mit anderen Staaten. Während § 18 IV Nr. 1, § 26 a I 3 Nr. 3 und § 22 a den Fall regeln, dass bei der *erstmaligen Einreise* eines Asylsuchenden, der über einen sicheren Drittstaat eingereist ist, das Asylbegehren entgegen § 26 a I 1 zu bearbeiten ist, weil die Bundesrepublik aufgrund der erwähnten Abkommen für die Behandlung dieses Begehrens völkerrechtlich zuständig ist, demgegenüber die Vorschrift des § 29 III 1 auf den umgekehrten Fall, nämlich die Zuständigkeit eines anderen Vertragsstaates für die Behandlung des Asylgesuchs abstellt, zielt § 71 a auf den Fall, dass der Asylsuchende in einem Vertragsstaat bereits ein Asylverfahren betrieben hat.

In diesem Fall ist ein weiteres Verfahren nur durchzuführen, wenn die Bundesrepublik völkerrechtlich für die Behandlung des Antrags zuständig ist sowie die Voraussetzungen des § 51 I–III VwVfG vorliegen. Verfahren und materielle Kriterien sind dem in § 71 geregelten Folgeantrag nachgebildet. Durch die am 18. Februar 2003 in Kraft getretene EG-Verordnung 343/2003 *(Dublin II-VO)* ist die Vorschrift des § 71 a an sich überholt, da die Vorschrift die Anwendung völkerrechtlicher Zuständigkeitsabkommen, nicht aber Gemeinschaftsrechtlich umsetzt. Das Bundesinnenministerium hat keine Allgemeinen Anwendungshinweise erlassen. Der Gesetzgeber hat in Kenntnis der Unklarheiten bei Verabschiedung des ZuwG den Wortlaut der Vorschrift nicht verändert. In der Verwaltungspraxis wird bei der Umsetzung der Dublin II-VO auf die Vorschrift zurück gegriffen (vgl. auch OLG Celle, InfAuslR 2004, 397). 2

2. Definition des Zweitantrags (Abs. 1 Satz 1)

2.1. Völkerrechtliche Zuständigkeit der Bundesrepublik

Nach Abs. 1 S. 1 liegt ein Zweitantrag vor, wenn der Antragsteller bereits in einem sicheren Drittstaat ein erfolgloses Asylverfahren betrieben hat und die Bundesrepublik für die Behandlung dieses Antrags völkerrechtlich zuständig ist. Erste Voraussetzung für den Begriff des Zweitantrags ist damit ein vorangegangenes, erfolglos abgeschlossenes Asylverfahren in einem sicheren Drittstaat im Sinne des Gesetzes; dies sind die EG-Staaten (Art. 16 a II 1 GG) sowie die in der Anlage I zu § 26 a II (vgl. Art. 16 a II 2 GG) bezeichneten Staaten. Allein der frühere Aufenthalt in einem sicheren Drittstaat ist nicht ausreichend. Vielmehr muss der Antragsteller dort einen Asylantrag erfolglos gestellt haben (OLG Celle, InfAuslR 2004, 397). Darüber hinaus muss die Bundesrepublik mit diesem Staat ein Zuständigkeitsabkommen abgeschlossen haben. Wie erwähnt, wird § 71 a auch auf die Dublin II-VO angewendet. Die Vorschrift des § 71 a ist mithin nicht als Umsetzungsnorm des Art. 16 a II GG, sondern des Art. 16 a V GG zu verstehen. Die Vorschrift des Abs. 1 S. 1 zielt damit auf die freilich überholte (Rdn. 1) Zuständigkeitsregelung des 3

4

1179

§ 71 a *Folgeantrag, Zweitantrag*

Art. 3 VII 2 Dubliner Übereinkommen (Art. 30 I g SDÜ). An die Stelle des DÜ ist die Dublin II-VO getreten.

5 Begehrt hiernach ein Asylsuchender, dessen früheres Asylbegehren von einer der Vertragsparteien bereits *abschließend behandelt* worden ist, erneut Asyl, so ist diese Vertragspartei nur dann zuständig, wenn der Antragsteller das Gemeinschaftsgebiet *nicht* verlassen hat. Hat er dieses dagegen nach Abschluss des Verfahrens verlassen, ist der früher zuständige Mitgliedstaat nach Ablauf von drei Monaten nicht mehr zuständig (Art. 4 V 2 Dublin II-VO).

6 Danach ist für die völkerrechtliche Zuständigkeit der Bundesrepublik entscheidend, ob der Antragsteller mit einem Visum der Bundesrepublik oder ohne Erlaubnis über deren Grenzen eingereist ist. § 71 a setzt diese völkerrechtlichen Zuständigkeitsbestimmungen in nationales Recht um: Der Antragsteller hat nach einem erfolglosen Asylverfahren in einem anderen EG-Mitgliedsstaat dessen Hoheitsgebiet verlassen. Er kann in sein Heimatland oder in einen anderen Drittstaat, der nicht EG-Mitgliedsstaat ist weitergereist sein. Reist er in einen derartigen Drittstaat ein oder kehrt er in seinen Heimatstaat zurück und reist er drei Monate nach Verlassen des Gemeinschaftsgebietes unmittelbar in das Bundesgebiet ein, ist die Bundesrepublik nach Maßgabe der entsprechenden Bestimmungen der EG-Verordnung zuständig.

7 Reist der Antragsteller nach Abschluss des Erstverfahrens im ersten Mitgliedstaat in einen anderen Mitgliedstaat weiter, bleibt regelmäßig der Vertragsstaat zuständig, der zunächst das Asylbegehren bearbeitet hatte. Denn maßgebend für die Zuständigkeitsregelungen ist der Staat, über dessen Außengrenze der Asylsuchende eingereist ist. Dies wird bei einer Binnenwanderung innerhalb der Mitgliedstaaten regelmäßig der Staat sein, der zunächst das Asylbegehren bearbeitet hatte. Der Regelfall des Abs. 1 S. 1 ist also der, dass ein Asylsuchender in einem anderen Mitgliedstaat erfolglos ein abgeschlossenes Asylbegehren betrieben hatte, danach in seinen Heimatstaat oder in einen Drittstaat, der nicht Mitgliedstaat ist, weitergereist ist und nach drei Monaten erneut das Gemeinschaftsgebiet, dieses Mal über die Grenzen der Bundesrepublik, einreist.

2.2. Begriff des erfolglosen Verfahrensabschlusses (Abs. 1 Satz 1 erster Halbsatz)

8 Das Asylverfahren muss nach dem Gesetzeswortlaut im anderen Mitgliedtaat vor der Einreise in das Bundesgebiet *erfolglos abgeschlossen* gewesen sein. Fraglich ist, wie Fälle zu behandeln sind, in denen die Einleitung eines Verfahrens durch die zuständigen Organe des anderen Mitgliedstaates verweigert worden ist oder in denen der Asylsuchende nach Antragstellung den Antrag zurückgenommen hat.

9 Der Gesetzeswortlaut legt nahe, Abs. 1 S. 1 nur auf die Fälle anzuwenden, in denen durch die Organe des Drittstaates das Verfahren abgeschlossen worden ist. Damit würden aber auch Verfahren erfasst, in denen die Zulässigkeit des Antrags durch den anderen Mitgliedstaat verneint worden ist, etwa weil sich der Asylsuchende vor seiner Einreise in den anderen Mitgliedstaat in

Zweitantrag §71 a

einem Drittstaat, der nicht Mitgliedstaat ist, aufgehalten hatte oder er etwa als Sicherheitsrisiko angesehen wird.

Die EG-Einwanderungsminister hatten als interpretative Leitlinie für die Anwendung von Art. 3 V DÜ in ihrer Empfehlung vom 30. November 1992 vorgegeben, dass die Vertragsstaaten vor einer Anwendung des Übereinkommens zunächst die Rückführungsmöglichkeit in einen Drittstaat, der nicht Mitgliedstaat ist, prüfen sollten. Art. 3 III Dublin II-VO enthält eine identische Regelung. In den Dubliner Vertragsstaaten wie auch in vielen anderen westlichen Staaten wird vergleichbar der Regelung in § 29 I bei einem Voraufenthalt in einem außereuropäischen Drittstaat, der bestimmte Mindestbedingungen erfüllt, die Einleitung des Asylverfahrens verweigert. Entzieht sich der Asylsuchende in einem solchen Fall der Abschiebung durch Weiterreise in die Bundesrepublik, wäre an sich der asylausschließende Einreisetatbestand des § 26 a I 1 gegeben. Gleiches gilt für die Rücknahmefälle aufgrund eigenen Willensentschlusses. 10

Die Lösung dieser Zweifelsfragen ist dem jeweils anzuwendenden bi- oder multilateralen Vertrag bzw. dem Gemeinschaftsrecht zu entnehmen. Ob mit anderen Worten ein Zweitantrag anzunehmen ist, regelt sich nach dem zugrundeliegenden völkerrechtlichen Vertrag (BT-Drs. 12/4450, S. 27). Die Frage, ob das vorangegangene Verfahren im Drittstaat als erfolglos abgeschlossen anzusehen ist, muss aus den zugrundeliegenden völkerrechtlichen Zuständigkeitsabkommen beantwortet werden. Beispielgebend sind insoweit das *Schengener Zusatzabkommen* sowie die *Dubliner Übereinkommen*. 11

Die bilateralen Abkommen enthalten regelmäßig keine diesen multilateralen Abkommen vergleichbare detaillierte Regelungen. Grundlegend ist insoweit das nicht mehr praktizierte Modell des Art. 30 I f SDÜ. Stellt hiernach ein Asylsuchender, dessen Antrag bereits von einer Vertragspartei behandelt wird, ein weiteres Asylbegehren, so bleibt völkerrechtlich die Vertragspartei zuständig, bei der das Verfahren anhängig ist. Art. 3 VII DÜ und nun mehr Art. 19 III EG-Verordnung 343/2003 enthalten eine ähnliche Regelung. Danach bleibt der originär als zuständig bestimmte Vertragsstaat auch dann für die Behandlung des Asylbegehrens zuständig, wenn der Asylsuchende in einen anderen Mitgliedstaat weiterreist und dort einen Asylantrag stellt. 12

2.3. Ausreise aus dem originär zuständigen Vertragsstaat

Aus der Analyse der völkerrechtlichen Zuständigkeitsabkommen folgt damit, dass für den Begriff des Zweitantrags nach Abs. 1 S. 1 zunächst maßgebend ist, dass der Antragsteller in einem sicheren Drittstaat, mit dem die Bundesrepublik ein völkerrechtliches Zuständigkeitsabkommen abgeschlossen hat, ein Asylverfahren betrieben hatte. Ob dieses Verfahren durch Rücknahme, durch Verweigerung der Entgegennahme des Antrags oder nach vollinhaltlicher Prüfung abgeschlossen worden war, ist unerheblich. Die erwähnten Verträge setzen die Ausreise nach Antragstellung dem Abschluss des Erstverfahrens gleich. Denn mit Ausreise aus dem Vertragsgebiet endet regelmäßig die völkerrechtliche Zuständigkeit (Art. 10 III DÜ; Art. 30 I g SDÜ, vgl. auch Art. 16 III EG-Verordnung 343/2003). 13

§ 71 a *Folgeantrag, Zweitantrag*

14   Diese an die Ausreise anknüpfende völkerrechtliche Zuständigkeitsbestimmung ist entscheidend für den innerstaatlichen verfahrensrechtlichen Abschluss. Allein maßgebend ist, dass der Antragsteller nach Abschluss des Verfahrens aus dem bestimmten sicheren Drittstaat ausgereist ist. Für den Vertragskontext der Dubliner Vertragsstaaten und daran anknüpfend für die Dublin II VO ist zusätzlich erforderlich, dass der Antragsteller nach Abschluss des Erstverfahrens mit Ausreise aus dem Mitgliedstaat aus dem gesamten Gemeinschaftsgebiet ausgereist und sein Antrag nach Abs. 1 S. 1 der erste Kontakt mit dem bezeichneten Mitgliedsstaat ist. Für die bilateralen Verträge fehlen derart detaillierte Zuständigkeitsregelungen.

2.4. Verfahrensrechtliche Einordnung des Zweitantrags nach Abs. 1 Satz 1

15   Ob damit ein Zweitantrag im Sinne des Abs. 1 S. 1 vorliegt, ist nach dem zugrundeliegenden bi- oder multilateralen Vertrag zu entscheiden. Dies kann für die verfahrensrechtliche Einordnung des Zweitantrags in das Antragssystem des AsylVfG zu Problemen führen, da wegen der Verweisung in Abs. 1 S. 1 1. HS auf § 51 I–III VwVfG der Zweitantrag verfahrensrechtlich wie ein Folgeantrag zu behandeln ist. Besteht nach den zugrundeliegenden völkerrechtlichen Abkommen die völkerrechtliche Zuständigkeit der Bundesrepublik, behandelt Abs. 1 S. 1 den Verfahrensabschluss im anderen Vertragsstaat danach wie die unanfechtbare Erstasylablehnung nach § 71 I 1.

16   Dies ist deshalb nicht unproblematisch, weil das Asylverfahren im anderen Vertragsstaat bzw. Mitgliedstaat nicht nach den im Bundesgebiet maßgeblichen prozessualen und materiellen Kriterien behandelt worden sein muss, in der Regel auch nicht so behandelt wurde und häufig wegen der Verweigerung des Zugangs zum Verfahren im Drittstaat kein verfahrensrechtlicher Anknüpfungspunkt für die Prüfung nach § 51 I–III VwVfG gegeben ist.

3. Verwaltungsverfahren

3.1. Zuständige Behörde (Abs. 1 letzter HS)

17   Zuständig für die Behandlung des Zweitantrags ist das Bundesamt (Abs. 1 letzter HS). Welche Außenstelle des Bundesamtes für diese Prüfung zuständig ist, ergibt sich aus den für das Erstverfahren geltenden Vorschriften des §§ 14 I und 46 f. (Abs. 2 S. 1). I. Insoweit ergeben sich gegenüber dem für Erstantragsteller geltenden Verfahren keine abweichenden Besonderheiten. Die Grenzbehörde darf den Zweitantragsteller wie einen Erstantragsteller nach Maßgabe des § 18 zurückweisen. Der Antragsteller kann von der Ausländerbehörde in einen sicheren Drittstaat zurückgeschoben werden (§ 19 III 1). Er unterliegt den besonderen Regeln des Flughafenverfahrens nach § 18 a und hat im Übrigen den Asylantrag nach Maßgabe der Vorschriften des § 14, § 23 zu stellen (Abs. 2 S. 1).

Zweitantrag §71 a

3.2. Zulässigkeitsprüfung durch das Bundesamt (Abs. 1 erster Halbsatz in Verb. mit § 51 Abs. 1 – 3 VwVfG)

Das Bundesamt hat zunächst zu prüfen, ob überhaupt ein Zweitantrag vorliegt, d. h. die völkerrechtliche bzw. gemeinschaftsrechtliche Zuständigkeit der Bundesrepublik für die Behandlung des Asylantrags zu bejahen ist. Ist dies der Fall, hat das Bundesamt in unmittelbarer Anwendung der Regelungen in § 51 I–III VwVfG zu prüfen, ob der Antrag zulässig ist. Zu den materiellen Kriterien und zum Umfang der Darlegungslast wird auf die Erläuterungen zu § 71 verwiesen. 18

Eine sachgerechte Prüfung hat zur Voraussetzung, dass das Bundesamt Kenntnis von den Entscheidungsgründen der Erstablehnung des Drittstaates hat. Da der Antragsteller regelmäßig aus persönlichen Sicherheitsgründen die schriftliche Ausfertigung der Antragsablehnung des anderen Vertragsstaates bzw. Mitgliedstaates nicht mit in das Herkunftsland oder in den weiteren Drittstaat mitgenommen hat, kann deren Vorlage von ihm nicht verlangt werden. 19

Will das Bundesamt den mühevollen und zeitaufwendigen Weg der Nachfrage bei dem anderen Vertragsstaat bzw. Mitgliedstaat vermeiden, wird es den Zweitantrag wie einen Erstantrag behandeln müssen. Mangels Überprüfbarkeit dürfte dem Verschuldenstatbestand des § 51 II VwVfG sowie der Fristvorschrift des § 51 III VwVfG keine wesentliche praktische Bedeutung zukommen. 20

3.3. Ausgestaltung des Verwaltungsverfahrens (Abs. 2)

Die Vorschrift des Abs. 2 S. 1 verweist für die Ausgestaltung des Verwaltungsverfahrens auf zentrale für das Erstverfahren geltende Vorschriften. Der Gesetzgeber berücksichtigt damit offensichtlich die aufgezeigten praktischen Probleme und ordnet deshalb für den Regelfall – anders als beim Folgeantrag (§ 71 III 3) – die *persönliche Anhörung* des Antragstellers an (Abs. 2 in Verb. mit § 25). 21

Nur für den Fall, dass die Anhörung zur Feststellung der Voraussetzungen des Abs. 1 1. HS nicht erforderlich ist, kann von der Anhörung abgesehen werden (Abs. 2 S. 2). Angesichts der aus tatsächlichen und rechtlichen Gründen häufig schwierig zu beantwortenden Fragen wird eine Entscheidung über die Einleitung eines Verfahrens regelmäßig nicht ohne persönliche Anhörung des Antragstellers getroffen werden können. 22

Nach der gesetzlichen Begründung ziehen die Verweisungsvorschriften des Abs. 2 S. 1 die *notwendigen Konsequenzen* daraus, dass der Antragsteller *erstmals* als Asylsuchender im Bundesgebiet in Erscheinung tritt. Deshalb sei es notwendig, »ihn zunächst *wie einen Erstantragsteller* zu behandeln« (BT-Drs. 12/4450, S. 27). Dementsprechend werden die allgemeinen verfahrensrechtlichen Vorschriften der §§ 12 bis 25 und 33 für entsprechend anwendbar erklärt. Mit der Verweisung in Abs. 2 S. 1 auf die Vorschriften der §§ 12–25 und §§ 44–54 bringt das Gesetz mithin zum Ausdruck, dass der Zweitantragsteller grundsätzlich wie ein Erstantragsteller zu behandeln ist. 23

§ 71 a　　　　　　　　　　　　　　　　　　　　　　　　*Folgeantrag, Zweitantrag*

24　Lediglich die Verweisung in Abs. 1 S. 1 1. HS auf § 51 I–III VwVfG hebt die verfahrensrechtliche Besonderheit des Zweitantrags hervor. Der Gesetzgeber behandelt danach Zweitantragsteller im Grundsatz wie Erstantragsteller, schaltet der Einleitung des Asylverfahrens jedoch eine besondere Zulässigkeitsprüfung voraus, die an die für den Folgeantrag geltenden Bestimmungen anknüpft.

25　Aufgrund der aufgezeigten Schwierigkeiten ist diese vom Gesetz angeordnete Zulässigkeitsprüfung jedoch in aller Regel nicht praktikabel. Aus der Verweisungsvorschrift in Abs. 2 S. 1 wird deutlich, dass § 71 a nur das Verfahren bis zur Entscheidung über die Einleitung des Verfahrens regelt. Dies ergibt sich auch aus der gesetzlichen Begründung. Danach verfolgt § 71 a das *eingeschränkte Ziel*, die Prüfung darauf zu beschränken, ob ein weiteres Asylverfahren durchzuführen ist. Diesem eingeschränkten Prüfungsziel entspricht es, dass eine Anhörung zu den Verfolgungsgründen entfallen kann, solange nicht feststeht ob ein weiteres Asylverfahren durchgeführt wird (BT-Drs. 12/4450, S. 27). Die Verweisungsvorschriften beziehen sich deshalb ausschließlich auf die allgemeinen verfahrensrechtlichen Bestimmungen, nicht jedoch auf die Vorschriften über die Sachentscheidung (§§ 26 bis 32).

26　Hat das Bundesamt die Anhörung auf die Gründe des § 71 a I begrenzt und wird anschließend ein weiteres Asylverfahren durchgeführt, muss es eine weitere Anhörung durchführen, welche insbesondere die Verfolgungsgründe zu ermitteln hat. Sofern das Bundesamt den Tatbestand des Abs. 1, also die Zuständigkeit der Bundesrepublik sowie die Voraussetzungen des § 51 I–III VwVfG bejaht, ergibt sich hieraus kraft Gesetzes die Rechtsfolge, dass ein weiteres Asylverfahren durchzuführen ist (Abs. 1 1. HS). In diesem Fall finden die für das allgemeine Asylverfahren maßgeblichen Vorschriften im vollen Umfang Anwendung.

27　Das weitere Verfahren richtet sich nicht mehr nach § 71 a, sondern nach den allgemeinen Verfahrensvorschriften des Gesetzes. Insoweit ist die Rechtslage mit der des Folgeantrags vergleichbar. Die Regelungen in § 71 und 71 a enthalten lediglich besondere Vorschriften für die Ausgestaltung des Verfahrens *bis zur Entscheidung über ein weiteres Asylverfahren*. Dementsprechend sind die einzelnen verfahrensrechtlichen Vorschriften in § 71 a auf diese Verfahrensphase beschränkt.

4. Abschiebungshindernisse nach § 60 Abs. 2 bis 7 AufenthG (Abs. 2 Satz 1 in Verb. mit § 24 Abs. 2)

28　Mit der Verweisung in Abs. 2 S. 1 auf § 24 II wird dem Bundesamt aufgegeben, im Rahmen seiner Entscheidung nach Abs. 1 auch die Abschiebungshindernisse des § 60 II–VII AufenthG zu prüfen. Die Verweisung in Abs. 4 auf §§ 42 f. und damit zugleich auf § 60 II–VII AufenthG (vgl. § 42) ist notwendig, weil § 71 a nicht auf die Bestimmungen über die Sachentscheidung (§ 31) verweist.

29　An die Stelle der die Abschiebungshindernisse regelnden Kompetenznorm des § 31 III tritt damit Abs. 4, soweit dort die Regelungen in §§ 42 f. in Bezug

Zweitantrag § 71 a

genommen werden. Auch wenn das Bundesamt das Verfahren nach Abs. 1 nicht einleitet, hat es daher stets das Vorliegen von Abschiebungshindernissen nach § 60 II–VII AufenthG zu prüfen. Hierauf hat es insbesondere in der persönlichen Anhörung Bedacht zu nehmen.

5. Rechtsstellung des Zweitantragstellers während der Zulässigkeitsprüfung (Abs. 3)

Der Aufenthalt des Antragsteller gilt während der Dauer der Prüfung der Zulässigkeit des Zweitantrags als geduldet (Abs. 3 S. 1). Ihm ist daher eine *Duldungsbescheinigung* nach § 60 a IV AufenthG auszustellen. Solange noch offen ist, ob aufgrund des Zweitantrags ein Asylverfahren eingeleitet wird, soll dem Antragsteller damit nicht die Rechtsstellung eines Asylbewerbers zustehen (BT-Drs. 12/4450, S. 27). Der Zweitantrag vermittelt damit keinen Aufenthaltsgestattungsanspruch nach § 55 I. 30

Erst wenn über die Einleitung des Asylverfahrens entschieden worden ist, entsteht der gesetzliche Gestattungsanspruch nach dieser Vorschrift. Die Aussetzung der Abschiebung wird damit auf die Phase der Zulässigkeitsprüfung beschränkt. Denn Abs. 3 S. 1 bezieht sich auf Abs. 1 1. HS. 31

Die Vorschrift des Abs. 3 S. 2 ordnet darüber hinaus an, dass die Regelungen in §§ 56 bis 67 entsprechend anwendbar ist. Während der Dauer der Zulässigkeitsprüfung ist danach der Aufenthalt des Zweitantragstellers wie der des Asylbewerbers zu gestalten. An Stelle der nicht in Bezug genommenen Regelung des § 55 1 1 ist Rechtsgrund des Aufenthalts die *Duldungsfiktion* nach Abs. 3 S. 1. Wird ein weiteres Asylverfahren eingeleitet, ist der Aufenthalt kraft Gesetzes nach § 55 I 1 gestattet. 32

Die Anordnung von Abschiebungshaft richtet sich nach § 71 VIII (Abs. 3 S. 3). Danach endet die Haft, wenn das Bundesamt den Asylantrag nicht innerhalb von vier Wochen nach Eingang als unbeachtlich oder als offensichtlich unbegründet zurückgewiesen hat (OLG Celle, InfAuslR 2004, 397 (398)). 33

6. Abschiebungsandrohung (Abs. 4 in Verb. mit § 34 Abs. 1 Satz 1)

Entscheidet das Bundesamt, dass die Voraussetzungen des Abs. 1 1. HS erfüllt sind, führt es ein »weiteres« Asylverfahren durch. Obwohl es das erste Asylverfahren im Bundesgebiet ist, handelt es sich nach der Gesetzesterminologie um ein weiteres Asylverfahren, da entsprechend der Konzeption des »gemeinsamen Asylraums Europa« an den ersten Asylantrag in dem anderen Vertragsstaat bzw. Mitgliedstaat angeknüpft wird. Verneint das Bundesamt, dass der Zweitantrag den Erfordernissen des § 51 I–III VwVfG entspricht, hat es die Abschiebungsandrohung nach § 34 zu erlassen (Abs. 4). 34

Die Verweisungsvorschrift in Abs. 4 ist ungenau, da dort die aufenthaltsbeendenden Instrumente der §§ 34, 34 a und 35 in Bezug genommen werden. Die Verweisung auf § 34 a ergibt keinen Sinn. Denn die Vorschrift des § 34 a setzt den Einreisetatbestand des § 26 a I 1 voraus. Liegen die Voraussetzun- 35 gen des § 26 a I 1 vor, kann schon aus begriffslogischen Gründen kein Zweitantrag vorliegen, da in diesem Fall nicht die Bundesrepublik, sondern der andere (sichere) Vertragsstaat zuständig ist. In diesem Fall findet § 71 a mangels Vorliegens der Voraussetzungen des Abs. 1 von vornherein keine Anwendung. Zur Anwendung des Abs. 4 kommt es erst gar nicht (a. A. Funke-Kaiser, in: GK-AsylVfG, II – § 71 a Rdn. 34).

36 Auch die Verweisung auf § 35 ergibt keinen rechten Sinn. Denn das Bundesamt prüft im Rahmen des § 71 a nicht den Verfolgungstatbestand. Dementsprechend wird § 29 in § 71 a auch nicht in Bezug genommen. Die Abschiebungsandrohung nach § 35 setzt voraus, dass die Voraussetzungen des § 29 erfüllt sind. Deshalb kann § 35 im Rahmen des Abs. 4 keine Anwendung finden. Jedoch ist denkbar, dass ein Antragsteller nach seiner Ausreise aus dem anderen Vertragsstaat sich in einem dritten Staat aufgehalten hat und dort sicher vor Verfolgung war (§ 27 I). Die Regelung in § 27 wird jedoch in § 71 a nicht in Bezug genommen.

37 Daher darf das Bundesamt auch im Rahmen der Prüfung nach § 71 a nicht die tatbestandlichen Voraussetzungen des § 27 prüfen. Hätte der Gesetzgeber es anders gewollt, hätte er dies ausdrücklich und eindeutig so regeln müssen. Abs. 4 ist damit hinsichtlich der aufenthaltsbeendenden Maßnahme so zu interpretieren, dass allein die Abschiebungsandrohung nach § 34 in Betracht kommt, diese aber nicht auf § 27 gestützt werden darf (a. A. Funke-Kaiser, in: GK-AsylVfG, II – § 71 a Rdn. 34).

38 Liegen die Voraussetzungen für die Durchführung eines Asylverfahrens nach Abs. 1 1. HS nicht vor, erlässt das Bundesamt also die Abschiebungsandrohung nach Abs. 4 in Verb. mit § 34 I 1 mit einwöchiger Ausreisefrist (Abs. 4 in Verb. mit § 36 I). Eine Anwendung von § 71 V dürfte mangels einer vollziehbaren Abschiebungsandrohung in aller Regel ausscheiden, es sei denn, der Zweitantragsteller hat ausnahmsweise bereits früher einmal erfolglos einen Asylantrag im Bundesgebiet gestellt, über den bereits ein Verwaltungsbescheid vorliegt. Gegen die Vollziehung der Abschiebungsandrohung kann der Antragsteller vorläufigen Rechtsschutz nach Maßgabe der besonderen Vorschriften des Abs. 4 in Verb. mit § 36 III und IV beantragen.

7. Erneuter Zweitantrag (Abs. 5)

39 Ausdrücklich regelt Abs. 5, dass ein *wiederholter Zweitantrag* einem Folgeantrag uneingeschränkt gleichsteht. Die Definition in Abs. 5 ist dem § 71 I 1 nachgebildet. Nicht nur die unanfechtbare Ablehnung des Zweitantrags, sondern auch die Rücknahme des Zweitantrags aus eigenem Entschluss führt zur uneingeschränkten Anwendung des § 71. Unklar ist der Gesetzeswortlaut insoweit, als ein Zweitantrag nicht abgelehnt werden kann. Andererseits wird die Entscheidung, kein weiteres Asylverfahren durchzuführen, nach der obergerichtlichen Rechtsprechung wie eine Sachablehnung behandelt (OVG NW, AuAS 1997, 141 (142)). Dem steht an sich entgegen, dass § 71 a die für Sachentscheidungen maßgebliche Vorschrift des § 31 nicht in Bezug nimmt.

Zweitantrag **§ 71 a**

Entscheidet das Bundesamt, dass die Voraussetzungen des Abs. 1 1. HS nicht **40**
vorliegen, führt es kein Asylverfahren durch und erlässt es die Abschiebungsandrohung nach Abs. 4 in Verb. mit § 34 I 1. Dies ist jedoch rechtlich keine Ablehnung des Zweitantrags, sondern mit der Abschiebungsandrohung wird inzidenter entschieden, dass dieser Antrag nicht zulässig ist. Gemeint ist mit Abs. 5 wohl der als Zweitantrag gestellte Antrag, der zur Einleitung eines Verfahrens geführt hat und dann wie ein Antrag nach § 13 I geprüft und entschieden worden ist. Wird dieser Antrag (nach Einleitung) des Verfahrens zurückgenommen oder wird er unanfechtbar abgelehnt und wird anschließend ein weiterer Asylantrag gestellt, finden jedoch die Regelungen in § 71 unmittelbar Anwendung. Ein Bedürfnis für die Sondervorschrift des Abs. 5 besteht für diese Verfahrensgestaltung daher nicht.

Wird die Einleitung des Verfahrens verweigert oder nimmt der Antragsteller **41**
seinen Antrag vor einer entsprechenden Entscheidung zurück und stellt er im Anschluss daran ein weiteren Asylantrag, kann Abs. 5 ebenso wenig unmittelbar Anwendung finden. Mit Rücknahme des Zweitantrags vor Entscheidung über die Verfahrenseröffnung ist das Bundesamt wegen der das Verfahrensrecht beherrschenden Dispositionsbefugnis an einer Sachentscheidung gehindert. Die Vorschrift des § 32 findet im Zusammenhang des § 71 a keine Anwendung (vgl. Abs. 2 S. 1). Der Aufenthalt wird nach allgemeinem Ausländerrecht beendet.

Stellt der Antragsteller nunmehr einen erneuten Asylantrag, liegen die Voraussetzungen des Abs. 1 1. HS nicht vor. Es dürfte aber mit Blick auf die Rücknahme zur Vermeidung einer Rechtsschutzlücke eine analoge Anwendung von Abs. 5 und damit eine Bezugnahme auf die Vorschriften über den Folgeantrag in Betracht kommen. Eine unmittelbare Anwendung der für Erstanträge geltenden Vorschriften dürfte den gesetzgeberischen Zielvorstellungen widersprechen. Andererseits kann dem Abs. 5 entnommen werden, dass in derartigen Fällen nicht jeglicher Verfahrens- und Rechtsschutz versagt wird. **42**

Wird die Einleitung des Verfahrens verweigert, erlässt das Bundesamt die **43**
Abschiebungsandrohung nach Abs. 4 in Verb. mit § 34. Neue Tatsachen und Beweismittel sind in diesem Fall vorrangig im Eilrechtsschutzverfahren nach § 36 III und IV geltend zu machen (vgl. § 51 II VwVfG). Nach unanfechtbarer Entscheidung über die Vollziehbarkeit der Abschiebungsandrohung kann die Vollziehung nur durch einen *Abänderungsantrag* nach § 80 VII 2 VwGO verhindert werden, weil das Hauptsacheverfahren noch anhängig ist und dies einem erneuten Antrag entgegensteht (s. hierzu § 36 Rdn. 38 ff.).

Daraus folgt, dass Abs. 5 auf die Sachentscheidung nach Einleitung des Verfahrens gemäß Abs. 1 abzielt und für die Fälle der Rücknahme des Zweitantrags vor der Entscheidung über die Verfahrenseröffnung eine analoge Anwendung des Abs. 5 angezeigt ist. Wird nach Antragstellung das Asylverfahren durchgeführt und im Anschluss daran der Antrag abgelehnt, finden die Vorschriften des § 71 auf den erneut gestellten Asylantrag *unmittelbar Anwendung*. Die Vorschrift des Abs. 5 ist nur im Falle des erneuten Asylbegehrens nach Ablehnung der Durchführung eines Asylverfahrens bzw. der Rücknahme des Zweitantrags vor der Entscheidung über die Einleitung eines Verfahrens anwendbar. **44**

1187

8. Rechtsschutz

45   Die Vorschrift des Abs. 4 nimmt mit der Verweisung auf § 36 auch das dort geregelte vorläufige Rechtsschutzverfahren (§ 36 III und IV) in Bezug. Insoweit gelten gegenüber dem allgemeinen Asylverfahrensrecht keine Besonderheiten. Gegen die Abschiebungsandrohung nach Abs. 4 in Verb. mit § 34 ist *Anfechtungsklage* zu erheben. Vorläufiger Rechtsschutz ist dementsprechend über § 80 V VwGO zu erlangen. Zugleich ist mit der *Verpflichtungsklage* nach der neueren Rechtsprechung des BVerwG (BVerwGE 106, 171 (173) = NVwZ 1998, 681 = 631 Nr. 45 = AuAS 1998, 149), die wohl auch im Rahmen des § 71 a zu beachten ist, die Verpflichtung auf Asylanerkennung, auf Gewährung von internationalem Schutz nach § 60 I AufenthG sowie auf die Feststellung von Abschiebungshindernissen nach § 60 II–VII AufenthG geltend zu machen.

Sechster Abschnitt
Erlöschen der Rechtsstellung

§ 72 Erlöschen

(1) Die Anerkennung als Asylberechtigter und die Feststellung, daß die Voraussetzungen des § 60 Abs. 1 des Aufenthaltsgesetzes vorliegen, erlöschen, wenn der Ausländer
1. **sich freiwillig durch Annahme oder Erneuerung eines Nationalpasses oder durch sonstige Handlungen erneut dem Schutz des Staates, dessen Staatsangehörigkeit er besitzt, unterstellt,**
2. **nach Verlust seiner Staatsangehörigkeit diese freiwillig wiedererlangt hat,**
3. **auf Antrag eine neue Staatsangehörigkeit erworben hat und den Schutz des Staates, dessen Staatsangehörigkeit er erworben hat, genießt oder**
4. **auf sie verzichtet oder vor Eintritt der Unanfechtbarkeit der Entscheidung des Bundesamtes den Antrag zurücknimmt.**

(2) Der Ausländer hat einen Anerkennungsbescheid und einen Reiseausweis unverzüglich bei der Ausländerbehörde abzugeben.

Übersicht

		Rdn.
1.	Zweck der Vorschrift	1
2.	Anwendungsbereich der Vorschrift	3
3.	Erlöschenstatbestände nach Abs. 1 zweiter Halbsatz	4
3.1.	Freiwillige Unterstellung unter den Schutz des Heimatstaates (Abs. 1 Nr. 1)	4
3.1.1.	Oberbegriff der freiwilligen Schutzunterstellung	4
3.1.2.	Annahme oder Erneuerung des Nationalpasses	6
3.1.3.	Erfordernis der Freiwilligkeit (Abs. 1, 2 und 3)	13

Erlöschen **§ 72**

3.1.4.	Keine Anwendung von Abs. 1 Nr. 1 auf Asylantragsteller	22
3.1.5.	Keine Anwendung von Abs. 1 Nr. 1 auf Staatenlose	24
3.2.	Freiwillige Wiedererlangung der früheren Staatsangehörigkeit (Abs. 1 Nr. 2)	26
3.3.	Erwerb einer neuen Staatsangehörigkeit (Abs. 1 Nr. 3)	32
3.4.	Freiwilliger Verzicht auf die Rechtsstellung nach § 2 oder § 3 (Abs. 1 Nr. 4)	38
4.	Rechtsfolgen der Erlöschenstatbestände	43
4.1.	Begriff des Erlöschens nach Abs. 1 erster Halbsatz	43
4.2.	Rechtsfolgen für Familienangehörige	47
4.3.	Rechtsfolgen des Erlöschens (Abs. 2)	48
5.	Rechtsschutz	50

1. Zweck der Vorschrift

Wie § 15 AsylVfG 1982 regelt § 72 die Erlöschenstatbestände. Anders als beim Widerruf oder der Rücknahme nach § 73 wird über die Aufhebung des gewährten Rechtsstatus nicht vorgängig in einem Verwaltungsverfahren entschieden. Vielmehr ordnet diese Vorschrift an, dass die bislang gewährte Rechtsstellung bei Eingreifen der Erlöschenstatbestände *kraft Gesetzes* erlischt. Anders als nach früherem Recht (vgl. § 16 I Nr. 2 AsylVfG 1982) gibt der *Verzicht* auf das Asylrecht nicht mehr lediglich Anlass zur Einleitung eines Widerrufsverfahrens. Nach Abs. 1 Nr. 4 führt diese Erklärung vielmehr zum Erlöschen des Asylrechts kraft Gesetzes.

1

Die Vorschrift des § 72 ist im Wesentlichen den Regelungen in § 15 AsylVfG 1982 nachgebildet worden. Nach der Gesetzesbegründung zu § 15 AsylVfG 1982 hatte die Einführung dieser Vorschrift ihr Vorbild in der Regelung des Art. 1 C GFK (BT-Drs. 9/875, S. 18). Die Erlöschenstatbestände greifen jedoch lediglich die Verlustgründe des Art. 1 C Nr. 1–3 GFK auf, während die Verlustgründe des Art. 1 C Nr. 4–6 GFK innerstaatlich durch das Widerrufsverfahren umgesetzt werden. Eine sachlich überzeugende Begründung für die unterschiedliche verfahrensrechtliche Behandlung der Verlustgründe der GFK ist bislang entgegen vorgebrachter Bedenken unterblieben (kritisch auch Renner, AuslR, § 72 AsylVfG Rdn. 2). Die Erlöschenstatbestände umfassen sowohl die Asylberechtigung wie den internationalen Schutz nach § 60 I AufenthG (Abs. 1 S. 1 1. HS). Auch Art. 11 der Qualifikationsrichtlinie regelt die Erlöschensgründe des Art. C GFK.

2

2. Anwendungsbereich der Vorschrift

Die Vorschrift findet auf den gewährten Asylstatus und den internationalen Status (§ 60 I AufenthG) Anwendung. Auf die Feststellung des Bundesamtes nach § 60 II–VII AufenthG ist § 72 weder unmittelbar noch entsprechend anwendbar. Die Erlöschensgründe sind flüchtlingsrechtlich orientiert und passen deshalb nicht auf den menschenrechtlich begründeten Abschiebungsschutz nach § 60 II–VII AufenthG. Vielmehr können positive Feststellung

3

1189

des Bundesamtes zu § 60 II–VII AufenthG ausschließlich nach Maßgabe des § 73 III widerrufen werden (VGH BW, NVwZ-Beil. 1999, 108 (109) = AuAS 1999, 213). Die rechtlichen Unterschiede zwischen dem Asyl- und dem Flüchtlingsstatus einerseits sowie dem Abschiebungsschutz nach § 60 II–VII AufenthG andererseits stehen der Anwendung der Erlöschensregelungen des § 72 entgegen.

3. Erlöschenstatbestände nach Abs. 1 zweiter Halbsatz

3.1. Freiwillige Unterstellung unter den Schutz des Heimatstaates (Abs. 1 Nr. 1)

3.1.1. Oberbegriff der freiwilligen Schutzunterstellung

4   Nach Abs. 1 Nr. 1 erlischt der gewährte Rechtsstatus, wenn der Betreffende sich freiwillig durch Annahme oder Erneuerung eines Nationalpasses oder durch sonstige Handlungen erneut dem Schutz des Staates unterstellt, dessen Staatsangehörigkeit er besitzt. Dieser Erlöschensgrund ist dem Verlustgrund des Art. 1 C Nr. 1 GFK nachgebildet und setzt die Annahme eines »Vorteils« durch den Heimatstaat voraus, insbesondere in Form der Passerlangung oder -verlängerung, ferner die Freiwilligkeit dieser Annahme und darüber hinaus, dass die Vornahme der Handlung objektiv als eine solche Unterschutzstellung zu werten ist (BVerwGE 89, 231 (235f.) = EZAR 211 Nr. 3 = NVwZ 1992, 679; VGH BW, NVwZ-Beil. 1999, 108 (109) = AuAS 1999, 213).

5   In Art. 1 C Nr. 1 GFK wird jedoch lediglich allgemein umschrieben, dass die GFK keine Anwendung mehr findet, wenn sich der Flüchtling erneut dem Schutz des Staates seiner bisherigen Staatsangehörigkeit unterstellt, ohne dass die spezifische Form der Schutzunterstellung durch Passbeantragung bzw. -verlängerung besonders hervorgehoben wird. Der Gesetzgeber hat aber wohl an die frühere Rechtsprechung zur asylrechtlichen Bedeutung der Passbeantragung anknüpfen wollen und diese als spezielle Form des in Art. 1 C Nr. 1 GFK enthaltenen Oberbegriffs ansehen wollen.

3.1.2. Annahme oder Erneuerung des Nationalpasses

6   Nach Abs. 1 Nr. 1 erlischt der gewährte Rechtsstatus insbesondere dann, wenn der Flüchtling sich durch Annahme oder Erneuerung seines Nationalpasses erneut dem Schutz des Staates, dessen Staatsangehörigkeit er besitzt, unterstellt. Die insoweit auch für die Auslegung von Abs. 1 Nr. 1 maßgebliche Gesetzesbegründung zu § 15 AsylVfG 1982 (vgl. BT-Drs. 12/2062, S. 39) sieht in einem Antrag auf Passverlängerung bzw. -erneuerung durch die Heimatvertretung eine freiwillige Unterstellung des Asylberechtigten unter den Schutz seines Heimatstaates. Denn hiermit gebe er zu erkennen, dass er keine Verfolgungsfurcht mehr vor seinem Heimatstaat hege. Erforderlich sei jedoch ein eigener Willensentschluss, ohne dass Umstände dazu zwingen, die im konkreten Fall einer begründeten Furcht vor Verfolgung vergleichbar seien (BT-Drs. 9/875, S. 18; so schon BGH, DVBl. 1966, 113; OLG Köln, RzW 1964, 469).

Erlöschen §72

Nach der Rechtsprechung kommt der freiwilligen Annahme eines nationalen Reiseausweises eine *Indizwirkung* dahin zu, dass der Betroffene sich damit wieder unter den Schutz seines Heimatstaates stellen will. Die für die Freiwilligkeit der Passannahme sprechende Regelvermutung kann er durch konkretes Sachvorbringen widerlegen (VGH BW, NVwZ-Beil. 1999, 108 (109) = AuAS 1999, 213). Eine Freiwilligkeit kann etwa nicht unterstellt werden, wenn eine Passeintragung *eigenmächtig* durch die Heimatbehörde vorgenommen wurde (Hess.VGH, AuAS 1994, 201). Maßgebend ist mithin in erster Linie das der Passbeantragung bzw. -erneuerung zugrundeliegende *subjektive Motiv* des Flüchtlings. Er muss sich nämlich ersichtlich *freiwillig* dem Schutz seines Staates unterstellen. 7

Der dem Flüchtling gewährte Konventionspass nach Art. 28 GFK ist das zentrale Symbol des internationalen Rechtsschutzes für Flüchtlinge. Die GFK will den Flüchtlingen damit einen gesicherten internationalen Rechtsstatus verschaffen und ihnen im Einzelnen aufgeführte Rechte in ihrem gewöhnlichen Aufnahmeland, aber auch auf Reisen in andere Länder sichern (BVerfGE 52, 391 (403) = EZAR 150 Nr. 1 = JZ 1980, 24 = NJW 1980, 516 = DVBl. 1980, 447 = BayVBl. 1980, 79). 8

Gibt ein Flüchtling *ohne Not* diesen Rechtsstatus dadurch auf, dass er freiwillig die Ausstellung oder Verlängerung der Geltungsdauer seines Nationalpasses beantragt, können gegen den Verlust des Flüchtlingsstatus Bedenken kaum erhoben werden. Unter diesen Umständen kommt es nicht darauf an, ob und wie lange der Betroffene sich in seinem Herkunftsstaat aufgehalten hat (VGH BW, NVwZ-Beil. 1999, 108 (109) = AuAS 1999, 213; unklar VG Gießen, InfAuslR 2001, 243 (244)). 9

Die freiwillige Annahme des nationalen Reiseausweises als solche führt zum gesetzlich angeordneten Erlöschen des gewährten Status, ohne dass weitere Voraussetzungen hinzukommen müssen. Demgegenüber berechtigt der Aufenthalt im Herkunftsstaat möglicherweise zum Widerruf des Status (s. hierzu § 73 Rdn. 90 ff.), führt jedoch nicht automatisch zum Verlust der Rechtsstellung (OVG Hamburg, NVwZ-Beil. 2001, 110; BayVGH, InfAuslR 1998, 519). 10

Die Einreise mit dem internationalen Reiseausweis in den Herkunftsstaat führt demgegenüber nicht zum Erlöschen des gewährten Status. Allerdings werden mehrmalige Einreisen und Aufenthalte im Herkunftsstaat unter Benutzung des internationalen Reiseausweises Anlass geben, ein Widerrufsverfahren wegen Wegfall der Verfolgungsgefahr einzuleiten (VG Gießen, InfAuslR 2001, 243 (244)). 11

Die Ausreise mit einem nationalen Reiseausweis, der bereits im Zeitpunkt der Einreise zum Zwecke des Asylersuchens im Besitz des Antragstellers war, unterfällt nach der Rechtsprechung dem Begriff der »sonstigen Handlungen« (VG Gießen, AuAS 2002, 237 (238 f.)). Insoweit sichert der Flüchtling die Vorteile des diplomatischen Schutzes. Reist er jedoch nicht in seinen Heimatstaat, sondern in einen Drittstaat ein und kehrt er nach kurzfristigem Aufenthalt von dort zurück, fehlt es am Erfordernis der Dauerhaftigkeit der Unterschutzstellung im Sinne von Abs. 1 Nr. 1 (VG Gießen, AuAS 2002, 237 (239)). 12

3.1.3. Erfordernis der Freiwilligkeit (Abs. 1 Nr. 1, 2 und 3)

13 Nach Abs. 1 Nr. 1 ist tatbestandliche Voraussetzung für den Eintritt der Rechtsfolge des Erlöschens, dass sich der Flüchtling »*freiwillig*« dem Schutz seines Heimatstaates unterstellt hat. Ebenso erfordert der Erlöschensgrund nach Abs. 1 Nr. 2 und mit dem Hinweis auf das Erfordernis des Antrags auch Abs. 1 Nr. 3 eine freiwillige Unterschutzstellung. Freiwilligkeit schließt Zwang jedweder Art aus. Zwang kann von den Behörden des Herkunftsstaates, eines Drittstaates, der Bundesrepublik oder von privaten Dritten ausgehen. Der ausgeübte Zwang muss nicht unwiderstehlich sein. Andererseits beseitigt nicht jede äußere Einwirkung auf die Motivation des Flüchtlings die Freiheit der Willensbildung (Renner, AuslR, § 72 AsylVfG Rdn. 14).

14 Das BVerwG hat den Erlöschenstatbestand des Abs. 1 Nr. 1 zum Anlass genommen, generelle Grundsätze zu den Voraussetzungen und zum Umfang des Begriffs der Freiwilligkeit und der daran anknüpfenden Erlöschenswirkung festzulegen: Die freiwillige Unterschutzstellung setzt danach von Seiten des Asylberechtigten oder Flüchtlings die Annahme eines »*Vorteils*« durch den Heimatstaat voraus, insbesondere in Form der Passerlangung oder -verlängerung, ferner die (*subjektive*) Freiwilligkeit dieser Annahme und darüber hinaus, dass die Vornahme der Handlung *objektiv* als eine solche Unterschutzstellung zu werten ist (BVerwGE 89, 231 (235f.) = EZAR 211 Nr. 3 = NVwZ 1992, 679).

15 Im rechtlichen Ausgangspunkt ist der Anwendungsbereich dieser Vorschrift zunächst dahin einzuschränken, dass nicht jeder Kontakt des anerkannten Flüchtlings zu Behörden seines Heimatstaates zum Erlöschen der Rechtsstellung führt (BVerwGE 89, 231 (236) = EZAR 211 Nr. 3 = NVwZ 1992, 679). Andernfalls könnte die frühere Rechtsprechung, derzufolge der Kontakt auch des Asylberechtigten zur heimatlichen Vertretung zwecks Beantragung der Ausbürgerung im Einbürgerungsrecht gefordert wird (BVerfG, NJW 1991, 633 (634); BVerwG, EZAR 271 Nr. 11 = InfAuslR 1984, 312; BVerwG, EZAR 274 Nr. 2 = Buchholz 130 § 9 RuStAG Nr. 10 = NJW 1989, 1438; BVerwG, InfAuslR 1989, 91 = NJW 1989, 1445 (LS); s. hierzu: Marx, Kommentar zum StAngR, § 8 RuStAG Rdn. 150), kaum aufrechterhalten werden.

16 Das Gesetz gibt mit dem Spezialfall des Abs. 1 Nr. 1 den maßgeblichen Anhaltspunkt für die Bewertung anderer Handlungen des Betroffenen. Sie müssen von *ähnlichem Gewicht* sein wie die im Gesetz ausdrücklich benannten Verhaltensweisen (BVerwGE 89, 231 (236) = EZAR 211 Nr. 3 = NVwZ 1992, 679). Selbst die Annahme oder Verlängerung des Nationalpasses führt aber nicht in jedem Fall ohne weiteres zum Erlöschen des Asylrechts (BVerwGE 89, 231 (236); OVG Hamburg, NVwZ-Beil. 2001, 110; VGH BW, NVwZ-Beil. 1999, 108 (109) = AuAS 1999, 213). Dies gilt beispielsweise für einen von regional begrenzter Gruppenverfolgung Betroffenen (BVerwGE 89, 231 (236)). Aber auch von dieser Fallgruppe abgesehen, kann die »Vorteilsannahme« Merkmale aufweisen, die die Annahme einer erneuten Unterschutzstellung nicht zulassen (BVerwGE 89, 231 (236)).

17 Die Annahme oder Verlängerung eines Nationalpasses kann etwa erforderlich werden, um Amtshandlungen von Behörden der Bundesrepublik vornehmen zu lassen oder vorzubereiten (BVerwGE 89, 231 (237) = EZAR 211

Erlöschen § 72

Nr. 3 = NVwZ 1992, 679). Ebenso verhält es sich, wenn der Asylberechtigte die Geltungsdauer seines Nationalpasses verlängern lässt, um zur Erfüllung einer sittlichen Pflicht kurzfristig in den Verfolgerstaat zurückzukehren. Denkbar sind auch Fälle, in denen der Asylberechtigte deshalb in das Herkunftsland reist, um Verwandten oder Freunden bei der Flucht zu helfen (BVerwGE 89, 231 (237)).

Der Rechtsstatus erlischt vielmehr erst dann, wenn der Betreffende die rechtlichen Beziehungen zu seinem Heimatstaat *dauerhaft* wiederherstellt. Entzogen wird der gewährte Rechtsstatus demjenigen politisch Verfolgten, der sich den *diplomatischen Schutz* gleichsam »auf Vorrat« sichert, ohne dass die Erledigung bestimmter administrativer Angelegenheiten ihn hierzu nötigt, oder dem, der sich selbst »ohne Not« wieder in dessen schützende Hand begibt (BVerwGE 89, 231 (237) = EZAR 211 Nr. 3 = NVwZ 1992, 679). Daher erlischt im Falle einer *konsularischen Eheschließung* nicht das Asylrecht (BVerwGE 89, 231 (237); a. A. OVG NW, EZAR 211 Nr. 2). 18

Ebenso wenig wie die bloße Inanspruchnahme einer Dienstleistung der Auslandsvertretung des Heimatstaates zur Überwindung bürokratischer Hindernisse für Amtshandlungen deutscher Behörden den Erlöschenstatbestand erfüllt, tritt der Rechtsverlust auch nicht bei der Erwirkung von Amtshandlungen in einer Botschaft oder einem Konsulat des Verfolgerstaates ein, die sich in einem *einmaligen*, für die Beziehung zu diesem Land *unerheblichen Vorgang* erschöpfen. *Vorübergehende, rein »technische Kontakte«* zu Amtsstellen des Verfolgerstaates ändern nichts an der fortbestehenden Schutzbedürftigkeit des Flüchtlings, der sich in Wahrheit dem Heimatstaat nicht wieder zugewandt hat (BVerwGE 89, 231 (237) = EZAR 211 Nr. 3 = NVwZ 1992, 679). 19

Zwar wendet sich das BVerwG ausdrücklich gegen die in der 2. Auflage vertretene Ansicht (s. dort § 15 Rdn. 5 und 13), derzufolge auch beim Eintritt des Erlöschenstatbestandes zusätzlich der Wegfall der Verfolgungsgefahr zu prüfen sei (BVerwGE 89, 231 (233) = EZAR 211 Nr. 3 = NVwZ 1992, 679). Im Ergebnis besteht zwischen beiden Ansätzen jedoch kein Unterschied: Nach der hier früher vertretenen Ansicht erstreckt sich die Prüfung auf die Freiwilligkeit der Annahme des Nationalpasses sowie darauf, ob die objektive Verfolgungsgefahr weggefallen ist. Wenn das BVerwG demgegenüber auf die dauerhafte Wiederherstellung der rechtlichen Beziehungen zum Heimatstaat abstellt (BVerwGE 89, 231 (237)), geht es im Ergebnis ebenfalls davon aus, dass letztlich der (objektive) Wegfall der Verfolgungsgefahr ausschlaggebend für das Eingreifen des Erlöschenstatbestandes ist. Denn die dauerhafte Wiederherstellung der rechtlichen Bindungen des Flüchtlings zum Herkunftsstaat kommt in der Sache dem Wegfall der Verfolgungsgefahr gleich. Um das Erfordernis derartiger dauerhafter Bindungen bejahen zu können, bedarf es deshalb zuallererst der Prüfung, ob die Verfolgungsgefahr entfallen ist. 20

Zutreffend hat das BVerwG zwei Einschränkungen bei der Interpretation des Gesetzeswortlautes vorgenommen. Allein der freiwillige Entschluss zur Kontaktaufnahme mit dem Heimatstaat reicht nicht aus (BVerwGE 89, 231 (240) = EZAR 211 Nr. 3 = NVwZ 1992, 679). Vielmehr muss durch die Kontaktaufnahme eine dauerhafte Rechtsbeziehung zum Heimatstaat wiederhergestellt 21 werden. Ob nach diesen Grundsätzen der Flüchtling nicht mehr unfähig oder unwillig ist, sich dem Schutz des Staates seiner Staatsangehörigkeit zu unterstellen, ist nach einem objektiven Maßstab zu bewerten (BVerwGE 89, 231 (239)). Von diesem Ansatz aus nimmt das Gericht eine zweite Einschränkung vor. Die Passerlangung oder Erneuerung der Geltungsdauer des Passes führt nicht automatisch zum Erlöschen des gewährten Rechtsstatus (BVerwGE 89, 231 (236)). Vielmehr muss auch insoweit geprüft werden, ob dieser Umstand das Urteil rechtfertigt, dass der Flüchtling dadurch seine rechtlichen Beziehungen zum Heimatstaat dauerhaft wiederhergestellt hat.

3.1.4. Keine Anwendung von Abs. 1 Nr. 1 auf Asylantragsteller

22 Eine unmittelbare oder analoge Anwendung des Erlöschenstatbestandes des Abs. 1 Nr. 1 in anhängigen Asylverfahren ist nicht zulässig. Der Wortlaut des Gesetzes setzt voraus, dass die bereits gewährte Rechtsstellung nach § 2 oder § 3 erlischt, wenn der Asylberechtigte oder Flüchtling sich durch die in Abs. 1 Nr. 1 bezeichneten Handlungen freiwillig dem Schutz des Heimatstaates unterstellt. Diesem eindeutigen Gesetzeswortlaut steht eine Auslegung und Anwendung der Vorschrift dahin, dass die Erneuerung oder Verlängerung der Geltungsdauer des Nationalpasses während des *anhängigen Asylverfahrens* die Gewährung des Rechtsstatus sperrt, entgegen. Der Erlöschenstatbestand des Abs. 1 Nr. 1 bezieht sich seinem eindeutigen Wortlaut nach vielmehr nur auf das Erlöschen eines bereits gewährten Rechtsstatus (BVerwGE 78, 152 (154f.) = EZAR 202 Nr. 11 = InfAuslR 1988, 19 = NVwZ 1988, 160; BVerwG, EZAR 112 Nr. 5 = InfAuslR 1988, 317; ebenso: OVG NW, U. v. 1. 10. 1984 – 20 A 10123/83; VG Köln, NVwZ 1983, 498).

23 Das BVerwG begründet seine Ansicht damit, dass die Interessenlage des Asylsuchenden von der des Asylberechtigten hinsichtlich des Besitzes eines Passes so verschieden sei, dass sich eine analoge Anwendung des auf Asylberechtigte anzuwendenden Erlöschenstatbestandes verbiete (BVerwGE 78, 152 (155f.) = EZAR 211 Nr. 3 = NVwZ 1992, 679). Die Annahme des Nationalpasses oder die Verlängerung seiner Geltungsdauer während des anhängigen Asylverfahrens kann aber Einfluß auf die im Asylverfahren zu treffende Prognoseentscheidung haben.

3.1.5. Keine Anwendung von Abs. 1 Nr. 1 auf Staatenlose

24 Nach Abs. 1 Nr. 1 muss der Asylberechtigte oder Flüchtling, sich durch die dort bezeichneten Handlungen erneut freiwillig unter den Schutz des Staates seiner Staatsangehörigkeit gestellt haben. Nach dem eindeutigen Gesetzeswortlaut kann dieser Erlöschenstatbestand daher auf *staatenlose Asylberechtigte* oder *staatenlose Flüchtlinge* keine Anwendung finden (so auch VGH BW, AuAS 1997, 240). Auch die Vorschrift des Art. 1 C Nr. 1 GFK knüpft an den Staat der Staatsangehörigkeit an und kann deshalb auf Staatenlose nicht angewendet werden. Durch die Gewährung des Rechtsstatus nach § 2 oder § 3 wird der Asylberechtigte oder Flüchtling nicht staatenlos. Dies ist – unabhängig von der Gewährung der Rechtsstellung – nur der Fall, wenn er durch den Staat seiner Staatsangehörigkeit ausgebürgert wird.

Erlöschen § 72

Die Ausbürgerung selbst kann zwar Ausdruck politischer Verfolgung sein (BVerwG, Buchholz 402. 25 § 1 AsylVfG Nr. 30; BVerwG, InfAuslR 1986, 76; Marx, Handbuch, § 73 Rdn. 3 ff.). Der Flucht folgt jedoch nicht stets und automatisch die Ausbürgerung nach. Von dieser Staatenpraxis gehen die Vorschriften des Abs. 1 Nr. 1 und Art. 1 C Nr. 1 GFK aus. Der Erlöschenstatbestand nach Abs. 1 Nr. 1 findet deshalb weder auf diejenigen Asylberechtigten oder Flüchtlinge Anwendung, die bereits als Staatenlose einreisen, noch auf jene, denen nachträglich die Staatsangehörigkeit entzogen wird (zu diesem Fall: VGH BW, AuAS 1997, 240 = InfAuslR 1997, 223). 25

3.2. Freiwillige Wiedererlangung der früheren Staatsangehörigkeit (Abs. 1 Nr. 2)

Nach Abs. 1 Nr. 2 erlischt die gewährte Rechtsstellung ferner, wenn der Verfolgte nach dem *Verlust seiner Staatsangehörigkeit* diese *freiwillig wiederlangt* hat. Dieser Erlöschensgrund kann daher nur dann eintreten, wenn der Verfolgte seine frühere Staatsangehörigkeit wegen seiner Flucht oder aus anderen Gründen verloren hat. In der überwiegenden Mehrzahl der Fälle behalten die Flüchtlinge jedoch ihre Staatsangehörigkeit, sodass ein Erlöschenstatbestand nach Abs. 1 Nr. 2 rechtlich nicht eintreten kann. Ebenso ist selbstredend, dass bei staatenlosen Flüchtlingen weder der Tatbestand nach Abs. 1 Nr. 2 noch der nach Abs. 1 Nr. 1 eintreten kann (VGH BW, InfAuslR 1997, 223 (224) = AuAS 1997, 240 (LS)). 26

Allein der Antrag auf Wiedererwerb der früheren Staatsangehörigkeit reicht für das Eintreten des Erlöschenstatbestandes nicht aus (unklar Renner, AuslR, § 72 AsylVfG Rdn. 22). Vielmehr setzt der Wortlaut von Abs. 1 Nr. 2 unzweideutig voraus, dass der Asylberechtigte oder Flüchtling die frühere Staatsangehörigkeit »wiedererlangt *hat*«. Auch der Gesetzeszweck, der an die freiwillig erlangte tatsächliche Schutzgewährung anknüpft, steht einer derartigen Auslegung entgegen. 27

Voraussetzung für den Eintritt des Erlöschenstatbestandes nach Abs. 1 Nr. 2 ist ebenso wie in den anderen Tatbestandsalternativen des Abs. 1 2. HS die *freiwillige* Wiedererlangung der Staatsangehörigkeit. Andererseits wird in Abs. 1 Nr. 2 anders als in Abs. 1 Nr. 3 nicht vorausgesetzt, dass dem Wiedererwerb der Staatsangehörigkeit ein Antrag vorausgegangen sein muss. Wird die Staatsangehörigkeit kraft Gesetzes oder aufgrund einer administrativen Maßnahme verliehen, kann nur dann von einem freiwilligen Wiedererwerb ausgegangen werden, wenn der Flüchtling die Staatsangehörigkeit *ausdrücklich angenommen* hat. 28

Bedenken ergeben sich dagegen, in derartigen Fällen für den Verlust des Rechtsstatus einen *stillschweigenden Erwerbsakt* als ausreichend anzusehen. Wird die frühere Staatsangehörigkeit kraft Gesetzes mit einer Ablehnungsmöglichkeit wieder verliehen, so tritt der Verlust der Rechtsstellung erst ein, wenn der Flüchtling in voller Kenntnis der Gesetzeslage von seiner Ablehnungsoption keinen Gebrauch macht und zur Geltendmachung dieser Option auch tatsächlich in der Lage war, es sei denn, er kann besondere Um- 29 stände geltend machen, die darauf hinweisen, dass die Wiedererlangung der Staatsangehörigkeit tatsächlich nicht in seiner Absicht gelegen hatte (UNHCR, Handbuch, Rdn. 128).

30 Festzuhalten ist aber, dass ein Neuerwerb durch Stillschweigen stets voraussetzt, dass der Verleihungsakt mit einer Ablehnungsoption verbunden war. Fehlt es an einer derartigen Option, wird die Staatsangehörigkeit aufgedrängt, sodass nicht der für die Anwendung von Abs. 1 Nr. 2 notwendige freiwillige Erwerb vorliegt. Weitaus häufiger dürften im Übrigen die Fälle sein, in denen der Wiedererwerb der Staatsangehörigkeit von einer befristeten Annahmeoption abhängig gemacht wird. Entscheidet sich der Flüchtling innerhalb der Frist für die Wiedererlangung der Staatsangehörigkeit, hat er diese freiwillig wiedererlangt.

31 Ob eine Verleihung der Staatsangehörigkeit kraft Gesetzes durch Eheschließung im Rahmen von Abs. 1 Nr. 2 Bedeutung gewinnen kann (so Renner, AuslR, § 72 AsylVfG Rdn. 22), erscheint fraglich. Jedenfalls in den Fällen, in denen in dem vorangegangenen Entzugsakt eine ausgrenzende Maßnahme zum Ausdruck kommt, dürfte bei fortdauernder Verfolgungsgefahr mit einer möglichen Verleihung der Staatsangehörigkeit kraft Gesetzes keine effektive Schutzgewährung verbunden sein. Stets wird in diesen wie in allen anderen Fällen des Abs. 1 Nr. 2 aber vorausgesetzt, dass der Asylberechtigte oder Flüchtling *positive Kenntnis* von dem staatsangehörigkeitsrechtlichen Erwerbsakt, die tatsächliche Möglichkeit der Ausschlagung unter für ihn zumutbaren Bedingungen hat und hiervon keinen Gebrauch macht.

3.3. Erwerb einer neuen Staatsangehörigkeit (Abs. 1 Nr. 3)

32 Nach Abs. 1 Nr. 3 erlischt die gewährte Rechtsstellung nach § 2 oder § 3, wenn der Asylberechtigte oder Flüchtling auf Antrag eine neue Staatsangehörigkeit erworben hat und er den Schutz des Staates, dessen Staatsangehörigkeit er erworben hat, genießt. Ebenso wie in den anderen Fallgruppen des Abs. 1 2. HS muss der Erlöschenstatbestand auf einem *freiwilligen* Akt des Betroffenen beruhen. Diesem Erfordernis wird mit dem Hinweis auf den Antragsbegriff in Abs. 1 Nr. 3 genügt (insoweit unklar Renner, AuslR, § 72 AsylVfG Rdn. 23).

33 Aus der Abgrenzung zu Abs. 1 Nr. 2 ergibt sich, dass mit der Fallgruppe des Abs. 1 Nr. 3 der Erwerb der Staatsangehörigkeit eines dritten Staates gemeint ist. Dies kann und wird oft der Asylstaat selbst sein. Es ist kein Grund ersichtlich, der dagegen spricht, dass der nachträgliche Erwerb der deutschen Staatsangehörigkeit nicht unter die Vorschrift des Abs. 1 Nr. 3 subsumiert werden könnte (dagegen Renner, AuslR, § 72 AsylVfG Rdn. 24).

34 Geht allerdings der Gewährung der Rechtsstellung nach § 2 oder § 3 der Erwerb der deutschen Staatsangehörigkeit voraus, findet Abs. 1 Nr. 3 schon deshalb keine Anwendung, weil es an der nach Abs. 1 1. HS vorausgesetzten Gewährung der Rechtsstellung fehlt. Denn einem deutschen Staatsangehörigen kann weder die Asylberechtigung noch der Flüchtlingsstatus verliehen werden (dies übersieht Renner, AuslR, § 72 AsylVfG Rdn. 24). Auch staaten-

Erlöschen **§ 72**

lose Flüchtlinge können durch einen anderen Staat eingebürgert werden und daher nach Abs. 1 Nr. 3 ihren Rechtsstatus verlieren (a. A. VGH BW, AuAS 1997, 240).

Da nach Abs. 1 Nr. 3 Voraussetzung für das Eingreifen des Erlöschenstatbestandes eine *formelle Antragstellung* ist, tritt hier das bei Abs. 1 Nr. 2 behandelte Problem des Staatsangehörigkeitserwerbs durch Stillschweigen nicht auf. Eine antragslose Einbürgerung durch dritte Staaten ist kaum vorstellbar, es sei denn, durch Eheschließung mit einem Staatsangehörigen des Drittstaates wird automatisch die Staatsangehörigkeit dieses Staates verliehen. Einverständnis oder Zustimmung zu einem sonstigen Staatsangehörigkeitserwerb ist mithin nicht ausreichend, sodass etwa eine Zwangseinbürgerung oder der Staatsangehörigkeitserwerb kraft Gesetzes im Rahmen des Abs. 1 Nr. 3 unerheblich ist (so auch Renner, AuslR, § 72 AsylVfG Rdn. 23). 35

Darüber hinaus muss nach Abs. 1 Nr. 3 mit dem Erwerb der Staatsangehörigkeit die effektive *Schutzgewährung* durch den Staat der Staatsangehörigkeit verbunden sein (so auch Renner, AuslR, § 72 AsylVfG Rdn. 25). Dies ergibt sich aus dem Gesetzeswortlaut, demzufolge der Asylberechtigte den Schutz des Staates der neuen Staatsangehörigkeit »genießen« muss. Verliert der Flüchtling die neu erworbene Staatsangehörigkeit nachträglich, lebt seine asylrechtliche Schutzbedürftigkeit wieder auf (UNHCR, Handbuch, Rdn. 132). 36

Fraglich ist, ob in derartigen Fällen erneut Asyl beantragt werden muss. Das ist wohl zu verneinen (a. A. Renner, AuslR, § 72 AsylVfG Rdn. 28). Vielmehr kann der Flüchtling Herausgabe seines Reiseausweises nach Art. 28 GFK verlangen, da aufgrund des Wegfalls des Erlöschensgrundes nach Abs. 1 Nr. 3 die einmal gewährte Statusentscheidung wieder auflebt. Die Ausländerbehörde wird in diesem Zusammenhang sicherlich den Fortbestand der Verfolgung zu berücksichtigen haben und zu diesem Zweck das Bundesamt um Stellungnahme bitten dürfen. 37

3.4. Freiwilliger Verzicht auf die Rechtsstellung nach § 2 oder § 3 (Abs. 1 Nr. 4)

Nach Abs. 1 Nr. 4 erlischt die Asylanerkennung bzw. die Feststellung des Bundesamtes nach § 60 I AufenthG, wenn der Betreffende auf sie verzichtet oder vor Eintritt der Unanfechtbarkeit der Entscheidung des Bundesamtes den Asylantrag zurücknimmt. Der als Erlöschenstatbestand geregelte Asylrechtsverzicht war früher Widerrufsgrund (§ 16 I Nr. 2 AsylVfG 1982). Geregelt ist darüber hinaus auch die Antragsrücknahme nach positiver Statusentscheidung vor Eintritt deren Unanfechtbarkeit. Der gesetzlichen Begründung lassen sich für diese Neuregelung keine Gründe entnehmen (BT-Drs. 12/2062, S. 39). Sie ist im Übrigen ungereimt. 38

Eine nicht bestandskräftige Statusentscheidung kann nicht erlöschen. Nimmt der Antragsteller nach positiver Statusentscheidung und vor Eintritt der Unanfechtbarkeit den Asylantrag zurück, so macht er Gebrauch von seiner ihm verfahrensrechtlich zur Verfügung stehenden Dispositionsbefugnis. 39

Der Antrag ist gegenstandslos. Das Verwaltungsstreitverfahren ist durch beiderseitige Erledigungserklärungen des Bundesbeauftragten und des Bundesamtes zu beenden.

40 Die Rücknahme nach Erlass des Statusbescheides berechtigt das Bundesamt jedenfalls nicht, nach § 32 vorzugehen. Das Bundesamt ist für die weitere ausländerbehördliche Behandlung des Flüchtlings nicht mehr zuständig. Die Ausländerbehörde hat ungeachtet der Antragsrücknahme den asylrechtlichen Abschiebungsschutz sowie die Abschiebungshindernisse des § 60 II–VII AufenthG zu beachten. Dies gilt erst recht im Falle des Verzichts. Denn mit der Unanfechtbarkeit der Statusgewährung greift der asylrechtliche Abschiebungsschutz ein, ist also zwingend der verfassungsrechtlich verbürgte Kernbereich des asylrechtlichen Abschiebungsschutzes (BVerwGE 49, 202 (205f.) = EZAR 134 Nr. 1 = NJW 1976, 490; BVerwGE 62, 206 (210) = EZAR 221 Nr. 7 = InfAuslR 1981, 214; BVerwGE 69, 323 (325) = EZAR 200 Nr. 10 = NJW 1984, 2782) zu beachten. Der Abschiebungsschutz nach § 60 II–VII AufenthG ist ohnehin immanenter Bestandteil der unanfechtbaren Feststellung nach § 31 II 1.

41 Ein derart dramatischer Schritt wie der individuelle Verzicht auf den bereits gewährten Rechtsstatus trotz weiterbestehender Verfolgungsgefahr wird in aller Regel Ausdruck einer besonderen psychischen Drucksituation des Verfolgten sein. Es mag sein, dass Familienangehörige oder Freunde im Verfolgerstaat in Gefahr sind und der Flüchtling ihnen bei ihrer Flucht helfen will und hierfür seinen Nationalpass benötigt. Das BVerwG hat mit Blick auf diese Fälle ausdrücklich hervorgehoben, dass derartige Handlungsweisen nicht ohne weiteres zum Verlust des Asylrechts führen (BVerwGE 89 321 (237) = EZAR 211 Nr. 3 = NVwZ 1992, 679). Es mag auch sein, dass der Flüchtling psychisch krank oder durch die Exilsituation in besonderem Maße psychisch belastet ist und deshalb mit seinem Verzicht oder der Antragsrücknahme auf sich aufmerksam machen will. In derartigen Fällen liegt kein Verzicht, sondern ein verzweifelter Hilfeschrei vor.

42 Die Ausländerbehörde, der gegenüber regelmäßig Erklärungen nach Abs. 1 Nr. 4 abzugeben sind, trifft eine umfassende Beratungspflicht (§ 25 VwVfG des jeweiligen Landes), bei der auch insbesondere Abhilfemöglichkeiten zu erörtern sind (so auch Renner, AuslR, § 72 AsylVfG Rdn. 26). Hierbei sind auch alternative Aufenthaltsmöglichkeiten zu behandeln. Denn häufig werden bislang nicht wahrgenommene aufenthaltsrechtliche Verfestigungsansprüche (vgl. § 9, § 26 III, IV AufenthG) gegeben sein. Mit Blick auf die nicht vorhersehbare Dauer eines etwaigen Auslandsaufenthaltes kann die Behörde eine entsprechende Fristgestaltung (§ 51 I Nr. 7 AufenthG) vorschlagen. Jedenfalls darf die Behörde den Flüchtling nicht ins »offene Messer laufen lassen«. Anhaltspunkten einer psychischen Drucksituation hat sie nachzugehen. Der Betroffene kann die Verzichtserklärung nicht auf eine der beiden Formen der Rechtsstellung nach § 2 oder § 3 beschränken. Enthält die Verzichtserklärung dennoch eine derartige Einschränkung, ist sie insgesamt unwirksam (Renner, AuslR, § 72 AsylVfG Rdn. 26), d. h. in diesem Fall tritt die Erlöschenswirkung von vornherein nicht ein.

Erlöschen § 72

4. Rechtsfolgen der Erlöschenstatbestände

4.1. Begriff des Erlöschens nach Abs. 1 erster Halbsatz

Nach Abs. 1 1. HS erlischt die Asylanerkennung sowie die Feststellung, dass die Voraussetzungen nach § 60 I AufenthG vorliegen, wenn einer der vier Erlöschenstatbestände nach Abs. 1 2. HS eintritt. Der Katalog der Erlöschensgründe ist *enumerativ*. Die gesetzliche Formulierung in Abs. 1 1. HS ist im Hinblick auf den gewährten internationalen Schutz nach § 60 I AufenthG unglücklich formuliert. Ebenso wie im Hinblick auf die gewährte Asylberechtigung und die daran anknüpfende Rechtsstellung nach § 2, welche die Rechtsfolge der Feststellung der politischen Verfolgung ist, zielt die Erlöschenswirkung im Falle des § 60 I AufenthG nicht auf die Feststellung an sich, sondern auf die darauf beruhende Rechtsstellung nach § 3. Von dem Eintritt der Erlöschenswirkung zu unterscheiden ist die Frage, welche Rechtsfolgen sich an den Eintritt des Erlöschenstatbestandes knüpfen. 43

Die Vorschrift des Abs. 1 1. HS ordnet das *automatische Erlöschen* kraft Gesetzes an, sodass dem Eintritt der Erlöschenswirkung bei einer strikten Wortlautauslegung kein Verwaltungsverfahren vorgeschaltet wird. Entsprechende behördliche Feststellungen haben lediglich *deklaratorische*, jedoch keine konstitutive Wirkung (OVG Hamburg, NVwZ-Beil. 2001, 110). Demgegenüber setzt der wirksame Widerruf bzw. die Rücknahme die Durchführung eines Verwaltungsverfahrens voraus (vgl. § 73 IV). Eine verfassungskonforme Auslegung des Erlöschensbegriffs hat jedoch danach zu fragen, welche Folgen die Erlöschenswirkung für das Asylrecht und für den für das Asylgrundrecht wie für den internationalen Schutz nach § 60 I AufenthG maßgebenden verfassungsrechtlichen Kernbereich des Abschiebungsschutzes haben können. Da der Eintritt der Erlöschenswirkung den verfassungsrechtlichen Abschiebungsschutz für die Zukunft vollends ausschließt, kann die Vorschrift des Abs. 1 1. HS verfassungskonform nur dahin ausgelegt und angewendet werden, dass in den Erlöschenstatbeständen ein Ausschluss der Gefahr weiterer Verfolgung indiziert wird und damit vom Gesetzgeber zugrundelegt worden ist (so auch Renner, AuslR, § 72 AsylVfG Rdn. 3 und 6). 44

Der ohne eine verwaltungsbehördliche Überprüfung eintretende Verlust des Asylrechts muss deshalb in Ansehung des für diesen Status maßgebenden tatsächlichen Voraussetzungen so eindeutig gegeben sein, dass am Verlust der Rechtsstellung kein Zweifel besteht. Etwaige Zweifel am Fortbestehen einer politischen Verfolgung müssen deshalb bei der Auslegung und Feststellung der Erlöschenstatbestände ausgeräumt werden (Renner, AuslR, § 72 AsylVfG Rdn. 6). 45

Der Eintritt eines der Erlöschenstatbestände nach Abs. 1 2. HS hat die automatische Beendigung der Rechtsstellung nach § 2 oder § 3 ohne weitere Ermittlungen und vorgeschaltetes behördliches Verfahren zur Folge. Allerdings wird im Verwaltungsprozess gegebenenfalls sorgfältig zu prüfen sein, ob die Behörde den Erlöschenstatbestand zutreffend im verfassungskonformen Sinne ausgelegt und die hieraus gebotenen Folgerungen gezogen hat. So kann es etwa am Eintritt der Erlöschenswirkung nach Abs. 1 1. HS deshalb fehlen, 46 weil die Behörde unzutreffend von einer freiwilligen Unterschutzstellung (Abs. 1 Nr. 1) oder von einer freiwilligen Wiedererlangung der früheren Staatsangehörigkeit (Abs. 1 Nr. 2) ausgegangen ist oder diese dem Asylberechtigten oder Flüchtling aufgedrängt oder ohne sein Wissen erworben wurde. Auch wird zu überprüfen sein, ob die neu erworbene Staatsangehörigkeit tatsächlich mit einer effektiven Schutzgewährung durch den Staat der neuen Staatsangehörigkeit verbunden ist.

4.2. Rechtsfolgen für Familienangehörige

47 Da die dem Familienangehörigen eines Asylberechtigten gewährte Rechtsstellung der Sache nach ebenfalls eine Asylberechtigung ist, findet Abs. 1 auch auf die im Rahmen des *Familienasyls* gewährte Asylberechtigung Anwendung. Dies gilt entsprechend auch für den Familienabschiebungsschutz (§ 26 IV AsylVfG). Erfüllt also der Asylberechtigte oder Flüchtling, dem über § 26 die Statusberechtigung vermittelt worden ist, einen der Erlöschenstatbestände nach Abs. 1 2. HS, so erlischt die akzessorische Statusberechtigung nach Abs. 1 1. HS *ausschließlich* für seine Person. Tritt hingegen beim »stammberechtigten« Familienmitglied ein Erlöschenstatbestand ein, so erlischt nicht automatisch die Asylberechtigung bzw. der Flüchtlingsstatus des anderen Familienangehörigen. Vielmehr wird nach Maßgabe des § 73 I 2 ein Widerrufsverfahren eingeleitet.

4.3. Rechtsfolgen des Erlöschens (Abs. 2)

48 Nach Abs. 2 hat der Betreffende seinen Statusbescheid und Reiseausweis unverzüglich bei der zuständigen Ausländerbehörde abzugeben. Damit steht der Ausländerbehörde zugleich auch eine Ermächtigungsgrundlage zur Verfügung, mit Hilfe deren sie durch Verwaltungsakt die Herausgabepflicht durchsetzen kann. Anders als beim Widerruf (§ 73), bei dem bis zur unanfechtbaren Widerrufs- bzw. Rücknahmeentscheidung der Betroffene seine Rechtsstellung im vollen Umfang behält, tritt die Erlöschenswirkung kraft Gesetzes bei Erfüllung eines der in Abs. 1 2. HS geregelten Erlöschenstatbestände ein. Ein vorhergehendes Verwaltungsverfahren findet nicht statt. Das BVerwG hat hiergegen gerichtete Bedenken für nicht stichhaltig erachtet (BVerwGE 89, 231 (235) = EZAR 211 Nr. 3 = NVwZ 1992, 679). Im Übrigen führt der Verlust der Rechtsstellung nach § 2 oder § 3 mittelbar auch zum Verlust der auf dieser Rechtsstellung beruhenden Rechtspositionen für die Zukunft (so auch Renner, AuslG, § 72 AsylVfG Rdn. 29).

49 Allerdings beseitigt das Erlöschen der Rechtsstellung nach § 2 oder § 3 nicht automatisch den bestehenden Aufenthaltstitel. Diese kann nach § 52 I Nr. 4 AufenthG widerrufen werden. Bei der Ermessensausübung hat die Ausländerbehörde insbesondere die Länge des bisherigen Aufenthaltes im Bundesgebiet sowie das Maß der sonstigen Integration in die hiesigen Lebensverhältnisse zu berücksichtigen. Im Übrigen bleibt ein nach allgemeinen

Vorschriften bestehender Aufenthaltsanspruch vom Eintritt der Erlöschenswirkung unberührt. Die übrigen auf der gewährten Rechtsstellung beruhenden Vergünstigungen werden nach Maßgabe der speziellen Rechtsvorschriften oder nach § 49 VwVfG widerrufen.

5. Rechtsschutz

Das BVerwG hat ausdrücklich darauf hingewiesen, dass zwar gegen den Eintritt der Rechtsfolge keine Rechtsbehelfe möglich sind. Doch bestehe, sofern ein Verwaltungsakt ergangen sei, der das Erlöschen des Rechtsstatus ausdrücklich feststellt, die gerichtliche Anfechtungsmöglichkeit. Ferner könne mit der Anfechtungsklage gegen eine aufenthaltsbeendende Verfügung das Erlöschen der Rechtsstellung inzidenter zur Prüfung gestellt werden. Schließlich könne der Erlass eines Verwaltungsaktes beantragt werden, mit dem die Feststellung des Nichterlöschens verbindlich geregelt wird. In allen Fällen könne das Rechtsschutzinteresse des Betroffenen an der Klärung seines Status nicht zweifelhaft sein. Das Subsidiaritätsprinzip des § 43 II VwGO greife nicht ein, da der Rechtsverlust ipso iure eintrete (BVerwGE 89, 231 (235) = EZAR 211 Nr. 3 = NVwZ 1992, 679).

Zur effektiven Durchsetzung der Verpflichtung nach Abs. 2 wird die Ausländerbehörde das Herausgabeverlangen regelmäßig mit Hilfe eines Verwaltungsaktes durchsetzen. Hiergegen kann nach dem BVerwG *Anfechtungsklage* erhoben werden (BVerwGE 89, 231 (235) = EZAR 211 Nr. 3 = NVwZ 1992, 679). Im Anfechtungsprozess ist inzidenter das Vorliegen der tatbestandlichen Voraussetzungen des in Rede stehenden Erlöschenstatbestandes nach Abs. 1 2. HS zu überprüfen. Fraglich ist aber, ob wegen der kraft Gesetzes eintretenden Erlöschenswirkung in dem behördlichen Verlangen eine Beschwer liegt. Wird diese Frage verneint, so läuft der Anfechtungsprozess leer.

Ohne nähere Vertiefung dieser Problematik hat das BVerwG jedoch die Anfechtungsklage für den Fall, dass die Behörde mit Hilfe eines Verwaltungsaktes das Erlöschen des Rechtsstatus festgestellt hat, als richtige Klageform bezeichnet (BVerwGE 89, 231 (235) = EZAR 211 Nr. 3 = NVwZ 1992, 679). Weist die Ausländerbehörde nur auf die gesetzliche Verpflichtung nach Abs. 2 sowie auf die Ausreisepflicht nach § 50 I AufenthG hin, ist strittig, ob hierin ein Verwaltungsakt zu sehen ist (offengelassen in BVerwG, Buchholz 402.24 § 12 AuslG Nr. 2; s. aber BVerwGE 89, 231 (235)). Mit dem Hinweis auf die gesetzliche Pflicht nach Abs. 2 wird zugleich auch das Erlöschen des Rechtsstatus festgestellt. Hiergegen kann Feststellungsklage erhoben werden.

Droht die Abschiebung ohne förmliche Entscheidung, ist analog § 80 V VwGO aus dem Gesichtspunkt des faktischen Vollzugs Eilrechtsschutz gegeben. Denn nach dem BVerwG ist die sofortige Vollziehung untersagt, solange strittig ist, ob ein Flüchtling sich auf die besonderen Vorschriften der Art. 32 und 33 GFK berufen kann (BVerwGE 7, 231 (236) = DVBl. 1959, 112). Solange aber die Erlöschenswirkung nach Abs. 1 1. HS nicht feststeht, ist fraglich, ob der besondere Rechtsschutz nach Art. 32 und 33 GFK Anwendung findet. Im

Falle von Abs. 1 Nr. 4 wird ohnehin unstreitig der aus diesen Vorschriften folgende besondere Schutz nicht beseitigt. Das Verbleibsrecht besteht bis zur unanfechtbaren Klärung der Rechtsstellung. Denn ohne Einreiseerlaubnis einreisende Asylsuchende und Flüchtlinge sind nicht zur Ausreise verpflichtet (BVerwG, DÖV 1978, 181; BVerwG, DVBl. 1981, 775; BVerwG, NVwZ 1984, 591). Solange aber der Erlöschenstatbestand nicht unanfechtbar festgestellt worden ist, kann daher auch nicht die Ausreise durchgesetzt werden.

§ 73 Widerruf und Rücknahme

(1) Die Anerkennung als Asylberechtigter und die Feststellung, daß die Voraussetzungen des § 60 Abs. 1 des Aufenthaltsgesetzes vorliegen, sind unverzüglich zu widerrufen, wenn die Voraussetzungen für sie nicht mehr vorliegen. In den Fällen des § 26 ist die Anerkennung als Asylberechtigter ferner zu widerrufen, wenn die Anerkennung des Asylberechtigten, von dem die Anerkennung abgeleitet worden ist, erlischt, widerrufen oder zurückgenommen wird und der Ausländer aus anderen Gründen nicht als Asylberechtigter anerkannt werden könnte. Von einem Widerruf ist abzusehen, wenn sich der Ausländer auf zwingende, auf früheren Verfolgungen beruhende Gründe berufen kann, um die Rückkehr in den Staat abzulehnen, dessen Staatsangehörigkeit er besitzt, oder in dem er als Staatenloser seinen gewöhnlichen Aufenthalt hatte.

(2) Die Anerkennung als Asylberechtigter ist zurückzunehmen, wenn sie auf Grund unrichtiger Angaben oder infolge Verschweigens wesentlicher Tatsachen erteilt worden ist und der Ausländer auch aus anderen Gründen nicht anerkannt werden könnte. Satz 1 findet auf die Feststellung, daß die Voraussetzungen des § 60 Abs. 1 des Aufenthaltsgesetzes vorliegen, entsprechende Anwendung.

(2 a) Die Prüfung, ob die Voraussetzungen für einen Widerruf nach Absatz 1 oder eine Rücknahme nach Absatz 2 vorliegen, hat spätestens nach Ablauf von drei Jahren nach Unanfechtbarkeit der Entscheidung zu erfolgen. Das Ergebnis ist der Ausländerbehörde mitzuteilen. Ist nach der Prüfung ein Widerruf oder eine Rücknahme nicht erfolgt, so steht eine spätere Entscheidung nach Absatz 1 oder Absatz 2 im Ermessen. Bis zur Bestandskraft des Widerrufs oder der Rücknahme entfällt für Einbürgerungsverfahren die Verbindlichkeit der Entscheidung über den Asylantrag.

(3) Die Entscheidung, ob die Voraussetzungen des § 60 Abs. 2, 3, 5 oder 7 des Aufenthaltsgesetzes vorliegen, ist zurückzunehmen, wenn sie fehlerhaft ist, und zu widerrufen, wenn die Voraussetzungen nicht mehr vorliegen.

(4) Über Widerruf und Rücknahme entscheidet der Leiter des Bundesamtes oder ein von ihm beauftragter Bediensteter. Dem Ausländer ist die beabsichtigte Entscheidung schriftlich mitzuteilen und Gelegenheit zur Äußerung zu geben. Ihm kann aufgegeben werden, sich innerhalb eines Monats schriftlich zu äußern. Hat sich der Ausländer innerhalb dieser Frist nicht

Widerruf und Rücknahme § 73

geäußert, ist nach Aktenlage zu entscheiden; der Ausländer ist auf diese Rechtsfolge hinzuweisen.
(5) Mitteilungen oder Entscheidungen des Bundesamtes, die eine Frist in Lauf setzen, sind dem Ausländer zuzustellen.
(6) Im Falle der Unanfechtbarkeit des Widerrufs oder der Rücknahme der Anerkennung als Asylberechtigter und der Feststellung, daß die Voraussetzungen des § 60 Abs. 1 des Aufenthaltsgesetzes vorliegen, gilt § 72 Abs. 2 entsprechend.

Übersicht Rdn.

1.	Funktion der Vorschrift	1
2.	Ausschließliche Aufhebungsmöglichkeit nach Abs. 1 bis 3	8
2.1.	Spezialitätscharakter von Abs. 1 bis Abs. 3	8
2.2.	Unzulässigkeit der »freien Aufhebung« von Statusentscheidungen	14
2.3.	Rechtswidrige Statusentscheidung nach § 31	23
2.3.1.	Der versehentlich erlassene Statusbescheid	23
2.3.2.	Statusgewährung aufgrund rechtskräftigen, aber rechtswidrigen Verpflichtungsurteils	28
2.3.3.	Abgrenzung des rechtswidrigen Statusbescheids von der Rücknahme nach Abs. 2	31
2.4.	Kein Erfordernis der Unanfechtbarkeit der gewährten Statusentscheidung nach § 31 für die Anwendung von Abs. 1 bis Abs. 3	33
2.5.	Kein Widerruf oder Rücknahme gegen ein Verpflichtungsurteil	36
3.	Widerruf der Statusentscheidung nach § 31 Abs. 2 Satz 1 (Abs. 1)	40
3.1.	Zweck der Widerrufsregelung nach Abs. 1	40
3.2.	Widerrufsverpflichtung (Abs. 1 S. 1)	43
3.3.	Das »Unverzüglichkeitsgebot« des Abs. 1 Satz 1	44
3.4.	Abgrenzung zwischen Widerruf (Abs. 1 Satz 1) und Rücknahme (Abs. 2)	49
3.4.1.	Allgemeines	49
3.4.2.	Fehlerhafte Prognoseentscheidung	51
3.4.3.	Statusgewährung trotz Fehlens einer Verfolgungsgefahr	55
3.5.	Widerrufsvoraussetzungen nach Abs. 1 Satz 1	59
3.5.1.	Allgemeines	59
3.5.2.	Nachträglicher Wegfall der Verfolgungsgefahr	62
3.5.2.1.	Einheitliche Behandlung der Asylanerkennung und des internationalen Schutzes nach § 60 Abs. 1 AufenthG	62
3.5.2.2.	Kein Widerruf bei nachträglicher Möglichkeit der Rückführung in einen »sonstigen Drittstaat« (§ 29 Abs. 2)	63
3.5.2.3.	Voraussetzungen des nachträglichen Wegfalls der Verfolgungsgefahr	66
3.5.2.3.1.	Ermittlungstiefe	66
3.5.2.3.2.	Entscheidungserhebliche Veränderung der allgemeinen Verhältnisse im Herkunftsstaat	68
3.5.2.3.2.1.	Zeitlicher Anknüpfungspunkt für die Beurteilung	68
3.5.2.3.2.2.	Begriff des »Wegfalls der Umstände der Verfolgung«	71
3.5.2.3.2.3.	Begriff der grundlegenden Änderung der Verhältnisse	77

3.5.2.3.3.	Freiwillige Rückkehr in den Herkunftsstaat	90
3.5.2.3.3.1.	Allgemeines	90
3.5.2.3.3.2.	Erfordernis der freiweilligen Rückkehr	92
3.5.2.3.3.3.	Erfordernis der Dauerhaftigkeit der Rückkehr	94
3.5.2.3.3.4.	Indizwirkung der Niederlassung im Herkunftsland	100
3.5.2.3.4.	Anwendung der Prognosegrundsätze	103
3.5.2.3.4.1.	Prognosebasis	103
3.5.2.3.4.2.	Prognosemaßstab	111
3.5.2.3.4.2.1.	Wegfall der im Anerkennungsverfahren geltend gemachten individuellen Verfolgungstatbestände	111
3.5.2.3.4.2.2.	Wegfall der den Statusbescheid ausschließlich tragenden allgemeinen Verhältnisse	116
3.5.2.3.5.	Humanitäre Klausel nach Abs. 1 Satz 3	120
3.5.2.3.5.1.	Durchbrechung der Widerrufsverpflichtung	120
3.5.2.3.5.2.	Begriffsinhalt der »humanitären Klausel« des Abs. 1 Satz 3	126
3.5.2.3.5.3.	Dogmatischer Ausgangspunkt: Psychische Belastung für den Betroffenen	130
3.5.2.3.5.4.	Kausalität zwischen früherer Verfolgung und Unzumutbarkeit	134
3.5.2.3.5.5.	Unzulässigkeit des Verweises auf eine bestimmte Region im Herkunfsland	138
3.5.2.3.5.6.	Verweigerung der Wiedereinreise	141
3.5.2.3.5.7.	Abgrenzung der humanitären Gründe von den Abschiebungshindernissen nach § 60 Abs. 2 bis 7 AufenthG	143
3.6.	Widerruf des Familienasyls und Familienabschiebungsschutzes (Abs. 1 Satz 2)	145
3.6.1.	Zweck der Regelung des Abs. 1 Satz 2	145
3.6.2.	Kein Widerruf bei Eheauflösung oder Erreichen der Volljährigkeit	151
3.6.3.	Abschließender Charakter des Abs. 1 Satz 2	156
3.6.4.	Prüfung eigener Verfolgungsgründe	158
3.7.	Kein Widerruf bei nachträglicher Änderung innerstaatlicher Rechtsvorschriften	160
3.7.1.	Abschließender Charakter von Abs. 1 Satz 1	160
3.7.2.	Widerruf nur bei Änderung der tatsächlichen Verhältnisse	164
3.7.3.	§ 60 Abs. 8 Satz 1 AufenthG rechtfertigt nicht den Widerruf	170
3.7.4.	§ 60 Abs. 8 Satz 2 AufenthG rechtfertigt nicht den Widerruf	174
4.	Rücknahme der Statusentscheidung nach § 31 Abs. 2 Satz 1 (Abs. 2)	179
4.1.	Zweck der Regelung des Abs. 2	179
4.2.	Verhältnis der asylrechtlichen zur allgemeinen Rücknahmevorschrift des § 48 VwVfG	181
4.3.	Voraussetzungen der Rücknahme nach Abs. 2	188
4.4.	Voraussetzungen der Rücknahme nach § 48 VwVfG	190
4.5.	Rechtswirkung der Rücknahme	195
5.	Obligatorische Überprüfungspflicht (Abs. 2 a)	196
5.1.	Zweckder obligatorischen Überprüfungspflicht	196
5.2.	Obligatorische »Anprüfung« nach Abs. 2 a Satz 1	200
5.3.	Zeitpunkt der Überprüfung nach Abs. 2 a Satz 1	205
5.4.	Informationspflichten des Bundesamtes nach Abs. 2 a Satz 2	207
5.5.	Widerrufs- und Rücknahmeermessen (Abs. 2 a Satz 3)	208
5.6.	Einbürgerungshemmende Wirkung des obligatorischen Aufhebungsverfahrens (Abs. 2 a Satz 4)	209

6.	Widerruf und Rücknahme der Feststellung nach § 60 Abs. 2 bis 7 AufenthG (Abs. 3)	211
6.1.	Zweck des Abs. 3	211
6.2.	Anwendungsbereich des Abs. 3	221
6.3.	Abschiebungshindernis aufgrund eines rechtskräftigen Verpflichtungsurteils	224
7.	Verwaltungsverfahren (Abs. 4 und Abs. 5)	231
7.1.	Funktion des Verwaltungsverfahrens	231
7.2.	Zuständigkeit für die Entscheidung (Abs. 4 Satz 1)	233
7.3.	Verfahrenseröffnung von Amts wegen	234
7.4.	Pflicht zur unverzüglichen Verfahrenseinleitung (Abs. 1 Satz 1)	235
7.5	Verfahrensrechte des Asylberechtigten oder Flüchtlings (Abs. 4 Satz 2 und 3)	240
7.6.	Entscheidungsprogramm des Bundesamtes	250
7.6.1.	Einstellung des Verfahrens	250
7.6.2.	Umfang des Aufhebungsbescheides	252
7.6.3.	Unzulässigkeit der Abschiebungsandrohung nach § 34	255
7.6.4.	Aufhebung der Feststellung nach § 60 Abs. 2 bis 7 AufenthG	258
7.6.5.	Verpflichtung zur Prüfung von Abschiebungshindernissen nach § 60 Abs. 2 bis 7 AufenthG	260
8.	Herausgabepflicht nach Abs. 6	264
8.1.	Umfang der Herausgabepflicht	264
8.2.	Voraussetzung der Unanfechtbarkeit der Aufhebung der Statusentscheidung (Abs. 6 Satz 1)	267
9.	Rechtsschutz	272
10.	Ausländerrechtliches Verfahren	276
10.1.	Zuständigkeit für den Erlass der Abschiebungsandrohung	276
10.2.	Aufenthaltsrechtlicher Schutz	279
10.2.1.	Asylberechtigte	279
10.2.1.1.	Statusgewährung nach dem 1. Januar 2005	279
10.2.1.2.	Behandlung von Altfällen	281
10.2.2.	Flüchtlinge nach § 60 Abs. 1 AufenthG	287
10.2.2.1.	Statusgewährung nach dem 1. Januar 2005	287
10.2.2.2.	Behandlung von Altfällen nach § 51 Abs. 1 AuslG 1990	289
10.2.3.	Aufhebung des Statusbescheides gemäß Abs. 2a Satz 3	290
10.2.4.	Erteilung der Niederlassungserlaubnis nach § 9 Abs. 1 Satz 1 in Verb. mit § 26 Abs. 4 AufenthG	291
10.2.4.1.	Keine zwingende Aufenthaltsbeendigung nach Statusaufhebung	291
10.2.4.2.	Keine akzessorische Bindung der Niederlassungserlaubnis nach § 9 Abs. 1 Satz 1 in Verb. mit § 26 Abs. 3 erster Halbsatz AufenthG an den asylrechtlichen Status	294
10.2.5.	Grundsätze für die Ausübung des Ermessens nach § 52 Abs. 1 Nr. 4 AufenthG	300
10.2.6.	Statusunabhängiges Aufenthaltsrecht	302
10.2.6.1.	Ermessensgrundsätze	302
10.2.6.2.	Aufenthaltserlaubnis nach § 25 Abs. 5 Satz 1 AufenthG	306
10.2.6.3.	Niederlassungserlaubnis nach § 26 Abs. 4 AufenthG	307

§ 73 Erlöschen der Rechtsstellung

1. Funktion der Vorschrift

1 Die Vorschrift des § 73 enthält eine Sonderregelung für die Aufhebung von Sachentscheidungen nach § 31. Die Widerrufsregelung nach Abs. 1 bezieht sich wie die allgemeine Vorschrift des § 49 VwVfG auf rechtmäßige Sachentscheidungen. Demgegenüber regelt die Rücknahmevorschrift des Abs. 2 wie § 48 VwVfG die Beseitigung rechtswidriger Entscheidungen des Bundesamtes. Die Regelungen in § 73 sind im Wesentlichen identisch mit den Bestimmungen in § 16 AsylVfG 1982.

2 Durch ÄnderungsG 1990 war bereits der nach § 51 I AuslG 1990 gewährte Abschiebungsschutz in die Widerrufsregelung einbezogen worden. An dessen Stelle tritt nunmehr die Widerrufsmöglichkeit des gewährten internationalen Schutzes nach § 60 I AufenthG. Auch für die Gewährung des Asylrechts nach § 26 in Abs. 1 S. 2 ist eine besondere Widerrufsregelung eingeführt worden. Der Gesetzgeber hat allerdings versäumt die Widerrufsregelung des Abs. 1 S. 2 an den mit Wirkung vom 1. Januar 2005 eingeführten Familienabschiebungsschutz anzupassen. Offen ist damit, ob der Familienabschiebungsschutz ebenso wie das Familienasyl nach Abs. 1 S. 2 widerrufen werden kann.

3 Mit Wirkung zum 1. Januar 2005 wurde durch das ZuwG die obligatorische Widerrufsanprüfung nach Abs. 2 a eingeführt, die in engem Sachzusammenhang mit § 26 III AufenthG steht. An sich bestätigt Abs. 2 a eine ohnehin nach Abs. 1 und Abs. 2 bestehende Rechtspflicht. Da das Bundesamt indes in den letzten Jahren eine flächendeckende statusaufhebende Verwaltungspraxis ohne Berücksichtigung der Sicherheitslage in den Herkunftsländern eingeführt hat, steht zu befürchten, dass die gesetzliche Neuregelung in Abs. 2 a die ausgelöste politische Dynamik um ein Vielfaches verstärken wird.

4 Wegen der Sachkompetenz des Bundesamtes für die Prüfung der Abschiebungshindernisse des § 60 II–VII AufenthG (§ 31 III) ist das Bundesamt auch für den Widerruf dieses Abschiebungsschutzes zuständig (Abs. 3). Eine Sonderregelung für den Widerruf des Abschiebungshindernisses des § 60 IV AufenthG enthält § 42. Wie früher (§ 16 III AsylVfG 1982) entscheidet der Leiter des Bundesamtes oder ein von ihm beauftragter Bediensteter (Abs. 4) über Wiederruf und Rücknahme.

5 Im engen Zusammenhang mit den Widerrufs- und Rücknahmeregelungen nach Abs. 1 und Abs. 2 stehen die Erlöschensregelungen des § 72. Während Widerruf und Rücknahme der nach § 31 getroffenen Sachentscheidung die Durchführung eines Verwaltungsverfahrens voraussetzen (Abs. 4), erlischt nach § 72 der gewährte Status bei Eingreifen eines Erlöschenstatbestandes ohne vorgängiges Verwaltungsverfahren kraft Gesetzes. Demgegenüber ist nach Art. 14 I der Qualifikationsrichtlinie für alle Beendigungsgründe des Art. 1 C GFK ein vorgängiges Verwaltungsverfahren durchzuführen.

6 § 73 enthält Sonderregelungen für den Widerruf (Abs. 1) und die Rücknahme (Abs. 2). Sie lehnen sich an die allgemeinen verwaltungsrechtlichen Vorschriften an, verdrängen diese also im Umfang ihres Regelungsbereiches (offen gelassen BVerwG, NVwZ-RR 1997, 741 = EZAR 214 Nr. 7 = AuAS 1997, 240 (LS); umstritten). Ebenso wie in § 49 VwVfG zielt der Begriff des *Widerrufs* in Abs. 1 auf die Aufhebung *rechtmäßiger* Verwaltungsbescheide. Demge-

genüber regelt Abs. 2 in Anlehnung an § 48 VwVfG die *Rücknahme rechtswidriger* Veraltungsakte.

Die Rücknahmevorschrift geht mithin davon aus, dass die Voraussetzungen für die Asylrechtsgewährung bzw. die Feststellung nach § 60 I AufenthG von Anfang an nicht vorgelegen haben und es allein aufgrund unrichtiger bzw. unvollständiger Angaben des Asylsuchenden zu einer positiven Statusentscheidung gekommen ist. Demgegenüber regelt die Widerrufsbestimmung den Fall, dass diese Voraussetzungen im Zeitpunkt der Entscheidung zwar vorgelegen haben und die Statusentscheidung zwar rechtmäßig war, ihre Voraussetzungen jedoch nachträglich entfallen sind (BVerwG, EZAR 214 Nr. 2 = InfAuslR 1990, 245 = NVwZ 1990, 774; a. A. BVerwG, NVwZ-RR 1997, 741).

2. Ausschließliche Aufhebungsmöglichkeit nach Abs. 1 bis 3

2.1. Spezialitätscharakter von Abs. 1 bis Abs. 3

Nach der Rechtsprechung des BVerwG können zwar grundsätzlich die allgemeinen Vorschriften über Widerruf und Rücknahme nach § 49, § 48 VwVfG neben Abs. 1 und Abs. 2 angewendet werden (BVerwGE 112, 80 (88f.) = NVwZ 2001, 335 (337) = InfAuslR 2001, 532 = EZAR 214 Nr. 13 = AuAS 2001, 18). Das BVerwG verweist zur Unterstützung seiner Ansicht darauf, dass weder der Wortlaut noch die Entstehungsgeschichte des § 73 oder seiner Vorläufernorm § 16 AsylVfG 1982 einen abschließenden Charakter zwingend erscheinen ließen. Anderseits stellt das BVerwG jedoch fest, dass *ausschließlich* der Wegfall der Verfolgung den Widerruf rechtfertigt (BVerwG, EZAR 214 Nr. 13). Damit ist die Rechtsprechung des BVerwG dahin zu verstehen, dass neben Abs. 2 zwar die allgemeinen Vorschriften über Rücknahme und Widerruf angewendet werden können, hinsichtlich der Widerrufsvoraussetzungen Abs. 1 abschließenden Charakter hat.

Demgegenüber geht die obergerichtliche Rechtsprechung überwiegend von einem abschließenden Charakter der Vorschrift des § 73 aus (BayVGH, EZAR 214 Nr. 9; OVG Rh-Pf, NVwZ-Beil. 2001, 9 (10f.) = AuAS 2000, 138; OVG Rh-Pf, InfAuslR 2000, 468 = AuAS 2000, 82; VG Frankfurt am Main, NVwZ-Beil. 1996, 61 (62) = AuAS 1996, 106; VG Hannover, InfAuslR 2000, 43 (44); VG Düsseldorf, U. v. 22. 3. 2000 – 16 K 3261/99.A; VG Wiesbaden, B. v. 7. 11. 1996 – 6/1 E 30060/96; Renner, AuslR, § 73 AsylVfG Rdn. 21; GK-AsylVfG a. F., § 16 Rdn. 9; noch offen gelassen: BVerwG, InfAuslR 1990, 245 (246) = EZAR 214 Nr. 2, zu § 16 AsylVfG 1982; BVerwG, NVwZ-RR 1997, 741, zu Abs. 1; ebenso offengelassen Schenk, Asylrecht und Asylverfahrensrecht, Rdn. 211; Stelkens, ZAR 1985, 15 (16f.)).

Die Gegenansicht wird damit begründet, dass das VwVfG in seinen §§ 48, 49 als »Widerruf« die Aufhebung eines rechtmäßigen und als »Rücknahme« die Beseitigung eines rechtswidrigen Verwaltungsaktes bezeichne. Dieser Terminologie habe sich der Gesetzgeber des AsylVfG 1982 ebenso wie der des § 73 angeschlossen und dementsprechend in Abs. 1 den Widerruf rechtmäßig ergangener Statusentscheidungen und in Abs. 2 die Rücknahme rechtswidrig erfolgter Sachentscheidungen geregelt (VG Frankfurt am Main, NVwZ-Beil. 1996, 61 (62); so auch BVerwG, InfAuslR 1990, 245 (247)). Die Regelungen in Abs. 1 und Abs. 2 enthielten überdies teilweise engere Voraussetzungen für den Widerruf oder die Rücknahme eines Verwaltungsaktes als die allgemeinen Vorschriften der §§ 48, 49 VwVfG (VG Wiesbaden, B. v. 7. 11. 1996 – 6/1 E 30060/96).

11 Dieser Ansicht ist zuzustimmen. Die Aufhebungsmöglichkeiten nach Abs. 1 bis 3 berücksichtigen in spezifischer Weise die besonderen humanitären Interessen der Asylberechtigten und Flüchtlinge, sodass dem Bundesamt daneben für die Aufhebung der einmal gewährten Statusentscheidung der Rückgriff auf §§ 48, 49 VwVfG versperrt ist. So ist etwa dem allgemeinen Verwaltungsverfahrensrecht eine der Vorschrift des Abs. 1 S. 3 vergleichbare Regelung fremd. Fasst die Vorschrift des § 73 die Aufhebungsmöglichkeiten des Bundesamtes gegenüber den allgemeinen Regelungen teilweise enger, enthält sie andererseits aber auch zu Lasten der Verfolgten wesentlich strengere Vorschriften als die §§ 48, 49 VwVfG.

12 Anders als nach allgemeinem Recht (vgl. §§ 48, 49 VwVfG), stehen Widerruf und Rücknahme nach Abs. 1 bis 3 *nicht* im Ermessen des Bundesamtes. Vielmehr ist *zwingend* zu widerrufen, wenn die Widerrufsvoraussetzungen vorliegen. Auch ist dem allgemeinen Verwaltungsverfahrensrecht entsprechend seinem Ermessenscharakter eine behördliche Verpflichtung zum »*unverzüglichen*« Widerruf fremd.

13 Wegen dieses besonderen Charakters des § 73, der einerseits die Belange der Verfolgten, andererseits die öffentlichen Interessen an der Beseitigung einer dem Betroffenen nicht mehr zustehenden Rechtsposition (BVerwG, NVwZ-RR 1997, 741; VGH BW, AuAS 1997, 162 (163)) berücksichtigt, ist dem Bundesamt mithin für die Aufhebung der gewährten Statusentscheidung der Rückgriff auf §§ 48, 49 VwVfG zusätzlich zu den in Abs. 1 bis Abs. 3 vorgesehenen Möglichkeiten versperrt. Hiervon zu unterscheiden ist die Frage, ob das Bundesamt zugunsten des Asylberechtigten die Vorschriften der §§ 48, 49 VwVfG berücksichtigen muss. Dies betrifft insbesondere die Frage der versehentlich gewährten Statusentscheidung.

2.2. Unzulässigkeit der »freien Aufhebung« von Statusentscheidungen

14 Dem Bundesamt ist nach der Rechtsprechung des BVerwG die »freie Aufhebung« von Sachentscheidungen nach § 31 versagt. Eine »freie« Aufhebung wirksam gewordener Verwaltungsakte, eine Aufhebung also, die nicht den hierfür maßgeblichen gesetzlichen Anforderungen entspricht, ist mithin unzulässig (BVerwG, InfAuslR 1990, 245 (246) = NVwZ 1990, 774 = EZAR 214 Nr. 2; VG Hannover, InfAuslR 2000, 43). Offen ist, ob damit eine Aufhebung der nach § 31 getroffenen Sachentscheidung nur nach Maßgabe der Vorschriften des Abs. 1 bis 3 oder auch aufgrund anderer, außerhalb des AsylVfG geregelter Vorschriften in Betracht kommt.
Wegen des besonderen Charakters der Aufhebungsvorschriften des Abs. 1 bis Abs. 3 scheidet als Ermächtigungsgrundlage für eine Aufhebung der

Widerruf und Rücknahme § 73

Sachentscheidung eine Berufung auf § 49 VwVfG zwar aus (Rdn. 8). Fraglich ist jedoch, ob neben § 49 VwVfG nicht andere gesetzliche Vorschriften die Aufhebung der Sachentscheidung nach § 31 ermöglichen.

15 Das BVerwG hat hierzu festgestellt, dass die Aufhebung von Verwaltungsakten, die durch Bekanntgabe wirksam geworden sind, unabhängig von der dem Adressaten durch sie verliehenen Rechtsposition gemäß § 43 II VwVfG wirksam bleiben, solange und soweit sie nicht zurückgenommen, widerrufen, anderweitig aufgehoben oder durch Zeitablauf oder auf andere Weise erledigt sind (BVerwG, InfAuslR 1990, 245 (246)).

16 Eine Beseitigung der Statusentscheidung *durch Zeitablauf* ist denklogisch nicht möglich: Die gewährte Statusentscheidung ist nicht befristet oder auflösend bedingt. Verändern sich die politischen Verhältnisse im Herkunftsstaat des Asylberechtigten im Laufe der Zeit, liegt ein typischer Widerrufsgrund nach Abs. 1 S. 1 2. HS vor, sodass keine automatische Aufhebung der Statusentscheidung in Betracht kommt, sondern ein Widerrufsverfahren durchzuführen ist. Eine Erledigung »*auf andere Weise*« ist grundsätzlich nicht denkbar. Nur im Falle des Todes des Begünstigten, der nach allgemeinem Verwaltungsverfahrensrecht eine Erledigung des Verwaltungsaktes zur Folge hat (BVerwGE 84, 274 (275f.)), erledigt sich der Statusbescheid nach § 31.

17 Im allgemeinen Verwaltungsverfahren erledigt sich der Bescheid darüber hinaus auch durch Verzicht (BVerwG, NVwZ 1990, 464) oder durch Antragsrücknahme (BVerwGE 30, 185 (187); BVerwG, NJW 1980, 1120 (1121); BVerwG, NJW 1988, 275; Stelkens, ZAR 1985, 15 (17)). Beide Fälle sind im Asylverfahrensrecht speziell geregelt: Der Verzicht auf den gewährten Status und die Antragsrücknahme vor Eintritt der Unanfechtbarkeit des gewährten Status führen kraft Gesetzes zum Erlöschen des Verwaltungsaktes (vgl. § 72 I Nr. 4). Die Antragsrücknahme vor der Sachentscheidung ist in § 32 geregelt.

18 Auch nach der Rechtsprechung des BVerwG ist im Asylrecht eine Beseitigung der Wirksamkeit der gewährten Statusentscheidung weder durch Zeitablauf noch durch Erledigung auf andere Weise möglich (BVerwG, InfAuslR 1990, 245 (246)). Dies hat seinen Grund in dem verfassungsrechtlich verankerten Grundsatz, dass der festgestellte Tatbestand der Verfolgung auf objektiven Voraussetzungen beruht (BVerfGE 54, 341 (358) = DÖV 1981, 21 = DVBl. 1981, 115 = EuGRZ 1980, 556 = JZ 1981, 804 = BayVBl. 1980, 717 = EZAR 200 Nr. 1). Solange diese Voraussetzungen fortdauern, kann die Wirksamkeit der auf der Feststellung der Verfolgung beruhenden Sachentscheidung nach § 31 nicht durch Zeitablauf oder auf andere Weise entfallen. Für den Spezialfall der Beendigung des Rechtsstatus trotz Fortdauerns der Verfolgung enthält § 72 abschließende Regelungen, etwa der Eintritt des Erlöschenstatbestandes nach § 72 I Nr. 3 wegen des Eingreifens des Schutzes durch eine neue Staatsangehörigkeit.

19 Bei einer Änderung der Sach- und Rechtslage bleibt der Statusbescheid wirksam, erledigt sich also nicht von selbst. Vielmehr ist in diesem Fall auch nach allgemeinem Verwaltungsverfahrensrecht der Bescheid zu widerrufen oder abzuändern (Kluth, NVwZ 1990, 608 (612); Kopp, VwVfG, § 43 Rdn. 18). Im Asylverfahren ist der Widerruf in Abs. 1 S. 1 geregelt. Ändert sich die Sachlage nachträglich, weil sich etwa herausstellt, dass im Asylverfahren vorgeleg-

te Dokumente gefälscht sind, ist der Statusbescheid nicht frei abzuändern, sondern nach Abs. 2 zurückzunehmen.

20 Dies verdeutlicht, dass die Aufhebungsmöglichkeiten nach Abs. 1 bis 3 erschöpfend sind und bis auf den Fall des Todes des Begünstigten eine Erledigung des Statusbescheids auf andere Weise nicht denkbar ist. Aus Art. 1 C GFK folgt darüber hinaus eine völkerrechtliche Verpflichtung, die Beendigung des gewährten Asylstatus von keinen anderen als den dort geregelten Voraussetzungen abhängig zu machen. Innerstaatliches Recht, das dieser völkerrechtlichen Verpflichtung zuwiderläuft, ist nicht erkennbar.

21 Auch eine »*anderweitige Aufhebung*« des Statusbescheides nach § 43 II VwVfG ist im Asylverfahren nicht denkbar. Nach der Rechtsprechung des BVerwG kommt eine anderweitige Aufhebung nach § 43 II VwVfG nur aufgrund einer Entscheidung der Verwaltung gemäß §§ 72, 73 VwGO oder des Verwaltungsgerichtes nach § 113 I VwGO in Betracht (BVerwG, InfAuslR 1990, 245 (246)). Da die Vorschriften der §§ 72, 73 VwGO ausschließlich auf die Befugnisse der Widerspruchsbehörde nach Einlegung des Widerspruchs verweisen, nach § 11 gegen Maßnahmen und Entscheidungen nach diesem Gesetz kein Widerspruch stattfindet, kann die Vorschrift des § 72 VwGO im Asylverfahrensrecht keine Anwendung finden.

22 Die Vorschrift des § 113 I VwGO regelt die Aufhebung eines Verwaltungsaktes unmittelbar durch verwaltungsgerichtliches Urteil, gibt dem Bundesamt damit nicht die Befugnis, von sich aus – unabhängig von den Vorschriften des Abs. 1 bis Abs. 3 – einen einmal getroffenen Verwaltungsakt aufzuheben. Damit ist festzuhalten, dass § 43 II VwVfG dem Bundesamt über die in Abs. 1 bis Abs. 3 vorgesehenen Befugnisse hinaus keine weiteren gesetzlich geregelten Aufhebungsmöglichkeiten eröffnet. Daher kann die Sachentscheidung nach § 31 *ausschließlich* nach Maßgabe der Vorschriften von Abs. 1 bis Abs. 3 aufgehoben werden. Allerdings können nach der Rechtsprechung des BVerwG die allgemeinen Vorschriften über die Rücknahme nach § 49 VwVfG neben Abs. 2 angewendet werden (BVerwG, NVwZ 2001, 335 (337) = InfAuslR 2001, 532 = EZAR 214 Nr. 13 = AuAS 2001, 18; s. hierzu Rdn. 23 ff, 181 ff.).

2.3. Rechtswidrige Statusentscheidung nach § 31

2.3.1. Der versehentlich erlassene Statusbescheid

23 Hat das Bundesamt infolge eines redaktionellen Versehens, etwa weil es irrtümlich von der Rechtskraft des verwaltungsgerichtlichen Verpflichtungsurteils ausgegangen ist, die Statusentscheidung getroffen, kann es diese nicht, ohne dass die Voraussetzungen nach Abs. 1 S. 1 2. HS vorliegen, widerrufen (BVerwG, InfAuslR 1990, 245 (246f.) = NVwZ 1990, 774 = EZAR 214 Nr. 2; VG Frankfurt am Main, NVwZ-Beil. 1996, 61 (62) = AuAS 1996, 106; Hess. VGH, NVwZ-Beil. 2003, 74 (75)). Ebenso ist ein Widerruf ausgeschlossen, wenn sich nachträglich aufgrund einer veränderten Erkenntnislage der Statusbescheid als rechtswidrig erweist (BVerwGE 112, 80 (82f.) = NVwZ 2001, 335 = InfAuslR 2001, 532 = EZAR 214 Nr. 13 = AuAS 2001, 18; Hess.VGH, NVwZ-Beil. 2003, 74 (75); VG Gießen, NVwZ-Beil. 2000, 19 (20)).

Widerruf und Rücknahme § 73

Darüber hinaus kann das Bundesamt den versehentlich erlassenen Asylbescheid auch in dem Fall nicht nach Abs. 1 1. HS widerrufen, in dem es etwa durch verwaltungsgerichtliches Verpflichtungsurteil nur zur Feststellung nach § 60 I AufenthG verpflichtet worden ist, sich aber irrtümlich verpflichtet glaubte, auch den Asylstatus zu gewähren (VGH BW, NVwZ 2001, 460; VG Freiburg, NVwZ-Beil. 2001, 104; VG Wiesbaden, B. v. 7. 11. 1996 – 6/1 E 30060/96; a. A. BayVGH, 2001, 23 (24)). 24

Demgegenüber kann nach der Rechtsprechung des BVerwG die Korrektur versehentlich ergangener Statusentscheidungen nach Maßgabe der §§ 48, 49 VwVfG erfolgen (BVerwG, InfAuslR 1990, 245 (246); s. jetzt aber auch BVerwGE 112, 80 (91 f.) = NVwZ 2001, 335 = InfAuslR 2001, 532 = EZAR 214 Nr. 13 = AuAS 2001, 18). In diesem Fall muss das Bundesamt über die Aufhebung jedoch *nach pflichtgemäßem Ermessen* entscheiden. In dem Hinweis auf die fehlende Rechtskraft des verwaltungsgerichtlichen Urteils und ein dem Bundesamt insoweit unterlaufenes »redaktionelles Versehen« ist jedoch keine Ermessensentscheidung zu sehen (BVerwG, InfAuslR 1990, 245 (246)). 25

Da der Verweis auf das »redaktionelle Versehen« die Ermessensbetätigung nicht ersetzt, kann das Bundesamt die Aufhebung der Sachentscheidung auch nicht damit begründen, es habe sich irrtümlich zu einer Asylanerkennung verpflichtet gefühlt, obwohl es nach dem Urteilstenor nur zur Gewährung von Abschiebungsschutz nach § 60 I AufenthG verpflichtet war. 26

Anders liegt der Fall, in dem das Bundesamt eine Statusentscheidung nach § 31 II 1 trifft, obwohl die Voraussetzungen der Verfolgung von Anfang an nicht vorgelegen haben. Beruht die Statusentscheidung auf unrichtigen Angaben oder dem Verschweigen wesentlicher Tatsachen, ist der Bescheid nach Abs. 2 zurückzunehmen. Hat das Bundesamt demgegenüber irrtümlich die Sachentscheidung nach § 31 II 1 getroffen, obwohl es keinerlei Feststellungen zur Verfolgung des Begünstigten getroffen hat, weil es etwa die Akten verwechselt hat oder die Entscheidung auf sonstigen groben organisatorisch bedingten Mängeln beruht, mag man ausnahmsweise die Aufhebung nach §§ 48, 49 VwVfG nach pflichtgemäßem Ermessen in Betracht ziehen. 27

2.3.2. Statusgewährung aufgrund rechtskräftigen, aber rechtswidrigen Verpflichtungsurteils

Dem Bundesamt steht nicht die Befugnis zum Widerruf zu, wenn es aufgrund rechtskräftiger Verurteilung den Asylstatus gewährt, das Verwaltungsgericht den Asylanspruch jedoch zu Unrecht angenommen hat. In diesem Fall kann es den Bescheid nur widerrufen, wenn aufgrund nachträglicher Veränderungen die Voraussetzungen für die stattgebende Entscheidung nachträglich entfallen sind (BVerwGE 108, 30 (34) = EZAR 214 Nr. 10 = NVwZ 1999, 302 = InfAuslR1999, 143; Hess.VGH, NVwZ-RR 1994, 234; ebenso für die Rücknahme VG Gießen, AuAS 1998, 166 (167 f.); VG Gießen, NVwZ-Beil. 2000, 19 (20)). 28

Dem steht nicht entgegen, dass nach der Rechtsprechung Abs. 1 S. 1 das Bundesamt auch dann zum Widerruf berechtigt, wenn der Statusbescheid zu Unrecht ergangen ist (BVerwG, NVwZ-RR 1997, 741 = EZAR 214 Nr. 7 = AuAS 1997, 240 (LS); VGH BW, VBlBW 1997, 151 (152); VG Ansbach, Inf- 29

AuslR 1996, 372 (373)). Denn Voraussetzung für den Widerruf einer zu Unrecht ergangenen Sachentscheidung ist stets, dass die in Abs. 1 S. 1 genannten Widerrufsvoraussetzungen vorliegen (BVerwGE 108, 30 (34) = EZAR 214 Nr. 10 = NVwZ 1999, 302 = InfAuslR1999, 143; BVerwG, NVwZ-RR 1997, 741 = AuAS 1997, 240 (LS); VGH BW, VBlBW 1997, 151 (152); VG Ansbach, InfAuslR 1996, 372 (373)). Eine irrtümlich ergangene Statusentscheidung nach § 31 kann daher nicht »frei« aufgehoben werden. Vielmehr ist das Bundesamt nur dann zum Widerruf nach Abs. 1 S. 1 befugt, wenn nach dem Erlass der Entscheidung die Voraussetzungen der Verfolgung entfallen sind.

30 Aus dieser Rechtsprechung wird ersichtlich, dass der Widerruf nach Abs. 1 S. 1 nur dann zulässig ist, wenn nach dem Zeitpunkt des Erlasses des Verpflichtungsurteils (BVerwGE 118, 174 (177) = EZAR 214 Nr. 15 = NVwZ 2004, 113 = AuAS 2004, 56) die tatbestandlichen Voraussetzungen der Verfolgung entfallen sind.

2.3.3. Abgrenzung des rechtswidrigen Statusbescheids von der Rücknahme nach Abs. 2

31 Von der rechtswidrig ergangenen Entscheidung infolge eines redaktionellen Versehens oder sonstiger fehlerhafter Anwendung der gesetzlichen Vorschriften durch das Bundesamt zu trennen ist damit die rechtswidrig erlangte Rechtsstellung aufgrund unrichtiger oder Verschweigens wesentlicher Tatsachen. Beruht die Rechtswidrigkeit auf der fehlerhaften Anwendung des Rechts durch die Behörde, kann die Aufhebung des Bescheids nur unter den Voraussetzungen des Abs. 1 S. 1 erfolgen, hat sie ihren Grund im fehlerhaften Verhalten des Asylsuchenden, ist er nach Abs. 2 zurückzunehmen.

32 In keinem Fall kann jedoch die zwingende Schutznorm des Abs. 1 S. 1 umgangen werden, wenn nachträglich Streit über die tatsächlichen oder rechtlichen Voraussetzungen einer einmal gewährten Statusentscheidung nach § 31 entsteht. Dieser Streit ist im anschließenden Verwaltungsprozess zu klären. Ist der Bescheid demgegenüber in Bestandskraft erwachsen, weil das Verwaltungsgericht das Bundesamt zum Erlass des Bescheides verpflichtet hat, so kann dessen Aufhebung nur nach Maßgabe der Vorschrift des Abs. 1 S. 1 erfolgen.

2.4. Kein Erfordernis der Unanfechtbarkeit der gewährten Statusentscheidung nach § 31 für die Anwendung von Abs. 1 bis Abs. 3

33 Die Anwendung der Aufhebungsvorschriften nach Abs. 1 bis Abs. 3 erfordert nicht, dass der nach § 31 gewährte Statusbescheid bereits unanfechtbar geworden sein muss. Andernfalls hätte das Bundesamt die Möglichkeit, bis zum Eintritt der Bestandskraft seiner Entscheidung »frei« über die einmal getroffene Entscheidung zu verfügen. Dies ist nach der Rechtsprechung des BVerwG jedoch mit den gesetzlichen Vorschriften unvereinbar (BVerwG, InfAuslR 1990, 245 (246) = NVwZ 1990, 774 = EZAR 214 Nr. 2; Rdn. 5ff.).

34 Dass das Eingreifen der Schutzwirkung der Widerrufs- und Rücknahmevorschriften gegen die »freie« Aufhebung nicht vom Eintritt der Unanfechtbar-

keit der Statusentscheidung abhängig ist, ergibt sich bereits daraus, dass andernfalls die Rechtsprechung die Fälle der während des anhängigen Anfechtungsprozesses des Bundesbeauftragten erfolgten versehentlichen Asylanerkennung anders hätte lösen können. Wäre nämlich das Bundesamt bis zum Eintritt der Bestandskraft seines Bescheides frei, über diesen nach Gutdünken zu verfügen, wäre der Hinweis der Rechtsprechung auf das Erfordernis der nachträglich entstandenen Widerrufsvoraussetzungen nicht erforderlich (vgl. BVerwG, NVwZ-RR 1997, 741 = EZAR 214 Nr. 7 = AuAS 1997, 240 (LS); VGH BW, VBlBW 1997, 151 (152); VG Ansbach, InfAuslR 1996, 372 (373)).

Dementsprechend fordert die Rechtsprechung auch nicht, dass die Unanfechtbarkeit der Statusentscheidung Voraussetzung für die Anwendung der Widerrufsregelung nach Abs. 1 S. 1 sein muss (VG Frankfurt am Main, NVwZ-Beil. 1996, 61 (62); VG Ansbach, InfAuslR 1996, 372 (373)). Vielmehr zwingt bereits die Bekanntgabe der Statusentscheidung das Bundesamt nach § 43 II VwVfG dazu, nur nach Maßgabe der gesetzlichen Vorschriften die in Betracht gezogene Aufhebung durchzuführen (BVerwG, InfAuslR 1990, 245 (246)). 35

2.5. Kein Widerruf oder Rücknahme gegen ein Verpflichtungsurteil

Anders als im Falle des noch anfechtbaren positiven Statusbescheides versperrt das rechtskräftige Verpflichtungsurteil des Verwaltungsgerichts dem Bundesamt bei gleichbleibender Sach- und Rechtslage den Zugriff auf die in Abs. 1c3 geregelten Kompetenzen. Das Bundesamt hat deshalb auch ein seiner Meinung nach unrichtiges rechtskräftiges Urteils zu erfüllen und den Statusbescheid zu erlassen (BVerwGE 108, 30 (33) = EZAR 214 Nr. 10 = InfAuslR 1999, 143 = NVwZ 1999, 302; BVerwGE 108, 30 (32 f.) = EZAR 214 Nr. 10 = InfAuslR 1999, 143 = NVwZ 1999, 302 = AuAS 1999, 79; VGH BW, NVwZ 2001, 460; VG Freiburg, NVwZ-Beil. 104; VG Frankfurt am Main, NVwZ-Beil. 2003, 109 (110); a. A. BayVGH, AuAS 2001, 23 (24)). 36

Der Zweck des § 121 VwGO ist es zu verhindern, dass die aus einem festgestellten Tatbestand hergeleitete Rechtsfolge, über die durch Urteil entschieden worden ist, bei unveränderter Sach- und Rechtslage erneut – mit der Gefahr unterschiedlicher Ergebnisse – zum Gegenstand eines Verfahrens zwischen den selben Beteiligten gemacht wird (BVerwGE 108, 30 (32 f.) = EZAR 214 Nr. 10 = InfAuslR 1999, 143 = NVwZ 1999, 302). Daraus folgt, dass vor der Aufhebung eines gerichtlich angeordneten Statusbescheids stets zu prüfen ist, ob die Rechtskraft der Gerichtsentscheidung der Aufhebung des Statusbescheides entgegensteht. Ist dies der Fall, kann die Aufhebung erst erfolgen, wenn die rechtskräftige Entscheidung in dem dafür vorgesehenen Verfahren (vgl. § 153 VwGO) beseitigt worden ist (BVerwGE 108, 30 (34) = EZAR 214 Nr. 10 = InfAuslR 1999, 143 = NVwZ 1999, 302). 37

Der Widerruf des Statusbescheides nach § 31 I 1, der auf einer rechtskräftigen Gerichtsentscheidung beruht, ist deshalb nicht schon dann zulässig, wenn das Verwaltungsgericht den Asylanspruch zu Unrecht bejaht hat, sondern 38

§ 73   *Erlöschen der Rechtsstellung*

nur bei einer nachträglichen *Änderung der für das Urteil maßgeblichen Sach- und Rechtslage,* also dann, wenn aufgrund veränderter Umstände nach Erlass des Urteils die für den Asylanspruch maßgeblichen Voraussetzungen nachträglich weggefallen sind und damit nach Abs. 1 S. 1 der Widerruf zulässig ist (BVerwG, NVwZ 1999, 302; BVerwGE 108, 30 (34f.) = EZAR 214 Nr. 10 = InfAuslR 1999, 143 = NVwZ 1999, 302; Hess.VGH, NVwZ-RR 1994, 234; VGH BW, InfAuslR 1989, 139 (140); VGH BW, NVwZ 2001, 460; VG Freiburg, NVwZ-Beil. 2001, 104; VG Gießen, NVwZ-Beil. 2000, 19 (20); a. A. VGH BW, InfAuslR 1989, 139; BayVGH, AuAS 2001, 23 (24); unklar BayVGH, EZAR 214 Nr. 6).

39 Das Bundesamt bleibt deshalb solange zum Erlass des Statusbescheides verpflichtet, solange das Urteil nicht im Wege der Nichtigkeits- oder Restitutionsklage nach § 153 VwGO in Verb. mit §§ 578ff. ZPO aufgehoben wird (BVerwGE 108, 30 (34) = EZAR 214 Nr. 10 = InfAuslR 1999, 143 = NVwZ 1999, 302; VGH BW, NVwZ 2001, 460; VG Freiburg, NVwZ-Beil. 2001, 104). Die Verwaltung ist insbesondere nicht befugt, die Erfüllung eines rechtskräftigen Verpflichtungsurteils allein unter Berufung auf eine wesentliche Änderung der Sach- und Rechtslage zu unterlassen und zu diesem Zweck eine Vollstreckungsabwehrklage nach § 167 VwGO, § 767 ZPO zu erheben (BVerwGE 118, 174 (179f.) = EZAR 214 Nr. 15 = NVwZ 2004, 113 = AuAS 2004, 56).

3. Widerruf der Statusentscheidung nach § 31 Abs. 2 Satz 1 (Abs. 1)

3.1. Zweck der Widerrufsregelung nach Abs. 1

40 Nach Abs. 1 S. 1 sind die Asylanerkennung und die Feststellung nach § 60 I AufenthG, also die Statusentscheidung nach § 31 I 1, unverzüglich zu widerrufen, wenn die Voraussetzungen für sie nicht mehr vorliegen. Die Widerrufsregelung des Abs. 1 S. 1 erfasst damit auch den isolierten Widerruf der Feststellung nach § 60 I AufenthG in den Fällen, in denen kein Asylrecht gewährt worden war, etwa weil der Asylsuchende darauf verzichtet hatte (§ 31 II 2) oder weil die Voraussetzungen für die Asylanerkennung nicht vorlagen.

41 Ein isolierter Widerruf der Asylanerkennung ist nicht zulässig, da der Widerrufsgrund des Abs. 1 S. 1 2. HS sich stets auf den Wegfall der Verfolgung bezieht, diese jedoch gemeinsame Voraussetzung für die Asylanerkennung wie für den internationalen Schutz nach § 60 I AufenthG ist. Nur im Fall des Familienasyls (Abs. 1 S. 2) reicht grundsätzlich der isolierte Widerruf der Asylanerkennung aus, da bei der Asylanerkennung nach § 26 regelmäßig von der Feststellung nach § 60 I AufenthG abgesehen wird (§ 31 V). Der Widerruf des festgestellten Abschiebungshindernisses nach § 60 II–VII AufenthG ist in Abs. 3 geregelt.

42 Während nach früherem Recht auch der freiwillige Verzicht auf den gewährten Rechtsstatus zur Einleitung eines Widerrufsverfahrens führte (§ 16 I Nr. 2 AsylVfG 1982), erlischt nach geltendem Recht in diesem Fall kraft Gesetzes der gewährte Status (§ 72 I Nr. 4; s. hierzu § 72 Rdn. 35ff.).

3.2. Widerrufsverpflichtung (Abs. 1 Satz 1)

Bereits mit Erlass des AsylVfG 1982 hatte der Gesetzgeber den Streit über den Rechtscharakter des asylspezifischen Widerrufs im Sinne einer zwingenden Regelung (so bereits BayVGH, DÖV 1980, 51; a. A. BayVGH, U. v. 2. 5. 1978 – Nr. 37 XII 78) entschieden. Da die Asylrechtsgewährung eine reine *Rechtsentscheidung* darstellt (BVerwGE 49, 211 (213) = EZAR 210 Nr. 1 = DÖV 1976, 94 = MDR 1976, 254 = BayVBl. 1976, 410; BayVGH, DÖV 1980, 51; so auch BVerwG, Buchholz 402.24 § 16 AsylVfG Nr. 1; VGH BW, InfAuslR 1987, 91), und die Frage, ob Verfolgung droht, nach objektiven Grundsätzen zu entscheiden ist (BVerfGE 54, 341 (359) = EZAR 200 Nr. 1 = NJW 1980, 2641), muss umgekehrt bei Wegfall der die Asylrechtsgewährung begründenden Voraussetzungen ebenfalls eine reine Rechtsentscheidung getroffen werden. Durch die Neuregelung in Abs. 2 a wird dieser Charakter des Widerrufsverfahrens nochmals bekräftigt 43

3.3. Das »Unverzüglichkeitsgebot« nach Abs. 1 Satz 1

In Abweichung vom früheren Recht erlegt der Gesetzgeber darüber hinaus dem Bundesamt die Verpflichtung auf, »*unverzüglich*« über den Widerruf zu entscheiden (BVerwG, NVwZ-RR 1997, 741 = EZAR 214 Nr. 7 = AuAS 1997, 240 (LS); Hess.VGH, NVwZ-Beil. 2003, 74 (78); VGH BW, AuAS 1997, 162 (163); OVG Rh-Pf, InfAuslR 2000, 468; VG Frankfurt a. M, InfAuslR 2000, 469; VG Gießen, AuAS 2004, 70 (71); Schenk, Asylrecht und Asylverfahrensrecht, Rdn. 211). Die Fristregelung des § 48 IV in Verb. mit § 49 II 2 VwVfG ist nicht anwendbar (BVerwGE 112, 80 (91) = NVwZ 2001, 335 = InfAuslR 2001, 532 = EZAR 214 Nr. 13; OVG Rh-Pf, InfAuslR 2000, 468; offen gelassen VGH BW, InfAuslR 2003, 455 = NVwZ-Beil. 2003, 101 = AuAS 2003, 274). 44

Nach Auffassung der herrschenden Meinung dient das Unverzüglichkeitsgebot ausschließlich dem öffentlichen Interesse (BVerwG, NVwZ-RR 1997, 741 = EZAR 214 Nr. 7 = AuAS 1997, 240 (LS); Hess.VGH, NVwZ-Beil. 2003, 74 (78); VGH BW, AuAS 1997, 162 (163); OVG Rh-Pf, InfAuslR 2000, 468), sodass der vom Widerruf Betroffene bei einer Verletzung des Unverzüglichkeitsgebotes kein rechtlich geschütztes Interesse am Bestandsschutz geltend machen kann. Nach Auffassung des BVerfG ist die herrschende Meinung weder willkürlich noch sonst verfassungsrechtlich bedenklich (BerfG (Kammer), B. v. 23. 7. 2004 – 2 BvR 1056/04) 45

Demgegenüber ist nach der Mindermeinung das Vertrauen des Betroffenen geschützt. Sei ein Widerruf nach Veränderung der tatsächlichen Verhältnisse auf gesicherter Prognosegrundlage möglich und unterbleibe diese über mehrere Jahre, so sei Abs. 1 S. 1 »*im Sinne einer das Vertrauen des Adressaten schützenden Ausschlussfrist*« auszulegen (VG Frankfurt a. M., InfAuslR 2000, 469 (472); VG Stuttgart, NVwZ-Beil. 2003, 78 = InfAuslR 2003, 261 = AuAS 2003, 82. 46

Der herrschenden Rechtsprechung wird man nur folgen können, wenn die Prognosetatsachen tatsächlich hinreichend zuverlässig einen Widerruf der 47

Statusentscheidung zulassen, das Bundesamt indes keine organisatorischen, planmäßigen und systematischen Vorkehrungen zur Einleitung einer Widerrufspraxis getroffen hat. Wartet es hingegen eine noch nicht abgeschlossene Entwicklung ab und leitet es lediglich in Einzelfällen Widerrufsverfahren ein, wird man einen Vertrauenstatbestand nicht annehmen können.

48 Daraus ergibt sich auch, dass die Feststellung einer Verletzung des Unverzüglichkeitsgebotes auf Schwierigkeiten stößt. Denn bei unsicheren Verhältnisse im Herkunftsland ist ein Widerruf nicht zulässig. Erst wenn sich die Situation nachhaltig stabilisiert hat, darf der Widerruf verfügt werden. Dabei handelt es sich jedoch um einen prozesshaften Vorgang, sodass der zeitliche Anknüpfungspunkt für das Unverzüglichkeitsgebot nicht präzis festgelegt werden kann. Dem Unverzüglichkeitsgebot korrespondiert damit die Verpflichtung, bei instabilen allgemeinen Verhältnissen mit dem Widerruf zuzuwarten bis eine hinreichend verlässliche Prognose möglich ist.

3.4. Abgrenzung zwischen Widerruf (Abs. 1 Satz 1) und Rücknahme (Abs. 2)

3.4.1. Allgemeines

49 In Anlehnung an die Vorschrift des § 49 VwVfG zielt der Begriff des *Widerrufs* in Abs. 1 S. 1 auf die Aufhebung *rechtmäßiger* Verwaltungsbescheide. Demgegenüber regelt Abs. 2 in Anlehnung an § 48 VwVfG die *Rücknahme rechtswidriger* Verwaltungsakte. Die Rücknahmevorschrift geht mithin davon aus, dass die Voraussetzungen für die Asylrechtsgewährung bzw. die Feststellung nach § 60 I AufenthG von Anfang an nicht vorgelegen haben und es allein aufgrund unrichtiger bzw. unvollständiger Angaben des Asylsuchenden zu einer positiven Statusentscheidung gekommen ist.

50 Demgegenüber regelt die Widerrufsbestimmung den Fall, dass diese Voraussetzungen im Zeitpunkt der Entscheidung zwar vorgelegen haben und die Statusentscheidung rechtmäßig war, ihre Voraussetzungen jedoch nachträglich entfallen sind (BVerwG, EZAR 214 Nr. 2 = InfAuslR 1990, 245 = NVwZ 1990, 774; a. A. BVerwG, NVwZ-RR 1997, 741 = EZAR 214 Nr. 7 = AuAS 1997, 240 (LS); zur Abgrenzung s. auch BVerwGE 108, 30 (35) = NVwZ 1999, 302 (303)). Bei beiden Maßnahmen handelt es sich um gebundene Verwaltungsentscheidungen, die prinzipiell auf dieselbe Rechtsfolge gerichtet sind, auch wenn die Wirkung der Aufhebung in zeitlicher Hinsicht differieren mag (BVerwGE 108, 30 (35) = EZAR 214 Nr. 10 = InfAuslR 1999, 143 = NVwZ 1999, 302).

3.4.2. Fehlerhafte Prognoseentscheidung

51 Ebenso wenig kommt ein Widerruf in Betracht, wenn eine nachträglich bekannt gewordene neue Erkenntnislage dem Erlass des Statusbescheides entgegen gestanden hätte (BVerwGE 112, 80 82f.) = NVwZ 2001, 335 = InfAuslR 2001, 532 = EZAR 214 Nr. 13 = AuAS 2001, 18; Bay VGH, AuAS 2001, 23). Erst recht kommt ein Widerruf nicht in Betracht, wenn nachträglich festgestellt wird, dass die ursprüngliche Verfolgungsprognose falsch gewesen (VGH BW, NVwZ 2001, 460; ess.VGH, NVwZ-Beil. 2003, 74 (75)) oder sonst-

wie von Anfang an fehlerhaft gewesen ist, wenn die Verfolgungsgefahr fortdauert (OVG SA; U. v. 26. 1. 2000 – A 1 S 174/99).

Vereinzelt wird hingegen vertreten, es sei anerkannt, dass die Möglichkeit des Widerrufs – über den als klarstellende Betonung des weitergehenden Anwendungsbereichs gegenüber der Rücknahme zu verstehenden Wortlaut hinaus – auch bei rechtswidrigen Verwaltungsakten gelte, da der rechtswidrige Verwaltungsakt keinen stärkeren Schutz verdiene als der rechtmäßige (VG Koblenz, InfAuslR 1995, 428 (429); VG Ansbach, InfAuslR 1996, 372 (373)). 52

Demgegenüber rechtfertigt nach dem BVerwG die fehlerhafte Statusentscheidung nicht den Widerruf nach Abs. 1 S. 1, wenn nicht zugleich festgestellt werden kann, dass ein Widerrufsgrund vorliegt (BVerwGE 112, 80 (82) = NVwZ 2001, 335 = InfAuslR 2001, 532 = EZAR 214 Nr. 13; BVerwG, NVwZ-RR 1997, 741). Es komme in diesen Fällen jedoch eine ergänzende Anwendung von § 48 VwVfG in Betracht. Erkenne das Bundesamt die Rechtswidrigkeit der Statusgewährung, stehe ihm regelmäßig ein weites, auch etwaige Erwägungen zur Verfahrensökonomie einschließendes Ermessen bei der Frage zu, ob es überhaupt ein Rücknahmeverfahren einleite. Hierbei habe es stets auch zu erwägen, ob die Statusentscheidung mit Rückwirkung oder nur mit Wirkung für die Zukunft zurückgenommen werden solle. Auch habe es Anhaltspunkten einer Ermessensreduzierung nachzugehen (BVerwGE 112, 80 (91 f.) = NVwZ 2001, 335 = InfAuslR 2001, 532 = EZAR 214 Nr. 13; BVerwG, NVwZ-RR 1997, 741; Hess.VGH, NVwZ-Beil. 2003, 74 (78)). 53

Das vom Bundesamt auszuübende Rücknahmeermessen hat insbesondere Integrationsgesichtspunkte zu berücksichtigen, etwa dass der Betroffene mit seiner Familie im Bundesgebiet bereits einen mehrjährigen und gesicherten Aufenthalt innhat, selbst berufstätig ist und die Kinder die Schule besuchen bzw. studieren und fließend Deutsch sprechen (Hess.VGH, NVwZ-Beil. 2003, 74 (78)). 54

3.4.3. Statusgewährung trotz Fehlens einer Verfolgungsgefahr

Der Streit entzündet sich an den Fällen, in denen objektiv keine Verfolgungsgefahr bestand, das Bundesamt aber dennoch eine Statusentscheidung nach § 31 I 1 getroffen hat und diese Entscheidung nicht auf einem fehlerhaften Verhalten des Asylsuchenden im Sinne des Abs. 2 beruht. Hier besteht in der Tat eine Gesetzeslücke. Bislang hat die Rechtsprechung sich mit dieser Frage ausschließlich am Beispiel der *albanischen Botschaftsflüchtlinge* auseinandersetzen müssen. Für diese Fallgestaltungen ergeben sich im Hinblick auf die Aufhebungsmöglichkeit Rechtsprobleme. 55

Hierbei handelt es sich aber um besondere Ausnahmefälle, die nicht die grundsätzlich strikte Unterscheidung des Gesetzes zwischen dem Begriff des *Widerrufs* in Abs. 1 S. 1 einerseits, der auf die Aufhebung *rechtmäßiger* Verwaltungsbescheide gemünzt ist, und dem der *Rücknahme* andererseits, der auf die Aufhebung *rechtswidriger* Verwaltungsakte zielt, beseitigen können. 56

Das BVerwG hat nunmehr festgestellt, dass Abs. 1 zum Widerruf auch einer ursprünglich rechtswidrigen Anerkennung nur unter denselben Voraussetzungen wie beim Widerruf einer zu Recht erfolgten Anerkennung, d. h. bei 57 einer nachträglichen Änderung der Verhältnisse, ermächtige und verpflichte. Es sei für die Anwendbarkeit von Abs. 1 unerheblich, ob die Anerkennung rechtmäßig oder rechtswidrig erfolgt sei, da nach dieser Bestimmung auch rechtswidrige Anerkennungen zu widerrufen seien (BVerwG, NVwZ 2001, 335 = InfAuslR 2001, 532 = EZAR 214 Nr. 13 = AuAS 2001, 18; ebenso BayVGH, EZAR 214 Nr. 9; Hess.VGH, NVwZ-Beil. 2003, 74 (75); OVG SA, U. v. 26. 1. 2000 – A 1 S 174/99).

58 Der Anwendung von Abs. 1 auf rechtswidrige Verwaltungsakte stehe auch nicht entgegen, dass die Voraussetzungen einer zu Unrecht erfolgten Anerkennung im Nachhinein scheinbar nicht entfallen sein könnten, da sie begriffsnotwendig von Anfang an nicht vorgelegen hätten. Diese Sicht versperre den Blick auf den eigenständigen, nicht an die Rechtswidrigkeit des Ausgangsbescheids, sondern an die nachträgliche Veränderung der Verhältnisse im Verfolgerstaat anknüpfenden Regelungszweck der Widerrufsbestimmung (BVerwG, NVwZ 2001, 335 = InfAuslR 2001, 532 = EZAR 214 Nr. 13 = AuAS 2001, 18).

3.5. Widerrufsvoraussetzungen nach Abs. 1

3.5.1. Allgemeines

59 Nach der Rechtsprechung des BVerwG setzt Abs. 1 S. 1 neben dem Vorliegen der in Abs. 1 S. 1 2. HS genannten Widerrufsgründe lediglich voraus, dass der Statusbescheid nach § 31 I 1 ergangen ist (BVerwG, NVwZ-RR 1997, 741 = EZAR 214 Nr. 7 = AuAS 1997, 240 (LS)). Danach ist es unerheblich, ob der Statusbescheid rechtswidrig oder rechtmäßig gewesen ist (BVerwG, NVwZ-RR 1997, 741; BVerwG, NVwZ 2001, 335 = InfAuslR 2001, 532 = EZAR 214 Nr. 13 = AuAS 2001, 18; BVerwG, NVwZ 2005, 89 (90) = AuAS 2005, 5; BayVGH, EZAR 214 Nr. 9; VGH BW, VBlBW 1997, 151 (152); OVG Rh-Pf, AuAS 2000, 138 (140); VG Freiburg, NVwZ-Beil. 2001, 104). Das BVerwG hatte mit dieser Rechtsprechung einen Streit geklärt, der sich daran entzündet hatte, dass zunächst unklar war, ob das inzwischen durch das ZuwG mit Wirkung zum 1. Januar 2005 aufgehobene KontingentflüchtlingsG auf die albanischen Botschaftsflüchtlinge anzuwenden war: Das BVerwG hat diese Frage verneint (BVerwG, DVBl. 1996, 624 (625) = InfAuslR 1996, 322 = AuAS 1996, 166 = VBlBW 1996, 255 = EZAR 240 Nr. 6; a. A. VG Düsseldorf, U. v. 25 K 6585/ 93.A; VG Neustadt a. d. Weinstr., InfAuslR 1995, 36; Rdn. 21), sodass das AsylVfG und damit § 73 zu beachten war.

60 Der Statusbescheid ist zu widerrufen, wenn nachträglich die Voraussetzungen für diesen nicht mehr vorliegen (Abs. 1 S. 1 2. HS), die ursprünglich für den Erlass des Statusbescheides maßgebliche *Verfolgungsgefahr* also nachträglich *entfallen* ist. Unter welchen Voraussetzungen von einem Wegfall der ursprünglichen Verfolgungsgefahr ausgegangen werden kann, ist derzeit umstritten. Aus der Rechtsprechung des BVerwG leitet die obergerichtliche Rechtsprechung darüber hinaus ab, dass ein Widerruf nicht nur dann in Betracht kommt, wenn die anfänglich gegebenen Verfolgungsgründe im Nachhinein entfallen sind, sondern auch in den Fällen, in denen *nachträgliche Er-*

eignisse die ursprüngliche Verfolgungsfreiheit bestätigen ((OVG SA, U. v. 26. 1. 2000 – U. 26. 1. 2000 A 1 S 174/99). Andernfalls würde bei Fallkonstellationen, in denen von Anfang an objektiv keine verfolgungsbegründenden Umstände vorgelegen hätten und auch die Rücknahmevoraussetzungen nicht gegeben seien, niemals eine Aufhebung der zu Unrecht gewährten Rechtsstellung erfolgen können ((OVG SA, U. v. 26. 1. 2000 – U. 26. 1. 2000 A 1 S 174/99).

Nach Abs. 1 S. 2 ist das Familienasyl zu widerrufen, wenn die Statusberechtigung des Stammberechtigten entfallen ist. Darüber hinaus ist als negative Widerrufsvoraussetzung die humanitäre Klausel in Abs. 1 S. 3 zu beachten. Liegen deren Voraussetzungen vor, wird vom Erlass des Widerrufsbescheids abgesehen

3.5.2. Nachträglicher Wegfall der Verfolgungsgefahr

3.5.2.1. Einheitliche Behandlung der Asylanerkennung und des internationalen Schutzes nach § 60 Abs. 1 AufenthG

Nach Abs. 1 S. 1 ist die Asylanerkennung oder die Feststellung nach § 60 I AufenthG zu widerrufen, wenn die für die Rechtsgewährung maßgebenden objektiven Voraussetzungen *nachträglich* entfallen sind. Die Rechtsprechung behandelt die tatbestandlichen Voraussetzungen für die Asylanerkennung und für die Gewährung des internationalen Schutzes nach § 60 I AufenthG nach einheitlichen Grundsätzen. Während früher nach der Rechtsprechung des BVerwG hierfür die Deckungsgleichheit der tatbestandlichen Voraussetzungen beider Rechtsgrundlagen (BVerwG, EZAR 613 Nr. 25; BVerwG, EZAR 231 Nr. 4 = NVwZ-RR 1992, 584; BVerwG, EZAR 230 Nr. 2 = InfAuslR 1993, 119; BVerwG, EZAR 230 Nr. 3 = NVwZ 1994, 497 = InfAuslR 1994, 196) maßgebend war, dürfte sich nach geltender Rechtslage die insoweit veränderte materiellrechtliche Ausgangslage wohl kaum auf die tatsächlichen Widerrufsgrundlagen auswirken. Allerdings sind die Widerrufsvoraussetzungen jeweils gesondert in Anknüpfung an die Voraussetzungen der Asylanerkennung einerseits und an die Voraussetzungen nach § 60 I AufenthG andererseits zu prüfen.

3.5.2.2. Kein Widerruf bei nachträglicher Möglichkeit der Rückführung in einen »sonstigen Drittstaat« (§ 29 Abs. 2)

Ist die Asylanerkennung an einem sicheren Voraufenthalt in einem sonstigen Drittstaat gescheitert (vgl. § 27 I), so kann der wegen Unmöglichkeit der Rückführung (vgl. § 29 II 1) erlassene Feststellungsbescheid nach § 60 I AufenthG solange nicht widerrufen werden, wie die Gefahr der Verfolgung fortbesteht. Eröffnet sich indes nachträglich eine Rückführungsmöglichkeit in den sonstigen Drittstaat, berechtigt dies bei andauernder Gefahr politischer Verfolgung nicht zum Widerruf nach Abs. 1 S. 1.

Dagegen verweist das BVerwG ohne vertiefende Erörterung für den Fall der nachträglichen Eröffnung der Gewährung von Verfolgungssicherheit in einem dritten Staat auf das Widerrufsverfahren (BVerwG, InfAuslR 1989, 166). Dem kann nicht gefolgt werden. Die anderweitige Verfolgungssicherheit nach § 27 I begründet zwar eine materielle Ausschlusswirkung (BVerw-

GE 79, 347 (349) = EZAR 205 Nr. 9 = InfAuslR 1988, 297; BVerwG, NVwZ 1992, 380 (381)). Diese materielle Ausschlussregelung bezieht sich jedoch nur auf den *Voraufenthalt* in einem sonstigen Drittstaat (BVerwGE 79, 347 (349); BVerwG, NVwZ 1992, 380 (381)), nicht hingegen auf den *nachträglichen* sicheren Aufenthalt in irgendeinen Drittstaat (so aber wohl BVerwG, InfAuslR 1989, 166).

65 Daher ist daran festzuhalten, dass die materiellen Kriterien, welche für die Konkretisierung der Widerrufsgründe nach Abs. 1 S. 1 2. HS maßgebend sind, ihren Grund im Begriff des nachträglichen Wegfalls der Verfolgungsgefahr haben (so auch BVerwG, EZAR 214 Nr. 3; BVerwGE 112, 80 (82) = NVwZ 2001, 335 = InfAuslR 2001, 532 = EZAR 214 Nr. 13; OVG Rh-Pf, NVwZ-Beil. 2001, 9 (10)). Hat hingegen der Asylberechtigte oder Flüchtling in einem dritten Staat nachträglich Verfolgungssicherheit erlangt, hat die Ausländerbehörde nach § 51 VII AufenthG zu prüfen, ob dies unter den dort genannten Voraussetzungen die Versagung der begehrten Verlängerung des Aufenthaltstitels rechtfertigt. Damit ist hinreichend klargestellt, dass allein der nachträgliche Wegfall der Gefahr der Verfolgung den Widerruf des Statusbescheides nach § 31 II 1 rechtfertigt (so auch Renner, AuslR, § 73 AsylVfG; GK-AsylVfG a. F., § 16 Rdn. 14 ff.).

3.5.2.3. Voraussetzungen des nachträglichen Wegfalls der Verfolgungsgefahr

3.5.2.3.1. Ermittlungstiefe

66 Die für den Wegfall der Verfolgungsgefahr maßgeblichen Voraussetzungen können in den allgemeinen politischen und rechtlichen Verhältnissen des Herkunftsstaates oder in der Person des Begünstigten ihren Grund haben. Während im ersten Fall eine grundlegende Veränderung der allgemeinen politischen Verhältnisse im Herkunftsland den Widerruf rechtfertigen kann, muss sich bei den personenbezogenen Widerrufsgründen die allgemeine Situation nicht notwendigerweise verändert haben. In aller Regel müssen aber *besonders gelagerte Gründe* festgestellt werden können, um bei gleichbleibenden oder nur geringfügig veränderten Umständen wegen bestimmter Umstände in der Person des bislang politisch Verfolgten (etwa dauerhafte Rückkehr in den Herkunftsstaat) den Statusbescheid widerrufen zu können.

67 Denn auch bei den personenbezogenen Widerrufsgründen kommt es allein darauf an, ob die nach objektiven Kriterien zu bewertende Gefahr politischer Verfolgung (BVerfGE 54, 341 (359) = EZAR 200 Nr. 1 = InfAuslR 1980, 338) inzwischen entfallen ist. Das Bundesamt muss im einen wie im anderen Fall zuallererst *objektive Umstände und Tatsachen* feststellen und zuverlässige Feststellungen treffen, ob sich gegenüber der tatsächlichen Situation im Zeitpunkt der Statusentscheidung nunmehr die allgemeinen Verhältnisse entscheidungserheblich verändert haben. Hierfür können allgemeine Entwicklungen sowie – ausnahmsweise – auch individuelle Gründe in der Person des Statusberechtigten maßgebend sein.

3.5.2.3.2. Entscheidungserhebliche Veränderung der allgemeinen Verhältnisse im Herkunftsstaat

3.5.2.3.2.1. Zeitlicher Anknüpfungspunkt für die Beurteilung

Der Widerruf des Statusbescheides nach § 31 I 1 ist rechtmäßig, wenn die für den Erlass dieses Bescheides maßgebende Verfolgungsgefahr aufgrund einer grundlegenden Veränderung der *objektiven allgemeinen Verhältnisse im Herkunftsland* nachträglich entfallen ist (BVerwG, EZAR 214 Nr. 3; BVerwGE 112, 80 = NVwZ 2001, 335 = InfAuslR 2001, 532 = EZAR 214 Nr. 13 = AuAS 2001, 18; Hess.VGH, NVwZ-Beil. 2003, 74 (76); OVG Rh-Pf, NVwZ-Beil. 2001, 9 (10) = AuAS 2000, 140; OVG SA, U. v. 26. 1. 2000 – A 1 S 174/99). Eine nachträgliche Änderung der Sach- oder Rechtslage setzt einen *Vergleich der Verfolgungssituation vor und nach Erlass des Statusbescheids* voraus (OVG SA, U. v. 26. 1. 2000 – U. 26. 1. 2000 A 1 S 174/99). Insoweit ist jedoch grundsätzlich ein *strenger Maßstab* anzuwenden (BayVGH, DÖV 1980, 51; zustimmend Nieders.OVG, 29. 2. 1989 – 11 OVG 10/87; OVG SA, U. v. 26. 1. 2000 – U. 26. 1. 2000 A 1 S 174/99). Dies hat insbesondere für den anzuwendenden *Prognosemaßstab* (s. hierzu Rdn. 111 ff.) Bedeutung.

Zeitlicher Anknüpfungspunkt für den Wegfall der Verfolgungsgefahr ist der Zeitpunkt der Verwaltungsbescheides, wenn das Bundesamt ohne gerichtliche Verpflichtung den Statusbescheid erlassen hat. Hat es hingegen in Erfüllung eines rechtskräftigen Verpflichtungsurteils den Statusbescheid erlassen, ist auf den Zeitpunkt zurückzugreifen, zu dem das zum Statusbescheid verpflichtende Urteil ergangen ist. Abzustellen ist danach auf die Sach- und Rechtslage im Zeitpunkt der letzten mündlichen Verhandlung. Alle späteren Tatsachenlagen sind von dem rechtskräftigen Verpflichtungsurteil und damit auch von dem in Erfüllung eines solchen Urteils ergehenden Statusbescheids regelmäßig nicht erfasst (BVerwGE 118, 174 (177 f.) = EZAR 214 Nr. 15 = NVwZ 2004, 113 = AuAS 2004, 56; Nieders.OVG, AuAS 2002, 90 (91); VG Frankfurt am Main, AuAS 2003, 142 (143)).

Ob eine derartige Veränderung eingetreten ist, beurteilt sich nicht allein nach dem im Statusbescheid vom Bundesamt zu Grunde gelegten Sachverhalt, sondern nach den im maßgeblichen zeitlichen Anknüpfungspunkt im Verfolgerstaat tatsächlich herrschenden objektiven Verhältnissen (BVerwGE 112, 80 (84) = NVwZ 2001, 335 (336) = InfAuslR 2001, 532 = EZAR 214 Nr. 13). Ist danach im Vergleich zu den im Zeitpunkt des Erlasses des Statusbescheides tatsächlich herrschenden Verhältnissen keine wesentliche oder grundlegende Veränderung eingetreten, darf der Statusbescheid regelmäßig nicht widerrufen werden. Der Prüfungsrahmen bezieht sich dabei einschränkend nur auf die Umstände, die für den Erlass des Statusbescheids als maßgeblich angesehen wurden. Damit sind solche Gesichtspunkte ausgeklammert, die für die Erstentscheidung in keiner Weise von Bedeutung gewesen sind (OVG SA, U. v. 26. 1. 2000 – U. 26. 1. 2000 A 1 S 174/99).

3.5.2.3.2.2. Begriff des »Wegfalls der Umstände der Verfolgung«

Nach Abs. 1 S. 1 2. HS ist der Statusbescheid zu widerrufen, wenn die Voraussetzungen für diesen nicht mehr vorliegen. Voraussetzung für die Statusentscheidung ist die Verfolgungshandlung, die an Verfolgungsgründe (Art. 10 Qualifiaktionsrichtlinie) anknüpft, und die Aufhebung der Umstände, die zum Wegfall des nationalen Schutzes geführt haben. Ist Voraussetzung für die Statusgewährung nach § 60 I AufenthG die an Verfolgungsgründe anknüpfende Verfolgungshandlung *und* der Wegfall des nationalen Schutzes (Art. 6–8 Qualifikationsrichtlinie), so korrespondiert dem umgekehrt das Erfordernis, dass der Widerruf des Statusbescheides nur zulässig ist, wenn die tatbestandlichen Voraussetzungen für die Flüchtlingseigenschaft (Art. 13 Qualifikationsrichtlinie) nachträglich entfallen sind. Im Blick auf die Schutzbedürftigkeit des Flüchtlings sind diese Voraussetzungen aber erst entfallen, wenn der Wegfall des nationalen Schutzes entfallen, also wieder hergestellt ist. Nicht anders ist die Rechtslage beim Widerruf der Asylanerkennung

72 Hiermit nicht in Übereinstimmung steht die derzeitige Rechtsprechung (Nieders.OVG, NVwZ-RR 2004, 614 = AuAS 2004, 153; VGH BW, NVwZ-RR 2004, 790; BayVGH, InfAuslR 2005, 43 (44)) und die Verwaltungspraxis des Bundesamtes, die allein darauf abstellen, dass die Verfolgungsakteure (z. B. Saddam Hussein-Regime oder Taliban-Regime) weggefallen sind. Diese verkürzende Betrachtungsweise des Flüchtlingsschutzes wird weder völkerrechtlichen noch gemeinschaftsrechtlichen Vorgaben gerecht. Denn nach Art. 11 I Buchst. e) und f) der Qualifikationsrichtlinie kommt es für die Aufhebung des Statusbescheides in Übereinstimmung mit Art. 1 C Nr. 5 und 6 GFK darauf an, ob es der Flüchtling »nach Wegfall der Umstände, aufgrund deren er als Flüchtling anerkannt worden ist«, nicht mehr ablehnen kann, den Schutz des Herkunftslandes in Anspruch zu nehmen.

73 Die Umstände, aufgrund deren der Betroffene als Flüchtling anerkannt worden ist, beziehen sich jedoch auf die Verfolgungshandlung (Art. 9 der Richtlinie) und den Wegfall des nationalen Schutzes (Art. 6–8 der Richtlinie). Allein die erlittene oder drohende Verfolgungshandlung reicht für die Zuerkennung der Flüchtlingseigenschaft nicht aus. Unauflöslich verbunden mit der Verfolgungshandlung ist die Unmöglichkeit, im Herkunftsland Schutz zu erlangen. Allein ein Regimesturz oder die Auswechselung eines Regimes durch ein anderes, ohne dass sich zugleich die Verhältnisse grundlegend und dauerhaft geändert haben, beendet damit umgekehrt noch nicht die für die Anwendung von Art. 11 I Buchst. e) und f) der Qualifikationsrichtlinie maßgebenden Umstände.

74 Die Verfolgungshandlung durch einen bestimmten Verfolgungsakteur, die Anlass zur Flucht gegeben hat, dauert zwar nach einem Regimesturz nicht mehr an. Ratio der Statusgewährung ist jedoch die *internationale Schutzbedürftigkeit* wegen des *fehlenden nationalen Schutzes* vor Verfolgungen. Es kann den Beendigungsklauseln der Konvention kein auf eine bestimmte *nationale* Verfolgungshandlung bezogener Begriff der *internationalen* Schutzbedürftigkeit entnommen werden: Die Gewährung der Flüchtlingseigenschaft knüpft an eine bestimmte Verfolgung an, vor der im Herkunftsland kein Schutz verfügbar ist. Die fehlende nationale Schutzfähigkeit löst die internationale Schutzbedürftigkeit des Flüchtlings aus. Sie ist nicht an die bestimmte Verfolgungshandlung gebunden, welche die Schutzbedürftigkeit im nationalen Kontext

ausgelöst hatte. Mit Gewährung des internationalen Schutzes bleibt die Schutzbedürftigkeit vielmehr solange bestehen, bis im Herkunftsland wieder effektiver und dauerhafter nationaler Schutz gegen alle Verfolgungen und Übergriffe, die nicht mit hinreichender Wahrscheinlichkeit ausgeschlossen werden können, verfügbar ist.

Diesen unauflöslichen Sachzusammenhang zerreißen die deutsche Rechtsprechung und Verwaltungspraxis, wenn sie den Blick ausschließlich auf den Fortbestand des Verfolgers, nicht aber zugleich auch auf die andauernde Schutzlosigkeit wegen fehlender effektiver nationaler Schutzstrukturen richtet. Der deutschen Rechtsprechung liegt eine verengte Begriffsauslegung zugrunde, welche die Grundprinzipien des Begriffs der internationalen Schutzbedürftigkeit nicht berücksichtigt, um die Effizienz des Verwaltungshandelns zu sichern. Jedoch ist die bloße Herstellung von Abschiebungsreife kein Ausdruck effizienten Verwaltungshandelns, sondern kontraproduktiv. Da die Abschiebung aus Sicherheitsgründen nicht zulässig ist, fallen die ihrer bisherigen Rechtsstellung beraubten Flüchtlinge erneut dem Sozialsystem zur Last, verursachen erneute – unnötige – Verwaltungsverfahren und können nach achtzehn Monaten Aufenthaltsschutz beantragen (vgl. § 25 V 2 AufenthG; Rdn. 306).

Damit ist festzuhalten, dass der Flüchtling, der vor einer ihm drohenden Verfolgung fliehen musste, weil ihm im Herkunftsland kein effektiver Schutz gewährt worden ist, deshalb schutzbedürftig ist. Er bleibt es solange, wie ihm im Herkunftsland kein effektiver nationaler Schutz gewährt werden kann. Diese Anwendungsgrundsätze zu § 60 I AufenthG sind dem Prinzip der *Subsidiarität des Flüchtlingsschutzes* geschuldet. Weil der Flüchtlingsschutz auf diesem Prinzip beruht und deshalb Flüchtlingsschutz nicht gewährt wird, wenn im Herkunftsland effektiver Schutz verfügbar ist, kann ihm umgekehrt dieser Schutz nur entzogen werden, wenn der internationale Schutz deshalb subsidiär wird, weil im Herkunftsland aufgrund einer grundlegenden Veränderung ein dauerhafter Schutz verfügbar ist. Die internationale Gemeinschaft kann die Verantwortung für den Flüchtling erst dann wieder an den Herkunftsstaat übertragen, wenn dieser wirksamen Schutz gewähren kann. Die Beendigung der Flüchtlingseigenschaft soll nicht dazu führen, dass Flüchtlinge zur Rückkehr in instabile Verhältnisse gezwungen werden, da dies die Wahrscheinlichkeit einer dauerhaften Lösung im Herkunftsland verringern würde und darüber hinaus zusätzliche oder erneute Instabilität in andernfalls sich bessernden Verhältnissen verursachen könnte (UNHCR, NVwZ-Beil. 2003, 57 (58)).

3.5.2.3.2.3. Begriff der grundlegenden Änderung der Verhältnisse

Die Beendigung der Flüchtlingseigenschaft ist danach nur gerechtfertigt, wenn die Änderung der Verhältnisse im Herkunftsland *grundlegender Natur* und von *Dauer* ist und es dehalb dem Flüchtling wieder zugemutet werden kann, nationalen Schutz in Anspruch zu nehmen (UNHCR, NVwZ-Beil. 2003, 57 (58f.). Dem Zeitablauf kommt damit eine besondere Funktion zu. Daher darf nicht zu früh in die Widerrufsprüfung eingetreten werden. Vielmehr sind zunächst die Indizien auf eine verbesserte Menschenrechtslage hinreichend zuverlässig zu identifizieren und sodann zu prüfen, ob in diesen ein Hinweis auf eine wesentliche Verbesserung der Situation zu erkennen und ob die Prognose gerechtfertigt ist, dass diese dauerhaften Charakter aufweist. Insoweit trifft die Behörde eine strenge Begründungspflicht. Deshalb kann der Begriff der Unverzüglichkeit in Abs. 1 S. 1 auch nur prozesshaft verstanden werden (Rdn. 47 f.).

78 Soweit eine besondere Ursache für die Verfolgungsursache festgestellt wurde, hat die Beseitigung dieser Ursache eine größere Bedeutung als die Änderung anderer Umstände. Häufig sind jedoch die Verhältnisse innerhalb eines Landes miteinander verknüpft, seien es bewaffnete Konflikte, schwere Menschenrechtsverletzungen, schwere Diskriminierungen von Minderheiten oder das Fehlen von Rechtsstaatlichkeit. Es müssen deshalb alle entscheidenden Faktoren berücksichtigt werden. Eine Ende der Kampfhandlungen, umfassende politische Veränderungen und eine Rückkehr zu Frieden und Stabilität sind die typischen Situationen, in denen es zur Anwendung von Art. 1 C Nr. 5 und 6 GFK kommt (UNHCR, NVwZ-Beil. 2003, 57 (58); *Salomons/Hruschka*, ZAR 2004, 386 (389)).

79 Darüber hinaus müssen Entwicklungen, die bedeutende und grundlegende Änderungen zu offenbaren scheinen, sich zunächst konsolidieren können, bevor ein Widerruf in Erwägung gezogen wird. Gelegentlich kann bereits nach relativ kurzer Zeit beurteilt werden, ob grundlegende und dauerhafte Änderungen stattgefunden haben. Das ist z. B. der Fall, wenn friedliche Änderungen im Rahmen eines verfassungsmäßigen Verfahrens sowie freie und demokratische Wahlen mit einem echten Wechsel der Regierung stattfinden, die der Achtung der fundamentalen Menschenrechte verpflichtet ist, und wenn in dem Land eine relative politische und wirtschaftliche Stabilität vorherrscht (UNHCR, NVwZ-Beil. 2003, 57 (59). Auch wirtschaftliche Gründe können damit dem Widerruf entgegenstehen, wenn nicht gewährleistet erscheint, dass etwa für eine alleinstehende Frau nach der Rückkehr in den Herkunftsstaat das wirtschaftliche Überleben nicht gesichert ist (VG Frankfurt am Main, InfAuslR 2002, 371 (372)):

80 Eine beginnende Liberalisierung allein ist jedoch noch kein starkes Indiz für eine signifikante Änderung der allgemeinen Verhältnisse. So muss die relative Liberalisierung durch eine Regierung nicht zwangsläufig auch zu einem Nachlassen der politischen Repression gegenüber Oppositionellen führen (VG Ansbach, InfAuslR 1981, 108). Auch kann eine beginnende Demokratisierung zwar zu politischer Entkrampfung und mehr Freiraum z. B. für Sozialdemokraten oder bürgerliche Demokraten führen, ohne dass etwa die Verfolgung von Kommunisten nachlassen muss. *Parlamentswahlen* können im Einzelfall ein gewichtiges Indiz für eine veränderte allgemeine Situation sein. Voraussetzung ist jedoch, dass die verschiedenen politischen Kräfte gleiche Chancen haben und auch in tatsächlicher Hinsicht demokratische und politische Freiheit garantiert wird.

81 Dagegen wird mehr Zeit zur Beurteilung der Dauerhaftigkeit der Änderung benötigt, wenn die Änderungen gewaltsam, beispielsweise durch den Umsturz einer Regierung, herbeigeführt wurden. Unter derartigen Bedingungen muss die Menschenrechtssictuation besonders sorgfältig überprüft werden. Für den Wiederaufbau des Landes muss genügend Zeit eingeräumt wer-

den. Friedensvereinbarungen mit oppositionellen militanten Gruppen müssen sorgfältig überwacht werden. Das ist besonders wichtig, wenn die Konflikte zwischen verschiedenen Volksgruppen bestanden, da eine echte Versöhnung in diesen Fällen erfahrungsgemäß häufig nur schwer zu erreichen ist. Solange die landesweite Versöhnung nicht fest verankert und ein echter Landesfrieden wiederhergestellt ist, sind die eingetretenen politischen Änderungen möglicherweise nicht von Dauer (UNHCR, NVwZ-Beil. 2003, 57 (59); *Salomons/Hruschka*, ZAR 2004, 386 (389)).

Bei der Beurteilung, ob eine ausreichende Änderung der Umstände im Sinne von Art. 1 C Nr. 5 und 6 GFK eingetreten ist, kommt es darüber hinaus entscheidend darauf an, ob der Flüchtling tatsächlich den Schutz seines Herkunftslandes in Anspruch nehmen kann. Ein solcher Schutz muss daher wirksam und verfügbar sein. Eine rein physische Sicherheit für Leib und Leben ist nicht ausreichend. Erforderlich ist das Vorhandensein einer funktionierenden Regierung und grundlegender Verwaltungsstrukturen sowie das Vorhandensein einer angemessenen Infrastruktur, innerhalb der die Bevölkerung ihre Rechte ausüben kann, einschließlich ihres Rechtes auf ein Existenzgrundlage (UNHCR, NVwZ-Beil. 2003, 57 (59)). **82**

Die allgemeinen Verhältnisse müssen sorgfältig ermittelt und daraufhin überprüft werden, ob sich tatsächlich eine Liberalisierung abzeichnet. Zwar hat das BVerwG eher beiläufig festgestellt, auch aus dem Ablauf einer längeren Zeitspanne ohne besondere Ereignisse im Verfolgerstaat könne eine erhebliche, die Pflicht zum Widerruf begründende Veränderung der Verhältnisse folgen (BVerwGE 112, 80 (84) = NVwZ 2001, 335 (336) = InfAuslR 2001, 532). Dem kann in dieser Pauschalität nicht gefolgt werden. Es muss sich vielmehr stets um grundlegende und dauerhafte *Veränderungen* gegenüber der ursprünglichen Situation handeln. Gleichbleibende Verhältnisse stellen keine Änderung dar. Nicht das Fehlen besonderer Ereignisse, sondern der Eintritt besonderer Ereignisse, die den sicheren Schluss auf eine grundlegende Veränderung gegenüber der ursprünglichen Situation zulassen, rechtfertigen den Widerruf. Die eher beiläufig getroffene Anmerkung des BVerwG erfüllt diese Voraussetzungen nicht. Sie trägt vielmehr zur Verunsicherung der Asylberechtigten und Flüchtlinge bei. **83**

Insbesondere *Änderungen des ausländischen Rechts*, wie z. B. der Erlass eines *Amnestiegesetzes* (BVerwGE 112, 80 (84) = NVwZ 2001, 335 = InfAuslR 2001, 532 = EZAR 214 Nr. 13; BVerwG, NVwZ 1999, 302; BVerwGE 108, 30 (35) = EZAR 214 Nr. 10 = InfAuslR 1999, 143 = NVwZ 1999, 302 = AuAS 1999, 79), z. B. zu nationalen Festtagen oder aus Gründen der politischen Versöhnung, sind regelmäßig schwierig zu beurteilen. Allein der Erlass einer Amnestie beseitigt noch nicht die Gefahr von Verfolgung. Vielmehr sind insoweit stets die *tatsächlichen Auswirkungen* der Amnestie und ihre *effektive Anwendung* im Allgemeinen sowie im Besonderen jeweils getrennt zu prüfen. **84**

Ob eine angeordnete Amnestie eine *allgemeine Indizwirkung* für den Wegfall der allgemeinen Verfolgungsgefahr entfalten kann, ist vor dem Hintergrund der im betreffenden Staat allgemein herrschenden politischen und rechtlichen Verhältnisse zu beurteilen. Wird die Amnestie nicht von einer damit einhergehenden allgemeinen Liberalisierung getragen und bleiben die ver- **85** festigten Repressionsstrukturen unverändert, kann ihr eine Indizwirkung nicht zuerkannt werden.

86 Darüber hinaus muss auch stets sorgfältig der persönliche Anwendungsbereich einer Amnestie ermittelt werden. Im konkreten Einzelfall ist auch bei einer beginnenden Demokratisierung einerseits der begünstigte Personenkreis sowie andererseits in Bezug auf diesen die tatsächliche Einhaltung der Amnestie zu prüfen. Ein bloßes Amnestieversprechen hat keine Indizwirkung. Um die einschneidende Wirkung des Widerrufs rechtfertigen zu können, bedarf es vielmehr einer strengen Prüfung der Amnestie im Einzelnen über einen längeren Zeitraum in Verbindung mit einer sorgfältigen Prüfung der allgemeinen politischen und rechtlichen Situation. Diese Grundsätze gelten im Übrigen auch für die Beurteilung der für den Erlass des Statusbescheides im vorangegangen Asylverfahren maßgeblichen tatsächlichen Situation.

87 Revolutionen und *Putschereignisse* können keine Indizwirkung entfalten (a. A. GK-AsylVfG a. F., § 16 Rdn. 21). Auch wenn durch eine Revolution oder einen Putsch die Partei, welcher der Verfolgte angehört, an die Macht gelangt, ist vor einem individuellen Widerruf des gewährten Status erhöhte Vorsicht geboten. Zunächst einmal sind derartige Ereignisse Ausdruck instabiler politischer Verhältnisse und können sie schon deshalb keine Indizwirkung entfalten. Ob im Einzelfall dem Verfolgten tatsächlich eine Rückkehr in den Herkunftsstaat zumutbar ist, ist von der sorgfältigen Beobachtung der Entwicklung der weiteren Verhältnisse dort abhängig.

88 Im Allgemeinen sprechen die Erfahrungen eher dagegen, dass nach derartigen Ereignissen eine verfolgungsfreie Rückkehr früherer Regimegegner oder von früheren Anhängern der Revolutions- oder Putschpartei möglich ist, wenn nicht ein nationaler Versöhnungsprozess eingeleitet wird und dieser zu freien und demokratischen Wahlen führt. Auch frühere Oppositionelle können nach einem gewaltsamen Regimesturz ungeachtet ihrer früheren ideologischen und politischen Verbundenheit mit den neuen Machthabern diesen häufig aufgrund ihres langjährigen Exils suspekt geworden sein. Auch insoweit bedarf es stets einer sehr sorgfältigen Analyse der allgemeinen Situation über einen längeren Zeitraum, um hinreichend verlässliche Feststellungen treffen zu können.

89 Änderungen in nur einem Teil des Herkunftslandes rechtfertigen nicht den Widerruf, da sie ein gewichtiges Indiz für die fehlende Dauerhaftigkeit der Veränderung sind. Die Flüchtlingseigenschaft kann deshalb nur dann beendet werden, wenn die Grundlagen für die Verfolgung entfallen sind, ohne dass der Flüchtling in bestimmte sichere Regionen des Herkunftslandes zurückkehren muss, um vor Verfolgung sicher zu sein (UNHCR, NVwZ-Beil. 2003, 57 (59). Mit diesen Grundsätzen unvereinbar ist die Rechtsprechung, die davon ausgeht, dass Ausnahmesituationen, welche die ursprüngliche Verfolgungssituation mit beeinflusst haben, wie etwa das Vorliegen einer *inländischen Fluchtalternative,* auch dann in die Widerrufsprüfung einzubeziehen seien, wenn sie in der Begründung des Ausgangsbescheids weder angesprochen noch überhaupt in den Blick genommen worden sind (OVG SA, U. v. 26. 1. 2000 – U. 26. 1. 2000 A 1 S 174/99; OVG Rh-Pf, B. v. 2. 8. 2004 – 7 A 11340/04.OVG; s. auch Rdn. 138 ff.).

3.5.2.3.3. Freiwillige Rückkehr in den Herkunftsstaat

3.5.2.3.3.1. Allgemeines

Ein besonderer Widerrufsgrund kann die Rückkehr des politisch Verfolgten in den Herkunftsstaat darstellen. Hier ist nicht die Veränderung der allgemeinen Verhältnisse äußerer Anlass für den Eintritt in die Prüfung, sondern das individuelle Verhalten des bislang Verfolgten. Die allgemeine Situation kann und wird häufig unverändert gegenüber der Situation, die im Zeitpunkt der Statusentscheidung gegeben war, sein. Allein die auf einem *freiwilligen Entschluss* beruhende Rückkehr in den Herkunftsstaat gibt hier den Anlass zur Einleitung eines Widerrufsverfahrens.

Dieser Widerrufsgrund ist in Art. 1 C Nr. 4 GFK geregelt. § 16 I Nr. 1 AsylVfG 1982 und damit auch Abs. 1 S. 1 beruhen jedoch lediglich auf den Verlustgründen des Art. 1 C Nr. 5 und 6 GFK (BT-Drs. 9/875, S. 18). Gleichwohl wird traditionell die Rückkehr in den Herkunftsstaat zutreffend als Widerrufsgrund angesehen, da eine dauerhafte Rückkehr regelmäßig den Schluss auf den Wegfall der Verfolgungsgefahr rechtfertigt (BVerwGE 112, 80 87) = NVwZ 2001, 335 (336) = InfAuslR 2001, 532 = EZAR 214 Nr. 13; VGH BW, EZAR 214 Nr. 1; BayVGH, B. v. 11. 9. 1962 – Nr. 87 VIII 62; VG Hamburg, InfAuslR 1980, 131; VG Gießen, NVwZ-Beil. 2000, 29). Umgekehrt ist der nur kurzfristige, etwa zwei Monate dauernde Aufenthalt im Herkunftsland, wenn sich daraus nicht auf eine erhebliche nachträgliche Änderung der dortigen Verhältnisse schließen lässt, kein Grund zum Widerruf des Statusbescheids (BVerwG, NVwZ 2001, 335 (336) = InfAuslR 2001, 532 = EZAR 214 Nr. 13). Diese Leitgedanken bestimmen deshalb die Auslegung von Inhalt und Umfang dieses Widerrufsgrundes.

3.5.2.3.3.2. Erfordernis der Freiwilligkeit der Rückkehr

Art. 1 C Nr. 4 GFK verlangt, dass die Rückkehr in den Herkunftsstaat *freiwillig* erfolgen muss. Wird der Verfolgte durch Arglist oder Drohung – etwa mit Blick auf im Herkunftsland lebende nahe Angehörige – seitens der heimatlichen Regierung zur Rückkehr veranlasst, fehlt es an diesem Erfordernis. Die in derartigen Fällen regelmäßig nach der Rückkehr erfolgende Festnahme oder Verhaftung belegt im Übrigen den Fortbestand der Verfolgungsgefahr. Aber auch dringende familiäre Gründe können Zweifel an der Freiwilligkeit des Rückkehrentschlusses begründen.

So fehlt es an der Freiwilligkeit der vorübergehenden Rückkehr, wenn der Betroffene aus schwerwiegenden familiären Gründen (Besuch des todkranken Vaters; Fluchthilfe für einen Angehörigen) in den Herkunftsstaat reist (Schweizerische Asylrekurskommission, EMARK 1996 Nr. 11; Schweizerische Asylrekurskommission, EMARK 1996 Nr. 12; s. auch BVerwGE 89, 231 (237) = EZAR 211 Nr. 3 = NVwZ 1992, 679; VG Gießen, NVwZ-Beil. 2000, 29 (30); VG Düsseldorf, U. v. 22. 3. 2000 – 16 K 3261/99. A).

3.5.2.3.3.3. Erfordernis der Dauerhaftigkeit der Rückkehr

Daher ist der Maßstab der *dauerhaften* Rückkehr durch *Niederlassung* die verlässlichste Gewähr für die Feststellung der Freiwilligkeit des Rückkehrentschlusses. Dementsprechend verlangen Art. 1 C Nr. 4 GFK und Art. 11 I Buchst. d) der Qualifikationsrichtlinie auch, dass der Flüchtling nicht nur freiwillig in sein Herkunftsland zurückgekehrt sein, sondern sich darüber hinaus dort auch niedergelassen haben muss. Es kommt somit darauf an, ob die *Rückreise nach ihrer Dauer, ihrem Anlass, der Art der Einreise* sowie dem Ort des Aufenthaltes im Herkunftsstaat Grund für die Annahme bietet, in ihr dokumentiere sich ein Fortfall der Verfolgungsgefahr (VG Düsseldorf, U. v. 22. 3. 2000 – 16 K 3261/99.A).

95 Die Rechtsprechung hatte deshalb schon sehr früh in der Tatsache der Rückkehr allein kein Indiz für den Wegfall der Verfolgungsgefahr gesehen (BayVGH, B. v. 11. 9. 1962 – Nr. 87 VIII 62; VG Hamburg, InfAuslR 1980, 131). Zwar wurde im Fall eines jugoslawischen Flüchtlings, der ohne äußeren Zwang nach Jugoslawien zurückgekehrt war und dort eine Beschäftigung in einem Staatsbetrieb gefunden hatte, ein Wegfall der Verfolgung ungeachtet des inneren Vorbehalts des Flüchtlings, irgendwann in die Bundesrepublik zurückkehren zu wollen, unterstellt (BayVGH, B. v. 11. 9. 1962 – Nr. 87 VIII 62).

96 Jedoch lässt die Rückkehr zum vorübergehenden Aufenthalt in der Hoffnung, unerkannt zu bleiben, nicht ohne weiteres den Schluss auf einen Fortfall der Verfolgungsgefahr zu (VG Hamburg, InfAuslR 1980, 131). Erforderlich ist vielmehr die Feststellung, dass die Rückkehr den zuständigen Verfolgungsorganen bekannt geworden sein muss und diese dennoch keine Maßnahmen gegen den Rückkehrer ergriffen haben (vgl. auch VGH BW, EZAR 214 Nr. 1; VG Gießen, NVwZ-Beil. 2000, 29 (30)).

97 Nach dem UNHCR-Handbuch, das interpretative Leitlinien für die Umsetzung der GFK in das innerstaatliche Recht enthält, gelten für die Entscheidung im Einzelfall folgende Grundsätze: »*In der Klausel* (Art. 1 C Nr. 4; RM) *ist von freiwilliger Rückkehr und Niederlassung die Rede. Dies ist im Sinne einer Rückkehr in das Land der Staatsangehörigkeit bzw. des früheren gewöhnlichen Aufenthalts zu verstehen, mit dem Ziel, dort dauernden Wohnsitz zu nehmen. Besucht ein Flüchtling nur vorübergehend sein ehemaliges Heimatland und bedient sich dabei nicht eines Passes dieses Landes, sondern benutzt z. B. einen Reiseausweis, der ihm von dem Land seines Aufenthaltes ausgestellt wurde, so stellt dies keine Rückkehr und Niederlassung dar und hat nicht den Verlust der Flüchtlingseigenschaft im Sinne dieser Klausel zur Folge*« (UNHCR-Handbuch, Rdn. 134).

98 Hieraus folgt, dass eine schematisierende Anwendung des Rückkehrtatbestandes den Sinn des Asylrechts verfehlt. Maßgebend für die Verfolgungsprognose ist die objektiv drohende Verfolgungsgefahr. Die auf Dauer ausgerichtete Niederlassung im Herkunftsstaat ist ein gewichtiges Indiz für den Wegfall der Verfolgungsgefahr. Ergibt die Prüfung, dass den Behörden des Heimatstaates diese Niederlassung bekannt geworden ist und sie dies nicht zum Anlass von Verfolgungsmaßnahmen genommen haben, steht fest, dass der bislang auf Grund individueller Verfolgungstatbestände Verfolgungsschutz genießende Flüchtling dieses Schutzes nicht mehr bedarf.

99 Bei dem aufgrund seiner Zugehörigkeit zu einer verfolgten Gruppe als verfolgt angesehenen Flüchtling muss überdies hinzukommen, dass er auch durch nichtstaatliche Akteure keine Bedrohungen und Gefahren mehr zu

befürchten hat. Aus einer lediglich vorübergehenden Rückkehr in den Herkunftsstaat ergibt sich demgegenüber noch keine hinreichend zuverlässige Grundlage für die Feststellung, dass dem Asylberechtigten oder Flüchtling keine Verfolgungsgefahr mehr droht.

3.5.2.3.3.4. Indizwirkung der Niederlassung im Herkunftsland

Beweiskräftiges Indiz für das Bekanntwerden der Rückkehr ist regelmäßig die *dauerhafte Niederlassung* oder die behördlich genehmigte Einreise in den Herkunftsstaat in Verbindung mit einer ungefährdeten Ein- und Ausreise über offizielle Grenzübergangsstellen (VGH BW, EZAR 214 Nr. 1; VG Gießen, NVwZ-Beil. 2000, 29 (30); VG Göttingen, InfAuslR 2000, 37 (38)). Auch das BVerwG stellt fest, dass Fälle denkbar seien, in denen der Verfolgte deshalb in sein Heimatland reisen wolle, um Verwandten oder Freunden bei der Flucht zu helfen. Derartigen Fallkonstellationen trage die GFK in Art. 1 C Nr. 4 dadurch Rechnung, dass die Flüchtlingseigenschaft erst dann entfalle, wenn der Flüchtling in das Herkunftsland »zurückgekehrt ist *und* sich dort niedergelassen hat« (BVerwGE 89, 231 (237) = EZAR 211 Nr. 3 = NVwZ 1992, 679).

100

Wer daher nur kurzfristig in den Herkunftsstaat eingereist ist, sich dort versteckt gehalten und auch im Übrigen hinreichende Vorkehrungen gegen ein behördliches Bekanntwerden seines Aufenthaltes getroffen hat, verliert nicht den gewährten Rechtsstatus. Denn die Anwendung von Art. 1 C Nr. 4 GFK setzt voraus, dass der Flüchtling mit den heimatlichen Behörden freiwillig Kontakt aufgenommen hat (Schweizerische Asylrekurskommission, EMARK 1996 Nr. 9). Die vorübergehende Rückkehr in ein Gebiet, das unter dem Schutz der Vereinten Nationen von lokalen Behörden verwaltet wird und dem Einflussbereich der Zentralregierung entzogen ist, kann nicht als Kontaktaufnahme mit den heimatlichen Behörden angesehen werden (Schweizerische Asylrekurskommission, EMARK 1996 Nr. 9, zu den Schutzzonen im Norden des Irak; ebenso VG Gießen, NVwZ-Beil. 2000, 29 (30); s. auch BVerwG, NVwZ 2001, 335 (336) = InfAuslR 2001, 532 = EZAR 214 Nr. 13; VG Göttingen, InfAuslR 2000, 37 (38)).

101

Bei einem *Gruppenverfolgten* ist jedoch selbst die Kenntnis seines Aufenthaltes seitens der Behörden noch kein hinreichendes Indiz für den Wegfall der Verfolgungsgefahr. Denn Grundlage der Statusentscheidung waren nicht vom Staat unmittelbar ausgehende, sondern von nichtstaatlichen Akteuren verursachte Verfolgungsmaßnahmen. Auch hier vermittelt erst die dauerhafte Niederlassung im Herkunftsland die Grundlage für die Prognose, dass die weitere Anwendung der Regelvermutung eigener Verfolgung aufgrund der Gruppenzugehörigkeit nicht mehr gerechtfertigt ist.

102

3.5.2.3.4. Anwendung der Prognosegrundsätze

3.5.2.3.4.1. Prognosebasis

Grundvoraussetzung für die Einleitung eines Widerrufsverfahrens ist zunächst, dass ein *äußerer Anlass* hierfür vorliegen muss. Dieser kann in einer Veränderung der allgemeinen Verhältnisse, aber auch in einem individuel-

103

len Verhalten liegen. Hauptfall der individuellen Verhaltensweisen ist die Rückkehr in den Herkunftsstaat. Gibt die Entwicklung der allgemeinen Verhältnisse Anlass zur Prüfung, hat das Bundesamt zunächst die weitere Entwicklung abzuwarten, bis zuverlässige und gesicherte Prognosen getroffen werden können. Dem steht die behördliche Verpflichtung zum unverzüglichen Widerruf nach Abs. 1 S. 1 nicht entgegen.

104 Erst wenn das Bundesamt über einen längeren Zeitraum die allgemeine Entwicklung beobachtet hat und in der Lage ist, hinreichend zuverlässige Feststellungen zu den allgemeinen Verhältnissen wie auch zu den persönlichen Umständen des Asylberechtigten oder Flüchtlings zu treffen, beginnt die Verpflichtung zum unverzüglichen Widerruf. Erst wenn also hinreichend verlässliche Feststellungen über die Veränderung der allgemeinen politischen Verhältnisse möglich sind, hat das Bundesamt auf der Grundlage der es bindenden Feststellungen des Asylverfahrens in eine erneute Verfolgungsprognose nach den allgemeinen Grundsätzen einzutreten.

105 Zwar hat das BVerwG eher beiläufig festgestellt, auch aus dem Ablauf einer längeren Zeitspanne ohne besondere Ereignisse im Verfolgerstaat könne eine erhebliche, die Pflicht zum Widerruf begründende Veränderung der Verhältnisse folgen (BVerwGE 112, 80 (84) = NVwZ 2001, 335 (336) = InfAuslR 2001, 532). Dies ist jedoch mit dem international üblichen Verständnis des Art. 1 C Nr. 5 und 6 GFK nicht vereinbar. Nach der *Empfehlung Nr. 69 (XLIII) von 1992* des Exekutivkomitees des Programms des UNHCR über die »*Beendigung des Flüchtlingsstatus*« ist unabdingbare Grundlage für die Feststellung des Wegfalls der Verfolgungsgefahr der »*grundlegende, stabile und dauerhafte Charakter der* Veränderungen«. Es muss sich damit stets um wesentliche *Veränderungen* gegenüber der ursprünglichen Situation handeln. Nicht der »bloße« Zeitablauf, sondern die in der zeitlichen Entwicklung zum Ausdruck kommenden »fundamentalen Änderungen« in der allgemeinen Situation begründen danach eine Widerrufspflicht. Diese fundamentalen Änderungen müssen sich in konkret feststellbaren Ereignissen mit dauerhaftem Charakter manifestieren.

106 Der Wegfall der im Asylverfahren festgestellten individuellen Verfolgungsgefahr setzt daher die Feststellung voraus, dass sich die allgemeinen Verhältnisse im Herkunftsland des Verfolgten nachträglich in signifikanter Weise verändert haben. Kann dies nicht festgestellt werden, kann ein individueller Wegfall der Verfolgungsgefahr im Allgemeinen nicht unterstellt werden. Eine Fortführung des Widerrufsverfahrens ist nicht mehr gerechtfertigt. Sprechen umgekehrt erhebliche Umstände für eine allgemeine Veränderung der politischen Verhältnisse im Herkunftsstaat, erlaubt dies allein noch nicht den Schluss auf den Wegfall der bislang dem Verfolgten drohenden Gefahr. Dieser Schluss ist erst gerechtfertigt, wenn nach einer sorgfältigen Prüfung anhand der individuellen Umstände des konkreten Einzelfalls mit der erforderlichen Sicherheit festgestellt werden kann, dass dem Betroffenen keine Verfolgung in seinem Herkunftsland mehr droht.

107 Ist eine *dauerhafte Veränderung* der allgemeinen Situation festzustellen, darf die Prognose im Einzelfall gleichwohl niemals pauschal sein. Vielmehr hat sie in Ansehung der besonderen, in der Person des politisch Verfolgten lie-

genden Umstände und Verhältnisse zu erfolgen. Insoweit können je nach
Art der vorgetragenen sowie festgestellten Verfolgungsgründe durchaus unterschiedliche Prognosen getroffen werden. Grundlage der Prüfung sind
einerseits die im Asylverfahren getroffenen Feststellungen. An diese sind Behörde und Gericht im Widerrufsverfahren gebunden. Daher darf etwa im
Widerrufsverfahren keine erneute Glaubhaftigkeitsprüfung hinsichtlich der
im Asylverfahren vorgetragenen »alten« Gründe vorgenommen oder darf ihr
objektives Gewicht im Widerrufsverfahren nicht anders als im Asylverfahren
beurteilt werden.

Zwar hat das BVerwG offen gelassen, ob sich Behörde und Gericht im Widerrufsverfahren über die Bestandskraft hinwegsetzen dürfen (BVerwG, EZAR
214 Nr. 4; für Zulässigkeit dagegen BayVGH, EZAR 214 Nr. 6). Es wäre jedoch mit rechtsstaatlichen Grundsätzen unvereinbar, wenn das Gewicht der
Gründe für eine möglicherweise über Jahre gewährte Rechtsstellung im Widerrufsverfahren anders als im Asylverfahren gewertet würde. Der Widerruf
bezieht sich auf die einmal gewährte Rechtsstellung, nicht jedoch auf die dieser zugrundeliegenden Feststellungen.

108

Auf der Grundlage der es bindenden Feststellungen des Asylverfahrens hat
das Bundesamt daher zunächst die Umstände und Tatsachen zu ermitteln,
die sich auf die *nachträgliche allgemeine Veränderung der tatsächlichen Verhältnisse*
im Herkunftsstaat beziehen. Zwar ist bei allen Lebenssachverhalten und insbesondere bei politischen Abläufen, eine Entwicklung festzustellen. Es ergeben sich ständig kleinere Änderungen, Verschiebungen der Gewichte und
Zu- und Abnahmen des Einflusses der beteiligten Kräfte. Dies allein rechtfertigt indes nicht den Widerruf, wenn die für den Erlass der Statusentscheidung maßgebenden tatsächlichen allgemeinen »Eckdaten« unverändert
geblieben sind (OVG Rh-Pf, NVwZ-Beil. 20001, 9 (10); ähnl. VG Hamburg,
NVwZ-Beil. 1998, 123 (124) = AuAS 1998, 262).

109

Im Anschluss an die Prüfung der allgemeinen Eckdaten und nach der Feststellung, dass die veränderten Verhältnisse grundlegender und dauerhafter Natur sind, hat das Bundesamt auf der Grundlage der im Asylverfahren
festgestellten individuellen Verfolgungstatbestände unter Berücksichtigung
der nachträglich veränderten allgemeinen Verhältnisse die *individuelle Verfolgungsprognose* zu treffen. Die Prognoseprüfung kann je nach der Natur der
zugrundeliegenden Verfolgungstatbestände und in Abhängigkeit von den
festgestellten veränderten Umständen bei verschiedenen Asylberechtigten
oder Flüchtlingen aus einem bestimmten Herkunftsland zu unterschiedliche
Ergebnissen führen.

110

3.5.2.3.4.2. Prognosemaßstab

3.5.2.3.4.2.1. Wegfall der im Anerkennungsverfahren geltend gemachten individuellen Verfolgungstatbestände

Der gewährte Rechtsstatus darf nach der Rechtsprechung grundsätzlich nur
entzogen werden, wenn feststeht, dass eine Wiederholung der Verfolgungsmaßnahmen mit *hinreichender Wahrscheinlichkeit ausgeschlossen* ist (BVerwG,
EZAR 214 Nr. 3; BayVGH, DÖV 1980, 51; VGH BW, EZAR 214 Nr. 1; OVG

111

§ 73   Erlöschen der Rechtsstellung

Lüneburg, U. v. 29. 2. 1988 – 11 OVG A 10/87; OVG Rh-Pf, B. v. 2. 8. 2004 – 7 A 11340/04.OVG; VG Ansbach, U. v. 23. 3. 1983 – AN 12 K 81 G.160; VG Hannover, U. v. 12. 3. 1986 – 1 Hi VG A 10/82 As; VG Köln, U. v. 7. 7. 1983 – 15 K 10952/81; VG Würzburg, U. v. 20. 8. 2004 – W 7 K 04.30411; a. A. VGH BW, InfAuslR 1987, 91; VG Koblenz, U. v. 9. 3. 1983 – 9 K 530/81; offen gelassen VGH BW, VBlBW 1997, 151 (152)). Das BVerwG hat ausdrücklich darauf hingewiesen, dass mit Rücksicht auf den humanitären Charakter des Asylrechts die Grundsätze der negativen Verfolgungsprognose auch für den Widerruf des Rechtsstatus im Asylrecht gelten (BVerwG, EZAR 214 Nr. 3).

112 Der Gegenmeinung, die im Widerrufsverfahren bei der Anwendung der Prognosegrundsätze zwischen einer vorangegangenen tatsächlich erlittenen und einer lediglich befürchteten Verfolgung differenziert (VGH BW, InfAuslR 1987, 91), kann nicht gefolgt werden. Befürchtet der Verfolgte unmittelbar drohende Gefahren, ist er Vorverfolgter (BVerfGE 80, 315 (345) = EZAR 201 Nr. 20 = NVwZ 1990, 151 = InfAuslR 1990, 21) und findet im Widerrufsverfahren der herabgesetzte Wahrscheinlichkeitsmaßstab Anwendung.

113 Danach ist festzuhalten: Wurde der Statusbescheid erlassen, weil der Betroffene Verfolgung erlitten hat *oder* als ihm bevorstehend hat befürchten müssen, so können die für die Annahme der individuellen Verfolgungsgefahr maßgeblichen tatsächlichen Voraussetzungen nur dann als weggefallen angesehen werden, wenn der Betroffene für seine Person vor künftiger Verfolgung hinreichend sicher ist. Es ist kein einleuchtender Grund dafür erkennbar, insoweit unterschiedliche Maßstäbe an die Voraussetzungen für die Statusgewährung einerseits und an die Widerrufsvoraussetzungen andererseits zu stellen. Wenn demjenigen, der einer verfolgungsbedingten Notlage entkommen ist, die Rechtsgewährung nur bei künftiger Verfolgungssicherheit versagt werden darf, muss dies erst recht für denjenigen gelten, bei dem das Verfolgungsgeschehen zum regelmäßig jahrelang innegehabten Rechtsstatus geführt hat (BVerwG, EZAR 214 Nr. 3).

114 Ernsthafte Zweifel am Eintritt einer erneuten Verfolgungsgefahr schließen damit den Widerruf mit der Folge aus, dass dem Bundesamt die Beweislast obliegt. Der Widerrufstatbestand ist damit nur dann erfüllt, wenn wegen zwischenzeitlicher Veränderungen im Verfolgerstaat mit hinreichender Sicherheit eine Wiederholung der Verfolgungsmaßnahmen ausgeschlossen werden kann (BVerwG, EZAR 214 Nr. 3). Das BVerwG hat aber offengelassen, ob diese Grundsätze auch Anwendung finden, wenn für die Zukunft befürchtete Verfolgungsmaßnahmen keinerlei Verknüpfung mehr mit den früheren aufweisen, die zum Erlass des Statusbescheides geführt haben (BVerwG, EZAR 214 Nr. 3).

115 Diese Frage ist zu bejahen: Beweiserleichternde Grundsätze finden nämlich nicht nur dann Anwendung, wenn der Betreffende bereits einmal Opfer politischer Verfolgung gewesen ist. Vielmehr ist von einer Vorverfolgung auch auszugehen, wenn dem Betreffenden im Zeitpunkt der Flucht aus guten Gründen ein weiterer Verbleib im Heimatland nicht zuzumuten war (BVerwG, DVBl. 1963, 146; BVerwG, Buchholz 402.24 Art. 1 GK Nr. 9; BVerwG, Buchholz 402.24 Art. 1 GK Nr. 15). Es kann daher keinen Unterschied machen, welcher Natur die früheren individuell gelagerten Verfol-

Widerruf und Rücknahme § 73

gungstatbestände waren und ob sie einen sachlichen Zusammenhang mit den zukünftig drohenden Verfolgungsmaßnahmen aufweisen. Ist einmal verbindlich festgestellt worden, dass aus individualbezogenen Gründen politische Verfolgung drohte, rechtfertigt allein diese Feststellung die Anwendung der negativen Verfolgungsprognose (OVG Lüneburg, U. v. 29. 2. 1988 – 11 OVG A 10/87).

3.5.2.3.4.2.2. Wegfall der den Statusbescheid ausschließlich tragenden allgemeinen Verhältnisse

Lediglich in den Fällen, in denen die zur Statusgewährung führenden Verfolgungsgründe nicht in den individuellen Verhältnissen des Betroffenen ihren Grund haben, kommt eine Herabstufung des Wahrscheinlichkeitsmaßstabes nicht in Betracht (VGH BW, EZAR 214 Nr. 1; BayVGH, InfAuslR 2000, 464 (466)). Begründet wird diese Ansicht damit, es werde in einem derartigen Fall aufgrund einer Änderung der asylrelevanten Sachlage nur eine Prognose durch eine andere Prognose ersetzt. Von einem erhöhten Verfolgungsrisiko, das an die konkrete Gefährdung vor der Ausreise aus dem Verfolgerstaat anknüpfe und die Herabstufung des Wahrscheinlichkeitsmaßstabes rechtfertige, können hingegen keine Rede sein BayVGH, InfAuslR 2000, 464 (466)). 116

Die »Ersetzung« der Prognose des Statusverfahrens durch die Prognose des Widerrufsverfahrens hat aber aufgrund veränderter grundlegender und dauerhafter *Tatsachen* zu erfolgen. Nicht zulässig ist der Widerruf aufgrund einer Prognoseprüfung, die sich lediglich auf neue, auf unveränderte Eckdaten bezogene Erkenntnismittel bezieht (BVerwG, NVwZ 2001, 335 (336) = InfAuslR 2001, 532 = EZAR Nr. 13). 117

Die Rechtsprechung wendet diese Grundsätze insbesondere dann an, wenn im Asylverfahren etwa wegen der Asylantragstellung, des Auslandsaufenthaltes, der allgemeinen Gefährdung für Rückkehrer oder aufgrund sonstiger allgemeiner Gefährdungstatbestände – unter Absehung von den individuellen Verhältnisse des Asylsuchenden – die Gefahr der Verfolgung angenommen worden ist. In diesem Fall hat das Bundesamt vom Widerruf abzusehen, wenn ungeachtet der veränderten Verhältnisse weiterhin eine beachtliche Wahrscheinlichkeit für die Gefahr Verfolgung spricht (VGH BW, EZAR 214 Nr. 1; BayVGH, InfAuslR 2000, 464 (466)). 118

Diese Grundsätze können auf Gruppenverfolgte keine Anwendung finden, da der gruppengerichteten Verfolgung die Annahme der individuellen Verfolgung zugrunde liegt (BVerfGE 83, 213 (233 f.); BVerwGE 88, 367 (375); s. hierzu Marx, Handbuch, § 41 Rdn. 5). Auch wenn für die Statusgewährung die Annahme einer gruppengerichteten Verfolgung maßgebend war, ist daher im Widerrufsverfahren der negative Prognosemaßstab anzuwenden. 119

3.5.2.3.5. Humanitäre Klausel nach Abs. 1 Satz 3

3.5.2.3.5.1. Durchbrechung der Widerrufsverpflichtung

Wie nach altem Recht die Vorschrift des § 16 I 2 AsylVfG 1982 bestimmt Abs. 1 S. 3, dass von einem Widerruf abzusehen *ist*, wenn sich der Asylberechtigte oder Flüchtling auf *zwingende, auf früheren Verfolgungen beruhende Gründe* beru- 120 fen kann, um die Rückkehr in den bisherigen Verfolgerstaat abzulehnen. Damit wird die gesetzliche Verpflichtung zum Widerruf durchbrochen. Die Regelung des Abs. 1 S. 3 ist Art. 1 C Nr. 5 S. 2 und Nr. 6 S. 2 GFK nachgebildet, verkürzt jedoch deren Sinngehalt. Während es nach Art. 1 C Nr. 5 Abs. 2 und Nr. 6 Abs. 2 GFK darauf ankommt, dass der Flüchtling wegen der bezeichneten zwingenden Gründe die Rückkehr in den Herkunftsstaat ablehnen kann, ist für die Anwendung von Art. 1 C Nr. 5 S. 2 und Nr. 6 S. 2 GFK maßgebend, dass er aus diesem Grund die Inanspruchnahme des Schutzes seines Herkunftslandes ablehnen kann.

121 Die Zumutbarkeit der Wiederinanspruchnahme des nationalen Schutzes ist damit ein wesentliches Auslegungsprinzip, welches im Wortlaut von Abs. 1 S. 3 fehlt, jedoch bei seiner Auslegung und Anwendung zu berücksichtigen ist. In Art. 11 I Buchst. e) und f) der Qualifikationsrichtlinie fehlen die Zumutbarkeitsklauseln des Abs. 1 S. 3 und des Art. 1 C Nr. 5 S. 2 und Nr. 6 S. 2 GFK. Die Richtlinie beruht jedoch auf dem Flüchtlingsbegriff derf GFK (Präambel Nr. 14, 17, Art. 2 Buchst. c) der Richtlinie). Die Beendigungsklauseln der Richtlinie müssen deshalb in Übereinstimmung mit der GFK ausgelegt und angewendet werden (VG Göttingen, U. v. 2. 7. 2004 – 3 A 95/04; VG Göttingen, U. v. 2. 7. 2004 – 3 A 3503/02). Auch wenn die humanitäre Klausel sich nur auf die »statuären Flüchtlinge« nach Art. 1 A Nr. 1 GFK bezieht, werden sie in der Staatenpraxis auch auf die Flüchtlinge nach Art. 1 A Nr. 2 GFK angewendet, weil sie Ausdruck eines »generellen humanitären Grundsatzes« des Flüchtlingsrechts ist (UNHCR, Exekutionskomitee, Empfehlung Nr. 65 (XLII) (1991); Lisbon Expert Roundtable, Mai 2001, Global Consultation on International Protection, Summary Conclusions – Cessation of Refugee Status; Milner, IJRL 2004, 91 (96ff.)).

122 Nach der Rechtsprechung findet die humanitäre Klausel nur auf Personen Anwendung, denen bereits die Flüchtlingseigenschaft unanfechtbar zuerkannt worden ist und kann daher bei der Sachentscheidung im Asylverfahren nicht berücksichtigt werden (VG Neustadt a. d. Weinstr., U. v. 26. 2. 2002 – 5 K 2360/01.NW).

123 Die Anwendung der Zumutbarkeitsklauseln hat zur Voraussetzung, dass die nach Abs. 1 S. 1 und 2 maßgeblichen tatbestandlichen Widerrufsvoraussetzungen vorliegen, sodass mithin am Wegfall der Verfolgung kein Zweifel besteht. Gleichwohl wird in Anknüpfung an die früheren Verfolgungstatbestände aus humanitären Erwägungen zwingend angeordnet, dass die Rechtsfolge des Abs. 1 S. 1 und 2 nicht eintritt. Insbesondere auf *Staatenlose* trifft die humanitäre Ausnahmeregelung zu (UNHCR, Handbuch, Rdn. 139).

124 Die zumutbare Rückkehrmöglichkeit im Sinne von Abs. 1 S. 3 ist damit positive Voraussetzung der Widerrufsgründe nach Abs. 1 S. 1 und 2, von dessen Prüfung nicht abgesehen werden darf. Besteht die vorausgesetzte zumutbare Rückkehrmöglichkeit für den Flüchtling nicht, *darf* ungeachtet des Wegfalls der Verfolgungsgefahr der Statusbescheid nicht widerrufen werden. Die Vorschrift des Abs. 1 S. 3 garantiert den Flüchtlingen, die zwar nicht mehr verfolgt werden, jedoch aus zwingenden Gründen nicht in ihren Herkunftsstaat zurückkehren können, einen *Rechtsanspruch* auf den weiteren Genuss ihres

Status. Die *Beweislast* für das Nichtvorliegen der tatsächlichen Voraussetzungen des Abs. 1 S. 3 trägt die Behörde.

Mit Blick auf Art. 1 C Nr. 5 und Nr. 6 GFK weist UNHCR ausdrücklich darauf hin, dass eine *bloße, möglicherweise vorübergehende Veränderung* der fluchtauslösenden Umstände *keine wesentliche Veränderung* im Sinne der genannten Vorschriften ist. Zu bedenken sei auch, dass der Flüchtlingsstatus nicht einer häufigen Überprüfung unterworfen werden sollte, da dadurch das Gefühl der Sicherheit, das der internationale Flüchtlingsschutz dem Flüchtling vermittelt, beeinträchtigt würde (UNHCR, Handbuch, Rdn. 135). Das BVerwG hat dem UNHCR-Handbuch für die Auslegung des innerstaatlichen Flüchtlingsrechts eine interpretative Bedeutung zuerkannt (BVerwGE 89, 231 (239) = EZAR 211 Nr. 3 = NVwZ 1992, 679).

125

3.5.2.3.5.2. Begriffsinhalt der »humanitären Klausel« des Abs. 1 Satz 3

Der Begriff der »zwingenden Gründe« nach Abs. 1 S. 3 ist ein *unbestimmter Rechtsbegriff*, dessen Anwendung der vollen inhaltlichen und rechtlichen Überprüfung durch das Gericht unterliegt (VGH BW, EZAR 214 Nr. 1). Der Begriff ist *nicht eng* auszulegen (UNHCR, Handbuch, Rdn. 136). Die zwingenden Gründe nach Abs. 1 S. 3 sind Ausdruck eines weitreichenden humanitären Grundsatzes. Auch »wenn in dem betreffenden Land eine Änderung der Regimes stattgefunden hat, so bedeutet dies nicht immer auch eine völlige Änderung in der Haltung der Bevölkerung, noch bedeutet sie, in Anbetracht der Erlebnisse in der Vergangenheit, dass sich der psychische Zustand des Flüchtlings völlig geändert hat« (UNHCR, Handbuch, Rdn. 136).

126

Die humanitären Gründe tragen also der psychischen Sondersituation des Flüchtlings Rechnung, in der sich ein Verfolgter befindet, der eine besonders schwere, *nachhaltig wirkende* Verfolgung erlitten hat und dem es deshalb selbst lange Jahre danach ungeachtet der veränderten Verhältnisse nicht zuzumuten ist, in den früheren Verfolgerstaat zurückzukehren (VGH BW, EZAR 214 Nr. 1). Nicht jede auftretende Beeinträchtigung erfordert das Absehen vom Widerruf. Vielmehr muss es sich um Gründe von einer gewissen Schwere und Tragweite handeln. Ein Widerruf hat danach immer dann zu unterbleiben, wenn schwere physische oder psychische Schäden vorliegen, die infolge der bereits erlittenen Verfolgung entstanden sind und die sich bei einer Rückkehr in das Herkunftsland wesentlich verschlechtern (Hess.VGH, InfAuslR 2003, 400 (401)).

127

Es ist nicht gerechtfertigt, die humanitäre Regelung des Abs. 1 S. 3 nur auf die Flüchtlinge anzuwenden, die bereits früher eine Verfolgung »*erlitten*« hatten (so aber VGH BW, EZAR 214 Nr. 1). Art. 1 C Nr. 5 Abs. 2 und Nr. 6 Abs. 2 GFK will mit dem Verweis auf »frühere Verfolgungen« entsprechend dem Zentralbegriff der »begründeten Verfolgungsfurcht« nach Art. 1 A Nr. 2 GFK auch die frühere Furcht vor drohender Verfolgung erfassen (so ausdr. auch Schweizerische Asylrekurskommission, EMARK 1995 Nr. 16). Dem entspricht es, dass nach der Rechtsprechung des BVerfG der Begriff der Vorverfolgung auch unmittelbar bevorstehende Verfolgungen umfasst (BVerfGE 80, 315 (345) EZAR 201 Nr. 20 = NVwZ 1990, 151 = InfAuslR1990, 21; Marx, Handbuch, § 13 Rdn. 4), also nicht bereits erlittene Vorverfolgung voraussetzt.

128

129 Die Art der die Rückkehrverweigerung nach Abs. 1 S. 3 rechtfertigenden Gründe ist durch eine Gegenüberstellung mit den Widerrufsgründen nach Abs. 1 S. 1 und 2 zu ermitteln: Besteht noch eine Verfolgungsgefahr, ist der Widerruf untersagt. Ist sie nachträglich entfallen, ist der Widerruf zwar grundsätzlich statthaft, es sei denn, zwingende aus früheren Verfolgungsgefahren folgende Gründe sprechen dagegen. Es geht mithin um die subjektive *Fernwirkung* der früheren Verfolgung, die zwar historisch abgeschlossen ist und nicht derart fortwirkt, dass auch für die Zukunft die Verfolgungsgefahr andauert, jedoch weiterhin eine den Flüchtling belastende Auswirkung hat.

3.5.2.3.5.3. Dogmatischer Ausgangspunkt: Psychische Belastung für den Betroffenen

130 Zwingende Gründe sind einerseits »*traumatisierende Erlebnisse*«, die zur Flucht geführt haben, sowie andererseits eine andauernde feindselige Haltung weiter Teile der einheimischen Bevölkerung (OVG Rh-Pf, B. v. 2. 8. 2004 – 7 A 11340/04.OVG; Schweizerische Asylrekurskommission, EMARK 1995 Nr. 16). Bei den traumatischen Folgewirkungen liegt der Schwerpunkt auf der subjektiven Situation des Flüchtlings. Diese bezeichnen »psychische Blockaden«, welche der Rückkehr in den Herkunftsstaat etwa deshalb entgegenstehen, weil der Flüchtling unter einem Langzeittrauma leidet, weil er oder nahe Angehörige von schwerwiegenden Verfolgungen, insbesondere von Foltermaßnahmen, betroffen oder bedroht waren (Schweizerische Asylrekurskommission, EMARK 1996 . Nr. 10). Dementsprechend wendet die Rechtsprechung die humanitäre Klausel an, wenn eine verfolgungsbedingte Traumatisierung glaubhaft gemacht wird (VG Göttingen, U. v. 14. 1. 2004 – 1 A 26/04; VG Göttingen U. v. 14. 12. 2004 – 2 A 171/04; VG Braunschweig, U. v. 12. 11. 2004 – 6 A 58/04).

131 Hingegen ist die zweite Kategorie eher objektiver Natur. Es kommt insoweit entsprechend dem Charakter des völkerrechtlichen Flüchtlingsbegriffs aber auch auf die subjektive Sichtweise des Flüchtlings an. Der dogmatische Ausgangspunkt ist damit die *subjektive Sichtweise* des politisch Verfolgten (so auch GK-AsylVfG a. F. § 16 Rdn. 34; a. A. Renner, AuslR, § 73 AsylVfG Rdn. 10). Entscheidend sind die nach objektiven Grundsätzen zu ermittelnden schweren und nachhaltig auf diesen einwirkenden Folgen der früheren Verfolgung (VGH BW, EZAR 214 Nr. 1). Ob und wie intensiv diese Wirkungen sind, muss zunächst aus der Sicht des Betroffenen bewertet werden. Bei den objektiven Auswirkungen darf kein enger Maßstab angelegt werden.

132 Zwar legt der Gesetzeswortlaut mit dem Verweis auf »zwingenden Gründe« eine objektive Auslegung nahe. Ob ein besonders schweres, nachhaltig wirkendes Verfolgungsgeschehen (VGH BW, EZAR 214 Nr. 1) anzunehmen ist, ist jedoch in erster Linie von der besonderen psychischen Situation des Flüchtlings abhängig. Die Entscheidung kann dabei je nach der besonderen individuellen Situation des Flüchtlings unterschiedlich ausfallen.

133 Maßgebend ist, dass wegen der erlittenen oder drohenden Vorverfolgung ungeachtet der zwischenzeitlich absehbaren hinreichenden Verfolgungssicherheit aufgrund der Schwere der erlittenen oder drohenden früheren Verfolgung psychische Belastungen und Folgewirkungen andauern und deshalb eine Rückkehr unzumutbar erscheinen lassen (Renner, AuslR, § 73 AsylVfG

Widerruf und Rücknahme § 73

Rdn. 13). Auch die Gegenmeinung legt damit im Ergebnis den Schwerpunkt auf die subjektiven Verhältnisse des Flüchtlings.

3.5.2.3.5.4. Kausalität zwischen früherer Verfolgung und Unzumutbarkeit

Der Flüchtling muss sich auf zwingende, auf früheren Verfolgungen beruhende Gründe berufen können, um den Schutz seines Herkunftslandes ablehnen zu können (Art. 1 C Nr. 5 Abs. 2 und Nr. 6 Abs. 2 GFK). Zwischen der früheren Verfolgung und der Unzumutbarkeit der Rückkehr muss mithin ein kausaler Zusammenhang bestehen. Dementsprechend fordert die Rechtsprechung, dass schwere physische oder psychische Schäden vorliegen müssen, die infolge der bereits erlittenen Verfolgung entstanden sind und die sich bei einer Rückkehr in das Herkunftsland wesentlich verschlechtern (Hess.VGH, InfAuslR 2003, 400 (401); VG Gießen, AuAS 2004, 70 (71)). In diesem Sinne nicht kausale humanitäre Gründe und solche des Vertrauensschutzes sind deshalb unerheblich (VG Gießen, AuAS 2004, 70 (71)). 134

Ist der Verfolgte etwa vor der Ausreise Jahre lang inhaftiert gewesen und dadurch psychisch zerstört, so ist ihm eine Rückkehr in seinen Herkunftsstaat nicht zuzumuten (VG Düsseldorf, U. v. 3. 1. 2001 – 25 K 7305/96.A). Dies ist erst recht anzunehmen, wenn der Betroffene inzwischen ein fortgeschrittenes Alter erreicht hat und es ihm deshalb und wegen der früheren Verfolgung nicht zuzumuten ist, im Herkunftsland eine neue Existenz aufzubauen (VG Düsseldorf, U. v. 3. 1. 2001 – 25 K 7305/96.A). Eine notwendige Voraussetzung für die Anwendung der humanitären Klausel sind objektive schwerwiegende wirtschaftliche Wiedereingliederungshindernisse aber nicht. 135

Unzulässig ist in diesem Zusammenhang die Verknüpfung der »Wegfall der Umstände-Klausel« mit der Zumutbarkeitsklausel. Liegen kausale zwingende Gründe vor, ist es unerheblich, ob sich inzwischen die allgemeinen Verhältnisse im Herkunftsland geändert haben. Soweit die Rechtsprechung einwendet, eine früher im Kosovo erlittene Folter durch Serben mit Langzeitwirkung sei unbeachtlich, weil der Kläger im Falle der Rückkehr in das Kosovo in völlig veränderte Umstände zurückkehre (VG Gießen, AuAS 2004, 70 (71)), wird das Kausalitätserfordernis überstrapaziert. Es kommt allein darauf an, ob die frühere – objektive – Verfolgung kausal für die derzeitige – subjektive – psychische Belastung ist. Dass sich inzwischen im Herkunftsland die Verhältnisse geändert haben, fordert das Kausalitätserfordernis nicht. Ein derartiges Erfodernis widerspricht auch dem humanitären Grundgedanken des Abs. 1 S. 3. Denn unabhängig von den allgemeinen Verhältnissen im Herkunftsland stehen nach Abs. 1 S. 3 zwingende, kausale Härtegründe dem Widerruf entgegen. 136

Dementsprechend wird in der Rechtsprechung allein geprüft, ob die fortbestehende Traumatisierung durch Folter, Demütigungen und Drohungen durch serbische Behörden verursacht wurde. Wegen des unmittelbar ursächlichen Zusammenhangs zwischen der erlittenen Verfolgung und der weiter bestehenden schweren psychischen Erkrankung des Flüchtlings wird deshalb unabhängig von den im Zeitpunkt der Entscheidung im Herkunftsland objektiv herrschenden Verhältnissen die Zumutbarkeitsklausel angewendet (VG Göttingen, U. v. 2. 7. 2004 – 3 A 95/04; ebenso VG Göttingen, U. v. 2. 7. 2004 – 3 A 3502/02, für Klägerin aus dem Sandzak). 137

3.5.2.3.5.5. Unzulässigkeit des Verweises auf eine bestimmte Region im Herkunfsland

138 Änderungen in nur einem Teil des Herkunftslandes rechtfertigen nicht den Widerruf, da sie ein gewichtiges Indiz für die fehlende Dauerhaftigkeit der Veränderung sind. Die Flüchtlingseigenschaft kann deshalb nur dann beendet werden, wenn die Grundlagen für die Verfolgung entfallen sind, ohne dass der Flüchtling in bestimmte sichere Regionen des Herkunftslandes zurückkehren muss, um vor Verfolgung sicher zu sein (UNHCR, NVwZ-Beil. 2003, 57 (59); a. A. OVG SA, U. v. 26. 1. 2000 – U. 26. 1. 2000 A 1 S 174/99; OVG Rh-Pf, B. v. 2. 8. 2004 – 7 A 11340/04.OVG; s. auch Rdn. 89). Rechtfertigt die noch andauernde Verfolgung in Teilen des Herkunftslandes nicht den Widerruf, kommt es auf die Frage, ob es dem Flüchtling wegen Art. 1 C Nr. 5 Abs. 2 und Nr. 6 Abs. 2 GFK zuzumuten ist, den Schutz des Herkunftslandes in Anspruch zu nehmen, nicht an.

139 Zumutbar ist die Inanspruchnahme des Schutzes des Herkunftslandes im Regelfall, wenn im *gesamten* Gebiet dieses Landes eine grundlegende und dauerhafte Veränderung der allgemeinen Verhältnisse stattgefunden hat. Für die Auslegung der Zumutbarkeitsklausel kommt es darüber hinaus auf die subjektive Sichtweise des Flüchtlings an. Es ist ihm bereits anhand einer objektiven Betrachtungsweise nicht zuzumuten, sich auf eine Rückkehr einzulassen, wenn im Herkunftsland keine grundlegende und dauerhafte Änderung der Verhältnisse stattgefunden hat. Sind nur bestimmte Regionen befriedet, fehlt es an dieser Voraussetzung.

140 Für Berechtigte nach der Zumutbarkeitsklausel kommt hinzu, dass die ohnehin bestehende psychische Stresssituation wegen der Rückkehr noch um ein Vielfaches verstärkt wird, wenn keine grundlegende und dauerhafte Änderung im gesamten Herkunftsland eingetreten ist und damit die Angst, Übergriffen früherer Verfolger ausgesetzt zu werden, durch eine instabile Situation unzumutbar erhöht wird. Ob diese anhand einer objektiven Betrachtungsweise von anderen Regionen aus Zugriff auf den Flüchtling in der bestimmten verfolgungsfreien Region haben, ist nicht entscheidend. Vielmehr darf der Flüchtling nicht einer Situation ausgeliefert warden, in der er fortwährend mit einer entsprechenden Angst leben muss.

3.5.2.3.5.6. Verweigerung der Wiedereinreise

141 Wird dem Flüchtling trotz Änderung der politischen Verhältnisse im Herkunftsland die Wiedereinreise verweigert, ist dies nicht nur ein im Rahmen der Prüfung nach Abs. 1 S. 3 zu berücksichtigender Gesichtspunkt. Vielmehr ist dies ohnehin ein gewichtiges Indiz für eine weiterbestehende Verfolgung (so auch GK-AsylVfG a. F., § 16 Rdn. 32; a. A. VGH BW, EZAR 214 Nr. 1; vermittelnd Renner, AuslR, § 73 AsylVfG Rdn. 10; zur asylrechtlichen Bedeutung der Einreisesperre Marx, Handbuch, § 72 Rdn. 7 ff.).

142 Die Gegenmeinung ist von einer rein ausländerrechtlichen Betrachtungsweise geprägt. Damit wird aber die besondere humanitäre Intention des Asyl- und Flüchtlingsrechts verkannt. Wird dem Flüchtling die tatsächliche Rückkehrmöglichkeit versperrt, so gibt der Herkunftsstaat damit regelmäßig zu erkennen, dass er noch ein Verfolgungsinteresse gegen den Flüchtling hat.

Widerruf und Rücknahme §73

Umgekehrt kann der Flüchtling ungeachtet der tatsächlichen Rückkehrmöglichkeit aus den Gründen des Abs. 1 S. 3 die Rückkehr ablehnen.

3.5.2.3.5.7. Abgrenzung der humanitären Gründe von den Abschiebungshindernissen nach § 60 Abs. 2 bis 7 AufenthG

Die Voraussetzungen von Abs. 1 S. 3 einerseits und die des § 60 II–VII AufentG andererseits müssen getrennt voneinander geprüft werden, auch wenn die insoweit zu berücksichtigen Umstände sich teilweise überschneiden können. Die Voraussetzungen des Abschiebungsschutzes nach § 60 II–VII AufenthG unterscheiden sich jedoch so wesentlich von den Voraussetzungen der humanitären Klausel, dass sich deren gesonderte Überprüfung auch dann nicht erübrigt, wenn ein Abschiebungshindernis nicht vorliegt (Hess.VGH, InfAuslR 2003, 400 (401); VG Göttingen, U. v. 5. 5. 2004 – 2 A 171/04; VG Würzburg, U. v. 20. 8. 2004 – W 7 K 04.30411).

143

Während die humanitäre Klausel allein auf den Kausalzusammenhang zwischen früherer Verfolgung und der derzeitigen schweren psychischen Belastung abstellt und eine gegenwärtige Gefahr für Leib und Leben nicht voraussetzt, müssen nach § 60 II–VII AufenthG gegenwärtig erhebliche und konkrete Gefahren für Leib und Leben bestehen. Deshalb wird die Verwaltungspraxis, die im Falle schwerer psychischer Langzeitwirkungen zwar den Statusbescheid aufhebt, jedoch Abschiebungsschutz nach § 60 VII 1 AufenthG gewährt, weder der humanitären Klausel noch den strengen materiellen Erfordernissen des § 60 VII 1 AufenthG gerecht.

144

3.6. Widerruf des Familienasyls und Familienabschiebungsschutzes (Abs. 1 Satz 2)

3.6.1. Zweck der Regelung des Abs. 1 Satz 2

Nach Abs. 1 S. 2 ist die im Wege des Familienasyls gewährte Asylanerkennung zu widerrufen, wenn die Asylanerkennung des Stammberechtigten erlischt, widerrufen oder zurückgenommen wird und der Betroffene aus anderen Gründen nicht als Asylberechtigter anerkannt werden könnte. Damit ist das Familienasyl in seinen Voraussetzungen und in seinem Fortbestand von der originären Asylberechtigung abhängig. Obwohl der Gesetzgeber durch das ZuwG mit Wirkung zum 1. Januar 2005 den Familienabschiebungsschutz in § 26 IV eingeführt hat, hat er andererseits davon abgesehen, die Widerrufsregelung des Abs. 1 S. 2 auf den Familienabschiebungsschutz auszudehnen.

145

Der gesetzlichen Begründung kann zu dieser Frage nichts entnommen werden. Zwar mag es sich insoweit um ein bloßes redaktionelles Versehen handeln, weil der Gesetzgeber die familienbezogenen Regelungen des Asylrechts auf den internationalen Schutz nach § 60 I AufenthG ausdehnen wollte (BT-Drs. 15/420, S. 109) und deshalb eine einheitliche Behandlung beider Rechtsinstitute sowohl in Ansehung ihrer Entstehungsbedingungen wie auch ihrer Beendigungsgründe angezeigt ist. Andererseits markiert der Gesetzeswortlaut die Grenze jeder Auslegungsmethode. Dies gilt erst recht für Eingriffsnormen, die im Gesetz nicht ausdrücklich geregelt sind.

146

1239

147 Tritt ein Erlöschenstatbestand (§ 72) oder Widerrufsgrund (Abs. 1 S. 1 2. HS) ein oder ist die Asylberechtigung nach Abs. 2 zurückgenommen worden, muss auch das Familienasyl widerrufen werden; es sei denn, der Familienangehörige kann eigene Verfolgungsgründe geltend machen (Abs. 1 S. 2 2. HS) oder für ihn ist der Widerruf wegen auf früheren Verfolgungen beruhenden Gründen unzumutbar (Abs. 1 S. 3).

148 Der Widerruf der Asylberechtigung erlangt damit beim Familienasyl in zweifacher Weise Bedeutung: Der Gewährung von Familienasyl steht von *vornherein* entgegen, wenn die Asylberechtigung des Stammberechtigten zu widerrufen (§ 26 I Nr. 4) ist. Davon zu trennen ist die Frage, unter welchen Umständen das *bereits gewährte* Familienasyl nach Abs. 1 S. 2 widerrufen werden muss. Der Gesetzgeber hat damit nicht die einschränkende Rechtsprechung des BVerwG übernommen, der zu folge die Erlöschenstatbestände des § 72 ohne weiteres auf das Familienasyl durchgreifen (BVerwG, EZAR 215 Nr. 2; krit. hierzu Renner, ZAR 1992, 35).

149 Vielmehr bedarf es auch beim Erlöschen der originären Asylberechtigung, welche *kraft Gesetzes* eintritt (§ 72 I), in Ansehung der über das Familienasyl Asylberechtigten der Durchführung eines (Widerrufs-)*Verwaltungsverfahrens* (Abs. 1 S. 2). Es besteht unter den Voraussetzungen des Abs. 1 S. 2 allerdings eine Widerrufsverpflichtung (OVG Rh-Pf, InfAuslR 2000, 468 (469)).

150 Erst nach Unanfechtbarkeit der Widerrufsentscheidung ist ebenso wie beim Widerruf nach Abs. 1 das Familienasyl beendet. Mit Abs. 1 S. 2 2. HS zieht der Gesetzgeber die Konsequenz aus dem eigenartigen Antragsbegriff des Familienasyls, das eine eigenständige Prüfung der Verfolgungsgründe verbietet (BVerwGE 89, 314 (319) = EZAR 215 Nr. 4 = NVwZ 1992, 987; OVG NW, InfAuslR 1991, 316; VGH BW, InfAuslR 1993, 200; OVG Rh-Pf, InfAuslR 2000, 468 (469); BayVGH, U. v. 18. 12. 1990 – 19 CZ 90.30661). Es wäre mit dem verfassungsrechtlichen Asylrecht unvereinbar, einem Familienangehörigen, der in seinem Verfahren substanziiert eigene Verfolgungsgründe vorgetragen hat, das weitere Asylrecht vorzuenthalten (BVerwG, EZAR 215 Nr. 2; ähnlich Koisser/Nicolaus, ZAR 1991, 31 (34); s. hierzu im Einzelnen § 26 Rdn. 114). Andererseits steht es einem Widerruf nicht entgegen, wenn zwar im Zeitpunkt der Zuerkennung des Familienasyl eigene Verfolgungsgründe vorgelegen hatten, diese indes im Zeitpunkt der Entscheidung über den Widerruf des Familienasyls nicht mehr vorliegen (OVG Rh-Pf, InfAuslR 2000, 468 (469)).

3.6.2. Kein Widerruf bei Eheauflösung oder Erreichen der Volljährigkeit

151 Die Widerrufsgründe nach Abs. 1 S. 2 sind abschließend. Der Gesetzgeber hat die einschränkende Rechtsansicht des BVerwG, der Begriff »Voraussetzungen« in der Widerrufsregelung des § 16 I 1 AsylVfG 1982 umfasse neben den Anerkennungsvoraussetzungen den Ehebestand sowie die Minderjährigkeit (BVerwG, EZAR 215 Nr. 2) nicht übernommen. Diese Äußerung des BVerwG ist allerdings nicht näher präzisiert und auch eher beiläufig getroffen worden (eindeutig für diese Rechtsfolge Birk/Repp, ZAR 1992, 14 (18); Renner, AuslR, § 73 AsylVfG Rdn. 18; dagegen Bierwirth, Die Familienasylregelung des § 7 a III AsylVfG, S. 229 (244); Renner, ZAR 1992, 38). Träfe diese Ansicht zu, müsste mit Erreichung der Volljährigkeit oder der Eheschließung

Widerruf und Rücknahme §73

des Minderjährigen dessen Asylberechtigung widerrufen werden. Das Familienasyl entartete für die Ehefrau zum Sanktionsmittel für mangelndes Wohlverhalten gegenüber dem Ehemann.

Begründet wird diese Ansicht damit, dass der *nachträgliche Fortfall* der speziellen Voraussetzungen des § 26 ein Anwendungsfall des Abs. 1 S. 1 darstelle. Die Verwendung des Wortes »ferner« in Abs. 1 S. 2 spreche dafür, dass damit ein weiterer Widerrufsgrund eingeführt werde, der neben die Widerrufsgründe des Abs. 1 S. 1 2. HS trete. Ein Widerrufsgrund stelle danach beim Ehegattenasyl die Eheauflösung und beim Minderjährigenasyl der Eintritt der Volljährigkeit und die Eheschließung dar (Renner, AuslR, § 73 AsylVfG Rdn. 17 f.). 152

Diese Ansicht misst dem insoweit nicht zwingenden Gesetzeswortlaut eine zu starke Bedeutung bei. Der Begriff »ferner« kann auch ebenso gut auf eine alternative Aufzählung zweier in sich abgeschlossener Regelungsbereiche hinweisen, sodass in Abs. 1 S. 1 der Widerruf der originären Asylberechtigung und in Abs. 1 S. 2 der Widerruf der Asylberechtigung nach § 26 geregelt wird. Dieser Gesetzesauslegung ist wegen der Zweckrichtung des Familienasyls der Vorzug zu geben. Danach geht die Einführung des Familienasyls auf die *Empfehlungen Nr. 9 (XXVIII) und Nr. 24 (XXXII) des Exekutivkomitees des Programms des UNHCR* zurück (OVG NW, B. v. 19. 9. 1991 – 16 A 495/91.A), welche die Staaten zu einer liberalen Anwendung der Grundsätze zur Familieneinheit aufrufen. 153

Auch der akzessorische Rechtscharakter des Familienasyls spricht dagegen, die Beendigung des Familienasyls anders als den Beginn seiner Schutzwirkung vom Fortbestand der originären Asylberechtigung loszulösen. Gesetzessystematische und -teleologische Gründe sprechen daher dagegen, den nachträglichen Fortfall der speziellen Voraussetzungen des Familienasyls als Unterfall der Widerrufsregelung nach Abs. 1 S. 1 zu behandeln. Dagegen ist der Gesetzeswortlaut nach Abs. 1 S. 2 nicht derart zwingend, dass er diese Auslegung gebietet. 154

Da sich die Widerrufsgründe des Abs. 1 S. 1 2. HS ausschließlich auf den nachträglichen Fortfall der politischen Verfolgungsgefahr beziehen, kann die Vorschrift des Abs. 1 S. 1 2. HS auf den nachträglichen Wegfall der spezifischen Voraussetzungen des Familienasyls gar nicht angewendet werden. Die Beendigung des Familienasyls kann deshalb allein auf die Gründe des Abs. 1 S. 2 (Widerruf, Erlöschen der originären Asylberechtigung sowie deren Rücknahme) gestützt werden. Wird die Ehe geschieden oder werden die Kinder volljährig, bleibt deren Asylrecht bestehen (VGH BW, U. v. 12. 11. 1990 – A 13 S 958/90). In diesem Sinne verfährt auch die Verwaltungspraxis. 155

3.6.3. Abschließender Charakter des Abs. 1 Satz 2

Die Widerrufsregelung des Abs. 1 S. 2 hat damit aus gesetzessystematischen und telelogischen Gründen *speziellen Charakter*: Sie regelt abschließend die behördliche Befugnis, das Familienasyl zu beenden und schließt deshalb die Anwendung von Abs. 1 S. 1 und Abs. 2 auf die Asylberechtigung nach § 26 aus. Nach dem Gesetzeswortlaut von Abs. 1 S. 1 ist nur der Widerruf, nicht dagegen die Rücknahme des Familienasyls erlaubt (a. A. Renner, AuslR, § 73 156

AsylVfG Rdn. 14, 23). Diese Vorschrift erfasst erschöpfend alle regelungsbedürftigen Fallgestaltungen und entspricht damit hinreichend den Bedürfnissen der Praxis.

157 Ist die originäre Asylberechtigung erschlichen worden, hat deren Rücknahme nach Abs. 2 den Widerruf des Familienasyls nach Abs. 1 S. 2 zur Folge. Bleibt die originäre Asylberechtigung wegen Fortbestands der politischen Verfolgung bestehen, so ist ein praktisches Bedürfnis, die gewährte Asylberechtigung der Familienangehörigen zurückzunehmen, wenn sich nachträglich herausstellt, dass die spezifischen Voraussetzungen des Familienasyls nicht vorgelegen haben, nicht erkennbar. In ganz besonders gelagerten Ausnahmefällen, in denen eine gültige Ehe zu keinem Zeitpunkt bestanden hat oder in denen nachweislich über die Verwandtschaftsbeziehung des Kindes getäuscht worden ist, mag man ausnahmsweise eine ergänzende Anwendung der §§ 48, 49 VwVfG in Erwägung ziehen.

3.6.4. Prüfung eigener Verfolgungsgründe

158 Nach Abs. 1 S. 2 letzter HS hat das Bundesamt vor dem Erlass des Widerrufsbescheides zu prüfen, ob der Betreffende nicht aus anderen Gründen, etwa weil in seiner Person unabhängig von dem Stammberechtigten die Voraussetzungen der politischen Verfolgung erfüllt sind, als Asylberechtigter anerkannt werden könnte (OVG Rh-Pf, InfAuslR 2000, 468 (469)). Diese Vorschrift zieht die Konsequenz daraus, dass der Statusentscheidung nach § 31 V, § 26 keine Prüfung der eigenen Verfolgungsgründe vorausgeht (BVerwGE 89, 314 (319) = EZAR 215 Nr. 4 = NVwZ 1992, 987; OVG NW, InfAuslR 1991, 316; VGH BW, InfAuslR 1993, 200; OVG Rh-Pf, InfAuslR 2000, 468 (469); BayVGH, U. v. 18. 12. 1990 – 19 CZ 90.30661). Deshalb hat das Bundesamt eigene Verfolgungsgründe des bisher aufgrund des Familienasyls Asylberechtigten zu prüfen, bevor es den Widerrufsbescheid erlässt.

159 Da mit zunehmendem zeitlichen Abstand von den fluchtauslösenden Umständen der Schwierigkeitsgrad der Prognoseprüfung wächst, hat das Bundesamt wohlwollend den Fortbestand einer auf früheren Ereignissen beruhenden eigenen politischen Verfolgung des Familienangehörigen zu prüfen. Aufgrund exilpolitischer Aktivitäten können aber auch nach der Asylberechtigung entstandene Nachfluchtgründe eine eigenständige Asylberechtigung tragen. Die Rechtsprechung zu den subjektiven Nachfluchtgründen und § 28 sind auf diese Fallgestaltungen nicht gemünzt. Denn es handelt sich nicht um risikolose Verfolgungsprovokationen, sondern um ernsthafte politische Aktivitäten im sicheren Vertrauen auf den Schutz durch die Asylberechtigung. Das Bundesamt hat darüber hinaus auch zwingende, auf früheren Verfolgungen beruhende Gründe, die der Rückkehr entgegenstehen (s. hierzu Rdn. 105 ff.), nach Abs. 1 S. 3 zu beachten. Die Vorschrift des Abs. 1 S. 3 bezieht sich auf die Widerrufsregelung nach Abs. 1 S. 1 wie auch auf den Widerruf nach Abs. 1 S. 2.

Widerruf und Rücknahme § 73

3.7. Kein Widerruf bei nachträglicher Änderung innerstaatlicher Rechtsvorschriften

3.7.1. Abschließender Charakter von Abs. 1 Satz 1

Derzeit überzieht das Bundesamt eine große Anzahl von Statusberechtigten mit Widerrufsverfahren unter Hinweis auf § 60 VIII 1 und 2 AufenthG. Dies betrifft insbesondere Angehörige der PKK bzw. Kongra-Gel und anderer linker Organisationen, die in der Türkei aktiv sind, sowie Angehörige der Organisation Volksmodjahedin Iran. Das individuelle Profil des Statusberechtigten in der jeweiligen Organisation sowie die Art und Weise ihrer Aktivitäten in dieser, die für den Erlass des Statusbescheides maßgebend waren, werden nunmehr als ausschließlicher Widerrufsgrund herangezogen. **160**

Der Widerruf darf jedoch nur erfolgen, wenn die tatsächlichen Voraussetzungen für die Statusfeststellung *nicht mehr* vorliegen (Rdn. 62 ff.). Nach der Rechtsprechung des BVerwG rechtfertigt nur der Wegfall der Verfolgung nach Abs. 1 S. 1 den Widerruf (BVerwG, EZAR 214 Nr. 3; BVerwGE 112, 80 (82) = NVwZ 2001, 335 = InfAuslR 2001, 532 = EZAR 214 Nr. 13; BVerwG, NVwZ 2005, 89 (90) = AuAS 2005, 5; OVG Rh-Pf, NVwZ-Beil. 2001, 9 (19)) nicht jedoch eine nachträgliche Gesetzesänderung durch den deutschen Gesetzgeber. Weder darf der Widerruf auf eine nachträglich bekannt gewordene Erkenntnislage (BVerwGE 112, 80 (82) = NVwZ 2001, 335) noch auf die nachträgliche Feststellung einer falschen Verfolgungsprognose (VGH BW, NVwZ 2001, 460) noch auf nachträgliche Gesetzesänderungen gestützt werden (Rdn. 51 ff.). **161**

Abs. 1 S. 1 hat gegenüber den allgemeinen Widerrufsregelungen des § 49 VwVfG speziellen Charakter. Soweit das BVerwG die allgemeinen Aufhebungsvorschriften der § 48 und § 49 VwVfG neben § 73 für anwendbar ansieht, hat es diese Rechtsprechung jedoch lediglich für die Rücknahmevorschrift des § 48 VwVfG aktualisiert (BVerwGE 112, 80 (88 f.) = NVwZ 2001, 335 = InfAuslR 2001, 532 = EZAR 214 Nr. 13). Andererseits hat es ausdrücklich festgestellt, dass der Widerruf des Statusbescheides nach Abs. 1 S. 1 nur bei einer nachträglichen Änderung der tatsächlichen Verhältnisse in Betracht kommt. Dies spricht dagegen, Abs. 1 S. 3 auf nachträgliche innerstaatliche Gesetzesänderungen anzuwenden. **162**

Aber selbst, wenn die allgemeine Widerrufsregelung Anwendung finden sollte, liegen bei einer nachträglichen Gesetzesänderung die Widerrufsvoraussetzungen nur vor, wenn der Berechtigte von der ihm gewährten Vergünstigung noch keinen Gebrauch gemacht oder aufgrund des Bescheides noch keine Leistungen empfangen hat (§ 49 II Nr. 4 VwVfG). Mit Ausstellung des Reiseausweises nach Art. 28 GFK haben die Begünstigten indes Gebrauch von der gewährten Vergünstigung gemacht und anschließend zahlreiche sozial- und aufenthaltsrechtliche Leistungen im Empfang genommen. Auch wenn § 49 VwVfG damit im Asylverfahren Anwendung finden sollte, könnte er die Verwaltungspraxis des Bundesamtes nicht stützen. **163**

3.7.2. Widerruf nur bei Änderung der tatsächlichen Verhältnisse

Nach der Rechtsprechung des BVerwG darf der Widerruf nach Abs. 1 S. 1 nur erfolgen, wenn die (tatsächlichen) Voraussetzungen für die Statusfeststel- **164** lung *nicht mehr* vorliegen. Dementsprechend rechtfertigt nur der Wegfall der Verfolgung nach Abs. 1 S. 1 den Widerruf (BVerwG, EZAR 214 Nr. 3; BVerwGE 112, 80 (82) = NVwZ 2001, 335 = InfAuslR 2001, 532 = EZAR 214 Nr. 13; OVG Rh-Pf, NVwZ-Beil. 2001, 9 (19); VG Frankfurt am Main, NVwZ-Beil. 2003, 109 (110)).

165 Demgegenüber leitet die obergerichtliche Rechtsprechung vereinzelt aus § 51 III 1 AuslG 1990 (jetzt § 60 VIII 1 AufenthG) ab, dass auch nachträgliche Gesetzesänderungen den Widerruf rechtfertigten. Der Wortlaut von Abs. 1 S. 1 normiere eindeutig und unmissverständlich, dass die Statusberechtigung zu widerrufen sei, wenn die Voraussetzungen für diese nicht mehr vorliegen würden. Dies sei dann der Fall, wenn die für die Statusberechtigung maßgebenden Voraussetzungen nachträglich entfallen seien, wenn also die Statusgewährung »nunmehr« ausgeschlossen sei (OVG NW, NVwZ 2004, 757 (758), *Kaplan*).

166 Zu diesen Voraussetzungen zählten nicht nur die Verfolgungsgefahr, sondern unter anderem auch, dass von dem Statusberechtigten nicht nach Maßgabe von § 60 VIII 1 AufenthG eine Gefahr für die Sicherheit der Bundesrepublik ausgehe. Der Gesetzgeber habe zwar bei Schaffung der Widerrufsvorschrift »*insbesondere*« den Fall als Widerrufsgrund vor Augen gehabt, dass in dem Verfolgerstaat ein Wechsel des politischen Systems eingetreten sei. Dies verdeutliche, dass der spätere Wechsel der politischen Verhältnisse im Herkunftsland zwar den Hauptanwendungsfall von Abs. 1 S. 1 darstelle, die Anwendung dieser Bestimmung aber nicht hierauf beschränkt sei, sondern vielmehr grundsätzlich alle Voraussetzungen für die Statusgewährung umfasst sein sollten (OVG NW, NVwZ 2004, 757 (758)).

167 Diese Auffassung ist mit dem Wortlaut von Abs. 1 S. 1 nicht vereinbar. Vielmehr ist nach der Rechtsprechung des BVerwG, auf die sich die obergerichtliche Rechtsprechung beruft, der Bestand des Statusbescheides von der Fortdauer »der das Asylrecht begründenden Umstände« abhängig. Zu diesen zähle vor allem die Verfolgungsgefahr. Hätten sich die *verfolgungsbegründenden Umstände* im Herkunftsland des bislang Statusberechtigten geändert, sei der Status zu widerrufen (BVerwG, EZAR 214 Nr. 3). Die gesetzessystematische Betrachtung spreche für die Beschränkung der Widerrufsmöglichkeit nach Art. 1 S. 1 auf die »*Fälle der Änderung der Sachlage*« (BVerwGE 112, 80 (83) = = NVwZ 2001, 335 = InfAuslR 2001, 532 = EZAR 214 Nr. 13).

168 Danach kommt es nach Abs. 1 S. 1 nach der Rechtsprechung des BVerwG auf die den Status »begründenden Umstände« und nicht auf nachträgliche gesetzliche Änderungen an, anhand deren diese Umstände nach der Statusgewährung eine andere rechtliche Bedeutung erfahren. Dementsprechend geht auch die Rechtsprechung davon aus, dass sich für einen Widerruf nach der Statusgewährung die Umstände geändert haben müsen (VG Hamburg, AuAS 1998, 262 (264); VG Frankfurt am Main, NVwZ-Beil. 2003, 109 (110)). Es müssten sich in der *Person des Statusberechtigten* oder in seinem *Heimatland* die die Statusberechtigung begründenden Verhältnisse geändert haben (VG Magdeburg, InfAuslR 2000, 40). Zu diesen Verhältnissen gehören innerstaatliche Rechtsänderungen, welche die unverändert fortdauernden objektiven allgemeinen oder individuellen Verhältnisse nachträglich anders bewerten,

Widerruf und Rücknahme § 73

nicht. Auch nach der Kommentarliteratur kommt es auf die »nachträgliche Veränderung von maßgebenden Umständen« an (Hailbronner, AuslR, § 73 AsylVfG Rdn. 13).

Lediglich vereinzelt wird freilich ohne nähere Vertiefung und Begründung die nachträgliche Änderung der Sach- oder *Rechts*lage als Widerrrufsgrund bezeichnet (VG Gelsenkirchen, InfAuslR 2000, 39; zustimmend Hailbronner, AuslR, § 73 AsylVfG Rdn. 8). Diese erweiternde Auslegung dürfte jedoch mit dem Wortlaut von Abs. 1 S. 1 nicht übereinstimmen. Danach kommt es darauf an, dass die tatsächlichen Voraussetzungen für die Statusgewährung nicht mehr vorliegen. Dazu gehört die nach der Statusgewährung erfolgende gesetzliche Änderung der Voraussetzungen für die Statusgewährung nicht. 169

3.7.3. § 60 Abs. 8 Satz 1 AufenthG rechtfertigt nicht den Widerruf

Die 1997 mit der Einfügung von § 30 IV und dem damit angeordneten Verweis auf § 51 III AuslG 1990 (jetzt § 60 VIII 1 AufenthG) eingeführte verfahrensrechtliche Verschärfung kann den Widerrufsbescheid nicht tragen. § 60 VIII 1 AufenthG ist wie die Vorläufernormen des § 51 III 1 AuslG 1990 und § 14 I 2 AuslG 1965 innerstaatliche Umsetzungsnorm von Art. 33 II GFK. Das BVerwG hat im Blick auf die Verfassungskonformität des § 51 III 1 AuslG 1990 ausdrücklich auf seine frühere Rechtsprechung zu § 14 I 2 AuslG 1965 verwiesen (BVerwGE 109, 1 (3) = EZAR 200 Nr. 35 = NVwZ 1999, 1346 = InfAuslR 1999, 470, mit Hinweis auf BVerwGE 49, 202). 170

Was sich gegenüber dem früheren Recht geändert hat ist, dass bei Vorliegen der Voraussetzungen des Art. 33 II GFK (§ 51 III 1 AuslG 1990) bereits die Statusfeststellung versagt werden kann (vgl. § 30 IV). Demgegenüber darf aufgrund von Art. 33 II GFK nicht die Statusfeststellung aufgehoben werden, sondern wird durch diese Norm die Abschiebung eines anerkannten Flüchtlings zugelassen. Die 1997 eingeführte verfahrensrechtliche Verschärfung ist indes völkerrechtswidrig. Auch nach der früheren Rechtsprechung des BVerwG musste in Übereinstimmung mit dem Völkerrecht ein die Abschiebung eines anerkannten Flüchtlings rechtfertigender Grund (vgl. Art. 33 II GFK, § 14 I 2 AuslG 1965, § 51 III 1 AuslG 1997) bei der Statusentscheidung selbst unberücksichtigt bleiben (BVerwGE 49, 211 (212 f.) = EZAR 210 Nr. 1 = DÖV 1976, 94 = MDR 1976, 254 = BayVBl. 1976, 410). 171

Unabhängig von diesen völkerrechtswidrigen Bedenken verbietet Abs. 1 S. 1 wie auch § 49 I VwVfG aber auch dann, wenn wegen der seit 1997 in das Asylverfahren hinein wirkenden Reichweite des § 51 III 1 AuslG 1990 von einer Gesetzesänderung ausgegangen wird, den Widerruf. Nur eine Änderung der tatsächlichen Entscheidungsgrundlagen – soweit sie die Prognose eines Wegfalls der Verfolgung rechtfertigen – rechtfertigt den Widerruf, nicht jedoch eine nachträgliche gesetzliche Änderung der für die Statusanerkennung maßgebenden verfahrensrechtlichen Vorschriften. Diese Gesetzesauslegung gebietet bereits der eindeutige Wortlaut von Abs. 1 S. 1. 172

Wäre die Rechtsansicht des Bundesamtes richtig, dann müssten alle seit 1978 getroffenen Statusfeststellungen daraufhin überprüft werden, ob im Hinblick auf die seitdem in Kraft getretene unübersehbare Vielzahl von verfahrensrechtlichen Verschärfungen die ursprüngliche Statusentscheidung heute 173

1245

noch hätte ergehen können. Insbesondere die auf die Verfahrensbeschleunigung, die Verschärfung der Mitwirkungs- und Darlegungslasten, aber auch die auf Beachtlichkeit von Nachfluchtgründen zielenden Vorschriften müssten im Rahmen einer unbegrenzten Vielzahl von Aufhebungsverfahrens darauf hin überprüft werden, ob der vor vielen Jahren ergangene Statusbescheid auch heute noch so hätte erlassen werden können, wenn die jetzt geltenden verfahrens- und materiellrechtlichen Vorschriften damals schon in Kraft gewesen wäre. Würde diese Voraussetzung bejaht, müsste der Statusbescheid aufgehoben werden.

3.7.4. § 60 Abs. 8 Satz 2 AufenthG rechtfertigt nicht den Widerruf

174 Darüber hinaus stützt das Bundesamt seine Widerrufspraxis auf § 60 III 2 AufenthG. Aber auch insoweit ist dem Bundesamt die Bezugnahme auf nächträgliche gesetzliche Änderungen im Widerrufsverfahren verwehrt. Nach § 51 III 2 AuslG 1990 (jetzt § 60 VIII 2 AufenthG), der durch das Terrorismusbekämpfungsgesetz 2001 eingeführt wurde, entfällt der Schutz nach § 51 I AuslG 1990, wenn aus schwerwiegenden Gründen die Annahme gerechtfertigt ist, dass der Flüchtling ein Verbrechen gegen den Frieden, ein Kriegsverbrechen oder ein Verbrechen gegen die Menschlichkeit begangen hat oder wenn er *vor seiner Aufnahme* als Flüchtling ein schweres nichtpolitisches Verbrechen außerhalb des Bundesgebietes begangen hat oder sich hat Handlungen zuschulden kommen lassen, die den Zielen und Grundsätzen der Vereinten Nationen zuwiderlaufen. Wird diese innerstaatliche Regelung auf die völkerrechtlich maßgebliche Folie gelegt, gilt für das deutsche Recht, dass beim Vorliegen eines konventionsrechtlichen Ausschlussgrundes nach Art. 1 F GFK der Refoulementschutz nach Art. 33 I GFK entfällt. Denn § 60 VIII 1 AufenthG ist mit Art. 33 I GFK und § 60 VIII 2 AufenthG mit Art. 1 F GFK identisch.

175 Der Ausschlussgrund nach Art. 1 F Buchst. b) GFK findet nach der Konvention jedoch vor der Statusgewährung Anwendung und sperrt diese, sofern die entsprechenden Voraussetzungen erfüllt sind. Hat ein Vertragsstaat den internationalen Rechtsstatus gewährt, kann er aufenthaltsbeendende Maßnahmen gegen den Flüchtling nur nach Maßgabe von Art. 33 II GFK, also für das deutsche Recht nach § 60 VIII 1 AufenthG, ergreifen. Die Regelung nach § 60 VIII 2 AufenthG, die den Wortlaut von Art. 1 F GFK wiederholt, kann also völkerrechtlich unbedenklich nur die Statusgewährung sperren, nicht aber nachträglich die Aufhebung eines bereits gewährten Statusbescheides rechtfertigen. Da § 60 VIII 2 AufenthG zugleich aber auch den in § 60 I AufenthG – und damit den in Art. 33 I GFK – geregelten Abschiebungsschutz einschränkt, ist diese Norm mit der GFK nicht vereinbar.

176 Mit der Schaffung des Systems des internationalen Flüchtlingsschutzes wurden wirksame Instrumente hervorgebracht, welche die Sicherheitsinteressen der Vertragsstaaten in zureichender Weise berücksichtigen. Art. 33 II GFK trägt – wie ausgeführt – den Sicherheitsinteressen des Vertragsstaates Rechnung, der den Flüchtling aufgenommen hat. Haben als terroristisch eingestufte individuelle Handlungen Auswirkungen auf das Gebiet des Vertragsstaates, kann er in schwerwiegenden Fällen auch gegen einen anerkannten Flüchtling Abschiebungsmaßnahmen durchführen, muss jedoch die absolu-

te Schutzwirkung des Folterverbotes berücksichtigen. Hat ein Flüchtling *vor seiner Aufnahme* die Voraussetzungen eines Ausschlussgrundes nach Art. 1 F GFK erfüllt, sperrt dies die Statusgewährung. Der um Schutz ersuchte Vertragsstaat muss aber auch in diesem Fall den zwingenden Folterschutz auch an der Grenze beachten.

Werden *nach* der Statusgewährung individuelle Handlungen begangen, die einen der Tatbestände von Art. 1 F GFK erfüllen, rechtfertigt dies jedoch nicht die nachträgliche Anwendung dieser Norm. UNHCR weist ausdrücklich darauf hin, dass eine nachträgliche Anwendung von Art. 1 F GFK durch das verwaltungsrechtliche Instrument des Widerrufs nur zulässig ist, wenn *nach der Statusgewährung* Umstände bekannt werden, die eine Versagung der Statusgewährung gerechtfertigt hätten, wären diese *im Zeitpunkt der Statusgewährung* bekannt gewesen. Der Widerruf dürfe hingegen nicht auf Sachverhalte angewendet werden, die erst nach der Statusgewährung eingetreten seien (*UNHCR*, Background Note on the Application of the Exclusion Clauses: Article 1 F of the 1951 Convention relating to the Status of Refugees, 2003, S. 6, »*Cancellation is, however, not related to a person's conduct post-determination*«; Türk IJRL 2003, 113 (120)

177

Das bedeutet nicht, dass die Vertragsstaaten gegenüber Handlungen, die in Art. 1 F GFK erwähnt sind, tatenlos bleiben müssten. Verbrechen der in Art. 1 F Buchst. a) GFK bezeichneten Art erfüllen die Voraussetzungen des *Weltrechtsprinzips* und können daher von allen Staaten strafrechtlich verfolgt werden. Damit ist klargestellt, dass das System des internationalen Flüchtlingsschutzes die Vertragsstaaten nicht daran hindert, mit allen verfügbaren Mitteln in Reaktion auf Kriegsverbrechen, Verbrechen gegen den Frieden sowie Verbrechen gegen die Menschlichkeit die erforderlichen Schritte einzuleiten.

178

4. Rücknahme der Statusentscheidung nach § 31 Abs. 2 Satz 1 (Abs. 2)

4.1. Zweck der Regelung des Abs. 2

Nach Abs. 2 ist wie früher nach § 16 II AsylVfG 1982 der nach § 31 I 1 gewährte Status zurückzunehmen, wenn dieser aufgrund unrichtiger Angaben oder infolge Verschweigens wesentlicher Tatsachen erteilt worden ist und der Betreffende auch aus anderen Gründen nicht als politisch Verfolgter angesehen werden könnte. Die Rücknahmevorschrift zielt nach Abs. 2 S. 1 auf die Asylanerkennung sowie nach Abs. 2 S. 2 auf den nach § 60 I AufenthG gewährten internationalen Schutz.

179

Abs. 2 geht davon aus, dass die tatbestandlichen Voraussetzungen für die Feststellung der Verfolgung von Anfang an nicht vorgelegen haben und es allein aufgrund unrichtiger oder unvollständiger Angaben des Asylsuchenden zu einer – rechtswidrigen – Statusentscheidung nach § 31 II 1 gekommen ist (BVerwG, EZAR 214 Nr. 2 = InfAuslR 1990, 245; BVerwGE 108, 30 (33 ff.) = EZAR 214 Nr. 10 = NVwZ 1999, 302). Die Rücknahme hat nach Abs. 2 S 1 2. HS zu unterbleiben, wenn der Statusbescheid auch aus anderen Gründen gerechtfertigt wäre.

180

4.2. Verhältnis der asylrechtlichen zur allgemeinen Rücknahmevorschrift des § 48 VwVfG

181 Nach der Rechtsprechung des BVerwG gelten die Bestimmungen des allgemeinen Verwaltungsrechts über Rücknahme (§ 48 VwVfG) neben Abs. 2 (BVerwGE 112, 80 (88)) = NVwZ 2001, 335 (337) = InfAuslR 2001, 532 = EZAR 214 Nr. 13 = AuAS 2001, 18; BVerwGE 115, 118; OVG NW, AuAS 2002, 141 (142); VG Braunschweig, U. v. 18. 8. 2004 – 6 A 807/02; a. A. OVG Rh-Pf, NVwZ-Beil. 2001, 9 (10) = AuAS 2000, 138; OVG Rh-Pf, InfAuslR 2000, 468 = AuAS 2000, 82; OVG NW, NVwZ-Beil. 2002, 93; BayVGH, EZAR 214 Nr. 9). Weder der Wortlaut noch die Entstehungsgeschichte des Abs. 2 oder seiner Vorläufernorm in § 16 II AsylVfG 1982 würden einen Anhaltspunkt für einen abschließenden Charakter der Rücknahmevorschrift geben. Abs. 2 verschärfe lediglich die allgemeine Regelung des § 48 VwVfG, in dem es das Rücknahmeermessen in eine *Rücknahmepflicht* für die *Fallgruppe unrichtiger Angaben oder verschwiegener Tatsachen* umwandle (BVerwGE 112, 80 (89) = NVwZ 2001, 335 (337) = InfAuslR 2001, 532 = EZAR 214 Nr. 13).

182 Die Gegenmeinung wird damit begründet, dass dem Gesetzgeber bei Erlass des Abs. 2 die Verfahrensvorschriften des § 48 VwVfG bekannt gewesen sei. Er habe aber im Zusammenhang mit §§ 72 ff. auf die §§ 48 f. VwVfG in keiner Weise Bezug genommen, sondern eine eigenständige und abschließende Rücknahmevorschrift in Abs. 2 geregelt (OVG Rh-Pf, NVwZ-Beil. 2001, 9 (10)). Für den abschließenden Charakter des Abs. 2 sprechen eine Reihe von Gründen: Abs. 2 enthält eine gesetzliche Verpflichtung zur Rücknahme. Demgegenüber räumt § 48 I VwVfG der Behörde Ermessen ein. Der Streit hat insbesondere Bedeutung für die Frage, ob die Jahresfrist nach § 48 IV 1 VwVfG im asylrechtlichen Rücknahmeverfahren Anwendung findet.

183 Die in § 48 II 3 VwVfG genannten Gründe zerstören ohne weiteres den Vertrauensschutz. Demgegenüber ist vor der asylverfahrensrechtlichen Rücknahme zu prüfen, ob der Asylsuchende nicht aus anderen Gründen anerkannt (Abs. 2 S. 1 letzter HS) oder die Feststellung nach § 60 I AufenthG getroffen werden könnte (Abs. 2 S. 2). Diese Einschränkung war im ursprünglichen Gesetzentwurf zu § 16 II AsylVfG 1982, dem Abs. 2 nachgebildet worden ist, nicht vorgesehen (BT-Drs. 9/875, S. 4). Sie ist erst im Zuge der Beratungen des AsylVfG 1982 eingeführt und in der Folgezeit beibehalten worden.

184 § 48 II VwVfG enthält keine derartige Einschränkung. Abs. 2 zwingt das Bundesamt auch in den Fällen, in denen die Statusentscheidung erschlichen worden ist, vor der Rücknahmeentscheidung zu prüfen, ob der Betreffende ungeachtet dessen aufgrund früher oder nachträglich entstandener Ereignisse nicht als asylberechtigt anerkannt werden oder internationalen Schutz nach § 60 I AufenthG genießen könnte.

185 Für die Praxis maßgebend ist indes die Rechtsprechung des BVerwG. Danach kann das Bundesamt auch unabhängig von den Voraussetzungen des Abs. 2 nach § 48 VwVfG den Bescheid nach pflichtgemäßem Ermessen aufheben. Das Rücknahmeermessen kann sowohl in Ansehung von positiven wie von rechtsversagenden Bescheiden ausgeübt werden. Das Verwaltungsgericht kann den Widerruf nach § 47 VwVfG in eine Rücknahme *umdeuten* (BVerwGE

112, 80 (88ff.) = NVwZ 2001, 335 (337) = InfAuslR 2001, 532 = EZAR 214 Nr. 13; BVerwGE 108, 30 (35) = EZAR 214 Nr. 10 = InfAuslR 1999, 143 = NVwZ 1999, 302; BVerwG BVerwGE 108, 30 (33ff.) = EZAR 214 Nr. 10 = NVwZ 1999, 302). Die Jahresfrist nach § 48 IV VwVfG beginnt u. a. erst dann zu laufen, wenn das Bundesamt die Rechtswidrigkeit des aufzuhebenden Bescheides erkannt hat (BVerwGE 112, 80 (88ff.) = NVwZ 2001, 335 (337)). Die Umdeutung des Widerrufs wird indes in aller Regel daran scheitern, dass das Bundesamt über den Widerruf nach zwingendem Recht entscheidet, sodass eine Umdeutung in eine Rücknahme nach § 48 VwVfG am Fehlen des Rücknahmeermessens scheitert (BVerwGE 112, 80 (NVwZ 2001, 335 (337)).

Umgekehrt kann nach der Rechtsprechung ein Aufhebungsbescheid, der sich unzutreffend auf die Rücknahmevorschrift des Abs. 2 bezieht, weil dem Asylberechtigten das dort bezeichnete Verhalten nicht nachgewiesen werden kann, als Widerrufsbescheid nach Abs. 1 S. 1 aufrechterhalten werden, wenn die Widerrufsvoraussetzungen nach Abs. 1 S. 1 2. HS erfüllt sind. Dies habe seinen Grund darin, dass Rücknahme und Widerruf gebundene Entscheidungen seien, die auf ein und dasselbe Ziel gerichtet seien, nämlich die Aufhebung des Statusbescheides mit Wirkung für die Zukunft (BayVGH, AuAS 1997, 273 (274f.) = EZAR 214 Nr. 8). **186**

Allerdings wendet sich die obergerichtliche Rechtsprechung gegen die Anwendung der Jahresfrist des § 48 IV VwVfG im Zusammenhang mit Abs. 2. Begründet wird dies mit gesetzessystematischen und teleologischen Erwägungen (OVG NW, AuAS 2002, 141 (142), unter Bezugnahme auf OVG Rh-Pf, InfAuslR 2000, 468). Das BVerwG hat indes die Jahresfrist für anwendbar erklärt (BVerwGE 112, 80 (91) = EZAR 214 Nr. 10 = InfAuslR 1999, 143 = NVwZ 1999, 302). **187**

4.3. Voraussetzungen der Rücknahme nach Abs. 2

Die unrichtigen Angaben oder die Nichtangabe wesentlicher Tatsachen müssen *kausal* für den Erlass des Statusbescheides gewesen sein. Die Kausalität muss feststehen. Bloße Zweifel genügen nicht (VG Gießen, AuAS 1998, 166 (168)). Der Nachweis unrichtig gemachter Angaben wird sich im Regelfall nicht führen lassen, weil die Statusentscheidung vorrangig auf den Angaben des Asylsuchenden beruht und dieser im Nachhinein wohl kaum den wahren Sachverhalt offenbaren wird. Hinzu kommt, dass die Anforderungen an die Darlegungslast besonders hoch und insbesondere sehr komplex sind, sodass die Fälle bewusst falscher oder unterlassener wesentlicher Angaben eher selten sind. **188**

Auch wenn es für die objektive Unrichtigkeit oder das objektive Unterlassen wesentlicher Angaben insoweit auf ein Verschulden des Asylsuchenden nicht ankommt (so Renner, AuslR, § 73 AsylVfG Rdn. 22; GK-AsylVfG a. F., § 16 Rdn. 36), dürften die Fälle der objektiven Unrichtigkeit sehr selten sein. Darüber hinaus trifft das Bundesamt die Darlegungs- und Beweislast für die Rücknahmevoraussetzungen (VG Gießen, AuAS 1998, 166 (168)). Wohl auch aus diesen Gründen wird von der Vorschrift des Abs. 2 in der Verwaltungspraxis selten Gebrauch gemacht. **189**

4.4. Voraussetzungen der Rücknahme nach § 48 VwVfG

190 Nach der Rechtsprechung treten neben die *Rücknahmepflicht* für die *Fallgruppe unrichtiger Angaben oder verschwiegener Tatsachen* nach Abs. 2 die weiteren in § 48 II VwVfG geregelten Fallgruppen – etwa die der *Drohung* oder *Bestechung* oder die der *Kenntnis oder grob fahrlässigen Unkenntnis des Asylsuchenden von der Unrichtigkeit der Statusgewährung*. Hinzu kommen die sonstigen Fälle, in denen die Statusgewährung aus nicht dem Asylsuchenden zuzurechnenden Gründen – etwa wegen einer falschen Einschätzung der Gefährdungslage oder rechtsirriger Annahme der Statusvoraussetzungen seitens des Bundesamtes – von Anfang an rechtswidrig ist (BVerwGE 112, 80 (88 ff.) = NVwZ 2001, 335 (337) = InfAuslR 2001, 532 = EZAR 214 Nr. 13; VG Koblenz, InfAuslR 1995, 428 (429)).

191 Ein praktisches Bedürfnis, für die Fälle, in denen keine Verfolgung besteht, die Beendigung des gewährten Status über Abs. 2 zu regeln, besteht nicht. Vielmehr findet nach der Rechtsprechung des BVerwG Abs. 1 S. 1 Anwendung, da es insoweit nur darauf ankommt, ob ein Statusbescheid vorliegt und die Verfolgungsgefahr im Zeitpunkt der Widerrufsentscheidung nicht besteht. Danach ist es unerheblich, ob der Statusbescheid rechtswidrig oder rechtmäßig gewesen ist (BVerwG, NVwZ-RR 1997, 741 = EZAR 214 Nr. 7 = AuAS 1997, 240 (LS); so auch VGH BW, VBlBW 1997, 151 (152)).

192 Umstritten ist, ob das Bundesamt im Falle der *Mehrfachantragstellung wegen Täuschung über die persönliche Identität* den Statusbescheid auch dann zurücknehmen kann, wenn es aufgrund eines rechtskräftigen gerichtlichen Urteils zum Erlass des Statusbescheides verpflichtet worden ist (dafür BayVGH, EZAR 214 Nr. 6; dagegen VG Gießen, AuAS 1998, 166 (168); VG Freiburg, NVwZ-Beil. 2001, 104). Nach der Gegenmeinung kann die Rechtskraftwirkung des Urteils nur im Wege und unter den eng begrenzten Voraussetzungen der Restitutionsklage (§ 580 ZPO) oder im Wege einer auch im Verwaltungsprozess möglichen, auf § 826 BGB gestützten Klage durchbrochen werden (VG Gießen, AuAS 1998, 166 (168)).

193 Dieser Auffassung hat sich das BVerwG inzwischen angeschlossen. Danach hindert die sachliche Reichweite der Rechtskraft des verwaltungsgerichtlichen Urteils die Behörde an der Aufhebung des Statusbescheids. Es spreche vieles dafür, einerseits bei der Statusgewährung und andererseits bei der Aberkennung ein und desselben Anspruchs zumindest von einer teilweisen Identität der Streitgegenstände auszugehen. Daraus folge, dass vor der Aufhebung eines gerichtlich angeordneten Statusbescheids stets zu prüfen sei, ob die Rechtskraft des Urteils der Aufhebung des Statusbescheids entgegenstehe. Sei dies der Fall, so könne die Aufhebung nur in den engen Grenzen des § 153 VwGO erfolgen (BVerwGE 108, 30 (34) = EZAR 214 Nr. 10 = InfAuslR 1999, 143 = NVwZ 1999, 302; BVerwGE 115, 118 (120) = InfAuslR 2002, 205).

194 Allerdings hindere eine spätere Änderung der Sach- und Rechtslage die Behörde nicht an der Aufhebung des Statusbescheides. Habe sie den Bescheid wegen unrichtiger Angaben zurückgenommen, sei bei veränderten tatsächlichen Verhältnissen eine Umdeutung in einen Widerruf nach Abs. 1 nicht

ausgeschlossen (BVerwGE 108, 30 (35) = EZAR 214 Nr. 10 = InfAuslR 1999, 143 = NVwZ 1999, 302). Dies ergibt sich auch daraus, dass Abs. 1 S. 1, der insoweit unverändert die Regelung des § 16 I Nr. 1 AsylVfG 1982 übernommen hat, die *Verlustgründe* des Art. 1 C Nr. 5 und Nr. 6 GFK umfasst (BT-Drs. 9/875, S. 18). Nach Art. 1 C Nr. 5 GFK verlieren Flüchtlinge ihren Rechtsstatus, wenn ihnen aufgrund des Wegfalls der die Flüchtlingseigenschaft begründenden Umstände eine Rückkehr in den Herkunftsstaat zumutbar ist. Art. 1 C Nr. 6 GFK enthält eine identische Regelung für staatenlose Flüchtlinge.

4.5. Rechtswirkung der Rückwirkung

Die Rücknahme nach Abs. 2 wirkt *ex tunc* (VG Braunschweig, U. v. 18. 8. 2004 – 6 A 807/02). Haben die Voraussetzungen für die Statusgewährung *von Anfang an* nicht vorgelegen, war der Statusbescheid auch von Anfang an rechtswidrig (BVerwGE 112, 80 (90) = EZAR 214 Nr. 10 = InfAuslR 1999, 143 = NVwZ 1999, 302). Demgegenüber eröffnet § 48 VwVfG ein *Rücknahmeermessen*. Erkennt das Bundesamt die Rechtswidrigkeit der Statusgewährung, steht ihm regelmäßig ein weites, auch etwaige Erwägungen zur Verfahrensökonomie und angewachsene Integrationsgesichtspunkte einschließendes Ermessen bei der Frage zu, ob es überhaupt ein Ermessen ausübt oder den Statusbescheid aufrechterhält (BVerwGE 112, 80 (91 f.) = EZAR 214 Nr. 10 = InfAuslR 1999, 143 = NVwZ 1999, 302). Das Rücknahmeermessen nach § 48 VwVfG wird damit nicht für die Vergangenheit ausgeübt (VG Braunschweig, U. v. 18. 8. 2004 – 6 A 807/02) und wirkt *ex nunc*.

195

5. Obligatorische Überprüfungspflicht (Abs. 2 a)

5.1 Zweck der obligatorischen Überprüfungspflicht

Durch Art. 3 Nr. 46 Buchst. b) ZuwG ist mit Wirkung zum 1. Januar 2005 die obligatorische Widerrufsprüfung in Abs. 2 a eingeführt worden. Dadurch soll erreicht werden, dass »die Vorschriften über den Widerruf und die Rücknahme, die in der Praxis bislang weitgehend leergelaufen sind, an Bedeutung gewinnen« (BT-Drs. 15/420, S. 112, so schon BT-Drs. 14/7387, S. 103). Das aufgezeigte angebliche Verwaltungsdefizit kann indes durch eine administrative Regelung ebenso gut aufgehoben werden. Auch ohne Abs. 2 a sind 2003 und 2004 systematisch und breit angelegte Widerrufsverfahren durchgeführt worden. Die Widerrufs- und Rücknahmeregelungen sind ohnehin zwingender Natur, sodass Abs. 2 a die Verwaltung lediglich nochmals dazu anhält, gesetzliche Aufgaben zu erfüllen.

196

Die spätestens nach drei Jahren geforderte obligatorische Überprüfung steht im engen sachlichen Zusammenhang mit den humanitären Verfestigungsregelungen. Danach ist dem Asylberechtigten und Abschiebungsschutzberechtigten nach drei Jahren Besitz der Aufenthaltserlaubnis eine Niederlassungserlaubnis zu erteilen, wenn das Bundesamt mitgeteilt hat,

197

dass die Voraussetzungen für einen Widerruf oder eine Rücknahme nicht vorliegen (§ 26 III AufenthG). Beantragt der Statusberechtigte die Niederlassungserlaubnis, hat die Ausländerbehörde anzufragen, ob ein Widerrufs- oder Rücknahmeverfahren eingeleitet ist (§ 26 III 2. HS AufenthG). Erteilt das Bundesamt eine negative Auskunft, wird unter Absehung von den Voraussetzungen des § 9 II AufenthG die Niederlassungserlaubnis nach § 9 I 1 in Verb. mit § 26 III AufenthG erteilt.

198 Weder verfassungs- noch völkerrechtliche Gründe sprechen gegen die Einführung einer obligatorischen Widerrufsprüfung. Ob eine derartige mechanistisch angelegte Regelung freilich praktikabel ist, erscheint hingegen fraglich (Duchrow, ZAR 2002, 269 (275)). Eine obligatorische Prüfung von Rücknahmegründen erscheint nicht sachgemäß und erschwert das Verfahren. Selbstverständlich hat das Bundesamt jederzeit – auch nach Erteilung der Niederlassungserlaubnis – das Recht, bei gegebenem Anlass Rücknahmegründe zu prüfen. Unrichtige Angaben im Asylverfahren können möglicherweise selbst noch wegen der Fortwirkung dieser Angaben in das Einbürgerungsverfahren hinein zur Rücknahme der erteilten Einbürgerung führen.

199 Eine gesetzliche Anleitung, stets auch Rücknahmegründe zu prüfen, läuft wegen fehlender Anhaltspunkte regelmäßig ins Leere, verzögert indes ohne Not das Verfahren. Wegen der neueren Rechtsprechung des BVerwG zur ergänzenden Anwendung von § 48 VwVfG bei rechtswidrigen Statusbescheiden aufgrund einer fehlerhaften Prognoseentscheidung (BVerwGE 112, 80 (91 f.) = EZAR 214 Nr. 10 = InfAuslR 1999, 143 = NVwZ 1999, 302) dürfte Abs. 2 a wohl auch Bedeutung in der Verwaltungspraxis gewinnen.

5.2 Obligatorische »Anprüfung« nach Abs. 2 a Satz 1

200 Die obligatorische Überprüfung ist als *Anprüfung* ausgestaltet worden. Das Bundesamt soll spätestens nach Ablauf von drei Jahren prüfen, *ob* die Widerrufs- oder Rücknahmevoraussetzungen vorliegen. Zwar erhofft sich der Gesetzgeber durch die gesetzliche Überprüfungsverpflichtung wohl eine gewisse Dynamik, andererseits will er die Verwaltung lediglich dazu anhalten, nach Ablauf von drei Jahren zu prüfen, ob der einmal gewährte Status noch fortbestehen kann. Dies bedeutet zunächst eine *kurze Anprüfung*.

201 Haben sich die allgemeinen Verhältnisse nicht wesentlich verändert und sind auch keine individuellen, den Widerruf oder die Rücknahme des Statusbescheids rechtfertigenden Gründe bekannt geworden, bleibt es bei der Anprüfung. Der Ausländerbehörde ist mitzuteilen, dass der Status fortbesteht (§ 26 III AufenthG). Die Niederlassungserlaubnis nach § 9 I 1 in Verb. mit § 26 III AufenthG wird erteilt.

202 Nur in dem Fall, in dem die allgemeinen oder individualbezogenen Tatsachen und Umstände Zweifel begründen, ob der gewährte Statusbescheid noch Fortbestand haben kann, tritt das Bundesamt in eine nähere Überprüfung unter Beachtung verfahrensrechtlicher Schutzvorschriften zugunsten des Betroffenen ein. Es hat insbesondere das Anhörungsverfahren (Abs. 4 S. 2) durchzuführen.

Widerruf und Rücknahme § 73

Die Gesetzesbegründung verkürzt unzulässigerweise die tatsächliche Basis der Entscheidungsgrundlagen. Danach soll die Überprüfung generell anhand der aktuellen amtlichen Lageberichte erfolgen (vgl. BT-Drs. 14/7387, S. 104). Neben den amtlichen Lageberichten sind selbstverständlich Berichte des Menschenrechtszentrums der Vereinten Nationen in Genf sowie Erkenntnisse und Gutachten nichtstaatlicher Auskunftsstellen heranzuziehen. Ergibt sich kein einheitliches Bild, ist die Anprüfung abzubrechen und der Widerruf zu unterlassen. 203

Die obligatorische Widerrufsprüfung nach Abs. 2 a S. 1 erfolgt nach Maßgabe der materiellen Kriterien nach Abs. 1 und Abs. 2. Dies verbietet eine generelle Widerrufsentscheidung. Vielmehr ist stets eine individualbezogene, sämtliche die konkrete Person des Statusberechtigten und seinen Einzelfall betreffenden Tatsachen und Umstände geboten. Die in der Literatur geäußerte Befürchtung, dass Abs. 2 a einer generellen Überprüfungspraxis das Feld eröffne (Duchrow, ZAR 2002, 269 (275)), wird durch den Wortlaut von Abs. 2 a S. 1 nicht getragen. Allerdings wird derzeit bereits unter unmittelbarer Anwendung von Abs. 1 S. 1 eine vom Einzelfall losgelöste generelle Widerrufspraxis zum Irak und zu Afghanistan geübt. 204

5.3 Zeitpunkt der Überprüfung nach Abs. 2 a Satz 1

Die Überprüfung nach Abs. 2 a S. 1 hat spätestens nach Ablauf von drei Jahren zu erfolgen. Andererseits ist dem Statusberechtigten eine Niederlassungserlaubnis zu erteilen, wenn er seit drei Jahren im Besitz der Aufenthaltserlaubnis ist (§ 26 III 1 HS AufenthG). Um die mit dieser Verfestigungsregel vom Gesetzgeber gewollte Integration nicht zu verhindern oder zu erschweren, ist die Überprüfung so rechtzeitig durchzuführen, dass drei Jahre nach Erlass des Statusbescheids für den Betroffenen Klarheit besteht. 205

Andererseits dürfen Statusberechtigte nicht durch zu frühe Widerrufsprüfungen verunsichert werden. In den Fällen, in denen die Überprüfung sich lediglich in einer Anprüfung erschöpft, kann etwa zwei bis drei Monate vor Ablauf der Frist von drei Jahren die Anprüfung durchgeführt werden. Ergibt die Anprüfung, dass ein Widerruf bzw. eine Rücknahme nicht ernsthaft in Betracht kommt, ist die Ausländerbehörde unverzüglich zu benachrichtigen. Kommt ein Aufhebungsverfahren in Frage, wird die Frist ohnehin nicht eingehalten werden können. 206

5.4 Informationspflichten des Bundesamtes (Abs. 2 a Satz 2)

Nach Abs. 2 a S. 2 unterrichtet das Bundesamt die zuständige Ausländerbehörde über das Ergebnis seiner Ermittlungen. Diese Informationspflicht soll sicherstellen, dass unverzüglich die Niederlassungserlaubnis nach § 26 III 1. HS erteilt werden kann. Die Informationspflicht besteht indes nicht nur gegenüber der Ausländerbehörde, sondern auch gegenüber dem Betroffenen. Wegen der Prüfung aufenthaltsbeendender wie auch aufenthaltsrechtlicher 207

Maßnahmen, erstreckt sich die Mitteilungspflicht auf negative wie auf positive Ergebnisse der Widerrufsprüfung. Selbstverständlich ist dem Betroffenen eine verfahrensrechtliche Mitwirkungsmöglichkeit einzuräumen und sind die Statusberechtigten auch über die Anprüfung und deren negativen Abschluss unverzüglich zu unterrichten.

5.5 Widerrufs- und Rücknahmeermessen (Abs. 2 a Satz 3)

208 Nach Abs. 2 a S. 3 wird dem Bundesamt für eine nach Ablauf der Dreijahresfrist beabsichtigte Widerrufs- oder Rücknahmeentscheidung Ermessen eingeräumt. Die Vorschrift durchbricht damit die zwingenden Regeln des Abs. 1 S. 1 und Abs. 2 S. 1. Hat der Betroffene inzwischen die Niederlassungserlaubnis nach § 9 I 1 in Verb. mit § 26 III 1. HS AufenthG erlangt, wird durch einen Widerruf oder eine Rücknahme des asylrechtlichen Statusbescheides die Rechtsstellung nicht verändert. Vielmehr hat die Ausländerbehörde nach Ermessen darüber zu entscheiden, ob sie die Niederlassungserlaubnis (§ 52 I Nr. 4 AufenthG) widerrufen will (s. hierzu ausführlich Rdn. 302 ff.). Da die Niederlassungserlaubnis die möglichst vollständige Integration bezweckt, wird ein ausländerrechtlicher Widerruf in aller Regel unzulässig sein.

5.6. Einbürgerungshemmende Wirkung des obligatorischen Aufhebungsverfahrens (Abs. 2 a Satz 4)

209 Nach Abs. 2 a S. 4 entfällt für Einbürgerungsverfahren (§ 8 ff. StAG) die Bindungswirkung nach § 4 (so zum alten Recht bereits BayVGH, AuAS 2004, 10. Diese Regelung war im 1. ZuwG nicht vorgesehen. Sie wird in der Gesetzesbegründung nicht erläutert. Zweck dieser Regelung ist es, im Einbürgerungsverfahren die Statusberechtigten so zu stellen, als wäre der Statusbescheid nicht ergangen. Die Folge ist, dass in den Fällen, in denen aufgrund der Statusberechtigung eine privilegierte Einbürgerung in Betracht kommt (s. hierzu Marx, in: GK-StAR, § 8 Rdn. 247–252), das Einbürgerungsverfahren ausgesetzt wird.

210 Liegen die einbürgerungsrechtlichen Anspruchsvoraussetzungen nach §§ 10 ff. StAG vor, ist hingegen das Einbürgerungsverfahren fortzusetzen, da insoweit keine durch den Statusbescheid nach § 31 I 1 bewirkte Privilegierung eingreift. Auch wenn man die Niederlassungserlaubnis nach § 26 III AufenthG als akzessorisch ansehen wollte, ist die Akzessorietät nach Ablauf von sieben Jahren gelöst und kann damit die auf einem achtjährigen rechtmäßigen Mindestaufenthaltsdauer beruhende Anspruchseinbürgerung (§ 10 I 1 1. HS StAG) aus diesem Grunde nicht verweigert werden. Allerdings entfällt während des Aufhebungsverfahrens und im Falle der unanfechtbar negativen Entscheidung die Privilegierung bei der Hinnahme von Mehrstaatigkeit (vgl. § 12 I Nr. 6 StAG).

6. Widerruf und Rücknahme der Feststellung nach § 60 Abs. 2 bis 7 AufenthG (Abs. 3)

6.1. Zweck des Abs. 3

Die Entscheidung nach § 31 III 1, dass Abschiebungshindernisse nach § 60 II–VII AufenthG vorliegen, ist zurückzunehmen, wenn sie fehlerhaft ist, und zu widerrufen, wenn die Voraussetzungen nachträglich entfallen sind. Ebenso wie Abs. 1 und Abs. 2 unterscheidet das Gesetz damit auch im Hinblick auf die Abschiebungshindernisse nach § 60 II–VII AufenthG zwischen der Aufhebung rechtmäßiger Verwaltungsakte durch Widerruf und der Beseitigung rechtswidriger Verwaltungsakte durch Rücknahme. Allein der Verzicht des Betroffenen auf ein bereits festgestelltes Abschiebungshindernis berechtigt das Bundesamt nicht zur Aufhebung dieser Feststellung (VG Darmstadt, NVwZ-Beil. 2003, 93 (94)).

Die Vorschrift regelt die isolierte Aufhebung des nach § 60 II–VII AufenthG gewährten Abschiebungsschutzes. Die Aufhebungskompetenz nach Abs. 3 ist weiter gefasst wie die nach Abs. 1 und 2. Während Abs. 1 und 2 die Aufhebung des Statusbescheides nur unter engen Voraussetzungen zulässt, regelt Abs. 3 für die Aufhebung des ausländerrechtlichen Abschiebungsschutzes eine *umfassende Rücknahmepflicht für fehlerhafte Verwaltungsakte* (OVG Rh-Pf, NVwZ-Beil. 2001, 9 (10) = AuAS 2000, 138; VG Hannover, InfAuslR 2000, 43 (44); VG Ansbach, InfAuslR 2000, 45 (46)).

Durch Abs. 3 soll nach der Rechtsprechung die Abschiebung in den Fällen ermöglicht werden, in denen ein Abschiebungshindernis nach der objektiven Rechtsordnung nicht besteht (VG Ansbach, InfAuslR 2000, 45; VG Gießen, AuAS 2004, 70 (72)). Damit wolle der Gesetzgeber eine Durchbrechung der Bestandskraft im öffentlichen Interesse mit der Folge regeln, dass der materiellen Gerechtigkeit Vorrang vor der Rechtssicherheit eingeräumt werde.

Daher seien weder die in Abs. 1 und 2 noch die in §§ 48 f. VwVfG geregelten weitergehenden einschränkenden Tatbestandsvoraussetzungen zu beachten. Vielmehr komme es ausschließlich darauf an, dass die Voraussetzungen für ein Abschiebungshindernis nach § 60 II–VII AufenthG nicht vorliegen, weil diese nachträglich entfallen sind (s. hierzu VG Freiburg, NVwZ-RR 1999, 683 (684)) oder der Bescheid von vornherein fehlerhaft ist.

Unter Fehlerhaftigkeit in diesem Sinne sei nichts anderes als Rechtswidrigkeit im Sinne des § 48 VwVfG zu verstehen. Diese sei dann gegeben, wenn die zugrunde liegende Entscheidung von der Rechtsordnung nicht gedeckt sei. Die getroffene Entscheidung müsse sich als mangelhaft erwiesen, bloße Verfahrensverstöße genügten nicht (VG Ansbach, InfAuslR 2000, 45 (46)).

Die Vorschrift des Abs. 3 enthält deshalb anders als Abs. 1 S. 3 für den Widerruf des Statusbescheides nach § 31 I 1 *keine humanitäre Härteklausel* (VG Ansbach, InfAuslR 2000, 45 (46); VG Gießen, AuAS 2004, 70 (72)). Dem ist zu entnehmen, dass der Gesetzgeber für den Wegfall des Abschiebungsschutzes nach § 60 II–VII AufenthG allein den Fortfall der für diese Abschiebungshindernisse maßgeblichen tatsächlichen Voraussetzungen ausreichen lassen will. Das hat aber nicht notwendigerweise eine vollziehbare Ausreisepflicht des Betroffenen zur Folge.

217 Einerseits können Vollzugsprobleme wegen der fehlenden Zielstaatsbestimmung (vgl. § 59 II AufenthG) eintreten, andererseits können je nach Länge des gewährten Abschiebungsschutzes auch ausländerrechtliche Gesichtspunkte gegen die Beendigung des Aufenthaltes sprechen (s. insbesondere § 26 IV in Verb. mit § 104 AufenthG).

218 Ob Abs. 3 die allgemeinen Vorschriften über die Aufhebung von Verwaltungsakten verdrängt, ist unklar. Zwar erachtet das BVerwG für den Widerruf und die Rücknahme nach Abs. 1 und 2 eine ergänzende Anwendung der §§ 48 f. VwVfG für zulässig (BVerwGE 112, 80 (88 ff.) = NVwZ 2001, 335 (337) = InfAuslR 2001, 532 = EZAR 214 Nr. 13). Abs. 3 ist jedoch weiter gefasst als Abs. 1 und 2, sodass ein Bedürfnis für die ergänzende Anwendung der allgemeinen Vorschriften der §§ 48 f. VwVfG nicht erkannt werden kann (so auch VG Ansbach, InfAuslR 2000, 45).

219 Von der isolierten Aufhebung der Feststellung nach § 60 II–VII AufenthG zu trennen ist die Frage, ob die Aufhebung des Statusbescheids nach Abs. 1 und Abs. 2 zugleich auch eine Regelung zu den Abschiebungshindernissen des § 60 II–VII AufenthG enthält. Dies ist nicht der Fall. Allerdings kann nach der Rechtsprechung des BVerwG das Bundesamt im Zusammenhang mit dem Widerruf der Asylanerkennung und des gewährten internationalen Schutzes nach § 60 I AufenthG auch Feststellungen zu § 60 II–VII AufenthG treffen (BVerwG, DVBl. 1996, 624 = VBlBW 1996, 255 = BVerwG, InfAuslR 1996, 322 = EZAR 240 Nr. 6 = AuAS 1996, 166; bekräftigt BVerwG, NVwZ-Beil. 1999, 113 (114) = InfAuslR 1999, 373; ebenso VGH BW, EZAR 214 Nr. 4; a. A. BayVGH, NVwZ-Beil. 1996, 61).

220 Das BVerwG leitet diese Kompetenz aus einer Rechtsanalogie zu den Regelungen in §§ 24 II, 31 II 1, 31 III 1, 32, 39 II und 73 I–III ab. Diesen Vorschriften lasse sich als gemeinsamer Leitgedanke entnehmen, dass in den Verfahren zur Schutzgewährung für Verfolgte eine umfassende Entscheidung ergehe, die alle Arten des Schutzes vor zielstaatsbezogenen Gefahren einbeziehe. Es solle namentlich nach der Beendigung eines Asylverfahrens nicht offen bleiben, ob und in welcher Form dem Betroffenen Abschiebungsschutz gewährt werde (BVerwG, NVwZ-Beil. 1999, 113 (113 f.) = InfAuslR 1999, 373).

6.2. Anwendungsbereich des Abs. 3

221 Die Aufhebungsvorschrift des Abs. 3 erfasst nicht das Abschiebungshindernis nach § 60 IV AufenthG. Für dieses enthält § 42 S. 2 eine Sondervorschrift, der zu folge die Ausländerbehörde über den späteren Wegfall des Abschiebungshindernisses nach § 60 IV AufenthG entscheidet, ohne dass es einer Aufhebung des Feststellungsbescheides durch das Bundesamtes nach Abs. 3 bedarf. Das Abschiebungshindernis des § 60 IV AufenthG ist daher konsequenterweise der Aufhebungskompetenz des Bundesamtes vollständig entzogen worden.

Widerruf und Rücknahme § 73

Insoweit hat § 42 S. 2 letzter HS lediglich erläuternde Funktion. Das Bundesamt hat zwar in seiner Sachentscheidung nach § 31 III 1 auch über das Abschiebungshindernis des § 60 IV AufenthG eine Regelung zu treffen. Der weitere rechtliche Fortbestand dieses Abschiebungshindernisses ist jedoch der Kompetenz des Bundesamtes entzogen worden. Dementsprechend sind diese Hindernisse in Abs. 3 nicht aufgeführt. Daher wäre der einschränkende Zusatz in § 42 S. 2 letzter HS nicht erforderlich gewesen. Vielmehr enthält § 42 S. 2 eine abschließende Zuständigkeitsregelung zugunsten der Ausländerbehörde. 222

Entsprechend der Kompetenzverteilung des AsylVfG entscheidet allein das Bundesamt auch über das Abschiebungshindernis nach § 60 V AufenthG. An diese Entscheidung ist die Ausländerbehörde gebunden (§ 42 S. 1). Allein das Bundesamt entscheidet nach Abs. 3 auch über den Wegfall der tatbestandlichen Voraussetzungen des § 60 VII AufenthG im Rahmen des Widerrufsverfahrens. Solange die Feststellung nach § 60 VII AufenthG nicht nach Maßgabe von Abs. 3 durch das Bundesamt unanfechtbar aufgehoben worden ist, hat die Ausländerbehörde Abschiebungsschutz zu beachten. 223

6.3. Abschiebungshindernis aufgrund eines rechtskräftigen Verpflichtungsurteils

Das Bundesamt ist nicht befugt, ein rechtskräftig gewordenes Urteil in seinem Ausspruch zu ändern (BVerwGE 110, 111 (116) = InfAuslR 2000, 125 = NVwZ 2000, 575 = EZAR 214 Nr. 11 = AuAS 2000, 104; BVerwGE 115, 118 (120)). Das BVerwG hatte den Fall eines gerichtlichen *Feststellungsurteils* zu entscheiden und deutete den fehlerhaften Widerruf der verwaltungsgerichtlichen Feststellung in einen Widerruf nach Abs. 3 um. Das Bundesamt sei an dem Widerruf des rechtskräftigen Feststellungsurteils auch deshalb nicht gehindert, weil alle rechtskräftigen Urteile unter einem »*Geltungsvorbehalt des Fortbestehens der zugrunde gelegten Sach- und Rechtslage*« stünden (BVerwGE 110, 111 (116); so auch VGH BW, InfAuslR 2001, 406 (407); VG Darmstadt, NVwZ-Beil. 2003, 93 (94)). 224

Hat dagegen das Verwaltungsgericht das Bundesamt durch Verpflichtungsurteil zur Feststellung eines Abschiebungshindernisses verpflichtet und hat sich nach dem Erlass des Urteils die Sach- und Rechtslage nicht geändert, kommt ein Widerruf nach Abs. 3 nicht in Betracht (BVerwG, InfAuslR 2002, 207 (208 f.); VGH BW, InfAuslR 2001, 406; VG Freiburg, NVwZ-RR 1999, 683). Sofern es auf die allgemeinen politischen Verhältnisse im Herkunftsland des Asylsuchenden ankommt, sind diese naturgemäß ständigen Änderungen unterworfen. Eine Lösung der Bindung an ein rechtskräftiges Urteil kann daher nur eintreten, wenn die *nachträgliche Änderung der Sachlage* entscheidungserheblich ist (BVerwGE 115 (118) = EZAR 631 Nr. 53 = NVwZ 2002, 345 = InfAuslR 2002, 207 (209)). 225

Das ist nur dann der Fall, wenn nach dem für das rechtskräftige Urteil maßgeblichen Zeitpunkt neue für die Streitentscheidung erhebliche Tatsachen eingetreten sind, die sich *so wesentlich von den früher maßgeblichen Umständen* 226 *unterscheiden*, dass auch unter Berücksichtigung des Zwecks der Rechtskraft eines Urteils eine erneute Entscheidung durch die Verwaltung oder ein Gericht gerechtfertigt ist. Es muss sich mithin um einen »*jedenfalls in wesentlichen Punkten neuen Sachverhalt*« handeln (BVerwG, InfAuslR 2002, 207 (209)). Der Zeitablauf stellt grundsätzlich keine erhebliche Änderung der Sachlage dar.

227 Die Erheblichkeit der Sachlagenänderung hängt nicht notwendig davon ab, ob die Behörde oder das Gericht, welche die mögliche Rechtskraftbindung zu prüfen haben, auf der Grundlage des neuen Sachverhalts zu einem anderen Ergebnis kommen als das rechtskräftige Urteil (BVerwGE 110, 111 (116) = InfAuslR 2000, 125 = NVwZ 2000, 575 = EZAR 214 Nr. 11 = AuAS 2000, 104; BVerwG, InfAuslR 2002, 207 (209)). Damit stellt auch eine *spätere obergerichtliche oder höchstrichterliche Rechtsprechung*, welche die dem rechtskräftigen Urteil zugrunde liegende *Sachlage anders bewertet*, keine neue Sachlage dar. Damit erweist sich lediglich, dass die vom Verwaltungsgericht getroffene Verfolgungsprognose fehlerhaft war. Dies kann aber gerade wegen der Rechtskraft des Urteils vom Bundesamt nicht über Abs. 3 korrigiert werden (BVerwG, InfAuslR 2002, 207 (209)). Das gilt auch, wenn erst *nachträglich bekannt gewordene oder neu erstellte Erkenntnismittel* die Verhältnisse im Zeitpunkt des Ergehens des rechtskräftigen Urteils anders bewerten (VGH BW, InfAuslR 2001, 406 (407); VG Freiburg, NVwZ-RR 1999, 683 (684)).

228 Nicht jegliche nachträgliche Änderung der Verhältnisse lasse die Rechtskraftwirkung eines verwaltungsgerichtlichen Urteils entfallen. Der Zeitablauf allein stelle keine wesentliche Veränderung dar. Mit zunehmender Dauer der seit dem rechtskräftigen Urteil vergangenen Zeit bestehe jedoch jedenfalls in asylrechtlichen Streitigkeiten Grund für die Annahme, dass sich die entscheidungserhebliche Sachlage geändert haben könnte (BVerwGE 115, 118 (121) = EZAR 631 Nr. 53 = NVwZ 2002, 345 = InfAuslR 2002, 207 (209)).

229 Auch bei einer späteren tatsächlichen Entwicklung, die sich von der vorangegangenen, der Feststellung des Abschiebungshindernisses nach § 60 II–VII AufenthG zugrunde liegenden Sachlage nicht entscheidungserheblich unterscheidet, ist der Widerruf nach Abs. 3 nicht gerechtfertigt. Würde jede Erstellung von – zwangsläufig neuen – Erkenntnismitteln über die nachträgliche Entwicklung im Herkunftsland, auch wenn die vorangegangene Entwicklung und damit auch die Einschätzung der Gefährdungslage lediglich »fortgeschrieben« wird, eine Änderung der Sachlage darstellen, liefe § 121 VwGO in Asylprozessen in weitem Umfang praktisch leer und könnte seiner Zweckbestimmung, im Interesse des Rechtsfriedens und der Rechtssicherheit neue Verfahren und widerstreitende gerichtliche Entscheidungen zu verhindern, nicht gerecht werden (VGH BW, InfAuslR 2001, 406 (407f.)).

230 Nur eine »*nennenswerte*« *Verbesserung der Menschenrechtslage* rechtfertigt deshalb den Widerruf. Diese ist nicht schon immer dann anzunehmen, wenn neue Erkenntnis- oder Beweismittel über nachträgliche Ereignisse oder Entwicklungen vorliegen, sondern nur dann, wenn sich aus ihnen eine nennenswerte Änderung der Gefahrenlage ergibt (VGH BW, InfAuslR 2001, 406 (407f.)), die der ergangenen Feststellung nach § 60 II – VII AufenthG nachträglich die tatsächliche Grundlage entzieht.

7. Verwaltungsverfahren (Abs. 4 und Abs. 5)

7.1. Funktion des Verwaltungsverfahrens

Das Gesetz enthält in Abs. 4 und Abs. 5 einheitliche Grundsätze für das Widerrufs- und Rücknahmeverfahren. Es macht daher verfahrensrechtlich keinen Unterschied, ob über den Widerruf oder die Rücknahme der Asylberechtigung, über die Aufhebung des internationalen Schutzes nach § 60 I AufenthG oder über die Beseitigung der Feststellung nach § 60 II−VII AufenthG zu entscheiden ist. Vielmehr wird über die Aufhebung der einzelnen Status- und Schutzgewährungen nach einheitlichen verfahrensrechtlichen Grundsätzen entschieden. 231

Die Vorschriften in Abs. 4 und Abs. 5 enthalten besondere, von den allgemeinen asylverfahrensrechtlichen Vorschriften abweichende Regelungen. Zwar kann auf die allgemeinen verfahrensrechtlichen Vorschriften des Gesetzes zurückgegriffen werden. Diese werden jedoch verdrängt, soweit Abs. 4 und Abs. 5 hiervon abweichende Sonderregelungen enthalten. Das betrifft etwa die behördeninterne Zuständigkeit, den amtswegigen Verfahrenscharakter, die Anhörung und die Zustellungsvorschriften. 232

7.2. Zuständigkeit für die Entscheidung (Abs. 4 Satz 1)

Zuständig für Widerruf und Rücknahme ist der Leiter des Bundesamtes oder ein von ihm beauftragter Bediensteter (Abs. 4 S. 1). In der Auswahl des Bediensteten ist der Leiter frei. Wegen der häufig schwierigen Sach- und Rechtsfragen empfiehlt es sich jedoch, einen Einzelentscheider mit der Bearbeitung des Verfahrens zu betrauen. Mit Rücksicht auf die erforderliche Sachkunde sind Einzelweisungen nicht angebracht (so auch Renner, AuslR, § 73 AsylVfG Rdn. 28). Derzeit bearbeiten nahezu ausschließlich Außenstellen Aufhebungsverfahren. 233

7.3. Verfahrenseröffnung von Amts wegen

Über die Einleitung des Verfahrens wird *von Amts wegen* entschieden. Dies ergibt sich bereits aus Abs. 1 S. 1, Abs. 2 S. 1 und insbesondere aus Abs. 2 a S. 1. Danach ist das Verfahren zu eröffnen, wenn die Voraussetzungen für die Statusgewährung nicht mehr vorliegen oder Hinweise auf das Vorliegen der Voraussetzungen des Abs. 2 S. 1 bekannt werden. Allerdings rechtfertigt nicht jegliche Änderung der tatsächlichen Verhältnisse die Einleitung eines Widerrufsverfahrens, sondern nur solche Änderungen, die sich *wesentlich von den früher maßgeblichen Umständen unterscheiden* (BVerwGE 115 (118) = EZAR 631 Nr. 53 = NVwZ 2002, 345 = InfAuslR 2002, 207)). 234

7.4. Pflicht zur unverzüglichen Verfahrenseinleitung (Abs. 1 Satz 1)

235 Nach Abs. 1 S. 1 hat das Bundesamt das Widerrufsverfahren »unverzüglich« einzuleiten. Zwar enthält Abs. 2 nicht eine derartige Verpflichtung. Da nach Abs. 4 S. 1 über Widerruf und Rücknahme jedoch nach einheitlichen Verfahrensgrundsätzen entschieden wird und Abs. 1 S. 1 insoweit einen für das Verfahren geltenden allgemeinen Grundsatz zum Ausdruck bringt, ist auch über die Rücknahme »unverzüglich« zu entscheiden. Wenn bereits die Aufhebung rechtmäßiger Verwaltungsakte unverzüglich erfolgen soll, so ist über die rückwirkende Beseitigung rechtswidriger Verwaltungsakte erst recht unverzüglich zu entscheiden.

236 Die behördliche Verpflichtung zur »unverzüglichen« Entscheidung liegt *ausschließlich* im *öffentlichen Interesse* an der alsbaldigen Beseitigung der dem Asylberechtigten oder Flüchtling nicht mehr zustehenden Rechtsposition. Angesichts der gesetzlichen Verpflichtung zum Widerruf soll die bei Fehlen der Verfolgungsgefahr nicht länger gerechtfertigte Statusgewährung im Interesse der alsbaldigen Entlastung der Bundesrepublik als Aufnahmestaat unverzüglich beseitigt werden (BVerwG, NVwZ-RR 1997, 741 = EZAR 214 Nr. 7 = AuAS 1997, 240 (LS); Hess.VGH, NVwZ-Beil. 2003, 74 (78); VGH BW, AuAS 1997, 162 (163); OVG Rh-Pf, InfAuslR 2000, 468; VG Frankfurt a. M., InfAuslR 2000, 469; VG Gießen, AuAS 2004, 70 (71); Schenk, Asylrecht und Asylverfahrensrecht, Rdn. 211)).

237 Zwar ist mit dieser Verpflichtung dem Leiter das ihm früher zustehende Ermessen darüber, zu welchem Zeitpunkt ein Verfahren eingeleitet werden soll, grundsätzlich genommen worden. Nach altem Recht verblieb ihm insoweit eine gewisse Entscheidungsfreiheit, zunächst die Entwicklung der allgemeinen Verhältnisse abzuwarten, bevor ein Widerrufsverfahren eingeleitet wurde (GK-AsylVfG a. F., § 16 Rdn. 43). Insofern führt Abs. 1 S. 1 jedoch nicht zu einer Verfahrensverschärfung. Denn für den Widerruf muss stets ein *äußerer Anlass* vorliegen. Dieser kann in einer Veränderung der allgemeinen Verhältnisse, aber auch in einem individuellen Verhalten des Asylberechtigten liegen.

238 Gibt die Entwicklung der allgemeinen Verhältnisse Anlass zur Prüfung, hat das Bundesamt zunächst die weitere Entwicklung abzuwarten, bis zuverlässige und gesicherte Prognosen getroffen werden können. Erst wenn das Bundesamt über einen längeren Zeitraum die allgemeine Entwicklung beobachtet hat und in der Lage ist, hinreichend zuverlässige Feststellungen zu den allgemeinen Verhältnissen wie auch zu den persönlichen Umständen des Statusberechtigten zu treffen, beginnt deshalb die Verpflichtung zum unverzüglichen Widerruf. Dies gilt auch für das obligatorische Aufhebungsverfahren nach Abs. 2 a und hat zur Folge, dass die amtswegige Prüfung über die »Anprüfung« nicht hinaus kommt.

239 Anders liegt der Fall, wenn aufgrund subjektiven Verhaltens, wie etwa wegen der Rückkehr in den Herkunftsstaat, Anlass zur Prüfung eines Widerrufsgrundes gegeben ist (Rdn. 90ff.). Hier wird man sicherlich eine behördliche Verpflichtung zur unverzüglichen Prüfung des möglichen Wegfalls der Verfolgung annehmen können. Daher ist davon auszugehen, dass die Pflicht

zur unverzüglichen Prüfung insbesondere auf derart subjektiv geprägte Widerrufsgründe gemünzt ist.

7.5 Verfahrensrechte des Asylberechtigten oder Flüchtlings (Abs. 4 Satz 2 und 3)

Die Vorschrift des § 73 hat die Gestaltung des Verfahrens gegenüber dem früheren Recht leicht modifiziert. Nach altem Recht wurde das Widerrufs- oder Rücknahmeverfahren durch die *Vorprüfung* eingeleitet (§ 16 III in Verb. mit § 12 I AsylVfG 1982). Daraus folgt jedoch nicht, dass nach geltendem Recht der Einleitung des Verfahrens keine Prüfung vorausgehen dürfe. Aus dem spezifischen Charakter des Widerrufsverfahrens folgt vielmehr, dass dieses erst dann eingeleitet werden darf, wenn eine summarische, möglicherweise intern bleibende Erfolgsprüfung den Schluss zulässt, dass gewichtige Anhaltspunkte für einen dauerhaften Fortfall der Verfolgungsgefahr sprechen. 240

Anders als nach früherem Recht ist die *persönliche Anhörung* nicht mehr zwingend vorgeschrieben (Abs. 4 S. 2). Aus den Verfahrensvorschriften kann jedoch andererseits nicht entnommen werden, dass dem Bundesamt die persönliche Anhörung untersagt sei. Vielmehr kann es auf eine Anhörung verzichten (BT-Drs. 12/2062, S. 39), muss es aber nicht. Es ist gut beraten, die persönliche Anhörung anzuordnen, wenn sich aus den Akten Unklarheiten ergeben oder die Stellungnahme nach Abs. 4 S. 2 Anlass hierzu gibt. Bei den derzeitig systematischen und unter Absehung von jeglichen individuellen Besonderheiten durchgeführten Aufhebungsverfahren wird jedoch ausnahmslos im schriftlichen Verfahren entschieden. 241

In aller Regel kann über das Bestehen humanitärer Härtegründe nach Abs. 1 S. 3 wegen der erforderlichen subjektiven Betrachtungsweise nicht ohne persönliche Anhörung entschieden werden. Auch werden im Asylverfahren zu diesem Gesichtspunkt keine Feststellungen getroffen, da allein das objektive Vorliegen einer Verfolgungsgefahr, nicht jedoch die dadurch ausgelöste subjektive Belastung im Zentrum des erkenntnisleitenden Interesses steht. Darüber hinaus kann sich die subjektive Belastung erst nach dem Statusbescheid gravierend entwickelt oder verschärft haben. 242

Zu bedenken ist auch, dass das Bundesamt jedenfalls bei vorverfolgten Asylberechtigten und Flüchtlingen die materielle Beweislast für die Unerweislichkeit behaupteter Tatsachen trägt und es auch deshalb an einer sorgfältigen Aufklärung ein Interesse haben sollte. 243

Entscheidet sich das Bundesamt für ein Verfahren ohne persönliche Anhörung, hat es den Betroffenen auf die beabsichtigte Entscheidung hinzuweisen und ihm Gelegenheit zur Äußerung zu geben (Abs. 4 S. 2). Aus materiellem Recht folgt, dass das Bundesamt die Absicht des Widerrufs im Einzelnen schriftlich begründen muss, um den Betroffenen in die Lage zu versetzen, hierauf bezogen konkrete Gegenvorstellungen vorzutragen, die entweder zur Einstellung des Verfahrens, zur persönlichen Anhörung oder auch unmittelbar zum Widerruf führen können. In der derzeitigen Verwaltungspraxis werden jedoch länderunspezifische standardisierte Anhörungsmittei- 244 lungen verwendet, die den Betroffenen völlig im Unklaren über die für die Einleitung eines Widerrufsverfahrens maßgeblichen Gründe lassen.

245 Da aus materiellem Recht folgt, dass erst bei gewichtigen Anhaltspunkten für eine dauerhafte nachträgliche Veränderung der für die vorangegangene Statusentscheidung maßgeblichen tatsächlichen Voraussetzungen das Widerrufsverfahren eingeleitet werden darf, hat das Bundesamt dem Betroffenen diese Anhaltspunkte jedoch im Einzelnen mitzuteilen. Gibt das Bundesamt dem Betroffenen nur lapidar die Widerrufsabsicht bekannt, beraubt es diesen der Möglichkeit effektiver Gegenwehr und verletzt es damit dessen verfassungsrechtlich verbürgtes Recht auf Gehör.

246 Das Bundesamt kann die Mitteilung nach Abs. 4 S. 2 mit einer Aufforderung zur schriftlichen Stellungnahme verbinden (Abs. 4 S. 3). Während es die Mitteilung nach Abs. 4 S. 2 dem Betroffenen überlässt, ob er sich äußern will, zwingt ihn die Aufforderung nach Abs. 4 S. 3 zur Vermeidung rechtlicher Nachteile zur Reaktion. Die Aufforderung des Abs. 4 S. 3 kann weder aus verfahrensrechtlichen noch aus gesetzessystematischen noch aus anderen rechtlichen Gründen als Betreibensaufforderung in Sinne des § 33 verstanden werden.

247 Denn § 73 verweist einerseits nicht auf die allgemeinen Verfahrensvorschriften. Andererseits sind die in Abs. 4 S. 3 angeordneten Folgen andere als die nach § 33. Auch kann § 33 schon von seinem Wortlaut her auf die Aufforderung nach Abs. 4 S. 3 keine Anwendung finden. Denn über den Asylantrag ist im Falle der Widerrufs bzw. der Rücknahme bereits unanfechtbar entschieden worden. Seine Rücknahme kann daher auch nicht mehr gesetzlich fingiert werden. In der Verwaltungspraxis geht das Bundesamt regelmäßig nach Abs. 4 S. 3 vor.

248 In der Aufforderung nach Abs. 4 S. 3 ist der Betroffene auf die Möglichkeit der Entscheidung nach Aktenlage ohne seine Anhörung hinzuweisen (Abs. 4 letzter HS). Fehlt es an dem Hinweis auf die Möglichkeit der Entscheidung nach Aktenlage, ist die Aufforderung rechtswidrig ergangen. Das Verwaltungsgericht wird hierüber aber für den Fall der Bestätigung des Widerrufs nach § 46 VwVfG hinweg gehen. Die Aufforderung muss des Weiteren einen Hinweis auf die Monatsfrist des Abs. 4 S. 3 enthalten. Sie ist zuzustellen (Abs. 5).

249 Die verschärften Zustellungsvorschriften des § 10 finden auf das Verfahren nach Abs. 4 keine Anwendung (a. A. Renner, AuslR, § 73 AsylVfG Rdn. 29), da diese auf das anhängige Asylverfahren ausgerichtet sind (§ 10 I) und dem AsylVfG nicht zu entnehmen ist, dass den Statusberechtigten jedenfalls nach dem Eintritt der Unanfechtbarkeit der Entscheidung eine Verpflichtung träfe, die Feststellungsbehörde fortwährend über jeglichen Adressenwechsel zu informieren. Auch die einschneidenden Folgen der Widerrufsentscheidung sprechen dafür, die Zustellung nach den allgemeinen Vorschriften durchzuführen.

7.6 Entscheidungsprogramm des Bundesamtes

7.6.1. Einstellung des Verfahrens
Kommt das Bundesamt nach Durchführung des Anhörungsverfahrens zu dem Schluss, dass die Widerrufs- oder Rücknahmevoraussetzungen nicht vorliegen, stellt es das Verfahren ein. Es handelt sich nicht um eine Einstellung des Verfahrens nach § 32, da Anlass der Einstellung nicht die Zurücknahme des Asylantrags, sondern die Entscheidung des Bundesamtes ist, dass ein Aufhebungsgrund nicht vorliegt. 250

In der Verfahrenseinstellung erschöpft sich deshalb der Umfang der Entscheidung. Fraglich ist, ob dieser Entscheidung überhaupt Außenwirkung zukommt. Jedenfalls der Betroffene hat nach Durchführung des Anhörungsverfahrens einen Anspruch darauf, über die Verfahrenseinstellung benachrichtigt zu werden. In den Fällen des Abs. 2 a ist die Ausländerbehörde stets über die Einstellung des Anprüfungsverfahrens zu informieren (Abs. 2 a S. 2). 251

7.6.2. Umfang des Aufhebungsbescheides
Sind die Voraussetzungen für den Widerruf oder die Rücknahme erfüllt, erlässt das Bundesamt den Widerrufs- oder Rücknahmebescheid nach Abs. 1 oder Abs. 2. Abs. 2 a enthält keine Rechtsgrundlage für den Bescheid, sondern eine behördliche Verpflichtung auf Prüfung, ob nach Abs. 1 oder Abs. 2 ein Bescheid erlassen werden soll. Die Vorschrift des § 73 enthält keine näheren Ausführungen zu den formellen Erfordernissen der Entscheidung. Daher sind ergänzend die Regelungen nach § 31 I 1 und 2 heranzuziehen. Der Bescheid ergeht schriftlich, ist schriftlich zu begründen und den Beteiligten zuzustellen (s. auch Abs. 5). 252

Der Widerruf oder die Rücknahme der gewährten Rechtsstellung hat zum Inhalt, dass die Sachentscheidung nach § 31 II 1 oder § 31 III 1 vollständig aufgehoben wird. Eine nur teilweise Aufhebung des Sachbescheids nach § 31 II 1 ist mit Abs. 1 S. 1 nicht vereinbar. Liegen die Voraussetzungen für die Annahme der Verfolgungsgefahr nicht mehr vor, kann die Sachentscheidung unter keinem rechtlichen Gesichtspunkt mehr aufrechterhalten werden. 253

Nach der Rechtsprechung handelt es sich bei der Aufhebung nach § 73 um eine *gebundene Entscheidung* (BayVGH, AuAS 1997, 273 (275)). Hat das Bundesamt irrtümlich die Aufhebung der Sachentscheidung auf Abs. 2 gestützt, liegen indes auch die Voraussetzungen nach Abs. 1 vor, kann nach der Rechtsprechung, ohne dass es hierzu einer Umdeutung bedarf, der Rücknahme- als Widerrufsbescheid aufrechterhalten werden (BayVGH, AuAS 1997, 273 (274)). 254

7.6.3. Unzulässigkeit der Abschiebungsandrohung nach § 34
Nicht geregelt ist im Gesetz, ob das Bundesamt im Falle der Aufhebung der Sachentscheidung eine Abschiebungsandrohung nach § 34 erlassen darf oder sogar muss. Dies ist zu verneinen. Die Vorschrift des § 39 ist nicht anwendbar, da diese die ausländerrechtlichen Folgen des erfolgreichen Anfechtungsprozesses des Bundesbeauftragten regelt. Nach § 34 I 1 ist Voraussetzung für den Erlass der Abschiebungsandrohung, dass der Betreffende nicht als Asyl- 255

berechtigter anerkannt wird. Die Versagung der Asylanerkennung im Asylverfahren ist indes nicht identisch mit der Aufhebung der zunächst gewährten Asylberechtigung.

256 Aus diesen Regelungen folgt, dass das Bundesamt sich im Widerrufsverfahren allein auf die Regelung der Aufhebung der Sachentscheidung nach § 31 II 1, § 31 V oder § 31 III 1 zu beschränken hat. Zuständig für den Erlass aufenthaltsbeendender Maßnahmen nach der Aufhebung des Statusbescheides ist ausschließlich die Ausländerbehörde. Sie wird im Rahmen ihrer Entscheidung zu prüfen haben, ob sie ein ausländerrechtliches Widerrufsverfahren einleitet und in diesem Zusammenhang eine Abschiebungsandrohung nach § 59 I AufentG zu erlassen hat (BayVGH, InfAuslR 2000, 36 = NVwZ-Beil. 1999, 114 = EZAR 210 Nr. 13 = AuAS 1999, 225).

257 Dies gilt auch, wenn das Bundesamt vor dem Eintritt der Unanfechtbarkeit des gewährten Status diesen durch Widerruf oder Rücknahme aufhebt. Auch in diesem Fall liegen die tatbestandlichen Voraussetzungen nach § 34 I 1 nicht vor. Hat das Bundesamt internationalen Schutz nach § 60 I AufenthG gewährt und zugleich eine Abschiebungsandrohung erlassen, besteht kein Bedürfnis für den Erlass weiterer aufenthaltsbeendender Maßnahmen. Die Aufhebung der Statusentscheidung nach § 60 I AufenthG hat Auswirkungen auf die Rechtmäßigkeit der erlassenen Abschiebungsandrohung, sodass sich die Aussetzung des Anfechtungsprozesses bis zur unanfechtbaren Entscheidung über den Widerruf oder die Rücknahme des gewährten internationalen Schutzes nach § 60 I AufenthG empfiehlt.

7.6.4. Aufhebung der Feststellung nach § 60 Abs. 2 bis 7 AufenthG

258 Wird die Feststellung nach § 60 II–VII AufenthG aufgehoben, werden die Abschiebungshindernisse gegen den Vollzug der im Asylverfahren erlassenen Abschiebungsandrohung beseitigt (vgl. § 59 III 1 AufenthG). Hat die Ausländerbehörde allerdings eine Aufenthaltserlaubnis erteilt (§ 25 III 1 AufenthG), ist die Ausreisefrist der im Asylverfahren erlassenen Abschiebungsandrohung gegenstandslos geworden.

259 Rücknahme und Widerruf eines festgestellten Abschiebungshindernisses nach § 60 II–VII AufenthG können Auswirkungen auf einen im Zusammenhang mit dem Asylverfahren möglicherweise noch anhängigen Verwaltungsprozess haben. Auch hier empfiehlt sich die Aussetzung dieses Verfahrens bis zur unanfechtbaren Entscheidung über die Rechtmäßigkeit der Aufhebung nach Abs. 3.

7.6.5. Verpflichtung zur Prüfung von Abschiebungshindernissen nach § 60 Abs. 2 bis 7 AufenthG

260 Würden die Beendigungsklauseln und § 60 VIII AufenthG sachgerecht angewendet, würde sich das Problem der Abschiebungshindernisse im Widerrufsverfahren nicht stellen. Wenn Abschiebungshindernisse vorliegen, verbietet sich der Erlass eines Widerrufsbescheides nach Abs. 1 S. 1. Ebenso darf § 60 VIII AufenthG im Widerrufsverfahren nicht angewendet werden (Rdn. 170–178). Die Verwaltungspraxis verfährt jedoch nach anderen Grundsätzen. Deshalb ergibt sich für das Bundesamt aber auch die Verpflichtung,

im Zusammenhang mit dem Aufhebungsbescheid das Vorliegen von Abschiebungshindernissen eigenständig zu prüfen und zu diesem Zweck die persönliche Anhörung durchzuführen.

Im Falle der Asylanerkennung und Gewährung von internationalem Schutz nach § 60 I AufenthG sieht das Bundesamt regelmäßig von Feststellungen zu § 60 II−VII AufenthG ab (vgl. § 31 II 2). Daher wird das Bundesamt in aller Regel zugleich mit der Aufhebung des Statusbescheids eine Feststellung über das Nichtvorliegen von Abschiebungshindernissen nach § 60 II−VII AufenthG zu treffen haben (VG Ansbach, U. v. 23. 3. 1997 − AN 2 K 97.34041; VG Stuttgart, NVwZ-Beil. 2003, 79 (80)). Ermächtigungsgrundlage hierfür ist eine Analogie zu §§ 24 II, 31 II 1, III 1, 32, 39 II und Abs. 1−3 (VG Stuttgart, NVwZ-Beil. 2003, 79 (80)). 261

Auch wenn der Flüchtlingsschutz nach Art. 1 F GFK sowie der Abschiebungsschutz nach Art. 33 Abs. 1 GFK aufgehoben wird, ist damit noch keine endgültige Entscheidung über die rechtliche Zulässigkeit der Abschiebung des Betroffenen getroffen. Vielmehr hat der EGMR insbesondere in seiner ausländerrechtlichen Rechtsprechung an seine traditionelle, bereits 1978 entwickelte Auffassung vom *notstandsfesten Charakter des Folterverbots* nach Art. 3 EMRK (EGMR, Series A 25 = EuGRZ 1979, 149 (155) − *Nordirland.*) angeknüpft und in inzwischen gefestigter Rechtsprechung festgestellt, dass der aus dieser Norm herzuleitende *Abschiebungsschutz* ein *absoluter* ist (EGMR, InfAuslR 1997, 97 = NVwZ 1997, 97 (99) − *Chahal*; EGMR, InfAuslR 1997, 279 (281) = NVwZ 1997, 1100 − *Ahmed*; EGMR, InfAuslR 2000, 321 (323) − *T.I.*). Er hat in diesem Zusammenhang ausdrücklich darauf hingewiesen, dass der aus Art. 3 EMRK fließende Schutz weitergehend als der Refoulementschutz nach Art. 33 GFK ist (EGMR, InfAuslR 1997, 97 (99) − *Chahal*). 262

Dabei hat der Gerichtshof ausdrücklich die »immensen Schwierigkeiten« hervorgehoben, mit denen sich Staaten in modernen Zeiten beim Schutz ihrer Gemeinschaften vor *terroristischer Gewalt* konfrontiert sehen. Allerdings verbiete selbst unter diesen Umständen die »Konvention in *absoluten Begriffen Folter, unmenschliche oder erniedrigende Behandlung oder Strafe, unabhängig vom Verhalten des Opfers*« (EGMR, InfAuslR 1997, 97 (98) − *Chahal*; EGMR, InfAuslR 1997, 279 (281) − *Ahmed*). Auch das BVerfG hat ausdrücklich hervorgehoben, dass die Anwendung des Terrorismusvorbehaltes die zuständigen Behörden nicht davon befreie, die absolute Schutzwirkung von Art. 3 EMRK zu beachten (BVerfGE 81, 142 (155 f.) = EZAR 200 Nr. 26 = NVwZ 1990, 453 = InfAuslR 1990, 167). 263

8. Herausgabepflicht nach Abs. 6

8.1. Umfang der Herausgabepflicht

Wie bereits nach altem Recht (vgl. § 16 III 2 in Verb. mit § 15 II AsylVfG 1982) trifft den durch eine Widerrufs- oder Rücknahmeentscheidung nach Abs. 1 oder Abs. 2 Betroffenen nach Abs. 6 entsprechend § 72 II die Pflicht, den Anerkennungs- oder Feststellungsbescheid zusammen mit dem Reiseausweis 264 unverzüglich bei der Ausländerbehörde abzugeben. Die Herausgabepflicht entsteht kraft Gesetzes (Abs. 6 in Verb. mit § 72 II). Das behördliche Herausgabeverlangen stellt deshalb keinen Verwaltungsakt dar, sondern ist als Maßnahme der Verwaltungsvollstreckung anzusehen (GK-AsylVfG a. F., § 16 Rdn. 78).

265 Auf Abs. 3 ist Abs. 6 nicht gemünzt. Denn die Feststellung nach § 60 II–VII AufenthG führt nicht zur Ausstellung eines Reiseausweises nach Art. 28 GFK. Daher wird die Vorschrift des § 60 II–VII AufenthG in Abs. 6 auch nicht erwähnt.

266 Die Herausgabepflicht war im AsylVfG 1992 zunächst nicht geregelt, obwohl es hierfür ein gesetzliches Vorbild im AsylVfG 1982 gab. Durch ÄnderungsG 1993 hat der Gesetzgeber dieses Versäumnis bereinigt. Im hierauf bezogenen Gesetzentwurf war aber ebenfalls die Regelung der Herausgabepflicht übersehen worden (vgl. BT-Drs. 12/4450, S. 9). Erst auf Empfehlung des Innenausschusses wurde Abs. 6 in die Vorschrift eingefügt (BT-Drs. 12/4984, S. 24).

8.2. Voraussetzung der Unanfechtbarkeit der Aufhebung der Statusentscheidung (Abs. 6 Satz 1)

267 In Übereinstimmung mit der früheren Rechtsprechung (BayVGH, DÖV 1980, 51) sowie mit allgemeinen verfahrensrechtlichen Grundsätzen ordnet Abs. 6 an, dass die Herausgabepflicht erst nach der *Unanfechtbarkeit* der Sachentscheidung entsteht. Während das frühere Recht diese Frage offen gelassen hatte (vgl. § 16 III 3 AsylVfG 1982), ist nach dem Gesetzeswortlaut von Abs. 6 der Eintritt der Unanfechtbarkeit des Aufhebungsbescheides zwingende Voraussetzung für das Herausgabeverlangen. Vor diesem Zeitpunkt darf die Ausländerbehörde auch nicht den akzessorischen Aufenthaltsstatus nach § 52 I Nr. 4 AufenthG aufheben ((BVerwGE 117, 380 (383f.) = EZAR 019 Nr. 19 = NVwZ 2003, 1275 = InfAuslR 2003, 324 = AuAS 2003, 182).

268 Vor der unanfechtbaren Entscheidung über die Aufhebung nach Abs. 1 oder Abs. 2 kann die Ausländerbehörde daher den Bescheid und den Reiseausweis nicht herausverlangen oder gar die sofortige Vollziehung einer hierauf gerichteten Verfügung anordnen. Sie kann aber nach Art. 28 I 1 GFK bei »zwingenden Gründen der öffentlichen Sicherheit und Ordnung« das grundsätzlich gewährte Recht auf grenzüberschreitende Freizügigkeit auch bereits während der Dauer der Statusberechtigung einschränken und dadurch den Aufenthalt des Flüchtlings auf sein Staatsgebiet beschränken.

269 Der Widerruf wirkt *ex nunc*, und zwar erst im Zeitpunkt des Eintritts der Unanfechtbarkeit. Dies wird einerseits aus Abs. 6 durch den Hinweis auf die Unanfechtbarkeit der Entscheidung deutlich. Erst wenn die Statusentscheidung rechtswirksam aufgehoben worden ist, entsteht die gesetzlich geregelte unverzügliche Herausgabepflicht gegenüber der Ausländerbehörde. Andererseits folgt dies aus der Überlegung, dass der Bestand der Rechtsstellung vom Fortbestand der die Verfolgung begründenden Voraussetzungen abhängig ist (BVerwG, Buchholz 402.25 § 16 AsylVfG Nr. 1).

270 Im Umkehrschluss ergibt sich daraus, dass die Rechtsstellung solange nicht entzogen werden darf, wie über den Fortbestand oder den Wegfall der Verfolgungsgefahr keine unanfechtbare Entscheidung vorliegt. Erst mit Unanfechtbarkeit treten die Verlustfolgen ein (BayVGH, BayVGH, DÖV 1980, 51; VGH BW, InfAuslR 2001, 410 (411)), sodass der Betroffene während des anhängigen Verwaltungsstreitverfahrens im Besitz seiner Rechtsstellung bleibt. Insbesondere kann dem aufenthaltsrechtlichen Verlängerungsantrag nicht § 26 II AufenthG entgegen gehalten werden.

271 Eine ganz andere Frage ist es aber, ob die Herausgabepflicht stets zur Aufenthaltsbeendigung führen muss oder dem Betroffenen nicht aus anderen Gründen der weitere Aufenthalt zu ermöglichen ist (s. hierzu Rdn. 276 ff.).

9. Rechtsschutz

272 Gegen Widerruf und Rücknahme kann der Betroffene *Anfechtungsklage* erheben. Der Widerspruch ist ausgeschlossen (§ 11). Die Anfechtungsklage hat aufschiebende Wirkung (§ 75). Die nach altem Recht für denkbar erachtete Anordnung der sofortigen Vollziehung (so GK-AsylVfG a. F., § 73 Rnd. 76), ist nach geltendem Recht nicht zulässig. Denn der Bescheid des Bundesamtes erschöpft sich in der Aufhebung des Statusbescheides nach § 31 II 1 oder in der Aufhebung der Feststellung nach § 60 II–VII AufenthG.

273 Allein die Ausländerbehörde ist für den Vollzug und damit auch für den Erlass aufenthaltsbeendender Maßnahmen zuständig. Sofern allerdings die Ausländerbehörde sofortige Vollzugsmaßnahmen durchzuführen beabsichtigt, ist hiergegen vorläufiger Rechtsschutz nach allgemeinem Verwaltungsprozessrecht zu erlangen. Die Sondervorschriften dieses Gesetzes finden auf dieses Verfahren keine Anwendung. Hingegen greifen im Anfechtungsprozess gegen die Aufhebung die Sondervorschriften dieses Gesetzes durch (vgl. § 74 I 1. HS).

274 Zwar finden die gesteigerten Mitwirkungspflichten nach § 15 im Anfechtungsprozess wegen des Widerrufs keine Anwendung. Der Kläger ist jedoch nach allgemeinem Verwaltungsprozessrecht (vgl. § 86 I 1 2. HS VwGO) gehalten, die Gründe darzulegen, die gegen den Widerruf seiner Asylanerkennung sprechen (VG Frankfurt am Main, AuAS 1997, 95 (96)).

275 Durch § 77 ist klargestellt, dass für die Beurteilung der Sach- und Rechtslage im Anfechtungsprozess der Zeitpunkt der letzten mündlichen Verhandlung maßgebend ist. Demgegenüber hatte das BVerwG für das frühere Recht beiläufig auf den »Zeitpunkt des Widerrufs« abgestellt (BVerwG, EZAR 214 Nr. 2 = InfAuslR 1990, 245). Durch § 77, der für Streitigkeiten nach dem AsylVfG und damit auch für § 73 auf den Zeitpunkt der letzten mündlichen Verhandlung abstellt, hat der Gesetzgeber jedoch eine eindeutige verfahrensrechtliche Regelung getroffen. Voraussetzung für die Aufhebung des Widerrufs- oder Rücknahmebescheides ist, dass der Asylberechtigte durch einen diesem Bescheid anhaftenden Rechtsfehler in seinen Rechten verletzt ist (BVerwG, NVwZ-RR 1997, 741 = EZAR 214 Nr. 7 = AuAS 1997, 240 (LS)).

10. Ausländerrechtliches Verfahren

10.1. Zuständigkeit für den Erlass der Abschiebungsandrohung

276 Das Bundesamt ist nicht befugt, nach Aufhebung des Statusbescheides nach Abs. 1 oder 2 eine Abschiebungsandrohung zu erlassen (BVerwG, NVwZ-Beil. 1999, 113 (114) = InfAuslR 1999, 373; BayVGH, InfAuslR 2000, 36 = NVwZ-Beil. 1999, 114 = EZAR 210 Nr. 13 = AuAS 1999, 225). Die Entscheidung über die Abschiebungsandrohung ist bereits im Feststellungsverfahren nicht zwingend mit der Entscheidung über den Schutz vor zielstaatsbezogenen Gefahren verbunden. Im Widerrufsverfahren ist der Zusammenhang mit der Entscheidung über die Abschiebungsandrohung noch stärker gelockert. Denn die Ausländerbehörde hat den Aufenthaltstitel nach Eintritt der Unanfechtbarkeit des Widerrufs oder der Rücknahme des Statusbescheides nicht zwingend zu widerrufen, sondern hierüber nach pflichtgemäßem Ermessen zu entscheiden (BVerwG, NVwZ-Beil. 1999, 113 (114) = InfAuslR 1999, 373; BayVGH, InfAuslR 2000, 36 = NVwZ-Beil. 1999, 114 = EZAR 210 Nr. 13).

277 Darüber hinaus liegen die Voraussetzungen für eine Abschiebungsandrohung nach § 34 im Zeitpunkt der Entscheidung über den Widerruf oder die Rücknahme nicht vor. Denn im Regelfall besitzt der bis dahin und auch bis zum Eintritt der Unanfechtbarkeit der Widerrufsentscheidung Statusberechtigte in diesem Zeitpunkt die Aufenthaltserlaubnis nach § 25 I 1 oder II 1 AufenthG. Deshalb ist allein die Ausländerbehörde befugt, nach Eintritt der Unanfechtbarkeit der Aufhebung des Statusbescheides die Frage des Erlasses einer Abschiebungsandrohung nach § 59 AufenthG zu prüfen (BVerwG, NVwZ-Beil. 1999, 113 (114) = InfAuslR 1999, 373; BayVGH, InfAuslR 2000, 36 = NVwZ-Beil. 1999, 114 = EZAR 210 Nr. 13).

278 Auch bei der Aufhebung des Bescheides nach Abs. 3 kann sich diese Frage stellen. Zwar lässt die Feststellung eines Abschiebungshindernisses nach § 60 II−VII AufenthG die Rechtmäßigkeit der vom Bundesamt im Antragsverfahren erlassenen Abschiebungsandrohung unberührt (§ 59 III 3 AufenthG). Hat die Ausländerbehörde indes eine Aufenthaltserlaubnis nach § 25 III 1 AufenthG erteilt, gehen von der Abschiebungsandrohung keine Rechtswirkungen mehr aus. In diesem Fall ist ebenfalls allein die Ausländerbehörde nach pflichtgemäßem Ermessen für die Prüfung zuständig, ob die Aufhebung nach Abs. 3 eine Abschiebungsandrohung nach § 50 AuslG nach sich zieht.

10.2. Aufenthaltsrechtlicher Schutz

10.2.1. Asylberechtigte

10.2.1.1. Statusgewährung nach dem 1. Januar 2005

279 Dem Asylberechtigten wird nach der Statusgewährung eine Aufenthaltserlaubnis erteilt und für längstens drei Jahre verlängert (§ 25 I 1 in Verb. mit § 26 Abs. 1 1. HS AufenthG). Das Gesetz enthält keine Regelungen über die Fristgestaltung während dieses Zeitraumes. Sofern kein Widerruf oder keine

Widerruf und Rücknahme § 73

Rücknahme erfolgt, ist nach Ablauf von drei Jahren in Abweichung von § 9 Abs. 2 AufenthG eine Niederlassungserlaubnis zu erteilen (§ 26 III 2. HS AufenthG). Es besteht ein Rechtsanspruch auf die Erteilung der Niederlassungserlaubnis.

§ 26 III AufenthG ist *lex spezialis* gegenüber § 9 II–IV AufenthG und regelt die entsprechenden Voraussetzungen enumerativ. Dies liegt in der gesetzgeberischen Konsequenz, Asylberechtigten und Flüchtlingen, deren Status nach Ablauf von drei Jahren fortbesteht, eine »Perspektive für eine dauerhafte Lebensplanung in Deutschland« zu eröffnen (BT-Drs. 15/420, S. 80). Bestätigt wird diese Auffassung auch dadurch, dass das Gesetz neben der Mindestdauer für den Besitz der Aufenthaltserlaubnis allein den Widerrufsvorbehalt vorgesehen hat. Fraglich ist aber, ob die Niederlassungserlaubnis akzessorisch an den Asylstatus gebunden ist und deshalb die Ausländerbehörde nach Eintritt der Unanfechtbarkeit des Aufhebungsbescheides nach § 52 I Nr. 4 AufenthG die Niederlassungserlaubnis widerrufen kann (s. hierzu Rdn. 291 ff.). 280

10.2.1.2. Behandlung von Altfällen

Das Gesetz enthält *keine Übergangsregelungen* für die Verfestigung des Aufenthaltsrechts von Asylberechtigten, sondern nur für Kontingentflüchtlinge (vgl. § 101 I 2, § 103 AufenthG). Fraglich ist daher, ob auf Asylberechtigte, die im Zeitpunkt des Inkrafttretens des Gesetzes, also am 1. Januar 2005, im Besitz der unbefristeten Aufenthaltserlaubnis waren (vgl. § 68 I AsylVfG a. F.), der Widerrufsvorbehalt nach § 26 III 2. HS AufenthG) Anwendung findet. Diese Frage ist zu verneinen: Nach dem Gesetz gilt die unbefristete Aufenthaltserlaubnis entsprechend ihrem Aufenthaltszweck als Niederlassungserlaubnis fort (§ 101 I 1 AufenthG). Es gibt nur eine einheitliche, insoweit zweckungebundene Niederlassungserlaubnis (§ 9 I AufenthG). 281

Unabhängig davon, ob nach früherem Recht die Verfestigungsposition auf unterschiedlichen Zwecken beruht haben mag, werden nach § 101 I 1 AufenthG alle bisherigen Verfestigungstitel in den einheitlichen Verfestigungstitel des neuen Rechts, die Niederlassungserlaubnis nach § 9 I 1 AufenthG, überführt. Das geltende Recht kennt keine unterschiedlichen Zweckbestimmungen der Niederlassungserlaubnis, die als Anknüpfungspunkt für frühere, möglicherweise unterschiedlich zweckbestimmte Verfestigungspositionen in Betracht kommen könnten. Der Gesetzeswortlaut von § 101 I 1 AufenthG ist hinsichtlich des Anknüpfungspunktes unklar. Klar ist er allerdings insoweit, dass frühere Verfestigungspositionen als einheitliche Verfestigungsposition Niederlassungserlaubnis fortgelten sollen. 282

Gesetzessystematisch Gründe sprechen ebenfalls dafür, dass die unbefristete Aufenthaltserlaubnis nach § 68 I AsylVfG a. F. als Niederlassungserlaubnis nach § 9 I 1 AufenthG fortgelten soll. Anders als für aufenthaltsbefugte Flüchtlinge nach § 70 AsylVfG a. F. (vgl. § 104 Abs. 2 AufenthG) hat der Gesetzgeber im Blick auf Asylberechtigte für die Überführung ihres bisherigen Status in das neue Recht keine Erleichterungen für die Erteilung der Niederlassungserlaubnis geregelt. Dies spricht dafür, dass er wie selbstverständlich davon ausgegangen ist, dass die unbefristete Aufenthaltserlaubnis des Asyl- 283 berechtigten gemäß § 101 I 1 AufenthG als Niederlassungserlaubnis fortgelten soll.

284 Bestätigt wird diese Auffassung durch die Gesetzesbegründung zur Übergangsregelung des § 101 I AufenthG. Danach stellt diese Vorschrift sicher, dass Ausländer, die bisher eine unbefristete Aufenthaltserlaubnis innehatten (Aufenthaltsberechtigung und unbefristete Aufenthaltserlaubnis), nach neuem Recht stets und insbesondere Asylberechtigte im Hinblick auf den humanitären Aufenthaltszweck eine Niederlassungserlaubnis erhalten (BT-Drs. 15/420, S. 100). Damit findet § 26 III AufenthG auf Asylberechtigte, die bereits vor dem 1. Januar 2005 die unbefristete Aufenthaltserlaubnis erlangt haben, keine Anwendung.

285 War zu diesem Zeitpunkt bereits der Asylanerkennungsbescheid unanfechtbar, der Statusberechtigte jedoch noch nicht im Besitz der unbefristeten Aufenthaltserlaubnis, hat er aber bereits vor diesem Zeitpunkt den entsprechenden Antrag gestellt, ist er für die Übergangsregelung so zu stellen, als sei er im Besitz der unbefristeten Aufenthaltserlaubnis gewesen. Denn die Antragstellung begründet die auf die unbefristete Aufenthaltserlaubnis bezogene Erlaubnisfiktion (§ 68 I 2 AsylvfG a. F). Der Statusberechtigte hat den Anspruch bezogen auf den Zeitpunkt, an dem die entsprechenden Voraussetzungen vorlagen (BVerwG, NVwZ 1996, 1225 (1226) = EZAR 017 Nr. 9; BVerwG, NVwZ 1998, 191 (192) = EZAR 015 Nr. 15; BVerwG, NVwZ 1999, 306 = InfAuslR 1999, 69 = AuAS 1999, 26; VGH BW, InfAuslR 1998, 485; ebenso *Richter*, NVwZ 1999, 726 (727); dagegen *Renner*, NVwZ 1993, 729 (733).

286 Aber auch, wenn man in § 26 III 1. HS AufenthG eine neben § 9 I 1 AufenthG eigenständige Rechtsgrundlage für den Besitz der Niederlassungserlaubnis sehen sollte, gilt nichts anderes. Mit Wirkung zum 1. Januar 2005 gilt die bisherige unbefristete Aufenthaltserlaubnis als Niederlassungserlaubnis entsprechend ihrem zugrunde liegenden Aufenthaltszweck und Sachverhalt (§ 68 I AsylVfG a. F.) fort. Die kraft Gesetzes eintretende Umwandlung ist nicht vom Widerrufsvorbehalt nach § 26 III 2. HS AufenthG abhängig. Anders als bei der Lösung über § 101 I 1 in Verb. mit § 9 I 1 AufenthG stellen sich bei Anerkennung einer akzessorischen Niederlassungserlaubnis nach § 26 III 1. HS AufenthG aber Probleme bei der Loslösung von der Akzessorietät (s. Rdn. 294 ff.).

10.2.2 Flüchtlinge nach § 60 Abs. 1 AufenthG

10.2.2.1. Statusgewährung nach dem 1. Januar 2005

287 Wie dem Asylberechtigten wird dem Flüchtling nach § 60 I AufenthG nach der Statusgewährung eine Aufenthaltserlaubnis erteilt und für längstens drei Jahre verlängert (§ 25 II 1 in Verb. mit § 26 I 1. HS AufenthG). Sofern kein Widerruf oder keine Rücknahme erfolgt, ist nach Ablauf von drei Jahren in Abweichung von § 9 II AufenthG eine Niederlassungserlaubnis zu erteilen (§ 26 III 2. HS AufenthG). Es besteht ein Rechtsanspruch auf die Erteilung der Niederlassungserlaubnis. § 26 III 1 HS AufenthG ist *lex spezialis* gegenüber § 9 II – IV AufenthG und regelt die entsprechenden Voraussetzungen enumerativ.

288 Dies liegt – wie bereits ausgeführt – in der gesetzgeberischen Konsequenz, Asylberechtigten und Flüchtlingen, deren Status nach Ablauf von drei Jah-

ren fortbesteht, eine »Perspektive für eine dauerhafte Lebensplanung in Deutschland« zu eröffnen (BT-Drs. 15/420, S. 80). Auch hier ist fraglich, ob die Niederlassungserlaubnis akzessorisch an den Flüchtlingsstatus gebunden ist und deshalb die Ausländerbehörde nach Eintritt der Unanfechtbarkeit des Aufhebungsbescheides nach § 52 I Nr. 4 AufenthG die Niederlassungserlaubnis widerrufen kann (s. hierzu Rdn. 294 ff.).

10.2.2.2. Behandlung von Altfällen nach § 51 Abs. 1 AufenthG

Für Flüchtlinge nach § 51 Abs. 1 AuslG 1990 enthält das Gesetz keine besonderen Übergangsregelungen. Insoweit gilt die Aufenthaltsbefugnis nach § 70 I AsylVfG a. F. als Aufenthaltserlaubnis nach § 25 II 1 AufenthG fort (§ 101 II AufenthG). Leitet das Bundesamt in Reaktion auf die Anfrage der Ausländerbehörde ein Widerrufs- oder Rücknahmeverfahren ein und wird der gewährte Status unanfechtbar widerrufen, ist über den Fortbestand der Aufenthaltserlaubnis nach Ermessen zu entscheiden (vgl. § 52 Abs. 1 Satz 1 Nr. 4 AufenthG; s. hierzu Rdn. 294 ff.).

289

10.2.3. Aufhebung des Statusbescheides gemäß Abs. 2 a Satz 3 nach Ermessen

Ist nach Abs. 2 a S. 1 nach Ablauf von drei Jahren keine Aufhebung des Statusbescheides erfolgt, steht eine spätere Aufhebung im Ermessen des Bundesamtes (Abs. 2 a S. 3). Der gesetzlichen Begründung sind keine Kriterien für die Ermessensausübung zu entnehmen. Zu bedenken ist jedoch, dass nach der negativen Anprüfung nach Abs. 2 a S. 1 den Asylberechtigten und Flüchtlingen eine Niederlassungserlaubnis nach § 9 I 1 in Verb. mit § 26 III 1 HS AufenthG erteilt worden ist, um ihnen damit die Perspektive für eine dauerhafte Lebensplanung im Bundesgebiet zu eröffnen (BT-Drs. 15/420, S. 80). Dies spricht dafür, dass das Bundesamt nach Möglichkeit vom Widerruf abzusehen hat. Macht es dennoch von seinem Ermessen nach Abs. 2 a S. 3 Gebrauch, hat die Ausländerbehörde über den Fortbestand des Aufenthaltsrechtes nach Ermessen zu entscheiden.

290

10.2.4. Erteilung der Niederlassungserlaubnis nach § 9 Abs. 1 Satz 1 in Verb. mit § 26 Abs. 4 AufenthG

10.2.4.1. Keine zwingende Aufenthaltsbeendigung nach Statusaufhebung

Die unanfechtbare Aufhebung der Statusgewährung nach Abs. 2 a S. 1 oder Abs. 2 a S. 3 jeweils in Verbindung mit Abs. 1 S. 1 oder S. 2 bzw. Abs. 2 durch das Bundesamt berechtigt die Ausländerbehörde nicht ohne weiteres zu aufenthaltsbeendenden Maßnahmen. Der Widerruf der Statusgewährung durch das Bundesamt ist – wie sich aus der Ermessensregelung des § 52 I Nr. 4 AufenthG ergibt – kein Verwaltungsakt, der die Rechtmäßigkeit des Aufenthaltes automatisch beendet. Er führt als solches also keineswegs automatisch zur Beendigung des Aufenthaltsrechts (BVerwGE 117, 380 (385 f.) = EZAR 019 Nr. 19 = NVwZ 2003, 1275 = InfAuslR 2003, 324 = AuAS 2003, 182; VGH BW, InfAuslR 2001, 410 (412); VG Stuttgart, InfAuslR 2004, 74 (75), zur Relevanz von Straftaten in diesem Zusammenhang).

291

292 Vielmehr räumt die Vorschrift des § 52 I Nr. 4 AufenthG der Ausländerbehörde Ermessen dahin ein, ob sie den gewährten Aufenthaltstitel im Falle des Erlöschens oder des Eintritts der Unwirksamkeit des gewährten Rechtsstatus widerrufen will. Die Anwendung der Vorschrift des § 52 I Nr. 4 AufenthG setzt darüber hinaus voraus, dass der Widerruf der Statusgewährung *unanfechtbar* ist (BVerwGE 117, 380 (383f.) = EZAR 019 Nr. 19 = NVwZ 2003, 1275 = InfAuslR 2003, 324 = AuAS 2003, 182; VGH BW, AuAS 1997, 204 = EZAR 214 Nr. 5 = DVBl. 1997, 917 (LS); VGH BW, InfAuslR 2001, 410 (411) = NVwZ-Beil. 2001, 99). Daher darf die Ausländerbehörde vor dem Eintritt der Unanfechtbarkeit den Aufenthaltstitel nicht unter der *aufschiebenden Bedingung des Eintritts der Bestandskraft des Widerrufs* nach Abs. 1 widerrufen (VGH BW, InfAuslR 2001, 410 (411f.) = NVwZ-Beil. 2001, 99).

293 Dem steht einerseits die aufschiebende Wirkung der Klage nach § 75 entgegen. Andererseits hat die Ausländerbehörde über den Widerruf nach Ermessen zu entscheiden. Eine sachgerechte Ermessensausübung kann aber erst nach dem Eintritt der Unanfechtbarkeit des Widerrufs unter Berücksichtigung der in diesem Zeitpunkt maßgeblichen tatsächlichen Verhältnisse erfolgen (vgl. (VGH BW, InfAuslR 2001, 410 (411f.)).

10.2.4.2. Keine akzessorische Bindung der Niederlassungserlaubnis nach § 9 Abs. 1 Satz 1 in Verb. mit § 26 Abs. 3 erster Halbsatz AufenthG an den asylrechtlichen Status

294 Nach der Rechtsprechung besteht zwar ein vorrangiges öffentliches Interesse am Widerruf einer auf einer asylrechtlichen Statusberechtigung beruhenden Aufenthaltserlaubnis ((BVerwGE 117, 380 (386) = EZAR 019 Nr. 19 = NVwZ 2003, 1275 = InfAuslR 2003, 324 = AuAS 2003, 182; VGH BW, EZAR 214 Nr. 5; VGH BW, InfAuslR 2001, 410 (413); Nieders.OVG, InfAuslR 2001, 96 (98)). Es ist aber fraglich, ob nach der Neukonzeption des Gesetzes durch § 26 III 1. HS AufenthG diese Rechtsprechung noch unverändert Geltung beanspruchen kann.

295 Dagegen spricht bereits, dass § 26 III 1 HS AufenthG lediglich eine *Verweisungsnorm* darstellt. Diese Vorschrift regelt besondere Voraussetzungen, nämlich den Widerrufsvorbehalt und eine zeitliche Herabstufung der Mindestzeit für den Besitz einer Aufenthaltserlaubnis und befreit generell von den Voraussetzungen des § 9 II 1 AufenthG, kann aber nicht als eigenständige Rechtsgrundlage für eine spezifische Niederlassungserlaubnis angesehen werden. Das geltende Recht kennt keine unterschiedlichen Titel für die Niederlassungserlaubnis, sondern enthält eine Reihe von Privilegierungen für den Erhalt der Niederlassungserlaubnis nach § 9 I 1 AufenthG, wie z.B. die Vorschriften des § 9 II 3 – 6, III, § 19 I 1, § 21 IV, § 26 III, IV § 28 II 1, § 31 III und § 104 II AufenthG belegen. In allen Fällen handelt es sich um besondere Voraussetzungen für die Erlangung des einheitlichen in § 9 I 1 AufenthG geregelten Rechtstitels Niederlassungserlaubnis.

296 Es sind weder gesetzessystematische noch teleologische noch sonstige Gründe ersichtlich, die den Schluss rechtfertigen, dass allein der Vorschrift des § 26 III 1 HS AufenthG entgegen den übrigen spezifischen, auf die tatbestandlichen Voraussetzungen für die Niederlassungserlaubnis bezogenen

Widerruf und Rücknahme § 73

Regelungen der Rechtscharakter eines besonderen Aufenthaltstitels Niederlassungserlaubnis zukommen sollte. Dagegen spricht schließlich auch die gesetzliche Begründung. Danach ist Asylberechtigten und Flüchtlingen, deren Status nach Ablauf von drei Jahren fortbesteht, eine »Perspektive für eine dauerhafte Lebensplanung in Deutschland« zu eröffnen (BT-Drs. 15/420, S. 80).

Das Gesetz sah zunächst eine automatische Erlöschensautomatik vor. Danach führte der unanfechtbare Widerruf des asylrechtlichen Statusbescheides automatisch zum Erlöschen des akzessorischen Aufenthaltstitels (vgl. § 9 I AuslG 1965). Die Vorschrift des § 44 I Nr. 4 AuslG 1990 beseitigte diese Automatik, war jedoch Ausdruck eines gewichtigen öffentlichen Interesses an der Aufenthaltsbeendigung ehemals statusberechtigter Personen. Nunmehr besteht ein öffentliches Interesse an der Eröffnung einer dauerhaften Lebensperspektive im Bundesgebiet für diesen Personenkreis, wenn einmal die Hürde des Abs. 2 a S. 1 genommen worden ist. Damit spricht auch die gesetzliche Entwicklung für die Lösung von der Akzessorietät des bisherigen Aufenthaltstitels nach § 25 I 1, II 1 AufenthG, wenn die Niederlassungserlaubnis nach § 9 I 1 in Verb. mit § 26 III 1. HS AufenhtG erteilt worden ist. 297

Damit ist davon auszugehen, dass nach geltendem Recht eine Umwandlung des statusabhängigen Aufenthaltsrechtes nach § 25 I 1, II 1 AufenthG zwar nur möglich ist, wenn die Mitteilung des Bundesamtes nach § 26 III 2. HS AufenthG vorliegt. Dabei ist davon auszugehen, dass die Ausländerbehörde vor der Entscheidung über den Antrag eine entsprechende Anfrage an das Bundesamt richtet. Dieses ist nach Abs. 2 a S. 1 ohnehin von Amts wegen verpflichtet, vor Ablauf der Dreijahresfrist die Widerrufs- und Rücknahmevoraussetzungen zu prüfen. Liegt nach Ablauf dieser Frist keine Mitteilung vor, kann Verpflichtungsklage auf Erteilung der Niederlassungserlaubnis gegen die zuständige Ausländerbehörde erhoben werden. Das Bundesamt ist notwendig beizuladen (vgl. § 65 Abs. 2 VwGO). 298

Mit der im Wege des § 26 III 1HS AufenthG erteilten Niederlassungserlaubnis nach § 9 I 1. AufenthG löst sich jedoch das Aufenthaltsrecht der Asylberechtigten und Flüchtlinge von der akzessorischen Bindung an die asylrechtliche Statusberechtigung. Der Widerruf nach Abs. 2 a S. 3 hat lediglich zur Folge, dass damit die Herausgabepflicht nach Abs. 6 und die Passpflicht nach § 3 AufenthG bezogen auf einen nationalen Reiseausweis begründet wird. 299

10.2.5. Grundsätze für die Ermessensausübung nach § 52 Abs. 1 Nr. 4 AufenthG

Nach § 52 I Nr. 4 AufenthG kann der Aufenthaltstitel nach § 25 I 1, II 1 AufenthG widerrufen werden, wenn die asylrechtliche Statusberechtigung erlischt (§ 72) oder unwirksam (§ 73) wird. Der Anwendungsbereich dieser Vorschrift ist auf die Aufenthaltserlaubnis nach § 25 I 1, II 1 AufenthG begrenzt. Die Vorschrift erfasst jedoch nicht den nach der negativen Widerrufsanprüfung nach Abs. 2 a S. 1 erworbenen Titel der Niederlassungserlaubnis nach § 9 I 1 in Verb. mit § 26 III 1. HS AufenthG (s. Rdn. 294–299). 300

Das ausländerbehördliche Ermessen bei der Entscheidung über den weiteren Aufenthalt wird insbesondere durch den *Vertrauens- und Verhältnismäßigkeits-* 301 *grundsatz* bestimmt (BVerfGE 49, 168 (183f.); BVerwGE 57, 252 (254); BVerwGE 117, 380 (386) = EZAR 019 Nr. 19 = NVwZ 2003, 1275 = InfAuslR 2003, 324 = AuAS 2003, 182; s. auch BVerwG, Buchholz 402.25 § 16 AsylVfG Nr. 1; VGH BW, InfAuslR 1987, 91; so schon BayVGH, DÖV 1980, 51; VG Stuttgart, InfAuslR 2004, 74, zur Bewertung von Straftaten). Bei ihrer Ermessensentscheidung muss die Behörde sämtliche Umstände des Einzelfalles und damit auch die schutzwürdigen Belange des Betroffenen an einem weiteren Verbleibt im Bundesgebiet in den Blick nehmen, wie bespielsweise für die Ermessensausweisung durch § 55 III AufenthG anerkannt ist (BVerwGE 117, 380 (386) = EZAR 019 Nr. 19 = NVwZ 2003, 1275 = InfAuslR 2003, 324 = AuAS 2003, 182; VGH BW, InfAuslR 2001, 410 (413); Nieders.OVG, AuAS 2004, 2). Es sind damit die Gründe für den Verlust der Statusgewährung, die bisherige Aufenthaltsdauer des Betroffenen, seine Integration im Bundesgebiet und seine persönliche Lage nach der Rückkehr in den Herkunftsstaat in die Ermessenserwägungen einzubeziehen (VGH BW, InfAuslR 2001, 410 (413)).

10.2.6. Statusunabhängiges Aufenthaltsrecht

10.2.6.1. Ermessensgrundsätze

302   Ist der gewährte asyl- bzw. flüchtlingsrechtliche Status unanfechtbar vor Ablauf der Dreijahresfrist nach § 26 III 1. HS AufenthG oder im obligatorischen Verfahren nach Abs. 2 a S. 1 aufgehoben worden, entscheidet die Ausländerbehörde über den Fortbestand der Aufenthaltserlaubnis nach § 25 I 1, II 1 AufenthG nach Ermessen. Bezogen auf diesen Personenkreis dürfte die Rechtsprechung des BVerwG unverändert fortgelten, wonach das der Behörde eingeräumte Ermessen nach § 52 I AufenthG nicht an bestimmte Vorgaben geknüpft ist, sondern einen weiten Spielraum eröffnet.

303   Diese Rechtsprechung hat aber keine Bedeutung für Asylberechtigte und Flüchtlinge, denen nach § 9 I 1 in Verb. mit § 26 III 1. HS AufenthG eine Niederlassungserlaubnis erteilt worden ist. Sollte die sich entwickelnde Rechtsprechung zu § 26 III AufenthG indes in eine andere Richtung gehen, hätte sie allerdings Relevanz auch für diesen Personenkreis.

304   Die Behörde darf danach grundsätzlich davon ausgehen, dass in den Fällen des § 52 I Nr. 4 AufenthG ein gewichtiges öffentliches Interesse am Widerruf des Aufenthaltstitels besteht, falls nicht aus anderen Rechtsgründen, etwa § 25 V 1, § 26 IV, § 28 I, § 30 I, §§ 18 – 21 AufenthG, ein gleichwertiger Aufenthaltstitel zu gewähren ist (vgl. BVerwGE 117, 380 (386) = EZAR 019 Nr. 19 = NVwZ 2003, 1275 = InfAuslR 2003, 324 = AuAS 2003, 182). Dabei ist zu bedenken, dass Asylberechtigte und Flüchtlinge einen Rechtsanspruch auf die Ausübung der selbständigen Erwerbstätigkeit haben (§ 25 I 4, II 2 AufenthG), sodass häufig die Voraussetzungen des § 21 I 3 AufenthG erfüllt sein dürften.

305   Bei ihrer Ermessensausübung muss die Behörde sämtliche Umstände des Einzelfalles und damit auch die schutzwürdigen Belange des Betroffenen an einem weiteren Verbleib im Bundesgebiet in den Blick nehmen, wie sie beispielhaft in § 55 Abs. 3 AufenthG aufgeführt sind. Insbesondere ein langjähriger Aufenthalt im Bundesgebiet steht danach einem Widerruf der Auf-

enthaltserlaubnis entgegen (vgl. § 55 Abs. 3 Nr. 1 AufenthG). Die Aufenthaltserlaubnis kann in diesem Fall allerdings erst unter den Voraussetzungen des § 9 II AufenthG in eine Niederlassungserlaubnis umgewandelt werden.

10.2.6.2. Aufenthaltserlaubnis nach § 25 Abs. 5 Satz 1 AufenthG
Nach dem Eintritt der Unanfechtbarkeit des aufenthaltsrechtlichen Aufhebungsbescheides und einer Abschiebungsandrohung nach § 59 I AufenthG wird eine vollziehbare Ausreisepflicht begründet (§ 50 1, § 58 II 2 AufenthG). Ist wegen der instabilen Sicherheitslage im Herkunftsland des Betroffenen die Ausreise aus tatsächlichen oder rechtlichen Gründen nicht möglich, wird spätestens nach Ablauf von achtzehn Monaten (§ 25 V 2 AufenthG) der Anspruch vermittelt, über den weiteren Aufenthalt nach Ermessen zu entscheiden (§ 25 V 1 AufenthG). Dasselbe gilt unter diesen Voraussetzungen für die nach Abs. 3 von einem Aufhebungsbescheid Betroffenen.

306

10.2.6.3. Niederlassungserlaubnis nach § 26 Abs. 4 AufenthG
Flüchtlingen nach § 51 I AuslG 1990, deren Aufenthaltsbefugnis nicht mit Wirkung zum 1. Januar 2005 in eine Niederlassungserlaubnis umgewandelt worden ist, sowie den von einem Widerruf nach Abs. 3 Betroffenen kann eine Niederlassungserlaubnis nach § 26 IV AufenthG erteilt werden. Dies gilt auch für Asylberechtigte, wenn die Niederlassungserlaubnis nach § 26 III 1. HS AufenthG als akzessorisch angesehen wird. Voraussetzung ist zunächst der Besitz einer Aufenthaltserlaubnis über eine Dauer von sieben Jahren. Frühere Zeiten der Aufenthaltsbefugnis sind anzurechnen (§ 101 II AufenthG). Ebenso sind Zeiten der Duldung nach § 102 II AufenthG zu berücksichtigen.

307

Bei der Berechnung der nach § 26 IV AufenthG maßgebenden Frist ist das der Erteilung der Aufenthaltserlaubnis vorangegangene Asylverfahren auf die Frist anzurechnen (§ 26 IV 3 AufenthG). Bei mehreren Asylverfahren wird nur die Dauer des der Erteilung der Aufenthaltserlaubnis unmittelbar vorangegangenen Asylverfahrens berücksichtigt (BVerwG, InfAuslR 1998, 10 (12) = NVwZ 1998, 191 = EZAR 015 Nr. 15).

308

Im Zeitpunkt der Entscheidung muss der Besitz der Aufenthaltserlaubnis nach § 25 II 1, III 1 AufenthG noch andauern. Die aufgrund des Verlängerungsantrags vermittelte Fortgeltungsfiktion nach § 81 IV AufenthG begründet die Fortsetzung des Besitzes des Aufenthaltstitels. Solange der Flüchtlingsstatus nach § 51 I AuslG 1990 oder der Abschiebungsschutz nach § 53 AuslG 1990 nicht unanfechtbar aufgehoben worden ist, darf die Verlängerung des Aufenthaltstitels nicht unter Hinweis auf § 26 II AufenthG versagt werden (VGH BW, InfAuslR 2004, 429 (431); VG Dresden, InfAuslR 2005, 87 (88)). Der Versagungsgrund nach § 26 II AufenthG entsteht mithin erst mit dem Eintritt der Unanfechtbarkeit des Aufhebungsbescheides. Ist in diesem Zeitpunkt die Siebenjahresfrist erreicht, ist nach Ermessen über die Niederlassungserlaubnis zu entscheiden.

309

Die Behörde darf nach Überschreiten dieses Zeitpunktes das Ermessen nicht mit Hinweis auf den Aufhebungsbescheid gegen den Antragsteller ausüben. Denn es besteht kein öffentliches Interesse am Widerruf des Aufenthaltstitels, wenn aus anderen Gründen, etwa nach § 26 IV AufenthG, ein

310

gleichwertiger Aufenthaltstitel gewähren werden kann (vgl. BVerwGE 117, 380 (386) = EZAR 019 Nr. 19 = NVwZ 2003, 1275 = InfAuslR 2003, 324 = AuAS 2003, 182).

311 Zwar sind die Voraussetzungen des § 9 II 1 Nr. 2–9 AufenthG grundsätzlich zu berücksichtigen (vgl. § 26 IV 2 AufenthG). War der Antragsteller am 1. Januar 2005 bereits im Besitz der Aufenthaltsbefugnis, findet der herabgestufte Sprachnachweis Anwendung (§ 104 II 1 AufenthG) und wird vom Nachweis der Altersvorsorge und der Grundkenntnisse der Rechts- und Gesellschaftsordnung abgesehen (§ 104 II 2 AufenthG). In allen Altfällen besteht kein Anspruch auf Durchführung eines Integrationsurses (vgl. § 44 III Nr. 2, § 44a II Nr. 3 AufenthG), sodass auch deshalb der herabgestufte Sprachnachweis Anwendung findet (§ 9 II 5 AufenthG). Bei Ehegatten genügt es, wenn die Voraussetzungen nach § 9 II 1 Nr. 3, 5 und 6 AufenthG durch einen Ehegatten erfüllt werden (§ 9 III 3 AufenthG).

312 Bei der Umwandlung der Aufenthaltsbefugnis nach § 70 I AsylVfG a.F. und § 30 ff. AuslG 1990 in eine Niederlassungserlaubnis wird ausdrücklich der herabgestufte Sprachnachweis angeordnet (§ 104 II 1 AufenthG). Darüber hinaus darf die Erteilung der Niederlassungserlaubnis nicht vom Nachweis der Altersvorsorge und der Grundkenntnisse der Rechts- und Gesellschaftsordnung abhängig gemacht werden (vgl. § 104 II 2 AufentG). Die Aufenthaltsbefugnis nach § 70 I AsylVfG a.F. wird zunächst in eine Aufenthaltserlaubnis nach § 25 II 1 AufenthG umgewandelt (vgl. § 101 II AufenthG) und wird damit bei der Anrechnungsregel des § 26 IV 1 AufenthG berücksichtigt.

313 Dasselbe gilt für Abschiebungsschutzberechtigte nach § 53 AuslG 1990, denen eine Aufenthaltsbefugnis nach § 30 III AuslG 1990 erteilt worden ist. Waren sie am 1. Januar 2005 im Besitz einer Duldung, haben sie Anspruch auf die Erteilung einer Aufenthaltserlaubnis nach § 25 III 1 AufenthG unter Befreiung von den allgemeinen Erteilungsvoraussetzungen (§ 5 III AufenthG). Die bisherigen Duldungszeiten werden auf die nach § 26 IV 1 AufenthG geforderte Mindestzeit des Besitzes einer Aufenthaltserlaubnis angerechnet (§ 102 II AufenthG). Es besteht aber keine Befreiung vom Nachweis der Altersvorsorge, da sie am 1. Januar 2005 nicht im Besitz der Aufenthaltsbefugnis waren (vgl. § 104 II 2 AufenthG).

§ 73 a Ausländische Anerkennung als Flüchtling

(1) Ist bei einem Ausländer, der von einem ausländischen Staat als Flüchtling im Sinne des Abkommens über die Rechtsstellung der Flüchtlinge anerkannt worden ist, die Verantwortung für die Ausstellung des Reiseausweises auf die Bundesrepublik Deutschland übergegangen, so erlischt seine Rechtsstellung als Flüchtling in der Bundesepublik Deutschland, wenn einer der in § 72 Abs. 1 genannten Umstände eintritt. Der Ausländer hat den Reiseausweis unverzüglich bei der Ausländerbehörde abzugeben.
(2) Dem Ausländer ist die Rechtsstellung als Flüchtling in der Bundesrepublik Deutschland zu entziehen, wenn die Voraussetzungen des § 60 Abs. 1

Ausländische Anerkennung als Flüchtling § 73 a

des Aufenthaltsgesetzes nicht mehr vorliegen. § 73 Abs. 1 Satz 3, Abs. 4 bis 6 ist entsprechend anzuwenden.

Übersicht Rdn.

1. Zweck der Vorschrift 1
2. Voraussetzungen des völkerrechtlichen Zuständigkeitswechsels 5
3. Erlöschen der Rechtsstellung nach der GFK (Abs. 1) 12
4. Entziehung der Rechtsstellung nach der GFK (Abs. 2) 18
5. Rechtsschutz 26

1. Zweck der Vorschrift

Die Vorschrift des § 73 a füllt eine bis zu seiner Einführung bestehende Gesetzeslücke, um die Rechtsstellung derjenigen Flüchtlinge, die in einem anderen Staat als Flüchtling nach der GFK anerkannt und anschließend von der Bundesrepublik etwa nach § 22 AufenthG übernommen worden sind, beenden zu können. In einem derartigen Fall geht nach § 11 GFKAnhang die Verantwortung für den Flüchtling auf die Bundesrepublik Deutschland über. Die Statusentscheidung des anderen Staat gilt in diesem Fall auch in der Bundesrepublik Deutschland (BT-Drs. 13/4948, S. 11). 1

Es wird sich regelmäßig um enge Familienangehörige von Personen handeln, die im Bundesgebiet als Asylberechtigte anerkannt worden sind oder die die Rechtsstellung als Flüchtling nach der GFK (§ 60 I AuenthG in Verb. mit § 3) genießen. Generell betrifft die Vorschrift Flüchtlinge nach der GFK, die im Bundesgebiet leben und im Besitz eines Aufenthaltstitels sind. Der völkerrechtliche Zuständigkeitswechsel richtet sich nicht nur nach § 11 GFKAnhang, sondern auch nach Art. 2 I 1 des Europäischen Übereinkommens über den Übergang der Verantwortung für Flüchtlinge. Nur nach diesen Vorschriften ist ein Übergang der völkerrechtlichen Zuständigkeit auf einen anderen Staat möglich (s. auch § 69 Rdn. 22−27). 2

Für übernommene Flüchtlinge nach der GFK enthielt das AsylVfG bis zur Einführung dieser Vorschrift keine Regelung zur Beendigung des Rechtsstatus. Die Vorschriften der §§ 72, 73 beziehen sich auf inländische Statusentscheidungen. Die Beendigung der Rechtsstellung der Flüchtlinge, die im Rahmen eines Aufnahmeprogramms übernommen worden waren und hier die Rechtsstellung nach der GFK genießen, richtete sich nach den Vorschriften der §§ 2 a, 2 b des HumHAG. Allerdings ist das HunHAG mit Wirkung zum 31. Dezember 2004 aufgehoben worden (Art. 15 III Nr. 3 ZuwG). 3

Die Rechtsstellung der Personen, die im Ausland bereits die Rechtsstellung nach der GFK erhalten haben und aufgrund einer humanitären Einzelfallentscheidung von der Bundesrepublik übernommen worden sind, konnte deshalb bis 1997 nicht beendet werden. Diese Lücke schließt die Vorschrift des § 73 a, die durch das Gesetz zur Änderung ausländerund asylverfahrensrechtlicher Vorschriften vom 29. Oktober 1997 (BGBl. I S. 2584) eingefügt worden ist. Die Gesetzesüberschrift ist allerdings irreführend. Im Zentrum der 4

1277

Vorschrift steht nicht die Anerkennung einer ausländischen Statusentscheidung, sondern deren Beendigung.

2. Voraussetzungen des völkerrechtlichen Zuständigkeitswechsels

5   Lässt ein im Ausland anerkannter Flüchtling nach der GFK sich *rechtmäßig* im Bundesgebiet nieder, so geht nach § 11 GFKAnhang die Verantwortung für die Ausstellung eines neuen Reiseausweises auf die zuständige Behörde desjenigen Gebietes über, bei welcher der Flüchtling seinen Antrag zu stellen berechtigt ist. Voraussetzung für die Anwendung von § 11 GFKAnhang und damit für den Eintritt des völkerrechtlichen Zuständigkeitswechsels ist damit der Begriff des »rechtmäßigen Aufenthaltes«. Nach der Rechtsprechung des BVerwG setzt dieser Begriff eine »besondere Beziehung des Betroffenen zu dem Vertragsstaat durch eine *mit dessen Zustimmung begründete Aufenthaltsverfestigung*« voraus.

6   Danach genügt nicht die faktische Anwesenheit, selbst wenn sie den Behörden der Bundesrepublik bekannt ist und von diesen hingenommen wird (BVerwGE 88, 254 (267) = EZAR 232 Nr. 1 = InfAuslR 1991, 305; ebenso Kemper, ZAR 1992, 112 (115); Sauer, InfAuslR 1993, 134 (138)). Damit hat das BVerwG nicht die Rechtsansicht von UNHCR bestätigt, der zu folge der Begriff des rechtmäßigen Aufenthaltes nicht stillschweigend eine dauerhafte mit Zustimmung der zuständigen Behörden erfolgte Niederlassung voraussetzt (UNHCR, InfAuslR 1988, 161 (165); ebenso: Rossen, ZAR 1988, 20 (25 f.); Bierwirth, ArchVR 1991, 295 (350)). Das BVerwG hat diese Begriffsbestimmung ausdrücklich für die innerstaatliche Auslegung und Anwendung der GFK vorgenommen. Sämtliche Aufenthaltstitel nach § 4 AufenthG kommen danach in Betracht.

7   Unabhängig von den Regelungen des Anhangs zur GFK gilt nach Art. 2 I 1 des *Europäischen Übergangsübereinkommen* die Verantwortung für den Flüchtling nach Ablauf von zwei Jahren des tatsächlichen und dauernden Aufenthaltes im Gebiet des Vertragsstaates mit Zustimmung von dessen Behörden oder zu einem früheren Zeitpunkt als übergegangen, wenn dieser Staat dem Flüchtling gestattet hat, entweder dauernd oder länger als für die Gültigkeitsdauer des Reiseausweises in seinem Hoheitsgebiet zu bleiben.

8   Das Übereinkommen ist für die Bundesrepublik am 1. Oktober 1994 in Kraft getreten (BGBl. II S. 2646). Es soll für die Mitgliedsstaaten des Europarates eine Vielzahl inhaltlich stark differierender bilateraler Abkommen zu diesem Problembereich klären und den Vertragsstaaten zugleich die Entscheidungsfreiheit darüber offen halten, ob sie einen aus einem anderen Vertragsstaat eingereisten Flüchtling dauerhaft aufnehmen wollen (Denkschrift der Bundesregierung, in: BT-Drs. 12/6852, S. 14). Damit beseitigt das Übereinkommen im gegenseitigen Rechtsverkehr der Vertragsstaaten die sich aus der Auslegung und Anwendung des Anhangs zur GFK ergebenden Unklarheiten.

9   Die zentrale Vorschrift des Art. 2 des Übereinkommens enthält vier alternative und abschließende Übergangstatbestände. Danach geht die Verantwortung auf den Aufenthaltsstaat über, wenn der Flüchtling sich mit Billigung

Ausländische Anerkennung als Flüchtling § 73 a

der Behörden dieses Staates zwei Jahre in diesem aufgehalten hat (Art. 2 I 1 1. Alt.). Die Billigung bezieht sich allein auf den Aufenthalt. Als Rechtsfolge knüpft die Vorschrift an diese zwei Jahre dauernde Billigung den Übergang der Verantwortlichkeit. Nach Art 2 I 2 beginnt die Zweijahresfrist aber erst mit Kenntnis der Behörden. Ein Verantwortungsübergang ohne die zumindest stillschweigende Billigung des Aufenthaltsstaates ist daher ausgeschlossen (BT-Drs. 12/6852, S. 15).

Die Frist wird nicht unterbrochen durch Abwesenheitsdauern von jeweils bis zu drei Monaten, wenn diese zusammen nicht mehr als ein halbes Jahr Abwesenheit ergeben (Art. 2 II d). Aufenthaltszwecke lediglich vorübergehender Natur werden allerdings nicht berücksichtigt (Art. 2 II a–c). 10

Der zweite Übergangstatbestand ist unabhängig von der Länge der Aufenthaltsdauer erfüllt, wenn der Aufenthaltsstaat den dauernden Aufenthalt gestattet hat (Art. 2 I 1 2. Alt.). Darüber hinaus findet ein Übergang statt, wenn der Aufenthaltsstaat zwar keinen dauernden Aufenthalt erlaubt hat, dem Flüchtling jedoch gestattet, länger als für die Geltungsdauer des Reiseausweises auf seinem Hoheitsgebiet zu verbleiben (Art. 2 I 1 3. Alt.). Schließlich erfolgt der Übergang in dem Zeitpunkt, in dem die Bundesrepublik nicht mehr gegenüber dem bislang völkerrechtlich zuständigen Staat die Wiederaufnahme beantragen kann (Art. 2 III), d. h. grundsätzlich sechs Monate nach Ablauf der Gültigkeit des Reiseausweises (Art. 4 I). 11

3. Erlöschen der Rechtsstellung nach der GFK (Abs. 1)

Nach Abs. 1 S. 1 erlischt die von einem anderen Staat gewährte Rechtsstellung als Flüchtling nach der GFK, wenn einer der in § 72 geregelten Erlöschenstatbestände eintritt. Die Vorschrift des Abs. 1 S. 1 enthält damit eine *Rechtsgrundverweisung*, schafft also keine weiteren, über den Umfang der in § 72 geregelten Erlöschenstatbestände hinausgehenden Beendigungsgründe. Da Art. 1 C GFK unabhängig davon, ob der Flüchtling im Niederlassungsstaat anerkannt worden ist, Anwendung findet (BT-Drs. 13/4948, S. 11), sind völkerrechtliche Bedenken gegen die Vorschrift des Abs. 1 S. 1 nicht zu erkennen. 12

Ist einer der Umstände, an die nach § 72 die Erlöschenswirkung anknüpft, erfüllt, erlischt die Rechtsstellung kraft Gesetzes nach Abs. 1 S. 1. Die Vorschrift des § 72 regelt also im Einzelnen den Rechtsgrund für das Erlöschen. Hingegen ist in Abs. 1 S. 1 die Rechtsfolge geregelt. Die Wirkung tritt ebenso wie im Falle des § 72 I nach Abs. 1 S. 1 *kraft Gesetzes* ein. Anders als nach § 73 und nach Abs. 2 ist damit in den Fällen des Abs. 1 S. 1 in Verb. mit § 72 I der Eintritt der Beendigungsfolge nicht von einem vorhergehenden Verwaltungsverfahren abhängig. Zu den Voraussetzungen der Erlöschenstatbestände im Einzelnen wird auf die Erläuterungen zu § 72 hingewiesen. 13

Der Flüchtling ist nach Abs. 1 S. 2 verpflichtet, den Reiseausweis unverzüglich bei der zuständigen Ausländerbehörde abzugeben. Wie im Falle der Vorschrift des § 72 II, der die Regelung in Abs. 1 S. 2 nachgebildet ist, entsteht die Herausgabepflicht kraft Gesetzes. Anders als im Falle des § 72 II hat der Flüchtling nur den Reiseausweis, nicht zugleich auch den Statusbescheid he- 14 rauszugeben. Im Regelfall dürfte der Flüchtling nicht im Besitz der ausländischen Behördenentscheidung sein, sodass eine Regelung der Herausgabepflicht des Bescheides nicht sinnvoll erscheint. Der Flüchtling hat den von einem ausländischen Staat ausgestellten Reiseausweis an die Ausländerbehörde herauszugeben. Dieser ist an diesen Staat zurückzugeben, wenn dies ausdrücklich im Reiseausweis vermerkt ist (BT-Drs. 13/4948, S. 11).

15 Da die Auslandsvertretungen den Reiseausweis nur für eine maximale Zeitdauer von sechs Monaten verlängern dürfen (§ 6 Nr. 2 GFKAnhang) und im Falle des Übergangs der völkerrechtlichen Zuständigkeit auf die Bundesrepublik diese ohnehin für die Ausstellung des Reiseausweises zuständig wird (§ 11 GFKAnhang), dürfte der Flüchtling regelmäßig im Besitz eines von deutschen Behörden ausgestellten Reiseausweises sein.

16 Nur in den Fällen, in denen die Geltungsdauer des von dem ursprünglich zuständigen Staat ausgestellten Reiseausweises noch nicht abgelaufen und vor diesem Zeitpunkt bereits sowohl der Übergang der völkerrechtlichen Zuständigkeit auf die Bundesrepublik wie auch der Erlöschenstatbestand eingetreten ist, entsteht die behördliche Verpflichtung zur Zurücksendung des Reiseausweises an den Staat, der früher völkerrechtlich zuständig war.

17 Mit dem Übergang der Verantwortung nach § 11 GFKAnhang und der Ausstellung eines Reiseausweises durch die Ausländerbehörde ist diese unabhängig davon, ob die Rechtsstellung beendet ist oder nicht, verpflichtet, den Reiseausweis an den ausländischen Staat zurückzusenden, wenn sich dieser in dem Reiseausweis dieses Recht vorbehalten hat.

4. Entziehung der Rechtsstellung nach der GFK (Abs. 2)

18 Nach Abs. 2 S. 1 ist die Rechtsstellung als Flüchtling nach der GFK zu entziehen, wenn die Voraussetzungen des § 60 I AufenthG nicht mehr vorliegen. Nach der gesetzlichen Begründung lehnt die Vorschrift des Abs. 2 S. 1 sich an § 73 an. Die Vorschrift vermeidet den Begriff des Widerrufs, weil bereits der Wortsinn dieses Begriffs nahe legt, dass eine Rechtsstellung aufgehoben werden muss, die zuvor gewährt worden ist. Dies ist in den Fällen des Abs. 2 S. 1 jedoch nicht der Fall.

19 Der Bundesrepublik fehlt die Zuständigkeit dafür, den von einem anderen Staat gesetzten Rechtsakt zu widerrufen. Deshalb hat der Entzug nach Abs. 2 S. 1 nur für den Geltungsbereich des AsylVfG Bedeutung. Da andererseits die völkerrechtliche Zuständigkeit von dem ursprünglich zuständigen Staat auf die Bundesrepublik übergegangen ist, ist kaum vorstellbar, dass sich der Betroffene nach der Entziehung der Rechtsstellung nach Abs. 2 S. 1 gegenüber dem ursprünglich zuständigen Staat noch auf den von diesem gewährten Status berufen kann.

20 Nach dem eindeutigen Gesetzeswortlaut von Abs. 2 S. 1 ist die Entziehung nur zulässig, wenn die Voraussetzungen nach § 60 I AufenthG nicht *mehr* vorliegen. Es handelt sich damit um die Fälle des *nachträglichen Wegfalls der Verfolgungsgefahr*, die auch bei der Auslegung und Anwendung von § 73 I 1 2. HS Inhalt und Umfang der Widerrufsgrunde bestimmen (§ 73 Rdn. 62 ff.).

Die Entziehung nach Abs. 2 S. 1 ist nicht in Anlehnung an § 73 II zulässig. Es fehlt der Bundesrepublik die völkerrechtliche Kompetenz, die Rechtmäßigkeit eines ausländischen Rechtsaktes zu überprüfen. Unabhängig davon stellten sich kaum überwindbare Beweisprobleme angesichts der Überlegung, dass alle Vertragsstaaten der GFK in Betracht kommen. Daher geht die Vorschrift des Abs. 2 S. 1 einen pragmatischen Weg. Unabhängig davon, ob die Statusentscheidung zu Recht oder zu Unrecht erfolgt war, soll sie jedenfalls dann nicht mehr aufrechterhalten werden, wenn die nach Maßgabe des § 60 I AufenthG zu bestimmenden tatsächlichen Voraussetzungen nicht mehr bestehen. 21

Da die Bundesrepublik aufgrund der Vorschrift des § 11 GFKAnhang die völkerrechtliche Zuständigkeit für den Flüchtling hat, ist sie auch berechtigt, nach ihrem innerstaatlichen Recht den Fortbestand des Rechtsstatus zu regeln, vorausgesetzt, die Vorschrift des Art. 1 C GFK wird berücksichtigt. 22

Die Entziehung stellt einen *Verwaltungsakt* dar. Anders als im Falle des Abs. 1 S. 1 setzt die Entziehung der Rechtsstellung damit die vorherige Durchführung eines Verwaltungsverfahrens voraus. Aus Abs. 2 S. 2 in Verb. mit § 73 IV bis V folgt die Zuständigkeit des Bundesamtes nach Maßgabe des in den Verweisungsnormen geregelten Widerrufsverfahrens, d.h. der Leiter des Bundesamtes oder ein von ihm beauftragter Bediensteter (§ 73 IV 1) trifft die Entscheidung (§ 73 Rdn. 166). 23

Ein *schriftliches* Anhörungsverfahren reicht nicht aus, da das Bundesamt die für die frühere Statusgewährung maßgebenden Gründe nicht kennt und daher insbesondere auch nicht die zwingend zu berücksichtigenden humanitären Gründe nach § 73 I 3 beurteilen kann (vgl. Abs. 2 S. 2 1. Alt.). Im schriftlichen Verfahren können derartige Gründe kaum sachgerecht ermittelt werden. Dazu bedarf es vielmehr einer näheren Aufklärung der »früheren Verfolgungen« (vgl. § 73 I 3) durch die *persönliche Anhörung des Flüchtlings*. 24

Im Übrigen gelten die Formvorschriften, die auch im Widerrufsverfahren Anwendung finden (Abs. 2 S. 2 in Verb. mit § 73 V, § 31 I 1 und 2). Wie im Widerrufsverfahren trifft den Flüchtling die Herausgabepflicht nach § 73 VI nach der Unanfechtbarkeit der asylrechtlichen Aufhebungsentscheidung (vgl. Abs. 2 S. 2). 25

5. Rechtsschutz

Wie im Falle des Erlöschens ist kein Rechtsschutz gegen das Erlöschen der Rechtsstellung nach Abs. 1 S. 1 gegeben, da der Rechtsstatus kraft Gesetzes beendet wird. Zur effektiven Durchsetzung des Herausgabeanspruchs nach Abs. 1 S. 2 wird die Ausländerbehörde regelmäßig einen Verwaltungsakt erlassen, gegen den Rechtsschutz mit Hilfe der Anfechtungsklage erlangt werden kann (BVerwG 89, 232 (235) = EZAR 211 Nr. 3 = NVwZ 1992, 679). 26

Gegen die Entziehung der Rechtsstellung ist die *Anfechtungsklage* zulässig. Zu den einzelnen Voraussetzungen des Rechtsschutzes wird auf die entsprechenden Erläuterungen in §§ 72, 73 verwiesen. 27

Siebenter Abschnitt
Gerichtsverfahren

§ 74 Klagefrist; Zurückweisung verspäteten Vorbringens

(1) Die Klage gegen Entscheidungen nach diesem Gesetz muß innerhalb von zwei Wochen nach Zustellung der Entscheidung erhoben werden; ist der Antrag nach § 80 Abs. 5 der Verwaltungsgerichtsordnung innerhalb einer Woche zu stellen (§ 36 Abs. 3 Satz 1), ist auch die Klage innerhalb einer Woche zu erheben.
(2) Der Kläger hat die zur Begründung dienenden Tatsachen und Beweismittel binnen einer Frist von einem Monat nach Zustellung der Entscheidung anzugeben. § 87 b Abs. 3 der Verwaltungsgerichtsordnung gilt entsprechend. Der Kläger ist über die Verpflichtung nach Satz 1 und die Folgen der Fristversäumnis zu belehren. Das Vorbringen neuer Tatsachen und Beweismittel bleibt unberührt.

Übersicht

		Rdn.
1.	Vorbemerkung	1
2.	Anwendungsbereich der prozessualen Sondervorschriften der §§ 74 ff.	2
2.1.	Rechtsstreitigkeiten »nach diesem Gesetz« (Abs. 1 erster Halbsatz)	2
2.2.	Klagearten nach dem AsylVfG im Einzelnen	9
2.2.1.	Asylberechtigung und internationaler Schutz nach § 60 Abs. 1 AufenthG	9
2.2.1.1.	Verpflichtungsklage	9
2.2.1.2.	Prozessuale Selbständigkeit beider Anspruchsgrundlagen	11
2.2.1.3.	Prozessuale Folgen der rechtlichen Selbständigkeit	14
2.2.1.4.	Kein selbständiger Regelungsgehalt der Bezeichnungspflicht nach § 60 Abs. 10 Satz 2 AufenthG	18
2.2.2.	Abschiebungshindernisse nach § 60 Abs. 7 AufenthG	21
2.2.2.1.	Verpflichtungsklage	21
2.2.2.2.	Einheitliches Klagebegehren	28
2.2.2.3.	Hilfsweise Antragstellung	34
2.2.2.4.	Klagebefugnis des Bundesbeauftragten	44
2.2.2.5.	Rechtsschutzbedürfnis im Falle des Abschiebungshindernisses nach § 60 Abs. 2 bis 7 AufenthG	46
2.2.3.	Zurückverweisung an das Bundesamt	50
2.2.4.	Verfahrenseinstellung nach §§ 32 und 33	62
2.2.5.	Abschiebungsandrohung (§ 34 und § 35)	69
2.2.6.	Widerruf und Rücknahme (§ 73)	72
2.2.7.	Einreise und Aufenthalt	73
2.2.8.	Aussetzung der Abschiebung nach abgeschlossenem Asylverfahren	81
3.	Klagefrist (Abs. 1)	85
4.	Begründungsfrist (Abs. 2 Satz 1)	94
4.1	Funktion der Begründungsfrist	94
4.2.	Differenzierende Anforderungen an die Begründungspflicht	96
4.2.1.	Erhöhte Begründungspflicht für individuelles Sachvorbringen	96

Klagefrist; Zurückweisung verspäteten Vorbringens § 74

4.2.2.	Eingeschränkte Begründungspflicht zur allgemeinen politischen und rechtlichen Situation	101
4.2.3.	Eingeschränkte Begründungspflicht zu rechtlichen Fragen	106
5.	Fakultative Präklusion (Abs. 2 Satz 2 in Verb. mit § 87 b Abs. 3 VwGO)	107
5.1.	Verfassungsrechtliche Vereinbarkeit	107
5.2.	Voraussetzungen der Präklusion nach § 87 b Abs. 3 Satz 1 VwGO	113
5.2.1.	Kumulativer Charakter der Voraussetzungen	113
5.2.2.	Ergänzendes Vorbringen	118
5.2.3.	Individuelle Verfolgungstatsachen	120
5.2.4.	Begriff des Verschuldens nach § 87 b Abs. 3 Satz 1 Nr. 2 VwGO	122
5.2.5.	Belehrungspflicht nach Abs. 2 Satz 3	123
5.3.	Rechtsfolgen des verspäteten Sachvorbringens	124
5.3.1.	Gerichtliches Ermessen	124
5.3.2.	Erfordernis der verfahrensverzögernden Wirkung	127
5.3.3.	Anderweitige Abhilfemöglichkeit	129
5.4.	Keine isolierte Anfechtbarkeit der Zurückweisung	131
6.	Klageerhebung	133
6.1.	Vorbemerkung	133
6.2.	Örtlich zuständiges Verwaltungsgericht (§ 52 Nr. 2 Satz 3 VwGO)	135
6.2.1.	Zustimmung der Ausländerbehörde	135
6.2.2.	Nachträgliche Umverteilung	139
6.2.3.	Haft des Asylklägers	144
6.2.4.	Unerlaubter Aufenthalt außerhalb des zugewiesenen Bereichs	145
6.2.5.	Asylfolgeantrag	147
6.3.	Verweisung an das örtlich zuständige Verwaltungsgericht	150
6.3.1.	Klageerhebung beim unzuständigen Verwaltungsgericht	150
6.3.2.	Verweisungsantrag	153
6.3.3.	Bindungswirkung des Verweisungsbeschlusses	154
6.3.4.	Streitschlichtung durch das Oberverwaltungsgericht	158
6.4.	Formerfordernisse der Klageschrift	161
6.4.1.	Erfordernis der Schriftlichkeit	161
6.4.2.	Eigenhändige Unterzeichnung der Klageschrift	162
6.4.3.	Bezeichnung des Klagegegenstandes	165
6.4.4.	Bezeichnung der ladungsfähigen Anschrift des Klägers	171
6.5.	Klageerhebung durch Telefax	178
6.6.	Vorlage der Vollmacht	192
6.6.1.	Sachentscheidungsvoraussetzung	192
6.6.2.	Anforderungen an die Prozessvollmacht	198
6.6.3.	Zustellung an den Prozessbevollmächtigten	203
6.6.4.	Zurückweisung des Prozessbevollmächtigten	212
6.7.	Ausreise des Klägers aus dem Bundesgebiet	213
6.8.	Fehlendes Rechtsschutzbedürfnis des untergetauchten Klägers	218
7.	Objektive Klagehäufung	224
8.	Klagerücknahme	228
8.1.	Unwiderruflichkeit der Klagerücknahme	228
8.2.	Unbeachtlichkeit der Klagerücknahme	231
8.3.	Rechtsfolgen der wirksamen Klagerücknahme	234
8.4.	»Verschleierte Klagerücknahme« in Form der »verzögerten Erledigungserklärung«	236
9.	Erledigungserklärung	239

10.	Wiedereinsetzungsantrag	241
10.1.	Anwendbarkeit des Wiedereinsetzungsrechts	241
10.2.	Unterbliebene Anhörung im Verwaltungsverfahren	245
10.3.	Verschulden des Asylsuchenden	248
10.3.1.	Sprachunkundigkeit des Asylsuchenden	251
10.3.2.	Aufrechterhaltung der Kommunikation mit dem Rechtsanwalt	259
10.3.3.	Sorgfaltspflichten im Rahmen der Ersatzzustellung	262
10.4.	Verschulden des Prozessbevollmächtigten	267
10.4.1.	Zurechnung des Verschuldens des Prozessbevollmächtigten	267
10.4.1.1.	Verfassungsrechtliche Unbedenklichkeit der Vorschrift des § 85 Abs. 2 ZPO	267
10.4.1.2.	Kündigung des Auftrags durch den Auftraggeber	269
10.4.2.	Antrag auf Wiederaufgreifen nach § 51 Abs. 5 VwVfG	273
10.4.3.	Anforderungen an die Kommunikation mit dem Mandanten	280
10.4.4.	Verschulden des angestellten Rechtsanwaltes	287
10.4.5.	Verschulden des Büropersonals	289
10.4.6.	Fristenkontrolle	296
10.4.6.1.	Fristeneintragung	296
10.4.6.2.	Fristenkontrolle	304
10.4.6.3.	Ausgangskontrolle	306
10.4.6.4.	Übermittlung durch Faxgerät	310
10.4.6.5.	Überprüfung der gerichtlichen Eingangsverfügung	315
10.4.7.	Poststreik	316
10.5.	Wiedereinsetzungsverfahren	319
10.5.1.	Wiedereinsetzungsantrag	319
10.5.2.	Nachholung der versäumten Prozesshandlung	322
10.5.3.	Versäumung der Wiedereinsetzungsfrist	323
10.5.4.	Gerichtliche Entscheidung	324

1. Vorbemerkung

1   Die Regelungen über das asylspezifische Verwaltungsstreitverfahren in § 74 und in den nachfolgenden Vorschriften weichen in erheblicher Weise von den allgemeinen verwaltungsprozessualen Vorschriften und auch von den früheren, in §§ 30 ff. AsylVfG 1982 geregelten Bestimmungen über das Gerichtsverfahren ab. Die Verkürzung der Klagefrist in Abs. 1 sowie die Begründungsfrist in Abs. 2 ist durch das AsylVfG 1992 eingeführt worden. Die Präklusionsbestimmung in Abs. 2 S. 2 war im ursprünglichen Gesetzentwurf schärfer gefasst worden (BT-Drs. 12/2062, S. 40). Auf Vorschlag des Innenausschusses wurde der Hinweis auf § 87 b III VwGO in Abs. 2 S. 2 eingefügt (BT-Drs. 12/2718, S. 38). Diese Vorschriften verfolgen erkennbar *verfahrensbeschleunigende Ziele*.

Klagefrist; Zurückweisung verspäteten Vorbringens § 74

2. Anwendungsbereich der prozessualen Sondervorschriften der §§ 74 ff.

2.1. Rechtsstreitigkeiten »nach diesem Gesetz« (Abs. 1 erster Halbsatz)

Abs. 1 1. HS verwendet den Begriff der »Klage gegen Entscheidungen nach diesem Gesetz«, sodass Zweifel aufkommen, ob die Entscheidung ihre Rechtsgrundlage im AsylVfG haben muss oder auch in Rechtsvorschriften außerhalb dieses Gesetzes finden kann. Früher hatte das BVerwG den Begriff der »Rechtsstreitigkeiten nach diesem Gesetz« in § 32 AsylVfG 1982 so ausgelegt, dass er alle gerichtlichen Streitigkeiten erfasste, die ihre rechtliche Grundlage im AsylVfG hatten. Ob dies so sei, richtete sich nach Ansicht des BVerwG allein danach, auf welche Rechtsvorschrift die Behörde ihre Maßnahme tatsächlich gestützt hatte. Sei dies eine solche des AsylVfG, liege eine Streitigkeit nach dem AsylVfG vor. Sei die Maßnahme hingegen auf eine andere Rechtsvorschrift gestützt, liege eine Rechtsstreitigkeit nach dem AsylVfG nicht vor (BVerwG, NVwZ 1993, 276). 2

An dieser Auffassung hält das BVerwG wegen der durch das AsylVfG 1992 erfolgten Verzahnung mit ausländerrechtlichen Vorschriften sowie der umfassenden Zuständigkeit des Bundesamtes (§§ 5, 31, 34) nicht mehr fest. Im Blick auf die Vorschrift des § 78 stellt es vielmehr fest, dass jedenfalls Rechtsstreitigkeiten über Entscheidungen erfasst würden, die das *Bundesamt in Wahrnehmung der ihm durch das AsylVfG übertragenen Aufgaben* getroffen habe (BVerwG, AuAS 1996, 186 (187) = EZAR 633 Nr. 27). Die besonderen Regelungen für das Gerichtsverfahren, die bei Streitigkeiten »nach diesem Gesetz« anzuwenden seien, erfassten jedenfalls die Klagen, mit denen sich Asylbewerber gegen Entscheidungen des Bundesamtes wenden würden, die ihre Rechtsgrundlage im AsylVfG hätten. Dass eine Entscheidung sich auch auf andere Rechtsgrundlagen stütze, grenze sie aus dem Kreis der Entscheidungen »nach diesem Gesetz« nicht aus. 3

Eine andere Auslegung würde dem Sinn und Zweck der gesetzlichen Regelung, wie er sich insbesondere durch Berücksichtigung der historischen Entwicklung des Asylverfahrensrechts erschließe, nicht gerecht. Ein Hauptanliegen des Gesetzgebers bei den bisherigen Änderungen des Asylverfahrensrechts sei es gewesen, das Verfahren zu beschleunigen und die Gesetzesanwendung wirksamer zu gestalten. Es wäre abwegig anzunehmen, dass der Gesetzgeber die verfahrensrechtlichen Sonderregelungen der §§ 74 ff. nur auf Entscheidungen des Bundesamtes zum Asylanspruch habe angewandt wissen und es hinsichtlich der »ausländerrechtlichen« Bestandteile der Entscheidungen des Bundesamtes bei den allgemeinen Verfahrensregeln der VwGO hätte belassen wollen. Die Folge wäre eine Verfahrenszersplitterung, die dem Gesetzeszweck der Beschleunigung und der Verfahrenskonzentration diametral entgegenstünde (BVerwG, AuAS 1996, 186 (187 f.) = EZAR 633 Nr. 27; ebenso VG Darmstadt, NVwZ-Beil. 1996, 47 (48) = Hess.VGRspr. 1996, 61). 4

Unter den Begriff der Rechtsstreitigkeit »nach diesem Gesetz« nach Abs. 1 1. HS fallen deshalb nicht nur Entscheidungen über Asylanträge, mit denen über die Asylanerkennung und die Gewährung von internationalem Schutz 5 nach § 60 I AufenthG befunden wird (§ 31 II), sondern auch die Entscheidung darüber, ob Abschiebungshindernisse nach § 60 II–VII AufenthG (so ausdr. VGH BW, NVwZ-Beil. 1998, 25 (26) = InfAuslR 1998, 193 = AuAS 1998, 31) vorliegen. Denn auch diese Entscheidungen trifft das Bundesamt aufgrund der ihm durch das AsylVfG übertragenen Zuständigkeit (vgl. § 24 II, § 31 III 1).

6 Dasselbe gilt für die vom Bundesamt nach § 34 zu erlassende Abschiebungsandrohung. Dass das AsylVfG auf Vorschriften des AufenthG verweist, die das Bundesamt bei seinen Entscheidungen anzuwenden hat, steht dem nicht entgegen (BVerwG, AuAS 1996, 186 (187) = EZAR 633 Nr. 27). Darüber hinaus erfasst der Begriff der Rechtsstreitigkeit nach Abs. 1 1. HS nach Ansicht des BVerwG auch Rechtsstreitigkeiten über Regelungen, die sich auf Rechtsvorschriften des bis 1992 geltenden Asylverfahrensrechts stützen (BVerwG, AuAS 1995, 161 (162) = EZAR 633 Nr. 26). Dies ergibt sich auch aus der Übergangsvorschrift des § 87 I Nr. 1.

7 Zusammenfassend kann damit festgehalten werden, dass der Begriff der Rechtsstreitigkeit »nach diesem Gesetz« in Abs. 1 1. HS alle Rechtsstreitigkeiten erfasst, denen Maßnahmen zugrunde liegen, die auf eine Vorschrift des AsylVfG gestützt ist. Dass daneben die Maßnahme ihren Rechtsgrund in Rechtsvorschriften außerhalb des AsylVfG hat, ist unerheblich. Wie eng dieser Zusammenhang zwischen den Vorschriften des AsylVfG und denen außerhalb dieses Gesetzes sein muss, hat das BVerwG nicht abschließend geklärt. Es hat ausdrücklich davon abgesehen, für alle denkbaren mit einem Asylverfahren im Zusammenhang stehenden Rechtsstreitigkeiten zu klären, ob es sich um Rechtsstreitigkeiten nach dem AsylVfG handelt (BVerwG, AuAS 1996, 186 (187) = EZAR 633 Nr. 27 = NVwZ-RR 1997, 255).

8 Ob etwa auf den Rechtsstreit über eine im Zusammenhang mit einer Rechtsstreitigkeit nach dem AsylVfG begehrte Aussetzung der Abschiebung ebenfalls die besonderen Vorschriften des §§ 74 ff. Anwendung finden, hatte es zunächst offengelassen, jedoch später entschieden, dass die auf die Aussetzung der Abschiebung gerichtete Klage im Anschluss an ein erfolglos durchgeführtes Asylverfahren grundsätzlich keine Streitigkeit nach dem AsylVfG begründet (BVerwG, NVwZ 1998, 299 (300) = InfAuslR 1998, 15 = AuAS 1998, 29; zust. VGH BW, NVwZ-Beil. 1998, 25; OVG Frankfurt (Oder), NVwZ-Beil. 1998, 75; ausdr. Dagegen Hess.VGH, NVwZ-Beil. 1998, 45 (46); OVG Hamburg, NVwZ-Beil. 1998, 96; OVG Rh-Pf, AuAS 1998, 153; Rdn. 38 f.; s. hierzu auch BVerfG (Kammer), NVwZ 1998, 272).

2.2. Klagearten nach dem AsylVfG im Einzelnen

2.2.1. Asylberechtigung und internationaler Schutz nach § 60 Abs. 1 AufenthG

2.2.1.1. Verpflichtungsklage

9 Lehnt das Bundesamt den nach § 13 I gestellten Antrag auf Asylanerkennung und Feststellung der Voraussetzungen des § 60 I AufenthG ab, ist *Verpflichtungsklage* zu erheben (BVerfGE 54, 341 (360) = EZAR 200 Nr. 1 = InfAuslR

1980, 338; BVerwG, NVwZ 1982, 630). Diese richtet sich gegen die Bundesrepublik Deutschland, endvertreten durch den Präsidenten des Bundesamtes bzw. den Leiter der zuständigen Außenstelle des Bundesamtes. Der Klageantrag geht dahin, die Bundesrepublik Deutschland zu verpflichten, den Kläger als Asylberechtigten anzuerkennen sowie festzustellen, dass die Voraussetzungen des § 60 I AufenthG in seiner Person vorliegen. Der auf Asylanerkennung zielende Antrag enthält – bei uneingeschränkter Anfechtung – immanent den auf § 60 I, § 60 II–VII AufenthG zielenden Klageantrag (OVG Hamburg, NVwZ-Beil. 1998, 44 (45) = AuAS 1998, 115; Rdn. 34ff.). Gegen die Ablehnung der Gewährung von Familienasyl bzw. von Familienabschiebungsschutz ist ebenfalls Verpflichtungsklage auf Gewährung der Asylberechtigung bzw. der Feststellung nach § 60 I AufenthG zu erheben.

Die Verpflichtungsklage kann auch in Form der *Untätigkeitsklage* nach § 75 VwGO erhoben werden (VGH BW, EZAR 043 Nr. 12). Sofern der Bundesbeauftragte gegen die Asylanerkennung oder die Gewährung von internationalen Schutz nach § 60 I AufenthG vorgeht, hat er sein Begehren in Form der *Anfechtungsklage* zu verfolgen (BVerwG, EZAR 631 Nr. 10). **10**

2.2.1.2. Prozessuale Selbständigkeit beider Anspruchsgrundlagen

Da der internationale Schutz nach § 60 I AufenthG nicht von einer Asylanerkennung abhängig ist, (BVerwGE 96, 24 (27) = EZAR 631 Nr. 29), sind beide Anspruchsgrundlagen prozessual selbständig und damit isoliert voneinander durchsetzbar. Gewährt etwa das Bundesamt dem Asylsuchenden internationalen Schutz nach § 60 I AufenthG, jedoch nicht Asylschutz und setzt dieser seinen Anspruch auf Asylanerkennung mit der Klage durch, so wird die Feststellung, dass die Voraussetzungen des § 60 I AufenthG vorliegen, bestandskräftig. Wegen des durchgängigen Prinzips der rechtlichen Gleichstellung von Asylberechtigten und Flüchtlingen, das mit Wirkung zum 1. Januar 2005 durch das ZuwG eingeführt worden ist, hat dieses Problem jedoch erheblich an Bedeutung verloren. **11**

Zwischen dem internationalem Schutz und dem Asylschutz ist die Rechtslage vergleichbar dem Verhältnis zwischen Vorbescheid und Baugenehmigung. Auch dort bindet im Verwaltungsprozess der unanfechtbar gewordene Vorbescheid das Verwaltungsgericht bei der Feststellung der tatbestandlichen Voraussetzungen der Baugenehmigung (vgl. BVerwGE 68, 241 (243f.)). Im Prozess über das Vorliegen der Voraussetzungen des § 60 I AufenthG wird das Gericht, soweit mit der Feststellung nach § 60 I AufenthG über das Vorliegen der Verfolgung eine Entscheidung getroffen worden ist, in diesem Umfang auch im Blick auf die Prüfung der Asylvoraussetzungen gebunden (a. A. Rennert, VBlBW 1993, 281 (285), mit Bezug auf rechtskräftige Entscheidungen zu § 51 I AuslG 1990). Zwar ist der Anwendungsbereich von § 60 I AufenthG in Verb. mit Art. 4–12 der Qualifikationsrichtlinie weitergehend als der Anwendungsbereich von Art. 16 a I GG. Politische Verfolgungstatbestände nach Art. 16 a I GG sind aber stets vom Anwendungsbereich des § 60 I AufenthG erfasst. **12**

Daher ist das Verwaltungsgericht im Hinblick auf die Feststellung, dass dem Asylsuchenden Verfolgung im Sinne von § 60 I AufenthG droht, in seiner **13**

Entscheidung gebunden (a. A. Rennert, VBlBW 1993, 281 (285); Müller, NVwZ 1995, 762 (763)). Dementsprechend wurde bislang auch in der Praxis des Bundesamtes und der Verwaltungsgerichte zu § 51 I AuslG 1990 verfahren. Dies ermöglicht eine pragmatische Vorgehensweise in den Fällen, in denen etwa die behauptete Einreise auf dem Luftwege oder die Asylerheblichkeit von Nachfluchtgründen im Streit ist. Der Streitgegenstand wird auf die Asylberechtigung nach Art. 16 a I GG beschränkt und der Asylsuchende genießt bereits während des anhängigen Prozesses die Rechtsstellung eines Flüchtlings.

2.2.1.3. Prozessuale Folgen der rechtlichen Selbständigkeit

14 Der Asylsuchende befindet sich damit während des Asylprozesses in keiner anderen verfahrensrechtlichen Situation wie zu Beginn des Verwaltungsverfahrens. Er kann von vornherein entsprechend seiner Verfügungsbefugnis seinen Antrag auf die Gewährung internationalen Schutzes nach § 60 I AufenthG gegenständlich beschränken (§ 13 II 2. HS) und bis zur Sachentscheidung jederzeit den auf den Asylschutz gerichteten Antrag zurücknehmen, sodass das Bundesamt allein noch eine Entscheidung nach § 60 I AufenthG zu treffen hat (§ 31 II 2). Er kann seine Klage von vornherein auf das Antragsziel des § 60 I AufenthG begrenzen oder im Falle der Asylablehnung durch das Bundesamt bei gleichzeitiger Gewährung von internationalem Schutz nach § 60 I AufenthG mit seiner Klage die Gewährung von Asylschutz verfolgen.

15 Wird lediglich das Vorliegen der Voraussetzungen des § 60 I AufenthG festgestellt, genießt der Asylsuchende nach Eintritt der Unanfechtbarkeit internationalen Schutz. Verfolgt er mit der Verpflichtungsklage das Ziel der Gewährung von Asylschutz, genießt er im Falle des Eintritts der Unanfechtbarkeit der Feststellung nach § 60 I AufenthG ebenfalls internationalen Schutz. Wird der Asylantrag voll umfänglich abgelehnt und verfolgt der Kläger zunächst beide Rechtsschutzziele, so kann er jederzeit während des anhängigen Prozesses durch entsprechende teilweise Klagerücknahme den Streitgegenstand auf das Rechtsschutzziel des § 60 I AufenthG beschränken.

16 Im Anfechtungsprozess des Bundesbeauftragten kann er dieses Ziel durch entsprechende Antragsrücknahme gegenüber dem Bundesamt und teilweise Erledigungserklärung gegenüber dem Verwaltungsgericht erreichen. Dementsprechend kann er auch den Antrag nach § 78 IV 1 ausschließlich auf den internationalen Schutz nach § 60 I AufenthG einschränken.

17 Auch der Bundesbeauftragte kann von vornherein seine Klage auf den Asylschutz beschränken, sodass die Entscheidung über die Gewährung des internationalen Schutzes unanfechtbar wird (so auch VG Düsseldorf, EZAR 631 Nr. 31). Schränkt die bestandskräftige Feststellung der Verfolgung nach § 60 I AufenthG damit den Prüfungsumfang des Verwaltungsgerichtes im auf die Asylanerkennung gerichteten Prozess auf die darüber hinausgehenden asylerheblichen Tatbestände ein, so ist hingegen im umgekehrten Fall, in dem die Asylanerkennung bestandskräftig verneint worden ist, das Verwaltungsgericht im Prozess auf Gewährung des internationalen Schutzes nach § 60 I Auf-

enthG nicht daran gehindert, vollumfänglich das Bestehen der entsprechenden Voraussetzungen zu prüfen (Thür.OVG, U. v. 5. 12. 1996 – 3 KO 847/96).

2.2.1.4. Kein selbständiger Regelungsgehalt der Bezeichnungspflicht nach § 60 Abs. 10 Satz 2 AufenthG

Die Feststellung, dass ein Berechtigter nach § 60 I AufenthG nicht in den Herkunftsstaat oder in einen anderen Staat abgeschoben werden darf, hat keinen selbständigen Regelungsgehalt und enthält auch keine besondere Feststellung, die als eigener Streitgegenstand angegriffen werden könnte (BVerwG, NVwZ-Beil. 2000, 27 (28)). Eine derartige Feststellung gibt erkennbar nur die gesetzliche Folge der Feststellung nach § 60 I AufenthG wieder. 18

Da zwingende Rechtsfolge der Feststellung der Voraussetzungen nach § 60 I AufenthG in Verb. mit Art. 4−12 der Qualifikationsrichtlinie die Gewährung des internationalen Schutzes (Art. 13 der Richtlinie) und die Erteilung des Aufenthaltstitels ist (Art. 24 I der Richtlinie, § 25 II 1 AufenthG), darf ohnehin keine Abschiebungsandrohung erlassen werden. Die Vorschrift des § 60 X 2 AufenthG hat damit gegenüber der früheren auf § 51 IV 2 AuslG 1990 beruhenden Rechtslage erheblich an Bedeutung verloren. 19

Gibt es im Übrigen keinen dritten Staat, der den Anforderungen des § 60 X 2 AufenthG gerecht wird, und unterbleibt deshalb die Abschiebungsandrohung, ist auch diese behördliche Unterlassung nicht selbständig anfechtbar (BVerwG, NVwZ-Beil. 2000, 27 (28)). 20

2.2.2. Abschiebungshindernisse nach § 60 Abs. 2 bis 7 AufenthG

2.2.2.1. Verpflichtungsklage

Verneint das Bundesamt das Vorliegen von Abschiebungshindernissen nach § 60 II−VII AufenthG, ist hiergegen *Verpflichtungsklage* mit dem Inhalt zu erheben, die Bundesrepublik Deutschland zu verpflichten, festzustellen, dass Abschiebungshindernisse nach § 60 II−VII AufenthG in der Person des Klägers vorliegen. Für einen Antrag auf Verpflichtung der Ausländerbehörde, die Voraussetzungen des § 60 II−VII AufenthG in einem förmlichen Verfahren festzustellen, fehlt nach der Rechtsprechung das Rechtsschutzbedürfnis, wenn zuvor kein förmliches Asylbegehren beim Bundesamt geltend gemacht worden ist (VG Darmstadt, AuAS 2004, 256). In diesem Fall kann einstweiliger Rechtsschutz wegen Vorliegens von Abschiebungshindernissen nach § 60 II−VII AufenthG in Verb. mit § 60 a II AufenthG geltend gemacht werden. Dabei ist über das Vorliegen von Abschiebungshindernissen inzidenter zu entscheiden (vgl. § 72 II AufenthG). 21

Grundsätzlich darf sich das Verwaltungsgericht nach Durchführung eines Asylverfahrens in einem gegen den Rechtsträger des Bundesamtes gerichteten Verwaltungsstreitverfahren nicht der Prüfung entziehen, ob Abschiebungshindernisse nach § 60 II−VII AufenthG vorliegen. Dies gilt jedenfalls dann, wenn das Bundesamt darüber entschieden hat und es im gerichtlichen Verfahren hierauf ankommt (BVerwGE 118, 308 (311) = InfAuslR 2004, 43 (44) = NVwZ 2004, 352 = AuAS 2004, 93). 22

Der lediglich auf Art. 16 a I GG oder § 60 I AufenthG zielende Antrag enthält – bei uneingeschränkter Anfechtung – den auf § 60 II−VII AufenthG gerich- 23 teten Klageantrag in sich (OVG Hamburg, NVwZ-Beil. 1998, 44 (45) = AuAS 1998, 115). Das Verpflichtungsbegehren ist sachdienlich dahin auszulegen, dass die Feststellung nur hinsichtlich des Staates oder der Staaten begehrt wird, für die eine negative Feststellung nach § 60 II–VII AufenthG getroffen worden ist oder in Betracht kommt (BVerwG, AuAS 2002, 130 (131) = InfAuslR 2002, 284 = NVwZ 2002, 855).

24 Ist der auf die Asylanerkennung oder die Gewährung von internationalem Schutz nach § 60 I AufenthG gerichtete Klageantrag erfolgreich, wird die im angefochtenen Bescheid enthaltende Feststellung, dass Abschiebungshindernisse nach § 60 II–VII AufenthG nicht vorliegen, in aller Regel gegenstandslos. Denn es wird in aller Regel weder im Interesse des Bundesamtes noch des Asylklägers liegen, einen verwaltungsgerichtlichen Rechtsstreit über das Vorliegen von Abschiebungshindernisse nach § 60 II–VII AufenthG durchzuführen, wenn die vorrangigen Klageanträge Erfolg gehabt haben (BVerwGE 116, 326 (331) = EZAR 631 Nr. 57 = NVwZ 2003, 356 = InfAuslR 2003, 74).

25 Den früher bestehenden Rechtsstreit, ob nur das Bundesamt oder auch das Verwaltungsgericht selbst unmittelbar das Vorliegen von Abschiebungshindernissen feststellen kann, hat das BVerwG entschieden. Danach ist dem Verwaltungsgericht selbst eine derartige Feststellung verwehrt. Vielmehr hat es das Bundesamt zu einer entsprechenden Feststellung zu verpflichten (BVerwG, NVwZ-Beil. 1996, 57 (58); BVerwG, InfAuslR 2000, 125 (126) = NVwZ 2000, 575 = EZAR 214 Nr. 11; OVG Hamburg, NVwZ-Beil. 1996, 44 (45); OVG NW, NVwZ-RR 1996, 421 = AuAS 1996, 81; VGH BW, EZAR 043 Nr. 12; Thür.OVG, AuAS 1996, 236; s. auch § 31 Rdn. 32 ff.; Schenk, in: Hailbronner, AuslR, § 74 AsylVfG Nr. 23).

26 Zwar ist der Gesetzeswortlaut der Vorschriften des §§ 3, 42 S. 2 nicht eindeutig. Für die Klageart der Verpflichtungsklage sprechen jedoch systematische Gründe und die Entstehungsgeschichte dieser Normen (Thür.OVG, AuAS 1996, 236; VGH BW, EZAR 043 Nr. 12; OVG NW, NVwZ-RR 1996, 421 (422)). Im Übrigen sind die Verwaltungsgerichte seit der am 1. Januar 1991 in Kraft getretenen Fassung des § 113 II VwGO mit Ausnahme des dort genannten Sonderfalls nicht mehr befugt, behördliche Feststellungen jeglicher Art bei Begründetheit der gegen sie gerichteten Klage durch eine andere Feststellung zu ersetzen (BVerwG, NVwZ-Beil, 1996, 57 (58)).

27 Das Verwaltungsgericht ist durch Antrag zu zwingen, ein Verpflichtungsurteil auszusprechen. Hebt es nämlich die Abschiebungsandrohung teilweise auf, weil hinsichtlich des Abschiebezielstaats Abschiebungshindernisse nach § 60 II–VII AufenthG vorliegen, ohne das Bundesamt zur Feststellung entsprechender Abschiebungshindernisse zu verpflichten, hindert die Rechtskraft der Entscheidung das Bundesamt nicht, in einem nachträglichen Verfahren festzustellen, dass keine Abschiebungshindernisse bestehen (BVerwGE 115, 111 (114 ff.) = InfAuslR 2002, 205).

2.2.2.2. Einheitliches Klagebegehren

28 Der Klageantrag braucht lediglich die Normenkette des § 60 II–VII AufenthG als solche zu benennen. Es ist weder empfehlenswert noch werden die Ge-

richte durch § 88 VwGO daran gehindert, einen auf einzelne Absätze zielenden Antrag auf andere Regelungen des § 60 II–VII AufenthG zu erstrecken. Wegen der völlig anders gearteten Natur des Regelungsgegenstandes des § 60 I AufenthG dürfen die Verwaltungsgerichte allerdings den Klageantrag nicht von sich aus auf diesen Gegenstandsbereich erstrecken.

Deshalb ist das Verwaltungsgericht im Falle eines auf umfassenden verwaltungsgerichtlichen Rechtsschutzes gerichteten Klageantrags daran gehindert, lediglich eine Teilprüfung eines einzelnen Rechtsgrundes innerhalb des Prüfungsprogrammes des § 60 II–VII AufenthG vorzunehmen (BVerwG, B. v. 24. 3. 2000 – BVerwG 9 B 144.00; BayVGH, NVwZ-Beil. 2002, 60). Insbesondere zwischen Abs. 5 und Abs. 7 S. 1 von § 60 AufenthG kann nicht von vornherein eine wasserdichte Scheidewand errichtet werden. **29**

Da durch den EGMR geklärt ist, dass Art. 3 EMRK keine Staatlichkeit der Behandlung im Sinne von Art. 3 EMRK erfordert (EGMR, InfAuslR 1997, 279 (§ 44 ff.) = NVwZ 1997, 1101 = EZAR 933 Nr. 5 – *Ahmed*; EGMR, InfAuslR 2000, 321 = NVwZ 2001, 301 = EZAR 933 Nr. 8 – *T.I.*; so bereits EKMR, U. v. 5. 7. 1995 – 25964/94 (§ 67 f.) – *Ahmed*; s. hierzu Marx, Völkervertragsrechtliche Abschiebungshindernisse für Flüchtlinge, S. 297 f.), ist die entgegenstehende Rechtsprechung des BVerwG (BVerwGE 99, 330 (333 f.) = EZAR 043 Nr. 11; s. insb. BVerwGE 104, 265 (268) = InfAuslR 1997, 341 = NVwZ 1997, 1127, mit Anm. von Marx, InfAuslR 1997, 447) nicht mehr haltbar. Durch Art. 15 Buchst. b) der Qualifikationsrichtlinie wird dieser Streit beendet. Denn für die Auslegung dieser Norm ist die Rechtsprechung des EGMR und nicht die des BVerwG maßgebend. Auch dies bewirkt, dass erst im gerichtlichen Verfahren die erforderliche Trennung zwischen den einzelnen Absätzen gezogen werden kann. **30**

Auch die für die Anwendung von § 60 V AufenthG erforderliche Abgrenzung zwischen Foltermaßnahmen (§ 60 II AufenthG) und inhumanen und erniedrigenden Maßnahmen nach Art. 3 EMRK (s. hierzu Marx, Handbuch, § 78 Rdn. 8 ff., § 79 Rdn. 13 ff.) kann nicht ohne weiteres mit der erforderlichen Präzision vorgenommen werden. Schließlich geht die Vollstreckung der Todesstrafe häufig mit einer Verletzung von Art. 3 EMRK einher (EGMR, EuGRZ 1989, 314 (321) – *Soering*; Marx, Handbuch, § 80 Rdn. 9 ff.), sodass die Regelungen in Abs. 2, 3 und 7 von § 60 AufenthG im konkreten Einzelfall zur Anwendung kommen können. Das Verwaltungsgericht hat jedoch ebenso wie das Bundesamt im Urteil die jeweils in Frage kommende Regelung des § 60 II–VII AufenthG anzugeben (a. A. Hess.VGH, NVwZ-Beil. 84 (85); bekräftigt Hess.VGH, AuAS 1997, 215 (216)). Erforderlichenfalls hat es mehrere Absätze, bei drohender Folter etwa Abs. 2, 5 und 7 S. 1, zu bezeichnen. Insbesondere die materiell-rechtliche Verschiedenheit von Abs. 5 und Abs. 7 S. 1 im deutschen Recht macht eine derartige Tenorierung notwendig. Allerdings werden die einzelnen Tatbestände des ergänzenden Schutzes nach Art. 15 der Qualifikationsrichtlinie rechtlich einheitlich behandelt (vgl. Art. 18 und 25 II der Richtlinie). **31**

Auch wenn im Blick auf § 60 II–VII AufenthG nicht von vornherein ein auf die einzelnen Absätze zielender Verpflichtungsantrag erforderlich ist, ist der zwingende Abschiebungsschutz nach § 60 II–VII AufenthG stärker ausge- **32** staltet als der in das Ermessen gestellte Abschiebungsschutz nach § 60 VII AufenthG Deshalb kann der auf § 60 II–VII AufenthG zielenden Klage in dem Fall, in dem bestandskräftig das Vorliegen eines Abschiebungshindernisses nach § 60 VII 1 AufenthG festgestellt worden ist, nicht das Rechtsschutzbedürfnis abgesprochen werden (VGH BW, AuAS 2000, 190 (191)).

33 Ebenso wenig kann ein Rechtsschutzinteresse an der begehrten Verpflichtung, Abschiebungshindernisse nach § 60 II–VII AufenthG festzustellen, in dem Fall verneint werden, in dem die Beklagte den Anspruch auf Feststellung von Abschiebungshindernissen nach § 60 VII 1 AufenthG in der mündlichen Verhandlung anerkennt (vgl. BayVGH, EZAR 043 Nr. 38).

2.2.2.3. Hilfsweise Antragstellung

34 Der Verpflichtungsantrag auf Gewährung von Abschiebungsschutz nach § 60 II–VII AufenthG ist *hilfsweise* zu stellen, wenn mit der Verpflichtungsklage zugleich die Asylanerkennung und die Gewährung von internationalen Schutz nach § 60 I AufenthG begehrt werden. Die Ansprüche auf Asylanerkennung und Gewährung von internationalen Schutz nach § 60 I AufenthG sowie auf Gewährung von Abschiebungsschutz nach § 60 II–VII AufenthG bilden nach der Rechtsprechung des BVerwG entweder eigenständige Streitgegenstände oder jedenfalls rechtlich abtrennbare Streitgegenstände. All diese Ansprüche stehen danach nach dem erkennbaren Regelungszweck des AsylVfG und des AufenthG in einem *bestimmten Rangverhältnis* in dem Sinne, dass Schutz vor geltend gemachten Gefahren im Heimatstaat vorrangig auf der *jeweils den umfassenderen Schutz vermittelnden Stufe* zu gewähren ist (BVerwGE 104, 260 (262) = InfAuslR 1997, 420 (421); bekräftigt BVerwGE 114, 16 (27) = InfAuslR 2001, 353 = EZAR 202 Nr. 31; BVerwGE 115, 111 (117) = EZAR 631 Nr. 52 = NVwZ 2002, 343; BVerwGE 115, 267 (272) = NVwZ 2002, 855; BVerwGE 116, 326 (328 f.) = EZAR 631 Nr. 57 = NVwZ 2003, 356 = InfAuslR 2003, 74; BVerwG, B. v. 24. 5. 2000 – BVerwG 9 B 144.00; BVerwG, InfAuslR 2004, 43 (44); VGH BW, AuAS 2000, 190 (191); BVerwG, InfAuslR 2003, 74 (75) = AuAS 2003, 30; EZAR 631 Nr. 57 = NVwZ 2003, 356 = InfAuslR 2003, 74).

35 In der Rechtsprechung ist seit langem anerkannt, dass es auch nach § 44 VwGO zulässig ist, mehrere Klagebegehren nicht nur kumulativ, sondern auch *eventualiter* (hilfsweise) in der Weise anhängig zu machen, dass das Verwaltungsgericht unter der auflösenden Bedingung eines Erfolges des Hauptantrags über den Hilfsantrag zu entscheiden hat. Dies hat zur Folge, dass ein Hilfsantrag, über den die Vorinstanz nicht zu entscheiden brauchte, weil sie dem Hauptantrag entsprochen hat, durch das Rechtsmittel des Beklagten gegen seine Verurteilung nach dem Hauptantrag ebenfalls und automatisch in der Rechtsmittelinstanz anfällt (BVerwGE 104, 260 (262) = InfAuslR 1997, 420 (421) = NVwZ 1997, 1132 = AuAS 1997, 250).

36 Für den Fall, dass der Hauptantrag auf Verpflichtung zur Asylanerkennung erfolglos bleibt, ist deshalb das Rechtsschutzziel nachrangig auch die Aufhebung der negativen Feststellung zu § 60 I AufenthG und zugleich die teilweise Aufhebung der Abschiebungsandrohung wegen des Bestehens von Abschiebungshindernissen nach § 60 II–VII AufenthG im Blick auf den

Zielstaat. Falls die Klage auch insoweit erfolglos bleibt, soll in der Regel zumindest die Verpflichtung des Bundesamtes erreicht werden, die tatbestandlichen Voraussetzungen des § 60 VII 1 AufenthG festzustellen, um wenigstens den vergleichsweise schwächsten Schutz vor Durchführung der angedrohten Abschiebung zu erhalten.

Dementsprechend kann einer auf Verpflichtung zur Feststellung von Abschiebungshindernissen nach § 60 II–V AufenthG gerichteten Verpflichtungsklage ein fehlendes Rechtsschutzbedürfnis nicht entgegen gehalten werden, nur weil bestandskräftig das Vorliegen von Abschiebungshindernissen nach § 60 VII AufenthG festgestellt worden ist (VGH BW, AuAS 2000, 190 (191)). 37

Der typischen Interessenlage des im Prozess unterlegenen Asylsuchenden entspricht es danach, sein dem Verwaltungsgericht unterbreitetes Rechtsschutzbegehren sachdienlich umfassend dahingehend auszulegen (§ 86 III, § 88 VwGO), dass er für den Fall des Unterliegens mit seinem Hauptantrag auf Gewährung von Asyl- und Abschiebungsschutz nach § 60 I AufenthG hilfsweise beantragt, ihm entweder Schutz vor drohender Abschiebung nach § 60 II–V AufenthG durch teilweise Aufhebung der Abschiebungsandrohung oder – weiter hilfsweise – zumindest Abschiebungsschutz durch Verpflichtung des Bundesamtes zu einer Feststellung nach § 60 VII 1 AufenthG zu gewähren (BVerwGE 104, 260 (262) = InfAuslR 1997, 420 (421); VGH BW, AuAS 2000, 190 (191); a.A. Hess.VGH, AuAS 1997, 215 (216): zwischen Abs. 4 und Abs. 6 S. 1 von § 53 AuslG 1990 besteht streitgegenständliche Identität). Aus der Rechtsprechung des BVerwG folgt damit, dass die Klagegegenstände des § 60 II–V AufenthG einerseits und die des § 60 VII AufenthG andererseits ein voneinander unabhängiges prozessuales Schicksal nehmen und auch unabhängig voneinander in Bestandskraft erwachsen können. 38

Die auf das Verhältnis zwischen § 60 II–V AufenthG einerseits und § 60 VII AufenthG andererseits bezogene Rechtsprechung des BVerwG bedarf im Blick auf Art. 15 der Qualifikationsrichtlinie der Überprüfung. Der Anwendungsbereich von Art. 15 der Richtlinie ist nahezu identisch mit dem von § 60 II–VII AufenthG. Da an das Vorliegen der Voraussetzungen von Art. 15 der Richtlinie die einheitliche Rechtsfolge der Gewährung des ergänzenden Schutzes (Art. 18 der Richtlinie) sowie des Aufenthaltstitels nach Art. 24 III der Richtlinie geknüpft wird, spricht dies gegen einen nachrangigen Charakter von Art. 15 Buchst. c) der Richtlinie und – dessen innerstaatlicher Umsetzungsnorm – § 60 VII AufenthG. 39

Andererseits schränkt Art. 15 Buchst. c) der Richtlinie den ergänzenden Schutz auf ernsthafte individuelle Bedrohungen »infolge willkürlicher Gewalt im Rahmen eines internationalen oder innerstaatlichen bewaffneten Konfliktes« ein, während § 60 VII 1 AufenthG keine derartige Einschränkung enthält und somit bezogen auf erhebliche konkrete Gefahren für Leib und Leben, die unabhängig von bewaffneten Konflikten drohen, anders als Art. 15 Buchst. c) der Richtlinie Abschiebungsschutz vermittelt. Derartige Gefahren können aber dem Tatbestand der unmenschlichen Behandlung nach Art. 15 Buchst. b) der Richtlinie in Verb. mit Art. 3 EMRK zugeordnet werden. 40

41 Da die Entwicklung der gemeinschaftsrechtlichen Rechtsprechung insoweit abzuwarten ist, spricht nichts gegen eine weitere hilfsweise Antragstellung bezogen auf § 60 VII 1 AufenthG. Andererseits hat die Rechtsprechung der Verwaltungsgerichte in der Vergangenheit regelmäßig keine entsprechende hilfsweise Antragstellung gefordert.

42 Hat die Anfechtungsklage des Bundesbeauftragten gegen die Asylanerkennung und die Gewährung von Abschiebungsschutz nach § 60 I AufenthG Erfolg, darf hingegen das Verwaltungsgericht im Anfechtungsprozess des Bundesbeauftragten nicht über nachrangigen Abschiebungsschutz nach § 60 II – VII AufenthG, der nicht Gegenstand des angefochtenen Bescheids war (vgl. § 31 III 2 Nr. 1 und 2), entscheiden (BVerwG, NVwZ-Beil. 2002, 58 = InfAuslR 2002, 203; a. A. BayVGH, AuAS 1999, 128 (129); s. aber auch BVerwGE 104, 260 (262) = EZAR 631 Nr. 44 = InfAuslR 1997, 420 = NVwZ 1997, 1132). Umgekehrt wird die Feststellung des Bundesamtes nach § 60 II–VII AufenthG gegenstandslos, wenn die Klage auf Asylanerkennung oder Abschiebungsschutz Erfolg hat (BVerwG, InfAuslR 2003, 74 (75) = AuAS 2003, 30).

43 Klagt der Bundesbeauftragte gegen die Asylanerkennung und gegen ein bestätigendes verwaltungsgerichtliches Urteil und nimmt der beigeladene Asylsuchende im Berufungsverfahren den Asylantrag zurück, so soll nach der obergerichtlichen Rechtsprechung der bisher nicht beschiedene Hilfsantrag auf Feststellung von Abschiebungshindernissen nach § 60 II–VII AufenthG wieder aufleben (BayVGH, NVwZ-Beil. 1999, 67). Dem kann nicht gefolgt werden. Im Asylprozess war wegen der im Verwaltungsverfahren unterbliebenen Feststellung zu § 60 II–VII AufenthG (vgl. § 31 III 2 Nr. 1) insoweit überhaupt kein Antrag gestellt worden und kann dieser deshalb auch nicht »wiederaufleben«. Nicht das Verwaltungsgericht, sondern das Bundesamt hat in diesem Fall die Entscheidung zu § 60 II–VII AufenthG nachzuholen.

2.2.2.4. Klagebefugnis des Bundesbeauftragten

44 Das BVerwG sieht im Blick auf § 60 II–VII AufenthG auch den Bundesbeauftragten als klagebefugt an (BVerwGE 99, 38 (44) = EZAR 631 Nr. 41 = NVwZ 1996, 71 = AuAS 1995, 222; BVerwG, EZAR 631, 41; ebenso VG Regensburg, NVwZ-Beil. 1994, 71; a. A. OVG NW, EZAR 631 Nr. 32; OVG NW, NVwZ-Beil. 1994, 69 (70); Nieders.OVG, AuAS 1995, 228 (nur LS); Nieders.OVG, B. v. 9. 2. 1995 – 3 L 807/95; zur weiteren Relevanz derartiger Klagen s. § 87 b). Richtet sich die Anfechtungsklage des Bundesbeauftragten nach ihrem erkennbaren Inhalt nur gegen die Asylgewährung oder die Gewährung des internationalen Schutzes nach § 60 I AufenthG, kann anders als im Verhältnis zwischen Asylschutz und internationalem Schutz nach § 60 I AufenthG der Verfahrensgegenstand Abschiebungshindernisse nach § 60 II–VII AufenthG nicht isoliert zum Abschluss gebracht werden.

45 Das Bundesamt und die Verwaltungsgerichte wenden in aller Regel § 31 III 2 Nr. 1 und 2 an, sodass während des Prozesses die Frage offen bleibt, ob Abschiebungshindernisse nach § 60 II–VII AufenthG vorliegen. Das Bundesamt wird auch nicht bereit sein, die Feststellung nach § 60 II–VII AufenthG vor Abschluss des Prozesses nachzuholen. Gehindert daran ist es jedoch nicht.

Jedenfalls wird es nach unanfechtbarer Klagestattgabe diese Entscheidung nachzuholen haben (§ 39 II).

2.2.2.5. Rechtsschutzbedürfnis im Falle des Abschiebungshindernisses nach § 60 Abs. 7 Satz 1 AufenthG

Das Rechtsschutzbedürfnis einer Klage auf Gewährung von Abschiebungsschutz nach § 60 VII 1 AufenthG in direkter oder verfassungskonformer Anwendung entfällt nicht dadurch, dass der Kläger über eine anderweitige Duldung (§ 60 a AufenthG) verfügt oder einen Anspruch hierauf hat (BVerwG, InfAuslR 1998, 525 (526); BVerwG, InfAuslR 2002, 52; BVerwGE 115, 1 (3 f.) = InfAuslR 2002, 52 = NVwZ 2002, 101; OVG Hamburg, InfAuslR 1999, 443 = NVwZ-Beil. 1999, 94; a. A. OVG NW, NVwZ-Beil. 1999, 34 (35); zum vorläufigen Rechtsschutz bei Abschiebungshindernissen nach § 53 VI 1 AuslG 1990 s. VG Saarlouis, InfAuslR 2002, 272).

46

Im Gegensatz zu Feststellungsklagen muss bei Leistungs- und Gestaltungsklagen nicht das Vorliegen eines Rechtsschutzinteresses, sondern dessen Fehlen nachgewiesen werden. Hierbei ist ein *strenger Maßstab* anzuwenden. Nur dann, wenn ein rechtlich anerkennenswertes Interesse an der erstrebten gerichtlichen Entscheidung unter keinem denkbaren Gesichtspunkt in Betracht kommt, ist die Gewährung von Rechtsschutz abzulehnen (OVG Hamburg, InfAuslR 1999, 443).

47

Das rechtlich geschützte Interesse folgt im Verhältnis der Aussetzung der Abschiebung wegen der rechtlichen oder tatsächlichen Unmöglichkeit der Abschiebung daraus, dass erstere mit rechtlich bindender Wirkung an den Fortbestand der drohenden Gefahr gebunden ist, und letztere lediglich für die Dauer der Unerreichbarkeit des Abschiebezielstaates ausgesetzt ist (BVerwG, B. v. 11. 5. 1998 – BVerwG 9 B 409.98). Während die rein faktische Aussetzung der Abschiebung damit nicht das Rechtsschutzbedürfnis beseitigt, wird es durch die aufgrund eines ausländerrechtlichen Erlasses oder aus individuellen Gründen erteilte Duldung aufgehoben (BVerwGE 114, 379 (387 f.) = InfAuslR 2002, 48; VGH BW, InfAuslR 2002, 102 (104 f.)).

48

Die Duldung verschafft dem Begünstigten eine bessere Rechtsstellung. Sie entfaltet Dauerwirkung und ermöglicht über § 30 III, § 35 AuslG den Zugang zur aufenthaltsrechtlichen Verfestigung. Die Bindungswirkung nach § 42 dauert fort, solange die Feststellung nicht durch das Bundesamt im förmlichen Verfahren nach § 73 III widerrufen ist. Die Aussetzung der Abschiebung wegen deren tatsächlicher Unmöglichkeit kann hingegen bei Änderung der Verhältnisse von der Ausländerbehörde jederzeit widerrufen werden. Sie wäre dabei auch an die negative Feststellung des Bundesamtes, dass keine Abschiebungshindernisse nach § 60 VII 1 AufenthG vorliegen, gebunden.

49

2.2.3. Zurückverweisung an das Bundesamt
Leidet die Sachentscheidung des Bundesamtes an erheblichen Aufklärungsdefiziten, braucht das Verwaltungsgericht nicht selbst die Spruchreife herbeizuführen. Vielmehr kann es die Sache an das Bundesamt zurückverweisen, um diesem Gelegenheit zu geben, eine den Streitstoff erschöpfende Sachentscheidung zu treffen. Dementsprechend wird nach der untergerichtlichen

50

Rechtsprechung der Bescheid in den Fällen, in denen das Bundesamt das Sachvorbringen des Asylsuchenden nicht ausreichend geprüft hat, dieser also an *schwerwiegenden Aufklärungsmängeln* leidet, aufgehoben, damit das Bundesamt den Sachverhalt erschöpfend aufklären kann (VG Frankfurt/M, InfAuslR 1994, 336; VG Aachen, U. v. 1. 8. 1996 – 4 K 1098/94.A; VG München, B. v. 15. 4. 1996 – M 24 K 96.50695; a. A. BayVGH, NVwZ-RR 1994, 695; BayVGH, NVwZ-Beil. 1997, 13; BayVGH, B. v. 25. 5. 1994 – 24 AA 94.30877; so auch Ruge, NVwZ 1995, 773 (736)).

51 Begründet wird dies damit, dass das Bundesamt möglicherweise über Erkenntnisquellen über das Herkunftsland des Klägers verfüge, die dem Gericht nicht zur Verfügung stünden und diesem auch keine aktuellen behördlichen oder gerichtlichen Entscheidungen bekannt seien, welche die tatsächlichen Verhältnisse im Herkunftsstaat in asylrechtlicher Sicht umfassend würdigten (VG Frankfurt/M, InfAuslR 1994, 336 – zum Sandschak). Eine Sachentscheidung des Bundesamtes liege bei – rechtswidrig – unterbliebener Anhörung nur in formaler Hinsicht vor. Mit Blick auf einen effektiven Grundrechtsschutz sei jedoch eine Sachentscheidung auf der Grundlage einer persönlichen Anhörung und der dadurch gewonnenen Kenntnis über das vorgebrachte Verfolgungsschicksal des Asylsuchenden zu fordern. Es mache daher keinen Unterschied, ob das Bundesamt das Verfahren zu Unrecht einstelle oder ob es unter rechtswidrigem Absehen von einer Anhörung den Asylantrag als unbegründet ablehne (VG Aachen, U. v. 1. 8. 1996 – 4 K 1098/94.A).

52 Die Gegenmeinung differenziert zwischen Formalentscheidungen und Entscheidungen in der Sache. Den Formalentscheidungen rechnet sie alle Entscheidungstypen zu, die nicht in der Sache ergehen (z. B. §§ 29, 32, 33). Hier sei die Sache an das Bundesamt zurückzuverweisen. Dies ergebe sich für § 29 bereits aus dem Gesetz (vgl. § 37 I 2), für den Fall der §§ 32, 33 aus einer analogen Anwendung des § 37 I 2. Bei allen anderen Sachentscheidungen bleibe es jedoch bei der höchstrichterlichen Rechtsprechung, die eine Zurückverweisung grundsätzlich ausschließe.

53 Auch die entsprechende Anwendung des § 113 III VwGO komme nicht in Betracht (BayVGH, NVwZ-RR 1994, 695; BayVGH, B. v. 25. 5. 1994 – 24 AA 94.30877, unter Hinweis auf BVerwG, NVwZ 1982, 630). Zwar habe das BVerwG inzwischen erkennen lassen, dass es an seiner früheren Rechtsprechung nicht mehr uneingeschränkt festhalten wolle, bei der gebotenen restriktiven Anwendung des § 113 II VwGO komme eine Zurückverweisung an das Bundesamt jedoch nur in besonders gelagerten Ausnahmefällen in Betracht (BayVGH, NVwZ-Beil. 1997, 13 (14)).

54 Das BVerwG hatte früher im Blick auf die asylverfahrensrechtlichen Sondervorschriften der §§ 28 ff. AuslG 1965 die Auffassung vertreten, das Verwaltungsgericht habe auch in Fällen fehlerhafter Sachaufklärung durch das Bundesamt von sich aus die Sache spruchreif zu machen und zu diesem Zweck die anspruchserheblichen Tatsachen zu ermitteln und Beweis zu erheben. Eine Zurückverweisung an das Bundesamt sei ihm daher verwehrt (BVerwG, NVwZ 1982, 630; Hess.VGH, ESVGH 31, 259; a. A. VG Wiesbaden, InfAuslR 1981, 161; Schlink/Wieland, DÖV 1982, 426 (434); Creutzfeld, NVwZ 1982, 88 (89)). Diese Rechtsprechung hat das BVerwG für das Folgeantragsverfahren

erneut bestätigt (BVerwGE 106, 171 (173) = NVwZ 1998, 681 = EZAR 631 Nr. 45).

Hiergegen wurde eingewendet, das Verwaltungsstreitverfahren sei nicht die bloße Fortsetzung des vorangegangenen Verwaltungsverfahrens, sondern etwas qualitativ völlig anderes. Wenn daher das Bundesamt als qualifizierte Fachbehörde die Erbringung der ihr zugewiesenen Verwaltungsleistungen planvoll, massenhaft und systematisch verweigere, könne das Verwaltungsgericht nicht einfach einen Verwaltungsakt in Form eines Gerichtsurteils erlassen (Creutzfeld, NVwZ 1982, 88 (89)). Jedenfalls dann, wenn das Verwaltungsverfahren nicht einfach nach dem allgemeinen Verwaltungsverfahrensrecht ablaufe, sondern als Verfahren einer besonderen Behörde spezialgesetzlich detailliert ausgestaltet sei, dürfe das Verwaltungsverfahren nicht vom Verwaltungsgericht nachgeholt werden (Schlink/Wieland, DÖV 1982, 426 (434)). 55

Das BVerwG hat diesen Streit unter Hinweis auf die Vorschrift des § 113 III VwGO geklärt. Dieser lasse sich der Rechtsgedanke entnehmen, dass die Verwaltungsgerichte bei der Kontrolle eines rechtlich gebundenen Verwaltungsaktes nicht in jedem Falle die Spruchreife herbeiführen müssten, sondern bei *erheblichen Aufklärungsdefiziten* zunächst der Behörde Gelegenheit geben könnten, eine den Streitstoff erschöpfende Sachentscheidung zu treffen. Wenn nicht allein diese allgemeinen Erwägungen, so stehe doch die besondere – auf Beschleunigung und Konzentration auf eine Behörde gerichtete – Ausgestaltung des Asylverfahrens durch das AsylVfG im Falle versäumter Sachentscheidung durch das Bundesamt der Annahme entgegen, dass nur eine auf die Asylanerkennung gerichtete Verpflichtungsklage in Betracht käme (BVerwG, NVwZ 1996, 80 (81) = AuAS 1995, 201). 56

Gelange das Bundesamt nach sachlicher Prüfung des Asylbegehrens zu einer qualifizierten Asylablehnung, so bestimme § 36 AsylVfG das weitere Verfahren und sehe eine starke Beschleunigung der gerichtlichen Kontrolle der Sachentscheidung vor. Eine vergleichbare Möglichkeit stehe dem Gericht nicht zu (BVerwG, NVwZ 1996, 80 (81)). Diese zur Auslegung der Vorschriften der §§ 32, 33 entwickelte Rechtsprechung kann durchaus verallgemeinert werden. Eine Beschränkung auf reine Formalentscheidungen (so BayVGH, NVwZ-Beil. 1997, 13 (14)) ist nicht gerechtfertigt und kann auch der Rechtsprechung des BVerwG nicht entnommen werden. Für das Folgeantragsverfahren verlangt das BVerwG jedoch ausdrücklich, dass das Verwaltungsgericht selbst die Spruchreife herbeizuführen habe (BVerwGE 106, 171 (173) = NVwZ 1998, 861 (862) = EZAR 631 Nr. 45 = AuAS 1998, 149). 57

Daher kann das Verwaltungsgericht wegen der besonderen Struktur des AsylVfG bei erheblichen Aufklärungsdefiziten, insbesondere bei rechtswidrig unterbliebener Anhörung des Asylsuchenden die Sache an das Bundesamt zur weiteren Sachverhaltsaufklärung zurückverweisen. Der Asylsuchende sollte sein Rechtsschutzziel allerdings in Form der Verpflichtungsklage verfolgen. Auch auf diese Klageform ist § 113 III VwGO entsprechend anzuwenden (VG Frankfurt/M, InfAuslR 1994, 336). 58

Nicht ratsam ist es, das Rechtsschutzziel mit der früher vereinzelt praktizierten »*ergänzten Verpflichtungsklage*« (VG Wiesbaden, InfAuslR 1981, 161) zu 59 verfolgen. Hierbei zielt die Klage vorrangig auf Aufhebung der Sachentscheidung und nur in zweiter Linie und ergänzend auf die Feststellung der Asylberechtigung (Schlink/Wieland, DÖV 1982, 426 (429)). Einerseits ist inzwischen hinreichend geklärt, dass das Verwaltungsgericht nicht selbst die begehrte Feststellung aussprechen darf, sondern das Bundesamt hierzu verpflichten muss. Andererseits kann zugleich mit dem Hauptantrag auf Verpflichtung zur Zurückverweisung hilfsweise die Verpflichtung zur Asylanerkennung und zur Gewährung von internationalem Schutz nach § 60 I AufenthG verbunden werden. Sinnvoll ist angesichts der asylverfahrensrechtlichen Beschleunigungsmaxime ein derartiges Vorgehen jedoch nur, wenn über die Zurückverweisung alsbald eine gerichtliche Entscheidung getroffen wird. Eine derartige Entscheidung kann mit Einverständnis der Verfahrensbeteiligten auch ohne mündliche Verhandlung getroffen werden (§ 101 II VwGO).

60 Anders liegt der Fall, wenn das Bundesamt trotz mehrmaliger Erinnerung untätig bleibt. Hier kann Verpflichtungsklage in Form der *Untätigkeitsklage* (§ 75 VwGO) in Betracht kommen (VGH BW, EZAR 043 Nr. 12; zum Rechtsschutz bei Untätigkeit des Verwaltungsgerichts s. VerfGH Berlin, NVwZ 1997, 785). Bei der Beurteilung der Zulässigkeit der Untätigkeitsklage kommt es auf die »*zureichenden Gründe*« an, die es rechtfertigen können, dass das Bundesamt nicht in angemessener Frist die Sachentscheidung treffen kann. Dabei gewinnen die Überlastung des Bundesamtes sowie die Besonderheiten des Rechtsgebietes zwar erheblichen Einfluss auf die Bewertung (vgl. VG Aachen, InfAuslR 1995, 71). Reagiert das Bundesamt auf Erinnerungen überhaupt nicht oder kann es für die Verzögerung keine plausiblen und nachvollziehbaren Gründe benennen, ist die Untätigkeitsklage zulässig.

61 Die Untätigkeitsklage kann nach Ablauf von drei Monaten nach Antragstellung erhoben werden (§ 75 S. 2 VwGO). Maßgebend für die Zulässigkeit der Klage ist jedoch nicht der Zeitpunkt der Klageerhebung, sondern der der gerichtlichen Entscheidung. In Asylverfahren kann angesichts der Besonderheiten dieses Rechtsgebietes sicherlich nicht die Drei-Monats-Frist des § 75 S. 2 VwGO maßgebend sein. Ob »zureichende Gründe« für die Verzögerung vorliegen, ist stets anhand der erkennbaren Umstände des Einzelfalls zu beurteilen. Reagiert das Bundesamt nach Ablauf der Dreimonatsfrist auf wiederholte Erinnerungen überhaupt nicht oder nur ausweichend, ist die Verpflichtungsklage zulässig. Vereinzelt wird aus dem Grundsatz des effektiven und damit auch unverzüglichen Rechtsschutzes abgeleitet, dass das Verwaltungsgericht auch ohne mündliche Verhandlung der Verpflichtungsklage stattgeben könne, wenn die für die Schutzgewährung sprechenden Gründe offensichtlich seien (VG Aachen, InfAuslR 1996, 237: Gefährdung gebildeter Frauen in Afghanistan).

2.2.4. Verfahrenseinstellung nach §§ 32 und 33

62 Nach anfänglichen Unsicherheiten ist inzwischen geklärt, dass gegen die Einstellung des Verfahrens durch das Bundesamt nach §§ 32, 33 die *isolierte Anfechtungsklage* zu erheben ist (BVerwG, NVwZ 1996, 80 = AuAS 1995, 201; BayVGH, NVwZ-Beil. 1997, 13; zustimmend Ruge, NVwZ 1995, 773 (736);

Schenk, in Hailbronner, AuslR, § 74 AsylVfG Rdn. 19; so schon OVG SH, AuAS 1994, 118; VG Koblenz, InfAuslR 1994, 203; VG Freiburg, NVwZ 1994, 403; a. A. Stegemeyer, VBlBW 1995, 180 (181)). Ist die Aufforderung zu Unrecht ergangen, ordnet das Verwaltungsgericht auf Antrag nach § 80 V VwGO die aufschiebende Wirkung der Anfechtungsklage an und verpflichtet das Bundesamt zur Fortführung des Verfahrens (OVG Schleswig, AuAS 1994, 118; VG Koblenz, InfAuslR 1994, 203).

Begründet wird diese Auffassung damit, dass die Wirkung der Einstellungsverfügung sich nicht nur in der verfahrensrechtlichen Folge der Verfahrenseinstellung erschöpfe, sondern die materielle Rechtslage des Klägers verschlechtere. Der Asylsuchende müsse daher die Aufhebung der Verfügung erreichen, wenn er eine Entscheidung über seinen Asylantrag erhalten wolle (BVerwG, NVwZ 1996, 80 f.). Auch die Anordnung der aufschiebenden Wirkung der Klage führe nicht zur Unwirksamkeit der Einstellungsverfügung, da § 37 I weder unmittelbar noch entsprechend Anwendung finde. **63**

Die Anfechtungsklage sei auch nicht wegen Vorrangs der Verpflichtungsklage unzulässig. Die Regelungen des AsylVfG ließen nämlich darauf schließen, dass die verweigerte sachliche Prüfung vorrangig von der Fachbehörde nachzuholen sei. Die besondere Struktur des AsylVfG stehe daher in den Fällen der Verfahrenseinstellung durch das Bundesamt nach §§ 32, 33 einer auf Asylanerkennung gerichteten Verpflichtungsklage regelmäßig entgegen (BVerwG, NVwZ 1996, 80 (81)). **64**

Die Gegenmeinung verneint das Rechtsschutzbedürfnis für eine isolierte Anfechtungsklage, da Ziel des vom Asylsuchenden angestrebten Verfahrens die Asylanerkennung sei. Daher komme eine Begrenzung des Verfahrensgegenstandes auf die Verfahrensfrage, ob die Einstellungsverfügung rechtmäßig gewesen sei, nicht in Betracht (Stegemeyer, VBlBW 1995, 180 (181)). Auch unter dem Gesichtspunkt der Verfahrensbeschleunigung sei der Verpflichtungsklage der Vorzug zu geben. Angesichts der niedrigen Anerkennungsquoten sei die doppelte Inanspruchnahme des Verwaltungsgerichts zu vermeiden (Stegemeyer, VBlBW 1995, 180 (181)). **65**

Hier wird die Möglichkeit, dass das Verwaltungsgericht wegen einer möglichen positiven Statusentscheidung nicht ein weiteres Mal in Anspruch genommen werden muss, also von vornherein ausgeschlossen. Demgegenüber gibt das BVerwG unter Hinweis auf das scharfe Instrument des § 36, das dem Verwaltungsgericht nicht zur Verfügung steht, gerade wegen des Beschleunigungszwecks des AsylVfG der isolierten Anfechtungsklage den Vorzug (BVerwG, NVwZ 1996, 80 (81)). **66**

Stellt das Bundesamt das Verfahren nach §§ 32, 33 ein, ist also im Wege der isolierten Anfechtungsklage Rechtsschutz anzustreben. Wird die Einstellungsverfügung aufgehoben, etwa weil ein bestimmter Anlass für die Betreibensaufforderung fehlte oder sich deren Zustellung nicht nachweisen lässt, so sind auch die Feststellung, dass Abschiebungshindernisse nach § 60 II–VII AufenthG nicht vorliegen, sowie die Abschiebungsandrohung aufzuheben (BVerwG, NVwZ 1996, 80 (82)). Ob ausnahmsweise das Verwaltungsgericht auch durchentscheiden kann, hat das BVerwG ausdrücklich offen gelassen. Es hat jedoch zu erkennen gegeben, dass dies dann in Betracht kommen **67** kann, wenn etwa der Asylanspruch von der Einreise aus einem sicheren Drittstaat oder von der in gefestigter Rechtsprechung erfolgten Einschätzung einer Gruppenverfolgungsgefahr abhänge (BVerwG, NVwZ 1996, 80 (81); so auch Nieders.OVG, B. v. 16. 10. 1995 – 11 L 4170/95).

68 Zu einer Entscheidung nach §§ 32, 33 bei Einreise aus einem sicheren Drittstaat kann es jedoch nur kommen, wenn das Bundesamt nicht nach § 34 a vorgehen kann, sondern in der Sache entschieden werden muss. Es ist kein überzeugender Grund ersichtlich, der im Blick auf die begehrte Gewährung des internationalen Schutzes nach § 60 I AufenthG eine abweichende Betrachtungsweise geboten erscheinen lässt. Die Gewährung des internationalen Schutzes setzt ebenso wie der Asylschutz eine sorgfältige Aufklärung des Sachverhalts, insbesondere eine Anhörung des Antragstellers voraus. Erhebliche Aufklärungsdefizite lassen es daher auch im Falle des § 60 I AufenthG angezeigt erscheinen, die Sache an das Bundesamt zurückzuverweisen.

2.2.5. Abschiebungsandrohung (§ 34 und § 35)

69 Gegen die Abschiebungsandrohung nach § 34 und § 35 ist die Anfechtungsklage zu erheben. Diese richtet sich ebenfalls gegen die Bundesrepublik Deutschland, da das Bundesamt die Abschiebungsandrohung erlässt. Nach § 34 II soll die Androhung zusammen mit der Sachentscheidung nach § 31 verbunden werden. Dies ist heute in aller Regel der Fall. Eines ausdrücklichen Aufhebungsantrags bedarf es nicht, wenn im Blick auf die verweigerte Asylanerkennung und die gleichfalls versagte Gewährung des internationalen Schutzes nach § 60 I AufenthG Verpflichtungsklage erhoben wird. Es reicht aus, wenn zusammen mit den Verpflichtungsanträgen die Aufhebung des belastenden Bescheids des Bundesamtes beantragt wird.

70 Nach der obergerichtlichen Rechtsprechung wird der Asylkläger nicht in eigenen Rechten im Sinne des § 113 I 1 VwGO verletzt, wenn die Zielstaatsbestimmung des Bundesamtes fehlerhaft ist (Hess.VGH, AuAS 2004, 64 (65); Nieders.OVG, NVwZ-RR 2004, 788 (789), beide zur Zielstaatsbestimmung »Palästina«). Dem kann nicht gefolgt werden, weil über die den Schutz eigener Rechte dienenden Abschiebungshindernisse nach § 60 II–VII AufenthG nicht ohne den in Rede stehenden Zielstaat entschieden werden kann und darüber hinaus wegen des Verbotes der Kettenabschiebung der Zielstaatsbestimmung Individualschutzcharakter zukommt.

71 Festzuhalten ist, dass der Klageantrag neben dem mit der Verpflichtungsklage verfolgten Rechtsschutzziel nicht nur auf die Aufhebung der Ablehnung des Asylantrags (§ 13 I), sondern auch auf die Beseitigung der Abschiebungsandrohung zielt. Nach der Rechtsprechung des BVerwG stehen die einzelnen Klageansprüche in einem prozessualen Rangverhältnis (BVerwGE 104, 260 (262) = InfAuslR 1997, 420 (421) = NVwZ 1997, 1132 = AuAS 1997, 250; s. Rdn. 34 ff.). Die Formulierung des Klageantrags lautet bei vollumfänglicher Asylantragsablehnung deshalb etwa so: »*Die beklagte Bundesrepublik Deutschland wird unter Aufhebung des Bescheides des Bundesamtes für Migration und Flüchtlinge vom … verpflichtet, festzustellen, dass der Kläger Asylberechtigter ist und in seiner Person die Voraussetzungen des § 60 Abs. 1 AufenthG erfüllt sowie – hilfsweise – festzustellen, dass Abschiebungshindernisse nach § 60 Abs. 2 bis 5*

AufenthG und – hilfsweise – festzustellen, dass Abschiebungshindernisse nach § 60 Abs. 7 Satz 1 AufenthG vorliegen.«

2.2.6. Widerruf und Rücknahme (§ 73)
Widerruf und Rücknahme sind Streitigkeiten nach diesem Gesetz (Abs. 1 1. HS). Gegen diese Maßnahmen kann *Anfechtungsklage* erhoben werden (§ 73 Rdn. 200 ff.). Klagegegner ist die Bundesrepublik Deutschland, vertreten durch den Leiter des Bundesamtes (§ 73 IV 1). Die Verpflichtung zur Asylanerkennung einerseits sowie die Rücknahme (oder der Widerruf) andererseits bezeichnen teilweise identische Streitgegenstände (BVerwG, NVwZ 1999, 302).

2.2.7. Einreise und Aufenthalt
Nach wie vor umstritten ist die Form des Rechtsschutzes gegen die *Einreiseverweigerung*. Als herrschend kann die Ansicht bezeichnet werden, derzufolge gegen die Einreiseverweigerung Verpflichtungsantrag mit dem Ziel zu erheben ist, dem Asylsuchenden die Einreise zu gestatten. Vorläufiger Rechtsschutz gegen die Einreiseverweigerung ist deshalb nach Maßgabe des § 123 VwGO zu erlangen (OVG Hamburg, InfAuslR 1983, 258 (259); Nieders.OVG, NVwZ 1987, 1110; Hess.VGH, EZAR 220 Nr. 1; Wollenschläger/Schraml, JZ 1994, 61 (65); Schenk, in: Hailbronner, AuslR, § 74 AsylVfG Rdn. 2). Begründet wird diese Ansicht damit, dass der Asylsuchende den Zugang zum Bundesgebiet zum Zwecke der Inanspruchnahme des vorläufigen Bleiberechts und damit eine Vergünstigung erstrebe.

Die herrschende Ansicht verkennt jedoch den rechtlichen Charakter des Verfolgungs- und Abschiebungsschutzes und vermag daher nicht zu überzeugen. An der Grenze wird nicht mehr, aber auch nicht weniger als ein Unterlassen gefordert. Die Grenzschutzbehörde darf den Asylsuchenden nicht in das Herkunftsland oder in einen Staat zurückweisen oder zurückschieben, in dem die Gefahr der Weiterschiebung besteht. Unterlässt die Behörde diese Maßnahme und ist der Zweck der Asylsuche evident, knüpft sich daran die automatische gesetzliche Folge der Weiterleitungspflicht nach §§ 18 I 2. HS.

Diese klaren verfassungs- und völkerrechtlichen sowie einfachgesetzlichen Vorgaben sprechen dafür, dass die Anfechtungsklage die richtige Klageform ist. Andererseits richtet sich kraft ausdrücklicher Formulierung in § 18 a V 1 jeder Antrag auf Gewährung vorläufigen Rechtsschutzes nach § 18 a IV auf »Gewährung der Einreise«. Der Gesetzgeber hatte bei dieser Formulierung möglicherweise stillschweigend die herrschende Lehre vorausgesetzt. Andererseits verwendet das BVerfG im Blick auf die Einreiseverweigerung ausdrücklich den Begriff der »aufenthaltsbeendenden Maßnahme« (BVerfGE 94, 166 (192) = EZAR 632 Nr. 25 = NVwZ 1996, 678; BVerfGE 94, 49 (101) = EZAR 208 Nr. 7 = NVwZ 1996, 700), sodass Schwerpunkt der Einreiseverweigerung der damit verbundene Eingriff in geschützte Rechtspositionen des Asylbegehrenden ist und deshalb der Anfechtungsklage der Vorzug zu geben ist.

Aus pragmatischen Gründen und zur Vermeidung rechtsschutzmindernder Folgen ist in der Praxis Verpflichtungsklage auf Gestattung der Einreise zu erheben. Vorläufiger Rechtsschutz ist über den Weg der einstweiligen Anordnung nach § 123 VwGO zu erlangen. Klage und Eilrechtsschutzantrag richten sich gegen die Bundesrepublik, vertreten durch den Leiter des zuständigen Grenzschutzamtes.

77 Während des anhängigen Asylverfahrens können eine Reihe von Rechtsstreitigkeiten nach diesem Gesetz im Sinne von Abs. 1 1. HS anhängig werden. Derartige Rechtsstreitigkeiten richten sich, soweit sich die Klage gegen die Aufnahmeeinrichtung richtet oder in Zuweisungsverfahren gegen das zuständige Bundesland, im Übrigen gegen den für die Ausländerbehörde zuständigen Rechtsträger. So mag der Asylsuchende bei außergewöhnlichen Härtefällen gegen die Weiterleitungsanordnung nach § 22 I 2 Anfechtungsklage erheben (§ 46 Rdn. 48). Die herrschende Praxis bestreitet freilich, dass diese Anordnung rechtlich als Verwaltungsakt zu qualifizieren ist.

78 Die richtige Klageform gegen eine Zuweisungsentscheidung nach § 50 IV ist die Verpflichtungsklage (§ 51 Rdn. 9). Ebenso ist gegen die Verweigerung der Erteilung einer Sondergenehmigung nach §§ 57, 58 Verpflichtungsklage zu erheben (§ 58 Rdn. 63 f.). Gegen die rechtswidrige, d. h. über die zulässige Höchstdauer hinausgehende Unterbringung in einer Aufnahmeeinrichtung ist Verpflichtungsklage zu erheben (§ 47 Rdn. 28 ff.). *Umzugsauflagen* sowie weitere der Aufenthaltsgestattung beigefügte Auflagen nach §§ 60 I, 61 sind *modifizierende Auflagen.* Der Asylsuchende muss gegen derartige Auflagen *Verpflichtungsklage* mit dem Ziel erheben, die Bescheinigung nach § 63 ohne beschränkende Auflage zu erteilen (BVerwGE 79, 291 (295) = EZAR 222 Nr. 7 = NVwZ 1988, 941 = InfAuslR 1988, 251; s. hierzu § 60 Rdn. 78 ff., § 61 Rdn. 19 ff.).

79 Die Erteilung des Aufenthaltstitels zugunsten von Asylberechtigten und Flüchtlingen richtet sich nach aufenthaltsrechtlichen Vorschriften (vgl. § 25 I 1, II 1 AufenthG). Die richtige Klageform ist die Verpflichtungsklage, gerichtet gegen den Rechtsträger der Ausländerbehörde. Auch die weitere Gestaltung des Aufenthaltsrechts für Asylberechtigte und Flüchtlinge richtet sich nach allgemeinem Aufenthaltsrecht.

80 Bei diesen Streitigkeiten handelt es sich damit nicht um solche nach dem AsylVfG (so auch Schenk, in: Hailbronner, AuslR, § 74 AsylVfG Rdn. 9). Dasselbe trifft auf Anordnungen nach § 47 I 2 AufenthG zu, mit denen die Ausländerbehörde dem Asylsuchenden oder Asylberechtigten die politische Betätigung untersagt.

2.2.8. Aussetzung der Abschiebung nach abgeschlossenem Asylverfahren

81 Für Rechtsstreitigkeiten im Zusammenhang mit einem Antrag auf Aussetzung der Abschiebung und Erteilung oder Verlängerung der Duldungsbescheinigung (§ 60 a IV AufenthG) nach abgeschlossenem Asylverfahren sind differenzierende Regelungen zu beachten. Früher bildete § 28 AsylVfG a. F. die spezielle Rechtsgrundlage für aufenthaltsbeendende Maßnahmen in allen Fällen, in denen der Ausländer keinen anderen Rechtstitel für seinen Aufenthalt im Bundesgebiet hatte als sein erfolglos betriebenes Asylverfahren (BVerwGE 74, 189 (194) = DVBl. 1986, 840 = InfAuslR 1986, 229 = EZAR 223 Nr. 12). Die Ausländerbehörde war zur Prüfung humanitärer Abschie-

bungshindernisse berufen und durfte wegen § 28 I 2 AsylVfG 1982 die Ausreiseaufforderung nicht erlassen, wenn sie derartige Hindernisse festgestellt hatte (BVerwGE 78, 243 (248 f.); 82, 1 (3); s. hierzu § 87 Rdn. 9).
Nach geltendem Recht prüft das Bundesamt Abschiebungshindernisse nach § 60 II–VII AufenthG (§ 24 II), welche ursprünglich als gesetzliche Ausformung der von der Rechtsprechung entwickelten humanitären Abschiebungshindernisse angesehen wurden. Diese Abschiebungshindernisse sind im Sinne der tatbestandlichen Voraussetzungen des ergänzenden Schutzes nach Art. 15 der Qualifikationsrichtlinie auszulegen. Auch wenn das Bundesamt Abschiebungshindernisse nach § 60 II–VII AufenthG feststellt, hatte es bislang regelmäßig die Abschiebungsandrohung zu erlassen. Streitigkeiten um diese Fragen sind mithin solche nach dem AsylVfG (BVerwG, EZAR 633 Nr. 27 = AuAS 1996, 186). Zwingende Rechtsfolge der tatbestandlichen Voraussetzungen nach Art. 15 der Qualifikationsrichtlinie ist jedoch die Gewährung des ergänzenden Schutzes (Art. 18 der Richtlinie) und des Aufenthaltstitels (Art. 24 III der Richtlinie), sodass der Erlass der Abschiebungsandrohung untersagt ist. 82

Rechtsfolge der Feststellung eines Abschiebungshindernisses nach § 60 II– VII AufenthG ist kraft Gesetzes die Aussetzung der Abschiebung (§ 60 a II AufenthG) und darüber hinaus in aller Regel die Entstehung des Sollensanspruchs nach § 25 III 1 AufenthG (s. aber Art. 24 III Qualifikationsrichtlinie: Rechtsanspruch). Rechtsgrundlage für die Aussetzung bzw. den Aufenthaltsanspruch bilden damit Rechtsvorschriften außerhalb des AsylVfG, sodass es sich beim Streit um die Erteilung oder Verlängerung der Aussetzungsentscheidung bzw. um die Erteilung der Aufenthaltserlaubnis nach unanfechtbarer Feststellung von Abschiebungshindernissen nach § 60 II–VII AufenthG nicht um Rechtsstreitigkeiten im Sinne von Abs. 1 1. HS handelt. 83

Streitigkeiten über die vorübergehende Aussetzung der Abschiebung nach § 43 III nicht sind solche nach Abs. 1 1. HS. Andererseits ist eine Streitigkeit nach diesem Gesetz anzunehmen, wenn das Bundesamt über den Wegfall des Abschiebungsschutzes durch Widerruf nach § 73 III eine Entscheidung trifft (Rennert, VBlBW 1993, 90 (95)). Soweit während des Folgeantragsverfahrens um die Erteilung der Duldungsbescheinigung nach § 60 a IV AufenthG gestritten wird, hat diese Rechtsstreitigkeit ihren Grund in § 60 a IV AufenthG in Verb. mit § 71 V 2. Zuständige Behörde ist jedoch die Ausländerbehörde. Es handelt sich damit nicht um eine Rechtsstreitigkeit im Sinne von Abs. 1 1. HS. Demgegenüber ist der Rechtsstreit über die Verpflichtung des Bundesamtes, die Mitteilung nach § 71 V 2 gegenüber der Ausländerbehörde zu widerrufen, eine Streitigkeit nach Abs. 1 1. HS. In allen Fällen, in denen um die Erteilung oder Verlängerung der Bescheinigung nach § 60 a IV AufenthG gestritten wird, ist die Verpflichtungsklage die richtige Klageform. 84

3. Klagefrist (Abs. 1)

Abweichend von der im früheren Asylverfahrensrecht sowie im allgemeinen Verwaltungsprozessrecht geregelten Klagefrist von einem Monat für Anfech- 85 tungs- und Verpflichtungsklagen (§ 74 VwGO), ist nach Abs. 1 1. HS die Klage gegen alle Entscheidungen nach diesem Gesetz innerhalb *von zwei Wochen* nach Zustellung der Entscheidung zu erheben. Ist ein Verfahrensbevollmächtigter bestellt, so beginnt die Klagefrist mit Zustellung an diesen zu laufen (BFH, NVwZ-RR 1998, 528). Die verkürzte Klagefrist gilt damit für alle Rechtsstreitigkeiten nach dem AsylVfG, seien sie verfahrens-, aufenthaltsrechtlicher Art oder Verteilungsstreitigkeiten.

86 Da nach § 11 gegen alle Maßnahmen und Entscheidungen nach diesem Gesetz der *Widerspruch ausgeschlossen* ist, muss gegen sämtliche Verwaltungsentscheidungen und -maßnahmen nach dem AsylVfG binnen zwei Wochen nach Zustellung unmittelbar Klage beim zuständigen Verwaltungsgericht in der vorgeschriebenen Form erhoben werden. Die Verkürzung der Klagefrist verfolgt den Zweck der *Verfahrensbeschleunigung* (BT-Drs. 12/2062, S. 40). Sie gilt auch für Anfechtungsklagen des Bundesbeauftragten (Hess.VGH, NVwZ-Beil. 1998, 73 (74)).

87 Eine zusätzliche Verschärfung erfolgt durch Abs. 1 2. HS. Danach wird die Klagefrist auf *eine Woche* (nach Zustellung) verkürzt, wenn der Antrag nach § 80 V VwGO innerhalb einer Woche zu stellen ist. Mit dem Verweis in Abs. 1 2. HS auf § 36 III 1 ist klargestellt, dass in allen asylverfahrensrechtlichen Eilrechtsschutzverfahren die Klagefrist mit der Frist für den Eilrechtsschutzantrag zusammenfällt. Damit hat der Gesetzgeber den früher herrschenden Streit über die Zulässigkeit des Eilrechtsschutzantrags *vor* Klageerhebung (dafür VGH BW, VBlBW 1985, 466 = DÖV 1986, 296; BayVGH, InfAuslR 1984, 248; dagegen VGH BW, VBlBW 1983, 205) im Sinne der Gegenmeinung entschieden:

88 Ordnet das Gesetz an, dass zur Aufrechterhaltung des Abschiebungsschutzes der vorläufige Rechtsschutzantrag binnen einer Woche nach Bekanntgabe der Abschiebungsandrohung zu stellen ist (§ 36 III 1), ist abweichend von Abs. 1 1. HS nach Abs. 1 2. HS auch die Klage binnen einer Woche zu erheben. Die verkürzte Klagefrist nach Abs. 1 2. HS ist bei unbeachtlichen (§ 29 I, III) und bei offensichtlich unbegründeten Asylbegehren (§§ 29 a, 30) zu beachten. Überdies verweisen die Vorschriften über den Folgeantrag (§ 71 IV 1. HS) sowie über den Zweitantrag (§ 71 a IV) auf die Bestimmungen des § 36, sodass in den Fällen, in denen das Bundesamt im Folge- oder Zweitantragsverfahren eine Abschiebungsandrohung erlässt, ebenfalls die einwöchige Klagefrist zu beachten ist (vgl. § 74 I 2. HS in Verb. mit § 36 III 1, 71 IV 1. HS oder 71 a IV). Unklarheit herrscht über die Klagefrist im Flughafenverfahren (vgl. Schenk, in: Hailbronner, AuslR, § 74 Rdn. 36; s. hierzu: § 18 a Rdn. 155 ff.)

89 Wird zwar der Eilrechtsschutzantrag innerhalb der Wochenfrist des § 36 III 1 gestellt, die Klage jedoch erst nach Ablauf der Wochenfrist des Abs. 1 2. HS erhoben, ist der einstweilige Antrag als unzulässig zurückzuweisen. Denn anders als im normalen Verwaltungsstreitverfahren, in dem der einstweilige Antrag jederzeit wiederholt werden kann, sofern die Anfechtungsklage fristgemäß erhoben worden ist, folgt aus der Fristgebundenheit des Eilrechtsschutzantrags das Verbot der Wiederholung (VGH BW, VBlBW 1985, 466 = DÖV 1986, 296). Hinzu kommt die klare gesetzgeberische Entscheidung für die Klagefrist von einer Woche nach Abs. 1 2. HS.

Klagefrist; Zurückweisung verspäteten Vorbringens **§ 74**

Da bei Versäumung der Klagefrist die Klage unzulässig ist, andererseits das 90
Eilrechtsschutzverfahren im Asylverfahrensrecht seine Eigenart als Mittel des
einstweiligen Rechtsschutzes, das in Abhängigkeit zum Hauptsacheverfahren steht, nicht verliert (BVerfG, EZAR 631 Nr. 4), teilt es das rechtliche
Schicksal des Anfechtungsprozesses. Die einwöchige Klagefrist gilt auch für
den Bundesbeauftragten, wenn das Bundesamt den Asylantrag zwar in der
qualifizierten Form ablehnt, zugleich jedoch das Vorliegen von Abschiebungshindernissen nach § 60 II–VII AufenthG feststellt und die Anfechtungsklage sich gegen diese Feststellung richtet (Hess.VGH, NVwZ-Beil.
1998, 73 (74)).

Mit der Fristregelung in Abs. 1 2. HS will der Gesetzgeber sicherstellen, dass 91
das Verwaltungsgericht rechtzeitig Kenntnis erlangt, ob der Antragsteller
Klage erhoben hat und damit ein die Anordnung des Suspensiveffekts regelmäßig erst ermöglichender Rechtsbehelf vorliegt (BT-Drs. 12/2062, S. 40). Von
der Verkürzung der Klagefrist unberührt bleibt allerdings die maßgebliche
Begründungsfrist nach Abs. 2 S. 1 auch in diesen Fällen. Angesichts der
gesetzgeberischen Vorgaben für die zeitliche Gestaltung des einstweiligen
Rechtsschutzverfahrens (§ 36 III 5 ff.) kann eine Ausschöpfung der Begründungsfrist von einem Monat jedoch einschneidende Folgen haben. In diesen Fällen verlagert sich der Schwerpunkt der Begründungspflicht ohnehin
in das Eilrechtsschutzverfahren hinein, in dem zur zweckentsprechenden
Rechtsverteidigung die sofortige Antragsbegründung dringend geboten ist.

Die *Berufungsfrist* endet nach § 124 a III 1 VwGO einen Monat nach Zustellung des Beschlusses über die Berufung. Diese allgemeine Prozessvorschrift 92
findet auch auf das Asylverfahren Anwendung (s. hierzu § 79 Rdn. 13 ff.).
Wie schon § 32 V 4 2. HS AsylVfG 1982 ordnet § 78 V 3 2. HS an, dass es im
Falle einer Stattgabe des Antrags auf Zulassung der Berufung nach § 78 IV
keiner besonderen Einlegung der Berufung bedarf. Vielmehr wird das Antragsverfahren in diesem Fall kraft Gesetzes als Berufungsverfahren fortgesetzt (§ 78 V 3 1. HS). Entsprechendes gilt für das Revisionsverfahren, wenn
der Nichtzulassungsbeschwerde durch das BVerwG stattgegeben wird (§ 139
II VwGO).

Generell ist anzumerken, dass die Sondervorschriften des AsylVfG nur bis 93
zur Verfahrensphase der Einleitung des Berufungsverfahrens reichen, abgesehen von der Sondervorschrift des § 78 I 1. Gegen die Nichtzulassung der
Revision durch das Berufungsgericht ist innerhalb eines Monats nach Zustellung beim Berufungsgericht Beschwerde einzulegen (§ 133 II 1 VwGO). Diese
ist innerhalb von zwei Monaten nach Zustellung zu begründen (§ 133 III 1
VwGO). Lässt das Berufungsgericht die Revision zu, ist diese innerhalb eines
Monats nach Zustellung einzulegen (§ 139 I 1 VwGO) und binnen zwei Monaten nach Zustellung zu begründen (§ 139 III 1 VwGO). Die Frist kann auf
Antrag vor ihrem Ablauf von dem Vorsitzenden des zuständigen Senates des
BVerwG verlängert werden (§ 139 III 3 VwGO).

4. Begründungsfrist (Abs. 2 Satz 1)

4.1. Funktion der Begründungsfrist

94 Nach Abs. 2 S. 1 sind die zur Begründung dienenden Tatsachen und Beweismittel binnen einer Frist von einem Monat nach Zustellung der Entscheidung anzugeben. Die Begründungsfrist knüpft damit nicht an die Klagefrist des Abs. 1 an. Vielmehr beginnen mit Zustellung Rechtsbehelfs- und Begründungsfrist einheitlich zu laufen. Während die Klagefrist nach Ablauf von zwei Wochen (Abs. 1 1. HS) bzw. von einer Woche (Abs. 1 2. HS) nach Zustellung endet, läuft die Begründungsfrist nach Ablauf eines Monats nach Zustellung einheitlich für alle Klagen – auch für die im Zusammenhang mit einem Eilrechtsschutzantrag nach § 36 III 1 erhobene Klage – ab (Abs. 2 S. 1).

95 Die Begründungsfrist wurde mit der Verabschiedung des AsylVfG 1992 erstmals in das Asylverfahren eingeführt. Nach der gesetzgeberischen Begründung soll die Begründungsfrist die Mitwirkungspflichten des Asylsuchenden verstärken und den Besonderheiten der asylgerichtlichen Verfahren Rechnung tragen. Die Sollvorschrift des § 82 I 3 VwGO werde damit für den Bereich der Asylstreitigkeiten zu einer *zwingenden Regelung* gestaltet (BT-Drs. 12/2062, S. 40). Dies sei sachgerecht, da die Gerichte im besonderen Maße auf die Mitwirkung des Klägers angewiesen seien.

4.2 Differenzierende Anforderungen an die Begründungspflicht

4.2.1. Erhöhte Begründungspflicht für individuelles Sachvorbringen

96 Wohl in stillschweigender Anknüpfung an die Rechtsprechung des BVerwG zum Umfang der Darlegungslast in Asylverfahren differenziert die Gesetzesbegründung zwischen den *Mitwirkungspflichten* des Asylsuchenden einerseits sowie den aus dem *Untersuchungsgrundsatz* (§ 86 I VwGO) folgenden gerichtlichen Verpflichtungen andererseits: Der Asylsuchende berufe sich regelmäßig auf Umstände, die in seinem *persönlichen Lebensbereich* liegen würden und daher nur von ihm selbst vorgetragen werden könnten. Auch die Beweismittel, die diese Umstände belegen könnten (insbesondere Zeugen und Urkunden), könnte vielfach nur der Kläger selbst benennen. Komme er seiner hieraus folgenden Mitwirkungspflicht nicht oder nur unzureichend nach, führe dies zu erheblichen Verfahrensverzögerungen. Dem solle durch die zwingende Begründungsfrist in Abs. 2 S. 1 Rechnung getragen werden (BT-Drs. 12/2062, S. 40).

97 Unberührt von dieser Darlegungspflicht bleibe der Untersuchungsgrundsatz nach § 86 I VwGO. Deshalb würden die Gerichte beispielsweise Ermittlungen über die *allgemeine politische Lage im Herkunftsland* des Asylklägers, soweit erforderlich, auch weiterhin von Amts wegen vornehmen müssen (BT-Drs. 12/2062, S. 40). Als generelle Faustregel zur Handhabung der fristgebundenen Begründungspflicht wird man daher sagen können, dass innerhalb der Begründungsfrist sämtliche den individuellen Lebensbereich des Asylklägers betreffende Tatsachen und Beweismittel anzugeben sind. Dies erfordert ins-

besondere eine *konkrete* und *detaillierte Auseinandersetzung* im Einzelnen mit den im angefochtenen Asylbescheid erhobenen *Bedenken gegen die Glaubhaftigkeit* der Sachangaben innerhalb der Begründungsfrist. Diese sind innerhalb dieser Frist nach Möglichkeit erschöpfend auszuräumen.

Ausreichend ist aber, dass dem Grunde nach Tatsachen und Umstände vorgetragen werden, die geeignet sind, Glaubhaftigkeitsbedenken auszuräumen. Ergänzendes Sachvorbringen nach Fristablauf, das sich auf dem Grunde nach bereits vorgetragene Tatsachen bezieht, bleibt rechtlich zulässig. Das Vorbringen *neuer Tatsachen* und *Beweismittel* bleibt unberührt (Abs. 2 S. 4). Der Anknüpfungszeitpunkt hierfür ist das Fristende nach Abs. 2 S. 1. Tatsachen und Beweismittel, die nach dieser Frist bekannt werden, können nachträglich vorgebracht werden und unterliegen keiner besonderen Fristbestimmung.

Im Übrigen werden mit Beweismitteln in erster Linie vorhandene Urkunden und Zeugen gemeint sein, die nur der Asylkläger selbst benennen kann. Es genügt insoweit ihre »Angabe«, d. h. Vorlage der Urkunde oder Benennung des Zeugen. Die Präzisierung des Beweisthemas wie auch die Angabe der ladungsfähigen Anschrift des benannten Zeugen können nachgeholt werden (Schenk, in: Hailbronner, AuslR, § 74 Rdn. 40). Vielfach wird der Asylkläger auch erst nach Ablauf der Begründungsfrist Kenntnis von vorhandenen Zeugen erlangen.

Zusammenfassend ist damit festzuhalten, dass innerhalb der Begründungsfrist vom Asylkläger sämtliche in seine persönliche Erlebnissphäre fallenden Ereignisse und Vorkommnisse, die Anlass zur Flucht gegeben hatten oder sich auf Aktivitäten im Bundesgebiet beziehen, erschöpfend und detailliert darzulegen sind. Da im angefochtenen Asylbescheid häufig eine Reihe von Einwänden gegen die persönliche Glaubwürdigkeit bzw. die Glaubhaftigkeit der Sachangaben erhoben werden, ist eine konkrete Auseinandersetzung mit diesen nach Maßgabe der genannten Grundsätze erforderlich.

4.2.2. Eingeschränkte Begründungspflicht zur allgemeinen politischen und rechtlichen Situation

Ausführungen zur allgemeinen politischen und rechtlichen Situation im Herkunftsland des Asylklägers bleiben jederzeit möglich. Dies trifft auch auf die zur Aufklärung der allgemeinen Situation im Herkunftsland dienenden Beweismittel zu. Insoweit ist das Gericht nach § 86 I VwGO ohnehin gehalten, von Amts wegen jede mögliche Aufklärung des Sachverhalts bis zur Grenze des Zumutbaren zu versuchen, sofern dies für die Entscheidung des Verwaltungsstreitverfahrens von Bedeutung ist (BVerfG, InfAuslR 1990, 161; BVerwG, DÖV 1983, 647 = InfAuslR 1983, 185 = BayVBl. 1983, 507; BVerwG, InfAuslR 1984, 292).

Der *Umfang* der nach Abs. 2 S. 1 fristgebundenen Begründungsfrist wird also durch die den Asylkläger treffende Darlegungspflicht bestimmt: Der Asylsuchende braucht nur in Bezug auf die in seine eigene Sphäre fallenden Ereignisse und persönlichen Erlebnisse eine in sich stimmige und widerspruchsfreie Schilderung zu geben, die geeignet ist, seinen Anspruch lückenlos zu tragen (BVerwG, EZAR 630 Nr. 8; BVerwG, InfAuslR 1984, 129; BVerwG, Inf-

§ 74   *Gerichtsverfahren*

AuslR 1989, 350). Hinsichtlich der allgemeinen Umstände ist ein Asylsuchender oft in einer schwierigen Lage. Denn seine eigenen Kenntnisse und Erfahrungen sind häufig auf einen engeren Lebenskreis begrenzt und liegen zudem stets einige Zeit zurück (BVerwG, InfAuslR 1981, 156; BVerwG, InfAuslR 1983, 76; BVerwG, DÖV 1983, 207; BVerwG, BayVBl. 1983, 507).

103 Daher würde seine Mitwirkungspflicht überdehnt, wollte man auch insofern einen Tatsachenvortrag verlangen, der seinen Anspruch lückenlos zu tragen vermöchte und im Sinne der zivilprozessualen Verhandlungsmaxime schlüssig zu sein hätte. Insofern muss es genügen, um das Gericht zu Ermittlungen zu veranlassen, wenn sich aus den vom Asylkläger vorgetragenen Tatsachen – ihre Wahrheit unterstellt – die *nicht entfernt liegende Möglichkeit* ergibt, dass ihm bei Rückkehr politische Verfolgung droht (BVerwG, InfAuslR 1981, 156; BVerwG, InfAuslR 1983, 76; BVerwG, DÖV 1983, 207; BVerwG, BayVBl. 1983, 507, s. hierzu im einzelnen: § 25 Rdn. 7; Marx, Handbuch, § 12 Rdn. 7–23).

104 Häufig werden Glaubhaftigkeitsbedenken auch aus Erkenntnissen zur allgemeinen Situation im Herkunftsland abgeleitet. Hier reicht es aus, wenn der Kläger substanziiert den Hergang der Ereignisse darlegt, so wie er ihn erlebt hat. Ist dieses Sachvorbringen in sich schlüssig, kann nicht ohne weiteres davon ausgegangen werden, dass die vom Bundesamt verwertete allgemein gehaltene Erkenntnisquelle die ihr beigemessene Aussagekraft hat. Erforderlichenfalls ist von Amts wegen aus Anlass des Sachvortrags weiter aufzuklären oder ist zu diesem Zweck Beweisantrag zu stellen.

105 Mit Blick auf die allgemeine Situation im Herkunftsstaat sind damit die Anforderungen an die Darlegungslast deutlich herabgestuft: Der Kläger muss die Tatsachen benennen, die dem Gericht Anlass geben sollen, die zur Bewertung seines individuellen Sachvortrags erforderlichen allgemeinen Zustände und Verhältnisse im Herkunftsland näher aufzuklären. Häufig wird die allgemeine Situation bereits hinreichend aufgeklärt sein, sodass es nur noch auf den »*Glaubhaftigkeitstest*« ankommt. Insbesondere in diesem Fall ist besondere Sorgfalt auf einen in sich stimmigen und dichten Vortrag über die individuellen Erlebnisse im Herkunftsland zu geben. In der Begründung sollte stets deutlich gemacht werden, aus welchen Gründen zu welchen allgemeinen Tatsachen und Umständen noch weitere Sachaufklärung für erforderlich erachtet wird. Aus der Rechtsprechung des BVerwG folgt, dass insoweit geringere Anforderungen an die Darlegungslast gestellt werden.

4.2.3. Eingeschränkte Begründungspflicht zu rechtlichen Fragen

106 *Rechtsausführungen* sind jederzeit möglich. Denn das Gericht hat über das Klagebegehren nach seiner eigenen Rechtsauffassung zu entscheiden. Rechtsausführungen des Klägers zu materiellen und prozessualen Fragen haben daher lediglich anregende Funktion bzw. bereiten sie das Rechtsgespräch in der mündlichen Verhandlung vor. Dem entspricht es, dass sie jederzeit vorgetragen werden können. Ausführungen zu allgemeinen, die Situation im Herkunftsland betreffenden Rechtsfragen unterliegen der eingeschränkten Begründungspflicht.

5. Fakultative Präklusion (Abs. 2 Satz 2 in Verb. mit § 87 b Abs. 3 VwGO)

5.1. Verfassungsrechtliche Vereinbarkeit

Nach Abs. 2 S. 2 gilt die Vorschrift des § 87 b III VwGO im Asylstreitverfahren entsprechend. Damit findet auch im Asylprozess die *fakultative Präklusionsvorschrift* des allgemeinen Verwaltungsprozessrechts Anwendung. Derartige Vorschriften verstoßen nicht grundsätzlich gegen Verfassungsrecht. Präklusionsvorschriften schränken jedoch die Möglichkeit zur Wahrnehmung des Anspruchs auf rechtliches Gehör im Prozess ein und bewegen sich damit grundsätzlich im grundrechtsrelevanten Bereich. Daraus folgt zwangsläufig, dass bei ihrer Anwendung die Schwelle der Grundrechtsverletzung eher erreicht werden kann, als dies üblicherweise bei der Anwendung einfachen Rechts der Fall ist (BVerfGE 75, 302 (314)). 107

Andererseits gewährt das *Grundrecht auf rechtliches Gehör* keinen Schutz gegen Entscheidungen, die den Sachvortrag eines Beteiligten aus Gründen des formellen oder materiellen Rechts ganz oder teilweise außer Betracht lassen (BVerfGE 36, 92 (97); 69, 145 (148 f.). Der Gesetzgeber kann das rechtliche Gehör auch im Interesse der *Verfahrensbeschleunigung* durch Präklusionsvorschriften begrenzen (BVerfGE 36, 92 ((98); 55, 72 (93 f.); 66, 260 (264); 69, 145 (149); 75, 302 (315); BVerfG, NJW 1981, 271 (273)). Allein der mit der Präklusion verfolgte Zweck der Abwehr pflichtwidriger Verfahrensverzögerungen durch die Parteien rechtfertigt verfassungsrechtlich die Einschränkung des Prozessgrundrechts auf rechtliches Gehör (BVerfG, NJW 1989, 706). 108

Allerdings müssen Präklusionsvorschriften wegen der einschneidenden Folgen, die sie für den säumigen Verfahrensbeteiligten nach sich ziehen, *strengen Ausnahmecharakter* haben (BVerfGE 60, 1 (6); 69, 145 (149); 75, 302 (312); BVerfG, NJW 1989, 706). Nach der Rechtsprechung des BVerfG ist dieser jedoch nur dann gewahrt, wenn die betroffene Partei ausreichend Gelegenheit hatte, sich in den ihr wichtigen Punkten zur Sache zu äußern, dies aber aus von ihr nicht zu vertretenden Gründen versäumt hat (BVerfGE 69, 145 (149); BVerfG, NJW 1981, 271 (273)). Die Vereinbarkeit prozessualer Sanktionen mit dem Anspruch auf rechtliches Gehör hängt nicht nur davon ab, ob die zugrundeliegenden Präklusionsvorschriften selbst richtig angewendet oder ausgelegt wurden. Von wesentlicher Bedeutung ist vielmehr auch die Handhabung des Verfahrens durch das Gericht (BVerfGE 75, 183 (190)). 109

Daraus ergibt sich, dass die Entscheidung über die Verfassungsmäßigkeit einer Präklusion auch davon abhängt, ob durch das Gericht die Grundsätze rechtsstaatlicher Verfahrensgestaltung eingehalten wurden (BVerfG, NJW 1989, 706)). Das wird bei den vielfältigen Möglichkeiten falscher Rechtsanwendung im Präklusionsrecht nicht ohne weiteres angenommen werden können. Vielmehr kann der Anspruch auf Gewährung des rechtlichen Gehörs auch bei der fehlerhaften Anwendung von Präklusionsvorschriften nur dann verletzt sein, wenn dadurch eine verfassungsrechtlich erforderliche Anhörung nicht stattgefunden hat (BVerfGE 75, 302 (315)). 110

Den Parteien und ihren Prozessbevollmächtigten können die schwerwiegenden Folgen der Versäumung richterlicher Erklärungsfristen nur dann zuge- 111 mutet werden, wenn über Beginn und Ende der Frist Gewissheit besteht. Fehlt es daran, so ist die *Ausschlusswirkung* nicht wirksam gesetzt, sodass keine Präklusionswirkung eintreten kann (BVerfGE 60, 1 (6)). Auch verletzt eine Präklusion Art. 103 I GG, wenn eine *unzulängliche richterliche Verfahrensleitung* die Verzögerung *mitverursacht* hatte (BVerfGE 51, 188 (192); 60, 1 (6); 75, 183 (190); BVerfG, NJW 1995, 1417). Verfassungsrechtlich unzulässig ist auch die *missbräuchliche Anwendung* einer Präklusionsvorschrift, sofern die erkennbar *unzureichende Terminsvorbereitung* die Zurückweisung als missbräuchlich erscheinen lässt (BVerfGE 75, 183 (190)).

112 Diese Beispiele lassen erkennen, dass die Grundsätze der rechtsstaatlichen Verfahrensgestaltung bei der Anwendung von Präklusionsvorschriften strikt zu beachten sind. Maßgebend für die Unzulässigkeit der Zurückweisung verspäteten Sachvorbringens ist also stets die Frage, ob die Verspätung oder zumindest die unterlassene Entschuldigung auch auf *gerichtlichem Fehlverhalten* beruht. Erschwerend kann hinzu treten, dass dieses Fehlverhalten in einer Vernachlässigung der *richterlichen Fürsorgepflicht* liegt. Denn diese bildet ein notwendiges Gegengewicht zu der Befugnis, verspätetes Vorbringen auszuschließen (BVerfGE 75, 183 (190f.)).

5.2. Voraussetzungen der Präklusion nach § 87 b Abs. 3 Satz 1 VwGO

5.2.1. Kumulativer Charakter der Voraussetzungen

113 Das Verwaltungsgericht kann nach Maßgabe des Abs. 2 S. 1 verspätet vorgebrachte Erklärungen und Beweismittel nach § 87 b III 1 VwGO zurückweisen und ohne weiter Ermittlungen entscheiden, wenn
1. ihre Zulassung nach der freien Überzeugung des Gerichts die Erledigung des Rechtsstreits verzögern würde,
2. der Beteiligte die Verspätung nicht genügend entschuldigt und er
3. über die Folgen einer Fristversäumnis belehrt worden ist.

114 Nach § 87 b III 2 VwGO ist der Entschuldigungsgrund *auf gerichtliches Verlangen* glaubhaft zu machen. Die fakultative Präklusion findet jedoch keine Anwendung, wenn es mit geringem Aufwand möglich ist, den Sachverhalt auch ohne Mitwirkung der Beteiligten zu ermitteln (§ 87 III 3 VwGO).

115 Die Voraussetzungen für die Präklusion müssen *kumulativ* vorliegen, d. h. alle drei Voraussetzungen müssen zusammen erfüllt sein (VGH BW, EZAR 631 Nr. 37 = NVwZ-Beil. 1995, 44). Daher tritt keine Präklusion ein, wenn das Gericht bei rechtzeitigem Vortrag auch nicht schneller entschieden hätte. Zutreffend wird deshalb darauf hingewiesen, dass es wegen der Vielzahl unbestimmter Rechtsbegriffe in Verbindung mit dem den Gerichten eingeräumten Ermessen nur selten zu einer Präklusion kommen dürfte. Denn es sei regelmäßig einfacher, zur Sache zu entscheiden, als die Zurückweisung im Einzelnen zu begründen (Schenk, in: Hailbronner, AuslR, § 74 AsylVfG Rdn. 43).

116 In Anbetracht der nach wie vor erheblichen Bearbeitungszeiten der Gerichte wird im Übrigen in aller Regel die Zulassung des verspäteten Sachvorbringens keine verfahrensverzögernde Wirkung haben. Überdies darf die Verzö-

gerung nicht unerheblich sein, sodass nur geringfügige Fristüberschreitungen außer Betracht zu bleiben haben.

Da die Frage, ob die Zulassung des verspäteten Sachvortrags die Erledigung des Rechtsstreits verzögern würde, nach *objektiven Gesichtspunkten* zu beurteilen ist, liegt keine Verzögerung vor, wenn das Verfahren auch *aus anderen Gründen* nicht *spruchreif* ist, etwa, weil ohnehin noch zur Aufklärung genereller Tatsachenfragen weitere Gutachten einzuholen sind, oder wenn die noch offenen Fragen unschwer und ohne unangemessenen Zeitaufwand *auch in der mündlichen Verhandlung geklärt* werden können (BVerfGE 81, 264 (273f.) = NJW 1990, 2373; BVerfG, NJW 1989, 706; BGH, NJW 1984, 1964; BGH, NJW 1987, 260; BGH, NJW 1991, 1181; s. auch BVerwG, NJW 1994, 673).

117

5.2.2. Ergänzendes Vorbringen

Von vornherein unzulässig ist die Anwendung der Präklusionsregelungen, wenn es sich bei den schriftsätzlich oder in der mündlichen Verhandlung abgegebenen Erklärungen gar nicht um die Angabe von Tatsachen im Sinne von Abs. 2 S. 1, sondern lediglich um die *nachträgliche Erläuterung und Ergänzung* solcher Tatsachen handelt, die bereits in der Klageschrift oder nachträglich innerhalb der Frist des Abs. 2 S. 1 durch Wiederholung der Sachangaben aus dem Verwaltungsverfahren angegeben wurden (VGH BW, EZAR 631 Nr. 37 = NVwZ-Beil. 1995, 44). Denn Abs. 2 S. 1 begründet keine Pflicht des Asylklägers zu einer in jeder Hinsicht erschöpfenden Klagebegründung, sondern kennzeichnet lediglich die Grenze der richterlichen Pflicht zur Berücksichtigung des Tatsachenvortrags. Erläuterungen, Ergänzungen und Vertiefungen eines innerhalb der Begründungsfrist nach Abs. 2 S. 1 substanziierten Tatsachenvortrags sind deshalb grundsätzlich bis zur mündlichen Verhandlung zulässig (VGH BW, EZAR 631 Nr. 37).

118

Ebenso können *neue Tatsachen* und *Beweismittel* uneingeschränkt, und ohne dass eine Frist zu beachten wäre, nach Abs. 2 S. 4 vorgebracht werden. »Neu« sind Umstände und Beweismittel, wenn sie erst nach Ablauf der Begründungsfrist entstanden sind (exilpolitische Aktivitäten) oder wenn sie erst später bekannt werden (Schenk, in: Hailbronner, AuslR, § 74 AsylVfG Nr. 48). Der volle Nachweis für die Behauptung, dass die Tatsachen oder Beweismittel erst jetzt bekannt geworden sind, muss nicht erbracht werden. Insoweit genügt Glaubhaftmachung (Schenk, in: Hailbronner, AuslR, § 74 AsylVfG Rdn. 48; wohl auch Molitor, in: GK-AsylVfG § 74 Rdn. 137). Ist die Verfügung nach § 87 b III VwGO nicht wirksam zugestellt worden, entfällt die Präklusionswirkung und darf auch ein verspätet gestellter Beweisantrag nicht abgelehnt werden (Hess.VGH, AuAS 1998, 204).

119

5.2.3. Individuelle Verfolgungstatsachen

Die Frage, ob der Asylkläger im Falle der Rückkehr in sein Heimatland Verfolgung zu befürchten haben wird, ist in aller Regel eine Frage der *Glaubhaftigkeit* seiner Sachangaben. Der Art der Einlassung des Asylsuchenden, seiner Persönlichkeit, insbesondere seiner Glaubwürdigkeit, kommen bei der Würdigung und Prüfung der Tatsache, ob er gute Gründe zur Gewissheit des Gerichts dargetan hat, eine überragende Bedeutung zu (BVerwG, DVBl.

120

1963, 145). Durch ein Gespräch zwischen Gericht und Kläger kann am besten sichergestellt werden, dass die Stichhaltigkeit des Asylbegehrens überprüft und etwaigen Unstimmigkeiten oder Widersprüchen des Sachvorbringens durch gezielte Rückfragen auf der Stelle nachgegangen wird (Hess.VGH, ESVGH 31, 269).

121 Der *Test auf die Glaubhaftigkeit* der Sachabgaben kann daher letztlich *erst in der mündlichen Verhandlung* durchgeführt werden. Die schriftliche Klagebegründung kann deshalb die hierfür maßgeblichen Gesichtspunkte lediglich zusammenfassen und die Glaubhaftigkeitsprüfung vorbereiten. Der verspätete Sachvortrag mag insoweit bei der Würdigung des Sachverhalts im Rahmen der freien Beweiswürdigung eine Rolle spielen. Eine gerichtliche Verfahrensweise, derzufolge wegen des unterbliebenen oder unzureichenden Sachvorbringens jegliche Fragen zum individuellen Verfolgungsvorbringen unterbleiben, ist deshalb unzulässig.

5.2.4. Begriff des Verschuldens nach § 87 b Abs. 3 Satz 1 Nr. 2 VwGO

122 Ob der Kläger die Verspätung genügend entschuldigt hat, ist zwar nicht unmittelbar nach denselben Grundsätzen zu beantworten, welche auch für die Wiedereinsetzung nach § 60 VwGO maßgebend sind. Für die Frage, ob die Verspätung des Vorbringens genügend entschuldigt ist, können jedoch die für Wiedereinsetzungsgründe gemäß § 60 I VwGO entwickelten Grundsätze entsprechend herangezogen werden (BVerwG, NVwZ 2000, 1042 (1043)). Daher sind insbesondere die im Wiedereinsetzungsrecht entwickelten Grundsätze zum Organisationsverschuldens des Rechtsanwaltes anwendbar (BVerwG, NVwZ 2000, 1042 (1043 f.); s. auch Rdn. 289 ff.).

5.2.5. Belehrungspflicht nach Abs. 2 Satz 3

123 Besondere Bedeutung hat die in Abs. 2 S. 3 enthaltene Pflicht zur *Belehrung* über die Begründungsfrist sowie die Folgen der Fristversäumnis (Schenk, in: Hailbronner, AuslR, § 74 AsylVfG Rdn. 45). Der Hinweis auf die Belehrungspflicht in Abs. 2 S. 3 ist zwar weitgehend mit der Belehrungspflicht nach § 87 b III 1 Nr. 3 VwGO identisch. Das Bundesamt weist in der Rechtsbehelfsbelehrung auf die fristgebundene Begründungspflicht und die rechtlichen Folgen im Falle ihrer Verletzung hin (Nieders.OVG, InfAuslR 2004, 454 (456)). Anders als die Belehrung nach § 87 b III Nr. 3 VwGO steht die Belehrung nach Abs. 2 S. 3 jedoch nicht im Zusammenhang mit einer konkreten Aufforderung, sondern kann nur generell auf die Frist zur Angabe der Begründungstatsachen und der Beweismittel und auf die möglichen Folgen ihres Unterbleibens hinweisen (Schenk, in: Hailbronner, AuslR, § 74 AsylVfG Nr. 46).

5.3. Rechtsfolgen des verspäteten Sachvorbringens

5.3.1. Gerichtliches Ermessen

124 Nach § 87 b III 1 VwGO *kann* das Gericht unter den Voraussetzungen dieser Vorschrift verspätet vorgetragene Tatsachen und Beweismittel zurückweisen. Die Ausübung des Ermessens muss – wie das Vorliegen aller Voraussetzun-

gen für eine Präklusion ohne weiteres *erkennbar oder nachvollziehbar* dargelegt sein (BVerwG, NVwZ 2000, 1042 (1043)). Zwar kann die Begründung sich schon aus der Darlegung ergeben, dass die tatbestandlichen Voraussetzungen für eine Zurückweisung nach § 87 b VwGO vorliegen. Die Anforderungen an eine ausreichende Begründung entziehen sich indes einer generellen Festlegung. Sie hängen vielmehr von den Umständen des jeweiligen Einzelfalls ab, wobei der *Begründungsbedarf* regelmäßig mit dem Gewicht der Präklusionsfolgen für den Betroffenen steigen wird (BVerwG, NVwZ 2000, 1042 (1043)).

Ursprünglich wollte der Gesetzgeber den verspäteten Sachvortrag ausnahmslos unbeachtet lassen (BT-Drs. 12/2062, S. 18). Dies hatte wegen der Erstreckung der fristgebundenen Begründungspflicht auch auf das Eilrechtsschutzverfahren mit der Besonderheit der einwöchigen Antrags- und Begründungsfrist zu unterschiedlichen Voten des Rechtsausschusses einerseits sowie des Innenausschusses andererseits geführt. Der Rechtsauschuss hatte aus verfassungsrechtlichen Bedenken eine Begründungsfrist von zwei Wochen für das Eilrechtsschutzverfahren vorgeschlagen (BT-Drs. 12/2718, S. 54). 125

Um den insbesondere gegen die kurze Frist im Eilrechtsschutzverfahren erhobenen verfassungsrechtlichen Bedenken Rechnung zu tragen, schlug der Innenausschuss deshalb vor, abweichend von der Entwurfsfassung die Präklusionsfolgen nicht zwingend eintreten zu lassen, sondern die Entscheidung über den Ausschluss verspäteten Vorbringens in das Ermessen des Gerichts zu stellen. Dies solle durch die Verweisung auf die Präklusionsvorschriften des allgemeinen Prozessrechts bewirkt werden. Den Gerichten werde es damit erleichtert, im Einzelfall zu einer verfassungskonformen Handhabung der Regelung zu kommen. Zugleich würden langwierige Wiedereinsetzungsverfahren mit ihrer verzögernden Wirkung vermieden (BT-Drs. 12/2718, S. 62). 126

5.3.2. Erfordernis der verfahrensverzögernden Wirkung

Das Verwaltungsgericht hat im Blick auf § 87 b III Nr. 1 VwGO stets zu prüfen, ob die Zulassung des Vorbringens nach seiner freien Überzeugung die Erledigung des Rechtsstreits verzögern würde. Dies erfordert eine plausible richterliche Prognose darüber, ob die Zulassung des Vorbringens die Erledigung des Rechtsstreits verzögern würde (VGH BW, EZAR 631 Nr. 37; s. auch BVerwG, NVwZ 2000, 1042 (1043)). Ob die Versäumung der Klagebegründungsfrist den Rechtsstreit verzögert, beurteilt sich danach, ob der Prozess bei Zulassung des verspäteten Vorbringens länger dauern würde als bei dessen Zurückweisung. Ob der Rechtsstreit bei rechtzeitigem Vorbringen ebenso lange gedauert hätte, ist unerheblich, es sei denn, dies wäre offenkundig (BVerwG, NVwZ-RR 1998, 592 (593)). In Anbetracht der erheblichen Bearbeitungszeiten der Verwaltungsgerichte wird eine derartige Prognose wohl nur in Ausnahmefällen zutreffen, sodass die Vorschrift des § 87 b III VwGO im Asylprozess weitgehend wirkungslos bleibt. 127

Die Gerichte behelfen sich daher auch mit prozessleitenden Anordnungen nach § 87 b II VwGO insbesondere zur Vorbereitung auf die mündliche Ver- 128 handlung in den Fällen, in denen erst geraume Zeit nach Ablauf der Begründungsfrist nach Abs. 2 S. 1 Termin zur mündlichen Verhandlung bestimmt wird. Die Zulässigkeit von Anordnungen nach § 87 b II VwGO neben § 87 b III VwGO wird allgemein anerkannt (Schenk, in: Hailbronner, AuslR, § 74 AsylVfG Rdn. 46; Molitor, in: GK-AsylVfG, § 74 Rdn. 138; a. A. VGH BW, EZAR 631 Nr. 37, S. 3). Die Fristsetzung muss allerdings vom Vorsitzenden, dem Berichterstatter oder dem Einzelrichter verfügt und unterzeichnet werden. Wegen der erheblichen Tragweite einer solchen Verfügung bedarf es der ordnungsgemäßen Unterzeichnung und Zustellung (BVerwG, NJW 1994, 746 = NVwZ 1994, 482 (LS)).

5.3.3. Anderweitige Abhilfemöglichkeit

129 Vor der Zurückweisung des schuldhaft verspäteten Sachvorbringens hat das Verwaltungsgericht stets zu prüfen, ob die Verspätung nicht durch zumutbare und damit prozessrechtlich gebotene vorbereitende richterliche Maßnahmen vor der mündlichen Verhandlung (vgl. § 87 VwGO) ausgeglichen werden können (VGH BW, EZAR 631 Nr. 35 = NVwZ 1995, 816). Das folgt aus § 87 b III 3 VwGO, wonach die Ermächtigung zur Zurückweisung nicht gilt, wenn es mit geringem Aufwand möglich ist, den Sachverhalt auch ohne Mitwirkung der Beteiligten zu ermitteln. Denn ist eine Verzögerung der Erledigung des Rechtsstreits durch eine solche Maßnahme vermeidbar, dient die Zurückweisung nicht mehr der Verhinderung von Folgen säumigen Verhaltens der Beteiligten. Sie wirkt vielmehr einer Verzögerung entgegen, die erst infolge unzureichender richterlicher Verfahrensleitung droht. Obwohl der Beteiligte die erste Ursache für die Verzögerung gesetzt hat, ist es unter solchen Umständen mit rechtsstaatlichen Erfordernissen unvereinbar, an ihre Säumnis Sanktionen zu knüpfen, die sich als eine Versagung rechtlichen Gehörs auswirken (VGH BW, EZAR 631 Nr. 35).

130 Die Unzulässigkeit der Zurückweisung folgt hier aus dem Grundsatz, dass eine Verletzung des rechtlichen Gehörs anzunehmen ist, wenn eine unzulängliche richterliche Verfahrensleitung die Verzögerung *mitverursacht* hat (BVerfGE 51, 188 (192); 60, 1 (6); 75, 183 (190); 75, 302 (313)). Führt mithin nicht ausschließlich die Verspätung, sondern daneben mitwirkend eine unzulängliche Verfahrensleitung zur Annahme einer Verzögerung, stellt die Präklusion einen Verstoß gegen Art. 103 I GG dar (BVerfG, NJW 1989, 706). Die Präklusionsvorschriften dürfen nicht dazu benutzt werden, verspätetes Sachvorbringen auszuschließen, wenn ohne jeden Aufwand erkennbar ist, dass die Pflichtwidrigkeit – die Verspätung allein – nicht kausal für eine Verzögerung ist (BVerfG, NJW 1995, 1417). Ebenso wenig rechtfertigen lediglich geringfügige schuldhafte Fristüberschreitungen angesichts des Ausnahmecharakters der Präklusionsvorschriften die Zurückweisung.

5.4. Keine isolierte Anfechtbarkeit der Zurückweisung

131 Die Zurückweisung verspäteten Vorbringens ist nicht selbständig angreifbar (BVerwG, NVwZ 2000, 1042 (1043)). Denn es handelt sich um eine vorberei-

tende Maßnahme, gegen die eine Beschwerde nicht stattfindet (§ 146 II VwGO). Das Verwaltungsgericht hat jedoch in den Entscheidungsgründen die für die Zurückweisung im Einzelnen maßgeblichen Gründe konkret darzulegen (BVerwG, NVwZ 2000, 1042 (1043)). Die Fehlerhaftigkeit der Zurückweisung kann lediglich im Zusammenhang mit dem Zulassungsantrag nach § 78 IV 1 geltend gemacht werden. In Betracht kommt hier die Verletzung rechtlichen Gehörs (§ 78 III Nr. 3 in Verb. mit § 138 Nr. 3 VwGO).

Sofern die Berufung zugelassen wird, kann die Zulassung des verspäteten Sachvortrags im Berufungsverfahren beantragt werden (§ 79 I in Verb. mit § 128a VwGO). Ebenso wie nach § 87 b III 3 VwGO gilt auch für das Berufungsverfahren, dass der verspätete Sachvortrag zuzulassen ist, wenn es mit geringem Aufwand möglich ist, den Sachverhalt auch ohne Mitwirkung der Beteiligten zu ermitteln (§ 128 a I 4 VwGO). Im Übrigen gilt eine vom Verwaltungsgericht angeordnete Präklusion gemäß § 128 a VwGO auch für das Berufungsverfahren und nach §§ 141 in Verb. mit 128 a VwGO auch für das Revisionsverfahren.

132

6. Klageerhebung

6.1. Vorbemerkung

Abs. 1 ordnet für die Klageerhebung kürzere Fristen als nach allgemeinem Verwaltungsprozessrecht an. Besondere Vorschriften über die Klageerhebung selbst sind dem Gesetz nicht zu entnehmen. Insofern gelten die allgemeinen Vorschriften. Danach ist die Klage bei dem örtlich zuständigen Verwaltungsgericht innerhalb der Klagefrist *schriftlich* zu erheben (§ 81 I 1 VwGO). Die fehlerhafte Rechtsmittelbelehrung setzt allerdings die Klagefrist nicht in Gang. Die Klage kann auch bei dem Verwaltungsgericht zur Niederschrift des Urkundsbeamten erhoben werden (§ 81 I 2 VwGO). Der Urkundsbeamte hat den anwaltlich nicht vertretenen Asylkläger sachgerecht zu belehren und insbesondere auch auf die Notwendigkeit mehrerer Klageanträge sowie gegebenenfalls auf die Erforderlichkeit der Stellung eines Eilantrags nach § 36 III 1 hinzuweisen.

133

Die Klage muss den Kläger, den Beklagten und den Gegenstand des Klagebegehrens bezeichnen (§ 82 I 1 VwGO). Sie soll einen bestimmten Antrag enthalten (§ 82 I 2 VwGO). Abweichend von der Sollvorschrift des § 82 I 3 VwGO ordnet Abs. 2 S. 1 an, dass die Klage innerhalb einer bestimmten Frist zu begründen ist. Anders als nach altem Recht (§ 30 AsylVfG 1982) ordnet das Gesetz nicht mehr ausdrücklich den *Klageverbund* an.

134

6.2. Örtlich zuständiges Verwaltungsgericht (§ 52 Nr. 2 Satz 3 VwGO)

6.2.1. Zustimmung der Ausländerbehörde

lage muss bei dem örtlich zuständigen Verwaltungsgericht erhoben werden. Bei der örtlichen Zuständigkeit handelt es sich um eine *von Amts wegen* zu be-

135

achtende Prozessvoraussetzung (BVerwG, NVwZ-RR 1995, 300 (301)). Nach § 52 Nr. 2 S. 3 VwGO ist in Streitigkeiten nach diesem Gesetz und wegen Verwaltungsakten der Ausländerbehörde gegen Asylsuchende das Verwaltungsgericht örtlich zuständig, in dessen Bezirk der Asylantragsteller *mit Zustimmung* der zuständigen Ausländerbehörde entweder seinen Wohnsitz oder in Ermangelung dessen seinen Aufenthalt hat oder seinen letzten Wohnsitz oder Aufenthalt hatte.

136 Maßgebend für die Beurteilung der örtlichen Zuständigkeit des Gerichts ist der *Zeitpunkt der Rechtshängigkeit,* d. h. der Zeitpunkt des Eingangs der Klage beim Gericht (BVerwG, InfAuslR 1985, 149; BVerwG, BayVBl. 1986, 504). Die Regelung des § 52 Nr. 2 S. 3 VwGO ist nach dem BVerwG mit höherrangigem Recht vereinbar, da eine vermeidbare Ungenauigkeit bei der Bestimmung des gesetzlichen Richters (Art. 101 I GG) nicht gegeben und im Übrigen eine gezielte Einflussnahme der Behörden auf den Gerichtstand von Asylsuchenden nicht zu befürchten sei (BVerwG, InfAuslR 1983, 76).

137 Für die den Gerichtsstand begründende behördliche Zustimmung ist die Bescheinigung über die Aufenthaltsgestattung nach § 63 maßgebend (BVerwG, BayVBl. 1986, 504; OVG Hamburg, EZAR 611 Nr. 5). Hat der Asylsuchende in einer Aufnahmeeinrichtung (§ 47 I 1) Wohnung zu nehmen, ist das Verwaltungsgericht örtlich zuständig, in dessen Bezirk sich die Aufnahmeeinrichtung befindet. Sind nach landesrechtlichen Vorschriften dieser Einrichtung Außenstellen und Gemeinschaftsunterkünfte zugeordnet, die im Bezirk eines anderen Verwaltungsgerichtes gelegen sind, ist nach der Rechtsprechung das Verwaltungsgericht örtlich zuständig, in dessen Bezirk sich die Aufnahmeeinrichtung befindet (VG Darmstadt, B. v. 22. 3. 1994 – 1 E 31245/94.A (2); VG Frankfurt am Main, NVwZ-Beil. 2001, 95).

138 Weil derartige Außenstellen und Gemeinschaftsunterkünfte, in denen der Kläger untergebracht sei, organisatorischer Bestandteil der Erstaufnahmeeinrichtung seien, erfordere die gebotene enge Auslegung der Vorschrift des § 52 Nr. 2 S. 3 VwGO, dass für die Bestimmung der örtlichen Gerichtszuständigkeit allein an die Aufnahmeeinrichtung anzuknüpfen sei (VG Darmstadt, B. v. 22. 3. 1994 – 1 E 31245/94.A (2); VG Frankfurt am Main, NVwZ-Beil. 2001, 95). Darauf, ob es sich dabei um eine selbständige Erstaufnahmeeinrichtung oder um eine unselbständige Außenstelle handelt, kommt es nicht an. Denn § 52 Nr. 2 S. 3 VwGO stellt *allein* darauf ab, wo sich ein Asylsuchender aufzuhalten hat (VG Darmstadt, B. v. 22. 3. 1994 – 1 E 31245/94.A (2); VG Frankfurt am Main, NVwZ-Beil. 2001, 95).

6.2.2. Nachträgliche Umverteilung

139 Insbesondere in den Fällen, in denen während der Klagefrist eine Zuweisungsentscheidung (§§ 50 f.) erlassen wird, ist zu prüfen, welches Verwaltungsgericht örtlich zuständig ist. Die nachträgliche *länderübergreifende Umverteilung* bewirkt wegen des Grundsatzes *perpetuatio fori* keine Änderung in der gerichtlichen Zuständigkeit (Thür.OVG, AuAS 1997, 24). Entscheidend für die Bestimmung des Gerichtsstandes ist ausschließlich die Zustimmung der Ausländerbehörde, die in dem der Klageerhebung vorangegangenen

Verteilungsverfahren im Hinblick auf den Kläger örtlich zuständige Ausländerbehörde geworden ist.

Erklärt die für den Asylsuchenden zuständige Ausländerbehörde in einer über die Beantragung von Asyl ausgestellten Bescheinigung, eine Wohnsitznahme in der Gemeinde, in der sich der Asylsuchende tatsächlich aufhalte, sei erforderlich, liegt darin die maßgebliche behördliche Zustimmung auch dann, wenn sich der Asylsuchende nach einer vorangegangenen Zuweisungsentscheidung an einem anderen Ort aufhalten sollte (BVerwG, BayVBl. 1986, 504). Maßgebend für das Vorliegen der die Gerichtszuständigkeit begründenden behördlichen Zustimmung ist im Übrigen der Zeitpunkt der Erhebung der Klage (BVerwG, BayVBl. 1986, 504). 140

Aus der Maßgeblichkeit der Bescheinigung über die Aufenthaltsgestattung für die gerichtliche Zuständigkeit wird abgeleitet, dass auch nach einer Zuweisungsentscheidung die bisherige Ausländerbehörde der Anknüpfungspunkt für die Bestimmung des Gerichtsstandes bleibe, wenn die nunmehr zuständig gewordene Behörde noch nicht die Bescheinigung nach § 63 ausgestellt habe. Begründet wird dies damit, dass – solange der Asylkläger durch die durch diese Entscheidung zuständig gewordene Ausländerbehörde nicht die Bescheinigung über die Aufenthaltsgestattung erlangt habe – die in der bisher erteilten Aufenthaltsgestattung erklärte behördliche Zustimmung maßgebend bleibe (OVG Hamburg, EZAR 611 Nr. 5). 141

Dem kann nicht zugestimmt werden: Mit Zustellung der Zuweisungsverfügung durch persönliche Aushändigung (vgl. § 50 V 1) ist der Asylsuchende zur unverzüglichen Befolgung der Verfügung verpflichtet (vgl. § 50 VI). Ab diesem Zeitpunkt geht die Zuständigkeit von der bisherigen auf die Ausländerbehörde über, die durch die Zuweisungsverfügung zuständig geworden ist. Die veränderte Zuständigkeit wird nicht durch die Ausstellung der Bescheinigung, sondern durch die Zuweisungsverfügung begründet. 142

Festzuhalten ist damit: Maßgebend für die Bestimmung des Gerichtsstandes ist die behördliche Zustimmung im Zeitpunkt der Klageerhebung (BVerwG, BayVBl. 1986, 504). Ist durch Zuweisungsverfügung die behördliche Zuständigkeit verändert worden, ist die Ausländerbehörde zuständig, die durch die Verfügung bestimmt worden ist. Dementsprechend ist das für den Bezirk der Ausländerbehörde zuständige Verwaltungsgericht zuständig. 143

6.2.3. Haft des Asylklägers

Wird der Asylkläger im Bezirk einer Ausländerbehörde aufgegriffen und dort in *Untersuchungshaft* genommen bzw. zum Zwecke der Haft in den Bezirk der Ausländerbehörde überstellt, ist regelmäßig davon auszugehen, dass dies mit dem Einverständnis der Ausländerbehörde erfolgt (Hess.VGH, EZAR 611 Nr. 9), sodass die Zuständigkeit des Verwaltungsgerichts begründet wird, in dessen Bezirk der amtliche Gewahrsam durchgeführt wird. Es kommt damit auf die Zustimmung der Ausländerbehörde an, in deren Bezirk der Asylsuchende im Zeitpunkt der Klageerhebung seinen Wohnsitz oder Aufenthaltsort gehabt hat. Dagegen ist nicht die Zustimmung der früheren Ausländerbehörde maßgebend (Hess.VGH, EZAR 611 Nr. 9). Nach § 52 Nr. 2 S. 3 VwGO *verdrängt* der gegenwärtige Wohnsitz oder Aufenthalt den frühe- 144 ren Wohnsitz oder Aufenthalt, sofern der spätere Wohnsitz oder Aufenthalt mit Zustimmung der nunmehr zuständig gewordenen Ausländerbehörde genommen worden ist (Hess.VGH, EZAR 611 Nr. 9).

6.2.4. Unerlaubter Aufenthalt außerhalb des zugewiesenen Bereichs

145 Anders liegt der Fall, wenn der Asylsuchende unerlaubt den ihm zugewiesenen Aufenthaltsbereich verlässt und in einem anderen Bundesland aufgegriffen und zwecks Rückführung festgenommen wird. Hier ist das Verwaltungsgericht örtlich zuständig, in dessen Bezirk der Asylsuchende mit Zustimmung der Ausländerbehörde seinen Aufenthalt zu nehmen hat (VG Berlin, InfAuslR 1994, 379 (380)). Diese Rechtsprechung ist zwar für den Sonderfall der Durchführung von Haft entwickelt worden. Die hierfür maßgebliche Begründung trifft aber auch auf den Fall des Erlasses der Zuweisungsentscheidung vor Ablauf der Klagefrist zu.

146 Auch wenn das Bundesamt den angefochtenen Bescheid an die ihm zuletzt vom Kläger mitgeteilte Adresse zustellt, begründet dies dann nicht die örtliche Zuständigkeit des für den Zustellungsort zuständigen Verwaltungsgerichts, wenn der Kläger sich dort ohne Zustimmung der Ausländerbehörde aufhält. In diesem Fall bleibt es bei der Zuständigkeit des Gerichts, in dessen Bezirk der Kläger mit Zustimmung der Ausländerbehörde seinen Wohnsitz zu nehmen hat (VG Gießen, NVwZ-Beil. 1994, 62; s. aber § 10 Rdn. 126 ff., zur Wirksamkeit der Zustellung).

6.2.5. Asylfolgeantrag

147 Liegen bei einem Asylfolgeantrag die Voraussetzungen des § 71 VII 1 vor, demzufolge eine räumliche Beschränkung im Folgeantragsverfahren fortgilt, ist das Verwaltungsgericht örtlich zuständig, in dessen Bezirk der Antragsteller gemäß § 71 VII 1 seinen Aufenthalt zu nehmen hatte (VG Schleswig, AuAS 1993, 228). Durch die für Klage- und Eilantrag gemeinsame Bestimmung der Rechtsmittelfrist (Abs. 1 2. HS) ergeben sich anders als nach früherem Recht (s. hierzu OVG Rh-Pf, NVwZ-RR 1989, 217) keine Besonderheiten für den Gerichtsstand für das Eilrechtsschutzverfahren.

148 Fehlt es im Falle der Erteilung eines Aufenthaltstitels an einer wirksamen Aufenthaltsbeschränkung und damit an einer darin zum Ausdruck kommenden für die Anwendung von § 52 Nr. 2 S. 3 VwGO maßgebenden behördlichen Zustimmung, wird vereinzelt davon ausgegangen, dass es an den Voraussetzungen dieser Vorschrift fehle, sodass sich deshalb die Zuständigkeit wegen § 52 Nr. 3 S. 3 nach § 52 Nr. 5 VwGO richte, mit der Folge, dass das VG Ansbach örtlich zuständig ist (VG Braunschweig, AuAS 1998, 33). Diese Ansicht mutet verkrampft an und übersieht, dass in der Erteilung des Aufenthaltstitels die erforderliche behördliche Zustimmung zu sehen ist.

149 Die Sondervorschriften des § 52 Nr. 2 S. 3 VwGO gelten nur für Streitigkeiten nach dem AsylVfG und für Verwaltungsakte der Ausländerbehörde *gegen* Asylbewerber. Daraus wird in der obergerichtlichen Rechtsprechung abgeleitet, dass diese Sondervorschriften dann nicht anwendbar sind, wenn der Rechtsstreit sich auf eine den Asylsuchenden *begünstigende* Maßnahme der Ausländerbehörde, wie z.B. die Erteilung einer Duldung nach altem Recht,

bezieht, und zwar unabhängig davon, ob das Asylverfahren noch anhängig ist oder nicht (OVG Bremen, EZAR 611 Nr. 10 = InfAuslR 1989, 355).

6.3. Verweisung an das örtlich zuständige Verwaltungsgericht

6.3.1. Klageerhebung beim unzuständigen Verwaltungsgericht

Gemäß § 17 b I 2 GVG, § 83 VwGO bleiben nach Klageerhebung beim unzuständigen Gericht und dessen Verweisung des Rechtsstreits an das zuständige Gericht die Wirkungen der Rechtshängigkeit bestehen. Die Klageerhebung bei einem unzuständigen Gericht ist danach unschädlich. Aus dem asylverfahrensrechtlichen Beschleunigungsziel folgt keine abweichende Regelung (BayVGH, AuAS 2000, 137). Anders ist der Fall zu beurteilen, in dem die Klage bei einem Gericht eingeht, an das sie nach dem Willen des Klägers nicht gerichtet ist. In diesem Fall ist eine wirksame Klageerhebung bei einem unzuständigen Gericht gerade nicht gegeben.

150

Die schuldhafte Erhebung der Klage bei einem unzuständigen Gericht erhält danach die Rechtshängigkeit nicht (OVG Rh-Pf, NJW 1981, 1005; OVG Rh-Pf, NVwZ-RR 1996, 181 f.; VGH BW, NJW 1988, 222; BayVGH, AuAS 2000, 137). Unterzeichnet der Rechtsanwalt die Klageschrift ohne zu bemerken, dass die Bürokraft die Bezeichnung des Gerichts eigenmächtig geändert hat, so trägt er dafür die volle Verantwortung (OVG SA, NVwZ-RR 2004, 385). § 17 b I 2 GVG findet damit nur dann Anwendung, wenn die Klage bei einem Gericht eingeht, bei dem sie nach dem Willen des Klägers eingereicht werden sollte, dieses Gericht indes unzuständig ist.

151

Ebenso wenig erhalten bleibt die Rechtshängigkeit der Sache im Falle einer Klage, die zwar an das zuständige Gericht adressiert, jedoch bei einem unzuständigen Gericht eingereicht wird (OVG NW, NJW 1996, 334 = AuAS 1995, 251 f.). In diesem Fall ist das Gericht, bei dem das Schriftstück eingeht, obwohl es dort nicht eingehen sollte, zu einer prozessualen Behandlung weder verpflichtet noch überhaupt berechtigt, sondern allenfalls nur gehalten, die Eingabe zurückzusenden oder weiterzuleiten (so ausdrücklich OVG SA, NVwZ-RR 2004, 385 (386)). Die versehentliche Zuleitung an ein anderes als das angesprochene Gericht unterscheidet sich damit qualitativ nicht von einem sonstigen Irrläufer des Schriftstückes an einen beliebigen Dritten. Im Gegensatz zum Rechtsirrtum, der zur Anrufung des falschen Gerichts führt und den der Gesetzgeber nachsichtig behandelt hat, ist die versehentliche Zuleitung ebenso wenig fristunschädlich wie eine sonstige Nachlässigkeit bei der Übermittlung fristgebundener Schriftstücke (OVG NW, NJW 1996, 334).

152

6.3.2. Verweisungsantrag

Ist der Rechtsbehelf trotz ordnungsgemäßer Rechtsbehelfsbelehrung beim örtlich nicht zuständigen Verwaltungsgericht erhoben worden, ist gemäß § 17 II GVG *Antrag auf Verweisung* an das zuständige Verwaltungsgericht zu stellen. Dies gilt auch für das Eilrechtsschutzverfahren (BayVGH, NVwZ-RR 1993, 668; BayVGH, NJW 1997, 1251 = NVwZ 1997, 577; OVG Berlin, NVwZ-RR 1998, 464 (465); VG Berlin, InfAuslR 1994, 379). Die Verweisung erhält,

153

auch wenn sie erst nach Ablauf der Rechtsmittelfrist erfolgt, die *Rechtshängigkeit der Sache* (BGH, NJW 1986, 2255; OVG Rh-Pf, NVwZ-RR 1996, 181; OVG NW, NJW 1996, 334 = AuAS 1995, 251). Diese Rechtsfolge ergibt sich unmittelbar aus dem Gesetz (vgl. § 83 VwGO in Verb. mit § 17 b I 2 GVG).

6.3.3. Bindungswirkung des Verweisungsbeschlusses

154 Der Beschluss, mit dem sich das Verwaltungsgericht für unzuständig erklärt sowie das Verwaltungsstreitverfahren an das nach seiner Auffassung zuständige Verwaltungsgericht verweist, ist für dieses analog § 17 a II 3 GVG bindend. Die Durchbrechung der Bindungswirkung ist allenfalls bei »extremen Verstößen« denkbar (BVerwG, NVwZ 1995, 372; Hess.VGH, NVwZ-RR 1996, 611 (612)), etwa dann, wenn für den Verweisungsbeschluss jede gesetzliche Grundlage fehlt, er also auf Willkür beruht, oder wenn die unter Verstoß gegen die Zuständigkeitsbestimmungen erfolgte Verweisung zu funktionswidrigen Folgen führen würde (Hess.VGH, NVwZ-RR 1995, 611 (612)) oder wenn der Verweisungsbeschluss auf einer Verletzung des rechtlichen Gehörs beruht (BayObLG, AnBl. 2/2003, 120). Extreme Verstöße mögen im Übrigen etwa dann anzunehmen sein, wenn mit der Verweisung zugleich eine Verkürzung des Instanzenzugs einherginge (Hess.VGH, NVwZ-RR 1995, 611 (612)).

155 Dem Verwaltungsgericht stehen bei umstrittener örtlicher Zuständigkeit in entsprechender Anwendung des § 17 a GVG grundsätzlich nur zwei Entscheidungsmöglichkeiten zur Verfügung. Es kann entweder seine eigene Zuständigkeit vorab aussprechen (§ 17 a III GVG) oder nach § 17a II GVG seine Unzuständigkeit erklären und den Rechtsstreit an das örtlich zuständige Verwaltungsgericht verweisen (BVerwG, NVwZ-RR 1995, 611 (612)). Weder der Wortlaut noch der Sinn und Zweck des Gesetzes lassen es hingegen zu, dass das Gericht seine eigene Unzuständigkeit feststellt, ohne zugleich eine bindende Verweisung an das zuständige Gericht auszusprechen.

156 Das gilt auch für den Fall, dass die isolierte Unzuständigkeitserklärung nach bereits erfolgter bindender Verweisung ausschließlich zu dem Zweck erfolgt, die Möglichkeit einer Vorlage beim BVerwG nach § 53 I Nr. 5, II VwGO zu eröffnen. Ein solcher Beschluss stellt sich nämlich als Versuch dar, sich der Bindungswirkung aus § 17a II 3 GVG zu entziehen (BVerwG, NVwZ 1995, 372).

157 Unterlässt das Verwaltungsgericht eine Vorabentscheidung über den Rechtsweg nach § 17 a III 2 GVG, kann das Rechtsmittelgericht die Zulässigkeit des beschrittenen Rechtswegs prüfen (BayVGH, NVwZ-RR 1993, 668; BayVGH, NVwZ 1997, 577 = NJW 1997, 1251; OVG Rh-Pf, NVwZ-RR 1993, 668). Das Gericht, das über ein Rechtsmittel gegen eine Entscheidung in der Hauptsache entscheidet, prüft jedoch nicht, ob der beschrittene Rechtsweg zulässig ist (§ 17 a V GVG). Im Rahmen des § 83 S. 1 VwGO bedeutet dies, dass das Berufungsgericht bei der Überprüfung des erstinstanzlichen Urteils von einer in dem Urteil ausdrücklich oder stillschweigend bejahten örtlichen Zuständigkeit des betreffenden Verwaltungsgerichts ohne weiteres auszugehen hat (BVerwG, NVwZ-RR 1995, 300 (301); offengelassen Thür.OVG, AuAS 1997, 24). Auch wenn sich erst im Antragsverfahren nach § 78 IV herausstellen sollte, dass das erstinstanzliche Verwaltungsgericht örtlich unzuständig ist, darf

daher das Berufungsgericht die Sache nicht an das örtlich zuständige Berufungsgericht verweisen.

6.3.4. Streitschlichtung durch das Oberverwaltungsgericht

Im Konfliktfall kann gemäß § 53 I Nr. 5 VwGO das Obergericht die Zuständigkeit des Verwaltungsgerichts bestimmen. Allein der Umstand, dass die Vorschrift des § 52 Nr. 2 S. 3 VwGO im konkreten Verfahren verschiedene Auslegungsmöglichkeiten zulässt, die jeweils zu verschiedenen Gerichtsständen führen, rechtfertigt indes nicht die Anrufung des nächsthöheren Gerichts. Die Entscheidung, welcher Auslegung der Vorrang gebührt, obliegt allein dem mit der Sache befassten Gericht (Hess.VGH, AuAS 1994, 48, zur Streitschlichtung nach § 53 I Nr. 3 VwGO). Seine Entscheidung ist für das Gericht, an das der Rechtsstreit verwiesen worden ist, hinsichtlich des Rechtswegs bindend (§ 17a II 3 GVG). Einer Streitschlichtung durch das Obergericht bedarf es deshalb nicht.

Anders liegt der Fall, wenn verschiedene Gerichte, von denen eines für den Rechtsstreit zuständig ist, sich rechtskräftig für unzuständig erklärt haben. Hier entscheidet das Berufungsgericht den *negativen Kompetenzkonflikt* (§ 53 I Nr. 5 VwGO). Darüber hinaus ist es für den Fall eines negativen Kompetenzkonfliktes mehrerer unzuständiger Gerichte und ausschließlicher Zuständigkeit eines dritten Gerichts, der von § 53 I Nr. 5 VwGO nicht erfasst wird, im Hinblick auf den Zweck dieser Vorschrift und den Grundsatz der *Prozessökonomie* geboten, dass das Berufungsgericht diese Lücke zu schließen und in entsprechender Anwendung des § 53 I Nr. 5 VwGO das zuständige Gericht zu bestimmen hat (Hess.VGH, NVwZ-RR 1995, 611 (612)).

Auch wenn anhand einer landesrechtlichen Zuständigkeitsregelung Streit über die örtliche Zuständigkeit der Verwaltungsgerichte aufkommt, besteht ein sachliches Bedürfnis für eine obergerichtliche Bestimmung des örtlich zuständigen Verwaltungsgerichtes unter entsprechender Anwendung des § 53 III 1 in Verb. mit § 53 I Nr. 3 VwGO (Thür.OVG, B. v. 15. 4. 2004 – 1 SO 79/04).

6.4. Formerfordernisse der Klageschrift

6.4.1. Erfordernis der Schriftlichkeit

Die Klage ist *schriftlich* oder zur Niederschrift des Urkundsbeamten der Geschäftsstelle bei dem Verwaltungsgericht zu erheben (§ 81 I VwGO). Die schriftliche Klage ist in *deutscher Sprache* abzufassen (§ 55 VwGO, § 184 GVG). Das gilt auch für den der deutschen Sprache nicht mächtigen Asylsuchenden (BVerwG, NJW 1990, 3103; Molitor, in: GK-AsylVfG, § 74 Rdn. 29; a. A. BayVGH, NJW 1976, 1048; FG Saarland, NJW 1989, 3112; s. hierzu auch Ebner, DVBl. 1971, 341; Vogler, NJW 1985, 1764). Die Gegenmeinung verweist auf das Zusammenwachsen des Rechts- und Wirtschaftslebens innerhalb der Länder der EU und interpretiert § 184 GVG zeitgemäß dahin, dass eine in einer der maßgebenden Amtssprachen der EU abgefasste Klageschrift, die noch innerhalb der Klagefrist beim Gericht eingeht, jedenfalls dann als fristwahrend zu behandeln ist, wenn das Gericht aufgrund eigener Sprachkenntnisse in der Lage ist, einem Begehren nachzugehen und ihm auch nachgegangen ist oder wenn das Gericht unverzüglich eine Übersetzung veranlassen kann oder eine solche von der Partei unverzüglich nachgereicht wird (FG Saarland, NJW 1989, 3112; BayVGH, NJW 1976, 1048). Danach ist der Gebrauch einer der Amtssprachen der EU ausreichend. Nicht vorausgesetzt ist, dass der Verfahrensbeteiligte Bürger der EU ist.

6.4.2. Eigenhändige Unterzeichnung der Klageschrift

162 Die Klageschrift muss vom Kläger oder dessen Verfahrensbevollmächtigten *eigenhändig unterschrieben* sein. Ist die Unterschrift nicht einmal andeutungsweise erkennbar, wie z. B. durch ein Handzeichen, ist das Erfordernis der Schriftform nicht gewahrt (EGH Hamm, BRAK-Mitt. 4/1990, 249). Dem Schriftformerfordernis genügt eine Unterschrift mittels *Faksimile-Stempel* nicht (VG Darmstadt, HessVGRspr. 1994, 6; VG Darmstadt, Hess.VGRspr. 1994, 71; VG Wiesbaden, HessVGRspr. 1994, 7; VG Wiesbaden, Hess. VGRsp. 1995, 31 (32); Rdn. 79).

163 Dem Erfordernis der Schriftlichkeit kann jedoch auch ohne eigenhändige Namenszeichnung genügt sein, wenn sich aus anderen Anhaltspunkten eine der Unterschrift vergleichbare Gewähr für die Urheberschaft und den Willen ergeben, das Schreiben in den Rechtsverkehr zu bringen (BVerwGE 30, 274 (277 ff.); BVerwGE 81, 32 (35), BVerwG, NVwZ 1989, 555 = NJW 1989, 1175; BVerwG, NJW 2003, 1544 = AuAS 2003, 102 = NVwZ 2003, 997 (LS); VGH BW, ESVGH 39, 320). Entscheidend ist, ob sich dies aus dem bestimmten Schriftsatz allein oder in Verbindung mit den ihn begleitenden Umständen hinreichend sicher ergibt, ohne dass darüber Beweis erhoben werden müsste. Aus Gründen der Rechtssicherheit kann dabei nur auf die dem Gericht bei Eingang des Schriftsatzes erkennbaren oder bis zum Ablauf der Frist bekannt gewordenen Umstände abgestellt werden (BVerwG, NJW 2003, 1544 = AuAS 2003, 102 = NVwZ 2003, 997 (LS), für die revisionsrechtliche Nichtzulassungsbeschwerde). Werden Urheberschaft und Rechtsverkehrwille bereits aus dem bestimmten Schriftsatz ersichtlich, bedarf es keines weiteren fristgebundenen Vortrags. Dieser ist nur erforderlich, wenn erst aus begleitenden, dem Gericht nicht ohne weiteres erkenntlichen Umständen Urheberschaft und Rechtsverkehrswille erschlossen werden können.

164 Es widerspricht dem Grundsatz des fairen Verfahrens, wenn das Verwaltungsgericht erstmals vier Jahre nach Klageerhebung den Kläger, der seine Klageschrift nicht unterzeichnet hatte, danach befragt, ob er den Briefumschlag beschriftete habe, wenn dieser bei der gerichtlichen Geschäftsabwicklung vernichtet worden war (OVG Brandenburg, AuAS 2000, 200). Da der Briefumschlag einen Anhaltspunkt dafür hätte liefern können, ob dem Schriftlichkeitserfordernis trotz der fehlenden Unterschrift durch einen handschriftlichen Absendervermerk Genüge getan worden ist, darf die in die Sphäre des Gerichts fallende Vernichtung des Umschlags nicht dem Kläger angelastet werden. Ihm darf daher eine eventuelle Verfristung der Klage nicht entgegen gehalten werden (OVG Brandenburg, AuAS 2000, 200). Es bedarf deshalb keines Wiedereinsetzungsantrags. Vielmehr ist die Klage we-

gen der in die Sphäre des Gerichts fallenden Nichtaufklärbarkeit des fristgemäßen Eingangs als fristgerecht eingegangen zu behandeln. Eine Heilung des Mangels der Unterschrift durch Vollziehung nach Ablauf der Rechtsbehelfsfrist ist nicht möglich (OVG NW, NVwZ 1991, 582).

6.4.3. Bezeichnung des Klagegegenstandes

Die Klage muss den *Kläger*, den *Beklagten* und den *Gegenstand des Klagebegehrens* bezeichnen (§ 82 I 1 VwGO). Sie soll einen *bestimmten Antrag* enthalten (§ 82 I 2 VwGO). Genügt die Klage diesem Erfordernis nicht, so kann der Vorsitzende oder der Berichterstatter dem Kläger für die Ergänzung eine Frist mit ausschließender Wirkung setzen (§ 82 II 1 VwGO). Nach der Rechtsprechung des BVerwG genügt es, wenn das Ziel des Klagebegehrens aus der Tatsache der Einlegung des Rechtsmittels allein oder in Verbindung mit den während der Rechtsmittelfrist abgegebenen Erklärungen erkennbar ist (BVerwGE 58, 299 (300 f.), unter Hinweis auf BVerwGE 13, 94 (95)). 165

Im Asylprozess genügt es daher regelmäßig, dass sich nach dem gegebenenfalls sachdienlich durch Auslegung (vgl. § 86 III, § 88 VwGO) zu ermittelnden Sinn des Klagebegehrens ergibt, dass der Kläger die Aufhebung des Bescheides und die Gewährung von Abschiebungsschutz begehrt. Nur in dem Fall, in dem das Begehren widersprüchlich ist, hat der Vorsitzende oder Berichterstatter den Kläger zur Klarstellung seines Begehrens auffordern. Erfolgt diese nicht innerhalb der gesetzten Frist, so ist die Klage endgültig unzulässig (BFH, NVwZ-RR 1999, 815). 166

Ergibt sich danach aus den Klageanträgen und den innerhalb der Rechtsmittelfrist eingereichten Unterlagen hinreichend deutlich das mit dem Klagebegehren verfolgte Ziel, dürfen erst in der mündlichen Verhandlung gestellte Anträge *nicht als Klageänderungen*, sondern müssen diese als auch noch nach Ablauf der Rechtsmittelfrist zulässige *Klageerweiterungen* behandelt werden (BFH, NVwZ-RR 1998, 408). Dass die sachgerechte Antragstellung nicht Voraussetzung für eine ordnungsgemäße Klageerhebung ist, ergibt sich aus § 82 I 2, II VwGO, wonach die Klage nur einen bestimmten Antrag enthalten »soll« (OVG SH, NVwZ 1992, 385). 167

In dem Antrag auf Gewährung von internationalem Schutz im Sinne von § 60 I AufenthG in Verb. mit Art. 4–13 der Qualifikationsrichtlinie ist bei sachdienlicher Auslegung das Begehren auf Verpflichtung der Beklagten auf Gewährung dieses Schutzes enthalten. Die Asylberechtigung enthält als Kernelement die für den internationalen Schutz maßgebenden Voraussetzungen. Beantragt der Kläger die *uneingeschränkte* Aufhebung des Bescheids des Bundesamtes, jedoch schriftsätzlich zugleich lediglich die Verpflichtung auf Asylanerkennung und erst in der mündlichen Verhandlung die Verpflichtung auf Gewährung von internationalem Schutz nach § 60 I AufenthG und auf Feststellung von Abschiebungshindernissen nach § 60 II–VII AufenthG, so ist die Klage in Ansehung der späteren Anträge *nicht* als verfristet anzusehen (OVG Hamburg, NVwZ-Beil. 1998, 44 (45) = AuAS 1998, 115). 168

Nur wenn der Kläger sein Begehren ausdrücklich auf den Abschiebungsschutz nach § 60 I AufenthG oder auf den nach § 60 II–VII AufenthG beschränkt, darf das Verwaltungsgericht über das Begehren nicht hinausgehen 169 (vgl. § 88 VwGO). Bei einer offenen, nicht auf die Anspruchgrundlagen verweisenden Formulierung, die aber eine uneingeschränkte Aufhebung des Bescheides und eine dem korrespondierende Formulierung um Gewährung von internationalen Schutz enthält, kann das Begehren sachdienlich ausgelegt werden. Gegebenenfalls ist der Kläger nach § 82 II 1 VwGO zur Erläuterung aufzufordern.

170 Der Kläger hat in diesem Fall zur Bestimmung des Klagegegenstandes substanziiert darzulegen, inwieweit der angefochtene Verwaltungsakt rechtswidrig ist und ihn in seinen Rechten verletzt (vgl. BFH, NVwZ-RR 1999, 815). Da im Asylprozess die Klage ohnehin innerhalb der Monatsfrist des § 74 II 1 die Klage zu begründen ist, wird sich eine prozessleitende Verfügung zumeist erübrigen. Vielmehr kann regelmäßig aus der Klagebegründung hinreichend konkret der Inhalt des Klagebegehrens ermittelt werden.

6.4.4. Bezeichnung der ladungsfähigen Anschrift des Klägers

171 Zur ordnungsgemäßen Klageerhebung und zur Bezeichnung des Klägers gehört grundsätzlich auch die Angabe der *ladungsfähigen Adresse* des Klägers, d.h. der Adresse, unter der er tatsächlich zu erreichen ist (Hess.VGH, NVwZ-RR 1996, 179 (180); OVG NW, NVwZ-RR 1997, 390; BayVGH, AuAS 2003, 164 (165)). Die Pflicht zur Angabe der Wohnanschrift entfällt, wenn ihre Erfüllung unmöglich oder unzumutbar ist (BVerwG, NJW 1999, 2608 = NVwZ 1999, 1107; s. aber BVerfG (Kammer), EZAR 630 Nr. 37 = InfAuslR 1999, 43 = NVwZ-Beil. 1999, 17; zur Ausreise des Klägers s. § 81 Rdn. 34 ff.). Aus der Nichtangabe der Anschrift des Klägers im Klagerubrum (s. hierzu auch § 81 Rdn. 47 ff.) kann daher nicht ohne weiteres ein fehlendes Rechtsschutzbedürfnis abgeleitet werden. Die Angabe, dass der Kläger jederzeit über seinen Prozessbevollmächtigten erreichbar ist, genügt dem bezeichneten Erfordernis jedoch grundsätzlich nicht (BayVGH, AuAS 2003, 164 (165); Nieders.OVG, NVwZ-Beil. 2003, 37; vgl. auch OVG NW, AuAS 2002, 91 (92); Thür.OVG, InfAuslR 2000, 19 (20); VGH BW, AuAS 1998, 119 (120); s. auch Rdn. 218 ff., zum Problem des »untergetauchten« Klägers).

172 § 82 I VwGO erfordert bei natürlichen Personen in der Regel die Angabe der Wohnanschrift und ihre Änderung. Die Wohnanschrift ist nur angegeben, wenn sie sich nicht bereits aus den Akten ergibt, sonstwie bekannt ist oder sich auf andere Weise ohne Schwierigkeiten ermitteln lässt. Erforderlichenfalls muss das Verwaltungsgericht dem Kläger einen Hinweis geben. Lebt der Kläger im Ausland, genügt die Angabe der Anschrift im Ausland (BVerwGE 117, 380 (383) = EZAR 019 Nr. 19 = NVwZ 2003, 1275 = InfAuslR 2003, 324 = AuAS 2003, 182).

173 Entspricht die Klage den in § 82 I VwGO genannten Voraussetzungen nicht, so hat der Vorsitzende oder der Berichterstatter den Kläger zu der erforderlichen Ergänzung innerhalb einer bestimmten Frist aufzufordern (BVerwG, NJW 1999, 2608 = NVwZ 1999, 1107 (LS); BayVGH, AuAS 2003, 164 (165); zum Wegfall des Rechtsschutzbedürfnisses wegen Nichtangabe der Adresse des Klägers s. Rdn. 175, 218 ff.). Unterbleibt danach in der Klageschrift die Angabe der ladungsfähigen Adresse, darf das Verwaltungsgericht die Klage nicht ohne weiteres als unzulässig abweisen, sondern hat gemäß § 87 b in

Verb. mit § 82 II VwGO den Kläger unter Fristsetzung zur Bezeichnung der ladungsfähigen Adresse aufzufordern (OVG NW, NVwZ-RR 1997, 390; BayVGH, AuAS 2003, 164 (165)).

Der Kläger muss nicht ausdrücklich benannt werden. Es genügt, wenn sich die Person des Klägers aus der Rechtsmittelschrift oder aus anderen dem Verwaltungsgericht innerhalb der Rechtsmittelfrist vorgelegten Unterlagen ergebe. Die Person des Rechtsmittelführers muss mithin innerhalb der Rechtsmittelfrist für das Gericht erkennbar werden (BGH, NJW 1994, 1879). Die Rechtsmittelschrift muss lediglich die Angabe enthalten, für wen und gegen wen das Rechtsmittel eingelegt werde (BGH, NJW 1994, 1879).

Nach der obergerichtlichen Rechtsprechung dient jedoch die Angabe der ladungsfähigen Adresse in der Klageschrift nicht nur der Individualisierbarkeit und Identifizierbarkeit des Klägers. Jedenfalls der Prozessbevollmächtigte müsse die ladungsfähige Adresse kennen. Sei auch das nicht der Fall, verletze der Kläger eine ihm obliegende prozessuale Mitwirkungspflicht, auf die nicht anders als mit einer Prozessabweisung zu reagieren sei (OVG NW, NVwZ-RR 1997, 390: BayVGH, AuAS 2003, 164 (165)). Die Pflicht zur Angabe der Wohnungsanschrift entfalle nur dann, wenn ihre Erfüllung unmöglich oder unzumutbar sei. Die maßgebenden Gründe für eine Ausnahme von der Verpflichtung zur Angabe einer ladungsfähigen Anschrift, etwa nur schwer zu beseitigende Probleme bei der Beschaffung der für die Angabe der Anschrift erforderlichen Informationen, sind dem Gericht innerhalb der Ausschlussfrist des § 82 II 2 VwGO mitzuteilen (BayVGH, AuAS 2003, 164 (165)). Insbesondere nach der Abschiebung des Asylklägers im Flughafenverfahren oder auch in anderen Verfahren darf das Verwaltungsgericht keine unzumutbaren oder unerfüllbaren Anforderungen aufstellen.

Tritt der Asylsuchende im Asylverfahren unter *falschen Namen* auf, so wird nach der Rechtsprechung der Bescheid auch dann wirksam zugestellt, wenn er an den Kläger unter seinen falschen Namen gerichtet wird (s. hierzu auch § 30 Rdn. 160 ff.; § 71 Rdn. 22 ff.). Voraussetzung für eine wirksame Bekanntgabe nach § 43 I 1 VwVfG sei lediglich, dass der Kläger als Adressat wirklich existiere, nicht hingegen, dass er unter falschen Namen aufgetreten sei. Denn dies berühre seine tatsächliche Identität nicht. Auf diese allein komme es jedoch an (BayVGH, EZAR 210 Nr. 12).

Dementsprechend kann der Kläger unter dem Namen, den er dem Bundesamt angegeben hat und unter dem der Bescheid an ihn zugestellt worden ist, Klage erheben. Eine ganz andere Frage betrifft die Notwendigkeit, zur Durchsetzung des Klageanspruchs die Identitätstäuschung im Rahmen der Klagebegründung offen zu legen und die hierfür maßgeblichen Gründe plausibel und überzeugend darzulegen.

6.5 Klageerhebung durch Telefax

Nach inzwischen übereinstimmender und gefestigter Rechtsprechung der Fachgerichte ist die Einlegung eines Rechtsmittels durch Benutzung *moderner Textübermittlungssysteme*, wie z. B. *Telefax*, rechtlich zulässig (BVerwG, EZAR

205 Nr. 10 = NVwZ 1989, 673; BVerwG, AuAS 1997, 218; Hess.VGH, NVwZ 1992, 1212; Hess.VGH, AuAS 1996, 46 (47); VGH BW, ESVGH 39, 320; OVG Hamburg, NVwZ 1997, 1139; OVG NW, NVwZ 1991, 582; OVG NW, NJW 1996, 334 = AuAS 1995, 251; OVG Rh-Pf, AuAS 1998, 126; BAG, NJW 1989, 1822; BAG, NZA 1990, 985; BGH, NJW 1989, 598; EBE/BGH 1989, 365; BGH, NJW 1994, 1879; BayVerfGH, NJW 1993, 1125; EGH Hamm, BRAK-Mitt. 4/1990, 249; zweifelnd VG Frankfurt am Main, HessVGRspr.1993, 71; VG Wiesbaden, NJW 1994, 537 = NVwZ 1994, 403 (LS)). Die durch Telefax eingereichte Klage genügt nach der Rechtsprechung des BVerwG dem Erfordernis der Schriftform.

179 Zwar fehlt es an der eigenhändigen Unterzeichnung. Denn es handelt sich lediglich um eine auf fernmeldetechnischem Weg übermittelte Fotokopie des am Absendeort verbliebenen, eigenhändig unterschriebenen Orginals des Schriftsatzes. Da jedoch auch durch die Vorlage einer als Telebrief oder Telekopie dem Gericht übermittelten Fotokopie des eigenhändig unterschriebenen Orginalschriftsatzes die verlässliche Zuordnung dieser Eingabe an eine bestimmte Person als Urheber und ihr Charakter als gewollte Prozesserklärung und nicht bloßer Entwurf hinreichend gesichert sind, wird damit dem Zweck des Erfordernisses einer eigenhändigen Unterschrift genügt (BVerwG, EZAR 205 Nr. 10).

180 Eine durch Telefax übermittelte Klageschrift entspricht den Formerfordernissen im Übrigen nur, wenn sie einem Empfangsgerät des Gerichts zugeht oder einem Empfangsgerät der Post und von dort auf postalischem Weg (Telebrief) dem Gericht zugeleitet wird (BAG, NZA 1990, 985). Wird von der technischen Möglichkeit der Übermittlung durch Telefax Gebrauch gemacht und der Orginalschriftsatz als Briefsendung nachgesandt, begründet dies kein neues selbständiges Verfahren, mit dem die gleiche Sache anderweitig anhängig wird (Hess.VGH, NVwZ 1992, 1212). Die Zusendung des Orginalschriftsatzes als Briefsendung ist deswegen sinnvoll, weil die durch Telefax übermittelte Klageschrift unleserlich sein kann und weil darüber hinaus die Klageschrift die für die Prozessbeteiligten erforderlichen Ausfertigungen enthalten muss.

181 Die durch Telefax übermittelte Klageschrift kann durch Handzeichen unterzeichnet sein. Eine Unterzeichnung mittels Faksimilestempel genügt nicht. Die mit einer vervielfältigten – ursprünglich eigenhändigen – Unterschrift versehene Klageschrift eröffnet eine verlässliche Überprüfung der Urheberschaft des Schriftstückes. Demgegenüber ermöglicht ein Faksimilestempel Missbrauchsmöglichkeiten, sodass dies dem Erfordernis der Schriftlichkeit nicht gerecht wird (VG Wiesbaden, NJW 1994, 403 = NVwZ 1994, 403 (LS)).

182 Bedient sich der Rechtsanwalt zur Einlegung eines Rechtsbehelfs seines Telefaxgerätes, muss er die Möglichkeit einer *Störung* seines Gerätes bedenken (OLG München, NJW 1991, 303; zur Wiedereinsetzung s. Rdn. 280ff.). Notfalls muss er auf andere Weise, etwa durch Benutzung des Telefaxgerätes eines anderen Rechtsanwaltes oder durch Blitztelegramm, für den rechtzeitigen Eingang des Schriftsatzes Sorge tragen (OLG München, NJW 1991, 303; Hess.VGH, AuAS 1996, 46 (47); OVG Hamburg, NJW 2000, 1667 = NVwZ

2000, 822; a. A. OVG Sachsen, NJW 1996, 2251). Begründet wird dies damit, dass den Absender die *volle Beweislast* dafür treffe, dass der Schriftsatz den Empfänger erreiche (OLG München, NJW 1993, 2447).

Durch die Vorlage der Sendeberichte werde dieser Nachweis nicht ohne weiteres erbracht. Telefaxprotokolle könnten allenfalls ein *Indiz* für den Zugang von Schreiben begründen. Sie hätten keinen entscheidenden Beweiswert (LG Darmstadt, NJW 1993, 2448; OLG Rostock, NJW 1996, 1831 (1832)). Daten eines Sendeprotokolls könnten durch Manipulation beliebig hergestellt werden. Nicht nur Uhrzeit und Datum seien beliebig einstellbar. Auch die Empfängerkennung (Telefaxnummer des Empfängers) könne, wenn dem Absender ein zweiter Telefaxanschluß zur Verfügung stehe, nach Belieben manipuliert werden (LG Darmstadt, NJW 1993, 2448). Das durch den Sendebericht begründete Indiz für den Zugang reiche daher in dem Fall nicht aus, in dem der Zugang bestritten und ein sog. Kommunikationsjournal oder vergleichbares Protokoll vorgelegt werde, welches das angeblich gesendete Telefax nicht als eingegangen ausweise (LG Darmstadt, NJW 1993, 2448). **183**

Demgegenüber braucht nach der Gegenmeinung die »bloße Möglichkeit«, dass das Empfangsgerät unerkannt funktionsunfähig sein könnte, den Kläger nicht zu veranlassen, andere Formen der Übertragung zu wählen oder sich durch fernmündliche Nachfrage des Eingangs bei Gericht zu versichern (OVG Sachsen, NJW 1996, 2251; VGH BW, NJW 1994, 538 = NVwZ 1994, 390 (LS)). Enthalte der Absendebericht den Vermerk »OK«, könne der Kläger davon ausgehen, die Klage werde innerhalb der Frist dem Gericht in der erforderlichen schriftlichen Form zugehen. **184**

Die Verantwortung für den verspäteten Bereich liege daher ausschließlich in der Sphäre des Gerichts, wenn das Empfangsgerät aufgrund eines technischen Defekts den gespeicherten Text nicht ausdrucke, ohne dass dies für den Absender erkennbar sei. In diesem Fall könne der Absender davon ausgehen, die Klage werde innerhalb der Frist dem Gericht zugehen (OVG Sachsen, NJW 1996, 2251; VGH BW, NJW 1994, 538). In diesem Fall sei von Amts wegen Wiedereinsetzung in den vorigen Stand zu gewähren (VGH BW, NW 1994, 538). Wenn eine Kopiervorlage in das Telefaxgerät gegeben werde, könne es aus verschiedenen Gründen, etwa schlechte Telefonverbindung, Vorlagestau oder Störungen bei der Empfangsstelle, dazu kommen, dass ein Schriftsatz nicht oder nur teilweise übermittelt werde. Der Absender könne sich einen Einzelnachweis über den Sendevorgang ausdrucken lassen, der die ordnungsgemäße Übermittlung belege oder Störungen anzeige (OLG Rostock, NJW 1996, 1831 (1832)). Erst wenn dieser die Störung anzeigt, besteht deshalb für den Absender Anlass, innerhalb der Klagefrist nach anderen Übermittlungswegen Ausschau zu halten. **185**

Die Rechtsprechung des BGH hat sich nunmehr wohl der Gegenmeinung angeschlossen: In der Rechtsprechung sei anerkannt, dass eine unlesbar oder verstümmelt zu den Akten gelangte fernschriftliche Klageschrift, deren Inhalt sich erst nachträglich feststellen lasse, mit ihrem vollständigen Inhalt – einschließlich der Unterzeichnung – als eingegangen anzusehen sei, wenn die Ursache für den Mangel der Lesbarkeit und Vollständigkeit in der Sphäre des Gerichts gelegen habe. Entsprechendes gelte auch bei der Übermittlung **186**

§ 74 Gerichtsverfahren

durch Telefax (BGH, MDR 1995, 310 = NJW 1994, 1881; so schon BGH, MDR 1988, 961, für Fernschreiben; so auch LG Dortmund, NJW 1996, 1832 (1833)).

187 Der BGH beruft sich auf die Rechtsprechung des BVerfG, derzufolge für die Rechtzeitigkeit des Eingangs bei Gericht allein entscheidend ist, dass das Schriftstück innerhalb der Frist tatsächlich in die Verfügungsgewalt des Gerichts gelangt. Etwaige Fristversäumnisse, die auf Verzögerungen der Entgegennahme der Sendung durch das Gericht beruhen, dürfen danach dem Bürger nicht angelastet werden. Die Grenze des Zumutbaren ist nach Ansicht des BVerfG überschritten, wenn auf den Bürger die Verantwortung für Risiken und Unsicherheiten bei der Entgegennahme rechtzeitig in den Gewahrsam des Gerichts gelangter fristwahrender Schriftstücke abgewälzt wird und die Ursache hierfür allein in der Sphäre des Gerichts zu finden ist (BVerfGE 69, 381 (385f.).

188 Deshalb ist nach Ansicht des BGH von einem rechtzeitigen Eingang eines fristgebundenen Schriftsatzes bei Gericht auszugehen, wenn dieser vollständig durch elektronische Signale vom Sendegerät des Absenders zum Empfangsgerät des Gerichts übermittelt worden ist, dort aber lediglich infolge technischer Störungen – etwa eines Papierstaus – nicht vollständig fehlerfrei und unverstümmelt ausgedruckt worden ist, vorausgesetzt, sein Inhalt ist einwandfrei ermittelbar, was durch Nachsendung des Originals des Schriftsatzes ermöglicht wird (BGH, MDR 1995, 310). Etwas anders gilt nur, wenn ein Papierstau am Empfangsgerät dazu führt, dass die Verbindung während der Übermittlung abbricht, sodass auch die vollständige Signalübermittlung nicht stattfinden kann (BGH, MDR 1991, 1193; BGH, MDR 1995, 310).

189 Da von einem rechtzeitigen Eingang des fristgebundenen Schriftsatzes für den Fall auszugehen ist, dass der Fehler in der Übermittlung ausschließlich in der Sphäre des Gerichts liegt, bedarf es keiner Wiedereinsetzung (so aber VGH BW, NJW 1994, 538). Nur wenn der technische Fehler während des Übermittlungsvorgangs auftritt und die Verbindung abbricht, besteht Anlass, etwa durch Aufgabe eines Blitz-Telegramms oder Beauftragung eines privaten, überörtlichen Kurierdienstes (vgl. Hess. VGH, AuAS 1996, 46 (48)) den Schriftsatz rechtzeitig dem Gericht zuzuleiten.

190 Zur Vermeidung unnötiger Probleme empfiehlt es sich angesichts dieser Rechtsprechung, sich nach Absendung der Klageschrift durch telefonische Anfrage beim Gericht des fristgemäßen Eingangs zu versichern. Der Rechtsanwalt muss jedenfalls durch organisatorische Anweisungen sicherstellen, dass die für das angeschriebene Gericht zutreffende Telefaxnummer verwendet und dass anhand des Sendeberichtes eine entsprechende Kontrolle vorgenommen wird (BVerwG, NVwZ 2004, 1007, mit zahlreichen Hinweisen). Das Gericht verletzt andererseits seine Hinweis- und Aufklärungspflicht, wenn es den Kläger nicht darauf hinweist, dass seine Klageschrift nicht vollständig per Fax bei ihm eingegangen ist (BFH, NVwZ-RR 2004, 80).

191 Es ist andererseits in der Rechtsprechung anerkannt, dass einem anwaltlich nicht vertretenen Verfahrensbeteiligten, der aufgrund einer fehlerhaften Auskunft des Telefonansagedienstes die Telefax-Nummern des Erst- und Berufungsgerichtes vertauscht, auf Antrag Wiedereinsetzung in den vorigen

Stand zu gewähren ist, wenn für ihn keine besonderen Anhaltspunkte für eine Verwechselungsgefahr bestanden (Hess.VGH, NJW 2001, 3722 = NVwZ 2002, 108).

6.6. Vorlage der Vollmacht

6.6.1. Sachentscheidungsvoraussetzung

§ 67 III 1 VwGO bestimmt, dass der Bevollmächtigte eine schriftliche *Vollmacht* einzureichen hat. Hierbei handelt es sich um eine vom Gericht von Amts wegen zu beachtende *Sachentscheidungsvoraussetzung*, deren Nichtbeachtung zur Unzulässigkeit der Klage führt (BFH, NVwZ-RR 2000, 263). Für eine Zustellung an Bevollmächtigte reicht es danach nicht aus, dass tatsächlich ein Vertretungsverhältnis besteht. Vielmehr muss hinzu kommen, dass das Gericht auch davon Kenntnis erlangt, dass ein Bevollmächtigter für das Verfahren bestellt ist (OVG NW, NVwZ-RR 2002, 234 (235)). Die schriftliche Vollmacht kann auch durch einen Vertreter unterzeichnet sein, in Bezug auf den die Voraussetzungen der *Duldungsvollmacht* vorliegen (OVG NW, NVwZ-RR 2004, 72). **192**

Aus § 67 III 2 1. HS VwGO folgt andererseits, dass die Wirksamkeit der Klage *nicht* von dem gleichzeitigem Nachweis der Vollmacht abhängig ist (BVerwG, InfAuslR 1985, 166). Der Umstand, dass eine Vollmacht weder zusammen mit dem Rechtsbehelf noch später nachgereicht worden ist, berechtigt das Gericht allein noch nicht, den Rechtsbehelf nach Ablauf einer gewissen Frist als unzulässig zurückzuweisen. Eine derartige Verfahrensweise verletzt das verfassungsrechtlich verbürgte Recht auf Gehör (BVerwG, InfAuslR 1985, 166). Das Gericht darf keine Überraschungsentscheidungen treffen. **193**

Gerade im Hinblick auf die *Möglichkeit einer Nachreichung* muss dem Bevollmächtigten deshalb zu erkennen gegeben werden, dass die Vollmacht bisher nicht vorgelegt wurde, dies jedoch zur Beurteilung der Zulässigkeit des Rechtsbehelfs für erforderlich erachtet wird. Insbesondere bei rechtlich nicht vorgebildeten Bevollmächtigten kann es sich empfehlen, entsprechend der Vorschrift des § 67 III 2 2. HS VwGO eine Frist zu setzen. Diese hat keine ausschließende Wirkung, sondern eine *gesteigerte Warnfunktion* in dem Sinne, dass nach Fristablauf mit der Entscheidung über die Zulässigkeit des Rechtsbehelfs nicht mehr zugewartet werden braucht (BVerwG, InfAuslR 1985, 166). **194**

Legt der Prozessbevollmächtigte jedoch auch nach wiederholter gerichtlicher Erinnerung keine Vollmacht vor und stellt sich heraus, dass er den Rechtsbehelf lediglich fristwahrend im vermuteten Interesse des Auftraggebers erhoben hat, ist der Rechtsbehelf nach dem BVerwG mit der Folge abzuweisen, dass den Prozessbevollmächtigten die Kosten des Verfahrens aufzuerlegen sind (BVerwG, NJW 1960, 593; s. aber § 83b I). Legt ein als Bevollmächtigter auftretender Rechtsanwalt trotz Fristsetzung und Hinweises auf die Folgen der Nichteinreichung der Vollmacht, diese nicht vor, so kann er sich nach Zustellung des Prozessurteils nicht darauf berufen, die im Verwaltungsverfahren vorgelegte Vollmacht habe seine Prozessvertretung mit abgedeckt (BSG, NJW 2001, 2652 = NVwZ 2001, 1198 (LS)). **195**

| 196 | Für die gerichtliche Aufforderung, eine Prozessvollmacht vorzulegen, ist im Allgemeinen ausreichend, dass diese angefordert wird (BVerwG, InfAuslR 1985, 166). Die Ausschlussfrist kann sofort nach Klageeingang gesetzt werden. Eine Frist von *drei Wochen* wird als nicht unangemessen angesehen (BFH, NVwZ-RR 2000, 263). Das Gericht soll innerhalb kurzer Frist nach Klageerhebung feststellen können, ob die Sachentscheidungsvoraussetzungen vorliegen (BFH, NVwZ-RR 2000, 263). Hat der Prozessbevollmächtigte Vollmacht vorgelegt, kann andererseits aus dem Schweigen des Klägers auf eine Aufforderung des Gerichts, wegen dessen Zweifel an der Bevollmächtigung hierzu Stellung zu nehmen, nicht auf einen Widerruf der einmal erteilten Vollmacht geschlossen werden (BFH, NVwZ-RR 1999, 280; BFH, NVwZ-RR 2000, 192; BFH, NVwZ 2002, 639 (640)). Im Übrigen genügt die Bezugnahme auf eine dem Gericht bereits vorliegende Vollmacht, wenn diese Bestandteil der Akten eines anderen Spruchkörpers dieses Gerichts ist (BFH, NVwZ-RR 1998, 528). |
| 197 | Hat der Kläger eine umfassende Vollmacht vorgelegt, darf das Gericht aus dem Schweigen des Klägers auf eine gerichtliche Aufforderung, sein Einverständnis mit der Klageerhebung zu erklären, nicht folgern, dem Bevollmächtigten sei keine Vollmacht erteilt worden. Nachdem der Kläger umfassend Vollmacht erteilt hat, besteht für ihn nur dann Anlass, sich dem Gericht gegenüber zu äußern, falls er mit der Klageerhebung nicht ein verstanden ist und die Vollmacht widerrufen will (BFH, NVwZ-RR 1999, 280). |

6.6.2. Anforderungen an die Prozessvollmacht

| 198 | Die schriftliche Vollmacht muss wie eine Willenserklärung im Sinne des § 126 BGB vom Auftraggeber *unterzeichnet* sein (BVerwG, InfAuslR 1983, 309). Im Rahmen dieser Vorschrift ist es anerkanntermaßen unerheblich, in welcher Reihenfolge Text und Unterschrift gesetzt werden. Demgemäß sind *Blankounterschriften* oder zunächst unvollständig ausgefüllte Vollmachtsformulare, enen zur Herstellung des Bezugs zum konkreten Rechtsstreit erst später einText vorgestellt wird, nach allgemeiner Ansicht formwirksam (BVerwG, InfAuslR 1983, 309; BFH, NVwZ-RR 1997, 387 (388); BFH, NVwZ 1998, 662 (663); BFH, NVwZ-RR 2001, 347). Ebenso reicht es aus, wenn der Prozessbevollmächtigte das Vollmachtsformular zwar unvollständig belässt, den notwendigen Bezug zum konkreten Rechtsstreit aber dadurch herstellt, dass er das Formular einem eingereichten Schriftsatz anheftet (BFH, NVwZ-RR 1997, 387 (388); BFH, NVwZ-RR 2001, 347; BFH, NVwZ 2002, 639 (640)). |
| 199 | Das Prozessrecht verbietet es nicht, dass der Auftraggeber seinem Rechtsanwalt mehrere unterschriebene, im Übrigen aber unausgefüllte Vollmachtsformulare übergibt und ihn ermächtigt, sie nach eigener Entscheidung von Fall zu Fall zu ergänzen – erst dadurch entsteht die konkrete Prozessvollmacht – und zu verwerten (BVerwG, InfAuslR 1983, 309; BFH, NVwZ 2002, 639 (640)). Auch eine bereits vor Jahren erteilte Vollmacht bleibt unter diesen Voraussetzungen wirksam (BFH, NVwZ 1998, 662 (663); BFH, NVwZ-RR 1999, 80; BFH, NVwZ 2002, 639 (640)). Dementsprechend ist auch eine *undatierte* Vollmacht wirksam (BFH, NVwZ 2002, 639 (640). Gegebenenfalls ist eine unzureichend ausgefüllte Vollmachtsurkunde im Zusammenhang mit dem ein- |

gereichten Schriftsatz auszulegen (BFH, NJW 1998, 264; BFH, NVwZ 2002, 639 (640)).

Die § 67 III VwGO ergänzende Vorschrift des § 88 ZPO ist wegen des im Verwaltungsprozessrecht stark ausgeprägten Untersuchungsgrundsatzes in der Weise anzuwenden, dass beim Auftreten eines Rechtsanwaltes als Prozessbevollmächtigten eine *Prüfung der Vollmacht* von Amts wegen grundsätzlich nicht, wohl aber dann stattfindet, wenn besondere Umstände dazu Anlass geben, die Bevollmächtigung des Anwalts in Zweifel zu ziehen (BVerwG, InfAuslR 1985, 166).

Von dem Fall der Blankovollmacht zu unterscheiden ist der Fall, in dem der Verfahrensbevollmächtigte eine Vollmacht vorlegt, die einen Vertretungstatbestand bezeichnet, um den es im anhängigen Verfahren nicht geht. Die Vollmacht – auch eine Blankovollmacht – muss stets den Vertretungstatbestand präzis bezeichnen. Es begegnet andererseits Bedenken, dass eine Vollmacht, die in einem Verfahren vorgelegt wird, das auf Verlängerung des Aufenthaltstitels gerichtet und mit dem Vermerk »Aufenthaltsrechtliche Angelegenheiten« bezeichnet ist, nicht als ordnungsgemäße Vollmacht behandelt wird (vgl. Hess.VGH, InfAuslR 2002, 76 (77)).

Legt ein Bevollmächtigter eine Vollmacht, die umfassend auf die Bevollmächtigung »wegen Asylangelegenheiten, Aufenthaltsgestattung, Ausländerrecht« hinweist, nur im gegen die Ausländerbehörde gerichteten Eilrechtsschutzverfahren vor, nicht indes zugleich auch im asylrechtlichen Klageverfahren, so wird in der obergerichtlichen Rechtsprechung vereinzelt für das Klageverfahren eine nicht ordnungsgemäße Bevollmächtigung angenommen (OVG NW, NVwZ-RR 2002, 234 (235)). Diese Rechtsprechung ist jedoch nicht mit dem Grundsatz, dass Verfahrensvorschriften so auszulegen und anzuwenden sind, dass sie ein Höchstmaß an effektiven Rechtsschutz sicherstellen (vgl. Art. 19 IV GG), zu vereinbaren. Außerdem kann den Entscheidungsgründen nicht entnommen werden, ob vor Zustellung des Prozessurteils eine Warnung an den Bevollmächtigten ergangen war.

6.6.3. Zustellung an den Prozessbevollmächtigten

Ist ein Bevollmächtigter für das Verfahren bestellt, sind *Zustellungen* oder Mitteilungen des Gerichts an diesen zu richten (§ 67 III 3 VwGO; s. auch § 10 Rdn. 56ff.). Solange der Vollmachtsvertrag im Innenverhältnis fortbesteht, findet § 67 III 3 VwGO Anwendung. Besteht das Auftragsverhältnis deshalb noch fort, weil der Kontakt des Rechtsanwaltes zum Auftraggeber abgerissen ist und dieser daher im Innenverhältnis den Auftrag nicht wirksam kündigen kann, ist gemäß § 67 III 3 VwGO *ungeachtet der Mandatsniederlegung* nach wie vor an den Verfahrensbevollmächtigten zuzustellen (BVerwG, InfAuslR 1984, 90; BVerwG, NVwZ 1985, 337; Hess.VGH, NVwZ 1998, 1313 = AuAS 1998, 261; VGH BW, AuAS 2004, 258 (259)). Das Gericht kann nach dieser Rechtsprechung etwa bei Kenntnis von dem unterbrochenen Kontakt an den Rechtsanwalt eine Betreibensaufforderung gemäß § 81 zustellen, mit der Folge, dass nach Fristablauf die Klage mit allen für den Auftraggeber nachteiligen Folgen als zurückgenommen gilt (s. hierzu § 81 Rdn. 38ff.).

204 Eine Mandatsniederlegung wird dem Gericht und den anderen Verfahrensbeteiligten gegenüber erst wirksam, wenn sie dem Gericht gegenüber angezeigt worden ist. Das spätere Bekanntwerden der Mandatsniederlegung und das Erlöschen der Vollmacht führt nicht dazu, dass die bis dahin vorgenommenen Handlungen und auch die bis dahin erfolgte Zustellung ihre Wirksamkeit verlieren (VGH BW, AuAS 2004, 158 (259)). Unterzeichnet der Prozessbevollmächtigte nach Kündigung des Auftrags das Empfangsbekenntnis über das ihm zugestellte Urteil, hat er deshalb Sorge dafür zu tragen, dass innerhalb der durch diese Zustellung in Lauf gesetzten Frist ein Rechtsmittel eingelegt wird (VGH BW, AuAS 2004, 158 (259)).

205 Wird die gerichtliche Entscheidung an *mehrere Prozessbevollmächtigte* zugestellt, beginnt die Rechtsmittelfrist mit der ersten Zustellung zu laufen (BVerwG, AuAS 1998, 260). Nach § 173 VwGO in Verb. mit § 84 S. 1 ZPO sind mehrere Bevollmächtigte eines Beteiligten berechtigt, sowohl gemeinschaftlich als auch einzeln den Beteiligten zu vertreten. Daraus folgt einerseits, dass bei der Bestellung mehrerer Prozessbevollmächtigter die Zustellung an jeden von ihnen gemäß § 67 III 3 VwGO, § 8 IV VwZG wirksam bewirkt werden kann, andererseits, dass dann, wenn an jeden von ihnen zugestellt wird, die zeitlich erste Zustellung für den Lauf der Frist für alle Prozessbevollmächtigten maßgebend ist, ohne dass es auf die Kenntnis des jeweils anderen Prozessbevollmächtigten von der weiteren Zustellung ankommt (BVerwG, AuAS 1998, 260).

206 Das Gericht soll an den Verfahrensbevollmächtigten in Anerkennung der besonderen Stellung des Rechtsanwaltes als Organ der Rechtspflege die Zustellung durch *Empfangsbekenntnis* (§ 5 II VwZG) vornehmen (Thür.OVG, AuAS 1999, 195 (196); OVG MV, NVwZ 2002, 113, zu den Voraussetzungen der Zustellung durch Empfangsbekenntnis). Das Empfangsbekenntnis erbringt als öffentliche Urkunde vollen Beweis dafür, dass der darin vom Empfänger angegebene Zustellungszeitpunkt der Wirklichkeit entspricht.

207 Der Gesetzgeber vertraut gegenüber den in § 5 II VwZG bezeichneten Personen darauf, dass Urkunden, die einen amtlichen Vorgang betreffen, mit besonderer Sorgfalt behandelt werden. Deshalb treffen diese Personen bei der Zustellung durch Empfangsbekenntnis eigene Sorgfaltspflichten. Die Zustellung ist in diesem Fall erst dann bewirkt, wenn der als Adressat bezeichnete Rechtsanwalt das zuzustellende Schriftstück persönlich als zugestellt annimmt (Thür.OVG, AuAS 1999, 195 (196); s. auch § 10 Rdn. 54ff.).

208 Will der Rechtsanwalt diese Urkunde nicht gegen sich gelten lassen, muss er sie entkräften. An den Gegenbeweis sind allerdings *strenge Anforderungen* zu stellen (BVerfG (Kammer), NJW 2001, 1563 = NVwZ 2001, 796). Hierzu ist die Beweiswirkung des Empfangsbekenntnisses im Wege eines Gegenbeweises vollständig auszuräumen. Jede Möglichkeit der Richtigkeit der Empfangsbestätigung muss ausgeschlossen werden (BVerfG (Kammer), NJW 2001, 1563 = NVwZ 2001, 796; Thür.OVG, AuAS 1999, 195 (196)). Der Gegenbeweis wird noch nicht dadurch geführt, dass nur die Möglichkeit eines vielleicht naheliegenden anderen Geschehensablaufs dargetan wird. Mit einem bloßen Hinweis auf einen Schreibfehler oder ein Schreibversehen wird der Urkundsbeweis nicht entkräftet.

Der *Eingangsstempel* hat keine nach außen gerichtete Funktion, sondern dokumentiert lediglich einen innerbetrieblichen Ablauf in der Anwaltskanzlei. Maßgebend ist deshalb für den Fristbeginn der vom Rechtsanwalt auf dem Empfangsbekenntnis notierte *Zeitpunkt der persönlichen Kenntnisnahme* (Thür. OVG, AuAS 1999, 195 (196). Andererseits ist die Zustellung nicht deshalb unwirksam, weil auf dem Empfangsbekenntnis das Datum fehlt (OVG Sachsen-Anhalt, NJW 1998, 2993 = NVwZ 1998, 1191). 209

Die Zustellung an den Prozessbevollmächtigten ist auch *per Telefax* zulässig (§ 174 II ZPO). Bereits § 5 II VwZG bestimmt, dass an die dort bezeichneten Personen das Schriftstück auch »auf andere Weise« übermittelt werden kann. Dementsprechend können Zustellungen gegen Empfangsbekenntnis an diesen Personenkreis auch entsprechend einer seit langem anerkannten Praxis per Telefax vorgenommen werden (Thür.OVG, InfAuslR 2000, 100 (101)). Durch Änderung der Zustellungsvorschriften wird diese Form der Zustellung nunmehr durch § 174 II ZPO ausdrücklich anerkannt. Wählt das Verwaltungsgericht diese Form der Zustellung, hat es zugleich ein Empfangsbekenntnis zu übermitteln und ist für den Beginn der Frist das Datum maßgebend, das der Rechtsanwalt als den Zeitpunkt der persönlichen Kenntnisnahme auf dem durch Telkopie übermittelten Empfangsbekenntnis (vgl. § 174 II ZPO) vermerkt. 210

Ist die Zustellung an den Prozessbevollmächtigten nicht möglich, weil eine ladungsfähige Anschrift des Prozessbevollmächtigten nicht zu ermitteln ist und sind mehrere Zustellungsversuche ergebnislos geblieben sind, so kann das Verwaltungsgericht an den Kläger selbst zustellen (VG Neustadt a. d. Weinstr., NVwZ-Beil. 2000, 110 (111)). Das Gericht darf in einem derartigen Fall jedoch nicht gegenüber dem Kläger die verschärften Zustellungsvorschriften des § 10 anwenden (s. hierzu § 10 Rdn. 56 ff.). 211

6.6.4. Zurückweisung des Prozessbevollmächtigten

Nach § 67 II 3 VwGO kann jede Person als Bevollmächtigter und Beistand auftreten, die zum sachgemäßen Vortrag fähig ist. Unfähig zum geeigneten Vortrag ist nicht nur derjenige, dem es an der Fähigkeit mangelt, sich klar auszudrücken, sondern auch derjenige, der aufgrund Unsachlichkeit und Weitschweifigkeit Anlass zu Bedenken gibt bzw. die Würde des Gerichts verletzt oder am Verfahren beteiligte Personen angreift (VG Chemnitz, AuAS 2001, 129 (130) = NVwZ-RR 2001, 547, zur Zurückweisung im Verwaltungsverfahren s. § 25 Rdn. 31 f.). Es muss sich danach um besonders extremes Fehlverhalten, etwa eine besonders ausfallende Aggressivität in strafrechtlich erheblicher Weise (VG Chemnitz, AuAS 2001, 129 (130) = NVwZ-RR 2001, 547, Fall eines durch mehrere Strafanzeigen belasteten und mit einem behördlichen Hausverbot belegten Bevollmächtigten) handeln. 212

6.7. Ausreise des Klägers aus dem Bundesgebiet

Zweifel am Fortbestand des Rechtsschutzinteresses können sich nach der Rechtsprechung daraus ergeben, dass der Kläger das Bundesgebiet verlassen 213 hat (BVerwG, InfAuslR 1985, 278; BVerwG, Buchholz 402.25 § 33 AsylVfG Nr. 10; BVerwG, NVwZ-RR 1991, 443; BVerwG, AuAS 2003, 43 (44), Hess.VGH, EZAR 631 Nr. 34, S. 4 = InfAuslR 1995, 78 = AuAS 1995, 22; s. § 81 Rdn. 38 ff.). Grundsätzlich beseitigt das endgültige Verlassen des Bundesgebietes jedoch nicht das Rechtsschutzbedürfnis (Hess.VGH, InfAuslR 1990, 291, unter Bezugnahme auf BVerwGE 81, 164 = EZAR 205 Nr. 10 = NVwZ 1989, 673; s. aber Rdn. 218 ff.).

214 In der Ausreise des Klägers nach wirksamer Asylantragstellung und Klageerhebung in ein anderes Land kann jedenfalls dann nicht die Aufgabe des ernsthaften subjektiven Interesses an einer gerichtlichen Entscheidung über die begehrte Asylanerkennung gesehen werden, wenn der ausgereiste Kläger den Asylrechtsstreit ordnungsgemäß weiterbetreibt, unter Nennung nachvollziehbarer Gründe ausdrücklich sein fortbestehendes Interesse an der Erlangung eines positiven Verpflichtungsurteils bekundet und jederzeit in die Bundesrepublik zurückkehren könnte. Solange die dem gerichtlichen Urteil eigenen Wirkungen rechtlich möglich und auch nur mit Hilfe des Gerichts, eben durch richterliche Entscheidung, erreichbar sind, kann ein objektives Interesse am Ergehen dieser Entscheidung grundsätzlich nicht verneint werden (BVerwGE 81, 164 (166) = EZAR 205 Nr. 10 = NVwZ 1989, 673 = Buchholz 402.25 § 2 AsylVfG Nr. 9).

215 Das BVerwG hat diese Grundsätze in einem Verfahren entwickelt, in dem der Kläger während des anhängigen Rechtsstreits in ein drittes Land weitergereist war, dort eine Staatsangehörige dieses Landes geheiratet und in deren Gewerbebetrieb mitgearbeitet hatte (BVerwGE 81, 164 (166) = EZAR 205 Nr. 10 = NVwZ 1989, 673 = Buchholz 402.25 § 2 AsylVfG Nr. 9). Dementsprechend fehlt einem Kläger, der freiwillig in einen dritten Staat ausreist, in den sich zuvor der Ehepartner nach erfolglosem eigenem Asylverfahren begeben hat, und der dort bei seinem Ehepartner Aufnahme findet, das Rechtsschutzbedürfnis an der Fortführung des Klageverfahrens (VG Darmstadt, AuAS 2004, 47 = NVwZ-RR 2004, 302).

216 Kehrt der Asylkläger in den behaupteten Verfolgerstaat zurück, muss dies nicht ohne weiteres den Wegfall des Interesses an der Fortführung des Rechtsstreites anzeigen. Denn es sind Fälle denkbar, in denen der Verfolgte deshalb in seinen Herkunftsstaat einreist, um Verwandten oder Freunden bei der Flucht zu helfen. Erst im Falle der Rückkehr und dauerhaften Niederlassung entfällt die Flüchtlingseigenschaft (BVerwGE 89, 231 (237) = EZAR 211 Nr. 3 = NVwZ 1992, 679; s. § 73 Rdn. 94 ff.).

217 Diesen materiellen Grundsätzen kommt auch prozessuale Bedeutung zu. So begründet nach der obergerichtlichen Rechtsprechung allein die Tatsache, dass der Asylkläger aus tatsächlichen Gründen aufgrund des freiwilligen Entschlusses, das Bundesgebiet zu verlassen, außerstande ist, von einem ihm zustehenden Asylrecht Gebrauch zu machen, nicht den Wegfall des Rechtsschutzbedürfnisses. Vielmehr könne allenfalls dann ein derartiger Wegfall unterstellt werden, wenn der Kläger den von ihm gewählten Zufluchtsstaat freiwillig und nicht nur vorübergehend verlasse (Hess.VGH, U. v. 13. 11. 1986 – 100 E 108/83; so auch Hess.VGH, HessVGRspr. 1988, 41).

6.8. Fehlendes Rechtsschutzbedürfnis des untergetauchten Klägers

Die Pflicht zur Angabe der Wohnanschrift entfällt, wenn ihre Erfüllung unmöglich oder unzumutbar ist (BVerwG, NJW 1999, 2608 = NVwZ 1999, 1107; zur Ausreise des Klägers s. § 81 Rdn. 38 ff.). Aus der Nichtangabe der Anschrift des Klägers im Klagerubrum (s. hierzu auch Rdn. 161 ff.; s. auch § 81 Rdn. 41 ff.) kann daher nicht ohne weiteres ein fehlendes Rechtsschutzbedürfnis abgeleitet werden. Ein *Untertauchen des Klägers* kann ein Anzeichen für den Wegfall des Rechtsschutzbedürfnisses sein (BVerwGE 101, 323 (327 f.); = InfAuslR 1996, 418 = NVwZ 1997, 1136; Hess.VGH, AuAS 2000, 211 (212); VGH BW, AuAS 1998, 119 (120); Thür.OVG, InfAuslR 2000, 19 (20); s. hierzu auch BVerfG (Kammer), EZAR 622 Nr. 37). Das Verwaltungsgericht hat indes bei fehlenden Angaben über die *ladungsfähige Adresse* des Klägers im Klagerubrum die tatsächlichen Gründe aufzuklären, die aus seiner Sicht möglicherweise für ein Wegfall des Rechtsschutzinteresses sprechen.

218

Das Rechtsschutzinteresse kann im Laufe eines gerichtlichen Verfahrens entfallen. Das Verwaltungsgericht kann daher auch unabhängig von den strengen Voraussetzungen des § 81 vom Wegfall eines ursprünglich gegebenen Rechtsschutzinteresses ausgehen, wenn das Verhalten eines rechtsschutzsuchenden Verfahrensbeteiligten Anlass zu der Annahme bietet, dass ihm an einer Sachentscheidung des Gerichts nicht mehr gelegen ist (BVerfG (Kammer), EZAR 630 Nr. 37 = InfAuslR 1999, 43 = NVwZ-Beil. 1999, 17; Thür. OVG, InfAuslR 2000, 19 (20)).

219

Will das Gericht an ein Verhalten eines Beteiligten während eines Verfahrens die weitreichende Folge einer Abweisung der Klage als unzulässig mangels Rechtsschutzinteresses und damit die Verweigerung des Rechtsschurzes in der Sache knüpfen, ohne den Beteiligten vorher auf Zweifel im fortbestehenden Rechtsschutzinteresse hinzuweisen und ihm Gelegenheit zu geben, sie auszuräumen, so müssen *konkrete Anhaltspunkte* vorliegen, die den *sicheren Schluss* zulassen, dass den Beteiligten an einer Sachentscheidung des Gerichts in Wahrheit nicht mehr gelegen ist (BVerfG (Kammer), EZAR 630 Nr. 37 = InfAuslR 1999, 43 = NVwZ-Beil. 1999, 17).

220

Aus dieser verfassungsrechtlichen Situation folgt, dass ein »*Untertauchen*« *des Asylklägers* lediglich ein Indiz für den Wegfall des Rechtsschutzinteresses sein kann (BVerfG (Kammer), EZAR 630 Nr. 37 = InfAuslR 1999, 43 = NVwZ-Beil. 1999, 17; BVerwGE 101, 323 (327 f.); = InfAuslR 1996, 418 = NVwZ 1997, 1136; Hess.VGH, AuAS 2000, 211 (212); VGH BW, AuAS 1998, 119 (120); Thür.OVG, InfAuslR 2000, 19 (20); VGH BW, AuAS 1998, 119 (120) = NVwZ-Beil. 1998, 72 (LS); s. auch § 81 Rdn. 47 ff.) Zwar hat das BVerfG keine verfassungsrechtlichen Bedenken dagegen, dass die Verwaltungsgerichte den begehrten Rechtsschutz versagen, wenn und solange der Beteiligte unbekannten Aufenthaltes ist (BVerfG (Kammer), NVwZ-Beil 2001, 17). Aus seiner Rechtsprechung folgt indes, dass der unbekannte Aufenthalt den *sicheren Schluss* auf den Wegfall des Rechtsschutzinteresses zulassen muss. Tritt für den minderjährigen Asylsuchenden sein Vormund auf, besteht kein Anlass für die Annahme, dass dieser ungetaucht ist (BVerfG (Kammer), EZAR 630 Nr. 37).

221

222 Für das Klageverfahren kann deshalb erst unter den Voraussetzungen eines *beharrlichen Verschweigens des Aufenthaltsortes* wegen der damit einhergehenden groben Verletzung der Mitwirkungspflichten des Klägers das Rechtsschutzinteresse verneint werden (Hess.VGH, Hess.VGRspr. 1988, 41; Hess. VGH, Hess.VGRspr. 1988, 47; Hess.VGH, AuAS 2000, 211, mit zahlreichen Hinweisen; VGH BW, AuAS 1998, 119 (120); s. auch BVerfG (Kammer), AuAS 1996, 31, zur Zulässigkeit, den Antrag des im Kirchenasyl »untergetauchten Asylsuchenden« auf einstweilige Anordnung abzulehnen). Das Verwaltungsgericht hat deshalb zunächst den Verfahrensbevollmächtigten aufzufordern (§ 82 II 1 VwGO), die ladungsfähige Adresse des Klägers mitzuteilen (Nieders.OVG, NVwZ-Beil. 2003, 37). Erst nach mehreren fruchtlosen Aufforderungen und ohne dass zureichende Gründe für die Unmöglichkeit oder Unzumutbarkeit bezeichnet werden, die ladungsfähige Adresse des Klägers mitzuteilen, kann danach die Klage als unzulässig abgewiesen werden (Hess.VGH, Hess.VGRspr. 1988, 41; Hess.VGH, Hess.VGRspr. 1988, 47; Hess.VGH, AuAS 2000, 211; VGH BW, AuAS 1998, 119 (120)).

223 Für das *Eilrechtsschutzverfahren* führt dies dazu, dass dem untergetauchtem Antragsteller kein einstweiliger Rechtsschutz gewährt werden kann: Wird der Antragsteller unter der angegebenen Adresse nicht angetroffen und ist aufgrund hinreichender Indizien der Schluss gerechtfertigt, dass er sich dort nicht mehr tatsächlich aufhält, wird ihm unter der Voraussetzung, dass der Verfahrensbevollmächtigte wiederholt ergebnislos zur Angabe der aktuellen Wohnschrift aufgefordert worden ist, ein Rechtsschutzinteresse an dem Begehren auf Abschiebungsschutz abgesprochen (Thür.OVG, EZAR 620 Nr. 9). Dies ist verfassungsrechtlich nicht zu beanstanden, weil dem Antragsteller die Möglichkeit bleibt, unter Offenbarung seines Aufenthaltsorts erneut um gerichtlichen Rechtsschutz nachzusuchen (BVerfG (Kammer), InfAuslR 2000, 67; BVerfG (Kammer), NVwZ-Beil. 2001, 17).

7. Objektive Klagehäufung

224 Den Vorschriften über das Gerichtsverfahren kann eine dem § 30 AsylVfG 1982 ähnliche Bestimmung über den *Zwangsverbund* nicht entnommen werden. § 30 S. 1 1. HS AsylVfG 1982 enthielt das Gebot zur gemeinsamen Klageerhebung an den Asylsuchenden und modifizierte damit die für die objektive Klagehäufung sonst geltende Vorschrift des § 44 VwGO (BVerwG, InfAuslR 1986, 59). Dies galt selbst dann, wenn die Ausreiseaufforderung nachträglich und gesondert zugestellt worden war (BVerwG, InfAuslR 1986, 59; OVG NW, NVwZ-RR 1990, 230). Der Gesetzgeber des AsylVfG 1992 sah offensichtlich wegen der Konzentration sämtlicher Sachkompetenzen beim Bundesamt (§ 31) keine Notwendigkeit mehr für die Beibehaltung des Klageverbundes.

225 Zur Wahrung seiner Rechte hat der Asylsuchende jedoch nach wie vor unterschiedliche Klagebegehren zusammen zu verfolgen. Er klagt möglicherweise gegen die Versagung der Asylberechtigung, gegen die Ablehnung der Feststellung nach § 60 I AufenthG (s. aber §§ 13 II und 31 II 2), gegen die Verwei-

gerung der Feststellung von Abschiebungshindernissen nach § 60 II–VII AufenthG sowie gegen die Abschiebungsandrohung nach § 34. In der Praxis erfolgt regelmäßig – zumeist stillschweigend – eine Verbindung der verschiedenen Verfahren gemäß § 93 S. 1 VwGO.

Die Verbindung ändert jedoch nichts daran, das es sich um *vier selbständige Klagebegehren* (so ausdrücklich BVerwG, InfAuslR 1997, 420 (421) = NVwZ 1997, 1132 = AuAS 1997, 250) handelt, die auch jeweils ein unterschiedliches rechtliches Schicksal erleiden können. Wie bei der zwangsweisen Verbindung nach § 30 S. 1 1. HS AsylVfG 1982 entscheidet das Gericht nach einer Verbindung gemäß § 93 S. 1 VwGO in einem einheitlichen Verfahren über mehrere unabhängig voneinander rechtlich zu prüfende und zu entscheidende Klagebegehren (vgl. BVerwG, Buchholz 402.25 § 28 AsylVfG Nr. 12; Nieders.OVG, B. v. 14. 1. 1988 – 11 OVG B 484/87). 226

Dementsprechend enthält das Urteil auch mehrere voneinander zu trennende selbständige Entscheidungen, die auch im Hinblick auf das gegen sie gegebene Rechtsmittel unabhängig sind und ein unterschiedliches rechtliches Schicksal haben können (vgl. BVerwG, Buchholz 402.25 § 1 AsylVfG Nr. 12; OVG Hamburg, EZAR 633 Nr. 12; s. aber BVerwG, AuAS 1994, 151, entscheidet das Gericht nicht über den § 60 I AufenthG betreffenden Antrag, ist insoweit die Rechtshängigkeit entfallen). 227

8. Klagerücknahme

8.1. Unwiderruflichkeit der Klagerücknahme

Auch im Asylprozess wird im Einzelfall gelegentlich durch Klagerücknahme das Verfahren beendet, etwa weil der Asylsuchende eine asylverfahrensunabhängige Verbleibsposition erlangt hat, ausgereist ist oder der Kontakt zum Verfahrensbevollmächtigten über Jahre unterbrochen ist und Benachrichtungsversuche ergebnislos verlaufen, sodass vernünftige Gründe die Annahme rechtfertigen, dass der Kläger ausgereist ist (s. hierzu auch Rdn. 161 ff., 200 ff.). Erweist sich im Nachhinein, dass die für die Klagerücknahme maßgeblichen tatsächlichen Voraussetzungen nicht vorgelegen haben, etwa weil Heiratspläne gescheitert sind, die Erteilung der asylunabhängigen Aufenthaltsposition verweigert wird oder der Mandant nicht ausgereist ist, bleibt die Klagerücknahme wirksam. Denn ein *Motivirrtum* rechtfertigt grundsätzlich nicht die Anfechtung einer prozessbeendenden Erklärung (BFH, NJW 1970, 631 (632)). 228

Die Erklärung der Klagerücknahme ist vielmehr als Prozesshandlung *grundsätzlich bedingungsfeindlich, unwiderruflich* und *unanfechtbar* (BVerwGE 57, 342 (346) = NJW 1980, 135, m. w. Hw.; BVerwG, NVwZ 1997, 1210; BVerwG, NJW 1997, 2897 (2897); BGH, NJW 1981, 2193 (2194); BGH, DB 1977, 628; BFH, NJW 1970, 631 (632); BSG, NJW 1972, 2280; OLG München, FamRZ 1982, 510; Thür.OVG, AuAS 2001, 91 (92) = NVwZ-RR 2001, 411; VG Wiesbaden, HessVGRspr. 1995, 48; Mayer, MDR 1985, 373 (374), str.; zur Einwilligungsfiktion bei Klagerücknahme s. Schifferdecker, NVwZ 2003, 925). Das 229

Prozessrecht enthält für Prozesshandlungen keine den §§ 119 ff. BGB entsprechende Vorschriften. Eine analoge Anwendung der für privatrechtliche Willenserklärungen geltenden Anfechtungsregeln verbietet sich nach der Rechtsprechung, weil das Prozessrecht die Verfahrenslage weitgehend vor Unsicherheiten schützen will und deshalb ein Widerruf von Prozesshandlungen – namentlich solcher, die sich maßgeblich auf die Beendigung des Verfahrens auswirken – nur in Ausnahmefällen zulässt (BGH, NJW 1981, 2193 (2194); BVerwGE 57, 342 (347)).

230 Geht jedoch der Widerruf der Klagerücknahme vorher oder gleichzeitig mit der Klagerücknahme beim Gericht ein, wird die prozessbeendende Erklärung nicht wirksam (vgl. BGH, DB 1977, 628). Darüber hinaus ist die Klagerücknahme nach Stellung der Anträge in der mündlichen Verhandlung von der Einwilligung des Prozessgegners abhängig (§ 92 I 2 VwGO). Liegt eine wirksame Verweigerung der Einwilligung vor, so hat diese der Klagerücknahme jede Wirkung genommen. Eine wirkungslose Prozesshandlung braucht jedoch nicht widerrufen zu werden (Mayer, MDR 1985, 373 (374)).

8.2. Unbeachtlichkeit der Klagerücknahme

231 Beruht die Abgabe der prozessbeendenden Erklärung auf einem Irrtum, der durch eine objektiv unrichtige richterliche Belehrung über die Rechtslage herbeigeführt wurde, entspricht es gewandelter Rechtsauffassung, den Beteiligten nicht hieran festzuhalten (vgl. OLG Hamm, NJW 1976, 1952 (1953), m. w. Hw., für den Rechtsmittelverzicht im Strafprozess). Eine Anfechtungsmöglichkeit besteht nach der Rechtsprechung auch dann, wenn die prozessbeendende Erklärung durch eine strafbare Handlung herbeigeführt wurde (BVerwGE 57, 342 (346)). Veranlasst die Ausländerbehörde die Klagerücknahme und verletzt sie hierbei ihre Belehrungspflicht nach § 25 I VwVfG, so fehlt der Rücknahme das erforderliche Erklärungsbewusstsein und der -wille und ist sie deshalb unwirksam (VG Berlin B. v. 30. 3. 1998 – VG 35 A 3394.97).

232 Darüber hinaus kann die Klagerücknahme auch auf einem entschuldbaren und prozessual beachtlichen Irrtum beruhen, etwa weil dem Verfahrensbevollmächtigten bei der Angabe des Aktenzeichens im Rahmen der Klagerücknahme ein Versehen unterlaufen ist. In diesem Fall kann die prozessbeendende Erklärung wegen Erklärungsirrtums angefochten werden (Thür. OVG, AuAS 2001, 91 ((92) = NVwZ-RR 2001, 411; VG Wiesbaden, Hess VGRspr. 1995, 48; a. A. Hess.VGH, NJW 1987, 601; wohl auch BSG, NJW 1972, 2280).

233 Nach der Gegenmeinung ist die Erklärung auch dann, wenn der Bevollmächtigte diese *aus Versehen* abgibt, grundsätzlich unwiderruflich. Denn ausreichend sei allein der Erklärungswille und das Bewusstsein, überhaupt eine prozessual erhebliche Erklärung abzugeben (BSG, NJW 1972, 2280). Dies gelte selbst dann, wenn der Rechtsanwalt erkennbar das Rechtsmittel für den bezeichneten Auftraggeber nicht habe zurücknehmen wollen, sondern diesen mit einem anderen Auftraggeber gleicher Nationalität und gleichen Na-

mens verwechselt habe (Hess.VGH, NJW 1987, 601). Eine Ausnahme von diesem Grundsatz wird nur zugelassen, wenn die Rücknahme der Klage auf einer irrtümlich erteilten gerichtlichen Anregung oder auf einem *offensichtlichen Versehen* des Rechtsanwalts beruht (Hess.VGH, NJW 1987, 601).

8.3. Rechtsfolgen der unwirksamen Klagerücknahme

Aufgrund der Klagerücknahme gilt die erhobene Klage nicht als anhängig geworden (§ 173 VwGO in Verb. mit § 269 III 1 ZPO). Der Bescheid des Bundesamtes wird damit bestandskräftig (Nieders.OVG, NVwZ-RR 1989, 276). Ein trotz Klagerücknahme erlassenes Urteil ist *nichtig*. Der von seiner Existenz ausgehende Rechtsschein ist im Rechtsmittelverfahren zu beseitigen (Thür.OVG, AuAS 2001, 91 ((92)) = NVwZ-RR 2001, 411). Nehmen im Berufungsverfahren der in erster Instanz im Einverständnis mit dem Beklagten seine Klage und der in erster Instanz unterlegene Beklagte seinen Zulassungsantrag gleichzeitig zurück, so kommt der Klagerücknahme die maßgebliche Bedeutung zu. Das erstinstanzliche Urteil ist dadurch wirkungslos geworden (BFH, NVwZ-RR 2000, 334). Entsteht Streit über die Wirksamkeit der Klagerücknahme, ist darüber durch Urteil zu entscheiden (BVerwG, NJW 1997, 2897 (2898); OVG NW, NVwZ-RR 1998, 271 (272)).

234

Bei *rechtlich teilbaren Klagegegenständen* ist auch eine teilweise Klagerücknahme zulässig. Eine teilweise Klagerücknahme liegt auch vor, wenn sie nicht ausdrücklich erfolgt, sondern sich der auf die Rücknahme der Klage gerichtete Erklärungswille den zugrundeliegenden Schriftsätzen durch Auslegung entnehmen lässt (BFH, NVwZ-RR 2000, 334). Im Asylprozess kommt als teilweise Klagerücknahme die auf die Verpflichtung zur Asylanerkennung gerichtete Klage unter gleichzeitiger Aufrechterhaltung der auf die Verpflichtung zur Gewährung von Abschiebungsschutz nach § 60 I AufenthG gerichteten Klage oder die Rücknahme der auf die Asylanerkennung und den internationalen Schutz nach § 60 I AufenthG zielenden Klage unter Aufrechterhaltung der auf die Verpflichtung zur Feststellung von Abschiebungshindernissen nach § 60 II–VII AufenthG in Betracht.

235

8.4. »Verschleierte Klagerücknahme« in Form der »verzögerten Erledigungserklärung«

Nach der Rechtsprechung des BVerwG kann bei einer »verzögerten Erledigungserklärung« unter Umständen eine »verschleierte Klagerücknahme« in Betracht kommen (BVerwG, InfAuslR 2004, 131 (132) = AuAS 2004, 18; s. auch VGH BW, NJW 1974, 964). Im Grundsatz gelte aber, dass es grundsätzlich keine zeitliche Grenze für den Übergang vom ursprünglichen Klageantrag zur Erledigungserklärung gebe. Das Prozessrecht begründe keine Pflicht zur unverzüglichen Reaktion auf den Eintritt eines erledigenden Ereignisses. Es erlaube dem Kläger vielmehr, in jedem Stadium des Verfahrens eine Erledigungserklärung abzugeben, um dadurch einer Klageabweisung zu entge-

236

hen. Der Kläger könne sogar noch im Revisionsverfahren die Hauptsache für erledigt erklären, obwohl das die Erledigung herbeiführende Ereignis bereits während des erstinstanzlichen Verfahrens eingetreten sei. Diese Grundsätze würden auch im Asylprozess gelten (BVerwG, InfAuslR 2004, 131 (132) = AuAS 2004, 18).

237 Es ist in erster Linie Aufgabe der Verwaltungsgerichte, bei einer Änderung der Sachlage – wie etwa bei einer Veränderung der die Verfolgungsgefahr begründenden allgemeinen Verhältnisse im Herkunftsland während des Verfahrens – gegebenenfalls eine Erledigungserklärung bei den Beteiligten anzuregen. Unterbleibt eine übereinstimmende Erledigungserklärung, muss das Gericht durch Urteil entscheiden. Eine Pflicht zur sofortigen übereinstimmenden Erledigungserklärung gibt es gleichwohl nicht, weil ohnehin nur das Gericht zur einseitigen verbindlichen Entscheidung, ob eine Erledigung eingetreten ist, befugt ist. Auch im Asylprozess gilt deshalb die gefestigte Rechtsprechung des BVerwG, dass die Erledigungserklärung nur rechtzeitig vor der gerichtlichen Entscheidung in der Hauptsache abgegeben werden muss. Gegebenenfalls hat der Kläger die durch eine verspätete Erledigungserklärung verursachten Mehrkosten zu tragen (BVerwG, InfAuslR 2004, 131 (132) = AuAS 2004, 18; s. aber § 83 b).

238 Ein Antrag auf Zulassung der Berufung mit dem Ziel einer Verfahrenseinstellung nach Abgabe übereinstimmender Erledigungserklärungen ist nach der Rechtsprechung nur ausnahmsweise zulässig. Mit der durch das Zulassungserfordernis bewirkten Beschränkung der Möglichkeit, Rechtsmittel einzulegen, wird das Ziel verfolgt, nur dann den Rechtsmittelzug zu eröffnen, wenn bestimmte prozessuale Voraussetzungen gegeben sind. Das ist nicht möglich, wenn nach Zulassung der Berufung das Verfahren in der Hauptsache für erledigt erklärt werden soll. Unter diesen Umständen kommt eine Überprüfung des angefochtenen Urteils und insbesondere dessen Aufhebung nicht mehr in Betracht (OVG Rh-Pf, AuAS 2003, 58 (59)).

9. Erledigungserklärung

239 Erklären die Verfahrensbeteiligten das Verfahren in der Hauptsache übereinstimmend für erledigt, ist der Rechtsstreit beendet. Dass das angefochtene Urteil in einem nach Abgabe übereinstimmender Erledigungserklärungen ergehenden Kostenbeschluss für unwirksam erklärt wird, hat lediglich klarstellende Funktion und vermittelt den Verfahrensbeteiligten kein Rechtsschutzinteresse, das Verfahren fortzusetzen (OVG Rh-Pf, AuAS 2003, 58 (59)). Ausnahmsweise kann ein Rechtsschutzinteresse eines Beteiligten trotz eingetretener Hauptsacheerledigungserklärung anerkannt werden, im Rechtsmittelverfahren die vor Eintritt der Erledigung bestehende Rechtslage einer Klärung durch das Rechtsmittelgericht zuzuführen. Dies ist etwa dann der Fall, wenn ein unterlegener und damit kostenpflichtiger Beteiligter die Sachentscheidung anficht, um nach Zulassung des Rechtsmittels die Hauptsache für erledigt zu erklären und eine für ihn günstigere Kostenentscheidung nach § 161 II VwGO zu erreichen (OVG Rh-Pf, AuAS 2003, 58 (59)).

Dem einseitigen Erledigungsantrag des Asylklägers darf trotz Eintritt des 240
erledigenden Ereignisses nicht stattgegeben werden, wenn der der Erledigung widersprechende Verfahrensbeteiligte ein berechtigtes Interesse an einer Sachentscheidung hat (BVerwGE 114, 149 (154f.)). Der widersprechende Verfahrensbeteiligte muss für das Sachbescheidungsinteresse jedoch konkret darlegen, dass für andere Fälle eine Präjudizwirkung bestehen kann oder eine Wiederholungsgefahr auszuschließen ist (BVerwG, InfAuslR 2004, 131 (132) = AuAS 2004, 18).

10. Wiedereinsetzungsantrag

10.1. Anwendbarkeit des Wiedereinsetzungsrechts

Bei Versäumnis der Klagefrist nach Abs. 1 kann Wiedereinsetzung in den vorigen Stand beantragt werden (§ 60 VwGO). Dies gilt auch für den Fall der Wochenfrist des § 36 III 1 (VG Sigmaringen, InfAuslR 1994, 209; s. auch BVerfGE 86, 280 (287), für die Wochenfrist nach § 10 III 3 AsylVfG 1982) sowie grundsätzlich für *alle gesetzlichen* Fristen. Eine Ausnahme macht die Rechtsprechung bei der Betreibensaufforderung nach § 81 (s. hierzu § 81 Rdn. 83ff.). 241

Zwar handelt es sich bei der *Begründungsfrist* nach Abs. 2 S. 1 ebenfalls um 242
eine gesetzliche Frist. Die Regelung des § 87 b III VwGO, auf die Abs. 2 S. 2 ausdrücklich verweist, lässt aber den verspäteten Sachvortrag unter den dort genannten Voraussetzungen zu. An Stelle des Wiedereinsetzungsantrags tritt daher bei Versäumnis der Frist des Abs. 2 S. 1 die richterliche Ermessensentscheidung dahin, dass der verspätete Vortrag zulässig ist, sofern dadurch die Entscheidung des Verwaltungsgerichts nicht verzögert würde. Selbstverständlich wird hierbei vorausgesetzt, dass wirksam zugestellt worden ist. Eine fehlerhafte Zustellung setzt die Rechtsbehelfsfrist nicht in Gang, sodass ein Wiedereinsetzungsantrag nicht erforderlich ist.

Die Regelungen über die Wiedereinsetzung betreffen alle gesetzlichen Fristen 243
im Rahmen des *Verwaltungsverfahrens* (§ 32 VwVfG) sowie des *Verwaltungsprozesses* (§ 60 VwGO), einschließlich der Wiedereinsetzungsfristen selbst (BVerfGE 60, 253 (267)). Auch im *Verfassungsbeschwerdeverfahren* kann nach § 93 II 1 BVerfGG Wiedereinsetzung beantragt werden (BVerfG, NJW 1996, 512 (513)). Die durch die Regelung über die Wiedereinsetzung eintretende unmittelbare, beschränkende Auswirkung auf den gerichtlichen Rechtsschutz ist offensichtlich.

Die Zurechnung eines Verschuldens an der Versäumung der Rechtsbehelfs- 244
frist führt für den Beteiligten zum Verlust des weiteren Rechtszuges, bei Versäumung der Klagefrist zur völligen Vorenthaltung gerichtlichen Rechtsschutzes in der Sache (BVerfGE 60, 253 (267) = EZAR 610 Nr. 14 = NVwZ 1982, 614 = NJW 1982, 2425). Das BVerfG sieht jedoch keinen Grund, mit Blick auf den Verschuldensbegriff im Asylverfahren von den allgemeinen Vorschriften abweichende Regelungen zuzulassen (BVerfGE 60, 253 (267); zum Verhältnis von Wiedereinsetzungsantrag und Folgeantrag, s. BVerfG, NVwZ-Beil. 1994, 49; Wolff, NVwZ 1996, 559; s. auch § 71 Rdn. 95ff.).

10.2. Unterbliebene Anhörung im Verwaltungsverfahren

245 Ist im Asylverfahren die *Anhörung unterblieben*, gilt die Versäumung der Klagefrist als nicht verschuldet, wenn dadurch die rechtzeitige Anfechtung des Verwaltungsaktes versäumt worden ist (vgl. § 45 III 1 VwVfG). Angesichts der zwingenden Verpflichtung zur Anhörung (vgl. § 24 I 2) und der darauf seit 1982 beruhenden Verwaltungspraxis ist § 45 III VwVfG für das Asylverfahren nahezu bedeutungslos. Für den Fall, dass etwa im *Asylfolgeantragsverfahren* die Anhörung unterblieben ist (vgl. § 71 III 3) und der Anhörungsmangel als mitursächlich für die Versäumung der Rechtsbehelfsfrist gewertet wird, beginnt der Lauf der Wiedereinsetzungsfrist in diesem Fall mit der Nachholung der Anhörung und nicht mit der Zustellung des Bescheides (BVerfG (Kammer), NVwZ 2001, 1392).

246 Diese Rechtsprechung hat insbesondere in den Fällen Bedeutung, in denen der Betroffene und sein Verfahrensbevollmächtigter nicht damit rechnen mussten, dass im Asylfolgeantragsverfahren ohne persönliche Anhörung des Antragstellers entschieden wird. Dies betrifft insbesondere Fälle, in denen zwischen dem ersten Asylverfahren und der erneuten Asylantragstellung ein längerer Zeitraum verstrichen und der Antragsteller in sein Herkunftsland zurückgekehrt ist und im Vergleich zu den Asylgründen des ersten Verfahrens anders geartete Verfolgungsgründe vorträgt.

247 Typologisch handelt es sich hier um einen Erstantrag (s. hierzu § 71 Rdn. 11 ff.) und können die Beteiligten in aller Regel nicht damit rechnen, dass das Asylvorbringen als Asylfolgeantrag gewertet wird. Der Verfahrensbevollmächtigte weiß dies häufig nicht. Dem Asylsuchenden ist die verfahrensrechtliche Bedeutung eines vor Jahren im Bundesgebiet gestellten Asylantrags nicht bewusst. Beide rechnen daher auch nicht mit einer Sachentscheidung ohne Anhörung, sodass die unterbliebene Anhörung regelmäßig mitursächlich für die versäumte Klageerhebung ist.

10.3. Verschulden des Asylsuchenden

248 Das Gesetz setzt für die Wiedereinsetzung in den vorigen Stand voraus, dass jemand ohne Verschulden an der Einhaltung der gesetzlichen Frist gehindert war. Es besteht ein rechtsstaatliches Interesse an der Klarheit, Einfachheit sowie Sicherheit des Prozessrechts. Dementsprechend wird in der Rechtsprechung der Verschuldensbegriff des Wiedereinsetzungsrechts sehr eng ausgelegt: *Verschulden* liegt vor, wenn der Beteiligte diejenige Sorgfalt außer Acht lässt, die für einen gewissenhaften und seine Rechte und Pflichten sachgerecht wahrnehmenden Prozessführenden geboten war. Jedenfalls bis zur *Grenze der Unmöglichkeit*, die etwa dann erreicht ist, wenn ein Übersetzer innerhalb der maßgeblichen Frist nicht erreichbar ist, wird vom BVerfG auch dem Asylsuchenden die *erhöhte Sorgfalt und Mühe*, die durch Verständnisschwierigkeiten bedingt sind, zugemutet (BVerfGE 60, 253 (293) = DVBl. 1982, 888 = JZ 1982, 596 = EuGRZ 1982, 394 = EZAR 610 Nr. 14).

Andererseits weist das BSG darauf hin, das BVerfG habe wiederholt ent- 249
schieden, dass die Anforderungen zur Erlangung der Wiedereinsetzung in
den vorigen Stand nicht überspannt werden dürften. So sei jedenfalls bei
mittellosen und ausländischen Rechtssuchenden *Nachsicht am Platz* (BSG,
EZAR 612 Nr. 2). Das BVerfG hat in Ansehung des Verschuldensbegriffs einschränkend festgestellt, es sei dem Richter verwehrt, durch *übermäßig strenge
Handhabung verfahrensrechtlicher Vorschriften* den Anspruch auf gerichtliche
Durchsetzung des materiellen Rechts unzumutbar zu verkürzen. Deshalb
dürften die *Anforderungen an die Darlegungslast* nach den für die Wiedereinsetzung in den vorigen Stand maßgeblichen Vorschriften *nicht überspannt werden*
(BVerfG (Kammer), NVwZ 2001, 1392).

Der nicht anwaltlich vertretene Asylsuchende hat nach der Rechtsprechung 250
des BVerwG zwar einen Anspruch auf Wiedereinsetzung in eine versäumte
Frist, wenn er innerhalb der noch laufenden Frist alles ihm Zumutbare getan
hat, um sich durch einen Anwalt vertreten zu lassen. Dazu gehört grundsätzlich auch, dass er innerhalb der Frist bei dem zuständigen Gericht einen
Antrag auf Beiordnung eines Anwalts nach § 173 VwGO in Verb. mit § 78 b
ZPO gestellt hat (BVerwG, AuAS 1999, 263). Hat der bisherige Prozessbevollmächtigte den Auftrag gekündigt, so dürfen die Anforderungen an die Bemühungen um die Neubeauftragung eines Anwalts zwar nicht überspannt
werden. Es gehört jedoch gleichwohl zu den zumutbaren Sorgfaltspflichten,
dass der Asylsuchende vergebliche Versuche der Beauftragung zumindest
einiger Anwälte glaubhaft macht (BVerwG, AuAS 1999, 263 (264)). Je nach
den örtlichen und zeitlichen Verhältnissen ist insoweit eine unterschiedliche
Bewertung angezeigt. So wird es einem in abgelegener ländlicher Umgebung
untergebrachten Asylsuchenden unter unvergleichlich schwierigeren Bedingungen möglich sein, einen Rechtsanwalt zu finden (s. auch Rdn. 257).

10.3.1. Sprachunkundigkeit des Asylsuchenden

Grundsätzlich ergeben sich aus der in *deutscher Sprache* erteilten *Rechtsbehelfs-* 251
belehrung keine herabgestuften Sorgfaltspflichten. Seit Mitte der siebziger
Jahre gehen die Gerichte in gefestigter Rechtsprechung davon aus, dass kein
Anspruch auf Belehrung in der Heimatsprache des Asylsuchenden besteht,
mit der Folge, dass die allein in deutscher Sprache erteilte Rechtsbehelfsbelehrung auch gegenüber Asylsuchenden die Frist in Lauf setzt (BVerfGE
42, 120 (123 ff.) = DÖV 1976, 681 = NJW 1976, 1021; BVerwG, DVBl. 1978, 888
= DÖV 1978, 814 = BayVBl. 1978, 474; BSG, EZAR 612 Nr. 2). Jedenfalls im
Hinblick auf die damals maßgebliche Monatsfrist hatte das BVerfG entschieden, es könne vom Asylsuchenden erwartet werden, dass er sich innerhalb
der Frist zureichend um seine Interessen, insbesondere um Übersetzungs-
möglichkeiten bemühe (BVerfGE 60, 253 (293 f.)). Mit Blick auf eine einwöchige Rechtsbehelfsfrist hatte das BVerfG jedoch die in deutscher Sprache erteilte Rechtsbehelfsbelehrung wie eine unterbliebene behandelt (BVerfGE 40,
95 (100) = NJW 1975, 1579; s. auch BVerfG, NVwZ-RR 1996, 120 = AuAS
1995, 171).

Auszugehen ist davon, welche Sorgfalt von einem Rechtssuchenden erwar- 252
tet werden kann (BVerfGE 42, 120 (124 ff.) = DÖV 1976, 681 = NJW 1976,

1021). Unzureichende Sprachkenntnisse entheben den ausländischen Adressaten eines amtlichen Schreibens nach der Rechtsprechung nicht der Sorgfalt in der Wahrnehmung seiner Rechte (BVerfG (Kammer), NJW 1991, 2208; BVerfG (Kammer), NVwZ-RR 1996, 120 (121) = AuAS 1995, 171; BVerwG, InfAuslR 1994, 128 (129)). Anfängliche Unklarheiten bei der Bewertung des Inhalts dieser Sorgfaltspflicht in der Kammerrechtsprechung (s. einerseits BVerfG (Kammer), NJW 1991, 2208; s. andererseits BVerfG (Kammer), NVwZ 1992, 2362) hat der zweite Senat des BVerfG ausdrücklich im Sinne der einschränkenden Ansicht geklärt:

253 Die nur beispielhaft genannte Monatsfrist (BVerfGE 42, 120 (127)) lasse sich nicht ohne weiteres auf Asylsuchende übertragen (BVerfGE 86, 280 (285) = EZAR 632 Nr. 15 = NVwZ 1992, 1080 = InfAuslR 1992, 369). Dies folge aus dem besonderen, Asylsuchenden in Übereinstimmung mit Verfassungsrecht gewährten aufenthaltsrechtlichen Status. Sei hiernach der gesamte Aufenthalt eines Asylsuchenden *auf den Asylbescheid hin orientiert,* sei es ihm zuzumuten, bei Eingang eines *erkennbar amtlichen Schreibens* umgehend und intensiv Bemühungen anzustellen, dessen Inhalt zu erkunden (BVerfGE 86, 280 (283 f.)).

254 Die Situation eines Asylsuchenden sei mit dem Regelfall eines der deutschen Sprache unkundigen Adressaten, den ein amtliches Schreiben im *anderweitig bestimmten Lebensalltag* erreiche, nicht vergleichbar. Der Asylsuchende müsse vielmehr damit rechnen, dass ein erkennbar amtliches Schreiben *gerade sein Verfahren betreffe* und von *großer Dringlichkeit* sei. Daher dürfe er nicht zunächst einige Tage untätig bleiben. Vielmehr obliege es ihm, sich *unverzüglich* sowie mit *allem ihm zumutbaren Nachdruck* um eine rasche Aufklärung über den Inhalt eines ihm nicht verständlichen Schreibens zu bemühen (BVerfGE 86, 280 (286) = EZAR 632 Nr. 15 = NVwZ 1992, 1080 = InfAuslR 1992, 369).

255 Angesichts dessen, dass der Asylsuchende stets erreichbar sein müsse, werde es ihm regelmäßg *jedenfalls in größeren Städten* innerhalb einer Woche möglich sein, derartige zumutbare Bemühungen anzustellen. Eine Versäumung dieser Frist könne daher nicht mit mangelnden Sprachkenntnissen entschuldigt werden (BVerfGE 86, 280 (286) = EZAR 632 Nr. 15 = NVwZ 1992, 1080 = InfAuslR 1992, 369). Sofern allerdings innerhalb dieser Zeit auch *unverzügliche sowie nachdrückliche Bemühungen* nicht dazu führten, dass sich der Asylsuchende über den Inhalt des Bescheides Klarheit habe verschaffen können, sei ihm ein Verschulden nicht vorzuwerfen (BVerfGE 86, 280 (286 f.)). Er habe jedoch substanziiert glaubhaft zu machen, dass er sich umgehend nach Erhalt des Schreibens mit allem ihm zumutbaren Nachdruck um eine rasche Aufklärung dessen Inhalts bemüht habe, dies aber dennoch nicht so rechtzeitig möglich gewesen sei, dass er die Wochenfrist habe einhalten können (BVerfGE 86, 280 (287)).

256 Der Asylsuchende habe zu diesem Zweck im Wiedereinsetzungsantrag im Einzelnen und detailliert darzulegen, welche unverzüglichen Anstrengungen er zur Klärung der Bedeutung der erhaltenen amtlichen Schreiben und zur Kontaktaufnahme zu einem Bevollmächtigten unternommen habe (BVerfGE 86, 280 (287) = EZAR 632 Nr. 15 – NVwZ 1992, 1080 = InfAuslR

1992, 369). Lediglich pauschale Behauptungen werden der Darlegungslast danach nicht gerecht.

Nach der Rechtsprechung des BVerfG ist bei Asylsuchenden, die nicht in größeren Städten wohnen, ein herabgesetzter Maßstab gerechtfertigt. Von Bedeutung ist auch, ob der Asylsuchende wegen bereits hier lebender Verwandter bzw. Freunde in der Lage ist, sich relativ schnell Gewissheit über seine verfahrensrechtlichen Pflichten zu verschaffen. Den Antragsteller, der im Bundesgebiet keine Bindungen hat, treffen daher weniger strenge Sorgfaltspflichten. Zudem sind auch die Beratungsmöglichkeiten am Wohnort zu berücksichtigen. Sind in der Aufnahmeeinrichtung, Gemeinschaftsunterkunft oder im Hotel keine oder nur unzulängliche Beratungsdienste eingerichtet und ist der Zugang zu diesen angesichts der Lage der Einrichtung und der bestehenden öffentlichen Verkehrsmittel nur unter besonderen Schwierigkeiten eröffnet, wird dies ebenfalls die Anforderungen an die Sorgfaltspflicht erheblich zugunsten des Rechtsuchenden herabsetzen.

257

Zu bedenken sind schließlich auch die asylverfahrensrechtlichen Beschwernisse und die evidente Unfähigkeit, einen Antrag nach § 80 V VwGO in schriftlicher Form einzureichen (VG Köln, InfAuslR 1991, 215). Wendet sich der Asylsuchende an einen der deutschen Sprache mächtigen Landsmann und erklärt ihm dieser nach Übersetzung der in der Verfügung enthaltenen Rechtsmittelbelehrung, er habe für die Klageerhebung vier Wochen Zeit, so wird ihm das Verschulden dieser »unselbständigen Hilfsperson« nicht zugerechnet (BayVGH, NJW 1997, 1324 (1325) = InfAuslR 1997, 134 = NVwZ 1997, 802 (LS)).

258

10.3.2. Aufrechterhaltung der Kommunikation mit dem Rechtsanwalt

Der Asylsuchende hat insbesondere auch Sorge dafür zu tragen, dass sein *Verfahrensbevollmächtigter* ihn ständig ereichen kann. Es fällt indes nicht in seinen Verantwortungsbereich – sofern er bis dahin sämtliche Schreiben seines Rechtsanwaltes in der Asylbewerberunterkunft erhalten hat –, dass ihm aufgrund widriger Umstände das Schreiben seines Rechtsanwaltes, mit dem er über die Zustellung eines negativen Bescheids informiert wird, in dieser Unterkunft nicht erreicht (VG Münster, AuAS 1997, 35 (36)).

259

Es gehört andererseits zu den prozessualen Sorgfaltspflichten des Asylsuchenden, dass er seinem Verfahrensbevollmächtigten über jede im Verlaufe des Verfahrens vollzogene *Anschriftenänderung* unterrichtet und damit die fortdauernde Verbindung zwischen Auftraggeber sowie Bevollmächtigten zur fristgerechten Einholung von Informationen und Weisungen sicherstellt (VGH BW, U. v. 8. 6. 1982 – A 12 S 320/82; BayVGH, U. v. 30. 12. 1983 – Nr. 25 CZ 83 C.851; Hess.VGH, EZAR 226 Nr. 7; s. auch § 10 Rdn. 84 ff.; vgl. auch BVerwG, NVwZ-RR 1995, 613, zu den Pflichten eines Geschäftsmannes, seinem Rechtsanwalt für die Dauer seines Auslandsaufenthaltes klare Instruktionen im Blick auf die Klageerhebung zu erteilen).

260

Die Stellung eines *Postnachsendeantrags*, ja selbst die schriftliche Benachrichtigung des Rechtsanwaltes wird teilweise für nicht ausreichend erachtet (VG Köln, InfAuslR 1985, 152). Vielmehr habe sich der Auftraggeber wenigstens durch einen Telefonanruf oder auf andere Weise davon zu überzeugen, dass

261

seine Mitteilung den Rechtsanwalt auch tatsächlich ereiche (VG Köln, InfAuslR 1985, 152). Diese Ansicht kann in dieser Pauschalität nicht überzeugen. Eine schriftliche Nachricht über die Anschriftenänderung gelangt jedenfalls zuverlässiger zur Handakte des Rechtsanwaltes als lediglich der telefonische Hinweis. Unterbleibt die Einlegung eines Rechtsbehelfs, weil der Asylsuchende seinen Rechtsanwalt nicht unverzüglich aufsucht, trifft ihn das Verschulden an der Versäumnis (OVG NW, NJW 1982, 1855; ähnl. VGH BW, U. v. 8. 6. 1982 – A 12 S 320/82).

10.3.3. Sorgfaltspflichten im Rahmen der Ersatzzustellung

262 Im Falle der *Ersatzzustellung* hat der Asylsuchende durch alle ihm zumutbaren Maßnahmen sicherzustellen, dass ihn die *Mitteilung über die Niederlegung* erreicht (s. auch § 10 Rdn. 35 ff.). Die Rechtsprechung geht davon aus, dass der Postzusteller die Mitteilung in den Briefkasten einwerfen oder unter der Wohnungstür hindurchschieben darf (BVerwG, NJW 1988, 578). Auch der Einwurf der Mitteilung über die Niederlegung in einem gemeinsam von mehreren Personen benutzten Briefkasten kann der üblichen Art der Abgabe von gewöhnlichen Briefsendungen entsprechen (BVerwG, NJW 1988, 578).

263 Bewohnen mehrere Personen gemeinsam eine Wohnung, so ist den vom Empfänger zu treffenden Vorkehrungen für eine ordnungsgemäße Zuleitung von Postsendungen *in aller Regel* genügt, wenn für sie ein *Gemeinschaftsbriefkasten* vorhanden ist (BVerwG, NJW 1988, 578). Dieser muss aber als »Gemeinschaftsbriefkasten« gekennzeichnet und für den Empfänger zugänglich sein. Dies ist nicht der Fall, wenn der Zusteller das Schriftstück in einen Briefkastenschlitz einwirft, der an der Außentür eines Lagers angebracht ist (OVG NW, U. v. 2. 7. 2003 – 8 A 1610/02.A).

264 Nur wenn *konkreter Anlass* für die Befürchtung besteht, dass für ihn bestimmte Postsendungen ihn auf diese Weise nicht oder nicht unverzüglich erreichen können, darf der Empfänger es nicht beim gemeinschaftlichen Briefkasten belassen. Konkreter Anlass für derartige Befürchtungen können sich insbesondere etwa daraus ergeben, dass bereits *in der Vergangenheit Unregelmäßigkeiten* bei der gemeinsamen Benutzung des Briefkastens, wie etwa unterbliebene oder verspätete Aushändigung von Postsendungen an den Empfänger, vorgekommen sind (BVerwG, NJW 1988, 578).

265 Sind Unregelmäßigkeiten festgestellt worden, hat der Asylsuchende sich nach seinen Möglichkeiten ernsthaft um Abhilfe zu bemühen. Zu berücksichtigen ist insoweit aber, dass er in Gemeinschaftsunterkünften oder ähnlichen Einrichtungen insoweit auf die Kooperation der Leitung angewiesen ist. Die Darlegung des fehlenden Verschuldens kann sich dementsprechend auf die Feststellung beschränken, dass in der Vergangenheit Unregelmäßigkeiten bei der Postzustellung nicht vorgekommen sind, sondern für den Empfänger bestimmte Postsendungen diesen stets und unverzüglich erreicht haben. Ist es bereits in der Vergangenheit zu Unregelmäßigkeiten bei der Zustellung gekommen, hat der Asylsuchende darzulegen, welche Vorkehrungen er im Einzelnen getroffen hat, damit für ihn bestimmte Post aus dem Gemeinschaftsbriefkasten an ihn weitergeleitet wird (VG Wiesbaden, U. v. 2. 1. 1984 – II/1 E 06131/83).

Insofern sind die sich aus der Abhängigkeit des Asylsuchenden von der Sozialbehörde aufgetretenen Schwierigkeiten bei der Bemühung um Abhilfe im konkreten Einzelfall detailliert darzulegen. Regelmäßig wird es aber in aller Regel ausreichen, wenn er konkret darlegt und in Form einer eidesstattlichen Versicherung glaubhaft macht, er habe der verantwortlichen Aufsichtsperson oder dem zuständigen Sozialarbeiter Meldung über Unregelmäßigkeiten bei der Postzustellung erstattet und um geeignete Abhilfevorkehrungen gebeten. Eine Dienstaufsichtsbeschwerde oder vergleichbare innerdienstliche Abhilfemöglichkeiten gehören nicht zu den Sorgfaltspflichten des Asylsuchenden. Die Bestellung eines Empfangsberechtigten ist dem Asylsuchenden nur zuzumuten, wenn er über ihm zuverlässig erscheinende und vertrauenswürdige Mittelspersonen im Bundesgebiet verfügt.

266

10.4. Verschulden des Prozessbevollmächtigten

10.4.1. Zurechnung des Verschuldens des Prozessbevollmächtigten

10.4.1.1. Verfassungsrechtliche Unbedenklichkeit der Vorschrift des § 85 Abs. 2 ZPO

Allgemein ist anerkannt, dass wegen § 85 II ZPO (§ 173 VwGO) das *Verschulden seines Prozessbevollmächtigten* dem Beteiligten *zugerechnet* wird (BVerfGE 60, 253 (271 ff.) = DVBl. 1982, 888 = JZ 1982, 596 = EZAR 610 Nr. 14; BVerfG (Kammer), NVwZ 2000, 907 = AuAS 2000, 197 = EZAR 212 Nr. 12; BVerwG, DVBl. 1978, 888 = DÖV 1978, 814; BVerwGE 66, 240 (241) = DÖV 1983, 248 = InfAuslR 1983, 79 (LS); BVerwG, InfAuslR 1985, 164; BVerwG, InfAuslR 1985, 187; BVerwG, NJW 1991, 2096; BVerwG, NVwZ 2000, 65; Nieders.OVG, InfAuslR 2004, 454 (456); VGH BW, NVwZ-RR 2000, 261 = AuAS 2000, 144 (LS); BayVGH, AuAS 2001, 185). Die Vorschrift sei mit Rücksicht auf den Grundsatz der Rechtssicherheit insoweit mit dem Grundgesetz, insbesondere mit Art. 19 IV GG vereinbar, als danach auch in asylrechtlichen Asylstreitverfahren bei der Entscheidung, ob gegen die Versäumung der Klagefrist Wiedereinsetzung in den vorigen Stand zu gewähren sei, das Verschulden des Prozessbevollmächtigten dem Verschulden der Partei gleichgestellt werde (BVerfGE 60, 253 (267 ff.)).

267

Die Gewährleistung des Art. 19 IV GG werde dadurch auch im Hinblick auf die Besonderheiten des Asylverfahrens, insbesondere wegen der möglichen existenziellen Bedeutung einer Versagung des Asylrechts, nicht unangemessen oder unzumutbar eingeschränkt. Die fehlende Möglichkeit für den abgewiesenen Asylsuchenden, sich bei seinem Bevollmächtigten für die Folgen seiner Fristversäumnis in wirksamer Weise schadlos zu halten, führe vor allem wegen des unabhängig von der Asylgewährung oder –versagung bestehenden Abschiebungsschutzes für politisch Verfolgte nicht zu schlechthin unerträglichen Ergebnissen wie grundsätzlich im Strafverfahren (BVerfGE 60, 253 (299 f.); s. jetzt auch BVerfG (Kammer), InfAuslR 2000, 459 (461) = NVwZ 2000, 907; § 71 Rdn. 92, zum Antrag nach § 51 V VwVfG bei Anwaltsverschulden).

268

10.4.1.2. Kündigung des Auftrags durch den Auftraggeber

269 In der Regelung des § 85 II ZPO spiegelt sich der allgemeine Grundsatz wider, dass jeder, der sich am Rechtsverkehr beteiligt, für die Personen einzustehen hat, die erkennbar sein Vertrauen genießen (BVerwG, NVwZ 2000, 65). Der Zurechnungsgrund entfällt, wenn der Auftraggeber Maßnahmen ergreift, die geeignet sind, die Vertrauensgrundlage zu beseitigen. Zwar wird nach § 87 I ZPO das Erlöschen der Vollmacht erst mit dem Eingang der Anzeige bei Gericht wirksam. Als Bevollmächtigter im Sinne des § 85 II ZPO ist ein Rechtsanwalt indes schon dann nicht mehr anzusehen, wenn das nach innen bestehende Rechtsverhältnis beendet wird, das der nach außen wirkenden Vollmacht zugrunde liegt. Eine Verschuldenszurechnung kommt nicht mehr in Betracht, sobald das Mandat, und sei es auch nur im Innenverhältnis, gekündigt ist (BVerwG, NVwZ 2000, 65; VGH BW, NJW 2004, 2916 = NVwZ 2004, 1517 (LS)).

270 Das BVerwG will andererseits § 85 II ZPO selbst dann noch anwenden, wenn der Prozessbevollmächtigte es nicht nur »*vorsätzlich unterlassen*« hat, die notwendigen Schritte einzuleiten, sondern darüber hinaus den Prozess zum Nachteil des Mandanten »*vorsätzlich sabotiert*«. Das Wiedereinsetzungsrecht lasse sich nicht als Mittel mobilisieren, um den Mandanten von seinem eigenen Prozessbevollmächtigten zu schützen. Ein Beteiligter, der sich in einem gerichtlichen Verfahren vertreten lasse, solle in jeder Weise so dastehen, als wenn er den Rechtsstreit selbst führen würde. Die Regelung des § 85 II ZPO liefere einen Mandanten andererseits nicht schutzlos seinem Prozessbevollmächtigten aus. Die Zurechnung entfalle vielmehr, wenn der Mandant Maßnahmen ergreife, die geeignet seien, die Vertrauensgrundlage zu beseitigen. Jeder Beteiligte habe es daher in der Hand, sich aus der vorgeblichen »Opferlage« zu befreien und sich den nachteiligen Folgen des § 85 II ZPO zu entziehen (BVerwG, NVwZ 2000, 65 (65f.)).

271 Das BVerwG kann sich auf die Rechtsprechung des BVerfG berufen, das dem Vertretenen nicht nur das *versehentliche*, sondern auch das *willentliche Unterlassen* von Prozesshandlungen des Bevollmächtigten zurechnet. Wo sich dabei allgemein oder im Einzelfall Grenzen der Zurechenbarkeit aus einfachem Recht ergeben können, hat es offengelassen (BVerfGE 60, 253 (302) = DVBl. 1982, 888 = JZ 1982, 596 = EZAR 610 Nr. 14; ebenso BayVGH, U. v. 30. 12. 1983 – Nr. 25 CZ 83C.851). Auch nach der obergerichtlichen Rechtsprechung stellt die aus Vergesslichkeit oder Unachtsamkeit des Prozessbevollmächtigten unterbliebene Klageerhebung selbst dann zurechenbares Anwaltsverschulden dar, wenn es sich nicht um eine typische anwaltliche Tätigkeit handelt (VGH BW, EZAR 610 Nr. 5).

272 Die früher in der untergerichtlichen Rechtsprechung vertretene Auffassung, der zu folge Verschulden nicht die vorsätzlich sittenwidrige Schädigung eines Beteiligten durch den Bevollmächtigten erfasse (VG Stade, InfAuslR 1983, 143), dürfte damit überholt sein. Eine Anwendung der Rechtsprechung des BVerwG auf das Asylverfahren stößt zwar wegen der kurzen Fristen und der fehlenden Vertrautheit der Asylsuchenden mit dem System der Rechtsberatung und –vertretung auf Bedenken. Die Rechtsprechung legt den § 85 II ZPO indes sehr extensiv aus, sodass unabhängig von den Gründen für die

Fristversäumnis der Asylsuchende mit den Folgen des § 85 II ZPO belastet wird. Das BVerfG hat jedoch in Anknüpfung an die obergerichtliche Rechtsprechung einen Weg aufgezeigt, wie unerträgliche Folgen für die Asylsuchenden wenn auch nicht gänzlich beseitigt, so doch zumindest abgemildert werden können.

10.4.2. Antrag auf Wiederaufgreifen nach § 51 Abs. 5 VwVfG

273 Trotz der im Asylverfahren erfolgten Zurechnung des Verschuldens des Verfahrensbevollmächtigten kann der Asylsuchende nach der Rechtsprechung des BVerfG zumindest Abschiebungsschutz nach § 60 II–VII AufenthG – gegebenenfalls im Wege gerichtlicher Nachprüfung – nach den verfahrensrechtlichen Vorschriften der § 51 I in Verb. mit § 48 I VwVfG erlangen (BVerfG (Kammer), NVwZ 2000, 907 (909) = EZAR 212 Nr. 12 = AuAS 2000, 197; ebenso BVerwG, AuAS 2003, 94 (95); VGH BW, NVwZ-RR 2000, 261 (262); s. hierzu auch § 71 Rdn. 95 ff.). Das BVerfG hat in diesem Zusammenhang ausdrücklich seine bisherige Rechtsprechung zum Anwaltsverschulden im Blick auf die für den Asylsuchenden tief greifenden Folgen einer Überprüfung unterzogen:

274 Es hatte zunächst wegen der Folgen der Fristversäumnis darauf hingewiesen, dass unabhängig vom Ausgang des Asylverfahrens die Vorschrift des § 14 I AuslG 1965 (§ 51 I AuslG 1990, jetzt § 60 I AufenthG) zu beachten war (BVerfGE 60, 253 (300) = DVBl. 1982, 888 = JZ 1982, 596 = EZAR 610 Nr. 14). Da nach § 13 I der Schutz nach der Nachfolgevorschrift des § 14 I AuslG 1965, nämlich internationaler Schutz nach § 60 I AufenthG, zwingend dem Begriff des Asylantrags immanent ist, hat jedoch nach geltendem Recht die Fristversäumnis auch den Wegfall des internationalen Schutzes nach dieser Vorschrift zur Folge. Das BVerfG hat indes ausdrücklich festgestellt, dass seine bisherige Rechtsprechung durch die zwischenzeitlich erlassenen Neuregelungen im Asyl- und Ausländerrecht im Ergebnis nicht in Frage gestellt werden (BVerfG (Kammer), NVwZ 2000, 907 (908)).

275 Erwachse aufgrund anwaltlichen Verschuldens die Feststellung, dass die Voraussetzungen für die Gewährung von Abschiebungsschutz nach § 51 I AuslG 1990 (jetzt § 60 I AufenthG) nicht gegeben seien, in Bestandskraft, führe auch in einem solchen Fall die Zurechnung des Verschuldens des Bevollmächtigten nicht zu schlechterdings unerträglichen Ergebnissen (BVerfG (Kammer), NVwZ 2000, 907 (908); vgl. auch BayVGH, AuAS 2001, 185 (186), verneinend für die ausweisungsrechtlichen Folgen). Der Asylsuchende könne auch nach rechtskräftigem Abschluss seines Asylverfahrens zumindest Abschiebungsschutz nach § 53 AuslG 1990 (jetzt § 60 II–VII AufenthG) erlangen. Das BVerwG habe entschieden, dass eine erneute Prüfung des Asylvorbringens nicht im Wege des Asylfolgeantrags zulässig sei, da Anwaltsverschulden keinen Wiederaufgreifensgrund im Sinne des § 51 I Nr. 1–3 VwVfG darstelle. Die Entscheidung zu § 53 AuslG 1990 unterliege indes nicht den eingeschränkten und strengen Widerrufsvoraussetzungen des § 51 I–III VwVfG.

276 Für Abschiebungshindernisse nach § 60 II–VII AufenthG ist damit das Bundesamt nach § 51 V in Verb. mit § 48 I VwVfG berechtigt, auf Antrag oder auch von Amts wegen das Verfahren auch dann wieder aufzugreifen und

einen Zweitbescheid zu erlassen, wenn die Voraussetzungen des § 51 I–III VwVfG nicht erfüllt sind (BVerfG (Kammer), NVwZ 2000, 907 (908f.), unter Hinweis auf BVerwG, NVwZ 2000 = InfAuslR 2000, 16; BVerwG, NVwZ 2000, 940).

277 Die obergerichtliche Rechtsprechung hat eine *Verpflichtung des Bundesamtes* zu einem *Wiederaufgreifen* angenommen, wenn kein eigenes Verschulden an der Fristversäumnis vorliegt und substanziiert rechtliche und/oder tatsächliche Bedenken gegen die Richtigkeit der früheren Antragsablehnung geltend gemacht werden (vgl. VGH BW, NVwZ-RR 2000, 261 (262)). Sie hat zudem auf eine *Ermessensreduzierung* hingewiesen, wenn – wie im Falle des § 60 II–VII AufenthG in der Regel – zugleich unmittelbar verfassungsrechtlich begründete, einer Abschiebung entgegenstehende Rechtspositionen betroffen sind.

278 Unter diesen Voraussetzungen ist die Vorschrift des § 85 II ZPO verfassungsrechtlich nicht zu beanstanden. Vielmehr kann der Asylsuchende, sofern das Bundesamt nicht von Amts wegen sein Verfahren wieder aufgreift, einen Wiederaufgreifensantrag stellen, damit das Bundesamt einen *Zweitbescheid* zum Vorliegen von Abschiebungshindernissen nach § 60 II–VII AufenthG erlässt (BVerfG (Kammer), NVwZ 2000, 907 (908f.)). Auch der EGMR misst der von den Voraussetzungen des § 51 I – III VwVfG befreienden Rechtsprechung des BVerwG im Blick auf den zwingenden Charakter von Art. 3 EMRK erhebliches Gewicht bei (EGMR, InfAuslR 2000, 321 (324f.) = NVwZ 2001, 301 = EZAR 933 Nr. 8 – T.I.).

279 Zusammenfassend ist festzuhalten, dass ein Anwaltsverschulden an der Fristversäumnis im Blick auf die Asylanerkennung und den internationalen Schutz nach § 60 I AufenthG dem Asylsuchenden uneingeschränkt zugerechnet wird. Wenn keine beachtlichen Wiederaufgreifensgründe geltend gemacht werden können, kann jedenfalls mit dem Verweis auf das Anwaltsverschulden keine auf das asylrechtliche Asylvorbringen bezogene erneute Prüfung begehrt werden. Im Blick auf den Abschiebungsschutz nach § 60 II–VII AufenthG kann der Asylsuchende, sofern das Bundesamt nicht von Amts wegen eine Prüfung einleitet, auf Antrag ein Wiederaufgreifen verlangen. Dazu sind substanziiert rechtliche und/oder tatsächliche Bedenken gegen die Richtigkeit der früheren Antragsablehnung darzulegen. Wird zugleich – wie regelmäßig im Falle des § 60 II–VII AufenthG – die Beeinträchtigung unmittelbarer verfassungsrechtlicher Rechtspositionen geltend gemacht, ist das Ermessen reduziert (BVerfG (Kammer), NVwZ 2000, 907 (909); VGH BW, NVwZ-RR 2000, 261 (262)).

10.4.3. Anforderungen an die Kommunikation mit dem Mandanten

280 Besondere Sorgfaltspflichten hat die Rechtsprechung mit Blick auf die *Kommunikation* zwischen dem *Auftraggeber* sowie dem *Rechtsanwalt* entwickelt: Es gehört zu den Sorgfaltspflichten eines Rechtsanwaltes, im Rahmen des ihm Zumutbaren dafür Sorge zu tragen, dass seine Mitteilungen den Mandanten zuverlässig und rechtzeitig erreichen. Gerade mit Rücksicht darauf, dass regelmäßig eine Reaktion des Mandanten auf Benachrichtigungen durch seinen Rechtsanwalt zu erwarten ist, und auf die bei Ausländern nicht selten

auftretenden Schwierigkeiten bei der Postzustellung darf der Anwalt es nicht bei einem einmaligen Benachrichtigungsversuch bewenden lassen. Ist für ihn erkennbar, dass sein erstes Schreiben den Mandanten ersichtlich nicht erreicht hat, ist er vielmehr gehalten, bei diesem gegebenenfalls nochmals und nicht nur mit einfachem Brief Rückfrage zu halten oder sich auf sonstige Weise zu vergewissern, ob dieser eine Weiterverfolgung seiner Rechte wünscht (BVerwGE 66, 240 (241) = DÖV 1983, 248 = InfAuslR 1983, 79 (nur LS)).

Demgegenüber wird in der obergerichtlichen Rechtsprechung vertreten, dass der Rechtsanwalt im Regelfall mit einem Benachrichtigungsversuch, der die Aufforderung enthält, sich zur Klageerhebung zu äußern, seinen Sorgfaltspflichten genügt (OVG Rh-Pf, NVwZ 1983, 494 = NJW 1983, 150; so auch VG Saarlouis, InfAuslR 1984, 11; VG Münster, AuAS 1997, 35 (36); a.A. Hess.VGH, NJW 1991, 2099; Thür.OVG, NVwZ-RR 1997, 390 (391); OVG SA, AuAS 1999, 274). Ein Rechtsanwalt, der im Innenverhältnis nur den Auftrag erhalten hat, für seinen Auftraggeber das Asylverfahren vor dem Bundesamt zu betreiben, ist diesem gegenüber ohne besonderen Auftrag auch dann nicht verpflichtet, vorsorglich Klage zu erheben, wenn er sich ein Vollmachtsformular hat unterschreiben lassen, in welchem auch eine Prozessführung erwähnt ist (OVG Rh-Pf, NVwZ 1983, 494; OVG NW, B. v. 24. 7. 1987 – 18 B 21031/86; VG Münster, AuAS 1997, 35 (36); a.A. Sächs.OVG, AuAS 1997, 188 (189) = NVwZ-Beil. 1997, 66 (LS)). Der einmalige Benachrichtigungsversuch wird jedenfalls dann für ausreichend erachtet, wenn das Schreiben nicht zurückgesendet wird (VG Saarlouis, InfAuslR 1984, 11; VG Münster, AuAS 1997, 35 (36)).

281

Auch die Gegenmeinung räumt ein, dass eine Pflicht zum Tätigwerden durch nochmalige Benachrichtigung des Mandanten bzw. durch Rückfrage nur dann zu fordern sei, wenn der Anwalt hätte erkennen müssen, dass sein erstes Schreiben den Auftraggeber nicht erreicht habe bzw. nach den Umständen des Falles eine Antwort des Mandanten zu erwarten gewesen sei (Hess.VGH, NJW 1991, 2099; ebenso wohl Sächs.OVG, AuAS 1997, 188 (189)). Angesichts der kurzen Fristen im Asylverfahren wird man von einem gewissenhaften Bevollmächtigten kaum mehr als einen Benachrichtigungsversuch erwarten können. Dagegen wird der Rechtsanwalt in Ansehung der Antragsfrist nach § 78 IV 1 selbst dann noch zu weiteren, gegebenenfalls telefonischen Nachfragen verpflichtet gehalten, wenn ihm mitgeteilt werde, dass der Empfänger »laut Heimliste nicht bekannt« sei. Dies lasse nicht ohne weiteres den Schluss zu, dass dessen Aufenthalt unbekannt sei OVG SA, AuAS 1999, 274 (275)).

282

Der Rechtsanwalt hat bei der ersten Besprechung den Auftraggeber generell auf die Rechtsbehelfsfristen und auf die Notwendigkeit, beim Erhalt in deutscher Sprache abgefasster anwaltlicher Schriftsätze (mit Aufforderungscharakter (!)), den Bevollmächtigten sofort aufzusuchen, hinzuweisen (OVG NW, NJW 1981, 1855). Im Gegensatz zur erwähnten obergerichtlichen Rechtsprechung ist das BVerwG der Ansicht, es gehöre zu den Sorgfaltspflichten des Rechtsanwaltes, aufgrund der ihm erteilten Vollmacht auch *ohne besondere Weisung* den Rechtsbehelf einzulegen (BVerwG, NVwZ 1984, 521).

283

284 Auch in der obergerichtlichen Rechtsprechung wird bei Schweigen des Auftraggebers dann eine Pflicht zur Klageerhebung angenommen, wenn nach den Umständen des Einzelfalles davon auszugehen ist, dass der bislang hartnäckig seine Rechte verfolgende Auftraggeber dies wünsche (Hess.VGH, NJW 1991, 2099). Früher hatte das BVerwG demgegenüber entschieden, dass die Einlegung eines Rechtsbehelfs durch einen Rechtsanwalt im nur vermuteten Einverständnis mit der Partei ohne einen ihm selbst von der Partei erteilten (ausdrücklichen) Auftrag ein *grobes Verschulden* darstelle (BVerwG, NJW 1960, 593).

285 Es wird der Einschätzung des Rechtsanwaltes überlassen bleiben, wie er diesen Konflikt löst. Ratsam ist es, zu Beginn des Auftrags die Vertretung auch in den folgenden Verfahrensabschnitten zu erörtern. Regelmäßig wird der Rechtsanwalt auch ohne besondere Rücksprache mit dem Auftraggeber fristwahrend den Rechtsbehelf einlegen. Jedenfalls darf der Rechtsanwalt nicht wegen des nicht gezahlten Gebührenabschlags die Rechtsbehelfsfrist verstreichen lassen (VG Köln, InfAuslR 1985, 152).

286 Notfalls kann der Rechtsanwalt fristwahrend Klage erheben. Jedenfalls beruht die Fristversäumnis nicht auf anerkannten Hinderungsgründen, wenn der Prozessbevollmächtigte des Asylsuchenden von der Einlegung des Rechtsbehelfs absieht, obwohl er nach der ihm erteilten Vollmacht auch ohne besondere Weisung zu allen den Rechtsstreit betreffenden Prozesshandlungen ermächtigt ist und er aufgrund in der Vergangenheit aufgetretener Kommunikationsprobleme in Rechnung stellen musste, dass sein Benachrichtigungsversuch den Mandanten nicht erreicht haben kann (OVG NW, AuAS 2004, 167). Etwas anders gilt jedoch, wenn es bereits während des Verwaltungsverfahrens zu Postrückläufen gekommen ist und der Rechtsanwalt daraufhin versucht hat, den Kontakt mit seinem Mandanten wieder herzustellen. Es kann dem Rechtsanwalt nicht angesonnen werden, einen Rechtsbehelf für einen Auftraggeber einzulegen, an dessen fortbestehenden Rechtsverfolgungswillen infolge wiederholter ergebnisloser Kommunikationsversuche begründete Zweifel bestehen. Denkbar ist auch, dass der Auftraggeber bereits das Bundesgebiet verlassen hat.

10.4.4. Verschulden des angestellten Rechtsanwaltes

287 Angestellte Rechtsanwälte können nur dann als Vertreter eines Prozessbevollmächtigten im Sinne des § 85 II ZPO angesehen werden, wenn sie von diesem mit der *selbständigen Bearbeitung eines Rechtsstreits* betraut worden sind (BVerwG, InfAuslR 1985, 163 = BayVBl. 1985, 187; BVerwg, NVwZ 2004, 1007 (108); s. auch KG, NJW 1995, 1434 (1435)). Dies beruht auf dem Gedanken, dass es der Prozessbevollmächtigte nicht in der Hand haben soll, durch Übertragung der selbständigen Bearbeitung einer bestimmten Sache auf einen anderen sich und seine Partei weitgehend aus der Verantwortung für Versäumnisse zu ziehen, ohne dass die Partei andererseits für ein Verschulden desjenigen einstehen müsste, dem die selbständige Bearbeitung übertragen worden ist (BVerwG, InfAuslR 1985, 163).

288 Abzugrenzen ist hiervon der Rechtsanwalt, der in einer Anwaltskanzlei *zuarbeitender Rechtsanwalt* tätig ist. Ob ein Rechtsanwalt in einer Kanzlei bloßer

Hilfsarbeiter oder selbständig tätiger Mitarbeiter ist, beurteilt sich anhand der gesamten Umstände des Einzelfalls (BVerwG, NVwZ 2004, 1007 (1008)). Ist der Rechtsanwalt bloßer Hilfsarbeiter, finden auf dessen Verhalten die Grundsätze des Organisationsverschuldens Anwendung. Ein dem Auftraggeber zurechenbares Verschulden des angestellten Rechtsanwaltes kann daher nur angenommen werden, wenn der bevollmächtigte Rechtsanwalt seinerseits durch die Art und Weise der Erteilung des Auftrags an den angestellten, nicht selbständig die Sache bearbeitenden Rechtsanwalt gegen Sorgfaltspflichten verstoßen hat (BVerwG, InfAuslR 1985, 163).

10.4.5. Verschulden des Büropersonals

289 Verschulden des Büropersonals wird als Verschulden des Prozessbevollmächtigten gewertet, wenn dieser das Personal nicht mit der erforderlichen Sorgfalt ausgewählt sowie angeleitet und überwacht sowie durch eine zweckmäßige Büroorganisation – insbesondere auch mit Blick auf die *Fristenkontrolle* – das Erforderliche zur Verhinderung von Fristversäumnissen getan hat. Die nachgewiesene generelle Anweisung an das Büropersonal allein, Posteingänge samt Handakte vorzulegen, genügt nicht. Vielmehr ist durch geeignete Überwachungsmaßnahmen sicherzustellen, dass diese Anordnung auch eingehalten wird (BayVGH, B. v. 7. 5. 1982 – Nr. 21 B 82 C. 408). Auf eine fachlich ausgebildete und generell auf ihre Zuverlässigkeit überprüfte Fachkraft darf sich der Rechtsanwalt jedoch verlassen. Entsprechendes gilt für die Hinzuziehung dritter Personen, insbesondere auch für den angestellten Rechtsanwalt (Rdn. 287 f.).

290 Ein dennoch vorkommendes schuldhaftes, zur Fristversäumnis führendes Verhalten von Hilfspersonen des Prozessbevollmächtigten wird diesem deshalb nicht zugerechnet (VGH BW, EZAR 610 Nr. 5), mit der Folge, dass Wiedereinsetzung in den vorigen Stand zu gewähren ist. Es begründet daher kein Anwaltsverschulden, wenn eine geschulte und zuverlässige Auszubildende im zweiten Lehrjahr einen Schriftsatz versehentlich in einen nicht an das zuständige Gericht bestimmten Briefumschlag einlegt (BGH, MDR 1995, 317). Es übersteigt die zu stellenden Anforderungen, von der verantwortlichen Angestellten zu fordern, sich anhand eines Postausgangsbuchs von der Richtigkeit der Einordnung der Schriftsätze in die Umschläge zu überzeugen (BGH, MDR 1995, 317 (318)). Im Übrigen kann die Führung eines Postausgangsbuches nicht verlangt werden, ohne dass dem Prozessbevollmächtigten deshalb ein Verstoß gegen die anwaltlichen Sorgfaltspflichten vorgeworfen werden kann (BGH, MDR 1995, 317 (318)).

291 Vorausgesetzt wird hierbei jedoch, dass der Bevollmächtigte diese Personen mit der erforderlichen Sorgfalt ausgewählt, angeleitet und überwacht hat. Zur sorgfältigen Überwachung gehört, dass der Bevollmächtigte durch eine zweckmäßige Büroorganisation, insbesondere auch hinsichtlich der Fristen- und Terminüberwachung, mittels genereller oder besonderer Weisungen das Erforderliche zur Verhinderung von Fristversäumnissen getan hat. Unter diesen Voraussetzungen kann auch ein Rechtsanwalt die Überwachung der Fristen und Termine an qualifiziertes Büropersonal delegieren, ohne dass ihm ein Verschulden vorzuwerfen ist, sofern das Büropersonal sich in der

Vergangenheit als zuverlässig erwiesen hat (BGH, NJW 1994, 1879; BGH, NJW 1994, 3235; VGH BW, NVwZ-RR 1995, 174; OVG NW, NJW 1995, 1445 = NVwZ 1995, 712).

292 Unterzeichnet der Rechtsanwalt den fristwahrenden Schriftsatz, ohne zu bemerken, dass sein Büropersonal die Bezeichnung des Gerichtes eigenmächtig geändert hat, so trägt er nach der obergerichtlichen Rechtsprechung hierfür selbst die volle Verantwortung (OVG SA, NVwZ-RR 2004, 385; s. auch OVG Sachsen, NVwZ-RR 2003, 316 (317)). Bemerkt der Rechtsanwalt den Fehler und erteilt er darauf hin eine Korrekturanweisung, trägt er nicht die Verantwortung für das Fristversäumnis, wenn die Anweisung nicht korrekt ausgeführt wird (OVG SA, NVwZ.RR 2004, 385 (386), mit Hinweis auf BGH, NJW 1982, 2670).

293 Hat ein Rechtsanwalt versehentlich eine Berufungsschrift unterzeichnet, bemerkt dies aber sofort und ordnet die Fertigung eines Antrags auf Zulassung der Berufung an, den er anschließend unterzeichnet, handelt er sorgfaltswidrig, wenn er beide Schriftstücke in den Geschäftsgang seiner Kanzlei gibt, ohne den fehlerhaften Schriftsatz zu zerreißen oder sonst wie kenntlich zu machen, dass er nicht abgesendet werden soll. Verwechselt anschließend eine Kanzleimitarbeiterin die beiden Schriftsätze und übermittelt entgegen der ihr erteilten Anordnung an Stelle des Zulassungsantrags die Berufungsschrift, kommt eine Wiedereinsetzung nicht in Betracht (Hess.VGH, NVwZ-RR 2004, 386).

294 Hinsichtlich des Verschuldensmaßstabes ist zu bedenken, dass die Anforderungen an die Sorgfaltspflichten angesichts der Bedeutung der Wiedereinsetzung für den Rechtsschutz der Betroffenen *nicht überspannt* werden dürfen und sich der Rechtsanwalt vorbehaltlich ihn treffender Organisations- und Überwachungsmängel regelmäßig auf eine fachlich ausgebildete und generell auf ihre Zuverlässigkeit hin überprüfte Fachkraft verlassen darf (OVG NW, NJW 1995, 1445).

295 Zu den Organisationspflichten des Anwalts gehört es auch, für den Fall der Verhinderung von Angestellten, die mit wichtigen Aufgaben, wie etwa der Mitnahme fristwahrender Schriftsätze zur Aufgabe bei der Post, betraut sind, von vornherein durch geeignete organisatorische Maßnahmen, etwa durch Bestimmung von Vertretern, Vorsorge zu treffen (KG, NJW 1995, 1434 (1435)). Er muss insbesondere durch organisatorische Anweisungen Sorge dafür tragen, dass die für das angeschriebene Gericht zutreffende Telefaxnummer verwendet und anhand des Sendeberichtes eine entsprechende Kontrolle vorgenommen wirde (BVerwG, NVwZ 2004, 1007 (1108)). Der Anwalt muss sein Büro so einrichten, dass auch mögliche Unregelmäßigkeiten und Zwischenfälle, sofern sie nicht außer dem Bereich der vernünftigerweise anzustellenden Überlegungen liegen, kein Hindernis für die Wahrung der Frist liegen (KG, NJW 1995, 434 (436)).

10.4.6. Fristenkontrolle

10.4.6.1. Fristeneintragung

296 Das mit Datum zugestellte Schriftstück ist ordnungsgemäß im Fristenkalender zu notieren. Für die Berechnung der Fristen gelten die Vorschriften des

§ 31 VwVfG und ergänzend die Bestimmungen nach §§ 181 ff. BGB, §§ 221 ff. ZPO. Für den Ablauf einer Rechtsmittelfrist an einem nicht bundeseinheitlichen gesetzlichen Freiertag sind – unabhängig vom Sitz der Kanzlei des Verfahrensbevollmächtigten – die Verhältnisse an dem Ort maßgebend, an dem die Frist zu wahren ist (OVG Brandenburg, AuAS 2004, 260, Anwalt in Nordrhein-Westfalen hatte Fronleichnam als gesetzlichen Feiertag behandelt, obwohl am Ort des Gerichtes in Cottbus an diesem Tag kein gesetzlicher Feiertag ist).

Hat der Postbote auf dem Umschlag des zugestellten Schriftstücks das Datum der Zustellung nicht vermerkt, so kann der Empfänger sich nicht damit entlasten, er habe anhand der übergebenen Unterlagen den Tag der Zustellung nicht mehr feststellen können. Wird ein Schreiben förmlich zugestellt, so ist für jedermann deutlich, dass mit der Zustellung fristgebundene Entscheidungen verbunden sein können und auch zumeist sein werden. Der Empfänger muss daher entweder selbst das Datum der Zustellung notieren oder vorsichtshalber bei der absendenden Stelle nachfragen (BVerwG, NVwZ-RR 2001, 484). 297

Der Rechtsanwalt muss der Wahrung prozessualer Fristen seine besondere Aufmerksamkeit widmen. Das schließt es zwar nicht aus, dass er die Notierung, Berechnung und Kontrolle der üblichen Fristen in Rechtsmittelsachen, die in seiner Praxis häufig vorkommen und deren Berechnung keine Schwierigkeiten bereitet, gut ausgebildetem und sorgfältig beaufsichtigtem Büropersonal überlässt. Dies gilt aber nicht für schwierige Fristen, insbesondere die Frist zur Revisionszulassungsbegründung (§ 133 III VwGO) und die Revisionsbegründungsfrist (§ 139 III VwGO). Diese Fristen, deren Berechnungsmodus vom übrigen Prozessrecht teilweise abweicht, sind besonders fehleranfällig. Der Rechtsanwalt muss deshalb sein Personal auf die Besonderheiten solcher Fristberechnungen besonders hinweisen, falls es sich nicht wegen der Häufung derartiger Fristsachen um eine Routineangelegenheit in der betreffenden Anwaltskanzlei handelt (OVG Rh-Pf, NVwZ-RR 2003, 73, mit Hinweis auf BVerwG, NJW 1995, 2122; OVG Rh-Pf, AuAS 2004, 124 (125); so auch OVG NW, NVwZ-RR 2004, 221; Nieders.OVG, NVwZ-RR 2004, 227). 298

Dies ist im Hinblick auf die Antragsfrist (§ 78 IV 1), die Beschwerdefrist (§ 147 I VwGO) und Beschwerdebegründungsfrist (§ 146 IV VwGO) sowie in Ansehung der Frist für den Zulassungsantrag nach § 124 a IV 1 VwGO, die Begründungsfrist für den Zulassungsantrag (§ 124 a IV 4 VwGO) sowie die Berufungsfrist (§ 124 a II VwGO) sowie die Berufungsbegründungsfristen (§ 124 a III 1 und VI VwGO) in einer ausländerrechtlich spezialisierten Anwaltskanzlei der Fall (s. aber OVG Rh-Pf, AuAS 2004, 124 (125)). 299

Zur Vermeidung der Zurechenbarkeit einer Fristversäumnis ist der Rechtsanwalt gehalten, das Empfangsbekenntnis über die Zustellung eines Berufungszulassungsbeschlusses erst dann zu unterzeichnen und zurückzugeben, wenn in den Handakten die Begründungsfrist festgehalten und vermerkt ist, das die Frist im Fristenkalender notiert ist. Er hat generell Sorge dafür zu tragen, dass die Fristnotierung entsprechend seiner Anweisung durch das Büropersonal vorgenommen wird (BVerwG, AuAS 2003, 94). 300

Der Rechtsanwalt hat durch klare Abgrenzung der Zuständigkeiten seines Personals für die zuverlässige *Fristeneintragung* Sorge zu tragen. Er ist gehal- 301 ten, durch entsprechende organisatorische Maßnahmen Fehlerquellen bei der Behandlung von Fristsachen in größtmöglichem Umfang auszuschließen (BGH, NJW 1994, 1879). Rechtsbehelfsfristen sind gesondert von den übrigen Wiedervorlagesachen zu notieren. Den Prozessbevollmächtigten trifft an der Versäumung der Rechtsmittelfrist ein Verschulden, wenn er den Ablauf der (Haupt-)Frist nicht im (zentralen) Fristenkalender eintragen, sondern nur die Vor- oder Bearbeitungsfristen notieren lässt und deren Einhaltung überwacht (BAG, NZA 1993, 285; BGH, NJW 1991, 1178). Es sind sämtliche in Betracht kommenden gesetzlichen und richterlichen Fristen, auch eine sechsmonatige Frist, zu notieren (BGH, NJW 1994, 459).

302 Ein für die Fristversäumnis ursächliches Organisationsverschulden ist auch bereits dann anzunehmen, wenn nicht nur eine *bestimmte qualifizierte Fachkraft* für die Fristnotierung im Kalender und die Überwachung der Fristen verantwortlich ist (BGH, NJW 1992, 3176). Sind mehrere oder alle Angestellten hierfür zuständig, eröffnen sich durch die dadurch bedingte Kompetenzüberschneidung Fehlerquellen dergestalt, dass sich im Einzelfall einer auf den anderen verlässt (BGH, NJW 1992, 3176). Ohne besonderen Anlass muss sich andererseits der Rechtsanwalt nach der Erteilung klarer Weisungen, deren Ausführung keine Schwierigkeiten erkennen lässt, bei seiner sonst zuverlässigen Hilfsperson nicht erkundigen, ob die Weisung ordnungsgemäß ausgeführt worden ist (BGH, NJW 1991, 1179).

303 Auch *Behörden* haben ebenso wie Rechtsanwälte besondere Sorgfaltspflichten in Ansehung der Fristnotierung und Überwachung des hierfür eingesetzten Behördenpersonals. Auch insoweit greift die Berufung auf das Versäumnis des Hilfspersonals nur durch, wenn die Behörde wie ein Rechtsanwalt dartun kann, das Personal mit der gehörigen Sorgfalt ausgewählt, angeleitet und überwacht sowie durch eine zweckmäßige Organisation das Notwendige zur Verhinderung von Fristversäumnissen getan zu haben (Nieders.OVG, NJW 1994, 1229 (1300); OVG NW, NVwZ-RR 2004, 221;OVG Rh-Pf, AuAS 2004, 124 (125); VGH BW, NVwZ-RR 2004, 222).

10.4.6.2. Fristenkontrolle

304 Der Rechtsanwalt genügt seiner Pflicht, für eine zuverlässige Organisation der Fristenkontrolle zu sorgen, nicht mit einer Dienstanweisung, wonach ihm die Akte zur eingetragenen Vorfrist mit deutlicher Angabe des Fristablaufs vorzulegen ist und er danach die Fristenkontrolle selbst übernehme, ohne dass indessen die Vorfrist weisungsgemäß erst gestrichen werden darf, wenn die Akte tatsächlich vorgelegt wird (BGH, NJW 1990, 2126). Durch geeignete Organisationsmaßnahmen ist vielmehr die Notierung der Hauptfrist sowie von Vorfristen (zur Bearbeitung) im zentralen Fristenkalender durch eine bestimmte qualifizierte Fachkraft sicherzustellen. Des Weiteren ist durch Anweisung klarzustellen, dass dem Rechtsanwalt zur eingetragenen Vorfrist die Akte mit deutlichem Hinweis auf den Ablauf der Hauptfrist vorgelegt wird (BVerwG, NJW 1991, 2096).

305 Aber auch wenn der Rechtsanwalt durch geeignete Organisationsmaßnahmen und generelle Anweisungen einer bestimmten und zuverlässigen Fachkraft die Fristeneintragung übertragen hat, bleibt der gewissenhafte, seine

Rechte sowie Pflichten wahrnehmende Prozessführende verpflichtet, den Fristablauf *selbst nachzuprüfen,* wenn ihm die Handakte zur Vorbereitung der fristgebundenen Prozesshandlung vorgelegt wird. Insoweit ist die Nachprüfung der Frist keine routinemäßige Büroarbeit mehr, von der sich der Rechtsanwalt im Interesse seiner eigentlichen Aufgaben freimachen und die er geschultem und zuverlässigem Büropersonal überlassen darf (BVerwG, NJW 1991, 2096; OVG Rh-Pf, NVwZ-RR 2003, 73).

10.4.6.3. Ausgangskontrolle

Der gewissenhafte und seine Rechte und Pflichten wahrnehmende Prozessbevollmächtigte braucht keine besonderen Vorkehrungen darüber zu treffen, dass die mit der Besorgung der ausgehenden Post beauftragte Hilfskraft, an deren Zuverlässigkeit bislang keine Zweifel aufgetreten sind, die zur Versendung bestimmten Schriftstücke auch tatsächlich in den Postbriefkasten einwirft (BGH, NJW 1983, 601). Allerdings verlangt die Sorgfaltspflicht in Fristsachen zuverlässige Vorkehrungen zur Sicherstellung des rechtzeitigen Ausgangs fristwahrender Schriftsätze. Eine wirksame Ausgangskontrolle fordert dabei vor allem, dass Vorkehrungen getroffen werden, die sicherstellen, dass die Fertigung und Absendung fristwahrender Schriftsätze in der Weise überwacht werden, dass Fristen erst dann im Fristenkalender gelöscht werden, wenn das fristwahrende Schriftstück unterzeichnet und postfertig gemacht bzw. entweder tatsächlich abgesendet worden ist oder zumindest sichere Vorsorge dafür getroffen wurde, dass es tatsächlich rechtzeitig hinausgeht (BGH, NJW 1994, 1879f.; KG, NJW 1995, 1434 (1435); Nieders.OVG, NJW 1994, 1300, 1229 (1300)). **306**

Es empfiehlt sich deshalb, eine Frist im anwaltlichen Fristenkalender erst nach der Unterzeichnung des fertigen und für die Postversendung bestimmten Schriftsatzes zu streichen und darüber hinaus für das Büropersonal die generelle Anweisung zu erteilen, dass Fristen im Zentralkalender bzw. im Fristenkalender des Sekretariates erst gelöscht werden dürfen, wenn das durch den Rechtsanwalt unterzeichnete Schriftstück in den Postausgangskorb gelegt worden ist. **307**

Neben hinreichend sicheren Ausgangskontrollen ist der bevollmächtigte Rechtsanwalt jedoch regelmäßig nicht verpflichtet, bei der Absendung fristwahrender Schriftsätze auch noch deren Eingang bei Gericht zu überwachen (BVerfG, NJW 1992, 38 = NVwZ 1993, 159 (LS)). Selbstverständlich finden die Grundsätze zum Anwaltsverschulden und dessen Zurechnung auch dann Anwendung, wenn sich die *Behörde* eines Prozessbevollmächtigten bedient. **308**

Die Bearbeitung einer Klage- oder Rechtsmittelschrift gehört wegen der Bedeutung dieser Tätigkeit und wegen der inhaltlichen Anforderungen an einen solchen Schriftsatz zu den Tätigkeiten, die der Rechtsanwalt nicht seinem Büropersonal überlassen darf, ohne das Arbeitsergebnis auf Richtigkeit und Vollständigkeit selbst sorgfältig zu überprüfen. Von dieser Verpflichtung entbindet den Rechtsanwalt auch die Verwendung eines speziell für die Rechtsmitteleinlegung erarbeiteten *Computer-Programms* nicht (BGH, NJW 1995, 1499). Dessen richtiges Funktionieren setzt im konkreten Fall voraus, **309** dass die Daten zutreffend eingegeben und bei der jeweiligen Maßnahme die richtigen Befehle ereilt werden. Mit der Möglichkeit eines Bedienungsfehlers muss der Rechtsanwalt rechnen und deshalb in einem solchen Fall den Inhalt der Klage- oder Rechtsmittelschrift eigenverantwortlich überprüfen (BGH, NJW 1995, 1499).

10.4.6.4. Übermittlung durch Faxgerät

310 Wird eine Rechtsmittelfrist versäumt, weil der nach Angaben des Prozessbevollmächtigten rechtzeitig in das *Telefaxgerät* eingegebene Schriftsatz das Gericht nicht ereicht hat, kann im Wiedereinsetzungsverfahren eine ausreichende Ausgangskontrolle *nicht allein* durch den *Kontrollausdruck* des Faxgerätes glaubhaft gemacht werden, sondern gegebenenfalls ist durch eine eidesstattliche Versicherung der mit der Übermittlung beauftragten Bürokraft, sie habe sich anhand des Kontrollausdrucks von der ordnungsgemäßen Funktion und dem richtigen Empfänger überzeugt, die hinreichende Ausgangskontrolle glaubhaft zu machen (BGH, NJW 1993, 732; s. auch BGH, NJW 1993, 1655; s. auch Rdn. 178 ff.). Der Rechtsanwalt muss insbesondere durch organisatorische Anweisungen Sorge dafür tragen, dass die für das angeschriebene Gericht zutreffende Telefaxnummer verwendet und anhand des Sendeberichtes eine entsprechende Kontrolle vorgenommen wird (BVerwG, NVwZ 2004, 1007 (1108)).

311 Für die Übermittlung fristwahrender Schriftstücke durch Telefax erfordern die Grundsätze zur Ausgangskontrolle, dass die Pflicht des Anwalts zur Endkontrolle erst dann endet, wenn feststeht, dass der Schriftsatz auch wirklich übermittelt worden ist. Hierbei darf der Übermittlungsvorgang erst dann als abgeschlossen angesehen werden, wenn sich der Absender durch einen Ausdruck des Geräts von der ordnungsgemäßen, insbesondere vollständigen Übermittlung überzeugt hat (BGH, NJW 1994, 1879 (1880)).

312 Der Rechtsanwalt muss insbesondere durch organisatorische Anweisungen sicherstellen, dass die gerichtlichen Telefax-Nummern überprüft und korrigiert werden. Diese Überprüfung ist Teil der gebotenen Ausgangskontrolle. Es hat insbesondere ein Abgleich der im Sendebericht ausgewiesenen Empfängernummer mit der im Büro des Rechtsanwaltes bekannten zutreffenden Telefaxnummer des Empfangsgerichts zu erfolgen (KG, MDR 2000, 1343).

313 Der Rechtsanwalt genügt den Erfordernissen einer wirksamen Ausgangskontrolle nicht, wenn er sein Büropersonal für den Fall der Übermittlung fristgebundener Schriftsätze durch Telefax lediglich anweist, die vom Sendegerät angezeigte Anzahl der übermittelten Seiten mit der Seitenzahl des zu übermittelnden Schriftsatzes zu vergleichen. Die Anweisung, vom Empfangsgericht den Eingang des vollständigen Schriftsatzes bestätigen zu lassen, genügt nicht. Eine solche Nachfrage entbindet nicht von der Kontrolle, ob auch *alle* Seiten des Schriftsatzes vom Telefaxgerät erfasst und an das Empfängergericht weiter gesendet worden sind (OLG Frankfurt am Main, MDR 2000, 1344). Kommt es anschließend zu Störungen, die ausschließlich in der Sphäre des Gerichts liegen und vom Absender nicht bemerkt werden können, ist der Schriftsatz rechtzeitig eingegangen (vgl. auch Rdn. 186 f.).

Zwar unterliegt der Rechtsanwalt, der dem Gericht *den Schriftsatz am letzten* **314**
Tag des Fristablaufs übersendet, einer *erhöhten Sorgfaltspflicht* (BayVGH, NJW
2000, 1131 = NVwZ 2000, 577). Macht er jedoch durch Vorlage der Sendeberichte glaubhaft, dass er am Abend des letzten Tages des Fristablaufs mehrmals versucht habe, den Schriftsatz durch Telefax an das Empfangsgericht zu senden und war in diesem Zeitpunkt nachweislich das Faxgerät des Gerichts ausgeschaltet, kann dem Rechtsanwalt die Störung nicht angelastet werden. Vielmehr liegt diese allein in der Verantwortungssphäre des Gerichts. Insbesondere wegen der kurzen Antragsfrist des § 78 IV 1 darf der Rechtsanwalt die Frist voll ausschöpfen (VGH BW, B. v. 19. 5. 1999 – A 6 S 1589/98).

10.4.6.5. Überprüfung der gerichtlichen Eingangsverfügung

Wird dem Rechtsanwalt durch das Gericht der Eingang eines von ihm eingelegten Rechtsbehelfs schriftlich unter Angabe des Eingangsdatums bestätigt, **315**
hat er anhand der *gerichtlichen Eingangsbestätigung* die Einhaltung der Rechtsmittelfrist zu überprüfen bzw. durch geeignete organisatorische Maßnahmen sicherzustellen, dass diese Überprüfung ordnungsgemäß durch Hilfskräfte vorgenommen wird (BGH, NJW 1994, 458 f.; Hess.VGH, NJW 1993, 748). Insbesondere dann, wenn der Rechtsanwalt den fristgebundenen Schriftsatz am letzten Tag der Frist übermittelt, unterliegt er einer erhöhten Sorgfaltspflicht und muss deshalb selbst beim Eingang der gerichtlichen Eingangsbestätigung überprüfen, ob die Frist gewahrt worden ist (BayVGH, NJW 2000, 1131 = NVwZ 2000, 577). Mit dem Zugang der gerichtlichen Eingangsbestätigung beginnt regelmäßig die zweiwöchige Wiedereinsetzungsfrist zu laufen (Hess.VGH, NJW 1993, 748).

10.4.7. Poststreik

Bei einem Poststreik treffen den Rechtsanwalt besondere Sorgfaltspflichten. **316**
Generell dürfen dem Rechtssuchenden Verzögerungen der Briefbeförderung oder -zustellung durch die Post nicht als Verschulden angerechnet werden. Für die Briefbeförderung hatte die Post bislang das gesetzliche Monopol. Für den Regelfall kann daher der Bürger darauf vertrauen, dass die von dieser nach ihren organisatorischen und betrieblichen Vorkehrungen für den Normalfall festgelegten Postlaufzeiten auch eingehalten werden. Versagen diese Vorkehrungen, so darf das dem Bürger, der darauf keinen Einfluss hat, im Rahmen der Wiedereinsetzung in den vorigen Stand nicht als Verschulden zur Last gelegt werden (BVerfGE 53, 25 (29); 62, 216 (221); OVG NW, NVwZ-RR 1997, 327).

Im Falle eines Poststreiks gelten diese Grundsätze jedoch nicht. Vielmehr **317**
treffen den Rechtssuchenden und seinen Verfahrensbevollmächtigten besondere Sorgfaltspflichten. Gegebenenfalls hat der Rechtsanwalt während eines Poststreiks durch Telefaxbrief oder durch Einwurf des Schriftsatzes in den Gerichtsbriefkasten für die Fristwahrung Sorge zu tragen (BGH, NJW 1993, 1333). Im Übrigen darf er darauf vertrauen, dass die von der Post nach ihren organisatorischen und betrieblichen Vorkehrungen für den Normalfall festgelegten Postlaufzeiten eingehalten werden (BGH, NJW 1993, 1333).

318 Sieben Tage nach Beendigung eines Poststreiks können dem Rechtsanwalt allerdings nicht mehr die auf diesen gemünzten besonderen Sorgfaltspflichten entgegen gehalten werden (BVerfG (Kammer), NJW 1994, 244 (245)). Zu den gebotenen Sorgfaltspflichten gehört es jedoch auch, dass der Absender auf die Leerungszeiten der Briefkästen zu achten und sich in Zweifelsfällen danach zu erkundigen hat, bis wann er den Brief zur Post geben muss, damit er rechtzeitig am Bestimmungsort eintrifft (BGH, NJW 1993, 1333). Differenzierungen danach, ob Verzögerungen bei den Postlaufzeiten auf einer zeitweise besonders starken Beanspruchung der Leistungsfähigkeit der Post, etwa vor Feiertagen, oder auf einer verminderten Dienstleistung der Post, etwa an Wochenenden, beruhen, sind indes unzulässig (BVerfG (Kammer), NJW 1992, 1952 = NVwZ 1992, 873; BVerfG (Kammer), NJW 1994, 244 (245)).

10.5. Wiedereinsetzungsverfahren

10.5.1. Wiedereinsetzungsantrag

319 Der Wiedereinsetzungsantrag ist gemäß § 60 II 1 VwGO binnen zwei Wochen nach Wegfall des Hindernisses zu stellen. Die Frist von zwei Wochen findet auch in dem Fall Anwendung, in dem die versäumte Rechtshandlung selbst innerhalb einer Woche (§§ 74 I 2. HS, 36 III 1) vorzunehmen war (VG Sigmaringen, InfAuslR 1994, 209; zustimmend Schenk, in: Hailbronner, AuslR, § 74 AsylVfG Rdn. 54). Die Frist beginnt mit dem Zeitpunkt, in dem der Antragsteller Kenntnis von der Fristversäumnis erhält bzw. bei Beachtung der erforderlichen Sorgfalt diese ihm hätte bekannt sein müssen. Das Hindernis ist mithin weggefallen, sobald das Fortbestehen des Verhinderung nicht mehr unverschuldet ist. Dies ist in dem Zeitpunkt der Fall, in dem der verantwortliche Rechtsanwalt bei Anwendung der von ihm zu erwartenden Sorgfalt die eingetretene Säumnis hätte erkennen können (OVG NW, NJW 1996, 334 (335) = NVwZ 1996, 270 (LS)).

320 Die Wiedereinsetzungsgründe, also insbesondere das fehlende Verschulden, sind (gegebenenfalls durch Vorlage einer *eidesstattlichen Versicherung*) glaubhaft zu machen (§ 60 II 2 VwGO). Obwohl die Regelung in § 60 II 2 2. HS VwGO auch eine andere Auslegung zulässt, verlangt die Rechtsprechung, dass die zur Antragsbegründung dienenden Tatsachen mit dem Antrag oder jedenfalls innerhalb der Wiedereinsetzungsfrist unter Angabe aller maßgeblichen nach Zeit, Ort und Personen hinreichend konkretisierten Einzelheiten, aus denen sich das fehlende Verschulden ergibt, darzulegen sind (BVerwG, InfAuslR 1985, 165; Hess.StGH, Hess.StAnz. 2000, 857 (8858); OVG NW, NJW 1996, 334 (335)). Eine Ausnahme von der fristgebundenen Darlegungspflicht besteht nur bei den dem Gericht *offenkundigen Tatsachen* (BVerwG, InfAuslR 1985, 165).

321 Die Darlegungspflicht bezieht sich insbesondere auf die Frage des Verschuldens. Das fehlende Verschulden ist glaubhaft zu machen, d. h. das Nichtverschulden an der Fristversäumnis muss *überwiegend wahrscheinlich* sein (BVerwGE 66, 240 (241) = DÖV 1983, 248; OVG NW, B. v. 24. 7. 1987 – 18 B

21031/86). Die *Beweislast* für die Umstände, welche die Wiedereinsetzung begründen, liegt dementsprechend beim Antragsteller (BVerwG, InfAuslR 1985, 164). Nach der Rechtsprechung begründet es kein Verschulden, wenn ein erkennbar an das Berufungsgericht gerichteter fristgebundener Schriftsatz beim Verwaltungsgericht so rechtzeitig eingeht, dass er noch an das zuständige Berufungsgericht hätte weiter geleitet werden können. Im Rahmen *nachwirkender Fürsorgepflicht* sei jedenfalls ein Gericht, bei dem das Verfahren anhängig gewesen ist, verpflichtet, fristgebundene Schriftsätze, die bei ihm eingereicht werden, an das zuständige Rechtsmittelgericht weiter zu leiten (OVG NW, NVwZ-RR 2000, 841; s. aber Rdn. 150 f.).

10.5.2. Nachholung der versäumten Prozesshandlung

Innerhalb der Wiedereinsetzungsfrist ist die versäumte Prozesshandlung nachzuholen (§ 60 II 3 VwGO; s. hierzu auch BVerwGE 59, 302 (307); BVerwG, NJW 1991, 2096). Wird dies unterlassen, ist der Wiedereinsetzungsantrag unzulässig. Im Antrag auf Wiedereinsetzung kann jedoch in aller Regel zugleich auch durch Auslegung die versäumte Prozesshandlung selbst gesehen werden. Ist die versäumte Prozesshandlung bereits vorgenommen worden, so bedarf es keiner erneuten Vornahme.

10.5.3. Versäumung der Wiedereinsetzungsfrist

Hat der Antragsteller die Wiedereinsetzungsfrist versäumt, gehören zu den der Begründung des Wiedereinsetzungsantrags dienenden Tatsachen im Hinblick auf diese Versäumnis notwendigerweise auch diejenigen Umstände, aus denen sich ergibt, dass der Antragsteller nach Behebung des zur Fristversäumnis führenden Hindernisses rechtzeitig um die Wiedereinsetzung nachgesucht hat. Denn auch ein im Übrigen von hinreichenden Wiedereinsetzungsgründen getragenes Wiedereinsetzungsgesuch kann keinen Erfolg haben, wenn die Frist zur Geltendmachung der Wiedereinsetzungsansprüche nicht gewahrt worden ist (BVerwG, InfAuslR 1985, 165).

10.5.4. Gerichtliche Entscheidung

Über den Wiedereinsetzungsantrag entscheidet das Gericht, das über die versäumte Rechtshandlung zu befinden hat (§ 60 IV VwGO). Anders als im Verwaltungsverfahren kann im Verwaltungsprozess über den Wiedereinsetzungsantrag nicht konkludent entschieden werden (BVerwGE 59, 302 (308); BVerwG, NVwZ-RR 1995, 232 (233)). Der Annahme stillschweigender Wiedereinsetzung im Verwaltungsprozess wiederstreitet auch die der Entscheidung von Gesetzes wegen beigelegte Tragweite, nämlich dass sie gemäß § 60 V VwGO unanfechtbar ist (BVerwGE 59, 302 (309)). »Schweigen« des Gerichts in einer solchen Frage bedeutet angesichts dessen, dass nicht entschieden worden ist (BVerwGE 59, 302 (309)). Daher können auch keine besonderen Konstellationen zugelassen werden, in denen eine »konkludente« Entscheidung über das Wiedereinsetzungsgesuch ausreichen würde (BVerwG, NVwZ-RR 1995, 232 (233)).

In der obergerichtlichen Rechtsprechung wird vertreten, das Gericht dürfe über den Antrag nicht durch Beschluss entscheiden. Vielmehr ergebe sich aus dem asylverfahrensrechtlichen Beschleunigungszweck, dass das Gericht stets zusammen mit der Hauptsache in der dafür vorgeschriebenen Urteilsform und Richterbesetzung über den Wiedereinsetzungsantrag zu entscheiden habe (VGH BW, NVwZ 1984, 534). Begründet wird dies auch damit, dass ansonsten eine isolierte Beschwerdemöglichkeit eröffnet werde (VGH BW, NVwZ 1984, 534).

326 Nach geltendem Recht ist jedoch die Beschwerde ausgeschlossen (§ 81). Gleichwohl ist der Rechtsprechung zu folgen. Denn der Beschleunigungszweck des Asylverfahrens steht einer gesonderten Befassung des Gerichts mit dem Wiedereinsetzungsantrag entgegen. Daher hat es zusammen mit der Hauptsache in Urteilsform auch über den Wiedereinsetzungsantrag zu befinden, wodurch der Instanzenzug nach § 78 IV 1 eröffnet wird. Es bedarf jedoch einer ausdrücklichen Behandlung des Wiedereinsetzungsantrags in den Entscheidungsgründen, da nach der Rechtsprechung andernfalls über den Antrag nicht entschieden worden ist (BVerwGE 59, 302 (309)). Eine fehlerhafte Versagung der Wiedereinsetzung setzt sich im Übrigen als fehlerhaft im Instanzenzug fort (BVerwG, InfAuslR 1985, 164).

§ 75 Aufschiebende Wirkung der Klage

Die Klage gegen Entscheidungen nach diesem Gesetz hat nur in den Fällen der § 38 Abs. 1 und § 73 aufschiebende Wirkung.

Übersicht

	Rdn.
1. Vorbemerkung	1
2. Übereinstimmung mit Verfassungsrecht	4
3. Anwendungsbereich der Vorschrift	11

1. Vorbemerkung

1 § 75 schafft kein neues Recht, sondern regelt die Frage des Suspensiveffekts anders als das frühere Recht: Nur in den Fällen der § 38 I und § 73 entfaltet nach dem Gesetzeswortlaut die Anfechtungsklage aufschiebende Wirkung. Damit entfällt der Suspensiveffekt der Anfechtungsklage in allen Fällen, in denen die Abschiebungsandrohung nach § 34 nicht mit der Ausreisefrist von einem Monat nach § 38 I, sondern mit der einwöchigen Ausreisefrist nach § 36 I verbunden wird.

2 Die Abschiebungsandrohung nach § 35 zieht stets die einwöchige Ausreisefrist nach § 36 I nach sich (vgl. § 36 III 1 in Verb. mit § 29). Demgegenüber hat die Abschiebungsandrohung nach § 34 I die einwöchige Ausreisefrist bei unbeachtlichen und offensichtlich unbegründeten Asylanträgen (§ 36 I in Verb. mit §§ 29 a, 30), bei der Ablehnung der Durchführung eines weiteren Asylverfahrens (vgl. § 71 IV in Verb. mit § 36 III 1) sowie bei der Ablehnung von Zweitanträgen (§§ 71 a IV in Verb. mit 34 und 36 I) zur Folge.

Auch nach altem Recht entfiel der Suspensiveffekt der Anfechtungsklage gegen die Abschiebungsandrohung bei unbeachtlichen und offensichtlich unbegründeten Asylbegehren (§§ 10 III 2, 11 II AsylVfG 1982). Wie in § 30 S. 1 2. HS AsylVfG 1982 wird in der Vorschrift des § 75 damit im Ergebnis angeordnet, dass die Anfechtungsklage aufschiebende Wirkung hat, sofern der Asylantrag nicht als unbeachtlich oder offensichtlich unbegründet abgelehnt worden ist.

2. Übereinstimmung mit Verfassungsrecht

Nach Ansicht des Gesetzgebers trägt § 75 der verfassungsrechtlichen Vorgabe des Asylgrundrechts als *verfahrensabhängigem Grundrecht* Rechnung. Die Regelung stelle für den Fall des nicht unbeachtlichen und nicht offensichtlich unbegründeten Asylbegehrens das *Bleiberecht* des Asylsuchenden während der Dauer des Verwaltungsstreitverfahrens sicher (BT-Drs. 12/2062, S. 40). Dies entspreche der früheren Regelung in § 30 S. 1 2. HS AsylVfG 1982. Die weiteren Regelungen des früheren Rechts über den Zwangsverbund in § 30 AsylVfG 1982 erachtet der Gesetzgeber ausdrücklich für entbehrlich (BT-Drs. 12/2062, S. 40).

Gewisse Zweifel an der Vereinbarkeit von § 75 mit Verfassungsrecht sind dennoch nicht von der Hand zu weisen (Schenk, in: Hailbronner, AuslR, § 75 AsylVfG Rdn. 2; wohl auch Renner, AuslR, § 75 AsylVfG Rdn. 2). Nach der Rechtsprechung des BVerfG ist die nach § 80 I VwGO für den Regelfall vorgeschriebene aufschiebende Wirkung von Widerspruch und verwaltungsgerichtlicher Klage eine *adäquate Ausprägung der verfassungsrechtlichen Rechtsschutzgarantie* und ein »fundamentaler Grundsatz des öffentlich-rechtlichen Prozesses« (BVerfGE 35, 382 (402) = NJW 1974, 227 = DÖV 1974, 58 = JZ 1974, 258 = BayVBl. 1974,190; bestätigt durch BVerfGE 38, 52 (57) = NJW 1974, 1809 = JZ 1975, 441 = BayVBl. 1974, 670; BVerfGE 69, 220 (227) = NVwZ 1985, 409 = DVBl. 1985, 567).

Zwar können es *überwiegende Belange* rechtfertigen, den Rechtsschutzanspruch des Grundrechtsträgers einstweilen zurückzustellen, um unaufschiebbare Maßnahmen im Interesse des allgemeinen Wohls rechtzeitig in die Wege zu leiten. Dies muss jedoch die *Ausnahme* bleiben. Eine Verwaltungspraxis, die dieses *Regel-Ausnahme-Verhältnis* umkehrte, indem z. B. Verwaltungsakte generell für sofort vollziehbar erklärt werden, und eine Rechtsprechung, die eine solche Praxis billigt, wäre jedoch mit der Verfassung nicht vereinbar (BVerfGE 35, 382 (402) = NJW 1974, 227 = DÖV 1974, 58 = JZ 1974, 258 = BayVBl. 1974,190).

Aus dem Zweck der Rechtsschutzgarantie des Art. 19 IV GG und dem Verfassungsgrundsatz der Verhältnismäßigkeit ergibt sich, dass der Rechtsschutzanspruch des Bürgers *um so stärker* ist und umso weniger zurückstehen darf, *je schwerwiegender* die ihm auferlegte Belastung ist und je mehr die Maßnahmen der Verwaltung *Unabänderliches* bewirken (BVerfGE 35, 382 (402) = NJW

1974, 227 = DÖV 1974, 58 = JZ 1974, 258; BVerfGE 69, 220 (228) = NVwZ 1985, 409 = DVBl. 1985, 567). Das BVerfG hat ausdrücklich klargestellt, dass diese *Leitlinien* nicht davon abhängig sind, ob der Sofortvollzug eines aufenthaltsbeendenden Verwaltungsaktes einer gesetzlichen (vgl. § 80 II Nr. 3 VwGO) oder einer behördlichen Anordnung (vgl. § 80 II Nr. 4 VwGO) entspringt (BVerfGE 69, 220 (229)).

8 Betrachtet man die Vorschrift des § 75 vor dem Hintergrund dieser verfassungsgerichtlichen Leitlinien, ergeben sich erhebliche Bedenken gegen ihre Vereinbarkeit mit Verfassungsrecht. Andererseits hat der verfassungsändernde Gesetzgeber mit Art. 16 a IV GG den verfahrensrechtlichen Schutzbereich der Asylgewährleistung begrenzt und darf sie der einfache Gesetzgeber konkretisieren (BT-DRs. 12/4152, S. 4). Jedenfalls seit Inkrafttreten des Art. 16 a IV GG am 30. Juni 1993 erscheint die Vorschrift des § 75 deshalb in einem anderen Licht.

9 Nach Ansicht des BVerfG nimmt diese Verfassungsnorm das im Asylgrundrecht wurzelnde Recht des Asylbewerbers, bis zu einer bestandskräftigen Entscheidung über sein Asylbegehren in der Bundesrepublik zu bleiben, ein Stück weit zurück (BVerfGE 94, 166 (190) = EZAR 632 Nr. 25 = NVwZ 1996, 678 (679)). Der Vollzug aufenthaltsbeendender Maßnahmen wird durch ein Gericht nur ausgesetzt, wenn ernstliche Zweifel an der Rechtmäßigkeit der Maßnahme bestehen. Dem liegt eine *Abwägung* zwischen den *Belangen des Staates* – namentlich im Blick auf die Bewältigung der aus der großen Zahl der Asylanträge erwachsenden Probleme – und dem *Interesse* des Asylsuchenden an *wirksamem Schutz vor politischer Verfolgung* zugrunde (BVerfGE 94, 166 (190)).

10 Auf der Grundlage dieser durch die Asylrechtsreform von 1993 hervorgerufenen verfassungsrechtlichen Neubewertung des Rechtsschutzes im Asylrecht lassen sich gegen die Vorschrift des § 75 wohl kaum noch verfassungsrechtliche Bedenken erheben. Vielmehr dürfte die Bestimmung eine zulässige einfachgesetzliche Konkretisierung des verfahrensrechtlichen Schutzbereichs der Asylrechtsgewährleistung darstellen.

3. Anwendungsbereich der Vorschrift

11 Der Anwendungsbereich der Vorschrift ist in mehrfacher Hinsicht *negativ* zu bestimmen, wodurch ihre Handhabung erheblich erschwert wird. Die Regelung in § 75 ist ein Musterbeispiel für die Konstruktion von unüberschaubaren und an der Einsichtsfähigkeit der Rechtssuchenden vorbeigehenden Regelungstechniken. Der Verweis auf § 38 I macht deutlich, dass nur in den Fällen, in denen die Abschiebungsandrohung nach § 34 mit der Ausreisefrist von einem Monat nach § 38 I verbunden wird, der Anfechtungsklage aufschiebende Wirkung zukommt und damit ein Eilrechtsschutzantrag nicht erforderlich ist. Die Regelung des § 38 I selbst ist wiederum *negativ* zu bestimmen (»sonstige Fälle«): Nur wenn das Bundesamt den Antragsteller als Asylberechtigten anerkennt, unterbleibt die Abschiebungsandrohung (§ 34 I 1). Lehnt es den Asylantrag als unbeachtlich (§ 29) oder offensichtlich unbegrün-

det (§ 30) ab, wird die Abschiebungsandrohung nach § 34 I 1 bzw. § 35 mit einer einwöchigen Ausreisefrist verbunden (§ 36 I). § 38 I findet keine Anwendung. Die Anfechtungsklage hat keine aufschiebende Wirkung (§ 75).

Erkennt das Bundesamt den Antragsteller nicht als Asylberechtigten an, stellt es aber die Voraussetzungen des § 60 I AufenthG fest, liegt weder ein unbeachtlicher (§ 31 II 1) noch ein offensichtlich unbegründeter Asylantrag (§ 30 I) vor. § 36 I findet keine Anwendung, sondern § 38 I. Die Anfechtungsklage hat aufschiebende Wirkung. Allerdings hat nach neuerer Rechtslage eine Abschiebungsandrohung zu unterbleiben, wenn die Voraussetzungen des § 60 I AufenthG, Art. 4 – 12 Qualifikationsrichtlinie festgestellt werden, da diese Feststellung den Rechtsanspruch auf Erteilung der Aufenthaltserlaubnis nach Art. 24 I der Richtlinie und § 25 II 1 AufenthG vermittelt.

Demgegenüber bewirkt die Feststellung von Abschiebungshindernissen nach § 60 II–VII AufenthG, die auch bei unbeachtlichen Anträgen vorgeschrieben ist (§ 31 III 1), nach innerstaatlichem Recht nicht ohne weiteres, dass die Klage Suspensiveffekt hat. Dies ist nur der Fall, wenn § 38 I Anwendung findet. Andererseits ist eine unverzügliche Abschiebung nur dann zu besorgen, wenn das Bundesamt die Abschiebung in einen dritten Staat angeordnet hat, in dem die festgestellte Gefahr im Sinne von § 60 II–VII AufenthG nicht besteht (vgl. § 59 III 2 AufenthG). Kann ein derartiger Staat nicht identifiziert werden und wird die Abschiebungsandrohung ausnahmsweise ohne Zielstaatsbestimmung erlassen (vgl. § 59 II AufenthG, s. hierzu § 34 Rdn. 66 ff.), besteht keine Abschiebungsgefahr. Einem gleichwohl gestellten einstweiligen Rechtsschutzantrag gegen den Rechtsträger der Ausländerbehörde fehlte das Rechtsschutzbedürfnis.

Die dargestellten Vorschriften sind mit Gemeinschaftsrecht unvereinbar, weil die Feststellung der Voraussetzungen von Art. 15 der Qualifikationsrichtlinie, der gemeinschaftsrechtlichen Vorgabe von § 60 II–VII AufenthG, zwingend die Gewährung ergänzenden Schutzes (Art. 18 der Richtlinie) sowie der Aufenthaltserlaubnis nach Art. 24 III der Richtlinie (s. aber § 25 III 1 AufenthG) zur Folge hat.

Die Vorschrift verweist darüber hinaus auf § 73. Dies ist nur folgerichtig, da der Widerruf bzw. die Rücknahme der gewährten Rechtsstellung erst nach Unanfechtbarkeit der Verwaltungsentscheidung zum Verlust der Rechtsstellung führt (§ 73 Rdn. 267 ff.). Die fehlende Bezugnahme auf die Erlöschensregelung des § 72 ist völkerrechtlich und verfassungsrechtlich bedenklich. Denn die Anordnung der sofortigen Vollziehung ist solange untersagt, wie nicht feststeht, ob die Voraussetzungen der Art. 32 und 33 GFK Anwendung finden (§ 72 Rdn. 50).

Im Übrigen ist mit der negativen Verweisung geregelt, dass in allen anderen Verfahren, etwa §§ 16, 47 f. und 50, die Klage keine aufschiebende Wirkung entfaltet. Im Ergebnis haben Klagen nach diesem Gesetz damit nur vollzugshemmende Wirkung, soweit sie sich gegen eine Abschiebungsandrohung nach einfacher Ablehnung des Asylantrags oder gegen Widerrufs- und Rücknahmebescheide richten.

Erweist sich der *Antrag auf Wiedereinsetzung* in den vorigen Stand bei summarischer Prüfung nicht als offensichtlich unzulässig, kommt der Klage aufschiebende Wirkung zu (VG Münster, B. v. 20.3.2003 – 10 L 683/03.A, mit Bezugnahme auf VGH BW, NJW 1978, 719 (729); OVG NW, NVwZ-RR 1990, 378 (379)). Der Wiedereinsetzungsantrag ist in einem derartigen Verfahren mit dem Antrag zu verbinden, analog § 80 V VwGO festzustellen, dass die Klage gegen die Abschiebungsandrohung aufschiebende Wirkung hat.

§ 76 Einzelrichter

(1) Die Kammer soll in der Regel in Streitigkeiten nach diesem Gesetz den Rechtsstreit einem ihrer Mitglieder als Einzelrichter zur Entscheidung übertragen, wenn nicht die Sache besondere Schwierigkeiten tatsächlicher oder rechtlicher Art aufweist oder die Rechtssache grundsätzliche Bedeutung hat.
(2) Der Rechtsstreit darf dem Einzelrichter nicht übertragen werden, wenn bereits vor der Kammer mündlich verhandelt worden ist, es sei denn, daß inzwischen ein Vorbehalts-, Teil- oder Zwischenurteil ergangen ist.
(3) Der Einzelrichter kann nach Anhörung der Beteiligten den Rechtsstreit auf die Kammer zurückübertragen, wenn sich aus einer wesentlichen Änderung der Prozeßlage ergibt, daß die Rechtssache grundsätzliche Bedeutung hat. Eine erneute Übertragung auf den Einzelrichter ist ausgeschlossen.
(4) In Verfahren des vorläufigen Rechtsschutzes entscheidet ein Mitglied der Kammer als Einzelrichter. Der Einzelrichter überträgt den Rechtsstreit auf die Kammer, wenn die Rechtssache grundsätzliche Bedeutung hat oder wenn er von der Rechtsprechung der Kammer abweichen will.
(5) Ein Richter auf Probe darf in den ersten sechs Monaten nach seiner Ernennung nicht Einzelrichter sein.

Übersicht

		Rdn.
1.	Vorbemerkung	1
2.	Verfahrensrechtliche Funktion des Einzelrichters	5
3.	Übertragung des Rechtsstreits auf den Einzelrichter (Abs. 1 bis 3)	8
3.1.	Voraussetzungen der Übertragung (Abs. 1)	8
3.2.	Zeitpunkt der Übertragung (Abs. 2)	17
3.3.	Erfordernis des kammerinternen Geschäftsverteilungsplans	19
3.4.	Übertragungsbeschluss	24
3.5.	Verbot der Rückholung	31
3.6.	Befangenheitsantrag	36
3.7.	Anhörung der Beteiligten	37
3.8.	Fortgeltung der Übertragung	39
4.	Rückübertragung (Abs. 3)	43
5.	Der originäre Einzelrichter (Abs. 4)	53
6.	Der Richter auf Probe (Abs. 5)	63

Einzelrichter §76

1. Vorbemerkung

Die Regelung über den Einzelrichter ist § 31 AsylVfG 1982 nachgebildet worden. Bereits die Erstfassung in § 76 AsylVfG 1992 wies dem Einzelrichter erheblich mehr Aufgaben als nach früherem Recht zu. Durch ÄnderungsG 1993 sind mit Einfügung des Abs. 4 weitere Aufgaben hinzugekommen: War nach dem bis dahin geltendem Recht eine Entscheidung durch den Einzelrichter im Verfahren des *vorläufigen Rechtsschutzes* gesetzlich ausgeschlossen (§ 31 V AsylVfG 1982), ordnete im Gegensatz dazu § 76 IV 1 AsylVfG 1993 – in Abweichung von der früheren Sollvorschrift des § 76 I AsylVfG 1993 – zwingend die Entscheidung durch den Einzelrichter an. Diese 1993 vorgenommene Rechtsänderung hat insbesondere Bedeutung für das *Flughafenverfahren* nach § 18 a IV. Auch im allgemeinen Verwaltungsprozessrecht wird der Einzelrichter vermehrt eingesetzt. Diese Entwicklung ist aber noch nicht abgeschlossen (Stelkens, NVwZ 2000, 155 (158)). 1

Art. 3 Nr. 47 des Entwurfs des 2. ZuwG (BT-Drs. 15/420, S. 44) sah ebenso wie das 1. ZuwG die Einführung des *obligatorischen Einzelrichters* in *allen Asylstreitigkeiten* vor. Während das 1. ZuwG mit dieser Neuregelung verabschiedet und veröffentlicht wurde (BGBl. 2002 I S. 1946), wurde diese in der Endphase des Vermittlungsverfahrens in der zweiten Runde fallen gelassen. Damit bleibt es bei den bisherigen Regelungen des § 76. 2

Die Vorschrift gilt nach ihrem Wortlaut nur für das erstinstanzliche Verfahren. Das wird aus dem Gesamtzusammenhang der Vorschrift wie auch aus dem Begriff »Kammer« deutlich. Für das Berufungsverfahren ist der Einzelrichter daher nicht vorgesehen. Mit Einverständnis der Beteiligten kann jedoch der Vorsitzende oder der Berichterstatter anstelle des Senats entscheiden § 87a II und III VwGO). 3

Der Anwendungsbereich der Vorschrift umfasst alle »Rechtsstreitigkeiten nach diesem Gesetz« (Abs. 1 1. HS; s. hierzu § 74 Rdn. 2 ff.). Unberührt von dieser Vorschrift bleibt auch im erstinstanzlichen Verfahren die Möglichkeit der Entscheidung durch den Vorsitzenden oder den Berichterstatter im Einverständnis der Beteiligten nach § 87a II und 3 VwGO (Schenk, in: Hailbronner, AuslR, § 76 AsylVfG Rdn. 4; Kopp, NJW 1991, 1264 (1266); Schmieszek, NVwZ 1991, 522 (525); a. A. Stelkens, NVwZ 1991, 209 (215); Molitor, in: GK-AsylVfG, § 76 Rdn. 195). Da eine Entscheidung nach § 87 a II und III VwGO nur im Einverständnis der Beteiligten zulässig ist, erscheint eine Vertiefung dieses Problems nicht angezeigt. Im Übrigen geht die Praxis wohl ganz überwiegend dahin, neben § 76 nicht auch noch zusätzlich von der Möglichkeit des »konsentierten Einzelrichters« Gebrauch zu machen. 4

2. Verfahrensrechtliche Funktion des Einzelrichters

Aus Art. 19 IV GG lässt sich kein Gebot herleiten, dass der dort garantierte Rechtsschutz grundsätzlich von gerichtlichen Spruchkörpern gewährt werden muss, die von mehreren Richtern gebildet werden (BVerfG (Vorprüfungsausschuss), NJW 1984, 559; BVerfG (Vorprüfungsausschuss), NVwZ 1984, 5

232). Vielmehr ist der Einzelrichter in Asylrechtsverfahren nicht weniger als die in voller Besetzung tagende *Kammer* des Verwaltungsgerichtes dazu berufen, das Anliegen des Klägers in tatsächlicher und rechtlicher Hinsicht umfassend und *in voller richterlicher Unabhängigkeit* zu prüfen und zu entscheiden und so dem Rechtsschutzanspruch des Asylsuchenden aus Art. 19 IV GG Genüge zu tun.

6 Dem Einzelrichter stehen dabei alle Möglichkeiten zu Gebote, die das Verwaltungsprozessrecht dem Verwaltungsgericht insbesondere zum Zwecke der – zumal in Asylrechtsstreitigkeiten bedeutsamen – Sachaufklärung einräumt (BVerfG (Vorprüfungsausschuss), NJW 1984, 232). Daraus folgt, dass Entscheidungen des Einzelrichters Entscheidungen des Verwaltungsgerichtes sind. Einzelrichterentscheidungen sind rechtlich den Entscheidungen der Kammer in vollem Umfang gleichgestellt. Der Einzelrichter ist daher weder ein beauftragter Richter (§ 96 II VwGO) noch ein ersuchter Richter. Vielmehr ist der Einzelrichter im vollen Umfang und in vollständiger richterlicher Unabhängigkeit mit der Sachverhaltsermittlung, Verhandlung und Entscheidung im konkreten Verwaltungsstreitverfahren befasst.

7 Der Einzelrichter kann daher die Klage auch nach § 78 I mit der Folge der sofortigen Rechtskraft abweisen. Das ist, wie die seinerzeitige hohe Anzahl der stattgebenden Verfassungsbeschwerden gegen Einzelrichterentscheidungen in derartigen Fällen verdeutlicht, nicht unproblematisch, aber vom Gesetzgeber so gewollt. Generell hat das BVerfG gegen die Institution des Einzelrichters keine Bedenken (BVerfG (Vorprüfungsausschuss), NJW 1984, 232). Ein Richter auf Probe darf jedoch in den ersten *sechs Monaten* (früher: im ersten Jahr) nach seiner Ernennung nicht Einzelrichter sein (Abs. 3). Sie können jedoch im Einverständnis der Beteiligten als Berichterstatter nach § 87a III VwGO auch in der Sache entscheiden (Schenk, in: Hailbronner, AuslR, § 74 AsylVfG Rdn. 5).

3. Übertragung des Rechtsstreits auf den Einzelrichter (Abs. 1–3)

3.1. Voraussetzungen der Übertragung (Abs. 1)

8 Während § 31 I 1 AsylVfG 1982 der Kammer Ermessen bei der Entscheidung über die Übertragung überließ (»kann«), *soll* nach Abs. 1 unter den dort genannten Voraussetzungen die Kammer den Rechtsstreit auf den Einzelrichter übertragen. Damit bleibt es zwar bei der bereits 1982 eingeführten *fakultativen Regelung* über den Einzelrichter. Nach der gesetzlichen Begründung soll jedoch durch Abs. 1 eine Angleichung an die Neuregelung des § 6 VwGO erzielt werden. Daher stehe die Übertragung von Rechtsstreitigkeiten nach dem AsylVfG künftig nicht mehr im freien Ermessen der Kammer. Vielmehr werde sie unter den Voraussetzungen des Abs. 1 als Regelfall angesehen (BT-Drs. 12/4450, S. 28).

9 Weist daher die Rechtssache keine besonderen Schwierigkeiten tatsächlicher oder rechtlicher Art auf oder hat die Rechtssache keine grundsätzliche Bedeutung, so hat die Kammer nach der gesetzgeberischen Intention im Regel-

Einzelrichter §76

fall den Rechtsstreit einem ihrer Mitglieder als Einzelrichter zu übertragen (Abs. 1). Eine *Rückholung ist ausgeschlossen*.

Ausgenommen von der Übertragungsmöglichkeit sind daher jene Verfahren, bei denen von vornherein anzunehmen ist, dass sie einer über den Durchschnittsfall hinausgehenden umfassenden und schwierigen Sachverhaltsaufklärung und Beweiswürdigung bedürfen, d. h. einen nur schwer zu überschauenden oder zu ermittelnden Sachverhalt aufweisen (BVerwG, Buchholz 402.25 § 32 AsylVfG Nr. 4 = NVwZ 1985, 199 = InfAuslR 1985, 119). 10

Andererseits sind die Voraussetzungen der Übertragung nicht identisch mit den Voraussetzungen der Grundsatzberufung (BVerwG, NVwZ 1985, 199; wohl auch BVerfG, NJW 1984, 559; a. A. Schenk, in: Hailbronner, AuslR, § 76 AsylVfG Nr. 8; Molitor, in: GK-AsylVfG II – § 76 Rdn. 51). Die Merkmale einerseits der »besonderen tatsächlichen oder rechtlichen Schwierigkeiten« sowie andererseits der »grundsätzlichen Bedeutung« wegen einer Tatsachen- oder Rechtsfrage überschneiden sich zwar, sind aber ihrem wesentlichen Grund nach je von eigener Bedeutung. Denn anders als die für die Zulassung der Berufung vorauszusetzende verallgemeinerungsfähige und über den konkreten Einzelfall hinausweisende Rechts- oder Tatsachenfrage bezieht sich das Tatbestandsmerkmal der besonderen Schwierigkeiten tatsächlicher oder rechtlicher Art auf die Schwierigkeiten, die *der konkrete Einzelfall* beispielsweise wegen eines schwer zu überschauenden und/oder nur schwer zu ermittelnden Sachverhalts (BVerwG, NVwZ 1985, 199) bietet. 11

Die Alternative der »besonderen Schwierigkeiten tatsächlicher oder rechtlicher Art« lässt sich nicht nach abstrakten Kriterien konkretisieren. Ungeeignet erscheint insbesondere das Kriterium der absehbaren »komplexen Glaubwürdigkeitsprüfung« (Schnellenbach, DVBl. 1981, 161 (163)), besser »Glaubhaftigkeitsprüfung«, oder der Hinweis auf die spezifischen Besonderheiten der Sachverhaltsaufklärung in Asylverfahren (Meissner, VBlBW 1983, 9 (13)), da es in Asylverfahren stets um eine Beurteilung der Glaubhaftigkeit der Angaben des Asylklägers auf der Grundlage häufig schwieriger Sachverhaltsfeststellungen geht. Deshalb wird in der Kommentarliteratur dieser Ansatz zu recht als wenig praktikabel verworfen (Molitor, in: GK-AsylVfG, II – § 76 Rdn. 44; Schenk, in: Hailbronner, AuslR § 76 AsylVfG Rdn. 12). 12

Es muss daher der jeweiligen Kammer überlassen bleiben, ob sie im konkreten Einzelverfahren die Übertragungsvoraussetzungen nach Abs. 1 als erfüllt ansieht. Da die Entscheidung vor der mündlichen Verhandlung getroffen werden muss, steht der Kammer insoweit ein Beurteilungsspielraum zu (Schenk, in: Hailbronner, AuslR, § 76 AsylVfG Rdn. 13). 13

In der Praxis der Verwaltungsgerichte hat sich seit Einführung des Einzelrichters im Asylprozess im Jahre 1982 eine Tendenz entwickelt, bei länderspezifischen Grundsatzfragen zunächst eine Kammersitzung durchzuführen und auf der Grundlage der von der Kammer entwickelten Kriterien die weiteren Verfahren zu einem bestimmten Herkunftsland durch Einzelrichter bearbeiten zu lassen (ähnl. Köhler, Asylverfahren, Rdn. 77). Dies kann die Frage der Erheblichkeit einer gruppengerichteten Verfolgung ebenso betreffen wie die Entscheidung, ob die Bürgerkriegsrechtsprechung erstmals oder wegen veränderter Umstände nicht mehr anzuwenden ist oder ob und wie be- 14 stimmte Äußerungsformen des staatlichen Repressionsapparates zu bewerten sind.

15 Dies verdeutlicht, dass in der Praxis der Verwaltungsgerichte eine trennscharfe Unterscheidung zwischen den Tatbestandsalternativen des Abs. 1 nicht vorgenommen wird. Zwar wird dem »konsentierten Einzelrichter« nach § 87a III VwGO das Recht eingeräumt, bei seiner Entscheidung von der bisherigen Rechtsprechung der Kammer abzuweichen (Schmieszek, NVwZ 1991, 522 (525)). Im Asylprozess ist eine derartige Tendenz bislang jedoch nicht zu beobachten. Vielmehr halten sich die Einzelrichter regelmäßig an die von der Kammer entwickelten Kriterien. Legen veränderte Umstände in den Verhältnissen des Herkunftslandes eine Überprüfung der bisherigen Kammerrechtsprechung nahe, werden in aller Regel zur Klärung der damit zusammenhängenden Rechts- und Tatsachenfragen Kammersitzungen durchgeführt.

16 Im Übrigen ist die Praxis der Übertragung selbst an den einzelnen Gerichten sehr unterschiedlich. Es gibt Kammern, die überhaupt keinen Gebrauch von der Möglichkeit des § 76 machen. Eine Reihe von Kammern wenden die Vorschrift des Abs. 1 sehr zurückhaltend an. Die überwiegende Mehrheit der Verwaltungsgerichte verfährt jedoch nach den vorstehend dargestellten Grundsätzen. Wohl nicht ganz zu Unrecht wird auch im Blick auf die Einzelrichterpraxis von »partikularisierten Rechtszuständen« gesprochen (Ruge, NVwZ 1995, 733 (739)). Jedenfalls handhaben die Gerichte regelmäßig ungeachtet der Sollvorschrift des Abs. 1 die Übertragungsmöglichkeit sehr souverän.

3.2. Zeitpunkt der Übertragung (Abs. 2)

17 Wie früher (vgl. § 31 II AsylVfG 1982) ist eine Übertragung auf den Einzelrichter nicht mehr zulässig, wenn bereits vor der Kammer mündlich verhandelt worden ist, es sei denn, dass inzwischen ein Vorbehalts-, Teil- oder Zwischenurteil ergangen ist (Abs. 2). Abs. 2 lehnt sich an § 348 a I Nr. 3 ZPO (früher § 348 III ZPO a. F.) an. Die in dieser Vorschrift genannten Urteilsformen sind in Asylrechtsverfahren jedoch unüblich. Letztlich reduziert sich der Bedeutungsgehalt der Vorschrift darauf, dass die Übertragung nicht mehr zulässig ist, wenn bereits vor der Kammer mündlich verhandelt worden ist. Spätestens vor Anberaumung der mündlichen Verhandlung hat die Kammer deshalb den Rechtsstreit auf den Einzelrichter zu übertragen.

18 Andererseits nennt das Gesetz keinen formalen frühesten Zeitpunkt für eine Übertragungsentscheidung. Voraussetzung ist allein, dass vor der Übertragung eine Anhörung durchgeführt worden ist. Ob die Sperrwirkung des Abs. 2 erst mit der Stellung der Anträge eintritt (so Schenk, in Hailbronner, AuslR, § 76 AsylVfG Rdn. 14), sodass eine Übertragung auf den Einzelrichter zulässig wäre, wenn die Kammer zur Klärung prozessualer Fragen eine mündliche Verhandlung durchführt, in der jedoch keine Anträge gestellt werden, berührt eine eher theoretische Fragestellung. Es erscheint kaum denkbar, dass die Kammer lediglich zur Klärung prozessualer Fragen eine

mündliche Verhandlung durchführt. Erweisen sich die materiell-rechtlichen Fragen als komplex, kommt ohnehin die Übertragung nicht in Betracht. Sind die anstehenden Fragen einfach gelagert, würde eine Übertragung in derartigen Fällen den Prozess unangemessen verzögern (in diesem Sinne auch Molitor, in: GK-AsylVfG, II – § 76 Rdn. 124).

3.3. Erfordernis des kammerinternen Geschäftsverteilungsplans

Die Auswahl des als Einzelrichter in Betracht kommenden Richters steht der Kammer oder gar dem Vorsitzenden nicht frei. Während es bei der Einzelrichterregelung des § 87 a III VwGO Streit darüber gibt, ob dem Vorsitzenden eine ad-hoc-Zuweisung an den Berichterstatter nach Maßgabe der Überlegung erlaubt ist, ob dieser die bisherige Rechtsprechung der Kammer mitträgt (so Stelkens, NVwZ 1991, 209 (215); a. A. Schmieszek, NVwZ 1991, 522 (525); Kopp/Schenke, VwGO, § 87 a Rdn. 10), ist die Rechtslage im Falle des § 76 eindeutig: 19

Die Bestimmung des Einzelrichters bedarf nach Art. 101 I 2 GG einer *abstraktgenerellen Regelung* im kammerinternen Geschäftsverteilungsplans (BVerfG (Kammer), AuAS 1992, 12; s. auch § 78 Rdn. 267 ff.). Eine *ad hoc-Zuweisung* ist unzulässig. Vielmehr muss durch den *internen Geschäftsverteilungsplan* nach abstrakt-generellen Kriterien im voraus bestimmt sein, welches Mitglied der Kammer in welchem Verfahren im Falle der Übertragung als Einzelrichter zuständig ist (Hess.VGH, AuAS 1993, 48; Hess.VGH, AuAS 2000, 46 (47); OVG Hamburg, NVwZ 1999, 210; OVG SH, AuAS 4/1992, 12; OVG Hamburg, NJW 1994, 274 (275); Schenk, in: Hailbronner, AuslR, § 76 AsylVfG 5; Molitor, in: GK-AsylVfG, II – § 76 Rdn. 85). 20

Mit dem Hinweis auf den auch für die Entscheidung durch den Einzelrichter geltenden verfassungsrechtlich verbürgten Grundsatz des *gesetzlichen Richters* nach Art. 101 I 2 GG hat das BVerfG eine ad hoc-Zuweisung für unzulässig erklärt (BVerfG (Vorprüfungsausschuss), NJW 1984, 552; BVerfG (Vorprüfungsausschuss), NVwZ 1984, 232; BVerfG (Kammer), AuAS 4/1992, 12). Es handelt sich aber um einen Geschäftsverteilungsplan der Kammer gemäß § 4 VwGO in Verb. mit § 21 g III GVG (BT-Drs. 12/4450, S. 28). Es gilt damit das *Abstraktionsprinzip* (vgl. BVerwG, NJW 1991, 1370; BGH, NJW 1993, 1596 (1597)). In einer Plenumsentscheidung hat das BVerfG diese Voraussetzungen für die Bestimmung des Einzelrichters erneut ausdrücklich bekräftigt (BVerfGE 95, 322 (328 f.) = DVBl. 1997, 75 (766); bekräftigt BVerfGE 97, 1 (10 f.)). 21

Ausreichend muss es aber sein, wenn die abstrakt-generelle Festlegung dadurch erfolgt, dass im kammerinternen Geschäftsverteilungsplan die Reihenfolge der Berichterstatter festgelegt und als Einzelrichter der Berichterstatter bestimmt wird (BVerfG (Kammer), AuAS 4/1992, 12; s. hierzu auch Hess. VGH, AuAS 2000, 46 (48); Nieders.OVG, AuAS 2000, 223 (224)). Voraussetzung für diesen Verfahrensweise ist jedoch, dass in *allen* Verfahren Berichterstatter bestimmt werden (Schenk, in: Hailbronner, AuslR, § 76 AsylVfG Rdn. 5). Die Bestimmung kann während des laufenden Geschäftsjahres we- 22 gen Überlastung einzelner Richter geändert werden (Hess.VGH, AuAS 2000, 46 (47)).

23 Im Übrigen muss der kammerinterne Geschäftsverteilungsplan wesentlichen Forderungen entsprechen, die an den entsprechenden Plan des Verwaltungsgerichtes gestellt werden, d.h. er bedarf etwa der Schriftform, der Bestimmung nach abstrakten Kriterien, der Vollständigkeit, der Festlegung vor Beginn des Geschäftsjahres, der eingeschränkten Abänderbarkeit sowie der Einsehbarkeit für die Beteiligten (Molitor, in: GK-AsylVfG, II – § 76 Rdn. 87).

3.4. Übertragungsbeschluss

24 Die Kammer entscheidet über die Übertragung durch *Beschluss*, der mit der Beschwerde nicht angreifbar ist (§ 80) und deshalb keiner Begründung bedarf (§ 122 II 1 VwGO; s. aber Günther, NVwZ 1998, 37: zu den Rechtsbehelfen gegen die Übertragung im allgemeinen Verwaltungsprozessrecht). Das gilt jedoch nur für die Übertragungsentscheidung selbst. Hat infolge der Übertragungsentscheidung der Einzelrichter zur Sache entschieden, können im Rahmen eines hiergegen eingelegten zulässigen Rechtsmittels Rechtsverletzungen geltend gemacht werden, die als Folge einer möglicherweisen fehlerhaften Vorentscheidung – wie etwa eine Verletzung des Gebots des gesetzlichen Richters – auch der Sachentscheidung selbst anhaften (OVG Hamburg, NVwZ-RR 1996, 716).

25 In der Kommentarliteratur wird im Übrigen für die Fälle, in denen sich ein Beteiligter dezidiert und substanziiert gegen die Übertragung gewehrt hat, eine kurze Begründung für die Übertragung für sinnvoll angesehen (Molitor, in: GK-AsylVfG, II – § 76 Rdn. 89; Schenk, in: Hailbronner, AuslR, § 76 AsylVfG Rdn. 16). Üblicherweise wird im Beschluss der Name des Richters, auf den übertragen wird, nicht genannt. Teilweise kann er dem Aktenzeichen entnommen werden. Diese Praxis ist zwar zulässig, dient aber nicht der Transparenz der Verfahrens. Deshalb sollte der Name des Richters im Beschluss genannt werden (Schenk, in: Hailbronner, AuslR, § 76 AsylVfG Rdn. 16).

26 Der Einzelrichter wird bereits mit Herausgabe des Übertragungsbeschlusses durch die Geschäftsstelle zur Post zur Entscheidung des Rechtsstreits zuständig (VGH BW, AuAS 1993, 228; Nieders.OVG, NVwZ 1998, 85 (86)). Der Beschluss bedarf, da er keine Rechtsmittelfrist in Gang setzt (vgl. § 80), keiner Verkündung oder Zustellung, sondern ist den Beteiligten formlos mitzuteilen (§§ 56 I, 173 VwGO in Verb. mit § 329 II 1 ZPO; s. hierzu auch Nieders.OVG, NVwZ-Beil. 1998, 12 (13) = AuAS 1997, 225). Wirksam wird der Beschluss erst mit der Mitteilung an die Beteiligten. Ungeachtet dessen ist der Einzelrichter jedoch bereits in dem Zeitpunkt zuständig, in dem der Übertragungsbeschluss durch die Geschäftsstelle zur Post gegeben wird (VGH BW, AuAS 1993, 228; Nieders.OVG, NVwZ 1998, 85 (86)).

27 Die Entscheidung wird in der Besetzung getroffen, in der sonst die Sachentscheidung ergangen wäre, jedoch ohne die ehrenamtlichen Richter (vgl. § 5 III 2 VwGO). Eine Selbstübertragung des bisherigen Berichterstatters auf sich

Einzelrichter § 76

als Einzelrichter ist unzulässig. Andererseits ist der bisherige *Berichterstatter* nicht von der Beschlussfassung ausgeschlossen. Besteht bei einem Spruchkörper eine dauernde und durch keine Ausnahmen durchbrochene Übung, dass die Übertragung nur auf denjenigen Einzelrichter in Betracht kommt, der als Berichterstatter nach dem kammerinternen Geschäftsverteilungsplan bestimmt war, ist den Anforderungen der Verfassung (Art. 101 I 2 GG) Genüge getan (BVerfG (Kammer), AuAS 4/1992, 12).

Übertragen wird der gesamte Rechtsstreit, nicht nur das Klageverfahren. Der Einzelrichter wird daher auch für alle Nebenverfahren, wie etwa Prozesskostenhilfe- und Kostenerinnerungsverfahren, funktionell zuständig (Molitor, in: GK-AsylVfG, § 76 Rdn. 106; Schenk, in: Hailbronner, AuslR, § 76 AsylVfG Rdn. 19). 28

Der Einzelrichter übernimmt den Prozess in dem Verfahrensstadium, in dem er sich im Zeitpunkt des Übertragungsbeschlusses befindet, und führt diesen bis zur Entscheidung weiter (OLG Köln, NJW 1976, 1101; Molitor, in: GK-AsylVfG, § 76 Rdn. 111). Beim Ausscheiden des Einzelrichters aus der Kammer geht der Rechtsstreit auf den im Geschäftsverteilungsplan vorgesehenen Vertreter über. Für den Fall, dass der Nachfolger ein Probrichter ist (Abs. 5), hat die kammerinterne Geschäftsverteilung des Vorsitzenden den Vertreter zu bestimmen (Schenk, in: Hailbronner, AuslR, § 76 AsylVfG Rdn. 20). Die Übertragungsentscheidung bleibt hiervon unberührt. 29

Nach § 21e III 1 GVG kann auch nach Übertragung auf den Einzelrichter im Laufe eines Geschäftsjahres, wenn es wegen Überlastung oder ungenügender Auslastung eines Spruchkörpers erforderlich ist, die Sache auf eine andere Kammer übertragen werden. Ein verfassungsrechtliches oder einfachgesetzliches Erfordernis, von der Übertragung die Verfahren auszunehmen, die zur Entscheidung auf den Einzelrichter übertragen sind, besteht nicht (BayVGH, AuAS 1996, 104). 30

3.5. Verbot der Rückholung

Die Kammer kann ihre Entscheidung nur im Wege einer Rückübertragung durch den Einzelrichter nach Abs. 3 wiedererlangen. Sie hat *kein Rückholrecht*, insbesondere auch nicht durch Aufhebung des Übertragungsbeschlusses (OLG Köln, NJW 1976, 1101 (1102); a. A. OLG Frankfurt, NJW 1976, 813). Die Vorschrift des § 76 erlaubt zwar, dass sich die Kammer ihrer Zuständigkeit durch Übertragung auf den Einzelrichter begibt, ermächtigt jedoch nicht zu Eingriffen in fremde Zuständigkeiten (Molitor, in: GK-AsylVfG, § 76 Rdn. 105). Angesichts dessen kann der Ansicht, dass die Kammer, welche ihren Übertragungsbeschluss zurücknehme, nicht in die Befugnisse eines anderen, gesetzlich allein berufenen Richters eingreife, sondern lediglich eine »rein interne arbeitsorganisatorische Maßnahme« abändere (OLG Frankfurt, NJW 1977, 813), nicht gefolgt werden. 31

Hiergegen spricht auch die Rechtsprechung des BVerfG, derzufolge die Gewährleistung des Art. 97 I GG auch *innerhalb* einer Gerichtskammer Wirkung entfaltet (BVerfG (Kammer), NJW 1996, 2149 (2150) = NVwZ 1996, 997), 32 sodass die eigenmächtige Abänderung einer Einzelrichterentscheidung durch den Vorsitzenden der Kammer die durch Art. 97 I GG gewährleistete Unabhängigkeit des Einzelrichters verletzt.

33 Als gesetzlich nicht zur Entscheidung berufener Richter steht der Vorsitzende nach dem wirksamen Übertragungsbeschluss – im Falle des originären Einzelrichters nach Abs. 4 von vornherein – außerhalb des konkreten Verwaltungsstreitverfahrens, das allein vom zuständigen Einzelrichter zu entscheiden ist. Eine »Mitwirkung« an der Entscheidungsfindung oder der schriftlichen Niederlegung der richterlichen Überzeugung ist dem Vorsitzenden verwehrt (BVerfG (Kammer), NJW 1996, 2149 (2151)).

34 Zwar stehen einem Vorsitzenden unterhalb dieser Schwelle ausreichende Möglichkeiten zur Verfügung, um Fertigkeiten und Kenntnise zu vermitteln sowie auf die Stetigkeit und Güte der Rechtsprechung hinzuwirken. Hierbei ist ihm jedoch *Zurückhaltung* aufzuerlegen. Denn der richtungsgebende Einfluss darf nicht als Dirigismus oder Lenkung verstanden werden, sondern als eine »Einflussnahme, die der Vorsitzende aufgrund seiner Sachkunde, seiner Erfahrung und seiner Menschenkenntnis durch geistige Überzeugungskraft ausübt«. Die eigenmächtige Abänderung einer Einzelrichterentscheidung geht daher weit über die zulässige Grenze der Einflussnahme hinaus (BVerfG (Kammer), NJW 1996, 2149 (2151)).

35 Auch wenn der Einzelrichter die Sache bei einem von der Kammer angenommenen größeren Schwierigkeitsgrad nicht an diese zurück überträgt, darf deshalb die Kammer ihren Übertragungsbeschluss nicht zurücknehmen (a. A. OLG Frankfurt, NJW 1977, 813). Art. 97 I GG schützt jedenfalls vor solchen Eingriffen anderer Spruchkörper in die sachliche Unabhängigkeit, für die es an einer Ermächtigung zur Wahrnehmung richterlicher Funktionen nach jedem denkbaren rechtlichen Gesichtspunkt fehlt (BVerfG (Kammer), NJW 1996, 2149 (2150)).

3.6. Befangenheitsantrag

36 Über den Befangenheitsantrag entscheidet die Kammer (vgl. § 54 VwGO in Verb. mit § 45 I ZPO), der der Einzelrichter angehört (OLG Karlsruhe, OLGZ 1978, 256), soweit nicht der Geschäftsverteilungsplan eine andere Regelung trifft. Die Entscheidung ergeht durch Beschluss in der üblichen Kammerbesetzung ohne den abgelehnten Richter, der nach dem Geschäftsverteilungsplan vertreten wird. Wird dem Ablehnungsantrag stattgegeben oder liegt ein Ausschlussgrund vor (§ 54 VwGO in Verb. mit § 41 ZPO), so tritt der im Geschäftsverteilungsplan vorgesehene Vertreter an seine Stelle als Einzelrichter. Die Übertragungsentscheidung bleibt hiervon unberührt (Molitor, in: GK-AsylVfG, II – § 76 Rdn. 116; Schenk, in: Hailbronner, AuslR, § 76 AsylVfG Rdn. 20).

3.7. Anhörung der Beteiligten

Ebenso wie das frühere Recht lässt § 76 die Frage, ob vor der Übertragung das *rechtliche Gehör* zu gewähren ist, offen. In der obergerichtlichen Rechtsprechung wird jedoch eine Pflicht zur Anhörung der Beteiligten vor der Übertragung aus Art. 103 I GG abgeleitet (OVG NW, EZAR 633 Nr. 14 = NVwZ-RR 1990, 163; ähnl. BayVGH, NVwZ-RR 1991, 221; so auch Friedl, BayVBl. 1984, 555; Schenk, in: Hailbronner, AuslR, § 76 AsylVfG Rdn. 6; Molitor, in: GK-AsylVfG, § 76 Rdn. 6). Teilweise wird eine analoge Anwendung der §§ 253 III und 277 I 2 ZPO befürwortet (Guber, BayVBl. 1985, 43 (44)).

Die Anhörung kann formularmäßig mit der Eingangsverfügung erfolgen (Molitor, in: GK-AsylVfG, II – § 76 Rdn. 65; Schenk, in: Hailbronner, AuslR, § 76 AsylVfG Rdn. 6). Es besteht freilich keine Bindung an die Zustimmung der Verfahrensbeteiligten. Die Gehörsrüge kann darauf nicht gestützt werden, weil nach § 173 VwGO in Verbindung mit § 512 ZPO der unanfechtbare Übertragungsbeschluss (§ 80) nicht der Beurteilung durch das Berufungsgericht unterliegt (OVG NW, NVwZ-RR 1990, 163).

3.8. Fortgeltung der Übertragung

Umstritten ist, ob nach gerichtsinterner Abgabe oder Verweisung des Rechtsstreits der Übertragungsbeschluss wirksam bleibt. Die herrschende Meinung geht davon aus, dass nach Verweisung der Sache durch den Einzelrichter an ein anderes Gericht der Einzelrichter auch bei diesem Gericht wegen der fortbestehenden Prozesslage zuständig ist und bleibt, das einheitliche Verfahren dort also unmittelbar in der Lage fortgesetzt werde, in der es sich bei der Verweisung befunden habe, sodass die Übertragung an den Einzelrichter auch das Gericht binde, an das verwiesen werde (OLG Koblenz, MDR 1996, 153; BayVGH, AuAS 1996, 104; Molitor, in: GK-AsylVfG, II – § 76 AsylVfG Rdn. 118 f.; a. A. Nieders.OVG, EZAR 631 Nr. 9; Schenk, in: Hailbronner, AuslR, § 76 AsylVfG Rdn. 21 f.; s. hierzu auch: BVerwG, NVwZ-Beil. 1996, 33 = DÖV 1997, 557 (LS): Einverständnis der Beteiligten nach § 87 a II und II VwGO gilt bei Übertragung auf einen anderen Spruchkörper des Gerichts fort).

Dies gelte auch bei der gerichtsinternen Abgabe. Welcher Einzelrichter an der nunmehr zuständigen Kammer des Gerichts zuständig sei, bestimme sich nach der kammerinternen Geschäftsverteilung dieses Spruchkörpers (BayVGH, AuAS 1996, 104; Molitor, in: GK-AsylVfG, II – § 76 Rdn. 118). Begründet wird diese Auffassung mit dem Beschleunigungszweck des Asylverfahrens (Molitor, in: GK-AsylVfG, II – § 76 Rdn. 119).

Die Gegenmeinung verweist auf den Gesetzeswortlaut, der deutlich mache, dass es dem jeweils zur Entscheidung berufenen Spruchkörper obliegen solle, ob er den Rechtsstreit »einem ihrer Mitglieder« (Abs. 1) zur Entscheidung übertrage. Daher entfalte der Übertragungsbeschluss Bindungswirkung nur innerhalb der Kammer mit der Folge, dass bei einer Verweisung die funktionelle Zuständigkeit der Kammer und nicht die des Einzelrichters begründet werde. Der Einzelrichter sei als gesetzlicher Richter nicht von vornherein institutionell vorhanden, sondern bedürfe zu seiner Entstehung eines konkreten Willensaktes der Kammer. Die Wirkung dieses Willensaktes sei zudem auf die Mitglieder der Kammer begrenzt. Es bestehe mithin eine sehr enge persönliche Verknüpfung zwischen der Kammer und dem Einzelrichter (Nieders.OVG, EZAR 631 Nr. 9; zust. Schenk, in: Hailbronner, AuslR, § 76 AsylVfG Rdn. 22).

42 Der Gegenmeinung ist zuzustimmen. Insbesondere der für die Übertragung maßgebende Beurteilungsspielraum der Kammer und die der Entscheidung zugrundeliegende generelle Rechtsprechung dieser Kammer zu bestimmten länderspezifischen Fragen sprechen dafür, die Bindungswirkung auf die Kammer zu beschränken (Schenk, in: Hailbronner, AuslR, § 76 AsylVfG Rdn. 22). Diese Grundsätze gelten entgegen der herrschenden Auffassung auch für die gerichtsinterne Abgabe wegen Zuständigkeitswechsels. Eine Zurückverweisung durch das Obergericht ist unzulässig (§ 79 II). Anders als im Falle einer erfolgreichen Verfassungsbeschwerde stellt sich hier damit nicht die Frage der Bindungswirkung. Gelangt die Sache nach der Entscheidung des BVerfG an dieselbe Kammer zurück, so gilt die Bindungswirkung des Übertragungsbeschlusses fort (Schenk, in: Hailbronner, AuslR, § 76 AsylVfG Rdn. 22).

4. Rückübertragung (Abs. 3)

43 Ebenso wie nach altem Recht (§ 31 III AsylVfG 1982) kann der Einzelrichter *nach Anhörung* der Beteiligten den Rechtsstreit auf die Kammer zurückübertragen, wenn sich aus einer *wesentlichen Änderung der Prozesslage* ergibt, dass die Rechtssache grundsätzliche Bedeutung hat (Abs. 3 S. 1). Eine bloß geänderte Beurteilung der unveränderten Rechtslage reicht nicht aus. Vielmehr muss sich die grundsätzliche Bedeutung aus einer *wesentlichen Änderung der Prozesslage* ergeben. Die grundsätzliche Bedeutung ergibt sich aus einer *spruchkörperspezifischen Sichtweise* (Schenk, in: Hailbronner, AuslR, § 76 AsylVfG Rdn. 26), d. h. der Einzelrichter hat zu beurteilen, ob bei einer wesentlichen Änderung der Prozesslage die bislang zugrundegelegte Rechtsprechung der Kammer noch unverändert aufrechterhalten werden kann. Er entscheidet jedoch gleichwohl nach pflichtgemäßem Ermessen, ob aus seiner Sicht die gesetzlichen Voraussetzungen für die Rückübertragung gegeben sind (BayVGH, BayVBl. 1991, 89).

44 Ein Vergleich der Regelung des Abs. 1 mit der des Abs. 3 S. 1 ergibt, dass die Rückübertragung neben der Änderung der Prozesslage eine sich daraus zugleich ergebende grundsätzliche Bedeutung der Rechtssache voraussetzt. Anders als bei den für die Übertragung maßgeblichen Voraussetzungen sind damit die für die Rückübertragung zu beachtenden Anforderungen mit denen der Grundsatzberufung nach § 78 III Nr. 1 identisch. Eine Änderung der obergerichtlichen und der Rechtsprechung des BVerfG gibt Anlass, die Sache zurück zu übertragen. Eine Änderung der Kammerrechtsprechung, welche der Einzelrichter nicht folgen will, kann zwar Anlass zur Rückübertragung

Einzelrichter § 76

sein, erzwungen werden kann diese jedoch nicht. Letztlich obliegt es der Beurteilung des Einzelrichters, ob die gesetzlichen Voraussetzungen vorliegen.

Die veränderte Prozesslage kann sich auch aus einer prozessualen Änderung des Klagebegehrens, aus einer durchgeführten Beweisaufnahme oder aus gewichtigen Veränderungen der tatsächlichen oder rechtlichen Verhältnisse im Herkunftsland des Asylsuchenden ergeben. Es muss sich freilich stets um eine wesentliche Änderung der Prozesslage handeln, welche einem Rechtsstreit konkrete Bedeutung verleiht. Dabei hat der Einzelrichter zurückhaltend Gebrauch von der Möglichkeit der Rückübertragung zu machen, da den Verfahrensbeteiligten nach Möglichkeit ein erneuter Zuständigkeitswechsel erspart werden soll (BVerfG (Vorprüfungsausschuss), NJW 1984, 559). 45

Die unterschiedlichen Gründe, die einerseits eine Übertragung an den Einzelrichter und andererseits eine Rückübertragung rechtfertigen, sind nicht geeignet, einen Verstoß gegen Art. 101 I 2 GG zu belegen (BVerfG (Vorprüfungsausschuss), NJW 1984, 559). Die Gewährleistung des gesetzlichen Richters enthält insoweit kein Gleichbehandlungsgebot. Vielmehr sind auch im Lichte dieser Verfassungsnorm gewichtige Gründe für eine Einschränkung der Möglichkeiten zur Rückübertragung des Rechtsstreits an die Kammer denkbar. Es kann insbesondere nahe liegen, den Verfahrensbeteiligten einen abmaligen Zuständigkeitswechsel nach Möglichkeit zu ersparen und sie dadurch in der Gewissheit zu bestärken, wer der für ihre Sache zuständige gesetzliche Richter ist (BVerfG (Vorprüfungsausschuss), NJW 1984, 559). Dem steht entgegen, Abs. 3 S. 1 erweiternd dahin auszulegen, dass in den Fällen, in denen besondere Schwierigkeiten rechtlicher oder tatsächlicher Art entstehen, eine Rückübertragung geboten wäre (Schenk, in: Hailbronner, AuslR, § 76 AsylVfG Rdn. 25). 46

Die Rückübertragung erfolgt durch unanfechtbaren Beschluss (§ 80), der keiner Begründung bedarf (vgl. § 122 II 1 VwGO). Es entspricht indes dem Wesen der Anhörung, dass der Einzelrichter kurz die Gründe darlegt, aus denen sich seiner Meinung nach die wesentliche Änderung der Prozesslage ergibt (Molitor, in: GK-AsylVfG, § 76 Rdn. 135). Die Anhörung ist anders als bei der Übertragung nach Abs. 1 ausdrücklich vorgeschrieben (vgl. Abs. 3 S. 1 1. HS). 47

Die Äußerungen der Beteiligten binden den Einzelrichter freilich nicht. Sie haben auch keinen Anspruch auf Rückübertragung (OLG Frankfurt, NJW 1977, 813; Molitor, in: GK-AsylVfG, § 76 Rdn. 136; Schenk, in: Hailbronner, AuslR, § 76 AsylVfG Rdn. 27). Ebenso wie die Kammer nur den gesamten Rechtsstreit auf den Einzelrichter übertragen kann, kann dieser umgekehrt den Rechtsstreit nur insgesamt an die Kammer zurückübertragen (Schenk, in: Hailbronner, AuslR, § 76 AsylVfG Rdn. 27). 48

Die Rückübertragung ist dem Einzelrichter selbst noch nach Durchführung der mündlichen Verhandlung möglich, da Abs. 2 sich nur auf die Übertragung nach Abs. 1, nicht jedoch auf die Rückübertragung nach Abs. 3 bezieht (Molitor, in: GK-AsylVfG, II – § 76 Rdn. 139; Schenk, in: Hailbronner, AuslR, § 76 AsylVfG Rdn. 25). Gerade aufgrund des Eindrucks der mündlichen Verhandlung kann sich eine wesentliche Änderung der Prozesslage ergeben, welche der Sache grundsätzliche Bedeutung verleiht. 49

50 Weder kann die Kammer ohne Rückübertragung die Sache wieder an sich ziehen (OLG Köln, NJW 1976, 1101 (1102); a. A. OLG Frankfurt, NJW 1977, 813) noch kann der Vorsitzende durch entsprechende Druckausübung den Einzelrichter hierzu veranlassen (BVerfG (Kammer), NJW 1996, 2149 (2150).

51 Nach Abs. 3 S. 2 ist eine erneute Übertragung auf den Einzelrichter ausgeschlossen. Diese Regelung trägt der erwähnten Rechtsprechung des BVerfG Rechnung, derzufolge ein nochmaliger Zuständigkeitswechsel den Verfahrensbeteiligten nach Möglichkeit zu ersparen ist (BVerfG (Vorprüfungsausschuss), NJW 1984, 559). Nach dem Eintritt der Wirksamkeit des Rückübertragungsbeschlusses, also nach formloser Zustellung an die Beteiligten, bleibt die Kammer endgültig der gesetzliche Richter nach Art. 101 I 2 GG.

52 Die Kammer hat keine Möglichkeit, die Rückübertragung zu verweigern. Sie kann auch weder den zugrundeliegenden Beschluss des Einzelrichters aufheben noch kann sie den Rechtsstreit erneut auf diesen übertragen (Abs. 3 S. 2). Weder eine abweichende Beurteilung der Frage der Grundsatzbedeutung noch etwa der spätere Wegfall dieser Bedeutung, nicht einmal die Fehlerhaftigkeit des Rückübertragungsbeschlusses infolge Fehlens der gesetzlichen Voraussetzungen, können die Anordnung des Abs. 3 S. 2 durchbrechen. Ausnahmen läßt das Gesetz nicht zu (Molitor, in: GK-AsylVfG, II – § 76 Rdn. 144; Schenk, in: AuslR, § 76 AsylVfG Rdn. 28).

5. Der originäre Einzelrichter (Abs. 4)

53 Nach Abs. 4 S. 1 entscheidet in Verfahren des vorläufigen Rechtsschutzes nach diesem Gesetz (§§ 18 a IV, 36 III und IV, 71 IV in Verb. mit § 36 III, IV) der Einzelrichter kraft Gesetzes. Anders als im Falle des Abs. 1 ist nicht zunächst die Kammer originär zuständig. Vielmehr ordnet das Gesetz in derartigen Verfahren die originäre Zuständigkeit des – nach dem internen Geschäftsverteilungsplan der Kammer für die Sache zuständigen – Einzelrichters an. Der kammerinterne Geschäftsverteilungsplan muss deshalb auch für diesen Fall Vorsorge treffen. Mangels dazwischengeschalteter Kammerentscheidung entfällt nämlich eine vorherige Bestimmung des Berichterstatters. Dies verdeutlicht die zwingende Notwendigkeit abstrakt-genereller Regelungen im kammerinternen Geschäftsverteilungsplan.

54 Üblicherweise wird die Bestimmung des originären Einzelrichters nach Abs. 4 derart geregelt, dass der nach Abs. 1 zuständige Einzelrichter zugleich auch der nach Abs. 4 zuständige originäre Einzelrichter ist. Jedenfalls sprechen Gründe der Praktikabilität und Verfahrensökonomie für eine solche Vorgehensweise. Richter auf Probe dürfen nicht berücksichtigt werden (Abs. 5). Einer besonderen Übertragung von der Kammer auf den Einzelrichter bedarf es nicht.

55 Der Sinn des Abs. 4 wird erst vor dem Hintergrund des früheren Rechts deutlich: War nach § 31 V AsylVfG 1982 ausdrücklich untersagt worden, dass der Einzelrichter in einstweiligen Rechtsschutzverfahren entscheidet, ordnet das Gesetz im Gegensatz dazu nunmehr ausschließlich für diesen Fall an, dass von vornherein die Zuständigkeit des Einzelrichters begründet wird.

Einzelrichter **§ 76**

Dem alten Recht lag wohl das gesetzgeberische Anliegen zugrunde, insbesondere in Eilrechtsschutzverfahren wegen der für den Fall der negativen gerichtlichen Entscheidung möglicherweise irreparablen Folgen *verfahrensrechtlich* durch die obligatorische Kammerzuweisung ein *gesteigertes Maß an Richtigkeitsgewissheit* sicherzustellen. Dieses Bedürfnis scheint der Gesetzgeber des Abs. 4 S. 1 nicht mehr zu verspüren.

Nach Abs. 4 S. 2 hat der Einzelrichter den Rechtsstreit auf die Kammer zu übertragen, wenn die Rechtssache grundsätzliche Bedeutung hat oder wenn er von der Rechtsprechung der Kammer abweichen will. Die Alternative der grundsätzlichen Bedeutung ist inhaltlich mit der Grundsatzberufung nach § 78 III Nr. 1 identisch. Insoweit hat der Einzelrichter divergierende Entscheidungen anderer Kammern des Verwaltungsgerichtes, aber auch anderer Verwaltungsgerichte zu beachten. Divergierende Entscheidungen der eigenen Kammer sind ausdrücklich als zwingende Übertragungsvoraussetzung in Abs. 4 S. 2 geregelt. 56

Zwar rechtfertigen nach der Gesetzesbegründung divergierende Entscheidungen anderer Mitglieder der eigenen Kammer nicht die Übertragung (BT-Drs. 12/4450, S. 28). Damit wird die Zersplitterung der Rechtsprechung jedoch auf die Spitze getrieben. Zutreffend wird für derartige Verfahrensgestaltungen daher die Übertragung auf die Kammer gefordert (Renner, Stellungnahme an den BT-Innenausschuss vom 18. 3. 1993, S. 19; a. A. wohl Schenk, in: Hailbronner, AuslR, § 76 AsylVfG Rdn. 30). Letztlich bleibt es der Sensibilität der Verwaltungsrichter überlassen, wie sie diese Vorschrift handhaben. 57

Erachtet der Einzelrichter die Voraussetzungen nach Abs. 4 S. 2 für nicht gegeben, kann er zur Übertragung nicht gezwungen werden. Anders als bei der Rückübertragung nach Abs. 3 S. 1 hat der Einzelrichter kein Ermessen. Vielmehr ist er unter den Voraussetzungen der Vorschrift des Abs. 4 S. 2 zur Übertragung des Rechtsstreits auf die Kammer verpflichtet (so auch Köhler, Asylverfahren, Rdn. 77). Es handelt sich also nicht um eine Rückübertragung nach Abs. 3. 58

Wegen der originären Einzelrichterzuständigkeit war die Kammer mit dem Rechtsstreit bislang nicht befasst. Vielmehr regelt Abs. 4 S. 2 eine besondere Übertragungsform, die weder mit der in Abs. 1 vorgesehenen Regelung noch mit der in Abs. 3 geregelten Übertragung identisch ist und die daher einer besonderen Regelung bedurfte. 59

Die durch die Übertragung begründete Kammerzuständigkeit ist endgültig. Eine Rückübertragung auf den Einzelrichter ist unzulässig (Schenk, in: Hailbronner, AuslR, § 76 AsylVfG Rdn. 32; Molitor, in: GK-AsylVfG, II – § 76 Rdn. 167). Zwar regelt das Gesetz diese Frage nicht ausdrücklich. Doch spricht für die Richtigkeit dieser Ansicht das Gebot, den Verfahrensbeteiligten nach Möglichkeit einen nochmaligen Zuständigkeitswechsel zu ersparen (vgl. BVerfG (Vorprüfungsausschuss), NJW 1984, 559). 60

Der Einzelrichter hat vor der Übertragung den Beteiligten Gelegenheit zur Äußerung zu geben (a. A. Schenk, in: Hailbronner, AuslR, § 76 AsylVfG Rdn. 31; Molitor, in: GK-AsylVfG, II – § 76 Rdn. 164). Die auf dem Gesichtspunkt der Verfahrensbeschleunigung beruhende Gegenmeinung vermag nicht 61 zu überzeugen. Denn der Abs. 4 S. 2 zugrundeliegende Gedanke, nach Möglichkeit eine Rechtszersplitterung zu vermeiden, tritt hinter dem Gebot der Verfahrensbeschleunigung zurück. Die Möglichkeit der Rüge des Gehörsverstosses ist allerdings wirkungslos, weil Folge des zurückweisenden Beschlusses des Einzelrichters die unverzügliche Abschiebung ist.

62 Dem Wortlaut des Gesetzes kann nicht entnommen werden, ob die Kammer an den Übertragungsbeschluss des Einzelrichters gebunden ist. Auch die Gesetzesbegründung enthält keine Ausführungen zu dieser Frage. In entsprechender Anwendung des Abs. 3 S. 2 ist jedoch von einer *Bindungswirkung* des Übertragungsbeschlusses auszugehen. Auch hier gilt der Grundsatz, dass den Beteiligten nach Möglichkeit ein erneuter Zuständigkeitswechsel zu ersparen und ihnen Gewissheit zu verschaffen ist, wer der gesetzliche Richter ist (BVerfG (Vorprüfungsausschuss), NJW 1984, 559). Da keine nachvollziehbaren Gründe zu erkennen sind, die ein Abweichen von dieser Regel rechtfertigen können, ist daher die Kammer an den Beschluss des Einzelrichters nach Abs. 4 S. 2 gebunden und hat sie das Beschlussverfahren zu Ende zu führen.

6. Der Richter auf Probe (Abs. 5)

63 Ein Richter auf Probe (zum Begriff s. BVerwG, U. v. 26.9.1996 – BVerwG 2 C 39.95) darf nach Abs. 5 in den ersten sechs Monaten nach seiner Ernennung nicht Einzelrichter sein. Abs. 3 übernimmt damit unverändert die frühere Ausschlussregelung des § 76 V AsylVfG a. F. Der kammerinterne Geschäftsverteilungsplan zur Bestimmung des Einzelrichters muss dieser zwingenden Gesetzesvorschrift Rechnung tragen. Demgegenüber bestimmt § 6 I 2 VwGO, dass ein Richter auf Probe im ersten Jahr nach seiner Ernennung nicht als Einzelrichter tätig sein darf. Eine identische Regelung enthielt § 31 I 2 AsylVfG 1982. Die Vorschriften der § 348 und § 348 a ZPO regeln im Blick auf den Proberichter allerdings keinerlei Einschränkungen.

64 Auch die ursprüngliche Bestimmung des § 76 enthielt insoweit keine ausschließende Regelung. Die zwischen dem 1. Juli 1992, dem Zeitpunkt des Inkrafttretens des AsylVfG 1992, und dem 1. Juli 1993, dem Zeitpunkt des Inkrafttretens der Vorschrift des Abs. 5, getroffenen Übertragungsbeschlüsse, mit denen ein Richter auf Probe zum Einzelrichterentscheidungen bestimmt wurde, bleiben allerdings wirksam (§ 87 a III Nr. 4). Daraus folgt, dass auch die in diesem Zeitraum von einem Richter auf Probe in den ersten sechs Monaten nach seiner Ernennung als Einzelrichter getroffenen Entscheidungen wirksam bleiben.

65 Der Gesetzesbegründung können für die Notwendigkeit der gegenüber der Vorschrift des § 31 I 2 AsylVfG 1982 getroffenen Veränderung keine Hinweise entnommen werden. Dort wird lediglich festgestellt, es erscheine »vertretbar«, den Einsatz von Verwaltungsrichtern bereits nach Ablauf von sechs Monaten nach ihrer Ernennung zu ermöglichen (vgl. BT-Drs. 12/4450, S. 28). Angesichts der Tatsache, dass das BVerfG die Sperrfrist von einem Jahr des alten Rechts (vgl. § 31 I 2 AsylVfG 1982) zu den »besonderen Vorkehrungen

für die Gewährleistung der Richtigkeit der dem Einzelrichter obliegenden Entscheidungen« rechnet (BVerfG (Vorprüfungsausschuss), NJW 1984, 559), ist dies freilich eine kühne Behauptung.

Abs. 3 nennt nur den Richter auf Probe. Der Richter im Nebenamt (§ 16 VwGO) sowie der Richter kraft Auftrags (§ 17 VwGO, § 14 DRiG ist nicht nach Abs. 5 ausgeschlossen (Schenk, in: Hailbronner, AuslR, § 76 AsylVfG Rdn. 34). Die gegen diese Ausschlussregelung erhobenen Bedenken, die insbesondere mit dem »gänzlichen Ausfall an Erfahrungsgewinnung« zu Lasten junger Richter begründet werden (Schenk, in: Hailbronner, AuslR, § 76 AsylVfG Rdn. 35; Knorr, VBlBW 1994, 184), erscheinen nicht stichhaltig. Gerade die hochrangige Bedeutung der Eilrechtsschutzverfahren, insbesondere das Flughafenverfahren, erfordern eine hohe Professionalität des entscheidenden Richters. Das gilt auch für die anderen Asylverfahren. Andererseits spricht nichts dagegen, die jungen Richter behutsam an die häufig tatsächlich und rechtlich komplexen Fragen der Asylverfahren in den ersten sechs Monaten heranzuführen, ohne sie freilich von Anfang an zugleich mit der Verantwortung für die Entscheidung als Einzelrichter zu belasten. 66

Nach § 3 Rechtspflege-Anpassungsgesetz vom 26. Juni 1992 (BGBl. I S. 1147) fanden bis zum 31. Dezember 1995 in den *neuen Bundesländern* Vorschriften, welche die Tätigkeit von Proberichtern ausschließen oder beschränken, keine Anwendung. Allgemein wird davon ausgegangen, dass diese Vorschrift § 76 V AsylVfG a. F. verdrängt hatte (Molitor, in: GK-AsylVfG, II – § 76 Rdn. 169 b; Schenk, in: Hailbronner, AuslR, § 76 AsylVfG Rdn. 37; s. auch Schnellenbach, DVBl. 1993, 230), sodass Entscheidungen von Einzelrichtern, die in den neuen Bundesländern bis zum 31. Dezember 1995 in Asylstreitverfahren von Proberichten innerhalb der ersten sechs Monate nach ihrer Ernennung getroffen wurden, wirksam sind. Überwiegend scheint die Praxis in den neuen Bundesländern jedoch von dieser Möglichkeit keinen Gebrauch gemacht, sondern die Vorgaben von Abs. 5 berücksichtigt zu haben (so Schenk, in: Hailbronner, AuslR, § 76 AsylVfG Rdn. 37). 67

§ 77 Entscheidung des Gerichts

(1) In Streitigkeiten nach diesem Gesetz stellt das Gericht auf die Sach- und Rechtslage im Zeitpunkt der letzten mündlichen Verhandlung ab; ergeht die Entscheidung ohne mündliche Verhandlung, ist der Zeitpunkt maßgebend, in dem die Entscheidung gefällt wird. § 74 Abs. 2 Satz 2 bleibt unberührt.

(2) Das Gericht sieht von einer weiteren Darstellung des Tatbestandes und der Entscheidungsgründe ab, soweit es den Feststellungen und der Begründung des angefochtenen Verwaltungsaktes folgt und dies in seiner Entscheidung feststellt oder soweit die Beteiligten übereinstimmend darauf verzichten.

§ 77 Gerichtsverfahren

Übersicht   Rdn.

1. Vorbemerkung   1
2. Maßgeblicher Zeitpunkt für die Beurteilung der Sach- und Rechtslage
   (Abs. 2 Satz 1)   3
   2.1. Funktion der Vorschrift   3
   2.2. Abschiebung des Klägers vor Abschluss des Verfahrens   9
   2.3. Ausländerrechtliche Verfügung   11
   2.4. Abschiebungshindernisse nach § 60 Abs. 2 bis 7 AufenthG   20
3. Bedeutung von Präklusionsvorschriften (Abs. 1 Satz 2)   22
4. Herbeiführung der Spruchreife   26
5. Abfassung der Entscheidungsgründe (Abs. 2)   28

1. Vorbemerkung

1   Diese Vorschrift hat kein Vorbild im Asylverfahrensrecht vor 1992. Die Regelungen in Abs. 1 sollen nach der Gesetzesbegründung dazu beitragen, den Streit über das Asyl- und Bleiberecht des Asylsuchenden umfassend zu beenden und neue Verwaltungsverfahren möglichst zu vermeiden (BT-Drs. 12/2062, S. 41). Abs. 2 soll den Gerichten die Abfassung der Entscheidung erleichtern.

2   Die Regelungen in den beiden Absätzen haben keinen inneren Zusammenhang. Mit Abs. 1 S. 1 gibt der Gesetzgeber der Rechtsprechung unter bewusster Abweichung von den zum alten Recht in der Asylrechtsprechung entwickelten Grundsätzen zu Anfechtungsklagen klare Vorgaben für den maßgeblichen Zeitpunkt zur Beurteilung der Sach- und Rechtslage. Die Vorschrift gilt für *alle* Streitigkeiten nach diesem Gesetz (s. hierzu § 74 Rdn. 2 ff.) und damit für Verpflichtungs- wie Anfechtungsklagen sowie weitere Klageformen.

2. Maßgeblicher Zeitpunkt für die Beurteilung der Sach- und Rechtslage (Abs. 1 Satz 1)

2.1. Funktion der Vorschrift

3   Nach Abs. 1 S. 1 1. HS hat das Verwaltungsgericht in sämtlichen Streitigkeiten nach diesem Gesetz für die Beurteilung der Sach- und Rechtslage stets auf den Zeitpunkt der letzten mündlichen Verhandlung abzustellen. Ergeht die Entscheidung ohne mündliche Verhandlung, ist der Zeitpunkt maßgebend, in dem die Entscheidung gefällt wird (Abs. 1 S. 1 2. HS). Das ist der Zeitpunkt, in dem – nach vorangegangener Beratung – der Beschluss über die Urteilsformel getroffen wird (BVerwGE 75, 337 (340)). Vor diesem Zeitpunkt muss das Gericht, auch wenn bereits die mündliche Verhandlung durchgeführt worden ist, der nachträglichen Änderung entscheidungserheblicher Umstände Rechnung tragen und gegebenenfalls die mündliche Verhandlung wieder eröffnen (§ 104 III 2 VwGO), um die erforderliche Überzeugungsgewissheit zu gewinnen.

Entscheidung des Gerichts § 77

Jedenfalls müssen die Entscheidungsgründe eindeutig erkennen lassen, dass 4
etwa ein nachgereichter Schriftsatz noch zur Kenntnis genommen worden
ist (vgl. BVerwG, NVwZ 1989, 750; Schenk, in: Hailbronner, AuslR, § 77
AsylVfG Rdn. 12). Die Regelung des Abs. 1 S. 1 gilt insbesondere auch im Eilrechtsschutzverfahren. Für die Entscheidung im Eilrechtsschutzverfahren ist
der Zeitpunkt der Beschlussfassung (Abs. 1 S. 1 2. HS) maßgebend. Überdies
findet diese Vorschrift Anwendung auf Hauptsacheverfahren, in denen auf
die Durchführung der mündlichen Verhandlung verzichtet wird. In Asylrechtsverfahren ist dies jedoch eher die Ausnahme.

Abs. 1 S. 1 gilt im Blick auf die festgestellten Tatsachen grundsätzlich nur für 5
die Tatsacheninstanzen (vgl. § 137 II VwGO). Das BVerwG will freilich nachträglich – im Revisionsverfahren eingetretene – »völlig unstreitige« oder »allgemeinkundige« Tatsachen berücksichtigen (BVerwGE 91, 104 (107); BVerwGE 91, 150 (153) = EZAR 231 Nr. 5 = InfAuslR 1993, 150; BVerwG, InfAuslR
1993, 235 (236); BVerwG, EZAR 200 Nr. 32, S. 9 f.; s. aber BVerwGE 87, 52 (62);
krit. hierzu Marx, InfAuslR 1993, 237; Schenk, in: Hailbronner, AuslR, § 77
AsylVfG Rdn. 15 f.).

Nach der Gesetzesbegründung dient Abs. 1 S. 1 der Klärung einer in der 6
Rechtsprechung bisher sehr unterschiedlich beantworteten Frage (BT-Drs.
12/2062, S. 40). Die Regelung wird also nicht mit dem Aspekt größerer Einzelfallgerechtigkeit begründet (so aber BVerwG, B. v. 26. 2. 1977 – BVerwG 1
B 5.97). Die Feststellung einer bisher sehr uneinheitlichen Rechtsprechung
zum Beurteilungszeitpunkt ist jedoch in dieser Pauschalität nicht zutreffend.
Die Klage gegen die asylrechtliche Sachentscheidung des Bundesamtes (§ 31
II) ist in Form der *Verpflichtungsklage* zu erheben (vgl. BVerfGE 54, 341 (360) =
EZAR 200 Nr. 1 = InfAuslR 1980, 338; BVerfGE 65, 76 (98) = EZAR 630 Nr. 4
= NVwZ 1983, 735 = InfAuslR 1984, 58; BVerwG, Buchholz 402.24 § 28
AuslG Nrn. 7 und 23; BVerwG, NVwZ 1982, 630; BVerwG, DVBl. 1983, 33;
BVerwG, DÖV 1982, 744; BVerwG, EZAR 610 Nr. 15; § 74 Rdn. 6).

Übereinstimmend hatte die Rechtsprechung insoweit die Auffassung vertreten, maßgeblicher Zeitpunkt für die Beurteilung der Sach- und Rechtslage sei 7
der Tag der letzten mündlichen Verhandlung (BVerfGE 54, 341 (360) = EZAR
200 Nr. 1 = InfAuslR 1980, 338; BVerwG, NVwZ 1982, 630). Dieser Grundsatz
wurde auch auf die *Anfechtungsklagen des Bundesbeauftragten* angewendet
(BVerwG, EZAR 631 Nr. 10; BayVGH, B. v. 14. 3. 1989 – Nr. 21 B 87.30744;
BayVGH, U. v. 14. 3. 1989 – Nr. 21 BZ 86.30486; HessVGH, U. v. 24. 3. 1988 –
10 UE 2520/85). Mit diesem Inhalt ist dieser Grundsatz durch Abs. 1 S. 1 1. HS
ausdrücklich bestätigt worden. Er hat zur Folge, dass ein ursprünglich begründeter Asylantrag wegen nachträglich veränderter Verhältnisse unbegründet werden kann und deshalb die Klage abgewiesen werden muss,
sowie umgekehrt, dass eine anfangs unbegründete Klage wegen Eintritts
nachträglicher Ereignisse im maßgeblichen Beurteilungszeitpunkt begründet
werden kann.

Für den aus Art. 16 a I GG wie für den internationalen Schutz nach § 60 I Auf- 8
enthG ist stets die *gegenwärtige Verfolgungsbetroffenheit* maßgebend (BVerwGE
54, 341 (360) = EZAR 200 Nr. 1 = InfAuslR 1980, 338; Marx, Handbuch, § 2
Rdn. 19 ff.). Insoweit kann aber wegen § 28 I möglicherweise lediglich der

Feststellungsanspruch nach § 60 I AufenthG begründet sein oder nach § 28 II nur der Abschiebungsschutz nach § 60 II – VII AufenthG in Betracht kommen.

2.2. Abschiebung des Klägers vor Abschluss des Verfahrens

9 Die Rechtsprechung hatte eine *isolierte Anfechtungsklage* in dem Fall zugelassen, in dem der Antragsteller vor Abschluss des Verfahrens in das Herkunftsland abgeschoben worden war und deshalb den Asylanspruch nicht mit Erfolg weiter durchsetzen konnte (BayVGH, EZAR 200 Nr. 8). Auch wenn der Asylsuchende aus freiem Entschluss nach wirksamer Asylantragstellung in ein anderes Land weiterreist, kann ihm jedenfalls dann nicht das Rechtsschutzbedürfnis an einer Weiterverfolgung seines asylrechtlichen Klagebegehrens abgesprochen werden, wenn er das Asylrechtsverfahren ordnungsgemäß weiterbetreibt (BVerwG, EZAR 205 Nr. 10 = NVwZ 1989, 673; s. hierzu § 74 Rdn. 213 ff.; § 81 Rdn. 38 ff.).

10 Nach Abs. 1 S. 1 ist in diesen Fällen unabhängig von der Frage, in welcher Form das Anspruchsbegehren durchgesetzt wird, auf den Zeitpunkt der letzten mündlichen Verhandlung abzustellen. Die richtige Klageart dürfte aber auch in derartigen Verfahren die Verpflichtungsklage sein.

2.3. Ausländerrechtliche Verfügung

11 Die frühere zunächst kontroverse Rechtsprechung der Tatsacheninstanzen zur *Anfechtungsklage* gegen die Ausreiseaufforderung nach § 28 I 1 AsylVfG 1982 war nach anfänglichem Streit revisionsgerichtlich geklärt worden. Teilweise hatten zwar eine Reihe erstinstanzlicher Verwaltungsgerichte auch insoweit für die Beurteilung der Sach- und Rechtslage auf den Zeitpunkt der letzten mündlichen Verhandlung abgestellt. Das BVerwG hatte jedoch in gefestigter Rechtsprechung die Ansicht vertreten, daß in diesem Fall der *Zeitpunkt der Behördenentscheidung* maßgebend sei (BVerwGE 78, 243 (245 ff.) = EZAR 221 Nr. 29 = InfAuslR 1988, 59; BVerwGE 82, 1 (5) = EZAR 631 Nr. 7 = NVwZ 1989, 772 = InfAuslR 1989, 245; BVerwG, EZAR 221 Nr. 29 = NVwZ 1988, 260). Dies verdeutlicht, dass entgegen der Gesetzesbegründung nicht die Rede von einer unterschiedlichen Rechtsprechung sein kann.

12 Wegen Abs. 1 S. 1 ist die Rechtsprechung zur aufenthaltsbeendenden Verfügung nicht mehr anwendbar. Vielmehr ist nach geltendem Recht im Verwaltungsstreitverfahren für die Beurteilung der Rechtmäßigkeit der Abschiebungsandrohung bzw. -anordnung nach §§ 34 ff. ebenfalls der Zeitpunkt der letzten mündlichen Verhandlung maßgebend. Dies hat seinen Grund darin, dass nunmehr das Bundesamt auch für die ausländerrechtlichen Entscheidungen zuständig ist und es keine Ermessens-, sondern Rechtsentscheidungen zu treffen hat. Da sich der für die Beurteilung der tatsächlichen und rechtlichen Voraussetzungen maßgebliche Zeitpunkt nicht nach prozessualen Bedingungen, also der Klageform, sondern ausschließlich nach materiel-

lem Recht richtet, erscheint die Regelung des Abs. 1 S. 1 als vernünftig und sachgerecht.

Die Regelung des § 77 I gilt darüber hinaus auch für eine auf der Grundlage des früheren Rechts (§ 28 AsylVfG 1982) von der Ausländerbehörde erlassene Ausreiseaufforderung und Abschiebungsandrohung (OVG SH, AuAS 1993, 71; OVG NW, AuAS 1993, 120; dagegen BVerwG, EZAR 631 Nr. 23; VGH BW, EZAR 631 Nr. 24; Hess.VGH, AuAS 1993, 163; VG Saarlouis, U. v. 20. 4. 1993 – 5 K 242/92; Schenk, in: Hailbronner, AuslR, § 77 AsylVfG Rdn. 18). Denn es liegt auch dann eine Streitigkeit nach diesem Gesetz vor, wenn die aufenthaltsbeendende Verfügung durch die Ausländerbehörde unter der Geltung des früheren Rechts getroffen wurde. 13

Im Übrigen soll die Regelung in Abs. 1 S. 1 auch dazu beitragen, den Streit über das Asyl- und Bleiberecht umfassend zu beenden und neue Verwaltungsverfahren möglichst zu vermeiden (OVG SH, AuAS 1993, 71). Die Gegenmeinung verwies für das frühere Verfahrensrecht darauf, dass eine die Anwendung des § 28 AsylVfG 1982 betreffende Streitigkeit keine nach § 77 I sei (BVerwG, EZAR 631 Nr. 23). 14

Ob das Verwaltungsgericht die Klage gegen die Abschiebungsandrohung und auf Verpflichtung zur Feststellung von Abschiebungshindernissen nach § 60 II–VII AufenthG abweisen kann, wenn es den auf die Verpflichtung zur Gewährleistung der Asylberechtigung nach Art. 16 a I GG und auf internationalen Schutz nach § 60 I AufenthG gerichteten Klageantrag stattgibt, war früher unklar. Im Blick auf den Streitgegenstand »Abschiebungshindernisse nach § 60 II–VII AufenthG« werden jedoch in aller Regel die Anträge – gegebenenfalls nach gerichtlichem Hinweis – hilfsweise gestellt, sodass nach der Rechtsprechung des BVerwG mit der Klagestattgabe im Blick auf Art. 16 a I GG und § 60 I AufenthG der hilfsweise Antrag gegenstandslos wird (§ 74 Rdn. 31 ff.). 15

Der hilfsweise Antrag wird nur für den Fall gestellt, dass über diesen zu entscheiden ist, wenn der Hauptantrag keinen Erfolg hat. Mit Klagestattgabe erledigt sich daher der hilfsweise gestellte Antrag. Werden hingegen sämtliche Anträge unbedingt gestellt, entfällt für den Fall der Verpflichtung zur Gewährung der Asylberechtigung und von internationalem Schutz nach § 60 I AufenthG nicht das Rechtsschutzbedürfnis für die Entscheidung über den Antrag auf Verpflichtung zur Feststellung von Abschiebungshindernissen nach § 60 II–VII AufenthG, da das Aufenthaltsrecht nach § 25 I 1, II 1 AufenthG erst nach Unanfechtbarkeit der gerichtlichen Entscheidung endgültig feststeht und bis dahin ein Rechtsschutzbedürfnis auf Gewährung von Abschiebungsschutz nach § 60 II–VII AufenthG besteht (Schenk, in: Hailbronner, AuslR, § 77 AsylVfG Rdn. 11). 16

Folgt der Verfahrensbeteiligte oder sein Prozessbevollmächtigter deshalb nicht der gerichtlichen Anregung zur hilfsweisen Antragstellung, ist im Falle der Stattgabe der asylrechtlichen Klage auch dem auf die Verpflichtung zur Feststellung von Abschiebungshindernissen nach § 60 II–VII AufenthG gerichteten Antrag stattzugeben. 17

Wird das Bundesamt zur Gewährung der Asylberechtigung verpflichtet, ist die Abschiebungsandrohung aufzuheben. Denn im maßgeblichen Zeitpunkt 18 der Entscheidung liegen die für den Erlass der Abschiebungsandrohung nach § 34 I 1 erforderlichen Voraussetzungen nicht vor. Die Abschiebungsandrohung wird damit nicht wie nach früherem Recht gegenstandslos (so aber Schenk, in: Hailbronner, AuslR, § 77 AsylVfG Rdn. 10). Denn die Konsequenz aus Abs. 1 S. 1 ist, dass die Voraussetzungen nach § 34 I 1 – nämlich das Fehlen der Asylberechtigung – im Zeitpunkt der gerichtlichen Entscheidung über die Anfechtungsklage vorliegen müssen. Das ist bei Stattgabe der asylrechtlichen Klage aber gerade nicht der Fall.

19 Wird nur dem auf Gewährung von internationalem Schutz nach § 60 I AufenthG gerichteten Klageantrag stattgegeben, so ist die Abschiebungsandrohung wegen Art. 13 und 24 I der Qualifikationsrichtlinie regelmäßig unzulässig (s. hierzu § 34 Rdn. 26 ff.). Deshalb ist die Abschiebungsandrohung aufzuheben.

2.4. Abschiebungshindernisse nach § 60 Abs. 2 bis 7 AufenthG

20 Asylunabhängige und nach § 60 II–VII AufenthG entscheidungserhebliche, *nachträglich* eintretende Abschiebungshindernisse, die nach dem bis 1992 geltendem Recht keine Auswirkung auf die Rechtmäßigkeit der Ausreiseaufforderung entfalten konnten ((BVerwGE 78, 243 (245 ff.) = EZAR 221 Nr. 29 = InfAuslR 1988, 59; BVerwGE 82, 1 (5) = EZAR 631 Nr. 7 = NVwZ 1989, 772 = InfAuslR 1989, 245; VGH BW, B. v. 21. 12. 1989 – A 14 S 937/88), können nach Abs. 1 S. 1 zur Rechtswidrigkeit der Abschiebungsandrohung führen.

21 Zwar stehen nach innerstaatlichem Recht Abschiebungshindernisse nach § 60 II–VII AufenthG grundsätzlich dem Erlass der Abschiebungsandrohung nach §§ 34 und 35 nicht entgegen (§ 59 III 1 AufenthG). Die Qualifikationsrichtlinie verbietet indes die Einleitung aufenthaltsbeendender Maßnahmen, wenn die Voraussetzungen des ergänzenden Schutzes nach Art. 15 der Richtlinie vorliegen. § 60 II–VII AufenthG ist innerstaatlicher Umsetzungsnorm von Art. 15 der Richtlinie. Deshalb darf das Bundesamt keine Abschiebungsandrohung erlassen, wenn bereits im Zeitpunkt der Sachentscheidung die Voraussetzungen von Art. 15 der Richtlinie vorliegen und hat das Verwaltungsgericht die Verfügung aufzuheben, wenn das Bundesamt diese ungeachtet dessen erlassen hat oder nach der Sachentscheidung die entsprechenden Voraussetzungen entstanden sind.

3. Bedeutung der Präklusionsvoschriften (Abs. 1 Satz 2)

22 Nach Abs. 1 S. 2 bleiben die Vorschriften des § 74 II 2 und § 87 b III VwGO unberührt. Treten Verfolgungsgründe oder Abschiebungshindernisse jedoch erst während des Verwaltungsstreitverfahrens nach Ablauf der Frist nach § 74 II 1 ein, können *Präklusionsvorschriften* keine Anwendung finden. Anders ist die Rechtslage, wenn der Kläger bereits zu Beginn seines Verwaltungsverfahrens oder später in dessen Verlauf auftretende Verfolgungsgründe oder Abschiebungshindernisse entgegen seiner Mitwirkungspflicht aus

Entscheidung des Gerichts **§ 77**

§ 25 II nicht vorgetragen hat. Das Bundesamt kann diesen Sachvortrag insoweit unberücksichtigt lassen (§ 25 III 1).

Versäumt der Kläger den diesbezüglichen Sachvortrag auch in seiner Klagebegründung, ist er nach Maßgabe der Regelung in Abs. 1 S. 2 in Verb. mit § 74 II 2 und § 87 b III VwGO mit seinem Sachvorbringen präkludiert. Das Gericht hat den nach Ablauf der Frist des § 74 II 1 vorgebrachten Sachvortrag nur zu berücksichtigen, wenn dadurch die Entscheidung nicht verzögert wird (§ 87 b III Nr. 1 VwGO). 23

Für später vorgetragene Verfolgungsgründe oder Abschiebungshindernisse gilt somit, dass zunächst zu prüfen ist, ob sie nach Ablauf der Frist des § 74 II 1 entstanden sind. Ist dies nicht der Fall, hat das Gericht zwar im Verwaltungsverfahren nicht vorgetragene, jedoch innerhalb der Frist des § 74 II 1 angegebene Tatsachen und Beweismittel, die sich auf Verfolgungsgründe sowie Abschiebungshindernisse beziehen, uneingeschränkt zu berücksichtigen. Die Verletzung der Mitwirkungspflicht des § 25 II kann insoweit lediglich bei der Beweiswürdigung berücksichtigt werden. 24

Erfolgt der Sachvortrag nach Ablauf der Frist, hat das Verwaltungsgericht zwar auch auf den Tag der letzten mündlichen Verhandlung bzw. den Zeitpunkt seiner Entscheidung abzustellen (Abs. 1 S. 1). Es kann diesen Vortrag jedoch nach Maßgabe von § 74 II 2 in Verb. mit § 87 b III VwGO unberücksichtigt lassen. 25

4. Herbeiführung der Spruchreife

Zutreffend wird die Ansicht vertreten, dass § 113 III 1 VwGO in Asylrechtsverfahren keine Anwendung findet (Renner, AuslR, § 77 AsylVfG, Rdn. 5; Schenk, in: Hailbronner, AuslR, § 77 AsylVfG 14). Nach dieser Vorschrift kann das Verwaltungsgericht, ohne in der Sache selbst zu entscheiden, den Verwaltungsakt aufheben, wenn es weitere Sachaufklärung für erforderlich erachtet. Praktisch, wenn auch nicht formell, kommt diese Verfahrensweise einer Zurückverweisung der Sache an die Verwaltungsbehörde gleich. Schon zum Asylverfahrensrecht der §§ 28 ff. AuslG 1965 hatte das BVerwG das Gericht auch bei ungenügender Sachaufklärung durch das Bundesamt für verpflichtet angesehen, die Sache selbst spruchreif zu machen. Eine Zurückverweisung an das Bundesamt hatte es ausdrücklich untersagt (BVerwG, NVwZ 1982, 630; BVerwG, DVBl. 1983, 33; ebenso Hess.VGH, ESVGH 31, 259). 26

Zwar ist § 113 III 1 VwGO nach Entwicklung dieser Grundsätze in das Verwaltungsprozessrecht eingeführt worden. Die von jeher das Asylverfahrensrecht beherrschenden Grundsätze der Verfahrensbeschleunigung und der umfassenden Sachentscheidung sprechen aber eher dagegen, in Asylrechtsverfahren die Verfahrensweise nach § 113 III 1 VwGO zu wählen. Dies gilt jedoch nicht bei erheblichen Aufklärungsdefiziten (umstritten, s. § 74 Rdn. 50 ff.). Im Falle der fehlerhaften Einstellung des Verfahrens nach §§ 32 und 33 hat nicht etwa das Verwaltungsgericht die Spruchreife herbeizuführen. Vielmehr ist die Verfügung mit der Anfechtungsklage anzugreifen (BVerwG, NVwZ 1996, 80 (81)) mit der Folge, daß das Bundesamt das Verfahren fortzuführen 27 hat. Für das Folgeantragsverfahren ist das Gericht nach der neueren Rechtsprechung des BVerwG jedoch verpflichtet, selbst die Sache spruchreif zu machen (BVerwGE 106, 171 (173) = NVwZ 1998, 861 (862) = EZAR 631 Nr. 45 = AuAS 1998, 149; § 71 Rdn. 362 ff.).

5. Abfassung der Entscheidungsgründe (Abs. 2)

28 Abs. 2 erleichtert den Gerichten – insoweit über § 117 III und V VwGO hinausgehend – die Abfassung der Entscheidung. Für die Zurückweisung des Zulassungsantrags regelt § 78 V 1 eigenständig, dass der Beschluss keiner Begründung bedarf. Anders als § 117 VwGO, der nur auf *Urteile* anwendbar ist, enthält Abs. 2 eine dementsprechende Einschränkung nicht. Zwar bezieht sich Abs. 2 seinem Wortlaut nach nur auf Anfechtungsklagen. Hierbei handelt es sich aber wohl eher um ein Redaktionsversehen. Die Erleichterung nach Abs. 2 gilt vielmehr für alle Klagearten (Schenk, in: Hailbronner, AuslR, § 77 AsylVfG 20).

29 Nach der gesetzlichen Begründung ist diese Vorschrift auch insbesondere auf das Eilrechtsschutzverfahren anwendbar (BT-Drs. 12/2062, S. 41). Dem kann nicht gefolgt werden. In Eilrechtsschutzverfahren ist einerseits die gesonderte Darstellung eines Tatbestandes nicht üblich, sodass Abs. 2 insoweit schon von seinem Wortlaut her keine Anwendung finden kann. Darüber hinaus erfordert es die vom BVerfG vorrangig den Verwaltungsgerichten zugewiesene Aufgabe des Grundrechtsschutzes (BVerfGE 94, 116 (216) = NVwZ 1996, 678 = EZAR 632 Nr. 25), dass insbesondere Antragszurückweisungen sorgfältig und überzeugend begründet werden.

30 Unberührt von Abs. 2 bleiben im Übrigen die strengen Begründungserfordernisse bei offensichtlich unbegründeten Klagebegehren (BVerfGE 67, 43 (61 ff.) EZAR 632 Nr. 1 = InfAuslR 1984, 215; BVerfG, InfAuslR 1986, 159 (163); BVerwG, EZAR 610 Nr. 3; § 78 Rdn. 39 ff.). Unabhängig von Abs. 2 muss die Entscheidung des Verwaltungsgerichts daher in ihrer Begründung klar erkennen lassen, weshalb die Klage nicht nur als (schlicht) unbegründet, sondern als offensichtlich unbegründet abzuweisen war (BVerfGE 65, 76 (94 f.); BVerfG, InfAuslR 1986, 159; BVerfG, InfAuslR 1990, 199). Abs. 2 gilt auch für das Berufungsverfahren, nicht jedoch für Nebenverfahren.

31 Die Voraussetzungen des Abs. 2 sind alternativer Art: Die Erleichterung bei der Abfassung der Entscheidung findet Anwendung, wenn das Gericht den Feststellungen und der Begründung des angefochtenen Verwaltungsaktes folgt und dies in seiner Entscheidung feststellt *oder* wenn die Beteiligten übereinstimmend ihr Einverständnis hiermit erklären. Die erste Alternative betrifft nur die Form der Entscheidung, nicht jedoch deren Zustandekommen. Auch wenn daher das Gericht den Feststellungen und der Begründung des Bundesamtes folgt, hat es von Amts wegen (§ 86 I VwGO) den Sachverhalt bis zur Grenze der Unmöglichkeit aufzuklären (BVerwG, DÖV 1983, 647; BVerwG, InfAuslR 1984, 292).

32 Die Erleichterung gilt für Klageabweisungen wie für Klagestattgaben, unabhängig davon, ob der Bundesbeauftragte oder der Asylsuchende Kläger ist.

Liegen die Voraussetzungen der ersten Alternative vor, sieht das Gericht von einer weiteren Darstellung des Tatbestandes *und* der Entscheidungsgründe ab.

Ungeachtet des Wortlautes enthält Abs. 2 keine zwingende Verpflichtung, vielmehr werden den Gerichten lediglich Erleichterungen eröffnet. In der Praxis wird von dieser Vorschrift ungeachtet ihres Wortlautes sehr zurückhaltend Gebrauch gemacht. In aller Regel entspricht es richterlichem Selbstverständnis, das Klagebegehren selbständig zu überprüfen und die Ergebnisse dieser Überprüfung in den Entscheidungsgründen vollständig festzuhalten. Die Bezugnahme auf tatsächliche Feststellungen in anderen den Beteiligten zugänglichen Urteilen erleichtert zwar die Beweisaufnahme (vgl. BVerfG (Kammer), AuAS 1993, 249; BVerwG, Buchholz 310 § 108 VwGO Nr. 133), entbindet aber nicht von der Verpflichtung zur Wiedergabe der getroffenen gerichtlichen Feststellungen (so aber wohl Schenk, in: Hailbronner, AuslR, § 77 AsylVfG Nr. 25 b). 33

Denn in derartigen Fällen beschränken sich die Gerichte nicht auf die behördlichen Feststellungen. Vielmehr führen sie eigenständige und regelmäßig weitergehende Ermittlungen durch. In diesem Fall sind die Voraussetzungen des Abs. 2 nicht gegeben, da das Gericht den Feststellungen des Bundesamtes nicht im vollen Umfang folgt. Nur wenn keine über die Feststellungen des Bundesamtes hinausgehende Ermittlungen vorgenommen werden, findet Abs. 2 Anwendung. Das ist jedoch in der gerichtlichen Praxis ein seltener Ausnahmefall. Daher bedarf es jedenfalls bei Streitigkeiten nach Art. 16 a I GG, § 60 I–VII AufenthG einer ausführlichen Wiedergabe der Feststellungen in den Entscheidungsgründen. Bei Verteilungs- und aufenthaltsrechtlichen Streitigkeiten kann das Gericht allerdings von der Möglichkeit des Abs. 2 im weit größeren Umfang Gebrauch machen. 34

§ 78 Rechtsmittel

(1) Das Urteil des Verwaltungsgerichts, durch das die Klage in Rechtsstreitigkeiten nach diesem Gesetz als offensichtlich unzulässig oder offensichtlich unbegründet abgewiesen wird, ist unanfechtbar. Das gilt auch, wenn nur das Klagebegehren gegen die Entscheidung über den Asylantrag als offensichtlich unzulässig oder offensichtlich unbegründet, das Klagebegehren im übrigen hingegen als unzulässig oder unbegründet abgewiesen worden ist.
(2) In den übrigen Fällen steht den Beteiligten die Berufung gegen das Urteil des Verwaltungsgerichts zu, wenn sie von dem Oberverwaltungsgericht zugelassen wird. Die Revision gegen das Urteil des Verwaltungsgerichts findet nicht statt.
(3) Die Berufung ist nur zuzulassen, wenn
1. die Rechtssache grundsätzliche Bedeutung hat oder
2. das Urteil von einer Entscheidung des Oberverwaltungsgerichts, des Bundesverwaltungsgerichts, des Gemeinsamen Senats der obersten Ge-

richtshöfe des Bundes oder des Bundesverfassungsgerichts abweicht und auf dieser Abweichung beruht oder
3. ein in § 138 der Verwaltungsgerichtsordnung bezeichneter Verfahrensmangel geltend gemacht wird und vorliegt.

(4) Die Zulassung der Berufung ist innerhalb von zwei Wochen nach Zustellung des Urteils zu beantragen. Der Antrag ist bei dem Verwaltungsgericht zu stellen. Er muß das angefochtene Urteil bezeichnen. In dem Antrag sind die Gründe, aus denen die Berufung zuzulassen ist, darzulegen. Die Stellung des Antrags hemmt die Rechtskraft des Urteils.

(5) Über den Antrag entscheidet das Oberverwaltungsgericht durch Beschluß, der keiner Begründung bedarf. Mit der Ablehnung des Antrags wird das Urteil rechtskräftig. Läßt das Oberverwaltungsgericht die Berufung zu, wird das Antragsverfahren als Berufungsverfahren fortgesetzt; der Einlegung einer Berufung bedarf es nicht.

(6) aufgehoben

(7) Ein Rechtsbehelf nach § 84 Abs. 2 der Verwaltungsgerichtsordnung ist innerhalb von zwei Wochen nach Zustellung des Gerichtsbescheids zu erheben.

Übersicht

		Rdn.
1.	Zweck der Vorschrift	1
2.	Berufungsausschluss (Abs. 1)	5
2.1	Verfassungsrechtliche Zulässigkeit des Berufungsausschlusses	5
2.2.	Anwendungsbereich des Abs. 1	7
2.2.1.	Anknüpfungspunkt der Unanfechtbarkeit (Abs. 1 Satz 1)	7
2.2.2.	Anwendung auf alle Klagen nach dem AsylVfG (Abs. 1 Satz 1)	11
2.2.3.	Erstreckungswirkung der qualifizierten Klageabweisung (Abs. 1 Satz 2)	15
2.2.4.	Ausnahmen von der Erstreckungswirkung der qualifizierten Klageabweisung	18
2.3.	Qualifizierte Klageabweisung durch Gerichtsbescheid	20
2.4.	Berufungsausschluss wegen Klagerücknahme	22
2.5.	Eigenständige Funktion der Abschiebungshindernisse nach § 60 Abs. 2 bis 7 AufenthG	24
2.6.	Inhaltliche Anforderungen an die Klageabweisung nach Abs. 1	27
2.6.1.	Keine Anwendung von Art. 16 a Abs. 4 GG	27
2.6.2.	Herkunftsstaatenregelung (§ 29 a)	29
2.6.3.	Drittstaatenregelung (§ 26 a)	32
2.6.4.	Entscheidungskriterien	34
2.6.4.1.	Einheitliche Entscheidungskriterien für Verwaltungs- und Gerichtsverfahren	34
2.6.4.2.	Differenzierungsprogramm	36
2.6.4.2.1.	Kollektive Verfolgungsmaßnahmen	37
2.6.4.2.2.	Exilpolitische Aktivitäten	39
2.6.4.2.3.	Individuelle Vorfluchttatbestände	40
2.6.4.2.4.	Identitätstäuschung bei der Meldung als Asylsuchender	41
2.7.	Besondere gerichtliche Begründungspflicht	42
2.7.1.	Funktion der besonderen Begründungspflicht	42

2.7.2.	Kriterien der besonderen Begründungspflicht	44
2.7.3.	Kumulative Asylbegründung	47
2.7.4.	Keine besondere Tenorierungspflicht	48
3.	Zulassungsberufung (Abs. 2 bis 5)	50
3.1.	Zweck der Zulassungsberufung	50
3.2.	Grundsatzrüge (Abs. 3 Nr. 1)	54
3.2.1.	Voraussetzungen der Grundsatzrüge	54
3.2.1.1.	Zweck der Grundsatzrüge	54
3.2.1.2.	Prüfungsschema	55
3.2.2.	Voraussetzungen des Zulassungsantrags	56
3.2.2.1.	Bezeichnung der konkreten Grundsatzfrage	56
3.2.2.1.1.	Aus sich heraus verständlicher Antrag	56
3.2.2.1.2.	Erweiterung auf tatsächliche Grundsatzfragen	61
3.2.2.1.3.	Darlegung einer Rechtsfrage	69
3.2.2.1.4.	Darlegung einer Tatsachenfrage	71
3.2.2.2.	Bezeichnung der Klärungsbedürftigkeit der Grundsatzfrage	80
3.2.2.2.1.	Begriff der Klärungsbedürftigkeit	80
3.2.2.2.2.	Klärungsbedürftigkeit einer Rechtsfrage	90
3.2.2.2.3.	Klärungsbedürftigkeit einer Tatsachenfrage	97
3.2.2.2.4.	Widersprüchliche Auskunftslage	106
3.2.2.2.5.	Sonderproblem der nachträglichen Klärung der Grundsatzfrage	108
3.2.2.2.5.1.	Voraussetzungen der nachträglichen Klärung der Grundsatzfrage	108
3.2.2.2.5.2.	Nachträglich eintretender erneuter Klärungsbedarf	112
3.2.2.2.5.3.	Umdeutung in Divergenzberufung	116
3.2.2.2.6.	Sonderproblem der entscheidungserheblichen Veränderung der Sachlage	123
3.2.2.2.6.1.	Veränderung der Sachlage zugunsten des Asylsuchenden	123
3.2.2.2.6.2.	Veränderung der Sachlage zuungunsten des Asylsuchenden	126
3.2.2.2.6.3.	Verhältnis der Grundsatzberufung zur überholten Divergenz	128
3.2.2.2.6.4.	Maßgeblicher Zeitpunkt für die Veränderung der Sachlage	130
3.2.2.2.7.	Überholtes oder auslaufendes Recht	131
3.2.2.2.8.	Sonderproblem der entscheidungserheblichen Veränderung der Rechtslage	135
3.2.2.3.	Bezeichnung der Verallgemeinerungsfähigkeit der Grundsatzfrage	138
3.2.2.3.1.	Begriff der Verallgemeinerungsfähigkeit	138
3.2.2.3.2.	Keine statistische Betrachtungsweise	141
3.2.2.3.3.	Abgrenzungsfragen	143
3.2.2.4.	Bezeichnung der Entscheidungserheblichkeit der Grundsatzfrage	150
3.2.2.4.1.	Begriff der Entscheidungserheblichkeit	150
3.2.2.4.2.	Maßgebliche Rechtsansicht für die Entscheidungserheblichkeit	153
3.2.2.4.3.	Mehrere, das Urteil selbständig tragende Gründe	155
3.2.2.4.4.	Beschränkung auf die vom Verwaltungsgericht behandelten Fragen	164
3.2.2.4.5.	Prozessuale Funktion der Glaubhaftigkeit des Asylvorbringens	168
3.3.	Divergenzrüge (Abs. 3 Nr. 2)	174
3.3.1.	Voraussetzungen der Divergenzberufung nach Abs. 3 Nr. 2	174
3.3.1.1.	Zweck der Divergenzrüge	174
3.3.1.2.	Prüfungsschema	178

3.3.2.	Voraussetzungen des Zulassungsantrags	181
3.3.2.1.	Bezeichnung des abstrakten Grundsatzes im angefochtenen Urteil	181
3.3.2.2.	Bezeichnung des divergierenden Grundsatzes	185
3.3.2.2.1.	Genaue Bezeichnung der divergierenden Entscheidung	185
3.3.2.2.2.	Divergenzfähige Gerichte	192
3.3.2.2.2.1.	Divergenz zum Berufungsgericht (Abs. 3 Nr. 2)	193
3.3.2.2.2.2.	Divergenz zum Bundesverfassungsgericht (Abs. 3 Nr. 2)	198
3.3.2.2.2.3.	Divergenz zu einem fachfremden Gericht	204
3.3.2.2.3.	Verbindlichkeit der divergenzfähigen Entscheidung	206
3.3.2.2.4.	Unerheblichkeit der Entscheidungsform	208
3.3.2.2.5.	Überholte Divergenzrechtsprechung	209
3.3.2.2.6.	Änderung der Verfolgungssituation	215
3.3.2.3.	Bezeichnung der objektiven Abweichung	216
3.3.2.3.1.	Unmittelbare Herleitung aus den Entscheidungsgründen	216
3.3.2.3.2.	Bewusste und ausdrückliche Divergenz	217
3.3.2.3.3.	Stillschweigende Divergenz	219
3.3.2.3.4.	Divergenz bei einem Rechtssatz	226
3.3.2.3.4.1.	Nichtbeachtung oder fehlerhafte Anwendung unbestrittener Rechtsgrundsätze	226
3.3.2.3.4.2.	Unerheblichkeit von Rechtsanwendungsfehlern	229
3.3.2.3.5.	Verdeckte Divergenz	235
3.3.2.3.5.1.	Erstreckung auf Rechts- und Tatsachensätze	235
3.3.2.3.5.2.	Verdeckte Divergenz bei Tatsachensätzen	237
3.3.2.4.	Bezeichnung der Entscheidungserheblichkeit	248
3.3.2.4.1.	Funktion des Beruhenserfordernisses	248
3.3.2.4.2.	Maßgebliche Rechtsansicht für die Entscheidungserheblichkeit	249
3.3.2.4.3.	Richtigkeit des Urteils aus anderen Gründen	251
3.3.2.4.4.	Möglichkeit einer günstigeren Entscheidung	255
3.4.	Verfahrensrüge (Abs. 3 Nr. 3)	259
3.4.1.	Geschichtliche Entwicklung der Vorschrift des Abs. 3 Nr. 3	259
3.4.2.	Zweck der Verfahrensrüge	262
3.4.3.	Kein Beruhenserfordernis	263
3.4.4.	Besetzungsrüge (§ 138 Nr. 1 VwGO)	268
3.4.4.1.	Zweck der Besetzungsrüge	268
3.4.4.2.	Anforderungen an den Geschäftsverteilungsplan	270
3.4.4.3.	Anforderungen an den kammerinternen Geschäftsverteilungsplan	278
3.4.4.3.1.	Funktion des kammerinternen Geschäftsverteilungsplans	278
3.4.4.3.2.	Anwendung der Regeln des Geschäftsverteilungsplans	279
3.4.4.4.	Fehlerhafte Übertragung auf die Kammer nach § 76 Abs. 2	290
3.4.4.5.	Wahl der ehrenamtlichen Richter	296
3.4.4.6.	Darlegungsanforderungen	299
3.4.5.	Befangenheitsrüge (§ 138 Nr. 2 VwGO)	309
3.4.5.1.	Anwendungsbereich des § 138 Nr. 2 VwGO	309
3.4.5.2.	Keine Anwendung auf Dolmetscher	311
3.4.5.3.	Begriff der Besorgnis der Befangenheit	312
3.4.5.4.	Einzelfälle der Besorgnis der Befangenheit	314
3.4.5.4.1.	Gehörsverletzung	314
3.4.5.4.2.	Ablehnung eines Beweisantrags	316
3.4.5.4.3.	Art und Weise der Terminierung	321

3.4.5.4.4.	Nichtbehandlung des Prozesskostenhilfeantrags	324
3.4.5.4.5.	Überlange Verfahrensdauer	325
3.4.5.5.	Individualisierungsgebot	327
3.4.5.6.	Rügeverlust	330
3.4.5.7.	Entscheidung durch die Kammer	332
3.4.6.	Gehörsrüge (§ 138 Nr. 3 VwGO)	333
3.4.6.1.	Prozessuale Bedeutung des verfassungsrechtlichen Grundsatzes auf rechtliches Gehör (Art. 103 Abs. 1 GG, § 108 Abs. 1 Satz 2 und Abs. 2 VwGO)	333
3.4.6.2.	Voraussetzungen der Gehörsrüge nach § 138 Nr. 3 VwGO	340
3.4.6.2.1.	Bedeutung der Gehörsrüge im Asylprozess	340
3.4.6.2.2.	Prüfungsschema	342
3.4.6.3.	Voraussetzungen des Zulassungsantrags	343
3.4.6.3.1.	Darlegung der Gehörsverletzung	343
3.4.6.3.1.1.	Herausarbeiten der Wesentlichkeit des übergangenen Tatsachenstoffs	343
3.4.6.3.1.2.	Prozessuale Bedeutung von Präklusionsvorschriften	351
3.4.6.3.1.3.	Verweigerung der Aktenvorlage	354
3.4.6.3.1.4.	Fehler bei der Tatsachenfeststellung und Beweiswürdigung	360
3.4.6.3.1.4.1.	Keine Rügefähigkeit von Rechtsanwendungsfehlern	360
3.4.6.3.1.4.2.	Rügefähigkeit der unrichtigen Tatsachenfeststellung	363
3.4.6.3.1.4.3.	Einzelfälle unrichtiger Tatsachenfeststellung	368
3.4.6.3.1.4.4.	Verletzung der Vorhaltepflicht	372
3.4.6.3.1.5.	Maßgeblichkeit der Rechtsauffassung des Verwaltungsgerichts	382
3.4.6.3.1.6.	Darlegung der Ausschöpfung aller verfügbaren und zumutbaren prozessualen Möglichkeiten	387
3.4.6.3.1.6.1.	Keine überspannten Anforderungen	387
3.4.6.3.1.6.2.	Herleitung aus der diskurssichernden Funktion des Anspruchs auf rechtliches Gehör	389
3.4.6.3.1.7.	Beruhenserfordernis	392
3.4.6.3.1.7.1.	Darstellung des Meinungsstreits	392
3.4.6.3.1.7.2.	Abgelehnter Beweisantrag	401
3.4.6.3.1.7.3.	Abgelehnter Vertagungsantrag	404
3.4.6.3.1.7.4.	Darlegungsanforderungen nach der herrschenden Meinung	406
3.4.6.3.1.7.5.	Entscheidungserheblichkeit des nichtberücksichtigten Vorbringens	411
3.4.7.	Vertretungsrüge (§ 138 Nr. 4 VwGO)	419
3.4.7.1.	Zweck der Vertretungsrüge	419
3.4.7.2.	Nicht ordnungsgemäße Vertretung eines Beteiligten	420
3.4.7.3.	Fehlende Prozessfähigkeit eines Beteiligten	427
3.4.8.	Öffentlichkeitsrüge (§ 138 Nr. 5 VwGO)	430
3.4.8.1.	Zweck der Öffentlichkeitsrüge	431
3.4.8.2.	Prozessuale Voraussetzungen der Öffentlichkeitsrüge	433
3.4.8.3.	Anforderungen an die Öffentlichkeitsrüge	438
3.4.9.	Begründungsrüge (§ 138 Nr. 6 VwGO)	439
3.4.9.1.	Zweck der Begründungsrüge	439
3.4.9.2.	Prozessuale Voraussetzungen der Begründungsrüge	442
3.4.9.2.1.	Mangel der Darlegung der entscheidungserheblichen Urteilsgründe	442
3.4.9.2.2.	Bezugnahme auf die behördliche oder auf andere gerichtliche Entscheidungen	449
3.4.9.2.3.	Verwendung von Textbausteinen	452

3.4.9.2.4.	Mehrere verbundene Verfahren	454
3.4.9.2.5.	Kein Erfordernis der Unterschriftsleistung bei Spruchkörpern	456
3.4.9.2.6.	Verspätet abgesetztes Urteil	459
3.4.9.3.	Anforderungen an die Begründungsrüge	464
3.5.	Zulassungsverfahren (Abs. 4 und 5)	467
3.5.1.	Unzulässigkeit der Sprungrevision (Abs. 2 Satz 2)	467
3.5.2.	Zulassungsantrag (Abs. 4)	469
3.5.2.1.	Antragstellung (Abs. 4 Satz 1)	469
3.5.2.2.	Begründungsfrist (Abs. 4 Satz 4)	472
3.5.2.3.	Fehlerhafte Rechtsmittelbelehrung	475
3.5.2.4.	Anwaltszwang (§ 67 Abs. 1 Satz 1 VwGO)	479
3.5.2.5.	Antragstellung beim Verwaltungsgericht (Abs. 4 Satz 2)	485
3.5.3.	Darlegungsanforderungen	490
3.5.3.1.	Mindesterfordernisse	490
3.5.3.2.	Bezeichnung des Zulassungsgrundes nach Abs. 3	491
3.5.3.3.	Bezeichnung des Klagegegenstandes	494
3.5.3.4.	Begründungsanforderungen	495
3.5.4.	Beschluss des Oberverwaltungsgerichtes (Abs. 5)	501
3.5.4.1.	Verfassungsrechtliches Begründungserfordernis	501
3.5.4.2.	Rechtsfolgen des zurückweisenden Beschlusses	504
3.5.4.3.	Rechtsfolgen des stattgebenden Beschlusses	511
4.	Rechtsbehelfe gegen den Gerichtsbescheid (Abs. 7)	517
Anhang:	Sonderprobleme der Gehörsrüge nach Abs. 3 Nr. 3 in Verb. mit § 138 Nr. 3 VwGO	524
1.	Der prozessordnungswidrig abgelehnte Beweisantrag	524
1.1.	Prozessuale Bedeutung des Beweisantrags	524
1.2.	Bezeichnung der Gehörsverletzung	525
1.3.	Voraussetzungen des Beweisantrags im weiteren Sinne	528
1.3.1.	Vorbereitung der mündlichen Verhandlung	528
1.3.2.	Fragerecht des Prozessbevollmächtigten	531
1.3.2.1.	Prozessuale Funktion des Fragerechts	531
1.3.2.2.	Prozessuale Reichweite des Fragerechts	537
1.3.2.3.	Erfragung eines Tatsachenzusammenhangs	541
1.3.2.4.	Prozessual zulässige Zurückweisung von Fragen	547
1.3.3.	Prozessuale Funktion des Protokolls der mündlichen Verhandlung	550
1.3.3.1.	Protokollierung der entscheidungserheblichen Tatsachenangaben und Prozesshandlungen (§ 105 VwGO in Verb. mit § 160 I Nr. 5 ZPO)	550
1.3.3.2.	Antrag auf Protokollierung entscheidungserheblicher Angaben des Asylsuchenden	556
1.3.3.3.	Antrag auf Protokollierung gerichtlicher Vorhalte	561
1.3.3.4.	Antrag auf Protokollberichtigung (§ 105 VwGO in Verb. mit § 164 ZPO)	572
1.4.	Bezeichnung der engeren prozessualen Voraussetzungen des Beweisantrags	574
1.4.1.	Bezeichnung der formellen Voraussetzungen	574
1.4.1.1.	Definition des Beweisantrags	574
1.4.1.2.	Förmliche Antragstellung in der mündlichen Verhandlung	575
1.4.1.3.	Keine vorherige Bescheidungspflicht bei Verzicht auf mündliche Verhandlung	582

1.4.1.4.	Unbedingte Antragstellung in der mündlichen Verhandlung	587
1.4.2.	Bezeichnung der inhaltlichen Voraussetzungen des Beweisantrags	594
1.4.2.1.	Substanziierung des Beweisantrags	594
1.4.2.1.1.	Funktion der Substanziierungspflicht	594
1.4.2.1.2.	Inhalt der Substanziierungspflicht	596
1.4.2.1.3.	Schlüssige Darlegung der Beweistatsache	598
1.4.2.1.4.	Unzulässigkeit des Ausforschungsbeweises	605
1.4.2.1.5.	Unzulässigkeit des Beweisermittlungsantrags	608
1.4.2.2.	Asylspezifische Besonderheiten der Substanziierungspflicht	611
1.4.2.3.	Bezeichnung einer »gewissen Möglichkeit« der Beweistatsache	618
1.4.3.	Bezeichnung des ablehnenden Beschlusses (§ 86 Abs. 2 VwGO)	625
1.4.4.	Bezeichnung des Ablehnungsgrundes	636
1.4.4.1.	Ablehnungsgründe im Asylprozess	636
1.4.4.1.1.	Verbot der Beweisantizipation	641
1.4.4.1.2.	Sachlich unrichtige Ablehnung des Beweisantrags	644
1.4.4.1.3.	Ablehnungsgrund der entscheidungsunerheblichen Beweistatsache	648
1.4.4.1.3.1.	Begriff der Entscheidungsunerheblichkeit	648
1.4.4.1.3.2.	Begriff der unmittelbaren Beweistatsache	651
1.4.4.1.3.3.	Begriff des Indizienbeweises	652
1.4.4.1.3.4.	Wahrunterstellung der Beweistatsache	659
1.4.4.1.3.4.1.	Besonderheiten der Wahrunterstellung im Verwaltungsprozess	659
1.4.4.1.3.4.2.	Bindungswirkung der Wahrunterstellung	665
1.4.4.1.3.5.	Fehlende Glaubhaftigkeit der individuellen Angaben	668
1.4.4.1.4.	Ablehnungsgrund der bereits bewiesenen Beweistatsache	670
1.4.4.1.5.	Ablehnungsgrund des ungeeigneten Beweismittels	680
1.4.4.1.6.	Ablehnungsgrund des unerreichbaren Beweismittels	687
1.4.4.1.7.	Ablehnung wegen eines Beweisverwertungsverbotes	690
1.4.4.1.8.	Ablehnungsgrund der Prozessverschleppung	692
1.5.	Darlegung der Gegenvorstellung	694
1.6.	Ablehnung eines Sachverständigenbeweises (§ 96 Abs. 1 Satz 2 VwGO in Verb. mit §§ 402 bis 411 ZPO)	697
1.6.1.	Prüfungsschema	697
1.6.2.	Funktion des Sachverständigensbeweises im Asylprozess	699
1.6.2.1.	Aufgabe des Sachverständigen	699
1.6.2.2.	Abgrenzung zwischen Sachverständigen und sachverständigen Zeugen	702
1.6.2.3.	Hilfsmittel der gerichtlichen Aufklärung	705
1.6.3.	Gegenstand des Sachverständigenbeweises im Asylprozess	709
1.6.3.1.	Erarbeitung der Prognosetatsachen	709
1.6.3.2.	Gewährung rechtlichen Gehörs	717
1.6.3.3.	Einführung von Erkenntnismitteln	719
1.6.3.3.1.	Prozessuale Bedeutung der Erkenntnismittel	719
1.6.3.3.2.	Prozessual ordnungsgemäße Einführung der Erkenntnismittel	723
1.6.3.3.2.1.	Herleitung aus dem Anspruch auf rechtliches Gehör	723
1.6.3.3.2.2.	Prozessualer Gegenstandsbereich der Erkenntnisquellen	726
1.6.3.3.2.2.1.	Allgemeinkundige Tatsachen	734
1.6.3.3.2.2.2.	Gerichtskundige Tatsachen	739
1.6.3.3.2.3.	Prozessuale Bedeutung der Erkenntnismittelliste	741
1.6.3.3.2.3.1.	Prozessuales Konkretisierungsgebot	741

§ 78 Gerichtsverfahren

1.6.3.3.2.3.2.	Kein Anspruch auf Zusendung der Erkenntnismittel	748
1.6.3.3.2.3.3.	Prozessuale Anforderungen an die Einführung von Erkenntnismitteln	750
1.6.3.3.2.3.4.	Konkretisierung der Erkenntnismittelliste auf die entscheidungserheblichen Erkenntnismittel	757
1.6.3.3.2.3.5.	Verpflichtung zur prozessualen Mitwirkung an der Konkretisierung	768
1.6.3.3.2.3.6.	Konkretisierungspflicht bei Verzicht auf Durchführung der mündlichen Verhandlung	774
1.6.3.3.3.	Nachweis der Konkretisierung	778
1.6.3.3.4.	Anforderungen an die Gehörsrüge wegen nicht ordnungsgemäß eingeführter Erkenntnismittel	781
1.6.3.4.	Einholung eines (weiteren) Sachverständigengutachtens	787
1.6.3.4.1.	Beiziehung von Erkenntnismitteln aus anderen Verfahren	787
1.6.3.4.2.	Ablehnungsgründe	792
1.6.3.4.2.1.	Kein Ermessen bei erstmaliger Beantragung im konkreten Verfahren	792
1.6.3.4.2.2.	Ablehnung wegen fehlender Ermessensverdichtung	802
1.6.3.4.2.3.	Keine Ablehnung bei veränderter Sachlage	806
1.6.3.4.2.4	Begründungsanforderungen an den Ablehnungsbeschluss	810
1.6.3.5.	Beweisantrag zu fachfremden wissenschaftlichen Beweistatsachen	813
1.6.3.5.1.	Ablehnungsgründe	813
1.6.3.5.2.	Antrag auf Beweiserhebung zur Inhaltsbestimmung einer ausländischen Strafnorm	817
1.6.3.5.3.	Antrag auf Beweiserhebung zur Bestimmung eines ausländischen Kalenders	820
1.6.3.5.4.	Antrag auf Einholung eines psychologischen Gutachtens	822
1.6.3.5.4.1.	Funktion des psychologischen Guttachtens	822
1.6.3.5.4.2.	Kriterienbezogene Aussagenanalyse	829
1.6.3.5.4.3.	Ungeeignetheit der kriterienbezogenen Aussagenanalyse in Ansehung des Aussageverhaltens Traumatisierter	837
1.6.3.5.4.4.	Funktion von forensichen und klinischen Gutachten	850
1.6.3.5.4.4.1.	Gebot der Methodenklarheit	850
1.6.3.5.4.4.2.	Funktion forensischer Gutachten	853
1.6.3.5.4.4.3.	Funktion klinischer Gutachten	855
1.6.3.5.4.4.4.	Richterliche Bewertung am Maßstrab des § 10 Abs. 1 Satz 1 VwGO	865
1.6.3.5.4.4.5.	Anforderungen an den Beweisantrag auf Einholung eines psychologischen Gutachtens	875
1.6.3.5.5	Antrag auf Einholung eines sprachanalytischen Gutachtens	892
1.6.3.5.5.1.	Funktion des Sachverständigenbeweises	892
1.6.3.5.5.2.	Anforderungen an den Beweisantrag	895
1.6.3.6.	Prozessuale Sonderfunktion der amtlichen Auskünfte	899
1.6.3.6.1.	Verwertung im Wege des Freibeweises	899
1.6.3.6.2.	Sonderstellung der amtlichen Lageberichte	905
1.6.3.6.3.	Mitarbeit der Bediensteten des Bundesamtes an der Erstellung von amtlichen Auskünften	909
1.6.3.6.4.	Ablehnungsgründe	913
1.6.4.	Anforderungen an den Beweisantrag	919
1.6.4.1.	Erstmalige Einholung eines Sachverständigengutachtens	919
1.6.4.2.	Einholung eines weiteren Sachverständigengutachtens	928

Rechtsmittel § 78

1.6.4.3.	Antrag auf Ladung des Sachverständigen	929
1.6.4.4.	Antrag auf schriftliche Erläuterung oder Ergänzung der amtlichen Auskunft	934
1.6.4.5.	Ablehnung des Sachverständigen	941
1.7.	Ablehnung eines Zeugenbeweises (§ 96 Abs. 1 Satz 2 VwGO, §§ 373 bis 401 ZPO)	944
1.7.1.	Prüfungsschema	944
1.7.2.	Funktion des Zeugenbeweises im Asylprozess	945
1.7.3.	Gegenstand des Zeugenbeweises	949
1.7.4.	Geeignetheit des Zeugenbeweises	951
1.7.4.1.	Bekundungen aus dem persönlichen Wahrnehmungsbereich des Zeugen	952
1.7.4.2.	Bekundungen zur Gefährdung Dritter	956
1.7.4.3.	Kein Erfordernis der Bekräftigung der Zeugenaussage durch mindestens eine unabhängige Stelle	959
1.7.4.4.	Zeuge vom Hörensagen	961
1.7.5.	Parteivernehmung	965
1.7.6.	Anforderungen an den Beweisantrag	972
1.7.6.1.	Substanziierung des Beweisantrags	972
1.7.6.2.	Unzulässigkeit des Ausforschungsbeweises	976
1.7.7.	Ablehnungsgründe	979
1.7.7.1.	Fehlende Glaubhaftigkeit der Angaben des Asylsuchenden	979
1.7.7.2.	Unzulässigkeit der vorweggenommenen Bewertung der Zeugenaussagen	986
1.7.7.3.	Vernehmung eines Zeugen im Ausland lebenden Zeugen	989
1.7.7.3.1.	Der im behaupteten Verfolgerstaat lebende Zeuge	989
1.7.7.3.2.	Der im Drittstaat lebende Zeuge	994
1.7.7.3.3.	Unerreichbarkeit des Zeugen	996
1.7.7.3.4.	Durchführung der Beweisaufnahme	998
1.7.8.	Anforderungen an die Gehörsrüge	1003
1.8.	Ablehnung eines Urkundenbeweises (§ 96 Abs. 1 Satz 2 VwGO, §§ 415 bis 444 ZPO)	1007
1.8.1.	Funktion des Urkundenbeweises im Asylprozess	1007
1.8.2.	Gegenstand des Urkundenbeweises	1009
1.8.2.1.	Privaturkunden	1009
1.8.2.2.	Ausländische Urkunden	1018
1.8.3.	Anforderungen an den Beweisantrag	1021
1.8.4.	Sachverständigenbeweis auf Prüfung der Echtheit von Urkunden (§ 438 ZPO)	1025
1.8.4.1.	Funktion der Echtheitsprüfung im Asylprozess	1025
1.8.4.2.	Anforderungen an die Beweisantrag	1028
1.8.4.3.	Ablehnungsgründe	1029
1.8.5.	Anforderungen an die Gehörsrüge	1040
2.	Gehörsverletzung wegen eines Aufklärungsmangels	1045
2.1.	Funktion der Aufklärungsrüge	1045
2.2.	Das prozessuale Verhältnis zwischen dem Beweisantrag und der gerichtlichen Sachaufklärungspflicht	1051
2.3.	Maßgeblichkeit des prozessualen »Sich-Aufdrängens«	1054
2.4.	Voraussetzungen der Aufklärungsrüge im Asylprozess	1058
2.4.1.	Verletzung der gerichtlichen Hinweispflicht (§ 104 Abs. 1 VwGO)	1058

2.4.2.	Ermittlung eines unrichtigen oder unvollständigen Sachverhalts	1067
2.5.	Darlegung des Aufklärungsmangels im Zulassungsantrag	1070
3.	Gehörsverletzung wegen einer »unzulässigen Überraschungsentscheidung«	1077
3.1.	Prozessualer Begriff der »unzulässigen Überraschungsentscheidung«	1077
3.2.	Prozessuale Funktion im Rahmen der Gehörsrüge	1080
3.3.	Einzelfragen der »unzulässigen Überraschungsentscheidung«	1084
3.4.	Anforderungen an die Gehörsrüge	1098
4.	Prozessordnungswidrige Zurückweisung des Vertagungsantrags	1101
4.1.	Rechtliches Gehör und mündliche Verhandlung	1101
4.2.	Anordnung des persönlichen Erscheinens des Asylsuchenden	1109
4.3.	Verzicht auf mündliche Verhandlung	1118
4.4.	Entscheidung durch Gerichtsbescheid	1124
4.5.	Antrag auf Vertagung der mündlichen Verhandlung	1126
4.5.1.	Prozessuale Bedeutung des Vertagungsantrags	1126
4.5.2.	Erkrankung des Asylsuchenden oder seines Verfahrensbevollmächtigten	1131
4.5.3.	Geringfügige Verspätung	1136
4.5.4.	Unterbrechung wegen Sichtung der eingeführten Erkenntnismittel	1140
4.5.5.	Vertretung des sachbearbeitenden Rechtsanwaltes	1144
4.5.6.	Antrag auf Wiedereröffnung (§ 104 Abs. 3 Satz 2 VwGO)	1149
4.5.7.	Anforderungen an die Gehörsrüge	1154
5.	Prozessordnungswidrige Zuziehung eines Dolmetschers (§ 55 VwGO in Verb. mit § 185 Abs. 1 GVG)	1162
5.1.	Bedeutung des Rechts auf Zuziehung eines Dolmetschers	1162
5.2.	Ablehnung des zugezogenen Dolmetschers	1165
5.3.	Anforderungen an die Gehörsrüge	1168
6.	Fehlender Verlust des Rügerechts (§ 173 VwGO in Verb. mit § 295 Abs. 1 ZPO)	1174

1. Zweck der Vorschrift

1   Die Vorschrift ist den Regelungen des § 32 AsylVfG 1982 nachgebildet. Sie erfasst alle Hauptsacheverfahren nach dem AsylVfG (s. § 74 Rdn. 2ff.) und regelt den Umfang der Eröffnung einer weiteren gerichtlichen Überprüfungsinstanz. Wie bereits § 32 AsylVfG 1982 bringt § 78 zum Ausdruck, dass das Gesetz einen Rechtsmittelzug nicht vorsieht. Entweder ist die Entscheidung unanfechtbar, weil die Klage nach Abs. 1 als offensichtlich unbegründet oder offensichtlich unzulässig abgewiesen wird, oder die Berufung steht erst offen, wenn sie auf entsprechenden Antrag vom Berufungsgericht zugelassen wird (Abs. 2 S. 1).

2   Konnte nach früherem Recht nur die Kammer in ihrer für die mündliche Verhandlung vorgeschriebenen Besetzung mit drei Berufsrichtern und zwei ehrenamtlichen Richtern (§ 5 III 1 VwGO, § 32 VI 1 AsylVfG 1982; vgl. BVerwG, DVBl. 1983, 179 = NVwZ 1983, 283) die Klage in der qualifizierten

Form abweisen, enthält Abs. 1 diese Einschränkung nicht mehr. Auch der Einzelrichter kann nach geltendem Recht nach Abs. 1 die Klage abweisen. Dies ist vom Gesetzgeber ausdrücklich so gewollt (BT-Drs. 12/2062, S. 41) und hat nach Einführung dieses Verfahrens am 1. Juli 1992 zu einer vermehrten Anrufung des BVerfG geführt. Inzwischen hat der Gesetzgeber mit Wirkung vom 1. Januar 1997 für das allgemeine Verwaltungsprozessrecht ebenfalls die Berufungszulassung eingeführt (§ 124 I VwGO). Die Zulassungsgründe des § 124 II VwGO sind freilich weitergehend als die Gründe des Abs. 3. Zu einem Abs. 1 vergleichbaren drastischen Einschnitt vermochte sich der Gesetzgeber im allgemeinen Verwaltungsprozessrecht nicht durchringen.

Wie § 32 II AsylVfG 1982 enthält Abs. 3 *abschließend* die Gründe, aus denen das Berufungsgericht die Berufung gegen das Urteil des Verwaltungsgerichtes zulassen kann. Diese Vorschrift geht als spezielle Regelung der weitergehenden Zulassungsregelung des § 124 II VwGO vor, d. h. die Zulassungsgründe des § 124 II VwGO sind im Asylprozess nicht anwendbar (VGH BW, NVwZ-Beil. 1997, 90 = VBlBW 1997 299 = AuAS 1997, 237; Rdn. 49). Ursprünglich wollte der Gesetzentwurf die Verfahrensmängel nach § 138 VwGO nicht als Zulassungsgrund beibehalten, um dadurch die Berufungsgerichte zu entlasten und diese in die Lage zu versetzen, ihre Arbeitskraft auf die notwendige Rechtsvereinheitlichung und -fortbildung zu konzentrieren (BT-Drs. 12/2062, S. 41). Im Gesetzgebungsverfahren hat sich der Innenausschuss jedoch für die insoweit unveränderte Übernahme des früheren Rechts ausgesprochen (BT-Drs. 12/2718, S. 62 f.). 3

An die Stelle der Nichtzulassungsbeschwerde des § 32 IV AsylVfG 1982 ist der *Zulassungsantrag* nach Abs. 4 getreten, da anders als nach früherem Recht (vgl. § 32 I AsylVfG 1982) das Verwaltungsgericht selbst die Berufung im Urteil nicht mehr zulassen kann. Die Antrags- und Begründungsfrist ist auf zwei Wochen verkürzt worden (Abs. 4 S. 1). 4

2. Berufungsausschluss (Abs. 1)

2.1. Verfassungsrechtliche Zulässigkeit des Berufungsausschlusses

Nach Abs. 1 S. 1 ist das Urteil des Verwaltungsgerichtes, durch das die Klage als offensichtlich unbegründet oder offensichtlich unzulässig abgewiesen wird, *unanfechtbar*. Es kann weder ein Zulassungsantrag gestellt noch die revisionsrechtliche Nichtzulassungsbeschwerde eingelegt werden. Vielmehr ist die Ausreisepflicht durchsetzbar. Auch § 32 VI 1 AsylVfG 1982 kannte dieses scharfe Instrument des asylspezifischen Verwaltungsprozessrechts. Insbesondere in diesem Zusammenhang hat das BVerfG den Offensichtlichkeitsbegriff wiederholt präzisiert und für eine rechtsstaatliche Anwendung praktikabel gemacht (s. im Einzelnen hierzu § 30 Rdn. 30 ff.). Hieran knüpfen die Regelungen in Abs. 1 an. 5

Verfassungsrechtliche Bedenken gegen den Berufungsausschluss hat das BVerfG nicht. Nach seiner Ansicht ist es wegen der *außerordentlichen Belastung* 6 *der Verwaltungsgerichtsbarkeit* mit Asylverfahren zu vereinbaren, dass ein weiteres Rechtsmittel nicht stattfindet, wenn die Klage des Asylsuchenden sich als offensichtlich unzulässig oder offensichtlich unbegründet erweise, die Inanspruchnahme einer weiteren gerichtlichen Instanz mithin mutwillig wäre (BVerfGE 65, 76 (95f.) = EZAR 630 Nr. 4 = NJW 1983, 2929 = NVwZ 1983, 735; ebenso VerfGH Berlin, EZAR 631 Nr. 46; VerfGH Berlin, EZAR 631 Nr. 49; Hess.StGH, Hess.StAnz 2000, 1285 (1286)). Ebenso hat das BVerfG mit Blick auf den Beschwerdeausschluss festgestellt, es sei Sache des Gesetzgebers zu entscheiden, ob Rechtsmittel gegen Gerichtsentscheidungen statthaft sein sollen (BVerfG, EZAR 632 Nr. 16).

7 Art. 19 IV GG garantiert keinen mehrstufigen Instanzenzug (BVerfGE 1, 433 (437); 4, 74 (94f.); 6, 7 (12), 8, 174 (181f.); 11, 232 (233); 28, 21 (36), 35, 262 (271); 49, 329 (343); 65, 76 (90); 83, 24 (31)). Er verwehrt dem Gesetzgeber deshalb auch nicht, ein bisher nach der jeweiligen Verfahrensordnung statthaftes Rechtsmittel abzuschaffen oder den Zugang zu einem an sich eröffneten Rechtsmittel von neuen einschränkenden Voraussetzungen abhängig zu machen (BVerfG, EZAR 632 Nr. 16). Von diesem verfassungsrechtlichen Ausgangspunkt aus können gegen die Regelungen in Abs. 1 durchgreifende verfassungsrechtliche Bedenken nicht erhoben werden, vorausgesetzt, das Verfahren entspricht rechtsstaatlichen Anforderungen und die gerichtlichen Feststellungen und Bewertungen werden den Anforderungen der Verfassung gerecht.

2.2. Anwendungsbereich des Abs. 1

2.2.1. Anknüpfungspunkt der Unanfechtbarkeit (Abs. 1 Satz 1)

8 Nach Abs. 1 S. 1 ist das Urteil, durch das die Klage als offensichtlich unzulässig oder offensichtlich unbegründet abgewiesen wird (»*qualifizierte Klageabweisung*«), unanfechtbar. Nach dem Gesetz ist es unerheblich, ob in der Sache die rechtlichen Voraussetzungen für die qualifizierte Klageabweisung vorgelegen haben, die gerichtliche Entscheidung mithin materiell richtig ist (Berlit, in: GK-AsylVfG, II – § 78 Rdn. 36). Voraussetzung für den Rechtsmittelausschluss ist die Klageabweisung gerade als offensichtlich unzulässig oder als offensichtlich unbegründet. Ergibt sich die Tatsache der qualifizierten Klageabweisung aus dem Urteilstenor bzw. aus den Entscheidungsgründen (BVerfGE 71, 276 (293f.) = InfAuslR 1986, 159; BVerwG, EZAR 610 Nr. 3), erübrigt sich eine weitere Prüfung.

9 Weist das Verwaltungsgericht auf den Antrag auf Fortsetzung des Verfahrens nach Erlass der Betreibensaufforderung nach § 81 die Klage als offensichtlich unbegründet ab, so ist vor Erhebung der Verfassungsbeschwerde der Antrag nach Abs. 4 S. 1 zu stellen. Ob die Vorgehensweise des Verwaltungsgerichtes formal richtig ist, ist nach Ansicht des BVerfG jedenfalls umstritten und insbesondere nicht ober- oder höchstrichterlich geklärt. Deshalb ist es seiner Ansicht nach dem Beschwerdeführer zumutbar, von dem in Abs. 2–4 vorgesehenen – wenn auch in seiner Statthaftigkeit umstrittenen – Rechtsbehelf des Zulassungsantrags Gebrauch zu machen. Erst nach unanfechtbarer Zu-

Rechtsmittel § 78

rückweisung dieses Antrags wird der Weg zur Verfassungsbeschwerde eröffnet (BVerfG (Kammer), InfAuslR 2000, 261 (262)).

Hält der Asylsuchende die qualifizierte Klageabweisung für materiell unrichtig, kann er dies nicht im Rechtsmittelzug nachprüfen lassen. Es bleibt ihm lediglich die Möglichkeit der Verfassungsbeschwerde nach § 90 BVerfGG. In den letzten Jahren hat das BVerfG zwar eine sehr restriktive Praxis im Blick auf auf Art. 16 a I GG gestützte Verfassungsbeschwerden entwickelt. Allerdings hatte es zunächst noch vereinzelt Verfassungsbeschwerden gegen qualifizierte Klageabweisung angenommen und in der Sache entschieden. Inzwischen scheint das BVerfG jedoch nicht mehr bereit zu sein, auf Art. 16 a I GG beruhende Verfassungsbeschwerden anzunehmen. 10

2.2.2. Anwendung auf alle Klagen nach dem AsylVfG (Abs. 1 Satz 1)

Nach Abs. 1 S. 1 ist das Urteil, durch das die Klage »*in Rechtsstreitigkeiten nach diesem Gesetz*« in der qualifizierten Form abgewiesen wird, unanfechtbar. Zwar wurde die Form der qualifizierten Klageabweisung ursprünglich für Asylklagen eingeführt. Aus dem eindeutigen Wortlaut des Abs. 1 S. 1 folgt jedoch, dass das Verwaltungsgericht in allen Hauptsacheverfahren nach diesem Gesetz (s. hierzu § 74 Rdn. 2 ff.) von der Möglichkeit des Abs. 1 S. 1 Gebrauch machen kann (BVerwG, AuAS 1996, 186 (187); so auch Schenk, in: Hailbronner, AuslR, § 78 AsylVfG Rdn. 5; Berlit, in: GK-AsylVfG, § 78 Rdn. 40). 11

Im Hinblick auf die Prüfung der Asylberechtigung und des internationalen Schutzes nach § 60 I AufenthG kann das Offensichtlichkeitsurteil bezüglich der Verfahrensgegenstände »Anerkennung als Asylberechtigter« und »Feststellung des internationalen Schutzes nach § 60 I AufenthG« nur einheitlich erfolgen. Deshalb können die Anforderungen an die qualifizierte Klageabweisung bezüglich des § 60 I AufenthG keine anderen sein als im Hinblick auf die Anerkennung als Asylberechtigter (BVerfG (Kammer), InfAuslR 2002, 146 (148)). 12

Die Berufung ist auch dann ausgeschlossen, wenn das Verwaltungsgericht die asylrechtliche Klage in der qualifizierten Form abweist, die ausländerrechtliche Verfügung jedoch aufhebt (OVG NW, NVwZ 1983, 436; Hess.VGH, NVwZ 1984, 331; a. A. Schenk, in: Hailbronner, AuslR, § 78 AsylVfG Rdn. 6). Denkbar sind derartige Fallkonstellationen dann, wenn zwar die asylrechtliche Verpflichtungsklage unter keinem rechtlichen Gesichtspunkt Erfolg verspricht, das Bundesamt bei seiner Entscheidung jedoch zwingende Abschiebungshindernisse nach § 60 II–VII AufenthG missachtet und auch keinen aufnahmebereiten Drittstaat nach § 59 II AufenthG bezeichnet hat. In diesem Fall ist zwar das Asylbegehren unanfechtbar negativ beschieden worden, der Asylsuchende genießt jedoch Abschiebungsschutz nach § 60 II–VII AufenthG und hat damit Anspruch auf Erteilung der Aufenthaltserlaubnis (Art. 15 in Verb. mit Art. 24 III Qualifikationsrichtlinie, § 25 III 1 AufenthG). Die Gegenmeinung hält bei einer derartigen Verfahrensgestaltung den Antrag auf Berufungszulassung zwar für zulässig. Dies ist jedoch praktisch kaum relevant. 13

Der Berufungsausschluss gilt damit nicht nur für die Klageabweisung in Ansehung des Asylantrags nach § 13, sondern auch für Asylfolgeanträge und 14

1401

für Anfechtungsklagen gegen die Abschiebungsandrohung nach § 34, § 35, Klagen wegen aufenthaltsrechtlicher Streitigkeiten nach § 55 ff., insbesondere Klagen gegen die Versagung der Umverteilung. Nur in reinen ausländerrechtlichen Streitigkeiten, die Asylsuchende betreffen und auf der Grundlage von Vorschriften des AufenthG geführt werden, findet der Berufungsausschluss keine Anwendung.

2.2.3. Erstreckungswirkung der qualifizierten Klageabweisung nach Abs. 1 Satz 2

15 Nach Abs. 1 S. 2 erfasst die auf den Asylantrag nach § 13 gerichtete qualifizierte Klageabweisung das gesamte Urteil, auch wenn die übrigen Klagebegehren nur in der einfachen Form abgewiesen wurden. Die »Entscheidung über den Asylantrag« (Abs. 1 S. 2) betrifft die Verfahrensgegenstände der Asylberechtigung und des internationalen Schutzes nach § 60 I AufenthG (vgl. § 13 I) und wegen § 24 II, § 31 III 1 auch die Abschiebungshindernisse nach § 60 II–VII AufenthG. Die Folge des Asylantrags ist die Entstehung der Prüfungskompetenz des Bundesamtes nach § 24 II, sodass bereits aus dieser Formulierung der gesetzgeberische Wille deutlich wird, den Berufungsausschluss auf alle im Zusammenhang mit der Entscheidung über den Asylantrag getroffenen behördlichen Entscheidungen zu erstrecken. Jedenfalls folgt der Berufungsausschluss für die Abschiebungshindernisse aus der Erstreckungswirkung nach Abs. 1 S. 2. Die Erstreckungswirkung des Abs. 1 S. 2 zielt darüber hinaus auf die gegen die Abschiebungsandrohung nach § 34 gerichtete Anfechtungsklage.

16 § 32 VI 2 AsylVfG 1982 erstreckte die Wirkung der Unanfechtbarkeit ebenfalls auf das gesamte Urteil, auch wenn die Klage im Übrigen nicht in der qualifizierten Form abgewiesen wurde. Damit hatte der Gesetzgeber des § 32 VI 2 AsylVfG 1982 im Falle der Offensichtlichkeit der mangelnden Erfolgsaussicht eines Asylbegehrens im Rahmen der *Verbundklage* das prozessuale Schicksal des ausländerrechtlichen Klagebegehrens mit dem der Asylklage dergestalt verknüpft, dass der gewissermaßen in der Hauptsache wegen eindeutigen Misserfolgs des Klageantrags beendete Rechtsstreit nicht im aufenthaltsrechtlichen »Nebenverfahren« in der Rechtsmittelinstanz fortgesetzt werden konnte (BVerwG, EZAR 633 Nr. 16).

17 Im Interesse der Koordinierung und Beschleunigung des Asylrechtsstreits sowie der Entlastung der mit Asylsachen befassten Verwaltungsgerichte sollte über die verbundenen Klagen nur gemeinsam und unter Wahrung eines einheitlichen Verfahrensstandes innerhalb der Gerichtsinstanzen entschieden werden (BVerwG, EZAR 633 Nr. 16; ebenso Hess.VGH, NVwZ 1984, 331; OVG NW, EZAR 633 Nr. 11; OVG Hamburg, EZAR 633 Nr. 12). Zwar fehlt im geltenden Recht eine dem § 30 AsylVfG 1982 vergleichbare Regelung. Jedoch schreibt auch § 34 II den Zustellungsverbund vor und führt dies zur prozessualen Notwendigkeit, zur Wahrung der Fristen gegen die asylrechtliche Sachentscheidung nach § 31 wie gegen die Abschiebungsandrohung nach §§ 34, 35 zugleich Klage zu erheben. Das Verwaltungsgericht wird beide Verfahren verbinden, sodass Abs. 1 S. 2 unmittelbar Anwendung findet.

2.2.4. Ausnahmen von der Erstreckungswirkung der qualifizierten Klageabweisung

Abs. 1 S. 1 findet keine Anwendung in den freilich sehr seltenen Fällen, in denen zwar die Anfechtungsklage gegen die ausländerrechtliche Entscheidung in der qualifizierten Form, die Verpflichtungsklage gegen den Asylbescheid jedoch nur in der einfachen Form abgewiesen wird. Aus der Selbständigkeit der verschiedenen Klagebegehren folgt, dass sie auch im Hinblick auf das statthafte Rechtsmittel ein unterschiedliches prozessuales Schicksal haben können. Auch für die asylrechtliche und aufenthaltsrechtliche Entscheidung ist jeweils isoliert zu prüfen, welche Rechtsmittel gegen sie gegeben sind. Von diesem Grundsatz macht Abs. 1 S. 2 im Hinblick auf den »Annex-Charakter« der Entscheidung über die aufenthaltsbeendende Maßnahme im Verhältnis zur Entscheidung über das Asylrecht eine Ausnahme (OVG Hamburg, EZAR 633 Nr. 12; so auch Berlit, in: GK-AsylVfG, § 78 Rdn. 49).

18

Umgekehrt folgt ein derartiges Ergebnis jedoch weder aus dem Regelungszusammenhang der Vorschrift des Abs. 1 noch aus dem Beschleunigungszweck. Die Literaturmeinung, derzufolge Abs. 1 S. 2 keine Anwendung findet, wenn zwar die auf die Asylanerkennung gerichtete Klage in der qualifizierten Form, hingegen die auf Gewährung von internationalen Schutz nach § 60 I AufenthG 1990 zielende Klage als »einfach« unbegründet abgewiesen wird (Berlit, in: GK-AsylVfG, § 78 Rdn. 45), ist mit der Rechtsprechung des BVerfG nicht vereinbar. Dieses hat ausdrücklich entschieden, das Offensichtlichkeitsurteil könne hinsichtlich beider Verfahrensgegenstände nur einheitlich erfolgen (BVerfG (Kammer), InfAuslR 2002, 146 (148); s. auch § 30 I).

19

2.3. Qualifizierte Klageabweisung durch Gerichtsbescheid

Durch Gerichtsbescheid kann die Klage zwar als offensichtlich unbegründet oder offensichtlich unzulässig abgewiesen werden. Damit ist die Klage jedoch nicht unanfechtbar abgewiesen (so auch VG Darmstadt, Hess.VGRspr. 1994, 71 (72); Schenk, in: Hailbronner, AuslR, § 78 AsylVfG Rdn. 160). Denn § 84 II VwGO sieht bestimmte Rechtsmittel gegen den Gerichtsbescheid vor. Der Gerichtsbescheid wirkt zwar als Urteil (§ 84 III 1. HS VwGO). Wird jedoch rechtzeitig mündliche Verhandlung beantragt, gilt er als nicht ergangen (§ 84 III 2. HS VwGO).

20

Weist deshalb das Verwaltungsgericht durch Gerichtsbescheid die Klage in der qualifizierten Form ab, so muss zur Verhinderung des Eintritts der Rechtskraft mündliche Verhandlung beantragt werden. Die an sich gegebene Wahlmöglichkeit, an Stelle der mündlichen Verhandlung die Zulassung der Berufung zu beantragen (§ 84 II Nr. 1 VwGO), ist unzulässig (Hess.VGH, NVwZ-RR 2001, 207), da ein Rechtsmittel nicht gegeben ist. In diesem Fall kann nur mündliche Verhandlung beantragt werden (§ 84 II Nr. 4 VwGO). Die nach § 84 II VwGO vorgesehene Rechtsmittelfrist von einem Monat nach Zustellung ist allerdings nach Abs. 7 auf zwei Wochen verkürzt worden.

21

2.4. Berufungsausschluss wegen Klagerücknahme

22 Hat das Verwaltungsgericht durch Urteil darüber entschieden, dass der Kläger seine auf Asylanerkennung zielende Klage wirksam zurückgenommen hat, ist die Berufung ebenfalls ausgeschlossen (OVG Bremen, NVwZ 1984, 330). Diese Folge tritt jedoch nicht nach Abs. 1 S. 2 ein. Vielmehr ist davon auszugehen, dass im Zweifel die gewillkürte Rücknahme sämtliche Klagebegehren erfasst (unklar OVG Bremen, NVwZ 1984, 330). Entsteht nachträglich Streit über die Wirksamkeit der Klagerücknahme, hat das Gericht auf Antrag das Verfahren fortzusetzen und über die Frage der Beendigung durch Urteil zu entscheiden.

23 Tritt die Folge der Klagerücknahme kraft Gesetzes ein (§ 81), ergibt sich dies unmittelbar aus dem Gesetz selbst. Denn die Betreibensaufforderung bezieht sich auf alle gerichtlichen Verfahren nach dem AsylVfG (§ 81 S. 1), mit der Folge, dass für den Fall der Verletzung der Mitwirkungspflicht, soweit die Belehrung entsprechend gestaltet ist, alle nach dem AsylVfG anhängigen Verfahren durch Rücknahme erledigt werden.

2.5. Eigenständige Funktion der Abschiebungshindernisse nach § 60 Abs. 2 bis 7 AufenthG

24 Das BVerwG hat in Ansehung der Abschiebungshindernisse nach § 60 II–VII AufenthG entschieden, dass insoweit die Regelungen über die Berufungszulassung Anwendung finden und dies damit begründet, dass die Sonderregelungen des § 78 für alle vom Bundesamt getroffenen Entscheidungen gelten (BVerwG, AuAS 1996, 186 (187); s. auch BVerfG (Kammer), EZAR 043 Nr. 17 = AuAS 1996, 209). Dies folgt auch aus Abs. 1 S. 2, wonach der Berufungsausschluss auf die »Entscheidung über den Asylantrag« verweist, sodass bereits aus dieser Formulierung der gesetzgeberische Wille deutlich wird, den Berufungsausschluss auf alle im Zusammenhang mit der Entscheidung über den Asylantrag getroffenen behördlichen Entscheidungen zu erstrecken. Jedenfalls folgt der Berufungsausschluss für die Abschiebungshindernisse aus der Erstreckungswirkung nach Abs. 1 S. 2.

25 Danach ist geklärt, dass eine qualifizierte Klageabweisung in Ansehung der Abschiebungshindernisse zulässig ist. Wird das auf den Asylantrag zielende Klagebegehren qualifiziert abgelehnt, ergibt sich diese Rechtsfolge bereits aus Abs. 1 S. 2. Beschränkt der Asylsuchende sein Klagebegehren auf die Abschiebungshindernisse, folgt die Zulässigkeit der qualifizierten Klageabweisung aus Abs. 1 S. 1.

26 Verpflichtet das Verwaltungsgericht zur Feststellung von Abschiebungshindernissen, weist es die Klage indes im Übrigen in der qualifizierten Form ab, greift der Rechtsmittelausschluss nicht. Es fehlt aber in diesem Fall für einen Zulassungsantrag an einem Rechtsschutzbedürfnis.

2.6. Inhaltliche Anforderungen an die qualifizierte Klageabweisung nach Abs. 1

2.6.1. Keine Anwendung des Art. 16 a Abs. 4 GG

Hatte die zuständige Kammer des BVerfG bereits 1994 festgestellt, dass die bereits früher entwickelten materiellen Kriterien für das Offensichtlichkeitsurteil durch Art. 16 a IV GG nicht berührt werden (BVerfG (Kammer), NVwZ-Beil. 1994, 58 = AuAS 1994, 222; BVerfG (Kammer), NVwZ-Beil. 1995, 1 = AuAS 1995, 19), hat es diese Rechtsauffassung nach Erlass der Grundsatzentscheidung zu Art. 16 a IV GG (BVerfGE 94, 166 = NVwZ 1996, 678 = EZAR 632 Nr. 25) erneut bekräftigt. Danach ist den sich aus der bisherigen Rechtsprechung des BVerfG zur offensichtlich unbegründeten Klage ergebenden Anforderungen durch Art. 16 a IV GG im Blick auf das Klageverfahren nicht die Grundlage entzogen worden. Art. 16 a IV GG in Verb. mit § 36 IV, der für das Einrechtsschutzverfahren eine besondere Regelung trifft, bleibt hiervon unberührt (BVerfG (Kammer), NVwZ-Beil. 1997, 9; BVerfG (Kammer), AuAS 1997, 55 (65); BVerfG (Kammer), NVwZ-Beil. 1999, 12; so auch Schenk, in: Hailbronner, AuslR, § 78 AsylVfG Rdn. 8).

27

Mittelbar ergeben sich allerdings aus Art. 16 a IV GG Auswirkungen, da nach Art. 16 a III und IV GG ein Vollzug ohne die Berücksichtigung der hohen verfassungsgerichtlichen Prüfungsanforderungen zugelassen wird. Die Rechtsprechung des BVerfG behält daher lediglich in den Fällen ihre uneingeschränkte Bedeutung, in denen durch Urteil eine Klage in der Form des Abs. 1 S. 1 abgewiesen werden soll, ohne dass zuvor oder gleichzeitig im Eilrechtsschutzverfahren über den Vollzug aufenthaltsbeendender Maßnahmen entschieden worden ist (Schenk, in: Hailbronner, AuslR, § 78 AsylVfG Rdn. 8).

28

2.6.2. Herkunftsstaatenregelung (§ 29 a)

Im Blick auf die Herkunftsstaatenregelung nach Art. 16 a III GG ist unklar, ob die strengen Anforderungen des BVerfG an die Abweisung einer Klage als offensichtlich unbegründet oder unzulässig Anwendung finden (dagegen Schenk, in: Hailbronner, AuslR, § 78 AsylVfG Rdn. 11 b). Dem kann in dieser Pauschalität nicht gefolgt werden. Prüfungsgegenstand einer derartigen Klage ist die verfassungsrechtliche Vermutung, dass der Asylsuchende *nicht* verfolgt wird (BVerfGE 94, 115 (145) = NVwZ 1996, 691 (695) = EZAR 207 Nr. 1). Daraus ergeben sich weniger strenge Anforderungen an das gerichtliche Offensichtlichkeitsurteil. Gelingt dem Asylsuchenden die Darlegung von Tatsachen, welche die Annahme begründen, dass er entgegen der verfassungsrechtlichen Vermutung verfolgt wird, ist über sein Asylbegehren nach den allgemeinen Vorschriften zu entscheiden (BVerfGE 94, 115 (146)).

29

Will das Verwaltungsgericht dennoch die Klage in der qualifizierten Form nach Abs. 1 abweisen, hat es die sich aus der bisherigen Rechtsprechung des BVerfG ergebenden inhaltlichen Anforderungen zu beachten. Es ist indes kaum vorstellbar, dass nach einem erfolgreichen Widerlegungsvortrag überhaupt noch Raum für ein Vorgehen nach Abs. 1 S. 1 verbleibt. Denn in einem derartigen Fall dürfte das Verwaltungsgericht die entsprechenden Voraussetzungen kaum darlegen können.

30

31 Gelingt dem Asylsuchenden hingegen die Widerlegung der Verfolgungssicherheit nicht, verbleibt es für das Verwaltungsverfahren bei der verfahrensrechtlichen Folgerung gemäß Art. 16 a IV 1 GG in Verb. mit § 29 a I, d. h. das Asylbegehren ist offensichtlich unbegründet (BVerfGE 94, 115 (146f.) = NVwZ 1996, 691 (695) = EZAR 207 Nr. 1). Erweist sich die behördliche Sachentscheidung als hinreichend tragfähig, finden also die sich aus Art. 16 a IV 1 GG ergebenden deutlich gelockerten Voraussetzungen Anwendung. Zu einer Entscheidung im Hauptsacheverfahren wird es dann in aller Regel nicht mehr kommen.

2.6.3. Drittstaatenregelung (§ 26 a)

32 Kaum praxisrelevant dürfte eine Fallgestaltung sein, derzufolge nach Abschiebung in den *sicheren Drittstaat* das Gericht in der Hauptsache noch eine Entscheidung zu treffen hat. Da in diesem Fall der persönliche Geltungsbereich des Asylgrundrechts von vornherein beschränkt ist (BVerfGE 94, 49 (87) = NVwZ 1996, 700 (702)), finden auf das Klageverfahren auch nicht die aus der verfassungsrechtlichen Asylgewährleistung folgenden verfahrensrechtlichen Schutzwirkungen Anwendung. Ist die Abschiebung jedoch nicht durchsetzbar, ist § 60 I AufenthG zu beachten (BVerfGE 94, 49 (87); § 26 a Rdn. 187ff.).

33 Da lediglich eine einfachgesetzliche Garantie dem gebotenen Schutz für politisch Verfolgte Art. 1 I GG nicht gerecht werden kann (Frowein/Zimmermann, JZ 1996, 2706 (2707)), ist davon auszugehen, dass für die Abweisung einer auf die Gewährung von internationalen Schutz nach § 60 I AufenthG gerichteten Klage in der qualifizierten Form nach Abs. 1 S. 1 die strengen verfassungsgerichtlichen Anforderungen zu beachten sind (so auch Schenk, in: Hailbronner, AuslR, § 78 AsylVfG Rdn. 11 a; s. auch BVerfG (Kammer), InfAuslR 2002, 146 (148)). Dasselbe gilt für die Ausnahmetatbestände nach § 26 a I 3. Zwar wird in diesen Fällen der Asylschutz aufgrund einfachen Gesetzesrechts gewährt. Aus Art. 1 I GG folgt jedoch, dass die Versagung des Abschiebungsschutzes die Anwendung der strengen verfahrensrechtlichen Prüfungsvoraussetzungen erfordert.

2.6.4. Entscheidungskriterien

2.6.4.1. Einheitliche Entscheidungskriterien für Verwaltungs- und Gerichtsverfahren

34 Das BVerfG hat ausdrücklich entschieden, dass die an das Offensichtlichkeitsurteil anzulegenden materiellen Kriterien für das Verwaltungs- und das Gerichtsverfahren gleichermaßen Anwendung finden (BVerfGE 67, 43 (57) = EZAR 632 Nr. 1 = NJW 1984, 2028 = InfAuslR 1984, 215; s. hierzu im Einzelnen: § 30 Rdn. 30–75). Andererseits macht es keinen Unterschied, ob bereits das Bundesamt den Asylantrag in der qualifizierten Form nach § 30 abgelehnt hat oder nicht (OVG NW, EZAR 633 Nr. 11).

35 Nach der ständigen Rechtsprechung des BVerfG setzt die qualifizierte Form der Klageabweisung voraus, dass im maßgeblichen Zeitpunkt der Entscheidung des Gerichts (§ 77 I) an der Richtigkeit seiner tatsächlichen Feststellungen vernünftigerweise keine Zweifel bestehen können und bei einem sol-

chen Sachverhalt nach allgemein anerkannter Rechtsauffassung – nach dem Stand von Rechtsprechung und Lehre – sich die Klageabweisung dem Gericht geradezu aufdrängt (BVerfGE 65, 76 (95 f.) = EZAR 630 Nr. 14 = NJW 1983, 2929 = InfAuslR 1984, 58; BVerfGE 71, 276 (293 f.) = EZAR 631 Nr. 3 = NVwZ 1986, 459 = InfAuslR 1986, 159; BVerfG (Kammer), NVwZ-Beil. 2000, 145; BVerfG (Kammer), InfAuslR 2002, 146 (148); ebenso VerfGH Berlin, EZAR 631 Nr. 46; VerfGH Berlin, EZAR 631 Nr. 49; Hess.StGH, Hess.StAnz 2000, 1285 (1286)). Dieselben Anforderungen finden auf die Abweisung einer Klage als offensichtlich unzulässig Anwendung (BVerwG, DVBl. 1983, 179 = NVwZ 1983, 283).

2.6.4.2. Differenzierungsprogramm

Das BVerfG hat für die inhaltlichen Anforderungen an das klageabweisende Urteil ausdrücklich ein *Differenzierungsprogramm* entwickelt (BVerfG (Kammer), NVwZ-Beil. 1994, 58 (59)), das das Verwaltungsgericht zu beachten hat. Es unterscheidet wie im Verwaltungsverfahren zwischen kollektiven und individuellen Verfolgungstatbeständen und entwickelt hierzu jeweils unterschiedliche Anforderungen. Da die materiellen Kriterien für das Offensichtlichkeitsurteil im Klageverfahren mit den im Verwaltungsverfahren zu beachtenden inhaltlich identisch sind (BVerfGE 67, 43 (57) = EZAR 632 Nr. 1 = NJW 1984, 2028 = InfAuslR 1984, 215), wird für die einzelnen Rechtsprobleme auf die Ausführungen zu § 30 verwiesen. Die dort genannten materiellen Anforderungen (§ 30 Rdn. 30 ff.) hat auch das Verwaltungsgericht bei seiner Entscheidung nach Abs. 1 S. 1 zu beachten. Dasselbe gilt für die verfahrensrechtlichen Anforderungen, die bei Offensichtlichkeitsentscheidungen (s. hierzu: § 30 Rdn. 66 ff.) zu berücksichtigen sind.

36

2.6.4.2.1. Kollektive Verfolgungsmaßnahmen

Im Falle der Geltendmachung einer *kollektiven Verfolgungssituation* setzt die Abweisung der Klage als offensichtlich unbegründet in aller Regel voraus, dass eine gefestigte obergerichtliche Rechtsprechung vorliegt. Dies schließt nicht aus, dass auch bei Sachverhalten, bei denen von einer »anerkannten Rechtsauffassung« nicht gesprochen werden kann, die Unbegründetheit der Asylklage offensichtlich sein kann. Dazu wird es aber einer eindeutigen und widerspruchsfreien Auskunftslage sachverständiger Stellen bedürfen (BVerfGE 65, 76 (97) = EZAR 630 Nr. 4 = NJW 1983, 2929 = InfAuslR 1984, 58; BVerfG (Kammer), NVwZ-Beil. 2000, 145; VerfGH Berlin, InfAuslR 1999, 261 (264); s. im Einzelnen § 30 Rdn. 38 ff.).

37

Eine gefestigte obergerichtliche Rechtsprechung kann etwa dann nicht mehr festgestellt werden, wenn ein Obergericht für bestimmte Personengruppen die Einschränkung macht, dass eine inländische Fluchtalternative nicht gegeben sei. Will das Verwaltungsgericht in einem solchen Fall die Klage in der qualifizierten Form abweisen, so hat es im Einzelnen und nachvollziehbar darzulegen, warum der dieser Personengruppe zuzurechnende Asylsuchende durch die einschränkende obergerichtliche Ansicht nicht betroffen ist (VerfGH Berlin, EZAR 631 Nr. 49; VerfGH Berlin, EZAR 631 Nr. 46).

38

2.6.4.2.2. Exilpolitische Aktivitäten

39 Vergleichbare Anforderungen gelten, wenn – außerhalb einer kollektiven Verfolgungssituation – Sachverhalte zu beurteilen sind, die die allgemeinen Verhältnisse im Herkunftsstaat oder sonst eine Vielzahl ähnlicher oder vergleichbarer Sachverhalte betreffen. Hierfür kommt auch die Beurteilung *exilpolitischer Aktivitäten* und ihrer Folgen in Betracht (BVerfG (Kammer), NVwZ-Beil. 1994, = AuAS 1994, 222; BVerfG (Kammer), NVwZ-Beil. 1997, 9 (10); s. im Einzelnen ausführlich § 30 Rdn. 50 f.). Dies entbindet das Verwaltungsgericht jedoch nicht von der Pflicht, vor der qualifizierten Klageabweisung den auf exilpolitische Aktivitäten zielenden individuellen Sachvortrag zu prüfen und Widersprüche konkret durch Befragung aufzuklären (Hess. StGH, Hess.StAnz. 2000, 1285 (1287)).

2.6.4.2.3. Individuelle Vorfluchttatbestände

40 Bei *individuell konkretisierten Beeinträchtigungen* kann eine Klageabweisung als offensichtlich unbegründet dann in Erwägung gezogen werden, wenn etwa die im Einzelfall geltend gemachte Gefährdung den in Art. 16 a I GG vorausgesetzten Grad der Verfolgungsintensität nicht erreicht, die behauptete Verfolgungsgefahr auf nachweislich gefälschten oder widersprüchlichen Beweismitteln beruht oder sich das Vorbringen *insgesamt* als unglaubwürdig erweist (BVerfGE 65, 76 (97) = EZAR 630 Nr. 4 = NJW 1983, 2929 = InfAuslR 1984, 58; § 30 III Nr. 1). Dem aufgezeigten Widerspruch muss also ein derartiges Gewicht zukommen, dass die Würdigung des Vorbringens als insgesamt unglaubwürdig verfassungsrechtlich tragfähig ist (BVerfG (Kammer), InfAuslR 1994, 41 (42)).

2.6.4.2.4. Identitätstäuschung bei der Meldung als Asylsuchender

41 Vereinzelt wird in der Rechtsprechung vertreten, dass eine qualifizierte Klageabweisung auch dann zulässig sei, wenn der Asylkläger bei seiner Meldung als Asylsuchender in der Aufnahmeeinrichtung eine falsche Identität angegeben habe. Der Begriff »im Asylverfahren« im Sinne von § 30 III Nr. 2 umfasse auch schon die Phase vor der förmlichen Asylantragstellung nach § 23 (VG München, NVwZ-Beil. 2002, 127). Diese Ansicht lässt sich mit der klaren verfahrensrechtlichen Differenzierung zwischen dem Begriff des »Asylersuchens« einerseits und dem des »Asylantrags« andererseits (§ 13 Rdn. 9 ff.) nicht vereinbaren. Erst wenn bei der förmlichen Asylantragstellung eine entsprechende Täuschungshandlung vorgenommen wird, können daher das Bundesamt nach § 30 sowie das Verwaltungsgericht nach Abs. 1 vorgehen (s. hierzu § 30 Rdn. 155 ff.)

2.7. Besondere gerichtliche Begründungspflicht

2.7.1. Funktion der besonderen Begründungspflicht

42 Das BVerfG stellt nicht nur besondere Anforderungen an die Sachverhaltsermittlung, sondern verlangt insbesondere eine *besondere Begründung* des Verwaltungsgerichtes für die qualifizierte Form der Versagung des materiel-

Rechtsmittel § 78

len Asylanspruchs. Es hat diese gerichtliche Verpflichtung ausdrücklich aus der verfassungsrechtlichen Asylrechtsgewährung abgeleitet. Diese gebiete geeignete verfahrensrechtliche Vorkehrungen, die der Gefahr unanfechtbarer Fehlurteile (vgl. BVerfGE 71, 276 (292) = EZAR 631 Nr. 3 = NvwZ 1986, 459 = InfAuslR 1986, 159; s. auch § 30 Rdn. 76 ff.) entgegenwirkten.

Dazu habe bis 1982 das *Einstimmigkeitserfordernis* (vgl. § 34 I AuslG 1965) gedient. Werde dieses Erfordernis aufgegeben, müsse sich die ersichtliche Aussichtslosigkeit der Asylklage zumindest eindeutig aus der Entscheidung ergeben (BVerfGE 65, 76 (95) = EZAR 630 Nr. 4 = NJW 1983, 2929 = InfAuslR 1984, 58; BVerfGE 71, 27 (293) = EZAR 631 Nr. 3 = NvwZ 1986, 459 = InfAuslR 1986, 159; BVerfG (Kammer), NVwZ-Beil. 1999, 12; BVerfG (Kammer), NVwZ-Beil. 2000, 145; BVerfG (Kammer), InfAuslR 2002, 146 (148); Hess. StGH, Hess.StAnz. 2000, 1285 (1287); VerfGH Berlin, EZAR 631 Nr. 46; VerfGH Berlin, EZAR 631 Nr. 49; VerfGH Berlin, InfAuslR 1999, 261 (264)). 43

2.7.2. Kriterien der besonderen Begründungspflicht

Die *subjektive Einschätzung der offensichtlichen Aussichtslosigkeit* der Asylklage mit einem lediglich formelhaften Hinweis auf dieses Ergebnis im Tenor oder in den Entscheidungsgründen genügt verfassungsrechtlichen Erfordernissen nicht (BVerfG (Kammer), AuAS 1993, 153 (154); BVerfG (Kammer), InfAuslR 1993, 146 (148); Hess.StGH, Hess.StAnz. 2000, 1285 (1287); VerfGH Berlin, EZAR 631 Nr. 46; VerfGH Berlin, EZAR 631 Nr. 49). Erst recht kann die durch schlichtes Unterstreichen hervorgehobene Behauptung, die Klage sei hinsichtlich aller Klagebegehren offensichtlich unbegründet, nicht deutlich machen, warum sich dem Verwaltungsgericht die Aussichtslosigkeit der Klage aufdrängt (BVerfG (Kammer), AuAS 1993, 153 (154); BVerfG (Kammer), InfAuslR 1993, 146 (148)). 44

Das Asylgrundrecht fordert vielmehr, dass sich aus den Entscheidungsgründen klar ergibt, weshalb das Gericht die Klage nicht nur als (schlicht) unbegründet, sondern als offensichtlich unbegründet abgewiesen hat. Durch diese *Darlegungspflicht* wird die *Gewähr* für die *materielle Richtigkeit* der Entscheidung verstärkt (BVerfGE 71, 276 (293 f.) = InfAuslR 1986, 159). Sie stellt die verfahrensrechtliche Vorkehrung dar, durch welche die Gefahr unanfechtbarer Fehlurteile, die nicht mehr korrigierbar sind, in einer noch den Anforderungen der verfahrensrechtlichen Absicherung des Asylrechts genügenden Weise entgegengewirkt wird (BVerfGE 65, 76 (95 f.)). 45

Einschränkend hat das BVerfG andererseits festgestellt, dass das Verwaltungsgericht seiner besonderen Begründungspflicht zwar regelmäßig nicht gerecht werde, wenn es sich lediglich auf die Begründung des Behördenbescheides beziehe (vgl. auch § 77 II). Verfassungsrechtliche Bedenken gegen eine derartige Verfahrensweise bestünden indes dann nicht, wenn sich aus dem Bescheid ergebe, warum die Voraussetzungen des § 30 III Nr. 1 als erfüllt angesehen worden seien (BVerfG (Kammer), NVwZ-Beil. 1999, 12). 46

2.7.3. Kumulative Asylbegründung

Ist das Klagebegehren auf mehrere vorgetragene Verfolgungsgründe gestützt, ergibt sich aus dem Gebot der umfassenden Darlegungspflicht, dass 47 das Verwaltungsgericht zu sämtlichen Gründen darlegen muss, weshalb sich aus ihnen ein Asylanspruch offensichtlich nicht ergibt (BVerfG (Kammer), B. v. 22. 8. 1990 – 2 BvR 642/90). So kann der Asylkläger die Vorfluchtgründe auf mehrere Verfolgungstatbestände abstützen, die jeder für sich den Anspruch zu tragen geeignet sind, oder er macht neben Vorfluchtgründen exilpolitische Aktivitäten geltend. In diesem Fall muss das Verwaltungsgericht sich mit jedem einzelnen den geltend gemachten Anspruch selbständig tragenden Verfolgungsgrund auseinandersetzen und deutlich machen, warum im Blick auf jeden von diesen ein Anspruch offensichtlich nicht folgt.

2.7.4. Keine besondere Tenorierungspflicht

48 Es ist kein Verfahrensfehler, wenn das Verwaltungsgericht nicht bereits in der Urteilsformel die qualifizierte Form der Klageabweisung kenntlich macht. Denn aus dem besonderen Begründungserfordernis folgt nicht, dass das Urteil aus zwei Entscheidungsteilen besteht. Vielmehr reicht es aus, wenn aus den Entscheidungsgründen eindeutig hervorgeht, warum die Klage als offensichtlich unbegründet abgewiesen wird (BVerfGE 71, 276 (293 f.) = EZAR 631 Nr. 3 = NvWZ 1986, 459 = InfAuslR 1986, 159; BVerwG, EZAR 610 Nr. 3). In der Gerichtspraxis wird in aller Regel die qualifizierte Form der Klageabweisung bereits in der Tenorierung zum Ausdruck gebracht.

49 Die Darlegung des Offensichtlichkeitsurteils im Einzelnen erfordert insbesondere dann besondere Sorgfalt, wenn das Bundesamt den Asylantrag nicht in der qualifizierten Form abgelehnt hat (BVerfG (Kammer), InfAuslR 1994, 41 (42)). Das Gericht kann sich dieser besonderen Darlegungspflicht auch nicht durch bloßen Hinweis auf § 30 II und III entledigen. Vielmehr ist auch in diesem Fall das Offensichtlichkeitsurteil im Einzelnen konkret zu begründen (Schenk, in: Hailbronner, AuslR, § 78 AsylVfG Rdn. 39).

3. Zulassungsberufung (Abs. 2 bis 5)

3.1. Zweck der Berufungszulassung

50 Die Berufung findet nur dann statt, wenn sie vom Berufungsgericht (Oberverwaltungsgericht oder Verwaltungsgerichtshof) zugelassen wird (Abs. 2 S. 1). Weder Art. 19 IV GG noch andere Verfassungsbestimmungen gewährleisten einen Instanzenzug (kritisch zur Einführung der Zulassungsberufung in das allgemeine Verwaltungsprozessrecht Braun, NVwZ 2002, 690; Philipp, NVwZ 2000, 1265). Sehen freilich prozessrechtliche Vorschriften – wie früher § 32 AsylVfG 1982 und jetzt § 78 – die Möglichkeit vor, die Zulassung eines Rechtsmittels zu erstreiten, so verbietet Art. 19 IV GG eine Auslegung und Anwendung dieser Rechtsnormen, die die Beschreitung des eröffneten (Teil-)Rechtsweges in einer unzumutbaren, aus Sachgründen nicht mehr zu rechtfertigenden Weise erschwert (BVerfG (Kammer), EZAR 633 Nr. 24; BVerfG (Kammer), NVwZ-Beil. 1994, 27; BVerfG (Kammer), InfAuslR 1995, 126 (128) = NVwZ-Beil. 1995, 9; BVerfG (Kammer), NVwZ-Beil.

Rechtsmittel **§ 78**

1995, 17; BVerfG (Kammer), NVwZ-Beil. 1996, 10; BVerfG, B. v. 29. 11. 1994 – 2 BvR 2355/93).

Anders als nach früherem Recht (vgl. § 32 I AsylVfG 1982) kann das Verwaltungsgericht nicht mehr die Berufung zulassen. Damit entfällt auch die frühere, gegen die Nichtzulassung der Berufung gerichtete Beschwerde (§ 32 IV AsylVfG 1982). An deren Stelle tritt der Antrag auf Zulassung der Berufung nach Abs. 4 S. 1. In seiner Struktur und Gestaltung ist das Antragsverfahren weitgehend mit dem früheren Beschwerdeverfahren identisch. 51

Wie § 32 II AsylVfG 1982 enthält Abs. 3 *abschließend* die Gründe, aus denen die Berufung zuzulassen ist. Die weitergehenden Zulassungsgründe des § 124 II VwGO sind im Asylprozess nicht anwendbar (VGH BW, NVwZ-Beil. 1997, 90 = VBlBW 1997 299 = AuAS 1997, 237; Rdn. 49; Rdn. 3). Die Zulassungsberufung findet auf alle Rechtsstreitigkeiten nach diesem Gesetz (s. hierzu § 74 Rdn. 2 ff.) Anwendung (Abs. 1 S. 1). Zulassungsbedürftig ist damit die Berufung in allen Streitigkeiten nach dem AsylVfG und für alle Beteiligten (Renner, AuslR, § 78 AsylVfG Rdn. 7). 52

Jedenfalls die Grundsatz- und die Divergenzrüge (Abs. 3 Nr. 1 und 2) dient ausschließlich der Wahrung der Einheitlichkeit der Rechtsprechung und damit der *Rechtssicherheit* und *Rechtsfortbildung*, nicht jedoch der *Einzelfallgerechtigkeit* (Hess.VGH, EZAR 633 Nr. 30; Thür.OVG, NVwZ 2001, 448 (449); Höllein, ZAR 1989, 109 (110); so auch Berlit, in: GK-AsylVfG, § 78 Rdn. 65). Das Prozessrecht nimmt damit in Kauf, dass auch fehlerhafte erstinstanzliche Entscheidungen in Rechtskraft erwachsen (vgl. VGH BW, InfAuslR 1989, 139 (140); ebenso: Schenk, in Hailbronner, AuslR, § 78 AsylVfG Rdn. 56). Lediglich die Zulassung wegen eines Verfahrensfehlers nach Abs. 3 Nr. 3 in Verb. mit § 138 Nr. 3 VwGO dient demgegenüber dem individuellen Rechtsschutz im Einzelfall (Schenk, in: Hailbronner, AuslR, § 78 AsylVfG Rdn. 48; uneingeschränkt für Abs. 3 Nr. 3: Berlit, in: GK-AsylVfG Rdn. 65). 53

3.2. Grundsatzrüge (Abs. 3 Nr. 1)

3.2.1. Voraussetzungen der Grundsatzrüge

3.2.1.1. Zweck der Grundsatzrüge

Die Grundsatzberufung nach Abs. 3 Nr. 1 ist der Grundsatzrevision nach § 132 II Nr. 1 VwGO nachgebildet. Sie setzt voraus, *dass eine bislang höchstrichterlich oder obergerichtlich nicht geklärte Frage aufgeworfen wird, die von verallgemeinerungsfähiger Bedeutung und entscheidungserheblich ist, also über den zu entscheidenden Fall hinausgeht und im Interesse der Einheitlichkeit der Rechtsprechung oder der Fortentwicklung des Rechts berufungsgerichtlicher Klärung zugänglich ist und dieser Klärung auch bedarf.* 54

3.2.1.2. Prüfungsschema

Es sind deshalb unter Berücksichtigung dieser Kriterien im Zulassungsantrag folgende Prüfungsschritte zu beachten und im Einzelnen zu behandeln: 55

1. Bezeichnung der *konkreten Grundsatzfrage* (Rdn. 56 ff.)
2. Bezeichnung der *Klärungsbedürftig* der aufgeworfenen Grundsatzfrage (Rdn. 80 ff.).
3. Bezeichnung der *Verallgemeinerungsfähigkeit* der aufgeworfenen Grundsatzfrage (Rdn. 138 ff.). Das ist sie nur, wenn in dem künftigen Berufungsverfahren eine grundsätzliche Klärung in dem Sinne zu erwarten ist, dass über den Einzelfall hinausgehende *verallgemeinerungsfähige Aussagen* getroffen werden können.
4. Bezeichnung der *Entscheidungserheblichkeit* der aufgeworfenen Grundsatzfrage. Die Grundsatzfrage muss anhand des Einzelfalls einer Klärung zugeführt werden können, d. h. die Frage muss *entscheidungserheblich* sein (Rdn. 150 ff.).

3.2.2. Voraussetzungen des Zulassungsantrags

3.2.2.1. Bezeichnung der konkreten Grundsatzfrage

3.2.2.1.1. Aus sich heraus verständlicher Antrag

56 In dem Antrag ist als erstes die *konkrete Grundsatzfrage zu bezeichnen*. d. h. es obliegt dem Antragsteller, mit hinreichender Deutlichkeit darzulegen, welche konkrete und in ihrer Bedeutung über den Einzelfall hinausgehende Grundsatzfrage einer obergerichtlichen Klärung zugeführt werden soll (Hess.VGH, B. v. 24. 1. 1989 – 13 TE 2168/88). Die Darlegung dieser Voraussetzungen erfordert wenigstens die Bezeichnung einer konkreten Rechts- oder Tatsachenfrage, die für die Entscheidung des Verwaltungsgerichtes von Bedeutung war wie auch für das Berufungsverfahren erheblich sein wird. Darüber hinaus muss die Antragsschrift wenigstens auf den Grund hinweisen, der die Anerkennung der grundsätzlichen, d. h. über den Einzelfall hinausgehenden Bedeutung der Sache rechtfertigen soll (VGH BW, B. v. 6. 10. 1983 – A 12 S 1823/93; VGH, BW, B. v. 28. 3. 1995 – A 12 S 349/85; OVG Sachsen, B. v. 29. 8. 1995 – A 4S 128/95).

57 Überlässt es die Formulierung des Antrags dem Berufungsgericht, sich einen Grund für die Berufungszulassung gleichsam auszusuchen, wird offenkundig dem gesetzlich verankerten Darlegungserfordernis nicht hinreichend Genüge getan (Hess.VGH, B. v. 24. 1. 1989 – 13 TE 2168/88). Vielmehr muss eine konkrete Grundsatzfrage bezeichnet und darüber hinaus dargelegt werden, warum prinzipielle Bedenken gegen den vom Verwaltungsgericht eingenommenen Standpunkt bestehen, warum es mithin erforderlich ist, dass sich das Berufungsgericht noch einmal klärend mit dieser Frage auseinandersetzt und entscheidet, ob die Bedenken durchgreifen (VGH BW, B. v. 6. 8. 1990 – A 14 S 654/89).

58 Insbesondere hinsichtlich des Erfordernisses, dass der Antrag aus sich heraus verständlich sein muss, ist eine Orientierung an den Darlegungs- und Bezeichnungserfordernissen der revisionsrechtlichen Nichtzulassungsbeschwerde zulässig (OVG Schleswig, AuAS 5/1992. 11; s. auch: Rdn. 457 ff.). Das Oberverwaltungsgericht muss über die Zulassung entscheiden können, ohne den gesamten Streitstoff durchdringen zu müssen. Das setzt voraus, dass es durch die Begründung in die Lage versetzt werden muss, ohne wei-

Rechtsmittel **§ 78**

tere Ermittlungen allein anhand der vorgetragenen Gründe darüber zu befinden, ob ein Zulassungsgrund vorliegt (OVG SH, AuAS 5/1992, 11).
Allein die pauschale Bezugnahme auf früheres Vorbringen reicht deshalb nicht aus (OVG SH, AuAS 5/1992, 11). Deshalb ist es verfassungsrechtlich nicht zu beanstanden, wenn für die Darlegung lediglich allgemeine Hinweise als unzureichend angesehen werden und die Durchdringung des Prozessstoffs verlangt wird (BVerfG (Kammer), NVwZ-Beil. 1995, 17; vgl. auch BVerwG, EZAR 634 Nr. 2 = AuAS 1996, 83 (nur LS), für die Nichtzulassungsbeschwerde). Die Begründung muss deshalb eine *Sichtung und rechtliche Durchdringung des Streitstoffs durch den Prozessbevollmächtigten und ein Mindestmaß der Geordnetheit des Vortrags* erkennen lassen. Dabei verlangt das Darlegen – wie schon nach dem allgemeinem Sprachgebrauch im Sinne von »erläutern« und »erklären« zu verstehen ist – ein *Mindestmaß* an *Klarheit, Verständlichkeit* und *Übersichtlichkeit der Ausführungen* (BVerwG, EZAR 634 Nr. 2). 59

Eine umfangreiche Begründung entspricht deshalb jedenfalls dann nicht den Darlegungsanforderungen, wenn die Ausführungen zu den Zulassungsgründen in unübersichtlicher, ungegliederter, unklarer, kaum auflösbarer Weise mit Einlassungen zu unerheblichen Fragen vermengt ist, sodass auch eine insgesamt umfassende Begründung den genannten Erfordernissen nicht gerecht wird. Denn es ist nicht Aufgabe des zur Entscheidung über das Rechtsmittel berufenen Gerichts, aus einem derartigen Gemenge das heraus zu suchen, was möglicherweise – bei wohlwollender Auslegung – zur Begründung des Rechtsmittels geeignet sein könnte (BVerwG, EZAR 634 Nr. 2). 60

3.2.2.1.2. Erweiterung auf tatsächliche Grundsatzfragen
Ebenso wie das Vorbild, der Zulassungsgrund nach § 132 II Nr. 1 VwGO, umfasst Abs. 3 Nr. 1 zunächst die *Grundsatzberufung wegen Rechtsfragen*. Grundsätzliche Bedeutung hat eine Rechtssache dann, wenn mit ihr eine *grundsätzliche, bisher höchstrichterlich oder obergerichtlich nicht beantwortete Rechtsfrage von allgemeiner Bedeutung aufgeworfen wird, die sich in dem erstrebten Berufungsverfahren stellen würde und im Interesse der Einheitlichkeit der Rechtsprechung oder der Fortentwicklung des Rechts berufungsgerichtlicher Klärung bedarf* (BVerwG, B. v. 18. 1. 1984 – BVerwG 9 CB 444.81; Hess.VGH, B. v. 24. 1. 1989 – 13 TE 2168/88; VGH BW, B. v. 6. 10. 1983 – A 12 S 1823/93). Dabei obliegt es dem Antragsteller, mit hinreichender Deutlichkeit *darzulegen*, welche konkrete und in ihrer Bedeutung über den Einzelfall hinausreichende Rechtsfrage einer obergerichtlichen Klärung zugeführt werden soll (Hess.VGH, B. v. 24. 1. 1989 – 13 TE 2168/88). 61

Gegen anfänglichen Widerstand einer Reihe von Obergerichten hat das BVerwG die Grundsatzberufung auch auf ungeklärte *Tatsachenfragen* erstreckt (BVerwGE 70, 24 = Buchholz 402.25 § 32 AsylVfG Nr. 4 = NVwZ 1985, 159 = InfAuslR 1985, 119; so auch Hess.VGH, NVwZ 1983, 237; VGH BW, EZAR 633 Nr. 2; InfAuslR 1983, 260; OVG Hamburg, DÖV 1983, 648; InfAuslR 1983, 262; so auch Büchner, DÖV 1984, 578; Ritter, NVwZ 1983, 203; Höllein, ZAR 1989, 109 (110); Renner, AuslR, § 78 AsylVfG Rdn. 11; Schenk, in: Hail- 62 bronner, AuslR, § 78 AsylVfG Rdn. 62 f.; dagegen BayVGH, EZAR 633 Nr. 7; BayVBl. 1985, 181; OVG Bremen, NVwZ 1983, 237; OVG NW, EZAR 633 Nr. 6; OVG Berlin, B. v. 30. 8. 1983 – OVG 8 N 37.83; OVG Saarland, B. v. 1. 9. 1983 – 3 R 262/83; Fritz, ZAR 1984, 23 (26)).

63 Begründet wird diese Ansicht damit, dass das Berufungsgericht den Streitfall innerhalb der Berufungsanträge im gleichen Umfang wie das Verwaltungsgericht zu prüfen habe. Der mit § 132 II Nr. 1 VwGO identische Wortlaut von § 32 II Nr. 1 AsylVfG 1982 (jetzt Abs. 3 Nr. 1) spreche deswegen nicht gegen die Einbeziehung von Tatsachenfragen, weil das Revisionsgericht an die tatsächlichen Feststellungen und Würdigungen der Tatsachengerichte grundsätzlich gebunden und von daher außerstande sei, durch seine Entscheidungen eine grundsätzliche Klärung von Tatsachenfragen herbeizuführen (BVerwGE 70, 24 (25) = NVwZ 1985, 159 = InfAuslR 1985, 119).

64 Das BVerwG hat den Begriff der grundsätzlichen Bedeutung der Rechtssache deshalb im Einzelnen dahin konkretisiert, *dass sich die grundsätzliche Bedeutung allein aus ihrem tatsächlichen Gewicht sowie aus ihren verallgemeinerungsfähigen Auswirkungen ergeben könne* (BVerwGE 70, 24 (26) = NVwZ 1985, 159 = InfAuslR 1985, 119). Insoweit reiche zwar nicht aus, dass der Einzelfall als solcher überdurchschnittliche Schwierigkeiten aufweise. Zu bedenken sei aber, dass die in Asylverfahren geltend gemachten Verfolgungserlebnisse nach ihren Ursachen, ihren Erscheinungsformen, dem betroffenen Personenkreis sowie den Verfolgungsauswirkungen häufig von zahlreichen Asylsuchenden in übereinstimmender oder doch ähnlicher Weise geschildert würden, insbesondere in den zahlreichen Fällen von Gruppenverfolgungen.

65 Daher liege es im Interesse sowohl der Allgemeinheit als auch des individuellen Rechtsschutzes, dass zur Klärung der in tatsächlicher Hinsicht über den Einzelfall hinausgehenden Fragen zu den generellen Verhältnissen in den Herkunftsstaaten der Weg in die zweite Instanz freigegeben werde. Dem Berufungsgericht falle dabei insbesondere auch die Aufgabe zu, innerhalb seines Gerichtsbezirkes auf eine einheitliche Beurteilung gleicher oder ähnlicher Sachverhalte hinzuwirken sowie zu einer einheitlichen Beurteilung vom Vorhandensein und vom Erkenntniswert bestimmter, die Herkunftsländer allgemein betreffender Erkenntnisquellen beizutragen (BVerwGE 70, 24 (27)).

66 An die Darlegung des Zulassungsantrags bei geltend gemachter Grundsatzberufung wegen Tatsachenfragen sind nach der Rechtsprechung nicht die gleichen Anforderungen wie an die Beschwerde wegen Nichtzulassung der Revision zu stellen (OVG NW, B. v. 2. 11. 1988 – 18 B 22270/88; OVG SH, AuAS 5/1992, 11; Hess.VGH, NVwZ-RR 1994, 237 = AuAS 1993, 261). Dies gilt wegen des engen Zusammenhangs zwischen Tatsachen- und Rechtsfragen im Asylrecht an sich grundsätzlich auch für ungeklärte Rechtsfragen. Daher sind im Allgemeinen die Anforderungen an die Darlegung einer Grundsatzfrage rechtlicher wie tatsächlicher Art entsprechend den Besonderheiten des Asylrechts grundsätzlich weniger streng als im Revisionsrecht.

67 Die Rechtsprechung stellt jedoch gleichwohl im Allgemeinen hohe Anforderungen an die Darlegung einer Grundsatzfrage. Eine differenzierende Auffassung geht dahin, die Höhe der Anforderungen von den Besonderheiten

des Einzelfalls abhängig zu machen (BVerfG (Kammer), NVwZ-Beil. 1995, 17; BVerwG, EZAR 634 Nr. 2; Meissner, VBlBW 1983, 9 (16)), wobei auch zu berücksichtigen sei, dass für die Nichtzulassungsbeschwerde im Revisionsrecht Anwaltszwang vorgeschrieben sei (Meissner, VBlBW 1983, 9 (16); s. hierzu auch Höllein, ZAR 1989, 109 (115)).

Da mit Wirkung zum 1. Januar 1997 auch für den Antrag nach Abs. 4 Anwaltszwang besteht (§ 67 I 1 VwGO), haben die Einwände gegen die strengen Darlegungsanforderungen an Gewicht verloren. Anders als bei der Grundsatzrüge wegen Rechtsfragen können Tatsachenfragen jedoch häufig nicht mit der gleichen dogmatischen Stringenz und Präzision dargelegt werden, da hier der aufgeworfenen Grundsatzfrage zusammenfassende Bewertungen von häufig wechselnden Geschehensabläufen vorausliegen. 68

3.2.2.1.3. Darlegung einer Rechtsfrage

Die rechtliche Grundsatzfrage kann eine Frage der materiellen wie des prozessualen Rechts wie auch des asylspezifischen Ausländerrechts (§§ 34 ff., § 59, § 60 X AufenthG) zum Gegenstand haben. Wegen der Zulassung der Grundsatzberufung wegen Tatsachenfragen ist jedoch stets präzis herauszuarbeiten, ob *allein* eine Rechtsfrage oder eine Tatsachenfrage zum Gegenstand des Antrags gemacht wird. Werden *beide Fragen zusammen* zur Prüfung gestellt, sind jeweils die für die Rechtsfrage einerseits wie für die Tatsachenfrage andererseits maßgebenden spezifischen Voraussetzungen konkret herauszuarbeiten. 69

Der Antrag darf etwa im Hinblick auf einen ausfüllungsbedürftigen Gesetzesbegriff nicht lediglich das in der Gesetzesbestimmung enthaltene Tatbestandmerkmal zum Gegenstand des Antragsvorbringens machen. Denn dessen Vorliegen kann nur im Wege eines Tatsachenermittlungs- und Subsumtionsprozesses bejaht oder verneint werden, betrifft mithin eine *nicht rügefähige Einzelfallwürdigung*. Vielmehr muss zweifelsfrei dargelegt werden, ob im Zusammenhang mit dem unbestimmten Gesetzesbegriff eine bestimmte Rechtsfrage – und gegebenenfalls welche – der obergerichtlichen Klärung zugeführt werden soll oder beabsichtigt ist, bestimmte – und gegebenenfalls welche – tatsächliche Umstände, deren es zur Ausfüllung des unbestimmten Rechtsbegriffes unter Beachtung seines Sinngehaltes bedarf, einer grundsätzlichen Klärung zuzuführen (Hess.VGH, B. v. 24. 1. 1989 – 13 TE 2168/88). 70

3.2.2.1.4. Darlegung einer Tatsachenfrage

Dem Darlegungsgebot ist bei der Grundsatzberufung wegen Tatsachenfragen nur genügt, wenn eine bestimmte konkrete Tatsachenfrage aufgeworfen und erläutert wird, *warum* die aufgeworfene Frage grundsätzliche Bedeutung hat. Darüber hinaus muss der Antrag wenigstens ansatzweise erkennen lassen, in welcher Hinsicht und mit welchem Ziel eine weitergehende Klärung der tatsächlichen Verhältnisse im Herkunftsstaat des Klägers in dem anzustrebenden Berufungsverfahren erreicht werden soll (Hess.VGH, B. v. 27. 6. 1997 – 13 UZ 2109/97.A). 71

Dabei sind insbesondere auch *Änderungen der allgemeinen politischen Verhältnisse* im Herkunftsstaat des Asylsuchenden in den Blick zu nehmen, wenn sie 72 für die rechtliche Beurteilung des geltend gemachten Anspruchs maßgeblich sein können und für die Entscheidung des Verwaltungsgerichts maßgeblich waren. Die Einschätzung des Gerichts zu diesen veränderten Entwicklungen ist dann jedenfalls in Grundzügen darzutun und substanziiert in Zweifel zu ziehen (VGH BW, B. v. 9. 6. 1997 – A 16 S 1693/97).

73 Allein mit dem Vorbringen, das Verwaltungsgericht verletze mit dem Verlangen an die Klägerin, bei ihrer Rückkehr in den Iran eine *Reuebekenntnis* abzulegen, ihr Grundrecht aus Art. 1 I GG, wird der Darlegung der Grundsatzfrage nicht genügt. Denn damit wird ein in tatsächlicher und rechtlicher Hinsicht komplexer Sachverhalt angesprochen, der der Zerlegung in einzelne konkrete Tatsachen- und Rechtsfragen zugänglich und bedürftig ist. Derartige Fragen, die aus der komplexen Rechtsmaterie herauszuarbeiten und für die Beurteilung der Zulassungsbedürftigkeit aufzubereiten seien, müssen aber dargelegt werden (VGH BW, B. v. 28. 3. 1995 – A 12 S 349/95).

74 Damit überspannt die Rechtsprechung ersichtlich die Darlegungsanforderungen. Denn für die Frage, was an Darlegungsanforderungen zumutbar ist, kommt es letztlich auf die Umstände des jeweiligen Verfahrens an (BVerfG (Kammer), B. v. 29. 11. 1994 – 2 BvR 2355/93). Unzutreffend dürfte deshalb auch die Ansicht sein, dass in dem Fall, in dem etwa die Frage der Auslegung eines unbestimmten Rechtsbegriffes aufgeworfen wird, zu bedenken sei, dass das Verwaltungsgericht nicht nur eine reine Tatsachenfeststellung getroffen oder allein eine Rechtsfrage beantwortet habe. Vielmehr sei es zu seinem Urteil aufgrund eines komplexen und ineinandergreifenden Tatsachenermittlungs- und Subsumtionsprozesses gelangt. Welche konkreten Tatsachen insoweit maßgeblich seien und daher der richterlichen Ermittlung und Feststellung bedürften, sei daher stets vom jeweiligen durch Auslegung zu ermittelnden Sinngehalt des unbestimmten Rechtsbegriffes abhängig (Hess.VGH, B. v. 24. 1. 1989 – 13 TE 2168/88).

75 Im Antrag sei deshalb darzulegen, ob eine bestimmte Rechtsfrage einer Klärung zugeführt werden soll oder ob mit diesem bestimmte tatsächliche Umstände, deren es zur Ausfüllung des unbestimmten Rechtsbegriffs bedarf, grundsätzlich geklärt werden sollten (Hess.VGH, 24. 1. 1989 – 13 TE 2168/88). Eine derart strenge Darlegungslast reduziert den Anwendungsbereich der Grundsatzberufung wegen Tatsachenfragen gegen Null. Darüber hinaus ist angesichts der engen Verbindung zwischen den zahlreichen (unbestimmten) Rechtsbegriffen des materiellen Asylrechts und den sie ausfüllenden tatsächlichen Umständen jedoch kaum eine Tatsachenfrage denkbar, die nicht in einer derartig notwendigen Beziehung zu einem Rechtsbegriff steht und deshalb nach dieser strengen Ansicht nicht rügefähig wäre.

76 Allein aus dem Hinweis auf eine Reihe von Gerichtsentscheidungen, in denen für die ethnische Gruppe, der der Kläger angehört, die Gefahr einer politischen Verfolgung bejaht worden ist, ergibt sich noch nicht, dass die Gerichte hinsichtlich der Frage einer politischen Verfolgung dieser Bevölkerungsgruppe von unterschiedlichen rechtlichen Grundsätzen ausgegangen sein könnten. Vielmehr wird damit die nicht rügefähige unterschiedliche Sachverhalts- und Beweiswürdigung der Tatsachengerichte gerügt. Das stellt jedoch einen Zulassungsgrund wegen *rechtsgrundsätzlicher* Bedeutung nicht

Rechtsmittel **§ 78**

dar. Danach können Beurteilungen, die die Verfolgungsgefahr für eine ethnische Gruppe in einer bestimmten historischen Situation unterschiedlich einschätzen, alle gleichermaßen beanstandungsfrei sein (BVerwG, NVwZ 1988, 263; so schon BVerwG, InfAuslR 1984, 292). In derartigen Fällen dürfte aber regelmäßig der Zulassungsgrund der Grundsatzberufung *tatsächlicher Art* dargelegt sein.

Diese Rechtsprechung verdeutlicht, dass wegen der Zulässigkeit der Grundsatzrüge wegen Tatsachenfragen die *Abgrenzung* zwischen der zulässigen Rüge wegen einer *Grundsatzfrage* und der nicht rügefähigen *Einzelfallwürdigung* nicht immer deutlich und präzis gezogen werden kann. Es ist aber darauf hinzuweisen, dass sich die *Abgrenzung zur Beweiswürdigung* im Einzelfall vorrangig im Rahmen der Grundsatzberufung wegen *ungeklärter Rechtsfragen* stellt (vgl. BVerwG, InfAuslR 1984, 292; so auch VGH BW, B. v. 12. 10. 1992 – A 16 S 2356/92; BayVGH, B. v. 2151993 – 6 CZ 92.30906; 30. 4. 1993 – 9 CZ 92.30576). 77

Nach der obergerichtlichen Rechtsprechung kann mit der Behauptung, die für die Verfolgungsprognose maßgeblichen Verhältnisse stellten sich anders dar, als das Verwaltungsgericht angenommen hat, den Darlegungsanforderungen der Grundsatzrüge nicht genügt werden. Vielmehr muss danach im Einzelnen dargelegt werden, welche Anhaltspunkte für eine andere Tatsacheneinschätzung bestehen (OVG Hamburg, AuAS 1995, 168; OVG Sachsen, B. v. 29. 8. 1995 – A 4 S 128/95). Um diesen Anforderungen im Einzelnen zu genügen, muss dargetan werden, dass etwa die vom Verwaltungsgericht vertretene Ansicht, derzufolge Familienangehörige in Afghanistan, die im früheren kommunistischen Regime selber keine Regierungsämter innehatten, nicht verfolgt werden, durch bestimmte Auskünfte und sachkundige Stellungnahmen in Frage gestellt werden (OVG Sachsen, B. v. 29. 8. 1995 – A 4 S 128/95). Dies ist jedoch keine Frage der Bezeichnung der konkreten Grundsatzfrage, sondern betrifft die Darlegung der Klärungsbedürftigkeit dieser Frage. Gerade bei der Grundsatzrüge wegen Tatsachenfragen liegt deshalb der Schwerpunkt der Darlegungspflicht auf dem Erfordernis der Klärungsbedürftigkeit. 78

Wendet sich der Rechtsmittelführer andererseits gegen eine nur begrenzt in isolierte Argumente auflösbare Gesamtbeurteilung der Gefahrenlage einer Bevölkerungsgruppe in einem anderen Staat und setzt dieser in Form einer verwaltungsgerichtlichen Entscheidung eine andere differenzierte Gesamtbeurteilung entgegen, kann eine weitere Substanziierung nicht verlangt werden (BVerfG (Kammer), NVwZ-Beil. 1995, 17 f.; s. auch BVerfG (Kammer), AuAS 1994, 238). 79

3.2.2.2. Bezeichnung der Klärungsbedürftigkeit der Grundsatzfrage

3.2.2.2.1. Begriff der Klärungsbedürftigkeit

Im Antrag ist nach der Bezeichnung der unmittelbar aus dem Gesetz nicht beantwortbaren konkreten Grundsatzfrage im Einzelnen darzulegen, dass in einem künftigen Berufungsverfahren anhand des konkreten Rechtsstreits Grundsatzfragen entschieden werden können, die sich anhand der Recht- 80 sprechung des BVerfG sowie der des BVerwG oder der obergerichtlichen Rechtsprechung nicht ohne weiteres beantworten lassen und warum sie im Interesse der Einheitlichkeit der Rechtsprechung oder einer bedeutsamen Fortentwicklung des Rechts obergerichtlicher Klärung bedarf und warum sie sich in dem angestrebten Berufungsverfahren stellen wird (Hess.VGH, AuAS 1993, 9; Hess.VGH, AuAS 1999, 115).

81 Zu den Gerichten, deren Entscheidungen Streitfragen einer Klärung zuführen können, gehören mithin vor allem das BVerwG und die Obergerichte. Neben den Senatsentscheidungen des BVerfG kommt auch die Kammerrechtsprechung des BVerfG in Betracht, da durch diese die Leitentscheidungen des zuständigen Senates in rechtlicher Hinsicht fortentwickelt werden und wegen der spezifischen Besonderheit der Verfassungsbeschwerde im Asylrecht häufig auch Tatsachenfragen zum Inhalt hat.

82 Im Antrag ist darzulegen, welche konkrete und in ihrer Bedeutung über den Einzelfall hinausgehende Frage tatsächlicher Art im Berufungsverfahren geklärt werden soll. Nicht der Klärung bedarf eine Frage, die sich aus dem Gesetz mehr oder weniger zweifelsfrei beantworten lässt. Klärungsbedarf entsteht darüber hinaus nicht schon allein deshalb, weil Schrifttum und Rechtsprechung sich mit der bezeichneten Frage noch gar nicht befasst haben (Renner, AuslR, § 78 AsylVfG Rdn. 13), sondern nur dann, wenn sich eine Rechts- oder Tatsachenfrage nur nach Durchführung eines Hauptsacheverfahrens beantworten lässt (Hess.VGH, EZAR 633 Nr. 30).

83 Nach der obergerichtlichen Rechtsprechung muss die aufgeworfene Grundsatzfrage darüber hinaus auch *geeignet* sein, eine grundsätzliche Klärung herbeizuführen. Daher werde etwa die Frage, ob zur Beurteilung der Glaubwürdigkeit einer weiblichen Asylklägerin, die gegenüber dem Verwaltungsgericht sexuelle Übergriffe als Verfolgungsgrund behauptet habe, ein psychologisches Gutachten eingeholt oder ob während der Vernehmung eine Sachverständige hinzugezogen werden könne oder müsse, der generellen Klärung nicht für zugänglich angesehen (OVG NW, B. v. 11. 2. 1997 – 25 A 4144/96.A; zum sensiblen Umgang mit Opfern »sexueller Gewalt«, s. insb. BVerfGE 94, 166 (203) = NVwZ 1996, 678 = EZAR 632 Nr. 25; Marx, Handbuch, § 76 Rdn. 14–28; zum Sachverständigengutachten s. Rdn. 692 ff.).

84 Dem kann in dieser Allgemeinheit nicht zugestimmt werden. Ob sich im konkreten Einzelfall das Verwaltungsgericht der Hilfe sachverständiger Psychologen bedienen muss, ist zwar an sich eine Frage der konkreten Einzelfallwürdigung. Angesichts der dem juristischen Sachverstand nicht ohne weiteres zugänglichen durch traumatische Vorbelastungen bedingten Darlegungsprobleme, ist die Frage, ob und unter welchen Voraussetzungen sich das Verwaltungsgericht zur tatsächlichen Würdigung der Darlegungskompetenzen der Asylsuchenden der Hilfe fachfremder Personen zu bedienen hat, durchaus der grundsätzlichen Klärung fähig.

85 Eine Antragszurückweisung mangels Klärungsbedarf ist nur dann gerechtfertigt, wenn eine grundsätzliche Frage *zweifelsfrei* beantwortet werden kann und nicht bereits dann, wenn bestimmte mit dieser im Zusammenhang stehende Tatsachen *offenkundig* sind (BVerfG (Kammer), NVwZ-Beil. 1996, 10). Die Begründung des Zulassungsantrags muss darüber hinaus deutlich ma-

chen, warum prinzipielle Bedenken gegen einen vom Verwaltungsgericht in einer konkreten Rechts- oder Tatsachenfrage eingenommenen Standpunkt bestehen, warum es also erforderlich ist, dass sich das Berufungsgericht erstmals oder erneut klärend mit der aufgeworfenen Frage auseinandersetzt und entscheidet, ob die Bedenken durchgreifen (VGH BW, B. v. 9. 6. 1997 – 16 S 1693/97).

Auch wenn sich das angerufene Obergericht mit der aufgeworfenen Grundsatzfrage selbst noch nicht befasst hat, besteht keine Klärungsbedürftigkeit, wenn das Verwaltungsgericht diese Frage in Übereinstimmung mit der einhelligen und gefestigten obergerichtlichen Rechtsprechung im verneinenden Sinne beantwortet hat. Unter diesen Voraussetzungen bietet das Vorbringen keinen Anlass, diese Frage auch noch durch das angerufene Obergericht einer Klärung im Berufungsverfahren zuzuführen. Vielmehr hat der Antragsteller auch in diesem Fall darzulegen, warum die Frage aus Gründen der einheitlichen Rechtsanwendung oder der Weiterentwicklung des Rechts einer Klärung durch das angerufene Obergericht bedarf (Hess. VGH, InfAuslR 2001, 156 (157); OVG NW, B. v. 3. 8. 2000 – 1 A 5949/98.A).

Eine vereinheitlichende Wirkung der Rechtsprechung der Obergerichte erscheine nicht nur hinsichtlich bundes*rechtlicher* Fragen, sondern auch hinsichtlich solcher *Tatsachen*fragen naheliegend, die für die Anwendung des *bundes*rechtlichen Asylrechts bedeutsam seien und sich auf Vorgänge im Ausland bezögen, also keine landesrechtlichen Besonderheiten aufwiesen (Hess.VGH, InfAuslR 2001, 156 (157)).

Wird geltend gemacht, eine gesetzliche Regelung sei willkürlich, ist in der Begründung darzulegen, woraus die Bedenken gegen die Verfassungsmäßigkeit hergeleitet werden (BVerwG, NJW 1993, 2825 = NVwZ 1993, 1183 (LS)) und inwieweit im Berufungsverfahren hierüber eine Klärung herbeigeführt werden kann. Eine Berufungszulassung wegen grundsätzlicher Bedeutung wird insbesondere in Betracht kommen, wenn das Verwaltungsgericht in einer Frage, die vom zuständigen Obergericht noch nicht entschieden worden ist, von der Rechtsprechung eines anderen Obergerichtes abweicht (BVerfG (Kammer), NVwZ 1993, 465; Schenk, in: Hailbronner, AuslR, § 78 AsylVfG Rdn. 61).

Klärungsbedürftigkeit der bezeichneten Frage ist insbesondere auch dann anzunehmen, wenn innerhalb des Gerichtsbezirks des Berufungsgerichts oder sogar innerhalb eines Verwaltungsgerichtes unter den unterschiedlichen Spruchkörpern zu der aufgeworfenen Frage divergierende Ansichten vertreten werden. Denn dem Berufungsgericht fällt insbesondere die Aufgabe zu, innerhalb seines Gerichtsbezirks auf eine einheitliche Beurteilung gleicher oder ähnlicher Sachverhalte hinzuwirken (BVerwGE 70, 24 (27) = EZAR 633 Nr. 9 = NVwZ 1985, 199 = InfAuslR 1985, 119).

3.2.2.2.2. Klärungsbedürftigkeit einer Rechtsfrage

Die aufgeworfene Rechtsfrage muss eine aus rechtssystematischen Gründen bedeutsame und auch für die Rechtsanwendung wichtige Frage betreffen (BFH, NVwZ-RR 2002, 318 (319)). In der obergerichtlichen Rechtsprechung wird allerdings eingewendet, dass es bei einer zur Prüfung gestellten grundsätzlichen Rechtsfrage dann nicht der Berufungszulassung bedarf, wenn die für klärungsbedürftig erachtete Rechtsfrage bereits im Rahmen des Zulassungsverfahrens behandelt werden kann und es nicht ersichtlich ist, dass sich für die Beantwortung dieser Rechtsfrage im Berufungsverfahren neue Erkenntnisse ergeben könnten. Dann aber bedürfe es nicht der Zulassung der Grundsatzberufung. Die Berufung wegen grundsätzlicher Bedeutung dürfe nur zugelassen werden, wenn sich eine Rechts- oder Tatsachenfrage nur nach Durchführung eines Hauptsacheverfahrens beantworten lasse (Hess.VGH, EZAR 633 Nr. 30).

91 Bei Rechtsfragen bedürfe es indes regelmäßig keiner weiteren Aufklärung, sodass die Berufung zu versagen sei, falls die Rechtsfrage auch im Zulassungsverfahren entschieden werden könne. Da für die Grundsatzberufung Einzelfallgerechtigkeit keine Rolle spiele, sei es unschädlich, dass das Verwaltungsgericht die Rechtsfrage anders entschieden habe als das Berufungsgericht. Es widerspräche dem Sinn und Zweck der abschließend festgelegten Zulassungsgründe, die Berufung nur zum Zwecke der Korrektur einer unrichtigen erstinstanzlichen Entscheidung zuzulassen (Hess.VGH, EZAR 633 Nr. 30).

92 Dieser Ansicht kann nicht zugestimmt werden. Das Zulassungsverfahren hat nicht die Aufgabe, das Berufungsverfahren vorwegzunehmen. An die Begründung des Zulassungsantrags dürfen deshalb nicht dieselben Anforderungen gestellt werden wie an die spätere Berufungsbegründung (BVerfG (Kammer), NVwZ 2000, 1163 (1164)).

93 Soweit als Rechtsfrage aufgezeigt wird, ob es im Rahmen des Asylrechts zulässig sein kann, die Auswirkungen eines erheblichen Wandels unterworfenen Kriegsgeschehens (An- und Abschwellen der Kriegshandlungen, Verschärfungen im Zuge besonders provokanter Aktionen der Gegenseite, Wiederaufflammen der Kämpfe, Unabschätzbarkeit der weiteren Entwicklung) als *objektiven Nachfluchtgrund* einzustufen, oder aber den Schutz vor den individualisierbaren Folgen solcher Art ausgetragener und sich entwickelnder Konflikte aus dem Bereich des Asylrechts herauszunehmen, wird kein grundsätzlicher Klärungsbedarf aufgezeigt. Es wird insoweit nicht dargetan, dass in einem künftigen Berufungsverfahren anhand des vorliegenden Falls Grundsatzfragen entschieden werden können, da die Abgrenzung zwischen politischer Verfolgung und Selbstverteidigungsmaßnahmen des Staates in Bürgerkriegs- und anderen Konflikten in der Rechtsprechung des BVerfG hinreichend geklärt ist (Hess.VGH, AuAS 1993, 9 (9f.)).

94 Mit der Frage, ob aus der Abweichung des Klägervorbringens von den Angaben einer dritten Person, deren Unglaubhaftigkeit in einem zuvor ergangenen rechtskräftigen Urteil festgestellt worden ist, negative Rückschlüsse auf die Glaubhaftigkeit des Klägervorbringens zulässig sind, wird keine grundsätzliche Bedeutung bezeichnet. Zwar könnten die Denkgesetze eine derartige Begründung ausschließen, wenn es sich um die *allein* tragende Begründung der Unglaubhaftigkeit des Asylvorbringens handelt. Allerdings bleibt dann die Klärungsbedürftigkeit zweifelhaft, weil die Einzelfallwürdigung nicht rügefähig ist. Ist hingegen der Widerspruch des Asylvorbringens zu einer anderen – als unglaubhaft bewerteten – Aussage nicht die allein tragen-

Rechtsmittel § 78

de Begründung, schließen die Denkgesetze eine *zusätzliche Heranziehung* der Aussage der dritten Person nicht aus (OVG NW, B. v. 18. 2. 2000 – 8 A 5199/ 99.A).

Es ist eine Frage der konkreten Einzelfallwürdigung, ob der genannte Widerspruch ein weiterer Beleg für die Unglaubhaftigkeit des Asylvorbringens ist. Handelt es sich – wie so häufig in Asylverfahren – um einen *kontradiktorischen Widerspruch* zwischen den beiden Aussagen, d. h. um zwei verschiedene, einander ausschließende Schilderungen eines Ereignisses, ist aber eine von beiden abweichende dritte Version des Ereignisses denkbar, kann der Widerspruch zwischen beiden Aussagen ein Indiz dafür sein, dass beide Aussagen nicht zutreffen, beide Aussagepersonen das Ereignis also ganz oder in einzelnen Teilen frei erfunden haben (OVG NW, B. v. 18. 2. 2000 – 8 A 5199/ 99.A). 95

Die Rechtsfrage, ob *Auskünfte des Auswärtigen Amtes mit dem Vermerk »VS – Nur für den Dienstgebrauch«* wegen des darin zum Ausdruck kommenden *Beweisverwertungsverbot*es nicht verwertet werden dürfen, ist nicht klärungsbedürftig, sondern lässt sich unmittelbar aus dem Gesetz beantworten (VGH BW, B. 26. 8. 1998 – A 13 S 2624/97). Denn das Auswärtige Amt geht davon aus, dass auch vor dem Hintergrund, dass bei der Gewinnung der ausgewerteten Erkenntnisse Vertraulichkeit zugesichert worden sei, den in Asylprozessen auftretenden Rechtsanwälten als Organen der Rechtspflege das Recht auf Akteneinsicht und damit auf Bekanntgabe der amtlichen Auskünfte und Lageberichte zustehe (VGH BW, B. 26. 8. 1998 – A 13 S 2624/97; Hess.VGH, B. v. 24. 10. 2000 – 2 UZ 2394/97.A; s. auch BayVGH, NVwZ-Beil. 1999, 115, Grundsatzfrage, ob amtliche Berichte unter Mitwirkung von Bediensteten des Bundesamtes verwertet werden dürfen, wird verneint). 96

3.2.2.2.3. Klärungsbedürftigkeit einer Tatsachenfrage

In dem auf die Grundsatzberufung wegen Tatsachenfragen zielenden Antrag ist darzulegen, dass die aufgeworfene Tatsachenfrage sich nicht ohne weiteres von selbst beantworten lässt, etwa weil sie bestritten oder nicht bereits ausreichend geklärt ist und daher ein Bedarf an einer berufungsgerichtlichen Klärung besteht (OVG NW, B. v. 10. 9. 1991 – 22 A 2143/91.A). Die bloße unterschiedliche Beurteilung einer tatsächlichen Grundsatzfrage durch zwei Verwaltungsgerichte im Bezirk des angerufenen Berufungsgericht verleiht einer Rechtssache für sich gesehen nicht ohne weiteres grundsätzliche Bedeutung. Vielmehr ist eine Durchdringung des Streitstoffs des angefochtenen Urteils angezeigt und sind etwaige unterschiedliche Bewertungsansätze in diesem und sich hieraus ergebende Widersprüche zur Rechtsprechung des anderen Verwaltungsgerichts herauszuarbeiten und schließlich darzulegen, weshalb dessen Auffassung die sachlich richtige ist (VGH BW, B. v. 31. 8. 1998 – A 6 S 2094/97; Hess.VGH, B. v. 7. 2. 2003 – 12 UZ 710/02.A). 97

Im Blick auf herangezogene Erkenntnismittel ist ein konkretes *Bedürfnis* für die Klärungsbedürftigkeit durch eine intensive, fallbezogene Auseinandersetzung mit dem vom Verwaltungsgericht herangezogenen und bewerteten Erkenntnismitten darzulegen. Die Antragsbegründung muss aus sich heraus erkennen lassen, warum sich nach Auswertung der vorliegenden Erkennt- 98 nisquellen noch klärungsbedürftige und klärungsfähige Gesichtspunkte ergeben, dass im angefochtenen Urteil anhand der zur Verfügung stehenden Auskünfte, Stellungnahmen und sonstigen verwertbaren Erkenntnisse die aufgeworfene Frage unzutreffend beurteilt oder nicht erschöpfend behandelt wird, zur aufgeworfenen Frage eine klare und eindeutige Aussage nicht enthält oder sich etwa in der Bewertung der entscheidungserheblichen Aspekte wesentlich unterscheidet (Schenk, in: Hailbronner, AuslR, § 78 AsylVfG Rdn. 62).

99 Dazu ist durch die Bezeichnung abweichender verwaltungs- oder oberverwaltungsgerichtlicher Entscheidungen, gegensätzlicher Auskünfte, Stellungnahmen, Gutachten, Presseberichte oder sonstiger Erkenntnisquellen zumindest eine *gewisse Wahrscheinlichkeit* dafür darzulegen, dass nicht die Feststellungen, Erkenntnisse und Einschätzungen des Verwaltungsgerichtes, sondern die gegenteiligen, in dem Antrag aufgestellten Behauptungen zutreffend sind, sodass es der Durchführung eines Berufungsverfahrens bedarf, weil die aufgeworfenen Fragen einer unterschiedlichen Beantwortung zugänglich sind und es nicht von vornherein absehbar ist, dass das Berufungsverfahren lediglich zu einer Bestätigung der Auffassung des Verwaltungsgerichts führen kann (Hess, InfAuslR 2002, 156 (157 f.)).

100 Bei der Darlegung der *»gewissen Wahrscheinlichkeit«* einer zu erwartenden abweichenden Berufungsentscheidung kann bei einer einhelligen und gefestigten Rechtsprechung anderer Obergerichte zu der aufgeworfenen Frage nicht unberücksichtigt bleiben, dass das Verwaltungsgericht dieser gefolgt ist. Dann aber sind um so höhere Anforderungen zu stellen, je eindeutiger und klarer die aufgeworfene Frage bisher in dieser Rechtsprechung übereinstimmend mit dem Verwaltungsgericht beantwortet ist und je intensiver dabei die im Antrag aufgeführten Erkenntnismittel berücksichtigt worden sind (Hess.VGH, InfAuslR 2002, 156 (158)).

101 Klärungsbedarf kann aber dadurch bezeichnet werden, dass dargelegt wird, warum das Verwaltungsgericht die tatsächlichen Verhältnisse unzutreffend beurteilt hat, es also z. B. einschlägige Erkenntnismittel unberücksichtigt gelassen, das Gewicht der abweichenden Meinung verkannt hat oder die Bewertungen nicht haltbar sind (VGH BW, B. v. 6. 8. 1990 – A 14 S 654/89; OVG NW, B. v. 3. 8. 2000 – 1 A 5949/98.A). Insoweit ist aber ein erhöhter Begründungsaufwand angezeigt, um dem Einwand der nicht rügefähigen Tatsachenwürdigung zu entgehen. Es ist aber erneut darauf hinzuweisen, dass die *Abgrenzung zur Beweiswürdigung* im Einzelfall vorrangig eine Aufgabe ist, die sich dem Berufungsgericht im Rahmen der Grundsatzberufung wegen *ungeklärter Rechtsfragen* stellt (vgl. BVerwG, InfAuslR 1984, 292; so auch VGH BW, B. v. 12. 10. 1992 – A 16 S 2356/92; BayVGH, B. v. 2151993 – 6 CZ 92.30906; 30. 4. 1993 – 9 CZ 92.30576).

102 Verneint etwa das Verwaltungsgericht die Frage einer Gruppenverfolgung von Muslimen im Sandzak aufgrund der eingeführten Erkenntnisquellen, darf der Rechtsmittelführer, um die Klärungsbedürftigkeit der Grundsatzfrage darzulegen, sich nicht mit der bloßen Mitteilung seiner aus denselben Erkenntnisquellen gewonnenen gegenteiligen Einschätzung begnügen, es gebe für Muslime keine gesicherte Existenzmöglichkeit. Vielmehr muss er konkre-

te Tatsachen dafür angeben, dass die entscheidungserhebliche Situation einer Würdigung in dem von ihm für zutreffend erachteten Sinne zugänglich ist, etwa durch Benennung von solchen Erkenntnisquellen, die zu eben dieser Einschätzung gelangen (Hess.VGH, B. v. 4. 10. 1996 – 7 UZ 3840/95).

Hat sich das Verwaltungsgericht mit der aufgeworfenen Grundsatzfrage, ob dem in der Sowjetunion ausgebildeten Kläger auch wegen seiner Eheschließung mit einer Christin in Afghanistan politische Verfolgung droht, nicht näher befasst, muss der Antragsteller darlegen, warum diese Frage geklärt werden soll (Hess.VGH, N. v. 6. 2. 1997 – 13 UZ 1895/95). Wenn er diesem Umstand Entscheidungserheblichkeit beimisst, so muss er bestimmte Informationen, Auskünfte, Presseberichte oder sonstige Erkenntnisquellen benennen, um zumindest eine *gewisse Wahrscheinlichkeit* dafür darzutun, dass die zuvor benannten Umstände in der Person des Klägers zu einem Erfolg seines Rechtsschutzbegehrens führen könnten (Hess.VGH, B. v. 6. 2. 1997 – 13 UZ 1895/95). 103

Beschränkt sich der Antragsteller hingegen darauf, bestimmte in seiner Person liegende Umstände lediglich zu behaupten, ohne nachvollziehbare Informationen und Erkenntnisquellen zu benennen, die eine Erheblichkeit dieses Umstandes im Hinblick auf die konkrete Rechtsverfolgung wahrscheinlich erscheinen lassen, und ist daher die Möglichkeit nicht auszuschließen, dass die vermutete Erheblichkeit sich im nachfolgenden Berufungsverfahren als haltlos erweisen wird, so vermag ein derartiges Vorbringen mangels angemessener Darlegung einer bestimmten klärungsbedürftigen Frage nicht zur Zulassung der Berufung führen (Hess.VGH, B. v. 6. 2. 1997 – 13 UZ 1895/95). 104

Die aufgezeigte Rechtsprechung zur Darlegung der Klärungsbedürftigkeit einer Tatsachenfrage überspannt in verfassungsrechtlich kaum noch vertretbarer Weise die Darlegungsanforderungen. Die Gewährleistung eines effektiven Rechtsschutzes durch Art. 19 IV GG verbietet den Gerichten eine Auslegung und Anwendung der Rechtsbehelfe eröffnenden Vorschriften, welche die Beschreitung des eröffneten (Teil-)Rechtswegs in unzumutbarer, aus Sachgründen nicht mehr zu rechtfertigender Weise erschweren. Deshalb dürfen insbesondere die Darlegung der Zulassungsgründe nicht derart erschwert werden, dass sie auch von einem durchschnittlichen, nicht auf das gerade einschlägige Rechtsgebiet spezialisierten Rechtsanwalt mit zumutbaren Aufwand nicht mehr erfüllt werden können (BVerfG (Kammer), NVwZ 2000, 1163 (1164)). Die Anforderungen an die Durchdringung der Erkenntnisquellen und Herausarbeitung der klärungsbedürftigen Fragen ist mit dieser verfassungsgerichtlichen Rechtsprechung unvereinbar. 105

3.2.2.2.4. Widersprüchliche Auskunftslage

Mit Blick auf eine *widersprüchliche Auskunftslage* ist nach der obergerichtlichen Rechtsprechung die grundsätzliche Bedeutung einer Tatsachenfrage nur dann dargelegt, wenn besondere Umstände vorgetragen werden. Denn grundsätzlich ist eine widersprüchliche Auskunftslage im Rahmen der Sachverhaltsermittlung und -bewertung zu würdigen. Ohne *Hinzutreten weiterer Umstände* stellt diese deshalb keinen Zulassungsgrund unter dem Gesichtspunkt 106 der grundsätzlichen Bedeutung dar (BayVGH, B. v. 9. 4. 1987 – Nr. 25 CZ 87.30311). Insbesondere ist danach darzulegen, in welcher Weise ein Berufungsverfahren zusätzliche Erkenntnisquellen aufschließen würde, welche die behauptete widersprüchliche Auskunftslage in verallgemeinerungsfähiger Weise einer grundsätzlichen Klärung näher bringen könnte (BayVGH, 9. 4. 1987 – Nr. 25 CZ 87.30311).

107 Dem kann nicht gefolgt werden, da eine Ablehnung des Zulassungsantrags mangels Klärungsbedarf nur dann gerechtfertigt werden kann, wenn eine grundsätzliche Frage *zweifelsfrei* beantwortet werden kann und nicht bereits dann, wenn bestimmte mit dieser im Zusammenhang stehende Tatsachen offenkundig sind (BVerfG (Kammer), NVwZ-Beil. 1996, 10).

3.2.2.2.5. Sonderproblem der nachträglichen Klärung der Grundsatzfrage

3.2.2.2.5.1. Voraussetzungen der nachträglichen Klärung der Grundsatzfrage

108 Eine im Laufe des Antragsverfahrens eintretende Klärung der zunächst klärungsbedürftigen Frage führt nicht ohne weiteres zur Unbegründetheit des Zulassungsantrags, sondern *verengt* die Prüfungsreichweite des Berufungsgerichts auf die Frage, ob sich das verwaltungsgerichtliche Urteil in dem von einem Gericht höherer Instanz *nachträglich* gesteckten Rahmen hält (Höllein, ZAR 1989, 109 (110)). Grundsätzliche Bedeutung haben aufgeworfene Fragen so lange, wie eine Klärung durch die obergerichtliche Rechtsprechung nicht erfolgt ist.

109 Bei *Rechtssätzen* muss die zunächst als klärungsbedürftig angesehene Frage als geklärt angesehen werden, wenn diese durch das BVerwG entschieden worden ist. Unstrittig ist auch, dass jedenfalls eine Entscheidung des BVerfG einer rechtlichen wie tatsächlichen Frage jeden weiteren Klärungsbedarf unter ansonsten gleichbleibenden Verhältnissen nimmt (vgl. BVerwGE 77, 258 (260f.) = EZAR 200 Nr. 19 = NVwZ 1987, 228 = InfAuslR 1987, 228). Problematisch erscheint es jedoch, für die höchstrichterliche Klärung von *Tatsachenfragen* als letztverbindliche Instanz auf das BVerfG abzustellen (so aber Höllein, ZAR 1989, 109 (110); dagegen Schenk, in: Hailbronner, AuslR, § 78 AsylVfG Rdn. 65; Berlit, in: GK-AsylVfG § 78 Rdn. 121).

110 Demgegenüber erscheint insoweit eine differenzierende Betrachtungsweise angezeigt: Für die höchstrichterliche Klärung von *Rechtsfragen* ist auf die Entscheidungen des BVerwG abzustellen (Schenk, in: Hailbronner, AuslR, § 78 AsylVfG Rdn. 65). Die bloße Stellungnahme zu einer Rechtsfrage in einer Hilfsbegründung reicht freilich nicht aus (BVerwG, NVwZ 1987, 55). Bei *Tatsachenfragen* ist eine nachträgliche Klärung hingegen dann anzunehmen, wenn das zuständige Obergericht die aufgeworfene Frage entschieden hat (Höllein, ZAR 1989, 109 (110)). Kommen jedoch andere Obergerichte zu divergierenden Entscheidungen in dieser Rechtsfrage, kann von einer nachträglichen Klärung der aufgeworfenen Grundsatzfrage nicht ausgegangen werden (so wohl auch BVerfG (Kammer), NVwZ 1993, 465; Hess.VGH, B. v. 14. 4. 1997 – 13 UZ 459/97.A; a. A. BayVGH, B. v. 21. 5. 1993 – 6 CZ 92.30906; BayVGH, B. v. 25. 5. 1993 – 14 CZ 92.31269; BayVGH, B. v. 30. 4. 1993 – 9 CZ

92.30576; VGH BW, B. v. 12. 2. 1993 – A 16 S 2244/92; s. hierzu auch Berlit, in: GK-AsylVfG, § 78 Rdn. 122 ff.).
Nur in dem Fall, in dem das Berufungsgericht in Kenntnis divergierender Rechtsprechung anderer Obergerichte an seiner Auffassung festhält, wird man wohl von einer nicht mehr klärungsbedürftigen Frage auszugehen haben. Hat das BVerfG sich zu einer Tatsachen- oder Rechtsfrage wiederholt tendenziell anders als das zuständige Obergericht geäußert, jedoch noch keine verbindliche Aussage getroffen, kann jedenfalls dann nicht von einer fehlenden Klärungsbedürftigkeit ausgegangen werden, wenn divergierende Rechtsprechung anderer Obergerichte vorliegt. 111

3.2.2.2.5.2. Nachträglich eintretender erneuter Klärungsbedarf
Hat das zuständige Berufungsgericht eine Frage tatsächlicher Art grundsätzlich geklärt, können neuere tatsächliche Entwicklungen sowie neue, in der Grundsatzentscheidung nicht berücksichtigte Erkenntnisquellen *erneuten Klärungsbedarf* anzeigen und damit eine erneute Überprüfung der bereits entschiedenen Grundsatzfrage nahe legen. In diesem Fall ist jedoch unter Benennung genügender Anhaltspunkte und Erkenntnisquellen darzulegen, dass bedeutsame, bisher vom Berufungsgericht nicht berücksichtigte Aspekte einer Klärung zugeführt werden können (Hess.VGH, B. v. 6. 2. 1997 – 13 UZ 1895/95; Hess.VGH, B. v. 14. 4. 1997 – 13 UZ 459/96.A; OVG NW, B. v. 21. 3. 1996 – 9 A 6474/95.A; OVG NW, B. v. 21. 3. 1996 – 9 A 5490/95.A; OVG NW, B. v. 21. 3. 1996 – 9 A 317/96.A). 112

Die geltend gemachten neuen Aspekte müssen verallgemeinerungsfähigen Charakter aufweisen. Hat das BVerwG die Revision gegen eine Entscheidung des Obergerichts zugelassen, mit der eine klärungsbedürftige Grundsatzfrage entschieden worden ist, so entsteht erst mit Aufhebung der obergerichtlichen Entscheidung durch das BVerwG wieder Klärungsbedarf. Bis zu diesem Zeitpunkt ist in Ansehung dieser Frage die Grundsatzberufung unbegründet (a.A. OVG SH, B. v. 2. 10. 1996 – 4 L 101/96: ab dem Zeitpunkt der Zulassung der Revision entsteht erneut Klärungsbedarf; s. hierzu auch Berlit, GK-AsylVfG, § 78 Rdn. 147 ff.). 113

Hat das Berufungsgericht etwa die aufgeworfene Grundsatzfrage, ob junge männliche Kurden im Westen der Türkei hinreichend sicher vor Verfolgung sind, wiederholt bejaht und an dieser Einschätzung unter Auswertung neuerer Erkenntnismittel festgehalten, bietet jedenfalls die Vorlage nur einer dieser Einschätzung entgegenstehenden Erkenntnisquelle keinen Anlass, der Frage der inländischen Fluchtalternative nochmals nachzugehen (Hess. VGH, B. v. 14. 11. 1994 – 12 UZ 1548/94). Dementsprechend sind neue tatsächliche Aspekte nicht ohne weiteres einer Grundsatzberufung zugänglich. Werden indes neue Gesichtspunkte vorgetragen, die vom Berufungsgericht bislang nicht bedacht worden waren oder nicht in Einklang mit der bisherigen Rechtsprechung des Berufungsgerichts stehen, besteht Anlass, dieser Frage erneut nachzugehen und deshalb die Berufung zuzulassen. 114

Vertreten wird, dass neue Aspekte in dem zurückweisenden Beschluss über den Zulassungsantrag berücksichtigt und mit der früheren Rechtsprechung in Übereinstimmung gebracht werden können, ohne dass es hierfür der 115

Durchführung eines Berufungsverfahrens bedürfe (Renner, AuslR, § 78 AsylVfG Rdn. 13). Da die Grundsatzberufung nicht dem individuellen Rechtsschutz diene, könne im Falle der Darlegung neuer Gesichtspunkte eine Berufung nur zugelassen werden, wenn dies zur Wahrung der Rechtseinheitlichkeit und der Rechtsfortbildung erforderlich sei. Damit wird indes der Charakter des Zulassungsverfahrens verkannt. Dieses hat nicht die Aufgabe, das Berufungsverfahren vorwegzunehmen. An die Begründung des Zulassungsantrags dürfen deshalb nicht dieselben Anforderungen gestellt werden wie an die spätere Berufungsbegründung (BVerfG (Kammer), NVwZ 2000, 1163 (1164)).

3.2.2.2.5.3. Umdeutung in Divergenzberufung

116 In der Rechtsprechung ist anerkannt, dass die in zulässiger Form erhobene Grundsatzrüge auch ohne Erfüllung der Bezeichnungsanforderungen wegen Abweichung zugelassen werden muss, wenn sich der Zulassungsantrag ursprünglich wegen grundsätzlicher Bedeutung rechtfertigte, dieser Zulassungsgrund aber nachträglich durch eine divergierende Entscheidung des BVerwG oder des zuständigen Berufungsgerichts entfallen ist (BVerfG (Kammer), NVwZ 1993, 465 (466); BVerfG (Kammer), InfAuslR 1999, 36; BVerfG (Kammer), InfAuslR 2000, 308 (310) = NVwZ-Beil. 2000, 34 = EZAR 633 Nr. 38; Hess.VGH, NVwZ-Beil. 1999, 96; Hess.VGH, B. v. 11. 3. 1997 – 13 UZ 1941/96.A; VGH BW, InfAuslR 1995, 84; VGH BW, B. v. 12. 2. 1993 – A 16 S 2244/92; BayVGH, B. v. 21. 5. 1993 – 6 CZ 92.30906; OVG NW, B. v. 26. 11. 1996 – 25 A 794/96; Thür.OVG, B. v. 30. 7. 1997 – 3 ZO 209/96; so auch Berlit, in: GK-AsylVfG, II – § 78 Rdn. 186; s. auch Günther, DVBl. 1998, 678).

117 Hat etwa der Antragsteller die grundsätzliche Frage, ob ein regional verfolgter Kurde im Westen der Türkei hinreichend sicher vor Verfolgung ist, unter Auseinandersetzung mit der entgegenstehenden Ansicht im angefochtenen Urteil, dargelegt, und hat das zuständige Obergericht nachträglich diese Frage im Sinne des Antragstellers zu dessen Gunsten entschieden, so hat das Verwaltungsgericht seiner Entscheidung eine tatsächliche Feststellung mit verallgemeinerungsfähigen Auswirkungen zugrunde gelegt, die von dieser – nachträglich in der Rechtsprechung des Obergerichtes getroffenen – verallgemeinerungsfähigen Tatsachenfeststellung abweicht (BVerfG (Kammer), InfAuslR 2000, 308 (311) = NVwZ-Beil. 2000, 34 = EZAR 633 Nr. 38).

118 Als Folge hiervon war deshalb die vom Antragsteller aufgeworfene Grundsatzfrage nunmehr zwar nicht mehr in einem Berufungsverfahren klärungsbedürftig, sodass nachträglich die Klärungsbedürftigkeit entfallen ist. Hingegen wich das angefochtene Urteil nunmehr objektiv von der Rechtsprechung des Obergerichts ab, sodass der auf grundsätzliche Bedeutung gestützte Berufungszulassungsantrag unter der Voraussetzung, dass die Rechtsgrundsätzlichkeit, Verallgemeinerungsfähigkeit und Entscheidungserheblichkeit der aufgeworfenen Grundsatzfrage dargelegt wurde, in eine Divergenzberufung umzudeuten ist (BVerfG (Kammer), InfAuslR 2000, 308 (311) = NVwZ-Beil. 2000, 34 = EZAR 633 Nr. 38).

119 Die vom Verwaltungsgericht getroffenen Feststellungen müssen jedoch mit solchen des Berufungsgerichts in unvereinbarem Widerspruch stehen (so

HessVGH, NVwZ-Beil. 1999, 96). Dies ist nicht der Fall, wenn das Verwaltungsgericht bestimmte von entsprechenden Feststellungen des Berufungsgerichts in dessen späterer Entscheidung abweichende Tatsachen im Blick auf die Situation im Herkunftsland des Asylsuchenden festgestellt hat, das Berufungsgericht aber seine Feststellungen im Wesentlichen auf Erkenntnisquellen gestützt hat, die auf eine in der Zwischenzeit eingetretene Veränderung der tatsächlichen Situation hindeuten und dem Verwaltungsgericht im Zeitpunkt seiner Entscheidung noch nicht bekannt sein konnten (Hess.VGH, NVwZ-Beil. 1999, 96).

Dem kann nicht gefolgt werden. Der Klärungsbedarf kann nur verneint werden, wenn die Grundsatzfrage im Zeitpunkt des Ablaufs der Antragsfrist nach Abs. 4 S. 1 *zweifelsfrei* beantwortet werden konnte, nicht aber bereits dann, wenn bestimmte mit dieser im Zusammenhang stehende Tatsachen in diesem Zeitpunkt lediglich offenkundig waren (BVerfG (Kammer), NVwZ-Beil. 1996, 10). Ob die neu bekannt gewordenen Erkenntnisquellen eine bereits im Zeitpunkt der Entscheidung des Verwaltungsgerichts oder später beginnende Veränderung der tatsächlichen Verhältnisse bestätigen, konnte im Zeitpunkt der erstinstanzlichen Entscheidung nicht zweifelsfrei festgestellt werden.

120

Art. 19 IV GG gebietet es, dass dem mit der Grundsatzrüge ursprünglich erfolgreichen Antragsteller die Früchte dieses Rechtsmittels nicht aufgrund späterer, von ihm unbeeinflussbarer Entwicklungen in der Rechtsprechung wieder entzogen werden. Eine ursprünglich zulässige Grundsatzrüge ist daher *von Amts wegen* – ohne dass es eines hierauf gerichteten Tätigwerdens des Antragstellers bedarf – in eine Divergenzrüge umzudeuten (VGH BW, B. v. 31. 8. 1998 – A 6 S 2094/97). Voraussetzung der Zulassung wegen einer vom Rechtsmittelführer nicht geltend gemachten Divergenz ist indes, dass mit dem Antrag die grundsätzliche Bedeutung der Rechtssache dargelegt worden ist. In einem derartigen Fall kann vom Zulassungsgrund der Grundsätzlichkeit zum Zulassungsgrund der Divergenz übergegangen werden (Kummer, Die Nichtzulassungsbeschwerde, Rdn. 173).

121

Grundgedanke ist in diesen Fällen, eine einmal als zulässig eingelegte Berufung nicht durch nachträgliche Änderungen in die Unzulässigkeit zu führen. Dagegen kann eine zunächst nicht auf einen gesetzlichen Zulassungsgrund gestützte Berufung nicht durch nachträgliche Tatsachen, Erkenntnisse oder Rechtsänderungen zulässig werden (BayVGH, B. v. 21. 5. 1993 – 6 CZ 92.30906). Vielmehr setzt die Umstellung voraus, dass die Berufung wegen grundsätzlicher Bedeutung zulassungsfähig gewesen wäre, später aber durch andere Entscheidungen eine Klärung und gleichzeitig Divergenz eingetreten ist (BayVGH, B. v. 25. 11. 1994 – 6 CZ 92.311118; Hess.VGH, EZAR 633 Nr. 30). In derartigen Fällen kommt es nicht darauf an, dass der Antrag auf Zulassung der Berufung nicht auf die Behauptung der Abweichung gegründet ist (vgl. BVerfG (Kammer), NVwZ 1993, 465 (466)).

122

3.2.2.2.6. Sonderproblem der entscheidungserheblichen Veränderung der Sachlage

3.2.2.2.6.1. Veränderung der Sachlage zugunsten des Asylsuchenden

123 Die Zulassung der Berufung zur grundsätzlichen Klärung der insoweit maßgeblichen Tatsachen kommt nur dann in Betracht, wenn die vom Rechtsmittelführer geltend gemachte tatsächliche Situation im Zeitpunkt der Entscheidung über den Zulassungsantrag noch besteht (Hess.VGH, B. v. 17.11.1997 – 13 UZ 1644/95). Hat sich die allgemeine Situation nach Erlass des verwaltungsgerichtlichen Urteils zugunsten des Klägers verändert, wendet die obergerichtliche Rechtsprechung ein differenzierendes Verfahren an: Die Einführung neu eingetretener Tatsachen oder neuer Beweismittel in das Antragsverfahren kommt danach nur dann in Betracht, wenn im Hinblick auf diese Tatsachen und Beweismittel zugleich die Voraussetzungen für eine Zulassung der Berufung erfüllt sind, insbesondere, wenn damit eine die Berufung wegen grundsätzlicher Bedeutung eröffnende Tatsachenfrage verallgemeinerungsfähiger Tragweite betroffen ist (VGH BW, InfAuslR 1994, 290 (291); VGH BW, EZAR 633 Nr. 21 = NVwZ 1993, 581; VGH BW, AuAS 2000, 216; OVG Saarland, 2.5.1997 – 9 Q 209/95, 9 Q 216/95; zustimmend Schenk, in: Hailbronner, AuslR, § 78 AsylVfG Rdn. 63; Berlit, in: GK-AsylVfG, § 78 Rdn. 144; a. A. OVG Saarland, B. v. 28.2.2001 – 1 Q 93/97, auch bei veränderten allgemeinen Tatsachen ist Folgeantrag zu stellen; s. aber OVG Sachsen, NVwZ-RR 2000, 124, zu § 124 II Nr. 1 VwGO).

124 Betreffen diese Tatsachen und Beweismittel hingegen nur Umstände des konkreten Einzelfalls, ist der Antragsteller auf den Asylfolgeantrag zu verweisen (VGH BW, InfAuslR 1994, 290 (291); VGH BW, EZAR 633 Nr. 21 = NVwZ 1993, 581; OVG Saarland, 2.5.1997 – 9 Q 209/95, 9 Q 216/95; zustimmend Schenk, in: Hailbronner, AuslR, § 78 AsylVfG Rdn. 63; Berlit, in: GK-AsylVfG, § 78 Rdn. 144). Diese Lösung ist der undifferenzierten Verfahrensweise, die im Blick auf neu eintretende Tatsachen und neu bekannt gewordene Beweismittel unterschiedslos auf das Folge- oder Widerrufsverfahren verweist (so BayVGH, BayVBl. 1990, 502), vorzuziehen.

125 Da die differenzierende Lösung für den Antragsteller allerdings erhebliche Rechtsunsicherheiten mit sich bringt, wird in der Praxis des Bundesamtes die Möglichkeit der Folgeantragstellung nach Zurückweisung des Zulassungsantrags eröffnet, wobei der Beginn der Frist nach § 51 III VwVfG auf den Zeitpunkt der Zustellung des Zurückweisungsbeschlusses hinauszuschieben ist (VG Wiesbaden, AuAS 2004, 138; § 71 Rdn. 50 ff.). Maßgeblich für diese Praxis ist, dass der Folgeantragsteller während des anhängigen Antragsverfahrens nach Abs. 4 rechtlich nicht in der Lage war, seinen Tatsachenvortrag einzuführen. Empfehlenswert ist es jedoch, diese Frist nicht auszuschöpfen, sondern unverzüglich nach Zustellung des gerichtlichen Beschlusses den Folgeantrag zu stellen.

3.2.2.2.6.2. Veränderungen der Sachlage zuungunsten des Asylsuchenden

126 Ändert sich die Situation im Herkunftsland zuungunsten des Asylsuchenden, so geht die Rechtsprechung davon aus, dass die der Darlegung zugrun-

deliegenden tatsächlichen Feststellungen damit überholt seien und deshalb unter dem Gesichtspunkt der grundsätzlichen Bedeutung nicht zur Zulassung der Berufung führen könnten (Hess.VGH, B. v. 4. 10. 1996 – 7 UZ 3840/ 95, Auswirkungen des Daytoner Abkommens und des jugoslawischen Amnestiegesetzes von 1996 auf Wehrdienstverweigerer; OVG MV, AuAS 2004, 35 (36); OVG Sachsen, AuAS 2004, 250; BayVGH, AuAS 2004, 69 (70), alle zum Sturz des Saddam-Regimes im Irak). Offen bleibt hier der rechtliche Gesichtspunkt, der dem Berufungsgericht die Zurückweisung des Zulassungsantrags fehlerfrei ermöglicht. Dieser dürfte wohl in der *fehlenden Entscheidungserheblichkeit* der aufgeworfenen Grundsatzfrage wegen veränderter tatsächlicher Verhältnisse zu sehen sein.

Allerdings setzt die Analyse und Bewertung derart komplexer neuer Tatsachen und Umstände eine sorgfältige Prüfung voraus, die nicht in dem dafür nicht vorgesehenen Antragsverfahren erfolgen kann. Jedenfalls wird ein pauschaler Hinweis auf den Eintritt neuer Tatsachen aus verfassungsrechtlicher Sicht den Anforderungen nicht gerecht, die für die Tatsachenfeststellungen zu beachten sind. Gerade dies spricht insbesondere bei den Fragen, bei denen die Erheblichkeit und die Eintrittswahrscheinlichkeit von Verfolgungen bislang in der Rechtsprechung umstritten waren und noch keine gesicherten Erkenntnisse über die Auswirkungen der neu eingetretenen Tatsachen vorliegen, dafür, die Berufung wegen Klärungsbedürftigkeit dieser Frage zuzulassen. 127

3.2.2.2.6.3. Verhältnis der Grundsatzrüge zur überholten Divergenz

Die zur Zulassung der Berufung führende Grundsatzrüge wegen veränderter tatsächlicher Verhältnisse ist von der überholten Divergenz abzugrenzen. Bei dieser wird bei einer veränderten tatsächlichen Situation zugunsten des Asylsuchenden die ursprünglich bestehende Divergenz des angefochtenen Urteils von einer Entscheidung des Berufungsgerichts nachträglich überholt und damit unerheblich und wird deshalb die Berufung nicht zugelassen (OVG NW, NVwZ-Beil. 1999, 95; s. hierzu im Einzelnen Rdn. 209 ff.). 128

Während bei der Grundsatzrüge wegen veränderter Verhältnisse das Verwaltungsgericht den Asylanspruch verneint hatte und nunmehr durch die veränderten Verhältnisse eine grundsätzliche Frage aufgeworfen wird, die möglicherweise diesen Anspruch stützen kann, hat bei der überholten Divergenz das Verwaltungsgericht abweichend von der Rechtsprechung des Berufungsgerichtes der Klage des Asylsuchenden stattgegeben und wird das angefochtene Urteil in tatsächlicher Hinsicht nachträglich bestätigt. 129

3.2.2.2.6.4. Maßgeblicher Zeitpunkt für die Veränderung der Sachlage

Maßgeblicher Zeitpunkt für die Frage, ob die eine Grundsatzfrage begründenden veränderten Verhältnisse im Zulassungsverfahren berücksichtigt werden müssen, ist der Tag der letzten mündlichen Verhandlung im erstinstanzlichen Verfahren (VGH BW, InfAuslR 1994, 290 (291); § 77). Demgegenüber ist für die Frage der nachträglichen Klärung der Grundsatzfrage und der Umdeutung in eine Divergenzberufung der Ablauf der Frist nach Abs. 4 S. 1 maßgeblich (Hess,VGH, NVwZ-Beil. 1999, 96). Für die überholte Divergenz 130 kommt es hingegen auf den Zeitpunkt der Entscheidung des Berufungsgerichts an (OVG NW, NVwZ-Beil. 1999, 95).

3.2.2.2.7. Überholtes oder auslaufendes Recht

131 Entsprechend dem Zweck der Berufungszulassung, wegen grundsätzlicher Bedeutung der aufgeworfenen Grundsatzfrage, eine für die Zukunft richtungsweisende rechtliche grundsätzliche Klärung herbeizuführen, rechtfertigen Rechtsfragen, die sich aufgrund von auslaufendem, ausgelaufenem oder aufgehobenem Recht oder aufgrund von Übergangsvorschriften stellen, grundsätzlich nicht die Zulassung der Berufung (BVerwG, InfAuslR 1993, 321 (322); BVerwG, NVwZ-RR 1996, 712; BVerwG, InfAuslR 1993, 321 (322)).

132 Jedoch kann bei auslaufendem oder ausgelaufenem Recht eine Rechtsfrage noch grundsätzliche Bedeutung haben, wenn die zu klärende Frage nachwirkt, weil noch eine erhebliche Zahl von Fällen zu entscheiden sind, für die es auf diese Frage ankommt (BSG, MDR 1976, 348) oder weil die außer Kraft getretene Vorschrift nach einer Übergangsregelung für einen nicht überschaubaren Personenkreis der Sache nach fortgilt und dies von allgemeiner Bedeutung ist (Berlit, in: GK-AsylVfG, II – § 78 Rdn. 130). Die selben Grundsätze werden auf grundsätzliche Tatsachenfragen angewendet (Schenk, in: Hailbronner, AuslR, § 78 AsylVfG Rdn. 68).

133 Den Antragsteller trifft in diesem Fall jedoch eine *erhöhte Darlegungslast*. Er muss Anhaltspunkte für eine erhebliche Zahl von Altfällen dartun (BVerwG, NVwZ-RR 1996, 712). Bei klärungsbedürftigen Fragen des materiellen Asylrechts können beachtliche Nachwirkungen schon dann angenommen werden, wenn eine erhebliche Anzahl von Fällen nach altem Recht zu entscheiden ist (Fritz, ZAR 1984, 23 (27); Berlit, in: GK-AsylVfG, II – § 78 Rdn. 131; BVerwG, InfAuslR 1993, 321 f.). Rechtsfragen zu *Übergangsvorschriften* kommt hingegen regelmäßig keine grundsätzliche Bedeutung zu, weil auch sie regelmäßig nur vorübergehende Bedeutung haben (BVerwG, InfAuslR 1993, 321). Dies trifft aber auf Rechtsvorschriften, die bestehende Rechtspositionen mit dauerhafter Wirkung in neues Recht überführen, nicht zu.

134 Für Fragen, die sich auf das materielle Asylrecht und damit auf die mit dem Begriff der Verfolgung zusammenhängenden tatsächlichen und rechtlichen Fragen beziehen, hat das Problem auslaufenden oder aufgehobenen Rechts jedoch regelmäßig keine Bedeutung. Rechtsvorschriften, auf deren Grundlage im Herkunftsland des Asylsuchenden bislang politische Verfolgungen ausgeübt wurden, sind für die Rechtsanwendung im Asylrecht Tatsachenfragen, ganz abgesehen davon, dass im Asylrecht nicht lediglich die Geltung von Rechtsnormen, sondern insbesondere deren Anwendung (BVerfG (Kammer), B. v. 12. 8. 1992 – 2 BvR 293/90; BVerfG (Kammer), B. v. 21. 9. 1992 – 2 BvR 1814/89, Strafnormen zur Durchsetzung religiöser Verbote; BVerwGE 67, 195 (199) = EZAR 201 Nr. 5 = NVwZ 1983, 678, politische Strafnormen) zu berücksichtigen ist, sodass allein die Aufhebung politischer Strafnormen noch keine Aussage über die Aufhebung der entsprechenden Verfolgungspraxis zulässt.

3.2.2.2.8. Sonderproblem der entscheidungserheblichen Veränderung der Rechtslage

Da – wie ausgeführt – entscheidungserhebliche Änderungen der *Sach*lage nach Antragstellung bis zum Zeitpunkt der Entscheidung über den Zulassungsantrag berücksichtigt werden, ist kein Grund ersichtlich, warum dementsprechend nicht auch entscheidungserhebliche Änderungen der *Rechts*lage bis zur Entscheidung des Berufungsgerichtes über den Zulassungsantrag berücksichtigt werden könnten. Dementsprechend geht die obergerichtliche Rechtsprechung davon aus, dass ebenso wie »nachgewachsene« entscheidungserhebliche Tatsachen Zweifel an der Richtigkeit einer erstinstanzlichen Entscheidung begründen oder zerstreuen können, auch während des Verfahrens auf Zulassung der Berufung eingetretene Rechtsänderungen die Richtigkeit des angefochtenen Urteils in Frage stellen oder bestätigen können VGH BW, NVwZ-RR 2003, 607; OVG NW, NVwZ 1998, 754; Hess.VGH, NVwZ 2000, 85; OVG Rh-Pf, NVwZ 1998, 302; OVG Rh-Pf, NVwZ 1998, 1094 (1095); OVG Hamburg, NVwZ 1998, 863; a.A. VGH BW, NVwZ 1998, 199; BayVGH, NVwZ-RR 2001, 117; Hess.VGH, NVwZ-RR 2002, 235; OVG NW, NVwZ 2000, 334; s. auch OVG NW, NVwZ-RR 2004, 78). 135

Die auf den Zulassungsgrund des § 124 Abs. 2 Nr. 1 VwGO bezogene Begründung wird auch auf die Grundsatzrüge angewendet (OVG NW, NVwZ 1998, 754) und gilt deshalb auch für die Divergenzrüge. Im Zulassungsverfahren sind alle dargelegten Umstände zu berücksichtigen, die für den Erfolg des angestrebten Rechtsmittels entscheidungserheblich sein können. Solche Umstände können sich auch aus einer Änderung der Sach- und Rechtslage ergeben, die nach materiellem Recht für das Rechtsmittelgericht beachtlich ist und deshalb im angestrebten Berufungsverfahren berücksichtigt werden müsste (OVG NW, NVwZ 1998, 754). 136

Teilweise werden aber nur Rechtsänderungen berücksichtigt, die innerhalb der Begründungsfrist eingetreten sind (Hess.VGH, NVwZ 2000, 85; OVG Rh-Pf, NVwZ 1998, 302; Nieders.OVG, DVBl. 1999, 476; OVG Rh-Pf, NVwZ 1998, 1094; so auch BVerwG, NVwZ-RR 2002, 894). Dies erscheint wenig plausibel, weil Grund für die Berücksichtigung nachträglicher Rechtsänderungen die Erwägung ist, dass es für die Beurteilung der Sach- und Rechtslage auf den Zeitpunkt der gerichtlichen Entscheidung (vgl. § 77 Abs. 1 AsylVfG) ankommt, und sich deshalb die maßgebliche Erwartungsannahme auf den Zeitpunkt der Entscheidung des Rechtsmittelgerichts im Berufungsverfahren bezieht. 137

3.2.2.3. Bezeichnung der Verallgemeinerungsfähigkeit der Grundsatzfrage

3.2.2.3.1. Begriff der Verallgemeinerungsfähigkeit

Eine grundsätzliche Klärung der aufgeworfenen Frage ist nur zu erwarten, wenn in dem künftigen Berufungsverfahren *über den Einzelfall hinausgehend* Fragen rechtlicher oder tatsächlicher Art einer Klärung zugeführt werden können (BFH, NVwZ-RR 2002, 318 (319). In Asylrechtsstreitigkeiten umfasst die Grundsatzberufung jedoch auch solche Fälle, in denen sich die grundsätzliche Bedeutung der Rechtssache allein aus den *verallgemeinerungsfähigen* 138

Auswirkungen ergibt, die die in der Berufungsentscheidung zu erwartende Klärung von Tatsachenfragen haben wird (BVerwG, Buchholz 402.25 § 32 AsylVfG Nr. 4). Unklarheiten oder Fehler bei der Rechtsanwendung im Einzelfall geben andererseits regelmäßig keine Veranlassung zur Klärung der aufgeworfenen Frage (BVerwG, NVwZ-RR 1996, 359). Sie führen allenfalls zu klärenden Feststellungen für diesen Fall (Renner, AuslR, § 78 AsylVfG Rdn. 15).

139 Ebenso wenig können in einem künftigen Berufungsverfahren über den konkreten Einzelfall hinaus verallgemeinerungsfähige Aussagen über die Anforderungen an die asylrechtliche Prognose getroffen werden, wenn auf die »Unabschätzbarkeit der weiteren Entwicklung« im Herkunftsland des Asylsuchenden sowie auf die »Auswirkungen nicht mehr abschätzbarer kriegerischer Konflikte« und auf einen »ständigen Wandel der Verhältnisse« im Bürgerkrieg hingewiesen wird. Vielmehr geht es in diesem Fall letztlich um den Inhalt der vom Verwaltungsgericht getroffenen *Prognoseentscheidung* (Hess. VGH, AuAS 1993, 9 (10).

140 In der obergerichtlichen Rechtsprechung wird in diesem Zusammenhang auch der Begriff der *»potenziellen Klärungsfähigkeit«* verwendet. So werde über den konkreten Einzelfall hinausgehender Klärungsbedarf aufgezeigt, wenn wegen der bezeichneten Art der geltend gemachten individuellen Verfolgungstatbestände die Frage der staatlichen Verfolgungsfähigkeit der Verfolgungssubjekte als »potenziell klärungsfähig« erscheine (VGH BW, B. v. 18. 6. 1997 – A 16 S 1772/97; VGH BW, B. v. 18. 6. 1997 – A 16 S 1777/97; VGH BW, B. v. 18. 6. 1997 – A 16 S 1775/97; VGH BW, B. v. 18. 6. 1997 – A 16 S 1771/97, alle zu den Taliban).

3.2.2.3.2. Keine statistische Betrachtungsweise

141 Ob die aufgeworfene Grundsatzfrage verallgemeinerungsfähigen Charakter hat, ist aufgrund der zur Prüfung gestellten materiellen Fragen zu beantworten. So kann auch der konkrete Einzelfall bedeutsame, über diesen hinausragende materielle Rechtsfragen aufwerfen, die wegen der Bedeutung für eine Vielzahl von weiteren Verfahren von allgemeiner Bedeutung sind. Hingegen wird in der obergerichtlichen Rechtsprechung die Verallgemeinerungsfähigkeit der aufgeworfenen Grundsatzfrage verneint, wenn lediglich zwei Bezugsfälle aus dem Herkunftsland des Antragstellers angegeben werden. Allerdings könnten in der Zukunft zu erwartende gleichgelagerte Verfahren mitberücksichtigt werden (OVG NW, B. v. 13. 10. 1989 – 16 B 21695/89). Ebenso wenig reicht es danach für die Bejahung der Verallgemeinerungsfähigkeit aus, wenn aus dem Herkunftsland des Antragstellers in den vergangenen fünf Jahren lediglich sechs Asylanträge registriert worden sind (OVG NW, B. v. 3. 8. 2000 – 1 A 5949/98.A, zu Laos).

142 Diese Rechtsprechung bezieht sich indes ausdrücklich auf länderspezifische Tatsachenfragen. Sie ist nicht auf die Grundsatzberufung wegen Rechtsfragen anwendbar. Auch wenn lediglich ein einziges Verfahren aus einem Herkunftsland registriert worden ist, so kann das angefochtene Urteil eine Vielzahl von rechtlich umstrittenen Ansichten tragen, die sich nicht auf die tatsächlichen Verhältnisse im Herkunftsland des Antragstellers beziehen und

wegen ihrer rechtlichen Umstrittenheit unabhängig von dem Herkunftsland des Asylsuchenden für eine Vielzahl von Verfahren von Bedeutung sind.

3.2.2.3.3. Abgrenzungsfragen

In der Rechtsprechung wird häufig nicht präzis zwischen den Voraussetzungen, die für die Verallgemeinerungsfähigkeit maßgeblich sind, und den Kriterien differenziert, die sich auf die anderen Anforderungen der Grundsatzrüge beziehen. Unklar ist etwa, ob zur Bezeichnung der Verallgemeinerungsfähigkeit auch Ausführungen zur Umstrittenheit der Grundsatzfrage gehören. So wird in der revisionsgerichtlichen Rechtsprechung die Darlegung verlangt, dass die Grundsatzfrage über den Einzelfall hinausgehende Bedeutung habe. Soweit im Anschluss daran festgestellt wird, zur Darlegung gehörten auch Ausführungen zu den Gründen, in welchem Umfang und von welcher Seite diese Frage umstritten sei (BFH, NVwZ-RR 2002, 318 (319)), wird nicht deutlich, ob dieses Erfordernis sich auf die Verallgemeinerungsfähigkeit oder Klärungsbedürftigkeit der Grundsfrage bezieht.

143

Die obergerichtliche Rechtsprechung verlangt darüber hinaus nicht nur, dass dargelegt wird, warum die aufgeworfene Frage in einer Vielzahl gleichgelagerter Verfahren Relevanz hat. Vielmehr sei auch ein Hinweis darauf erforderlich, dass der Standpunkt des Verwaltungsgerichtes nicht geteilt werde. Unterbleibe dies, so sei nicht dargelegt, worauf sich eine abweichende Ansicht stützen könnte (VGH BW, B. v. 6. 8. 1990 – A 14 S 654/89). Dieser Gesichtspunkt betrifft jedoch ebenso wie im ersten Fall die Darlegung der Klärungsbedürftigkeit der aufgeworfenen Grundsatzfrage.

144

Für die Darlegung der verallgemeinerungsfähigen Bedeutung der Frage muss es danach ausreichen, dass Ausführungen dazu gemacht werden, dass es sich nicht lediglich um ein vereinzeltes Verfahren handelt, dessen Klärung zur Wahrung der Einheitlichkeit der Rechtsprechung und der Rechtsfortbildung nichts beitragen kann. Ob die Gerichte in der Vielzahl anderer Verfahren die Auffassung im angefochtenen Urteil teilen, ist hingegen keine Frage, die Einfluss auf die Verallgemeinerungsfähigkeit der Grundsatzfrage hat. Insoweit reicht die Darlegung aus, dass die zu erwartende Aussage zumindest für einige andere Verfahren von Bedeutung und auf sie übertragbar ist (Renner, AuslR, § 78 AsylVfG Rdn. 15).

145

Zwar kann nach der Rechtsprechung der Frage, ob z. B. vietnamesische Asylsuchende in ihrer Heimat bestraft werden, verallgemeinerungsfähige Bedeutung zukommen. Wird jedoch im Antrag zugleich behauptet, eine generelle Verfolgungspraxis könne nicht festgestellt werden, wird damit zugleich dargelegt, dass es nach Ansicht des Antragstellers insoweit keiner gerichtlichen Aufklärung bedarf (BayVGH, B. v. 21. 5. 1993 – 6 CZ 92.30906; BayVGH, B. v. 30. 4. 1993 – 9 CZ 92.30576). In diesem Fall fehlt es indes nicht der Verallgemeinerungsfähigkeit, sondern an der Entscheidungserheblichkeit der Grundsatzfrage.

146

Soweit nach der Rechtsprechung die Verallgemeinerungsfähigkeit einer Frage deshalb nicht dargetan wird, weil der Antragsteller die Frage aufwerfe, wann im Blick auf den jeweiligen Asylsuchenden die beachtliche Wahrscheinlichkeit der Gefahr der Sippenhaft anzunehmen sei, fehlt es nicht an

147

der Verallgemeinerungsfähigkeit der aufgeworfenen Frage, sondern wird bereits keine grundsätzliche Frage bezeichnet. Die dem entgegen stehende Rechtsprechung begründet ihre Auffassung damit, dass eine grundsätzliche Fragestellung eine nach den Umständen des jeweiligen Einzelfalls, insbesondere nach Person, Art und Umfang der politischen Betätigung der nahen Familienangehörigen des Asylsuchenden zu treffende Prognose voraussetze, sodass das hieraus gewonnene Ergebnis von vornherein nicht über den jeweils zu entscheidenden Einzelfall hinaus reiche und damit auch nicht verallgemeinerungsfähig sei (OVG NW, B. v. 21. 3. 1996 – 9 A 6474/95.A; OVG NW, B. v. 21. 3. 1996 – 9 A 317/96.A).

148 Fraglich ist hier bereits, ob nicht eine nicht rügefähige Einzelfallwürdigung angegriffen wird. Andererseits beruhen Verfolgungsprognosen auf allgemein gültigen Prognosetatsachen, die für die konkrete Prognoseprüfung im Einzelfall zugrunde zu legen sind. Bezieht sich der Zulassungsantrag darauf, dass die Verfolgungsorgane gerade im Blick auf bestimmte gefährdete Personengruppen regelmäßig systematische Verfolgungsmuster anwenden, kann damit eine grundsätzliche Tatsachenfrage bezeichnet worden sein. Es handelt sich hier aber nicht darum, ob der Einzelfall verallgemeinerungsfähig ist, sondern darum, ob die mit dem Hinweis auf die persönlichen Umstände aufgeworfene Grundsatzfrage der Klärung bedarf. Unter diesen Voraussetzungen geht es also nicht um die Verallgemeinerungsfähigkeit, sondern um die Klärungsbedürftigkeit der Grundsatzfrage.

149 Soweit es das BVerfG für zweifelhaft ansieht, ob mit der aufgeworfenen Frage, ob einem Prozessbevollmächtigten, der von einer Gruppenverfolgung ausgehe, ständig und monoton auf Betreibensaufforderungen des Gerichts antworten müsse, die auf eine andere Rechtsansicht hinwiesen, eine verallgemeinerungsfähige Frage bezeichnet wird (BVerfG (Kammer), NVwZ-Beil. 1996, 66 (67)), ist zu entgegnen, dass hiermit nicht die Verallgemeinerungsfähigkeit, sondern die Klärungsbedürftigkeit der aufgeworfenen Frage angesprochen wird. Jedoch dürfte bereits die konkrete Grundsatzfrage nicht hinreichend deutlich bezeichnet worden sein.

3.2.2.4. Bezeichnung der Entscheidungserheblichkeit der Grundsatzfrage

3.2.2.4.1. Begriff der Entscheidungserheblichkeit

150 Die Grundsatzfrage muss anhand des konkreten Einzelfalles einer Klärung zugeführt werden können, also *entscheidungserheblich* sein. Die grundsätzliche Bedeutung einer Rechts- oder Tatsachenfrage kann daher nur dann zur Zulassung der Berufung führen, wenn die Frage, so wie sie mit dem Antrag aufgeworfen wird, für das angefochtene Urteil entscheidungserheblich gewesen ist (Berlit, in: GK-AsylVfG, II-§ 78 Rdn. 153). Verneint etwa das Berufungsgericht die Grundsätzlichkeit der Frage, die sich auf die durch Abschiebung drohende *Foltergefahr* bezieht, mit der Begründung, die Entscheidungserheblichkeit dieser Frage sei nicht dargetan worden, weil der Antragsteller nicht dargelegt habe, dass es auch tatsächlich zu einer Abschiebung kommen werde, werden die Darlegungsanforderungen überspannt (BVerfG (Kammer), InfAuslR 1995, 126 (128f.) = NVwZ-Beil. 1995, 9).

Weder kann die Aufnahmebereitschaft dritter Staaten noch unter diesen Umständen die freiwillige Ausreise des Antragstellers unterstellt werden. Hiervon ausgehend erschwert es den Zugang zum Berufungsverfahren in unzumutbarer Weise, wenn gefordert wird, der in erster Instanz unterlegene Antragsteller müsse näher darlegen, dass die berufungsgerichtliche Klärung der Foltergefahr als Voraussetzung für das Bestehen einer Abschiebungshindernisses nach § 60 II AufenthG für die Entscheidung erheblich sei. Aus dem Umstand, dass er diese Klärung begehrt, wird ohne weiteres offenkundig, dass der Rechtsschutzsuchende seine freiwillige Ausreise nicht in Erwägung zieht. In dieser Lage von ihm gleichwohl zu verlangen, zur Darlegung der Entscheidungserheblichkeit gewissermaßen hypothetische andere denkbare Sachverhaltskonstellationen auszuschließen, ist mit Art. 19 IV GG unvereinbar (BVerfG (Kammer), InfAuslR 1995, 126 (129)). 151

An der Entscheidungserheblichkeit fehlt es, wenn die für die aufgeworfene Grundsatzfrage maßgeblichen tatsächlichen Voraussetzungen im konkreten Rechtsstreit gar nicht vorliegen. So ist die zur Prüfung gestellte Tatsachenfrage, ob armenische Religions- und Volkszugehörige in der Türkei einer Gruppenverfolgung ausgesetzt sind, nicht entscheidungserheblich, wenn das Verwaltungsgericht seiner Entscheidung zugrundelegt, dass der Antragsteller kein armenischer Christ ist (Hess.VGH, B. v. 27. 2. 1995 – 12 UZ 381/94). Hieran ändert auch der Umstand nichts, dass dieser nach den Feststellungen des Verwaltungsgerichts armenische Vorfahren hat, wenn im Urteil zugleich darauf hingewiesen wird, dass es wegen seiner schon vollzogenen Assimilation in die türkische Umgebung an einem Bekenntnis zum armenischen Volkstum fehle (Hess.VGH, B. v. 27. 2. 1995 – 12 UZ 381/94). 152

3.2.2.4.2. Maßgebliche Rechtsansicht für die Entscheidungserheblichkeit

Im Schrifttum wird vertreten, dass die Entscheidungserheblichkeit entfällt, wenn es auf die Grundsatzfrage nach den nicht mit Verfahrensrügen angegriffenen Tatsachenfeststellungen des Verwaltungsgerichts nicht ankommt. Insoweit sei grundsätzlich die Rechtsansicht des Verwaltungsgerichts zugrunde zu legen (Renner, AuslR, § 78 AsylVfG, Rdn. 16; Berlit, in: GK-AsylVfG, II-§ 78 Rdn. 153). Dies bedeutet jedoch nicht, dass für die Grundsatzfrage selbst die Rechtsansicht des Verwaltungsgerichts maßgebend ist. Andernfalls könnte die Grundsatz- und auch die Divergenzrüge ihre maßgebliche Funktion als Instrument zur Gewährleistung der Rechtseinheit und der einheitlichen Fortentwicklung des Rechts nicht erfüllen. Käme es für die Frage der Entscheidungserheblichkeit der Grundsatzfrage auf die Rechtsansicht des Verwaltungsgerichts an, könnten bei Zugrundelegung dieser Ansicht mithin entscheidungserhebliche Fragen trotz Klärungsbedarf nicht mehr im Berufungsverfahren überprüft und im Sinne der Rechtsvereinheitlichung geklärt werden. 153

Dem steht nicht entgegen, dass es für die Frage der Entscheidungserheblichkeit dann auf die materielle Rechtsauffassung des Verwaltungsgerichts ankommt, wenn es um die Frage geht, welche Fragen im Einzelnen in der Grundsatzrüge erörtert werden müssen (BVerfG (Kammer), AusAS 1993, 238 (239) = InfAuslR 1995, 15 = EZAR 633 Nr. 24). Insoweit geht es lediglich um 154 die Begrenzung des Prüfungsstoffs des Zulassungsantragsverfahrens und nicht um eine Erörterung der materiellen Richtigkeit der im Rahmen des eingegrenzten Prüfungsrahmens zu behandelnden Fragen. Die Rechtsansicht des Verwaltungsgerichts ist damit lediglich maßgebend dafür, ob auch ohne Klärung der Grundsatzfrage das Urteil rechtlichen Bestand hat.

3.2.2.4.3. Mehrere, das Urteil selbständig tragende Gründe

155 Im Revisionsrecht ist anerkannt, dass in dem Fall, in dem das angefochtene Urteil nebeneinander auf *mehrere* je selbständig tragende Begründungen gestützt wird, zur Darlegung der Entscheidungserheblichkeit der aufgeworfenen Grundsatzfrage im Einzelnen auszuführen ist, dass im Hinblick auf jede dieser Urteilsbegründungen ein Zulassungsgrund vorliegt (BVerwG, InfAuslR 1983, 66; BVerwG, NVwZ-RR 1990, 379 = InfAuslR 1990, 38; BVerwG, NVwZ 1991, 376). Diese Rechtsprechung wird regelmäßig auch auf die asylspezifische Grundsatzrüge übertragen (Hess.VGH, B. v. 5. 1. 1989 – 13 TE 2847/88; Hess.VGH, B. v. 24. 1. 1989 – 13 TE 2168/88; VGH BW, B. v. 16. 8. 1994 – A 13 S 1745/94; Berlit, in: GK-AsylVfG, II-§ 78 Rdn. 153; a. A. OVG Hamburg, InfAuslR 1983, 262 (263)).

156 Die Gegenansicht wird damit begründet, dass die Berufung zuzulassen sei, wenn zu erwarten sei, dass das Berufungsgericht sich mit der Grundsatzfrage befassen werde. In diesem Fall könne die Befassung mit einer grundsätzlichen Frage auch zu erwarten sein, wenn das Verwaltungsgericht sein Urteil auf andere Gesichtspunkte gestützt habe. Für die asylspezifische Berufungszulassung sei nicht erforderlich, dass schon im Zusammenhang mit dem tragenden Grund des angefochtenen Urteils grundsätzliche Fragen auftauchen. Denn auch in Asylrechtsstreitigkeiten sei es Aufgabe des Berufungsgerichts, Urteile der ersten Instanz *umfassend* zu überprüfen. Seien die tragenden Gründe des Urteils ernsthaft in Zweifel zu ziehen, so sei es durchaus möglich und damit zu erwarten, dass das Berufungsgericht die Grundsatzfrage behandeln werde (OVG Hamburg, InfAuslR 1983, 262 (263)).

157 Das Erfordernis der Klärungserwartung hat bei der Grundsatzrevision eine ähnliche Funktion wie das Beruhenserforderns bei der Divergenzrevision (s. hierzu Rdn. 238 ff.). Eine Klärung der Rechtsfrage ist insbesondere dann nicht zu erwarten, wenn sie lediglich in einer Hilfsbegründung des angefochtenen Urteils erörtert worden ist, die Hauptbegründung dagegen die Zulassung nicht rechtfertigt, weil sie mit der höchstrichterlichen Rechtsprechung übereinstimmt (Pietzner, in: VwGO. Kommentar, Schoch u. a., § 132 Rdn. 53).

158 Folgt man der herrschenden Ansicht in der obergerichtlichen Rechtsprechung, sind deshalb unter dem Gesichtspunkt der Klärungserwartung auch bei der asylspezifischen Grundsatzrüge sämtliche das Urteil tragende Gründe mit der Rüge anzugreifen. Hat das Verwaltungsgericht etwa eine Gruppenverfolgung verneint und zugleich die Frage einer inländischen Fluchtalternative nicht offen gelassen, sondern verbindlich verneint, müssen beide Gründe mit Rügen angegriffen werden. Ebenso verhält es sich, wenn das Verwaltungsgericht die Verfolgungsmächtigkeit des Verfolgungssubjekts verneint und die Frage einer inländischen Fluchtalternative als offenkundig be-

Rechtsmittel § 78

zeichnet hat (BVerfG (Kammer), NVwZ-Beil. 1996, 10, zu Bosnien und Herzegowina).

In diesem Fall wird das Urteil zwar durch zwei selbständige Gründe gestützt, die allerdings nicht tragfähig sind. Ihre mangelnde Tragfähigkeit muss jedoch jeweils mit Rügen angegriffen werden. Im entschiedenen Fall ging das BVerfG davon aus, dass weder die Frage nach dem möglichen Verfolgungssubjekt noch nach dem Bestehen einer inländischen Fluchtalternative eindeutig beantwortet worden war, sodass die Zurückweisung des Zulassungsantrags jedenfalls mit der gegebenen Begründung insgesamt nicht mehr vertretbar gewesen sei (BVerfG (Kammer), NVwZ-Beil. 1996, 10). 159

Wird die grundsätzliche Rechtsfrage zur Prüfung gestellt, ob auch der vermeintliche Terrorist aus dem Schutzbereich des Asylrechts herausfällt, ist die Klage aber deswegen abgewiesen worden, weil der Asylsuchende unmittelbar nach der Explosion einer Bombe im Zuge einer Razzia zwecks strafrechtlicher Ermittlungen nur kurzfristig festgenommen worden war, so handelt es sich um eine unerhebliche polizeiliche Maßnahme, sodass die Grundsfrage nicht entscheidungserheblich ist (BVerwG, NVwZ 1991, 376 (376f.)). 160

Der Rechtsmittelführer darf sich nicht darauf beschränken, lediglich die Verneinung erheblicher Nachfluchtgründe durch das Verwaltungsgericht mit der Rüge anzugreifen, sondern muss darüber hinaus auch die Verneinung von Vorfluchtgründen zum Gegenstand des Antrags machen. Wird die auf die Nachfluchtgründe bezogene Rüge zurückgewiesen, hat das Berufungsgericht sich mit den die Vorfluchtgründe betreffenden Rügen auseinander zu setzen. Nur wenn die gegen die Verneinung der Nachfluchtgründe zielende Rüge Erfolg hat, wird die Berufung eröffnet. In diesem Fall wird die Berufung uneingeschränkt eröffnet, sodass das Berufungsgericht auch die Vorfluchtgründe zu behandeln hat, auch wenn deren Verneinung durch das Verwaltungsgericht nicht mit Rügen angegriffen wurde. 161

Das Risiko, dass die auf die Nachfluchtgründe gerichtete Rüge zurückgewiesen und dadurch das angefochtene Urteil rechtskräftig wird, ist jedoch groß und kann nur dadurch gemindert werden, dass zugleich auch in Ansehung des Vorfluchtbereichs zulässige Rügen erhoben werden. Die selbe prozessuale Konstellation stellt sich, wenn das Verwaltungsgericht die Gefahr einer strafrechtlichen Verfolgung und zugleich auch deren politischen Charakter verneint. In diesem Fall darf der Rechtsmittelführer seine Rügen nicht lediglich auf die tatsächliche Frage der strafrechtlichen Verfolgung beschränken, sondern muss auch die Verneinung des politischen Charakters mit Rügen angreifen. 162

Hat das Verwaltungsgericht die Erheblichkeit der geltend gemachten Nachfluchtgründe mit der Begründung verneint, dass es sowohl an der erforderlichen Kontinuität der politischen Überzeugung wie auch an dem herausgehobenen Profil des Rechtsmittelführers fehlt, müssen beide das Urteil selbständig tragende Gründe mit Rügen angegriffen werden (vgl. hierzu Hess.VGH, InfAuslR 2002, 156 (157)). Bei fehlender Kontinuität, aber herausgehobenem Profil kommt keine Asylanerkennung, sondern nur die Gewährung von Abschiebungsschutz in Betracht. Umgekehrt begründet die Kontinuität der politischen Überzeugung keine beachtliche Wahrscheinlichkeit politischer Verfolgung, wenn es am hervorgehobenen Profil mangelt. 163

3.2.2.4.4. Beschränkung auf die vom Verwaltungsgericht behandelte Fragen

164 Zwar führt die aufgeworfene Grundsatzrüge nur dann zur Zulassung der Berufung, wenn die zur Prüfung gestellte Frage entscheidungserheblich war. Dies kann jedoch nicht bedeuten, dass von vornherein zu allen sich möglicherweise im Zusammenhang mit der Grundsatzfrage stellenden Rechtsproblemen umfassend Stellung genommen werden müsste. Vielmehr muss es, um jedenfalls den Darlegungsanforderungen zu genügen, ausreichen, wenn die aufgeworfene Grundsatzfrage rechtlich derart aufgearbeitet wird, wie dies *nach Maßgabe der Begründung* in der angegriffenen *Entscheidung des Verwaltungsgerichtes* erforderlich ist (BVerfG (Kammer), AuAS 1993, 238 (239) = InfAuslR 1995, 15 = EZAR 633 Nr. 24).

165 Rechtsfragen, die in der Begründung der verwaltungsgerichtlichen Entscheidung keine Rolle spielen, brauchen regelmäßig im Zulassungsantrag nicht erörtert zu werden, um eine Entscheidungserheblichkeit darzulegen. Vom Verwaltungsgericht nicht erörterte Rechtsfragen waren für dieses nicht entscheidungserheblich. Ob sie im Rahmen des Berufungsverfahrens entscheidungserheblich sein können, vermag der Rechtsmittelführer im Zeitpunkt der Antragstellung häufig nicht abzuschätzen, weil dies regelmäßig von der rechtlichen Würdigung durch das Berufungsgericht im jeweiligen Einzelfall abhängen wird (BVerfG (Kammer), AusAS 1993, 238 (239) = InfAuslR 1995, 15 = EZAR 633 Nr. 24; so auch Renner, AuslR, § 78 AsylVfG Rdn. 16).

166 Hat das Verwaltungsgericht etwa eine Gruppenverfolgung der Kurden im Südosten der Türkei verneint und sich deshalb zur Frage einer inländischen Fluchtalternative nicht geäußert, war diese für die Entscheidung auch nicht erheblich. Aus dem Umstand, dass das Verwaltungsgericht sich im Wesentlichen mit den Verhältnissen im Südosten der Türkei befasst hat, kann auch nicht geschlossen werden, es habe gleichsam stillschweigend für die restlichen Gebiete der Türkei eine inländische Fluchtalternative annehmen wollen (BVerfG (Kammer), AusAS 1993, 238 (239) = InfAuslR 1995, 15 = EZAR 633 Nr. 24).

167 Umgekehrt reichen auf die Verneinung einer inländischen Fluchtalternative zielende Rügen aus, wenn das Verwaltungsgericht die Frage einer regionalen Gruppenverfolgung offen gelassen hat (vgl. BVerfG (Kammer), InfAuslR 2000, 308 (311)). Denn in diesem Fall hat es sich mit der Gruppenverfolgung nicht auseinandergesetzt, sodass diese Frage im Zulassungsantrag auch nicht behandelt werden muss. Das BVerfG hat in diesem Fall die Entscheidungserheblichkeit der allein auf die inländische Fluchtalternative zielenden Grundsatzfrage deshalb bejaht, weil die Frage der Kausalität zwischen Verfolgung und Flucht anders zu beurteilen sei, sofern die Rechtsmittelführerin nicht auf eine inländische Fluchtalternative verwiesen werden könne (BVerfG (Kammer), InfAuslR 2000, 308 (311)).

3.2.2.4.5. Prozessuale Funktion der Glaubhaftigkeit des Asylvorbringens

168 Grundsätzlich zielt die Grundsatzrüge *aus Anlass des konkreten Einzelfalls* auf die grundsätzliche Klärung verallgemeinerungsfähiger Fragen, deren Bedeutung für die Wahrung der Einheitlichkeit der Rechtsprechung sowie der

Rechtsmittel § 78

Rechtsfortbildung nicht abhängig davon ist, ob im Einzelfall das Sachvorbringen glaubhaft ist. Dies ist sozusagen die Kehrseite des Grundsatzes, dass die Rügen nach Abs. 3 Nr. 1 und 2 nicht der Herstellung von Einzelfallgerechtigkeit dienen.

Hat mithin der Einzelfall lediglich *Auslöserfunktion* für die Prüfung und Klärung genereller Fragen, kann es jedenfalls unter dem Gesichtspunkt der Entscheidungserheblichkeit derart aufgeworfener grundsätzlicher Fragen nicht entscheidend auf die Art und Weise des Sachvorbringens im Einzelfall ankommen. Jedenfalls kann nicht mit dem pauschalen Hinweis auf die Unglaubwürdigkeit der Person des Asylsuchenden die Entscheidungserheblichkeit der aufgeworfenen Frage verneint werden. Vielmehr muss gerade das Sachvorbringen, das Auslöser für diese Frage ist, vom Verwaltungsgericht als unglaubhaft bewertet worden sein. 169

Daher ist Zurückhaltung angezeigt, soweit es um die tatsächlichen Feststellungen des Verwaltungsgerichts zur *Glaubwürdigkeit* des Asylsuchenden und *Glaubhaftigkeit* seiner Angaben geht. Zwar sind für das Zulassungsantragsverfahren die tatsächlichen Feststellungen des Verwaltungsgerichts zugrunde zu legen. Im Berufungsverfahren ist das Berufungsgericht indes nicht an die tatsächlichen Feststellungen des Verwaltungsgerichts gebunden (vgl. § 128 VwGO) und kann daher der Rechtsmittelführer das angefochtene Urteil im vollen Umfang angreifen (BVerfG (Kammer), InfAuslR 1995, 126 (130) = NVwZ-Beil. 1995, 9). Auch bei fehlender Glaubhaftmachung in Ansehung bestimmter Tatsachen kann daher aus Anlass des konkreten Einzelfalls eine Grundsatzfrage einer Klärung zugeführt werden. 170

So mögen etwa nach Aktenlage erhebliche Zweifel am Vorbringen des Asylsuchenden bestehen, soweit es um die Mitgliedschaft des Rechtsmittelführers zur DVPA (Afghanistan) geht. Andererseits kann ihn aber die langjährige Ausbildung in der UdSSR in den Augen der Taliban als »Kommunist« erscheinen lassen, sodass deswegen die Entscheidungserheblichkeit der auf die Verfolgungsmächtigkeit der Verfolgungssubjekte zielenden Grundsatzfrage nicht verneint werden kann (VGH BW, B. v. 18. 6. 1997 – A 16 S 1772/97). 171

Andererseits fehlt es an der Entscheidungserheblichkeit, wenn der Antragsteller die Grundsatzfrage aufwirft, ob ein Anhänger der »Schole Javed«, der für diese Organisation in Afghanistan Botendienste geleistet und an bewaffneten Kämpfen teilgenommen hat, mit politischer Verfolgung rechnen müsse, wenn das Verwaltungsgericht die vom Antragsteller geäußerte Verfolgungsfurcht vorrangig für unbegründet erachtet, weil es sein Sachvorbringen zu seiner Betätigung in dieser Organisation für unglaubhaft hält (Hess. VGH, B. v. 13. 1. 1997 – 13 UZ 3046/96.A). 172

Die bloße Möglichkeit, dass das Berufungsgericht das Verfolgungsvorbringen im Berufungsverfahren abweichend von der Einschätzung des Verwaltungsgerichts als glaubhaft erachtet und deshalb veranlasst sein könnte, auf die Verfolgungssituation wegen der behaupteten Organisationszugehörigkeit einzugehen, genügt nicht, um der aufgeworfenen Tatsachenfrage die notwendige Entscheidungserheblichkeit zu verleihen. Denn *entscheidungserheblich* für das Berufungsverfahren sind nur solche *Tatsachen- und Rechtsfragen*, 173

3.3. Divergenzrüge (Abs. 3 Nr. 2)

3.3.1. Voraussetzungen der Divergenzberufung nach Abs. 3 Nr. 2

3.3.1.1. Zweck der Divergenzrüge

174 Nach Abs. 3 Nr. 2 ist die Berufung zuzulassen, wenn das Urteil des Verwaltungsgerichtes von einer Entscheidung des Oberverwaltungsgerichtes, des BVerwG, des Gemeinsamen Senates der Obersten Gerichtshöfe des Bundes, oder des BVerfG abweicht und auf dieser Abweichung beruht (Abs. 3 Nr. 2). Die Divergenzrüge dient der *Wahrung der Einheitlichkeit der Rechtsprechung* bzw. der *Sicherung einer einheitlichen* Rechtsprechung in der Auslegung bestimmter Rechtsvorschriften. Sie verfolgt damit objektivrechtlich den *Zweck de Wahrung der Rechtseinheit* und subjektivrechtlich der *Rechtsanwendungsgleichheit* (Pietzner, VwGO, Kommentar, Schoch u. a., § 132 Rdn. 57). Die Divergenzrüge soll die *Rechtseinheit vor grundsätzlich abweichenden Entscheidungen* bewahren. Die mit der Zulassung der Berufung eröffnete Möglichkeit der Kassation der angefochtenen Entscheidung des Einzelfalls bildet nur eine Nebenfolge der Grundsatzabweichung zum Zwecke der Bewahrung von Rechtsgrundsätzen (Hess.VGH, EZAR 633 Nr. 36).

175 Nicht Einzelfallgerechtigkeit, sondern die Verhinderung der Entwicklung unterschiedlicher Rechtsgrundsätze im Instanzenzug ist demnach das Ziel der Eröffnung der Berufung (Hess.VGH, EZAR 633 Nr. 36). Die *Divergenzberufung* wird allgemein als *Unterfall* der *Grundsatzberufung* angesehen (BVerfG (Kammer), NVwZ 1993, 465; BVerwGE 70, 24 (27) = NVwZ 1985, 159 = InfAuslR 1985, 119; Hess.VGH, EZAR 630 Nr. 30; Hess.VGH, EZAR 633 Nr. 36; OVG Lüneburg, B. v. 14. 1. 1988 – 11 OVG B 484/87; OVG Saarland, B. v. 17. 8. 2000 – 1 Q 22/00; BayVGH, B. v. 21. 5. 1993 – 6 CZ 92.30906; B. v. 30. 4. 1993 – 9 CZ 92.30576; B. v. 25. 5. 1993 – 14 CZ 92.31269; Fritz, ZAR 1984, 23 (26); Höllein, ZAR 1989, 109 (110); Pietzner, in: VwGO. Kommentar, Schoch u. a., § 132 Rdn. 58; Schenk, in: Hailbronner, AuslR, § 78 AsylVfG Rdn. 68; a. A. BayVGH, BayVBl. 1985, 181; Günther, DVBl. 1999, 678 (679 ff.); s. auch BVerfG (Kammer), NVwZ-Beil. 1994, 27).

176 Die abweichende Ansicht wird damit begründet, aus dem systematischen Zusammenhang der gesetzlich geregelten Zulassungsgründe ergebe sich, dass die Fälle, in denen eine Divergenz zur Berufungszulassung führen solle, in § 32 II Nr. 2 AsylVfG 1982 (jetzt Abs. 3 Nr. 2) abschließend geregelt seien. Nichts spreche für die Annahme, dass für weitere Fallgruppen von divergierenden Entscheidungen auch noch auf anderem Wege – etwa wegen grundsätzlicher Bedeutung – die Berufungszulassung möglich sein solle (BayVGH, BayVBl. 1985, 181). Demgegenüber verweist das BVerfG auf die Entstehungsgeschichte des § 32 II Nr. 2 AsylVfG 1982 sowie auf die allgemeine Meinung, derzufolge seit langem die Abweichung von einer Entscheidung eines anderen Oberverwaltungsgerichtes als Fall der Grundsatzberufung angesehen werde (BVerfG (Kammer), NVwZ 1993, 465).

Die Divergenzberufung unterscheidet sich von der Grundsatzberufung nur dadurch, dass bei der Divergenzberufung bereits eine Grundsatzrechtsprechung existiert, die Zulassung wegen grundsätzlicher Bedeutung also nicht mehr erfolgen kann und die Gefährdung der Rechtseinheit nur durch das spezielle Instrument der Divergenzzulassung abzuwehren ist, und zwar erforderlichenfalls in jedem Fall der Abweichung (Hess. VGH, EZAR 633 Nr. 6). Liegt Divergenz vor, hat die Rechtssache immer grundsätzliche Bedeutung. Sie wird vom Gesetz gleichsam unwiderlegbar vermutet, sodass die Divergenzrüge sich lediglich als ein gesetzliche besonders hervorgehobener Fall der Grundsatzrüge darstellt (Pietzner, in: VwGO. Kommentar, Schoch u. a., § 132 Rd. 58). Weil der Anwendungsbereich der Divergenz mithin enger ist und sie grundsätzlich *nicht der Fortentwicklung der Rechts* dient, also *nicht in die Zukunft gerichtet* ist, sondern nur die Abwehr divergierender Entscheidungen von Rechtsgrundsätzen des geltenden Rechts zum Ziel hat, ist sie die *schwächste Form der Rüge*.

3.3.1.2. Prüfungsschema

Die Abweichung muss *grundsätzlicher* Art sein. Das ist nur der Fall, wenn das Verwaltungsgericht im angefochtenen Urteil einen Grundsatz rechtlicher oder tatsächlicher Art aufstellt, der in Widerspruch zu einem Grundsatz steht, den ein divergenzfähiges Gerichte aufgestellt hat (BVerwG, InfAuslR 1984, 13 (14); Schenk, in: Hailbronner, AuslR, B 2, § 78 AsylVfG Rdn. 69; Renner, AuslR, § 78 AsylVfG Rdn. 19). Eine Abweichung liegt nur vor, wenn das Verwaltungsgericht in einer Rechts- oder Tatsachenfrage anderer Auffassung ist, als sie von einem nach Abs. 3 Nr. 2 divergenzfähigen Gerichten vertreten worden ist.

Es muss also seiner Entscheidung einen diese tragenden *abstrakten Grundsatz* zugrunde gelegt haben, der mit einem in der Rechtsprechung der divergenzfähigen Gerichte aufgestellten Grundsatz nicht übereinstimmt (VGH BW, B. v. 28. 3. 1995 – A 12 S 349/95; VGH BW, B. v. 19. 6. 1996 – A 16 S 8/96; vgl. auch BVerwG, InfAuslR 1984, 13 (14); BVerwG, InfAuslR 1988, 316; Schenk, in: Hailbronner, AuslR, § 78 AsylVfG Rdn. 69). Zunächst ist also die Bezeichnung des maßgeblichen abstrakten Grundsatzes rechtlicher oder tatsächlicher Art und sodann die Darlegung erforderlich, dass der von einem divergenzfähigen Gericht aufgestellte Grundsatz die Entscheidung trägt (VGH BW, B. v. 28. 3. 1995 – A 12 S 349/95). Anschließend ist darzulegen, dass das Verwaltungsgericht im angefochtenen Urteil einen diesem Grundsatz widersprechenden Grundsatz aufgestellt hat.

Im Zulassungsantrag sind daher aus systematischen Gründen in der folgenden Reihenfolge die folgenden Fragen zu behandeln:
1. Welcher abstrakte Grundsatz im angefochtenen Urteil ist Ausgangspunkt der Rüge (Rdn. 181 ff.)?
2. Welcher abstrakte Grundsatz in der genau bezeichneten Entscheidung des divergenzfähigen Gerichts ist Bezugspunkt der Divergenz (Rdn. 185 ff.)?
3. Liegt eine objektive Divergenz vor (Rdn. 216 ff.)?
4. Beruht das angefochtene Urteil auf der Divergenz (Rdn. 248 ff.)?

3.3.2. Voraussetzungen des Zulassungsantrags

3.3.2.1. Bezeichnung des abstrakten Grundsatzes im angefochtenen Urteil

181 Zunächst ist im Zulassungsantrag präzis der inhaltlich bestimmte abstrakte und das Urteil tragende Grundsatz herauszuarbeiten und zu bezeichnen (Hess.VGH, NVwZ 1998, 303 (304)), der Grundlage der Divergenzrüge bilden soll. Die Entscheidung, von der das angefochtene Urteil abweichen soll, ist möglichst genau zu bezeichnen. Grundlage für die Rüge können nur die *schriftlichen Entscheidungsgründe* und nicht die mündlich mitgeteilten Gründe bilden. Letztere haben nur die Funktion einer vorläufigen und unmaßgeblichen Information der Beteiligten. Ein Abweichen zwischen mündlichen und schriftlichen Gründen ist unschädlich. Dementsprechend werden durch die mündlich mitgeteilten Gründe im Anschluss an die Verkündung des Urteils noch keine divergenzgeeigneten Grundsätze aufgestellt (VGH BW, NVwZ 1999, 669 = AuAS 1999, 95 (96)).

182 Die Ausführungen in der Antragsschrift dürfen sich nicht in der bloßen Wiedergabe eigener tatsächlicher und rechtlicher Feststellungen des Verwaltungsgerichts erschöpfen, ohne herauszuarbeiten, dass in diesen ein bestimmter, die erstinstanzliche Entscheidung tragender abstrakter Grundsatz zum Ausdruck kommt. Es ist nicht Aufgabe des Berufungsgerichts im Zulassungsverfahren einen unbestimmt gehaltenen Vortrag des Antragstellers weitergehend daraufhin zu überprüfen, ob sich aus ihm etwa bestimmte, üblicherweise in Widerspruch zu einer ober- oder höchstrichterlichen Entscheidung stehende abstrakte Grundsätze ergeben könnten (Hess.VGH, NVwZ 1998, 303 (304)).

183 Es ist vielmehr Aufgabe des Antragstellers, seine Divergenzrüge so präzis zu fassen, dass das Berufungsgericht die sich gegenüberstehenden abstrakten Grundsätze ohne weiteren Interpretationsaufwand erkennen und darüber hinaus den Ausführungen des Antrags ohne weiteres zu entnehmen vermag, aus welchen näheren Gründen das Verwaltungsgericht mit dem von ihm aufgestellten Grundsatz von der Rechtsprechung eines divergenzfähigen Gerichts abgewichen ist (Hess.VGH, NVwZ 1998, 303 (304)).

184 Das BVerwG hat ausdrücklich hervorgehoben, dass dem Berufungsgericht für seine Aufgabe, auf eine einheitliche Beurteilung bestimmter länderspezifischer Erkenntnisquellen hinzuwirken, auch die verfahrensrechtliche Handhabe der Divergenzberufung in Konsequenz der Ausweitung der Grundsatzberufung auf Tatsachenfragen zur Verfügung steht (BVerwGE 70, 24 (26) = EZAR 633 Nr. 9 = NVwZ 1985, 199 = InfAuslR 1985, 119). Daher kann mit dem Antrag eine *Abweichung* auch in Bezug auf eine abstrakte *Tatsachenfrage* geltend gemacht werden (BVerwGE 70, 24 (26); Hess.VGH, EZAR 633 Nr. 30; Hess.VGH, B. v. 4. 11. 1994 – 12 UZ 1548; Hess.VGH, B. v. 27. 2. 1995 – 12 UZ 381/94; Hess. 16. 7. 1996 – 12 UZ 3030/95; Hess.VGH, B. v. 24. 10. 2000 – 2 UZ 2394/97.A; Höllein, ZAR 1989, 109 (111); Renner, AuslR, § 78 AsylVfG Rdn. 18; Schenk, in: Hailbronner, AuslR, § 78 AsylVfG Rdn. 68; Berlit, in: GK-AsylVfG, § 78 Rdn. 158). Den Berufungsgerichten wird insoweit jedoch Zurückhaltung empfohlen, weil Abweichungen bei einzelfallbezogenen Tatsachenfeststellungen ohne verallgemeinerungsfähigen Inhalt nicht den Zugang zur Berufungsinstanz eröffnen (Höllein, ZAR 1989, 109 (111)).

3.3.2.2. Bezeichnung des divergierenden Grundsatzes

3.3.2.2.1. Genaue Bezeichnung der divergierenden Entscheidung
Nach Bezeichnung des abstrakten Grundsatzes im angefochtenen Urteil ist zunächst die bestimmte Entscheidung eines divergenzfähigen Gerichts zu bezeichnen. Darüber hinaus ist der abstrakte Grundsatz von dem abgewichen worden sein soll, unter Durchdringung des Prozessstoffs aufzuarbeiten (Thür.OVG, B. v. 5. 9. 1996 – 3 ZO 577/96; Nieders.OVG, B. v. 24. 5. 1996 – 13 L 2957/96). Ein divergierender Grundsatz ist nicht aufgezeigt, wenn der Antragsteller sich lediglich auf die ständige Rechtsprechung des zuständigen Berufungsgerichts zu einer bestimmten Frage beruft und dabei als Beispiele bestimmte Entscheidungen anführt. Denn die Berufung auf eine nicht näher bezeichnete »ständige Rechtsprechung« genügt dem Darlegungserfordernis nicht (Hess.VGH, EZAR 633 Nr. 39).   185

Im Zusammenhang mit der Bezeichnung des divergierenden Grundsatzes ist die bestimmte Entscheidung des divergenzfähigen Gerichts grundsätzlich mit Datum und Aktenzeichen zu bezeichnen. Ist die Entscheidung veröffentlicht worden, gehört die Angabe der Quelle nicht zu den notwendigen Angaben.   186

Zwar hat das BVerwG für die revisionsrechtliche Divergenzrüge festgestellt, dass diese nicht ausreichend begründet ist, wenn sie das Urteil, von dem abgewichen worden sein soll, allein nach seinem Datum benennt (BVerwG, MDR 1964, 624). Für die Divergenzrüge nach Abs. 3 Nr. 2 ist das Unterlassen der genauen obergerichtlichen Entscheidung – mit Datum und Aktenzeichen – jedoch dann unschädlich, wenn sich aus dem angefochtenen verwaltungsgerichtlichen Urteil mit hinreichender Deutlichkeit ergibt, welche obergerichtliche Entscheidung gemeint ist (Hess.VGH, NVwZ-RR 1994, 237 (238) = AuAS 1993, 261).   187

Die *Form* der Entscheidung eines der in Abs. 3 Nr. 2 genannten Gerichtes, von der das Verwaltungsgericht abweicht, ist *unerheblich* (Nieders.OVG, B. v. 1. 10. 1993 – 8 L 2546/93; Renner, AuslR, § 78 AsylVfG Rdn. 20). Die divergenzfähige Entscheidung kann auch in Form eines Beschlusses (vgl. § 130 a VwGO) ergangen sein. Diese muss auch nicht in allgemein zugänglichen juristischen Fachzeitschriften oder amtlichen Sammlungen veröffentlicht worden sein.   188

Eine Zulassung der Berufung wegen Divergenz von einem bislang lediglich als Pressemitteilung bekannten Urteil des BVerwG ist unzulässig, weil eine solche in knapper und allgemein verständlicher Form gehaltene Information keinen Aufschluss über die der Entscheidung im Einzelnen zugrunde liegenden grundsätzlichen Feststellungen und Überlegungen gibt, von denen das Verwaltungsgericht abweichen könnte (Hess.VGH, NVwZ 1998, 303 (304); Nieders.OVG, B. v. 10. 8. 1994 – 8 L 4793/94).   189

Das BVerfG hat für eine ähnliche Verfahrenskonstellation dem Rechtsmittelführer aufgegeben, dass er innerhalb der Rechtsmittelfrist das zuständige Gericht darauf hinweisen müsse, er könne ohne Kenntnis der vollständigen höchstrichterlichen Entscheidung, aus der sich die Divergenz ergebe, das Rechtsmittel nicht in der erforderlichen Weise begründen und er sich die-   190 se Entscheidung trotz seiner Bemühungen nicht habe beschaffen können (BVerfGE 81, 22 (27f.); BVerfG (Kammer), NVwZ 1990, 551 (552)).

191 Dementsprechend ist gegenüber dem Verwaltungsgericht die Erklärung abzugeben, dass die bezeichnete Entscheidung noch nicht schriftlich ausgefertigt worden ist. Offen ist, ob die Divergenzrüge dann zuzulassen ist, wenn die spätere Überprüfung ergibt, dass die Presseerklärung bezüglich der für die Feststellung der Divergenz maßgebenden Gründe mit dem Inhalt der schriftlichen Entscheidungsgründe übereinstimmt (Hess.VGH, NVwZ 1998, 303 (304)).

3.3.2.2.2. Divergenzfähige Gerichte

192 Abs. 3 Nr. 2 lässt die Berufung nur zu, wenn das angefochtene Urteil von einer Entscheidung des Oberverwaltungsgerichtes, des BVerwG, des Gemeinsamen Senates der Obersten Gerichtshöfe des Bundes, oder des BVerfG abweicht. In den Bundesländern, in denen das Berufungsgericht als Verwaltungsgerichtshof bezeichnet wird, kommt es auf dessen Entscheidungen an. Die Vorschrift umfasst nur die Abweichung von der Rechtsprechung des Berufungsgerichtes, das für das Verwaltungsgericht, dessen Urteil angefochten wird, zuständig ist. In Betracht kommt eine Divergenz in Ansehung *aller* Senate des zuständigen Berufungsgerichtes wie auch des BVerwG, und zwar unabhängig davon, ob diese für Asylrecht zuständig sind.

3.3.2.2.2.1. Divergenz zum Berufungsgericht (Abs. 3 Nr. 2)

193 Abs. 3 Nr. 2 erfasst die Abweichung von der Rechtsprechung des Berufungsgerichtes, das für das Verwaltungsgericht, dessen Urteil angefochten wird, zuständig ist. Die divergenzfähige Rechtsprechung betrifft *alle* Senate des zuständigen Berufungsgerichts. Auf die Rechtsprechung des im Instanzenzug konkret übergeordneten Spruchkörpers des zuständigen Berufungsgerichtes soll es nach einer vereinzelten Literaturansicht hingegen dann ankommen, wenn es innerhalb der Senate des Berufungsgerichts zu einer entscheidungserheblichen divergenzfähigen Rechtsfrage unterschiedliche Auffassungen gibt. In diesem Fall sei die Rechtsprechung des jeweils zur Entscheidung berufenen Spruchkörpers des Berufungsgerichtes maßgebend (Berlit, in: GK-AsylVfG, II – § 78 Rdn. 200).

194 Für diese Ansicht gibt der Wortlaut des Gesetzes nichts her. Darüber hinaus ist auf den nicht spezialisierten Rechtsanwalt abzustellen (BVerfG (Kammer), NVwZ 2000, 1163 (1164), dem es insbesondere bei Berufungsgerichten, welche die Zuständigkeit für bestimmte Herkunftsländer auf verschiedene Senate verteilt haben, nicht zuzumuten ist, vor Antragfrist erst umständliche Ermittlungen zur Zuständigkeit des obergerichtlichen Spruchkörpers anzustellen. Auch wenn in diesem Fall auf die Grundsatzrüge verwiesen wird, ist eine Umdeutung der Rüge nicht zulässig.

195 Steht die Entscheidung des Verwaltungsgerichts in Übereinstimmung mit der Rechtsprechung des übergeordneten Berufungsgerichts, weicht dieses aber in einer entscheidungserheblichen Frage von der Rechtsprechung des BVerwG ab, so kann die Divergenzrüge erhoben werden. Die Grundsatzrüge wird hingegen in einem derartigen Fall für unzulässig angesehen (Berlit, in:

GK-AsylVfG, II – § 78 Rdn. 201). Dem kann nicht gefolgt werden. Wenn zwischen dem zuständigen Berufungsgericht und dem Revisionsgericht in einer entscheidungserheblichen Frage Divergenz herrscht, besteht stets Klärungsbedarf und kann deshalb sowohl die Divergenz- wie auch die Grundsatzrüge erhoben werden.

Die Abweichung des Urteils des Verwaltungsgerichtes von einer Entscheidung des Oberverwaltungsgerichtes *eines anderen Bundeslandes* rechtfertigt nicht die Zulassung der Berufung (OVG Bremen, InfAuslR 1983, 86; OVG SH, NVwZ 1992, 200; OVG NW, AuAS 2004, 115117); Nieders.OVG, B. v. 24. 5. 1996 – 13 L 2957/96; so auch Höllein, ZAR 1989, 109 (110); Schenk, in: Hailbronner, AuslR, § 78 AsylVfG Rdn. 74; Berlit, in: GK-AsylVfG, II – § 78 Rdn. 199 ff.; Köhler, Asylverfahren, Rdn. 111; s. auch BVerfG (Kammer), NVwZ-Beil. 1994, 27). In Fällen, in denen divergierende Rechtsprechung anderer Oberverwaltungsgerichte zu Rechts- wie Tatsachenfragen vorliegt, kann aber die Zulassung der Berufung nach Abs. 3 Nr. 1 in Betracht kommen (Thür.OVG, B. v. 17. 6. 1997 – 3 ZKO 217/97).

196

Das OVG Schleswig nimmt dies selbst für den Fall an, dass das Urteil des Verwaltungsgerichtes Schleswig von einer Entscheidung des OVG Lüneburg abweicht, obwohl dieses im Zeitpunkt der Urteilsentscheidung noch für dieses Verwaltungsgericht zuständig war. Die Vorschrift über die Divergenzberufung begnüge sich mit der Herstellung der Einheitlichkeit der Rechtsprechung im jeweiligen *Instanzenzug*. Die Einheitlichkeit der Rechtsprechung im Zuständigkeitsbereich des OVG Schleswig werde daher durch eine Abweichung von der Rechtsprechung des ehemaligen, für die Länder Niedersachsen und Schleswig-Holstein zuständigen Berufungsgerichtes nicht gefährdet (OVG SH, NVwZ 1992, 200).

197

3.3.2.2.2.2. Divergenz zum Bundesverfassungsgericht (Abs. 3 Nr. 2)

In bewusster Abweichung von der früheren Rechtsprechung (BVerwGE 85, 295 (297) = EZAR 610 Nr. 29 = NVwZ 1990, 1163; BVerwG, B. v. 28. 5. 1990 – BVerwG 9 B 84.90; BayVGH, B. v. 21. 9. 1990 – Nr. 24 CZ 90.30552; s. auch BVerfG (Kammer), AuAS 1993, 48) hat der Gesetzgeber durch Gesetz vom 2. August 1993 die Regelung in Abs. 3 Nr. 2 dahin ergänzt, dass mit der Divergenzberufung auch die Abweichung von einer Entscheidung des *BVerfG* gerügt werden kann Die Einfügung des BVerfG in die Reihe der divergenzfähigen Gerichte hat einen Entlastungseffekt. Denn das BVerwG hatte für die Anträge, die Divergenz zum BVerfG rügten, ausdrücklich auf die Verfassungsbeschwerde verwiesen (BVerwGE 85, 295 (297) = EZAR 610 Nr. 29 = NVwZ 1990, 1163).

198

Teilweise geht die obergerichtliche Rechtsprechung jedoch davon aus, dass mit der Divergenzrüge lediglich die Abweichung von Entscheidungen einer der beiden Senate des BVerfG geltend gemacht werden könnte (Hess.VGH, EZAR 633 Nr. 23 = NVwZ-RR 1995, 56; VGH BW, InfAuslR 1995, 84 (85) = NVwZ-Beil. 1995, 27 = EZAR 631 Nr. 6; Schenk, in: Hailbronner, AuslR, § 78 AsylVfG Rdn. 73; a.A. BVerwG, B. v. 1. 12. 2000 – BVerwG 9 B 492.00; Hess.VGH, NVwZ-Beil. 1996 43 (44) = InfAuslR 1996, 186 = AuAS 1996, 141; ebenso Berlit, in: GK-AsylVfG, § 78 Rdn. 195; wohl auch Hess.VGH, B. v.

199

27. 2. 1995 – 12 UZ 381/94, Prüfung einer Divergenz von BVerfG (Kammer), InfAuslR 1993, 176).

200 Begründet wird diese Ansicht damit, dass der Sinn der Kassationsbefugnis der Kammern des BVerfG in der Bestätigung der Bindungswirkung einer früheren Entscheidung des Senates liege, die durch den angegriffenen Hoheitsakt missachtet worden sei. Die Bindungswirkung nach § 31 I BVerfGG beziehe sich mithin nur auf tragende Entscheidungsgründe einer *Entscheidung des Senates* des BVerfG, insbesondere im Hinblick auf Grundsätze der Verfassung. Eine Abweichung von Rechtsgrundsätzen, die in Entscheidungen des BVerfG aufgestellt worden seien, könne sich somit grundsätzlich auch nur von den von den dazu befugten Senaten aufgestellten Rechtsgrundsätze beziehen (Hess.VGH, EZAR 633 Nr. 23). Eine Abweichung von Rechtsgrundsätzen, die in der Kammerrechtsprechung aufgestellt worden seien, komme deshalb nur in Betracht, soweit diese auf Rechtsgrundsätzen beruhten, die in Entscheidungen der Senate entwickelt worden seien (Hess.VGH, EZAR 633 Nr. 23).

201 Diese Ansicht ist deshalb wenig überzeugend, weil die Kammern regelmäßig im Rahmen der von den Senaten entwickelten Rechtsgrundsätze darauf achten, dass diese von den Fachgerichten beachtet werden. In der Anwendung dieser Rechtsgrundsätze durch die Kammern mögen sich gewisse Fortentwicklungen und Präzisierungen zur Verdeutlichung der Senatsrechtsprechung ergeben. Letztlich handelt es sich jedoch um Bestätigungen und Bekräftigungen von Rechtsgrundsätzen, die von den Senaten entwickelt wurden, sodass auch Abweichungen von Entscheidungen der Kammern des BVerfG nach Abs. 3 Nr. 2 gerügt werden können. Nur dann, wenn die Kammern »verfassungsrechtliches Neuland« betreten, also ohne die nach § 93 c I 1 BVerfGG vorgeschriebene Anknüpfung an die Rechtsprechung des Senates eigenständige Rechtsgrundsätze entwickeln (Hess.VGH, NVwZ-Beil. 1996, 43 (44); vgl. auch VGH BW, InfAuslR 1995, 84 (85)), kann diesen ausnahmsweise keine Entscheidungserheblichkeit bei der Anwendung von Abs. 3 Nr. 2 beigemessen werden.

202 Die Berufungszulassung kann auch mit einer *Abweichung* des Verwaltungsgerichts von *tatsächlichen Feststellungen* in einer Entscheidung des BVerfG beantragt werden. Denn das BVerfG nimmt für sich in Anspruch, Entscheidungen der Fachgerichte auch darauf hin zu überprüfen, ob zutreffend die *tatsächlichen Voraussetzungen* des Begriffs der politischen Verfolgung im Einzelfall erfüllt sind (BVerfGE 54, 341 (356) = EuGRZ 1980, 556 = DÖV 1981, 21 = DVBl. 1981, 115 = JZ 1981, 804), d. h. ob die *Ermittlung des Sachverhalts* durch das Fachgericht der Bedeutung der verfassungsrechtlichen Asylgewährleistung gerecht wird (BVerfGE 76, 143 (162) = EZAR 200 Nr. 20 = InfAuslR 1988, 87; BVerfG (Kammer), InfAuslR 1989, 63; zum »Wertungsrahmen« s. § 36 Rdn. 216 ff.).

203 Demgegenüber steht dem BVerwG eine derartige Kompetenz nicht zu. Vielmehr ist es nach § 137 II VwGO an die tatrichterlichen Feststellungen gebunden (BVerwG, NVwZ 1989, 70 (71); Hess.VGH, NVwZ 1998, 303 (304)). Dementsprechend kann das Verwaltungsgericht zwar von einem tatsächlichen Grundsatz des BVerfG abweichen. Eine Abweichung von der Rechtspre-

chung des BVerwG ist hingegen für die Anwendung von Abs. 3 Nr. 2 nur im Blick auf Rechtsgrundsätze möglich (so auch Schenk, in: Hailbronner, AuslR, § 78 AsylVfG Rdn. 68; Berlit, in: GK-AsylVfG, § 78 Rdn. 196).

3.3.2.2.2.3. Divergenz zu einem fachfremden Gericht

Die Abweichung des angefochtenen Urteils in einer entscheidungserheblichen Frage von einer Entscheidung des *BGH* ist *kein Zulassungsgrund*. Verfassungsrechtlichen Bedenken begegnet dies nicht (BVerfG (Vorprüfungsausschuss), DVBl. 1985, 566 = NJW 1986, 658 (nur LS); Renner, AuslR, § 78 AsylVfG Rdn. 18). Weder im Hinblick auf Art. 3 I GG noch mit Blick auf Art. 101 I 2 GG ist eine Rechtsmittelzulassung wegen Divergenz zu einem *fachfremden* obersten Bundesgericht erst recht nicht in der Berufungsinstanz verfassungsrechtlich geboten (BVerfG (Vorprüfungsausschuss), DVBl. 1985, 566). Der Grundsatz des gesetzlichen Richters verleiht den Verfahrensbeteiligten keinen Rechtsanspruch auf Zugang zu einem gesetzlich nicht vorgesehenen Richter (BVerfG (Vorprüfungsausschuss), DVBl. 1985, 566).

204

Die Einheitlichkeit der Rechtsprechung ist zudem nach dem gesetzgeberischen Willen erst dann als gefährdet anzusehen, wenn es zu *Divergenzen innerhalb derselben Gerichtsbarkeit* kommt (BVerfG (Vorprüfungsausschuss), DVBl. 1985, 566). Ergibt sich im Blick auf fachfremde Revisionsgerichte, wie etwa BGH, BSG, BAG, BFH, eine Abweichung, kann aber eine Grundsatzrüge in Betracht kommen (Renner, AuslR, § 78 AsylVfG Rdn. 18). Insbesondere formelle prozessuale oder verfahrensrechtliche Fragen, wie etwa Rechtsprobleme der Zustellung, der Wiedereinsetzung und des Prozesskostenhilferechts, können hier Grundsatzfragen aufwerfen. Die Zulassung der Berufung wegen einer Divergenz zur Rechtsprechung des EGMR scheidet danach von vornherein aus (vgl. BVerwG, B. v. 26. 2. 1997 – BVerwG 1 B 5.97, für § 132 II Nr. 2 VwGO).

205

3.3.2.2.3. Verbindlichkeit der divergenzfähigen Entscheidung

Erforderlich ist, dass die Grundsatzentscheidung verbindlich getroffen, also über eine Rechts- oder Tatsachenfrage sachlich entschieden worden ist (Nieders.OVG, B. v. 1. 10. 1993 – 8 L 2546/93). Hieran fehlt es häufig in Entscheidungen über den vorläufigen Rechtsschutz, über die Bewilligung von Prozesskostenhilfe sowie bei *obiter dicta* oder bloßen Hinweisen auf die weitere Sachbehandlung (OVG Berlin, NVwZ 1998, 200 (201); OVG NW, AuAS 2004, 115 (117); Renner, AuslR, § 78 AsylVfG Rdn. 21; Pietzner, in: VwGO. Kommentar, Schoch u. a., § 132 Rdn. 81; Köhler, Asylverfahren, Rdn. 111). Bei einem für die Rechtsentwicklung bedeutsamen obiter dictum oder Hinweis kann aber die Zulassung der Grundsatzberufung in Frage kommen (Berlit, in: GK-AsylVfG, II – § 78 Rdn. 163); a. A. Pietzner, in: VwGO. Kommentar, Schoch u. a., § 132 Rdn. 81, für das Revisionsrecht)

206

Umstritten ist, ob ein die Berufung oder Revision zulassender Beschluss eine divergenzfähige Entscheidung darstellt (dafür Hess.VGH, EZAR 633 Nr. 39; dagegen Hess.VGH, InfAuslR 1999, 480 (481); OVG NW, B. v. 27. 3. 2000 – 21 A 590/99.A). Grundsätzlich kann eine Divergenz nur zu einem entscheidungserheblichen Grundsatz in einer *abschließenden Sachentscheidung* beste-

207

hen, sodass Entscheidungen, mit denen Rechtsmittel zugelassen werden, nicht in Betracht kommen (Berlit, in: GK-AsylVfG, II – § 78 Rdn. 161 f.). Nicht divergenzfähig sind darüber hinaus Ausführungen in einem Vorlagebeschluss an das BVerfG oder den EuGH oder nicht das Urteil tragende Hilfserwägungen.

3.3.2.2.4. Unerheblichkeit der Entscheidungsform

208 Die Form der Entscheidung des divergenzfähigen Gerichts ist unerheblich (Hess.VGH, EZAR 633 Nr. 39; Nieders.OVG, B. v. 1. 10. 1993 – 8 L 2546/93). Auch ein Beschluss kann eine divergenzfähige Entscheidung darstellen (vgl. z. B. § 130 a VwGO). Diese muss auch nicht in allgemein zugänglichen juristischen Dachzeitschriften oder amtlichen Sammlungen veröffentlicht worden sein.

3.3.2.2.5. Überholte Divergenzrechtsprechung

209 Zur Berufungszulassung führt nur eine Abweichung von einer *noch aktuellen Rechtsprechung* (Kummer, Die Nichtzulassungsbeschwerde, Rdn. 171; Berlit, in: GK-AsylVfG, § 78 Rdn. 168). Auch wenn die angefochtene Entscheidung von der Rechtsprechung eines divergenzfähigen Gerichtes abweicht, wird es deshalb nicht als Abweichung bewertet, wenn die bezeichnete divergierende Rechtsprechung inzwischen ausdrücklich oder stillschweigend aufgegeben worden ist.

210 Dementsprechend kommt eine Zulassung der Berufung wegen Divergenz nach Abs. 3 Nr. 2 nicht in Betracht, wenn eine ursprünglich gegebene Divergenz infolge einer weiteren Entscheidung desselben Gerichts *nachträglich als überholt* anzusehen ist (Nieders.OVG, B. v. 1. 10. 1993 – 8 L 2546/93; Hess. VGH, AuAS 2000, 251 (252); OVG NW, B. v. 1. 7. 1999 – 14 A 4481/94.A). Ebenso wenig kommt eine Berufungszulassung in Betracht, wenn das von dem Rechtsmittelführer bezeichnete divergierende Urteil des übergeordneten Berufungsgricht im Revisionsverfahren aufgehoben worden ist (Hess. VGH, NVwZ-Beil. 1998, 111)

211 Insbesondere bei Tatsachensätzen kommt eine Berufungszulassung dann nicht mehr in Betracht, wenn sich seit der obergerichtlichen Entscheidung, in der ein bestimmter Grundsatz aufgestellt wurde, die tatsächlichen Verhältnisse *nicht nur unwesentlich geändert* haben und das Verwaltungsgericht seine abweichende Bewertung der Verfolgungssituation *unter Bezeichnung der neu herangezogenen Erkenntnismittel* auf diese Veränderungen ausdrücklich stützt (Hess.VGH, AuAS 2000, 251 (252)). Im Bereich von Tatsachenfragen ist nämlich zu berücksichtigen, dass die *Verbindlichkeit einer Aussage* unter dem *Vorbehalt der Änderung der Sachlage* steht, der Grundsatz der Geltung nur für die ihm zugrunde gelegte tatsächliche Erkenntnislage beansprucht (Hess.VGH, AuAS 2000, 251 (252)).

212 Lag im Zeitpunkt der Antragstellung Divergenz des angefochtenen Urteils zur Rechtsprechung des übergeordneten Berufungsgerichts vor, wird jedoch nachträglich die Rechtsprechung durch das BVerwG, den Gemeinsamen Senat der obersten Gerichtshöfe des Bundes oder durch das BVerfG geklärt, kommt eine Zulassung wegen Divergenz ebenfalls nicht mehr in Betracht.

Das ergibt sich aus dem Zweck der Zulassung, der nicht in der Herstellung von Einzelfallgerechtigkeit, sondern darin besteht, die Einheitlichkeit der Rechtsprechung zu wahren.

Die im Laufe des Antragsverfahrens eingetretene Klärung der umstrittenen Grundsatzfrage führt indes nicht ohne weiteres zur Zurückweisung des Antrags. Vielmehr ist die Berufung zuzulassen, wenn zwar zu Unrecht eine Divergenz geltend gemacht wird, durch die unzutreffende Behauptung einer Abweichung jedoch eine klärungsbedürftige Rechtsfrage aufgeworfen wird. Das Antragsvorbringen ist in diesem Fall in die Grundsatzrüge umzudeuten (Fritz, ZAR 1984, 23 (27); a. A. Hess.VGH, AuAS 2000, 251 (252), nur bei ausdrücklicher Grundsatzrüge). 213

Die Prüfungsreichweite des Berufungsgerichtes wird mithin auf die Frage verengt, ob sich das angefochtene verwaltungsgerichtliche Urteil in dem nachträglich höchstrichterlich gesteckten Rahmen hält (Höllein, ZAR 1989, 109 (110)). Aus dem Zweck der Weiterentwicklung des Rechts kann in einem derartigen Fall die Zulassung der Berufung wegen grundsätzlicher Bedeutung in Betracht kommen, wenn die angefochtene Entscheidung im Zusammenhang mit der nunmehr übereinstimmend beurteilten Grundsatzfrage eine weitere grundsätzlich bedeutsame Rechtsfrage aufwirft, zu der bislang noch keine einheitliche Rechtsprechung festgestellt werden kann (BVerwGE 24, 91 (91 f.)). 214

3.3.2.2.6. Änderung der Verfolgungssituation

Eine Divergenzzulassung kommt nicht mehr in Betracht, wenn sich seit einer obergerichtlichen Grundsatzentscheidung, die einen bestimmten abstrakten Tatsachensatz aufgestellt hat, die *tatsächlichen Verhältnisse nicht nur unwesentlich verändert* haben (Hess.VGH, B. v. 29. 11. 1998 – 12 TE 3420/88) und das Verwaltungsgericht seine abweichende Bewertung der Verfolgungssituation unter Bezeichnung der neu eingeführten und verwerteten Erkenntnismittel auf diese Veränderungen stützt. In einem derartigen Fall kommt bei hinreichender Darlegung allein die Grundsatzzulassung in Betracht (Berlit, GK-AsylVfG, II – § 78 Rdn. 171; a. A. Renner, AuslR, § 78 AsylVfG Rdn. 22). 215

3.3.2.3. Bezeichnung der objektiven Abweichung

3.3.2.3.1. Unmittelbare Herleitung aus den Entscheidungsgründen

Der Antragsteller hat darzulegen, dass das angefochtene Urteil bei *objektiver Betrachtung* von dem bezeichneten abstrakten Grundsatz eines divergenzfähigen Gerichts abweicht (BVerfG (Kammer), InfAuslR 1993, 300 (303); BVerfG (Kammer), InfAuslR 1993, 229 (235); Hess.VGH, EZAR 630 Nr. 30). Dabei muss die Abweichung sich *unmittelbar* aus dem angefochtenen Urteil ergeben. Eine weitere Sachaufklärung darf also nicht erforderlich sein (Fritz, ZAR 1984, 23 (27)). In dem Antrag ist deshalb die bezeichnete obergerichtliche oder höchstrichterliche Rechtsprechung und die Rechtsprechung in dem angegriffenen Urteil nebeneinander zu stellen und anschließend konkret aufzuzeigen, welche Frage das Verwaltungsgericht abweichend von der obergerichtlichen oder höchstrichterlichen Rechtsprechung entschieden hat. 216

3.3.2.3.2. Bewusste und ausdrückliche Divergenz

217 Hinreichend ist, dass das Verwaltungsgericht bewusst und ausdrücklich in einer bestimmten Grundsatzfrage von einem in seiner Entscheidung zutreffend bezeichneten Grundsatz eines Divergenzgerichts abweicht. Es indiziert allerdings keine Divergenz, wenn das Verwaltungsgericht an der Rechtsprechung eines Divergenzgerichtes lediglich Kritik übt oder Zweifel anmeldet, sich ihr dann aber doch ausdrücklich oder stillschweigend anschließt (Berlit, in: GK-AsylVfG, II – § 78 Rdn. 173).

218 Das angefochtene Urteil muss objektiv von einem bestimmten abstrakten Grundsatz eines Divergenzgerichtes abweichen. Allein der *subjektive Abweichungswille* des Verwaltungsgerichts reicht hierfür nicht aus. In Fällen durch das Verwaltungsgericht ausdrücklich ausgewiesener Divergenz setzt die Zulassung deshalb voraus, dass das Divergenzgericht den vom Verwaltungsgericht angenommenen abstrakten Grundsatz bei einer objektiven Betrachtung auch tatsächlich gebildet hat. Dies ist nicht der Fall, wenn das Verwaltungsgericht die Entscheidung eines Divergenzgerichts lediglich missversteht oder überinterpretiert (Berlit, in: GK-AsylVfG, II – § 78 Rdn. 174).

3.3.2.3.3. Stillschweigende Divergenz

219 Die Fälle, in denen das Verwaltungsgericht ausdrücklich und bewusst von einem abstrakten Grundsatz der bezeichneten Gerichte abweicht und dies in den Entscheidungsgründen auch deutlich macht, sodass die Abweichung bei einem Vergleich des angefochtenen Urteils mit der bezeichneten Entscheidung des Divergenzgerichts ins Auge springt, sind selten. Vielmehr ergibt sich regelmäßig erst aus einer Analyse und Bewertung des Gesamtzusammenhangs der Entscheidungsgründe der erstinstanzlichen Entscheidung, dass eine Abweichung vorliegt (dagegen Berlit, in: AsylVfG, § 78 Rdn. 176 f.). Insoweit ist aber besonders sorgfältig darauf zu achten, dass die Darlegung sich nicht im Aufzeigen eines Rechtsanwendungsfehlers (Rdn. 220 ff.) erschöpft. Dies erklärt die besonderen Schwierigkeiten der Darlegung und insbesondere auch die sehr geringe Erfolgsträchtigkeit der Divergenzrüge.

220 Allgemein anerkannt ist zwar, dass der abstrakte Grundsatz im Urteil des Verwaltungsgerichts nicht ausdrücklich ausgesprochen sein (VGH BW, B. v. 19. 6. 1996 – A 16 S 8/96) oder bewusst oder gar vorsätzlich erfolgen muss. Das Verwaltungsgericht muss aber von der bezeichneten Entscheidung in der Weise abweichen, dass es seiner Entscheidung erkennbar eine Ansicht zugrundelegt, die dem aufgestellten Grundsatz widerspricht (Hess.VGH, ESVGH 38, 236 = EZAR 633 Nr. 13; Hess.VGH, ESVGH 38, 238; Hess.VGH, EZAR 633 Nr. 30; Hess.VGH, B. v. 13. 6. 1986 – 10 TE 862/86; Hess.VGH, B. v. 4. 11. 1987 – 12 TE 3435/86; Hess.VGH, AuAS 1999, 114 (114)).

221 Andererseits genügt jedenfalls nicht die Darlegung der *bloßen Unrichtigkeit* des angefochtenen Urteils, auch wenn dieses aufgrund seiner Fehlerhaftigkeit von Entscheidungen des BVerwG etwa in dem Sinne abweicht, dass es danach notwendige rechtliche und tatsächliche Prüfungen unterlässt (Hess. VGH, EZAR 633 Nr. 25 = AuAS 1993, 127). Denn ein Verstoß gegen Art. 16 a I GG oder das allgemeine Willkürverbot des Art. 3 I GG allein rechtfertigt die Zulassung nach Abs. 3 Nr. 2 nicht. Diese ist vielmehr nur dann gerechtfertigt,

Rechtsmittel § 78

wenn die Wahrung der Einheitlichkeit der Rechtsprechung die Durchführung eines Berufungsverfahrens gebietet. Die Berufungszulassung dient nicht der Einzelfallgerechtigkeit (Hess.VGH, EZAR 633 Nr. 25).

Andererseits weicht das Urteil von der bezeichneten Divergenzentscheidung ab, wenn es in den Entscheidungsgründen weder die für die Asylanerkennung maßgeblichen Rechtsnormen nennt noch die von ihm zugrundegelegte Definition des Begriffs der politischen Verfolgung angibt noch irgendwelche Feststellungen über die durch die höchstrichterliche Rechtsprechung als asylerheblich angesehenen Kriterien der Verfolgungsmaßnahme anführt (Hess. VGH, ESVGH 38, 238). Angesichts der weit verbreiteten Praxis, Textbausteine zu verwenden, dürfte ein derartiger gerichtlicher Fehler heute jedoch kaum noch vorkommen. Der Verstoß gegen die Bindungswirkung nach § 31 BVerfGG rechtfertigt nicht die Zulassung der Berufung unter dem Gesichtspunkt der Divergenz (Hess.VGH, EZAR 633 Nr. 23). 222

Nicht gefolgt werden kann der Rechtsprechung, soweit sie eine Abweichung in einem Fall verneint, in dem der Kläger nach den tatsächlichen Feststellungen des Verwaltungsgerichts der konkreten Gefahr von Folterungen unterliegt, jedoch von diesem die Asylerheblichkeit dieser Maßnahmen nicht berücksichtigt worden ist. Begründet wird dies damit, dass der vom Verwaltungsgericht festgestellte Sachverhalt zwar in der Tat den Schluss nahe lege, dass dem Kläger menschenrechtswidrige Behandlung im Falle seiner Rückkehr nur deshalb drohe, weil er einer oppositionellen Haltung hinreichend verdächtig sei. Dann würde die drohende Verfolgung auch an asylerhebliche Merkmale anknüpfen. Das Verwaltungsgericht habe diesen rechtlichen Gesichtspunkt zwar verkannt, jedoch bei der Auslegung des Merkmals »politische Verfolgung« von der in Bezug genommenen Rechtsprechung nicht abweichen wollen (VGH BW, B. v. 16. 6. 1996 – A 16 S 8/96). Diese Auffassung verkennt, dass es nicht auf die bewusste und vorsätzliche (willentliche), sondern allein auf eine objektive Abweichung ankommt (Rdn. 210). Sie verkürzt damit in willkürlicher, d. h. sachlich nicht gerechtfertigter sowie in unzumutbarer Weise den Rechtsweg und verletzt deshalb Art. 19 IV GG (vgl. BVerfG (Kammer), InfAuslR 1995, 126 (128) = NVwZ-Beil. 9). 223

Eine Divergenz im rechtlichen Bereich liegt vor, wenn das angefochtene Urteil ausführt, es sei der Rechtsmittelführerin zuzumuten, auf ihre *politische Betätigung* in der Türkei *zu verzichten*, um sich nicht der Verfolgung durch staatliche Behörden auszusetzen. Damit weicht das Urteil im Blick auf einen abstrakten Rechtssatz von der Rechtsprechung des BVerfG ab (Hess.VGH, B. v. 20. 11. 1996 – 12 UZ 4496/96.A, m.Hw. auf BVerfGE 80, 315; s. hierzu auch Marx, Handbuch, § 63 Rdn. 1 ff.). Geht das Verwaltungsgericht davon aus, dass eine staatliche Verantwortung für politische Verfolgungshandlungen durch Amtswalter bereits dann anzunehmen ist, wenn Folter weiterhin nicht auszuschließen ist, auch wenn der Staat dies weder als eigene Strategie verfolgt noch billigt und auch nicht tatenlos hinzunehmen bereit ist, so weicht es damit von der Rechtsprechung des BVerwG ab. Denn nach dieser ist ein Staat nur dann für die Handlungen Dritter einschließlich seiner Amtswalter verantwortlich, wenn er dagegen nicht schutzbereit ist (BVerwG, B. v. 18. 7. 1996 – BVerwG 9 B 367.96). 224

225 Wird die in Betracht kommende abstrakte Rechtsauffassung des BVerwG wiedergegeben und sodann dargelegt, dass das Verwaltungsgericht im angefochtenen Urteil hiervon abgewichen ist, indem es sich nicht von Amts wegen mit den Voraussetzungen des § 60 I AufenthG auseinandergesetzt hat, ist die Divergenz dargelegt. Welche weitergehenden Anforderungen an die hinreichende Darlegung einer Divergenzrüge noch zu stellen wären, ist in einem solchen Fall nicht ersichtlich (BVerfG (Kammer), NVwZ-Beil. 1994, 65 (66) = EZAR 633 Nr. 24 = InfAuslR 1995, 15).

3.3.2.3.4. Divergenz bei einem Rechtssatz

3.3.2.3.4.1. Nichtbeachtung oder fehlerhafte Anwendung unbestrittener Rechtsgrundsätze

226 Eine Divergenz im rechtlichen Bereich kann darüber hinaus nicht festgestellt werden, wenn das Verwaltungsgericht gegen den aufgestellten Rechtssatz dadurch verstößt, dass es diesen *stillschweigend übergeht* oder *übersieht*, den *Sachverhalt nicht im erforderlichen Umfang aufklärt*, eine *rechtlich gebotene Prüfung unterlässt* oder den *Sachverhalt fehlerhaft würdigt* (BVerwG, InfAuslR 1996, 29 (30); Hess.VGH, EZAR 633 Nr. 13; Hess.VGH, NJW 1986, 3042; Hess.VGH, EZAR 633 Nr. 30; VGH BW, B. v. 19. 6. 1996 – A 16 S 8/96; wohl auch BVerfG (Kammer), InfAuslR 1995, 126 (129) = NVwZ-Beil. 1995, 9) und damit *Rechtsgrundsätze unzutreffend auslegt oder anwendet*. Nicht jeder Rechtsverstoß in der Form einer unzutreffenden Auslegung oder Anwendung gefährdet die Einheit der Rechtsprechung (Hess.VGH, EZAR 631 Nr. 39; Hess.VGH, B. v. 4. 11. 1994 – 12 ZU 1548/94; Hess.VGH, B. v. 27. 5. 1995 – 12 ZU 381/94; Hess.VGH, B. v. 14. 1. 1997 – 10 ZU 3236/94.A).

227 Diese aus dem Revisionsrecht übernommene Rechtsprechung ist jedoch auf die Divergenz zu einer bestimmten abstrakten Rechtsfrage beschränkt. (vgl. BVerwG, InfAuslR 1996, 29 (30); BVerwG, NVwZ-RR 1996, 359; Hess.VGH, EZAR 630 Nr. 30). Weicht etwa das Berufungsgericht bei der Anwendung des Prognosemaßstabs von der höchstrichterlichen Rechtsprechung ab und erschöpft sich die Rüge darin, dass das Berufungsgericht, den herabgestuften Wahrscheinlichkeitsmaßstab unrichtig angewendet habe, wird ein Zulassungsgrund im rechtlichen Bereich nicht aufgezeigt.

228 Eine Divergenz lässt sich nicht damit begründen, das Verwaltungsgericht hätte bei richtiger Würdigung des Sachverhalts zu dem Ergebnis kommen müssen, dass eine Rückkehr in das Herkunftsland wegen Fehlens hinreichender Verfolgungssicherheit nicht zumutbar ist (BVerwG, NVwZ-RR 1996, 359). Andere Grundsätze gelten allerdings bei der Divergenzrüge in Tatsachenfragen (Rdn. 237 ff.).

3.3.2.3.4.2. Unerheblichkeit von Rechtsanwendungsfehlern

229 Eine Divergenz liegt darüber hinaus nicht vor, wenn das Verwaltungsgericht verfahrensfehlerfrei von einem Sachverhalt ausgeht, auf den der divergierende Rechtssatz nicht passt und daher einen divergenzfähigen Rechtssatz, ohne einen entgegenstehenden eigenen Rechtssatz aufzustellen, aus tatsächlichen Gründen in fehlerhafter auf den Einzelfall bezogener Rechtsanwen-

Rechtsmittel § 78

dung als nicht anwendbar einstuft. Die *unrichtige Anwendung* eines divergenzfähigen Rechtssatzes im Rahmen der Feststellung und Würdigung des Sachverhalts reicht daher für die Divergenzrüge nicht aus (BVerwG, InfAuslR 1996, 29 (29 f.)). Hingegen liegt – bei Tatsachenfragen – eine Divergenz vor, wenn das Verwaltungsgericht die Einschätzung der allgemeinen Lebensverhältnisse im Herkunftsland des Asylsuchenden durch das Berufungsgericht für unrichtig hält (OVG Sachsen, B. v. 16. 11. 2001 – A 4 B 223/00).

Ein *Rechtsanwendungsfehler* ist mithin keine Divergenz im Sinne des Zulassungsrechts, sodass mit *Angriffen gegen die verwaltungsgerichtliche Tatsachenwürdigung und Rechtsanwendung im Einzelfall* eine Divergenzrüge nicht begründet werden kann (BVerwG, InfAuslR 1996, 29 (30); BVerwG, NVwZ-RR 1996, 359 = EZAR 634 Nr. 1; BVerwG, B. v. 26. 2. 1997 – BVerwG 1 B 5.97). Diese ist nur begründet, wenn das Verwaltungsgericht den Grundsatz ausdrücklich oder stillschweigend inhaltlich ablehnt und davon nach den Entscheidungsgründen erkennbar abweicht (BayVGH, B. v. 29. 1. 1992 – 25 CZ 91.31549). 230

So liegt keine Divergenz, sondern ein Anwendungsfehler vor, wenn gerügt wird, das angefochtene Urteil setze sich mit den klägerischen Behauptungen zum Einreiseweg und der Beweispflichtigkeit einer angeblichen Lufteinreise nicht ansatzweise auseinander. Damit wird der Sache nach eine nicht rügefähige fehlerhafte Rechtsanwendung geltend gemacht (OVG NW, B. v. 6. 4. 2000 – 21 A 4892/99.A). Ebenso fehlt es an einer Darlegung der Divergenz, wenn der Tatbestand des angefochtenen Urteils die Angaben des Asylsuchenden zur Einreise auf dem Luftwege wiedergibt und die Entscheidungsgründe diese Frage nicht behandeln. Es kommt in diesem Fall allenfalls ein nicht rügefähiges Übersehen der Aufklärungsbedürftigkeit oder eine unrichtige Anwendung allgemeiner Rechtsgrundsätze im konkreten Einzelfall in Betracht (OVG NW, B. v. 14. 9. 2000 – 8 A 4953/99.A). 231

Übersieht das Verwaltungsgericht, dass in der Person des Klägers keine zielstaatsbezogene, sondern inlandsbezogene Abschiebungshindernisse vorliegen, liegt keine Divergenz, sondern ein bloßer Rechtsanwendungsfehler vor (Hess.VGH, B. v. 1. 6. 2004 – 7 ZU 2567/03.A). Darüber hinaus liegt keine Divergenz vor, wenn das Verwaltungsgericht zwar die angegebene Entscheidung nicht ausdrücklich zitiert, aber von den darin aufgestellten Grundsätzen ersichtlich ausgegangen ist (Hess.VGH, B. v. 4. 11. 1987 – 12 TE 3435/86). Entscheidungserhebliche Würdigungen der persönlichen Verhältnisse des Asylsuchenden entziehen sich einer generalisierenden Betrachtungsweise und sind deshalb einer Divergenz nicht zugänglich (OVG Sachsen, B. v. 16. 11. 2001 – A 4 B 223/00). 232

Ebenso wenig kann mit der Divergenzrüge geltend gemacht werden, das Verwaltungsgericht sei von Rechtssätzen des BVerfG zum *Umfang der gerichtlichen Aufklärungspflicht* abgewichen (OVG NW, B. v. 21. 10. 1996 – 25 A 5166/96.A). Verneint hingegen das Verwaltungsgericht anders als das Berufungsgericht eine Gruppenverfolgung von Kurden im Südosten der Türkei und bezieht es sich hierzu lediglich allgemein auf die eingeführten Erkenntnisquellen, liegt Divergenz vor (Hess.VGH, NVwZ-RR 1998, 203 (204)). 233

234 Andererseits kommt eine Divergenz nicht in Betracht, wenn das Verwaltungsgericht deshalb keine abweichende Ansicht entwickelt, weil sich eine solche wegen *verwirrender oder widersprüchlicher Begründung* überhaupt nicht entnehmen lässt (Schenk, in: Hailbronner, AuslR, § 78 AsylVfG Rdn. 70). Denn die Divergenz muss in den Entscheidungsgründen hinreichend deutlich werden. In einem solchen Fall ist der Beteiligte darauf beschränkt, die Verfahrensrüge nach Abs. 3 Nr. 3 in Verb. mit § 138 Nr. 6 VwGO zu erheben (Schenk, in: Hailbronner, AuslR, § 78 AsylVfG Rdn. 70).

3.3.2.3.5. Verdeckte Divergenz

3.3.2.3.5.1. Erstreckung auf Rechts- und Tatsachensätze

235 Eine Divergenz scheidet nicht schon deshalb aus, weil sich das Verwaltungsgericht die divergenzfähige Rechtsprechung abstrakt zu eigen macht und in Wahrheit seinem Urteil einen divergierenden Rechtssatz zugrundelegt (BVerwG, NVwZ-RR 1996, 359). Wendet das Verwaltungsgericht Rechts- oder Tatsachensätze – etwa durch ausdrückliches Zitat – herangezogene obergerichtliche oder höchstrichterliche Rechtsprechung systematisch und klar erkennbar in einer Weise an, die durch Hinzutreten weiterer Umstände deutlich macht, dass es diesen Rechts- oder Tatsachensätzen nicht oder nur in entscheidungserheblich modifizierter Weise folgt (»*verdeckte Abweichung*«), kann hierin in Ausnahmefällen trotz Vermeidung einer offenen Stellungnahme gegen die obergerichtliche oder höchstrichterliche Rechtsprechung die Aufstellung eines divergenzfähigen Rechtssatzes liegen. Entsprechendes gilt bei der Nichtanwendung ober- oder höchstrichterlicher Rechts- oder Tatsachensätze, wenn weitere Umstände klar erkennen lassen, dass es sich nicht um eine fehlerhafte Rechtsanwendung im Einzelfall, sondern um eine »*beredtes Schweigen*« handelt (Berlit, in: GK-AsylVfG, II – § 78 Rdn. 183).

236 Soweit für die verdeckte Divergenz »hohe Anforderungen« an die Darlegungspflicht gestellt werden und dies damit begründet wird, dass es sich in Regelfall um eine bloß unrichtige Anwendung der herangezogenen Rechts- oder Tatsachensätze handelt (Berlit, in: GK-AsylVfG, II – § 78 Rdn. 185), so hat diese Einschränkung sicherlich Berechtigung für die verdeckte Divergenz im rechtlichen Bereich. Es liegt indes in der Konsequenz der Anerkennung der Divergenzrüge im tatsächlichen Bereich, dass die Anforderungen gegenüber der verdeckten Divergenz bei Rechtssätzen heruntergestuft werden müssen. Lässt sich nämlich bei einem Rechtssatz die Grenze zwischen einer Divergenz und der bloßen Rechtsanwendung im Einzelfall klar ziehen, verschwimmen die Grenzen bei Tatsachenfragen. Was auf den ersten Blick als bloße Rechtsanwendung erscheint, kann hier durchaus eine objektive Divergenz darstellen.

3.3.2.3.5.2. Verdeckte Divergenz bei Tatsachensätzen

237 Aus den Darlegungsanforderungen für die Divergenzrüge wird der extrem schmale Grad deutlich, der zwischen einer erheblichen objektiven Abweichung und einer lediglich fehlerhaften Rechtsanwendung im Einzelfall besteht. Das BVerfG hat im Grundsatz diese engen Voraussetzungen der Diver-

Rechtsmittel § 78

genzrüge nicht beanstandet (BVerfG (Kammer), InfAuslR 1995, 126 (129) = NVwZ-Beil. 1995, 9), fordert jedoch eine strenge Überprüfung der Entscheidungsgründe im Hinblick auf eine Divergenz. Dies hat insbesondere Bedeutung für die Divergenz im tatsächlichen Bereich bei der Anwendung der Prognosegrundsätze (für das Revisionsrecht s. BVerwG, InfAuslR 1996, 29 (30); BVerwG, NVwZ-RR 1996, 359).

Hat etwa das zuständige Obergericht entschieden, dass bei bereits erlittener *Folter* im Rahmen der Gefahrenprognose des § 60 II–VII AufenthG der *herabgestufte Wahrscheinlichkeitsmaßstab* zugrunde zu legen sei und ergibt sich aus dem angegriffenen Urteil, dass der Rechtsmittelführer mehrere Tage lang gefoltert worden ist, darf das Verwaltungsgericht die Frage, welcher Wahrscheinlichkeitsmaßstab der Gefahrenprognose im Rahmen des § 60 II–VII AufenthG anzuwenden ist, nicht für unerheblich halten (BVerfG (Kammer), InfAuslR 1995, 126 (129)). 238

Die vom BVerfG aufgedeckte Divergenz war im entschiedenen Fall erst nach einer vertiefenden Analyse der Entscheidungsgründe erkennbar: Zwar habe das Verwaltungsgericht lediglich festgestellt, Abschiebungshindernisse nach § 60 II–VII AufenthG seien nicht ersichtlich. Dabei habe es aber an seine Ausführungen zum Asylgrundrecht angeknüpft. Im asylrechtlichen Teil der Entscheidungsgründe habe es indes eindeutig darauf abgestellt, dass Kurden in der Türkei nicht mit beachtlicher, d. h. überwiegender Wahrscheinlichkeit Folter drohe. Die Frage nach dem anzuwendenden Wahrscheinlichkeitsmaßstab habe es damit im asylrechtlichen Teil der Entscheidungsgründe ausdrücklich und bezüglich des § 60 II–VII AufenthG zumindest stillschweigend, aber nicht minder klar beantwortet (BVerfG (Kammer), InfAuslR 1995, 126 (129 f.)). 239

Unter diesen Umständen sei nicht mehr nachvollziehbar, dass das Berufungsgericht gleichwohl der Ansicht sei, das Urteil weiche hinsichtlich des Wahrscheinlichkeitsmaßstabes nicht von seiner Rechtsprechung ab. Dass das Verwaltungsgericht die Frage des richtigen Wahrscheinlichkeitsmaßstabes nicht ausdrücklich angesprochen und die in Betracht kommende Entscheidung des Berufungsgerichts nicht ausdrücklich angesprochen habe, ändere nichts daran, dass es seinem Urteil eindeutig einen bestimmten – nämlich einen anderen und zwar strengeren – Maßstab zugrundegelegt habe und seine Entscheidung darauf beruhe. Der Hinweis des Rechtsmittelführers darauf müsse im Blick auf Art. 19 IV GG für die Darlegung der Divergenz genügen (BVerfG (Kammer), InfAuslR 1995, 126 (129 f.)). 240

Verdeckte Divergenz ist anzunehmen, wenn das Verwaltungsgericht die Asylrelevanz der vom Antragsteller erlittenen Folterungen mit der Begründung verneint, dieser sei dabei nicht besonders intensiven Verfolgungsmaßnahmen ausgesetzt gewesen, weil seine mehrmaligen Festnahmen und Misshandlungen nicht über das allgemein Übliche hinausgegangen seien. Für eine Divergenz spricht in einen derartigen Fall insbesondere, wenn das Verwaltungsgericht zur Kennzeichnung der Verfolgung zwar eine Reihe von Entscheidungen des BVerfG wiedergegeben hat, sich darunter aber keine zur Erheblichkeit von Folterungen befindet (Hess.VGH, AuAS 1999, 113 (114)). Zur Identifizierung der verdeckten Divergenz ist insoweit auch der Kontext 241 heran zu ziehen, in dem die Feststellungen des Verwaltungsgerichts stehen, selbst dann, wenn der Antragsteller diesen nicht bezeichnet hat (Hess.VGH, AuAS 1999, 113 (114)).

242 Andererseits weicht das angefochtene Urteil nicht von der Rechtsprechung des BVerfG ab, soweit in dieser festgestellt wird, dass die Gefahr drohender Folter nicht allein mit dem Hinweis auf die fehlende Asylanerkennung als unerheblich bewertet werden könne, wenn das Verwaltungsgericht feststellt, es lägen keine Anhaltspunkte dafür vor, dass für den Kläger im Falle seiner Abschiebung in die Türkei die konkrete Gefahr von Folterungen bestehe, und dies damit begründet, dass diese sich auch nicht daraus ergibt, dass er keinen gültigen Reisepass besitzt und im Bundesgebiet ein Asylverfahren betrieben hat.

243 In diesem Fall hat das Verwaltungsgericht bereits keine substanziiert vorgetragene Gefahr von Folterungen für den Kläger angenommen und im Übrigen eine derartige Gefahr nicht schon wegen eines erfolglosen Asylverfahrens als erheblich bewertet (Hess.VGH, B. v. 27.2.1995 – 12 UZ 381/94, unter Hinweis auf BVerfG (Kammer), InfAuslR 1993, 176 (178)).

244 Eine verdeckte Divergenz liegt hingegen vor, wenn das Verwaltungsgericht feststellt, dass *Terrorismusabwehr* grundsätzlich nicht zur Asylanerkennung führen könne, weil staatliche Maßnahmen zur Terrorismusabwehr keine politische Verfolgung darstellen könnten, wenn sie dem aktiven Terroristen und demjenigen gelten, der im Vorfeld Unterstützungshandlungen zugunsten terroristischer Aktivitäten vornehme, ohne sich an diesen Aktivitäten zu beteiligen, es zugleich aber keine entsprechenden Aktivitäten des Asylsuchenden festgestellt und die von diesem entwickelten exilpolitischen Aktivitäten nicht als Unterstützungshandlungen für die PKK charakterisiert hat (Hess.VGH, AuAS 1999, 113 (114)).

245 Die Differenzierungen zwischen fehlerhafter Rechtsanwendung und objektiver Divergenz sind mitunter derart haarfein, dass Prognosen über den Ausgang des Verfahrens kaum möglich sind. So sieht die Rechtsprechung keine objektive Abweichung von einem abstrakten Grundsatz des Berufungsgerichts, demzufolge die Gefahr der *Sippenhaft* im Iran dann erheblich ist, wenn wegen der Person des Asylberechtigten oder der von ihm entfalteten politischen Aktivitäten von einem gesteigerten Verfolgungsinteresse auszugehen sei, das Verwaltungsgericht hingegen von einer widerleglichen Vermutung der Sippenhaft ausgeht. Begründet wird dies damit, dass das Verwaltungsgericht die maßgebliche Rechtsprechung des Berufungsgerichtes ausdrücklich in Bezug genommen und sich damit die dort aufgestellten Grundsätze zur Sippenhaft zu eigen gemacht habe (OVG NW, B. v. 23.4.1996 – 9 A 1620/96.A; generell zur Sippenhaft: Marx, Handbuch, § 74).

246 Hier springt jedoch die Abweichung ins Auge und sollte das Berufungsgericht entweder die Rechtsansicht des Verwaltungsgerichts übernehmen oder die Anwendung seiner entwickelten Grundsätze überprüfen. In beiden Fällen hat es jedoch die Berufung wegen grundsätzlicher Bedeutung bzw. wegen Divergenz zuzulassen.

247 Lässt das Verwaltungsgericht unter Hinweis auf das jugendliche Alter des Klägers im Einzelfall einen im Heimatland angelegten »Keim« für die spätere

politische Betätigung genügen, stellt es nicht den allgemeinen Rechtssatz auf, subjektive Nachfluchtgründe seien generell bereits dann asylerheblich, wenn in der Heimat lediglich ein »Keim« für später im Ausland erfolgte politische Betätigung gelegt worden ist. Vielmehr kann eine derartige Begründung noch als Anwendung der höchstrichterlichen Rechtsprechung auf den Einzelfall verstanden werden, weil das Verwaltungsgericht – möglicherweise ohne sich dessen bewusst zu sein – mit dem Hinweis auf das jugendliche Alter des Klägers einen Ausnahmefall von der Voraussetzung einer schon im Heimatland erkennbar betätigten festen Überzeugung in Bezug nimmt (Hess.VGH, B. v. 16. 7. 1996 – 12 UZ 3030/95, unter Hinweis auf § 28 I 2).

3.3.2.4. Bezeichnung der Entscheidungserheblichkeit

3.3.2.4.1. Funktion des Beruhenserfordernisses

Im Antrag nach Abs. 4 ist die Entscheidungserheblichkeit der Divergenz darzulegen, weil nach dieser Vorschrift das angefochtene Urteil auf der Abweichung *beruhen muss*. Es muss in den tragenden Entscheidungsgründen auf einer abweichenden Ansicht beruhen (Fritz, ZAR 1984, 23 (27); Höllein, ZAR 1989, 109 (111); Schenk, in: Hailbronner, AuslR, § 78 AsylVfG Rdn. 75; BayVGH, AuAS 2002, 240). Das Kausalitätserfordernis des Abs. 3 Nr. 2 bedeutet bei der Divergenzzulassung nichts anderes als bei der Grundsatzzulassung die Notwendigkeit, dass die Grundsatzfrage entscheidungserheblich sein muss, weil sie sonst einer Klärung nicht zugänglich ist. Angeknüpft wird in beiden Fällen an grundsätzliche Aussagen, die im konkreten Fall auch angewendet und nicht nur beiläufig geäußert worden sein müssen.

248

3.3.2.4.2. Maßgebliche Rechtsansicht für die Entscheidungserheblichkeit

Das angefochtene Urteil beruht nur auf solchen Gründen, die nach der *Rechtsauffassung des Verwaltungsgerichts* nicht fortgedacht werden können, wenn die Entscheidung Bestand haben soll. Es ist also erforderlich, dass das angegriffene Urteil bei Zugrundelegung der Auffassung in der Entscheidung, von der abgewichen worden sein soll, *anders hätte ausfallen müssen* (Kummer, Die Nichtzulassungsbeschwerde, Rdn. 168; Pietzner, in: VwGO. Kommentar, Schoch u. a., § 132 Rdn. 79; ähnl. Renner, AuslR, § 78 AsylVfG Rdn. 23). Wie bei der Grundsatzrüge bedeutet dies nicht, dass es für die Beurteilung der Divergenz selbst auf die Rechtsauffassung des Verwaltungsgerichts ankäme. Die Divergenzzulassung beruht ja auf dem Grundgedanken, dass die Berufung zugelassen werden soll, weil die Rechtsansicht des Verwaltungsgerichts zu einer bestimmten Rechts- oder Tatsachenfrage mit der eines divergenzfähigen Gerichts nicht übereinstimmt, es für die Berufungszulassung damit auf die Rechtsauffassung des divergenzfähigen Gerichts ankommt.

249

Vielmehr ist die Rechtsauffassung des Verwaltungsgerichts für das von ihm gewählte Prüfungsprogramm (s. hierzu Hess.VGH, AuAS 1999, 113 (115), also für die Frage maßgebend, ob es einen bestimmten Grund für tragend oder nicht tragend erachtet, bestimmte Ausführungen als nicht entscheidungserheblich einstuft oder ob es sein Urteil auf mehrere Gründe abstützt. Dem Be-

250

rufungsgericht ist im Antragsverfahren auf Berufungszulassung die Prüfung versperrt, ob das Verwaltungsgericht zu Recht oder Unrecht einen bestimmten Grund oder mehrere Gründe als tragend ansieht, weil es hierfür auf die Rechtsansicht des Verwaltungsgerichts ankommt. Der Prüfung im Zulassungsverfahren zugänglich ist hingegen die Frage, ob der als tragend angesehene Urteilsgrund in materiellrechtlicher Sicht mit der Rechtsprechung eines divergenzfähigen Gerichts übereinstimmt.

3.3.2.4.3. Richtigkeit des Urteils aus anderen Gründen

251 In diesem Zusammenhang ist umstritten, ob in Anlehnung an die Grundsatzberufung die Entscheidungserheblichkeit der Divergenzrüge Darlegungen dazu voraussetzt, dass sich das angefochtene Urteil auch aus anderen Gründen nicht als richtig erweist. Das BVerwG verlangt auch im Hinblick auf die revisionsrechtliche Divergenzrüge, dass zu jedem tragenden Begründungselement des angefochtenen Urteils Rügen erhoben werden. Sei ein Urteil auf mehrere selbständig tragende Begründungen gestützt, so könne die Revision nur dann zugelassen werden, wenn im Blick auf jede dieser Begründungen ein Zulassungsgrund geltend gemacht werde und auch vorliege (BVerwGE 54, 99 (100f.); 99, 99 (100f.); BVerwG, B. v. 10. 6. 1992 – BVerwG 9 B 176.91; so auch OVG NW, EZAR 633 Nr. 18 zu § 32 II Nr. 2 AsylVfG 1982; OVG SA, NVwZ-Beil. 1999, 57; OVG MV, NVwZ-Beil. 2000, 93; a. A. Hess.VGH, EZAR 631 Nr. 39, S. 5; Hess.VGH, NVwZ-RR 1998, 203 (204); Hess.VGH, B. v. 16. 7. 1996 12 UZ 3030/95; s. auch Rdn. 51).

252 Begründet wird die Gegenmeinung damit, dass für die Berufungszulassung eine dem § 144 IV VwGO vergleichbare Vorschrift fehle. Andererseits muss es jedoch in dem angestrebten Berufungsverfahren auf die genannte Entscheidung des Gerichts, von der abgewichen worden sein soll, ankommen. Besteht die naheliegende Möglichkeit, dass das Berufungsgericht die angefochtene Entscheidung aus anderen Gründen als das Verwaltungsgericht bestätigt, so ist die Divergenzfrage im Berufungsverfahren unter Umständen nicht entscheidungserheblich. Zur ordnungsgemäßen Darlegung der Divergenz muss sich der Antrag in einem derartigen Fall deshalb mit der Frage auseinandersetzen und schlüssig dartun, dass auch das Berufungsgericht die bezeichnete Entscheidung, von der abgewichen worden sein soll, im künftigen Berufungsverfahren seiner Entscheidung wird zugrundelegen müssen (Kummer, Die Nichtzulassungsbeschwerde, Rdn. 168). Andererseits ist von der Vorschrift des § 144 IV VwGO zurückhaltend Gebrauch zu machen und deshalb bei bestehender Divergenz die Berufung regelmäßig zuzulassen (Berlit, in: GK-AsylVfG, § 78 Rdn. 205ff.).

253 Nicht gefolgt werden kann deshalb der Ansicht, die eine Abweichung dann für unerheblich ansieht, wenn das Verwaltungsgericht einen zweiten Grund lediglich erwogen, dessen Tragfähigkeit aber offen gelassen hat, jedoch davon auszugehen ist, dass der zweite Grund bei abschließender Prüfung die Entscheidung ebenfalls getragen hätte (OVG MV, NVwZ-Beil. 2000, 93). In diesem Fall ist allein der mit der Divergenzrüge angegriffene Urteilsgrund tragend. Es ist nicht die Aufgabe des Berufungsgerichts im Zulassungsverfahren, unabhängig von den es insoweit bindenden Feststellungen des

Rechtsmittel § 78

Verwaltungsgerichts über diese hinwegzugehen und dem angefochtenen Urteil einen Inhalt zu geben, den es nicht hat. Hier besteht stets die Möglichkeit einer günstigeren Entscheidung (BVerfG (Kammer); NVwZ-Beil. 1999, 11).

Zu bedenken ist insoweit auch, dass das Zulassungsantragsverfahren als Zwischenverfahren nicht darauf ausgerichtet und auch nicht dafür geeignet ist, eine umfassende Beurteilung des Sach- und Streitgegenstandes anstelle des Verwaltungsgerichts vorzunehmen. Daher ist bei einer Divergenz die Berufung nur dann wegen Ergebnisrichtigkeit zu versagen, wenn sich die angefochtene Entscheidung nach den unbestritten gebliebenen tatsächlichen Feststellungen im angefochtenen Urteil, ohne dass dies weiterer Aufklärung bedarf, im Ergebnis offenkundig als richtig erweist (Berlit, in: GK-AsylVfG, II – § 73 Rdn. 205). 254

3.3.2.4.4. Möglichkeit einer günstigeren Entscheidung

Das angefochtene Urteil beruht auf der Divergenz, wenn mindestens die Möglichkeit besteht, dass das Verwaltungsgericht auch ohne den gerügten Rechtsverstoß zu einem anderen Ergebnis gekommen wäre, d. h. zu einer dem Rechtsmittelführer sachlich günstigeren Entscheidung hätte gelangen können ((BVerfG (Kammer); NVwZ-Beil. 1999, 11); BVerwGE 77, 65 (68); BVerwG, B. v. 10. 6. 1992 – BVerwG 9 B 176.91; Hess. VGH, NVwZ 1998, 303 (305); OVG NW, B. v. 21. 3. 1996 – 9 A 6474/95.A; OVG NW, B. v. 21. 3. 1996 – 9 A 317/96.A; Pietzner, in: VwGO. Kommentar, Schoch u. a., § 132 Rdn. 78; Berlit, in: GK-AsylVfG, II – § 78 Rdn. 203), sich also ein ursächlicher Zusammenhang zwischen der Divergenz und dem Ergebnis *nicht ausschließen lässt*. Dies ist im Einzelnen anhand der Entscheidungsgründe zu belegen. 255

Am Erfordernis der Entscheidungserheblichkeit scheitern viele Divergenzrügen. So wird davon ausgegangen, dass die Möglichkeit einer günstigeren Entscheidung nicht in Betracht kommt, wenn das Sachvorbringen *insgesamt als unglaubhaft* bewertet wird. In einem derartigen Fall beruht das angefochtene Urteil schon allein deshalb nicht auf der behaupteten Abweichung (Hess. VGH, B. v. 13. 1. 1997 – 13 UZ 3046/96.A; s. auch Rdn. 161 ff.). Hat indes der Einzelfall lediglich *Auslöserfunktion* für die Prüfung und Klärung genereller Fragen, kann es jedenfalls auch bei der Divergenzrüge unter dem Gesichtspunkt der Entscheidungserheblichkeit derart aufgeworfener grundsätzlicher Fragen nicht entscheidend auf die Art und Weise des Sachvorbringens im Einzelfall ankommen. Vielmehr muss gerade das Sachvorbringen, das Auslöser für diese Frage ist, vom Verwaltungsgericht als unglaubhaft bewertet worden sein (s. auch Rdn. 162). 256

Besondere Bedeutung kommt in diesem Zusammenhang dem vom Verwaltungsgericht zugrundegelegten *Prognosemaßstab* zu. So kommt die Möglichkeit einer günstigeren Entscheidung nicht in Betracht, wenn die Ausführungen des Verwaltungsgerichts zur Vorverfolgung zwar möglicherweise von der maßgeblichen Rechtsprechung abweichen, es jedoch ausdrücklich offen lässt, ob eine von der Klägerin behauptete Verfolgung asylerheblich ist, weil sie auch bei Annahme einer Vorverfolgung hinreichend sicher vor Verfolgung im Heimatland ist (Hess.VGH, B. v. 13. 3. 1997 – 13 UZ 125/96). 257

258 Ebenso liegt zwar eine Divergenz des erstinstanzlichen Urteils zur Rechtsprechung des BVerfG und BVerwG vor, wenn in diesem für eine den Asylsuchenden im Falle der Rückkehr offenstehende innerstaatliche Fluchtalternative vorausgesetzt wird, dass ihm dort nach dem Maßstab der beachtlichen Wahrscheinlichkeit keine politische Verfolgung droht, während unter diesen Voraussetzungen BVerfG und BVerwG die Gefahr politischer Verfolgung nach dem herabgestuften Wahrscheinlichkeitsmaßstab beurteilen. Führt das Verwaltungsgericht jedoch andererseits aus, dass dem Asylsuchenden auch bei Anwendung des strengeren Sicherheitsmaßstabes im Süden und Westen des Heimatstaates keine politische Verfolgung droht, beruht das Urteil nicht auf der Abweichung (BVerwG, NVwZ 1996, 359 = EZAR 634 Nr. 1 – Tamilen in Sri Lanka).

3.4. Verfahrensrüge (Abs. 3 Nr. 3)

3.4.1. Geschichtliche Entwicklung der Vorschrift des Abs. 3 Nr. 3

259 Die Berufung ist ferner zuzulassen, wenn ein in § 138 VwGO bezeichneter Verfahrensmangel geltend gemacht wird und vorliegt (Abs. 3 Nr. 3). Ursprünglich war dieser Zulassungsgrund abweichend vom früheren Recht (§ 32 II Nr. 3 AsylVfG 1982) nicht vorgesehen (BT-Drs. 12/2062, S. 19). Begründet wurde dies mit der Absicht der Entlastung der Obergerichte (BT-Drs. 12/2062, S. 41). Der Innenausschuss erachtete es jedoch auch weiterhin für erforderlich, dass die Berufung gegen ein Urteil des Verwaltungsgerichtes bzw. die Revision gegen ein Urteil des Oberverwaltungsgerichtes auch künftig in den Fällen zur Verfügung stehe, in denen das Verfahren der Vorinstanz an einem Verfahrensmangel nach § 138 VwGO leide.

260 Besonders schwerwiegende Verfahrensfehler könnten damit wie früher innerhalb des verwaltungsgerichtlichen Instanzenzugs korrigiert werden (BT-Drs. 12/2718, S. 62f.). Auch der ursprüngliche Gesetzentwurf zu § 32 AsylVfG 1982 hatte zunächst eine Berufung wegen schwerer Verfahrensfehler nicht vorgesehen, auf Vorschlag des Rechtsausschusses wurde jedoch wegen der Befürchtung einer übermäßigen Belastung des BVerfG die Berufungszulassung wegen Verfahrensfehler eingeführt (BT-Drs. 9/1792, S. 4).

261 Enthielt früher Abs. 3 Nr. 3 eine völlig eigenständige Regelung der Folgen schwerer Verfahrensfehler des Verwaltungsgerichts (Höllein, ZAR 1989, 109 (111)), ist im allgemeinen Verwaltungsprozessrecht mit Wirkung vom 1. Januar 1997 ebenfalls der Zulassungsgrund der Verfahrensfehler eingeführt worden (vgl. § 124 II Nr. 5 VwGO). Anders als Abs. 3 Nr. 3 nimmt § 124 II Nr. 5 VwGO jedoch nicht lediglich die in § 138 VwGO bezeichneten besonders schweren Verfahrensfehler in Bezug, sondern enthält eine dem Revisionsrecht (§ 132 II Nr. 3 VwGO) angeglichene Regelung über Verfahrensfehler. Demgegenüber ist im Asylprozess nur der schwere Verfahrensfehler im Sinne des § 138 VwGO rügefähig.

3.4.2. Zweck der Verfahrensrüge
Wie ausgeführt, dient die Verfahrensrüge nach Abs. 3 Nr. 3 der Korrektur *besonders schwerwiegender Verfahrensfehler* innerhalb des verwaltungsgerichtlichen Instanzenzugs (BT-Drs. 12/2718, S. 62 f.) Andererseits dient die Verfahrensrüge anders als die vorhergehenden Zulassungsgründe der *Einzelfallgerechtigkeit*, sodass bei der Auslegung und Anwendung der Vorschrift des Abs. 3 Nr. 3 der Grundsatz des *Grundrechtsschutzes durch Verfahrensgewährleistung* im Vordergrund steht (GK-AsylVfG a. F., § 32 Rdn. 150).

262

3.4.3. Kein Beruhenserfordernis
Nach Abs. 3 Nr. 3 ist die Berufung zuzulassen, wenn ein in § 138 VwGO bezeichneter Verfahrensmangel geltend gemacht wird und vorliegt. Abs. 3 Nr. 3 erfordert, dass der Verfahrensmangel *tatsächlich vorliegt*. Andererseits ist nicht zu prüfen, ob das angefochtene Urteil auf dem Verfahrensfehler beruhen kann oder beruht (VGH BW, EZAR 633 Nr. 15; Hess.VGH, EZAR 633 Nr. 22; Renner, AuslR, § 78 AsylVfG Rdn. 25; Schenk, in: Hailbronner, AuslR, § 78 AsylVfG Rdn. 76, 152; a. A. GK-AsylVfG a. F., § 32 Rdn. 153, 203; Fritz, ZAR 1984, 23 (27)). Im Unterschied zur allgemeinen Berufungszulassung (vgl. 124 II Nr. 5 VwGO) sowie zur Revisionszulassung (vgl. 132 II Nr. 3 VwGO) wegen allgemeiner Verfahrensmängel ist es jedenfalls nach dem Gesetzeswortlaut nicht erforderlich, dass das angefochtene Urteil auf dem Verfahrensmangel »beruhen kann« oder »beruht«.

263

Darauf weist auch der Gesetzeswortlaut von § 138 VwGO hin, der den Anwendungsbereich der Verfahrensrüge nach Abs. 3 Nr. 3 begrenzt. Für die Berufungszulassung wegen Verfahrensfehler ist im Asylprozess daher lediglich die Feststellung eines Verfahrensverstoßes im Sinne des § 138 VwGO erforderlich. Die bloße Behauptung genügt andererseits nicht. Der Verfahrensfehler ist vielmehr konkret darzulegen. Stellt das Berufungsgericht einen Verfahrensfehler fest, so wird nicht geprüft, ob dieser ursächlich für das Ergebnis der materiell-rechtlichen Entscheidung des Verwaltungsgerichts war, ob die Entscheidung also auch in diesem Sinne auf dem Verfahrensfehler beruht. Vielmehr wird unter diesen Voraussetzungen gleichsam unwiderleglich vermutet, dass das angefochtene Urteil im Ergebnis hierauf beruht (VGH BW, EZAR 633 Nr. 15; umstritten; s. hierzu insbesondere Rdn. 392, 501 ff. zur Gehörsrüge).

264

Begründet wird die Gegenansicht damit, dass Abs. 3 Nr. 3 nur die in § 138 VwGO genannten Fallgruppen für anwendbar erkläre, nicht jedoch den sonstigen Regelungsgehalt dieser Vorschrift. Daher spiele die für schwerwiegende Verfahrensfehler nach § 138 VwGO im Revisionsrecht geltende *unwiderlegliche Vermutung*, derzufolge dieser als *ursächlich* für das angefochtene Urteil angesehen werde, keine Rolle. Denn das Vorliegen eines Berufungszulassungsgrundes sei nicht gleichbedeutend mit dem Erfolg der Berufung. Das Berufungsgericht überprüfe nämlich bei einer zugelassenen Berufung die Rechtssache in vollem Umfang in rechtlicher und tatsächlicher Hinsicht, sodass sich eine Berufung gleichwohl als unbegründet erweisen könne, weil trotz eines Verfahrensfehlers sachlich richtig entschieden worden sei (GK-AsylVfG a. F., § 32 Rdn. 154).

265

266 Dem wird entgegengehalten, dass die Berufungszulassung an das bloße Vorliegen des Verfahrensfehlers, nicht an dessen tatsächliche oder rechtliche Ursächlichkeit für den Ausgang des Verfahrens anknüpfe. Ebenso unerheblich sei, auf welche tatsächliche oder rechtliche Grundlage wahrscheinlich eine spätere Berufungsentscheidung gestützt werde. Entscheidend sei nach dem Gesetzeswortlaut allein, dass wegen der Schwere des festgestellten Verfahrensfehlers die Durchführung eines Berufungsverfahrens ermöglicht werden solle (Renner, AuslR, § 78 AsylVfG Rdn. 26).

267 Die vom Gesetz angenommene notwendige Kausalität ergebe sich für die Verfahrensfehler des § 138 Nr. 1, 2 und 4 bis 6 VwGO aus deren Eigenart, weil sich in diesen Fällen die Frage nach dem Ergebnis der Entscheidung ohne Verfahrensfehler aus rechtlichen Gründen oder zumindest aus tatsächlichen Gründen nicht beantworten lasse. Jedoch könne auch für die Gehörsrüge nichts anderes gelten (Hess.VGH, EZAR 633 Nr. 22). Die Frage der Kausalität des Verfahrensfehlers gewinnt vorrangig bei der Gehörsrüge Bedeutung. Deshalb wird auf die dortigen Ausführungen verwiesen (Rdn. 392 ff.).

3.4.4. Besetzungsrüge (§ 138 Nr. 1 VwGO)

3.4.4.1. Zweck der Besetzungsrüge

268 Die Besetzungsrüge nach § 138 Nr. 1 VwGO dient der Sicherung und Durchsetzung des Prozessgrundrechts des Art. 101 I 1 GG. Der verfassungsrechtliche *Grundsatz des gesetzlichen Richters* erfordert, dass für jeden Einzelfall durch Gesetz und ergänzende Regelung (Geschäftsverteilungsplan des Gerichts und der Spruchkörper) möglichst eindeutig von vornherein feststeht, welcher Richter zur Entscheidung oder Mitwirkung berufen ist. Damit soll die Unabhängigkeit der Rechtsprechung sowie das Vertrauen des Rechtssuchenden und der Öffentlichkeit in die Unparteilichkeit und Sachlichkeit der Gerichte gesichert werden (BVerfG, (Plenumsbeschluss), BVerfGE 95, 322 (327) = NJW 1997, 1497 = DVBl. 1997, 765).

269 Dem trägt § 138 Nr. 1 VwGO Rechnung. Danach beruht das Urteil des Verwaltungsgericht auf einem Verfahrensmangel, wenn das erkennende Gericht nicht vorschriftsmäßig besetzt war (§ 138 Nr. 1 VwGO). Die gesetzlichen Vorschriften über den gesetzlichen Richter bedeuten andererseits aber nicht, dass der Gesetzgeber selbst stets endgültig den gesetzlichen Richter bestimmen muss. Vielmehr sind dem Gesetzgeber lediglich die *fundamentalen Zuständigkeitsregelungen* vorbehalten, die durch die *Geschäftsordnungen* und *Geschäftsverteilungspläne* der Gerichte ergänzt werden können (BVerfG (Kammer), NVwZ 1993, 1079).

3.4.4.2. Anforderungen an den Geschäftsverteilungsplan

270 Nach der Rechtsprechung des BVerwG führt die unrichtige Anwendung der Besetzungsvorschrift zu einer nicht vorschriftsmäßigen Besetzung im Sinne des Gesetzes, wenn sich der Gesetzesverstoß zugleich als Verletzung des Art. 101 I 2 GG darstellt (BVerwG, NVwZ 1988, 725; BVerwG, NJW 1988, 219; BVerwG, NVwZ 1988, 724; BVerwG, B. v. 31. 3. 1988 – BVerwG 9 CB 31.88, stdg. Rspr.). Eine Verletzung des Art. 101 I 2 GG kann daher nur dann ange-

nommen werden, wenn die Anwendung der Zuständigkeitsvorschriften durch das Gericht auf einer *willkürlichen Auslegung dieser Vorschriften* beruht oder die Bedeutung und Tragweite von Art. 101 I 2 GG grundlegend verkannt worden ist (BVerfG (Kammer), NVwZ 1993, 1079).

Relativierend wird jedoch eingewendet, dass eine Besetzung der Richterbank nicht stets dann vorschriftswidrig im Sinne des § 138 Nr. 1 VwGO sei, wenn sie den Bestimmungen eines Geschäftsverteilungsplans widerspreche, weil dieser vom entscheidenden Gericht *rechtsirrtümlich unrichtig* angewendet worden sei. Vielmehr sei das erkennende Gericht erst dann gemäß § 138 Nr. 1 VwGO vorschriftswidrig besetzt, wenn die fehlerhafte Anwendung des Geschäftsverteilungsplans auf *unvertretbaren, mithin sachfremden und damit willkürlichen Erwägungen* beruhe (OVG Hamburg, NVwZ 1999, 210) oder wenn willkürliche oder manipulative Erwägungen für die Fehlerhaftigkeit des als Mangel gerügten Vorgangs bestimmend gewesen seien (OVG Brandenburg, AuAS 2000, 258 (259)). 271

Diese Rechtsprechung macht die Voraussetzungen für den Verfassungsverstoß entgegen der Rechtsprechung des BVerfG zugleich auch zur Voraussetzung für die Rüge einer Verletzung im einfachen Recht geregelter Verfahrensfehler. Das BVerfG hat festgestellt, dass die unrichtige Anwendung der Zuständigkeitsnormen zwar einen Verfahrensfehler darstelle. Art. 101 I 2 GG, der nur *Schutz gegen Willkür, nicht gegen Irrtum* bieten wolle, sei dadurch allein jedoch noch nicht verletzt (BVerfGE 6, 45 (53); 17, 99 (104)). 272

Dabei wird der gesetzliche Richter insbesondere durch den *Geschäftsverteilungsplan* des Gerichtes festgelegt (vgl. BVerfGE 95, 322 (328 f.) = NJW 1997, 1497 = DVBl. 1997, 765). Nicht vorschriftsmäßig besetzt im Sinne von § 138 Nr. 1 VwGO ist das Gericht dann, wenn die Zusammensetzung des erkennenden Spruchkörpers *bei Erlass der angefochtenen Entscheidung* nicht den gesetzlichen Vorschriften, dem Geschäftsverteilungsplan des Gerichts (§ 21 e GVG) oder der kammerinternen Geschäftsverteilungsanordnung des Vorsitzenden (§ 21 g GVG) entsprach (VGH BW, B. v. 30. 3. 1999 – 2 L 1292/99). War die Rechtssache vor der Entscheidung durch einen nach dem Geschäftsverteilungsplan unzuständigen Richter bearbeitet, jedoch im Zeitpunkt der Entscheidung durch den danach zuständigen Einzelrichter entschieden worden, liegt kein Verfahrensfehler vor (VGH BW, B. v. 30. 3. 1999 – 2 L 1292/99). 273

Art 101 I 2 GG steht einer Änderung der Zuständigkeit auch für bereits anhängige Verfahren nicht entgegen, wenn die Neuregelung generell gilt, also außer anhängigen Verfahren auch eine unbestimmte Vielzahl künftiger gleichgelagerter Fälle erfasst und nicht aus sachwidrigen Gründen rechtswidrig geschieht (BVerfG (Kammer), NJW 2003, 345 = NVwZ 2003, 471 (LS)). Dementsprechend beurteilt sich die Frage der vorschriftsmäßigen Besetzung des Gerichts nicht nach der Geschäftsverteilung im Zeitpunkt des Eingangs der Streitsache, sondern nach dem Geschäftsverteilungsplan, der im Zeitpunkt der Sachentscheidung gilt (BVerwG, DVBl 1985, 857; BVerwG, NJW 1991, 1370; BGH, NJW 1993, 1596). Nach § 21 e I GVG verteilt das Präsidium die Geschäfte vor dem Beginn des Geschäftsjahres für dessen Dauer. 274

Die Geschäftsverteilungsbeschlüsse wirken nicht über das laufende Geschäftsjahr hinaus, sondern treten am Ende des Geschäftsjahres nach dem 275

»Jährlichkeitsprinzip« von selbst außer Kraft (BVerwG, NVwZ 1991, 1370). Bei einer Änderung des Geschäftsverteilungsplans während des laufenden Geschäftsjahres können Gesichtspunkte der Aus- und Fortbildung jüngerer Richter ermessensfehlerfrei berücksichtigt werden. Sie dürfen jedoch nicht der Anlass zu der Änderung gewesen sein (BVerwG, DVBl. 1985, 857).

276 Gegen eine Regelung des jährlichen Geschäftsverteilungsplans, nach der alle – selbst wenige – noch anhängige Sachen auf einen anderen Spruchkörper übergehen, ist auch unter Berücksichtigung des *Abstraktionsprinzips* nichts einzuwenden (BVerwG, NJW 1991, 1370 (1371)). Das »Abstraktionsprinzip« besagt, dass durch den Geschäftsverteilungsplan die Aufgaben nach *allgemeinen, abstrakten, sachlich-objektiven Merkmalen generell* – »blindlings« – auf die Spruchkörper verteilt werden müssen (BVerwG, NJW 1987, 2031; BVerwG, NJW 1993, 1370; BGH, NJW 1993, 1596 (1597); OVG Hamburg, NJW 1994, 274 (275); s. auch BVerfGE 95, 322 (327) = NJW 1997, 1497 = DVBl. 1997. 765). Die Zuweisung einzelner konkret bezeichneter – ausgesuchter – Sachen an einen Spruchkörper oder an einen anderen als den bisher zuständigen ist deshalb mit dem »Abstraktionsprinzip« nicht vereinbar (BVerwG, NJW 1991, 1370 (1371)).

277 Denn nach diesem Prinzip sind vor Beginn eines Geschäftsjahres alle Sachen, die anhängigen und die künftig neu eingehenden nach Maßgabe der aufgezeigten Grundsätze zu verteilen. Das »Abstraktionsprinzip« wird jedoch nicht verletzt, wenn eine Übergangsregelung nach § 21 e IV GVG hinsichtlich anhängiger Streitsachen unterlassen wird und infolge der geschäftsplanmäßig umfassenden Zuweisung eines Sachgebietes an einen anderen als den bisher zuständigen Spruchkörper eine bereits anhängige Streitsache auf einen anderen Spruchkörper übergeht (BVerwG, NJW 1991, 1370 (1371)).

3.4.4.3. Anforderungen an den kammerinternen Geschäftsverteilungsplan

3.4.4.3.1. Funktion des kammerinternen Geschäftsverteilungsplans

278 Die Aufstellung der kammerinternen Mitwirkungsgrundsätze nach § 21 g II GVG ist *Aufgabe des Vorsitzenden*, wobei dieser in richterlicher Unabhängigkeit und alleiniger Verantwortung handelt. Mit diesen Grundsätzen soll der geordnete, stetige und zweckmäßige Geschäftsgang der Kammer gesichert und für die zügige und ordnungsgemäße Erledigung der dem Spruchkörper zugewiesenen Geschäfte gesorgt werden (BGH, NJW 1993, 1596 (1597); s. auch § 76 Rdn. 19 ff.).

3.4.4.3.2. Anwendung der Regeln des Geschäftsverteilungsplans

279 Umstritten ist, ob die Anweisung des Vorsitzenden nach § 21 g II GVG den für den Geschäftsverteilungsplan des Gerichts geltenden Regeln zu folgen hat. So ist das BVerwG der Ansicht, dass ein Verfahrensmangel nicht bereits dann vorliege, wenn das Tätigwerden des Gerichts in seiner konkreten Zusammensetzung den Vorschriften zuwiderlaufe, die festlegten, welcher Spruchkörper unter Mitwirkung welcher Richter zur Entscheidung berufen sci (BVerwG, NVwZ 1988, 275). Durch die sachlich beschränkte Zuweisung

Rechtsmittel §78

eines Richters zu einem Spruchkörper werde die verfassungsrechtlich garantierte Gesetzlichkeit der gerichtlichen Zuständigkeitsanordnung im Sinne einer sich im Einzelfall »blindlings« ergebenden Entscheidungszuständigkeit nicht betroffen (BVerwG, NVwZ 1988, 275).

Die in einer derartigen Regelung des Geschäftsverteilungsplans möglicherweise liegende Verletzung des §21 g I GVG betreffe allein die in dieser Vorschrift festgelegten gerichtsverfassungsrechtlichen Zuständigkeiten des Vorsitzenden in Abgrenzung zu den Kompetenzen des Präsidiums. Die gesetzgeberische Entscheidung in §21 g I GVG, dass der Vorsitzende des Spruchkörpers und nicht das Präsidium die Geschäfte innerhalb des Spruchkörpers verteile, sei dadurch jedoch nicht betroffen worden, weil so das Prinzip des gesetzlichen Richters am besten gewahrt erscheine. Ihrem Charakter nach handele es sich daher bei der *spruchkörperinternen Geschäftsverteilung* um eine Maßnahme der Arbeitsverteilung unter den dem Spruchkörper angehörenden Richtern (BVerwG, NVwZ 1988, 275). 280

Demgegenüber versteht der BGH die Vorschrift des §21 g II GVG dahin, dass der Vorsitzende vor Beginn des Geschäftsjahres *allgemeine Grundsätze* aufstellen muss, nach denen sich mit *hinreichender Bestimmtheit* für die jeweilige Sache die zur Entscheidung berufene Richterbank ergibt (BGH, NJW 1993, 1596 (1597); ebenso OVG Hamburg, NJW 1994, 274). Mit den Vorschriften in §21 g II GVG habe der Gesetzgeber dem Vorsitzenden die Pflicht auferlegt, *sich im voraus durch allgemeine Mitwirkungsgrundsätze zu binden*, um die im Einzelfall zur Entscheidung berufenen Richter bestimmen zu können (BGH, NJW 1993, 1596 (1597)). 281

Das Verfassungsgebot des gesetzlichen Richters und der mit den Vorschriften des GVG verfolgte gesetzgeberische Zweck, den gesetzlichen Richter im Einzelfall möglichst genau bestimmen zu können, wären an entscheidender Stelle durchbrochen, wenn dem Vorsitzenden die Befugnis eingeräumt würde, die Rechtsprechungsaufgaben nach seinem Ermessen von Fall zu Fall zu verteilen. Das bedeute, dass die Mitwirkung der Mitglieder eines Spruchkörpers an den einzelnen Verfahren durch *objektive, allgemeine Kriterien* geregelt werden müsse (BGH, NJW 1993, 1596 (1597)). 282

Wenn §21 g II GVG die Aufstellung von allgemeinen Mitwirkungsgrundsätzen an den Verfahren verlange, um zu verhindern, dass die an der Entscheidung einer Sache mitwirkenden Richter erst nachträglich im Einzelfall vom Vorsitzenden bestimmt würden, so seien für die Zuteilung der Richter im oraus *möglichst eindeutige, generelle und sachgerechte Grundsätze* aufzustellen (BGH, NJW 1993, 1596 (1597)). 283

Das Plenum des BVerfG gibt der strengeren Interpretation den Vorzug: Geschäftsverteilungs- und Mitwirkungspläne des Gerichts dürfen danach mit Rücksicht auf das Gebot des Art. 101 I 2 GG *keinen vermeidbaren Spielraum* bei der Heranziehung der einzelnen Richter zur Entscheidung einer Sache und damit keine unnötige Unbestimmtheit hinsichtlich des gesetzlichen Richters lassen. Das Gebot des gesetzlichen Richters wird nicht erst durch eine willkürliche Heranziehung im Einzelfall verletzt. Unzulässig ist vielmehr auch schon das Fehlen einer abstrakt-generellen und hinreichend klaren Regelung, aus der sich der im Einzelfall zur Entscheidung berufene Richter mög- 284 lichst eindeutig ablesen lässt. Dies gilt insbesondere auch für die Bestimmung des Einzelrichters (BVerfGE 95, 322 (330f.) = NJW 1997, 1497 = DVBl. 1997. 765).

285 Die vom BGH für die Zuteilung der Richter auf die für die einzelnen Verfahren zuständigen Spruchkörper in Fällen überbesetzter Spruchkörper entwickelten Grundsätze werden in der obergerichtlichen Rechtsprechung auch auf den *Einzelrichtergeschäftsverteilungsplan* angewandt. Dieser müsse nach *im vorhinein festgelegten generellen Gesichtspunkten vorausbestimmbar* sein (OVG Hamburg, NJW 1994, 274). Danach habe der Vorsitzende vor Beginn des Geschäftsjahres für dessen Dauer zu bestimmen, nach welchen Grundsätzen die Mitglieder als Einzelrichter an den Verfahren mitwirken.

286 Sei die Person des Einzelrichters davon abhängig, ob der Vorsitzende von seinem Ermessen Gebrauch mache, einen Berichterstatter zu bestellen, könne der streitentscheidende Einzelrichter nicht im voraus festgestellt werden. Der zur Entscheidung berufene Einzelrichter müsse jedoch nach den Grundsätzen, die für einen überbesetzten Spruchkörper gelten würden, bestimmt werden. Die Übertragung einer Sache auf den streitentscheidenden Einzelrichter dürfe danach – abgesehen von einem Übertragungsbeschluss der Kammer – nicht von einer subjektiven Willensentscheidung des Vorsitzenden abhängen, ebenso wenig wie im Übrigen die Mitglieder des Spruchkörpers in dem Übertragungsbeschluss den Einzelrichter auswählen dürften (OVG Hamburg, NJW 1994, 274 (275)).

287 Die Bestimmung eines Mitgliedes der Kammer zum Einzelrichter obliegt allein der Vorausbestimmung durch den Vorsitzenden nach Maßgabe des § 21 g II GVG. Unzulässige, willentliche (subjektive) Elemente beeinflussen indes die Übertragung richterlicher Aufgaben in einer spruchkörperinternen Geschäftsverteilung dann, wenn der Einzelrichter nach Ermessen des Vorsitzenden bestimmt wird oder wenn etwa die Mitwirkung eines Richters von der Terminierung einer Sache durch den Vorsitzenden abhängt oder wenn Sachen nach ihrer Bedeutung – »einfach«, »offensichtlich unzulässig oder unbegründet« – einem Mitglied der Kammer als Einzelrichter zugewiesen werden (OVG Hamburg, NJW 1994, 274 (275)).

288 Vorkehrungen zur Wahrung des Gebots des gesetzlichen Richters müssen jedoch nicht notwendigerweise im kammerinternen Geschäftsverteilungsplan selbst enthalten sein. Missbrauchsvorkehrungen können auch durch Verwaltungsanordnungen oder Dienstanweisungen des Vorsitzenden erfolgen (OVG NW, AuAS 2002, 162 (163)).

289 Hat jedoch der Einzelrichter entschieden, obwohl es an einer vorherigen abstrakt-generellen Bestimmung des jeweils zur Entscheidung berufenen Einzelrichters im kammerinternen Geschäftsverteilungsplan fehlt, ist die Berufung dann nicht wegen unvorschriftsmäßiger Besetzung des erkennenden Gerichts nach Abs. 3 Nr. 3 i. V. m. § 138 Nr. 1 VwGO zuzulassen, wenn es bei dem erkennenden Gericht üblich war, dass als Einzelrichter stets der nach dem kammerinternen Geschäftsverteilungsplan für das jeweilige Verfahren zuständige Berichterstatter entscheidet (OVG SH, AuAS 4/1992, 12).

3.4.4.4. Fehlerhafte Übertragung auf die Kammer nach § 76 Abs. 2

Umstritten ist, ob die fehlerhafte Übertragung des Rechtsstreits auf den Einzelrichter oder dessen Rückübertragung mit der Besetzungsrüge angegriffen werden kann (dafür OVG Hamburg, NVwZ-RR 1996, 716; dagegen OVG NW, EZAR 633 Nr. 14; OVG NW, AuAS 2004, 202 (203); Nieders.OVG NVwZ-Beil. 1998 12 (13) = AuAS 1997, 225; Schenk, in: Hailbronner, AuslR, § 78 AsylVfG Rdn. 77 a; Berlit, in: GK-AsylVfG, § 78 Rdn. 221; Renner, AuslR, § 78 AsylVfG Rdn. 28; Höllein, ZAR 1989, 109 (111 f.); § 76 Rdn. 24 ff.). Da der *Einzelrichter* gesetzlicher Richter ist (BVerfG (Vorprüfungsausschuss), NJW 1985, 559; BVerfG (Vorprüfungsausschuss), NVwZ 1984, 232; OLG Köln, NJW 1976, 1101; § 76 Rdn. 5 ff.), verletzt eine fehlerhafte Übertragung durch die Kammer an den Einzelrichter entgegen den gesetzlichen Vorschriften ebenso das Prinzip des gesetzlichen Richters wie die fehlerhafte Rückübertragung an die Kammer durch den Einzelrichter nach § 76 III 1. 290

Der Einzelrichter ist wie die Kammer im Rahmen der vom Gesetz geregelten Zuständigkeiten gesetzliche Richter. Dies hat zur Folge, dass dem Rechtsuchenden sein gesetzlicher Richter entzogen wird, wenn die Rechtssache fehlerhaft auf den Einzelrichter übertragen wird sowie auch dann, wenn der Einzelrichter mit bindender Wirkung den Rechtsstreit fehlerhaft auf die Kammer überträgt. Wird einem Richter auf Probe innerhalb der ersten sechs Monate nach seiner Ernennung der Rechtsstreit übertragen (§ 76 V), wird ebenfalls der Grundsatz des gesetzlichen Richters verletzt. 291

Die Gegenmeinung verweist auf die zur Ergänzung des § 128 VwGO auch im verwaltungsgerichtlichen Verfahren gemäß § 173 VwGO entsprechend anwendbare Vorschrift des § 512 ZPO, derzufolge unanfechtbare Vorentscheidungen des erstinstanzlichen Gerichts (vgl. § 80) der Nachprüfung durch das Berufungsgericht entzogen seien, sodass trotz der Verletzung des Grundsatzes des gesetzlichen Richters eine Überprüfung im Berufungsverfahren ausgeschlossen sei (Nieders.OVG, NVwZ-Beil. 1998, 12 (13); OVG Rh-Pf, NVwZ-Beil. 1999, 26; Höllein, ZAR 1989, 109 (111); Renner, AuslR, § 78 AsylVfG Rdn. 28; a. A. OVG Hamburg, NVwZ-RR 1996, 716). 292

Dagegen wird zutreffend eingewendet, dass dieser Einwand nur für die Übertragungsentscheidung selbst gelte. Habe infolge der Übertragungsentscheidung der Einzelrichter zur Sache entschieden, könnten im Rahmen eines hiergegen eingelegten zulässigen Rechtsmittels Rechtsverletzungen geltend gemacht werden, die als Folge einer möglicherweise fehlerhaften Vorentscheidung – wie etwa eine Verletzung des Gebots des gesetzlichen Richters – auch der Sachentscheidung selbst anhaften würden (OVG Hamburg, NVwZ-RR 1996, 716). 293

Jedoch räumt auch die herrschende Ansicht ein, dass bei gravierenden Verstößen gegen die Übertragungsvorschriften das dem § 512 ZPO zugrundeliegende Prinzip durchbrochen werde. Diese Fälle der willkürlichen oder sonst offensichtlich fehlerhaften Übertragungsentscheidungen seien im Übrigen die einzigen, bei denen ein Besetzungsfehler tatsächlich vorliegen könne (Höllein, ZAR 1989, 109 (111 f.); Renner, AuslR, § 78 AsylVfG Rdn. 28). 294

Ein Besetzungsfehler und damit ein Zulassungsgrund ist andererseits jedoch regelmäßig dann gegeben, wenn der Übertragungsbeschluss an formalen 295

Mängeln leidet, etwa weil er mangels Bekanntgabe unwirksam geblieben ist (Höllein, ZAR 1989, 109 (112)). Im Ergebnis versagt jedoch auch die Ansicht, die die Zulässigkeit der auf den fehlerhaften Übertragungsbeschluss gerichteten Besetzungsrüge bejaht, im Rahmen der Begründetheit den Zugang zur Berufungsinstanz, lässt freilich offen, ob in extremen Fällen, etwa bei offensichtlicher Willkür, Ausnahmen zuzulassen sind (OVG Hamburg, NVwZ-RR 1996, 716 (717)).

3.4.4.5. Wahl der ehrenamtlichen Richter

296 Die Entscheidung durch die Kammer in der Besetzung von drei Richtern und zwei ehrenamtlichen Richtern (§ 5 III VwGO) ist in der gerichtlichen Praxis die Ausnahme. Im Asylprozess kommt deshalb Wahlfehlern bei der Wahl der ehrenamtlichen Richter nur eine sehr untergeordnete Bedeutung zu. Generell gilt insoweit, dass ein Fehler bei der *Wahl der ehrenamtlichen Richter* nur dann eine nicht ordnungsgemäße Besetzung des Gerichts zu Folge hat, wenn durch den Fehler der Schutzzweck des Art. 101 I 2 GG berührt wird.

297 Das trifft hauptsächlich auf Fehler zu, die so schwerwiegend sind, dass von einer Wahl im Rechtssinne nicht gesprochen werden kann und damit den ehrenamtlichen Richtern die Eigenschaft abgesprochen werden muss, durch eine Wahl gesetzliche Richter geworden zu sein (BVerwG, U. v. 25. 10. 1988 – BVerwG 9 C 60.87; BVerwG, B. v. 31. 3. 1988 – BVerwG 9 CB 31.88; ähnl. BVerwG, NJW 1988, 219; BVerwG, NVwZ 1988, 274).

298 Das trifft ferner für Fehler zu, die im Lichte der Verbürgung des Anspruchs auf den gesetzlichen Richter die Zusammensetzung der Richterbank im Einzelfall als manipulativ erscheinen lassen (BVerwG, U. v. 25. 10. 1988 – BVerwG 9 C 60.87). Dementsprechend sind etwa die fehlerhafte Teilnahme des Vizepräsidenten statt des Präsidenten des Gerichts am Wahlverfahren oder das Anbringen von Zusätzen bei einzelnen auf einer Vorschlagsliste zusammengefassten Bewerbern nicht geeignet, das Prinzip des gesetzlichen Richters in Frage zu stellen (BVerwG, U. v. 25. 10. 1988 – BVerwG 9 C 60.87).

3.4.4.6. Darlegungsanforderungen

299 In dem Antrag ist unter genauer Bezeichnung der Verstöße gegen die Regelungen der Geschäftsverteilung im konkreten Verfahren darzulegen, dass das Gericht nicht vorschriftsmäßig besetzt war. Darüber hinaus ist jedenfalls nach der Rechtsprechung des BVerwG im Einzelnen zu begründen, dass die nichtvorschriftsmäßige Besetzung des Gerichts zugleich eine Verletzung des Art. 101 I 2 GG darstellt (BVerwG, NVwZ 1988, 725; BVerwG, NJW 1988, 219; BVerwG, NVwZ 1988, 724; BVerwG, NJW 1991, 1370 (1371); BGH, NJW 1993, 1596 (1597); so auch OVG Hamburg, NVwZ-RR 1996, 716 (717); a. A. OVG Hamburg, NJW 1994, 274 (275); offengelassen BGH, NJW 1993, 1596 (1597 f.)).

300 Nach der Rechtsprechung des BVerfG kann eine Verletzung des Art. 101 I 2 GG nur dann angenommen werden, wenn Maßnahmen, Unterlassungen oder Entscheidungen eines Gerichts, durch die der gesetzliche Richter entzogen wird, auf Willkür beruhen (BVerfGE 23, 288 (320); 82, 286 (299)). Dementsprechend wird vorausgesetzt, dass die Anwendung der Zuständig-

keitsvorschriften durch das Gericht auf einer *willkürlichen* Auslegung dieser Vorschriften beruhen oder die Bedeutung und Tragweite von Art. 101 I 2 GG grundlegend verkannt worden ist (BVerfG, NVwZ 1993, 1079).

Nicht jede fehlerhafte Anwendung normativer Zuständigkeitsregeln durch die Gerichte stellt zugleich auch eine Verfassungsverletzung dar. Die Anwendung einfachen Rechts darf nicht auf die verfassungsrechtliche Ebene gehoben werden (BVerfGE 82, 286 (299)). Nur wenn die Auslegung einer Zuständigkeitsnorm *willkürlich* sei (BVerfGE 3, 359 (364 f.); 17, 99 (104); 73, 339 (366); 82, 286 (299)), also auf *sachfremden Erwägungen* beruhe (BVerfGE 3, 359 (364)), wenn sie bei verständiger Würdigung der das Grundgesetz bestimmenden Gedanken *nicht mehr verständlich erscheine* und *offensichtlich unhaltbar* sei (BVerfGE 82, 159 (194); 82, 286 (299)) oder wenn die richterliche Zuständigkeitsentscheidung die *Bedeutung und Tragweite* von Art. 101 I 2 GG grundlegend verkannt habe (BVerfGE 82, 286 (299)), liege ein Verfassungsverstoß vor. 301

Die unrichtige Anwendung der Zuständigkeitsnormen begründet danach zwar einen Verfahrensfehler. Art. 101 I 2 GG, der nur *Schutz gegen Willkür, nicht gegen Irrtum* bieten wolle, sei dadurch allein jedoch noch nicht verletzt (BVerfGE 6, 45 (53); 17, 99 (104)). In Anknüpfung an diese verfassungsgerichtliche Rechtsprechung verlangt das BVerwG indes, dass in dem Antrag ein »*qualifizierter Verstoß*« konkret darzulegen ist, dass also die unrichtige Anwendung der Zuständigkeitsregelungen als willkürlich erscheine, insbesondere sachfremde Erwägungen maßgebend gewesen seien und dass auf das den Einzelfall betreffende Ergebnis hätte Einfluss genommen werden können (BVerwG, NJW 1991, 1370 (1371); ebenso OVG Hamburg, NVwZ-RR 1996, 716 (717)). 302

Demgegenüber ist es nach der Gegenmeinung jedenfalls für die Feststellung eines »wesentlichen Verfahrensmangels« nach § 130 I Nr. 2 VwGO nicht entscheidend, ob die fehlerhafte Anwendung der Zuständigkeitsregelungen zugleich eine Verletzung des rechtsstaatlichen Grundsatzes vom gesetzlichen Richter nach Art. 101 I 2 GG darstelle. Dies werde aber bei der Geltendmachung eines absoluten Revisionsgrundes nach § 138 Nr. 1 VwGO gefordert. Zu bedenken sei jedoch, dass die Regelung über die kammerinterne Geschäftsverteilung nach § 21 g II GVG weithin als Ausdruck des Grundsatzes vom gesetzlichen Richter verstanden werde (OVG Hamburg, NJW 1994, 274 (275)). Im Ergebnis kommt damit auch die Gegenmeinung jedenfalls für die Darlegung der Besetzungsrüge nach § 138 Nr. 1 VwGO zu dem Ergebnis, dass eine willkürliche Anwendung der Zuständigkeitsvorschriften begründet werden muss. 303

Damit kann der Hinweis auf den »*schlafenden Richter*« im Asylprozess nicht zum Erfolg der Besetzungsrüge führen. Zwar können sichere Anzeichen, wie etwa »tiefes, hörbares und gleichmäßiges Atmen oder gar Schnarchen, ruckartiges Aufrichten mit Anzeichen von fehlender Orientierung« dazu führen, dass das Gericht nicht vorschriftsmäßig besetzt war (BVerwG, NJW 1986, 2721). Schlaf beruht jedoch auf Erschöpfung, nicht auf Willkür. Darüber hinaus müssen konkrete Tatsachen vorgetragen werden, welche eine Konzentration des Richters auf die wesentlichen Tatsachen in der münd- 304 lichen Verhandlung ausschließen (BVerwG, NJW 2001, 2898 = NVwZ 2001, 1151 (LS)).

305 Jedoch kann mit der Besetzungsrüge auch die nicht vorschriftsmäßige Besetzung während der Beratung des Gerichts gerügt werden. Nehmen mit Ausnahme der bei Gericht zugelassenen Referendare andere *dritte Personen* an der *Beratung* teil, liegt ein Verstoß gegen § 138 Nr. 1 VwGO vor. Wird ein Rechtsstudent, der dem Gericht zu Ausbildungszwecken im Rahmen der Gerichtsverwaltung zugewiesen worden ist, zur Beratung zugelassen, begründet dies daher einen Verfahrensfehler (Hess.VGH, ESVGH 37, 44). Da die Rechtsprechung jedoch zwischen dem der Beratung vorhergehenden Rechtsgespräch und der Beratung selbst differenziert, ist auf diesen Gesichtspunkt einzugehen.

306 Eine derartige Trennung ist nach der Rechtsprechung ohne Verstoß gegen § 193 GVG a. F. rechtlich möglich und auch praktisch durchführbar. Beratung sei jener Vorgang, bei dem die Richter des Spruchkollegiums alle Elemente der zu treffenden Entscheidung erörtern, Argumente austauschen sowie auf Bedenken hinweisen würden und dergleichen, bis schließlich die Erörterung abgeschlossen sei. Eine Beratung liege daher nur vor, wenn das Gericht als solches eine Aussprache mit dem Ziel einer gerichtlichen Willensbildung abhält (Hess.VGH, ESVGH 37, 44).

307 Im Antrag ist gegebenenfalls auf den Einwand des *Rügeverlustes* einzugehen. Mehrheitlich ging die Rechtsprechung im Blick auf die fehlerhafte früher übliche Übertragung des Rechtsstreits an den Einzelrichter nach § 348 ZPO a. F. (jetzt § 348 a ZPO) davon aus, dass die Parteien, die rügelos verhandelt hatten, ihre Rügerecht nicht verloren hatten. Begründet wurde dies damit, dass Verstöße gegen § 348 I ZPO a. F. keinem Rügeverzicht nach § 295 I ZPO zugänglich seien (OLG Köln, NJW 1976, 1101 (1102); OLG Koblenz, MDR 1986, 153; OLG Düsseldorf, NJW 1976, 114; a. A. OLG Frankfurt am Main, NJW 1977, 301).

308 Entsprechendes gilt für das Verwaltungsprozessrecht. Im Übrigen kann nur bei genauer vorheriger Kenntnis oder bei Kennenmüssen der unrichtigen Anwendung der Zuständigkeitsvorschriften das Problem des Rügeverzichtes Bedeutung erlangen. Denn der Rügeverlust setzt voraus, dass der Mangel bekannt war oder bekannt sein musste (vgl. 295 I ZPO). Die Voraussetzungen für die Besetzungsrüge werden den Beteiligten häufig jedoch erst im Nachhinein bekannt.

3.4.5. Befangenheitsrüge (§ 138 Nr. 2 VwGO)

3.4.5.1. Anwendungsbereich des § 138 Nr. 2 VwGO

309 Die Berufung ist nach Abs. 3 Nr. 3 zuzulassen, wenn bei der Entscheidung ein Richter mitgewirkt hat, der von der Ausübung des Richteramtes kraft Gesetzes ausgeschlossen war oder wegen Besorgnis der Befangenheit mit Erfolg abgelehnt war (§ 138 Nr. 2 VwGO). Dieser Verfahrensverstoß erfasst also den Fall des gesetzlich ausgeschlossenen sowie den wegen Besorgnis der Befangenheit ausgeschlossenen Richter. Liegen die entsprechenden Voraussetzungen vor, so wird *unwiderleglich vermutet*, dass der Verfahrensverstoß für die nachfolgende Entscheidung ursächlich gewesen ist.

§ 138 Nr. 2 VwGO verweist stillschweigend auf § 54 II VwGO. Der Ausschlussgrund des § 54 II VwGO erfasst von vornherein nur die Mitwirkung im Verwaltungsverfahren. Nicht kraft Gesetzes ausgeschlossen ist daher ein Richter, der im Blick auf denselben Asylsuchenden bereits im Eilrechtsschutzverfahren entschieden oder – in Asylfolgeantragsverfahren – bereits im Erstverfahren mit dem Asylsuchenden befasst war. Ohne Hinzutreten weiterer Umstände ist eine derartige Vorbefassung auch nicht geeignet, ein Ablehnungsgesuch wegen Besorgnis der Befangenheit zu rechtfertigen (Berlit, in: GK-AsylVfG, II – § 78 Rdn. 256).

3.4.5.2. Keine Anwendung auf Dolmetscher
Für den *Dolmetscher* gilt § 138 Nr. 2 nicht (BVerwG, InfAuslR 1985, 54; Berlit, in: GK-AsylVfG, II-§ 78 Rdn. 258; Schenk, in: Hailbronner, AuslR, B 2, § 78 Rdn. 83, s. auch Rdn. 1086ff.). Eine unwiderlegliche Vermutung, dass ein Verfahrensverstoß für die nachfolgende Sachentscheidung ursächlich gewesen ist, kennt das Prozessrecht unter den Voraussetzungen des § 138 Nr. 2 VwGO nur für den Richter. Zwar sind auf die Dolmetscher die Vorschriften über die Ablehnung von Sachverständigen (§ 55 VwGO in Verb. mit § 191 GVG) entsprechend anzuwenden (BVerwG, InfAuslR 1985, 54). Daraus ergibt sich, dass ein mit Erfolg abgelehnter Dolmetscher nicht herangezogen – oder bei nachträglicher Ablehnung – nicht weiter tätig werden darf und dass das Gericht die vor der Ablehnung von dem Dolmetscher vorgenommenen Übertragungen bei seiner Entscheidung außer Betracht zu lassen hat (BVerwG, InfAuslR 1985, 54). Verstößt das Gericht gegen diese Grundsätze, liegt aber kein Verfahrensmangel nach § 138 Nr. 2 VwGO vor. Es kann aber eine Verletzung des rechtlichen Gehörs vorliegen, wenn dies rechtzeitig gerügt worden ist.

3.4.5.3. Begriff der Besorgnis der Befangenheit
Nach § 54 I VwGO in Verb. mit § 42 II ZPO findet die Ablehnung wegen *Besorgnis der Befangenheit* statt, wenn ein Grund vorliegt, der geeignet ist, Misstrauen gegen die Unparteilichkeit eines Richters zu rechtfertigen. Tatsächliche Befangenheit ist nicht erforderlich. Es kommt auch nicht darauf an, ob der Richter sich selbst für befangen hält. Vielmehr genügt bereits der »*böse Schein*«. Es müssen *objektiv feststellbare Tatsachen* vorliegen, welche die *subjektiv vernünftigerweise mögliche Besorgnis* vom Standpunkt des das Ablehnungsgesuch stellenden Verfahrensbeteiligten begründen, der betreffende Richter werde nicht unbefangen entscheiden (BVerwGE 50, 36 (38f.); Hess.VGH, B. v. 27.10.1987 – 12 TE 2395/87; OVG NW, NJW 1993, 2259 = NVwZ 1993, 1000 (nur LS); OVG Berlin, NVwZ-RR 1997, 141; OVG SH, NVwZ-RR 2004, 457).

Diese Gründe sind darzulegen und glaubhaft zu machen (OVG Berlin, NVwZ-RR 1997, 141). Ein Befangenheitsantrag kann wegen *Rechtsmissbräuchlichkeit* zurückgewiesen werden (BVerwGE 50, 36 (37); OVG NW, NJW 1993, 2259; OVG Lüneburg, B. v. 9.2.1989 – 21 OVG B 1239/88). Der Antrag ist *missbräuchlich*, wenn er entweder überhaupt nicht oder nur mit solchen Umständen begründet wird, die eine Besorgnis der Befangenheit unter keinem denkbaren Gesichtspunkt rechtfertigen können (OVG NW, NJW 1993, 2259).

3.4.5.4. Einzelfälle der Besorgnis der Befangenheit

3.4.5.4.1. Gehörsverletzung

314 Ein die Besorgnis der Befangenheit rechtfertigender Grund kann auch aus einer Gehörsverletzung hergeleitet werden, sodass in diesem Fall zwei Verfahrensrügen durchgreifen. Lediglich die fehlende Bereitschaft, das Vorbringen einer Partei vollständig zur Kenntnis zu nehmen, stellt jedoch einen Ablehnungsgrund nicht dar (Hess.VGH, B. v. 27. 10. 1987 – 12 TE 2395/87). Es rechtfertigt darüber hinaus nicht die Besorgnis der Befangenheit, wenn der abgelehnte Richter bei Gelegenheit einer privaten Autofahrt Beobachtungen über Lebensverhältnisse eines Beteiligten macht, die möglicherweise für den Rechtsstreit von Bedeutung sein können, die Beobachtungen sodann den Beteiligten mitteilt und ihnen Gelegenheit zur Stellungnahme gibt (OVG Hamburg, NJW 1994, 2779 = NVwZ 1994, 1226 (LS)).

315 Hinweise des Vorsitzenden oder Berichterstatters zur Beweis- und Rechtslage im Rechtsgespräch können ebenso wie Verfahrensverstöße eine Besorgnis der Befangenheit nur rechtfertigen, wenn auch Gründe glaubhaft gemacht werden, aus denen bei objektiver Betrachtung auf eine unsachliche Einstellung des Richters gegenüber dem Beteiligten hinsichtlich des Verfahrensausgangs geschlossen werden kann (OVG Berlin, NVwZ-RR 1997, 141 (142)). Dem ist insbesondere deshalb zuzustimmen, weil andererseits das Gericht bei Verletzung seiner Hinweis- und Fürsorgepflichten einen Gehörsverstoß begeht und deshalb die Aufklärungsrüge gegeben ist (s. hierzu Rdn. 1058 ff.).

3.4.5.4.2. Ablehnung eines Beweisantrages

316 Die *Ablehnung eines Beweisantrages* als solche stellt *keinen Befangenheitsgrund* dar (OVG NW, B. v. 18. 3. 1992 – 21 E 97/92.A; s. hierzu im Einzelnen Rdn. 489 ff.). Ist damit ein Verfahrensverstoß verbunden, ist ein solcher nicht generell geeignet, die Besorgnis der Befangenheit zu begründen, sondern nur dann, wenn das prozessuale Vorgehen des Richters einer tauglichen gesetzlichen Grundlage entbehrt und sich so sehr von dem normalerweise geübten fehlerfreien Verfahren entfernt, dass sich für die dadurch betroffenen Verfahrensbeteiligten der Eindruck einer sachwidrigen, auf Voreingenommenheit beruhenden Benachteiligung aufdrängt (OVG NW, B. v. 18. 3. 1992 – 21 E 97/92.A).

317 Liegen dem Gericht eine Vielzahl von Erkenntnisquellen zur generellen Situation im Herkunftsstaat des Klägers vor, so kann die Ablehnung eines auf die weitere Aufklärung dieser Situation zielenden Beweisantrags allenfalls dann als grob verfehlt angesehen werden, wenn die Notwendigkeit oder auch nur Sachdienlichkeit der weiteren Beweisaufnahme in Auseinandersetzung mit den vorliegenden Äußerungen verdeutlicht und insbesondere dargelegt wird, dass letztere, obwohl überwiegend auf umfassende Auskunft über die Situation einer bestimmten Volksgruppe im Herkunftsland bezogen, den nunmehr angesprochenen Komplex ausgeklammert hätten oder warum andere Aussagen zu erwarten seien (OVG NW, B. v. 18. 3. 1992 – 21 E 97/92.A).

318 Ebenso wenig begründet nach der Rechtsprechung die Ablehnung der beantragten Zeugenvernehmung des Bruders des Klägers die Besorgnis der Be-

fangenheit, wenn das Gericht seine Entscheidung damit begründet, dass der »durch das enge Verwandtschaftsverhältnis nicht als neutral einzustufende Zeuge die bereits zu Ungunsten des Klägers gefestigte Erkenntnislage des Gerichts« wahrscheinlich nicht entscheidend ändern werde (VG Karlsruhe, B. v. 5. 2. 1977 – A 13 K 11888/96). Hier dürfte jedoch die Gehörsrüge wegen unzulässiger Beweisantizipation durchgreifen.

Schreit der Vorsitzende in der Verhandlungspause den mitgebrachten sachverständigen Zeugen an oder äußert er sich über diesen in einer Weise, die es ausschließt, dass das Gericht den Beweisantrag, der die Vernehmung dieses Zeugen zum Gegenstand hat, objektiv beurteilt, so soll nach der Rechtsprechung auch derartiges krasses Fehlverhalten im Asylsuchenden nicht die Besorgnis der Befangenheit begründen können (OVG NW, B. v. 18. 3. 1992 – 21 E 97/92.A). Denn derartiges Verhalten sei nicht auf den Asylsuchenden bezogen und würde diesem »bei vernünftiger Betrachtungsweise« keinen Anlass geben können, an der Unvoreingenommenheit der persönlichen Einstellung des Vorsitzenden gegenüber seiner Person und seinem Anliegen zu zweifeln (OVG NW, B. v. 18. 3. 1992 – 21 E 97/92.A). 319

Sei im Übrigen nicht die Eignung des Zeugen, sondern die fehlende Erheblichkeit der Beweisfrage entscheidend für die Ablehnung des Beweisantrags auf Vernehmung des Zeugen gewesen, sei davon auszugehen, dass der Vorsitzende dessen Eignung objektiv beurteilen könne (OVG NW, B. v. 18. 3. 1992 – 21 E 97/92.A). Dieser Zirkelschluss verkennt jedoch, dass derartiges Verhalten bei dem anwesenden Asylsuchenden jegliches Vertrauen in eine unparteiliche und unvoreingenommene Behandlung seines Verfahrens zerstört und deshalb aus seiner Sicht die Besorgnis der Befangenheit begründet. 320

3.4.5.4.3. Art und Weise der Terminierung

Nicht geklärt ist, ob ein Asylsuchender begründet Besorgnis der Befangenheit des Richters annehmen kann, wenn nach dem Terminsanschlag für die mündliche Verhandlung in seinem Asylstreitverfahren nur wenige Minuten vorgesehen sind, sodass aus seiner Sicht von vornherein feststehen muss, dass eine ernsthafte gerichtliche Auseinandersetzung mit seinen Asylgründen nicht erwartet werden kann (Hess.VGH, B. v. 27. 10. 1987 – 12 TE 2395/87, offengelassen bei nur vorgesehenen 15 Minuten). 321

Ist der Kläger anwaltlich vertreten, so geht die Rechtsprechung davon aus, dass dem Anwalt bekannt sein müsse, dass die Terminierung für einen bestimmten Zeitraum nichts Unwiderrufliches sei und er durch entsprechende Anträge in der mündlichen Verhandlung darauf drängen könne, dass sein Mandant ausreichend zu Wort komme (Hess.VGH, B. v. 27. 10. 1987 – 12 TE 2395/87). 322

Einem Antrag auf Terminsverlegung, der mit Schwangerschaftskomplikationen der sachbearbeitenden Rechtsanwältin begründet wird, ist zur Vermeidung einer Befangenheitsrüge stattzugeben. In der Versagung des Antrags kommt »eine so krasse Ungleichbehandlung« zum Ausdruck, dass die Besorgnis der Befangenheit des abgelehnten Richters aus der Sicht des benachteiligten Beteiligten als berechtigt erscheint (OLG Köln, AnwBl 2003, 121). 323

3.4.5.4.4. Nichtbehandlung des Prozesskostenhilfeantrags

324 Hat der Prozessbevollmächtigte frühzeitig den Antrag auf Bewilligung von *Prozesskostenhilfe* gestellt sowie wiederholt auf Entscheidung hierüber gedrängt, so hat er gute Gründe zur Stellung des Befangenheitsantrags, wenn das Gericht gleichwohl erst kurz vor der mündlichen Verhandlung über den Antrag entscheidet (Nieders.OVG, B. v. 9. 2. 1989 – 21 OVG B 1239/88; OLG Frankfurt am Main, B. v. 26. 11. 1999 – 13 W 66/99). Denn bei einer derartigen Verfahrensweise ist für die in § 114 ZPO vorausgesetzte Erfolgsprognose kein Raum mehr. Eine derart späte Entscheidung muss auf besonders gelagerte Ausnahmefälle beschränkt bleiben und begründet deshalb für den Regelfall im Asylsuchenden die Besorgnis der Befangenheit (Nieders.OVG, B. v. 9. 2. 1989 – 21 OVG B 1239/88) des Vorsitzenden oder berichterstattenden Richters bzw. Einzelrichters.

3.4.5.4.5. Überlange Verfahrensdauer

325 Eine von einem Beteiligten als unzumutbar empfundene *Verfahrenslänge* stellt für sich genommen keinen Ablehnungsgrund dar. Etwas anderes gilt, wenn insbesondere Umstände vorliegen, nach denen das Vorgehen des Richters den Anschein der Willkür erweckt und sich dem dadurch betroffenen Beteiligten der Eindruck einer sachwidrigen, auf Voreingenommenheit beruhenden Benachteiligung aufdrängt (OVG NW, NJW 1993, 2259, vier Jahre Verfahrensdauer). Dies ist aber dann nicht der Fall, wenn der Richter Anfragen des Beteiligten jeweils umgehend und sachbezogen beantwortet (OVG NW, NJW 1993, 2259).

326 Aus dem Grundsatz des effektiven Rechtsschutz folgt jedoch ein *Anspruch auf ein zügiges Verfahren*, der gewährleistet, dass gerichtliche Entscheidungen innerhalb angemessener Zeit ergehen (VerfGH Brandenburg, EZAR 630 Nr. 41 = NVwZ 2003, 1379 = InfAuslR 2003, 250; VerfGH Brandenburg, B. v. 9. 12. 2004 – VfGbg 40/04; VerfGH Sachsen, InfAuslR 2003, 309). Die angemessene Dauer kann nicht abstrakt bestimmt werden. Ein fachgerichtliches Asylstreitverfahren, das drei Jahre und fünf Monate dauert und nicht nennenswert gefördert wird, verletzt jedoch den Anspruch der Verfahrensbeteiligten auf ein zügiges Verfahren (VerfGH Brandenburg, EZAR 630 Nr. 41 = NVwZ 2003, 1379 = InfAuslR 2003, 250; VerfGH Sachsen, InfAuslR 2003, 309, bereits bei zweiundeinhalb Jahren Verfahrensdauer).

3.4.5.5. Individualisierungsgebot

327 Grundsätzlich muss der Befangenheitsantrag hinreichend *individualisiert* sein: Maßgebend ist, ob ein Beteiligter Befangenheitsgründe vorträgt und glaubhaft macht, die sich individuell auf den oder die an der zu treffenden Entscheidung beteiligten Richter beziehen. Das ist nicht schon dann der Fall, wenn die betreffenden Richter im Ablehnungsgesuch namentlich aufgeführt werden (BVerwGE 50, 36 (37)). Jedoch kann ein Ablehnungsgesuch je nach den Umständen des einzelnen Sachverhalts auch dann hinreichend individualisiert sein, wenn es sich unterschiedslos gegen alle Angehörige eines und desselben Spruchkörpers richtet (BVerwGE 50, 36 (37); BFH, NVwZ 1998, 663 (664)).

So verhält es sich etwa, wenn die Befangenheit aus konkreten, in einer Kollegialentscheidung enthaltenen Anhaltspunkten hergeleitet wird. Der Beteiligte weiß nicht und kann wegen des Beratungsgeheimnisses auch nicht wissen, welcher der Richter die fragliche Entscheidung mitgetragen hat (BVerwGE 50, 36 (37)). Die Besorgnis der Befangenheit muss sich deshalb in einem derartigen Fall gegen jedes einzelne beteiligte Spruchkörpermitglied richten (BVerwGE 50, 36 (37 f.)).

Fehlt es im Antrag an individuellen auf die Person der einzelnen Richter bezogenen Tatsachen, so darf das Gericht ohne Entscheidung über den Antrag in der Sache unter Mitwirkung der abgelehnten Richter entscheiden (OVG Hamburg, NVwZ-RR 2000, 548). In diesem Zusammenhang ist darauf hinzuweisen, dass es nach der obergerichtlichen Rechtsprechung keine Verhinderung des Gerichts nach § 53 I Nr. 1 VwGO begründet, wenn so viele Richter des zuständigen Gerichts erfolgreich abgelehnt worden sind, dass über die Sache nicht mehr entschieden werden kann (OVG NW, NVwZ-RR 1997, 143).

3.4.5.6. Rügeverlust

Die Befangenheit muss während der mündlichen Verhandlung gerügt werden (§ 54 I VwGO in Verb. mit § 43 ZPO). Lässt der Kläger sich auf die Verhandlung ein und rügt er erst mit dem Antrag nach Abs. 4 S. 1 die Befangenheit, tritt *Rügeverlust* ein. Soweit die Rechtsprechung die Auffassung vertritt, dass der Verlust des Ablehnungsrechtes eintrete, wenn der Asylsuchende nach Zurückweisung seines Ablehnungsgesuchs weiterverhandelt (vgl. Hess.VGH, B. v. 27. 10. 1987 – 12 TE 2395/87), ist diese Rechtsprechung mit § 146 II VwGO (s. auch § 80) nicht vereinbar. Selbst mit der außerordentlichen Beschwerde kann der Zurückweisungsbeschluss nicht angefochten werden (OVG NW, NVwZ-RR 1998, 600)

Sofern § 43 ZPO überhaupt auf den Zeitraum nach Stellung des Ablehnungsantrags bis zur gerichtlichen Entscheidung anwendbar ist, würde bei Auszug aus dem Verhandlungssaal die Gefahr der für den Kläger nicht mehr korrigierbaren Klageabweisung entstehen.

3.4.5.7. Entscheidung durch die Kammer

Wird ein Richter von einem Beteiligten wegen Besorgnis der Befangenheit abgelehnt, entscheidet das Gericht, dem der abgelehnte Richter angehört, ohne dessen Beteiligung (BVerwGE 50, 36 (36 f.)). Über den Antrag auf Ablehnung eines Einzelrichters entscheidet im Asylprozess die Kammer, der der Einzelrichter angehört, es sei denn, der Geschäftsverteilungsplan sieht die Zuständigkeit einer anderen Kammer des Gerichts vor (Hess.VGH, AuAS 1995, 192). Wird statt dessen über den Befangenheitsantrag eines Einzelrichters durch den ansonsten zu seiner Vertretung berufenen Richter als Einzelrichter entschieden, so kann daraus allein eine vorschriftswidrige Besetzung des Gerichts nach § 138 Nr. 1 VwGO nicht hergeleitet werden (Hess.VGH, AuAS 1995, 192).

3.4.6. Gehörsrüge (§ 138 Nr. 3 VwGO)

3.4.6.1. Prozessuale Bedeutung des verfassungsrechtlichen Grundsatzes auf rechtliches Gehör (Art. 103 Abs. 1 GG, § 108 Abs. 1 S. 2 und Abs. 2 VwGO)

333 Die durch Abs. 3 Nr. 3 in Verb. mit § 138 Nr. 3 VwGO im Asylprozess gewährleistete Gehörsrüge ist verfahrensrechtlicher Ausdruck des verfassungsrechtlichen Anspruchs auf rechtliches Gehör nach Art. 103 I GG, d. h. der in dieser Verfassungsnorm verbürgte Anspruch auf rechtliches Gehör ist eine Ausprägung des Rechtsstaatsgedankens für das gerichtliche Verfahren (BVerfGE 84, 188 (190); BVerfG (Kammer), InfAuslR 1995, 69 (70); S. AUCH Spiecker genannt Döhmann, NVwZ 2003, 1464). Art. 103 I GG hat eine Doppelfunktion: Als Leitprinzip mit Verfassungsrang enthält das Gebot des rechtlichen Gehörs einerseits eine objektive Verfahrensregelung, die in jedem Gerichtsverfahren und dessen einfachgesetzlicher Ausgestaltung Bedeutung erlangt. Andererseits gewährleistet Art. 103 I GG bereits durch seine ausdrückliche Formulierung als Anspruch des Betroffenen eine Rechtsposition, der *Grundrechtscharakter* zukommt und die damit ein subjektives öffentliches Recht vermittelt (Feuchthofen, DVBl. 1984, 170, m. w. Hw.).

334 Dieser Anspruch stellt zudem nicht nur »das *prozessuale Urrecht* des Menschen« dar, »sondern ein *objektiv-rechtliches Verfahrensprinzip*, das für ein gerichtliches Verfahren im Sinne des Grundgesetzes konstitutiv und schlechthin unabdingbar ist« (BVerfGE 55, 1 (6); 70, 180 (188)). Es verwehrt daher, dass mit dem Menschen »kurzer Prozess« gemacht wird (BVerfGE 55, 1 (6)). Der Grundsatz des rechtlichen Gehörs vor Gericht dient nicht nur der Abklärung der *tatsächlichen Entscheidungsgrundlagen*, sondern auch der Achtung der Würde des Menschen, der *in einer so schwerwiegenden Lage, wie ein Prozess sie für gewöhnlich darstellt, die* Möglichkeit haben muss, sich mit *tatsächlichen* und *rechtlichen* Argumenten zu behaupten (BVerfGE 55, 1 (5f.); Fritz, ZAR 1984, 189 f.). Ausgehend von der Rechtsposition des Rechtssuchenden kommt dem Anspruch auf rechtliches Gehör im Widerstreit öffentlicher und privater Interessen eine *wesentliche Schutzfunktion* zu, kraft derer eine Eingrenzung oder gar Abwehr von Bestrebungen erreicht wird, Verfahrensgestaltungen einseitig nach staatlichen Interessen auszurichten (Feuchthofen, DVBl. 1984, 170).

335 In Verbindung mit Art. 19 IV GG gewährt Art. 103 I GG dem Rechtssuchenden nicht nur das formelle Recht sowie die theoretische Möglichkeit, das Gericht anzurufen, sondern einen Anspruch auf tatsächlich *wirksame* gerichtliche Kontrolle von Verwaltungsentscheidungen (BVerfGE 37, 150 (153); BVerfG, DÖV 1982, 450). Dem hat die Auslegung und Anwendung von § 138 Nr. 3 VwGO zu entsprechen.

336 Art. 103 I GG verpflichtet das Gericht, das tatsächliche und rechtliche Vorbringen der Beteiligten zur Kenntnis zu nehmen und in seine Erwägungen einzubeziehen (BVerfGE 42, 364 (367); 47, 182 (187); 69, 141 (143); 70, 215 (218); 79, 51 (61); 83, 24 (35); BVerwG, NVwZ-RR 1994, 298). Dabei soll das Gebot des rechtlichen Gehörs als Prozessgrundrecht sicherstellen, dass die vom Gericht zu treffende Entscheidung *frei von Verfahrensfehlern* ergeht, welche ihren Grund in *unterlassener Kenntnisnahme* und *Nichtberücksichtigung des*

Sachvortrags der Parteien haben (BVerfGE 50, 32 (35); 54, 86 (91); 69, 141 (143); 70, 215 (218)).

Dementsprechend gibt Art. 103 I GG den Beteiligten ein Recht zur Äußerung über Tatsachen, Beweisergebnisse und die Rechtslage (BVerfGE 83, 24 (35)). Sie sollen nicht bloß Objekt des Verfahrens sein, sondern vor einer Entscheidung, die ihre Recht betrifft, zu Wort kommen, um Einfluss auf das Verfahren und sein Ergebnis nehmen zu können (BVerfGE 84, 188 (190)). Da dies nicht nur durch *tatsächliches Vorbringen*, sondern vielmehr auch durch *Rechtsausführungen* geschehen kann, gewährleistet Art. 103 I GG den Verfahrensbeteiligten auch das Recht, sich nicht nur zu dem der Entscheidung zugrunde liegenden Sachverhalt, sondern auch zur Rechtslage zu äußern (BVerfGE 60, 175 (210); 64, 135 (143); 65, 227 (234); 86, 133 (144)). 337

Sie haben weiterhin das Recht, Anträge zu stellen und Ausführungen zu machen (BVerfGE 6, 19 (20); 15, 303 (307); 36, 85 (87); 64, 135 (143 f.)). In diesem *Zusammenspiel von Äußern und Gehörtwerden*, mithin in der *diskurssicheren Funktion* des Prozessrechts (Rdn. 363 ff.) verwirklicht sich die für ein rechtsstaatliches Verfahren zentrale Befugnis, die Art. 103 I GG gewährleistet (BVerfGE 64, 135 (144)). Die Verwaltungsgerichte sind daher verpflichtet, das Urteil nur auf Tatsachen und Beweisergebnisse zu stützen, zu denen die Beteiligten sich zuvor äußern konnten, und die Gründe in dem Urteil anzugeben, die für die richterliche Überzeugung leitend gewesen sind. Sie dürfen deshalb nur solche Tatsachen und Beweisergebnisse verwerten, die von einem Verfahrensbeteiligten oder dem Gericht im Einzelnen bezeichnet zum Gegenstand des Verfahrens gemacht wurden und zu denen die Beteiligten sich äußern konnten (BVerfGE 70, 180 (189); BVerwG, InfAuslR 1982, 250; BVerwG, InfAuslR 1983, 184; BVerwG, Buchholz 402.25 § 1 AsylVfG Nr. 60; Hess.VGH, EZAR 633 Nr. 22; Renner, ZAR 1985, 62 (70 f.)). 338

Diese gerichtlichen Verpflichtungen ergeben sich daraus, dass Art. 103 I GG auch das *Vorfeld der grundrechtlich geschützten Position* mit Sicherungen versieht, die es dem Staat verbieten, diese Position in ihrer Wirksamkeit zu unterlaufen oder entscheidend einzuengen und damit das Recht der Verfahrensbeteiligten, sich zu äußern, zur inhaltsleeren Form werden zu lassen (BVerfGE 64, 135 (144)). Das Gericht hat insgesamt die Aufgabe, den Verfahrensbeteiligten den Zugang zu den ihm vorliegenden Informationen in weitem Umfang zu öffnen, sofern diese Informationen für die gerichtliche Entscheidung verwertbar sein sollen (BVerfGE 64, 135 (144)). 339

3.4.6.2. Voraussetzungen der Gehörsrüge nach § 138 Nr. 3 VwGO

3.4.6.2.1. Bedeutung der Gehörsrüge im Asylprozess

Der Gehörsrüge kommt im Asylprozess insbesondere im Lichte dieser verfassungsrechtlichen Ausgangslage eine besondere Bedeutung zu. Während die Erfolgsaussichten bei der Grundsatz- und Divergenzrüge eher als sehr gering einzuschätzen sind und auch die anderen Verfahrensrügen nach § 138 VwGO in aller Regel nicht durchgreifen, kann eine gut begründete Gehörsrüge wegen der überragenden Bedeutung des Anspruchs auf rechtliches Gehör zum Erfolg führen. Deshalb werden im Anhang spezifische Probleme der 340

Gehörsrüge ausführlich dargestellt (Rdn. 489–1104). Allerdings müssen der Prozess und insbesondere die mündliche Verhandlung sehr gut vorbereitet und müssen während der mündlichen Verhandlung alle für den Erfolg der Gehörsrüge erforderlichen prozessualen Möglichkeit ausgeschöpft werden. Denn die Gehörsrüge greift nur durch, wenn der Rechtsmittelführer dartun kann, dass er im erstinstanzlichen Verfahren alles unternommen hat, damit das Gericht von sich aus den Gehörsverstoß beseitigt.

341 In aller Regel setzt dies voraus, dass die gerichtliche Aufklärungspflicht durch aktives prozessuales Verhalten des Rechtsmittelführers befördert worden ist. Die Verfahrensbeteiligten können sich im Asylprozess regelmäßig nicht passiv verhalten und anschließend die *Aufklärungsrüge* wegen unterbliebener Sachaufklärung erheben (s. aber Rdn. 1045 ff.). Deshalb ist eine Gehörsrüge regelmäßig nur dann erfolgversprechend, wenn die gerichtliche Aufklärungspflicht durch einen Beweisantrag eingefordert worden ist. Von diesem Grundsatz gibt es jedoch Ausnahmen, etwa im Fall der unzulässigen Überraschungsentscheidung, der schwerwiegenden Verletzung der Vorhaltepflicht oder des prozessordnungswidrig abgelehnten Vertagungsantrags.

3.4.6.2.2. Prüfungsschema

342 Um die Gehörsrüge erfolgversprechend begründen zu können, empfiehlt es sich, folgende Fragen in der vorgestellten Reihenfolge abzuhandeln:
1. Darlegung der den *Gehörsverstoß begründenden Tatsachen und Umstände unter Durchdringung des bisherigen Prozessstoffs in systematischer und nachvollziehbarer Weise.* Dabei sind bloße Verweise auf bisheriges Sachvorbringen zu vermeiden. Vielmehr sind die für die Prüfung der Gehörsverletzung erforderlichen Tatsachen im Zulassungsantrag unter Auseinandersetzung mit dem bisherigen Prozessstoff herauszuarbeiten. Dies hat seinen Grund darin, dass das Berufungsgericht nicht gehalten ist, zur Prüfung der Schlüssigkeit zunächst die Akte durchzuarbeiten. Vielmehr muss es anhand des Antragsvorbringens in die Lage versetzt werden, die Gehörsrüge zu prüfen.
2. Darlegung, dass *alle verfügbaren und zumutbaren prozessualen Möglichkeiten im erstinstanzlichen Verfahren ausgeschöpft* wurden. Hier ist vorrangig die Prozessordnungswidrigkeit der Ablehnung des in der erforderlichen prozessualen Form gestellten *Beweisantrags* zu erörtern (Rdn. 401 ff., 524 ff.) und darüber hinaus darzulegen, dass nach der Zurückweisung des Beweisantrags *Gegenvorstellung* erhoben wurde bzw. ist darzulegen, welche anderen verfügbaren und zumutbaren prozessualen Möglichkeiten ausgeschöpft wurden, um das Verwaltungsgericht von der Prozessordnungswidrigkeit des abgelehnten Beweisantrags zu überzeugen (Rdn. 387 ff., 699 ff.). Dies gilt nicht bei der unzulässigen Überraschungsentscheidung.
3. Darlegung der Umstände, die belegen, dass kein *Rügeverlust* eingetreten ist. In aller Regel wird diesem prozessualen Erfordernis bereits mit der schlüssigen Darlegung, dass alle verfügbaren und zumutbaren prozessualen Möglichkeiten ausgeschöpft wurden, genügt.
4. Darlegung, dass das angefochtene Urteil auf dem Gehörsverstoß beruht (Rdn. 392 ff.). Das *Beruhenserfordernis* ist in Rechtsprechung und Literatur sehr umstritten. Ist bereits mit der schlüssigen Gehörsrüge dargelegt, dass

das Verwaltungsgericht durch die Gehörsverletzung *weiteres Sachvorbringen abgeschnitten* hat, ist zugleich das Beruhenserfordernis dargelegt. Mit der schlüssigen Darlegung der prozessordnungswidrigen Ablehnung des *Vertagungsantrags* oder einer *unzulässigen Überraschungsentscheidung* ist stets dargetan, dass weiterer Sachvortrag abgeschnitten wurde. Beim abgelehnten Beweisantrag mögen im Einzelfall zusätzliche Ausführungen zum Beruhenserfordernis erforderlich werden.

5. Darlegung, dass das *nicht berücksichtigte Sachvorbringen entscheidungserheblich* ist. Entsprechende Darlegungen sind nur erforderlich, wenn mit dem Verfahrensverstoß nicht weiteres Sachvorbringen abgeschnitten wurde.

3.4.6.3. Voraussetzungen des Zulassungsantrags

3.4.6.3.1. Darlegung der Gehörsverletzung

3.4.6.3.1.1. Herausarbeiten der Wesentlichkeit des übergangenen Tatsachenstoffs

Die Rüge der Verletzung rechtlichen Gehörs muss hinreichend deutlich zum Ausdruck bringen, durch welche Verfahrensweisen des Gerichts im Einzelnen der Anspruch auf rechtliches Gehör verletzt worden ist. Einer ausdrücklichen Benennung der Vorschriften des Art. 103 I GG, des § 138 Nr. 3 VwGO sowie von Abs. 3 Nr. 3 bedarf es unter diesen Umständen nicht (Hess.VGH, InfAuslR 1994, 245 (246) = AuAS 1994, 166). Die Feststellung, wann im Einzelnen davon ausgegangen werden kann, dass das Verwaltungsgericht in prozessordnungswidriger Weise Sachvorbringen nicht zur Kenntnis genommen hat, ist im Einzelfall häufig schwierig zu treffen (BVerfGE 42, 364 (368)). Geht das Verwaltungsgericht jedoch auf den *wesentlichen Kern des Tatsachenvortrags* eines Beteiligten zu einer Frage, die für das Verfahren von *zentraler Bedeutung* ist, in den Entscheidungsgründen nicht ein, so lässt dies auf die Nichtberücksichtigung des Vortrags schließen, sofern er nicht nach dem Rechtsstandpunkt des Gerichts unerheblich oder aber offensichtlich unsubstanziiert ist (BVerfGE 86, 133 (146); BVerfG (Kammer), NVwZ-Beil. 1998, 1 (2)).

343

Aus der fehlenden Erörterung von Teilen des Vorbringens muss mithin der Schluss gezogen werden können, dass diese nicht erwogen worden sind. Dies ist der Fall, wenn Tatsachen oder Tatsachenkomplexe übergangen werden, deren *Entscheidungserheblichkeit sich aufdrängt* (BVerwG, NVwZ-RR 1994, 298, s. auch Rdn. 974 ff.).

344

Die Voraussetzungen der Gehörsrüge nach § 138 Nr. 3 VwGO sind im Lichte des verfassungsrechtlichen Grundsatzes des Gehörs nach Art. 103 I GG und seinem einfachgesetzlichen Ausdruck in § 108 I 2 und II VwGO zu bestimmen. Danach ist bei der Darlegung der Voraussetzungen der Gehörsrüge zu bedenken, dass das Verwaltungsgericht tatsächliches und rechtliches Sachvorbringen der Beteiligten zwar zur Kenntnis zu nehmen, in Erwägung zu ziehen und in seiner Entscheidung zu verarbeiten hat. Es ist jedoch nicht gehalten, sich mit *jedem* Vorbringen in den Entscheidungsgründen *ausdrücklich* zu befassen (BVerfGE 13, 132 (149); 42, 364 (368); 47, 182 (187); 51, 126 (129); BVerwG, InfAuslR 1984, 326; BVerwG, Buchholz 402.25 § 1 AsylVfG Nr. 60; BVerwG, NVwZ-RR 1994, 298; Hess.VGH, InfAuslR 1994, 245 = AuAS 1994, 166).

345

346 Ein Verstoß gegen Art. 103 I GG ist deshalb erst dann anzunehmen, wenn *besondere Umstände* deutlich ergeben, dass im Einzelfall das wesentliche Vorbringen eines Beteiligten entweder überhaupt nicht zur Kenntnis genommen oder doch bei der Entscheidung ersichtlich nicht erwogen worden ist (BVerfGE 27, 248 (251f.); 47, 182 (187f.), 51, 126 (129); 65, 293 (295f.); 70, 288 (293); 86, 133 (145f.)). Grundsätzlich geht das BVerfG davon aus, dass die Gerichte das von ihnen entgegengenommene Parteivorbringen zur Kenntnis genommen und in Erwägung gezogen haben (BVerfGE 40, 101 (104f.); 47, 182 (187); 86, 133 (146); ausdr. bekräftigt BVerfG (Kammer), NVwZ-Beil. 1998, 1 (2)).

347 Diese verfassungsrechtlichen Grundsätze werden allgemein auch bei der Auslegung und Anwendung der Gehörsrüge nach § 138 Nr. 3 VwGO angewendet (BVerwG, NVwZ 1984, 450; BVerwG, InfAuslR 1990, 99; BVerwG, NVwZ-RR 1994, 298; Hess.VGH, B. v. 13. 1. 1997 – 13 UZ 3046/96.A; GK-AsylVfG a. F., § 32 Anhang 1 Rdn. 237; Schenk, in: Hailbronner, AuslR, § 78 AsylVfG Rdn. 88; Fritz, ZAR 1984, 23 (28)).

348 So verletzt es etwa das rechtliche Gehör des Beteiligten, wenn dessen vorgetragene *exilpolitische Aktivitäten* weder in der Darstellung des Sachverhalts noch in der Entscheidungsbegründung erwähnt werden (BVerfG (Kammer), AuAS 1996, 211 (212); ähnl. BVerfG (Kammer), NVwZ-Beil. 1998, 1 (2)). Ebenso verletzt das Verwaltungsgericht das rechtliche Gehör des Klägers, wenn es zwar im Tatbestand darauf hinweist, dieser habe verschiedene Zeitungsartikel vorgelegt, in den Entscheidungsgründen jedoch jede Auseinandersetzung mit der aus der Sicht des Klägers als Nachweis seiner individuellen Gefährdung dienenden wesentlichen Presseberichterstattung unterlässt (VGH BW, B. v. 13. 2. 1997 – A 14 S 313/97).

349 Setzt das Verwaltungsgericht den Verfahrensbeteiligten eine extrem kurze Frist dürfen an einen daraufhin eingegangenen Fristverlängerungsantrag keine strengen Formerfordernisse gestellt werden. Unter diesen Umständen kann insbesondere ein aktenkundig gemachter telefonischer Verlängerungsantrag ausreichen. Es verletzt den Grundsatz des rechtlichen Gehörs, wenn das Verwaltungsgericht in einem derartigen Fall zur Hauptsache entscheidet, ohne zuvor den Antrag auf Fristverlängerung beschieden zu haben (BverfG (Kammer), InfAuslR 2003, 103 = AuAS 2003, 103)

350 Die Darlegung der Gehörsrüge muss demzufolge den wesentlichen Kern des Sachvorbringens herausarbeiten und darlegen, dass insoweit ein substanziierter Sachvortrag abgegeben worden war. Darüber hinaus ist im Einzelnen aufzuzeigen, dass dieses Sachvorbringen vom Verwaltungsgericht nicht zur Kenntnis genommen und nicht in Erwägung gezogen worden ist. Ob die Gehörsverletzung zur Berufungszulassung führt, ist allerdings von weiteren Voraussetzungen abhängig, insbesondere davon, dass der Rechtsmittelführer alle ihm verfügbaren und zumutbaren prozessualen Möglichkeiten ausgeschöpft hat. Ergibt sich aus den Ausführungen des Gerichts, dass es den Sachvortrag von seinem Rechtsstandpunkt aus nicht für entscheidungserheblich ansieht, ist gegebenenfalls die Divergenzrüge nach Abs. 3 Nr. 2 zu erheben.

3.4.6.3.1.2. Prozessuale Bedeutung von Präklusionsvorschriften
Besondere Bedeutung gewinnen im Asylprozess Präklusionsvorschriften 351
(§ 74 II 2, § 87 b VwGO; s. hierzu § 74 Rdn. 100 ff.). Fraglich ist, ob und in welchem Umfang das Verwaltungsgericht wesentlichen Tatsachenstoff bei Verletzung von Präklusionsvorschriften durch die Verfahrensbeteiligten unberücksichtigt lassen darf. Zwar verwehrt es Art. 103 I GG dem Gericht nicht, den Sachvortrag aus Gründen des formellen oder materiellen Rechts teilweise oder ganz unberücksichtigt zu lassen (BVerfGE 60, 1 (5); 60, 305 (310); 62, 249 (254); 63, 80 (85); 66, 260 (263); 69, 145 (148 f.). Das darf aber nicht dazu führen, dass den Beteiligten die Möglichkeit genommen wird, entscheidungserheblichen Prozessstoff auf dem prozessual hierfür vorgesehenen Weg in das Verfahren einzuführen (BVerwG, InfAuslR 1990, 99).

Der Gesetzgeber kann andererseits das rechtliche Gehör auch im Interes- 352
se der Verfahrensbeschleunigung durch *Präklusionsvorschriften* begrenzen (BVerfGE 55, 72 (93 f.); 66, 260 (264); 69, 145 (149)). Allerdings müssen solche Vorschriften wegen der einschneidenden Folgen, die sie für den säumigen Verfahrensbeteiligten nach sich ziehen, *strengen Ausnahmecharakter* haben (BVerfGE 69, 145 (149); VGH BW, NVwZ 1995, 816 (817) = EZAR 631 Nr. 35; Hess.VGH, AuAS 1996, 138 (140); s. auch § 74 Rdn. 107 ff.). Dementsprechend ist die handgreiflich unrichtige und offensichtlich mit dem Gesetz und seiner Zielsetzung unvereinbare Anwendung der Präklusionsvorschriften mit dem Prozessgrundrecht des rechtlichen Gehörs nicht vereinbar. Dies gilt unter diesen Voraussetzungen auch für die *Betreibensaufforderung* nach § 81 (Hess.VGH, AuAS 1996, 138 (140)).

Sind die Voraussetzungen für eine materielle Präklusion des Klägervorbrin- 353
gens (§ 74 II 2, § 87 b VwGO) nicht erfüllt, darf das Gericht einen aus seiner Sicht »*verspäteten Sachvortrag*« der Sache nach nicht als präkludiert behandeln (BVerwG, InfAuslR 2002, 99 = InfAuslR 2002, 149 = AuAS 2002, 80). Es liegt daher eine Gehörsverletzung vor, wenn es wesentliches Sachvorbringen aus diesem Grunde unberücksichtigt lässt. Dies schließt nicht aus, dass das Gericht im Rahmen der späteren Beweiswürdigung den späteren Sachvortrag würdigt und daraus Schlüsse auf die Glaubhaftigkeit des Sachvorbringens zieht (BVerwG, InfAuslR 2002, 99 = InfAuslR 2002, 149 = AuAS 2002, 80 = NVwZ-Beil. 2001, 99).

3.4.6.3.1.3. Verweigerung der Aktenvorlage
Grundsätzlich ist das Verwaltungsgericht nach § 100 VwGO verpflichtet, den 354
Beteiligten die Einsichtnahme in die Gerichtsakten und Verwaltungsvorgänge zu ermöglichen (s. auch § 82). Es verletzt den Anspruch eines Beteiligten auf Gewährung rechtlichen Gehörs, wenn das Verwaltungsgericht die beantragte Akteneinsicht durch eine Sachentscheidung verweigert, ohne dass dieser sich auf andere Weise über den Inhalt der Akten informieren konnte oder in zumutbarer Weise informieren hätte können (VGH BW, InfAuslR 1999, 424; VGH BW, NVwZ-RR 1998, 687 (688)). Zwar besteht grundsätzlich kein Anspruch auf Akteneinsicht *außerhalb* des Verwaltungsverfahrens. Dieser kann jedoch in Betracht kommen, wenn der Antragsteller ein berechtigtes Interesse geltend machen kann (BayVGH, NVwZ 1999, 889).

355 Das Verfahren *der Aktenvorlage* aus Gründen der *Geheimhaltungsbedürftigkeit* ist im Gesetz (§ 99 II VwGO) geregelt (zum alten Recht s. BVerwG, EZAR 610 Nr. 33) und kann deshalb grundsätzlich mit der Gehörsrüge nicht als Verfahrensverstoß angegriffen werden. Nach § 99 I 2 VwGO kann die Vorlage von Urkunden oder Akten verweigert werden, wenn deren Bekanntwerden dem »Wohl des Bundes oder eines deutschen Landes Nachteile bereiten würde«. Für die Verweigerung besteht eine eingeschränkte behördliche Darlegungspflicht, die nur so weit zu gehen braucht, dass das Verwaltungsgericht in die Lage versetzt wird, Schlüsse darauf zu ziehen, ob die gesetzlichen Voraussetzungen gegeben sind (BVerwGE 46, 303 (307)).

356 Diese sind erfüllt, wenn Hinweise gegeben werden, dass aufgrund aktueller behördlicher Erkenntnisse die »Bekanntgabe des Akteninhalts die künftige Erfüllung der Aufgaben der Verfassungsschutzbehörde einschließlich deren Zusammenarbeit mit anderen Behörden erschweren« (BVerwGE 75, 1 (14)). Insbesondere kann die Behörde nicht verpflichtet werden, Gründe zu bezeichnen, die Rückschlüsse auf die geheimzuhaltenden Tatsachen eröffnen könnte (BVerwG, NVwZ 1994, 72 (73)).

357 Das BVerfG hatte § 99 II 1 VwGO a. F. für verfassungswidrig erklärt und dem Gesetzgeber einer Frist zur Nachbesserung bis zum 31. Dezember 2001 eingeräumt (BVerfGE 101, 106 (131 f.)). Der Informationsquellenschutz der Sicherheitsbehörden bleibt jedoch nach Auffassung des BVerfG ein wichtiges Anliegen und rechtfertigt auch weiterhin eine Einschränkung des rechtlichen Gehörs (BVerfGE 101, 106 (131 f.)). Daher ist die Verfassungsschutzakte uneingeschränkt dem Verwaltungsgericht zu übermitteln (»*in camera*«-*Verfahren*), damit dieses die Geheimhaltungsbedürftigkeit überprüfen kann (BVerfGE 101, 106, 130).

358 Mit Wirkung zum 1. Januar 2002 hat der Gesetzgeber durch das RmBereinVpG § 99 II VwGO neu gefasst und die Entscheidung darüber, ob die Verweigerung der Aktenvorlage rechtmäßig ist, grundsätzlich dem Berufungsgericht übertragen. Ist das Wohl des Bundes im Spiele, entscheidet das BVerwG. Der Antrag ist bei dem für die Hauptsache zuständigen Gericht zu stellen. Das für die Entscheidung zuständige Gericht entscheidet ohne mündliche Verhandlung durch Beschluss.

359 Rügt der Beteiligte die Verweigerung der Akteneinsicht sowie die unterlassene Mitteilung über ein Gespräch des Gerichts mit der Behörde, so verlangt die verfassungsgerichtliche Rechtsprechung, dass zur schlüssigen Gehörsrüge dargetan werden müsse, was der Rechtsmittelführer in dem fachgerichtlichen Verfahren vorgetragen hätte, wäre ihm Einsicht in die Akten gewährt worden (Hess.StGH, Hess.StAnz. 2003, 1161 (1163); dagegen Hess.VGH, NVwZ-Beil. 1999, 91; VGH BW, InfAuslR 1999, 424; VGH BW, NVwZ-RR 1998, 687(688)). Ob diese Grundsätze auf die einfachgesetzliche Gehörsrüge nach § 138 Nr. 3 VwGO übertragbar sind, ist umstritten (Rdn. 392).

Rechtsmittel § 78

3.4.6.3.1.4. Fehler bei der Tatsachenfeststellung und Beweiswürdigung

3.4.6.3.1.4.1. Keine Rügefähigkeit von Rechtsanwendungsfehlern

Es ist darzulegen, dass es sich um eine Gehörsverletzung und nicht um eine inhaltlich unrichtige Tatsachenfeststellung und Beweiswürdigung handelt. Das Recht auf Gehör gibt dem Beteiligten grundsätzlich keine verfahrensrechtliche Handhabe gegen eine *unzureichende Verwertung* des festgestellten Tatsachenmaterials. Daher werden nach der Rechtsprechung des BVerwG anders als beim Zulassungsgrund der »ernstlichen Zweifel« nach § 124 II Nr. 1 VwGO (s. hierzu Sächs.OVG, InfAuslR 2001, 134) *Fehler in der Sachverhalts- und Beweiswürdigung* nicht dem Verfahrensrecht, sondern dem sachlichen Recht zugeordnet (BVerwG, NVwZ-RR 1996, 359 = EZAR 634 Nr. 1). Das gilt auch für den Asylrechtsstreit. Ein Fehler bei der Sachverhalts- und Beweiswürdigung betrifft ebenso wie die unrichtige Gesetzesauslegung den inneren Vorgang der richterlichen Rechtsfindung, nicht den äußeren Verfahrensgang (BVerwG, NVwZ-RR 1996, 359). 360

Andererseits verlangt das *Gebot der freien Beweiswürdigung*, dass das Gericht seiner Überzeugungsbildung das *Gesamtergebnis des Verfahrens* zugrunde legt (vgl. § 108 I 1 VwGO). Wenn es daher seiner Entscheidung gewichtige Tatsachen- oder Tatsachenkomplexe, deren Entscheidungserheblichkeit sich aufdrängt, unerwähnt lässt, so spricht vieles dafür, dass es den entsprechenden Tatsachenstoff entweder nicht zur Kenntnis genommen oder jedenfalls nicht in Erwägung gezogen hat (BVerwG, EZAR 630 Nr. 34). Die darin liegende Gehörsverletzung kann allerdings nur unter den weiteren Voraussetzungen der Gehörsrüge nach § 138 Nr. 3 VwGO gerügt werden. 361

Auch das BVerfG verneint eine Verletzung des rechtlichen Gehörs, wenn der Richter zu einer möglicherweise *unrichtigen Tatsachenfeststellung* im Zusammenhang mit der ihm obliegenden Tätigkeit zur *Sammlung, Feststellung* und *Bewertung* der von den Parteien vorgetragenen Tatsachen gekommen ist (BVerfG (Kammer), InfAuslR 1991, 262 (263); zur verfassungsrechtlichen Überprüfung der fachgerichtlichen Feststellungen zu Glaubhaftigkeitszweifeln s. BVerfG (Kammer), NVwZ-Beil. 2001, 17). Allerdings gewährleistet Art. 103 I GG den Beteiligten das Recht, auf den der richterlichen Beurteilung zugrundeliegenden Verfahrensablauf der Sammlung und Sichtung der tatsächlichen Entscheidungsgrundlagen durch Stellung von Anträgen sachgerecht und effektiv Einfluss zu nehmen (BVerfG (Kammer), InfAuslR 1993, 146 (149)). 362

3.4.6.3.1.4.2. Rügefähigkeit der unrichtigen Tatsachenfeststellung

Unter Bezugnahme auf diese Rechtsprechung wird deshalb im Hinblick auf die unrichtige, weil die Tatsachen falsch bewertende Rechtsanwendung von vornherein die Gehörsrüge versagt (Schenk, in: Hailbronner, AuslR, § 78 AsylVfG Rdn. 89, m. Hw.). Diese Grundsätze bedürfen jedoch für den Asylprozess einer kritischen Überprüfung: So geht das BVerfG davon aus, dass ein mit der Verfahrensrüge angreifbarer Verstoß gegen § 108 I 1 VwGO vorliege, wenn das Gericht bei seiner Beweiswürdigung von einem zweifelsfrei unrichtigen oder unvollständigen Sachverhalt ausgehe oder wenn es sich hinsichtlich des tatsächlichen Ereignisablaufs unwissend halte und dabei ver- 363 bleibende Unsicherheiten mit dem Mittel der freien Überzeugungsbildung zu überwinden suche oder wenn es aus der rechtlichen Qualifikation eines Umstandes auf einen tatsächlichen Geschehensablauf zurückschließe (BVerfGE 83, 216 (229) = EZAR 202 Nr. 20 = NVwZ 1991, 768 = InfAuslR 1991, 200; so auch BVerwG, EZAR 630 Nr. 34).

364 Der Grundsatz der Beweiswürdigung werde in der Rechtsprechung des BVerwG allerdings in der Regel als dem sachlichen Recht zugehörig angesehen. Offengeblieben sei jedoch bislang, ob dies auch dann gelte, wenn der *gerügte Fehler* seinen *Schwerpunkt im Bereich der Tatsachenfeststellung* habe, etwa weil *wesentlicher Prozessstoff in tatsächlicher Hinsicht ungewürdigt* geblieben sei. Hier einen sich auf die Anwendung des Prozessrechts erstreckenden Fehler anzunehmen, liege jedenfalls für das Asylrecht nahe, weil die Ermittlungen zum Tatbestand der politischen Verfolgung wegen der Verfahrensabhängigkeit dieses Grundrechts nicht nur einen *hinreichenden Grad an Verlässlichkeit* aufweisen, sondern auch seinem Umfang nach, bezogen auf die besonderen Gegebenheiten im Asylbereich, *zureichend* sein müssten (BVerfGE 83, 216 (229) = EZAR 202 Nr. 20 = NVwZ 1991, 768 = InfAuslR 1991, 200).

365 Das BVerwG begründet seine Differenzierung zwischen dem nicht angreifbaren *inneren Prozess der richterlichen Rechtsfindung* und dem *rügefähigen äußeren Verfahrensablauf* mit dem Zweck der Revisionszulassung wegen Verfahrensmängel: Dieser bestehe in der Kontrolle des Verfahrensganges, nicht der Rechtsfindung. Verfehlt wäre es daher, den Bereich der Tatsachenfeststellung dem der Rechtsanwendung gegenüberzustellen und ersteren dem Verfahrensrecht, letzteren dem sachlichen Recht zuzuordnen. Denn die Rechtsfindung beschränke sich nicht auf das Auffinden und Auslegen der Rechtsnormen. Vielmehr gehöre zu ihr auch die Würdigung des dem Gericht vorliegenden Tatsachenmaterials. Ein Fehler, der sich nicht im Verfahrensablauf, sondern ohne Auswirkung auf den Verfahrensgang lediglich im Kopf des Richters ereigne, sei deshalb kein Verfahrensfehler, sondern ein Fehler, der die inhaltliche Richtigkeit der Entscheidung betreffe (BVerwG, NVwZ-RR 1996, 359).

366 Das BVerwG hat jedoch ausdrücklich offengelassen, ob im Blick auf die Rechtsprechung des BVerfG bei Fehlern, die ihren Schwerpunkt im Bereich der Tatsachenfeststellung haben, etwas anderes gelte. Denn nach seiner Ansicht hatte die Vorinstanz sich ausführlich mit neueren Erkenntnisquellen auseinandergesetzt, so dass im konkreten Einzelfall die Rüge auf eine *Kritik der Tatsachenbewertung* hinauslief. Eine unrichtige Beurteilung des dem Urteil zugrundeliegenden Sachverhalts könne zwar das Urteil inhaltlich unrichtig machen, ein Verfahrensfehler wäre dies jedoch nicht. Deshalb könne auch der Hinweis, dass andere Gerichte zu einer abweichenden Beurteilung der Tatsachen gekommen seien, der Gehörsrüge nicht zum Erfolg verhelfen (BVerwG, NVwZ-RR 1996, 359 (360)).

367 Andererseits ist nach Ansicht des BVerwG ein Verfahrensfehler gegeben, wenn das Verwaltungsgericht von einem unrichtigen oder unvollständigen Sachverhalt ausgeht, es insbesondere Umstände übergeht, deren Entscheidungserheblichkeit sich ihm hätte aufdrängen müssen (BVerwG, EZAR 630 Nr. 34).

3.4.6.3.1.4.3. Einzelfälle unrichtiger Tatsachenfeststellung

In der obergerichtlichen Rechtsprechung wird in dem Fall ein erheblicher Gehörsverstoß angenommen, in dem dem Verwaltungsgericht bei der Umrechnung einer *Bestechungssumme*, die nach dem Vortrag des Asylsuchenden einem Beamten übergeben worden ist, eine offensichtliche Fehleinschätzung unterläuft und dieser insbesondere deshalb besonderes Gewicht zukommt, weil es aus dieser vermeintlichen Unrichtigkeit der Angaben des Beteiligten nicht nur auf deren Unglaubhaftigkeit, sondern darüber hinaus auf dessen Unglaubwürdigkeit insgesamt geschlossen hat (Hess.VGH, InfAuslR 1994, 245 (247) = AuAS 1994, 166). Ebenso ist eine Gehörsverletzung anzunehmen, wenn mit dieser Auswirkung das Gericht *zeitliche Angaben* des Asylsuchenden falsch umrechnet. 368

Eine mit der Gehörsrüge angreifbare fehlerhafte Würdigung wesentlicher Sachangaben liegt auch dann vor, wenn das Verwaltungsgericht »schwerwiegende Widersprüche« aus einem Vergleich der *Angaben vor der Grenzbehörde* mit dem Vorbringen vor dem Bundesamt ableitet. Es widerspricht anerkannten Auslegungs- und Beweiswürdigungsgrundsätzen, wenn die eingeschränkten grenzbehördlichen Ermittlungsfunktionen bei der Bewertung der Angaben von Asylsuchenden gegenüber der Grenzbehörde außer acht gelassen werden (Hess.VGH, InfAuslR 1994, 245 (247))). Diesen Aussagen kommt wesentlich geringeres Gewicht für die Beweiswürdigung zu (BVerfGE 94, 166 (205) = NVwZ 1996, 678 = EZAR 632 Nr. 25; Hess.VGH, EZAR 210 Nr. 4; Hess.VGH, InfAuslR 1994, 245 (247)). Daher kommt es einer fehlenden Würdigung wesentlichen Sachvorbringens gleich, wenn das Verwaltungsgericht die in sich stimmigen und detaillierten Angaben des Asylsuchenden gegenüber dem zur asylrechtlichen Sachentscheidung berufenen Bundesamt allein mit der Begründung als unerheblich bewertet, weil sie im Widerspruch zu den Angaben gegenüber der Grenzbehörde stehen. 369

Damit ist festzuhalten, dass Fehler in der Beweiswürdigung dann mit der Gehörsrüge angegriffen werden können, wenn *wesentlicher Prozessstoff in tatsächlicher Hinsicht ungewürdigt* geblieben (BVerfGE 83, 216 (229) = EZAR 202 Nr. 20 = NVwZ 1991, 768 = InfAuslR 1991, 200) oder falsch bewertet worden ist. Allerdings ist in einem derartigen Fall der Erfolg der Gehörsrüge von weiteren Voraussetzungen abhängig. Der Rechtsmittelführer muss insbesondere darlegen, dass er alle ihm verfügbaren und zumutbaren prozessualen Möglichkeiten ausgeschöpft hat, um eine richtige Tatsachenbewertung im erstinstanzlichen Verfahren zu erzielen. 370

Kann er den Gehörsverstoß allerdings nicht rügen, weil dieser erst durch die Bekanntgabe der Entscheidungsgründe ersichtlich wird, etwa bei der falschen Umrechnung der Bestechungssumme oder von zeitlichen Daten oder bei der Überbewertung der grenzbehördlichen Feststellungen, kann dem Rechtsmittelführer nicht der Vorwurf gemacht werden, er habe ihm verfügbare und zumutbare prozessuale Möglichkeiten nicht ausgeschöpft. In diesem Fall erschöpft sich die Darlegung im Zulassungsantrag in der Bezeichnung der Gehörsverletzung. 371

3.4.6.3.1.4.4. Verletzung der Vorhaltepflicht

372 Bei Unstimmigkeiten und Widersprüchen im klägerischen Sachvortrag besteht zwar grundsätzlich keine Verpflichtung des Gerichts, von sich aus Nachforschungen durch weitere Fragen anzustellen (BVerwG, U. v. 22. 4. 1986 – BVerwG 9 C 318.85; Thür.OVG, AuAS 1998, 190 (191); Nieders.OVG AuAS 1997, 213 (214); Nieders.OVG, B. v. 18. 5. 2000 – 9 L 1171/00). Dementsprechend begründet die Tatsache, dass in der mündlichen Verhandlung nicht ausdrücklich auf bestimmte tatsächliche Gesichtspunkte eingegangen wurde, die in der Entscheidung maßgeblich verwertet werden, noch keine Gehörsverletzung. Es kommt jedoch im Ergebnis der Verhinderung eines Vortrags gleich, wenn das Gericht ohne vorherigen Hinweis Anforderungen an den Sachvortrag stellt, mit denen auch ein gewissenhafter und kundiger Verfahrensbeteiligter nach dem bisherigen Prozessverlauf nicht zu rechnen braucht (BVerfGE 84, 188 (190); BVerfG (Kammer), NVwZ-Beil. 1995, 66; BVerwG, NJW 1986, 445; BVerwG, InfAuslR 1988, 55 (57); Hess.VGH, AuAS 1999, 21 (22)).

373 Die obergerichtliche Rechtsprechung prägt jedoch eine extrem zurückhaltende Tendenz, aus diesem Gesichtspunkt die Berufung zuzulassen. Danach sei das Verwaltungsgericht bei umfassender Vernehmung und Anhörung des Asylsuchenden zum Verfolgungsvorbringen grundsätzlich nicht verpflichtet, auf »sämtliche etwaigen Widersprüchlichkeiten« des Asylsuchenden zu seinem früheren Vorbringen hinzuweisen (Hess.VGH, AuAS 2003, 176 (178); Nieders.OVG, AuAS 2003, 226 (227)). Erfolge wie üblich eine informatorische Befragung des Asylsuchenden zur Ermittlung des entscheidungserheblichen Sachverhalts ersichtlich gerade auch unter dem Gesichtspunkt der Glaubhaftigkeit der Sachangaben des Asylsuchenden, sei für diesen erkennbar, dass es auch um die Stimmigkeit der Gesamtheit seiner Angaben bzw. der verschiedenen geschilderten Tatsachenkomplexe untereinander gehe sowie um die Übereinstimmung der Angaben bei der informatorischen Befragung durch das Gericht und den früheren Erklärungen des Asylbewerbers (OVG Brandenburg, EZAR 631 Nr. 50, S. 3 = DÖV 2000, 300).

374 Eine prozessual sachgerechte Lösung ist aus dem Spannungsverhältnis zwischen den verfahrensrechtlichen Fürsorgepflichten einerseits und den Mitwirkungspflichten der Beteiligten andererseits abzuleiten. Die Asylsuchenden müssen erkennen können, was das Verwaltungsgericht für entscheidungserheblich erachtet und hierauf ihre Mitwirkungspflicht einstellen. Zwar verpflichtet die gerichtliche Hinweis- und Aufklärungspflicht nicht dazu, den Asylsuchenden auf jeden Widerspruch und jede Unstimmigkeit in seinem Sachvorbringen hinzuweisen. Andererseits kann vom diesem nicht erwartet werden, dass er über die erschöpfende Erfüllung seine Mitwirkungspflichten hinaus jede mögliche nachträgliche Schlussfolgerung des Verwaltungsgerichts voraussehen und seinen Sachvortrag darauf entsprechend einstellen kann. Der Grundsatz der freien Beweiswürdigung sichert den Verwaltungsgerichten keinen unbegrenzten Vorrat an Glaubhaftigkeitsbedenken, deren Zustandekommen verfahrensrechtlich fragwürdig ist und den Grundsätzen eines fairen Verfahrens widerspricht.

375 Ob das Verwaltungsgericht bedenken muss, dass der Asylsuchende Unstimmigkeiten und Zweifel ausräumen kann, ist vom bisherigen Sachvorbringen

abhängig. Hat der Asylsuchende im bisherigen Verfahren und auch im Rahmen der informatorischen Befragung die wesentlichen Tatsachenkomplexe in sich stimmig und widerspruchsfrei vorgetragen, folgt aus der gerichtlichen Forsorgepflicht die Verpflichtung, den Asylsuchenden darauf hinzuweisen, dass aus Sicht des Gerichts entscheidungserhebliche Tatsachenkomplexe noch offen sind und der Aufklärung durch den Asylsuchenden bedürfen. Ob ein Sachvorbringen in sich stimmig und widerspruchsfrei ist, kann zwar erst im Rahmen der freien Beweiswürdigung entschieden werden. Hat der Asylsuchende jedoch im bisherigen Verlauf des Verfahrens und auch während der informatorischen Befragung durch das Gericht, entscheidungserhebliche Unstimmigkeiten oder Widersprüche überzeugend ausgeräumt, entzieht das Verwaltungsgericht ihm die Möglichkeit, sich klärend zu äußern, wenn es ihn nicht vorher auf seine Zweifel hinweist.

Zwar muss ein Verfahrensbeteiligter alle vertretbaren rechtlichen Gesichtspunkte von sich aus in Betracht ziehen und seinen Vortrag darauf einstellen (OVG Brandenburg, EZAR 631 Nr. 50 = DÖV 2000, 300). Im Asylprozess geht es jedoch vorrangig um die Feststellung von Tatsachen und um deren Einschätzung als glaubhaft aufgrund des Sachvorbringens eines durch die verfahrensrechtlichen Anforderungen und seines kulturellen individuellen Hintergrundes regelmäßig überforderten Asylsuchenden. Würde man den Verwaltungsgerichten keine mit der Gehörsrüge durchzusetzende Hinweispflicht bei entscheidungserheblichen Zweifeln in Fällen auferlegen, in denen das Sachvorbringen im Wesentlichen als stimmig und schlüssig erscheint, liefe dies auf eine Freihaltung der Beweiswürdigung von rechtstaatlichen Anforderungen hinaus. Der Grundsatz der freien Beweiswürdigung darf nicht dazu instrumentalisiert werden, Asylsuchende zum bloßen Objekt des Verfahrens zu machen. **376**

Dementsprechend geht die obergerichtliche Rechtsprechung davon aus, dass ein ohne richterlichen Hinweis als unglaubhaft eingeschätztes Vorbringen auf dem Grundsatz beruht, dass der Asylsuchende sich zur Feststellung der Tatsachen äußern konnte. Erweckt es unter diesen Voraussetzungen positiv den Eindruck, es werde dem Kläger glauben und rückt es anschließend unerwartet hiervon ab, verletzt es den Gehörsanspruch des Beteiligten (vgl. Nieders.OVG, AuAS 2003, 226 (227); a. A. OVG Saarland, B. v. 22. 5. 2003 – 2 O 69/03). Die Gegenmeinung will dies nur für Widersprüche, nicht jedoch für Ungereimtheiten gelten lassen. Sie unterlässt es jedoch, die präzise Unterscheidung zwischen beiden Begriffen sowie aufzuzeigen, aus welchen Gründen eine unterschiedliche prozessuale Handhabung gerechtfertigt ist. **377**

Ermittelt das Verwaltungsgericht nur zu bestimmten einzelnen Sachverhaltspunkten, darf der Asylsuchende darauf schließen, dass es entscheidungserheblich nur auf diese Tatsachen ankommt. Schließt das Verwaltungsgericht im Rahmen der freien Beweiswürdigung aufgrund von als entscheidungserheblich eingeschätzten Tatsachenangaben, die nicht Gegenstand der Befragung waren, auf die fehlende Glaubhaftigkeit der Tatsachen insgesamt, verletzt es das rechtliche Gehör des Beteiligten (OVG Brandenburg, EZAR 631 Nr. 50, S. 3 = DÖV 2000, 300). **378**

379 Die obergerichtliche Rechtsprechung geht darüber hinaus von einem mit der Gehörsrüge nach § 138 Nr. 3 VwGO in Verb. mit Abs. 3 Nr. 3 angreifbaren Verfahrensverstoß auch dann aus, wenn das Verwaltungsgericht einen Beteiligten *mit einer Beweiswürdigung überrascht*, mit der dieser nach dem bisherigen Verfahrensverlauf nicht zu rechnen brauchte (OVG Hamburg, AuAS 1993, 223). Das Verwaltungsgericht verstoße gegen den Grundsatz des rechtlichen Gehörs, wenn es die vom Beteiligten in der mündlichen Verhandlung geschilderten *Foltererlebnisse* als unglaubhaft qualifiziere, ohne in der Verhandlung seine Zweifel an dem Sachvortrag zu äußern. Angesichts dessen dürfe der Beteiligte darauf vertrauen, dass das Verwaltungsgericht keine überraschende Entscheidung treffe (OVG Hamburg, AuAS 1993, 223).

380 Ebenso verstößt das Verwaltungsgericht gegen das Verbot einer unzulässigen Überraschungsentscheidung, wenn es einen vorgelegten *Haftbefehl* als *falsch* qualifiziert, ohne in der mündlichen Verhandlung seine hierauf abzielenden Bedenken zu äußern (OVG Hamburg, AuAS 1993, 81; s. hierzu Rdn. 1025 ff.). Mit einer solchen dem Prozessrecht widersprechenden Beweiswürdigung brauchte der Beteiligte nicht zu rechnen. Vielmehr durfte er im Hinblick darauf, dass das Verwaltungsgericht in der mündlichen Verhandlung keine Zweifel an der Echtheit des Haftbefehls äußerte, sondern diesen lediglich durch den Dolmetscher übersetzen ließ und überdies keinerlei gutachtliche Stellungnahmen über die Beschaffenheit und Bekanntmachung türkischer Haftbefehle in das Verfahren eingeführt worden waren, darauf vertrauen, dass vor einer abschließenden Entscheidung ein Gutachten über die Echtheit des von ihm vorgelegten Haftbefehls eingeholt werde (OVG Hamburg, AuAS 1993, 81; s. hierzu aber OVG NW, AuAS 1997, 83).

381 Ist das Verwaltungsgericht der Auffassung, die Angaben eines kurdischen Beteiligten zu seinen nicht vorhandenen türkischen Sprachkenntnissen seien unglaubhaft, weil der offizielle Gebrauch der kurdischen Sprache zur Zeit seines Schulbesuchs verboten gewesen sei, hat es dem Beteiligten Gelegenheit zur Äußerung zu geben (OVG Hamburg, AuAS 1993, 60).

3.4.6.3.1.5. Maßgeblichkeit der Rechtsauffassung des Verwaltungsgerichts

382 Schließlich ist bei der Darlegung der Gehörsverletzung zu erörtern, dass der nicht berücksichtigte Tatsachenvortrag nach der *Rechtsansicht des Verwaltungsgerichts* entscheidungserheblich war. Nach allgemeiner Ansicht kommt es für die Prüfung, ob eine Tatsache wesentlich, also für das angefochtene Urteil rechtserheblich ist, auf die materielle Rechtsauffassung des Verwaltungsgerichts an (BVerfGE 86, 133 (146); BVerfG (Kammer), NVwZ-Beil. 1998, 1 (2); BVerwG, InfAuslR 2002, 150 (151); Hess.VGH, EZAR 633 Nr. 22; VGH BW, EZAR 633 Nr. 15; OVG Hamburg, AuAS 1993, 80 (81)).

383 Begründet wird dies damit, dass eine bestimmte Sachaufklärung nur verlangt werden könne, wenn diese nach der Rechtsauffassung des Verwaltungsgerichts erforderlich gewesen sei. Insbesondere seien Schlüssigkeit und Erheblichkeit des Vorbringens und der Anträge der Beteiligten ausschließlich aus der Sicht des über die Klage entscheidenden Gerichts zu beurteilen. Im Zulassungsverfahren finde keine vorgezogene volle Überprüfung des angegriffenen Urteils statt (Hess.VGH, EZAR 633 Nr. 22, S. 10).

Rechtsmittel **§ 78**

Die Berufungszulassung kann daher nur hinsichtlich eindeutig entschei- 384
dungs*un*erheblicher Feststellungen des Verwaltungsgerichts abgelehnt
werden, nicht hingegen bei Feststellungen, die als solche *für das Verwaltungsgericht entscheidungserheblich* waren, möglicherweise nach der Überzeugungsbildung des Berufungsgerichts jedoch nicht zum Erfolg des Klagebegehrens führen können (Hess.VGH, AuAS 1993, 200 (202)).

Kommt es nach der materiellen Rechtsansicht des Verwaltungsgerichts auf 385
den nicht berücksichtigten Tatsachenstoff nicht an, so können im konkreten
Einzelfall allerdings die Voraussetzungen der Grundsatz- oder Divergenzrüge gegeben sein. Diese muss allerdings ausdrücklich geltend gemacht werden. Eine Umdeutung der Gehörsrüge in eine Grundsatz- oder Divergenzrüge durch das Berufungsgericht kommt nicht in Betracht.

Erachtet der Rechtsmittelführer im Gegensatz zum Verwaltungsgericht den 386
übergangenen Tatsachenstoff für rechtserheblich, so kann es sich möglicherweise um eine der Klärung bedürftige Frage handeln oder das angefochtene Urteil weicht von einem grundsätzlich geklärten Grundsatz eines divergenzfähigen Gerichts ab. Für die Beurteilung der Klärungsbedürftigkeit der
Grundsatzfrage bzw. der erfolgten Klärung kommt es nicht auf die materielle Rechtsauffassung des Verwaltungsgerichts an (s. hierzu im Einzelnen
Rdn. 153 ff., Rdn. 249 ff.).

3.4.6.3.1.6. Darlegung der Ausschöpfung aller verfügbaren und zumutbaren prozessualen Möglichkeiten

3.4.6.3.1.6.1. Keine überspannten Anforderungen

Im Antrag ist darzulegen, dass im erstinstanzlichen Verfahren die nach Lage 387
der Sache *gegebenen prozessualen Möglichkeiten ausgeschöpft* worden sind, um
sich das rechtliche Gehör zu verschaffen. Denn nur unter diesen Voraussetzungen kann eine Gehörsverletzung mit Erfolg gerügt werden (BVerfGE 74,
220 (225); BVerfG (Kammer), NVwZ-Beil. 1995, 57; BVerwG, InfAuslR 1984,
89 (90); BVerwG, EZAR 610 Nr. 25; BVerwG, NJW 1992, 3185 (3186); BVerwG,
NJW 1995, 799 (780); OVG Hamburg, AuAS 1993, 80; Thür.OVG, EZAR 633
Nr. 28; Hess.VGH, EZAR 633 Nr. 22; a. A. OVG NW, InfAuslR 1984, 22 (23);
Nieders.OVG, NVwZ-Beil. 1996, 67 (69); Nieders.OVG, AuAS 1998, 141;
VGH BW, AuAS 1996, 251 (252)).

Das BVerfG hat diese Voraussetzung allerdings nur im Hinblick auf die Ver- 388
fassungsbeschwerde entwickelt. Wegen ihres subsidiären Charakters könne
eine Verletzung des Art. 103 I GG mit der Verfassungsbeschwerde nur dann
mit Erfolg gerügt werden, wenn der Beschwerdeführer zuvor die nach Lage der Sache gegebenen prozessualen Möglichkeiten ausgeschöpft habe, um
sich das rechtliche Gehör zu verschaffen. Ob und in welchem Umfang dieser, im Wesentlichen für das verfassungsprozessuale Verfahren entwickelte
Grundsatz im fachgerichtlichen Verfahren Geltung beanspruchen kann, hat
es jedoch ausdrücklich offen gelassen (BVerfG (Kammer), NVwZ-Beil. 1995,
57). Jedenfalls dürfen insoweit die Anforderungen an die Darlegung der Gehörsrüge *nicht überspannt* werden (BVerfG, NVwZ-Beil. 1995, 57).

3.4.6.3.1.6.2. Herleitung aus der diskurssichernden Funktion des Anspruchs auf rechtliches Gehör

389 Die Pflicht, den Anspruch auf rechtliches Gehör durch Ausschöpfung der verfügbaren und zumutbaren prozessualen Möglichkeiten gegenüber dem Gericht durchzusetzen, folgt aus der *diskurssichernden Funktion des Anspruchs auf rechtliches Gehör* (Niders.OVG, NVwZ-Beil. 1996, 67 (69)). Zwar fällt die Pflicht zur Gewährung rechtlichen Gehörs in den gerichtlichen Verantwortungsbereich. Es ist auch keine generelle Pflicht der Verfahrensbeteiligten anerkannt, mögliche Verfahrensverstöße des Gerichts durch Hinweise oder Nachfragen abzuwenden. Äußert sich jedoch ein Verfahrensbeteiligter, obwohl er hierzu tatsächlich hinreichend Gelegenheit gehabt hatte, in einer Situation, in der die Möglichkeit der entscheidungserheblichen Verwertung eines bestimmten Erkenntnismittels zumindest nahegelegen hatte, nicht, ohne durch einen Hinweis oder eine Nachfrage beim Gericht klarzustellen, ob etwa eine entscheidungserhebliche Verwertung eines bestimmten Erkenntnismittels beabsichtigt sei, kann er sich für den Fall der Verwertung dieses Erkenntnismittels nicht auf eine Verletzung seines Anspruchs auf rechtliches Gehör berufen (Niders. OVG, NVwZ-Beil. 1996, 67 (69)).

390 Es ist deshalb je nach Art der Gehörsverletzung darzulegen, welche prozessualen Möglichkeiten im erstinstanzlichen Verfahren zur Verfügung standen, um die diskurssichernde Funktion des Verfahrensrechts zu verwirklichen. So wird man regelmäßig erwarten können, dass die Beteiligten einen *Beweisantrag* stellen, wenn aus ihrer Sicht entscheidungserhebliche Tatsachenkomplexe aufklärungsbedürftig sind. Die Erörterung der Klärungsbedürftigkeit und Entscheidungserheblichkeit des Beweisantrags sowie im Falle der Durchführung der Beweisaufnahme die Erörterung des erzielten Ergebnisses sichern im besonderen Maße die diskurssichernde Funktion des Verfahrensrechts.

391 Doch nicht in allen Fällen der Gehörsverletzung kann die Stellung eines Beweisantrags zur prozessualen Voraussetzung der Gehörsrüge gemacht werden. So ist evident, dass das Verwaltungsgericht bei einer *unzulässigen Überraschungsentscheidung* die ihm obliegende Pflicht zur Gewährung rechtlichen Gehörs durch Diskursverweigerung ebenso verletzt, wie bei einer prozessordnungswidrigen Zurückweisung eines *Vertagungsantrags*. In diesen Fällen nimmt das Gericht den Verfahrensbeteiligten die Möglichkeit, prozessuale Möglichkeiten zur Wahrung des rechtlichen Gehörs auszuschöpfen, sodass mit der Bezeichnung der Gehörsverletzung die Gehörsrüge regelmäßig durchgreift.

3.4.6.3.1.7. Beruhenserfordernis

3.4.6.3.1.7.1. Darstellung des Meinungsstreits

392 Umstritten ist in der obergerichtlichen Rechtsprechung, ob bei der Gehörsrüge weitere Darlegungen zur Ursächlichkeit der Gehörsverletzung erforderlich sind oder ob eine entsprechende unwiderlegliche Vermutung hierfür eingreift. Nach dem Gesetzeswortlaut von Abs. 3 Nr. 3 reicht für die Berufungszulassung die Darlegung der Gehörsverletzung und die gerichtliche Feststellung, dass diese vorliegt, aus. Demzufolge geht eine neuere Tendenz

Rechtsmittel § 78

in der obergerichtlichen Rechtsprechung davon aus, es sei keine weitere Darlegung dahin erforderlich, dass das angefochtene Urteil auf dem Gehörsverstoß beruhen müsse (Hess.VGH, EZAR 633 Nr. 22; Hess.VGH, AuAS 1993, 200 (202); Hess.VGH, AuAS 1997, 69 (70) = JMBl Hessen 1997, 427; Hess.VGH, AuAS 2000, 189 (190); OVG NW, NVwZ-Beil. 2001, 53; VGH BW, EZAR 633 Nr. 15; VGH BW, AuAS 1994, 56 (58); VGH BW, EZAR 610 Nr. 34; OVG NW, AuAS 2002, 4 (5); a. A. Hess.VGH, InfAuslR 1987, 130 (131); VGH BW, AuAS 1994, 56; Hess.VGH, InfAuslR 1996, 31 (34); VGH BW, AuAS 1996, 251 (252); VGH BW, B. v. 28. 3. 1995 – A 12 S 349/95; Nieders.OVG, AuAS 1995, 107; Nieders.OVG, B. v. 31. 1. 1997 – 12 L 680/97; OVG Brandenburg, AuAS 2004, 59, OVG Hamburg, AuAS 1993, 259 (260); OVG Rh-Pf, B. v. 10. 12. 1997 – 11 A 12757/97.OVG; Höllein, ZAR 1989, 109 (115); Fritz, ZAR 1984, 23 (27); ders., ZAR 1984, 189 (193); GK-AsylVfG a. F., § 32 Anhang 1 Rdn. 661; Berlit, in: GK-AsylVfG, § 78 Rdn. 633 ff.).

Diese Ansicht wird damit begründet, dass nach § 138 VwGO eine *unwiderlegbare Kausalität* unterstellt werde, sodass die nach der Rechtsprechung des BVerwG für die Gehörsrüge geforderte Darlegung dessen, was der Verfahrensbeteiligte bei ordnungsgemäßer Gewährung rechtlichen Gehörs noch zusätzlich vorgetragen hätte, auf den Bereich der asylrechtlichen Berufungszulassung nicht übertragbar sei (Hess.VGH, EZAR 633 Nr. 22, S. 7, 9; VGH BW, AuAS 1994, 56 (58); VGH BW, EZAR 633 Nr. 5). Das gelte nur dann nicht, wenn das Gehör zu einzelnen Tatsachen versagt worden sei, auf die es für die Entscheidung unter keinem denkbaren rechtlichen Gesichtspunkt ankomme (VGH BW, EZAR 633 Nr. 15). 393

Die Gegenmeinung in der Rechtsprechung wird regelmäßig nicht begründet. Vielmehr bezieht sie sich unausgesprochen auf die Rechtsprechung des BVerwG zum Verfahrensmangel nach § 132 II Nr. 3 VwGO oder es wird lapidar festgestellt, das »Beruhenserfordernis« ergebe sich bereits aus dem Begriff des rechtlichen Gehörs selbst (Berlit, in: GK-AsylVfG, § 78 Rdn. 634). Anders als der Gesetzeswortlaut von Abs. 3 Nr. 3 fordert jedoch bereits der Wortlaut von § 132 II Nr. 3 VwGO die Darlegung, dass die angefochtene Entscheidung auf dem Verfahrensmangel beruhen kann. Dementsprechend ist nach der Rechtsprechung des BVerwG darzulegen, dass zumindest die Möglichkeit besteht, dass das Gericht ohne den Gehörsverstoß zu einem dem Rechtsmittelführer sachlich günstigeren Ergebnis hätte gelangen können (Kummer, Die Nichtzulassungsbeschwerde, Rdn. 203). 394

Demgemäß erfordert § 132 II Nr. 3 VwGO jeweils die Prüfung, ob der Verfahrensfehler die Ursache für das unrichtige Ergebnis gewesen sein kann (BVerwGE 14, 342 (346f.)). Hingegen ist bei einer Gehörsrüge nach § 138 Nr. 3 VwGO die angefochtene Entscheidung stets als auf der dargelegten Verletzung des rechtlichen Gehörs beruhend anzusehen (BVerwGE 34, 77 (79); BVerwG, InfAuslR 1984, 275 (276); BVerwG, NVwZ 1989, 857 (859)). Denn bei Versagung des rechtlichen Gehörs ist Ursächlichkeit in Bezug auf die Entscheidung nicht erforderlich. Vielmehr genügt ein Bezug zur Sache (BVerwGE 34, 77 (79)). 395

Demgegenüber wird nach der Rechtsprechung des BVerfG bei Verfassungsbeschwerden wegen Verletzung des Anspruchs auf rechtliches Gehör eine 396

1491

hinreichende Substanziierung dahin gefordert, dass die angefochtene gerichtliche Entscheidung auf einer Verletzung des Art. 103 I GG beruht. Dies ist der Fall, wenn nicht ausgeschlossen werden kann, dass die Anhörung des Beschwerdeführers das Gericht zu einer anderen Beurteilung des Sachverhalts oder in einem wesentlichen Punkt zu einer anderen Würdigung veranlasst oder gar zu einer anderen, ihm günstigeren Entscheidung geführt hätte.

397 Im Hinblick darauf ist der Substanziierungspflicht aus § 92 BVerfGG bei der Rüge einer Verletzung des Art. 103 I GG nur genügt, wenn der Begründung der Verfassungsbeschwerde entnommen werden kann, was der Beschwerdeführer bei ausreichender Gewährung rechtlichen Gehörs vorgetragen hätte. Nur dann kann geprüft werden, ob die angegriffene Entscheidung auf dem *Verfassungsverstoß beruht* (BVerfGE 7, 95 (99); 28, 17 (19f.); 58, 1 (25); 72, 122 (132)). Die zur Substanziierung der Verletzung einer Verfassungsnorm entwickelten Grundsätze können jedoch nicht ohne weiteres auf die zur Darlegung einer Gehörsverletzung nach dem einfachgesetzlichen Prozessrecht erforderlichen Pflichten übertragen werden

398 Eine vermittelnde Meinung hält der Rechtsprechung, die auf die Darlegung des Beruhenserfordernisses verzichtet, vor, sie vermenge die Frage, ob ein Verfahrensfehler kausal war, die in der Tat durch § 138 Nr. 3 VwGO bereits negativ beantwortet sei, mit der gänzlich anderen Frage, ob der Gehörsverstoß *schlüssig gerügt* sei: Vom Erfordernis der Darlegung dessen, was ohne Gehörsverstoß noch vorgetragen worden wäre, sei dann abzusehen, wenn der Gehörsverstoß darin bestehe, dass dem Rechtsmittelführer ein weiteres Vorbringen abgeschnitten worden sei. Das sei zum einen der Fall, wenn ihm überhaupt keine Gelegenheit zum Vortrag gegeben worden sei.

399 Daher könnten solche Darlegungen nicht gefordert werden, wenn die Rüge darauf beruhe, der Beteiligte sei zur mündlichen Verhandlung nicht oder nicht ordnungsgemäß geladen oder mit dem Beginn der mündlichen Verhandlung sei trotz richterlicher Zusicherung nicht gewartet worden. Denn in einem derartigen Fall sei schon die Fragesituation unbekannt, sodass die Basis für die geforderte Hypothese fehle. Zum anderen wäre eine solche Forderung unsinnig, wenn die Rüge gerade darin bestehe, das Gericht habe wesentliches Vorbringen nicht zur Kenntnis genommen oder nicht in seine Erwägungen einbezogen (Schenk, in: Hailbronner, AuslR, § 78 AsylVfG Rdn. 150f.). Im letzteren Fall ist ja bereits mit der Bezeichnung der Gehörsverletzung die Basis für die geforderte Hypothese dargetan.

400 Damit ist festzuhalten, dass die herrschende Ansicht zwar bei der Gehörsrüge nach Abs. 3 Nr. 3 die zu § 132 II Nr. 3 VwGO entwickelten Darlegungsanforderungen zugrundelegt. Allerdings ist es in den Fällen, in denen bereits mit der Bezeichnung der Gehörsverletzung dargelegt wird, dass durch die gerichtliche Verfahrensweise das Sachvorbringen abgeschnitten worden ist, nicht möglich, hypothetische Tatsachen vorzutragen, um die Möglichkeit einer anderweitigen Entscheidung darzutun.

3.4.6.3.1.7.2. Abgelehnter Beweisantrag

401 Beim abgelehnten Beweisantrag setzt die schlüssige Darlegung voraus, dass die Tatsachen bezeichnet werden, aus denen sich ergibt, dass dieser in pro

zessordnungswidriger Weise nicht behandelt worden ist. Das Gericht muss Beweisanträge nicht behandeln, wenn das Beweisthema nicht hinreichend substanziiert wird. Mit der Bezeichnung der Tatsachen, die zur Substanziierung des Beweisthemas vorgetragen worden sind, ist damit zugleich auch die Basis für die erforderliche Hypothese dargelegt. In all diesen Fällen bedarf es zur Geltendmachung des Gehörsverstoßes nicht der Darlegung etwaigen weiteren Vorbringens bei ordnungsgemäßer Verfahrensweise des Gerichts. Denn der Verfahrensverstoß beruht ja gerade auf der Nichtberücksichtigung entscheidungserheblichen Vorbringens (Hess.VGH, EZAR 633 Nr. 22, S. 9; VGH BW, EZAR 610 Nr. 34).

Ihm erkennbare Fehler bei der Ablehnung von Beweisanträgen durch das Gericht muss der Kläger in der nächsten mündlichen Verhandlung rügen und auf eine erneute Beschlussfassung über die Beweisanträge hinwirken, wenn die Zeitspanne zwischen den beiden Verhandlungen genügend Zeit zur Vorbereitung der Rügen lässt. Greifen die Rügen hinsichtlich der prozessordnungswidrigen Ablehnung der Beweisanträge bezogen auf die erste Verhandlung durch und verbleibt dem Kläger für die weitere mündliche Verhandlung ein nach Monaten bemessener Zeitraum, so muss er die fehlerhafte Beweisablehnung zur Erhaltung seines Rügerechts in dieser Verhandlung rügen (Hess.VGH, AuAS 2003, 69 (70)).

Wird eine in der mündlichen Verhandlung prozessordnungswidrig begründete Ablehnung eines Beweisantrags in den schriftlichen Entscheidungsgründen durch eine prozessordnungsgemäße Begründung ersetzt, ist eine Gehörsrüge nach der obergerichtlichen Rechtsprechung nur schlüssig erhoben, wenn der Rechtsmittelführer darlegt, wie er sich auf die ihm erst durch das Urteil bekannt gewordenen prozessordnungsgemäßen Ablehnungsgründe erklärt hätte, wenn sein in der mündlichen Verhandlung gestellter Beweisantrag vorab mit der im Urteil gegebenen Begründung abgelehnt worden wäre. Ohne diese Darlegung kann nicht beurteilt werden, ob sich die nach § 86 II VwGO verspätete Bekanntgabe der prozessordnungsgemäßen Ablehnungsgründe auf die Entscheidung ausgewirkt haben kann (OVG NW, AuAS 2002, 212 (213)).

3.4.6.3.1.7.3. Abgelehnter Vertagungsantrag

Eines Vortrags von Umständen und Tatsachen, die der Beteiligte bei prozessordnungsgemäßer Gewährung rechtlichen Gehörs vorgetragen hätte, bedarf es nur dann, wenn den Beteiligten während des Verfahrens überhaupt Gelegenheit gegeben worden ist, sich im Rahmen einer mündlichen Verhandlung zu den für die Entscheidung des Verwaltungsgerichts maßgebenden tatsächlichen und rechtlichen Gesichtspunkten zu äußern (Hess.VGH, AuAS 1997, 69 (71)). Hatte er hingegen wegen Nichtteilnahme an der mündlichen Verhandlung überhaupt keine Möglichkeit, sich umfassend zur Sach- und Rechtslage zu äußern, ist die *Möglichkeit einer anderweitigen gerichtlichen Entscheidung* auch ohne entsprechenden Vortrag des Beteiligten in Betracht zu ziehen, wenn diesem rechtliches Gehör gewährt worden wäre.

Ob dieses Vorbringen zu einer günstigen Entscheidung geführt hätte, ist im Blick auf die Art des Verfahrensfehlers unerheblich. In welcher Weise das

Gericht im Falle einer Anhörung des Beteiligten insbesondere in der mündlichen Verhandlung entschieden hätte, lässt sich nämlich aufgrund der hypothetischen Ausführungen des Beteiligten zum voraussichtlichen Inhalt seines Vortrags in der mündlichen Verhandlung nicht beurteilen. Das Gericht hätte nämlich nicht allein aufgrund dieses Vorbringens entschieden, sondern auf der Grundlage eines durch die mündliche Verhandlung gewonnenen Gesamtergebnisses, das wesentlich von der Erörterung der Sach- und Rechtslage zwischen dem Gericht und den Beteiligten sowie dem Ergebnis einer etwaigen weiteren Sachaufklärung im Termin abhängig ist. Der Verlauf der mündlichen Verhandlung und die sich hieraus für das Gericht ergebende Entscheidungsgrundlage kann von dem Beteiligten im Zulassungsantrag nicht nachvollzogen werden (Hess.VGH, AuAS 1997, 69 (71)).

3.4.6.3.1.7.4. Darlegungsanforderungen nach der herrschenden Meinung

406 Die herrschende Meinung fordert jedoch vom Beteiligten auch bei der Gehörsrüge, durch die ein Abschneiden des Sachvorbringens aufgrund der gerichtlichen Verfahrensweise dargetan wird, die substanziierte Darlegung dessen, was er noch vorgetragen oder wie er sich zu bestimmten Umständen geäußert hätte, die das Gericht seiner Entscheidung zugrundegelegt hat, wenn ihm ordnungsgemäß rechtliches Gehör gewährt worden wäre.

407 Insofern reicht jedoch auch nach der herrschenden Meinung bei der prozessordnungswidrigen Ablehnung des Vertagungsantrags die Darlegung aus, dass er in der mündlichen Verhandlung einen Beweisantrag für seine bereits schriftsätzlich vorgetragenen Behauptungen oder die bereits schriftsätzlich angekündigten Beweisanträge förmlich gestellt hätte (Hess.VGH, InfAuslR 1996, 31 (34)). Der Sache nach werde damit geltend gemacht, dass das Verwaltungsgericht – wäre der Prozessbevollmächtigte anwesend gewesen – voraussichtlich einen Beweisbeschluss in diesem Sinne erlassen hätte, was möglicherweise zu einem anderen Ergebnis des Verfahrens, mithin zur Klagestattgabe, hätte führen können (Hess.VGH, InfAuslR 1996, 31 (34)).

408 Im Fall des abgelehnten Beweisantrags sind die Darlegungsanforderungen an die Rüge erheblich geringer als bei der Rüge unzulänglicher Aufklärung. Im letzteren Fall werden erhöhte Darlegungsanforderungen an die Rüge der Verletzung des rechtlichen Gehörs gestellt (s. hierzu im Einzelnen Rdn. 1070 ff.; zu den unterschiedlichen Anforderungen an die Rüge wegen eines abgelehnten Beweisantrags und an die Aufklärungsrüge, s. auch BGH, NStZ 1984, 329 (330)).

409 Anders als beim zu Unrecht abgelehnten Beweisantrag ist hier die Darlegung dessen geboten, was vorgetragen worden wäre, wenn das Gericht das rechtliche Gehör gewährt hätte und inwiefern dieser weitere Vortrag rechtlich geeignet, möglich und geboten gewesen wäre (VGH BW, EZAR 610 Nr. 34). Teilweise wird in der obergerichtlichen Rechtsprechung im Blick auf die Gehörsrüge vertreten, es müsse konkret dargelegt werden, was bei Wahrung des rechtlichen Gehörs noch vorgetragen worden und inwieweit dieses Vorbringen geeignet gewesen wäre, eine andere Entscheidung des Gerichts herbeizuführen.

Damit werden in unzulässiger Weise ersichtlich die für das Beruhenserfordernis nach § 132 II Nr. 3 VwGO maßgeblichen Voraussetzungen (BVerwG, B. v. 18. 1. 1984 – BVerwG 9 CB 444.81) zum Inhalt der Darlegungslast dahin gemacht, dass der geltend gemachte Verfahrensmangel nach § 138 Nr. 3 VwGO *vorliegt*. Im Rahmen der Darlegungspflicht der §§ 132 II Nr. 3; 133 III 3 VwGO verlangt das BVerwG die schlüssige Darlegung dessen, was der Kläger ohne die vermeintliche Verletzung rechtlichen Gehörs nach Ablehnung seines Beweisantrags noch vorzutragen gehabt hätte und inwiefern diese Ausführungen zur Klärung des geltend gemachten Anspruchs geeignet gewesen wären (BVerwG, B. v. 18. 1. 1984 – BVerwG 9 CB 444.81). Diese Anforderungen an die Darlegungslast gelten allerdings dann nicht, wenn der Kläger *objektiv nicht in der Lage ist*, Ausführungen darüber zu machen, was er noch vorgetragen hätte, etwa weil ihm durch unterlassene Ladung die Teilnahme an der Verhandlung insgesamt unmöglich gemacht worden ist (BVerwG, B. v. 18. 1. 1984 – BVerwG 9 CB 444.81).

410

3.4.6.3.1.7.5. Entscheidungserheblichkeit des nichtberücksichtigten Vorbringens

Der Streit um die Anforderungen an die Darlegung der Gehörsrüge spitzt sich damit auf die Frage zu, ob die schlüssige Bezeichnung der Gehörsverletzung auch die Darlegung erfordert, dass der unterdrückte oder unterbliebene Sachvortrag möglicherweise zu einer anderen Entscheidung des Verwaltungsgerichts geführt hätte. Die wohl herrschende Meinung geht insoweit davon aus, dass die Gehörsrüge nur begründet ist, wenn dargelegt wird, dass durch die Nichtberücksichtigung des Vortrags *entscheidungserhebliches Sachvorbringen* nicht zur Kenntnis genommen worden ist (OVG Hamburg, AuAS 1993, 80 (81); Nieders.OVG, AuAS 1994, 107; VGH BW, EZAR 633 Nr. 15; Berlit, in: GK-AsylVfG, § 78 Rdn. 635; Fritz, ZAR 1984, 189 (193); Höllein, ZAR 1989, 109 (115); a. A. Hess.VGH, EZAR 633 Nr. 22; Hess.VGH, AuAS 1993, 200 (201)).

411

Allerdings ist die herrschende Ansicht insoweit uneinheitlich. So wird einerseits gefordert, es müsse generell dargelegt werden, dass der unterbliebene Sachvortrag zu einer anderen Entscheidung des Verwaltungsgerichts geführt hätte (Höllein, ZAR 1989, 109 (115); Fritz, ZAR 1984, 189 (193); Berlit, in: GK-AsylVfG, § 78 Rdn. 635). Demgegenüber wird andererseits die Gehörsrüge nur dann für unbegründet erachtet, wenn der nicht berücksichtigte Sachvortrag *unter keinem denkbaren rechtlichen Gesichtspunkt* eine andere Entscheidung hätte herbeiführen können (VGH BW, EZAR 633 Nr. 15; OVG Hamburg, AuAS 1993, 80 (81); gegen dieses Erfordernis Hess.VGH, EZAR 633 Nr. 15) oder enger, dass die weiteren Tatsachen geeignet gewesen wären, den geltend gemachten Anspruch zu tragen (Nieders.OVG, AuAS 1995, 107).

412

Der Unterschied zwischen beiden Rechtsansichten ist erheblich. Die strengere Auffassung verlangt unter Bezugnahme auf die Rechtsprechung des BVerfG, dass die Berücksichtigung des unterbliebenen Sachvortrags das Gericht in einem *wesentlichen* Gesichtspunkt zu einer anderen Würdigung veranlasst oder dies im Ganzen zu einer anderen, günstigeren Entscheidung geführt hätte (Fritz, ZAR 1984, 189 (193); Höllein, ZAR 1989, 109 (115)). Bei

413

einer Gehörsrüge gegen ein Urteil, das auf mehrere tragende Gesichtspunkte gestützt ist, ist demzufolge die Darlegung nur schlüssig, wenn alle Begründungselemente mit zulässigen Rügen angegriffen werden (Höllein, ZAR 1989, 109 (115)).

414 Demgegenüber ist nach der weniger strengen Auffassung nur darzulegen, dass die weiteren Tatsachen rechtlich geeignet sind, den behaupteten Anspruch zu tragen. Begründet wird dies damit, dass der Anspruch auf rechtliches Gehör sich von vornherein nur auf entscheidungserhebliche Tatsachen beziehe und kein Recht auf Anhörung zu Tatsachen beinhalte, die für die Entscheidung des Rechtsstreits unerheblich seien (VGH BW, EZAR 633 Nr. 15). Jedoch kommt auch diese Rechtsprechung zu ähnlich strengen Voraussetzungen wie die abweichende Ansicht. Denn unerheblich sei, wenn sich die Gehörsverletzung auf ein obiter dictum, auf eine von mehreren selbständigen Alternativbegründungen oder auf lediglich hilfsweise angestellte Erwägungen beziehe (VGH BW, EZAR 633 Nr. 15; so auch Hess.VGH, EZAR 633 Nr. 22, S. 9 f.).

415 Damit kommt nach der obergerichtlichen Rechtsprechung eine Gehörsverletzung nur im Blick auf solche Tatsachen in Betracht, auf die das Gericht nach seiner materiell-rechtlichen Auffassung seine Entscheidung gestützt hat. Auch hinsichtlich des Sachvorbringens und der Anträge der Beteiligten scheiden Tatsachen, auf die es aus Gründen des materiellen Rechts nicht ankommt oder die nach den Regeln des jeweiligen Verfahrensrechts nicht zu berücksichtigen sind, von vornherein aus. Ist ein Urteil kumulativ oder alternativ auf mehrere Gründe gestützt, muss den Beteiligten zu den jeweils erheblichen Tatsachen rechtliches Gehör gewährt worden sein.

416 Damit kommt eine Berufungszulassung nur in Frage, wenn hinsichtlich aller Begründungen ein Zulassungsgrund geltend gemacht wird. Hingegen kommt eine Hilfsbegründung im Zulassungsverfahren nur zum Tragen, wenn hinsichtlich der Hauptbegründung ein Zulassungsgrund geltend gemacht und gegeben ist. Die Berufung ist in diesem Fall nur zuzulassen, wenn auch für die Eventualbegründung ein Zulassungsgrund dargetan ist. Ein obiter dictum gehört dagegen nicht zu den tragenden Entscheidungsgrundlagen und kann aus diesem Grund die Berufung nicht eröffnen (Hess.VGH, EZAR 633 Nr. 22, S. 10). Ist das rechtliche Gehör verletzt worden, kann sich die angefochtene Entscheidung dann als richtig darstellen, wenn der Gehörsverstoß nicht das gesamte Ergebnis des Verfahrens, sondern nur einzelne Feststellungen betrifft, auf die es für die Einschätzung des Verwaltungsgerichtes nicht oder nicht mehr ankommt (BayVGH, AuAS 2004, 69).

417 Der Dissens in der Rechtsprechung erweist sich damit als ein Streit um Worte. Die Gehörsrüge erfordert zunächst die Darlegung der weiteren Tatsachen, die der Rechtsmittelführer ohne den Gehörsverstoß vorgetragen hätte. Ist bereits mit der Bezeichnung des Verfahrensverstoßes dargelegt, dass bestimmtes Sachvorbringen vom Gericht abgeschnitten worden ist, ist damit die hypothetische Tatsachenbasis dargelegt worden. Alle unterschiedlichen Ansichten erfordern die Darlegung der Entscheidungserheblichkeit des nicht berücksichtigten Sachvortrags. Daran fehlt es nicht nur, wenn die weiteren Tatsachen aus sich heraus unter keinem denkbaren rechtlichen Gesichts-

punkt den behaupteten Anspruch zu tragen vermögen, sondern auch, wenn das angefochtene Urteil aus anderen Gründen rechtlichen Bestand hat.
Daher müssen im Blick auf sämtliche tragenden Begründungselemente Zulassungsrügen nach Abs. 3 erhoben werden. Haben die Verfahrensbeteiligten unter konkreter Auseinandersetzung mit der Begründung des Verwaltungsgerichts dargelegt, dass sie bei ausreichender Gewährung rechtlichen Gehörs im Einzelnen Tatsachen vorgetragen hätten, die der Wertung ihrer Angaben als widersprüchlich entgegenstehen, ist die Gehörsrüge schlüssig dargelegt. Denn mehr können sie bei einer protokollwidrigen Verwertung von Aussagen in der Sache nicht geltend machen (OVG Hamburg, AuAS 1993, 259 (260)).

418

3.4.7. Vertretungsrüge (§ 138 Nr. 4 VwGO)

3.4.7.1. Zweck der Vertretungsrüge
Nach § 138 Nr. 4 VwGO stellt es einen absoluten Verfahrensmangel dar, wenn ein Beteiligter im Verfahren nicht nach den Vorschriften des Gesetzes vertreten war. Diese Vorschrift dient dem Schutz von Rechtssuchenden, die ihre Angelegenheiten nur mit Hilfe eines Dritten regeln können. Das folgt aus der Rechtsprechung zu der inhaltlich identischen Vorschrift des § 579 I Nr. 4 ZPO, welche ebenfalls den Schutz der Parteien bezweckt, die ihre Angelegenheiten im Prozess nicht verantwortlich regeln oder denen die Handlungen vollmachtsloser Vertreter nicht zugerechnet werden können (BGH, NJW 1982, 2449 (2451)). Das ist angesichts der rechtlichen und tatsächlichen Schwierigkeiten im Asylprozess regelmäßig der Fall. Als eine Schutzvorschrift allein für den Beteiligten, der nicht ordnungsgemäß vertreten war, kann der Vertretungsrüge nur von diesem erhoben werden (BVerwG, NVwZ-RR 1997, 319 (321)).

419

3.4.7.2. Nicht ordnungsgemäße Vertretung eines Beteiligten
Bleibt ein Beteiligter in der mündlichen Verhandlung unvertreten, weil sie zu einem Zeitpunkt durchgeführt wird, zu dem nicht geladen worden war, so liegt darin stets ein Verfahrensmangel nach § 138 Nr. 4 VwGO (BVerwGE 66, 311; BVerwG, NJW 1983, 1868; BVerwG, NJW 1991, 583). Dies gilt auch, wenn zwar ordnungsgemäß geladen worden ist, das Gericht aber zu einem anderen als dem in der Ladung bestimmten Zeitpunkt die Verhandlung in Abwesenheit des Beteiligten durchführt (BVerwGE 66, 311 (312)).

420

Wird der Termin aufgehoben und erscheint der Prozessbevollmächtigte daher nicht, führt das Gericht aber ungeachtet der Aufhebung die mündliche Verhandlung durch, so ist der zu diesem Termin anwesende Beteiligte nicht nach den Vorschriften des Gesetzes vertreten (BVerwG, NJW 1991, 583). Neben dem Verfahrensmangel nach § 138 Nr. 4 VwGO kommt in derartigen Fällen auch regelmäßig die Gehörsrüge in Betracht (Rdn. 1079 ff.). Denn generell gilt, dass der Verfahrensfehler der mangelnden Vertretung eines Beteiligten im gerichtlichen Verfahren sehr weit auszulegen ist, sodass im praktischen Ergebnis die Grenzen zu einer Verletzung des Anspruchs auf rechtliches Gehör fließend werden (OVG NW, AuAS 1997, 106 (107); ähnl. Berlit, in: GK-AsylVfG, § 78 Rdn. 439; a. A. Hess. VGH, NJW 1984, 378 (379)).

421

422 Der Beteiligte ist ordnungsgemäß vertreten, wenn das Verwaltungsgericht nur an einen von mehreren Prozessbevollmächtigten die Ladung zur mündlichen Verhandlung zustellt, es sei denn, es wird vorher mit hinreichender Klarheit die den früheren Prozessbevollmächtigten erteilte Vollmacht widerrufen, sodass sie erloschen ist (VGH BW, AuAS 1995, 126). Die an die früheren Bevollmächtigten erteilte Vollmacht bleibt jedoch für das Gericht maßgeblich, solange ihm nicht das Erlöschen angezeigt wird. Bis zu diesem Zeitpunkt ist es nach § 173 VwGO in Verb. mit § 84 ZPO befugt, lediglich an einen von mehreren Prozessbevollmächtigten zuzustellen (VGH BW, AuAS 1995, 126).

423 Eine Ladung, die dem Prozessbevollmächtigten ordnungsgemäß zugestellt worden ist, verliert ihre Wirkung für und gegen den Beteiligten nicht dadurch, dass dem Verwaltungsgericht nach Zustellung das Erlöschen der Vollmacht angezeigt wird (BVerwG, NJW 1983, 2155; s. auch VGH BW, NJW 2004, 2916). Ist der Kontakt zwischen dem Beteiligten und seinem Prozessbevollmächtigten unterbrochen, so ist ungeachtet der Mandatsniederlegung an diesen zuzustellen (BVerwG, InfAuslR 1984, 90; BVerwG, NVwZ 1985, 337; § 74 Rdn. 191 ff.). Das gilt auch für Ladungen zur mündlichen Verhandlung. In der Praxis beenden die Verwaltungsgerichte das Verfahren in derartigen prozessualen Situationen jedoch regelmäßig mit der Betreibensaufforderung nach § 81.

424 Unterlässt das Gericht die Ladung an den Prozessbevollmächtigten, der ordnungsgemäß seine Vertretung angezeigt hat, ist die Vertretungsrüge stets begründet (BFH, NVwZ-RR 2005, 72). Dies gilt auch, wenn das Gericht zwar den Beteiligten selbst, nicht jedoch den Prozessbevollmächtigten geladen hat. Die unterlassene Ladung des Bevollmächtigten führt stets zu einem Verfahrensfehler, wenn der Bevollmächtigte bereits zum Zeitpunkt der Ladung bestellt ist (BFH, NVwZ-RR 2005, 72). Anders als bei der Gehörsrüge kann bei der Vertretungsrüge dem Beteiligten in einem derartigen Fall nicht vorgehalten werden, er habe nicht die ihm zumutbaren prozessualen und verfügbaren Möglichkeiten ausgeschöpft, um den Verfahrensfehler aufzuheben (a. A. Schenk, in: Hailbronner, AuslR, § 78 AsylVfG Rdn. 120; Berlit, in: GK-AsylVfG, § 78 Rdn. 458).

425 Rügt der Beteiligte im Rechtsmittelverfahren, sein in der Vorinstanz beauftragter Rechtsberater habe die Vertretung unter Verletzung des Rechtsberatungsgesetz übernommen, begründet dies keinen Verfahrensverstoß (OVG NW, AuAS 1997, 106 (107)). Ein Verstoß gegen das diesem Gesetz zu entnehmende Verbot führt zwar zur Nichtigkeit eines zwischen Rechtsberater und Mandanten bestehenden Geschäftsbesorgnisvertrages, lässt die Wirksamkeit einer dem Berater erteilten Vollmacht jedoch ebenso unberührt wie diejenige der von ihm vorgenommenen Prozesshandlungen und wird prozessual erst dadurch bedeutsam, dass das Gericht den Berater durch konstitutiv wirkenden Beschluss zurückweist (OVG NW, AuAS 1997, 106 (107)).

426 Zwar kann für den Fall, dass das Verwaltungsgericht erkennen musste, dass der Prozessbevollmächtigte aus diesem Grund zurückzuweisen war, die Gehörsverletzung gerügt werden. Die Rechtsprechung bürdet das Risiko für die Wahl eines Bevollmächtigten, der möglicherweise nicht bereit und fähig ist, seine Interessen zureichend zu vertreten, jedoch dem Beteiligten auf (OVG NW, AuAS 1997, 106 (107 f.)).

Rechtsmittel § 78

3.4.7.3. Fehlende Prozessfähigkeit eines Beteiligten
Ein Beteiligter, dem die erforderliche *Prozessfähigkeit* fehlt, ist im Prozess nicht nach Vorschrift des Gesetzes vertreten (BVerwGE 48, 201 (204)). Die entsprechenden Grenzen dürfen nicht zu eng gezogen werden (BGH, NJW 1982, 2449 (2451)). Die Prozessfähigkeit eines Beteiligten im Verwaltungsprozess (§ 62 VwGO) hängt von seiner Geschäftsfähigkeit (§ 104 BGB) ab. Sie entfällt nach § 104 Nr. 2 BGB, wenn er sich in einem nicht nur vorübergehenden, die freie Willensbestimmung ausschließenden Zustand krankhafter Störung der Geistestätigkeit befindet.

427

Die Fähigkeit zur eigenverantwortlichen Äußerung fehlt einem Beteiligten also regelmäßig dann, wenn er aufgrund seines Geisteszustandes prozessunfähig ist. Ihm kann in einem solchen Fall rechtliches Gehör wirksam allein durch Anhörung seines gesetzlichen Vertreters gewährt werden (BGH, NJW 1982, 2449 (2451)). Nur wenn das Verfahren gerade die Anerkennung der Geschäfts- und Prozessfähigkeit oder sonstige aufgrund des Geisteszustandes zu treffende Maßnahmen betrifft, kann die persönliche Anhörung des Betroffenen zur Wahrung seiner Rechts erforderlich und ausreichend sein (BGH, NJW 1982, 2449 (2451); BVerwGE 23, 15 (16)).

428

Das Verwaltungsgericht hat die Prozessunfähigkeit – wozu auch die vorübergehende Verhandlungsunfähigkeit gehören kann – *von Amts wegen* zu prüfen (BVerwGE 48, 201 (204)). Auch wegen Übermüdung kann Verhandlungsunfähigkeit eintreten (BGH, NJW1959, 899). Stellt das Gericht die Prozessfähigkeit eines Beteiligten fest, wird es für die Behebung des Mangels der gesetzlichen Vertretung zu sorgen haben. Überwindet das Gericht seine Zweifel an der Prozessfähigkeit eines Beteiligten, so kann es auch ohne Bestellung eines gesetzlichen Vertreters verhandeln und entscheiden (BVerwGE 23, 15 (17f.)). Es kann aber in derartigen Fällen eine Verletzung des Anspruchs auf rechtliches Gehör in Betracht kommen, da die Beteiligung allein des Prozessunfähigen zur Wahrung des rechtlichen Gehörs nicht ausreicht (BGH, NJW 1982, 2449 (2451)).

429

3.4.8. Öffentlichkeitsrüge (§ 138 Nr. 5 VwGO)

3.4.8.1. Zweck der Öffentlichkeitsrüge
Der fehlerhafte Ausschluss der Öffentlichkeit im Verwaltungsprozess eröffnet nach Abs. 3 Nr. 3 in Verb. mit § 138 Nr. 5 VwGO stets die Berufungsinstanz. Erheblich sind alle Verstöße gegen § 55 VwGO in Verb. mit §§ 169, 171a bis 175 GVG. Die Bestimmungen über das Öffentlichkeitsprinzip gehören zu den grundlegenden Einrichtungen des Rechtsstaates. Sie sollen gewährleisten, dass sich die Rechtsprechung in aller Öffentlichkeit und nicht hinter verschlossenen Türen abspielt (BGH, NJW 1966, 1570 (1571)).

430

Der Öffentlichkeitsgrundsatz verlangt, dass jedermann ohne Ansehung seiner Zugehörigkeit zu bestimmten Gruppen der Bevölkerung und ohne Ansehung bestimmter persönlicher Eigenschaften die Möglichkeit hat, an den Verhandlungen der Gerichte als Zuhörer teilzunehmen (BGH, NJW 1979, 2622). Die Öffentlichkeit beinhaltet das Zuhören und Zusehen der Verhandlung aus der Distanz der nicht am Verfahren Beteiligten. Hingegen sind die

431

am Verfahren Beteiligten gerade nicht Teil der Öffentlichkeit (VGH BW, AuAS 1999, 83 (84) = NVwZ-Beil. 1999, 87).

432 Die Öffentlichkeitsrüge setzt aber voraus, dass tatsächlich eine mündliche Verhandlung durchgeführt worden ist (BVerwG, NVwZ-RR 1989, 1168 (1169)). Darüber hinaus gilt der Öffentlichkeitsgrundsatz nicht für die Beweisaufnahme im vorbereitenden Verfahren (vgl. § 96 II VwGO in Verb. mit § 357 ZPO) sowie für den Erörterungstermin (§ 87 I Nr. 1 VwGO).

3.4.8.2. Prozessuale Voraussetzungen der Öffentlichkeitsrüge

433 Soweit nicht ausdrücklich gesetzlich angeordnete Ausnahmen (§§ 172 und 175 GVG) vorliegen, liegt ein Verstoß gegen den Grundsatz der Öffentlichkeit der Verhandlung nach § 169 GVG vor, wenn die Öffentlichkeit *objektiv* von der mündlichen Verhandlung ausgeschlossen war. Auf ein gerichtliches Verschulden kommt es nach der obergerichtlichen Rechtsprechung daher nicht an (Hess.VGH, AuAS 1994, 168; a. A. BGH, NJW 1966, 1570 (1571)). Die Gegenmeinung weist darauf hin, dass das Öffentlichkeitsprinzip seine Grenze in der *tatsächlichen Unmöglichkeit*, ihm zu entsprechen, finde. So könne nach der Rechtsprechung des RG von einer gesetzeswidrigen Beschränkung der Öffentlichkeit regelmäßig keine Rede sein, wenn die Türen des Sitzungssaales wegen Überfüllung geschlossen würden oder das Gericht einen Augenschein wegen der Enge der zu besichtigenden Örtlichkeit nur ohne Behinderung durch Zuschauer ordnungsgemäß durchführen könne (BGH, NJW 1966, 1570 (1571); BGH, NJW 1979, 2622).

434 Dem entspreche, dass Umstände, die außerhalb des Einflussbereichs oder der Einwirkungsmöglichkeiten des Gerichts lägen, aber im Interesse des gesicherten Ablaufs der Verhandlung und einer sachgerechten Aufklärung notwendigerweise in Kauf genommen werden müssten, die strikte Durchführung des Öffentlichkeitsprinzips beeinträchtigen könnten. Solchen Umständen stünden aber tatsächliche Hindernisse zumindest dann gleich, wenn das Gericht sie trotz aufmerksamer Beachtung der Vorschriften über die Öffentlichkeit des Verfahrens nicht habe bemerken können (BGH, NJW 1966, 1570 (1571); BGH, NJW 1979, 2622). Ebenso wesentlich wie die Kontrolle durch die Allgemeinheit ist der ungestörte Ablauf der Verhandlung. Das rechtfertigt *Kontrollmaßnahmen* und die Zurückweisung von Personen, die den danach gestellten sachbezogenen Anforderungen an den Eintritt in den Sitzungssaal nicht entsprechen (BGH, NJW 1981, 61).

435 Wird die Verhandlung nach einer Unterbrechung fortgesetzt, ist das Öffentlichkeitsprinzip dann nicht als verletzt anzusehen, wenn der Zutritt zum Verhandlungssaal beliebigen Zuhörern offen steht, die zulässig angeordneten Kontrollmaßnahmen aber dazu führen, dass bei Fortsetzung der mündlichen Verhandlung noch nicht alle Interessenten Einlass gefunden haben (BGH, NJW 1981, 61; s. aber BGH, NJW 1979, 2622 (2623)). Auch Raummangel kann im bestimmten Umfang die Einschränkung des Öffentlichkeitsprinzips rechtfertigen (BayObLG, NJW 1982, 395 (396), mit zahlreichen Beispielen aus der Rechtsprechung).

436 Derartige sachliche Notwendigkeiten dürfen jedoch nicht zur *faktischen Ausschließung der Öffentlichkeit* führen (BayObLG, NJW 1982, 395 (396)). Dies kann

dann zu einer begründeten Öffentlichkeitsrüge führen, wenn etwa im Asylprozess die mündliche Verhandlung im Dienstzimmer des Richters durchgeführt wird, obwohl für das Gericht erkennbar Zuhörer teilnehmen wollten und aufgrund der räumlichen Enge keinen Eintritt in das Dienstzimmer erlangen konnten (so auch Schenk, in: Hailbronner, AuslR, § 78 AsylVfG Rdn. 125).

Da die Beteiligten und Streitgenossen (§ 64 VwGO) nicht Teil der Öffentlichkeit sind, stellt die gerichtliche Bitte des Gerichts an zwei Streitgenossen, der eine Kläger möge während der formlosen Anhörung des anderen Klägers über seine Asylgründe den Sitzungssaal verlassen, keine Verletzung der Vorschriften über die Öffentlichkeit des Verfahrens dar (VGH BW, AuAS 1999, 83 (84) = NVwZ-Beil. 1999, 87). Insoweit kann aber eine Gehörsrüge in Betracht kommen (VGH BW, AuAS 1999, 83 (84) = NVwZ-Beil. 1999, 87). Zur Bekräftigung der Glaubhaftigkeit der Angaben des jeweils anderen Ehegatten kann aber eine getrennte informatorische Befragung der Eheleute in Betracht kommen, wenn diese zustimmen. In diesem Fall kann wegen Rügeverzicht nicht nachträglich die Gehörsrüge erhoben werden. 437

3.4.8.3. Anforderungen an die Öffentlichkeitsrüge

Die Öffentlichkeitsrüge erfordert keine substanziierten Ausführungen dazu, was im Falle der Wahrung des Öffentlichkeitsprinzips über das bisherige Vorbringen hinaus noch vorgetragen worden wäre (Hess.VGH, AuAS 1996, 22 (24)). Auf ein Beruhen der angefochtenen Entscheidung auf dem Verfahrensmangel kommt es nicht an. Verzichten die Beteiligten nach § 101 II VwGO auf mündliche Verhandlung, so verlieren sie damit allerdings ihr Rügerecht nach § 138 Nr. 5 VwGO (BVerwG, MDR 1978, 600). 438

3.4.9. Begründungsrüge (§ 138 Nr. 6 VwGO)

3.4.9.1. Zweck der Begründungsrüge

Nach § 138 Nr. 6 VwGO leidet das angefochtene Urteil des Verwaltungsgerichts an einem absoluten Verfahrensmangel, wenn es nicht mit Gründen versehen ist. Die *Funktion der Entscheidungsgründe* ist es, deutlich zu machen sowie sicherzustellen, dass das Verwaltungsgericht *alle wesentlichen Gesichtspunkte*, insbesondere das Sachvorbringen der Beteiligten im Rahmen des ihnen zukommenden rechtlichen Gehörs, berücksichtigt und sich hiermit in der gebotenen Weise auseinandergesetzt hat und dass ferner den Beteiligten die Einschätzung der Erfolgsaussichten eines Rechtsmittels und dem Rechtsmittelgericht oder dem Verfassungsgericht die Nachprüfung der Entscheidung ermöglicht wird (BVerwG, NVwZ 1989, 249). 439

Zweck der Regelung, dass das Urteil als notwendigen Inhalt die Entscheidungsgründe (§ 117 II N. 5 VwGO) umfasst, in denen schriftlich niederzulegen ist, was für die richterliche Überzeugungsbildung leitend gewesen ist (§ 108 I 2 VwGO), ist einerseits, die Beteiligten über die dem Urteil zugrunde liegenden tatsächlichen und rechtlichen Erwägungen zu unterrichten, und andererseits, die Nachprüfung der Entscheidung auf ihre inhaltliche Richtigkeit in prozessrechtlicher und materiellrechtlicher Hinsicht zu ermöglichen (OVG NW, B. v. 6.4.2000 – 21 A 4892/99.A). 440

441 Das Fehlen der Begründung einer gerichtlichen Entscheidung und eines anderen Hinweises auf den maßgeblichen rechtlichen Gesichtspunkt kann darüber hinaus dazu führen, dass ein Verfassungsverstoß nicht auszuschließen und die Entscheidung auf Beschwerde nach Erschöpfung des Rechtswegs deshalb aufzuheben ist (BVerfG (Kammer), AuAS 1993, 116; BVerfG (Kammer), NJW 1994, 719; zur Verfassungsbeschwerde gegen die Nichtabsetzung des Urteils s. BVerfG (Kammer), NJW 1994, 719 = NVwZ 1994, 473 (nur LS); BVerfG (Kammer), NVwZ-Beil. 1999, 10 (11); BayVerfGH, NJW 1994, 719 = NVwZ 1994, 479 (nur LS)).

3.4.9.2. Prozessuale Voraussetzungen der Begründungsrüge

3.4.9.2.1. Mangel der Darlegung der entscheidungserheblichen Urteilsgründe

442 Eine Entscheidung ist nach § 138 Nr. 6 VwGO dann »nicht mit Gründen versehen«, wenn sie überhaupt keine oder nur gänzlich ungenügende Gründe enthält (Hess.VGH, AuAS 1998, 104 (105) = NVwZ-RR 1998, 466 (LS)), wenn zwar Gründe angegeben werden, diese aber unverständlich, verworren oder verstümmelt oder in wesentlichen Punkten widersprüchlich sind oder sich auf formelhafte allgemeine Ausführungen beschränken oder wenn auf einzelne Ansprüche im Sinne der §§ 145, 322 ZPO überhaupt nicht eingegangen wird, die Entscheidung mithin rational nicht nachvollziehbar ist, die Entscheidungsgründe sachlich inhaltslos oder aus sonstigen Gründen derart unbrauchbar sind, dass die angeführten Gründe unter keinem denkbaren Gesichtspunkt geeignet sind, den Urteilstenor zu tragen (OVG NW, NVwZ-Beil. 1998, 33; OVG NW, B. v. 6.4.2000 – 21 A 4892/99.A; OVG Sachsen, AuAS 2004, 210 (211); Schenk, in: Hailbronner, AuslR, § 78 AsylVfG Rdn. 126).

443 An einer mit Gründen versehenen Entscheidung fehlt es nicht nur dann, wenn überhaupt keine Begründung gegeben wird, sondern auch dann, wenn das Gericht bei der Begründung seines Urteils einen selbständigen Anspruch oder ein selbständiges Angriffs- oder Verteidigungsmittel mit Stillschweigen übergangen hat (BFH, NVwZ-RR 2002, 158 (159)). Dies kann jedoch nur angenommen werden, wenn die Gründe in sich gänzlich lückenhaft sind, namentlich weil einzelne Streitgegenstände oder Streitgegenstandsteile vollständig übergangen sind, aber nicht bereits dann, wenn lediglich einzelne Tatumstände oder Anspruchselemente unerwähnt geblieben sind oder wenn sich eine hinreichende Begründung aus dem Gesamtzusammenhang der Entscheidungsgründe erschließen lässt (OVG Sachsen, AuAS 2004, 210 (211 f.)).

444 Darüber hinaus ist ein Urteil, das keine Beweiswürdigung oder Aussage darüber enthält, welche Tatsachen das Gericht als erwiesen betrachtet und warum, oder keine Angaben darüber macht, auf welche Rechtsnorm die Entscheidung gestützt ist, ebenfalls »nicht mit Gründen versehen« (BGH, NJW 1988, 3077).

445 Hingegen stellt eine nur lediglich unklare, im Blick auf einzelne Anspruchselemente unvollständige, oberflächliche oder unrichtige Entscheidungsbegrün-

dung noch keinen Begründungsmangel dar (OVG NW, B. v. 6. 4. 2000 – 21 A 4892/99.A), sofern sie inhaltlich noch auf den konkreten Rechtsstreit bezogen sind. Für die Beurteilung, ob ein derartiger Mangel vorliegt, kommt es entscheidend darauf an, ob erkennbar ist, welche Gründe für die Entscheidung maßgebend gewesen sind. Ob diese auch inhaltlich zutreffen oder rechtsfehlerhaft beurteilt worden sind, ist unter dem rechtlichen Gesichtspunkt des § 138 Nr. 6 VwGO ebenso wenig erheblich (BGH, MDR 1978, 574) wie die Frage, ob der Rechtsmittelführer die gerichtliche Auffassung im angefochtenen Urteil für unzutreffend hält (OVG SH, B. v. 2. 10. 1996 – 4 L 101/96).

Die Begründungspflicht gebietet nicht in jedem Falle eine umfassende und ins Einzelne gehende Darstellung der Erwägungen, aufgrund deren das Verwaltungsgericht der Klage des Asylsuchenden stattgegeben hat. Hierzu besteht nur dann Veranlassung, wenn im Behördenbescheid oder durch den Rechtsmittelführer Bedenken gegen die Glaubhaftigkeit des Asylvorbringens vorgebracht oder die rechtlichen Entscheidungsvoraussetzungen substanziiert in Abrede gestellt werden (Hess.VGH, NVwZ-Beil. 1999, 43 = AuAS 1999, 130; ähnlich OVG Hamburg, InfAuslR 2000, 37). 446

Für die Beurteilung, ob das Urteil nicht mit Gründen versehen ist, ist das gesamte Urteil einschließlich Tatbestand und Entscheidungsgründe zugrunde zu legen. § 117 II Nr. 4 VwGO verlangt zwar eine inhaltliche, nicht aber zwingend auch eine äußere Trennung des Tatbestands von den Entscheidungsgründen. Die revisionsrechtliche Bindung des Tatbestandes tritt folglich auch dann ein, wenn die tatsächlichen Feststellungen nicht im Tatbestand, sondern in den Entscheidungsgründen des Urteils enthalten sind (BVerwG, InfAuslR 1985, 51). 447

Es ist unbedenklich, wenn auf eine zwischen den selben Beteiligten ergangene Entscheidung, die sich im Wesentlichen mit demselben Streitstoff befasst, auf diese zur Abkürzung der Entscheidungsgründe verwiesen wird (Schenk, in: Hailbronner, AuslR, § 78 AsylVfG Rdn. 129). Das richterliche Selbstverständnis steht nach den bisherigen Erfahrungen der Praxis indes einer extensiven Ausschöpfung der sich aus § 77 II ergebenden Möglichkeiten entgegen. 448

3.4.9.2.2. Bezugnahme auf die behördliche oder auf andere gerichtliche Entscheidungen

Die für die gerichtliche Überzeugung leitend gewesenen Gründe können auch durch eine in den Entscheidungsgründen ausgesprochene Bezugnahme auf tatsächliche Feststellungen und rechtliche Erwägungen in einer – genau bezeichneten – anderen Entscheidung angegeben werden, sofern sich für Beteiligte und Rechtsmittelgericht aus einer Zusammenschau der Ausführungen in dem Bezug nehmenden und in dem in Bezug genommenen Urteil die für die richterliche Überzeugung leitend gewesenen Gründe mit hinreichender Klarheit ergeben (BVerwG, NVwZ 1989, 249; OVG NW, NVwZ-Beil. 1998, 33; Berlit, in: GK-AsylVfG, § 78 Rdn. 484 ff.; kritisch hierzu Schenk, in: Hailbronner, AuslR, § 78 AsylVfG Rdn. 130). 449

Im Blick auf die Begründungserleichterung des § 77 II ist festzuhalten, dass damit nicht geringere Anforderungen an die gerichtliche Auseinanderset- 450 zung mit entscheidungserheblichen Vorbringen des Beteiligten, d. h. mit den selbständigen Angriffs- und Verteidigungsmitteln gestellt werden. Die Verweisung auf die Begründung des Behördenbescheids ist daher nur dann ausreichend, wenn das Gericht in den Entscheidungsgründen ausdrücklich feststellt, dass es der Behördenentscheidung folgt und wenn die in Bezug genommene Verwaltungsentscheidung Ausführungen zu allen entscheidungserheblichen Angriffs- und Verteidigungsmitteln enthält (vgl. BFH, NVwZ-RR 2002, 158 (159), zur identischen Vorschrift des 105 V FGO).

451 Die Ausführungen in den Entscheidungsgründen dürfen andererseits nicht isoliert, sondern müssen im Gesamtzusammenhang der Entscheidungsgründe und in Verbindung mit den Erörterungen im vorangegangenen Verfahren betrachtet werden (BGH, MDR 1978, 574). Die Verpflichtung zur gedrängten Wiedergabe des wesentlichen Inhalts des Tatbestandes lässt eine Zusammenfassung des Sach- und Streitstandes zu, soweit darunter die Verständlichkeit nicht leidet und vor allem die *Beweisfunktion* (s. hierzu BVerwG, DÖV 1985, 580) des Tatbestandes nicht berührt wird (§ 173 VwGO in Verb. mit § 314 ZPO).

3.4.9.2.3. Verwendung von Textbausteinen

452 Allgemein anerkannt ist, dass für die Abfassung des Urteils auch Textbausteine verwendet werden dürfen (Hess.VGH, NJW 1984, 2429; Höllein, ZAR 1989, 109 (114); Berlit, in: GK-AsylVfG, § 78 Rdn. 489). Die Verwendung von Begründungsvordrucken wird ebenso wie die formularmäßige Wiedergabe stereotyper Wendungen in der Begründung in Form von Textbausteinen und vollständiger Übernahme von Entscheidungsgründen eines anderen Urteils als unbedenklich angesehen, weil vernünftige Gründe dafür sprächen, allgemeine rechtliche Ausführungen, die für eine Vielzahl in etwa identischer Fälle die gleichen seien, auch in wörtlich übereinstimmender Weise abzuhandeln (Höllein, ZAR 1989, 109 (114)).

453 Kommt es jedoch aufgrund einer fehlerhaften Kombinierung von Textbausteinen zu unverständlichen, verworrenen oder verstümmelten Entscheidungsgründen, ist die Entscheidung »nicht mit Gründen versehen« (Schenk, in: Hailbronner, AuslR, § 78 AsylVfG Rdn. 126). Auf keinen Fall ist es darüber hinaus zulässig, in einem verwaltungsgerichtlichen Urteil durch *Schlüsselzeichen* oder *Kennzahlen* auf außerhalb des schriftlichen Urteils befindliche Textbausteine zu verweisen und damit den Inhalt des in Klarschrift formulierten Urteils zu ergänzen oder zu verändern. Dies gilt für die Urschrift einer Entscheidung wie für deren Abschrift. Denn maßgebend ist allein, dass die Schriftform des in deutscher Sprache abzufassenden Urteils nur gewahrt ist, wenn der gesamte Inhalt des Urteils aus der Urkunde selbst entnommen werden kann und der Leser nicht darauf angewiesen ist, dessen Text um einen andernorts gespeicherten Urteilsinhalt teilweise oder in vollem Umfang zu korrigieren (Hess.VGH, NJW 1984, 2429).

3.4.9.2.4. Mehrere verbundene Verfahren

454 Grundsätzlich ist bei der prozessual zulässigen Verbindung mehrerer Verfahren die Abfassung einer einzigen Urteilsbegründung zulässig. Verbindet das

Rechtsmittel § 78

Gericht neunzehn verschiedene Verfahren, genügt das Urteil noch den gesetzlichen Anforderungen, wenn sich das Gericht zwar nicht mit jedem einzelnen Vorbringen der Beteiligten in den Entscheidungsgründen ausdrücklich auseinandersetzt, jedoch in dem Urteil die Gründe angegeben werden, die für die richterliche Überzeugung leitend gewesen sind (BVerwG, InfAuslR 1984, 326).

Nach dem BVerwG dürfen in derartigen Fällen die Entscheidungsgründe nicht isoliert, sondern müssen in Verbindung mit den Erörterungen in dem vorangegangenen Verfahren betrachtet werden. Insoweit ist auch auf die Verhandlungsniederschrift zurückzugreifen (BVerwG, InfAuslR 1984, 326). Der für die Entscheidung maßgebliche Verhandlungsstoff ergibt sich jedoch allein aus dem Urteilstatbestand und nicht aus der Verhandlungsniederschrift (BVerwG, InfAuslR 1985, 81). 455

3.4.9.2.5. Kein Erfordernis der Unterschriftsleistung bei Spruchkörpern

Zwar ist die der *Unterschriftsleistung* vorangehende Entscheidung von allen Richtern zu treffen. Nicht von der Beteiligung an der Entscheidung, aber von der nachfolgenden Unterschriftsleistung kann bei Verhinderung eines Richters abgesehen werden (BVerwGE 75, 337 (340) = NJW 1987, 2247). § 117 I 3 VwGO greift nur dann, aber auch bereits dann ein, wenn ein Richter nach Fällung des Urteils, also nach Beschlussfassung über die Urteilsformel verhindert ist, das später abgefasste Urteil zu unterzeichnen (BVerwGE 75, 337 (340f.)). Diese Bestimmung verlangt neben der Fällung des Urteils nicht zusätzlich, dass das Urteil nach außen bereits wirksam erlassen worden ist (BVerwGE 75, 337 (340f.)). 456

Ein Richter ist nach seinem Ausscheiden aus dem Gericht und Rückkehr zu dem Gericht, von dem er abgeordnet worden war, ebenso wie nach Eintritt in den Ruhestand verhindert, einem noch unter seiner Mitwirkung gefällten Urteil seine Unterschrift beizufügen (BVerwG, NJW 1991, 1192 = NVwZ 1991, 567 (nur LS)). 457

Es ist unzulässig, wenn die mitwirkenden Richter statt der den vollen Text der Entscheidung enthaltenden Urschrift lediglich einen Schreibauftrag unterzeichnen, in dem die Beteiligten nicht genau bezeichnet sind (Höllein, ZAR 1989, 109 (114)). 458

3.4.9.2.6. Verspätet abgesetztes Urteil

Ein verkündetes Urteil ist dann nicht mit Gründen versehen, wenn es erst *fünf Monate später unterzeichnet*, vollständig abgefasst und den Beteiligten zugestellt wird (GMOSB, in: BVerwGE 92, 367 (371) = NJW 1993, 2603; ebenso BVerwG, NJW 1994, 273 = NVwZ 1994, 264 (LS); BVerwG, NVwZ 1999, 1334; BVerwG, NVwZ-RR 2001, 798 (799); BVerwG, NVwZ-RR 2003, 460 (461); ausdrücklich für den Asylprozess Hess.VGH, EZAR 633 Nr. 19; OVG Sachsen, AuAS 2004, 210; Höllein, ZAR 1989, 109 (114); Schenk, in: Hailbronner, AuslR, § 78 AsylVfG Rdn. 127; s. aber Hess.VGH, EZAR 633 Nr. 40 = AuAS 2002, 12 (LS), eine Verfahrensdauer von sechs Jahren rechtfertigt als solche nicht die Berufungszulassung). Dem gänzlichen Fehlen von Gründen sind damit auch Gründe gleich zu achten, die entgegen § 117 IV VwGO so spät 459 abgefasst werden, dass nicht mehr gewährleistet ist, dass die angegebenen Gründe richtig, vollständig und zuverlässig die für die Entscheidung im Sinne von § 108 I 2 VwGO maßgeblichen Gründe wiedergeben (GMSOB, in: BVerwGE 92, 367 (371)).

460 Die Begründungsrüge kann aber auch bei einem Unterschreiten der Fünfmonatsfrist begründet sein, wenn außer dem bloßen Zeitablauf zwischen dem Schluss der mündlichen Verhandlung und der Übergabe der Entscheidung an die Geschäftsstelle konkrete Umstände darauf hindeuten, dass nicht die Gründe vollständig und zuverlässig wiedergegeben werden, die für die Entscheidung maßgeblich waren (OVG Sachsen, AuAS 2004, 210).

461 Entsprechendes gilt, wenn ein Urteil, das nach § 116 II VwGO zugestellt wird (s. hierzu BVerwGE 106, 366; BFH, NVwZ-RR 1996, 360; VGH BW, NVwZ-RR 2000, 125), nicht binnen fünf Monate nach Abschluss der mündlichen Verhandlung beschlossen bzw. analog § 117 IV VwGO schriftlich niedergelegt, besonders unterschrieben und der Geschäftsstelle übergeben worden ist (Thür.OVG, AuAS 1999, 270 (271);Kopp/Schenke, VwGO, § 138 Rdn. 27). Auch vor Ablauf dieser Frist kann ein Verfahrensmangel durchgreifen, wenn besondere Umstände die bestehenden Zweifel verdichten, dass der Zusammenhang zwischen der mündlichen Verhandlung und den schriftlichen Entscheidungsgründen nicht mehr als gegeben anerkannt werden kann Thür. OVG, AuAS 1999, 270 (271)). Im Rahmen der richterlichen Verpflichtung zur alsbaldigen vollständigen Abfassung und Übergabe des Urteils an die Geschäftsstelle (§ 117 IV VwGO) ist grundsätzlich an die zeitliche Grenze von fünf Monaten nach §§ 516, 552 ZPO a. F. anzuknüpfen (Hess.VGH, EZAR 633 Nr. 19).

462 Unabhängig davon ist das Urteil nach einem derartigen Zeitraum jedenfalls dann nicht als mit Gründen versehen zu behandeln, wenn es um schwierige tatsächliche und rechtliche Fragen geht und ein Einzelrichter das Urteil abgefasst hat, der sich zur Auffrischung seines Erinnerungsvermögens nicht der Unterstützung anderer Mitglieder der Kammer bedienen kann (Hess.VGH, EZAR 633 Nr. 19). Angesichts der Überschreitung der Frist von fünf Monaten bedarf es in einem derartigen Fall insoweit auch keiner Aufklärung der Verzögerungsgründe, etwa durch Einholung einer dienstlichen Erklärung des Einzelrichters, des Kammervorsitzenden und des Gerichtspräsidenten (Hess. VGH, EZAR 633 Nr. 19).

463 Beschließt das Gericht die Verkündung durch Zustellung und übergibt es binnen zwei Wochen nach der mündlichen Verhandlung den Urteilstenor der Geschäftsstelle zur Zustellung (vgl. § 116 II in Verb. mit § 117 IV 2 VwGO) so handelt es sich auch dann um eine förmliche Zustellung, wenn das Gericht durch diese Verfahrensweise lediglich die Beteiligten vorab informieren und später zusammen mit den Entscheidungsgründen das vollständig abgefasste Urteil zustellen wollte (Hess.VGH, NVwZ-RR 2001, 542). In diesem Fall ist die Berufung zuzulassen, weil das Urteil nicht mit Gründen versehen ist (Hess.VGH, NVwZ-RR 2001, 542 (543)). Wird nach § 116 II VwGO zugestellt, ist von einem im Hinblick auf die Verkündung vergleichbaren Wirksamwerden gegenüber *allen* Beteiligten mit der ersten Zustellung an *einen Beteiligten* auszugehen (OVG NW, AuAS 2000, 213 (214f.)).

3.4.9.3. Anforderungen an die Begründungsrüge

Ist die Frist nach § 117 IV VwGO überschritten, bedarf es keiner weiteren Darlegung. Beim Unterschreiten der Frist müssen in dem Zulassungsantrag die Tatsachen angegeben werden, aus denen sich der behauptete Verfahrensfehler ergibt. Soweit es sich dabei um gerichtsinterne Vorgänge handelt, müssen diese entweder im Einzelnen aufgezeigt werden oder es muss in der Antragsbegründung dargelegt werden, dass sich der Antragsteller vergeblich um die Aufklärung der entsprechenden Tatsachen bemüht hat (OVG Sachsen, AuAS 2004, 210 (211)).

464

Mit der Rüge, das angefochtene Urteil sei *widersprüchlich* und deshalb im Sinne des § 138 Nr. 6 VwGO nicht mit Gründen versehen, kann die Begründungsrüge nicht mit Erfolg erhoben werden, wenn sie sich nur auf einen von mehreren das Urteil selbständig tragenden Gründen bezieht (BVerwG, NVwZ 1994, 264). Hat der Beteiligte ausweislich des Protokolls der mündlichen Verhandlung ausdrücklich gemäß § 77 II 2. HS auf die Darstellung des Tatbestandes und der Entscheidungsgründe verzichtet, kann er diesen Umstand nicht mehr im Zulassungsverfahren geltend machen (OVG Hamburg, AuAS 1993, 260).

465

Beim Verzicht nach § 77 II 2. HS handelt es sich um eine *Prozesserklärung*, welche den allgemeinen für derartige Erklärungen geltenden Regelungen unterliegt (OVG Hamburg, AuAS 1993, 260, s. § 74 Rdn. 228 ff.). Die Wirksamkeit dieser Prozesserklärung ist nicht davon abhängig, dass auch die übrigen Beteiligten einen Verzicht aussprechen. Es kann dahinstehen, ob der Verlust des Rügerechts durch diese Prozesserklärung bereits aufgrund von § 173 VwGO in Verb. mit §§ 295 I und 531 ZPO eintritt. Jedenfalls verstößt es gegen Treu und Glauben, wenn der Beteiligte, der eine Verzichtserklärung nach § 77 II 2. HS in der mündlichen Verhandlung abgegeben hat, nunmehr die Berufungszulassung nach § 138 Nr. 6 VwGO geltend machen will.

466

3.5. Zulassungsverfahren (Abs. 4 und 5)

3.5.1. Unzulässigkeit der Sprungrevision (Abs. 2 Satz 2)

Nach Abs. 2 S. 2 ist die *Sprungrevision* (§ 134 VwGO) nicht zulässig. Das BVerwG hatte zwar unter der Geltung des § 32 AsylVfG 1982 die Sprungrevision für zulässig angesehen. Es hatte jedoch dabei ausdrücklich an die Befugnis des Verwaltungsgerichtes, die Berufung von einer besonderen Zulassung abhängig zu machen, angeknüpft. Für solche berufungseinschränkende Vorschriften sei in der Rechtsprechung des BVerwG stets angenommen worden, dass sie daneben *aus sich selbst heraus* keine Einschränkung in Bezug auf den Zugang zur Revisionsinstanz enthielten (BVerwGE 69, 295 (296)).

467

Da nunmehr eine derartige Befugnis des Verwaltungsgerichtes als Voraussetzung der Ermöglichung der Sprungrevision nicht mehr besteht, entfällt auch die Möglichkeit dieses Rechtsmittels. Dies ergibt sich auch aus dem eindeutigen Wortlaut von Abs. 2 S. 2. Ebenso wenig wie nach altem Recht kann im Übrigen nach geltender Rechtslage das Berufungsgericht die Sache an

468

das Verwaltungsgericht zurückverweisen (vgl. zum alten Recht Hess.VGH, EZAR 632 Nr. 6, S. 5).

3.5.2. Zulassungsantrag (Abs. 4)
3.5.2.1. Antragstellung (Abs. 4 Satz 1)

469 Der Antrag nach Abs. 4 S. 1 ist binnen zwei Wochen nach Zustellung des Urteils beim Verwaltungsgericht zu stellen (Abs. 4 S. 1 und 2). Durch richterliche Verfügung kann diese Frist nicht verlängert werden (BVerwG, NJW 1990, 1313, für die Nichtzulassungsbeschwerde). Das BVerfG hat ausdrücklich darauf hingewiesen, dass die Rechtsmittel- und Begründungsfrist des § 32 IV 4 AsylVfG 1982 eine nicht disponible Frist ist, sodass die Verwaltungsgerichte keine Fristverlängerungen gewähren dürfen (BVerfG (Kammer), AuAS 7/1992, 12). Die Antragstellung hemmt die Rechtskraft des Urteils (Abs. 4 S. 5). Die Zwei-Wochen-Frist ist nach der obergerichtlichen Rechtsprechung wegen ihrer verfahrensbeschleunigenden Intention verfassungsrechtlich unbedenklich (Nieders.OVG, InfAuslR 1993, 239).

470 Beschließt das Gericht die Verkündung durch Zustellung der Entscheidung und veranlasst es sodann – nachdem der unterschriebene Urteilstenor der Geschäftsstelle übergeben wurde – die förmliche Zustellung des Tenors an die Verfahrensbeteiligten in der äußeren Gestalt eines Urteils, allerdings ohne Tatbestand, Entscheidungsgründe und Rechtsmittelbelehrung, wird dadurch ein wirksames Urteil mit der Folge erlassen, dass der Antrag nach Abs. 4 S. 1 zulässig und wegen Begründungsmangel (§ 138 Nr. 6 VwGO) auch begründet ist (Hess.VGH, AuAS 2001, 116 (118)). Ein Urteil wird bereits durch Verkündung nach § 116 I VwGO rechtsmittelfähig wirksam (OVG NW, NVwZ-RR 2001, 409 (410)).

471 Bei nicht verschuldeter Versäumnis der Frist nach Abs. 4 S. 1 kann *Wiedereinsetzung* beantragt werden (vgl. auch BVerwG, NJW 1992, 2780 = NVwZ 1992, 1088; s. aber BVerwG, NVwZ 1998, 170; OVG NW, NVwZ-RR 2001, 484, für § 146 V 1 VwGO besteht Vertretungszwang (§ 67 I 1 VwGO). Verschulden an der Fristversäumnis trifft jedoch den Rechtsanwalt, der an Stelle des Zulassungsantrags den Antrag auf Berufung stellt (Hess.VGH, NVwZ-RR 2004, 386).

3.5.2.2. Begründungsfrist (Abs. 4 Satz 4)

472 Innerhalb der Antragsfrist sind die Zulassungsgründe darzulegen (Abs. 4 S. 4). Aus der Tatsache, dass Abs. 4 S. 4 im Unterschied zu § 32 IV 4 AsylVfG 1982 nicht mehr ausdrücklich anordnet, dass die Gründe für die Zulassung der Berufung innerhalb der Rechtsmittelfrist darzulegen sind, kann nicht gefolgert werden, dass nach geltendem Recht eine nicht fristgebundene Darlegung des Zulassungsgrundes zugelassen wird. Gegen eine derartige Auffassung sprechen der Gesetzeswortlaut sowie der gesetzliche Beschleunigungszweck (Hess.VGH, EZAR 633 Nr. 20 = NVwZ 1993, 803).

473 Der Begriff Antrag in Abs. 4 S. 1 muss im rechtlichen Sinne verstanden werden. Als solcher ist der Antrag aber von dem zum Zwecke der Antragstellung eingereichten Schriftstück unabhängig mit der Folge, dass der Antrag mit seinem zwingenden Inhalt, nämlich Bezeichnung des angefochtenen Ur-

Rechtsmittel § 78

teils (Abs. 4 S. 3) sowie Darlegung des Zulassungsgrundes (Abs. 4 S. 4), während der Antragsfrist in mehreren Schriftsätzen niedergelegt und bei Gericht eingereicht werden kann (Hess.VGH, EZAR 633 Nr. 20). Daher kann zunächst der Antrag beim Verwaltungsgericht gestellt und dieser anschließend mit einem weiteren oder mehreren weiteren Schriftsätzen begründet werden.
Zwingend ist letztlich, dass innerhalb der Zwei-Wochen-Frist der Antrag nach Abs. 4 S. 1 gestellt, das angefochtene Urteil nach Abs. 4 S. 3 bezeichnet sowie der Zulassungsgrund nach Abs. 4 S. 4 dargelegt wird. Ist der Antrag fristgemäß und rechtswirksam beim Verwaltungsgericht gestellt, können die zur Fristwahrung ergänzenden Begründungen auch unmittelbar beim Berufungsgericht eingereicht werden (Schenk, in: Hailbronner, AuslR, § 78 AsylVfG Rdn. 137; Berlit, in: GK-AsylVfG, § 78 Rdn. 548). Der Zulassungsgrund muss *dem Grunde nach* innerhalb der Frist in einer den gesetzlichen Anforderungen genügenden Weise dargelegt werden. Dadurch wird jedoch *ergänzendes Vorbringen* nicht ausgeschlossen (zum Nachschieben von Revisionszulassungsgründen: BVerwG, NVwZ 1997, 1209). 474

3.5.2.3. Fehlerhafte Rechtsmittelbelehrung

Die Frist beginnt nicht zu laufen, wenn die dem angefochtenen Urteil beigefügte *Rechtsmittelbelehrung unrichtig* ist (BVerwG, NVwZ-RR 2000, 325; Hess.VGH, EZAR 633 Nr. 5; OVG NW, NVwZ-RR 1998, 595; OVG NW, InfAuslR 2005, 123; VG Darmstadt, NVwZ 2000, 591). Dies ist etwa dann der Fall, wenn in der Belehrung ausgeführt ist, dass die Berufung – statt die Zulassung der Berufung – zu beantragen ist. Ebenfalls unrichtig ist der Hinweis, dass die Gründe aus denen die Berufung zuzulassen ist, darzulegen sind (Hess.VGH, EZAR 633 Nr. 5). Denn eine derartige Belehrung enthält keinen Hinweis auf die Frist, innerhalb deren die Zulassungsgründe darzulegen sind (Hess.VGH, EZAR 633 Nr. 5; a. A. Thür.OVG, NVwZ-Beil. 1997, 90 = AuAS 1997, 236). Nach der Gegenmeinung hat der fehlende Hinweis auf die Begründungsfrist nicht zur Folge, dass die Frist nicht zu laufen beginnt. Es ist jedoch anerkannt, dass das Rechtsmittel verfristet ist, wenn der Rechtsmittelführer sich an der unzutreffenden Rechtsmittelbelehrung orientiert und die dort angegebenen Fristen nicht einhält (OVG NW, InfAuslR 2005, 123). 475

Der Hinweis auf den Vertretungszwang nach § 67 I 1 VwGO gehört nicht zu den Erfordernissen, die nach § 58 I VwGO Bestandteil der Rechtsmittelbelehrung sind. Nach der obergerichtlichen Rechtsprechung ist deshalb eine Rechtsmittelbelehrung nicht unrichtig, wenn sie keinen Hinweis auf den vor einem höheren Gericht geltenden Vertretungszwang enthält (BayVGH, NVwZ-RR 2003, 314, mit Hinweis auf BVerwGE 98, 126 = NVwZ 1995, 901). Enthält die Rechtsmittelbelehrung indes einen Hinweis auf den qualifizierten Vertretungszwang, so muss dieser aber vollständig sein und insbesondere darauf aufmerksam machen, dass der Vertretungszwang bereits bei der Einlegung des Zulassungsantrags einsetzt (BayVGH, NVwZ-RR 2002, 794; BayVGH, NVwZ-RR 2003, 314) 476

Entscheidet sich die Behörde zur Angabe der Adresse des Gerichts, so muss diese zur Abwendung des Eintritts der Jahresfrist nach § 58 II VwGO richtig sein (VG Darmstadt, NVwZ 2000, 591). Die obergerichtliche Rechtsprechung 477

§ 78 *Gerichtsverfahren*

lässt jedoch bei offenbarer Unrichtigkeit der Rechtsmittelbelehrung die Ersetzung durch eine zutreffende Belehrung zu (VGH BW, NVwZ-RR 2003, 293 (294)). In diesem Fall beginnt die Rechtsmittelfrist aber erst mit Zustellung der berichtigten Rechtsmittelbelehrung. Gegebenenfalls muss der Rechtsmittelführer seine Rechtsmittel ändern und die Begründung an die veränderte prozessuale Situation anpassen.

478 Der fehlende Hinweis auf Anwaltszwang setzt die Rechtsmittelfrist nicht in Gang. Umstritten ist, ob der fehlende Hinweis auf den *Vertretungszwang* nach § 67 I 1 VwGO zum notwendigen Bestandteil der Rechtsmittelbelehrung gehört. Fehlt es an diesem Hinweis, so beginnt die Rechtsmittelfrist nicht zu laufen (OVG NW, NVwZ-RR 1998, 595; VGH BW, NVwZ-RR 2002, 466; a. A. BayVGH, NVwZ-RR 1998, 594). Das BVerwG hat sich der strengeren Auffassung mit der Maßgabe angeschlossen, dass der Hinweis auf den Anwaltszwang in der Rechtsmittelbelehrung dann unterbleiben kann, wenn das Gericht diesen bei allen Beteiligten als bekannt voraussetzen darf (BVerwG, NVwZ-RR 1998, 783).

3.5.2.4. Anwaltszwang (§ 67 Abs. 1 Satz 1 VwGO)

479 Für das asylrechtliche Antragsverfahren nach Abs. 4 S. 1 besteht gemäß § 67 I 1 VwGO *Anwaltszwang* (Thür.OVG, NVwZ-Beil. 1997, 90; VGH BW, NVwZ 1998, 753; VGH BW, NVwZ-RR 1999, 280; OVG Saarland, NVwZ 1998, 413). Der Beteiligte kann daher selbst rechtswirksam vor dem Oberverwaltungsgericht keine Prozesshandlungen vornehmen, da ihm die *Postulationsfähigkeit (Verhandlungsfähigkeit)* fehlt. Das Anwaltserfordernis gilt bereits für den Antrag nach Abs. 4 S. 1 (§ 67 I 2 VwGO).

480 Diese Regelung, die sich an die für die Verfahren vor dem BVerwG seit langem bestehenden Vorschriften anlehnt, soll der Verfahrensbeschleunigung dienen und ist Konsequenz der Zulassungsberufung im allgemeinen *Verwaltungsprozessrecht*. Damit kann nunmehr auch im Zulassungs- sowie im anschließenden Berufungsverfahren nur noch ein Rechtsanwalt oder Rechtslehrer an einer deutschen Hochschule Prozesshandlungen vornehmen.

481 Stellt der Asylsuchende selbst, also ohne durch einen Rechtsanwalt vertreten zu sein, den Zulassungsantrag, ist dieser nicht rechtswirksam. Damit werden das verwaltungsgerichtliche Urteil unanfechtbar und der angefochtene Verwaltungsakt bestandskräftig. Auch wenn ein Rechtsanwalt die vom Beteiligten eigenhändig unterschriebene Antragsschrift mit einem Stempel, dem Zusatz »vertreten durch« und seiner Unterschrift versieht, fehlt es an der Postulationsfähigkeit (VGH BW, NVwZ 1998, 753).

482 Es ist jedoch unbeschadet der Vorschrift des § 67 I 2 VwGO zulässig, für das Berufungszulassungsverfahren innerhalb der Antragsfrist ohne Rechtsanwalt einen Antrag auf Bewilligung von *Prozesskostenhilfe* zu stellen (Nieders.OVG, NVwZ-RR 1997, 761; Nieders.OVG, NVwZ 1998, 533; VGH BW, B. v. 10. 6. 1998 – A 9 S 1269/98; Hess.VGH, NVwZ 1998, 203 = EZAR 623 Nr. 1 = AuAS 1998, 96 (LS); OVG Hamburg, NVwZ-RR 2000, 548; OVG Sachsen, NVwZ-RR 2001, 804; VGH BW, NVwZ-RR 2001, 802 (803); VGH BW, NVwZ-RR 2002, 466 (467); Berlit, in: GK-AsylVfG, § 78 Rdn. 515; a. A. OVG Hamburg, NVwZ 1998, 1099; OVG Saarland, NVwZ 1998, 413; OVG

Rh-Pf, NVwZ-RR 1998, 208; offen gelassen BVerwG, NVwZ 2004, 111 = AuAS 2003, 259; Hess.VGH, NVwZ-RR 2001, 806). Dieser muss in groben Zügen erkennen lassen, weshalb das angefochtene Urteil für falsch angesehen wird. Die präzise Bezeichnung des Zulassungsgrundes kann nicht verlangt werden (VGH BW, B v. 10. 6. 1998 – A 9 S 1269/98).

Der Antrag auf Bewilligung von Prozesskostenhilfe ist Nachweis für das fehlende Verschulden des Antragsteller an der Versäumnis der Antragsfrist (OVG Hamburg, NVwZ-RR 2001, 548). Durch den im Rahmen der Bewilligung beigeordneten Rechtsanwalt ist anschließend innerhalb der Frist des § 60 II 1 VwGO der Antrag auf Wiedereinsetzung zu stellen. Dabei hat der Antragsteller glaubhaft zu machen, dass es ihm innerhalb der Frist nach Abs. 4 S. 1 nicht möglich war, einen Rechtsanwalt mit der Vertretung im Berufungszulassungsverfahren zu beauftragen (BVerwG, NVwZ-RR 2000, 59 (60)). **483**

Die Wiedereinsetzungsfrist beginnt mit der Übernahme der Prozessvertretung durch den Prozessbevollmächtigten (BVerwG, NVwZ-RR 2000, 59 (60). Ist allerdings in der Rechtsbehelfsbelehrung der Hinweis, dass für das Prozesskostenhilfeverfahren kein Anwaltszwang besteht, unterblieben, kommt die Jahresfrist des § 58 II VwGO zur Anwendung (VGH BW, NVwZ-RR 2002, 466). **484**

3.5.2.5. Antragstellung beim Verwaltungsgericht (Abs. 4 Satz 2)

Der Antrag ist nach Abs. 4 S. 2 beim Verwaltungsgericht zu stellen. Einer zusätzlichen Anhörungsrüge bedarf es nicht (vgl. § 152a I 1 Nr. 1 VwGO). Die Antrags- und Begründungsfrist nach Abs. 4 S. 1 ist nicht gewahrt, wenn der Antrag innerhalb der Frist beim Berufungsgericht eingeht (Hess.VGH, AuAS 1996, 232; OVG Rh-Pf, NVwZ-Beil. 1996, 84; OVG SH, NVwZ-Beil. 1995, 34). Angesichts des eindeutigen Wortlautes von Abs. 4 S. 2 kommt im Asylprozess eine entsprechende Anwendung des § 147 II VwGO nicht in Betracht (Hess.VGH, AuAS 1996, 232 (233); OVG Rh-Pf, NVwZ-Beil. 1996, 84; Schenk, in: Hailbronner, AuslR, § 78 AsylVfG Rdn. 113, ebenso für das allg. Prozessrecht OVG Hamburg, NVwZ 1998, 414). Es begegnet keinen verfassungsrechtlichen Bedenken, einen Zulassungsantrag zu verwerfen, der innerhalb der Fist zwar beim Berufungsgericht, nicht aber beim Verwaltungsgericht eingeht (BVerfG (Kammer), NVwZ 2003, 728 (729)). **485**

Systematisch und inhaltlich entspricht der Zulassungsantrag den Bestimmungen der VwGO über Beschwerden gegen die Nichtzulassung eines Rechtsbehelfs, die fristwahrend nur bei dem Gericht, dessen Entscheidung angefochten wird, eingelegt werden können (OVG Rh-Pf, NVwZ 1996, 84). **486**

Es wird allgemein davon ausgegangen, dass keine Verpflichtung des Berufungsgerichts besteht, einen bei ihm eingegangenen Zulassungsantrag zum Zwecke der Fristwahrung an das zuständige Verwaltungsgericht weiterzuleiten oder den Antragsteller zu diesem Zweck telefonisch auf die geltenden Verfahrensbestimmungen hinzuweisen (Hess.VGH, AuAS 1996, 232 (233); s. auch BVerwG, DVBl. 1994, 1409, keine Umdeutung der Berufung in einen Zulassungsantrag; s. hierzu auch BayVGH, NVwZ-RR 1998, 207; BayVGH, NVwZ-RR 2003, 531; OVG MV, NVwZ 1998, 201). **487**

Da dem Verwaltungsgericht im Asylprozess weder nach altem (vgl. § 32 V 1 AsylVfG 1982) noch nach geltendem Recht (vgl. Abs. 5 S. 1) eine Abhilfebe- **488** fugnis zusteht, ist die Härte dieser Rechtsfolge nicht verständlich. Die Einreichung des Antrags beim Verwaltungsgericht soll sicherstellen, dass dem Berufungsgericht die Antragsschrift zusammen mit den Akten übersandt wird. Geht die Antragsschrift beim Berufungsgericht ein, so erfordert es wenig Müheaufwand, die Akten nachzureichen. Die Plausibilität der Berufung auf die Beschleunigungsmaxime (so OVG Rh-Pf, NVwZ-Beil. 1996, 84) dürfte insoweit fragwürdig sein. Da Gesetzeswortlaut und Rechtsprechung indes eindeutig sind, wahrt nur die Einreichung des Antrags beim Verwaltungsgericht innerhalb der Frist nach Abs. 4 S. 2 die Antragsfrist.

489 Das BVerfG hat diese Rechtsprechung bekräftigt und eine Verpflichtung des Obergerichtes abgelehnt, den Beteiligten innerhalb der Rechtsmittelfrist telefonisch oder per Telefax auf die fehlerhafte Einlegung des Rechtsmittels hinzuweisen. Dabei spiele es keine Rolle, ob das Obergericht im vorausgegangenen Rechtszug bereits mit der Sache befasst war (BVerfG (Kammer), NJW 2001, 1343 = NVwZ 2001, 668 (LS)). Demgegenüber besteht nach der obergerichtlichen Rechtsprechung eine Verpflichtung des Verwaltungsgerichts, einen bei ihm eingegangenen, aber erkennbar ein Rechtsmittelverfahren beim Obergericht betreffenden fristgebundenen Schriftsatz an dieses weiterzuleiten. Werde diese Verpflichtung verletzt, wirke sich ein etwaiges Verschulden des Rechtsmittelführers an der Fristversäumnis nicht aus (OVG NW, AuAS 2000, 95 (96), für die Berufungsbegründungsfrist nach § 124 a III 1 VwGO).

3.5.3. Darlegungsanforderungen

3.5.3.1. Mindesterfordernisse

490 In dem Antrag ist das angefochtene Urteil zu bezeichnen. Dem wird durch Angaben über das Gericht, das Urteilsdatum und das Aktenzeichen Genüge getan, soweit nicht mit der Antragsschrift die Kopie der angegriffenen Entscheidung beigefügt und auf sie Bezug genommen wird (Fritz, ZAR 1984, 23 (24)). Da die Antragsschrift aber ohnehin zur Akte gelangt, ist die Beifügung des angefochtenen Urteils überflüssig. Innerhalb der Begründungsfrist sind die Gründe, aus denen die Berufung zuzulassen ist, darzulegen. Der Zulassungsgrund ist genau zu bezeichnen, d. h. der Antragsteller muss unmissverständlich und zweifelsfrei kundtun, auf welchen Zulassungsgrund er sich beruft (Hess.VGH, EZAR 625 Nr. 1 = JMBl.Hessen 1997, 768; Hess.VGH, EZAR 633 Nr. 5; OVG NW, EZAR 633 Nr. 1; OVG NW, B. v. 24. 1. 1997 – 8 B 334/97; OVG Rh-Pf, AuAS 1997, 93 (94)) zum Zulassungsantrag nach § 124 a I VwGO: Seibert, DVBl. 1997, 932; s. auch Atzler, NVwZ 2001, 410; Stelkens, NVwZ 2000, 155 (159)).

3.5.3.2. Bezeichnung des Zulassungsgrundes nach Abs. 3

491 Der Antrag muss einen oder mehrere der in Abs. 3 genannten Zulassungsgründe bezeichnen und deren Voraussetzungen darlegen. Das Berufungsgericht ist nicht gehalten, den Ausführungen der Antragsschrift von sich aus einen denkbaren Zulassungsgrund zuzuordnen. Dies muss insbesondere dann gelten, wenn mehrere Zulassungsgründe in Betracht kommen (OVG Rh-Pf, AuAS 1997, 93 (94)). So muss etwa bei der Verfahrensrüge nach Abs. 3

Nr. 3 dargelegt werden, welcher der in § 138 VwGO enthaltenen Verfahrensfehler geltend gemacht wird (Hess.VGH, EZAR 633 Nr. 5; OVG NW, EZAR 633 Nr. 1) und sind die entsprechenden Voraussetzungen darzulegen.

Für das Berufungsgericht muss sich der Antragsschrift unmissverständlich und zweifelsfrei entnehmen lassen, welcher der gesetzlichen Zulassungsgründe einer gerichtlichen Prüfung unterworfen werden soll (OVG NW, B. v. 20. 3. 1997 – 8 B 334/97). Denn bei der Entscheidung über die Berufungszulassung befasst das Berufungsgericht sich allein mit den vom Antragsteller geltend gemachten Zulassungsgründen (OVG SH, B. v. 2. 10. 1996 – 4 L 101/96; OVG NW, B. v. 20. 3. 1997 – 8 B 334/97). 492

Ausnahmen sind jedoch für die *nachträgliche Divergenz* anerkannt (Rdn. 113 ff.), bei der der auf grundsätzliche Bedeutung gestützte Antrag auch ohne Erfüllung der Bezeichnungsanforderungen wegen Abweichung zugelassen werden muss, wenn sich der Antrag ursprünglich wegen grundsätzlicher Bedeutung rechtfertigte, dieser Zulassungsgrund aber nachträglich durch eine divergierende Entscheidung eines der in Abs. 3 Nr. 2 genannten Gerichte entfallen ist (BVerfG (Kammer), NVwZ 1993, 465 (466); VGH BW, InfAuslR 1995, 84; Hess.VGH, B. v. 11. 3. 1997 – 13 UZ 1941/96.A; s. auch BVerwG, AuAS 2001, 224, zur Berufungsbegründung bei nachträglicher Divergenz). Umfang und Qualität der Darlegungsanforderungen sind abhängig davon, welcher Zulassungsgrund im Einzelnen geltend gemacht wird. 493

3.5.3.3. Bezeichnung des Klagegegenstandes

Der Antrag muss einen deutlichen Hinweis darauf enthalten, auf welchen Klagegegenstand er sich bezieht. Andernfalls besteht die Gefahr, dass die nicht ausdrücklich angegriffenen Entscheidungen über geltend gemachte Ansprüche in Rechtskraft erwachsen. Im Zweifel hat das Berufungsgericht jedoch davon auszugehen, dass der Zulassungsantrag sich auf die Gesamtheit der Streitgegenstände bezieht (Schenk, in: Hailbronner, AuslR, § 78 AsylVfG Rdn. 135 a), es sei denn, der Antragsteller beschränkt den Antrag ausdrücklich auf einen bestimmten Klagegegenstand oder die Beschränkung folgt aus der Natur des geltend gemachten Zulassungsgrundes. Insbesondere bei der Grundsatz- und Divergenzberufung kann eine derartige Beschränkung in Betracht kommen. Hingegen dürfte ein geltend gemachter Verfahrensfehler sich in aller Regel auf alle Klagegegenstände beziehen. 494

3.5.3.4. Begründungsanforderungen

Der Antrag muss aus sich heraus verständlich sein, sodass eine Orientierung an den Darlegungs- und Bezeichnungserfordernissen der revisionsrechtlichen Nichtzulassungsbeschwerde zulässig ist (OVG SH, AuAS 5/1992. 11). Nicht ausreichend ist, dass lediglich pauschal die Unrichtigkeit des angefochtenen Urteils behauptet wird. Vielmehr ist erforderlich, dass sich der Antrag mit den entscheidungstragenden Annahmen des Verwaltungsgerichtes auseinandersetzt und im Einzelnen in tatsächlicher und rechtlicher Hinsicht den maßgeblichen Zulassungsgrund darlegt (VGH BW, VBlBW 1997, 299 (300); Thür.OVG, NVwZ-Beil. 1997, 90; s. hierzu auch OVG NW, NVwZ 1998, 415; VGH BW, NVwZ 1998, 865, Hess.VGH, NVwZ 1998, 649; BayVGH, NVwZ 495

2003, 632). Zu einem ordnungsgemäßen Vortrag gehört allgemein, dass das Gericht dem Vorbringen ohne unangemessenen Aufwand folgen kann (BVerfG (Kammer), NVwZ 2001, 425).

496 Die Begründung muss deshalb eine notwendige Sichtung und rechtliche Durchdringung des Streitstoffs durch den Prozessbevollmächtigten und das zu fordernde Mindestmaß an einen geordneten Vortrag erkennen lassen (BVerfG (Kammer), NVwZ 2001, 425). Dabei verlangt das Darlegen – wie schon nach dem allgemeinem Sprachgebrauch im Sinne von »erläutern« und »erklären« zu verstehen ist – ein *Mindestmaß an Klarheit, Verständlichkeit und Übersichtlichkeit der Ausführungen* (BVerwG, EZAR 634 Nr. 2; s. auch Rdn. 56 f.).

497 Allein die pauschale Bezugnahme auf früheres Vorbringen reicht deshalb nicht aus (OVG SH, AuAS 5/1992, 11). Ebenso wenig genügen Hinweise des Prozessbevollmächtigten auf persönliche Ausführungen seines Mandanten dem Begründungserfordernis (Nieders.OVG, NVwZ-RR 2002, 468). Deshalb ist es verfassungsrechtlich nicht zu beanstanden, wenn für die Darlegung lediglich allgemeine Hinweise als unzureichend angesehen werden sowie die Durchdringung des Prozessstoffs verlangt wird (BVerfG (Kammer), NVwZ-Beil. 1995, 17; für die Nichtzulassungsbeschwerde vgl. auch BVerwG, EZAR 634 Nr. 2 = AuAS 1996, 83 (nur LS)).

498 Allerdings sind trotz des Anwaltszwangs an die Darlegung des Zulassungsgrundes nicht die strengen Anforderungen des Revisionsrechts zu stellen (so auch Schenk, in: Hailbronner, AuslR, § 78 AsylVfG Rdn. 138; Mampel, NWwZ 1998, 261 (262)). Das Oberverwaltungsgericht muss aber über die Zulassung entscheiden können, ohne den gesamten Streitstoff durchdringen zu müssen. Das setzt voraus, dass es durch die Begründung in die Lage versetzt werden muss, ohne weitere Ermittlungen allein anhand der vorgetragenen Gründe darüber zu befinden, ob ein Zulassungsgrund vorliegt (OVG SH, AuAS 5/1992, 11).

499 Auf einen gesonderten Begründungsschriftsatz kann auch dann nicht verzichtet werden, wenn der Antragsteller in einem gleichgelagerten Parallelverfahren den Zulassungsantrag begründet hat. In diesem Fall muss über die förmliche Antragstellung nach Abs. 4 S. 1 hinaus zur Erfüllung des formalen Begründungserfordernisses nach Abs. 4 S. 4 zumindest ein gesonderter Schriftsatz eingereicht werden, in dem auf die im Parallelverfahren abgegebene Begründung verwiesen wird (VGH BW, NVwZ-RR 2004, 391, für die Beschwerdebegründung nach § 146 IV 1 VwGO).

500 Ist das Urteil auf mehrere selbständig tragende Gründe gestützt, wird die Berufung nur zugelassen, wenn im Zulassungsantrag hinsichtlich jedes dieser Gründe ein Zulassungsgrund geltend gemacht wird und dieser auch besteht (BVerwGE 54, 99 (100 f.); 99, 99 (100 f.); BVerwG, B. v. 10.6.1992 – BVerwG 9 B 176.91; OVG NW, EZAR 633 Nr. 18 zu § 32 II Nr. 2 AsylVfG 1982; OVG SA, NVwZ-Beil. 1999, 57; OVG MV, NVwZ-Beil. 2000, 93; BayVGH, NVwZ-RR 2004, 391; a. A. Hess.VGH, EZAR 631 Nr. 39, S. 5; Hess.VGH, NVwZ-RR 1998, 203 (204)). Ist aber die mehrfache Begründung im angefochtenen Urteil nicht kumulativ, sondern alternativ, so genügt es für einen erfolgreichen Zulassungsantrag, wenn für eine der beiden Gründe ein Zulassungsgrund geltend gemacht wird (Nieders.OVG, AuAS 2004, 45 (46)).

3.5.4. Beschluss des Oberverwaltungsgerichtes (Abs. 5)

3.5.4.1. Verfassungsrechtliches Begründungserfordernis

Über den Antrag entscheidet das Oberverwaltungsgericht durch Beschluss, der keiner Begründung bedarf (Abs. 5 S. 1). Eine mündliche Verhandlung findet nicht statt (vgl. §§ 101 III, 125 I VwGO). Mit der Zurückweisung des Antrags wird das angefochtene Urteil rechtskräftig (Abs. 5 S. 2). Das BVerfG hat wiederholt entschieden, dass mit ordentlichen Rechtsbehelfen nicht mehr angreifbare letztinstanzliche Gerichtsentscheidungen von Verfassungs wegen keiner Begründung bedürfen. Freilich folge aus der Möglichkeit, auf eine Begründung der gerichtlichen Entscheidung zu verzichten, keine Lockerung des materiell verfassungsrechtlichen Maßstabs des *Willkürverbots*, an dem sich jede Gerichtsentscheidung messen lassen müsse (BVerfG (Kammer), AuAS 1993, 116). 501

Dieser Maßstab verlange mit Rücksicht auf die verfassungsrechtliche Gebundenheit des Richters an Gesetz und Recht (Art. 20 III GG) eine *Begründung* auch der letztinstanzlichen Entscheidung *jedenfalls dann und soweit, als von dem eindeutigen Wortlaut einer Rechtsnorm und ihrer Auslegung durch die höchstrichterliche Rechtsprechung abgewichen werden soll* und der Grund hierfür sich nicht schon eindeutig aus den den Beteiligten bekannten oder für sie ohne weiteres erkennbaren Besonderheiten des Falles ergebe (BVerfG (Kammer), AuAS 1993, 116; BVerfG (Kammer), AuAS 1993, 104). 502

In einem solchen Fall sei eine Entscheidung, die entweder gar nicht oder nur mit einer gänzlich unzulänglichen Begründung versehen sei, bei verständiger Würdigung der das Grundgesetz beherrschenden Gedanken nicht mehr nachvollziehbar und damit *objektiv willkürlich* (BVerfG (Kammer), AuAS 1993, 104). Das Fehlen der Begründung einer gerichtlichen Entscheidung und eines anderen Hinweises auf den maßgeblichen rechtlichen Gesichtspunkt könne auch dazu führen, dass ein Verfassungsverstoß nicht auszuschließen und die Entscheidung deshalb aufzuheben sei (BVerfG (Kammer), AuAS 1993, 116; BVerfG (Kammer), NJW 1994, 719). Wohl wegen der damit aufgezeigten verfassungsrechtlichen Risiken wird in der Praxis der zurückweisende Beschluss regelmäßig begründet. 503

3.5.4.2. Rechtsfolgen des zurückweisenden Beschlusses

Mit der Zurückweisung des Antrags wird das verwaltungsgerichtliche Urteil rechtskräftig (Abs. 5 S. 2). Der nicht verkündete Beschluss bedarf zu seiner Wirksamkeit nach § 173 VwGO in Verb. mit § 329 II ZPO der formlosen Mitteilung an die Beteiligten. Der Beschluss wird mit dem gerichtsinternen Vorgang der Herausgabe des zurückweisenden Beschlusses aus dem Gericht an die Post wirksam (VG Freiburg, NVwZ-Beil. 1999, 61 (62)). 504

Sofern der Bundesbeauftragte entsprechend seiner Befugnisse nach ausgelaufenem Recht oder das Bundesamt Rechtsmittelführer sind, erwächst mit der Antragszurückweisung der positive Statusbescheid des Bundesamtes in Bestandskraft bzw. wird für den Fall, dass der Asylsuchende im erstinstanzlichen Gerichtsverfahren ein Verpflichtungsurteil erstritten und der Bundesbeauftragte oder das Bundesamt hiergegen den Zulassungsantrag gestellt hat, das Bundesamt rechtskräftig zum Erlass der Statusentscheidung verpflichtet. 505

506 Hat der Asylsuchende den Antrag auf Zulassung der Berufung gestellt, wird mit Antragsablehnung das Asylverfahren endgültig beendet. Ist damit – wie im Regelfall – zugleich der Rechtsstreit über die Abschiebungsandrohung nach §§ 34, 35 rechtskräftig beendet worden, wird diese damit vollziehbar.

507 Wie sich bereits aus Abs. 5 S. 2 ergibt, kann der zurückweisende Beschluss des Oberverwaltungsgerichts nicht mit der »weiteren Beschwerde« an das BVerwG angefochten werden (vgl. auch BVerwG, Buchholz 402.25 § 32 Nr. 2). Denn eine Beschwerde an das BVerwG ist nur in den besonderen Fällen des § 152 VwGO gegeben. Dazu gehört der Beschluss nach Abs. 5 S. 1 nicht. Ebenso wenig kann gegen den zurückweisenden Beschluss Gegenvorstellung erhoben werden (OVG Brandenburg, NVwZ 2001, 451).

508 Daher tritt mit Antragsablehnung unmittelbar die Rechtskraft des angefochtenen Urteils ein (Abs. 5 S. 1). Weist das Berufungsgericht jedoch rechtsirrtümlich den Antrag in der Annahme zurück, er sei nicht begründet worden, ist der Beschluss wegen Verletzung des rechtlichen Gehörs im Wege der Selbstkontrolle aufzuheben (BVerwG, NJW 1994, 674 = NVwZ 1994, 482 (nur LS), für die Revision).

509 Nach der Rechtsprechung des BVerfG wird dem Beteiligten wegen mangelnder Rechtswegerschöpfung die Möglichkeit der Verfassungsbeschwerde versagt, wenn das in der letzten fachgerichtlichen Instanz eingelegte Rechtsmittel als offensichtlich unzulässig verworfen wurde (BVerfGE 28, 88 (95); 63, 80 (85). Der Beschwerdeführer habe über das Gebot der Rechtswegerschöpfung hinaus alle nach Lage der Dinge zur Verfügung stehenden prozessualen Möglichkeiten zu ergreifen (BVerfGE 81, 22 (27)). Folgerichtig sei diesem Gebot nicht Genüge getan, wenn im Instanzenzug ein Mangel deshalb nicht nachgeprüft werden konnte, weil er nicht oder nicht in ordnungsgemäßer Form gerügt worden sei (BVerfGE 74, 102 (114)).

510 Zu weitgehend ist jedoch die Ansicht, die Verfassungsbeschwerde sei wegen fehlender Rechtswegerschöpfung unzulässig, wenn der Zulassungsantrag mangels offensichtlicher Darlegung der Zulassungsvoraussetzungen abgelehnt werde (Schenk, in: Hailbronner, AuslR, § 78 AsylVfG Rdn. 159). Angesichts der extrem hohen prozessualen Hürden des Zulassungsrechts dürften Darlegungsmängel wohl eher in seltenen Ausnahmefällen von vornherein offensichtlich nicht vorgelegen haben.

3.5.4.3. Rechtsfolgen des stattgebenden Beschlusses

511 Lässt das Oberverwaltungsgericht die Berufung zu, wird das Antragsverfahren kraft Gesetzes *als Berufungsverfahren fortgesetzt* (Abs. 5 S. 3 1. HS). Der besonderen Einlegung einer Berufung bedarf es nicht (Abs. 5 S. 3 2. HS). Es sind aber die erforderlichen Anträge – also Antrag auf Zurückweisung der Berufung bzw. auf Aufhebung des verwaltungsgerichtlichen Urteils unter gleichzeitiger Verpflichtung der Bundesrepublik zum Erlass des begehrten Statusbescheides und auf Feststellung von Abschiebungshindernissen – zu stellen. Ob die Begründungsfrist des § 124 a III 1 VwGO auch im asylprozessualen Berufungsverfahren gilt, war früher umstritten, dürfte inzwischen aber im bejahenden Sinne als geklärt anzusehen sein (s. hierzu § 79 Rdn. 13 ff.).

Rechtsmittel § 78

Ist für das Antragsverfahren Prozesskostenhilfe bewilligt worden, wäre an sich nach § 119 S. 1 ZPO für das Berufungsverfahren erneut Antrag auf Bewilligung von Prozesskostenhilfe zu stellen. Das BVerwG geht indes für das revisionsrechtliche Zulassungsverfahren davon aus, dass sich die Bewilligung der Prozesskostenhilfe für das Beschwerdeverfahren auch auf das Revisionsverfahren erstreckt, da Beschwerde- und Revisionsverfahren in einem notwendigen inneren Zusammenhang stünden (BVerwG, NVwZ-RR 1995, 545). Dementsprechend umfasst – bei gleichbleibender Sach- und Rechtslage – die Bewilligung von Prozesskostenhilfe für das Antragsverfahren auch das Berufungsverfahren (Schenk, in: Hailbronner, AuslR, § 78 AsylVfG Rdn. 158).

512

Wegen der im Vergleich zum Revisionsverfahren anders gearteten Funktion des Berufungsverfahrens findet § 137 III VwG0 weder unmittelbar noch mittelbar auf das Berufungsverfahren Anwendung. Hat das Berufungsgericht die Berufung zugelassen, weil einer der Zulassungsgründe nach Abs. 3 vorliegt, prüft das Berufungsgericht den Streitfall im vollen Umfang im gleichen Umfang wie das Verwaltungsgericht innerhalb des Berufungsantrags (§ 128 S. 1 VwGO). Es berücksichtigt gemäß § 128 S. 2 VwGO auch neu vorgebrachte Tatsachen und Beweismittel (BVerwGE 70, 24 (25)).

513

Das Berufungsgericht ist an seine *Zulassungsentscheidung gebunden* und hat keine Möglichkeit, nach der getroffenen Entscheidung über die Zulassung der Berufung diese ungeschehen zu machen (BVerwG, NVwZ 1989, 249 (250)). Da die prozessuale Rechtsstellung des beigeladenen Asylsuchenden durch den stattgebenden Beschluss unmittelbar berührt wird, ist das Oberverwaltungsgericht verpflichtet, diesem den Beschluss *zuzustellen*, wenn es auf Antrag des Bundesbeauftragten die Berufung zulässt (BVerwG, NVwZ 1992, 179).

514

Die Regelungen über die *Anschlussberufung* (§ 127 VwGO) finden zwar keine Anwendung (vgl. auch OVG Lüneburg, B. v. 14. 1. 1988 – 11 OVG B 484/87; Rdn. 25; § 79 Rdn. 8). Der Bundesbeauftragte kann sich nach der Rechtsprechung jedoch in jeder Lage des Verfahrens durch einfache Beteiligungserklärung am konkreten Verfahren beteiligen. Hat das Verwaltungsgericht verfahrensfehlerhaft ohne mündliche Verhandlung entschieden, liegt ungeachtet des Umstandes, dass sich der Beteiligte schriftlich äußern konnte, eine Verletzung seines Anspruchs auf rechtliches Gehör vor (BVerwG, DÖV 1985, 580). Es ist daher im Berufungsverfahren eine mündliche Verhandlung durchzuführen.

515

Gegen das Urteil des Berufungsgerichtes kann die Nichtzulassungsbeschwerde (§ 133 I VwGO) oder, wenn das Berufungsgericht die Revision zulässt, Revision (§ 139 I 1 VwGO) eingelegt werden.

516

4. Rechtsbehelfe gegen den Gerichtsbescheid (Abs. 7)

Aus der Regelung in Abs. 7 ergibt sich, dass das Verwaltungsgericht auch im Asylrechtsverfahren die Regelungen über den Gerichtsbescheid anwenden kann. Es finden die allgemeinen Bestimmungen des § 84 VwGO Anwendung. Durch den Antrag auf mündliche Verhandlung wird der ergangene

517

Gerichtsbescheid nicht suspendiert, sondern er gilt aufgrund der Fiktion des § 84 III 2. HS VwGO als nicht ergangen und ist damit vollständig beseitigt. Das Verfahren ist wieder offen und befindet sich rückwirkend in der Phase, in der es vor Erlass des Gerichtsbescheides gestanden hat (VG Darmstadt, Hess.VGRspr. 1994, 71 (72)).

518 Zu Recht werden aber im Blick auf Art. 6 I EMRK Bedenken dahin geäußert, dass zwar die rechtliche Existenz des Gerichtsbescheides, nicht aber die Tatsache seines Ergehens, insbesondere nicht die zugrundeliegende richterliche Überzeugung, ungeschehen gemacht werden könnte. Stünden die Beteiligten sonst nur vor der Aufgabe, das Gericht von der Berechtigung ihres Anspruchs zu überzeugen, müsse derjenige, der mündliche Verhandlung beantrage, das Gericht davon überzeugen, dass der Gerichtsbescheid inhaltlich falsch gewesen sei. Mit Art. 6 I EMRK sei eine derart »nachträgliche öffentliche Verhandlung« unvereinbar. Sie genüge dem Öffentlichkeitsprinzip nur noch dem äußeren Schein nach, beeinträchtige aber faktisch die damit verfolgte Zielsetzung (Roth, NVwZ 1997, 656 (657)).

519 Die Vorschrift des Abs. 7 enthält lediglich eine sich aus den asylverfahrensrechtlichen Sondervorschriften ergebende besondere Fristenbestimmung für den Gerichtsbescheid. Nach § 84 I 1 VwGO kann das Gericht ohne mündliche Verhandlung entscheiden, wenn die Sache keine besonderen Schwierigkeiten tatsächlicher oder rechtlicher Art aufweist und der Sachverhalt geklärt ist. Diese Voraussetzungen fehlen regelmäßig im Asylverfahren. Hat das Verwaltungsgericht durch Gerichtsbescheid entschieden, können die Beteiligten, wenn die Berufung gegeben ist, die Berufung einlegen (§ 84 II Nr. 2 VwGO). Da das Verwaltungsgericht die Berufung nicht zulassen kann, findet § 84 II Nr. 2 VwGO im Asylrechtstreit keine Anwendung. Weist das Verwaltungsgericht die Klage gemäß Abs. 1 S. 1 als offensichtlich unbegründet oder offensichtlich unzulässig ab, kann nach § 84 II Nr. 4 VwGO mündliche Verhandlung beantragt werden.

520 Abs. 6 ist durch Art. 3 des 6. VwGOÄndG mit Wirkung zum 1. Jaunar 1997 ersatzlos gestrichen worden (BGBl. 1996 I S 1629). Es bleibt damit bei den allgemeinen Regelungen in § 84 II VwGO. Hat das Verwaltungsgericht durch Gerichtsbescheid entschieden, können die Beteiligten grundsätzlich wählen, ob sie Zulassungsantrag nach Abs. 4 – und damit das Verfahren in die nächste Instanz bringen – oder mündliche Verhandlung im anhängigen Verfahren beantragen (§ 84 II Nr. 2 VwGO). Für den ersten Fall bestimmte früher Abs. 6 S. 1, dass der Zulassungsantrag nach Abs. 4 S. 1 an die Stelle der in § 84 II Nr. 2 VwGO genannten Nichtzulassungsbeschwerde tritt. Jedoch enthält für diese Fallkonstellation § 84 II Nr. 1 VwGO bereits eine klare Regelung.

521 Die Regelung in Abs. 7 wurde durch das ÄnderungsG 1993 neu gestaltet. Da eine ausdrückliche Angleichung der für den Gerichtsbescheid geltenden Fristbestimmungen ursprünglich in Abs. 7 S. 1 nicht enthalten war (vgl. § 78 VII 1 AsylVfG 1992), hatte die Rechtsprechung dem Beteiligten die Möglichkeit eingeräumt, die Wahl zwischen den verschiedenen Möglichkeiten binnen der in § 84 II VwGO geregelten Monatsfrist zu treffen (VGH BW, AuAS 1993, 129 (130)). Daher würde das Verwaltungsgericht das rechtliche Gehör des Beteiligten mit der Folge verletzen, dass bei entsprechender Rüge die Berufung

Rechtsmittel § 78

nach Abs. 3 Nr. 3 in Verb. mit § 138 Nr. 3 VwGO zuzulassen sei, wenn es rechtsirrig den Antrag für verfristet erachte (VGH BW, AuAS 1993, 129 (130)). Dem ist der Gesetzgeber mit der klaren Regelung des Abs. 7 entgegengetreten. Daher muss der Beteiligte seine entsprechende Wahl binnen der dort genannten Frist von zwei Wochen treffen.

Nach der obergerichtlichen Rechtsprechung hat der Beteiligte die mündliche Verhandlung zu beantragen, will er dem prozessualen Einwand entgehen, er hätte nicht alle ihm zur Verfügung stehenden Mittel ausgeschöpft, sich rechtliches Gehör zu verschaffen. Folglich seien bei einer Entscheidung durch Gerichtsbescheid im Asylprozess der Zulassungsantrag wegen Versagung rechtlichen Gehörs und der Antrag auf mündliche Verhandlung keine sich gleichwertig gegenüberstehende Rechtsbehelfe, zwischen denen ein Beteiligter frei wählen könnte, sondern gehe der Antrag auf mündliche Verhandlung vor (Thür.OVG, EZAR 633 Nr. 28). 522

Andererseits verlangt die Rechtsprechung, dass der Beteiligte, dessen Klage durch Gerichtsbescheid als offensichtlich unzulässig abgewiesen wird, vortragen müsse, mit den tatsächlichen und rechtlichen Bewertungen des Gerichtsbescheids nicht einverstanden zu sein, wofür im Regelfall die gegebenenfalls konkludent geäußerte Bitte genüge, in einem mündlichen Gespräch die bisher vorgetragenen Asylgründe noch einmal darstellen zu wollen. Ergebe sich hingegen aus den Umständen des Einzelfalles, dass es im Hinblick auf die starke Belastung des Gerichts zu einer Anberaumung der mündlichen Verhandlung nicht kommen werde, könne auf den Antrag auf mündliche Verhandlung auch mit der Betreibensaufforderung reagiert werden (VG Darmstadt, Hess.VGRspr. 1994, 71 (72)). 523

Anhang: Sonderprobleme der Gehörsrüge nach Abs. 3 Nr. 3 in Verb. mit § 138 Nr. 3 VwGO

1. Der prozessordnungswidrig abgelehnte Beweisantrag

1.1. Prozessuale Bedeutung des Beweisantrags

Das BVerfG hat wiederholt auf die Bedeutung des Beweisantrags im Asylrechtsstreit hingewiesen und dessen Übergehen als *Verfahrensverstoß* bezeichnet (BVerfG (Kammer), InfAuslR 1992, 29 (31); BVerfG (Kammer), InfAuslR 1992, 63; BVerfG (Kammer), InfAuslR 1993, 300; BVerfG (Kammer), InfAuslR 1993, 229). Es ist die Funktion des aus Art. 103 I GG folgenden *Prozessgrundrechts*, sicherzustellen, dass gerichtliche Entscheidungen frei von Verfahrensfehlern ergehen, welche ihren Grund in unterlassener Kenntnisnahme und Nichtberücksichtigung des Sachvortrags haben (BVerfGE 50, 32 (35); 60, 247 (249); 65, 305 (307)). Daher gebietet Art. 103 I GG in Verbindung mit den einfachgesetzlichen Prozessgrundsätzen die *Berücksichtigung erheblicher Beweisanträge* (BVerfGE 60, 247 (249); 60, 250 (252); 65, 305 (307); so auch BayVerfGH, NJW 1977, 243; BayVerfGH, BayVBl. 1981, 529) und ist in der zu Unrecht erfolgten Zurückweisung eines ordnungsgemäß gestellten Beweisantrags ein 524

Verfahrensfehler im Sinne von Abs. 3 Nr. 3 in Verb. mit § 138 Nr. 3 VwGO zu sehen.

1.2. Bezeichnung der Gehörsverletzung

525 Der Verfahrensmangel nach Abs. 3 Nr. 3 in Verb. mit § 138 Nr. 3 VwGO liegt vor, wenn der ordnungsgemäß gestellte Beweisantrag zu Unrecht abgelehnt worden ist. Im Zulassungsantrag muss dargelegt werden, welchen Beweisantrag (Beweistatsache und Beweismittel) das Verwaltungsgericht zu Unrecht abgelehnt hat. Der Beweisantrag muss so genau bezeichnet werden, dass er für das Berufungsgericht ohne weiteres auffindbar ist. Dieser Voraussetzung genügt der Antrag, wenn in ihm der Beweisantrag inhaltlich wiedergegeben und etwa auf die Entscheidungsgründe des angefochtenen Urteils oder die Niederschrift über die letzte mündliche Verhandlung, in der der Beweisantrag festgehalten ist, hingewiesen wird (Kummer, Die Nichtzulassungsbeschwerde, Rdn. 215).

526 Ferner müssen der Inhalt des gerichtlichen Ablehnungsbeschlusses sowie die Tatsachen, welche die Fehlerhaftigkeit des Ablehnungsbeschlusses ergeben, mitgeteilt werden. Dazu gehört, dass die formellen und inhaltlichen Anforderungen des gestellten Beweisantrags im Einzelnen bezeichnet werden Wird der in prozessual zulässiger Weise gestellte Beweisantrag prozessordnungswidrig abgelehnt, reicht es im Rahmen der Darlegung der Gehörsrüge aus, dass in der gebotenen Weise unter Aufbereitung des Prozessstoffs der Verfahrensverstoß dargelegt und dabei vor allem auch die Entscheidungserheblichkeit der unter Beweis gestellten Tatsachen erläutert wird (VGH BW, AuAS 1994, 56).

527 Falls erforderlich sind auch Ausführungen zur Geeignetheit des Beweismittels – was insbesondere für den Zeugenbeweis von Bedeutung ist – sowie zur Entscheidungserheblichkeit der Beweistatsache geboten. Schließlich ist mit Blick auf den Gesichtspunkt des Rügeverlustes darzulegen, dass der Rechtsmittelführer alles ihm prozessrechtlich Zumutbare unternommen hat, um sich rechtliches Gehör zu verschaffen. So hat etwa nach der obergerichtlichen Rechtsprechung der anwaltlich vertretene Kläger das Verwaltungsgericht an die Entscheidung über die in der mündlichen Verhandlung gestellten Beweisanträge zu erinnern und die für das Ende der Sitzung angekündigte Entscheidung des Gerichts abzuwarten. Nur wenn das Gericht eine Vorabentscheidung ablehnt, sei eine Berufung auf den damit endgültig eingetretenen Verstoß gegen § 86 II VwGO und Art. 103 I GG zulässig (Hess.VGH, Hess.VGRspr. 1997, 649 (653) = JMBl.Hessen 1997, 649 = AuAS 1997, 163 = DVBl. 1997, 918 (nur LS); s. auch Hess.VGH, NVwZ-Beil. 1997, 692).

1.3. Voraussetzungen des Beweisantrags im weiteren Sinne

1.3.1. Vorbereitung der mündlichen Verhandlung

528 Im Zulassungsantrag, mit dem die Gehörsrüge wegen Zurückweisung des Beweisantrags erhoben wird, ist regelmäßig nur auf die engeren prozessua-

len Voraussetzungen des prozessual zulässigen Beweisantrags einzugehen. Der Rechtsmittelführer, der die Gehörsrüge erheben will, ist jedoch regelmäßig gut beraten, den Prozess insgesamt so zu führen, dass Fehler vermieden werden, die später der prozessualen Zulässigkeit des Beweisantrags entgegenstehen können. Es ist mit anderen Worten der Prozess insgesamt so zu betreiben, dass bereits bei der Vorbereitung der mündlichen Verhandlung wie deren Durchführung auf die inhaltlichen Anforderungen an den Beweisantrag Bedacht genommen wird.

Zu den prozessualen Sorgfaltspflichten, deren Beachtung die Darlegung der engeren prozessualen Voraussetzungen der Gehörsrüge wesentlich erleichtern, gehört zunächst die Durchdringung des Prozessstoffs und die Identifizierung der entscheidungserheblichen Tatsachen- und Rechtsfragen (vgl. Dahm, ZAR 2002, 348, zur »Tatsachenqualität« im Asylprozess). Je nach der Art des Beweismittels und dem tatsächlichen Schwerpunkt der Beweisfrage, ist der Kern des individuellen Sachvorbringens und hierbei der Asylsuchende auf die Glaubhaftigkeit seiner Angaben und die Glaubwürdigkeit seiner Person zu prüfen (*antizipierter Glaubhaftigkeitstest*). Liegt der Schwerpunkt der angestrebten Beweisaufnahme eher in der Klärung allgemeiner tatsächlicher Fragen, sind die vorhandenen Erkenntnismittel sorgfältig zu sichten und darauf zu überprüfen, ob sie die Beweisfrage bereits hinreichend zuverlässig beantworten.

Für die Beweisaufnahme kommt es stets auf die Entscheidungserheblichkeit der Beweistatsache und damit auch auf das bisherige individuelle Sachvorbringen an. Die fehlende Glaubhaftigkeit der Sachangaben des Asylsuchenden hat Auswirkungen auf die Möglichkeit der Konkretisierung des Beweisthemas und damit auf die Zulässigkeit des Beweisantrags wie auch auf die Frage, ob wegen fehlender Entscheidungserheblichkeit der Antrag abgelehnt werden kann. Daraus folgt, dass die mündliche Verhandlung in Ansehung dieser Voraussetzungen sorgfältig vorzubereiten und während der mündlichen Verhandlung darauf zu achten ist, dass der individuelle Sachvortrag frei von Widersprüchen, in sich stimmig und erschöpfend abgegeben und protokolliert wird.

1.3.2. Fragerecht des Prozessbevollmächtigten

1.3.2.1. Prozessuale Funktion des Fragerechts

Damit der Asylsuchende prozessual in die Lage versetzt wird, sein individuelles Vorbringen widerspruchsfrei und in sich stimmig, dicht, lebensnah sowie erschöpfend vorzutragen, hat der Prozessbevollmächtigte sein Fragerecht gegebenenfalls offensiv in Anspruch zu nehmen. Das rechtliche Gehör eines Verfahrensbeteiligten kann durch eine prozessordnungswidrige Zurückweisung einer Frage seines Prozessbevollmächtigten in der mündlichen Verhandlung verletzt werden. Je nach der praktizierten Verhandlungsleitung hat der Anwalt unterschiedliche Möglichkeiten, auf die Befragung des Mandanten Einfluss zu nehmen.

Gegen die Verhandlungsführung und vorrangige Befragung durch den Vorsitzenden oder Einzelrichter wird der Anwalt wenig ausrichten können (vgl.

§ 103 I VwGO, § 238 I StPO). Oft erzeugen aber die Art der gestellten Fragen, die nicht gestellten Fragen sowie die Richtung, welche die Fragen andeuten und die dementsprechende Verzerrung des Gesamtzusammenhangs des Verfolgungsgeschehens, welche die Antworten des Klägers aufgrund einer derartigen Verhandlungsleitung zwangsläufig hervorbringen, einen psychologischen Eindruck, den der Anwalt auch durch nachträgliche Fragen kaum wieder überzeugend auflösen kann.

533 In der gerichtlichen Praxis sind *drei unterschiedliche Verhandlungsmuster* festzustellen: Überwiegend wird in der gerichtlichen Praxis wohl das gesamte Verfolgungsgeschehen noch einmal vollständig abgehandelt. Dies ist die beste und verlässlichste Methode der Sachverhaltsaufklärung. Sie ist vor dem Hintergrund der überwiegend unzulänglichen behördlichen Sachaufklärung auch zwingend geboten. Erst vor dem unmittelbaren Eindruck des Gesamtzusammenhangs der Verfolgungserlebnisse können die Glaubhaftigkeit der Angaben sowie die Glaubwürdigkeit der Person des Klägers verlässlich beurteilt werden. Dies ermöglicht auch eine sachverständige Bewertung der im Verwaltungsverfahren und bis dahin aufgetretenen Widersprüche.

534 Nicht wenige Gerichte beschränken jedoch ihre Ermittlungstätigkeit in der mündlichen Verhandlung auf die Behandlung lediglich ausgewählter Tatsachenkomplexe. Sofern dadurch der Gesamtzusammenhang, in den diese Teilkomplexe eingebettet sind, nicht zerrissen oder verzerrt und den Beteiligten Gelegenheit gegeben wird, erläuternde und ergänzende Angaben sowie Fragen zu diesen und auch anderen Teilaspekten des Verfolgungszusammenhangs zu machen bzw. zu stellen, wird man gegen diese Methode kaum etwas einwenden können.

535 Vereinzelt gibt es jedoch auch Gerichte, die überhaupt keine Fragen in der mündlichen Verhandlung stellen und zulassen wollen, weil ihrer Meinung nach der Sachvortrag im Verwaltungsverfahren eine ausreichende Tatsachengrundlage für die richterliche Überzeugungsbildung darstellt. Dem Rechtsanwalt, der bestimmte Tatsachenkomplexe durch konkrete einzelne Fragen stellen will, wird deshalb abverlangt, sich diese jeweils zuvor vom Gericht genehmigen zu lassen. Das Fragerecht des Anwalts kann also Konflikte aufwerfen. Häufig ist auch zu beobachten, dass der Vorsitzende dem Anwalt zwar das Fragerecht einräumt, aber je nach Gutdünken in dessen Befragung interveniert und diese wieder an sich reißt.

536 Ist die Verhandlung von einem kooperativen Stil geprägt, kann der Vorsitzende ebenso wie umgekehrt der Anwalt in die Befragung des jeweils anderen eingreifen, wenn es sachdienlich ist und einvernehmlich erfolgt. Gestattet der Vorsitzende dem Anwalt jedoch zunächst keine Fragen und räumt er diesem erst nach erschöpfender gerichtlicher Befragung des Klägers das Fragerecht ein, so darf er dem Anwalt nicht durch Zwischenfragen die Ermittlung eines zusammenhängenden Komplexes unmöglich machen. Notfalls muss der Anwalt sich dagegen mit einem Befangenheitsantrag wehren. Gänzlich unzulässig ist es jedoch, dem Anwalt überhaupt kein Fragerecht einzuräumen und statt dessen jede einzelne Frage erst auf Antrag nach vorheriger Beratung und Entscheidung zuzulassen.

Rechtsmittel § 78

1.3.2.2. Prozessuale Reichweite des Fragerechts
Die VwGO enthält zum Fragerecht des Prozessbevollmächtigten keine Regelungen. Ebenso wie im Beweisrecht, bei dem die Praxis zusätzlich zu den Vorschriften der ZPO auf die entsprechenden Bestimmungen der StPO zurückgreift (BVerfG (Kammer), InfAuslR 1990, 161; BVerwG, DÖV 1983, 647; BVerwG, DVBl. 1983, 1001), wird man für das Fragerecht im Verwaltungsprozess die Regelungen der § 240ff. StPO ergänzend zugrundelegen können. Danach hat der Anwalt zwar kein Recht, die Fragen in dem Zeitpunkt zu stellen, in dem er sie stellen will. Vielmehr bestimmt § 103 I VwGO ebenso wie § 238 I StPO, dass die Leitung der Verhandlung durch den Vorsitzenden erfolgt. Das Fragerecht, das § 240 StPO dem Prozessbevollmächtigten gewährt, berechtigt diesen nicht, in jedem ihm beliebigen Zeitpunkt und Zusammenhang Fragen an den Kläger oder Zeugen zu stellen. Den Zeitpunkt zu bestimmen, in dem der Anwalt sein Fragerecht ausüben darf, ist Sache der Verhandlungsleitung und Aufgabe des Vorsitzenden (BGHSt 16, 67 (70)). 537

Bei der Gestattung von Fragen ist dieser an keine bestimmte Reihenfolge gebunden. Vielmehr ist es seine Aufgabe, sachdienliche Fragen zur rechten Zeit zuzulassen (BGH, NJW 1969, 437 (438)). Hat der Vorsitzende jedoch dem Anwalt das Fragerecht eingeräumt, so darf er es ihm nicht mehr ohne sachlichen Grund entziehen. Denn der Anwalt kann seinen gesetzlichen Anspruch auf das Fragerecht nur dann sinnvoll und effektiv ausüben, wenn er Gelegenheit erhält, alle zulässigen Fragen im Zusammenhang zu stellen. Solange der Verfahrensbeteiligte, dem vom Vorsitzenden im Rahmen seiner Verhandlungsführung das Fragerecht eingeräumt worden ist, dieses Recht *sach- und prozessordnungsgemäß* ausübt, darf dieser ihn daher nicht ohne sachlichen Grund unterbrechen (OLG Hamm, StV 1993, 462). 538

Diese klaren prozessualen Vorschriften werden im Asylprozess häufig nicht beachtet, ohne dass der Anwalt sich hiergegen zur Wehr setzt. Räumt der Vorsitzende oder Einzelrichter dem Anwalt das Fragerecht ein und bildet sich aufgrund der Fragen an den Kläger ein Bild heraus, das deutlich von dem abweicht, das durch die bisher gestellten richterlichen Fragen erzeugt worden ist, interveniert häufig der Vorsitzende und zieht das Fragerecht wieder an sich, ohne dass der Anwalt den Gesamtzusammenhang hat erfragen können. Dadurch entsteht ein verzerrtes Bild von der Wirklichkeit und das rechtliche Gehör des Asylsuchenden wird verletzt. 539

Der Anwalt muss sich deshalb gegen eine derartige Verhandlungsleitung wehren und darauf insistieren, dass er seine Befragung fortsetzen kann und Fragen des Vorsitzenden sein Einverständnis voraussetzen. Auch wenn der Richter bereits an den Asylsuchenden eine bestimmte Frage gestellt hat, muss dem Anwalt das Recht eingeräumt werden, durch Vorhalt bestimmter – aus dem bisherigen Sachvorbringen sich ergebender – Umstände die Frage erneut zu stellen, um so den tatsächlichen Geschehensablauf eines Tatsachenkomplexes zu erfragen. 540

1.3.2.3. Erfragung eines Tatsachenzusammenhangs
Von Bedeutung für die richtige Ausübung des Fragerechts des Prozessbevollmächtigten ist, dass nach der Rechtsprechung ein allgemeiner Erfahrungs- 541

satz besteht, demzufolge die Befragung von Asylsuchenden mit erheblichen Problemen verbunden ist und diese von verschiedensten Stellen Hinweise erhalten, deren Bedeutung sie nicht verstehen und deren mögliche Auswirkungen sie nicht übersehen, von denen sie sich aber gleichwohl beeinflussen lassen (BVerwG, Buchholz 402.25 § 1 AsylVfG Nr. 113 = NVwZ 1990, 171 = InfAuslR 1989, 349). Es ist daher von wesentlicher Bedeutung für den glaubhaften Sachvortrag, dass der Prozessbevollmächtigte Tatsachenkomplexe, die bereits durch Fragen des Vorsitzenden in der mündlichen Verhandlung abgehandelt wurden, erneut zur Sprache bringt und durch Vorhalte an den Asylsuchenden aufgetretene Widersprüche und Ungereimtheiten auszuräumen versucht.

542 Zwar kann das Gericht, noch verbleibende Widersprüche unter Berücksichtigung der intellektuellen Fähigkeiten des Asylsuchenden als unerheblich bewerten (BVerwG, Buchholz 402.25 § 1 AsylVfG Nr. 113 = NVwZ 1990, 171 = InfAuslR 1989, 349; s. auch Dahm, ZAR 2002, 348 (349)). Dies ist jedoch eine Frage der richterlichen Überzeugungsbildung, die verfahrensrechtlich nicht angreifbar ist. Der Prozessbevollmächtigte muss aber erst durch sachgerechte Fragen die Grundlagen für einen möglichst in sich stimmigen Sachvortrag als tatsächliche Grundlage der richterlichen Überzeugungsbildung schaffen können. Prozessual ist insoweit bedeutsam, dass der innere Vorgang der Rechtsfindung mit Zulassungsrügen nicht angreifbar ist, wohl aber der äußere Verfahrensgang (BVerwG, NVwZ-RR 1996, 359) und damit auch der unzulässige Eingriff in das prozessual in zulässiger Weise ausgeübte Fragerecht des Prozessbevollmächtigten.

543 Für die ordnungsgemäße Vertretung des Verfahrensbeteiligten im Asylprozess hat die richtige Ausübung des Fragerechts mithin eine kaum zu überschätzende Bedeutung. Soweit die Verhandlungsführung von einem kooperativen Stil geprägt ist, dürfte regelmäßig keine Notwendigkeit bestehen, der Verformung des Sachverhalts durch psychologisch in bestimmter Weise angelegte Fragen entgegen zu wirken. Ist dies jedoch nicht der Fall, kann und darf der Anwalt dem Konflikt mit dem Gericht nicht ausweichen. Er kann zwar nicht den Zeitpunkt bestimmen, in dem er seine Fragen an den Asylsuchenden stellt. Ist ihm vom Vorsitzenden jedoch das Fragerecht eingeräumt worden, muss er sich gegen dessen Interventionen wehren und darauf beharren, dass er den Sachkomplex im Gesamtzusammenhang behandeln kann, um so den tatsächlichen Geschehensablauf zu ermitteln.

544 Zwangsläufig wird er dabei eine Reihe von bereits gestellten Fragen wiederholen müssen, die im Lichte des Gesamtzusammenhangs seiner Fragestellungen jedoch eine andere Bedeutung erlangen können. Es ist das Recht des Anwalts, bereits im Verlaufe der mündlichen Verhandlung gemachte Aussagen durch Vorhalte zu überprüfen (BGH, NStZ 1981, 71). Um einer Zurückweisung seiner Frage vorzubeugen, muss er diese Vorhalte zwar im Einzelnen konkretisieren. Das bedeutet jedoch nicht, dass der Anwalt sich jede der zu stellenden Fragen jeweils zuvor vom Gericht genehmigen lassen müsste. Ob eine Frage sachdienlich ist, kann das Gericht erst beantworten, wenn es die Antwort gehört hat (BGH, NStZ 1984, 133 (134)).

Rechtsmittel § 78

Darüber hinaus verletzt diese Verfahrensweise das rechtliche Gehör des Asylsuchenden. Die Äußerung zur Sache kann nicht auf jeweils einzelne voneinander isolierte Teilabschnitte des komplexen Gesamtgeschehens reduziert werden. Dadurch entsteht zwangsläufig ein verzerrtes Bild von der Wirklichkeit. Vielmehr kann der Anwalt sein Fragerecht nur dann sinnvoll und effektiv ausüben, wenn er alle sachdienlichen Fragen im Gesamtzusammenhang stellen kann (OLG Hamm, StV 1993, 462). 545

Auch in Anbetracht des Amtsermittlungsgrundsatzes darf das Recht der Beteiligten, sich mit ihren eigenen Vorstellungen über die anzustellenden Fragen und über die zu beantwortenden Fragen zu Wort zu melden, nicht beschnitten werden (BVerfG (Kammer), NVwZ-Beil. 1994, 17 (18)). Eine insoweit verständige und sachgerechte Prozessführung wird deshalb in vielen Fällen ohne anwaltliche Hilfe gar nicht zu bewältigen sein (BVerfG (Kammer), NVwZ-Beil. 1994, 17 (18)). Da wegen des sachtypischen Beweisnotstandes im Asylprozess (vgl. BVerfGE 94, 166 (200) = NVwZ 1996, 678 = EZAR 632 Nr. 25) der Asylsuchende häufig das einzige Beweismittel ist, kommt seinen Aussagen gesteigerte Bedeutung zu (BVerwGE 71, 180 (181 f.) = EZAR 630 Nr. 17 = NVwZ 1985, 658 = InfAuslR 1985, 244). Dementsprechend muss dem Rechtsanwalt ein effektives Fragerecht an seinen Mandanten eingeräumt werden, das nicht prozessordnungswidrig eingeschränkt werden darf. 546

1.3.2.4. Prozessual zulässige Zurückweisung von Fragen

Der Vorsitzende hat nur das Recht, *ungeeignete* oder *nicht zur Sache gehörende Fragen* zurückzuweisen (§ 240 II StPO). Ungeeignet sind Fragen, die in tatsächlicher Hinsicht nichts zur Wahrheitsfindung beitragen können oder aus rechtlichen Gründen nicht gestellt werden dürfen. Eine Frage ist jedoch immer dann unerlässlich, wenn sie zur Wahrheitserforschung notwendig ist (BGHSt 13, 252 (254)). Zwar kann die unbegründete Wiederholung bereits beantworteter Fragen mit der Begründung zurückgewiesen werden, dass sie ungeeignet sei. Es gehört jedoch zu den täglichen Erfahrungen der Gerichte, dass bereits gemachte Aussagen nach Vorhalt bestimmter Umstände eingeschränkt und berichtigt werden (BGHSt 2, 284 (289); BGH, NStZ 1981, 71). 547

Aber auch, wenn der Anwalt einzelne unzulässige Fragen stellt, rechtfertigt dies nicht ohne weiteres die Entziehung des Fragerechts. Stellt er im Verlaufe einer langen Befragung neben vielen zulässigen Fragen auch zahlreiche unzulässige, ist die Entziehung des Fragerechts nur zulässig, wenn aus der Art der Fragestellungen deutlich wird, dass der Fragesteller keine zulässigen Fragen mehr hat und er zuvor vom Gericht gewarnt worden ist (OLG Karlsruhe, NJW 1978, 436 (437)). Die Entziehung des Fragerechts gilt jedoch stets nur für bestimmte Abschnitte der Befragung (BGH, MDR 1973, 371 (372)). 548

Nicht zur Sache gehören Fragen, die sich weder unmittelbar noch mittelbar auf den Gegenstand der Untersuchung beziehen. Ob eine Frage nicht zur Sache gehört, beurteilt sich jedoch nicht nach dem für die Ablehnung von Beweisanträgen nach § 244 III 2 StPO geltenden Maßstab der Entscheidungserheblichkeit (BGH, NStZ 1982, 158 (159); BGH, NStZ 1984, 133; 549

BGH, NStZ 1985, 183 (184)). Vielmehr muss es dem Anwalt unbenommen bleiben, das Erinnerungsbild des Klägers oder Zeugen durch alle hierfür geeigneten, für die Wahrheitsfindung bedeutsamen Fragen zu ermitteln (BGH, NStZ 1982, 158 (159)). Darauf, ob die Fragen nach Meinung des Gerichts erheblich sind, kommt es hingegen nicht an. Darüber kann es sich erst dann ein Urteil bilden, wenn es die Antwort gehört hat (BGH, NStZ 1984, 133 (134)).

1.3.3. Prozessuale Funktion des Protokolls der mündlichen Verhandlung

1.3.3.1. Protokollierung der entscheidungserheblichen Tatsachenangaben und Prozesshandlungen (§ 105 VwGO in Verb. mit § 160 I Nr. 5 ZPO)

550 Verfolgt die Ausübung des Fragerechts, ein möglichst vollständiges, in sich stimmiges und in Beziehung zu den einzelnen Tatsachenkomplexen detailliertes Bild vom Ablauf des Gesamtgeschehens herauszubilden, darf es der Anwalt bei der Ausübung des Fragerechts nicht bewenden lassen. Muss er aufgrund des Ablaufs der mündlichen Verhandlung damit rechnen, dass der Richter in seinem Urteil vermutlich zu anderen Schlussfolgerungen über die Glaubhaftmachung der Aussagen seines Mandanten kommen wird als er, besteht das Risiko, dass die Eröffnung der Berufung deshalb versagt werden kann, weil die Tatsachenfeststellungen der ersten Instanz die mangelnde Glaubhaftigkeit der Sachangaben oder die fehlende Glaubwürdigkeit seines Mandanten belegen werden, sodass die Entscheidungserheblichkeit der Grundsatzberufung oder der Divergenz nicht dargetan werden kann (s. Rdn. 161 ff., 246). Für diesen Einwand kommt dem Protokoll der mündlichen Verhandlung entscheidungserhebliche Funktion zu.

551 Eine der schwierigsten Aufgaben bei der Prozessführung des Anwalts ist es, dass er falsche gerichtliche Ermittlungen und Bewertungen der Aussagen seines Mandanten voraussehen und mit geeigneten prozessualen Maßnahmen dagegen vorgehen muss. Nur ausnahmsweise kann er sich prozessual dagegen mit der Gehörsrüge unter dem Gesichtspunkt der unzulässigen Überraschungsentscheidung (s. hierzu Rdn. 1077 ff.) wehren. Er muss deshalb regelmäßig bereits im Verlaufe der mündlichen Verhandlung jeweils die einzelnen prozessualen Schritte bedenken und einleiten, die später der Gehörsrüge zum Erfolg verhelfen können. Dazu gehört auch, dass er darauf achtet, dass entscheidungserhebliche Erklärungen des Mandaten und erhebliche Prozesshandlungen zu Protokoll genommen werden.

552 Bevor der Beteiligte mit Hilfe eines Beweisantrags versuchen kann, ungeklärte Tatsachenfragen einer Aufklärung zuzuführen, muss er zunächst dafür sorgen, dass die entscheidungserheblichen Angaben seines Mandanten vollständig, richtig und darüber hinaus auch alle erheblichen Prozesshandlungen protokolliert werden. Einerseits neigen viele Gerichte dazu, in prozessordnungswidriger Weise, Beweisanträge pauschal wegen unglaubhafter Angaben des Asylsuchenden abzulehnen. Andererseits kann die Beachtung der für die mündliche Verhandlung vorgeschriebenen Förmlichkeiten nur durch das Protokoll bewiesen werden (§ 105 VwGO in Verb. mit § 165 S. 1

ZPO). Die Verletzung bestimmter Förmlichkeiten muss der Anwalt deshalb rügen und protokollieren lassen (§ 160 IV 1 ZPO).

Sind die Angaben des Asylsuchenden während der mündlichen Verhandlung nicht oder nicht vollständig protokolliert worden, stellt sich die Frage, wie die spätere Beweiswürdigung an die während der Verhandlung abgebenen Erklärungen gebunden und wie diese zum Inhalt der Gehörsrüge gemacht werden können. Beweiskraft im Blick auf die tatsächlichen Äußerungen während der mündlichen Verhandlung erbringt nur das Protokoll (§ 165 ZPO). Zwar protokollieren die Gerichte überwiegend vollständig die Angaben des Asylsuchenden während der mündlichen Verhandlung. Eine gesetzliche Verpflichtung hierzu besteht jedoch nicht:

553

Nach § 105 VwGO in Verb. mit § 160 III Nr. 4 ZPO ist die Aussage einer Partei nur dann im Protokoll festzuhalten, wenn sie als solche vernommen worden ist. Es ist in der obergerichtlichen Rechtsprechung indes umstritten, ob die Angaben des Asylsuchenden bei seiner informatorischen Befragung in der mündlichen Verhandlung zum Zwecke der Sachverhaltsaufklärung protokolliert werden müssen (dagegen OVG NW, NVwZ-Beil. 1995, 59; dafür OVG Sachsen, NVwZ-Beil. 2001, 103). Jedenfalls Ausführungen, die ein Beteiligter zum Zwecke der Begründung seines Klageantrags macht, brauchen nicht protokolliert zu werden (OVG NW, NVwZ-Beil. 1995, 59). Insoweit genügt der Hinweis im Protokoll, dass die Sach- und Rechtslage erörtert wurde (vgl. § 104 I VwGO).

554

Da nach § 98 VwGO die Vorschriften über die Parteivernehmung nach §§ 445–449 ZPO keine entsprechende Anwendung finden (Rdn. 965 ff.), kommt im Asylprozess die Parteivernehmung regelmäßig nur als subsidiäres Beweismittel in Betracht (BVerwG, DÖV 1983, 247). Die prozessuale Folge hiervon ist, dass Asylsuchende lediglich informatorisch befragt werden, obwohl ihren Angaben im Asylprozess anders als sonst im Prozessrecht gesteigerte Bedeutung zukommt (BVerwGE 71, 180 (181) = EZAR 630 Nr. 17 = InfAuslR 1985, 244). Auch das BVerfG hat ausdrücklich hervorgehoben, dass der Asylsuchende sich *typischerweise in Beweisnot* befinde. Er sei als »*Zeuge in eigener Sache*« zumeist das »*einzige Beweismittel*« (BVerfGE 94, 166 (200) = NVwZ 1996, 678 = EZAR 632 Nr. 25).

555

1.3.3.2. Antrag auf Protokollierung entscheidungserheblicher Angaben des Asylsuchenden

Will der Anwalt verhindern, dass der Zulassungsantrag mangels Darlegung der entsprechenden *tatsächlichen Grundlagen* für die Konkretisierung der Beweisfrage oder wegen fehlender Entscheidungserheblichkeit abgelehnt wird, muss er deshalb überlegen, ob und in welchem Umfang er von seinem Recht Gebrauch macht, dass bestimmte Vorgänge oder Äußerungen des Mandanten sowie bedeutsame Prozesshandlungen in das Protokoll aufgenommen werden (vgl. § 160 IV 1 ZPO). Das Gericht ist nach der Rechtsprechung nicht gehindert, auch solche in der mündlichen Verhandlung abgegebenen Erklärungen des Asylsuchenden seiner Entscheidung zugrunde zu legen, die nicht protokolliert worden sind (OVG NW, NVwZ-Beil. 1995, 59).

556

Diese Rechtsprechung zwingt den Anwalt dazu, die erforderlichen Anträge zu stellen, um alle aus seiner Sicht entscheidungserheblichen Angaben des

557

Mandanten im Protokoll festzuhalten (vgl. § 160 IV 1 ZPO). Der Antrag kann nur abgelehnt werden, wenn es auf die Äußerung nicht ankommt (§ 160 IV 2 ZPO). Der zurückweisende Beschluss ist im Protokoll aufzunehmen (§ 160 IV 3 ZPO) und schriftlich zu begründen (OVG NW, NVwZ-Beil. 1995, 59 (60)). Folge ist, dass die Äußerung des Asylsuchenden, deren Protokollierung das Gericht abgelehnt hat, seiner Entscheidung nicht zugrundegelegt werden darf. Denn was nicht entscheidungserheblich ist, kann die Klageabweisung nicht tragen. Wird es dennoch zur Grundlage der Abweisung herangezogen, ist die Gehörsrüge begründet.

558 Deutlich wird hier, dass eine Ablehnung der Protokollierung der Angaben des Asylsuchenden prozessökonomisch zeitraubend und unsinnig ist: Jeder gewissenhafte Anwalt wird nach Abhandlung der einzelnen Tatsachenkomplexe jeweils den Antrag auf Protokollierung stellen. Wird er abgelehnt, kann das Gericht diesen Komplex in den Entscheidungsgründen nicht mehr berücksichtigen. Zum Schluss bleibt von den Angaben des Asylsuchenden nichts mehr übrig, was eine Klageabweisung stützen könnte. Will das Gericht überhaupt keine Fragen stellen, steht dem Anwalt das Fragerecht zu den einzelnen Tatsachen und das darauf abzielende Antragsrecht auf Protokollierung zu.

559 Diesen prozessualen Besonderheiten des Asylprozesses wird in der obergerichtlichen Rechtsprechung durch eine analoge Anwendung des § 160 III Nr. 4 ZPO auf die informatorische Befragung des Asylsuchenden Rechnung getragen (OVG Sachsen, NVwZ-Beil. 2001, 103). Die entsprechende Anwendung sei wegen des Zwecks des Protokolls und wegen der Bedeutung der Angaben zu den individuellen Asylgründen für den Erfolg der Klage geboten. Der Zweck des Protokolls liege darin, den *tatsächlichen Entscheidungsstoff* zu sichern und eine Nachprüfung des Urteils durch ein Rechtsmittelgericht zu ermöglichen (OVG Sachsen, NVwZ-Beil. 2001, 103).

560 Es stelle keine geeignete Verfahrensweise dar, der Protokollierung unterliegende Angaben statt im Protokoll im Tatbestand des Urteils oder getrennt von der rechtlichen Würdigung in den Entscheidungsgründen festzuhalten (OVG Sachsen, NVwZ-Beil. 2001, 103). Die Verpflichtung zur Aufnahme *mindestens des wesentlichen Inhalts der Angaben des Asylsuchenden zu den individuellen Asylgründen* könne nicht davon abhängen, ob er hierzu förmlich als Partei oder formlos angehört werde. Für den Beweiswert dieser Angaben sei ohne Bedeutung, in welchem prozessualen Rahmen sie gemacht würden. Die Vorkehrungen der §§ 162, 163 ZPO, die die Richtigkeit des Protokolls gewährleisten sollten, müssten deshalb auch für Angaben in einer formlosen Anhörung gelten (OVG Sachsen, NVwZ-Beil. 2001, 103).

1.3.3.3. Antrag auf Protokollierung gerichtlicher Vorhalte

561 Das unwillige Gericht, das sich bedeckt hält und nur wenige oder überhaupt keine Fragen an den Asylsuchenden stellt, muss der Anwalt mithilfe seines Antragsrecht auf Protokollierung zwingen, seine Zweifel an der Glaubhaftigkeit des bisherigen Sachvorbringens im Einzelnen aufzudecken. Erachtet der Richter etwa Angaben zu einzelnen Sachkomplexen als vage, so muss er in der mündlichen Verhandlung durch gezielte Nachfragen er-

Rechtsmittel § 78

kennen lassen, dass er die entsprechenden Aussagen für unzureichend hält (BVerfG (Kammer), InfAuslR 1991, 85 (88); BVerfG (Kammer), NVwZ-Beil. 1997, 11 (13)).

Im Blick auf die *gerichtliche Ermittlungstiefe* entspricht es der gefestigten Kammerrechtsprechung des BVerfG, dass einem tatsächlichen oder vermeintlichen Widerspruch im Sachvortrag des Asylsuchenden durch dessen gezielte Befragung im Einzelnen nachzugehen ist (BVerfG (Kammer), AuAS 1996, 245 (246), m.w.Hw.). Unterlässt der Richter dies und beruhen seine Bewertungen auf Ungereimtheiten, Widersprüchen und Unzulänglichkeiten, die dem Asylsuchenden in der mündlichen Verhandlung nicht vorgehalten wurden, beruhen die tatrichterlichen Feststellungen nicht auf einer verfassungsrechtlich tragfähigen Grundlage. 562

Hat der Asylsuchende im Wesentlichen gleichbleibende und konkrete Angaben etwa zum Verlauf seiner Inhaftierung gemacht (zur Dauer und zum Ort der Unterbringung, zum Ziel der Verhöre, durch Hinweis auf verhörende Personen und wiederholte Folterungen), kann das Gericht diese Angaben nur dann als »vage« bewerten, wenn es durch gezielte Nachfragen diesen Tatsachenkomplex aufgeklärt und zu erkennen gegeben hat, dass es die entsprechenden Angaben für unzureichend hält (BVerfG (Kammer), NVwZ-Beil. 1997, 11 (13) = EZAR 631 Nr. 43). Das Verwaltungsgericht hat die Äußerungen des Asylsuchenden vor dem Bundesamt darüber hinaus »im Lichte der Fragestellung« zu beurteilen (BVerfG (Kammer), InfAuslR 1991, 85 (88)). Erachtet es eine entsprechende Äußerung, der es entscheidungserhebliche Bedeutung beimisst, für widersprüchlich, ist es gehalten, diesen Komplex in der mündlichen Verhandlung durch gezielte Befragungen aufzuklären (BVerfG (Kammer), InfAuslR 1991, 85 (88)). 563

Im Rahmen des Zulassungsantrags können derartige Ermittlungsdefizite jedoch nur gerügt werden, wenn der Anwalt in der mündlichen Verhandlung alle zumutbaren und geeigneten prozessualen Maßnahmen ergriffen hat. Verstöße gegen die Protokollierungsvorschriften nach § 105 VwGO in Verb. mit §§ 159 ff. ZPO verhelfen nämlich für sich genommen der Gehörsrüge nicht zum Erfolg (OVG Sachsen, NVwZ-Beil. 2001, 103). Vielmehr ist eine Gehörsrüge nur anzunehmen, wenn der Verstoß gegen das Protokollierungserfordernis den Schluss zulässt, der Asylbewerber habe sich in der mündlichen Verhandlung nicht umfassend zu seinem Asylbegehren äußern können oder das Verwaltungsgericht habe nicht seinen gesamten Vortrag zur Kenntnis genommen und in seine Entscheidungsfindung einbezogen (OVG Sachsen, NVwZ-Beil. 2001, 103). 564

Hiervon ausgehend ist festzuhalten, dass unterbliebene, aus der Sicht des Gerichts entscheidungserhebliche Vorbehalte dem Asylsuchenden seine prozessualen Rechte nehmen, sich gegen diese konkret und sachbezogen zu wehren und die darin zum Ausdruck kommenden gerichtlichen Zweifel auszuräumen. Daher müssen entscheidungserhebliche Vorhalte in der mündlichen Verhandlung zur Sprache kommen und einschließlich der Antworten des Asylsuchenden protokolliert werden. Werden Einwände gegen bestimmte Angaben des Asylsuchenden im bisherigen Verlaufe des Verfahrens in den Entscheidungsgründen zur Begründung der Klageabweisung herangezogen, 565

§ 78 *Gerichtsverfahren*

sind sie stets entscheidungserheblich und müssen in der mündlichen Verhandlung vorgehalten und protokolliert werden.

566 Dazu gehört zunächst, dass er das Gericht gezielt nach konkreten Zweifeln im Blick auf den bisherigen Sachvortrag fragt. Verweigert das Gericht eine konkrete Antwort auf die Frage nach entscheidungserheblichen Widersprüchen und Unstimmigkeiten, so muss der Beteiligte den Antrag stellen, dass Frage und Antwort möglichst präzis zu Protokoll genommen werden (vgl. § 160 IV 1 ZPO). Müssen sich dem Bevollmächtigten bestimmte Widersprüche, Ungereimtheiten und Unzulänglichkeiten im bisherigen Sachvortrag aufdrängen, so muss er diese durch gezieltes Fragen an den Asylsuchenden aufklären und die Befragung protokollieren lassen.

567 Macht das Gericht bestimmte Vorhalte, die es für entscheidungserheblich erachtet, so muss er ebenfalls beantragen, dass der entsprechende Vorgang protokolliert wird. Die Entscheidungserheblichkeit des Vorhalts (vgl. § 160 IV 2 ZPO) ist in einem derartigen Fall evident. Ist der Sachkomplex, der vom Gericht in den Entscheidungsgründen als widersprüchlich bewertet wird, in der mündlichen Verhandlung überhaupt nicht zur Sprache gekommen, kann dann die Gehörsrüge hierauf gestützt werden, wenn gemessen am Gesamtgeschehen der tatsächliche Teilaspekt, dessen Darlegung als widersprüchlich bewertet wird, dem Asylsuchenden als relativ unbedeutend erscheinen und sich ihm deshalb nicht aufdrängen musste, dass er auf einen in diesem Zusammenhang entstandenen Widerspruch von sich aus zu sprechen kommen musste (BVerfG (Kammer), InfAuslR 1991, 85 (88)).

568 Hält das Gericht sich bedeckt und offenbart es seine Zweifel erst in den schriftlichen Entscheidungsgründen, so kann nur unter den besonderen Voraussetzungen der unzulässigen Überraschungsentscheidung die Gehörsrüge (Rdn. 1006 ff.) erhoben werden. Unter dem Gesichtspunkt der Ausschöpfung aller prozessualen Möglichkeiten muss deshalb der Verfahrensbevollmächtigte im Rahmen der Erörterungspflicht (vgl. § 104 I VwGO) das Rechtsgespräch mit dem Gericht über offene tatsächliche Fragen suchen. Verweigert das Gericht unter Hinweis auf das Beratungsgeheimnis den Rechtsdiskurs und stützt es später die Klageabweisung auf tatsächliche Angaben des Asylsuchenden in der Verfahrensphase vor der mündlichen Verhandlung, ohne diesen in der Verhandlung auf die gerichtlichen Zweifel an der Glaubhaftigkeit der entsprechenden Angaben hinzuweisen, verletzt es das rechtliche Gehör.

569 Unter diesen Voraussetzungen ist die Gehörsrüge regelmäßig unter dem prozessualen Gesichtspunkt der unzulässigen Überraschungsentscheidung begründet. Der Rechtsmittelführer hat lediglich darzulegen, dass er das Rechtsgespräch über aus Sicht des Gerichts möglicherweise als entscheidungserheblich angesehene offene Fragen im bisherigen Sachvortrag beantragt und er selbst dem Gericht gegenüber zum Ausdruck gebracht hat, dass er diese nicht erkennen konnte. Wurde das Gespräch verweigert und kann ihm nicht der Vorwurf gemacht werden, dass er von sich aus die Widersprüchlichkeit oder Unstimmigkeit der entsprechenden Angaben des Asylsuchenden hätte erkennen können, so ist er durch die gerichtliche Wertung in den Entscheidungsgründen überrascht.

Für den Nachweis im Rahmen des Zulassungsantrags muss der Verfahrensbevollmächtigte deshalb darauf bestehen, dass *ausnahmslos* alle gerichtlichen Vorhalte und die entsprechenden Antworten des Asylsuchenden sowie seine eigenen Fragen an den Asylsuchenden und dessen entsprechenden Antworten protokolliert werden. Hierzu müssen die entsprechenden Protokollanträge gestellt werden. Darüber hinaus hat er den Antrag zu stellen, dass er nach Abschluss der Befragung und der erhobenen gerichtlichen Vorhalte das Rechtsgespräch über offene Tatsachenfragen beantragt hat. Der allgemeine Hinweis, dass die Sach- und Rechtslage erörtert wurde, ist zu unbestimmt. Vielmehr hat der Bevollmächtigte ausdrücklich den Antrag zu stellen, dass er das Gericht befragt hat, ob aus dessen Sicht noch entscheidungserhebliche Tatsachenfragen offen geblieben sind, er selbst jedoch keine offenen tatsächlichen Fragen mehr habe erkennen können. 570

Die Verwaltungsgerichte werden einer derartigen Inanspruchnahme des Antragsrechts häufig mit Unwillen begegnen. Dennoch muss in einem von fehlender Kooperation geprägten Verhandlungsklima der Verfahrensbevollmächtigte darauf bestehen, dass seine Frage an das Gericht nach offen gebliebenen entscheidungserheblichen Widersprüchen und Unstimmigkeiten im bisherigen Sachvorbringen zu Protokoll genommen wird. Nur so kann er daran mitwirken, dass bei der Abfassung der schriftlichen Urteilsgründe ein widerspruchsfreier Tatsachenvortrag zugrunde gelegt wird und kann er unter diesen Voraussetzungen für den Fall, dass nicht erörterte tatsächliche Gesichtspunkte zur Klageabweisung heran gezogen werden, die Gehörsrüge wegen unzulässiger Überraschungsentscheidung erheben. 571

1.3.3.4. Antrag auf Protokollberichtigung (§ 105 VwGO in Verb. mit § 164 ZPO)

Zu den verfügbaren und zumutbaren Maßnahmen, sich im erstinstanzlichen Verfahren ausreichend rechtliches Gehör zu verschaffen, kann auch der Antrag auf Protokollberichtigung nach § 105 VwGO in Verb. mit § 164 ZPO gehören. Entsprechend dem Sicherungszweck des Protokolls in Ansehung der Angaben des Asylsuchenden zu den individuellen Asylgründen (OVG Sachsen, NVwZ-Beil. 2001, 103) hat der Beteiligte, der nach Zustellung des Verhandlungsprotokolls bestimmte Unrichtigkeiten, Auslassungen oder andere Fehler entdeckt, den Antrag auf Protokollberichtigung gemäß § 164 I ZPO zu stellen. 572

Die Beschwerde gegen die Antragsablehnung (s. hierzu BayVGH, NVwZ-RR 2000, 843) dürfte im Asylprozess wohl nicht zulässig sein (vgl. § 80). Das bedeutet indes nicht, dass auch der Antrag nach § 164 I ZPO unterbleiben könnte. Vielmehr stellt der Antrag eine geeignete prozessuale Maßnahme dar, um den für die Gehörsrüge maßgebenden entscheidungserheblichen Tatsachenstoff zu sichern. 573

1.4. Bezeichnung der engeren prozessualen Voraussetzungen des Beweisantrags

1.4.1. Bezeichnung der formellen Voraussetzungen

1.4.1.1. Definition des Beweisantrags

574 Nur der ordnungsgemäß gestellte Beweisantrag löst die Bescheidungspflicht nach § 86 II VwGO. Im Zulassungsantrag ist daher darzulegen, dass der im erstinstanzlichen Verfahren gestellte Beweisantrag die formellen und inhaltlichen Voraussetzungen des Prozessrechts erfüllte. Jeder Beteiligte (vgl. § 86 I 2 VwGO), mithin auch der beigeladene Asylsuchende, kann einen Beweisantrag stellen. Als Beweisantrag ist entsprechend den zivilprozessualen Grundsätzen die dem Verwaltungsgericht gegenüber abgegebene Willenserklärung des Beteiligten zu verstehen, das Gericht möge über eine bestimmte Tatsache *(Beweisthema)* mit einem bestimmten *Beweismittel* Beweis erheben (Schmitt, DVBl. 1964, 465 f.; Leipold, in: Stein-Jonas, ZPO, § 284 Rdn. 31; Eisenberg, Beweisrecht der StPO, Rdn. 138; Dahm, ZAR 2000, 227 (229)).

1.4.1.2. Förmliche Antragstellung in der mündlichen Verhandlung

575 Das Gericht erhebt Beweis in der mündlichen Verhandlung (§ 96 I 1 VwGO). Will das Gericht einem ordnungsgemäß gestellten Beweisantrag nicht folgen, so trifft es nach § 86 II VwGO die Verpflichtung, hierüber durch einen zu begründenden Gerichtsbeschluss zu entscheiden. Nur der in der mündlichen Verhandlung gestellte Beweisantrag (vgl. § 86 II VwGO) löst diese gerichtliche Verpflichtung aus. Ein vorher *schriftsätzlich* gestellter Beweisantrag muss daher in der Verhandlung förmlich wiederholt werden, es sei denn, das Gericht erhebt bereits von Amts wegen Beweis oder es entscheidet mit Einverständnis der Beteiligten nach § 101 II VwGO im schriftlichen Verfahren (s. hierzu Rdn. 548 ff.; Dahm, ZAR 2002, 227 (230)).

576 Wegen § 74 II 1 ist der Beweisantrag im Übrigen regelmäßig innerhalb der dort geregelten Frist schriftsätzlich zu stellen. Wird der Beweisantrag in der Verhandlung nicht gestellt, verlieren die Beteiligten ihr *Rügerecht* (BVerwG, InfAuslR 1990, 99 (100)). Ebenso wenig kann das Fehlen der Begründung für den abgelehnten Beweisantrag mit der Gehörsrüge gerügt werden, wenn dieser Mangel im erstinstanzlichen Verfahren nicht gerügt wurde (vgl. BVerwG, NVwZ 1989, 555). Ein Gericht verletzt seine Pflicht zur erschöpfenden Aufklärung nicht, wenn es von einer Beweiserhebung absieht, die nicht ausdrücklich beantragt wird (BVerwG, B. v. 16. 1. 1980 – BVerwG I B 528.79).

577 Daher ist der Beweisantrag zur Wahrung des Rügerechts in der mündlichen Verhandlung vor Abschluss der Verhandlung zu stellen (BVerwG, NVwZ 1989, 555; BVerwG, InfAuslR 1983, 328). Wiederholt jedoch ein Beteiligter seinen schriftsätzlich angekündigten Antrag in der mündlichen Verhandlung nicht, setzt sich das Gericht indes in den Entscheidungsgründen ausdrücklich mit dem Beweisantrag auseinander, bleibt das Rügerecht erhalten (BVerwG, InfAuslR 1990, 99; zum Vorgehen des Berufungsgerichtes nach § 130 a VwGO im Berufungsverfahren s. BVerwG, NVwZ 1992, 891).

578 Umstritten ist, ob nur der *protokollierte* Beweisantrag die gerichtliche Bescheidungspflicht begründet (zum Meinungsstand Jacob, VBlBW 1997, 41 (42)).

Da nach § 105 VwGO in Verb. mit § 160 III Nr. 2 ZPO allein das Protokoll die volle Beweiskraft des ordnungsgemäß gestellten Beweisantrags begründet, ist die Protokollierung des Beweisantrags erforderlich (BVerwGE 21, 184 (185); Jacob, VBlBW 1997, 41 (42)). Ist diese unterblieben, so muss der Beweisführer – zur Erhaltung des Rügerechts nach Abs. 3 Nr. 3 in Verb. mit § 138 Nr. 3 VwGO – den Antrag auf Berichtigung oder Ergänzung des Protokolls stellen (BVerwGE 21, 184 (185)).

Ebenso wie schriftsätzlich gestellte Beweisanträge in der mündlichen Verhandlung förmlich zu stellen sind, müssen Beweisanträge, die zwar schon einmal formell gestellt worden sind, denen aber durch eine Beweisaufnahme bereits nachgegangen wurde, nochmals erneut gestellt werden, wenn der Beweisführer der Ansicht ist, dass das Gericht mit der Beweisaufnahme nicht oder nicht im vollen Umfang seinem Beweisantrag nachgegangen ist. Denn auch in diesem Fall wird der ursprünglich gestellte Beweisantrag gewissermaßen als »verbraucht« angesehen (Batsdorf, StV 1995, 310 (319); Jacob, VBlBW 1997, 41 (42)).

Das Gericht soll nicht gezwungen werden, die Akten auf etwa irgendwo an versteckter Stelle angebrachte, später vielleicht fallengelassene Beweisanträge durchzusehen, sondern nur gehalten sein, über unmittelbar vor Fällung der Entscheidung gestellte Beweisanträge zu entscheiden (BVerwGE 15, 175 (176)). Der Beteiligte verliert mithin sein Rügerecht auch dann, wenn das Gericht im Anschluss an seinen ursprünglichen Beweisantrag Beweis erhebt, damit jedoch seinem Beweisantrag nicht im vollen Umfang oder gar nicht entspricht.

Hier gebietet der Grundsatz, dass zur Wahrung des rechtlichen Gehörs der Beteiligte alle ihm zumutbaren prozessualen Möglichkeiten ausschöpfen muss, die erneute förmliche Beantragung der Beweisaufnahme im Sinne des ursprünglichen Beweisantrags. Sofern nämlich wie im Regelfall das Gericht in solchen Fällen davon ausgehen kann, der Beweisführer werde sich mit der vorangegangenen Beweiserhebung zufrieden geben, muss dieser einer solchen Annahme ausdrücklich entgegentreten, will er nicht am Einwand einer »schlüssigen Antragsrücknahme« scheitern (Batsdorf, StV 1995, 310 (319)).

1.4.1.3. Keine vorherige Bescheidungspflicht bei Verzicht auf mündliche Verhandlung

Wird der Beweisantrag *vor* oder *zusammen* mit dem *Verzicht auf mündliche Verhandlung* (§ 101 II VwGO) gestellt, so muss er nicht vorab entschieden werden (Jacob, VBlBW 1997, 41 (43); s. auch Dahm, ZAR 2002, 227 (230 f.)). Ein gewissenhafter und sachkundiger Prozessbevollmächtigter dürfte indes kaum eine derartige prozessuale Strategie verfolgen. Dieser Grundsatz gilt nach der Rechtsprechung des BVerwG indes auch dann, wenn der Beteiligte den Beweisantrag erst nach der ihm zugegangenen Anhörung stellt. In diesem Fall hat das Gericht die Beteiligten jedoch in einer erneuten Anhörungsmitteilung über das unverändert beabsichtigte Verfahren und damit darauf hinzuweisen, dass es dem Beweisantrag nicht durch förmlichen Beweisbeschluss nachgehen werde (BVerwG, NVwZ 1992, 890 (891)).

583 Hingegen hatte das BVerwG in seiner früheren Rechtsprechung bei einem *nach dem Verzicht* auf mündliche Verhandlung gestellten Beweisantrag die Vorschrift des § 86 II VwGO für entsprechend anwendbar gehalten (BVerwGE 15, 175 (176)). Vor der Entscheidung im schriftlichen Verfahren hat das Verwaltungsgericht daher – ebenfalls im schriftlichen Verfahren – über den Beweisantrag zu entscheiden. Will es ihm nachgehen, dürfte der Verzicht wegen veränderter Prozesslage ohnehin verbraucht sein. Der Beteiligte, der Anlass zu einer Beweisaufnahme nach dem Verzicht hat, ist gut beraten, zusammen mit dem ordnungsgemäß gestellten Beweisantrag seinen Verzicht auf Durchführung der mündlichen Verhandlung zu widerrufen und konkret zu begründen (Jacob, VBlBW 1997, 41 (43)).

584 Hat das Gericht, nachdem der Beteiligte den Beweisantrag gestellt hat, (weitere) Ermittlungen durchgeführt und ihr Ergebnis den Beteiligten mitgeteilt, so wird der Beweisantrag nicht mehr aufrechterhalten, wenn der Beweisführer, ohne seinen Antrag ausdrücklich zu wiederholen, mit einer Entscheidung ohne mündliche Verhandlung einverstanden ist (BSG, NVwZ-RR 1998, 144).

585 Will das Gericht durch *Gerichtsbescheid* (§ 84 VwGO) entscheiden, so löst der schriftsätzlich angekündigte Beweisantrag deshalb keine Bescheidungspflicht aus, weil der Beweisführer die mündliche Verhandlung beantragen kann (§ 84 II Nr. 4 VwGO). Der Antrag auf Durchführung der mündlichen Verhandlung geht der Gehörsrüge vor (Hess.VGH, NVwZ-RR 2001, 207). Wird der Beweisantrag jedoch erst nach der Anhörung (§ 84 I 2 VwGO) gestellt, ergibt sich aus dem Grundsatz des rechtlichen Gehörs für die Beweisanträge, über die auch in der mündlichen Verhandlung zu entscheiden wären, die Verpflichtung des Gerichts zur erneuten Anhörung nach § 84 I 2 VwGO oder zur schriftlichen Mitteilung, dass dem Beweisantrag nicht nachgegangen wird. Da es dem Beteiligten jedoch nach Zustellung des Gerichtsbescheids freisteht, mündliche Verhandlung zu beantragen (§ 84 II Nr. 4 VwGO), hat er ausreichende prozessuale Möglichkeiten, sich gegen dieses gerichtliche Vorgehen zu wehren.

586 Stellt der Beteiligte *nach Abschluss der mündlichen Verhandlung* den Beweisantrag, so kann dies Anlass geben, die mündliche Verhandlung nach § 104 III 2 VwGO wieder zu eröffnen, da erst dann der Beweisantrag förmlich gestellt werden kann. Da die Wiedereröffnung im gerichtlichen Ermessen liegt (Rdn. 1074ff.), wird nur eine Änderung der Sach- oder Beweislage, die eine frühere Antragstellung verhindert hat, von Bedeutung sein (Jacob, VBlBW 1997, 41 (43)). Unter diesen Voraussetzungen besteht jedoch eine gerichtliche Verpflichtung, zur Wahrung des rechtlichen Gehörs sowie zur Stellung des Beweisantrags, die mündliche Verhandlung wieder zu eröffnen, wenn nicht ohnehin, von Amts wegen im Sinne des gestellten Beweisantrags Beweis erhoben wird.

1.4.1.4. Unbedingte Antragstellung in der mündlichen Verhandlung

587 Zur Ausschöpfung aller verfügbaren und zumutbaren prozessualen Möglichkeiten gehört es, dass der Beweisantrag in der mündlichen Verhandlung unbedingt gestellt wird (Hess.VGH, AuAS 2001, 203; Hess.VGI I, B. v. 22. 7.

1999 – 12 ZU 3232/97.A; Hess.VGH, AuAS 2003, 69 (71); OVG Brandenburg., AuAS 2004, 58 (60); OVG SH, AuAS 2003, 236 = AuAS 2004, 9; a.A. VGH BW, B. v. 29. 7. 2004 – A 8 S 945/04; Dahm, ZAR 2002, 227 (229)). Der lediglich *hilfsweise* oder *vorsorglich* gestellte Beweisantrag braucht nach § 86 II VwGO nicht entschieden werden. Ein derartiger Antrag wird für den Fall gestellt, dass es auf das Beweisthema ankommen sollte und löst aus diesem Grund die gerichtliche Bescheidungspflicht nicht aus. Er stellt der Sache nur eine bloße Anregung an das Gericht dar, den Sachverhalt nach § 86 I VwGO weiter aufzuklären (OVG SH, AuAS 2003, 236 = AuAS 2004, 9). Die Vorschrift des § 86 II VwGO räumt den Beteiligten demgegenüber ein Recht darauf ein, schon vor Erlass des Urteils die Auffassung des Gerichts über die Erheblichkeit eines Beweisthemas kennen zu lernen, um sich darauf einstellen zu können.

Bei einem hilfsweise gestellten Antrag gibt der Beteiligte indes zu erkennen, dass sein Beweisantrag nicht vorweg, sondern erst dann bewertet werden soll, wenn die Sache selbst zur Entscheidung ansteht (BVerwG, MDR 1969, 419; BGH, StV 1990, 149; s. hierzu Schlothauer, StV 1988, 542; Basdorf, StV 1995, 310 (315); Dahm, ZAR 2002, 227 (22)). Dieselben Grundsätze gelten dann, wenn aus anderen Umständen ersichtlich wird, dass über den Beweisantrag erst im Zusammenhang mit der Sachentscheidung zu befinden ist (Jacob, VBlBW 1997, 41 (43)). Entsprechende prozessuale Erklärungen des Beteiligten müssen aber eindeutig sein. Erklärt er hingegen ausdrücklich zu Protokoll, dass er den Beweisantrag unbedingt stellt, verbietet sich jegliche relativierende Interpretation derartiger Prozesshandlungen. Jedenfalls wird man verlangen können, dass der Beteiligte zur Form des Beweisantrags eindeutige Erklärungen abgibt. Notfalls hat das Gericht durch Nachfragen diesen Gesichtspunkt zu klären (s. hierzu auch Köhler, Asylverfahren, Rdn. 93).

588

Hilfsweise gestellten Beweisanträgen werden *Eventualbeweisanträge*, die an eine ungewisse Sachlage oder an die gerichtliche Auffassung zu einzelnen Fragen anknüpfen, prozessual gleichgestellt. Es handelt sich hierbei etwa um einen Beweisantrag für den Fall, dass das Gericht eine vorgelegte Urkunde für unecht oder einen Zeugen für unglaubwürdig oder die eingeführten Erkenntnismittel nicht für ausreichend erachtet. Ebenso wie ein sonstiger bedingter Beweisantrag – etwa ein Beweisantrag für den Fall, dass ein anderer Beweisantrag abgelehnt wird – löst ein Eventualantrag im Verwaltungsprozess deshalb keine gerichtliche Bescheidungspflicht aus (Jacob, VBlBW 1997, 41 (43); a.A. Schlothauer, StV 1988, 542 für den Strafprozess), weil dies nur durch unbedingte und ohne Einschränkungen gestellte Beweisanträge bewirkt werden kann.

589

Es macht deshalb im Verwaltungsprozess wohl in der Sache grundsätzlich keinen Unterschied, ob man den Begriff des »hilfsweisen«, »bedingten«, »vorsorglichen« oder »Eventualbeweisantrags« verwendet. In all diesen Fällen will der Beteiligte Vorfragen, von deren Klärung der Ausgang des Verfahrens abhängig ist, nicht ausdrücklich vor der Sachentscheidung durch Beweisaufnahme klären lassen, weil er darauf hofft, dass es auf diese Vorfragen möglicherweise nicht ankommt. Das Prozessrecht erlegt ihm jedoch für die daraus folgende Ungewissheit das volle Risiko auf.

590

591 Der Beteiligte begibt sich deshalb wichtiger prozessualer Möglichkeiten, wenn er den Antrag nicht unbedingt stellt und verliert deshalb sein Rügerecht (Hess.VGH, AuAS 2001, 203; Hess.VGH, B. v. 22. 7. 1999 – 12 ZU 3232/97.A; Hess.VGH, AuAS 2003, 69 (71); OVG SH, AuAS 2003, 236 = AuAS 2004, 9; a. A. VGH BW, B. v. 29. 7. 2004 – A 8 S 945/04). Nur dann kann er durch Gegenvorstellung, weitere Beweisanträge, gezielte Fragen an den Asylsuchenden, Anträge auf Protokollierung bestimmter Erklärungen (§ 160 IV 1 ZPO) oder etwa im Rechtsgespräch auf die in der Begründung für die Ablehnung des Beweisantrags zum Ausdruck kommende gerichtliche Rechtsansicht entsprechend reagieren.

592 Die hilfsweise Stellung eines Beweisantrags hat indes lediglich die Bedeutung, dass es insoweit einer Bescheidung des Antrags in der mündlichen Verhandlung nicht bedarf. Dagegen wird hierdurch nicht die Möglichkeit versperrt, dass das Gericht bei der Behandlung eines derartigen Antrags das rechtliche Gehör verletzt, etwa weil es diesen rechtsirrig mit der Begründung ablehnt, der angebotene Beweis reiche zur Widerlegung des Fehlens einer politischen Verfolgung nicht aus (VGH BW, AuAS 1994, 56 (57f.); Jacob, VBlBW 1997, 41 (44f.)). Im Übrigen handelt es sich beim hilfsweisen Antrag lediglich um eine *Beweisanregung*. Die prozessordnungswidrige Ablehnung dieses Antrags kann zwar mit der Aufklärungsrüge angegriffen werden. Diese ist indes im Asylprozess grundsätzlich nicht gegeben (Hess.VGH, AuAS 2001, 203; OVG SH, AuAS 2003, 236 = AuAS 2004, 9; s. aber Rdn. 1045ff.).

593 Jedenfalls verlieren die Beteiligten ihr Rügerecht nicht in dem Fall, in dem der Vorsitzende aus prozessökonomischen Gründen die hilfsweise Antragstellung anregt und zusichert, das Gericht werde – sofern es im Rahmen der Beratung zur Auffassung gelangen sollte, dass der geltend gemachte Klageanspruch nicht durchgreift – den Beweisantrag behandeln. Zwar kann der darin liegende Gehörsverstoß grundsätzlich nur dann gerügt werden, wenn die Beteiligten darauf drängen, dass die Ablehnung des Beweisantrags in der Verhandlung vor Erlass des Urteils begründet wird (BVerwG, NVwZ 1989, 555). Eine Ausnahme ist insoweit aus den genannten Gründen für die auf Anregung des Vorsitzenden gestellten hilfsweisen Anträge zu machen. Es empfiehlt sich daher, eine derartige Anregung gegebenenfalls protokollieren zu lassen.

1.4.2. Bezeichnung der inhaltlichen Voraussetzungen des Beweisantrags

1.4.2.1. Substanziierung des Beweisantrags

1.4.2.1.1. Funktion der Substanziierungspflicht

594 Der Beweisantrag muss *hinreichend substanziiert* sein, um die gerichtliche Bescheidungspflicht nach § 86 II VwGO auszulösen (BVerfG (Kammer), InfAuslR 1992, 63 (65); BVerfG (Kammer), InfAuslR 1991, 85 (87); BVerwG, InfAuslR 1990, 38 (39); BGH, NJW 1991, 2707 (2709); VGH BW, AuAS 1998, 189; Schenk, in: Hailbronner, AuslR, § 78 AsylVfG Rdn. 102; s. auch Dahm, ZAR 2002, 227 (231); zum Sachverständigenbeweis s. Rdn. 667ff.; zum Zeugenbeweis s. Rdn. 999ff. zum Urkundenbeweis s. Rdn. 1009ff.). Nach ständiger Rechtsprechung des BVerwG findet die Pflicht des Gerichts zur Sachverhaltsaufklärung ihre Grenze dort, wo das Klagevorbringen des Asylsuchenden keinen tatsächlichen Anhaltspunkt zu weiterer Sachverhaltsaufklärung bietet (BVerwG, InfAuslR 1990, 38 (39)).

Im Beweisantrag muss daher im Einzelnen dargelegt werden, welche rechtlich erheblichen Beweistatsachen von dem angeführten Beweismittel zu erwarten sind, um das Gericht in die Lage zu versetzen, die Tauglichkeit des Beweismittels zu beurteilen. Ein Beweisantrag muss des Weiteren für bestimmte Tatsachen bestimmte Beweismittel benennen. Er hat die Beweismittel zu jeder Tatsache besonders zu bezeichnen und muss erkennen lassen, auf welche der vorangestellten Behauptungen er sich bezieht (Deibel, InfAuslR 1984, 114 (116)).

1.4.2.1.2. Inhalt der Substanziierungspflicht

Im Asylprozess muss daher der Beweisantrag durch Angabe konkreter und individualisierbarer Beweistatsachen auf den Asylsuchenden bezogen sein. Beim Zeugenbeweis sind etwa der Zeuge durch Benennung und nähere Angaben ausreichend zu individualisieren und die Wahrnehmungen des benannten Zeugen präzis anzugeben (Basdorf, StV 1995, 310 (315)) sowie darzulegen, woher der Zeuge von der Beweistatsache Kenntnis haben soll (Rdn. 901 ff.). Beim Urkundenbeweis erstreckt sich die Substanziierungspflicht auch darauf, wie der Beweisführer in den Besitz der Urkunde gelangt ist und was im Einzelnen aus ihr hervorgehen soll (Jacob, VBlBW 1997, 41 (43); Rdn. 950 ff.). Nur beim Sachverständigenbeweis genügt die Berufung auf die Beweistatsachen unter Angabe der zu begutachtenden Punkte, ohne dass die Person des Sachverständigen bezeichnet werden muss (Leipold, in: Stein-Jonas, ZPO, § 284 Rdn. 31; s. aber Rdn. 826 ff.).

Ein Verfahrensfehler liegt daher nicht vor, wenn das Gericht den Beweisantrag deshalb ablehnt, weil das Beweisthema nicht hinreichend konkretisiert und der Antrag auch im Übrigen *nicht hinreichend substanziiert* worden ist (BVerwG, MDR 1983, 869 (870) = InfAuslR 1983, 185; BVerwG, InfAuslR 1985, 80). Die *Unwahrscheinlichkeit einer behaupteten und unter Beweis gestellten Tatsache* rechtfertigt es andererseits jedoch nicht, auf eine Beweisaufnahme zu verzichten (BVerwG, InfAuslR 1983, 185). Solche Anträge lösen jedoch für sich allein keine Pflicht des Gerichts zur Beweiserhebung aus (BVerwG, InfAuslR 1985, 80). Aus der Mitwirkungspflicht des Asylsuchenden folgt, dass er von sich aus eine lückenlose Darstellung der Tatsachen anzugeben hat, die seinen geltend gemachten Asylanspruch stützen sollen. Ergibt die rechtliche Würdigung, dass dieser Tatsachenvortrag – als wahr unterstellt – den Asylanspruch nicht zu begründen vermag, ist die Klage bereits unschlüssig. Ein Eintreten des Gerichts in weitere Ermittlungen scheidet aus (BVerwGE 77, 150 (156) = EZAR 205 Nr. 5 = NVwZ 1988, 812 = InfAuslR 1987, 223).

1.4.2.1.3. Schlüssige Darlegung der Beweistatsache

Ein typischer Fehler in der Gerichtspraxis ist die Ablehnung des Beweisantrags als unzulässig, weil das *Klagevorbringen insgesamt unglaubhaft* sei. Das Gericht darf den ordnungsgemäß gestellten Beweisantrag jedoch nicht allein deshalb ablehnen, weil ihm das Klagevorbringen als nicht hinreichend substanziiert erscheint (BVerfG (Kammer), InfAuslR 1990, 199 (202); VGH BW, AuAS 1998, 189; s. auch BVerwG, InfAuslR 1990, 38 (39f.)). Ausgeschlossen ist danach insbesondere, dass das Gericht sich für die Annahme nicht ausreichender Substanziierung von Verfolgung mit bloßen Zweifeln an der Glaubwürdigkeit des Asylsuchenden begnügt. Solchen Zweifeln ist vielmehr grundsätzlich durch Beweiserhebung nachzugehen.

599 Eine Ausnahme ist allenfalls bei Unschlüssigkeit gerade der unter Beweis gestellten Tatsachenfrage zu machen (BVerfG (Kammer), InfAuslR 1990, 199; s. aber BVerfG (Kammer), InfAuslR 1994, 370 (372)). Die in der Gerichtspraxis zu beobachtende Tendenz, die Ablehnung des Beweisantrags damit zu begründen, der Asylanspruch sei nicht glaubhaft gemacht, verletzt daher das Recht auf Gehör. Hat der Asylsuchende die aus seiner Sicht maßgeblichen Tatsachen und Umstände schlüssig vorgetragen und sind diese auch grundsätzlich geeignet, seinem Asylanspruch zum Erfolg zu verhelfen, verbleiben aber Zweifel an der Glaubhaftigkeit der Angaben, hat das Gericht dem hinreichend konkretisierten Beweisantrag stattzugeben, wenn er gerade zur Aufklärung dieser Zweifel in sachdienlicher Weise beitragen kann.

600 Zwar hat das BVerwG festgestellt, das Verwaltungsgericht brauche in die beantragte Beweiserhebung nicht einzutreten, wenn der Beteiligte es an der Schilderung eines zusammenhängenden und in sich stimmigen, im Wesentlichen widerspruchsfreien Sachvortrag fehlen lasse und deshalb das Klagevorbringen seinem Inhalt nach keinen Anlass gebe, einer hieraus abgeleiteten Verfolgungsgefahr näher nachzugehen (BVerwG, NVwZ-RR 1990, 379 = InfAuslR 1990, 38; ebenso OVG NW, B. v. 14.10.1997 – 25 A 1384/97. A; VGH BW, B. v. 17.6.1998 – A 14 S 1178/98; a. A. VGH BW, AuAS 1998, 184). Die Schilderung des Asylsuchenden von dem ihn betreffenden Verfolgungsgeschehen muss jedoch in *wesentlichen Punkten* unzutreffend oder in nicht auflösbarer Weise widersprüchlich sein (VGH BW, AuAS 1994, 56; VGH BW, AuAS 1998, 189).

601 Dies ist nicht der Fall, wenn Bedenken gegen die Unglaubhaftigkeit der Angaben des Asylklägers aus Umständen hergeleitet werden, die *nicht* das *eigentliche Verfolgungserlebnis* betreffen (VGH BW, AuAS 1994, 56). Zu bedenken ist auch, dass die Rechtsprechung des BVerwG nur Anwendung finden kann, wenn das Verwaltungsgericht bereits ohne die angebotene Beweisaufnahme davon ausgehen kann, dass die festgestellten Widersprüche unauflöslich sind (VGH BW, AuAS 1994, 56). Der Umstand allein, dass das Gericht nach dem bisherigen Sachvorbringen zu der Überzeugung gelangt ist, dieser sei unglaubhaft, trägt die Ablehnung eines Beweisantrags nicht (VGH BW, B. v. 17.6.1998 – A 14 S 1178/98). Die Ablehnung eines substanziierten Beweisantrags liefe in diesem Fall auf ein *unzulässige Beweisantizipation* hinaus (VGH BW, AuAS 1998, 189 (190)). Auch in der Kammerrechtsprechung des BVerfG besteht eine signifikant zurückhaltendere Tendenz in dieser Frage.

602 Uneinheitlich ist in der gerichtlichen Praxis die Behandlung unsubstanziierter Beweisanträge. Überwiegend werden derartige Beweisanträge wohl mangels der für den Beweisantrag geforderten inhaltlichen Substanziierung des Beweisthemas sowie des Beweismittels, also wegen Fehlens der an eine Bescheidungspflicht nach § 86 II VwGO zu stellenden inhaltlichen Anforderun-

gen, abgelehnt. Zulässig und üblich ist es jedoch auch, derartige Anträge als zulässig zu behandeln und unter dem Gesichtspunkt der mangelnden Eignung des Beweismittels abzulehnen. Auch das BVerfG nennt den unsubstanziierten Beweisantrag neben dem auf ein entscheidungsunerhebliches Beweisthema zielenden oder auf ein unerreichbares Beweismittel beruhenden Beweisantrag als zulässigen Ablehnungsgrund (BVerfG (Kammer), InfAuslR 1992, 63 (65)).

Allerdings können unsubstanziierte Beweisanträge rechtlich nicht in jeder Hinsicht als unerheblich behandelt werden. Die Vorschrift des § 86 II VwGO soll das Verwaltungsgericht nicht nur dazu veranlassen, vor dem Erlass einer Sachentscheidung Überlegungen über die Entscheidungserheblichkeit eines Beweisantrags anzustellen, sondern die Beteiligten auf die durch die Ablehnung des Beweisantrags entstandene prozessuale Lage hinweisen und in die Lage versetzen, ihre Rechtsverfolgung auf die Erwägungen des Gerichts auszurichten. Bereits dieser Gedanke legt es nahe, auch für Beweisanträge mit Mängeln eine entsprechende förmliche Entscheidung nach § 86 II VwGO zu fordern (Jacob, VBlBW 1997, 41 (44)).

603

Auch der verfassungsrechtliche Grundsatz des rechtlichen Gehörs untersagt es dem Gericht, über einen wenn auch mangelhaft gestellten Beweisantrag wortlos hinweg zu gehen. Vielmehr hat es zur Wahrung seiner prozessualen Verpflichtungen mit dem Beteiligten diesen Beweisantrag zumindest zu erörtern und diesen auf die fehlende Erheblichkeit des Beweisantrags hinzuweisen (Jacob, VBlBW 1997, 41 (44)). Unterbleibt dies, kann in dieser gerichtlichen Versäumnis eine Gehörsverletzung liegen.

604

1.4.2.1.4. Unzulässigkeit des Ausforschungsbeweises

Das Verwaltungsgericht muss nicht in die beantragte Beweiserhebung eintreten, wenn in Wahrheit kein Beweisantrag, sondern ein unzulässiger *Ausforschungsbeweisantrag* gestellt wird. Der Ausforschungsantrag wird allgemein als Sonderfall des unsubstanziierten Beweisantrags behandelt (BVerwG, NVwZ-RR 1991, 118 (123); BVerwG, InfAuslR 1996, 28 (29); Schmitt, DVBl. 1964, 465 (466); Deibel, InfAuslR 1984, 114 (117); Jacob, VBlBW 1997, 41 (44); Dahm, ZAR 2002, 227 (232)). Davon kann aber nur dann die Rede sein, wenn unter lediglich formalem Beweisantritt Behauptungen aufgestellt werden, für deren Wahrheitsgehalt nicht *wenigstens* eine *gewisse Wahrscheinlichkeit spricht* oder wenn *willkürliche, aus der Luft gegriffene Behauptungen*, für die tatsächliche Grundlagen ganz fehlen, gemacht werden (BVerfG (Kammer), NVwZ 1994, 60; BGH, NJW 1989, 2947 (2948); BGH, NJW 1991, 2707 (2709); VGH BW, EZAR 610 Nr. 34; Jacob, VBlBW 1997, 41 (44); Berlit, in: GK-AsylVfG, § 78 Rdn. 366).

605

Mithin muss es sich um Behauptungen handeln, die aufs Geratewohl gemacht, gleichsam »ins Blaue« aufgestellt, mit anderen Worten, aus der Luft gegriffen sind und sich deshalb als Rechtsmissbrauch darstellen (BGH, NJW 1991, 2707 (2709)). Bei der Annahme von Willkür in diesem Sinne ist jedoch *Zurückhaltung* geboten. In der Regel wird sie nur das Fehlen jeglicher tatsächlicher Anhaltspunkte rechtfertigen können (BGH, NJW 1991, 2707 (2709); Leipold, in: Stein-Jonas, ZPO, § 284 Rdn. 40) und deshalb auf die Fälle be-

606

grenzt bleiben, in denen der Beweisantrag darauf abzielt, sich mit Hilfe willkürlicher Behauptungen Beweistatsachen oder Beweismittel durch Nachforschungen erst zu beschaffen, um sie anschließend zum Gegenstand einer Beweiserhebung zu machen (BVerwG, NVwZ-RR 1991, 118 (123); BGH, NJW 1984, 2888 (2889); Schmitt, DVBl. 1964, 465 (467); Deibel, InfAuslR 1984, 114 (117)).

607 Wird jedoch eine namentlich bezeichnete Person, deren Aufenthalt dem Beweisführer unbekannt ist, als Zeuge über bestimmte Tatsachen benannt und zugleich der Weg aufgezeigt, auf den Aufenthalt und Anschrift in Erfahrung gebracht werden können, so handelt es sich nicht um einen Beweisausforschungsantrag, sondern um einen Beweisantrag, der die gerichtliche Bescheidungspflicht auslöst (Deibel, InfAuslR 1984, 114 (117); zu den Anforderungen an den Zeugenbeweis in diesem Zusammenhang: Basdorf, StV 1995, 310 (316)).

1.4.2.1.5. Unzulässigkeit des Beweisermittlungsantrags

608 Neben dem Ausforschungsantrag ist auch der *Beweisermittlungsantrag* unzulässig. Regelmäßig werden Ausforschungs- und Ermittlungsantrag nicht unterschieden, sondern beide Begriffe synonym verwendet (BVerwG, NVwZ-RR 1991, 118 (123); VGH BW, AuAS 1997, 127 (128) = NVwZ-Beil. 1997, 67; Leipold, in: Stein-Jonas, ZPO, § 284 Rdn. 40; Schmitt, DVBl. 1964, 465 (466 f.). Denn von der Sache her besteht zwischen beiden Formen unzulässiger Beweisbeantragung kein Unterschied: Während Beweisermittlungsanträge den Zweck verfolgen, die eigentlichen Beweisanträge vorzubereiten (Jacob, VBlBW 1997, 41 (44)), d. h. Tatsachen, von denen der Beweisführer keine Kenntnis hat, in das Verfahren einzuführen (BVerwGE 75, 1 (6)), werden Ausforschungsanträge ebenfalls dadurch gekennzeichnet, dass sie die Beweistatsachen erst beschaffen sollen (BGH, NJW 1984, 2888 (2889); Schmitt, DVBl. 1964, 465 (467); Deibel, InfAuslR 1984, 114 (117); Rdn. 283).

609 Das BVerwG differenziert dementsprechend auch nicht zwischen Beweisermittlungs- und Beweisausforschungsanträgen. Diese Anträge seien vielmehr so unbestimmt, dass im Grunde erst die Beweiserhebung selbst die entscheidungserheblichen Tatsachen und Behauptungen aufdecken sollten (BVerwG, NVwZ-RR 1991, 118 (123)). Ein Beweisermittlungsantrag wird damit durch die Unbestimmtheit der Beweistatsache definiert und lässt sich vom bloß »unsubstanziierten« Beweisantrag kaum abgrenzen (Berlit, in: GK-AsylVfG, § 78 Rdn. 367).

610 Ein Beweisermittlungsantrag liegt aber dann nicht vor, wenn eine bestimmte Tatsachenbehauptung aufgestellt wird (BGH, StV 1982, 155). Auch wenn andererseits Beweisermittlunganträge nicht die Bescheidungspflicht des Gerichts nach § 86 II VwGO auslösen, kann das rechtliche Gehör der Beteiligten deshalb verletzt werden, weil sich dem Gericht aus diesem Anlass eine Beweiserhebung hätte aufdrängen müssen (BGH, NJW 1987, 2384 (2385)). Die damit angesprochene Aufklärungsrüge vermittelt allerdings im Asylprozess nur unter strengen Voraussetzungen den Weg in das Berufungsverfahren (s. hierzu Rdn. 1045 ff.).

Rechtsmittel § 78

1.4.2.2. Asylspezifische Besonderheiten der Substanziierungspflicht
Im Asylprozess verdeutlicht gerade die Beweisnot des Asylsuchenden (BVerfGE 94, 166 (200f.) = EZAR 632 Nr. 25 = NVwZ 1996, 678; BVerwGE 55, 82 (86) = NJW 1978, 2463 = EZAR 201 Nr. 3) insbesondere in Ansehung der allgemeinen rechtlichen und politischen Verhältnisse in seinem Herkunftsland, wozu auch die Vorbereitung, Durchführung sowie Art und Umfang der Repressalien durch die Organe des behaupteten Verfolgerstaates gehören, die Grenzen des Ausforschungsantrags. Da Beweisermittlungsanträge durch die Unbestimmtheit der Beweistatsachen gekennzeichnet werden (BVerwG, NVwZ-RR 1991, 118 (123); Jacob, VBlBW 1997, 41 (44)), ist evident, dass bei Beweisanträgen zur Aufklärung der allgemeinen Verhältnisse im Herkunftsland besonders große Zurückhaltung des Gerichts im Blick auf den Einwand des unzulässigen Beweisermittlungsantrags geboten ist (s. hierzu auch die prozessualen Möglichkeiten, ein (weiteres) Sachverständigengutachten zu beantragen, Rdn. 752 ff.).

Denn für die Darlegung allgemeiner Tatsachen im Herkunftsland des Asylsuchenden verlangt das BVerwG nicht einen lückenlosen, also schlüssigen Tatsachenvortrag im Sinne der zivilprozessualen Verhandlungsmaxime. Gefordert werden kann lediglich, damit zu weiteren Ermittlungen Anlass besteht, dass der Tatsachenvortrag die *nicht entfernt liegende Möglichkeit* ergibt, dass politische Verfolgung droht (BVerwG, InfAuslR 1982, 156; BVerwG, InfAuslR 1983, 76; BVerwG, DÖV 1983, 207; BVerwG, InfAuslR 1984, 129; BVerwG, InfAuslR 1989, 350; VGH BW, AuAS 1997, 127 (128); Marx, Handbuch, § 12 Rdn. 17; Rdn. 237). Der Grad der *gewissen Wahrscheinlichkeit* der an die Tatsachenbehauptungen für den Beweisantrag zu stellen ist, wird damit durch den Umfang der Darlegungslast bestimmt und darf deshalb beim Beweisantritt nicht zu hoch angesetzt werden. Es reicht deshalb aus, wenn der Beweisantrag substanziiert beachtliche Gründe für das Vorliegen der Beweistatsache benennt, ohne diese aber als sicher zu behaupten (Berlit, in: GK-AsylVfG, § 78 Rdn. 366).

Erachtet etwa das Verwaltungsgericht den individuellen Vortrag, dass nach einer Reihe wiederholter kurzfristiger Festnahmen und Folterungen der behauptete Verfolgungsdruck durch gewisse mehrere Monate währende verfolgungsfreie Phasen gelockert war und bezweifelt es deshalb die Behauptung des Asylsuchenden, einer ihm unmittelbar drohenden Gefahr der Festnahme durch die Flucht ins Ausland entkommen zu sein, so hat dieser zunächst seiner Darlegungslast genügt. Die Art und Weise der Verfolgungsmuster, die Entscheidung der Verfolgungsorgane, zu einem bestimmten Zeitpunkt bestimmte Maßnahmen gegen tatsächliche oder mutmaßliche Oppositionelle zu ergreifen, sind allgemeine Umstände, welche der eingeschränkten Darlegungslast unterliegen und über die grundsätzlich von Amts wegen etwa durch Sachverständigenbeweis Beweis zu erheben ist, wenn diese Frage nicht als wahr unterstellt wird und sie sich auch aus den eingeführten Erkenntnismitteln nicht hinreichend zuverlässig beantworten lässt.

Abzugrenzen ist hiernach lediglich danach, ob der Beweisführer lediglich aus der Luft gegriffene *Vermutungen* äußert, für die er keinen Erklärungskontext bezeichnet und von denen er hofft, dass Nachforschungen darüber zu seinen

Gunsten sprechende Tatsachen ergeben. Es fehlt dann an einer *bestimmten Tatsachenbehauptung* als Voraussetzung für die Annahme eines Beweisantrags (BGH, NJW 1987, 2384 (2385)). Ob es sich jeweils nur um die willkürliche Äußerung einer Vermutung oder aber um die bestimmte Behauptung von Tatsachen handelt, entscheidet sich nicht allein nach dem Wortlaut und damit der äußeren Form des Antrags, sondern nach seinem durch Auslegung unter Berücksichtigung aller wesentlichen Umstände zu ermittelnden Sinn (BGH, NJW 1987, 2384 (2385); ähnlich Schmitt, DVBl. 1964, 465 (467)).

615 Das Behaupten *vermuteter Tatsachen* ist nicht gleichbedeutend mit der Überzeugung von der Ergebnislosigkeit der Beweisaufnahme (BGHSt 21, 118 (125)). Es ist dem Beweisführer danach insbesondere nicht verwehrt, auch solche Tatsachen unter Beweis zu stellen, die er *lediglich für möglich* hält (BGHSt 21, 118 (125); BGH, NJW 1987, 2384 (2385)). Im Asylprozess reicht insoweit bereits die *nicht entfernt liegende Möglichkeit* aus (BVerwG, InfAuslR 1982, 156; BVerwG, InfAuslR 1983, 76; BVerwG, DÖV 1983, 207); BVerwG, InfAuslR 1989, 350). Nur *bloße Vermutungen*, für die der Beweisführer keinen tatsächlichen Anhaltspunkt benennen kann und deshalb als »völlig aus der Luft gegriffen«, »ins Blaue hinein« behauptet (BGH, NJW 1989, 2947 (2948); Jacob, VBlBW 1997, 41 (44)), erscheinen, lösen die gerichtliche Bescheidungspflicht nach § 86 II VwGO nicht aus.

616 Ein bloßer Beweisermittlungsantrag liegt aber nicht schon dann vor, wenn der Asylsuchende entsprechend seiner strengen Darlegungspflicht die seine Verfolgungsfurcht begründenden individuellen Tatsachen und Umstände dargelegt hat und das Verwaltungsgericht diese für unwahrscheinlich ansieht, weil diese seiner Ansicht nach durch die Erkenntnisse nicht getragen werden. Hier ist das Rechtsgespräch (§ 104 I VwGO) zu suchen und das Verwaltungsgericht zu veranlassen, die entsprechenden Erkenntnismittel einzuführen. Ergibt sich aus den Erkenntnismitteln nicht mit hinreichender Zuverlässigkeit, dass die allgemeinen Verhältnisse im Herkunftsland den individuellen Angaben des Asylsuchenden entgegenstehen, ist der Beweisantrag ausreichend substanziiert und ist ihm nachzugehen oder sind die entsprechenden Angaben als wahr zu unterstellen.

617 Ein bloßer Beweisermittlungsantrag liegt darüber hinaus nicht schon dann vor, wenn sich der Antrag nicht auf konkrete, den Kläger selbst betreffende Prognosetatsachen bezieht, sondern unter substanziierter Angabe konkreter Referenzfälle eine Gefährdung abgeschobener Asylsuchender darlegt (VGH BW, NVwZ-Beil. 1997, 67, zustimmend Berlit, in: GK-AsylVfG, § 78 Rdn. 367). Dies verdeutlicht, dass der Einwand des Beweisermittlungsantrags insbesondere im Asylprozess zurückhaltend anzuwenden ist. Fragwürdig ist deshalb die obergerichtliche Rechtsprechung, soweit sie etwa die im Einzelnen konkretisierte Behauptung, dass die Ehe zwischen einem männlichen Ahmadi und einer weiblichen Muslimin, die nicht der Ahmadiyya angehört, politische Verfolgung nach sich ziehe, als Vermutung und damit als unzulässigen Ausforschungsbeweis bewertet (OVG Rh-Pf, B. v. 2. 1. 1995 – 6 A 12137/94.OVG).

Rechtsmittel § 78

1.4.2.3. Bezeichnung einer »gewissen Möglichkeit« der Beweistatsache
Der Beweisführer ist gehalten für Tatsachen, die er unter Beweis stellen will, eine gewisse Möglichkeit aufzuzeigen (BGHSt 21, 118 (125)). Im Schrifttum wird darüber hinaus darauf hingewiesen, dass die Beurteilung eines Antrags als Beweisantrag nicht davon abhängen könne, ob ein Beteiligter eine als möglich oder wahrscheinlich angesehene Tatsache einfach behaupte oder ehrlicherweise deshalb eine Sachverhaltsklärung beantrage, weil er sie nur vermute. So wie es unzweifelhaft Teil des rechtlichen Gehörs sei, dass ein Beteiligter auf mögliche, für ihn günstige Tatsachen hinweise, zu denen er selbst aus eigener Kenntnis nichts aussagen könne, so müsse eine aufgestellte Behauptung auch dann vom Grundsatz des rechtlichen *Gehörs umfasst werden, wenn mit ihr die Erhebung von Beweisen beantragt werde, die zu einer Klärung führen könnte* (Kopp, NJW 1988, 1708 (1709)). Erst wenn die *Grenze zum Rechtsmissbrauch*, durch Behauptungen ins Blaue hinein, überschritten wird, kann der Beweisantrag unbeschieden bleiben. 618

Für den Asylprozess bedeutet dies, dass ein individueller Tatsachenvortrag unter Berücksichtigung der strengen Darlegungslast glaubhaft zu machen ist. Ob aufgrund des individuellen Sachvortrags Verfolgung droht, unterliegt der Bewertung durch das Verwaltungsgericht. Insoweit kann der Asylsuchende Hinweise, Erläuterungen, Vermutungen und weitere Hilfestellungen geben. Da er im Blick auf die allgemeine Tatsachenbasis der *Verfolgungsprognose* einer eingeschränkten Darlegungslast unterliegt, darf deshalb der Beweisantrag, der auf die Aufklärung der allgemeinen tatsächlichen Prognosetatsachen zielt, die sich möglicherweise als Folge des individuellen Sachvorbringen ergeben, nicht als unzulässiger Beweisermittlungsantrag zurückgewiesen werden. Es ist Aufgabe des Verwaltungsgerichts die tatsächlichen Entscheidungsgrundlagen sachgerecht, der jeweiligen Materie angemessen und methodisch einwandfrei zu erarbeiten (BVerwG, NVwZ 1991, 383 (384)). 619

Die im Asylprozess verwendeten unterschiedlichen Darlegungslasten und Beweisanforderungen sind mithin beim Beweisantrag sehr sorgfältig zu unterscheiden: Für die seiner individuellen Erlebnissphäre zuzurechnenden Tatsachen und Umstände trifft den Asylsuchenden eine *strenge Darlegungslast*. Für die Frage, ob aufgrund der allgemeinen Verhältnisse in seinem Herkunftsland aufgrund seines individuellen Sachvorbringens die Gefahr von Verfolgung *überwiegend wahrscheinlich* oder bei unterstellter Vorverfolgung *nicht mit Sicherheit ausgeschlossen werden kann*, muss er einen Erklärungskontext oder andere Erläuterungen oder auch Vermutungen bezeichnen, die die Gefahr politischer Verfolgung als *möglich erscheinen lassen*. 620

So würde etwa die Darlegungslast überspannt, erwartete man vom Asylsuchenden, dass er eine unterschiedliche Behandlung bei der *Folteranwendung* im Rahmen polizeilicher Maßnahmen gegen politisch Verfolgte einerseits und gewöhnliche Straftäter andererseits darlegt. Solange sich insoweit ein »Politmalus« nicht mit Gewissheit von vornherein ausschließen lässt, hat das Verwaltungsgericht diese die allgemeinen Verhältnisse im Herkunftsland betreffende Frage aufzuklären (BVerfG (Kammer), InfAuslR 2000, 254 (259)). Ist der individuelle Sachvortrag nicht in sich in unauflösbare Widersprüche ver- 621 strickt und ergibt sich aus den Erkenntnisquellen, dass Folter gegen Oppositionelle im Herkunftsland des Asylsuchenden »an der Tagesordnung« ist, ist die Gefahr der Folter bei der gebotenen verständigen Würdigung beachtlich (BVerwG, InfAuslR 1989, 163 (164)) und bedarf der zugrundeliegende entsprechende individuelle Sachvortrag insoweit keiner weiteren Aufklärung.

622 Generell kann daher gesagt werden, dass der Asylsuchende für die *individuellen Prognosetatsachen* darlegungspflichtig ist und für die *allgemeinen Prognosetatsachen* lediglich Tatsachen und Umstände anzugeben hat, dass Verfolgung möglich ist. In der gerichtlichen Praxis werden diese Differenzierungen häufig verwischt, indem dem Asylsuchende hinsichtlich allgemeiner Prognosetatsachen unerfüllbare Darlegungslasten aufgebürdet werden und wegen deren Nichterfüllung auf seine Unglaubwürdigkeit bzw. die Ungaubhaftigkeit seiner Angaben (zu dieser Unterscheidung s. BVerwG, InfAuslR 1989, 350; OVG MV, AuAS 2000, 221; s. hierzu auch Birck, Traumatisierte Flüchtlinge, S. 11 ff., 17 f.; s. auch § 24 Rdn. 25 ff.) geschlossen wird. Diesen prozessualen Fehlern ist mit Hilfe des Rechtsgesprächs und des Beweisantragrechts entgegen zu wirken. Insbesondere hier wird die feinsinnige Unterscheidung zwischen der nicht rügefähigen Beweiswürdigung und rügefähigen Verfahrensfehlern evident:

623 Um die fehlerhafte Würdigung der Persönlichkeit des Asylsuchenden und seiner Angaben zu vermeiden, ist nach der individuellen Anhörung zu den Asylgründen zunächst im Rechtsgespräch das bisherige Verfahrensergebnis zu erörtern. Hält das Gericht sich bedeckt, ist dieses zu veranlassen, entscheidungserhebliche Widersprüche durch Vorhalt aufzuklären und diese zusammen mit der Antwort des Asylsuchenden zu protokollieren (Rdn. 327 ff.). Ergibt sich im Rahmen des Rechtsgesprächs, dass das Verwaltungsgericht aus seiner Kenntnis der allgemeinen Verhältnisse im Herkunftsland des Asylsuchenden dessen individuellen Sachvortrag für unglaubhaft oder unwahrscheinlich ansieht, sind die Erkenntnismittel im Einzelnen konkret und einzelfallbezogen zu erörtern und ist gegebenenfalls die Einholung eines (weiteren) Sachverständigengutachtens zu beantragen. Insoweit reicht bei unklarer Erkenntnislage die Darlegung aus, dass die Beweistatsache möglich ist.

624 Lehnt das Verwaltungsgericht den Beweisantrag ab, weil es die individuellen Angaben des Asylsuchenden in sich für unauflösbar widersprüchlich ansieht, sind im Rahmen der anschließenden *Gegenvorstellung* (Rdn. 694 ff.) die einzelnen Begründungselemente zu behandeln und ist gegebenenfalls darzulegen, dass im Blick auf bestimmte Begründungselemente die Darlegungslast hinsichtlich der allgemeinen Verhältnisse überspannt worden und das Gericht deshalb zu Fehlschlüssen in Ansehung der vorgetragenen entsprechenden individuellen Angaben des Asylsuchenden gekommen ist. Diesen Fehlschlüssen ist anschließend gegebenfalls durch Stellung eines weiteren Beweisantrags zur Aufklärung der entsprechenden Beweistatsache entgegen zu wirken.

1.4.3. Bezeichnung des ablehnenden Beschlusses (§ 86 Abs. 2 VwGO)

625 Im Zulassungsantrag ist der Inhalt des den Beweisantrag zurückweisenden Beschlusses zu bezeichnen. Der ordnungsgemäß gestellte und hinreichend konkretisierte Beweisantrag darf vom Gericht nur nach Maßgabe der auch im

Rechtsmittel §78

Asylprozess anzuwendenden entsprechenden Vorschriften der ZPO sowie der ergänzend heranzuziehenden Regelung des § 244 StPO abgelehnt werden (BVerfG (Kammer), InfAuslR 1990, 161; BVerwG, DÖV 1983, 647; BVerwG, DVBl. 1983, 1001; BayVGH, B. v. 11. 8. 1989 – Nr. 19 CZ 89.30977 und 89.30803; Hess.VGH, InfAuslR 1987, 130). Die Ablehnung setzt nach § 86 II VwGO einen »Gerichtsbeschluss« voraus, der zu begründen ist. Ausnahmen hiervon sind nicht zugelassen.

Da die Beteiligten sich auf die Antragsablehnung einstellen und zur Abwendung der Gehörsverletzung Gegenvorkehrung und darüber hinaus gegebenenfalls neue, korrigierte Beweisanträge stellen können müssen, darf der Beschluss nicht »gleichzeitig mit dem Urteil« getroffen werden. Die Entscheidung muss vielmehr noch während der mündlichen Verhandlung vor Erlass der Sachentscheidung ergehen und begründet werden (Jacob, VBlBW 1997, 41 (45); Schmitt, DVBl. 1964, 465 (469)). Aus diesem Grund darf der Beweisantrag nicht hilfsweise gestellt werden, weil ein derartiger Antrag die Bescheidungspflicht nach § 86 II VwGO nicht auslöst (Rdn. 587 ff.). 626

Nicht gefolgt werden kann der Ansicht, dass eine Entscheidung nach Schluss der mündlichen Verhandlung unbedenklich sei, wenn der Beweisführer nach Stellung seines Beweisantrags die Sitzung verlasse (Jacob, VBlBW 1997, 41 (45)). Ein derartiges Verhalten kann unterschiedliche Gründe haben. So kann etwa der Befangenheitsantrag abgelehnt worden sein und der Beweisführer sich gezwungen sehen, zur Erhaltung des Rügerechts die Sitzung zu verlassen (Rdn. 330 ff.). Unbenommen muss ihm in einem derartigen Fall das Recht bleiben, durch zulässige Beweisanträge auf die Klärung des Sachverhalts hinzuwirken. 627

Hingegen dürften keine Bedenken dagegen sprechen, dass das Gericht über eine Vielzahl von Beweisanträgen, die im Rahmen der mündlichen Verhandlung gestellt werden, vor deren Schluss gemeinsam entscheidet (Jacob, VBlBW 1997, 41 (45)). Das Gebot der Offenheit des Verfahrens erlegt dem Gericht in diesem Fall aber eine besondere Erörterungs- und Begründungspflicht auf, um dem Beweisführer in die Lage zu versetzen, sein weiteres Prozessverhalten zu überdenken und zu planen. Der Beweisführer kann jedoch vom Gericht nicht gezwungen werden, alle Anträge gleichzeitig zu stellen. Denn durch Stattgabe eines bestimmten Beweisantrages kann sich die Stellung weiterer, vorsorglich vorbereiteter Anträge erübrigen. 628

Die *Begründungspflicht* nach § 86 II VwGO zwingt das Gericht, besonders sorgfältig zu prüfen, ob die Ablehnung des beantragten Beweises trotz der Pflicht zur umfassenden Aufklärung des Sachverhalts gerechtfertigt ist und dient der Sicherung und Effektivität des Rechts der Beteiligten, Beweisanträge zu stellen, und – weil auf diese Weise dem Beweisführer Gelegenheit gegeben wird, sich auf die durch die Ablehnung eingetretene Prozesssituation einzustellen – der Wahrung des rechtlichen Gehörs (Kopp/Schenke, VwGO, § 86 Rdn. 18). 629

Wird hingegen dem Beweisantrag – wenn auch in modifizierter Form – stattgegeben, so ergeht ein Beweisbeschluss im Rahmen der Beweisaufnahme nach § 96 VwGO (Jacob, VBlBW 1997, 41 (45)). Demgegenüber wird für den Zivilprozess die Ansicht vertreten, dass Beweiserhebung entweder durch 630 formlose Anordnung oder durch Beschluss angeordnet wird (Leipold, in: Stein-Jonas, in ZPO, § 284 Rdn. 49). Da das Gericht im Verwaltungsprozess ohnehin von Amts wegen – und zwar ohne Rücksicht auf gestellte Beweisanträge – Beweis erheben muss, ist dieser Ansicht zu folgen. Erfordert die Beweisaufnahme ein besonderes Verfahren, ist freilich die Anordnung durch Gerichtsbeschluss erforderlich (§ 98 VwGO in Verb. mit §§ 358, 358a ZPO).

631 Nach § 96 I 1 VwGO unterliegt das Verfahren der Beweisaufnahme dem *Grundsatz der Unmittelbarkeit* (BVerwG, DVBl. 1984, 571; BVerwG, InfAuslR 1986, 74). Dadurch soll das Recht der Beteiligten auf Gehör gewährleistet werden. Das Gesetz nennt in § 96 I 2 VwGO als zulässige Beweismittel die *Inaugenscheinnahme*, den *Zeugen- und Sachverständigenbeweis*, die *Parteivernehmung* sowie den *Urkundenbeweis*. Darüber hinaus kommen grundsätzlich sämtliche Erkenntnismittel in Betracht, die geeignet und entscheidungserheblich sein können. Für das Verfahren der Beweisaufnahme gelten die Vorschriften der §§ 358 bis 444, 450 bis 494 ZPO (§ 98 VwGO).

632 Nur in den durch §§ 358, 358a ZPO bestimmten Fällen sowie gemäß § 450 ZPO bei der Parteivernehmung (s. aber Rdn. 961 ff.) ist ein besonderer *Beweisbeschluss* notwendig In allen anderen Fällen ist die Klarstellung durch das Gericht ausreichend, dass etwa eine Anhörung oder Inaugenscheinnahme nicht lediglich informatorisch, sondern als Beweisaufnahme erfolgt. Insbesondere der Urkundenbeweis findet ohne förmliche Beweisaufnahme durch schlichte Einsichtnahme in die Urkunde statt (BVerwG, DVBl. 1984, 571; s. im Einzelnen Rdn. 938 ff.). Der Beweisbeschluss ist nur *prozessleitende Verfügung*. Weder die formlose noch die förmliche Anordnung enthalten eine Entscheidung über die Erheblichkeit von Tatsachen oder eine Regelung der Beweislast (Leipold, in: Stein-Jonas, ZPO, § 284 Rdn. 49).

633 Das Protokoll muss zu Nachweiszwecken den Beschlusstenor mit Begründung enthalten. Lediglich der Hinweis, dass die Ablehnung mündlich begründet worden sei, aber nicht in welcher Weise, versperrt dem Berufungsgericht die inhaltliche Überprüfung (Jacob, VBlBW 1997, 41 (45); Schmitt, DVBl. 1964, 465 (469)). Gegebenenfalls muss der Beteiligte einen entsprechenden Antrag auf Berichtigung oder Ergänzung des Protokolls stellen (BVerwGE 21, 174 (175); Rdn. 522, 553 ff.). Soweit es in der obergerichtlichen Rechtsprechung für zulässig angesehen wird, dass die Ablehnungsgründe in der mündlichen Verhandlung mündlich mitgeteilt werden (BayVGH, B. v. 11. 8. 1989 – Nr. 19 CZ 89.30977 und 89.30803), ersetzt dies nicht die Protokollierung.

634 Die mündliche Erörterung der Ablehnungsgründe entspricht andererseits der prozessualen Pflicht des Gerichts (§ 104 I VwGO) sowie den Anforderungen des verfassungsrechtlichen Anspruchs auf Gewährung rechtlichen Gehörs, da erst die verständliche Begründung den Beteiligten in die Lage versetzt, sein weiteres Prozessverhalten auf die durch die Ablehnung des Beweisantrags entstandene Prozesssituation einzustellen. Das Verwaltungsgericht muss sich an der die Ablehnung tragenden Begründung im Rechtsmittelverfahren festhalten lassen, sodass aus diesem Grund die Begründung selbst als »wesentlicher Vorgang« (§ 160 II ZPO) in das Protokoll aufzunehmen ist (OVG NW, NVwZ-Beil. 1995, 59 (60); Jacob, VBlBW 1997, 41 (45)).

Rechtsmittel § 78

Darüber hinaus darf der ablehnende Beschluss nicht lediglich formlos bekannt gegeben werden, sondern ist nach § 173 VwGO in Verb. mit § 329 I 1 ZPO zu verkünden (Jacob, VBlBW 1997, 41 (45)). Die Verkündung bedarf der Protokollierung (§ 160 III Nr. 7 ZPO).

Wird eine in der mündlichen Verhandlung prozessordnungswidrig begründete Ablehnung eines Beweisantrags in den schriftlichen Entscheidungsgründen durch eine prozessordnungsgemäße Begründung ersetzt, ist eine Gehörsrüge nach der obergerichtlichen Rechtsprechung nur schlüssig erhoben, wenn der Rechtsmittelführer darlegt, wie er sich auf die ihm erst durch das Urteil bekannt gewordenen prozessordnungsgemäßen Ablehnungsgründe erklärt hätte, wenn sein in der mündlichen Verhandlung gestellter Beweisantrag vorab mit der im Urteil gegebenen Begründung abgelehnt worden wäre (OVG NW, AuAS 2002, 212 (213)). Diese Rechtsprechung überspannt in unzulässiger Weise die Darlegungsanforderungen. 635

1.4.4. Bezeichnung des Ablehnungsgrundes

1.4.4.1. Ablehnungsgründe im Asylprozess

Im Zulassungsantrag sind die Tatsachen darzulegen, welche die Fehlerhaftigkeit des Ablehnungsbeschlusses ergeben. Wird der in prozessual zulässiger Weise gestellte Beweisantrag prozessordnungswidrig abgelehnt, reicht es im Rahmen der Darlegung der Gehörsrüge aus, dass in der gebotenen Weise unter Aufbereitung des Prozessstoffs der Verfahrensverstoß dargelegt und dabei vor allem auch die Entscheidungserheblichkeit der unter Beweis gestellten Tatsachen erläutert wird (VGH BW, AuAS 1994, 56). Ein Gehörsverstoß ist gegeben, wenn die Ablehnung eines prozessual zulässigen Beweisantrags im Prozessrecht schllechthin keine Stütze mehr findet, d. h. wenn aus den von dem Verwaltungsgericht genannten Gründen ein Beweisantrag überhaupt nicht abgelehnt werden kann, wenn das Gericht den erkennbaren Sinn des Beweisantrags nicht erfasst hat oder wenn die vom Verwaltungsgericht gegebene Begründung offenkundig unrichtig oder unhaltbar ist (Hess. VGH, B. v. 26. 3. 1004 – 5 ZU 2892/02.A, mit Hinweis auf BVerfG, NJW 2003, 115). 636

Ein formell und inhaltlich nach den einfachgesetzlichen Prozessgrundsätzen zulässiger Beweisantrag darf vom Gericht nur abgelehnt werden, wenn das von einem Beteiligten angebotene *Beweismittel* schlechterdings *untauglich* ist, es auf die *Beweistatsache nicht ankommt* oder sie *als wahr unterstellt* wird (BVerwG, InfAuslR 1983, 185 = DÖV 1983, 647 = BayVBl. 1983, 507; BVerwG, EZAR 610 Nr. 32; ebenso: VGH BW, B. v. 13. 12. 1990 – A 14 S 408/89). Zwar sind diese *enumerativen Ablehnungsgründe* insbesondere im Zusammenhang mit dem Zeugenbeweis entwickelt worden. Sie werden jedoch auch mit Blick auf die anderen Beweismittel angewendet (vgl. BVerwG, InfAusl 1983, 253; so auch BVerfG (Kammer), InfAuslR 1990, 161; BVerfG (Kammer), InfAuslR 1990, 199). 637

Die Nichtberücksichtigung eines erheblichen Beweisantrags verstößt mithin dann gegen Art. 103 I GG, wenn sie *im Prozessrecht keine Stütze* findet. Das ist der Fall, wenn wegen Fehlens der genannten Voraussetzungen ein Beweisantrag nicht abgelehnt werden darf, wenn das Gericht den ohne weiteres er- 638 kennbaren Sinn des Beweisantrags nicht erkennt oder wenn die gegebene Begründung hierfür offenkundig unrichtig oder unhaltbar ist (VGH BW, AuAS 1997, 127 (128)).

639 Im Ergebnis können die unterschiedlichen Möglichkeiten des Gerichts, Beweisanträge abzulehnen, in zwei Kategorien eingeteilt werden: Nach den Prozessgrundsätzen können Beweisanträge nämlich einerseits dann abgelehnt werden, wenn es auf die *Beweistatsache nicht ankommt* oder sie *als wahr unterstellt* wird. In beiden Fällen handelt es sich um die Ablehnung wegen *Entscheidungsunerheblichkeit* des Beweisthemas. Andererseits kann der Beweisantrag abgelehnt werden, wenn das angebotene Beweismittel zur Aufklärung des Sachverhalts *untauglich* ist. Allerdings ist das Gericht von vornherein nicht verpflichtet, sachlich auf den Beweisantrag einzugehen, wenn er nicht den formellen Voraussetzungen (Rdn. 540 ff.) genügt oder nicht hinreichend substanziiert (Rdn. 574 ff., 594 ff.) ist.

640 In der gerichtlichen Praxis hat sich eine Vielzahl von Fallgruppen herausgebildet, welche die Ablehnung des Beweisantrags tragen. Diese unterschiedlichen Begründungsformen lassen sich aber jeweils eine der beiden genannten Kategorien zuordnen. Ein besonderer Ablehnungsgrund ist der Einwand der *Prozessverschleppung*, dem im Asylprozess allerdings keine besondere Bedeutung zukommt. Nachfolgend werden deshalb die in der Praxis gebräuchlichsten Ablehnungskategorien erörtert.

1.4.4.1.1. Verbot der Beweisantizipation

641 Es ist regelmäßig unzulässig, dass das Gericht dem Beweismittel von vornherein jeden Beweiswert mit der Begründung abspricht, es sei bereits vom Gegenteil der unter Beweis gestellten Tatsache überzeugt (BVerfG (Kammer), NVwZ-Beil. 1999, 51 (52); BVerwG, 1983, 185; EZAR 610 Nr. 32; Hess.VGH, AuAS 1993, 200 (201); VGH BW, AuAS 1995, 56; VGH BW, AuAS 1998, 189 (190)) oder das angebotene Beweismittel könnte keine gesicherten Erkenntnisse zur Beweisfrage liefern (BVerwG, NVwZ-Beil. 1998, 517). Mit einer derartigen Begründung verletzt das Gericht das *Verbot der Beweisantizipation* (s. auch Rdn. 567).

642 Gegen dieses Verbot kann das Gericht auch dadurch verstoßen, dass es den Beweisantrag mit der Begründung ablehnt, der Beweisführer habe die unter Beweis gestellte Tatsache nicht glaubhaft gemacht (so auch VGH BW, AuAS 1998, 189; Rdn. 280 f.). Damit bringt das Gericht im Ergebnis zum Ausdruck, dass noch ausstehende Beweiserhebungen seine Überzeugung nicht mehr erschüttern können. Der Asylanspruch greift durch, wenn die drohende politische Verfolgung glaubhaft gemacht wird. Glaubhaftmachung ist daher für die anspruchbegründenden Tatsachen, nicht jedoch für die Beweistatsachen zu fordern (ausführlich Rdn. 594 ff.).

643 Um die für die Sachentscheidung erforderliche Beweisführung im Sinne der Glaubhaftmachung erreichen zu können, stellt der Beteiligte den Beweisantrag. Verlangt das Gericht demgegenüber bereits die Glaubhaftmachung des Beweisthemas, gibt es zu erkennen, dass es bereits von der fehlenden Verfolgung des Klägers überzeugt ist. Zwar muss ein Beweisantrag je nach Art des Beweismittels unterschiedlich konkretisiert werden. Er setzt aber kei-

ne glaubhaft gemachte Beweistatsache voraus (Alsberg/Nüse/Meyer, Der Beweisantrag im Strafprozeß, S. 415 m. N.). Vielmehr muss das Gericht, auch wenn es vom Gegenteil der behaupteten Tatsache bereits überzeugt ist, mit Blick auf eine entscheidungserhebliche Beweistatsache Beweis erheben (BVerwG, InfAuslR 1983, 185; BVerwG, NJW 1984, 2962, BVerwG, NVwZ 1987, 405; BGH, LM § 86 (E) ZPO Nrn. 1 u. 11).

1.4.4.1.2. Sachlich unrichtige Ablehnung des Beweisantrags

Allgemein geht die Rechtsprechung unter Bezugnahme auf die Rechtsprechung des BVerwG davon aus, dass das Recht auf rechtliches Gehör den Beteiligten nicht gegen eine seiner Ansicht nach *sachlich unrichtige Ablehnung* des Beweisantrags schützt (BVerwG, NJW 1988, 722 (723); Hess.VGH, Hess. VGRspr. 1997, 649 (652) = JMBl.Hessen 1997, 649 = AuAS 1997, 163 = DVBl. 1997, 918 (nur LS); VGH BW, VBlBW 1995, 152 (153); VGH BW, B. v. 6. 8. 1997 – A 12 S 213/97; VGH BW, NVwZ-Beil. 1998, 110; OVG Rh-Pf, B. v. 15. 8. 1995 – 11 A 11801/94.OVG; Hess.VGH, B. v. 13. 11. 1996 – 10 UZ 1785/ 96.A). Es handelt sich hierbei indes nicht um einen eigenständigen Ablehnungsgrund, der die Ablehnung des Beweisantrags tragen könnte.

Vielmehr trägt diese Rechtsprechung dem prozessualen Grundsatz Rechnung, dass Fehler bei der Tatsachenfeststellung und Beweiswürdigung nicht mit der Gehörsrüge angegriffen werden können (Nieders.OVG, B. v. 31. 1. 1997 – 12 L 680/97), sondern nur die »verfahrensfehlerhafte«, mithin die Art und Weise der Erkenntnisgewinnung, die im Prozessrecht »keine Stütze mehr findet« (OVG Hamburg, NVwZ-Beil. 1998, 44 (45) = AuAS 1998, 115). Der Einwand, die sachlich unrichtige Ablehnung des Beweisantrags verletze nicht das Gehör der Beteiligten, bedeutet lediglich, dass durch eine derartig begründete Ablehnung des Beweisantrags das rechtliche Gehör des Beteiligten nicht verletzt wird.

Das BVerwG verweist zur Begründung seiner Auffassung, dass der Anspruch auf rechtliches Gehör nicht vor einer sachlich unrichtigen Ablehnung eines Beweisantrags schützt (BVerwG, NJW 1988, 722 (723)), auf seine Rechtsprechung, wonach das Recht auf Gehör nicht verletzt werde, wenn das Gericht sich nicht mit jedem Vorbringen des Beteiligten auseinandersetze (BVerwG, Buchholz 237.4 § 35 HmbBG Nr. 1 = 310 § 108 VwGO Nr. 87 (LS), weil dieses Recht keinen Schutz gegen Entscheidungen gewähre, die den Vortrag eines Beteiligten aus Gründen des formellen oder materiellen Rechts ganz oder teilweise außer Betracht lasse (BVerwG, Buchholz 427.207 § 1 FeststellungsDV Nr. 49 = 310 § 108 VwGO Nr. 137 (LS). Damit ist klargestellt, dass *entscheidungserhebliches Vorbringen* eines Beteiligten stets zu berücksichtigen und hierauf beruhenden Beweisanträgen stets nachzugehen ist. Wird mit der Ablehnung des Beweisantrags entscheidungserhebliches Vorbringen übergangen, ist diese nicht nur sachlich unrichtig, sondern verletzt darüber hinaus auch das rechtliche Gehör des Beteiligten (so wohl auch BVerwG, InfAuslR 2001, 466 (470); VGH BW, NVwZ-Beil. 1998, 110; OVG Rh-Pf, B. v. 11. 11. 1993 – 11 A 11795/93.OVG; s. auch Hess.VGH, EZAR 633 Nr. 41).

Zwar kann nach der Rechtsprechung des BVerfG mit der Behauptung, die richterlichen Tatsachenfeststellungen seien falsch oder der Richter habe einem tatsächlichen Umstand nicht die richtige Bedeutung für weitere tatsächliche oder rechtliche Folgerungen beigemessen, grundsätzlich kein Gehörsverstoß geltend gemacht werden (BVerfGE 22, 267 (273)). Damit weist das BVerfG jedoch lediglich die Kompetenz zur Feststellung der Entscheidungserheblichkeit dem Fachgericht zu. Wertet dieses anders als der Beteiligte sein Vorbringen nicht als entscheidungserheblich, so wird dessen Anspruch auf rechtliches Gehör nicht verletzt. Ob das vom Beteiligten als entscheidungserheblich gewertete Vorbringen nicht erheblich ist, kann aber erst nach Durchführung der Beweisaufnahme entschieden werden. Es handelt sich damit beim Einwand der lediglich sachlich unrichtigen Ablehnung des Beweisantrags um einen Unterfall der entscheidungsunerheblichen Beweistatsache.

1.4.4.1.3. Ablehnungsgrund der entscheidungsunerheblichen Beweistatsache

1.4.4.1.3.1. Begriff der Entscheidungsunerheblichkeit

648 Das Verwaltungsgericht kann den Beweisantrag ablehnen, wenn es nach seiner materiell-rechtlichen Auffassung auf die unter Beweis gestellte Tatsache nicht ankommt (BVerfG (Kammer), NVwZ-Beil. 1998, 1 (2); BVerwG, InfAuslR 1983, 185 = DÖV 1983, 647 = BayVBl. 1983, 507; BVerwG, EZAR 610 Nr. 3; OVG Hamburg, AuAS 1993, 199 (200); VGH BW, EZAR 633 Nr. 15; VGH BW, AuAS 1994, 56 (57); Jacob, VBlBW 1997, 41 (46); Schmitt, DVBl. 1964, 465 (467); Dahm, ZAR 2002, 348 (349)). Die Frage der *entscheidungserheblichen* Beweistatsache beurteilt sich dabei selbst dann nach der *materiell-rechtlichen Ansicht des Gerichts*, wenn diese Ansicht rechtlich bedenklich erscheinen sollte (BVerwG, B. v. 25. 5. 1981 – BVerwG 9 B 83.80; VGH BW, B. v. 13. 12. 1990 – A 14 S 408/89).

649 Der Anspruch auf rechtliches Gehör bezieht sich von vornherein nur auf entscheidungserhebliche Feststellungen und gewährt kein Recht auf Anhörung zu oder Kenntnisnahme von für die Entscheidung des Rechtsstreits unerheblichen Tatsachen (VGH BW, EZAR 633 Nr. 5). Für den Erfolg eines Beweisantrags ist also Voraussetzung, dass die Beweistatsache *entscheidungserheblich* ist. Dies trifft bei allen Tatsachen zu, die im Falle ihres Beweises geeignet sind, auf die Bildung der richterlichen Überzeugung Einfluss auszuüben. Hat das Gericht etwa die Klage wegen fehlender Furcht des Asylsuchenden vor Verfolgung abgewiesen, war es seiner Ansicht nach daher nicht mehr entscheidungserheblich, ob in dessen Herkunftsstaat die Mitgliedschaft in verbotenen Studentenorganisationen mit Gefängnisstrafe bestraft wird (BVerwG, B. v. 25. 5. 1981 – BVerwG 9 B 83.30).

650 Der Beweisantrag, der auf die Feststellung einer unerheblichen Tatsache zielt, kann also abgelehnt werden, ohne dass darin eine unzulässige Vorwegnahme eines erst zu erhebenden Beweises (s. aber BVerwG, NVwZ-Beil. 1998, 57; VGH BW, AuAS 1994, 56 (57)) zu sehen wäre. Das Gericht muss aber die Bedeutungslosigkeit der Beweistatsache, sofern sie nicht offenkundig ist, dartun (Leipold, in: Stein-Jonas, ZPO, § 284 Rdn. 74).

1.4.4.1.3.2. Begriff der unmittelbaren Beweistatsache

Bei einer Beweisaufnahme unterscheidet man den *unmittelbaren Beweis* und den *mittelbaren (indirekten) Beweis (Indizienbeweis)*. Der unmittelbare Beweis hat tatsächliche Behauptungen zum Gegenstand, die unmittelbar und direkt ein gesetzliches Tatbestandsmerkmal als vorhanden ergeben sollen. Beweistatsachen sind solche, die im Falle ihres Beweises geeignet sind, auf die richterliche Überzeugungsbildung Einfluss zu nehmen. Das sind solche, die für die zur Prozessentscheidung maßgebenden Rechtssätze innerhalb der Prozessanträge unmittelbar oder als Indizien (mittelbar erhebliche Tatsachen) oder für solche Rechtsfragen Bedeutung haben, auf die der Beweisführer sich berufen kann (Leipold, in: Stein-Jonas, ZPO, § 284 Rdn. 73; Schmitt, DVBl. 1964, 465 (467)). Der unmittelbare Beweis hat tatsächliche Behauptungen zum Gegenstand, die unmittelbar und direkt ein gesetzliches Tatbestandsmerkmal ausfüllen

1.4.4.1.3.3. Begriff des Indizienbeweises

Der Indizienbeweis bezieht sich demgegenüber auf tatbestandsfremde Tatsachen, die erst durch ihr Zusammenwirken mit anderen Tatsachen den Schluss auf das Vorliegen des Tatbestandsmerkmals selbst rechtfertigen sollen. Diese *Hilfstatsachen* – meist Indiz oder Indizientatsachen, aber auch Anzeichen genannt – sind also Tatsachen, aus denen auf andere erhebliche Tatsachen geschlossen wird (BGH, NJW 1970, 946 (950)). Ein Indizienbeweis ist überzeugungskräftig, wenn andere Schlüsse aus den Indiztatsachen ernstlich nicht in Betracht kommen. Wesentlich beim Indizienbeweis ist damit nicht die eigentliche Indiztatsache, sondern der daran anknüpfende Denkprozess, kraft dessen auf das Vorhandensein der rechtserheblichen weiteren Tatsachen geschlossen wird (BGH, NJW 1970, 946 (950); s. hierzu auch Nack, NJW 1983, 1035 (1036)).

Ein auf Indizien gestützter Beweis ist erst dann zulässig, wenn unmittelbarer Beweis nicht möglich erscheint. Der Indizienbeweis darf jedoch abgelehnt werden, wenn die unter Beweis gestellte Hilfstatsache, auch wenn man deren Richtigkeit unterstellt, weder allein noch in Verbindung mit weiteren Indizien und mit dem sonstigen Sachverhalt einen hinreichend sicheren Schluss auf die zu beweisende Haupttatsache zulässt. Es ist mithin zulässig, die Schlüssigkeit des angetretenen Indizienbeweises vor der Beweiserhebung zu prüfen (BGH, NJW 1982, 2447 (2448); Leipold, in: Stein-Jonas, ZPO, § 284 Rdn. 74).

Weil der Richter beim Indizienbeweis freier gestellt ist als bei sonstigen Beweisanträgen, hat er insbesondere vor der Beweiserhebung zu prüfen, ob die Gesamtheit aller vorgetragenen Indizien – ihre Richtigkeit unterstellt – ihn von der Wahrheit der Haupttatsache überzeugen würde (BGH, NJW 1970, 946 (950); BGH 1982, 2447 (2448)). Gewiss sind im weiteren Sinne diese Indiztatsachen auch »erhebliche« Tatsachen, aber wie der Richter bei unmittelbaren Beweis prüft, ob die behauptete Tatsache für den Rechtsstreit rechtlich erheblich ist, so muss er bei einem Indiz dessen tatsächliche, denkgesetzliche Erheblichkeit überprüfen, nämlich seine Bedeutung für die weitere Schlussfolgerung auf die Haupttatsache (BGH, NJW 1970, 946 (950)).

655 Zugleich weist der BGH insbesondere im Zusammenhang mit dem Indizienbeweis ausdrücklich darauf hin, dass die Ablehnung des Beweisantrags mit der Begründung, das Gericht sehe das Gegenteil der behaupteten Tatsache bereits als erwiesen an, verboten sei. Denn die Erfahrung lehre, dass oft ein einziger Zeuge oder ein einziges sonstiges Beweismittel eine gewonnene Überzeugung völlig erschüttern könnte. Eine Ablehnung mit dieser Begründung wäre deshalb eine verbotene vorweggenommene Würdigung eines nicht erhobenen Beweises (BGH, NJW 1970, 946 (950)).

656 Im Asylprozess zielen Beweisanträge häufig auf entscheidungserhebliche Indiztatsachen (Ventzke, InfAuslR 1987, 132). So kann etwa beim *Zeugenbeweis* der Zeugenaussage über die Verhaftung und körperliche Misshandlung des Asylsuchenden eine indizielle Bedeutung zuerkannt werden, sofern der Beweisantrag nicht mit der Begründung abgelehnt wird, der Zeuge sei ungeeignet, weil er zum Grund der Verhaftung und damit über deren politischen Charakter keine Aussage machen könne (VGH BW, AuAS 1994, 56 (57)). In diesem Fall gewinnen die Aussagen über Verhaftung und Misshandlung des Asylsuchenden entscheidungserhebliche Bedeutung für die Haupttatsache der Verfolgung des Asylsuchenden (VGH BW, AuAS 1994, 56 (57)).

657 Dies ist jedoch nur dann richtig, wenn der Zeuge keine unmittelbaren Wahrnehmungen über die Misshandlung und Festnahme des Asylsuchenden bekunden kann. In diesem Fall ist er Beweismittel für unmittelbare Beweistatsachen. Ebenso wie man den Beteiligten nicht mit überzogenen Darlegungslasten zu den allgemeinen Verhältnissen belasten darf, kann man den Zeugen nicht deshalb als ungeeignet ansehen, weil er keine sicheren Aussagen zu den Absichten und Motiven der Verfolgerorgane machen kann. In Ansehung dieser Indiztatsachen kann seine Aussage in Verbindung mit anderen, sich insbesondere aus dem beigezogenen Erkenntnismaterial ergebenden Tatsachen rechtserhebliche Bedeutung gewinnen.

658 Beim *Sachverständigenbeweis* bereitet die Entscheidungserheblichkeit der Beweistatsache im Blick auf die allgemeinen Verhältnisse in aller Regel keine Probleme. Hier stellt sich eher die Frage, ob die unter Beweis gestellte und entscheidungserhebliche Frage nicht bereits erwiesen oder widerlegt ist (Rdn. 636 ff.). Besondere prozessuale Probleme bereiten hierbei auch die Anforderungen an die Darlegung zur Beantragung eines (weiteren) Sachverständigengutachtens (Rdn. 767 ff.).

1.4.4.1.3.4. Wahrunterstellung der Beweistatsache

1.4.4.1.3.4.1. Besonderheiten der Wahrunterstellung im Verwaltungsprozess

659 Eine erhebliche von strafprozessualen Vorschriften abweichende Bedeutung hat im Asylprozess die Wahrunterstellung. Hierbei unterstellt das Gericht die unter Beweis gestellte Tatsache als wahr. Es entspricht der ständigen Rechtsprechung des BVerwG, dass auch in dem vom Untersuchungsgrundsatz beherrschten Verwaltungsprozess von einer Beweiserhebung unter dem Gesichtspunkt der Wahrunterstellung abgesehen werden kann, wenn das Gericht zugunsten eines Beteiligten den von diesem behaupteten Sachvortrag

Rechtsmittel **§ 78**

ohne jede inhaltliche Einschränkung als richtig annimmt, die behauptete Tatsache also in ihrem mit dem Parteivorbringen gemeinten Sinne so behandelt, als wäre sie nachgewiesen (BVerwGE 77, 150 (155) = EZAR 205 Nr. 5 = InfAuslR 1987, 223 = NVwZ 1988, 812; BVerwG, Buchholz 402.25 § 1 AsylVfG Nr. 66 und Nr. 122; BVerwG, EZAR 630 Nr. 27; offengelassen BVerfG (Kammer), EZAR 224 Nr. 22; BVerfG (Kammer), AuAS 1997, 6 (7); VerfGH Berlin, InfAuslR 2002, 151 (152)).

Die Wahrunterstellung im Verwaltungsprozess unterscheidet sich allerdings nach der Rechtsprechung des BVerwG regelmäßig von dem in § 244 III 2 StPO gesetzlich geregelten Fall der Wahrunterstellung (s. hierzu Basdorf, StV 1995, 310 (319)). Nach dieser Vorschrift darf das Gericht von der Wahrunterstellung Gebrauch machen bei einer der Entlastung des Angeklagten dienenden entscheidungserheblichen Tatsache, die es durch eine Beweisaufnahme (in dem nach den konkreten Umständen gebotenen Umfang) für nicht widerlegbar erachtet und von der es aufgrund der sonstigen Beweislage (*non liquet*) nach dem Grundsatz im Zweifel für den Angeklagten bei der Beweiswürdigung ausgehen müsste (BVerwGE 77, 150 (156) = EZAR 205 Nr. 5 = InfAuslR 1987, 223 = NVwZ 1988, 812). 660

Eine derartige Wahrunterstellung einer entscheidungs*erheblichen* Tatsache – also gerade die eigentliche Wahrunterstellung – scheidet im Verwaltungsprozess aber regelmäßig aus (BVerfG (Kammer), NVwZ-Beil. 1999, 51 (52); BVerwGE 77, 150 (156 f.) = EZAR 205 Nr. 5 = InfAuslR 1987, 223 = NVwZ 1988, 812; BVerwG, EZAR 630 Nr. 27; zustimmend Jacob, VBlBW 1997, 41 (46); a. A. früher Hess.VGH, InfAuslR 1987, 130 (131); Schmitt, DVBl. 1964, 465 (468); Ventzke, InfAuslR 1987, 132; Dahm, ZAR 2002, 348 (350)). Im Zivilprozess werden als wahr unterstellte Tatsachen ebenfalls als nicht beweiserhebliche Tatsachen behandelt, also als Tatsachen, deren Wahrheit dahingestellt bleiben kann (Leipold, in: Stein-Jonas, ZPO, § 284 Rdn. 79). 661

Die früher vertretene Gegenmeinung wollte die Vorschrift des § 244 III 2 StPO im vollen Umfang auch im Verwaltungsprozess anwenden und die Wahrunterstellung einer behaupteten Beweistatsache nur zulassen, wenn sie wie eine als erheblich erkannte Behauptung und erwiesene Tatsache behandelt werde (Hess.VGH, InfAuslR 1987, 130 (131)). Unerhebliche Tatsachen dürften nicht als wahr unterstellt werden, weil der Beweisführer ein berechtigtes Interesse daran haben könnte, zu wissen, ob ein weiterer Beweisantrag in derselben Richtung ebenso Erfolg haben könnte oder nicht (Schmitt, DVBl. 1964, 465 (468)). Lehnt das Verwaltungsgericht den gestellten Beweisantrag mit der Begründung ab, die unter Beweis gestellte Tatsache werde »als wahr unterstellt«, so muss der Kläger sein prozessuales Verhalten hierauf einstellen und in Anknüpfung an die damit deutlich werdende Rechtsansicht des Verwaltungsgerichts seinen Sachvortrag präzisieren und gegebenenfalls weitere Beweisanträge stellen. 662

In den Fällen, in denen im Verwaltungsprozess eine Beweiserhebung wegen Wahrunterstellung abgelehnt wird, handelt es sich nach dem BVerwG regelmäßig um Tatsachen, deren Wahrunterstellung am Ergebnis des Rechtsstreits nichts ändert. Nach seiner Ansicht liegt mithin im *Kern* der Verzicht auf eine Beweiserhebung wegen *Unerheblichkeit der Beweistatsache* vor, welche durch 663

1553

die Wahrunterstellung sozusagen experimentell erwiesen wird (BVerwGE 77, 150 (157) = EZAR 205 Nr. 5 = InfAuslR 1987, 223 = NVwZ 1988, 812; BVerwG, InfAuslR 1989, 135 (136); in diesem Sinne auch VGH BW, AuAS 1994, 56 (57); a. A. Hess.VGH, InfAuslR 1987, 130). Damit ist die Wahrunterstellung im Asylprozess ein Unterfall des Ablehnungsgrundes der Unerheblichkeit der Beweistatsache. Da es hinsichtlich der Entscheidungserheblichkeit auf die materiell-rechtliche Ansicht des Gerichts ankommt, wird bei einer Ablehnung wegen Wahrunterstellung auch die rechtliche Tendenz des Gerichts deutlich, sodass der Beweisführer sein weiteres prozessuales Verhalten hierauf einstellen kann.

664 Die obergerichtliche Rechtsprechung weist andererseits ausdrücklich darauf hin, dass die Vorschriften der §§ 86 I, 108 I VwGO dem Gericht nicht erlaubten, das Vorliegen entscheidungserheblicher Tatsachen als wahr zu unterstellen und damit offen zu lassen, ob sie vorhanden seien oder nicht. Davon zu unterscheiden sei das *Dahinstehenlassen von behaupteten Tatsachen*, weil sie – selbst wenn sie vorlägen – für den Ausgang des Verfahrens ohne Bedeutung wären. Bei diesem prozessualen Vorgehen handele es sich um den zulässigen Verzicht auf Tatsachenermittlung wegen rechtlicher Unerheblichkeit der Tatsache (VGH BW, B. v. 6. 8. 1997 – A 12 S 213/97).

1.4.4.1.3.4.2. Bindungswirkung der Wahrunterstellung

665 Es muss jedoch die *Bindungswirkung der Wahrunterstellung* bedacht werden: Lehnt etwa das Verwaltungsgericht den Beweisantrag, mit dem der Verfolgungstatbestand unter Beweis gestellt werden soll, mit der Begründung ab, die unter Beweis gestellte Tatsache könnte als wahr unterstellt werden, verletzt es das rechtliche Gehör des Beweisführers, wenn es in der Sachentscheidung feststellt, der Verfolgungstatbestand sei nicht glaubhaft gemacht, weil sein Sachvorbringen durch Zweifel an der Glaubhaftigkeit der Angaben begründende Widersprüche und Steigerungen gekennzeichnet sei. Damit entzieht das Gericht der Beweisantragsablehnung nachträglich die Grundlage (BVerfG (Kammer), AuAS 1997, 6 (7); BVerfG (Kammer), NVwZ-Beil. 1999, 51 (52); Thür.OVG, AuAS 1997, 6 (7)).

666 Im Ergebnis wählt das Gericht damit für die Ablehnung eine Begründung, die im Prozessrecht nicht vorgesehen ist, nämlich eine Wahrunterstellung ohne Bindungswirkung für das Gericht. Die darin zum Ausdruck kommende fehlende Berücksichtigung eines entscheidungserheblichen Beweisangebots verstößt gegen Art. 103 I GG (BVerfG (Kammer), AuAS 1997, 6 (7); BVerfG (Kammer), NVwZ-Beil. 1999, 51 (52)). Ebenso liegt es, wenn das Verwaltungsgericht den Beweisantrag auf Zeugenvernehmung mit der Begründung ablehnt, dass der Inhalt einer von dem Zeugen vorgelegten eidesstattlichen Erklärung, derzufolge dem Beweisführer in seiner Heimat Verfolgung aus politischen Gründen drohe, als wahr unterstellt, in den Entscheidungsgründen auf den Inhalt dieser Erklärung indes mit keinem Wort eingeht (Hess. VGH, NVwZ-Beil. 1995, 72).

667 Die Bindungswirkung bezieht sich aber nur auf den *tatsächlichen Gegenstand* der Wahrunterstellung, nicht indes auf weitere *wertende Folgerungen*, die das Verwaltungsgericht aufgrund der als wahr unterstellten Tatsache zieht. Der

Anspruch auf rechtliches Gehör gewährleistet den Beteiligten nämlich keine bestimmte rechtliche oder tatsächliche Wertung der als wahr unterstellten Tatsache (Hess.VGH, B. v. 26. 1. 2001 – 11 ZU 3816/00.A). Erforderlichenfalls ist der rechtlichen Schlussfolgerung des Verwaltungsgerichts durch einen weiteren Beweisantrag der Grund zu entziehen, der die tatsächlichen Annahmen, welche die gerichtlichen Schlussfolgerungen tragen, in Frage zu stellen geeignet ist.

1.4.4.1.3.5. Fehlende Glaubhaftigkeit der individuellen Angaben

Das Verwaltungsgericht kann die Beweiserhebung ablehnen, weil es wegen fehlender Glaubhaftigkeit der Angaben des Asylsuchenden auf die unter Beweis gestellte Tatsache nicht ankommt (VGH BW, AuAS 1994, 56 (57); vgl. auch VGH BW, EZAR 633 Nr. 15; s. auch Rdn. 562 ff., 577 ff.). Die zur Annahme der fehlenden Glaubhaftigkeit herangezogenen Gründe müssen jedoch den Kern des Verfolgungsvortrags betreffen. Darüber hinaus muss davon ausgegangen werden können, dass die festgestellten Widersprüche im Sachvorbringen derart unauflösbar sind, dass sie auch durch die angebotene Beweiserhebung nicht ausgeräumt werden können (VGH BW, AuAS 1994, 56 (57)). Sollen also durch die Beweiserhebung tatsächliche Umstände aufgeklärt werden, auf die sich die Zweifel des Verwaltungsgerichts an der Glaubhaftigkeit des Sachvorbringens beziehen, ist diesen stets durch die Beweisaufnahme nachzugehen (BVerfG (Kammer), InfAuslR 1990, 199 (202)). 668

Die Ablehnung eines Beweisantrags mit der Begründung, die unter Beweis gestellten Tatsachen seien für die Entscheidung unerheblich, verletzt das Recht auf Gewährung rechtlichen Gehörs, wenn das Verwaltungsgericht in den Entscheidunggründen die Beweistatsachen als entscheidungserheblich, aber unglaubhaft erachtet. Mit dieser Begründung setzt das Gericht sich über die aus der Beweisablehnung wegen Unerheblichkeit folgenden Bindung hinweg und entzieht es damit nachträglich der Ablehnung des Beweisantrags die Grundlage (OVG NW, AuAS 2002, 212 (213)). 669

1.4.4.1.4. Ablehnungsgrund der bereits bewiesenen Beweistatsache

Das Verwaltungsgericht kann einen Beweisantrag ablehnen, weil die unter Beweis gestellte Tatsache bereits erwiesen ist (BVerfG (Kammer), InfAuslR 1992, 63 (65); Hess.VGH, AuAS 1993, 201 (202); Hess.VGH, NVwZ-RR 1996, 128; Dahm, ZAR 2002, 348 (349); Leipold, in: Stein-Jonas, ZPO, § 284 Rdn. 77; Schmitt, DVBl. 1964, 465 (467); Jacob, VBlBW 1997, 41 (47 f.)). Auch bei diesem Ablehnungsgrund darf jedoch nicht der endgültigen Beweiswürdigung vorgegriffen werden. Daher ist unter diesem Gesichtspunkt eine Ablehnung der beantragten Beweisaufnahme nur zulässig, wenn es bei der Entscheidung über den Beweisantrag ausgeschlossen erscheint, dass nach Abschluss der gesamten Beweisaufnahme doch noch Zweifel an der unter Beweis gestellten Tatsache entstehen (Leipold, in: Stein-Jonas, ZPO, § 284 Rdn. 77). 670

Es müssen dann aber eindeutige Anhaltspunkte dafür bestehen, dass das Gericht zulässigerweise vom *bereits erbrachten und unerschütterlichen Beweis des Gegenteils* ausgehen durfte (BVerfG (Kammer), InfAuslR 1992, 63 (65)). Es darf den Antrag jedoch nicht deshalb ablehnen, weil es vom Gegenteil der 671 unter Beweis gestellten Tatsache bereits überzeugt, die Beweisbehauptung unwahrscheinlich ist oder durch das Ergebnis der bisherigen Feststellungen oder Beweiserhebungen widerlegt oder der Beweis voraussichtlich nicht gelingen oder nichts Sachdienliches ergeben wird (Schmitt, DVBl. 1964, 465 (467)). Andernfalls liegt eine unzulässige Vorwegnahme der Beweiswürdigung vor (Schmitt, DVBl. 1964, 465 (467)); Leipold, in: Stein-Jonas, ZPO, § 284 Rdn. 78). Die Führung des Gegenbeweises gegen die als bewiesen angesehene Tatsache muss also stets zulässig sein (BGH, NJW 1970, 946 (950)).

672 Soweit in der Literatur als Grenze der beantragten Beweisaufnahme die *völlige Ungeeignetheit des Beweismittels* genannt wird (Schmitt, DVBl. 1964, 465 (467); Leipold, in: Stein-Jonas, ZPO, § 284 Rdn. 78), vermag dies nicht zu überzeugen. Zwar wird der Ablehnungsgrund der bereits bewiesenen Beweistatsache allgemein als besondere Kategorie behandelt. Im Ergebnis handelt es sich indes auch in diesem Fall um die Ablehnung des Beweisantrags wegen Entscheidungsunerheblichkeit der Beweistatsache, da das Gericht die unter Beweis gestellte Tatsache bereits für bewiesen ansieht, eine weitere Beweiserhebung also nicht zur Feststellung weiterer erheblicher Tatsachen führen kann.

673 So wird nach dem BVerwG die Wahrunterstellung deshalb für zulässig erachtet, weil die behauptete Tatsache damit in ihrem mit dem Parteivorbringen gemeinten Sinne so behandelt wird, als wäre sie *nachgewiesen* (BVerwGE 77, 150 (155) = EZAR 205 Nr. 5 = InfAuslR 1987, 223 = NVwZ 1988, 812; BVerwG, Buchholz 402.25 § 1 AsylVfG Nr. 66 und Nr. 122; BVerwG, EZAR 630 Nr. 27), d.h. der fiktiv unterstellte Nachweis der Tatsache wird als Fall der entscheidungsunerheblichen Beweistatsache behandelt. Während mithin die bereits bewiesene Tatsache die Beweistatsache betrifft, bezieht sich der Einwand der Untauglichkeit auf das Beweismittel. Dementsprechend gewinnt im Asylprozess der Ablehnungsgrund der bereits bewiesenen Tatsache vorrangig beim Sachverständigenbeweis eine Bedeutung (so wohl auch Jacob, VBl.BW 1997, 41 (47f.)).

674 Jedoch kann dieser Ablehnungsgrund auch beim *Zeugenbeweis* Bedeutung gewinnen (BGH, NStZ 1989, 83). Grundsätzlich ist es jedoch unzulässig, die Vernehmung von Zeugen mit der Begründung abzulehnen, das Verwaltungsgericht sei vom Gegenteil der unter Beweis gestellten Tatsache überzeugt. Denn in diesem Fall wird zum Ausdruck gebracht, dass noch ausstehende Bekundungen die bereits feststehende Überzeugung des Gerichts nicht mehr erschüttern können. Eine solche Vorwegnahme der Beweiswürdigung ist unzulässig (BVerwG, MDR 1983, 869 (870)) = DÖV 1983, 647 = BayVBl. 1983, 507 = InfAuslR 1983, 185, Rdn. 607 ff.).

675 Behauptet etwa der Asylsuchende, der benannte Zeuge sei bei der Durchsuchung seines Hauses und der Befragung und Misshandlung seiner Familienangehörigen anwesend gewesen und diese Maßnahmen seien erfolgt, weil er aktiver Sympathisant der »Özgürlük Yolu« sei, so kann nach diesem Vortrag nicht ausgeschlossen werden, dass der Zeuge an Ort und Stelle nicht nur die gegen den Asylsuchenden getroffenen Maßnahmen, sondern auch deren Hintergründe in Erfahrung bringen konnte (BVerwG, MDR 1983, 869 (870)). In diesem Fall darf der Beweisantrag nicht mit der Begründung abgelehnt

Rechtsmittel §78

werden, der Sachvortrag des Asylsuchenden zu seinen politischen Aktivitäten sei unglaubhaft, da es bereits erwiesen sei, dass die Vorgehensweise der Behörden keinen asylerheblichen Charakter hätten.

Beim *Sachverständigenbeweis* kommt die Ablehnung eines Beweisantrags mit der Begründung, das Gegenteil der unter Beweis gestellten Tatsache sei bereits durch vorliegende Erkenntnismittel bewiesen, im Hinblick auf die Schwierigkeiten, verlässliche sowie vollständige Erkenntnisse über die Verhältnisse im behaupteten Verfolgerstaat zu gewinnen und in Anbetracht der möglichen Veränderungen der politischen Situation im Herkunftsland nur dann in Betracht, wenn das vorliegende Erkenntnismaterial bei kritischer Würdigung bereits eine abschließende und zuverlässige Bewertung der asylerheblichen Umstände ermöglicht (Hess.VGH, NVwZ-RR 1996, 128, unter Hinweis auf Hess.VGH, AuAS 1993, 200 (202); s. hierzu auch BVerfG (Kammer), InfAuslR 1992, 63 (65)). 676

Nur bei einer *klaren*, auf *mehrere Erkenntnisquellen* gestützten Auskunftslage kann davon ausgegangen werden, durch frühere Erkenntnisquellen sei das Gegenteil der behaupteten Tatsache bereits erwiesen. Das ist aber nicht mehr zulässig, wenn durch Berichte aus jüngster Zeit das bisher von den Erkenntnisquellen vermittelte Bild in Zweifel gezogen wird (Hess.VGH, AuAS 1993, 200 (202)). Die im Asylprozess regelmäßig zu bewertende mögliche Veränderung der politischen und sonstigen asylrelevanten Verhältnisse im Herkunftsland des Beteiligten erfordert mithin eine *zurückhaltende Anwendung* des Ablehnungsgrundes der bereits bewiesenen Tatsache. 677

Das Gegenteil der bereits bewiesenen Tatsache betrifft den Fall der bereits widerlegten Beweistatsache. Rechtsprechung und Schrifttum behandeln diesen Fall hingegen darüber hinaus auch unter dem Gesichtspunkt der Offenkundigkeit der Beweistatsachen nach § 244 IV 2 1. HS StPO (Hess.VGH, AuAS 1993, 200 (202); Jacob, VBlBW 1997, 41 (48); Schmitt, DVBl. 1964, 465 (467)). Auch insoweit ist jedoch große Zurückhaltung geboten. Das Problem der bereits bewiesenen wie auch der bereits anderweitig belegten oder widerlegten Beweistatsache hat im Asylprozess beim Sachverständigenbeweis vorrangige Bedeutung. Dabei geht es vor allem um die Frage, ob und unter welchen Voraussetzungen Beweis durch Einholung eines Sachverständigengutachtens geführt werden kann (s. hierzu Rdn. 928 ff.). 678

Erachtet das Gericht durch ablehnenden Beweisbeschluss die unter Beweis gestellte Tatsache als erwiesen, so ist diese damit auch für das Urteil *bindend* (BGH, NStZ 1989, 83). Das Gericht darf sich im Urteil zu ihr nicht in Widerspruch setzen. Dazu gehört auch, dass die Tatsache in ihrer vollen, aus Sinn und Zweck sich ergebenden Bedeutung unverändert als erwiesen behandelt und nicht in unzulässiger Weise eingeengt wird. Ist dies bereits bei der Wahrunterstellung zu beachten (Rdn. 659 ff.), so gilt dies umso mehr für die *Wissenserklärung*, die behauptete Tatsache sei erwiesen. Maßgebend ist dabei nicht der Wortlaut des Antrags, sondern dessen Sinn und Zweck, wie er sich aus dem gesamten Sachvorbringen des Beweisführers ergibt (BGH, NStZ 1989, 83). 679

1.4.4.1.5. Ablehnungsgrund des ungeeigneten Beweismittels

680 Der Beweisantrag kann abgelehnt werden, wenn die Zwecklosigkeit des Beweises sich aus der *völligen Ungeeignetheit des Beweismittels* ergibt. Anerkannt ist, dass der Richter keine Beweise erheben muss, deren Gelingen infolge völliger Ungeeignetheit des angebotenen Beweismittels von vornherein ausgeschlossen erscheint (BGHSt 14, 339 (342); BGH, MDR 1973, 372; Schmitt, DVBl. 1964, 465 (468); Jacob, VBlBW 1997, 41 (46); Dahm, ZAR 2002, 348 (352f.)). In der Praxis werden *Untauglichkeit* und völlige *Ungeeignetheit* des Beweismittels häufig gleichgesetzt. Unter dem Gesichtspunkt der *Untauglichkeit des Beweismittels* darf nur unter *eng begrenzten Umständen in besonders gelagerten Ausnahmefällen* von einer Beweiserhebung abgesehen werden, etwa dann, wenn ein Gegenbeweis durch den Zeugen deshalb ausgeschlossen ist, weil dessen Beweiskraft in jedem Fall schwächer wäre. Dies betrifft den Fall, in dem der Zeuge Bekundungen zum eigenen Lebensbereich des Asylsuchenden machen soll, zu dem dieser selbst keine hinreichenden Angaben gemacht hat (BVerwG, InfAuslR 1983, 185 (186)).

681 Bei der Ablehnung eines Beweisantrags wegen Ungeeignetheit des Beweismittels ist mithin Zurückhaltung geboten, da andernfalls die Gefahr besteht, dass ein noch nicht erhobener Beweis vorweg gewürdigt wird (BVerfG (Kammer), NJW 1993, 254 (255); Leipold, in: Stein-Jonas, ZPO, § 284 Rdn. 67; Jacob, VBlBW 1997, 41 (46)). Die Beweiserhebung darf nicht durch *Vermutungen* über das, was die Beweisaufnahme ergeben könnte, ersetzt werden.

682 Daher darf ein Beweisantrag nicht schon allein deshalb zurückgewiesen werden, weil die aufgestellte Behauptung *unwahrscheinlich* ist oder die beantragte Beweisaufnahme aller Wahrscheinlichkeit nach erfolglos bleiben werde. Eine derartige Würdigung eines noch nicht vorliegenden Beweises ist unter allen Umständen unzulässig (Leipold, in: Stein-Jonas, ZPO, § 284 Rdn. 67; so auch Schmitt, DVBl. 1964, 465 (468); Jacob, VBlBW 1997, 41 (46); Dahm, ZAR 2002, 348 (351)). Vielmehr ist die Ablehnung nur zulässig, wenn es ausgeschlossen erscheint, dass die Beweisaufnahme irgendetwas Sachdienliches für die Bildung der richterlichen Überzeugung ergeben würde (Leipold, in: Stein-Jonas, ZPO, § 284 Rdn. 67f.).

683 Beim *Sachverständigenbeweis* wird Ungeeignetheit angenommen, wenn dem Sachverständigen die für das verlangte Gutachten erforderliche Sachkunde fehlt (BGHSt, 14, 339 (342 f); BGH, MDR 1977, 108). Die prozessrechtlich korrekte Ablehnung des Beweisantrags wegen einer aufgrund bereits gewonnener Beweise gebildeten gegenteiligen Gewissheit setzt insoweit voraus, dass von einem »*völligen Unwert des angebotenen weiteren Beweismittels*« auszugehen ist (BVerfG (Kammer), NVwZ-Beil. 1999, 51 (52)).

684 Wegen von vornherein unterstellter *Unglaubwürdigkeit des Zeugen* darf die Beweiserhebung nicht abgelehnt werden, denn hierüber kann erst nach der Beweisaufnahme entschieden werden. Auch wenn besondere Tatsachen feststehen, die von vornherein Zweifel gegen die Glaubwürdigkeit ergeben, muss Beweis erhoben werden (Leipold, in: Stein-Jonas, ZPO, § 284 Rdn. 70). Dies mag etwa persönliche Beziehungen des Zeugen zum Asylsuchenden oder zum Beweisgegenstand betreffen.

Rechtsmittel § 78

Der im Schrifttum vereinzelt vorgeschlagene Weg, vor der Entscheidung über den Beweisantrag eine informatorische Zeugenbefragung durchzuführen (Schmitt, DVBl. 1964, 465 (468)), ist unzulässig. Die Bedeutung von Umständen, die zu Zweifeln an der Glaubwürdigkeit des Zeugen Anlass geben, sind im Rahmen der Beweisaufnahme aufzuklären. Sie kann daher erst nach erfolgter Beweisaufnahme beurteilt werden (Leipold, in: Stein-Jonas, ZPO, § 284 Rdn. 70). 685

Die zu erwartenden Kosten einer Beweisaufnahme rechtfertigen nicht, die Beweiserhebung aus Gründen der Ungeeignetheit abzulehnen (BVerfGE 50, 32 (36f.)). 686

1.4.4.1.6. Ablehnungsgrund des unerreichbaren Beweismittels

Ein Beweisantrag kann wegen Unerreichbarkeit des Beweismittels abgelehnt werden. Die Unerreichbarkeit eines Beweismittels ist anzunehmen, wenn alle seiner Bedeutung und seinem Wert entsprechenden Bemühungen des Gerichts, es beizubringen, erfolglos geblieben sind und keine begründete Aussicht besteht, es in absehbarer Zeit herbeizuschaffen (BGH, NJW 1990, 398 (399); s. auch BGH, NStZ 1984, 329 (330)). Die Zwecklosigkeit der beantragten Beweisaufnahme wegen Unerreichbarkeit des Beweismittels ist insbesondere beim Zeugen- und Urkundenbeweis von Bedeutung. 687

Ein Zeuge ist unerreichbar, wenn seine Heranziehung zur Aussage daran scheitert, dass entweder seine Person oder sein Aufenthalt unbekannt und nicht zu ermitteln ist (Leipold, in: Stein-Jonas, ZPO, § 284 Rdn. 65). Dass der Beweisführer in der mündlichen Verhandlung nicht die ladungsfähige Adresse des Zeugen angeben kann, rechtfertigt dann nicht die Ablehnung des Beweisantrags, wenn der Beweisführer konkrete Angaben darüber macht, wie die ladungsfähige Adresse des Zeugen ermittelt werden kann (Rdn. 925 f.). Ist der Beteiligte ernstlich um die Gestellung des Zeugen bemüht, so muss ihm dazu gegebenenfalls durch Terminsverlegung Gelegenheit gegeben werden. Der Beschleunigungsgedanke darf in derartigen Fällen nicht dazu führen, die Beweisaufnahme zu rasch als unmöglich zu betrachten. 688

Fremdsprachige Urkunden sind im Asylprozess nicht unerreichbar. Das Verwaltungsgericht hat entweder von Amts wegen eine Übersetzung einzuholen oder dem Beweisführer entsprechende Auflagen zu machen (BVerwG, NJW 1996, 1553 = InfAuslR 1996, 229 = AuAS 1996, 131; Jacob, VBlBW 1991, 205 (207f.), ders., VBlBW 1997, 41 (46); s. hierzu auch BVerwG, NJW 1988, 722 (723); Rdn. 950 ff.). 689

1.4.4.1.7. Ablehnung wegen eines Beweisverwertungsverbotes

Das Verwaltungsgericht darf einem beantragten Beweis nicht nachgehen, wenn das angebotene Beweismittel rechtswidrig erlangt worden ist. Das ist insbesondere bei Beweismitteln der Fall, deren Verwertung einen Verstoß gegen Rechtsvorschriften bedeuten würde, wie etwa unzulässige Mitschnitte aus Gesprächen oder Verwertung von Tagebüchern. Da die Bedeutung des Verbotes der Verwertung aus dem Sinn des Unwerturteils heraus zu entwickeln ist, ist die Verwertung des rechtswidrig erlangten Beweismittels dann 690

§ 78 Gerichtsverfahren

ausgeschlossen, wenn diese Rechtsfolge dem Sinn und Zweck der verletzten Norm, d. h. ihrer Schutzrichtung entspricht. Dies ist vor allem bei Eingriffen in die Intimsphäre, also in das Persönlichkeitsrecht zu bejahen (s. hierzu im Einzelnen: Leipold, in: Stein-Jonas, ZPO, § 284 Rdn. 58 ff.).

691 Im Asylprozess haben Beweisverwertungsverbote keine besondere Bedeutung. Gelegentlich beruft das Bundesamt sich auf ein Verwertungsverbot, weil der Asylsuchende Nachweise über exilpolitische Aktivitäten, die er unter Verletzung der aufenthaltsrechtlichen Vorschriften der §§ 55 ff. entfaltet hat, vorlegt. Es erscheint jedoch fraglich, ob den aufenthaltsrechtlichen Vorschriften ein derartiges Beweisverwertungsverbot beigemessen werden kann. Denn in einem derartigen Fall hat der Beweisführer das Beweismittel ja nicht durch gezielte Verletzung von Rechtsvorschriften erlangt. Die gesetzlichen Vorschriften unterbinden nicht exilpolitische Tätigkeiten. Vielmehr ist der Zweck, den der Asylsuchende mit dem Verstoß gegen die Aufenthaltsvorschriften verfolgt, für die strafrechtliche Bewertung rechtlich ohne Bedeutung.

1.4.4.1.8. Ablehnungsgrund der Prozessverschleppung

692 Der Beweisantrag kann abgelehnt werden, wenn er in der *Absicht* der Prozessverschleppung gestellt wird (§ 244 III 2 StPO). Eine derartige Absicht kann sich aus dem Beweisantrag selbst wie auch aus den Umständen ergeben. Da das Verwaltungsprozessrecht grundsätzlich keine Präklusion bei Beweisanträgen kennt (s. aber § 87 b II Nr. 1 VwGO, müssen besondere Umstände vorliegen, um aus dem Zeitpunkt der Antragstellung auf eine Missbrauchsabsicht schließen zu können. Daher wird im Verwaltungsprozess eine Ablehnung von Beweisanträgen aus diesem Grund nur selten möglich sein (Jacob, VBlBW 1997, 41 (49); Deibel, InfAuslR 1984, 114 (117); Schmitt, DVBl. 1964, 465 (467), nur in extremen Ausnahmefällen).

693 An den Ablehnungsgrund der Prozessverschleppung sind daher strenge Anforderungen zu stellen. Er liegt nur dann vor, wenn der Beweisführer ausschließlich eine Verzögerung des Verfahrensabschlusses auf unbestimmte Zeit bezweckt. Es muss nachgewiesen sein, dass er sich der Unmöglichkeit bewusst ist, durch die beantragte Beweiserhebung eine für ihn günstige Wendung des Verfahrens herbeizuführen (BGHSt 29, 149 (151). Da dieser Nachweis gerade in Asylverfahren kaum zu führen sein wird und ohnehin die Gefahr besteht, dass hierbei eine unzulässige Vorwegnahme der Beweiswürdigung vorgenommen wird, hat dieser Ablehnungsgrund im Asylprozess kaum eine praktische Bedeutung.

1.5. Darlegung der Gegenvorstellung

694 Die Darlegung der Gehörsrüge wegen des prozessordnungswidrig abgelehnten Beweisantrags umfasst unter dem prozessualen Gesichtspunkt der Ausschöpfung aller zumutbaren und verfügbaren Möglichkeiten neben den oben dargestellten Voraussetzungen (s. Rdn. 387) darüber hinaus, dass der Beweisführer nach Ablehnung des gestellten Beweisantrags in der mündlichen

Verhandlung Gegenvorstellung zu Protokoll erhoben hat. Die Darlegung der
Ausschöpfung aller prozessualen Möglichkeiten soll das Rechtsmittelgericht
überzeugen, dass die Instanz, welche das rechtliche Gehör verletzt hat, in
die Möglichkeit versetzt worden ist, nach Möglichkeit die Gehörsverletzung
selbst zu beseitigen. Selbstverständlich dürfen insoweit die Darlegungsanforderungen nicht überspannt werden. Im Regelfall dürfen die Beteiligten
darauf vertrauen, dass das Verwaltungsgericht das Recht kennt und sich
dementsprechend verhält.

Der Verfahrensbeteiligte darf es grundsätzlich nicht dabei bewenden lassen, 695
die Ablehnung des Beweisantrags lediglich zur Kenntnis zu nehmen und abschließend die Anträge zur Sache zu stellen. Vielmehr muss er, meint er
durch die Ablehnung des Beweisantrags in seinem Anspruch auf rechtliches
Gehör verletzt worden zu sein, weitere prozessuale Schritte unternehmen.
Dazu gehört im Rahmen der Gegenvorstellung, dass er seine Rechtsansicht
zu Protokoll erklärt, aus welchen Gründen er die Ablehnungsgründe für prozessual und materiellrechtlich für unzutreffend erachtet. Er kann darüber
hinaus die Ablehnung des Antrags zum Anlass nehmen, weitere Beweisanträge zu stellen oder Erklärungen zur Sache zu Protokoll abzugeben.

Der Beweisführer muss den Begriff Gegenvorstellung nicht ausdrücklich ver- 696
wenden. Er muss im Zulassungsantrag, mit dem die prozessordnungswidrige
Ablehnung des Beweisantrags gerügt wird, indes darlegen, dass er alle für ihn
zumutbaren und verfügbaren prozessualen Möglichkeiten ausgeschöpft hat,
um sich noch in der das Gehör verletzenden Instanz das rechtliche Gehör zu
verschaffen. Insoweit können die Darlegungsanforderungen nicht abstrakt beschrieben werden. Vielmehr hängt es von den jeweiligen Umständen des Einzelfalls ab, was insoweit vom Beweisführer erwartet werden kann. Dazu können Prozesserklärungen, weitere Beweisanträge, aufklärende Fragen an den
Asylsuchenden, die zu Protokoll erklärte Bitte um ein Rechtsgespräch (vgl.
§ 104 I VwGO) und weitere vergleichbare prozessuale Maßnahme gehören.

1.6. Ablehnung eines Sachverständigenbeweises (§ 96 Abs. 1 Satz 2 VwGO in Verb. mit §§ 402 bis 411 ZPO)

1.6.1. Prüfungsschema

Entsprechend dem *Individualisierungsgebot* der Darlegungslast stehen zu- 697
nächst die individuellen Verhältnisse und Umstände des Asylsuchenden im
Zentrum der Ermittlungen. Insoweit dienen Erkenntnismittel zu den allgemeinen Verhältnissen im Herkunftsland des Asylsuchenden als Folie, um
seine Glaubwürdigkeit überprüfen zu können. Da die allgemeinen Erkenntnismittel indes zur Überprüfung des individuellen Sachvorbringens häufig
keinen hinreichenden Grad an Verlässlichkeit für die Überprüfung liefern,
kann mit Hilfe des Sachverständigenbeweises die Prüfung der Glaubhaftigkeit der individuellen Sachangaben gefördert werden.

Damit der Beweisantrag eine gewisse Erfolgsaussicht hat, empfiehlt sich in 698
der vorgestellten Reihenfolge die Beachtung des nachfolgenden Prüfungsschemas:

§ 78   Gerichtsverfahren

1. *Darlegung der Beweistatsachen* (präzise Formulierung der Beweistatsachen).
2. Darlegen, ob die Beweistatsachen sich auf die *allgemeinen Verhältnisse im Herkunftsland* oder auf die *spezifischen individuellen Verhältnisse des Beweisführers* beziehen.
3. Darlegung der *materiellrechtlichen Bedeutung* der allgemeinen Verhältnisse für die Entscheidung im konkreten Verfahren.
4. Darlegung, dass das Verwaltungsgericht *aufgrund der vorliegenden Erkenntnisse die Beweisfrage nicht aus eigener Sachkunde beantworten kann*. Im Beweisantrag ist zunächst auf die ordnungsgemäße Einführung der Erkenntnismittel einzugehen und anschließend darzulegen, dass die Beweisfrage anhand dieser Entscheidungsgrundlagen nicht hinreichend zuverlässig beantwortet werden kann.
5. Darlegung, dass die vorhandenen Auskünfte, Stellungnahmen und Erkenntnismittel hinsichtlich der Beweisfrage
   – wegen *unlösbarer Widersprüche oder Zweifeln an der Sachkunde oder Unparteilichkeit des Gutachters mit erkennbaren Mängeln behaftet* sind,
   – wegen *unzutreffender tatsächlicher Grundlagen unverwertbar* sind oder
   – wegen *Veränderung der tatsächlichen Verhältnisse nicht geeignet* sind, eine *abschließende und zuverlässige, auf mehreren und insoweit widerspruchsfreien Erkenntnisse beruhende Bewertung sicherzustellen.*

1.6.2. Funktion des Sachverständigenbeweises im Asylprozess

1.6.2.1. Aufgabe des Sachverständigen

699 Aufgabe des Sachverständigen ist es, dem Gericht besondere Erfahrungssätze und Kenntnisse des jeweiligen Fachgebietes zu vermitteln und aufgrund von besonderen Erfahrungssätzen oder Fachkenntnissen Schlussfolgerungen aus einem feststehenden Sachverhalt zu ziehen (Hess.VGH, AuAS 1996, 141 = NVwZ-Beil. 1996, 43 = InfAuslR 1996, 186; Balzer, Beweisaufnahme und Beweiswwürdigung im Zivilprozess, Rdn. 199; Eisenberg, Beweisrecht der StPO, Rdn. 1500 ff.). Die *Vermittlung von Fachwissen zur Beurteilung von rechtserheblichen Tatsachen* ist eine *typische Sachverständigenaufgabe* (BGH, NJW 1993, 1796 (1797)). Insbesondere im Asylprozess hat der Sachverständigenbeweis (§ 96 I VwGO) für die gerichtliche Aufklärung des Sachverhalts eine zentrale Funktion. Es ist typischerweise Aufgabe des Sachverständigen, zur Vorbereitung der richterlichen Gefahrenprognose sachverständige Wertungen vorzunehmen und gegebenenfalls auch subjektive Einschätzungen aufgrund von besonderer Sachkunde abzugeben (BVerwG, NVwZ-Beil. 2000, 99 (100) = InfAuslR 2000, 412 = EZAR 631 Nr. 51).

700 Ermittlungen zu den allgemeinen politischen und rechtlichen Verhältnissen im Herkunftsland des Asylsuchenden können die Gerichte in aller Regel nicht aus eigenem Sachverstand führen, sondern sie bedienen sich für diese Aufgabe in aller Regel der Hilfe von Sachverständigen. Darüber hinaus sind die Verhältnisse in den Herkunftsländern häufig einem ständigen Wechsel unterworfen und bedürfen daher weiterer Aufklärung. Das Verwaltungsgericht muss prüfen, ob es das notwendige Fachwissen selbst besitzt, wenn es über den Antrag auf Einholung eines Sachverständigengutachtens zu einem

bestimmten Beweisthema zu entscheiden hat. Im Urteil hat es in nachvollziehbarer Weise die Gründe darzulegen, dass es dieses Fachwissen besitzt. Damit unvereinbar ist die Ansicht, es handele sich im Asylprozess beim Antrag auf Sachverständigenbeweis um Beeinflussung des für den konkreten Fall zu verwertenden Hintergrundmaterials und damit letztlich um die Gerichtskundigkeit der für die Gefahrenprognose erforderlichen Grundlagen (so Schenk, in: Hailbronner, AuslR, § 78 AsylVfG Rdn. 111). Zwar kann sich u. U. daraus, dass das Ergebnis einer Beweisaufnahme über Verteiler und Datenbanken anderen Gerichten zugänglich gemacht wird, ergeben, dass die darin vermittelten Informationen gerichtskundig sind. Für den Regelfall ist dies indes abzulehnen, da im Asylprozess die Kenntnis des Gerichts von der Situation im Herkunftsstaat des Asylsuchenden in der überwiegenden Zahl der Fälle nicht nur auf einem Erkenntnismittel, sondern auf einer Vielzahl häufig widersprüchlicher Erkenntnismittel beruht (Böhme, NVwZ 1996, 427 (428)). Der Begriff der Gerichtskundigkeit (Rdn. 739 ff.) trägt mithin dazu bei, das Verbot der Übernahme verfahrensfremder Beweisergebnisse aufzuweichen. Gerichtskundigkeit muss sich daher auf Basisinformationen oder eher mittelbar relevantes Hintergrundmaterial beschränken (Jacob, VBlBW 1997, 41 (48)).

701

1.6.2.2. Abgrenzung zwischen Sachverständigen und sachverständigen Zeugen

Während der Sachverständige quasi als Gehilfe des Gerichts einen grundsätzlich vom Gericht selbst festzustellenden Sachverhalt aufgrund seiner besonderen Sachkunde auf einem Sachgebiet begutachtet, werden demgegenüber die vom Zeugen wahrgenommenen und bekundeten Tatsachen vom Gericht bei der Feststellung des Sachverhalts berücksichtigt. Die Feststellung des Sachverhalts, den der Sachverständige seinem Gutachten zugrunde zu legen hat, ist danach grundsätzlich Aufgabe des Gerichts, wenn es dabei auf die Sachkunde des Gutachters nicht ankommt. Aufgabe des Sachverständigen ist es, dem Gericht anhand festgestellter Tatsachen besondere Erfahrungssätze und Kenntnisse des jeweiligen Fachgebiets zu vermitteln und aufgrund von besonderen Erfahrungssätzen oder Fachkenntnissen Schlussfolgerungen aus einem feststehenden Sachverhalt zu ziehen (Hess. VGH, NVwZ-Beil. 1996, 43 = AuAS 1996, 141 = InfAuslR 1996, 186).

702

Dementsprechend bekundet der Sachverständige im Asylprozess nicht eigene Wahrnehmungen, sondern teilt seine Einschätzung der vergangenen, gegenwärtigen und zukünftigen Entwicklung in einem bestimmten Herkunftsland aufgrund einer zusammenfassenden Analyse und Bewertung ihm bekannt gewordener Tatsachen mit. Es werden deshalb beim Sachverständigenbeweis keine konkreten Tatsachen in das Wissen des Sachverständigen gestellt. Vielmehr erstattet der Sachverständige sein Gutachten über das Beweisthema aufgrund von gerichtlichen Tatsachenermittlungen (BVerwG, NVwZ-Beil. 2000, 99 (100) = InfAuslR 2000, 412 = EZAR 631 Nr. 51).

703

Demgegenüber ist der *sachverständige Zeuge* ein Zeuge, der sein Wissen von bestimmten Tatsachen oder Zuständen bekundet, zu deren Wahrnehmung eine besondere Sachkunde erforderlich war und die er nur kraft dieser be-

704

sonderen Sachkunde ohne Zusammenhang mit einem gerichtlichen Gutachtenauftrag wahrgenommen hat. Kennzeichnend für den sachverständigen Zeugen ist, dass er *unersetzbar* ist, da er (nur) von ihm selbst wahrgenommene Tatsachen bekundet, während ein Sachverständiger in der Regel gegen einen anderen Sachverständigen ausgetauscht werden kann (BVerwG, NVwZ-Beil. 2000, 99 (100) = InfAuslR 2000, 412; Hess.VGH, NVwZ-Beil. 1996, 43; Schuhmann, in: Stein-Jonas, Rdn. 17 vor § 373; s. zur Abgrenzung zwischen Sachverständigen und sachverständigen Zeugen auch BGH, StV 1982, 102 (103); s. auch VGH BW, InfAuslR 1995, 84 (85) = NVwZ-Beil. 1995, 27 = EZAR 631 Nr. 36 = AuAS 1995,

1.6.2.3. Hilfsmittel der gerichtlichen Aufklärung

705 Die gerichtliche Aufklärung ist nicht auf die in § 96 I 2 VwGO genannten Beweismittel beschränkt. Zur Aufklärung können vielmehr alle Erkenntnismittel herangezogen werden, die das Gericht nach seinem Ermessen für tauglich hält. Weder aus dem Verwaltungsprozessrecht noch aus allgemeinen Verfahrensgrundsätzen folgt eine Beschränkung der gerichtlichen Aufklärungstätigkeit auf einen Kanon zugelassener Hilfsmittel (Renner, ZAR 1985, 62 (67); Böhm, NVwZ 1996, 427 (431); s. auch Dahm, ZAR 2002, 348 (351)).

706 Mittel der Sachaufklärung ist zunächst die persönliche Anhörung des Asylsuchenden. Diese hat die Funktion, die individuellen Prognosetatsachen sachgerecht zu erarbeiten. Dazu werden auch die Behördenakten beigezogen. Zur Erarbeitung allgemeiner Prognosetatsachen kommen insbesondere Auskünfte, Gutachten und sonstige Schriftstücke, die in anderen Verfahren entstanden sind, in Betracht. Daneben ist die Heranziehung anderer Informationsträger wie etwa Bücher, Reiseberichte, Pressemeldungen, private Stellungnahmen und gutachtliche Äußerungen sachverständiger Stellen üblich. Es handelt sich bei diesen Unterlagen um *Hilfsmittel der gerichtlichen Amtsaufklärung.*

707 Mit diesen soll eine Ergänzung und Klärung des Sachvortrags der Beteiligten erreicht werden, jedoch ist mit dieser Amtsaufklärung noch keine Beweisaufnahme verbunden (Renner, ZAR 1985, 62 (68 f.)). Andererseits enthält § 96 I 1 VwGO den Grundsatz der *Unmittelbarkeit der Beweisaufnahme.* Dieser verbietet es, dass das Gericht seine entscheidende Überzeugung von dem Bestehen oder Nichtbestehen wesentlicher Tatsachen aus *mittelbaren Erkenntnismöglichkeiten (Erkenntnisquellen)* gewinnt, obwohl unmittelbare zur Verfügung stehen, die eindeutige und gesicherte Erkenntnisse bieten und deren Erhebung dem Gericht zumutbar ist (BFH, NJW 1991, 3055; BSG, NJW 1990, 1558; OLG Düsseldorf, NJW 1991, 2781 (2782)).

708 Jedoch verwehrt dieser Grundsatz es nicht, dass das Gericht die nach § 99 VwGO beigezogenen Akten, sonstige Aktenvermerke und Auskünfte ebenfalls zum Gegenstand der mündlichen Verhandlung macht und zu Beweiszwecken verwertet, vorausgesetzt, die Beteiligten erhalten nach § 108 II VwGO Gelegenheit, sich dazu zu äußern. Der Grundsatz des rechtlichen Gehörs erfordert, dass vom Gericht verwertete Hilfsmittel der Aufklärung ordnungsgemäß in das Verfahren eingeführt werden. Denn dadurch werden die Beteiligten in die Lage versetzt, zu überprüfen, ob ihrer Ansicht nach die ein-

Rechtsmittel § 78

geführten Erkenntnisse eine hinreichend verlässliche und insbesondere aktuelle Entscheidungsgrundlage darstellen, sodass sie gegebenenfalls mit den gebotenen prozessualen Mitteln auf weitere Aufklärung des Sachverhaltes hinwirken können, insbesondere durch Beantragung eines (weiteren) Sachverständigengutachtens (§ 96 I 2 VwGO, §§ 402 – 411 ZPO).

1.6.3. Gegenstand des Sachverständigenbeweises im Asylprozess

1.6.3.1. Erarbeitung der Prognosetatsachen

Der Sachverständigenbeweis zielt stets auf *Prognosetatsachen*, also auf die *tatsächlichen Grundlagen der Prognoseentscheidung* (BVerwG, NVwZ-Beil. 2000, 99 (100) = InfAuslR 2000, 412). Wegen der Vielzahl von Ungewissheiten über die rechtserhebliche Situation im Herkunftsland des Asylsuchenden erfordert die Verfolgungsprognose eine sachgerechte, der jeweiligen Materie angemessene und methodisch einwandfreie Erarbeitung ihrer tatsächlichen Grundlagen (BVerwGE 87, 141 (150) = NVwZ 1991, 384). Von einer solchermaßen erarbeiteten Prognosebasis kann nur die Rede sein, wenn die tatrichterlichen Ermittlungen einen hinreichenden Grad an Verlässlichkeit aufweisen und auch dem Umfang nach zureichend sind. Dies setzt eine *vollständige Ausschöpfung aller verfügbaren Erkenntnisquellen* voraus (BVerwGE 87, 141 (150)). Auch Feststellungen zum *tatsächlichen Inhalt von ausländischen Strafrechtsnormen* können Gegenstand von Verfahrensrügen sein (BVerwG, InfAuslR 1984, 275; BVerwG, NVwZ-RR 1990, 652; BVerfG (Kammer), EZAR 622 Nr. 26 = NVwZ-Beil. 1996, 19). Gerichtliche Ermittlungen müssen aus verfassungsrechtlichen Gründen einen *hinreichenden Grad an Verlässlichkeit* aufweisen und auch dem Umfang nach, bezogen auf die besonderen Gegebenheiten im Asylbereich, zureichend sein (BVerfGE 76, 143 (162) = InfAuslR 1988, 87 = NVwZ 1988, 237 = EZAR 200 Nr. 20; BVerwGE 87, 141 (150) = NVwZ 1991, 384; s. hierzu auch Roeser, EuGRZ 1995, 101 (105 f.)). Dementsprechend verwenden die Verwaltungsgerichte regelmäßig zur Beurteilung der allgemeinen Verhältnisse im Herkunftsland des Asylsuchenden eine Vielzahl von Erkenntnisquellen.

Nach § 108 I 1 VwGO entscheidet das Gericht nach dem *Gesamtergebnis des Verfahrens*. Gesamtergebnis ist alles, aber auch nur das, was *Gegenstand der mündlichen Verhandlung* oder beim Verfahren ohne mündliche Verhandlung (§ 101 II VwGO) des entsprechenden schriftlichen Verfahrens war. Hierzu gehören insbesondere der Vortrag und die Anträge der Beteiligten, der Sachbericht (§ 103 II VwGO), beigezogene Akten und Urkunden sowie Auskünfte, die zum Gegenstand der mündlichen Verhandlung gemacht worden sind.

Mit diesen von Verfassungs wegen gebotenen Anforderungen an die gerichtliche Ermittlungstiefe sind die zahllosen »*allgemeinen Erfahrungssätze*«, mit denen in der Asylrechtsprechung häufig spekulativ umgegangen wird, nicht vereinbar (Rothkegel, NVwZ 1992, 313). Das Gericht muss vielmehr in nachvollziehbarer Weise deutlich machen, dass es aufgrund der beigezogenen Erkenntnisse zuverlässig in der Lage ist, die unter Beweis gestellte Tatsachenfrage mit einem hinreichenden Grad an Verlässlichkeit aus eigener Sachkunde zu beantworten. Kann es das nicht, hat es Beweis zu erheben und verletzt es das rechtliche Gehör des Beteiligten, wenn es hiervon absieht.

709

710

711

712

713 Zwar hat das Gericht eine »Einschätzungsprärogative«, weil das richterliche Urteil keine unanfechtbare Wahrheit treffen kann, sondern Zweifel stets möglich sind (s. auch BVerwGE 71, 180 (181) = InfAuslR 1985, 244 = NVwZ 1985, 658 = EZAR 630 Nr. 17). Die Wertung dieser Zweifel hat das Gesetz (§ 108 I 1 VwGO) in die höchstpersönliche und damit *unüberprüfbare* Überzeugung des Richters gestellt. Überprüfbar ist das Urteil jedoch hinsichtlich der aus seinem rationalen Grundcharakter fließenden Anforderungen (Dawin, NVwZ 1995, 729 (731)). Dies setzt auch voraus, dass das Tatsachengericht die in seiner Prognose berücksichtigten tatsächlichen Verhältnisse über Vorgänge aus Vergangenheit und Gegenwart bezeichnet und in *nachprüfbarer Weise* die Umstände offen legt, aus denen es auf eine Verfolgungsgefahr für die Zukunft schließt.

714 Eine solche Offenlegung ist unverzichtbar, weil nur durch diese den Verfahrensbeteiligten und dem Rechtsmittelgericht die Möglichkeit eröffnet wird, das Ergebnis der in der Prognose zum Ausdruck kommenden Beweiswürdigung einer Prüfung zu unterziehen (BVerwGE 87, 141 (150) = NVwZ 1991, 384). Die Erarbeitung der Prognosegrundlagen, also die methodisch einwandfreie Ermittlung des Sachverhalts, ist ein überprüfbarer Erkenntnisprozess. Daher kann auch die Art und Weise der Berücksichtigung vorhandener Erkenntnismittel und mithin auch die Frage, ob das Verwaltungsgericht in methodisch nicht angreifbarer Weise ohne weitere Beweiserhebung den Sachverhalt aus eigener Sachkunde ermitteln kann, von den Beteiligten überprüft werden.

715 Damit unvereinbar ist es, Fehler in diesem Stadium als bloße nicht rügefähige Aufklärungsmängel (Schenk, in: Hailbronner, AuslR, § 78 AsylVfG, § 78 Rdn. 112) zu behandeln. Der Aufklärungsrüge liegt vielmehr zugrunde, dass das Gericht in prozessordnungswidriger Weise entgegen dem aus § 86 I VwGO folgenden Gebot der zureichenden Beweiserhebung seine Aktivitäten zur Ermittlung des Sachverhalts vorzeitig einstellt. Denn auch ohne entsprechenden Sachvortrag oder Beweisantritt der Beteiligten muss das Gericht von sich aus die Umstände aufklären, deren Erheblichkeit für den geltend gemachten Anspruch sich aufdrängt (Dawin, NVwZ 1992, 729 (732)).

716 Verletzungen der Aufklärungspflicht sind jedoch wegen einer § 132 II Nr. 3 VwGO vergleichbaren Regelung in Abs. 3 im Asylprozess grundsätzlich nicht rügefähig (s. aber Rdn. 1045 ff.). Um einen derartigen Fall geht es im Fall des abgelehnten Antrags auf Sachverständigenbeweis jedoch gerade nicht. Der Beteiligte hat Beweis angetreten, indem er weitere Sachaufklärung beantragt hat. Hier ist die Ablehnung nur zulässig, wenn das Gericht in der Lage ist, aufgrund der bereits vorhandenen Erkenntnismittel aus eigener Sachkunde die Beweisfrage zu beurteilen.

1.6.3.2. Gewährung rechtlichen Gehörs

717 Bezüglich der zur Aufklärung der *tatsächlichen Entscheidungsgrundlagen* zu verwertenden Erkenntnisquellen ist den Beteiligten rechtliches Gehör zu gewähren. Erst für die aus den Erkenntnisquellen gewonnenen *rechtlichen Schlussfolgerungen* entfällt die Notwendigkeit der Gewährung rechtlichen Gehörs (BVerwG, InfAuslR 1984, 275; BVerwG, NVwZ-RR 1990, 652). Vertreten

wird, dass Erkenntnisquellen nicht Beweis für die Tatsachenbehauptungen des Asylsuchenden erbringen, sondern nur insofern Bedeutung erlangen, als sie ein Raster bilden, an dem die Plausibilität seiner Erklärungen gemessen wird (Schenk, in: Hailbronner, AuslR, § 78 AsylVfG Rdn. 111). Deshalb entfällt nach dieser Ansicht die gerichtliche Verpflichtung, zu den zu verwertenden Erkenntnisquellen das rechtliche Gehör zu gewähren.

Diese Ansicht beruht jedoch auf einer methodisch unzulässigen Verwischung der Feststellung der entscheidungserheblichen tatsächlichen Prognosegrundlagen mit der Prognoseprüfung selbst. Zutreffend ist, dass die Prognoseprüfung ein Vorgang der freien Beweiswürdigung ist. Der Prognoseprüfung selbst geht indes die Sammlung und Sichtung der tatsächlichen Grundlagen der Sachentscheidung *abtrennbar* voraus (BVerfG (Kammer), InfAuslR 1993, 146; Marx, Handbuch, § 12 Rdn. 14, 21). Auf diesen Erkenntnisprozess der Sammlung und Sichtung der tatsächlichen Entscheidungsgrundlagen will der Sachverständigenbeweis Einfluss nehmen. Hier schützt das in der Literatur so bezeichnete »*Spekulationsverbot*« (Rothkegel, NVwZ 1992, 313 (314), mit Bezugnahme auf BVerwGE 87, 141 (150) = NVwZ 1991, 384) den Beteiligten vor einem leichtfertigen Umgang des Gerichts mit Erfahrungssätzen. 718

1.6.3.3. Einführung von Erkenntnismitteln

1.6.3.3. Prozessuale Bedeutung der Erkenntnismittel

Für den Sachverständigenbeweis haben die von den Verwaltungsgerichten verwendeten Erkenntnismittel eine *überragende Bedeutung*. Bereits bei der Formulierung der Beweistatsachen, über die Beweis erhoben werden soll, ist die vollständige Kenntnis der möglicherweise in Betracht kommenden Erkenntnismittel erforderlich. Die Frage, ob die Beweistatsachen bereits bewiesen sind, ist anhand der Erkenntnismittel zu beantworten, auf die das Verwaltungsgericht voraussichtlich seine Entscheidung stützen wird. Denn das Verwaltungsgericht kann die Beweisfrage aus eigener Sachkunde beantworten, wenn diese aufgrund der vorliegenden Erkenntnismittel beantwortet werden kann (Marx, ZAR 2002, 400). 719

Die Verwaltungsgerichte übersenden regelmäßig mit der Eingangsverfügung oder der Ladung eine *Erkenntnismittelliste*, auf der eine Vielzahl möglicherweise für den konkreten Rechtsstreit relevante Erkenntnismittel bezeichnet sind. Bevor die Beweisfrage formuliert werden kann, ist diese Liste kritisch durchzumustern. Kann die Beweisfrage anhand der mitgeteilten Erkenntnisse nicht beantwortet werden, kann regelmäßig von einer tatsächlichen Klärungsbedürftigkeit ausgegangen werden. Darüber hinaus kann nur anhand der mitgeteilten Erkenntnismittel beurteilt werden, ob die vorhandenen Erkenntnismittel im Blick auf die Beweisfrage an unlösbaren Widersprüchen leiden, wegen unzutreffender tatsächlichen Grundlagen unverwertbar oder überholt sind. 720

Darüber hinaus ist zu überlegen, wie das Verwaltungsgericht prozessual gezwungen werden kann, die Vielzahl der auf der übersendeten Liste bezeichneten Erkenntnismittel auf jene zu konkretisieren, die für die Entscheidung des konkreten Rechtsstreits entscheidungserheblich sind. Denn nur anhand 721 der *ordnungsgemäß* in das Verfahren *eingeführten Erkenntnismittel* kann überprüft werden, ob die prozessualen Voraussetzungen für die Beantragung eines Sachverständigengutachtens erfüllt sind. Ob bereits mit der Übersendung der Erkenntnismittelliste die dort bezeichneten Erkenntnismittel ordnungsgemäß in das Verfahren eingeführt oder ob weitere prozessuale Schritte erforderliche sind, ist nach der obergerichtlichen Rechtsprechung extrem unklar.

722 Zugleich mit der Formulierung der Beweisfrage muss deshalb überlegt werden, was prozessual im Einzelnen vom Beweisführer gefordert wird, um eine auf das konkrete Verfahren bezogene Konkretisierung der auf der Liste mitgeteilten Erkenntnismittel zu erreichen. Denn es sind für den Erfolg der Gehörsrüge alle verfügbaren und zumutbaren prozessualen Möglichkeiten auszuschöpfen. Daher muss auch bedacht werden, ob und in welchem Umfang die Beteiligten auf eine Konkretisierung der Erkenntnismittel hinzuwirken haben.

1.6.3.3.2. Prozessual ordnungsgemäße Einführung der Erkenntnismittel

1.6.3.3.2.1. Herleitung aus dem Anspruch auf rechtliches Gehör

723 Das verwaltungsgerichtliche Urteil beruht auf einer Verletzung des Anspruchs auf rechtliches Gehör, wenn das Gericht seine Entscheidung auf bestimmte Informationsquellen stützt, ohne diese zuvor dadurch ordnungsgemäß in das Verfahren eingeführt zu haben, dass sie den Beteiligten zugänglich gemacht worden sind, damit diese zum Ergebnis der Beweisaufnahme Stellung nehmen können (BVerfG (Kammer), NVwZ-RR 1988, 122; BVerfG (Kammer), AuAS 1993, 153 (154); BVerfG (Kammer), NVwZ 1993, 769; BVerfG (Kammer), NVwZ-Beil. 1995, 57; BVerfG (Kammer), NVwZ-RR 1998, 122; BVerfG (Kammer), InfAuslR 1999, 260 (262); BVerfG (Kammer), InfAuslR 1999, 273 (278); BVerfG (Kammer), InfAuslR 2001, 463 (464f.) = AuAS 2001,1 201; BVerwG, InfAuslR 1982, 250; BVerwG, DÖV 1983, 206; Hess.VGH, NVwZ-Beil. 1999, 90; OVG NW, AuAS 1997, 143; Thür OVG, InfAuslR 1998, 519 (520); s. aber Hess.StGH, Hess.StAnz. 2000, 3567 (3571)). Damit wird zugleich der verfassungsrechtlich verbürgte Asylanspruch verletzt (BVerfG (Kammer), NVwZ 1993, 769).

724 Der Anspruch auf rechtliches Gehör erfordert, dass die möglicherweise zu verwertenden Beweismittel den Beteiligten vorher mit genauer Bezeichnung mitgeteilt werden (BVerwG, Buchholz 402.24 § 28 AuslG 28 Nr. 3O). Sie sind so mitzuteilen, dass sich die Beteiligten hierzu äußern können (BVerwG, Buchholz 310 § 108 VwGO Nr. 133). Nur bei entsprechender Kenntnis können die Beteiligten mögliche Defizite hinsichtlich der zugrundegelegten Erkenntnismittel und mögliche Fehler bei deren Auswertung durch das Gericht feststellen und daraus Schlussfolgerungen für ihr eigenes Prozessverhalten ziehen (BVerfG (Kammer), AuAS 1993, 249).

725 Dabei ist insbesondere auch zu prüfen, ob Erkenntnismittel, die in einer übersendeten Erkenntnisliste noch nicht enthalten sind, eine gefestigte Meinung und Rechtsprechung nunmehr in Frage stellen, um dann gegebenenfalls in der mündlichen Verhandlung auf derartige Widersprüche und Dis-

Rechtsmittel § 78

krepanzen hinzuweisen und unter Umständen weitere Beweisanträge zu stellen (BVerfG (Kammer), AuAS 1993, 249). Zu diesem Zweck hat der Beweisführer derartige Erkenntnismittel ordnungsgemäß durch genaue Bezeichnung in das Verfahren einzuführen.

1.6.3.3.2.2. Prozessualer Gegenstandsbereich der Erkenntnisquellen
Grundsätzlich gehören alle Informationsquellen, aus denen das Gericht seine Sachkunde herleitet, zu den den Beteiligten vorher bekannt zu gebenden Erkenntnismitteln. Das Verwaltungsgericht kann sich nicht darauf berufen, dass die Verarbeitung tatsächlicher Informationen in einem Erkenntnisprozess in die normativ bestimmte und deshalb dem Gericht vorbehaltene Antwort auf die Frage nach dem Bestehen einer Verfolgung münde und erst die wertende Erkenntnis im Urteil ein volles Bild über die Zusammenhänge liefere (BVerfG (Kammer), AuAS 1993, 21 (22); BVerfG (Kammer), AuAS 1993, 153 (154); BVerfG (Kammer), InfAuslR 1993, 146 (149)). 726

Denn der Sammlung und Sichtung der tatsächlichen Grundlagen der Entscheidung geht ihre *wertende Würdigung abtrennbar voraus*. Art. 103 I GG gewährleistet den Beteiligten eines gerichtlichen Verfahrens, auf diesen der richterlichen Beurteilung zugrundeliegenden Verfahrensschritt, insbesondere durch Stellung von Anträgen, sachgerecht und effektiv Einfluss nehmen zu können. Dies erfordert, dass die tatsächlichen Grundlagen, auf die das Gericht seine Entscheidung zu stützen gedenkt, *offengelegt* werden, bevor das Urteil ergeht (BVerfG (Kammer), AuAS 1993, 21 (22), BVerfG (Kammer), AuAS 1993, 153 (154); BVerfG (Kammer), InfAuslR 1993, 146 (149)). 727

Beruft das Verwaltungsgericht sich im Rahmen seiner Beurteilung des individuellen Sachvorbringens auf bestimmte Erkenntnisquellen, so hat es danach diese den Beteiligten stets vorher bekannt zu geben. Wird aufgrund einer Anordnung des Gerichtspräsidenten im Einvernehmen mit den Spruchkörpern den mit Asylverfahren befassten Rechtsanwälten eine in zeitlichen Abständen aktualisierte Erkenntnismittelliste ohne Bezug zum einem konkreten Verfahren übersendet, genügt dies zunächst dem rechtlichen Gehör (VGH BW, InfAuslR 2000, 34 (35)). Dies entbindet das Gericht jedoch nicht von der Pflicht, in der mündlichen Verhandlung jedenfalls auf bestimmte, besonders wesentliche Erkenntnismittel hinzuweisen (Höllein, ZAR 1989, 109 (113)). 728

Zwar unterliegt die Bezugnahme auf *rechtliche Schlussfolgerungen sowie Rechtsausführungen* in anderen und eigenen Gerichtsentscheidungen unter dem Gesichtspunkt des rechtlichen Gehörs nicht den besonderen Anforderungen des § 108 II VwGO (BVerwG, Buchholz 310 § 108 VwGO Nr. 133; VerfGH Berlin, InfAuslR 2002, 151 (152)). Soweit eine Verwertung *tatsächlicher Feststellungen* aus anderen Gerichtsentscheidungen in Betracht kommt, sind diese jedoch ordnungsgemäß in das Verfahren einzuführen (BVerwG, Buchholz 310 § 108 VwGO Nr. 133; BVerwG, InfAuslR 1984, 275 VerfGH Berlin, InfAuslR 2002, 151 (152); OVG NW, NVwZ-Beil. 2001, 53; Hess.VGH, AuAS 2000, 189 (190)). 729

Gegen diesen Grundsatz verstößt ein Gericht, wenn es an Stelle einer eigenen Beweiserhebung auf Entscheidungen mit umfangreichen tatsächlichen Feststellungen verweist, ohne die Entscheidung den Beteiligten so mitzutei- 730 len, dass sie sich dazu hätten äußern können (BVerwG, Buchholz 310 § 108 VwGO Nr. 133; Hess.VGH, AuAS 2000, 189 (190); Nieders.OVG, AuAS 2004, 271 (272)). Einschränkend wird festgestellt, das rechtliche Gehör werde nur verletzt, wenn ein Gericht ohne nähere eigene Ableitung Tatsachenfeststellungen oder rechtliche Schlussfolgerungen aus anderen, den Beteiligten vorher nicht mitgeteilten obergerichtlichen Entscheidungen übernimmt (Nieders.OVG, AuAS 2004, 271 (272)). Noch einschränkender wird eingewandt, ein Gericht, das ohne vorherigen Hinweis an die Beteiligten andere gerichtliche Entscheidungen verwerte, verletze nicht den Anspruch auf rechtliches Gehör der Beteiligten, wenn in diesen den Beteiligten bekannte rechtliche oder tatsächliche Fragen behandelt werden (OVG MV, AuAS 2004, 272 (273)).

731 Führt das Gericht selbst eine umfangreiche Beweisaufnahme durch und nimmt es auf die in anderen Gerichtsentscheidungen getroffenen tatsächlichen Feststellungen ersichtlich nicht zum Zwecke der Verwertung dieser Feststellungen, sondern lediglich zur Bekräftigung eigener Feststellungen Bezug, unterliegt diese Bezugnahme indes nicht den Anforderungen des § 108 II VwGO (BVerwG, InfAuslR 1986, 78). Andererseits unterliegen Feststellungen, die das Gericht in früheren Verfahren getroffen hat, nicht anders als andere tatsächliche Feststellungen dem Gebot des rechtlichen Gehörs, demzufolge eine Entscheidung nur auf solche Tatsachen und Beweisergebnisse gestützt werden darf, zu denen die Beteiligten Stellung nehmen konnten (BVerfG (Kammer), AuAS 1993, 249; BVerwG, InfAuslR 1983, 184; BVerwG, InfAuslR 1984, 20; BVerwG, InfAuslR 1986, 56 = DÖV 1986, 612; VerfGH Berlin, InfAuslR 2002, 151 (152)).

732 Es genügt auch nicht, dass derartige Erkenntnisquellen den Beteiligten anderweitig bekannt sind. Denn dadurch werden sie ohne entsprechenden Hinweis durch das Gericht nicht zum Gegenstand des Verfahrens (BVerwG, InfAuslR 1986, 56). Dies gilt auch, wenn sich das Gericht bei der Bewertung des Sachvorbringens auf Erfahrungen aus früheren Asylverfahren beziehen will. Auch derartige Erkenntnisse darf es nur verwerten, wenn den Beteiligten zuvor Gelegenheit zur Stellungnahme gegeben worden ist (Hess.VGH, AuAS 1995, 145). Diese Grundsätze finden auch dann Anwendung, wenn das Gericht auf tatsächliche Feststellungen anderer Gerichte, insbesondere jene der zuständigen Berufungsinstanz, Bezug nehmen will (BVerfG (Kammer), AuAS 1993, 249; BVerwG, Buchholz 310 § 108 VwGO Nr. 133; OVG NW, NVwZ-Beil. 2001, 53; ebenso VerfGH Berlin, U. v. 17. 6. 1996 – VerfGH 11/96; VerfGH Berlin, U. v. 17. 6. 1996 – VerfGH 4/96; OVG Hamburg, AuAS 1993, 227; Hess.VGH, EZAR 633 Nr. 22; AuAS 1994, 166).

733 Demgegenüber wird nach der obergerichtlichen Rechtsprechung das rechtliche Gehör der Beteiligten nicht verletzt, wenn die Entscheidung auf einen nicht in das Verfahren eingeführten amtlichen Lagebericht gestützt wird, dessen Aussagen sich im Wesentlichen mit jenen decken, die in einen ordnungsgemäß in das Verfahren eingeführten früheren amtlichen Lagebericht enthalten sind. In diesem Fall hätten die Beteiligten zu den entscheidungserheblichen tatsächlichen Aussagen Stellung nehmen können (BayVGH, NVwZ-Beil. 2001, 29 (30)). Das Gericht trifft jedoch eine Verpflichtung, sich

Rechtsmittel § 78

zu vergewissern, ob ein aktueller Lagebericht verfügbar ist (BVerwG, InfAuslR 2003, 359 = AuAS 2003, 166).

1.6.3.3.2.2.1. Allgemeinkundige Tatsachen

Der Gehörsanspruch erstreckt sich nicht auf allgemeinkundige Tatsachen. 734
Diese sind zur Wahrung des rechtlichen Gehörs mit den Beteiligten lediglich zu erörtern (BVerwG, InfAuslR 1982, 250; BVerwG, InfAuslR 1985, 83; vgl. auch BVerfG (Kammer), InfAuslR 1993, 229; BVerfG (Kammer), AuAS 1993, 21 (23); BVerfG (Kammer), AuAS 1993, 271; s. aber: BVerwGE 91, 104 (108), 91, 150 (154); BVerwG, InfAuslR 1993, 235 (236), mit Anmerkung von Marx, InfAuslR 1993, 237; Dahms, ZAR 2002, 347 (349)). Allgemeinkundig sind Tatsachen, von denen verständige und erfahrene Personen in der Regel ohne weiteres Kenntnis haben oder von denen sie sich doch jederzeit durch Benutzung allgemein zugänglicher zuverlässiger Erkenntnisquellen unschwer überzeugen können.

Dazu gehören etwa Naturvorgänge, Ortsentfernungen, geographische Gegebenheiten oder feststehende historische Ereignisse (BVerwG, DÖV 1983, 206; 735
BVerwG, InfAuslR 1983, 60; BVerwG, InfAuslR 1983, 184; Nieders.OVG, NVwZ-Beil. 1996, 67 (68)); Höllein, ZAR 1989, 109 (112)). Die Tatsache eines Militärputsches oder der Wahlsieg einer bestimmten Partei sowie der Misserfolg einer bestimmten anderen Partei selbst ist allgemeinkundig (BVerwG, DÖV 1983, 206; BVerwG, DÖV 1983, 207). Die Auswirkungen derartiger politischer Ereignisse sind indes nicht jedermann mit der gleichen Eindeutigkeit bekannt oder erkennbar. Das beruht darauf, dass die Allgemeinkundigkeit einer Tatsache orts- und zeitbedingt ist sowie schon aufgrund der räumlichen Entfernung eine für jeden ohne weiteres erkennbare Aussage zu den politischen Verhältnissen im Herkunftsland des Asylsuchenden nur bedingt möglich ist (BVerwG, DÖV 1983, 206; BVerwG, InfAuslR 1983, 60; BVerwG, NVwZ 1985, 337 (338)).

Dazu kommt, dass es sich im Asylverfahren um die Darstellung der politischen Verhältnisse in häufig instabilen Ländern handelt, die eine Zu- 736
sammenfassung von selbst wahrgenommenen oder in Erfahrung gebrachter Tatsachen in einer Gesamtbewertung erfordert. Häufig bedarf es dazu vorsichtiger und relativierender Formulierungen (BVerwG, DÖV 1983, 206; BVerwG, InfAuslR 1983, 60). Es mag zutreffen, dass Veröffentlichungen in den Medien die Richtigkeit der getroffenen Feststellungen bestätigen. Jedoch ist die Veröffentlichung einer Tatsache noch kein Indiz für deren Allgemeinkundigkeit (BVerwG, DÖV 1983, 60, BVerwG, InfAuslR 1983, 60; KG, NJW 1972, 1909). Die Annahme einer allgemeinkundigen Tatsache kommt also nur bei sehr punktuellen, unschwer und eindeutig wahrnehmbaren Gegebenheiten und Ereignissen in Betracht.

Beruht die Kenntnis einer Tatsache hingegen – wie regelmäßig in Asylverfahren – auf dem Erfassen, Bewerten und Verarbeiten einer Vielzahl von Informationen unterschiedlicher Herkunft und Qualität, ist das Ergebnis des Erkenntnisvorganges keine allgemeinkundige Tatsache, sondern Ergebnis richterlicher Überzeugungsbildung, deren Grundlage den Beteiligten bekannt zu geben sind (Höllein, ZAR 1989, 109 (112); ähnl. Böhm, NVwZ 1996, 427 (428)). Nicht 737 gefolgt werden kann daher der Rechtsprechung, die auch nicht allgemeinkundige Tatsachen, von denen den Beteiligten bekannt ist, dass sie den jeweils anderen Beteiligten bekannt und gegenwärtig sind und bei denen sich die Möglichkeit der entscheidungserheblichen Verwertung aufdrängt, prozessual wie allgemeinkundige Tatsachen behandelt (so Nieders.OVG, NVwZ-Beil. 1996, 67 (68); Nieders.OVG, B. v. 30. 5. 1996 – 12 L 2405/96).

738 Mit den erwähnten Grundsätzen ebenso unvereinbar ist die Rechtsprechung des BVerwG, soweit etwa die sich aus dem deutsch-vietnamesischen Reintegrationsabkommen »für die Verfolgungsprognose ergebenden Schlussfolgerungen« (BVerwGE 91, 150 (153)) oder die »grundlegende Veränderung der innenpolitischen Lage« nach dem Sturz der kommunistischen Regierung in Afghanistan als »allgemeinkundige Tatsache« bezeichnet wird (BVerwGE 91, 104 (105) = NVwZ 1993, 275 = EZAR 630 Nr. 29 = InfAuslR 1993, 108; BVerwG, InfAuslR 1993, 235; dagegen Marx, InfAuslR 1993, 237).

1.6.3.3.2.2.2. Gerichtskundige Tatsachen

739 Zu den allgemeinkundigen Tatsachen gehören auch solche Ereignisse, Verhältnisse oder Zustände, von denen der Richter aus amtlicher Veranlassung Kenntnis erlangt hat, sofern sie ihm noch so bekannt sind, dass es der Feststellung aus den Akten nicht bedarf – »gerichtskundige Tatsachen« – (BVerwG, InfAuslR 1989, 351; BGHSt 6, 292 (293 f.)). Hat der Richter in dieser Weise ein sicheres Bild von diesen Tatsachen gewonnen, steht es ihm frei, dieses Wissen in späteren Verfahren ohne Beweisführung zu verwerten (BVerwG, InfAuslR 1989, 351). Aber auch gerichtskundige Tatsachen darf das Gericht nur verwerten, wenn es die Beteiligten dazu gehört hat (Fritz, ZAR 1984, 189 (195); Berlit, in: GK-AsylVfG, § 78 Rdn. 331).

740 Es ist jedoch zweifelhaft, ob von einer Allgemeinkundigkeit auch dann noch gesprochen werden kann, wenn das Wissen des Tatrichters über die allgemeinen Verhältnisse im Herkunftsland des Asylsuchenden auf einer Vielzahl von ihm im Informationsaustausch amtlich zugänglich gewordenen Erkenntnisquellen beruht und – wie es regelmäßig der Fall ist – nicht ohne vorherige Beurteilung der Richtigkeit der in ihnen mitgeteilten Tatsachen gewonnen werden konnte (BVerwG, InfAuslR 1989, 351).

1.6.3.3.2.3. Prozessuale Bedeutung der Erkenntnismittelliste

1.6.3.3.2.3.1. Prozessuales Konkretisierungsgebot

741 Entsprechend dem prozessualen Konkretisierungsgebot gehört es zur sachgerechten *Einführung der Erkenntnismittel in das Verfahren*, dass das Gericht aus der allgemeinen Dokumentationssammlung die seiner Meinung nach möglicherweise entscheidungserheblichen Beweismittel *herausfiltert* und *so genau bezeichnet* in das Verfahren einführt, dass die Beteiligten tatsächlich die Möglichkeit haben, sich von ihnen Kenntnis zu verschaffen und zu ihnen Stellung zu nehmen (BVerfG (Kammer), AuAS 1993, 21; BVerfG (Kammer), InfAuslR 1993, 146 (149); BVerfG (Kammer), AuAS 1993, 153; BVerfG (Kammer), InfAuslR 2001, 463 (464 f.) = AuAS 2001, 201; BVerwG, InfAuslR 1985, 82; OVG Hamburg, B. v. 15. 7. 1993 – OVG Bs VII 93/93).

Rechtsmittel § 78

Zu der durch Art. 103 I GG, § 108 II VwGO gebotenen Gewährung rechtlichen Gehörs reicht deshalb der nicht näher konkretisierte Hinweis auf die in der Gerichtsbücherei verfügbaren Informationsquellen über die allgemeinen Verhältnisse im Herkunftsland des Asylsuchenden wegen seiner Allgemeinheit und Unbestimmtheit nicht aus. Eine derartige Verfahrensweise ist mit dem grundrechtlichen Anspruch auf Gewährung des rechtlichen Gehörs unvereinbar (BVerfG (Kammer), InfAuslR 1993, 146 (147); BVerfG (Kammer), AuAS 1993, 153 (154); BVerwG, InfAuslR 1984, 89). Daher genügt der im Sitzungsprotokoll enthaltene Hinweis, zum Gegenstand der mündlichen Verhandlung seien auch die bis heute in die Dokumentation des Gerichts aufgenommenen Erkenntnisquellen zum Herkunftsland des Asylsuchenden gemacht worden, nicht (BVerfG (Kammer), B. v. 30.4.1996 – 2 BvR 1671/95). Eine derart pauschale Formulierung lässt offen, um welche Quellen es sich dabei im Einzelnen handelt (BVerfG (Kammer), AuAS 1996, 249). 742

Den aus dem Anspruch auf Gewährung rechtlichen Gehörs folgenden Anforderungen wird aber regelmäßig dadurch genügt, dass das Gericht die der Entscheidung zugrundeliegenden Gutachten, Zeitungsberichte und anderen Auskünfte zum Gegenstand der mündlichen Verhandlung macht und die Beteiligten dazu anhört (BVerfG (Kammer), AuAS 1993, 130). Aus dem Terminprotokoll oder sonstwie muss mithin deutlich werden, dass das »vorleistungspflichtige« Gericht die Beteiligten darauf hingewiesen hat, dass bestimmte, auch bereits früher mitgeteilte Erkenntnisgrundlagen vom Gericht verwendet werden (Hess.VGH, InfAuslR 1994, 245). Dies gilt im Übrigen auch für die Gerichts- und Behördenakten und andere Erkenntnisgrundlagen (Hess.VGH, InfAuslR 1994, 245). 743

Fraglich ist jedoch, ob die übliche Gerichtspraxis, seitenlange Auflistungen von Erkenntnisquellen zu übersenden, von denen möglicherweise nur einige einen konkreten Bezug zum anhängigen Rechtsstreit haben können, zureichend ist, um im Blick auf die dort bezeichneten Erkenntnisse zugleich auch eine ordnungsgemäße Einführung in das Verfahren annehmen zu können. Bedenken ergeben sich deshalb, weil die Vielzahl der bezeichneten Erkenntnismittel dem Konkretisierungsgebot zuwiderläuft (krit. zu dieser Praxis auch Höllein, ZAR 1989, 109 (113); keine Bedenken Berlit, in: GK-AsylVfG, § 78 Rdn. 335 f.; ebenso wohl auch Hess.VGH, EZAR 633 Nr. 22). 744

Insoweit ist darauf hinzuweisen, dass das BVerfG ausdrücklich darauf hingewiesen hat, dass die pauschale Einführung einer über 300 Unterlagen umfassenden Erkenntnismittelliste in das Verfahren keine ausreichende Gewährung rechtlichen Gehörs beinhaltet (BVerfG (Kammer), AuAS 1993, 249). Ebenso geht die obergerichtliche Rechtsprechung davon aus, dass die – erstmals in der mündlichen Verhandlung erfolgende – Einführung einer Erkenntnismittelliste mit nicht weniger als 653 Erkenntnismitteln bereits als solche das rechtliche Gehör verletzt (OVG NW, AuAS 1997, 143 (144)). Eine derartige Verfahrensweise jedenfalls genügt dem Recht auf Gehör nicht. 745

Der Hinweis auf die Übersendung der Erkenntnismittelliste als zureichende prozessuale Maßnahme für die Gewährung rechtlichen Gehörs soll den Gerichten die Möglichkeit offen halten, bei der Abfassung der Entscheidungsgründe auch solche Erkenntnisse verwerten zu können, die in der münd- 746 lichen Verhandlung nicht erörtert worden sind. Begründet wird diese Praxis damit, das Verwaltungsgericht genüge bereits mit der Übersendung der Erkenntnisliste vor der mündlichen Verhandlung dem Grundsatz rechtlichen Gehörs. Dass eine derartige Liste eine »große Anzahl von Erkenntnisquellen« enthalte, sei der verfassungsrechtlichen Verpflichtung zur erschöpfenden Aufklärung des asylrechtserheblichen Sachverhaltes geschuldet und daher unvermeidlich (OVG NW, AuAS 1996, 263f.).

747 Deshalb verbiete sich jede Selektion von Beweismitteln und komme es wegen der Relevanz einer etwaigen Vorverfolgung nicht nur auf diejenigen Erkenntnisquellen an, die im Zeitpunkt der gerichtlichen Entscheidung aktuell seien, sondern auch auf diejenigen, die sich auf den Zeitraum vor der Ausreise erstreckten. Schließlich könnten die Gericht die Frage einer Verfolgung einer bestimmten ethnischen Gruppe in ihrer Komplexität nur verlässlich beurteilen, wenn sie durch Auswertung einer hinreichenden Anzahl von Erkenntnissen in die Lage versetzt würden, eine zumindest mehrjährige Entwicklung nachzuzeichnen (OVG NW, AuAS 1996, 263f.).

1.6.3.3.2.3.2. Kein Anspruch auf Zusendung der Erkenntnismittel

748 Zwar übersenden die Gerichte teilweise die einzuführenden Erkenntnisquellen an die Beteiligten (vgl. BVerwG, Buchholz 402.25 § 28 AuslG Nr. 30). Es besteht jedoch kein Anspruch auf vorherige Zusendung der Beweismittel (VGH BW, ESVGH 31, 74). Vielmehr geht die Rechtsprechung davon aus, dass der Grundsatz des rechtlichen Gehörs das Gericht nicht verpflichtet, den Beteiligten Erkenntnisquellen zu verschaffen, die für den Ausgang des Verfahrens von Bedeutung sein könnten. Art. 103 I GG verbietet es dem Gericht lediglich, seinem Urteil Erkenntnisquellen zugrunde zu legen, die es nicht ordnungsgemäß in das Verfahren eingeführt hat (OVG Hamburg, AuAS 1993, 199).

749 Insbesondere das Akteneinsichtsrecht aus § 100 II 1 VwGO vermittelt keinen derartigen Übersendungsanspruch. Erkenntnisquellen zu den allgemeinen Verhältnissen im Herkunftsland des Klägers sind nach Auffassung der obergerichtlichen Rechtsprechung keine Aktenbestandteile (OVG NW, NVwZ-Beil. 1997, 81). Ist für das Gericht jedoch erkennbar, dass weder der Beteiligte noch sein Bevollmächtigter infolge bestimmter Umstände – wie etwa des eingeschränkten Zugangs zur gerichtlichen Dokumentationssammlung aufgrund der räumlichen Entfernung – nicht ohne weiteres Kenntnis von den mitgeteilten Beweismitteln erlangen können, besteht Anspruch auf deren Zusendung durch das Gericht.

1.6.3.3.2.3.3. Prozessuale Anforderungen an die Einführung von Erkenntnismitteln

750 Die *Formen*, in denen Erkenntnisquellen in das Verfahren eingeführt werden, sind in der Praxis sehr vielfältig. Zutreffend wird eingewendet, dass die nach § 173 VwGO in Verb. mit § 137 III 2 ZPO ausnahmsweise gebotene Verlesung von Schriftstücken selten ist und wegen der Vielzahl der einzuführenden Erkenntnisquellen zumeist mehrtägige Verhandlungen zur Folge hätte (Höllein, ZAR 1989, 109 (112)). Um die hinreichende Gewährung rechtlichen Ge-

Rechtsmittel § 78

hörs sicherzustellen und dies auch nachzuweisen, reicht es jedenfalls dann, wenn keiner der Beteiligten widerspricht (vgl. § 137 III 1 ZPO), aus, dass das Verwaltungsgericht eine *Liste der Erkenntnismittel* einführt.

Auskünfte, Gutachten und sonstige Stellungnahmen werden indes nicht allein dadurch zum Gegenstand des Verfahrens, dass sie den Beteiligten *bekannt* sind. Denn nach der Rechtsprechung des BVerwG genügt es nicht, dass derartige Erkenntnisquellen den Beteiligten aus anderen Verfahren bekannt sind. Ohne einen entsprechenden gerichtlichen Hinweis werden sie dadurch nicht zum Gegenstand des Verfahrens (BVerwG, InfAuslR 1986, 56 (57)). Werden derartige Erkenntnismittel *verwertet*, ohne die Beteiligten in irgendeiner Weise darüber zu unterrichten, kommt eine Verletzung des Anspruchs auf rechtliches Gehör in Betracht (Nieders.OVG, NVwZ-Beil. 1996, 67; Nieders.OVG, B. v. 30. 5. 1996 – 12 L 2405/96). 751

Mit der Zusendung der Erkenntnismittelliste hat das Verwaltungsgericht den Beteiligten zunächst lediglich mitgeteilt, auf welche Erkenntnismittel es seine Entscheidung möglicherweise stützen wird. Grundsätzlich setzt die sachgerechte Einführung von Erkenntnismitteln indes voraus, dass das Gericht die seiner Meinung nach möglicherweise entscheidungserheblichen Erkenntnismittel herausfiltert und so genau in das Verfahren einführt, dass die Beteiligten *tatsächlich* die Möglichkeit haben, sich von ihnen Kenntnis zu verschaffen und zu ihnen Stellung zu nehmen (BVerfG (Kammer), AuAS 1993, 21; BVerfG (Kammer), AuAS 1993, 153). Die in dem Urteil zu verwertenden Erkenntnisquellen müssen mithin so in das Verfahren eingeführt werden, dass die Beteiligten ausreichend Gelegenheit haben, zu diesen Dokumenten und den dort wiedergegebenen Tatsachenschilderungen Stellung zu nehmen und auch ihre sonstige Prozessführung darauf einzurichten (Hess.VGH, InfAuslR 1994, 245 (246)). 752

Erst die genaue Kenntnis der Erkenntnisquellen, die das Gericht verwerten will, ermöglicht den Beteiligten die Überprüfung, ob diese eine hinreichend verlässliche Grundlage für die Entscheidung darstellen. Dazu müssen sie die zu verwertenden Erkenntnisquellen, die sich auf entscheidungserhebliche Tatsachen beziehen, kennen, um entscheiden zu können, ob sie durch geeignete prozessuale Mittel auf eine weitere Aufklärung des Sachverhalts hinwirken können. Fraglich ist jedoch, ob allein mit der Übersendung der Erkenntnismittelliste die Beteiligten in die Lage versetzt werden, sich effektiv rechtliches Gehör verschaffen zu können. 753

Andererseits verletzt die entscheidungserhebliche Verwertung von Erkenntnismitteln, die in der übersendeten Liste nicht aufgeführt und auch später nicht ausdrücklich in das Verfahren eingeführt worden sind, den Anspruch auf rechtliches Gehör dann nicht, wenn tatsächlich auf andere Weise Gelegenheit besteht, zu den tatsächlichen Entscheidungsgrundlagen Stellung zu nehmen. Daraus folgt, dass nicht jeder Fehler in einer Erkenntnisliste oder jegliche Verwertung eines in der Liste nicht erwähnten Erkenntnismittels eine Gehörsverletzung indiziert. 754

Dies ist etwa dann nicht der Fall, wenn infolge von offenkundigen Schreib- oder Erfassungsfehlern ein einzuführendes Erkenntnismittel unzutreffend bezeichnet worden ist oder wenn das Gericht tatsächliche Feststellungen 755

1575

§ 78   *Gerichtsverfahren*

oder Würdigungen auf nicht ordnungsgemäß eingeführte Erkenntnismittel stützt, diese aber im entscheidungserheblichen Kern inhaltsgleich mit ausdrücklich eingeführten Erkenntnismitteln sind. Denn rechtliches Gehör ist nicht zu den Erkenntnismittel als solchen, sondern zu den darin enthaltenen tatsächlichen Angaben und Einschätzungen zu gewähren (Nieders.OVG, NVwZ-Beil. 1996, 67 (68); BayVGH, NVwZ-Beil. 2001, 29 (30)).

756 Auch wenn man daraus folgern mag, dass das Verwaltungsgericht nicht im Einzelnen detailliert angeben muss, welche von den in der Erkenntnismittelliste bezeichneten Erkenntnisquellen es bei seiner Entscheidung konkret zu verwenden gedenkt (so OVG NW, AuAS 1997, 143 (144); ausdr. dagegen Nieders.OVG, NVwZ-Beil. 1996, 67; Hess.VGH, InfAuslR 1994, 245), so muss doch zumindest verlangt werden, dass die tatsächlichen Feststellungen oder Würdigungen zu den entscheidungserheblichen Tatbeständen den Verfahrensbeteiligten zuvor bekannt gegeben werden. Deshalb wird den Beteiligten mit der Übersendung der Erkenntnisliste lediglich *bekannt*, dass das Gericht die dort aufgeführten Erkenntnisse in das Verfahren *einführt*. Zum *Gegenstand des Verfahrens* werden sie damit indes noch nicht. Dies setzt zur Gewährleistung des Anspruchs auf rechtliches Gehör zumindest voraus, dass das Gericht die Verfahrensbeteiligten in *irgendeiner Weise* darüber unterrichtet, welche Erkenntnisse im Einzelnen in der Entscheidung verwertet werden sollen (Nieders.OVG, NVwZ-Beil. 1996, 67; Nieders.OVG, B. v. 30. 5. 1996 – 12 L 2405; Hess.VGH, InfAuslR 1994, 245).

1.6.3.3.2.3.4. Konkretisierung der Erkenntnismittelliste auf die entscheidungserheblichen Erkenntnismittel

757 In der obergerichtlichen Rechtsprechung geht die Tendenz dahin, dass zur ordnungsgemäßen Einführung der Erkenntnisse in das Verfahren die Übersendung der Erkenntnismittelliste als solche ausreicht (OVG NW, AuAS 1996, 263f.; OVG NW, NVwZ-Beil, 1999, 2; Hess.VGH, AuAS 2000, 33 (34); a. A. Nieders.OVG, NVwZ-Beil. 1996, 67; Hess.VGH, InfAuslR 1994, 245; Hess.VGH, InfAuslR 2004, 262 (263); krit. hierzu Marx, ZAR 2002, 400 (405ff.)). Mit der Übersendung der Erkenntnismittelliste genüge das Gericht den prozessualen Anforderungen, wenn dort die Erkenntnisse so präzise bezeichnet würden, dass sie von den Beteiligten unschwer aufgefunden werden könnten. Dies sei bei einer Bezeichnung nach Autor, Geschäftszeichen, Datum Adressat und wenigstens zum Teil Dokumentennummer verbunden mit dem Hinweis, dass die Erkenntnisse in der Gerichtsbibliothek während der Dienststunden eingesehen werden könnten, der Fall (OVG NW, NVwZ-Beil. 1999, 2).

758 Ob die Erkenntnisse darüber hinaus thematisch untergliedert oder mit einem Stichwort versehen werden müssten, sei vom Umfang der Erkenntnisse abhängig. Je größer die Zahl der Erkenntnisse sei, umso zwingender ergebe sich die Notwendigkeit einer thematischen Untergliederung oder näheren Bezeichnung mit Stichworten (OVG NW, NVwZ-Beil, 1999, 2). Im Ergebnis unterläuft diese Rechtsprechung das prozessuale Konkretisierungsgebot. Denn eine mehrere Seiten umfassende Liste, die nach den Erfahrungen mit der Gerichtspraxis nahezu sämtliche in den Länderordnern der Gerichts-

Rechtsmittel § 78

bibliothek zu den jeweiligen Herkunftsländern enthaltenen Erkenntnisse aufführt, kommt im Ergebnis dem allgemeinen Hinweis auf die in der Gerichtsbücherei verfügbaren Informationsquellen über die allgemeinen Verhältnisse im Herkunftsland des Asylsuchenden gleich.

Mit der bloßen Übersendung der Erkenntnismittelliste sind deshalb die dort bezeichneten Erkenntnisse noch nicht ordnungsgemäß in das Verfahren eingeführt worden. Auch die thematische Untergliederung sichert nicht in effektiver Weise die Möglichkeit zur Ausübung des rechtlichen Gehörs. Vielmehr muss *zwischen* der *Übersendung der Erkenntnismittelliste* und dem konkreten Verfahren ein *spezifischer prozessualer Bezug* hergestellt werden (VGH BW, InfAuslR 2000, 34 (35) = NVwZ-Beil. 1999, 107 = AuAS 1999, 238, bezogen auf die vom Einzelfall gelöste Übersendung der Erkenntnismittelliste). Das gilt nicht nur, wenn den Beteiligten ganz allgemein in periodischen Abständen aktualisierte Erkenntnismittellisten zugesendet werden, sondern auch dann, wenn diese bereits als Anlage der Eingangsverfügung oder Ladungsanordnung beigefügt war. 759

Die Verpflichtung zur Herstellung eines derartigen prozessualen Zusammenhangs folgt daraus, dass die Erkenntnismittelliste generell nicht auf den konkreten Einzelfall eingeschränkt werden kann. Bei der sachgerechten Vorbereitung der mündlichen Verhandlung lässt sich die individuelle Situation des Asylsuchenden nicht von vornherein hinreichend zuverlässig einschätzen. Darüber hinaus sind die mitgeteilten Erkenntnisse häufig nicht von individueller, sondern von allgemeiner Bedeutung für die Entscheidungsfindung des Gerichts. Aus ihnen können sich zwar Sachverhalte ergeben, die einen direkten oder mittelbaren Bezug zu dem konkreten Sachvorbringen des Asylsuchenden haben. Jedoch weicht die in den Erkenntnismitteln berichtete Situation nicht in seltenen Fällen von dem konkret zu bewertenden Vortrag des Asylsuchenden ab (Hess.VGH, AuAS 2000, 33 (34)). 760

Aus diesen prozessualen Besonderheiten des Asylprozesses folgt, dass mit der Übersendung der Erkenntnismittelliste den Beteiligten lediglich die Bandbreite der möglicherweise zur Verwertung verfügbaren Erkenntnisse bekannt wird. Das rechtliche Gehör muss so gewährt werden, dass es in zumutbarer Weise und effektiv wahrgenommen werden kann. Erkenntnismittel werden deshalb nicht allein dadurch zum Gegenstand des Verfahrens, dass sie den Beteiligten bekannt sind. Werden solche Erkenntnismittel verwertet, ohne diese in irgendeiner Weise darüber zu unterrichten, wird das rechtliche Gehör verletzt (Nieders.OVG, NVwZ-Beil. 1996, 67; Hess.VGH, InfAuslR 1994, 245; a. A. Hess.VGH, InfAuslR 2004, 262 (263)). 761

Bevor im konkreten Verfahren die Entscheidung getroffen werden kann, muss deshalb zwischen der Übersendung der Erkenntnismittelliste und der bevorstehenden Entscheidung *durch Konkretisierung prozessual ein Bezug hergestellt werden*. Dieser Bezug kann nach der obergerichtlichen Rechtsprechung lediglich durch einen gerichtlicher Hinweis hergestellt werden, dass im nunmehr anstehenden Verfahren eine Verwertung der bezeichneten Erkenntnisse in Betracht kommt (Nieders.OVG, NVwZ-Beil. 1996, 67; ähnl. Hess.VGH, InfAuslR 1994, 245). Widerspricht einer der Beteiligten ausweislich der Sitzungsniederschrift der bloßen Bezugnahme auf die Erkenntnisliste, fehlt es 762 an einer ordnungsgemäßen Einführung der Erkenntnisse (OVG NW, AuAS 1997, 143 (144); ähnl. BVerfG (Kammer), AuAS 1996, 249). Damit wird indes lediglich dass prozessuale Minimum bezeichnet, welches das insoweit »vorleistungspflichtige« Gericht (BVerfG (Kammer), NVwZ-Beil. 1995, 57 (58)) zu beachten hat. Unterbleibt dieser konkrete Hinweis, liegt stets eine Gehörsverletzung vor.

763 Lediglich die Wahrung des prozessualen Minimums wird dem Grundsatz der effektiven Gewährleistung des rechtlichen Gehörs nicht gerecht. Dieser setzt voraus, dass vor der Entscheidung im Rahmen der Erörterung der Sach- und Rechtslage die Erkenntnismittel bezeichnet werden, die das Verwaltungsgericht zu verwerten gedenkt. Nur so kann die *diskurssichernde Funktion des Verfahrensrechts* gewährleistet werden. Das Gericht muss daher in der mündlichen Verhandlung eine Erklärung abgeben, welche Erkenntnismittel es im Einzelnen zur Bewertung der verschiedenen entscheidungserheblichen Fragen heranzuziehen beabsichtigt, um den Beteiligten ausreichend Gelegenheit zu geben, zu diesen Dokumenten und den dort wiedergegebenen Tatsachenschilderungen Stellung zu nehmen und auch ihre sonstige Prozessführung darauf einzurichten (Hess.VGH, InfAuslR 1994, 245 (246)).

764 Die Gerichtspraxis vermeidet indes im Allgemeinen eine derartige Offenlegung, um sich für die Abfassung der schriftlichen Entscheidungsgründe nach Möglichkeit nicht zu binden. Begründet wird dies damit, dass ebenso wie die Würdigung des Beteiligtenvorbringens auch die Bewertung der Erkenntnismittel grundsätzlich nicht Gegenstand des Anspruchs auf rechtliches Gehör sei. Vielmehr handele es sich dabei um einen »*Akt wertender Erkenntnis*«, der erst im Rahmen der Entscheidungsfindung selbst stattfinde. Daher sei das Verwaltungsgericht nicht verpflichtet, schon in der mündlichen Verhandlung bekannt zu geben, welchen der in das Verfahren »eingeführten« Erkenntnismitteln es maßgebende Bedeutung für die Entscheidungsfindung im konkreten Fall beimessen werde (Hess.VGH, AuAS 2000, 33 (34)).

765 Diese Begründung überzeugt nicht und ist mit den verfassungsrechtlichen Anforderungen an die Gewährung rechtlichen Gehörs nicht vereinbar. Das Verwaltungsgericht kann sich nicht darauf berufen, dass die Verarbeitung tatsächlicher Informationen in einem Erkenntnisprozess in die normativ bestimmte und deshalb dem Gericht vorbehaltene Antwort auf die Frage nach dem Bestehen einer politischen Verfolgung münde und erst die wertende Erkenntnis im Urteil ein volles Bild über die Zusammenhänge liefere. Daher geht die Sammlung und Sichtung der tatsächlichen Grundlagen der Entscheidung der *wertenden Würdigung prozessual abtrennbar voraus* (BVerfG (Kammer), AuAS 1993, 21 (22); BVerfG (Kammer), AuAS 1993, 153 (154); BVerfG (Kammer), InfAuslR 1993, 146 (149)).

766 Mit der Übersendung der Erkenntnismittelliste sind daher die dort bezeichneten Erkenntnisse noch nicht in das konkrete Verfahren eingeführt, sondern den Beteiligten lediglich bekannt gegeben worden. Erst durch Konkretisierung derjenigen Erkenntnisse der Liste, die für den konkreten Rechtsstreit entscheidungserheblich sind, werden sie im Rahmen des Rechtsgesprächs (§ 104 I VwGO) in das Verfahren eingeführt. Damit wird nicht die Beweis-

würdigung, also der innere Vorgang des Rechtsfindungsprozesses, in das Rechtsgespräch vorverlegt, sondern werden in der prozessual gebotenen Weise die Prognosetatsachen auf diejenigen Erkenntnismittel begrenzt, die im konkreten Verfahren erheblich sind. Die Sichtung und Sammlung der Erkenntnisse, also die Erarbeitung der tatsächlichen Entscheidungsgrundlagen, ist kein Vorgang wertender Erkenntnis, sondern betrifft den äußeren Prozess der tatsächlichen Erkenntnisgewinnung.

Verwertet das Verwaltungsgericht in der Entscheidung Erkenntnisse, die es im vorhergehenden Rechtsgespräch mit den Beteiligten nicht erörtert hat, nimmt es diesen die tatsächliche Möglichkeit, sich von ihnen Kenntnis zu verschaffen und zu ihnen Stellung zu nehmen (vgl. BVerfG (Kammer), AuAS 1993, 21; BVerfG (Kammer), InfAuslR 1993, 146 (149); BVerfG (Kammer), AuAS 1993, 153; BVerfG (Kammer), InfAuslR 2001, 463 (464f.) = AuAS 2001, 201). Damit verletzt es das rechtliche Gehör der Beteiligten. Diese ist aber nur rügefähig, wenn die Beteiligten in der mündlichen Verhandlung auf die Konkretisierung hingewirkt haben.

1.6.3.3.2.3.5. Verpflichtung zur prozessualen Mitwirkung an der Konkretisierung

Zur Ausschöpfung der verfügbaren prozessualen Möglichkeiten gehört es nach der obergerichtlichen Rechtsprechung, dass die Beteiligten sich in der mündlichen Verhandlung danach erkundigen, ob die ihnen mitgeteilten Auskünfte und anderen Erkenntnisse auch Gegenstand der Entscheidungsfindung sein sollen (BVerwG, InfAuslR 1984, 89 (90); OVG Hamburg, B. v. 15. 7. 1993 – Bs VII 93/93; Thür.OVG, InfAuslR 1998, 519 (520); OVG NW, AuAS 2001, 83 (84); Hess.VGH, NVwZ-Beil. 1999, 90; vgl. auch BVerwG, EZAR 610 Nr. 25). Die Beteiligten sind verpflichtet, das Verwaltungsgericht in der mündlichen Verhandlung aufzufordern, die *Erkenntnismittel im Einzelnen zu bezeichnen*, die es zu verwerten beabsichtigt (OVG NW, AuAS 2001, 83 (84)).

Die Möglichkeit, sich rechtliches Gehör zu verschaffen, werde den Beteiligten nur dann genommen, wenn ihnen das Gericht erhebliche Tatsachen vorenthalte. In diesem Fall werde es ihnen unmöglich gemacht, sachgerechte Anträge zu stellen und zu begründen. Das geschehe allerdings nur, wenn ein Beteiligter in Kenntnis der vom Gericht nicht in das Verfahren eingeführten Entscheidungsgrundlagen andere oder zusätzliche Anträge gestellt, Tatsachen behauptet oder Rechtsauffassungen vertreten habe. Anders als die Verpflichtung zur Erforschung des Sachverhalts nach § 86 I 1 VwGO beziehe sich die Versagung rechtlichen Gehörs nur auf das Vorbringen der Beteiligten. Dieser Rechtslage entspreche es, dass jeder Beteiligte gehalten sei, sich in jedem Stand des Verfahrens nach Möglichkeit rechtliches Gehör zu verschaffen (Hess.VGH, NVwZ-Beil. 1999, 90).

Damit wird die obergerichtliche Rechtsprechung von einem nicht auflösbaren immanenten Widerspruch geprägt. Einerseits wird das Verwaltungsgericht nicht für verpflichtet gehalten, schon in der mündlichen Verhandlung bekannt zu geben, welchen der in das Verfahren »eingeführten« Erkenntnismitteln es maßgebende Bedeutung für die Entscheidungsfindung im konkre-

§ 78 Gerichtsverfahren

ten Fall beimessen werde (Hess.VGH, AuAS 2000, 33 (34)). Andererseits werden die Beteiligten zur Wahrung ihres Rügerechts verpflichtet, auf eben diese Offenlegung hinzuwirken (Thür.OVG, InfAuslR 1998, 519 (520); OVG NW, AuAS 2001, 83 (84); Hess.VGH, NVwZ-Beil. 1999, 90).

771 Man wird diese Rechtsprechung dahin interpretiert müssen, dass sie für die konkrete Einführung in das Verfahren mehr als nur die bloße Zusendung der Erkenntnismittelliste verlangt, vielmehr darüber hinaus zwischen der Übersendung und dem konkreten Verfahren die Herstellung eines prozessualen Zusammenhangs fordert. Ist etwa eine übersandte Erkenntnismittelliste im Einzelnen nicht ausreichend bezeichnet worden, muss der Beteiligte auf eine Konkretisierung hinwirken und gegebenenfalls Vertagungsantrag stellen (OVG NW, B. v. 4. 6. 1998 – 1 A 2296/98.A). Ein Anlass zur Konkretisierung kann für den anwaltlich vertretenen Beteiligten aus der Ablehnung eines in der mündlichen Verhandlung gestellten Beweisantrags folgen, wenn die Begründung darauf schließen lässt, das Gericht werde die behauptete Verfolgung aufgrund der vom Informationsblatt umfassten Auskünfte verneinen (OVG Hamburg, B. v. 15. 7. 1993 – Bs VII 93/93).

772 Zweifelhaft ist aber andererseits, ob der allgemein gefasste Hinweis des Gerichts auf die ihm vorliegenden Informationsquellen überhaupt geeignet ist, die Pflicht des Beteiligten auszulösen, sich um eine Konkretisierung dieser Quellen zu bemühen (BVerwG, InfAuslR 1984, 89 (90)). Hat das Gericht jedoch von sich aus nachträglich mehrere im Einzelnen benannte Erkenntnisquellen zum Gegenstand der mündlichen Verhandlung gemacht und im Urteil verwertet, kann der Beteiligte darauf vertrauen, dass es diejenigen Beweismittel, auf die es seine Entscheidung zu stützen beabsichtigt, auf die gleichsam abschließend bezeichneten Erkenntnisquellen beschränkt hat.

773 Danach ist der Beteiligte nicht mehr gehalten, auf die Vorlage weiterer möglicherweise erheblicher Auskünfte und Berichte oder auf ausdrückliche Befassung mit sämtlichen Informationsquellen über das Herkunftsland des Asylsuchenden zu drängen (BVerwG, InfAuslR 1984, 89 (90). Es ist angesichts der gerichtlichen Aufklärungspflicht (§ 86 I 1 VwGO) jedoch bedenklich, dass die Rechtsprechung die Initiative für diese Herstellung dem Verantwortungsbereich der Beteiligten zuweist. Diese müssen danach initiativ werden, um die Konkretisierungspflicht des Gerichts auszulösen. Verweigert das Verwaltungsgericht diese Konkretisierung, haben die Beteiligten die ihnen verfügbaren und zumutbaren prozessualen Möglichkeiten ausgeschöpft. Verwertet das Gericht im Urteil Erkenntnismittel, die trotz eingeforderter Konkretisierung im Rahmen des Rechtsgesprächs nicht bezeichnet wurden, wird das rechtliche Gehör der Beteiligten verletzt. Zum Nachweis der Initiative auf Konkretisierung sollte auf die Protokollierung bestanden werden.

1.6.3.3.2.3.6. Konkretisierungspflicht bei Verzicht auf Durchführung der mündlichen Verhandlung

774 Verwertet das Verwaltungsgericht Erkenntnisse, ohne diese zuvor den Beteiligten mitgeteilt zu haben, so verlieren diese bei Verzicht auf Durchführung der mündlichen Verhandlung nicht ihr Rügerecht (BVerfG (Kammer), InfAuslR 1999, 260 (261); BVerfG (Kammer), AuAS 2001, 201 (202); a. A. Bay-

VGH, NVwZ-Beil. 2001, 29 (30)). Regelmäßig lasse der Verzicht auf mündliche Verhandlung das Recht auf Gehör als solches unberührt. Der Beteiligte brauche daher mit dem Verzicht auf mündliche Verhandlung nicht zugleich auch auf den Umstand hinweisen, dass das Gericht noch keine Erkenntnismittel über die zu bewertende tatsächliche Situation im Herkunftsland des Asylsuchenden eingeführt hatte (BVerfG (Kammer), InfAuslR 1999, 260 (261)).

Ist den Beteiligten indes vor dem Verzicht auf Durchführung der mündlichen Verhandlung eine Erkenntnismittelliste zugesendet worden, so wird nach der obergerichtlichen Rechtsprechung der notwendige Bezug zwischen der Übersendung und dem konkreten Verfahren deshalb durch den Verzicht hergestellt, weil dieser inhaltlich voraussetze, dass der Erklärende die mitgeteilten Erkenntnisse bereits überprüft hätte und sich ihrer rechtlichen Erheblichkeit für das Verfahren bewusst war. In diesem Fall sei mit der Verzichtserklärung der notwendige Bezug hergestellt worden, ohne dass es noch eines weiteren förmlichen Hinweises des Gerichts über die Einbeziehung der früher mitgeteilten Erkenntnisse in das anhängige Verfahren bedurft hätte (VGH BW, InfAuslR 2000, 34 (35) = NVwZ-Beil.1999, 107 = AuAS 1999, 238).

Diese Ansicht ist nicht in jeder Hinsicht überzeugend. Erfolgt die Verzichtserklärung auf Anregung des Verwaltungsgerichts, so bedarf es zugleich einer ausdrücklichen Erklärung, welche der mitgeteilten Erkenntnisse in der Entscheidung verwertet werden sollen. Nur so können die Beteiligten wirksam ihren Anspruch auf rechtliches Gehör in Anspruch nehmen und erkennen, welche Erkenntnisse aus der Vielzahl der mitgeteilten Erkenntnisse für das konkrete Verfahren erheblich sind und ihre weitere Prozessführung darauf einstellen, insbesondere nach Überprüfung der konkretisierten Erkenntnisse entscheiden, ob sie die Verzichtserklärung abgeben.

Erscheint der Beteiligte nicht zur mündlichen Verhandlung, so kann er sich nicht nachträglich auf die fehlende gerichtliche Konkretisierung der Erkenntnismittel berufen. In diesem Fall hat er nicht alle ihm zur Verfügung stehenden Möglichkeiten ausgenutzt, um sich im erstinstanzlichen Verfahren rechtliches Gehör zu verschaffen. Soweit die Rechtsprechung diesen Grundsatz auch auf den Fall anwendet, in dem die verwendeten Erkenntnismittel den Beteiligten nicht vor der Entscheidung mitgeteilt wurden (so Thür.OVG, InfAuslR 1998, 519 (520)), beruht dies auf einer verfehlten Auffassung über die gerichtlichen Aufklärungs- und Hinweispflichten. Man mag zwar den Beteiligten bis zu einem gewissen Umfang eine Mitwirkung bei der Konkretisierung der Erkenntnismittel auferlegen. Dies setzt indes voraus, dass zuvor die Erkenntnismittel mitgeteilt wurden. Erst dann wird eine prozessuale Mitwirkungspflicht für die Konkretisierung begründet.

1.6.3.3.3. Nachweis der Konkretisierung

Die Einführung der Erkenntnismittel gehört nicht zu jenen für die mündliche Verhandlung vorgeschriebenen Förmlichkeiten, deren Beachtung nach § 165 ZPO nur durch das Protokoll bewiesen werden kann (Nieders.OVG, NVwZ-Beil. 1996, 67 (68); Nieders.OVG, B. v. 30. 5. 1996 – 12 L 2405/96). Wird die Einführung von Erkenntnismitteln in der Sitzungsniederschrift festgehalten, dient dies allein dem *Nachweis* der Gewährung rechtlichen Gehörs, einschließlich der Bezeichnung jener Erkenntnismittel, zu denen rechtliches Gehör gewährt worden ist. Dies ist jedoch nicht formelle Voraussetzung für die ordnungsgemäße Gewährung rechtlichen Gehörs. Fehlen daher in der Sitzungsniederschrift ausdrückliche Angaben zu den zusätzlich eingeführten Erkenntnismitteln, ist damit nicht im Sinne des § 165 ZPO beweiskräftig festgestellt, es seien in der mündlichen Verhandlung weitere Erkenntnismittel nicht eingeführt worden (BVerwG, EZAR 610 Nr. 25 = NVwZ 1985, 337; Nieders. OVG, NVwZ-Beil. 1996, 67 (68); Nieders.OVG, B. v. 30. 5. 1996 – 12 L 2405/96; a. A. Hess.VGH, InfAuslR 1994, 245).

779 Der Umstand allein, dass die Einführung weiterer Erkenntnismittel in der Sitzungsniederschrift nicht ausdrücklich festgehalten ist, lässt deshalb für sich allein den Schluss nicht zu, diese seien tatsächlich nicht eingeführt worden. Ergeben sich aus den Akten jedoch sonst keine eindeutigen Hinweise auf die sachgerechte Einführung weiterer Erkenntnisquellen in der mündlichen Verhandlung, obliegt hierfür nicht den Beteiligten die Darlegungslast. Denn für die ordnungsgemäße Einführung von Erkenntnisquellen ist das Verwaltungsgericht *»vorleistungspflichtig«* (BVerfG (Kammer), NVwZ-Beil. 1995, 57 (58) = AuAS 1995, 177).

780 Da jedoch der Tatbestand des verwaltungsgerichtlichen Urteils eine öffentliche Urkunde darstellt, die nach § 173 VwGO in Verb. mit § 314 ZPO Beweis für das mündliche Parteivorbringen und vollen Beweis für die darin bezeugten eigenen Wahrnehmungen oder Handlungen des Gerichts erbringt, reicht der Hinweis auf die erörterten Erkenntnisquellen im Tatbestand aus (BVerwG, EZAR 610 Nr. 25). Nach der Rechtsprechung des BVerwG wird keine äußere Trennung von Tatbestand und Entscheidungsgründen gefordert, sodass dieser Hinweis auch in den Entscheidungsgründen erfolgen kann (BVerwG, EZAR 610 Nr. 25). Der Beteiligte muss zur Wahrung seines rechtlichen Gehörs Tatbestandsberichtigung beantragen, wenn er die unzulässige Verwertung von Erkenntnisquellen rügen will (BVerwG, EZAR 610 Nr. 25).

1.6.3.3.4. Anforderungen an die Gehörsrüge wegen nicht ordnungsgemäß eingeführter Erkenntnismittel

781 Im Zulassungsantrag, mit dem die Gehörsrüge wegen Verwertung nicht ordnungsgemäß eingeführter Erkenntnismittel geltend gemacht wird, ist das Erkenntnismittel zu bezeichnen (Nieders.OVG, AuAS 1997, 215; Hess.VGH, InfAuslR 1994, 245 (246)). Umstritten ist, ob darüber hinaus auch darzulegen ist, wie auf eine ordnungsgemäße Einführung reagiert worden wäre (so Nieders.OVG, AuAS 1997, 215; Hess.VGH, InfAuslR 1994, 245 (246)). Der Beteiligte ist darüber hinaus gehalten, durch Ausschöpfung der ihm prozessual zu Gebote stehenden Mittel rechtliches Gehör zu erlangen, etwa indem die nähere Konkretisierung der vom Verwaltungsgericht für möglicherweise entscheidungserheblich gehaltenen Erkenntnisquellen verlangt (BVerwG, InfAuslR 1984, 89 (90); OVG Hamburg, B. v. 15. 7. 1993 – Bs VII 93/93; vgl. auch BVerwG, EZAR 610 Nr. 25).

782 Um den Erfolg der Gehörsrüge nicht zu gefährden, ist mit der strengeren Meinung darzulegen, was ohne diesen Verfahrensfehler im Einzelnen noch

spezifiziert vorgetragen und dass gegebenenfalls weiterer Beweis angetreten worden wäre (BVerfG (Kammer), InfAuslR 1993, 146 (14); BVerfG (Kammer), AuAS 1993, 153 (154); VerfGH Berlin, B. v. 17. 6. 1996 – VerfGH 11/96; VerfGH Berlin, B. v. 17. 6. 1996 – VerfGH 4/96). Wegen der zu beurteilenden komplexen Tatsachenfragen und weil im Blick auf die Einführung von Erkenntnismitteln das Gericht »vorleistungspflichtig« ist, dürfen die Anforderungen daran, was ein Beteiligter zur Wahrung seines Anspruchs auf rechtliches Gehör zu tun hat, *nicht überspannt* werden (BVerfG (Kammer), NVwZ-Beil. 1995, 57).

Ausreichend ist, dass ohne den gerügten Verfahrensverstoß Äußerungen des Beteiligten zu den verwerteten Erkenntnissen Einfluss auf die angefochtene Entscheidung gehabt haben könnten. Legt der Beteiligte im Zulassungsantrag umfangreiches Erkenntnismaterial und dokumentierte Einzelfälle, die der entscheidungserheblichen Würdigung des Gerichts entgegenstehen, vor, erscheint es nicht ausgeschlossen, dass das Gericht zu anderen tatrichterlichen Feststellungen hätte kommen können (VerfGH Berlin, B. v. 17. 6. 1996 – VerfGH 11/96; VerfGH Berlin, B. v. 17. 6. 1996 – VerfGH 4/96).

Eine Verletzung des rechtlichen Gehörs kann indes nicht ohne weiteres damit begründet werden, das Verwaltungsgericht habe sich mit den ordnungsgemäß in das Verfahren eingeführten Erkenntnisquellen nicht zureichend auseinandergesetzt (OVG Hamburg, AuAS 9/1992, 10). Andererseits verstößt es gegen den Grundsatz des rechtlichen Gehörs, wenn ein Asylkläger zwei Gutachten von amnesty international vorlegt, aus denen sich deutliche Anhaltspunkte für die von ihm behauptete drohende Gefährdung im Falle der Rückkehr ergibt, das Gericht diesen Umstand jedoch nur ganz allgemein im Urteilstatbestand wiedergibt, ohne sich in den Entscheidungsgründen damit differenziert auseinander zu setzen (BVerfG (Kammer), AuAS 1993, 226). Handelt es sich bei derartigen Gutachten um einen wesentlichen Vortrag des Klägers, muss eine Auseinandersetzung mit ihnen erfolgen; insbesondere im Falle ihrer Verwerfung bedarf es einer Offenlegung anderweitiger Erkenntnisgrundlagen (BVerfG (Kammer), AuAS 1993, 226).

Fehlt es hieran, lässt dies nur den Schluss zu, dass das Verwaltungsgericht den Vortrag des Klägers insoweit, insbesondere jedoch die vorgelegten Gutachten entweder aus den Augen verloren oder aber zumindest nicht ernstlich erwogen hat (BVerfG (Kammer), AuAS 1993, 226). Ebenso liegt ein Verstoß gegen den Grundsatz des rechtlichen Gehörs vor, wenn der Kläger in der Klagebegründung auf drei Stellungnahmen hingewiesen hat, aus denen sich seiner Meinung nach ergibt, dass Kurden auch im Westen der Türkei nicht unbehelligt leben können, das Verwaltungsgericht sich jedoch in den Entscheidungsgründen allein auf die für das Verfahren eingeführten Auskünfte des Auswärtigen Amtes sowie auf nicht näher konkretisierte allgemeinkundige Tatsachen bezogen hat (BVerfG (Kammer), AuAS 1993, 271).

Das Gericht ist nicht verpflichtet, seine eigene Sachverhalts- und Beweiswürdigung sowie seine Rechtsansicht den Beteiligten vorab bekannt zu geben, was regelmäßig nicht möglich ist. Weil die Urteilsfindung erst nach Schluss der mündlichen Verhandlung im Rahmen der abschließenden Beratung stattfindet, ist das Gericht bei Beachtung der generellen Erörterungsverpflichtung auch nicht gehalten, die Beteiligten in der mündlichen Verhandlung auf Urteile hinzuweisen, die mit seiner – erst später erfolgenden – abschließenden Beurteilung der Sach- und Rechtslage übereinstimmen (BVerwG, InfAuslR 1986, 78). Andererseits hat das Verwaltungsgericht aber die tatsächlichen Erkenntnismittel, auf die es seine Entscheidung zu stützen beabsichtigt, unabhängig davon, ob sie in Form von Gutachten, Auskünften, Stellungnahmen oder Gerichtsentscheidungen vorliegen, mit den Beteiligten vor der Entscheidung zu erörtern.

1.6.3.4. Einholung eines (weiteren) Sachverständigengutachtens

1.6.3.4.1. Beiziehung von Erkenntnismitteln aus anderen Verfahren

787 Das Verwaltungsgericht kann den Antrag auf Einholung eines Gutachtens ablehnen, wenn es die Beweisfrage aus eigener Sachkunde beantworten kann (BVerwG, InfAuslR 1999, 365 = NVwZ-Beil. 1999, 89 = AuAS 1999, 178; BVerwG, AuAS 2001, 263 (264)). Daher ist vor der Beantragung des Sachverständigenbeweises stets zu prüfen, ob die Beweisfrage anhand der in anderen Verfahren eingeholten und dem Rechtsmittelführer verfügbaren Erkenntnismittel beantwortet werden kann. In diesem Fall ist anstelle des Sachverständigenbeweis die Beiziehung der entsprechenden Auskunft im Wege des Urkundenbeweises (§ 173 VwGO in Verb. mit § 424 ZPO) mit der Folge zu beantragen, dass das Verwaltungsgericht diese bei seiner Entscheidung zu berücksichtigen hat (BVerwG, InfAuslR 1990, 99; BVerwG, InfAuslR 1990, 97; BVerwG, EZAR 631 Nr. 11 = InfAuslR 1990, 243; BVerwG, InfAuslR 1999, 365 = NVwZ-Beil. 1999, 89 = AuAS 1999, 178; OVG NW, NVwZ-RR 1996, 127; Hess.VGH, NVwZ-Beil. 1999, 25; Hess.VGH, NVwZ 2000, 1428).

788 Kommt etwa ein Obergericht aufgrund der von einem Beteiligten benannten Erkenntnisquelle zu einer anderen Einschätzung als das um Beweiserhebung gebetene Gericht, muss sich diesem eine weitere Beweiserhebung aufdrängen (BVerwG, InfAuslR 1990, 99; BVerwG, InfAuslR 1990, 97; BVerwG, EZAR 631 Nr. 11 = InfAuslR 1990, 243). Ein Obergericht, das aufgrund der ihm vorliegenden Materialien zu einer bestimmten Einschätzung der Lage in einem fremden Staat gelangt ist, darf seine Augen nicht vor ihm nicht vorliegenden Erkenntnisquellen verschließen, bezüglich deren ein Beteiligter sich zutreffend darauf beruft, dass sie ein anderes Obergericht gerade dazu veranlasst haben, die Situation im entgegengesetzten Sinne zu beurteilen (BVerwG, InfAuslR 1990, 99; BVerwG, InfAuslR 1990, 97; BVerwG, 1990, 243).

789 Die grundsätzliche Pflicht zur Beiziehung der benannten Erkenntnisquelle besteht auch deshalb, weil für die Feststellung genereller Tatsachen erst durch eine Vielzahl von möglicherweise unterschiedlicher Erkenntnisquellen ein vollständiges und objektives Bild über die vergangene, gegenwärtige und zukünftige Situation in einem möglichen Verfolgerstaat gewonnen werden kann (BVerwG, EZAR 631 Nr. 11 = InfAuslR 1990, 243). Das Gebot der vollständigen und objektiven Sachaufklärung und das damit verbundene *Verbot der Auswahl und Selektion von Beweismitteln* soll eine möglichst zuverlässige Grundlage für die Beurteilung der asylrelevanten Situation in einem

Rechtsmittel § 78

Verfolgerstaat gewährleisten und dadurch zugleich der Gefahr unterschiedlicher Verfolgungsprognosen entgegenwirken (BVerwG, EZAR 631 Nr. 11; bekräftigt BVerfGE 83, 216 (220) = EZAR 202 Nr. 20 = InfAuslR 1991, 200). Daher sind alle erreichbaren »*Mosaiksteine*«, die für die Komplettierung dieser Gesamtschau relevant sein können, in die Prognosegrundlage einzubeziehen, soweit sie für die Beurteilung asylerheblicher genereller Tatsachen von Bedeutung sein könnten (BVerwG, EZAR 631 Nr. 11 = InfAuslR 1990, 243).

Der Rechtsmittelführer muss im Antrag auf Beiziehung den wesentlichen Inhalt der in anderen Verfahren eingeholten Auskunft wiedergeben und die Auskunft vorlegen (Hess.VGH, AuAS 1999, 21 (22)). Hat das Gericht selbst Erkenntnismittel im Wege des Urkundenbeweises in das Verfahren eingeführt, so kann andererseits ein Beweisantrag mit dem Ziel gestellt werden, die Einwendungen gegen die in das Verfahren eingeführten gutachterlichen Stellungnahmen zu erhärten. Für diesen Fall gelten die §§ 402 ff. ZPO nicht (BVerfG (Kammer), BayVBl. 1994, 143 (144)), d. h. das Verwaltungsgericht kann den Antrag nicht nach pflichtgemäßen Ermessen ablehnen. 790

Mit dem Beweisantrag kann aber auch der Zweck verbunden werden, tatsächliche Fragen, die nach Ansicht des Beteiligten durch die eingeführten Erkenntnismittel nicht mit dem gebotenen hinreichenden Grad an Verlässlichkeit zu klären sind, gerichtlich aufzuklären. Hier muss das Gericht prüfen, ob es die unter Beweis gestellte Frage aus eigener Sachkunde beantworten kann. Selbstverständlich kann es dabei auch die verfügbaren, aber noch nicht in das Verfahren eingeführten Gutachten und Auskünfte daraufhin überprüfen, ob sich aus ihnen die unter Beweis gestellte Frage beantworten lässt und diese gegebenenfalls ordnungsgemäß in das Verfahren einführen. Ist dies der Fall, muss es dem Antrag nicht nachgehen. 791

1.6.3.4.2. Ablehnungsgründe

1.6.3.4.2.1. Kein Ermessen bei erstmaliger Beantragung im konkreten Verfahren

Nach der Rechtsprechung des BVerfG trägt die Erwägung des Gerichts, ihm stehe ein Ermessen für die Frage der Einholung von weiteren Gutachten zu, nur die Ablehnung der Einholung von *weiteren* Gutachten, nachdem das Gericht bereits im konkreten Verfahren ein Gutachten nach Maßgabe der §§ 402 ff. ZPO eingeholt habe. Habe das Verwaltungsgericht jedoch keinen Sachverständigenbeweis erhoben, sei § 412 ZPO nicht anwendbar. Die Tatsache, dass dem Gericht eine Vielzahl von Erkenntnismitteln, darunter auch Gutachten, vorgelegen hätten, ändere hieran nichts. Die Verwertung dieser Erkenntnisquellen sei ohne förmliches Beweisverfahren im Wege des Freibeweises erfolgt. Die gutachtlichen Äußerungen von Sachverständigen hätten in das Verfahren durch Beiziehung anderweitig erstellter Gutachten und damit im Wege des Urkundenbeweises Eingang gefunden. Für diesen Fall würden den die Regelungen der §§ 402 ff. ZPO nicht gelten (BVerfG (Kammer), BayVBl. 1994, 143 (144), mit Hinweis auf BVerfG (Kammer), 1990, 161 (164 f.); BVerfG (Kammer), InfAuslR 1992, 63 (65)). 792

§ 78　*Gerichtsverfahren*

793　Demgegenüber beruft sich die fachgerichtliche Rechtsprechung für ihre Auffassung zur Behandlung von beantragten Sachverständigengutachten auf die Vorschrift des § 244 IV 2 StPO. Diese gelte als Ausdruck eines weder in der VwGO noch in der ZPO modifizierten allgemeinen Rechtsgedankens im Verwaltungsprozess entsprechend (OVG NW, NVwZ-RR 1996, 127 (128); VGH BW, AuAS 1996, 10 (11)) und eröffne grundsätzlich das Ermessen für die Erhebung des Sachverständigenbeweises.

794　Das BVerwG hat es vermieden, sich mit dieser verfassungsgerichtlichen Kritik auseinander zu setzen, indem es etwa auf die Entscheidungsunerheblichkeit der Beweisfrage, für die das Sachverständigengutachten beantragt war, hingewiesen hat (BVerwG, NVwZ-RR 1997, 191 (192) = InfAuslR 1996, 29) oder die Vorinstanz dahin rügte, es habe sich um eine behauptete neue Tatsache gehandelt, auf die seine Rechtsprechung zur Einholung weiterer Sachverständigenbeweises keine Anwendung finde (BVerwG, EZAR 610 Nr. 32) oder indem es die verfassungsgerichtliche Kritik schlichtweg nicht zur Kenntnis nimmt (BVerwG, InfAuslR 1995, 405 (406)).

795　Die obergerichtliche Rechtsprechung nimmt teilweise von der Klarstellung durch das BVerfG ebenfalls keine Kenntnis und verfährt nach den bisher entwickelten Grundsätzen (OVG NW, NVwZ-RR 1996, 127; Hess.VGH, InfAuslR 1997, 133 (134); Hess.VGH, AuAS 1995, 179 = AuAS 1995, 214). Soweit die Rechtsprechung des BVerfG Berücksichtigung findet, wird ihr entgegengehalten, dass die zuständige erste Kammer des BVerfG ihre Spruchkörperkompetenz überschritten habe, weil sie eine Frage entschieden habe, die noch nicht Gegenstand der Prüfung durch den zweiten Senat des BVerfG gewesen sei. Zudem beruhe die Kammerentscheidung offensichtlich auf einem Versehen, weil es in der in Bezug genommenen Kammerentscheidung um die Beiziehung eines bereits erstellten und genau bezeichneten Gutachtens im Wege des Urkundenbeweises gegangen sei (VGH BW, NVwZ-Beil. 1995, 27 (28) = InfAuslR 1995, 84 = AuAS 1995, 56 = EZAR 631 Nr. 36, mit Bezug auf BVerfG (Kammer), BayVBl. 1994, 143; bekräftigt VGH BW BW, AuAS 1996, 10 (12); ähnl. VGH BW, VBlBW 1995, 152 (153); dagegen Stumpe, VBlBW 1995, 172 (174)). Im Übrigen wird darauf hingewiesen, dass das BVerfG nur die Begründung des Verwaltungsgerichtes, ihm stehe für die Einholung eines Sachverständigengutachtens Ermessen zu, zutreffend für nicht ausreichend erachtet habe (Hess.VGH, NVwZ-Beil. 1996, 43 (44) = InfAuslR 1996, 186 = AuAS 1996, 141).

796　Im Schrifttum wird dem BVerfG entgegen gehalten, es berücksichtige nicht die Rechtsprechung des BGH, derzufolge der Antrag auf Einholung eines Sachverständigengutachtens nach Beiziehung von Gutachten aus anderen Verfahren als Antrag auf ein Obergutachten anzusehen sei, über den nach Ermessen zu entscheiden sei. Seien Gutachten und Auskünfte zum Beweisthema aus anderen Verfahren beigezogen worden, liege nur im Blick auf die äußere Form ein Urkundenbeweis vor. Dem sachlichen Gehalt nach handele es sich dagegen um einen Sachverständigenbeweis. Die innere (materielle) Beweiskraft der Urkunde ergebe sich in diesen Fällen aus dem Inhalt der in ihr enthaltenen sachverständigen Äußerung. Diese sei – ebenso wie ein Sachverständigengutachten – nach freier richterlicher Überzeugung zu wür-

Rechtsmittel § 78

digen. (Stumpe, VBlBW 1995, 172 (174 f.); ebenfalls kritisch Berlit, in: GK-AsylVfG, § 78 Rdn. 388 ff.).

Traditionell werden in Asylverfahren Anträge auf Einholung von Sachverständigengutachten nahezu durchgängig mit der Begründung abgelehnt, das Gericht mache von dem ihm in § 98 VwGO in Verb. mit §§ 402 ff. ZPO eingeräumten Ermessen Gebrauch. Daher liege auch die Einholung *weiterer* gutachterlicher Stellungnahmen im gerichtlichen Ermessen (BVerwG, EZAR 630 Nr. 22; BVerwG, InfAuslR 1990, 99; BVerwG, InfAuslR 1990, 97; BVerwG, InfAuslR 1999, 365 (366) = NVwZ-Beil. 1999, 89 = AuAS 1999, 178; a. A. Hess.VGH, NVwZ-Beil. 1999, 23 (25)). Demgegenüber verneint die Gegenmeinung eine entsprechende Anwendung des § 244 IV 2 StPO, wenn im konkreten Verfahren nicht bereits ein Sachverständigengutachten eingeholt worden ist. Wegen des Grundsatzes der Unmittelbarkeit der Beweisaufnahme (§ 96 I VwGO) hat die in der Rechtsprechung nach wie vor recht großzügig gehandhabte Beiziehung von Gutachten und Auskünften aus anderen Verfahren jedoch eine *Ausnahmeerscheinung* zu bleiben (so auch Jacob, VBlBW 1997, 41 (47); krit. hierzu auch Dahm, ZAR 2002, 348 (353 f.).

Die *Grenze zwischen wiederholter Beweiserhebung und Verzicht auf erstmalige Beweiserhebung* wegen bereits ausreichender Sachkunde des Gerichts wird in der Praxis jedoch zunehmend verwischt (Jacob, VBlBW 1997, 41 (47)). Auf den Fall der wiederholten Beweiserhebung ist § 412 ZPO anwendbar, demzufolge die Einholung eines weiteren Sachverständigengutachtens im Ermessen des Gerichts liegt. Will das Gericht den im konkreten Verfahren erstmals gestellten Antrag auf Einholung eines Sachverständigengutachtens wegen ausreichender Sachkunde ablehnen, muss es nicht nur deutlich machen, dass es das notwendige Fachwissen bereits besitzt (BVerwG, NVwZ-RR 1990, 104; BVerwG, EZAR 610 Nr. 28; BVerwG, InfAuslR 1999, 365 = NVwZ-Beil. 1999, 89 = AuAS 1999, 178; BVerwG, AuAS 2001, 263 (264); so auch BVerfG (Kammer), InfAuslR 1991, 171 (176); BGH, NJW 1981, 2578; BGH, NJW 1993, 1796 (1797)). Vielmehr müssen die gerichtlichen Darlegungen insofern auch nachvollziehbar sein. Ist dies nicht der Fall, wird das rechtliche Gehör der Beteiligten verletzt.

Nur so wird eine Rechtslücke für die allgemein als gerichtskundig bezeichneten Tatsachen vermieden und bleibt das Rechtsschutzsystem im Bereich der Tatsachenermittlung insbesondere im Asylprozess dem Rechtsschutz in anderen Bereichen kongruent. Dies verbietet es, vorhandene Defizite bei der gerichtlichen Tatsachenermittlung, die durch einen konkreten und schlüssigen Antrag auf Einholung eines Sachverständigengutachtens behoben werden sollen, als nicht rügefähige Aufklärungsmängel zu behandeln (so aber Schenk, in: Hailbronner, AuslR, § 78 AsylVfG Rdn. 112; s. aber: Rdn. 310 ff.) und damit die Beteiligten in das Verfahren der Verfassungsbeschwerde zu treiben.

Damit ist abschließend festzuhalten: Hat das Verwaltungsgericht im konkreten Verfahren bereits ein Gutachten nach Maßgabe der §§ 402 ff. ZPO eingeholt, steht die Einholung eines weiteren Gutachtens gemäß § 412 ff. ZPO im gerichtlichen Ermessen. Die Rechtsprechung behandelt diese Frage jedoch nach wie vor nach den Grundsätzen, die für die Einholung eines weiteren

797

798

799

800

Gutachtens Anwendung finden. Man kann diesen Streit aber wohl auch dadurch lösen, dass man diese Grundsätze entsprechend für die Prüfung heranzieht, ob das Gericht aus eigener Sachkunde die Beweisfrage beantworten kann. Dies kann es nicht, wenn sich die (weitere) Beweiserhebung wegen fehlender Verwertbarkeit der vorhandenen Auskünfte hinsichtlich der bisher gegebenen Voraussetzungen, wegen erkennbarer Mängel vorliegender Beweisergebnisse, wegen unzutreffender tatsächlicher Grundlagen oder wegen unlösbarer Widersprüche oder Zweifel an der Sachkunde oder Unparteilichkeit des Gutachters aufdrängt. Das gleiche gilt, wenn es sich um eine besonders schwierige Fachfrage handelt, die ein spezielles, bisher noch nicht eingesetztes Fachwissen erfordert (BVerwG, InfAuslR 1995, 405 (406)); zust. Jacob, VBlBW 1997, 41 (47)).

801 Ob man unter diesen Voraussetzungen mit der verwaltungsgerichtlichen Rechtsprechung eine Ermessensverdichtung annimmt, die das Gericht zur Einholung eines weiteren Gutachtens verpflichtet, oder ob man in diesem Fall das Gericht für verpflichtet hält, erstmalig ein Gutachten einzuholen, weil es die erforderliche Sachkunde nicht besitzt (so BVerfGE 54, 86 (93)), ist daher letztlich ohne Bedeutung. Zwar geht das BVerwG in diesem Zusammenhang von einem Ermessen nach § 98 VwGO in Verb. mit §§ 404, 412 ZPO aus, das nur verletzt werde, wenn sich dem Gericht eine weitere Aufklärung hätte aufdrängen müssen. Daher stellten gerichtliche Ermittlungsdefizite insoweit Aufklärungsmängel dar (BVerwG, InfAuslR 1995, 405 (406)). Nach den Entscheidungsgründen war in diesem Fall jedoch die Beweiserhebung nicht beantragt worden. Man wird deshalb die Rechtsprechung dahin interpretieren müssen, dass das rechtliche Gehör des Beteiligten verletzt wird, wenn er Sachverständigenbeweis beantragt hat, das Gericht diesem jedoch nicht nachgegangen ist, obwohl sich ihm nach den erwähnten Grundsätzen eine Beweiserhebung hätte aufdrängen müssen.

1.6.3.4.2.2. Ablehnung wegen fehlender Ermessensverdichtung

802 Ein Beweisantrag auf Einholung eines Sachverständigengutachtens kann bei fehlender Ermessensverdichtung abgelehnt werden. Dies ist dann der Fall, wenn sich dem Gericht nicht deshalb *eine weitere Beweisaufnahme hat aufdrängen müssen, weil das vorliegende Gutachten den ihm obliegenden Zweck nicht erfüllen kann, ihm die zur Feststellung des entscheidungserheblichen Sachverhalts erforderliche Sachkunde zu vermitteln* (BVerwG, EZAR 630 Nr. 22; BVerwG, EZAR 610 Nr. 22; OVG NW, NVwZ-RR 1996, 127). Das ist nach der Rechtsprechung *nicht schon dann der Fall*, wenn ein Verfahrensbeteiligter das Gutachten *inhaltlich für unzutreffend* halte, und zwar *auch dann nicht, wenn seine Zweifel insoweit fallbezogen und konkretisiert etwa dahingehend seien, dass auf bereits vorliegende abweichende Gutachten hingewiesen werde oder Gutachter bezeichnet würden, die möglicherweise zu anderen Ansichten gelangen könnten* (BVerwG, EZAR 630 Nr. 22; OVG NW, NVwZ-RR 1996, 127).

803 Das BVerwG begründet seine Ansicht mit seiner ständigen Rechtsprechung, derzufolge es für die Notwendigkeit der Einholung zusätzlicher Gutachten nicht darauf ankomme, ob andere Gutachter zu abweichenden Ergebnissen kommen könnten oder schon gekommen seien (BVerwG, EZAR 630 Nr. 22).

Rechtsmittel § 78

Lediglich dann, wenn das Gericht – sei es aufgrund fallbezogener und konkretisierter Zweifel durch die Beteiligten, sei es in sonstiger Weise – zu der Überzeugung gelangen müsste, dass die Grundvoraussetzungen nicht gegeben seien, die für die Verwertbarkeit von Gutachten im Allgemeinen oder nach den besonderen Verhältnissen des konkreten Falles gegeben sein müssten, habe es ein weiteres Gutachten einzuholen (BVerwG, EZAR 630 Nr. 22).

Dies sei der Fall, wenn das vorliegende Gutachten *in sich widersprüchlich, unklar* oder *unvollständig* sei, wenn sich *aus ihm selbst Zweifel an der Sachkunde* oder der *Unparteilichkeit des Gutachters* ergeben würden oder wenn sich herausstelle, dass es sich um eine *ganz besonders schwierige Fachfrage handele*, die ein spezifisches Fachwissen erfordere, dass bei dem in Anspruch genommenen Gutachter nicht vorausgesetzt worden sei, über das der benannte Gutachter jedoch verfüge (BVerwG, EZAR 630 Nr. 22; BVerwG, DVBl. 1985, 577; BVerwG, Buchholz 402.25 § 1 AsylVfG Nr. 60; BVerwG, InfAuslR 1990, 99; BVerwG, EZAR 610 Nr. 32; VGH BW, AuAS 1996, 10 (11); so auch BVerfG (Kammer), NVwZ-Beil. 1996, 19). 804

Schließlich verdichtet sich nach der obergerichtlichen Rechtsprechung das Ermessen auf eine Verpflichtung zur Einholung eines weiteren Gutachtens, wenn das vorliegende Gutachten von *unzutreffenden tatsächlichen Voraussetzungen* ausgeht oder der neue Sachverständige über Forschungsmittel verfügt, die denen eines früheren Gutachters überlegen sind (OVG NW, NVwZ-RR 1996, 127; Hess.VGH, B. v. 13. 11. 1996 – 10 UZ 1785/96.A). 805

1.6.3.4.2.3. Keine Ablehnung bei veränderter Sachlage

Dem Beweisantrag ist nachzugehen, wenn die eingeführten oder noch beizuziehenden Gutachten von *überholten* tatsächlichen Voraussetzungen ausgehen (so wohl auch BVerwG, B. v. 11. 6. 1996 – BVerwG 9 B 141.96; VGH BW, AuAS 1996, 10 (12); OVG Brandenburg, AuAS 2002, 154 (155); a. A. Hess.VGH, InfAuslR 1997, 113 (134); Hess.VGH, EZAR 633 Nr. 23). Der für die gerichtliche Ermittlungstiefe hinreichende Grad an Verlässlichkeit verlangt, dass hinreichend aktuelle Erkenntnismittel verfügbar sind. Für das Asylrecht ist die *gegenwärtige Verfolgungsbetroffenheit* (BVerfGE 54, 341 (360) = EZAR200 Nr. 1 = NJW 1980, 2641 = InfAuslR 1980,338; Marx, Handbuch, § 2 Rdn. 19 ff.) entscheidend. Dies hat zur Folge, dass die gerichtlichen Ermittlungen auf der Grundlage *hinreichend aktueller Erkenntnisquellen* zu führen sind (vgl. BVerwG, B. v. 11. 6. 1996 – BVerwG 9 B 141.96). 806

Führt das Verwaltungsgericht veraltete Erkenntnismittel in das Verfahren ein, so verletzt es das rechtliche Gehör der Verfahrensbeteiligten, wenn es im Urteil gleichwohl aktuelle Erkenntnisquellen verwendet, ohne diese zuvor so in das Verfahren eingeführt zu haben, dass die Beteiligten sich dazu äußern konnten (OVG Brandenburg, InfAuslR 2002, 326). In einem derartigen Fall erfüllt der Verfahrenbeteiligte seine prozessualen Pflichten, wenn er das Gericht auf die veralteten Erkenntnismittel hinweist und durch einen Hilfsbeweisantrag die Einbeziehung aktueller Erkenntnismittel beantragt (OVG Brandenburg, InfAuslR 2002, 326 (327)). 807

Kann das Gericht nicht auf der Grundlage der verfügbaren Erkenntnismittel substanziiert behauptete neuere Entwicklungen beurteilen, hat es weiter auf- 808 zuklären. Es handelt sich hierbei nach der Rechtsprechung des BVerwG nicht um die Einholung eines weiteren Gutachtens (BVerwG, EZAR 610 Nr. 32), sondern um die erstmalige Beantragung eines Sachverständigengutachtens. Um die Einholung eines weiteren Gutachtens handele es sich darüber hinaus auch dann nicht, wenn das beantragte Gutachten sich auf eine behauptete *neue Tatsache* beziehe, zu der sich die bisherigen Sachverständigen bisher noch nicht hätten äußern können (BVerwG, EZAR 610 Nr. 32 – ausländische Gerichtsentscheidung). In einem derartigen Fall müsse sich dem Verwaltungsgericht zumindest eine Beziehung des vollständigen Urteilstextes des ausländischen Gerichts aufdrängen (BVerwG, EZAR 610 Nr. 32; zur Auslegung ausländischer strafrechtlicher Normen s. auch BVerfGE 76, 143 (161) = EZAR 200 Nr. 20 = InfAuslR 1988, 87; Rdn. 782 ff.; zur insoweit fehlenden Sachkunde des Auswärtigen Amtes s. BVerfG (Kammer), NVwZ-Beil. 1996, 19).

809 In diesem Zusammenhang ist auch zu bedenken, dass eine Ablehnung des beantragten Sachverständigenbeweises im Hinblick auf die Schwierigkeiten, verlässliche und vollständige Erkenntnisse über die Verhältnisse im Herkunftsland zu gewinnen und in Anbetracht der *möglichen Veränderung der dortigen politischen Situation* nur in Betracht kommt, wenn die vorliegenden Erkenntnisse *bei kritischer Würdigung bereits eine abschließende und zuverlässige Bewertung der asylerheblichen Umstände ermöglichen* (Hess.VGH, NVwZ-RR 1996, 128; Hess.VGH, NVwZ-Beil. 1999, 23 (25)). Das dürfte bei entscheidungserheblichen tatsächlichen Veränderungen zumeist nicht der Fall sein. Soll der Antrag dennoch abgelehnt werden, muss durch die eingeholten oder beigezogenen Gutachten das Gegenteil der behaupteten Tatsache bereits erwiesen sein Hess.VGH, NVwZ-Beil. 1999, 23 (25); OVG NW, NVwZ-RR 1996, 127).

1.6.3.4.2.4. Begründungsanforderungen an den Ablehnungsbeschluss

810 Lehnt das Verwaltungsgericht den Beweisantrag mit Hinweis auf die eigene Sachkunde ab, so muss es im Beweisablehnungsbeschluss oder jedenfalls in der Sachentscheidung *nachvollziehbar begründen*, woher es diese Sachkunde hat (BVerwG, InfAuslR 1999, 365 = NVwZ-Beil. 1999, 89 = AuAS 1999, 178, BVerwG, AuAS 2001, 263 (264), stdg. Rspr.). Wie konkret dieser Nachweis zu führen ist, ist von den jeweiligen Umständen des Einzelfalls, insbesondere von den jeweils in tatsächlicher Hinsicht in dem Verfahren in Streit stehenden Einzelfragen abhängig. Schöpft das Verwaltungsgericht seine besondere Sachkunde aus vorhandenen Erkenntnismitteln, so muss der Verweis hierauf dem Einwand der Beteiligten standhalten können, dass in diesen Erkenntnismitteln keine, ungenügende oder widersprüchliche Aussagen zur Bewertung der aufgeworfenen Tatsachenfragen enthalten sind(BVerwG, InfAuslR 1999, 365 = NVwZ-Beil. 1999, 89 = AuAS 1999, 178; BVerwG, NVwZ-Beil. 2003, 41 (42)).

811 Das BVerwG hat ausdrücklich offen gelassen, wie detailliert die *Rüge der fehlenden Aussagekraft der verwerteten Erkenntnisquellen* im Allgemeinen sein muss und wie konkret der Nachweis für die eigene Sachkunde des Verwaltungsgerichts andererseits zu sein hat. Angesichts der geringen Zahl der im konkre-

ten Verfahren für den maßgeblichen Beurteilungszeitraum verwerteten Erkenntnismittel erachtete es die erhobene Rüge für zulässig. Im konkreten Verfahren ließ sich diesen keine Aussage speziell zur Lage junger amharischer Frauen ohne verwandtschaftliche Beziehungen und ohne Ausbildung und finanzielle Mittel für den Fall ihrer Rückkehr nach Äthiopien entnehmen (BVerwG, InfAuslR 1999, 365 = NVwZ-Beil. 1999, 89 = AuAS 1999, 178).
Zur Vermeidung von Missverständnissen hielt das BVerwG aber den Hinweis für geboten, dass es allerdings grundsätzlich möglich erscheine, eine hinreichende Sachkunde für die Beurteilung von Einzel- oder Gruppenschicksalen, die in den vorliegenden Erkenntnisquellen nicht ausdrücklich behandelt seien, auch auf darin enthaltene allgemeine Aussagen und Bewertungen zu stützen. Dann sei für die substanziiert geltend gemachte spezifische Beweisfrage aber die eigene Sachkunde plausibel und nachvollziehbar zu begründen (BVerwG, InfAuslR 1999, 365 = NVwZ-Beil. 1999, 89 = AuAS 1999, 178; s. auch (BayVGH, NVwZ-Beil. 2001, 29 (30)).

1.6.3.5. Beweisantrag zu fachfremden wissenschaftlichen Beweistatsachen

1.6.3.5.1. Ablehnungsgründe

Das Verwaltungsgericht kann auch einen Beweisantrag auf Einholung eines Sachverständigengutachtens zu einer Beweistatsache tatsächlicher Art, die ein bestimmtes *wissenschaftliches, technisches oder vergleichbares Fachgebiet* betrifft, unter Hinweis auf die beim Gericht vorhandene Sachkunde nach Ermessen ablehnen oder entscheiden, dass es diese mit Hilfe eines Sachverständigen lösen will (BVerwG, NwVZ-RR 1990, 375 = InfAuslR 1990, 104; BVerwG, NVwZ-RR 1990, 652 = EZAR 610 Nr. 28). Das Gericht ist zur Beiziehung eines Sachverständigen nur verpflichtet, wenn es sich keine genügende Sachkenntnis zutrauen darf (BVerfGE 54, 86 (93)). Insbesondere hier gilt jedoch ein *erhöhtes Begründungserfordernis* für den Nachweis der eigenen Sachkunde (Rdn. 775).

Das Gericht muss insbesondere darlegen, dass es die Beweisfrage aufgrund *jedermann zugänglicher Sätze*, die nach der *allgemeinen Erfahrung unzweifelhaft gelten* und durch *keine Ausnahme durchbrochen* sind, oder aufgrund *allgemeinkundiger Tatsachen und Zusammenhänge* entscheiden kann (BVerwG, NVwZ-RR 1990, 104). Verzichtet das Gericht bei einer komplizierten fachwissenschaftlichen Frage, die sich nicht durch allgemeine, ausnahmslos geltende Erfahrungssätze oder allgemeinkundige Tatsachen beantworten lässt, auf die Hinzuziehung eines Sachverständigen, so muss es in einer für die Beteiligten sowie das prüfende Gericht nachvollziehbaren Weise darlegen, dass es das notwendige Fachwissen selbst besitzt (BVerwG, NVwZ-RR 1990, 104; BVerwG, NVwZ-RR 1990, 652 (653) = EZAR 610 Nr. 28; so auch BVerfG (Kammer), InfAuslR 1991, 171 (176); BGH, NJW 1981, 2578; BGH, NJW 1993, 1796 (1797); Stumpe, VBlBW 1995, 172 (173)). Das Gericht sollte aber in der Einschätzung seiner eigenen Sachkunde eher zurückhaltend sein (Leipold, in: Stein-Jonas, ZPO, Rdn. 30 vor § 402).

Das Gericht muss darlegen, dass es den Parteien Mitteilung darüber gemacht und ihnen Gelegenheit zur entsprechenden Stellungnahme gegeben hat, wenn es sein Wissen an Erfahrungssätzen verwerten will, das über die allgemeine Lebenserfahrung oder die üblichen Kenntnisse eines gebildeten Menschen hinausgeht (Leipold, in: Stein-Jonas, Rdn. 34 vor § 402). Insoweit kann das Gericht den Besitz des notwendigen Fachwissens auch dadurch gelangen, dass es anderweitig erstellte und schriftlich vorliegende Gutachten und Auskünfte als Urkunden beizieht, um sich mittels der in ihnen enthaltenen Darlegungen die erforderlichen Kenntnisse zu verschaffen (BVerwG, NVwZ-RR 1990, 652 (653) = EZAR 610 Nr. 28; OLG München, NJW 1986, 263).

816 So kann das Gericht etwa vorliegende Gutachten zur Strafbarkeit einer ausländischen Strafrechtsnorm beiziehen und aufgrund seines eigenen Fachwissens sowie mittels eines methodischen Vorgehens und aufgrund von Überlegungen, wie sie auch bei der Anwendung deutschen Rechts gebräuchlich sind, im Wege des Urkundenbeweises auswerten (BVerwG, EZAR 610 Nr. 28).

1.6.3.5.2. Antrag auf Beweiserhebung zur Inhaltsbestimmung einer ausländischen Strafnorm

817 Zielt der Beweisantrag auf die Aufklärung des rechtserheblichen Inhalts einer ausländischen Strafnorm, ist zu bedenken, dass Inhalt und Reichweite dieser Norm anhand ihres Wortlauts auf der Grundlage eines authentischen Textes erfolgen muss. Ist der Verbotstatbestand nicht aus sich heraus klar umrissen und bestimmt oder bestehen Anhaltspunkte dafür, dass die Rechtsnorm in der Praxis weiter oder enger ausgelegt und angewendet wird, als ihr Wortlaut nahe legt, ist zur Bestimmung der Reichweite des Verbots die Ermittlung der ausländischen Rechtsauslegung und -anwendung erforderlich (BVerfGE 76, 143 (161) = EZAR 200 Nr. 20 = InfAuslR 1988, 87).

818 Fraglich ist, ob allein durch die Beiziehung des vollständigen Urteilstextes einer ausländischen Gerichtsentscheidung Inhalt und Auslegung einer ausländischen Verbotsnorm zuverlässig aufgeklärt werden kann (so aber BVerwG, EZAR 610 Nr. 32). Dies wird man nur annehmen können, wenn bereits aufgrund vorhandener Gutachten die Beweistatsache hinreichend geklärt ist und die neue ausländische Gerichtsentscheidung keine bislang nicht zureichend geklärten neue Aspekte aufwirft. In diesem Fall ist die Beweistatsache nicht bereits erwiesen und ist dem Antrag nachzugehen.

819 Zielt der Beweisantrag auf die Aufklärung, ob der außereheliche Geschlechtsverkehr im Iran strafbar ist und wird der Antrag unter Hinweis auf die Auffassung des Auswärtigen Amtes, dass entgegen dem Wortlaut der entsprechenden Verbotsnorm deren »Koran-konforme« Auslegung ergebe, dass keine Bestrafung mit Peitschenhieben drohe, so fehlt es an einer plausiblen Darlegung, dass das Auswärtige Amt insoweit eine »originäre« Sachkunde hat (BVerfG (Kammer), NVwZ-Beil. 1996, 19 (20) = EZAR 622 Nr. 26). Jedenfalls wäre die Darlegung erforderlich, ob und inwieweit das Auswärtige Amt sich seinerseits auf Sachkenner des im Iran geltenden Rechts stützt; so auch BVerfG (Kammer), NVwZ-Beil. 1996, (20)).

Rechtsmittel § 78

1.6.3.5.3. Antrag auf Beweiserhebung zur Bestimmung eines ausländischen Kalenders
Insbesondere im Iran, in Afghanistan und Äthiopien herrscht ein vom europäischen System abweichendes Kalendersystem. Da insbesondere Zeitangaben für die Bewertung der Einreiseumstände und der individuellen Verfolgungsgefahr überragende Bedeutung haben, hat das Verwaltungsgericht insoweit hinreichend zuverlässig Feststellungen zu treffen. Im Blick auf den Iran und Afghanistan können die Beweistatsachen zumeist durch Verwendung entsprechender Umrechnungskalender festgestellt werden. Diese Kalender berücksichtigen anderseits nicht das auch in diesen Ländern anerkannte Schaltjahr, sodass es zu entscheidungserheblichen Widersprüchen kommen kann. Besonders kompliziert ist die Umrechnung vom äthiopischen auf das europäische Kalendersystem. 820

Daher ist die genaue Ermittlung zeitlicher Angaben im Einzelfall zuverlässig durchzuführen. Das BVerwG hat in diesem Zusammenhang darauf hingewiesen, dass das Verwaltungsgericht die Frage der richtigen Umrechnung insbesondere auch wegen der Problematik von Schaltjahren erforderlichenfalls durch Einschaltung eines Sachverständigen zu klären hat (BVerwG, B. v. 24 7 2001 – BVerwG 1 B 123.01). 821

1.6.3.5.4. Antrag auf Einholung eines psychologischen Gutachtens

1.6.3.5.4.1. Funktion des psychologischen Gutachtens
Durch die nicht von der Hand zu weisenden traumatischen Leiden der Bürgerkriegsopfer aus Bosnien und Herzegowina hat sich in den letzten Jahren auch in der juristischen Zunft ein gewisses Problembewusstsein für die Grenzen einer juristischen Erhebung von individuellen Tatsachen entwickelt. Hinzu kommt, dass die psychologische Fachdisziplin an ihren spezifischen Diskurs zunehmend auch die Juristen beteiligen. Die in den achtziger Jahren im Asylrecht – wohl in Anlehnung an die strafverfahrensrechtlichen Kriterien – entwickelte Rechtsprechung zur *Einholung eines aussagepsychologischen Gutachtens* zur Beurteilung der Glaubwürdigkeit des Asylsuchenden und etwa gehörter Zeugen bedarf aus diesen Gründen der Überprüfung. 822

Danach darf das Verwaltungsgericht den Antrag ablehnen, weil es grundsätzlich nach *freiem Ermessen* darüber zu entscheiden hat, ob es sich dabei der sachverständigen Hilfe eines in Bezug auf die Aussagepsychologie Fachkundigen bedienen will (BVerwG, InfAuslR 1985, 54; BVerwG, NVwZ-RR 1990, 375 = InfAuslR 1990, 104; VGH BW, InfAuslR 1995, 85 (86); s. hierzu Marx, InfAuslR 2003, 21). Im entsprechenden Beweisantrag muss jedenfalls dargelegt werden, welche tatsächlichen Mängel im bisherigen Sachvortrag durch die Beweistatsache, dass der Kläger aufgrund eines psychischen Leidens zu einem konkreten Sachvortrag nicht in der Lage ist, behoben werden sollen (OVG NW, AuAS 1998, 105 (106)). Die Frage, ob zur Beurteilung der Glaubhaftigkeit der Angaben des Asylsuchenden ein psychologisches Gutachten einzuholen oder ob während der richterlichen Vernehmung ein Sachverständiger heranzuziehen ist, ist danach vielmehr anhand der Umstände des Einzelfalles zu entscheiden (OVG NW, B. v. 8. 7. 1996 – 25 A 4144/96.A). 823

§ 78 Gerichtsverfahren

824 In aller Regel wird bei einem derartigen methodologischen Ansatz kein Ermessensfehler vorliegen, wenn das Gericht sich die zur Glaubwürdigkeitsprüfung notwendige Sachkunde selbst zutraut und auf die Hinzuziehung eines Fachpsychologen verzichtet. Gehörsrügen scheitern dann regelmäßig an dem Einwand, dass der innere Prozess der Erkenntnisgewinnung nicht rügefähig sei. Die Rechtsprechung verteidigt traditionell ihre juristischen Domäne der Glaubhaftigkeitsprüfung gegen das Vordringen fachfremder Erkenntnisse mit dem Hinweis, dass ein derartiger Erkenntnisprozess *»zum Wesen der richterlichen Rechtsfindung, vor allem der freien Beweiswürdigung gehört«* (VGH BW, InfAuslR 1995, 85 (86); OVG NW, B. v. 11. 2. 1997 – 25 A 4144/96.A; OVG NW, B. v. 9. 5. 2000 – 8 A 4373/96.A).

825 Auch in schwierigen Fällen sei der Tatrichter berechtigt und verpflichtet, den Beweiswert einer Aussage selbst zu würdigen und sei daher im Allgemeinen nicht auf fachfremde Hilfe angewiesen. Etwas anderes werde nur dann gelten können, wenn im Verfahren besondere Umstände in der Persönlichkeitsstruktur des Betroffenen hervortreten, die in erheblicher Weise von den Normalfällen abweichen und die es deshalb als geboten erscheinen lassen, fachfremde Hilfe in Anspruch zu nehmen (VGH BW, InfAuslR 1995, 85 (86); so auch Treiber, ZAR 2002, 282 (284 f.). An die Stelle der »richterlichen Kompetenz zur Sachverhaltsfeststellung« könne nur unter eng umgrenzten Voraussetzungen die Sachverhaltsermittlung durch Sachverständige treten. Dies sei der Fall, wenn Eigenart und besondere Gestaltung des Einzelfalls eine Sachkunde verlangten, die selbst ein über spezifische forensische Erfahrungen verfügender Richter normalerweise nicht habe (OVG NW, B. v. 11. 2. 997 – 25 A 4144/96.A).

826 Das BVerwG hat indes jüngst unter formaler Bekräftigung der traditionellen Rechtsprechung deutliche Korrekturen an den bisherigen prozessualen Kriterien angebracht: Das verwaltungsgerichtliche Urteil müsse sich mit dem wesentlichen Vorbringen der Asylsuchenden zu der von ihr geltend gemachten Traumatisierung auseinandersetzen und erkennen lassen, ob es *rechtsfehlerfrei eigene Sachkunde* zur Würdigung der Asylsuchenden als *insgesamt unglaubwürdig* und ihr Vorbringen als *unglaubhaft* für sich in Anspruch genommen habe. Das Verwaltungsgericht habe verkannt, dass die grundsätzlich jedem Tatrichter zugebilligte ausreichende Sachkunde zur Glaubwürdigkeitsbeurteilung auch in schwierigen Fällen ihn nicht davon entbinde, gegebenenfalls zu prüfen, ob *besondere Umstände* gegeben seien, die *ausnahmsweise* doch die Beiziehung eines Sachverständigengutachtens geboten erscheinen ließen (BVerwG, NVwZ-Beil. 2003, 41 (42)).

827 Würden von dem Asylsuchenden *konkrete Anhaltspunkte vorgebracht* oder seien diese *sonst erkennbar*, die eine Beeinflussung ihres Aussageverhaltens durch erlittene Traumatisierung jedenfalls ernsthaft möglich erscheinen ließen, müsse sich das Gericht damit in den Entscheidungsgründen auseinandersetzen und nachvollziehbar darlegen, weshalb es sich in der Lage sehe, ohne Zuhilfenahme eines Sachverständigen die Glaubhaftigkeit der Aussagen und die Glaubwürdigkeit der Asylsuchenden insgesamt zu beurteilen. Dies folge aus der gerichtlichen Verpflichtung, im Urteil die Gründe anzugeben, die für die richterliche Überzeugung leitend gewesen seien (BVerwG, NVwZ-Beil. 2003, 41 (42)).

Rechtsmittel § 78

Das BVerwG bekräftigt damit die seit einigen Jahren zunehmend zum Einsatz gebrachte Rechtsprechung, welche den Tatrichtern einerseits bei der Tatsachenfeststellung und Beweiswürdigung einen flexiblen Beurteilungsspielraum einräumt, andererseits besondere Anforderungen an die Darlegung der eigenen tatrichterlichen Sachkunde stellt. Verletzt das Verwaltungsgericht diese Darlegungspflicht, liegt ein Verfahrensfehler vor. Dieser ist aber im Asylprozess nur korrigierbar, wenn der Prozessbevollmächtigte das Gericht durch Stellung eines Beweisantrags auf Einholung eines ärztlichen oder psychologischen Gutachtens zur Beweiserhebung angehalten hat. Unterlässt er dies, liegt zwar ein gerichtliches Aufklärungsdefizit vor. Nach überwiegender Auffassung sind Aufklärungsfehler im Asylprozess jedoch nicht rügefähig. Fachpsychologen und Juristen müssen deshalb den Diskurs suchen, damit die Tatrichter Sensibilität für »sonst erkennbare« ernsthafte Anhaltspunkte auf erlittene Traumatisierung entwickeln und von sich aus Beweis erheben. Die Rechtsanwälte müssen die Rechtsprechung kennen und den Tatrichter durch konkreten Sachvortrag und weitere prozessuale Verteidigungsmittel auf seine Ermittlungspflichten hinweisen und dadurch die prozessualen Voraussetzungen für die auch im Asylprozess zulässige Gehörsrüge zu schaffen.

828

1.6.3.5.4.2. Kriterienbezogene Aussagenanalyse

In der forensischen Psychologie hat sich heute in Deutschland die ursprünglich auf *Undeutsch* (1967) zurückgehende kriterienbezogene Aussagenanalyse durchgesetzt. Nach hierauf beruhenden Forschungen haben sich folgende Kriterien besonders bewährt: *logische Konsistenz der Aussage, quantitativer Detailreichtum, raum-zeitliche Verknüpfungen, Darstellung von Komplikationen im Handlungsverlauf, Schilderung ausgefallener Einzelheiten, Erwähnung nebensächlicher Details, Schilderung unverstandener Handlungselemente*. Den Kriterien des Detailreichtums, von Homogenität und Konstanz der Aussage sowie der Schilderung falltypischer Handlungsverläufe messen Gutachter insoweit gewöhnlich die größte Bedeutung bei (*Fischer/ Riedesser*, Lehrbuch der Psychotraumatologie, S. 272).

829

Anknüpfend an die kriterienbezogene Aussagenanalyse hat der BGH eine als *»Nullhypothese«* bezeichnete Prüfstrategie unter Verwendung der sog. *Realkennzeichen* (d. h. eines Teils der Kriterien der aussagepsychologischen Methodik: logische Konsistenz, quantitativer Detailreichtum, raum-zeitliche Verknüpfungen, Schilderung ausgefallener Einzelheiten und psychischer Vorgänge) entwickelt, um zu beurteilen, ob auf *ein bestimmtes Geschehen bezogene Angaben* zutreffen, d. h. einem tatsächlichen Erleben der untersuchten Person entsprechen müssen. Die Bildung relevanter Hypothesen sei daher von ausschlaggebender Bedeutung für Inhalt und methodischen Ablauf einer *Glaubhaftigkeitsbegutachtung* (BGH, JZ 2000, 262 (263)).

830

Die Schlussfolgerung, dass es sich um eine Falschaussage handelt, wenn die Kriterien nicht erfüllt sind, entspricht allerdings nicht der Methodik der aussagepsychologischen Begutachtung. Diese stellt anhand der derzeit von der Wissenschaft empfohlenen Kriterien lediglich fest, ob eine Aussage nicht anders als durch Erlebnisbezug zu erklären ist, so dass der Beweispflicht in Strafprozessen Genüge getan ist.

831

832 Verwaltungspraxis wie auch Rechtsprechung übernehmen kritiklos methodologisches Rüstzeug, das im Strafverfahren hervorgebracht wurde und sowohl für ein sehr spezifisches Untersuchungssetting als auch für den qualifizierten Gebrauch durch besonders geschulte Sachverständige (Aussagepsychologen) entwickelt wurde. Was im Strafverfahren aber mittlerweile anerkannte Praxis ist, nämlich dass der Tatrichter den entsprechenden Sachverständigen in der Hauptverhandlung anhört und dieser eine eigene Untersuchung nach hoch qualifizierten fachlichen und methodologischen Grundsätzen seiner Fachdisziplin in einem besonders dafür konzipierten Untersuchungssetting durchführt, wird im Asylverfahren durch mehr oder weniger geschulte Laien erledigt und zudem an möglicherweise Traumatisierten, für die diese Kriterien nicht ohne weiteres übernommen werden können sowie in einer Umgebung, die einen so immensen Störeinfluss auf die Ergebnisse der Analyse hat, dass der Rückbezug auf die wissenschaftliche Fundierung der angewandten forensischen Grundsätze den Charakter einer Pseudolegitimation annimmt.

833 Hinzu kommt, dass Aussagekriterien, die an europäisch geprägter Klientel entwickelt wurden, auf Aussagen von Menschen aus anderen Kulturen angewendet werden. Die aussagepsychologische Methodik ist jedoch bislang für andere Kulturen nicht überprüft und validiert worden.

834 Besonders gravierend erscheint unter diesen mängelbehafteten Voraussetzungen dass die besonderen forensischen Probleme, die das Aussageverhalten traumatisierter Opfer von Folter und Gewalt hervorruft, nicht berücksichtigt werden. Zweck der »Nullhypothese« ist es, festzustellen, ob es sich bei den zu beurteilenden Angaben um »*bewusst falsche Aussagen*« oder um die Wiedergabe eines tatsächlich erlebten Geschehensablaufs handelt (BGH, JZ 2000, 262 (263)). Das Aussageverhalten traumatisierter Asylsuchender wird jedoch nicht notwendigerweise durch bewusst falsche Angaben geprägt. Vielmehr bereitet eine Beurteilung der Aussagen dieser Personen anhand der kriterienbezogenen Aussagenanalyse deshalb erhebliche Probleme, weil es zumeist um das Unterlassen bzw. die nur unzulängliche Darlegung entscheidungserheblicher Tatsachen oder um falsche Angaben aufgrund kognitiver Störungen oder anderer krankheitsbedingter Beeinträchtigungen geht.

835 Für das Problem der Darlegungsdefizite in Folge von peritraumatischen Dissoziationen (Abspaltungsvorgänge), Verdrängungsprozessen, kognitive Störungen und allgemeinen oder situativen Störungen der Reproduktion und Verbalisierung von Gedächtnisinhalten kann die kriterienbezogene Aussageanalyse bzw. die »Nullhypothese« damit kaum weiterhelfen.

836 Im Blick auf »*suggerierte Aussagen*« hat der BGH die Realkennzeichen ausdrücklich als ungeeignete Kriterien bezeichnet und insoweit auf die »*Konstanzanalyse*« zurückgegriffen. Diese beziehe sich insbesondere auf »*aussageübergreifende Qualitätsmerkmale*«, die sich aus dem Vergleich von Angaben über denselben Sachverhalt zu unterschiedlichen Zeitpunkten ergeben würden. Dabei stelle nicht jede Inkonsistenz einen Hinweis auf mangelnde Glaubhaftigkeit der Angaben insgesamt dar. Vielmehr könnten vor allem Gedächtnisunsicherheiten eine hinreichende Erklärung für festgestellte Abweichungen ergeben (BGH, JZ 2000, 262 (264); s. auch *Eisenberg*, Beweisrecht der

StPO, Rdn. 1376 ff.). Wegen der oft ausgedehnten Gedächtnisunsicherheiten und anderen Einschränkungen des Aussagevermögens bei durch Folter und Gewalt Traumatisierten greift jedoch bei Darlegungsdefiziten die bloße aussagenimmanente Analyse einschließlich der Konstanzanalyse im Allgemeinen zu kurz.

1.6.3.5.4.3. Ungeeignetheit der kriterienbezogenen Aussagenanalyse in Ansehung des Aussageverhaltens Traumatisierter

Angesichts neuerer Befunde aus der Psychotraumatologieforschung werden die besonderen Erkenntnisprobleme bei der Begutachtung des Aussageverhaltens traumatisierter Asylsuchender auch in Fachkreisen kontrovers diskutiert. Allerdings steht dabei vorrangig die unkritische und unsachgemäße Anwendung der Undeutsch-Kriterien im Asylverfahren zur Debatte, als die Methodologie selbst. In der forensischen Disziplin besteht über die besondere Problematik der Auswirkungen traumatischer Erfahrungen auf das Aussageverhalten kein Dissens. Vielmehr werden die traumabedingten Einschränkungen der Aussagefähigkeit bereits bei der Prüfung der allgemeinen Aussagefähigkeit berücksichtigt und führen zu einem sehr sensiblen Umgang mit der Frage, ob überhaupt eine aussagepsychologische Begutachtung durchgeführt werden kann.

Eine Überprüfung der Anwendung der auf Undeutsch aufbauenden Kriterien im Asylverfahren wird für erforderlich erachtet. Es sei keinesfalls immer davon auszugehen, dass Traumatisierte eine Beschreibung der »charakteristischen Konfigurationen von Umständen innerer und äußerer Art« (Kriterium Nr. 1) liefern könnten. Diese Forderung sei mit den psychotraumatologischen Erkenntnissen hinsichtlich einer räumlichen und/oder zeitlichen Dekontextualisierung der traumatischen Erfahrung und ihrer entsprechenden unvollständigen Repräsentation im Gedächtnis nicht vereinbar. Zudem könnten die spezifischen Enkodierungsbedingungen der traumatischen Situation, die mangelhafte oder fehlende Konsolidierung und Abspeicherung der traumatischen Erfahrung oder die möglicherweise vorhandenen Abrufstörungen der traumatischen Erinnerung die sprachliche Darstellung des traumatischen Erlebnisses (zeitweise) unmöglich machen oder zumindest erschweren. Diese Defizite könnten sich etwa in mangelhafter Konkretheit (Kriterium Nr. 2), fehlenden Details (Kriterium Nr. 3) oder mangelnder Kohärenz (Kriterium Nr. 5) äußern. Im Einzelfall könne hierdurch eine Aussage zunächst als widersprüchlich erscheinen. Insgesamt würden deshalb die bisher vorliegenden Erkenntnisse zu traumaspezifischen Verarbeitungsprozessen im Allgemeinen und zu den Charakteristika des traumaspezifischen Gedächtnisses im Besonderen bei mutmaßlich traumatisierten Probanden eine Modifikation bzw. Einschränkung der klassischen aussagepsychologischen Realitätskriterien fordern (v *Von Hinckeldey/Fischer*, Psychotraumatologie der Gedächtnisleistung, S. 174 f.).

Klinisch orientierte Ärzte und Psychologen bezweifeln freilich, ob auf der Grundlage der kriterienbezogenen Aussagenanalyse überhaupt hilfreiche Erkenntnisse zur Beurteilung der Frage erschlossen werden können, ob die Aussage eines Traumatisierten erlebnisfundiert ist. Die forensische Psycho-

§ 78 Gerichtsverfahren

logie habe bislang keine standardisierten und wissenschaftlich validierten Verfahren zur Überprüfung der Glaubhaftigkeit von Aussagen von Personen entwickelt, die einerseits aufgrund von Extremtraumatisierung psychisch krank und andererseits – wie in Asylverfahren im Regelfall – nicht dem mitteleuropäischen oder nordamerikanischen Kulturkreis zuzurechnen seien. Ein Teil der Kriterien, die für die forensische Beurteilung der Glaubhaftigkeit von Aussagen wesentlich seien, könne nicht auf Personen übertragen werden, die an einer posttraumatischen Symptomatik litten (*Wenk-Ansohn/Haenel/Birck/Weber*, Anforderungen an Gutachten, in: E/E-Brief 8+9/ 02, S. 3).

840 Die forensische Disziplin hält gleichwohl bei Anerkennung eines Überprüfungsbedarfs an der kriterienbezogenen Aussagenanalyse fest, fordert allerdings, peritraumatischen Dissoziationen und dem Phänomen der Vermeidung traumatischer Inhalte mehr Aufmerksamkeit zu widmen. Freilich stünden die Gutachter vor einer »*weit komplexeren Beurteilungsaufgabe*« als bei verbal differenzierten Aussagen. Aber auch mit Erweiterungen der Realkennzeichen lasse sich wissenschaftlich anhand des hermeneutisch-dialektischen Validitätskriteriums der Übereinstimmung von Detail und Ganzem korrekt arbeiten. Verwende man das Dissoziationsmodell als Faustregel, dann entstehe oft ein kohärentes Gesamtbild, wobei die Lücken der traumatisierten Gedächtnisleistung gerade für seine innere Stimmigkeit sprechen könnten (*von Hinckeldey/Fischer*, Psychotraumatologie der Gedächtnisleistung, S. 179).

841 Umgekehrt proportional zu der Erschütterung der erkenntnistheoretischen Grundlagen in der psychologischen Disziplin ist freilich die unerschütterliche Gewissheit mit der etwa der Verfassungsgerichtshof von Rheinland-Pfalz und andere Gerichte an der traditionellen kriterienbezogenen Aussagenanalyse festhalten (VerfGH Rh-Pf, NVwZ-Beil. 2003, 49 (50)). Demgegenüber wird in der obergerichtlichen Rechtsprechung inzwischen teilweise anerkannt, dass posttraumatische Belastungsstörungen »typischerweise zu schweren kognitiven Störungen des Erinnerungsvermögens« führen,»wodurch die Rekonstruktion von zeitlichen Abläufen sowie die konkrete Angabe von Zeitpunkten und Ereignissen erheblich erschwert werden«(VGH BW, U. v. 20. 3. 2002 – A 13 S 2179/99; zu den Darlegungsdefiziten als Ausdruck der Traumatisierung s. auch *Treiber*, Fallgruppen traumatisierter Flüchtlinge im Asylverfahren, in: Asylpraxis, Schriftenreihe des Bundesamtes für die Anerkennung ausländischer Flüchtlinge, S. 15 ff.; *Marx*, InfAuslR 2000, 357 (357 f., 362 f.)).

842 Erneute Anhörungen zum Verfolgungsgeschehen erinnerten die Betroffenen an Situationen, denen sie im Rahmen ihrer Verfolgung ausgesetzt gewesen seien, weshalb sie oft nicht in der Lage seien, ihre Verfolgungserlebnisse substanziiert und widerspruchsfrei vorzutragen (VGH BW, U. v. 20. 3. 2002 – A 13 S 2179/99). Die Rechtsprechung räumt mithin ein, dass es nach fachwissenschaftlichen Veröffentlichungen vielen Folteropfern aufgrund der erlittenen Traumatisierungen nicht möglich ist, in jedem Fall einen widerspruchsfreien, in sich schlüssigen und folgerichtigen Vortrag über die relevanten Geschehnisse abzugeben.

Rechtsmittel §78

Bereits Mitte der neunziger Jahre hatte der Ausschuss gegen Folter der Vereinten Nationen festgestellt, es sei nicht ungewöhnlich, dass der Asylsuchende über erlittene Folter erst im Zusammenhang mit Abschiebungsmaßnahmen berichte, nachdem das Asylgesuch abgelehnt worden sei (Committee against Torture, Human Rights Law Journal 1994, 426 = *Marx*, Handbuch zur Asyl- und Flüchtlingsanerkennung, A 2. Nr. 2 – *Khan v. Canada*). Ein vollständig in sich stimmiges Asylbegehren könne von Opfern von Folter nur in Ausnahmefällen erwartet werden, so dass Unstimmigkeiten und Widersprüchlichkeiten in ihrem Sachvorbringen keine Zweifel an der Glaubhaftigkeit der Sachangaben aufwerfen könnten (Committee against Torture, Communication Nr. 34/1995 – *Aemei v. Switzerland*). Bei Ländern mit hoher Repressionsdichte ist damit eine Umkehrung der Regel-Ausnahme-Kategorie zur Zulassung fachfremder Erkenntnisse in das Asylverfahren angezeigt. 843

Ausgehend von dem deutlich werdenden Prozess des Bewusstseinwandels in der Rechtsprechung ist eine methodenimmanente Kritik gegen die gängige Anwendung der Aussagenanalyse zu führen und nach angemessenen Verfahren zu suchen, damit traumatische Erlebnisse in Asylverfahren eingebracht werden können und diese nicht umgekehrt wegen fehlender oder unsachgemäßer Anwendung von Methoden und fehlender Würdigung von fachfremden Sachverstand letztlich zu einer Verlängerung des traumatischen Leidens führen. 844

Es ist hervorzuheben, dass das Aussageverhalten traumatisierter Personen den Kriterien der aussageimmanenten Methode nicht gerecht werden kann, weil traumatische Erinnerungen zunächst oft als raum- und zeitlos sowie als ich-fremd empfunden werden. Das traumatische Ereignis ist verbunden mit einer Einschränkung der kognitiven Leistungsfähigkeit. Eine Person entwickelt eine »Tunnelsicht«, weil sie nur eine begrenzte Zahl von Reizen registrieren kann und diese nur verzerrt wahrnimmt. Es kommt zu Dissoziationen und Vermeidung, sodass häufig ganze Zeitabschnitte, in denen die traumatischen Ereignisse sich zugetragen haben, nicht erinnert werden. 845

Traumatische Erinnerungsfragmente scheinen nicht aufgrund normaler Abrufprozesse zugänglich zu werden. Manchmal bleiben einzelne Fragmente oder Details oft über lange Zeiträume hinweg extrem lebendig, stabil und unverändert (Hypermnesie), andererseits können auch ganze Zeitperioden wie Haftperioden nicht erinnert werden. Die klinische Erfahrung zeigt, dass auch nach der Erlangung der Fähigkeit, über das traumatische Erleben zu berichten, intrusive Erinnerungen einerseits und Vermeidungsreaktionen andererseits oftmals über lange Zeiträume hinweg bestehen bleiben. Aufgrund traumaverursachter Verzerrungen sind traumabezogene Aussagen oft in sich brüchig und nicht logisch konsistent. Widersprüche in den Aussagen lassen sich oft ohne einen verbesserten Zugang zu weiteren Gedächtnisinformationen nicht überzeugend auflösen (*Birck*, Traumatisierte Flüchtlinge, S. 44 f., 48, 84, 90 f.). 846

In der klinischen Forschung wird darauf hingewiesen, dass gerade psychische Foltermethoden darauf abzielen, die Fähigkeit zur Realitätswahrnehmung zu unterminieren und nachhaltig zu erschüttern. Indem eine Person unter psychischer Folter die Fähigkeit verliere, sich in einer sozialen Umwelt 847 zu orientieren und seinen eigenen Wahrnehmungen und Empfindungen zu vertrauen, werde auch für die Zukunft jede Realitätsbasis in Frage gestellt, wodurch die psychische Integrität und Autonomie einer Person auf das Schwerste erschüttert werde. Damit sei psychologische Folter ein *Angriff auf basale psychische Funktionen*. Ihr Ziel sei es, den Realitätssinn, das Gefühl für Autonomie und Integrität und damit die Persönlichkeit selbst zu zerstören (*Birck*, Traumatisierte Flüchtlinge, S. 88).

848 Damit wird deutlich, dass die an logische Konsistenz, quantitativen Detailreichtum und raum-zeitliche Verknüpfungen ausgerichtete kriterienbezogene Aussagenanalyse für die Erkenntnis, ob traumatisierte Asylsuchende erlebnisfundierte Angaben machen oder nicht, ungeeignet ist und sich darüber hinaus die Frage stellt, ob die forensische Psychologie in ihrer verbreiteten Anwendung insoweit nicht generell an ihre Grenzen stößt.

849 Nicht alle Menschen entwickeln nach traumatischen Erfahrungen posttraumatische Belastungsstörungen. Es wird aber davon ausgegangen, dass man bei Folteropfern mit einer Störungshäufigkeit zwischen 50–70% rechnen müsse. Bei Folteropfern und Kriegs- bzw. Bürgerkriegsopfern, die im Rahmen der Gewalthandlungen auch sexualisierte Gewalt erlebt haben, ist mit einer besonders hohen Störungshäufigkeit zu rechnen. Hier ist auch wegen der Tabuisierung der Gewalterlebnisse die Dunkelziffer besonders hoch. Häufig werden diese Erfahrungen erst im Rahmen von Kontakten zu Ärzten oder Therapeuten oder bei unmittelbar drohender Abschiebung erwähnt und werden somit Gegenstand in Verwaltungsgerichtsverfahren oder Folgeverfahren.

1.6.3.5.4.4. Funktion von forensischen und klinischen Gutachten

1.6.3.5.4.4.1. Gebot der Methodenklarheit

850 Klinische und aussagepsychologische Gutachten sind eindeutig zu unterscheiden. Klinisch orientierte Ärzte und Psychologen beklagen zu Recht, dass die Rechtsprechung klinische Gutachten anhand von aussagepsychologischen, also forensischen Kriterien beurteile (*Wenk-Ansohn/Haenel/Birck/Weber*, Anforderungen an Gutachten, in: E/E-Brief 8+9/02, S. 3), was zu schwerwiegenden Verfahrensfehlern führt. So beurteilte etwa das VG München ein klinisches Gutachten, das die behauptete posttraumatische Belastungsstörung belegte, anhand der kriterienbezogenen Aussagenanalyse (VG München, NVwZ-RR 2002, 230 (231), obwohl klinische Begutachtung keine kriterienbezogene Analyse zur Glaubhaftigkeit von Aussagen beinhaltet.

851 Allerdings wird in der Rechtsprechung zu Recht gefordert, dass strenge Anforderungen an ärztliche oder psychologische Gutachten zu stellen seien, die eine posttraumatische Belastungsstörung oder andere traumareaktive Erkrankungen bestätigen. Dies gilt sowohl für die Begründung der Diagnose und Herleitung der möglichen Kausalität der etwaigen Erkrankung als auch für Fragen der Differentialdiagnostik und Prognose.

852 Die Vermischung der maßgebenden Methoden der Klinik und Forensik dürfte ihren Grund insbesondere wohl darin haben, dass den Juristen dieser Methodenunterschied gar nicht bewusst ist und die psychologische Disziplin

ihren unterschiedlichen Methodenansatz bislang nicht ausreichend nach außen transparent gemacht hat. Wie aus den vorstehenden Erläuterungen ersichtlich wird, ist die Frage, wie in der Praxis der Tatsachenfeststellung methodisch angemessen auf das Phänomen posttraumatischer Störungen reagiert werden kann, bislang nicht zureichend aufgearbeitet und geklärt worden. Methodenklarheit ist ein rechtsstaatliches Gebot. Daher wird im Folgenden die jeweils spezifische Funktion forensischer und klinischer Gutachten vorgestellt und anschließend die prozessuale Praktikabilität untersucht.

1.6.3.5.4.4.2. Funktion forensischer Gutachten

Forensische Gutachten werden anhand der kriterienbezogenen Aussagenanalyse von speziell forensisch ausgebildeten Psychologen oder Psychiatern erstellt. Diese ist für die Bewertung von Zeugenaussagen in Strafverfahren entwickelt worden. Ist zu einem bestimmten Ereignis eine Aussage mit ausreichender Länge gemacht worden, wird überprüft, ob diese Aussage nach den vorgegebenen Realkennzeichen nicht anders als durch Erlebnisbezug erklärt werden kann. Rückschlüsse, dass es sich andernfalls um eine Falschaussage handelt, sind unzulässig, dies bleibt der richterlichen Beweiswürdigung vorbehalten.

Diese Methode ist für westeuropäische Probanden und in einem Setting ohne Sprachmittlung entwickelt und validiert worden. Ob sie auch auf Personen aus anderen Kulturen und auf Bedingungen unter Einsatz von Dolmetschern übertragbar ist, ist bislang weder zureichend untersucht worden noch bestehen ausreichend Erfahrungen auf diesem Gebiet. Wie erwähnt, fehlen bisher wissenschaftliche Grundlagen für die Annahme, dass sich unter Anwendung der Realkennzeichen der Erlebnisbezug von Aussagen traumatisierter Personen aus fremden Kulturen überhaupt angemessen und wissenschaftlich tragfähig in methodisch nicht angreifbarer Weise erfassen und bewerten ließe.

1.6.3.5.4.4.3. Funktion klinischer Gutachten

Die Funktion eines, von hierzu besonders fortgebildeten und erfahrenen psychologischen und ärztlichen Psychotherapeuten erstellten klinischen Gutachtens ist die Feststellung einer psychischen Erkrankung, etwa einer psychisch reaktiven Traumafolge. Ziel des Gutachtens ist es, Feststellungen darüber zu treffen, ob aufgrund der eingehenden klinischen ärztlichen oder psychologischen Untersuchung eine psychische Erkrankung vorliegt und wie diese diagnostisch einzuordnen ist. Bei traumareaktiven Störungen sind Feststellungen zu treffen, ob die Befunderhebung Hinweise auf das auslösende Trauma liefert, um dem Verwaltungsgericht Hinweise auf einen möglichen Erlebnisbezug von Aussagen zu früheren Ereignissen zu geben.

Darüber hinaus sind Feststellungen geboten, ob Einschränkungen des allgemeinen oder situativen Aussagevermögens bestehen. Im Rahmen der anamnestischen Untersuchung sowie der Befunderhebung wird darüber hinaus geprüft, ob Beschwerdebilder nur vorgetäuscht werden (s. hierzu *Birck*, Traumatisierte Flüchtlinge, 2002, S. 55ff.). Wird dies verneint, sind die Befun-

§ 78   Gerichtsverfahren

de zu beschreiben, die aus klinischer Sicht auf einen Erlebnisbezug der Aussagen hinweisen. Wie von der *Bundesweiten Arbeitsgemeinschaft der Psychosozialen Zentren für Flüchtlinge und Folteropfer* beschrieben, geht es hierbei »*um die Zusammenschau aller Tatsachen, non-verbaler Reaktionen und Übereinstimmung von angegebenen Traumatisierungen mit den nachweisbaren Folgen*« (Bundesweite Arbeitsgemeinschaft der Psychosozialen Zentren für Flüchtlinge und Folteropfer 2001, Richtlinien für die psychologische und medizinische Untersuchung von traumatisierten Flüchtlingen und Folteropfern, S. 68).

857 Die Diagnose wird anhand
- einer analysierenden Zusammenschau von Angaben zur Vorgeschichte,
- dem differenziert abgefragten Beschwerdeverlauf,
- dem aktuellen psychischen und körperlichen Beschwerdebild,
- der Verhaltensbeobachtung,
- der Beobachtung klinischer Zeichen während der anamnestischen Erhebung,
- der psychischen und gegebenenfalls zusätzlich erhobenen körperlichen Befunde und einer
- Bewertung vor dem Hintergrund des aktuellen Standes der Forschung im Blick auf Traumafolgen erstellt.

858 Differentialdiagnostische Überlegungen sind ebenfalls Voraussetzung der Diagnosenstellung. In den letzten Jahren hat eine Gruppe von klinisch ausgebildeten Ärzten und Psychologen »*Standards zur Begutachtung psychisch reaktiver Traumafolgen*« (SBPM) entwickelt, deren Umsetzung durch die Kammern der Ärzte und psychologischen Psychotherapeuten unterstützt wird. Die Standards beschreiben die fachlichen Voraussetzungen für den Gutachter und enthalten detaillierte Anforderungen für die Erstellung des Gutachtens.

859 Die Qualitätsmerkmale der klinischen Begutachtung, wie sie in den Leitlinien der BAFF und in den SBPM-Standards zur Begutachtung (Gierlichs u. a., SBPM: Standards: http://www.aerzteblatt.de/v4/plus/down.asp?typ=PDF&id=995) sowie auf internationaler Ebene im Istanbul-Protokoll niedergelegt sind, werden allerdings unzulässiger Weise auch häufig an Stellungnahmen (Parteigutachten) und einfache Atteste angelegt, die von der Abfassung her diesen aufwendigen Standards nicht entsprechen können, andererseits für die Beweisaufnahme von besonderer Bedeutung sein können, da sie im allgemeinen fachliche Erkenntnisse aus im Vergleich zum Umfang des Kontaktes im Rahmen der Begutachtung längeren diagnostischen und/oder therapeutischen Prozessen, d. h. aus der Längsschnittbeobachtung zur Verfügung stellen. Klinische Gutachten zu Fragen nach bestehenden psychisch reaktiven Traumafolgen analysieren die Aussagen nicht anhand der kriterienbezogenen Aussagenanalyse.

860 Richterliche Kritik an einem klinischen Gutachten anhand aussagepsycholgischer Anforderungen ist deshalb methodisch verfehlt (*Wenk-Ansohn/Haenel/Birck/Weber*, Anforderungen an Gutachten, in: E/E-Brief 8+9/02, S. 3) und stellt einen Verfahrensfehler (vgl. § 138 Nr. 3 VwGO) dar. Vielmehr ist das vorgelegte klinische Gutachten anhand der hierzu entwickelten klinischen Standards zu bewerten. Auch das klinische Gutachten kann wesentliche An-

haltspunkte enthalten, die für oder gegen den Erlebnisbezug der Aussage sprechen, da der Gutachter den möglichen oder wahrscheinlichen Zusammenhang zwischen einer krankheitsauslösenden Traumatisierung und den erhobenen Befunden darstellt und seine Schlussfolgerungen begründet.

Manche peritraumatischen Symptome und posttraumatischen Beschwerden sind »ereignistypisch« und können mit »höchster Wahrscheinlichkeit nur von Menschen geschildert werden, die Experten in der Psychotraumatologie sind oder aber traumatische Erlebnisse selbst erlebt haben. Insofern können sich auch aus der klinischen Diagnostik Indizien für die Glaubhaftigkeit von Aussagen zur traumatischen Vorgeschichte ergeben« (*Wenk-Ansohn/Haenel/Birck/Weber*, Anforderungen an Gutachten, in: E/E-Brief 8+9/02, S. 3). 861

Heilberufliche und juristische Vorstellungen zum Krankheitsbegriff der psychoreaktiven Traumastörungen unterscheiden sich. Während Gerichte Traumastörungen nur dann als Erkrankungen anerkennen, wenn eine regelmäßige und differenziert geplante Psychotherapie stattfindet, an deren Ende die Erkrankungen »beseitigt« sind, widersprechen die wissenschaftlichen Erkenntnisse diesen Vorstellungen. Das Wesen einer Traumastörung besteht vielmehr in einer langfristigen schweren seelischen »Erschütterung des Welt- und Selbstvertrauens« mit verminderter Belastbarkeit und erhöhte Empfindlichkeit gegenüber bestimmten Auslösereizen, die sich durch verschiedene, Sicherheit und Sinn gebende und dadurch Ressourcen aktivierende Maßnahmen (soziale Akzeptanz und Integration, Arbeit, Eröffnung von Zukunftsperspektiven) häufig stabilisiert. Eine psychotherapeutische Behandlung kann zusätzlich sinnvoll sein, ist aber nicht immer notwendig. Die Erschütterung lässt sich stabilisieren, aber nicht »beseitigen«. 862

Darüber hinaus hat sich die Betrachtung in den letzten Jahren auf den Begriff der Posttraumatischen Belastungsstörung (PTSD) mit der Folge konzentriert, dass bei fehlender Diagnostizierung einer PTSD Darlegungsprobleme nicht geglaubt werden. Störungen im Erinnerungsvermögen und bei der Darlegungsfähigkeit können jedoch in unterschiedlichen psychischen Erkrankungen ihre Ursache haben, ohne dass diese zugleich als PTSD diagnostiziert werden müssen. 863

Maßgebend für ein klinisches Gutachten ist, ob bestimmte für die Beurteilung des asylrechtlichen Sachverhaltes in Betracht kommende Ereignisse in der Vergangenheit Erinnerungsstörungen ausgelöst haben. Zu diesen Ursachen muss sich auch ein klinisches Gutachten detailliert und wissenschaftlich fundiert verhalten. Es muss darüber hinaus Aussagen zum Umfang und der Art der einzelnen Auswirkungen dieser traumatischen Vorgänge auf das subjektive Erinnerungsvermögen und zu dem dadurch hervor gerufenen Darlegungsproblemen machen. Die aus diesen Feststellungen zu ziehenden Konsequenzen unterliegen der richterlichen Beweiswürdigung. 864

1.6.3.5.4.4.4. Richterliche Bewertung am Maßstab des § 108 Abs. 1 Satz 1 VwGO

Der Richter entscheidet nach seiner freien, aus dem Gesamtergebnis des Verfahrens einschließlich einer durchgeführten Beweiserhebung gewonnenen Überzeugung (§ 108 Abs. 1 Satz 1 VwGO). Die hiernach geforderte *Überzeu-* 865

§ 78 *Gerichtsverfahren*

gungsgewissheit darf sich zwar nicht mit Wahrscheinlichkeitsannahmen zufrieden geben. Denn die Tatsachenermittlung dient der Erarbeitung von Prognosetatsachen, die mit Gewissheit feststehen müssen. Auch Nichtwissen, Mutmaßungen oder Wahrscheinlichkeitsannahmen über *bestimmte Ereignisse* stehen indes der erforderlichen Bildung der Überzeugungsgewissheit von den die Prognosebasis in ihrer Gesamtheit bildenden Tatsachen nicht entgegen, wenn der Richter aus dem Gesamtergebnis der Befragung den Schluss zieht, dass er dem Antragsteller glaubt (BVerwGE 71, 180 (182) = EZAR 630 Nr. 17 = NVwZ 1985, 685 = InfAuslR 1995, 244).

866 Dies wird bei der Anwendung der kriterienbezogenen Aussageanalyse und dem darauf beruhenden verwaltungsrichterlichen Prüfungstest, Detailaussage nach Detailaussage nach ihrer Erlebnisbezogenheit abzuklopfen, häufig verkannt. Stets kommt es auf die *Gesamtwürdigung* der im Verfahren vorgetragenen oder sonst erkennbaren Tatsachen und Umstände an. Mögen im Blick auf ein bestimmtes Ereignis anhand der kriterienbezogenen Aussagenanalyse keine sicheren Schlüsse gezogen werden können, steht dies der richterlichen Überzeugungsgewissheit, dass der Asylsuchende in der Vergangenheit ein traumatisches Ereignis erlitten hat, nicht entgegen, wenn ein eingeholtes oder vorgelegtes klinisches Gutachten methodisch einwandfrei entsprechende plausible und überzeugungskräftige Feststellungen enthält.

867 Insoweit kann das klinische Gutachten hilfreiche Erkenntnisse liefern und dem Richter die Entscheidung erleichtern. Ob die traumatischen Ereignisse (Prozesse) fluchtauslösend waren und die zugrunde liegende Verfolgung zum Zeitpunkt der unterstellten hypothetischen Rückkehr in das Herkunftsland noch andauert, unterliegt der auf Tatsachen beruhenden prognostischen richterlichen Einschätzung im Rahmen der freien Beweiswürdigung. Wegen der Vielzahl von Ungewissheiten über die asylrelevante Situation im Herkunftsland verlangt die Rechtsprechung insoweit lediglich eine *sachgerechte*, der jeweiligen Materie angemessene und *methodisch einwandfreie* Erarbeitung ihrer tatsächlichen Grundlagen (BVerwGE 87, 141 (150) = EZAR 200 Nr. 27 = NVwZ 1991, 384; so schon BVerwG, DÖV 1985, 68 = DVBl. 1984, 1016).

868 Das Gutachten muss in nachvollziehbarer Weise Aussagen zum traumatischen Ereignis bzw. Erlebnis enthalten. Die mechanistische Betrachtungsweise, dass zur Beweiswürdigung nur gutachterlicher Ausführungen tauglich seien, anhand deren nachvollzogen werden könne, dass das subjektiv erlebte Maß an Bedrohung mit dem Ausmaß an objektiver Bedrohung korrespondiere (VG Freiburg, NVwZ-RR 2005, 64), wird jedoch dem Phänomen psychischer Erkrankungen nicht gerecht.

869 Enthält das Gutachten nachvollziehbar Aussagen zu einem traumatischen Ereignis und war dies fluchtauslösend, tritt eine Beweislastumkehr ein. Danach muss der Asylsuchende vor erneut eintretender Verfolgung hinreichend sicher sein. Können ernsthafte Bedenken hiergegen nicht ausgeräumt werden, ist der Status zu gewähren (BVerwGE 65, 250 (251) = EZAR 200 Nr. 7 = NVwZ 1983, 160 ; BVerwGE (171) = EZAR 200 Nr. 12 = InfAuslR 1985, 51; s. hierzu *Marx*, Handbuch, § 13 Rdn. 17 ff.).

Rechtsmittel § 78

Auch in der untergerichtlichen Rechtsprechung wird inzwischen anerkannt, dass klinische Gutachten geeignet sind, in methodisch einwandfreier Weise Feststellungen zu erlittenen Traumatisierungen zu erschließen. Es sei bekannt, dass viele Folteropfer nicht aussagen könnten oder wollten, weil das Bestreben, das Erlittene im Sinne einer totalen Verdrängung zu bewältigen, übermächtig sei. Bekannt sei darüber hinaus, dass viele Opfer von Misshandlungen, insbesondere von Vergewaltigungen, eine ungeheure *Scham* empfänden und auch deshalb ihre Möglichkeiten, das Geschehen darzustellen, begrenzt oder beschränkt seien (VG München, U. v. 5. 5. 1998 – M 21 K 96.53206). Die *Befragungssituation* bei der Behörde und beim Gericht habe die »Konzentrations- und Gedächtnisstörungen als Bestandteil der posttraumatischen Belastungsstörung« zu verstehen, die sich bei Belastung verstärkten. Bei den zugrunde liegenden Langzeit- oder Kurzzeitgedächtnisstörungen handele es sich um Folgen von »*physiologischen und biochemischen Vorgängen im Zentralnervensystem*, die eine *Dissoziation (Abspaltung))*« bewirken (VG Ansbach, U. v. 17. 3. 2000 – AN 17 K 98.31944).

870

Diese Abspaltungen sicherten in der traumatisierenden Situation oft das Überleben des Individuums und würden anschließend teilweise aufrechterhalten. Hinzu kämen komplexe Verdrängungsprozesse, die dem Weiterleben nach der Traumatisierung dienten. Es könne mithin bei Traumatisierten typischerweise zu *Lücken in der Darstellung* kommen, nicht nur im Blick auf die traumatisierende Situation selbst, sondern auch hinsichtlich biographischer Episoden vor oder nach dem Trauma. Das bedeute, dass bestimmte Inhalte dem Betreffenden zeitweise nicht zugänglich seien. Die Aussagesituation, die ohnehin einen emotionalen Stress bedeute und damit zumeist zur Zunahme von Symptomen führe, könne den Traumatisierten bewusst oder unbewusst an ein Verhör unter der Folter erinnern und dadurch zu Angst, Verwirrung oder Schweigen führen oder aber zu regelrechten *flash-backs* (Wiederdurchleben der traumatischen Situation im Wachzustand). Der Traumatisierte übertrage mithin eine Situation, die er zuvor im Trauma erlebt habe, auf die Anhörungssituation und reagiere sowie verhalte sich daher nicht entsprechend der jetzigen Situation, sondern gemäß der zuvor erlebten (VG Ansbach, U. v. 17. 3. 2000 – AN 17 K 98.31944).

871

Daher erkennt die Rechtsprechung an, dass im Hinblick auf traumatische Ereignisse *nicht die Frage nach einer belegbaren Wahrheit* im Sinne eines tatsächlichen Nachweises Punkt für Punkt gestellt werden kann (VG München, U. v. 5. 5. 1998 – M 21 K 96.53206). Habe etwa die Asylsuchende seit ihrer Einreise immer wieder von vielfachen Misshandlungen und Vergewaltigungen gesprochen und werde dieses Vorbringen aufgrund fachwissenschaftlicher Erkenntnisse im Wesentlichen bestätigt, müsse das Gericht davon ausgehen, dass sich die von der Asylsuchenden geschilderten Vorfälle im Wesentlichen tatsächlich ereignet hätten (VG München, U. v. 5. 5. 1998 – M 21 K 96.53206). Aber auch Schweigen über die traumatischen Erlebnisse im bisherigen Verfahren kann aus den oben genannten Gründen bei einer festgestellten Traumatisierung nicht dazu führen, dass dem Asylsuchenden stets nicht mehr geglaubt wird. Hier wird eine Sensibilität für die besonderen Probleme traumatisierter Personen spürbar. Gleichwohl beherrscht traditionelles juristisches Denken den

872

873

Diskurs und führt dazu, dass ohne Not prozessuale Hindernisse errichtet werden. Eine belegbare Wahrheit ist nicht der Maßstab des § 108 Abs. 1 Satz 1 VwGO. Das Gericht muss zwar die volle Überzeugung von der Wahrheit – und nicht etwa nur von der Wahrscheinlichkeit – des vom Asylsuchenden behaupteten Verfolgungserlebnisses erlangen. Es darf jedoch *keine unumstößliche Gewissheit verlangen*, sondern muss sich in tatsächlich zweifelhaften Fällen mit einem *für das praktische Leben brauchbaren Grad von Gewissheit begnügen*, der dem *Zweifel Schweigen gebietet*, auch wenn sie nicht völlig auszuschließen sind (BVerwGE 71, 180 (181) = EZAR 630 Nr. 17 = InfAuslR 1985,244 = NVwZ 1985, 658).

874 Können mithin für die Darlegungsdefizite plausible und nachvollziehbare Gründe gegebenenfalls mittels Unterstützung durch eine vorgelegte ärztliche Stellungnahme oder ein eingeholtes ärztliches oder psychologisches Gutachten bezeichnet werden, kann das Verwaltungsgericht mit einem für das praktische Leben brauchbaren Grad von Gewissheit feststellen, dass die traumatisierenden Erlebnisse tatsächlich stattgefunden haben.

1.6.3.5.4.4.5. Anforderungen an den Beweisantrag auf Einholung eines psychologischen Gutachtens

875 In der gerichtlichen Praxis herrscht erhebliche Unsicherheit über die prozessualen Anforderungen an den Beweisantritt beim psychologischen Gutachten. Die dargestellten Anforderungen an ein derartiges Gutachten sind nicht der prozessuale Maßstab für den Beweisantritt. Denn erst die Beweisaufnahme soll Erkenntnisse über Darlegungsprobleme liefern. Entsprechend den allgemeinen prozessualen Grundsätzen reicht deshalb die *Möglichkeit* aus, dass traumatische Leiden Darlegungsdefizite hervorrufen können. Psychologen und Psychiater in der Behandlungspraxis müssen deshalb für den Beweisantritt kein Gutachten erstellen, das den erörterten strengen prozessualen Voraussetzungen entspricht. Vielmehr ist ausreichend, wenn ihre Stellungnahme anhand konkreter Befundtatsachen die Möglichkeit aufzeigt, dass aufgrund traumatischer Belastungen die Darlegungskompetenzen erschüttert sind.

876 Erst das Gutachten selbst muss Erkenntnisse liefern, welche den Richter in den Stand setzen, dem Maßstab der Überzeugungsgewissheit entsprechende Feststellungen zu treffen. Es verletzt deshalb unter dem Gesichtspunkt der unzulässigen Beweisantizipation das rechtliche Gehör des Beteiligten, wenn das Gericht den Beweisantrag auf Einholung eines Sachverständigengutachtens zur Aufklärung der psychischen Erkrankung des Asylsuchenden mit der Begründung ablehnt, aufgrund einer umfassenden Würdigung komme es zu dem Ergebnis, dass es aufgrund des Vorbringens des Asylsuchenden und seines Verhaltens nicht habe die Überzeugung gewinnen können, dass sich hieraus schlüssig und widerspruchsfrei eine lebensbedrohliche Erkrankung ergebe (Hess.VGH, B. v. 26. 3. 2004 – 5 ZU 2892/02.A; a.A. OVG NW, B. v. 20. 8. 2004 – 13 A 3245/04.A).

877 Ist der bezeichnete Gutachter mit dem bisher die Behandlung durchführenden Psychotherapeuten identisch, kann dies Zweifel an der Unvoreingenommenheit aufkommen lassen. In der obergerichtlichen Rechtsprechung wird

aber der behandelnde Psychologe als grundsätzlich geeignet angesehen, Aussagen zum Eintritt einer Retraumatisierung oder letalen Selbstschädigung machen zu können (OVG NW, B. v. 20. 8. 2004 – 13 A 3245/04.A). Die in der Praxis tätigen Psychotherapeuten weisen ihrerseits häufig darauf hin, dass zur Vermeidung von Interessenkonflikten zwischen dem behandelnden und dem begutachtenden Psychologen oder Arzt unterschieden werden sollte.

Für den Beweisantritt selbst ist die Stellungnahme des behandelnden Psychologen vorzulegen. Damit der Beweisantrag nicht als unsubstanziiert abgelehnt wird, muss aber auch diese Stellungnahme die relevanten Anknüpfungstatsachen behandeln und die Gründe bezeichnen, die für die bisherigen Darlegungsmängel maßgebend waren (VG Braunschweig, NVwZ-RR 2005, 65 (65 f.). Die Stellungnahme des behandelnden Psychotherapeuten oder eine z. B. vom Rechtsanwalt in Auftrag gegebene gutachterliche Stellungnahme ist prozessual als *Privatgutachten* anzusehen (*Bell*, E/E-Brief 6/2000, S. 3; zur Kostenerstattung des Privatgutachtens s. BVerwG, NVwZ 2001, 919; Nieders.OVG, NVwZ-RR 2002, 703).

878

Wird durch das Verwaltungsgericht die Beweisaufnahme angeordnet, muss das Gutachten des Psychologen oder Arztes die anerkannten Standards beachten (Rdn. 856 ff.). Je nach Art des Gutachtens, der Stellungnahme oder des Arztberichtes, sind danach unterschiedliche Bewertungsmaßstäbe zu beachten. Für den Beweisantritt reicht die schlüssige Darlegung einer möglichen Extremtraumatisierung aus. Das angeordnete Gutachten muss hingegen die anerkannten Diagnosestandards erfüllen. Stellt das Gutachten eine PTSD fest, so kann das Verwaltungsgericht zwar von sich aus mangels hinreichender Sachkunde das Attest regelmäßig nicht als nicht aussagekräftig ansehen. Anders ist es aber dann, wenn das Gutachten nicht nachvollziehbar ist, weil es insbesondere keine den anerkannten wissenschaftlichen Anforderungen genügende Begründung enthält, weil es von anderen, nicht offensichtlich unzureichenden ärztlichen Stellungnahmen abweicht oder weil es nicht erkennen lässt, dass objektiv bestehende diagnoserelevante Zweifel berücksichtigt wurden (VG Braunschweig, NVwZ-RR 2005, 65).

879

Im Beweisantrag ist anzugeben, aufgrund welcher Indizien und Tatsachen zur beweiserheblichen Frage der drohenden Retraumatisierung oder der Beeinträchtigung der Darlegungskompetenz als Folge einer psychischen Erkrankung der Gutachter wissenschaftlich fundierte Aussagen machen kann. Nicht gefolgt werden kann insoweit der obergerichtlichen Rechtsprechung, welche die Gefahr einer Retraumatisierung oder Suizidgefährdung als zukünftiges ungewisses Ereignis wertet, zu dem keine wissenschaftlich fundierte Aussagen möglich seien, sodass das Verwaltungsgericht mit dieser Begründung den Beweisantrag ablehnen könne (OVG NW, B. v. 20. 8. 2004 – 13 A 3245/ 04.A). Ebensowenig ist die Feststellung gerechtfertigt, dass eine PTSD sich innerhalb weniger Monate nach dem traumatischen Ereignis entwickle (VG Freiburg, NVwZ-RR 2005, 64). Vielmehr können traumareaktive Folgen häufig erst im Zusammenhang mit drohenden Abschiebungsmaßnahmen auftreten.

880

Das Verwaltungsgericht kann bereits aufgrund des Privatgutachtens im Zusammenhang mit dem übrigen Sachvorbringen und sonstigen Umständen

881

§ 78　Gerichtsverfahren

die nach § 108 Abs. 1 Satz 1 VwGO erforderliche Überzeugungsgewissheit gewinnen, dass der Asylsuchende an einer Extremtraumatisierung oder an einer anderen psychischden Erkrankung leidet und das zugrunde liegende Trauma seine Ursache in Foltermaßnahmen hat. In diesem Fall kann er den geltend gemachten Asylanspruch ohne Durchführung einer Beweisaufnahme feststellen. Verbleiben Zweifel und ist der Beweisantrag substanziiert, ist ein Sachverständigengutachten einzuholen.

882　Im Antrag auf Einholung eines Sachverständigengutachtens zur Feststellung einer posttraumatischen Belastungsstörung oder anderer psychisch reaktiver Traumafolgen und darauf beruhender Darlegungsprobleme sind *schlüssig Anzeichen* darzulegen, dass der Asylsuchende infolge von Folter, sexueller Gewalt oder anderen Gewalthandlungen traumatisiert und infolgedessen in seinem Erinnerungsvermögen gestört und/oder in seiner Darlegungsfähigkeit beeinträchtigt ist. Um die gerichtliche Verpflichtung zur Aufklärung einer posttraumatischen Störung als Ursache eines widersprüchlichen, unvollständigen und unsubstanzierten Sachvorbringens auszulösen, sind Anzeichen darzulegen, aus denen sich ergeben kann, dass der Asylsuchende aufgrund erlittener Misshandlungen traumatisiert *sein könnte* mit der *möglichen Folge*, über das Erlebte nur noch selektiv, widersprüchlich oder gar nicht mehr bzw. nur in Ansätzen zu berichten (OVG NW, AuAS 2001, 167 (168) = NVwZ-Beil. 2001, 109).

883　Macht der Asylsuchende geltend, zu einem sachgerechten Asylvorbringen aufgrund eines psychischen Leidens mit Krankheitswert nicht in der Lage zu sein und beantragt er zum Nachweis dieser Tatsache die Einholung eines psychiatrischen oder psychologischen Sachverständigengutachtens, so setzt die konkrete Darlegung und damit die für den Beweisantritt erforderliche ärztliche bzw. psychologische Stellungnahme voraus, *welche tatsächlichen oder vermeintlichen Mängel im bisherigen Sachvorbringen durch die Beweistatsache behoben werden sollen* (OVG NW, AuAS 1998, 105 (106); OVG NW, AuAS 2001, 167 (168). Hingegen ist ein Antrag auf Sachverständigenbeweis nicht zulässig, der bezweckt, den Asylsuchenden insgesamt von seiner die individuellen Verfolgungserlebnisse betreffenden Darlegungslast zu befreien (OVG NW, AuAS 1998, 105 (106)).

884　Der Beweisantrag muss sich insbesondere mit den die Glaubhaftmachung in Frage stellenden *tatsächlichen Anknüpfungstatsachen* auseinandersetzen. Macht etwa ein Asylsuchender geltend, aus gesundheitlichen Gründen gänzlich unfähig zu sachgerechtem Vortrag zu sein und ist dieser Zustand nicht nur vorübergehender Natur, so fällt damit die wichtigste Erkenntnisquelle im Asylverfahren weg. Nach der obergerichtlichen Rechtsprechung gehen in einem derartigen Fall verbleibende Ungewissheiten zu Lasten des Asylsuchenden, wenn nicht durch andere Beweismittel, etwa Urkunden, die Glaubhaftmachung der Verfolgung gelingt (OVG NW, AuAS 1998, 105 (106)).

885　Diese Rechtsprechung ist jedoch in dieser Pauschalität abzulehnen. Sie ist auch nicht unumstritten. Feststellungen des Arztes oder Psychologen können nämlich dann an die Stelle eigener Erklärungen der Asylsuchenden treten, wenn sich aus den Arztberichten und Gutachten schlüssig ergibt, dass die Asylsuchende in so hohem Maße traumatisiert und depressiv geprägt ist,

1608

dass sie selbst nicht imstande ist, auch nur ansatzweise ausführlich über die relevanten Ereignisse zu berichten (VG Stuttgart, U. v. 29. 1. 1999 – A 19 K 15345/97.). Das Attest muss erläutern, aus welchen Gründen den Schilderungen über Misshandlungen und Vergewaltigungen Glauben geschenkt werden kann und deutlich machen, dass es sich um Aussagen handelt, die der Arzt oder Therapeut aufgrund seines Fachwissens und seiner Möglichkeiten, mit der von ihm betreuten Person über Vorfälle zu sprechen, welche diese mit anderen nicht besprechen würde (VG München, U. v. 5. 5. 1998 – M 21 K 96.53206).

Hat der Asylsuchende seine Angaben über erlittene Foltermaßnahmen im Verlaufe des Verfahrens erheblich gesteigert, sind zu den für die einzelnen Steigerungen maßgebenden Gründen konkret und fallbezogen Erklärungen abzugeben (VGH BW, InfAuslR 2000, 435 (436)). Wird zur Substanziierung des Antrags ein *ärztliches Attest, ein ärztlicher oder psychologischer Bericht oder eine psychotherapeutische Stellungnahme* vorgelegt, wird es in der Rechtsprechung für erforderlich erachtet, dass dieses Schriftstück Hinweise enthält, dass das Vorbringen des Antragstellers nicht lediglich hingenommen und dem Attest zugrunde gelegt wurde, sondern bei der Exploration im Rahmen der ärztlichen Möglichkeiten (aus klinischer Sicht) auch die Angaben differenziert abgefragt und überprüft wurden und differentialdiagnostischen Fragen nachgegangen wurde (vgl. VGH BW, InfAuslR 2000, 435 (436)). Gibt hingegen das Attest nur wieder, was der Asylsuchende dem Arzt berichtet hat, ohne eine eigene Bewertung aus ärztlicher Sicht vorzunehmen, wird der Beweisantrag als nicht substanziiert angesehen (vgl. OVG NW, U. v. 30. 3. 2001 – 8 A 5585/99.A.). 886

Wurden im bisherigen Verlauf überhaupt keine erlittenen Verfolgungsmaßnahmen, Misshandlungen oder Foltermaßnahmen vorgetragen, sind schlüssig Anhaltspunkte darzulegen, aus denen sich ergibt, dass dieses Versäumnis auf »schweren kognitiven Störungen des Erinnerungsvermögens« beruhen kann (vgl. VGH BW, U. v. 20. 3. 2002 – A 13 S 2179/99). Allerdings wird hierbei nicht berücksichtigt, dass ein über ein kurzes Attest, das nur Diagnosen enthält, hinausgehendes Schriftstück im Rahmen eines normalen Praxis- oder Krankenhausalltages kaum erstellt werden kann und niedergelassenen ärztlichen oder psychotherapeutischen Praktikern die richterlichen Anforderungen nicht geläufig sind. 887

Der Beweisantrag auf Einholung eines psychiatrischen oder psychologischen Sachverständigengutachtens darf nur anhand der Kriterien abgelehnt werden, die in der allgemeinen Prozesspraxis die Ablehnung eines Sachverständigensbeweisantrags rechtfertigen. In der obergerichtlichen Rechtsprechung wird jedoch ein hiervon erheblich abweichendes, weitaus strengeres Ablehnungsmuster verwendet. Regelmäßig werden die Beweisanträge wegen fehlender Substanziierung der Beweistatsache zurückgewiesen: Danach erfordert der Antrag auf Einholung eines Sachverständigengutachtens, mit dem die Erkrankung in ihrem Umfang und ihren Auswirkungen unter Beweis gestellt werden sollen, die konkrete Darlegung, welche »Tatsachen« mit Blick auf den Gesundheitszustand »als bewiesen« angesehen werden sollen, obwohl sich der Asylsuchende zu ihnen unsubstanziiert, unschlüssig oder widersprüchlich geäußert habe (OVG NW, AuAS 1998, 105 (106)). 888

§ 78   Gerichtsverfahren

889 Die Ablehnung des Sachverständigenbeweises mit der Begründung, es sei nicht dargelegt, welche Tatsachen »als bewiesen angesehen werden sollen«, findet in der Prozessordnung keine Stütze und verletzt deshalb das rechtliche Gehör. Wird im Beweisantrag behauptet, der Asylsuchende sei gefoltert und dadurch traumatisiert worden und habe aufgrund dessen seiner Mitwirkungspflicht nicht genügen können, wird damit als Beweistatsache die erlittene Folterung bezeichnet. Ob und in welchem Umfang dadurch die Darlegungsfähigkeit des Asylsuchenden beeinträchtigt wird oder ob es auch alternative Ursachen für die Darlegungsdefizite gibt, kann erst nach der durchgeführten Beweisaufnahme beurteilt werden und gehört damit nicht zu den Anforderungen an die Darlegungslast beim Beweisantritt. Das Prozessrecht verbietet die Forderung nach zusätzlichen Voraussetzungen.

890 Erwartet werden kann, dass schlüssig unter Bezugnahme auf die im Herkunftsland vorherrschende Repressionsdichte dargelegt wird, dass der Asylsuchende gefoltert oder vergleichbaren Gewaltprozessen ausgesetzt gewesen war und deshalb traumatisiert und unfähig ist, seinen Darlegungslasten zu genügen. Nur wenn eindeutig ausgeschlossen werden kann, dass aufgrund grober Widersprüchlichkeiten und Ungereimtheiten die Behauptung erlittener Folter- oder anderer Gewaltmaßnahmen nicht der Wahrheit entspricht, kann der Beweisantrag abgelehnt werden. Derartige Beweisantizipationen sind jedoch in aller Regel unzulässig und verletzen das rechtliche Gehör. Unter dem prozessualen Gesichtspunkt der bereits erwiesenen Beweistatsache dürfen Beweisanträge nur abgelehnt werden, wenn mit hinreichender Sicherheit festgestellt werden kann, dass das Gegenteil der behaupteten Beweistatsache der Fall ist. Das dürfte jedoch eher der extreme Ausnahmefall sein.

891 Zielt der Beweisantrag auf die Feststellung eines Abschiebungshindernisses nach § 60 VII 1 AufenthG, reicht es nicht aus, dass unter Vorlage einer fachärztlichen Bescheinigung lediglich traumatische Erlebnisse in der Vergangenheit glaubhaft gemacht werden. Soweit eine darauf beruhende psychische Erkrankung erst mehrere Jahre nach den behaupteten traumatischen Ereignissen geltend gemacht wird und jahrelang keine ärztliche oder psychologische Hilfe in Anspruch genommen wurde, bedarf es zusätzlich einer aussagekräftigen, nachvollziehbaren und im Regelfall durch eine fachärztliche Bescheinigung zu belegenden Darstellung, warum um eine entsprechende Behandlung nicht frühzeitiger nachgesucht wurde und welche beachtenswerten Umstände gerade jetzt den Ausschlag für die Notwendigkeit der Behandlung ergeben (OVG NW, InfAuslR 2004, 438).

1.6.3.5.5. Antrag auf Einholung eines sprachanalytischen Gutachtens

1.6.3.5.5.1. Funktion des Sachverständigenbeweises

892 Seit einigen Jahren versucht das Bundesamt, die aus den ungeklärten Verhältnissen über die Staatsangehörigkeit der Asylsuchenden folgenden Probleme mithilfe von Sprachanalysen zu lösen (s. auch § 16 I 3–5). Ergeben sich Zweifel an der wissenschaftlichen Sachkunde des vom Bundesamt hinzugezogenen Gutachters, so kann zur Widerlegung der behördlichen Fest-

Rechtsmittel § 78

stellung der Staatsangehörigkeit des Asylsuchenden eine Sprachanalyse in Form eines Sachverständigengutachtens in Betracht kommen. Darüber hinaus kann ein entsprechender Sachverständigenbeweis beantragt werden, wenn das Bundesamt ohne Durchführung einer Sprachanalyse die behauptete Staatsangehörigkeit bezweifelt und dem Asylsuchenden eine von seinen Behauptungen abweichende Staatsangehörigkeit zugeschrieben hat.

Die Prüfung der Staatsangehörigkeit ist entscheidungserheblich und kann nicht offen gelassen werden (BVerwG, InfAuslR 1990, 238 = Buchholz 402.25 § 1 AsylVfG; VG Potsdam, InfAuslR 2001, 198 (199) = EZAR 210 Nr. 16 = NVwZ-Beil. 2001, 35; Marx, Handbuch, § 71 Rdn. 17ff.). Jemand hat entweder eine Staatsangehörigkeit oder er hat keine und ist deshalb staatenlos. Die entsprechenden Feststellungen haben sowohl für den geltend gemachten Asylanspruch wie auch für die Zielstaatsbestimmung in der Abschiebungsandrohung (§ 34 Rdn. 55ff.) erhebliche Bedeutung. Dieser rechtliche Hintergrund beleuchtet die Bedeutung von Sprachanalysen. 893

Die Sprachanalyse zur Bestimmung der regionalen Herkunft des Asylsuchenden ist ein verwertbares Sachverständigengutachten (BayVGH, U. v. 19. 2. 2002 – 20 B 01.30829; VG Potsdam, InfAuslR 2001, 198 (200) = EZAR 210 Nr. 16 = NVwZ-Beil. 2001, 35). Im Blick auf die entscheidungserhebliche Frage der Staatsangehörigkeit oder Staatenlosigkeit kommt ihr nur eine lediglich *indizielle Wirkung* zu ((VGH BW, B. v. 16. 11. 1999 – A 13 S 942/98; VG Potsdam, InfAuslR 2001, 198 (200) = EZAR 210 Nr. 16 = NVwZ-Beil. 2001, 35; VG Gelsenkirchen, InfAuslR 2002, 217 (219); Jobst, ZAR 2001, 173 (175), mit weiteren Hinweisen auf die Rechtsprechung). Sprachanalysen bestimmen nämlich nicht unmittelbar die Staatsangehörigkeit eines Asylsuchenden, sondern eine Herkunftsregion. Hinzu kommt, dass Sprachen und deren Varianten sich insbesondere in Afrika nicht stets an Staatsgrenzen festmachen lassen (Kastenholz, Eine afrikanistische Stellungnahme zur Sprachanalyse, S. 5; Hyltenstam/Jamon, Über die Verwendung von Sprachanalysen, S. 25). Zusammen mit anderen Tatsachen, Umständen und Indizien kann die Sprachanalyse aber im Rahmen der tatrichterlichen Beweiswürdigung eine entscheidungserhebliche Bedeutung gewinnen. 894

1.6.3.5.5.2. Anforderungen an den Beweisantrag
Verfolgt der Beweisantrag das Ziel, die methodische Fragwürdigkeit der vom Bundesamt durchgeführten Sprachanalyse anzugreifen, um die Erforderlichkeit der Überprüfung der entsprechenden behördlichen Feststellungen als Voraussetzungen für den Antrag auf Einholung eines sprachwissenschaftlichen Gutachtens aufzuzeigen, so ergibt sich das Problem, dass den Akten des Bundesamtes hierzu häufig keine Hinweise zur Art und Weise der durchgeführten Sprachanalyse entnommen werden können. Insbesondere fehlt regelmäßig die maßgebende Tonbandaufzeichnung (Heinhold, InfAuslR 1998, 299 (305)). Bei derart gravierenden Verfahrensfehlern ist dem Verwaltungsgericht jegliche Überprüfung der behördlichen Feststellungen versperrt, sodass bereits deshalb die auf der behördlich veranlassten Sprachanalyse beruhenden Feststellungen jeglichen Beweiswertes ermangeln und das Gericht unabhängig von diesen eigene Ermittlungen durchführen muss. 895

896 Ein weiterer häufiger Fehler ist, dass die Person des Gutachters vom Bundesamt nicht offen gelegt wird. Da die Überprüfung der Sachkunde sowie der Unvoreingenommenheit des Gutachters zu den wesentlichen Qualifikationsanforderungen an ein wissenschaftlich methodisch einwandfreies Gutachten gehört (Heinhold, InfAuslR 1998, 299 (305); s. auch Kohnert, NVwZ 1998, 136), können bei Verweigerung der Offenlegung der Person des Gutachters auf dessen Gutachten beruhende Feststellungen ebenfalls nicht der gerichtlichen Entscheidung zugrunde gelegt werden. Es muss den Verfahrensbeteiligten die prozessuale Möglichkeit eingeräumt werden, den Antrag auf Ladung des Gutachter zur mündlichen Verhandlung (s. hierzu Rdn. 929 ff.) zu stellen, um dort durch konkrete Fragen und Vorhalte die Stichhaltigkeit des Gutachtens prüfen zu können.

897 Der Beweisantrag muss Ausführungen zur Entscheidungserheblichkeit der beantragten Sprachanalyse enthalten. Lässt sich bereits aufgrund anderer Anhaltspunkte oder Indizien, wie etwa abgelaufene Identitätsdokumente oder ähnliche Nachweise, die Frage der Staatsangehörigkeit hinreichend zuverlässig beantworten, bedarf es der Beweiserhebung nicht. Das Verwaltungsgericht kann aber seine eigene Sachkunde zur Beweistatsache der Staatsangehörigkeit des Asylsuchenden nicht unter Verweis auf die von ihm herangezogenen Landkarten plausibel begründen. Anhand dieser Erkenntnismittel lässt sich lediglich feststellen, ob Angaben des Asylsuchenden über die topographischen und sonstigen Verhältnisse in seinem mutmaßlichen Herkunftsland den Tatsachen entsprechen.

898 Die entsprechenden Angaben des Asylsuchenden sind lediglich ein Indiz für seine Behauptung einer bestimmten Staatsangehörigkeit. Ein derartiges Indiz ist auch die Sprache des Asylsuchenden (VGH BW, B. v. 16. 11. 1999 – A 13 S 942/98). Die Ablehnung eines substanziierten Beweisantrages auf Einholung eines sprachwissenschaftlichen Gutachtens verletzt unter diesen Voraussetzungen unter dem Gesichtspunkt der unzulässigen Beweisantizipation das rechtliche Gehör des Beteiligten.

1.6.3.6. Prozessuale Sonderfunktion der amtlichen Auskünfte

1.6.3.6.1. Verwertung im Wege des Freibeweises

899 Eine prominente prozessuale Funktion haben nach der Rechtsprechung des BVerwG amtliche Auskünfte – des *Auswärtigen Amtes* – im Asylprozess. Auch wenn ihr Inhalt in einer gutachterlichen Äußerung besteht, wie es regelmäßig der Fall ist, stellen amtliche Auskünfte nach ständiger Rechtsprechung des BVerwG gemäß § 99 I 1 VwGO in Verb. mit §§ 273 II Nr. 2, 358 a Nr. 1 ZPO *zulässige* sowie *selbständige Beweismittel* dar, die ohne förmliches Beweisverfahren im Wege des *Freibeweises* vom Gericht verwertet werden können (BVerwG, DVBl. 1985, 577 = BayVBl. 1985, 606 = InfAuslR 1985, 147; BVerwG, InfAuslR 1986, 74; s. auch BVerfG (Kammer), InfAuslR 1990, 161; BVerfG (Kammer), EZAR 622 Nr. 26). Amtliche Auskünfte, die in einem anderen Verfahren eingeholt worden sind, können dagegen im Wege des Urkundenbeweises – auch ohne Zustimmung der Beteiligten – herangezogen und gewürdigt werden (BVerwG, InfAuslR 1986, 74; BVerwG, EZAR 630 Nr. 22; BVerwG, InfAuslR 1989, 351; VGH BW, EZAR 613 Nr. 35).

Rechtsmittel § 78

Die besonders gewichtige prozessuale Funktion amtlicher Auskünfte begründet das BVerwG mit dem besonderen Fachwissen des Auswärtigen Amtes (BVerwG, DVBl. 1985, 577). Während im Allgemeinen Gutachten grundsätzlich die benutzten Erkenntnisquellen sowie die getroffenen Feststellungen präzise angeben müssen, brauchen amtliche Auskünfte grundsätzlich die ihnen zugrundeliegenden Informationsquellen nicht zu bezeichnen. Sie sind daher auch ohne diesbezügliche Angaben verwertbar (BVerwG, DVBl. 1985, 577; BVerwG, InfAuslR 1986, 74). Dieser Umstand ergebe sich aus der beweisrechtlichen Selbständigkeit der amtlichen Auskünfte sowie der Natur des in Asylverfahren zu begutachtenden Gegenstandes (BVerwG, DVBl. 1985, 577; BVerwG, InfAuslR 1986, 74). Dieser Zirkelschluss wird aus der – durch die forensische Erfahrung so nicht bestätigten – besonderen Fachkunde des Auswärtigen Amtes hergeleitet. 900

Gerade weil diese Behörde im Ausland ständig präsent sei und über ständige Beobachtungen vor Ort verfüge, würden amtliche Auskünfte nutzbar gemacht. Es liege jedoch in der Natur der Sache, dass im Nachhinein nicht exakt angegeben werden könne, auf welche einzelnen Tatsachen, Beobachtungen oder Berichte dieser Erfahrungs- und Erkenntnisschatz letztlich zurückzuführen sei (BVerwG, DVBl. 1985, 577; BVerwG, InfAuslR 1986, 74). 901

Die obergerichtliche Rechtsprechung bestätigt amtlichen Auskünfte sogar, dass sie den Verhältnissen am nächsten kämen. Das gelte umso mehr, als das Auswärtige Amt als Behörde um Objektivität bemüht sei (BayVGH, AuAS 1995, 227 (228)). Erstreckten sie sich daher über einen längeren Zeitraum und deckten sie sich in Ansehung der entscheidungserheblichen Tatsachenfragen inhaltlich, so ermöglichten sie eine verlässliche Beurteilung (BayVGH, AuAS 1995, 227 (228)). Diese besondere prozessuale Hervorhebung amtlicher Auskünfte darf bei der Prüfung, ob weitere Beweiserhebung durch Einholung eines Sachverständigengutachtens beantragt werden soll, nicht übersehen werden. 902

Diese Sonderstellung ist indessen nicht gerechtfertigt. Die Botschaften haben in aller Regel keinen Zugang zu den originären Informationsquellen in den Herkunftsländern. Vielmehr erhalten sie ihre Kenntnisse häufig unmittelbar durch die staatlichen Organe des Herkunftsstaates des Asylsuchenden. In diesem Fall dürfen amtliche Auskünfte an sich nicht anders als Auskünfte durch diese Organe selbst behandelt werden, nämlich als untauglich (BVerwG, Buchholz 402.25 § 1 AsylVfG Nr. 9). Nur teilweise haben die Botschaften Zugang zu Vertrauensanwälten sowie anderen unabhängigen Auskunftspersonen. Verschärfend kommen durch außenpolitische Interessen bestimmte Rücksichtnahmen hinzu. Diese wirken sich insbesondere auf Bewertungen und Verfolgungsprognosen in den Auskünften aus. 903

Derartige Bewertungen sowie Prognosen sind im Übrigen häufig Indiz für die politisch gefärbte Einseitigkeit des Verfassers der Auskunft. In der untergerichtlichen Rechtsprechung wird überdies festgestellt, Vertreter des Auswärtigen Amtes hätten selbst eingeräumt, »dass die Berichterstattung des Auswärtigen Amtes sehr stark von politischen Rücksichtnahmen eingeschränkt werde« (VG Wiesbaden, U. v. 23. 12. 1996 – 5 E 30214/95.A (3), S. 18), und in den Auskünften keine »korrekte Unterscheidung zwischen 904

1613

dem Fehlen von Erkenntnissen zu bestimmten Fragen einerseits und dem positiven Wissen von negativen Tatsachen« andererseits vorgenommen werde (VG Wiesbaden, U. v. 23.12.1996 – 5 E 30214/95.A (3), S. 19).

1.6.3.6.2. Sonderstellung der amtlichen Lageberichte

905 Das Auswärtige Amt versieht seine Lageberichte mit dem Vermerk »*VS – Nur für den Dienstgebrauch*« (zur Erstellung der Lageberichte s. Bell/ de Haan, InfAuslR 2000, 455; krit. hierzu Kannenberg, 66. Rundbrief der NRV, S. 37). Nach der obergerichtlichen Rechtsprechung begründet dieser Vermerk *kein Beweisverwertungsverbot* (VGH BW, B. v. 26. 8. 1998 – A 13 S 2624/97; Nieders.OVG, B. v. 6. 8. 1977 – 13 L 2500/97; a.A. VG Regensburg, U. v. 30. 7. 1996 -RO 6 K 95.30521; Becker/Bruns, InfAuslR 1977, 119 (123)). Derartige Verbote untersagten die Berücksichtigung bestimmter Beweisergebnisse und Sachverhalte im Rahmen der Beweiswürdigung und Urteilsfindung. Nach der Anweisung für Verschlusssachen für Bundesbehörden bestimme indes die herausgebende Stelle selbst, wie andere Behörden und Dienststellen mit den mit einem derartigen Vermerk versehenen Vorgängen umzugehen hätten (VGH BW, B. v. 26. 8. 1998 – A 13 S 2624/97).

906 Die amtlichen Lageberichte werteten zwar Erkenntnisse zur asylund abschieberelevanten Situation in den Herkunftsländern aus, bei deren Gewinnung in Einzelfällen Vertraulichkeit zugesichert worden sei oder die Angaben über Behörden und Verfahren des Gastlandes enthalten würden, deren Kenntnis durch Heimatbehörden die persönliche Gefährdung von Informanten und Botschaftspersonal nach sich ziehen könne. Gleichwohl sei es nicht das Ziel der Einstufung als Verschlusssache, Publizität völlig zu vermeiden, sondern durch Verfahrensgrundsätze im vorgegebenen Rahmen unerwünschte Nebenerscheinungen so weit wie möglich zu reduzieren. Das Auswärtige Amt wolle auch vor dem dargelegten Hintergrund Lageberichte nach wie vor in Asylprozessen eingeführt wissen wollen und den unabhängigen Organen der Rechtspflege ihr Recht auf Akteneinsicht zugestehen (VGH BW, B. v. 26. 8. 1998 – A 13 S 2624/97).

907 Das Auswärtige Amt sehe keinen Widerspruch zwischen dem Gebot, über Verschlusssachen grundsätzlich Verschwiegenheit zu wahren, und der Einführung der Lageberichte in Asylverfahren und ihrer Behandlung in öffentlicher Sitzung. Hieraus wird in der Rechtsprechung geschlussfolgert, dass nach der Bestimmung des Auswärtigen Amtes seine Auskünfte und Lageberichte in Asylverfahren als Erkenntnismittel in das Verfahren eingeführt und den Verfahrensbeteiligten zur Wahrung des rechtlichen Gehörs zur Kenntnis gebracht werden und diese in ihren Inhalt auch Einsicht nehmen dürften (VGH BW, B. v. 26. 8. 1998 – A 13 S 2624/97).

908 Der hier aufgezeigte Spagat zwischen dem Beharren auf vertraulicher Behandlung und der Behandlung der Lageberichte im vom Grundsatz der Öffentlichkeit geprägten Verwaltungsprozess dient wohl zuallererst der Einflussnahme auf die Erhebung und Verwertung asylrelevanter Daten. Angesichts der Kritik, dass praktisch jeder greifbare Ansatz fehle, um die Glaubhaftigkeit der Angaben in amtlichen Auskünften und Lageberichten und die Glaubwürdigkeit der Quellen zu ermessen (Kannenberg, 66 Rund-

brief der NRV, S. 37, 39), ist der vorgegebene Zweck, die persönliche Gefährdung von Informanten und des Botschaftspersonals auszuschließen, nicht nachvollziehbar. Nichtamtliche Gutachter stehen vor dem selben Problem, sind teilweise bedeutend präziser und genießen dennoch nicht den vom Auswärtigen Amt für seine Berichte in Anspruch genommenen Quellenschutz. Darüber hinaus werden amtliche Auskünfte und Lageberichte in veröffentlichten Entscheidungen der Fachgerichte sowie des BVerfG ausführlich referiert.

1.6.3.6.3. Mitarbeit der Bediensteten des Bundesamtes an der Erstellung von amtlichen Auskünften

Die obergerichtliche Rechtsprechung hat gegen die Mitarbeit von Bediensteten des Bundesamtes an der Erstellung von Auskünften und Lageberichten keine rechtliche Bedenken (BayVGH, NVwZ-Beil. 1999, 115). Die Bediensteten des Bundesamtes würden gemäß § 27 BBG zum Auswärtigen Amt abgeordnet und in die Rechts- und Konsularreferate der Auslandsvertretungen integriert. Soweit sie die Auslandsvertretungen bei deren Aufgabenwahrnehmung unterstützten, unterlägen sie der Fachaufsicht des Leiters der Auslandsvertretungen oder dessen Vertreters. Ihre Weisungen erhielten die Bediensteten vom Leiter der Auslandsvertretung, von dessen Vertreter oder vom Leiter des Rechts- und Konsularreferates (BayVGH, NVwZ-Beil. 1999, 115).

909

Daraus folge, dass die Lageberichte und Anfragen von Gerichten, bei denen auch abgeordnete Mitarbeiter des Bundesamtes mitwirken, in ausschließlicher Verantwortung des Auswärtigen Amtes erstellt würden. Es seien danach nicht Gutachten und Stellungnahmen des Bundesamtes, sondern solche des Auswärtigen Amtes (BayVGH, NVwZ-Beil. 1999, 115). Rechtlich gesehen könnten sachverständige Äußerungen eines Vertreters einer anderen Behörde, die dem gleichen Rechtsträger wie eine Partei angehöre, verwertet werden. Bedenken gegen die Heranziehung von gutachtlichen Äußerungen bestünden nur, wenn der Gutachter nicht nur dem gleichen Rechtsträger, sondern als Beamter dauerhaft der bescheiderteilenden Behörde angehöre und die Beteiligten daraus ein Misstrauen hinsichtlich der Unabhängigkeit herleiten. Werde ein solches nicht geltend gemacht, sei gegen eine Verwertung nichts einzuwenden (BayVGH, NVwZ-Beil. 1999, 115).

910

Stellungnahmen des Auswärtigen Amtes, an denen abgeordnete Mitarbeiter des Bundesamtes mitgewirkt hätten, könnten danach *trotz geltend gemachter Zweifel* an der Unabhängigkeit zur Beurteilungsgrundlage einer Entscheidung gemacht werden. Der Mitarbeiter gehöre dem Auswärtigen Amt an und erstelle nicht selbst die Stellungnahme, sondern helfe bei der Erarbeitung mit und trage nicht die Verantwortung. Diese liege beim Auswärtigen Amt (BayVGH, NVwZ-Beil. 1999, 115).

911

Gegen diese von jeglichem Zweifel gereinigte formale Betrachtungsweise ist der Einwand zu erheben, dass sie die tatsächlich fortbestehenden Kommunikationsstrukturen zwischen dem Mitarbeiter des Bundesamtes und seiner ihn abordnenden Behörde ebenso ausblendet wie die vorherrschende Interessenlage und vorgelagerten erkenntnisleitenden Interessen des Mitarbeiters und seiner originären Dienststelle. Birgt bereits die Interessenlage des

912

Auswärtigen Amtes bei der Erhebung, Selektion und Bewertung von asylspezifischen Tatsachen die immanente Gefahr der Parteilichkeit in sich, wird diese durch die Mitwirkung von Bediensteten eines Verfahrensbeteiligten noch zusätzlich verstärkt. Die Tatsache, dass die tatsächlich von diesen Bediensteten erstellten Teile der Auskünfte und Stellungnahmen nach außen nicht deutlich werden, vermindert insgesamt den Aussagegehalt dieser Erkenntnismittel.

1.6.3.6.4. Ablehnungsgründe

913 Wird Sachverständigenbeweis beantragt, hat das Verwaltungsgericht nach der Rechtsprechung weitere gutachtliche Stellungnahmen nur einzuholen, wenn es sich bei der für den Ausgang des Verfahrens ausschlaggebenden Frage um eine durch amtliche Auskünfte noch nicht hinreichend geklärte oder besonders schwierige Fachfrage handelt, wenn die im Wege des Freibeweises eingeführte vorliegende amtliche Auskunft von unzutreffenden Voraussetzungen ausgeht, grobe Mängel oder unlösbare Widersprüche aufweist oder wenn Anlass zu Zweifeln an der Sachkunde oder Unvoreingenommenheit ihrer Verfasser bestehen (BVerwG, B. v. 22. 11. 1983 – BVerwG 9 B 3524.82; bestätigt: BVerwG, EZAR 630 Nr. 22; BVerwG, Buchholz 402.25 § 1 AsylVfG Nr. 60; ebenso Hess.VGH, AuAS 1995, 179 = AuAS 1995, 214; OVG NW, AuAS 2005, 7 (8)).

914 Demgegenüber hat das BVerfG lediglich festgestellt, es sei nicht zu beanstanden, wenn die Gerichte sich maßgeblich auf amtliche Auskünfte stützten (BVerfG (Kammer), NVwZ-Beil. 1996, 19 (20) = EZAR 622 Nr. 26). Ob daraus im Blick auf andere Auskunftsstellen ohne weiteres eine hervorgehobene Position hergeleitet werden kann, die nachteiligen Einfluss auf die prozessuale Möglichkeit der Beantragung von – weiteren – Sachverständigengutachten haben kann, ist danach zumindest offen. Jedenfalls fehlt dem Auswärtigen Amt die »originäre« Sachkunde für die Frage, inwieweit eine ausländische Strafnorm »Koran-konform« auszulegen ist (BVerfG (Kammer), NVwZ-Beil. 1996, 19 (20) = EZAR 622 Nr. 26; Rdn. 782 ff.).

915 Nur wenn an der Zuverlässigkeit der amtlichen Auskunft im Einzelfall gewichtige und fallbezogene Zweifel bestehen, ist das Gericht ausnahmsweise zur Klärung verpflichtet, welcher Art die der Auskunft zugrundeliegenden Erkenntnisquellen sind (BVerwG, DVBl. 1985, 577; BVerwG, InfAuslR 1986, 74). Dazu reichen Vermutungen über das Zustandekommen von amtlichen Auskünften ebenso wenig aus wie die ohne tatsächliche Grundlagen aufgestellte pauschale Behauptung eines Beteiligten, das Auswärtige Amt beziehe seine Informationen von offiziellen Stellen (BVerwG, DVBl. 1985, 577).

916 Werden hingegen für die Behauptung, die amtliche Auskunft beruhe ausschließlich auf Informationen von Behörden des Herkunftsstaates des Asylsuchenden, und für die darin eingeschlossene Behauptung, diese Informationen entsprechen nicht der Wirklichkeit, ganz konkrete, durch bestimmte Anhaltspunkte belegte und unter Beweis gestellte Tatsachen angeführt, muss das Gericht – sofern ihm nicht auf andere Weise positiv bekannt ist, in welcher Weise das Auswärtige Amt seine Informationen in dem betreffenden Staat erlangt – einem solchen Vortrag regelmäßig nachgehen (BVerwG,

DVBl. 1985, 577). Allerdings wird der Rechtsmittelführer die ihm auferlegte hohe Nachweispflicht ganz überwiegend nicht erfüllen können.

Bei der *Darlegung* der Notwendigkeit der Einholung eines *weiteren Gutachtens* ist auf die extrem abschirmende Rechtsprechung des BVerwG besonders Bedacht zu nehmen. Es ist im Rahmen der Konkretisierung im Sinne eines schlüssigen Beweisantrags zunächst zu bedenken, dass die Rechtsprechung grundsätzlich die Heranziehung amtlicher Auskünfte für ausreichend erachtet (BVerwG, B. v. 16. 1. 1980 – BVerwG I B 428.79; BVerwG, B. v. 6. 2. 1979 – BVerwG I B 29.79; BVerwG, B. v. 2. 4. 1980 – BVerwG 9 B 247.80) und die Einholung einer weiteren amtlichen wie nichtamtlichen Auskunft von strengen Kriterien abhängig macht, die Rechtsprechung des BVerfG in dieser Frage jedoch zurückhaltender ist. 917

Häufig sind die amtlichen Auskünfte jedoch von Unzulänglichkeiten, Widersprüchlichkeiten, Unvollständigkeiten sowie insbesondere auch von unbestimmten und vagen Aussagen geprägt, so dass die Darlegung für die Notwendigkeit eines weiteren Gutachtens unter diesen Voraussetzungen möglich ist. Wird in diesem Fall gleichwohl der ordnungsgemäß gestellte und hinreichend konkretisierte Beweisantrag zurückgewiesen, liegt ein Verfahrensfehler gemäß § 138 Nr. 3 VwGO vor. 918

1.6.4. Anforderungen an den Beweisantrag
1.6.4.1. Erstmalige Einholung eines Sachverständigengutachtens

Der *Beweisantritt* beim Sachverständigengutachten erfolgt, da das BVerfG nur für den Antrag auf Einholung eines weiteren Gutachtens die Anwendung von §§ 402ff. ZPO verneint (BVerfG (Kammer), BayVBl. 1994, 143 (144)) durch Bezeichnung der zu begutachtenden Punkte (§ 403 ZPO). Diese Vorschrift berücksichtigt zur Beweiserleichterung die Informationsnot des beweispflichtigen Beteiligten und verlangt keine wissenschaftliche, sachverständige Substanziierung. Daher genügt für den Antritt eines Sachverständigengutachtens die Angabe der »zu begutachtenden Punkte« (BGH, NJW 1995, 130 (131)). 919

Die Ablehnung eines Beweises für eine beweiserhebliche Tatsache ist daher nur dann zulässig, wenn die unter Beweis gestellten Tatsachen so ungenau bezeichnet sind, dass ihre Erheblichkeit nicht beurteilt werden kann oder wenn sie zwar in das Gewand einer bestimmt aufgestellten Behauptung gekleidet, aber aufs Geratewohl gemacht, gleichsam »ins Blaue« aufgestellt werden. Bei der Annahme von Willkür in diesem Sinne ist jedoch Zurückhaltung geboten. Nur das »Fehlen jeglicher tatsächlicher Anhaltspunkte« wird sie rechtfertigen können (BGH, NJW 1991, 2707 (2709)). 920

Für die Frage der Darlegung der zu begutachtenden Punkte ist es nach dem BGH ohne Bedeutung, wie wahrscheinlich die Darstellung des beweispflichtigen Beteiligten ist. Ob für den Sachvortrag tatsächliche Vermutungen oder ein durch die allgemeine Erfahrung begründeter Anschein sprechen, kann sich zwar auf die Beweisführung und Beweiswürdigung auswirken. Erhöhte inhaltliche Anforderungen an die Darlegungslast lassen sich damit indes nicht begründen. Nicht einmal der Vortrag eines unüblichen oder ungewöhnlichen Sachverhalts vermag solche erhöhten Anforderungen zu begründen (BGH, NJW 1984, 2888 (2889)). 921

922 Die Anforderungen an die Darlegungslast beim Sachverständigenbeweisantrag lassen sich damit nicht dogmatisch klar vom *Ausforschungsbeweis* (s. hierzu Rdn. 571 ff.) abgrenzen: Ein Ausforschungsbeweis wird dann angenommen, wenn ein Beteiligter beweiserhebliche Tatsachen durch die Beweisaufnahme erst zu erfahren sucht, um sie dann zur Grundlage seines Prozessvortrags zu machen (BGH, NJW 1984, 2888 (2889); BVerwG, NVwZ-RR 1991, 118 (123); Deibel, InfAuslR 1984, 114 (117)). Das BVerfG folgert hieraus, dass der Beweisantritt jedenfalls erfordere, dass Behauptungen aufgestellt würden, für deren Wahrheitsgehalt wenigstens eine gewisse Wahrscheinlichkeit spreche (BVerfG (Kammer), InfAuslR 1993, 349 (354)). Dagegen ist es nach dem BGH für die Darlegungslast ohne Bedeutung, wie wahrscheinlich die Darstellung des beweisantretenden Beteiligten ist (BGH, NJW 1984, 2888 (2889)).

923 Für die Darlegung allgemeiner Tatsachen im Herkunftsland des Asylsuchenden verlangt das BVerwG dagegen zwar nicht einen lückenlosen, also schlüssigen Tatsachenvortrag im Sinne der zivilprozessualen Verhandlungsmaxime. Gefordert werden könne jedoch, damit zu weiteren Ermittlungen Anlass bestehe, dass der Tatsachenvortrag die *nicht entfernt liegende Möglichkeit* ergebe, dass politische Verfolgung drohe (BVerwG, InfAuslR 1982, 156; BVerwG, InfAuslR 1983, 76; BVerwG, DÖV 1983, 207; BVerwG, InfAuslR 1989, 350).

924 Auch wenn der eher strengeren Auffassung gefolgt wird, genügt damit für den Beweisantritt beim Sachverständigenbeweis eine Darlegung von Umständen, welche die nicht entfernt liegende Möglichkeit oder eine gewisse Wahrscheinlichkeit dafür ergeben, dass der Asylsuchende für den Fall der Rückkehr von politischer Verfolgung betroffen sein wird. Ein glaubhafter Sachvortrag darf hierfür nicht verlangt werden. Denn erst nach Durchführung der Beweisaufnahme kann beurteilt werden, ob die entsprechenden Behauptungen des Beteiligten glaubhaft sind (vgl. BGH, NJW 1984, 2888 (2889)).

925 Im Übrigen hat das BVerfG darauf hingewiesen, dass die Beurteilung, ob der Beweisantritt als bloßer Ausforschungsbeweis eingestuft werden könne, eine Einschätzung der tatsächlichen Verhältnisse auch vor dem Hintergrund des gesamten Vortrags des Asylsuchenden in der mündlichen Verhandlung erfordere (BVerfG (Kammer), B. v. 19. 1. 1994 – 2 BvR 81/93). Wegen der unklaren Rechtslage ist allerdings sorgfältig der weitere *Sachaufklärungsbedarf* darzulegen (hierzu im Einzelnen Berlit, in: GK-AsylVfG, § 78 Rdn. 392 f.).

926 Welche Schlüsse das Gericht aus den eingeführten oder eingeholten Auskünften zieht, ist eine Frage der Beweiswürdigung (BGH, NJW 1981, 2578; Hess.VGH, AuAS 1995, 179 (180) = AuAS 1995, 214) und deshalb grundsätzlich nicht mit der Gehörsrüge angreifbar. Lehnt das Verwaltungsgericht den Beweisantrag auf Einholung eines Sachverständigengutachtens ab, obwohl sich ihm nach den dargestellten Grundsätzen eine Beweiserhebung hätte aufdrängen müssen, wird das rechtliche Gehör des Beteiligten verletzt, wenn die beantragte Beweiserhebung eine entscheidungserhebliche Beweisfrage betrifft (Hess.VGH, InfAuslR 1997, 133 (134)).

927 Dem kann nicht entgegengehalten werden, der Beteiligte habe nicht alle ihm zumutbaren prozessualen und faktischen Möglichkeiten ausgeschöpft. Ent-

Rechtsmittel § 78

spricht der Beweisantrag den Anforderungen, die an den Beweisantritt beim Sachverständigenbeweis zu stellen sind, wird man grundsätzlich davon ausgehen können, dass eine ergänzende Begründung und Erläuterung dieses Beweisantrags, mit der der prozessordnungswidrigen Ablehnung durch das Verwaltungsgericht hätte entgegengewirkt werden können, nicht möglich war (Hess.VGH, InfAuslR 1997, 133 (134)).

1.6.4.2. Einholung eines weiteren Sachverständigengutachtens

Beim Beweisantrag auf Einholung eines Sachverständigengutachtens ist darzulegen, dass sich dem Gericht deshalb eine weitere Beweisaufnahme aufdrängen muss, weil die *vorliegenden Gutachten den ihnen obliegenden Zweck nicht erfüllen können, dem Gericht die zur Feststellung des entscheidungserheblichen Sachverhalts erforderliche Sachkunde zu vermitteln* (BVerwG, EZAR 630 Nr. 22; BVerwG, EZAR 610 Nr. 22; OVG NW, NVwZ-RR 1996, 127), weil sie *in sich widersprüchlich, unklar* oder *unvollständig* sind, sich *aus ihm selbst Zweifel an der Sachkunde* oder der *Unparteilichkeit des Gutachters* ergeben oder dass die Beweisfrage eine *ganz besonders schwierige Fachfrage* betrifft, die ein spezifisches Fachwissen erfordere, dass bei dem in Anspruch genommenen Gutachter nicht vorausgesetzt worden ist, über das der benannte Gutachter jedoch verfüge (BVerwG, EZAR 630 Nr. 22; BVerwG, DVBl. 1985, 577; BVerwG, Buchholz 402.25 § 1 AsylVfG Nr. 60; BVerwG, InfAuslR 1990, 99; BVerwG, EZAR 610 Nr. 32; VGH BW, AuAS 1996, 10 (11); so auch BVerfG (Kammer), NVwZ-Beil. 1996, 19; ausführlich hierzu Rdn. 787 ff.). 928

1.6.4.3. Antrag auf Ladung des Sachverständigen

Die Beteiligten können grundsätzlich das *persönliche Erscheinen des Gutachters* (§ 98 VwGO; §§ 402, 397 ZPO) auch im Verwaltungsprozess verlangen (BVerwG, NJW 1984, 2645; BVerwG, DVBl. 1985, 577; BVerwG, InfAuslR 1986, 74; BVerwG, EZAR 630 Nr. 22; Hess.VGH, InfAuslR 1997, 133 (134); Hess.VGH, EZAR 631 Nr. 47; Hess.VGH., NVwZ-Beil. 1999, 23 (26); Hess.VGH, NVwZ 2000, 1428; VGH BW, AuAS 1997, 224 (225); s. auch BGH, NJW 1981, 2578; s. auch OVG Rh-Pf, NVwZ-RR 1999, 808, zum Recht auf Anwesenheit der Beteiligten im Vorfeld der Gutachtenerstattung). Das bloße Verlangen, den Sachverständigen zu laden, reicht jedoch für sich allein – ohne konkrete Erläuterung der für die Notwendigkeit der Ladung maßgeblichen Gründe – nicht aus, um das Gericht zur Anordnung des Erscheinens zu veranlassen (BVerwG, DVBl. 1986, 658; BVerwG, InfAuslR 1986, 74; Dahm, ZAR 2002, 348 (355)). 929

Es genügt andererseits, wenn dem Antrag entnommen werden kann, in welche allgemeine Richtung eine weitere Aufklärung herbeigeführt werden soll. Von dem Beteiligten kann nicht verlangt werden, dass er die Fragen, die er an den Sachverständigen richten will, im voraus im Einzelnen formuliert. Denn das Ziel der Sachverständigenladung ist nicht die Vernehmung des Sachverständigen durch den Richter, sondern die Vorverlegung und unmittelbare Stellung von Fragen der Beteiligten, deren eine sich aus der Beantwortung der anderen ergeben kann (BVerwG, NJW 1984, 2645 (2646); BVerwG, NJW 1986, 3221; Hess.VGH, InfAuslR 1997, 133 (134); Hess.VGH, 930

§ 78 Gerichtsverfahren

EZAR 631 Nr. 47; VGH BW, AuAS 1997, 224 (225)). So reicht es etwa aus, dass der Beteiligte beantragt, der Sachverständige möge die in seinen Gutachten angeführten Fälle konkret belegen (Hess.VGH, InfAuslR 1997, 133 (134)). Es kommt auch nicht darauf an, ob das Gericht das Sachverständigengutachten für erläuterungsbedürftig hält (VGH BW, AuAS 1997, 224 (225)).

931 Zeigt der Sachverständige Gefahren auf die dem Asylsuchenden etwa bei einer falschen Verdächtigung drohen und erachtet das Verwaltungsgericht die gutachterlichen Ausführungen für zu unbestimmt und allgemein, so gebietet es von Verfassungs wegen die verwaltungsgerichtliche Sachaufklärungspflicht, den Sachverständigen zur Erläuterung seines Gutachtens zu laden (BVerfG (Kammer), InfAuslR 2002, 322 (325)).

932 Umstritten ist, ob das Recht der Beteiligten, die Ladung von Sachverständigen zur mündlichen Erläuterung ihres Gutachtens zu verlangen, auch dann gilt, wenn das Gutachten in einem anderen Verfahren erstattet und im anhängigen Prozess im Wege des Urkundenbeweises beigezogen worden ist (dafür BVerwG, NJW 1986, 3221; Hess.VGH, InfAuslR 1997, 133 (134); a. A. VGH BW, AuAS 1997, 224 (225); Hess.VGH, NVwZ-Beil. 1999, 2326). Eine vermittelnde Position geht dahin, dass das Verwaltungsgericht sich in diesem Fall darauf beschränken kann, lediglich einen Sachverständigen aus der Vielzahl der Verfasser der im Wege des Urkundenbeweises beigezogenen Erkenntnismittel persönlich zu laden (Hess.VGH, NVwZ 2000, 1428 (1429)). Bleiben bei dem anderweitig erhobenen Gutachten Fragen offen, steht es den Beteiligten darüber hinaus frei, einen Antrag auf Einholung von Sachverständigengutachten zu stellen (VGH BW, AuAS 1997, 224 (225)) und so die prozessualen Voraussetzungen für die Ladung des Sachverständigen zu schaffen.

933 An Stelle der persönlichen Ladung des Sachverständigen können die Beteiligten auch auf schriftliche Ergänzung und Erläuterung seines Gutachtens hinwirken (vgl. BGH, NJW 1981, 2578). Das gilt auch für ausländische Auskunftsstellen, soweit diese nicht im Heimatland des Asylsuchenden ihren Sitz haben. Insoweit ist nicht von einem untauglichen Beweisantritt auszugehen (BVerwG, InfAuslR 1995, 405 (406)).

1.6.4.4. Antrag auf schriftliche Erläuterung oder Ergänzung der amtlichen Auskunft

934 Anders als im förmlichen Verfahren der Beweiserhebung durch Sachverständige können nach der Rechtsprechung die Beteiligten nicht verlangen, dass das Gericht gerade das persönliche Erscheinen des Verfassers der eingeführten amtlichen Auskunft zwecks mündlicher Erläuterung anordnet (BVerwG, DVBl. 1985, 577; BVerwG, EZAR 630 Nr. 22, VerfGH Berlin, NVwZ-Beil. 2000, 1 = EZAR 630 Nr. 38; stdg. Rspr.). Dies gilt nach der Rechtsprechung auch für den Verfasser der Auskunft des UNHCR (VerfGH Berlin, NVwZ-Beil. 2000, 1 = EZAR 630 Nr. 38).

935 Begründet wird diese Ansicht mit dem Hinweis auf die besondere Fachkunde des Auswärtigen Amtes. Die amtliche Auskunft werde im Wege des Freibeweises in das Verfahren eingeführt, ohne dass das Gericht gezwungen wäre, den Verfasser der Auskunft selbst und die weiteren Bediensteten, die zu

ihrer Erstellung beigetragen haben, zu vernehmen (BVerwG, DVBl. 1985, 577). Aus dieser Besonderheit ergebe sich, dass die Anordnung des persönlichen Erscheinens nicht gefordert werden könne, weil dadurch die amtliche Auskunft ihre Eigenschaft als selbständiges schriftliches Beweismittel verlören und ein Wechsel vom Freibeweis in den formalisierten Sachverständigenbeweis eintreten würde (BVerwG, DVBl. 1985, 577). In der gerichtlichen Praxis wird allerdings in Einzelfällen der Verfasser der amtlichen Auskunft geladen (VG Wiesbaden, U. v. 23. 12. 1996 – 5 E 30214/95. A (3); s. hierzu auch Becker/Bruhns, InfAuslR 1997, 119 (121)).

Daher kann in Anlehnung an den in §§ 402, 397, 411 III ZPO enthaltenen Rechtsgedanken nur eine gerichtliche Verpflichtung in Betracht kommen, *auf schriftlichem Wege* erneut an das Auswärtige Amt heranzutreten, wenn die Erläuterung des Gutachtens durch einen Beteiligten verlangt wird (BVerwG, DVBl. 1985, 577). Werden amtliche Auskünfte aus anderen Verfahren eingeführt, braucht indes die Auskunft gebende oder gutachtende Stelle nicht erneut zu den von ihr bereits behandelten Themen herangezogen zu werden (BVerwG, InfAuslR 1989, 351; BVerwG, B. v. 31. 8. 1989 – BVerwG 9 B 212.89). 936

Diese Rechtsprechung wird man wohl so verstehen können, dass bei den zum konkreten Rechtsstreit im Wege des Freibeweises angeforderten und eingeführten amtlichen Auskünften bei Unklarheiten, Ungereimtheiten oder Widersprüchen im Wege der schriftlichen Nachfrage eine Klärung herbeigeführt werden kann. Dies ist dagegen bei aus anderen Verfahren im Wege des Urkundenbeweises eingeführten amtlichen Auskünften nicht zulässig. In beiden Fällen kann aber unter den hierfür maßgeblichen Voraussetzungen die Einholung eines weiteren Gutachtens in Betracht kommen. 937

Im Übrigen kann nach der Rechtsprechung nicht verlangt werden, dass das Auswärtige Amt die Entstehungsgeschichte noch die zugrundeliegenden Informationsquellen noch die tatsächlichen Grundlagen der Auskunft erläutert (BVerwG, DVBl. 1985, 577; BVerwG, EZAR 630 Nr. 22; vgl. auch BVerwG, BayVBl. 1985, 377). 938

Ob diese prozessuale Privilegierung mit Verfassungsrecht vereinbar ist, hat das BVerfG offen gelassen. Es hat lediglich wegen der mangelnden Konkretisierung, weshalb es der mündlichen Erläuterung der amtlichen Auskunft durch deren Verfasser zur Wahrung des rechtlichen Gehörs bedurft hätte, die gerichtliche Verweigerung der Anordnung der Ladung gebilligt. Dabei hat es lediglich festgestellt, das Verlangen des Gerichtes, solche Gründe darzulegen, verletze nicht Verfassungsrecht (BVerfG, DVBl. 1985, 566 = NJW 1986, 658 (nur LS)). 939

Die Abschirmung des Auswärtigen Amtes ist mit der verfassungsrechtlichen Bedeutung des Art. 103 I GG kaum vereinbar. Ebenso wie mit Blick auf andere Sachverständige muss das Gericht nicht jedem Antrag auf persönliche Ladung stattgeben. Vielmehr wird in der Mehrzahl der Fälle die erforderliche Konkretisierung kaum möglich sein. Letztlich läuft die Rechtsprechung des BVerwG auf die Freihaltung eines außenpolitischen Reservats im Verwaltungsprozess hinaus. 940

1.6.4.5. Ablehnung des Sachverständigen

941 Die Beteiligten können den Sachverständigen nach § 98 VwGO in Verb. mit § 406 I 1 ZPO wegen Besorgnis der Befangenheit ablehnen (BayVGH, NVwZ-RR 2001, 207; Hess.VGH, AuAS 1999, 56). Ein gegen die Unparteilichkeit des Sachverständigen bestehendes Misstrauen liegt desto näher, je enger ein Sachverständiger mit einem Beteiligten verbunden ist. Dies gilt auch für die Nähe eines Gutachters zu einer Behörde. So kommt dauerhaften Beschäftigungsverhältnissen oder anderen nicht unbeträchtlichen Interessenbeziehungen des Sachverständigen zu einem Beteiligten entscheidendes Gewicht bei der Frage seiner Befangenheit zu (BayVGH, NVwZ-RR 2001, 207).

942 Es versteht sich vor diesem Hintergrund von selbst, dass im Bundesamt selbst erstellte Analysen zu Herkunftsländern oder zusammenfassende Übersichten über die Rechtsprechung und Auskunftslage zu einem bestimmten Herkunftsland im Asylprozess aus prozessualen Gründen nicht verwertbar sind. Wegen der nach außen nicht erkennbar, gleichwohl aber intensiven Mitwirkung von Mitarbeitern des Bundesamtes an der Erstellung der amtlichen Auskünfte und Lageberichte stellt sich ebenfalls die Frage, ob derartige Erkenntnismittel nicht wegen Besorgnis der Befangenheit ihrer Verfasser abzulehnen sind (vgl. auch Rdn. 309 f.).

943 Das Recht auf Ablehnung des Sachverständigen schließt auch den Verfasser von Gutachten ein, die im Wege des Urkundenbeweises beigezogen werden (Hess.VGH, AuAS 1999, 56 (57)). Der Beteiligte verliert indes sein Rügerecht, wenn er mit seinem Befangenheitsantrag bis zur mündlichen Verhandlung zuwartet. Vielmehr erwartet die Rechtsprechung, dass der Befangenheitsantrag unverzüglich nach der gerichtlichen Mitteilung an den Beteiligten, dass die entsprechende Stellungnahme im konkreten Verfahren durch Beiziehung verwertet werden soll, schriftsätzlich gestellt wird.

1.7. Ablehnung eines Zeugenbeweises (§ 96 Abs. 1 Satz 2 VwGO, §§ 373—401 ZPO)

1.7.1. Prüfungsschema

944 Es empfiehlt sich, bei der Vorbereitung des Beweisantrags auf Zeugenvernehmung in der vorgestellten Reihenfolge die Prüfung folgender Fragen:
1. Darlegung bestimmter konkreter Tatsachen, die in das Wissen des Zeugen gestellt werden. Unzulässig sind insoweit unsubstanziierte vage Behauptungen.
2. Darlegung der Entscheidungserheblichkeit der Beweistatsachen. Handelt es sich um den Asylsuchenden unmittelbar betreffende Tatsachen oder um Tatsachen, die einen Dritten betreffen, der in vergleichbarer Situation wie der Asylsuchende ist?
3. Darlegung, ob es sich um eigene persönliche Wahrnehmungen des Zeugen oder um Tatsachen handelt, die dieser von anderen Personen erfahren hat.
4. Darlegungen, auf welche Weise der Zeuge die unter Beweis gestellten Tatsachen erfahren hat

Rechtsmittel § 78

5. Darlegung der Entscheidunbgserheblichkeit der Beweistatsache (Maßgebend ist insoweit die Rechtsansicht des Verwaltungsgerichtes).

1.7.2. Funktion des Zeugenbeweises im Asylprozess
Als Beweismittel für individuelle Tatbestände kommt im Asylprozess insbesondere der Zeugenbeweis (§§ 373 ff. ZPO) in Betracht. Das BVerfG hat ausdrücklich darauf hingewiesen, dass neben der Anhörung des Asylsuchenden selbst insbesondere die Vernehmung von Zeugen in Frage komme, um die behauptete Verfolgungsgefahr verlässlich überprüfen zu können (BVerfGE 54, 341 (359) = DVBl. 1981, 115 = EZAR 200 Nr. 1 = JZ 1981, 804 = DÖV 1981, 21). Dementsprechend ist der Zeugenbeweis im Asylprozess ein *zulässiges* und *selbständiges Beweismittel* (BVerwG, InfAuslR 1983, 255; BVerwG, DVBl. 1984, 571). 945

Im Allgemeinen wird aber davon ausgegangen, dass der Zeugenbeweis wegen der möglichen Fehler bei der Wahrnehmung der Tatsachen, der Erinnerung des Wahrgenommenen und der möglichen Voreingenommenheit der unsicherste Beweis ist, dem regelmäßig der Sachverständigen- und vor allem der Urkundenbeweis überlegen ist. 946

Sofern sich das Gericht der Gefahren des Zeugenbeweises bewusst ist und demgemäß mit Geschick und Verständnis die Zeugenvernehmung vornimmt, kann jedoch auch der Zeugenbeweis eine sichere Grundlage der Sachverhaltsfeststellung sein (Schuhmann, in: Stein-Jonas, ZPO, Rdn. 21 vor § 373; Balzer, Beweisaufnahme und Beweiswürdigung im Zivilprozess, Rdn. 152 ff.). 947

Die Gehörsverletzung setzt bei der Zeugenvernehmung insbesondere voraus, dass die prozessualen Voraussetzungen für den Antrag auf Zeugenvernehmung sehr genau beachtet werden. So reicht es etwa nicht aus, den Zeugen zur mündlichen Verhandlung mitzubringen und diesen dem Gericht zu präsentieren, wenn nicht förmlich Beweiserhebung beantragt wird. 948

1.7.3. Gegenstand des Zeugenbeweises
Der Zeugenbeweis ist nur zulässig über *Tatsachen*, d. h. die dem verhandelten Einzelfall angehörigen nach Zeit und Raum bestimmten Geschehnisse und Zustände der Außenwelt (*äußere Tatsachen*) wie des menschlichen Seelenlebens (*innere Tatsachen*), deren Subsumtion unter die Tatbestandsmerkmale der Rechtssätze die eigentliche richterliche Aufgabe darstellt (Leipold, in: Stein-Jonas, ZPO, § 284 Rdn. 9). Es ist evident, dass im Asylprozess in erster Linie der Zeugenbeweis über äußere Tatsachen von Bedeutung ist. Der Zeuge berichtet über seine eigenen konkreten Wahrnehmungen. Darin unterscheidet er sich vom *Sachverständigen*. 949

Die Zeugenaussage enthält nur einen Bericht über vergangene Tatsachen und zufällige Wahrnehmungen und kein Urteil oder allenfalls Urteile, die ohne besondere Sachkunde möglich sind. Die vom Zeugen aus den Tatsachen gezogenen und von ihm ausgesagten Schlussfolgerungen als solche bilden keinen Teil der Zeugenaussage. Die Angabe solcher Schlussfolgerungen genügt daher nicht als Beweisantritt (Schumann, in: Stein-Jonas, Rdn. 17 vor § 373). 950

1.7.4. Geeignetheit des Zeugenbeweises

951 Das Gericht muss dem Beweisantrag nicht nachgehen, wenn das angebotene Beweismittel *schlechthin untauglich* ist. Unter diesem Gesichtspunkt kann jedoch nur unter *eng begrenzten Umständen in besonders gelagerten Ausnahmefällen* von einer beantragten Zeugenvernehmung abgesehen werden (BVerwG, InfAuslR 1983, 185). So ist die Zeugenvernehmung ein ungeeignetes Beweismittel, wenn der Zeuge bereits rechtskräftig nach § 153 StGB verurteilt worden ist und die jetzt erneut in sein Wissen gestellten Tatsachen bereits in einem früheren Verfahren bekundet hat (KG, JR 1983, 479).

1.7.4.1. Bekundungen aus dem persönlichen Wahrnehmungsbereich des Zeugen

952 Der Zeugenbeweis ist nur zugelassen, wenn es sich bei den Bekundungen des Zeugen um Tatsachen aus dem eigenen Wahrnehmungsbereich des Zeugen handelt. Handelt es sich allerdings um Tatsachen aus dem *eigenen persönlichen Lebensbereich* des Asylsuchenden, zu denen dieser selbst keine hinreichenden Angaben gemacht hat, lehnt die Rechtsprechung den Zeugenbeweis als unzulässig ab (BVerwG, InfAuslR 1983, 185 = DÖV 1983, 647 = MDR 1983, 869 = BayVBl. 1983, 507; Deibel, InfAuslR 1984, 114 (118f.); Jacob, VBlBW 1997, 41 (47)). Die Aussage des Zeugen kann jedoch ein Teilelement der Aussagen des Asylsuchenden zu seinem persönlichen Lebensbereich betreffen und zur Ausräumung von bislang unterstellten Widersprüchen geeignet sein. Sofern dies im Beeisantrag dargelegt wird, darf der Antrag nicht abgelehnt werden.

953 Dem Zeugen, der nach den Angaben des Asylsuchenden die Verhältnisse vor Ort aus eigener Anschauung erfahren sowie miterlebt hat, kann eine Bedeutung für die Sachverhaltsfestsstellung nicht von vornherein abgesprochen werden. Das gilt selbst dann, wenn nach Ansicht des Gerichts das bisherige Sachvorbringen des Asylsuchenden widersprüchlich ist oder dieser unglaubhafte Angaben gemacht hat. Denn der angetretene Zeugenbeweis kann ersichtlich gerade dazu dienen, etwaige Bedenken gegen die Richtigkeit seiner Darstellung auszuräumen (BVerwG, InfAuslR 1983, 185; s. auch Rdn. 252ff.).

954 Zwar darf der Zeugenbeweis wegen mangelnder Eignung des Beweismittels nach allgemeinen Grundsätzen abgelehnt werden, wenn der Zeuge Tatsachen bekunden soll, die er unmittelbar vom Asylsuchenden selbst erfahren hat. Geht der Beweisantrag jedoch dahin, dass der benannte Zeuge nicht Aussagen über das Schicksal und die Person des Asylsuchenden, sondern über sein persönliches Schicksal machen soll, ist er ohne weiteres ein geeignetes Beweismittel (BVerfG (Kammer), NVwZ 1994, 60 (61)).

955 Soll etwa mit dem Beweisantrag ersichtlich in Bezug auf das Schicksal abgeschobener Staatsangehöriger aus dem Herkunftsstaat des Asylsuchenden eine Tatsachengrundlage geschaffen werden, die dann gegebenenfalls als Anknüpfung für eine weitere Beweiserhebung durch Sachverständigengutachten dienen kann, fehlt für eine Ablehnung des Beweisantrags wegen Ungeeignetheit jegliche Stütze im Prozessrecht (BVerfG (Kammer), NVwZ 1994, 60 (61); VGH BW, NVwZ-Beil. 1997, 67; a. A. BayVGH, AuAS 1998, 272 (273)).

Rechtsmittel § 78

1.7.4.2. Bekundungen zur Gefährdung Dritter
Der Zeuge kann Aussagen zu den individuellen Verhältnissen des Asylsuchenden, aber auch zu den allgemeinen Verhältnissen in dessen Herkunftsland bekunden, wenn sich insoweit Rückschlüsse auf die individuelle Gefährdung des Asylsuchenden ziehen lassen. Darüber hinaus kann der Zeuge auch Aussagen zur Situation von Dritten bekunden, wenn aus deren *Verhalten* oder *persönlichen Situation* Schlüsse auf eine voraussichtlich eintretende Verfolgung des Asylsuchenden gezogen werden können und gegebenenfalls auch gezogen werden müssen. In diesem Fall kann der Beweisantrag nicht wegen Untauglichkeit des Beweismittels abgelehnt werden. Vielmehr ist das *Beweisthema entscheidungserheblich* und gibt *ungeachtet der entgegenstehenden einheitlichen amtlichen Auskunftslage* Anlass zu weiteren Ermittlungen (BVerfG (Kammer), NVwZ 1994, 60 (61)). 956

Darüber hinaus kann auch dann von einem geeigneten Beweismittel ausgegangen werden, wenn die beantragte Zeugenvernehmung auf die Frage zielt, ob der Asylsuchende gute Gründe für eine Furcht vor Verfolgung hat, jedoch das *Verfolgungserlebnis eines Dritten* Gegenstand des Beweisantrags bildet. In diesem Fall ist allerdings insbesondere darzulegen – sofern dies nicht offensichtlich ist – inwiefern die Verfolgung des Dritten – etwa der Ehefrau, des Bruders oder eines Freundes – Rückschlüsse auf eine eigene Verfolgung des Asylsuchenden erlaubt (BVerwG, InfAuslR 1983, 255). 957

So muss bei der Benennung eines Zeugen, der wegen Mitgliedschaft in einer oppositionellen Partei im Heimatstaat des Asylsuchenden inhaftiert worden war, dargelegt werden, aus welchen *vergleichbaren Anhaltspunkten* auch im Blick auf den Asylsuchenden eine ähnliche Gefahr zu befürchten ist. Hat der Asylsuchende etwa nur eine untergeordnete Funktion in der bezeichneten Partei ausgeübt, ist der Darlegungspflicht nur genügt, wenn vorgetragen wird, dass der benannte Zeuge, obwohl ebenfalls nur in untergeordneter Weise für die Partei tätig, deshalb inhaftiert worden war (BVerwG, InfAuslR 1983, 255). Auch wenn dies dem Gericht unwahrscheinlich erscheint, hat es unter diesen Voraussetzungen den Antrag stattzugeben. Denn die Unwahrscheinlichkeit einer behaupteten und durch Angabe eines Zeugen unter Beweis gestellten Tatsache rechtfertigt es nicht, auf die Beweiserhebung zu verzichten (BVerwG, InfAuslR 1983, 185). 958

1.7.4.3. Kein Erfordernis der Bekräftigung der Zeugenaussage durch mindestens eine unabhängige Stelle
Es ist unzulässig, die Vernehmung eines Zeugen mit der Begründung abzulehnen, sein eigenes Schicksal bei seiner vorangegangenen Rückkehr in sein Herkunftsland könnte keine gesicherten Erkenntnisse zur Frage einer generellen Rückkehrgefährdung liefern, da es sich hierbei lediglich um den nicht durch eine unabhängige Stelle bestätigten Vortrag eines Asylfolgeantragstellers handle (BVerwG, InfAuslR 1998, 411 = NVwZ-Beil. 1998, 57; ebenso BVerfG (Kammer), NVwZ 1994, 60 (61); VGH BW, NVwZ-Beil. 1997, 67; a. A. BayVGH, AuAS 1998, 272). Damit gibt das Gericht zu erkennen, dass er den das persönliche Schicksal des Zeugen betreffenden Beweisantrag nicht etwa für unsubstanziiert ansieht, sondern dem Beweismittel von vornherein 959

1625

jeden Beweiswert abspricht ((BVerwG, InfAuslR 1998, 411 = NVwZ-Beil. 1998, 57).

960 Mit dieser Begründung verstößt ein Gericht gegen das prozessuale Verbot der Beweisantizipation, ohne dass ein anerkannter Sonderfall des unauflöslich widersprüchlichem Verfolgungsvortrags erkennbar ist (BVerwG, InfAuslR 1998, 411 = NVwZ-Beil. 1998, 57; Rdn. 607ff.). Erst nach Durchführung der Zeugenvernehmung kann das Gericht bei der Würdigung der Zeugenaussage berücksichtigen, dass der Zeuge als Folgeantragsteller in eigener Sache aussagt und deshalb seine Angaben besonders kritisch zu würdigen sind (BVerwG, InfAuslR 1998, 411 = NVwZ-Beil. 1998, 57).

1.7.4.4. Zeuge vom Hörensagen

961 Die Vernehmung eines *Zeugen vom Hörensagen* begegnet im Verwaltungsprozess ebenso wenig wie im Strafprozess durchgreifenden Bedenken (BVerwG, NVwZ-RR 1999, 208 = AuAS 1999, 271; VGH BW, NJW 1984, 2429 (2430); Hess.VGH, InfAuslR 2000, 128 (129) = NVwZ-Beil. 2000, 49; Eisenberg, Beweisrecht der StPO, Rdn. 1027ff.). Zwar ist mit Rücksicht darauf, dass das Zeugnis vom Hörensagen nur *begrenzt zuverlässig* ist, weil sich die jedem Personenbeweis anhaftenden Fehlerquellen durch die Vermittlung der Aussage erheblich verstärken und weil das Gericht die Glaubwürdigkeit der Informationsquelle des Zeugen nicht unmittelbar prüfen kann, der Beweiswert derartiger Bekundungen besonders kritisch zu würdigen (BVerfGE 57, 250 (292); VGH BW, NJW 1984, 2429 (2430)). Dabei genügen die Angaben des Zeugen vom Hörensagen regelmäßig nicht, wenn sie nicht durch andere, nach der Überzeugung des Gerichts wichtige Gesichtspunkte bestätigt werden.

962 Das Gericht muss sich der Grenzen seiner Überzeugungsbildung stets bewusst sein, sie wahren und dies in den Urteilsgründen zum Ausdruck bringen (BVerfGE 57, 250 (292f.); BGHSt 17, 382 (385); 22, 268 (271); 33, 178 (181); BGH, NStZ 1988, 144; OLG Stuttgart, NJW 1972, 66 (67)). Diese für den Strafprozess entwickelten Grundsätze gelten auch für die Aussage eines Zeugen vom Hörensagen im Verfahren vor den Verwaltungsgerichten. Denn sie betreffen die Zulässigkeit sowie den Beweiswert einer »mittelbaren« Zeugenaussage schlechthin und damit Grundsätze der Beweisaufnahme und Beweiswürdigung (VGH BW, NJW 1984, 2429 (2430)). Würde man Personen, die lediglich über Mitteilungen von Dritten über beweiserhebliche Tatsachen berichten können, als für eine Zeugenvernehmung untauglich ansehen, liefe dies auf eine vom Prozessrecht nicht vorgesehene Ablehnung eines Beweisantrags hinaus (Hess.VGH, InfAuslR 2000, 128 (129) = NVwZ-Beil. 2000, 49).

963 Der Zeuge vom Hörensagen ist zwar Zeuge, der über seine eigenen konkreten Wahrnehmungen berichtet (Schuhmann, in: Stein-Jonas, ZPO, Rdn. 17 vor § 373). Er darf jedoch nur dann als Beweismittel in Betracht gezogen werden, wenn daneben ein direkter Zeuge bekannt ist, der dem Zeugen vom Hörensagen sein Tatsachenwissen vermittelt hat. Unmittelbares Beweismittel ist der Zeuge vom Hörensagen allerdings, soweit er über den Erhalt der Mitteilung von dem direkten Zeugen, also über die Tatsache sowie Art und Weise des Erzählens, aussagt (Böhm, NVwZ 1996, 427 (428)).

Rechtsmittel § 78

Für den Asylprozess kann dieses »mittelbare« Beweismittel etwa dann in Betracht kommen, wenn der »Zeuge vom Hörensagen« entscheidungserhebliche Tatsachen, wie etwa Inhaftierungen oder Verurteilungen von Gesinnungsgenossen oder von unmittelbaren Kontaktpersonen im Herkunftsstaat des Asylsuchenden erfahren hat und präzise Angaben über die Art und Weise seiner Informationsgewinnung machen kann. Dabei muss er die Gewährsleute nicht namentlich benennen, wenn er diese dadurch persönlich gefährden würde.

964

1.7.5. Parteivernehmung

Da nach § 98 VwGO die Vorschriften über die Parteivernehmung gemäß §§ 444 bis 449 ZPO keine entsprechende Anwendung finden, ist die Frage, ob und in welchem Umfang eine Parteivernehmung im Verwaltungsprozess stattzufinden hat, nach allgemeinen, sich aus § 86 I VwGO ergebenden Grundsätzen zu beantworten (BVerwG, DÖV 1983, 247). Nach der Rechtsprechung des BVerwG kommt danach eine Parteivernehmung regelmäßig nur als *subsidiäres Beweismittel* in Betracht (BVerwG, DÖV 1983, 247). Sie dient als letztes Hilfsmittel zur Sachverhaltsaufklärung, wenn trotz Ausschöpfung aller anderen Beweismittel noch Zweifel bleiben (BVerwG, DÖV 1983, 247).

965

Die VwGO schließt andererseits aber die Parteivernehmung nicht aus (vgl. § 96 I 2 VwGO). Auch das BVerfG geht von der Möglichkeit einer Parteivernehmung im Asylprozess aus (BVerfG (Kammer), InfAuslR 1991, 171 (174); BVerfG (Kammer), NVwZ-Beil. 1994, 50 (51)). Ausdrücklich weist das Gericht darauf hin, dass der Asylbewerber sich »*typischerweise in Beweisnot*« befinde und als »*Zeuge in eigener Sache*« zumeist das einzige Beweismittel sei (BVerfGE 94, 166 (200 f.) = NVwZ 1996, 200 = EZAR 632 Nr. 25; so bereits BVerwGE 55, 82 (86) = EZAR 201 Nr. 3 = DÖV 1978, 447 = DVBl. 1978, 883 = NJW 1978, 2463).

966

In der Gerichtspraxis ist jedoch lediglich die auf den Regelungen der §§ 103 III, 104 I VwGO beruhende *informatorische Befragung* des asylsuchenden Klägers bzw. Beigeladenen üblich (vgl. auch BVerfG (Kammer), InfAuslR 1991, 171 (174)). Aus dem den Verwaltungsprozess beherrschenden Untersuchungsgrundsatz folgt im Übrigen, dass das Gericht sich ohne Rücksicht auf den Vortrag der Beteiligten um die Aufklärung des wahren Sachverhalts zu bemühen hat (BVerwG, DÖV 1983, 247).

967

Das BVerwG hat aber ausdrücklich festgestellt, dass die Parteivernehmung im asylrechtlichen Verwaltungsprozess ein *mögliches* Beweismittel darstellt. Das Verwaltungsgericht muss den Asylsuchenden jedoch nur als Partei vernehmen, wenn für die asylbedeutsamen Umstände andere Erkenntnisquellen nicht zur Verfügung stehen oder wenn das aus ihnen gewonnene Beweisergebnis unlösbare Widersprüche aufweist oder Anlass zu Zweifeln bietet (BVerwG, DÖV 1983, 247). Andererseits ist der Asylsuchende gehalten, von sich aus die in seine persönliche Erlebnissphäre fallenden Ereignisse und Erlebnisse konkret und lückenlos darzulegen (BVerwG, EZAR 630 Nr. 8; BVerwG, InfAuslR 1984, 129; BVerwG, InfAuslR 1989, 350).

968

Der Sachvortrag ist mithin *unvertretbar*, soweit es um die individuellen Ereignisse und Erlebnisse geht. Hierfür stehen andere Beweismittel nicht zur Ver-

969

§ 78 *Gerichtsverfahren*

fügung. Folgerichtig stellt das BVerwG daher fest, der Klageanspruch dürfe nicht mit der Begründung verneint werden, dass *neben* der Einlassung des Asylsuchenden keine *Beweismittel* verfügbar seien (BVerwG, InfAuslR 1985, 244 = BayVBl. 1985, 567; BVerwG, U. v. 16. 4. 1985 – BVerwG 9 C 106.84; BVerwG, U. v. 12. 11. 1985 – BVerwG 9 C 26.85). Dem kann entnommen werden, dass das BVerwG die Anhörung des Asylsuchenden im Prozess beweisrechtlich wie ein Beweismittel behandelt.

970 Im Regelfall hat das Gericht den Asylsuchenden mithin als Partei zu vernehmen. Aber auch für den Fall, dass – wie üblich – von einer förmlichen Beweisaufnahme abgesehen wird, kommt der Anhörung beweisrechtliche Bedeutung mit der Folge zu, dass bei fehlerhafter Durchführung der Anhörung ein Verfahrensmangel nach Abs. 3 Nr. 3 in Verb. mit § 138 Nr. 3 VwGO vorliegt. Bezweckt das Gericht, wie im Regelfall, mit der Anhörung des Asylsuchenden die Klärung einer objektiv beweisbaren Tatsache, führt es auch ohne förmlichen Beschluss eine Beweisaufnahme durch (vgl. Hess.VGH, B. v. 18. 10. 1985 – 10 TI 1853/85). Maßgebend ist, ob objektive Anhaltspunkte dafür vorliegen, dass die Anhörung des Asylsuchenden über die bloße Information des Gerichtes hinaus der Klärung einer beweisbedürftigen Tatsache dient und das Ergebnis der Anhörung letztlich wie das Ergebnis einer förmlichen Beweisaufnahme bewertet wird (BayVGH, B. v. 16. 2. 1990 – Nr. 19 C 89.31600).

971 Ist aufgrund der Verhandlungsführung zu erkennen, dass das Gericht dem vorprozessualen Sachvorbringen des Asylsuchenden keinen Glauben schenkt, weigert es sich aber gleichwohl, die seine Zweifel begründenden Fragen im Einzelnen zu erörtern (§ 104 I VwGO) oder beschränkt es sich lediglich auf ergänzende Fragen zum bisherigen Sachvorbringen, kann es angezeigt sein, den förmlichen Antrag auf Parteivernehmung zu stellen. Hat der Kläger allerdings im Verwaltungsverfahren seiner Darlegungspflicht nicht oder nur unzulänglich genügt, müssen sich dem Gericht auch unter der Geltung der Offizialmaxime grundsätzlich weitere Fragen und Beweismittel nicht aufdrängen (BVerwG, DÖV 1983, 247). Anderes gilt, wenn der Kläger seine Darlegungspflicht im bisherigen Verfahren ausreichend erfüllt hat und das Gericht ersichtlich zur Klageabweisung tendiert, weil es diesem keinen Glauben schenkt. Weigert es sich in diesem Fall, den Kläger umfassend anzuhören, ist der Beweisantrag auf Parteivernehmung zu stellen.

1.7.6. Anforderungen an den Beweisantrag

1.7.6.1. Substanziierung des Beweisantrags

972 Im Beweisantrag auf Vernehmung eines Zeugen ist eine bestimmte Person und eine bestimmte Beweistatsache und deren Wahrheit zu bezeichnen. Der Substanziierungspflicht ist dann genügt, wenn im Einzelnen dargelegt wird, welche rechtlich erheblichen Bekundungen über konkrete Wahrnehmungen von Tatsachen von dem Zeugen zu erwarten sind, um dem Gericht die Prüfung der Tauglichkeit des Beweismittels zu ermöglichen (BVerwG, DVBl. 1983, 647 = InfAuslR 1983, 185 = BayVBl. 1983, 507; BVerwG, InfAuslR 1983, 255; BVerwG, NVwZ-RR 1999, 208 = AuAS 1999, 271; BVerwG, NVwZ-RR 2002, 311; Hess.VGH, AuAS 1997, 47). Die Tatsachen müssen zwar nicht bis

Rechtsmittel § 78

ins Einzelne spezifiziert sein, jedoch so bestimmt angegeben werden, dass die Vernehmung sachgemäß vorgenommen werden kann und dem Gericht der Zusammenhang der Tatsachen mit dem Gegenstand des Verfahrens ohne weiteres ersichtlich ist (Schuhmann, in: Stein-Jonas, ZPO, § 373 Rdn. 5).

Ein Beweisantrag ist unsubstanziiert, wenn das Beweisthema gänzlich unbestimmt gefasst ist oder die bei Durchführung der Beweisaufnahme zu erwartenden Ergebnisse völlig unzureichend angegeben werden, sodass das Prozessgericht nicht zu erkennen vermag, welches konkrete Ziel mit dem angegebenen Beweis verfolgt wird bzw. das Gericht abzuschätzen vermag, ob die Beweisaufnahme tatsächlich zur Bestätigung des angegebenen Beweisthemas führen wird (Hess.VGH, InfAuslR 2000, 128 (129) = NVwZ-Beil. 2000, 49). Allerdings darf das Gericht Zeugenaussagen dadurch nicht in ihrem Bedeutungsgehalt herabwürdigen, dass es den Erklärungsgehalt dieser Aussagen bestreitet (Böhm, NVwZ 1996, 427 (430)). 973

Ein Beweisantrag, mit dem etwa pauschal unter Beweis gestellt wird, der Zeuge könne bestätigen, dass der Asylsuchende jezidischer Abstammung ist, seine jezidische Religion nicht aufgegeben habe und die Religion auch heute noch praktiziere, genügt der Substanziierungspflicht nicht, weil damit keine als wahrnehmbar erscheinende Tatsachen in das Wissen des Zeugen gestellt werden (Hess.VGH, AuAS 1997, 47). Es bedarf anderseits keiner Darlegung darüber, dass der benannte Zeuge das behauptete Wissen tatsächlich besitzt. Das Gericht kann aber Ausführungen dahin verlangen, ob der Zeuge eigene Wahrnehmungen oder Kenntnisse vom Hörensagen (Rdn. 248) bekunden soll (Schuhmann, in: Stein-Jonas, ZPO, § 373 Rdn. 1). 974

Macht der Beweisführer keinerlei Angaben darüber, auf welche Weise der benannte Zeuge zu seinem behaupteten Wissen gekommen ist, so kann der Beweisantrag wegen fehlender Substanziierung abgelehnt werden (Schuhmann, in: Stein-Jonas, ZPO, § 373 Rdn. 2). Im Beweisantrag ist deshalb konkret anzugeben, was der Zeuge konkret zu bestimmten entscheidungserheblichen Tatsachen bekunden wird und auf welche Weise er zu seinem behaupteten Wissen gekommen ist. Bei der erforderlichen Darlegung, welches Ergebnis aus seiner Sicht die erstrebte Beweiserhebung erbringen kann, darf der Beweisführer nicht lediglich nicht näher begründete Behauptungen aufstellen, sondern muss vielmehr begründete Anhaltspunkte für die Richtigkeit dieser tatsächlichen Umstände liefern (Hess.VGH, InfAuslR 2000, 128 (129) = NVwZ-Beil. 2000, 49). 975

1.7.6.2. Unzulässigkeit des Ausforschungsbeweises

Beweisanträge zum Zwecke der *Ausforschung* sind ebenso unzulässig wie Schlüsse aus nicht nachprüfbaren Tatsachen (BVerfG (Kammer), NVwZ 1994, 60 (61); BVerwG, InfAuslR 1996, 28 (29); BVerwG, NVwZ-RR 1999, 208 = AuAS 1999, 271; Hess.VGH, InfAuslR 2000, 128 (129) = NVwZ-Beil. 2000, 49). Ein Ausforschungsbeweis liegt dann vor, wenn der Zeuge über völlig aus der Luft gegriffene Behauptungen Aussagen machen soll, die allein den Zweck haben, den Beteiligten erst über ihm unbekannte Vorgänge und Sachverhalte zu informieren (Kummer, Die Nichtzulassungsbeschwerde, Rdn. 211; s. aber Rdn. 571 ff.). Ein derartiger Beweisermittlungsantrag ist aber 976 nicht schon dann anzunehmen, wenn eine Tatsache unter Beweis gestellt wird, die der Beteiligte zwar nicht unmittelbar weiß und auch nicht wissen kann, die er aber aufgrund anderer ihm bekannter Tatsachen vermuten kann und darf. Denn hier stellt der Beteiligte spezifizierte Tatsachenbehauptungen auf, die ihm beim Ausforschungsbeweis fehlen (Schumann, in: Stein-Jonas, ZPO, § 373 Rdn. 3).

977 Macht der Beweisführer konkrete Angaben zu bestimmten nachprüfbaren Kontakten zum Landesverfassungsschutzamt und entsprechenden Warnungen dieser Behörde, in sein Herkunftsland zurückzukehren, und stellt er unter entsprechendem Sachvortrag einen Beweisantrag auf Vernehmung eines namentlich benannten Beamten dieses Amtes, kann eine weitere Substanzierung des Beweisthemas nicht gefordert werden. Es handelt sich dann insbesondere nicht um einen Ausforschungsbeweisantrag (BVerwG, InfAuslR 1996, 28 (29)).

978 Lässt der Beweisantrag andererseits offen, was der Zeuge bekunden kann und werden lediglich als *mögliche* in das Wissen des Zeugen gestellte Tatsachen, alternativ ein persönliches Miterleben des Zeugen von der polizeilichen Suche nach dem Beweisführer oder die Lage seiner Wohnung in der Nähe der Ortes, an dem die polizeilichen Ermittlungen durchgeführt wurden, oder Informationen hierüber, die der Zeuge von Dritten erhalten hat, behauptet, werden von einer rechtserheblichen Tatsache unplausible Behauptungen aufgestellt. Ein derartiger Antrag ist ein unzulässiger Beweisermittlungsantrag (BVerwG, NVwZ-RR 1999, 208 = AuAS 1999, 271).

1.7.7. Ablehnungsgründe

1.7.7.1. Fehlende Glaubhaftigkeit der Angaben des Asylsuchenden

979 Weit verbreitet in der gerichtlichen Praxis ist die Tendenz, den Beweisantrag auf Zeugenvernehmung unter Hinweis auf die mangelnde *Glaubhaftigkeit der Angaben des Asylsuchenden* wegen Entscheidungsunerheblichkeit abzulehnen. Zwar muss das Verwaltungsgericht einem substanziierten Beweisantrag nicht nachgehen, wenn der Asylsuchende es an der Darlegung eines zusammenhängenden und in sich stimmigen, im Wesentlichen widerspruchsfreien Sachverhalt mit Angabe genauer Einzelheiten aus seinem Lebensbereich hat fehlen lassen und deshalb das Klagevorbringen *insgesamt* seinem tatsächlichen Inhalt nach keinen Anlass gibt, einer daraus abgeleiteten Verfolgungsgefahr näher nachzugehen (BVerwG, InfAuslR 1990, 38 (40); Schenk, in: Hailbronner, AuslR, § 78 AsylVfG Rdn. 562 ff., 577 ff.).

980 Diese Rechtsprechung hat das BVerfG ausdrücklich bestätigt (BVerfG (Kammer), NVwZ-Beil. 1994, 50 (51)). Andererseits hat es einschränkend festgestellt, die Möglichkeiten des Gerichts, ordnungsgemäße Beweisanträge schon deshalb abzulehnen, weil ihm das Klagevorbringen als nicht hinreichend substanziiert erscheine, seien rechtlich begrenzt. Zwar löse die Unschlüssigkeit eines Vorbringens – nicht anders als in anderen Rechtsgebieten – keine gerichtliche Verpflichtung aus, *hierauf bezogenen* Beweisanträgen nachzukommen (BVerfG (Kammer), InfAuslR 1991, 85 (87)). Ausgeschlossen sei aber insbesondere, dass das Gericht für die Annahme nicht ausreichender

Rechtsmittel § 78

Substanziierung politischer Verfolgung bloße Zweifel an der Glaubwürdigkeit des Klägers genügen lasse. Vielmehr sei solchen Zweifeln grundsätzlich durch eine Beweiserhebung nachzugehen (BVerfG (Kammer), InfAuslR 1990, 199 (200)).

Hat der Asylsuchende zumindest dem Grunde nach einen Sachverhalt vorgetragen, der nicht von vornherein als asylunerheblich zu bewerten ist, kann das Gericht, wenn es diese Schilderung nicht für ausreichend erachtet, von weiterer Aufklärung auch hinsichtlich der beantragten Beweiserhebung nicht unter Verweis auf eine Verletzung der Mitwirkungspflichten des Beteiligten absehen (BVerfG (Kammer), NVwZ-Beil. 1994, 50 (51)). Auch das BVerwG geht bei widersprüchlichen oder unglaubhaften Angaben des Asylsuchenden von der Verpflichtung zur Zeugenvernehmung aus, wenn der angetretene Beweis ersichtlich gerade dazu dienen solle, etwaige Bedenken gegen die Richtigkeit seiner Darlegungen auszuräumen (BVerwG, InfAuslR 1983, 185 (187)). 981

Auch wenn sich dem Gericht eine Beweiswürdigung in den Fällen aufdrängen mag, in denen der Asylsuchende bisher widersprüchlich und gesteigert vorgetragen hat, darf es deshalb den Antrag auf Vernehmung des Zeugen nicht mit der Begründung ablehnen, es sei vom Gegenteil der unter Beweis gestellten Tatsache aufgrund des unglaubhaften Sachvorbringens des Beweisführers überzeugt. Damit bringt das Gericht zum Ausdruck, dass seine bereits feststehende Überzeugung nicht mehr erschüttert werden kann. Eine derartige *Vorwegnahme der Beweiswürdigung* ist unzulässig (Deibel, InfAuslR 1984, 114 (119); Rdn. 607 ff.). 982

Nur wenn das Sachvorbringen des Asylsuchenden zu seinen persönlichen Verfolgungserlebnissen *in wesentlichen Punkten unzutreffend oder in nicht auflösbarer Weise widersprüchlich* ist, ist die Ablehnung des Beweisantrags zulässig (VGH BW, NVwZ-Beil. 1998, 110; OVG NW, B. v. 14. 10. 1997 – 25 A 1384/97.A). Die Ablehnung eines substanziierten Beweisantrags kann aber nicht damit begründet werden, dass das Gericht aufgrund einer umfassenden Würdigung des Sachvorbringens des Asylsuchenden zu der Überzeugung gelangt ist, dass sein Vorbringen insgesamt unglaubhaft sei (VGH BW, NVwZ-Beil. 1998, 110). 983

Danach rechtfertigt Unglaubwürdigkeit des Asylsuchenden oder Unglaubhaftigkeit seiner Angaben als solche mithin nicht ohne weiteres die Ablehnung des Beweisantrags. Denn die Zeugenvernehmung kann ja gerade dazu führen, dass wesentliche Tatsachenkomplexe des Sachvortrags in einem anderen Lichte als bisher erscheinen. Der angetretene Zeugenbeweis kann mithin gerade dazu dienen, etwaige Bedenken gegen die Richtigkeit der Darstellung des Asylsuchenden auszuräumen (BVerwG, InfAuslR 1983, 185). Die Ablehnung des Antrags würde deshalb gegen das *Verbot der Beweisantizipation* verstoßen. Vielmehr darf die Beweisaufnahme nur dann abgelehnt werden, wenn gerade das unter Beweis gestellte Sachvorbringen sich als unschlüssig erweist. 984

Es verstößt gegen den Grundsatz des rechtlichen Gehörs, wenn das Gericht zur Identität des Asylsuchenden mit einer strafgerichtlich verurteilten Person einander widersprechende Feststellungen trifft und darüber hinaus die für die Tatsache seiner strafgerichtlichen Verurteilung benannten Zeugen weder 985 im Tatbestand noch in den Entscheidungsgründen des Urteils erwähnt (Hess.VGH, InfAuslR 2000, 136).

1.7.7.2. Unzulässigkeit der vorweggenommenen Bewertung der Zeugenaussagen

986 Im Blick auf den Beweiswert der Zeugenaussage hat das Gericht im Rahmen der freien Beweiswürdigung (§ 108 I 1 VwGO) zu beurteilen, ob es diesen für persönlich glaubwürdig und seine Aussagen für glaubhaft hält (VGH BW, NVwZ-Beil. 1995, 27 (29) = InfAuslR 1995, 84 = EZAR 631 Nr. 36 = AuAS 1995, 56). Das Gericht darf hierbei nicht über das »Einfallstor der objektiven Unergiebigkeit« Zeugenaussagen dadurch in ihrem Bedeutungsgehalt herabwürdigen, dass es den Erklärungsgehalt dieser Aussagen bestreitet und die Aussage zur bloßen Wertung ohne jeden Tatsachenkern degradiert (Böhm, NVwZ 1996, 427 (430)).

987 Dem steht entgegen, dass für die Frage, ob eine Aussage eine Tatsachenbeschreibung darstellt oder eine eigene Bewertung des Geschehens ist, der persönliche Eindruck von der Person des Zeugen und seiner Ausdrucks- und Darstellungsweise maßgeblich ist. Das Berufungsgericht darf deshalb von der erneuten Anhörung des Zeugen nicht absehen, wenn es die Glaubwürdigkeit des Asylsuchenden oder Zeugen abweichend vom erstinstanzlichen Gericht beurteilen will und es auf den persönlichen Eindruck von dem Zeugen entscheidungserheblich ankommt (BVerwG,AuAS 2000, 148).

988 Die Behauptung eines Zeugen, die diskriminierende Maßnahme eines Verfolgerstaates hätten eine die Menschenwürde verletzende Intensität, kann je nach Art der Darstellung sowohl als Tatsache wie auch als Werturteil gewürdigt werden (Böhm, NVwZ 1996, 427 (430)). Auch darf ein zulässiger Zeugenbeweis auf Vernehmung eines Beamten des Landesamtes für Verfassungsschutz grundsätzlich nicht mit dem Hinweis auf die mangelnden Erfolgschancen abgelehnt werden, ohne das Verbot der Beweisantizipation zu verletzen (BVerwG, InfAuslR 1996, 28 (29)).

1.7.7.3. Vernehmung eines im Ausland lebenden Zeugen

1.7.7.3.1. Der im behaupteten Verfolgerstaat lebende Zeuge

989 *Schlechthin untauglich* ist nach der ständigen Rechtsprechung des BVerwG der auf die Vernehmung eines Zeugen zielende Beweisantrag, der im *Herkunftsland des Asylsuchenden* lebt (BVerwG, DVBl. 1983, 1001 = InfAuslR 1983, 253, BVerwG, DVBl. 1984, 571; BVerwG, NJW 1989, 678 = NVwZ 1989, 353; BVerwG, B. v. 14.2.1985 – BVerwG 9 B 26.85; so auch OVG NW, NW 1982, 950; OVG NW, AuAS 1996, 105; OVG MV, NVwZ-Beil. 2001, 30 = AuAS 2001, 33; Deibel, InfAuslR 1984, 114 (119); Jacob, VBlBW 1997, 41 (47)). Die Vernehmung eines Zeugen im Ausland, die im Verwaltungsprozess beantragt wird, richtet sich in erster Linie nach bestehenden völkerrechtlichen Abkommen. Bei fehlender vertraglicher Grundlage wird Rechtshilfe nach den Grundsätzen der völkerrechtlichen Höflichkeit gewährt. Die Befugnis zur Zeugenvernehmung durch eine diplomatische oder konsularische Vertretung ist jedoch regelmäßig auf die Vernehmung von Staatsangehörigen des

Entsendestaates begrenzt. In anderen Fällen müssen staatliche Stellen des Herkunftsstaates in Anspruch genommen werden (BVerwG, DVBl. 1983, 1001).

Die erreichbare Vernehmung eines Zeugen im Herkunftsstaat des Asylsuchenden durch die dortigen Behörden kann indes zur Sachaufklärung nichts beitragen. Sie wäre zur Wahrheitsfindung untauglich, weil einer in dieser Weise gewonnenen Aussage ein so hohes Maß an nicht klärbaren Zweifeln an ihrer Glaubwürdigkeit inne wohnen, dass sie als Beweismittel schlechthin unverwertbar wäre (BVerwG, DVBl. 1983, 1001; BVerwG, DVBl. 1984, 571). Es kann nicht ausgeschlossen werden, dass es sich bei dem Staat, der die Vernehmung durchführen müsste, um einen Staat handelt, von dem in der Tat politische Verfolgung ausgeht und dass damit die das Rechtshilfeersuchen ausführende Stelle zugleich sozusagen über sich selbst in eigener Sache zu Gericht sitzen würde. Dann aber besteht keine Gewähr dafür, dass eine kommissarische Vernehmung ordnungsgemäß durchgeführt würde (BVerwG, DVBl. 1983, 1001; BVerwG, B. v. 14. 2. 1985 – BVerwG 9 B 26.85).

Jedenfalls in den Fällen, in denen die in Betracht kommende Auskunftsperson sich selbst als gefährdet betrachtet, muss von gerichtlichen Auskunftsersuchen an das Auswärtige Amt, über einen Vertrauensanwalt an die im Herkunftsland lebende Auskunftsperson heranzutreten, abgesehen werden (OVG NW, AuAS 1996, 105). Hierüber hinausgehend wird es in der obergerichtlichen Rechtsprechung wegen der damit verbundenen Selbstgefährdung generell für die benannten Zeugen für unzumutbar angesehen, ihren Heimatstaat als verantwortlich für politische Verfolgung erscheinen zu lassen (OVG MV, NVwZ-Beil. 2001, 30 = AuAS 2001, 33).

Bei dieser Sach- und Rechtslage sind die Verwaltungsgerichte grundsätzlich verpflichtet, dem Asylsuchenden zu ermöglichen, den behaupteten Verfolgerstaat lebenden Zeugen im Bundesgebiet jedenfalls dann zu stellen, wenn er schlüssig darzulegen vermag, dass mit Aussicht auf Erfolg den von ihm benannten Zeugen zu einem Aufenthalt im Bundesgebiet veranlassen kann, und wenn zugleich sichergestellt ist, dass sich der Zeuge bei einer Rückkehr in sein Heimatland nicht selbst einer politischen Verfolgung aussetzt (Deibel, InfAuslR 1984, 114 (119)).

Darüber hinaus können die Beteiligten für den Fall, dass die Ausreise eines im Bundesgebiet lebenden Zeugen bevorsteht, beantragen, diesen im Rahmen des *Beweissicherungsverfahrens* zu vernehmen. Denn derartige Verfahren sind im Verwaltungsprozess ebenso zulässig wie im Zivilprozess nach §§ 485 f. ZPO (Deibel, InfAuslR 1984, 114 (119)). Allerdings kommt im Verwaltungsprozess nur in wenigen Bereichen eine vorgezogene Beweisaufnahme in Frage (s. hierzu und zu den Neuregelungen im einzelnen: Redeker/ v. Ortzen, VwGO, § 98 Rdn. 17).

1.7.7.3.2. Der im Drittstaat lebende Zeuge

Die Vernehmung eines in einem *dritten Staat* lebenden Zeugen kann hingegen nicht ohne weiteres abgelehnt werden (BayVGH, B. v. 11. 8. 1989 – 19 CZ 89.30977 u. 89.30803; Jacob, VBlBW 1997, 41 (46)). Die Ablehnung ist selbst dann nicht zulässig, wenn der Beteiligte angibt, er wisse nicht, wann der

Zeuge wieder ins Bundesgebiet einreise, und er die ladungsfähige Adresse erst über Dritte ermitteln müsse (BayVGH, B. v. 11. 8. 1989 – 19 CZ 89.30977 u. 89.30803). Er muss aber dem Gericht Anhaltspunkte liefern, dass er alsbald in der Lage sein wird, die Adresse nachzureichen, damit das Verfahren des Rechtshilfeersuchens eingeleitet werden kann.

995 Kann der Beteiligte, den im Drittstaat lebenden Zeugen während der mündlichen Verhandlung als Präsenzzeugen anbieten, ist dieser bei formell und inhaltlich ordnungsgemäßem Beweisantritt vom Gericht zu vernehmen. Ist dies nicht der Fall, ist der Zeuge im Wege des Rechtshilfeersuchens zu vernehmen. Bei bestehender Vertragsgrundlage bedarf es eines entsprechenden förmlichen Rechtshilfeersuchens. Erzwungen werden kann die Aussage des im Ausland lebenden Zeugen nicht. Eine unmittelbare Zustellung der Ladung im Ausland scheidet aus, da dies als Souveränitätsverletzung des Aufenthaltsstaates angesehen wird. Daher richtet sich die Zustellung nach dem Haager Zustellungsübereinkommen.

1.7.7.3.3. Unerreichbarkeit des Zeugen

996 Unter dem rechtlichen Gesichtspunkt der Untauglichkeit des Beweismittels kann die *Unerreichbarkeit eines Zeugen* zwar die Ablehnung der beantragten Zeugenvernehmung rechtfertigen. Allein der Umstand, dass der Beteiligte in der mündlichen Verhandlung die ladungsfähige Adresse des benannten Zeugen nicht angeben kann, macht das Beweismittel indes nicht unerreichbar (BVerwG, NVwZ-Beil. 1996, 75). Bietet der Beteiligte an, die Telefonnummer des Zeugen beizubringen, und erklärt er sich überdies auch für imstande, die ladungsfähige Adresse nachzureichen, kann nicht ohne weitere Ermittlungen unterstellt werden, eine Vernehmung des benannten Zeugen sei nicht möglich (BVerwG, NVwZ-Beil. 1996, 75).

997 Auch wenn die dazu erforderlichen Nachforschungen Mühe bereiten, jedoch nicht ausgeschlossen oder nicht unmöglich ist, die Zeugenvernehmung durchzuführen, rechtfertigt allein die dadurch eintretende geringfügige Verfahrensverzögerung nicht die Ablehnung des Beweisantrags wegen Unerreichbarkeit des Beweismittels (BVerwG, NVwZ-Beil. 1996, 75). Das Verwaltungsgericht kann dem Beteiligten allerdings aufgeben, innerhalb einer bestimmten Frist die ladungsfähige Adresse des benannten Zeugen nachzureichen (BVerwG, NVwZ-Beil. 1996, 75; BayVGH, B. v. 11. 8. 1989 – 19 CZ 30977 u. 89. 30803).

1.7.7.3.4. Durchführung der Beweisaufnahme

998 Der Grundsatz der Unmittelbarkeit der Beweisaufnahme (§ 96 I 1 VwGO) gebietet, dass der Zeuge persönlich während der mündlichen Verhandlung vom Gericht vernommen wird. Zwar sollen die Zeugen nach Aufruf der Sache den Sitzungssaal verlassen, um unbeeinflusst von Prozessverlauf und den Äußerungen der Beteiligten ihre Aussagen zu machen. Unterbleibt dies, ist indes die Aussage des Zeugen, der den Vortrag des Beteiligten mitangehört hat, nicht unverwertbar (Jacob, VBlBW 1997, 41 (42)). Diesem Gesichtspunkt kann das Gericht aber in der anschließenden Beweiswürdigung angemessen Rechnung tragen.

Rechtsmittel § 78

Gerade für die Zeugenaussage ist der persönliche Eindruck sowie das Fragerecht der Beteiligten (§ 397 ZPO; s. auch Rdn. 531 ff.) von entscheidender Bedeutung (Redeker/v. Oertzen, VwGO, § 98 Rdn. 6). Insbesondere im Strafprozess ist daher die Verlesung einer schriftlichen Aussage nur in eng begrenzten Ausnahmefällen zulässig. Ist etwa die Aussage eines Zeugen für die richterliche Beweiswürdigung von ausschlaggebender Bedeutung, so darf die persönliche Vernehmung des Zeugen nicht durch die Verlesung der Niederschrift über seine frühere richterliche Vernehmung ersetzt werden (OLG Düsseldorf, NJW 1991, 2780 (2781)). 999

Die Beeidigung des Zeugen steht im Verwaltungsprozess anders als im Strafprozess im gerichtlichen Ermessen (BVerwG, AuAS 1998, 256). Eine generelle Verpflichtung zur Begründung der Ermessensentscheidung besteht nicht. Zur Ermöglichung der Verfahrenskontrolle und gegebenenfalls zur Unterrichtung der Beteiligten, die eine Vereidigung des Zeugen beantragt haben, kann indes das Gericht verpflichtet sein, seine Entscheidung zu begründen (BVerwG, AuAS 1998, 256). 1000

Demgegenüber kann im Verwaltungsprozess unter den Voraussetzungen des § 377 III ZPO die *schriftliche Zeugenaussage* verwertet werden. Das Gericht kann also eine schriftliche Beantwortung der Beweisfrage anordnen, wenn es dies im Hinblick auf den Inhalt der Beweisfrage und die Person des Zeugen für ausreichend erachtet und die Beteiligten ausdrücklich oder konkludent zustimmen (BVerwGE 34, 77 (78)). Rügt allerdings ein Beteiligter diese Form der Beweisaufnahme während der mündlichen Verhandlung, verletzt die Verwertung der angeordneten schriftlichen Zeugenaussage das Recht der Beteiligten auf rechtliches Gehör (BVerwGE 34, 77 (79)). 1001

Es handelt sich bei dieser Form der Beweisaufnahme nicht um den Ersatz des Zeugenbeweises durch Urkundenbeweis, sondern lediglich um eine vereinfachte Form der Beweisaufnahme (Schuhmann, in: Stein-Jonas, ZPO, § 377 Rdn. 35). Im Asylprozess ist diese Form der Beweisaufnahme allerdings kaum üblich. Hingegen wird regelmäßig durch die Vorlage von *Briefen* Beweis geführt. Derartigen Privaturkunden wird jedoch regelmäßig kein besonderer Beweiswert beigemessen. 1002

1.7.8. Anforderungen an die Gehörsrüge

Zunächst ist im Zulassungsantrag darzulegen, dass alle für den Antrag auf Zeugenvernehmung erforderlichen formellen und materiellen Voraussetzungen beachtet worden waren. Es ist also darzutun, dass der Beweisantrag unter Berücksichtigung der erforderlichen Formvorschriften gestellt worden, das Beweisthema entscheidungserheblich, das Beweismittel tauglich sowie der Beweisantrag hinreichend substanziiert war. Im Zulassungsantrag sind mithin sorgfältig die Gesichtspunkte darzulegen, aus denen sich ergibt, dass der Beweisantrag auf Zeugenvernehmung sachgerecht gestellt worden war. 1003

Weist das Gericht etwa den Antrag auf Vernehmung eines sachverständigen Zeugen mit einer die Ablehnung eines Beweisantrags auf Einholung eines Sachverständigengutachtens tragenden Begründung ab, hat es über den Antrag auf Zeugenvernehmung nicht entschieden und verletzt es dadurch das rechtliche Gehör des Beteiligten (Hess.VGH, AuAS 1996, 141 (142); s. auch 1004

§ 78 Gerichtsverfahren

Rdn. 702ff.). Im Übrigen ist das rechtliche Gehör auch dann verletzt, wenn das Gericht den Beweisantrag auf Vernehmung eines Zeugen mit der Begründung ablehnt, es unterstelle den die Verfolgung des Klägers bestätigenden Inhalt einer von dem Zeugen vorgelegten eidesstattlichen Erklärung als wahr, in den Entscheidungsgründen des klageabweisenden Urteils auf den Inhalt dieser Erklärung jedoch mit keinem Wort eingeht (Hess.VGH, NVwZ-Beil. 1995, 72).

1005 Hat der Beteiligte jedoch nicht alles ihm Zumutbare unternommen, um sich rechtliches Gehör zu verschaffen, hat er sein *Rügerecht verloren* (OVG Hamburg, AuAS 9/1992, 10; Rdn. 387ff.). Dies gilt sowohl für den Fall, dass das Verwaltungsgericht die Ablehnung des förmlich gestellten Beweisantrags bereits in der Sitzung begründet hat, wie auch für den Fall, dass dies erst im angefochtenen Urteil geschehen ist. Unterlässt das Gericht die Ablehnungsbegründung, muss der Beteiligte auf der Begründung bestehen, um sein weiteres prozessuales Vorgehen von dieser Begründung abhängig zu machen und sich rechtliches Gehör zu verschaffen (OVG Hamburg, AuAS 9/1992, 10). Kann der Beteiligte aus der Ladung zur mündlichen Verhandlung ersehen, dass kein Beweisbeschluss ergangen ist, hat er zur Vermeidung seines Rügerechts dieses Versäumnis rechtzeitig zu rügen (BFH, NVwZ-RR 1998, 791). Das rechtliche Gehör des Beteiligten wird verletzt, wenn Beweisantrag auf Zeugenvernehmung gestellt wird und das Gericht ohne Durchführung der mündlichen Verhandlung entscheidet (BFH, NVwZ 2000, 480).

1006 Teilweise geht die obergerichtliche Rechtsprechung unter Hinweis auf die unwiderlegliche Vermutung des § 138 VwGO davon aus, dass der geltend gemachte Verfahrensverstoß als ursächlich für die angefochtene Entscheidung anzusehen ist (Hess.VGH, AuAS 1993, 199; VGH BW, AuAS 1994, 56; so auch BVerwGE 34, 77 (79); s. hierzu ausführlich Rdn. 366ff.), sodass es keiner weiteren Darlegung dahin bedarf, was bei Wahrung des rechtlichen Gehörs noch vorgetragen worden wäre und inwieweit dieses Vorbringen geeignet gewesen wäre, eine andere Entscheidung des Gerichts herbeizuführen (Hess.VGH, InfAuslR 1987, 130). Dem ist für den Fall zu folgen, dass mit der Gehörsrüge dargelegt wird, dass durch die Ablehnung des Beweisantrags das Sachvorbringen des Beteiligten abgeschnitten worden war. In einem derartigen Fall ist auch die Möglichkeit einer anderweitigen gerichtlichen Entscheidung in Betracht zu ziehen, wenn dem Beteiligten das rechtliche Gehör gewährt worden wäre.

1.8. Ablehnung eines Urkundenbeweises (§ 96 Abs. 1 Satz 2 VwGO; §§ 415—444 ZPO)

1.8.1. Funktion des Urkundenbeweises im Asylprozess

1007 Der Urkundenbeweis (§ 98 VwGO in Verb. mit §§ 415—444 ZPO) ist ein im Asylrechtsstreit übliches Beweismittel. Der Begriff der Urkunde ist weit auszulegen (BVerwG, NVwZ 1999, 1335). Der Urkundenbeweis findet ohne förmliche Beweisaufnahme durch schlichte Einsichtnahme in die Urkunde statt (BVerwG, DVBl. 1984, 571). Insbesondere *amtliche Auskünfte*, aber auch

Rechtsmittel § 78

andere Erkenntnisquellen aus anderen Verfahren werden in der Gerichtspraxis im Wege des Urkundenbeweises beigezogen und verwertet (Rdn. 899 ff.). Darüber hinaus kann der Asylsuchende zum Beweis seiner behaupteten politischen Verfolgung Urkunden vorlegen. Insoweit sind in der Praxis insbesondere die Vorlage von Privaturkunden (Briefe von Verwandten, Bekannten und des Rechtsanwalts des Asylsuchenden im Herkunftsland üblich).

Besondere Probleme bereiten die Vorlage von Kopien von Urkunden, die nach den Behauptungen des Asylsuchenden von Behörden des Heimatstaates ausgestellt sind und die behauptete Tatsache strafrechtlicher Ermittlungen (polizeiliche, staatsanwaltschaftliche und gerichtliche Ladungsschreiben, Fahndungs- und Haftbefehle etc.) belegen sollen. Da in den vergangenen Jahren die Vorlage nicht authentischer Urkunden dieser Art zugenommen hat, prüfen die Gerichte die Echtheit derartiger Urkunden besonders genau. Den amtlichen Lageberichten ist regelmäßig eine Anlage mit Hinweisen auf Fälschungsmerkmale beigefügt, die den Gerichten als Prüfungsgrundlage diesen. 1008

1.8.2. Gegenstand des Urkundenbeweises

1.8.2.1. Privaturkunden

Briefe von Verwandten, Bekannten oder Freunden des Asylsuchenden sind als schriftliche Verkörperung eines Gedankens *Privaturkunden*, die grundsätzlich im Wege des Urkundenbeweises zu würdigen sind (BVerwG, DVBl. 1984, 571; BVerwG, Buchholz 402.25 § 27 AsylVfG Nr. 1). Die Beweisaufnahme findet dabei durch Einsichtnahme in die Urkunde statt (BVerwG, DVBl. 1984, 571). Die Frage, ob durch den Brief nachgewiesen wird, dass sein Verfasser ihn wirklich geschrieben hat (*äußere* oder *formelle Beweiskraft*), hat in §§ 416, 440 ZPO (§ 98 VwGO) eine ausdrückliche Regelung gefunden. Ob hingegen die in einem Brief niedergelegte Erklärung falsch oder richtig ist (*innere* oder *materielle Beweiskraft*), ist jeweils im Einzelfall vom Gericht nach seiner aus dem Gesamtergebnis des Verfahrens gewonnenen freien richterlichen Überzeugung zu beurteilen (BVerwG, DVBl. 1984, 571). 1009

Regelmäßig werden Briefe von Verwandten in der gerichtlichen Praxis als »*Gefälligkeitsschreiben*« oder sogar als ungeeignete Beweismittel bewertet. Begründet wird dies damit, es verstehe »sich von selbst, dass Briefen von Verwandten oder auch Freunden des Asylbewerbers von vornherein nur eine untergeordnete Bedeutung beigemessen werden« könne (OVG Rh-Pf, B. v. 6. 7. 1988 – 13 A 103/87; ebenso Ritter, NVwZ 1986, 29). Sie könnten daher nur Berücksichtigung finden, wenn es gelte, eine bereits als glaubhaft gemacht beurteilte Darstellung des Asylsuchenden noch zusätzlich zu belegen (OVG Rh-Pf, B. v. 6. 7. 1988 – 13 A 103/87). 1010

Soweit die Verwertbarkeit von Briefen, die von Personen aus dem Herkunftsland des Asylsuchenden geschrieben werden, unter dem rechtlichen Gesichtspunkt der *Ungeeignetheit des Beweismittels* in Zweifel gezogen werden (BayVGH, B. v. 13. 8. 1986 – 25 C 86.30735; Deibel, InfAuslR 1984, 114 (120); Ritter, NVwZ 1986, 29 (30)), wird dies damit begründet, derartige Briefe seien wegen der Unmöglichkeit, sie auf Urheberschaft und Wahrheitsgehalt 1011

§ 78 　　　　　　　　　　　　　　　　　　　　　　　　　　Gerichtsverfahren

zu überprüfen, regelmäßig ohne Hinzutreten weiterer Erkenntnismittel nicht geeignet, die Tatsachenbehauptungen des Asylsuchenden glaubhaft zu machen (BayVGH, B. v. 13. 8. 1986 – 25 C 86.30735). Der Brief beweise nur, dass der Urheber die darin enthaltene Erklärung abgegeben habe. Einer in dieser Weise gewonnenen Aussage wohne zudem zwangsläufig ein so hohes Maß an nicht klärbaren Zweifeln an ihrer Glaubhaftigkeit inne, dass sie als Beweismittel schlechthin unverwertbar seien (Deibel, InfAuslR 1984, 114 (120)).

1012 Die schlüssige Schilderung eines möglichen Verfolgungstatbestandes sei im gleichen Maß ein Indiz für einen die Unwahrheit schreibenden intelligenten Briefverfasser wie für dessen Glaubwürdigkeit. Da objektive Kriterien, mit denen eine dieser beiden Möglichkeiten eingegrenzt werden könne, fehlten, würden die klassischen Beweisgrundsätze des »non liquit« dazu zwingen, Briefe aus der Heimat des Asylsuchenden als ihrer Natur nach ungeeignete bzw. unverwertbare Beweismittel anzusehen (Ritter, NVwZ 1986, 29 (30)).

1013 Diese Ansichten unterscheiden nicht klar, ob derartige Briefe von vornherein unter dem Gesichtspunkt der Ungeeignetheit als Beweismittel ausscheiden oder ob ihnen nur geringer Beweiswert beigemessen werden soll. Die hier zum Ausdruck kommende Zurückhaltung ist zwar verständlich, jedoch ist die »Beweisnot des Asylsuchenden« (BVerfGE 94, 166 (200f.) = NVwZ 1996, 200 = EZAR 632 Nr. 25) angemessen zu berücksichtigen, die es rechtfertigt, bei einem in sich schlüssigen Sachvorbringen Briefe, die dessen Angaben bestätigen, zu berücksichtigen. Der schlüssige Vortrag des Asylsuchenden – gegebenenfalls in Verbindung mit weiteren Beweismitteln wie eidesstattliche Versicherungen, Lichtbilder oder weitere Dokumente – dienen insoweit als weitere Erkenntnismittel, mit denen der Wahrheitsgehalt der Aussage des Briefes überprüft werden kann.

1014 Jedenfalls kann Briefen von Verwandten aus dem Herkunftsland nicht von vornherein jegliche Eignung als Beweismittel abgesprochen werden. Dementsprechend geht auch die Literatur davon aus, dass Briefe immer dann geeignete Beweismittel sind, wenn aufgrund objektiver Kriterien die Glaubwürdigkeit des Briefverfassers nachprüfbar ist (Ritter, NVwZ 1986, 29 (30)). Allerdings kommt die Verwertung eines Briefes im Wege des Urkundenbeweises wegen der damit verbundenen Umgehung der Unmittelbarkeit der Beweisaufnahme dann *nicht* in Betracht, wenn sich der Brief seinem Inhalt nach als eine *schriftliche Zeugenaussage* darstellt, also Wissenserklärungen des Verfassers über bestimmte Tatsachen enthält (BVerwG, DVBl. 1984, 571).

1015 In einem derartigen Fall stellt der Inhalt des Briefes lediglich *Parteivorbringen* dar. Der Verfasser des Briefes muss als Zeuge vernommen werden (BVerwG, DVBl. 1984, 571). Eine zur Regel zurückführende Ausnahme gilt jedoch dann, wenn die Vernehmung des Zeugen wegen seines Aufenthaltes im Herkunftsland des Klägers als untauglich ausscheidet (BVerwG, DVBl. 1984, 571). In diesem Fall ist der vorgelegte Brief im Wege des Urkundenbeweises zu verwerten (BVerwG, DVBl. 1984, 571).

1016 Ein *fremdsprachiger Brief* ist nicht allein wegen fehlender Übersetzung unerheblich (BVerwG, Buchholz 402.25 § 27 AsylVfG Nr. 1; BVerwG, NJW 1996, 1553 – InfAuslR 1996, 229 = AuAS 1996, 131; Hess.VGH, ESVGH 39, 155).

Dies folgt unmittelbar aus der nach § 73 VwGO auch im Verwaltungsprozess anzuwendenden Vorschrift des § 142 II ZPO, nach der es im gerichtlichen Ermessen liegt, ob die Beibringung einer Übersetzung angeordnet werden soll (BVerwG, NJW 1996, 1553). Hiervon unberührt bleibt jedoch die Obliegenheit des Asylsuchenden, im Prozess die Entscheidungserheblichkeit des vorgelegten Beweismittels darzulegen (BVerwG, Buchholz 402.25 § 27 AsylVfG Nr. 2).

Im Übrigen sind derartige Beweismittel unbeachtlich, wenn eine gerichtliche Anordnung auf Vorlage einer Übersetzung des fremdsprachigen Briefes fruchtlos bleibt (BVerwG, NJW 1996, 1553; kritisch hierzu Jacob, VBlBW 1991, 205 (207 f.)). Bei anwaltlich vertretenen Klägern genügt der gerichtliche Hinweis, dass wegen der Vorschriften über die Gerichts- und Amtssprache gegen die Verwertung fremdsprachiger Dokumente Bedenken bestehen (Hess.VGH, ESVGH 39, 155). Wird daraufhin nicht eine ordnungsgemäße Übersetzung vorgelegt, kann die fehlende Berücksichtigung nicht als Verfahrensverstoß gerügt werden.

1.8.2.2. Ausländische Urkunden

Wird eine *ausländische öffentliche Urkunde* in das Verfahren eingeführt, so gilt die Vermutungswirkung des § 437 I ZPO hinsichtlich der Echtheit inländischer öffentlicher Urkunden nicht. Das Gericht entscheidet daher nach den konkreten Umständen des Falles aufgrund freier Beweiswürdigung, ob die Urkunde auch ohne eine Legalisation als echt anzusehen ist (vgl. § 438 I ZPO). Nach der Rechtsprechung begründen jedoch ausländische nicht anders wie inländische öffentliche Urkunden nach § 418 ZPO den vollen Beweis der darin bezeugten Tatsachen (BVerwG, NJW 1987, 1158; BGH, NJW 1962, 1770 (1171)).

Vorausgesetzt wird hierbei, dass es sich jedenfalls um eine beglaubigte Abschrift handelt. Eine beglaubigte Abschrift beweise die Übereinstimmung mit der der Beglaubigungsstelle vorgelegten Urkunde. Der Umstand, dass es sich um die Beglaubigung durch eine ausländische Behörde handele, stehe dem nicht entgegen (BVerwG, NJW 1987, 1159). Die nach § 98 VwGO anzuwendenden Vorschriften der ZPO über den Beweis durch öffentliche Urkunden würden wie die in § 438 I ZPO vorgesehene Echtheitsprüfung zeige – mit Ausnahme der Echtheitsvermutung nach § 437 ZPO – auch für ausländische öffentliche Urkunden gelten. Die Urkunde, mit der die Abschrift nach dem Beglaubigungsvermerk übereinstimmen solle, stelle sich ebenfalls als das Original einer öffentlichen Urkunde dar. § 435 ZPO lasse die Vorlage der öffentlichen beglaubigten Abschrift einer öffentlichen Urkunde anstelle der Urschrift ausdrücklich zu (BVerwG, NJW 1987, 1159).

Zwar könne das Gericht gegebenenfalls zur Prüfung der inhaltlichen Übereinstimung von beglaubigter Abschrift und Urschrift die Vorlage der Urschrift bzw. die Glaubhaftmachung von Tatsachen verlangen, die der Vorlegung entgegenstehen. Bleibe eine dahingehende Anordnung erfolglos, so führe dies lediglich zu einem Wegfall der gesetzlichen Beweisregeln (§§ 415 II, 418 I ZPO) und damit zur Rückkehr zum Grundsatz der freien Beweiswürdigung, nehme also der vorgelegten beglaubigten Abschrift keineswegs jeglichen Beweiswert (BVerwG, NJW 1987, 1159). Im Asylprozess werden indes in aller Regel keine Urschriften oder beglaubigte Abschriften von Urkunden, sondern Kopien von derartigen Urkunden vorgelegt. Für diese gelten diese Grundsätze nicht.

1.8.3. Anforderungen an den Beweisantrag

1021 Der Beweisantritt zum Urkundenbeweis setzt zunächst die Vorlage der Urkunde gegebenenfalls mit Übersetzung voraus. Darüber hinaus ist im Antrag eine erschöpfende Darlegung des Inhalts der Urkunde und darüber hinaus die Darlegung erforderlich, was sich aus der Urkunde über ihren bloßen Inhalt hinaus bei einer Einsichtnahme ergibt und inwiefern dies für den geltend gemachten Klageanspruch von Bedeutung ist (BVerwG, Buchholz 402.25 § 27 AsylVfG Nr. 1). Darüber hinaus sind Angaben zur Entscheidungserheblichkeit der Urkunde und präzise Angaben zum Übermittlungsweg erforderlich. Gegebenenfalls sind Angaben dazu erforderlich, aus welchen Gründen ein lückenloser Übermittlungsweg vom Verfasser bzw. Besitzer der Urkunde bis zu deren Inbesitznahme durch den Verfahrensbeteiligten nicht erschöpfend dargelegt werden kann.

1022 Dazu gehören auch Angaben über die konkrete Beziehung des Asylsuchenden zum Briefverfasser, den Abgabeort und den genauen Übermittlungsweg etwa über dritte Personen (BayVGH, B. v. 13. 8. 1986 – 25 C 86. 30735; OVG NW, EZAR 632 Nr. 5). Bei bislang als unglaubhaft eingeschätzten Sachvorbringen trifft den Beweisführer eine erhöhte Darlegungslast. Andererseits kann der Beweisantrag nicht mit der Begründung abgelehnt werden, das klägerische Vorbringen sei insgesamt unglaubhaft, wenn die vorgelegte Urkunde gerade darauf zielt, ein entscheidungserhebliches Element des bisher als unglaubhaft bewerteten Vorbringens unter Beweis zu stellen (BVerfG (Kammer), InfAuslR 1994, 370 (372)).

1023 Dem Antrag auf Beiziehung bestimmt bezeichneter Auskünfte, Stellungnahmen und Gutachten, die in anderen Verfahren eingeholt worden sind, muss das Gericht nach den Regeln über den Urkundenbeweis nachgehen, wenn er den Anforderungen des § 424 ZPO genügt, also insbesondere den wesentlichen Inhalt der in ihr bezeichneten Urkunde wiedergibt (BVerfG (Kammer), InfAuslR 1990, 161; BVerfG (Kammer), InfAuslR 1992, 152; BVerwG, EZAR 610 Nr. 28).

1024 Dieselben Besonderheiten des Asylverfahrens, die einer erschöpfenden Sachaufklärung verfassungsrechtliches Gewicht verleihen, erfordern in dem Fall, in dem es um die Beiziehung bereits erstellter und dazu noch aktueller Gutachten geht, eine Fortsetzung der beantragten gerichtlichen Ermittlungen (BVerfG (Kammer), InfAuslR 1990, 161; BVerwG, InfAuslR 1990, 97; BVerwG, InfAuslR 1990, 99).

1.8.4. Sachverständigenbeweis zur Prüfung der Echtheit von Urkunden (§ 438 ZPO)

1.8.4.1. Funktion der Echtheitsprüfung im Asylprozess

1025 Die Vorlage von Urkunden, die der Asylsuchende zum Beweis bestimmter Verfolgungstatbestände dem Gericht vorlegen will, kann für diesen im Asyl-

Rechtsmittel **§ 78**

prozess zu unangenehmen Folgen führen. Häufig wird bereits der bloße Augenschein bestimmte Zweifel an der Echtheit der Urkunde hervorrufen. Fehlt es im bisherigen Verfahren an jeglichem konkreten Sachvorbringen zu dem Verfolgungsgeschehen, auf das die Urkunde sich bezieht, werden derartige Zweifel verstärkt. Sind die Urkunden bereits in das Verfahren eingeführt worden, ist es regelmäßig angezeigt, durch Beweisantrag auf Einholung eines Sachverständigengutachtens die Echtheit der Urkunde überprüfen zu lassen (BVerwG, NJW 1996, 1533 = InfAuslR 1996, 229 = AuAS 1996, 131; OVG NW, EZAR 632 Nr. 5; VGH BW, VBlBW 1997, 73 (74); s. hierzu auch Jobst, ZAR 2002, 219 (223)).

Da das Gericht nicht verpflichtet ist, den Beteiligten von sich aus auf Zweifel an der Echtheit der vorgelegten Urkunde hinzuweisen (OVG NW, InfAuslR 1997, 270 = AuAS 1997, 83; a. A. OVG Hamburg, AuAS 1993, 81 (82)), gehört es zu deren prozessualen Pflichten, hierauf hinzuwirken. Freilich ist das Risiko eines derartigen Beweisverfahrens nicht unbeträchtlich. Denn nach allen Erfahrungen hat das sachverständige Urteil, dass die Urkunde nicht echt ist, negative Auswirkungen auf die Beurteilung der Glaubwürdigkeit des Asylsuchenden. Allerdings weist die obergerichtliche Rechtsprechung darauf hin, dass die Vorlage etwa einer »gefälschten Gerichtsladung« nicht zwingend darauf hindeute, dass die Sachangaben des Asylsuchenden unzutreffend sein müssten (Nieders.OVG, B. v. 6. 11. 1998 – 12 L 3962/98, in: Asylmagazin 1–3/1999, S. 29). **1026**

Andererseits darf der Beteiligte bei sich aufdrängenden Zweifeln an der Echtheit der Urkunde diesen Umstand nicht in der Schwebe lassen, sondern muss geeignete prozessuale Schritte einleiten. Dies ist insbesondere auch deshalb angezeigt, weil andernfalls die Klage wegen der Vorlage gefälschter Beweismittel mit der Folge des sofortigen Eintritts der Unanfechtbarkeit als offensichtlich unbegründet abgewiesen werden kann (vgl. BVerfGE 65, 76 (97) = EZAR 630 Nr. 4 = InfAuslR 1984, 58; BVerfG (Kammer), InfAuslR 1990, 199 = NVwZ 1990, 854 = NJW 1990, 3073; BVerfG (Kammer), InfAuslR 1991, 133; BVerfG (Kammer), InfAuslR 1993, 105; s. auch § 30 III Nr. 1). **1027**

1.8.4.2. Anforderungen an den Beweisantrag
Im Antrag auf Einholung eines Sachverständigengutachtens muss der Inhalt der Urkunde ausreichend dargestellt werden (BVerwG, NJW 1996, 1553). Darüber hinaus sind Darlegungen zur Entscheidungserheblichkeit des Inhalts der Urkunde sowie zum Übermittlungsweg notwendig. Da Fälschungshinweise insbesondere auch aus der Art der Zustellung des Dokuments durch die Behörden des Herkunftslandes abgeleitet werden, sind insoweit besonders präzise Angaben notwendig. **1028**

1.8.4.3. Ablehnungsgründe
Das Gericht hat je nach den Umständen des Falles die Frage der Echtheit der vorgelegten Urkunde nach eigenem Ermessen zu prüfen (§ 438 I ZPO). Das Gericht ist nicht gezwungen, den Nachweis der fehlenden Echtheit stets durch Einschaltung der deutschen Auslandsvertretung herbeizuführen (BVerfG (Kammer), B. v. 7. 3. 2002 – 2 BvR 191/02, http:/www.bverfg.de/; **1029**

OVG NW, AuAS 2002, 40 (41)). Das Gericht ist zur Einholung eines Sachverständigengutachtens nur dann verpflichtet, wenn es sich keine genügende Sachkenntnis zutrauen darf. Ob die eigene Sachkenntnis ausreicht, hat das Gericht nach Ermessen zu entscheiden (OVG NW, AuAS 2002, 40 (41)).

1030 Häufig wird ihm die Sachkunde zur Überprüfung jedoch fehlen, wenn nicht bereits offenkundige Fälschungshinweise anhand der Anlage des amtlichen Lageberichtes zu dem betreffenden Staat ins Auge springen. Es hat in einem derartigen Fall indes seine besondere Sachkunde den Beteiligten darzulegen, damit diese ihr weiteres prozessuales Verhalten darauf einstellen können. Es kommt nicht darauf an, auf welche Weise sich das Gericht die für die Entscheidung erforderliche Sachkunde verschafft. Daher kann der Antrag auch dann abgelehnt werden, wenn sich das Gericht durch bestimmte in das Verfahren eingeführte oder allgemein zugängliche Erkenntnisquellen eigene Sachkunde verschafft hat und deshalb die Zuziehung eines Sachverständigen nicht für erforderlich erachtet (OVG NW, AuAS 2002, 40 (41)).

1031 Nach der Rechtsprechung des BVerfG handelt das Gericht jedoch grundsätzlich rechtswidrig, wenn es den Antrag auf Einholung eines Sachverständigengutachtens zur Prüfung der Echtheit einer vorgelegten Urkunde mit dem Hinweis auf eine zum Gegenstand des Verfahrens gemachte, von einem anderen Gericht eingeholte amtliche Auskunft ablehnt, derzufolge die Übergabe von Haftbefehlen an Verwandte Gesuchter unüblich sei (BVerfG (Kammer), InfAuslR 1991, 89 (93)). Denn es ist regelmäßig unzulässig, allein aus *Indizien* wie z. B. den Hintergrund der vom Asylsuchenden vorgetragenen Asylgründe, dessen Verhalten im Prozess sowie inhaltlichen Ungereimtheiten auf die Fälschung einer vorgelegten Urkunde zu schließen.

1032 Derartige Indizien sind keine hinreichend tragfähige Grundlage für die erforderliche richterliche Überzeugungsbildung, die selbst durch eine unmittelbare sachverständige Begutachtung der ausländischen Urkunde auf ihre Echtheit hin nicht erschüttert werden könnte (BVerfG (Kammer), InfAuslR 1991, 89 (93)). Die Hinweise auf Fälschungsmerkmale in den amtlichen Lageberichten sind mithin bloße Indizien, welche die Führung des Gegenbeweises nicht ausschließen. In einem derartigen Fall kann der Beweisführer den Gegenbeweis dadurch führen, dass er zur Substanziierung seines Antrags auf Echtheitsprüfung ein Gutachten zur Echtheit der vorgelegten Urkunde als Privatgutachten vorlegt. Ergeben sich aus diesem sach- und einzelfallbezogenen konkrete Anhaltspunkte, welche Zweifel an der Sachkunde des Auswärtigen Amtes zu dieser Frage begründen, ist dem Antrag nachzugehen.

1033 Auch wenn das Gericht ein Beweismittel für gefälscht oder als Gefälligkeitsschreiben ansieht, trägt dies im Übrigen die Klageabweisung als offensichtlich unbegründet nicht, wenn das Beweismittel sich nur auf einen Teil der je selbständig zu beurteilenden mehreren Verfolgungsgründe bezieht (BVerfG (Kammer), 1994, 58 (59) = AuAS 1994, 222).

1034 Das dem Gericht zustehende Ermessen bei der Beurteilung der eigenen Sachkunde ist fehlerhaft ausgeübt, wenn es sich eine unmöglich zur Verfügung stehende Sachkunde zutraut oder wenn sich ihm die Notwendigkeit weiterer Sachaufklärung aufdrängen musste (OVG NW, AuAS 2002, 40 (41)). Das ist etwa der Fall, wenn bereits vorhandene Gutachten offen erkennbare

Rechtsmittel § 78

Mängel enthalten, von unzutreffenden tatsächlichen Voraussetzungen ausgehen oder unlösbare Widersprüche aufweisen (OVG NW, AuAS 2002, 40 (41); s. auch Rdn. 787 ff., 802 ff.)

Das Gericht darf einen Beweisantrag auf Prüfung einer vorgelegten fremdsprachigen Urkunde nicht mit der Begründung ablehnen, es fehle bereits an einer Übersetzung (BVerwG, InfAuslR 1996, 229). Es liegt grundsätzlich im gerichtlichen Ermessen, ob die Beibringung einer Übersetzung angeordnet werden soll. Erst wenn eine angeordnete Übersetzung nicht vorgelegt wird, hat das die Unbeachtlichkeit der vorgelegten fremdsprachigen Urkunde zur Folge (BVerwG, InfAuslR 1995, 229 (230)). 1035

Einen Beweisantrag auf Einholung eines Sachverständigengutachtens zur Prüfung der Echtheit einer vorgelegten ausländischen Urkunde kann das Gericht zwar mangels Entscheidungserheblichkeit oder mangels Substanziierung hinsichtlich des Inhalts der Urkunde rechtsfehlerfrei zurückweisen (BVerwG, NJW 1996, 1553 = InfAuslR 1996, 229 = AuAS 1996, 131). Unberührt hiervon bleibt freilich die Obliegenheit des Gerichts, die Entscheidungsunerheblichkeit des vorgelegten fremdsprachigen Dokuments in schlüssiger Form darzulegen (BVerwG, NJW 1996, 1553). 1036

Im Blick auf die erforderliche Substanziierung des Inhalts der Urkunde darf der Beweisantrag jedenfalls dann nicht mit dem Hinweis auf die im bisherigen Verfahren festgestellten Steigerungen und Widersprüche abgelehnt werden, wenn die vorgelegte Urkunde sich gerade auf den Sachkomplex bezieht, dessen Darlegung als unglaubhaft bewertet wird. Hat das Gericht etwa Zweifel am Umfang der Beteiligung des Asylsuchenden an Demonstrationen und an der Art und Häufigkeit der hierauf bezogenen staatlichen Reaktionen, bezweifelt es seine Teilnahme an Demonstrationen als solche aber nicht, darf es die Frage nicht offen lassen, ob der vorgelegte, sich auf diese Demonstrationen beziehende Gerichtsbeschluss echt ist. Denn in einem derartigen Fall hat die Echtheit der vorgelegten Urkunde sowohl für die Klärung des Umfangs der Demonstrationsteilnahme wie auch für die Glaubwürdigkeit des Asylsuchenden erhebliche Bedeutung (BVerfG (Kammer), InfAuslR 1994, 370 (372)). 1037

Auch wenn das Gericht die Schilderung der Asylsuchenden über ihre Teilnahme an einer Demonstration als Anlass einer dreimonatigen Inhaftierung für wenig plausibel hält, muss sich ihm die Prüfung der Echtheit einer Urkunde aufdrängen, die sowohl eine erlittene Haft wie auch eine erneut drohende Verfolgung bestätigen soll (BayVGH, B. v. 18. 2. 1997 – 9 AA 96.35946). Behauptet der Asylsuchende etwa »Aktivitäten für die PKK«, enthält die von ihm vorgelegte Anklageschrift aber den Vorwurf der »Mitgliedschaft in der PKK« darf das Gericht den Antrag nicht mit der Behauptung ablehnen, dass die darin aufgestellten Tatsachen vom Asylsuchenden nicht behauptet worden sind (BVerfG (Kammer), InfAuslR 1993, 89 (93)). Dieser Entscheidung kann andererseits entnommen werden, dass dann, wenn die in der Urkunde aufgestellten Tatsachen im bisherigen Sachvorbringen keinerlei Grundlage finden, der Beweisantrag auf Prüfung der Echtheit der Urkunde abgelehnt werden kann. 1038

Vorgelegte Urkunden zur Staatsangehörigkeit und Identität des Asylsuchenden sind auf Antrag stets auf ihre Echtheit hin überprüfen zu lassen (VGH 1039

BW, EZAR 631 Nr. 35 = NVwZ 1995, 816). Denn die Frage der Staatsangehörigkeit ist im Asylprozess stets ein entscheidungserheblicher Umstand (BVerwG, InfAuslR 1990, 238; s. hierzu Marx, Handbuch, § 71 Rdn. 17 ff.). Zur Prüfung, ob der vorgelegte Nationalpass echt ist, dürfte dem Gericht regelmäßig die erforderliche Sachkunde fehlen (VGH BW, NVwZ 1995, 816 (818) = EZAR 631 Nr. 35).

1.8.5. Anforderungen an die Gehörsrüge

1040 Wird der Zulassungsantrag damit begründet, das Gericht habe die Einholung eines Sachverständigengutachtens zur Frage der *Echtheit* einer vorgelegten *Urkunde* unterlassen, ist zunächst unter Angabe des Inhalts darzulegen, dass der entsprechende Beweisantrag förmlich gestellt worden ist. Die vom Verwaltungsgericht vorzunehmende Prüfung der Echtheit der ausländischen öffentlichen Urkunde ist nach der obergerichtlichen Rechtsprechung der Sache nach eine Beweiswürdigung im Rahmen der richterlichen Rechtsfindung und kein Verfahrensvorgang, an dem die Beteiligten – etwa durch Mitteilung von »Zwischenergebnissen« der rechtlichen Würdigung – zu beteiligen wären. Ein gerichtlicher Hinweis (§ 104 I VwGO) auf Zweifel an der Echtheit einer vorgelegten Urkunde ist danach nur dann geboten, wenn sich die Entscheidung andernfalls als unzulässige Überraschungsentscheidung darstellen würde, was etwa dann in Betracht kommen mag, wenn das Gericht zuvor selbst den Eindruck erweckt hat, es gehe von der Echtheit der Urkunde aus (OVG NW, InfAuslR 1997, 270 = AuAS 1997, 83).

1041 Die Gehörsrüge ist aber dargelegt, wenn das Gericht seine eigene Sachkunde nicht hinreichend dargelegt hat oder sich Zweifel an seiner Sachkunde ergeben, weil bereits vorhandene Gutachten offen erkennbare Mängel enthalten, von unzutreffenden tatsächlichen Voraussetzungen ausgehen oder unlösbare Widersprüche aufweisen (OVG NW, AuAS 2002, 40 (41)). Regelmäßig eröffnet danach eine mit Blick auf die Echtheit einer Urkunde sachlich falsche, unzulängliche oder oberflächliche Urteilsbegründung als solche nicht den Weg zur Berufungszulassung (VGH BW, B. v. 27. 7. 1990 – A 14 S 218/90).

1042 Wird der den formellen und inhaltlichen Anforderungen genügende Beweisantrag abgelehnt, so wird der Anspruch des Beteiligten auf rechtliches Gehör verletzt, sofern auch die sonstigen Voraussetzungen der Gehörsrüge dargelegt werden. Die Urkunde muss sich mithin auf eine entscheidungserhebliche Tatsachenfrage beziehen. Der Beweisführer muss darüber hinaus darlegen, dass er alle ihm zumutbaren prozessualen Möglichkeiten ausgeschöpft hat, um sich rechtliches Gehör zu verschaffen.

1043 Bei einem vorgelegten Brief ist im Zulassungsantrag insbesondere darzulegen, was sich aus dem Brief über dessen wesentlichen Inhalt hinaus bei einer Einsichtnahme durch das Gericht im Einzelnen ergeben hätte und inwiefern dies für den geltend gemachten Anspruch des Beteiligten von Bedeutung gewesen wäre (BVerwG, Buchholz 402.25 § 27 AsylVfG Nr. 1).

1044 Darüber hinaus sind Darlegungen zum Beruhenserfordernis erforderlich. Dies ist freilich umstritten. Kann nicht ausgeschlossen werden, dass das Gericht bei einer Verwertung der Urkunde, deren Beiziehung beantragt worden ist, zu einer anderen Entscheidung gekommen wäre, beruht das angefochte-

Rechtsmittel § 78

ne Urteil auf dem Verfahrensverstoß (BVerfG (Kammer), InfAuslR 1992, 152) und liegt ein Verfahrensfehler nach § 138 Nr. 3 VwGO vor.

2. Gehörsverletzung wegen eines Aufklärungsmangels

2.1. Funktion der Aufklärungsrüge

Die überwiegende obergerichtliche Rechtsprechung sieht in der mangelhaften Sachaufklärung im Asylprozess keinen Verfahrensfehler im Sinne von Abs. 3 Nr. 3 in Verb. mit § 138 Nr. 3 VwGO, der zur Berufungszulassung führt (BayVGH, BayVBl. 1985, 181; BayVGH B. v. 18. 2. 1977 – 9 AA 96.35946; Hess.VGH, InfAuslR 1987, 130 = ESVGH 37, 316 (nur LS); Hess.VGH, AuAS 6/1992, 12; Hess.VGH, AuAS 2001, 203; OVG Hamburg, AuAS 9/1992, 10; OVG Hamburg, AuAS 1993, 227; OVG NW, InfAuslR 1997, 270 (271) = AuAS 1997, 83; OVG NW, B. v. 21. 10. 1996 – 25 A 5166/96.A; OVG Saarland, B. v. 25. 3. 1998 – 9 Q 99/96; VGH BW, B. v. 19. 2. 1992 – A 16 S 124/91; VGH, B. v. 30. 1. 1991 – A 16 S 121/91; VGH BW, B. v. 12. 10. 1992 – A 16 S 2356/92; ebenso Schenk, in Hailbronner, AuslR, § 78 AsylVfG Rdn. 49; GK-AsylVfG a. F., § 32 Rdn. 159; a. A. Höllein, ZAR 1989, 109 (113); wohl auch Thür.OVG, AuAS 1990, 190; unklar OVG SA, B. v. 13. 10. 1995 – 2 L 301/95). Dies hat zur Folge, dass nach dieser Ansicht im asylrechtlichen Verwaltungsstreitverfahren die Aufklärungsrüge nicht gegeben ist. 1045

Begründet wird die herrschende Ansicht regelmäßig nicht. Vielmehr wird ohne nähere Vertiefung eingewandt, die Rüge unzureichender Sachaufklärung nach § 86 I VwGO sei nicht Gegenstand des in Abs. 3 Nr. 3 in Verb. mit § 138 Nr. 3 VwGO angesprochenen rechtlichen Gehörs (Schenk, in: Hailbronner, AuslR, § 78 AsylVfG Rdn. 49). Soweit die herrschende Ansicht begründet wird, wird auf die Entstehungsgeschichte des § 32 II Nr. 3 AsylVfG 1982 verwiesen, derzufolge eine zu starke Inanspruchnahme der Oberverwaltungsgerichte habe vermieden werden sollen (OVG NW, B. v. 21. 10. 1996 – 25 A 5166/96.A). Andererseits wird eingeräumt, dass der Verfahrensrüge der ungenügenden Sachaufklärung Bedeutung unter dem eingeschränkten Gesichtspunkt zukomme, dass darin die Geltendmachung des Zulassungsgrundes der Versagung rechtlichen Gehörs nach § 138 Nr. 3 VwGO liegen könne (OVG Hamburg, AuAS 1993, 227). 1046

Aufklärungsdefizite seien im Asylprozess daher grundsätzlich nicht behebbar. Etwas anderes könne ausnahmsweise dann gelten, wenn die unterbliebene Sachaufklärung im Prozessrecht schlechthin keine Stütze mehr finde (OVG NW, InfAuslR 1997, 270 (271)). Auch die herrschende Ansicht lässt mithin *Ausnahmen* vom Grundsatz des rügeunfähigen Aufklärungsmangels zu und führt die Ausnahmen auf die Funktion der Aufklärungsrüge zurück. Der herrschenden Ansicht kann aus diesen Gründen in ihrer pauschalen Verneinung der Rügefähigkeit des Aufklärungsmangels nicht zugestimmt werden. 1047

Die Aufklärungsrüge steht im engen prozessualen Zusammenhang mit dem Grundsatz des rechtlichen Gehörs (BGHSt 30, 131 (138)). Auch in der asyl- 1048

§ 78 Gerichtsverfahren

rechtlichen Rechtsprechung wird zwischen der Verletzung der gerichtlichen Aufklärungspflicht und der Verpflichtung zur Gewährung rechtlichen Gehörs ein enger prozessualer Zusammenhang hergestellt (Hess.VGH, EZAR 632 Nr. 6). Im Rahmen des revisionsrechtlichen Zulassungsrechts (§ 132 II Nr. 3 VwGO) gewinnt dieser Streit keine Bedeutung, da dort die Verletzung des Untersuchungsgrundsatzes nach § 86 I VwGO als Verfahrensfehler gerügt werden kann (z. B. BVerwG, InfAuslR 1984, 292; BVerwG, InfAuslR 1990, 38 (39); BVerwG, InfAuslR 1994, 129 (130); BVerwG, InfAuslR 1995, 405 (406); BVerwG, EZAR 634 Nr. 2; BVerwG, AuAS 1995, 20 (21)).

1049 In der Rechtsprechung des BVerwG wird dieser prozessual bedeutsame Zusammenhang in dem Einwand zum Ausdruck gebracht, die *Aufklärungsrüge könne nicht dazu dienen, Beweisanträge zu ersetzen*, die ein Beteiligter in der Vorinstanz zumutbar hätte stellen können, aber zu stellen unterlassen habe (BVerwG, InfAuslR 1994, 129 (130); BVerwG, InfAuslR 1995, 405 (406); BVerwG, B. v. 21. 11. 1994 – BVerwG 9 B 666.94; ebenso: BGHSt 16, 389 (390)). Anknüpfend an diesen Gedanken kann für den Asylprozess festgehalten werden, dass die Aufklärungsrüge dann zulässig sein muss, wenn dem Beteiligten das Versäumnis, einen Beweisantrag zu stellen, aus prozessualen Gründen nicht zum Vorwurf gemacht werden kann.

1050 Auch im strafrechtlichen Schrifttum wird auf den engen Zusammenhang zwischen Aufklärungspflicht und Gehörsgewährung hingewiesen. Es dürfe nicht übersehen werden, dass es der Aufklärungsrüge nicht bedürfe, wenn ein Beweisantrag gestellt worden sei. Sie diene also, sofern mit ihr nicht ausnahmsweise etwas anderes als eine unvollständige Beweisaufnahme beanstandet werden solle, überhaupt nur dem Zweck, einen unterlassenen Beweisantrag »nachzuholen«. Da aber die Sachaufklärungspflicht von den Anträgen der Prozessbeteiligten unabhängig sei, könne es auch für die Zulässigkeit der Aufklärungsrüge nicht darauf ankommen, ob ein Beweisantrag gestellt worden sei (Alsberg/Nüse/Meyer, Der Beweisantrag im Strafprozess, S. 25 f.). Insoweit ist die prozessuale Situation im Verwaltungsprozess mit der im Strafprozess vergleichbar. Der Hinweis auf den aus prozessualen Gründen an sich gebotenen Beweisantrag verdeutlicht zugleich auch, dass dem Aufklärungsmangel nicht von vornherein für § 138 Nr. 3 VwGO jegliche Relevanz abgesprochen werden kann.

2.2. Das prozessuale Verhältnis zwischen dem Beweisantrag und der gerichtlichen Sachaufklärungspflicht

1051 Für das richtige Verständnis der Aufklärungsrüge ist das Verhältnis von Beweisantragsrecht und gerichtlicher Sachaufklärung von entscheidender Bedeutung. Die Aufklärungspflicht ist einerseits unabhängig vom Beweisantragsrecht. Auch wenn die Beteiligten keinen Beweisantrag stellen, muss das Verwaltungsgericht im Rahmen der Mitwirkungspflicht der Beteiligten den Sachverhalt bis zur Grenze der Unmöglichkeit von Amts wegen ermitteln (BVerwG, InfAuslR 1995, 405 (406)). Andererseits hat das Gericht auch dann einem Beweisantrag nachzugehen, wenn es selbst den Sachverhalt für er-

Rechtsmittel § 78

schöpfend aufgeklärt ansieht und eine Ablehnung unter dem Gesichtspunkt der bereits erwiesenen Beweistatsache nicht möglich ist. Durch das Beweisantragsrecht kann das Gericht mithin gezwungen werden, über die Sachaufklärungspflicht hinaus Beweis zu erheben (BGHSt 21, 118 (124)).

Es kann mit der Aufklärungsrüge indes auch die prozessordnungswidrige Behandlung von Beweisanträgen gerügt werden. Denn die Pflicht, Beweisanträgen stattzugeben, wenn dadurch die Sachaufklärung gefördert werden kann, ist ein Unterfall der allgemeinen gerichtlichen Aufklärungspflicht. Die Rüge der Verletzung der Aufklärungspflicht ist jedoch regelmäßig unzweckmäßig, weil diese teilweise hinter der Pflicht zurückbleibt, Beweisanträgen nachzugehen und die Darlegungsanforderungen an die Aufklärungsrüge erheblich strenger sind als bei der Gehörsrüge, mit der die prozessordnungswidrige Ablehnung des Beweisantrags gerügt wird. 1052

Der Vorteil, den die Stellung eines Beweisantrags bringt, liegt für das Rechtsmittelverfahren gerade darin, dass der Beteiligte im Falle der Ablehnung des Antrags nicht gezwungen ist, die umständlichere Aufklärungsrüge zu erheben (Alsberg/Nüse/Meyer, Der Beweisantrag im Strafprozess, S. 868; zu den unterschiedlichen Darlegungsanforderungen s. auch BGH, NStZ 1982, 329 (330)). Daraus kann aber umgekehrt nicht geschlossen werden, dass eine Verletzung des rechtlichen Gehörs nur gerügt werden könnte, wenn der Rechtsmittelführer in der Vorinstanz einen Beweisantrag gestellt hat. Denn die Aufklärungsrüge kommt auch und gerade dann in Betracht, wenn ein Beweisantrag nicht gestellt worden ist (Eisenberg, Beweisrecht der StPO, Rdn. 59). 1053

2.3. Maßgeblichkeit des prozessualen »Sich-Aufdrängens«

Was den Verwaltungsprozess vom Strafprozess in diesem rechtlichen Gesichtspunkt unterscheidet, ist nicht etwa, dass die Gehörsrüge im Verwaltungsprozess stets einen Beweisantrag voraussetzt, sondern die weniger starke prozessuale Bedeutung des Beweisantragsrechts und die erhöhten Anforderungen an die Mitwirkungspflichten der Beteiligten. Dies ist auch der Grund dafür, dass nach der Rechtsprechung eine Aufklärungsrüge regelmäßig nur Erfolg hat, wenn sich dem Verwaltungsgericht eine weitere Sachaufklärung *hätte aufdrängen müssen* (BVerwG, EZAR 630 Nr. 34; BVerwG, InfAuslR 1994, 129 (130)). Einer der wichtigsten Verfahrensfehler des Verwaltungsprozesses ist der Verstoß gegen die Aufklärungspflicht. 1054

Das Verwaltungsgericht hat nach § 86 I VwGO den Sachverhalt so umfassend aufzuklären, dass es über den geltend gemachten Anspruch nach Maßgabe seiner materiell-rechtlichen Sicht entscheiden kann. Allerdings findet nach ständiger Rechtsprechung des BVerwG die gerichtliche Aufklärungspflicht ihre Grenze dort, wo das Klagevorbringen des Beteiligten keinen *tatsächlichen Anhaltspunkt zu weiterer Sachaufklärung* bietet (BVerwG, InfAuslR 1990, 38 (39); Redeker/v. Ortzen, VwGO, § 86 Rdn. 10 f.). Die Rüge der mangelnden Sachaufklärung setzt im Verwaltungsprozess daher stets voraus, dass sich aufgrund des Vorbringens des Beteiligten dem Gericht eine weitere Aufklärung 1055 hätte aufdrängen müssen (BVerwG, EZAR 634 Nr. 2). Die Verletzung der Mitwirkungspflichten kann daher regelmäßig die prozessuale Situation des »Sich-Aufdrängens« einer Beweisaufnahme nicht entstehen lassen. Der nicht vorgetragene Umstand wird damit auch nicht Teil des *Gesamtergebnisses des Verfahrens* (§ 108 I 1 VwGO), das Grundlage für die richterliche Überzeugungsbildung ist (Dawin, NVwZ 1995, 729 (733)).

1056 Zwar wird damit der Verwaltungsprozess durch eine besonders starke Darlegungspflicht der Beteiligten geprägt und unterscheidet ihn dies wesentlich vom Strafprozess. Da sich andererseits eine weitere Aufklärung dem Gericht nur durch entsprechendes Sachvorbringen aufdrängen kann, gehen Ermittlungsdefizite regelmäßig mit Verletzungen des Anspruchs auf rechtliches Gehör einher. Denn nach der Rechtsprechung des BVerwG ist die Frage der sich aufdrängenden Aufklärungsmöglichkeiten gerade danach zu beurteilen, welche Erkenntnismöglichkeiten das Gericht aufgrund des Verhaltens und des Vortrags der Beteiligten hat. Die Notwendigkeit, zweifelhaften Sachverhalten nachzugehen, drängt sich dem Gericht um so mehr auf, als diese von den Beteiligten vorgetragen werden.

1057 Umgekehrt nimmt die Aufklärungspflicht ab, wenn nicht einmal interessierte Beteiligte substanziierte Sachangaben machen (Nierhaus, Beweismaß und Beweislast, S. 337). Weitere Sachverhaltsermittlung »drängt« sich somit auf, wenn ein Beteiligter rechtserhebliche konkrete Anhaltspunkte und Tatsachen substanziiert und hinreichend schlüssig vorträgt (Nierhaus, Beweismaß und Beweislast, S. 340). Daher sind in konsequenter Fortentwicklung dieser Darlegungslasten die Darlegungsanforderungen an die Verfahrensrüge umso höher, je unzulänglicher der Sachvortrag der Beteiligten im Verfahren der Vorinstanz war. Aus diesem Zusammenhang ist indes der prozessuale Schluss zu ziehen, dass bei der Auslegung und Anwendung des § 138 Nr. 3 VwGO auch Aufklärungsdefizite von Bedeutung sein können.

2.4. Voraussetzungen der Aufklärungsrüge im Asylprozess

2.4.1. Verletzung der gerichtlichen Hinweispflicht (§ 104 Abs. 1 VwGO)

1058 War für den Beteiligten aufgrund des bisherigen Prozessverlaufs nicht erkennbar, dass er seinen Sachvortrag zu bestimmten Tatsachen substanziieren muss, so muss das Gericht diesem zu erkennen geben, dass es aufgrund des bisherigen Vortrags den geltend gemachten Anspruch nicht für hinreichend substanziiert hält (BVerfG, NJW 1991, 2823 (2824)).Dementsprechend wird im Schrifttum die Aufklärungsrüge auch im Asylprozess für zulässig erachtet, wenn das Gericht Beweisanregungen oder schriftlich angekündigte Beweisanträge eines Beteiligten ohne Begründung übergangen hat (Höllein, ZAR 1989, 109 (113); zur Rügefähigkeit übergangener Beweisermittlungsanträge Alsberg/Nüse/Meyer, Der Beweisantrag im Strafprozeß, S. 90 f.). Dasselbe muss gelten, wenn der Beteiligte substanziiert und konkret Umstände vorgetragen hat, die eine Aufklärung von Amts wegen erfordern, das Gericht jedoch keinen Hinweis auf die sich hieraus ergebenden prozessualen Konsequenzen gibt.

Rechtsmittel § 78

Die Aufklärungsrüge kann begründet sein, wenn zwar ein vor der mündlichen Verhandlung gestellter Beweisantrag das Gericht nicht nach prozessrechtlichen Grundsätzen zur Beweiserhebung veranlassen musste, es den Antrag aber nicht oder nicht in zulässiger Form beschieden und es entgegen seiner Fürsorgepflicht gegenüber dem Antragsteller erforderliche Hinweise in der mündlichen Verhandlung unterlassen hat. Wird der Beteiligte etwa in dem Irrtum belassen, er habe mit der Antragstellung vor der mündlichen Verhandlung alles Erforderliche getan, um seinen prozessualen Pflichten zu genügen, so wird er durch die gerichtliche Versäumnis an der Stellung sachdienlicher Anträge gehindert (Alsberg/Nüse/Meyer, Der Beweisantrag im Strafprozeß, S. 856, 859 f.). 1059

Ebenso liegt es, wenn Beweisanregungen ohne Begründung übergangen werden (Höllein, ZAR 1989, 109 (113)). Zwar sind Hinweis-, Aufklärungs- und Erörterungspflichten, die über das Recht der Beteiligten hinausgehen, sich zu dem der gerichtlichen Entscheidung zugrundeliegenden Sachverhalt vor Erlass der Entscheidung zu äußern, grundsätzlich nicht vom Schutzbereich des Art. 103 I GG erfasst (BVerfG (Vorprüfungsausschuss), NJW 1980, 1093). Dieser Verfassungsnorm ist kein allgemeines Frage- und Aufklärungsrecht des Gerichts zu entnehmen (BVerfG, NJW 1991, 2823 (2824); Thür. OVG, AuAS 1998, 190). Es kommt jedoch der Verhinderung eines Vortrags gleich, wenn das Gericht ohne vorherigen Hinweis Anforderungen an den Sachvortrag stellt, mit denen auch ein gewissenhafter und rechtskundiger Beteiligter – selbst unter Berücksichtigung der Vielfalt vertretbarer Rechtsauffassungen – nach dem bisherigen Prozessverlauf nicht zu rechnen brauchte (BVerfG, NJW 1991, 2832 (2824)). 1060

Art. 103 I GG ist deshalb so auszulegen, dass die prozessrechtlichen, auf die *Prozessleitung* bezogenen Vorschriften des einfachen Rechts so ausgelegt und angewendet werden müssen, dass der Anspruch der Beteiligten auf rechtliches Gehör *tatsächlich optimal verwirklicht* werden kann (Schmitt-Glaeser, Verwaltungsprozeßrecht, Rdn. 555). Zutreffend ist, dass nicht jede fehlerhafte Anwendung einfach-gesetzlichen Verfahrensrechts zwingend eine Verletzung von Art. 103 I GG nach sich zieht (BVerfGE 60, 305 (310); Schmidt-Aßmann, in: Maunz-Dürig, Grundgesetz-Kommentar, Art. 103 I Rdn. 143). Ob die Verletzung einfach-gesetzlichen Prozessrechts zugleich den Schutzbereich von Art. 103 I GG berührt, hängt von der Bedeutung der verletzten Norm des einfachen Rechts für die Gewährleistung des von der Funktionsgarantie gesicherten Basisvorgangs der Gehörsgewährung ab. Dabei kommt es nicht allein auf die einzelne Vorschrift, sondern auf den gesamten *Wirkungszusammenhang* an, in dem sie steht (Schmidt-Aßmann, in: Maunz-Dürig, Grundgesetz-Kommentar, Art. 103 I Rdn. 146). 1061

Die Hinweispflicht nach § 104 I VwGO steht im engen Zusammenhang mit der Pflicht des Gerichts, beratend auf die Stellung sachdienlicher Anträge und die Ergänzung ungenügender tatsächlicher Angaben hinzuwirken (§ 86 III VwGO). Diese Hinweis- und Beratungspflicht steht wiederum – wie sich bereits aus der systematischen Stellung ergibt – im engen Sachzusammenhang mit der gerichtlichen Aufklärungspflicht nach § 86 I VwGO. Zwar ist nicht erforderlich, dass das Gericht sämtliche rechtlichen Gesichtspunkte in 1062 der mündlichen Verhandlung mit den Beteiligten erörtert. Insbesondere ist es nicht verpflichtet, diesen zuvor seine aus dem Gesamtergebnis des Verfahrens zu ziehenden Schlüsse mitzuteilen, da diese erst in der nachfolgenden Beratung gezogen werden.

1063 Das Verwaltungsgericht muss jedoch Äußerungen der Parteien zu allen unter Umständen relevanten rechtlichen Überlegungen *anregen*. Eine dem verfassungsrechtlichen Anspruch des Art. 103 I GG genügende Gewährleistung rechtlichen Gehörs setzt nämlich voraus, dass der Beteiligte bei Anwendung der von ihm zu verlangenden Sorgfalt zu erkennen vermag, auf welchen Sachvortrag es für die gerichtliche Entscheidung ankommt (BVerfG, NJW 1991, 2823 (2824)). Dies gilt grundsätzlich auch für den Fall, dass die Beteiligten ganz offensichtlich die für das Gericht maßgeblichen rechtlichen Überlegungen übersehen (Schmitt-Glaeser, Verwaltungsprozeßrecht, Rdn. 554).

1064 Gerichtliche Hinweispflichten dienen damit gerade im besonderen Maße der Verwirklichung des rechtlichen Gehörs. Diese sind zwar bei anwaltlich vertretenen Beteiligten geringer, jedoch nicht von vornherein ausgeschlossen (BVerfG (Kammer), NVwZ 1992, 559). Die Verwaltungsgerichte dürfen die Klage nicht an der Unbeholfenheit des Beteiligten bei der Wahrnehmung seiner Rechte scheitern lassen. Sie müssen ihm vielmehr aufgrund ihres besseren Überblicks bei der Rechtsverfolgung durch die in § 86 III VwGO zur Pflicht gemachten Hinweise behilflich sein und ihm den rechten Weg weisen, wie er im Rahmen der jeweils gegebenen Möglichkeiten das erstrebte Ziel am besten und zweckmäßigsten erreichen kann (BVerwG, InfAuslR 1984, 292; BVerwG, U. v. 22. 4. 1986 – BVerwG 9 C 318.85).

1065 Die Sachaufklärungspflicht, die das Gericht ohnehin von Amts wegen zur weiteren Beweiserhebung zwingt, und die Mitwirkungspflicht des Beteiligten sind zwei zusammenhängende Elemente eines *prozessualen Wirkungszusammenhangs*. Die Mitwirkungspflichten, die ihrerseits die Aufklärungspflicht begrenzen, sind im Verwaltungsprozess einerseits sehr hoch, andererseits aber auch im besonderen Maße verfassungsrechtlich durch den Grundsatz des rechtliches Gehörs geschützt. Trägt der Beteiligte daher in Erfüllung seiner Mitwirkungspflicht konkrete und substanziierte Umstände vor, ohne zu erkennen, welche prozessualen Folgen hieraus zu ziehen sind, so hat er zur optimalen Verwirklichung seines Anspruchs auf rechtliches Gehör ein verfassungsrechtlich geschütztes Recht darauf, durch das Gericht auf die gebotenen prozessualen Konsequenzen hingewiesen zu werden.

1066 Wirft der Beteiligte dem Verwaltungsgericht eine Verletzung der Fürsorgepflicht vor, die ursächlich dafür gewesen ist, dass ein Beweisantrag nicht gestellt worden ist, so steht ihm die Gehörsrüge wegen Rüge unzulänglicher Aufklärung zur Verfügung. In einem derartigen Fall mag man die Aufklärungsrüge als besonderen Fall der Gehörsrüge ansehen. So wird die gerichtliche Frage- und Fürsorgepflicht auch als Unterfall der gerichtlichen Aufklärungspflicht angesehen (Alsberg/Nüse/Meyer, Der Beweisantrag im Strafprozeß, S. 877). Unter diesen Umständen umfasst die nach Abs. 3 Nr. 3 in Verb. mit § 138 Nr. 3 VwGO zulässige Gehörsrüge auch den prozessualen Spezialfall der Aufklärungsrüge (ähnl. Höllein, ZAR 1989, 109 (113)). In der obergerichtlichen Rechtsprechung wird ebenfalls davon ausgegangen, dass

Rechtsmittel § 78

ein Aufklärungsmangel im Grundsatz die für § 138 Nr. 3 VwGO »maßgebliche Schwelle« erreichen kann (OVG SA, B. v. 13. 10. 1995 – 2 L 301/95).

2.4.2. Ermittlung eines unrichtigen oder unvollständigen Sachverhalts
Darüber hinaus wird für den Asylprozess auch in dem Fall die Verfahrensrüge nach § 138 Nr. 3 VwGO für zulässig angesehen, in dem sich aus den Gründen des angefochtenen Urteils ergibt, dass das Gericht bei der Würdigung des Vorbringens des Beteiligten oder bei der Beweiswürdigung von einem unrichtigen oder unvollständigen Sachverhalt ausgegangen ist (Höllein, ZAR 1989, 109 (113)). Das BVerwG hat es hingegen offen gelassen, ob in der Verletzung von Beweiswürdigungsgrundsätzen, die ihren Schwerpunkt im Bereich der Tatsachenfeststellungen haben, etwa weil wesentlicher Prozessstoff in tatsächlicher Hinsicht ungewürdigt geblieben ist, ein rügefähiger Verfahrensfehler gesehen werden kann (BVerwG, NVwZ-RR 1996, 359 (360) = EZAR 634 Nr. 1 = AuAS 1996, 83 (nur LS)). 1067

Demgegenüber hat es einen Verfahrensfehler darin gesehen, dass das Gericht von ihm in das Verfahren eingeführte Erkenntnismittel nicht berücksichtigt hat, die seiner Entscheidung entgegenstanden, weil sich dem Gericht hätte aufdrängen müssen, diese im Rahmen der Beweiswürdigung zu behandeln. Lasse das Gericht in seiner Entscheidung gewichtige Tatsachen oder Tatsachenkomplexe, deren Entscheidungserheblichkeit sich aufdränge, unerwähnt, spreche vieles dafür, dass es den entsprechenden Tatsachenstoff entweder nicht zur Kenntnis genommen oder jedenfalls nicht in Erwägung gezogen habe (BVerwG, EZAR 630 Nr. 34). 1068

Damit ist festzuhalten, dass neben dem Fall der Verletzung der gerichtlichen Hinweispflicht dann eine nach § 138 Nr. 3 VwGO erhebliche Verfahrensrüge geltend gemacht werden kann, wenn das Verwaltungsgericht entscheidungserhebliches Sachvorbringen oder sonstige Tatsachen oder Tatsachenkomplexe im Rahmen der Beweiswürdigung nicht zur Kenntnis nimmt oder jedenfalls nicht in Erwägung zieht, deren Berücksichtigung sich hätte aufdrängen müssen. 1069

2.5. Darlegung des Aufklärungsmangels im Zulassungsantrag

Hohe prozessuale Hürden bei der Darlegung stehen häufig dem Erfolg der Aufklärungsrüge entgegen. Für den Asylprozess ergibt sich hierbei wegen der eingeschränkten Geltendmachung der Aufklärungsmängel auf den durch den Grundsatz des rechtlichen Gehörs begrenzten Bereich eine weitere prozessuale Verschärfung: Zunächst sind im Zulassungsantrag neben der verletzten Rechtsnorm die Tatsachen konkret und bestimmt zu bezeichnen, die den gerügten Mangel ergeben. Nach ständiger Rechtsprechung des BVerwG ist der Verfahrensmangel der unzureichenden Sachaufklärung nur dann ausreichend bezeichnet, wenn angegeben wird, inwiefern sich der Vorinstanz – ausgehend von deren materiellrechtlicher Sicht – eine weitere Erforschung des Sachverhalts hätte aufdrängen müssen, welche Beweismittel dafür in Frage gekommen wären, welches Ergebnis die unterbliebene Auf- 1070 klärung im Einzelnen gehabt hätte und inwiefern dieses Ergebnis zu einer für den Rechtsmittelführer günstigeren Entscheidung hätte führen können (BVerwG, NVwZ 1995, 373 = InfAuslR 1995, 23 = AuAS 1995, 20; BVerwG, InfAuslR 1998, 219 (220); BVerwG, B. v. 21. 11. 1994 – BVerwG 9 B 666.94; BVerwG, B. v. 13. 5. 1996 – BVerwG 9 B 174.96).

1071 Denn nur wenn die Möglichkeit bestand, dass die Vorinstanz zu einer in diesem Sinne günstigeren Entscheidung hätte gelangen können, »beruht« die angefochtene Entscheidung auf dem Verfahrensmangel (BVerwG, B. v. 10. 6. 1992 – BVerwG 9 B 176.91). Es sind also regelmäßig nähere Ausführungen dazu geboten, welche tatsächlichen Feststellungen mit der Rüge angegriffen werden und zu welchen konkreten Tatsachenfeststellungen das Verwaltungsgericht keine Möglichkeit zur Äußerung eingeräumt hat. Überdies ist darzulegen, was gegebenenfalls dazu – bei Beachtung des Anspruchs auf rechtliches Gehör – vorgetragen worden wäre und inwiefern dieser Vortrag zur Klärung des geltend gemachten Anspruchs geeignet, also entscheidungserheblich gewesen wäre, in welcher Weise der Beteiligte also bei der vom Gericht gewählten prozessualen Verfahrensweise gehindert gewesen ist, sich mit bestimmten – näher bezeichneten – tatsächlichen und rechtlichen Argumenten rechtliches Gehör zu verschaffen (OVG NW, B. v. 20. 3. 1997 – 8 B 334/97).

1072 Hat die Aufklärungsrüge den nicht beschiedenen Beweisantrag zum Inhalt, wird in der Darlegung der hierfür maßgeblichen tatsächlichen Angaben regelmäßig die Verletzung von Fürsorge- und Hinweispflichten enthalten sein. Zum notwendigen Inhalt der Rüge gehört dabei die Wiedergabe des vor der mündlichen Verhandlung schriftsätzlich gestellten Beweis- oder Beweisermittlungsantrags. Es müssen deshalb die behauptete Beweistatsache und das angebotene Beweismittel bezeichnet werden (BGHSt 30, 131 (138)).

1073 Darüber hinaus müssen die Gründe dargelegt werden, aus denen das Verwaltungsgericht verpflichtet war, auf die Stellung eines einwandfreien Beweisantrags hinzuwirken. Dazu gehört die bestimmte Behauptung, dass der Beteiligte in der mündlichen Verhandlung ein Beweisverlangen gestellt, eine Beweisanregung gegeben oder auf unaufgeklärte, widersprüchliche oder unzulängliche tatsächliche Fragen hingewiesen hat, die dem Verwaltungsgericht Anlass hätten geben müssen, darauf hinzuweisen, dass den Vorschriften der Prozessordnung nur durch die Stellung eines förmlichen Beweisantrags genügt ist oder dass dem Gericht sich hätte aufdrängen müssen, den Beteiligten nach weiteren Einzelheiten seines Beweisverlangens zu befragen, insbesondere die Beweistatsachen oder die zu benutzenden Beweismittel klarzustellen (Alsberg/Nüse/Meyer, Der Beweisantrag im Strafprozeß, S. 877).

1074 Da aus Art. 103 I GG keine allgemeine Frage- und Aufklärungspflicht des Gerichts folgt (BVerfG, NJW 1991, 2823 (2824)), muss also der Rechtsmittelführer in der Vorinstanz weitere Sachaufklärung *zumindest substanziiert angeregt* haben, um später mit der Gehörsrüge die unterbliebene Sachaufklärung als Verfahrensmangel geltend machen zu können. Im Unterschied dazu genügt nach § 132 II Nr. 3 VwGO die Darlegung, dass und aus welchen Gründen sich die Klärungsbedürftigkeit einer bestimmten Frage geradezu hätte auf-

Rechtsmittel § 78

drängen müssen (Höllein, ZAR 1989, 109 (113)). Wird der bereits schriftsätzlich formulierte Beweisantrag in der mündlichen Verhandlung vom Verfahrensbevollmächtigten nicht förmlich wiederholt, so sind die Gründe dafür darzulegen, dass dem Gericht im Rahmen seiner richterlichen Aufklärungspflicht sich hätte aufdrängen müssen, den noch unerledigten Beweisantrag von sich aus aufzugreifen und zu prüfen (vgl. Oske, MDR 1971, 797 (799)).

In einem derartigen Fall ist jedoch die Möglichkeit nicht von vornherein auszuschließen, dass der unerledigte Beweisantrag in Vergessenheit geraten ist. Wiederholt dennoch der Rechtsanwalt den Beweisantrag nicht, so kann darin der Verzicht auf den Antrag gesehen werden. Hierfür ist allerdings neben der Tatsache der Nichtberücksichtigung des Beweisantrags noch das Hinzutreten besonderer Umstände erforderlich, die mit Sicherheit den Schluss zulassen, dass der schriftsätzlich gestellte Antrag nicht nur in Vergessenheit geraten ist. Wann ein Verzicht durch den Rechtsanwalt angenommen werden kann, ist daher stets von den Umständen des Einzelfalls abhängig (Oske, MDR 1971, 797 (799)). Diese Umstände sind in der Aufklärungsrüge im Einzelnen darzutun. 1075

Daher kann der Rechtsprechung, soweit sie davon ausgeht, dass der Beteiligte, der es in der mündlichen Verhandlung unterlassen hat, durch einen förmlichen Beweisantrag auf die jetzt vermissten Ermittlungen hinzuwirken, sein Rügerecht verloren hat (OVG Hamburg, AuAS 1993, 227), in dieser Pauschalität nicht zugestimmt werden. Hat etwa das Gericht über den Beweisantrag deshalb nicht entschieden, weil es dem Beteiligten zugesichert hat, es werde die unter Beweis gestellte Tatsache als wahr unterstellen, erwächst dem Gericht daraus eine besondere verfahrensrechtliche Hinweispflicht, wenn es an dieser Auffassung nicht festhalten will. Dieser wird regelmäßig nur dadurch Genüge getan werden können, dass der Beteiligte darauf hingewiesen wird, die unter Beweis gestellte Tatsache werde nicht als wahr unterstellt, um ihm dadurch Gelegenheit zur Äußerung und Stellung sachdienlicher Anträge zu geben (BGHSt 1, 51 (54); 32, 44 (45); BGH, MDR 1978, 805 (806)). Nicht nur der unterlassene Beweisantritt, sondern bereits auch der unterbliebene schlüssige Sachvortrag können dem Gericht Veranlassung geben, den Beteiligten auf diese Mängel hinzuweisen, wenn dieser aufgrund des bisherigen Prozessverlaufs davon ausgehen konnte, dass die Beweiserhebung zu seinen Gunsten verlaufen ist (BGH, NJW 1989, 2756 (2757)). 1076

3. Gehörsverletzung wegen einer »unzulässigen Überraschungsentscheidung«

3.1. Prozessualer Begriff der »unzulässigen Überraschungsentscheidung«

Zwar verlangt Art. 103 I GG grundsätzlich nicht, dass das Verwaltungsgericht vor seiner Entscheidung auf seine Rechtsauffassung hinweist. Dieser Norm ist auch keine allgemeine Frage- und Aufklärungspflicht des Richters zu entnehmen. Es kommt jedoch im Ergebnis der Verhinderung eines Vortrags gleich, wenn das Gericht ohne vorherigen Hinweis Anforderungen an 1077

1653

den Sachvortrag stellt, mit denen auch ein gewissenhafter und kundiger Prozessbeteiligter – selbst unter Berücksichtigung der Vielfalt vertretbarer Rechtsauffassungen – nach dem bisherigen Prozessverlauf nicht zu rechnen brauchte (BVerfGE 84, 188 (190); BVerfG (Kammer), NVwZ-Beil. 1995, 66; BVerwG, NJW 1986, 445; BVerwG, InfAuslR 1988, 55 (57); Hess.VGH, AuAS 1999, 21 (22); BFH, NVwZ-RR 2002, 239; GK-AsylVfG a. F., § 32 Anhang 1 Rdn. 248; Schenk, in: Hailbronner, AuslR, § 78 AsylVfG Rdn. 91).

1078 Das *Verbot einer unzulässigen Überraschungsentscheidung* verbietet es, dass das Gericht einen bis zum Schluss der mündlichen Verhandlung *nicht erörterten rechtlichen oder tatsächlichen Gesichtspunkt* zur Grundlage seiner Entscheidung macht, wenn es *damit dem Rechtsstreit eine Wende gibt*, mit der die Beteiligten nach dem bisherigen Verfahrensverlauf nicht zu rechnen brauchten (BVerfGE 84, 188 (190); BVerfG (Kammer), InfAuslR 1992, 231 (234); BVerfG (Kammer), NJW 2002, 1334 = NVwZ 2002, 852 (LS); BayVerfGH, NJW 1992, 1094; BVerwG, NJW 1983, 770; BVerwG, NJW 1984, 140; BVerwG, NJW 1986, 445; BFH, NVwZ-RR 2002, 239; Nieders.OVG, AuAS 1998, 125 (126) = NVwZ-Beil. 1997, 74 (LS); Berlit, in: GK-AsylVfG, § 78 Rdn. 284). Zwar fordert Art. 103 I GG kein Rechtsgespräch im Rahmen der mündlichen Verhandlung (BVerfGE 31, 364 (370); BVerfG (Kammer), InfAuslR 1995, 69 (70); BVerfG (Kammer), NVwZ-Beil. 1995, 66). Eine dem Art. 103 I GG genügende Gewährung rechtlichen Gehörs setzt aber voraus, dass die Beteiligten bei Anwendung der von ihnen zu verlangenden Sorgfalt zu erkennen vermögen, auf welchen *Tatsachenvortrag* es für die gerichtliche Entscheidung ankommen kann.

1079 Diese Verfassungsnorm verlangt zwar grundsätzlich nicht, dass das Gericht vor seiner Entscheidung auf seine *Rechtsauffassung* hinweist. Ihr ist auch keine allgemeine Frage- und Aufklärungspflicht des Gerichts zu entnehmen. Das setzt freilich voraus, dass der Verfahrensbeteiligte bei Anwendung der von ihm zu verlangenden Sorgfalt schon von sich aus erkennen kann, auf welche Gesichtspunkte es für die Entscheidung ankommen kann (BVerfG (Kammer), InfAuslR 1995, 69 (79) = EZAR 630 Nr. 33 = AuAS 1995, 7 = NVwZ-Beil. 1995, 11; BVerfG (Kammer), NVwZ-Beil. 1995, 66). Es kann dann im Ergebnis der Verhinderung eines Vortrags gleichkommen, wenn das Gericht *ohne vorherigen Hinweis* Anforderungen an den *Sachvortrag* stellt, mit denen auch ein gewissenhafter und kundiger Prozessbeteiligter – selbst unter Berücksichtigung der Vielfalt vertretbarer Rechtsauffassungen – nach dem bisherigen Prozessverlauf nicht zu rechnen brauchte (BVerfGE 84, 188 (190); BVerfG (Kammer), InfAuslR 1995, 69 (70); BVerfG (Kammer), NVwZ 1995, 66).

3.2. Prozessuale Funktion im Rahmen der Gehörsrüge

1080 Regelmäßig setzt die Gehörsrüge die Darlegung voraus, dass der Beteiligte alle ihm zumutbaren und verfügbaren prozessualen Möglichkeiten ausgeschöpft hat, um sich Gehör noch in der das rechtliche Gehör verletzenden Instanz zu verschaffen. Während bei der *Aufklärungsrüge* darzulegen ist, dass

Rechtsmittel § 78

zwar kein Beweisantrag gestellt, aber im Übrigen zureichende prozessuale Schritte unternommen wurden, um die gerichtliche Sachaufklärungspflicht nach § 86 I 1 VwGO auszulösen, steht bei der Rüge der unzulässigen Überraschungsentscheidung die gerichtliche Hinweispflicht nach §§ 86 III und 104 I VwGO im Vordergrund. Aus diesen Regelungen wird das *Verbot* abgeleitet, eine Entscheidung auf Gründe zu stützen, die weder im Verwaltungsverfahren noch im Verwaltungsprozess erörtert wurden und mit deren Entscheidungserheblichkeit nach dem bisherigen Prozessverlauf auch ein gewissenhafter und rechtskundiger Beteiligter nicht zu rechnen brauchte.

Im Ausgangspunkt ist jedoch zunächst festzuhalten, dass der Vorsitzende nach § 86 III VwGO lediglich darauf hinzuwirken hat, dass ungenügende tatsächliche Angaben ergänzt und ferner alle für die Feststellung und Beurteilung des Sachverhalts wesentlichen Erklärungen abgegeben werden. Wie sich bereits aus dem Gesetzeswortlaut ergibt, kann sich die Hinweispflicht lediglich auf die Ergänzung ungenügender *tatsächlicher* Angaben erstrecken, deren Unvollständigkeit für das Gericht erkennbar ist. 1081

Darüber hinaus hat das Gericht auch auf *rechtliche* Gesichtspunkte hinzuweisen. § 86 III VwGO verlangt zwar nicht, dass das Gericht auf jeden rechtlichen Gesichtspunkt besonders hinweist, auf den es für die Entscheidung ankommen kann, wenn diese Gesichtspunkte bereits früher im Verwaltungs- oder im Gerichtsverfahren erörtert worden sind oder auf der Hand liegen. Will aber das Gericht seine Entscheidung allein auf Rechtsgründe stützen, welche im bisherigen Verfahren noch nie erörtert worden und auch nicht offensichtlich sind, ist es gemäß § 86 III VwGO seine Pflicht, die Verfahrensbeteiligten darauf hinzuweisen, damit sie sich dazu äußern und gegebenenfalls ihre tatsächlichen Angaben ergänzen können (BVerwGE 36, 264 (267)). 1082

Die Regelung in § 86 III VwGO gilt zwar in jeder Lage des Verfahrens. Die Vorschrift des § 104 I VwGO *ergänzt* diese Bestimmung jedoch für die mündliche Verhandlung, in dem dort die Erörterung der streitigen Fragen vorgeschrieben wird (BVerfG, NVwZ 1992, 259; BVerwGE 36, 264 (267)). Diese Vorschrift dient dazu, die Beteiligten vor Überraschungsentscheidungen zu schützen (BVerwGE 49, 111 (113)). Sie müssen Gelegenheit erhalten, Tatsachen vorzutragen, die unter einem bisher nicht erörterten, vielleicht auch nicht ohne weiteres erkennbaren rechtlichen Aspekt, den das Gericht jedoch für erheblich hält, Bedeutung haben können (BVerGE 49, 111 (112)). 1083

3.3. Einzelfragen der »unzulässigen Überraschungsentscheidung«

Bei Unstimmigkeiten und Widersprüchen im klägerischen Sachvortrag besteht grundsätzlich keine Verpflichtung des Gerichts, von sich aus Nachforschungen durch weitere Fragen anzustellen (BVerwG, U. v. 22. 4. 1986 – BVerwG 9 C 318.85; Thür.OVG, AuAS 1998, 190 (191); Nieders.OVG AuAS 1997, 213 (214); Nieders.OVG, B. v. 18. 5. 2000 – 9 L 1171/00). Darüber hinaus ist das Gericht grundsätzlich nicht gehalten, auf die Stellung eines Beweisantrages hinzuwirken (BSG, NVwZ-RR 1998, 203). 1084

1085 Eine das rechtliche Gehör der Beteiligten verletzende Überraschungsentscheidung ist jedoch dann anzunehmen, wenn das Verwaltungsgericht einen Gesichtspunkt, zu dem bereits etwa durch Zeugenvernehmung Beweis erhoben worden ist, nicht mehr für entscheidungserheblich ansieht. In diesem Fall kann eine Gehörsverletzung nur durch einen ausdrücklichen Hinweis des Verwaltungsgerichts, dass und warum es bei seiner Entscheidung entgegen der bisher erkennbar gewordenen Auffassung auf diesen Punkt nicht einzugehen beabsichtigt, vermieden werden (BVerwG, Buchholz 412.3 § 6 BVFG Nr. 65).

1086 Wird andererseits ein Beteiligter schon vor der mündlichen Verhandlung darauf aufmerksam gemacht, dass z. B. der bisher lediglich schriftsätzlich gestellte Klageantrag nicht bedenkenfrei ist, ist er gehalten, diese Frage zusammen mit dem Gericht in der mündlichen Verhandlung zu erörtern (BVerfG (Kammer), NVwZ 1992, 259). Der *gerichtlichen Fürsorgepflicht* korrespondiert auch insoweit eine *Mitwirkungspflicht* des Beteiligten (BVerfG (Kammer), NVwZ 1992, 259).

1087 Lehnt das Verwaltungsgericht den Antrag auf Einholung eines weiteren Sachverständigengutachtens mit der Begründung ab, dass ihm bereits genügende Erkenntnismittel zu der Beweisfrage vorliegen, ist die Ablehnung des Beweisantrags mit dieser Begründung prozessordnungsgemäß. Sie kann daher auch nicht unter dem prozessualen Gesichtspunkt der unzulässigen Überraschungsentscheidung das Gehör des Beteiligten verletzen (Hess. VGH, AuAS 1999, 21 (22)).

1088 Ist der Beteiligte *anwaltlich vertreten*, ist die Belehrungspflicht zwar ihrem Umfang nach geringer als sonst. Sie ist jedoch nicht etwa von vornherein ausgeschlossen (BVerfG (Kammer), NVwZ 1992, 259). Zwar ist das Gericht nicht gehalten, den anwaltlich vertretenen Beteiligten die Beantwortung *schwieriger Rechtsfragen* abzunehmen (BVerfG (Kammer), NVwZ 1992, 259; BVerfG (Kammer), InfAuslR 1995, 69 (70)). Muss der Vorsitzende jedoch erkennen, dass der Beteiligte mit der Klage, so wie sie mit der Klageschrift anhängig gemacht worden ist, sein Klageziel nicht erreichen kann, muss er den anwaltlich vertretenen Beteiligten hierauf hinweisen. Zu mehr ist das Gericht aber gegenüber einem jedenfalls rechtskundig vertretenen Beteiligten nicht verpflichtet. Auf die Möglichkeit und Notwendigkeit einer Änderung bzw. Erweiterung des Klageantrags muss das Gericht nicht hinweisen (BVerfG (Kammer), NVwZ 1992, 259).

1089 Eine Gehörsverletzung wegen einer unzulässigen Überraschungsentscheidung kommt auch in Betracht, wenn die Beteiligten gemäß § 101 II VwGO auf *mündliche Verhandlung verzichtet* haben (BVerfG (Kammer), NVwZ-Beil. 1995, 66; BVerwG, NJW 1986, 445). Einem Urteil dürfen grundsätzlich nur Tatsachen und Beweisergebnisse zugrundegelegt werden, zu denen die Beteiligten sich äußern konnten. Bezeichnet das Verwaltungsgericht – ohne die Beteiligten vorher auf diese Möglichkeit hinzuweisen – die bislang zugrundegelegte Begründung als zweifelhaft und ersetzt sie durch eine andere, bislang nicht erörterte Vorschrift, dann sind die Beteiligten überrascht (BVerwG, NJW 1986, 445). Sowohl im schriftlichen Verfahren wie auch für den Fall der Durchführung einer mündlichen Verhandlung bedarf es in einem derartigen

Rechtsmittel § 78

Fall eines Hinweises des Gerichtes, etwa durch prozessleitende Verfügung, dass für bestimmte Rechtsfragen möglicherweise auch andere als die bislang angenommenen Vorschriften in Betracht kommen (BVerwG, NJW 1986, 445).

Hat das Gericht etwa den Beteiligten darauf hingewiesen, dass aufgrund der Bürgerkriegssituation in dessen Herkunftsland nicht von einer politischen Verfolgung auszugehen ist und verzichtet dieser deshalb auf Durchführung der mündlichen Verhandlung, wird der Anspruch auf rechtliches Gehör verletzt, wenn dieser Gesichtspunkt im Urteil keine Rolle mehr spielt, vielmehr die Klageabweisung in Auseinandersetzung mit den vom Beteiligten vorgetragenen individuellen Gründen und unter Verwertung bisher nicht in das Verfahren eingeführter Erkenntnismittel erfolgt (BVerfG (Kammer), NVwZ-Beil. 1995, 66 (67)). 1090

Auch ein gewissenhafter und kundiger Beteiligter muss nicht damit rechnen, dass ein Gericht unter Aufgabe seiner bisherigen Einschätzung der Sach- und Rechtslage, auf die es diesen selbst hingewiesen hat, die Klage aus Gründen abweist, zu denen sich zu äußern dieser wegen der ihm bekannt gegebenen Auffassung des Gerichts keine zwingende Veranlassung hatte (BVerfG (Kammer), NVwZ-Beil. 1995, 66 (67)). 1091

Findet eine mündliche Verhandlung statt und sind die Beteiligten nicht erschienen, wird es regelmäßig genügen, wenn das Gericht auf die bisher nicht erörterten *rechtlichen* Erwägungen, auf die es seine Entscheidung stützen will, hinweist und den Beteiligten Gelegenheit zur Äußerung gibt. Ist aber ein Beteiligter, zu dessen Ungunsten sich die Rechtsansicht des Gerichts auswirken kann, nicht erschienen, hat das Gericht die Verhandlung zu *vertagen* und die nicht erschienenen Beteiligten schriftlich auf die rechtlichen Erwägungen hinzuweisen und Gelegenheit zur Äußerung zu geben (BVerwGE 36, 264 (267)). 1092

Die Tatsache, dass in der mündlichen Verhandlung nicht ausdrücklich auf bestimmte Gesichtspunkte eingegangen wurde, die in der Entscheidung maßgeblich verwertet werden, begründet noch keine Überraschungsentscheidung. Ist vor der mündlichen Verhandlung schriftlich vom Gericht auf bestimmte Gesichtspunkte hingewiesen worden, so müssen sie in der mündlichen Verhandlung nicht zwingend nochmals erörtert werden (BVerwG, BayVBl. 1984, 252). Eine das rechtliche Gehör der Verfahrensbeteiligten verletzende Überraschungsentscheidung kann aber darin liegen, dass das Verwaltungsgericht zu Unrecht eine *Klage* als *verfristet* behandelt und dadurch rechtsirrig eine Sachentscheidung verweigert (BVerwG Buchholz 310 § 131 Nr. 40). 1093

Die obergerichtliche Rechtsprechung geht darüber hinaus von einem mit der Gehörsrüge nach § 138 Nr. 3 VwGO in Verb. mit Abs. 3 Nr. 3 angreifbaren Verfahrensverstoß auch dann aus, wenn das Verwaltungsgericht einen Beteiligten *mit einer Beweiswürdigung überrascht*, mit der dieser nach dem bisherigen Verfahrensverlauf nicht zu rechnen brauchte (OVG Hamburg, AuAS 1993, 223; s. auch Verletzung der Vorhaltepflicht unter Rdn. 372 ff.). Das Verwaltungsgericht verstoße gegen den Grundsatz des rechtlichen Gehörs, wenn es die vom Beteiligten in der mündlichen Verhandlung geschilderten *Folter-* 1094

§ 78 *Gerichtsverfahren*

erlebnisse als unglaubhaft qualifiziere, ohne in der Verhandlung seine Zweifel an dem Sachvortrag zu äußern. Angesichts dessen dürfe der Beteiligte darauf vertrauen, dass das Verwaltungsgericht keine überraschende Entscheidung treffe (OVG Hamburg, AuAS 1993, 223).

1095 Ebenso verstößt das Verwaltungsgericht gegen das Verbot einer unzulässigen Überraschungsentscheidung, wenn es einen vorgelegten *Haftbefehl* als *falsch* qualifiziert, ohne in der mündlichen Verhandlung seine hierauf abzielenden Bedenken zu äußern (OVG Hamburg, AuAS 1993, 81; s. hierzu Rdn. 958 ff.). Mit einer solchen dem Prozessrecht widersprechenden Beweiswürdigung brauchte der Beteiligte nicht zu rechnen. Vielmehr durfte er im Hinblick darauf, dass das Verwaltungsgericht in der mündlichen Verhandlung keine Zweifel an der Echtheit des Haftbefehls äußerte, sondern diesen lediglich durch den Dolmetscher übersetzen ließ und überdies keinerlei gutachtliche Stellungnahmen über die Beschaffenheit und Bekanntmachung türkischer Haftbefehle in das Verfahren eingeführt worden waren, darauf vertrauen, dass vor einer abschließenden Entscheidung ein Gutachten über die Echtheit des von ihm vorgelegten Haftbefehls eingeholt werde (OVG Hamburg, AuAS 1993, 81; s. hierzu aber OVG NW, AuAS 1997, 83).

1096 Ist das Verwaltungsgericht der Auffassung, die Angaben eines kurdischen Beteiligten zu seinen nicht vorhandenen türkischen Sprachkenntnissen seien unglaubhaft, weil der offizielle Gebrauch der kurdischen Sprache zur Zeit seines Schulbesuchs verboten gewesen sei, hat es dem Beteiligten Gelegenheit zur Äußerung zu geben (OVG Hamburg, AuAS 1993, 60). Nach der obergerichtlichen Rechtsprechung verletzt es andererseits nicht das rechtliche Gehör des Beteiligten, wenn das Verwaltungsgericht über seine *exilpolitischen Aktivitäten* zunächst Beweis erhebt, das Ergebnis der Beweisaufnahme indes ohne vorherigen Hinweis an den Beteiligten als nicht entscheidungserheblich unberücksichtigt lässt (OVG Hamburg, AuAS 1993, 199). Eine unzulässige Überraschungsentscheidung könnte allenfalls dann bejaht werden, wenn das Verwaltungsgericht im Wesentlichen nur über exilpolitische Tätigkeiten des Beteiligten Beweis erhoben, das Ergebnis dieser Beweisaufnahme aber ohne jeden richterlichen Hinweis an diesen in seinem Urteil als nicht erheblich unberücksichtigt gelassen habe (OVG Hamburg, AuAS 1993, 199).

1097 Demgegenüber hat nach der Rechtsprechung des BVerwG das Verwaltungsgericht bei einem derartigen Verfahrensablauf einen ausdrücklichen entsprechenden Hinweis zu geben. Unterbleibt dieser, ist das rechtliche Gehör des Beteiligten unter dem Gesichtspunkt der Überraschungsentscheidung verletzt (BVerwG, Buchholz 412.3 § 6 BVFG Nr. 65). Im Übrigen wird das rechtliche Gehör dann verletzt, wenn das Verwaltungsgericht exilpolitische Aktivitäten als Fortsetzung eines terroristischen Kampfes im Bundesgebiet wertet, wenn dieser Gesichtspunkt im bisherigen Verfahren keine Rolle gespielt hatte (BVerfG (Kammer), InfAuslR 1995, 69 (70) = EZAR 630 Nr. 33 = NVwZ-Beil 1995, 11 = AuAS 1995, 7).

3.4. Anforderungen an die Gehörsrüge

Im Zulassungsantrag ist zunächst anhand der schriftlichen Entscheidungsgründe herauszuarbeiten, in welcher konkreten tatsächlichen oder rechtlichen Frage der Beteiligte überrascht worden ist. Besondere Bedeutung gewinnt insoweit die gerichtliche Vorhaltepflicht. Unterlässt das Verwaltungsgericht während der Befragung des Asylsuchenden jeglichen Vorhalt, sondern beschränkt es sich auf die Entgegennahme der Erklärungen des Asylsuchenden, so dürfen die Beteiligten darauf vertrauen, dass das Verwaltungsgericht jedenfalls nicht von einem insoweit unglaubhaften Sachvorbringen ausgeht. Andernfalls wäre das Verwaltungsgericht verpflichtet gewesen, den Asylsuchenden fallbezogen auf seine Zweifel am bisherigen Sachvortrag hinzuweisen. 1098

In diesem Fall liegt die Gehörsverletzung darin, dass der Beteiligte seiner prozessualen Möglichkeiten beraubt wird, weitere Erklärungen vorzubringen, um bestehende als entscheidungserheblich angesehene Zweifel auszuräumen. Darüber hinaus ist die Gehörsverletzung auch in der überraschenden Beweiswürdigung zu sehen. Der Beteiligte, der nicht auf gerichtliche Zweifel an seinem Vorbringen hingewiesen wird, darf darauf vertrauen, dass das Verwaltungsgericht ihm Glauben schenkt. 1099

Darüber hinaus ist darzulegen, dass das Verwaltungsgericht durch die Gehörsverletzung dem Rechtsstreit eine Wende gegeben hat, mit der die Beteiligten nach dem bisherigen Prozessverlauf nicht zu rechnen brauchten. Es ist dabei zunächst die Entscheidungserheblichkeit dieser Frage herauszuarbeiten und darüber hinaus darauf hinzuweisen, dass diese Frage im bisherigen Verlaufe des Verfahrens weder überhaupt nicht oder jedenfalls nicht so erörtert worden ist, dass ihre Entscheidungserheblichkeit sich bei Anwendung der von dem Beteiligten zu verlangenden Sorgfalt hätte aufdrängen müssen. 1100

4. Prozessordnungswidrige Zurückweisung des Vertagungsantrags

4.1. Rechtliches Gehör und mündliche Verhandlung

Die mündliche Verhandlung stellt ein Mittel zur Verwirklichung des rechtlichen Gehörs im Prozess dar. Dementsprechend kommt der Teilnahme der Beteiligten an der mündlichen Verhandlung und damit auch dem Recht, aus dringenden Gründen einen Vertagungsantrag zu stellen, besondere Bedeutung zu. Das BVerwG hat unter Berufung auf die Rechtsprechung des EGMR hervorgehoben, dass der mündlichen Verhandlung insbesondere für die Gewährleistung der Öffentlichkeit des Verfahrens eine gesteigerte Bedeutung zukommt (BVerwGE 110, 203 (206)). 1101

Wenn Art. 103 I GG auch nicht ausnahmslos die Durchführung einer mündlichen Verhandlung erfordert, so begründet der Anspruch auf rechtliches Gehör doch für den Fall, dass eine mündliche Verhandlung stattfindet, das Recht der Parteien auf Äußerung in dieser Verhandlung (BVerwG, NVwZ 1102

§ 78 Gerichtsverfahren

1989, 857 (858)). Vom Schutzbereich dieses Prozessgrundrechts umfasst ist auch der Anspruch, sich durch einen *rechtskundigen Prozessbevollmächtigten* vertreten zu lassen (BVerwG, NVwZ 1989, 857 (858)). Auch in Anbetracht des Amtsermittlungsgrundsatzes und des Umstandes, dass das Gericht das Recht zu kennen hat, darf das Recht der Beteiligten, sich mit ihren eigenen Vorstellungen über die anzustellenden Ermittlungen und über die zu beantwortenden Fragen zu Wort zu melden, nicht beschnitten werden (BVerfG (Kammer), NVwZ-Beil. 1994, 17 (18); BVerwGE 51, 111 (113)).

1103 Eine insoweit verständige und sachgerechte Prozessführung wird in vielen Asylverfahren ohne anwaltliche Hilfe nicht zu bewältigen sein. Dies ist insbesondere auch dann zu erwägen, wenn auch die allgemeinen Verhältnisse im Heimatland des Asylsuchenden zu würdigen sind (BVerfG (Kammer), NVwZ-Beil. 1994, 17 (18)). Es ist daher das gute Recht aller Verfahrensbeteiligten, sich der Hilfe eines Prozessbevollmächtigten zu bedienen (BVerwG, NVwZ 1989, 857 (859)). Dem korrespondiert die Pflicht des Gerichts, wenn Termin zur mündlichen Verhandlung bestimmt worden ist, zur Wahrung des rechtlichen Gehörs auf die Verhinderung des Prozessbevollmächtigten Rücksicht zu nehmen (BVerwG, NVwZ 1989, 857 (859)).

1104 Wird eine mündliche Verhandlung anberaumt, so bildet sie den *Mittelpunkt des Verwaltungsprozesses*. Das Urteil kann nur auf seiner Grundlage ergehen. Dies hat zur Folge, dass allen Beteiligten unabhängig davon, ob sie die Möglichkeit zur schriftsätzlichen Vorbereitung genutzt haben oder nicht, Gelegenheit gegeben werden muss, den Verhandlungstermin zum Zwecke der Darlegung ihrer Standpunkte wahrzunehmen. Sie müssen die Möglichkeit erhalten, sich durch den Vortrag des wesentlichen Akteninhaltes nach § 103 II VwGO (*Sachbericht*) und die anschließende Erörterung der Sache davon zu überzeugen, dass ihr Begehren vom Gericht richtig aufgefasst worden ist, sowie in den Stand versetzt werden, zu Rechtsausführungen der übrigen Beteiligten und gegebenenfalls zu den im Rechtsgespräch geäußerten Rechtsansichten des Gerichts Stellung zu nehmen (BVerwG, NVwZ 1989, 857 (859)). Daher hat das Stattfinden einer mündlichen Verhandlung einen *Rechtswert in sich* (BVerwG, NJW 1992, 2042).

1105 Der *Vortrag des wesentlichen Akteninhalts* in einem zur mündlichen Verhandlung anberaumten Termin wird nach § 103 II VwGO nicht lediglich zur Information der Verfahrensbeteiligten, sondern auch zur Unterrichtung der Mitglieder des Gerichts, insbesondere der ehrenamtlichen Richter, vorgeschrieben, damit diese sich ihre Überzeugung aus dem Gesamtergebnis des Verfahrens bilden können (BVerwG, NVwZ 1984, 251). Da der Einzelrichter im Asylprozess der Regelfall ist (§ 76 I), ist diese Begründung allerdings nicht mehr allein tragfähig. Es handelt sich darüber hinaus gemäß § 295 ZPO (§ 173 VwGO) um eine Vorschrift, deren Verletzung bei *Verzicht* der Beteiligten nicht gerügt werden kann (BVerwG, NVwZ 1984, 251).

1106 Indes liegt allein darin, dass ein Beteiligter nicht zum Termin erscheint, bereits deshalb kein Verzicht auf den Sachbericht, weil das Ausbleiben ganz verschiedene Ursachen haben kann. Der wesentliche Akteninhalt muss daher auch dann vorgetragen werden, wenn keiner der Beteiligten oder lediglich einer von ihnen erscheint (BVerwG, NVwZ 1984, 251). Bei einem Richter-

wechsel ist ausreichend, wenn der Berichterstatter oder Vorsitzende den Sachverhalt einschließlich des bisherigen Prozessverlaufs vorträgt (BVerwG, U. v. 12. 7. 1985 – BVerwG 9 CB 104.84).
Die fehlerhafte Verlesung der Sitzungsprotokolle bei einem Richterwechsel sowie ein zu Unrecht unterbliebener Sachvortrag kann zwar im Rahmen des § 132 II Nr. 3 VwGO gerügt werden, stellt jedoch keinen absoluten Verfahrensmangel dar (BVerwG, U. v. 12. 7. 1985 – BVerwG 9 CB 104.84; BVerwG, NVwZ 1984, 251) und kann daher nach Abs. 3 Nr. 3 nicht gerügt werden. Es verletzt jedoch das rechtliche Gehör des Beteiligten, wenn das Gericht diesen durch *irreführende Hinweise* zu einem nachteiligen Sachvortrag oder Sachantrag veranlasst oder bestimmt hat (Fritz, ZAR 1984, 189 (194); Schenk, in: Hailbronner, AuslR, § 78 AsylVfG Rdn. 92). 1107

Es stellt keine Verletzung des Anspruchs auf rechtliches Gehör dar, wenn der Kläger trotz ordnungsgemäßer Ladung zur mündlichen Verhandlung nicht erscheint und ein anderer Verfahrensbeteiligter unter dem Eindruck der Erörterungen in der mündlichen Verhandlung seinen Antrag zurücknimmt und auf die Rechte aus dem angefochtenen Bescheid verzichtet und deshalb die Klage als unzulässig abgewiesen wird (OVG Rh-Pf, AuAS 2003, 58 (60)). Jeder Verfahrensbeteiligte muss damit rechnen, dass die übrigen Beteiligten in der mündlichen Verhandlung ihr bisheriges Vorbringen in rechtlicher und tatsächlicher Hinsicht ergänzen. Nimmt er durch Fernbleiben von der mündlichen Verhandlung die Gelegenheit, sich hierzu zu äußern, nicht wahr, so kann er sich später insoweit nicht mehr auf das Recht auf rechtliches Gehör berufen (OVG Rh-Pf, AuAS 2003, 58 (60)). 1108

4.2. Anordnung des persönlichen Erscheinens des Asylsuchenden

Im Asylprozess kommt den persönlichen Angaben des Asylsuchenden zu seinen Verfolgungsgründen bei der Überprüfung des Verwaltungsbescheids eine besondere Bedeutung zu. Will das Verwaltungsgericht sich – unabhängig von der Verwaltung – ein eigenes Urteil von der Glaubhaftigkeit der Angaben und der darauf beruhenden Glaubwürdigkeit des Asylsuchenden machen, bedarf es der persönlichen Befragung des Asylsuchenden. Dementsprechend wird in der Praxis in aller Regel das Erscheinen des Asylsuchenden zur mündlichen Verhandlung angeordnet. 1109

Aber auch dann, wenn das persönliche Erscheinen des Asylsuchenden nicht angeordnet wird, kann das rechtliche Gehör verletzt werden, wenn der asylsuchende Kläger vom Gericht nicht ordnungsgemäß geladen worden ist (Nieders.OVG, AuAS 2002, 103). Andererseits gibt es keinen Erfahrungssatz, dass anwaltlich vertretene Asylsuchende, die einer nicht mit der Anordnung des persönlichen Erscheinens verbundenen Ladung zu einem Termin nicht Folge leisten, an ihrem Verfahren nicht interessiert seien, was den Schluss auf ihre mangelnde Verfolgungsfurcht zulasse (BVerfG (Kammer), InfAuslR 1991, 171 (174); zur Beweiswürdigung beim Nichterscheinen des Asylsuchenden s. auch BVerwG, InfAuslR 1984, 20; BVerwG, InfAuslR 1986, 117; BVerwG, NVwZ 1989, 857). 1110

1111 Ist das *persönliche Erscheinen eines Beteiligten angeordnet* worden, so ist diesem gemäß § 173 VwGO in Verb. mit § 141 II 2 ZPO auch dann die *Ladung* selbst mitzuteilen, wenn ein Prozessbevollmächtigter bestellt worden ist (Hess. VGH, AuAS 1997, 69 (70) = JMBl Hessen 1997, 427 = NVwZ-RR 1998, 404). Ladungen zur mündlichen Verhandlung sind nach § 56 I VwGO zuzustellen. Ist ein Bevollmächtigter bestellt, so ist die Zustellung auch an diesen zu richten (§ 67 III 2 VwGO, § 8 I 2 VwZG). Sind im Zeitpunkt der Ladung mehrere Bevollmächtigte bestellt, so sind diese berechtigt, die Partei einzeln zu vertreten (§§ 173 VwGO in Verb. mit § 84 ZPO). Das gilt auch für Handlungen des Gerichts gegenüber dem Vertretenen. Hieraus folgt, dass bei mehreren Bevollmächtigten die Zustellung der Ladung zur mündlichen Verhandlung an einen von ihnen genügt (VGH BW, AuAS 1995, 126; s. aber BVerwG, NVwZ 1984, 337).

1112 Ist das persönliche Erscheinen des Asylsuchenden nicht angeordnet worden, genügt das Gericht den Vorschriften über die ordnungsgemäße Ladung des Asylsuchenden, wenn es diesen über seinen Verfahrensbevollmächtigten auf die mündliche Verhandlung hinweist. Ladungen an den Verfahrensbevollmächtigten dürfen in diesem Fall so lange an diesen gerichtet werden, bis das Gericht in wirksamer Weise von der Mandatsniederlegung in Kenntnis gesetzt worden ist. Es darf sich in diesem Fall darauf verlassen, dass der Bevollmächtigte den Asylsuchenden über den Termin verständigt (Nieders.OVG, AuAS 2002, 103).

1113 Wird dem Verwaltungsgericht vor der Zustellung der Ladung wirksam die Mandatsniederlegung angezeigt, hat es die Ladung an den Asylsuchenden persönlich zuzustellen. In diesem Fall hat es auch den Termin abzusetzen und dem Asylsuchenden Gelegenheit zu geben, einen anderen Bevollmächtigten mit der Wahrnehmung seiner Interessen zu beauftragen (vgl. Nieders.OVG, AuAS 2002, 103).

1114 Hat das Gericht das persönliche Erscheinen des Beteiligten angeordnet, diesem aber die Ladung nicht zugestellt, so ist die Berufung auf eine Verletzung seines Anspruchs auf Gewährung rechtlichen Gehörs nicht deshalb versagt, weil ihm auch sein Bevollmächtigter keine Mitteilung über den bevorstehenden Termin zur mündlichen Verhandlung gemacht hat. Wird das persönliche Erscheinen eines Beteiligten durch das Gericht angeordnet, kann der Prozessbevollmächtigte grundsätzlich darauf vertrauen, dass das Verwaltungsgericht der ihm auferlegten Verpflichtung nachkommt, den Beteiligten von Amts wegen über den Termin zur mündlichen Verhandlung zu benachrichtigen. Für den Bevollmächtigten besteht mithin keine Veranlassung, ein etwaiges Versäumnis des Gerichts einzukalkulieren und seinem Mandanten seinerseits Mitteilung von dem Termin zur mündlichen Verhandlung zu machen, um sicherzustellen, dass dieser an der Verhandlung teilnehmen kann (Hess.VGH, NVwZ-RR 1998, 404 (405) = AuAS 1997, 69; s. aber Hess.VGH, NVwZ-RR 1998, 404 = AuAS 1997, 140).

1115 Das Verwaltungsgericht verletzt auch dann den Anspruch auf rechtliches Gehör, wenn es eine mündliche Verhandlung trotz Ausbleibens des anwaltlich nicht vertretenen Beteiligten durchführt, ohne diesen gemäß § 102 II VwGO bei der Ladung darauf hingewiesen zu haben, dass bei seinem Ausbleiben auch ohne ihn verhandelt und entschieden werden kann (BVerwG, NVwZ-RR 1995, 549). Ordnet andererseits das Verwaltungsgericht trotz der überragenden Bedeutung der mündlichen Verhandlung das *persönliche Erscheinen* des Asylsuchenden *nicht an*, muss dieser nicht damit rechnen, das es an die Tatsache seines Nichterscheinens nachteilige Folgen knüpfen wird (BVerfG (Kammer), NVwZ-Beil. 1994, 50 (51)).

Ist mithin entweder das Gericht bei der Ladung selbst nicht von der Notwendigkeit des persönlichen Erscheinens ausgegangen oder hat es eine anderslautende Einschätzung nicht in genügender Weise zum Ausdruck gebracht, so ist beim Erkennen weiteren Aufklärungsbedarfs die gebotene Verfahrensweise die Vertagung des Termins verbunden mit der Anordnung des persönlichen Erscheinens des Asylsuchenden (BVerfG (Kammer), NVwZ-Beil. 1994, 50 (51)). **1116**

Einen Antrag »*auf Wiedereinsetzung in den Termin zur mündlichen Verhandlung*« kennt das Prozessrecht nicht. Wählt der Verfahrensbevollmächtigte nach Zustellung des Urteils diesen von der Prozessordnung nicht vorgesehenen Weg anstelle des Zulassungsantrags nach Abs. 4 S. 1, so wird sowohl der Antrag auf Wiedereinsetzung wie auch der verspätet gestellte Zulassungsantrag zurückgewiesen (Hess.VGH, NVwZ-RR 1999, 539). Ein etwaiges Verschulden des Prozessbevollmächtigten haben sich die Vertretenen dabei zurechnen zu lassen (Hess.VGH, NVwZ-RR 1999, 539). Wird der Wiedereröffnungsantrag indes nach dem Schluss der mündlichen Verhandlung und vor der Zustellung nach § 116 II 1. HS VwGO gestellt (s. auch Rdn. 1149), hat das Verwaltungsgericht hierüber vor der Urteilsabfassung zu entscheiden und im Urteil die Gründe darzulegen, die für eine Zurückweisung des Antrags sprechen. **1117**

4.3. Verzicht auf mündliche Verhandlung

Es stellt einen Verstoß gegen den den Beteiligten zustehenden Anspruch auf rechtliches Gehör dar, wenn das Verwaltungsgericht *ohne wirksames Einverständnis* der Beteiligten auf die Durchführung einer mündlichen Verhandlung verzichtet hat (BVerwG, NVwZ-RR 1998, 525; BVerwG, NVwZ 2003, 1129 (1130); BVerwG, NVwZ-RR 2004, 77; OVG NW, AuAS 1999, 4). Die Beteiligten können jedoch durch eine Prozesserklärung *auf die Durchführung der mündlichen Verhandlung* nach § 101 II VwGO verzichten. Diese stellt eine grundsätzlich *unwiderrufliche Prozesshandlung* dar (BVerwG, NVwZ-Beil. 1996, 26). Nimmt der Beteiligte die ausnahmsweise gegebene Möglichkeit des Widerrufs nicht wahr, kann er sich andererseits auf die Verletzung des rechtlichen Gehörs nicht berufen (BayVGH, NVwZ-Beil. 2001, 29). **1118**

Das Verfahren der Entscheidung ohne mündliche Verhandlung hat in § 101 II VwGO eine eigenständige Regelung erfahren. Deshalb ist § 128 II 3 ZPO, demzufolge das Gericht nur innerhalb von drei Monaten nach Erklärung der Zustimmung der Parteien ohne mündliche Verhandlung entscheiden kann, im Verwaltungsprozess nicht gemäß § 173 VwGO anwendbar (BVerwG, NVwZ-Beil. 1996, 26; BVerwG, NVwZ-RR 2003, 460 (461)). Ebenso wenig findet die Fünfmonatsfrist des § 116 II VwGO Anwendung (BVerwG, NVwZ-RR 2003, 460 (461)). **1119**

§ 78 Gerichtsverfahren

1120 Verzichtet ein Beteiligter nach § 101 II VwGO auf Durchführung der mündlichen Verhandlung, bleibt das Verwaltungsgericht aber auch in diesem Fall zur Wahrung des rechtlichen Gehörs verpflichtet und darf nur solche Tatsachen und Beweisergebnisse – einschließlich Presseberichte und Behördenauskünfte – verwerten, die von einem Beteiligten oder vom Gericht im Einzelnen zum Gegenstand des Verfahrens gemacht worden sind (VGH BW, AuAS 1996, 251). Die Einführung einer inhaltsgleichen Auskunft wird indes für unschädlich angesehen (BayVGH, NVwZ-Beil. 2001, 29).

1121 Das Gericht ist im Blick auf die Einführung von Erkenntnismitteln *vorleistungspflichtig*. Die Berufung auf die Verletzung des Anspruchs auf rechtliches Gehör ist daher nicht davon abhängig, dass der Bevollmächtigte es unterlassen hat, das Gericht an die Übersendung der Erkenntnismittelliste zu erinnern. Auch ist es unerheblich, ob die Übersendung versehentlich unterblieben ist. Denn auf ein gerichtliches Verschulden kommt es insoweit nicht an (VGH BW, AuAS 1996, 251 (252)).

1122 In der Rechtsprechung ist geklärt, dass der Verzicht auf mündliche Verhandlung sich seinem Inhalt nach lediglich auf die nächste Entscheidung des Gerichts bezieht und – sofern dies kein abschließendes Urteil ist – dadurch verbraucht wird. Es verletzt deshalb den Anspruch der Beteiligten auf rechtliches Gehör, wenn nach der Verzichtserklärung ein Beweisbeschluss ergeht, den Beteiligten durch Auflagenbeschluss die Beantwortung konkreter, seine individuellen Verfolgungsgründe betreffende Fragen oder sonstwie eine Stellungnahme abgefordert wird, Akten zu Beweiszwecken beigezogen, in einem Erörterungstermin neue Erkenntnismittel eingeführt werden (BVerwG, NVwZ-Beil. 1996, 26; OVG NV, AuAS 1999, 4 (5)), die Einholung eines Sachverständigengutachtens einen für den Kläger ungünstigen Ausgang des Verfahrens zur Folge haben kann (Nieders.OVG, NVwZ-RR 2004, 390) oder das Gericht eine die Endentscheidung wesentlich vorbereitende Entscheidung erlässt (BFH, NVwZ-RR 1996, 178) und das Verwaltungsgericht ohne mündliche Verhandlung nach § 101 II VwGO entscheidet. Ebenso wird der Verzicht auf mündliche Verhandlung mit der Übertragung des Rechtsstreits auf den Einzelrichter verbraucht (BFH, NVwZ-RR 1996, 178).

1123 Wirksam wird eine im schriftlichen Verfahren ergangene Entscheidung erst dann, wenn sie endgültig aus dem Verfügungsbereich des Gerichts hinausgelangt ist, sodass eine Zurückholung in den Spruchkörper oder durch den Einzelrichter, etwa zum Zwecke einer Änderung oder auch einer Ergänzung im Hinblick auf eine noch in den Verfügungsbereich der Geschäftsstelle gelangte Stellungnahme der Beteiligten tatsächlich nicht mehr möglich ist (VGH BW, AuAS 1999, 127). Erst mit der Anordnung der Zustellung an die Verfahrensbeteiligten durch die Geschäftsstelle erlangt die Entscheidung Wirksamkeit (VGH BW, AuAS 1999, 199 (200)). Demgegenüber wird das Urteil bei der an die Stelle der Verkündung tretenden Zustellung eines auf mündliche Verhandlung ergangenen Urteils mit der dokumentierten Übergabe des Urteilstenors an die Geschäftsstelle wirksam und für das Gericht bindend (VGH BW, AuAS 1999, 199 (200)).

4.4. Entscheidung durch Gerichtsbescheid

Will das Verwaltungsgericht durch *Gerichtsbescheid* entscheiden, so hat es zuvor die Verfahrensbeteiligten angemessen zu hören. Die durch § 84 I 2 VwGO dem Gericht auferlegte Anhörungspflicht gebietet, dass die Beteiligten zunächst über die Absicht des Gerichts informiert werden, ohne mündliche Verhandlung im Beschlussverfahren zu entscheiden (vgl. BVerwG, NVwZ-RR 1994, 362). Wendet sich ein Beteiligter gegen einen Gerichtsbescheid allein mit der Begründung, ihm sei rechtliches Gehör versagt worden, so ist er andererseits gehalten, Antrag auf mündliche Verhandlung vor dem Verwaltungsgericht zu stellen (§ 84 II Nr. 3 VwGO), um sich rechtliches Gehör zu verschaffen. Unterlässt er dies, hat ein allein auf die Verletzung rechtlichen Gehörs gestützter Antrag auf Zulassung der Berufung keinen Erfolg (Thür.OVG, NVwZ-Beil. 1997, 44; Hess.VGH, NVwZ-RR 2001, 207). 1124

Für den Fall der teilweisen Klagestattgabe, kann der Beteiligte dadurch allerdings seine Rechtsstellung verschlechtern. Ob der Antrag auf mündliche Verhandlung gemäß § 84 II Nr. 3 VwGO auf einen Teil des Klagebegehrens beschränkt werden kann, ist nämlich fraglich. Hat das Gericht etwa durch Gerichtsbescheid die auf die Gewährung von Asylrecht und internationalen Schutz nach § 60 I AufenthG gerichtete Klage abgewiesen, jedoch die Voraussetzungen nach § 60 II–VII AufenthG bejaht, so dürften Sinn und Zweck der Regelungen über den Gerichtsbescheid wohl dagegen sprechen, den Antrag auf mündliche Verhandlung allein auf eine Entscheidung über die Teile des Klagebegehrens zu reduzieren, mit denen der Beteiligte unterlegen ist (so auch Schade, InfAuslR 1995, 339). Vielmehr gilt der Gerichtsbescheid *insgesamt* als nicht ergangen (§ 84 III VwGO), wenn mündliche Verhandlung beantragt wird. 1125

4.5. Antrag auf Vertagung der mündlichen Verhandlung

4.5.1. Prozessuale Bedeutung des Vertagungsantrags

Von besonderer Bedeutung ist die Frage, unter welchen Voraussetzungen das Recht auf Gehör eine *Terminsverschiebung* erfordert. Nach § 173 VwGO in Verb. mit § 227 ZPO kann *aus erheblichen Gründen* von *Amts wegen* oder *antragsgemäß* ein Termin aufgehoben oder verlegt oder eine Verhandlung vertagt werden. Zwar besteht grundsätzlich kein Vertagungsanspruch (BVerwG, InfAuslR 1986, 117; s. auch BVerfG (Kammer), AuAS 1993, 130). Indessen muss das Gericht im Rahmen seiner Ermessensentscheidung beachten, dass die in § 227 ZPO getroffene Regelung auch dazu dienen soll, den Verfahrensbeteiligten die sachgerechte Wahrnehmung ihrer Rechte insbesondere durch mündlichen Vortrag zu dem aufgrund der mündlichen Verhandlung gewonnenen Gesamtergebnis des Verfahrens zu ermöglichen. Diese Regelung steht damit in enger Beziehung zum Anspruch der Beteiligten auf rechtliches Gehör (BVerwG, InfAuslR 1986, 117; BVerwG, NJW 1992, 3185; BVerwG, NVwZ 1995, 374 (375) m. w. Hw.). 1126

Das Bestreben nach Verfahrensbeschleunigung darf nicht zu einer Verkürzung des rechtlichen Gehörs der Beteiligten führen. Eine solche kann die Ab- 1127 lehnung eines Verlegungsantrags dann zur Folge haben, wenn den Beteiligten dadurch die Möglichkeit entzogen wird, sich sachgemäß und erschöpfend zu äußern (BVerwG, DÖV 1983, 247). Dementsprechend ist anerkannt, dass bei erheblichen Gründen im Sinne des § 227 ZPO *Bedeutung und Tragweite dieses Grundrechts* zu einer Verdichtung der Ermessensfreiheit in dem Sinne führen können, dass ein Termin zur Gewährung rechtlichen Gehörs verlegt werden muss (BVerwG, DÖV 1983, 247; BVerwG, NJW 1992, 2042; BVerwG, NJW 1992, 3185). Verletzt das Gericht den damit gegebenen Anspruch des Beteiligten, liegt ein Verfahrensfehler im Sinne von § 138 Nr. 3 VwGO vor.

1128 Eine persönliche Anhörung des Asylsuchenden zur Aufklärung von tatsächlichen oder vermeintlichen Unklarheiten oder Widersprüchen im bisherigen Sachvorbringen ist im Asylprozess regelmäßig geboten, wenn es entscheidungserheblich auf die Glaubhaftigkeit des Vortrags oder die Glaubwürdigkeit des Asylsuchenden ankommt (OVG Brandenburg, AuAS 2004, 58 (59)). Das Gericht hat deshalb dem Vertagungsantrag stattzugeben, wenn der Asylsuchende nicht zur mündlichen Verhandlung erscheint und der Prozessbevollmächtigte hierfür zureichende Grümde bezeichnet.

1129 Ein zur Vertagung *zwingender Grund* im Sinne von § 227 ZPO ist *in aller Regel* dann anzunehmen, wenn ein – anwaltlich nicht vertretener – Verfahrensbeteiligter *alles in seinen Kräften Stehende und nach Lage der Dinge Erforderliche* getan hat, um sich durch Wahrnehmung des Termins rechtliches Gehör zu verschaffen, hieran jedoch *ohne Verschulden* gehindert worden ist (BVerwG, InfAuslR 1986, 117). Entsprechendes gilt im Fall der Bevollmächtigung für den Prozessbevollmächtigten, weil ein Beteiligter das Recht hat, sich in der mündlichen Verhandlung vertreten zu lassen (BVerwG, InfAuslR 1986, 117).

1130 Ein Beteiligter kann in jeder Phase des Verfahrens, das er zunächst selbst betrieben hat, einen Rechtsanwalt mit seiner Vertretung beauftragen. Die damit verbundenen Verzögerungen des Verfahrens sind im Hinblick auf den Grundsatz des rechtlichen Gehörs hinzunehmen. Dieser wird jedenfalls bei einer Terminierung einen Monat nach Klageerhebung, vor Einreichung der Klageerwiderung und unter Abkürzung der Ladungsfrist verletzt, wenn der Beteiligte schlüssig vorträgt, er habe einen Rechtsanwalt mit der Wahrnehmung seiner Interessen beauftragt und das Gericht gleichwohl den Vertagungsantrag zurückweist (VGH BW, NVZ 2002, 233; OLG Köln, AnwBl. 2003, 121).

4.5.2. Erkrankung des Asylsuchenden oder seines Verfahrensbevollmächtigten

1131 Im Allgemeinen ist ein Beteiligter, der sich durch eine *ernsthafte Erkrankung* gehindert sieht (s. aber OVG NW, AuAS 2004, 232 (233), zu den Nachweisanforderungen einer PTSD als Verhinderungsgrund), der Ladung zur mündlichen Verhandlung nachzukommen, gehalten, rechtzeitig einen Vertagungsantrag zu stellen. Dies gilt auch dann, wenn das Verwaltungsgericht das persönliche Erscheinen des Beteiligten angeordnet hat. Diese Anordnung hat allerdings zur Folge, dass der Beteiligte im Vertagungsantrag die Gründe für die Notwendigkeit seiner persönlichen Anwesenheit in der mündlichen Verhandlung nicht substanziiert darlegen muss. Will das Gericht den Antrag ablehnen, so muss es substanziiert dartun, weshalb es trotz Anordnung des persönlichen Erscheinens des Beteiligten den Rechtsstreit für entscheidungsreif erachtet (Hess.VGH, AuAS 1997, 140 (141)).

Ordnet das Gericht *nicht das persönliche Erscheinen* des Asylsuchenden an, so ist beim Erkennen weiteren Aufklärungsbedarfs die gebotene Verfahrensweise die Vertagung des Termins, verbunden mit der Anordnung des persönlichen Erscheinens des Asylsuchenden (BVerfG (Kammer), InfAuslR 1991, 171 (174); BVerfG (Kammer), NVwZ-Beil. 1994, 50; s. auch OVG Brandenburg, AuAS 2004, 58 (59)). Der anwesende Verfahrensbevollmächtigte ist jedoch zur Wahrung des Rügerechts gut beraten, in der Verhandlung förmlich den Vertagungsanspruch zu stellen. 1132

Die Ablehnung einer beantragten Terminsverlegung im Asylprozess bei nachgewiesener *Reiseunfähigkeit* des Asylsuchenden kann wegen dieser besonderen verfahrensrechtlichen Bedeutung der mündlichen Verhandlung nicht damit begründet werden, seine Anwesenheit sei deshalb nicht erforderlich, weil der von ihm geltend gemachten Foltergefahr im Herkunftsland keine Asylrelevanz beigemessen werde (BVerfG (Kammer), EZAR 224 Nr. 22). Zwar ist das BVerwG der Ansicht, dass die gerichtliche Verpflichtung zur vollständigen Aufklärung des Sachverhalts nicht zwingend den persönlichen Sachvortrag des Asylsuchenden in der mündlichen Verhandlung zur Voraussetzung hat (BVerwG, DÖV 1983, 247). 1133

Gerade im Asylprozess sind Glaubhaftigkeitsfragen jedoch in aller Regel von entscheidungserheblicher Bedeutung und setzt die Beurteilung der Glaubhaftigkeit der Angaben des Asylsuchenden dessen persönliche Befragung voraus. Angesichts dessen kann die substanzielle Darlegung der für die Anwesenheit des Asylsuchenden sprechenden Gründe (BVerwG, DÖV 1983, 247; OVG Brandenburg, AuAS 2004, 58 (59)) sich darauf beschränken, im Einzelnen die Tatsachenkomplexe zu bezeichnen, zu denen eine persönliche Befragung erforderlich ist. 1134

Eine kurzfristig eingetretene und durch ärztliche Bescheinigung nachgewiesene Verhandlungsunfähigkeit eines anwaltlich nicht vertretenen Beteiligten ist grundsätzlich hinreichend, um dem Vertagungsanspruch statt zu geben (OVG Hamburg, NVwZ-RR 2001, 408 (409)). Ebenso kann die kurzfristige Erkrankung des Verfahrensbevollmächtigten zu einer Terminsaufhebung zwingen, insbesondere wenn dieser als Einzelanwalt tätig ist. Die Verhandlungsunfähigkeit des Bevollmächtigten am Verhandlungstag ist indes dann kein Terminsaufhebungsgrund, wenn und soweit die Krankheit seit längerem besteht (OVG Hamburg, NVwZ-RR 2001, 408 (409)). 1135

4.5.3. Geringfügige Verspätung

Ist zur Terminszeit ein geladener Beteiligter oder sein Prozessbevollmächtigter nicht anwesend, so steht es grundsätzlich im gerichtlichen Ermessen, ob gleichwohl die mündliche Verhandlung eröffnet oder noch eine gewisse Zeit zugewartet wird (BVerwG, NVwZ 1989, 857 (857); OVG NW, AuAS 2000, 164). Insoweit sind einerseits das voraussichtliche Interesse des Verfahrensbeteiligten an der Terminsteilnahme sowie andererseits das Interesse des Ge- 1136 richts sowie der Verfahrensbeteiligten der später angesetzten Verfahren an möglichst pünktlicher Einhaltung der Tagesordnung zu berücksichtigen (BVerwG, NVwZ 1989, 257 (258); OVG NW, AuAS 2000, 164 (164f.)). Hat allerdings ein Beteiligter sein Erscheinen oder die Möglichkeit einer geringen Verspätung ausdrücklich angekündigt, so darf er im Allgemeinen damit rechnen, dass das Gericht eine gewisse Zeit wartet und die Verhandlung nicht bereits zehn Minuten nach der Terminszeit abgeschlossen ist (BVerwG, NVwZ 1989, 257 (258); BVerwG, NJW 1992, 3185 OVG NW, AuAS 2000, 164 (164f.)).

1137 Erscheint jedoch der Bevollmächtigte infolge eines Verkehrsstaus fünfzehn Minuten nach dem anberaumten Termin so liegt kein Verfahrensmangel vor, wenn das Gericht bereits sieben Minuten nach dem vorgesehenen Termin die Sitzung eröffnet (Hess.VGH, AuAS 2000, 175 (176); OVG NW, AuAS 2000, 164 (164f.), offen gelassen, ob über fünf Minuten hinaus eine Wartepflicht des Gerichts besteht). Wird dem Gericht andererseits vor Eröffnung der mündlichen Verhandlung bekannt, dass ein Beteiligter nicht pünktlich erscheinen kann, ist es zur Wahrung des rechtlichen Gehörs verpflichtet, mit der Verhandlungseröffnung zu warten, sofern und solange wie dies mit dem gerichtlichen Interesse an der Einhaltung der Tagesordnung vereinbar ist (BVerwG, InfAuslR 1986, 117; BVerwG, NJW 1992, 3185).

1138 Stellt der Prozessbevollmächtigte jedoch – telefonisch – aus wichtigem Grund einen Vertagungsantrag, darf das Gericht zur Wahrung des rechtlichen Gehörs nicht weiter verhandeln, sondern muss die Verhandlung vertagen (BVerwG, InfAuslR 1986, 117). In der Regel ist das Gericht aber nur dann zur Wahrung des rechtlichen Gehörs verpflichtet, mit der Eröffnung der mündlichen Verhandlung zu warten oder gar die Sache zu vertagen, wenn ihm vor deren Beginn bekannt wird, dass der Bevollmächtigte eines Beteiligten nicht pünktlich erscheinen kann (BVerwG, NVwZ 1989, 857 (858)).

1139 Ist jedoch etwa aufgrund der räumlichen Entfernung oder der Witterungsverhältnisse mit geringfügigen Verspätungen zu rechnen, hat das Gericht auch ohne ausdrückliche vorab erfolgte Ankündigung eine gewisse Zeit mit der Eröffnung der Verhandlung zu warten. Die durch einen *Orkan* verursachte Verzögerung ist unabsehbar. Daher kann unter dem Gesichtspunkt der prozessualen Sorgfaltspflicht keine frühere Anreise verlangt werden (BVerwG, NJW 1992, 3185). Angesichts möglicher Verspätungen öffentlicher Verkehrsmittel darf das Gericht nicht mit der mündlichen Verhandlung beginnen, wenn der Prozessbevollmächtigte unter Hinweis auf die planmäßige – und insoweit fristgerechte – Ankunftszeit sein Erscheinen angekündigt hat und nicht pünktlich erscheint. Andererseits hat der Beteiligte keinen Anspruch auf Vertagung, weil die mündliche Verhandlung erst 75 Minuten später als vorgesehen beginnt (BVerwG, NVwZ 1999, 1109).

4.5.4. Unterbrechung wegen Sichtung der eingeführten Erkenntnismittel

1140 Hat das Verwaltungsgericht die Sitzung für 55 Minuten unterbrochen, um dem Bevollmächtigten Gelegenheit zu geben, in die zum Gegenstand des Verfahrens gemachten Auskünfte Einsicht zu nehmen, ist das Verwaltungsgericht nicht gehalten, einem gestellten Vertagungsantrag stattzugeben, um

Rechtsmittel § 78

Gelegenheit zu weiterer schriftsätzlicher Stellungnahme zu den eingeführten Unterlagen zu geben (BVerfG (Kammer), AuAS 1993, 130).

Unerheblich ist insoweit, dass das Verwaltungsgericht dem Bevollmächtigten in der Verhandlungspause das gesamte der Kammer vorliegende Erkenntnismaterial zur Verfügung gestellt hat, wenn das Gericht den Beteiligten zuvor mitgeteilt hatte, auf welche einzelnen Erkenntnisse es sich bei seiner Entscheidungsfindung zu stützen gedenke. Denn in diesem Fall genügt es für eine hinreichende Wahrnehmung des Äußerungsrechts, dass sich der Bevollmächtigte mit diesen konkreten Unterlagen befassen konnte (BVerfG (Kammer), AuAS 1993, 130). 1141

Wird jedoch erstmals in der mündlichen Verhandlung eine umfangreiche, mehr als 600 Auskünfte umfassende Erkenntnismittelliste in das Verfahren eingeführt, wird dadurch regelmäßig der Anspruch auf Gewährung rechtlichen Gehörs verletzt. Die Berufung auf diesen Verfahrensmangel ist jedoch ausgeschlossen, wenn der Beteiligte es unterlässt, den dann regelmäßig allein sachgerechten Vertagungsantrag zu stellen (OVG NW, AuAS 1997, 143 (144)). 1142

Andererseits verletzt es nicht das rechtliche Gehör des Beteiligten, wenn das Gericht seinen Antrag auf Gewährung einer *Schriftsatzfrist* ablehnt, den dieser damit begründet, dass er zu einer vom Gericht eingeführten Auskunft des Auswärtigen Amtes eigene Ermittlungen unternehmen und anschließend Stellung nehmen will (BVerwG, NVwZ-RR 1997, 191 (192) = AuAS 1996, 225). Da das Gericht in einem derartigen Fall dem Beteiligten die Auskunft zur Kenntnis und ihm Gelegenheit gegeben hat, sich hierzu in der Verhandlung zu äußern, wird durch die Zurückweisung des Antrags das rechtliche Gehör des Beteiligten nicht verletzt. Hält der Beteiligte die Auskunft für zu unbestimmt, unsicher und spekulativ (so der Sachverhalt in BVerwG, NVwZ-RR 1997, 191 (192)), ist nicht der Antrag auf Gewährung einer Schriftsatzfrist der prozessual richtige Weg, sondern der Antrag auf Einholung eines Sachverständigenbeweises (Rdn. 928 ff.). 1143

4.5.5. Vertretung des sachbearbeitenden Rechtsanwaltes
Allgemein geht die Rechtsprechung davon aus, dass es keinen »erheblichen Grund« im Sinne von § 227 ZPO darstellt, wenn der einen Beteiligten vertretende Bevollmächtigte geltend macht, an der Wahrnehmung einer mündlichen Verhandlung deswegen verhindert zu sein, weil er zur gleichen Zeit eine andere Gerichtsverhandlung wahrzunehmen habe. Vielmehr könne es in derartigen Fällen – zumal wenn die Vollmacht nicht nur dem verhinderten Sachbearbeiter, sondern mehreren in einer Sozietät zusammengeschlossenen Rechtsanwälten erteilt worden sei und wenn Art und Schwierigkeit des Streitverfahrens es nicht zwingend gebieten würden, dass gerade der Sachbearbeiter auch die mündliche Verhandlung wahrnehme – zumutbar erscheinen, dass ein anderer Rechtsanwalt den Termin wahrnehme (Hess. VGH, InfAuslR 1996, 31 (32); Hess.VGH, InfAuslR 2000, 100; OVG NW, AuAS 1996, 250; VGH BW, NVwZ-Beil. 1998, 43 (44) = AuAS 1998, 103; OVG SH, NVwZ-RR 2002, 154; wohl auch BVerwG, NJW 1995, 1231 = NVwZ 1995, 586 (LS)). 1144

§ 78 *Gerichtsverfahren*

1145 Daran kann es allerdings fehlen, wenn die Einarbeitungszeit zu kurz oder der Prozessstoff zu umfangreich ist oder die Rechtsmaterie Spezialkenntnisse erfordert (OVG SA, NVwZ-Beil. 1997, 89; OVG SH, NVwZ-RR 2002, 154). Letzen Endes ist entscheidend, ob es einem anderen Mitglied der Sozietät zugemutet werden kann, sich in den Sachverhalt einzuarbeiten. Dies wird grundsätzlich bejaht, wenn ein Termin weiträumig bestimmt worden ist und die Sache keine besonderen tatsächlichen oder rechtlichen Schwierigkeiten aufweist (OVG SH, NVwZ-RR 2002, 154; Hess.VGH, InfAuslR 2000, 100 (101)). Die Rechtsprechung erachtet es teilweise sogar für zumutbar, dass der bevollmächtigte Rechtsanwalt im Falle seiner Verhinderung sich um andere sachkundige Rechtsanwälte am Ort der Kanzlei bemühen und diesen Untervollmacht zur Wahrnehmung des Termins zur mündlichen Verhandlung erteilen müsse (OVG NW, AuAS 1996, 250 (251); OVG SA, NVwZ-Beil. 1997, 89).

1146 Dem kann nicht gefolgt werden. Das Asylrecht ist sowohl in tatsächlicher wie rechtlicher Hinsicht ein hochkomplexes Rechtsgebiet. Darüber hinaus sind die einzelnen Rechtsanwälte in einer Sozietät regelmäßig auf verschiedene Rechtsmaterien spezialisiert, sodass eine gewissenhafte und kundige Prozessvertretung durch einen nicht mit asylrechtlichen Fragen vertrauten Anwalt nicht ohne weiteres möglich ist. Insoweit geht auch die Rechtsprechung im Grundsatz davon aus, dass der Termin zur mündlichen Verhandlung dann nicht durch einen anderen Rechtsanwalt wahrgenommen werden kann, wenn Art und Schwierigkeit des Verfahrens dem zwingend entgegenstehen (Hess.VGH, InfAuslR 1996, 31 (32); OVG SA, NVwZ-Beil. 1997, 89).

1147 Einem Antrag auf Terminsverlegung, der mit Schwangerschaftskomplikationen der sachbearbeitenden Rechtsanwältin begründet wird, ist zur Vermeidung einer Befangenheitsrüge stets stattzugeben. In der Versagung des Antrags käme andernfalls »eine so krasse Ungleichbehandlung« zum Ausdruck, dass die Besorgnis der Befangenheit des Richters aus der Sicht des benachteiligten Beteiligten als berechtigt erschiene (OLG Köln, AnwBl 2003, 121).

1148 Der Rechtsanwalt braucht grundsätzlich seine Verhinderung oder die der anderen Mitglieder der Sozietät nicht glaubhaft zu machen. Ein Verwaltungsgericht, dass ohne Aufforderung, die Verhinderung glaubhaft zu machen, die mündliche Verhandlung durchführt und entscheidet, verletzt deshalb den Anspruch des Beteiligten auf rechtliches Gehör (OVG SH, NVwZ-RR 2002, 154).

4.5.6. Antrag auf Wiedereröffnung (§ 104 Abs. 3 Satz 2 VwGO)

1149 Mit Blick auf den zu spät eintreffenden Verfahrensbeteiligten hat das Gericht nach § 104 III 2 VwGO nach pflichtgemäßem Ermessen über den Antrag auf Wiedereröffnung zu entscheiden und die bereits geschlossene mündliche Verhandlung wiederzueröffnen. Es hat dabei insbesondere auch zu bedenken, dass diese Regelung unter anderem auch dazu dienen soll, den Verfahrensbeteiligten die sachgerechte Wahrnehmung ihrer Rechte insbesondere durch mündlichen Vortrag zu dem aufgrund der mündlichen Verhandlung gewonnenen Gesamtergebnis des Verfahrens zu ermöglichen und dass deshalb Bedeutung und Tragweite des Grundrechts auf rechtliches Gehör die gerichtliche Ermessensfreiheit zu einer Wiedereröffnungspflicht verdichten können (BVerwG, NVwZ 1989, 857 (858); BVerwG, NVwZ-RR 1991, 587; BVerwG, NVwZ-RR 1999, 540; Hess.VGH, AuAS 1999, 201 (202)).

Auch wenn die Beteiligten sich rügelos auf eine Verhandlung zur Sache einlassen, so hat doch jedenfalls das Gericht bei nur geringfügig verspätetem Erscheinen des Prozessbevollmächtigten wieder in die mündliche Verhandlung einzutreten (BVerwG, NVwZ 1989, 857 (858)). Das Gericht kann den rechtzeitig gestellten Antrag auf Wiedereröffnung der mündlichen Verhandlung eines Beteiligten, dessen persönliches Erscheinen angeordnet war, grundsätzlich nicht ablehnen, ohne dessen Anspruch auf rechtliches Gehör zu verletzen (BVerwG, NVwZ-RR 1999, 540). Will es einen derartigen Antrag ablehnen, so muss es darlegen, weshalb es trotz Anordnung des persönlichen Erscheinens des Beteiligten den Rechtsstreit für entscheidungsreif hält. Gegebenenfalls muss es dem Beteiligten mit Rücksicht auf die Anordnung des persönlichen Erscheinens die Möglichkeit geben, unterlassene Ausführungen nachzuholen (Hess.VGH, AuAS 1999, 201 (202)).

Hat es der Asylsuchende entgegen seiner Mitwirkungspflicht an der Darlegung eines in sich stimmigen, im Wesentlichen widerspruchsfreien Sachverhalts unter Angabe genauer Einzelheiten aus seinem persönlichen Erlebnisbereich fehlen lassen, gibt das Klagevorbringen seinem Inhalt nach für sich keinen Anlass zur weiteren Aufklärung. In diesem Fall besteht auch keine Verpflichtung des Gerichts, zwecks Vornahme zu Recht unterbliebener Aufklärungsmaßnahmen die mündliche Verhandlung wiederzueröffnen (BVerwG, DÖV 1983, 247). Etwas anderes kann möglicherweise gelten, wenn nach Schließung der mündlichen Verhandlung aufgrund neu eingetretener oder von einem Beteiligten schuldlos erst jetzt vorgetragener Umstände für das Gericht erkennbar wird, dass das nach dem bisherigen Erkenntnisstand als Verletzung der Mitwirkungspflicht zu beurteilende Verhalten in Wahrheit kein derartiger Verstoß ist (BVerwG, DÖV 1983, 247).

Es verletzt daher das rechtliche Gehör des Verfahrensbeteiligten, wenn das Gericht den Inhalt eines nach Schluss der mündlichen Verhandlung, aber vor Verkündung oder Zustellung des Urteils an Verkündung Statt eingehenden Schriftsatzes, nicht zur Kenntnis nimmt und in seine Erwägungen über eine Wiedereröffnung der mündlichen Verhandlung einbezieht. Denn auf diese Weise soll bei einem *nachträglich rechtserheblichen Vorbringen* ein unrichtiges Urteil – soweit es noch nicht existent und nach außen bindend geworden ist – möglichst vermieden werden (BVerwG, NVwZ 1989, 857 (858)).

Für eine Wiedereröffnung der mündlichen Verhandlung ist jedoch dann kein Raum mehr, wenn das Gericht nach deren Schließung ein *Endurteil* erlassen hat (BVerwG, NVwZ-RR 1991, 587). Schon weil das Gericht gemäß § 173 VwGO in Verb. mit § 318 ZPO an das Endurteil gebunden ist, kann es dieses weder ändern noch aufheben noch der Urteilsfindung vorausgehende Verfahrenshandlungen mehr vornehmen (BVerwG, NVwZ-RR 1991, 587). Im Übrigen hat das Verwaltungsgericht grundsätzlich einen nach Schluss der letzten mündlichen Verhandlung eingehenden Schriftsatz zur Kenntnis zu nehmen und in seine Erwägungen über eine Wiedereröffnung der mündlichen Verhandlung einzubeziehen, wenn es ein Urteil nicht nach § 116 I

VwGO verkündet, sondern nach § 116 II VwGO zustellt (BVerwG, NVwZ 1989, 750; kritisch zur Urteilszustellung Ruthig, NVwZ 1997, 1188).

4.5.7. Anforderungen an die Gehörsrüge

1154 Hat das Gericht zu Unrecht den Vertagungsantrag bzw. den noch zulässigen Antrag auf Wiedereröffnung abgelehnt, ist der Verfahrensmangel nach § 138 Nr. 3 VwGO nur bezeichnet, wenn durch die Ablehnung das rechtliche Gehör des Beteiligten verletzt worden ist. Beim abgelehnten Vertagungsantrag kommt ein Gehörsverstoß nur in Betracht, wenn ein erheblicher Grund im Sinne von § 227 I ZPO tatsächlich vorgelegen hat und sich das gerichtliche Ermessen unter Berücksichtigung des Rechtswertes, den die Gewährung rechtlichen Gehörs in der mündlichen Verhandlung in sich trägt, wegen eines zwingenden Grundes auf die Nichtdurchführung der beabsichtigten mündlichen Verhandlung verdichtet hat (OVG NW, AuAS 2004, 232).

1155 Von einer rügefähigen Gehörsverletzung in Ansehung des unterlassenen Wiedereröffnungsantrags kann nicht gesprochen werden, wenn der Beteiligte oder sein Bevollmächtigter es unterlassen haben, Gebrauch von den verfahrensrechtlichen Möglichkeiten zu machen, sich rechtliches Gehör zu verschaffen (BVerwG, DÖV 1983, 247; OVG SH, NVwZ-RR 2002, 154; VGH BW, NVwZ 2002, 233 (234)).

1156 So kann etwa der Verzicht auf den Wiedereröffnungsantrag zu einem Rügeverlust führen. Zu den auszuschöpfenden verfahrensrechtlichen Möglichkeiten rechnet das BVerwG nämlich auch den Antrag auf Wiedereröffnung. Zwar stehe die Wiedereröffnung einer bereits geschlossenen Verhandlung im gerichtlichen Ermessen. Gleichwohl könne eine Wiedereröffnung ein taugliches prozessrechtliches Mittel sein, einen drohenden Verlust des Äußerungsrechts noch rechtzeitig abzuwenden (BVerwG, NJW 1992, 3185; BVerwG, EZAR 610 Nr. 25; ähnlich Hess.VGH, NVwZ-RR 1998, 404; OVG Hamburg, AuAS 1993, 80; VGH BW, NVwZ 2002, 233 (234); Schenk, in: Hailbronner, AuslR, § 78 AsylVfG Rdn. 98; Thür.OVG, EZAR 633 Nr. 28, Antrag auf mündliche Verhandlung gegen Gerichtsbescheid).

1157 Wer die ihm gebotene Möglichkeit, in der mündlichen Verhandlung sein Klagebegehren zu vertreten, d. h. seinen Anspruch auf rechtliches Gehör wahrzunehmen, aus eigenem Entschluss nicht nutzt, kann nicht mit der Gehörsrüge durchdringen (BVerwG, NJW 1995, 799 (800)). Einem anwaltlich nicht vertretenen Beteiligten ist dieser Antrag indes in aller Regel nicht zumutbar (VGH BW, NVwZ 2002, 233 (234)). Erscheine ein Bevollmächtigter entschuldigt nach Abschluss der mündlichen Verhandlung, habe er sich daher nach dem Verfahrensstand zu erkundigen und gegebenenfalls zur Wahrung rechtlichen Gehörs die Wiedereröffnung zu beantragen. Ein Wiedereröffnungsbegehren des Bevollmächtigten, dessen Verspätung auf einem offensichtlich unabwendbaren Ereignis beruhe, müsse das Gericht zur Wahrung des rechtlichen Gehörs notfalls durch Vertagung entsprechen (BVerwG, NJW 1992, 3158). Kündigt andererseits der Kläger trotz rechtzeitiger Ladung erst kurz vor der Verhandlung und erscheint deshalb der Rechtsanwalt nicht zum Termin, so steht der Gehörsrüge die Verletzung prozessualer Sorgfaltspflichten entgegen (VGH BW, NVwZ-Beil. 1998, 43 (44) = AuAS 1998, 103).

Rechtsmittel § 78

Es ist darüber hinaus substanziiert darzulegen, warum trotz Anwesenheit des Bevollmächtigten die Anwesenheit des Asylsuchenden unerlässlich war (BVerwG, DÖV 1983, 247). Erscheint der Bevollmächtigte nicht zum Termin und hat das Verwaltungsgericht nach Darlegung der Verhinderungsgründe diesen nicht zur Glaubhaftmachung aufgefordert, so bedarf es zur Wahrung des rechtlichen Gehörs nicht der Glaubhaftmachung aus eigener Initiative des Bevollmächtigten (OVG SH, NVwZ-RR 2002, 154). 1158

War das persönliche Erscheinen des Beteiligten angeordnet worden, bedarf es einer derartigen Darlegung ebenfalls nicht. Der Beweisführer hat indes darzulegen, dass er die erforderlichen Maßnahmen unternommen hat, um sich rechtliches Gehör zu verschaffen (Hess.VGH, AuAS 1999, 201 (202)). Kommt es bei der Ladung des Beteiligten zu Zustellungsstörungen, hat das Verwaltungsgericht diese aufzuklären. Unterlässt es dies, kann dem Beteiligten kein entsprechender Vorwurf gemacht werden (Hess.VGH, AuAS 1999, 201 (202)). Hat der Prozessbevollmächtigte keine Kenntnis von dem neuen und anschließend nicht gerichtlich aufgeklärten erfolglosen Zustellungsversuch, kann gegenüber diesem ebenfalls nicht der Vorwurf erhoben werden, er habe zur Sicherstellung des rechtlichen Gehörs den Beteiligten von dem Termin von sich aus verständigen müssen (Hess.VGH, AuAS 1999, 201 (202)). 1159

Bei der Gehörsrüge wegen der prozessordnungswidrigen Ablehnung des Vertagungs- oder Wiedereröffnungsantrag ist grundsätzlich von einer unwiderleglichen Vermutung auszugehen, dass das Urteil auf der Gehörsverletzung beruht (BVerwG, NJW 1992, 2042; Hess.VGH, AuAS 1999, 201 (203); VGH BW, AuAS 1999, 127 (128); VGH BW, NVwZ 2002, 233 (234)). Die Fiktion der Kausalität der Verletzung greift nur dann nicht ein, wenn die vom Gericht nicht berücksichtigten Ausführungen unter keinem denkbaren Gesichtspunkt für die Entscheidung erheblich sein konnte (BVerwG, NJW 1992, 2042), etwa weil die unberücksichtigt gebliebene Äußerung neben der Sache liegt, also in keinem inneren Zusammenhang steht (VGH BW, AuAS 1999, 127 (128)). 1160

Demgegenüber fordert die obergerichtliche Rechtsprechung zur Substanziierung der Rüge, dass der Verzicht auf Durchführung der mündlichen Verhandlung verbraucht war, dass der Beweisführer im Zulassungsantrag darzulegen hat, was er bei Durchführung der mündlichen Verhandlung vorgetragen und welche Beweisanträge er gestellt hätte. Ob dieses Vorbringen zu einer für den Beweisführer günstigeren Entscheidung geführt hatte, ist dabei allerdings unerheblich (OVG NW, AuAS 1999, 4 (5)). 1161

5. Prozessordnungswidrige Zuziehung eines Dolmetschers (§ 55 VwGO in Verb. mit § 185 Abs. 1 GVG)

5.1. Bedeutung des Rechts auf Zuziehung eines Dolmetschers

Die Gerichtssprache ist deutsch (§ 184 GVG). Deshalb ist nach § 185 I GVG in Verb. mit § 55 VwGO ein Dolmetscher zuzuziehen, wenn unter Beteiligung 1162

§ 78 Gerichtsverfahren

von Personen verhandelt wird, die der deutschen Sprache nicht mächtig sind. Bei diesen Vorschriften handelt es sich um eine *spezielle Form der Gewährung* des durch Art. 103 I GG garantierten *rechtlichen Gehörs*. Dieses wird verkürzt, wenn in einem Rechtsstreit kein Dolmetscher zugezogen wird, obwohl der Asylsuchende mangels ausreichender Beherrschung der deutschen Sprache nicht in der Lage ist, sich sachgemäß und erschöpfend zu äußern (BVerwG, InfAuslR 1983, 256; BVerwG, InfAuslR 1998, 219).

1163 Entsprechendes gilt auch dann, wenn die Sprachmittlung durch den zugezogenen Dolmetscher aufgrund von *Übersetzungsfehlern* zu einer *unrichtigen, unvollständigen* oder *sinnentstellenden Wiedergabe* der vom Asylsuchenden in der mündlichen Verhandlung gemachten Angaben geführt hat (BVerwG, InfAuslR 1983, 256; OVG NW, AuAS 2004, 11 (12); GK-AsylVfG a. F., § 32 Anhang 1 Rdn. 243). Die Übersetzungsfehler müssen aber bereits in der mündlichen Verhandlung gerügt werden (OVG NW, AuAS 2004, 11 (12)).

1164 Das Protokoll über die mündliche Verhandlung hat den Namen des zugezogenen Dolmetschers zu enthalten (§ 105 VwGO in Verb. mit § 160 I Nr. 2 ZPO). Ist ein Dolmetscher der betreffenden Art im Allgemeinen beeidigt, so braucht er den *Dolmetschereid* nicht jeweils vor der Übertragung in der mündlichen Verhandlung erneut zu leisten. Es genügt vielmehr die Berufung auf den geleisteten Eid (§ 55 VwGO in Verb. mit § 189 II GVG). Dabei reicht es nicht aus, dass die allgemeine Beeidigung im Protokoll festgestellt wird. Vielmehr ist es notwendig, dass der Dolmetscher jeweils erklärt, er nehme die Richtigkeit der Übersetzung auf seinen Eid (Hess.VGH, EZAR 633 Nr. 13 = ESVGH 38, 236).

5.2. Ablehnung des zugezogenen Dolmetschers

1165 Auf den Dolmetscher sind gemäß § 55 VwGO in Verb. mit § 191 GVG die Vorschriften über die *Ablehnung* von Sachverständigen entsprechend anzuwenden (BVerwG, NJW 1984, 2055; BVerwG, InfAuslR 1985, 54). *Verwandte von Beteiligten* sind andererseits als Dolmetscher nicht kraft Gesetzes ausgeschlossen (BVerwG, NJW 1984, 2055; OVG NW, AuAS 2004, 11 (12)). Angesichts der hervorgehobenen Bedeutung der Darlegungspflichten im Asylrecht kann jedoch in Asylrechtsverfahren die zum allgemeinen Ausländerrecht entwickelte Rechtsprechung keine Anwendung finden, derzufolge es der Mitwirkung eines Dolmetschers in der mündlichen Verhandlung nicht bedarf, wenn ein Beteiligter die deutsche Sprache zwar nicht beherrscht, sie aber in einer die Verständigung mit ihm ermöglichenden Weise spricht und versteht (BVerwG, NJW 1990, 3102 = NVwZ 1991, 61 (nur LS)).

1166 Versteht der Kläger nur den *Dialekt* »Pangasinan«, wird aber lediglich ein Dolmetscher zugezogen, der den Dialekt »Tagalog« beherrscht und kommt es aufgrund dessen zu Übersetzungsfehlern, wird das rechtliche Gehör des Beteiligten verletzt (OVG NW, InfAuslR 1984, 22). Dies hat insbesondere für die verschiedenen Dialekte der kurdischen, aber auch für zahlreiche andere Sprachen erhebliche Bedeutung.

Rechtsmittel § 78

Ein mit Erfolg wegen *Besorgnis der Befangenheit* abgelehnter Dolmetscher durfte von vornherein nicht herangezogen werden und bei nachträglicher Ablehnung nicht weiter tätig werden. Das Gericht darf die vor der Ablehnung von dem Dolmetscher vorgenommenen Übertragungen bei seiner Entscheidung nicht berücksichtigen (BVerwG, InfAuslR 1985, 54). Die Verhandlung muss vielmehr bei nachträglicher Ablehnung regelmäßig wiederholt werden, da Angaben des Asylsuchenden durch den erfolgreich abgelehnten Dolmetscher übertragen worden sind und die richterliche Überzeugungsbildung aufgrund der Angaben des Asylsuchenden, die dieser in der mündlichen Verhandlung insgesamt gemacht hat, gewonnen werden muss.

1167

5.3. Anforderungen an die Gehörsrüge

Die unrichtige Übersetzung bzw. die Besorgnis der Befangenheit ist durch den Beteiligten in der mündlichen Verhandlung zu *rügen*. Unterbleibt die Rüge, führt dies nach § 295 ZPO in Verb. mit § 173 VwGO zum *Verlust des Rügerechts* (BVerwG, InfAuslR 1983, 256; BVerwG, NJW 1984, 2055; BVerwGE 107, 128 (132 f.); OVG NW, AuAS 2004, 11 (12); a. A. OVG NW, InfAuslR 1984, 22 (23)). Versäumt etwa das Verwaltungsgericht, einen Dolmetscher zu vereidigen, kann dieser Verfahrensverstoß deshalb nur dann mit der Gehörsrüge geltend gemacht werden, wenn er zuvor in der mündlichen Verhandlung gerügt wurde (OVG Hamburg, AuAS 1993, 192).

1168

Nach der Rechtsprechung des BVerwG gehören die Vorschriften des § 185 I GVG über die Hinzuziehung von Dolmetschern für sich allein oder in ihrer Verbindung mit Art. 103 I GG nicht zu jenen Vorschriften, auf deren Befolgung ein Beteiligter gemäß § 295 II ZPO nicht verzichten kann (BVerwG, InfAuslR 1984, 256). Nach der Gegenmeinung ist das rechtliche Gehör als prozessuales Urrecht des Menschen und objektiv-rechtliches Verfahrensprinzip grundsätzlich unabdingbar und kann daher der Beteiligte nicht wirksam auf seine Befolgung verzichten (OVG NW, InfAuslR 1984, 22 (23)).

1169

Nach der Rechtsprechung des BVerwG muss der Beteiligte oder sein Prozessbevollmächtigter hingegen unmittelbar nach dem Erkennen der fehlerhaften Übersetzung den Fehler rügen (BVerwG, InfAuslR 1983, 256) und die Zuziehung eines geeigneten Dolmetschers beantragen, was im Regelfall zugleich einen Vertagungsantrag erfordert. Lehnt das Gericht den Antrag trotz unrichtiger Übersetzung oder Befangenheit des Dolmetschers ab, liegt ein Verfahrensmangel nach § 138 Nr. 3 VwGO vor.

1170

Die Gehörsrüge hat nur dann Erfolg, wenn der Asylsuchende darlegen kann, dass sich ihm keine Zweifel dahin aufgedrängt hatten, der Dolmetscher habe präzis gestellte Fragen und seine Antworten nicht wortgetreu übersetzt (vgl. BVerwG, InfAuslR 1983, 256 (257)). Die pauschale Darlegung, der zugezogene Dolmetscher habe falsch übersetzt, reicht nicht aus. Vielmehr ist konkret und substanziiert darzulegen, dass und in welchen Punkten der Dolmetscher falsch übersetzt und inwieweit dies konkrete Auswirkungen auf die gerichtliche Entscheidung gehabt hat (BVerwGE 107, 128 (132); OVG NW, AuAS 2004, 11 (12)).

1171

1172 Die unzulängliche Übersetzung wird der Asylsuchende in aller Regel nicht erkennen können. Ist er aber anwaltlich vertreten und hätte der Prozessbevollmächtigte erkennen müssen, dass seine an den Asylsuchenden gerichteten Fragen nicht gezielt beantwortet wurden, so gehört es zu dessen prozessualen Obliegenheiten, Zweifel an der Übersetzungsfähigkeit des Dolmetschers in der mündlichen Verhandlung zur Sprache zu bringen und klären zu lassen, ob der zugezogene Dolmetscher seine Übersetzungstätigkeit ordnungsgemäß erfüllte (BVerwG, InfAuslR 1983, 256 (257)).

1173 Umstritten ist, ob bei prozessordnungswidriger Zuziehung eines Dolmetschers eine unwiderlegliche Vermutung dafür spricht, dass das angefochtene Urteil auf dem Verfahrensfehler beruht. Nach der obergerichtlichen Rechtsprechung ist im Zulassungsantrag im Einzelnen darzulegen, was bei richtiger und vollständiger Übersetzung vorgetragen wurde oder vorgetragen worden wäre (VGH BW, B. v. 22. 7. 1997 – A 12 S 3092/96).

6. Fehlender Verlust des Rügerechts (§ 173 VwGO in Verb. mit § 295 Abs. 1 ZPO)

1174 Zu den prozessualen Verpflichtungen des Verfahrensbeteiligten, der das Berufungsverfahren mit dem Hinweis auf die Verletzung seines rechtlichen Gehörs erstrebt, gehört die Darlegung, dass er sein *Rügerecht nicht verloren* hat. Regelmäßig wird im Rahmen der Gehörsrüge diesem Erfordernis bei der Darlegung Rechnung getragen, dass der Beweisführer alle ihm zumutbaren und verfügbaren prozessualen Möglichkeiten ausgeschöpft hat, um sich in der vorangegangenen Instanz rechtliches Gehör zu verschaffen. Der ausdrückliche oder aus den prozessualen Umständen hervorgehende Verzicht aus das Rügerecht kann auch als Beispielsfall für die fehlende Ausschöpfung der prozessualen Möglichkeiten bezeichnet werden.

1175 Die Ursache für die Vorenthaltung des rechtlichen Gehörs ist unerheblich, d. h. ein schuldhaftes Fehlverhalten des Gerichts wird nicht vorausgesetzt (BVerfGE 67, 199 (202); 70, 215 (218)), sondern lediglich, dass der Verfahrensbeteiligte *aus objektiven Gründen* das rechtliche Gehör nicht erhalten hat (Nieders.OVG, NVwZ-Beil. 1996, 67 (69)); Schenk, in: Hailbronner, AuslR, § 78 AsylVfG Rdn. 86; GK-AsylVfG a. F., § 32 Anhang 1 Rdn. 234 ff.). Dass der Gehörsverstoß zu ganz wesentlichen Teilen durch ein Geschäftsstellenversehen veranlasst wurde, ist deshalb unerheblich (BVerfG (Kammer), NVwZ-Beil. 1998, 1 (2)).

1176 Ist infolge eines gerichtlichen Versäumnisses erhebliches Vorbringen eines Beteiligten vom Gericht nicht berücksichtigt worden, ist es zwar regelmäßig Aufgabe des Gerichts selbst, einen etwaigen entsprechenden Verfahrensfehler im Wege der *Selbstkontrolle* zu beseitigen (BVerwG, NVwZ 1984, 450). Dadurch wird die Gehörsverletzung jedoch nicht beseitigt. Umstritten ist in diesem Zusammenhang, ob und in welchem Umfang den von einem Gehörsverstoß betroffenen Verfahrensbeteiligten die Verpflichtung obliegt, diesen durch Hinweise oder Nachfragen abzuwenden. Äußert sich ein Verfahrensbeteiligter, obwohl er hierzu tatsächlich hinreichend Gelegenheit hatte,

Rechtsmittel § 78

in einer Situation, in der er von seinem rechtlichen Gehör hätte Gebrauch machen können, nicht, so kann er sich auf eine Verletzung seines Anspruchs auf rechtliches Gehör nicht berufen (Nieders.OVG, NVwZ-Beil. 1996, 67 (69)).

Denn trotz seiner verfassungsrechtlichen Verankerung ist dieser Anspruch den Beteiligten zur Wahrung ihrer eigenen Interessen eingeräumt, sodass es diesen auch freisteht, auf die ihnen zur Wahrnehmung ihrer Rechte eingeräumten Äußerungsmöglichkeiten zu verzichten. Wer daher von diesen Rechten keinen Gebrauch macht, kann deren Verletzung grundsätzlich nicht im Nachhinein rügen (BVerwG, InfAuslR 1983, 256; a. A. OVG NW, InfAuslR 1984, 22 (23)). Die Verletzung einer Verfahrensvorschrift kann daher im Antragsverfahren nicht mehr gerügt werden, wenn der Beteiligte gemäß § 173 VwGO in Verb. mit § 295 I ZPO sein Rügerecht verloren hat. 1177

Nach § 295 I ZPO verliert ein Beteiligter das Rügerecht, wenn er auf die Befolgung der verletzten Verfahrensvorschrift verzichtet oder wenn er in der mündlichen Verhandlung den Verfahrensmangel nicht gerügt hat, obgleich er zu dieser Verhandlung erschienen war und ihm dieser Verfahrensmangel bekannt war oder bekannt sein musste. Von einer Rüge im Sinne von § 295 I ZPO ist nur dann zu sprechen, wenn *eindeutig zum Ausdruck gebracht* worden ist, der vom Verfahrensverstoß Betroffene werde sich mit diesem Verfahrensverstoß nicht abfinden. Schriftform ist nicht vorgeschrieben. Dementsprechend ist etwa beim abgelehnten Beweisantrag Gegenvorstellung zu erheben (Rdn. 660 ff.). 1178

Das Fehlen eines die Rüge betreffenden Vermerks in der Verhandlungsniederschrift ist dann unschädlich, wenn nachweisbar eine Rüge erhoben worden ist (BVerwG, NJW 1989, 601). Art. 103 I GG gehört nicht zu den Vorschriften, auf deren Einhaltung durch die Beteiligten gemäß § 295 II ZPO nicht verzichtet werden kann (BVerwG, InfAuslR 1983, 256; a. A. OVG NW, InfAuslR 1984, 22 (23)). Im Antrag sind deshalb die Umstände konkret darzulegen, aus denen sich eindeutig ergibt, dass der Rechtsmittelführer nicht auf sein Rügerecht verzichtet hat. Rügt er etwa die Verletzung der Ladungsfrist nach § 102 I VwGO und weist er darauf hin, dass der Asylsuchende nicht zur mündlichen Verhandlung erschienen ist, bedarf es eines ausdrücklichen Vertagungsantrags des erschienenen Prozessbevollmächtigten. Unterbleibt dieser und macht der Bevollmächtigte Ausführungen zur Sache, verliert er dadurch sein Rügerecht (BVerwG, NJW 1989, 601). 1179

Ebenso ist bei Übersetzungsmängeln darzulegen, dass diese in der mündlichen Verhandlung gerügt worden sind (BVerwG, InfAuslR 1983, 256). Wer die Gehörsrüge damit begründet, er habe mit einer Fortsetzung der mündlichen Verhandlung unter Fortsetzung der bereits vernommenen Zeugen gerechnet, jedoch auf gerichtliche Anfrage der Entscheidung im schriftlichen Verfahren zustimmt, verliert dadurch sein Rügerecht (OVG Hamburg, AuAS 1993, 80) ebenso wie derjenige, der es in der mündlichen Verhandlung unterlassen hat, die gerügten Aufklärungsdefizite durch einen förmlichen Beweisantrag zu beheben (OVG Hamburg, AuAS 1993, 227; umstritten). 1180

Zieht das Gericht die Akte eines Dritten bei und wird dies ausweislich des Protokolls in der mündlichen Verhandlung ausdrücklich angesprochen, kann 1181

1677

§ 79 Gerichtsverfahren

der Betroffene nicht mit Erfolg rügen, ihm sei das rechtliche Gehör dadurch versagt worden, dass er vergeblich auf eine Mitteilung des Gerichts über die Beiziehung der Akten gewartet habe (OVG Hamburg, AuAS 1993, 80 (81)). Andererseits löst der allgemein gehaltene Hinweis des Gerichts auf die ihm vorliegenden Informationsquellen keine Pflicht des Verfahrensbeteiligten aus, sich um eine Konkretisierung dieser Quellen zu bemühen (vgl. BVerwG, InfAuslR 1984, 89 (90)).

§ 79 Besondere Vorschriften für das Berufungsverfahren

(1) In dem Verfahren vor dem Oberverwaltungsgericht gilt in bezug auf Erklärungen und Beweismittel, die der Kläger nicht innerhalb der Frist des § 74 Abs. 2 Satz 1 vorgebracht hat, § 128 a der Verwaltungsgerichtsordnung entsprechend.
(2) § 130 der Verwaltungsgerichtsordnung findet keine Anwendung.
(3) aufgehoben

Übersicht   Rdn.

1. Vorbemerkung   1
2. Asylrechtliches Berufungsverfahren   3
3. Begründungsfrist (§ 124 a Abs. 6 Satz 1 VwGO)   13
4. Nachträgliche Zulassung verspäteten Vorbringens (Abs. 1 Satz 2 in Verb.
   mit § 128 a VwGO)   23
5. Verbot der Zurückverweisung (Abs. 2)   30
6. Entscheidung durch Beschluss (§ 130 a Satz 1 VwGO)   32
6.1. Voraussetzungen des vereinfachten Berufungsverfahrens   32
6.2. Verpflichtung zur persönlichen Anhörung bei Aufklärung des
     individuellen Sachvorbringens   36
6.3. Anhörungspflicht (§ 130 a Satz 2 in Verb. mit § 125 Abs. 2 Satz 3 VwGO) 39
6.4. Rechtsmittel   47

1. Vorbemerkung

1   Diese Vorschrift enthält besondere Bestimmungen für das Berufungsverfahren. Sie hat im AsylVfG 1982 kein Vorbild. Aus der Gesetzesüberschrift und aus § 80 folgt eindeutig, dass diese Sonderregelungen nur für das Berufungsverfahren gelten. Denn ein Beschwerdeverfahren beim Oberverwaltungsgericht findet nicht (mehr) statt. Die Berufung kann im Übrigen ausschließlich durch das Oberverwaltungsgericht zugelassen werden (§ 78 V 1 und 3). Für das Antragsverfahren auf Zulassung der Berufung nach § 78 IV 1 gelten die Vorschriften nach dem Wortlaut des § 79 nicht.
Da über das Vorliegen der Zulassungsgründe aufgrund der das Berufungsgericht insoweit bindenden tatsächlichen Feststellungen des Verwaltungsge-

richts entschieden wird, ist auch aus der Natur der Zulassungsgründe eine Anwendung der Sonderregelungen des Abs. 1 auf das berufungsprozessuale Zulassungsverfahren nicht zulässig.

Abs. 1 behandelt die nachträgliche Zulassung des in der ersten Instanz präkludierten Vorbringens. Abs. 2 verbietet mit der Anordnung, dass § 130 VwGO keine Anwendung findet, wie bereits § 32 VII AsylVfG 1982 die Zurückverweisung der Sache an das Verwaltungsgericht. Dies gilt für das berufungsprozessuale Antragsverfahren (vgl. § 78 V 3) wie auch für das Berufungsverfahren selbst.

Abs. 3 ist durch Art. 3 des 6. VwGO ÄndG aufgehoben worden. Damit hat der Gesetzgeber klargestellt, dass das Berufungsgericht auch in Asylverfahren uneingeschränkt durch Beschluss entscheiden kann (§ 130 a VwGO). Sondervorschriften über das Revisionsverfahren können dem AsylVfG nicht entnommen werden. Insoweit gelten die allgemeinen verwaltungsprozessualen Regelungen.

2. Asylrechtliches Berufungsverfahren

Wird dem Zulassungsantrag nach § 78 IV 1 stattgegeben, wird das Antragsverfahren gemäß § 78 V 3 2. HS als Berufungsverfahren fortgesetzt (BVerwG, DVBl. 1997, 905; BVerwG, DVBl. 1997, 907). Einer besonderen Berufungseinlegung bedarf es damit nicht. Nach § 129 VwGO darf das Berufungsgericht das Urteil nur insoweit ändern, als eine Änderung beantragt ist. *Inhalt* und *Reichweite* des *Änderungsbegehrens* ergeben sich vorrangig aus dem *Berufungsantrag*, so wie er in der mündlichen Verhandlung vor dem Berufungsgericht gestellt wird.

Findet keine mündliche Verhandlung im Berufungsverfahren statt (vgl. § 130 a VwGO), ist das Änderungsbegehren anhand der sonstigen Prozesserklärungen des Rechtsmittelführers zu ermitteln (BVerwG, DVBl. 1997, 907; BVerwG, DVBl. 1997, 905). Dementsprechend hat das Berufungsgericht etwa den schriftsätzlich angekündigten Antrag, selbst dann, wenn er nur im Antragsverfahren abgegeben worden ist, bei der Auslegung des Berufungsantrags zu berücksichtigen (BVerwG, DVBl. 1997, 907; BVerwG, DVBl. 1997, 905).

Das Berufungsgericht kann nur im Umfang des Änderungsbegehrens das angefochtene Urteil ändern. Hat der Prozessbevollmächtigte des Bundesamtes oder der Bundesbeauftragte etwa seine Berufung auf die Asylanerkennung und den internationalen Schutz nach § 60 I AufenthG beschränkt, so darf das Berufungsgericht das angefochtene Urteil nicht aufheben, soweit in diesem eine Verpflichtung zur Gewährung von Abschiebungsschutz nach § 60 II−VII AufenthG enthalten ist (BVerwG, DVBl. 1997, 905).

Auch im Asylprozess ist die *Anschlussberufung* zulässig (BVerwG, NVwZ-RR 1997, 253; Hess. VGH, AuAS 1998, 191 (192); OVG NW, NVwZ 2001, 1423; a. A. Schenk, in: Hailbronner, AuslR, § 78 AsylVfG Rdn. 53; generell zur Anschlussberufung im Verwaltungsprozess s. BVerwG, InfAuslR 1990, 38 f.; BVerwG, NVwZ-RR 2002, 233). Eine Anschlussberufung, die bedingt für den

Fall eingelegt wird, dass dem Antrag des Prozessgegners auf Berufungszulassung stattgegeben wird, ist jedoch unzulässig, wenn über den Zulassungsantrag noch nicht entschieden ist (OVG Rh-Pf, NVwZ-RR 2003, 317).

8 Hat der Rechtsmittelführer *Anschlussberufung* (§ 127 VwGO) eingelegt, kann das Berufungsgericht nur im Rahmen der zugelassenen Berufung über das Änderungsbegehren entscheiden. Hat etwa das Berufungsgericht auf den Antrag des Prozessbevollmächtigten des Bundesamtes die Berufung hinsichtlich der Voraussetzungen des § 60 II–VII AufenthG zugelassen, so kann sich der Asylsuchende, der nicht innerhalb der Frist des § 78 IV 1 die Berufungszulassung im Hinblick auf die Asylberechtigung sowie den internationalen Schutz nach § 60 I AufenthG beantragt hat, der Berufung nicht mit dem Ziel anschließen, im Berufungsverfahren die Asylanerkennung und die Gewährung von internationalem Schutz nach § 60 I AufenthG zu erreichen (BVerwG, NVwZ-RR 1997, 253 (254)). Wird die Berufung in Ansehung von § 60 I AufenthG zugelassen, kann sich der Asylsuchende der Berufung nicht im Blick auf die Asylanerkennung anschließen (Hess.VGH, AuAS 1998, 191 (192)).

9 Das Berufungsgericht prüft den Streitfall innerhalb des Berufungsantrags im gleichen Umfang wie das Verwaltungsgericht (§ 128 S. 1 VwGO). Es ist in der Reichweite seiner Überprüfung nicht durch den die grundsätzliche Bedeutung konstituierenden Grund, dessentwegen eine Zulassung der Berufung begehrt oder vom Gericht gewährt wird, beschränkt (BVerwG, DVBl. 1997, 907). Vielmehr begrenzt der Zulassungsgrund nach § 78 III nicht den Umfang des Berufungsbegehrens. Eine Beschränkung erfolgt allein durch den Berufungsantrag, sodass das Berufungsgericht den Rechtsstreit im Rahmen des Änderungsantrags ohne Bindung an den Zulassungsgrund (vgl. § 129 VwGO) überprüft (BVerwG, DVBl. 1997, 907).

10 Eine vom materiellen Anspruch losgelöste Überprüfung prozessualer Formfragen kann andererseits nicht alleiniger Grund des Berufungsverfahrens sein. Dieses ist vielmehr darauf gerichtet, die Streitsache in tatsächlicher und rechtlicher Hinsicht erneut, d. h. grundsätzlich in demselben Umfang wie in erster Instanz zu überprüfen. Auch bei der Zulassungsberufung ist deshalb eine Beschränkung auf einzelne abtrennbare Streitgegenstände oder Teile eines solchen, nicht jedoch bezüglich einzelner Tatsachen- oder Rechtsfragen möglich (BVerwG, DVBl. 1997, 907 (908)).

11 Für das asylrechtliche Berufungsverfahren ist insoweit zu bedenken, dass die einzelnen auf die Asylanerkennung, den internationalen Schutz nach § 60 I AufenthG sowie den Abschiebungsschutz nach § 60 II–VII AufenthG gerichteten Klagebegehren als *eigenständige* oder jedenfalls *rechtlich abtrennbare Streitgegenstände* zu behandeln sind (BVerwG, InfAuslR 1997, 420 (421)) = AuAS 1997, 250 = NVwZ 1997, 1132; s. hierzu im Einzelnen § 74 Rdn. 9 ff., 22 ff.). Dementsprechend ist im Berufungsverfahren zwar keine Einschränkung des Prüfungsumfangs im Hinblick auf die maßgebenden rechtlichen und tatsächlichen Fragen möglich, wohl ist aber im Umfang des Änderungsbegehrens eine Begrenzung auf einzelne Streitgegenstände erforderlich.

12 Hat das Verwaltungsgericht jedoch über den auf die Gewährung von internationalen Schutz nach § 60 II–VII AufenthG gerichteten *Hilfsantrag* nicht ent-

schieden, weil es dem Hauptantrag entsprochen hat, so fällt dieser durch das Rechtsmittel des Beklagten gegen seine Verurteilung nach dem Hauptantrag ebenfalls und automatisch im Berufungsverfahren an (BVerwGE 104, 260 (264) = InfAuslR 1997, 420 (421) = AuAS 1997, 250 = NVwZ 1997, 1132; noch offengelassen BVerwG, DVBl. 1997, 905; s. hierzu: § 74 Rdn. 34 ff.). Der Prozessbevollmächtigte des Bundesamtes und der Bundesbeauftragte können sich auf diese Rechtsprechung jedoch nicht berufen. Vielmehr müssen sie in ihrem Zulassungsantrag deutlich machen, gegen welchen Streitgegenstand im Einzelnen der Antrag sich richtet.

3. Begründungsfrist (§ 124 a Abs. 6 Satz 1 VwGO)

Für das verwaltungsprozessuale Berufungsverfahren gelten seit dem 1. Januar 1997 besondere Fristvorschriften (vgl. § 124 a III 1 VwGO a. F., § 124 a VI 1 VwGO). Durch das RmBereinVpG ist mit Wirkung zum 1. Januar 2002 die maßgebliche Vorschrift des § 124 a VwGO grundlegend umgestaltet worden. Auch im Asylverfahren ist der Berufungsantrag innerhalb der gesetzlich vorgesehenen Frist von einem Monat (§ 124a VI 1 VwGO, vgl. auch § 125 I 1 in Verb. mit § 82 I 2 VwGO) zu stellen und zu begründen (BVerwGE 107, 117 (118 f.) = NVwZ 1998, 1311; s. hierzu Nieders.OVG, NVwZ 2000, 1059 (1060), revisionsgerichtliche Entscheidung stellt »höhere Gewalt« mit der Folge dar, dass die Nachholung der Begründung auch nach Ablauf der Jahresfrist zulässig ist). Der Einlegung der Berufung bedarf es hingegen nicht (§ 78 V 3).

13

Für den Lauf der Frist zur Vorlage der Berufungsbegründung wird in der obergerichtlichen Rechtsprechung vorausgesetzt, dass der Berufungskläger bei Zulassung seiner Berufung über das Erfordernis der Berufungsbegründung belehrt worden und der Beschluss über die Berufungszulassung nach Maßgabe des § 56 I, II VwGO in Verb. mit §§ 1 ff. VwZG förmlich zugestellt worden ist (BVerwG, NVwZ 2000, 66; Nieders.OVG, NVwZ-Beil. 1997, 92 (93) = AuAS 1997, 240; VGH BW, NVwZ-Beil. 1998, 49; a. A. OVG NW, B. v. 7. 7. 1997 – 1 A 5701/96. A). Unterbleibt die Belehrung ist Wiedereinsetzung zu gewähren (BVerwG, NVwZ 2000, 66). Eine Verlängerung der Begründungsfrist ist ausgeschlossen (Hess.VGH, NVwZ-RR 1998, 466). Demgegenüber kann im allgemeinen Verwaltungsprozessrecht die Frist auf Antrag vom Vorsitzenden des Senats in dem Fall verlängert werden, in dem das Verwaltungsgericht die Berufung zugelassen hat (vgl. § 124 a III 3 VwGO). Bei Verletzung der Verpflichtung eines Verwaltungsgerichts, einen bei ihm fristgemäß eingegangenen, aber erkennbar ein Rechtsmittelverfahren betreffenden Schriftsatz zur Begründung der Berufung im ordentlichen Geschäftsgang an das Berufungsgericht weiterzuleiten, wirkt sich ein etwaiges Verschulden des Rechtsmittelführers an der Fristversäumnis nicht mehr aus. Es ist deshalb dem Antrag auf Wiedereinsetzung in den vorigen Stand wegen Fristversäumnis statt zu geben (OVG NW, AuAS 2000, 142 (142 f.).

14

Im Übrigen folgt aus dem den Verwaltungsprozess beherrschenden Untersuchungsgrundsatz, dass das Berufungsverfahren unabhängig vom Vorbringen der Beteiligten durchzuführen ist. Bei der Auslegung des Berufungsantrags

15

und dessen Begründung kann das Berufungsgericht die Ausführungen im Berufungszulassungsverfahren berücksichtigen (BayVGH, AuAS 1997, 259 (260); OVG SA, EZAR 633 Nr. 35). Im Blick auf die Auslegung der Berufungsanträge hat das BVerwG dies ausdrücklich zugelassen (BVerwG, DVBl. 1997, 905; BVerwG, DVBl. 1997, 907).

16 Ein dem Berufungsgericht vor Zustellung des Zulassungsbeschlusses zugegangener Schriftsatz, mit dem der Rechtsmittelführer auf einen gegnerischen Schriftsatz erwidert, um seinen Zulassungsantrag zu verteidigen, stellt keine Berufungsbegründung im Sinne von § 124 a III 4 VwGO dar (BVerwG, NVwZ-RR 2001, 142 (143)). Das Konzept der Zulassungsberufung ist zweistufig angelegt. Nach Zulassung der Berufung muss der Rechtsmittelführer durch die fristgebundene Begründungspflicht verbindlich klarstellen, ob er die Durchführung eines Berufungsverfahrens erstrebt (BVerwG, NVwZ-RR 2001, 142 (143)).

17 Die Folgen einer unzureichenden Begründung der Berufung regeln Abs. 1 und § 128 a II VwGO. Auch die Vorschrift des Abs. 1 spricht gegen eine Anwendung des § 124 a VI 1 VwGO im asylrechtlichen Berufungsverfahren. Es ist im Berufungsverfahren auch keine ausdrückliche schriftsätzliche Bezugnahme auf das Vorbringen im Antragsverfahren erforderlich (BayVGH, AuAS 1997, 259 (260); so wohl auch BVerwG, DVBl. 1997, 905; BVerwG, DVBl. 1997, 907; a. A. OVG NW, NVwZ-Beil. 1998, 2 (3); OVG NW, U. v. 26. 6. 1997 – 1 A 1402/97.A; s. hierzu auch Rudisile, NVwZ 1998, 148).

18 Nach § 124 a III 4 VwGO kann der Rechtsmittelführer nicht wie nach früherem Recht auf den Zulassungsantrag verweisen, wenn er in diesem bereits den Berufungsantrag gestellt und die Berufung begründet hat (vgl. hierzu noch OVG SA, EZAR 633 Nr. 35). Auch im Falle der Antragstellung auf Bewilligung von PKH entbindet dies nicht davon, die Berufung zu begründen (OVG Rh-Pf, NVwZ-Beil. 2000, 4). Vielmehr erfordert diese Vorschrift stets einen gesonderten Schriftsatz mit einem Berufungsantrag und einer Berufungsbegründung, nachdem die Berufung zugelassen worden ist (BVerwGE 107, 117 (118f.) = NVwZ 1998, 1311 = AuAS 1998, 249; BVerwGE 109, 336 (338f.); BVerwG, NVwZ 2000, 67; BayVGH, U. v. 21. 2. 2003 – 19 B 98.30828). Der Berufungsführer muss insoweit begründen, aus welchen Gründen die Entscheidung der Erstinstanz rechtswidrig ist. Hierzu muss er sich substanziiert und konkret mit dem angefochtenen Urteil auseinandersetzen und in tatsächlicher und rechtlicher Hinsicht darlegen, weshalb seiner Ansicht nach das angefochtene Urteil unrichtig ist und geändert werden muss (BVerwG, NVwZ 2000, 67 = InfAuslR 2000, 97).

19 Welche Mindestanforderungen in Anwendung dieser Grundsätze jeweils an die Berufungsbegründung zu stellen sind, hängt wesentlich von den Umständen des konkreten Einzelfalls ab. In asylrechtlichen Streitigkeiten genügt eine Berufungsbegründung danach regelmäßig etwa dann den Anforderungen des § 124 a III 4 VwGO, wenn sie eine entscheidungserhebliche Frage zu den tatsächlichen Verhältnissen im Herkunftsland des Asylsuchenden konkret bezeichnet und ihre hierzu von der Vorinstanz abweichende Beurteilung deutlich macht (BVerwG, NVwZ 2000, 67 = InfAuslR 2000, 97; BVerwG, InfAuslR 2000, 98).

Diesen Anforderungen genügt der Zulassungsantrag nicht ohne weiteres, da dort zwar bestimmte Rechtsfragen oder Verfahrensfehler aufgeworfen werden, indes nicht erkennbar wird, welche Konsequenzen sich hieraus für die Berufung ergeben sollen. Zwar ist es nicht ausgeschlossen, dass die Berufungsbegründung sich in einer Bezugnahme auf das Vorbringen erschöpft, das im Zulassungsverfahren vorgebracht worden war. Sie muss in diesem Fall indes den Anforderungen des § 124 a III 4 VwGO gerecht werden, also in tatsächlicher und rechtlicher Hinsicht im Einzelnen ausführen, weshalb das angefochtene Urteil unrichtig ist und geändert werden muss (BVerwG, NVwZ 2000, 67 = InfAuslR 2000, 97). War indes die Rüge der unterlassenen Einholung einer amtlichen Auskunft im Zulassungsantragsverfahren erfolgreich, so reicht zur Berufungsbegründung die Bezugnahme auf den Zulassungsantrag aus (BVerwG, InfAuslR 2004, 130 = NVwZ-RR 2004, 220 = AuAS 2004, 8).

20

Lässt das Berufungsgericht die Berufung wegen Divergenz zu, ist der Berufungsführer in aller Regel davon entbunden, in der Berufungsschrift über eine Bezugnahme auf den Zulassungsbeschluss hinaus weitere inhaltliche Ausführungen zur Begründung der Berufung zu machen. Bezieht sich der Berufungsführer auf den divergierenden Beschluss, macht er sich die Einschätzung des Berufungsgerichts und die dafür maßgebenden Erwägungen zu eigen, ohne sie im Einzelnen wiederholen zu müssen. Damit hat er eindeutig klargestellt, dass er die Berufung durchführen will und warum er sie für begründet erachtet. Das genügt dem Zweck der Pflicht zur Begründung der Berufung, durch klare prozessuale Kriterien zu einer Verkürzung und Beschleunigung des Berufungsverfahrens beizutragen (BVerwGE 114, 155 (158) = NVwZ 2001, 1029).

21

Die Berufungsbegründung muss einen bestimmten Antrag enthalten sowie die Berufungsgründe bezeichnen. § 124 a III 4 VwGO verlangt indes nicht, dass Berufungsgründe und Entscheidungsgründe übereinstimmen. Erforderlich ist lediglich, dass die Begründung der Berufung einen bestimmten Antrag enthält und aus welchen Gründen die angefochtene erstinstanzliche Entscheidung für fehlerhaft gehalten wird (BVerwG, NVwZ 2000, 1042). Nicht in Übereinstimmung hiermit steht die obergerichtliche Rechtsprechung, die zwar zutreffend lediglich die pauschale Bezugnahme auf den gesamten bisherigen Klägervortrag für nicht ausreichend erachtet, jedoch fordert, dass der Rechtsmittelführer darlegen müsse, in welchen Punkten tatsächlicher oder rechtlicher Art und warum das angefochtene Urteil nach seiner Ansicht unrichtig sei und welche Gründe er dem entgegensetze. Er müsse darlegen, welche Tatsachenfeststellungen nicht stimmten und warum, welche Beweiswürdigung er angreife und weshalb, und welche von der Vorinstanz abweichende Rechtsansicht er vertrete (BayVGH, NVwZ-RR 2001, 545 (546)).

22

§ 79 *Gerichtsverfahren*

4. Nachträgliche Zulassung verspäteten Vorbringens (Abs. 1 Satz 2 in Verb. mit § 128 a VwGO)

23 Nach Abs. 1 S. 2 gilt § 128 a VwGO entsprechend für die Entscheidung über die Zulassung verspäteten Sachvorbringens. Der Beteiligte bleibt danach mit dem Sachvorbringen, das gemäß § 87 b III 1 VwGO förmlich nicht zugelassen worden ist, auch im Berufungsverfahren ausgeschlossen (§ 128 a II VwGO). Sonstiges verspätetes Vorbringen im erstinstanzlichen wie im Berufungsverfahren hat das Berufungsgericht nach Maßgabe des § 128 a I 1 und 2 VwGO zuzulassen. Darüber hinaus kann das Berufungsgericht auch selbst nach § 87 b VwGO vorgehen (vgl. § 125 I 1 VwGO) und durch prozessleitende Verfügung erstmals zu einem fristgebundenem Sachvorbringen auffordern (BVerwG, AuAS 2000, 149 (150) = InfAuslR 2000, 418).

24 Nach § 128 a I 1 VwGO ist das Vorbringen zuzulassen, wenn es nach der freien Überzeugung des Berufungsgerichtes die Erledigung des Rechtsstreits nicht verzögern würde oder die Verspätung genügend entschuldigt wird (§ 128 a I 1 VwGO). Auf gerichtliches Verlangen ist der Entschuldigungsgrund glaubhaft zu machen (§ 128 a I 2 VwGO). Bezieht sich das Sachvorbringen auf *neue* Tatsachen und Beweismittel, die erst im Berufungsverfahren bekannt geworden sind, findet Abs. 1 keine Anwendung. Zur Vermeidung rechtlicher Nachteile ist insoweit aber unverzüglicher Sachvortrag geboten.

25 Ist der Beteiligte im erstinstanzlichen Verfahren nicht über die Folgen der Fristversäumnis nach § 74 II 1 belehrt worden (vgl. § 74 II 3), ist das präkludierte Sachvorbringen stets zuzulassen (§ 128 a I 3 1. HS und II VwGO). Da das Bundesamt die Belehrung nach § 74 II 3 im Bescheid in standardisierter Form in der Rechtsbehelfsbelehrung vornimmt, kann dieser Fall eigentlich nicht eintreten.

26 Ist es dem Berufungsgericht mit geringem Aufwand möglich, den Sachverhalt auch ohne Mitwirkung des Beteiligten zu ermitteln, hat es den verspäteten Sachvortrag zu berücksichtigen (§ 128 a I 3 2. HS VwGO). Die Vorschrift des § 128 a I 3 VwGO entspricht der für das erstinstanzliche Verfahren geltenden Regelung des § 87 b III 3 VwGO. Sind indes umfangreiche und zeitaufwendige Ermittlungen durch das Berufungsgericht erforderlich, kann dieses sein Ermessen gegen die Zulassung des erstinstanzlich präkludierten Sachvorbringens ausüben (Nieders.OVG, InfAuslR 2004, 454 (456)).Das Berufungsgericht ist aber verpflichtet, die Zurückweisung ausreichend zu begründen. Die Anforderungen an eine ausreichende Begründung entziehen sich zwar einer generellen Festlegung. Der Begründungsbedarf steigt indes regelmäßig mit dem Gewicht, das die Präklusionsfolgen für den Betroffenen hat (BVerwG, AuAS 2000, 149 (150) = InfAuslR 2000, 418).

27 Abgesehen von den beiden Ausnahmen des § 128 a I 3 VwGO ist festzuhalten, dass eine vom Verwaltungsgericht zu Recht angeordnete Präklusion nach § 74 II 2 AsylVfG in Verb. mit § 87 b III 1 VwGO grundsätzlich auch für das Berufungsverfahren weiter gilt (§ 128 a II VwGO). Auch im Revisionsverfahren bleibt die Präklusion wirksam (§ 141 S. 1, § 128 a VwGO). Aus § 128 a I 1 und II VwGO ergibt sich, dass das Verwaltungsgericht das Sachvorbringen *ausdrücklich durch Beschluss* nicht zugelassen haben muss.

Besondere Vorschriften für das Berufungsverfahren § 79

§ 128 a I 1 VwGO betrifft den Fall, dass der Kläger nach Ablauf der Frist des § 74 II 1 neue Tatsachen oder Beweismittel angibt, insoweit über die Zulassung aber kein förmlicher Beschluss vorliegt. Es kann sich um verspätetes Vorbringen im erstinstanzlichen wie im Berufungsverfahren handeln. In aller Regel wird aber das Verwaltungsgericht verspätetes Vorbringen im erstinstanzlichen Verfahren förmlich ausgeschlossen oder zugelassen haben, sodass der Anwendungsbereich von Abs. 1 S. 1 letztlich auf neues Sachvorbringen im Berufungsverfahren begrenzt ist. 28

Das Berufungsgericht darf entscheidungserhebliches Vorbringen eines Beteiligten in der abschließenden Sachentscheidung nicht als verspätet zurückweisen, ohne dass der Betroffene zuvor die Möglichkeit gehabt hat, seine Schuldlosigkeit an der Fristversäumnis geltend zu machen (BVerwG, AuAS 2000, 149 (150) = InfAuslR 2000, 418). Gegen den Beschluss kann der Beteiligte in einem derartigen Fall die Beschwerde gegen die Nichtzulassung der Revision wegen eines Verfahrensfehlers erheben. Hierbei hat er schlüssig darzulegen, dass und warum er nicht in der Lage war, noch rechtzeitig gegenüber dem Berufungsgericht die eingetretene Verspätung zu entschuldigen (BVerwG, AuAS 2000, 149 (150) = InfAuslR 2000, 418). Der Einwand ist innerhalb der Begründungsfrist nach § 133 III VwGO und nicht innerhalb der kurzen Wiedereinsetzungsfrist nach § 60 II 1 VwGO vorzubringen (BVerwG, AuAS 2000, 149 (151) = InfAuslR 2000, 418). 29

5. Verbot der Zurückverweisung (Abs. 2)

Mit dem ausdrücklichen Verbot der Anwendung von § 130 VwGO wird nach Abs. 2 wie früher nach § 32 VII AsylVfG 1982 dem Berufungsgericht untersagt, die Sache an das Verwaltungsgericht zurückzuverweisen. Vielmehr hat es über den Berufungsantrag zu entscheiden und diesen entweder zu verwerfen oder aber der Berufung statt zu geben. Die Rechtsprechung hatte früher selbst bei offensichtlicher Rechtswidrigkeit der Zulassung durch das Verwaltungsgericht eine Bindungswirkung des Berufungsgerichts (BVerwG, NVwZ 1985, 199 = InfAuslR 1985, 119) und daraus folgend ein Verbot der Zurückverweisung angenommen. Auch war dem Verwaltungsgericht die Abhilfemöglichkeit genommen worden (§ 32 V 1 AsylVfG 1982). Das geltende Recht knüpft an diese Rechtslage an. 30

Da die Berufung durch das Verwaltungsgericht nicht zugelassen werden darf, kann gegen die Nichtzulassung auch keine Beschwerde erhoben werden, der abgeholfen werden könnte. Nur das Berufungsgericht kann noch über die Zulassung der Berufung entscheiden (§ 78 V 1). Im Interesse der Verfahrensbeschleunigung (BT-Drs. 12/2062, S. 41) wird dem Berufungsgericht dementsprechend die Zurückverweisung der Sache an das Verwaltungsgericht untersagt (BVerwG, DVBl. 1997, 907 (908); Thür.OVG, U. v. 5.12.1996 – 3 KO 847/96). 31

6. Entscheidung durch Beschluss (§ 130 a Satz 1 VwGO)

6.1. Voraussetzungen des vereinfachten Berufungsverfahrens

32 Durch Aufhebung von Abs. 3 durch Art. 3 des 6. VwGO ÄndG hat der Gesetzgeber den bis dahin bestehenden Streit, ob über die Berufung ohne mündliche Verhandlung durch Beschluss entschieden werden kann, geklärt. Das Berufungsgericht kann daher über die Berufung durch Beschluss entscheiden, wenn es sie einstimmig für begründet oder einstimmig für unbegründet hält (§ 130 a S. 1 VwGO). In der obergerichtlichen Rechtsprechung wurde die Vorschrift des § 79 III AsylVfG 1992 nicht für abschließend erachtet, sodass schon nach damals herrschender Ansicht unter den in § 130 a VwGO genannten Voraussetzungen das Berufungsgericht auch über die Berufung des Bundesbeauftragten durch Beschluss entscheiden konnte (BVerwG, NVwZ-RR 1998, 455; BayVGH, NVwZ 1997, 692 = DVBl. 1997, 913 = EZAR 633 Nr. 29 = AuAS 1997, 161; a. A. Schenk, in: Hailbronner, AuslR, § 78 AsylVfG Rdn. 6 kritisch zur Anwendbarkeit von § 130 a VwGO im Asylprozess Huber, NVwZ 1992, 856). Nach der obergerichtlichen Rechtsprechung findet § 130 a S. 1 VwGO auch dann Anwendung, wenn das Berufungsgericht die Berufung einstimmig teilweise für begründet und im Übrigen für unbegründet hält (VGH BW, NVwZ 1997, 691 (692)).

33 Das vereinfachte Berufungsverfahren kann insbesondere dann Anwendung finden, wenn das Berufungsgericht oder das BVerwG hinsichtlich einer bestimmten Fallgruppe eine Grundsatzentscheidung getroffen hat und weitere Verfahren derselben Fallgruppe, die keine Besonderheiten aufweisen, noch in der Berufungsinstanz anhängig sind (BT-Drs. 12/2062, S. 41). Diese Verfahren können dann nach Maßgabe der Grundsatzentscheidung ohne mündliche Verhandlung durch Beschluss entschieden werden (BT-Drs. 12/2062, S. 41). Eine Verfahrensweise nach § 130 a S. 1 VwGO kommt damit insbesondere *nach vorheriger Klärung gruppenspezifischer Rechts- und Tatsachenfragen* zugunsten weiterer Angehöriger der betroffenen Gruppe in Betracht, sofern die individuellen Besonderheiten eindeutig zu bewerten sind und keine mündliche Verhandlung erfordern (Renner, AuslR, § 79 AsylVfG, Rdn. 4).

34 Vorausgesetzt ist damit stets eine *Grundsatzentscheidung des Berufungsgerichts*, die materielle Kriterien für die Behandlung gleichgelagerter Verfahren festlegt. Das Berufungsgericht kann dabei auf die Rechtsprechung anderer Berufungsgerichte sowie des Revisionsgerichtes zurückgreifen. Hat das BVerwG die Revision gegen die Grundsatzentscheidung des Berufungsgerichts zugelassen, ist § 130 a S. 1 VwGO weiterhin bis zur revisionsgerichtlichen Verwerfung im konkreten Rechtsstreit anwendbar. Die individuellen Besonderheiten, die eine mündliche Verhandlung erfordern, werden sich in aller Regel auf die Zweifel beschränken, die dagegen sprechen, dass der Berufungskläger der verfolgten Gruppe zugehörig ist.

35 Die Beiziehung und Einführung neuer Erkenntnismittel in das Berufungsverfahren sowie deren Verwertung im Wege des Urkundenbeweises stehen einer Entscheidung ohne mündliche Verhandlung im vereinfachten Beru

Besondere Vorschriften für das Berufungsverfahren §79

fungsverfahren nach § 130 a VwGO jedoch nicht entgegen (BVerwG, NVwZ 1996, 1102 = DÖV 1997, 557).

6.2. Verpflichtung zur persönlichen Anhörung bei Aufklärung des individuellen Sachvorbringens

Für das allgemeine Verwaltungsprozessrecht hat das BVerwG entschieden, dass eine mündliche Verhandlung jedenfalls dann nicht im Berufungsverfahren geboten sei, wenn im Wesentlichen nur Rechtsfragen zu entscheiden seien (BVerwG, NVwZ 2004, 108 (109)). Für das asylrechtliche Berufungsverfahren hat das BVerwG jedoch ausdrücklich hervorgehoben, es sei ihm grundsätzlich verwehrt, einen Asylsuchenden, der eine individuelle Verfolgung geltend mache, lediglich unter Übernahme der entsprechenden Würdigung durch das Bundesamt für unglaubwürdig zu halten, ohne ihn selbst angehört zu haben. Das Berufungsgericht müsse den Asylsuchenden jedenfalls dann selbst anhören, wenn es seine vom Bundesamt schriftlich festgehaltenen Aussagen anders interpretieren oder seine Glaubwürdigkeit abweichend beurteilen wolle, als es die Behörde getan habe (BVerwG, InfAuslR 2003, 28 (29); BVerwG, InfAuslR 2003, 252 (253); BVerwG, B. v. 17. 4. 2003 – BVerwG 1 B 226.02). 36

Hiervon kann nach der Rechtsprechung des BVerwG allenfalls dann eine Ausnahme zugelassen werden und unter Bezugnahme auf das *Anhörungsprotokoll* auf die Unglaubwürdigkeit des Asylsuchenden schließen sowie im vereinfachten Berufungsverfahren nach § 130 a VwGO entscheiden, wenn dessen Aussage solche Widersprüche, Ungereimtheiten oder Unvereinbarkeiten mit gesicherten Erkenntnissen des Berufungsgerichts aufweist, dass sich die Wahrheit der vom Asylsuchenden behaupteten Tatsachen auch ohne einen persönlichen Eindruck des Berufungsgerichts von seiner Glaubwürdigkeit von vornherein ausschließt (BVerwGE 116, 123 (125) = NVwZ 2002, 993 = AuAS 2002, 144; BVerwG, InfAuslR 2003, 252 (253) = AuAS 2002, 263). Dem steht nicht entgegen, dass der Asylsuchende in der Vorinstanz auf die Durchführung der mündlichen Verhandlung verzichtet hat (BVerwG, InfAuslR 2003, 252 (253) = AuAS 2002, 263). 37

Eine Entscheidung durch Beschluss ohne mündliche Verhandlung im »vereinfachten Berufungsverfahren« ist zu Lasten des Klägers dann unzulässig, wenn der Klage im erstinstanzlichen Verfahren durch Gerichtsbescheid stattgegeben worden war (BVerwGE 116, 123 (125) = NVwZ 2002, 993 (994) = AuAS 2002, 144). Der Gesetzgeber hat nämlich das vereinfachte Berufungsverfahren nur unter der Voraussetzung zugelassen, dass in erster Instanz eine mündliche Verhandlung stattgefunden hat oder dem Berufungskläger jedenfalls eröffnet war ((BVerwGE 116, 123 (125)). 38

6.3. Anhörungspflicht (§ 130 a Satz 2 in Verb. mit § 125 Abs. 2 Satz 3 VwGO)

39 Aus der Verweisungsvorschrift des § 130 a S. 2 VwGO folgt, dass die Beteiligten vor der Beschlussfassung zu *hören* sind (§ 125 II 3 VwGO). Unterbleibt eine ordnungsgemäße Anhörung, so stellt dies einen Verstoß gegen den Grundsatz der Gewährung rechtlichen Gehörs damit der Folge, dass die Entscheidung stets als auf der Verletzung von Bundesrecht beruhend anzusehen ist (BVerwG, InfAuslR 1999, 374 (375)). An die Anhörungsmitteilung sind in formeller und inhaltlicher Hinsicht strenge Anforderungen zu stellen (BVerwG, InfAuslR 1999, 374 (375)). Ein zuvor erklärter Verzicht auf Durchführung der mündlichen Verhandlung wird durch die Anhörungsmitteilung verbraucht (BVerwG, InfAuslR 2004, 130 (131)).

40 Die Anhörungsmitteilung darf, wenn sie eine Aussage über den vom Berufungsgericht erwogenen Ausgang des Berufungsverfahrens enthält, insoweit nicht irreführend und dadurch objektiv ungeeignet sein, den betroffenen Beteiligten in seiner Rechtsverteidigung zu beeinträchtigen. Teilt das Berufungsgericht in der Anhörungsmitteilung mit, dass nur eine teilweise Stattgabe der Klage in Betracht komme und weist es diese anschließend vollumfänglich ab, verletzt es das rechtliche Gehör des Rechtsmittelführers, der andernfalls zum hilfsweisen Klageantrag nach § 60 II–VII AufenthG Ausführungen gemacht hätte (BVerwG, InfAuslR 1999, 374 (375)).

41 Die Anhörungsmitteilung soll die Beteiligten in die Lage versetzen, sachbezogen und konkret auf die mit dieser deutlich werdenden Auffassung des Berufungsgerichtes zu reagieren. Daher kann allein in der Mitteilung einer vorläufigen – einstimmigen – Meinungsbildung des Berufungsgerichtes über eine beabsichtigte Entscheidung nach § 130 a VwGO kein Befangenheitsgrund gesehen werden (VGH BW, AuAS 2000, 178 (179)).

42 Nach der Rechtsprechung des BVerwG muss das Berufungsgericht, wenn es an der Durchführung des vereinfachten Verfahrens festhalten will, obwohl ein Beteiligter diesem Verfahren widerspricht und eine Verlängerung der Äußerungsfrist zur Ergänzung seines Vortrags beantragt, vorab über den Verlängerungsantrag entscheiden (BVerwG, NVwZ-RR 1998, 783 = AuAS 1998, 247). Dies gilt grundsätzlich unabhängig davon, ob erhebliche Gründe für eine Verlängerung der richterlichen Frist nach § 57 II, § 224 II ZPO glaubhaft gemacht sind, die in der Regel zu einer Reduzierung des Ermessens führen mit der Folge, dass dem Verlängerungsantrag zu entsprechen ist (BVerwG, NVwZ-RR 1998, 783 (784)).

43 Auch wenn das Gericht im Einzelfall befugt ist, den Antrag abzulehnen, weil erhebliche Gründe nicht bestehen, muss es hierüber gemäß § 225 ZPO entscheiden und dies dem Beteiligten, zu dessen Ungunsten der Beschluss nach § 130 a VwGO ergehen soll, mitteilen, um diesen eine abschließende Stellungnahme zu ermöglichen. Aus dem Schweigen des Berufungsgerichts zu einem in offener Frist gestellten Verlängerungsantrag muss der Kläger nicht schließen, dass seiner Bitte um weiteres Zuwarten nicht entsprochen werde. Vielmehr darf er darauf vertrauen, dass das Gericht ihm Gelegenheit geben werde, sich hierauf einzustellen (BVerwG, NVwZ-RR 1998, 783 (784)).

Stellt der Kläger einen *Beweisantrag*, so muss das Berufungsgericht diesen entweder zum Gegenstand einer *erneuten Anhörungsmitteilung* machen oder in dem die Berufung zurückweisenden Beschluss nach § 130 a VwGO deutlich machen, weshalb es ausnahmsweise ohne einen entsprechenden Hinweis im vereinfachten Berufungsverfahren entscheiden durfte (BVerwG, InfAuslR 1999, 475). Darüber hinaus muss das Berufungsgericht in dem Beschluss nach § 130 a VwGO zumindest darlegen, aus welchen prozessualen Gründen es dem Beweisantrag nicht nachgehen musste (BVerwG, InfAuslR 1999, 475). 44

Will das Berufungsgericht mithin ungeachtet eines gestellten Beweisantrags, den der Berufungsführer erst nach der Anhörungsmitteilung (§§ 130 a S. 2, 125 II 3 VwGO) gestellt hat, am vereinfachten Verfahren festhalten, muss es zur Gewährleistung des rechtlichen Gehörs eine erneute Anhörungsmitteilung über das unverändert beabsichtigte vereinfachte Berufungsverfahren an den Beteiligten zu übersenden und diesen darauf hinzuweisen, dass es seinen Beweisanträgen nicht durch förmliche Beweisbeschlüsse nachgehen werde (BVerwG, B. v. 11. 6. 1996 – BVerwG 9 B 131.96). 45

Das Prozessrecht enthält keine Fristvorgaben für die Berufungsentscheidung nach Durchführung des Anhörungsverfahrens. Es verletzt deshalb nicht den Anspruch der Beteiligten auf Gewährung rechtlichen Gehörs, wenn es erst sechs Monate nach Ablauf der diesen gesetzten Äußerungsfrist zum vereinfachten Berufungsverfahren entschieden hat (BVerwG, InfAuslR 2003, 359 = AuAS 2003, 166). 46

6.4. Rechtsmittel

Gegen den Beschluss des Berufungsgerichtes steht den Beteiligten dasselbe Rechtsmittel zu, das gegeben wäre, wenn das Gericht durch Urteil entschieden hätte (§ 130 a S. 2 in Verb. mit § 125 II 4 VwGO). Je nach Tenorierung kann also die Revision (§ 139 I 1 VwGO) oder die Nichtzulassungsbeschwerde (§ 133 VwGO) in Betracht kommen. Die Beteiligten sind im Beschluss über das einzulegende Rechtsmittel zu belehren (§ 125 II 5 VwGO). 47

§ 80 Ausschluss der Beschwerde

Entscheidungen in Rechtsstreitigkeiten nach diesem Gesetz können vorbehaltlich des § 133 Abs. 1 der Verwaltungsgerichtsordnung nicht mit der Beschwerde angefochten werden.

Übersicht

	Rdn.
1. Vorbemerkung	1
2. Verfassungsrechtliche Vereinbarkeit mit Art. 16 a Abs. 1 GG und Art. 19 Abs. 4 GG	3
3. Anwendungsbereich der Ausschlussvorschrift	6

§ 80   *Gerichtsverfahren*

4. Beschwerde gegen verwaltungsgerichtliche Entscheidungen nach
   § 34 a Abs. 2   13
5. Abänderungsanträge   14
6. Beschwerde gegen ausländerrechtliche Maßnahmen   15

1. Vorbemerkung

1   Während das AsylVfG 1982 keinen Ausschluss der Beschwerde kannte, wurde mit § 10 III 8 AsylVfG 1990 die Beschwerdemöglichkeit gegen zurückweisende Beschlüsse des Verwaltungsgerichtes in asylrechtlichen Eilrechtsschutzverfahren abgeschafft. § 80 vollendet die damit eingeleitete Entwicklung. Nach geltendem Recht sind sämtliche Beschwerden gegen Entscheidungen des Verwaltungsgerichtes ausgeschlossen. Die revisionsrechtliche Nichtzulassungsbeschwerde bleibt hiervon unberührt (vgl. § 80 in Verb. mit § 133 I VwGO).

2   Bereits die Einführung der Vorschrift des § 10 III 8 AsylVfG 1990 hatte zu einer vermehrten Anrufung des BVerfG im Wege der einstweiligen Anordnung nach § 32 BVerfGG geführt. Insbesondere im Zusammenhang mit dem Flughafenverfahren nach § 18 a IV hatte der Beschwerdeausschluss anfangs zu einer erheblichen Zunahme der Verfassungsbeschwerden geführt. Der Gesetzgeber nimmt diese Folge jedoch im Interesse der Verfahrensbeschleunigung bewusst in Kauf. Das BVerfG hat jedenfalls im Blick auf einstweilige Anordnungsverfahren nach § 32 BVerfGG die Hürden erheblich erschwert (BVerfGE 94, 166 (216) = NVwZ 1996, 678 = EZAR 632 Nr. 25; s. hierzu § 36 Rdn. 197ff.).

2. Verfassungsrechtliche Vereinbarkeit mit Art. 16 a Abs. 1 und 19 Abs. 4 GG

3   Zu § 10 III 8 AsylVfG 1990 hatte das BVerfG festgestellt, es sei Sache des Gesetzgebers zu entscheiden, ob Rechtsmittel gegen Gerichtsentscheidungen statthaft sein sollen (BVerfG, EZAR 632 Nr. 16). Unter Bezugnahme auf seine allgemeine Rechtsprechung (BVerfGE 1, 433 (437); 49, 329 (343); 65, 76 (90); 83, 24 (31)) verweist das BVerfG darauf, dass Art. 19 IV GG keinen mehrstufigen Instanzenzug gewährleiste (BVerfGE 87, 48 (61 f.) = EZAR 632 Nr. 16 = AuAS 1/1993, 12 (LS); so auch BVerfGE 4, 74 (94f.); 6, 7 (12), 8, 174 (181 f.); 11, 232 (233); 28, 21 (36), 35, 262 (271)). Er verwehre dem Gesetzgeber deshalb auch nicht, ein bisher nach der jeweiligen Verfahrensordnung statthaftes Rechtsmittel abzuschaffen oder den Zugang zu einem an sich eröffneten Rechtsmittel von neuen einschränkenden Voraussetzungen abhängig zu machen (BVerfGE 87, 48 (61 f.)).

4   Diese Grundsätze hätten auch für asylrechtliche Streitigkeiten Geltung. Das verfassungsrechtlich gebotene Verfahren müsse u. a. geeignete Vorkehrungen dagegen treffen, dass Entscheidungen, die ein Asylbegehren wegen »offensichtlicher Unbegründetheit« oder »Unbeachtlichkeit« ablehnten oder vorläufigen Rechtsschutz gegen den Sofortvollzug der auf eine solche Be-

Ausschluss der Beschwerde § 80

urteilung eines Asylantrags gestützten Ausreiseverfügung verweigerten, unrichtig seien und damit einem Asylsuchenden der Verfolgungsgefahr aussetzten. Solchen Fehlentscheidungen müsse indes nicht durch Gewährleistung eines Instanzenzugs vorgebeugt werden. Hinreichende Vorkehrungen könnten auch durch Anwendung und Auslegung der gesetzlichen Ablehnungsgründe im gerichtlichen Verfahren als solchem getroffen werden (BVerfGE 87, 48 (61 f.) = EZAR 632 Nr. 16, unter Bezugnahme auf BVerfGE 65, 76 (95) = EZAR 630 Nr. 4 = NJW 1983, 2929 = InfAuslR 1984, 58; ähnl. Hess.VGH, EZAR 632 Nr. 10).

Nach dieser Rechtsprechung muss das erstinstanzliche Eilrechtsschutzverfahren im besonderen Maße den verfassungsrechtlich gebotenen verfahrensrechtlichen Anforderungen gerecht werden können. Der Beschwerdeausschluss wird m. a. W. durch eine besonders grundrechtsfeste Gestaltung des erstinstanzlichen Verfahrens kompensiert. Hieran hat sich auch durch die Neuregelung des Art. 16 a IV GG nichts geändert. Vielmehr hat das BVerfG in der grundlegenden Entscheidung zum Flughafenverfahren die besondere grundrechtsschützende Funktion der Verwaltungsgerichtsbarkeit hervorgehoben (BVerfGE 94, 166 (216) = NVwZ 1996, 678 = EZAR 632 Nr. 25). 5

3. Anwendungsbereich der Ausschlussvorschrift

Der Beschwerdeausschluss nach dieser Vorschrift ist umfassend. In *allen Streitigkeiten nach diesem Gesetz* ist die Beschwerde gegen Entscheidungen des Verwaltungsgerichtes ausgeschlossen. Ob eine asylverfahrensrechtliche Streitigkeit vorliegt, beantwortet sich ausschließlich danach, auf welche Rechtsgrundlage die Behörde ihre Maßnahme gestützt hat. Ist dies eine solche nach dem AsylVfG, liegt eine Streitigkeit nach diesem Gesetz vor (VGH BW, NVwZ-RR 1996, 535 (536) = AuAS 1995, 116; OVG Hamburg, EZAR 632 Nr. 22; OVG Hamburg, InfAuslR 1994, 377 (278); s. hierzu ausf. § 74 Rdn. 2 ff.). 6

Ob die Behörde zu Recht die asylverfahrensrechtliche Grundlage herangezogen hat, spielt dagegen erst für die Begründetheitsprüfung eine Rolle, kann hingegen nicht bereits in der »Zulässigkeitsstation« für die Verfahrensart bestimmend sein (VGH BW, NVwZ-RR 1996, 535 (536)). Damit erstreckt sich der Ausschluss der Beschwerde auf sämtliche Verfahren des *vorläufigen Rechtsschutzes*, aber auch auf *sonstige Nebenverfahren*, wie etwa *Wiedereinsetzungsverfahren* (OVG, NW, B. v. 23. 8. 1993 – 18 B 1399/93; OVG NW, B. v. 15. 6. 1993 – 19 E 369/93.A) oder Verfahren der Prozesskostenhilfe und Kostenangelegenheiten (BT-Drs. 12/2062, S. 42). 7

Auch in den Verfahren, in denen der Asylsuchende sich gegen die behördliche Aufforderung nach § 15 II Nr. 4 und 6 wendet, bei der heimatlichen Auslandsvertretung vorzusprechen und dort ein Rückreisedokument zu beantragen, ist die Beschwerde ausgeschlossen (VGH BW, NVwZ-RR 1996, 535 (536) = AuAS 1995, 116; VGH BW, AuAS 1995, 168). Soweit die Rechtsprechung dies auch für den Fall der zwangsweisen Vorführung nach unanfechtbarem Abschluss des Asylverfahrens annimmt, wird übersehen, dass 8

1691

§ 80　Gerichtsverfahren

die Ausländerbehörde die Passbeschaffungsanordnung in diesen Fällen auf § 82 IV AufenthG stützt (VG Neustadt InfAuslR 2003, 116 (117f.); VG Wiesbaden, AuAS 2004, 273 (274); VG Weimar, B.v. 4.10.2004 – 2 E 5889/04; a. A. VGH BW, InfAuslR 1999, 287 (288); VG Chemnitz, NVwZ 2000, 44).

9　Der Beschwerdeausschluss umfasst auch Eilrechtsschutzverfahren, in denen die Aussetzung der Folgen einer unanfechtbaren Klageabweisung nach § 78 I erstrebt wird (BayVGH, EZAR 632 Nr. 20; OVG Brandenburg, EZAR 632 Nr. 28). Auch für das Verfahren der *Richterablehnung* ist die Beschwerde ausgeschlossen (BayVGH, EZAR 630 Nr. 30; BayVGH, EZAR 632 Nr. 20; OVG NW, AuAS 1993, 132). Generell gilt, dass in allen Streitigkeiten nach diesem Gesetz, in denen das Gericht nach allgemeinem Prozessrecht beschwerdefähige Entscheidungen trifft, diese mit der Beschwerde nicht angegriffen werden können. Die Vorschrift des § 80 erfasst auch Entscheidungen des Verwaltungsgerichtes, durch die die Gewährung vorläufigen Rechtsschutzes für die Zeit nach Stellung eines *Asylfolgeantrags* abgelehnt worden ist (OVG NW, B. v. 18.8.1993 – 18 B 2058/93).

10　Insbesondere für das Prozesskostenhilfeverfahren ist nach der gesetzlichen Begründung (BT-Drs. 12/2062, S. 42) der Beschwerdeausschluss eingeführt worden (Hess.VGH, EZAR 630 Nr. 31). Daher ist die Rechtsprechung des BVerfG, derzufolge die Beschwerde gegen ablehnende Beschlüsse im Verfahren der Prozesskostenhilfe statthaft war (BVerfG 87, 48 (66f.) = EZAR 630 Nr. 26 = NVwZ 1988, 718; so auch BayVGH, B. v. 23.8.1985 – Nr. 25 C 85 C 131; Hess.VGH, InfAuslR 1984, 253; OVG Saarland, AS 1984, 410; dagegen BayVGH, BayVBl. 1984, 378; OVG NW, InfAuslR 1984, 279; VGH BW, NVwZ 1984, 534; s. aber OVG Brandenburg, AuAS 2003, 45), seit dem Inkrafttreten des § 80, also seit dem *1. Juli 1992*, nicht mehr anwendbar.

11　Der Ausschluss der Beschwerde umfasst nach der Rechtsprechung auch die Entscheidung über die *Erinnerung* des dem Asylkläger beigeordneten Rechtsanwaltes gegen die Festsetzung seiner Vergütung (OVG Hamburg, AuAS 1993, 132; OVG NW, NVwZ-RR 1996, 128; a. A. VG Frankfurt a. M., AuAS 1998, 48). Die Vorschrift schließt darüber hinaus auch *Streitwertbeschwerden* aus (OVG NW, AuAS 10/1992, 12).

12　Gegen die unangemessene Verzögerung der Bewilligung von Prozesskostenhilfe war früher die Beschwerde statthaft (VGH BW, B. v. 17.1.1988 – A 12 S 1032/89; a. A. OVG Rh-Pf, NVwZ-RR 1990, 384, nur das Mittel der Dienstaufsichtsbeschwerde ist gegeben). Ob sich dieser Streit durch § 80 erledigt hat, ist fraglich. Die Vorschrift dient erkennbar der Verfahrensbeschleunigung. Soll durch den eingelegten Rechtsbehelf diese Beschleunigung erreicht werden, dürfte seiner Statthaftigkeit kaum der Einwand einer verfahrensbeschleunigenden Norm entgegengehalten werden können. Im übrigen ist nach dem BayVerfGH gegen das gerichtliche Unterlassen grundsätzlich die Möglichkeit der Verfassungsbeschwerde gegeben (BayVerfGH, NJW 1991, 2895; ebenso OVG Brandenburg, AuAS 2003, 45).

4. Beschwerde gegen verwaltungsgerichtliche Entscheidungen nach § 34 a Abs. 2

Nach der obergerichtlichen Rechtsprechung ist die Beschwerde *nicht* ausgeschlossen, wenn das Verwaltungsgericht entgegen der Vorschrift des § 34 a II vorläufigen Rechtsschutz gewährt hat (BayVGH, EZAR 632 Nr. 20 = NVwZ-Beil.1994, S. 4; OVG Frankfurt (Oder), NVwZ-Beil. 1994, 42; OVG NW, EZAR 632 Nr. 27 = NVwZ-Beil. 1996, 92). Zwar handele es sich bei derartigen Verfahren um Streitigkeiten nach dem AsylVfG. Es sei jedoch weiterhin erforderlich, dass auch die Entscheidung des Verwaltungsgerichtes selbst, wenigstens ihrer Art nach im Gesetz grundsätzlich zulässig sei. Eine Entscheidung des Verwaltungsgerichtes nach § 34 a II sei aber nicht nur inhaltlich unrichtig, sie sei auch nicht nur eine sog. inkorrekte, d. h. in die falsche Form gegossene Entscheidung, sondern sie sei schon ihrer Art nach vom Gesetz ausdrücklich und ausnahmslos untersagt. Daher sei die Beschwerde nach den allgemeinen Regeln des § 146 VwGO statthaft (BayVGH, EZAR 632 Nr. 20; OVG NW, EZAR 632 Nr. 27).

13

5. Abänderungsanträge

Abänderungsanträge nach § 80 VII 2 VwGO sind ungeachtet des Beschwerdeausschlusses zulässig (ebenso Schenk, in: Hailbronner, AuslR, § 80 AsylVfG Rdn. 6; s. hierzu § 36 Rdn. 38 ff.). Voraussetzung für ihre Statthaftigkeit ist jedoch, dass der zurückgewiesene Eilrechtsschutzantrag fristgemäß gestellt worden war (OVG NW, EZAR 632 Nr. 13). Ebenso wenig wird durch den Rechtsmittelausschluss die Befugnis des Gerichts ausgeschlossen, von Amts wegen – gegebenenfalls auf Gegenvorstellung eines Beteiligten hin – einen Eilrechtsbeschluss abzuändern (Schenk, in: Hailbronner, AuslR, § 80 AsylVfG Rdn. 6). Die Beschwerde gegen den Beschluss im Abänderungsverfahren ist jedoch ausgeschlossen (OVG NW, EZAR 632 Nr. 11; OVG NW, NVwZ-RR 1991, 587; Hess.VGH, AuAS 8/1992, 12).

14

6. Beschwerde gegen ausländerrechtliche Maßnahmen

Die Vorschrift des § 80 findet nur auf Streitigkeiten nach dem AsylVfG Anwendung. Für Rechtsstreitigkeiten nach dem AufenthG gilt demgegenüber der Beschwerdeausschluss nicht. Insoweit ist jedoch § 43 zu beachten. In aller Regel wird mit der unanfechtbaren Entscheidung über die Vollziehbarkeit der Abschiebungsandrohung nach §§ 34 und 35 die Ausreisepflicht durchsetzbar. Nur in den Sonderfällen des § 43 hat das ausländerrechtliche Verfahren eigenständige Bedeutung und hindert die Vollstreckung der asylverfahrensrechtlichen Verfügung. Die Einweisung in eine Aufnahmeeinrichtung stellt keine asylrechtliche Streitigkeit dar (OVG Rh-Pf, NVwZ-Beil. 2004, 21, für § 56 III 2 AuslG 1990).

15

Im ausländerrechtlichen Eilrechtschutzverfahren ist § 80 nicht anwendbar. Zu bedenken ist aber, dass die Ausländerbehörden häufig den Ausgang des

16

Beschwerdeverfahrens nicht abwarten. Davon zu unterscheiden sind Rechtsstreitigkeiten, in denen *Abschiebungsschutz* gemäß § 60 II–VII AufenthG begehrt wird. Hier handelt es sich um eine Rechtsstreitigkeit nach dem AsylVfG (§ 31 III), sodass die Beschwerde ausgeschlossen ist (OVG NW, AuAS 1993, 274; OVG Hamburg, 1994, 377 (378)). Dies gilt auch, wenn im Asylfolgeantragsverfahren allein Abschiebungshindernisse nach § 60 II–VII AufenthG geltend gemacht werden (OVG Hamburg, NVwZ-RR 1998, 456; VGH BW, NVwZ-Beil. 1998, 25 (26) = InfAuslR 1998, 193 = AuAS 1998, 31). Anderes gilt jedoch, wenn Abschiebungsschutz nach § 60 II–VII AufenthG außerhalb des Asylverfahrens (§ 72 II AufenthG) erstrebt wird und zuvor kein Asylantrag gestellt worden war.

17 Zu den von § 80 erfassten Verfahren des vorläufigen Rechtsschutzes gehören aber nicht nur die Verfahren auf Aussetzung der mit einer Asylantragsablehnung verbundenen Abschiebungsandrohung, sondern grundsätzlich auch die Verfahren auf Aussetzung der auf der Grundlage dieser Anordnung zur Durchführung anstehenden Abschiebung selbst. Die Abschiebung in Vollziehung der aufgrund von § 34 erlassenen Verfügung stellt nämlich lediglich einen Annex jener Maßnahme dar und ist mit derselben so unmittelbar verbunden, dass ihr gegenüber kein weitergehender Rechtsschutz eingeräumt sein kann als gegenüber der Abschiebungsandrohung selbst (OVG Rh-Pf, NVwZ-RR 1995, 421 (422) = AuAS 1995, 168 (nur LS); OVG Rh-Pf, AuAS 1998, 153; OVG Hamburg, InfAuslR 1994, 377 (378); OVG Hamburg, InfAuslR 2004, 219; Hess.VGH, EZAR 632 Nr. 19; Hess.VGH, NVwZ-Beil. 1995, 67; Hess.VGH, NVwZ-Beil. 1996, 21; Hess.VGH, NVwZ-Beil 1998, 46 (47); Hess.VGH, NVwZ-Beil. 1998, 45 (46); BayVGH, EZAR 632 Nr. 21; Nieders.OVG, B. v. 20. 8. 1996 – 1 M 4720/96; OVG Saarland, B. v. 4. 12. 1996 – 9 W30/96; VGH BW, AuAS 1998, 80; ebenso Schenk, in: Hailbronner, AuslR, § 80 AsylVfG Rdn. 8 ff.).

18 Umstritten ist jedoch, ob in dem Fall, in dem der Betroffene sich nicht mit asylrechtlich relevanten, sondern mit ausländerrechtlich erheblichen Gründen, wie etwa Reiseunfähigkeit oder Eheschließung, gegen die Abschiebung wendet, § 80 Anwendung findet. Hier ist die Beschwerde nicht ausgeschlossen (VGH BW, NVwZ 1994, 1235 (1236); a. A. Hess.VGH, NVwZ-Beil. 1996, 21 = AuAS 1996, 83 (nur LS); OVG Bremen, NVwZ-RR 1995, 231; VGH BW, NVwZ-RR 1996, 536; VGH BW, NVwZ-RR 1996, 533 (534) = EZAR 632 Nr. 24; a. A. OVG Hamburg, InfAuslR 2004, 219).

19 Nach der Rechtsprechung des BVerwG ist § 80 indes jedenfalls dann nicht anwendbar, wenn der Asylsuchende, dem nach erfolglosem Asylverfahren die Abschiebung angedroht wird, eine Duldung begehrt (BVerwG, NVwZ 1998, 299 (300) = InfAuslR 1998, 15 = AuAS 1998, 28; zustimmend OVG Brandenburg, AuAS 1998, 137 (138); Thür.OVG, EZAR 632 Nr. 30; OVG Frankfurt (Oder), NVwZ-Beil. 1998, 75; OVG Rh-Pf, B v. 12. 3. 1998 – 8 B 10128/88.OVG; VGH BW, NVwZ 1999, 792; ausdrücklich dagegen Hess. VGH, NVwZ-Beil. 1998, 45 (46); Hess-.VGH, InfAuslR 2003, 261; Nieders.OVG, NVwZ-Beil. 2004, 23 = AuAS 2004, 34; OVG Rh-Pf, NVwZ-Beil. 1998, 87 = AuAS 1998, 153; OVG Hamburg, NVwZ-Beil. 1998, 96; s. hierzu auch: BVerfG (Kammer), NVwZ 1998, 272).

Ruhen des Verfahrens § 80 a

Unklar ist, ob diese Rechtsprechung nur dann Anwendung findet, wenn die Ausländerbehörde (erneut) eine Abschiebungsandrohung erlässt. Das BVerwG stellt jedoch auf die fehlende Kompetenz des Bundesamtes in Ansehung der Duldungsgründe nach § 60 a II AufenthG, also im Blick auf die *inlandsbezogenen Vollstreckungshemmnisse* ab (BVerwG, NVwZ 1998, 299 (300)), sodass § 80 im Eilrechtsschutzverfahren keine Anwendung findet, wenn derartige Duldungsgründe im Streit sind. 20

§ 80 ist nicht anwendbar, wenn im vorangegangenen Asylverfahren die Abschiebungsandrohung aufgehoben worden war und der Asylsuchende nach unanfechtbarem Abschluss dieses Verfahrens einen Aufenthaltstitel oder eine Duldungsbescheinigung nach § 60 a IV AufenthG beantragt (VGH BW, NVwZ-RR 1996, 533 (534) = EZAR 632 Nr. 24; a. A. Hess-.VGH, InfAuslR 2003, 261). Anders als § 28 AsylVfG 1982, auf den diese Rechtsprechung sich bezieht, ist § 34 jedoch zwingender Natur, sodass kaum ein Fall denkbar erscheint, in dem das Verwaltungsgericht die Abschiebungsandrohung aufhebt, obwohl es Asyl- und Abschiebungsschutz verneint. 21

§ 80 a Ruhen des Verfahrens

(1) Für das Klageverfahren gilt § 32 a Abs. 1 entsprechend. Das Ruhen hat auf den Lauf von Fristen für die Einlegung oder Begründung von Rechtsbehelfen keinen Einfluß.
(2) Die Klage gilt als zurückgenommen, wenn der Kläger nicht innerhalb eines Monats nach Ablauf der Geltungsdauer der Aufenthalterlaubnis nach § 24 des Aufenthaltsgesetzes dem Gericht anzeigt, daß er das Klageverfahren fortführen will.
(3) Das Bundesamt unterrichtet das Gericht unverzüglich über die Erteilung und den Ablauf der Geltungsdauer der Aufenthaltsbefugnis nach § 24 des Aufenthaltsgesetzes.

Übersicht	Rdn.
1. Vorbemerkung	1
2. Ruhen des Verfahrens (Abs. 1)	3
3. Fiktive Klagerücknahme (Abs. 2)	8
4. Benachrichtigungspflichten des Bundesamtes (Abs. 3)	14

1. Vorbemerkung

Diese Vorschrift steht in engem Zusammenhang mit § 24 AufenthG und § 32 a. Sie zieht die prozessuale Konsequenz aus der Gewährung der besonderen Rechtsstellung für Personen, die wegen eines *Bürgerkriegs* vorübergehenden Schutz nach Maßgabe der Richtlinie 01/55/EG vom 20. Juli 2001 erhalten. 1

2 Zweck der Vorschrift ist es, für die Dauer der Gewährung einer Aufenthaltserlaubnis nach § 24 AufenthG das Verwaltungsgericht zu entlasten. Für diesen Zeitraum ruht das Verwaltungsstreitverfahren (Abs. 1 S. 1). Nach § 32 a ruht das Verwaltungsverfahren, wenn der Antragsteller *nach* Antragstellung die Aufenthaltserlaubnis nach § 24 AufenthG erhält. Gelangt der Asylsuchende nach Ablehnung seines Asylantrags und Klageerhebung in den Besitz der Aufenthaltserlaubnis nach § 24 AufenthG, ordnet Abs. 1 S. 1 kraft Gesetzes das Ruhen des Verwaltungsstreitverfahrens an. Abs. 2 entspricht der für das Verwaltungsverfahren geltenden Regelung des § 32 a II.

2. Ruhen des Verfahrens (Abs. 1)

3 Nach Abs. 1 S. 1 in Verb. mit § 32 a I ruht das Verwaltungsstreitverfahren, wenn der Asylkläger nach Klageerhebung eine Aufenthaltserlaubnis nach § 24 AufenthG erhält. Die Ruhensregel des Abs. 1 gilt für das Verfahren in allen Instanzen (Schenk, in: Hailbronner, AuslR, § 80 a AsylVfG Rdn. 5). Das Verfahren ruht solange, wie der Asylsuchende im Besitz der Aufenthaltserlaubnis nach § 24 AufenthG ist (Abs. 1 S. 1 in Verb. mit § 32 a I 1). Solange das Verwaltungsstreitverfahren ruht, bestimmt sich die Rechtsstellung des Asylklägers nicht nach dem AsylVfG (Abs. 1 S. 1 in Verb. mit § 32 I 2).

4 Damit das Verwaltungsgericht Klarheit über Beginn und Ende des Ruhens des Verfahrens gewinnt, hat das Bundesamt die in Abs. 3 geregelte unverzügliche Informationspflicht. Die Rechtsstellung wird während der Dauer des Ruhens durch § 24 AufenthG geregelt (Abs. 1 S. 1). Abs. 1 S. 1 verweist auf das *Klageverfahren* und nicht auf den Asylkläger.

5 Aus Abs. 1 S. 1 in Verb. mit § 32 a I 1 folgt, dass das Verwaltungsstreitverfahren *kraft Gesetzes* ruht, solange der Asylkläger im Besitz der Aufenthaltserlaubnis nach § 24 AufenthG ist. Das Verwaltungsgericht hat keinen Entscheidungsspielraum, sondern muss durch Beschluss das Ruhen des Verfahrens anordnen. Abs. 1 S. 2 bestimmt in Anlehnung an zivilprozessuale Vorschriften, dass das Ruhen des Verfahrens auf den Lauf von Fristen für die *Einlegung* oder *Begründung* von *Rechtsbehelfen* keinen Einfluss hat.

6 Die Begründungsfristen sind fakultativer Art (§ 74 II 2 in Verb. mit § 87 b III VwGO). Daher sollten die Gerichte den Asylsuchenden von seiner Begründungspflicht freistellen. Hierfür sprechen prozessökonomische, pragmatische, aber auch aus der Natur der Sache folgende Gründe. Während der Dauer des Besitzes der Rechtsstellung nach § 24 AufenthG kann sich die Situation im Herkunftsland des Klägers aus verschiedenen Gründen erheblich verändern. Das Verwaltungsgericht befasst sich im Übrigen während dieses Zeitraums nicht mit der Sache.

7 Angesichts dieser Umstände ist nicht nachvollziehbar, welchen Sinn die Begründung der Klage innerhalb der Frist des § 74 II 1 machen soll. Die Verwaltungsgerichte sind deshalb gut beraten, nach Benachrichtigung durch das Bundesamt (Abs. 3) dem Asylsuchenden anzuzeigen, dass er zusammen mit der Anzeige nach Abs. 2 seine Klage zu begründen hat.

3. Fiktive Klagerücknahme (Abs. 2)

Abs. 2 ist § 32 a II nachgebildet. Ist der Asylsuchende ordnungsgemäß belehrt worden und unterlässt er die Anzeige nach Abs. 2 innerhalb der dort geregelten Monatsfrist, *gilt* die Klage als zurückgenommen. Die Vorschrift begründet damit die Obliegenheit des Asylsuchenden, dem Verwaltungsgericht innerhalb eines Monats nach Ablauf der Geltungsdauer seiner Aufenthaltserlaubnis nach § 24 AufenthG – etwa infolge Zeitablaufs, Widerrufs oder Erlöschens – mitzuteilen, dass er das Verwaltungsstreitverfahren fortführen will. Das Gericht ruft in diesem Fall das Verfahren wieder auf. 8

Der Eintritt der Rechtsfolge nach Abs. 2 setzt voraus, dass die Ausländerbehörde den Asylsuchenden vor der Erteilung der Aufenthaltserlaubnis nach § 24 AufenthG auf seine Mitwirkungspflicht nach Abs. 2 hingewiesen hat. Für die Belehrungspflicht trifft die Ausländerbehörde die Beweislast. Kann die Belehrung nicht nachgewiesen werden, tritt die Rechtsfolge nach Abs. 2 nicht ein. Der Asylsuchende muss sein Interesse an der Fortführung des Verfahrens nur anzeigen. Das Gericht darf daher keine konkreten Darlegungen wie bei der Betreibensaufforderung nach § 81 verlangen (Schenk, in: Hailbronner, AuslR, § 80 a AsylVfG Rdn. 7). 9

Zeigt der Flüchtling dem Verwaltungsgericht an, dass er das Verfahren weiterbetreiben will, kann dieses allerdings nach § 87 b I oder II VwGO vorgehen und dem Kläger aufgeben, die Klage im Einzelnen und konkret zu begründen. Erst wenn diese prozessleitende Verfügung fruchtlos bleibt, darf das Verwaltungsgericht die Betreibensaufforderung nach § 81 erlassen. 10

Wegen der einschneidenden in Abs. 2 geregelten Rechtsfolgen wird man deshalb in Anlehnung an die Regelungen des § 81 eine *schriftliche Belehrung* durch das Verwaltungsgericht im Zusammenhang mit der Anordnung des Ruhens des Verfahrens insbesondere über die Fristregelung und die verfahrensrechtliche Sanktion des Abs. 2 fordern müssen (so auch Nonnenmacher, VBlBW 1994, 46 (50), für das frühere Recht). Andernfalls entsteht die Mitwirkungspflicht nach Abs. 2 nicht. 11

Ist der Asylsuchende ordnungsgemäß belehrt worden und unterlässt er die Anzeige nach Abs. 2 innerhalb der dort geregelten Monatsfrist, *gilt* die Klage nach Abs. 2 als zurückgenommen. Die Richtlinie 2001/55/EG verpflichtet die Mitgliedstaaten lediglich, Personen, die vorübergehend Schutz genießen, jederzeit den Zugang zum Asylverfahren offen zu halten (§ Art. 17 I). Den entsprechenden Regelungen in Kapitel IV der Richtlinie kann kein Verbot entnommen werden, das die Mitgliedstaaten hindert, Präklusionsvorschriften einzuführen. 12

Die ablehnende Sachentscheidung (§ 31) sowie die Abschiebungsandrohung (§§ 34 und 35) erwachsen in Bestandskraft. Auch die Feststellung, dass keine Abschiebungshindernisse nach § 60 II–VII AufenthG vorliegen (§ 31 III), ist damit unanfechtbar. Die Abschiebungsandrohung ist sofort vollziehbar. Der Asylsuchende ist ausreisepflichtig (§ 50 II AufenthG). 13

4. Benachrichtigungspflichten des Bundesamtes (Abs. 3)

14 Damit das Verwaltungsgericht zuverlässige und präzise Informationen über Beginn und Ende der Gewährung der Rechtsstellung nach § 24 AufenthG erhält, hat das Bundesamt gegenüber dem Gericht eine besondere Benachrichtigungspflicht (Abs. 3). Das Verwaltungsgericht muss informiert werden, damit es das Ruhen des Verfahrens anordnen bzw. dieses wiederaufrufen kann.

15 Das Verwaltungsgericht muss insbesondere auch über den Beginn der Frist nach Abs. 2 informiert werden. Die Ausländerbehörden haben ihrerseits die gesetzliche Verpflichtung, das Bundesamt mit den für die Erfüllung seiner gesetzlichen Verpflichtung nach Abs. 3 erforderlichen Informationen unverzüglich zu versorgen.

§ 81 Nichtbetreiben des Verfahrens

Die Klage gilt in einem gerichtlichen Verfahren nach diesem Gesetz als zurückgenommen, wenn der Kläger das Verfahren trotz Aufforderung des Gerichts länger als einen Monat nicht betreibt. Der Kläger trägt die Kosten des Verfahrens. In der Aufforderung ist der Kläger auf die nach Satz 1 und 2 eintretenden Folgen hinzuweisen.

Übersicht

		Rdn.
1.	Vorbemerkung	1
2.	Anwendungsbereich der Vorschrift	6
3.	Voraussetzungen der Betreibensaufforderung	14
3.1.	Erfordernis der konkreten Zweifel am Fortbestehen des Rechtsschutzbedürfnisses	14
3.1.1.	Vorliegen eines bestimmten Anlasses	14
3.1.2.	Fehlender Anlass bei eingereichter Klagebegründung	22
3.1.3.	Unzulässigkeit der Betreibensaufforderung nach Antrag auf Durchführung der mündlichen Verhandlung	31
3.1.4.	Zusammenfassung	35
3.2.	Ausreise aus dem Bundesgebiet	38
3.3.	Nichtmitteilung der ladungsfähigen Adresse	47
4.	Form der Betreibensaufforderung	52
5.	Inhalt der Betreibensaufforderung	56
6.	Anforderungen an die Mitwirkungspflicht nach Satz 1	62
7.	Einstellungsbeschluss	71
8.	Rechtsbehelf	76
9.	Wiedereinsetzung in die Frist des Satz 1	83

Nichtbetreiben des Verfahrens § 81

1. Vorbemerkung

Nach der gesetzlichen Begründung knüpft diese Vorschrift an die Bestimmung des § 33 AsylVfG 1982 an (BT-Drs. 12/2062, S. 42), sodass zur Auslegung dieser Norm grundsätzlich auf die frühere Rechtsprechung zu § 33 AsylVfG 1982 zurückgegriffen werden kann, soweit diese Vorschrift nichts anderes bestimmt. Abweichend von der früheren Regelung tritt nunmehr im Falle des Nichtbetreibens nach gerichtlicher Aufforderung nicht mehr die Erledigung des Verfahrens kraft Gesetzes (§ 33 S. 1 AsylVfG 1982) ein. Vielmehr gilt in diesem Fall die Klage als zurückgenommen.

Im Übrigen ist durch § 81 hinsichtlich des Anwendungsbereichs, der Voraussetzungen sowie der Rechtsfolgen gegenüber dem früheren Recht keine wesentliche Änderung eingetreten. Die früher maßgebliche Frist zur Betreibensaufforderung von drei Monaten (§ 33 S. 1 AsylVfG 1982) ist nach S. 1 auf einen Monat verkürzt worden. Eine ähnliche Regelung stellt das Gesetz zur zügigen Beendigung des Verwaltungsverfahrens zur Verfügung (§ 33).

Bereits vor der Einführung des § 33 AsylVfG 1982 waren aus der Richterschaft Bedenken gegen diesen *Fremdkörper* im Verwaltungsprozessrecht erhoben worden, da hierdurch der Amtsermittlungsgrundsatz durchbrochen werde und aus der Verletzung einer Mitwirkungspflicht einschneidende verfahrensrechtliche Folgen gezogen würden. Der Richterschaft war daran gelegen gewesen, in den Fällen, in denen die Ausreise des Asylsuchenden unzweifelhaft feststand (s. auch BVerwG, NVwZ 1984, 450), verfahrensverzögernde Zustellungsvorschriften umgehen zu können. Der Gesetzgeber des § 33 AsylVfG 1982 hat jedoch bedeutend mehr Fallgestaltungen geregelt. Inzwischen enthält das allgemeine Verwaltungsprozessrecht für das Berufungsverfahren in § 126 II eine mit § 81 identische Vorschrift.

Die früheren Regelungen des § 33 AsylVfG 1982 sind vom BVerfG nicht verworfen worden. Es hat diese insbesondere mit Art. 16 II 2 GG 1949 und Art. 19 IV GG für vereinbar erachtet (BVerfG (Vorprüfungsausschuss), NVwZ 1985, 33 = EZAR 630 Nr. 16; BVerfG (Kammer), NVwZ 1994, 62 = InfAuslR 1993, 307). Das BVerfG hat darüber hinaus auch keine verfassungsrechtlichen Bedenken gegen § 81 (BVerfG (Kammer), EZAR 630 Nr. 37 = InfAuslR 1999, 43 = NVwZ-Beil. 1999, 17).

Das BVerfG hat jedoch darauf hingewiesen, dass anders als bloße Präklusionsvorschriften § 33 AsylVfG 1982 zu erheblich weitergehenden Konsequenzen führt und daher der Auslegung und Anwendung dieser Vorschrift *Grenzen* gesetzt seien; insbesondere sei ihr *»strenger Ausnahmecharakter«* zu beachten (BVerfG (Kammer), NVwZ 1993, 62 (63) = InfAuslR 1993, 307; BVerwG, AuAS 2003, 43 (44)). Wegen der einschneidenden Folgen, die an die Untätigkeit des Klägers geknüpft würden, setzten Art. 16 II 2 GG 1949 und Art. 19 IV GG der Auslegung und Anwendung des § 33 AsylVfG 1982 aber Grenzen. Diese Grundsätze finden auch auf die Neuregelung des § 81 Anwendung.

2. Anwendungsbereich der Vorschrift

6   Die fiktive Klagerücknahme findet auf gerichtliche Verfahren nach diesem Gesetz (s. hierzu: § 74 Rdn. 2 ff.) Anwendung (Abs. 1 S. 1 1. HS). Es werden also *alle* Verfahren erfasst, in denen der Asylsuchende durch sein Verhalten eindeutig zu erkennen gibt, dass er an der Verfahrensfortführung kein Interesse mehr hat (Hess.VGH, InfAuslR 1984, 26). Das Gericht kann daher nicht nur in Verfahren, in denen um den materiellen Asylanspruch gestritten wird, von der Vorschrift des § 81 Gebrauch machen. Vielmehr kann diese Vorschrift auch in anderen Rechtsstreitigkeiten nach dem AsylVfG, etwa aufenthalts- oder zuweisungsrechtlicher Art, Anwendung finden).

7   Es kann sich aber stets nur um Hauptsacheverfahren handeln. Dies ergibt sich aus dem Begriff der Klage in S. 1 sowie aus dem des Klägers in S. 2 und 3. Auf *Eilrechtsschutzverfahren* ist die Vorschrift daher nicht anwendbar (so auch Schenk, in: Hailbronner, AuslR, § 81 AsylVfG Rdn. 6). Der Antrag auf Anordnung der aufschiebenden Wirkung der Klage wird allerdings unzulässig, wenn das Klageverfahren gemäß § 81 kraft Gesetzes beendet wird (vgl. Hess.VGH, InfAuslR 1990, 291, für § 33 AsylVfG 1982). Da die VwGO und das AsylVfG unter Gericht im Allgemeinen den jeweiligen Spruchkörper – u. U. also auch den Einzelrichter – verstehen (Hess.VGH, InfAuslR 1984, 26), ist § 81 auch anwendbar, wenn der *Einzelrichter* entscheidet.

8   Nach dem BVerwG ist die Betreibensaufforderung regelmäßig in den Fällen nicht fristgebundener Verfahrenshandlungen der ersten und *zweiten Instanz* anwendbar (BVerwG, NVwZ 1984, 450; BVerwG, DVBl. 1985, 569 = DÖV 1985, 408 = NVwZ 1985, 280). Auch im *Berufungsverfahren* kann damit § 81 etwa im Falle des im erstinstanzlichen Verfahren erfolgreichen Asylklägers Anwendung finden. Die Vorschrift des § 81 verdrängt insoweit als speziellere Regelung den § 126 II VwGO (Thür.OVG, AuAS 2000, 69 (70); a. A. OVG NW, AuAS 2002, 92 (93 f.)). Aufgrund des Devolutiveffekts eines Berufungszulassungsantrags ist das Verwaltungsgericht für eine Betreibensaufforderung zwar nicht mehr zuständig. Gleichwohl erachtet die Rechtsprechung auch in dieser Verfahrensphase eine zuvor in erstinstanzlichen Verfahren ergangene Betreibungsaufforderung für wirksam (Hess.VGH, AuAS 2004, 141).

9   Auch im Verfahren der revisionsrechtlichen Beschwerde über die Zulassung der Revision ist die Vorschrift anwendbar (vgl. BVerwG, NVwZ 1984, 450). Sie tritt hier jedoch wegen der fristgebundenen Begründungspflicht (vgl. § 133 III 1 VwGO) zurück. Hat der Kläger die von ihm eingelegte Nichtzulassungsbeschwerde fristgerecht begründet, ist ein weiteres – sinnvolles – Betreiben des Verfahrens durch ihn grundsätzlich nicht mehr möglich. Es können gleichwohl auch im Beschwerdeverfahren Ereignisse eintreten, aus denen sich eine Verfahrenserledigung wegen Wegfalls des Rechtsschutzinteresses ergeben kann (BVerwG, NVwZ 1984, 450).

10 Da nach geltendem Recht die Klage fristgerecht begründet werden muss (§ 74 II 1), ist entsprechend diesen Grundsätzen eine Betreibensaufforderung grundsätzlich nicht mehr möglich, es sei denn, es treten nachträglich Ereignisse ein, die Zweifel an dem Interesse des Klägers, sein Verfahren weiter zu betreiben, zu rechtfertigen vermögen.

Nichtbetreiben des Verfahrens §81

Ob die frühere Vorschrift des § 33 AsylVfG 1982 auf den gegen eine positive Statusfeststellung klagenden *Bundesbeauftragten* anwendbar war, hatte das BVerwG zunächst offen gelassen (BVerwG, Buchholz 402.25 § 33 AsylVfG Nr. 9 = NVwZ 1990, 269 (nur LS); s. aber Hess.VGH, EZAR 631 Nr. 26 = InfAuslR 1994, 291; s. aber BVerwGE 101, 323 (327 f.) = InfAuslR 1996, 418 = NVwZ 1997, 1136)). Es ist jedoch kein Grund ersichtlich, der es rechtfertigt, auf den klagenden Bundesbeauftragten, der seine Begründungspflichten nicht erfüllt, § 81 nicht anzuwenden (BVerwGE 101, 323 (327 f.)). Ebenso ist die Vorschrift im Berufungsverfahren gegenüber dem Bundesamt anwendbar. 11

Da für den Bundesbeauftragten wie für den Asylsuchenden die Begründungsfrist des § 74 II 1 gilt, bestehen keine Zweifel, dass das Verwaltungsgericht den säumigen Bundesbeauftragten mit der Aufforderung nach Abs. 1 S. 1 an seine verfahrensrechtlichen Pflichten erinnern kann (so auch Hess.VGH, EZAR 631 Nr. 26; a. A. Schenk, in: Hailbronner, AuslR, § 81 AsylVfG Rdn. 9). 12

Hat jedoch nicht der klagende Bundesbeauftragte, sondern der *beigeladene Asylsuchende* das Verfahren nicht betrieben, darf eine Aufforderung nach S. 1 nicht erlassen werden. Das BVerwG hatte zum alten Recht entschieden, dass auf den säumigen beigeladenen Asylsuchenden die Vorschrift des § 33 AsylVfG 1982 nicht anwendbar war (BVerwG, Buchholz 402.25 § 33 AsylVfG Nr. 9; ebenso OVG NW, EZAR 631 Nr. 8). Hiervon ist auch mit Blick auf § 81 auszugehen (so auch Schenk, in: Hailbronner, AuslR, § 81 AsylVfG Rdn. 8). 13

3. Voraussetzungen der Betreibensaufforderung

3.1. Erfordernis der konkreten Zweifel am Fortbestehen des Rechtsschutzbedürfnisses

3.1.1. Vorliegen eines bestimmten Anlasses

Nach S. 1 setzt der Eintritt der Fiktion voraus, dass der Kläger das Verfahren *trotz Aufforderung des Gerichts* länger als einen Monat nicht betreibt. Auf den Eintritt der Fiktion im Falle der Säumigkeit ist der Kläger in der gerichtlichen Aufforderung hinzuweisen (S. 2). § 81 hat damit an den für die Betreibensaufforderung maßgeblichen Voraussetzungen des früheren Rechts nichts geändert. Da bereits eine fristgebundene Klagebegründungspflicht besteht, kann bei Erfüllung dieser Pflicht regelmäßig eine Betreibensaufforderung nicht erlassen werden (vgl. BVerwG, NVwZ 1984, 450). Es müssen wenigstens *konkrete Anhaltspunkte* für den Wegfall des Rechtsschutzinteresses erkennbar sein (BVerfG (Kammer), NVwZ 1994, 62 (63); BVerfG (Kammer), EZAR 630 Nr. 37 = InfAuslR 1999, 43; BVerwG, BayVBl. 1986, 503; BVerwG, InfAuslR 1985, 278; BVerwG, Buchholz 402.25 § 33 AsylVfG Nr. 6 und Nr. 7; BVerwG, InfAuslR 1990, 104; BVerwG, NVwZ 2001, 918; Hess.VGH, EZAR 631 Nr. 34; OVG Rh-Pf, NVwZ-Beil. 1998, 60; BayVGH, NVwZ 1998, 528 (529)) und dargelegt werden. 14

Das BVerfG verlangt deshalb, dass *zwei* Voraussetzungen vorliegen müssen: Einerseits müssen im Zeitpunkt des Erlasses der Betreibensaufforderung 15 sachlich begründete Anhaltspunkte für einen Wegfall des Rechtsschutzinteresses des Klägers bestehen, die den späteren Eintritt der Fiktion als gerechtfertigt erscheinen lassen. Solche Anhaltspunkte sind insbesondere dann gegeben, wenn der Kläger seine prozessualen Mitwirkungspflichten nach § 86 I VwGO verletzt hat. Darüber hinaus hat der Kläger nur dann das Verfahren nicht ordnungsgemäß betrieben, wenn er innerhalb der gesetzlichen Frist nicht substanziiert dargetan hat, dass und warum das Rechtsschutzbedürfnis trotz des Zweifels an seinem Fortbestehen, aus dem sich die Betreibensaufforderung ergeben hat, nicht entfallen ist. Nur wenn beide Voraussetzungen vorliegen, kann von einer willkürfreien, durch Sachgründe gerechtfertigten Beschränkung des Zugangs zum weiteren Verfahren gesprochen werden (BVerfG (Kammer), NVwZ 1994, 62 (63)).

16 Das BVerwG hat diese Voraussetzungen aus dem Inhalt der Vorschrift über die Betreibensaufforderung sowie deren Sinn und Zweck abgeleitet. Durch die Aufforderung zum Betreiben solle der Kläger darauf hingewiesen werden, dass die Rechtsfolge der Fiktion auch in seinem Fall drohe, und ihm gleichzeitig Gelegenheit gegeben werden, die der gesetzlichen Fiktion zugrundeliegende Annahme im Einzelnen zu widerlegen (BVerwG, InfAuslR 1985, 278 = NVwZ 1986, 134 (nur LS); BVerwG, EZAR 630 Nr. 28 = NVwZ-RR 1991, 443).

17 Dies setze – solle nicht die Aufforderung eines Sinnes entbehren – voraus, dass bei Erlass der Aufforderung wenigstens *Anhaltspunkte* für einen Wegfall des Rechtsschutzinteresses bestehen würden, die einen Eintritt der gesetzlichen Fiktion als möglich erscheinen ließen (BVerwG, InfAuslR 1985, 278). Wenn jedoch an einem Fortbestand des Rechtsschutzinteresses vernünftigerweise kein Zweifel bestehen könne, verfehle eine Betreibensaufforderung ihren Sinn und vermöge sie die Rechtsfolgen des Gesetzes nicht herbeizuführen (BVerwG, InfAuslR 1985, 278).

18 Für den Erlass der Betreibensaufforderung müsse daher stets ein *bestimmter Anlass* gegeben sein, der geeignet sei, Zweifel in das Bestehen oder Fortbestehen des Rechtsschutzinteresses zu setzen (BVerwG, InfAuslR 1985, 278; BVerwG, BayVBl. 1986, 503; BVerwG, NVwZ-RR 1991, 443). Diese kann bei freiwilliger Ausreise des Asylklägers, durch Untertauchen im Bundesgebiet oder auch durch Abbruch des Kontaktes zu seinem Verfahrensbevollmächtigten begründet sein (BVerwGE 71, 213; BVerwG, InfAuslR 2003, 77).

19 Zweifel am Fortbestand des Rechtsschutzinteresses können sich auch aus einer Vernachlässigung prozessualer Mitwirkungspflichten ergeben (BVerfG (Kammer), NVwZ-RR 1991, 443; BVerwG, BayVBl. 1986, 503; OVG Rh-Pf, NVwZ-Beil. 1998, 60). Das BVerfG hat ausdrücklich hervorgehoben, dass die von der Rechtsprechung des BVerwG zu § 33 AsylVfG 1982 entwickelten allgemeinen Grundsätze im Wesentlichen die durch Art. 19 IV GG gezogenen verfassungsrechtlichen Grenzen markierten (BVerfG (Kammer), NVwZ 1994, 62 = AuAS 1993, 196).

20 Bei der Anwendung des § 81 kann nichts anderes gelten. Auch hier regelt das Gesetz eine fiktive Verfahrensbeendigung, die angesichts des Ausnahmecharakters dieser Vorschrift und der über eine bloße Präklusion erheblich hinausgehenden Konsequenzen eines Untätigbleibens des Klägers nur ein-

Nichtbetreiben des Verfahrens § 81

treten kann, wenn dieser ein Verhalten zeigt, das als *Ausdruck seines Desinteresses* an der Weiterverfolgung seines Rechtsschutzbegehrens gewertet werden muss und deshalb die Annahme des Wegfalls des schutzwürdigen Interesses an einer Sachentscheidung rechtfertigt (Hess.VGH, EZAR 631 Nr. 34 = InfAuslR 1995, 78 = AuAS 1995, 22; Hess.VGH, EZAR 631 Nr. 26 = InfAuslR 1994, 291 = AuAS 1994, 152; Hess.VGH, AuAS 1996, 139 (140); Hess.VGH, InfAuslR 1996, 362 (363) = AuAS 1996, 261; Hess.VGH, NVwZ-Beil. 1996, 75).

Nach dem BVerwG kann entscheidend für die Zweifel sein, dass der Kläger 21 nach dem bisherigen Prozessablauf, demzufolge er über zwei Jahre nach Akteneinsichtnahme weder zur Klagebegründung noch zu den gerichtlichen Auflagen Stellung bezogen habe, am Zuge war, den Fortgang des Verfahrens von sich aus durch entsprechende Äußerungen zu fördern (BVerwG, Buchholz 402.25 § 33 AsylVfG Nr. 6). Durch die Begründungsfrist des § 74 II 1 sowie das Instrument des § 87 b III VwGO sind derartige Fallgestaltungen nach geltendem Recht kaum noch denkbar. Möglich ist aber, dass bei begründeten Zweifeln am Fortbestand des Rechtsschutzinteresses das Gericht an Stelle des § 87 b III VwGO den Weg über § 81 wählt.

3.1.2. Fehlender Anlass bei eingereichter Klagebegründung

Hat der Kläger seine Klage, wenn auch kurz, aber im Wesentlichen schlüssig 22 begründet, ist kein Anhaltspunkt ersichtlich, der auf ein Desinteresse an der Weiterverfolgung des Klagebegehrens schließen lässt (BVerwG, InfAuslR 2003, 74 (75) = AuAS 2003, 43 (44); Hess.VGH, EZAR 631 Nr. 26 = InfAuslR 1994, 291 = AuAS 1994, 152; Hess.VGH, AuAS 1996, 139 (140); Hess.VGH, EZAR 631 Nr. 34; OVG Rh-Pf, NVwZ-Beil. 1998, 60 = AuAS 1998, 58). Demgegenüber rechtfertigen die *Nichteinhaltung der Klagebegründungsfrist* nach § 74 II 1 Zweifel am klägerischen Interesse an der Weiterverfolgung seines Klagebegehrens (VG Gießen, AuAS 1996, 36). Allein die Tatsache, dass der Eilrechtsschutzantrag zurückgewiesen worden ist und der Kläger darauf hin untätig bleibt, rechtfertigt indes nicht die Annahme von Zweifeln am Rechtschutzinteresse (BVerwG, AuAS 2003, 43 (44 ff.)).

Demgegenüber sieht die Rechtsprechung vereinzelt in einem allgemein ge- 23 haltenen, *textbausteinartigen* Schriftsatz ohne Bezug zum individuellen Verfolgungsschicksal keine ordnungsgemäße Klagebegründung (VG Gießen, AuAS 1996, 36). Dem kann nur gefolgt werden, wenn das Bundesamt konkrete Zweifel an der Glaubhaftigkeit des individuellen Sachvorbringens des Klägers darlegt, sodass eine eingehende Auseinandersetzung mit diesen Einwänden angezeigt ist. Hat der Kläger jedoch im Verwaltungsverfahren seine Asylgründe detailliert dargelegt und wird der Antrag mit einer allgemein gehaltenen, textbausteinartigen Begründung ohne Bezug zum individuellen Sachvorbringen abgelehnt, so ist mit dem Verweis auf das im Verwaltungsverfahren dargelegte individuelle Verfolgungsschicksal die Klage ausreichend begründet (so auch OVG Rh-Pf, InfAuslR 1990, 173).

Der Umstand allein, dass der Kläger auf die *geänderten politischen Verhältnisse* 24 *in seinem Heimatland* nicht reagiert hat, stellt keinen Anlass dar, der Zweifel am Fortbestand des Rechtsschutzinteresses begründet (BVerwG, Buchholz 402.25 § 33 AsylVfG Nr. 7; OVG Rh-Pf, NVwZ-Beil. 1998, 60 = AuAS 1998,

1703

§ 81 Gerichtsverfahren

58). Hat der Kläger seine Klage begründet, hat er damit zunächst alles getan, was ihm § 74 II 1 an Mitwirkungspflichten auferlegt. Ohne eine entsprechende Aufforderung des Gerichts ist der Kläger deshalb nicht zu einem weiteren Tätigwerden verpflichtet (BVerwG, Buchholz 402.25 § 33 AsylVfG Nr. 7). Weder nötigt die lange Verfahrensdauer ihn dazu, wiederholt schriftsätzlich sein Interesse an der Fortführung des Prozesses zu bekunden noch ist er im Hinblick auf die Veränderung der politischen Verhältnisse in seinem Heimatland gehalten, seinen Klagevortrag entsprechend zu ergänzen (BVerwG, Buchholz 402.25 § 33 AsylVfG Nr. 7).

25 Allein der Umstand, dass dem Gericht Erkenntnisse vorliegen, die gegen die Begründetheit der Klage des Asylsuchenden sprechen, bietet jedenfalls noch keinen Anlass, am Fortbestehen des Rechtsschutzinteresses zu zweifeln. Gehen dem Gericht entsprechende Beweismittel zu, hat es dem Kläger rechtliches Gehör zu gewähren und ihm Gelegenheit zur Stellungnahme zu geben. Äußert der Kläger sich nicht, kann das Gericht nach seinem Erkenntnisstand in der Sache, gegebenenfalls zu Lasten des Klägers, entscheiden. Die mögliche Unbegründetheit der Klage rechtfertigt aber insoweit nicht schon die Annahme, das Rechtsschutzinteresse des Klägers sei entfallen (BVerwG, Buchholz 402.25 § 33 AsylVfG Nr. 7).

26 An diese Rechtsprechung des BVerwG anknüpfend wird in der obergerichtlichen Rechtsprechung die Ansicht vertreten, dem Asylsuchenden sei es grundsätzlich unbenommen, seine Klage durch bloßen Hinweis auf das Vorbringen im Verwaltungsverfahren zu begründen (OVG Rh-Pf, InfAuslR 1990, 173). Halte das Verwaltungsgericht diese Begründung nicht für ausreichend, etwa weil es eine Auseinandersetzung mit den aus seiner Sicht beachtlichen Gründen des den Asylantrag ablehnenden Bescheides für angezeigt erachte, so könne es zwar in der Sache, gegebenenfalls zu Lasten des Klägers entscheiden, jedoch nicht vom Wegfall des Rechtsschutzinteresses ausgehen (OVG Rh-Pf, InfAuslR 1990, 173).

27 Etwas anders könne ausnahmsweise dann angenommen werden, wenn der Kläger seine Klage auch dann nicht über den bloßen Hinweis auf sein Sachvorbringen im Verwaltungsverfahren hinaus weiter begründe, wenn ihm allgemeinkundige Tatsachen oder sonstige ganz gravierende Umstände, sei es bereits vom Bundesamt im ablehnenden Bescheid, sei es anschließend vom Gericht vorgehalten werden, die sein Asylbegehren als gegebenenfalls mittlerweile offensichtlich unbegründet erscheinen ließen (OVG Rh-Pf, InfAuslR 1990, 173).

28 Es kann nicht empfohlen werden, dieser Rechtsprechung zu folgen, es sei denn, das Bundesamt setzt sich im angefochtenen Bescheid mit den im Verwaltungsverfahren detailliert und schlüssig vorgetragenen individuellen Verfolgungsgründen überhaupt nicht auseinander. Grundsätzlich sollte die Begründung nach § 74 II 1 jedoch vollständig, detailliert und ausführlich auf sämtliche strittigen tatsächlichen und rechtlichen Gesichtspunkte eingehen und sich mit diesen auseinandersetzen. Auch wenn der angefochtene Bescheid Glaubhaftigkeitsmängel nicht geltend macht, sollten – wenn auch kurz – die maßgeblichen, den individuellen Verfolgungsvortrag stützenden Tatsachen behandelt werden.

Nichtbetreiben des Verfahrens § 81

Sind Bedenken gegen die Glaubhaftigkeit der Sachangaben erhoben worden und beruft sich der Asylsuchende lediglich auf sein Sachvorbringen im Verwaltungsverfahren, ohne sich konkret und detailliert mit den Widersprüchen auseinander zu setzen, läuft er Gefahr, dass das Gericht die tatsächlichen Feststellungen und Wertungen des Bundesamtes übernimmt (s. auch § 77 II). 29

Hält das Gericht die Klagebegründung nicht für ausreichend, kann es den Kläger zur Abgabe weiterer Erklärungen unter Fristsetzung auffordern (§ 87 b II VwGO). Erst wenn eine solche prozessleitende *sanktionslose* Verfügung unbeachtet geblieben ist, kann die Frage der Verletzung verfahrensrechtlicher Mitwirkungspflichten angenommen und darauf beruhende Zweifel am Fortbestand des Rechtsschutzinteresses unterstellt werden (vgl. BVerwG, Buchholz 402.25 § 33 AsylVfG Nr. 8).

Das gilt nicht, wenn der Kläger die von ihm in der Klageschrift angekündigte weitere Klagebegründung trotz zwischenzeitlicher Gewährung von Akteneinsicht und mehrfacher fruchtloser gerichtlicher Aufforderung über einen Zeitraum von mehr als sechs Monaten nicht vorgelegt. In diesem Fall rechtfertigt dieses Verhalten den Erlass der Betreibensaufforderung. Das Unterlassen einer selbst angekündigten Klagebegründung über einen längeren Zeitraum hinaus kann durchaus als Anzeichen dafür gewertet werden, dass der Kläger zwischenzeitlich kein Interesse mehr an der weiteren Fortführung des Verfahrens hat (Hess.VGH, InfAuslR 1996, 362 (363) = AuAS 1996, 261; Hess.VGH, B. v. 14. 12. 2001 – 11 ZU 1212/01.A, mit Bezugnahme auf BVerwG, NVwZ 1987, 605). 30

3.1.3. Unzulässigkeit der Betreibensaufforderung nach Antrag auf Durchführung der mündlichen Verhandlung

Mit diesen Grundsätzen ist die Rechtsprechung, derzufolge das Gericht, das einen Gerichtsbescheid erlassen hat, anstelle der beantragten mündlichen Verhandlung eine Betreibensaufforderung erlassen darf, nicht vereinbar. Die Zulässigkeit dieser Vorgehensweise wird damit begründet, dass es dem gesetzgeberischen Willen entspreche, eine mündliche Verhandlung nach Erlass eines Gerichtsbescheides, nachdem der Kläger ausreichend Gelegenheit gehabt hätte, sich zu einer Entscheidung per Gerichtsbescheid zu äußern, nur dann unmittelbar anzuschließen, wenn der Kläger mit der tatsächlichen oder rechtlichen Bewertung des Gerichtsbescheides nicht einverstanden sei, wofür im Regelfall die gegebenenfalls konkludent geäußerte Bitte genüge, in einem mündlichen Gespräch die bisher vorgetragenen Asylgründe noch einmal darstellen oder erläutern zu wollen (VG Darmstadt, Hess.VGRspr. 1994, 71 (72)). 31

Ergebe sich jedoch aus den Umständen des Einzelfalles, dass es zur Anberaumung einer mündlichen Verhandlung im Hinblick auf die starke Belastung des Gerichts nicht komme und ein Verfahrensabschluss damit verzögert werde, könne das Gericht statt mit einer Terminierung auch mit einer sofortigen Betreibensaufforderung gemäß § 81 reagieren. Werde binnen Monatsfrist auf die zur Vorbereitung der mündlichen Verhandlung konkret gestellten Fragen des Gerichts nicht geantwortet, sei das Verfahren einzustellen (VG Darmstadt, Hess.VGRspr. 1994, 71 (72)). 32

33 Diese Rechtsprechung verkennt, dass vor Erlass des Gerichtsbescheides die Beteiligten lediglich zu hören sind (§ 84 I 2 VwGO) und sie nach Zustellung des Gerichtsbescheides eines der in § 84 II vorgesehenen Rechtsmittel einlegen können. Ein Verwaltungsgericht, das sich zum Vorgehen nach § 84 VwGO entschlossen hat, wird nach den Erfahrungen mit der Gerichtspraxis in Reaktion auf die Stellungnahme der Beteiligten kaum eine andere Verfahrensweise wählen. Aus dem Schweigen auf die Anhörungsmitteilung nach § 84 I 2 VwGO können deshalb weder in die eine noch in die andere Richtung bestimmte Schlüsse gezogen werden.

34 Darüber hinaus wird übersehen, dass vor Erlass der Betreibensaufforderung eine prozessleitende Verfügung an den Kläger zu ergehen hat, in der er konkret auf die die Zweifel am Rechtsschutzbedürfnis begründenden Tatsachen hinzuweisen ist. Eine Anhörungsmitteilung nach § 84 I 2 VwGO kann nicht in eine derartig prozessleitende Verfügung umgedeutet werden, jedenfalls dann nicht, wenn der Kläger nicht unter Hinweis auf den Gerichtsbescheid durch prozessleitende Verfügung auf bestehende Zweifel am Rechtsschutzbedürfnis hingewiesen worden ist. Erst wenn diese Verfügung fruchtlos bleibt, ist der Erlass der Betreibensaufforderung gerechtfertigt.

3.1.4. Zusammenfassung

35 Zusammenfassend ist daher festzuhalten, dass grundsätzlich über die nach § 74 II 1 befristete Klagebegründung hinaus der Kläger selbst bei Veränderung der politischen Verhältnisse in seinem Heimatland zum ergänzendem Sachvortrag nicht verpflichtet ist. Unterbleibt die Klagebegründung, ist der Kläger mit dem verspäteten Sachvortrag präkludiert (§ 87 b III VwGO). Will das Gericht darüber hinaus das Verfahren zu einem alsbaldigen Abschluss bringen und nach § 81 vorgehen, hat es zunächst eine – sanktionslose – prozessleitende Verfügung zu erlassen. Diese wird es auf § 87 b I 1 VwGO stützen. Bleibt diese Verfügung unbeantwortet, kann das Gericht nach § 81 vorgehen.

36 Der Rechtsprechung des BVerwG ist zu entnehmen, dass in dem Fall, in dem die Klage begründet worden ist, stets erst eine *prozessleitende* – sanktionslose – Verfügung geboten ist, bevor der Weg über § 81 gewählt werden darf. Antwortet der Kläger nicht auf die Verfügung, kann das Gericht entweder von der Präklusionsvorschrift des § 87 b III VwGO Gebrauch machen oder die Betreibensaufforderung nach S. 1 erlassen. Äußert sich der Kläger auf die prozessleitende Verfügung oder auf die Betreibensaufforderung, ist sein Sachvorbringen nach Maßgabe des § 87 b III VwGO zu berücksichtigen.

37 Diese Grundsätze gelten auch für das Berufungsverfahren. Vorausgesetzt ist insoweit, dass nach Zulassung der Berufung diese nach Maßgabe des § 124 a III 4 VwGO begründet worden ist (§ 79 Rdn. 20 ff.). Hält das Berufungsgericht weitere Erklärungen des Rechtsmittelführer für angezeigt, hat zunächst der Vorsitzende durch eine – sanktionslose – prozessleitende Verfügung auf die Nachholung der Begründung hinzuwirken. Erst wenn diese unbeachtet bleibt, besteht Anlass zum Erlass der Betreibensaufforderung (BVerwG, InfAuslR 1985, 278). Insoweit kann nunmehr das Gericht auch nach §§ 87 b I, 128 a VwGO vorgehen.

3.2. Ausreise aus dem Bundesgebiet

Zweifel am Fortbestand des Rechtsschutzinteresses können sich nach der Rechtsprechung darüber hinaus auch daraus ergeben, dass der Kläger das Bundesgebiet verlassen hat (BVerwG, InfAuslR 1985, 278; BVerwG, Buchholz 402.25 § 33 AsylVfG Nr. 10; BVerwG, NVwZ-RR 1991, 443; BVerwG, AuAS 2003, 43 (44), Hess.VGH, EZAR 631 Nr. 34, S. 4 = InfAuslR 1995, 78 = AuAS 1995, 22). Grundsätzlich beseitigt das endgültige Verlassen des Bundesgebietes jedoch nicht das Rechtsschutzbedürfnis, sodass die Betreibensaufforderung allein aus diesem Grund nicht gerechtfertigt ist (Hess.VGH, InfAuslR 1990, 291, unter Bezugnahme auf BVerwGE 81, 164 = EZAR 205 Nr. 10 = NVwZ 1989, 673). 38

Das BVerwG erachtet jedoch dann den Erlass der Betreibensaufforderung für gerechtfertigt, wenn der Prozessbevollmächtigte des Klägers die sich aus seiner Ausreise aus dem Bundesgebiet ergebenden Zweifel an dem Fortbestand des Rechtsschutzinteresses nicht von sich aus widerlegt (BVerwG, Buchholz 402.25 § 33 AsylVfG Nr. 10). 39

Andererseits kann in der Ausreise eines Asylklägers nach wirksamer Asylantragstellung und Klageerhebung in ein anderes Land jedenfalls dann nicht die Aufgabe des ernsthaften subjektiven Interesses an einer gerichtlichen Entscheidung über die begehrte Asylanerkennung gesehen werden, wenn der ausgereiste Kläger den Asylrechtsstreit ordnungsgemäß weiterbetreibt, unter Nennung nachvollziehbarer Gründe ausdrücklich sein fortbestehendes Interesse an der Erlangung eines positiven Verpflichtungsurteils bekundet und jederzeit in die Bundesrepublik zurückkehren könnte. Solange die dem gerichtlichen Urteil eigenen Wirkungen rechtlich möglich und auch nur mit Hilfe des Gerichts, eben durch richterliche Entscheidung, erreichbar sind, kann ein objektives Interesse am Ergehen dieser Entscheidung grundsätzlich nicht verneint werden (BVerwGE 81, 164 (166) = EZAR 205 Nr. 10 = NVwZ 1989, 673 = Buchholz 402.25 § 2 AsylVfG Nr. 9). 40

Von der Möglichkeit, nach unfreiwilliger Ausreise – als Ergebnis eines erfolglosen Eilrechtsschutzverfahrens – das Asylklageverfahren vom Ausland aus weiter betreiben zu können, geht auch das BVerfG wie selbstverständlich aus (vgl. BVerfGE 56, 216 (243f.) = DVBl. 1981, 623 = DÖV 1981, 453 = NJW 1981, 1436 = BayVBl. 1981, 366; BVerfGE 67, 43 (57) = NJW 1984, 2028 = DVBl. 1984, 673 = InfAuslR 1984, 215 = JZ 1984, 735; ebenso OVG Rh-Pf, NVwZ-Beil. 1998, 60 = AuAS 1998, 58). 41

Das BVerwG hat diese Grundsätze in einem Verfahren entwickelt, in dem der Kläger während des anhängigen Rechtsstreits in ein drittes Land weitergereist war, dort eine Staatsangehörige dieses Landes geheiratet und in deren Gewerbebetrieb mitgearbeitet hatte (BVerwGE 81, 164 (166) = EZAR 205 Nr. 10 = NVwZ 1989, 673 = Buchholz 402.25 § 2 AsylVfG Nr. 9). 42

Kehrt der Asylkläger hingegen in den behaupteten Verfolgerstaat zurück, muss dies gleichwohl nicht ohne weiteres den Wegfall des Interesses an der Fortführung des Rechtsstreites anzeigen. Denn es sind Fälle denkbar, in denen der Verfolgte deshalb in seinen Herkunftsstaat einreist, um Verwandten oder Freunden bei der Flucht zu helfen. Erst im Falle der Rückkehr und dau- 43

§ 81 *Gerichtsverfahren*

erhaften Niederlassung entfällt die Flüchtlingseigenschaft (BVerwGE 89, 231 (237) = EZAR 211 Nr. 3 = NVwZ 1992, 679).

44 Diesen materiellen Grundsätzen kommt auch prozessuale Bedeutung zu. So begründet nach der obergerichtlichen Rechtsprechung allein die Tatsache, dass der Asylkläger aus tatsächlichen Gründen aufgrund des freiwilligen Entschlusses, das Bundesgebiet zu verlassen, außerstande ist, von einem ihm zustehenden Asylrecht Gebrauch zu machen, nicht den Wegfall des Rechtsschutzbedürfnisses. Vielmehr könne allenfalls dann ein derartiger Wegfall unterstellt werden, wenn der Kläger den von ihm gewählten Zufluchtstaat freiwillig und nicht nur vorübergehend verlasse (Hess. VGH, U. v. 13. 11. 1986 – 100 E 108/83; so auch Hess.VGH, HessVGRspr. 1988, 41).

45 Insbesondere im Flughafenverfahren nach § 18 a neigen die Verwaltungsgerichte dazu, nach Vollzug der Einreiseverweigerung ohne weitere prozessuale Zwischenschritte eine Betreibensaufforderung zu erlassen. Allein die zwangsweise Rückführung in einen dritten oder in den Herkunftsstaat begründet jedoch noch keinen Zweifel am Fortbestand des Rechtsschutzbedürfnisses. Erst wenn eine prozessleitende Verfügung nach § 87 b I oder II VwGO unbeantwortet bleibt, kann das Gericht nach § 81 vorgehen. Teilt der Verfahrensbevollmächtigte auf die prozessleitende Verfügung hin mit, er müsse zunächst noch Verbindung mit seinem Mandanten zur Abklärung aufnehmen, hat das Gericht eine angemessene Zeit zu warten, bevor es eine Betreibensaufforderung erlässt.

46 Jedenfalls kann in den Fällen, in denen Verfügungen des Gerichts ordnungsgemäß ausgeführt, insbesondere die geforderten Tatsachen angegeben und Beweismittel bezeichnet werden, kein Zweifel am Fortbestand des Interesses an der Weiterführung des Verfahrens unterstellt werden. Die weitergehende gesetzliche Fiktion des § 33 II, derzufolge der Asylantrag als zurückgenommen gilt, wenn der Asylsuchende während des Asylverfahrens in seinen Herkunftsstaat zurückkehrt, kann mangels ausdrücklicher gesetzlicher Regelung für das gerichtliche Verfahren bei der Auslegung und Anwendung von § 81 keine Anwendung finden (so auch Schenk, in: Hailbronner, AuslR, § 81 AsylVfG Rdn. 15).

3.3. Nichtmitteilung der ladungsfähigen Anschrift

47 Der Wegfall des Rechtsschutzinteresses kann unterstellt werden, wenn sich der Asylkläger trotz mehrfacher gerichtlicher Aufforderung beharrlich weigert, dem Verwaltungsgericht seinen Aufenthaltsort im Inland und eine ladungsfähige Adresse bekanntzugeben. In einem derartigen Fall kann aus diesem Verhalten geschlossen werden, dass der Kläger in Wahrheit asylrechtlichen Schutz unter den vom Gesetz festgelegten Voraussetzungen nicht erstrebt, ihm mithin ein Rechtsschutzbedürfnis nicht zur Seite steht (Hess.VGH, Hess.VGRspr. 1988, 47; Hess.VGH, HessVGRspr. 1988, 41; Hess.VGH, B. v. 13. 1. 1988 – 12 UE 818/85; Hess.VGH, AuAS 2000, 211 (212); Hess.VGH, AuAS 2004, 141 (142); OVG NW, AuAS 2002, 92 (93); OVG NW,

AuAS 2004, 115 (117), OVG Rh-Pf, NVwZ-Beil. 2000, 107; VGH BW, AuAS 1998, 119 (120); s. auch Thür.OVG, InfAuslR 2000, 19 (20)).

Gerade das Untertauchen des Asylklägers wird in der obergerichtlichen Rechtsprechung als »ein typisches Anzeichen« für den Wegfall des Rechtsschutzinteresses gewertet (OVG NW, AuAS 2004, 115 (117)). Generell schließt die Rechtsprechung aus der Tatsache des Untertauchens auf ein fehlendes Rechtsschutzinteresse für alle Verfahren (BayVGH, AuAS 1999, 98; Thür.OVG, InfAuslR 2000, 19 (20) = AuAS 1999, 266). Zweifel am Wegfall des Rechtsschutzbedürfnisses sind jedoch erst dann begründet, wenn der Kläger sich *beharrlich weigert*, seine Anschrift bekanntzugeben. Das setzt voraus, dass er zuvor vom Gericht *wiederholt* aufgefordert worden ist, seine ladungsfähige Adresse mitzuteilen (Hess.VGH, HessVGRspr. 1988, 41; Hess.VGH, InfAuslR 1990, 291 (292)). 48

Wird dem Verwaltungsgericht bekannt, dass der Asylkläger »nach unbekannt abgemeldet« ist, sind diese Grundsätze ebenfalls anzuwenden (vgl. Hess.VGH, EZAR 630 Nr. 9, S. 2; Hess.VGH, AuAS 2000, 211 (212)). Denn häufig erfolgen derartige Abmeldungen ohne Wissen des Klägers durch die Ausländerbehörde, Aufsichtspersonen in der Gemeinschaftsunterkunft oder durch den Hotelbesitzer. Dementsprechend kann nach der Rechtsprechung des BVerwG ein »Untertauchen« lediglich ein *Anzeichen* für den Wegfall des Rechtsschutzinteresses sein (BVerwGE 101, 323 (327 f.) = InfAuslR 1996, 418 = NVwZ 1997, 1136; § 74 Rdn. 200 ff.). Auch hier bedarf es daher vor Erlass der Betreibensaufforderung einer Anfrage an den Verfahrensbevollmächtigten mit der Bitte um Mitteilung der ladungsfähigen Adresse. 49

Erst wenn derartige Anfragen wiederholt fruchtlos geblieben sind, darf die Betreibensaufforderung ergehen. Erst dann ist erwiesen, dass der Asylkläger die vom Gericht erstrebte Aufklärung unmöglich macht, weil er unbekannten Aufenthalts ist. Dies geht insbesondere dann zu seinen Lasten, wenn deshalb die Glaubhaftigkeit seiner Angaben nicht überprüft werden kann (BVerwGE 101, 323 (327 f.) = InfAuslR 1996, 418 = NVwZ 1997, 1136). Unterhält der Kläger jedoch Kontakt zu seinem Verfahrensbevollmächtigten und ist er daher auch für Mitteilungen des Gerichtes erreichbar, rechtfertigen weder dessen von Amts wegen erfolgte Abmeldung nach »unbekannt« noch die unterlassene Mitwirkung bei der Vorbereitung seiner Abschiebung den Erlass der Betreibensaufforderung (OVG NW, AuAS 1999, 94 (95)). Dies gilt jedenfalls für die Fälle, in denen aufgrund des früheren Vorbringens eine Teilnahme des Klägers an der mündlichen Verhandlung nicht erforderlich ist (OVG NW, AuAS 1999, 94 (95); a. A. OVG NW, AuAS 2004, 115 (117)). 50

Ist die Anschrift des Vormunds des minderjährigen Klägers bekannt, ist grundsätzlich dessen Erreichbarkeit für Zwecke des anhängigen Verwaltungsstreitverfahrens gewährleistet (BVerfG (Kammer), NVwZ-Beil. 1999, 17 (18)), sodass das fehlende Rechtsschutzbedürfnis nicht unterstellt werden kann. Ebenso kann nicht ohne weiteres vom Mangel des Rechtsschutzbedürfnisses ausgegangen werden, wenn der Kläger für seinen Prozessbevollmächtigten erreichbar ist (vgl. OVG NW, AuAS 2002, 92 (93)). 51

4. Form der Betreibensaufforderung

52 Nach S. 1 bedarf es einer gerichtlichen Aufforderung, damit die Fiktionswirkung eintreten kann. Diese braucht nicht in Form eines Gerichtsbeschlusses zu ergehen. Vielmehr kann sie auch durch *prozessleitende Verfügung* des Einzelrichters, des Vorsitzenden oder des Berichterstatters erfolgen (BVerwGE 71, 213 (216) = BayVBl. 1986, 503; VGH BW, DÖV 1985, 414; VGH BW, NVwZ-RR 1991, 443; Nieders. OVG, NVwZ 1998, 529; BayVGH, NVwZ 1998, 528; Schenk, in: Hailbronner, AuslR, § 81 AsylVfG Rdn. 21; a. A. Hess. VGH, InfAuslR 1984, 26). Begründet wird dies damit, dass der Begriff des Gerichts nichts dafür hergebe, wer im Einzelfall zum Erlass der Betreibensaufforderung berufen sei. Maßgebend könne daher allein der Inhalt der Aufforderung sein.

53 Werde der Kläger etwa durch Beweisbeschluss zur Stellungnahme aufgefordert, sei dafür der jeweilige Spruchkörper (Kammer, Einzelrichter, Senat) zuständig. Handele es sich demgegenüber darum, eine Klage zu begründen, bestimmte Nachweise zu erbringen, Urkunden vorzulegen oder eine konkrete Erklärung abzugeben, sei dafür der Vorsitzende (§ 86 III und IV VwGO) oder der Berichterstatter (§ 87 VwGO) zuständig (VGH BW, DÖV 1985, 414; s. auch §§ 87 a III und 87 b II 1 VwGO). Die Gegenmeinung wird damit begründet, dass das AsylVfG sowie die VwGO zwischen Gericht, Kammer, Berichterstatter und Einzelrichter ausdrücklich unterscheiden und unter Gericht im Sinne von § 33 S. 1 AsylVfG 1982 (jetzt: S. 1) im Allgemeinen den Spruchkörper – u. U. auch den Einzelrichter – verstehen würden (Hess.VGH, InfAuslR 1984, 26).

54 Die Betreibensaufforderung muss nach den Vorschriften des VwZG zugestellt werden (BVerwGE 71, 213 (216) = BayVBl. 1986, 503; VGH BW, DÖV 1985, 414; OVG Berlin, NVwZ-Beil. 1997, 74). Die verschärften Zustellungsvorschriften nach § 10 finden Anwendung. Das Fehlen der erforderlichen Zustellung wird durcdh den tatsächlichen Zugang gemäß § 56 i VwGO in Verb. mit § 189 ZPO geheilt (Hess.VGH, AuAS 2004, 141 (142)). Die Angabe eines bestimmten Tages als Fristende bringt wegen der möglichen Probleme bei der Zustellung die Gefahr der Unrichtigkeit mit sich und macht die Frist rechtlich wirkungslos, wenn der angegebene Tag vor dem nach dem Gesetz zu berechnenden tatsächlichen Fristende liegt (BVerwGE 71, 213 (217f.)).

55 Daher empfiehlt sich die Formulierung in der Aufforderung, dass die geforderte Handlung des Klägers spätestens innerhalb der Frist von einem Monat nach Zustellung der Aufforderung erfolgen muss. Die bloße Bekanntgabe reicht – auch wenn sie zweifelsfrei erfolgt ist – daher nicht aus. Die Vorschrift des § 9 II VwZG bringt nämlich den Rechtsgedanken zum Ausdruck, in allen Fällen, in denen es im Interesse eindeutiger Klarheit und des Schutzes der Betroffenen geboten ist, die Heilung von Zustellungsmängeln auszuschließen (Schenk, in: Hailbronner, AuslR, § 81 AsylVfG Rdn. 22, unter Hinweis auf BGHZ 76, 236 (239)).

5. Inhalt der Betreibensaufforderung

Die Aufforderung, das Verfahren zu betreiben, muss substanziiert sein und darf sich nicht lediglich in der Wiederholung des Gesetzestextes erschöpfen (Renner, ZAR 1983, 62 (72)). Sie muss insbesondere inhaltlich bestimmt sein und darf sich nicht auf das bloße Verlangen beschränken, das Verfahren zu betreiben. Die nicht näher konkretisierte Aufforderung an den Kläger, seine Klage unter Auseinandersetzung mit einer ablehnenden Entscheidung im Eilrechtsschutzverfahren nach § 36 III ergänzend zu begründen, vermag deshalb die Rücknahmefiktion nicht auszulösen (BVerwG, NVwZ-Beil. 2003, 17 = AuAS 2003, 43). 56

Auch darf die Aufforderung nicht die Anforderungen an die Mitwirkung und Förderung des Prozesses durch den Kläger überspannen (BVerfG (Vorprüfungsausschuss), NVwZ 1985, 33; BVerfG (Vorprüfungsausschuss), BayVBl. 1984, 658). Andernfalls würde sie ein unangemessen hohes verfahrensrechtliches Hindernis bei der gerichtlichen Verfolgung des geltend gemachten Asylanspruchs errichten und wäre deshalb mit der Rechtsschutz- und Asylgarantie des Grundgesetzes unvereinbar (BVerfG (Vorprüfungsausschuss), NVwZ 1985, 33; BVerfG (Vorprüfungsausschuss), BayVBl. 1984, 658). 57

Das Maß der Konkretisierung kann nicht allgemein bestimmt werden. Vielmehr bemisst sich der Inhalt nach dem Anlass, der zu Zweifeln am Fortbestand des Rechtschutzinteresses gegeben hat. Aufgrund des Ausnahmecharakters des § 81 setzt die Rechtmäßigkeit einer nach dieser Bestimmung ergehenden Betreibensaufforderung neben einem das mangelnde Interesse an der Fortführung des Verfahrens dokumentierenden Verhalten des Klägers voraus, dass sich die vom Gericht in der Aufforderung geforderten prozessualen Handlungen *streng* an den Umständen auszurichten haben, die Anlass für die Betreibensaufforderung gewesen sind (Hess.VGH, InfAuslR 1996, 362 (363) = AuAS 1996, 261). 58

Durch die Aufforderung darf also vom Kläger nur das verlangt werden, wozu er im Rahmen der ihn treffenden Mitwirkungspflicht gehalten gewesen wäre und was er bislang schuldig geblieben ist, sodass die Nachholung dieser vom Kläger zu fordernden Mitwirkung auf die gerichtliche Aufforderung hin die entstandenen Zweifel an seinem Interesse zur Fortsetzung des Verfahrens zu zerstreuen geeignet ist (Hess.VGH, InfAuslR 1996, 362 (363)). 59

Richtet das Gericht in der Betreibensaufforderung eine Reihe von inhaltlichen Fragen an den Kläger, welche die Substanziierung seiner Klage bezwecken, so ist dieses gerichtliche Vorgehen daher nur dann gerechtfertigt, wenn er zuvor in einer prozessleitenden Verfügung bereits zur Beantwortung dieser Fragen aufgefordert worden und die Erfüllung seiner Mitwirkungshandlung schuldig geblieben ist. Aus der streng bezogenen Kausalität der Betreibensaufforderung folgt mithin, dass diese nicht dazu dienen kann, bislang nicht angesprochene Tatsachenkomplexe aufzuklären. 60

Nach S. 3 ist der Kläger in der Aufforderung über die Folgen seiner Säumigkeit sowie die Kostenfolge nach S. 2 zu belehren. Unterbleibt die Belehrung über die Kostenfolge, tritt die gesetzliche Fiktion nach S. 1 nicht ein (Schenk, in: Hailbronner, AuslR, § 81 AsylVfG Rdn. 26). 61

6. Anforderungen an die Mitwirkungspflicht nach Satz 1

62 Nach S. 1 kann der Kläger, dem eine den gesetzlichen Vorschriften entsprechende Betreibensaufforderung ordnungsgemäß zugestellt worden ist, den Eintritt der gesetzlichen Fiktion nur abwenden, wenn er innerhalb der Monatsfrist das *Verfahren betreibt*. Leistet der Kläger der Betreibensaufforderung keine oder nur unzulänglich Folge, werden dadurch die gerichtlichen Zweifel endgültig bestätigt. Die damit prozessual bedeutsame Frage, wann einer Betreibensaufforderung nur unzulänglich nachgekommen wird, ist abhängig vom Umfang und von der Art der mit der gerichtlichen Betreibensaufforderung eingeforderten Mitwirkung des Klägers.

63 Generell kann gesagt werden, dass der Kläger innerhalb der Frist substanziiert darlegen muss, *dass* und *warum* sein Rechtsschutzbedürfnis trotz der Zweifel an seinem Fortbestehen, aus dem sich der Aufforderungsanlass ergeben hat, nicht entfallen ist (BVerfG, NVwZ 1994, 62 = AuAS 1993, 196; BVerwG, InfAuslR 1985, 278). Dementsprechend genügt eine bloße Erklärung des Klägers, er wolle das Verfahren weiterbetreiben, ebenso wenig (BVerwG, Buchholz 402.25 § 33 AsylVfG Nr. 6; Hess. VGH, InfAuslR 1984, 26) den Anforderungen an ein substanziiertes Sachvorbringen, wie die Vornahme einer von mehreren erbetenen Verfahrenshandlungen, wenn diese zur Erfüllung seiner prozessualen Mitwirkungspflicht offensichtlich von untergeordneter Bedeutung ist (BVerwG, Buchholz 402.25 § 33 AsylVfG Nr. 6). Eine *Fristverlängerung* darf das Gericht *nicht* gewähren, da es sich um eine gesetzliche Frist handelt.

64 Wann der Kläger die Zweifel am Fortbestehen des Rechtsschutzinteresses ausgeräumt und damit seiner Darlegungslast Genüge getan hat, kann naturgemäß nicht abstrakt umschrieben werden, sondern ist von den Umständen des Einzelfalles, insbesondere von den Gründen der Betreibensaufforderung und den vom Kläger erbetenen Verfahrenshandlungen abhängig (BVerwG, Buchholz 402.25 § 33 AsylVfG Nr. 6). Da das BVerwG eine Darlegung dahin fordert, dass und warum das Rechtsschutzbedürfnis trotz der aufgetretenen Zweifel fortbesteht, ist stets auch auf die Gründe für die bisherige Versäumnis detailliert einzugehen. Darüber hinaus hat der Kläger innerhalb der Frist sämtliche nach seiner Meinung seinen Asylanspruch stützenden Tatsachen und Beweismittel substanziiert, widerspruchsfrei und erschöpfend vorzutragen.

65 Im Rahmen der Darlegungslast ist weder Glaubhaftmachung der Gründe für die Versäumnis gefordert noch setzt die Abwehr der Fiktionswirkung voraus, dass der Sachvortrag den geltend gemachten Asylanspruch lückenlos tragen muss. Die Erfüllung der Darlegungslast nach S. 1 soll dem Gericht die Prüfung des Fortbestandes des Rechtsschutzinteresses, nicht aber zugleich auch die Beurteilung der Begründetheit der Klage ermöglichen. Auf eine vage, inhaltsleere Betreibensaufforderung hin kann ein ebenso lapidarer Hinweis des Klägers auf sein fortbestehendes Interesse, das Verfahren weiter zu betreiben, ausreichend sein (Schenk, in: Hailbronner, AuslR, § 81 AsylVfG Rdn. 27).

66 Der Rechtsprechung des BVerwG ist zu entnehmen, dass der Kläger sich bemühen muss, die maßgeblichen individuellen Verfolgungstatsachen vorzu-

Nichtbetreiben des Verfahrens § 81

tragen sowie die wesentlichen, in der Aufforderung gestellten Fragen zu beantworten. Ob ein Weiterbetreiben voraussetzt, dass der Kläger z. B. die vom Gericht gestellten zwanzig Fragen vollständig beantwortet (vgl. Hess.VGH, B. v. 6.1. 1987 – 10 TE 2233/84), dürfte zweifelhaft sein. Eine derartige Forderung dürfte sicherlich die Anforderungen an die Mitwirkung und Förderung des Prozesses bei weitem überspannen (vgl. BVerfG (Vorprüfungsausschuss), NVwZ 1985, 33).

Andererseits reicht es nicht aus, dass der Kläger, der zu bestimmten Verfahrenshandlungen konkret aufgefordert wird, nicht die konkret erbetene oder – bei mehreren – nur diejenige vornimmt, die zur Erfüllung seiner prozessualen Mitwirkungspflicht *offensichtlich von untergeordneter Bedeutung* ist (BVerwG, Buchholz 402.25 § 33 AsylVfG Nr. 6; Schenk, in: Hailbronner, AuslR, § 81 AsylVfG Rdn. 30). Wird der Kläger zur Vorlage eines Orginaldokuments (Parteiausweis) und der PKH-Unterlagen aufgefordert, reicht es nicht aus, wenn er nur letztere vorlegt. Es ist zumindest zu fordern, dass er schlüssig darlegt, was einer Erfüllung der Hauptanforderung innerhalb der gesetzlichen Frist entgegensteht (Schenk, in: Hailbronner, AuslR, § 81 AsylVfG Rdn. 30). 67

Zu bedenken ist andererseits, dass die Darlegungslast des Klägers sich nur auf die in seine persönliche Erlebnissphäre fallenden Ereignisse bezieht. Mit Blick auf die allgemeinen Verhältnisse in seinem Herkunftsland reicht es daher aus, wenn er Tatsachen vorträgt, aus denen sich hinreichende Anhaltspunkte für eine nicht entfernt liegende Möglichkeit von Verfolgungshandlungen ergeben können (BVerwG, EZAR 630 Nr. 8; BVerwG, InfAuslR 1984, 129; BVerwG, InfAuslR 1990, 350; § 25 Rdn. 3 f.). 68

Nur nach Maßgabe dieser Grundsätze ist der Kläger gehalten, seiner nach S. 1 gebotenen prozessualen Darlegungspflicht nachzukommen. Aus der Darlegungslast des Asylsuchenden folgt, dass mit der Aufforderung vom Kläger nur das verlangt werden darf, wozu er im Rahmen seiner Mitwirkungspflicht gehalten gewesen wäre und was er bislang schuldig geblieben ist (Schenk, in: Hailbronner, AuslR, § 81 AsylVfG Rdn. 27 a). 69

Zielt die Betreibensaufforderung des Gerichts vorrangig auf die Aufklärung der allgemeinen Verhältnisse im Heimatland des Klägers, braucht er der Aufforderung nur nach Maßgabe der Rechtsprechung des BVerwG zur Darlegungslast in Ansehung der allgemeinen Verhältnisse im Herkunftsland nachkommen (s. hierzu § 25 Rdn. 3 ff., 8 ff.). Es ist nicht die Funktion der Regelung des § 81, das Gericht von seiner zuallererst ihm obliegenden Sachaufklärung (§ 86 I VwGO) freizustellen. Im Übrigen sind die Anforderungen an die Erfüllung der Darlegungslast nach S. 1 bei einem anwaltlich nicht vertretenden Asylsuchenden erheblich gemildert. 70

7. Einstellungsbeschluss

Betreibt der Kläger nach Maßgabe der erwähnten Grundsätze innerhalb der Monatsfrist das Verfahren nicht, *gilt* die Klage kraft Gesetzes (S. 1 1. HS) als zurückgenommen. Der angefochtene Bescheid des Bundesamtes erwächst 71 unmittelbar in Bestandskraft. Bereits ergangene gerichtliche Entscheidungen im Verfahren werden wirkungslos (vgl. § 173 VwGO in Verb. mit § 269 III ZPO). Die zugleich verfügte Abschiebungsandrohung wird nach Ablauf eines Monats vollziehbar (§ 38 I).

72 Die Ersetzung der fiktiven Verfahrenserledigung durch die fiktive Klagerücknahme soll dem Grundgedanken der Vorschrift besser entsprechen und der Rechtsklarheit dienen (BT-Drs. 12/2062, S. 42). War die Aufforderung nach S. 1 im Berufungsverfahren ergangen, ist mit Rücknahme der Klage das Berufungsverfahren ebenfalls beendet.

73 Wie früher wird das anhängige Verwaltungsstreitverfahren kraft Gesetzes aufgrund der Fiktionswirkung beendet (BVerwG, Buchholz 402.25 § 33 AsylVfG Nr. 2 = DVBl. 1985, 569 = DÖV 1985, 408 = NVwZ 1985, 280; BVerwG, NVwZ 1984, 450; BVerwG, NVwZ-RR 1991, 443; Hess.VGH, InfAuslR 1984, 26). An die Stelle der Erledigung kraft Gesetzes tritt die Klagerücknahme kraft Gesetzes. Wurde früher ein gerichtlicher Beschluss nicht für notwendig erachtet (BVerwG, Buchholz 402.25 § 33 AsylVfG Nr. 2; Hess. VGH, EZAR 630 Nr. 9, so auch noch für das geltende Recht: Schenk, in: Hailbronner, AuslR, § 81 AsylVfG Rdn. 34), ist nunmehr § 92 II 4 VwGO zu beachten. Danach stellt das Gericht durch Beschluss das Verfahren ein, wenn die Klage zurückgenommen worden ist (§ 92 III 1 VwGO). Der Beschluss ist *unanfechtbar* (s. auch § 92 III 2 VwGO).

74 Der Beschluss über die Verfahrenseinstellung ist *deklaratorischer Natur* (vgl. BVerwG, Buchholz 402.25 § 33 AsylVfG Nr. 2; OVG NW, InfAuslR 1985, 281). Demgegenüber ist die Entscheidung über die Kosten insoweit konstitutiv. Ein Streitwertbeschluss ist wegen § 30 RVG entbehrlich. Das trotz des Eintritts der fiktiven Klagerücknahme nach S. 1 ergangene Sachurteil des Gerichts ist *fehlerhaft* und im Rechtsmittelverfahren aufzuheben (BVerwG, NVwZ-RR 1991, 443). Die Klagerücknahme ist von jedem Gericht in jedem Verfahrensstadium zu beachten.

75 Der Eintritt der gesetzlichen Fiktion beruht auf einer *zwingenden Rechtsvorschrift* und ist daher einer Disposition durch die Verwaltungsgerichte nicht zugänglich (BVerwG, NVwZ-RR 1991, 443). Das Berufungsgericht missachtet nicht die Bindung des § 129 VwGO, wenn es ungeachtet des erstinstanzlichen Urteils feststellt, dass das Verfahren beendet ist. Eine Bindung besteht nicht, wenn das Berufungsgericht von Amts wegen zu beachten hat, ob zwingende Prozessvoraussetzungen, wie eine noch im Zeitpunkt der gerichtlichen Entscheidung bestehende Rechtshängigkeit, erfüllt sind (BVerwG, NVwZ 1991, 443). Diese zu § 33 AsylVfG 1982 entwickelten Grundsätze gelten erst recht im Falle des § 81. Ist die Klage zurückgenommen worden, darf eine Sachentscheidung nicht mehr ergehen.

8. Rechtsbehelf

76 Entsteht nachträglich Streit über die Wirksamkeit der Klagerücknahme, hat das Gericht, bei dem das Verfahren bislang anhängig war, auf Antrag dieses fortzusetzen und über die Frage der Beendigung des Verfahrens aufgrund

Nichtbetreiben des Verfahrens § 81

mündlicher Verhandlung *durch Urteil* zu entscheiden (BVerfG (Kammer), InfAuslR 2000, 261 (262); BVerwG, Buchholz 402.25 § 33 AsylVfG Nr. 2; BVerwG, NVwZ 1984, 450; OVG MV, AuAS 2001, 94 (95); OVG NW, InfAuslR 1985, 281). Eine ausdrückliche prozessuale Pflicht, mit dem Fortsetzungsantrag zugleich die ursprünglichen Klageanträge zu stellen, besteht nicht und erscheint auch entbehrlich (a. A. Schenk, in: Hailbronner, AuslR, § 81 AsylVfG Rdn. 37). Der Eintritt der gesetzlichen Fiktion schließt den Kläger nicht nur mit einem bestimmten Vorbringen aus. Er verweigert ihm schlechthin jeglichen Rechtsschutz, wenn die Voraussetzungen der Vorschrift vorliegen (BVerwG, Buchholz 402.25 § 33 AsylVfG Nr. 2).

Auf Antrag des Klägers hat das Gericht, bei dem das Verfahren anhängig war, zu prüfen, ob die gesetzlichen Voraussetzungen der Klagerücknahme vorliegen und hierüber in Urteilsform zu befinden. Es genügt die Behauptung, die Voraussetzungen des S. 1 hätten nicht vorgelegen. Damit handelt es sich nicht um eine Beschwerde (OVG NW, InfAuslR 1985, 281; zur Frage der außerordentlichen Beschwerde s. OVG MV, AuAS 2001, 94 (95)), die vom Gesetz nicht zugelassen ist (§ 80). Vielmehr ist die Entscheidung über den Fortsetzungsantrag ein Urteil mit der Folge der nach dem Gesetz vorgesehenen Rechtszüge (BVerwG, Buchholz 402.25 § 33 AsylVfG Nr. 2). 77

Es kann daher auch ein Antrag nach § 78 IV 1 gestellt werden. Der Antrag auf Fortsetzung des Verfahrens ist *nicht fristgebunden* (so auch ausdr. Molitor, in: GK-AsylVfG, § 81 Rdn. 173). Denn der Einstellungsbeschluss ist lediglich deklaratorischer Natur, begründet also keine eigenständige Beschwer. Nicht prozessuale, wohl aber faktische Gründe, nämlich die drohende Vollziehung der Abschiebungsandrohung, sprechen dafür, den Antrag möglichst unverzüglich zu stellen. 78

Ist der Antrag begründet, wird das ursprüngliche Verfahren fortgesetzt und lediglich festgestellt, dass keine Verfahrensbeendigung eingetreten ist. Kommt das Gericht zu dem Ergebnis, dass die Voraussetzungen des S. 1 vorliegen, stellt es durch Urteil fest, dass die Klage zurückgenommen worden ist. Erst der vorangegangene Antrag des Klägers, das Verfahren fortzusetzen und über die Wirksamkeit der Klagerücknahme zu entscheiden, eröffnet dem Gericht den Weg, durch Urteil zu entscheiden. Prüft es von Amts wegen, ob die Voraussetzungen des S. 1 vorliegen, darf es demgegenüber nicht durch Urteil entscheiden (BVerwG, NVwZ-RR 1991, 443). Hier hat es durch Beschluss das Verfahren einzustellen. Der Beschluss ist nach § 92 II 4, III 2 VwGO unanfechtbar (OVG Saarland, NVwZ 1999, 897). Unbenommen bleibt aber die Möglichkeit, die Fortsetzung des Verfahrens zu beantragen (OVG Saarland, NVwZ 1999, 897 (898)). 79

Verneint das Gericht auf Antrag des Klägers, dass die Voraussetzungen des S. 1 vorliegen, entscheidet es durch *Zwischenurteil* über die Zulässigkeit der Klage nach § 109 VwGO oder nach Verhandlung der Sache im Rahmen des Endurteils über die Wirksamkeit der Rücknahme. Zulässig ist auch die Entscheidung durch unselbständiges Zwischenurteil nach § 173 VwGO in Verb. mit § 303 ZPO. 80

Fraglich ist, ob das Verwaltungsgericht eine zu Unrecht ergangene Entscheidung – etwa weil es einen Schriftsatz, der den Anforderungen an die Darle- 81 gungspflicht nach S. 1 genügt, übersehen hat – im Wege der *gerichtlichen Selbstkontrolle* wieder beseitigen kann. Das BVerwG scheint diese Möglichkeit ausschließlich auf seine eigenen Beschlüsse zu beziehen, weil diese nicht mehr mit Rechtsmitteln angreifbar sind (BVerwG, NVwZ-RR 1991, 444 (445)).

82 Es sind jedoch keine prozessualen Gründe ersichtlich, die einer Anwendung dieser Grundsätze in anderen Verfahren entgegenstehen. Auch ein Beschluss des Obergerichts kann nach § 152 I VwGO nicht mit Rechtsmitteln angefochten werden. Daher hat jedes Verwaltungsgericht selbst zu kontrollieren, ob die Voraussetzungen der Betreibensaufforderung tatsächlich vorgelegen haben. Verneint es dies, hat es im Wege der »Selbstheilung« von Amts wegen das Verfahren fortzusetzen.

9. Wiedereinsetzung in die Frist des Satz 1

83 Das BVerwG hatte mit Blick auf § 33 S. 1 AsylVfG 1982 entschieden, dass bei Fristversäumnis *keine Wiedereinsetzung* nach § 60 VwGO in Betracht kommt. § 60 VwGO setze die Versäumnis einer gesetzlichen Frist voraus. Die Frist des § 33 S. 1 AsylVfG 1982 hatte das BVerwG zwar nicht als richterliche Frist, wohl aber als eine sog. *uneigentliche gesetzliche Frist* angesehen (BVerwG, InfAuslR 1985, 278 = NVwZ 1986, 134 (nur LS)). Dies hatte das BVerwG ausdrücklich aus dem *Zweck* der Gesetzesvorschrift abgeleitet.

84 Nach der gesetzlichen Begründung ist der Zweck der Vorschrift des § 81 identisch mit dem der früheren Regelung des § 33 AsylVfG 1982, sodass die Rechtsprechung des BVerwG insoweit uneingeschränkt Anwendung findet. Eine uneigentliche Frist ist nach dem BVerwG dadurch gekennzeichnet, dass bei einer Zeitspanne ein äußerster Zeitpunkt festgelegt wird, nach dem auch bei fehlendem Verschulden eine Parteihandlung endgültig nicht mehr oder nur noch unter ganz besonderen Voraussetzungen vorgenommen werden kann (BVerwG, InfAuslR 1985, 278).

85 Während die ZPO eine Wiedereinsetzung in uneigentliche Fristen vollständig ausschließt (§ 234 III ZPO), lässt demgegenüber das Verwaltungsprozessrecht bei Versäumung der dort geregelten uneigentlichen Fristen (vgl. §§ 58 II, 60 III VwGO) eine Wiedereinsetzung im Falle *höherer Gewalt* zu. Im Wege der Rechtsanalogie hatte das BVerwG dies auch für § 33 AsylVfG 1982 festgestellt (BVerwG, InfAuslR 1985, 278; NVwZ-RR 1991, 443; zustimmend Hess.VGH, B. v. 6.1.1987 – 10 TE 2233/84; BayVGH, NVwZ 1998, 528 (529)). Damit ist auch bei Versäumung der Frist des S. 1 im Falle höherer Gewalt die Wiedereinsetzung möglich.

86 Der in der VwGO geregelte Begriff der »höheren Gewalt« ist zwar enger als der Begriff »ohne Verschulden« in § 60 I VwGO. Er setzt jedoch kein von außen kommendes Ereignis voraus, sondern im Wesentlichen gleichbedeutend mit den in § 233 ZPO a. F. angeführten »unabwendbaren Zufällen« (BVerwG, InfAuslR 1985, 278). Unter höherer Gewalt ist demgemäß ein Ereignis zu verstehen, das unter den gegebenen Umständen auch durch die größte, nach den Umständen des konkreten Falles vernünftigerweise von

Nichtbetreiben des Verfahrens § 81

dem Betroffenen unter Anlegung subjektiver Maßstäbe zu erwartenden und zumutbaren Sorgfalt nicht abgewendet werden konnte (BVerwG, InfAuslR 1985, 278).

Eine durch *Versehen des Büropersonals* eines Rechtsanwaltes herbeigeführte Fristversäumnis kann sich z. B. als Folge eines unabwendbaren Zufalls darstellen (BVerwG, InfAuslR 1985, 278; s. hierzu § 74 Rdn. 289). Zwar hat der Rechtsanwalt Fristsachen mit der größten Peinlichkeit und Genauigkeit zu behandeln. Andererseits sind die Anwälte gezwungen, gewisse einfache Verrichtungen, die keine besondere Geistesarbeit oder juristische Schulung verlangen, ihrem Büropersonal zu überlassen, damit sie im Stande sind, ihre eigentlichen Berufspflichten zu erfüllen. Deshalb darf der Prozessbevollmächtigte die Berechnung der üblichen Fristen seinem gut ausgebildeten sowie sorgfältig überwachten Personal überlassen, wenn die Fristberechnung keine rechtlichen Schwierigkeiten macht. Unter diesen Voraussetzungen ist ein Versehen des Büropersonals ein unabwendbarer Zufall (BVerwG, InfAuslR 1985, 278). 87

Dies hat das BVerwG für die Frist des § 33 S. 1 AsylVfG 1982 ausdrücklich anerkannt und ist demzufolge auch für die Frist des S. 1 anzunehmen. Unabwendbare Ereignisse in diesem Sinne sind des weiteren z. B. Fälle der Postverzögerung, der falschen Adressierung, der Zugangserschwerung bei Gericht sowie des Verschuldens dritter Personen. Zu bedenken ist aber, dass nach der Rechtsprechung das Verschulden des Prozeßbevollmächtigten dem Vertretenen zugerechnet wird (BVerfGE 60, 253 (271 ff.) = EZAR 610 Nr. 14 = NVwZ 1982, 614; BVerwGE 66, 240 (241) = InfAuslR 1983, 79 (LS); BVerwG, DVBl. 1978, 888; BVerwG, InfAuslR 1985, 165; BVerwG, InfAuslR 1985, 164; BVerwG, BayVBl. 1985, 187 (§ 74 Rdn. 267 f.)). 88

Der Prozessbevollmächtigte muss das Versehen seines gut ausgebildeten und sorgfältig überwachten Büropersonals bei der Berechnung der Frist des S. 1 konkret und gegebenenfalls unter Abgabe eidesstattlicher Versicherungen darlegen (§ 74 Rdn. 266 ff.). Der Wiedereinsetzungsantrag ist ausdrücklich zu stellen. Die VwGO kennt keine konkludente Wiedereinsetzung in den vorigen Stand (BVerwG, NVwZ-RR 1991, 443). 89

Da das BVerwG die Vorschrift des § 60 VwGO ausdrücklich für unanwendbar erachtet, ist unklar, welche Fristen für den Wiedereinsetzungsantrag gelten. Zur Vermeidung von Rechtsnachteilen empfiehlt sich eine analoge Anwendung von § 60 VwGO. Der Antrag ist deshalb binnen zwei Wochen nach Kenntnisnahme der Versäumung der Frist des S. 1 zu stellen (§ 60 II 1 VwGO). Der Zeitpunkt der Kenntnisnahme muss nicht mit dem Zeitpunkt der Zustellung des Einstellungsbeschlusses zusammenfallen. Denkbar ist auch, dass der Verfahrensbevollmächtigte bereits vorher das Fristversäumnis entdeckt. Innerhalb der Wiedereinsetzungsfrist ist die versäumte Rechtshandlung nachzuholen (§ 60 II 3 VwGO). Der Kläger hat daher entsprechend der Betreibensaufforderung innerhalb der Frist von zwei Wochen seiner Mitwirkungspflicht nach S. 1 zu genügen. 90

§ 82 Akteneinsicht in Verfahren des vorläufigen Rechtsschutzes

In Verfahren des vorläufigen Rechtsschutzes wird Akteneinsicht auf der Geschäftsstelle des Gerichts gewährt. **Die Akten können dem bevollmächtigten Rechtsanwalt zur Mitnahme in seine Wohnung oder Geschäftsräume übergeben werden, wenn ausgeschlossen werden kann, daß sich das Verfahren dadurch verzögert.** Für die Versendung von Akten gilt Satz 2 entsprechend.

Übersicht

	Rdn.
1. Vorbemerkung	1
2. Akteneinsichtsrecht (§ 100 Abs. 1 VwGO)	3
3. Ort der Akteneinsicht (Satz 2 und 3 in Verb. mit § 100 Abs. 2 Satz 3 VwGO)	10
4. Rechtsbehelfe	13

1. Vorbemerkung

1 Diese Vorschrift ist ohne Vorbild im AsylVfG 1982. Sie schränkt das ansonsten nach § 100 II 3 VwGO gegebene richterliche Ermessen ein. Der Anwendungsbereich dieser Vorschrift ist auf die Verfahren des vorläufigen Rechtsschutzes nach dem AsylVfG (§ 18 a IV, V, § 36 III, IV) beschränkt. Allerdings darf sie nicht dadurch unterlaufen werden, dass die Akten im parallel geführten Hauptsacheverfahren herausgegeben werden und dadurch die Entscheidung im Eilrechtsschutzverfahren verzögert wird (Schenk, in: Hailbronner, AuslR, § 82 AsylVfG Rdn. 82).

2 Nach der gesetzlichen Begründung soll die Ermessensausübung des Vorsitzenden nach § 100 II 3 VwGO nach Maßgabe des § 82 gelenkt werden, freilich nur mit Blick auf das im prozessualen Zusammenhang mit dem Eilrechtsschutzverfahren stehende Hauptsacheverfahren (BT-Drs. 12/2062, S. 42). Durch den Anspruch auf Übermittlung der Asylakte nach § 36 II hat die Vorschrift allerdings ihre Schärfe verloren. Sie ist praktisch überflüssig geworden. Dagegen wird eingewendet, dass die Vorschrift sich auf *alle* Verfahren des vorläufigen Rechtsschutzes und nicht nur auf Verfahren nach § 36 III bezieht (Renner, AuslR, § 82 AsylVfG Rdn. 3; Schenk, in: Hailbronner, AuslR, § 82 AsylVfG Rdn. 4), sodass es danach ungeachtet der Vorschrift des § 36 II ein praktisches Bedürfnis für die Sondervorschrift des § 82 gebe.

2. Akteneinsichtsrecht (§ 100 Abs. 1 VwGO)

3 Nach § 100 I VwGO können die Beteiligten die Gerichtsakten und die dem Gericht vorgelegten Akten einsehen (zur Akteneinsicht im Verwaltungsverfahren Bohl, NVwZ 2005, 133). Es handelt sich damit neben den Gerichtsakten in erster Linie um die Verwaltungsvorgänge. Diese sind jedoch nach der durch ÄnderungsG 1993 geänderten Vorschrift des § 36 II den Beteiligten be-

reits mit der Zustellung zu übermitteln. Damit ist eine wesentliche Schärfe des Gesetzes abgemildert worden. Denn prekär ist die verfahrensrechtliche Situation insbesondere in den Eilrechtsschutzverfahren nach § 36 III und IV sowie im Flughafenverfahren nach § 18 a IV und V.

Im Allgemeinen gilt, dass die Versagung der Akteneinsicht den Anspruch auf rechtliches Gehör der Beteiligten verletzt (Hess.VGH, NVwZ-Beil. 1999, 91 (92); VGH BW, NVwZ-RR 1998, 687; VGH BW, InfAuslR 1999, 424). 4

Demgegenüber ist der Antragsteller nach der Gesetzesbegründung im Eilrechtsschutzverfahren verpflichtet, auch ohne Akteneinsicht den fristgebundenen Tatsachenvortrag nach § 36 II 2 AsylVfG 1992 abzugeben (BT-Drs. 12/2062, S. 42). Zwar besteht nach geltendem Recht im Eilrechtsschutzverfahren keine fristgebundene Begründungspflicht. Wegen der gesetzlichen Entscheidungsfristen (vgl. § 36 III 5ff.) ist aber gleichwohl der unverzügliche Sachvortrag geboten. Da das Bundesamt mit der Zustellung eine Kopie der Asylakte übermittelt, die Kenntnis dieser Akte zur wirksamen Rechtsverteidigung unerlässlich ist, andere Verwaltungsvorgänge andererseits aber regelmäßig nicht entstehen, ist die Vorschrift des § 82 eigentlich entbehrlich geworden.

Regelmäßig kennt der Verfahrensbevollmächtigte aufgrund der Übermittlung der Asylakte nach § 36 II den vollständigen Verwaltungsvorgang. Nur in Ausnahmefällen – etwa in Asylfolgeverfahren – fallen weitere Verwaltungsvorgänge an (s. hierzu BVerfG (Kammer), B. v. 5.2.2003 – 2 BvR 153/02). Für den Regelfall kann damit im Eilrechtsschutzverfahren und insoweit auch im damit zusammenhängenden Hauptsacheverfahren auf die Ausübung des Rechtes auf Akteneinsicht verzichtet werden. Ein Bedürfnis für eine besondere Regelung im AsylVfG ist jedenfalls nicht mehr ersichtlich. 5

Grundsätzlich gilt jedoch nach wie vor, dass die fristgebundene Begründungspflicht nach § 74 II 1 unabhängig von der Gewährung des Rechtes auf Akteneinsicht ist. Die Verwaltungsgerichte gewähren jedoch in der Praxis regelmäßig eine Fristverlängerung, wenn bis zum Ablauf der Frist des § 74 II 1 die Verwaltungsvorgänge, insbesondere das Anhörungsprotokoll, dem Verfahrensbevollmächtigten nicht bekannt sind. Selbstverständlich steht es ihm frei, das Gericht auf Gesichtspunkte hinzuweisen, die sich bei der Durchsicht der Akten ergeben haben (BT-Drs. 12/2062, S. 42). 6

Sofern der negative Statusbescheid im Wesentlichen auf Bedenken gegen die Glaubwürdigkeit gestützt wird, welche aus dem Ergebnis der Anhörung hergeleitet werden, ist selbstredend, dass der fristgebundenen Begründungspflicht ohne Kenntnis des Anhörungsprotokolls nicht nachgekommen werden kann. 7

Das Recht auf Akteneinsicht umfasst nicht diejenigen Urkunden oder sonstigen Unterlagen (Erkenntnisquellen), die als Grundlage der Sachverhaltsermittlung und als Beweismittel dienen und zu denen den Beteiligten das rechtliche Gehör zu gewähren ist (OVG NW, NVwZ-Beil. 1997, 81). Diese Unterlagen können im Regelfall bei Gericht eingesehen werden. Ein Anspruch auf Zusendung dieser Beweismittel besteht nicht (VGH BW, ESVGH 31, 74; OVG NW, NVwZ-Beil. 1997, 81) oder zumindest jedenfalls dann nicht, wenn für das Gericht erkennbar den Beteiligten diese aus anderen Verfahren bekannt sind (BVerwG, NVwZ 1989, 249). 8

§ 82 Gerichtsverfahren

9   Diese Beweismittel können den Beteiligten aber auch zugesandt werden (vgl. BVerwG, Buchholz 402.24 § 28 AuslG Nr. 30). Ein Recht auf Einsicht in Urteilsentwürfe bzw. die vorbereitenden Arbeiten des berichterstattenden Richters besteht nicht (§ 100 III VwGO). Die Regelung des § 100 III VwGO schützt das Beratungsgeheimnis.

3. Ort der Akteneinsicht (Satz 2 und 3 in Verb. mit § 100 Abs. 2 Satz 3 VwGO)

10 Ratio der Vorschrift des § 82 ist es, das nach § 100 II 3 VwGO gegebene Ermessen des Vorsitzenden, dem bevollmächtigten Rechtsanwalt die Akten zur Mitnahme in seine Wohnung oder in seine Geschäftsstelle zu übergeben, für Verfahren des vorläufigen Rechtsschutzes dahin einzuschränken, dass Akteneinsicht *grundsätzlich* nur auf der *Geschäftsstelle des Gerichts* gewährt wird (S. 1). Nur wenn eine Verfahrensverzögerung ausgeschlossen ist, darf der Vorsitzende nach der allgemeinen Regel des § 100 II 3 VwGO verfahren (s. hierzu auch BFH, NVwZ-RR 1998, 472).

11 Dies kann etwa der Fall sein, wenn zu erwarten ist, dass das Verwaltungsgericht vor der Rücksendung der Akten aus anderen Gründen eine Entscheidung noch nicht wird treffen können (BT-Drs. 12/2062, S. 42). S. 2 betrifft den Fall der Übergabe der Akten zur Mitnahme in die Kanzlei bzw. Wohnung des Verfahrensbevollmächtigten. S. 3 regelt den Anspruch auf Übersendung mit der Post. Nur der Rechtsanwalt und diesem gleichgestellte Personen, etwa Rechtslehrer an deutschen Hochschulen (§ 67 I 1 VwGO) oder sonstige Bevollmächtigte haben Anspruch nach § 100 II 3 VwGO auf Übersendung der Akten in die Wohnung bzw. Kanzlei.

12 Von diesem *Regelanspruch* darf nur in begründeten Ausnahmefällen abgewichen werden. S. 1 legt einen derartigen Ausnahmefall fest. Dieser kann allerdings nach S. 2 durchbrochen werden. Bei der Interpretation der Ausnahmevorschrift nach S. 2 ist stets die überragende Bedeutung des Anspruchs auf rechtliches Gehör zu bedenken. Aus dem Gesetzeswortlaut selbst folgt, dass Asylkläger ohne anwaltlichen Beistand keinen Übersendungsanspruch haben. Auch dem prozessbevollmächtigten Rechtsbeistand steht nach der obergerichtlichen Rechtsprechung ein Anspruch auf Mitnahme der Akten in seine Geschäftsräume nicht zu (OVG NW, NVwZ-RR 1997, 764).

4. Rechtsbehelfe

13 Ob gegen die Versagung der Aktenüberlassung bzw. -übersendung durch den Vorsitzenden ist die Beschwerde gegeben ist, ist umstritten. Es wird angenommen, dass es sich bei der Versagungsverfügung um eine prozessleitende Verfügung handelt, die nach § 146 II VwGO nicht anfechtbar ist (BayVGH, BayVBl. 1982, 508; OVG NW, NJW 1988, 221; a. A. BayVGH, NVwZ-RR 1998, 687). Eine zu Unrecht verweigerte Einsicht in die Akten, die bei der Entscheidung des Gerichts verwertet wurden oder dafür hätten von Bedeutung sein

Besondere Spruchkörper § 83

können, und deren Inhalt den Beteiligten auch vom Gericht nicht bekannt gegeben worden war, verletzt regelmäßig das Recht auf Gehör und kann nach Zustellung des Sachurteils mit der Gehörsrüge gemäß § 78 III Nr. 3 in Verb. mit § 138 Nr. 3 VwGO angegriffen werden (§ 78 Rdn. 340 ff.).

§ 83 Besondere Spruchkörper

(1) Streitigkeiten nach diesem Gesetz sollen in besonderen Spruchkörpern zusammengefaßt werden.

(2) Die Landesregierungen können bei den Verwaltungsgerichten für Streitigkeiten nach diesem Gesetz durch Rechtsverordnung besondere Spruchkörper bilden und deren Sitz bestimmen. Die Landesregierungen können die Ermächtigung auf andere Stellen übertragen. Die nach Satz 1 gebildeten Spruchkörper sollen ihren Sitz in räumlicher Nähe zu den Aufnahmeeinrichtungen haben.

Übersicht	Rdn.
1. Vorbemerkung	1
2. Konzentrationsmaxime (Abs. 1)	4
3. Unterkunftsrichter (Abs. 2)	12

1. Vorbemerkung

Diese Vorschrift hat im AsylVfG 1982 kein Vorbild. Sie wurde erstmals mit dem AsylVfG 1992 eingeführt und bereits durch ÄnderungsG 1993 erweitert. Die Vorschrift soll die gerichtsverfassungsrechtlichen Voraussetzungen dafür schaffen, dass gerichtliche Asylverfahren *ortsnah* durchgeführt und von *Richtern* entschieden werden, die zumindest *überwiegend* mit diesen Verfahren befasst sind (BT-Drs. 12/4450, S. 28). Die Vorschrift des § 83 mag zwar als verunglückt angesehen werden. Sie ist andererseits aber als bewusste Absage an die vor 1993 diskutierten besonderen Beschwerdeausschüsse zu verstehen, welche im Asylrecht die Verwaltungsgerichtsbarkeit ersetzen sollten (s. hierzu Feddersen, ZRP 1993, 479). 1

Die Richterschaft versteht die Gesamtregelung des § 83 als »*Misstrauensvotum*« des Gesetzgebers gegenüber der Verwaltungsgerichtsbarkeit (so Ruge, NVwZ 1995, 733 (735)). Während Abs. 1 die Konzentration von Asylsachen auf bestimmte Spruchkörper innerhalb des nach § 52 Nr. 2 S. 3 VwGO zuständigen Verwaltungsgerichtes regelt, ermächtigt Abs. 2 – wie früher die Regelung in § 83 AsylVfG 1992 – die Landesregierungen, durch *Rechtsverordnung* besondere Spruchkörper zu bilden und deren Sitz ortsnah zu den Aufnahmeeinrichtungen vorzusehen. 2

Die *Konzentrationsmaxime* nach Abs. 1 findet erst ab dem *1. Januar 1994* (§ 87 a III Nr. 5) Anwendung. Die gesetzliche Sollensanordnung richtet sich an die 3

Gerichtspräsidien der Verwaltungsgerichte, der Oberverwaltungsgerichte und des BVerwG (Abs. 1) und schränkt deren Befugnisse nach § 4 VwGO in Verb. mit § 21e I GVG ein. Abs. 2 enthält demgegenüber eine Ermächtigungsgrundlage für die Landesregierungen.

2. Konzentrationsmaxime (Abs. 1)

4 Nach Abs. 1 *sollen* die Präsidien (§ 21 e I GVG) Asylstreitigkeiten grundsätzlich besonderen Spruchkörpern zuweisen (BT-Drs. 12/4450, S. 28). Bereits in der Vergangenheit haben die Verwaltungsgerichte in unterschiedlicher Weise organisatorisch asylrechtliche Streitigkeiten behandelt. Einige Gerichte haben lediglich einer oder mehreren Kammern von den bestehenden Spruchkörpern die Zuständigkeit für Asylsachen zugewiesen. Je nach Arbeitsanfall ist damit eine ausschließliche oder überwiegende asylrechtliche Zuständigkeit verbunden. Andere Gerichte haben sämtlichen Kammern die Entscheidung über Asylsachen neben anderen – »klassischen« – Bereichen der Verwaltungsgerichtsbarkeit zugewiesen.

5 Es scheint so, dass weder für die eine noch für die andere Organisationsform in der Praxis eine Präferenz besteht. Dem will Abs. 1 abhelfen. Nach dem Gesetzeswortlaut soll es Spruchkörper mit gemischten Zuständigkeiten grundsätzlich nicht mehr geben. Nur wenn bei der Geschäftsverteilung ein Rest übrig bleibt, könnte dem davon betroffenen Spruchkörper noch ein »klassischer« Bereich zugewiesen werden (Schenk, in: Hailbronner, AuslR, § 83 AsylVfG Rdn. 2).

6 Die Praxis, nach der die Spruchkörper teilweise mit Asylsachen befasst werden, soll künftig nur noch insoweit möglich sein, als die Spruchkörper nicht mit Asylsachen ausgelastet sind. Die Regelung soll für die Gerichte aller Instanzen gelten (BT-Drs. 12/4450, S. 28). In der Anhörung wurde aus der Richterschaft darauf hingewiesen, dass die Erfahrungen seit 1980 dazu geführt hätten, vom sog. *Fachkammerprinzip* wieder abzugehen. Es wurden insbesondere Nachwuchsprobleme geltend gemacht, da es als problematisch eingeschätzt wurde, für den in der Richterschaft allgemein als ungeliebt angesehenen Asylbereich geeigneten Nachwuchs zu finden. Auch wurde der Beschleunigungseffekt der Neuregelung bezweifelt. Im Interesse einer einigermaßen ausgewogenen gerichtsinternen Geschäftsverteilung müsse die Besetzung reiner Asylkammern deshalb häufiger wechseln, als dies sonst in der Verwaltungsgerichtsbarkeit der Fall sei. Ein häufiger Richterwechsel würde andererseits dem Anliegen zuwiderlaufen, demzufolge die Richter mit den *Verhältnissen* in den Herkunftsländern möglichst vertraut sein sollten (Schnellenbach, Stellungnahme an den BT-Innenausschuß v. 18. 3. 1993, S. 6; Kutscheidt, Stellungnahme an den BT-Innenausschuß v. 17. 3. 1993, S. 8 f.; Weingartner, Stellungnahme an den BT-Innenausschuß v. 19. 3. 1993, S. 9; Hund, Stellungnahme an den BT-Innenausschuß v. 23. 3. 1993, S. 9 f.).

7 Die Verteilung der Asylsachen auf alle Spruchkörper eines Verwaltungsgerichtes bringe den nicht zu unterschätzenden Vorteil einer *höheren Spezialisierung* und *ständigen Befassung* aller Richter mit Asylsachen mit sich und führe

Besondere Spruchkörper § 83

des weiteren dazu, dass ein Wechsel zwischen Asylfachkammer und Normalkammer nicht erforderlich, Fachwissen über ein oder mehrere Herkunftsstaaten in einer Kammer konzentriert sei sowie flexibel auf hohe Zugangszahlen aus einem Herkunftsland dadurch reagiert werden könne, dass gleichzeitig mehrere Kammern für ein Herkunftsland zuständig würden (Hund, a. A. O.; Weingärtner, a. A. O.).

Demgegenüber wiesen andere Stimmen aus der Richterschaft darauf hin, dass eine breite Verteilung von Sachgebieten auf alle oder viele Spruchkörper erfahrungsgemäß nicht zu deren besseren oder schnelleren Erledigung beitrage. Die durch Konzentration bedingte Spezialisierung bedürfe aber personalpolitischer Ausgleichsmaßnahmen (Renner, Stellungnahme an den BT-Innenausschuß v. 1. 3. 1993, S. 19). Wenn Asylfachkammern aus gerichtspolitischer Sicht auch abzulehnen seien, sei ein zügiger Vollzug des Gesetzes jedoch nur möglich, wenn reine Asylkammern entscheiden würden (Schmidt, Stellungnahme an den BT-Innenausschuss v. 19. 3. 1993, S. 7). 8

Das Gesetz zwingt die Präsidien nicht, das Fachkammerprinzip für Asylsachen einzuführen. Der relativierende Gesetzeswortlaut lässt es vielmehr zu, neben dem rein am Geschäftsanfall orientierten Belastungsstand der einzelnen Spruchkörper auch andere Gesichtspunkte im Geschäftverteilungsplan zu berücksichtigen (Urban, NVwZ 1993, 1169 (1170); Schenk, in: Hailbronner, AuslR, § 83 AsylVfG Rdn. 3). Eine Umfrageaktion bei den Verwaltungsgerichten hat daher auch ergeben, daß diese weit überwiegend den vom Gesetz gelassenen Spielraum ausnutzen (Ruge, NVwZ 1995, 733 (735)). Ob der Regelanordnung des Abs. 1 Folge geleistet wird, ist ohnehin weder politisch noch gerichtlich überprüfbar. 9

Der gesetzgeberische Wille geht aber wohl dahin, dass asylspezifische Spruchkörper in Zukunft der Regelfall sein sollen. Eine *obligatorische* Verpflichtung, von der nur bei atypischen Umständen abgewichen werden darf (Renner, AuslR, § 83 AsylVfG, Rdn. 4) kann jedoch aus Abs. 1 nicht abgeleitet werden. Je nach den Besonderheiten des jeweiligen Verwaltungsgerichtes wird der gesetzgeberische Wille mehr oder weniger bereitwillig umgesetzt. So wird die Vorschrift des Abs. 1 dahin interpretiert, dass nach den konkreten Verhältnissen des jeweiligen Gerichts eine Abweichung von der Sollensregelung unter Bejahung von Ausnahmesituationen zulässig sei. 10

Diese seien gegeben, »wenn nach der in richterlicher Unabhängigkeit durch das Präsidium vorgenommenen Beurteilung unter Berücksichtigung insbesondere der vorhandenen personellen Ausstattung, des Anhangs von Asyl- und sonstigen Verfahren sowie des Grades der bereits erreichten Asylspezialisierung die Prognose abgegeben werden kann, dass die Umstellung vom Mischsystem auf besondere Asylspruchkörper wesentlich kontraproduktiv wirken« (Ruge, NVwZ 1995, 733 (735)). Bei den Berufungsgerichten scheint bereits seit langem bundesweit das asylspezifische Fachsenatsprinzips vorzuherrschen. Beim BVerwG war traditionell seit Beginn der achtziger Jahre des letzten Jahrhunderts der neunte Senat ausschließlich für Asylsachen zuständig. Vor Einrichtung dieses Senates war der für Polizei- und Ordnungsrecht zuständige erste Senat für Asylsachen zuständig. Dieser ist seit Oktober 2000 erneut sowohl für das Ausländer- wie auch für das Asylrecht zuständig. 11

3. Unterkunftsrichter (Abs. 2)

12 Die Verordnungsermächtigung nach Abs. 2 S. 1 und 2 zur Bildung besonderer, gegebenenfalls auch *auswärtiger Spruchkörper* bei den Verwaltungsgerichten soll dazu beitragen, die gebotene zügige Abwicklung der Asylstreitigkeiten auch in gerichtsorganisatorischer Hinsicht zu erleichtern (BT-Drs. 12/2062, S. 42). Durch Abs. 2 S. 3 wird dieses gesetzgeberische Anliegen dahin präzisiert, dass die auswärtigen Kammern ihren Sitz in räumlicher Nähe zu den Aufnahmeeinrichtungen haben sollen (BT-Drs. 12/4450, S. 28), was insbesondere für die Eilrechtsschutzverfahren nach § 36 III und IV Bedeutung erlangen kann. Der Sinn dieser Vorschrift ist nicht unmittelbar einleuchtend.

13 Die Vorschrift hat sich in der Praxis nicht bewährt, da sie von den Länderregierungen überwiegend nicht in Anspruch genommen wird (Schenk, in: Hailbronner, AuslR, § 83 AsylVfG Rdn. 5). Eilrechtsschutzverfahren werden regelmäßig ohne mündliche Verhandlung durchgeführt (vgl. auch § 36 III 4), sodass ein Bedürfnis für die ortsnahe Einrichtung der gerichtlichen Kontrollinstanz zweifelhaft erscheint. Die Vorstellung, mit kleinen, flexiblen Einheiten und durch kurze Kommunikationswege zu den beteiligten Behörden zur Verfahrensbeschleunigung beizutragen, hat sich im Übrigen nicht realisieren lassen (Schenk, in: Hailbronner, AuslR, § 83 AsylVfG Rdn. 5).

14 Überzogen sind allerdings die in der Richterschaft geäußerten Ängste, soweit befürchtet wird, in den Aufnahmeeinrichtungen »möglicherweise Bedrängnissen jedweder Art seitens des dort lebenden Personenkreises ausgesetzt« sein zu können (Abel, Stellungnahme an den BT-Innenausschuß v. 18.3.1993, S. 4), die damit unausgesprochen den dort tätigen Einzelentscheidern zugemutet werden. Zutreffend ist freilich die Befürchtung, die enge räumliche Verbindung zwischen Gericht und Behörde könnte beim Asylsuchenden gewisse Zweifel in die Unabhängigkeit der Justiz hervorrufen (Renner, AuslR, § 83 AsylVfG, Rdn. 7; a. A. Schenk, in: Hailbronner, AuslR, § 83 AsylVfG Rdn. 6). Ihren Grund hat die Vorschrift wohl insbesondere in dem leidigen Problem der Aktenübersendung.

15 Abs. 2 S. 1 stellt es den Landesregierungen frei, ob sie von der gesetzlichen Ermächtigung Gebrauch machen wollen. Befürchtet wird, dass durch diese Vorschrift die Exekutive mittelbar die gesamte Geschäftsverteilung steuern könnte (Renner, AuslR, § 83 AsylVfG, Rdn. 8; ausdr. dagegen Schenk, in: Hailbronner, AuslR, § 83 AsylVfG Rdn. 4). Die Abtrennung von Spruchkörpern verursacht im Übrigen erfahrungsgemäß einen erheblichen zusätzlichen Aufwand für Fahrten von Bediensteten und den Transport der Akten.

16 Insbesondere verschlechtern sich die Arbeitsmöglichkeiten der Richter, es sei denn, die auswärtige Gerichtsabteilung wird mit Bücherei, Dokumentation, Schreibdienst und Urkundsbeamten im erforderlichen Maße ausgestattet (Kanein/Renner, AuslR, § 83 AsylVfG, Rdn. 7). Insbesondere deshalb, weil mit der ortsnahen Einrichtung der auswärtigen Kammer die ausschließliche Zuständigkeit für Asylsachen verbunden ist, kann auf die erforderliche Ausstattung dieser Kammer mit länderspezifischen Länderdokumentationen und Fachbüchern nicht verzichtet werden.

Unterrichtung der Ausländerbehörde § 83 a

§ 83 a Unterrichtung der Ausländerbehörde

Das Gericht darf der Ausländerbehörde das Ergebnis eines Verfahrens formlos mitteilen.

Übersicht Rdn.

1. Vorbemerkung 1
2. Mitteilungsbefugnis 4

1. Vorbemerkung

Diese Vorschrift hat kein Vorbild im AsylVfG 1982. Sie ist die Konsequenz davon, dass seit Erlass des AsylVfG 1992 die Ausländerbehörden nicht mehr unmittelbar am Verfahren beteiligt und deshalb nicht ohne weiteres über den aktuellen Verfahrensstand im Einzelfall informiert sind. Allerdings trifft das Bundesamt bereits eine Mitteilungspflicht gegenüber der Ausländerbehörde nach § 40. Die Vorschrift des § 83 a ist durch ÄnderungsG 1993 neu eingeführt worden und gibt den Gerichten die Befugnis, die zuständige Ausländerbehörde von dem Ausgang eines Verfahrens nach dem AsylVfG auch dann zu unterrichten, wenn diese nicht selbst an dem Verfahren beteiligt ist (BT-Drs. 12/4450, S. 29). 1

Ersichtlich soll die Ausländerbehörde durch die gerichtliche Mitteilung in die Lage versetzt werden, möglichst frühzeitig auf die von ihr zu treffenden Folgemaßnahmen zu reagieren (Schenk, in: Hailbronner, AuslR, § 83 a AsylvfG Rdn. 1). Damit wird den Gerichten Verwaltungstätigkeit (so auch ausdr.: BT-Drs. 12/4450, S. 29) aufgelastet und der unschöne Eindruck erzeugt, als sei das Verwaltungsgericht eine am Vollstreckungsverfahren – zumindest mittelbar – beteiligte Behörde. 2

Soweit Kritik gegen diese Regelung überhaupt geäußert wird, richtet diese sich nicht gegen die die Unabhängigkeit des Gerichts berührende Regelung, sondern gegen den damit verbundenen beträchtlichen Verwaltungsaufwand (Kutscheidt, Stellungnahme an den BT-Innenausschuß v. 19.3. 1993, S. 9). Im Flughafenverfahren stellt sich das Problem nicht, da dort die vollziehende Behörde Verfahrensbeteiligte ist (vgl. § 18 a IV 1, V 1). 3

2. Mitteilungsbefugnis

Urteile werden den Beteiligten zugestellt (§ 116 I 2 und II VwGO). Dasselbe gilt für Beschlüsse. Das Gericht ist demzufolge auch nur verpflichtet, die Beteiligten über den Ausgang des Verfahrens zu unterrichten. Es entscheidet den zwischen den Beteiligten herrschenden Streit und überlässt alles Weitere den Beteiligten selbst. Dementsprechend hat der Präsident des Bundesamtes 4 in seiner Eigenschaft als Vertreter der beteiligten Bundesrepublik sicherzustellen, dass das Bundesamt seiner Unterrichtungspflicht nach § 40 nachkommt.

5   Es ist nicht Aufgabe des Verwaltungsgerichtes, einem nicht am Verfahren Beteiligten das Ergebnis seiner Entscheidung mitzuteilen. Dieser selbstverständliche Grundsatz wird durch § 83 a durchbrochen. Man mag das formal rechtlich für unbedenklich halten. Die rechtsstaatliche Hygiene fördert der auf optimale Beschleunigung fixierte Gesetzgeber mit derartigen Regelungen jedenfalls nicht.

6   Die Vorschrift erlegt den Gerichten keinen Zwang auf. Sie sind befugt, der Ausländerbehörde das Ergebnis eines Verfahrens (nach unanfechtbarer Entscheidung) mitzuteilen. Die Mitteilung ist nur statthaft, wenn die Entscheidung wirksam und vorher den Verfahrensbeteiligten bekannt gemacht worden ist. Inwieweit sich die Verwaltungsgerichte in die Pflicht nehmen lassen, dürfte vom richterlichen Selbstverständnis abhängig sein.

7   Zwar empfiehlt die gesetzliche Begründung den zuständigen obersten Landesbehörden, durch Verwaltungsvorschriften den Gerichten entsprechende Mitteilungspflichten aufzuerlegen (BT-Drs. 12/4450, S. 29). Eine Verpflichtung hierzu kann der Vorschrift jedenfalls nicht entnommen werden. Es ist – wie erwähnt – die Aufgabe des Bundesamtes, dafür Sorge zu tragen, dass unanfechtbare Entscheidungen vollzogen werden können.

§ 83 b Gerichtskosten, Gegenstandswert

Gerichtskosten (Gebühren und Auslagen) werden in Streitigkeiten nach diesem Gesetz nicht erhoben.

Übersicht

		Rdn.
1.	Vorbemerkung	1
2.	Gerichtskostenfreiheit (Abs. 1)	5
3.	Prozesskostenhilfe	11
3.1.	Vorbemerkung	11
3.2.	Voraussetzungen der Bewilligung (§ 114 ZPO)	12
3.2.1.	Begriff der Mutwilligkeit im Sinne von § 114 ZPO	12
3.2.2.	Begriff der hinreichenden Erfolgsaussicht im Sinne von § 114 ZPO	19
3.2.2.1.	Allgemeines	19
3.2.2.2.	Keine überspannten Prüfungsanforderungen	24
3.2.2.3.	Klärungsbedarf für schwierige Rechts- und Tatsachenfragen	26
3.2.2.4.	Persönliche Anhörung des Asylsuchenden	28
3.2.2.5.	Durchführung einer Beweisaufnahme	33
3.2.2.6.	Asylablehnung wegen offensichtlicher Unbegründetheit	37
3.2.2.7.	Klagen mehrerer Familienangehöriger	38
3.2.2.8.	Anfechtungsklagen des Bundesbeauftragten	40
3.3.	Verfahren	46
3.3.1.	Formerfordernisse bei der Antragstellung	46

3.3.2.	Gewährleistung des Anspruchs des Antragstellers auf rechtliches Gehör	49
3.3.3.	Maßgeblicher Zeitpunkt für die Beurteilung der Erfolgsaussicht	50
3.3.4.	Rückwirkende Bewilligung	56
3.3.5.	Erneute Antragstellung	58
3.3.6.	Tod des Antragstellers	60
3.4.	Rechtsfolgen des Bewilligungsbeschlusses	61
3.4.1.	Reichweite der Bewilligung	61
3.4.2.	Umfang der Bewilligung	62
3.4.3.	Beiordnung eines Rechtsanwaltes	63
3.4.4.	Anwaltswechsel	66
3.4.5.	Aufhebung der Bewilligung	69

1. Vorbemerkung

Diese Vorschrift ist ohne Vorbild im AsylVfG 1982 und wurde erstmals durch ÄnderungsG 1993 eingeführt. Die Regelung lehnt sich an § 188 S. 2 VwGO an, der für die in § 188 S. 1 VwGO bestimmten Verfahren Gerichtskostenfreiheit regelt. Unberührt hiervon bleibt die Kostentragungspflicht für die *außergerichtlichen Kosten* (§ 162 I VwGO), also insbesondere für die Gebühren und Auslagen eines *Rechtsanwaltes* (§ 162 II VwGO). 1

Für die Berechnung der Gebühren enthielt der ursprüngliche Abs. 2 eine zwingende gesetzliche Regelung, die erheblich von den Werten abweicht, die früher insbesondere in der obergerichtlichen Rechtsprechung zugrundegelegt wurden. Bewusst hatte der Gesetzgeber des KostenrechtsänderungsG 1994 (BGBl I S. 1325) keine Angleichung vorgenommen. 2

Der ursprüngliche Abs. 2 ist durch das Rechtsanwaltsgebührenvergütungsgesetz (RVG) mit Wirkung zum 1. Juli 2004 aufgehoben und dort wörtlich in § 30 übernommen worden. Erneut wurde bewusst davon abgesehen, die Wertsetzungen anzuheben. 3

Das Risiko hinsichtlich der außergerichtlichen Kosten kann die mittellose Partei durch einen Antrag auf Bewilligung von *Prozesskostenhilfe* abzuwenden versuchen (Rdn. 11 ff.). Die Bewilligung ist jedoch von einer summarischen Erfolgskontrolle abhängig. Angesichts der zunehmend restriktiver werdenden gerichtlichen Spruchpraxis ist ein derartiges Risiko für die Anwaltschaft, abgesehen von den niedrigen Streitwerten, kaum zumutbar. 4

2. Gerichtskostenfreiheit (Abs. 1)

Nach Abs. 1 werden in Streitigkeiten nach dem AsylVfG (s. hierzu § 74 Rdn. 2 ff.) Gerichtskosten nicht erhoben. Die Kostenfreiheit bezieht sich damit auf alle Verfahren, d. h. Hauptsache-, Eilrechtsschutzverfahren und andere Nebenverfahren. Da die Kostenbefreiung sich nur auf die Gerichts-, nicht jedoch auf die außergerichtlichen Kosten der Beteiligten bezieht, bedarf es auch im Asylprozess in jedem Verfahren einer Kostenentscheidung nach § 161 I VwGO (zur Mandatierung eines auswärtigen Rechtsanwaltes, s. VG 5

§ 83 b *Gerichtsverfahren*

Gera, AuAS 1998, 177; zur Zwangsvollstreckung gegenüber dem Bundesamt, s. VG Gießen, NVwZ-Beil. 1997, 72; s. hierzu auch Hutschenreuther-v. Emden, NVwZ 1998, 714).

6 Die Regelung über die Befreiung von den Gerichtskosten ist keine besondere Wohltat gegenüber den Asylklägern. Vielmehr weist die gesetzliche Begründung darauf hin, dass die Einziehung fälliger Gerichtskosten nicht unerhebliche Probleme bereite. Da viele Kostenschuldner in der Regel entweder mittellos oder nicht mehr auffindbar seien, komme es letztlich zu einer Niederschlagung der Kosten. Die Kostenfreiheit verfolge deshalb den Zweck, den damit verbundenen Verwaltungsaufwand zu vermeiden (BT-Drs. 12/4450, S. 29).

7 Dementsprechend wurde diese Regelung aus der Richterschaft allein wegen der damit verbundenen Arbeitserleichterung für die Verwaltung begrüßt (Kutscheidt. Stellungnahme an den BT-Innenausschuss v. 17. 3. 1993, S. 9; Renner, Stellungnahme an den BT-Innenausschuss v. 18. 3. 1993, S. 19; Zimmer, NVwZ 1995, 138 (139)). In der Rechtsprechung wird vereinzelt vertreten, dass der Beteiligte die Kosten, die durch sein Verschulden entstanden sind, ungeachtet der Regelung in Abs. 1 nach Maßgabe der allgemeinen Vorschrift des § 155 V VwGO zu tragen habe. Kosten, die durch Überprüfung eines vom Asylsuchenden vorgelegten Brief seines Rechtsanwaltes durch das Auswärtige Amt entstanden seien, müsse dieser deshalb tragen, weil der Asylsuchende habe wissen müssen, dass der Brief gefälscht sei (VG Darmstadt, AuAS 1995, 131 (132)). Diese Rechtsprechung dürfte jedoch mit dem Grundgedanken von Abs. 1 kaum vereinbar sein (so auch Molitor, in: GK-AsylVfG, § 83 b Rdn. 20).

8 Wie § 188 S. 2 VwGO gewährt Abs. 1 *allgemeine Gerichtskostenfreiheit*. Es kommt insoweit allein auf die objektive Zugehörigkeit des Klagebegehrens zu den Rechtsstreitigkeiten nach dem AsylVfG an (vgl. BVerwGE 18, 221 (226); 47, 233 (238); 51, 211 (216)). Die Kostenfreiheit gilt anders als bei der Frage der Bewilligung von Prozesskostenhilfe ohne Rücksicht auf die Vermögensverhältnisse der Beteiligten (BVerwGE 47, 233 (238)). Sie gilt abweichend von den allgemeinen Regeln über die Gerichtskosten (§ 2 III GKG) auch für die *beteiligten Behörden* (BVerwGE 47, 233 (238)).

9 Für das Asylverfahren bedeutet dies, dass auch Beanstandungsklagen des *Bundesbeauftragten* der Regelung über die Kostenfreiheit unterliegen. Dies kann schon deshalb von Bedeutung sein, weil andernfalls der unterlegene beigeladene Asylsuchende, sofern er Anträge gestellt hat, mit den Gerichtskosten belastet werden könnte. Die Regelung schränkt andererseits die Möglichkeiten der mittellosen Partei, Prozesskostenhilfe zu beantragen, nicht ein. Sie hat insbesondere nach wie vor Bedeutung für die Beiordnung eines Rechtsanwaltes (BVerwGE 47, 233 (238)).

10 Wegen der Kostenfreiheit ist über die beantragte Prozesskostenhilfe jedoch nur noch zu entscheiden, wenn zugleich die Beiordnung eines bestimmten Verfahrensbevollmächtigten beantragt worden ist. Die Regelung über die Gerichtskostenfreiheit nach Abs. 1 findet auch auf die am 1. Juli 1993 anhängigen Verwaltungsstreitverfahren Anwendung (Hess.VGH, EZAR 613 Nr. 4 = AuAS 1993, 180; so auch Molitor, in: GK-AsylVfG, § 83b Rdn. 8, 21; Zimmer, NVwZ 1995, 138 (139)).

Gerichtskosten, Gegenstandswert § 83 b

3. Prozesskostenhilfe

3.1. Vorbemerkung

Abs. 1 nimmt dem Asylkläger zwar das Risiko für die Gerichtskosten, nicht jedoch für die außergerichtlichen Kosten, insbesondere für die Gebühren und Auslagen des Rechtsanwaltes. Für dessen Kosten sind die Streitwertregelungen nach § 30 RVG maßgebend, wenn er nicht mit dem Auftraggeber einen Honorarvertrag (§ 4 RVG) abgeschlossen hat (s. hierzu VGH BW, NVwZ-RR 1992, 110). Der mittellose Beteiligte (zum Existenzminimum s. BVerfGE 78, 104 (118 f.); 87, 153 (169 f.)) kann unter den gesetzlichen Voraussetzungen Prozesskostenhilfe beantragen. Wird diese bewilligt, braucht er die Anwaltskosten nicht zu tragen. 11

Die Regelungen in §§ 114 – 127 a ZPO regeln Voraussetzungen und Umfang der Prozesskostenhilfe. §§ 121 ff. ZPO enthalten Vorschriften über die Vergütung des beigeordneten Rechtsanwaltes. Prozesskostenhilfe wird nur für den Verwaltungs*prozess*, also für das Gerichtsverfahren (§ 114 S. 1 ZPO) bewilligt, jedoch nicht auch für das Verwaltungsverfahren. Für die Wahrnehmung von Rechten außerhalb des gerichtlichen Verfahrens kommt *Beratungshilfe* in Betracht. Näheres regelt §§ 44 ff. RVG. 12

Grundsätzlich kann Prozesskostenhilfe für jedes gerichtliche Hauptsache-, Neben- und Eilrechtsschutzverfahren bewilligt werden. Auch für das Wiedereinsetzungsverfahren kann Prozesskostenhilfe bewilligt werden (vgl. BAG, NJW 1984, 941; zur Frage, ob bei versäumtem Rechtsmittel der innerhalb der Rechtsmittelfrist gestellte Antrag auf Bewilligung von Prozesskostenhilfe die Wiedereinsetzung rechtfertigt s. OVG Berlin, NVwZ-RR 1994, 475; Hess.VGH, Hess.VGRspr. 1994, 33). Für das prozesskostenhilferechtliche Bewilligungsverfahren selbst kann Prozesskostenhilfe nicht gewährt werden (BGH, BayVBl. 1984, 731; Hess.VGH, B. v. 6. 1. 1989 – 13 TP 2519/87; OVG NW, EZAR 228 Nr. 7). Begründet wird dies mit den Regelungen in §§ 114 S. 2 und 117 II ZPO. 13

Grundsätzlich wird für jeden Rechtszug gesondert Prozesskostenhilfe bewilligt (§ 119 S. 1 ZPO). Wegen § 119 S. 1 ZPO sind zu Beginn eines jeden Verfahrensabschnitts erneut die Anträge nach Maßgabe der gesetzlichen Voraussetzungen zu stellen. Auch der *Beigeladene* ist Verfahrensbeteiligter und hat Anspruch auf Bewilligung von Prozesskostenhilfe (Hess.VGH, B. v. 3. 10. 1983 – 10 TE 389/83). 14

Gemäß Art. 16 I GFK ist Flüchtlingen der ungehinderte Zugang zu den Gerichten zu gewährleisten. Dementsprechend können mittellose Asylsuchende für das gerichtliche Verfahren unter den allgemeinen Voraussetzungen Prozesskostenhilfe beantragen. Voraussetzung für die Bewilligung ist, dass sie nach ihren persönlichen und wirtschaftlichen Voraussetzungen die Kosten der Prozessführung nicht oder nur zum Teil bzw. in Raten aufbringen können, die beabsichtigte Rechtsverfolgung oder Rechtsverteidigung nicht mutwillig erscheint und hinreichende Erfolgsaussicht bietet (§ 114 S. 1 ZPO). 15

Das Gesetz wird damit dem verfassungsrechtlichen Gebot nach einer weitgehenden Angleichung der Situation von Bemittelten und Unbemittelten bei 16 der Verwirklichung des Rechtsschutzes gerecht (BVerfGE 81, 347 (356) = EZAR 613 Nr. 20 = NJW 1991, 413; BVerfG (Kammer), AuAS 2001, 106; BVerfG (Kammer), B. v. 10. 8. 2001 – 2 BvR 569/01). Hieraus ergibt sich, dass geeignete Vorkehrungen zu treffen sind, die auch Unbemittelten einen weitgehend gleichen Zugang zu den Gerichten eröffnet (BVerfGE 81, 347 (356f.)).

3.2. Voraussetzungen der Bewilligung (§ 114 ZPO)

3.2.1. Begriff der Mutwilligkeit im Sinne von § 114 ZPO

17 Die beabsichtigte Rechtsverfolgung oder Rechtsverteidigung darf nicht *mutwillig* erscheinen (§ 114 2. HS 2. Alt. ZPO). Mutwillig ist die beabsichtigte Rechtsverfolgung, wenn ein verständig rechnender Bemittelter, der auch die Tragweite des Kostenrisikos mitberücksichtigt, bei gleichen Prozesschancen vernünftigerweise den Prozess nicht führen würde. Denn nur in dem Maße, wie der bemittelte Rechtssuchende seine Prozesschancen vernünftig abwägt und dabei auch das Kostenrisiko berücksichtigt, ist verfassungsrechtlich eine Gleichstellung der unbemittelten Partei geboten (BVerfGE 81, 347 (357) = EZAR 613 Nr. 20 = NJW 1991, 413; OVG NW, InfAuslR 1984, 279).

18 Eine Rechtsverfolgung mag rechtsmissbräuchlich und daher ohne hinreichende Erfolgsaussicht sein. Sie ist allein deshalb jedoch nicht zugleich auch mutwillig (OVG NW, InfAuslR 1984, 279). In der gerichtlichen Praxis ist deshalb wegen dieser strengen Voraussetzungen der Einwand der Mutwilligkeit ohne Bedeutung.

3.2.2. Begriff der hinreichenden Erfolgsaussicht nach § 114 ZPO

3.2.2.1. Allgemeines

19 Darüber hinaus setzt die Bewilligung der Prozesskostenhilfe eine *hinreichende Erfolgsaussicht* voraus (§ 114 2. HS 1. Alt ZPO). Dies ist der Fall, wenn die Entscheidung in der Hauptsache von der Beantwortung einer *schwierigen* sowie bislang *ungeklärten Rechtsfrage* abhängt (BVerfGE 81, 347 (358) = EZAR 613 Nr. 20 = NJW 1991, 413; BVerfG (Kammer), AuAS 1993, 127 (128)). Die Prüfung der Erfolgsaussichten soll nicht dazu dienen, die Rechtsverfolgung oder Rechtsverteidigung selbst in das Nebenverfahren der Prozesskostenhilfe vorzuverlagern und dieses an die Stelle des Hauptsacheverfahrens treten zu lassen (BVerfG (Kammer), B. v. 10. 8. 2001 – 2 BvR 569/01).

20 Das Verfahren der Prozesskostenhilfe will den Rechtsschutz, den der Rechtsstaatsgrundsatz erfordert, nicht selbst bieten, sondern zugänglich machen (BVerfG (Kammer), AuAS 1993, 127; BVerfG (Kammer), B. v. 10. 8. 2001 – 2 BvR 569/01). Daher verstößt das Fachgericht gegen Verfassungsrecht, wenn es im Prozesskostenhilfeverfahren im Rahmen der Prüfung der Erfolgsaussicht des Hauptsacherechtsmittels praktisch schon alle Fragen klärt, die für die Hauptsachenentscheidung erheblich sind (BVerfG (Kammer), InfAuslR 1992, 149; BVerfG (Kammer), AuAS 1993, 127).

21 Auch bei *teilweiser Erfolgsaussicht* des Klagebegehrens besteht hinreichende Erfolgsaussicht (Nieders. OVG, NVwZ-RR 1998, 144). Zu differenzieren ist

jedoch insoweit zwischen den einzelnen Klagebegehren, sodass zwar im Blick auf § 60 II – VII AufenthG nicht aber in Ansehung der erstrebten Asylanerkennung die Erfolgsaussicht bejaht werden kann. Kann der Klage im Blick auf § 60 VII 1 AufenthG, nicht aber hinsichtlich § 60 II–V AufenthG eine Erfolgsaussicht nicht abgesprochen werden, ist es nicht mehr nachvollziehbar, wenn die Erfolgsaussicht verneint wird (BVerfG (Kammer), InfAusR 2005, 82 (83)).

Prozesskostenhilfe braucht nicht schon dann gewährt werden, wenn die entscheidungserhebliche Rechtsfrage zwar noch nicht höchstrichterlich geklärt ist, ihre Beantwortung aber im Hinblick auf die einschlägige gesetzliche Regelung oder durch die gewährten Auslegungshilfen aufgrund der bereits vorliegenden Rechtsprechung nicht in dem genannten Sinne als »schwierig« erscheint (BVerfGE 81, 347 (359) = EZAR 613 Nr. 20 = NJW 1991, 413). Liegt diese Voraussetzung dagegen vor, läuft es dem Gebot der Rechtsschutzgleichheit zuwider, dem Unbemittelten wegen fehlender Erfolgsaussicht seines Begehrens Prozesskostenhilfe vorzuenthalten (BVerfGE 81, 347 (359)). 22

Ein Fachgericht, das § 114 2. HS ZPO dahin auslegt, dass auch »schwierige«, noch nicht geklärte Rechtsfragen im Verfahren der Prozesskostenhilfe »durchentschieden« werden können, verkennt die Bedeutung der in Art. 3 I in Verb. mit Art. 20 III GG verbürgten Rechtsschutzgleichheit. Hiervon zu unterscheiden ist der Fall, in dem ein Fachgericht zwar der genannten überwiegenden Auslegung des § 114 2. HS ZPO folgt, eine entscheidungserhebliche Rechtsfrage jedoch – obwohl dies erheblichen Zweifeln begegnet – als einfach oder geklärt ansieht und sie deswegen bereits im Prozesskostenhilfeverfahren zum Nachteil des Unbemittelten beantwortet (BVerfGE 81, 347 (359) = EZAR 613 Nr. 20 = NJW 1991, 413). Wann hierbei der Zweck der Prozesskostenhilfe, dem Unbemittelten den weitgehenden Zugang zum Gericht zu ermöglichen, deutlich verfehlt wird, lässt sich nicht allgemein angeben. Dies hängt vielmehr von der Eigenart der jeweiligen Rechtsmaterie und der Ausgestaltung des dazugehörigen Verfahrens ab (BVerfGE 81, 347 (359f.)). 23

3.2.2.2. Keine überspannten Prüfungsanforderungen

Aus dem verfassungsrechtlichen Gebot der weitgehenden Gleichstellung heraus dürfen die *Anforderungen* an die Prüfung der Erfolgsaussicht *nicht überspannt werden* (BVerfG (Kammer), InfAuslR 1991, 50; BVerfG (Kammer), AuAS 1993, 127; BVerfG (Kammer), NVwZ 2004, 334 (335)). Diese Prüfung soll insbesondere nicht dazu dienen, die Rechtsverfolgung selbst in das Nebenverfahren der Prozesskostenhilfe vorzuverlagern und dieses an die Stelle des Hauptsacheverfahrens treten zu lassen (BVerfG (Kammer), InfAuslR 1991, 50; BVerfG (Kammer), AuAS 1993, 127)). 24

Die obergerichtliche Rechtsprechung hatte bereits vor der aufgezeigten Entwicklung der verfassungsgerichtlichen Rechtsprechung eine hinreichende Erfolgsaussicht im Sinne des Prozesskostenhilferechts angenommen, wenn für eine erfolgreiche Prozessführung nach summarischer Prüfung der Erfolg zwar *nicht gewiss* ist, jedoch eine *gewisse Wahrscheinlichkeit* für sich hat (OVG Hamburg, B. v. 2. 8. 1982 – OVG Bs V 61/82; OVG NW, B. v. 24. 7. 1987 – 18 B 21031/86; Hess.VGH, NVwZ-RR 1991, 160) bzw. mit guten Gründen ver- 25 tretbar erscheint (VGH BW, B. v. 24. 9. 1985 – A 13 S 561/85). Die prozesskostenhilferechtliche Wahrscheinlichkeitsprüfung ist demnach nicht mit der asylrechtlichen Prognoseentscheidung der überwiegenden Wahrscheinlichkeit identisch (VGH BW, B. v. 24. 9. 1985 – A 13 S 561/85). Andererseits ergibt sich hieraus, dass aus der Bewilligung von Prozesskostenhilfe ebenso wie aus deren Versagung keine voreiligen Schlüsse auf den Ausgang das Hauptsacheverfahrens gezogen werden dürfen.

3.2.2.3. Klärungsbedarf schwieriger Rechts- und Tatsachenfragen
26 In der Praxis haben sich insbesondere drei Fallgruppen herausgebildet. Es ist verfassungsrechtlich unbedenklich, die Gewährung von Prozesskostenhilfe von einer hinreichenden Erfolgsaussicht abhängig zu machen (BVerfGE 81, 347 (358) = EZAR 613 Nr. 20 = NJW 1991, 413; BVerfG (Kammer), AuAS 1994, 127; BVerfG (Kammer), B. v. 10. 8. 2001 – 2 BvR 569/01; BVerfG (Kammer), NJW 2003, 1857 = NVwZ 2003, 1251). Es ist von einer hinreichenden Erfolgaussicht auszugehen, wenn die Entscheidung im Hauptsacheverfahren von der *Klärung schwieriger*, noch *ungeklärter Rechtsfragen* abhängig ist (BVerfGE 81, 347 (358) = EZAR 613 Nr. 20 = NJW 1991, 413; BVerfG (Kammer), AuAS 1994, 127; BVerfG (Kammer), B. v. 10. 8. 2001 – 2 BvR 569/01; BVerfG (Kammer), NJW 2003, 1857 = NVwZ 2003, 1251; BVerfG (Kammer), NVwZ 2004, 334 (335); Hess.VGH, B. v. 29. 6. 1983 – 10 TE 148/83; Hess.VGH, B. v. 6. 1. 1989 – 13 TP 2519/87).

27 Die Gericht überschreiten ihren Entscheidungsspielraum, wenn sie schwierige Rechtsfragen, die in vertretbarer Weise auch anders beantwortet werden können, abschließend im Verfahren der Prozesskostenhilfe erörtern BVerfG (Kammer), NJW 2003, 1857 = NVwZ 2003, 1251). Die Bewilligung von Prozesskostenhilfe darf aber auch jedenfalls dann nicht versagt werden, wenn der Ausgang des Verfahrens von einer *schwierigen*, noch nicht abschließend entschiedenen *Tatsachenfrage* abhängt, die die Verhältnisse im Herkunftsland des Asylsuchenden betrifft (Hess.VGH, NVwZ-RR 1991, 160 = InfAuslR 1991, 53 (nur LS); so auch OVG Rh-Pf, AuAS 8/1992, 10).

3.2.2.4. Persönliche Anhörung des Asylsuchenden
28 Eine prozesskostenhilferechtliche Erfolgsaussicht kann dann nicht verneint werden, wenn sich im Rahmen der Erfolgsprüfung im Prozesskostenhilfeverfahren eine *persönliche Einvernahme des Asylsuchenden* über seine Verfolgungsbehauptungen im Hauptsacheverfahren aufdrängt, weil diese bei summarischer Betrachtungsweise eine asylrechtlich relevante Verfolgung schlüssig ergeben und Zweifel an der Glaubhaftigkeit der persönlichen Angaben sowie der Glaubwürdigkeit des Asylsuchenden nur aufgrund seiner persönlichen Anhörung oder Vernehmung geklärt werden können (Hess. VGH, EZAR 613 Nr. 9 = InfAuslR 1982, 208; Hess.VGH, EZAR 610 Nr. 27; Hess.VGH, EZAR 210 Nr. 4; Hess.VGH, NVwZ-RR 1990, 657; Hess.VGH, B. v. 6. 1. 1989 – 13 TP 2519/87; Hess.VGH, B. v. 6. 5. 1990 – 13 TP 4829/88; OVG NW, B. v. 24. 7. 1987 – 18 B 21031/86; OVG NW, B. v. 9. 1. 1988 – 20 B 20866/87; BayVGH, B. v. 23. 8. 1985 – Nr. 25 C 85 C 131; OVG Rh-Pf, NVwZ-RR 1990, 384).

Gerichtskosten, Gegenstandswert § 83 b

Vorauszusetzen ist aber, dass aufgrund des vorprozessualen Sachvorbringens entstandene Bedenken gegen die Glaubwürdigkeit des Asylsuchenden bzw. die Glaubhaftigkeit seiner Angaben vor der mündlichen Verhandlung schlüssig aufgeklärt werden (Hess.VGH, EZAR 610 Nr. 27; Hess.VGH, EZAR 210 Nr. 4; OVG Rh-Pf, B. v. 13.10.1988 – 313 E 41/88). Zur Begründung des Prozesskostenhilfeantrags ist deshalb eine vollständige und detaillierte Auseinandersetzung mit dem bisherigen Sachvortrag erforderlich (Hess. VGH, EZAR 210 Nr. 4). Regelmäßig wird erst die Begründung der Klage oder des Prozesskostenhilfeantrags die notwendigen Anhaltspunkte für eine Beurteilung der Erfolgsaussichten abgeben können (BVerfG (Kammer), NVwZ 1994, 62 = AuAS 1993, 196).   29

Können erhobene Bedenken gegen die Glaubhaftigkeit der Angaben – soweit dies schriftsätzlich überhaupt möglich ist – überzeugend aufgelöst werden und sind verbleibende Zweifel nur durch die persönliche Einvernahme während der mündlichen Verhandlung zu klären, kann die hinreichende Erfolgsaussicht nicht verneint werden (Hess.VGH, EZAR 610 Nr. 27; Hess.VGH, EZAR 210 Nr. 4).   30

Der Umfang der Darlegungslast hat im Übrigen nicht zur Folge, dass die hinreichende Erfolgsaussicht verneint werden darf, wenn die Darstellungen der Fluchtgründe in verschiedenen Verfahrensstadien nicht voll übereinstimmen und erwartet werden kann, dass bei einer persönlichen Anhörung in der mündlichen Verhandlung die aufgetretenen Widersprüche und Ungereimtheiten erklärt und aufgelöst werden (Hess.VGH, NVwZ-RR 1990, 657). Dies gilt jedenfalls dann, wenn die Anhörung des Asylsuchenden im Verwaltungsverfahren unter Verstoß gegen Verfahrensvorschriften zustande gekommen ist und daher als unzuverlässig erscheinen kann (Hess.VGH, NVwZ-RR 1990, 657).   31

Hat das Berufungsgericht die Berufung auf Antrag zugelassen und das Erscheinen des Berufungsklägers als ratsam bezeichnet, so rechtfertigt bereits dieser Umstand die Annahme hinreichender Erfolgsaussicht im prozesskostenhilferechtlichen Sinne (BVerfG (Kammer), NJW 2003, 3190 = NVwZ 2004, 721).   32

3.2.2.5. Durchführung einer Beweisaufnahme

Die Rechtsprechung nimmt, drittens, eine hinreichende Erfolgsaussicht an, wenn im Hauptsacheverfahren ernsthaft eine *Beweisaufnahme in Betracht kommt* (BayVGH, B. v. 23.8.1985 – Nr. 25 C 85 C 131; BayVGH, B. v. 28.11. 1991 – 19 C 90.30206; Hess.VGH, EZAR 613 Nr. 9; Hess.VGH, EZAR 210 Nr. 4; Hess.VGH, NVwZ-RR 1991, 160; Hess.VGH, EZAR 613 Nr. 22; OVG NW, B. v. 9.1.1988 – 20 B 20866/87; OVG Rh-Pf, B. v. 22.4.1991 – 6 E 10336/ 91.OVG; VGH BW, B. v. 24.9.1985 – A 13 S 561/85). In der Regel ist daher Prozesskostenhilfe zu bewilligen, wenn sich das Verwaltungsgericht nur anhand der von ihm eingeholten bzw. ihm anderweitig vorliegenden Gutachten, Stellungnahmen und Auskünfte von der Wahrheit des – in sich schlüssigen – Asylvorbringens überzeugen kann. Denn die Heranziehung und Verwertung dieser Erkenntnisse erfolgt zu Beweiszwecken und stellt mithin eine Beweiserhebung dar (Hess.VGH, NVwZ-RR 1991, 160), auch ohne dass dem ein förmlicher Beweisbeschluss zugrundeliegt.   33

34 Hat das Gericht durch förmlichen Beweisbeschluss eine gutachtliche Stellungnahme im konkreten Verfahren eingeholt, ist grundsätzlich von einer prozesskostenhilferechtlichen Erfolgsaussicht auszugehen. Dies gilt auch dann, wenn im Nachhinein diese Begutachtung zur Verneinung des Asylanspruchs geführt hat (BayVGH, B. v. 28. 11. 1991 – 19 C 30206). Denn im maßgebenden Zeitpunkt der Bewilligung der Prozesskostenhilfe konnte das Ergebnis des Verfahrens noch nicht abgesehen werden.

35 Allerdings folgt aus der Notwendigkeit der Beweiserhebung nicht, dass das Gericht in jedem Fall Prozesskostenhilfe zu bewilligen hätte. Das Gericht ist nämlich gegebenenfalls auch dann zur Beweiserhebung verpflichtet, wenn es die Richtigkeit der unter Beweis gestellten Tatsache für sehr unwahrscheinlich hält. Daher kann es ausnahmsweise zulässig sein, den Ausgang einer Beweisaufnahme bereits im Prozesskostenhilfeverfahren vorab zu würdigen und eine hinreichende Erfolgsaussicht zu verneinen, wenn die Beweiserhebung von vornherein keinerlei Erfolg zugunsten des Asylsuchenden verspricht (Hess.VGH, NVwZ-RR 1991, 160).

36 Erfordert die Klärung der Nationalität des Asylsuchenden eine Beweisaufnahme – was im Übrigen nur der Fall ist, wenn nicht auch bei Unterstellung der behaupteten Nationalität eine Asylanerkennung ausscheidet –, ist wegen der notwendigen Beweiserhebung zu dieser wesentlichen materiellen Frage regelmäßig Prozesskostenhilfe zu bewilligen (OVG Rh-Pf, B. v. 22. 4. 1991 – 6 E 10336/91.OVG). Soweit die Gerichte die persönliche Einvernahme des Asylsuchenden im Rahmen einer förmlichen Beweisaufnahme durchführen, ist regelmäßig von einer hinreichenden Erfolgsaussicht auszugehen.

3.2.2.6. Asylablehnung wegen offensichtlicher Unbegründetheit

37 Bei der *Überprüfung einer qualifizierten Asylablehnung* hat das Verwaltungsgericht im Rahmen der Prüfung der Erfolgsaussicht des Hauptsacherechtsmittels im Verfahren der Prozesskostenhilfe den für das Hauptsacheverfahren gebotenen strengen Prüfungsmaßstab anzuwenden (BVerfG (Kammer), InfAuslR 1992, 149). Die Prozesskostenhilfe darf dabei schon dann verweigert werden, wenn ein Erfolg in der Hauptsache zwar nicht ausgeschlossen, die Erfolgschance aber *nur eine entfernte* ist (BVerfG (Kammer), InfAuslR 1992, 149). Eine erschöpfende Klärung der Frage der Offensichtlichkeit im Prozesskostenhilfeverfahren wird andererseits nicht zwingend gefordert (BVerfG (Kammer), InfAuslR 1992, 149).

3.2.2.7. Klagen mehrerer Familienmitglieder

38 Erheben mehrere *Familienmitglieder* gleichzeitig Verpflichtungsklage und erweist sich bei der im Prozesskostenhilfeverfahren gebotenen Schlüssigkeitsprüfung die Klage eines Familienangehörigen als Erfolg versprechend, ist dem Prozesskostenhilfeantrag der anderen Familienmitglieder *unabhängig* von der Geltendmachung individueller Verfolgungsgründe unter dem Gesichtspunkt des *Familienasyls* oder *Familienabschiebungsschutz* stattzugeben (vgl. Hess.VGH, EZAR 613 Nr. 22; a. A. wohl OVG NW, B. v. 3. 9. 1991 – 16 E 781/91.A).

39 Eine andere Betrachtungsweise liefe darauf hinaus, dass die das Familienasyl bzw. Familienabschiebungsschutz regelnde Vorschrift des § 26 in den quanti-

tativ stark ins Gewicht fallenden Prozesskostenhilfeverfahren nicht zur Anwendung käme, in denen es um die Prüfung der Erfolgsaussichten der von mehreren Familienangehörigen gleichzeitig erhobenen Asylverpflichtungsklagen geht (Hess.VGH, EZAR 613 Nr. 22). Die innere Rechtfertigung für die Annahme der Erfolgsaussicht der Klagen der anderen Familienangehörigen folgt auch daraus, dass nach der Rechtsprechung der individuelle Verfolgungstatbestand im Rahmen des Familienasyls bzw. Familienabschiebungsschutzes nicht geprüft wird (§ 26 Rdn. 124 ff.).

3.2.2.8. Anfechtungsklagen des Bundesbeauftragten

Streit herrscht in der Rechtsprechung, ob eine hinreichende Erfolgsaussicht mit Blick auf § 119 S. 2 ZPO ohne weitere Prüfung bejaht werden kann, wenn der *Bundesbeauftragte* gegen einen positiven Statusbescheid klagt. Auszugehen ist zunächst davon, dass die nur »entsprechende« Anwendung der zivilprozessualen Vorschrift (§ 166 VwGO) des § 119 S. 2 ZPO auf den Verwaltungsprozess *keine Einengung* des vorgefundenen Regelungsgehalts des § 119 S. 2 ZPO bewirkt (BVerfGE 71, 122 (132) = EZAR 613 Nr. 6 = NJW 1987, 1619). Hier wie dort ist tatbestandliche Voraussetzung für die in der Vorschrift angeordnete Beschränkung der Prüfung allein, dass der Prozessgegner das Rechtsmittel eingelegt hat. Einen solchen Gegner gibt es im kontradiktorischen Verwaltungsprozess ebenso wie im Zivilprozess (BVerfGE 71, 122 (132)). 40

Im Gegenteil erscheint die Anwendung des Grundsatzes des § 119 S. 2 ZPO im Verwaltungsprozess *sachlich eher noch zwingender* (BVerfGE 71, 122 (132) = EZAR 613 Nr. 6 = NJW 1987, 1619). Der hinter § 119 S. 2 ZPO stehende Grundgedanke, dass mit dem Obsiegen in der Vorinstanz eine gewisse Erfolgsaussicht auch für die nächste Instanz erwiesen ist, liegt deshalb im Verwaltungsprozeß noch näher (BVerfGE 71, 122 (132)). Jedenfalls im Verfahren auf Zulassung der Berufung ist daher § 119 S. 2 ZPO unmittelbar anwendbar (Hess.VGH, EZAR 613 Nr. 22). Dies wird nach Erledigung der Klagen des Bundesbeauftragten in Zukunft für Zulassungsanträge des Bundesamtes Bedeutung haben. 41

Die obergerichtliche Rechtsprechung geht jedoch davon aus, dass § 119 S. 2 ZPO schon von seinem Wortlaut her allein auf das *gerichtliche* Verfahren *in der* höheren Instanz für den Fall eines vorausgegangenen Obsiegens Anwendung findet, nicht jedoch auf den Fall anwendbar ist, in dem demjenigen, dem im Verwaltungsverfahren eine bestimmte Rechtsposition zugesprochen worden sei, diese nunmehr von dritter Seite durch Anrufung des Verwaltungsgerichtes streitig gemacht werde (OVG Rh-Pf, B. v. 16. 3. 1988 – 13 E 20/87; offen gelassen Hess.VGH, B. v. 3. 10. 1983 – 10 TE 389/83; VGH BW, B. v. 20. 9. 1988 – A 13 S 720/88). 42

Der Rechtsprechung des BVerfG könne im Übrigen nicht entnommen werden, dass § 119 S. 2 ZPO auch dann anwendbar sei, wenn die vom Bundesbeauftragten angegriffene Entscheidung zugunsten des Beigeladenen nicht im *gerichtlichen Verfahren*, sondern bereits im *Verwaltungsverfahren* ergangen sei (OVG NW, B. v. 9. 9. 1988 – 22 B 21877/78; VGH BW, B. v. 20. 9. 1988 – A 13 S 720/88). Auch eine analoge Anwendung des § 119 S. 2 ZPO komme nicht in Betracht, weil nach dem Sinn und Zweck dieser Regelung eine dem Betrof- 43 fenen günstige Verwaltungsentscheidung einer zu seinen Gunsten ergangenen gerichtlichen Entscheidung nicht gleichstehe (OVG NW, B. v. 9. 9. 1988 – 22 B 21877/78).

44 Diese Rechtsprechung verengt den Blick allein auf zivilprozessuale Gesichtspunkte. Die besonderen materiellen Grundsätze des Asylrechts sprechen jedoch eher gegen die obergerichtliche Meinung. Das Verfahren vor dem Bundesamt dient *unmittelbar* auch der Verwirklichung des Asylrechts. Der Sachbescheid des Bundesamtes ist vom Gesetz ausdrücklich als umfassende und *abschließende* sowie auf *erschöpfende* Sachaufklärung beruhende Verwaltungsentscheidung gedacht (BVerfGE 60, 253 (294f.) = EZAR 610 Nr. 14 = NJW 1982, 2425): »Nach der gesetzlichen Regelung ist er, und nicht etwa eine gerichtliche Entscheidung, der zentrale, für die Anerkennung der Asylberechtigung ausschlaggebende Akt« (BVerfGE 60, 253 (290)). Dieser besonderen Bedeutung der Sachentscheidung nach § 31 entspricht es, § 119 S. 2 ZPO *analog* auf den Fall anzuwenden, in dem der Prozessgegner des Asylsuchenden, nämlich der Bundesbeauftragte, gegen eine diesen begünstigende Statusentscheidung Klage erhebt.

45 Das BVerfG hat andererseits entschieden, dass der beigeladene Asylsuchende im grundsätzlich gebühren- und kostenfreien Asylrechtsprozess in zumutbarer Weise ein Kostenrisiko vermeiden könnte, in dem er auf die Stellung von Anträgen bzw. auf die Einlegung von Rechtsmitteln verzichtet (BVerfG (Kammer), AuAS 2001, 106 (107)). Dies erscheint weder mit dem Rechtsstaatsprinzip noch mit der Rechtsschutzgarantie vereinbar. Der beigeladene Asylsuchenden wird damit zum Objekt des Verfahrens herabgewürdigt, der vom Gericht lediglich angehört wird, sich aber nicht mit Hilfe eines Rechtsanwaltes dagegen wehren kann, dass er nicht sachgerecht und vollständig vom Gericht befragt wird sowie das Gericht nicht mit Hilfe des Beweisantragsrechts zur vollständigen Aufklärung des Sachverhalts zwingen kann.

3.3. Verfahren

3.3.1. Formerfordernisse bei der Antragstellung

46 Prozesskostenhilfe wird nur *auf Antrag* bewilligt (§ 114 S. 1 ZPO). Der Antrag ist bei dem Prozessgericht zu stellen (§ 117 I 1 1. HS ZPO). Im Unterschied zum Zulassungsantrag nach § 78 IV ist der Bewilligungsantrag nicht vom Vertretungszwang erfasst (OVG Sachsen, NVwZ-RR 2001, 804; VGH BW, NVwZ-RR 2001, 802; s. hierzu auch § 78 Rdn. 447ff.). Der Antrag ist für jeden Rechtszug gesondert zu stellen (§ 119 S. 1 ZPO). Das Zulassungsantragsverfahren (§ 78 IV) und das Berufungsverfahren bilden jedoch einen einheitlichen Rechtszug, sodass die Bewilligung von Prozesskostenhilfe sich auch auf das Berufungsverfahren erstreckt (Thür.OVG, NVwZ 1998, 867 (868) = EZAR 613 Nr. 3 = AuAS 1998, 141; a. A. BayVGH, AuAS 1998, 175; a. A. wohl auch Hess.VGH, NVwZ-RR 1998, 466; s. aber auch BVerwG, NVwZ-RR 1995, 545).

47 Es ist insbesondere der Vordruck nach § 117 IV ZPO auszufüllen und abzugeben. Beziher von laufender Hilfe zum Lebensunterhalt brauchen nach den

Hinweisen des Bundesministers der Justiz die Abschnitte B bis E nicht auszufüllen (a. A. OVG Hamburg, NVwZ-RR 1992, 668). Es entscheidet die Kammer in der Besetzung von drei Berufsrichtern (§ 5 III 2 VwGO) oder der Einzelrichter (§ 76). Im Berufungsverfahren entscheidet weder der Vorsitzende noch der Berichterstatter als Einzelrichter, sondern der Senat in der durch § 9 III VwGO vorgeschriebenen Form (Hess.VGH, NVwZ 1991, 594). Ist der Vordruck unvollständig ausgefüllt, darf das Verwaltungsericht den Antrag nicht deshalb ablehnen, ohne den Antragsteller zuvor unter Fristsetzung zur Vervollständigung aufgefordert zu haben (VGH BW, NVwZ-RR 2004, 230).

Der Antrag eines anwaltlich vertretenen Asylklägers auf Bewilligung von Prozesskostenhilfe für das auf Antrag zugelassene Berufungsverfahren entbindet diesen nicht davon, das Rechtsmittel gemäß § 124 a III 1 VwGO zu begründen (OVG Rh-Pf, NVwZ-Beil. 2000, 4). Wird Prozesskostenhilfe für das Berufungszulassungsverfahren beantragt, muss dies innerhalb der dafür vorgesehenen gesetzlichen Fristen erfolgen (Niders.OVG, NVwZ-RR 2003, 906). Zuständig für die Entscheidung über diesen Antrag ist das Berufungsgericht (Hess.VGH, NVwZ-RR 2003, 391 (392)). Hat das Berufungsgericht über den vor Ablauf der Begründungsfrist gestellten Antrag auf Bewilligung von Prozesskostenhilfe nicht vorab entschieden, darf es die Berufung nicht wegen Versäumung der Berufungsbegründungsfrist als unzulässig verwerfen (BVerwG, NVwZ 2004, 111 = AuAS 2003, 259). 48

3.3.2. Wahrung des Anspruchs des Antragstellers auf rechtliches Gehör
Auch im Prozesskostenhilfeverfahren ist das Recht des Antragstellers *auf Gehör* zu beachten (Hess.VGH, EZAR 610 Nr. 27). Es dürfen daher auch bei einer Entscheidung über die Bewilligung von Prozesskostenhilfe nur solche Erkenntnisquellen verwertet werden, die – soweit sie nicht allgemein bekannte Tatsachen enthalten, die den Beteiligten gegenwärtig und als entscheidungserheblich bewusst sind – zuvor entweder in das Prozesskostenhilfeverfahren oder in das Verfahren, für das Prozesskostenhilfe begehrt wird, eingeführt worden sind (Hess.VGH, EZAR 610 Nr. 27). Der Antragsgegner hat jedoch kein Anhörungsrecht hinsichtlich der persönlichen und wirtschaftlichen Voraussetzungen des Antragstellers und im Gefolge dessen auch kein hierauf bezogenes Akteneinsichtsrecht (BVerfG (Kammer), NJW 1991, 2078). 49

3.3.3. Maßgeblicher Zeitpunkt für die Beurteilung der Erfolgaussicht
Streit herrscht in der Rechtsprechung über den *maßgeblichen Zeitpunkt für die Beurteilung der hinreichenden Erfolgsaussicht*. Die überwiegende Meinung geht dahin, dass der Zeitpunkt maßgebend ist, in dem der Prozesskostenhilfeantrag in der gesetzlich vorgeschriebenen Form gestellt worden ist. Dies ist der Zeitpunkt der *Bewilligungsreife*, also derjenige Zeitpunkt, in dem nach Maßgabe der verfahrensrechtlichen Bestimmungen die Voraussetzungen für eine positive Bescheidung des Prozesskostenhilfeantrags gegeben waren, insbesondere der Antragsteller die nach § 117 IV ZPO notwendige Erklärung abgegeben sowie die dort genannten Unterlagen vorgelegt hat und der Prozessgegner nach § 118 I 1 ZPO gehört worden ist (VGH BW, VBlBW 1985, 135; 50

VGH BW, B. v. 24. 9. 1985 – A 13 S 561/85; VGH BW, B. v. 17. 8. 1988 – A 12 S 1032/89; Nieders.OVG, B. v. 18. 11. 1991 – 11 O 6250/91; OVG Bremen, NVwZ-RR 2003, 389; OVG NW, B. v. 3. 9. 1991 – 16 E 781/91.A; Hess.VGH, NVwZ-RR 1992, 221; Hess.VGH, EZAR 613 Nr. 22; OVG Rh-Pf, NVwZ 1991, 595; Thür.OVG, NVwZ 1998, 866). Eine Mindermeinung stellt insoweit auf den Zeitpunkt der Entscheidung des Gerichts ab (OVG Rh-Pf, NVwZ-RR 1990, 384).

51 Das BVerfG hatte zunächst, ohne in der Sache selbst Stellung zu nehmen, auf die Mehrheitsmeinung verwiesen, ohne die Mindermeinung auch nur zu erwähnen (BVerfGE 78, 88 (98 ff.) = EZAR 630 Nr. 26 = NVwZ 1988, 718). In einer neueren Entscheidung hat es einschränkend festgestellt, dass die Bestimmung des für die Bewilligung maßgebenden Zeitpunkts erst dann zu beanstanden sei, wenn sie der bedürftigen Partei den im Wesentlichen gleichen Zugang zu den Gerichten gänzlich verwehrt oder nicht mehr in einer dem Art. 19 IV GG genügenden Weise gewährleistet (BVerfG (Kammer), AuAS 2001, 106).

52 Das könne der Fall sein, wenn das Gericht auf einen Zeitpunkt abstelle, der dem Zeitpunkt nachgelagert sei, ab dem der unbemittelte Beteiligte auf anwaltlichen Beistand unabweisbar angewiesen gewesen sei und daher die Rechtsverteidigung für ihn im Vergleich zu einer bemittelten Partei unverhältnismäßig erschwert werde (BVerfG (Kammer), AuAS 2001, 106).

53 Es spricht vieles dafür, auf den Zeitpunkt der Bewilligungsreife abzustellen. Sinn und Zweck des Prozesskostenhilferechts gebieten es, dass das Gericht über ein bewilligungsreifes Gesuch alsbald nach Prozessbeginn entscheidet, jedenfalls aber vor dem Zeitpunkt, ab dem weitere Kosten entstehen (OVG Hamburg, NVwZ-RR 2001, 805). Dem steht § 77 I nicht entgegen. Eine Klage, die bis zur Bewilligungsreife hinreichende Aussicht auf Erfolg bot, hätte vernünftigerweise auch ein bemittelter Kläger erhoben (OVG NW, B. v. 3. 9. 1991 – 16 E 781/91.A).

54 Im Übrigen darf ein Antragsteller nicht durch Säumigkeit des Gerichts benachteiligt oder um die beantragte Prozesskostenhilfe gebracht und so in seiner Rechtsverfolgung behindert werden (OVG Rh-Pf, NVwZ 1991, 595). Die im allgemeinem Prozessrecht anerkennt *Untätigkeitsbeschwerde* (BayVGH, InfAuslR 2000, 194) kann wegen § 80 im Asylprozess nicht erhoben werden (offen gelassen OVG NW, NVwZ-Beil. 1999, 105; s. auch OVG Brandenburg, AuAS 2003, 45) = InfAuslR 2003, 78). Wenn ein Gericht wegen Überlänge des Prozesskostenhilfeverfahrens mehrer Male die erforderlichen Unterlagen anfordert, so darf es an die entsprechende Beibringung keine überspannten Anforderungen stellen (BVerfG (Kammer), NVwZ 2004, 335 (336)).

55 Die Mindermeinung räumt ausdrücklich ein, es liege in der Konsequenz ihres Ansatzes, dass bei veränderter Sachlage dem ursprünglich aussichtsreichen Prozesskostenhilfeantrag der Erfolg zu versagen sei (OVG Rh-Pf, NVwZ-RR 1990, 384; dagegen OVG Bremen, NVwZ-RR 2003, 389). Dem ist entgegenzuhalten, dass nicht dem Antragsteller die Folgen für die gerichtliche Außerachtlassung des Beschleunigungsgebotes aufgelastet werden dürfen (OVG Rh-Pf, NVwZ 1991, 595).

3.3.4. Rückwirkende Bewilligung
Daher ist auch nach *Verfahrensabschluss*, sei es aufgrund einer Klagerücknahme oder Klageabweisung, eine *rückwirkende Bewilligung* geboten, sofern der Prozesskostenhilfeantrag *rechtzeitig vor Abschluss des Verfahrens* gestellt worden war (BVerfGE 81, 347 (355 f.) = EZAR 613 Nr. 16 = NJW 1991, 413 = NVwZ 1992, 1182; Hess.VGH, B. v. 29. 6. 1983 – 10 TE 148/83; Hess.VGRspr. 1988, 25; Hess.VGH, NVwZ-RR 1992, 220; OVG Hamburg, AuAS 1997, 58; OVG MV, NVwZ-RR 1996, 621; Nieders.OVG, B. v. 18. 11. 1991 – 11 O 6250/81; VGH BW, VBl BW 1985, 135; VGH BW, AuAS 2002, 187(188); Thür.OVG, NVwZ 1998, 866; s. hierzu auch Bönker, NJW 1983, 2430; a. A. VG Schwerin, AuAS 2002, 119 = NVwZ 2002, 1399 = NVwZ-Beil. 2002, 128 (LS), für den Fall des ausgereisten Asylklägers), obwohl das Rechtsschutzbegehren im Entscheidungszeitpunkt keinen Erfolg mehr verspricht (BVerfG (Kammer), AuAS 2001, 106 (107); BayVGH, NVwZ-RR 1997, 501 (502); OVG Rh-Pf, NVwZ 1991, 595). 56

Prozesskostenhilfe kann hingegen nicht mehr bewilligt werden, wenn die erforderliche Formularerklärung (§ 166 VwGO in Verb. mit § 117 II ZPO) erst nach Abschluss des gerichtlichen Verfahrens vorgelegt wird (VGH BW, AuAS 2002, 260). Darüber hinaus wird in der Rechtsprechung verlangt, dass der Antragsteller ungeachtet eventueller fehlerhafter Verfahrensweise des Gerichts seinerseits alles nach den Umständen Gebotene unternommen bzw. unterlassen haben muss, um noch eine Beschwerdeeinlegung vor dem rechtskräftigen Abschluss des Verfahrens zu erreichen (Hess.VGH, HessVGRspr. 1988, 25). Da § 80 die auf gerichtliches Tätigwerden zielende Beschwerde ausschließt (§ 80), kann diese Rechtsprechung keine Anwendung mehr finden. 57

3.3.5. Erneute Antragstellung
Der ablehnende Beschluss im Prozesskostenhilfeverfahren erwächst nicht in materielle Rechtskraft. Scheitert daher ein Prozesskostenhilfeantrag an der mangelnden Glaubhaftmachung der Angaben über die persönlichen und wirtschaftlichen Verhältnisse des Antragstellers und reicht dieser die geforderten Unterlagen nach Eintritt der Unanfechtbarkeit des zurückweisenden Beschlusses nach, sprechen weder Sinn und Zweck des Prozesskostenhilferechts noch prozessökonomische Gründe dafür, einen Rechtssuchenden auch weiterhin von der Bewilligung der begehrten Prozesskostenhilfe auszuschließen (Hess.VGH, NVwZ-RR 1992, 230). 58

Die *Wiederholung des Antrags* dürfte aber nach Abschluss des gerichtlichen Verfahrens in derartigen Fällen nicht mehr möglich sein. Die Wiederholung ist aber andererseits nicht auf die persönlichen und wirtschaftlichen Verhältnisse des Antragstellers beschränkt. Vielmehr ist der Antragsteller nicht gehindert, nach Unanfechtbarkeit des zurückweisenden Prozesskostenhilfebeschlusses erneut einen Prozesskostenhilfeantrag zu stellen und mit diesem die hinreichende Erfolgsaussicht darzulegen. § 80 VII 2 VwGO ist nicht anwendbar, sodass keine veränderte Sachlage glaubhaft zu machen ist. 59

3.3.6. Tod des Antragstellers
Die Bewilligung von Prozesskostenhilfe zugunsten eines *verstorbenen* Verfahrensbeteiligten ist ausgeschlossen. Dies folgt daraus, dass es sich bei der Pro- 60

zesskostenhilfe um einen höchstpersönlichen Anspruch handelt, sodass sich mit dem Tod des Beteiligten das bisherige Bewilligungsverfahren erledigt und eine bereits bewilligte Prozesskostenhilfe endet (OVG Sachsen, NVwZ 2002, 492 (493)).

3.4. Rechtsfolgen des Bewilligungsbeschlusses

3.4.1. Reichweite der Bewilligung

61 Die Bewilligung wirkt gemäß § 119 S. 2 ZPO nur für den jeweiligen Rechtszug (BVerfGE 71, 122 (132) = EZAR 613 Nr. 6 = NJW 1987, 1619). Ist daher für das Antragsverfahren nach § 78 IV 1 Prozesskostenhilfe bewilligt worden, wäre an sich nach § 119 S. 1 ZPO für das Berufungsverfahren erneut Antrag auf Bewilligung von Prozesskostenhilfe zu stellen. Das BVerwG geht indes für das revisionsrechtliche Zulassungsverfahren davon aus, dass sich die Bewilligung der Prozesskostenhilfe für das Beschwerdeverfahren auch auf das Revisionsverfahren erstreckt, da Beschwerde- und Revisionsverfahren in einem notwendigen inneren Zusammenhang stünden (BVerwG, NVwZ-RR 1995, 545). Dementsprechend umfasst – bei gleichbleibender Sach- und Rechtslage – die Bewilligung von Prozesskostenhilfe für das Antragsverfahren auch das Berufungsverfahren (Schenk, in: Hailbronner, AuslR, § 78 AsylVfG Rdn. 158).

3.4.2. Umfang der Bewilligung

62 Der Asylsuchende wird durch die Bewilligung der Prozesskostenhilfe von den außergerichtlichen Kosten befreit bzw. kann sie nach Maßgabe der gesetzlichen Voraussetzungen in monatlichen Raten (§ 120 ZPO) ableisten. Die notwendigen Auslagen zur *Beiziehung eines Dolmetschers* im Rahmen des der Klagebegründung dienenden anwaltlichen Beratungsgesprächs können im Rahmen der Bewilligung im Regelfall *nicht* erstattet werden (BVerfG (Kammer), NVwZ 1994, 62 = AuAS 1993, 196; a. A. NiedersOVG, EZAR 613 Nr. 32 = NVwZ-Beil. 1995, 29; VG Regensburg, AuAS 1997, 156). Die Befreiung von den Gerichtskosten folgt bereits aus § 83 b

3.4.3. Beiordnung eines Rechtsanwaltes

63 Bei Erforderlichkeit anwaltlicher Vertretung wird dem Asylsuchenden ein zur Vertretung bereiter Rechtsanwalt *beigeordnet* (§ 121 II 1 ZPO). In der Gerichtspraxis wird wegen der besonderen rechtlichen und tatsächlichen Probleme des Asylverfahrens eine anwaltliche Beiordnung regelmäßig für erforderlich erachtet. Teilweise wird von der Möglichkeit des § 121 II 2 ZPO Gebrauch gemacht und der vom Asylsuchenden benannte Rechtsanwalt zu den Bedingungen eines *ortsansässigen Rechtsanwaltes* oder es wird ein *Verkehrsanwalt* nach § 121 III ZPO beigeordnet (BayVGH, B. v. 1. 9. 1987 – Nr. 24 C 87.30304; s. zur Erstattung der Reisekosten des auswärtigen Rechtsanwaltes auch BayVGH, NVwZ-RR 1997, 326; OVG MV, NVwZ-RR 1996, 238; VGH BW, NVwZ-RR 1996, 238).

64 Gerade im Asylverfahren kommt es auf die besondere Sachkunde des Verfahrensbevollmächtigten an. Hinzu kommt angesichts der politischen Sensi-

bilität der zugrundeliegenden Verfolgungstatbestände, dass die ordnungsgemäße Vertretung zwischen dem Mandanten und seinem Rechtsanwalt häufig ein *besonderes Vertrauensverhältnis* voraussetzt. Der Vorbereitung der mündlichen Verhandlung gehen regelmäßig mehrere Beratungsgespräche voran, die insbesondere durch die Prüfung der Glaubhaftigkeit des Sachvorbringens geprägt werden. Darüber hinaus muss der an der mündlichen Verhandlung teilnehmende Rechtsanwalt im Blick auf die sehr strengen Darlegungslasten fall- und sachbezogen die Darlegungskompetenzen des Mandanten kennen. Dementsprechend wird von den Gerichten von den Regelungen in § 121 II 2 und III häufig kein Gebrauch gemacht.

Die Beiordnung entfaltet ihre Rechtswirkungen nicht erst ab dem Zeitpunkt, in dem der Beschluss wirksam geworden ist. Vielmehr wirkt der Beiordnungsbeschluss auf den Zeitpunkt der nach Vorlage der gemäß § 117 ZPO erforderlichen vollständigen Unterlagen und damit entscheidungsreifen Antragstellung zurück. Daher hat der beigeordnete Rechtsanwalt einen Anspruch auf Vergütung seiner Verfahrensgebühr. Darauf ob die Verfahrensgebühr auch schon vor der Beiordnung im Berufungszulassungsverfahren angefallen ist, kommt es nicht an (VGH BW, AuAS 1998, 46; VGH BW, AuAS 2002, 166 (167); VGH BW, NVwZ-RR 2004, 156). 65

3.4.4. Anwaltswechsel

Ein *Anwaltswechsel* nach gerichtlicher Beiordnung ist nur unter erschwerten Voraussetzungen möglich. Eine gerichtliche Pflicht zur Aufhebung der zunächst verfügten Beiordnung und zur Beiordnung des nunmehr benannten Rechtsanwaltes besteht nur, wenn der zuerst beigeordnete Rechtsanwalt ohne einen vom Kläger zu vertretenden Grund das Mandat niedergelegt *oder* wenn der Kläger selbst den Auftrag aus *trifftigem Grund* gekündigt hat (Hess.VGH, B. v. 1. 7. 1986 – 10 D 2654/85). 66

Ein derartiger Grund ist z.B. gegeben, wenn aus bestimmten Gründen das zwischen dem Mandanten sowie dem beigeordneten Rechtsanwalt notwendige Vertrauensverhältnis aus einem vom Asylsuchenden nicht zu vertretenden Grund nicht mehr besteht (Hess.VGH, B. v. 1. 7. 1986 – 10 D 2654/85). 67

Selbstverständlich hat das Gericht die Möglichkeit, nach Ermessen und Herstellung des Einvernehmens über den Antrag auf Entpflichtung des bisher beigeordneten Rechtsanwaltes und auf Beiordnung des nunmehr vom Asylsuchenden benannten Rechtsanwaltes zu entscheiden. Ansonsten bleibt dem Asylkläger nur die Möglichkeit, auf seine Kosten einen Wahlanwalt mit der weiteren Vertretung seiner Interessen zu beauftragen. 68

3.4.5. Aufhebung der Bewilligung

Unter den Voraussetzungen des § 124 ZPO kann das Gericht die Bewilligung *aufheben*. So kann es z.B. nach § 124 Nr. 1 ZPO die Bewilligung der Prozesskostenhilfe aufheben, wenn der Asylsuchende durch unrichtige Darstellung des Streitverhältnisses die für die Bewilligung der Prozesskostenhilfe maßgeblichen Voraussetzungen vorgetäuscht hat. Dies ist dann der Fall, wenn sich die falschen Angaben auf diejenigen Umstände beziehen, die für die Beurteilung der hinreichenden Erfolgsaussicht gemäß § 114 ZPO maßgebend sind. 69

Das Vorliegen einer der in § 124 ZPO normierten Aufhebungsgründe ist von Amts wegen zu berücksichtigen (VGH BW, B. v. 24. 9. 1985 – A 13 S 561/85). Aufgrund der häufig langen Verfahrensdauern überprüfen die Gerichte teilweise kurz vor der Verhandlung die persönlichen und wirtschaftlichen Verhältnisse erneut und heben den Bewilligungsbeschluss gegebenenfalls auf.

Achter Abschnitt
Straf- und Bußgeldvorschriften

§ 84 Verleitung zur mißbräuchlichen Antragstellung

(1) Mit Freiheitsstrafe bis zu drei Jahren oder mit Geldstrafe wird bestraft, wer einen Ausländer verleitet oder dabei unterstützt, im Asylverfahren vor dem Bundesamt oder im gerichtlichen Verfahren unrichtige oder unvollständige Angaben zu machen, um seine Anerkennung als Asylberechtigter oder die Feststellung, daß die Voraussetzungen des § 60 Abs. 1 des Aufenthaltsgesetzes vorliegen, zu ermöglichen.

(2) In besonders schweren Fällen ist die Strafe Freiheitsstrafe bis zu fünf Jahren oder Geldstrafe. Ein besonders schwerer Fall liegt in der Regel vor, wenn der Täter
1. für eine in Absatz 1 bezeichnete Handlung einen Vermögensvorteil erhält oder sich versprechen läßt oder
2. wiederholt oder zugunsten von mehr als fünf Ausländern handelt.

(3) Mit Freiheitstrafe von sechs Monaten bis zu zehn Jahren wird bestraft, wer in den Fällen des Absatzes 1
1. gewerbsmäßig oder
2. als Mitglied einer Bande, die sich zur fortgesetzten Begehung solcher Taten verbunden hat,
handelt.

(4) Der Versuch ist strafbar.

(5) In den Fällen des Absatzes 3 Nr. 1 ist § 73 d des Strafgesetzbuches anzuwenden. In den Fällen des Absatzes 3 Nr. 2 sind die §§ 43 a, 73 d des Strafgesetzbuches anzuwenden.

(6) Wer die Tat nach Absatz 1 zugunsten eines Angehörigen im Sinne des § 11 Abs. 1 Nr. 1 des Strafgesetzbuches begeht, ist straffrei.

Übersicht		Rdn.
1.	Vorbemerkung	1
2.	Geschütztes Rechtsgut	3
3.	Tathandlungen (Abs. 1)	5
3.1.	Vorbemerkung	5
3.2.	Verleitungshandlung	7
3.3.	Unterstützungshandlung	11
3.4.	Rechtsanwälte und andere Beistände	13

Verleitung zur mißbräuchlichen Antragstellung § 84

3.5.	Angaben im Asylverfahren	19
3.6.	Unrichtige oder unvollständige Sachangaben	28
4.	Regelbeispiele nach Abs. 2	33
5.	Gewerbsmäßige oder organisierte Tatbegehung nach Abs. 3	39
6.	Subjektiver Tatbestand	44
7.	Täter und Teilnehmer	45
8.	Angehörigenprivileg (Abs. 6)	47
9.	Versuch (Abs. 4)	48
10.	Strafrahmen	49
11.	Konkurrenzen	51

1. Vorbemerkung

Die Vorschrift des § 84 ist § 36 AsylVfG 1982 nachgebildet. Die Strafnorm soll 1
dazu beitragen, dass im Asylverfahren wahrheitsgemäße Angaben gemacht werden. Die im früheren Recht nicht vorgesehene Verschärfung der Strafandrohung in besonders schweren Fällen entspricht den allgemeinen Zielvorstellungen des Gesetzes (BT-Drs. 12/2062, S. 42, 26).

Die Regelungen in Abs. 2 bis 5 sind durch Art. 3 des Verbrechensbekämp- 2
fungsgesetzes (BT-Drs. 12/6853) neu eingeführt worden. Sie ersetzen die frühere Regelung in § 84 I 2 AsylVfG 1992. Die Neuregelung des § 84 ist am 1. Dezember 1994 in Kraft getreten. Wie § 36 IV AsylVfG 1982 enthält Abs. 6 das *Angehörigenprivileg*.

2. Geschütztes Rechtsgut

Die Vorschrift ist wie ihr Vorbild dazu bestimmt, unzutreffende Angaben im 3
Asylverfahren zu verhindern. Ihr liegen kriminalpolitische Überlegungen zugrunde, die auf das Interesse an einer *materiell richtigen Verwaltungsentscheidung* gehen. Der verfassungsrechtliche Grundsatz der *Gesetzmäßigkeit der Verwaltung* (Art. 20 II GG) soll mithin strafrechtlich gefördert werden. Die Vorschrift verfolgt damit ähnliche Zwecke wie § 95 AufenthG. Das Interesse an einer materiell richtigen Verwaltungsentscheidung erscheint dem Gesetzgeber derart vordringlich, dass er den Asylantragsteller selbst nicht mit strafrechtlichen Sanktionen belastet. Dieser soll in Strafverfahren gegen den Täter nach Möglichkeit ohne Einschränkung als Beweismittel verfügbar sein.

Bezugspunkt der Vorschrift ist nach dem Gesetzeswortlaut nicht § 60 II–VII 4
AufenthG. Dies hat seinen Grund darin, dass im Asylverfahren stets die Asylanerkennung oder der internationale Schutz nach § 60 I AufenthG erstrebt wird, sodass eine ausdrückliche Einbeziehung des § 60 II–VII AufenthG in die Strafnorm entbehrlich ist. Wird Abschiebungsschutz nach § 60 II–VII AufenthG unabhängig vom Asylverfahren beantragt, ist die Ausländerbehörde zuständig (§ 72 II AufenthG). In diesem Fall schützt § 95 II Nr. 2 AufenthG vor wahrheitswidrigen Angaben.

3. Tathandlungen (Abs. 1)

3.1. Vorbemerkung

5   Nach Abs. 1 ist Tathandlung das *Verleiten* oder *Unterstützen* eines Ausländers, im Verwaltungsverfahren oder Verwaltungsstreitverfahren unrichtige oder unvollständige Angaben zu machen mit dem Ziel, die Asylanerkennung oder die Feststellung nach § 60 I AufenthG zu erreichen. *Tatsubjekt* ist der Ausländer, der einen Asylantrag nach § 13 stellt. Nur der Ausländer, der im Sinne des § 13 einen Asylantrag stellt, also Asylantragsteller ist, kann mithin Tatsubjekt dieser Vorschrift sein.

6   Unrichtig ist eine Angabe, die mit den Tatsachen nicht in Übereinstimmung steht. Unvollständig sind die Angaben, wenn wesentliche Tatsachen verschwiegen werden. Die Tathandlungen können auch *im Ausland* begangen werden, da Tatort nach § 9 I StGB auch der Ort ist, an dem der zum Tatbestand gehörende Erfolg eingetreten ist und Erfolg in diesem Sinne die im Bundesgebiet abzugebende falsche Erklärung des Asylsuchenden oder die Asylanerkennung bzw. die Gewährung von internationalem Schutz nach § 60 I AufenthG ist (Funke-Kaiser, in: GK-AsylVfG, § 84 Rdn. 22).

3.2. Verleitungshandlung

7   Die Handlung des Verleitens besteht in jeder erfolgreichen Beeinflussung des Willens eines Asylantragstellers. Die Verleitenshandlung ist unter entsprechender Heranziehung der zu diesem Begriff entwickelten Kriterien des allgemeinen Strafrechts (§§ 120, 144, 160, 323b und 357 StGB) auszulegen. Maßgebend ist daher der erfolgreiche Akt der Willensbeeinflussung, gleichgültig durch welche Mittel. Der Täter kann dem Asylantragsteller irgendeinen Vorteil in Aussicht stellen, er kann ihn schlicht überreden oder einen bestimmten Rat oder eine bestimmte Empfehlung geben, wie er vermeintlich durch unzutreffende Angaben die begehrte Statusentscheidung ereichen kann. In Betracht kommen auch Drohungen oder das wissentliche Vorspiegeln falscher Tatsachen, das den Asylsuchenden zu unzutreffenden Angaben veranlasst. Die Verleitung ist danach im wesentlichen mit der *Anstiftung* identisch (BGHSt 4, 303 (305)).

8   Dem Verleitensbegriff ist der *Erfolg* immanent. Das Verleiten des Asylantragstellers muss dazu geführt haben, dass dieser im Asylverfahren oder im Asylprozess unzutreffende Angaben gemacht hat. Es kommt nicht darauf an, ob die unzutreffenden Angaben auch *geeignet* sind, den Erfolg herbeizuführen. Die Handlung muss auf einen noch nicht zur Tat entschlossenen Asylsuchenden einwirken. War dieser bereits dazu entschlossen, unvollständige oder unrichtige Angaben zu machen, kann er auch nicht mehr in Richtung auf die Verletzung des geschützten Rechtsgutes beeinflusst werden.

9   Schwankt der Asylsuchende noch in seinem Entschluss, kann er noch verleitet werden. Werden zusätzliche Tips und Empfehlungen zur Abfassung der Asylbegründung gegeben werden, fehlt es an der vollendeten Tathandlung,

Verleitung zur mißbräuchlichen Antragstellung § 84

wenn der Asylsuchende bereits fest dazu entschlossen war, seine Statusentscheidung durch die Angabe unzutreffender Angaben zu erlangen. In diesem Fall wird aber ein Versuch (Abs. 4) anzunehmen sein. Das Verleiten muss nicht die tatsächliche Erlangung der Asylanerkennung oder der Feststellung nach § 60 I AufenthG bewirken. Es ist auch nicht von Bedeutung, ob dem Asylantragsteller nach den allgemeinen Grundsätzen die begehrte Statusentscheidung zusteht. Für die Annahme des Erfolgs und damit für die Tathandlung des Verleitens reicht es aus, dass der Asylantragsteller aufgrund der Verleitungshandlung im Asylverfahren vor dem Bundesamt oder im Verwaltungsstreitverfahren unrichtige oder unvollständige Angaben macht. Maßgebend sind insoweit schriftsätzliche Angaben des Asylsuchenden oder seine niederschriftlich festgehaltenen mündlichen Aussagen während der Anhörung nach § 25 bzw. während der mündlichen Verhandlung vor dem Verwaltungsgericht (§ 105 VwGO).

10

3.3. Unterstützungshandlung

Das Unterstützen des Asylsuchenden bei unrichtigen und unvollständigen Angaben kann in jeder Handlung bestehen, die den bereits zur Handlung entschlossenen Asylsuchenden *in irgendeiner Art und Weise*, etwa durch Fälschen von Beweismitteln oder Anfertigung von Schriftsätzen, bei der Verwirklichung seines Vorhabens fördert oder auch nur bestärkt. Wie bei der Beihilfe kommen Rat und Tat, also alle Unterstützungshandlungen physischer oder psychischer Natur in Betracht. Daher reicht jede Hilfe bei der Vorbereitung oder Beschaffung unrichtiger Tatsachenbehauptungen, Beweismittel oder Unterlagen aus. Auch die Zusicherung späterer Hilfe bestärkt den Asylsuchenden in seinem Entschluss.

11

Der Unterstützung leistende Täter muss ebenso wie der Gehilfe (§ 27 StGB) die näheren Tatumstände kennen und darüber hinaus auch die Asylanerkennung bzw. die Gewährung von internationalem Schutz nach § 60 I AufenthG mit Bezug auf den unterstützten Asylantragsteller mit unzutreffenden Sachangaben herbeiführen wollen. Wie bei der Verleitungshandlung wird für die Erfüllung der Tathandlung nicht vorausgesetzt, dass die begehrte Statusentscheidung zugunsten des Asylsuchenden erteilt wird.

12

3.4. Rechtsanwälte und andere Beistände

Der Rechtsanwalt muss sich bei der Wahrnehmung des ihm erteilten Auftrags im Rahmen der Gesetze halten. Erkennt er, dass sein Auftraggeber falsche oder unvollständige Angaben macht, ist er nicht verpflichtet, diesen Umstand Behörden und Gerichten gegenüber zu offenbaren. Behauptet wird, der Rechtsanwalt dürfe unrichtige oder unvollständige Angaben seines Mandanten freilich nicht ohne jeden Vorbehalt mit der eigenen Behauptung vortragen, diese seien zutreffend. Der Rechtsanwalt dürfe also nicht das Gewicht der Angaben des Asylsuchenden durch eigene Erklärungen mit Blick

13

§ 84 Straf- und Bußgeldvorschriften

auf die Glaubhaftigkeit verstärken. Seiner Verpflichtung genüge er mit der schriftsätzlichen oder mündlichen Weitergabe des Sachvorbringens und dessen rechtlicher Würdigung gegenüber der Behörde oder dem Gericht. Hierin könne keine Unterstützungshandlung gesehen werden (Renner, AuslR, § 84 AsylVfG Rdn. 8; Funke-Kaiser, in: GK-AsylVfG, § 84 Rdn. 15).

14 Der BGH hat mit Blick auf die Weite des Unterstützungstatbestandes die Gefahr gesehen, dass dieser auch eine erlaubte Verteidigertätigkeit erfassen kann. Da Strafverteidigung ihrer Natur nach auf den Schutz des Beschuldigten vor strafrechtlichen Maßnahmen gerichtet sei, wirke sie sich infolgedessen häufig notwendigerweise günstig auf den Fortbestand des durch das Strafgesetzbuch verbotenen Tuns aus (BGHSt 29, 99 (102)). Der Konflikt zwischen einem danach prozessual zulässigen Verteidigerhandeln und dem strafrechtlichen Unterstützungsverbot müsse deshalb dahin gelöst werden, dass solches Handeln kein rechtswidriges Unterstützen sein könne, es sei denn, es diene unter dem Anschein zulässiger Verteidigung in Wirklichkeit dem Ziel der verbotenen Unterstützung (BGHSt 29, 99 (105)).

15 Man wird diese Grundsätze dahin verallgemeinern können, dass der Rechtsanwalt, der den bereits zur Tat entschlossenen Asylantragsteller sachgerecht vertritt, im Rahmen zulässigen Vertretungshandelns bleibt. Der Schutzzweck der Norm wird durch die Erfordernisse einer rechtsstaatlichen Grundsätzen genügenden und effektiven Vertretung begrenzt. Mag das Verhalten des Rechtsanwaltes oder Beistandes an sich auch den Auftraggeber in seinem Entschluss bestärken, der Rechtsanwalt oder Beistand ist gleichwohl nicht gehalten, gegen den Willen seines Mandanten die wahren Umstände zu offenbaren.

16 Der Grundsatz eines rechtsstaatlichen Verfahrens wäre ernsthaft gefährdet, müsste der Rechtsanwalt wegen einer üblichen und zulässigen Anwaltstätigkeit strafrechtliche Sanktionen gegenwärtigen. Der BGH hat mit Blick auf die Unterstützung krimineller oder terroristischer Vereinigungen deshalb ausdrücklich festgestellt, dass in der Verteidigung dienendes Handeln, das zur Unterstützung einer derartigen Vereinigung führen kann, im Rahmen zulässiger Verteidigung nicht geeignet ist, eine an sich gegebene Strafbarkeit zu begründen (BGHSt 29, 99 (106)).

17 Die Grenze zum strafbaren Verhalten überschreitet der Rechtsanwalt oder Beistand erst dann, wenn er selbst den Mandanten dazu verleitet, unrichtige oder unvollständige Angaben zu machen. Das BVerfG hat für den Fall, dass einzelne Rechtsanwälte Sachverhalte unter Verletzung ihrer Berufspflichten unrichtig darstellen sollten, überdies auch auf die Möglichkeit ehrengerichtlicher Verfahren hingewiesen (BVerfGE 54, 341 (359) = EZAR 200 Nr. 1 = NJW 1980, 2641 = JZ 1981, 804). Solange der Rechtsanwalt auch im Bewusstsein der Unrichtigkeit oder Unvollständigkeit der Sachangaben diese im Rahmen seiner anwaltlichen Tätigkeit vorträgt und daraus die aus seiner Sicht sich ergebenden Schlussfolgerungen deutlich macht, handelt er nicht strafbar.

18 Strafbares Handeln wird auch nicht anzunehmen sein, wenn der Rechtsanwalt unzutreffende Angaben des Asylsuchenden als eigene vorträgt. Erst wenn er den Asylsuchenden dazu verleitet, unzutreffende Angaben zu machen oder diese selbst aus eigener Initiative mündlich oder schriftsätzlich

Verleitung zur mißbräuchlichen Antragstellung § 84

vorträgt, macht der Rechtsanwalt sich strafbar. Angesichts dessen kann der Rechtsanwalt den Tatbestand nach Abs. 1 eigentlich nicht in Form der Unterstützungshandlung begehen.

3.5. Angaben im Asylverfahren

Nach Abs. 1 müssen die unrichtigen oder unvollständigen Angaben im Asylverfahren *vor dem Bundesamt* oder *im gerichtlichen Verfahren* gemacht worden sein. Während § 36 AsylVfG 1982 durch einen Klammerzusatz die einzelnen Verfahrensstadien ausdrücklich in Bezug nahm und damit auch die Angaben gegenüber der Grenz- und Ausländerbehörde erfasste, verweist Abs. 1 nur noch lapidar auf das Asylverfahren vor dem Bundesamt. Damit ist klargestellt, dass alle Sachangaben die *zeitlich* der Asylantragstellung *vorgelagert* sind, *nicht* vom Tatbestand des Abs. 1 erfasst werden. 19

Angaben des Asylsuchenden z. B. gegenüber der Grenzbehörde im Rahmen des § 18 II oder des § 18 a können daher nicht Gegenstand einer strafbaren Handlung sein, wohl aber die nachfolgenden Äußerungen des Asylsuchenden nach der Weiterleitung zur Außenstelle des Bundesamtes im Rahmen des Flughafenverfahrens (§ 18 a I 3 und 4). Ebenso wenig können tatsächliche Erklärungen des Asylsuchenden gegenüber der allgemeinen Polizeibehörde bzw. der Ausländerbehörde (§ 19) oder der Aufnahmeeinrichtung (§ 22 I) strafbares Verhalten begründen. 20

Erst mit der *persönlichen Meldung* bei der Außenstelle des Bundesamtes in der Aufnahmeeinrichtung, in der der Asylsuchende aufgenommen worden ist (§ 23 I), beginnt das Asylverfahren. Vorher sucht er lediglich um Asyl nach und wird zum Zwecke der Asylantragstellung an die für ihn zuständige Aufnahmeeinrichtung (§ 46) weitergeleitet. Erst wenn der Asylsuchende dieser für ihn zuständigen Aufnahmeeinrichtung zugeleitet worden ist, hat er bei der Außenstelle persönlich *zur Stellung des Asylantrags* zu erscheinen (§ 23 I). 21

Der Gesetzeswortlaut ist eindeutig: Erst wenn das Asylverfahren für Antragsteller im Sinne des § 14 I durch persönliche Meldung bei der Außenstelle des Bundesamtes eingeleitet worden ist, kann eine strafbare Handlung begangen werden. Angaben, die der Asylantragsteller vorher gegenüber anderen Behörden macht, können nicht Gegenstand strafbarer Handlungen sein. 22

Anders ist die Rechtslage bei Antragstellern nach § 14 II. Hier ist der Antrag schriftlich bei der Zentrale des Bundesamtes (in Nürnberg) zu stellen. Wird der Antragsteller dazu verleitet oder dabei unterstützt, im Rahmen dieses Antrags unzutreffende Angaben zu machen, kann eine strafbare Handlung in Betracht kommen. Auch im Rahmen der Anhörung kann der Asylsuchende in diesem Fall falsche Angaben machen. Bei Asylantragstellern nach § 14 I erfolgt die Anhörung in aller Regel unmittelbar im Anschluss an die persönliche Meldung nach § 23 im Wege der *Direktanhörung*. 23

Gegenstand einer strafbaren Handlung sind daher in aller Regel mündliche Äußerungen des Asylsuchenden. Der Nachweis einer strafbaren Handlung dürfte in diesen wie in allen anderen Fällen der ausschließlich mündlich vorgetragenen Angaben des Asylsuchenden auf erhebliche Probleme stoßen. 24

§ 84 Straf- und Bußgeldvorschriften

Unzutreffende Sachangaben, die der Asylantragsteller im Rahmen der schriftlichen Antragstellung im *Asylfolgeantragsverfahren* macht, kommen ebenfalls als Gegenstand strafbarer Handlungen in Betracht.

25 Auch im gerichtlichen Verfahren kann der Asylbewerber aufgrund der Verleitungshandlung oder bestärkt durch die Unterstützung unzutreffende Angaben machen. Es kommen das Hauptsache- wie das Eilrechtsschutzverfahren und auch andere Nebenverfahren in Betracht, wenn in diesen wie etwa im Verfahren der Prozesskostenhilfe Erklärungen zu den Asylgründen abgegeben werden. Die Sachangaben können in schriftsätzlicher Form erfolgen. Sie können vom Asylsuchenden aber auch im Rahmen der informatorischen Befragung während der mündlichen Verhandlung oder während des Erörterungstermins gemacht worden sein.

26 Nach dem eindeutigen Gesetzeswortlaut müssen die unzutreffenden Angaben des Asylantragstellers auf die Ermöglichung der Asylanerkennung oder der Feststellung der Voraussetzungen nach § 60 I AufenthG zielen. Um einer Ausuferung des Tatbestandes vorzubeugen, ist nur die unrichtige Erklärung entscheidungserheblich, die offensichtlich einen asylerheblichen Bezug aufweist (Funke-Kaiser, in: GK-AsylVfG, II – § 84 Rdn. 13).

27 Soweit der Antragsteller mit den Angaben die Feststellung von Abschiebungshindernissen nach § 60 II–VII AufenthG erstrebt, kann eine strafbare Handlung nur unter den Voraussetzungen des § 95 II Nr. 2 AufenthG begangen werden. Darüber hinaus werden in aller Regel die Abschiebungshindernisse nach § 60 II–VII AufenthG stützenden Sachangaben auch zur Ermöglichung der Asyl- oder Flüchtlingsanerkennung vorgetragen. Sind die vorgetragenen Angaben ihrer Natur nach jedoch lediglich dazu geeignet, Abschiebungshindernisse nach § 60 II–VII AufenthG zu tragen, kann insoweit nur unter den Voraussetzungen des § 95 II Nr. 2 AufenthG eine strafbare Handlung begangen werden.

3.6. Unrichtige oder unvollständige Sachangaben

28 Strafbares Verhalten wird nur begründet, wenn der Asylantragsteller im Asylverfahren oder asylrechtlichen Verwaltungsstreitverfahren unrichtige oder unvollständige Angaben macht. Zu bedenken ist, dass die Darlegungspflicht des Asylsuchenden im Asylverfahren besonders strengen Anforderungen unterliegt. Er hat einen in sich stimmigen Verfolgungsvortrag unter Angabe genauer Einzelheiten zu schildern, aus dem sich – als wahr unterstellt – ergibt, dass ihm bei verständiger Würdigung des Sachverhalts Verfolgung droht (BVerwG, EZAR 630 Nr. 8; BVerwG, InfAuslR 1984, 129; BVerwG, EZAR 200 Nr. 12; BVerwG, InfAuslR 1989, 350). Der Asylsuchende braucht allerdings nur in Bezug auf die in seine persönliche Erlebnissphäre fallenden Ereignisse und Erlebnisse eine Schilderung zu geben, die geeignet ist, seinen Asylanspruch lückenlos zu tragen (BVerwG, EZAR 630 Nr. 8).

29 Daraus wird man folgern müssen, dass unzutreffende Sachangaben zu den *allgemeinen politischen* und *rechtlichen Verhältnissen* im Herkunftsland des Asylsuchenden *nicht* Gegenstand strafbarer Handlungen sein können. Wer den

Verleitung zur mißbräuchlichen Antragstellung § 84

Asylsuchenden deshalb dazu verleitet oder dabei unterstützt, mit Bezug auf diese allgemeinen Verhältnisse unzutreffende Angaben zu machen, kann regelmäßig nicht strafbar handeln. Denn soweit reicht im Allgemeinen der Schutzzweck der Norm nicht. Hinsichtlich der allgemeinen Verhältnisse im Herkunftsland des Asylsuchenden reicht es nämlich aus, wenn er Tatsachen vorträgt, aus denen sich hinreichende Anhaltspunkte für eine nicht entfernt liegende Möglichkeit politischer Verfolgung ergeben (BVerwG, EZAR 630 Nr. 8). Es unterliegt dem *Amtsermittlungsprinzip*, veranlasst durch die Erklärungen des Asylsuchenden, die allgemeinen Verhältnisse in seinem Herkunftsland aufzuklären. Eine strafbare Handlung kann mit Bezug auf diese Verhältnisse deshalb weder von der Sache noch vom Schutzzweck der Norm her begangen werden.

Aus der den Asylsuchenden treffenden Darlegungslast folgt des weiteren, dass sich die unzutreffenden Sachangaben auf den *Kern des Sachvorbringens* beziehen müssen. Macht der Asylsuchende unzutreffende Angaben zu nicht wesentlichen Umständen, kann dies eine Strafbarkeit deshalb nicht begründen. Es muss sich des Weiteren um *Tatsachen* handeln, also um die Darstellung von Umständen, die dem *Wahrheitsbeweis* zugänglich sind. Diese sind unrichtig, wenn sie mit den objektiven Tatsachen nicht in Übereinstimmung stehen. Wertende Äußerungen des Asylsuchenden, die sich etwa auf die Beweiswürdigung beziehen, oder Schlussfolgerungen sind keine Tatsachen in diesem Sinne. Wer den Asylsuchenden zum Vortrag fehlerhafter Schlüsse oder einer unzutreffenden Beweiswürdigung verleitet oder ihn dabei unterstützt, kann sich deshalb nicht strafbar machen. 30

Mit Blick auf unrichtige oder unvollständige Angaben ist des Weiteren zu fordern, dass diese objektiv geeignet sein müssen, den begehrten Statusbescheid zu tragen. Unvollständigkeit setzt des Weiteren voraus, dass sie einen wesentlichen Tatkomplex betreffen. Wer dazu verleitet oder dabei unterstützt, dass Tatsachen nicht erwähnt werden, die mit Blick auf den begehrten Statusbescheid unerheblich sind, kann sich nicht strafbar verhalten. Sowohl mit Blick auf die unrichtigen wie auch auf die unvollständigen Angaben hat der Strafrichter daher unter Zugrundelegung der asylrechtlichen Rechtsprechung die objektive Geeignetheit sowie die Wesentlichkeit der Angaben des Asylsuchenden zu prüfen. 31

Das *Verschweigen wesentlicher Tatsachen* ist nach dem ausdrücklichen Wortlaut von Abs. 1 nicht strafbar. Die Frage, was zur Darlegung des Verfolgungstatbestandes an Tatsachen und Umständen vorzutragen ist, kann häufig nicht eindeutig beantwortet werden und übersteigt zumeist auch die intellektuellen und soziokulturellen Kompetenzen des Asylsuchenden. Zu Recht ist deshalb das Verschweigen wesentlicher Tatsachen nicht strafbewehrt. 32

4. Regelbeispiele nach Abs. 2

Abs. 2 und Abs. 3 verfolgen das Ziel, spezielle Begehungsformen der Tathandlungen nach Abs. 1 besonders schwer zu bestrafen. Diese Strafverschärfungen ersetzen die frühere Regelung des § 84 I 2 AsylVfG 1992. Sie gehen 33

1749

§ 84 — Straf- und Bußgeldvorschriften

zurück auf eine Gesetzesinitiative des Bundesrates (BT-Drs. 12/5683), die jedoch zugunsten des Verbrechensbekämpfungsgesetzes (BT-Drs. 12/6853) nicht weiter verfolgt wurde. Abs. 2 enthält wie bisher (§ 84 I 2 AsylVfG 1992) eine Regelung für besonders schwere Fälle, jedoch in modifizierter Form. Bereits das Handeln zugunsten von mehr als fünf Asylantragstellern soll von der erhöhten Strafdrohung erfasst werden.

34 Die Regelbeispiele in Abs. 2 entsprechen im Wesentlichen damit den in § 96 AufenthG genannten Merkmalen. So dient die Neuregelung von Abs. 2 zugleich der Anpassung an die das »Schlepperunwesen« betreffenden Regelungen des Ausländerrechts (BT-Drs. 12/6853, S. 32). Die Vorschrift des § 84 führt in der geltenden Fassung in Verbindung mit § 84 a ein *»abgestuftes System zur Bekämpfung des Schlepperunwesens«* ein. Abs. 1 enthält den Grundtatbestand. Abs. 2 zielt auf die Bekämpfung des professionellen »Schlepperunwesens« (BT-Drs. 12/5683, S. 7).

35 Abs. 3 und im Zusammenhang damit die Vorschrift des § 84 a wollen der behaupteten »Professionalisierung des Schlepperunwesens« mit verschärften Strafdrohungen und damit verbunden mit einer *Vorverlagerung der Strafbarkeitsschwelle* entgegenwirken (BT-Drs. 12/5683 S. 8). Ursprünglich sollte die einfache Begehungstat nach Abs. 1 in den besonders schweren Fällen nach Abs. 2 aufgehen (BT-Drs. 12/5683 S. 8). Der Gesetzgeber hat jedoch einen anderen Weg gewählt und die eigenständige Strafbarkeit der Tathandlungen nach Abs. 1 aufrechterhalten sowie daneben die Regelbeispiele besonders schwerer Fälle nach Abs. 2 eingeführt.

36 Abs. 2 S. 1 enthält eine *Generalklausel* für »*besonders schwere Fälle*«. Abs. 2 S. 2 nennt zwei Fallkategorien von besonders schweren Fällen. Diese geben zugleich einen Anhalt für die Ausfüllung der Generalklausel nach Abs. 2 S. 1, d. h. Fälle nach der allgemeinen Norm dürfen in ihrem Gewicht und Unrechtsgehalt nicht unterhalb der durch Abs. 2 S. 2 aufgezeigten Schwelle liegen.

37 Die besonderen Begehungsformen sind alternativer Art. Nach Abs. 2 S. 1 Nr. 1 muss der Täter für eine der in Abs. 1 genannten Tathandlungen einen Vermögensvorteil erhalten oder sich versprochen lassen haben (s. hierzu BayObLG, AuAS 1998, 161). Jeder vermögenswerte Vorteil reicht insoweit aus. Auch die Abwehr von Vermögensnachteilen erfüllt den Tatbestand des Abs. 2 S. 2 Nr. 1. Das Versprechen muss ernsthaft gemeint sein. Vage und unverbindliche Absprachen reichen nicht aus.

38 Abs. 2 S. 2 Nr. 2 enthält zwei alternative Begehungsformen: Entweder wiederholt der Täter eine der in Abs. 1 genannten Tathandlungen oder er begeht erstmalig derartige Handlungen zugunsten von mehr als fünf Asylsuchenden. Damit enthält Abs. 2 S. 2 zwei alternative Begehungsformen, an die eine erhöhte Strafsanktion geknüpft wird. Die Handlung zugunsten von mehr als fünf Asylantragstellern wird deshalb besonders bestraft, um der »Praxis von Schleuserbanden« Rechnung zu tragen, die zum Transport zur oder von der Grenze größere Gruppen von zumeist vier bis fünf Personen auf mehrere Personenkraftwagen aufteilen (BT-Drs. 12/6853, S. 32).

Verleitung zur mißbräuchlichen Antragstellung § 84

5. Gewerbsmäßige oder organisierte Tatbegehung nach Abs. 3

Die besonderen Begehungsformen nach Abs. 3 sind im engen Sachzusammenhang mit den Verbrechenstatbeständen nach § 84 a zu sehen. Wie diese sollen sie einer Professionalisierung des »Schlepperunwesens« mit einer Verschärfung der Strafdrohungen und – damit verbunden – einer *Vorverlagerung* der Strafbarkeitsschwelle entgegenwirken. Es bestehe insbesondere das Bedürfnis, die gerade beim »organisierten Schleppertum naturgemäß bis in die Heimatländer von Einreisewilligen reichenden Verbindungen zu unterbrechen« (BT-Drs., 12/5683, S. 8). 39

Daher werden die Tatbestände des gewerbs- und bandenmäßigen Verleitens zur missbräuchlichen Asylantragstellung unter den Voraussetzungen des § 84 a zu Verbrechenstatbeständen erhoben, um zu erreichen, dass derartige als Fälle schwerer Kriminalität bewertete Handlungen von den Strafgerichten in einer schuldangemessenen, den Bedürfnissen der individuellen und allgemeinen Abschreckung genügenden Weise geahndet werden können (BT-Drs., 12/5683, S. 8). 40

Gewerbsmäßig im Sinne von Abs. 3 Nr. 1 handelt, wer die Absicht hat, sich aus der mehrfachen Erfüllung der Tathandlung eine Einnahmequelle von einigem Umfang und einiger Dauer zu verschaffen. Als Mitglied eine *Bande* im Sinne des Abs. 3 Nr. 2 handelt, wer einer losen Gruppe von mindestens *drei* Personen angehört (BGHSt 28, 147 (148); 31, 202 (204)). Der bandenmäßigen Begehung macht sich nur strafbar, wer den Willen hat, sich mit anderen zusammenzutun, um künftig für eine gewisse Dauer Handlungen der in Abs. 1 genannten Art zu begehen. 41

Mit fortgesetzter Begehung ist nicht eine fortgesetzte Tat im technischen Sinne, sondern die Begehung mehrerer selbständiger, im Einzelnen noch ungewisser Taten zu verstehen. Besteht die Verbindung, reicht eine Tat aus. Zudem muss der Täter *als Mitglied der Bande* gehandelt haben. Er muss sich also der Verbindung mit ihrer Planung tatsächlich angeschlossen haben und die Tat muss in die Kette der fortlaufenden Begehung derartiger Taten eingeordnet werden können. 42

Die in Abs. 5 enthaltene Verweisung auf die strafrechtlichen *Verfallsbestimmungen* ist im Zuge der Beratungen verschärft worden. Ursprünglich sollten die Verfallsvorschriften lediglich für anwendbar erklärt werden (BT-Drs. 12/6853, S. 9). Auf Vorschlag des Rechtsausschusses ist die zwingende Anordnung nach Abs. 5 Gesetz geworden (BT-Drs. 12/7584, S. 5). 43

6. Subjektiver Tatbestand

Der Täter des Abs. 1 muss *vorsätzlich* handeln. Es reicht jedoch der *bedingte Vorsatz* aus (BGHSt 4, 303 (305); 29, 99 (101 f.)). Darüber hinaus ist eine *zweckbestimmte Absicht* gefordert. Der Täter nach Abs. 1 muss das Ziel verfolgen, dem Asylantragsteller gerade mit den unrichtigen oder unvollständigen Angaben, zu denen er ihn verleitet oder bei denen er ihn unterstützt, die Asylanerkennung oder Feststellung nach § 60 I AufenthG zu ermöglichen. 44

§ 84 Straf- und Bußgeldvorschriften

Ob diese Vorstellung sich im Nachhinein als begründet erweist, ist ebenso unerheblich wie die weiteren Ziele, die der Täter mit seiner Handlung verfolgt. Alle weiteren Ziele, die der Täter mit seiner Handlung ebenfalls verfolgt, sind unerheblich.

7. Täter und Teilnehmer

45 Täter nach Abs. 1 kann ein Ausländer wie auch ein Deutscher (vgl. BGH, EZAR 355 Nr. 5) sein. Nicht Täter sein kann der Asylantragsteller, der die unzutreffenden Angaben macht, auf die sich die strafbare Handlung bezieht. Ein Asylantragsteller kann aber einen anderen Asylantragsteller zur Angabe unrichtiger oder unvollständiger Angaben verleiten oder dabei unterstützen. Die frühere Regelung des § 36 III AsylVfG 1982 stellte dies ausdrücklich klar. Der Gesetzgeber erachtete die Übernahme dieser Vorschrift jedoch für entbehrlich. Die allgemeinen Regeln des StGB über Anstiftung und Beihilfe würden Anwendung finden, ohne dass es hierzu einer besonderen Regelung bedürfe. Dies gelte auch für Beteiligte, die nicht Personen im Sinne des Abs. 1 seien (BT-Drs. 12/2062, S. 42).

46 Zwar ist danach grundsätzlich *Beihilfe* (§ 27 StGB) zur Tathandlung nach Abs. 1 möglich. Angesichts der Weite der Unterstützungshandlung wird die Beihilfehandlung jedoch häufig rechtlich als Unterstützungshandlung nach Abs. 1 zu qualifizieren sein. Es mögen dennoch Fälle vorkommen, in denen dem Gehilfen der eigene Tatwille fehlt. Ist die Unterstützungshandlung als bloße Beihilfe zu qualifizieren, kommt der Gehilfe in den Genuss der Strafmilderung nach § 27 II 2 StGB. Noch schwieriger wird die Grenze zwischen *Anstifter* und Täter nach Abs. 1 zu ziehen sein. Regelmäßig wird es sich wohl um eine Verleitungshandlung handeln.

8. Angehörigenprivileg (Abs. 6)

47 Nach Abs. 6 ist derjenige, der die Tat nach Abs. 1 zugunsten eines Angehörigen im Sinne des § 11 I Nr. 1 StGB begeht, *straffrei*. Diese Vorschrift verweist auf die persönliche Beziehung zwischen dem Täter nach Abs. 1 sowie dem Asylantragsteller, der – selbst nicht strafrechtlich verantwortlich – zur Abgabe unzutreffender Angaben verleitet oder dabei unterstützt wird. Ist dieser Täter ein Angehöriger des Asylsuchenden nach Maßgabe des § 11 I Nr. 1 StGB, bleibt er straflos. Es handelt sich bei dieser Bestimmung um einen persönlichen *Strafausschließungsgrund*. Der Mittäter, Anstifter oder Gehilfe zur Tat des Angehörigen wird daher bestraft.

9. Versuch (Abs. 4)

48 Der Versuch der Tathandlung nach Abs. 1 ist strafbar (Abs. 4). Versuch kann vorliegen, wenn der Asylantragsteller bereits zur Abgabe unzutreffender

Angaben entschlossen ist. Darüber hinaus ist Versuch beim erfolglosen Einwirken auf den Asylsuchenden anzunehmen, auch wenn dieser die unzutreffenden Angaben nicht macht. Versuch kann aber auch in der Wahl ungeeigneter Mittel zu sehen sein. Rücktritt vom Versuch ist vor wie nach Abgabe der Erklärungen des Asylsuchenden nach allgemeinen Vorschriften (§ 22 StGB) möglich. Der Strafrichter kann beim Versuch die Strafe nach § 49 I StGB mildern (§ 23 II StGB).

10. Strafrahmen

Die Freiheitsstrafe für die normale Begehungsform beträgt zwischen einem Monat (§ 38 II StGB) und drei Jahren (Abs. 1). Alternativ kann auch auf Geldstrafe nach Maßgabe des § 40 StGB erkannt werden. Angehörige des Asylantragstellers im Sinne von § 11 I Nr. 1 StGB, der zu unzutreffenden Angaben verleitet oder dabei unterstützt wird, bleiben straflos (Abs. 6). Das gilt für alle Begehungsformen der Vorschrift, da die Regelbeispiele nach Abs. 2 sowie die besonders schweren Fälle nach Abs. 3 die in Abs. 1 beschriebene Tathandlung voraussetzen. 49

In den besonders schweren Fällen nach Abs. 2 beträgt die Höchststrafe *fünf Jahre*, in den Fällen nach Abs. 3 beträgt der Strafrahmen zwischen sechs Monaten und *zehn Jahren*. Eine erneute Berücksichtigung der strafverschärfenden Tatumstände nach Abs. 2 und 3 im Rahmen der individuellen Schuldzumessung ist unzulässig (vgl. OLG Köln, Strafverteidiger 1992, 233). 50

11. Konkurrenzen

Konkurrenzen sind insbesondere mit § 95 II, 96 AufenthG sowohl in Form der Ideal- wie der Realkonkurrenz möglich. Idealkonkurrenz ist auch mit Urkundsdelikten möglich. Insbesondere mit § 95 II Nr. 2 AufenthG kann Konkurrenz in Betracht kommen, da die mit der Asylanerkennung bzw. der Gewährung von internationalem Schutz nach § 60 I AufenthG verbundene Aufenthaltserlaubnis (§ 25 I 1, II 1 AufenthG) ein Aufenthaltstitel im Sinne des § 4 AufenthG ist. 51

§ 84 a Gewerbs- und bandenmäßige Verleitung zur mißbräuchlichen Asylantragstellung

(1) Mit Freiheitsstrafe von einem Jahr bis zu zehn Jahren wird bestraft, wer in den Fällen des § 84 Abs. 1 als Mitglied einer Bande, die sich zur fortgesetzten Begehung solcher Taten verbunden hat, gewerbsmäßig handelt.
(2) In minder schweren Fällen ist die Strafe Freiheitsstrafe von sechs Monaten bis zu fünf Jahren.
(3) Die §§ 43 a, 73 d des Strafgesetzbuches sind anzuwenden.

§ 84 a Straf- und Bußgeldvorschriften

Übersicht

	Rdn.
1. Vorbemerkung	1
2. Tathandlung (Abs. 1)	2
3. Strafrahmen (Abs. 1 und 2)	4

1. Vorbemerkung

1   Die Strafvorschrift des § 84 a ist durch das Verbrechensbekämpfungsgesetz (BT-Drs. 12/6853, S. 9; s. auch BT-Drs. 12/5683) neu in das Asylverfahrensgesetz eingeführt worden. Sie ist am 1. Dezember 1994 in Kraft getreten (§ 84 Rdn. 2) und steht in engem sachlichen Zusammenhang mit der Strafvorschrift nach § 84 III. Werden die dort genannten zwei alternativen Tatbestände zusammen erfüllt, liegt ein Tatbestand nach Abs. 1 vor. Der Gesetzgeber erachtet diese Kumulation beider Tatbestände für derart schwerwiegend, dass er diese zum Verbrechenstatbestand erhoben hat. Die Tat kann auch im Ausland begangen werden, vorausgesetzt, der Erfolg – also die Abgabe der unrichtigen Erklärung oder die Asylanerkennung oder die Gewährung von internationalen Schutz nach § 60 I AufenthG – tritt im Inland ein.

2. Tathandlung (Abs. 1)

2   Zur Tatbestandserfüllung müssen zunächst die Voraussetzungen einer Tathandlung nach § 84 I festgestellt werden (§ 84 Rdn. 5 ff.). Der Täter nach § 84 I muss darüber hinaus *als Mitglied einer Bande*, die sich zur fortgesetzten Begehung von Taten nach § 84 I verbunden hat, und *gewerbsmäßig* (§ 84 Rdn. 39 ff.) gehandelt haben. Hat er lediglich gewerbsmäßig Tathandlungen nach § 84 I begangen, ohne als Mitglied einer Bande im Sinne von Abs. 1 zu handeln, liegt lediglich ein besonders schwerer Fall nach § 84 III Nr. 1 vor, wie umgekehrt beim Fehlen des gewerbsmäßigen Handelns das Bandenmitglied nur nach § 84 III Nr. 2. bestraft wird. In der *Kumulation* der beiden besonders schweren Fälle nach § 84 III liegt nach Ansicht des Gesetzgebers der Unrechtsgehalt des Verbrechenstatbestandes des Abs. 1.

3   Der Täter muss vorsätzlich handeln, wobei der bedingte Vorsatz genügt (§ 84 Rdn. 44). Darüber hinaus ist wie bei § 84 eine zweckbestimmte Absicht erforderlich, d. h. der Täter muss das Ziel verfolgen, dem Asylsuchenden gerade mit den unrichtigen oder unvollständigen Angaben, zu denen er ihn verleitet oder bei denen er ihn unterstützt, die Asylanerkennung oder die Gewährung von internationalem Schutz nach § 60 I AufenthG zu ermöglichen. Der Teilnehmer macht sich ebenfalls strafbar (§ 84 Rdn. 45 ff.). Nach Abs. 3 sind die strafrechtlichen Verfallsvorschriften (§§ 43 a, 73 d StGB) zwingend anzuwenden. Zu den Konkurrenzen s. § 84 Rdn. 51.

Sonstige Straftaten § 85

3. Strafrahmen (Abs. 1 und 2)

Der Strafrahmen beträgt zwischen einem Jahr und zehn Jahren Freiheitsstrafe (Abs. 1). In minder schweren Fällen ist die Strafe Freiheitsstrafe von sechs Monaten bis zu fünf Jahren. Dies ist schon deshalb erforderlich, weil Abs. 1 jedes Bandenmitglied unabhängig von seinem konkreten Tatbeitrag erfasst und Abs. 2 deshalb bei der Strafzumessung dadurch entstehende Härten abmildern kann.

4

§ 85 Sonstige Straftaten

Mit Freiheitsstrafe bis zu einem Jahr oder mit Geldstrafe wird bestraft, wer
1. **entgegen § 50 Abs. 6, auch in Verbindung mit § 71 a Abs. 2 Satz 1, sich nicht unverzüglich zu der angegebenen Stelle begibt,**
2. **wiederholt einer Aufenthaltsbeschränkung nach § 56 Abs. 1 oder 2, jeweils auch in Verbindung mit § 71 a Abs. 3, zuwiderhandelt,**
3. **einer vollziehbaren Auflage nach § 60 Abs. 1, auch in Verbindung mit § 71 a Abs. 3, mit der die Ausübung einer Erwerbstätigkeit verboten oder beschränkt wird, zuwiderhandelt,**
4. **einer vollziehbaren Anordnung nach § 60 Abs. 2 Satz 1, auch in Verbindung mit § 71 a Abs. 3, nicht rechtzeitig nachkommt oder**
5. **entgegen § 61 Abs. 1, auch in Verbindung mit § 71 a Abs. 3, eine Erwerbstätigkeit ausübt.**

Übersicht	Rdn.
1. Vorbemerkung	1
2. Geschütztes Rechtsgut	2
3. Verwaltungsakzessorietät strafrechtlicher Normen	10
4. Täter	15
5. Tathandlungen	17
5.1. Zuwiderhandlung gegen die Zuweisungsanordnung (Nr. 1)	17
5.2. Wiederholte Zuwiderhandlung gegen eine Aufenthaltsbeschränkung nach § 56 (Nr. 2)	20
5.3. Zuwiderhandlung gegen das Erwerbstätigkeitsverbot (Nr. 3 und 5)	34
5.4. Zuwiderhandlung gegen eine vollziehbare Wohnauflage (Nr. 4)	40
6. Subjektiver Tatbestand	48
7. Teilnahme	49
8. Strafrahmen	50
9. Konkurrenzen	51

§ 85   Straf- und Bußgeldvorschriften

1. Vorbemerkung

1   Diese Vorschrift entspricht im Wesentlichen der Regelung des § 34 AsylVfG 1982. Während § 34 I Nr. 2 AsylVfG 1982 den Asylsuchenden mit Strafe bedrohte, der sich einer erkennungsdienstlichen Maßnahme entzog, hat der Gesetzgeber des § 85 auf eine strafrechtliche Sanktion gegen Zuwiderhandlungen gegen derartige Maßnahmen verzichtet. Die gesetzliche Begründung weist ausdrücklich darauf hin, dass insoweit die Durchsetzung im Wege des unmittelbaren Zwangs ausreicht (BT-Drs. 12/2062, S. 42). Im Übrigen ist diese Vorschrift weitgehend mit der früheren Regelung in § 34 AsylVfG 1982 identisch. Besondere Bedeutung in der Praxis hat die Tathandlung nach Nr. 2 (früher § 34 I Nr. 3 AsylVfG a. F.).

2. Geschütztes Rechtsgut

2   Da die gesetzliche Begründung im Wesentlichen auf § 34 AsylVfG 1982 verweist (BT-Drs. 12/2062, S. 42), sind die gesetzlichen Materialien zu § 34 AsylVfG 1982 sowie die hierzu entwickelte Rechtsprechung für die Frage der Bestimmung des geschützten Rechtsgutes heranzuziehen. Zweck der Vorschrift ist es, die Durchsetzung der dem Asylsuchenden auferlegten besonderen Obliegenheiten zu gewährleisten, die der ordnungsgemäßen und zügigen Durchführung des Asylverfahrens dienen (BT-Drs. 9/1630, S. 26 f.). Die hiergegen gerichteten allgemeinen Bedenken, die sich insbesondere gegen die durch § 34 AsylVfG 1982 (jetzt: § 85) verfolgte Pönalisierung des bloßen unbotmäßigen Verhaltens des Asylsuchenden richten, hat das BVerfG nicht geteilt.

3   Das BVerfG hat festgestellt, es sei Aufgabe des Strafrechts, elementare Werte des Gemeinschaftslebens zu schützen. Was zweifellos in den *Kernbereich des Strafrechts* gehöre, lasse sich anhand der grundgesetzlichen Wertordnung mit hinreichender Bestimmtheit ermitteln. Mit der gleichen Bestimmtheit lasse sich sagen, dass gewisse, minder gewichtige, überkommene Tatbestände aus diesem Kernbereich herausfielen (BVerfGE 27, 18 (29)).

4   Schwieriger sei es, die exakte Grenzlinie zwischen dem Kernbereich des Strafrechts und dem Bereich der bloßen Ordnungswidrigkeiten zu ziehen. Diese Grenzlinie unter Berücksichtigung der jeweiligen konkreten historischen Situation im Einzelnen verbindlich festzulegen, sei Sache des Gesetzgebers. Das BVerfG könne dessen Entscheidung nicht darauf überprüfen, ob er dabei im Einzelnen die zweckmäßigste, vernünftigste oder gerechteste Lösung gefunden habe (BVerfGE 27, 18 (29 f.); 45, 272 (289); 51, 60 (74); 96, 10 (25 f.), s. auch BGHSt 23, 167 (172)).

5   Zwischen kriminellem Unrecht und Ordnungsunrecht bestünden *nur graduelle Unterschiede* (BVerfGE 51, 60 (74)). Die Kriminalstrafe sei durch die Schwere des Eingriffs in die Rechtsstellung des Bürgers gekennzeichnet. Sie sei mit einem ethischen Schuldvorwurf verbunden. Demgegenüber werde mit der an eine Ordnungswidrigkeit geknüpften Sanktion lediglich eine nachdrückliche Pflichtmahnung bezweckt, der der Ernst der staatlichen Strafe fehle (BVerfGE 45, 272 (288 f.)).

Sonstige Straftaten § 85

An diese Rechtsprechung hat das BVerfG ausdrücklich bei der Prüfung der Strafvorschrift des § 34 I Nr. 3 AsylVfG 1982 angeknüpft (BVerfGE 80, 182 (185f.) = EZAR 355 Nr. 6 = NVwZ 1989, 151; BVerfGE 96, 10 (26f.) = DVBl. 1997, 895 (896) = BayVBl. 1997, 559 = EZAR 222 Nr. 8). Die gesetzlich angeordnete Aufenthaltsbeschränkung erscheine gerade auch im Blick auf die grundrechtsbezogene Bedeutung des Asylverfahrens zur Feststellung der Asylberechtigung erforderlich (BVerfGE 80, 182 (186f.)). Die Möglichkeit, den Aufenthalt frei zu wählen und hier unbeschränkt reisen zu können, sei als einer der Gründe in Betracht gekommen, die in der Vergangenheit zu einer sprunghaft erhöhten Zahl von nicht begründeten Asylanträgen geführt hätten (BVerfGE 80, 182 (187)). 6

Einer solchen Entwicklung müsse gerade im Interesse derjenigen, deren Asylberechtigung im Verfahren unanfechtbar ausgesprochen werde, entgegengewirkt werden. Hierauf gerichtete Regelungen seien folglich sachgerecht und dringend geboten. Es liege auf der Hand, dass diese an einer *wirksamen Durchsetzung der grundrechtlich verbürgten Asylverbürgung* ausgerichteten Überlegungen auch für die Frage bedeutsam seien, ob der wiederholte Verstoß gegen vom Gesetzgeber für erforderlich erachtete Aufenthaltsbeschränkungen *strafrechtlich bewehrt* werden dürfe (BVerfGE 80, 182 (187) = EZAR 355 Nr. 6 = NVwZ 1989, 151). Das vorläufige Bleiberecht des Asylsuchenden ergebe sich lediglich als Vorwirkung des verfassungsrechtlich verbürgten Asylrechts. Es gewähre ein Aufenthaltsrecht insoweit, als es zur Durchführung des Asylverfahrens unter für den Asylsuchenden zumutbaren Bedingungen notwendig sei (BVerfGE 80, 68 (73f.) = InfAuslR 1989, 243). 7

Strafrechtlich geschütztes Rechtsgut dieser Vorschrift ist demnach die wirksame Durchsetzung des grundrechtlich verbürgten Asylanspruchs. Verfahrensrechtliche Obliegenheiten und damit verknüpfte Aufenthaltsbeschränkungen erscheinen dem Gesetzgeber derart gewichtig, dass er erstmalige oder wiederholte Zuwiderhandlungen hiergegen strafrechtlich sanktionieren will. Während das BVerfG mit dem Hinweis auf den dem Gesetzgeber zustehenden Beurteilungsspielraum sich im Allgemeinen mit wertenden Urteilen zurückhält, erachtet es demgegenüber im Asylverfahren strafrechtliche Sanktionen zum Zwecke der effektiven Durchführung des Asylverfahrens für »dringend geboten« (BVerfGE 80, 182 (187) = EZAR 355 Nr. 6 = NVwZ 1989, 151; eher zurückhaltend BVerfGE 96, 10 (25f.) = DVBl. 1997, 895 (896) = BayVBl. 1997, 559 = EZAR 222 Nr. 8). 8

Jedoch weist das BVerfG einschränkend auf die Bedeutung des verfassungsrechtlichen *Grundsatzes der Verhältnismäßigkeit* hin. Zwar habe sich die Prüfung, ob eine strafrechtliche Bewehrung verfassungsgemäß sei, nicht an einem engen Verhältnismäßigkeitsgrundsatz auszurichten. Vielmehr sei dem Gesetzgeber insoweit ein *nicht unerheblicher Spielraum eigenverantwortlicher Bewertung* einzuräumen (BVerfGE 80, 182 (186) = EZAR 355 Nr. 6 = NVwZ 1989, 151). Andererseits schränkt das BVerfG mit Blick auf die in der Literatur am Verhältnismäßigkeitsgrundsatz orientierte verfassungskonforme Auslegung der Aufenthaltsbeschränkungen ein, dass dem Gedanken der individuellen *Unzumutbarkeit* insoweit bei der Anerkennung eines strafrechtlichen *Rechtfertigungs-* und *Schuldausschließungsgrundes* Rechnung zu tragen 9

1757

sei (BVerfGE 80, 68 (72f.)). Die genaue Bedeutung dieser Einschränkung wird jedoch nicht näher konkretisiert.

3. Verwaltungsakzessorietät strafrechtlicher Normen

10 Die Strafbestimmungen dieser Vorschrift wie auch die Bußgeldvorschrift nach § 86 knüpfen an verwaltungsrechtliche Tatbestände wie Weiterleitungsanordnungen und räumliche Beschränkungen an (*Verwaltungsakzessorietät strafrechtlicher Normen*). Nach der Rechtsprechung des BVerfG hat der Strafrichter behördlich erteilte Genehmigungen grundsätzlich hinzunehmen (BVerfGE 75, 329 (346)). Allerdings könnten sich aufgrund der Eigengesetzlichkeiten und Regelungsziele des Verwaltungsrechts einerseits sowie des Strafrechts andererseits im Einzelfall für die Anwendung der Strafnorm Probleme ergeben. Eine allgemeine Bindung der Strafgerichte an die verwaltungsgerichtliche Rechtsprechung und die in dieser vertretenen Rechtsansichten bestehe, abgesehen von den Wirkungen der Rechtskraft, nicht (BVerfGE 75, 329 (346)).

11 Stellt das Gesetz die Zuwiderhandlung gegen die Einzelanordnung einer Verwaltungsbehörde unter Strafe, so macht sich nach Ansicht des BGH der Betroffene, der gegen die Anordnung verstößt, strafbar, *wenn* sie ihm gegenüber *Verbindlichkeit* erlangt hat (BGHSt 23, 86 (91)). Nach verwaltungsrechtlichen Grundsätzen komme einem solchen Verwaltungsakt allerdings, vom Ausnahmefall der Nichtigkeit abgesehen, bereits mit seinem *Erlass* unmittelbare Wirkung zu. Solange er nicht mit aufschiebender Wirkung angefochten worden sei, verpflichte er den Betroffenen und könne er von der Behörde vollzogen werden (BGHSt 23, 86 (91f.)).

12 Dies könne jedoch für die strafrechtliche Beurteilung nicht im gleichen Umfang gelten. Eine Übelsfolge als strafrechtliche Gegenwirkung gegen eine Zuwiderhandlung gebühre billiger Weise nur demjenigen, der den Vollzug des gegen ihn gerichteten Verwaltungsakts ohne die Möglichkeit hemmender Rechtsbehelfe zunächst hinnehmen müsse, dessen Zuwiderhandlung sich also als Ungehorsam gegen eine vollziehbare Verwaltungsanordnung darstelle (BGHSt 23, 86 (91f.)).

13 Nach dieser Rechtsprechung kann die Zuwiderhandlung gegen eine behördliche Anordnung für den Einzelfall deshalb erst und nur dann bestraft werden, wenn sie *ohne Rücksicht* auf die *Einlegung eines Rechtsmittels* vollziehbar ist (BGHSt 23, 86 (92)). Der Betroffene kann die Vollziehbarkeit der Anordnung vor ihrer Unanfechtbarkeit selbst nicht mehr beseitigen, wenn die Verwaltungsbehörde unter den Voraussetzungen des § 80 II Nr. 4 VwGO ihre sofortige Vollziehung schriftlich angeordnet hat oder wenn die Anordnung kraft Gesetzes sofort vollziehbar ist. In diesen Fällen kann dem Betroffenen nach der Rechtsprechung zugemutet werden, der Anordnung bei Gefahr der Bestrafung nachzukommen, auch wenn noch nicht feststeht, ob eine Zuwiderhandlung letztlich das sachliche Recht verletzt (BGHSt 23, 86 (92); BGH, NJW 1982, 189; so auch OLG Frankfurt, Strafverteidiger 1988, 301).

Sonstige Straftaten § 85

Die behördlichen Anordnungen, an die § 85 strafrechtliche Folgen knüpft, sind 14
ausnahmslos ungeachtet eingelegter Rechtsbehelfe sofort vollziehbar (§ 75).
Nach der Rechtsprechung des BGH kann daher die Zuwiderhandlung gegen
diese strafrechtlich sanktioniert werden. Dabei hängt die Strafbarkeit des Betroffenen vom *Inhalt* des Verwaltungsakts ab. Diesen hat der Strafrichter festzustellen. Davon streng zu trennen ist die Frage der *Rechtmäßigkeit* des Verwaltungsaktes (BGHSt 31, 314 (315); ebenso für die vergleichbare Problematik der Sicherungshaft BGHZ 78, 145; BVerwGE 62, 325; BVerfG, NJW 1987, 3076). Bei der Feststellung des Inhalts der behördlichen Anordnung hat der Strafrichter die im öffentlichen Recht maßgebliche Regel des § 133 BGB zu beachten, derzufolge nicht der innere, sondern der erklärte Wille maßgebend ist, wie ihn der Empfänger bei objektiver Würdigung verstehen konnte. *Unklarheiten* müssen dabei zu Lasten der Verwaltung gehen (BGHSt 31, 314 (315)).

4. Täter

Täter können nur *Ausländer* sein, die wirksam einen *Asylantrag* gestellt haben. Damit kommen nur jene Ausländer als Täter in Betracht, die nach § 1 I die Asylanerkennung oder internationalen Schutz nach § 60 I AufenthG begehren. Die einzelnen Tathandlungen dieser Vorschrift zielen nach dem Gesetzeszusammenhang sowie dem Gesetzeszweck auf einen Asylantragsteller, der bereits wirksam seinen Asylantrag gestellt hat. So ist beispielsweise die Zuwiderhandlung gegen die zeitlich der Antragstellung vorgelagerte Verpflichtung nach § 20 I nicht unter Strafe gestellt worden. Es widerspricht daher dem eindeutigen Gesetzeswortlaut, wenn behauptet wird, es könne auch Täter sein, wer an der Grenze um Asyl nachsuche (Renner, AuslR, § 85 AsylVfG Nr. 4; a. A. Funke-Kaiser, in: GK-AsylVfG, § 85 Rdn. 8). 15
Der Gesetzgeber mag den Verstoß gegen derartige Mitwirkungspflichten unter Strafe stellen. Er hat jedoch anders als der Gesetzgeber des § 34 I Nr. 1 AsylVfG 1982 davon abgesehen. Nach unanfechtbarer Asylablehnung ist eine Bestrafung nach § 85 nicht mehr zulässig (OLG Oldenburg, Strafverteidiger 1995, 139 (140)). In Betracht kommt jedoch eine Bestrafung nach § 95 I Nr. 1 AufenthG wegen unerlaubten Aufenthalts. Dies gilt auch bei Asylfolgeantragstellern bis zum Zeitpunkt der Antragstellung. Nach Antragstellung bis zur Entscheidung über die Zulässigkeit des Folgeantrags ist die Abschiebung indes kraft Gesetzes untersagt (§ 71 V 2), sodass während dieses Zeitraums kein strafbares Verhalten wegen illegalen Aufenthaltes entstehen kann (BayObLG, NStZ 1996, 395 (396)). 16

5. Tathandlungen

5.1. Zuwiderhandlung gegen die Zuweisungsanordnung (Nr. 1)

Nach Nr. 1 macht sich strafbar, wer entgegen der Verpflichtung aus § 50 VI 17
bzw. aus § 50 VI in Verb. mit § 71 a II 1 nicht unverzüglich die angegebene

Stelle aufsucht. Diese Strafnorm ist inhaltlich mit der Regelung des § 34 I Nr. 5 AsylVfG 1982 identisch. Voraussetzung der Strafbarkeit nach Nr. 1 ist eine vollziehbare Zuweisungsverfügung nach § 50 IV 1. Diese kann im landesinternen oder im bundesweiten Verteilungsverfahren erlassen worden sein. Der Strafrichter hat nur den Inhalt der Verfügung zu überprüfen. Diese muss die von dem Asylsuchenden geforderte Mitwirkungspflicht eindeutig bezeichnen. Die Stelle, bei der sich dieser zu melden hat, ist genau zu bezeichnen. Erforderlich ist eine klare und eindeutige Zielangabe.

18 Sowohl die in Bezug genommene Norm des § 50 VI wie auch die Strafnorm der Nr. 1 selbst verwenden den Begriff »*unverzüglich*«. Strafbarkeit tritt daher nur ein, wenn der Strafrichter festgestellt hat, dass der Asylsuchende »ohne schuldhaftes Verzögern« (vgl. § 121 BGB) die bezeichnete Stelle nicht aufgesucht hat. Krankheit, Unfall oder anderweitige Verhinderung sind insoweit vom Strafrichter zu berücksichtigen. Es lässt sich nicht pauschal für alle Asylsuchenden feststellen, in welchem Zeitraum im Einzelfall der Weiterleitungsanordnung nach § 50 VI nachzukommen ist. Dies hat der Strafrichter im Einzelfall zu ermitteln (Hess.VGH, EZAR 228 Nr. 6).

19 Die der Zumutbarkeit der Befolgungspflicht entgegenstehenden Gründe sind bereits bei der Feststellung des Tatbestandes und nicht etwa erst im Rahmen der schuldausschließenden Umstände festzustellen. Erforderlich ist zumindest bedingter Vorsatz. Ist der Asylsuchende nicht vorher durch die zuständige Behörde in einer für ihn verständlichen Weise über die Strafbarkeit belehrt worden, wird vorsätzliches Verhalten kaum festzustellen sein (Funke-Kaiser, in: GK-AsylVfG, § 85 Rdn. 10).

5.2. Wiederholte Zuwiderhandlung gegen eine Aufenthaltsbeschränkung nach § 56 (Nr. 2)

20 Die Strafnorm der Nr. 2 stellt die wiederholte Zuwiderhandlung gegen eine Aufenthaltsbeschränkung nach § 56 I oder § 56 II, jeweils auch in Verbindung mit § 71 a III, unter Strafe. Diese Vorschrift entspricht inhaltlich der Regelung in § 34 I Nr. 3 AsylVfG 1982 und ist der Hauptanwendungsfall der Strafvorschriften des AsylVfG. An ihr hat sich seit Inkrafttreten des AsylVfG 1982 die meiste Kritik entzündet. Das BVerfG hat gegen diese Strafnorm keine Bedenken (BVerfGE 96, 10 (20) = DVBl. 1997, 895 (896) = BayVBl. 1997, 559 = EZAR 222 Nr. 8). Eine Straftat nach Nr. 2 setzt indes voraus, dass die Aufenthaltsgestattung im Zeitpunkt der wiederholten Zuwiderhandlung noch besteht (OLG Stuttgart, InfAuslR 1998, 521 (522) = NVwZ-Beil. 1998, 112 (LS)).

21 Erste tatbestandliche Voraussetzung dieser Norm ist, dass der Asylantragsteller den nach Maßgabe des § 56 bzw. § 71 a III in Verb. mit § 56 räumlich beschränkten Bereich verlassen hat. In diesen Fällen wird nicht durch eine behördliche Anordnung, sondern bereits kraft Gesetzes (§ 56, § 71 a III in Verb. mit § 56) der Aufenthalt des Asylantragstellers räumlich beschränkt. Der durch Nr. 2 in Bezug genommene Begriff des Aufenthaltes in § 56 kann nicht auf den »gewöhnlichen Aufenthalt« beschränkt werden. Die strafbe-

Sonstige Straftaten § 85

wehrte Aufenthaltsbeschränkung steht deshalb auch nicht genehmigten *kurzfristigen Reisen* entgegen (OLG Köln, Strafverteidiger 1985, 112; BayObLG, Strafverteidiger 1985, 113; a. A. Dierichs, ZAR 1986, 125 (128 f.); s. auch BGHSt 31, 314 (316)).

Die asylrechtlichen Aufenthaltsvorschriften verbieten das Verlassen des räumlich beschränkten Bereichs *schlechthin*, also nicht nur eine ständige Wohnsitznahme außerhalb des Bezirks der örtlich zuständigen Ausländerbehörde (BVerfGE 96, 10 (24) = DVBl. 1997, 895 (896) = BayVBl. 1997, 559 = EZAR 222 Nr. 8; OLG Köln, Strafverteidiger 1985, 112; OLG Stuttgart, NStZ 1986, 177). Daher ist die Dauer des Aufenthaltes außerhalb des räumlich beschränkten Bereichs unbeachtlich. Für die Richtigkeit dieser Rechtsansicht sprechen auch die genehmigungsfreien bzw. erlaubnisbedürftigen Sondertatbestände der §§ 57, 58. 22

Auch beim nicht genehmigten Verlassen hat der Strafrichter freilich den Zweck der Zuwiderhandlung nach Maßgabe der §§ 57, 58 zu würdigen (BVerfGE 77, 364 (368)) und dem im Rahmen der Strafzumessung gebührend Rechnung zu tragen. Daher kann eine Einstellung des Verfahrens beim Nachweis eines Grundes im Sinne dieser Vorschriften geboten sein. 23

Eine Zuwiderhandlung nach Nr. 2 liegt nicht vor, wenn dem Asylantragsteller kraft Gesetzes ohne behördliche Erlaubnis das Verlassen des räumlich beschränkten Bereichs (§§ 57 III, 58 III) erlaubt war (BayObLG, Strafverteidiger 1985, 113). Der Strafrichter hat in derartigen Fällen lediglich die Voraussetzungen des gesetzlichen Befreiungstatbestandes nachzuprüfen. Das Gleiche gilt, wenn die tatbestandlichen Voraussetzungen des § 58 IV oder § 58 VI (vgl. OLG Düsseldorf, NStZ 1991, 133) vorliegen. Auch wenn die Behörde im Einzelfall das Verlassen nach Maßgabe von § 57 I, II oder § 58 I, II erlaubt hat, wird kein strafbares Verhalten begründet (vgl. BayObLG, Strafverteidiger 1985, 113; OLG Köln, Strafverteidiger 1985, 112). In diesen Fällen hat der Strafrichter die behördliche Genehmigung grundsätzlich hinzunehmen (BVerfGE 75, 329 (346)). Er prüft lediglich inhaltlich das Vorliegen einer verwaltungsrechtlichen Genehmigung. Ob diese rechtmäßig erteilt worden ist, hat der Strafrichter nicht nachzuprüfen (BGHSt 31, 314 (315)). 24

Eine Zuwiderhandlung gegen die räumliche Beschränkung kann auch durch *Unterlassen* begangen werden. Die *verspätete Rückkehr* oder das *völlige Unterbleiben der Rückkehr* nach Maßgabe einer zuvor behördlich erteilten Genehmigung ist strafbar (OLG Celle, NStZ 1984, 415). Es versteht sich von selbst, dass jemand, dem eine befristete Aufenthaltsveränderung erlaubt ist, sich unerlaubt außerhalb des vorgeschriebenen Aufenthaltsbezirkes aufhält, wenn diese Frist abgelaufen ist (OLG Celle, NStZ 1984, 415). Geringfügige Fristüberschreitungen sind jedoch strafrechtlich unbeachtlich (offengelassen: OLG Celle, NStZ 1984, 415). 25

Der Strafrichter kann anhand der Behördenbescheinigung unschwer den zeitlichen Umfang der behördlichen Erlaubnis ermitteln. Bei Fristüberschreitungen sind Krankheit, Unfall oder sonstige der unverzüglichen Rückkehr entgegenstehende Gründe zu berücksichtigen. Diese Grundsätze finden auch auf die gesetzlichen Befreiungstatbestände (§ 57 III, 58 III) Anwendung. 26

§ 85 Straf- und Bußgeldvorschriften

27 Verlässt der Asylantragsteller den räumlich beschränkten Bereich mit dem Willen zur *endgültigen Ausreise* aus dem Bundesgebiet, wird die Zuwiderhandlung nicht mehr vom Schutzzweck der Norm erfasst (so auch Brandis, InfAuslR 1988, 18; a. A. Funke-Kaiser, in: GK-AsylVfG, § 85 Rdn. 18). Zweck der Vorschrift ist es, die Durchsetzung der dem Asylbewerber obliegenden verfahrensrechtlichen Mitwirkungspflichten sicherzustellen. Das Verlassen des räumlich beschränkten Bereichs mit endgültigem Ausreisewillen ist daher ein Verhalten, das vom Normbereich nicht erfasst wird. Freilich wird in derartigen Fällen der Strafrichter bloßen Schutzbehauptungen nachzugehen haben. Kann dem Asylantragsteller aber die ernsthafte ursprüngliche Ausreiseabsicht einerseits sowie die anschließende Gesinnungsänderung andererseits nicht abgesprochen werden, entfällt die Strafbarkeit.

28 Nur eine *wiederholte Zuwiderhandlung* gegen die Aufenthaltsbeschränkung nach § 56 bzw. nach § 71 a III in Verb. mit § 56 ist strafbar. Bei erstmaligem Verstoß handelt der Asylantragsteller lediglich ordnungswidrig (§ 86). Die obergerichtliche Rechtsprechung leitet aus dem *»abgestuftem Sanktionssystem«* des AsylVfG ab, dass die erste Zuwiderhandlung *nicht rechtskräftig* geahndet worden sein muss (OLG Celle, EZAR 355 Nr. 2; OLG Celle, Strafverteidiger 1985, 373; OLG Karlsruhe, NStZ 1988, 560; a. M. AG Bad Homburg, Strafverteidiger 1984, 381; offengelassen Reermann, ZAR 1982, 127 (138); offengelassen BVerfGE 96, 10 (26) = DVBl. 1997, 895 (896) = BayVBl. 1997, 559 = EZAR 222 Nr. 8).

29 Hierfür spreche ein Vergleich ähnlicher Regelungen, die an vorangegangene Zuwiderhandlungen verschärfte Sanktionen knüpften. Im Nebenstrafrecht werde an die *beharrliche Wiederholung* einer als Ordnungsunrecht sanktionierten Zuwiderhandlung die strafrechtliche Einordnung als Vergehen geknüpft (OLG Celle, EZAR 355 Nr. 2). Es reiche daher aus, dass Anknüpfungspunkt der Strafnorm eine *gleichgeartete Zuwiderhandlung* sei, die nach dem AsylVfG geahndet worden sei oder *hätte geahndet werden können* (OLG Celle, Strafverteidiger 1985, 373; s. auch BVerfGE 96, 10 (26), auch jugendgerichtliche Ermahnung kommt als Anknüpfungspunkt in Betracht).

30 Die erforderliche *Warnfunktion* könnte auch durch andere als durch die rechtskräftige Ahndung der ersten Zuwiderhandlung bewirkt werden (OLG Karlsruhe, NStZ 1988, 560). Auch der BGH lässt in anderem Zusammenhang eine beharrliche, wiederholte Nichtbeachtung für die Annahme der Strafbarkeit ausreichen (BGHSt 23, 167 (172)).

31 Legt man diese Rechtsprechung zugrunde, muss neben die bloße wiederholte Zuwiderhandlung ein Umstand hinzukommen, der es rechtfertigt, dem Täter ein beharrliches Verhalten, also gesinnungsethisch mehr als die bloße Wiederholung des Ordnungsverstoßes vorzuwerfen. Durch bloße Addition des Ordnungsverstoßes allein kann nicht der für das kriminelle Unrecht geforderte ethische Schuldvorwurf (BVerfGE 45, 272 (288)) bezeichnet werden. Der Strafrichter hat deshalb zunächst festzustellen, ob bereits eine erstmalige Zuwiderhandlung vorliegt und diese für den Täter eine nachdrückliche Pflichtmahnung (BVerfGE 45, 272 (289)) zur Folge gehabt hat.

32 Wenn auf das Erfordernis der rechtskräftigen Ahndung des ersten Verstoßes verzichtet wird, erfordert die tatbestandliche Voraussetzung der beharr-

lichen, wiederholten Pflichtverletzung, dass jedenfalls eindeutige tatrichterliche Feststellungen zur erstmaligen Zuwiderhandlung getroffen werden müssen. Dabei ist auch festzustellen, ob die Ahndung dieses Verstoßes für den Täter erkennbar zu Konsequenzen geführt hat. Ist dies nicht der Fall, fehlt es an der notwendig vorauszugehenden Warnfunktion der Ahndung des ersten Pflichtenverstoßes. Erst recht mangelt es an der sachlichen Grundlage für den Vorwurf der beharrlichen wiederholten Zuwiderhandlung.

Keine Wiederholung der Zuwiderhandlung im Sinne der Regelung in Nr. 2 war früher im Falle des *Fortsetzungszusammenhanges* anzunehmen. Der wiederholte Pflichtenverstoß konnte tatrichterlich deshalb nur festgestellt werden, wenn dem Täter ein neuer Tatentschluss nach Begehung der ersten Zuwiderhandlung nachgewiesen werden konnte. Wer etwa seine exilpolitischen Aktivitäten von vornherein so geplant hatte, dass er an Veranstaltungen, Treffen und weiteren Unternehmungen auch dann hatte teilnehmen wollen, wenn diese außerhalb des räumlich beschränkten Bezirks stattfanden, hatte mit Blick auf die einzelnen Zuwiderhandlungen Gesamtvorsatz. Wenn eine fortgesetzte Ordnungswidrigkeit abgeurteilt worden war, wurde freilich der Fortsetzungszusammenhang unterbrochen. Fraglich ist, ob diese Grundsätze nach der geänderten Rechtsprechung zum Fortsetzungszusammenhang auch weiterhin Anwendung finden können.

5.3. Zuwiderhandlung gegen das Erwerbstätigkeitsverbot (Nr. 3 und 5)

Nach Nr. 3 ist die Zuwiderhandlung gegen eine vollziehbare behördliche Auflage nach § 60 I, auch in Verbindung mit § 71 a III, mit der die Ausübung einer Erwerbstätigkeit verboten oder beschränkt wird, strafbar. Ebenso macht sich nach Nr. 5 strafbar, wer gegen das gesetzlich angeordnete Erwerbstätigkeitsverbot nach § 61, auch in Verbindung mit § 71 a III, verstößt. Der Hinweis auf § 71 a III betrifft jeweils Zweitantragsteller, auf die die allgemeinen Vorschriften Anwendung finden.

Während Nr. 5 die Asylantragsteller betrifft, welche der Wohnverpflichtung nach § 47 I 1 unterliegen, bezieht sich die Regelung in Nr. 3 auf die Antragsteller, die nicht mehr dieser Verpflichtung unterfallen. Während im ersten Fall ein absolutes Erwerbstätigkeitsverbot kraft Gesetzes zu beachten ist, sodass der Strafrichter weder eine besondere behördliche Anordnung noch deren Vollziehbarkeit zu prüfen hat, ist im zweiten Fall vorausgesetzt, dass ein vollziehbares behördliches Verbot im Einzelfall vorliegt.

Entlässt die Aufnahmeeinrichtung den Antragsteller nicht nach Ablauf der gesetzlich höchstzulässigen Dauer gemäß § 47 I 1, findet § 61 I keine Anwendung mehr. § 61 I knüpft ausdrücklich an Bestand und Umfang der Wohnverpflichtung nach § 47 I 1 an. Ist die gesetzlich zulässige Höchstdauer von drei Monaten abgelaufen, entfällt daher das gesetzlich angeordnete Erwerbstätigkeitsverbot. Ein behördliches Verbot nach § 60 I kann nicht verfügt werden, denn die zuständige Ausländerbehörde nach § 60 III wird erst nach Entlassung aus der Aufnahmeeinrichtung – und Durchführung des Verteilungsverfahrens – bestimmt. Daher entfällt in einem derartigen Fall die Straf-

§ 85   *Straf- und Bußgeldvorschriften*

barkeit nach Nr. 3 und 5, wenn der Asylsuchende ohne behördliche Erlaubnis eine Erwerbstätigkeit ausübt.

37   Der Strafrichter hat daher stets nur zu prüfen, ob die Wohnverpflichtung nach § 47 I 1 noch besteht. Es ist jedoch nicht seine Aufgabe, nach Maßgabe der Regelungen in §§ 48, 49, 50 I die Rechtmäßigkeit der Aufrechterhaltung der Wohnverpflichtung nach § 47 I 1 zu prüfen. Der Asylsuchende muss diese Frage gegebenenfalls im Verwaltungsrechtsweg überprüfen lassen. Unterlässt er dies, findet § 61 I auf ihn Anwendung. Der Blick in die Bescheinigung nach § 63 I reicht regelmäßig aus, um das Vorliegen der Wohnverpflichtung und das Erwerbstätigkeitsverbot festzustellen. Behauptet der Asylsuchende jedoch, er werde über die gesetzlich angeordnete Höchstdauer von drei Monaten mit der Verpflichtung nach § 47 I 1 belastet, hat der Strafrichter diesen Umstand zu überprüfen und für den Fall, dass die Behauptung zutrifft, auf Freispruch zu erkennen, wenn nicht nach § 61 II die Erwerbstätigkeit untersagt war.

38   Im Fall der Nr. 3 prüft der Strafrichter nur, ob ein behördlich angeordnetes und vollziehbares Erwerbstätigkeitsverbot nach § 60 I besteht. Die Auflage nach § 60 I ist stets sofort vollziehbar (§ 75). In diesen Fällen ist ihr nachzukommen, auch wenn noch nicht feststeht, ob eine Zuwiderhandlung letztlich das sachliche Recht verletzt, weil noch die Möglichkeit einer Aufhebung der Anordnung durch das Verwaltungsgericht besteht (BGHSt 23, 86 (92)). Wird das behördliche Erwerbstätigkeitsverbot später im Verwaltungsprozess aufgehoben, wird nach der Rechtsprechung des BGH (BGHSt 23, 86 (91)) dadurch nicht rückwirkend die Strafbarkeit nach Nr. 3 beseitigt. Zu prüfen ist aber gegebenenfalls die Frage der Einstellung des Verfahrens.

39   Enthält die Aufenthaltsgestattung die Auflage, dass der Asylsuchende zur Aufnahme einer unselbständigen Erwerbstätigkeit der Zustimmung der Arbeitsagentur bedarf, kann der Tatbestand nach Nr. 3 nicht verwirklicht werden (BayObLG, AuAS 1997, 275 (276)). Der Straftatbestand der Nr. 3 ist auf den Fall gemünzt, in dem durch ausländerrechtliche Auflage nach § 61 I die Erwerbstätigkeit untersagt wird. Geht der Asylsuchende ohne Zustimmung der Arbeitsverwaltung einer Beschäftigung nach, ist ihm aber nicht bereits durch ausländerrechtliche Auflage die Erwerbstätigkeit verboten worden, findet danach Nr. 3 keine Anwendung (BayObLG, AuAS 1997, 275 (276)).

5.4. Zuwiderhandlung gegen eine vollziehbare Wohnauflage (Nr. 4)

40   Nach Nr. 4 handelt strafbar, wer einer vollziehbaren Wohnauflage nach § 60 II 1, auch in Verbindung mit § 71 a III, nicht rechtzeitig nachkommt. Diese Vorschrift ist der früheren Regelung des § 34 I Nr. 4 AsylVfG 1982 angeglichen, jedoch mit der Besonderheit, dass nach geltendem Recht allein die Zuwiderhandlung gegen eine behördlich verfügte Wohnauflage nach § 60 II 1 bestraft wird. Dagegen verwies die frühere Strafnorm des § 34 I Nr. 4 AsylVfG 1982 nicht nur auf die Ermächtigungsgrundlage für die Wohnauflage (vgl. § 34 I Nr. 4 in Verb. mit § 20 II 2 AsylVfG 1982), sondern auch auf die allgemeine Auflagennorm (vgl. § 34 I Nr. 4 in Verb. mit § 20 II 1 AsylVfG

Sonstige Straftaten § 85

1982) mit der Folge, dass die Zuwiderhandlung etwa gegen eine Sparauflage strafbar war.

Das geltende Recht stellt demgegenüber nur noch die Zuwiderhandlung gegen ein behördlich verfügtes Erwerbstätigkeitsverbot (Nr. 3) sowie die behördlich angeordnete Wohnauflage (Nr. 4) unter Strafe. Die Zuwiderhandlung gegen sonstige Auflagen nach § 60 I bleibt straflos. Es ist im Übrigen grundsätzlich nicht zulässig, gegen den Antragsteller vor unanfechtbarem Verfahrensabschluss eine Passauflage anzuordnen (§ 60 Rdn. 16). Erst recht kann die Zuwiderhandlung gegen eine derartige Auflage nicht mit Mitteln des Strafrechts sanktioniert werden. 41

Auch die Verletzung von Mitwirkungspflichten nach § 15 ist nicht strafbewehrt. Die Zuwiderhandlung gegen das *Verbot der politischen Betätigung* wurde auch früher nicht durch § 34 I Nr. 4 AsylVfG 1982 strafrechtlich sanktioniert (so aber GK-AsylVfG a. F., § 34 Rdn. 25), sondern ist im Wiederholungsfalle nach § 95 I Nr. 4 in Verb. mit § 47 AufenthG strafbar. 42

Die zuständige Ausländerbehörde (§ 60 III) kann durch Wohnsitzauflage nach § 60 II 1 Nr. 1 (§ 60 Rdn. 45 ff.), durch Umzugsauflage nach § 60 II 1 Nr. 2 (§ 60 Rdn. 48 ff.) sowie durch Verlegungsauflage gemäß § 60 II 1 Nr. 3 (§ 60 Rdn. 52 ff.) den Asylsuchenden im Einzelfall verpflichten, in einer bestimmten Gemeinde, in einer bestimmten Unterkunft oder im Bezirk einer anderen Ausländerbehörde desselben Bundeslandes Aufenthalt und Wohnung zu nehmen. Welche Art von Auflage angeordnet wird, ist für die Frage der Strafbarkeit unerheblich. Die Behörde kann ihre Maßnahme auch im Wege des Verwaltungszwangs durchsetzen. Darüber hinaus kommt ein Straftatbestand im Falle der Zuwiderhandlung in Betracht. 43

Der Strafrichter prüft lediglich den Inhalt der behördlichen Auflagenanordnung, nicht jedoch auch deren Rechtmäßigkeit (BGHSt 31, 314 (315)). Voraussetzung der Strafbarkeit ist allerdings, dass die Auflage eindeutig und hinreichend bestimmt ist. Sie muss insbesondere die Stelle bezeichnen, zu der sich der Asylsuchende zu begeben hat. 44

Die nach Nr. 4 erforderliche Vollziehbarkeit der Auflage ist stets gegeben (§ 75). Hebt das Verwaltungsgericht die Auflage im nachfolgenden Verwaltungsprozess wieder auf, wird dadurch nicht nachträglich die Strafbarkeit der Zuwiderhandlung beseitigt (BGHSt 23, 86 (91)). Es kann aber bei noch anhängigem Strafverfahren dessen Einstellung geboten sein. 45

Bereits der erstmalige Verstoß gegen die Auflage nach § 60 II 1 erscheint dem Gesetzgeber derart gewichtig, dass er diesem mit den Mitteln des Strafrechts beggenzu müssen vermeint. Es ist jedoch stets zu prüfen, ob der Asylsuchende der Auflage *nicht rechtzeitig* nachgekommen ist. Bisherige Art und Dauer seines vorhergehenden Aufenthalts können eine bestimmte Integration in die Umgebung zur Folge haben (VGH BW, EZAR 221 Nr. 26). 46

Dieser Gesichtspunkt betrifft zwar lediglich die Rechtmäßigkeit der Anordnung und ist vom Strafrichter insoweit nicht zu berücksichtigen. Die Frage der Rechtzeitigkeit der Befolgung der Auflage ist jedoch in Abhängigkeit von den bisherigen Verhältnissen zu beantworten. Wer längere Zeit in einer bestimmten Umgebung gewohnt hat, braucht mehr Zeit zur Regelung seiner persönlichen Angelegenheiten als ein unmittelbar eingereister Antragsteller, 47 der eine Wohnauflage zu befolgen hat. Die Frage der Rechtzeitigkeit kann deshalb nicht abstrakt, sondern stets nur in Abhängigkeit von den konkreten Umständen des Einzelfalles vom Strafrichter beantwortet werden.

6. Subjektiver Tatbestand

48 Die Tathandlungen dieser Vorschrift erfordern mindestens *bedingten Vorsatz*. Zwar sieht das Gesetz keine besonderen Belehrungspflichten über das vom Asylsuchenden Geforderte vor. Eine vorsätzliche Zuwiderhandlung wird der Strafrichter aber regelmäßig nur feststellen können, wenn die jeweils in Betracht kommende strafbewehrte Auflage oder Anordnung nach Nr. 1 bis Nr. 5 in einer dem Antragsteller verständlichen Sprache so vermittelt worden ist, dass ihm deren Inhalt bewusst geworden ist. Kann der Richter dies nicht feststellen, liegt ein *Verbotsirrtum* vor. Enthalten die Akten keinen Hinweis auf die Belehrung, wird daher der Richter häufig auf Freispruch erkennen müssen.

7. Teilnahme

49 Anstifter und Gehilfe kann jedermann sein. Ein Asylantragsteller, aber auch ein deutscher Staatsangehöriger können Teilnehmer an der Tat des Asylsuchenden sein. Der Gesetzgeber hat ausdrücklich die frühere, die Teilnahme regelnde Sondervorschrift des § 34 II AsylVfG 1982 deswegen nicht übernommen, weil er sie für entbehrlich erachtete (BT-Drs. 12/2062, S. 42). Damit ist auch der frühere Streit über den Ausschluss der Strafmilderungsregelungen für Anstifter und Gehilfe erledigt. Selbstverständlich finden auf Teilnehmer die im allgemeinen Strafrecht vorgesehenen Strafmilderungsgründe Anwendung.

8. Strafrahmen

50 Die Freiheitsstrafe beträgt zwischen einem Monat (§ 38 II StGB) und einem Jahr. Alternativ kann auch Geldstrafe verhängt werden. Für Teilnehmer kann die Strafe nach § 49 II StGB gemildert werden. Es ist kein Grund ersichtlich, warum Asylsuchenden, die lediglich Teilnehmer an der Tat eines anderen Asylsuchenden sind, die Strafmilderung des § 49 II StGB verwehrt werden sollte (so aber GK-AsylVfG a. F., § 34 Rdn. 34).

9. Konkurrenzen

51 Idealkonkurrenz ist zwischen den einzelnen Tathandlungen der Vorschrift möglich. Gegenüber § 95 I AufenthG ist § 85 lex spezialis, soweit letztere Vorschrift die auch in der allgemeinen ausländerrechtlichen Strafvorschrift be-

Bußgeldvorschriften § 86

handelten Straftatbestände erfasst (z. B. § 95 I Nr. 3 AufenthG). Die Straftatbestände des § 95 I Nr. 1, 2 und 6 AufenthG sind auf Asylsuchende grundsätzlich nicht oder jedenfalls zumindest nur eingeschränkt anwendbar (vgl. auch § 95 V AufenthG in Verb. mit Art. 31 I GFK).
Der Gesetzgeber hat ausdrücklich auf die strafrechtliche Sanktionierung der Zuwiderhandlung von Asylsuchenden gegen die Anordnung erkennungsdienstlicher Maßnahmen nach § 16 verzichtet (BT-Drs. 12/2062, S. 42). 52
§ 84 ist lex spezialis gegenüber § 95 I Nr. 7, II AufenthG. Die Regelung in § 95 I Nr. 4 AufenthG findet demgegenüber auch auf Asylsuchende Anwendung. 53
Der Verstoß gegen das Erwerbstätigkeitsverbot kann sowohl strafrechtliche (Nr. 3 und Nr. 5) wie ordnungsrechtliche Konsequenzen auslösen.

§ 86 Bußgeldvorschriften

(1) Ordnungswidrig handelt ein Ausländer, der einer Aufenthaltsbeschränkung nach § 56 Abs. 1 oder 2, jeweils auch in Verbindung mit § 71 a Abs. 3, zuwiderhandelt.
(2) Die Ordnungswidrigkeit kann mit einer Geldbuße bis zu zweitausendfünfhundert Euro geahndet werden.

Übersicht	Rdn.
1. Vorbemerkung	1
2. Tathandlung (Abs. 1)	2
3. Täter und Teilnehmer	5
4. Subjektiver Tatbestand	6
5. Bußgeld (Abs. 2)	8

1. Vorbemerkung

Die Vorschrift des § 86 hat ihr Vorbild in § 35 AsylVfG 1982. Wie § 35 AsylVfG 1982 der Strafvorschrift des § 34 I Nr. 3 AsylVfG 1982 zeitlich vorgeschaltet war, ist auch diese Bußgeldvorschrift dem Straftatbestand des § 85 I Nr. 2 vorgelagert. Hiernach ist bereits die *erstmalige Zuwiderhandlung* gegen die asylverfahrensrechtlichen Aufenthaltsbeschränkungen ordnungswidrig. Im Falle wiederholter Zuwiderhandlung tritt Strafbarkeit nach § 85 Nr. 2 ein. 1

2. Tathandlung

Ordnungswidrig nach Abs. 1 handelt ein Asylantragsteller, der einer Aufenthaltsbeschränkung nach § 56 I oder 2, jeweils auch in Verbindung mit § 71 a III (*Zweitantragsteller*), zuwiderhandelt. Der Inhalt der Zuwiderhandlung ist mit Ausnahme des Erfordernisses des wiederholten Verstoßes identisch mit 2

§ 86 *Straf- und Bußgeldvorschriften*

dem Straftatbestand des § 85 I Nr. 2 (§ 85 Rdn. 20ff.). Jedes auch nur kurzfristige Verlassen des räumlich beschränkten Bereichs erfüllt den Bußgeldtatbestand. Im Falle der behördlichen Erlaubnis nach § 57 I, II, § 58 I, II handelt ordnungswidrig, wer nach Ablauf der Geltungsdauer der Sondergenehmigung nicht in den räumlich beschränkten Bezirk zurückkehrt.

3   Folgeantragsteller erhalten während der Zulässigkeitsprüfung lediglich eine *Duldungsbescheinigung* nach § 60 a IV AufenthG, sodass Abs. 1 schon von seinem Wortlaut her auf einen derartigen Antragsteller keine Anwendung finden kann. In diesem Fall kann aber der Straftatbestand des § 95 I Nr. 1 AufenthG erfüllt sein (so ausdr. Renner, AuslR, § 86 AsylVfG Nr. 5; Funke-Kaiser, in: GK-AsylVfG, § 86 Rdn. 4). Maßgebend für die Strafbarkeit des Folgeantragstellers ist die räumliche Geltung der Bescheinigung. Hat die Ausländerbehörde dem Folgeantragsteller eine Bescheinigung über die Aufenthaltsgestattung nach § 63 I ausgestellt, greift im Falle der Zuwiderhandlung nicht § 95 I Nr. 1 AufenthG, sondern Abs. 1 ein.

4   Ordnungswidriges Handeln setzt die vollendete Tatbegehung voraus. Die Tathandlung ist vollendet, sobald der Täter physisch die Grenzen des räumlich beschränkten Bereichs überschreitet. Hat die Behörde das Verlassen erlaubt oder liegen die Voraussetzungen der §§ 57 III oder 58 III vor, setzt Tatvollendung die nicht rechtzeitige Rückkehr in den räumlich begrenzten Bezirk voraus. Insoweit sind im Einzelfall die besonderen Umstände für die Fristüberschreitung zu prüfen. Der Versuch ist mangels ausdrücklicher Bestimmung im Gesetz nicht mit einer Geldbuße belegt (vgl. § 13 II OWiG).

3. Täter und Teilnehmer

5   Täter des § 86 kann wie im Falle des § 85 nur ein Asylantragsteller sein, also ein Ausländer, der wirksam einen Asylantrag gestellt hat und auf den deshalb die Vorschriften der §§ 56 I oder II, 71 a III Anwendung finden. Teilnehmer können demgegenüber auch Personen sein, die nicht Asylantragsteller oder Ausländer sind. Ein Asylantragsteller kann Anstifter oder Gehilfe zur Tat eines anderen Asylsuchenden sein.

4. Subjektiver Tatbestand

6   Die Tathandlung muss *vorsätzlich* erfolgen (§ 10 OWiG). Der Täter muss wissen, dass er die Grenzen des räumlich beschränkten Bereichs überschreitet. Kennt er die genauen örtlichen Verhältnisse nicht und überschreitet er deshalb die Grenzen in Unkenntnis, liegt Tatbestandsirrtum vor. Fehlt dem Täter das Unrechtsbewusstsein, weil er das Verbot nicht kennt, liegt ein Verbotsirrtum vor. Die Behörde muss deshalb die Asylsuchenden über der Vorschrift zugrundeliegenden Verhaltensvorschriften informieren.

7   Fehlt in den Akten ein Hinweis auf eine behördliche Belehrung über die entsprechenden Verpflichtungen des Asylsuchenden, wird regelmäßig ein *Verbotsirrtum* anzunehmen sein (a. A. Funke-Kaiser, in: GK-AsylVfG, II – § 86 Rdn. 7).

5. Bußgeld

Die vollendete Ordnungswidrigkeit kann mit einer Geldbuße von bis zu Euro 2500,– (Abs. 2) geahndet werden. Es gilt das *Opportunitätsprinzip*. Hiervon sollte großzügig Gebrauch gemacht werden. Dies auch deswegen, weil in Anbetracht der obergerichtlichen Rechtsprechung im Falle der Wiederholung der Zuwiderhandlung auch ohne rechtskräftige Ahndung des erstmaligen Verstoßes der Straftatbestand des § 85 I Nr. 2 erfüllt ist (§ 85 Rdn. 20 ff.).

8

Neunter Abschnitt
Übergangs- und Schlussvorschriften

§ 87 Übergangsvorschriften

(1) Für das Verwaltungsverfahren gelten folgende Übergangsvorschriften:
1. Bereits begonnene Asylverfahren sind nach bisher geltendem Recht zu Ende zu führen, wenn vor dem Inkrafttreten dieses Gesetzes das Bundesamt seine Entscheidung an die Ausländerbehörde zur Zustellung abgesandt hat. Ist das Asylverfahren vor dem Inkrafttreten dieses Gesetzes bestandskräftig abgeschlossen, ist das Bundesamt für die Entscheidung, ob Abschiebungshindernisse nach § 53 des Ausländergesetzes vorliegen, und für den Erlaß einer Abschiebungsandrohung nur zuständig, wenn ein erneutes Asylverfahren durchgeführt wird.
2. Über Folgeanträge, die vor Inkrafttreten dieses Gesetzes gestellt worden sind, entscheidet die Ausländerbehörde nach bisher geltendem Recht.
3. Bei Ausländern, die vor Inkrafttreten dieses Gesetzes einen Asylantrag gestellt haben, richtet sich die Verteilung auf die Länder nach bisher geltendem Recht.

(2) Für die Rechtsbehelfe und das gerichtliche Verfahren gelten folgende Übergangsvorschriften:
1. In den Fällen des Absatzes 1 Nr. 1 und 2 richtet sich die Klagefrist nach bisher geltendem Recht; die örtliche Zuständigkeit des Verwaltungsgerichts bestimmt sich nach § 52 Nr. 2 Satz 3 der Verwaltungsgerichtsordnung in der bis zum Inkrafttreten dieses Gesetzes geltenden Fassung.
2. Die Zulässigkeit eines Rechtsbehelfs gegen einen Verwaltungsakt richtet sich nach bisher geltendem Recht, wenn der Verwaltungsakt vor Inkrafttreten dieses Gesetzes bekanntgegeben worden ist.
3. Die Zulässigkeit eines Rechtsmittels gegen eine gerichtliche Entscheidung richtet sich nach bisher geltendem Recht, wenn die Entscheidung vor Inkrafttreten dieses Gesetzes verkündet oder von Amts wegen anstelle einer Verkündung zugestellt worden ist.
4. Hat ein vor Inkrafttreten dieses Gesetzes eingelegter Rechtsbehelf nach bisher geltendem Recht aufschiebende Wirkung, finden die Vorschriften dieses Gesetzes über den Ausschluß der aufschiebenden Wirkung keine Anwendung.

5. Ist in einem gerichtlichen Verfahren vor Inkrafttreten dieses Gesetzes eine Aufforderung nach § 33 des Asylverfahrensgesetzes in der Fassung der Bekanntmachung vom 9. April 1991 (BGBl. I S. 869), geändert durch Artikel 7 § 13 in Verbindung mit Artikel 11 des Gesetzes vom 12. September 1990 (BGBl. I S. 2002) erlassen worden, gilt insoweit diese Vorschrift fort.

Übersicht

	Rdn.
1. Vorbemerkung	1
2. Verwaltungsverfahren (Abs. 1)	3
2.1. Asylverfahren beim Bundesamt (Abs. 1 Nr. 1 Satz 1)	3
2.2. Humanitäre Abschiebungshindernisse nach § 53 AuslG	9
2.3. Asylfolgeantrag (Abs. 1 Nr. 2)	14
2.4. Verteilungsverfahren (Abs. 1 Nr. 3)	15
3. Verwaltungsstreitverfahren (Abs. 2)	16
3.1. Klagefrist (Abs. 2 Nr. 1)	16
3.2. Rechtsbehelf (Abs. 2 Nr. 2)	20
3.3. Rechtsmittel (Abs. 2 Nr. 3)	22
3.4. Aufschiebende Wirkung (Abs. 2 Nr. 4)	25
3.5. Betreibensaufforderung (Abs. 2 Nr. 5)	27

1. Vorbemerkung

1 Die Vorschrift des § 87 enthält die erforderlichen Übergangsvorschriften im Verhältnis zum AsylVfG 1982. Maßgebender *Stichtag* ist der Zeitpunkt des Inkrafttretens des AsylVfG 1992, also der *1. Juli 1992*. Demgegenüber regelt § 87 a die Übergangsvorschriften aus Anlass des zum *1. Juli 1993* in Kraft getretenen ÄnderungsG 1993. Um Auslegungszweifel auszuschließen, bleibt diese Vorschrift auf die Übergangsregelungen aus Anlass des Inkrafttretens des AsylVfG 1992 beschränkt (BT-Drs. 12/4984, S. 49). In Abs. 1 werden die Übergangsvorschriften für das Verwaltungsverfahren, in Abs. 2 die für das Verwaltungsstreitverfahren geregelt.

2 Soweit bestimmte Regelungsbereiche in den §§ 87 und 87a nicht angesprochen sind, hat die Rechtsprechung die dadurch auftretenden Probleme nach Maßgabe allgemeiner Grundsätze zu lösen. Ist ein bestimmter Regelungsgegenstand durch eine der Übergangsvorschriften der §§ 87 und 87a erfasst, hat dies Wirkung auch für die Anwendung des damit zusammenhängenden materiellen Rechts (Renner, AuslR, § 87 AsylVfG Nr. 3). Sind die Asylverfahren nach Maßgabe von Abs. 1 nach altem Recht zu Ende zu führen, ist auch das frühere Recht anzuwenden (vgl. BVerwGE 77, 150 (151); 78, 332 (342)).

Übergangsvorschriften § 87

2. Verwaltungsverfahren (Abs. 1)

2.1. Asylverfahren beim Bundesamt (Abs. 1 Nr. 1 S. 1)

Nach Abs. 1 Nr. 1 sind bereits begonnene Asylverfahren nach dem Recht des AsylVfG 1982 zu Ende zu führen, wenn das Bundesamt seine Entscheidung an die Ausländerbehörde vor dem 1. Juli 1992 abgesandt hat. Demgegenüber hatte die Übergangsvorschrift des § 43 Nr. 2 AsylVfG 1982 bestimmt, dass im Zeitpunkt des Inkrafttretens des AsylVfG 1982 bereits begonnene Verfahren nach neuem Recht zu Ende zu führen waren. Gegen diese Regelung hatte das BVerwG verfassungsrechtliche Bedenken nicht erhoben (BVerwGE 78, 332 (342) = NVwZ 1988, 737 = InfAuslR 1988, 120).

Wegen der geänderten behördlichen Zuständigkeiten des neuen Rechts erschien dem Gesetzgeber jedoch eine dem § 43 Nr. 2 AsylVfG 1982 vergleichbare Regelung nicht zweckmäßig. Maßgebend ist damit der *Zeitpunkt der Absendung des Asylbescheids* an die zuständige Ausländerbehörde und nicht der Zeitpunkt der Zustellung durch die Ausländerbehörde. Nach früherem Recht hatte das Bundesamt für den Fall der Antragsablehnung den Bescheid an die zuständige Ausländerbehörde zwecks Zustellung weiterzuleiten (§§ 12 VII, 28 V AsylVfG 1982). Auf diesen *verwaltungsinternen Vorgang* zielte die Übergangsvorschrift.

Rechtsfolge der Anwendung der Übergangsvorschrift ist, dass die Ausländerbehörde prüfen muss, ob sie eine Ausreiseaufforderung gemäß § 28 I AsylVfG 1982 erlässt und diese zusammen mit der Antragsablehnung gemeinsam zustellt (§ 28 V AsylVfG 1982) oder ob sie gemäß § 28 I 2 AsylVfG 1982 vom Erlass der Ausreiseaufforderung absieht und den Asylbescheid allein zustellt.

Keine Probleme ergeben sich für den Gegenstandsbereich des § 51 I AuslG 1990. Das Bundesamt hat seit Inkrafttreten des AuslG 1990, also seit dem *1. Januar 1991*, zu prüfen, ob in der Person des Antragstellers ein Abschiebungshindernis nach § 51 I AuslG 1990 besteht (vgl. § 51 III AuslG 1990, jetzt: § 5 I 1 in Verb. mit § 13 I, II, § 31 II 1). Im Zeitpunkt des Inkrafttretens des AsylVfG 1992 war das Bundesamt damit zwar bereits zur Prüfung der Voraussetzungen des § 51 I AuslG 1990 verpflichtet. Auch wenn das Bundesamt den auf die Asylberechtigung zielenden Antrag abgelehnt, dem Feststellungsanspruch nach § 51 I AuslG 1990 aber stattgegeben hatte, hatte es jedoch kraft ausdrücklicher gesetzlicher Anordnung (§ 12 VIII 2 AsylVfG 1982) den Bescheid an die Ausländerbehörde weiterzuleiten. Diese durfte keine Ausreiseaufforderung erlassen (§ 28 I 3 AsylVfG 1982).

Damit ist festzuhalten: Hat das Bundesamt vor dem 1. Juli 1992 den Asylbescheid an die zuständige Ausländerbehörde weitergeleitet, ist das Asylverfahren nach altem Recht zu Ende zu führen. Dies gilt auch für den Fall der teilweisen Antragsstattgabe: Ist die Asylberechtigung versagt, das Abschiebungshindernis nach § 51 I AuslG 1990 jedoch festgestellt worden, darf die Ausländerbehörde keine Abschiebungsandrohung erlassen (§ 28 I 3 AsylVfG 1982). § 34 I 1 findet keine Anwendung (Abs. 1 Nr. 1 S. 1).

Nicht für regelungsbedürftig erachtet der Gesetzgeber den Fall, in dem der Bundesbeauftragte Anfechtungsklage gegen den Asylbescheid erhoben hat.

§ 87   *Übergangs- und Schlussvorschriften*

Im Falle der Asylanerkennung war dem Antragsteller persönlich zuzustellen. Das Verwaltungsverfahren war damit beendet. Für eine besondere Regelung im Rahmen des Abs. 1 besteht kein Bedarf. Auf die Anfechtungsklage des Bundesbeauftragten finden die Übergangsvorschriften des Abs. 2 Anwendung. War lediglich das Abschiebungshindernis nach § 51 I AuslG 1990 festgestellt und vor dem 1. Juli 1992 zwecks Zustellung an die Ausländerbehörde weitergeleitet worden, ergibt sich ein Regelungsbedarf ebenfalls nur für die anzuwendenden Vorschriften im Verwaltungsprozess.

2.2. Humanitäre Abschiebungshindernisse nach § 53 AuslG

9   Hat das Bundesamt vor dem 1. Juli 1992 den Asylbescheid an die Ausländerbehörde weitergeleitet, war diese zur Prüfung der in § 53 AuslG 1990 geregelten Abschiebungshindernisse zuständig. Die Ausländerbehörde war nach altem Recht zur Prüfung humanitärer Abschiebungshindernisse verpflichtet und durfte wegen § 28 I 2 AsylVfG 1982 eine Ausreiseaufforderung nicht erlassen, wenn sie derartige Hindernisse festgestellt hatte (BVerwGE 78, 243 (248f.) = EZAR 221 Nr. 29 = InfAuslR 1988, 59; BVerwGE 82, 1 (3) = EZAR 631 Nr. 7 = NVwZ 1989, 772 = InfAuslR 1989, 245; VGH BW, EZAR 221 Nr. 24; VGH BW, U. v. 14. 4. 1989 – A 14 S 1392/87; VGH BW, B. v. 21. 12. 1989 – A 14 S 937/88).

10 Nach Abs. 1 Nr. 1 S. 1 findet daher § 28 I 2 AsylVfG 1982 in der Auslegung der dazu entwickelten Rechtsprechung Anwendung, wenn das Bundesamt vor dem 1. Juli 1992 den Asylbescheid an die Ausländerbehörde weitergeleitet hat. Erst seit diesem Zeitpunkt ist dem Bundesamt die entsprechende Sachkompetenz übertragen worden (§§ 5 I 2, 31 III).

11 Es ist daher sachgerecht, § 28 I 2 AsylVfG 1982 anzuwenden, wenn der Bescheid vor diesem Zeitpunkt an die Ausländerbehörde weitergeleitet worden ist. Die Rechtslage ist insoweit für den Asylsuchenden günstiger, da § 53 AuslG dem Erlass der Ausreiseaufforderung zwingend entgegenstand, nach § 34 I 1 die Abschiebungsandrohung jedoch auch bei festgestellten Abschiebungshindernissen nach § 53 AuslG zu erlassen ist. Maßgebend ist aber, dass der Asylbescheid vor dem Stichtag an die Ausländerbehörde abgesendet worden ist. Hat das Bundesamt bereits die Entscheidung getroffen, die schriftliche Ausfertigung aber noch nicht an die Ausländerbehörde weitergeleitet, kann die Übergangsvorschrift keine Anwendung finden.

12 Durch ÄnderungsG 1993 ist die Regelung in Abs. 1 Nr. 1 S. 2 eingeführt worden. Danach ist das Bundesamt für die Entscheidung über Abschiebungshindernisse nach § 53 AuslG sowie für den Erlass der Abschiebungsandrohung nur zuständig, wenn das Asylverfahren vor dem 1. Juli 1992 bestandskräftig abgeschlossen war und ein erneutes Asylverfahren durchgeführt wird. Diese Regelung ist an sich überflüssig und dient nach der Gesetzesbegründung auch lediglich der Klarstellung (BT-Drs. 12/4450, S. 29).

13 In allen Fällen, in denen das Bundesamt vor dem Stichtag den Asylbescheid an die Ausländerbehörde weitergeleitet hat, ist diese mangels bis dahin bestehender Sachkompetenz des Bundesamtes zur Prüfung der Abschiebungs-

Übergangsvorschriften § 87

hindernisse zuständig (§ 67 I 2 AuslG). Wird nach dem Inkrafttreten des AsylVfG 1992 ein Asylfolgeantrag gestellt, hat das Bundesamt die Sachkompetenz für die Prüfung der Abschiebungshindernisse (§§ 5 I 2, 31 II) und den Erlass der Abschiebungsandrohung (§ 34). Ob die vorgebrachten Abschiebungshindernisse beachtlich sind, ist nach Maßgabe des § 71 zu beurteilen.

2.3. Asylfolgeantrag (Abs. 1 Nr. 2)

Über Folgeanträge, die vor dem Stichtag wirksam gestellt wurden, entscheidet die Ausländerbehörde nach bisher geltendem Recht (Abs. 1 Nr. 2). Voraussetzung für die Anwendung dieser Übergangsvorschrift ist damit die wirksame Antragstellung vor dem Stichtag. Nach altem Recht konnte der Asylantrag und damit auch der Folgeantrag in wirksamer Weise auch schriftlich bei der zuständigen Ausländerbehörde gestellt werden. War deshalb der Folgeantrag schriftlich vor dem 1. Juli 1992 bei der zuständigen Ausländerbehörde gestellt worden, erscheint der Antragsteller zur persönlichen Anhörung (§ 8 II AsylVfG 1982) aber erst nach diesem Zeitpunkt, hat er den Folgeantrag wirksam vor dem Stichtag gestellt. Abs. 2 Nr. 2 findet Anwendung. Zuständige Ausländerbehörde ist die im Verteilungsverfahren im Rahmen des Erstverfahrens als zuständig bestimmte Ausländerbehörde (BVerwGE 80, 313 (316) = EZAR 224 Nr. 20 = NVwZ 1989, 473; BVerwG, NVwZ 1989, 476; OVG Hamburg, EZAR 611 Nr. 8; Hess.VGH, B. v. 9. 7. 1987 – 10 TG 1785/87). Maßgebend ist die Frist von sechs Monaten nach § 14 II und II AsylVfG 1982. 14

2.4. Verteilungsverfahren (Abs. 1 Nr. 3)

Asylantragsteller, die vor dem 1. Juli 1992 wirksam einen Asylantrag gestellt haben, sind nach Maßgabe der Regelungen des § 22 AsylVfG 1982 zu verteilen (Abs. 1 Nr. 3). In diesen Fällen findet das Verfahren nach § 44 ff. keine Anwendung. Denn das *im Anschluss* an die wirksame Asylantragstellung anknüpfende Verteilungsverfahren (§ 22 AsylVfG 1982) ist unvereinbar mit dem der wirksamen Asylantragstellung *vorgeschalteten* Erstverteilungsverfahren nach Maßgabe der Regelungen in §§ 44 ff. 15

3. Verwaltungsstreitverfahren (Abs. 2)

3.1. Klagefrist (Abs. 2 Nr. 1)

In den Fällen, in denen das Bundesamt den Asylbescheid vor dem Stichtag an die Ausländerbehörde weitergeleitet hat, sowie in den Verfahren, in denen der Folgeantrag wirksam bei der zuständigen Ausländerbehörde gestellt worden ist, ist das alte Recht maßgebend. Da das AsylVfG 1982 keine besonderen Vorschriften für die Klagefrist enthielt, gilt daher die Monatsfrist des 16

§ 74 VwGO. In diesen Fällen gilt auch der *Klageverbund* des § 30 AsylVfG 1982, sodass der Asylsuchende seine Klagebegehren gegen Bundesamt und Ausländerbehörde in einem Verwaltungsstreitverfahren betreiben muss (BVerwG, InfAuslR 1986, 59; BVerwG, Buchholz 402.25 § 28 AsylVfG Nr. 12; OVG Hamburg, EZAR 633 Nr. 12; OVG NW, NVwZ-RR 1990, 230).

17 Dies ergibt sich nicht unmittelbar aus Abs. 2 Nr. 1, sondern folgt mittelbar aus Abs. 1 Nr. 1. Ist das Asylverfahren nach altem Recht *zu Ende zu führen* (Abs. 1 Nr. 1 S. 1), findet auch § 30 AsylVfG 1982 Anwendung. Klarstellend weist Abs. 2 Nr. 1 darauf hin, dass die *örtliche Gerichtszuständigkeit* in den Fällen des Abs. 1 Nr. 1 und Nr. 2 sich nach § 52 Nr. 2 S. 3 VwGO in der bis zum 1. Juli 1992 geltenden Fassung richtet.

18 Abs. 2 Nr. 1 verweist auch auf Abs. 1 Nr. 2. Damit wird angeordnet, dass für die Behandlung des Folgeantrags nicht nur im Verwaltungsverfahren, sondern auch im erstinstanzlichen Verwaltungsprozess altes Recht gilt, vorausgesetzt, der Asylfolgeantrag ist wirksam vor dem 1. Juli 1992 gestellt worden. Für das einstweilige Rechtsschutzverfahren gilt § 10 III AsylVfG 1982. Denn wegen der prozessualen Abhängigkeit des Eilrechtsschutzverfahrens vom Hauptsacheverfahren richtet sich kraft ausdrücklicher Anordnung des Abs. 2 Nr. 1 das Verfahren insgesamt nach altem Recht.

19 Es kommt damit für die Anwendung der Übergangsvorschriften nicht auf den Zeitpunkt der Bekanntgabe der Abschiebungsandrohung nach Abs. 2 Nr. 2, sondern auf die wirksame Asylantragstellung gemäß Abs. 1 Nr. 2 an. Verkennt das Bundesamt die besonderen Übergangsvorschriften mit der Folge einer *unrichtigen Rechtsbehelfsbelehrung,* hat dies die Ersetzung der Monatsfrist des § 74 VwGO durch die Jahresfrist des § 58 II VwGO zur Folge.

3.2. Rechtsbehelf (Abs. 2 Nr. 2)

20 Abs. 2 Nr. 2 enthält eine Übergangsvorschrift für Rechtsbehelfe, die nicht im Zusammenhang mit dem Streit – in der *Hauptsache* – um den Statusbescheid stehen. Der Sinn der Übergangsvorschrift in Abs. 2 Nr. 2 erschließt sich erst aus der Abgrenzung zu der Regelung in Abs. 2 Nr. 1. Letztere Vorschrift regelt die Zulässigkeit von Rechtsbehelfen gegen den asylrechtlichen Statusbescheid im Erst- und Folgeverfahren. Wegen des früher geltenden Klageverbundes (§ 30 AsylVfG 1982), richtet sich die Zulässigkeit der Anfechtungsklage gegen die Ausreiseaufforderung nach § 28 I AsylVfG 1982 ebenfalls nach Abs. 2 Nr. 1. Die Übergangsvorschrift in Abs. 2 Nr. 2 erfasst damit alle Rechtsbehelfe im Übrigen. Es kann sich etwa um die Abschiebungsandrohung nach § 10 II AsylVfG 1982, um Streitigkeiten wegen der Verteilung oder um aufenthaltsrechtliche Fragen handeln.

21 Maßgebend ist der Zeitpunkt der *Bekanntgabe des Verwaltungsakts* (§ 43 I 1 VwVfG). Ist keine förmliche Zustellung vorgeschrieben oder nicht erfolgt, ist die tatsächliche Mitteilung – also der Zugang bei dem Adressaten – entscheidend. Ist der Verwaltungsakt vor dem Stichtag abgesandt, aber erst an diesem Tag oder danach in den Bereich des Empfängers gelangt, dürfte regelmäßig die Rechtsbehelfsbelehrung nicht mehr zutreffen (so Renner, AuslR, § 87

AsylVfG, Rdn. 12). Es läuft die Jahresfrist des § 58 II VwGO. Die Behörde kann diesen Mangel durch Erlass eines Neubescheides beheben, sofern ihr nicht durch die Vorschriften des AsylVfG 1992 die Sachkompetenz entzogen worden ist.

3.3. Rechtsmittel (Abs. 2 Nr. 3)

Nach Abs. 2 Nr. 3 kommt es mit Blick auf Rechtsmittel gegen verwaltungsgerichtliche Entscheidungen für das anzuwendende Recht auf den Zeitpunkt der Verkündung bzw. Zustellung an. Sofern die Entscheidung vor dem 1. Juli 1992 verkündet oder zugestellt worden ist, findet § 32 AsylVfG 1982 Anwendung. Im anderen Fall gelten §§ 78 ff. Bedeutung hat diese Übergangsvorschrift wohl lediglich für die Rechtsmittel gegen verwaltungsgerichtliche Urteile in Asylsachen. Ist dieses vor dem Stichtag zugestellt oder verkündet worden, gelten die Vorschriften über die Beschwerde nach § 32 VI AsylVfG 1982, die innerhalb eines Monats einzulegen und zu begründen ist (§ 32 IV 1 AsylVfG 1982).

Zu bedenken ist auch, dass nach dem seit 1992 in Kraft getretenen Recht der Beschwerdeausschluss nach § 80 für alle Rechtsstreitigkeiten nach dem AsylVfG 1992 gilt, während § 10 III 8 AsylVfG 1990 die Beschwerde lediglich in asylrechtlichen Eilrechtsschutzverfahren nach § 10 III AsylVfG 1982 ausschloss.

Zur inhaltlich identischen Regelung des § 43 Nr. 4 AsylVfG 1982 hatte das BVerwG die verfassungsrechtliche Unbedenklichkeit einer derartigen Übergangsregelung damit begründet, dass das durch die Klageerhebung entstandene Prozessrechtsverhältnis allein auf dem Gesetz in seiner jeweils gültigen Fassung beruhe. Dass dieses Prozessrecht vom Zeitpunkt seines Inkrafttretens an regelmäßig auch anhängige Verfahren erfasse und deshalb jeder Beteiligte mit einer Änderung des Prozessrechts auch im anhängigen Verfahren rechnen müsse und infolgedessen, falls die Änderung zu seinem Nachteil ausschlage, eine Beeinträchtigung seiner Rechte nicht geltend machen könne, entspreche allgemeiner Meinung (BVerwGE 66, 312 (314) = EZAR 630 Nr. 2 = NVwZ 1983, 283 = InfAuslR 1983, 79).

3.4. Aufschiebende Wirkung (Abs. 2 Nr. 4)

Nach Abs. 2 Nr. 4 finden die Vorschriften dieses Gesetzes über den Ausschluss der aufschiebenden Wirkung keine Anwendung, wenn ein vor dem Stichtag eingelegter Rechtsbehelf nach altem Recht aufschiebende Wirkung hat. Nach geltendem Recht hat die Klage nur in den Fällen der §§ 38, 73 aufschiebende Wirkung (§ 75). Demgegenüber war nach altem Recht der Ausschluss der aufschiebenden Wirkung jeweils ausdrücklich in den einzelnen Rechtsvorschriften geregelt worden (vgl. z. B. §§ 10 III 2, 20 VI, 22 X, 26 IV AsylVfG 1982). In den Fällen, in denen der Suspensiveffekt nicht ausdrücklich in der jeweiligen Gesetzesvorschrift ausgeschlossen war, hatte die Anfechtungsklage deshalb aufschiebende Wirkung.

26 Ist in einem derartigen Fall die Anfechtungsklage vor dem 1. Juli 1992 erhoben worden, hat sie ungeachtet der Regelung des § 75 aufschiebende Wirkung. Da in der überwiegenden Mehrzahl der Verfahren auch nach altem Recht die aufschiebende Wirkung ausgeschlossen war, dürfte die Bedeutung dieser Übergangsvorschrift eher als gering einzuschätzen sein.

3.5. Betreibensaufforderung (Abs. 2 Nr. 5)

27 Ist vor dem Stichtag eine Betreibensaufforderung nach § 33 AsylVfG 1982 erlassen worden, gilt diese Regelung ungeachtet der Neuregelung des § 81 fort (Abs. 2 Nr. 5). Maßgebend ist der Zeitpunkt, in dem die Betreibensaufforderung *erlassen* worden ist. Die Aufforderung muss nicht in Form eines Beschlusses, sie kann auch als Verfügung des Vorsitzenden oder Berichterstatters ergehen (BVerwG, BayVBl. 1986, 503; VGH BW, DÖV 1985, 414). Sie ist jedoch nach den Vorschriften des VwZG *zuzustellen* (BVerwG, BayVBl. 1986, 503).

28 Auch wenn die Aufforderung nach dem Stichtag zugestellt worden ist, findet deshalb altes Recht Anwendung, sofern sie vor diesem Zeitpunkt erlassen worden ist. Dies ist der Zeitpunkt, in dem die Entscheidung tatsächlich getroffen wird oder jedenfalls der Zeitpunkt, in dem die unterschriebene Verfügung der Geschäftsstelle der Kammer vorgelegt wird.

§ 87 a Übergangsvorschriften aus Anlass der am 1. Juli 1993 in Kraft getretenen Änderungen

(1) Soweit in den folgenden Vorschriften nicht etwas anderes bestimmt ist, gelten die Vorschriften dieses Gesetzes mit Ausnahme der §§ 26 a und 34 a auch für Ausländer, die vor dem 1. Juli 1993 einen Asylantrag gestellt haben. Auf Ausländer, die aus einem Mitgliedstaat der Europäischen Gemeinschaften oder aus einem in der Anlage I bezeichneten Staat eingereist sind, finden die §§ 72, 29 Abs. 1 und 2 entsprechende Anwendung.
(2) Für das Verwaltungsverfahren gelten folgende Übergangsvorschriften:
1. § 10 Abs. 2 Satz 2 und 3, Abs. 3 und 4 findet Anwendung, wenn der Ausländer insoweit ergänzend schriftlich belehrt worden ist.
2. § 33 Abs. 2 gilt nur für Ausländer, die nach dem 1. Juli 1993 in ihren Herkunftsstaat ausreisen.
3. Für Folgeanträge, die vor dem 1. Juli 1993 gestellt worden sind, gelten die Vorschriften der §§ 71 und 87 Abs. 1 Nr. 2 in der bis zu diesem Zeitpunkt geltenden Fassung.
(3) Für die Rechtsbehelfe und das gerichtliche Verfahren gelten folgende Übergangsvorschriften:
1. Die Zulässigkeit eines Rechtsbehelfs gegen einen Verwaltungsakt richtet sich nach dem bis zum 1. Juli 1993 geltenden Recht, wenn der Verwaltungsakt vor diesem Zeitpunkt bekannt gegeben worden ist.

Übergangsvorschriften aus Anlass der in Kraft getretenen Änderungen § 87 a

2. Die Zulässigkeit eines Rechtsbehelfs gegen eine gerichtliche Entscheidung richtet sich nach dem bis zum 1. Juli 1993 geltenden Recht, wenn die Entscheidung vor diesem Zeitpunkt verkündet oder von Amts wegen anstelle einer Verkündung zugestellt worden ist.
3. § 76 Abs. 4 findet auf Verfahren, die vor dem 1. Juli 1993 anhängig geworden sind, keine Anwendung.
4. Die Wirksamkeit einer vor dem 1. Juli 1993 bereits erfolgten Übertragung auf den Einzelrichter bleibt von § 76 Abs. 5 unberührt.
5. § 83 Abs. 1 ist bis zum 31. Dezember 1993 nicht anzuwenden.

Übersicht

	Rdn.
1. Vorbemerkung	1
2. Übergangsregelungen zur Anwendung der Drittstaatenkonzeption nach Art. 16 a II GG, §§ 26 a, 34 a (Abs. 1 Satz 1)	3
3. Verwaltungsverfahren (Abs. 2)	12
4. Verwaltungsstreitverfahren (Abs. 3)	16

1. Vorbemerkung

Im ursprünglichen Gesetzentwurf war eine Übergangsregelung, die auf die aus Anlass der am 1. Juli 1993 in Kraft getretenen Gesetzesänderungen zielt, in Art. 4 vorgesehen (BT-Drs. 12/4450, S. 13). Diese Vorschrift wurde auf Vorschlag des Innenausschusses eingeführt (BT-Drs. 12/4984, S. 26 f.) und damit begründet, aus Gründen der Übersichtlichkeit und leichteren Handhabbarkeit sollten die Übergangsregelungen in das Stammgesetz aufgenommen werden. Um Auslegungszweifel auszuschließen, bleibe § 87 auf die Übergangsvorschriften aus Anlass des Inkrafttretens des AsylVfG am 1. Juli 1992 beschränkt (BT-Drs. 12/4984, S. 49). 1

Damit hat der Gesetzgeber klargestellt, dass die Übergangsregelungen des § 87 *statisch* und *nicht dynamisch* angewandt werden sollen (Renner, AuslR, § 87 a AsylVfG Nr. 2). Die Übergangsregelungen sollen bis auf die Drittstaatenregelungen (Abs. 1) auf alle Asylantragsteller angewendet werden, deren Verfahren zum Zeitpunkt des Inkrafttretens des ÄnderungsG 1993 am *1. Juli 1993* im Verwaltungsverfahren (Abs. 2) oder Verwaltungsstreitverfahren (Abs. 3) anhängig waren (Abs. 1 S. 1). 2

2. Übergangsregelungen zur Anwendung der Drittstaatenkonzeption nach Art. 16 a II GG, §§ 26 a, 34 a (Abs. 1 Satz 1)

Der ursprüngliche Gesetzentwurf enthielt eine auch die Drittstaatenkonzeption in Bezug nehmende differenzierende Übergangsregelung in Art. 4 Nr. 2 b (BT-Drs. 12/4450, S. 13). In Reaktion auf die in der Anhörung geäußerten Bedenken gegen diese Regelung empfahl der Innenausschuss, Art. 4 Nr. 2 b nicht in das Gesetz aufzunehmen (BT-Drs. 12/4984, S. 49). Begründet wird 3

§ 87 a   *Übergangs- und Schlussvorschriften*

dies damit, dass dieser Regelung wegen der in der Regel bestehenden Unmöglichkeit, die betroffenen Asylbewerber in einen Drittstaat zu überstellen (fehlende Übernahmevoraussetzungen), kaum praktische Bedeutung zugekommen wäre (BT-Drs. 12/4984, S. 49).

4 Deshalb wird in Abs. 1 S. 1 klargestellt, dass die neuen Regelungen über sichere Drittstaaten (§§ 26 a, 34 a) nur auf Asylanträge Anwendung finden, die nach dem 1. Juli 1993 gestellt werden. Damit sind aber auch die übrigen Vorschriften, die sich auf die Drittstaatenkonzeption beziehen (§§ 18 II Nr. 1, 19 III, 31 I 3 und IV, 40 III, 55 I 3, 71 VI 2) vor diesem Zeitpunkt nicht anwendbar.

5 Antragsteller, die vor dem Stichtag aus einem EU-Staat oder aus einem Staat, der in der Anlage I erwähnt ist, einreisen, können sich deshalb uneingeschränkt auf Art. 16 a I GG berufen. Unzulässig ist unter Berücksichtigung von Abs. 1 S. 2 eine schematische Anwendung von § 27 I auf diese Asylanträge (so aber Renner, AuslR, § 87 a Rdn. 6). Die präzise Bedeutung von Abs. 1 S. 2 bleibt ohnehin verschlossen. Denn findet Art. 16 a II GG auf Asylanträge, die vor dem 1. Juli 1993 gestellt werden, keine Anwendung (so ausdrücklich BVerfG (Kammer), NVwZ-Beil. 1993, 12; BVerfG (Kammer), InfAuslR 1993, 390 (394); BVerfG (Kammer), AuAS 1994, 70), verbietet sich auch eine schematische Anwendung der Vorschriften der §§ 27, 29, die im Ergebnis einer Anwendung des Art. 16 a II GG gleichkämen.

6 Für die Anwendung von §§ 27, 29 ergibt sich vielmehr, dass diese Vorschriften die objektive Verfolgungssicherheit unterstellen. Das dürfte wohl der Sinn von Abs. 1 S. 2 sein. Ein Ausschluss des Asylrechts kommt jedoch auch in diesen Fällen nur in Betracht, wenn die Flucht des Asylbewerbers in dem sicheren Drittstaat ihr Ende gefunden hat.

7 Ob in den Fällen der Einreise aus EG-Staaten etwas anderes gilt, weil Art. 16 a GG bereits am 29. Juni 1993 in Kraft getreten ist (BGBl. I S. 1002), bedarf wegen der geringen praktischen Relevanz dieser Frage keiner besonderen Vertiefung. Gegen die unmittelbare Anwendung von Art. 16 a II 1 GG auf Asylanträge, die am 29. und 30. Juni 1993 gestellt worden sind, spricht, dass das maßgebliche Ausführungsgesetz erst am 1. Juli 1993 in Kraft getreten ist. Im Übrigen bestimmt Abs. 1 S. 1 eindeutig, dass die Regelungen der § 26 a und § 34 a *ausnahmslos* erst ab dem 1. Juli 1993 Anwendung finden.

8 Auch wenn ein Antragsteller vor dem Stichtag eingereist ist, jedoch erst nach diesem Zeitpunkt den Asylantrag wirksam gestellt hat (vgl. § 23), findet Abs. 1 Anwendung, vorausgesetzt, er kommt unverzüglich seiner Meldepflicht (vgl. § 22) nach und meldet sich bei der zuständigen Außenstelle des Bundesamts. Dies ergibt sich daraus, dass für die Anwendung der Drittstaatenregelungen der *Einreisetatbestand* maßgebend ist. Das BVerfG hat ausdrücklich hervorgehoben, dass Art. 16 a II GG nur auf Fälle anzuwenden ist, in denen der Antragsteller nach dem Stichtag *eingereist* ist.

9 Art. 16 a II GG stelle nach Wortlaut und Sinnzusammenhang auf den *aktuellen Vorgang der Einreise* aus einem sicheren Drittstaat ab (BVerfG (Kammer), NVwZ-Beil. 1993, 12; BVerfG (Kammer), InfAuslR 1993, 390 (394); BVerfG (Kammer), AuAS 1994, 70). Die Vorschrift des Abs. 1 S. 1 ist deshalb dahin auszulegen, dass es für die Anwendung der Regelungen in §§ 26 a, 34 a auf den aktuellen Vorgang der Einreise nach dem Stichtag ankommt.

Übergangsvorschriften aus Anlass der in Kraft getretenen Änderungen § 87 a

Damit wird das Gesetz nicht gegen seinen Wortlaut ausgelegt. Der Sinn von Abs. 1 S. 1 besteht darin, sämtliche Vorschriften, die das Verwaltungsverfahren betreffen, in die Übergangsregelung aufzunehmen. Der maßgebliche Zeitpunkt hierfür ist der Zeitpunkt der Stellung des Asylantrags. Die Regelungen in § 26 a und § 34 a bilden insoweit die Ausnahme von der Regel. Der Gesetzgeber hat es versäumt, die präzise Beziehung zwischen dem Regelfall und der Ausnahmevorschrift sprachlich genau zu formulieren. Eindeutig ist lediglich, dass es für den Regelfall auf die Antragstellung ankommen soll. Daraus lässt sich umgekehrt aber nicht ohne weiteres schließen, dass dies auch für den Ausnahmefall gilt. Vielmehr kommt es für diese Frage auf die Bedeutung des Art. 16 a II GG an.

Im Übrigen liegt es wegen der die Erstverteilung regelnden Vorschrift des § 46 nicht im Verantwortungsbereich des Asylbewerbers, zu welchem Zeitpunkt er seinen Asylantrag wirksam bei der Außenstelle des Bundesamtes stellen kann (vgl. § 23). Für Fälle, in denen der Antragsteller schuldhaft seine Mitwirkungspflicht nach § 20 II AsylvfG a. F. verletzt (§§ 66 I Nr. 1, 67 I Nr. 2), mag ausnahmsweise eine andere Betrachtungsweise geboten sein.

10

11

3. Verwaltungsverfahren (Abs. 2)

Abs. 2 Nr. 1 bestimmt, dass die *besonderen Zustellungsvorschriften* des § 10 II 2 und 3, III und IV nur Anwendung finden, wenn der Asylantragsteller über die Bedeutung dieser seit dem 1. Juli 1993 geltenden Vorschriften besonders belehrt worden ist. Die Behörde hat daher im Zweifelsfall nachzuweisen, dass sie den Antragsteller eingehend über den Sinn und die Folgen dieser besonderen Zustellungsvorschriften belehrt hat. Mit Blick auf § 33 II stellt Abs. 2 Nr. 2 klar, dass die *Rücknahmefiktion* nach § 33 I nur Platz greift, wenn der Asylsuchende nach dem Stichtag in seinen Herkunftsstaat eingereist ist. Es kommt auf den Einreisevorgang in den Herkunftsstaat an. Denn § 33 II zielt auf die Rückkehr in den Herkunftsstaat und nicht auf die Ausreise in irgendeinen Drittstaat. Die Gesetzesformulierung ist verunglückt. Eine *Ausreise in den Herkunftsstaat* ist logisch nicht möglich. Vielmehr kann sich der Begriff der Ausreise nur auf den Staat beziehen, in dem der Betreffende bis dahin gelebt hat. Die Vorschrift des Abs. 2 Nr. 2 zielt indes offensichtlich nicht auf die Ausreise aus der Bundesrepublik, sondern auf die *Einreise in den Herkunftsstaat*. Unabhängig davon, wann der Antragsteller aus dem Bundesgebiet ausgereist ist, kommt es für die Anwendung von Abs. 2 Nr. 2 damit auf den Einreisezeitpunkt mit Blick auf den Herkunftsstaat an. Abs. 2 Nr. 3 stellt ausdrücklich klar, dass es für die vor dem Stichtag gestellten Folgeanträge bei der Anwendung der §§ 71, 87 I Nr. 2 bleibt. Damit sollen am Stichtag bereits anhängige Folgeantragsverfahren nach den Regelungen des AsylVfG 1992 behandelt werden. Dies hat insbesondere Auswirkungen auf die maßgebliche *Frist*, innerhalb deren die vollziehende Behörde aus der im Erstverfahren ergangenen Abschiebungsandrohung vorgehen kann. Ist der Folgeantrag vor dem 1. Juli 1993 gestellt worden, muss die Behörde nach Ablauf eines Jahres nach dem Eintritt der Vollziehbarkeit der Abschie-

12

13

14

15

bungsandrohung aus dem Erstverfahren eine erneute Verfügung erlassen (§ 71 IV 1 AsylVfG 1992). Für die Anwendung von Abs. 2 Nr. 3 ist der Zeitpunkt der schriftlichen Antragstellung bei der Zentrale des Bundesamtes in Nürnberg maßgebend (§ 71 II AsylVfG 1992). Die Vorschrift des § 71 II findet keine Anwendung.

4. Verwaltungsstreitverfahren (Abs. 3)

16 Abs. 3 Nr. 1 und Nr. 2 regeln die Zulässigkeit von Rechtsbehelfen und Rechtsmitteln in gleicher Weise wie § 87 II Nr. 2 und Nr. 3 (§ 87 Rdn. 20 ff.). Die praktische Bedeutung dieser Übergangsvorschriften ist nicht ersichtlich, da insoweit durch die Regelungen des ÄnderungsG 1993 gegenüber dem AsylVfG 1992 keine einschneidenden Gesetzesänderungen erfolgt sind. Im Gegensatz zum ursprünglichen Gesetzesentwurf (BT-Drs. 12/4984, S. 49) enthält Abs. 3 keine Übergangsvorschrift für das *Eilrechtsschutzverfahren* nach § 36. Es dürfte im Sinne der Rechtsprechung des BVerwG davon auszugehen sein, dass die Prozessvorschriften in ihrer geltenden Fassung auf alle anhängigen Verwaltungsstreitverfahren Anwendung finden (BVerwGE 66, 312 (314) = EZAR 630 Nr. 2 = InfAuslR 1983, 152).

17 Damit entfällt einerseits die zwingende Begründungsfrist des alten Rechts (§ 36 II 2 AsylVfG 1992). Andererseits finden die Beschleunigungsvorschriften des § 36 III 5 – 7 wie auch die materiellen Vorschriften des § 36 IV 1 auf alle nach dem 1. Juli 1993 anhängige Verfahren Anwendung.

18 Gemäß Abs. 3 Nr. 3 findet die *zwingende Einzelrichtervorschrift für Eilrechtsschutzverfahren* (§ 76 IV AsylVfG a. F.) keine Anwendung, wenn der Eilrechtsschutzantrag vor dem 1. Juli 1993 gestellt worden ist. Das alte Recht (§ 76 I AsylVfG 1992) schloss anders als § 31 V AsylVfG 1982 eine Übertragung auf den Einzelrichter nicht aus. Die Kammer konnte daher in Eilrechtsschutzverfahren, die am 1. Juli 1993 anhängig waren, den Rechtsstreit auf den Einzelrichter übertragen.

19 Da § 76 AsylVfG 1992 anders als § 31 I 2 AsylVfG 1982 eine uneingeschränkte Übertragung auf den *Richter auf Probe* zuließ, ordnet Abs. 3 Nr. 4 an, dass die Wirksamkeit einer vor dem 1. Juli 1993 erfolgten Übertragung von § 76 V AsylvfG a. F. unberührt bleibt. Hat also die Kammer den Rechtsstreit auf einen Richter auf Probe übertragen, bleibt dieser Beschluss auch dann wirksam, wenn dieser Richter am 1. Juli 1993 erst weniger als sechs Monate im Amt war.

20 Abs. 3 Nr. 5 bestimmt, dass die Vorschriften des § 83 über den besonderen Spruchkörper erst ab dem *1. Januar 1994* Anwendung finden. Damit wollte der Gesetzgeber im Hinblick auf die Geschäftsverteilungspraxis den Gerichten ausreichend Gelegenheit geben, die in dieser Vorschrift vorgesehene Einführung besonderer Spruchkörper umzusetzen (BT-Drs. 12/4984, S. 50).

§ 87 b Übergangsvorschrift aus Anlass der am 1. September 2004 in Kraft getretenen Änderungen

In gerichtlichen Verfahren nach diesem Gesetz, die vor dem 1. September 2004 anhängig geworden sind, gilt § 6 in der vor diesem Zeitpunkt geltenden Fassung weiter.

§ 6 AsylVfG in der bis zum 31. Juli 2004 geltenden Fassung (Art. 15 II ZuwG) hat folgenden Wortlaut:

§ 6 Bundesbeauftragter
(1) Beim Bundesamt wird ein Bundesbeauftragter für Asylangelegenheiten bestellt.
(2) Der Bundesbeauftragte kann sich an den Asylverfahren vor dem Bundesamt und an Klageverfahren vor den Gerichten der Verwaltungsgerichtsbarkeit beteiligen. Ihm ist Gelegenheit zur Äußerung zu geben. Gegen Entscheidungen des Bundesamtes kann er klagen.
(3) Der Bundesbeauftragte wird vom Bundesministerium des Innern berufen und abberufen. Er muß die Befähigung zum Richteramt oder zum höheren Verwaltungsdienst haben.
(4) Der Bundesbeauftragte ist an Weisungen des Bundesministeriums des Innern gebunden.

Übersicht

	Rdn.
1. Vorbemerkung	1
2. Institution des Bundesbeauftragten für Asylangelegenheiten (§ 6 Abs. 1 AsylVfG a. F.)	4
3. Prozessuale Rechtsstellung des Bundesbeauftragten (§ 6 Abs. 2 AsylVfG a. F.)	13
4. Zulässigkeit der Generalbeteiligungserklärung	24
5. Reichweite der Beteiligungsfähigkeit (§ 6 Abs. 2 Satz 1 und 3 AsylVfG a. F.)	27
6. Beteiligungsfähigkeit des Bundesbeauftragten im Prozess wegen Abschiebungsschutz nach § 53 AuslG 1990	36
7. Anfechtungsklage des Bundesbeauftragten (§ 6 Abs. 2 Satz 3 AsylVfG a. F.)	40
8. Beteiligung des Vertreters des öffentlichen Interesses	46
9. Verfahrensrechtliche Stellung des Asylsuchenden	50
10. Berufung des Bundesbeauftragten nach § 6 Abs. 3 AsylVfG a. F.	56
11. Weisungsgebundenheit des Bundesbeauftragten nach § 6 Abs. 4 AsylVfG a. F.	58

1. Vorbemerkung

Die Vorschrift bestimmt, dass in allen Verfahren, die vor dem 1. September 2004 anhängig geworden sind, der Bundesbeauftragte sich weiterhin an diesen beteiligen kann. Er kann deshalb auch den Zulassungsantrag nach § 78

§ 87 b   *Übergangs- und Schlussvorschriften*

IV stellen oder sich am Berufungsverfahren beteiligen, obwohl er sich am erstinstanzlichen Verwaltungsstreitverfahren gar nicht beteiligt hat. Voraussetzung ist lediglich, dass die Klage spätestens am 30. August 2004 beim Verwaltungsgericht anhängig geworden ist. Diese kann aufgrund der Verpflichtungsklage des Asylsuchenden oder aufgrund der Anfechtungsklage des Bundesbeauftragten selbst anhängig geworden sein.

2   Aus diesem Grund gelten die die Rechtsstellung des Bundesbeauftragten regelnden Vorschriften des § 6 AsylVfG a. F. weiter fort. Obwohl § 6 AsylVfG mit Wirkung zum 1. August 2004 außer Kraft getreten ist (Art. 15 II in Verb. mit Art. 3 Nr. 5 ZuwG), ordnet der Gesetzgeber mit § 87 b mit Blick auf eine unbestimmte Übergangszeit die Weitergeltung dieser Vorschrift an. § 87 b ist bereits am 1. August 2004 in Kraft getreten (Art. 15 II ZuwG). Erst wenn das letzte Verfahren, an dem sich der Bundesbeauftragte beteiligen kann, unanfechtbar abgeschlossen sein wird, kann die Behörde des Bundesbeauftragten aufgelöst werden. Aus diesem Grund bleibt auch § 39 unverändert in Kraft.

3   Ein wenig mehr Souveränität hätte dem Gesetzgeber gut angestanden. Er hätte etwa durch ein Schlusspunktgesetz regeln können, dass mit Inkrafttreten des ZuwG am 1. Januar 2005 alle für die Asylantragsteller günstigen Entscheidungen, die allein aufgrund einer Klage des Bundesbeauftragten nicht unanfechtbar geworden sind, automatisch in Bestandskraft erwachsen.

2. Institution des Bundesbeauftragten für Asylangelegenheiten (§ 6 Abs. 1 AsylVfG a. F.)

4   Wie § 35 AuslG 1965 und § 5 AsylVfG 1982 regelte § 6 AsylVfG a. F. die Institution des Bundesbeauftragten. Nach der maßgeblichen Gesetzesbegründung zu § 5 AsylVfG 1982 sollte durch diese Institution eine *einheitliche Spruch- und Entscheidungspraxis* des Bundesamtes und der Gerichte garantiert werden (BT-Drs. 9/875, S. 20; BT-Drs. 10/3489, S. 7). Mit der Institution des weisungsgebundenen (BVerwGE 67, 64 (66) = NVwZ 1983, 413 = DÖV 1983, 647 (LS)) Bundesbeauftragten sollte also der Bundesregierung *mittelbar* eine Einwirkungsmöglichkeit auf asylrechtliche Verfahren gegeben werden (Hess. VGH, ESVGH 31, 268).

5   Der Weisungsfreiheit des Einzelentscheiders nach § 5 II 1 AsylVfG a. F. war damit mit dem Bundesbeauftragten eine verwaltungsseitige Institution als Korrektiv gegenübergestellt worden, die staatliche Belange in Asylverfahren zur Geltung bringen und aus ihrer Sicht und aus der Sicht des Bundesinnenministeriums mit der Rechtslage nicht im Einklang stehende Entscheidungen mit Rechtsmitteln anzugreifen vermochte (OVG NW, InfAuslR 1995, 219; VGH BW, InfAuslR 1995, 81 (82)).

6   Wegen der Weisungsunabhängigkeit der Einzelentscheider kann gegen die Anfechtungsklagen des Bundesbeauftragten nicht der Einwand des *unzulässigen Insichprozesses* erhoben werden. Gerichtliche Verfahren, in denen Organe eines Hoheitsträgers gegeneinander prozessieren oder ein solcher von einem eigenen Organ verklagt wird, sind nur dann unstatthaft, wenn behördliche Meinungsverschiedenheiten durch ein übergeordnetes Verwal-

tungsorgan verbindlich behoben werden können und deshalb die Beschreitung des Klageweges entbehrlich ist. In derartigen Fällen fehlt der Klage das Rechtsschutzbedürfnis.

Wegen der bis zum 30. August 2004 geltenden Weisungsfreiheit der Einzelentscheider konnte das Bundesinnenministerium nicht durch Weisung die Meinungsverschiedenheit zwischen Bundesamt und Bundesbeauftragten beseitigen. Den Klagen des Bundesbeauftragten fehlte deshalb nicht das Rechtsschutzbedürfnis (VG Berlin, U. v. 8. 7. 2003 – VG 20 X 200.03). Bei allen nach § 87 b zulässigen Anfechtungsklagen besteht wegen der bis zum 30. August 2004 geltenden Weisungsunabhängigkeit im Blick auf die Asylanerkennung und die Feststellung nach § 51 I AuslG 1990 ein Rechtsschutzbedürfnis.

Mit der Dezentralisierung der örtlichen Gerichtszuständigkeit im Jahre 1980 war auf den Bundesbeauftragten verstärkt auch die Aufgabe zugekommen, auf eine einheitliche Entscheidungspraxis der Gerichte hinzuwirken. Es handelte sich hierbei um eine *eigenständige* und *gleichrangige Aufgabe* des Bundesbeauftragten, die sich nicht aus seiner Funktion als Korrektiv gegenüber der Weisungsunabhängigkeit der Einzelentscheider ableitete (BVerwGE 99, 38 (43) = EZAR 631 Nr. 41 = NVwZ 1996, 79 = AuAS 1996, 222 = BayVBl 1995, 697; BVerwG, EZAR 631 Nr. 40).

Der Institution des Bundesbeauftragten kam damit im Asylverfahren eine *politische Funktion* zu. Nach Auffassung des Bundesinnenministeriums bestand und besteht wegen § 87 b die Hauptaufgabe des Bundesbeauftragten darin, im Rahmen seiner Beteiligung und gegebenenfalls durch Rechtsmitteleinlegung einem Auseinanderlaufen der Entscheidungspraxis der Einzelentscheider und der Verwaltungsgerichte entgegenzuwirken und bei Fragen von grundsätzlicher Bedeutung eine ober- oder höchstrichterliche gerichtliche Klärung herbeizuführen (BVerfG (Kammer), NVwZ-Beil. 2001, 28 (29) = InfAuslR 2001, 150 = EZAR 210 Nr. 17 = AuAS 2001, 58, mit Bezugnahme auf BVerwGE 99, 38 (43 f.) = NVwZ 1996, 79; s. auch BT-Drs. 10/3489, S. 7; BT-Drs. 10/4634; so auch Bell/v. Nieding, ZAR 1995, 181 (186)).

Gegen die Institution des Bundesbeauftragten war seit deren Einführung Kritik geäußert worden. Für die Bundesregierung war diese Institution sicherlich der verfahrensrechtliche *Garant* dafür, dass die asylrechtliche Entscheidungs- und Spruchpraxis nicht aus den Fugen geriet. Die Praxis des Bundesbeauftragten sollte sich jedoch darauf beschränken, bei ungeklärten Rechts- und Tatsachenfragen zu intervenieren (so wohl auch Bell/v. Nieding, ZAR 1995, 181 (186). Die gelegentlich zu beobachtende Praxis – wohl mit Blick auf das im jeweiligen Verfahren zuständige Verwaltungsgericht – mit dem Rechtsbehelf Glaubwürdigkeitsbedenken zum Durchbruch zu verhelfen, ist vom gesetzlichen Auftrag nicht gedeckt (BVerfG (Kammer), NVwZ-Beil. 2001, 28 (29) = InfAuslR 2001, 150 = EZAR 210 Nr. 17 = AuAS 2001, 58; VG Meiningen, InfAuslR 2001, 471 (472); a. A. OVG NW, B. v. 13. 3. 2003 – 4 A 2662/00.A).

Die Beweiswürdigung ist den Einzelentscheidern anvertraut. Demgegenüber ist es Aufgabe des Bundesbeauftragten, durch Gebrauchmachen der ihm gegebenen Rechtsbehelfe auf eine einheitliche Beurteilung rechtlicher und tatsächlicher Fragen in der Verwaltungsgerichtsbarkeit hinzuwirken. Die Rechtsprechung des BVerwG hat die Institution des Bundesbeauftragten und seine Rechtstellung in vielerlei Hinsicht gestärkt.

12 Durch Art. 15 II ZuwG (BGBl. 2002 I S. 1946) war mit Wirkung zum 30. Juni 2002 § 6 AsylVfG a. F. aufgehoben worden. Das BVerfG hat andererseits am 18. Dezember 2002 das Zustandekommen des ZuwG gerügt, sodass das Gesetz insgesamt nicht wie vorgesehen zum 1. Januar 2003 in Kraft treten konnte. Für die Zeit vom 1. Juli bis zum 17. Dezember 2002 war dem Bundesbeauftragten damit durch ein verfassungswidriges Gesetz die prozessuale Möglichkeit genommen worden, gegen Verwaltungsbescheide zu klagen. Da die Bundesregierung vor dem BVerfG unterlegen ist, dürften sich keine signifikanten Probleme ergeben (vgl. Abs. 4). Eine nachträgliche Berufung auf den verfassungsrechtlich zweifelhaften Wegfall der Klagemöglichkeit für den genannten Zeitraum dürfte deshalb kaum zu erwarten und im Hinblick auf bereits bestandskräftige Bescheide aus rechtsstaatlichen Gründen (Vertrauensschutz) im Übrigen auch kaum zulässig sein.

3. Prozessuale Rechtsstellung des Bundesbeauftragten (§ 6 Abs. 2 AsylVfG a. F.)

13 § 6 II AsylVfG a. F. enthält das *Kernstück* der Vorschrift des § 6 AsylvfG a. F. Aus dieser Regelung wie auch aus den vergleichbaren früheren Regelungen wird deutlich, dass der Bundesbeauftragte eine dem *Vertreter des öffentlichen Interesses* nach §§ 35 bis 37 VwGO entsprechende Rechtstellung besitzt (vgl. BVerwGE 67, 64 (65) = NVwZ 1983, 413; BVerwG, Buchholz 402.25 § 5 AsylVfG Nr. 3; BVerwG, Buchholz 402.25 § 5 AsylVfG Nr. 1 = BayVBl. 1983, 507; Hess.VGH, ESVGH 31, 268). Wie dieser, ist er Beteiligter am Verfahren. Als Vertreter des öffentlichen Interesses kann er sich an jedem verwaltungsgerichtlichen Verfahren durch Abgabe einer entsprechenden Erklärung beteiligen. Dies kann er auch nach der Verkündung oder Zustellung eines Urteils und zum alleinigen Zweck der Einlegung eines Rechtsmittels tun, jedenfalls solange, als den Beteiligten gegenüber die Rechtsmittelfrist noch nicht abgelaufen ist (BVerwGE 67, 64 (65)).

14 Der Bundesbeauftragte ist nach dieser Rechtsprechung daher nicht gehalten, seine Beteiligung im Asylprozess von Anfang an zu erklären oder eine einmal erklärte Beteiligung während des gesamten Verfahrens aufrechtzuerhalten (Hess.VGH, ESVGH 31, 268). In Verfahren vor dem BVerwG unterliegt er nicht dem Vertretungserfordernis nach § 67 I VwGO (BVerwGE 67, 64 (65)).

15 Im Vergleich zum Vertreter des öffentlichen Interesses ist die Beteiligungsbefugnis des Bundesbeauftragten zwar noch dahingehend erweitert, dass er auch gegen die Entscheidung des Bundesamtes Klage beim Verwaltungsgericht erheben kann (Abs. 2 S. 3). Im Übrigen kann er sich an allen verwaltungsgerichtlichen Verfahren beteiligen mit der Folge, dass er von da an alle Befugnisse eines Beteiligten nach § 63 VwGO besitzt, zu denen u. a. auch die Befugnis zur Einlegung der Berufung gehört, die nach § 124 VwGO a. F. den Beteiligten zusteht (BVerwGE 67, 64 (66); s. jetzt aber § 124 VwGO n. F.: Berufungszulassung).

Übergangsvorschrift aus Anlass der in Kraft getretenen Änderungen § 87 b

Diese noch zur Rechtslage vor dem Erlass des AsylVfG 1982 entwickelte 16
Rechtsprechung hat zur Folge, dass der Bundesbeauftragte aus seinem Beteiligungsrecht nach § 6 II 1 AsylVfG a. F. auch das Antragsrecht nach § 78 IV 1 hat. Der Einlegung der Berufung bedarf es im Falle der Antragstattgabe nicht (§ 78 V letzter HS). Aus dieser Vorschrift ergibt sich auch die Befugnis zur Einlegung der revisionsrechtlichen Rechtsmittel. Dementsprechend hat das Verwaltungsgericht Stellungnahmen, Anträge, Terminsladungen, Verfügungen und sämtliche Entscheidungen dem Bundesbeauftragten zuzustellen (Hess.VGH, ESVGH 31, 268; Hess.VGH, EZAR 631 Nr. 39), sofern das Verwaltungsstreitverfahren vor dem 1. September 2004 anhängig geworden war. Denn dieser muss sich in jeder Lage des Verfahrens beteiligen können.

Die Stellung als Beteiligter im Verfahren vor dem Verwaltungsgericht hat der 17
Bundesbeauftragte allerdings nicht bereits kraft Gesetzes erworben. § 6 II 1 AsylVfG bestimmt nämlich nicht, dass der Bundesbeauftragte an Klageverfahren vor den Gerichten der Verwaltungsgerichtsbarkeit beteiligt ist, sondern dass er sich an Klageverfahren beteiligen kann. Der Gesetzeswortlaut spricht also eindeutig für eine nur *fakultative Beteiligung* (BVerwGE 99, 38 (41) = EZAR 631 Nr. 41 = NVwZ 1996, 79 = AuAS 1996, 222 = BayVBl 1995, 697; ebenso Reichler, VerwRdsch 1979, 232).

Der Bundesbeauftragte ist durch einfache *Beteiligungserklärung* Beteiligter 18
am Verfahren geworden, nicht jedoch durch Beiladung (BVerwG, Buchholz 402.25 § 5 AsylVfG Nr. 1 = BayVBl. 1983, 507). Für die Abgabe der Beteiligungserklärung ist keine Voraussetzung, insbesondere *keine Beschwer*, vorgeschrieben (BVerwGE 67, 64 (66); Hess.VGH, ESVGH 31, 268; VGH BW, AuAS 2001, 154). Die Rechtsprechung verneint jedoch vereinzelt ein Kontroll- und Beanstandungsinteresse (s. hierzu VGH BW, AuAS 2001, 154 (155)), wenn etwa bei der Frage der Feststellung der Staatsangehörigkeit ohne persönliche Anhörung des Asylsuchenden eine einzelfallbezogene Prüfung dieser Frage anhand der Aktenlage nicht möglich ist (VG Bayreuth, U. v. 30. 7. 1998 – B 6 K 97.31202; VG Düsseldorf, InfAuslR 2000, 48).

Gegen das Urteil des Verwaltungsgerichtes kann der Bundesbeauftragte auch 19
dann Rechtsmittel einlegen, wenn er sich bis dahin am erstinstanzlichen Verfahren nicht beteiligt hatte (vgl. BVerwG, Buchholz 402.25 § 5 AsylVfG Nr. 3). Dies folgt aus § 6 II 1 AsylVfG a. F. und steht im Einklang mit den allgemeinen Vorschriften über den Vertreter des öffentlichen Interesses (BVerwG, Buchholz 402.25 § 5 AsylVfG Nr. 3).

Festzuhalten ist damit, dass sich danach der Bundesbeautragte in jeder Lage 20
des Verfahrens durch konkrete Erklärung mit der Folge beteiligen kann, dass er von diesem Zeitpunkt an alle Befugnisse eines Beteiligten nach § 63 VwGO, insbesondere die Möglichkeit der Rechtsmitteleinlegung hat (BVerwGE 67, 64 (66)). Überdies schließt die Einlegung des Rechtsmittels notwendigerweise und für das Gericht sowie die Prozessbeteiligten erkennbar die Erklärung der Beteiligung mit ein. Daneben eine gesonderte Beteiligungserklärung zu fordern, erscheint dem BVerwG deshalb als bloßer Formalismus (BVerwG, Buchholz 402.25 § 5 AsylVfG Nr. 3; Hess.VGH, EZAR 631 Nr. 39).

Maßgebend für das Recht des Bundesbeauftragten, Rechtsmittel einzulegen, 21
war nach aufgehobenem Recht, dass ihm gegenüber die Rechtsmittelfrist

noch nicht abgelaufen war. Auch wenn daher die Rechtsmittelfrist für den Asylsuchenden bereits verstrichen war, aufgrund späterer Zustellung an den Bundesbeauftragten jedoch für diesen die Frist noch lief, konnte er deshalb das Rechtsmittel einlegen (BVerwGE 67, 64 (65); 99, 38 (40): Zeitliche Zustellungsdifferenz von zwei Tagen). Wird die Zustellung an den Bundesbeauftragten jedoch erst längere Zeit nach der Zustellung an den Asylsuchenden und formloser Mitteilung an den Bundesbeauftragten durchgeführt, hat er sein Klagerecht verwirkt (VG Koblenz, U. v. 25. 7. 1994 – 3 K 3052/93.KO). Auch das BVerfG äußert unter diesen Voraussetzungen erhebliche Bedenken gegen die Zulässigkeit der Klage ((BVerfG (Kammer), NVwZ-Beil. 2001, 28 (28 f.) = InfAuslR 2001, 150 = EZAR 210 Nr. 17 = AuAS 2001, 58).

22 Der Bundesbeauftragte könne sich nicht darauf berufen, dass er von dem Fehlverhalten des Bundesamtes keine Kenntnis erlangt habe. Vielmehr sei er gehalten, sich von Amts wegen um Aufklärung der verzögerten Zustellung zu bemühen und zu ermitteln, ob hierfür sachliche Gründe vorgelegen hätten. Unterlasse er dies, verhalte er sich treuwidrig und verwirke sein Klagerecht (VG Koblenz, U. v. 25. 7. 1994 – 3 K 3052/93.KO).

23 Nach dem insoweit eindeutigen Wortlaut des § 87 b hat der Bundesbeauftragte jedoch sein Klagerecht verloren, wenn ihm gegenüber der Bescheid nach dem 31. August 2004 zugestellt worden ist. Denn in diesem Fall kann er kein vor dem 1. September 2004 anhängiges Verfahren in die Wege leiten.

4. Zulässigkeit der Generalbeteiligungserklärung

24 Das BVerwG hat keine Bedenken gegen die Zulässigkeit einer Generalbeteiligungserklärung, derzufolge der Bundesbeauftragte gegenüber dem Verwaltungsgericht vorab anzeigen kann, dass er sich an allen anhängigen und noch anhängig werdenden Verwaltungsstreitsachen wegen Asylrechts beteilige (BVerwGE 99, 38 (41) = EZAR 631 Nr. 41 = NVwZ 1996, 79 = AuAS 1996, 222 = BayVBl 1995, 697; ebenso Bell/v. Nieding, ZAR 1995, 181 (186); a. A. Hess.VGH, EZAR 631 Nr. 39; VG Berlin, InfAuslR 1989, 342; VG Schleswig, AuAS 2002, 163; Gau, DÖV 1995, 325; Renner, AuslR, § 6 AsylVfG Rdn. 12).

25 Für derartige Beteiligungserklärungen wird lediglich verlangt, dass sie um der gebotenen Rechtssicherheit und Rechtsklarheit willen die erforderliche Bestimmtheit aufweisen und damit für das Gericht und für die Beteiligten nach Inhalt und Umfang eindeutig erkennbar sind. Diese Voraussetzungen werden bei der Generalbeteiligungserklärung des Bundesbeauftragten als gegeben angesehen.

26 Sie richtet sich zwar nicht nur auf die bei ihrer Abgabe beim Verwaltungsgericht bereits anhängigen, sondern darüber hinaus auch auf die dort später eingehenden Verwaltungsstreitsachen wegen Asylrechts. Auch insoweit sei aber die Reichweite der beabsichtigten Beteiligung ohne weiteres erkennbar. Die Generalbeteiligungserklärung wird deshalb als sinnvolles und sachgerechtes Hilfsmittel betrachtet, das es dem Bundesbeauftragten ermöglicht, die ihm vom Gesetz zugedachte Aufgabe ohne Verursachung unnötigen Ver-

waltungsaufwandes im Einzelfall aktiv wahrzunehmen (BVerwGE 99, 38 (40f.)).

5. Reichweite der Beteiligungsfähigkeit des Bundesbeauftragten (§ 6 Abs. 2 Satz 1 und 3 AsylVfG a. F.)

Zwar kann sich der Bundesbeauftragte auch an den Verwaltungsverfahren beteiligen (§ 6 II 1 AsylVfG a. F.). Regelmäßig beteiligt sich der Bundesbeauftragte jedoch nicht an den Asylverfahren vor dem Bundesamt. Verfahrensrechtlich beginnt seine Tätigkeit erst mit der Klageerhebung gegen Statusentscheidungen. Aus § 6 II 1 AsylVfG a. F. kann *nicht* die Befugnis abgeleitet werden, die Einleitung eines *Widerrufs-* oder *Rücknahmeverfahrens* beantragen zu können. Denn aus der Beteiligungsfähigkeit folgte kein in § 73 nicht vorgesehenes Antragsrecht im Verwaltungsverfahren. An einem einmal eingeleiteten Widerrufsverfahren und dem daran anschließenden Verwaltungsstreitverfahren kann der Bundesbeauftragte sich allerdings beteiligen. 27

Die obergerichtliche Rechtsprechung verneint dagegen die Beteiligungsfähigkeit des Bundesbeauftragten für das Widerrufs- und Rücknahmeverfahren mit der Begründung, dass über den Widerruf ein weisungsgebundener Bediensteter des Bundesamtes entscheide (vgl. § 73 IV 1). Die Beteiligungsfähigkeit des Bundesbeauftragten ende indes dort, wo der Einzelentscheider des Bundesamtes Weisungen unterliege (VGH BW, InfAuslR 1995, 81 (82)). 28

Das BVerwG erkennt diesen Einwand jedoch im Zusammenhang mit der Frage der Beteiligungsbefugnis in Prozessen um Abschiebungshindernisse nach § 53 AuslG 1990 nicht an (BVerwGE 99, 38 (43) = EZAR 631 Nr. 41 = NVwZ 1996, 79 = AuAS 1996, 222 = BayVBl 1995, 697; BVerwG, EZAR 631 Nr. 40; BVerwGE 101, 323 (325) = DVBl. 1997, 598 = InfAuslR 1996, 418 = AuAS 1997, 21). 29

Die Praxis des Bundesbeauftragten, Anfechtungsklagen nur zu Lasten der Asylsuchenden zu erheben, wird dem gesetzgeberischen Auftrag, auf eine einheitliche Entscheidungspraxis der Gerichte hinzuwirken sowie Fragen grundsätzlicher Bedeutung einer ober- oder höchstrichterlichen Klärung zuzuführen, nicht gerecht (BVerfG (Kammer), InfAuslR 2001, 150 = NVwZ-Beil. 2001, 28; VG Meiningen, InfAuslR 2002, 219). 30

Der Fall, dass der Bundesbeauftragte sich erst am Berufungsverfahren beteiligt, ist wohl nur in seltenen Ausnahmefällen denkbar. Denn dem Asylsuchenden fehlt für den Zulassungsantrag nach § 78 IV 1 gegen ein ihn begünstigendes verwaltungsgerichtliches Urteil das Rechtsschutzbedürfnis, sodass das Urteil ohne einen entsprechenden Antrag des Bundesbeauftragten in Rechtskraft erwächst. Ein in Rechtskraft erwachsendes Urteil des Verwaltungsgerichtes in einem Verfahren, an dem er sich nicht beteiligt hat, kann der Bundesbeauftragte aber im Nachhinein nicht mehr angreifen (VG Berlin, InfAuslR 1989, 342). Hingegen kann der Bundesbeauftragte den Zulassungsantrag (§ 78 IV 1) stellen. 31

Die Befugnis, in einem derartigen Verfahren ein Rechtsmittel einzulegen, besteht nur solange, wie gegenüber den anderen Beteiligten die Rechtsmit- 32 telfrist noch nicht abgelaufen ist (BVerwGE 67, 64 (65)). Hatte der Asylsuchende jedoch keine Rechtsmittel eingelegt und ist ihm infolge des Eintritts der Rechtskraft des teilweise oder vollumfänglich klagestattgebenden Urteils der Asylbescheid zugestellt oder ist im Anfechtungsprozess des Bundesbeauftragten der Asylbescheid durch gerichtliches Urteil rechtskräftig bestätigt worden, kann er ein Rechtsmittel gegen das Urteil nicht mehr einlegen.

33 Denkbar ist aber, dass der Asylsuchende im erstinstanzlichen Verfahren nur teilweise obsiegt, etwa nur den Abschiebungsschutz nach § 51 I AuslG 1990 erstritten hat, und mit dem Zulassungsantrag auch die Asylberechtigung erreichen will. Gibt das Berufungsgericht dem Antrag statt, wird das Antragsverfahren als Berufungsverfahren fortgesetzt (§ 78 V 3). Auch ohne dass der Bundesbeauftragte sich am erstinstanzlichen Verfahren beteiligt hatte, kann er sich deshalb durch Beteiligungserklärung am Berufungsverfahren beteiligen. Entsprechendes gilt für das revisionsgerichtliche Verfahren.

34 Mit Blick auf den Feststellungsanspruch des § 51 I AuslG 1990 ist das Urteil des Verwaltungsgerichtes aber in Rechtskraft erwachsen. Nur im Hinblick auf die Gewährung der Asylberechtigung ist aufgrund des Zulassungsantrags des Asylsuchenden die Bindungswirkung nach § 121 VwGO nicht eingetreten. Daher kann der Bundesbeauftragte mit Blick auf den auf § 51 I AuslG 1990 abzielenden Verpflichtungsausspruch Rügen gegen das erstinstanzliche Urteil in einem Verfahren, an dem er sich nicht beteiligt hatte, nicht mehr vorbringen.

35 Grundsätzlich konnte der Asylsuchende mit seiner Verpflichtungsklage drei Feststellungen erstreben, nämlich die Gewährung der Asylberechtigung, die Feststellung nach § 51 I AuslG 1990 sowie von Abschiebungshindernissen nach § 53 AuslG 1990. Der Umfang des so bestimmten Streitgegenstandes hat Einfluss auch auf die Beteiligungsfähigkeit des Asylsuchenden sowie des Bundesbeauftragten. Eine isolierte Entscheidung über die Asylanerkennung ist nicht zulässig (BVerwG, EZAR 231 Nr. 4), wohl aber über die Voraussetzungen nach § 51 I AuslG 1990 (§ 31 II 2).

6. Beteiligungsfähigkeit des Bundesbeauftragten im Prozess wegen Abschiebungsschutz nach § 53 AuslG 1990

36 Nach der Rechtsprechung des BVerwG ist der Bundesbeauftragte auch beteiligungsbefugt, soweit Rechtsstreitigkeiten nach dem AsylVfG das Vorliegen von Abschiebungshindernissen nach § 53 AuslG 1990 zum Streitgegenstand haben (BVerwGE 99, 38 (42) = EZAR 631 Nr. 41 = NVwZ 1996, 79 = AuAS 1996, 222 = BayVBl 1995, 697; BVerwG, EZAR 631 Nr. 40; BVerwGE 101, 323 (325) = DVBl. 1997, 598 = InfAuslR 1996, 418 = AuAS 1997, 21; ebenso Hess.VGH, AuAS 1999, 228; VG Regensburg, NVwZ-Beil. 1994, 71; Bell/v. Nieding, ZAR 1995, 181 (186); a. A. OVG NW, NVwZ-Beil. 1994, 69 = EZAR 631 Nr. 32 = AuAS 1994, 225 = InfAuslR 1994, 377 (LS); Nieders. OVG, AuAS 1995, 228; Nieders. OVG, B. v. 9.2.1995 – 3 L 807/95; VGH BW, InfAuslR 1995, 80; VGH BW, U. v. 6.3.1995 – A 16 S 158/94; Renner, AuslR,

§ 6 AsylVfG Rdn. 10; wohl auch VGH BW, NVwZ-RR 1995, 229; Zwerger, InfAuslR 2001, 457 (461)).

Das BVerwG begründete seine Ansicht damit, bereits der Gesetzeswortlaut von § 6 II 1 2. Alt. AsylvfG a. F. sei eindeutig und enthalte keine Einschränkung hinsichtlich der Klageverfahren nach § 53 AuslG 1990 (BVerwGE 99, 38 (42); 101, 323 (325); BVerwG, EZAR 631 Nr. 40; a. A. OVG NW, NVwZ-Beil. 1994, 69 (70)). Es gebe aber auch sonst keine Anhaltspunkte, die es rechtfertigen könnten, die aus dem Wortlaut des § 6 II 1 2. Alt. AsylfG a. F. folgende weite Beteiligungsbefugnis des Bundesbeauftragten an Klageverfahren vor den Verwaltungsgerichten im Wege der Auslegung oder Rechtsfortbildung einzuschränken (BVerwGE 99, 38 (42 f.); BVerwG, EZAR 631 Nr. 40). 37

Insbesondere Sinn und Zweck der genannten Norm erforderten es nicht, die Beteiligungsbefugnis des Bundesbeauftragten auf asylverfahrensrechtliche Streitigkeiten zu beschränken, die auf eine *weisungsungebundene Entscheidung des Bundesamtes* im Sinne des § 5 II 1 AsylvfG a. f. zurückgingen (BVerwGE 99, 38 (42 f.); 101, 323 (325); BVerwG, EZAR 631 Nr. 40; a. A. OVG NW, NVwZ-Beil. 1994, 69 (70); VGH BW InfAuslR 1995, 80 (81)). Zwar habe der Gesetzgeber die Aufgabe des Bundesbeauftragten vor dem Bundesamt zunächst darin gesehen, als Korrektiv gegenüber den weisungsungebundenen Entscheidungen des Bundesamtes zu wirken. Dem Bundesbeauftragten sei im Asylverfahren die Aufgabe übertragen worden, gegenüber den weisungsungebundenen Ausschüssen nach deren Wegfall gegenüber den ebenfalls weisungsungebundenen Einzelentscheidern die staatlichen Belange zur Geltung zu bringen und durchzusetzen. 38

Mit der Dezentralisierung der örtlichen Gerichtszuständigkeit im Jahre 1980 sei auf den Bundesbeauftragten aber verstärkt auch die Aufgabe zugekommen, auf eine einheitliche Entscheidungspraxis der Gerichte hinzuwirken. Es handle sich hierbei um eine *eigenständige und gleichrangige Aufgabe* des Bundesbeauftragten, die sich nicht aus seiner Funktion als Korrektiv gegenüber der Weisungsunabhängigkeit der Einzelentscheider ableite. Aus deren fehlender Weisungsunabhängigkeit bei Entscheidungen über Abschiebungshindernisse nach § 53 AuslG 1990 lasse sich somit nichts gegen die diesbezügliche Beteiligungsbefugnis herleiten (BVerwGE 99, 38 (43 f.); BVerwG, EZAR 631 Nr. 40). 39

7. Anfechtungsklage des Bundesbeauftragten (§ 6 Abs. 2 Satz 3 AsylVfG a. F.)

Der Bundesbeauftragte verklagt die Bundesrepublik Deutschland, endvertreten durch den Präsidenten des Bundesamtes. Entsprechend seiner Funktion als Vertreter des öffentlichen Interesses wird der Bundesbeauftragte nicht Prozessvertreter der Bundesrepublik. Er macht seine Rechte mit der *Anfechtungsklage* geltend (BVerwG, InfAuslR 1989, 353; BVerwG, Buchholz 402.25 § 5 AsylVfG Nr. 7; zur prozessualen Interessenharmonie zwischen Bundesamt und Bundesbeauftragten, Seiler, Das Bundesamt als Prozessvertreter, S. 147 (149 f.)). 40

§ 87 b — Übergangs- und Schlussvorschriften

41 Streitgegenstand ist die Rechtsbehauptung des Bundesbeauftragten, der Statusbescheid sei rechtswidrig, da dem beizuladenden Asylsuchenden mangels Erfüllung der tatbestandlichen Voraussetzungen der politischen Verfolgung der gewährte Rechtsstatus (BVerwG, InfAuslR 1989, 353; BVerwG, Buchholz 402.25 § 5 AsylVfG Nr. 7) oder der Abschiebungsschutz nach § 53 AuslG 1990 nicht zusteht. Im Anfechtungsprozess des Bundesbeauftragten gegen die Gewährung von Asylrecht nach § 26 wird nach Ansicht der Rechtsprechung der Streitgegenstand nicht um den Abschiebungsschutz nach § 51 I AuslG 1990 erweitert. Vielmehr blieb dieser nach § 31 V unbeschieden und daher im Verwaltungsverfahren anhängig (VGH BW, NVwZ-RR 1993, 383; § 26 Rdn. 51).

42 Nach § 77 I ist auch im Anfechtungsprozess des Bundesbeauftragten für die Beurteilung der Sach- und Rechtslage der *Zeitpunkt der mündlichen Verhandlung* maßgebend (so schon zum alten Recht BVerwG, EZAR 631 Nr. 10; BayVGH, B. v. 29. 12. 1988 – Nr. 21 B 87.307.44; BayVGH, U. v. 14. 3. 1989 – Nr. 21 BZ 86.30486; Hess.VGH, U. v. 24. 3. 1988 – 10 UE 2520/85). In den noch anhängigen Verfahren ist damit etwa auch die durch § 60 I–VII AufenthG und § 26 IV bewirkte neue Rechtslage maßgebend. Auch der Bundesbeauftragte kommt nach der Rechtsprechung als Normadressat des § 81 in Betracht (Hess.VGH, EZAR 631 Nr. 26 = NVwZ-RR 1994, 468 = InfAuslR 1994, 291 = AuAS 1994, 152).

43 Wird der Statusbescheid des Bundesamtes aufgehoben, ist mit der Rechtskraft der gerichtlichen Entscheidung mit Bindungswirkung zwischen den Beteiligten (§ 121 VwGO) entschieden, dass dem beigeladenen Asylsuchenden der Rechtsstatus nicht zusteht (BVerwG, Buchholz 402.25 § 5 AsylVfG Nr. 7; BVerwG, InfAuslR 1989, 353). Das der Anfechtungsklage des Bundesbeauftragten stattgebende verwaltungsgerichtliche Urteil ist nicht bereits deshalb fehlerhaft, weil in seinem Tenor auch ausgesprochen ist, der Antrag des beigeladenen Asylsuchenden auf Gewährung des Rechtsstatus werde abgelehnt (BVerwG, EZAR 631 Nr. 12 = NVwZ-RR 1990, 656). Bei einem derartigen Ausspruch handelt es sich lediglich um einen klarstellenden Hinweis darauf, dass mit der gerichtlichen Aufhebung des Statusbescheides auch das Nichtbestehen des behaupteten Anspruchs auf Asyl- bzw. Flüchtlingsanerkennung festgestellt ist (BVerwG, EZAR 631 Nr. 12 = NVwZ-RR 1990, 656).

44 Dementsprechend kann der Asylsuchende nach einer erfolgreichen Anfechtungsklage des Bundesbeauftragten bei gleichbleibender Sach- und Rechtslage auch nicht mit Erfolg geltend machen, dass ihm entgegen der rechtskräftigen Entscheidung der geltend gemachte Anspruch dennoch zusteht (BVerwG, Buchholz 402.25 § 5 AsylVfG Nr. 7; BVerwG, InfAuslR 1989, 353). Für einen erneuten behördlichen (deklaratorischen) Bescheid dahingehend, dass aufgrund der gerichtlichen Entscheidung der Asylanspruch nicht besteht, ist demnach kein Raum (BVerwG, Buchholz 402.25 § 5 AsylVfG Nr. 7; BVerwG, InfAuslR 1989, 353; a. A. VG Trier, InfAuslR 1989, 70).

45 Vielmehr steht mit Rechtskraft der gerichtlichen Entscheidung mit Bindungswirkung für den Bundesbeauftragten, den beigeladenen Asylsuchenden sowie die Bundesrepublik fest (BVerwG, InfAuslR 1989, 353), dass dem Asylsuchenden weder die Asylanerkennung noch der Flüchtlingsstatus zusteht. Ein

Übergangsvorschrift aus Anlass der in Kraft getretenen Änderungen § 87 b

erneutes Schutzbegehren unterliegt den strengen, für den Folgeantrag nach § 71 maßgeblichen Voraussetzungen. Entsprechende Grundsätze gelten für die Abschiebungshindernisse nach § 53 AuslG bzw. § 60 II–VII AufenthG.

8. Beteiligung des Vertreters des öffentlichen Interesses

Nach § 36 VwGO kann bei dem Oberverwaltungsgericht bzw. Verwaltungsgerichtshof und dem Verwaltungsgericht nach Maßgabe einer länderrechtlichen Verordnung ein Vertreter des öffentlichen Interesses bestellt werden. Nach der Rechtsprechung des BVerwG ist der Vertreter des öffentlichen Interesses – ebenso wie der Oberbundesanwalt – Beteiligter am Verfahren und damit auch rechtsmittelbefugt (BVerwG, Buchholz 402.25 § 5 AsylVfG Nr. 5). Durch die Beteiligung des Bundesbeauftragten wird der Vertreter des öffentlichen Interesses weder generell noch für den Fall der Beteiligung des Bundesbeauftragten an asylrechtlichen Gerichtsverfahren ausgeschlossen (BVerwGE 75, 337 (339); BVerwG, Buchholz 402.25 § 5 AsylVfG Nr. 5). 46

Da nach geltendem Recht in asylrechtlichen Streitigkeiten nur noch die Bundesrepublik Deutschland verklagt wird, ist für eine weiterhin bestehende Beteiligungsfähigkeit des Vertreters des öffentlichen Interesses eigentlich kein Raum mehr. Das BVerwG hat jedoch keine Bedenken dagegen, dass der Vertreter des öffentlichen Interesses nicht als Vertreter des jeweiligen Landes, sondern als Vertreter des öffentlichen Interesses gegen asylrechtliche Gerichtentscheidungen Rechtsmittel einlegen kann (BVerwG, Buchholz 402.25 § 5 AsylVfG Nr. 5; a. A. Reichler, VerwRdsch 1979, 232 (233)). 47

Da nach § 36 VwGO in Übereinstimmung mit der Rechtsprechung des BVerwG der Vertreter des öffentlichen Interesses in seiner Eigenschaft als solcher und nicht als Vertreter des Landes oder einer Landesbehörde auftritt, kann er sich an jedem Verfahren, das bei dem Gericht, an dem er bestellt ist, anhängig ist, durch Beteiligungserklärung beteiligen. Er ist nicht auf eine Beteiligung in landesrechtlich geregelten Verfahren beschränkt. 48

Mangels einer bundesgesetzlichen Einschränkung kann er sich vielmehr auch an Verfahren beteiligen, die gegen die Bundesrepublik als Beklagte gerichtet sind sowie die Anwendung von Bundesrecht zum Gegenstand haben (BVerwG, Buchholz 402.25 § 5 AsylVfG Nr. 5). Seine prozessuale Rechtsstellung ist wie die des Bundesbeauftragten geregelt, für seine Beteiligungsfähigkeit ist z. B. keine Beschwer erforderlich (BVerwGE 75, 337 (339)). 49

9. Verfahrensrechtliche Stellung des Asylsuchenden

Durch die Anfechtungsklage des Bundesbeauftragten wird die Rechtsposition des Asylsuchenden derart berührt, dass die Entscheidung auch ihm gegenüber nur einheitlich ergehen kann. Er ist daher durch gerichtlichen Beschluss *notwendig beizuladen* (§ 65 II VwGO). Dadurch wird der Asylsuchende Verfahrensbeteiligter mit sämtlichen prozessualen Rechten (§ 66 VwGO). Er kann insbesondere im Rahmen des Anfechtungsantrags des Bundesbeauf- 50 tragten selbständig Angriffs- und Verteidigungsmittel geltend machen (§ 66 S. 1 VwGO) und überdies abweichende Sachanträge stellen (§ 66 S. 2 VwGO). Auch wenn der Asylsuchende als solcher nicht »Partei« im Sinne des § 114 ZPO ist, kann ihm *Prozeßkostenhilfe* bewilligt werden, da materiell seine Rechte im Streit sind (Thür.OVG, AuAS 1997, 23).

51 Nach der Rechtsprechung des BVerwG ist es zulässig, dass der Bundesbeauftragte zur Beseitigung der Rechtshängigkeit des Prozesses mit Zustimmung des Bundesamtes das Verfahren für erledigt erklärt (BVerwG, EZAR 631 Nr. 6). Es begründet seine Ansicht damit, dass auch der notwendig Beigeladene eine abhängige Stellung habe, sodass er nicht verhindern könne, dass der Streit auch ohne seine Zustimmung beendet werde (BVerwG, EZAR 631 Nr. 6).

52 Nach der gerichtlichen Praxis beenden übereinstimmende Erledigungserklärungen des Klägers und der Beklagten den Prozess unmittelbar und damit zugleich auch mit Rückwirkung die Anhängigkeit der Sache, ohne dass es insoweit noch einer konstitutiv wirkenden Entscheidung des Verwaltungsgerichtes bedürfte. Das Gericht trifft nur noch eine Entscheidung über die Kosten. Damit erwächst der den Asylsuchenden begünstigende Asylbescheid unmittelbar in Bestandskraft. Lediglich zur Klarstellung kann es angezeigt sein, dass das Bundesamt zum Zwecke der Geltendmachung der Rechtsstellung nach § 2 oder § 3 schriftlich gegenüber der Ausländerbehörde auf diese Rechtslage hinweist.

53 Will der beigeladene Asylsuchende den Prozess beenden, etwa weil er einen asylverfahrensunabhängigen Aufenthaltstitel in Anspruch nehmen will, so steht ihm hierfür nicht die verfahrensrechtliche Handhabe der Erledigungserklärung zur Verfügung. Vielmehr muss er gegenüber dem Bundesamt den Asylantrag zurücknehmen. Daraufhin haben Bundesamt und Bundesbeauftragter übereinstimmende Erledigungserklärungen abzugeben.

54 Die Rücknahme des Asylantrags ist jedoch nur dann sinnvoll, wenn der Asylsuchende im Besitz eines Aufenthaltstitels ist bzw. mit Sicherheit zu erwarten ist, dass er in deren Besitz gelangt. Andernfalls erlässt das Bundesamt im Rahmen des Einstellungsbeschlusses nach § 32 eine Abschiebungsandrohung (vgl. § 34 I 1).

55 Im Prozess gegen diese Abschiebungsandrohung kann sich der Bundesbeauftragte im Übrigen erneut beteiligen. Das Gericht hat für den Fall der Klageabweisung im Urteil nach § 161 I VwGO über die Kostentragungspflicht des Klägers im Hinblick auf die außergerichtlichen Kosten des beigeladenen Asylsuchenden eine Entscheidung zu treffen. Gegebenenfalls kann der Asylsuchende einen entsprechenden Antrag nach § 162 III VwGO stellen. Erst nach der Kostenentscheidung kann er die Kosten festsetzen lassen.

10. Berufung des Bundesbeauftragten nach § 6 Abs. 3 AsylVfG a. F.

56 Nach § 6 III 1 AsylVfG a. F. wird der Bundesbeauftragte vom Bundesinnenministerium berufen. Es handelte sich beim Bundesbeauftragten für Asylangelegenheiten um eine *Bundesoberbehörde* (Bell/v. Nieding, ZAR 181 (185)),

Übergangsvorschrift aus Anlass der in Kraft getretenen Änderungen § 87 b

d. h. Leiter der Behörde ist der Bundesbeauftragte, dem weitere Bedienstete zur Wahrung seiner Aufgaben und für die Bearbeitung der noch anhängigen Prozesse zur Verfügung stehen. Dies ergibt sich auch aus der Rechtsprechung des BVerwG, derzufolge bei *vorübergehender Vakanz* der Position des Bundesbeauftragten die Bediensteten der Behörde gleichwohl in zulässiger Weise Rechtsmittel einlegen können (BVerwG, NVwZ-Beil. 1995, 41; ebenso OVG NW, InfAuslR 1995, 219; Rdn. 3).

Die gesetzlich festgelegte Funktion des Bundesbeauftragten erfordere, dass jederzeit – auch bei vorübergehender Vakanz – die Kontrollinstanz vorhanden sein müsse, und lasse es nicht zu, dass zeitweilig mit der Person des Amtsinhabers die Wahrnehmungszuständigkeit entfalle und die Beteiligungsbefugnis des Bundesbeauftragten überhaupt nicht ausgeübt werden könne (OVG NW, InfAuslR 1995, 219). Als einzige gesetzliche Voraussetzung nennt das Gesetz, dass der Bundesbeauftragte die Befähigung zum Richteramt oder zum höheren Verwaltungsdienst haben muss (Abs. 3 S. 2). 57

11. Weisungsgebundenheit des Bundesbeauftragten nach § 6 Abs. 4 AsylVfG a. F.

Nach § 6 IV AsylVfG a. F. ist der Bundesbeauftragte an Weisungen des Bundesinnenministeriums gebunden. Die Weisungsgebundenheit bezieht sich auf die generelle Frage der Beteiligung in einem Verfahren (vgl. auch BVerwGE 67, 64 (66) = NVwZ 1983, 413 = DÖV 1983, 647 (LS)); BVerwGE 101, 323 (326) = DVBl. 1997, 180 = InfAuslR 1996, 418 = AuAS 1997, 21). Fraglich ist, ob die Weisungsgebundenheit sich auch auf die konkrete Art und Weise der Durchführung der Prozessführung durch den Bundesbeauftragten bezieht (dafür Renner, AuslR, § 6 AsylVfG Rdn. 6). In der Verwaltungspraxis hat der Bundesbeauftragte insoweit einen gewissen Handlungsspielraum. Gegen bestimmte Weisungen zur Art der Prozessführung können sachlich begründete Bedenken jedoch wohl kaum erhoben werden. 58

Die Gründe für Weisungen des Bundesinnenministeriums an den Bundesbeauftragten können *personenbezogen*, aber auch *politischer Art* sein. Nach der Rechtsprechung ist es vorrangige Aufgabe des Bundesbeauftragten, die staatlichen Belange in Asylverfahren zur Geltung zu bringen und die aus der Sicht des Bundesinnenministeriums mit der Rechtslage nicht im Einklang stehenden Entscheidungen mit Rechtsmitteln anzugreifen (OVG NW, InfAuslR 1995, 219; VGH BW, InfAuslR 1995, 81 (82)). Er soll also im Rahmen seiner Beteiligung und gegebenenfalls durch Rechtsmitteleinlegung einem Auseinanderlaufen der Entscheidungspraxis der Einzelentscheider und der Verwaltungsgerichte entgegenwirken und bei Fragen von grundsätzlicher Bedeutung eine obergerichtliche Klärung herbeiführen (BT-Drs. 10/3489, S. 7; vgl. auch BT-Drs. 10/4634; so auch BVerwGE 101, 323 (325) = DVBl. 1997, 180 = InfAuslR 1996, 418 = AuAS 1997, 21; Bell/v. Nieding, ZAR 1995, 181 (186)). 59

Die Rechtsprechung hat keine Bedenken dagegen, dass der Leiter der Behörde des Bundesbeauftragten zugleich Abteilungsleiter im Bundesamt und da- 60 mit Weisungen des Präsidenten des Bundesamtes unterworfen ist (VG Berlin, U. v. 8. 7. 2003 – VG 20 X 200.03). Der Bundesbeauftragte sei keine natürliche Person, sondern eine – sogar vom vorübergehenden Fehlen eines Leiters unabhängige – institutionalisierte Behörde. Es sei unschädlich, wenn der Behördenleiter in seiner Funktion als Abteilungsleiter Weisungen des Bundesamtes unterworfen sei, wenn er solchen Weisungen in seiner Funktion als Leiter des Bundesbeauftragten nicht unterliege (OVG Berlin, B. v. 27. 10. 2004 – OVG 3 N 197.03; VG Berlin, U. v. 8. 7. 2003 – VG 20 X 200.03). Wie bereits im Zeitraum vom 1. Juli bis zum 18. Dezember 2002 (vgl. Art. 15 II ZuwG Nr. I, BGBl. 2002 I S. 1946) ist der derzeitige Leiter des Bundesbeauftragten seit dem 1. September 2004 erneut zugleich auch Abteilungsleiter im Bundesamt.

§ 88 Verordnungsermächtigungen

(1) Das Bundesministerium des Innern bestimmt durch Rechtsverordnung mit Zustimmung des Bundesrates die zuständigen Behörden für die Ausführung völkerrechtlicher Verträge und die von den Europäischen Gemeinschaften erlassenen Rechtsvorschriften über die Zuständigkeit für die Durchführung von Asylverfahren hinsichtlich
1. **der Übermittlung eines Ersuchens an einen anderen Vertragsstaat, einen Ausländer zur Behandlung des Asylbegehrens zu übernehmen,**
2. **der Entscheidung über das Ersuchen eines anderen Vertragsstaates, einen Ausländer zur Behandlung des Asylbegehrens zu übernehmen,**
3. **der Übermittlung eines Rückübernahmeantrages an einen anderen Vertragsstaat,**
4. **der Entscheidung über einen Rückübernahmeantrag eines anderen Vertragsstaates und**
5. **des Informationsaustausches und der Erfassung, Übermittlung und dem Vergleich von Fingerabdrücken.**

(2) Die Landesregierung kann durch Rechtsverordnung Aufgaben der Aufnahmeeinrichtung auf andere Stellen des Landes übertragen.

Übersicht	Rdn.
1. Vorbemerkung	1
2. Rechtsverordnung des Bundes (Abs. 1)	4
3. Rechtsverordnung der Landesregierung (Abs. 2)	6

1. Vorbemerkung

1   Die Vorschrift des § 88 hat kein Vorbild im AsylVfG 1982. Abs. 1 wurde durch ÄnderungsG 1993 eingeführt (BT-Drs. 12/4450, S. 10; vgl. auch: BT-Drs. 12/4984, S. 27) und steht in engem Zusammenhang mit den Regelungen in Art. 16 a V GG und § 22 a. Die Vorschrift des Abs. 2 entspricht der früheren

Verordnungsermächtigungen § 88

Regelung des § 88 AsylVfG 1992 (BT-Drs. 4450, S. 29). Die gesetzliche Ermächtigung ist notwendig geworden, weil Art. 16 a V GG ausdrücklich den Abschluss völkerrechtlicher Verträge von Mitgliedstaaten der Europäischen Union untereinander und mit dritten Staaten über Zuständigkeitsregelungen für die Behandlung von Asylsuchenden vorsieht und diesen Vorrang vor anderen gesetzlichen Regelungen einräumt.

Durch das Terrorismusbekämpfungsgesetz ist in Abs. 1 S. 1 auch der Hinweis auf gemeinschaftliches Sekundärrecht (EG-Verordnungen, EG-Richtlinien, Entscheidungen, Stellungnahmen und Empfehlungen) eingefügt worden. Indem die Ergänzung nicht nur EG-Verordnungen, sondern das gesamte Sekundärrecht umfasst, stellt die Vorschrift eine umfassende Rechtsgrundlage für die Umsetzung von EG-Sekundärrecht dar (BT-Drs. 14/7386, S. 60). 2

Zuständig für den Erlass der Rechtsverordnung nach Abs. 1 ist das Bundesinnenministerium. Die Zustimmung des Bundesrates ist vorgeschrieben (vgl. Abs. 1). Die Rechtsverordnung nach Abs. 1 ist am 26. November 1993 erlassen worden (BGBl I S. 1914) und am 1. Dezember 1993 in Kraft getreten. 3

2. Rechtsverordnung des Bundes (Abs. 1)

Nach Abs. 1 bestimmt das Bundesinnenministerium durch Rechtsverordnung mit Zustimmung des Bundesrates die zuständigen Behörden für die Ausführung völkerrechtlicher Verträge über die Zuständigkeit für die Durchführung des Asylverfahrens. Diese Verordnungsermächtigung soll die Rechtsgrundlage für die Festlegung der behördlichen Zuständigkeiten bei der Umsetzung der *Drittstaatenregelung* schaffen, da es nicht möglich ist, durch Gesetz abschließend zu regeln, welche Behörden für die Ausführung auch künftiger völkerrechtlicher Verträge über die Zuständigkeit für die Durchführung von Asylverfahren zuständig sein sollen (BT-Drs. 12/4450, S. 29). Ebenso bezieht die Ermächtigung sich auf EG-Sekundärrecht (Rdn. 2). Zuständig für den Erlass der Verordnung ist das Bundesinnenministerium. Da die Belange der Länder betroffen sind, bedarf die Verordnung nach Abs. 1 der Zustimmung der Länderkammer. 4

Verfassungsrechtliche Grundlage dieser Verordnungsermächtigung ist Art. 16 a V GG. Anlass der Verordnungsermächtigung kann ein *multilateraler Vertrag* (Schengener Zusatzabkommen, Dubliner Übereinkommen) sowie ein *bilaterales Abkommen* (z. B. Übernahmeabkommen zwischen der Bundesrepublik und Polen und Übernahmeabkommen zwischen der Bundesrepublik und der Schweiz), nicht jedoch etwa eine gemeinschaftsrechtliche Richtlinie sein. Da die Übernahmeabkommen *gegenseitige Vertragspflichten* vorsehen, kann durch diese die völkerrechtliche Zuständigkeit der Bundesrepublik zur Übernahme des Asylsuchenden und Durchführung des Asylverfahrens bewirkt werden. 5

Zu diesem Zweck hat der Gesetzgeber die Regelungen des § 22 a geschaffen. Die Zuständigkeit für die Durchführung des Asylverfahrens liegt in diesen Fällen beim Bundesamt. Durch Rechtsverordnung ist zu regeln, zu welcher Stelle sich der übernommene Asylbewerber zu begeben hat (§ 22 a S. 2). Dies wird regelmäßig eine der bestehenden Aufnahmeeinrichtungen sein. 6

1795

7 Völkerrechtliche Verträge, die im Rahmen von Abs. 1 erheblich wurden, waren insbesondere das Dubliner Übereinkommen vom 15. Juni 1990 (BGBl. II 1994 S. 792) und zuvor das Schengener Durchführungsübereinkommen (SDÜ) vom 19. Juni 1990 (BGBl. II 1993 S. 1010). Darauf weist auch das BVerfG in diesem Zusammenhang hin (BVerfGE 94, 49 (86) = EZAR 208 Nr. 7 = NVwZ 1996, 700). Das SDÜ war am 26. März 1996 für die Erstunterzeichnerstaaten *Bundesrepublik, Frankreich* und *Benelux-Staaten* sowie die später hinzugekommenen Staaten *Spanien* und *Portugal* in Kraft getreten (BGBl. II S. 242).

8 Die Zuständigkeitskriterien des SDÜ waren nahezu identisch mit denen des Dubliner Übereinkommens. Da das Dubliner Übereinkommen mit Wirkung vom 1. September 1997 für die früheren zwölf EG-Staaten in Kraft getreten war (BGBl. II S. 1462), fanden aufgrund von Art. 1 des Bonner Protokolls vom 26. April 1994 die Bestimmung des Kapitels 7 des SDÜ über die Zuständigkeit des Vertragsstaates zur Behandlung von Asylbegehren keine Anwendung mehr (BGBl. II S. 739). An deren Stelle waren die Art. 3 bis 9 des Dubliner Übereinkommens getreten. Seit dem 1. Oktober 1997 nahmen Österreich und Schweden und seit dem 1. Januar 1998 Finnland als weitere Vertragsstaaten am Verfahren nach der Dubliner Konvention teil (Huber, NVwZ 1998, 150).

9 Da allerdings die Zuständigkeitskriterien und Verfahrensregelungen weitgehend identisch mit denen des SDÜ waren, konnte die zur Anwendung des SDÜ in diesem Zusammenhang entwickelte Rechtsprechung auch weiterhin Berücksichtigung finden. Die das Dubliner Übereinkommen ersetzende am 1. September 2003 in Kraft getretene EG-Verordnung 343/2003 (Dublin II-VO) unterfällt nicht dem Anwendungsbereich des § 88. Insoweit ist unklar, auf welcher gesetzlichen Grundlage die für die Ausführung dieser Verordnung erforderlichen behördlichen Zuständigkeitsregelungen geregelt werden sollen.

10 Da mit dem Inkrafttreten des Dubliner Übereinkommens am 1. September 1997 die Zuständigkeitsvorschriften des SDÜ nicht mehr angewendet werden, war durch Verordnung vom 4. Dezember 1997 mit Wirkung vom 5. Dezember 1997 (BGBl. I S. 2852) das Bundesamt auch als zuständige Behörde für die Ausführung des Dubliner Übereinkommens bestimmt worden. Dort war bereits für die Ausführung des SDÜ eine spezielle Arbeitseinheit eingerichtet worden, die war für die Ausführung des Dubliner Übereinkommens zuständig und wohl auch für die Anwendung der EG-Verordnung 343/2003 zuständig sein wird. Danach hat das Bundesamt folgende Aufgaben (vgl. BR-Drs. 705/97) wahrzunehmen:

11 **1. Ersuchen um Übernahme eines Asylsuchenden**
Stellt ein Asylsuchender im Bundesgebiet einen Asylantrag und ist ein anderer Mitgliedstaat für die Durchführung des Asylverfahrens zuständig, ersucht das Bundesamt diesen Staat um Übernahme des Asylsuchenden. Bejaht der ersuchte Staat seine Zuständigkeit und ist die Ausreisepflicht vollziehbar, koordiniert das Bundesamt die Überstellung des Asylsuchenden.

12 **2. Prüfung eines Übernahmeersuchens**
Stellt ein Asylsuchender in einem anderen Mitgliedstaat einen Asylantrag und ist die Bundesrepublik für die Durchführung des Asylverfahrens zuständig, entscheidet das Bundesamt über das entsprechende Übernahmeersuchen. Wird die Zuständigkeit der Bundesrepublik bejaht, unterrichtet das

Einschränkung von Grundrechten § 89

Bundesamt den ersuchenden Mitgliedsstaat und teilt die Überstellungsmodalitäten mit.

3. Ersuchen um Rückübernahme 13
Hält sich ein Asylsuchender unerlaubt im Bundesgebiet auf und ist ein anderer Mitgliedsstaat aufgrund eines anhängigen oder bereits abgeschlossenen Asylverfahrens zur Rückübernahme verpflichtet, übermittelt das Bundesamt diesem Staat den Antrag auf Rückübernahme des Asylsuchenden.

4. Prüfung der Rückübernahmeverpflichtung 14
Übermittelt ein anderer Vertragsstaat einen Antrag auf Rückübernahme eines Asylsuchenden, weil dieser im Bundesgebiet ein Asylverfahren betreibt oder betrieben hat, überprüft das Bundesamt die Rückübernahmeverpflichtung.

5. Aufgreifen eines Asylsuchenden im grenznahen Raum 15
Greifen die Grenzbehörden einen Asylsuchenden im grenznahen Raum auf und gelingt diesen nicht die Rückführung in den zuständigen Vertragsstaat innerhalb von 48 Stunden, ist das Bundesamt nach § 3 der Verordnung vom 4. Dezember für die Ausführung des Dubliner Übereinkommens zuständig.

3. Rechtsverordnung der Landesregierung (Abs. 2)

Abs. 2 ermächtigt die Landesregierung, Aufgaben, die der Aufnahmeeinrichtung nach diesem Gesetz obliegen, anderen Stellen des Landes zu übertragen (BT-Drs. 12/2062, S. 43). Diese bundesgesetzliche Verordnungsermächtigung soll die Landesregierung in die Lage versetzen, den jeweiligen besonderen örtlichen Verhältnissen durch landesinterne Organisation möglichst flexibel Rechnung zu tragen. Die Aufnahmeeinrichtung ist unter anderen zuständig für die Zustellung (§ 10 IV), für erkennungsdienstliche Maßnahmen (§ 16 II), für die Durchsetzung der räumlichen Beschränkung (§ 59) und für die Ausschreibung zur Aufenthaltsermittlung (§ 66). 16

§ 89 Einschränkung von Grundrechten

(1) Die Grundrechte der körperlichen Unversehrtheit (Artikel 2 Abs. 2 Satz 1 des Grundgesetzes) und der Freiheit der Person (Artikel 2 Abs. 2 Satz 2 des Grundgesetzes) werden nach Maßgabe dieses Gesetzes eingeschränkt.

(2) Das Verfahren bei Freiheitsentziehung richtet sich nach dem Gesetz über das gerichtliche Verfahren bei Freiheitsentziehungen in der im Bundesgesetzblatt Teil III, Gliederungsnummer 316-1, veröffentlichten bereinigten Fassung, zuletzt geändert durch Artikel 7 § 21 des Gesetzes vom 12. September 1990 (BGBl. I S. 2002).

§ 89 Übergangs- und Schlussvorschriften

Übersicht

	Rdn.
1. Vorbemerkung	1
2. Verfassungsrechtliches Zitiergebot (Abs. 1)	2
3. Anwendung des Freiheitsentziehungsgesetzes (Abs. 2)	5

1. Vorbemerkung

1   Die Vorschrift des § 89 ist der Regelung des § 37 AsylVfG 1982 nachgebildet. Sie trägt dem *verfassungsrechtlichen Zitiergebot* Rechnung, demzufolge Grundrechte, die durch Gesetz eingeschränkt werden, unter Angabe des Artikels zu nennen sind (Art 19 I 2 GG). Abs. 1 nennt demzufolge die einzelnen Grundrechte, die durch das AsylVfG eingeschränkt werden. Abs. 2 verweist für das Verfahren der Freiheitsentziehung auf die Bestimmungen des FEVG, gehört gesetzessystematisch jedoch nicht in diese Vorschrift.

2. Verfassungsrechtliches Zitiergebot (Abs. 1)

2   Allgemein wird Art. 19 I 2 lediglich die Bedeutung einer *psychologischen Schranke* für den Gesetzgeber beigemessen. Ihr Sinn liegt also darin, dass der Gesetzgeber nicht berechtigt sein soll, Grundrechte einzuschränken, ohne sich über die Bedeutung und Tragweite eines Grundrechts bewusst zu sein. Das Zitiergebot gilt nicht, wenn der Gesetzgeber ihm obliegende Inhaltsbestimmungen und Regelungsaufträge ausführt (BVerfGE 64, 72 (79f.)). Nach allgemeiner Ansicht findet dieses Gebot vielmehr nur dann Anwendung, wenn das Grundrecht aufgrund eines ausdrücklich geregelten Gesetzesvorbehaltes durch Gesetz eingeschränkt werden soll.

3   Dementsprechend verweist Abs. 1 lediglich auf Art. 2 II 1 GG (*Grundrecht der körperlichen Unversehrtheit*) sowie auf Art. 2 II 2 GG (*Grundrecht der Freiheit der Person*). Ein Eingriff in die körperliche Unversehrtheit stellt die erkennungsdienstliche Behandlung nach § 16 dar. Auch die Gesundheitsuntersuchung nach § 62 kann mit einem derartigen Eingriff verbunden sein. Die Freiheit der Person wird z. B. durch die Regelungen des § 14 IV, § 59 und § 71 VIII eingeschränkt. Auch Durchsuchungsmaßnahmen nach § 16 IV können mit einem derartigen Grundrechtseingriff verbunden sein.

4   Nicht ausdrücklich geregelt ist im Gesetz der mit dem öffentlichen Gewahrsam im Rahmen des *Flughafenverfahrens* zusammenhängende Eingriff in die Freiheit der Person. Das BVerfG ist jedoch der Ansicht, dass die Begrenzung des Aufenthaltes von Asylsuchenden auf die für das Flughafenverfahren vorgesehenen Räumlichkeiten im Transitbereich des Flughafens keine Freiheitsentziehung darstellt (BVerfGE 94, 166 (198) = EZAR 632 Nr. 25 = NVwZ 1996, 678). Anders ist die Rechtslage jedoch bei Aufrechterhaltung der Freiheitsbegrenzung nach Verfahrensabschluss (§ 18 a Rdn. 248 ff.).

aufgehoben § 90

3. Anwendung des Freiheitsentziehungsgesetzes (Abs. 2)

Abs. 2 bestimmt, dass sich das Verfahren bei Freiheitsentziehungen nach dem FEVG richtet. Rechtsmittel gegen Maßnahmen der Freiheitsentziehung sind deshalb nach den Vorschriften des FEVG bei den Gerichten der freiwilligen Gerichtsbarkeit einzulegen. Dies gilt etwa für die Freiheitsentziehung im Zusammenhang mit dem Flughafenverfahren, wenn nach unanfechtbarem erfolglosen Verfahrensabschluss die Zurückweisung nicht möglich ist (§ 18 a), für die Inhaftnahme nach § 59 II sowie für die Anordnung von Abschiebungshaft nach § 14 IV und § 71 VIII. Die Rechtmäßigkeit der Abschiebungshaft selbst richtet sich nach § 62 AufentG.

Demgegenüber sind Rechtsmittel gegen die den Freiheitsentziehungen zugrundeliegenden Verwaltungsakte (z. B. Festnahme nach § 59 II) nach den Bestimmungen der VwGO einzulegen. Dies gilt nach der Rechtsprechung auch für den ausländerbehördlichen Antrag auf Anordnung der Abschiebungshaft (Hess.VGH, InfAuslR 1989, 74; OVG Saarland, InfAuslR 1986, 211; OVG Rh-Pf, InfAuslR 1985, 162; a. A. OVG Rh-Pf, InfAuslR 1989, 72 = NVwZ-RR 1989, 441).

§ 90 *aufgehoben*

Anhang 1

Gesetzestexte

Inhalt

1. Abkommen über die Rechtsstellung der Flüchtlinge vom 28. Juli 1951 1803

2. Anhang zum Abkommen über die Rechtsstellung der Flüchtlinge vom 28. Juli 1951 1823

3. Protokoll über die Rechtsstellung der Flüchtlinge vom 31. Januar 1967 1827

4. Verordnung (EG) Nr. 343/2003 des Rates vom 18. Februar 2003 zur Festlegung der Kriterien und Verfahren zur Bestimmung des Mitgliedstaats, der für die Prüfung eines von einem Drittstaatsangehörigen in einem Mitgliedstaat gestellten Asylantrags zuständig ist 1833

5. Richtlinie 2004/83/EG des Rates vom 29. April 2004 über Mindestnormen für die Anerkennung und den Status von Drittstaatsangehörigen oder Staatenlosen als Flüchtlinge oder als Personen, die anderweitig internationalen Schutz benötigen, und über den Inhalt des zu gewährenden Schutzes 1853

Abkommen über die Rechtsstellung der Flüchtlinge
(Genfer Flüchtlingskonvention – GFK)

Vom 28. Juli 1951 (BGBl. 1953 II S. 560)

Kapitel I. Allgemeine Bestimmungen

Art. 1 Definition des Begriffs »Flüchtling«

A

Im Sinne dieses Abkommens findet der Ausdruck »Flüchtling« auf jede Person Anwendung:
1. Die in Anwendung der Vereinbarungen vom 12. Mai 1926 und 30. Juni 1928 oder in Anwendung der Abkommen vom 28. Oktober 1933 und 10. Februar 1938 und des Protokolls vom 14. September 1939 oder in Anwendung der Verfassung der Internationalen Flüchtlingsorganisation als Flüchtling gilt.

Die von der Internationalen Flüchtlingsorganisation während der Dauer ihrer Tätigkeit getroffenen Entscheidungen darüber, daß jemand nicht als Flüchtling im Sinne ihres Statuts anzusehen ist, stehen dem Umstand nicht entgegen, daß die Flüchtlingseigenschaft Personen zuerkannt wird, die die Voraussetzungen der Ziffer 2 dieses Artikels erfüllen.

2. Die infolge von Ereignissen, die vor dem 1. Januar 1951 eingetreten sind, und aus der begründeten Furcht vor Verfolgung wegen ihrer Rasse, Religion, Nationalität, Zugehörigkeit zu einer bestimmten sozialen Gruppe oder wegen ihrer politischen Überzeugung sich außerhalb des Landes befinden, dessen Staatsangehörigkeit sie besitzt, und den Schutz dieses Landes nicht in Anspruch nehmen kann oder wegen dieser Befürchtungen nicht in Anspruch nehmen will; oder die sich als Staatenlose infolge solcher Ereignisse außerhalb des Landes befindet, in welchem sie ihren gewöhnlichen Aufenthalt hatte, und nicht dorthin zurückkehren kann oder wegen der erwähnten Befürchtungen nicht dorthin zurückkehren will.

Für den Fall, daß eine Person mehr als eine Staatsangehörigkeit hat, bezieht sich der Ausdruck »das Land, dessen Staatsangehörigkeit sie besitzt« auf jedes der Länder, dessen Staatsangehörigkeit diese Person hat. Als des Schutzes des Landes, dessen Staatsangehörigkeit sie hat, beraubt gilt nicht eine Person, die ohne einen stichhaltigen, auf eine begründete Befürchtung gestützten Grund den Schutz eines der Länder nicht in Anspruch genommen hat, deren Staatsangehörigkeit sie besitzt.

B

1. Im Sinne dieses Abkommens können die im Artikel 1 Abschnitt A enthaltenen Worte »Ereignisse, die vor dem 1. Januar 1951 eingetreten sind« in dem Sinne verstanden werden, daß es sich entweder um
   a) »Ereignisse, die vor dem 1. Januar 1951 in Europa eingetreten sind« oder

b) »Ereignisse, die vor dem 1. Januar 1951 in Europa oder anderswo eingetreten sind« handelt. Jeder vertragschließende Staat wird zugleich mit der Unterzeichnung, der Ratifikation oder dem Beitritt einer Erklärung abgeben, welche Bedeutung er diesem Ausdruck vom Standpunkt der von ihm aufgrund dieses Abkommens übernommenen Verpflichtungen zu geben beabsichtigt.

2. Jeder vertragschließende Staat, der die Formulierung zu a) angenommen hat, kann jederzeit durch eine an den Generalsekretär der Vereinten Nationen gerichtete Notifikation seine Verpflichtungen durch Annahme der Formulierung b) erweitern.

C

Eine Person, auf die die Bestimmungen des Abschnitts A zutreffen, fällt nicht mehr unter dieses Abkommen,

1. wenn sie sich freiwillig erneut dem Schutz des Landes, dessen Staatsangehörigkeit sie besitzt, unterstellt; oder
2. wenn sie nach dem Verlust ihrer Staatsangehörigkeit diese freiwillig wiedererlangt hat; oder
3. wenn sie eine neue Staatsangehörigkeit erworben hat und den Schutz des Landes, dessen Staatsangehörigkeit sie erworben hat, genießt; oder
4. wenn sie freiwillig in das Land, das sie aus Furcht vor Verfolgung verlassen hat oder außerhalb dessen sie sich befindet, zurückgekehrt ist und sich dort niedergelassen hat; oder
5. wenn sie nach Wegfall der Umstände, aufgrund deren sie als Flüchtling anerkannt worden ist, es nicht mehr ablehnen kann, den Schutz des Landes in Anspruch zu nehmen, dessen Staatsangehörigkeit sie besitzt. Hierbei wird jedoch unterstellt, daß die Bestimmung dieser Ziffer auf keinen Flüchtling im Sinne der Ziffer 1 des Abschnitts A dieses Artikels Anwendung findet, der sich auf zwingende, auf früheren Verfolgungen beruhende Gründe berufen kann, um die Inanspruchnahme des Schutzes des Landes abzulehnen, dessen Staatsangehörigkeit er besitzt;
6. wenn es sich um eine Person handelt, die keine Staatsangehörigkeit besitzt, falls sie nach Wegfall der Umstände, aufgrund deren sie als Flüchtling anerkannt worden ist, in der Lage ist, in das Land zurückzukehren, in dem sie ihren gewöhnlichen Wohnsitz hat.

Dabei wird jedoch unterstellt, daß die Bestimmung dieser Ziffer auf keinen Flüchtling im Sinne der Ziffer 1 des Abschnitts A dieses Artikels Anwendung findet, der sich auf zwingende, auf früheren Verfolgungen beruhende Gründe berufen kann, um die Rückkehr in das Land anzulehnen, in dem er seinen gewöhnlichen Aufenthalt hatte.

D

Dieses Abkommen findet keine Anwendung auf Personen, die zur Zeit den Schutz oder Beistand einer Organisation oder einer Institution der Vereinten Nationen mit Ausnahme des Hohen Kommissars der Vereinten Nationen für Flüchtlinge genießen.

Genfer Flüchtlingskonvention

Ist dieser Schutz oder diese Unterstützung aus irgendeinem Grunde weggefallen, ohne daß das Schicksal dieser Person endgültig gemäß den hierauf bezüglichen Entschließungen der Generalversammlung der Vereinten Nationen geregelt worden ist, so fallen diese Personen ipso facto unter die Bestimmungen dieses Abkommens.

E

Dieses Abkommen findet keine Anwendung auf eine Person, die von den zuständigen Behörden des Landes, in dem sie ihren Aufenthalt genommen hat, als eine Person anerkannt wird, welche die Rechte und Pflichten hat, die mit dem Besitz der Staatsangehörigkeit dieses Landes verknüpft sind.

F

Die Bestimmungen dieses Abkommens finden keine Anwendung auf Personen, in bezug auf die aus schwerwiegenden Gründen die Annahme gerechtfertigt ist,

a) daß sie Verbrechen gegen den Frieden, ein Kriegsverbrechen oder ein Verbrechen gegen die Menschlichkeit im Sinne der internationalen Vertragswerke begangen haben, die ausgearbeitet worden sind, um Bestimmungen bezüglich dieser Verbrechen zu treffen,

b) daß sie ein schweres nichtpolitisches Verbrechen außerhalb des Aufnahmelandes begangen haben, bevor sie dort als Flüchtling aufgenommen wurden;

c) daß sie sich Handlungen zuschulden kommen ließen, die den Zielen und Grundsätzen der Vereinten Nationen zuwiderlaufen.

Art. 2 Allgemeine Verpflichtungen

Jeder Flüchtling hat gegenüber dem Land, in dem er sich befindet, Pflichten, zu denen insbesondere die Verpflichtung gehört, die Gesetze und sonstigen Rechtsvorschriften sowie die zur Aufrechterhaltung der öffentlichen Ordnung getroffenen Maßnahmen zu beachten.

Art. 3 Verbot unterschiedlicher Behandlung

Die vertragschließenden Parteien werden die Bestimmungen dieses Abkommens auf Flüchtlinge ohne unterschiedliche Behandlung aus Gründen der Rasse, der Religion oder des Herkunftslandes anwenden.

Art. 4 Religion

Die vertragschließenen Staaten werden den in ihrem Gebiet befindlichen Flüchtlingen in bezug auf die Freiheit der Religionsausübung und die Freiheit des Religionsunterrichts ihrer Kinder eine mindestens ebenso günstige Behandlung wie ihren eigenen Staatsangehörigen gewähren.

Art. 5 Unabhängig von diesem Abkommen gewährte Rechte

Rechte und Vergünstigungen, die unabhängig von diesem Abkommen den Flüchtlingen gewährt werden, bleiben von den Bestimmungen dieses Abkommens unberührt.

Art. 6 Der Ausdruck »unter gleichen Umständen«

Im Sinne dieses Abkommens ist der Ausdruck »unter den gleichen Umständen« dahingehend zu verstehen, daß die betreffende Person alle Bedingungen erfüllen muß (einschließlich derjenigen, die sich auf Dauer und die Bedingungen des vorübergehenden oder des dauernden Aufenthalts beziehen), die sie erfüllen müßte, wenn sie nicht Flüchtling wäre, um das in Betracht kommende Recht in Anspruch zu nehmen, mit Ausnahme der Bedingungen, die ihrer Natur nach ein Flüchtling nicht erfüllen kann.

Art. 7 Befreiung von der Gegenseitigkeit

1. Vorbehaltlich der in diesem Abkommen vorgesehenen güntigeren Bestimmungen wird jeder vertragschließende Staat den Flüchtlingen die Behandlung gewähren, die er Ausländern im allgemeinen gewährt.
2. Nach dreijährigem Aufenthalt werden alle Flüchtlinge in dem Gebiet der vertragschließenden Staaten Befreiung von dem Erfordernis der gesetzlichen Gegenseitigkeit genießen.
3. Jeder vertragschließende Staat wird den Flüchtlingen weiterhin die Rechte und Vergünstigungen gewähren, auf die sie auch bei fehlender Gegenseitigkeit beim Inkrafttreten dieses Abkommens für diesen Staat bereits Anspruch hatten.
4. Die vertragschließenden Staaten werden die Möglichkeit wohlwollend in Erwägung ziehen, bei fehlender Gegenseitigkeit den Flüchtlingen Rechte und Vergünstigungen, außer denen, auf die sie nach Ziffer 2 und 3 Anspruch haben, sowie Befreiung von dem Erfordernis der Gegenseitigkeit den Flüchtlingen zu gewähren, welche die Bedingungen von Ziffer 2 und 3 nicht erfüllen.
5. Die Bestimmungen der Ziffern 2 und 3 finden nicht nur auf die in den Artikeln 13, 18, 19, 21 und 22 dieses Abkommens genannten Rechte und Vergünstigungen Anwendung, sondern auch auf die in diesem Abkommen nicht vorgesehenen Rechte und Vergünstigungen.

Art. 8 Befreiung von außergewöhnlichen Maßnahmen

Außergewöhnliche Maßnahmen, die gegen die Person, das Eigentum oder Interessen der Staatsangehörigen eines bestimmten Staates ergriffen werden können, werden von den vertragschließenden Staaten auf einen Flüchtling, der formell ein Staatsangehöriger dieses Staates ist, allein wegen seiner Staatsangehörigkeit nicht angewendet. Die vertragschließenden Staaten, die nach dem bei ihnen geltenden Recht den in diesem Artikel aufgestellten allgemeinen Grundsatz nicht anwenden können, werden in geeigneten Fällen Befreiungen zugunsten solcher Flüchtlinge gewähren.

Art. 9 Vorläufige Maßnahmen

Keine der Bestimmungen dieses Abkommens hindert einen vertragschließenden Staat in Kriegszeiten oder bei Vorliegen sonstiger schwerwiegender und außergewöhnlicher Umstände daran, gegen eine bestimmte Person vorläufig die Maßnahmen zu ergreifen, die dieser Staat für seine Sicherheit für erforderlich hält, bis dieser vertragschließende Staat eine Entscheidung darüber getroffen hat, ob diese Person tatsächlich ein Flüchtling ist und die Aufrechterhaltung dieser Maßnahmen im vorliegenden Falle im Interesse der Sicherheit des Staates notwendig ist.

Art. 10 Fortdauer des Aufenthaltes

1. Ist ein Flüchtling während des Zweiten Weltkrieges zwangsverschickt und in das Gebiet eines der Vertragsstaaten verbracht worden und hält er sich dort auf, so wird die Dauer dieses Zwangsaufenthalts als rechtmäßiger Aufenthalt in diesem Gebiet gelten.
2. Ist ein Flüchtling während des Zweiten Weltkrieges aus dem Gebiet eines Vertragsstaates zwangsverschickt worden und vor Inkrafttreten dieses Abkommens dorthin zurückgekehrt, um dort seinen dauernden Aufenthalt zu nehmen, so wird die Zeit vor und nach dieser Zwangsverschickung für alle Zwecke, für die ein ununterbrochener Aufenthalt erforderlich ist, als ein ununterbrochener Aufenthalt gelten.

Art. 11 Geflüchtete Seeleute

Bei Flüchtlingen, die ordnungsgemäß als Besatzungsangehörige eines Schiffes angeheuert sind, das die Flagge eines Vertragsstaates führt, wird dieser Staat die Möglichkeit wohlwollend in Erwägung ziehen, diesen Flüchtlingen die Genehmigung zur Niederlassung in seinem Gebiet zu erteilen und ihnen Reiseausweis auszustellen oder ihnen vorläufig den Aufenthalt in seinem Gebiet zu gestatten, insbesondere um ihre Niederlassung in einem anderen Land zu erleichtern.

Kapitel II. Rechtsstellung

Art. 12 Personalstatut

1. Das Personalstatut jedes Flüchtlings bestimmt sich nach dem Recht des Landes seines Wohnsitzes oder, in Ermangelung eines Wohnsitzes, nach dem Recht seines Aufenthaltslandes.

2. Die von einem Flüchtling vorher erworbenen und sich aus seinem Personalstatut ergebenden Rechte, insbesondere die aus der Eheschließung, werden von jedem vertragschließenden Staat geachtet, gegebenenfalls vorbehaltlich der Formalitäten, die nach dem in diesem Staat geltenden Recht vorgesehen sind. Hierbei wird jedoch unterstellt, daß das betreffende Recht zu demjenigen gehört, das nach den Gesetzen dieses Staates anerkannt worden wäre, wenn die in Betracht kommende Person kein Flüchtling geworden wäre.

Art. 13 Bewegliches und unbewegliches Eigentum

Die vertragschließenden Staaten werden jedem Flüchtling hinsichtlich des Erwerbs von beweglichem und unbeweglichem Eigentum und sonstiger diesbezüglicher Rechte sowie hinsichtlich von Miet-, Pacht- und sonstigen Verträgen über bewegliches und unbewegliches Eigentum eine möglichst günstige und jedenfalls nicht weniger günstige Behandlung gewähren, als sie Ausländern im allgemeinen unter den gleichen Umständen gewährt wird.

Art. 14 Urheberrecht und gewerbliche Schutzrechte

Hinsichtlich des Schutzes von gewerblichen Rechten, insbesondere an Erfindungen, Mustern und Modellen, Warenzeichen und Handelsnamen, sowie des Schutzes von Rechten an Werken der Literatur, Kunst und Wissenschaft genießt jeder Flüchtling in dem Land, in dem er seinen gewöhnlichen Aufenthalt hat, den Schutz, der den Staatsangehörigen dieses Landes gewährt wird. Im Gebiete jedes anderen vertragschließenden Staates genießt er den Schutz, der in diesem Gebiet den Staatsangehörigen des Landes gewährt wird, in dem er seinen gewöhnlichen Aufenthalt hat.

Art. 15 Vereinigungsrecht

Die vertragschließenden Staaten werden den Flüchtlingen, die sich rechtmäßig in ihrem Gebiet aufhalten, hinsichtlich der Vereinigungen, die nicht politischen und nicht Erwerbszwecken dienen, und den Berufsverbänden, die günstigste Behandlung wie den Staatsangehörigen eines fremden Landes unter den gleichen Umständen gewähren.

Art. 16 Zugang zu den Gerichten

1. Jeder Flüchtling hat in dem Gebiet der vertragschließenden Staaten freien und ungehinderten Zugang zu den Gerichten.
2. In dem vertragschließenden Staat, in dem ein Flüchtling seinen gewöhnlichen Aufenthalt hat, genießt er hinsichtlich des Zugangs zu den Gerichten einschließlich des Armenrechts und der Befreiung von der Sicherheitsleistung für Prozeßkosten dieselbe Behandlung wie ein eigener Staatsangehöriger.
3. In den vertragschließenden Staaten, in denen ein Flüchtling nicht seinen gewöhnlichen Aufenthalt hat, genießt er hinsichtlich der in Ziffer 2 erwähnten Angelegenheit dieselbe Behandlung wie ein Staatsangehöriger des Landes, in dem er seinen gewöhnlichen Aufenthalt hat.

Kapitel III. Erwerbstätigkeit

Art. 17 Nichtselbständige Arbeit

1. Die vertragschließenden Staaten werden hinsichtlich der Ausübung nichtselbständiger Arbeit jedem Flüchtling, der sich rechtmäßig in ihrem Gebiet aufhält, die günstigste Behandlung gewähren, die den Staatsangehörigen eines fremden Landes unter den gleichen Umständen gewährt wird.
2. In keinem Falle werden die einschränkenden Maßnahmen, die für Ausländer oder für die Beschäftigung von Ausländern zum Schutze des eigenen Arbeitsmarktes bestehen, Anwendung auf Flüchtlinge finden, die beim Inkrafttreten dieses Abkommens durch den betreffenden Vertragsstaat bereits davon befreit waren oder eine der folgenden Bedingungen erfüllen:
   a) wenn sie sich drei Jahre im Lande aufgehalten haben;
   b) wenn sie mit einer Person, die die Staatsangehörigkeit des Aufenthaltslandes besitzt, die Ehe geschlossen haben. Ein Flüchtling kann sich nicht auf die Vergünstigung dieser Bestimmung berufen, wenn er seinen Ehegatten verlassen hat;
   c) wenn sie ein oder mehrere Kinder haben, die die Staatsangehörigkeit des Aufenthaltslandes besitzen.
3. Die vertragschließenden Staaten werden hinsichtlich der Ausübung nichtselbständiger Arbeit Maßnahmen wohlwollend in Erwägung ziehen, um alle Flüchtlinge, insbesondere diejenigen, die im Rahmen eines Programmes zur Anwerbung von Arbeitskräften oder eines Einwanderungsplanes in ihr Gebiet gekommen sind, den eigenen Staatsangehörigen rechtlich gleichzustellen.

Art. 18 Selbständige Tätigkeit

Die vertragschließenden Staaten werden den Flüchtlingen, die sich rechtmäßig in ihrem Gebiet befinden, hinsichtlich der Ausübung einer selbständigen

Tätigkeit in Landwirtschaft, Industrie, Handwerk und Handel sowie die Errichtung von Handels- und industriellen Unternehmen eine möglichst günstige und jedenfalls nicht weniger günstige Behandlung gewähren, als sie Ausländern im allgemeinen unter den gleichen Umständen gewährt wird.

Art. 19 Freie Berufe

1. Jeder vertragschließende Staat wird den Flüchtlingen, die sich rechtmäßig in seinem Gebiet aufhalten, Inhaber von durch die zuständigen Behörden dieses Staates anerkannten Diplomen sind und einen freien Beruf auszuüben wünschen, eine möglichst günstige und jedenfalls nicht weniger günstige Behandlung gewähren, als sie Ausländerim allgemeinen unter den leichen Umständen gewährt wird.
2. Die vertragschließenden Staaten werden alles in ihrer Macht stehende tun, um im Einklang mit ihren Gesetzen und Verfassungen die Niederlassung solcher Flüchtlinge in den außerhalb des Mutterlandes gelegenen Gebieten sicherzustellen, für deren internationale Beziehungen sie verantwortlich sind.

Kapitel IV. Wohlfahrt

Art. 20 Rationierung

Falls ein Rationierungssystem besteht, dem die Bevölkerung insgesamt unterworfen ist und das die allgemeine Verteilung von Erzeugnissen regelt, an denen Mangel herrscht, werden Flüchtlinge wie Staatsangehörige behandelt.

Art. 21 Wohnungswesen

Hinsichtlich des Wohnungswesens werden die vertragschließenden Staaten insoweit, als diese Angelegenheit durch Gesetze oder sonstige Rechtsvorschriften geregelt ist oder der Überwachung öffentlicher Behörden unterliegt, den sich rechtmäßig in ihrem Gebiet aufhaltenden Flüchtlingen eine möglichst günstige und jedenfalls nicht weniger günstige Behandlung gewähren, als sie Ausländern im allgemeinen unter gleichen Umständen gewährt wird.

Art. 22 Öffentliche Erziehung

1. Die vertragschließenden Staaten werden den Flüchtlingen dieselbe Behandlung wie ihren Staatsangehörigen hinsichtlich des Unterrichts in Volksschulen gewähren.

2. Für über die Volksschule hinausgehenden Unterricht, insbesondere die Zulassung zum Studium, die Anerkennung von ausländischen Studienzeugnissen, Diplomen und akademischen Titeln, den Erlaß von Gebühren und Abgaben und die Zuerkennung von Stipendien, werden die vertragschließenden Staaten eine möglichst günstige und in keinem Falle weniger günstige Behandlung gewähren, als sie Ausländern im allgemeinen unter den gleichen Bedingungen gewährt wird.

Art. 23 Öffentliche Fürsorge

Die vertragschließenden Staaten werden den Flüchtlingen, die sich rechtmäßig in ihrem Staatsgebiet aufhalten, auf dem Gebiet der öffentlichen Fürsorge und sonstigen Hilfeleistungen die gleiche Behandlung wie ihren eigenen Staatsangehörigen gewähren.

Art. 24 Arbeitsrecht und soziale Sicherheit

1. Die vertragschließenden Staaten werden den Flüchtlingen, die sich rechtmäßig in ihrem Gebiet aufhalten, dieselbe Behandlung gewähren wie ihren Staatsangehörigen, wenn es sich um folgende Angelegenheiten handelt:
   a) Lohn einschließlich Familienbeihilfen, wenn diese einen Teil des Arbeitsentgelts bilden, Arbeitszeit, Überstunden, bezahlten Urlaub, Einschränkungen der Heimarbeit, Mindestalter für die Beschäftigung, Lehrzeit und Berufsausbildung, Arbeit von Frauen und Jugendlicher und Genuß der durch Tarifverträge gebotenen Vergünstigungen, soweit alle diese Fragen durch das geltende Recht geregelt sind oder in die Zuständigkeit der Verwaltungsbehörden fallen;
   b) Soziale Sicherheit (gesetzliche Bestimmungen bezüglich der Arbeitsunfälle, der Berufskrankheiten, der Mutterschaft, der Krankheit, der Arbeitsunfähigkeit, des Alters und des Todes, der Arbeitslosigkeit, des Familienunterhalts sowie jedes anderen Wagnisses, das nach dem im betreffenden Land geltenden Recht durch ein System der sozialen Sicherheit gedeckt wird) vorbehaltlich
      (i) geeigneter Abmachungen über die Aufrechterhaltung der erworbenen Rechte und Anwartschaften,
      (ii) besonderer Bestimmungen, die nach dem im Aufenthaltsland geltenden Recht vorgeschrieben sind und die Leistungen oder Teilleistungen betreffen, die ausschließlich aus öffentlichen Mitteln bestritten werden, sowie Zuwendungen an Personen, die nicht die für die Gewährung einer normalen Rente geforderten Bedingungen der Beitragsleistung erfüllen.
2. Das Recht auf Leistung, das durch den Tod eines Flüchtlings infolge eines Arbeitsunfalls oder einer Berufskrankheit entsteht, wird nicht dadurch berührt, daß sich der Berechtigte außerhalb des Gebietes des vertragschließenden Staates aufhält.

3. Die vertragschließenden Staaten werden auf die Flüchtlinge die Vorteile der Abkommen erstrecken, die sie hinsichtlich der Aufrechterhaltung der erworbenen Rechte und Anwartschaften auf dem Gebiete der sozialen Sicherheit untereinander abgeschlossen haben oder abschließen werden, soweit die Flüchtlinge die Bedingungen erfüllen, die für Staatsangehörige der Unterzeichnerstaaten der in Betracht kommenden Abkommen vorgesehen sind.

4. Die vertragschließenden Staaten werden wohlwollend die Möglichkeit prüfen, die Vorteile ähnlicher Abkommen, die zwischen diesen vertragschließenden Staaten und Nichtvertragsstaaten in Kraft sind oder sein werden, soweit wie möglich auf Flüchtlinge auszudehnen.

Kapitel V. Verwaltungsmaßnahmen

Art. 25 Verwaltungshilfe

1. Würde die Ausübung eines Rechts durch einen Flüchtling normalerweise die Mitwirkung ausländischer Behörden erfordern, die er nicht in Anspruch nehmen kann, so werden die vertragschließenden Staaten, in deren Gebiet er sich aufhält, dafür sorgen, daß ihm diese Mitwirkung entweder durch ihre eigenen Behörden oder durch eine internationale Behörde zuteil wird.
2. Die in Ziffer 1 bezeichneten Behörden werden Flüchtlingen diejenigen Urkunden und Bescheinigungen ausstellen oder unter ihrer Aufsicht ausstellen lassen, die Ausländern normalerweise von den Behörden ihres Landes oder durch deren Vermittlung ausgestellt werden.
3. Die so ausgestellten Urkunden oder Bescheinigungen werden die amtlichen Schriftstücke ersetzen, die Ausländern von den Behörden ihres Landes oder durch deren Vermittlung ausgestellt werden; sie werden bis zum Beweis des Gegenteils als gültig angesehen.
4. Vorbehaltlich der Ausnahme, die zugunsten Bedürftiger zuzulassen wären, können für die in diesem Artikel erwähnten Amtshandlungen Gebühren verlangt werden; diese Gebühren sollen jedoch niedrig sein und müssen denen entsprechen, die von eigenen Staatsangehörigen für ähnliche Amtshandlungen erhoben werden.
5. Die Bestimmungen dieses Artikels berühren nicht die Artikel 27 und 28.

Art. 26 Freizügigkeit

Jeder vertragschließende Staat wird den Flüchtlingen, die sich rechtmäßig in seinem Gebiet befinden, das Recht gewähren, dort ihren Aufenthalt zu wählen und sich frei zu bewegen, vorbehaltlich der Bestimmungen, die allgemein auf Ausländer unter den gleichen Umständen Anwendung finden.

Genfer Flüchtlingskonvention

Art. 27 Personalausweis

Die vertragschließenden Staaten werden jedem Flüchtling, der sich in ihrem Gebiet befindet und keinen gültigen Reiseausweis besitzt, einen Personalausweis ausstellen.

Art. 28 Reiseausweis

1. Die vertragschließenden Staaten werden den Flüchtlingen, die sich rechtmäßig in ihrem Gebiet aufhalten, Reiseausweise ausstellen, die ihnen Reisen außerhalb dieses Gebietes gestatten, es sei denn, daß zwingende Gründe der öffentlichen Sicherheit oder Ordnung entgegenstehen; die Bestimmungen des Anhanges zu diesem Abkommen werden auf diese Ausweise Anwendung finden. Die vertragschließenden Staaten können einen solchen Reiseausweis jedem anderen Flüchtling ausstellen, der sich in ihrem Gebiet befindet; sie werden ihre Aufmerksamkeit besonders jenen Flüchtlingen zuwenden, die sich in ihrem Gebiet befinden und nicht in der Lage sind, einen Reiseausweis von dem Staat zu erhalten, in dem sie ihren rechtmäßigen Aufenthalt haben.
2. Reiseausweise, die aufgrund früherer internationaler Abkommen von den Unterzeichnerstaaten ausgestellt worden sind, werden von den vertragschließenden Staaten anerkannt und so behandelt werden, als ob sie den Flüchtlingen aufgrund dieses Artikels ausgestellt worden wären.

Art. 29 Steuerliche Lasten

1. Die vertragschließenden Staaten werden von den Flüchtlingen keine anderen oder höheren Gebühren, Abgaben oder Steuern, gleichviel unter welcher Bezeichnung, erheben, als unter ähnlichen Verhältnissen von ihren eigenen Staatsangehörigen jetzt oder künftig erhoben werden.
2. Die Bestimmungen der vorstehenden Ziffer schließen nicht aus, die Gesetze und sonstigen Rechtsvorschriften über Gebühren für die Ausstellung von Verwaltungsurkunden einschließlich Personalausweis an Ausländer auf Flüchtlinge anzuwenden.

Art. 30 Überführung von Vermögenswerten

1. Jeder vertragschließende Staat wird in Übereinstimmung mit den Gesetzen und sonstigen Rechtsvorschriften des Landes den Flüchtlingen gestatten, die Vermögenswerte, die sie in sein Gebiet gebracht haben, in das Gebiet eines anderen Landes zu überführen, in dem sie zwecks Wiederansiedlung aufgenommen worden sind.
2. Jeder vertragschließende Staat wird die Anträge von Flüchtlingen wohlwollend in Erwägung ziehen, die auf die Erlaubnis gerichtet sind, alle an-

deren Vermögenswerte, die zu ihrer Wiederansiedlung erforderlich sind, in ein anderes Land zu überführen, in dem sie zur Wiederansiedlung aufgenommen worden sind.

Art. 31 Flüchtlinge, die sich nicht rechtmäßig im Aufnahmeland aufhalten

1. Die vertragschließenden Staaten werden wegen unrechtmäßiger Einreise oder Aufenthalts keine Strafen gegen Flüchtlinge verhängen, die unmittelbar aus einem Gebiet kommen, in dem ihr Leben oder ihre Freiheit im Sinne von Artikel 1 bedroht waren und die ohne Erlaubnis in das Gebiet der vertragschließenden Staaten einreisen oder sich dort aufhalten, vorausgesetzt, daß sie sich unverzüglich bei den Behörden melden und Gründe darlegen, die ihre unrechtmäßige Einreise oder ihren unrechtmäßigen Aufenthalt rechtfertigen.
2. Die vertragschließenden Staaten werden den Flüchtlingen beim Wechsel des Aufenthaltsorts keine Beschränkungen auferlegen, außer denen, die notwendig sind; diese Beschränkungen werden jedoch nur so lange Anwendung finden, bis die Rechtsstellung dieser Flüchtlinge im Aufnahmeland geregelt oder es ihnen gelungen ist, in einem anderen Land Aufnahme zu erhalten. Die vertragschließenden Staaten werden diesen Flüchtlingen eine angemessene Frist sowie alle notwendigen Erleichterungen zur Aufnahme in einem anderen Land gewähren.

Art. 32 Ausweisung

1. Die vertragschließenden Staaten werden einen Flüchtling, der sich rechtmäßig in ihrem Gebiet befindet, nur aus Gründen der öffentlichen Sicherheit oder Ordnung ausweisen.
2. Die Ausweisung eines Flüchtlings darf nur in Ausführung einer Entscheidung erfolgen, die in einem durch gesetzliche Bestimmungen geregelten Verfahren ergangen ist. Soweit nicht zwingende Gründe für die öffentliche Sicherheit entgegenstehen, soll dem Flüchtling gestattet werden, Beweise zu seiner Entlastung beizubringen, ein Rechtsmittel einzulegen und sich zu diesem Zweck vor einer zuständigen Behörde oder vor einer oder mehreren Personen, die von der zuständigen Behörde besonders bestimmt sind, vertreten zu lassen.
3. Die vertragschließenden Staaten werden einem solchen Flüchtling eine angemessene Frist gewähren, um ihm die Möglichkeit zu geben, in einem anderen Lande um rechtmäßige Aufnahme nachzusuchen. Die vertragschließenden Staaten behalten sich vor, während dieser Frist diejenigen Maßnahmen anzuwenden, die sie zur Aufrechterhaltung der inneren Ordnung für zweckdienlich erachten.

Genfer Flüchtlingskonvention

Art. 33 Verbot der Ausweisung und Zurückweisung

1. Keiner der vertragschließenden Staaten wird einem Flüchtling auf irgendeine Weise über die Grenzen von Gebieten ausweisen oder zurückweisen, in denen sein Leben oder seine Freiheit wegen seiner Rasse, Religion, Staatsangehörigkeit, seiner Zugehörigkeit zu einer bestimmten sozialen Gruppe oder wegen seiner politischen Überzeugung bedroht sein würde.
2. Auf die Vergünstigung dieser Vorschrift kann sich jedoch ein Flüchtling nicht berufen, der aus schwerwiegenden Gründen als eine Gefahr für die Sicherheit des Landes anzusehen ist, in dem er sich befindet, oder der eine Gefahr für die Allgemeinheit dieses Staates bedeutet, weil er wegen eines Verbrechens oder eines besonders schweren Vergehens rechtskräftig verurteilt wurde.

Art. 34 Einbürgerung

Die vertragschließenden Staaten werden soweit wie möglich die Eingliederung und Einbürgerung der Flüchtlinge erleichtern. Sie werden insbesondere bestrebt sein, Einbürgerungsverfahren zu beschleunigen und die Kosten dieses Verfahrens soweit wie möglich herabzusetzen.

Kapitel VI. Durchführungs- und Übergangsbestimmungen

Art. 35 Zusammenarbeit der staatlichen Behörden mit den Vereinten Nationen

1. Die vertragschließenden Staaten verpflichten sich zur Zusammenarbeit mit dem Amt des Hohen Kommissars der Vereinten Nationen für Flüchtlinge oder jeder ihm etwa nachfolgenden anderen Stelle der Vereinten Nationen bei der Ausübung seiner Befugnisse, insbesondere zur Erleichterung seiner Aufgabe, die Durchführung der Bestimmungen dieses Abkommens zu überwachen.
2. Um es dem Amt des Hohen Kommissars oder jeder ihm etwa nachfolgenden anderen Stelle der Vereinten Nationen zu ermöglichen, den zuständigen Organen der Vereinten Nationen Berichte vorzulegen, verpflichten sich die vertragschließenden Staaten, ihm in geeigneter Form die erbetenen Auskünfte und statistischen Angaben zu liefern über
   a) die Lage der Flüchtlinge,
   b) die Durchführung dieses Abkommens und
   c) die Gesetze, Verordnungen und Verwaltungsvorschriften, die in bezug auf Flüchtlinge jetzt oder künftig in Kraft sind.

Anhang 1

Art. 36 Auskünfte über innerstaatliche Rechtsvorschriften

Die vertragschließenden Staaten werden dem Generalsekretär der Vereinten Nationen den Wortlaut der Gesetze und sonstiger Rechtsvorschriften mitteilen, die sie etwa erlassen werden, um die Durchführung dieses Abkommens sicherzustellen.

Art. 37 Beziehung zu früher geschlossenen Abkommen

Unbeschadet der Bestimmungen seines Artikels 28 Ziffer 2 tritt dieses Abkommen im Verhältnis zwischen den vertragschließenden Staaten an die Stelle der Vereinbarungen vom 5. Juli 1922, 31. Mai 1924, 12. Mai 1926, 30. Juni 1928 und 30. Juli 1935 sowie der Abkommen vom 28. Oktober 1933, 10. Februar 1938, des Protokolls vom 14. September 1939 und der Vereinbarung vom 15. Oktober 1946.

Kapitel VII. Schlussbestimmungen

Art. 38 Regelung von Streitfällen

Jeder Streitfall zwischen den Parteien dieses Abkommens über dessen Auslegung oder Anwendung, der auf andere Weise nicht beigelegt werden kann, wird aufAntrag einer der an dem Streitfall beteiligten Parteien dem Internationalen Gerichtshof vorgelegt.

Art. 39 Unterzeichnung, Ratifikation und Beitritt

1. Dieses Abkommen liegt in Genf am 28. Juli 1951 zur Unterzeichnung auf und wird nach diesem Zeitpunkt beim Generalsekretär der Vereinten Nationen hinterlegt. Es liegt vom 28. Juli bis 31. August 1951 im Europäischen Büro der Vereinten Nationen zur Unterzeichnung auf, sodann erneut vom 17. September 1951 bis 31. Dezember 1952 am Sitz der Organisation der Vereinten Nationen.
2. Dieses Abkommen liegt zur Unterzeichnung durch alle Mitgliedstaaten der Organisation der Vereinten Nationen, durch jeden Nicht-Mitgliedstaat, der zur Konferenz der Bevollmächtigten über die Rechtsstellung der Flüchtlinge und Staatenlosen eingeladen war, sowie durch jeden anderen Staat auf, den die Vollversammlung zur Unterzeichnung einlädt. Das Abkommen ist zu ratifizieren; die Ratifikations-Urkunden sind beim Generalsekretär der Vereinten Nationen zu hinterlegen.
3. Die in Ziffer 2 dieses Artikels bezeichneten Staaten können diesem Abkommen vom 28. Juli 1951 an beitreten. Der Beitritt erfolgt durch Hinterlegung einer Beitrittsurkunde beim Generalsekretär der Vereinten Nationen.

Art. 40 Klausel zur Anwendung auf andere Gebiete

1. Jeder Staat kann im Zeitpunkt der Unterzeichnung, der Ratifikation oder des Beitritts erklären, daß sich die Geltung dieses Abkommens auf alle oder mehrere oder eins der Gebiete erstreckt, die er in den internationalen Beziehungen vertritt. Eine solche Erklärung wird zu dem Zeitpunkt wirksam, an dem dieses Abkommen für den betreffenden Staat in Kraft tritt.
2. Eine Ausdehnung des Geltungsbereichs zu einem späteren Zeitpunkt erfolgt durch eine an den Generalsekretär der Vereinten Nationen zu richtende Mitteilung und wird am neunzigsten Tage nach dem Zeitpunkt wirksam, zu dem der Generalsekretär der Vereinten Nationen die Mitteilung erhalten hat, oder zu dem Zeitpunkt, an dem dieses Abkommen für den betreffenden Staat in Kraft tritt, wenn dieser letztgenannte Zeitpunkt später liegt.
3. Bei Gebieten, für die dieses Abkommen im Zeitpunkt der Unterzeichnung, Ratifikation oder des Beitritts nicht gilt, wird jeder beteiligte Staat die Möglichkeit prüfen, sobald wie möglich alle erforderlichen Maßnahmen zu ergreifen, um den Geltungsbereich dieses Abkommens auf diese Gebiete auszudehnen, gegebenenfalls unter dem Vorbehalt der Zustimmung der Regierung dieser Gebiete, wenn eine solche aus verfassungsmäßigen Gründen erforderlich ist.

Art. 41 Klausel für Bundesstaaten

Im Fall eines Bundes- oder Nichteinheitsstaates werden nachstehende Bestimmungen Anwendung finden:
a) Soweit es sich um die Artikel dieses Abkommen handelt, für die der Bund die Gesetzgebung hat, werden die Verpflichtungen der Bundesregierung dieselben sein wie diejenigen der Unterzeichnerstaaten, die keine Bundesstaaten sind.
b) Soweit es sich um die Artikel dieses Abkommens handelt, für die die einzelnen Länder, Provinzen oder Kantone, die aufgrund der Bundesverfassung zur Ergreifung gesetzgeberischer Maßnahmen nicht verpflichtet sind, die Gesetzgebung haben, wird die Bundesregierung sobald wie möglich diese Artikel den zuständigen Stellen der Länder, Provinzen oder Kantone befürwortend zur Kenntnis bringen.
c) Ein Bundesstaat als Unterzeichner dieses Abkommens wird auf das ihm durch den Generalsekretär der Vereinten Nationen übermittelte Ersuchen eines anderen vertragschließenden Staates hinsichtlich einzelner Bestimmungen des Abkommens eine Darstellung der geltenden Gesetzgebung und ihrer Anwendung innerhalb des Bundes und seiner Glieder übermitteln, aus der hervorgeht, inwieweit diese Bestimmungen durch Gesetzgebung oder sonstige Maßnahmen wirksam geworden sind.

Art. 42 Vorbehalte

1. Im Zeitpunkt der Unterzeichnung, der Ratifikation oder des Beitritts kann jeder Staat zu den Artikeln des Abkommens mit Ausnahme der Artikel 1, 3, 4, 16 (1), 33, 36 bis 46 einschließlich, Vorbehalte machen.
2. Jeder vertragschließende Staat, der gemäß Ziffer 1 dieses Artikels einen Vorbehalt gemacht hat, kann ihn jederzeit durch eine diesbezügliche, an den Generalsekretär der Vereinten Nationen zu richtende Mitteilung zurücknehmen.

Art. 43 Inkrafttreten

1. Dieses Abkommen tritt am neunzigsten Tag nach dem Zeitpunkt der Hinterlegung der sechsten Ratifikations- oder Beitrittsurkunde in Kraft.
2. Für jeden der Staaten, die das Abkommen nach Hinterlegung der sechsten Ratifikations- oder Beitrittsurkunde ratifizieren oder ihm beitreten, tritt es am neunzigsten Tag nach dem Zeitpunkt der Hinterlegung der Ratifikations- oder Beitrittsurkunde dieses Staates in Kraft.

Art. 44 Kündigung

1. Jeder vertragschließende Staat kann das Abkommen jederzeit durch eine an den Generalsekretär der Vereinten Nationen zu richtende Mitteilung kündigen.
2. Die Kündigung wird für den betreffenden Staat ein Jahr nach dem Zeitpunkt wirksam, an dem sie beim Generalsekretär der Vereinten Nationen eingegangen ist.
3. Jeder Staat, der eine Erklärung oder Mitteilung gemäß Artikel 40 gegeben hat, kann jederzeit später dem Generalsekretär der Vereinten Nationen mitteilen, daß das Abkommen auf in der Mitteilung bezeichnetes Gebiet nicht mehr Anwendung findet. Das Abkommen findet sodann ein Jahr nach dem Zeitpunkt, an dem diese Mitteilung beim Generalsekretär eingegangen ist, auf das in Betracht kommende Gebiet keine Anwendung.

Art. 45 Revision

1. Jeder vertragschließende Staat kann jederzeit mittels einer an den Generalsekretär der Vereinten Nationen zu richtenden Mitteilung die Revision dieses Abkommens beantragen.
2. Die Vollversammlung der Vereinten Nationen empfiehlt die Maßnahmen, die gegebenenfalls in bezug auf diesen Antrag zu ergreifen sind.

Art. 46 Mitteilungen des Generalsekretärs der Vereinten Nationen

Der Generalsekretär der Vereinten Nationen macht allen Mitgliedstaaten der Vereinten Nationen und den im Artikel 39 bezeichneten Nicht-Mitgliedstaaten Mitteilung über:
a) Erklärungen und Mitteilungen gemäß Artikel 1, Abschnitt B;
b) Unterzeichnungen, Ratifikationen und Beitrittserklärungen gemäß Artikel 39;
c) Erklärungen und Anzeigen gemäß Artikel 40;
d) gemäß Artikel 42 erklärte oder zurückgenommene Vorbehalte;
e) den Zeitpunkt, an dem dieses Abkommen gemäß Artikel 43 in Kraft tritt;
f) Kündigungen und Mitteilungen gemäß Artikel 44;
g) Revisionsanträge gemäß Artikel 45.

Zu Urkund dessen haben die unterzeichneten gehörig beglaubigten Vertreter namens ihrer Regierung dieses Abkommen unterschrieben.

Geschehen zu Genf, am achtundzwanzigsten Juli neunzehnhunderteinundfünfzig, in einem einzigen Exemplar, dessen englischer und französischer Wortlaut in gleicher Weise maßgebend ist, das in den Archiven der Organisation der Vereinten Nationen hinterlegt wird, und von dem beglaubigte Ausfertigungen allen Mitgliedstaaten der Vereinten Nationen und den im Artikel 39 bezeichneten Nicht-Mitgliedstaaten übermittelt werden.

Vertragsparteien
(Veröffentlichungsstand 31. Dezember 1997)
Quelle: U.N. Doc. ST/HR/4/Rev. 16

Ägypten
Albanien
Algerien
Angola
Antigua und Barbuda
Äquatorialguinea
Argentinien
Armenien
Aserbaidschan
Äthiopien
Australien
Bahamas
Belgien
Belize
Benin
Bolivien
Bosnien und Herzegowina
Botsuana
Brasilien
Bulgarien
Bundesrepublik Deutschland
Burkina Faso
Burundi
Chile
China
Costa Rica
Côte d'Ivoire
Dänemark
Demokratische Republik Kongo
Dominica
Dominikanische Republik
Dschibuti
Ecuador
El Salvador
Estland
Fidschi
Finnland
Frankreich
Gabun
Gambia
Ghana
Griechenland

Guatemala
Guinea
Guinea-Bissau
Haiti
Heiliger Stuhl
Honduras
Iran
Irland
Island
Israel
Italien
Jamaika
Japan
Jemen
Jugoslawien
Kambodscha
Kamerun
Kanada
Kenia
Kirgisistan
Kolumbien
Kongo
Korea (Republik)
Kroatien
Lesotho
Liberia
Lichtenstein
Litauen
Luxemburg
Madagaskar
Malawi
Mali
Malta
Marokko
Mauretanien
Mazedonien
Monaco
Mosambik
Namibia
Neuseeland
Nicaragua
Niederlande

Nigeria
Norwegen
Österreich
Panama
Papua-Neuguinea
Paraguay
Peru
Philippinen
Polen
Portugal
Ruanda
Rumänien
Russische Föderation
Salomonen
Sambia
Samoa
São Tomé und Principe
Schweden
Schweiz
Senegal
Seychellen
Sierra Leone
Simbabwe
Slowakei
Slowenien
Somalia
Spanien
St. Vincent und die Grenadinen
Südafrika
Sudan
Surinam
Tadschikistan
Tansania
Togo
Tschad
Tschechische Republik
Tunesien
Türkei
Tuvalu
Uganda
Ungarn
Uruguay
Vereinigtes Königreich
Zentralafrikanische Republik
Zypern

Anhang zur Genfer Flüchtlingskonvention

§ 1

1. Der im Artikel 28 dieses Abkommens vorgesehene Reiseausweis hat dem anliegenden Muster zu entsprechen.
2. Der Ausweis ist in mindestens zwei Sprachen abzufassen, von denen eine englisch oder französisch ist.

§ 2

Vorbehaltlich der Bestimmungen des Ausstellungslandes können die Kinder auf dem Ausweis eines der Elternteile oder, unter besonderen Umständen, eines anderen erwachsenen Flüchtlings aufgeführt werden.

§ 3

Die für die Ausstellung des Ausweises zu erhebenden Gebühren dürfen den für die Ausstellung von nationalen Pässen geltenden Mindestsatz nicht überschreiten.

§ 4

Soweit es sich nicht um besondere Ausnahmefälle handelt, wird der Ausweis für die größtmögliche Anzahl von Ländern ausgestellt.

§ 5

Die Geltungsdauer des Ausweises beträgt je nach Wahl der ausstellenden Behörde ein oder zwei Jahre.

§ 6

1. Zur Erneuerung oder Verlängerung der Geltungsdauer des Ausweises ist die ausstellende Behörde zuständig, solange der Inhaber sich rechtmäßig nicht in einem anderen Gebiet niedergelassen hat und rechtmäßig im Gebiet der genannten Behörde wohnhaft ist. Zur Ausstellung eines neuen Ausweises ist unter den gleichen Voraussetzungen die Behörde zuständig, die den früheren Ausweis ausgestellt hat.
2. Diplomatische oder konsularische Vertreter, die zu diesem Zweck besonders ermächtigt sind, haben das Recht, die Geltungsdauer der von ihren Regierungen ausgestellten Reiseausweis für eine Zeitdauer, die sechs Monate nicht überschreiten darf, zu verlängern.

3. Die vertragschließenden Staaten werden die Möglichkeit der Erneuerung oder Verlängerung der Geltungsdauer der Reiseausweise oder der Ausstellung neuer wohlwollend prüfen, wenn es sich um Flüchtlinge handelt, die sich nicht mehr rechtmäßig in ihrem Gebiet aufhalten und nicht in der Lage sind, von dem Lande, in dem sie rechtmäßig wohnhaft sind, einen Reiseausweis zu erhalten.

§ 7

Die vertragschließenden Staaten werden die Gültigkeit der im Einklang mit den Bestimmungen des Artikels 28 dieses Abkommens ausgestellten Ausweise anerkennen.

§ 8

Die zuständigen Behörden des Landes, in welches der Flüchtling sich zu begeben wünscht, werden, wenn sie zu seinem Aufenthalt bereit sind und ein Sichtvermerk erforderlich ist, einen Sichtvermerk auf seinem Ausweis anbringen.

§ 9

1. Die vertragschließenden Staaten verpflichten sich, den Flüchtlingen, die den Sichtvermerk ihres endgültigen Bestimmungsgebietes erhalten haben, Durchreisesichtvermerke zu erteilen.
2. Die Erteilung dieses Sichtvermerks darf aus Gründen verweigert werden, die jedem Ausländer gegenüber zur Verweigerung eines Sichtvermerks brechtigen würden.

§ 10

Die Gebühren für die Erteilung von Ausreise-, Einreise- oder Durchreisesichtvermerken dürfen den für ausländische Pässe geltenden Mindestsatz nicht überschreiten.

§ 11

Wechselt ein Flüchtling seinen Wohnort oder läßt er sich rechtmäßig im Gebiet eines anderen vertragschließenden Staates nieder, so geht gemäß Artikel 28 die Verantwortung für die Ausstellung eines neuen Ausweises auf die zuständige Behörde desjenigen Gebietes über, bei welcher der Flüchtling seinen Antrag zu stellen berechtigt ist.

§ 12

Die Behörde, die einen neuen Ausweis ausstellt, hat den alten Ausweis einzuziehen und an das Land zurückzusenden, das ihn ausgestellt hat, wenn in dem alten Ausweis ausdrücklich bestimmt ist, daß er an das Ausstellungsland zurückzusenden ist; im anderen Falle wird die Behörde, die den neuen Ausweis ausstellt, den alten einziehen und ihn vernichten.

§ 13

1. Jeder der vertragschließenden Staaten verpflichtet sich, dem Inhaber eines Reiseausweises, der ihm vom Staat gemäß Artikel 28 dieses Abkommens ausgestellt wurde, die Rückkehr in sein Gebiet zu einem beliebigen Zeitpunkt während der Geltungsdauer des Ausweises zu gestatten.
2. Vorbehaltlich der Bestimmungen der vorstehenden Ziffer kann ein vertragschließender Staat verlangen, daß sich der Inhaber dieses Ausweises allen Formalitäten unterwirft, die für aus- oder einreisende Personen jeweils vorgeschrieben sind.
3. Die vertragschließenden Staaten behalten sich das Recht vor, in Ausnahmefällen oder in Fällen, in denen die Aufenthaltsgenehmigung des Flüchtlings für eine ausdrücklich bestimmte Zeitdauer gültig ist, zum Zeitpunkt der Ausstellung des Ausweises den Zeitabschnitt zu beschränken, während dessen der Flüchtling zurückkehren darf, diese Zeit darf jedoch nicht weniger als drei Monate betragen.

§ 14

Unter alleinigem Vorbehalt der Bestimmungen des § 13 berühren die Bestimmungen des Anhangs in keiner Weise die Gesetze und Vorschriften, die in den Gebieten der vertragschließenden Staaten die Voraussetzungen für die Aufnahme, Durchreise, den Aufenthalt, die Niederlassung und Ausreise regeln.

§ 15

Die Ausstellung des Ausweises und die dann angebrachten Vermerke bestimmen und berühren nicht die Rechtsstellung des Inhabers, insbesondere nicht seine Staatsangehörigkeit.

§ 16

Die Ausstellung des Ausweises gibt dem Inhaber keinen Anspruch auf den Schutz der diplomatischen und konsularischen Vertreter des Ausstellungslandes und verleiht diesen Vertretern kein Schutzrecht.

Protokoll über die Rechtsstellung der Flüchtlinge
Vom 31. Januar 1967 (BGBl. II 1969 S. 1294)

(Übersetzung)

Die Vertragsstaaten dieses Protokolls –

in der Erwägung, daß das am 18. Juli 1951 in Genf beschlossene Abkommen über die Rechtsstellung der Flüchtlinge (im folgenden als das Abkommen bezeichnet) nur auf Personen Anwendung findet, die infolge von vor dem 1. Januar 1951 eingetretenen Ereignissen Flüchtlinge geworden sind,

in der Erwägung, daß seit Annahme des Abkommens neue Kategorien von Flüchtlingen entstanden sind und daß die betreffenden Flüchtlinge daher möglicherweise nicht unter das Abkommen fallen,

in der Erwägung, daß es wünschenswert ist, allen Flüchtlingen im Sinne des Abkommens unabhängig von dem Stichtag des 1. Januar 1951 die gleiche Rechtsstellung zu gewähren –

sind wie folgt übereingekommen:

Art. I Allgemeine Bestimmung

(1) Die Vertragsstaaten dieses Protokolls verpflichten sich, die Artikel 2 bis 34 des Abkommens auf Flüchtlinge im Sinne der nachstehenden Begriffsbestimmung anzuwenden.

(2) Außer für die Anwendung des Absatzes 3 dieses Artikels bezeichnet der Ausdruck »Flüchtling« im Sinne dieses Protokolls jede unter die Begriffsbestimmung des Artikels 1 des Abkommens fallende Person, als seien die Worte »infolge von Ereignissen, die vor dem 1. Januar 1951 eingetreten sind, und ...« sowie die Worte »... infolge solcher Ereignisse« in Artikel 1 Abschnitt A Absatz 2 nicht enthalten.

(3) Dieses Protokoll wird von seinen Vertragsstaaten ohne jede geographische Begrenzung angewendet; jedoch finden die bereits nach Artikel 1 Abschnitt B Absatz 1 Buchstabe a) des Abkommens abgegebenen Erklärungen von Staaten, die schon Vertragsstaaten des Abkommens sind, auch aufgrund dieses Protokolls Anwendung, sofern nicht die Verpflichtung des betreffenden Staates nach Artikel 1 Abschnitt B Absatz 2 des Abkommens erweitert worden sind.

Art. II Zusammenarbeit der staatlichen Behörden mit den Vereinten Nationen

(1) Die Vertragsstaaten dieses Protokolls verpflichten sich zur Zusammenarbeit mit dem Amt des Hohen Flüchtlingskommissars der Vereinten Nationen oder jeder ihm etwa nachfolgenden anderen Stelle der Vereinten Nationen bei der Ausübung ihrer Befugnisse, insbesondere zur Erleichterung ihrer Aufgabe, die Anwendung des Protokolls zu überwachen.

(2) Um es dem Amt des Hohen Kommissars oder jeder ihm etwa nachfolgenden anderen Stelle der Vereinten Nationen Berichte vorzulegen, verpflichten sich die Vertragsstaaten dieses Protokolls, ihnen in geeigneter Form die erbetenen Auskünfte und statistischen Angaben zu liefern über
a) die Lage der Flüchtlinge,
b) die Durchführung dieses Protokolls,
c) die Gesetze, Verordnungen und Verwaltungsvorschriften, die in bezug auf Flüchtlinge jetzt in Kraft sind oder künftig in Kraft sein werden.

Art. III Auskünfte über innerstaatliche Rechtsvorschriften

Die Vertragsstaaten dieses Protokolls teilen dem Generalsekretär der Vereinten Nationen den Wortlaut der Gesetze und sonstigen Rechtsvorschriften mit, die sie gegebenenfalls erlassen werden, um die Anwendung dieses Protokolls sicherzustellen.

Art. IV Beilegung von Streitigkeiten

Jede Streitigkeit zwischen Vertragsstaaten dieses Protokolls über dessen Auslegung oder Anwendung, die nicht auf andere Weise beigelegt werden kann, wird auf Antrag einer der Streitparteien dem Internationalen Gerichtshof unterbreitet.

Art. V Beitritt

Dieses Protokoll liegt für alle Vertragsstaaten des Abkommens und für jeden anderen Mitgliedstaat der Vereinten Nationen oder einer ihrer Sonderorganisationen sowie für jeden Staat zum Beitritt auf, der von der Vollversammlung eingeladen wurde, dem Protokoll beizutreten. Der Beitrag erfolgt durch Hinterlegung einer Beitrittsurkunde beim Generalsekretär der Vereinten Nationen.

Art. VI Bundesstaatsklausel

Für Bundes- oder Nichteinheitsstaaten gelten folgende Bestimmungen:
a) soweit für bestimmte Artikel des Abkommens, die nach Artikel 1 Absatz 1 dieses Protokolls anzuwenden sind, der Bund die Gesetzgebungszuständigkeit besitzt, hat die Bundesregierung die gleichen Verpflichtungen wie die Vertragsstaaten, die nicht Bundesstaaten sind;
b) soweit für bestimmte Artikel des Abkommens, die nach Artikel 1 Absatz 1 dieses Protokolls anzuwenden sind, die einzelnen Länder, Provinzen oder Kantone, die Gesetzgebungszuständigkeit besitzen, ohne nach der Verfassungsordnung des Bundes zum Erlaß von Rechtsvorschriften verpflichtet

Protokoll über die Rechtsstellung der Flüchtlinge

zu sein, bringt die Bundesregierung diese Artikel den zuständigen Stellen der einzelnen Länder, Provinzen oder Kantone so bald wie möglich befürwortend zur Kenntnis;
c) richtet ein Vertragsstaat dieses Protokoll über den Generalsekretär der Vereinten Nationen eine Anfrage hinsichtlich des Rechts und der Praxis des Bundes und seiner Glieder in bezug auf einzelne Bestimmungen des Abkommens, die nach Artikel 1 Absatz 1 des Protokolls anzuwenden sind, an einen Bundesstaat, der Vertragsstaat des Protokolls ist, so legt dieser eine Darstellung vor, aus der ersichtlich ist, inwieweit diese Bestimmungen durch den Erlaß von Rechtsvorschriften oder durch sonstige Maßnahmen wirksam geworden sind.

Art. VII Vorbehalte und Erklärungen

(1) Im Zeitpunkt seines Beitritts kann jeder Staat zu Artikel IV dieses Protokoll und zur Anwendung jeder Bestimmung des Abkommens – mit Ausnahme der Artikel 1, 3, 4, 16 Absatz 1 und 33 – nach Artikel 1 des Protokolls Vorbehalte machen, jedoch unter der Voraussetzung, daß im Falle eines Vertragsstaats des Abkommens die nach dem vorliegenden Artikel gemachten Vorbehalte sich nicht auf Flüchtlinge erstrecken, für die das Abkommen gilt.
(2) Die von Vertragsstaaten des Abkommens nach dessen Artikel 42 gemachten Vorbehalte finden, sofern sie nicht zurückgezogen werden, hinsichtlich ihrer Verpflichtungen aus diesem Protokoll Anwendung.
(3) Jeder Staat, der einen Vorbehalt nach Absatz 1 dieses Artikels macht, kann ihn jederzeit durch eine an den Generalsekretär der Vereinten Nationen gerichtete diesbezügliche Mitteilung zurückziehen.
(4) Erklärungen, die ein diesem Protokoll beitretender Vertragsstaat des Abkommens nach dessen Artikel 40 Absätze 1 und 2 abgibt, gelten auch in bezug auf das Protokoll, sofern nicht der betreffende Vertragsstaat bei seinem Beitritt eine gegenteilige Notifikation an den Generalsekretär der Vereinten Nationen richtet. Artikel 40 Absätze 2 und 3 und Artikel 44 Absatz 3 des Abkommens gelten entsprechend für dieses Protokoll.

Art. VIII Inkrafttreten

(1) Dieses Protokoll tritt am Tage der Hinterlegung der sechsten Beitrittsurkunde in Kraft.
(2) Für jeden Staat, der dem Protokoll nach Hinterlegung der sechsten Beitrittsurkunde beitritt, tritt es an dem Tag in Kraft, an dem der betreffende Staat eine Beitrittsurkunde hinterlegt.

Art. IX Kündigung

(1) Jeder Vertragsstaat dieses Protokolls kann es jederzeit durch eine an den Generalsekretär der Vereinten Nationen gerichtete Notifikation kündigen.

(2) Die Kündigung wird für den betreffenden Vertragsstaat ein Jahr nach dem Tage wirksam, an dem sie dem Generalsekretär der Vereinten Nationen zugegangen ist.

Art. X Notifikationen durch den Generalsekretär der Vereinten Nationen

Der Generalsekretär der Vereinten Nationen notifiziert allen in Artikel V bezeichneten Staaten den Zeitpunkt des Inkrafttretens dieses Protokolls, des Beitritts sowie der Hinterlegung und Zurücknahme von Vorbehalten zu demselben, der Kündigung sowie der darauf bezüglichen Erklärungen und Notifikationen.

Art. XI Hinterlegung des Protokolls im Archiv des Sekretariats der Vereinten Nationen

Eine Ausfertigung dieses Protokolls, dessen chinesischer, englischer, französischer, russischer und spanischer Wortlaut gleichermaßen verbindlich ist, wird nach Unterzeichnung durch den Präsidenten der Vollversammlung und den Generalsekretär der Vereinten Nationen im Archiv des Sekretariats der Vereinten Nationen hinterlegt. Der Generalsekretär übermittelt allen Mitgliedstaaten der Vereinten Nationen und den anderen in Artikel V bezeichneten Staaten beglaubigte Abschriften.

Gemäß Artikel XI des Protokolls haben wir dasselbe am einunddreißigsten Januar neunzehnhundertsiebenundsechzig unterschrieben.

Protokoll über die Rechtsstellung der Flüchtlinge

Vertragsparteien und Inkrafttreten
(Veröffentlichungsstand 31. Dezember 1997)
Quelle: U.N. Doc. ST/HR/4/Rev. 16

Ägypten
Albanien
Algerien
Angola
Antigua und Barbuda
Äquatorialguinea
Argentinien
Armenien
Aserbaidschan
Äthiopien
Australien
Bahamas
Belgien
Belize
Benin
Bolivien
Bosnien und Herzegowina
Botsuana
Brasilien
Bulgarien
Bundesrepublik Deutschland
Burkina Faso
Burundi
Chile
China
Costa Rica
Côte d'Ivoire
Dänemark
Demokratische Republik Kongo
Dominica
Dominikanische Republik
Dschibuti
Ecuador
El Salvador
Estland
Fidschi
Finnland
Frankreich
Gabun
Gambia
Ghana
Griechenland

Guatemala
Guinea
Guinea-Bissau
Haiti
Heiliger Stuhl
Honduras
Iran
Irland
Island
Israel
Italien
Jamaika
Japan
Jemen
Jugoslawien
Kambodscha
Kamerun
Kanada
Kenia
Kirgisistan
Kolumbien
Kongo
Korea (Republik)
Kroatien
Lesotho
Liberia
Lichtenstein
Litauen
Luxemburg
Madagaskar
Malawi
Mali
Malta
Marokko
Mauretanien
Mazedonien
Monaco
Mosambik
Namibia
Neuseeland
Nicaragua
Niederlande

Niger	Simbabwe
Nigeria	Slowakei
Norwegen	Slowenien
Österreich	Somalia
Panama	Spanien
Papua-Neuguinea	St. Vincent und die Grenadinen
Paraguay	Südafrika
Peru	Sudan
Philippinen	Surinam
Polen	Tadschikistan
Portugal	Tansania
Ruanda	Togo
Rumänien	Tschad
Russische Föderation	Tschechische Republik
Salomonen	Tunesien
Sambia	Türkei
Samoa	Tuvalu
São Tomé und Principe	Uganda
Schweden	Ungarn
Schweiz	Uruguay
Senegal	Vereinigtes Königreich
Seychellen	Zentralafrikanische Republik
Sierra Leone	Zypern

VERORDNUNG (EG) Nr. 343/2003 DES RATES
Vom 18. Februar 2003
zur Festlegung der Kriterien und Verfahren zur Bestimmung des Mitgliedstaats, der für die Prüfung eines von einem Drittstaatsangehörigen in einem Mitgliedstaat gestellten Asylantrags zuständig ist

DER RAT DER EUROPÄISCHEN UNION

gestützt auf den Vertrag zur Gründung der Europäischen Gemeinschaft, insbesondere auf Artikel 63 Absatz 1 Nummer 1 Buchstabe a),

auf Vorschlag der Kommission,[1]

nach Stellungnahme des Europäischen Parlaments,[2]

nach Stellungnahme des Europäischen Wirtschafts- und Sozialausschusses,[3] in Erwägung nachstehender Gründe:

(1) Die Ausarbeitung einer gemeinsamen Asylpolitik einschließlich eines Gemeinsamen Europäischen Asylsystems ist wesentlicher Bestandteil des Ziels der Europäischen Union, schrittweise einen Raum der Freiheit, der Sicherheit und des Rechts aufzubauen, der allen offen steht, die wegen besonderer Umstände rechtmäßig in der Gemeinschaft um Schutz nachsuchen.

(2) Der Europäische Rat kam auf seiner Sondertagung vom 15. und 16. Oktober 1999 in Tampere überein, auf ein Gemeinsames Europäisches Asylsystem hinzuwirken, das sich auf die uneingeschränkte und umfassende Anwendung des Genfer Abkommens vom 28. Juli 1951, ergänzt durch das New Yorker Protokoll vom 31. Januar 1967, stützt, damit niemand dorthin zurückgeschickt wird, wo er Verfolgung ausgesetzt ist, d. h. der Grundsatz der Nichtzurückweisung (Non refoulement) gewahrt bleibt. In diesem Zusammenhang, und ohne die zu dieser Verordnung festgelegten Zuständigkeitskriterien zu beeinträchtigen, gelten die Mitgliedstaaten, die alle den Grundsatz der Nichtzurückweisung achten, als sichere Staaten für Drittstaatsangehörige.

(3) Entsprechend den Schlussfolgerungen von Tampere sollte dieses System auf kurze Sicht eine klare und praktikable Formel für die Bestimmung des für die Prüfung eines Asylantrags zuständigen Mitgliedstaats umfassen.

(4) Eine solche Formel sollte auf objektiven und für die Mitgliedstaaten und die Betroffenen gerechten Kriterien basieren. Sie sollte insbesondere eine rasche Bestimmung des zuständigen Mitgliedstaats ermöglichen, um den effektiven Zugang zu den Verfahren zur Bestimmung der Flüchtlingseigenschaft zu gewährleisten und das Ziel einer zügigen Bearbeitung der Asylanträge nicht zu gefährden.

(5) Bezüglich der schrittweisen Einführung eines Gemeinsamen Europäischen Asylsystems, das auf längere Sicht zu einem gemeinsamen Asylverfahren und einem unionsweit geltenden einheitlichen Status für die Perso-

---
1 ABl. C 304 E vom 30. 10. 2001, S. 192.
2 Stellungnahme vom 9. April 2002 (noch nicht im Amtsblatt veröffentlicht).
3 ABl. C 125 vom 27. 5. 2002, S. 28.

nen, denen Asyl gewährt wird, führen sollte, sollten im derzeitigen Stadium die Grundsätze des am 15. Juni 1990 in Dublin unterzeichneten Übereinkommens über die Bestimmung des zuständigen Staates für die Prüfung eines in einem Mitgliedstaat der Europäischen Gemeinschaften gestellten Asylantrags[4] (nachstehend »Dubliner Übereinkommen« genannt), dessen Durchführung die Harmonisierung der Asylpolitik gefördert hat, mit den aufgrund der bisherigen Erfahrungen erforderlichen Änderungen beibehalten werden.

(6) Die Einheit der Familie sollte gewahrt werden, soweit dies mit den sonstigen Zielen vereinbar ist, die mit der Festlegung von Kriterien und Verfahren zur Bestimmung des für die Prüfung eines Asylantrags zuständigen Mitgliedstaats angestrebt werden.

(7) Die gemeinsame Bearbeitung der Asylanträge der Mitglieder einer Familie durch ein und denselben Mitgliedstaat ermöglicht eine genauere Prüfung der Anträge und kohärente damit zusammenhängende Entscheidungen. Die Mitgliedstaaten sollten von den Zuständigkeitskriterien abweichen können, um eine räumliche Annäherung von Familienmitgliedern vorzunehmen, sofern dies aus humanitären Gründen erforderlich ist.

(8) Die schrittweise Schaffung eines Raums ohne Binnengrenzen, in dem der freie Personenverkehr gemäß den Bestimmungen des Vertrags zur Gründung der Europäischen Gemeinschaft gewährleistet wird, sowie die Festsetzung der Gemeinschaftspolitiken zu den Einreise- und Aufenthaltsbedingungen einschließlich allgemeiner Anstrengungen zur Verwaltung der Außengrenzen erfordern die Erreichung eines Gleichgewichts der Zuständigkeitskriterien im Geiste der Solidarität.

(9) Die Durchführung dieser Verordnung kann dadurch erleichtert und ihre Wirksamkeit erhöht werden, dass die Mitgliedstaaten bilaterale Vereinbarungen treffen, die darauf abzielen, die Kommunikation zwischen den zuständigen Dienststellen zu verbessern, die Verfahrensfristen zu verkürzen, die Bearbeitung von Aufnahme- oder Wiederaufnahmegesuchen zu vereinfachen oder Modalitäten für die Durchführung von Überstellungen festzulegen.

(10) Die Kontinuität zwischen dem im Dubliner Übereinkommen festgelegten Verfahren zur Bestimmung des zuständigen Staates und dem in dieser Verordnung vorgesehenen Ansatz sollte sichergestellt werden. Außerdem sollte die Kohärenz zwischen dieser Verordnung und der Verordnung (EG) Nr. 2725/2000 des Rates vom 11. Dezember 2000 über die Einrichtung von »Eurodac« für den Vergleich von Fingerabdrücken zum Zweck der effektiven Anwendung des Dubliner Übereinkommens[5] sichergestellt werden.

(11) Durch den Betrieb des mit Verordnung (EG) Nr. 2725/2000 geschaffenen Eurodac-Systems und insbesondere durch die Anwendung der Artikel 4 und 8 jener Verordnung sollte die Durchführung dieser Verordnung erleichtert werden.

(12) In Bezug auf die Behandlung von Personen, die unter den Geltungsbereich dieser Verordnung fallen, sind die Mitgliedstaaten gehalten, die Ver-

---

4 ABl. C 254 vom 19. 8. 1997, S. 1.
5 ABl. L 316 vom 15. 12. 2000, S. 1.

Verordnung (EG) Nr. 343/2003 des Rates

pflichtungen der völkerrechtlichen Instrumente einzuhalten, bei denen sie Vertragsparteien sind.

(13) Die zur Durchführung dieser Verordnung erforderlichen Maßnahmen sollten gemäß dem Beschluss 1999/468/EG des Rates vom 28. Juni 1999 zur Festlegung der Modalitäten für die Ausübung der der Kommission übertragenen Durchführungsbefugnisse[6] erlassen werden.

(14) Die Durchführung der Verordnung sollte regelmäßig bewertet werden.

(15) Die Verordnung steht im Einklang mit den Grundrechten und Grundsätzen, die insbesondere mit der Charta der Grundrechte der Europäischen Union[7] anerkannt wurden. Sie zielt insbesondere darauf ab, die uneingeschränkte Wahrung des in Artikel 18 verankerten Rechts auf Asyl zu gewährleisten.

(16) Da das Ziel der beabsichtigten Maßnahme, nämlich die Festlegung von Kriterien und Verfahren zur Bestimmung des Mitgliedstaats, der für die Prüfung eines Asylantrags zuständig ist, den ein Drittstaatsangehöriger in einem Mitgliedstaat gestellt hat, auf Ebene der Mitgliedstaaten nicht ausreichend erreicht werden kann und daher wegen des Umfangs und der Wirkungen der Maßnahme besser auf Gemeinschaftsebene zu erreichen ist, kann die Gemeinschaft im Einklang mit dem in Artikel 5 des Vertrags niedergelegten Subsidiaritätsprinzip tätig werden. Entsprechend dem in demselben Artikel genannten Verhältnismäßigkeitsprinzip geht diese Verordnung nicht über das für die Erreichung dieses Ziels erforderliche Maß hinaus.

(17) Entsprechend Artikel 3 des Protokolls über die Position des Vereinigten Königreichs und Irlands, das dem Vertrag über die Europäische Union und dem Vertrag zur Gründung der Europäischen Gemeinschaft beigefügt ist, haben das Vereinigte Königreich und Irland mit Schreiben vom 30. Oktober 2001 mitgeteilt, dass sie sich an der Annahme und Anwendung dieser Verordnung beteiligen möchte.

(18) Gemäß den Artikeln 1 und 2 des dem Vertrag über die Europäische Union und dem Vertrag zur Gründung der Europäischen Gemeinschaft beigefügten Protokolls über die Position Dänemarks beteiligt sich Dänemark nicht an der Annahme dieser Verordnung, die für Dänemark nicht bindend oder anwendbar ist.

(19) Das Dubliner Übereinkommen bleibt in Kraft und gilt weiterhin zwischen Dänemark und den durch diese Verordnung gebundenen Mitgliedstaaten, bis ein Abkommen geschlossen wurde, das Dänemark eine Beteiligung an der Verordnung gestattet –

HAT FOLGENDE VERORDNUNG ERLASSEN:

---

6 ABl. L 184 vom 17. 7. 1999, S. 23.
7 ABl. C 364 vom 18. 12. 2000, S. 1.

KAPITEL 1

ZIEL UND DEFINITIONEN

Artikel 1

Diese Verordnung legt die Kriterien und Verfahren fest, die bei der Bestimmung des Mitgliedstaats, der für die Prüfung eines von einem Drittstaatsangehörigen in einem Mitgliedstaat gestellten Asylantrags zuständig ist, zur Anwendung gelangen.

Artikel 2

Im Sinne dieser Verordnung bezeichnet der Ausdruck
a) »Drittstaatsangehöriger« jede Person, die nicht Bürger der Union im Sinne von Artikel 17 Absatz 1 des Vertrags zur Gründung der Europäischen Gemeinschaft ist:
b) »Genfer Flüchtlingskonvention« das Genfer Abkommen vom 28. Juli 1951 über die Rechtsstellung der Flüchtlinge, ergänzt durch das New Yorker Protokoll vom 31. Januar 1967;
c) »Asylantrag« den von einem Drittstaatsangehörigen gestellten Antrag, der als Ersuchen um internationalen Schutz eines Mitgliedstaats im Sinne der Genfer Flüchtlingskonvention angesehen werden kann. Jeder Antrag auf internationalen Schutz wird als Asylantrag angesehen, es sei denn, ein Drittstaatsangehöriger ersucht ausdrücklich um einen anderweitigen Schutz, der gesondert beantragt werden kann;
d) »Antragsteller« bzw. »Asylbewerber« den Drittstaatsangehörigen, der einen Asylantrag eingereicht hat, über den noch nicht endgültig entschieden worden ist;
e) »Prüfung eines Asylantrags« die Gesamtheit der Prüfungsvorgänge, der Entscheidungen bzw. Urteile der zuständigen Stellen in Bezug auf einen Asylantrag gemäß dem einzelstaatlichen Recht, mit Ausnahme der Verfahren zur Bestimmung des zuständigen Staates gemäß dieser Verordnung;
f) »Rücknahme des Asylantrags« die vom Antragsteller im Einklang mit dem einzelstaatlichen Recht ausdrücklich oder stillschweigend unternommenen Schritte zur Beendigung des Verfahrens, das aufgrund des von ihm eingereichten Asylantrags eingeleitet wurde;
g) »Flüchtling« jeden Drittstaatsangehörigen, dem die Flüchtlingseigenschaft im Sinne der Genfer Flüchtlingskonvention zuerkannt und der Aufenthalt im Hoheitsgebiet eines Mitgliedstaats in dieser Eigenschaft gestattet wurde;
h) »unbegleiteter Minderjähriger« unverheiratete Personen unter 18 Jahren, die ohne Begleitung eines für sie nach dem Gesetz oder dem Gewohnheitsrecht verantwortlichen Erwachsenen in einen Mitgliedstaat einreisen, solange sie sich nicht tatsächlich in der Obhut eines solchen Erwach-

senen befinden; dies schließt Minderjährige ein, die nach ihrer Einreise in das Hoheitsgebiet eines Mitgliedstaats ohne Begleitung gelassen werden;
i) »Familienangehörige« die folgenden im Hoheitsgebiet der Mitgliedstaaten anwesenden Mitglieder der Familie des Antragstellers, sofern die Familie bereits im Herkunftsland bestanden hat:
1) den Ehegatten des Asylbewerbers oder der nicht verheiratete Partner des Asylbewerbers, der mit diesem eine dauerhafte Beziehung führt, sofern gemäß den Rechtsvorschriften oder den Gepflogenheiten des betreffenden Mitgliedstaats nichtverheiratete Paare nach dessen Ausländerrecht ähnlich behandelt werden wie verheiratete Paare;
2) die minderjährigen Kinder von in Ziffer 1) genannten Paaren oder des Antragstellers, sofern diese ledig und unterhaltsberechtigt sind, gleichgültig, ob es sich nach dem einzelstaatlichen Recht um eheliche oder außerehelich geborene oder adoptierte Kinder handelt;
3) bei unverheirateten minderjährigen Antragstellern oder Flüchtlingen den Vater, die Mutter oder den Vormund;
j) »Aufenthaltstitel« jede von den Behörden eines Mitgliedstaats erteilte Erlaubnis, mit der der Aufenthalt eines Drittstaatsangehörigen im Hoheitsgebiet dieses Mitgliedstaats gestattet wird, einschließlich der Dokumente, mit denen die Genehmigung des Aufenthalts im Hoheitsgebiet im Rahmen einer Regelung des vorübergehenden Schutzes oder bis zu dem Zeitpunkt, zu dem die eine Ausweisung verhindernden Umstände nicht mehr gegeben sind, nachgewiesen werden kann; ausgenommen sind Visa und Aufenthaltstitel, die während der zur Bestimmung des zuständigen Mitgliedstaats entsprechend dieser Verordnung erforderlichen Frist bzw. während der Prüfung eines Asylantrags oder eines Antrags auf Gewährung eines Aufenthaltstitels erteilt wurden;
k) »Visum« die Erlaubnis oder Entscheidung eines Mitgliedstaats, die im Hinblick auf die Einreise zum Zweck der Durchreise oder die Einreise zum Zweck eines Aufenthalts in diesem Mitgliedstaat oder in mehreren Mitgliedstaaten verlangt wird. Es werden folgende Arten von Visa unterschieden:
1) »Langzeitvisum«: die Erlaubnis oder Entscheidung eines Mitgliedstaats, die im Hinblick auf die Einreise zum Zweck eines Aufenthalts in diesem Mitgliedstaat von mehr als drei Monaten verlangt wird;
2) »Kurzzeitvisum«: die Erlaubnis oder Entscheidung eines Mitgliedstaats, die im Hinblick auf die Einreise zum Zweck eines Aufenthalts in diesem Mitgliedstaat oder mehrere Mitgliedstaaten von insgesamt höchstens drei Monaten verlangt wird;
3) »Transitvisum«: die Erlaubnis oder Entscheidung eines Mitgliedstaats, die im Hinblick auf eine Einreise zum Zweck der Durchreise durch das Hoheitsgebiet dieses Mitgliedstaats oder mehrerer Mitgliedstaaten verlangt wird, mit Ausnahme des Flughafentransits;
4) »Flughafentransitvisum«: die Erlaubnis oder Entscheidung, die einem ausdrücklich dieser Verpflichtung unterliegenden Drittstaatsangehörigen ermöglicht, sich während einer Zwischenlandung oder einer Unterbrechung zwischen zwei Abschnitten eines internationalen Flugs in

der Transitzone eines Flughafens aufzuhalten, ohne dabei das Hoheitsgebiet des betreffenden Mitgliedstaats zu betreten.

KAPITEL II

ALLGEMEINE GRUNDSÄTZE

Artikel 3

(1) Die Mitgliedstaaten prüfen jeden Asylantrag, den ein Drittstaatsangehöriger an der Grenze oder im Hoheitsgebiet eines Mitgliedstaats stellt. Der Antrag wird von einem einzigen Mitgliedstaat geprüft, der nach den Kriterien des Kapitels III als zuständiger Staat bestimmt wird.

(2) Abweichend von Absatz 1 kann jeder Mitgliedstaat einen von einem Drittstaatsangehörigen eingereichten Asylantrag prüfen, auch wenn er nach den in dieser Verordnung festgelegten Kriterien nicht für die Prüfung zuständig ist. Der betreffende Mitgliedstaat wird dadurch zum zuständigen Mitgliedstaat im Sinne dieser Verordnung und übernimmt die mit dieser Zuständigkeit einhergehenden Verpflichtungen. Gegebenenfalls unterrichtet er den zuvor zuständigen Mitgliedstaat, den Mitgliedstaat, der ein Verfahren zur Bestimmung des zuständigen Staates durchführt, oder den Mitgliedstaat, an den ein Aufnahme- oder Wiederaufnahmegesuch gerichtet wurde.

(3) Jeder Mitgliedstaat behält das Recht, einen Asylbewerber nach seinen innerstaatlichen Rechtsvorschriften unter Wahrung der Bestimmungen der Genfer Flüchtlingskonvention in einen Drittstaat zurück- oder auszuweisen.

(4) Der Asylbewerber wird schriftlich und in einer ihm hinreichend bekannten Sprache über die Anwendung dieser Verordnung, ihre Fristen und ihre Wirkung unterrichtet.

Artikel 4

(1) Das Verfahren zur Bestimmung des gemäß dieser Verordnung zuständigen Mitgliedstaats wird eingeleitet, sobald ein Asylantrag erstmals in einem Mitgliedstaat gestellt wurde.

(2) Ein Asylantrag gilt als gestellt, wenn den zuständigen Behörden des betreffenden Mitgliedstaats ein vom Asylbewerber eingereichtes Formblatt oder ein behördliches Protokoll zugegangen ist. Bei einem nicht in schriftlicher Form gestellten Asylantrag sollte die Frist zwischen der Abgabe der Willenserklärung und der Erstellung eines Protokolls so kurz wie möglich sein.

(3) Für die Zwecke dieser Verordnung ist die Situation eines mit dem Asylbewerber einreisenden Minderjährigen, der durch die Definition des Familienangehörigen in Artikel 2 Ziffer 1) gedeckt ist, untrennbar mit der seines Elternteils oder seines Vormunds verbunden und fällt in die Zuständigkeit des Mitgliedstaats, der für die Prüfung des Asylantrags dieses Elternteils oder Vormunds zuständig ist, auch wenn der Minderjährige selbst kein Asylbe-

werber ist. Ebenso wird bei Kindern verfahren, die nach der Ankunft des Asylbewerbers im Hoheitsgebiet der Mitgliedstaaten geboren werden, ohne dass ein neues Zuständigkeitsverfahren für diese eingeleitet werden muss.

(4) Stellt ein Antragsteller bei den zuständigen Behörden eines Mitgliedstaats einen Asylantrag, während er sich im Hoheitsgebiet eines anderen Mitgliedstaats aufhält, obliegt die Bestimmung des zuständigen Mitgliedstaats dem Mitgliedstaat, in dessen Hoheitsgebiet sich der Antragsteller aufhält. Dieser Mitgliedstaat wird unverzüglich von dem mit dem Asylantrag befassten Mitgliedstaat unterrichtet und gilt dann für die Zwecke dieser Verordnung als der Staat, bei dem der Antrag gestellt wurde.

Der Antragsteller wird schriftlich von dieser Zuständigkeitsübertragung und dem Zeitpunkt, zu dem sie erfolgt ist, unterrichtet.

(5) Der Mitgliedstaat, bei dem der Asylantrag gestellt wurde, ist gehalten, einen Asylbewerber, der sich im Hoheitsgebiet eines anderen Mitgliedstaats befindet und dort einen Asylantrag gestellt hat, nachdem er seinen Antrag noch während des Verfahrens zur Bestimmung des zuständigen Mitgliedstaats zurückgezogen hat, nach den Bestimmungen des Artikels 20 wieder aufzunehmen, um das Verfahren zur Bestimmung des für die Prüfung des Asylantrags zuständigen Mitgliedstaats zum Abschluss zu bringen.

Diese Verpflichtung erlischt, wenn der Asylbewerber zwischenzeitlich die Hoheitsgebiete der Mitgliedstaaten für mindestens drei Monate verlassen oder in einem Mitgliedstaat eine Aufenthaltserlaubnis erhalten hat.

KAPITEL III

RANGFOLGE DER KRITERIEN

Artikel 5

(1) Die Kriterien zur Bestimmung des zuständigen Mitgliedstaats finden in der in diesem Kapitel genannten Rangfolge Anwendung.

(2) Bei der Bestimmung des nach diesen Kriterien zuständigen Mitgliedstaats wird von der Situation ausgegangen, die zu dem Zeitpunkt gegeben ist, zu dem der Asylbewerber seinen Antrag zum ersten Mal in einem Mitgliedstaat stellt.

Artikel 6

Handelt es sich bei dem Asylbewerber um einen unbegleiteten Minderjährigen, so ist der Mitgliedstaat, in dem sich ein Angehöriger seiner Familie rechtmäßig aufhält, für die Prüfung seines Antrags zuständig, sofern dies im Interesse des Minderjährigen liegt.

Ist kein Familienangehöriger anwesend, so ist der Mitgliedstaat, in dem der Minderjährige seinen Asylantrag gestellt hat, zuständig.

Artikel 7

Hat der Asylbewerber einen Familienangehörigen – ungeachtet der Frage, ob die Familie bereits im Herkunftsland bestanden hat –, dem das Recht auf Aufenthalt in einem Mitgliedstaat in seiner Eigenschaft als Flüchtling gewährt wurde, so ist dieser Mitgliedstaat für die Prüfung des Asylantrags zuständig, sofern die betroffenen Personen dies wünschen.

Artikel 8

Hat ein Asylbewerber in einem Mitgliedstaat einen Familienangehörigen, über dessen Asylantrag noch keine erste Sachentscheidung getroffen wurde, so obliegt diesem Mitgliedstaat die Prüfung des Asylantrags, sofern die betroffenen Personen dies wünschen.

Artikel 9

(1) Besitzt der Asylbewerber einen gültigen Aufenthaltstitel, so ist der Mitgliedstaat, der den Aufenthaltstitel ausgestellt hat, für die Prüfung des Asylantrags zuständig.
(2) Besitzt der Asylbewerber ein gültiges Visum, so ist der Mitgliedstaat, der das Visum erteilt hat, für die Prüfung des Asylantrags zuständig, es sei denn, dass das Visum in Vertretung oder mit schriftlicher Zustimmung eines anderen Mitgliedstaats erteilt wurde. In diesem Fall ist der letztgenannte Mitgliedstaat für die Prüfung des Asylantrags zuständig. Konsultiert ein Mitgliedstaat insbesondere aus Sicherheitsgründen zuvor die zentralen Behörden eines anderen Mitgliedstaats, so ist dessen Antwort auf die Konsultation nicht gleich bedeutend mit einer schriftlichen Genehmigung im Sinne dieser Bestimmung.
(3) Besitzt der Asylbewerber mehrere gültige Aufenthaltstitel oder Visa verschiedener Mitgliedstaaten, so sind die Mitgliedstaaten für die Prüfung des Asylantrags in folgender Reihenfolge zuständig:
a) der Mitgliedstaat, der den Aufenthaltstitel mit der längsten Gültigkeitsdauer erteilt hat, oder bei gleicher Gültigkeitsdauer der Mitgliedstaat, der den zuletzt ablaufenden Aufenthaltstitel erteilt hat;
b) der Mitgliedstaat, der das zuletzt ablaufende Visum erteil hat, wenn es sich um gleichartige Visa handelt:
c) bei nicht gleichartigen Visa der Mitgliedstaat, der das Visum mit der längsten Gültigkeitsdauer erteilt hat, oder bei gleicher Gültigkeitsdauer der Mitgliedstaat, der das zuletzt ablaufende Visum erteilt hat.
(4) Besitzt der Asylbewerber nur einen oder mehrere Aufenthaltstitel, die weniger als zwei Jahre zuvor abgelaufen sind, oder ein oder mehrere Visa, die seit weniger als sechs Monaten abgelaufen sind, aufgrund deren er in das Hoheitsgebiet eines Mitgliedstaats einreisen konnte, so sind die Absätze 1, 2 und 3 anwendbar, solange der Antragsteller das Hoheitsgebiet der Mitgliedstaaten nicht verlassen hat.

Besitzt der Asylbewerber einen oder mehrere Aufenthaltstitel, die mehr als zwei Jahre zuvor abgelaufen sind, oder ein oder mehrere Visa, die seit mehr als sechs Monaten abgelaufen sind, aufgrund deren er in das Hoheitsgebiet eines Mitgliedstaats einreisen konnte, und hat er die Hoheitsgebiete der Mitgliedstaaten nicht verlassen, so ist der Mitgliedstaat zuständig, in dem der Antrag gestellt wird.

(5) Der Umstand, dass der Aufenthaltstitel oder das Visum aufgrund einer falschen oder missbräuchlich verwendeten Identität oder nach Vorlage von gefälschten, falschen oder ungültigen Dokumenten erteilt wurde, hindert nicht daran, dem Mitgliedstaat, der den Titel oder das Visum erteilt hat, die Zuständigkeit zuzuweisen. Der Mitgliedstaat, der den Aufenthaltstitel oder das Visum ausgestellt hat, ist nicht zuständig, wenn nachgewiesen werden kann, dass nach Ausstellung des Titels oder des Visums eine betrügerische Handlung vorgenommen wurde.

Artikel 10

(1) Wird auf der Grundlage von Beweismitteln oder Indizien gemäß den beiden in Artikel 18 Absatz 3 genannten Verzeichnissen, einschließlich der Daten nach Kapitel III der Verordnung (EG) Nr. 2725/2000 festgestellt, dass ein Asylbewerber aus einem Drittstaat kommend die Land-, See- oder Luftgrenze eines Mitgliedstaats illegal überschritten hat, so ist dieser Mitgliedstaat für die Prüfung des Asylantrags zuständig. Die Zuständigkeit endet zwölf Monate nach dem Tag des illegalen Grenzübertritts.

(2) Ist ein Mitgliedstaat nicht oder gemäß Absatz 1 nicht länger zuständig und wird auf der Grundlage von Beweismitteln oder Indizien gemäß den beiden in Artikel 18 Absatz 3 genannten Verzeichnissen festgestellt, dass der Asylbewerber – der illegal in die Hoheitsgebiete der Mitgliedstaaten eingereist ist oder bei dem die Umstände der Einreise nicht festgestellt werden können – sich zum Zeitpunkt der Antragstellung zuvor während eines ununterbrochenen Zeitraums von mindestens fünf Monaten in einem Mitgliedstaat aufgehalten hat, so ist dieser Mitgliedstaat für die Prüfung des Asylantrags zuständig.

Hat der Asylbewerber sich für Zeiträume von mindestens fünf Monaten in verschiedenen Mitgliedstaaten aufgehalten, so ist der Mitgliedstaat, wo dies zuletzt der Fall war, für die Prüfung des Asylantrags zuständig.

Artikel 11

(1) Reist ein Drittstaatsangehöriger in das Hoheitsgebiet eines Mitgliedstaats ein, in dem für ihn kein Visumzwang besteht, so ist dieser Mitgliedstaat für die Prüfung des Asylantrags zuständig.

(2) Der Grundsatz nach Absatz 1 findet keine Anwendung, wenn der Drittstaatsangehörige seinen Asylantrag in einem anderen Mitgliedstaat stellt, in dem er ebenfalls kein Einreisevisum vorweisen muss. In diesem Fall ist der letztgenannte Mitgliedstaat für die Prüfung des Asylantrags zuständig.

Artikel 12

Stellt ein Drittstaatsangehöriger einen Asylantrag im internationalen Transitbereich eines Flughafens eines Mitgliedstaats, so ist dieser Mitgliedstaat für die Prüfung des Asylantrags zuständig.

Artikel 13

Lässt sich anhand der Kriterien dieser Verordnung nicht bestimmen, welchem Mitgliedstaat die Prüfung des Asylantrags obliegt, so ist der erste Mitgliedstaat, in dem der Asylantrag gestellt wurde, für dessen Prüfung zuständig.

Artikel 14

Stellen mehrere Mitglieder einer Familie in demselben Mitgliedstaat gleichzeitig oder in so großer zeitlicher Nähe einen Asylantrag, dass die Verfahren zur Bestimmung des zuständigen Mitgliedstaats gemeinsam durchgeführt werden können, und könnte die Anwendung der in dieser Verordnung genannten Kriterien ihre Trennung zur Folge haben, so gilt für die Bestimmung des zuständigen Mitgliedstaats Folgendes:
a) zuständig für die Prüfung der Asylanträge sämtlicher Familienmitglieder ist der Mitgliedstaat, der nach den Kriterien für die Aufnahme des größten Teils der Familienmitglieder zuständig ist:
b) andernfalls obliegt die Prüfung dem Mitgliedstaat, der nach den Kriterien für die Prüfung des von dem ältesten Familienmitglied eingereichten Asylantrags zuständig ist.

KAPITEL IV

HUMANITÄRE KLAUSEL

Artikel 15

(1) Jeder Mitgliedstaat kann aus humanitären Gründen, die sich insbesondere aus dem familiären oder kulturellen Kontext ergeben, Familienmitglieder und andere abhängige Familienangehörige zusammenführen, auch wenn er dafür nach den Kriterien dieser Verordnung nicht zuständig ist. In diesem Fall prüft jener Mitgliedstaat auf Ersuchen eines anderen Mitgliedstaats den Asylantrag der betroffenen Person. Die betroffenen Personen müssen dem zustimmen.
(2) In Fällen, in denen die betroffene Person wegen Schwangerschaft, eines neugeborenen Kindes, einer schweren Krankheit, einer ernsthaften Behinderung oder hohen Alters auf die Unterstützung der anderen Person angewiesen ist, entscheiden die Mitgliedstaaten im Regelfall, den Asylbewerber und

Verordnung (EG) Nr. 343/2003 des Rates

den anderen Familienangehörigen, der sich im Hoheitsgebiet eines Mitgliedstaats aufhält, nicht zu trennen bzw. sie zusammenführen, sofern die familiäre Bindung bereits im Herkunftsland bestanden hat.

(3) Ist der Asylbewerber ein unbegleiteter Minderjähriger, der ein oder mehrere Familienangehörige hat, die sich in einem anderen Mitgliedstaat aufhalten, und die ihn bei sich aufnehmen können, so nehmen die Mitgliedstaaten nach Möglichkeit eine räumliche Annäherung dieses Minderjährigen an seinen bzw. seine Angehörigen vor, es sei denn, dass dies nicht im Interesse des Minderjährigen liegt.

(4) Gibt der ersuchte Mitgliedstaat dem Ersuchen statt, so wird ihm die Zuständigkeit für die Antragsprüfung übertragen.

(5) Die Bedingungen und Verfahren für die Umsetzung dieses Artikels, gegebenenfalls einschließlich der Schlichtungsverfahren zur Regelung von Divergenzen zwischen den Mitgliedstaaten über die Notwendigkeit einer Annäherung der betreffenden Personen bzw. den Ort, an dem diese erfolgen soll, werden gemäß dem Verfahren nach Artikel 27 Absatz 2 beschlossen.

KAPITEL V

AUFNAHME UND WIEDERAUFNAHME

Artikel 16

(1) Der Mitgliedstaat, der nach der vorliegenden Verordnung zur Prüfung des Asylantrags zuständig ist, ist gehalten:
a) einen Asylbewerber, der in einem anderen Mitgliedstaat einen Antrag gestellt hat, nach Maßgabe der Artikel 17 bis 19 aufzunehmen;
b) die Prüfung des Asylantrags abzuschließen;
c) einen Antragsteller, der sich während der Prüfung seines Antrags unerlaubt im Hoheitsgebiet eines anderen Mitgliedstaats aufhält, nach Maßgabe des Artikels 20 wieder aufzunehmen;
d) einen Asylbewerber, der seinen Antrag während der Antragsprüfung zurückgezogen und in einem anderen Mitgliedstaat einen Antrag gestellt hat, nach Maßgabe des Artikels 20 wieder aufzunehmen;
e) einen Drittstaatsangehörigen, dessen Antrag er abgelehnt hat und der sich unerlaubt im Hoheitsgebiet eines anderen Mitgliedstaats aufhält, nach Maßgabe des Artikels 20 wieder aufzunehmen.

(2) Erteilt ein Mitgliedstaat dem Antragsteller einen Aufenthaltstitel, so fallen diesem Mitgliedstaat die Verpflichtungen nach Absatz 1 zu.

(3) Die Verpflichtungen nach Absatz 1 erlöschen, wenn der Drittstaatsangehörige das Hoheitsgebiet der Mitgliedstaaten für mindestens drei Monate verlassen hat, es sei denn, der Drittstaatsangehörige ist im Besitz eines vom zuständigen Mitgliedstaat ausgestellten gültigen Aufenthaltstitels.

(4) Die Verpflichtungen nach Absatz 1 Buchstaben d) und e) erlöschen auch, wenn der für die Prüfung des Antrags zuständige Mitgliedstaat nach der Rücknahme oder der Ablehnung des Antrags die notwendigen Vorkehrun-

gen getroffen und tatsächlich umgesetzt hat, damit der Drittstaatsangehörige in sein Herkunftsland oder in ein anderes Land, in das er sich rechtmäßig begeben kann, zurückkehrt.

Artikel 17

(1) Hält der Mitgliedstaat, in dem ein Asylantrag gestellt wurde, einen anderen Mitgliedstaat für die Prüfung des Antrags für zuständig, so kann er so bald wie möglich, in jedem Fall aber innerhalb von drei Monaten nach Einreichung des Antrags im Sinne von Artikel 4 Absatz 2 den anderen Mitgliedstaat ersuchen, den Asylbewerber aufzunehmen.

Wird das Gesuch um Aufnahme eines Antragstellers nicht innerhalb der Frist von drei Monaten unterbreitet, so ist der Mitgliedstaat, in dem der Asylantrag gestellt wurde, für die Prüfung des Asylantrags zuständig.

(2) Der ersuchende Mitgliedstaat kann in Fällen, in denen der Asylantrag gestellt wurde, nachdem die Einreise oder der Aufenthalt verweigert wurden, der Betreffende wegen illegalen Aufenthalts festgenommen wurde, eine Ausweisung angekündigt oder vollstreckt wurde oder wenn sich der Asylbewerber in Gewahrsam befindet, eine dringliche Antwort anfordern.

In dem Gesuch werden die Gründe genannt, die eine dringende Antwort rechtfertigen, und angegeben, innerhalb welcher Frist eine Antwort erwartet wird. Diese Frist beträgt mindestens eine Woche.

(3) In beiden Fällen ist für das Gesuch um Aufnahme durch einen anderen Mitgliedstaat ein Musterformblatt zu verwenden, das Beweismittel oder Indizien gemäß den beiden in Artikel 18 Absatz 3 genannten Verzeichnissen und/oder sachdienliche Angaben aus der Erklärung des Asylbewerbers enthalten muss, anhand deren die Behörden des ersuchten Mitgliedstaats prüfen können, ob ihr Staat gemäß den in dieser Verordnung definierten Kriterien zuständig ist.

Die Vorschriften für die Erstellung und die Modalitäten zur Übermittlung der Gesuche werden nach dem Verfahren gemäß Artikel 27 Absatz 2 erlassen.

Artikel 18

(1) Der ersuchte Mitgliedstaat nimmt die erforderlichen Überprüfungen vor und entscheidet über das Gesuch um Aufnahme eines Antragstellers innerhalb von zwei Monaten, nachdem er mit dem Gesuch befasst wurde.

(2) In dem in dieser Verordnung geregelten Verfahren zur Bestimmung des Mitgliedstaats, der für die Prüfung eines Asylantrags zuständig ist, werden Beweismittel und Indizien verwendet.

(3) Entsprechend dem Verfahren gemäß Artikel 27 Absatz 2 werden zwei Verzeichnisse erstellt und regelmäßig überprüft, wobei die Beweismittel und Indizien nach folgenden Kriterien angegeben werden:
a) Beweismitttel:
    1) Hierunter fallen förmliche Beweismittel, die insoweit über die Zuständigkeit nach dieser Verordnung entscheiden, als sie nicht durch Gegenbeweise widerlegt werden.

Verordnung (EG) Nr. 343/2003 des Rates

2) Die Mitgliedstaaten stellen dem in Artikel 27 vorgesehenen Ausschuss nach Maßgabe der im Verzeichnis der förmlichen Beweismittel festgelegten Klassifizierung Muster der verschiedenen Arten der von ihren Verwaltungen verwendeten Dokumente zur Verfügung.

b) Indizien:
1) Hierunter fallen einzelne Anhaltspunkte, die, obwohl sie anfechtbar sind, in einigen Fällen nach der ihnen zugebilligten Beweiskraft ausreichen können.
2) Ihre Beweiskraft hinsichtlich der Zuständigkeit für die Prüfung des Asylantrags wird von Fall zu Fall bewertet.

(4) Das Beweiserfordernis sollte nicht über das für die ordnungsgemäße Anwendung dieser Verordnung erforderliche Maß hinausgehen.

(5) Liegen keine förmlichen Beweismittel vor, erkennt der ersuchte Mitgliedstaat seine Zuständigkeit an, wenn die Indizien kohärent, nachprüfbar und hinreichend detailliert sind, um die Zuständigkeit zu begründen.

(6) Beruft sich der ersuchende Mitgliedstaat auf das Dringlichkeitsverfahren gemäß Artikel 17 Absatz 2, so unternimmt der ersuchte Mitgliedstaat alle Anstrengungen, um sich an die vorgegebene Frist zu halten. In Ausnahmefällen, in denen nachgewiesen werden kann, dass die Prüfung eines Gesuchs um Aufnahme eines Antragstellers besonders kompliziert ist, kann der ersuchte Mitgliedstaat die Antwort nach Ablauf der vorgegebenen Frist erteilen; in jedem Fall ist die Antwort jedoch innerhalb eines Monats zu erteilen. In derartigen Fällen muss der ersuchte Mitgliedstaat seine Entscheidung, die Antwort zu einem späteren Zeitpunkt zu erteilen, dem ersuchenden Mitgliedstaat innerhalb der ursprünglich gesetzten Frist mitteilen.

(7) Wird innerhalb der Frist von zwei Monaten gemäß Absatz 1 bzw. der Frist von einem Monat gemäß Absatz 6 keine Antwort erteilt, ist davon auszugehen, dass dem Aufnahmegesuch stattgegeben wird, was die Verpflichtung nach sich zieht, die Person aufzunehmen und angemessene Vorkehrungen für die Ankunft zu treffen.

Artikel 19

(1) Stimmt der ersuchte Mitgliedstaat der Aufnahme eines Antragstellers zu, so teilt der Mitgliedstaat, in dem der Asylantrag eingereicht wurde, dem Antragsteller die Entscheidung, den Asylantrag nicht zu prüfen, sowie die Verpflichtung, den Antragsteller, an den zuständigen Mitgliedstaat zu überstellen, mit.

(2) Die Entscheidung nach Absatz 1 ist zu begründen. Die Frist für die Durchführung der Überstellung ist anzugeben, und gegebenenfalls der Zeitpunkt und der Ort zu nennen, zu dem bzw. an dem sich der Antragsteller zu melden hat, wenn er sich auf eigene Initiative in den zuständigen Mitgliedstaat begibt. Gegen die Entscheidung kann ein Rechtsbehelf eingelegt werden. Ein gegen die Entscheidung eingelegter Rechtsbehelf hat keine aufschiebende Wirkung für die Durchführung der Überstellung, es sei denn, die

Gerichte oder zuständigen Stellen entscheiden im Einzelfall nach Maßgabe ihres innerstaatlichen Rechts anders, wenn es nach ihrem innerstaatlichen Recht zulässig ist.

(3) Die Überstellung des Antragstellers von dem Mitgliedstaat, in dem der Asylantrag gestellt wurde, in den zuständigen Mitgliedstaat erfolgt gemäß den nationalen Rechtsvorschriften des ersteren Mitgliedstaats nach Abstimmung zwischen den beteiligten Mitgliedstaaten, sobald dies materiell möglich ist und spätestens innerhalb einer Frist von sechs Monaten ab der Annahme des Antrags auf Aufnahme oder der Entscheidung über den Rechtsbehelf, wenn dieser aufschiebende Wirkung hat.

Erforderlichenfalls stellt der ersuchende Mitgliedstaat dem Asylbewerber ein Laissez-passer nach dem Muster aus, das gemäß dem Verfahren nach Artikel 27 Absatz 2 festgelegt wird.

Der zuständige Mitgliedstaat teilt dem ersuchenden Mitgliedstaat gegebenenfalls mit, dass der Asylbewerber eingetroffen ist bzw. dass er sich nicht innerhalb der vorgegebenen Frist gemeldet hat.

(4) Wird die Überstellung nicht innerhalb der Frist von sechs Monaten durchgeführt, geht die Zuständigkeit auf den Mitgliedstaat über, in dem der Asylantrag eingereicht wurde. Diese Frist kann höchstens auf ein Jahr verlängert werden, wenn die Überstellung aufgrund der Inhaftierung des Asylbewerbers nicht erfolgen konnte, oder höchstens auf achtzehn Monate, wenn der Asylbewerber flüchtig ist.

(5) Ergänzende Vorschriften zur Durchführung von Überstellungen können gemäß dem Verfahren nach Artikel 27 Absatz 2 erlassen werden.

Artikel 20

(1) Gemäß Artikel 4 Absatz 5 und Artikel 16 Absatz 1 Buchstaben c), d) und e) wird ein Asylbewerber nach folgenden Modalitäten wieder aufgenommen:
a) das Wiederaufnahmegesuch muss Hinweise enthalten, aus denen der ersuchte Mitgliedstaat entnehmen kann, dass er zuständig ist;
b) der Mitgliedstaat, der um Wiederaufnahme des Asylbewerbers ersucht wird, muss die erforderlichen Überprüfungen vornehmen und den Antrag so rasch wie möglich und unter keinen Umstände später als einen Monat, nachdem er damit befasst wurde, beantworten. Stützt sich der Antrag auf Angaben aus dem Eurodac-System, verkürzt sich diese Frist auf zwei Wochen;
c) erteilt der ersuchte Mitgliedstaat innerhalb der Frist von einem Monat bzw. der Frist von zwei Wochen gemäß Buchstabe b) keine Antwort, so wird davon ausgegangen, dass er die Wiederaufnahme des Asylbewerbers akzeptiert;
d) ein Mitgliedstaat, der die Wiederaufnahme akzeptiert, muss den Asylbewerber in seinem Hoheitsgebiet wieder aufnehmen. Die Überstellung erfolgt gemäß den einzelstaatlichen Rechtsvorschriften des ersuchenden Mitgliedstaats nach Abstimmung zwischen den beteiligten Mitgliedstaaten, sobald dies materiell möglich ist und spätestens innerhalb einer Frist

von sechs Monaten nach der Annahme des Antrags auf Wiederaufnahme durch einen anderen Mitgliedstaat oder der Entscheidung über den Rechtsbehelf, wenn dieser aufschiebende Wirkung hat;
e) der ersuchende Mitgliedstaat teilt dem Asylbewerber die Entscheidung des zuständigen Mitgliedstaats über seine Wiederaufnahme mit. Diese Entscheidung ist zu begründen. Die Frist für die Durchführung der Überstellung ist anzugeben und gegebenenfalls der Ort und der Zeitpunkt zu nennen, an dem bzw. zu dem sich der Asylbewerber zu melden hat, wenn er sich auf eigene Initiative in den zuständigen Mitgliedstaat begibt. Gegen die Entscheidung kann ein Rechtsbehelf eingelegt werden. Ein gegen diese Entscheidung eingelegter Rechtsbehelf hat keine aufschiebende Wirkung für die Durchführung der Überstellung, es sei denn, die Gerichte oder zuständigen Stellen entscheiden im Einzelfall nach Maßgabe ihres innerstaatlichen Rechts anders, wenn es nach ihrem innerstaatlichen Recht zulässig ist.

Erforderlichenfalls stellt der ersuchende Mitgliedstaat dem Asylbewerber ein Laissez-passer nach dem Muster aus, das gemäß dem Verfahren nach Artikel 27 Absatz 2 festgelegt wird.

Der zuständige Mitgliedstaat teilt dem ersuchenden Mitgliedstaat gegebenenfalls mit, dass der Asylbewerber eingetroffen ist bzw. dass er sich nicht innerhalb der vorgegebenen Fristen gemeldet hat.

(2) Wird die Überstellung nicht innerhalb der Frist von sechs Monaten durchgeführt, so geht die Zuständigkeit auf den Mitgliedstaat über, in dem der Asylantrag eingereicht wurde. Diese Frist kann höchstens auf ein Jahr verlängert werden, wenn die Überstellung oder die Prüfung des Antrags aufgrund der Inhaftierung des Asylbewerbers nicht erfolgen konnte, oder höchstens auf achtzehn Monate, wenn der Asylbewerber flüchtig ist.

(3) Die Vorschriften über die Beweismittel und Indizien und deren Auslegung sowie die Modalitäten für das Stellen und Übermitteln von Gesuchen werden gemäß dem Verfahren nach Artikel 27 Absatz 2 erlassen.

(4) Ergänzende Vorschriften für die Durchführung von Überstellungen können nach dem Verfahren gemäß Artikel 27 Absatz 2 erlassen werden.

KAPITEL VI

VERWALTUNGSKOOPERATION

Artikel 21

(1) Jeder Mitgliedstaat übermittelt jedem Mitgliedstaat, der dies beantragt, personenbezogene Daten über den Asylbewerber, die sachdienlich und relevant sind und nicht über das erforderliche Maß hinausgehen, für
a) die Bestimmung des Mitgliedstaats, der für die Prüfung des Asylantrags zuständig ist;
b) die Prüfung des Asylantrags;
c) die Erfüllung aller Verpflichtungen aus dieser Verordnung.

(2) Die Informationen nach Absatz 1 dürfen nur Folgendes betreffen:
a) die Personalien des Antragstellers und gegebenenfalls seiner Familienangehörigen (Name, Vorname – gegebenenfalls früherer Name – Beiname oder Pseudonyme, derzeitige und frühere Staatsangehörigkeit, Geburtsdatum und -ort);
b) den Personalausweis oder den Reisepass (Nummer, Gültigkeitsdauer, Ausstellungsdatum, ausstellende Behörde, Ausstellungsort usw.);
c) sonstige zur Identifizierung des Antragstellers erforderliche Angaben, einschließlich Fingerabdrücken, die gemäß den Bestimmungen der Verordnung (EG) Nr. 2725/2000 gehandhabt werden;
d) die Aufenthaltsorte und die Reisewege;
e) die Aufenthaltstitel oder die durch einen Mitgliedstaat erteilten Visa;
f) den Ort der Einreichung des Antrags;
g) das Datum der Einreichung eines früheren Asylantrags, das Datum der Einreichung des jetzigen Antrags, den Stand des Verfahrens und den Tenor der gegebenenfalls getroffenen Entscheidung.

(3) Soweit dies zur Prüfung des Asylantrags erforderlich ist, kann der zuständige Mitgliedstaat außerdem einen anderen Mitgliedstaat ersuchen, ihm die Gründe, die der Asylbewerber zur Stützung seines Antrags angeführt hat, und gegebenenfalls die Gründe für die bezüglich seines Antrags getroffene Entscheidung mitzuteilen. Der ersuchte Mitgliedstaat kann eine Beantwortung des Ersuchens ablehnen, wenn die Mitteilung dieser Informationen wichtige Interessen des Mitgliedstaats oder den Schutz der Grundrechte und -freiheiten der betroffenen oder anderer Personen gefährden kann. Zur Erteilung dieser Auskünfte ist auf jeden Fall die schriftliche Zustimmung des Asylbewerbers einzuholen.

(4) Jedes Informationsersuchen ist zu begründen und sofern es darauf abzielt, ein Kriterium zu überprüfen, das die Zuständigkeit des um Auskunft ersuchten Mitgliedstaats nach sich ziehen kann, ist anzugeben, auf welches Indiz – auch einschlägige Informationen aus zuverlässigen Quellen über die Modalitäten der Einreise von Asylbewerbern in die Hoheitsgebiete der Mitgliedstaaten – oder auf welchen einschlägigen und nachprüfbaren Sachverhalt der Erklärungen des Asylbewerbers es sich stützt. Es besteht Einverständnis darüber, dass solche einschlägigen Informationen aus zuverlässigen Quellen für sich genommen nicht ausreichen, um die Zuständigkeit eines Mitgliedstaats gemäß dieser Verordnung zu bestimmen, dass sie aber bei der Bewertung anderer Hinweise zu dem einzelnen Asylbewerber hilfreich sein können.

(5) Der ersuchte Mitgliedstaat ist gehalten, innerhalb einer Frist von sechs Wochen zu antworten.

(6) Der Informationsaustausch erfolgt auf Antrag eines Mitgliedstaats und kann nur zwischen den Behörden stattfinden, deren Benennung von jedem Mitgliedstaat der Kommission mitgeteilt wurde, die ihrerseits die anderen Mitgliedstaaten davon in Kenntnis gesetzt hat.

(7) Die übermittelten Informationen dürfen nur zu den in Absatz 1 vorgesehenen Zwecken verwendet werden. Die Informationen dürfen in jedem Mitgliedstaat je nach Art und Zuständigkeit der die Information erhaltenden Behörde nur den Behörden und Gerichten übermittelt werden, die beauftragt sind,

a) den Mitgliedstaat zu bestimmen, der für die Prüfung des Asylantrags zuständig ist;
b) den Asylantrag zu prüfen;
c) alle Verpflichtungen aus dieser Verordnung zu erfüllen.

(8) Der Mitgliedstaat, der die Daten übermittelt, sorgt für deren Richtigkeit und Aktualität. Zeigt sich, dass dieser Mitgliedstaat unrichtige Daten oder Daten übermittelt hat, die nicht hätten übermittelt werden dürfen, werden die Empfängermitgliedstaaten unverzüglich darüber informiert. Sie sind gehalten, diese Informationen zu berichtigen oder zu löschen.

(9) Ein Asylbewerber hat das Recht, sich auf Antrag die über seine Person erfassten Daten mitteilen zu lassen. Stellt er fest, dass bei der Verarbeitung dieser Informationen gegen die Bestimmungen der vorliegenden Verordnung oder der Richtlinie 95/46/EG des Europäischen Parlaments und des Rates vom 24. Oktober 1995 zum Schutz natürlicher Personen bei der Verarbeitung personenbezogener Daten und zum freien Datenverkehr[8] verstoßen wurde, insbesondere weil die Angaben unvollständig oder unrichtig sind, hat er das Recht auf Berichtigung, Löschung oder Sperrung.

Die Behörde, die die Berichtigung, Löschung oder Sperrung der Daten vornimmt, informiert hierüber den Mitgliedstaat, der die Informationen erteilt bzw. erhalten hat.

(10) In jedem betroffenen Mitgliedstaat werden die Weitergabe und der Erhalt der ausgetauschten Informationen in der Akte der betroffenen Person und/oder in einem Register vermerkt.

(11) Die ausgetauschten Daten werden nur so lange aufbewahrt, wie dies zur Erreichung der mit dem Austausch der Daten verfolgten Ziele notwendig ist.

(12) Soweit die Daten nicht automatisiert oder in einer Datei gespeichert sind bzw. gespeichert werden sollen, hat jeder Mitgliedstaat geeignete Maßnahmen zu ergreifen, um die Einhaltung dieses Artikels durch wirksame Kontrollen zu gewährleisten.

Artikel 22

(1) Die Mitgliedstaaten teilen der Kommission die für die Durchführung dieser Verordnung zuständigen Behörden mit und tragen dafür Sorge, dass diese Behörden über die nötigen Mittel verfügen, um ihre Aufgabe zu erfüllen und insbesondere die Informationsersuchen sowie die Gesuche auf Aufnahme bzw. Wiederaufnahme von Asylbewerbern innerhalb der vorgegebenen Fristen zu beantworten.

(2) Vorschriften über die Einrichtung gesicherter elektronischer Übermittlungskanäle zwischen den Behörden nach Absatz 1 für die Übermittlung von Gesuchen und zur Gewährleistung, dass die Absender automatisch einen elektronischen Übermittlungsnachweis erhalten, werden gemäß dem Verfahren nach Artikel 27 Absatz 2 festgelegt.

---

8 ABl. L 281 vom 23. 11. 1995, S. 31.

Artikel 23

(1) Die Mitgliedstaaten können untereinander bilaterale Verwaltungsvereinbarungen bezüglich der praktischen Modalitäten der Durchführung dieser Verordnung treffen, um deren Anwendung zu erleichtern und die Effizienz zu erhöhen. Diese Vereinbarungen können Folgendes betreffen:
a) den Austausch von Verbindungsbeamten;
b) die Vereinfachung der Verfahren und die Verkürzung der Fristen für die Übermittlung und Prüfung von Gesuchen zur Aufnahme bzw. Wiederaufnahme von Asylbewerbern.

(2) Die Vereinbarungen gemäß Absatz 1 werden der Kommission mitgeteilt. Die Kommission vergewissert sich, dass die Vereinbarungen nach Absatz 1 Buchstabe b) den Bestimmungen dieser Verordnung nicht zuwiderlaufen.

KAPITEL VII

ÜBERGANGS- UND SCHLUSSBESTIMMUNGEN

Artikel 24

(1) Diese Verordnung ersetzt das am 15. Juni 1990 in Dublin unterzeichnete Übereinkommen über die Bestimmung des zuständigen Staates für die Prüfung eines in einem Mitgliedstaat der Europäischen Gemeinschaften gestellten Asylantrags (Dubliner Übereinkommen).

(2) Zur Sicherung der Kontinuität bei der Bestimmung des für den Asylantrag zuständigen Mitgliedstaats, wenn der Asylantrag nach dem in Artikel 29 Absatz 2 genannten Datum gestellt wurde, werden Sachverhalte, die die Zuständigkeit eines Mitgliedstaats gemäß dieser Verordnung nach sich ziehen können, auch berücksichtigt, wenn sie aus der Zeit davor datieren, mit Ausnahme der in Artikel 10 Absatz 2 genannten Sachverhalte.

(3) Wird in der Verordnung (EG) Nr. 2725/2000 auf das Dubliner Übereinkommen verwiesen, ist dieser Verweis als Bezugnahme auf die vorliegende Verordnung zu verstehen.

Artikel 25

(1) Die in dieser Verordnung vorgesehenen Fristen werden wie folgt berechnet:
a) Ist für den Anfang einer nach Tagen, Wochen oder Monaten bemessenen Frist der Zeitpunkt maßgebend, zu dem ein Ereignis eintritt oder eine Handlung vorgenommen wird, so wird bei der Berechnung dieser Frist der Tag, auf den das Ereignis oder die Handlung fällt, nicht mitgerechnet.
b) Eine nach Wochen oder Monaten bemessene Frist endet mit Ablauf des Tages, der in der letzten Woche oder im letzten Monat dieselbe Bezeichnung oder dieselbe Zahl wie der Tag trägt, an dem das Ereignis eingetre-

ten oder die Handlung vorgenommen worden ist, von denen an die Frist zu berechnen ist. Fehlt bei einer nach Monaten bemessenen Frist im letzten Monat der für ihren Ablauf maßgebende Tag, so endet die Frist mit Ablauf des letzten Tages dieses Monats.

c) Eine Frist umfasst die Samstage, die Sonntage und alle gesetzlichen Feiertage in jedem der betroffenen Mitgliedstaaten.

(2) Gesuche und Antworten werden unter Verwendung von Verfahren übermittelt, bei denen der Nachweis des Empfangs gewährleistet ist.

Artikel 26

Für die Französische Republik gilt diese Verordnung nur für ihr europäisches Hoheitsgebiet.

Artikel 27

(1) Die Kommission wird von einem Ausschuss unterstützt.

(2) Wird auf diesen Absatz Bezug genommen, so gelten die Artikel 5 und 7 des Beschlusses 1999/468/EG.

Der Zeitraum nach Artikel 5 Absatz 6 des Beschlusses 1999/468/EG wird auf drei Monate festgesetzt.

(3) Der Ausschuss gibt sich eine Geschäftsordnung.

Artikel 28

Spätestens drei Jahre nach dem in Artikel 29 Absatz 1 genannten Datum erstattet die Kommission dem Europäischen Parlament und dem Rat Bericht über die Durchführung der Verordnung und schlägt gegebenenfalls die erforderlichen Änderungen vor. Die Mitgliedstaaten übermitteln der Kommission spätestens sechs Monate vor diesem Datum alle für die Erstellung dieses Berichts sachdienlichen Informationen.

Nach Vorlage dieses Berichts legt die Kommission dem Europäischen Parlament und dem Rat den Bericht über die Durchführung dieser Verordnung gleichzeitig mit den in Artikel 24 Absatz 5 der Verordnung (EG) Nr. 2725/2000 vorgesehenen Berichten über die Anwendung des Eurodac-Systems vor.

Artikel 29

Diese Verordnung tritt 20 Tage nach ihrer Veröffentlichung im *Amtsblatt der Europäischen Union* in Kraft[9].

---

9 Die Verordnung ist am 10. März 2003 in Kraft getreten.

Die Verordnung ist auf Asylanträge anwendbar, die ab dem ersten Tag des sechsten Monats nach ihrem Inkrafttreten gestellt werden und gilt – ungeachtet des Zeitpunkts der Stellung des Antrags – ab diesem Zeitpunkt für alle Gesuche um Aufnahme oder Wiederaufnahme von Asylbewerbern. Für einen Asylantrag, der vor diesem Datum eingereicht wird, erfolgt die Bestimmung des zuständigen Mitgliedstaats nach den Kriterien des Dubliner Übereinkommens.

Diese Verordnung ist in allen ihren Teilen verbindlich und gilt gemäß dem Vertrag zur Gründung der Europäischen Gemeinschaft unmittelbar in den Mitgliedstaaten.

Richtlinie 2004/83/EG des Rates
vom 29. April 2004
über Mindestnormen für die Anerkennung und den Status von Drittstaatsangehörigen oder Staatenlosen als Flüchtlinge oder als Personen, die anderweitig internationalen Schutz benötigen, und über den Inhalt des zu gewährenden Schutzes

DER RAT DER EUROPÄISCHEN UNION –

gestützt auf den Vertrag zur Gründung der Europäischen Gemeinschaft, insbesondere auf Artikel 63 Absatz 1 Nummer 1 Buchstabe c), Nummer 2 Buchstabe a) und Nummer 3 Buchstabe a),

auf Vorschlag der Kommission[1], nach Stellungnahme des Europäischen Parlaments[2],

nach Stellungnahme des Europäischen Wirtschafts- und Sozialausschusses[3],

nach Stellungnahme des Ausschusses der Regionen[4], in Erwägung nachstehender Gründe:

(1) Eine gemeinsame Asylpolitik einschließlich eines Gemeinsamen Europäischen Asylsystems ist wesentlicher Bestandteil des Ziels der Europäischen Union, schrittweise einen Raum der Freiheit, der Sicherheit und des Rechts aufzubauen, der allen offen steht, die wegen besonderer Umstände rechtmäßig in der Gemeinschaft um Schutz ersuchen.

(2) Der Europäische Rat kam auf seiner Sondertagung in Tampere am 15. und 16. Oktober 1999 überein, auf ein Gemeinsames Europäisches Asylsystem hinzuwirken, das sich auf die uneingeschränkte und umfassende Anwendung des Genfer Abkommens über die Rechtsstellung der Flüchtlinge vom 28. Juli 1951 (»Genfer Konvention«), ergänzt durch das New Yorker Protokoll vom 31. Januar 1967 (»Protokoll«), stützt, damit der Grundsatz der Nichtzurückweisung gewahrt bleibt und niemand dorthin zurückgeschickt wird, wo er Verfolgung ausgesetzt ist.

(3) Die Genfer Konvention und das Protokoll stellen einen wesentlichen Bestandteil des internationalen Rechtsrahmens für den Schutz von Flüchtlingen dar.

(4) Gemäß den Schlussfolgerungen von Tampere soll das Gemeinsame Europäische Asylsystem auf kurze Sicht zur Annäherung der Bestimmungen über die Zuerkennung und die Merkmale der Flüchtlingseigenschaft führen.

(5) In den Schlussfolgerungen von Tampere ist ferner festgehalten, dass die Vorschriften über die Flüchtlingseigenschaft durch Maßnahmen über die Formen des subsidiären Schutzes ergänzt werden sollten, die einer Person, die eines solchen Schutzes bedarf, einen angemessenen Status verleihen.

---

1 ABl. C 51 E vom 26. 2. 2002, S. 325.
2 ABl. C 300 E vom 11. 12. 2003, S. 25.
3 ABl. C 221 vom 17. 9. 2002, S. 43.
4 ABl. C 278 vom 14. 11. 2002, S. 44.

(6) Das wesentliche Ziel dieser Richtlinie ist es einerseits, ein Mindestmaß an Schutz in allen Mitgliedstaaten für Personen zu gewährleisten, die tatsächlich Schutz benötigen, und andererseits sicherzustellen, dass allen diesen Personen in allen Mitgliedstaaten ein Mindestniveau von Leistungen geboten wird.

(7) Die Angleichung der Rechtsvorschriften über die Anerkennung und den Inhalt der Flüchtlingseigenschaft und des subsidiären Schutzes sollte dazu beitragen, die Sekundärmigration von Asylbewerbern zwischen Mitgliedstaaten, soweit sie ausschließlich auf unterschiedlichen Rechtsvorschriften beruht, einzudämmen.

(8) Es liegt in der Natur von Mindestnormen, dass die Mitgliedstaaten die Möglichkeit haben sollten, günstigere Regelungen für Drittstaatsangehörige oder Staatenlose, die um internationalen Schutz in einem Mitgliedstaat ersuchen, einzuführen oder beizubehalten, wenn ein solcher Antrag offensichtlich mit der Begründung gestellt wird, dass der Betreffende entweder ein Flüchtling im Sinne von Artikel 1 Abschnitt A der Genfer Konvention oder eine Person ist, die anderweitig internationalen Schutz benötigt.

9) Diejenigen Drittstaatsangehörigen oder Staatenlosen, die in den Hoheitsgebieten der Mitgliedstaaten verbleiben dürfen, nicht weil sie internationalen Schutz benötigen, sondern aus familiären oder humanitären Ermessensgründen, fallen nicht in den Geltungsbereich dieser Richtlinie.

(10) Die Richtlinie achtet die Grundrechte und befolgt insbesondere die in der Charta der Grundrechte der Europäischen Union anerkannten Grundsätze. Die Richtlinie zielt insbesondere darauf ab, die uneingeschränkte Wahrung der Menschenwürde, des Asylrechts für Asylsuchende und die sie begleitenden Familienangehörigen sicherzustellen.

(11) Bei der Behandlung von Personen, die unter den Geltungsbereich dieser Richtlinie fallen, sind die Mitgliedstaaten durch die völkerrechtlichen Instrumente gebunden, deren Vertragsparteien sie sind und nach denen eine Diskriminierung verboten ist.

(12) Bei Durchführung dieser Richtlinie sollten die Mitgliedstaaten in erster Linie das »Wohl des Kindes« berücksichtigen.

(13) Diese Richtlinie lässt das Protokoll über die Gewährung von Asyl für Staatsangehörige von Mitgliedstaaten der Europäischen Union im Anhang zum Vertrag zur Gründung der Europäischen Gemeinschaft unberührt.

(14) Die Anerkennung der Flüchtlingseigenschaft ist ein deklaratorischer Akt.

(15) Konsultationen mit dem Hohen Kommissar der Vereinten Nationen für Flüchtlinge können den Mitgliedstaaten wertvolle Hilfe bei der Bestimmung der Flüchtlingseigenschaft nach Artikel 1 der Genfer Konvention bieten.

(16) Es sollten Mindestnormen für die Bestimmung und die Merkmale der Flüchtlingseigenschaft festgelegt werden, um die zuständigen innerstaatlichen Behörden der Mitgliedstaaten bei der Anwendung der Genfer Konvention zu leiten.

(17) Es müssen gemeinsame Kriterien für die Anerkennung von Asylbewerbern als Flüchtlinge im Sinne von Artikel 1 der Genfer Konvention eingeführt werden.

(18) Insbesondere ist es erforderlich, gemeinsame Konzepte zu entwickeln zu: an Ort und Stelle (»sur place«) entstehender Schutzbedarf, Schadensursachen und Schutz, interner Schutz und Verfolgung einschließlich der Verfolgungsgründe.

(19) Schutz kann nicht nur vom Staat, sondern auch von Parteien oder Organisationen, einschließlich internationaler Organisationen, geboten werden, die die Voraussetzungen dieser Richtlinie erfüllen und eine Region oder ein größeres Gebiet innerhalb des Staatsgebiets beherrschen.

(20) Bei der Prüfung von Anträgen Minderjähriger auf internationalen Schutz sollten die Mitgliedstaaten insbesondere kinderspezifische Formen von Verfolgung berücksichtigen.

(21) Es ist ebenso notwendig, einen gemeinsamen Ansatz für den Verfolgungsgrund »Zugehörigkeit zu einer bestimmten sozialen Gruppe« zu entwickeln.

(22) Handlungen im Widerspruch zu den Zielen und Grundsätzen der Vereinten Nationen sind in der Präambel und in den Artikeln 1 und 2 der Charta der Vereinten Nationen dargelegt; sie sind unter anderem in den Resolutionen der Vereinten Nationen zu Antiterrormaßnahmen verankert, in denen erklärt wird, »dass die Handlungen, Methoden und Praktiken des Terrorismus im Widerspruch zu den Zielen und Grundsätzen der Vereinten Nationen stehen« und »dass die wissentliche Finanzierung und Planung terroristischer Handlungen sowie die Anstiftung dazu ebenfalls im Widerspruch zu den Zielen und Grundsätzen der Vereinten Nationen stehen«.

(23) Der Begriff »Rechtsstellung« im Sinne von Artikel 14 kann auch die Flüchtlingseigenschaft einschließen.

(24) Ferner sollten Mindestnormen für die Bestimmung und die Merkmale des subsidiären Schutzstatus festgelegt werden. Der subsidiäre Schutzstatus sollte die in der Genfer Konvention festgelegte Schutzregelung für Flüchtlinge ergänzen.

(25) Es müssen Kriterien eingeführt werden, die als Grundlage für die Anerkennung von internationalen Schutz beantragenden Personen als Anspruchsberechtigte auf einen subsidiären Schutzstatus dienen. Diese Kriterien sollten völkerrechtlichen Verpflichtungen der Mitgliedstaaten nach Rechtsakten im Bereich der Menschenrechte und bestehenden Praktiken in den Mitgliedstaaten entsprechen.

(26) Gefahren, denen die Bevölkerung oder eine Bevölkerungsgruppe eines Landes allgemein ausgesetzt sind, stellen für sich genommen normalerweise keine individuelle Bedrohung dar, die als ernsthafter Schaden zu beurteilen wäre.

(27) Familienangehörige sind aufgrund der alleinigen Tatsache, dass sie mit dem Flüchtling verwandt sind, in der Regel gefährdet, in einer Art und Weise verfolgt zu werden, dass ein Grund für die Zuerkennung des Flüchtlingsstatus gegeben sein kann.

(28) Der Begriff der öffentlichen Sicherheit und Ordnung gilt auch für die Fälle, in denen ein Drittstaatsangehöriger einer Vereinigung angehört, die den internationalen Terrorismus unterstützt, oder er eine derartige Vereinigung unterstützt.

(29) Familienangehörigen von Personen, denen der subsidiäre Schätzstatus zuerkannt worden ist, müssen zwar nicht zwangsläufig dieselben Vergünstigungen gewährt werden wie der anerkannten Person; die den Familienangehörigen gewährten Vergünstigungen müssen aber im Vergleich zu den Vergünstigungen, die die Personen erhalten, denen der subsidiäre Schutzstatus zuerkannt worden ist, angemessen sein.

(30) Innerhalb der durch die internationalen Verpflichtungen vorgegebenen Grenzen können die Mitgliedstaaten festlegen, dass Leistungen im Bereich des Zugangs zur Beschäftigung zur Sozialhilfe, zur medizinischen Versorgung und zu Integrationsmaßnahmen nur dann gewährt werden können, wenn vorab ein Aufenthaltstitel ausgestellt worden ist.

(31) Diese Richtlinie gilt nicht für finanzielle Zuwendungen, die von den Mitgliedstaaten zur Förderung der allgemeinen und beruflichen Bildung gewährt werden.

(32) Die praktischen Schwierigkeiten, denen sich Personen, denen die Flüchtlingseigenschaft oder der subsidiäre Schutzstatus zuerkannt worden ist, bei der Feststellung der Echtheit ihrer ausländischen Diplome, Prüfungszeugnisse und sonstigen Befähigungsnachweise gegenübersehen, sollten berücksichtigt werden.

(33) Insbesondere zur Vermeidung sozialer Härtefälle ist es angezeigt, Personen, denen die Flüchtlingseigenschaft oder der subsidiäre Schutzstatus zuerkannt worden ist, ohne Diskriminierung im Rahmen der Sozialfürsorge angemessene Unterstützung in Form von Sozialleistungen und Leistungen zur Sicherung des Lebensunterhalts zu gewähren.

(34) Bei der Sozialhilfe und der medizinischen Versorgung sollten die Modalitäten und die Einzelheiten der Gewährung der Kernleistungen durch einzelstaatliche Rechtsvorschriften bestimmt werden. Die Möglichkeit der Einschränkung von Leistungen für Personen, denen der subsidiäre Schutzstatus zuerkannt worden ist, auf Kernleistungen ist so zu verstehen, dass dieser Begriff zumindest ein Mindesteinkommen sowie Unterstützung bei Krankheit, bei Schwangerschaft und bei Elternschaft umfasst, sofern diese Leistungen nach den Rechtsvorschriften des betreffenden Mitgliedstaats eigenen Staatsangehörigen gewährt werden.

(35) Der Zugang zur medizinischen Versorgung, einschließlich physischer und psychologischer Betreuung, sollte für Personen, denen die Flüchtlingseigenschaft oder der subsidiäre Schutzstatus zuerkannt worden ist, sichergestellt werden.

(36) Die Durchführung der Richtlinie sollte in regelmäßigen Abständen bewertet werden, wobei insbesondere der Entwicklung der völkerrechtlichen Verpflichtungen der Mitgliedstaaten im Bereich der Nichtzurückweisung, der Arbeitsmarktentwicklung in den Mitgliedstaaten sowie der Ausarbeitung gemeinsamer Grundprinzipien für die Integration Rechnung zu tragen ist.

(37) Da die Ziele der geplanten Maßnahme, nämlich die Festlegung von Mindestnormen für die Gewährung internationalen Schutzes an Drittstaatsangehörige und Staatenlose durch die Mitgliedstaaten, auf Ebene der Mitgliedstaaten nicht ausreichend erreicht werden kann und daher wegen des Umfangs und der Wirkungen der Maßnahme besser auf Gemeinschaftsebe-

ne zu erreichen ist, kann die Gemeinschaft im Einklang mit dein in Artikel 5 des Vertrags niedergelegten Subsidiaritätsprinzip tätig werden. Entsprechend dem Verhältnismäßigkeitsprinzip nach demselben Artikel geht diese Richtlinie nicht über das zur Erreichung dieses Ziels erforderliche Maß hinaus.

(38) Entsprechend Artikel 3 des Protokolls über die Position des Vereinigten Königreichs und Irlands, das dem Vertrag über die Europäische Union und dem Vertrag zur Gründung der Europäischen Gemeinschaft beigefügt ist, hat das Vereinigte Königreich mit Schreiben vom 28. Januar 2002 mitgeteilt, dass es sich an der Annahme und Anwendung dieser Richtlinie beteiligen möchte.

(39) Entsprechend Artikel 3 des Protokolls über die Position des Vereinigten Königreichs und Irlands, das dem Vertrag über die Europäische Union und dem Vertrag zur Gründung der Europäischen Gemeinschaft beigefügt ist, hat Irland mit Schreiben vom 13. Februar 2002 mitgeteilt, dass es sich an der Annahme und Anwendung dieser Richtlinie beteiligen möchte.

(40) Nach den Artikeln 1 und 2 des Protokolls über die Position Dänemarks, das dem Vertrag über die Europäische Union und dem Vertrag zur Gründung der Europäischen Gemeinschaft beigefügt ist, beteiligt sich Dänemark nicht an der Annahme dieser Richtlinie, die daher für Dänemark nicht bindend oder anwendbar ist –

HAT FOLGENDE RICHTLINIE ERLASSEN:

KAPITEL I

ALLGEMEINE BESTIMMUNGEN

Artikel 1 Gegenstand und Anwendungsbereich

Das Ziel dieser Richtlinie ist die Festlegung von Mindestnormen für die Anerkennung von Drittstaatsangehörigen oder Staatenlosen als Flüchtlinge oder als Personen, die anderweitig internationalen Schutz benötigen, sowie des Inhalts des zu gewährenden Schutzes.

Artikel 2 Begriffsbestimmungen

Im Sinne dieser Richtlinie bezeichnet der Ausdruck
- a) »internationaler Schutz« die Flüchtlingseigenschaft und den subsidiären Schutzstatus im Sinne der Buchstaben d) und f);
- b) »Genfer Flüchtlingskonvention« das Genfer Abkommen über die Rechtsstellung der Flüchtlinge vom 28. Juli 1951 in der durch das New Yorker Protokoll vom 31. Januar 1967 geänderten Fassung;
- c) »Flüchtling« einen Drittstaatsangehörigen, der aus der begründeten Furcht vor Verfolgung wegen seiner Rasse, Religion, Staatsangehörigkeit,

politischen Überzeugung oder Zugehörigkeit zu einer bestimmten sozialen Gruppe sich außerhalb des Landes befindet, dessen Staatsangehörigkeit er besitzt, und den Schutz dieses Landes nicht in Anspruch nehmen kann oder wegen dieser Furcht nicht in Anspruch nehmen will, oder einen Staatenlosen, der sich aus denselben vorgenannten Gründen außerhalb des Landes seines vorherigen gewöhnlichen Aufenthalts befindet und nicht dorthin zurückkehren kann oder wegen dieser Furcht nicht dorthin zurückkehren will und auf den Artikel 12 keine Anwendung findet;

d) »Flüchtlingseigenschaft« die Anerkennung eines Drittstaatsangehörigen oder eines Staatenlosen als Flüchtling durch einen Mitgliedstaat;

e) »Person mit Anspruch auf subsidiären Schutz« einen Drittstaatsangehörigen oder einen Staatenlosen, der die Voraussetzungen für die Anerkennung als Flüchtling nicht erfüllt, der aber stichhaltige Gründe für die Annahme vorgebracht hat, dass er bei einer Rückkehr in sein Herkunftsland oder, bei einem Staatenlosen, in das Land seines vorherigen gewöhnlichen Aufenthalts tatsächlich Gefahr liefe, einen ernsthaften Schaden im Sinne des Artikel 15 zu erleiden, und auf den Artikel 17 Absätze 1 und 2 keine Anwendung findet und der den Schutz dieses Landes nicht in Anspruch nehmen kann oder wegen dieser Gefahr nicht in Anspruch nehmen will;

f) »subsidiärer Schutzstatus« die Anerkennung eines Drittstaatsangehörigen oder Staatenlosen durch einen Mitgliedstaat als Person, die Anspruch auf subsidiären Schutz hat;

g) »Antrag auf internationalen Schutz« das Ersuchen eines Drittstaatsangehörigen oder Staatenlosen um Schutz durch einen Mitgliedstaat, wenn davon ausgegangen werden kann, dass der Antragsteller die Zuerkennung der Flüchtlingseigenschaft oder die Gewährung des subsidiären Schutzstatus anstrebt, und wenn er nicht ausdrücklich um eine andere, gesondert zu beantragende Form des Schutzes außerhalb des Anwendungsbereichs dieser Richtlinie ersucht;

h) »Familienangehörige« die nachstehenden Mitglieder der Familie der Person, der die Flüchtlingseigenschaft oder der subsidiäre Schutzstatus gewährt worden ist, die sich im Zusammenhang mit dem Antrag auf internationalen Schutz in demselben Mitgliedstaat aufhalten, sofern die Familie bereits im Herkunftsland bestanden hat:

 – der Ehegatte der Person, der die Flüchtlingseigenschaft oder der subsidiäre Schutzstatus gewährt worden ist, oder ihr unverheirateter Partner, der mit ihr eine dauerhafte Beziehung führt, soweit in den Rechtsvorschriften oder in der Praxis des betreffenden Mitgliedstaats unverheiratete Paare nach dem Ausländerrecht auf vergleichbare Weise behandelt werden wie verheiratete Paare;

 – die minderjährigen Kinder des Paares nach dem ersten Gedankenstrich oder der Person, der die Flüchtlingseigenschaft oder der subsidiäre Schutzstatus gewährt worden ist, sofern diese ledig und unterhaltsberechtigt sind, unabhängig davon, ob es sich dabei um eheliche, nicht eheliche oder im Sinne des nationalen Rechts adoptierte Kinder handelt;

i) »unbegleitete Minderjährige« Drittstaatsangehörige oder Staatenlose unter 18 Jahren, die ohne Begleitung eines gesetzlich oder nach den Gepflogenheiten für sie verantwortlichen Erwachsenen in das Hoheitsgebiet eines Mitgliedstaats einreisen, solange sie sich nicht tatsächlich in die Obhut einer solchen Person genommen werden; hierzu gehören auch Minderjährige, die ohne Begleitung zurückgelassen werden, nachdem sie in das Hoheitsgebiet der Mitgliedstaaten eingereist sind;
j) »Aufenthaltstitel« die von den Behörden eines Mitgliedstaats erteilte und entsprechend den innerstaatlichen Rechtsvorschriften ausgestellte Erlaubnis oder -Genehmigung, die dem Drittstaatsangehörigen oder dem Staatenlosen den Aufenthalt im Hoheitsgebiet dieses Mitgliedstaats gestattet;
k) »Herkunftsland« das Land oder die Länder der Staatsangehörigkeit oder
– bei Staatenlosen – des früheren gewöhnlichen Aufenthalts.

Artikel 3 Günstigere Normen

Die Mitgliedstaaten können günstigere Normen zur Entscheidung der Frage, wer als Flüchtling oder Person gilt, die Anspruch auf subsidiären Schutz hat, und zur Bestimmung des Inhalts des internationalen Schutzes erlassen oder beibehalten, sofern sie mit dieser Richtlinie vereinbar sind.

KAPITEL II

PRÜFUNG VON ANTRÄGEN AUF INTERNATIONALEN SCHUTZ

Artikel 4 Prüfung der Ereignisse und Umstände

(1) Die Mitgliedstaaten können es als Pflicht des Antragstellers betrachten, so schnell wie möglich alle zur Begründung des Antrags auf internationalen Schutz erforderlichen Anhaltspunkte darzulegen. Es ist Pflicht des Mitgliedstaats, unter Mitwirkung des Antragstellers die für den Antrag maßgeblichen Anhaltspunkte zu prüfen.
(2) Zu den in Absatz 1 genannten Anhaltspunkten gehören Angaben des Antragstellers zu Alter, familiären und sozialen Verhältnissen – auch der betroffenen Verwandten –, Identität, Staatsangehörigkeit(en), Land/Ländern und Ort(en) des früheren Aufenthalts, früheren Asylanträgen, Reisewegen, Identitätsausweisen und Reisedokumenten sowie zu den Gründen für seinen Antrag auf internationalen Schutz und sämtliche ihm zur Verfügung stehenden Unterlagen hierzu.
(3) Die Anträge auf internationalen Schutz sind individuell zu prüfen, wobei Folgendes zu berücksichtigen ist:
a) alle mit dem Herkunftsland verbundenen Tatsachen, die zum Zeitpunkt der Entscheidung über den Antrag relevant sind, einschließlich der Rechts- und Verwaltungsvorschriften des Herkunftslandes und der Weise, in der sie angewandt werden;

b) die maßgeblichen Angaben des Antragstellers und die von ihm vorgelegten Unterlagen, einschließlich Informationen zu der Frage, ob er verfolgt worden ist bzw. verfolgt werden könnte oder einen sonstigen ernsthaften Schaden erlitten hat bzw. erleiden könnte;
c) die individuelle Lage und die persönlichen Umstände des Antragstellers, einschließlich solcher Faktoren wie familiärer und sozialer Hintergrund, Geschlecht und Alter, um bewerten zu können, ob in Anbetracht seiner persönlichen Umstände die Handlungen, denen er ausgesetzt war oder ausgesetzt sein könnte, einer Verfolgung oder einem sonstigen ernsthaften Schaden gleichzusetzen sind;
d) die Frage, ob die Aktivitäten des Antragstellers seit Verlassen des Herkunftslandes ausschließlich oder hauptsächlich aufgenommen wurden, um die für die Beantragung des internationalen Schutzes erforderlichen Voraussetzungen zu schaffen, um bewerten zu können, ob der Antragsteller im Fall einer Rückkehr in dieses Land aufgrund dieser Aktivitäten verfolgt oder ernsthaften Schaden erleiden würde;
e) die Frage, ob vom Antragsteller vernünftigerweise erwartet werden kann, dass er den Schutz eines anderen Staates in Anspruch nimmt, dessen Staatsangehörigkeit er für sich geltend machen könnte.

(4) Die Tatsache, dass ein Antragsteller bereits verfolgt wurde oder einen sonstigen ernsthaften Schaden erlitten hat bzw. von solcher Verfolgung oder einem solchen Schaden unmittelbar bedroht war, ist ein ernsthafter Hinweis darauf, dass die Furcht des Antragstellers vor Verfolgung begründet ist, bzw. dass er tatsächlich Gefahr läuft, ernsthaften Schaden zu erleiden, es sei denn, stichhaltige Gründe sprechen dagegen, dass der Antragsteller erneut von solcher Verfolgung oder einem solchen Schaden bedroht wird.

(5) Wenden die Mitgliedstaaten den in Absatz 1 Satz 1 genannten Grundsatz an, wonach der Antragsteller seinen Antrag auf internationalen Schutz begründen muss, und fehlen für Aussagen des Antragstellers Unterlagen oder sonstige Beweise, so bedürfen diese Aussagen keines Nachweises, wenn

a) der Antragsteller sich offenkundig bemüht hat, seinen Antrag zu substanziieren;
b) alle dem Antragsteller verfügbaren Anhaltspunkte vorliegen und eine hinreichende Erklärung für das Fehlen anderer relevanter Anhaltspunkte gegeben wurde;
c) festgestellt wurde, dass die Aussagen des Antragstellers kohärent und plausibel sind und zu den für seinen Fall relevanten besonderen und allgemeinen Informationen nicht in Widerspruch stehen;
d) der Antragsteller internationalen Schutz zum frühest möglichen Zeitpunkt beantragt hat, es sei denn, er kann gute Gründe dafür vorbringen, dass dies nicht möglich war;
e) die generelle Glaubwürdigkeit des Antragstellers festgestellt worden ist.

Richtlinie 2004/83/EG des Rates

Artikel 5 **Aus Nachfluchtgründen entstehender Bedarf an internationalem Schutz**

(1) Die begründete Furcht vor Verfolgung oder die tatsächliche Gefahr, einen ernsthaften Schaden zu erleiden, kann auf Ereignissen beruhen, die eingetreten sind, nachdem der Antragsteller das Herkunftsland verlassen hat.

(2) Die begründete Furcht vor Verfolgung oder die tatsächliche Gefahr, einen ernsthaften Schaden zu erleiden, kann auf Aktivitäten des Antragstellers seit Verlassen des Herkunftslandes beruhen, insbesondere wenn die Aktivitäten, auf die er sich stützt, nachweislich Ausdruck und Fortsetzung einer bereits im Herkunftsland bestehenden Überzeugung oder Ausrichtung sind.

(3) Unbeschadet der Genfer Flüchtlingskonvention können die Mitgliedstaaten festlegen, dass ein Antragsteller, der einen Folgeantrag stellt, in der Regel nicht als Flüchtling anerkannt wird, wenn die Verfolgungsgefahr auf Umständen beruht, die der Antragsteller nach Verlassen des Herkunftslandes selbst geschaffen hat.

Artikel 6 **Akteure, von denen die Verfolgung oder ein ernsthafter Schaden ausgehen kann**

Die Verfolgung bzw. der ernsthafte Schaden kann ausgehen von
a) dem Staat;
b) Parteien oder Organisationen, die den Staat oder einen wesentlichen Teil des Staatsgebiets beherrschen;
c) nichtstaatlichen Akteuren, sofern die unter den Buchstaben a) und b) genannten Akteure einschließlich internationaler Organisationen erwiesenermaßen nicht in der Lage oder nicht willens sind, Schutz vor Verfolgung bzw. ernsthaftem Schaden im Sinne des Artikels 7 zu bieten.

Artikel 7 **Akteure, die Schutz bieten können**

(1) Schutz kann geboten werden
a) vom Staat oder
b) von Parteien oder Organisationen einschließlich internationaler Organisationen, die den Staat oder einen wesentlichen Teil des Staatsgebiets beherrschen.

(2) Generell ist Schutz gewährleistet, wenn die unter Absatz 1 Buchstaben a) und b) genannten Akteure geeignete Schritte einleiten, um die Verfolgung oder den ernsthaften Schaden zu verhindern, beispielsweise durch wirksame Rechtsvorschriften zur Ermittlung, Strafverfolgung und Ahndung von Handlungen, die eine Verfolgung oder einen ernsthaften Schaden darstellen, und wenn der Antragsteller Zugang zu diesem Schutz hat.

(3) Bei der Beurteilung der Frage, ob eine internationale Organisation einen Staat oder einen wesentlichen Teil seines Staatsgebiets beherrscht und den in Absatz 2 genannten Schutz gewährleistet, ziehen die Mitgliedstaaten etwaige in einschlägigen Rechtsakten des Rates aufgestellte Leitlinien heran.

Artikel 8   Interner Schutz

(1) Bei der Prüfung des Antrags auf internationalen Schutz können die Mitgliedstaaten feststellen, dass ein Antragsteller keinen internationalen Schutz benötigt, sofern in einem Teil des Herkunftslandes keine begründete Furcht vor Verfolgung bzw. keine tatsächliche Gefahr, einen ernsthaften Schaden zu erleiden, besteht und von dem Antragsteller vernünftigerweise erwartet werden kann, dass er sich in diesem Landesteil aufhält.

(2) Bei Prüfung der Frage, ob ein Teil des Herkunftslandes die Voraussetzungen nach Absatz 1 erfüllt, berücksichtigen die Mitgliedstaaten die dortigen allgemeinen Gegebenheiten und die persönlichen Umstände des Antragstellers zum Zeitpunkt der Entscheidung über den Antrag.

(3) Absatz 1 kann auch dann angewandt werden, wenn praktische Hindernisse für eine Rückkehr in das Herkunftsland bestehen.

KAPITEL III

ANERKENNUNG ALS FLÜCHTLING

Artikel 9   Verfolgungshandlungen

(1) Als Verfolgung im Sinne des Artikels 1 A der Genfer Flüchtlingskonvention gelten Handlungen, die
a) aufgrund ihrer Art oder Wiederholung so gravierend sind, dass sie eine schwerwiegende Verletzung der grundlegenden Menschenrechte darstellen, insbesondere der Rechte, von denen gemäß Artikel 15 Absatz 2 der Europäischen Konvention zum Schutze der Menschenrechte und Grundfreiheiten keine Abweichung zulässig ist, oder
b) in einer Kumulierung unterschiedlicher Maßnahmen, einschließlich einer Verletzung der Menschenrechte, bestehen, die so gravierend ist, dass eine Person davon in ähnlicher wie der unter Buchstabe a) beschriebenen Weise betroffen ist.

(2) Als Verfolgung im Sinne von Absatz 1 können unter anderem die folgenden Handlungen gelten:
a) Anwendung physischer oder psychischer Gewalt, einschließlich sexueller Gewalt,
b) gesetzliche, administrative, polizeiliche und/oder justizielle Maßnahmen, die als solche diskriminierend sind oder in diskriminierender Weise angewandt werden,
c) unverhältnismäßige oder diskriminierende Strafverfolgung oder Bestrafung,
d) Verweigerung gerichtlichen Rechtsschutzes mit dem Ergebnis einer unverhältnismäßigen oder diskriminierenden Bestrafung,
e) Strafverfolgung oder Bestrafung wegen Verweigerung des Militärdienstes in einem Konflikt, wenn der Militärdienst Verbrechen oder Handlungen umfassen würde, die unter die Ausschlussklauseln des Artikels 12 Absatz 2 fallen, und

Richtlinie 2004/83/EG des Rates

f) Handlungen, die an die Geschlechtszugehörigkeit anknüpfen oder gegen Kinder gerichtet sind.

(3) Gemäß Artikel 2 Buchstabe c) muss eine Verknüpfung zwischen den in Artikel 10 genannten Gründen und den in Absatz 1 als Verfolgung eingestuften Handlungen bestehen.

Artikel 10 Verfolgungsgründe

(1) Bei der Prüfung der Verfolgungsgründe berücksichtigen die Mitgliedstaaten Folgendes:

a) Der Begriff der Rasse umfasst insbesondere die Aspekte Hautfarbe, Herkunft und Zugehörigkeit zu einer bestimmten ethnischen Gruppe.

b) Der Begriff der Religion umfasst insbesondere theistische, nichttheistische und atheistische Glaubensüberzeugungen, die Teilnahme bzw. Nichtteilnahme an religiösen Riten im privaten oder öffentlichen Bereich, allein oder in Gemeinschaft mit anderen, sonstige religiöse Betätigungen oder Meinungsäußerungen und Verhaltensweisen Einzelner oder der Gemeinschaft, die sich auf eine religiöse Überzeugung stützen oder nach dieser vorgeschrieben sind.

c) Der Begriff der Nationalität beschränkt sich nicht auf die Staatsangehörigkeit oder das Fehlen einer solchen, sondern bezeichnet insbesondere auch die Zugehörigkeit zu einer Gruppe, die durch ihre kulturelle, ethnische oder sprachliche Identität, gemeinsame geografische oder politische Ursprünge oder ihre Verwandtschaft mit der Bevölkerung eines anderen Staates bestimmt wird.

d) Eine Gruppe gilt insbesondere als eine bestimmte soziale Gruppe, wenn
  – die Mitglieder dieser Gruppe angeborene Merkmale oder einen Hintergrund, der nicht verändert werden kann, gemein haben, oder Merkmale oder eine Glaubensüberzeugung teilen, die so bedeutsam für die Identität oder das Gewissen sind, dass der Betreffende nicht gezwungen werden sollte, auf sie zu verzichten, und
  – die Gruppe in dem betreffenden Land eine deutlich abgegrenzte Identität hat, da sie von der sie umgebenden Gesellschaft als andersartig betrachtet wird.

  Je nach den Gegebenheiten im Herkunftsland kann als eine soziale Gruppe auch eine Gruppe gelten, die sich auf das gemeinsame Merkmal der sexuellen Ausrichtung gründet. Als sexuelle Ausrichtung dürfen keine Handlungen verstanden werden, die nach dem nationalen Recht der Mitgliedstaaten als strafbar gelten; geschlechterbezogene Aspekte können berücksichtigt werden, rechtfertigen aber für sich allein genommen noch nicht die Annahme, dass dieser Artikel anwendbar ist.

e) Unter dem Begriff der politischen Überzeugung ist insbesondere zu verstehen, dass der Antragsteller in einer Angelegenheit, die die in Artikel 6 genannten potenziellen Verfolger sowie deren Politiken oder Verfahren betrifft, eine Meinung, Grundhaltung oder Überzeugung vertritt, wobei es unerheblich ist, ob der Antragsteller aufgrund dieser Meinung, Grundhaltung oder Überzeugung tätig geworden ist.

(2) Bei der Bewertung der Frage, ob die Furcht eines Antragstellers vor Verfolgung begründet ist, ist es unerheblich, ob der Antragsteller tatsächlich die Merkmale der Rasse oder die religiösen, nationalen, sozialen oder politischen Merkmale aufweist, die zur Verfolgung führen, sofern ihm diese Merkmale von seinem Verfolger zugeschrieben werden.

Artikel 11   Erlöschen

(1) Ein Drittstaatsangehöriger oder ein Staatenloser ist nicht mehr Flüchtling, wenn er
a) sich freiwillig erneut dem Schutz des Landes, dessen Staatsangehörigkeit er besitzt, unterstellt;
b) nach dem Verlust seiner Staatsangehörigkeit diese freiwillig wiedererlangt hat;
c) eine neue Staatsangehörigkeit erworben hat und den Schutz des Landes, dessen Staatsangehörigkeit er erworben hat, genießt;
d) freiwillig in das Land, das er aus Furcht vor Verfolgung verlassen hat oder außerhalb dessen er sich befindet, zurückgekehrt ist und sich dort niedergelassen hat;
e) nach Wegfall der Umstände, aufgrund deren er als Flüchtling anerkannt worden ist, es nicht mehr ablehnen kann, den Schutz des Landes in Anspruch zu nehmen, dessen Staatsangehörigkeit er besitzt;
f) als eine Person, die keine Staatsangehörigkeit besitzt, nach Wegfall der Umstände, aufgrund deren er als Flüchtling anerkannt wurde, in der Lage ist, in das Land zurückzukehren, in dem er seinen gewöhnlichen Wohnsitz hatte.

(2) Bei der Prüfung von Absatz 1 Buchstaben e) und f) haben die Mitgliedstaaten zu untersuchen, ob die Veränderung der Umstände erheblich und nicht nur vorübergehend ist, so dass die Furcht des Flüchtlings vor Verfolgung nicht länger als begründet angesehen werden kann.

Artikel 12   Ausschluss

(1) Ein Drittstaatsangehöriger oder ein Staatenloser ist von der Anerkennung als Flüchtling ausgeschlossen, wenn er
a) den Schutz oder Beistand einer Organisation oder einer Institution der Vereinten Nationen mit Ausnahme des Hohen Kommissars der Vereinten Nationen für Flüchtlinge gemäß Artikel 1 Abschnitt D der Genfer Flüchtlingskonvention genießt. Wird ein solcher Schutz oder Beistand aus irgendeinem Grund nicht länger gewährt, ohne dass die Lage des Betroffenen gemäß den einschlägigen Resolutionen der Generalversammlung der Vereinten Nationen endgültig geklärt worden ist, genießt er ipso facto den Schutz dieser Richtlinie;

b) von den zuständigen Behörden des Landes, in dem er seinen Aufenthalt genommen hat, als Person anerkannt wird, welche die Rechte und Pflichten, die mit dem Besitz der Staatsangehörigkeit dieses Landes verknüpft sind, bzw. gleichwertige Rechte und Pflichten hat.

(2) Ein Drittstaatsangehöriger oder ein Staatenloser ist von der Anerkennung als Flüchtling ausgeschlossen, wenn schwerwiegende Gründe zu der Annahme berechtigen, dass er
a) ein Verbrechen gegen den Frieden, ein Kriegsverbrechen oder ein Verbrechen gegen die Menschlichkeit im Sinne der internationalen Vertragswerke begangen hat, die ausgearbeitet worden sind, um Bestimmungen bezüglich dieser Verbrechen festzulegen;
b) eine schwere nichtpolitische Straftat außerhalb des Aufnahmelandes begangen hat, bevor er als Flüchtling aufgenommen wurde, d. h. vor dem Zeitpunkt der Ausstellung eines Aufenthaltstitels aufgrund der Zuerkennung der Flüchtlingseigenschaft; insbesondere grausame Handlungen können als schwere nichtpolitische Straftaten eingestuft werden, auch wenn mit ihnen vorgeblich politische Ziele verfolgt werden;
c) sich Handlungen zuschulden kommen ließ, die den Zielen und Grundsätzen der Vereinten Nationen, wie sie in der Präambel und in den Artikeln 1 und 2 der Charta der Vereinten Nationen verankert sind, zuwiderlaufen.

(3) Absatz 2 findet auf Personen Anwendung, die andere zu den darin genannten Straftaten oder Handlungen anstiften oder sich in sonstiger Weise daran beteiligen.

KAPITEL IV

FLÜCHTLINGSEIGENSCHAFT

Artikel 13   Zuerkennung der Flüchtlingseigenschaft

Die Mitgliedstaaten erkennen einem Drittstaatsangehörigen oder einem Staatenlosen, der die Voraussetzungen der Kapitel II und III erfüllt, die Flüchtlingseigenschaft zu.

Artikel 14   Aberkennung, Beendigung oder Ablehnung der Verlängerung der Flüchtlingseigenschaft

(1) Bei Anträgen auf internationalen Schutz, die nach Inkrafttreten dieser Richtlinie gestellt wurden, erkennen die Mitgliedstaaten einem Drittstaatsangehörigen oder einem Staatenlosen die von einer Regierungs- oder Verwaltungsbehörde, einem Gericht oder einer gerichtsähnlichen Behörde zuerkannte Flüchtlingseigenschaft ab, beenden diese oder lehnen ihre Verlängerung ab, wenn er gemäß Artikel 11 nicht länger Flüchtling ist.

(2) Unbeschadet der Pflicht des Flüchtlings, gemäß Artikel 4 Absatz 1 alle maßgeblichen Tatsachen offen zu legen und alle maßgeblichen, ihm zur Ver-

fügung stehenden Unterlagen vorzulegen, weist der Mitgliedstaat, der ihm die Flüchtlingseigenschaft zuerkannt hat, in jedem Einzelfall nach, dass die betreffende Person gemäß Absatz 1 des vorliegenden Artikels nicht länger Flüchtling ist oder es nie gewesen ist.

(3) Die Mitgliedstaaten erkennen einem Drittstaatsangehörigen oder einem Staatenlosen die Flüchtlingseigenschaft ab, beenden diese oder lehnen ihre Verlängerung ab, falls der betreffende Mitgliedstaat nach Zuerkennung der Flüchtlingseigenschaft feststellt, dass

a) die Person gemäß Artikel 12 von der Zuerkennung der Flüchtlingseigenschaft hätte ausgeschlossen werden müssen oder ausgeschlossen ist;
b) eine falsche Darstellung oder das Verschweigen von Tatsachen seinerseits, einschließlich der Verwendung gefälschter Dokumente, für die Zuerkennung der Flüchtlingseigenschaft ausschlaggebend war.

(4) Die Mitgliedstaaten können einem Flüchtling die ihm von einer Regierungs- oder Verwaltungsbehörde, einem Gericht oder einer gerichtsähnlichen Behörde zuerkannte Rechtsstellung aberkennen, diese beenden oder ihre Verlängerung ablehnen, wenn

a) es stichhaltige Gründe für die Annahme gibt, dass er eine Gefahr für die Sicherheit des Mitgliedstaats darstellt, in dem er sich aufhält;
b) er eine Gefahr für die Allgemeinheit dieses Mitgliedstaats darstellt, weil er wegen eines besonders schweren Verbrechens rechtskräftig verurteilt wurde.

(5) In den in Absatz 4 genannten Fällen können die Mitgliedstaaten entscheiden, einem Flüchtling eine Rechtsstellung nicht zuzuerkennen, solange noch keine Entscheidung darüber gefasst worden ist.

(6) Personen, auf die die Absätze 4 oder 5 Anwendung finden, können die in den Artikeln 3, 4, 16, 22, 31, 32 und 33 der Genfer Flüchtlingskonvention genannten Rechte oder vergleichbare Rechte geltend machen, sofern sie sich in dem betreffenden Mitgliedstaat aufhalten.

KAPITEL V

VORAUSSETZUNGEN FÜR DEN ANSPRUCH AUF SUBSIDIÄREN SCHUTZ

Artikel 15 Ernsthafter Schaden

Als ernsthafter Schaden gilt:
a) die Verhängung oder Vollstreckung der Todesstrafe oder
b) Folter oder unmenschliche oder erniedrigende Behandlung oder Bestrafung eines Antragstellers im Herkunftsland oder
c) eine ernsthafte individuelle Bedrohung des Lebens oder der Unversehrtheit einer Zivilperson infolge willkürlicher Gewalt im Rahmen eines internationalen oder innerstaatlichen bewaffneten Konflikts.

Artikel 16 Erlöschen

(1) Ein Drittstaatsangehöriger oder ein Staatenloser ist nicht mehr subsidiär Schutzberechtigter, wenn die Umstände, die zur Zuerkennung des subsidiären Schutzes geführt haben, nicht mehr bestehen oder sich in einem Maße verändert haben, dass ein solcher Schutz nicht mehr erforderlich ist.

(2) Bei Anwendung des Absatzes 1 berücksichtigen die Mitgliedstaaten, ob sich die Umstände so wesentlich und nicht nur vorübergehend verändert haben, dass die Person, die Anspruch auf subsidiären Schutz hat, tatsächlich nicht länger Gefahr läuft, einen ernsthaften Schaden zu erleiden.

Artikel 17 Ausschluss

(1) Ein Drittstaatsangehöriger oder ein Staatenloser ist von der Gewährung subsidiären Schutzes ausgeschlossen, wenn schwerwiegende Gründe die Annahme rechtfertigen, dass er
a) ein Verbrechen gegen den Frieden, ein Kriegsverbrechen oder ein Verbrechen gegen die Menschlichkeit im Sinne der internationalen Vertragswerke begangen hat, die ausgearbeitet worden sind, um Bestimmungen bezüglich dieser Verbrechen festzulegen;
b) eine schwere Straftat begangen hat;
c) sich Handlungen zuschulden kommen ließ, die den Zielen und Grundsätzen der Vereinten Nationen, wie sie in der Präambel und den Artikeln 1 und 2 der Charta der Vereinten Nationen verankert sind, zuwiderlaufen;
d) eine Gefahr für die Allgemeinheit oder für die Sicherheit des Landes darstellt, in dem er sich aufhält.

(2) Absatz 1 findet auf Personen Anwendung, die andere zu den darin genannten Straftaten oder Handlungen anstiften oder sich in sonstiger Weise daran beteiligen.

(3) Die Mitgliedstaaten können einen Drittstaatsangehörigen oder einen Staatenlosen von der Gewährung subsidiären Schutzes ausschließen, wenn er vor seiner Aufnahme in dem Mitgliedstaat ein oder mehrere nicht unter Absatz 1 fallende Straftaten begangen hat, die mit Freiheitsstrafe bestraft würden, wenn sie in dem betreffenden Mitgliedstaat begangen worden wären, und er sein Herkunftsland nur verlassen hat, um einer Bestrafung wegen dieser Straftaten zu entgehen.

KAPITEL VI

SUBSIDIÄRER SCHUTZSTATUS

Artikel 18 Zuerkennung des subsidiären Schutzstatus

Die Mitgliedstaaten erkennen einem Drittstaatsangehörigen oder einem Staatenlosen, der die Voraussetzungen der Kapitel II und V erfüllt, den subsidiären Schutzstatus zu.

Anhang 1

Artikel 19 Aberkennung, Beendigung oder Ablehnung der Verlängerung des subsidiären Schutzstatus

(1) Bei Anträgen auf internationalen Schutz, die nach Inkrafttreten dieser Richtlinie gestellt wurden, erkennen die Mitgliedstaaten einem Drittstaatsangehörigen oder einem Staatenlosen den von einer Regierungs- oder Verwaltungsbehörde, einem Gericht oder einer gerichtsähnlichen Behörde zuerkannten subsidiären Schutzstatus ab, beenden diesen oder lehnen seine Verlängerung ab, wenn die betreffende Person gemäß Artikel 16 nicht länger Anspruch auf subsidiären Schutz erheben kann.

(2) Die Mitgliedstaaten können einem Drittstaatsangehörigen oder einem Staatenlosen den von einer Regierungs- oder Verwaltungsbehörde, einem Gericht oder einer gerichtsähnlichen Behörde zuerkannten subsidiären Schutzstatus aberkennen, diesen beenden oder seine Verlängerung ablehnen, wenn er nach der Zuerkennung des subsidiären Schutzstatus gemäß Artikel 17 Absatz 3 von der Gewährung subsidiären Schutzes hätte ausgeschlossen werden müssen,

(3) Die Mitgliedstaaten erkennen einem Drittstaatsangehörigen oder einem Staatenlosen den subsidiären Schutzstatus ab, beenden diesen oder lehnen eine Verlängerung ab, wenn

a) er nach der Zuerkennung des subsidiären Schutzstatus gemäß Artikel 17 Absätze 1 und 2 von der Gewährung subsidiären Schutzes hätte ausgeschlossen werden müssen oder ausgeschlossen wird;

b) eine falsche Darstellung oder das Verschweigen von Tatsachen seinerseits, einschließlich der Verwendung gefälschter Dokumente, für die Zuerkennung des subsidiären Schutzstatus ausschlaggebend waren.

(4) Unbeschadet der Pflicht des Drittstaatsangehörigen oder Staatenlosen, gemäß Artikel 4 Absatz 1 alle maßgeblichen Tatsachen offen zu legen und alle maßgeblichen, ihm zur Verfügung stehenden Unterlagen vorzulegen, weist der Mitgliedstaat, der ihm den subsidiären Schutzstatus zuerkannt hat, in jedem Einzelfall nach, dass die betreffende Person gemäß den Absätzen 1 bis 3 des vorliegenden Artikels keinen oder nicht mehr Anspruch auf subsidiären Schutz hat.

KAPITEL VII

INHALT DES INTERNATIONALEN SCHUTZES

Artikel 20 Allgemeine Bestimmungen

(1) Die Bestimmungen dieses Kapitels berühren nicht die in der Genfer Flüchtlingskonvention verankerten Rechte.
(2) Sofern nichts anderes bestimmt wird, gilt dieses Kapitel sowohl für Flüchtlinge als auch für Personen mit Anspruch auf subsidiären Schutz.
(3) Die Mitgliedstaaten berücksichtigen bei der Umsetzung dieses Kapitels die spezielle Situation von besonders schutzbedürftigen Personen wie Min-

derjährigen, unbegleiteten Minderjährigen, Behinderten, älteren Menschen, Schwangeren, Alleinerziehenden mit minderjährigen Kindern und Personen, die Folter, Vergewaltigung oder sonstige schwere Formen psychischer, physischer oder sexueller Gewalt erlitten haben.

(4) Absatz 3 gilt nur für Personen, die nach einer Einzelprüfung ihrer Situation als besonders hilfebedürftig anerkannt werden.

(5) Bei der Anwendung der Minderjährige berührenden Bestimmungen dieses Kapitels stellt das Wohl des Kindes eine besonders wichtige Überlegung für die Mitgliedstaaten dar.

(6) Die Mitgliedstaaten können die einem Flüchtling aufgrund dieses Kapitels zugestandenen Rechte innerhalb der durch die Genfer Flüchtlingskonvention vorgegebenen Grenzen einschränken, wenn ihm die Flüchtlingseigenschaft aufgrund von Aktivitäten zuerkannt wurde, die einzig oder hauptsächlich deshalb aufgenommen wurden, um die für die Zuerkennung der Flüchtlingseigenschaft erforderlichen Voraussetzungen zu schaffen.

(7) Die Mitgliedstaaten können die einer Person mit Anspruch auf subsidiären Schutz aufgrund dieses Kapitels zugestandenen Rechte innerhalb der durch die internationalen Verpflichtungen vorgegebenen Grenzen einschränken, wenn ihr der subsidiäre Schutzstatus aufgrund von Aktivitäten zuerkannt wurde, die einzig oder hauptsächlich deshalb aufgenommen wurden, um die für die Zuerkennung des subsidiären Schutzstatus erforderlichen Voraussetzungen zu schaffen.

Artikel 21 Schutz vor Zurückweisung

(1) Die Mitgliedstaaten achten den Grundsatz der Nichtzurückweisung in Übereinstimmung mit ihren völkerrechtlichen Verpflichtungen.

(2) Ein Mitgliedstaat kann, sofern dies nicht aufgrund der in Absatz 1 genannten völkerrechtlichen Verpflichtungen untersagt ist, einen Flüchtling unabhängig davon, ob er als solcher förmlich anerkannt ist oder nicht, zurückweisen, wenn

a) es stichhaltige Gründe für die Annahme gibt, dass er eine Gefahr für die Sicherheit des Mitgliedstaats darstellt, in dem sie sich aufhält, oder

b) er eine Gefahr für die Allgemeinheit dieses Mitgliedstaats darstellt, weil er wegen einer besonders schweren Straftat rechtskräftig verurteilt wurde.

(3) Die Mitgliedstaaten können den einem Flüchtling erteilten Aufenthaltstitel widerrufen, beenden oder seine Verlängerung bzw. die Erteilung eines Aufenthaltstitels ablehnen, wenn Absatz 2 auf die betreffende Person Anwendung findet.

Artikel 22 Information

Die Mitgliedstaaten gewähren den Personen, deren Bedürfnis nach internationalem Schutz anerkannt wurde, so bald wie möglich nach Zuerkennung des jeweiligen Schutzstatus Zugang zu Informationen über die Rechte und

Pflichten in Zusammenhang mit dem Status in einer Sprache, von der angenommen werden kann, dass sie sie verstehen.

Artikel 23 Wahrung des Familienverbands

(1) Die Mitgliedstaaten tragen dafür Sorge, dass der Familienverband aufrechterhalten werden kann.

(2) Die Mitgliedstaaten tragen dafür Sorge, dass die Familienangehörigen der Person, der die Flüchtlingseigenschaft oder der subsidiäre Schutzstatus zuerkannt worden ist, die selbst nicht die Voraussetzungen für die Zuerkennung eines entsprechenden Status erfüllen, gemäß den einzelstaatlichen Verfahren Anspruch auf die in den Artikeln 24 bis 34 genannten Vergünstigungen haben, sofern dies mit der persönlichen Rechtsstellung des Familienangehörigen vereinbar ist.

Die Mitgliedstaaten können die Bedingungen festlegen, unter denen Familienangehörigen von Personen, denen der subsidiäre Schutzstatus zuerkannt worden ist, diese Vergünstigungen gewährt werden.

In diesen Fällen sorgen die Mitgliedstaaten dafür, dass die gewährten Vergünstigungen einen angemessenen Lebensstandard sicherstellen.

(3) Die Absätze 1 und 2 finden keine Anwendung, wenn der Familienangehörige aufgrund der Kapitel III und V von der Anerkennung als Flüchtling oder der Gewährung subsidiären Schutzes ausgeschlossen ist oder ausgeschlossen wäre.

(4) Unbeschadet der Absätze 1 und 2 können die Mitgliedstaaten aus Gründen der öffentlichen Sicherheit oder Ordnung die dort aufgeführten Vergünstigungen verweigern, einschränken oder zurückziehen.

(5) Die Mitgliedstaaten können entscheiden, dass dieser Artikel auch für andere enge Verwandte gilt, die zum Zeitpunkt des Verlassens des Herkunftslandes innerhalb des Familienverbands lebten und zu diesem Zeitpunkt für ihren Unterhalt vollständig oder größtenteils auf die Person, der die Flüchtlingseigenschaft oder der subsidiäre Schutzstatus zuerkannt worden ist, angewiesen waren.

Artikel 24 Aufenthaltstitel

(1) So bald wie möglich nach Zuerkennung des Schutzstatus und unbeschadet des Artikels 19 Absatz 3 stellen die Mitgliedstaaten Personen, denen die Flüchtlingseigenschaft zuerkannt worden ist, einen Aufenthaltstitel aus, der mindestens drei Jahre gültig und verlängerbar sein muss, es sei denn, dass zwingende Gründe der öffentlichen Sicherheit oder Ordnung dem entgegenstehen.

Unbeschadet des Artikels 23 Absatz 7 kann der Aufenthaltstitel, der Familienangehörigen von Personen ausgestellt wird, denen die Flüchtlingseigenschaft zuerkannt worden ist, weniger als drei Jahre gültig und verlängerbar sein.

(2) So bald wie möglich nach Zuerkennung des Schutzstatus stellen die Mitgliedstaaten Personen, denen der subsidiäre Schutzstatus zuerkannt worden ist, einen Aufenthaltstitel aus, der mindestens ein Jahr gültig und verlängerbar sein muss, es sei denn, dass zwingende Gründe der öffentlichen Sicherheit oder Ordnung dem entgegenstehen.

Artikel 25   Reisedokumente

(1) Die Mitgliedstaaten stellen Personen, denen die Flüchtlingseigenschaft zuerkannt worden ist, Reiseausweise – wie im Anhang zur Genfer Flüchtlingskonvention vorgesehen – für Reisen außerhalb ihres Gebietes aus, es sei denn, dass zwingende Gründe der öffentlichen Sicherheit oder Ordnung dem entgegenstehen.

(2) Die Mitgliedstaaten stellen Personen, denen der subsidiäre Schutzstatus zuerkannt worden ist und die keinen nationalen Pass erhalten können, Dokumente aus, mit denen sie reisen können, zumindest wenn schwerwiegende humanitäre Gründe ihre Anwesenheit in einem anderen Staat erfordern, es sei denn, dass zwingende Gründe der öffentlichen Sicherheit oder Ordnung dem entgegenstehen.

Artikel 26   Zugang zur Beschäftigung

(1) Unmittelbar nach der Zuerkennung der Flüchtlingseigenschaft gestatten die Mitgliedstaaten Personen, denen die Flüchtlingseigenschaft zuerkannt worden ist, die Aufnahme einer unselbstständigen oder selbstständigen Erwerbstätigkeit nach den Vorschriften, die für den betreffenden Beruf oder für die öffentliche Verwaltung allgemein gelten.

(2) Die Mitgliedstaaten sorgen dafür, dass Personen, denen die Flüchtlingseigenschaft zuerkannt worden ist, beschäftigungsbezogene Bildungsangebote für Erwachsene, berufsbildende Maßnahmen und praktische Berufserfahrung am Arbeitsplatz zu gleichwertigen Bedingungen wie eigenen Staatsangehörigen angeboten werden.

(3) Unmittelbar nach der Zuerkennung des subsidiären Schutzstatus gestatten die Mitgliedstaaten Personen, denen der subsidiäre Schutzstatus zuerkannt worden ist, die Aufnahme einer unselbstständigen oder selbstständigen Erwerbstätigkeit nach den Vorschriften, die für den betreffenden Beruf oder für die öffentliche Verwaltung allgemein gelten. Die nationale Arbeitsmarktlage in den Mitgliedstaaten kann berücksichtigt werden; das schließt die Durchführung einer Vorrangprüfung beim Zugang zur Beschäftigung für einen begrenzten Zeitraum nach Maßgabe des einzelstaatlichen Rechts ein. Die Mitgliedstaaten stellen sicher, dass Personen, denen der subsidiäre Schutzstatus zuerkannt worden ist, entsprechend den nationalen Rechtsvorschriften über die vorrangige Behandlung auf dem Arbeitsmarkt Zugang zu einem Arbeitsplatz erhalten, der ihnen angeboten worden ist.

(4) Die Mitgliedstaaten sorgen dafür, dass Personen, denen der subsidiäre Schutzstatus zuerkannt worden ist, Zugang zu beschäftigungsbezogenen Bildungsangeboten für Erwachsene, zu berufsbildenden Maßnahmen und zu praktischer Berufserfahrung am Arbeitsplatz unter Bedingungen haben, die von den Mitgliedstaaten festzulegen sind.
(5) Die in den Mitgliedstaaten geltenden Rechtsvorschriften über das Arbeitsentgelt, den Zugang zu Systemen der sozialen Sicherheit im Rahmen der abhängigen oder selbstständigen Erwerbstätigkeit sowie sonstige Beschäftigungsbedingungen finden Anwendung.

Artikel 27   Zugang zu Bildung

(1) Die Mitgliedstaaten gewähren allen Minderjährigen, denen die Flüchtlingseigenschaft oder der subsidiäre Schutzstatus zuerkannt worden ist, zu denselben Bedingungen wie eigenen Staatsangehörigen Zugang zum Bildungssystem.
(2) Die Mitgliedstaaten gestatten Erwachsenen, denen die Flüchtlingseigenschaft oder der subsidiäre Schutzstatus zuerkannt worden ist, zu denselben Bedingungen wie Drittstaatsangehörigen mit regelmäßigem Aufenthalt Zugang zum allgemeinen Bildungssystem, zu Weiterbildung und Umschulung.
(3) Die Mitgliedstaaten sorgen für eine gleiche Behandlung zwischen Personen, denen die Flüchtlingseigenschaft oder der subsidiäre Schutzstatus zuerkannt worden ist, und eigenen Staatsangehörigen im Rahmen der bestehenden Verfahren zur Anerkennung von ausländischen Hochschul- und Berufsabschlüssen, Prüfungszeugnissen und sonstigen Befähigungsnachweisen.

Artikel 28   Sozialhilfeleistungen

(1) Die Mitgliedstaaten tragen dafür Sorge, dass Personen, denen die Flüchtlingseigenschaft oder der subsidiäre Schutzstatus zuerkannt worden ist, in dem Mitgliedstaat, der die jeweilige Rechtsstellung gewährt hat, die notwendige Sozialhilfe wie Staatsangehörige dieses Mitgliedstaats erhalten.
(2) Abweichend von der allgemeinen Regel nach Absatz 1 können die Mitgliedstaaten die Sozialhilfe für Personen, denen der subsidiäre Schutzstatus zuerkannt worden ist, auf Kernleistungen beschränken, die sie im gleichen Umfang und unter denselben Voraussetzungen wie für eigene Staatsangehörige gewähren.

Artikel 29   Medizinische Versorgung

(1) Die Mitgliedstaaten tragen dafür Sorge, dass Personen, denen die Flüchtlingseigenschaft oder der subsidiäre Schutzstatus zuerkannt worden ist, zu denselben Bedingungen wie Staatsangehörige des die Rechtsstellung gewährenden Mitgliedstaats Zugang zu medizinischer Versorgung haben.

(2) Abweichend von der allgemeinen Regel nach Absatz 1 können die Mitgliedstaaten die medizinische Versorgung von Personen, denen der subsidiäre Schutzstatus zuerkannt worden ist, auf Kernleistungen beschränken, die sie dann im gleichen Umfang und unter denselben Voraussetzungen wie für eigene Staatsangehörige gewähren.

(3) Die Mitgliedstaaten gewährleisten unter denselben Voraussetzungen wie Staatsangehörigen des die Rechtsstellung gewährenden Mitgliedstaats eine angemessene medizinische Versorgung von Personen, denen die Flüchtlingseigenschaft oder der subsidiäre Schutzstatus zuerkannt worden ist und die besondere Bedürfnisse haben, wie schwangere Frauen, Menschen mit Behinderungen, Personen, die Folter, Vergewaltigung oder sonstige schwere Formen psychischer, physischer oder sexueller Gewalt erlitten haben, oder Minderjährige, die Opfer irgendeiner Form von Missbrauch, Vernachlässigung, Ausbeutung, Folter, grausamer, unmenschlicher oder erniedrigender Behandlung gewesen sind oder unter bewaffneten Konflikten gelitten haben.

Artikel 30 Unbegleitete Minderjährige

(1) Die Mitgliedstaaten ergreifen so rasch wie möglich, nachdem die Flüchtlingseigenschaft oder der subsidiäre Schutzstatus zuerkannt worden ist, die notwendigen Maßnahmen, um sicherzustellen, dass Minderjährige durch einen gesetzlichen Vormund oder erforderlichenfalls durch eine Einrichtung, die für die Betreuung und das Wohlergehen von Minderjährigen verantwortlich ist, oder durch eine andere geeignete Instanz, einschließlich einer gesetzlich vorgesehenen oder gerichtlich angeordneten Instanz, vertreten werden.

(2) Die Mitgliedstaaten tragen dafür Sorge, dass der bestellte Vormund oder Vertreter die Bedürfnisse des Minderjährigen bei der Durchführung der Richtlinie gebührend berücksichtigt. Die zuständigen Behörden nehmen regelmäßige Bewertungen vor.

(3) Die Mitgliedstaaten tragen dafür Sorge, dass unbegleitete Minderjährige wahlweise folgendermaßen untergebracht werden:
a) bei erwachsenen Verwandten,
b) in einer Pflegefamilie,
c) in speziellen Einrichtungen für Minderjährige oder
d) in anderen für Minderjährige geeigneten Unterkünften.

Hierbei werden die Wünsche des Kindes unter Beachtung seines Alters und seiner Reife berücksichtigt.

(4) Geschwister sollen möglichst zusammenbleiben, wobei das Wohl des betreffenden Minderjährigen, insbesondere sein Alter und sein Reifegrad, zu berücksichtigen ist. Wechsel des Aufenthaltsorts sind bei unbegleiteten Minderjährigen auf ein Mindestmaß zu beschränken.

(5) Die Mitgliedstaaten bemühen sich im Interesse des Wohls des unbegleiteten Minderjährigen, dessen Familienangehörige so bald wie möglich ausfindig zu machen. In Fällen, in denen das Leben oder die Unversehrtheit des Minderjährigen oder seiner nahen Verwandten bedroht sein könnte, insbesondere wenn diese im Herkunftsland geblieben sind, ist darauf zu achten,

dass die Erfassung, Verarbeitung und Weitergabe von Informationen über diese Personen vertraulich erfolgt.

(6) Das Betreuungspersonal für unbegleitete Minderjährige muss im Hinblick auf die Bedürfnisse des Minderjährigen adäquat ausgebildet sein oder ausgebildet werden.

Artikel 31 Zugang zu Wohnraum

Die Mitgliedstaaten sorgen dafür, dass Personen, denen die Flüchtlingseigenschaft oder der subsidiäre Schutzstatus zuerkannt worden ist, Zugang zu Wohnraum unter Bedingungen erhalten, die den Bedingungen gleichwertig sind, die für andere Drittstaatsangehörige gelten, die sich rechtmäßig in ihrem Hoheitsgebiet aufhalten.

Artikel 32 Freizügigkeit innerhalb eines Mitgliedstaats

Die Mitgliedstaaten gestatten die Bewegungsfreiheit von Personen, denen die Flüchtlingseigenschaft oder der subsidiäre Schutzstatus zuerkannt worden ist, in ihrem Hoheitsgebiet, unter den gleichen Bedingungen und Einschränkungen wie für andere Drittstaatsangehörige, die sich rechtmäßig in ihrem Hoheitsgebiet aufhalten.

Artikel 33 Zugang zu Integrationsmaßnahmen

(1) Um die Integration von Flüchtlingen in die Gesellschaft zu erleichtern, sehen die Mitgliedstaaten von ihnen für sinnvoll erachtete Integrationsprogramme vor oder schaffen die erforderlichen Rahmenbedingungen, die den Zugang zu diesen Programmen garantieren.
(2) Wenn die Mitgliedstaaten es für sinnvoll erachten, gewähren sie Personen, denen der subsidiäre Schutzstatus zuerkannt worden ist, Zugang zu den Integrationsprogrammen.

Artikel 34 Rückführung

Die Mitgliedstaaten können Personen, denen die Flüchtlingseigenschaft oder der subsidiäre Schutzstatus zuerkannt worden ist und die zurückkehren möchten, Unterstützung gewähren.

KAPITEL VIII

VERWALTUNGSZUSAMMENARBEIT

Artikel 35 Zusammenarbeit

Jeder Mitgliedstaat benennt eine nationale Kontaktstelle, deren Anschrift er der Kommission mitteilt, die sie ihrerseits den übrigen Mitgliedstaaten weitergibt.

In Abstimmung mit der Kommission treffen die Mitgliedstaaten die geeigneten Maßnahmen, um eine unmittelbare Zusammenarbeit und einen Informationsaustausch zwischen den zuständigen Behörden herzustellen.

Artikel 36 Personal

Die Mitgliedstaaten tragen dafür Sorge, dass die Behörden und Organisationen, die diese Richtlinie durchführen, die nötige Ausbildung erhalten haben und in Bezug auf die Informationen, die sie durch ihre Arbeit erhalten, der Schweigepflicht unterliegen, wie sie im nationalen Recht definiert ist.

KAPITEL IX

SCHLUSSBESTIMMUNGEN

Artikel 37 Berichterstattung

(1) Die Kommission erstattet dem Europäischen Parlament und dem Rat bis spätestens 10. April 2008 Bericht über die Anwendung dieser Richtlinie und schlägt gegebenenfalls Änderungen vor. Diese Änderungsvorschläge werden vorzugsweise Artikel 15, 26 und 33 betreffen. Die Mitgliedstaaten übermitteln der Kommission bis zum 10. Oktober 2007 alle für die Erstellung dieses Berichts sachdienlichen Angaben.

(2) Nach Vorlage des Berichts erstattet die Kommission dem Europäischen Parlament und dem Rat mindestens alle fünf Jahre Bericht über die Anwendung dieser Richtlinie.

Artikel 38 Umsetzung

(1) Die Mitgliedstaaten erlassen die erforderlichen Rechts- und Verwaltungsvorschriften, um dieser Richtlinie spätestens bis zum 10. Oktober 2006 nachzukommen. Sie setzen die Kommission unverzüglich davon in Kenntnis.

Wenn die Mitgliedstaaten diese Vorschriften erlassen, nehmen sie in den Vorschriften selbst oder durch einen Hinweis bei der amtlichen Veröffentlichung auf diese Richtlinie Bezug. Die Mitgliedstaaten regeln die Einzelheiten der Bezugnahme.

(2) Die Mitgliedstaaten teilen der Kommission den Wortlaut der Vorschriften mit, die sie in dem unter diese Richtlinie fallenden Bereich erlassen.

Artikel 39 Inkrafttreten

Diese Richtlinie tritt am zwanzigsten Tag nach ihrer Veröffentlichung im *Amtsblatt der Europäischen Union* in Kraft.

Artikel 40 Adressaten

Diese Richtlinie ist gemäß dem Vertrag zur Gründung der Europäischen Gemeinschaft an die Mitgliedstaaten gerichtet.

Geschehen zu Luxemburg am 29. April 2004.

Im Namen des Rates
Der Präsident
M. McDOWELL

Anhang 2

Prozessformulare im Asylprozess

Inhalt

1. Klage auf Asylanerkennung, Gewährung von internationalem Schutz nach § 60 Abs. 1 AufenthG und Feststellung von Abschiebungshindernissen nach § 60 Abs. 2 bis 7 AufenthG bei einfach unbegründeter Antragsablehnung 1879
2. Klage auf Asylanerkennung bei Gewährung von internationalem Schutz nach § 60 Abs. 1 AufenthG[1] 1881
3. Klage gegen die Einstellung des Asylverfahrens nach §§ 32, 33 AsylVfG[2] 1883
4. Klage- und Eilrechtsschutzantrag bei qualifizierter Antragsablehnung nach § 30 AsylVfG 1885
5. Abänderungsantrag bei qualifizierter Antragsablehnung (§ 30 AsylVfG) oder im Asylfolgeantragsverfahren 1887
6. Klage- und Eilrechtsschutzantrag bei Ablehnung des Asylantrags als unbeachtlich nach § 29 Abs. 1 AsylVfG wegen Offensichtlichkeit der Verfolgungssicherheit in einem »sonstigen« Drittstaat . . 1888
7. Klage- und Eilrechtsschutzantrag bei Ablehnung des Asylantrags als unbeachtlich nach § 29 Abs. 3 AsylVfG wegen völkerrechtlicher Zuständigkeit eines anderen Vertragsstaates 1890
8.1. Flughafenverfahren: Klage und Eilrechtsschutzantrag 1892
8.2. Flughafenverfahren: Antrag auf einstweilige Anordnung auf Weiterleitung des Asylsuchenden an das Bundesamt 1895
9.1. Klage im Asylfolgeantragsverfahren 1896
9.2. Eilrechtsschutzantrag im Asylfolgeantragsverfahren, wenn das Bundesamt nach § 71 Abs. 4 AsylVfG vorgeht und eine Abschiebungsandrohung nach § 34 AsylVfG erlässt 1898
9.3. Eilrechtsschutzantrag im Asylfolgeantragsverfahren, wenn das Bundesamt nach § 71 Abs. 5 AsylVfG vorgeht und keine Abschiebungsandrohung erlässt 1899
10. Anfechtungsklage gegen das Herausgabeverlangen im Falle des Erlöschens des Statusbescheides nach § 31 in Verb. mit § 72 AsylVfG 1900
11. Klage gegen den Widerruf oder die Rücknahme des Statusbescheides nach § 31 in Verb. mit § 73 AsylVfG 1901
12. Verpflichtungsklage auf nachträgliche Umverteilung 1902
13. Klage gegen eine Auflagenanordnung nach § 60 Abs. 1 oder Abs. 2 AsylVfG 1903

---

[1] Kann etwa bei Asylversagung wegen für nicht glaubhaft erachteter Einreise auf dem Luftwege (§ 26 a Rdn. 175 ff.), bei subjektiven Nachfluchtgründen (§ 28 Rdn. 23 ff.) oder mangelnder Rückführungsmöglichkeit bei sicherem Voraufenthalt in einem »sonstigen« Drittstaat (§ 29 Rdn. 32) in Betracht kommen.
[2] S. hierzu: § 32 Rdn. 18 f., § 33 Rdn. 34 ff.

Anhang 2

1. Klage auf Asylanerkennung, Gewährung von internationalem Schutz nach § 60 Abs. 1 AufenthG und Feststellung von Abschiebungshindernissen nach § 60 Abs. 2 bis 7 AufenthG bei einfach unbegründeter Antragsablehnung

An das
Verwaltungsgericht[3]
...

Klage

des/r ...   Kläger/s/in –

Prozessbevollmächtigte(r): ...

gegen

die Bundesrepublik Deutschland, endvertreten durch den Leiter der Außenstelle des Bundesamtes für Migration und Flüchtlinge in ...

– Beklagte –

wegen Asylrecht und internationalem Schutz

Unter Vollmachtsvorlage[4] erhebe(n) ich/wir die Klage(n) und beantrage(n):

Die beklagte Bundesrepublik Deutschland wird unter Aufhebung des Bescheides des Bundesamtes für Migration und Flüchtlinge vom ..., zugestellt[5] am ..., verpflichtet, festzustellen, dass der(die) Kläger/in Asylberechtigte(r) ist(sind) und in seiner(ihrer) Person die Voraussetzungen des § 60 Abs. 1 AufenthG erfüllt/en;[6]

hilfsweise:

festzustellen, dass Abschiebungshindernisse nach § 60 Abs. 2 bis 5 AufenthG vorliegen,[7]

---

3 Zur örtlichen Zuständigkeit s. § 74 Rdn. 135 ff. Die Hinweise beziehen sich auf die Erläuterungen im Kommentar.
4 Zur nachträglichen Vorlage s. § 74 Rdn. 194.
5 Es gilt die Zwei-Wochen-Frist nach § 74 I 1 1. HS AsylVfG.
6 S. hierzu: § 74 Rdn. 9 ff.
7 Zur hilfsweisen Antragstellung: § 74 Rdn. 34 ff.

hilfsweise:

festzustellen, dass Abschiebungshindernisse nach § 60 Abs. 7 AufenthG vorliegen[8]

Der angefochtene Bescheid ist beigefügt.

Gegen die Übertragung auf den Einzelrichter bestehen keine Bedenken.[9]

Für die mündliche Verhandlung wird ein Dolmetscher für die Sprache benötigt.[10]

Ich bitte um

Akteneinsicht,

wenn nicht in die Kanzlei, dann über das Amtsgericht/Verwaltungsgericht...[11].

Begründung folgt.[12]

...
Rechtsanwalt/anwältin

---

[8] Zur weiteren hilfsweisen Antragstellung: § 74 Rdn. 34 ff. In der Gerichtspraxis erfolgt regelmäßig lediglich eine, insgesamt auf § 60 II–VII AufenthG gerichtete hilfsweise Antragstellung. Teilweise wird der auf § 60 II–VII AufenthG bezogene Antrag auch unbedingt gestellt.
[9] Dieser Zusatz ist nicht zwingend, jedoch allgemein üblich.
[10] Die frühzeitige Angabe ist insbesondere bei seltenen Dialekten, aber auch im Übrigen empfehlenswert.
[11] Einige Verwaltungsgerichte verweigern die Übersendung der Akten in die Kanzlei (vgl. § 100 II 3 VwGO). Hier empfiehlt es sich, ein der Kanzlei nahe gelegenes Gericht anzugeben.
[12] Zur Begründungsfrist von einem Monat s. § 74 I 2 AsylVfG (s. hierzu: § 74 Rdn. 94 ff.; § 81 Rdn. 22 ff.). Zur Begründung selbst s. auch § 74 Rdn. 94 ff.

Anhang 2

2. Klage auf Asylanerkennung bei Gewährung von internationalem Schutz nach § 60 Abs. 1 AufenthG[13]

An das
Verwaltungsgericht[14]
...

              Klage

des/r ...   – Kläger/s/in –

Prozessbevollmächtigte(r): ...

gegen

die Bundesrepublik Deutschland, endvertreten durch den Leiter der Außenstelle des Bundesamtes für Migration und Flüchtlinge in ...

              – Beklagte –

wegen Asylrecht

Unter Vollmachtsvorlage(n)[15] erhebe(n) ich/wir die Klage(n) und beantrage(n):

> Die beklagte Bundesrepublik Deutschland wird unter entsprechender Aufhebung des Bescheides des Bundesamtes für Migration und Flüchtlinge vom ..., zugestellt[16] am ..., verpflichtet, festzustellen, dass der (die) Kläger/in Asylberechtigte(r) ist(sind).[17]

---

[13] Kann etwa bei Asylversagung wegen für nicht glaubhaft erachteter Einreise auf dem Luftwege (§ 26 a Rdn. 175 ff.), bei subjektiven Nachfluchtgründen (§ 28 Rdn. 23 ff.) oder mangelnder Rückführungsmöglichkeit bei sicherem Voraufenthalt in einem »sonstigen« Drittstaat (§ 29 Rdn. 32) in Betracht kommen.
[14] Zur örtlichen Zuständigkeit s. § 74 Rdn. 135 ff.
[15] Zur nachträglichen Vorlage s. § 74 Rdn. 194.
[16] Es gilt die Zwei-Wochen-Frist nach § 74 I 1. HS AsylVfG.
[17] Da Abschiebung Schutz nach § 60 I AufenthG gewährt worden ist, trifft das Bundesamt regelmäßig keine Feststellung nach § 60 II–VII AufenthG (vgl. § 31 III Nr. 2 AsylVfG). Eine hierauf abzielende Verpflichtungsklage wäre daher mangels entsprechenden Behördenbescheids unzulässig (vgl. auch § 39 II AsylVfG).

Der angefochtene Bescheid ist beigefügt.

Gegen die Übertragung auf den Einzelrichter bestehen keine Bedenken.[18]

Für die mündliche Verhandlung wird ein Dolmetscher für die Sprache ... benötigt.[19]

Ich bitte um

Akteneinsicht,

wenn nicht in die Kanzlei, dann über das Amtsgericht/Verwaltungsgericht ...[20]

Begründung folgt.[21]

...
Rechtsanwalt/anwältin

---

18 Dieser Zusatz ist nicht zwingend, jedoch allgemein üblich.
19 Die frühzeitige Angabe ist insbesondere bei seltenen Dialekten, aber auch im Übrigen empfehlenswert.
20 Einige Verwaltungsgerichte verweigern die Übersendung der Akten in die Kanzlei (vgl. § 100 II 3 VwGO). Hier empfiehlt es sich, ein der Kanzlei nahe gelegenes Gericht anzugeben.
21 Zur Begründungsfrist von einem Monat s. § 74 I 2 AsylVfG (s. hierzu: § 74 Rdn. 94 ff.; § 81 Rdn. 22 ff.). Zur Begründung selbst s. auch § 74 Rdn. 94 ff.

Anhang 2

3. Klage gegen die Einstellung des Asylverfahrens nach §§ 32, 33 AsylVfG[22]

An das
Verwaltungsgericht[23]
...

             Klage und Eilrechtsschutzantrag[24]

des/der ...

             – Kläger/s/in und Antragsteller/s/in –

Prozessbevollmächtigter: ...

gegen

die Bundesrepublik Deutschland, endvertreten durch den Leiter der Außenstelle des Bundesamtes für Migration und Flüchtlinge in ...

             – Beklagte und Antragsgegnerin –

wegen Asylrecht und internationalem Schutz

Unter Vollmachtsvorlage(n)[25] erhebe(n) ich/wir die Klage(n) und beantrage(n):

> Die Einstellungsverfügung sowie Abschiebungsandrohung des Bundesamtes für Migration und Flüchtlinge vom ..., zugestellt[26] am ..., wird aufgehoben.

---

22 S. hierzu: § 32 Rdn. 18 f., § 33 Rdn. 34 ff.
23 Zur örtlichen Zuständigkeit s. § 74 Rdn. 135 ff.
24 Zur Verfahrensvereinfachung können Klage und Eilrechtsschutzantrag in einem Schriftsatz zusammengefasst werden. Da das Verwaltungsgericht zwei Akten anlegt, sind jeweils vier Ausfertigungen einzureichen.
25 Zur nachträglichen Vorlage s. § 74 Rdn. 194.
26 Es gilt die Zwei-Wochen-Frist nach § 74 I 1. HS AsylVfG, da § 36 I nicht auf § 32, § 33 AsylVfG verweist.

Ich stelle den Antrag,

> die aufschiebende Wirkung der Klage vom heutigen Tage gegen die Abschiebungsandrohung des Bundesamtes für Migration und Flüchtlinge[27] vom ... anzuordnen.[28]

Der angefochtene Bescheid ist beigefügt.

Gegen die Übertragung auf den Einzelrichter bestehen keine Bedenken.[29]

Begründung:[30]...

...

Rechtsanwalt/anwältin

---

27 Einstellungsverfügung und Abschiebungsandrohung werden regelmäßig in einem Bescheid zusammengefasst.
28 Da die Anfechtungsklage gegen die Einstellungsverfügung keine aufschiebende Wirkung hat (vgl. § 75 AsylfG), das Bundesamt zusammen mit der Einstellungsverfügung nach § 32, 33 AsylVfG die Abschiebungsandrohung nach § 34 AsylVfG (§ 33 Rdn. 39) erlässt, ist vorläufiger Rechtsschutz nach § 80 V VwGO zu beantragen (§ 33 Rdn. 42). Weder ist eine fristgebundene Antragstellung noch eine fristgebundene Begründung gesetzlich vorgeschrieben.
29 Dieser Zusatz ist nicht zwingend, jedoch allgemein üblich.
30 Wegen § 36 III 5 ff. AsylVfG, den das Verwaltungsgericht auch in diesem Verfahren anwenden dürfte, empfiehlt sich die sofortige Begründung. Jedenfalls sollte diese dem Gericht nach Ablauf der Wochenfrist (§ 36 III 5 AsylVfG) vorliegen.

Anhang 2

4. Klage- und Eilrechtsschutzantrag bei qualifizierter Antragsablehnung nach § 30 AsylVfG

An das
Verwaltungsgericht[31]
...

        Klage und Eilrechtsschutzantrag[32]

des/r ...

        – Kläger/s/in und Antragsteller/s/in –

Prozessbevollmächtigte(r): ...

gegen

die Bundesrepublik Deutschland, endvertreten durch den Leiter der Außenstelle des Bundesamtes für Migration und Flüchtlinge in ...

        – Beklagte und Antragsgegnerin –

wegen Asylrecht und internationalem Schutz

Unter Vollmachtsvorlage(n)[33] erhebe(n) ich/wir die Klage(n)[34] und beantrage(n):

> Die beklagte Bundesrepublik Deutschland wird unter Aufhebung des Bescheides des Bundesamtes für Migration und Flüchtlinge vom ..., zugestellt[35] am ..., verpflichtet, festzustellen, dass der(die) Kläger/in Asylberechtigte(r) ist(sind) und in seiner(ihrer) Person die Voraussetzungen des § 60 Abs. 1 AufenthG erfüllt/en;[36]

---

31 Zur örtlichen Zuständigkeit s. § 74 Rdn. 135 ff.
32 Zur Verfahrensvereinfachung können Klage und Eilrechtsschutzantrag in einem Schriftsatz zusammengefasst werden. Da das Verwaltungsgericht zwei Akten anlegt, sind jeweils vier Ausfertigungen einzureichen.
33 Zur nachträglichen Vorlage s. § 74 Rdn. 194.
34 Die Beifügung des angefochtenen Bescheides ist entbehrlich, da das Bundesamt unverzüglich dem Verwaltungsgericht den Verwaltungsvorgang von Amts wegen übermittelt (§ 36 II 2 AsylVfG). Antrag auf Akteneinsicht ist wegen der Dringlichkeit nicht sinnvoll und im Übrigen entbehrlich, da die Beteiligten vom Bundesamt eine Kopie der Akten erhalten (§ 36 II 1 AsylVfG).
35 Es findet die Wochenfrist nach § 74 I 2. HS in Verb. mit § 36 I, § 30 AsylVfG Anwendung.
36 S. hierzu: § 74 Rdn. 9 ff.

hilfsweise:

festzustellen, dass Abschiebungshindernisse nach § 60 Abs. 2 bis 5 AufenthG vorliegen;[37]

hilfsweise:

festzustellen, dass Abschiebungshindernisse nach § 60 Abs. 7 AufenthG vorliegen[38]

Ich stelle den Antrag,

die aufschiebende Wirkung der Klage vom heutigen Tage gegen die Abschiebungsandrohung des Bundesamtes für Migration und Flüchtlinge[39] vom ... anzuordnen.[40]

Gegen die Übertragung auf den Einzelrichter im Hauptsacheverfahren bestehen keine Bedenken.[41]

Für die mündliche Verhandlung wird ein Dolmetscher für die Sprache ... benötigt.[42]

Begründung:[43] ...

...

Rechtsanwalt/anwältin

---

37 Zur hilfsweisen Antragstellung: § 74 Rdn. 34 ff.
38 Zur weiteren hilfsweisen Antragstellung: § 74 Rdn. 34 ff. In der Gerichtspraxis erfolgt regelmäßig lediglich eine, insgesamt auf § 60 II–VII AufenthG gerichtete hilfsweise Antragstellung. Teilweise wird der auf § 60 II–VII AufenthG bezogene Antrag auch unbedingt gestellt.
39 Antragsablehnung und Abschiebungsandrohung werden regelmäßig in einem Bescheid zusammengefasst.
40 Da die Anfechtungsklage gegen die qualifizierte Asylablehnung keine aufschiebende Wirkung hat (vgl. § 75 AsylVfG), das Bundesamt zusammen mit der Antragsablehnung die Abschiebungsandrohung nach § 34, § 36 I AsylVfG erlässt, ist vorläufiger Rechtsschutz nach § 36 III 1 AsylVfG in Verb. mit § 80 V VwGO zu beantragen.
41 Dieser Zusatz ist nicht zwingend, jedoch allgemein üblich. Im Eilrechtsschutzverfahren entscheidet ohnehin der originäre Einzelrichter (§ 76 IV 1 AsylVfG).
42 Die frühzeitige Angabe ist insbesondere bei seltenen Dialekten, aber auch im Übrigen empfehlenswert.
43 Wegen § 36 III 5 ff. AsylVfG empfiehlt sich die sofortige Begründung. Jedenfalls sollte diese dem Gericht nach Ablauf der Wochenfrist (§ 36 III 5 AsylVfG) vorliegen. Zu den materiellen Entscheidungskriterien s. § 36 Rdn. 99 ff., 161 ff., 183 ff.

Anhang 2

5. Abänderungsantrag bei qualifizierter Antragsablehnung (§ 30 AsylVfG) oder im Asylfolgeantragsverfahren

An das
Verwaltungsgericht[44]
...

Abänderungsantrag nach § 80 Abs. 7 Satz 2 VwGO[45]

des/r/ ...

– Antragsteller/s/in –

Prozessbevollmächtigte(r): ...

gegen

die Bundesrepublik Deutschland, endvertreten durch den Leiter der Außenstelle des Bundesamtes für Migration und Flüchtlinge in ...

– Antragsgegnerin –

wegen Asylrecht und internationalem Schutz
Unter Bezugnahme auf vorgelegte Vollmacht beantrage(n) ich/wir,

den Beschluss des Verwaltungsgerichtes vom ... im Verfahren ...[46] dahin abzuändern, dass die aufschiebende Wirkung der Klage vom ... gegen die Abschiebungsandrohung des Bundesamtes für Migration und Flüchtlinge vom ... angeordnet wird.

Begründung:[47] ...

...
Rechtsanwalt/anwältin

---

44 Zur örtlichen Zuständigkeit s. § 74 Rdn. 135 ff.
45 Der Abänderungsantrag ist nur zulässig, wenn der Antrag im zugrundeliegenden Eilrechtsschutzverfahren nicht verfristet war. Andernfalls sind veränderte Umstände mit dein einstweiligen Anordnungsantrag nach § 123 VwGO geltend zu machen (§ 36 Rdn. 38 ff.). Dies gilt auch für das Folgeantragsverfahren, wenn das Bundesamt nach § 71 IV AsylVfG vorgegangen ist. War wegen des nach § 71 V AsylVfG gewählten Verfahrens bereits im zugrundeliegenden Folgeantragsverfahren der Antrag nach § 123 VwGO zu stellen, sind veränderte Umstände in diesem Fall ebenfalls nach § 123 VwGO geltend zu machen.
46 Angabe des Aktenzeichens des zugrundeliegenden Eilrechtsschutzverfahrens.
47 S. hierzu: § 36 Rdn. 57 ff.

6. Klage- und Eilrechtsschutzantrag bei Ablehnung des Asylantrags als unbeachtlich nach § 29 Abs. 1 AsylVfG wegen Offensichtlichkeit der Verfolgungssicherheit in einem »sonstigen« Drittstaat

An das
Verwaltungsgericht[48]
...

Klage und Eilrechtsschutzantrag[49]

des/r/ ...

– Kläger/s/in und Antragsteller/s/in –

Prozessbevollmächtigte(r): ...

gegen

die Bundesrepublik Deutschland, endvertreten durch den Leiter der Außenstelle des Bundesamtes für Migration und Flüchtlinge in ...

– Beklagte und Antragsgegnerin –

wegen Asylrecht und internationalem Schutz

Unter Vollmachtsvorlage(n)[50] erhebe(n) ich/wir die Klage(n)[51] und beantrage(n):

Die beklagte Bundesrepublik Deutschland wird unter Aufhebung des Bescheides des Bundesamtes für Migration und Flüchtlinge vom ..., zugestellt[52] am ..., verpflichtet, das Asylverfahren fortzuführen.[53]

---

48 Zur örtlichen Zuständigkeit s. § 74 Rdn. 135 ff.
49 Zur Verfahrensvereinfachung können Klage und Eilrechtsschutzantrag in einem Schriftsatz zusammengefasst werden. Da das Verwaltungsgericht zwei Akten anlegt, sind jeweils vier Ausfertigungen einzureichen.
50 Zur nachträglichen Vorlage s. § 74 Rdn. 194.
51 Die Beifügung des angefochtenen Bescheides ist entbehrlich, da das Bundesamt unverzüglich dem Verwaltungsgericht den Verwaltungsvorgang von Amts wegen übermittelt (§ 36 II 2 AsylVfG). Antrag auf Akteneinsicht ist wegen der Dringlichkeit nicht sinnvoll und im Übrigen entbehrlich, da die Beteiligten vom Bundesamt eine Kopie der Akten erhalten (§ 36 II 1 AsylVfG).
52 Es findet die Wochenfrist nach § 74 I 2. HS in Verb. mit § 36 I, § 35 S. 1 AsylVfG Anwendung.
53 S. hierzu: § 29 Rdn. 104 f. Derartige Fallkonstellationen sind heute in der Verwaltungspraxis kaum noch üblich, da das Bundesamt in aller Regel von seinen Möglichkeiten nach § 29 I AsylVfG keinen Gebrauch macht, sondern in der Sache entscheidet. Wird der Asylantrag als unbeachtlich abgelehnt, ist es nicht Aufgabe des Verwaltungsgerichtes, die versäumte Behördenentscheidung nachzuholen, sondern hat die Verwaltung für den Fall der Klagestattgabe die Sachentscheidung zu treffen.

Anhang 2

Ich stelle den Antrag,

> die aufschiebende Wirkung der Klage vom heutigen Tage gegen die Abschiebungsandrohung des Bundesamtes für Migration und Flüchtlinge[54] vom ... anzuordnen.[55]

Gegen die Übertragung auf den Einzelrichter im Hauptsacheverfahren bestehen keine Bedenken.[56]

Für die mündliche Verhandlung wird ein Dolmetscher für die Sprache ... benötigt.[57]

Begründung:[58] ...

...

Rechtsanwalt/anwältin

---

54 Antragsablehnung und Abschiebungsandrohung nach § 33 S. 1 AsylVfG werden regelmäßig in einem Bescheid zusammengefasst.
55 Da die Anfechtungsklage gegen die Antragablehnung keine aufschiebende Wirkung hat (vgl. § 75 AsylVfG), das Bundesamt zusammen mit der Antragsablehnung die Abschiebungsandrohung nach § 35 S. 1, § 36 I AsylVfG erlässt, ist vorläufiger Rechtsschutz nach § 36 III 1 AsylVfG in Verb. mit § 80 V VwGO zu beantragen.
56 Dieser Zusatz ist nicht zwingend. jedoch allgemein üblich. Im Eilrechtsschutzverfahren entscheidet ohnehin der originäre Einzelrichter (§ 76 IV 1 AsylVfG).
57 Die frühzeitige Angabe ist insbesondere bei seltenen Dialekten, aber auch im Übrigen empfehlenswert.
58 Wegen § 36 III 5ff. AsylVfG empfiehlt sich die sofortige Begründung. Jedenfalls sollte diese dem Gericht nach Ablauf der Wochenfrist (§ 36 III 5 AsylVfG) vorliegen. Zu den materiellen Entscheidungskriterien s. § 29 Rdn. 12ff.

7. Klage- und Eilrechtsschutzantrag bei Ablehnung des Asylantrags als unbeachtlich nach § 29 Abs. 3 AsylVfG wegen völkerrechtlicher Zuständigkeit eines anderen Vertragsstaates

An das
Verwaltungsgericht[59]
...

Klage und Eilrechtsschutzantrag[60]

des/r ...

– Kläger/s/in und Antragsteller/s/in –

Prozessbevollmächtigte(r): ...

gegen

die Bundesrepublik Deutschland, endvertreten durch den Leiter der Außenstelle des Bundesamtes für Migration und Flüchtlinge in ...

– Beklagte und Antragsgegnerin –

wegen Asylrecht und internationalem Schutz

Unter Vollmachtsvorlage(n)[61] erhebe(n) ich/wir die Klage(n)[62] und beantrage(n):

Die beklagte Bundesrepublik Deutschland wird unter Aufhebung des Bescheides des Bundesamtes für Migration und Flüchtlinge vom ..., zugestellt[63] am ..., verpflichtet, das Asylverfahren fortzuführen.[64]

---

59 Zur örtlichen Zuständigkeit s. § 74 Rdn. 135 ff.
60 Zur Verfahrensvereinfachung können Klage und Eilrechtsschutzantrag in einem Schriftsatz zusammengefasst werden. Da das Verwaltungsgericht zwei Akten anlegt, sind jeweils vier Ausfertigungen einzureichen.
61 Zur nachträglichen Vorlage s. § 74 Rdn. 194.
62 Die Beifügung des angefochtenen Bescheides ist entbehrlich, da das Bundesamt unverzüglich dem Verwaltungsgericht den Verwaltungsvorgang von Amts wegen übermittelt (§ 36 II 2 AsylVfG). Antrag auf Akteneinsicht ist wegen der Dringlichkeit nicht sinnvoll und im Übrigen entbehrlich, da die Beteiligten vom Bundesamt eine Kopie der Akten erhalten (§ 36 II 1 AsylVfG).
63 Es findet die Wochenfrist nach § 74 I 2. HS in Verb. mit § 36 I, § 35 S. 2 AsylVfG Anwendung.
64 S. hierzu: § 29 Rdn. 104 f. Das Verwaltungsgericht prüft im summarischen Verfahren ausschließlich die Frage der völkerrechtlichen Zuständigkeit (s. hierzu: § 29 Rdn. 52 ff.). Kommt es zu dem Schluss, dass die Bundesrepublik für die Behandlung des Asylbegehrens zuständig ist, kann es nicht an Stelle der Behörde die Sachentscheidung treffen.

Anhang 2

Ich stelle den Antrag,

> die aufschiebende Wirkung der Klage vom heutigen Tage gegen die Abschiebungsandrohung des Bundesamtes für Migration und Flüchtlinge[65] vom ... anzuordnen.[66]

Gegen die Übertragung auf den Einzelrichter im Hauptsacheverfahren bestehen keine Bedenken.[67]

Für die mündliche Verhandlung wird ein Dolmetscher für die Sprache ... benötigt.[68]

Begründung:[69] ...

...

Rechtsanwalt/anwältin

---

[65] Antragsablehnung und Abschiebungsandrohung nach § 35 S. 1 AsylVfG werden regelmäßig in einem Bescheid zusammengefasst.
[66] Da die Anfechtungsklage gegen die Antragablehnung keine aufschiebende Wirkung hat (vgl. § 75 AsylVfG), das Bundesamt zusammen mit der Antragsablehnung die Abschiebungsandrohung nach § 35 S. 2, § 36 I AsylVfG erlässt, ist vorläufiger Rechtsschutz nach § 36 III 1 AsylVfG in Verb. mit § 80 V VwGO zu beantragen.
[67] Dieser Zusatz ist nicht zwingend. jedoch allgemein üblich. Im Eilrechtsschutzverfahren entscheidet ohnehin der originäre Einzelrichter (§ 76 IV 1 AsylVfG).
[68] Die frühzeitige Angabe ist insbesondere bei seltenen Dialekten, aber auch im Übrigen empfehlenswert.
[69] Wegen § 36 III 5ff. AsylVfG empfiehlt sich die sofortige Begründung. Jedenfalls sollte diese dem Gericht nach Ablauf der Wochenfrist (§ 36 III 5 AsylVfG) vorliegen. Zu den materiellen Entscheidungskriterien s. § 29 Rdn. 52ff.

8.1 Anhang 2

8.1. Flughafenverfahren: Klage und Eilrechtsschutzantrag

An das
Verwaltungsgericht[70]
...

        Klage und Eilrechtsschutzantrag[71]

des/r ...

        – Kläger/s/in und Antragsteller/s/in –

Prozessbevollmächtigte(r): ...

gegen

1. die Bundesrepublik Deutschland, endvertreten durch den Leiter der Außenstelle des Bundesamtes für Migration und Flüchtlinge am Flughafen ...

        – Beklagte zu 1 –

2. die Bundesrepublik Deutschland, endvertreten durch den Leiter des Grenzschutzamtes[72] in ...

        – Beklagte und Antragsgegnerin zu 2 –

wegen Asylrecht und internationalem Schutz

Unter Vollmachtsvorlage(n)[73] erhebe(n) ich/wir die Klage(n)[74] und beantrage(n):

---

[70] Zur örtlichen Zuständigkeit bei Einreiseverweigerungen s. § 18 Rdn. 99f., § 18 a Rdnr. 161, s. auch § 74 Rdn. 135 ff.

[71] Zur Klage s. § 18 a Rdnr. 156 ff.; zum Eilrechtsschutzantrag s. § 18 a Rdn. 168 ff. Zur Verfahrensvereinfachung können Klage und Eilrechtsschutzantrag in einem Schriftsatz zusammengefasst werden. Da das Verwaltungsgericht zwei Akten anlegt, sind jeweils vier Ausfertigungen einzureichen.

[72] § 18 a Rdn. 157 ff.: zur doppelten Beklagtenstellung der Bundesrepublik wegen der Besonderheiten des Flughafenverfahrens.

[73] Zur nachträglichen Vorlage s. § 74 Rdn. 194.

[74] Die Beifügung des angefochtenen Bescheides ist entbehrlich, da die Grenzbehörde unverzüglich dem Verwaltungsgericht den Verwaltungsvorgang von Amts wegen übermittelt (§ 18 a III 2 AsylVfG). Antrag auf Akteneinsicht ist wegen der Dringlichkeit nicht sinnvoll und im Übrigen entbehrlich, da die Beteiligten vom Bundesamt eine Kopie der Akten erhalten (§ 36 II 1 AsylVfG).

Anhang 2　　　　　　　　　　　　　　　　　　　　　　**8.1**

1. Die beklagte Bundesrepublik Deutschland wird unter Aufhebung des Bescheides des Bundesamtes für Migration und Flüchtlinge vom ..., zugestellt am[75] ..., verpflichtet, festzustellen, dass der(die) Kläger/in Asylberechtigte(r) ist(sind) und in seiner(ihrer) Person die Voraussetzungen des § 60 Abs. 1 AufenthG erfüllt/en;[76]

   h i l f s w e i s e :

   festzustellen, dass Abschiebungshindernisse nach § 60 Abs. 2 bis 5 AufenthG vorliegen;[77]

   hilfsweise:

   festzustellen, dass Abschiebungshindernisse nach § 60 Abs. 7 AufenthG vorliegen.[78]

2. Die beklagte Bundesrepublik Deutschland wird unter Aufhebung der Einreiseverweigerung des Grenzschutzamtes ... vom ..., zugestellt am ..., verpflichtet, dem/der/den Kläger/n/in die Einreise zu gestatten.[79]

Ich stelle den Antrag,

　　die Antragsgegnerin wird im Wege der einstweiligen Anordnung gemäß § 123 VwGO verpflichtet, dem/der/den Antragsteller/n/in die Einreise zu gestatten.[80]

Ich gehe davon aus, dass vor Ablauf der Nachfrist von vier Tagen keine Entscheidung getroffen wird.[81]

Gegen die Übertragung auf den Einzelrichter im Hauptsacheverfahren bestehen keine Bedenken.[82]

75　Zu den Rechtsmittelfristen s. § 18 a Rdn. 168 ff.
76　S. hierzu: § 74 Rdn. 9 ff.
77　Zur hilfsweisen Antragstellung: § 74 Rdn. 34 ff.
78　Auch im Flughafenverfahren hat das Verwaltungsgericht zwingend Abschiebungshindernisse nach § 60 II–VII AufenthG zu berücksichtigen (§ 18 a Rdn. 219 ff.). Zur verfassungskonformen Auslegung und Anwendung von § 15 V 1 AufenthG s. § 18 a Rdn. 222. Zur weiteren hilfsweisen Antragstellung: § 74 Rdn. 34 ff. In der Gerichtspraxis erfolgt regelmäßig lediglich eine, insgesamt auf § 60 II–VII AufenthG gerichtete hilfsweise Antragstellung. Teilweise wird der auf § 60 II–VII AufenthG bezogene Antrag auch unbedingt gestellt.
79　S. hierzu: § 74 Rdn. 234 ff.
80　Einem weiteren Eilrechtsschutzantrag gegen die Abschiebungsandrohung fehlt das Rechtsschutzbedürfnis, da mit der Einreisegestattung kraft Gesetzes (§ 18 a V 2 AsylVfG) die Abschiebung ausgesetzt wird (§ 18 a Rdn. 166).
81　S. hierzu: § 18 a Rdn. 181 ff.
82　Dieser Zusatz ist nicht zwingend, jedoch allgemein üblich. Im Eilrechtsschutzverfahren entscheidet ohnehin der originäre Einzelrichter (§ 76 IV 1 AsylVfG).

8.1 Anhang 2

Für die mündliche Verhandlung wird ein Dolmetscher für die Sprache ... benötigt.[83]

Begründung: ...

...

Rechtsanwalt/anwältin

Anmerkung zur Begründung: Der *Anordnungsgrund* ist evident. Nähere Ausführungen sind entbehrlich.

Der *Anordnungsanspruch* ist wegen der sehr strengen Rechtsprechung im Einzelnen sehr ausführlich im Sinne einer *vollen Glaubhaftigkeitsprüfung*[84] darzulegen. Auch Widersprüche, Ungereimtheiten und Unzulänglichkeiten, die vom Bundesamt nicht aufgegriffen werden, sind eingehend auszuräumen, da das Verwaltungsgericht unabhängig von der Verwaltung eine volle inhaltliche und rechtliche Kontrolle (§ 86 I VwGO) des Behördenbescheides vornimmt. Besonders hervorzuheben sind *Verfahrensfehler* des Bundesamtes (§ 18 a Rdn. 48 f.), die häufig bereits an Hand des Anhörungsprotokolls ersichtlich sind. Sind Verfahrensfehler feststellbar, ist Antrag auf *Anhörung des/r Asylsuchenden im Eilrechtsschutzverfahren* im Rahmen eines Erörterungstermins (§ 87 I Nr. 1 VwGO) zu stellen (§ 18 a Rdn. 193 ff.). Empfehlenswert ist im Hinblick auf Vorhalte und Widersprüche die Vorlage einer hierauf gerichteten, einzelfallbezogenen und detaillierten sowie konkreten *eidesstaatlichen Versicherung*.

---

83 Die frühzeitige Angabe ist insbesondere bei seltenen Dialekten, aber auch im Übrigen empfehlenswert.
84 S. im Einzelnen: § 18 a Rdn. 205, 210 ff.

Anhang 2 **8.2**

8.2. Flughafenverfahren: Antrag auf einstweilige Anordnung auf Weiterleitung des Asylsuchenden an das Bundesamt

An das
Verwaltungsgericht[85]
...

        Eilrechtsschutzantrag gemäß § 123 VwGO[86]

des/r ...

        – Kläger/s/in und Antragsteller/s/in –

Prozessbevollmächtigte(r): ...

gegen

die Bundesrepublik Deutschland, endvertreten durch den Leiter des Grenzschutzamtes in ...

        – Antragsgegnerin –

wegen Asylrecht und internationalem Schutz

Unter Vollmachtsvorlage(n)[87] stelle(n) ich/wir den Antrag:

    die Antragsgegnerin wird im Wege der einstweiligen Anordnung gemäß § 123 VwGO verpflichtet, den/die Antragssteller/in zur Stellung des Asylantrags an die Außenstelle des Bundesamtes für Migration und Flüchtlinge am Flughafen ... weiterzuleiten.[88]

Begründung:

...

Rechtsanwalt/anwältin

---

85 Zur örtlichen Zuständigkeit bei Einreiseverweigerungen s. § 18 Rdn. 99 f., § 18 a Rdnr. 161, s. auch § 74 Rdn. 135 ff.
86 Streng genommen müsste zugleich auch ein Hauptantrag gestellt werden. In der Praxis ist dies in besonders dringlichen Fällen jedoch nicht üblich. Jedenfalls wäre andernfalls zur Vermeidung einer Gehörsverletzung insofern ein gerichtlicher Hinweis erforderlich.
87 Zur nachträglichen Vorlage s. § 74 Rdn. 194.
88 S. § 18 a I 3 AsylVfG. Bei derartigen Fallgestaltungen geht es allein um die Frage, ob die Grenzbehörde sich zu Recht auf ihre Zurückweisungsbefugnisse nach § 15 AufenthG oder § 18 II AsylVfG beruft (§ 18 Rdn. 56 ff.). Ein Antrag auf Einreise ist wenig Erfolg versprechend, da in derartigen Fällen häufig zweifelhaft ist, ob die tatbestandlichen Voraussetzungen nach § 18 a I 1 und 2 AsylVfG vorliegen und ein Flughafenverfahren durchzuführen ist (s. hierzu: § 18 a Rdn. 10 ff.).

9.1 Anhang 2

9.1. Klage im Asylfolgeantragsverfahren

An das
Verwaltungsgericht[89]
...

Klage

des/r/ ...

– Kläger/s/in –

Prozessbevollmächtigte(r): ...

gegen

die Bundesrepublik Deutschland, endvertreten durch den Leiter der Außenstelle des Bundesamtes für Migration und Flüchtlinge in ...

– Beklagte –

wegen Asylrecht und internationalem Schutz

Unter Vollmachtsvorlage(n)[90] erhebe(n) ich/wir die Klage(n) und beantrage(n):

Die beklagte Bundesrepublik Deutschland wird unter Aufhebung[91] des Bescheides des Bundesamtes für Migration und Flüchtlinge vom ..., zugestellt[92] am ..., verpflichtet, festzustellen, dass der(die) Kläger/in Asylberechtigte(r) ist(sind) und in seiner(ihrer) Person die Voraussetzungen des § 60 I AufenthG erfüllt/en;[93]

---

89 Zur örtlichen Zuständigkeit s. § 74 Rdn. 135 ff.
90 Zur nachträglichen Vorlage s. § 74 Rdn. 194.
91 Gegen die überwiegende Rechtsprechung hat das Bundesverwaltungsgericht entschieden, dass das Verwaltungsgericht die Spruchreife herbeizuführen hat (§ 71 Rdnr. 372 ff.). Danach reicht der lediglich auf Durchführung eines weiteren Asylverfahrens gerichtete Klageantrag nicht aus. Da im Falle des § 71 V AsylVfG mit der behördlichen Feststellung, dass ein weiteres Asylverfahren nicht durchgeführt wird, eine Beschwer verbunden ist, ist auch der Aufhebungsantrag zu stellen. Geht das Bundesamt nach § 71 IV AsylVfG vor (§ 71 Rdn. 350 ff.), richtet sich der Aufhebungsantrag gegen die Abschiebungsandrohung nach § 34 AsylVfG.
92 Es findet die Wochenfrist nach § 74 I 2. HS in Verb. mit § 71 IV, § 36 I AsylVfG Anwendung, wenn das Bundesamt nach § 71 IV AsylVfG vorgeht. Erlässt es keine Abschiebungsandrohung, weil sich das Verfahren nach § 71 V AsylVfG richtet, ist die Klage binnen der Frist von zwei Wochen (§ 74 I 1. HS AsylVfG) zu erheben.
93 S. hierzu: § 74 Rdn. 9 ff.

hilfsweise:

festzustellen, dass Abschiebungshindernisse nach § 60 Abs. 2 bis 5 AufenthG vorliegen;[94]

hilfsweise:

festzustellen, dass Abschiebungshindernisse nach § 60 Abs. 7 AufenthG vorliegen[95]

Der angefochtene Bescheid ist beigefügt.

Gegen die Übertragung auf den Einzelrichter bestehen keine Bedenken.[96]

Für die mündliche Verhandlung wird ein Dolmetscher für die Sprache ... benötigt.[97]

Ich bitte um

Akteneinsicht

(einschließlich Behörden- und Gerichtsakten des Erstverfahrens), wenn nicht in die Kanzlei, dann über das Amtsgericht/Verwaltungsgericht ...[98]

Begründung folgt.[99]

...
Rechtsanwalt/anwältin

---

94 Zur hilfsweisen Antragstellung: § 74 Rdn. 34 ff.
95 Zur weiteren hilfsweisen Antragstellung: § 74 Rdn. 34 ff. In der Gerichtspraxis erfolgt regelmäßig lediglich eine, insgesamt auf § 60 II–VII AufenthG gerichtete hilfsweise Antragstellung. Teilweise wird der auf § 60 II–VII AufenthG bezogene Antrag auch unbedingt gestellt.
96 Dieser Zusatz ist nicht zwingend, jedoch allgemein üblich.
97 Die frühzeitige Angabe ist insbesondere bei seltenen Dialekten, aber auch im Übrigen empfehlenswert.
98 Einige Verwaltungsgerichte verweigern die Übersendung der Akten in die Kanzlei (vgl. § 100 II 3 VwGO). Hier empfiehlt es sich, ein der Kanzlei nahe gelegenes Gericht anzugeben. Es empfiehlt sich, den Antrag auch auf die Behörden- und Gerichtsakten des Erstverfahrens zu erweitern.
99 Zur Begründungsfrist von einem Monat s. § 74 I 2 AsylVfG (s. hierzu: § 74 Rdn. 94 ff.; § 81 Rdn. 22 ff.). Die Begründung muss insbesondere die Wiederaufgreifensgründe (§ 71 Rdn. 208–333) konkret darlegen und anschließend den materiellen Asylanspruch begründen.

9.2 Anhang 2

9.2. Eilrechtsschutzantrag im Asylfolgeantragsverfahren, wenn das Bundesamt nach § 71 Abs. 4 AsylVfG vorgeht und eine Abschiebungsandrohung nach § 34 AsylVfG erlässt

An das
Verwaltungsgericht[100]
...

Eilrechtsschutzantrag

des/r ...

– Antragsteller/s/in –

Prozessbevollmächtigte(r): ...

gegen

die Bundesrepublik Deutschland, endvertreten durch den Leiter der Außenstelle des Bundesamtes für Migration und Flüchtlinge in ...

– Antragsgegnerin –

wegen Asylrecht und Abschiebungsschutz

Ich/wir stelle(n) unter Bezugnahme auf die im Hauptsacheverfahren vorgelegte Vollmacht den Antrag,

> die aufschiebende Wirkung der Klage vom heutigen Tage gegen die Abschiebungsandrohung des Bundesamtes für Migration und Flüchtlinge[101] vom ... anzuordnen.[102]

Begründung:[103] ...

...

Rechtsanwalt/anwältin

---

100 Zur örtlichen Zuständigkeit s. § 74 Rdn. 135 ff.
101 Antragsablehnung und Abschiebungsandrohung nach § 34 AsylVfG werden regelmäßig in einem Bescheid zusammengefasst.
102 Da die Anfechtungsklage gegen die Antragsablehnung keine aufschiebende Wirkung hat (vgl. § 75 AsylVfG), das Bundesamt zusammen mit der Antragsablehnung die Abschiebungsandrohung nach § 34, § 36 I (vgl. § 71 IV AsylVfG) erlässt, ist vorläufiger Rechtsschutz nach § 36 III 1 AsylVfG in Verb. mit § 80 III VwGO innerhalb der *Wochenfrist* (§ 74 I 2. HS in Verb. mit §§ 71 IV, § 36 III 1 AsylVfG) zu beantragen.
103 Da § 36 III 5 AsylVfG Anwendung findet (vgl. § 71 IV AsylVfG), empfiehlt es sich, den Eilrechtsschutzantrag unverzüglich und so umfassend und eingehend wie die Klage selbst zu begründen, sodass in der Klageschrift auf die Begründung im Eilrechtsschutzverfahren verwiesen werden kann.

Anhang 2

9.3. Eilrechtsschutzantrag im Asylfolgeantragsverfahren, wenn das Bundesamt nach § 71 Abs. 5 AsylVfG vorgeht und keine Abschiebungsandrohung erlässt

An das
Verwaltungsgericht[104]
...

Eilrechtsschutzantrag

des/r/ ...

– Antragsteller/s/in –

Prozessbevollmächtigte(r): ...

gegen

die Bundesrepublik Deutschland, endvertreten durch den Leiter der Außenstelle des Bundesamtes für Migration und Flüchtlinge in ...

– Antragsgegnerin –

wegen Asylrecht und Abschiebungsschutz

Ich/wir stelle(n) unter Bezugnahme auf die im Hauptsacheverfahren vorgelegte Vollmacht den Antrag:

> Die Antragsgegnerin wird im Wege der einstweiligen Anordnung gemäß § 123 VwGO verpflichtet, der Ausländerbehörde ... mitzuteilen, dass ein Asylverfahren durchgeführt wird.[105]

Begründung:[106] ...

...

Rechtsanwalt/anwältin

---

104 Zur örtlichen Zuständigkeit s. § 74 Rdn. 135 ff.
105 Zur Frage des Rechtsschutzes s. § 71 Rdn. 399 ff.
106 Da § 36 AsylVfG keine Anwendung findet, ist der Eilrechtsschutzantrag fristungebunden. Es empfiehlt sich dennoch, den Eilrechtsschutzantrag unverzüglich und so umfassend und eingehend wie die Klage selbst zu begründen, sodass in den Klageschrift auf die Begründung im Eilrechtsschutzverfahren verwiesen werden kann.

10. Anfechtungsklage gegen das Herausgabeverlangen im Falle des Erlöschens des Statusbescheides nach § 31 in Verb. mit § 72 AsylVfG

An das
Verwaltungsgericht[107]
...

Klage

des/r/ ...

– Kläger/s/in –

Prozessbevollmächtigte(r): ...

gegen

das Bundesland ..., vertreten durch den Landrat ... (alternativ: die Stadt ..., vertreten durch den/die Oberbürgermeister/in, weitere Alternative: den/die Oberkreisdirektor/in/ des Landkreises ... / den/die Oberstadtdirektor/in der Stadt)[108] ...

– Beklagte/n –

wegen Asylrecht

Unter Vollmachtsvorlage(n)[109] erhebe(n) ich/wir die Klage(n) und werde(n) beantragen:

> Die Verfügung der Stadt/des Landkreises ... vom ..., zugestellt[110] am ..., mit der die Herausgabe des Internationalen Reiseausweises des Klägers angeordnet wird, wird aufgehoben.[111]

Begründung:[112] ...

...
Rechtsanwalt/anwältin

---

107 Zur örtlichen Zuständigkeit s. § 74 Rdn. 135 ff.
108 Beklagte/r ist der Rechtsträger der Ausländerbehörde. Hier ist auf diejeweiligen landesrechtlichen Besonderheiten Bedacht zu nehmen.
109 Zur nachträglichen Vorlage s. § 74 Rdn. 194 ff.
110 Fraglich ist, ob es sich um eine Streitigkeit nach dem AsylVfG handelt. Da Rechtsgrundlage des Herausgabeverlangens § 72 II AsylVfG ist, findet wohl die Zwei-Wochen-Frist nach § 74 I 1. HS AsylVfG Anwendung.
111 S. hierzu: § 72 Rdn. 50 ff.
112 Da für die Wirksamkeit des Herausgabeverlangens nach § 72 II AsylVfG (§ 72 Rdn. 48 f.) die Frage des Erlöschens nach § 72 I AsylVfG vorgreiflich ist und das Verwaltungsgericht deshalb inzidenter die entsprechenden Erlöschenstatbestände zu prüfen hat, sollte die Klagebegründung eingehend und sorgfältig die gegen den Eintritt der Erlöschenswirkung sprechenden Gründe darlegen.

Anhang 2

11. Klage gegen den Widerruf oder die Rücknahme des Statusbescheides nach § 31 in Verb. mit § 73 AsylVfG

An das
Verwaltungsgericht[113]
...

      Klage

des/r ...

      – Kläger/s/in –

Prozessbevollmächtigte(r): ...

gegen

die Bundesrepublik Deutschland, endvertreten durch den Präsidenten[114] des Bundesamtes für Migration und Flüchtlinge ...

      – Beklagte –

wegen Widerruf (Rücknahme) der asylrechtlichen Statusberechtigung

Unter Vollmachtsvorlage(n)[115] erhebe(n) ich/wir die Klage(n) und beantrage(n):

  Der Bescheid des Bundesamtes für Migration und Flüchtlinge vom ..., zugestellt[116] am ..., wird aufgehoben.[117]

Begründung:[118] ...

...
Rechtsanwalt/anwältin

---

113 Zur örtlichen Zuständigkeit s. § 74 Rdn. 135 ff.
114 S. § 73 IV 1 AsylVfG. Das Gesetz verwendet den Begriff »Leiter«. Die funktionelle Bezeichnung ist jedoch der Begriff »Präsident«.
115 Zur nachträglichen Vorlage s. § 74 Rdn. 194.
116 Es gilt die Zwei-Wochen-Frist nach § 74 I 1. HS AsylVfG.
117 S. hierzu: § 73 Rdn. 272 ff.
118 In der Klagebegründung sind detailliert und fallbezogen die gegen die geltend gemachten Widerrufsgründe (§ 73 Rdn. 49 ff.) bzw. Rücknahmegründe (§ 73 Rdn. 188 ff.) sprechenden Einwände und Gegenvorstellungen darzulegen.

12. Verpflichtungsklage auf nachträgliche Umverteilung

An das
Verwaltungsgericht[119]
...

Klage

des/r ...

– Kläger/s/in –

Prozessbevollmächtigte(r): ...

gegen

das Bundesland ..., vertreten durch den Leiter der Zuweisungsbehörde[120]
...

– Beklagten –

wegen Umverteilung

Unter Vollmachtsvorlage(n)[121] erhebe(n) ich/wir die Klage und beantrage(n):

> Das beklagte Land wird unter Aufhebung der Verfügung der[122] ... vom ..., zugestellt[123] ..., verpflichtet, den/die Kläger/in im Wege der Umverteilung dem Bundesland zuzuweisen.[124]

Begründung: ...

...

Rechtsanwalt/anwältin

---

119 Zur örtlichen Zuständigkeit s. § 50 Rdn. 106, s. auch § 74 Rdn. 135 ff.
120 Beklagt werden muss das Land, in dem im Rahmen der Umverteilung Aufnahme begehrt wird (§ 51 II 2 AsylVfG). Unberührt davon bleibt die an den Wohnsitz des Klägers im Zeitpunkt der Rechtshängigkeit der Klage anknüpfende Gerichtszuständigkeit (§ 50 Rdn. 106). Vertreten wird das Bundesland durch die in dem betreffenden Land jeweils zuständige Zuweisungsbehörde.
121 Zur nachträglichen Vorlage s. § 74 Rdn. 194.
122 Bezeichnung der Zuweisungsbehörde (§ 5 II 2 AsylVfG) des betreffenden Bundeslandes.
123 Es gilt die Zwei-Wochen-Frist des § 74 I 1. HS AsylVfG.
124 Derartige Klagen haben nur im Falle eines gesetzlichen Anspruchs (§ 51 I AsylVfG) oder einer *Ermessensreduzierung* wegen »sonstiger humanitärer Gründe von vergleichbarem Gewicht« (§ 50 Rdn. 77 ff.) Erfolgsaussicht. Deshalb muss in derartigen Fällen auch keine Bescheidungsklage erhoben werden.

Anhang 2

13. Klage gegen eine Auflagenanordnung nach § 60 Abs. 1 oder Abs. 2 AsylVfG

An das
Verwaltungsgericht[125]
...

Klage

des/r ...

– Kläger/s/in –

Prozessbevollmächtigte(r): ...

gegen

das Bundesland ..., vertreten durch den Landrat ... (alternativ: die Stadt ..., vertreten durch den/die Oberbürgermeister/in, weitere Alternative: den/die Oberkreisdirektor/in des Landkreises ... / den/die Oberstadtdirektor/in der Stadt)[126] ...

– Beklagte/n –

wegen asylverfahrensrechtlicher Auflage

Unter Vollmachtsvorlage(n)[127] erhebe(n) ich/wir die Klage(n) und beantrage(n):

> Der/die Beklagte wird verpflichtet,[128] unter Aufhebung der Auflage vom[129] ... dem/den/der Kläger/n/in eine uneingeschränkte Bescheinigung nach § 63 Abs. 1 AsylVfG zu erteilen.

Begründung: ...

...
Rechtsanwalt/anwältin

---

125 Zur örtlichen Zuständigkeit s. § 60 Rdn. 80, s. auch § 74 Rdn. 135 ff.
126 Beklagte/r ist der Rechtsträger der Ausländerbehörde (vgl. § 60 III AsylVfG). Hier ist auf die jeweiligen landesrechtlichen Besonderheiten Bedacht zu nehmen.
127 Zur nachträglichen Vorlage s. § 74 Rdn. 194.
128 Nach der Rechtsprechung des BVerwG ist gegen Auflagen mit der Verpflichtungsklage auf Erlass der Bescheinigung ohne die angeordnete Auflage vorzugehen (§ 61 Rdn. 19 ff., § 60 Rdn. 78 ff.).
129 In Betracht kommen Auflagen nach § 60 I AsylVfG (§ 60 Rdn. 8 ff.) sowie nach § 60 II AsylVfG (§ 60 Rdn. 26 ff.). Es gilt die Zwei-Wochen-Frist des § 74 I 1. HS AsylVfG. Häufig dürfte indes mangels schriftlich angeordneter Auflage die Jahresfrist des § 58 II 1 VwGO maßgebend sein.

Stichwortverzeichnis

Abänderungsantrag 18a.51, 229, **36.**38, **71.**48, **71a.**43, 80.14
- Änderung der höchstrichterlichen Rechtsprechung **36.**52
- Änderung der Prozesslage **36.**54
- Erfolgsaussicht des Hauptsacheverfahrens **36.**57
- Interessenabwägung **36.**57
- psychologisches Gutachten **36.**54
- Suizidgefahr **36.**54
- veränderte Sachlage **36.**51
- Zulässigkeitsgründe **36.**51

Abhilfeentscheidung 5.45

Abschiebungsandrohung 18a.128, 24.94, 29.42, **34.**1, 13, 26, 30, 144, **35.**3, **37.**10, **43.**12
- Abschiebungshindernisse nach § 60 VII 1 AufenthG **34.**105
- Abschiebungsmöglichkeit **34.**61
- Anfechtungsklage **34.**9
- Anforderungen an den Staatsbegriff **34.**96
- Anforderungen an die Zielstaatsangabe nach § 59 II AufenthG **34.**41
- anlage- oder konstitutionsbedingte Krankheitsgründe **34.**172
- Ausreisefrist **34.**12
- behördliche Zuständigkeit **34.**144
- Bezeichnungspflicht nach § 60 X 2 AufenthG **34.**24, 26
- dringende familiäre Gründe **34.**162
- Ehegatten und Kinder **43.**27
- Eilrechtsschutzverfahren **34.**153
- erhebliche Gesundheitsgefahren **34.**164
- ernstliche Erkrankung **34.**162
- familiäre Gründe **34.**173
- fehlender Besitz eines Aufenthaltstitels **34.**16
- Folter **34.**27, **35.**8
- Gefahrenregion **34.**104
- Hinweispflicht nach § 59 II 2. HS AufenthG **34.**59
- in den »sonstigen Drittstaat« **37.**3
- inlandsbezogene Vollstreckungshindernisse **34.**173
- Mahn- und Warnfunktion **34.**8
- nach § 35 S. 2 29.102
- nachträgliche Zielstaatsbezeichnung **34.**72, 151, 156
- offensichtliche Verfolgungssicherheit **35.**5
- Passlosigkeit **34.**121
- Prüfung der Staatsangehörigkeit **34.**116
- Qualifikationsrichtlinie **34.**3
- Rechtsschutz **34.**110, **35.**17
- Rückführungsmöglichkeit **35.**6
- Schwangerschaft **34.**162
- selbständig anfechtbarer Verwaltungsakt **34.**148
- Trennung zwischen anordnender und vollziehender Behörde **34.**58
- Übernahmebereitschaft des Drittstaates **34.**37
- Unbeachtlichkeit des Asylantrags **35.**4
- unmenschliche Behandlung **34.**27
- Unzulässigkeit der Zielstaatsangabe »Herkunftsstaat« **34.**55
- Verfolgungssicherheit in einem sonstigen Drittstaat **35.**1
- Vollziehbarkeit der Ausreisepflicht **43.**12, **67.**27
- Vollzug bei ungültigem Nationalpass **34.**137
- vorbeugender Rechtsschutz gegen die vollziehende Ausländerbehörde **34.**156, 162
- Vorrang des Staates der Staatsangehörigkeit **34.**44
- Zielstaatsbestimmung nach § 59 II 1 HS AufenthG **34.**107
- Zielstaatsbezeichnung bei fehlendem Besitz des Nationalpasses **34.**112
- zielstaatsbezogenes Abschiebungshindernis **34.**164
- Zuerkennung der Flüchtlingseigenschaft **34.**12

Abschiebungsanordnung 34a.1
- Ausschluss des einstweiligen Rechtsschutzes **34a.**39
- Durchsetzungsmöglichkeit der Abschiebung **34a.**9

Stichwortverzeichnis

- kurzfristige Rückkehrmöglichkeit **34a**.32
- nach § 34 a I 1 a **29**.42
- Rechtscharakter **34a**.8
- Rückübernahmeabkommen **34a**.14
- Zustellung **34a**.32

Abschiebungshaft 14.35, 57, 75, **71**.433
- Beschleunigungsgrundsatz **14**.98
- Dreimonatsfrist **14**.101
- Rechtsschutz **14**.111

Abschiebungshaftanordnung 14.41, 51
Abschiebungshafthindernis 71.435
Abschiebungshaftvoraussetzung 14.98
Abschiebungshindernis 19.9, **20**.7, **24**.58, 67
- Bedeutung der Qualifikationsrichtlinie **18a**.126
- Einreiseanspruch **18a**.242
- Einwand des Bürgerkrieges **24**.78
- Ermessensreduktion **71**.99
- erneuter Antrag **71**.70
- Folter **71**.101
- hilfsweise Antragstellung **74**.34
- kein Antragserfordernis **71**.102
- krankheitsbedingtes **34**.164
- nach § 60 II–VII AufenthG **18a**.124, 220, **29a**.115, **31**.32, **34**.2, 41
- nachträgliches **24**.95
- Prüfungskompetenz des Bundesamtes **24**.58
- Qualifikationsrichtlinie **18a**.241
- Rechtsschutzbedürfnis **74**.46
- Rechtsschutzprobleme **71**.104
- Todesstrafe **71**.101
- Traumatisierung **71**.101
- verfassungskonforme Anwendung **18a**.239, **24**.88
- Verletzung elementarer Menschenrechte **71**.101
- Wiederaufgreifen im weiteren Sinne **71**.95
- Wiederaufgreifensantrag **71**.70
- zeitweilige Vollziehbarkeitshemmung **18a**.124
- zielstaatsbezogenes **34**.164
- Zielstaatsbezogenheit **24**.83

Abschiebungshindernis, erneute Beantragung
- keine Anwendung des Asylverfahrensgesetzes **71**.82

- uneingeschränkte Anwendung des § 51 VwVfG **71**.92
- verfahrensrechtlicher Abschiebungsschutz **71**.88

Abschiebungsschutz 13.2
Absolutes Bleiberecht 1.8
Abstraktionsprinzip 78.277
Ahmed 24.73, **30**.216, **73**.262
Aids 34.170, **62**.10
Akteneinsicht 36.21, **78**.354
- Geheimhaltungsbedürftigkeit **78**.355

Akteneinsichtsrecht 78.749, **82**.3
Allgemeine Handlungsfreiheit 46.43
Allgemeinkundige Tatsachen 77.5, **78**.734
Altersbestimmung 12.8
Amtsermittlungspflicht 18a.218, **24**.7, **25**.3
Amtshilfe 16.19, 23
Amtswalterexzess 1.23, 130
- mittelbare Verfolgung **1**.24

Amuur 18a.260
Anfechtungsklage 35.17
- isolierte **30**.189, **31**.31, **77**.9

Angehörigenprivileg 84.47
Anhörung, persönliche 23.20, **24**.1, 47, **25**.1
- Absehen von der Anhörung **24**.50
- Anspruch auf Aushändigung des Protokolls **25**.42
- Aussageverweigerungsrecht **25**.23
- Beweislast **25**.16
- Einbruchstelle allgemeiner gesellschaftlicher Vorbehalte **24**.42
- Folgeantragsfiktion **23**.32
- gerichtliche Durchsetzung **24**.48
- Herzstück des Asylverfahrens **24**.23
- keine förmliche Ladung **25**.52
- kulturelle und historische Kontextfaktoren **24**.26
- nichtöffentlicher Charakter **25**.47
- Niederschrift **25**.41
- Präklusion verspäteten Sachvorbringens **25**.58
- überragende Bedeutung im Gerichtsverfahren **25**.44
- unentschuldigtes Fernbleiben **24**.53
- Unterscheidung zwischen positivem Wissen und Mutmaßungen **24**.36
- verfahrensrechtliche Bedeutung des Sachvorbringens **24**.23

Stichwortverzeichnis

– widersprüchliches Vorbringen 25.14
Anhörungsrecht des Antragstellers
  s. Anhörung, persönliche
Anschlussberufung 78.515, **79**.7, 8
Anstiftung 84.7
Antrag auf Anordnung der aufschiebenden Wirkung 35.20
Antragsbegriff 13.13
Antragsfiktion 14a.1, 17
– Antragsrücknahme **14a**.30
– Anzeigepflicht **14a**.24, 28
– nachträglicher Asylantrag des handlungsunfähigen Antragstellers 30.181
Antragsrücknahme
– Feststellung von Abschiebungshindernissen 32.14
– fiktive **32a**.6
– fingierte **71**.32
– Rechtsschutz **32**.21
Anwaltswechsel 83b.66
Anwaltszwang 78.479
Anzeigepflicht 14.78, 14a.24
Arbeitsverbot 61.2
– Folgeantragsteller **61**.17
– Jahresfrist **61**.12
– vorläufiger Rechtsschutz **61**.19
Arguable claim 26a.113
Ashkali 1.154
Asylablehnung
  s. a. Asylantrag, offensichtlich unbegründeter
– Anspruch auf Familienasyl und Familienabschiebungsschutz 30.22
– qualifizierte **30**.13, 225
Asylantrag 13.9
– Abschiebungshindernisse nach § 60 II–VII AufenthG **13**.34
– Beachtlichkeitsprüfung **29**.97
– Begriff **13**.2
– Beweisantrag **24**.21
– Beweislast **25**.16
– Dispositionsmaxime **32**.3
– förmliche Antragstellung **13**.10, 23.16
– fremdsprachiger Antrag **17**.13, **24**.15
– Glaubhaftigkeit der Angaben **24**.17
– Grundsätze der Beweiswürdigung **25**.11
– Gutachten und Auskünfte **24**.17
– keine Antragsfrist **13**.39
– keine Verpflichtung zur Antragstellung an der Grenze **13**.42

– maßgeblicher Zeitpunkt für die Beurteilung der Sach- und Rechtslage **77**.3
– Meldepflicht **22**.1
– persönliche Meldepflicht **14**.9, **23**.8
– Präklusion verspäteten Sachvorbringens **23**.29, **25**.58
– Rücknahme **32**.7
– Schlüssigkeitsprüfung **13**.13
– Verweigerung der Entgegennahme **13**.47
– Vollmacht **25**.36
– vom Ausland aus **13**.32
– Vorprüfungskompetenz **23**.5
– Wahlmöglichkeit **13**.23, 28
– Weichenfunktion **13**.13
Asylantrag, offensichtlich unbegründeter 31.25
– Beeinträchtigung der wirtschaftlichen und beruflichen Betätigung 30.86
– besondere Begründungspflicht **30**.76
– Beweisantrag **30**.73
– Eilrechtsschutzverfahren **30**.225
– erhebliche Zweifel an der Glaubhaftigkeit der Angaben 30.57
– exilpolitische Aktivitäten **30**.50
– gefälschte Beweismittel **30**.53, 143, 152
– gefestigte obergerichtliche Rechtsprechung **30**.38
– grobe Verletzung von Mitwirkungspflichten 30.130, 170
– individuelle Vorfluchttatbestände **30**.52
– inländische Fluchtalternative **30**.48
– kollektive Verfolgungssituationen **30**.38
– kriegerische Auseinandersetzung **30**.81
– materielle Kriterien des Offensichtlichkeitsurteils 30.31
– Mehrfachantragstellung unter verschiedenen Personalien 30.160
– nicht geltend gemachtes Asylbegehren 30.219
– Regelbeispiele **30**.81
– Täuschung über die Identität **30**.155
– unsubstanziiertes oder widersprüchliches Vorbringen 30.143
– verfahrensrechtliche Anforderungen an das Offensichtlichkeitsurteil **30**.66
– widerspruchsfreie Auskunftslage **30**.44

1907

- wirtschaftliche Gründe 30.81, 85
Asylantrag, unbeachtlicher 29.1, 31.21
- Beachtlichkeitsprüfung 29.97
- Beweislastverteilung 27.63
- freiwillige Ausreise aus dem Drittstaat 27.73
- Minderjähriger 29.65
- Möglichkeit der Rückführung 29.21
- Offensichtlichkeit der Verfolgungssicherheit 29.8, 10, 12
- Rechtsschutz nach § 36 III 29.104
- verfahrensrechtliche Sperrwirkung 29.10
- Verfolgungssicherheit 27.9
- Zuständigkeitsabkommen 29.79
- Zuständigkeitskriterien nach der Dublin II-VO 29.52

Asylbegehren
- offensichtlich unbegründetes 30.9

Asylbewerberaufnahmerichtlinie 12.21, 28, 31

Asylersuchen 13.9, 20.4, 23.15, 55.6, 56.20

Asylfolgeantrag 14.36, 80.9
s. a. Folgeantrag

Asylgesuch
s. Asylersuchen

Asylgrundrecht
- Verfahrensabhängigkeit des ~s 36.103

Asylkompromiss 26a.1, 34a.54

Asylkonzeption
- humanitäre 1.18

Asylrecht
- Antragserfordernis 13.18
- Begrenzung des verfahrensrechtlichen Schutzbereichs 36.116
- gleichsam konstitutive Wirkung 31.4
- humanitäre Konzeption 2.33
- Kernbereich des ~s 2.4
- Kerngehalt 2.7
- Lehre vom zweistufigen Aufbau des ~s 26a.18
- Rechtsentscheidung 11.6, 31.12
- Staatsangehörigkeit 34.45
- verfahrensorientierte Grundrechtsinterpretation 26a.18
- verfahrensrechtliche Bedeutung 5.8, 55.19
- verfahrensrechtliche Vorwirkung 18.42
- Vorwirkung des ~s 36.119

- Zufluchtkomponente 26a.19

Asylrechtlicher Neutralitätsgrundsatz 30.204

Asylrechtsgarantie
- individuelle 36.190

Asylsuchende 23.3
- Wohnverpflichtung 47.6

Asylverfahren
- Beachtlichkeitsprüfung 29.97
- Dispositionsmaxime 32.3
- Entscheidungsprogramm des Bundesamtes 31.17
- maßgeblicher Zeitpunkt für die Beurteilung der Sach- und Rechtslage 77.3
- Präklusion verspäteten Sachvorbringens 25.58
- Vertretung des Verfahrensbevollmächtigten 25.28
- Vollmacht 25.36

Attentatsversuch 28.33

Aufbewahrungsfrist 16.24

Aufenthaltsbeschränkung 56.7, 33
- Rechtsschutz 59.19

Aufenthaltsermittlung
- Fahndungshilfsmittel 66.1

Aufenthaltsgestattung 23.22, 55.6, 60.8, 63.3
- Aufenthaltstitel 55.33, 42
- Befristung der Bescheinigung 63.12
- Bescheinigung 63.3, 64.7
- Erlöschenstatbestände 64.7, 67.3, 17
- Erlöschenswirkung 67.3
- fingierte Rücknahme 67.22
- gewillkürte Rücknahme 67.22
- Rechtsschutz 55.47
- Verlängerungsantrag 55.42
- verspätete Asylantragstellung 67.14

Aufenthaltstitel
- Antrag auf Verlängerung des ~s 43.81

Aufenthaltswechsel 14.78

Aufklärungsdefizit 78.828

Aufklärungsmängel 78.715

Aufklärungspflicht 78.1066
- Beweisanregung 78.1060

Aufklärungsrüge 78.341, 592, 1045, 1080
- Ermittlung eines unrichtigen oder unvollständigen Sachverhalts 78.1067
- Gehörsverletzung 78.1045
- Verletzung der gerichtlichen Hinweispflicht 78.1058

- Voraussetzungen der ~ im Asylprozess **78**.1058
Auflage
- modifizierte **74**.78
- Rechtsschutz **60**.7
- Übermaßverbot **60**.74
- Verwaltungszwang **60**.74
- Zwangsgeld **60**.74
Auflagenermächtigung 60.4
Auflösung der Staatsgewalt 1.26
Aufnahmeanspruch 18.21
Aufnahmeeinrichtung 10.144, 147, **22**.16, **23**.2, **44**.2, 16, **53**.8
- Anforderungen an die Unterbringung **44**.20
- Aufenthaltsgewährung für Kriegs- und Bürgerkriegsflüchtlinge **49**.10
- Beendigung der Wohnverpflichtung **50**.4
- Beendigungsgrund **48**.3, **49**.5
- besonders gelagerte Härtefälle **49**.13
- Dauer der Wohnverpflichtung **18**.
- einstweiliger Anordnungsantrag **18**.29
- einstweiliger Rechtsschutz **48**.20
- Entlassung aus der ~ **48**.3
- Entlassung zur Gefahrenabwehr **49**.11
- Entlassungsgründe **50**.4
- Fürsorgepflicht **44**.21
- gesundheitliche, familiäre oder andere gewichtige Gründe **49**.11, 13
- gewalttätige Auseinandersetzung **49**.12
- keine Verpflichtung zur dauernden physischen Anwesenheit **18**.23
- posttraumatische Belastungsstörung **46**.18
- Rechtsschutz **18**.28, **48**.20, **49**.16
- traumatische Verfolgungs- und Flüchtlingserlebnisse **49**.13
- Trennung der Familieneinheit **46**.36
- verfahrensrechtliche Obliegenheit **18**.22
- Verpflichtungsklage **18**.30
- Weiterleitungsanordnung **46**.17, 40
- zuständige **47**.3
- Zuständigkeitskriterien **46**.8, 9, 18
Aufnahmepflicht der aufgesuchten Aufnahmeeinrichtung 22.11
Aufnahmequote 44.3, **45**.1, 9, **46**.27, **50**.30, **52**.2
Aufnahmeverpflichtung 18.44, **44**.9, **45**.2, **50**.29

Ausbildungsförderung 2.43, **3**.15
Ausforschungsbeweis 78.605, 976
Ausgrenzende Verfolgung 1.94
  s. a. *Verfolgung, ausgrenzende*
Auskünfte des Auswärtigen Amtes
- Beweisverwertungsverbot **78**.96
- Freibeweis **78**.899
- Mitarbeit der Bediensteten des Bundesamtes **78**.909
- nur für den Dienstgebrauch **78**.96
- prozessuale Sonderfunktion **78**.899
Auskunftsanspruch 16.33
Auslandsreise 64.15
Auslieferung
- politisch Verfolgter **4**.11
- Verbot der verschleierten ~ **42**.26
Auslieferungsverfahren 4.2, **8**.5
Ausnahmegesetz 29a.102
Auspeitschung 28.87
Ausreiseaufforderung 74.224
Ausreisefrist 18a.224, **34**.11, **36**.4, **37**.8, **38**.3, **43**.3
- Monatsfrist **38**.1, **39**.17
- Rücknahme des Asylantrages **38**.12, 16
Ausreisepflicht 14.36, 76, 115
Aussagenanalyse, kriterienbezogene
  s. *Kriterienbezogene Aussageanalyse*
Aussagepsychologisches Gutachten 78.822, 850
Aussageübergreifende Qualitätsmerkmale 78.836
Aussageverweigerungsrecht 25.23
Ausschlussgründe 1.295
Außenstelle 14.5, 17
Ausweglose Lage 1.17
Ausweisung 14.61
Ausweisungsschutz 2.36, **3**.11
Bannstrafe 1.20
Beachtlichkeitsprüfung 29.97
Befangenheitsantrag 76.36
  s. a. *Befangenheitsrüge*
Befangenheitsrüge 78.309
- Ablehnung eines Beweisantrages **78**.316
- Art und Weise der Terminierung **78**.321
- Begriff der Besorgnis der Befangenheit **78**.312
- Entscheidung durch die Kammer **78**.332

1909

Stichwortverzeichnis

- Individualisierungsgebot **78**.327
- keine Anwendung auf Dolmetscher **78**.311
- Nichtbehandlung des Prozesskostenhilfeantrags **78**.324
- Rügeverlust **78**.330
- überlange Verfahrensdauer **78**.325
- unzulässige Beweisantizipation **78**.318

Befolgungspflicht 20.4, **22**.19, 23, **59**.3
Beförderungsverbot 18.37, 41
Begründungspflicht 74.242
Begründungsrüge 78.439

- Bezugnahme auf die behördliche oder auf andere gerichtliche Entscheidungen **78**.449
- fehlerhafte Kombinierung der Textbausteine **78**.452, 453
- Mangel der Darlegung der entscheidungserheblichen Urteilsgründe **78**.442
- mehrere verbundene Verfahren **78**.454
- Unterschriftsleistung **78**.456
- verspätet abgesetztes Urteil **78**.459

Beihilfe 84.46
Belehrungspflicht 10.107
Beratungshilfe 83b.12
Berufsdolmetscher 17.7
  s.a. Dolmetscher
Berufungsantrag 79.4, 9
Berufungsausschluss 78.5

- Abschiebungshindernis **78**.24, 44
- besondere Begründungspflicht **78**.42
- Darlegungspflicht **78**.45
- Differenzierungsprogramm **78**.36
- Drittstaatenregelung **78**.32
- Entscheidungskriterien **78**.34
- Erstreckungswirkung **78**.15
- exilpolitische Aktivitäten **78**.39, 47
- Gerichtsbescheid **78**.20
- gewillkürte Rücknahme **78**.22
- Herkunftsstaatenregelung **78**.29
- Identitätstäuschung **78**.41
- individuelle Vorfluchttatbestände **78**.40
- inhaltliche Anforderungen **78**.27
- keine besondere Tenorierungspflicht **78**.48
- Klagerücknahme **78**.22
- kollektive Verfolgungssituation **78**.37
- kumulative Asylbegründung **78**.47

- Nebenverfahren **78**.16
- Offensichtlichkeitsurteil **78**.35, 49

Berufungsbegründung 79.14
- bestimmter Antrag **79**.22
- Bezugnahme auf Vorbringen im Zulassungsantragsverfahren **79**.20
- Mindestanforderungen **79**.19

Berufungsbegründungsfrist 74.299
Berufungsfrist 74.92
Berufungsverfahren 79.1, 2
- Begründungsfrist **79**.13
- Beweisantrag **79**.44
- erneute Anhörungsmitteilung **79**.44
- Hilfsantrag **79**.12
- nachträgliche Zulassung verspäteten Vorbringens **79**.23
- rechtlich abtrennbare Streitgegenstände **79**.11
- Verbot der Zurückverweisung **79**.30
- vereinfachtes **79**.32, 33
- Verpflichtung zur persönlichen Anhörung **79**.36
- verspätetes Vorbringen **79**.23
- Wiedereinsetzung **79**.14

Bescheinigung 64.7
Beschleunigungsmaxime 36.115
Beschwerdeausschluss 80.6
- ausländerrechtliches Eilrechtsschutzverfahren **80**.16
- keine Anwendung auf ausländerrechtliche Streitigkeiten **80**.15

Besetzungsrüge 78.268
- Darlegungsanforderungen **78**.299
- fehlerhafte Rückübertragung **78**.290
- fehlerhafte Übertragung **78**.290
- kammerinterner Geschäftsverteilungsplan **78**.278
- Wahl der ehrenamtlichen Richter **78**.296
- Zweck der ~ **78**.268

Betreibensaufforderung 10.90, **33**.3, 10, **71**.33, **74**.203, 242, **78**.9, 352
- Anforderungen an die Mitwirkungspflichten **81**.62
- Antrag auf Fortsetzung des Verfahrens **81**.76
- Ausreise aus dem Bundesgebiet **74**.213, **81**.38
- Einstellungsbeschluss **81**.71
- Erfordernis vorheriger sanktionsloser Verfügung **81**.29

Stichwortverzeichnis

- fehlender Anlass bei eingereichter Klagebegründung 81.22
- Form der ~ 81.52
- geänderte politische Verhältnisse 81.24
- Gerichtsbescheid 81.31
- konkrete Zweifel am Fortbestehen des Rechtsschutzbedürfnisses 81.14
- Mandatsniederlegung 74.204
- Nichtmitteilung der ladungsfähigen Anschrift des Asylsuchenden 81.47
- prozessuale Verfügung 81.52
- Rechtsschutz 33.34, 81.76
- strenger Ausnahmecharakter 81.5
- textbausteinartiger Schriftsatz 81.23
- Untertauchen des Asylklägers 81.48
- Voraussetzung der ~ 81.14
- Wiedereinsetzung 81.83

Betretensverbot 56.28, 59.4
Beweisanregung 78.592, 1058
Beweisantizipation
s. a. Gehörsrüge
- unzulässige 78.601, 641

Beweisantrag
- Ablehnungsgrund der bereits bewiesenen Beweistatsache 78.670
- Ablehnungsgrund der entscheidungsunerheblichen Beweistatsache 78.648
- Ablehnungsgrund des unerreichbaren Beweismittels 78.687
- Ablehnungsgrund des ungeeigneten Beweismittels 78.680
- Ablehnungsgründe im Asylprozess 78.636
- allgemeine Prognosetatsachen 78.622
- asylspezifische Besonderheiten der Substanziierungspflicht 78.611
- Ausforschungsbeweisantrag 78.605
- Begründungspflicht 78.629
- Behaupten vermuteter Tatsachen 78.615
- Beweisermittlungsantrag 78.608
- Bezeichnung der formellen Voraussetzungen 78.574
- Bezeichnung der inhaltlichen Voraussetzungen 78.594
- Bezeichnung des Ablehnungsgrundes 78.636
- Bezeichnung einer gewissen Möglichkeit der Beweistatsache 78.618
- Bindungswirkung der Wahrunterstellung 78.665
- bloße Vermutungen 78.615
- Definition des ~s 78.574
- eingeschränkte Darlegungslast 78.612
- enumerative Ablehnungsgründe 78.637
- förmliche Antragstellung in der mündlichen Verhandlung 78.575
- Gegenvorstellung 78.694
- hilfsweiser 78.587
- individuelle Prognosetatsachen 78.622
- Inhalt der Substanziierungspflicht 78.596
- Klagevorbringen insgesamt unglaubhaft 78.598
- nicht entfernt liegende Möglichkeit 78.615
- protokollierter 78.578
- prozessordnungswidrig abgelehnter 78.524
- prozessuale Bedeutung 78.524
- Prozessverschleppung 78.692
- sachlich unrichtige Ablehnung 78.644
- schlüssige Darlegung der Beweistatsache 78.598
- Substanziierung 78.594
- unbedingte Antragstellung 78.587
- Unglaubwürdigkeit des Zeugen 78.684
- Unschlüssigkeit gerade der unter Beweis gestellten Tatsachenfrage 78.599
- Unwahrscheinlichkeit einer behaupteten und unter Beweis gestellten Tatsache 78.597
- Urkundenbeweis 78.1007
- Verzicht auf mündliche Verhandlung 78.582
- vorsorglicher 78.587
- Wahrunterstellung der Beweistatsache 78.659

Beweisaufnahme
- Unmittelbarkeit der ~ 78.707, 998

Beweisermittlungsantrag 78.608
Beweismittel
- selbständiges 78.899
- Unerreichbarkeit des ~s 78.687
- Unerreichbarkeit des ~s, Beweisverwertungsverbot 78.690
- Unerreichbarkeit des ~s, fremdsprachige Urkunde 78.689
- Unerreichbarkeit des ~s, Terminsverlegung 78.688

1911

Stichwortverzeichnis

- Ungeeignetheit des ~s 78.680
- Untauglichkeit des ~s 78.680
- Verbot der Auswahl und Selektion von ~n 78.789

Beweisnot
- des Asylsuchenden 18a.88, 24.24, 78.966

Beweissicherungsverfahren 78.993

Beweistatsache
- unmittelbare 78.651

Beweistatsache, bereits erwiesene
- mehrere Erkenntnisquellen 78.677
- Sachverständigenbeweis 78.676
- Verbot der Beweisantizipation 78.670
- Zeugenbeweis 78.674

Beweisverwertungsverbot 78.691

Beweiswürdigung
- Gebot der freien ~ 78.361
- Grundsatz der freien ~ 78.374

Bindungswirkung der Sachentscheidung 4.3, 12, 31.32, 42.1, 9
- Auslieferungsverfahren 42.19
- Vorrang des Auslieferungsverfahrens 42.22

Blankovollmacht 25.36, 74.201
s. a. Vollmacht

Bloße theoretische Möglichkeit 1.278

Botschaftsbesetzung 25.26

Bundesamt für die Anerkennung ausländischer Flüchtlinge 5.2

Bundesamt für Migration und Flüchtlinge 5.2, 4, 15
- Außenstelle 14.1
- Außenstellen 5.38
- Entscheidungsprogramm des ~es 31.17
- funktionelle Zuständigkeit des ~es 14.1
- Verfahrensherrschaft des ~es 25.32

Bundesbeauftragter für Asylangelegenheiten 39.6, 77.7, 87b.1
- Abschiebungshindernis 87b.29
- Anfechtungsklage 87b.41
- Bundesoberbehörde 87b.56
- Funktion des ~n 87b.4
- Generalbeteiligungserklärung des ~n 87b.24
- gleichzeitige Wahrnehmung einer Abteilungsleiterfunktion im Bundesamt 87b.60
- prozessuale Rechtsstellung 87b.13

- Reichweite der Beteiligungsfähigkeit 87b.27
- Rücknahmeverfahren 87b.27
- Übergangsvorschriften 87b.2
- verfahrensrechtliche Stellung des Asylsuchenden 87b.50
- vorübergehende Vakanz des ~n 87b.56
- Weisungsgebundenheit des ~n 87b.58
- Widerrufsverfahren 87b.28

Bürgerkrieg 1.34, 149, 11a.13, 24.79, 80, 30.119, 123

Bürgerkriegssituation
- temporäre 11a.5

Büropersonal
- Verschulden des ~s 74.289

Cartagena-Deklaration 24.79

Chahal 1.180, 26a.115, 30.216, 73.262

Clear probability 1.279

Communis opinio iuris 18.26

D. g. Vereinigtes Königreich 34.170

Darlegungslast 24.93, 25.20
- Beweislast 25.16
- des Antragstellers 24.8
- eingeschränkte 24.10, 25.7
- eingeschränkte Funktion der grenzbehördlichen Befragung 78.369
- Minderjähriger 25.10

Darlegungspflicht
- unvertretbare 25.29

Daten
- personenbezogene 7.25

Deckungsgleichheit
- Lehre von der ~ 1.78

Deklaratorische Natur 2.5, 3.6

Deutsche Demokratische Republik 2.2

Differentialdiagnostische Überlegung 78.858

Diplomatischer Schutz 72.18

Direktanhörung 25.51, 33.6

Diskriminierungsverbot 30.101

Diskurssichernde Funktion des Verfahrensrechts 78.390

Dispositionsbefugnis 13.18, 31.24, 32.3

Disziplinarmaßnahme 1.20

Divergenz
- nachträgliche 78.493
- überholte 78.128

Divergenzrüge 78.174
- Abschiebungshindernis 78.239

Stichwortverzeichnis

- abschließende Sachentscheidung 78.207
- Änderung der Verfolgungssituation 78.215
- beredtes Schweigen 78.235
- Beruhenserfordernis 78.248
- bewusste und ausdrückliche Divergenz 78.217
- Bezeichnung der Entscheidungserheblichkeit 78.248
- Bezeichnung der objektiven Abweichung 78.216
- Bezeichnung des abstrakten Grundsatzes im angefochtenen Urteil 78.181
- Bezeichnung des divergierenden Grundsatzes 78.185
- bloße Unrichtigkeit des angefochtenen Urteils 78.221
- Divergenz bei einem Rechtssatz 78.226
- Divergenz zu einem fachfremden Gericht 78.204
- Divergenz zum Berufungsgericht 78.193
- Divergenz zum Bundesverfassungsgericht 78.198
- divergenzfähige Gerichte 78.192
- Erstreckung auf Rechts- und Tatsachensätze 78.235
- fehlerhafte Anwendung unbestrittener Rechtsgrundsätze 78.226
- Gefahrenprognose 78.238
- Glaubhaftigkeit des Sachvorbringens 78.256
- herabgestufter Wahrscheinlichkeitsmaßstab 78.238
- Kammerrechtsprechung des Bundesverfassungsgerichts 78.200
- keine Einzelfallgerechtigkeit 78.175
- maßgebliche Rechtsansicht für die Entscheidungserheblichkeit 78.249
- Möglichkeit einer günstigeren Entscheidung 78.255
- Oberverwaltungsgericht eines anderen Bundeslandes 78.196
- obiter dicta 78.206
- Prognosemaßstab 78.237, 257
- Prüfungsreichweite des Berufungsgerichtes 78.214
- Prüfungsschema 78.178
- Rechtsanwendungsfehler 78.219, 229, 230, 245
- Richtigkeit des Urteils aus anderen Gründen 78.251
- stillschweigende Divergenz 78.219
- subjektiver Abweichungswille 78.218
- überholte Divergenzrechtsprechung 78.209
- Unerheblichkeit der Entscheidungsform 78.208
- Unterfall der Grundsatzberufung 78.175
- Verbindlichkeit der divergenzfähigen Entscheidung 78.206
- verdeckte Divergenz 78.235
- verdeckte Divergenz bei Tatsachensätzen 78.237
- Verhältnis zur Grundsatzrüge 78.177
- verwirrende oder widersprüchliche Begründung 78.234
- Voraussetzungen 78.174
- Voraussetzungen der ~ 78.181
- Wahrscheinlichkeitsmaßstab 78.227
- Wahrung der Einheitlichkeit der Rechtsprechung 78.174
- Zweck der ~ 78.174

Dolmetscher 17.3, 25.6, 78.311, 1162
- Ablehnung des zugezogenen ~s 78.1165
- Ablehnungsrecht 17.15
- Anforderungen an die Gehörsrüge 78.1168
- Bedeutung des Rechts auf Zuziehung eines ~s 78.1162
- Besorgnis der Befangenheit 17.18
- Dialekt 17.8
- Sprachmittler eigener Wahl 17.19
- Voraussetzungen der Zuziehung 17.4, 10

Dolmetschereid 17.5
Doppelantrag 71.28
Dorfschützeramt 1.20, 30.42
Drittbetroffenheit, Lehre von der
s.a. Lehre von der Drittbetroffenheit
- beweiserleichternde Grundsätze 26.156

Drittstaaten
- sichere 27.2
- sonstige 27.2

Drittstaatenregelung 19.13, 26a.1, 12, **29**.39, 43, 68, 93, **34a**.3, 18, **88**.4

1913

Stichwortverzeichnis

- Abschiebungsschutz nach § 60 I–VII AufenthG **26a.**187
- behauptete Einreise auf dem Luftweg **26a.**175
- Beschränkung des persönlichen Geltungsbereichs der Asylrechtsgewährleistung **26a.**12
- Beweisführungspflicht für Einreise auf dem Luftweg **26a.**179
- Dublin II-VO **26a.**47, 137
- Einreise auf dem Seeweg **26a.**163
- Einreisetatbestand **26a.**144
- Einschätzungs- und Entscheidungsspielraum **26a.**72
- Einzelfallprüfung **26a.**81, 101
- Familienasyl **26a.**192
- Glaubhaftmachung der Zuständigkeit des sicheren Drittstaats **29.**94
- humanitäre und persönliche Gründe **26a.**117
- keine Einreise aus einem bestimmten sicheren Drittstaat **26a.**165
- materieller Asylausschluss **26a.**52
- Prüfkriterien **26a.**59
- tatsächliche Möglichkeit der Schutzbeantragung im sicheren Drittstaat **26a.**149
- Transitaufenthalt **26a.**159
- Transport auf LKW-Ladefläche **26a.**156
- Verbot der Kettenabschiebung **26a.**84
- Vorrangstellung des Art. 16 a V GG **26a.**38
- Vorwirkung grundrechtlichen Schutzes **26a.**53

Dublin II-Verordnung 22a.3, 9, **26a.**47, 137, **29.**47, **71a.**4

- Asylantrag im internationalen Transitbereich **29.**76
- Eilrechtsschutzantrag **29.**88
- Erfordernis eines Asylantrags **29.**56
- Familienzusammenführung **29.**84
- gefälschtes Visum **29.**72
- gültiges Visum **29.**70
- hohes Alter **29.**81
- humanitärer Härtefall **29.**83
- illegale Einreise **29.**74
- neugeborenes Kind **29.**81
- Schwangerschaft **29.**81
- Selbsteintrittsrecht **29.**79, 84
- Überstellung des Asylsuchenden **29.**85, 89

- Verhältnis zur Drittstaatenregelung **29.**91
- visumfreie Einreise **29.**75
- Vorrang familiärer Bindungen **29.**61

Dubliner Übereinkommen 29.44, **71a.**11, **88.**10

Duldungsbescheinigung 24.96, **64.**12, **71a.**30, **86.**3

Duldungsfiktion 71a.32

Duldungsvollmacht 74.193

Durchsuchungsbefugnis 15.54

Durchsuchungsmaßnahme 19.8

EG-Verordnung 343/2003 29.47

 s.a. Dublin II-Verordnung

Ehebegriff 26.22, 29

Ehegattenasyl 26.58

Eilrechtsschutzverfahren 18a.140, **71.**378

- Abänderungsantrag **36.**38, 41
- Abschiebungsandrohung **34.**154
- Abschiebungshindernisse nach § 60 II–VII AufenthG **36.**174
- Abwägungsgebot **36.**168
- Akteneinsicht **36.**20
- Anordnungsantrag nach § 123 VwGO **36.**39
- Ausreisefrist **36.**6
- Beibringungsgrundsatz **36.**144
- besondere gerichtliche Darlegungspflicht **36.**87
- Bezugspunkt der Wahrscheinlichkeitsprognose **36.**169
- Einschränkung des Prüfungsumfangs **36.**112
- ernstliche Zweifel **36.**161
- extreme Gefahrensituation **36.**179
- Fristverlängerung **36.**71
- Gefährdung auf dem Reiseweg **36.**179
- Gegenstand des ~s **36.**15
- gerichtliche Entscheidungsfrist **36.**60
- hohe Gewissheit **36.**162
- nachträgliche Festsetzung des Zielstaates **34.**156
- persönliche Anhörung **36.**76
- Präklusion verspäteten Sachvorbringens **36.**112, 156
- Präklusionsvorschriften **36.**99
- Prognosekriterien **36.**163
- prozessuale Bedeutung der Entscheidungsformel **36.**83
- Prüfkriterien **36.**177

Stichwortverzeichnis

- Prüfungsgegenstand **36**.135
- Prüfungsintensität **36**.161
- Prüfungsumfang **36**.144
- qualifizierte Anforderungen an die Aussetzung der Vollziehung **36**.99
- Sachaufklärungspflicht **36**.141
- schriftliches Verfahren **36**.75, 171
- summarische Erfolgskontrolle **36**.139
- Übermittlungspflicht **36**.20
- unmittelbarer Prüfungsdurchgriff **36**.138
- verfahrensbezogenes Abschiebungshindernis **36**.95
- verfahrensrechtliches Gewicht von Verfassungsverstößen **36**.170
- Verfahrensverstöße **36**.170
- Vergröberung der Prüfungsdichte **36**.150
- vorbeugender Rechtsschutz **34**.156
- Wahrscheinlichkeitsprognose **36**.166, 167
- Wiedereinsetzungsantrag **36**.27
- Wochenfrist **36**.25, 41
- Zweck **36**.99

Einbürgerung von Flüchtlingen **2**.26
Eingliederungsbeihilfe **2**.43
Eingriffsschwelle **1**.18, 20
Einleitung des Verfahrens **14a**.30
Einreise
- auf dem Luftweg **18a**.4
- unerlaubte **19**.20, **55**.31

Einreiseanordnung **18a**.24
Einreiseanspruch **18**.1
Einreisebegriff **18a**.10
Einreiseverweigerung **18a**.135, **74**.73
Einreiseverweigerungsgründe **18**.53, 56
Einschätzungs- und Wertungsspielraum **29a**.84, 88
Einschätzungsprärogative **78**.713
Einschreibebuch **10**.21
Einstweilige Anordnung **18a**.232
Einstweiliger verfassungsgerichtlicher Rechtsschutz
  s. Verfassungsbeschwerde
Einwilligungsvorbehalt **12**.12
Einwurf-Einschreiben **10**.23
Einzelentscheider **5**.2
Einzelentscheidung
- Beweiswürdigung **5**.29

Einzelrichter **76**.1

- Abstraktionsprinzip **76**.21
- Anhörung der Beteiligten **76**.37
- Befangenheitsantrag **76**.36
- Bindungswirkung des Übertragungsbeschlusses **76**.62
- Flughafenverfahren **76**.1
- Fortgeltung der Übertragung **76**.39
- kammerinterner Geschäftsverteilungsplan **76**.20, 23
- kein Rückholrecht **76**.31
- obligatorischer **76**.2
- originärer **76**.53
- rechtliches Gehör **76**.37
- Richter auf Probe **76**.63
- Rückholung **76**.10
- Rückübertragung **76**.43, 45
- spruchkörperspezifische Sichtweise **76**.43
- Übertragung des Rechtsstreits **76**.8
- Übertragungsbeschluss **76**.18, 24
- Übertragungsmöglichkeit **76**.10
- veränderte Prozesslage **76**.45
- Verbot der Rückholung **76**.31
- verfahrensrechtliche Funktion **76**.5
- wesentliche Änderung der Prozesslage **76**.43

Einzelrichtergeschäftsverteilungsplan **78**.285
Einzelverfolgung
- anlassgeprägte **1**.55
- wegen Gruppenzugehörigkeit **1**.55

Elektroschock **30**.55
Emigrantenorganisation **28**.36
Empfangsbekenntnis **10**.9, 25, 29, 30, 32, 98, **74**.206
Empfangsbevollmächtigter **10**.69
Entscheidungspraxis des Bundesamtes **5**.25
Entscheidungsprogramm **31**.17
Entscheidungsstopp **11a**.1, 4
- Verlängerung **11a**.14
- vorübergehender Charakter **11a**.11

Erfahrungssätze
- allgemeine **78**.712

Ergänzender Schutz **1**.3, 86
Ergänzendes Vorbringen **74**.118
Ergänzungspflegschaft **12**.17, 28
Erinnerungsstörung **78**.864
Erkenntnismittel **78**.719, 741
- allgemeinkundige Tatsachen **78**.734, 739

1915

Stichwortverzeichnis

- Anspruch auf rechtliches Gehör 78.723
- Gegenstandsbereich 78.726
- Gehörsrüge 78.781
- gerichtskundige Tatsachen 78.739
- kein Anspruch auf Zusendung der ~ 78.748
- Konkretisierung der ~liste 78.757
- Konkretisierungspflicht des Gerichts 78.741, 773
- Nachweis der Konkretisierung 78.778
- prozessual ordnungsgemäße Einführung 78.723
- prozessuale Anforderungen an die Einführung 78.750
- prozessuale Bedeutung der ~ 78.719, 729, 741
- Verzicht auf mündliche Verhandlung 78.774
- Vorleistungspflicht des Gerichts 78.779

Erkenntnismittelliste 78.720, 771, 775
Erkenntnisquelle 78.707, 709
Erkennungsdienstliche Behandlung 18.76
Erkennungsdienstliche Maßnahme 15.51, 19.8
Erlaubnisfiktion 14a.14
Erledigungserklärung 74.237, 239
- übereinstimmende 74.238

Erlöschen 4.6
Erlöschen des Asylrechts
- Begriff des Erlöschens 72.43
- deklaratorische Wirkung 72.44
- Erwerb einer neuen Staatsangehörigkeit 72.32
- freiwillige Wiedererlangung der früheren Staatsangehörigkeit 72.26
- freiwilliger Verzicht auf die Rechtsstellung 72.38
- konsularische Eheschließung 72.18
- Rechtsfolgen des Erlöschens 72.48
- Rechtsfolgen für Familienangehörige 72.47
- Rechtsschutz 72.50
- stillschweigender Erwerbsakt 72.29
- vorübergehende, rein technische Kontakte zu Heimatbehörden 72.19
- Zwangseinbürgerung 72.35

Erlöschenstatbestand 72.1
 s. a. Erlöschen des Asylrechts

Ernsthafter Schaden 1.94
Ernstliche Zweifel 18a.210
Erörterungstermin 25.48
Ersatzzustellung 10.35, 123, 138, 74.262
- Aufsichtsperson 10.42
- Begriff des tatsächlichen Wohnens 10.41
- Lebensgefährte 10.38
- Leiter einer Justizvollzugsanstalt 10.39
- Leitung des Krankenhauses 10.39
- Sorgfaltspflichten im Rahmen der ~ 74.262
- Zustellungsversuch 10.45

Erschütterung des Welt- und Selbstvertrauens 78.862
Erstverteilungsverfahren 46.5
Erwerbstätigkeit 2.35
- vorläufiger Rechtsschutz 61.19

Erwerbstätigkeitsverbot 85.34
Erziehungsgeld 2.43, 3.16
Europäisches Asylsystem 1.85
Europäisches Übergangsübereinkommen 73a.7
Eventualbeweisantrag 78.589
Evidenzbegriff 30.36
Evidenzkontrolle 18a.213, 36.166
Exilorganisation 28.12
Expulsion 18.8
Exterritorialer Status 18a.266
Extraterritorialer Effekt 18.14
Extreme Gefahrenlage 18a.122, 125, 24.92, 25.21
Fachkammerprinzip 83.6, 9
Failure of protection 1.88
Faksimile-Stempel 10.32
Familienabschiebungsschutz 4.2, 13.30, 14a.29, 32, 26.7, 104, 31.27
- Aufenthaltsanspruch für volljährige Kinder 26.117
- Identität mit Familienasyl 26.105
- Qualifikationsrichtlinie 26.15
- Tatbestandsverweisung 26.108
- Übergangsregelung 26.115
- Zweck des ~es 26.106

Familienasyl 4.2, 13.30, 31, 14a.29, 32, 26.1, 7, 31.27
- akzessorische Statusgewährung 26.133
- Antragserfordernis 26.121
- Beendigung des ~s 26.139
- Drittstaatenregelung 26.94, 26a.192

Stichwortverzeichnis

- Ehebegriff **26**.22
- Ehebestand im Verfolgerstaat **26**.26
- eigene Verfolgungsgründe **26**.141
- Entscheidungsprogramm des Bundesamtes **26**.127
- Erlöschenstatbestände **26**.141
- Folgeantragsverfahren **26**.148
- kein Rechtsanspruch auf Prüfung eigener Verfolgungsgründe **26**.124, **31**.30
- Maßgeblichkeit der Altersgrenze im Folgeantragsverfahren **26**.151
- Nachweis der Eheschließung **26**.28
- Qualifikationsrichtlinie **26**.15
- Rechtsschutz **26**.130
- Staatsangehörigkeit des Ehegatten **26**.36
- Unanfechtbarkeit der Asylanerkennung **26**.21
- Unanfechtbarkeit der Asylberechtigung des Stammberechtigten **26**.76
- Unanfechtbarkeit der Widerrufsentscheidung **26**.143
- Verwaltungsverfahren **26**.119
- zwischenzeitliche Scheidung **26**.39

Familienzusammenführung 2.44
Ferntrauung **26**.32
Fiktionswirkung
- Ausschluss der ~ **43**.26

Fingerabdruck 16.26
Flaggengruß 1.213
Fluchtalternative, inländische
  s. *Inländische Fluchtalternative*
Fluchtbeendigung 27.25, **55**.21
Fluchthelfer 14.71, 86
Flüchtlingsbegriff 1.2, 88, 265
Flüchtlingsschutz
- Subsidiarität **1**.119

Fluchtweg 27.30
Flughafen
- traumatisierter Antragsteller **18a**.99

Flughafentransit 26a.159
Flughafenverfahren 9.8, **18**.4, **18a**.1, **36**.2, 193, **89**.4
- Abänderungsantrag **18a**.51, 188, 229
- Abschiebungsandrohung **18a**.166
- Abschiebungshindernisse nach § 60 II–VII AufenthG **18a**.116, 219
- Antragsfrist im Eilrechtsschutzverfahren **18a**.168

- asylrechtskundige, unabhängige Beratung **18a**.147
- Begründungsfrist **18a**.181
- Beschleunigungsmaxime **18a**.9
- Eilrechtsschutzantrag **18a**.161
- Eilrechtsschutzverfahren **18a**.140
- Einreiseverweigerung **18a**.199
- ernstliche Zweifel **18a**.210
- Erörterungstermin **18a**.197
- fehlende Flugunterlagen **26a**.182
- Folgeantragsteller **18a**.45
- Folgen des stattgebenden Eilrechtsbeschlusses **18a**.223
- Folgen des zurückweisenden Eilrechtsbeschlusses **18a**.229
- Form des Eilrechtsschutzantrages **18a**.164
- Freiheitsentziehung **18a**.260, 274
- gefälschtes Visum **18a**.38
- Gegenstand des Eilrechtsschutzverfahrens **18a**.198
- grenzbehördliche Anhörung **18a**.77
- Konzept der »internationalen Zonen« **18a**.13
- Krankenhausaufenthalt **18a**.22
- persönliche Meldepflicht **18a**.73
- Präklusion verspäteten Sachvorbringens **18a**.206
- Prüfung der Erfolgsaussichten **18a**.203
- Rechtsbeistand **18a**.101
- Rechtsmittel **18a**.155
- Rechtsschutzbedürfnis **18a**.164
- Schlüssigkeitsprüfung **18a**.77
- schriftliches Verfahren **18a**.189
- Sprachmittler von Amts wegen **18a**.82
- Transitbereich **18a**.14, 269
- unbeachtlicher Asylantrag **18a**.53
- unbegleiteter minderjähriger Asylsuchender **18a**.58
- Unterbringung **18a**.256
- Unterbringung im Transitbereich **18a**.276
- Verfahren vor der Einreise **18a**.12
- Verfahrensfehler **18a**.194, 217
- Vergrößerung der Prüfungsdichte **18a**.204
- Verhandlung am Flughafen **18a**.197
- verspäteter Sachvortrag **18a**.207
- Wiedereinsetzungsantrag **18a**.188
- Zweck **18a**.6
- Zweck des ~s **18a**.100

1917

Stichwortverzeichnis

Flugunterlagen 15.22, 23
Folgeantrag 71.1
- Abänderungsantrag 71.48
- Abschiebung des Ehemannes 71.226
- Abschiebungsandrohung 71.11, 350
- Änderung der asylrechtlichen Rechtsprechung 71.234
- Änderung der Sach- und Rechtslage 71.208
- Änderung der Sachlage 71.218
- Antragserfordernis 71.117
- Antragsfrist 71.316
- antragsunabhängige Prüfung von Abschiebungshindernissen 71.76
- Aufenthaltsrecht 71.422
- Auseinandersetzung mit dem Sachvorbringen im Erstverfahren 71.250
- ausländische öffentliche Urkunde 71.272
- Außenstelle des Bundesamtes 71.140
- Begriff des Asylantrags 71.17
- Beschleunigung der Gründe des Eilverfahrens 71.344
- besondere Darlegungspflicht 71.161
- Brief von Verwandten 71.269, 314
- Darlegung der Erfolgsaussichten des neuen Sachvorbringens 71.252
- Dauersachverhalt 71.322
- Definition des ~s 71.6, 34
- Doppelantrag unter Angabe anderer Personalien 71.27
- Drittstaatenkonzeption 71.186
- Dublin II-VO 71.190
- Eilrechtsschutzverfahren 71.378
- Entscheidungsprogramm des Bundesamtes 71.333
- Ermittlungstiefe 71.358
- erneute Antragstellung nach Verzicht 71.68
- erneute Geltendmachung von Abschiebungshindernissen 71.70
- erneuter Asylantrag nach Aufhebung der Asylanerkennung 71.65
- erneuter Asylantrag nach unanfechtbarer Asylablehnung 71.34
- exilpolitische Aktivitäten 71.227, 287
- Fahndungsliste 71.302
- Familienabschiebungsschutz 71.18, 225, 327
- Familienasyl 71.18, 327
- Feststellung von Abschiebungshindernissen 71.372
- fingierte Rücknahme des Asylantrags 71.32
- Form der Antragstellung 71.134
- Funktion der Mitteilung 71.392
- Funktion der Wiederaufgreifensgründe 71.194
- Geltendmachung neuen Sachvorbringens vor Eintritt der Unanfechtbarkeit der Asylablehnung 71.44
- Geltendmachung neuen Sachvorbringens während des Berufungszulassungsverfahrens 71.50
- Gerichtsurteil 71.272
- geschichtliche Entwicklung 71.194
- Glaubhaftmachung des Anordnungsgrundes 71.408
- grobes Verschulden 71.301
- Haftbefehl 71.272, 302
- Herbeiführung der Spruchreife 71.362
- Inhalt des Eilrechtsschutzantrags 71.386, 399
- isolierte Anfechtungsklage 71.371
- isolierte Prüfung jedes einzelnen Grundes 71.320
- keine Beschränkung auf Nachfluchtgründe 71.220
- Klagerücknahme 71.45
- Kriterien des schlüssigen Sachvortrags 71.244, 289
- länderspezifische Gutachten 71.274
- Maßstabfunktion für die Durchbrechung der Bestandskraft 71.199
- materielle Prüfkriterien im Eilrechtsschutzverfahren 71.415
- materielle Rechtskraftwirkung 71.251
- medizinisches Gutachten 71.282
- mehrere selbständige Asylgründe 71.346
- Mehrstufigkeit des Verwaltungsverfahrens 71.120
- Mitgliedschaft in einer Exilorganisation 71.315
- Neuantrag nach Rücknahme des Erstantrags 71.19
- neue Beweismittel 71.265, 267
- neue Sachlage 71.210
- neue Tatsachen 71.265
- neues Vorbringen während des Zulassungsantragsverfahrens 71.211, 309

- Nichtausschöpfung des Instanzenzugs **71**.306
- objektive Nachfluchtgründe **71**.222
- offensichtliche Unschlüssigkeit **71**.180
- persönliche Anhörung **71**.165
- persönliche Einvernahme **71**.174
- posttraumatische Belastungsstörung **71**.304
- Presseartikel **71**.272
- Privaturkunde **71**.269, 313
- Prüfung der Zulässigkeitsvoraussetzungen **71**.79
- Prüfungsgegenstand nach Einleitung eines weiteren Verfahrens **71**.339
- psychologisches Gutachten **71**.282
- Qualitätssprung bei Dauersachverhalten **71**.329
- Rechtsprechung der Instanzgerichte zu Tatsachenfragen **71**.281
- Rechtsschutz **71**.358
- Sachverständigengutachten **71**.276
- Schlüssigkeitsprüfung **71**.130, 256, 297, 298
- schriftliche Antragstellung **71**.150
- Schutzwirkung des asylverfahrensbezogenen Abschiebungshindernisses **71**.176
- Sicherungshaft **71**.433
- Strafurteil **71**.287
- Streitgegenstand **71**.372
- subjektive Nachfluchtgründe **71**.328
- Traumatisierung **71**.282
- Übermittlungsweg der Urkunde **71**.299
- Umdeutung des Eilrechtsschutzantrags **71**.411
- unbeachtlicher Asylantrag **71**.39
- Urkundenbeweis **71**.297
- verfahrensrechtliche Wirkung des stattgebenden Gerichtsbeschlusses **71**.418
- Veröffentlichung regimekritischer Artikel **71**.231
- Verschulden des Bevollmächtigten **71**.305
- Verschuldensbegriff **71**.301
- Verwaltungsverfahren **71**.111
- vollziehbare Abschiebungsandrohung **71**.357
- Vorrang des unbeachtlichen Asylantrags **71**.190
- Widerruf **71**.67
- Wiedereinsetzungsantrag **71**.331
- Zeugenbeweis **71**.295
- Zulässigkeitsprüfung **71**.159
- Zuständigkeit der Ausländerbehörde **71**.180
- Zustellung **71**.175
- Zweistufigkeit des Verfahrens **71**.257
- zwischenzeitliche Rückkehr in den Herkunftsstaat **71**.11

Folgeantragsfiktion 20.3, **22**.21, **23**.19, **31**.11
- völkerrechtliche und verfassungsrechtliche Bedenken **20**.35

Folgenbeseitigungsanspruch 18.100
Folter 1.103, **2**.12, **18a**.100, **24**.70, **29a**.48, **71**.377, **78**.150, 843
- gesteigertes Vorbringen **18a**.100
- herabgesetzte Glaubhaftigkeitskriterien **78**.843
- widersprüchliches Sachvorbringen **18a**.100
- Zielstaatsbezogenheit der ~ **24**.71

Folter, psychische
- Angriff auf basale psychische Funktionen **78**.847
- Zerstörung der Darlegungsfähigkeit **78**.847

Folteranwendung 78.621
Folterbegriff 24.74
Foltermethode
- psychische **78**.847

Folterschutz 30.215, 216
Folterverbot 1.100, **30**.217
- absoluter Schutzcharakter **71**.101
- notstandsfester Charakter **73**.262

Forensisches Gutachten 78.853
- Leitbild der westeuropäischen Probanden **78**.854

Fortgeltungsfiktion 14.21, **14a**.14, **43**.25
Fortsetzungsfeststellungsklage 59.21
Fortsetzungszusammenhang 85.33
Frage- und Fürsorgepflicht 78.1066
Freibeweis 78.899
Freiheitsentziehung 14.118, **18a**.259, 274, **89**.5
Freiwillige Ausreise 14.64
Freizügigkeit
- grenzüberschreitende **2**.20

Friedensordnung
- übergreifende **1**.13, 102

1919

Stichwortverzeichnis

Fristeneintragung
- zuverlässige **74**.301

Fristenkalender 74.296
Fristenkontrolle 74.304
Fürsorgeanspruch 49.12
Fürsorgepflicht 12.29, **18a**.64
  s. *Verfahrensrechtliche Fürsorgepflicht*
Gebot der grundrechtskonformen Gestaltung des Verfahrensrechts 36.103
Gefährdungslage
- latente **28**.61

Gefahrenabwehr 56.29
Gegenrüge 71.311
Gegenstandsbereich 24.67
Gegenterror 1.44
Gegenvorstellung 78.694, 1177
Gehörsrüge 78.333
- abgelehnter Beweisantrag **78**.401
- abgelehnter Vertagungsantrag **78**.404
- Ablehnung des zugezogenen Dolmetschers **78**.1165
- Ablehnungsgründe im Asylprozess **78**.636
- Antrag auf Vertagung der mündlichen Verhandlung **78**.1126
- Ausschöpfung aller verfügbaren und zumutbaren prozessualen Möglichkeiten **78**.387
- Bedeutung der ~ im Asylprozess **78**.340
- Bedeutung des Rechts auf Zuziehung eines Dolmetschers **78**.1162
- Beruhenserfordernis **78**.392
- Bezeichnung des ablehnenden Beschlusses **78**.625
- Bezeichnung des Ablehnungsgrundes **78**.636
- Darlegung des Aufklärungsmangels **78**.1070
- Darlegungsanforderungen beim abgelehnten Beweisantrag **78**.525
- diskurssichernde Funktion des Anspruchs auf rechtliches Gehör **78**.389
- diskurssichernde Funktion des Prozessrechts **78**.338
- Einzelfälle unrichtiger Tatsachenfeststellung **78**.368
- Entscheidungserheblichkeit des nichtberücksichtigten Vorbringens **78**.411
- enumerative Ablehnungsgründe **78**.637
- Fehler in der Sachverhalts- und Beweiswürdigung **78**.360
- Gegenvorstellung **78**.694
- Grundrechtscharakter der ~ **78**.333
- Herausarbeiten der Wesentlichkeit des übergangenen Tatsachenstoffs **78**.343
- innerer Prozess der richterlichen Rechtsfindung **78**.365
- keine Rügefähigkeit von Rechtsanwendungsfehlern **78**.360
- Kern des Tatsachenvortrags **78**.343
- Kritik der Tatsachenbewertung **78**.366
- Maßgeblichkeit der Rechtsauffassung des Verwaltungsgerichts **78**.382
- objektiv-rechtliches Verfahrensprinzip **78**.334
- Präklusionsvorschriften **78**.351
- prozessordnungswidrig abgelehnter Beweisantrag **78**.524
- prozessual zulässige Zurückweisung von Fragen des Prozessbevollmächtigten **78**.547
- prozessuale Bedeutung der ~ **78**.524
- prozessuale Reichweite des Fragerechts **78**.537
- Prüfungsschema der ~ **78**.342
- rechtliche Schlussfolgerungen bei der ~ **78**.717, 729
- rügefähiger äußerer Verfahrensablauf **78**.365
- Rügefähigkeit der unrichtigen Tatsachenfeststellung **78**.363
- Sammlung, Feststellung und Bewertung der von den Parteien vorgetragenen Tatsachen **78**.362
- tatsächliche Entscheidungsgrundlage **78**.717
- Überbewertung der grenzbehördlichen Feststellung **78**.371
- Umrechnung einer Bestechungssumme **78**.368
- unrichtige Tatsachenfeststellung **78**.362
- unzulässige Überraschungsentscheidung **78**.1077
- Urkundenbeweis **78**.1007
- Verletzung der Vorhaltepflicht **78**.372
- Verlust des Rügerechts **78**.1174
- verspätete Begründungspflicht bei Aufklärungspflicht **78**.1074

– Verweigerung der Aktenvorlage
  78.354
– Voraussetzung 78.340, 343
– Zusammenhang von Äußerungen
  und Gehörtwerden 78.338
Geiselnahme 26.161, **30.**201
Gemeinschaftsbriefkasten 74.263
Gemeinschaftsunterkunft 10.35, 43,
  145, **44.**1, 16, **53.**2, 8, **60.**28
– alleinstehende Frauen 60.39
– angemessener Wohnraum 60.65
– Beendigung der Wohnverpflichtung
  53.34
– Begriff der ~ 53.9
– Fürsorgepflicht 53.13, 60.38
– Grundsatz der Verhältnismäßigkeit
  53.34
– Hausordnung 53.19
– keine dauernde physische Präsenz
  60.42
– Mehrkosteneinwand 53.44
– menschenwürdige Bedingungen 60.61
– Mindestanforderung an die ~ 53.12, 22
– modifizierte Auflage 53.45
– Rechtsschutz 53.44, 60.78
– sexuelle Belästigung 60.39
– sexuelle oder rassistisch bedingte Belästigungen 60.31
– Übergriffe und Belästigungen 60.38
– übermäßig lange Verfahrensdauer
  60.68
– Übermaßverbot 60.74
– Verhältnismäßigkeitsgrundsatz 60.33
– Verwaltungszwang 60.74
– Zwangsgeld 60.74
Gemeinwohlbelange 36.114
Generalbeteiligungserklärung 87b.24
Generalklausel
– polizeiliche 56.28
Genitalverstümmelung 1.246
Gerichtliche Eingangsbestätigung
  74.315
Gerichtsbescheid 78.21, 517, 585, 1124,
  81.31
Gerichtskostenfreiheit 83b.5
Gerichtskundige Tatsache 78.739
Geschäftsfähigkeit 12.1
Geschäftsführung ohne Auftrag 7.28
Geschäftsverteilungsplan 78.270
– Abstraktionsprinzip 78.276
– kammerinterner 76.19, 78.278

Geschlechtsbezogene Aspekte der Verfolgung 1.239
Geschlechtsspezifische Gewalt 1.249
Gesetz
– grundrechtsausfüllendes 26a.74,
  29a.10
Gesetzlicher Richter
– Grundsatz des ~s 78.268
Gesetzmäßigkeit der Verwaltung 24.11,
  36.144
Gesteigertes Vorbringen 18.71, 72,
  18a.206, **36.**156
Gesundheitliche Untersuchung 62.1
Gesundheitsgefährdung
– konstitutionsbedingte 34.168
– zielstaatsbezogene 25.21
Gewaltverhältnis
– besonderes 46.42
Gewerbsmäßige oder organisierte Tatbegehung 84.39
Glaubenswechsel 1.208, 218
Glaubhaftigkeit der Sachangaben
  18a.207, **24.**27, **78.**850
– Abgrenzung zur Glaubwürdigkeit
  24.25, 25.11
Glaubhaftigkeitsbegutachtung 78.831
Glaubhaftigkeitstest 1.282
Glaubwürdigkeit 24.25, 26, **30.**148
Glaubwürdigkeitsprüfung 28.102,
  71.289, **78.**824
Gleichbehandlungsgebot 55.28
Grenzbehörde 18.53
– eingeschränkte asylverfahrensrechtliche Bedeutung der grenzbehördlichen Anhörung 18.71, 18a.79, 100
– Rechtsschutz 18.85
– Weiterleitungsanordnung 18.74
Grenznaher Raum 18.80
Grenzübergangsstelle 22a.13
Grenzübertritt 19.22
Grundrecht
– auf informationelle Selbstbestimmung
  7.6, 16.1, 31
– Ausstrahlungswirkung des ~s
  18a.36.219
– der Freiheit der Person 89.3
– der körperlichen Unversehrtheit 89.3
– freiheitsentziehende Funktion der ~e
  26a.8
Grundrechtsinterpretation 26a.16
– verfahrensorientierte 36.106

1921

Grundrechtsverhinderungsvorschrift 26a.74
Grundrechtsverwirklichung 5.8
Grundsatz der Verhältnismäßigkeit 55.28
Grundsatzrüge 78.54
– Abgrenzung zur Beweiswürdigung im Einzelfall 78.77
– Abgrenzungsfragen 78.143
– Änderung der allgemeinen politischen Verhältnisse 78.72
– aufgehobenes Recht 78.131
– auslaufendes Recht 78.131
– Bedeutung von Übergangsvorschriften 78.133
– Beschränkung auf die vom Verwaltungsgericht behandelten Fragen 78.164
– Darlegung einer Rechtsfrage 78.69
– Darlegung einer Tatsachenfrage 78.71
– Einheitlichkeit der Rechtsprechung 78.80
– Einzelfallwürdigung 78.70
– entscheidungserhebliche Veränderung der Rechtslage 78.135
– entscheidungserhebliche Veränderung der Sachlage 78.123
– Entscheidungserheblichkeit der Grundsatzfrage 78.150
– erhöhte Darlegungslast 78.133
– Erweiterung auf tatsächliche Grundsatzfragen 78.61
– Glaubhaftigkeit des Asylvorbringens 78.168
– Klärungsbedürftigkeit einer Rechtsfrage 78.80, 90
– Klärungsbedürftigkeit einer Tatsachenfrage 78.97
– konkrete Einzelfallwürdigung 78.95
– maßgebliche Rechtsansicht für die Entscheidungserheblichkeit 78.153
– mehrere, das Urteil selbständig tragende Gründe 78.155
– nachträglich eintretender erneuter Klagebedarf 78.112
– nachträgliche Klärung der Grundsatzfrage 78.108
– Prüfungsschema der ~ 78.55
– überholte Divergenz 78.128
– Umdeutung in Divergenzberufung 78.116

– ungeklärte Rechtsfragen 78.77
– Verallgemeinerungsfähigkeit 78.138, 145, 147
– Verfolgungsprognose 78.78
– Voraussetzungen der ~ 78.54
– widersprüchliche Auskunftslage 78.106
– Zweck der ~ 78.54
Gruppengerichtetheit der Verfolgung 1.53
Günstige Sozialprognose 30.196
Haager-Minderjährigen-Schutzabkommen 18a.67
Haftanordnung 14.60
Haftentlassung 14.94
Haftgrund 14.48
Handlungsfähigkeit 10.78, 12.1, 4, 7, 18, 14a.10, 16.8
– passive 12.5
Handlungsunfähigkeit
– Abschiebungsandrohung 12.40
– Prüfung von Amts wegen 12.30
– Rechtsschutz 12.46
– Verbot der Abschiebung 12.40
– Vertretung 12.12
Harmonisierung des Asylrechts 22a.1
Hausarrest 1.20
Hausbriefkasten 10.43, 96
Hausfriedensbruch 25.26
Heiratsverbot 1.20, 210
Herausgabeanspruch 21.10
Herkunftsregion 16.11
Herkunftsstaat 34.56
– sicherer 29a.2
– völkerrechtliche Verantwortlichkeit des ~es 34.141
Herkunftsstaatenregelung 29a.6
– Achtungsanspruch der Menschenwürde 29a.77
– Behandlung von Minderheiten 29a.21
– Darlegungsanforderungen 29a.19, 127
– enumerative Aufzählung der sicheren Herkunftsstaaten 29a.95
– Funktion der Vermutungswirkung 29a.106
– Funktion des Widerlegungsvortrags 29a.123
– gruppengerichtete Verfolgung 29a.34
– Handhabung des Staatsschutzstrafrechts 29a.39
Minderheiten 29a.29

- politische Strafnormen **29a.**39
- Prüfkriterien **29a.**20
- Prüfkriterium politische Verfolgung **29a.**27
- Rechtsschutz **29a.**153
- regionale Verfolgung **29a.**28
- Schlüssigkeitsprüfung **29a.**130
- Tatsachenermittlung durch den Gesetzgeber **29a.**23
- verfassungsgerichtliche Kontrollaufgabe **29a.**77
- Vertretbarkeitskontrolle **29a.**75
- Widerlegungsmöglichkeit **29a.**30

Hilal 1.180
Hilfstatsachen 78.652
Hinrichtung 28.87
Hinterlegungspflicht 15.18, **64.**5
HIV-Infektion 62.10
Homosexuelle 1.244
Horvarth 1.164
Humanitäre Klausel
  s. *Widerruf*
Hunger 1.110
Hungerstreik 14.89
Hypermnesie 78.846
Immamehe 26.25
Inclusion before exclusion 1.295, **30.**190
Individualgrundrecht 1.52, **26a.**6
Individualisierung der Verfolgung 30.110
Individualrechtsschutz 34a.46
Indizienbeweis 78.652
- Sachverständigenbeweis **78.**658
- Zeugenbeweis **78.**656

Indizwirkung unanfechtbarer Asylanerkennung 4.12
Informatorische Befragung 25.48, **78.**375, 967
Inländische Fluchtalternative 1.60, 120, 170
  s. a. *Interner Schutz*
Institutsgarantie 18a.17
Integrität des asylrechtlichen Feststellungsverfahrens 8.33
Internationale Organisation 1.152
Internationale Zone 18a.264
  s. a. *Flughafenverfahren*
Internationaler Friedenseinsatz 1.125
Internationaler Rechtsstatus 2.65
Internationaler Schutz 1.6, 86, **13.**2, **26a.**187, **31.**23, 37

Internationaler Status des Flüchtlings 2.61
Internationaler Strafgerichtshof 1.300
Interne Fluchtalternative 1.171
Interne Schutzzone 1.171
Interner Schutz 1.120, 184
- zumutbare Existenzbedingungen **1.**185

Islam und Shah 1.240
Isolierte Anfechtungsklage 33.34
Istanbul-Protokoll 78.859
Jabari 13.39
Jahresfrist des § 58 II VwGO 31.5
Jugendhilfeeinrichtung 18a.60
Jus cogens 18.28
Kalender
- ausländischer **78.**820

Kernfamilie 26.9, **26a.**193, **43.**33
Kettenabschiebung
- Verbot der ~ **18.**34, **26a.**84, **29.**27

Kinderasyl
  s. *Familienasyl*
  s. *Minderjährigenasyl*
Kindergeld 2.43, **3.**16
Kinderschutzkonvention 18a.69
Kindeswohl 1.211, **29.**65
Klageabweisung
  s. a. *Berufungsausschluss*
- qualifizierte **78.**8

Klageänderung 74.167
Klagebegründungsfrist 74.94
Klageerhebung 74.133
- Bezeichnung der ladungsfähigen Anschrift des Klägers **74.**171
- Bezeichnung des Klagegegenstandes **74.**165
- eigenhändige Unterzeichnung der Klageschrift **74.**162
- Formerfordernis **74.**161
- Telefax **74.**178
- Vollmacht **74.**192

Klageerweiterung 74.167
Klagefrist 74.88
Klagerecht
- Verwirkung des ~s **10.**67

Klagerücknahme 74.228
- fiktive **80a.**8, **81.**6
- fingierte **71.**33
- Unwiderruflichkeit **74.**228
- verschleierte **74.**236

Klageverfahren
  s. *Rechtsschutz*

Stichwortverzeichnis

Klinisches Gutachten 78.855
Knochenalteranalyse 12.10
Kognitive Leistungsfähigkeit 78.845
Kollektivverfolgung
– gruppengerichtete 1.55
Komplizenschaft des Staates 1.143, 199
Königsteiner Schlüssel 45.9
Konstanzanalyse 78.836
Konventionsflüchtling 3.1
Konvertierung 1.213, 218, 219
Konzentrationsmaxime 83.4
Konzept der internationalen Zone 18a.16, 266
Kosovo 1.154
Krankheitsbegriff der psychoreaktiven Traumastörung 78.862
Krieg 1.110
Kriegsverbrechen 1.300, 30.207
Kriterienbezogene Aussagenanalyse 78.829, 853, 859
Kumulierungsansatz 1.104
Ladung zur mündlichen Verhandlung 78.423
Lagebericht
– Beweisverwertungsverbot 78.905
– nur für den Dienstgebrauch 78.905
Länderübergreifende Verteilung 10.145
Längsschnittbeobachtung 78.859
Lastenverteilung
– europäische 26a.31
Lehre von der Drittbetroffenheit 26.154
– Regelvermutung 26.158
Leibesfrucht 26.79
Lex fori 12.1
Linkshänder 1.233
Local integration 9.5
Loyale und verständnisvolle Anhörung 18a.88
Mandatsflüchtling 9.11
Mandatsniederlegung 74.203, 78.423
Mass migration 18.13
Mediatisierungslehre 18.30
Mehrehe 26.24
Mehrkosteneinwand 53.43
Mehrstaatigkeit
– Hinnahme von ~ 2.27
Meldepflicht
– persönliche 22.3, 5, 23.1, 7, 14
Menschenrechte
– Universität der ~ 30.99
Menschenrechtsbeschwerde 18a.234

Menschenwürde 34a.45
Menschenwürdegarantie 1.18, 26a.22, 30.104, 44.20
Minderjährigenasyl 26.57, 73.152
  s. a. Familienasyl
– Jahresfrist 26.90
– kein Erfordernis der unverzüglichen Antragstellung 26.84
– Tod des stammberechtigten Elternteils 26.92
Minderjähriger, unbegleiteter
  s. Unbegleiteter Minderjähriger
Minderjährigkeit 26.60
– maßgeblicher Zeitpunkt für Minderjährigkeit und Ledigkeit 26.63
Misshandlung
– Begriff 24.75
Mitgliedschaft in gewaltbejahenden Organisationen 30.197
Mitteilung über die Niederlegung 74.262
Mitwirkungspflicht des Asylsuchenden 15.1
Mobübergriffe 30.106
Modifizierte Auflage 61.19
Monatsfrist 38.1
Monopolzuständigkeit des Bundesamtes 19.1
Motivirrtum 74.228
Mudjaheddin in Afghanistan 30.125
Mündliche Verhandlung 78.528
– Anordnung des persönlichen Erscheinens des Asylsuchenden 78.1109
– Antrag auf Protokollberichtigung 78.572
– Antrag auf Protokollierung entscheidungserheblicher Angaben des Asylsuchenden 78.556
– Antrag auf Protokollierung gerichtlicher Vorbehalte 78.561
– Antrag auf Wiedereinsetzung in den Termin der mündlichen Verhandlung 78.1117
– fehlerhafte Verlesung des Sitzungsprotokolls 78.1107
– Gegenstand der ~n 78.711
– Mittelpunkt des Verwaltungsprozesses 78.1104
– prozessual zulässige Zurückweisung von Fragen 78.547
– prozessuale Bedeutung der ~n 78.1101

- prozessuale Funktion des Protokolls 78.550
- prozessuale Reichweite des Fragerechts 78.537
- Rechtswert in sich 78.1104
- Sachbericht in der ~n 78.1105
- Verzicht auf ~ 78.1118
- Verzicht auf Durchführung der ~n 78.774

Mündliche Verhandlung, Verzicht auf
- unwiderrufliche Prozesshandlung 78.1118
- veränderte Prozesslage 78.583
- verbrauchter Verzicht 78.1122

Nachfluchtgrund 1.108, 27.80, 28.4
- Asylantragstellung als Verfolgungsgrund 28.70
- Bedeutung des konventionsrechtlichen Schutzes 28.130
- Beweisanforderung 28.97
- Darlegungslast 28.37, 97
- Erfordernis eines zulässigen Asylfolgeantrags 28.125
- Glaubenswechsel 28.90
- keine verfahrensrechtliche Sperrwirkung 28.107
- latente Gefährdungslage 28.57
- maßgeblicher Zeitpunkt für die Anwendung von § 28 II 28.115
- materieller Ausschlusstatbestand 28.107, 129
- objektiver 28.10, 12
- politische Passivität 28.39
- Prognosegrundsatz 28.100
- selbst geschaffener 28.23, 29a.111
- Sicherheit im Drittstaat 28.91
- Sippenhaft 28.88
- subjektiver 28.23
- Unvereinbarkeit mit Gemeinschaftsrecht 28.110
- Widerlegungsmöglichkeit 28.41

Nachfolgestaat 34.78
Nachrichtendienst 8.25
Nansenpass 2.19
Nationalität 1.220
Nationalpass
- Annahme oder Erneuerung des ~es 72.6

Naturkatastrophe 1.110
Nettolohn 34.132

Nichtbetreiben des Verfahrens
 s. Betreibensaufforderung
Nichtpolitisches Verbrechen 30.208
Nichtzulassungsbeschwerde 78.5
Niederlegung des Mandats 10.46, 48
Niederschrift der mündlichen Verhandlung
 s. Mündliche Verhandlung
Non-Refoulement
- Grundsatz des ~s 2.5

Normative Vergewisserung 26a.19, 76, 34a.53
- Konzeption der ~n 26a.2

Normative Vergewisserungspflicht 26a.94
Notkompetenz der Bundesregierung 45.10
Notstand
- Ausrufung des ~es 29a.102

Notstandsfester Kern 1.100
Nottebohm 34.132
Nüfus 34.143
Nullhypothese 78.830, 834
Offensichtlichkeitsbegriff 30.7, 12
Öffentliche Urkunde 10.16
Öffentliche Zustellung 10.69
 s.a. Zustellung, öffentliche
Öffentlichkeit des Verfahrens 18a.196
Öffentlichkeitsgrundsatz 78.431
Öffentlichkeitsrüge 78.430, 432
Offizialmaxime 13.18, 24.12
Opinion iuris 18.25
Ordnungsrecht 85.5
Organisationsverschulden 74.302
Parteiverbot 1.20
Parteivernehmung 78.965
- unvertretbarer Sachvortrag 78.969
- Zeuge in eigener Sache 78.966

Passauflage 60.16
Passbeschaffung 14.83, 84
Passbeschaffungsanordnung 15.29, 30, 33, 39
- Abschiebungshaft 15.49
- Asylfolgeantrag 15.38
- Bestimmtheitsgrundsatz 15.47
- Geeignetheit der ~ 15.44
- Mitwirkungspflicht bei der ~ 15.42
- unmittelbarer Zwang 15.41
- Verhältnismäßigkeitsgrundsatz 15.44

Passbeschaffungsantrag 14.102
Passbeschaffungspflicht 15.24

Stichwortverzeichnis

Passersatzbeschaffung 15.33
Passherausgabe nach Ermessen 65.11
Passherausgabepflicht 65.2
– nach unanfechtbarem negativen Abschlusses des Asylverfahrens **65.**15
– Rechtsschutz **65.**20
– vorübergehender Zweck der ~ **65.**11
Passhinterlegungspflicht 65.1
Passhoheit 65.17
Passlosigkeit 34.130
Passmissbrauch 65.19
Passübergabepflicht 15.16
Peritraumatische Dissoziation 78.840
Peritraumatische Symptome 78.861
Perpetuatio fori 74.139
Personalstatut 2.25, **3.**12
Persönlichkeitsrecht 16.1
Pflegerbestellung 12.17
Politisch Verfolgter 1.2, 12
Politische Betätigung 2.41
– Verbot der ~n **60.**17
Politische Verfolgung
– Begriff der ~n **29a.**27, **30.**103
Politmalus 1.43, **29a.**50, **78.**621
Polizeiverfügung
– präventive **16.**19
Polizeivorbehalt
– ungeschriebener **30.**187
Pönalisierung bloßen unbotmäßigen Verhaltens 85.2
Postagentur 10.49
Postaufgabevermerk 10.21
Posteingangsstempel 10.31
Poststreik 74.316
Posttraumatische Belastungsstörung (PTSD) 78.863
Posttraumatische Beschwerden 78.861
Postulationsfähigkeit 78.479
Postzustellungsurkunde 10.13
Präklusion
– fakultative **74.**107
Präklusionsvorschriften 77.22
Präklusionswirkung 25.58
Privaturkunde 71.269, 313
Proberichter 76.63
Prognosegrundsatz 1.67
Prognosekriterien 1.276
Prognoseprüfung 1.157
Prognosetatsachen
– belegbare Wahrheit **78.**872

– methodisch einwandfreie Erarbeitung **78.**867
– Sammlung und Sichtung der tatsächlichen Grundlagen **78.**718, 727, 765
Progrome 1.27
Protokoll der mündlichen Verhandlung
s. *Mündliche Verhandlung*
Prozessbevollmächtigten, Verschulden des
s. a. *Wiedereinsetzung*
– Abschiebungshindernis **74.**276
– Antrag auf Wiederaufgreifen **74.**273
Prozessbevollmächtigter 78.422
– Fragerecht des ~n **78.**531
– Geschäftsbesorgnisvertrag **78.**425
– prozessual zulässige Zurückweisung von Fragen des ~n **78.**547
– prozessuale Reichweite des Fragerechts **78.**537
– Verschulden des angestellten Rechtsanwaltes **74.**287
– Zurückweisung **74.**212
– Zustellung an ~n **74.**203
Prozessfähigkeit 12.5
Prozesskostenhilfe 78.324, 482, **83b.**11
– Anfechtungsklage des Bundesbeauftragten **83b.**40
– Anwaltswechsel **83b.**66
– Aufhebung der Bewilligung **83b.**69
– Begriff der hinreichenden Erfolgsaussicht **83b.**19
– Begriff der Mutwilligkeit **83b.**17
– Beiordnung eines Rechtsanwaltes **83b.**63
– Bewilligungsreife **83b.**50
– erneute Antragstellung **83b.**58
– Formerfordernis bei der Antragstellung **83b.**46
– Klagen mehrerer Familienmitglieder **83b.**38
– maßgebender Zeitpunkt für die Beurteilung der hinreichenden Erfolgsaussicht **83b.**50
– ortsansässiger Rechtsanwalt **83b.**63
– Rechtsfolgen des Bewilligungsbeschlusses **83b.**61
– Reichweite der Bewilligung **83b.**61
– rückwirkende Bewilligung **83b.**56
– Tod des Antragstellers **83b.**60
– Umfang der Bewilligung **83b.**62
– Verkehrsanwalt **83b.**63

Prozesskostenhilfeverfahren 80.10
Prozesspfleger 12.46
Prozessstandschaft 5.46
Prozessuales Urrecht 78.334
  s. a. *Gehörsrüge*
Prozessverschleppung 78.692
Psychische Erkrankung
  s. *Posttraumatische Belastungsstörung*
Psychologie
– forensische 78.829
Psychologisches Gutachten 71.304, 78.822, 823
  s. a. *Sachverständigenbeweis*
– Anforderungen an den Beweisantrag 78.875
– Anknüpfungstatsachen 78.884
– ärztliches Attest 78.886
– erhöhte gerichtliche Begründungspflicht für eigene Sachkunde 78.826
– forensische Methode 78.853
– Gebot der Methodenklarheit 78.850
– gerichtliche Bewertung des Gutachtens anhand forensischer Kriterien 78.860
– klinisches Gutachten 78.855
– kriterienbezogene Aussagenanalyse 78.829
– Privatgutachten 78.878
– psychologischer Bericht 78.886
– psychotherapeutische Stellungnahme 78.866, 886
– Qualitätsmerkmale der klinischen Begutachtung 78.856, 859
– schlüssige Anzeichen 78.882
– Stellungnahme 78.879
PTSD
– Anknüpfungstatsachen 71.283
Public officials 24.74
Putschversuch 29a.41
Qualifikationsrichtlinie 1.6, 83, 3.4, 11a.13
– Umsetzungsfrist 1.84
– Vorwirkung 1.84
Quasi-governmental institution 24.74
Quasistaatliche Gewalt 30.124
Quasistaatliche Verfolgung 1.30
Quotenanrechnung 52.2
Rasse 1.220
Reale Möglichkeit der Verfolgung 1.278
Realkennzeichen 78.830, 853
Reasonable likelihood 1.279

Recht auf Gehör 18a.109
Rechtliches Gehör
– Anspruch auf ~ 78.333
Rechtsbehelfsbelehrung 31.5, 74.251
– unvollständig erteilte ~ 36.36
Rechtsbehelfsfristen 31.5
Rechtsgüterschutz 1.40
Rechtsmissbrauch 34.38
Rechtsmittelbelehrung 36.36
– fehlerhafte 78.475
Rechtsschutz
– Abschiebung des Klägers vor Abschluss des Verfahrens 77.9
– Abschiebungsandrohung 74.69
– Abschiebungshindernis 74.21
– Asylberechtigung 74.9
– Asylfolgeantrag 74.147
– Ausreise des Klägers 74.213
– Bezeichnung der ladungsfähigen Anschrift des Klägers 74.171, 218
– Bezeichnungspflicht nach § 60 X 2 AufenthG 74.18
– eingeschränkte Begründungspflicht 74.97
– erheblicher Aufklärungsdefizit 77.27
– erhöhte Begründungspflicht für individuelles Sachvorbringen 74.96
– Haft des Asylklägers 74.144
– internationaler Schutz 74.9
– Klagebefugnis des Bundesbeauftragten 74.44
– Mandatsniederlegung 74.204
– maßgeblicher Zeitpunkt für die Beurteilung der Sach- und Rechtslage 77.3
– nach abgeschlossenem Asylverfahren 74.81
– objektive Klagehäufung 74.224
– örtlich zuständiges Verwaltungsgericht 74.135
– prozessuale Selbständigkeit der Anspruchsgrundlagen 74.11
– Spruchreife 77.27
– Suspensiveffekt 75.1
– Unbeachtlichkeit der Klagerücknahme 74.231
– untergetauchter Kläger 74.218
– Untersuchungshaft 74.144
– Verweisung an das örtlich zuständige Verwaltungsgericht 74.150
– Verweisungsantrag 74.153
– Verweisungsbeschluss 74.154

Stichwortverzeichnis

- Vollmacht **74**.192
- Zurückverweisung **33**.36, **74**.50
Rechtsschutzbedürfnis
- Ausreise des Klägers **74**.213
- Bezeichnung der ladungsfähigen Anschrift des Klägers **74**.171
- ladungsfähige Adresse des Klägers **74**.218
- untergetauchte Kläger **74**.218
Rechtsschutzgarantie 34a.45, **36**.124
- des Art. 19 IV GG **31**.10
Rechtsstreitigkeiten nach dem AsylVfG 74.2, **78**.11
Refoulementschutz 2.29, **3**.6, 11, **18**.8, **26a**.84, **34a**.19, **55**.13
- Flüchtlinge auf hoher See **18**.46
- Geltung an der Grenze **18**.5
- gewohnheitsrechtliche Regel **18**.27
- staatliche Unterlassungspflicht **18**.16
- unabhängige Geltung vom Visum **18**.35
- verfahrensrechtliche Vorwirkung **18**.45
- verfassungsrechtliche Begründung **18**.33
Refoulementverbot
- des Art. 3 EMRK **34**.40
Refouler 18.7
Refugee in orbit 29.95
Regionalisierung
- Konzept der ~ **26a**.21
Registrierungspflicht des zuständigen Standesamtes 14a.23
Rehabilitierungsinteresse 14.41
Reiseausweis 2.47, 56, 58, 61, **3**.12, **18a**.37
- internationaler **2**.19
Reisedokument 18.63
Reiseunfähigkeit
- akute **34**.168
Reiseweg
- Offenbarung des ~es **8**.21
Reisewegbefragung 15.33, **18a**.91
- Bedeutung für Beweiswürdigung des Asylvorbringens **26a**.181
- loyale sowie verständnisvolle Befragung **24**.43
Relative Rechtsschutzposition 1.8, **26a**.27
Religion
- Begriff **1**.203

Religionsausübung mit Glaubensangehörigen 58.22
Religionsfreiheit 1.50, 212, **2**.29, **3**.6
Religiöse Verfolgung 1.48
- Diskriminierung **1**.212
- häuslich-privater Bereich **1**.49
- nachbarschaftlich-kommunikativer Bereich **1**.49
- öffentlicher Bereich **1**.206
- religiöses Existenzminimum **1**.49
- Verfolgungsformen **1**.208
Religiöses Existenzminimum 1.50, **30**.105
Republikflucht 28.62
Resettlement 9.5
Residenzpflicht 60.41
Resonable chance 1.283
Restitutionsklage 73.192
Reuebekenntnis 78.73
Revolution 1.110
Richter
- auf Probe **76**.63
- im Nebenamt **76**.66
- kraft Auftrags **76**.66
- schlafender **78**.304
Richterablehnung 80.9
Risikolose Verfolgungsprovokation
- konventionsrechtlicher Schutz **28**.131
Roma 1.154
Rückkehrberechtigung 2.69
Rückkehrerklärung 14.108
Rücknahme 15.60, **73**.7
- Definition **73**.10
- der Statusentscheidung **73**.179
- Mehrfachantragstellung **73**.192
Rücknahmeabkommen 18a.36, **34**.94
Rücknahmeermessen 73.185, 195
Rücknahmefiktion 15.60
- Rückkehr in den Herkunftsstaat **33**.27
Rücknahmepflicht 18a.35, **73**.181, 190
Rücknahmevoraussetzung 73.189
Rückreisepapiere 14.107
Rückübernahmeabkommen 34a.16
Rückübernahmeverpflichtung 18a.6
Rügerecht 78.1174
Ruhen des Verfahrens 32a.5, **80a**.3
Sachaufklärungspflicht 24.1
Sachentscheidung des Bundesamtes
- Entscheidungsprogramm **31**.17
- gleichsam konstitutive Wirkung **31**.14
Sachverständigenbeweis 78.697

- Abgrenzung zwischen Sachverständigen und sachverständigen Zeugen **78**.702
- Ablehnungsgründe **78**.792, 913, 941
- Anforderungen an den Beweisantrag **78**.919
- Aufgabe des Sachverständigen **78**.699, 702
- Begründungsanforderungen an den Ablehnungsbeschluss **78**.810
- Einholung eines (weiteren) Sachverständigengutachtens **78**.787, 917
- Einholung eines psychologisches Gutachtens **78**.822
- Erarbeitung der Prognosetatsachen **78**.709
- Erkenntnismittel aus anderen Verfahren **78**.787
- Ermessensverdichtung **78**.802
- erstmalige Beantragung im konkreten Verfahren **78**.792, 919
- fachfremde wissenschaftliche Beweistatsache **78**.813
- Funktion des ~es im Asylprozess **78**.699
- ganz besonders schwierige Fachfrage **78**.804
- Gegenstand des ~es im Asylprozess **78**.709
- gerichtliche Begründungspflicht bei fachfremder Beweistatsache **78**.814
- Grenze zwischen wiederholter Beweiserhebung und Verzicht auf erstmalige Beweiserhebung **78**.798
- Hilfsmittel der gerichtlichen Aufklärung **78**.705
- hinreichend aktuelle Erkenntnisquellen **78**.806
- Inhaltsbestimmung einer ausländischen Strafnorm **78**.817
- persönliches Erscheinen des Gutachters **78**.929
- Prüfungsschema beim ~ **78**.698
- rechtliche Schlussfolgerung **78**.729
- schriftliche Erläuterung oder Ergänzung der amtlichen Auskunft **78**.934
- sprachanalytisches Gutachten **16**.10, **78**.892
- typische Sachverständigenaufgabe **78**.699
- Unparteilichkeit des Gutachters **78**.804
- unzutreffende tatsächliche Voraussetzungen **78**.805
- veränderte Sachlage **78**.806

Sachverständiger 78.702
Sachverständiger Zeuge 78.704
Sachvorbringen
- verspätetes **74**.124

Schengener Durchführungsübereinkommen 29.44
Schengener Informationssystem 7.23
Schengener Zusatzabkommen 71a.11
Schiebeanordnung 36.216
Schlepperbande 18a.3
Schlepperunwesen 84.34
Schuldausschließungsgrund 85.9
Schutz
- ergänzender **74**.82

Schutzakteure 1.155
Schutzbereitschaft 1.199
Schutzlehre 1.199
Schutzposition, relative
  s. Relative Schutzposition
Schutzunfähigkeit 1.131, 142
- Darlegungslast **1**.135

Schutzunterstellung
- freiwillige **72**.4

Schutzunwilligkeit 1.29, 142
Schwangerschaft 26a.118, **60**.32
Schwerwiegende Menschenrechtsverletzung 1.100
Selbsteintrittsrecht 29.79
- nach Art. 3 Dublin II-VO **26a**.143, **29**.92

Selbstkontrolle 78.1176
Serious harm 1.88
Sexuelle Gewalt 18a.100
Sexuelle Orientierung 1.244
Sicherer Drittstaat
- Übernahmebereitschaft des ~es **34a**.19

Sicherungshaft 14.47, 55, 60, 72, 76, 112, **65**.18
Sichtvermerk 18.67
Simultanübersetzung 17.7
Sippenhaft 26.161, **28**.17, **78**.147, 245
Sondergenehmigung 57.5, **58**.1, 5
- atypische Ausnahmefälle **58**.37
- Auslandsreise **57**.6, **58**.24
- außergewöhnliche schicksalhafte Lebenslage **58**.11

1929

Stichwortverzeichnis

- erlaubnisfreie Terminswahrnehmung 58.36
- erlaubnisfreie Terminwahrnehmung 58.44
- erlaubnisfreies Verlassen 58.46
- exilpolitische Betätigungsabsicht 58.20
- Genehmigungsantrag 58.38
- Rechtsschutz 59.63
- Religionsausübung mit Glaubensangehörigen 58.22
- Sollensanspruch 57.7
- Teilnahme an einem Skilehrgang 58.23
- unabweisbare persönliche Belange 58.11
- unbillige Härte 57.3, 58.14
- zwingende Gründe 57.3

Sorgerecht
- alleiniges 14a.9

Soziale Gruppe
- bestimmte 1.223, 239

Sozialprognose
- günstige 2.16

Sparauflage 60.13
Speicherung asylspezifischer Daten 7.16
Sperrwirkung des § 60 VII 2 AufenthG 18a.122, 24.81
- Gefährdung auf dem Reiseweg 25.21
- Unvereinbarkeit mit Gemeinschaftsrecht 24.63, 25.21

Spezialitätsgrundsatz 4.19
Sprachanalyse 16.9, 12, 78.892
- Anforderungen an den Beweisantrag 78.895
- indizielle Wirkung 78.894
- Prüfung der Staatsangehörigkeit 78.893

Sprachförderung 3.16
Spruchreife 71.362, 77.26
Sprungrevision 78.467
Staatenlosenübereinkommen 34.79
Staatenloser 1.221
Staatenlosigkeit 34.77
- Duldungsgrund 34.137
- fehlgeschlagener Abschiebungsversuch 34.80, 140
- keine Verpflichtung zur Einbürgerung 34.80
- Mitwirkungsverweigerung 34.125
- Prüfkriterien bei ~ 34.121

- Rückführung mit ungültigem Reisedokument 34.137, 139
- tatsächliche Unmöglichkeit der Abschiebung 34.84
- Übernahmeverpflichtung 34.81

Staatliche Verfolgung 1.21
- Fixierung auf ~ 1.91
- mittelbare 1.22
- unmittelbare 1.22

Staatliche Zurechenbarkeit 1.58
Staatlichkeit der Verfolgung 1.121
Staatsähnliche Gewalt 1.33, 30.124
Staatsähnliche Organisationen 1.30
Staatsangehörigkeit 15.53, 16.9, 34.45, 55
- Antrag auf Wiedereinbürgerung 34.135
- freiwillige Aufgabe der ~ 34.133
- ungeklärte 34.91
- Verbot der oktroyierten ~ 34.132

Staatsreligion 1.50
Staatsstreich 29a.41
Stationärer Charakter
- Begriff 27.34

Status negativus 2.7
Statusberechtigung
- originäre 31.30

Statusbescheid
- gleichsam konstitutive Wirkung 31.14, 55.4, 45

Statusentscheidung 2.3
Steinigung 28.87
Stellvertretertrauung 26.32
Strafausschließungsgrund nach Art. 31 I GFK 25.25
Strafbarkeit des Asylantragstellers
- unrichtige oder unvollständige Sachangaben 84.28

Strafhaft 14.50, 53
Strafverfolgung
- politische 1.39

Strafvorwurf
- manipulierter 4.20

Straßenblockade 30.201
Student 55.39
Subsidiarität des Flüchtlingsschutzes 1.119, 163
Suizidgefahr 26a.118
Tatsachen
- äußere 78.949
- innere 78.949

Telefax 74.178

Stichwortverzeichnis

Terminsverschiebung 78.1126
Territorialgebundenheit des Asylrechts 18.40
Terrorismusabwehr 78.244
Terrorismusbekämpfungsgesetz 16.5, 26, 30.190, 208
Terrorismusvorbehalt 1.39, 30.184, 216, 73.263
– bloße Mitgliedschaft in einer Organisation 30.198
– engagierter Sympathisant 30.201
– individuelle Zurechnung 1.303, 30.209
– Mitgliedschaft in gewaltbefürwortender oder -anwendender Organisation 1.306, 30.211
– typische Vorfeldtätigkeit als Funktionär 1.310, 30.200
Textbausteine 78.452
– Begründung in Form von ~n 78.452
Todesstrafe 24.70, 26a.105, 106, 29a.49
– prinzipielle Ächtung der ~ 29a.50
Todeszellensyndrom 29a.55
Transformationslehre 2.60, 18.31
Transitbereich 18a.14, 83, 256, 268, 269, 29.76
Transsexuelle 1.244
Transvestiten 1.244
Traumareaktive Störung 78.855
Traumastörung
– Wesen 78.862
Traumatische Erfahrungen
– kein zwingender Eintritt von Belastungsstörungen 78.849
Traumatische Erinnerungsfragmente 78.846
Traumatisches Ereignis 78.845
Travel Document 18.64
Treu und Glauben 2.65, 10.67, 18.47, 50.56
Tunnelsicht 78.845
Tyrer 29a.48
Übergabe-Einschreiben 10.23
Überhaft 14.47, 50, 55
Übermittlungssperre für asylspezifische Daten 8.28
Übernahmebereitschaft 14.95
Übernahmeverpflichtung 34a.20
Überraschungsentscheidung
– unzulässige 78.341, 1040, 1077
Überstellung 13.27

Überwachungen
– sicherheitsrechtliche 1.20
Überzeugungsgewissheit 1.140, 78.865
– belegbare Wahrheit 78.872
– für das praktische Leben brauchbarer Grad von Gewissheit 78.873
Ultima ratio 2.13, 18.65
Umerziehungsmaßnahme 1.20
Umsturzaktion 29a.41
Umverteilung 10.116, 127
– Ermessensgrundsätze 50.58
– länderübergreifende 74.139
– materielle Entscheidungskriterien 50.58
– nachträgliche 50.28, 53, 74.139
Umverteilungsantrag 50.57
Umverteilungsverfahren 78.53
Umzugsauflage 60.27, 48
Unbegleiteter Minderjähriger 12.21, 14.25, 18a.58, 29.65
– Flughafenverfahren 12.24
– Qualifikationsrichtlinie 18a.70
– Verbot der Unterbringung in Gemeinschaftsunterkunft 12.37
– Zurückweisung 18a.61
Undeutsch-Kriterien 78.837
United Nations High Commissioner for Refugees (UNHCR) 9.1, 4, 10
Untätigkeitsklage 11a.9, 74.60, 61
Unterkunftsrichter 83.12
Unterrichtungspflicht nach § 20 III 1 21.3
Unterstützungshandlung 84.11
Untersuchungsgrundsatz 24.4, 30.144, 36.145
Untersuchungshaft 14.50, 51, 57
Untertauchen des Klägers 74.218
Unversehrtheit
– Grundrecht auf körperliche ~ 62.4
Urkundenbeweis 78.1007
– amtliche Auskünfte 78.1007
– Anforderungen an den Beweisantrag 78.1021
– Anforderungen an die Gehörsrüge 78.1040
– ausländische öffentliche Urkunde 78.1018
– formelle Beweiskraft 78.1009
– fremdsprachiger Brief 78.1016
– Funktion der Echtheitsprüfung 78.1025

1931

- Gefälligkeitsschreiben 78.1010
- Haftbefehl 78.1008
- inländische öffentliche Urkunde 78.1018
- Ladungsschreiben 78.1008
- materielle Beweiskraft 78.1009
- Privaturkunde 78.1009
- Prüfung der Echtheit der Urkunde 78.1025
- Schlüssigkeitsprüfung 71.297
- schriftliche Zeugenaussage 78.1014
- Ungeeignetheit des Beweismittels 78.1011
- Vorlage von Kopien von Urkunden 78.1008

Verbot der Kettenabschiebung 26a.85, 27.16, 34.33, 74.70

Verbot der Zielstaatsbestimmung 34.30

Verbrechen
- gegen den Frieden 30.207
- gegen die Menschlichkeit 1.300, 30.207
- schweres nichtpolitisches ~ 1.301

Verbundklage 78.16

Vereinfachte Zustellung 10.30

Verfahrensbeschleunigung 13.29

Verfahrensbevollmächtigter 10.57
- im Asylverfahren 25.28
- Unterstützungstatbestand 84.14
- Zurückweisung 25.39

Verfahrenseinstellung 33.34, 38.15, 74.62

Verfahrenserledigung 33.4

Verfahrensfehler 18a.194

Verfahrensleitung
- richterliche 74.111

Verfahrensrechtliche Fürsorgepflicht 18a.88, 24.31, 40

Verfahrensrüge 78.259
- Beruhenserfordernis 78.263

Verfahrensvorbehalt 20.35, 23.18, 31.12

Verfassungsbeschwerde 18a.232, 234, 36.190, 193, 78.509
- außerordentlicher Rechtsbehelf 36.200
- Einschränkung des verfassungsgerichtlichen einstweiligen Rechtsschutzes 36.197
- fachgerichtlicher Grundrechtsschutz 36.194
- Folgenabwägung im Sinne von § 32 BVerfGG 36.209

- keine aufschiebende Wirkung 18a.234, 36.92, 216
- Prinzip der Subsidiarität der ~ 36.195
- Prüfungsumfang bei der ~ 36.218
- qualifizierte Klageabweisung 36.230
- Schiebeanordnung 36.216
- Subsidiarität der ~ 36.45, 56
- Verletzungen der gerichtlichen Aufklärungspflicht 36.229
- Wertungsrahmen 36.221
- Wiedereinsetzung 74.243

Verfolgung
  s.a. *Religiöse Verfolgung*
  s.a. *Staatliche Verfolgung*
- ausgrenzende 1.17
- wegen der politischen Überzeugung 1.236, 28.36
- wegen der Rasse 1.201
- wegen der Religion 1.203
- wegen der Zugehörigkeit zu einer bestimmten sozialen Gruppe 1.223

Verfolgungsakteur 1.125

Verfolgungsbegriff 1.100

Verfolgungsbetroffenheit
- gegenwärtige 77.8

Verfolgungsfurcht 1.264, 14.89

Verfolgungsgefahr
- Individualisierung der ~ 29a.125

Verfolgungsgründe 1.195
- Zuschreibung 1.198

Verfolgungshandlung 1.88, 90, 93, 114
- Begriff 1.99
- prinzipielle Offenheit 1.98

Verfolgungsprognose 1.156, 157, 273
- Eintrittswahrscheinlichkeit 30.109

Verfolgungsprovokation
- risikolose 28.29

Verfolgungsschutz 31.16
- kein Antragserfordernis 13.20, 14.6

Verfolgungssicherheit 18.61, 27.9
- materieller Asylausschlusstatbestand 29.3

Verfolgungssubjekt 1.32

Verfolgungstendenz 1.113

Vergröberung der Prüfungsdichte 36.150

Verhältnismäßigkeitsgebot 1.195, 43.30, 53.16, 24, 58.3, 59.6

Verhandlung, mündliche
  s. *Mündliche Verhandlung*

Verhandlungsfähigkeit 78.479

Verhandlungsmaxime 36.144
– zivilprozessuale **74.**103
Verhandlungsniederschrift
  s. *Mündliche Verhandlung*
Verhandlungsunfähigkeit 78.429
Verlängerungsantrag 43.19
Verlegungsauflage 60.27, 52
Verleitungshandlung 84.7
– Rechtsanwälte und andere Beistände **84.**13
Verlöbnis 26.25
Verlustgrund 73.194
Vernichtungsanspruch 16.30, 32
Verordnungsermächtigung 88.5
Verpflichtungsklage
– ergänzte **74.**59
Versuch der Tathandlung 84.48
Vertagungsantrag 17.6, **78.**1101, 1126
– Anforderungen an die Gehörsrüge **78.**1154
– Erkrankung des Asylsuchenden **78.**1131
– geringfügige Verspätung **78.**1136
– Reiseunfähigkeit des Asylsuchenden **78.**1133
– Vertretung des sachbearbeitenden Rechtsanwalts **78.**1144
Verteilung
– länderübergreifende **50.**2, **51.**1
– landesinterne **50.**33
Verteilungsschlüssel 50.35
Verteilungsstelle
– zentrale **46.**24
Verteilungsverfahren 46.3, **50.**1, 27, 31
– Abhilfeanspruch **51.**9
– Asylfolgeantragsteller **50.**52
– Behördenzuständigkeit **50.**43
– Berücksichtigung der Kernfamilie **50.**67
– Ermessensgrundsätze **50.**58
– keine Berücksichtigung des Arbeitsplatzes **50.**96
– länderübergreifendes **50.**28
– landesinternes **50.**2, 28
– materielle Entscheidungskriterien **50.**58
– nach abgeschlossenem Asylverfahren **50.**28
– psychosomatische Erkrankung **50.**84
– Verfolgungs- und Fluchtgemeinschaft **50.**93

– verwandtschaftliche Beziehungen **50.**90
– vorläufiger Rechtsschutz **50.**103, **51.**9
– Wiederaufgreifen des Verfahrens **50.**55
Vertrauensanwalt 78.991
Vertrauensschutz 50.63, **55.**28
Vertreibung 1.221
Vertretbarkeitskontrolle 26a.74, **29a.**16, 70
Vertreter des öffentlichen Interesses 87b.46
Vertretungsrüge 78.419, 424
– fehlende Prozessfähigkeit eines Beteiligten **78.**427
– nicht ordnungsgemäße Vertretung eines Beteiligten **78.**420
– Verhandlungsunfähigkeit **78.**429
– Zustellung an einen von mehreren Prozessbevollmächtigten **78.**422
Verwaltungsakzessorietät strafrechtlicher Normen 85.10
Verwaltungsstreitverfahren
– asylspezifisches **74.**1
Verweisungsantrag 74.153
Verweisungsbeschluss 74.154
Verwertungsverbot 16.28, **25.**24
Viertstaat 26a.91
Visum 14.23, **18.**35
Visumpflicht 18.2
Völkerbund 2.19
Völkerrecht
– Menschenrechte als materiell-rechtliche Verfassungselemente **18.**29
– subjektive Schutzwirkung **18.**32
Völkerrechtlicher Mindeststandard 2.29
Völkerrechtlicher Neutralitätsgrundsatz 4.23
Völkerrechtssubjekt 18.29
Völkerstrafrecht 1.300
Volksmudjaheddin 28.128
Vollmacht 10.56, **18.**88, **25.**35, **74.**192, **78.**422
– Anforderungen an die ~ **74.**198
– Erlöschen der ~ **74.**269
– gesteigerte Warnfunktion **74.**194
– Kündigung des Mandats **10.**59
– Nachreichung **74.**194
– Sachentscheidungsvoraussetzung **74.**192
Vollmachtsvertrag 10.59

1933

Stichwortverzeichnis

Voluntary repatriation 9.5
Vorbereitungshaft 14.35, 47, 61, 63
Vorfluchtgrund 28.4
Vorhaltepflicht 18a.94, 24.30, 30.62, 78.562
Vorlagepflicht 15.23
Vorläufiges Bleiberecht 26a.53, 34a.43, 36.101
Vorprüfung 24.5
Vorübergehender Schutz 32a.1
Wahlmöglichkeit 13.24, 29
Wahrscheinlichkeit 1.273
– beachtliche 1.67
– überwiegende 1.69
Wahrscheinlichkeitsmaßstab 1.164
Wahrscheinlichkeitsprognose 18a.214
Wahrunterstellung 78.659, 673
– Bindungswirkung der ~ 78.665
– Unerheblichkeit der Beweistatsache 78.663
Wartezeitenregelung 61.9, 12
Wegfall des nationalen Schutzes 1.88, 119
Wehrdienstentziehung 28.15
Wehrdienstverweigerung 1.251, 252, 30.54
Weiterleitungsanordnung 20.8, 10, 22, 28, 46.26, 47.4
– der Aufnahmeeinrichtung 20.5
– der Grenzbehörde 20.5
– Rechtsschutz 46.48
Weiterleitungspflicht 19.1, 11, 23.17, 37.2
Weiterleitungsverpflichtung 19.5
Werkvertragsarbeitnehmer 55.39
Wertungsrahmen 36.220
Widerruf 73.1
– Abgrenzung der humanitären Gründe von den Abschiebungshindernissen 73.143
– alleinstehende Frau 73.79
– Amnestie 73.84
– Änderungen des ausländischen Rechts 73.84
– anderweitige Aufhebung 73.21
– Anfechtungsklage 73.272
– aufenthaltsrechtlicher Schutz 73.279
– aufenthaltsrechtliches Widerrufsermessen 73.300
– Aufhebung der Feststellung nach § 60 II–VII AufenthG 73.258

– Begriff des Wegfalls der Umstände der Verfolgung 73.71
– Begriffsinhalt der humanitären Klausel 73.126
– Behandlung von Altfällen 73.281
– bewaffnete Konflikte 73.78
– beweiserleichternde Grundsätze 73.115
– dauerhafte Rückkehr durch Niederlassung 73.94
– dauerhafte Veränderung der allgemeinen Situation 73.107
– Definition 73.49
– Definition des ~s 73.10
– Diskriminierung von Minderheiten 73.78
– Eheauflösung 73.151
– einbürgerungshemmende Wirkung des obligatorischen Aufhebungsverfahrens 73.209
– Entscheidungsprogramm des Bundesamtes 73.250
– Erfordernis der Freiwilligkeit der Rückkehr 73.92
– Erlass der Abschiebungsandrohung 73.276
– Ermittlungstiefe 73.66
– Erreichung der Volljährigkeit 73.151
– Familienabschiebungsschutz 73.145
– Familienasyl 73.145
– Fehlen von Rechtsstaatlichkeit 73.78
– fehlender nationaler Schutz 73.74
– fehlerhafte Prognoseentscheidung 73.51
– fehlerhafte Statusentscheidung 73.53
– freiwillige Rückkehr in den Herkunftsstaat 73.90
– Friedensvereinbarungen mit oppositionellen militanten Gruppen 73.81
– friedliche Änderung der Verhältnisse 73.79
– gewaltsame Änderung der Verhältnisse 73.81
– grundlegende Änderung der Verhältnisse 73.77
– hinreichende Wahrscheinlichkeit 73.111
– humanitäre Klausel 73.120, 242
– inländische Fluchtalternative 73.89
– internationale Schutzbedürftigkeit 73.74
– Kampfhandlungen 73.78

- Kausalität zwischen früherer Verfolgung und Unzumutbarkeit **73.**134
- keine akzessorische Bindung der Niederlassungserlaubnis **73.**294
- keine freie Aufhebung von Statusentscheidungen **73.**14
- keine zwingende Aufenthaltsbeendigung **73.**291
- landesweite Versöhnung **73.**81
- Langzeittrauma **73.**130
- nachträglicher Wegfall der Verfolgungsgefahr **73.**62
- Niederlassungserlaubnis **73.**282
- Niederlassungserlaubnis nach § 26 IV AufenthG **73.**307
- obligatorische Anprüfung **73.**200
- obligatorische Überprüfungspflicht **73.**196, 198
- Passherausgabepflicht **73.**264
- persönliche Anhörung **73.**241
- Pflicht zur unverzüglichen Verfahrenseinleitung **73.**235
- Prognosebasis **73.**103
- Prognosegrundsatz **73.**103
- Prognosemaßstab **73.**111
- Putsch **73.**87
- Qualifikationsrichtlinie **73.**71
- Rechtsschutz **73.**272
- rechtswidriger Statusbescheid **73.**31
- Revolution **73.**87
- statusunabhängiges Aufenthaltsrecht **73.**302
- Subsidiarität des Flüchtlingsschutzes **73.**76
- traumatisierende Erlebnisse **73.**130
- Traumatisierung durch Folter **73.**137
- Unanfechtbarkeit der Sachentscheidung **73.**267
- Unverzüglichkeitsgebot **73.**44, 236
- Unzulässigkeit der Abschiebungsandrohung **73.**255
- Verpflichtung zur Prüfung von Abschiebungshindernissen **73.**260
- versehentlich erlassener Statusbescheid **73.**23
- Verweigerung der Wiedereinreise **73.**141
- Vorprüfung **73.**240
- Wechsel der Regierung **73.**79
- Wegfall der Umstände-Klausel **73.**136
- Wegfall des nationalen Schutzes **73.**73
- Widerrufsvoraussetzungen **73.**59
- zeitlicher Anknüpfungspunkt für den Wegfall der Verfolgungsgefahr **73.**69
- zeitlicher Anknüpfungspunkt für die Beurteilung **73.**68
- Zumutbarkeit der Wiederinanspruchnahme des nationalen Schutzes **73.**121
- Zustellung **73.**249

Widerruf des Familienasyls
- Prüfung eigener Verfolgungsgründe **73.**158

Widerruf von Abschiebungshindernissen
- nennenswerte Verbesserung der Menschenrechtsklage **73.**230

Widerrufsverpflichtung 73.43
Wiederaufnahmeklage 71.202
Wiedereinreiseanspruch 18.100
Wiedereinsetzung
- ~santrag **74.**319
- ~sverfahren **74.**319
- Anforderungen an die Kommunikation mit dem Mandanten **74.**280
- Anschriftenänderung **74.**260, 261
- Aufrechterhaltung der Kommunikation mit dem Rechtsanwalt **74.**259
- Ausgangskontrolle **74.**306, 311
- Benachrichtigungsversuch **74.**280
- erhöhte Sorgfaltspflicht **74.**314
- Fristeneintragung **74.**296
- Fristenkontrolle **74.**296, 304
- gerichtliche Entscheidung **74.**324
- Glaubhaftmachung der Wiedereinsetzungsgründe **74.**320
- Grenze der Unmöglichkeit **74.**248
- Kontrollausdruck des Faxgerätes **74.**310
- Kündigung des Auftrags durch den Auftraggeber **74.**269
- Nachholung der versäumten Prozesshandlung **74.**322
- Organisationspflichten des Anwalts **74.**295, 304
- Postnachsendeantrag **74.**261
- Poststreik **74.**316
- Sendebericht **74.**312
- sittenwidrige Schädigung durch den Bevollmächtigten **74.**272
- Sorgfaltspflichten im Rahmen der Ersatzzustellung **74.**262

Stichwortverzeichnis

- Sprachunkundigkeit des Asylsuchenden **74.**251
- Übermittlung durch Faxgerät **74.**310
- Überprüfung der gerichtlichen Eingangsverfügung **74.**315
- Versäumung der ~sfrist **74.**323
- Verschulden des angestellten Rechtsanwaltes **74.**287
- Verschulden des Asylsuchenden **74.**248
- Verschulden des Büropersonals **74.**289
- Verschuldensbegriff **74.**248
- willentliches Unterlassen von Prozesshandlungen **74.**271
- Zurechnung des Verschuldens des Prozessbevollmächtigten **74.**244, 267

Wiedereinsetzungsantrag 10.138, **36.**37, **74.**241

Wiedereröffnungsantrag 78.1149, 1156

Wiederholungsgefahr 1.160, **2.**14, **30.**196

Wiederkehroption 2.46

Willkürverbot 60.34

Wissenserklärung 78.679

Wohl des Kindes 18a.69

Wohlwollensgebot 2.26, 35

Wohnauflage 85.40

Wohnsitzauflage 60.27, 32, 45

Wohnungswechsel 14.79

Wohnverpflichtung 47.5, **48.**7, **49.**3, **57.**5, **58.**1

Zerfallene Schutzstruktur 1.150

Zeuge

  s.a. *Sachverständigenbeweis*

  s.a. *Sachverständiger Zeuge*

- in eigener Sache **18a.**89
- vom Hörensagen **78.**961

Zeugenaussage

- schriftliche **78.**1001

Zeugenbeweis 71.295, **78.**944

  s.a. *Gehörsrüge*

  s.a. *Beweisantrag*

- Ablehnungsgründe **78.**979
- Anforderungen an den Beweisantrag **78.**972
- Anforderungen an die Gehörsrüge **78.**1003
- Ausforschungsbeweis **78.**976
- Bekundungen aus dem persönlichen Wahrnehmungsbereich **78.**952
- Beurkundungen zur Gefährdung Dritter **78.**956
- Durchführung der Beweisaufnahme **78.**998
- fehlende Glaubhaftigkeit der Angaben des Asylsuchenden **78.**979
- Funktion des ~es im Asylprozess **78.**945
- Geeignetheit **78.**951
- Gegenstand des ~es im Asylprozess **78.**949
- im Drittstaat lebender Zeuge **78.**994
- mögliche in das Wissen des Zeugen gestellte Tatsachen **78.**978
- Parteivernehmung **78.**965
- Prüfungsschema **78.**944
- Rückkehrgefährdung **78.**959
- selbständiges Beweismittel **78.**945
- Substanziierung des Beweisantrags **78.**972
- Tatsachen aus dem eigenen persönlichen Lebensbereich **78.**952
- Unerreichbarkeit eines Zeugen **78.**996
- Unglaubhaftigkeit der Angaben des Asylsuchenden **78.**984
- Unglaubwürdigkeit des Asylsuchenden **78.**984
- Unglaubwürdigkeit des Zeugen **78.**684
- Unzulässigkeit der vorweggenommenen Bewertung **78.**986
- Verfolgungserlebnis eines Dritten **78.**947
- vergleichbare Anhaltspunkte **78.**958
- Vernehmung eines im Ausland lebenden Zeugen **78.**989
- vorgezogene Beweisaufnahme **78.**993
- Vorwegnahme der Beweiswürdigung **78.**960, 982
- Zeugen vom Hörensagen **78.**961

Zitiergebot 89.1

Zugehörigkeit zu einer bestimmten sozialen Gruppe 1.220

Zulassungsantrag 71.50, **78.**469

- Antragstellung **78.**469
- Anwaltszwang **78.**479
- Begründungsanforderungen **78.**495
- Begründungsfrist **78.**472
- Bezeichnung des Klagegegenstandes **78.**494
- Bezeichnung des Zulassungsgrundes **78.**491

Stichwortverzeichnis

- Bindung an Zulassungsentscheidung **78**.514
- Darlegungsanforderungen **78**.490
- Fristversäumnis bei der Einreichung beim Berufungsgericht **78**.485
- Mindesterfordernisse **78**.490
- neues Vorbringen **71**.51
- Rechtsfolgen des stattgebenden Beschlusses **78**.511
- Rechtsfolgen des zurückweisenden Beschlusses **78**.504

Zulassungsantragsverfahren 78.123
Zulassungsberufung 78.50
Zumutbare Existenzbedingungen 1.185
Zumutbarkeitslehre 1.107
Zurechenbarkeit 1.142
Zurückschiebung 18.78, 84, **19**.13, 24
Zurückschiebungshaft 33.56
Zurückverweisung 74.59
Zurückweisung 18.8, 94, **18a**.136
Zurückweisungsschutz 18.94, **23**.16, 18
Zurückweisungsverbot 18.12, 21, **26a**.85, **31**.16
Zuständigkeitsvereinbarung
- völkerrechtliche **34a**.17

Zustellung
  s.a. Ersatzzustellung
- an Asylsuchenden **10**.72
- an Familienangehörige **10**.74
- der Sachentscheidung **31**.8
- durch die Behörde **10**.25
- durch die Post mit ~surkunde **10**.12
- durch öffentliche Bekanntmachung **10**.52
- fehlerhafte **10**.63, 85
- gemeinsame **10**.80
- Heilung von ~smängeln **10**.86
- im öffentlichen Recht **10**.6
- minderjährige Kinder **10**.78
- mittels eingeschriebenen Briefes **10**.19
- nichteheliche Lebensgemeinschaft **10**.77
- öffentliche **10**.52
- Zurechnung des Verschuldens **10**.85

Zustellungsempfänger 10.42
Zustellungserleichterung 10.125, 145
Zustellungsfehler 10.89
Zustellungsfiktion 10.54, 92, 97
- Belehrungspflicht **10**.107
- Empfangsbekenntnis **10**.166
- fehlerhafte Zustellung **10**.164

- Mitwirkungspflicht des Asylsuchenden **10**.100
- nachträgliche Veränderungsanzeige **10**.130
- tatsächlicher Zustellungsversuch **10**.123
- Voraussetzungen **10**.95

Zustellungsnachweis 10.7
Zustellungsurkunde 10.11, 29, 82
Zustellungsverbund 10.8, **31**.8
Zustellungsvermerk 10.28
Zustellungsvorschriften
- fiktive **10**.2

Zuweisung
- Haushaltsgemeinschaft **60**.43
- vorübergehende Trennung **60**.43

Zuweisungsverfahren
- Berücksichtigung der Kernfamilie **50**.67

Zuweisungsverfügung 48.10, **50**.40
- Abhilfeanspruch **51**.9
- Behördenzuständigkeit **50**.43
- eheähnliche Gemeinschaft **50**.69
- eheliche Beziehung **50**.69
- Ermessensgrundsätze **50**.58
- gesundheitliche Gründe **50**.81
- humanitäre Gründe **50**.77
- Kinder **50**.69
- länderübergreifende Verteilung **50**.47
- materielle Entscheidungskriterien **50**.58
- Mehrehe **50**.69
- Mündel **50**.70
- psychosomatische Erkrankungen **50**.84
- Rechtsbehelfsbelehrung **50**.47
- Rechtsschutz **50**.103, **51**.9
- Verfolgungs- und Fluchtgemeinschaft **50**.93
- Verwaltungsverfahren **50**.45
- verwandtschaftliche Beziehungen **50**.90
- vorläufiger Rechtsschutz **51**.9
- Vormund **50**.70

Zuwiderhandlung gegen Ziele und Grundsätze der Vereinten Nationen 1.313, **30**.215
Zwangsarbeit 1.20
Zwangsbeschneidung 1.20, 210
Zwangsprostitution 1.249
Zwangsumsiedlung 1.20

Stichwortverzeichnis

Zwangsverstümmelung 1.246
  s. a. *Genitalverstümmelung*
Zweck 36.99
Zweitantrag 71a.3, 15

– wiederholter **71a**.39
Zweitantragsteller 55.23, **86**.2
– Duldungsbescheinigung **64**.12
Zwischenstaatliche Kooperation 34a.18